U0142637

土地法規　凡　例

一、本書輯錄現行土地法及相關法規凡 140 種，名土地法規。

二、本書依循下列方式編印

　(一)法規條文內容，悉以總統府公報為準。

　(二)法規名稱後詳列制定公布及歷次修正公布日期與條號。

　(三)「條文要旨」，附於各法規條號之下，以（ ）表示。

　(四)法規內容異動時，於「條文要旨」底下以「粗體字」標示最後異動之年度。

　(五)法條分項、款、目，為求清晰明瞭，項冠以浮水印①②③數字，以資區別；各款冠以一、二、三數字標示；各目冠以(一)、(二)、(三)數字標示。

三、本書採聖經紙印刷，輕巧耐用；五十開本，攜帶便利；輯入法規，內容詳實；條文要旨，言簡意賅；參照法令，綱舉目張；字體版面，舒適易讀；項次分明，查閱迅速；法令異動，逐版更新。

土地法規 目 錄

壹、基本法規

貳、測量法規

參、登記法規

伍、地權法規

陸、地用法規

柒、徵收法規

捌、重劃法規

玖、稅務法規

拾壹、公物、公共設施法規

拾貳、產業發展法規

拾參、不動產經紀法規

拾肆、環境資源法規

拾伍、行政相關法規

壹、基本法規

土地法

① 民國 19 年 6 月 30 日國民政府制定公布全文 379 條；並自 25 年 3 月 1 日施行。
② 民國 35 年 4 月 29 日國民政府修正公布全文 247 條。
③ 民國 44 年 3 月 19 日總統令修正公布第 18 條條文。
④ 民國 64 年 7 月 24 日總統令修正公布第 16、18、21、30、37、39、51、58、72、73、104、222 條條文；並增訂第 30-1、34-1、37-1、46-1、46-2、46-3、73-1、75-1、79-1 條條文。
⑤ 民國 78 年 12 月 29 日總統令修正公布第 37-1、41、44、58、64、67、76、78、79、215、217、219、222、223、225、227、228、230、231、232、237、241、242 條條文；刪除第 243 條；並增訂第 44-1、47-2、79-2 條條文。
⑥ 民國 84 年 1 月 20 日總統令修正公布第 37-1 條條文。
⑦ 民國 89 年 1 月 26 日總統令修正公布第 4、8、19、20、22、25～29、31、32、34-1、38～40、42、45、52、53、55、57、59、64、73-1、75、81、82、84、86、89、95～97、101、102、122、123、125～127、133、135、140、141、149、152、154、157、159、161、164、171、179、201、204、206、215、217、219、221、222、225、227、228、23、232、234、236～239、241、246、247 條條文；並刪除第 30、30-1、33、223 條條文。
⑧ 民國 90 年 10 月 31 日總統令修正公布第 17、19、20、34-1、37、37-1、44-1、47、214 條條文；刪除第 21、23、218 條條文；並增訂第 34-2 條條文。
⑨ 民國 94 年 6 月 15 日總統令修正公布第 14 條條文。
⑩ 民國 95 年 6 月 14 日總統令修正公布第 69 條條文。
⑪ 民國 100 年 6 月 15 日總統令修正公布第 34-1、172 條條文；並刪除第 8、34、175 條條文。
民國 101 年 12 月 25 日行政院公告第 17 條第 2 項、第 73-1 條第 2、5 項所列屬財政部「國有財產局」之權責事項，自 102 年 1 月 1 日起改由財政部「國有財產署」管轄。

第一編 總 則

第一章 法 例

第一條 （土地之意義）

本法所稱土地，謂水陸及天然富源。

第二條 （土地類別）

①土地依其使用，分為左列各類：

第一類：建築用地，如住宅、官署、機關、學校、工廠、倉庫、公園、娛樂場、會所、祠廟、教堂、城堞、軍營、砲台、船埠、碼頭、飛機基地、墳場等屬之。

第二類：直接生產用地，如農地、林地、漁地、牧地、狩獵地、礦地、鹽地、水源地、池塘等屬之。

第三類：交通水利用地，如道路、溝渠、水道、湖泊、港灣、海岸、堤堰等屬之。

第四類：其他土地，如沙漠、雪山等屬之。

②前項各類土地，得再分目。

第三條　（本法之執行機關）

本法除法律另有規定外，由地政機關執行之。

第四條　（公有土地）

本法所稱公有土地，為國有土地、直轄市有土地、縣（市）有土地或鄉（鎮、市）有之土地。

第五條　（土地改良物之定義）

①本法所稱土地改良物，分為建築改良物及農作改良物二種。

②附著於土地之建築物或工事，為建築改良物。附著於土地之農作物之其他植物與水利土壤之改良，為農作改良物。

第六條　（自耕之定義）

本法所稱自耕，係指自任耕作者而言，其為維持一家生活直接經營耕作者，以自耕論。

第七條　（土地債券之定義）

本法所稱土地債券，為土地銀行依法所發行之債券。

第八條　（刪除）100

第九條　（施行法之制定）

本法之施行法，另定之。

第二章　地　權

第一〇條　（私有土地與國有土地）

①中華民國領域內之土地，屬於中華民國人民全體，其經人民依法取得所有權者，為私有土地。

②私有土地所有權消滅者，為國有土地。

第一一條　（土地他項權利之設定）

土地所有權以外設定他項權利之種類，依民法之規定。

第一二條　（有土地所有權之消滅與回復）

①私有土地，因天然變遷成為湖澤或可通運之水道時，其所有權視為消滅。

②前項土地，回復原狀時，經原所有權人證明為其原有者，仍回復其所有權。

第一三條　（湖澤岸地自然增加之優先取得）

湖澤及可通運之水道及岸地，如因水流變遷而自然增加時，其接連地之所有權人，有優先依法取得其所有權或使用受益之權。

第三章　地權限制

第一四條　（不得為私有土地）94

① 左列土地不得為私有：

一 海岸一定限度內之土地。

二 天然形成之湖澤而為公共需用者，及其沿岸一定限度內之土地。

三 可通運之水道及其沿岸一定限度內之土地。

四 城鎮區域內水道湖澤及其沿岸一定限度內之土地。

五 公共交通道路。

六 礦泉地。

七 瀑布地。

八 公共需用之水源地。

九 名勝古蹟。

十 其他法律禁止私有之土地。

② 前項土地已成為私有者，得依法徵收之。

③ 第一項第九款名勝古蹟，如日據時期原屬私有，臺灣光復後登記為公有，依法得贈與或移轉為私有者，不在此限。

第一五條 （不得私有之礦）

① 附著於土地之礦，不因土地所有權之取得而成為私有。

② 前項所稱之礦，以礦業法所規定之種類為限。

第一六條 （私有土地所有權行使之限制）

私有土地所有權之移轉、設定負擔或租賃，妨害基本國策者，中央地政機關得報請行政院制止之。

第一七條 （不得移轉、設定負擔或租賃於外人之土地）90

① 左列土地不得移轉、設定負擔或租賃於外國人：

一 林地。

二 漁地。

三 狩獵地。

四 鹽地。

五 礦地。

六 水源地。

七 要塞軍備區域及領域邊境之土地。

② 前項移轉，不包括因繼承而取得土地。但應於辦理繼承登記完畢之日起三年內出售與本國人，逾期未出售者，由直轄市、縣（市）地政機關移請國有財產局辦理公開標售，其標售程序準用第七十三條之一相關規定。

③ 前項規定，於本法修正施行前已因繼承取得第一項所列各款土地尚未辦理繼承登記者，亦適用之。

第一八條 （外人取得或設定土地權利之平等互惠原則）

外國人在中華民國取得或設定土地權利，以依條約或其本國法律，中華民國人民得在該國享受同樣權利者為限。

第一九條 （外人租購土地用途之限制）90

① 外國人為供自用、投資或公益之目的使用，得取得左列各款用途之土地，其面積及所在地點，應受該管直轄市或縣（市）政府依

法所定之限制：

一　住宅。

二　營業處所、辦公處所、商店及工廠。

三　教堂。

四　醫院。

五　外僑子弟學校。

六　使領館及公益團體之會所。

七　墳場。

八　有助於國內重大建設、整體經濟或農牧經營之投資，並經中央目的事業主管機關核准者。

②前項第八款所需土地之申請程序、應備文件、審核方式及其他應遵行事項之辦法，由行政院定之。

第二〇條　（外人租購土地之程序）90

①外國人依前條需要取得土地，應檢附相關文件，申請該管直轄市或縣（市）政府核准；土地有變更用途或爲繼承以外之移轉時，亦同。其依前條第一項第八款取得者，並應先經中央目的事業主管機關同意。

②直轄市或縣（市）政府爲前項之准駁，應於受理後十四日內爲之，並於核准後報請中央地政機關備查。

③外國人依前條第一項第八款規定取得土地，應依核定期限及用途使用，因故未能依核定期限使用者，應敘明原因向中央目的事業主管機關申請展期；其未依核定期限及用途使用者，由直轄市或縣（市）政府通知土地所有權人於通知送達後三年內出售。逾期未出售者，得逕爲標售，所得價款發還土地所有權人；其土地上有改良物者，得併同標售。

④前項標售之處理程序、價款計算、異議處理及其他應遵行事項之辦法，由中央地政機關定之。

第二一條至第二三條　（刪除）

第二四條　（外人租購土地後之權利義務）

外國人租賃或購買之土地，經登記後，依法令之所定，享有權利，負擔義務。

第四章　公有土地

第二五條　（地方政府處分或出租公有土地之權限）

直轄市或縣（市）政府對於其所管公有土地，非經該管區內民意機關同意，並經行政院核准，不得處分或設定負擔或爲超過十年期間之租賃。

第二六條　（撥用公地之手續）

各級政府機關需用公有土地時，應商同該管直轄市或縣（市）政府層請行政院核准撥用。

第二七條　（公有土地收益之處理）

直轄市或縣（市）政府應將該管公有土地之收益，列入各該政府

預算。

第五章　地權調整

第二八條 （私有土地面積之限制）

①直轄市或縣（市）政府對於私有土地，得斟酌地方情形，按土地種類及性質，分別限制個人或團體所有土地面積之最高額。

②前項限制私有土地面積之最高額，應經中央地政機關之核定。

第二九條 （超額土地之強制出賣或徵收補償）

①私有土地受前條規定限制時，由該管直轄市或縣（市）政府規定辦法，限令於一定期間內，將額外土地分割出賣。

②不依前項規定分割出賣者，該管直轄市或縣（市）政府得依本法徵收之。

③前項徵收之補償地價，得斟酌情形搭給土地債券。

第三〇條 （刪除）

第三〇條之一 （刪除）

第三一條 （最小面積單位之規定及再分割之禁止）

①直轄市或縣（市）地政機關於其管轄區內之土地，得斟酌地方經濟情形，依其性質及使用之種類，為最小面積單位之規定，並禁止其再分割。

②前項規定，應經中央地政機關之核准。

第三二條 （耕地負債最高額之限制）

直轄市或縣（市）政府得限制每一自耕農之耕地負債最高額，並報中央地政機關備案。

第三三條 （刪除）

第三四條 （刪除）100

第三四條之一 （共有土地或建物之處分、變更及設定）100

①共有土地或建築改良物，其處分、變更及設定地上權、農育權、不動產役權或典權，應以共有人過半數及其應有部分合計過半數之同意行之。但其應有部分合計逾三分之二者，其人數不予計算。

②共有人依前項規定為處分、變更或設定負擔時，應事先以書面通知他共有人；其不能以書面通知者，應公告之。

③第一項共有人，對於他共有人應得之對價或補償，負連帶清償責任。於為權利變更登記時，並應提出他共有人已為受領或為其提存之證明。其因而取得不動產物權者，應代他共有人申請登記。

④共有人出賣其應有部分時，他共有人得以同一價格共同或單獨優先承購。

⑤前四項規定，於公同共有準用之。

⑥依法得分割之共有土地或建築改良物，共有人不能自行協議分割者，任何共有人得申請該管直轄市、縣（市）地政機關調處，不服調處者，應於接到調處通知後十五日內向司法機關訴請處理，屆期不起訴者，依原調處結果辦理之。

第三四條之二（不動產糾紛調處委員會之設置）90

　　直轄市或縣（市）地政機關為處理本法不動產之糾紛，應設不動產糾紛調處委員會，聘請地政、營建、法律及地方公正人士為調處委員；其設置、申請調處之要件、程序、期限、調處費用及其他應遵循事項之辦法，由中央地政機關定之。

第三五條（創設自耕農地法律之制定）

　　自耕農場之創設，另以法律定之。

第二編　地　籍

第一章　通　則

第三六條（地籍之整理及其程序）

①地籍除已依法律整理者外，應依本法之規定整理之。

②地籍整理之程序，為地籍測量及土地登記。

第三七條（土地登記之定義及土地登記規則之制定）90

①土地登記，謂土地及建築改良物之所有權與他項權利之登記。

②土地登記之內容、程序、規費、資料提供、應附文件及異議處理等事項之規則，由中央地政機關定之。

第三七條之一（土地登記之代理）90

①土地登記之申請，得出具委託書，委託代理人為之。

②土地登記專業代理人，應經土地登記專業代理人考試或檢覈及格。但在本法修正施行前，已從事土地登記專業代理業務，並曾領有政府發給土地代書人登記合格證明或代理他人申辦土地登記案件專業人員登記卡者，得繼續執業；未領有土地代書人登記合格證明或登記卡者，得繼續執業至中華民國八十四年十二月三十一日。

③非土地登記專業代理人擅自以代理申請土地登記為業者，其代理申請土地登記之件，登記機關應不予受理。

④土地登記專業代理人開業、業務與責任、訓練、公會管理及獎懲等事項之管理辦法，由中央地政機關定之。

第三八條（土地總登記之定義）

①辦理土地登記前，應先辦地籍測量，其已依法辦理地籍測量之地方，應即依本法規定辦理土地總登記。

②前項土地總登記，謂於一定期間內就直轄市或縣（市）土地之全部為土地登記。

第三九條（辦理土地登記之主管機關）

　　土地登記，由直轄市或縣（市）地政機關辦理之。但各該地政機關得於轄區內分設登記機關，辦理登記及其他有關事項。

第四○條（地籍整理之區域單位）

　　地籍整理以直轄市或縣（市）為單位，直轄市或縣（市）分區，區內分段，段內分宗，按宗編號。

第四一條 （登記之土地）

第二條第三類及第四類土地，應免予編號登記。但因地籍管理必須編號登記者，不在此限。

第四二條 （土地總登記之分區辦理）

①土地總登記得分若干登記區辦理。

②前項登記區，在直轄市不得小於區，在縣（市）不得小於鄉（鎮、市、區）。

第四三條 （土地登記之公信力）

依本法所為之登記，有絕對效力。

第二章 地籍測量

第四四條 （地籍測量之次序）

地籍測量依左列次序辦理：

一　三角測量、三邊測量或精密導線測量。

二　圖根測量。

三　戶地測量。

四　計算面積。

五　製圖。

第四四條之一 （設立界標）90

①地籍測量時，土地所有權人應設立界標，並永久保存之。

②界標設立之種類、規格、方式與其銷售及管理等事項之辦法，由中央地政機關定之。

第四五條 （地籍測量之執行與實施計畫之核定）

地籍測量，如由該管直轄市或縣（市）政府辦理，其實施計畫應經中央地政機關之核定。

第四六條 （航空攝影測量之主管機關）

地籍測量如用航空攝影測量，應由中央地政機關統籌辦理。

第四六條之一 （地籍重測）

已辦省地籍測量之地區，因地籍原圖破損、滅失、比例尺變更或其他重大原因，得重新實施地籍測量。

第四六條之二 （地籍重測之程序）

①重新實施地籍測量時，土地所有權人應於地政機關通知之限期內，自行設立界標，並到場指界。逾期不設立界標或到場指界者，得依左列順序逕行施測：

一　鄰地界址。

二　現使用人之指界。

三　參照舊地籍圖。

四　地方習慣。

②土地所有權人因設立界或到場指界發生界址爭議時，準用第五十九條第二項規定處理之。

第四六條之三 （地籍重測之公告及錯誤更正）

①重新實施地籍測量之結果，應予公告，其期間為三十日。

②土地所有權人認為前項測量結果有錯誤，除未依前條之規定設立界標或到場指界者外，得於公告期間內，向該管地政機關繳納複丈費，聲請複丈。經複丈者，不得再聲請複丈。

③逾公告期間未經聲請複丈，或複丈結果無誤或經更正者，地政機關應即據以辦理土地標示變更登記。

第四七條　（地籍測量實施規則之制定）90

地籍測量實施之作業方法、程序與土地複丈、建物測量之申請程序及應備文件等事項之規則，由中央地政機關定之。

第四七條之一　（地籍測量之委託）

①地政機關辦理地籍測量，得委託地籍測量師為之。

②地籍測量師法，另定之。

第四七條之二　（費用）

土地複丈費及建築改良物測量費標準，由中央地政機關定之。

第三章　土地總登記

第四八條　（辦理土地總登記之次序）

土地總登記依左列次序辦理：

一　調查地籍。

二　公布登記區及登記期限。

三　接收文件。

四　審查並公告。

五　登記發給書狀並造冊。

第四九條　（接受登記聲請之期限）

每一登記區接受登記聲請之期限，不得少於二個月。

第五○條　（登記區地籍圖之公布）

土地總登記辦理前，應將該登記區地籍圖公布之。

第五一條　（土地總登記之聲請人）

土地總登記，由土地所有權人於登記期限內檢同證明文件聲請之。如係土地他項權利之登記，應由權利人及義務人共同聲請。

第五二條　（公有土地之囑託登記）

公有土地之登記，由原保管或使用機關囑託該管直轄市或縣（市）地政機關為之，其所有權人欄註明為國有、直轄市有、縣（市）有或鄉（鎮、市）有。

第五三條　（無保管或使用機關之土地公有登記）

無保管或使用機關之公有土地及因地籍整理而發現之公有土地，由該管直轄市或縣（市）地政機關逕為登記，其所有權人欄註明為國有。

第五四條　（時效取得土地之所有權登記）

和平繼續占有之土地，依民法第七百六十九條或第七百七十條之規定，得請求登記為所有人者，應於登記期限內，經土地四鄰證明，聲請為土地所有權之登記。

第五五條　（登記事件之審查及公告）

①直轄市或縣（市）地政機關接受聲請或囑託登記之件，經審查證明無誤，應即公告之，其依第五十三條逕為登記者亦同。

②前項聲請或囑託登記，如應補繳證明文件者，該管直轄市或縣（市）地政機關應限期令其補繳。

第五六條 （經裁判確認其權利後之登記）

依前條審查結果，認為有瑕疵而被駁回者，得向該管司法機關訴請確認其權利，如經裁判確認，得依裁判再行聲請登記。

第五七條 （逾期不為登記及不補繳證明文件之制裁）

逾登記期限無人聲請登記之土地或經聲請而逾限未補繳證明文件者，其土地視為無主土地，由該管直轄市或縣（市）地政機關公告之，公告期滿，無人提出異議，即為國有土地之登記。

第五八條 （公告期限）

①依第五十五條所為公告，不得少於十五日。

②依第五十七條所為公告，不得少於三十日。

第五九條 （土地權利關係人提出異議及起訴程序）

①土地權利關係人，在前條公告期間內，如有異議，得向該管直轄市或縣（市）地政機關以書面提出，並應附具證明文件。

②因前項異議而生土地權利爭執時，應由該管直轄市或縣（市）地政機關予以調處，不服調處者，應於接到調處通知後十五日內，向司法機關訴請處理，逾期不起訴者，依原調處結果辦理之。

第六〇條 （占有喪失）

合法占有土地人，未於登記期限內聲請登記，亦未於公告期間內提出異議者，喪失其占有之權利。

第六一條 （土地權利訴訟案件之審判）

在辦理土地總登記期間，當地司法機關應設專庭，受理土地權利訴訟案件，並應速予審判。

第六二條 （土地之公告及登記）

①聲請登記之土地權利公告期滿無異議，或經調處成立或裁判確定者，應即為確定登記，發給權利人以土地所有權狀或他項權利證明書。

②前項土地所有權狀，應附以地段圖。

第六三條 （確定登記之土地面積）

①依前條確定登記之面積，應按原有證明文件所載四至範圍以內，依實際測量所得面積登記之。

②前項證明文件所載四至不明或不符者，如測量所得面積未超過證明文件所載面積十分之一時，應按實際測量所得之面積予以登記，如超過十分之二時，其超過部分視為國有土地，但得由原占有人優先繳價承領登記。

第六四條 （登記總簿之編造及保存）

①每登記區應依登記結果，造具登記總簿，由直轄市或縣（市）政府永久保存之。

②登記總簿之格式及處理與保存方法，由中央地政機關定之。

第六五條 （土地總登記費之繳納）

土地總登記，應由權利人按申報地價或土地他項權利價值，繳納登記費千分之二。

第六六條 （土地之公告及登記）

依第五十七條公告之土地，原權利人在公告期內提出異議，並呈驗證件，聲請為土地登記者，如經審查證明無誤，應依規定程序，予以公告並登記，但應加繳登記費之二分之一。

第六七條 （權利書狀費）

土地所有權狀及他項權利證明書，應繳納書狀費，其費額由中央地政機關定之。

第六八條 （地政機關之損害賠償責任）

①因登記錯誤遺漏或虛偽致受損害者，由該地政機關負損害賠償責任。但該地政機關證明其原因應歸責於受害人時，不在此限。

②前項損害賠償，不得超過受損害時之價值。

第六九條 （更正登記之聲請）95

登記人員或利害關係人，於登記完畢後，發見登記錯誤或遺漏時，非以書面聲請該管上級機關查明核准後，不得更正。但登記錯誤或遺漏，純屬登記人員記載時之疏忽，並有原始登記原因證明文件可稽者，由登記機關逕行更正之。

第七○條 （登記儲金之來源及用途）

①地政機關所收登記費，應提存百分之十作為登記儲金，專備第六十八條所定賠償之用。

②地政機關所負之損害賠償，如因登記人員之重大過失所致者，由該人員償還，撥歸登記儲金。

第七一條 （損害賠償之請求）

損害賠償之請求，如經該地政機關拒絕，受損害人得向司法機關起訴。

第四章　土地權利變更登記

第七二條 （土地權利之變更登記）

土地總登記後，土地權利有移轉、分割、合併、設定、增減或消滅時，應為變更登記。

第七三條 （聲請人及聲請期限）

①土地權利變更登記，應由權利人及義務人會同聲請之。其無義務人者，由權利人聲請之。其係繼承登記者，得由任何繼承人為全體繼承人聲請之。但其聲請，不影響他繼承人拋棄繼承或限定繼承之權利。

②前項聲請，應於土地權利變更後一個月內為之。其係繼承登記者，得自繼承開始之日起，六個月內為之。聲請逾期者，每逾一個月得處應納登記費額一倍之罰鍰。但最高不得超過二十倍。

第七三條之一 （未聲請繼承登記之土地或建築改良物之代管）

①土地或建築改良物，自繼承開始之日起逾一年未辦理繼承登記

者，經該管直轄市或縣市地政機關查明後，應即公告繼承人於三個月內聲請登記；逾期仍未聲請者，得由地政機關予以列冊管理。但有不可歸責於聲請人之事由，其期間應予扣除。

②前項列冊管理期間為十五年，逾期仍未聲請登記者，由地政機關將該土地或建築改良物清冊移請國有財產局公開標售。繼承人占有或第三人占有無合法使用權者，於標售後喪失其占有之權利；土地或建築改良物租賃期間超過五年者，於標售後以五年為限。

③依第二項規定標售土地或建築改良物前應公告三十日，繼承人、合法使用人或其他共有人就其使用範圍依序有優先購買權。但優先購買權人未於決標後十日內表示優先購買者，其優先購買權視為放棄。

④標售所得之價款應於國庫設立專戶儲存，繼承人依其法定應繼分領取。逾十年無繼承人申請提領該價款者，歸屬國庫。

⑤第二項標售之土地或建築改良物無人應買或應買人所出最高價未達標售之最低價額者，由國有財產局定期再標售，於再行標售時，國有財產局應酌減拍賣最低價額，酌減數額不得逾百分之二十。經五次標售而未標出者，登記為國有並準用第二項後段喪失占有權及租賃期限之規定。自登記完畢之日起十年內，原權利人得檢附證明文件按其法定應繼分，向國有財產局申請就第四項專戶提撥發給價金；經審查無誤，公告九十日期滿無人異議時，按該土地或建築改良物第五次標售底價分算發給之。

第七四條　（聲請變更登記應繳付之文件）

聲請為土地權利變更登記，應檢附原發土地所有權狀及地段圖或土地他項權利證明書。

第七五條　（變更登記之審查及權利證明書之發給、註銷、註明）

①聲請為土地權利變更登記之件，經該管直轄市或縣（市）地政機關審查證明無誤，應即登記於登記總簿，發給土地所有權狀或土地他項權利證明書，並將原發土地權利書狀註銷，或就該書狀內加以註明。

②依前項發給之土地所有權狀，應附以地段圖。

第七五條之一　（法院囑託登記應優先辦理）

前條之登記尚未完畢前，登記機關接獲法院查封、假扣押、假處分或破產登記之囑託時，應即改辦查封、假扣押、假處分或破產登記，並通知登記聲請人。

第七六條　（變更登記之登記費）

①聲請為土地權利變更登記，應由權利人按申報地價或權利價值千分之一繳納登記費。

②聲請他項權利內容變更登記，除權利價值增加部分，依前項繳納登記費外，免納登記費。

第七七條　（書狀費之繳納）

因土地權利變更登記所發給之土地權利書狀，每張應繳費額，依

第六十七條之規定。

第七八條 （免納登記費）

左列登記，免繳納登記費：

一　因土地重劃之變更登記。

二　更正登記。

三　消滅登記。

四　塗銷登記。

五　更名登記。

六　住址變更登記。

七　標示變更登記。

八　限制登記。

第七九條 （換補權利書狀應備文件）

土地所有權狀及土地他項權利證明書，因損壞或滅失請求換給或補給時，依左列規定：

一　因損壞請求換給者，應提出損壞之原土地所有權狀或原土地他項權利證明書。

二　因滅失請求補給者，應敘明滅失原因，檢附有關證明文件，經地政機關公告三十日，公告期滿無人就該滅失事實提出異議後補給之。

第七九條之一 （預告登記之原因及要件）

①聲請保全左列請求權之預告登記，應由請求權人檢附登記名義人之同意書為之：

一　關於土地權利移轉或使其消滅之請求權。

二　土地權利內容或次序變更之請求權。

三　附條件或期限之請求權。

②前項預告登記未塗銷前，登記名義人就其土地所為之處分，對於所登記之請求權有妨礙者無效。

③預告登記，對於徵收、法院判決或強制執行而為新登記，無排除之效力。

第七九條之二 （工本費或閱覽費之繳納）

①有左列情形之一者，應繳納工本費或閱覽費：

一　聲請換給或補給權利書狀者。

二　聲請發給登記簿或地籍圖謄本或節本者。

三　聲請抄錄或影印登記聲請書及其附件者。

四　聲請分割登記，就新編地號另發權利書狀者。

五　聲請閱覽地籍圖之藍晒圖或複製圖者。

六　聲請閱覽電子處理之地籍資料者。

②前項工本費、閱覽費費額，由中央地政機關定之。

第三編　土地使用

第一章 通則

第八〇條 （土地使用之定義）

　　土地使用，謂施以勞力資本為土地之利用。

第八一條 （各種使用地之編定）

　　直轄市或縣（市）地政機關得就管轄區內之土地，依國家經濟政策、地方需要情形及土地所能供使用之性質，分別商同有關機關，編為各種使用地。

第八二條 （使用地變更之限制）

　　凡編為某種使用地之土地，不得供其他用途之使用。但經該管直轄市或縣（市）地政機關核准，得為他種使用者，不在此限。

第八三條 （使用期限前之使用）

　　編為某種使用地之土地，於其所定之使用期限前，仍得繼續為從來之使用。

第八四條 （使用地之種別或其變更之公布）

　　使用地之種別或其變更，經該管直轄市或縣（市）地政機關編定，由直轄市或縣（市）政府公布之。

第八五條 （使用地之命令變更）

　　使用地編定公布後，上級地政機關認為有較大利益或較重要之使用時，得令變更之。

第八六條 （集體農場之面積及辦法）

　　①直轄市或縣（市）地政機關於管轄區內之農地，得依集體耕作方法，商同主管農林機關，為集體農場面積之規定。

　　②集體農場之辦法，另以法律定之。

第八七條 （空地及擬制空地）

　　①凡編為建築用地，未依法使用者，為空地。

　　②土地建築改良物價值不及所占基地申報地價百分之二十者，視為空地。

第八八條 （荒地之定義）

　　凡編為農業或其他直接生產用地，未依法使用者，為荒地。但因農業生產之必要而休閒之土地，不在此限。

第八九條 （空地、荒地之強制收買）

　　①直轄市或縣（市）地政機關對於管轄區內之私有空地及荒地，得劃定區域，規定期限，強制依法使用。

　　②前項私有荒地，逾期不使用者，該管直轄市或縣（市）政府得照申報地價收買之。

第二章 使用限制

第九〇條 （城市區劃之預為規定）

　　城市區域道路溝渠及其他公共使用之土地，應依都市計畫法預為規定之。

第九一條 （限制使用區及自由使用區之劃定）

　城市區域之土地，得依都市計畫法，分別劃定為限制使用區及自由使用區。

第九二條 （新設都市土地之徵收重劃及放領）

①新設之都市，得由政府依都市計畫法，將市區土地之全部或一部依法徵收，整理重劃，再照徵收原價分宗放領，但得加收整理土地所需之費用。

②前項徵收之土地，得分期徵收，分區開放，未經開放之區域，得為保留徵收，並限制其為妨礙都市計畫之使用。

第九三條 （公地使用之保留徵收及限制建築）

　依都市計畫已公布為道路或其他公共使用之土地，得為保留徵收，並限制其建築。但臨時性質之建築，不在此限。

第三章　房屋及地基使用

第九四條 （準備房屋之建築及其租金之限制）

①城市地方，應由政府建築相當數量之準備房屋，供人民承租自住之用。

②前項房屋之租金，不得超過土地及其建築物價額年息百分之八。

第九五條 （新建房屋稅捐之減免）

　直轄市或縣（市）政府為救濟房屋不足，經行政院核准，得減免新建房屋之土地稅及改良物稅，並定減免期限。

第九六條 （每人自住房屋間數之限制）

　城市地方每一人民自住之房屋間數，得由直轄市或縣（市）政府斟酌當地情形，為必要之限制。但應經民意機關之同意。

第九七條 （城市房屋租金之限制及效力）

①城市地方房屋之租金，以不超過土地及其建築物申報總價年息百分之十為限。

②約定房屋租金，超過前項規定者，該管直轄市或縣（市）政府得依前項所定標準強制減定之。

第九八條 （擔保金利息之抵充及計算）

①以現金為租賃之擔保者，其現金利息視為租金之一部。

②前項利率之計算，應與租金所由算定之利率相等。

第九九條 （擔保金額之限制）

①前條擔保之金額，不得超過二個月房屋租金之總額。

②已交付之擔保金，超過前項限度者，承租人得以超過之部分抵付房租。

第一〇〇條 （房屋租賃收回房屋之限制）

　出租人非因左列情形之一，不得收回房屋：

一　出租人收回自住或重新建築時。

二　承租人違反民法第四百四十三條第一項之規定轉租於他人時。

三　承租人積欠租金額，除以擔保金抵償外，達二個月以上時。

四　承租人以房屋供違反法令之使用時。

五　承租人違反租賃契約時。

六　承租人損壞出租人之房屋或附著財物，而不爲相當之賠償時。

第一〇一條　（房屋租用爭議之調處及處理）

因房屋租用發生爭議，得由該管直轄市或縣（市）地政機關予以調處，不服調處者，得向司法機關訴請處理。

第一〇二條　（聲請爲地上權之登記）

租用基地建築房屋，應由出租人與承租人於契約訂立後二個月內，聲請該管直轄市或縣（市）地政機關爲地上權之登記。

第一〇三條　（不定期租賃收回基地之限制）

租用建築房屋之基地，非因左列情形之一，不得收回：

一　契約年限屆滿時。

二　承租人以基地供違反法令之使用時。

三　承租人轉租基地於他人時。

四　承租人積欠租金額，除以擔保現金抵償外，達二年以上時。

五　承租人違反租賃契約時。

第一〇四條　（基地之優先購買權）

①基地出賣時，地上權人、典權人或承租人有依同樣條件優先購買之權。房屋出賣時，基地所有權人有依同樣條件優先購買之權。其順序以登記之先後定之。

②前項優先購買權人，於接到出賣通知後十日內不表示者，其優先權視爲放棄。出賣人未通知優先購買權人而與第三人訂立買賣契約者，其契約不得對抗優先購買權人。

第一〇五條　（租金限制之準用規定）

第九十七條第九十九條及第一百零一條之規定，於租用基地建築房屋均準用之。

第四章　耕地租用

第一〇六條　（耕地租用之意義）

①以自任耕作爲目的，約定支付地租，使用他人之農地者，爲耕地租用。

②前項所稱耕作，包括漁牧。

第一〇七條　（承租人之優先承買或承典權）

①出租人出賣或出典耕地時，承租人有依同樣條件優先承買或承典之權。

②第一百零四條第二項之規定，於前項承買承典準用之。

第一〇八條　（轉租之禁止）

承租人縱經出租人承諾，仍不得將耕地全部或一部轉租於他人。

第一〇九條　（不定期限契約之擬制）

依定有期限之契約租用耕地者，於契約屆滿時，除出租人收回自耕外，如承租人繼續耕作，視爲不定期限繼續契約。

第一一〇條 （地租最高額之限制）

①地租不得超過地價百分之八，約定地租或習慣地租超過地價百分之八者，應比照地價百分之八減定之，不及地價百分之八者，依其約定或習慣。

②前項地價指法定地價，未經依規定地價之地方，指最近三年之平均地價。

第一一一條 （地租之代繳）

耕地地租，承租人得依習慣以農作物代繳。

第一一二條 （預收地租之禁止及擔保利息之抵充）

①耕地出租人不得預收地租，但因習慣以現金為耕地租用之擔保者，其金額不得超過一年應繳租額四分之一。

②前項擔保金之利息，應視為地租之一部，其利率應按當地一般利率計算之。

第一一三條 （地租之一部支付）

承租人不能按期支付應交地租之全部，而以一部支付時，出租人不得拒絕收受，承租人亦不得因其收受而推定為減租之承諾。

第一一四條 （不定期耕地租賃契約終止之限制）

依不定期限租用耕地之契約，僅得於有左列情形之一時終止之：

一　承租人死亡而無繼承人時。

二　承租人放棄其耕作權利時。

三　出租人收回自耕時。

四　耕地依法變更其使用時。

五　違反民法第四百三十二條及第四百六十二條第二項之規定時。

六　違反第一百零八條之規定時。

七　地租積欠達二年之總額時。

第一一五條 （耕作權利之放棄）

承租人放棄其耕作權利，應於三個月前向出租人以意思表示為之，非因不可抗力繼續一年不為耕作者，視為放棄耕作權利。

第一一六條 （終止契約之通知）

依第一百十四條第三款及第五款之規定終止契約時，出租人應於一年前通知承租人。

第一一七條 （原承租人之優先承租權）

①收回自耕之耕地再出租時，原承租人有優先承租之權。

②自收回自耕之日起未滿一年而再出租時，原承租人得以原租用條件承租。

第一一八條 （留置權之限制）

出租人對於承租人耕作上必需之農具牲畜肥料及農產物，不得行使民法第四百四十五條規定之留置權。

第一一九條 （承租人之耕地特別改良權）

①於保持耕地原有性質及效能外，以增加勞力資本之結果，致增加耕地生產力或耕作便利者，為耕地特別改良。

②前項特別改良，承租人得自由為之。但特別改良費之數額，應即通知出租人。

第一二○條　（耕地特別改良費償還之條件及範圍）

①因第一百十四條第二、第三、第五、第六各款契約終止返還耕地時，承租人得向出租人要求償還其所支出前條第二項耕地特別改良費。但以其未失效能部分之價值為限。

②前項規定，於永佃權依民法第八百四十五條及第八百四十六條之規定撤佃時準用之。

第一二一條　（耕地附屬物使用報酬之限制）

耕地出租人以耕畜、種子、肥料或其他生產用具給與承租人者，除依民法第四百六十二條及第四百六十三條之規定外，得依租用契約於地租外酌收報酬。但不得超過供給物價值年息百分之十。

第一二二條　（業佃爭議之調處及處理）

因耕地租用，業佃間發生爭議，得由該管直轄市或縣（市）地政機關予以調處，不服調處者，得向司法機關訴請處理。

第一二三條　（荒歉地租之減免）

遇有荒歉，直轄市或縣（市）政府得按照當地當年收穫實況為減租或免租之決定。但應經民意機關之同意。

第一二四條　（永佃權條文之準用）

第一百零七條至第一百十三條及第一百二十一條各規定，於永佃權之土地準用之。

第五章　荒地使用

第一二五條　（公有荒地之勘測及使用計畫）

公有荒地，應由該管直轄市或縣（市）地政機關於一定期間內勘測完竣，並規定其使用計畫。

第一二六條　（公有荒地之招墾）

公有荒地適合耕地使用者，除政府保留使用者外，由該管直轄市或縣（市）地政機關會同主管農林機關劃定墾區，規定墾地單位，定期招墾。

第一二七條　（私有荒地收買後之再招墾）

私有荒地，經該管直轄市或縣（市）政府依第八十九條照價收買者，應於興辦水利改良土壤後，再行招墾。

第一二八條　（承墾人之資格）

公有荒地之承墾人，以中華民國人民為限。

第一二九條　（承墾人之種類）

①公有荒地之承墾人，分左列二種：

一　自耕農戶。

二　農業生產合作社。

②前項農業生產合作社，以依法呈准登記，並由社員自任耕作者為限。

第一三○條　（承墾荒地之面積）

承墾人承領荒地，每一農戶以一墾地單位為限，每一農業合作社承領墾地單位之數，不得超過其所含自耕農戶之數。

第一三一條　（實施開墾工作之期間）

承墾人自受領承墾證書之日起，應於一年內實施開墾工作，其墾竣之年限，由主管農林機關規定之，逾限不實施開墾者，撤銷其承墾證書。

第一三二條　（未墾竣之處置）

承墾人於規定墾竣年限而未墾竣者，撤銷其承墾證書。但因不可抗力，致不能依規定年限墾竣，得請求主管農林機關酌予展期。

第一三三條　（耕作權及土地所有權之取得）

① 承墾人自墾竣之日起，無償取得所領墾地之耕作權，應即依法向該管直轄市或縣（市）地政機關聲請為耕作權之登記。但繼續耕作滿十年者，無償取得土地所有權。

② 前項耕作權不得轉讓。但繼承或贈與於得為繼承之人，不在此限。

③ 第一項墾竣土地，得由該管直轄市或縣（市）政府酌予免納土地稅二年至八年。

第一三四條　（大規模公有荒地之開墾辦法）

公有荒地，非農戶或農業生產合作社所能開墾者，得設墾務機關辦理之。

第六章　土地重劃

第一三五條　（實施土地重劃之原因）

直轄市或縣（市）地政機關因左列情形之一，經上級機關核准，得就管轄區內之土地，劃定重劃地區，施行土地重劃，將區內各宗土地重新規定其地界：

一　實施都市計畫者。

二　土地面積畸零狹小，不適合於建築使用者。

三　耕地分配不適合於農事工作或不利於排水灌溉者。

四　將散碎之土地交換合併，成立標準農場者。

五　應用機器耕作，興辦集體農場者。

第一三六條　（土地重劃之分配及補償）

土地重劃後，應依各宗土地原來之面積或地價仍分配於原所有權人。但限於實際情形不能依原來之面積或地價妥為分配者，得變通補償。

第一三七條　（畸零狹小地之處理）

土地畸零狹小，全宗面積在第三十一條所規定最小面積單位以下者，得依土地重劃廢置或合併之。

第一三八條　（重劃區內公共使用地之變更或廢置）

重劃區內公園、道路、堤塘、溝渠或其他供公共使用之土地，得依土地重劃變更或廢置之。

第一三九條 （重劃損益之補償）

土地重劃後，土地所有權人所受之損益，應互相補償，其供道路或其他公共使用所用土地之地價，應由政府補償之。

第一四〇條 （反對重劃表示之處理）

土地重劃，自公告之日起三十日內，有關係之土地所有權人半數以上，而其所有土地面積，除公有土地外，超過重劃地區內土地總面積一半者表示反對時，直轄市或縣（市）地政機關應即報上級機關核定之。

第一四一條 （土地所有人得共同請求土地重劃）

第一百三十五條之土地重劃，得因重劃區內土地所有權人過半數，而其所有土地面積，除公有土地外，超過重劃區內土地總面積一半者之共同請求，由直轄市或縣（市）地政機關核准爲之。

第一四二條 （新設都市土地重劃之時期）

新設都市內之土地重劃，應於分區開放前爲之。

第四編 土地稅

第一章 通 則

第一四三條 （土地稅之課徵）

土地及其改良物，除依法免稅者外，依本法之規定徵稅。

第一四四條 （土地稅之種類）

土地稅分地價稅及土地增值稅二種。

第一四五條 （土地及其改良物之價值）

土地及其改良物之價值，應分別規定。

第一四六條 （土地稅之性質）

土地稅爲地方稅。

第一四七條 （課徵限制）

土地及其改良物，除依本法規定外，不得用任何名目徵收或附加稅款。但因建築道路、堤防、溝渠或其他土地改良之水陸工程所需費用，得依法徵收工程受益費。

第二章 地價及改良物價

第一四八條 （法定地價）

土地所有權人依本法所申報之地價，爲法定地價。

第一四九條 （辦理地價申報之程序）

直轄市或縣（市）地政機關辦理地價申報之程序如左：

一 查定標準地價。

二 業主申報。

三 編造地價冊。

第一五〇條 （地價調查方法）

地價調查，應抽查最近二年內土地市價或收益價格，以爲查定標

準地價之依據，其抽查宗數，得視地目繁簡地價差異為之。

第一五一條　（劃分地價等級與平均地價之計算）

依據前條調查結果，就地價相近及地段相連或地目相同之土地，劃分為地價等級，並就每等級內抽查宗地之市價或收益價格，以其平均數或中數，為各該地價等級之平均地價。

第一五二條　（標準地價）

每地價等級之平均地價，由該管直轄市或縣（市）地政機關報請該管直轄市或縣（市）政府公布為標準地價。

第一五三條　（標準地價公布時期）

標準地價之公布，應於開始土地總登記前分區行之。

第一五四條　（異議之處理）

①土地所有權人對於標準地價認為規定不當時，如有該區內同等級土地所有權人過半數之同意，得於標準地價公布後三十日內，向該管直轄市或縣（市）政府提出異議。

②直轄市或縣（市）政府接受前項異議後，應即提交標準地價評議委員會評議之。

第一五五條　（標準地價評議委員會之組織）

①標準地價評議委員會之組織規程，由中央地政機關定之。

②前項委員會委員，應有地方民意機關之代表參加。

第一五六條　（申報地價之限制）

土地所有權人聲請登記所有權時，應同時申報地價，但僅得為標準地價百分之二十以內之增減。

第一五七條　（聲請照價收買）

土地所有權人認為標準地價過高，不能依前條為申報時，得聲請該管直轄市或縣（市）政府照標準地價收買其土地。

第一五八條　（法定地價）

土地所有權人聲請登記而不同時申報地價者，以標準地價為法定地價。

第一五九條　（地價冊及總歸戶冊之編造）

每直轄市或縣（市）辦理地價申報完竣，應即編造地價冊及總歸戶冊，送該管直轄市或縣（市）財政機關。

第一六〇條　（重新規定地價）

地價申報滿五年，或一年屆滿而地價已較原標準地價有百分五十以上之增減時，得重新規定地價，適用第一百五十條至第一百五十二條及第一百五十四條至第一百五十六條之規定。

第一六一條　（建物價值之估定時期）

建築改良物之價值，由該管直轄市或縣（市）地政機關於規定地價時同時估定之。

第一六二條　（建物改良物價值之估計方法）

建築改良物價值之估計，以同樣之改良物於估計時為重新建築需用費額為準，但應減去時間經歷所受損耗之數額。

第一六三條 （增加改良物後價值之估計）

就原建築改良物增加之改良物，於重新估計價值時，併合於改良物計算之。但因維持建築改良物現狀所爲之修繕，不視爲增加之改良物。

第一六四條 （改良物價值之評定公布與通知）

直轄市或縣（市）地政機關應將改良物估計價值數額，送經標準地價評議委員會評定後，報請該管直轄市或縣（市）政府公布爲改良物法定價值，並由直轄市或縣（市）地政機關分別以書面通知所有權人。

第一六五條 （聲請重新評定）

前條受通知人，認爲評定不當時，得於通知書達到後三十日內，聲請標準地價評議委員會重新評定。

第一六六條 （建築改良物價值之重爲估定）

建築改良物之價值，得與重新規定地價時重爲估定。

第三章 地價稅

第一六七條 （地價稅之徵收方法）

地價稅照法定地價按年徵收一次，必要時得准分兩期繳納。

第一六八條 （地價稅率）

地價稅照法定地價按累進率徵收之。

第一六九條 （地價稅之基本稅率）

地價稅以其法定地價數額千分之十五爲基本稅率。

第一七〇條 （累進課稅率）

土地所有權人之地價總額，未超過累進起點地價時，依前條稅率徵收，超過累進起點地價時，依左列方法累進課稅：

一　超過累進起點地價在百分之五百以下者，其超過部分加徵千分之二。

二　超過累進起點地價百分之一千以下者，除按前款規定徵收外，就其已超過百分之五百部份加徵千分之三。

三　超過累進起點地價百分之一千五百以下者，除按前款規定徵收外，就其已超過百分之一千部分加徵千分之五，以後每超過百分之五百，就其超過部分遞加千分之五，以加至千分之五十爲止。

第一七一條 （累進起點地價之擬核）

前條累進起點地價，由直轄市或縣（市）政府按照自住自耕地必需面積，參酌地價及當地經濟狀況擬定，報請行政院核定之。

第一七二條 （納稅義務人）100

地價稅向所有權人徵收之，其設有典權之土地，由典權人繳納。

第一七三條 （空地稅之徵收）

①私有空地，經限期強制使用，而逾期未使用者，應於依法使用前加徵空地稅。

②前項空地稅，不得少於應繳地價稅之三倍，不得超過應繳地價稅

之十倍。

第一七四條　（荒地稅之徵收）

①私有荒地，經限期強制使用，而逾期未使用者，應於依法使用前加徵荒地稅。

②前項荒地稅，不得少於應徵之地價稅，不得超過應繳地價稅之三倍。

第一七五條　（刪除）100

第四章　土地增值稅

第一七六條　（徵收標準及方法）

①土地增值稅照土地增值之實數額計算，於土地所有權移轉時，或雖無移轉而屆滿十年時，徵收之。

②前項十年期間，自第一次依法規定地價之日起計算。

第一七七條　（工程地區土地增值稅之徵收期）

依第一百四十七條實施工程地區，其土地增值稅於工程完成後屆滿五年時徵收之。

第一七八條　（土地增值總數額之標準）

土地增值總數額之標準，依左列之規定：

一　規定地價後，未經過移轉之土地，於絕賣移轉時，以現賣價超過原規定地價之數額為標準。

二　規定地價後，未經過移轉之土地；於繼承或贈與移轉時，以移轉時之估定地價超過原規定地價之數額為標準。

三　規定地價後曾經移轉之土地，於下次移轉時，以現移轉價超過前次移轉時地價之數額為標準。

第一七九條　（原地價及其調整）

①前條之原規定地價及前次移轉時之地價，稱為原地價。

②前項原地價，遇一般物價有劇烈變動時，直轄市或縣（市）財政機關應依當地物價指數調整計算之，並應經地方民意機關之同意。

第一八○條　（土地增值實數額）

土地增值總數額，除去免稅額，為土地增值實數額。

第一八一條　（增值稅率）

土地增值之稅率，依左列之規定：

一　土地增值實數額在原地價百分之一百以下者，徵收其增值實數額百分之二十。

二　土地增值實數額在原地價數額百分之二百以下者，除按前款規定徵收外，就其已超過百分之一百部分徵收百分之四十。

三　土地增值實數額在原地價數額百分之三百以下者，除按前二款規定分別徵收外，就其超過百分之二百部分徵收百分之六十。

四　土地增值實數額超過原地價數額百分之三百者，除按前三款規定分別徵收外，就其超過部分徵收百分之八十。

第一八二條　（課徵之對象㈠）

土地所有權之移轉爲絕賣者，其增值稅向出賣人徵收之，如爲繼承或贈與者，其增值稅向繼承人或受贈人徵收之。

第一八三條 （課徵之對象㈡）

①規定地價後十年屆滿，或實施工程地區五年屆滿，而無移轉之土地，其增值稅向土地所有權人徵收之。

②前項土地設有典權者，其增值稅得向典權人徵收之。但於土地回贖時，出典人應無息償還。

第一八四條 （土地增值實數額）

土地增值實數額，應減去土地所有權人爲改良土地所用之資本及已繳納之工程受益費。

第五章　土地改良物稅

第一八五條 （建物課稅之稅率）

建築改良物得照其估定價值，按年徵稅，其最高稅率不得超過千分之十。

第一八六條 （徵收時期及納稅義務人）

建築改良物稅之徵收，於徵收地價稅時爲之，並適用第一百七十二條之規定。

第一八七條 （免稅㈠）

建築改良物爲自住房屋時，免予徵稅。

第一八八條 （不得徵稅）

農作改良物不得徵稅。

第一八九條 （免稅㈡）

地價每畝不滿五百元之地方，其建築改良物應免予徵稅。

第一九〇條 （土地改良稅性質）

土地改良物稅全部爲地方稅。

第六章　土地稅之減免

第一九一條 （公有土地及建物之免稅）

公有土地及公有建築改良物，免徵土地稅及改良物稅。但供公營事業使用或不作公共使用者，不在此限。

第一九二條 （私有土地土地稅減免之情形）

供左列各款使用之私有土地，得由財政部會同中央地政機關呈經行政院核准，免稅或減稅：

一　學校及其他學術機關用地。

二　公園及公共體育場用地。

三　農林、漁牧試驗場用地。

四　森林用地。

五　公立醫院用地。

六　公共墳場用地。

七　其他不以營利爲目的之公益事業用地。

第一九三條　（災難或調劑期之減免）

因地方發生災難或調劑社會經濟狀況，得由財政部會同中央地政機關呈經行政院核准，就關係區內之土地；於災難或調劑期中，免稅或減免。

第一九四條　（保留徵收或不能使用之土地免土地稅）

因保留徵收或依法律限制不能使用之土地，概應免稅。但在保留徵收期內，仍能為原來之使用者，不在此限。

第一九五條　（無法使用土地之免稅）

在自然環境及技術上無法使用之土地，或在墾荒過程中之土地，由財政部會同中央地政機關呈經行政院核准，免徵地價稅。

第一九六條　（土地徵收或重劃之免稅）

因土地徵收或土地重劃，致所有權移轉時，不徵收土地增值稅。

第一九七條　（自耕地及自住地之免稅）

農人之自耕地及自住地，於十年屆滿無移轉時，不徵收土地增值稅。

第一九八條　（改良土地之免稅）

農地因農人施用勞力與資本，致地價增漲時，不徵土地增值稅。

第一九九條　（繼續徵稅）

凡減稅或免稅之土地，其減免之原因事實有變更或消滅時，仍應繼續徵稅。

第七章　欠　稅

第二〇〇條　（不依期完納之罰鍰）

地價稅不依期完納者，就其所欠數額，自逾期之日起，按月加徵所欠數額百分之二以下之罰鍰，不滿一月者，以一月計。

第二〇一條

積欠土地稅達二年以上應繳稅額時，該管直轄市或縣（市）財政機關得通知直轄市或縣（市）地政機關，將欠稅土地及其改良物之全部或一部交司法機關拍賣，以所得價款優先抵償欠稅，其次依法分配於他項權利人及原欠稅人。

第二〇二條　（拍賣前之通知）

前條之土地拍賣，應由司法機關於拍賣前三十日，以書面通知土地所有權人。

第二〇三條　（展期拍賣）

①土地所有權人接到前條通知後，提供相當繳稅擔保者，司法機關得展期拍賣。

②前項展期，以一年為限。

第二〇四條　（提取收益抵償欠稅）

①欠稅土地為有收益者，得由該管直轄市或縣（市）財政機關通知直轄市或縣（市）地政機關提取其收益，抵償欠稅，免將土地拍賣。

②前項提取收益，於積欠地價稅額等於全年應繳數額時，方得為

之。

③第一項提取之收益數額，以足抵償其欠稅爲限。

第二〇五條 （欠稅之處罰）

土地增值稅不依法完納者，依第二百條之規定加徵罰鍰。

第二〇六條 （拍賣欠稅土地）

①土地增值稅欠稅至一年屆滿仍未完納者，得由該管直轄市或縣（市）財政機關通知直轄市或縣（市）地政機關，將其土地及改良物一部或全部交司法機關拍賣，以所得價款抵償欠稅，餘款交還原欠稅人。

②前項拍賣，適用第二百零二條及第二百零三條之規定。

第二〇七條 （準用規定）

建築改良物欠稅，準用本章關於地價稅欠稅各條之規定。

第五編　土地徵收

第一章　通則

第二〇八條 （土地徵收之目的與範圍）

國家因左列公共事業之需要，得依本法之規定徵收私有土地。但徵收之範圍，應以其事業所必需者爲限：

一　國防設備。
二　交通事業。
三　公用事業。
四　水利事業。
五　公共衛生。
六　政府機關、地方自治機關及其他公共建築。
七　教育學術及慈善事業。
八　國營事業。
九　其他由政府興辦以公共利益爲目的之事業。

第二〇九條 （法定徵收）

政府機關因實施國家經濟政策，得徵收私有土地，但應以法律規定者爲限。

第二一〇條 （名勝古蹟之保存）

①徵收土地，遇有名勝古蹟，應於可能範圍內避免之。

②名勝古蹟已在被徵收土地區內者，應於可能範圍內保存之。

第二一一條 （聲請徵收土地應證明之事項）

需用土地人於聲請徵收土地時，應證明其興辦之事業已得法令之許可。

第二一二條 （區段徵收）

①因左列各款之一徵收土地，得爲區段徵收：

一　實施國家經濟政策。
二　新設都市地域。

　三　舉辦第二百零八條第一款或第三款之事業。

②前項區段徵收，謂於一定區域內之土地，應重新分宗整理，而為全區土地之徵收。

第二一三條　（保留徵收）

①因左列各款之一，得為保留徵收：
　一　開闢交通路線。
　二　興辦公用事業。
　三　新設都市地域。
　四　國防設備。

②前項保留徵收，謂就舉辦事將來所需用之土地，在未需用以前，預為呈請核定公布其徵收之範圍，並禁止妨礙徵收之使用。

第二一四條　（保留徵收期間）90

前條保留徵收之期間，不得超過三年，逾期不徵收，視為廢止。但因舉辦前條第一款或第四款之事業，得申請核定延長保留徵收期間；其延長期間，以五年為限。

第二一五條　（改良物一併徵收之例外）

①徵收土地時，其改良物應一併徵收。但有左列情形之一者，不在此限：
　一　法律另有規定者。
　二　改良物所有權人要求取回，並自行遷移者。
　三　建築改良物建造時，依法令規定不得建造者。
　四　農作改良物之種類、數量顯與正常種植情形不相當者。

②前項第三款、第四款之認定，由直轄市或縣（市）地政機關會同有關機關為之。

③第一項第三款、第四款之改良物，於徵收土地公告期滿後，得由直轄市或縣（市）地政機關通知其所有權人或使用人限期拆除或遷移；逾期由直轄市或縣（市）地政機關會同有關機關逕行除去，並不予補償。

第二一六條　（對接連地損害之補償）

①徵收之土地，因其使用影響於接連土地，致不能為從來之利用，或減低其從來利用之效能時，該接連土地所有權人得要求需用土地人為相當補償。

②前項補償金，以不超過接連地因受徵收地使用影響而減低之地價額為準。

第二一七條　（殘餘地之一併徵收）

徵收土地之殘餘部分，面積過小或形勢不整，致不能為相當之使用時，所有權人得於徵收公告期滿六個月內，向直轄市或縣（市）地政機關要求一併徵收之。

第二一八條　（刪除）90

第二一九條　（原土地所有權人之買回權）

①私有土地經徵收後，有左列情形之一者，原土地所有權人得於徵收補償發給完竣屆滿一年之次日起五年內，向該管直轄市或縣

（市）地政機關聲請照徵收價額收回其土地：

一　徵收補償發給完竣屆滿一年，未依徵收計畫開始使用者。

二　未依核准徵收原定興辦事業使用者。

②直轄市或縣（市）地政機關接受聲請後，經查明合於前項規定時，應層報原核准徵收機關核准後，通知原土地所有權人於六個月內繳清原受領之徵收價額，逾期視為放棄收回權。

③第一項第一款之事由，係因可歸責於原土地所有權人或使用人者，不得聲請收回土地。

④私有土地經依徵收計畫使用後，經過都市計畫變更原使用目的，土地管理機關標售該土地時，應公告一個月，被徵收之原土地所有權人或其繼承人有優先購買權。但優先購買權人未於決標後十日內表示優先購買者，其優先購買權視為放棄。

第二二〇條　（公用土地徵收之限制）

現供第二百零八條各款事業使用之土地，非因舉辦較為重大事業無可避免者，不得徵收之。但徵收祇為現供使用土地之小部份，不妨礙現有事業之繼續進行者，不在此限。

第二二一條　（徵收土地應有之負擔數額及清償）

被徵收之土地應有之負擔，其款額計算，以該土地所應得之補償金額為限，並由該管直轄市或縣（市）地政機關於補償地價時為清算結束之。

第二章　徵收程序

第二二二條　（由中央地政機關核准之徵收）

徵收土地，由中央地政機關核准之。

第二二三條　（刪除）

第二二四條　（土地徵用之聲請）

徵收土地，應由需用土地人擬具詳細徵收計畫書，並附具徵收土地圖說及土地使用計畫圖，依前二條之規定分別聲請核辦。

第二二五條　（核准徵收後通知地政機關）

中央地政機關於核准徵收土地後，應將原案全部通知該土地所在地之該管直轄市或縣（市）地政機關。

第二二六條　（二人以上聲請徵收之決定）

同一土地有二人以上聲請徵收時，以其舉辦事業性質之輕重為核定標準，其性質相同者，以其聲請之先後為核定標準。

第二二七條　（公告與通知）

①直轄市或縣（市）地政機關於接到中央地政機關通知核准徵收土地案時，應即公告，並通知土地所有權人及他項權利人。

②前項公告之期間為三十日。

③土地權利利害關係人對於第一項之公告事項有異議者，應於公告期間內向直轄市或縣（市）地政機關以書面提出。

第二二八條　（被徵收土地之他項權利之備案）

①被徵收土地之所有權已經登記完畢者，其所有權或他項權利除於

公告前因繼承、強制執行或法院之判決而取得，並於前條公告期間內向該管直轄市或縣（市）地政機關聲請將其權利備案者外，以公告之日土地登記簿所記載者爲準。

②被徵收土地之所有權未經登記完畢者，土地他項權利人應於前條公告期間內，向該管直轄市或縣（市）地政機關聲請將其權利備案。

第二二九條 （不聲請備案之效果）

所有權未經依法登記完畢之土地，土地他項權利人不依前條規定聲請備案者，不視爲被徵收土地應有之負擔。

第二三〇條 （需用土地人之調查與勘測）

直轄市或縣（市）地政機關得應需用土地人之請求，爲徵收土地進入公、私有土地實施調查或勘測。但進入建築物或設有圍障之土地調查或勘測，應事先通知其所有權人或使用人。

第二三一條 （進入被徵收土地內工作之限制）

需用土地人應俟補償地價及其他補償費發給完竣後，方得進入被徵收土地內工作。但水利事業，因公共安全急需先行使用者，不在此限。

第二三二條 （公告後轉移設定負擔等之限制）

①被徵收之土地公告後，除於公告前因繼承、強制執行或法院之判決而取得所有權或他項權利，並於公告期間內聲請將其權利登記者外，不得移轉或設定負擔。土地權利人或使用人並不得在該土地增加改良物；其於公告時已在工作中者，應即停止工作。

②前項改良物之增加或繼續工作，該管直轄市或縣（市）地政機關認爲不妨礙徵收計畫者，得依關係人之聲請特許之。

第二三三條 （地價及其他補償費之發給）

徵收土地應補償之地價及其他補償費，應於公告期滿後十五日內發給之。但因實施國家經濟政策或舉辦第二百零八條第一款、第二款或第四款事業徵收土地，得呈准行政院以土地債券搭發補償之。

第二三四條 （限期遷移）

直轄市或縣（市）地政機關於被徵收土地應受之補償發給完竣後，得規定期限，令土地權利人或使用人遷移完竣。

第二三五條 （被徵收土地所有權利義務之終止）

被徵收土地之所有權人，對於其土地之權利義務，於應受補償發給完竣時終止，在補償費未發給完竣以前，有繼續使用該土地之權。但合於第二百三十一條但書之規定者，不在此限。

第三章 徵收補償

第二三六條 （補償額之決定及負擔）

①徵收土地應給予之補償地價、補償費及遷移費，由該管直轄市或縣（市）地政機關規定之。

②前項補償地價補償費及遷移費，均由需用土地人負擔，並繳交該

管直轄市或縣（市）地政機關轉發之。

第二三七條 （地價及補償費之提存）

①直轄市或縣（市）地政機關發給補償地價及補償費，有左列情形之一時，得將款額提存之：

一　應受補償人拒絕受領或不能受領者。

二　應受補償人所在地不明者。

②依前項第二款規定辦理提存時，應以土地登記簿記載之土地所有權人及他項權利人之姓名、住址爲準。

第二三八條 （改良物之代爲遷移或一併徵收）

直轄市或縣（市）地政機關遇有左列情形之一者，得將改良物代爲遷移或一併徵收之：

一　受領遷移費人於交付遷移費時，拒絕收受或不能收受者。

二　受領遷移費人所在地不明者。

三　受領遷移費人不依限遷移者。

第二三九條 （被徵收土地應補償之地價）

被徵收土地應補償之地價，依左列之規定：

一　已依法規定地價，其所有權未經移轉者，依其法定地價。

二　已依法規定地價，其所有權經過移轉者，依其最後移轉時之地價。

三　未經依法規定地價者，其地價由該管直轄市或縣（市）地政機關估定之。

第二四〇條 （保留徵收應補償之地價）

保留徵收之土地應補償之地價，依徵收時之地價。

第二四一條 （土地改良物之補償費）

土地改良物被徵收時，其應受之補償費，由該管直轄市或縣（市）地政機關會同有關機關估定之。

第二四二條 （農作改良物補償價值之估定）

被徵收之土地之農作改良物，如被徵收時與其孳息成熟時期相距在一年以內者，其應受補償之價值，應按成熟之孳息估定之；被徵收時與其孳息成熟時相距超過一年者，應依其種植、培育費用，並參酌現值估定之。

第二四三條 （刪除）

第二四四條 （改良物遷移費㈠）

因徵收土地致其改良物遷移時，應給以相當遷移費。

第二四五條 （改良物遷移費㈡）

因土地一部分之徵收而其改良物須全部遷移者，該改良物所有權人得請求給以全部之遷移費。

第二四六條 （墳墓及其他紀念物之遷移費）

①徵收土地應將墳墓及其他紀念物遷移者，其遷移費與改良物同。

②無主墳墓應由需用土地人安爲遷移安葬，並將情形詳細記載列報該管直轄市或縣（市）地政機關備案。

第二四七條 （補償之估定有異議時之評定）

　　對於第二百三十九條、第二百四十一條或第二百四十二條之估定有異議時，該管直轄市或縣（市）地政機關應提交標準地價評議委員會評定之。

時，應依本施行法第三十六條規定之程序辦理，並於會計年度開始前確定公布。

第四三條 （空地荒地應繳地價稅之意義）

土地法第一百七十三條、第一百七十四條所稱之應繳地價稅，係指該空地及荒地應繳之基本稅。

第四四條 （刪除）100

第四五條 （刪除）100

第四六條 （土地稅減免之標準及程序之制定機關）

土地稅減免之標準及程序，由中央地政機關與中央財政機關以規則定之。

第四七條 （變為稅地之起徵時間）

免稅地變為稅地時，應自次年起徵收土地稅。

第四八條 （免稅地之開始年度）

稅地變為免稅地時，其土地稅自免稅原因成立之年免除之。但未依免稅原因使用者，不得免稅。

第五編　土地徵收

第四九條 （徵收土地之範圍）

徵收土地於不妨礙徵收目的之範圍內，應就損失最少之地為之，並應儘量避免耕地。

第五〇條 （徵收土地計畫書應載事項）

土地法第二百二十四條規定之徵收土地計畫書，應記明左列事項：

一　徵收土地原因。

二　徵收土地所在地範圍及面積。

三　興辦事業之性質。

四　興辦事業之法令根據。

五　附帶徵收或區段徵收及其面積。

六　土地改良物情形。

七　土地使用之現狀及其使用人之姓名住所。

八　四鄰接連土地之使用狀況及其改良情形。

九　土地區內有無名勝古蹟，並註明其現狀及沿革。

十　曾否與土地所有權人經過協定手續及其經過情形。

十一　土地所有權人或管有人姓名、住所。

十二　被徵收土地之使用配置。

十三　興辦事業所擬設計大概。

十四　應需補償金額款總數及其分配。

十五　準備金額總數及其分配。

第五一條 （徵收土地圖說、應繪載事項）

土地法第二百二十四條規定之徵收土地圖說，應繪載左列事項：

一　被徵收土地之四至界限。

二　被徵收地區內各宗地之界限及其使用狀態。

三　附近街村鄉鎮之位置及其名稱。

四　被徵收地區內房屋等改良物之位置。

五　圖面之比例尺。

第五二條　（計畫書等之份數）

土地法第二百二十四條規定之徵收土地計畫書、徵收土地圖說及土地使用計畫圖，應各擬具三份，呈送核准機關。

第五三條　（土地使用計畫圖之定義）

土地法第二百二十四條規定之土地使用計畫圖，如係興辦公共事業，指建築地盤圖；如係開闢都市地域，指都市計畫圖；如係施行土地重劃，指重劃計畫圖。

第五四條　（核准徵收程序經過情形之呈報）

直轄市或縣（市）地政機關於土地徵收地價補償完畢後，應將辦理經過情形，陳報中央地政機關核准備案。

第五五條　（核准徵收公告應載事項）

①依土地法第二百二十七條所為公告，應載明左列事項：

一　需用土地人之名稱。

二　興辦事業之種類。

三　徵收土地之詳明區域。

四　被徵收土地應補償之費額。

②前項公告，應附同徵收土地圖，揭示於該管直轄市或縣（市）地政機關門首及被徵收土地所在地。

第五六條　（核准徵收通知之方法）

依土地法第二百二十七條所為通知，應照左列之規定：

一　被徵收土地已登記者，依照登記總簿所載之土地所有權人及土地他項權利人姓名住所，以書面通知。

二　被徵收土地未經登記者，應以所在地之日報登載通知七日。

第五七條　（保留徵收期間之起算）

保留徵收之期間，應自公告之日起算。

第五八條　（補償金的計算與發給）

被徵收土地補償金額之計算與發給，由需用土地人委託該管直轄市或縣（市）地政機關為之。

第五九條　（被徵收土地應有負擔之補償）

被徵收土地應有之負擔，由該管直轄市或縣（市）地政機關於發給補償金時代為補償，並以其餘款交付被徵收土地之所有權人。

第六〇條　（最後移轉價值以登記為準）

土地法第二百三十九條第二款之最後移轉價值，以業經登記者為準。

第六一條　（遷移無主墓之公告）

依土地法第二百四十六條第二項之規定，遷移無主墳墓時，應於十日以前公告之，公告期限不得少於七日。

平均地權條例

①民國 43 年 8 月 26 日總統令制定公布全文 47 條。
②民國 47 年 7 月 2 日總統令修正公布全文 54 條。
③民國 53 年 2 月 6 日總統令修正公布全文 60 條。
④民國 57 年 2 月 12 日總統令修正公布全文 73 條。
⑤民國 61 年 11 月 11 日總統令修正公布第 32 條條文。
⑥民國 66 年 2 月 2 日總統令修正公布全文 87 條及名稱（原名稱：實
　施都市平均地權條例）。
⑦民國 69 年 1 月 25 日總統令修正公布第 41 條條文。
⑧民國 75 年 6 月 29 日總統令修正公布第 3、4、6、7、10、15、16、
　18～26、28～31、33～35、41、42、45～47、50～55、56～60、
　62、65～67、71～73、76～79 條條文；增訂第 26-1、35-1、
　42-1、47-1、47-2、55-1、55-2、60-1、60-2、62-1、63-1、64-1、
　81-1 條條文；並刪除第 8、9、27、43、48、49、68～70、80、82、
　84 條條文。
⑨民國 78 年 10 月 30 日總統令修正公布第 20 條條文。
⑩民國 83 年 2 月 2 日總統令修正公布第 42、42-1 條條文。
⑪民國 88 年 6 月 30 日總統令修正公布第 47-1 條條文。
⑫民國 89 年 1 月 26 日總統令修正公布第 3、45、51 條條文；並增訂
　第 55-2 條條文。
⑬民國 90 年 6 月 20 日總統令修正公布第 2、5、13、42、56、87 條
　條文；增訂第 19-1、35-2、35-3、37-1、38-1 條條文；並自 90 年 7
　月 1 日施行。
⑭民國 91 年 1 月 30 日總統令修正公布第 40 條條文。
⑮民國 91 年 5 月 29 日總統令修正公布第 12、42-1、46、47-3、56、
　58、59、87 條條文；修正之第 46 條之施行日期，由行政院定之。
　民國 91 年 7 月 31 日行政院令發布第 46 條定自 91 年 9 月 1 日施行。
⑯民國 93 年 1 月 14 日總統令修正公布第 40 條條文。
⑰民國 94 年 1 月 30 日總統令修正公布第 40 條條文。
⑱民國 98 年 12 月 30 日總統令修正公布第 41 條條文。
⑲民國 100 年 6 月 15 日總統令修正公布第 56、64 條條文；並刪除第
　6 條條文。
⑳民國 100 年 12 月 30 日總統令修正公布第 47、87 條條文；並增訂
　第 81-2 條條文。
　民國 101 年 6 月 27 日行政院令發布定自 101 年 8 月 1 日施行。

第一章 總 則

第一條 （適用範圍）

平均地權之實施，依本條例之規定者；本條例未規定者，適用土
地法及其他有關法律之規定。

第二條 （主管機關）

本條例所稱主管機關：在中央為內政部；在直轄市為直轄市政

府：在縣（市）為縣（市）政府。其有關土地債券之發行事項，中央主管機關為財政部。

第三條 （名詞定義）

本條例用辭之定義如左：

一 都市土地：指依法發布都市計畫範圍內之土地。

二 非都市土地：指都市土地以外之土地。

三 農業用地：指非都市土地或都市土地農業區、保護區範圍內土地，依法供左列使用者：

　　(一)供農作、森林、養殖、畜牧及保育使用者。

　　(二)供與農業經營不可分離之農舍、畜禽舍、倉儲設備、曬場、集貨場、農路、灌溉、排水及其他農用之土地。

　　(三)農民團體與合作農場所有直接供農業使用之倉庫、冷凍（藏）庫、農機中心、蠶種製造（繁殖）場、集貨場、檢驗場等用地。

四 工業用地：指依法核定之工業區土地及政府核准工業或工廠使用之土地。

五 礦業用地：指礦業實際使用地面之土地。

六 自用住宅用地：指土地所有權人或其配偶、直系親屬於該地辦竣戶籍登記，且無出租或供營業用之住宅用地。

七 空地：指已完成道路、排水及電力設施，於有自來水地區並已完成自來水系統，而仍未依法建築使用；或雖建築使用，而其建築改良物價值不及所占基地申報地價百分之十，且經直轄市或縣（市）政府認定應予增建、改建或重建之私有及公有非公用建築用地。

第四條 （地價評議委員會）

本條例所定地價評議委員會，由直轄市或縣（市）政府組織之，並應由地方民意代表及其他公正人士參加；其組織規程，由內政部定之。

第五條 （土地債券之發行）

①依本條例照價收買或區段徵收土地所需之資金，得由中央或直轄市主管機關發行土地債券。

②土地債券之發行，另以法律定之。

第六條 （刪除）100

第七條 （收買、徵收等土地之出售）

政府依法照價收買、區段徵收或因土地重劃而取得之土地，得隨時公開出售，不受土地法第二十五條之限制。

第八條 （刪除）

第九條 （刪除）

第一〇條 （實施地區內土地徵收之地價）

本條例實施地區內之土地，政府於依法徵收時，應按照徵收當期之公告土地現值，補償其地價。在都市計畫區內之公共設施保留地，應按毗鄰非公共設施保留地之平均公告土地現值，補償其地

價，其地上建築改良物，應參照重建價格補償。

第一一條 （耕地徵收承租人之補償）

①依法徵收或照價收買之土地為出租耕地時，除由政府補償承租人為改良土地所支付之費用，及尚未收穫之農作改良物外，並應由土地所有權人，以所得之補償地價，扣除土地增值稅後餘額之三分之一，補償耕地承租人。

②前項補償承租人之地價，應由主管機關於發放補償或依法提存時，代為扣交。

③公有出租耕地依法撥用時，準用前二項之規定，補償承租人；所需經費，由原管理機關負擔。但為無償撥用者，補償費用，由需地機關負擔。

第一二條 （地籍總歸戶辦法）91

本條例施行區域內地籍總歸戶內容、作業程序、查詢、資料提供範圍與對象及收費等事項之辦法，由中央主管機關擬訂，報請行政院核定。

第二章 規定地價

第一三條 （規定地價之辦理）

本條例施行區域內，未規定地價之土地，應即全面舉辦規定地價。但偏遠地區及未登記之土地，得由直轄市或縣（市）主管機關劃定範圍，報經中央主管機關核定後，分期辦理。

第一四條 （重新規定地價）

規定地價後，每三年重新規定地價一次。但必要時得延長之。重新規定地價者，亦同。

第一五條 （規定或重新規定地價之程序）

直轄市或縣（市）主管機關辦理規定地價或重新規定地價之程序如左：

一　分區調查最近一年之土地買賣價格或收益價格。

二　依據調查結果，劃分地價區段並估計區段地價後，提交地價評議委員會評議。

三　計算宗地單位地價。

四　公告及申報地價，其期限為三十日。

五　編造地價冊及總歸戶冊。

第一六條 （申報地價）

舉辦規定地價或重新規定地價時，土地所有權人未於公告期間申報地價者，以公告地價百分之八十為其申報地價。土地所有權人於公告期間申報地價者，其申報之地價超過公告地價百分之一百二十時，以公告地價百分之一百二十為其申報地價；申報之地價未滿公告地價百分之八十時，得照價收買或以公告地價百分之八十為其申報地價。

第三章 照價徵稅

第一七條 （地價稅之徵收）

已規定地價之土地，應按申報地價，依法徵收地價稅。

第一八條 （地價稅之稅率及累進起點）

地價稅採累進稅率，以各該直轄市或縣（市）土地七公畝之平均地價，爲累進起點地價。但不包括工業用地、礦業用地、農業用地及免稅土地在內。

第一九條 （累進課稅之方法）

地價稅基本稅率爲千分之十。土地所有權人之地價總額未超過土地所在地直轄市或縣（市）累進起點地價者，其地價稅按基本稅率徵收；超過累進起點地價者，依左列規定累進課徵：

一 超過累進起點地價未達五倍者，就其超過部分課徵千分之十五。

二 超過累進起點地價五倍至十倍者，就其超過部分課徵千分之二十五。

三 超過累進起點地價十倍至十五倍者，就其超過部分課徵千分之三十五。

四 超過累進起點地價十五倍至二十倍者，就其超過部分課徵千分之四十五。

五 超過累進起點地價二十倍以上者，就其超過部分課徵千分之五十五。

第一九條之一 （所有土地合併計算地價總額）

①土地爲信託財產者，於信託關係存續中，以受託人爲地價稅或田賦之納稅義務人。

②前項土地應與委託人在同一直轄市或縣（市）轄區內所有之土地合併計算地價總額，依前條規定稅率徵收地價稅，分別就該土地地價占地價總額之比例，計算其應納之地價稅。但信託利益之受益人爲非委託人且符合左列各款規定者，前項土地應與受益人在同一直轄市或縣（市）轄區內所有之土地合併計算地價總額：

一 受益人已確定並享有全部信託利益者。

二 委託人未保留變更受益人之權利者。

第二〇條 （自用住宅用地價稅之計徵）

①合於左列規定之自用住宅用地，其地價稅按千分之三計徵：

一 都市土地面積未超過三公畝部分。

二 非都市土地面積未超過七公畝部分。

②政府興建之國民住宅，自動工興建或取得土地所有權之日起，其用地之地價稅，適用前項稅率計徵。

③土地所有權人與其配偶及未成年之受扶養親屬，適用第一項自用住宅用地稅率繳納地價稅者，以一處爲限。

④自中華民國七十九年一月一日起，第一項之稅率按千分之二計徵。

第二一條 （本條所列事業直接使用之土地地價稅）

①供左列事業直接使用之土地，按千分之十計徵地價稅。但未按目的事業主管機關核定規劃使用者，不適用之：

一　工業用地、礦業用地。

二　私立公園、動物園、體育場所用地。

三　寺廟、教堂用地、政府指定之名勝古蹟用地。

四　依都市計畫法規定設置之加油站及供公眾使用之停車場用地。

五　其他經行政院核定之土地。

②在依法劃定之工業區或工業用地公告前，已在非工業區或工業用地設立之工廠，經政府核准有案者，其直接供工廠使用之土地，準用前項規定。

③第一項各款土地之地價稅，符合第二十五條減免規定者，依該條減免之。

第二二條　（徵收田賦之情形）

①非都市土地依法編定之農業用地或未規定地價者，徵收田賦。但都市土地合於左列規定者，亦同：

一　依都市計畫編為農業區及保護區，限作農業用地使用者。

二　公共設施尚未完竣前，仍作農業用地使用者。

三　依法限制建築，仍作農業用地使用者。

四　依法不能建築，仍作農業用地使用者。

五　依都市計畫編為公共設施保留地，仍作農業用地使用者。

②前項第二款及第三款，以自耕農地及依耕地三七五減租條例出租之耕地為限。

③農民團體與合作農場所有直接供農業使用之倉庫、冷凍（藏）庫、農機中心、蠶種製造（繁殖）場、集貨場、檢驗場、水稻育苗中心等用地，仍徵收田賦。

第二三條　（公共設施保留地之計徵）

都市計畫公共設施保留地，在保留期間仍為建築使用者，除自用住宅用地依第二十條之規定外，統按千分之六計徵地價稅；其未作任何使用並與使用中之土地隔離者，免徵地價稅。

第二四條　（公有土地之課稅）

公有土地按基本稅率徵收地價稅或田賦。但公有土地供公共使用者，免徵地價稅或田賦。

第二五條　（供國防等使用土地地價稅或田賦之減免）

供國防、政府機關、公共設施、騎樓走廊、研究機構、教育、交通、水利、給水、鹽業、宗教、醫療、衛生、公私墓、慈善或公益事業等所使用之土地，及重劃、墾荒、改良土地者，其地價稅或田賦得予適當之減免；減免標準與程序，由行政院定之。

第二六條　（私有空地之限期使用及課稅或收買）

①直轄市或縣（市）政府對於私有空地，得視建設發展情形，分別劃定區域，限期建築、增建、改建或重建；逾期未建築、增建、改建或重建者，按該宗土地應納地價稅基本稅額加徵二倍至五倍之空地稅或照價收買。

②經依前項規定限期建築、增建、改建或重建之土地，其新建之改良物價值不及所占基地申報地價百分之五十者，直轄市或縣

（市）政府不予核發建築執照。

第二六條之一 （農地閒置之加徵荒地稅）

①農業用地閒置不用，經直轄市或縣（市）政府報經內政部核准通知限期使用或命其委託經營，逾期仍未使用或委託經營者，按應納田賦加徵一倍至三倍之荒地稅；經加徵荒地稅滿三年，仍不使用者，得照價收買。但有左列情形之一者不在此限。

一　因農業生產或政策之必要而休閒者。

二　因地區性生產不經濟而休耕者。

三　因公害污染不能耕作者。

四　因灌溉、排水設施損壞不能耕作者。

五　因不可抗力不能耕作者。

②前項規定之實施辦法，由中央主管機關會同農業主管機關定之。

第四章　照價收買

第二七條 （刪除）

第二八條 （照價收買之程序）

依第十六條、第二十六條、第二十六條之一、第四十七條之一、第七十二條、第七十六條照價收買土地之程序如左：

一　直轄市或縣（市）政府應將報准照價收買之地先行公告，並以書面通知土地所有權人及土地移轉之權利人或他項權利人。

二　受通知人應於通知送達之次日起五十日內，繳交土地所有權狀、土地他項權利證明書及有關證件；逾期不繳交者，宣告其書狀、證件無效。

三　直轄市或縣（市）政府對繳交之書狀、證件審核無訛，或依前款規定宣告其書狀、證件無效後，應於三十日內給付地價及他項權利補償費；逾期不領取者，依法提存。

第二九條 （照價收買之公告及通知）

①依第十六條實施照價收買之土地，其公告及通知，應於申報地價後開徵當年期地價稅之前辦理完竣。

②依第二十六條、第七十二條規定得照價收買之土地，自限期屆滿之次日起，當地主管建築機關應停止受理申請建築執照。

第三〇條 （土地之交付）

照價收買之土地，其所有權人應於受領地價完竣或其地價經依法提存之次日起六十日內，將其土地交付該管直轄市或縣（市）政府；逾期不交付者，必要時主管機關得移送法院裁定後強制執行。

第三一條 （照價收買之地價計算）

照價收買土地之地價，依左列規定計之：

一　依第十六條規定收買者，以其申報地價為準。

二　依第四十七條之一規定收買者，以其申報土地移轉現值為準。

三　依第二十六條、第二十六條之一、第七十二條、第七十六條

　　規定收買者，以收買當期之公告土地現值爲準。

第三二條　（地價之範圍）

照價收買之土地，如土地所有權人有改良土地情事，其改良土地之費用及已繳納之工程受益費，經該管主管機關驗證登記者，應併入地價內計算之。

第三三條　（農作改良物之補償）

①照價收買之土地，地上如有農作改良物，應予補償。

②前項農作改良物價額之估定，如其孳息成熟時間在收買後一年以內者，應按其成熟時之孳息估定之；其在一年以上者，應依其種植、培育費用，並參酌現值估定之。

③依法徵收之土地，準用前二項之規定。

第三四條　（建物之一併收買）

①照價收買之土地，地上建築改良物同屬土地所有權人所有者，應一併收買。但不屬土地所有權人所有者，不在此限。

②前項改良物之價額，由直轄市或縣（市）政府查估後，提交地價評議委員會評定之。

第五章　漲價歸公

第三五條　（土地增值稅之徵收）

爲實施漲價歸公，土地所有權人於申報地價後之土地自然漲價，應依第三十六條規定徵收土地增值稅。但政府出售或依法贈與之公有土地，及接受捐贈之私有土地，免徵土地增值稅。

第三五條之一　（免徵增值稅）

私人捐贈供興辦社會福利事業使用之土地，免徵土地增值稅。但以符合左列各款規定者爲限：

一　受贈人爲財團法人。

二　法人章程載明法人解散時，其賸餘財產歸屬當地地方政府所有。

三　捐贈人未以任何方式取得所捐贈土地之利益。

第三五條之二　（配偶贈與土地再移轉之課稅）

配偶相互贈與之土地，不課徵土地增值稅。但於再移轉第三人時，以該土地第一次贈與前之原規定地價或前次移轉現值爲原地價，計算漲價總數額，課徵土地增值稅。

第三五條之三　（信託財產土地移轉所有權不課稅之情形）

土地爲信託財產者，於左列各款信託關係人間移轉所有權，不課徵土地增值稅：

一　因信託行爲成立，委託人與受託人間。

二　信託關係存續中受託人變更時，原受託人與新受託人間。

三　信託契約明定信託財產之受益人爲委託人者，信託關係消滅時，受託人與受益人間。

四　因遺囑成立之信託，於信託關係消滅時，受託人與受益人間。

　　五　因信託行爲不成立、無效、解除或撤銷，委託人與受託人
　　　間。

第三六條　（徵收時期及計算）

①土地增值稅之徵收，應依照土地漲價總數額計算，於土地所有權
　移轉或設定典權時行之。但因繼承而移轉者，不徵土地增值稅。

②前項土地漲價總數額，應減去土地所有權人爲改良土地已支付之
　全部費用。

③土地所有權人辦理土地移轉繳納土地增值稅時，在其持有土地期
　間內，因重新規定地價增繳之地價，就其移轉土地部分，准予
　抵繳其應納之土地增值稅。但准予抵繳之總額，以不超過土地移
　轉時應繳增值稅總額百分之五爲限。

④前項增繳之地價稅抵繳辦法，由行政院定之。

第三七條　（納稅義務人）

　土地增值稅，以原土地所有權人爲納稅義務人。但土地所有權無
　償移轉者，以取得所有權人爲納稅義務人。

第三七條之一　（課稅）

①受託人就受託土地，於信託關係存續中，有償移轉所有權、設定
　典權或依信託法第三十五條第一項規定轉爲其自有土地時，以受
　託人爲納稅義務人，課徵土地增值稅。

②以土地爲信託財產，受託人依信託本旨移轉信託土地與委託人以
　外之歸屬權利人時，以該歸屬權利人爲納稅義務人，課徵土地增
　值稅。

第三八條　（土地增值稅之徵收）

①土地所有權移轉，其移轉現值超過原規定地價或前次移轉時申報
　之現值，應就其超過總數額依第三十六條第二項之規定扣減後，
　徵收土地增值稅。

②前項所稱原規定地價，係指中華民國五十三年規定之地價；其在
　中華民國五十三年以前已依土地法規定辦理規定地價及在中華民
　國五十三年以後舉辦規定地價之土地，均以其第一次規定之地價
　爲原規定地價。所稱前次移轉時申報之現值，於因繼承取得之土
　地再行移轉者，係指繼承開始時該土地之公告土地現值。

第三八條之一　（改良費用及地價稅之抵繳）

①依第三十五條之三規定不課徵土地增值稅之土地，於所有權移
　轉、設定典權或依信託法第三十五條第一項規定轉爲受託人自
　有土地時，以該土地不課徵土地增值稅前之原規定地價或最近一
　次經核定之移轉現值爲原地價，計算漲價總數額，課徵土地增值
　稅。但屬第四十二條第二項但書規定情形者，其原地價之認定，
　依其規定。

②因遺囑成立之信託，於成立時以土地爲信託財產者，該土地有前
　項應課徵土地增值稅之情形時，其原地價指遺囑人死亡日當期之
　公告土地現值。

③前二項土地，於計課土地增值稅時，委託人或受託人於信託前或

信託關係存續中，有支付第三十六條第二項改良土地之改良費用或同條第三項增繳之地價稅者，準用該條之減除或抵繳規定。

第三九條 （土地漲價總數額之計算）

前條原規定地價或前次移轉時申報之現值，應按政府公告之物價指數調整後，再計算其土地漲價總數額。

第四〇條 （稅率）94

① 土地增值稅之稅率，依下列規定：

一 土地漲價總數額超過原規定地價或前次移轉時核計土地增值稅之現值數額未達百分之一百者，就其漲價總數額徵收增值稅百分之二十。

二 土地漲價總數額超過原規定地價或前次移轉時核計土地增值稅之現值數額在百分之一百以上未達百分之二百者，除按前款規定辦理外，其超過部分徵收增值稅百分之三十。

三 土地漲價總數額超過原規定地價或前次移轉時核計土地增值稅之現值數額在百分之二百以上者，除按前二款規定分別辦理外，其超過部分徵收增值稅百分之四十。

② 因修正前項稅率造成直轄市政府及縣（市）政府稅收之實質損失，於財政收支劃分法修正擴大中央統籌分配稅款規模之規定施行前，由中央政府補足之，並不受預算法第二十三條有關公債收入不得充經常支出之用之限制。

③ 前項實質損失之計算，由財政部與直轄市政府及縣（市）政府協商之。

④ 公告土地現值，不得低於一般正常交易價值之一定比例。

⑤ 前項一定比例，由中央主管機關會同財政部與直轄市、縣（市）政府會商後定之。但應逐年接近一般正常交易價格。

⑥ 持有土地年限超過二十年以上者，就其土地增值稅超過第一項最低稅率部分減徵百分之二十。

⑦ 持有土地年限超過三十年以上者，就其土地增值稅超過第一項最低稅率部分減徵百分之三十。

⑧ 持有土地年限超過四十年以上者，就其土地增值稅超過第一項最低稅率部分減徵百分之四十。

第四一條 （增值稅稅率）98

① 土地所有權人出售其自用住宅用地者，都市土地面積未超過三公畝部分或非都市土地面積未超過七公畝部分，其土地增值稅統就該部分之土地漲價總數額按百分之十徵收之；超過三公畝或七公畝者，其超過部分之土地漲價總數額，依前條規定之稅率徵收之。

② 前項土地於出售前一年內，曾供營業使用或出租者，不適用前項規定。

③ 第一項規定於自用住宅之評定現值不及所占基地公告土地現值百分之十者，不適用之。但自用住宅建築工程完成滿一年以上者，不在此限。

④土地所有權人，依第一項規定稅率繳納土地增值稅者，以一次為限。

⑤土地所有權人適用前項規定後，再出售其自用住宅用地，符合下列各款規定者，不受前項一次之限制：

一　出售都市土地面積未超過一‧五公畝部分或非都市土地面積未超過三‧五公畝部分。

二　出售時土地所有權人與其配偶及未成年子女，無該自用住宅以外之房屋。

三　出售前持有該土地六年以上。

四　土地所有權人或其配偶、未成年子女於土地出售前，在該地設有戶籍且持有該自用住宅連續滿六年。

五　出售前五年內，無供營業使用或出租。

第四二條 （被徵收或重劃土地增值稅之減徵）

①被徵收之土地，免徵其土地增值稅。

②依都市計畫法指定之公共設施保留地尚未被徵收前之移轉，準用前項規定，免徵土地增值稅。但變更為非公共設施保留地後再移轉時，以該土地第一次免徵土地增值稅前之原規定地價或前次移轉現值為原地價，計算漲價總數額，課徵土地增值稅。

③依法得徵收之私有土地，土地所有權人自願按徵收補償地價售與需地機關者，準用第一項之規定。

④經重劃之土地，於重劃後第一次移轉時，其土地增值稅減徵百分之四十。

第四二條之一 （區段徵收土地增值稅之減免）91

①區段徵收之土地，以現金補償其地價者，依前條第一項規定，免徵其土地增值稅。但依第五十四條第三項規定因領回抵價地不足最小建築單位面積而領取現金補償者，亦免徵土地增值稅。

②區段徵收之土地，依第五十四條第一項、第二項規定以抵價地補償其地價者，免徵土地增值稅。但領回抵價地後第一次移轉時，應以原土地所有權人實際領回抵價地之地價為原地價，計算漲價總數額，課徵土地增值稅，並準用前條第四項之規定。

第四三條 （刪除）

第四四條 （增值稅之退還）

①土地所有權人出售其自用住宅用地、自營工廠用地或自耕之農業用地，另行購買使用性質相同之土地者，依法退還其出售土地所繳之土地增值稅。

②前項土地被徵收時，原土地所有權人於領取補償地價後，另行購買使用性質相同之土地者，依法退還徵收土地所繳之土地增值稅。

第四五條 （農業用地之免徵增值稅）

①作農業使用之農業用地，移轉與自然人時，得申請不課徵土地增值稅。

②前項不課徵土地增值稅之土地承受人於其具有土地所有權之期間

內，曾經有關機關查獲該土地未作農業使用且未在有關機關所令期限內恢復作農業使用，或雖在有關機關所令期限內已恢復作農業使用而再有未作農業使用情事者，於再移轉時應課徵土地增值稅。

③前項所定土地承受人有未作農業使用之情事，於配偶間相互贈與之情形，應合併計算。

④作農業使用之農業用地，於本條例中華民國八十九年一月六日修正施行後第一次移轉，或依第一項規定取得不課徵土地增值稅之土地後再移轉，依法應課徵土地增值稅時，以該修正施行日當期之公告土地現值為原地價，計算漲價總數額，課徵土地增值稅。

⑤本條例中華民國八十九年一月六日修正施行後，曾經課徵土地增值稅之農業用地再移轉時，依法應課徵土地增值稅時，以該土地最近一次課徵土地增值稅時核定之申報移轉現值為原地價，計算漲價總數額，課徵土地增值稅，不適前項規定。

第四六條　（土地現值表之編製）91
直轄市或縣（市）政府對於轄區內之土地，應經常調查其地價動態，繪製地價區段圖並估計區段地價後，提經地價評議委員會評定，據以編製土地現值表於每年一月一日公告，作為土地移轉及設定典權時，申報土地移轉現值之參考；並作為主管機關審核土地移轉現值及補償徵收土地地價之依據。

第四七條　（移轉或典權登記與不動產交易實價資訊之登錄）100
①土地所有權移轉或設定典權時，權利人及義務人應於訂定契約之日起三十日內，檢附契約及有關文件，共同申請土地所有權移轉或設定典權登記，並共同申報其土地移轉現值。但依規定得由權利人單獨申請登記者，權利人得單獨申報其移轉現值。

②權利人應於買賣案件辦竣所有權移轉登記三十日內，向主管機關申報登錄土地及建物成交案件實際資訊。

③前項買賣案件，有下列情形之一者，權利人免申報登錄成交案件實際資訊：
㈠買賣案件委託地政士申請登記者，應由地政士申報登錄。
㈡買賣案件委由不動產經紀業居間或代理成交，除依前款規定委託地政士申請登記者外，應由不動產經紀業申報登錄。

④前二項受理申報登錄成交案件實際資訊，主管機關得委任所屬機關辦理。

⑤前項登錄之資訊，除涉及個人資料外，得供政府機關利用並以區段化、去識別化方式提供查詢。

⑥已登錄之不動產交易價格資訊，在相關配套措施完全建立並完成立法後，始得為課稅依據。

⑦第二項、第三項登錄資訊類別、內容與第五項提供之內容、方式、收費費額及其他應遵行事項之辦法，由中央主管機關定之。

第四七條之一　（移轉現值之審核標準）
①土地所有權移轉或設定典權，其申報移轉現值之審核標準，依左

列規定：

一　申報人於訂定契約之日起三十日內申報者，以訂約日當期之公告土地現值爲準。

二　申報人逾訂定契約之日起三十日始申報者，以受理申報機關收件日當期之公告土地現值爲準。

三　遺贈之土地，以遺贈人死亡日當期之公告土地現值爲準。

四　依法院判決移轉登記者，以申報人向法院起訴日當期之公告土地現值爲準。

五　經法院拍賣之土地，以拍定日當期之公告土地現值爲準。但拍定價額低於公告土地現值者，以拍定價額爲準；拍定價額如已先將設定抵押金額或其他債務予以扣除者，應以併同計算之金額爲準。

六　經政府核定照價收買或協議購買之土地，以政府收買日或購買日當期之公告土地現值爲準。但政府給付之地價低於收買日或購買日當期之公告土地現值者，以政府給付之地價爲準。

②前項第一款至第四款申報人申報之移轉現值，經審核低於公告土地現值者，得由主管機關照其自行申報之移轉現值收買或照公告土地現值徵收土地增值稅。前項第一款至第三款之申報移轉現值，經審核超過公告土地現值者，應以其自行申報之移轉現值爲準，徵收土地增值稅。

第四七條之二　（移轉現值之核定）91

依法徵收土地增值稅之土地，主管稅捐機關應依左列規定核定其移轉現值並發給免稅證明，以憑辦理土地所有權移轉登記：

一　依第三十五條規定免徵土地增值稅之公有土地，以實際出售價額爲準。但各級政府贈與或受贈之土地，以贈與契約訂定日當期之公告土地現值爲準。

二　依第三十五條之一規定免徵土地增值稅之私有土地，以贈與契約訂定日當期之公告土地現值爲準。

三　依第三十六條規定免徵土地增值稅之繼承土地，以繼承開始時當期之公告土地現值爲準。

四　依第四十二條之一第二項規定免徵土地增值稅之抵價地，以區段徵收時實際領回抵價地之地價爲準。

第四八條　（刪除）

第四九條　（刪除）

第五〇條　（增值稅之代繳）

土地所有權移轉，其應納之土地增值稅，納稅義務人未於規定期限內繳納者，得由取得所有權之人代爲繳納。依第四十七條規定由權利人單獨申報土地移轉現值者，其應納之土地增值稅，應由權利人代爲繳納。

第五一條　（漲價歸公收入）

依本條例施行漲價歸公之收入，以供育幼、養老、救災、濟貧、

衛生、扶助殘障等公共福利事業、興建國民住宅、徵收公共設施保留地、興辦公共設施、促進農業發展、農村建設、推展國民教育及實施平均地權之用。

第六章 土地使用

第五二條 （土地用途之編定）

為促進土地合理使用，並謀經濟均衡發展，主管機關應依國家經濟政策、地方需要情形、土地所能提供使用之性質與區域計畫及都市計畫之規定，全面編定各種土地用途。

第五三條 （區段徵收之地區）

①各級主管機關得就左列地區報經行政院核准後施行區段徵收：

一 新設都市地區之全部或一部，實施開發建設者。

二 舊都市地區為公共安全、公共衛生、公共交通之需要或促進土地之合理使用實施更新者。

三 都市土地開發新社區者。

四 農村社區為加強公共設施、改善公共衛生之需要、或配合農業發展之規劃實施更新或開發新社區者。

②區段徵收地區選定後，徵收機關於通知其土地所有權人或使用人後，得進入該地區內為勘查或測量。其必須遷移或除去該土地上之障礙物時，應事先通知其所有權人或使用人；其所有權人或使用人因而遭受之損失，應予適當之補償。補償金額，由雙方協議之；協議不成，由當地直轄市或縣（市）政府函請上級政府予以核定。

③區段徵收地區選定後，徵收機關得視實際需要報經上級主管機關核定後，分別或同時公告禁止左列事項：

一 土地移轉、分割、設定負擔。

二 建築改良物之新建、增建、改建或重建及採取土石或變更地形。

④前項禁止期間，以一年六個月為期。

第五四條 （補償及折抵）

①各級主管機關依本條例規定施行區段徵收時，應依本條例第十條規定補償其地價；如經土地所有權人之申請，得以徵收後可供建築之土地折算抵付。抵價地總面積，以徵收總面積百分之五十為原則；其因情形特殊，經上級主管機關核准者，不在此限。但不得少於百分之四十。

②被徵收土地所有權人，應領回抵價地之面積，由徵收機關按其應領補償地價與區段徵收補償地價總額之比例計算其應領之權利價值，並以該抵價地之單位地價折算之。

③依前項規定領回面積不足最小建築單位面積者，應於規定期間內提出申請合併，未於規定期間內申請者，徵收機關應於規定期間屆滿之日起三十日內，按原徵收補償地價發給現金補償。

第五五條 （抵價地之發給）

① 依本條例實施區段徵收之土地，原土地所有權人不願領取現金補償者，應於徵收公告期間內以書面申請發給抵價地。

② 領回抵價地者，由徵收機關於規劃分配後，囑託該管登記機關逕行辦理土地所有權登記並通知土地所有權人。

第五五條之一 （租賃關係及他項權利之準用）

區段徵收之土地以抵價地抵付補償地價者，其原有租賃關係及他項權利準用市地重劃有關規定處理。

第五五條之二 （區段徵收範圍土地之處理方式）

① 區段徵收範圍內之土地，經規劃整理後，其處理方式如左：

一 抵價地發交原土地所有權人領回。

二 道路、溝渠、公園、綠地、兒童遊樂場、廣場、停車場、體育場所、國民學校等公共設施用地無償登記為直轄市、縣（市）或鄉（鎮、市）有。

三 前款以外之公共設施用地，得由主管機關依財務計畫需要，於徵收計畫書載明有償或無償撥供需地機關或讓售供公營事業機構使用。

四 國民住宅用地、安置原住戶或經行政院專案核准所需土地讓售需地機關。

五 其餘可供建築土地，得予標售、標租或設定地上權。

② 前項第二款以外之公共設施用地，如該事業得許民營者，其用地應依前項第五款之規定辦理。

③ 依第一項第三款至第五款撥用或讓售地價及標售底價，以開發總費用為基準，按其土地之位置、地勢、交通、道路寬度、公共設施及預期發展等條件之優劣估定之。

④ 依第一項第五款標售時，其期限不得逾九十九年。

⑤ 第一項第五款土地之標售、標租及設定地上權辦法，由各級主管機關定之。

第五六條 （辦理市地重劃地區）100

① 各級主管機關得就下列地區，報經上級主管機關核准後，辦理市地重劃：

一 新設都市地區之全部或一部，實施開發建設者。

二 舊都市地區為公共安全、公共衛生、公共交通或促進土地合理使用之需要者。

三 都市土地開發新社區者。

四 經中央主管機關指定限期辦理者。

② 依前項規定辦理市地重劃時，主管機關應擬具市地重劃計畫書，送經上級主管機關核定公告滿三十日後實施之。

③ 在前項公告期間內，重劃地區私有土地所有權人半數以上，而其所有土地面積超過重劃地區土地總面積半數者，表示反對時，主管機關應予調處，並參酌反對理由，修訂市地重劃計畫書，重行報請核定，並依其核定結果公告實施。

④市地重劃地區之選定、公告禁止事項、計畫之擬訂、核定、公告通知、測量、調查、地價查估、計算負擔、分配設計、拆遷補償、工程施工、地籍整理、交接清償及財務結算等事項之實施辦法，由中央主管機關定之。

第五七條　（優先實施土地重劃）

適當地區內之私有土地所有權人半數以上，而其所有土地面積超過區內私有土地總面積半數者之同意，得申請該管直轄市或縣（市）政府核准後優先實施市地重劃。

第五八條　（土地重劃之獎勵）91

①為促進土地利用，擴大辦理市地重劃，得獎勵土地所有權人自行組織重劃會辦理之。其獎勵事項如左：

一　給予低利之重劃貸款。
二　免收或減收地籍整理規費及換發權利書狀費用。
三　優先興建重劃區及其相關地區之公共設施。
四　免徵或減徵地價稅與田賦。
五　其他有助於市地重劃之推行事項。

②前項重劃會組織、職權、重劃業務、獎勵措施等事項之辦法，由中央主管機關定之。

③重劃會辦理市地重劃時，應由重劃區內私有土地所有權人半數以上，而其所有土地面積超過重劃區私有土地總面積半數以上者之同意，並經主管機關核准後實施之。

第五九條　（重劃地區核定後之處置）91

①重劃地區選定後，直轄市或縣（市）政府，得視實際需要報經上級主管機關核定後，分別或同時公告禁止或限制左列事項：

一　土地移轉、分割或設定負擔。
二　建築改良物之新建、增建、改建或重建及採取土石或變更地形。

②前項禁止或限制之期間，不得超過一年六個月。

③第一項公告禁止或限制事項，無須徵詢土地及建築改良物所有權人之意見。

第六〇條　（公共設施用地及各項費用之共同負擔）

①依本條例規定實施市地重劃時，重劃區內供公共使用之道路、溝渠、兒童遊樂場、鄰里公園、廣場、綠地、國民小學、國民中學、停車場、零售市場等十項用地，除以原公有道路、溝渠、河川及未登記地等四項土地抵充外，其不足土地及工程費用、重劃費用與貸款利息，由參加重劃土地所有權人按其土地受益比例共同負擔，並以重劃區內未建築土地折價抵付。如無未建築土地者，改以現金繳納。其經限期繳納而逾期不繳納者，得移送法院強制執行。

②重劃區內未列為前項共同負擔之其他公共設施用地，於土地交換分配時，應以該重劃地區之公有土地優先指配。

③依第一項規定抵價抵付共同負擔之土地，其合計面積以不超過各

該重劃區總面積百分之四十五爲限。但經重劃區內私有土地所有權人半數以上且其所有土地面積超過區內私有土地總面積半數之同意者，不在此限。

第六○條之一 （重劃區內土地分配）

①重劃區內之土地扣除前條規定折價抵付共同負擔之土地後，其餘土地仍依各宗土地地價數額比例分配與原土地所有權人。但應分配土地之一部或全部因未達最小分配面積標準，不能分配者，得以現金補償之。

②依前項規定分配結果，實際分配之土地面積多於應分配之面積者，應繳納差額地價；實際分配面積少於應分配之面積者，應發給差額地價。

③第二項應繳納之差額地價經限期繳納逾期未繳納者，得移送法院強制執行。

④未繳納差額地價之土地，不得移轉。但因繼承而移轉者，不在此限。

第六○條之二 （分配結果之公告通知及提出異議）

①主管機關於辦理重劃分配完畢後，應將分配結果公告三十日，並通知土地所有權人。

②土地所有權人對於重劃之分配結果，得於公告期間內向主管機關以書面提出異議；未提出拱議者，其分配結果於公告期滿時確定。

③前項異議，由主管機關調處之；調處不成，應報請上級主管機關裁決之。

第六一條 （發展較緩地區土地重劃之辦理）

①都市發展較緩地區辦理市地重劃時，得先將重劃土地之交換分合、測定界址及土地之分配、登記及交接工作，辦理完成。對於公共設施建設工程，得視都市之發展情形，另行辦理。

②依前項規定實施重劃地區，公共設施興建前，公共設施保留地由當地直轄市或縣（市）政府管理。實施工程建設時，其工程費用，得依徵收工程受益費之規定辦理。重劃區內之土地所有權人，並得集資自行興辦各項工程建設。

第六二條 （土地重劃效力）

市地重劃後，重行分配與原土地所有權人之土地，自分配結果確定之日起，視爲其原有之土地。但對於行政上或判決上之處分，其效力與原有土地性質上不可分者，不適用之。

第六二條之一 （應拆遷土地改良物之公告及限期）

①重劃區內應行拆遷之土地改良物或墳墓，直轄市或縣（市）政府應予公告，並通知其所有權人或墓主，土地改良物限期三十日內，墳墓限期三個月內自行拆除或遷葬。逾期不拆除或遷葬者，得代爲拆除或遷葬。

②前項因重劃而拆除或遷葬之土地改良物或墳墓，應予補償；其補償數額，由直轄市或縣（市）政府查定之。但違反依第五十九條

規定公告禁止或限制事項者，不予補償。代為拆除或遷葬者，其費用在其應領補償金額內扣回。

第六三條　（註銷租約及請求補償）

①出租之公、私有耕地因實施市地重劃致不能達到原租賃之目的者，由直轄市或縣（市）政府逕為註銷其租約並通知當事人。

②依前項規定註銷租約者，承租人得依左列規定請求或領取補償：

一　重劃後分配土地者，承租人得向出租人請求按重劃計畫書公告當期該土地之公告土地現值三分之一之補償。

二　重劃後未受分配土地者，其應領之補償地價，由出租人領取三分之二，承租人領取三分之一。

③因重劃撥充為公共設施用地之公有出租農業用地，直轄市或縣（市）政府應逕為註銷租約，並按重劃計畫書公告當期該土地之公告土地現值三分之一補償承租人，所需費用列為重劃共同負擔。

第六三條之一　（終止租約及請求補償）

前條以外之出租土地，因重劃而不能達到原租賃之目的者，承租人得終止租約，並得向出租人請求相當一年租金之補償。其因重劃而增減其利用價值者，出租人或承租人得向對方請求變更租約及增減相當之租金。

第六四條　（權利視為消滅及請求補償）100

①地上權、農育權、永佃權及不動產役權因市地重劃致不能達其設定目的者，各該權利視為消滅。地上權人、農育權人、永佃權人或不動產役權人得向土地所有權人請求相當之補償。

②土地建築改良物經設定抵押權或典權，因市地重劃致不能達其設定目的者，各該權利視為消滅。抵押權人或典權人得向土地所有權人請求以其所分配之土地，設定抵押權或典權。

第六四條之一　（權利價值之協調清理）

實施重劃未受土地分配者，其原設定抵押權或典權之權利價值，由重劃機關在不超過土地所有權人應得補償之數額內予以協調清理。

第六五條　（請求權行使之期限）

第六十三條之一、第六十四條請求權之行使，應於重劃分配結果確定之次日起二個月內為之。

第六六條　（土地交接）

市地重劃區內，經重劃分配之土地，重劃機關應以書面分別通知原土地所有權人及使用人，限期辦理遷讓或接管；逾期不遷讓者，得移送法院強制執行；逾期不接管者，自限期屆滿之日起，視為已接管。

第六七條　（土地權狀之換發）

經重劃之土地，重劃機關應依據重劃結果，重新編號，列冊送由該管登記機關，逕為辦理權利變更登記，換發土地權利書狀；未於規定期限內換領者，宣告其原土地權利書狀無效。

第六八條至第七〇條 （刪除）

第七一條 （私有建地面積之限制）

①直轄市或縣（市）政府對於尚未建築之私有建築用地，應限制土地所有權人所有面積之最高額。

②前項所有面積之最高額，以十公畝為限。但工業用地、學校用地及經政府核准之大規模建築用地，應視其實際需要分別訂定之。

③計算尚未建築土地面積最高額時，對於因法令限制不能建築之土地，應予扣除。

第七二條 （超額土地之限期出售使用）

前條超額土地，直轄市或縣（市）政府應通知土地所有權人於二年內出售或建築使用；逾期未出售或未建築使用者，得予照價收買，整理後出售與需用土地人建築使用。但在建設發展較緩之地段，不在此限。

第七三條 （承購或承租土地之限期使用）

①依第二十六條、第七十二條、第七十六條照價收買後再出售之土地及依第五十五條之二第一項第五款出售之土地，其承購人應自承購之日起一年內興工建築；逾期不建築，亦未報准延期建築者，直轄市或縣（市）政府得照原價收回。

②前項延期建築之期限，不得逾六個月。

第七四條 （私有空地限期使用）

依第二十六條規定限期建築之土地，有左列情形之一者，土地所有權人應於接到限期使用通知後，與承租人、借用人或地上權人協議建築、增建或改建；協議不成時，得終止租約、借貸或撤銷地上權：

一　土地所有權人將其土地出租、貸與或設定地上權者。

二　土地所有權人將其所有之建築改良物出租或貸與他人使用者。

三　土地承租人、借用人或地上權人將其所有建築改良物出租或貸與他人使用者。

第七五條 （土地收回之補償）

①依前條第一款規定收回土地之所有權人，除應給予承租人、借用人或地上權人為改良土地所支付之費用外，並應就其建築改良物給與補償。

②前項建築改良物補償價額，由直轄市或縣（市）政府估定之。

第七六條 （耕地租約之終止）

①出租耕地經依法編為建築用地者，出租人為收回自行建築或出售作為建築使用時，得終止租約。

②依前項規定終止租約，實際收回耕地屆滿一年後，不依照使用計畫建築使用者，直轄市或縣（市）政府得照價收買之。

第七七條 （收回耕地之補償）

①耕地出租人依前條規定終止租約收回耕地時，除應補償承租人為改良土地所支付之費用及尚未收穫之農作改良物外，應就申請終

止租約當期之公告土地現值，預計土地增值稅，並按該公告土地現值減除預計土地增值稅後餘額三分之一給予補償。

②前項改良土地所支付之費用，以承租人已依耕地三七五減租條例第十三條規定以書面通知出租人者爲限。

③公有出租耕地終止租約時，應依照第一項規定補償耕地承租人。

第七八條 （終止耕地租約之程序）

①依第七十六條規定終止耕地租約時，應由土地所有權人以書面向直轄市或縣（市）政府提出申請，經審核其已與承租人協議成立者，應准終止耕地租約；其經審核尚未與承租人達成協議者，應即邀集雙方協調。承租人拒不接受協調或對補償金額有爭議時，由直轄市或縣（市）政府，依前條規定準計承租人應領之補償，並通知領取，其經領取或依法提存者，准予終止耕地租約。

②耕地租約終止後，承租人拒不返還耕地時，由直轄市或縣（市）政府移送法院裁定後，強制執行之，不受耕地三七五減租條例關於租佃爭議調解調處程序之限制。

第七九條 （土地稅捐之扣繳）

被徵收或照價收買之土地，應納未納之土地稅捐及滯納金，由該管直轄市或縣（市）政府於發放補償金時，代爲扣繳，並以其餘款，交付被徵收或收買之土地所有權人。

第七章 罰 則

第八〇條 （刪除）

第八一條 （未移轉登記出售之處罰）

土地買賣未辦竣權利移轉登記，承買人再行出售該土地者，處應納登記費二十倍以下之罰鍰。

第八一條之一 （受贈土地財團法人違法之處罰）

依第三十五條之一受贈土地之財團法人，有左列情形之一者，除追補應納之土地增值稅外，並處應納土地增值稅額二倍之罰鍰：

一 未按捐贈目的使用土地者。

二 違反各該事業設立宗旨者。

三 土地收益未全部用於各該事業者。

第八一條之二 （罰則）100

違反第四十七條第二項規定，經主管機關限期改正而未改正者，處新臺幣三萬元以上十五萬元以下罰鍰，並限期改正；屆期未改正者，應按次處罰。

第八二條 （刪除）

第八三條 （土地壟斷投機罪）

以經營土地買賣，違背土地法律，從事土地壟斷、投機者，處三年以下有期徒刑，並得併科七千元以下罰金。

第八三條之一 （妨害市地重劃罪）

有左列行爲之一者，處三年以下有期徒刑、拘役或科或併科五千元以下罰金：

一　移動或毀損重劃測量標樁，致妨害市地重劃工程之設計、施工或土地之分配者。

二　以強暴、脅迫或其他非法方法妨害市地重劃之實施者。

第八章　附　則

第八四條　（刪除）

第八五條　（施行區域）

本條例施行區域，由行政院以命令定之。

第八六條　（施行細則）

本條例施行細則，由行政院定之。

第八七條　（施行日）100

①本條例自公布日施行。

②本條例中華民國九十年五月二十九日修正之第十九條之一、第三十五條之三、第三十七條之一及第三十八條之一之施行日期，由行政院定之。

③本條例中華民國九十一年五月十四日修正之第四十六條之施行日期，由行政院定之。

④本條例中華民國一百年十二月十三日修正之第四十七條及第八十一條之二之施行日期，由行政院定之。

平均地權條例施行細則

① 民國 66 年 4 月 1 日行政院令訂定發布全文 97 條。
② 民國 68 年 3 月 22 日行政院令修正發布第 85 條條文。
③ 民國 68 年 8 月 7 日行政院令修正發布第 19、52、56、59、60、61、66 條條文。
④ 民國 69 年 7 月 10 日行政院令修正發布第 85 條條文。
⑤ 民國 72 年 2 月 23 日行政院令修正發布第 34 條條文。
⑥ 民國 73 年 1 月 26 日行政院令修正發布第 9、92 條條文。
⑦ 民國 77 年 4 月 27 日行政院令修正發布全文 102 條。
⑧ 民國 79 年 4 月 27 日行政院令修正發布第 64、70、71、79、88 條條文；並增訂第 78-1 條條文。
⑨ 民國 81 年 4 月 6 日行政院令修正發布第 7、11、40、82、84、86、87、93、96 條條文；並增訂第 79-1 條條文。
⑩ 民國 83 年 7 月 18 日行政院令修正發布第 9、55、62、87 條條文；並增訂第 84-1 條條文。
⑪ 民國 87 年 8 月 5 日行政院令修正發布第 69、74、78-1、79、79-1、80、84、84-1、85 條條文；並增訂第 69-1、74-1、74-2、79-2 條條文。
⑫ 民國 88 年 10 月 6 日行政院令修正發布第 2、14、40、42、43、49、63、87、95 條條文。
⑬ 民國 91 年 4 月 3 日行政院令修正發布第 2 條條文。
⑭ 民國 91 年 9 月 11 日行政院令修正發布第 84、84-1 條條文。
⑮ 民國 92 年 10 月 15 日行政院令修正發布第 3、5、7、12、15、17、21、27、34、35、37、38、40、42、43、46、47、54、60、63、81、84-1、90、93～99 條條文；刪除第 2、61、62 條條文；並增訂第 82-1 條條文。
⑯ 民國 94 年 12 月 16 日行政院令修正發布第 14、24 條條文及第 57 條之附件四。
⑰ 民國 95 年 10 月 25 日行政院令修正發布第 82-1、88 條條文。
⑱ 民國 100 年 11 月 24 日行政院令修正發布第 74、91 條條文。
⑲ 民國 103 年 1 月 13 日行政院令修正發布第 16、17、21、22、26、29、30、40、43、48、55、58、63 條條文；並刪除第 6、7 條條文。
⑳ 民國 104 年 6 月 22 日行政院令修正發布第 82、84 條條文。

第一章 總則

第一條
本細則依平均地權條例（以下簡稱本條例）第八十六條規定訂定之。

第二條 （刪除）

第三條
① 本條例施行區域內之都市土地範圍及其土地使用分區與公共設施

用地界線線，應由直轄市或縣（市）主管機關依都市計畫法第二十三條規定，釘立界樁及中心樁，並計算座標後點交地政機關，於辦理規定地價或重新規定地價前，據以逕行辦理地籍測量及分割登記。但都市計畫界樁及中心樁，在公告地價前六個月以內點交者，得俟規定地價或重新規定地價後三個月內辦理完竣。

②地政機關依前項規定在已規定地價地區，辦理測量及分割登記後，應將都市土地或非都市土地，及使用分區或都市計畫公共設施用地之類別，並通知當地稅捐稽徵機關，據以註記稅籍。

第四條

本條例第三條第六款之自用住宅用地，以其土地上之建築改良物屬土地所有權人或其配偶、直系親屬所有者為限。

第五條

本條例第三條第七款及第三十四條第二項所稱建築改良物價值或價額，應由直轄市或縣（市）主管機關按查估當時該改良物現存價值估計後，提交地價評議委員會評定之。

第六條 （刪除）103

第七條 （刪除）103

第八條

依本條例第十一條、第六十三條及第七十七條規定得受領補償地價之耕地承租人，指承租耕地實施自任耕作之自然人或合作農場。

第九條

①依本條例第十一條第一項規定扣除之土地增值稅，以被徵收或照價收買土地實際應繳納之土地增值稅為準。

②公有出租耕地依法撥用時，依本條例第十一條第三項規定，應按核准撥用當期公告土地現值之三分之一，補償承租人。

第一〇條

依法徵收或照價收買之土地，以現金搭發土地債券補償地價者，主管機關應按土地所有權人所得現金及債券數額比例計算承租人應領之補償，並依本條例第十一條第二項規定代為扣交。

第一一條

本條例所稱改良土地，指左列各款而言。

一　建築基地改良：包括整平或填挖基地、水土保持、埋設管道、修築駁嵌、開挖水溝、鋪築道路等。

二　農地改良：包括耕地整理、水土保持、土壤改良及修築農路、灌溉、排水、防風、防砂、堤防等設施。

三　其他用地開發所為之土地改良。

第一二條

①土地所有權人為本條例所定改良須申請核發土地改良費用證明者，應於改良前先依左列程序申請驗證；於驗證核准前已改良之部分，不予核發土地改良費用證明：

一　於開始興工改良之前，填具申請書，向直轄市或縣（市）主

管機關申請驗證，並於工程完竣翌日起十日內申請複勘。

二　直轄市或縣（市）主管機關於接到申請書後派員實地勘查工程開始或完竣情形。

三　改良土地費用核定後，直轄市或縣（市）主管機關應按宗發給證明，並通知地政機關及稅捐稽徵機關。

②前項改良土地費用評估基準，由直轄市或縣（市）主管機關定之。

③在實施建築管理之地區，建築基地改良得併用雜項執照申請驗證，並按宗發給證明。

第一三條

依本條例照價收買或區段徵收之土地，各級軍公機關學校不得請求借用或無償撥用。

第一四條 94

為實施本條例，直轄市、縣（市）主管機關應設置實施平均地權基金；其設置管理，由直轄市、縣（市）主管機關定之。

第二章　規定地價

第一五條

直轄市或縣（市）主管機關辦理規定地價或重新規定地價前，應視實際需要，詳細查校土地所有權人或管理人住址及國民身分證統一編號或公司統一編號。遇有住址變更者，由地政機關逕行辦理住址變更登記，並通知土地所有權人或管理人。

第一六條 103

依本條例第十五條第四款分區公告時，應按土地所在地之鄉（鎮、市、區）公告其宗地單位地價；依同款申報地價之三十日期限，自公告之次日起算；依同條第五款編造總歸戶冊時，應以土地所有權人在同一直轄市或縣（市）之土地，為歸戶之範圍。

第一七條 103

直轄市、縣（市）主管機關於公告申報地價期間，應於直轄市、縣（市）政府、土地所在地之鄉（鎮、市、區）公所或管轄之地政事務所設地價申報或閱覽處所。

第一八條

土地所有權人依本條例第十六條申報地價時，應按戶填繳地價申報書，其委託他人代辦者，並應附具委託書。

第一九條

①分別共有土地，由所有權人按應有部分單獨申報地價。

②公同共有土地，由管理人申報地價；如無管理人者，由過半數之共有人申報地價。

③法人所有之土地，由其代表人申報地價。

④土地所有權人死亡未辦竣繼承登記者，應由合法繼承人檢具經切結之繼承系統表申報地價。

第二〇條

由管理人或代表人申報地價者，其申報之地價未滿公告地價百分之八十時，應檢附該管理人或代表人得處分其財產之合法證明文件，未檢附者，視為未申報。

第二一條 103

公有土地及依本條例第十六條規定照價收買之土地，以各該宗土地之公告地價為申報地價，免予申報。但公有土地已出售尚未完成所有權移轉登記者，公地管理機關應徵詢承購人之意見後，依本條例第十六條規定辦理申報地價。

第二二條 103

土地所有權人申報地價時，應按宗填報每平方公尺單價，以新臺幣元為單位，不滿一元部分四捨五入，但每平方公尺單價不及十元者得申報至角位。

第二三條

①已規定地價之土地分割時，其分割後各宗土地之原規定地價或前次移轉申報現值、最近一次申報地價及當期公告土地現值之總和，應與該土地分割前之地價數額相等。

②分割後各宗土地之原規定地價或前次移轉申報現值、最近一次申報地價及當期公告土地現值，地政機關應通知稅捐稽徵機關及土地所有權人。

第二四條

①已規定地價之土地合併時，其合併後土地之原規定地價或前次移轉申報現值、最近一次申報地價及當期公告土地現值，應與合併前各宗土地地價總和相等。

②合併後土地之原規定地價或前次移轉申報現值、最近一次申報地價及當期公告土地現值，地政機關應通知稅捐稽徵機關及土地所有權人。

第二五條

①已舉辦規定地價地區，因新登記或其他原因而尚未辦理規定地價之土地，得視實際情形劃入毗鄰土地之地價區段，以其所屬地價區段土地最近一次規定地價之區段地價計算其公告地價，並依本條例第十五條第四款、第五款及第十六條補辦規定地價。

②前項補辦規定地價，得以通知土地所有權人代替公告。

第一項補辦規定地價之土地，以其所屬地價區段當期公告土地現值之區段地價計算其當期公告土地現值。

第三章 照價徵稅

第二六條 103

①地政機關應於舉辦規定地價或重新規定地價後，當期地價稅開徵二個月前，將總歸戶冊造編完竣，送一份由稅捐稽徵機關據以編造稅冊辦理徵稅。

②土地權利、土地標示或所有權人住址有異動時，地政機關應於登

記完畢後於十日內通知稅捐稽徵機關更正稅冊。

第二七條

①本條例第十八條規定之地價稅累進起點地價，其計算公式如附件一。

②前項地價稅累進起點地價，應於舉辦規定地價或重新規定地價後當期地價稅開徵前計算完竣，並分別報請中央主管機關、財政部備查。

③累進起點地價以千元為單位，以下四捨五入。

第二八條

依本條例第十九條計算地價稅時，其公式如附件二。

第二九條 103

①土地所有權人在本條例施行區域內申請超過一處之自用住宅用地時，依本條例第二十條第三項認定一處適用自用住宅用地稅率，以土地所有權人擇定之戶籍所在地為準；土地所有權人未擇定者，其適用順序如下：

一 土地所有權人之戶籍所在地。

二 配偶之戶籍所在地。

三 未成年受扶養親屬之戶籍所在地。

②土地所有權人與其配偶或未成年之受扶養親屬分別以所有土地申請自用住宅用地者，應以共同擇定之戶籍所在地為準；未擇定者，應以土地所有權人與其配偶、未成年之受扶養親屬申請當年度之自用住宅用地地價稅最高者為準。

③第一項第三款戶籍所在地之適用順序，依長幼次序定之。

第三○條 103

①土地所有權人在本條例施行區域內申請之自用住宅用地面積超過本條例第二十條規定時，應依土地所有權人擇定之適用順序計算至該規定之面積限制為止；土地所有權人未擇定者，其適用順序如下：

一 土地所有權人與其配偶及未成年之受扶養親屬之戶籍所在地。

二 直系血親尊親屬之戶籍所在地。

三 直系血親卑親屬之戶籍所在地。

四 直系姻親之戶籍所在地。

②前項第二款至第四款之適用順序，依長幼次序定之。

第三一條

①依本條例第二十條第一項申請按自用住宅用地課徵地價稅時，應由土地所有權人填具申請書，連同戶口名簿影本及建築改良物證明文件，向土地所在地稅捐稽徵機關申請核定。但已申請核准者，免再提出申請。

②已核定按自用住宅用地課稅之土地，於不作自用住宅用地時，應由土地所有權人申請按一般用地課稅。

第三二條

① 依本條例第二十條第二項按自用住宅用地稅率徵收地價稅之國民住宅用地，其使用公有土地興建者，自動工興建之日起算；其購買私有土地興建者，自國民住宅主管機關取得該土地所有權之日起算。

② 前項地價稅應由國民住宅主管機關填具申請書，連同建築執照或取得土地所有權證明文件，向土地所在地之稅捐稽徵機關申請核定。

第三三條

① 依本條例第二十一條按申報地價千分之十徵收地價稅之土地，指左列各款土地經按目的事業主管機關核定規劃使用者。

一　工業用地：為依區域計畫法或都市計畫法劃定之工業區或依獎勵投資條例編定之工業用地，及工業主管機關核准工業或工廠使用範圍內之土地。

二　礦業用地：為經目的事業主管機關核准開採礦業實際使用地面之土地。

三　私立公園、動物園、體育場所用地：為經目的事業主管機關核准設立之私立公園、動物園、及體育場所使用範圍內之土地。

四　寺廟、教堂用地、政府指定之名勝古蹟用地：為已辦妥財團法人或寺廟登記之寺廟、專供公開傳教佈道之教堂及政府指定之名勝古蹟使用之土地。

五　依都市計畫法規定設置之加油站及供公眾使用之停車場用地：為依都市計畫法劃設並經目的事業主管機關核准之加油站用地及供公眾使用之停車場用地。

六　其他經行政院核定之土地：為經專案報行政院核准之土地。

② 前項各款用地之地價稅應由土地所有權人填具申請書，連同目的事業主管機關核准或行政院專案核准之有關文件，向土地所在地稅捐稽徵機關申請核定。

③ 已核定按千分之十稅率課徵地價稅之土地，如逾目的事業主管機關核定之期限尚未按核定計畫完成使用或停工、停止使用滿一年以上者，應由土地所有權人申請按一般用地課稅。

第三四條

本條例第二十二條第一項所稱非都市土地依法編定之農業用地，指依區域計畫法編定之農牧用地、林業用地、養殖用地、鹽業用地、水利用地、生態保護用地、國土保安用地及國家公園區內由國家公園管理機關會同有關機關認定合於上述規定之之土地。

第三五條

非都市土地編為前條以外之其他用地合於左列規定者，仍徵收田賦：

一　於中華民國七十五年六月二十九日本條例修正公布施行前，經核准徵收　田賦仍作農業用地使用者。

二　合於非都市土地使用管制規定作農業用地使用者。

第三六條

① 本條例第二十二條第一項第二款所稱公共設施尚未完竣前，指道路、自來水、排水系統、電力等四項設施尚未建設完竣而言。

② 前項道路以計畫道路能通行貨車為準；自來水及電力以可自計畫道路接通輸送者為準；排水系統以能排水為準。

③ 公共設施完竣之範圍，應以道路兩旁鄰接街廓之一半深度為準。但道路同側街廓之深度有顯著差異者或毗鄰地形特殊者，得視實際情形由直轄市或縣（市）政府劃定之。

第三七條

徵收田賦之土地，依左列規定辦理：

一　第三十四條之土地，分別由地政機關或國家公園管理機關按主管相關資料編造清冊，送稅捐稽徵機關。

二　本條例第二十二條第一項但書規定之土地，由直轄市或縣（市）主管機關依地區範圍圖編造清冊，送稅捐稽徵機關。

三　第三十五條第一款之土地，由稅捐稽徵機關按本條例修正公布施行前徵收田賦之清冊課徵。

四　第三十五條及本條例第二十二條第一項但書規定之土地中供與農業經營不可分離之使用者，由農業機關受理申請，會同有關機關勘查認定後，編造清冊，送稅捐稽徵機關。

五　第三十五條第二款之土地中供農作、森林、養殖、畜牧及保育之使用者，由稅捐稽徵機關受理申請，會同有關機關勘查認定之。

六　非都市土地未規定地價者，由地政機關編造清冊送稅捐稽徵機關。

七　農民團體與合作農場所有直接供農業使用之倉庫、冷凍（藏）庫、農機中心、蠶種製造（繁殖）場、集貨場、檢驗場、水稻育苗中心等用地，由稅捐稽徵機關受理申請，會同有關機關勘查認定之。

第三八條

① 本條例第二十二條第一項但書所定都市土地農業區、保護區、公共設施尚未完竣地區、依法限制建築地區、依法不能建築地區及公共設施保留地等之地區範圍，如有變動，直轄市或縣（市）主管機關應於每年二月底前，確定變動地區範圍。

② 直轄市或縣（市）主管機關對前項變動地區內應行改課地價之土地，應於每年五月底前列冊送稅捐稽徵機關。

第三九條

都市計畫公共設施保留地釘樁測量分割前，仍照原有稅額開單課徵，其溢徵之稅額，於測量分割後准予抵沖應納稅額或退還。

第四○條 103

① 直轄市或縣（市）主管機關依本條例第二十六條第一項規定劃定私有空地限期建築、增建、改建或重建之地區，應符合下列規定：

一　依法得核發建造執照。

二　無限建、禁建情事。

②前項之地區範圍，由直轄市或縣（市）主管機關報請中央主管機關核定後，通知土地所有權人限期建築、增建、改建或重建。

第四一條

①本條例第二十六條第一項所稱逾期未建築、增建、改建或重建，指土地所有權人未於規定期限內請領建造執照開工建築而言。已請領建造執照開工建築但未於該執照核定之建築期限施工竣竣領有使用執照者亦同。

②前項請領建造執照開工建築之期限，在直轄市或省轄市為二年，在縣轄市或鄉鎮為三年。

第四二條

依本條例第二十六條規定加徵空地稅之倍數，由直轄市或縣（市）主管機關視都市發展情形擬訂，報行政院核定。

第四章　照價收買

第四三條　103

①依本條例第二十八條第一款規定公告照價收買之土地，應於公告前依下列規定辦理：

一　由直轄市或縣（市）主管機關檢具得予照價收買土地之地籍圖，逐筆勘查土地之使用情形及土地編定使用概況，並徵詢地上權人或土地承租人是否願意承購之意見。

二　依據勘查結果，簽註擬照價收買或不擬照價收買之意見，如擬照價收買應連同財務計畫，簽報直轄市或縣（市）長決定。

三　經決定擬予照價收買者，應報請中央主管機關核准。

②依本條例第十六條規定得予照價收買之土地，如決定或核定不照價收買時，應以公告地價百分之八十核定為申報地價，並通知土地所有權人。

③依本條例第四十七條之一第二項規定得予照價收買之土地，如決定或核定不照價收買時，地政機關應於五日內通知稅捐稽徵機關照公告土地現值課徵土地增值稅。

第四四條

本條例第三十一條第三款所稱收買當期之公告土地現值，指公告收買當期之公告土地現值而言。

第四五條

①依本條例第三十二條規定併入地價內計算之改良土地費用及已繳納工程受益費，以改良土地或繳納工程受益費行為在左列時間發生者為限：

一　依本條例第十六條收買者，在申報地價後。

二　依本條例第四十七條之一第二項收買者，在申報土地移轉現值後。

　三　依本條例第二十六條、第二十六條之一，第七十二條及第七
　　　十六條收買者，在當期土地現值公告後。

②前項改良土地費用或工程受益費，應由土地所有權人提驗土地改
　良費用證明書或工程受益費繳納收據。

第四六條

①照價收買土地設有他項權利者，他項權利補償費由直轄市或縣
　（市）主管機關於發給土地所有權人之補償地價內代爲扣交他項
　權利人，並塗銷之。但他項權利價值之總和，以不超過該宗土地
　收買地價扣除土地增值稅及本條例第十一條規定補償耕地承租人
　之地價後之餘額爲限。

②前項權利價值經登記數額者，以登記之數額爲準；未登記數額
　者，由直轄市或縣（市）地政機關通知權利人及義務人會同申報
　或協議定之；協議不成時，由地政機關估計後提交地價評議委員
　會評定之。

③照價收買土地設有抵押權者，如其設定登記在耕地租約訂立之
　前，該抵押權人應優先於耕地承租人受償。

④第一項規定，於地上建築改良物一併收買者，準用之。

第四七條

①依本條例規定照價收買之土地，其權屬爲直轄市、縣（市）有。

②前項土地，直轄市或縣（市）主管機關應於補償費發給完竣或依
　法提存後十日內囑託該管地政機關辦理登記，其爲出租耕地者，
　並應辦理租約註銷登記。

③依本條例第三十四條規定一併收買地上建築改良物者，準用前項
　之規定。

第四八條 103

①照價收買之土地，應依下列方式處理之：

　一　照價收買之土地建有房屋時，得讓售與地上權人、土地承租
　　　人或房屋所有權人。地上權人、土地承租人或房屋所有權人
　　　不願承購或在限期內不表示意見時，得予標售。

　二　照價收買之土地爲空地時，除依規定得讓售與有合併使用必
　　　要之鄰地所有權人外，應予標售。

　三　照價收買之土地爲農業用地時，應予標售或出租與農民。

②前項應予標售之土地，如適宜興建社會住宅或公共設施使用者，
　得優先讓售與需用土地人。其餘土地應隨時公開底價標售。

③前二項標售底價及讓售之地價，依各直轄市、縣（市）公產管理
　法令規定辦理。

第四九條

①照價收買所需之現金及土地債券：由中央或直轄市主管機關統籌
　墊借或發行。

②出售照價收買土地之價款收入，除歸還墊款及債券之本息外，如
　有盈餘，應悉數解繳實施平均地權基金。

第五章 漲價歸公

第五○條

① 本條例第三十五條之一所稱社會福利事業，指依法經社會福利事業主管機關許可設立，以興辦社會福利服務及社會救助為主要目的之事業。

② 依本條例第三十五條之一申請免徵土地增值稅時，應檢附社會福利事業主管機關許可設立之證明文件、捐贈文書、法人登記證書（或法人登記簿謄本）、法人章程及當事人出具捐贈人未因捐贈土地以任何方式取得利益之文書。

③ 經核定免徵土地增值稅之財團法人，該管稅捐稽徵機關應會同社會福利事業主管機關定期檢查有無本條例第八十一條之一規定之情形。

第五一條

本條例第三十六條所稱土地漲價總數額，在原規定地價後未經移轉之土地，於所有權移轉或設定典權時，以其申報移轉現值超過原規定地價之數額為準。

第五二條

本條例第三十六條所稱土地漲價總數額，在原規定地價後曾經移轉之土地，於所有權移轉或設定典權時，以其申報移轉現值超過前次移轉時申報之現值之數額為準。

第五三條

本條例第三十六條所稱土地漲價總數額，在因繼承取得之土地，於所有權移轉或設定典權時，以其申報移轉現值超過被繼承人死亡時公告土地現值之數額為準。但繼承土地有左列各款情形之一者，以超過各該款地價之數額為準：

一 被繼承人於其土地第一次規定地價以前死亡者，以該土地於中華民國五十三年之規定地價為準。該土地於中華民國五十三年以前已依土地法辦理規定地價，或於中華民國五十三年以後始舉辦規定地價者，以其第一次規定地價為準。

二 繼承人於中華民國六十二年二月八日起至中華民國六十五年六月三十日止，依當時遺產及贈與稅法第五十七條或依遺產稅補報期限及處理辦法之規定補報遺產稅，且於中華民國六十五年十二月三十一日以前向地政機關辦理繼承登記者，以該土地補辦繼承登記收件時之公告土地現值為準。

三 繼承人於中華民國六十二年二月八日起至中華民國六十五年六月三十日止，依當時遺產及贈與稅法第五十七條或依遺產稅補報期限及處理辦法之規定補報遺產稅，於中華民國六十六年一月一日以後始向地政機關補辦繼承登記者，以其補報遺產稅收件時之公告土地現值為準。

第五四條

① 依本條例第三十六條第二項規定應減去之費用，包括改良土地

費、工程受益費及土地重劃負擔總費用。

②依前項規定減去之費用，應由土地所有權人於土地增值稅繳納前提出工程受益費繳納收據、直轄市或縣（市）主管機關發給之改良土地費用證明書或地政機關發給之土地重劃負擔總費用證明書。

第五五條 103

依本條例第三十九條計算土地漲價總數額時，應按本條例第四十七條之一審核申報移轉現值所屬年月已公告之最近臺灣地區消費者物價總指數，調整原規定地價或前次移轉時申報之土地移轉現值。

第五六條

依第五十一條至第五十五條計算土地漲價總數額時，其計算公式如附件三。

第五七條

依本條例第四十條計算土地值增稅應徵稅應徵稅額之公式如附件四。

第五八條 103

①土地所有權人申報出售在本條例施行區域內之自用住宅用地，面積超過本條例第四十一條第一項規定時，應依土地所有權人擇定之適用順序計算至該規定之面積限制爲止；土地所有權人未擇定者，應以各筆土地依本條例第四十條規定計算之土地增值稅，由高至低之適用順序計算之。

②本細則於中華民國一百零三年一月十三日修正施行前出售自用住宅用地尚未核課確定案件，適用前項規定。

第五九條

依本條例第四十一條申請按自用住宅用地課徵土地增值稅時，應由土地所有權人於申報土地移轉現值時，檢具戶口名簿影本及建築改良物證明文件，向土地所在地稅捐稽徵機關申請核定。

第六〇條

依本條例第四十二條第四項規定減徵土地增值稅之重劃土地，以於中華民國六十六年二月二日本條例公布施行後移轉之左列土地爲限：

一　在中華民國五十三年舉辦規定地價或重新規定地價之地區，於該次規定地價或重新規定地價以後辦理重劃之土地。

二　在中華民國五十三年以前已依土地法規定辦理規定地價及在中華民國五十三年以後始舉辦規定地價之地區，於其第一次規定地價以後辦理重劃之土地。

第六一條 （刪除）

第六二條 （刪除）

第六三條 103

①直轄市或縣（市）主管機關依本條例第四十六條規定查估土地現值時，對都市計畫公共設施保留地之地價，應依下列規定辦理：

一　公共設施保留地處於繁榮街道路線價區段者，以路線價按其臨街深度指數計算。但處於非繁榮街道兩旁當適範圍內劃設之一般路線價區段者，以路線價爲其地價。

二　公共設施保留地毗鄰土地均爲路線價道路者，其處於路線價區段部分，依前款規定計算，其餘部分，以道路外圍毗鄰非公共設施保留地裡地區段地價平均計算。

三　公共設施保留地毗鄰土地均爲路線價區段者，其處於路線價區段部分依第一款規定計算，其餘部分，以道路外圍毗鄰非公共設施保留地裡地區段地價平均計算。

四　帶狀公共設施保留地處於非路線價區段者，其毗鄰兩側爲非公共設施保留地時，以其毗鄰兩側非公共設施保留地之區段地價平均計算，其穿越數個地價不同之區段時，得分段計算。

五　前四款以外之公共設施保留地，以毗鄰非公共設施保留地之區段地價平均計算。

②前項所稱平均計算，指按毗鄰各非公共設施保留地之區段線比例加權平均計算。

③區段徵收範圍內之公共設施保留地區段地價計算方式，以同屬區段徵收範圍內之毗鄰非公共設施保留地區段地價加權平均計算。

④都市計畫公共設施保留地之地形、地勢、交通、位置之情形特殊，與毗鄰非公共設施保留地顯不相當者，其地價查估基準，由直轄市或縣（市）主管機關定之。

第六四條

在舉辦規定地價或重新規定地價之當年，直轄市或縣（市）政府地價評議委員會得以依本條例第四十六條編製之土地現值表，作爲評定公告地價之參考。

第六五條

①分別共有土地分割後，各人所取得之土地價值與其分割前應有部分價值相等者，免徵土地增值稅；其價值減少者，就其減少部分課徵土地增值稅。

②公同共有土地分割，其土地增值稅之課徵，準用前項規定。

③土地合併後，各共有人應有部分價值與其合併前之土地價值相等者，免徵土地增值稅。其價值減少者，就其減少部分課徵土地增值稅。

④前三項土地價值之計算，以共有土地分割或土地合併時之公告土地現值爲準。

第六六條

本條例第四十七條所定之申報土地移轉現值，由當事人向該管稅捐稽徵機關爲之。

第六章　土地使用

第六七條

①依本條例第五十三條第一項實施區段徵收時，徵收機關應擬具徵收土地計畫書，並附具徵收範圍地籍圖及土地使用計畫圖說，報請行政院核定之。

②區段徵收預計以抵價地抵付補償地價者，應於前項徵收土地計畫書內載明預計之抵價地總面積占徵收總面積之比例。其比例少於百分之五十者，並應於報請徵收前，先報經上級主管機關核准。

③前項徵收總面積之計算，不包括公有土地在內。

第六八條

①徵收機關依本條例第五十三條第三項報請核定禁止土地移轉、分割、設定負擔、建築改良物之新建、增建、改建或重建及採取土石或變更地形時，應擬具開發或更新計畫，連同區段徵收範圍地籍圖，報請上級主管機關核定。

②上級主管機關於核定後，應發交該土地所在地直轄市或縣（市）地政機關公告及通知土地所有權人。

第六九條

①區段徵收範圍內之公有土地，除道路、溝渠、公園、綠地、兒童遊樂場、廣場、停車場、體育場所、國民學校等公共設施用地應無償撥用外，其餘土地應由徵收機關照公告土地現值有償撥用，統籌處理。

②前項應無償撥用之公有土地，不包括已列入償債計畫之公有土地、抵稅地及學產地。

第六九條之一

區段徵收範圍內之未登記土地，得視區段徵收開發主體分別登記為國有、省（市）有或縣（市）有，並以徵收機關或其指定機關為管理機關。

第七〇條

①實施區段徵收時，徵收機關應預計區段徵收後土地平均開發成本，並斟酌區段徵收後各街廓土地之位置、地勢、交通、道路寬度、公共設施及預期發展情形，估計區段徵收各路街之路線價或區段價，提經地價評議委員會評定後，作為計算原土地所有權人左列權益之標準。

　一　應領抵價地之權利價值。
　二　應領抵價地之面積。
　三　實際領回抵價地之地價。
　四　優先買回土地之權利價值。
　五　優先買回土地之面積。

②前項計算公式如附件五。

第七一條

①前條抵價地之位置及最小建築單位面積，由徵收機關依徵收之目的及地方實際情形規劃定之。但最小建築單位面積，不得小於畸零地使用規則及都市計畫所規定之寬度、深度及面積。

②原土地所有權人領回抵價地之分配原則，由中央主管機關定之。

第七二條

徵收機關依本條例第五十四條發給現金補償時，應繳交該直轄市或縣（市）地政機關轉發之。

第七三條

直轄市或縣（市）地政機關於公告徵收土地時，應將本條例第五十五條第一項及第五十五條之二第一項第二款規定之內容，載明於公告內，並通知土地所有權人。

第七四條 100

土地所有權人依本條例第五十五條第一項向地政機關申請發給抵價地時，得就其全部或部分被徵收土地應領之補償地價提出申請；其申請發給抵價地之原有土地上訂有耕地租約或設定他項權利或限制登記者，並應於申請時提出下列文件：

一 訂有耕地租約者，應提出依本條例第六十三條第二項第一款規定補償承租人之證明文件。

二 設定地上權、農育權、不動產役權或永佃權者，應提出依本條例第六十四條第一項規定補償地上權人、農育權人、不動產役權人或永佃權人之證明文件。

三 設定抵押權或典權者，應提出抵押權或典權之清償、回贖或同意塗銷之證明文件。

四 設有限制登記者，應提出法院塗銷限制登記之囑託書或預告登記權利人同意塗銷之文件。

第七四條之一

土地所有權人申請發給抵價地之原有土地上訂有耕地租約或設定抵押權、典權以外之他項權利者，除依前條第一款、第二款辦理外，並得於申請時，請求徵收機關邀集承租人或他項權利人協調；其經協調合於左列情形者，得由地政機關就其應領之補償地價辦理代為扣繳清償及註銷租約或塗銷他項權利，並以剩餘應領補償地價申領抵價地：

一 補償金額或權利價值經雙方確定，並同意由地政機關代為扣繳清償。

二 承租人或他項權利人同意註銷租約或塗銷他項權利。

第七四條之二

①土地所有權人申請發給抵價地之原有土地上設定有抵押權或典權者，原土地所有權及該他項權利人得申請於發給之抵價地設定抵押權或典權，申請時並應依第七十四條第三款規定提出同意塗銷原有土地抵押權或典權之證明文件。

②依前項規定於發給之抵價地設定抵押權或典權，其權利範圍、價值、次序等內容，由原土地所有權人及該他項權利人協議定之。

③依第一項設定之抵押權或典權，應於抵價地登記時，同時登記；並應於登記後通知該他項權利人。

第七五條

土地所有權人依前條規定向地政機關申請發給抵價地者，經核定不發給者，應於核定之日起十五日內發給現金補償；其經核定發給抵價地者，視為地價補償完竣。

第七六條

實施區段徵收之土地於地價補償完竣時，應由地政機關囑託該管登記機關為所有權登記，或他項權利之塗銷或變更登記。

第七七條

徵收機關於抵價地分配完畢後，應由土地所在地直轄市或縣（市）地政機關將分配結果公告三十日，並通知受分配之人。

第七八條 （實領抵價地與應領抵價地差額之找貼）

①區段徵收土地所有權人應領抵價地面積已達最小建築單位面積者，其實際領回抵價地之面積與應領之面積有所增減時，徵收機關得徵得土地所有權人同意後，依左列規定處理：

一 實際領回抵價地之面積超過應領之面積者，就其超過部分按評定區段徵收後地價繳納差額地價。

二 實際領回抵價地小於應領之面積者，就其不足部分按評定區段徵收後地價發給差額地價。

②前項第一款差額地價經限期繳納逾期未繳者，徵收機關得不囑託該管登記機關辦理其領回抵價地之所有權登記。

第七八條之一

①本條例第五十五條之二之用詞涵義如左：

一 徵收補償地價：指原土地所有權人所領現金補償總額中申請優先買回之價額。

二 公共設施費用：指工程費用、土地整理費用及貸款利息。

三 開發總費用：指徵收私有地之現金補償地價、有償撥用公有地地價、無償撥用公有出租耕地補償承租人地價、公共設施費用及貸款利息等項之支出總額扣除原土地所有權人優先買回土地地價收入之餘額。

②前項第二款所稱工程費用，包括道路、橋樑、溝渠、地下管道、鄰里公園、廣場、綠地等公共設施之規劃設計費、施工費、材料費、工程管理費及整地費。所稱土地整理費用，包括土地改良物或墳墓拆遷補償費、動力及機械設備或人口搬遷補助費、營業損失補助費、自動拆遷獎勵金、加成補償金、地籍整理、救濟金及辦理土地整理必要之業務費。

第七九條

①本條例第五十五條之二第一項第二款所稱買回最高面積依第五十四條核計，指原土地所有權人領取現金補償地價者，其優先買回土地面積占其被徵收土地面積之比例，不得超過該徵收案預計抵價地總面積占徵收總面積之比例。

②原土地所有權人優先買回土地之分配，應俟抵價地分配完竣後，就其剩餘部分依抵價地分配原則辦理。

③原土地所有權人優先買回土地地價之計算公式如附件六。

④原土地所有權人優先買回土地者，應於限期內提出申請，未依限期申請者，視為放棄優先買回權，其申請買回土地面積不足最小建築單位面積者，應合併申請買回。

第七九條之一

區段徵收範圍內讓售、撥用或標售之各宗土地得依其區位、使用性質調整其讓售、撥用地價或標售底價；其讓售、撥用地價及標售底價之總額應以回收開發總費用為原則。

第七九條之二

①各級主管機關得將左列區段徵收業務委託事業機構、法人或學術團體辦理：

一　現況調查及地籍測量。
二　區段徵收工程之規劃、設計、施工及管理。
三　土地改良物價值及區段徵收後地價之查估。
四　抵價地及優先買回土地分配之規劃設計。
五　編造有關清冊。

②前項委託事業機構、法人或學術團體辦理區段徵收業務之辦法，由中央主管機關定之。

第八〇條

出售區段徵收土地之地價收入，除抵付開發成本外，全部撥充實施平均地權基金，不足實施平均地權基金貼補之。

第八一條

依本條例第五十六條辦理市地重劃時，應由直轄市或縣（市）主管機關調查各宗土地之位置、交通及利用情形，並斟酌重劃後各宗土地利用價值，相互比較估計重劃前後地價，提經地價評議委員會評定後，作為計算公共用地負擔、費用負擔、土地交換分配及變通補償之標準。

第八二條　104

本條例第六十條之用詞，定義如下：

一　原公有道路、溝渠、河川等土地：指重劃計畫書核定時，實際作道路、溝渠、河川使用及原作道路、溝渠、河川使用已廢置而尚未完成廢置程序之公有土地。

二　未登記地：指重劃計畫書核定時，尚未依土地法辦理總登記之土地。

三　工程費用：指道路、橋樑、溝渠、地下管道、兒童遊樂場、鄰里公園、廣場、綠地、平面停車場等公共設施之規劃設計、施工、整地、材料、工程管理費用及應徵收之空氣污染防制費。

四　重劃費用：指土地改良物或墳墓拆遷補償費、地籍整理費及辦理本重劃區必要之業務費。

第八二條之一

①直轄市或縣（市）主管機關辦理重劃區之電力、電信、自來水管

線工程所需工程費用或遷移費用，除法規另有規定，從其規定外，由參加重劃土地所有權人與管線事業機關（構）依下列分擔原則辦理：

一　原有架空線路或管線辦理遷移時，應協調管線事業機關（構）勘定遷移位置，管線事業機關（構）應依協調結果配合辦理遷移，並負擔全數遷移費用。但同一工程限於工地環境，需辦理多次遷移時，除最後一次費用由管線事業機關（構）負擔外，其餘各次遷移費及用戶所有部分之遷移費，均由參加重劃土地所有權人負擔。

二　原有架空之電力線路應永久遷移，經重劃區要求改為地下化者，遷移費用除依前款規定辦理外，地下化所需變更設置費扣除依原架空標準設計拆遷所需變更設置費之差額，由參加重劃土地所有權人與管線事業機關（構）各負擔二分之一。

三　新設電力採架空方式辦理者，所需工程費用由參加重劃土地所有權人與管線事業機關（構）各負擔二分之一；採地下化方式辦理者，管線之土木工程費用，由參加重劃土地所有權人與管線事業機關（構）各負擔二分之一。

四　新設電信採架空方式辦理者，所需工程費用由管線事業機關（構）全部負擔；採地下化方式辦理者，管線之土木工程費用，由參加重劃土地所有權人負擔三分之一，管線事業機關（構）負擔三分之二。

五　新設自來水管線之工程費用，由參加重劃土地所有權人全部負擔。

六　新設電力、電信管線工程需施設之電氣設備及纜線費用，由管線事業機關（構）全部負擔。

②重劃區內天然氣、有線電視及其他管線工程費用，以個案協商方式辦理。

③重劃區外新設管線之工程費用，由管線事業機關（構）全部負擔。但自來水管線因重劃區位置或地勢特殊需增加設備之工程費用，得以個案協商方式辦理。

④土地所有權人自行辦理市地重劃管線工程費用之分擔，得參照第一項規定，以個案協商方式辦理。

第八三條

依本條例第六十條第一項折價抵付共同負擔之土地，合計面積超過各該重劃區總面積百分之四十五者，除超過部分之共同負擔依同條第三項但書規定辦理外，其未超過部分之共同負擔依下列順序定之：

一　道路。

二　溝渠。

三　兒童遊樂場。

四　鄰里公園。

五　廣場。

六　綠地。

七　國民小學。

八　國民中學。

九　停車場。

十　零售市場。

第八四條 104

①本條例第六十條第一項所稱以重劃區內未建築土地折價抵付，指以重劃區內未建築土地按評定重劃後地價折價抵付。

②前項折價抵付之土地（簡稱抵費地），除得按底價讓售為社會住宅用地、公共事業用地或行政院專案核准所需用地外，應訂底價公開標售，並得於重劃負擔總費用已清償之原則下，辦理公開標租或招標設定地上權。經公開標售而無人得標時，得於不影響重劃區財務計畫之原則下，予以降低底價再行公開標售、標租或招標設定地上權。

③前項抵費地處理所得價款，除抵付重劃負擔總費用外，剩餘留供重劃區內增加建設、管理、維護之費用及撥充實施平均地權基金；不足時實施平均地權基金貼補之。

第八四條之一

①依前條第三項規定留供重劃區內增加建設、管理、維護之費用部分，應指定行庫，按重劃區分別設立專戶儲存支用；其運用範圍如左：

一　道路、溝渠、橋樑之加強及改善工程。

二　雨水、污水下水道及防洪設施等改善工程。

三　人行道、路樹、路燈、號誌、綠化等道路附屬工程。

四　兒童遊樂場、鄰里公園、廣場、綠地、停車場、體育場等設施。

五　社區活動中心、圖書館。

六　改善既成公有公共建築物及其附屬設備。

七　社區環境保護工程。

八　該重劃區直接受益之聯外道路與排水設施及其他公共建設工程。

九　其他經地方政府認定必要之公共設施工程。

十　地方政府視財源狀況及實際需要認定必要之第八款用地取得。

②重劃由中央主管機關辦理者，應將前項費用撥交該管直轄市或縣（市）主管機關，並依前項規定辦理。

③第一項專戶設立屆滿十五年者，得裁撤之。裁撤後所餘經費，應全數撥入該直轄市或縣（市）實施平均地權基金。

第八五條

重劃分配土地公告確定後，應由主管機關按宗計算市地重劃負擔總費用，通知土地所有權人，並列冊檢送稅捐稽徵機關，作為抵扣土地漲價總數額之依據。

第八六條

①前條市地重劃負擔總費用，公共用地部分，以土地所有權人實際負擔之土地按當期公告土地現值計算；工程費用、重劃費用及貸款利息部分，按土地所有權人實際應負擔之數額計算；其以現金繳納者，以實際繳納數額爲準。

②前項當期公告土地現值，以重劃土地分配結果公告期滿時之當期公告土地現值爲準。

第八七條

①土地所有權人依本條例第六十條負擔之公共用地及抵費地，不計徵土地增值稅，逕行登記爲直轄市、縣（市）有。但由中央主管機關辦理者，抵費地登記爲國有。

②前項不計徵土地增值稅之規定，於重劃區內原土地所有權人應分配之土地因未達最小分配面積標準改以現金補償者，準用之。

第八八條

①土地所有權人重劃後分配之土地，其原規定地價或前次移轉申報現值，按重劃前各宗土地參與分配之價值比例分別計列；其申報地價仍依其重劃前各宗土地之平均申報地價，按重劃後分配土地總面積計算總價並分算各宗土地之單價，其計算公式如附件七。

②重劃後重劃區內各宗土地之當期土地現值，按各宗土地所屬地價區段計算公告之。

③第一項地價計算，應於重劃土地地籍整理後一個月內完成，據以編造地價冊，並通知各宗土地所有權人及稅捐稽徵機關，作爲重劃後土地課徵地價稅及土地增值稅之依據。

第八九條

本條例第六十三條所稱因實施市地重劃致不能達到原租賃之目的者，指左列情形而言：

一　重劃後未受分配土地者。

二　重劃後分配之土地，經直轄市或縣（市）政府認定不能達到原租賃目的者。

第九〇條

依本條例第六十三條第一項規定註銷耕地租約者，如承租人依同條第二項第一款規定向出租人請求補償發生爭議時，得申請直轄市或縣（市）主管機關協調，協調不成，由承租人向法院訴請出租人給付。

第九一條　100

①重劃前土地已設定他項權利而於重劃後分配土地者，主管機關應於辦理土地權利變更登記前，邀集權利人協調，除協調結果該權利消滅者外，應列冊送由該管登記機關按原登記先後轉載於重劃後分配之土地。其爲合併分配者，他項權利之轉載，應以重劃前各宗土地面積比率計算其權利範圍；他項權利爲地上權、農育權、永佃權、不動產役權或典權者，並應附具位置圖。

②前項轉載，應通知他項權利人。

③重劃前土地經辦竣限制登記者，準用前二項規定。

第九二條

依本條例第六十四條之一規定實施重劃未受分配之土地上原設定抵押權或典權之權利價值，主管機關應於重劃分配確定之日起二個月內，邀集權利人協調，達成協議者，依其協議結果辦理；協議不成者，應將土地所有權人應得補償地價提存之，並列冊送由該管登記機關逕為塗銷登記。

第九三條

①依本條例第七十一條第一項規定，直轄市或縣（市）主管機關對於都市計畫區內尚未建築之私有建築用地，應先行辦理清查，以限制土地所有權人所有面積之最高額。

②前項清查及處理要點，由中央主管機關定之。

第九四條

直轄市或縣（市）主管機關依前條規定辦理清查時，對於超過十公畝之部分，不能供獨立使用者，得視土地坵形為百分之二十以內之保留。但其超過十公畝之部分，足供獨立使用者，仍應以十公畝為最高面積之限額。

第九五條

①土地所有權人所有尚未建築之私有建築用地面積超過十公畝，其超過部分屬於工業用地、學校用地及大規模建築用地者，如需保留，應由土地所有權人，於接獲出售或建築使用之通知之次日起一年內，擬具建築使用計畫書，報由各該主管機關，核轉中央主管機關或直轄市主管機關核定保留之。

②前項經核定保留之土地，應於限期內依照計畫完成使用。其未依限按照計畫建築使用者，由直轄市或縣（市）主管機關限期令其出售，逾期得照價收買之。

第九六條

本條例第七十二條但書所稱建設發展較緩之地段，指公共設施尚未完竣地區或依法不得核發建造執照之地區。其範圍由直轄市或縣（市）主管機關劃定，作為限制最高額土地之依據。

第九七條

本條例第七十六條第二項所稱實際收回耕地屆滿一年之期間，依左列規定計算之：

一　土地所有權人與承租人協議終止租約者，自達成協議之次日起算。
二　由直轄市或縣（市）主管機關核定終止租約者，自核定終止租約送達之次日起算。
三　依本條例第七十八條第二項移送法院強制執行者，自執行完畢之次日起算。

第九八條

①本條例第七十七條第一項所稱申請終止租約當期之公告土地現值，指土地所有權人依本條例第七十八條規定以書面向直轄市或

縣（市）主管機關提出申請終止租約收件當期之公告土地現值。

②依本條例第七十七條第三項規定終止租約之公有出租耕地，於預計土地增值稅時，應按照同條件之私有土地方式辦理。

第九九條

依本條例第七十八條規定終止租約之土地，應於承租人領取補償費或補償費依法提存後，由直轄市或縣（市）主管機關逕行辦理終止租約登記。

第一○○條　（代為扣繳之土地稅捐及滯納金之辦理程序）

①依本條例第七十九條規定代為扣繳之土地稅捐及滯納金，應以被徵收或照價收買土地本身應納未納之土地稅捐及滯納金為限。其辦理程序如左：

一　地政機關應造具補償地價清冊，載明原規定地價或前次移轉原因發生日期及前次移轉現值，於徵收或照價收買公告同時函送稅捐稽徵機關。

二　稅捐稽徵機關應於收到前款通知後十五日內，將其欠稅、滯納金及應納土地增值稅數額，逐筆查填於清冊內，並檢附稅單函復地政機關代為扣繳。

②前項被徵收或照價收買之土地，如為都市計畫公共設施保留地時，地政機關應於補償清冊內，載明其編為保留地之年月日。

第七章　附　則

第一○一條　（移送法院裁定及強制執行事件之聲請人）

依本條例第三十條、第六十條、第六十條之一及第六十六條移送法院裁定及強制執行事件，以移送機關為聲請人。依本條例第七十八條第二項移送法院裁定及強制執行事件，以出租人為聲請人。

第一○二條　（施行日期）

本細則自發布日施行。

附件一　83

地價稅累進起點地價之計算公式（平均地權條例施行細則第二十七條附件）

地價稅累進起點地價＝｛直轄市或縣（市）規定地價總額－（工業用地地價＋礦業用地地價＋農業用地地價＋免稅地地價）｝÷〔直轄市或縣（市）規定地價總面積（公畝）－（工業用地面積＋礦業用地面積＋農業用地面積＋免稅地面積）（公畝）｝〕×7

附件二

地價稅之計算公式（平均地權條例施行細則第二十八條附件）

稅級別	計　算　公　式
第一級	應徵稅額＝課稅地價（未超過累進起點地價者）×稅率（10‰）
第二級	應徵稅額＝課稅地價（超過累進起點地價未達五倍者）×稅率（15‰）－累進差額（累進起點地價×0.005）

第四級	應徵稅額＝課稅地價（超過累進起點地價十倍至十五倍者）×稅率（35‰）－累進差額（累進起點地價×0.175）
第五級	應徵稅額＝課稅地價（超過累進起點地價十五倍至二十倍者）×稅率（45‰）－累進差額（累進起點地價×0.335）
第六級	應徵稅額＝課稅地價（超過累進起點地價二十倍以上者）×稅率（55‰）－累進差額（累進起點地價×0.545）

附件三

土地漲價總數額之計算公式（平均地權條例施行細則第五十六條附件）

土地漲價總數額＝申報土地移轉現值－原規定地價或前次移轉時所申報之土地移轉現值×（臺灣地區消費者物價總指數÷100）－（改良土地費用＋工程受益費＋土地重劃負擔總費用）

附件四 94

土地增值稅應徵稅額之計算公式（平均地權條例施行細則第五十七條附件）

稅級別	計　算　公　式
第一級	應徵稅額＝土地漲價總數額〔超過原規定地價或前次移轉時申報現值（按臺灣地區消費者物價總指數調整後）未達百分之一百者〕×稅率（20%）
第二級	應徵稅額＝土地漲價總數額〔超過原規定地價或前次移轉時申報現值（按臺灣地區消費者物價總指數調整後）在百分之一百以上未達百分之二百者〕×｛稅率（30%）－〔（30%－20%）×減徵率〕｝－累進差額（按臺灣地區消費者物價指數調整後之原規定地價或前次移轉現值×A） 註：持有土地年限未超過 20 年者，無減徵，A 為 0.10 持有土地年限超過 20 年以上者，減徵率為 20%，A 為 0.08 持有土地年限超過 30 年以上者，減徵率為 30%，A 為 0.07 持有土地年限超過 40 年以上者，減徵率為 40%，A 為 0.06
第三級	應徵稅額＝土地漲價總數額〔超過原規定地價或前次移轉時申報現值（按臺灣地區消費者物價總指數調整後）在百分之二百以上者〕×｛稅率（40%）－〔（40%－20%）×減徵率〕｝－累進差額（按臺灣地區消費者物價總指數調整後之原規定地價或前次移轉現值×B） 註：持有土地年限未超過 20 年者，無減徵，B 為 0.30 持有土地年限超過 20 年以上者，減徵率為 20%，B 為 0.24 持有土地年限超過 30 年以上者，減徵率為 30%，B 為 0.21 持有土地年限超過 40 年以上者，減徵率為 40%，B 為 0.18

修正說明：配合九十四年一月三十日修正施行之土地稅法第三十三條及本條例第四十條長期持有減徵之規定，就其土地增值稅超過第一項最低稅率部分減徵百分之二十、百分之三十、百分之四十，修正附件四土地增值稅應徵稅額之計算公式。

附件五

預計抵價地之總面積、預計抵價地之總地價、原土地所有權人應領抵價地或優先買回土地之權利價值、原土地所有權人應領抵價地或優先買回土地面積、原土地所有權人實際領回抵價地地價之計算公式（平均地權條例施行細則第七十條附件）

一　預計抵價地之總面積＝申領抵價地總面積＋優先買回土地總面積。

二　預計抵價地之總面積＝Σ各宗預計抵價地之面積×各該土地評定之單位地價。

三　原土地所有權人應領抵價地或優先買回土地之權利價值＝二式×該所有權人被徵收土地應領補償地價÷區段徵收補償地價總額。

四　原土地所有權人應領抵價地或優先買回土地面積＝三式÷該土地評定之單位地價。

五　原土地所有權人實際領回抵價地之地價＝該所有權人實際領回抵價地面積×該抵價地評定之單位地價。

附件六

原土地所有權人優先買回土地地價之計算公式（平均地權條例施行細則第七十九條附件）

優先買回之各宗土地地價＝徵收補償地價＋公共設施費用×該土地所有權人提出優先買回之土地評定地價÷（區段徵收範圍內標讓售土地評定地價＋有償撥供需地機關之土地評定地價＋全部申領抵價地評定地價＋留供申請優先買回之土地之評定地價）。

附件七

重劃前某戶平均申報單位地價、重劃後某戶分配土地申報地價總額、重劃後某宗土地申報地價總額及重劃後某宗土地申報單位地價之計算方式（平均地權條例施行細則第八十八條附件）

一　某戶參加重劃各宗土地重劃前總申報地價÷某戶參加重劃各宗土地重劃前總面積＝重劃前某戶平均申報單位地價。

二　一式×重劃後某戶分配各宗土地總面積＝重劃後某戶分配土地申報地價總額。

三　二式×某宗土地評定重劃後總地價÷某戶分配土地重劃後總評定地價＝重劃後某宗土地申報地價總額。

四　三式÷該宗土地重劃後面積＝重劃後某宗土地申報單位地價。

民 法

第一編 總 則

① 民國 18 年 5 月 23 日國民政府制定公布全文 152 條；並自 18 年 10 月 10 日施行。

② 民國 71 年 1 月 4 日總統令修正公布第 8、14、18、20、24、27、28、30、32～36、38、42～44、46～48、50～53、56、58～65、85、118、129、131～134、136、137、148、151、152 條條文；並自 72 年 1 月 1 日施行。

③ 民國 97 年 5 月 23 日總統令修正公布第 14、15、22 條條文；並增訂第 15-1、15-2 條條文；第 14～15-2 條，自公布後一年六個月（98 年 11 月 23 日）施行；第 22 條施行日期，以命令定之。

民國 97 年 10 月 22 日總統令公布第 22 條定自 98 年 1 月 1 日施行。

④ 民國 104 年 6 月 10 日總統令修正公布第 10 條條文；並自公布日施行。

第一章 法 例

第一條 （法源）

民事，法律所未規定者，依習慣；無習慣者，依法理。

第二條 （適用習慣之限制）

民事所適用之習慣，以不背於公共秩序或善良風俗者爲限。

第三條 （使用文字之原則）

① 依法律之規定，有使用文字之必要者，得不由本人自寫，但必須親自簽名。

② 如有用印章代簽名者，其蓋章與簽名生同等之效力。

③ 如以指印、十字或其他符號代簽名者，在文件上，經二人簽名證明，亦與簽名生同等之效力。

第四條 （以文字為準）

關於一定之數量，同時以文字及號碼表示者，其文字與號碼有不符合時，如法院不能決定何者爲當事人之原意，應以文字爲準。

第五條 （以最低額為準）

關於一定之數量，以文字或號碼爲數次之表示者，其表示有不符合時，如法院不能決定何者爲當事人之原意，應以最低額爲準。

第二章 人

第一節 自然人

第六條 （自然人之權利能力）

人之權利能力，始於出生，終於死亡。

第七條　（胎兒之權利能力）

胎兒以將來非死產者為限，關於其個人利益之保護，視為既已出生。

第八條　（死亡宣告）

①失蹤人失蹤滿七年後，法院得因利害關係人或檢察官之聲請，為死亡之宣告。

②失蹤人為八十歲以上者，得於失蹤滿三年後，為死亡之宣告。

③失蹤人為遭遇特別災難者，得於特別災難終了滿一年後，為死亡之宣告。

第九條　（死亡時間之推定）

①受死亡宣告者，以判決內所確定死亡之時，推定其為死亡。

②前項死亡之時，應為前條各項所定期間最後日終止之時。但有反證者，不在此限。

第一○條　（失蹤人財產之管理）104

失蹤人失蹤後，未受死亡宣告前，其財產之管理，除其他法律另有規定者外，依家事事件法之規定。

第一一條　（同死推定）

二人以上同時遇難，不能證明其死亡之先後時，推定其為同時死亡。

第一二條　（成年時期）

滿二十歲為成年。

第一三條　（未成年人及其行為能力）

①未滿七歲之未成年人，無行為能力。

②滿七歲以上之未成年人，有限制行為能力。

③未成年人已結婚者，有行為能力。

第一四條　（監護之宣告及撤銷）97

①對於因精神障礙或其他心智缺陷，致不能為意思表示或受意思表示，或不能辨識其意思表示之效果者，法院得因本人、配偶、四親等內之親屬、最近一年有同居事實之其他親屬、檢察官、主管機關或社會福利機構之聲請，為監護之宣告。

②受監護之原因消滅時，法院應依前項聲請權人之聲請，撤銷其宣告。

③法院對於監護之聲請，認為未達第一項之程度者，得依第十五條之一第一項規定，為輔助之宣告。

④受監護之原因消滅，而仍有輔助之必要者，法院得依第十五條之一第一項規定，變更為輔助之宣告。

第一五條　（受監護宣告人之能力）97

受監護宣告之人，無行為能力。

第一五條之一　（輔助之宣告）97

①對於因精神障礙或其他心智缺陷，致其為意思表示或受意思表示，或辨識其意思表示效果之能力，顯有不足者，法院得因本

人、配偶、四親等內之親屬、最近一年有同居事實之其他親屬、檢察官、主管機關或社會福利機構之聲請，爲輔助之宣告。

②受輔助之原因消滅時，法院應依前項聲請權人之聲請，撤銷其宣告。

③受輔助宣告之人有受監護之必要者，法院得依第十四條第一項規定，變更爲監護之宣告。

第一五條之二 （受輔助宣告之人應經輔助人同意之行爲）97

①受輔助宣告之人爲下列行爲時，應經輔助人同意。但純獲法律上利益，或依其年齡及身分、日常生活所必需者，不在此限：

一 爲獨資、合夥營業或爲法人之負責人。

二 爲消費借貸、消費寄託、保證、贈與或信託。

三 爲訴訟行爲。

四 爲和解、調解、調處或簽訂仲裁契約。

五 爲不動產、船舶、航空器、汽車或其他重要財產之處分、設定負擔、買賣、租賃或借貸。

六 爲遺產分割、遺贈、拋棄繼承權或其他相關權利。

七 法院依前條聲請權人或輔助人之聲請，所指定之其他行爲。

②第七十八條至第八十三條規定，於未依前項規定得輔助人同意之情形，準用之。

③第八十五條規定，於輔助人同意受輔助宣告之人爲第一項第一款行爲時，準用之。

④第一項所列應經同意之行爲，無損害受輔助宣告之人利益之虞，而輔助人仍不爲同意時，受輔助宣告之人得逕行聲請法院許可後爲之。

第一六條 （能力之保護）

權利能力及行爲能力，不得拋棄。

第一七條 （自由之保護）

①自由不得拋棄。

②自由之限制，以不背於公共秩序或善良風俗者爲限。

第一八條 （人格權之保護）

①人格權受侵害時，得請求法院除去其侵害；有受侵害之虞時，得請求防止之。

②前項情形，以法律有特別規定者爲限，得請求損害賠償或慰撫金。

第一九條 （姓名權之保護）

姓名權受侵害者，得請求法院除去其侵害，並得請求損害賠償。

第二〇條 （住所之設定）

①依一定事實，足認以久住之意思，住於一定之地域者，即爲設定其住所於該地。

②一人同時不得有兩住所。

第二一條 （無行爲能力人及限制行爲能力人之住所）

無行爲能力人及限制行爲能力人，以其法定代理人之住所爲住

所。

第二二條 （居所視為住所）97

遇有下列情形之一，其居所視為住所：

一　住所無可考者。

二　在我國無住所者。但依法須依住所地法者，不在此限。

第二三條 （居住視為住所）

因特定行為選定居所者，關於其行為，視為住所。

第二四條 （住所之廢止）

依一定事實，足認以廢止之意思離去其住所者，即為廢止其住所。

第二節　法　人

第一款　通　則

第二五條 （法人成立法定原則）

法人非依本法或其他法律之規定，不得成立。

第二六條 （法人權利能力）

法人於法令限制內，有享受權利、負擔義務之能力。但專屬於自然人之權利義務，不在此限。

第二七條 （法人之機關）

①法人應設董事。董事有數人者，法人事務之執行，除章程另有規定外，取決於全體董事過半數之同意。

②董事就法人一切事務，對外代表法人。董事有數人者，除章程另有規定外，各董事均得代表法人。

③對於董事代表權所加之限制，不得對抗善意第三人。

④法人得設監察人，監察法人事務之執行。監察人有數人者，除章程另有規定外，各監察人均得單獨行使監察權。

第二八條 （法人侵權責任）

法人對於其董事或其他有代表權之人因執行職務所加於他人之損害，與該行為人連帶負賠償之責任。

第二九條 （法人住所）

法人以其主事務所之所在地為住所。

第三〇條 （法人設立登記）

法人非經向主管機關登記，不得成立。

第三一條 （登記之效力）

法人登記後，有應登記之事項而不登記，或已登記之事項有變更而不為變更之登記者，不得以其事項對抗第三人。

第三二條 （法人業務監督）

受設立許可之法人，其業務屬於主管機關監督，主管機關得檢查其財產狀況及其有無違反許可條件與其他法律之規定。

第三三條 （妨礙監督權行使之處罰）

①受設立許可法人之董事或監察人，不遵主管機關監督之命令，或妨礙其檢查者，得處以五千元以下之罰鍰。

②前項董事或監察人違反法令或章程，足以危害公益或法人之利益者，主管機關得請求法院解除其職務，並爲其他必要之處置。

第三四條　（撤銷法人許可）

法人違反設立許可之條件者，主管機關得撤銷其許可。

第三五條　（法人之破產及其聲請）

①法人之財產不能清償債務時，董事應即向法院聲請破產。

②不爲前項聲請，致法人之債權人受損害時，有過失之董事，應負賠償責任，其有二人以上時，應連帶負責。

第三六條　（法人宣告解散）

法人之目的或其行爲，有違反法律、公共秩序或善良風俗者，法院得因主管機關、檢察官或利害關係人之請求，宣告解散。

第三七條　（法定清算人）

法人解散後，其財產之清算，由董事爲之。但其章程有特別規定，或總會另有決議者，不在此限。

第三八條　（選任清算人）

不能依前條規定，定其清算人時，法院得因主管機關、檢察官或利害關係人之聲請，或依職權，選任清算人。

第三九條　（清算人之解任）

清算人，法院認爲有必要時，得解除其任務。

第四〇條　（清算人之職務及法人存續之擬制）

①清算人之職務如左：

一　了結現務。

二　收取債權，清償債務。

三　移交賸餘財產於應得者。

②法人至清算終結止，在清算之必要範圍內，視爲存續。

第四一條　（清算之程序）

清算之程序，除本通則有規定外，準用股份有限公司清算之規定。

第四二條　（清算之監督機關及方法）

①法人之清算，屬於法院監督。法院得隨時爲監督上必要之檢查及處分。

②法人經主管機關撤銷許可或命令解散者，主管機關應同時通知法院。

③法人經依章程規定或總會決議解散者，董事應於十五日內報告法院。

第四三條　（妨礙之處罰）

清算人不遵法院監督命令，或妨礙檢查者，得處以五千元以下之罰鍰。董事違反前條第三項之規定者亦同。

第四四條　（賸餘財產之歸屬）

①法人解散後，除法律另有規定外，於清償債務後，其賸餘財產之歸屬，應依其章程之規定，或總會之決議。但以公益爲目的之法人解散時，其賸餘財產不得歸屬於自然人或以營利爲目的之團

體。

②如無前項法律或章程之規定或總會之決議時，其賸餘財產歸屬於法人住所所在地之地方自治團體。

第二款 社 團

第四五條 （營利法人之登記）

以營利為目的之社團，其取得法人資格，依特別法之規定。

第四六條 （公益法人之設立）

以公益為目的之社團，於登記前，應得主管機關之許可。

第四七條 （章程應載事項）

設立社團者，應訂定章程，其應記載之事項如左：

一 目的。

二 名稱。

三 董事之人數、任期及任免。設有監察人者，其人數、任期及任免。

四 總會召集之條件、程序及其決議證明之方法。

五 社員之出資。

六 社員資格之取得與喪失。

七 訂定章程之年、月、日。

第四八條 （社團設立登記事項）

①社團設立時，應登記之事項如左：

一 目的。

二 名稱。

三 主事務所及分事務所。

四 董事之姓名及住所。設有監察人者，其姓名及住所。

五 財產之總額。

六 應受設立許可者，其許可之年、月、日。

七 定有出資方法者，其方法。

八 定有代表法人之董事者，其姓名。

九 定有存立時期者，其時期。

②社團之登記，由董事向其主事務所及分事務所所在地之主管機關行之，並應附具章程備案。

第四九條 （章程得載事項）

社團之組織及社團與社員之關係，以不違反第五十條至第五十八條之規定為限，得以章程定之。

第五〇條 （社團總會之權限）

①社團以總會為最高機關。

②左列事項應經總會之決議：

一 變更章程。

二 任免董事及監察人。

三 監督董事及監察人職務之執行。

四 開除社員。但以有正當理由時為限。

第五一條 （社團總會之召集）

①總會由董事召集之，每年至少召集一次。董事不為召集時，監察人得召集之。

②如有全體社員十分一以上之請求，表明會議目的及召集理由，請求召集時，董事應召集之。

③董事受前項之請求後，一個月內不為召集者，得由請求之社員，經法院之許可召集之。

④總會之召集，除章程另有規定外，應於三十日前對各社員發出通知。通知內應載明會議目的之事項。

第五二條 （總會之通常決議）

①總會決議，除本法有特別規定外，以出席社員過半數決之。

②社員有平等之表決權。

③社員表決權之行使，除章程另有限制外，得以書面授權他人代理為之。但一人僅得代理社員一人。

④社員對於總會決議事項，因自身利害關係而有損害社團利益之虞時，該社員不得加入表決，亦不得代理他人行使表決權。

第五三條 （社團章程之變更）

①社團變更章程之決議，應有全體社員過半數之出席，出席社員四分三以上之同意，或有全體社員三分二以上書面之同意。

②受設立許可之社團，變更章程時，並應得主管機關之許可。

第五四條 （社員退社自由原則）

①社員得隨時退社。但章程限定於事務年度終，或經過預告期間後，始准退社者，不在此限。

②前項預告期間，不得超過六個月。

第五五條 （退社或開除後之權利義務）

①已退社或開除之社員，對於社團之財產無請求權。但非公益法人，其章程另有規定者，不在此限。

②前項社員，對於其退社或開除以前應分擔之出資，仍負清償之義務。

第五六條 （總會之無效及撤銷）

①總會之召集程序或決議方法，違反法令或章程時，社員得於決議後三個月內請求法院撤銷其決議。但出席社員，對召集程序或決議方法，未當場表示異議者，不在此限。

②總會決議之內容違反法令或章程者，無效。

第五七條 （社團決議解散）

社團得隨時以全體社員三分二以上之可決解散之。

第五八條 （法院宣告解散）

社團之事務，無從依章程所定進行時，法院得因主管機關、檢察官或利害關係人之聲請解散之。

第三款 財　團

第五九條 （設立許可）

財團於登記前，應得主管機關之許可。

第六〇條 （捐助章程之訂定）

①設立財團者，應訂立捐助章程。但以遺囑捐助者，不在此限。

②捐助章程，應訂明法人目的及所捐財產。

③以遺囑捐助設立財團法人者，如無遺囑執行人時，法院得依主管機關、檢察官或利害關係人之聲請，指定遺囑執行人。

第六一條 （財團設立登記事項）

①財團設立時，應登記之事項如左：

一　目的。

二　名稱。

三　主事務所及分事務所。

四　財產之總額。

五　受許可之年、月、日。

六　董事之姓名及住所。設有監察人者，其姓名及住所。

七　定有代表法人之董事者，其姓名。

八　定有存立時期者，其時期。

②財團之登記，由董事向其主事務所及分事務所所在地之主管機關行之。並應附具捐助章程或遺囑備案。

第六二條 （財團組織及管理方法）

財團之組織及其管理方法，由捐助人以捐助章程或遺囑定之。捐助章程或遺囑所定之組織不完全，或重要之管理方法不具備者，法院得因主管機關、檢察官或利害關係人之聲請，為必要之處分。

第六三條 （財團變更組織）

為維持財團之目的或保存其財產，法院得因捐助人、董事、主管機關、檢察官或利害關係人之聲請，變更其組織。

第六四條 （財團董事行為無效之宣告）

財團董事，有違反捐助章程之行為時，法院得因主管機關、檢察官或利害關係人之聲請，宣告其行為為無效。

第六五條 （財團目的不達時之保護）

因情事變更，致財團之目的不能達到時，主管機關得斟酌捐助人之意思，變更其目的及其必要之組織，或解散之。

第三章　物

第六六條 （物之意義－不動產）

①稱不動產者，謂土地及其定著物。

②不動產之出產物，尚未分離者，為該不動產之部分。

第六七條 （物之意義－動產）

稱動產者，為前條所稱不動產以外之物。

第六八條 （主物與從物）

①非主物之成分，常助主物之效用，而同屬於一人者，為從物。但交易上有特別習慣者，依其習慣。

②主物之處分，及於從物。

第六九條 （天然孳息與法定孳息）

①稱天然孳息者，謂果實、動物之產物及其他依物之用法所收穫之出產物。

②稱法定孳息者，謂利息、租金及其他因法律關係所得之收益。

第七○條 （孳息之歸屬）

①有收取天然孳息權利之人，其權利存續期間內，取得與原物分離之孳息。

②有收取法定孳息權利之人，按其權利存續期間內之日數，取得其孳息。

第四章　法律行為

第一節　通　則

第七一條 （違反強行法之效力）

法律行為，違反強制或禁止之規定者，無效。但其規定並不以之為無效者，不在此限。

第七二條 （違背公序良俗之效力）

法律行為，有背於公共秩序或善良風俗者，無效。

第七三條 （不依法定方式之效力）

法律行為，不依法定方式者，無效。但法律另有規定者，不在此限。

第七四條 （暴利行為）

①法律行為，係乘他人之急迫、輕率或無經驗，使其為財產上之給付或為給付之約定，依當時情形顯失公平者，法院得因利害關係人之聲請，撤銷其法律行為或減輕其給付。

②前項聲請，應於法律行為後一年內為之。

第二節　行為能力

第七五條 （無行為能力人及無意識能力人之意思表示）

無行為能力人之意思表示，無效。雖非無行為能力人，而其意思表示，係在無意識或精神錯亂中所為者亦同。

第七六條 （無行為能力人之代理）

無行為能力人由法定代理人代為意思表示，並代受意思表示。

第七七條 （限制行為能力人之意思表示）

限制行為能力人為意思表示及受意思表示，應得法定代理人之允許。但純獲法律上之利益，或依其年齡及身分、日常生活所必需者，不在此限。

第七八條 （限制行為能力人為單獨行為之效力）

限制行為能力人未得法定代理人之允許，所為之單獨行為，無效。

第七九條 （限制行為能力人訂立契約之效力）

限制行為能力人未得法定代理人之允許，所訂立之契約，須經法

定代理人之承認，始生效力。

第八〇條 （相對人之催告權）

①前條契約相對人，得定一個月以上期限，催告法定代理人，確答是否承認。

②於前項期限內，法定代理人不爲確答者，視爲拒絕承認。

第八一條 （限制原因消滅後之承認）

①限制行爲能力人於限制原因消滅後，承認其所訂立之契約者，其承認與法定代理人之承認，有同一之效力。

②前條規定，於前項情形準用之。

第八二條 （相對人之撤回權）

限制行爲能力人所訂立之契約，未經承認前，相對人得撤回之。但訂立契約時，知其未得有允許者，不在此限。

第八三條 （強制有效行爲）

限制行爲能力人用詐術使人信其爲有行爲能力人或已得法定代理人之允許者，其法律行爲爲有效。

第八四條 （特定財產處分之允許）

法定代理人，允許限制行爲能力人處分之財產，限制行爲能力人，就該財產有處分之能力。

第八五條 （獨立營業之允許）

①法定代理人允許限制行爲能力人獨立營業者，限制行爲能力人，關於其營業，有行爲能力。

②限制行爲能力人，就其營業有不勝任之情形時，法定代理人得將其允許撤銷或限制之。但不得對抗善意第三人。

第三節　意思表示

第八六條 （真意保留或單獨虛僞意思表示）

表意人無欲爲其意思表示所拘束之意，而爲意思表示者，其意思表示，不因之無效。但其情形爲相對人所明知者，不在此限。

第八七條 （虛僞意思表示）

①表意人與相對人通謀而爲虛僞意思表示者，其意思表示無效。但不得以其無效對抗善意第三人。

②虛僞意思表示，隱藏他項法律行爲者，適用關於該項法律行爲之規定。

第八八條 （錯誤之意思表示）

①意思表示之內容有錯誤，或表意人若知其事情即不爲意思表示者，表意人得將其意思表示撤銷之。但以其錯誤或不知事情，非由表意人自己之過失者爲限。

②當事人之資格或物之性質，若交易上認爲重要者，其錯誤，視爲意思表示內容之錯誤。

第八九條 （傳達錯誤）

意思表示，因傳達人或傳達機關傳達不實者，得比照前條之規定撤銷之。

第九〇條 （錯誤表示撤銷之除斥期間）

前二條之撤銷權，自意思表示後，經過一年而消滅。

第九一條 （錯誤表意人之賠償責任）

依第八十八條及第八十九條之規定撤銷意思表示時，表意人對於信其意思表示為有效而受損害之相對人或第三人，應負賠償責任。但其撤銷之原因，受害人明知或可得而知者，不在此限。

第九二條 （意思表示之不自由）

①因被詐欺或被脅迫而為意思表示者，表意人得撤銷其意思表示。但詐欺係由第三人所為者，以相對人明知其事實或可得而知者為限，始得撤銷之。

②被詐欺而為之意思表示，其撤銷不得以之對抗善意第三人。

第九三條 （撤銷不自由意思表示之除斥期間）

前條之撤銷，應於發見詐欺或脅迫終止後，一年內為之。但自意思表示後，經過十年，不得撤銷。

第九四條 （對話意思表示之生效時期）

對話人為意思表示者，其意思表示，以相對人了解時，發生效力。

第九五條 （非對話意思表示之生效時期）

①非對話而為意思表示者，其意思表示，以通知達到相對人時，發生效力。但撤回之通知，同時或先時到達者，不在此限。

②表意人於發出通知後死亡或喪失行為能力或其行為能力受限制者，其意思表示，不因之失其效力。

第九六條 （向無行為能力人或限制行為能力人為意思表示之生效時期）

向無行為能力人或限制行為能力人為意思表示者，以其通知達到其法定代理人時，發生效力。

第九七條 （公示送達）

表意人非因自己之過失，不知相對人之姓名、居所者，得依民事訴訟法公示送達之規定，以公示送達為意思表示之通知。

第九八條 （意思表示之解釋）

解釋意思表示，應探求當事人之真意，不得拘泥於所用之辭句。

第四節　條件及期限

第九九條 （停止條件與解除條件）

①附停止條件之法律行為，於條件成就時，發生效力。

②附解除條件之法律行為，於條件成就時，失其效力。

③依當事人之特約，使條件成就之效果，不於條件成就之時發生者，依其特約。

第一〇〇條 （附條件利益之保護）

附條件之法律行為當事人，於條件成否未定前，若有損害相對人因條件成就所應得利益之行為者，負賠償損害之責任。

第一○一條（條件成就或不成就之擬制）

①因條件成就而受不利益之當事人，如以不正當行為阻其條件之成就者，視為條件已成就。

②因條件成就而受利益之當事人，如以不正當行為促其條件之成就者，視為條件不成就。

第一○二條（附期限法律行為之要件及效力）

①附始期之法律行為，於期限屆至時，發生效力。

②附終期之法律行為，於期限屆滿時，失其效力。

③第一百條之規定，於前二項情形準用之。

第五節　代　理

第一○三條（代理行為之要件及效力）

①代理人於代理權限內，以本人名義所為之意思表示，直接對本人發生效力。

②前項規定，於應向本人為意思表示，而向其代理人為之者，準用之。

第一○四條（代理人之能力）

代理人所為或所受意思表示之效力，不因其為限制行為能力人而受影響。

第一○五條（代理行為之瑕疵）

代理人之意思表示，因其意思欠缺、被詐欺、被脅迫，或明知其事情或可得而知其事情，致其效力受影響時，其事實之有無，應就代理人決之。但代理人之代理權係以法律行為授與者，其意思表示，如依照本人所指示之意思而為時，其事實之有無，應就本人決之。

第一○六條（自己代理與雙方代理之禁止）

代理人非經本人之許諾，不得為本人與自己之法律行為，亦不得既為第三人之代理人，而為本人與第三人之法律行為。但其法律行為，係專履行債務者，不在此限。

第一○七條（代理權之限制及撤回）

代理權之限制及撤回，不得以之對抗善意第三人。但第三人因過失而不知其事實者，不在此限。

第一○八條（代理權之消滅與撤回）

①代理權之消滅，依其所由授與之法律關係定之。

②代理權，得於其所由授與之法律關係存續中撤回之。但依該法律關係之性質不得撤回者，不在此限。

第一○九條（授權書交還義務）

代理權消滅或撤回時，代理人須將授權書交還於授權者，不得留置。

第一一○條（無權代理之責任）

無代理權人，以他人之代理人名義所為之法律行為，對於善意之相對人，負損害賠償之責。

第六節　無效及撤銷

第一一一條　（一部無效之效力）

法律行為一部分無效者，全部皆為無效。但除去該部分亦可成立者，則其他部分，仍為有效。

第一一二條　（無效行為之轉換）

無效之法律行為，若具備他法律行為之要件，並因其情形，可認當事人若知其無效，即欲為他法律行為者，其他法律行為，仍為有效。

第一一三條　（無效行為當事人之責任）

無效法律行為之當事人，於行為當時知其無效，或可得而知者，應負回復原狀或損害賠償之責任。

第一一四條　（撤銷之自始無效）

①法律行為經撤銷者，視為自始無效。

②當事人知其得撤銷或可得而知者，其法律行為撤銷時，準用前條之規定。

第一一五條　（承認之溯及效力）

經承認之法律行為，如無特別訂定，溯及為法律行為時發生效力。

第一一六條　（撤銷及承認之方法）

①撤銷及承認，應以意思表示為之。

②如相對人確定者，前項意思表示，應向相對人為之。

第一一七條　（同意或拒絕之方法）

法律行為須得第三人之同意始生效力者，其同意或拒絕，得向當事人之一方為之。

第一一八條　（無權處分）

①無權利人就權利標的物所為之處分，經有權利人之承認始生效力。

②無權利人就權利標的物為處分後，取得其權利者，其處分自始有效。但原權利人或第三人已取得之利益，不因此而受影響。

③前項情形，若數處分相牴觸時，以其最初之處分為有效。

第五章　期日及期間

第一一九條　（本章規定之適用範圍）

法令、審判或法律行為所定之期日及期間，除有特別訂定外，其計算依本章之規定。

第一二○條　（期間之起算）

①以時定期間者，即時起算。

②以日、星期、月或年定期間者，其始日不算入。

第一二一條　（期間之終止）

①以日、星期、月或年定期間者，以期間末日之終止，為期間之終止。

②期間不以星期、月或年之始日起算者，以最後之星期、月或年與起算日相當日之前一日，爲期間之末日。但以月或年定期間，於最後之月，無相當日者，以其月之末日，爲期間之末日。

第一二二條 （期間終止之延長）

於一定期日或期間內，應爲意思表示或給付者，其期日或其期間之末日，爲星期日、紀念日或其他休息日時，以其休息日之次日代之。

第一二三條 （連續或非連續期間之計算法）

①稱月或年者，依曆計算。

②月或年非連續計算者，每月爲三十日。每年爲三百六十五日。

第一二四條 （年齡之計算）

①年齡自出生之日起算。

②出生之月、日無從確定時，推定其爲七月一日出生。知其出生之月，而不知其出生之日者，推定其爲該月十五日出生。

第六章 消滅時效

第一二五條 （一般時效期間）

請求權，因十五年間不行使而消滅。但法律所定期間較短者，依其規定。

第一二六條 （五年之短期時效期間）

利息、紅利、租金、贍養費、退職金及其他一年或不及一年之定期給付債權，其各期給付請求權，因五年間不行使而消滅。

第一二七條 （二年之短期時效期間）

左列各款請求權，因二年間不行使而消滅：

一　旅店、飲食店及娛樂場之住宿費、飲食費、座費、消費物之代價及其墊款。

二　運送費及運送人所墊之款。

三　以租賃動產爲營業者之租價。

四　醫生、藥師、看護生之診費、藥費、報酬及其墊款。

五　律師、會計師、公證人之報酬及其墊款。

六　律師、會計師、公證人所收當事人物件之交還。

七　技師、承攬人之報酬及其墊款。

八　商人、製造人、手工業人所供給之商品及產物之代價。

第一二八條 （消滅時效之起算）

消滅時效，自請求權可行使時起算。以不行爲爲目的之請求權，自爲行爲時起算。

第一二九條 （消滅時效中斷之事由）

①消滅時效，因左列事由而中斷：

一　請求。

二　承認。

三　起訴。

②左列事項，與起訴有同一效力：

一　依督促程序，聲請發支付命令。
二　聲請調解或提付仲裁。
三　申報和解債權或破產債權。
四　告知訴訟。
五　開始執行行為或聲請強制執行。

第一三〇條　（不起訴視為不中斷）
時效因請求而中斷者，若於請求後六個月內不起訴，視為不中斷。

第一三一條　（因訴之撤回或駁回而視為不中斷）
時效因起訴而中斷者，若撤回其訴，或因不合法而受駁回之裁判，其裁判確定，視為不中斷。

第一三二條　（因送達支付命令而中斷時效之限制）
時效因聲請發支付命令而中斷者，若撤回聲請，或受駁回之裁判，或支付命令失其效力時，視為不中斷。

第一三三條　（因聲請調解提付仲裁而中斷時效之限制）71
時效因聲請調解或提付仲裁而中斷者，若調解之聲請經撤回、被駁回、調解不成立或仲裁之請求經撤回、仲裁不能達成判斷時，視為不中斷。

第一三四條　（因申報和解或破產債權而中斷時效之限制）
時效因申報和解債權或破產債權而中斷者，若債權人撤回其申報時，視為不中斷。

第一三五條　（因告知訴訟而中斷時效之限制）
時效因告知訴訟而中斷者，若於訴訟終結後，六個月內不起訴，視為不中斷。

第一三六條　（因執行而中斷時效之限制）
①時效因開始執行行為而中斷者，若因權利人之聲請，或法律上要件之欠缺而撤銷其執行處分時，視為不中斷。
②時效因聲請強制執行而中斷者，若撤回其聲請，或其聲請被駁回時，視為不中斷。

第一三七條　（時效中斷對於時之效力）
①時效中斷者，自中斷之事由終止時，重行起算。
②因起訴而中斷之時效，自受確定判決，或因其他方法訴訟終結時，重行起算。
③經確定判決或其他與確定判決有同一效力之執行名義所確定之請求權，其原有消滅時效期間不滿五年者，因中斷而重行起算之時效期間為五年。

第一三八條　（時效中斷及於人之效力）
時效中斷，以當事人、繼承人、受讓人之間為限，始有效力。

第一三九條　（時效因事變而不完成）
時效之期間終止時，因天災或其他不可避之事變，致不能中斷其時效者，自其妨礙事由消滅時起，一個月內，其時效不完成。

第一四○條 （時效因繼承人、管理人未確定而不完成）
　　屬於繼承財產之權利或對於繼承財產之權利，自繼承人確定或管理人選定或破產之宣告時起，六個月內，其時效不完成。

第一四一條 （時效因欠缺法定代理人而不完成）
　　無行為能力人或限制行為能力人之權利，於時效期間終止前六個月內，若無法定代理人者，自其成為行為能力人或其法定代理人就職時起，六個月內，其時效不完成。

第一四二條 （因法定代理關係存在而不完成）
　　無行為能力人或限制行為能力人，對於其法定代理人之權利，於代理關係消滅後一年內，其時效不完成。

第一四三條 （因夫妻關係存在而不完成）
　　夫對於妻或妻對於夫之權利，於婚姻關係消滅後一年內，其時效不完成。

第一四四條 （時效完成之效力－發生抗辯權）
①時效完成後，債務人得拒絕給付。
②請求權已經時效消滅，債務人仍為履行之給付者，不得以不知時效為理由，請求返還。其以契約承認該債務或提出擔保者亦同。

第一四五條 （附有擔保物權之請求權時效完成之效力）
①以抵押權、質權或留置權擔保之請求權，雖經時效消滅，債權人仍得就其抵押物、質物或留置物取償。
②前項規定，於利息及其他定期給付之各期給付請求權，經時效消滅者，不適用之。

第一四六條 （主權利時效完成效力所及範圍）
　　主權利因時效消滅者，其效力及於從權利。但法律有特別規定者，不在此限。

第一四七條 （伸縮時效期間及拋棄時效利益之禁止）
　　時效期間，不得以法律行為加長或減短之。並不得預先拋棄時效之利益。

第七章　權利之行使

第一四八條 （權利行使之界限）
①權利之行使，不得違反公共利益，或以損害他人為主要目的。
②行使權利，履行義務，應依誠實及信用方法。

第一四九條 （正當防衛）
　　對於現時不法之侵害，為防衛自己或他人之權利所為之行為，不負損害賠償之責。但逾越必要程度者，仍應負相當賠償之責。

第一五○條 （緊急避難）
①因避免自己或他人生命、身體、自由或財產上急迫之危險所為之行為，不負損害賠償之責。但以避免危險所必要，並未逾越危險所能致之損害程度者為限。
②前項情形，其危險之發生，如行為人有責任者，應負損害賠償之責。

第一五一條 （自助行為）

　為保護自己權利，對於他人之自由或財產施以拘束、押收或毀損者，不負損害賠償之責。但以不及受法院或其他有關機關援助，並非於其時為之，則請求權不得實行或其實行顯有困難者為限。

第一五二條 （自助行為人之義務及責任）

①依前條之規定，拘束他人自由或押收他人財產者，應即時向法院聲請處理。

②前項聲請被駁回或其聲請遲延者，行為人應負損害賠償之責。

民法總則施行法

①民國 18 年 9 月 24 日國民政府制定公布全文 19 條；並自 18 年 10 月 10 日施行。

②民國 71 年 1 月 4 日總統令修正公布第 1、3～7、10、19 條條文；並自 72 年 1 月 1 日施行。

③民國 97 年 5 月 23 日總統令修正公布第 4、12、13、19 條條文；並增訂第 4-1、4-2 條條文。

民國 97 年 10 月 22 日總統令公布定自 98 年 1 月 1 日施行。

④民國 104 年 6 月 10 日總統令修正公布第 19 條條文；並自公布日施行。

第一條 （不溯既往原則）

民事在民法總則施行前發生者，除本施行法有特別規定外，不適用民法總則之規定，其在修正前發生者，除本施行法有特別規定外，亦不適用修正後之規定。

第二條 （外國人之權利能力）

外國人於法令限制內，有權利能力。

第三條 （不溯既往之例外）

①民法總則第八條、第九條及第十一條之規定，於民法總則施行前失蹤者，亦適用之。

②民法總則施行前已經過民法總則第八條所定失蹤期間者，得即為死亡之宣告，並應以民法總則施行之日為失蹤人死亡之時。

③修正之民法總則第八條之規定，於民法總則施行後修正前失蹤者，亦適用之。但於民法總則修正前，其情形已合於修正前民法總則第八條之規定者，不在此限。

第四條 （施行前經立案之禁治產者）97

①民法總則施行前，有民法總則第十四條所定之原因，經聲請有關機關立案者，如於民法總則施行後三個月內向法院聲請宣告禁治產者，自立案之日起，視為禁治產人。

②民法總則中華民國九十七年五月二日修正之條文施行前，已為禁治產宣告者，視為已為監護宣告；繫屬於法院之禁治產事件，其聲請禁治產宣告者，視為聲請監護宣告；聲請撤銷禁治產宣告者，視為聲請撤銷監護宣告；並均於修正施行後，適用修正後之規定。

第四條之一 （監護或受監護宣告之人）97

民法規定之禁治產或禁治產人，自民法總則中華民國九十七年五月二日修正之條文施行後，一律改稱為監護或受監護宣告之人。

第四條之二 （修正條文之施行日）97

中華民國九十七年五月二日修正之民法總則第十四條至第十五條

之二之規定，自公布後一年六個月施行。

第五條 （施行前已許可設立之法人）

依民法總則之規定，設立法人須經許可者，如在民法總則施行前已得主管機關之許可，得於民法總則施行後三個月內聲請登記為法人。

第六條 （有公益法人性質而有獨立財產者之審核）

①民法總則施行前具有財團及以公益為目的之社團之性質而有獨立財產者，視為法人，其代表人應依民法總則第四十七條或第六十條之規定作成書狀，自民法總則施行後六個月內聲請主管機關審核。

②前項書狀所記載之事項，若主管機關認其有違背法令或為公益上之必要，應命其變更。

③依第一項規定經核定之書狀，與章程有同一效力。

第七條 （視為法人者經核定後登記之聲請）

依前條規定經主管機關核定者，其法人之代表人，應於核定後二十日內，依民法總則第四十八條或第六十一條之規定，聲請登記。

第八條 （視為法人者財產目錄編造之義務）

第六條所定之法人，如未備置財產目錄、社員名簿者，應於民法總則施行後速行編造。

第九條 （祠堂、寺廟等不視為法人）

第六條至第八條之規定，於祠堂、寺廟及以養贍家族為目的之獨立財產，不適用之。

第一○條 （法人登記之主管機關）

①依民法總則規定法人之登記，其主管機關為該法人事務所所在地之法院。

②法院對於已登記之事項，應速行公告，並許第三人抄錄或閱覽。

第一一條 （外國法人認許之限制）

外國法人，除依法律規定外，不認許其成立。

第一二條 （經認許之外國法人之權利能力）97

①經認許之外國法人，於法令限制內，與同種類之我國法人有同一之權利能力。

②前項外國法人，其服從我國法律之義務，與我國法人同。

第一三條 （外國法人在中國設事務所者準用本國法人有關設立及登記等規定）97

外國法人在我國設事務所者，準用民法總則第三十條、第三十一條、第四十五條、第四十六條、第四十八條、第五十九條、第六十一條及前條之規定。

第一四條 （外國法人事務所之撤銷）

依前條所設之外國法人事務所，如有民法總則第三十六條所定情事，法院得撤銷之。

第一五條 （未經認許成立之外國法人為法律行為之責任）

　　未經認許其成立之外國法人，以其名義與他人為法律行為者，其行為人就該法律行為應與該外國法人負連帶責任。

第一六條 （施行前消滅時效已完成或將完成之請求權之行使）

　　民法總則施行前，依民法總則之規定，消滅時效業已完成，或其時效期間尚有殘餘不足一年者，得於施行之日起，一年內行使請求權，但自其時效完成後，至民法總則施行時，已逾民法總則所定時效期間二分之一者，不在此限。

第一七條 （施行前之撤銷權之除斥期間）

　　民法總則第七十四條第二項、第九十條、第九十三條之撤銷權，準用前條之規定。

第一八條 （施行前消滅時效之比較適用）

①民法總則施行前之法定消滅時效已完成者，其時效為完成。

②民法總則施行前之法定消滅時效，其期間較民法總則所定為長者，適用舊法，但其殘餘期間，自民法總則施行日起算較民法總則所定時效期間為長者，應自施行日起，適用民法總則。

第一九條 （施行日）104

①本施行法自民法總則施行之日施行。

②民法總則修正條文及本施行法修正條文之施行日期，除另定施行日期者外，自公布日施行。

民　法

第二編　債

①民國 18 年 11 月 22 日國民政府制定公布全文第 153～756 條條文；並自 19 年 5 月 5 日施行。

②民國 88 年 4 月 21 日總統令修正公布第 159、160、162、164、165、174、177、178、184、186、187、191、192、195、196、213、217、227、229、244、247、248、250、281、292、293、312～315、318、327、330、331、334、358、365、374、389、397、406、408～410、412、425、426、440、449、458、459、464、469、473、474、481、490、495、502、503、507、513～521、523～527、531、534、544、546、553～555、563、567、572、573、580、595、602、603、606～608、612、615、618、620、623、625、673、641、642、650、654、656、658、661、666、667、670～674、679、685～687、679、722、743、749 條條文及第十六節節名；增訂第 164-1、165-1～165-4、166-1、191-1～191-3、216-1、218-1、227-1、227-2、245-1、247-1、422-1、425-1、426-1、426-2、457-1、460-1、461-1、463-1、465-1、475-1、483-1、487-1、501-1、514-1～514-2、515-1、607-1、601-2、603-1、618-1、629-1、709-1～709-9、720-1、739-1、742-1、756-1～756-9 條條文及第二章第八節之一、第十九節之一、第二十四節之一節名；並刪除第 219、228、407、465、475、522、604、605、636 條條文。

③民國 89 年 4 月 26 日總統令修正公布第 248 條條文。

④民國 98 年 12 月 30 日總統令修正公布第 687 及 708 條條文。

⑤民國 99 年 5 月 26 日總統令修正公布第 746 條條文；並增訂第 753-1 條條文。

第一章　通　則

第一節　債之發生

第一款　契　約

第一五三條　（契約之成立）

①當事人互相表示意思一致者，無論其為明示或默示，契約即為成立。

②當事人對於必要之點，意思一致。而對於非必要之點，未經表示意思者，推定其契約為成立，關於該非必要之點，當事人意思不一致時，法院應依其事件之性質定之。

第一五四條　（要約之拘束力、要約引誘）

①契約之要約人，因要約而受拘束。但要約當時預先聲明不受拘

束，或依其情形或事件之性質，可認當事人無受其拘束之意思者，不在此限。

②貨物標定賣價陳列者，視爲要約。但價目表之寄送，不視爲要約。

第一五五條 （要約之失效—拒絕要約）
要約經拒絕者，失其拘束力。

第一五六條 （要約之失效—非即承諾）
對話爲要約者，非立時承諾，即失其拘束力。

第一五七條 （要約之失效—不爲承諾）
非對話爲要約者，依通常情形可期待承諾之達到時期內，相對人不爲承諾時，其要約失其拘束力。

第一五八條 （要約之失效—非限期承諾）
要約定有承諾期限者，非於其期限內爲承諾，失其拘束力。

第一五九條 （承諾通知之遲到及遲到之通知）
①承諾之通知，按其傳達方法，通常在相當時期內可達到而遲到，其情形爲要約人可得而知者，應向相對人即發遲到之通知。

②要約人怠於爲前項通知者，其承諾視爲未遲到。

第一六○條 （遲到之承諾）
①遲到之承諾，除前條情形外，視爲新要約。

②將要約擴張、限制或爲其他變更而承諾者，視爲拒絕原要約而爲新要約。

第一六一條 （意思實現）
①依習慣或依其事件之性質，承諾無須通知者，在相當時期內，有可認爲承諾之事實時，其契約爲成立。

②前項規定，於要約人要約當時預先聲明承諾無須通知者，準用之。

第一六二條 （撤回要約通知之遲到）
①撤回要約之通知，其到達在要約到達之後，而按其傳達方法，通常在相當時期內應先時或同時到達，其情形爲相對人可得而知者，相對人應向要約人即發遲到之通知。

②相對人怠於爲前項通知者，其要約撤回之通知，視爲未遲到。

第一六三條 （撤回承諾通知之遲到及遲到之通知）
前條之規定，於承諾之撤回準用之。

第一六四條 （懸賞廣告之效力）
①以廣告聲明對完成一定行爲之人給與報酬者，爲懸賞廣告。廣告人對於完成該行爲之人，負給付報酬之義務。

②數人先後分別完成前項行爲時，由最先完成該行爲之人，取得報酬請求權；數人共同或同時分別完成行爲時，由行爲人共同取得報酬請求權。

③前項情形，廣告人善意給付報酬於最先通知之人時，其給付報酬之義務，即爲消滅。

④前三項規定，於不知有廣告而完成廣告所定行爲之人，準用之。

第一六四條之一 （懸賞廣告權利之歸屬）

因完成前條之行為而可取得一定之權利者，其權利屬於行為人。但廣告另有聲明者，不在此限。

第一六五條 （懸賞廣告之撤銷）

①預定報酬之廣告，如於行為完成前撤回時，除廣告人證明行為人不能完成其行為外，對於行為人因該廣告善意所受之損害，應負賠償之責。但以不超過預定報酬額為限。

②廣告定有完成行為之期間者，推定廣告人拋棄其撤回權。

第一六五條之一 （優等懸賞廣告之定義）

以廣告聲明對完成一定行為，於一定期間內為通知，而經評定為優等之人給與報酬者，為優等懸賞廣告。廣告人於評定完成時，負給付報酬之義務。

第一六五條之二 （優等懸賞廣告之評定）

①前條優等之評定，由廣告中指定之人為之。廣告中未指定者，由廣告人決定方法評定之。

②依前項規定所為之評定，對於廣告人及應徵人有拘束力。

第一六五條之三 （共同取得報酬請求權）

被評定為優等之人有數人同等時，除廣告另有聲明外，共同取得報酬請求權。

第一六五條之四 （優等懸賞廣告權利之歸屬）

第一百六十四條之一之規定，於優等懸賞廣告準用之。

第一六六條 （契約方式之約定）

契約當事人約定其契約須用一定方式者，在該方式未完成前，推定其契約不成立。

第一六六條之一 （公證之概括規定）

①契約以負擔不動產物權之移轉、設定或變更之義務為標的者，應由公證人作成公證書。

②未依前項規定公證之契約，如當事人已合意為不動產物權之移轉、設定或變更而完成登記者，仍為有效。

第二款 代理權之授與

第一六七條 （意定代理權之授與）

代理權係以法律行為授與者，其授與應向代理人或向代理人對之為代理行為之第三人，以意思表示為之。

第一六八條 （共同代理）

代理人有數人者，其代理行為應共同為之。但法律另有規定或本人另有意思表示者，不在此限。

第一六九條 （表見代理）

由自己之行為表示以代理權授與他人，或知他人表示為其代理人而不為反對之表示者，對於第三人應負授權人之責任。但第三人明知其無代理權或可得而知者，不在此限。

第一七〇條 （無權代理）

①無代理權人以代理人之名義所爲之法律行爲，非經本人承認，對於本人不生效力。

②前項情形，法律行爲之相對人，得定相當期限，催告本人確答是否承認，如本人逾期未爲確答者，視爲拒絕承認。

第一七一條 （無權代理相對人之撤回權）

無代理權人所爲之法律行爲，其相對人於本人未承認前，得撤回之。但爲法律行爲時，明知其無代理權者，不在此限。

第三款 無因管理

第一七二條 （無因管理人之管理義務）

未受委任，並無義務，而爲他人管理事務者，其管理應依本人明示或可得推知之意思，以有利於本人之方法爲之。

第一七三條 （管理人之通知與計算義務）

①管理人開始管理時，以能通知爲限，應即通知本人。如無急迫之情事，應俟本人之指示。

②第五百四十條至第五百四十二條關於委任之規定，於無因管理準用之。

第一七四條 （管理人之無過失責任）

①管理人違反本人明示或可得推知之意思，而爲事務之管理者，對於因其管理所生之損害，雖無過失，亦應負賠償之責。

②前項之規定，如其管理係爲本人盡公益上之義務，或爲其履行法定扶養義務，或本人之意思違反公共秩序善良風俗者，不適用之。

第一七五條 （因急迫危險而爲管理之免責）

管理人爲免除本人之生命、身體或財產上之急迫危險，而爲事務之管理者，對於因其管理所生之損害，除有惡意或重大過失者外，不負賠償之責。

第一七六條 （適法管理時管理人之權利）

①管理事務，利於本人，並不違反本人明示或可得推知之意思者，管理人爲本人支出必要或有益之費用，或負擔債務，或受損害時，得請求本人償還其費用及自支出時起之利息，或清償其所負擔之債務，或賠償其損害。

②第一百七十四條第二項規定之情形，管理人管理事務，雖違反本人之意思，仍有前項之請求權。

第一七七條 （非適法管理本人之權利義務）

①管理事務不合於前條之規定時，本人仍得享有因管理所得之利益，而本人所負前條第一項對於管理人之義務，以其所得之利益爲限。

②前項規定，於管理人明知爲他人之事務，而爲自己之利益管理之者，準用之。

第一七八條 （無因管理經承認之效果）

管理事務經本人承認者，除當事人有特別意思表示外，溯及管理事務開始時，適用關於委任之規定。

第四款 不當得利

第一七九條 （不當得利之效力）

無法律上之原因而受利益，致他人受損害者，應返還其利益。雖有法律上之原因，而其後已不存在者，亦同。

第一八〇條 （不得請求返還之不當得利）

給付，有左列情形之一者，不得請求返還：

一 給付係履行道德上之義務者。

二 債務人於未到期之債務因清償而為給付者。

三 因清償債務而為給付，於給付時明知無給付之義務者。

四 因不法之原因而為給付者。但不法之原因僅於受領人一方存在時，不在此限。

第一八一條 （不當得利返還標的物）

不當得利之受領人，除返還其所受之利益外，如本於該利益更有所取得者，並應返還。但依其利益之性質或其他情形不能返還者，應償還其價額。

第一八二條 （不當得利受領人之返還範圍）

①不當得利之受領人，不知無法律上之原因，而其所受之利益已不存在者，免負返還或償還價額之責任。

②受領人於受領時，知無法律上之原因或其後知之者，應將受領時所得之利益，或知無法律上之原因時所現存之利益，附加利息，一併償還；如有損害，並應賠償。

第一八三條 （第三人之返還責任）

不當得利之受領人，以其所受者，無償讓與第三人，而受領人因此免返還義務者，第三人於其所免返還義務之限度內，負返還責任。

第五款 侵權行為

第一八四條 （獨立侵權行為之責任）

①因故意或過失，不法侵害他人之權利者，負損害賠償責任。故意以背於善良風俗之方法，加損害於他人者亦同。

②違反保護他人之法律，致生損害於他人者，負賠償責任。但能證明其行為無過失者，不在此限。

第一八五條 （共同侵權行為責任）

①數人共同不法侵害他人之權利者，連帶負損害賠償責任；不能知其中孰為加害人者，亦同。

②造意人及幫助人，視為共同行為人。

第一八六條 （公務員之侵權責任）

①公務員因故意違背對於第三人應執行之職務，致第三人受損害者，負賠償責任。其因過失者，以被害人不能依他項方法受賠償時為限，負其責任。

②前項情形，如被害人得依法律上之救濟方法，除去其損害，而因故意或過失不為之者，公務員不負賠償責任。

第一八七條 （法定代理人之責任）

①無行為能力或限制行為能力人，不法侵害他人之權利者，以行為時有識別能力為限，與其法定代理人連帶負損害賠償責任。行為時無識別能力者，由其法定代理人負損害賠償責任。

②前項情形，法定代理人如其監督並未疏懈，或縱加以相當之監督，而仍不免發生損害者，不負賠償責任。

③如不能依前二項規定受損害賠償時，法院因被害人之聲請，得斟酌行為人及其法定代理人與被害人之經濟狀況，令行為人或其法定代理人為全部或一部之損害賠償。

④前項規定，於其他之人，在無意識或精神錯亂中所為之行為致第三人受損害時，準用之。

第一八八條 （僱用人之責任）

①受僱人因執行職務，不法侵害他人之權利者，由僱用人與行為人連帶負損害賠償責任。但選任受僱人及監督其職務之執行，已盡相當之注意或縱加以相當之注意而仍不免發生損害者，僱用人不負賠償責任。

②如被害人依前項但書之規定，不能受損害賠償時，法院因其聲請，得斟酌僱用人與被害人之經濟狀況，令僱用人為全部或一部之損害賠償。

③僱用人賠償損害時，對於為侵權行為之受僱人，有求償權。

第一八九條 （定作人之責任）

承攬人因執行承攬事項，不法侵害他人之權利者，定作人不負損害賠償責任。但定作人於定作或指示有過失者，不在此限。

第一九〇條 （動物占有人之責任）

①動物加損害於他人者，由其占有人負損害賠償責任。但依動物之種類及性質已為相當注意之管束，或縱為相當注意之管束而仍不免發生損害者，不在此限。

②動物係由第三人或他動物之挑動，致加損害於他人者，其占有人對於該第三人或該動物之占有人，有求償權。

第一九一條 （工作物所有人之責任）

①土地上之建築物或其他工作物所致他人權利之損害，由工作物之所有人負賠償責任。但其對於設置或保管並無欠缺，或損害非因設置或保管有欠缺，或於防止損害之發生，已盡相當之注意者，不在此限。

②前項損害之發生，如別有應負責任之人時，賠償損害之所有人，對於該應負責者，有求償權。

第一九一條之一 （商品製造人之責任）

①商品製造人因其商品之通常使用或消費所致他人之損害，負賠償責任。但其對於商品之生產、製造或加工、設計並無欠缺或其損害非因該項欠缺所致或於防止損害之發生，已盡相當之注意者，不在此限。

②前項所稱商品製造人，謂商品之生產、製造、加工業者。其在商

品上附加標章或其他文字、符號，足以表彰係其自己所生產、製造、加工者，視爲商品製造人。

③商品之生產、製造或加工、設計，與其說明書或廣告內容不符者，視爲有欠缺。

④商品輸入業者，應與商品製造人負同一之責任。

第一九一條之二 （動力車輛駕駛人之責任）

汽車、機車或其他非依軌道行駛之動力車輛，在使用中加損害於他人者，駕駛人應賠償因此所生之損害。但於防止損害之發生，已盡相當之注意者，不在此限。

第一九一條之三 （一般危險之責任）

經營一定事業或從事其他工作或活動之人，其工作或活動之性質或其使用之工具或方法有生損害於他人之危險者，對他人之損害應負賠償責任。但損害非由於其工作或活動或其使用之工具或方法所致，或於防止損害之發生已盡相當之注意者，不在此限。

第一九二條 （侵害生命權之損害賠償）

①不法侵害他人致死者，對於支出醫療及增加生活上需要之費用或殯葬費之人，亦應負損害賠償責任。

②被害人對於第三人負有法定扶養義務者，加害人對於該第三人亦應負損害賠償責任。

③第一百九十三條第二項之規定，於前項損害賠償適用之。

第一九三條 （侵害身體、健康之財產上損害賠償）

①不法侵害他人之身體或健康者，對於被害人因此喪失或減少勞動能力或增加生活上之需要時，應負損害賠償責任。

②前項損害賠償，法院得因當事人之聲請，定爲支付定期金。但須命加害人提出擔保。

第一九四條 （侵害生命權之非財產上損害賠償）

不法侵害他人致死者，被害人之父、母、子、女及配偶，雖非財產上之損害，亦得請求賠償相當之金額。

第一九五條 （侵害身體健康名譽或自由之非財產上損害賠償）

①不法侵害他人之身體、健康、名譽、自由、信用、隱私、貞操，或不法侵害其他人格法益而情節重大者，被害人雖非財產上之損害，亦得請求賠償相當之金額。其名譽被侵害者，並得請求回復名譽之適當處分。

②前項請求權，不得讓與或繼承。但以金額賠償之請求權已依契約承諾，或已起訴者，不在此限。

③前二項規定，於不法侵害他人基於父、母、子、女或配偶關係之身分法益而情節重大者，準用之。

第一九六條 （物之毀損之賠償方法）

不法毀損他人之物者，被害人得請求賠償其物因毀損所減少之價額。

第一九七條 （損害賠償請求權之消滅時效與不當得利之返還）

①因侵權行爲所生之損害賠償請求權，自請求權人知有損害及賠償

義務人時起，二年間不行使而消滅。自有侵權行為時起，逾十年者亦同。

②損害賠償之義務人，因侵權行為受利益，致被害人受損害者，於前項時效完成後，仍應依關於不當得利之規定，返還其所受之利益於被害人。

第一九八條 （債務履行之拒絕）

因侵權行為對於被害人取得債權者，被害人對該債權之廢止請求權，雖因時效而消滅，仍得拒絕履行。

第二節　債之標的

第一九九條 （債權人之權利、給付之範圍）

①債權人基於債之關係，得向債務人請求給付。

②給付，不以有財產價格者為限。

③不作為亦得為給付。

第二○○條 （種類之債）

①給付物僅以種類指示者，依法律行為之性質或當事人之意思不能定其品質時，債務人應給以中等品質之物。

②前項情形，債務人交付其物之必要行為完結後，或經債權人之同意指定其應交付之物時，其物即為特定給付物。

第二○一條 （特種通用貨幣之債）

以特種通用貨幣之給付為債之標的者，如其貨幣至給付期失通用效力時，應給以他種通用貨幣。

第二○二條 （外國貨幣之債）

以外國通用貨幣定給付額者，債務人得按給付時，給付地之市價，以中華民國通用貨幣給付之。但訂明應以外國通用貨幣為給付者，不在此限。

第二○三條 （法定利率）

應付利息之債務，其利率未經約定，亦無法律可據者，週年利率為百分之五。

第二○四條 （債務人之提前還本權）

①約定利率逾週年百分之十二者，經一年後，債務人得隨時清償原本。但須於一個月前預告債權人。

②前項清償之權利，不得以契約除去或限制之。

第二○五條 （最高利率之限制）

約定利率，超過週年百分之二十者，債權人對於超過部分之利息，無請求權。

第二○六條 （巧取利益之禁止）

債權人除前條限定之利息外，不得以折扣或其他方法，巧取利益。

第二○七條 （複利）

①利息不得滾入原本再生利息。但當事人以書面約定，利息遲付逾一年後，經催告而不償還時，債權人得將遲付之利息滾入原本

者，依其約定。

②前項規定，如商業上另有習慣者，不適用之。

第二〇八條　（選擇之債）

　於數宗給付中得選定其一者，其選擇權屬於債務人。但法律另有規定或契約另有訂定者，不在此限。

第二〇九條　（選擇權之行使）

①債權人或債務人有選擇權者，應向他方當事人以意思表示爲之。

②由第三人爲選擇者，應向債權人及債務人以意思表示爲之。

第二一〇條　（選擇權之行使期間與移轉）

①選擇權定有行使期間者，如於該期間內不行使時，其選擇權移屬於他方當事人。

②選擇權未定有行使期間者，債權至淸償期時，無選擇權之當事人，得定相當期限催告他方當事人行使其選擇權，如他方當事人不於所定期限內行使選擇權者，其選擇權移屬於爲催告之當事人。

③由第三人爲選擇者，如第三人不能或不欲選擇時，選擇權屬於債務人。

第二一一條　（選擇之債之給付不能）

　數宗給付中，有自始不能或嗣後不能給付者，債之關係僅存在於餘存之給付。但其不能之事由，應由無選擇權之當事人負責者，不在此限。

第二一二條　（選擇之溯及效力）

　選擇之效力，溯及於債之發生時。

第二一三條　（損害賠償之方法─回復原狀）

①負損害賠償責任者，除法律另有規定或契約另有訂定外，應回復他方損害發生前之原狀。

②因回復原狀而應給付金錢者，自損害發生時起，加給利息。

③第一項情形，債權人得請求支付回復原狀所必要之費用，以代回復原狀。

第二一四條　（損害賠償之方法─金錢賠償）

　應回復原狀者，如經債權人定相當期限催告後，逾期不爲回復時，債權人得請求以金錢賠償其損害。

第二一五條　（損害賠償之方法─金錢賠償）

　不能回復原狀或回復顯有重大困難者，應以金錢賠償其損害。

第二一六條　（法定損害賠償範圍）

①損害賠償，除法律另有規定或契約另有訂定外，應以塡補債權人所受損害及所失利益爲限。

②依通常情形，或依已定之計劃、設備或其他特別情事，可得預期之利益，視爲所失利益。

第二一六條之一　（損害賠償應損益相抵）

　基於同一原因事實受有損害並受有利益者，其請求之賠償金額，應扣除所受之利益。

第二一七條 （過失相抵）

①損害之發生或擴大，被害人與有過失者，法院得減輕賠償金額，或免除之。

②重大之損害原因，為債務人所不及知，而被害人不預促其注意或怠於避免或減少損害者，為與有過失。

③前二項之規定，於被害人之代理人或使用人與有過失者，準用之。

第二一八條 （因賠償義務人生計關係之酌減）

損害非因故意或重大過失所致者，如其賠償致賠償義務人之生計有重大影響時，法院得減輕其賠償金額。

第二一八條之一 （賠償義務人之權利讓與請求權）

①關於物或權利之喪失或損害，負賠償責任之人，得向損害賠償請求權人，請求讓與基於其物之所有權或基於其權利對於第三人之請求權。

②第二百六十四條之規定，於前項情形準用之。

第三節　債之效力

第一款　給　付

第二一九條 （刪除）

第二二〇條 （債務人責任之酌定）

①債務人就其故意或過失之行為，應負責任。

②過失之責任，依事件之特性而有輕重，如其事件非予債務人以利益者，應從輕酌定。

第二二一條 （行為能力欠缺人之責任）

債務人為無行為能力人或限制行為能力人者，其責任依第一百八十七條之規定定之。

第二二二條 （故意或重大過失責任之強制性）

故意或重大過失之責任，不得預先免除。

第二二三條 （具體輕過失之最低責任）

應與處理自己事務為同一注意者，如有重大過失，仍應負責。

第二二四條 （履行輔助人之故意過失）

債務人之代理人或使用人，關於債之履行有故意或過失時，債務人應與自己之故意或過失負同一責任。但當事人另有訂定者，不在此限。

第二二五條 （給付不能之效力—免給付義務與代償請求權之發生）

①因不可歸責於債務人之事由，致給付不能者，債務人免給付義務。

②債務人因前項給付不能之事由，對第三人有損害賠償請求權者，債權人得向債務人請求讓與其損害賠償請求權，或交付其所受領之賠償物。

第二二六條 （給付不能之效力一損害賠償與一部履行之拒絕）

①因可歸責於債務人之事由，致給付不能者，債權人得請求賠償損害。

②前項情形，給付一部不能者，若其他部分之履行，於債權人無利益時，債權人得拒絕該部之給付，請求全部不履行之損害賠償。

第二二七條 （不完全給付之效果）

①因可歸責於債務人之事由，致為不完全給付者，債權人得依關於給付遲延或給付不能之規定行使其權利。

②因不完全給付而生前項以外之損害者，債權人並得請求賠償。

第二二七條之一 （債務不履行侵害人格權之賠償）

債務人因債務不履行，致債權人之人格權受侵害者，準用第一百九十二條至第一百九十五條及第一百九十七條之規定，負損害賠償責任。

第二二七條之二 （情事變更之原則）

①契約成立後，情事變更，非當時所得預料，而依其原有效果顯失公平者，當事人得聲請法院增、減其給付或變更其他原有之效果。

②前項規定，於非因契約所發生之債，準用之。

第二二八條 （刪除）

第二款 遲 延

第二二九條 （給付期限與債務人之給付遲延）

①給付有確定期限者，債務人自期限屆滿時起，負遲延責任。

②給付無確定期限者，債務人於債權人得請求給付時，經其催告而未為給付，自受催告時起，負遲延責任。其經債權人起訴而送達訴狀，或依督促程序送達支付命令，或為其他相類之行為者，與催告有同一之效力。

③前項催告定有期限者，債務人自期限屆滿時起負遲延責任。

第二三〇條 （給付遲延之阻卻成立事由）

因不可歸責於債務人之事由，致未為給付者，債務人不負遲延責任。

第二三一條 （遲延賠償一非常事變責任）

①債務人遲延者，債權人得請求其賠償因遲延而生之損害。

②前項債務人，在遲延中，對於因不可抗力而生之損害，亦應負責。但債務人證明縱不遲延給付，而仍不免發生損害者，不在此限。

第二三二條 （替補賠償一拒絕受領給付而請求賠償）

遲延後之給付，於債權人無利益者，債權人得拒絕其給付，並得請求賠償因不履行而生之損害。

第二三三條 （遲延利息與其他損害之賠償）

①遲延之債務，以支付金錢為標的者，債權人得請求依法定利率計算之遲延利息。但約定利率較高者，仍從其約定利率。

②對於利息，無須支付遲延利息。

③前二項情形，債權人證明有其他損害者，並得請求賠償。

第二三四條 （受領遲延）

債權人對於已提出之給付，拒絕受領或不能受領者，自提出時起，負遲延責任。

第二三五條 （現實與言詞提出）

債務人非依債務本旨實行提出給付者，不生提出之效力。但債權人預示拒絕受領之意思，或給付兼需債權人之行為者，債務人得以準備給付之事情，通知債權人，以代提出。

第二三六條 （一時受領遲延）

給付無確定期限，或債務人於清償期前為給付者，債權人就一時不能受領之情事，不負遲延責任。但其提出給付，由於債權人之催告，或債務人已於相當期間前預告債權人者，不在此限。

第二三七條 （受領遲延時債務人責任）

在債權人遲延中，債務人僅就故意或重大過失，負其責任。

第二三八條 （受領遲延利息支付之停止）

在債權人遲延中，債務人無須支付利息。

第二三九條 （孳息返還範圍之縮小）

債務人應返還由標的物所生之孳息或償還其價金者，在債權人遲延中，以已收取之孳息為限，負返還責任。

第二四〇條 （受領遲延費用賠償之請求）

債權人遲延者，債務人得請求其賠償提出及保管給付物之必要費用。

第二四一條 （拋棄占有）

①有交付不動產義務之債務人，於債權人遲延後，得拋棄其占有。

②前項拋棄，應預先通知債權人。但不能通知者，不在此限。

第三款 保 全

第二四二條 （債權人代位權）

債務人怠於行使其權利時，債權人因保全債權，得以自己之名義，行使其權利。但專屬於債務人本身者，不在此限。

第二四三條 （代位權行使時期）

前條債權人之權利，非於債務人負遲延責任時，不得行使。但專為保存債務人權利之行為，不在此限。

第二四四條 （債權人撤銷權）

①債務人所為之無償行為，有害及債權者，債權人得聲請法院撤銷之。

②債務人所為之有償行為，於行為時明知有損害於債權人之權利者，以受益人於受益時亦知其情事者為限，債權人得聲請法院撤銷之。

③債務人之行為非以財產為標的，或僅有害於以給付特定物為標的之債權者，不適用前二項之規定。

④債權人依第一項或第二項之規定聲請法院撤銷時，得並聲請命受益人或轉得人回復原狀。但轉得人於轉得時不知有撤銷原因者，不在此限。

第二四五條 （撤銷權之除斥期間）

前項撤銷權，自債權人知有撤銷原因時起，一年間不行使，或自行為時起，經過十年而消滅。

第四款 契約

第二四五條之一 （締約過失之責任）

①契約未成立時，當事人為準備或商議訂立契約而有左列情形之一者，對於非因過失而信契約能成立致受損害之他方當事人，負賠償責任：

一 就訂約有重要關係之事項，對他方之詢問，惡意隱匿或為不實之說明者。

二 知悉或持有他方之秘密，經他方明示應予保密，而因故意或重大過失洩漏之者。

三 其他顯然違反誠實及信用方法者。

②前項損害賠償請求權，因二年間不行使而消滅。

第二四六條 （契約標的給付不能之效力）

①以不能之給付為契約標的者，其契約為無效。但其不能情形可以除去，而當事人訂約時並預期於不能之情形除去後為給付者，其契約仍為有效。

②附停止條件或始期之契約，於條件成就或期限屆至前，不能之情形已除去者，其契約為有效。

第二四七條 （因契約標的給付不能之賠償及時效）

①契約因以不能之給付為標的而無效者，當事人於訂約時知其不能或可得而知者，對於非因過失而信契約為有效致受損害之他方當事人，負賠償責任。

②給付一部不能，而契約就其他部分仍為有效者，或依選擇而定之數宗給付中有一宗給付不能者，準用前項之規定。

③前二項損害賠償請求權，因二年間不行使而消滅。

第二四七條之一 （附合契約）

依照當事人一方預定用同類契約之條款而訂定之契約，為左列各款之約定，按其情形顯失公平者，該部分約定無效：

一 免除或減輕預定契約條款之當事人之責任者。

二 加重他方當事人之責任者。

三 使他方當事人拋棄權利或限制其行使權利者。

四 其他於他方當事人有重大不利益者。

第二四八條 （收受定金之效力）

訂約當事人之一方，由他方受有定金時，推定其契約成立。

第二四九條 （定金之效力）

定金，除當事人另有訂定外，適用左列之規定：

一　契約履行時，定金應返還或作爲給付之一部。

二　契約因可歸責於付定金當事人之事由，致不能履行時，定金不得請求返還。

三　契約因可歸責於受定金當事人之事由，致不能履行時，該當事人應加倍返還其所受之定金。

四　契約因不可歸責於雙方當事人之事由，致不能履行時，定金應返還之。

第二五〇條 （約定違約金之性質）

①當事人得約定債務人於債務不履行時，應支付違約金。

②違約金，除當事人另有訂定外，視爲因不履行而生損害之賠償總額。其約定如債務人不於適當時期或不依適當方法履行債務時，即須支付違約金者，債權人除得請求履行債務外，違約金視爲因不於適當時期或不依適當方法履行債務所生損害之賠償總額。

第二五一條 （一部履行之酌減）

債務已爲一部履行者，法院得比照債權人因一部履行所受之利益，減少違約金。

第二五二條 （違約金額過高之酌減）

約定之違約金額過高者，法院得減至相當之數額。

第二五三條 （準違約金）

前三條之規定，於約定違約時應爲金錢以外之給付者準用之。

第二五四條 （非定期行爲給付遲延之解除契約）

契約當事人之一方遲延給付者，他方當事人得定相當期限催告其履行，如於期限內不履行時，得解除其契約。

第二五五條 （定期行爲給付遲延之解除契約）

依契約之性質或當事人之意思表示，非於一定時期爲給付不能達其契約之目的，而契約當事人之一方不按照時期給付者，他方當事人得不爲前條之催告，解除其契約。

第二五六條 （因給付不能之解除契約）

債權人於第二百二十六條之情形時，得解除其契約。

第二五七條 （解除權之消滅－未於期限內行使解除權）

解除權之行使，未定有期間者，他方當事人得定相當期限，催告解除權人於期限內確答是否解除；如逾期未受解除之通知，解除權即消滅。

第二五八條 （解除權之行使方法）

①解除權之行使，應向他方當事人以意思表示爲之。

②契約當事人之一方有數人者，前項意思表示，應由其全體或向其全體爲之。

③解除契約之意思表示，不得撤銷。

第二五九條 （契約解除後之回復原狀）

契約解除時，當事人雙方回復原狀之義務，除法律另有規定或契約另有訂定外，依左列之規定：

一　由他方所受領之給付物，應返還之。

二　受領之給付爲金錢者，應附加自受領時起之利息償還之。

三　受領之給付爲勞務或爲物之使用者，應照受領時之價額，以金錢償還之。

四　受領之給付物生有孳息者，應返還之。

五　就返還之物，已支出必要或有益之費用，得於他方受返還時所得利益之限度內，請求其返還。

六　應返還之物有毀損、滅失或因其他事由，致不能返還者，應償還其價額。

第二六〇條　（損害賠償之請求）

解除權之行使，不妨礙損害賠償之請求。

第二六一條　（雙務契約規定之準用）

當事人因契約解除而生之相互義務，準用第二百六十四條至第二百六十七條之規定。

第二六二條　（解除權之消滅一受領物不能返還或種類變更）

有解除權人，因可歸責於自己之事由，致其所受領之給付物有毀損、滅失或其他情形不能返還者，解除權消滅；因加工或改造，將所受領之給付物變其種類者亦同。

第二六三條　（終止權之行使方法及效力一準用解除權之規定）

第二百五十八條及第二百六十條之規定，於當事人依法律之規定終止契約者準用之。

第二六四條　（同時履行抗辯）

①因契約互負債務者，於他方當事人未爲對待給付前，得拒絕自己之給付。但自己有先爲給付之義務者，不在此限。

②他方當事人已爲部分之給付時，依其情形，如拒絕自己之給付有違背誠實及信用方法者，不得拒絕自己之給付。

第二六五條　（不安抗辯權）

當事人之一方，應向他方先爲給付者，如他方之財產，於訂約後顯形減少，有難爲對待給付之虞時，如他方未爲對待給付或提出擔保前，得拒絕自己之給付。

第二六六條　（危險負擔一債務人負擔主義）

①因不可歸責於雙方當事人之事由，致一方之給付全部不能者，他方免爲對待給付之義務；如僅一部不能者，應按其比例減少對待給付。

②前項情形，已爲全部或一部之對待給付者，得依關於不當得利之規定，請求返還。

第二六七條　（因可歸責於當事人一方之給付不能）

當事人之一方因可歸責於他方之事由，致不能給付者，得請求對待給付。但其因免給付義務所得之利益或應得之利益，均應由其所得請求之對待給付中扣除之。

第二六八條　（第三人負擔契約）

契約當事人之一方，約定由第三人對於他方爲給付者，於第三人不爲給付時，應負損害賠償責任。

第二六九條 （利益第三人契約）

①以契約訂定向第三人爲給付者，要約人得請求債務人向第三人爲給付，其第三人對於債務人，亦有直接請求給付之權。

②第三人對於前項契約，未表示享受其利益之意思前，當事人得變更其契約或撤銷之。

③第三人對於當事人之一方表示不欲享受其契約之利益者，視爲自始未取得其權利。

第二七〇條 （債務人對第三人之抗辯）

前條債務人，得以由契約所生之一切抗辯，對抗受益之第三人。

第四節　多數債務人及債權人

第二七一條 （可分之債）

數人負同一債務或有同一債權，而其給付可分者，除法律另有規定或契約另有訂定外，應各平均分擔或分受之；其給付本不可分而變爲可分者亦同。

第二七二條 （連帶債務）

①數人負同一債務，明示對於債權人各負全部給付之責任者，爲連帶債務。

②無前項之明示時，連帶債務之成立，以法律有規定者爲限。

第二七三條 （債權人之權利─對連帶債務人之請求）

①連帶債務之債權人，得對於債務人中之一人或數人或其全體，同時或先後請求全部或一部之給付。

②連帶債務未全部履行前，全體債務人仍負連帶責任。

第二七四條 （清償等發生絕對效力）

因連帶債務人中之一人爲清償、代物清償、提存、抵銷或混同而債務消滅者，他債務人亦同免其責任。

第二七五條 （確定判決之限制絕對效力）

連帶債務人中之一人受確定判決，而其判決非基於該債務人之個人關係者，爲他債務人之利益，亦生效力。

第二七六條 （免除與時效完成之限制絕對效力）

①債權人向連帶債務人中之一人免除債務，而無消滅全部債務之意思表示者，除該債務人應分擔之部分外，他債務人仍不免其責任。

②前項規定，於連帶債務人中之一人消滅時效已完成者準用之。

第二七七條 （抵銷之限制絕對效力）

連帶債務人中之一人，對於債權人有債權者，他債務人以該債務人應分擔之部分爲限，得主張抵銷。

第二七八條 （受領遲延之限制絕對效力）

債權人對於連帶債務人中之一人有遲延時，爲他債務人之利益，亦生效力。

第二七九條 （效力相對性原則）

就連帶債務人中之一人所生之事項，除前五條規定或契約另有訂

定者外，其利益或不利益，對他債務人不生效力。

第二八○條 （連帶債務人相互間之分擔義務）

連帶債務人相互間，除法律另有規定或契約另有訂定外，應平均分擔義務。但因債務人中之一人應單獨負責之事由所致之損害及支付之費用，由該債務人負擔。

第二八一條 （連帶債務人同免責任之範圍）

①連帶債務人中之一人，因清償、代物清償、提存、抵銷或混同，致他債務人同免責任者，得向他債務人請求償還各自分擔之部分，並自免責時起之利息。

②前項情形，求償權人於求償範圍內，承受債權人之權利。但不得有害於債權人之利益。

第二八二條 （無償還資力人負擔部分之分擔）

①連帶債務人中之一人，不能償還其分擔額者，其不能償還之部分，由求償權人與他債務人按照比例分擔之。但其不能償還，係由求償權人之過失所致者，不得對於他債務人請求其分擔。

②前項情形，他債務人中之一人應分擔之部分已免責者，仍應依前項比例分擔之規定，負其責任。

第二八三條 （連帶債權）

數人依法律或法律行為，有同一債權，而各得向債務人為全部給付之請求者，為連帶債權。

第二八四條 （債務人之權利—對連帶債權人之給付）

連帶債權之債務人，得向債權人中之一人，為全部之給付。

第二八五條 （請求之絕對效力）

連帶債權人中之一人為給付之請求者，為他債權人之利益，亦生效力。

第二八六條 （受領清償等發生絕對效力）

因連帶債權人中之一人，已受領清償、代物清償、或經提存、抵銷、混同而債權消滅者，他債權人之權利，亦同消滅。

第二八七條 （確定判決之限制絕對效力）

①連帶債權人中之一人，受有利益之確定判決者，為他債權人之利益，亦生效力。

②連帶債權人中之一人，受不利益之確定判決者，如其判決非基於該債權人之個人關係時，對於他債權人，亦生效力。

第二八八條 （免除與時效完成之限制絕對效力）

①連帶債權人中之一人，向債務人免除債務者，除該債權人應享有之部分外，他債權人之權利，仍不消滅。

②前項規定，於連帶債權人中之一人消滅時效已完成者準用之。

第二八九條 （受領遲延之絕對效力）

連帶債權人中之一人有遲延者，他債權人亦負其責任。

第二九○條 （效力相對性原則）

就連帶債權人中之一人所生之事項，除前五條規定或契約另有訂定者外，其利益或不利益，對他債權人不生效力。

第二九一條（連帶債權人之均受利益）

連帶債權人相互間，除法律另有規定或契約另有訂定外，應平均分受其利益。

第二九二條（不可分之債）

數人負同一債務，而其給付不可分者，準用關於連帶債務之規定。

第二九三條（不可分債權之效力）

①數人有同一債權，而其給付不可分者，各債權人僅得請求向債權人全體爲給付，債務人亦僅得向債權人全體爲給付。

②除前項規定外，債權人中之一人與債務人間所生之事項，其利益或不利益，對他債權人不生效力。

③債權人相互間，準用第二百九十一條之規定。

第五節　債之移轉

第二九四條（債權之讓與性）

①債權人得將債權讓與於第三人。但左列債權，不在此限：

一　依債權之性質，不得讓與者。

二　依當事人之特約，不得讓與者。

三　債權禁止扣押者。

②前項第二款不得讓與之特約，不得以之對抗善意第三人。

第二九五條（從權利之隨同移轉）

①讓與債權時，該債權之擔保及其他從屬之權利，隨同移轉於受讓人。但與讓與人有不可分離之關係者，不在此限。

②未支付之利息，推定其隨同原本移轉於受讓人。

第二九六條（證明文件之交付與必要情形之告知）

讓與人應將證明債權之文件，交付受讓人，並應告以關於主張該債權所必要之一切情形。

第二九七條（債權讓與之通知）

①債權之讓與，非經讓與人或受讓人通知債務人，對於債務人不生效力。但法律另有規定者，不在此限。

②受讓人將讓與人所立之讓與字據提示於債務人者，與通知有同一之效力。

第二九八條（表見讓與）

①讓與人已將債權之讓與通知債務人者，縱未爲讓與或讓與無效，債務人仍得以其對抗受讓人之事由，對抗讓與人。

②前項通知，非經受讓人之同意，不得撤銷。

第二九九條（對於受讓人抗辯之援用與抵銷之主張）

①債務人於受通知時，所得對抗讓與人之事由，皆得以之對抗受讓人。

②債務人於受通知時，對於讓與人有債權者，如其債權之清償期，先於所讓與之債權或同時屆至者，債務人得對於受讓人主張抵銷。

第三〇〇條（免責的債務承擔—與債權人訂立契約）

第三人與債權人訂立契約承擔債務人之債務者，其債務於契約成立時，移轉於該第三人。

第三〇一條（免責的債務承擔—與債務人訂立契約）

第三人與債務人訂立契約承擔其債務者，非經債權人承認，對於債權人不生效力。

第三〇二條（債務人或承擔人之定期催告）

①前條債務人或承擔人，得定相當期限，催告債權人於該期限內確答是否承認，如逾期不爲確答者，視爲拒絕承認。

②債權人拒絕承認時，債務人或承擔人得撤銷其承擔之契約。

第三〇三條（債務人抗辯權之援用及其限制）

①債務人因其法律關係所得對抗債權人之事由，承擔人亦得以之對抗債權人。但不得以屬於債務人之債權爲抵銷。

②承擔人因其承擔債務之法律關係所得對抗債務人之事由，不得以之對抗債權人。

第三〇四條（從權利之存續及其例外）

①從屬於債權之權利，不因債務之承擔而妨礙其存在。但與債務人有不可分離之關係者，不在此限。

②由第三人就債權所爲之擔保，除該第三人對於債務之承擔已爲承認外，因債務之承擔而消滅。

第三〇五條（併存的債務承擔—概括承受）

①就他人之財產或營業，概括承受其資產及負債者，因對於債權人爲承受之通知或公告，而生承擔債務之效力。

②前項情形，債務人關於到期之債權，自通知或公告時起，未到期之債權，自到期時起，二年以內，與承擔人連帶負其責任。

第三〇六條（併存的債務承擔—營業合併）

營業與他營業合併，而互相承受其資產及負債者，與前條之概括承受同，其合併之新營業，對於各營業之債務，負其責任。

第六節　債之消滅

第一款　通　則

第三〇七條（從權利之隨同消滅）

債之關係消滅者，其債權之擔保及其他從屬之權利亦同時消滅。

第三〇八條（負債字據之返還及塗銷）

①債之全部消滅者，債務人得請求返還或塗銷負債之字據，其僅一部消滅或負債字據上載有債權人他項權利者，債務人得請求將消滅事由，記入字據。

②負債字據，如債權人主張有不能返還或有不能記入之事情者，債務人得請求給與債務消滅之公認證書。

第二款　清　償

第三〇九條（清償之效力及受領清償人）

① 依債務本旨，向債權人或其他有受領權人爲清償，經其受領者，債之關係消滅。

② 持有債權人簽名之收據者，視爲有受領權人。但債務人已知或因過失而不知其無權受領者，不在此限。

第三一○條 （向第三人爲清償之效力）

向第三人爲清償，經其受領者，其效力依左列各款之規定：

一 經債權人承認或受領人於受領後取得其債權者，有清償之效力。

二 受領人係債權之準占有人者，以債務人不知其非債權人者爲限，有清償之效力。

三 除前二款情形外，於債權人因而受利益之限度內，有清償之效力。

第三一一條 （第三人之清償）

① 債之清償，得由第三人爲之。但當事人另有訂定或依債之性質不得由第三人清償者，不在此限。

② 第三人之清償，債務人有異議時，債權人得拒絕其清償。但第三人就債之履行有利害關係者，債權人不得拒絕。

第三一二條 （第三人清償之權利）

就債之履行有利害關係之第三人爲清償者，於其清償之限度內承受債權人之權利，但不得有害於債權人之利益。

第三一三條 （代位之通知抗辯抵銷準用債權讓與）

第二百九十七條及第二百九十九條之規定，於前條之承受權利準用之。

第三一四條 （清償地）

清償地，除法律另有規定或契約另有訂定，或另有習慣，或得依債之性質或其他情形決定者外，應依左列各款之規定：

一 以給付特定物爲標的者，於訂約時，其物所在地爲之。

二 其他之債，於債權人之住所地爲之。

第三一五條 （清償期）

清償期，除法律另有規定或契約另有訂定，或得依債之性質或其他情形決定者外，債權人得隨時請求清償，債務人亦得隨時爲清償。

第三一六條 （期前清償）

定有清償期者，債權人不得於期前請求清償，如無反對之意思表示時，債務人得於期前爲清償。

第三一七條 （清償費用之負擔）

清償債務之費用，除法律另有規定或契約另有訂定外，由債務人負擔。但因債權人變更住所或其他行爲，致增加清償費用者，其增加之費用，由債權人負擔。

第三一八條 （一部或緩期清償）

① 債務人無爲一部清償之權利。但法院得斟酌債務人之境況，許其於無甚害於債權人利益之相當期限內，分期給付，或緩期清償。

②法院許爲分期給付者，債務人一期遲延給付時，債權得請求全部清償。

③給付不可分者，法院得比照第一項但書之規定，許其緩期清償。

第三一九條 （代物清償）

債權人受領他種給付以代原定之給付者，其債之關係消滅。

第三二〇條 （間接給付—新債清償）

因清償債務而對於債權人負擔新債務者，除當事人另有意思表示外，若新債務不履行時，其舊債務仍不消滅。

第三二一條 （清償之抵充—當事人指定）

對於一人負擔數宗債務而其給付之種類相同者，如清償人所提出之給付，不足清償全部債額時，由清償人於清償時，指定其應抵充之債務。

第三二二條 （清償之抵充—法定抵充）

清償人不爲前條之指定者，依左列之規定，定其應抵充之債務：

一　債務已屆清償期者，儘先抵充。

二　債務均已屆清償期或均未屆清償期者，以債務之擔保最少者，儘先抵充；擔保相等者，以債務人因清償而獲益最多者，儘先抵充；獲益相等者，以先到期之債務，儘先抵充。

三　獲益及清償期均相等者，各按比例，抵充其一部。

第三二三條 （不同種類債務之抵充順序）

清償人所提出之給付，應先抵充費用，次充利息，次充原本；其依前二條之規定抵充債務者亦同。

第三二四條 （受領證書給與請求權）

清償人對於受領清償人，得請求給與受領證書。

第三二五條 （給與受領證書或返還債權證書之效力）

①關於利息或其他定期給付，如債權人給與受領一期給付之證書，未爲他期之保留者，推定其以前各期之給付已爲清償。

②如債權人給與受領原本之證書者，推定其利息亦已受領。

③債權證書已返還者，推定其債之關係消滅。

第三款 提 存

第三二六條 （提存之要件）

債權人受領遲延，或不能確知孰爲債權人而難爲給付者，清償人得將其給付物，爲債權人提存之。

第三二七條 （提存之處所）

提存應於清償地之法院提存所爲之。

第三二八條 （危險負擔之移轉）

提存後，給付物毀損、滅失之危險，由債權人負擔，債務人亦無須支付利息，或賠償其孳息未收取之損害。

第三二九條 （提存物之受取及受取之阻止）

債權人得隨時受取提存物，如債務人之清償，係對債權人之給付而爲之者，在債權人未爲對待給付或提出相當擔保前，得阻止其

受取提存物。

第三三〇條 （受取權之消滅）

債權人關於提存物之權利，應於提存後十年內行使之，逾期其提存物歸屬國庫。

第三三一條 （提存價金—拍賣給付物）

給付物不適於提存，或有毀損滅失之虞，或提存需費過鉅者，清償人得聲請清償地之法院拍賣，而提存其價金。

第三三二條 （提存價金—變賣）

前條給付物有市價者，該管法院得許可清償人照市價出賣，而提存其價金。

第三三三條 （提存等費用之負擔）

提存拍賣及出賣之費用，由債權人負擔。

第四款 抵 銷

第三三四條 （抵銷之要件）

①二人互負債務，而其給付種類相同，並均屆清償期者，各得以其債務，與他方之債務，互爲抵銷。但依債之性質不能抵銷或依當事人之特約不得抵銷者，不在此限。

②前項特約，不得對抗善意第三人。

第三三五條 （抵銷之方法與效力）

①抵銷，應以意思表示，向他方爲之。其相互間債之關係，溯及最初得爲抵銷時，按照抵銷數額而消滅。

②前項意思表示，附有條件或期限者，無效。

第三三六條 （清償地不同之債務之抵銷）

清償地不同之債務，亦得爲抵銷。但爲抵銷之人，應賠償他方因抵銷而生之損害。

第三三七條 （時效消滅債務之抵銷）

債之請求權雖經時效而消滅，如在時效未完成前，其債務已適於抵銷者，亦得爲抵銷。

第三三八條 （禁止抵銷之債—禁止扣押之債）

禁止扣押之債，其債務人不得主張抵銷。

第三三九條 （禁止抵銷之債—因侵權行爲而負擔之債）

因故意侵權行爲而負擔之債，其債務人不得主張抵銷。

第三四〇條 （禁止抵銷之債—受扣押之債權）

受債權扣押命令之第三債務人，於扣押後，始對其債權人取得債權者，不得以其所取得之債權與受扣押之債權爲抵銷。

第三四一條 （禁止抵銷之債—向第三人爲給付之債）

約定應向第三人爲給付之債務人，不得以其債務，與他方當事人對於自己之債務爲抵銷。

第三四二條 （準用清償之抵充）

第三百二十一條至第三百二十三條之規定，於抵銷準用之。

第五款 免 除

第三四三條（免除之效力）

債權人向債務人表示免除其債務之意思者，債之關係消滅。

第六款 混 同

第三四四條（混同之效力）

債權與其債務同歸一人時，債之關係消滅。但其債權爲他人權利之標的或法律另有規定者，不在此限。

第二章 各種之債

第一節 買 賣

第一款 通 則

第三四五條（買賣之意義及成立）

①稱買賣者，謂當事人約定一方移轉財產權於他方，他方支付價金之契約。

②當事人就標的物及其價金互相同意時，買賣契約即爲成立。

第三四六條（買賣價金）

①價金雖未具體約定，而依情形可得而定者，視爲定有價金。

②價金約定依市價者，視爲標的物清償時、清償地之市價。但契約另有訂定者，不在此限。

第三四七條（有償契約準用買賣規定）

本節規定，於買賣契約以外之有償契約準用之。但爲其契約性質所不許者，不在此限。

第二款 效 力

第三四八條（出賣人之移轉財產權及交付標的物之義務）

①物之出賣人，負交付其物於買受人，並使其取得該物所有權之義務。

②權利之出賣人，負使買受人取得其權利之義務，如因其權利而得占有一定之物者，並負交付其物之義務。

第三四九條（權利瑕疵擔保－權利無缺）

出賣人應擔保第三人就買賣之標的物，對於買受人不得主張任何權利。

第三五〇條（權利瑕疵擔保－權利存在）

債權或其他權利之出賣人，應擔保其權利確係存在。有價證券之出賣人，並應擔保其證券未因公示催告而宣示爲無效。

第三五一條（權利瑕疵擔保之免除）

買受人於契約成立時，知有權利之瑕疵者，出賣人不負擔保之責。但契約另有訂定者，不在此限。

第三五二條（債務人支付能力之擔保責任）

債之出賣人，對於債務人之支付能力，除契約另有訂定外，不負擔保責任，出賣人就債務人之支付能力，負擔保責任者，推定其擔保債權移轉時債務人之支付能力。

第三五三條 （權利瑕疵擔保之效果）

出賣人不履行第三百四十八條至第三百五十一條所定之義務者，買受人得依關於債務不履行之規定，行使其權利。

第三五四條 （物之瑕疵擔保責任與效果）

①物之出賣人對於買受人，應擔保其物依第三百七十三條之規定危險移轉於買受人時無滅失或減少其價值之瑕疵，亦無滅失或減少其通常效用或契約預定效用之瑕疵。但減少之程度，無關重要者，不得視為瑕疵。

②出賣人並應擔保其物於危險移轉時，具有其所保證之品質。

第三五五條 （物之瑕疵擔保責任之免除）

①買受人於契約成立時，知其物有前條第一項所稱之瑕疵者，出賣人不負擔保之責。

②買受人因重大過失，而不知有前條第一項所稱之瑕疵者，出賣人如未保證其無瑕疵時，不負擔保之責。但故意不告知其瑕疵者，不在此限。

第三五六條 （買受人之檢查通知義務）

①買受人應按物之性質，依通常程序從速檢查其所受領之物。如發見有應由出賣人負擔保責任之瑕疵時，應即通知出賣人。

②買受人怠於為前項之通知者，除依通常之檢查不能發見之瑕疵外，視為承認其所受領之物。

③不能即知之瑕疵，至日後發見者，應即通知出賣人，怠於為通知者，視為承認其所受領之物。

第三五七條 （檢查通知義務之排除）

前條規定，於出賣人故意不告知瑕疵於買受人者，不適用之。

第三五八條 （異地送到之物之保管、通知、變賣義務）

①買受人對於由他地送到之物，主張有瑕疵，不願受領者，如出賣人於受領地無代理人，買受人有暫為保管之責。

②前項情形，如買受人不即依相當方法證明其瑕疵之存在者，推定於受領時為無瑕疵。

③送到之物易於敗壞者，買受人經依相當方法之證明，得照市價變賣之。如為出賣人之利益，有必要時，並有變賣之義務。

④買受人依前項規定為變賣者，應即通知出賣人，如怠於通知，應負損害賠償之責。

第三五九條 （物之瑕疵擔保效力—解約或減少價金）

買賣因物有瑕疵，而出賣人依前五條之規定，應負擔保之責者，買受人得解除其契約或請求減少其價金。但依情形，解除契約顯失公平者，買受人僅得請求減少價金。

第三六○條 （物之瑕疵擔保效力—請求不履行之損害賠償）

買賣之物，缺少出賣人所保證之品質者，買受人得不解除契約或請求減少價金，而請求不履行之損害賠償；出賣人故意不告知物之瑕疵者亦同。

第三六一條 （解約催告）

①買受人主張物有瑕疵者，出賣人得定相當期限，催告買受人於其期限內是否解除契約。

②買受人於前項期限內不解除契約者，喪失其解除權。

第三六二條 （解約與從物）

①因主物有瑕疵而解除契約者，其效力及於從物。

②從物有瑕疵者，買受人僅得就從物之部分為解除。

第三六三條 （數物併同出賣時之解除契約）

①為買賣標的之數物中，一物有瑕疵者，買受人僅得就有瑕疵之物為解除。其以總價值將數物同時賣出者，買受人並得請求減少與瑕疵物相當之價額。

②前項情形，當事人之任何一方，如因有瑕疵之物，與他物分離而顯受損害者，得解除全部契約。

第三六四條 （瑕疵擔保之效力—另行交付無瑕疵之物）

①買賣之物，僅指定種類者，如其物有瑕疵，買受人得不解除契約或請求減少價金，而即時請求另行交付無瑕疵之物。

②出賣人就前項另行交付之物，仍負擔保責任。

第三六五條 （解除權或請求權之消滅）

①買受人因物有瑕疵，而得解除契約或請求減少價金者，其解除權或請求權，於買受人依第三百五十六條規定為通知後六個月間不行使或自物之交付時起經過五年而消滅。

②前項關於六個月期間之規定，於出賣人故意不告知瑕疵者，不適用之。

第三六六條 （免除或限制擔保義務之特約）

以特約免除或限制出賣人關於權利或物之瑕疵擔保義務者，如出賣人故意不告知其瑕疵，其特約為無效。

第三六七條 （買受人之義務）

買受人對於出賣人，有交付約定價金及受領標的物之義務。

第三六八條 （價金支付拒絕權）

①買受人有正當理由，恐第三人主張權利，致失其因買賣契約所得權利之全部或一部者，得拒絕支付價金之全部或一部。但出賣人已提出相當擔保者，不在此限。

②前項情形，出賣人得請求買受人提存價金。

第三六九條 （標的物與價金交付時期）

買賣標的物與其價金之交付，除法律另有規定或契約另有訂定或另有習慣外，應同時為之。

第三七○條 （價金交付期限之推定）

標的物交付定有期限者，其期限，推定其為價金交付之期限。

第三七一條 （價金交付之處所）

標的物與價金應同時交付者，其價金應於標的物之交付處所交付之。

第三七二條 （依重量計算價金之方法）

價金依物之重量計算者，應扣去其包皮之重量。但契約另有訂定或另有習慣者，從其訂定或習慣。

第三七三條 （標的物利益與危險之承受負擔）

買賣標的物之利益及危險，自交付時起，均由買受人承受負擔，但契約另有訂定者，不在此限。

第三七四條 （送交清償地以外處所之標的物危險之負擔）88

買受人請求將標的物送交清償地以外之處所者，自出賣人交付其標的物於為運送之人或承攬運送人時起，標的物之危險，由買受人負擔。

第三七五條 （交付前負擔危險之買受人費用返還義務）

①標的物之危險，於交付前已應由買受人負擔者，出賣人於危險移轉後，標的物之交付前，所支出之必要費用，買受人應依關於委任之規定，負償還責任。

②前項情形，出賣人所支出之費用，如非必要者，買受人應依關於無因管理之規定，負償還責任。

第三七六條 （出賣人違反關於送交方法特別指示之損害賠償）

買受人關於標的物之送交方法，有特別指示，而出賣人無緊急之原因，違其指示者，對於買受人因此所受之損害，應負賠償責任。

第三七七條 （以權利為買賣標的之利益與危險之承受負擔）

以權利為買賣之標的，如出賣人因其權利而得占有一定之物者，準用前四條之規定。

第三七八條 （買賣費用之負擔）

買賣費用之負擔，除法律另有規定或契約另有訂定或另有習慣外，依左列之規定：

一　買賣契約之費用，由當事人雙方平均負擔。

二　移轉權利之費用、運送標的物至清償地之費用及交付之費用，由出賣人負擔。

三　受領標的物之費用，登記之費用及送交清償地以外處所之費用，由買受人負擔。

第三款　買　回

第三七九條 （買回之要件）

①出賣人於買賣契約保留買回之權利者，得返還其所受領之價金，而買回其標的物。

②前項買回之價金，另有特約者，從其特約。

③原價金之利息，與買受人就標的物所得之利益，視為互相抵銷。

第三八○條 （買回之期限）

買回之期限，不得超過五年，如約定之期限較長者，縮短為五年。

第三八一條 （買賣費用之償還與買回費用之負擔）

① 買賣費用由買受人支出者，買回人應與買回價金連同償還之。

② 買回之費用，由買回人負擔。

第三八二條 （改良及有益費用之償還）

買受人爲改良標的物所支出之費用及其他有益費用，增加價值者，買回人應償還之。但以現存之增價額爲限。

第三八三條 （原買受人之義務及責任）

① 買受人對於買回人，負交付標的物及其附屬物之義務。

② 買受人因可歸責於自己之事由，致不能交付標的物或標的物顯有變更者，應賠償因此所生之損害。

第四款 特種買賣

第三八四條 （試驗買賣之意義）

試驗買賣，爲以買受人之承認標的物爲停止條件而訂立之契約。

第三八五條 （容許試驗義務）

試驗買賣之出賣人，有許買受人試驗其標的物之義務。

第三八六條 （視爲拒絕承認標的物）

標的物經試驗而未交付者，買受人於約定期限內，未就標的物爲承認之表示，視爲拒絕；其無約定期限，而於出賣人所定之相當期限內，未爲承認之表示者亦同。

第三八七條 （視爲承認標的物）

① 標的物因試驗已交付於買受人，而買受人不交還其物，或於約定期限或出賣人所定之相當期限內不爲拒絕之表示者，視爲承認。

② 買受人已支付價金之全部或一部，或就標的物爲非試驗所必要之行爲者，視爲承認。

第三八八條 （貨樣買賣）

按照貨樣約定買賣者，視爲出賣人擔保其交付之標的物與貨樣有同一之品質。

第三八九條 （分期付價買賣期限利益喪失約款之限制）

分期付價之買賣，如約定買受人有遲延時，出賣人得即請求支付全部價金者，除買受人遲付之價額已達全部價金五分之一外，出賣人仍不得請求支付全部價金。

第三九〇條 （解約扣價約款之限制）

分期付價之買賣，如約定出賣人於解除契約時，得扣留其所受領價金者，其扣留之數額，不得超過標的物使用之代價，及標的物受有損害時之賠償額。

第三九一條 （拍賣之成立）

拍賣，因拍賣人拍板或依其他慣用之方法爲賣定之表示而成立。

第三九二條 （拍賣人應買之禁止）

拍賣人對於其所經管之拍賣，不得應買，亦不得使他人爲其應買。

第三九三條 （拍賣物之拍定）

拍賣人除拍賣之委任人有反對之意思表示外，得將拍賣物拍歸出

價最高之應買人。

第三九四條 （拍定之撤回）

拍賣人對於應買人所出最高之價，認爲不足者，得不爲賣定之表示而撤回其物。

第三九五條 （應買表示之效力）

應買人所爲應買之表示，自有出價較高之應買或拍賣物經撤回時，失其拘束力。

第三九六條 （以現金支付買價及支付時期）

拍賣之買受人，應於拍賣成立時或拍賣公告內所定之時，以現金支付買價。

第三九七條 （不按時支付價金之效力—解約再拍賣及賠償差額）

①拍賣之買受人，如不按時支付價金者，拍賣人得解除契約，將其物再為拍賣。

②再行拍賣所得之價金，如少於原拍賣之價金及再行拍賣之費用者，原買受人應負賠償其差額之責任。

第二節 互 易

第三九八條 （交互準用買賣之規定）

當事人雙方約定互相移轉金錢以外之財產權者，準用關於買賣之規定。

第三九九條 （附有補足金之互易準用買賣之規定）

當事人之一方，約定移轉前條所定之財產權，並應交付金錢者，其金錢部分，準用關於買賣價金之規定。

第三節 交互計算

第四○○條 （交互計算之意義）

稱交互計算者，謂當事人約定以其相互間之交易所生之債權、債務為定期計算，互相抵銷，而僅支付其差額之契約。

第四○一條 （票據及證券等記入交互計算項目之除去）

匯票、本票、支票及其他流通證券，記入交互計算者，如證券之債務人不爲清償時，當事人得將該記入之項目除去之。

第四○二條 （交互計算之計算期）

交互計算之計算期，如無特別訂定，每六個月計算一次。

第四○三條 （交互計算之終止）

當事人之一方，得隨時終止交互計算契約，而爲計算。但契約另有訂定者，不在此限。

第四○四條 （利息之附加）

①記入交互計算之項目，得約定自記入之時起，附加利息。

②由計算而生之差額，得請求自計算時起，支付利息。

第四○五條 （記入交互計算項目之除去或改正）

記入交互計算之項目，自計算後，經過一年，不得請求除去或改正。

第四節　贈　與

第四○六條　（贈與之意義及成立）

稱贈與者，謂當事人約定，一方以自己之財產無償給與他方，他方允受之契約。

第四○七條　（刪除）

第四○八條　（贈與之任意撤銷及其例外）

①贈與物之權利未移轉前，贈與人得撤銷其贈與。其一部已移轉者，得就其未移轉之部分撤銷之。

②前項規定，於經公證之贈與，或為履行道德上義務而為贈與者，不適用之。

第四○九條　（受贈人之權利）

①贈與人就前條第二項所定之贈與給付遲延時，受贈人得請求交付贈與物；其因可歸責於自己之事由致給付不能時，受贈人得請求賠償贈與物之價額。

②前項情形，受贈人不得請求遲延利息或其他不履行之損害賠償。

第四一○條　（贈與人之責任）

贈與人僅就其故意或重大過失，對於受贈人負給付不能之責任。

第四一一條　（瑕疵擔保責任）

贈與之物或權利如有瑕疵，贈與人不負擔保責任。但贈與人故意不告知其瑕疵或保證其無瑕疵者，對於受贈人因瑕疵所生之損害，負賠償之義務。

第四一二條　（附負擔之贈與）

①贈與附有負擔者，如贈與人已為給付而受贈人不履行其負擔時，贈與人得請求受贈人履行其負擔，或撤銷贈與。

②負擔以公益為目的者，於贈與人死亡後，主管機關或檢察官得請求受贈人履行其負擔。

第四一三條　（受贈人履行負擔責任之限度）

附有負擔之贈與，其贈與不足償其負擔者，受贈人僅於贈與之價值限度內，有履行其負擔之責任。

第四一四條　（附負擔贈與之瑕疵擔保責任）

附有負擔之贈與，其贈與之物或權利如有瑕疵，贈與人於受贈人負擔之限度內，負與出賣人同一之擔保責任。

第四一五條　（定期贈與當事人之死亡）

定期給付之贈與，因贈與人或受贈人之死亡，失其效力。但贈與人有反對之意思表示者，不在此限。

第四一六條　（贈與人之撤銷權）

①受贈人對於贈與人，有左列情事之一者，贈與人得撤銷其贈與：

一　對於贈與人、其配偶、直系血親、三親等內旁系血親或二親等內姻親，有故意侵害之行為，依刑法有處罰之明文者。

二　對於贈與人有扶養義務而不履行者。

②前項撤銷權，自贈與人知有撤銷原因之時起，一年內不行使而消

滅。贈與人對於受贈人已爲宥恕之表示者，亦同。

第四一七條 （繼承人之撤銷權）

受贈人因故意不法之行爲，致贈與人死亡或妨礙其爲贈與之撤銷者，贈與人之繼承人，得撤銷其贈與。但其撤銷權自知有撤銷原因之時起，六個月間不行使而消滅。

第四一八條 （贈與人之窮困抗辯－贈與履行之拒絕）

贈與人於贈與約定後，其經濟狀況顯有變更，如因贈與致其生計有重大之影響，或妨礙其扶養義務之履行者，得拒絕贈與之履行。

第四一九條 （撤銷贈與之方法及效果）

①贈與之撤銷，應向受贈人以意思表示爲之。

②贈與撤銷後，贈與人得依關於不當得利之規定，請求返還贈與物。

第四二〇條 （撤銷權之消滅）

贈與之撤銷權，因受贈人之死亡而消滅。

第五節 租 賃

第四二一條 （租賃之定義）

①稱租賃者，謂當事人約定，一方以物租與他方使用、收益，他方支付租金之契約。

②前項租金，得以金錢或租賃物之孳息充之。

第四二二條 （不動產租賃契約之方式）

不動產之租賃契約，其期限逾一年者，應以字據訂立之，未以字據訂立者，視爲不定期限之租賃。

第四二二條之一 （地上權登記之請求）

租用基地建築房屋者，承租人於契約成立後，得請求出租人爲地上權之登記。

第四二三條 （租賃物之交付及保持義務）

出租人應以合於所約定使用收益之租賃物，交付承租人，並應於租賃關係存續中，保持其合於約定使用、收益之狀態。

第四二四條 （承租人之契約終止權）

租賃物爲房屋或其他供居住之處所者，如有瑕疵，危及承租人或其同居人之安全或健康時，承租人雖於訂約時已知其瑕疵，或已拋棄其終止契約之權利，仍得終止契約。

第四二五條 （租賃物所有權之讓與）

①出租人於租賃物交付後，承租人占有中，縱將其所有權讓與第三人，其租賃契約，對於受讓人仍繼續存在。

②前項規定，於未經公證之不動產租賃契約，其期限逾五年或未定期限者，不適用之。

第四二五條之一 （土地所有人與房屋所有人之租賃關係）

①土地及其土地上之房屋同屬一人所有，而僅將土地或僅將房屋所有權讓與他人，或將土地及房屋同時或先後讓與相異之人時，土

間，推定在房屋得使用期限內，有租賃關係。其期限不受第四百四十九條第一項規定之限制。

②前項情形，其租金數額當事人不能協議時，得請求法院定之。

第四二六條 （就租賃物設定物權之效力）

出租人就租賃物設定物權，致妨礙承租人之使用收益者，準用第四百二十五條之規定。

第四二六條之一 （房屋所有權移轉時承租人之效力）

租用基地建築房屋，承租人房屋所有權移轉時，其基地租賃契約，對於房屋受讓人，仍繼續存在。

第四二六條之二 （租用基地建築房屋之優先購買權）

①租用基地建築房屋，出租人出賣基地時，承租人有依同樣條件優先承買之權。承租人出賣房屋時，基地所有人有依同樣條件優先承買之權。

②前項情形，出賣人應將出賣條件以書面通知優先承買權人。優先承買權人於通知達到後十日內未以書面表示承買者，視為放棄。

③出賣人未以書面通知優先承買權人而為所有權之移轉登記者，不得對抗優先承買權人。

第四二七條 （租賃物稅捐之負擔）

就租賃物應納之一切稅捐，由出租人負擔。

第四二八條 （動物租賃飼養費之負擔）

租賃物為動物者，其飼養費由承租人負擔。

第四二九條 （出租人之修繕義務）

①租賃物之修繕，除契約另有訂定或另有習慣外，由出租人負擔。

②出租人為保存租賃物所為之必要行為，承租人不得拒絕。

第四三〇條 （修繕義務不履行之效力）

租賃關係存續中，租賃物如有修繕之必要，應由出租人負擔者，承租人得定相當期限，催告出租人修繕，如出租人於其期限內不為修繕者，承租人得終止契約或自行修繕而請求出租人償還其費用或於租金中扣除之。

第四三一條 （有益費用之償還及工作物之取回）

①承租人就租賃物支出有益費用，因而增加該物之價值者，如出租人知其情事而不為反對之表示，於租賃關係終止時，應償還其費用。但以其現存之增價額為限。

②承租人就租賃物所增設之工作物，得取回之。但應回復租賃物之原狀。

第四三二條 （承租人之保管義務）

①承租人應以善良管理人之注意，保管租賃物，租賃物有生產力者，並應保持其生產力。

②承租人違反前項義務，致租賃物毀損、滅失者，負損害賠償責任。但依約定之方法或依物之性質而定之方法為使用、收益，致有變更或毀損者，不在此限。

第四三三條 （對於第三人行為之責任）

因承租人之同居人或因承租人允許為租賃物之使用、收益之第三人應負責之事由，致租賃物毀損、滅失者，承租人負損害賠償責任。

第四三四條 （失火責任）

租賃物因承租人之重大過失，致失火而毀損、滅失者，承租人對於出租人負損害賠償責任。

第四三五條 （租賃物一部滅失之效果）

①租賃關係存續中，因不可歸責於承租人之事由，致租賃物之一部滅失者，承租人得按滅失之部分，請求減少租金。

②前項情形，承租人就其存餘部分不能達租賃之目的者，得終止契約。

第四三六條 （權利瑕疵之效果）

前條規定，於承租人因第三人就租賃物主張權利，致不能為約定之使用、收益者準用之。

第四三七條 （承租人之通知義務）

①租賃關係存續中，租賃物如有修繕之必要，應由出租人負擔者，或因防止危害有設備之必要，或第三人就租賃物主張權利者，承租人應即通知出租人。但為出租人所已知者，不在此限。

②承租人怠於為前項通知，致出租人不能及時救濟者，應賠償出租人因此所生之損害。

第四三八條 （承租人使用收益租賃物之方法及違反之效果）

①承租人應依約定方法，為租賃物之使用、收益；無約定方法者，應以依租賃物之性質而定之方法為之。

②承租人違反前項之規定為租賃物之使用、收益，經出租人阻止而仍繼續為之者，出租人得終止契約。

第四三九條 （支付租金之時期）

承租人應依約定日期，支付租金；無約定者，依習慣；無約定亦無習慣者，應於租賃期滿時支付之。如租金分期支付者，於每期屆滿時支付之。如租賃物之收益有季節者，於收益季節終了時支付之。

第四四○條 （租金支付遲延之效力）

①承租人租金支付有遲延者，出租人得定相當期限，催告承租人支付租金，如承租人於其期限內不為支付，出租人得終止契約。

②租賃物為房屋者，遲付租金之總額，非達二個月之租額，不得依前項之規定，終止契約。其租金約定於每期開始時支付者，並應於遲延給付逾二個月時，始得終止契約。

③租用建築房屋之基地，遲付租金之總額，達二年之租額時，適用前項之規定。

第四四一條 （租金之續付）

承租人因自己之事由，致不能為租賃物全部或一部之使用、收益者，不得免其支付租金之義務。

第四四二條 （不動產租賃租金增減請求權）

租賃物爲不動產者，因其價值之昇降，當事人得聲請法院增減其租金。但其租賃定有期限者，不在此限。

第四四三條 （轉租之效力）

①承租人非經出租人承諾，不得將租賃物轉租於他人。但租賃物爲房屋者，除有反對之約定外，承租人得將其一部分轉租於他人。

②承租人違反前項規定，將租賃物轉租於他人者，出租人得終止契約。

第四四四條 （轉租之效力）

①承租人依前條之規定，將租賃物轉租於他人者，其與出租人間之租賃關係，仍爲繼續。

②因次承租人應負責之事由所生之損害，承租人負賠償責任。

第四四五條 （不動產出租人之留置權）

①不動產之出租人，就租賃契約所生之債權，對於承租人之物置於該不動產者，有留置權。但禁止扣押之物，不在此限。

②前項情形，僅於已得請求之損害賠償及本期與以前未交之租金之限度內，得就留置物取償。

第四四六條 （留置權之消滅與出租人之異議）

①承租人將前條留置物取去者，出租人之留置權消滅。但其取去係乘出租人之不知，或出租人曾提出異議者，不在此限。

②承租人如因執行業務取去其物，或其取去適於通常之生活關係，或所留之物足以擔保租金之支付者，出租人不得提出異議。

第四四七條 （出租人之自助權）

①出租人有提出異議權者，得不聲請法院，逕行阻止承租人取去其留置物；如承租人離去租賃之不動產者，並得占有其物。

②承租人乘出租人之不知或不顧出租人提出異議而取去其物者，出租人得終止契約。

第四四八條 （留置權之消滅—提供擔保）

承租人得提出擔保，以免出租人行使留置權，並得提出與各個留置物價值相當之擔保，以消滅對於該物之留置權。

第四四九條 （租賃之最長期限）

①租賃契約之期限，不得逾二十年。逾二十年者，縮短爲二十年。

②前項期限，當事人得更新之。

③租用基地建築房屋者，不適用第一項之規定。

第四五〇條 （租賃契約之消滅）

①租賃定有期限者，其租賃關係，於期限屆滿時消滅。

②未定期限者，各當事人得隨時終止契約。但有利於承租人之習慣者，從其習慣。

③前項終止契約，應依習慣先期通知。但不動產之租金，以星期、半個月或一個月定其支付之期限者，出租人應以曆定星期、半個月或一個月之末日爲契約終止期，並應至少於一星期、半個月或一個月前通知之。

第四五一條 （租賃契約之默示更新）

租賃期限屆滿後，承租人仍為租賃物之使用收益，而出租人不即表示反對之意思者，視為以不定期限繼續契約。

第四五二條 （因承租人死亡而終止租賃）

承租人死亡者，租賃契約雖定有期限，其繼承人仍得終止契約。但應依第四百五十條第三項之規定，先期通知。

第四五三條 （定期租約之終止）

定有期限之租賃契約，如約定當事人之一方於期限屆滿前，得終止契約者，其終止契約，應依第四百五十條第三項之規定，先期通知。

第四五四條 （預收租金之返還）

租賃契約，依前二條之規定終止時，如終止後始到期之租金，出租人已預先受領者，應返還之。

第四五五條 （租賃物之返還）

承租人於租賃關係終止後，應返還租賃物；租賃物有生產力者，並應保持其生產狀態，返還出租人。

第四五六條 （消滅時效期間及其起算點）

①出租人就租賃物所受損害對於承租人之賠償請求權，承租人之償還費用請求權及工作物取回權，均因二年間不行使而消滅。

②前項期間，於出租人自受租賃物返還時起算；於承租人，自租賃關係終止時起算。

第四五七條 （耕地租賃之租金減免請求權）

①耕作地之承租人，因不可抗力，致其收益減少或全無者，得請求減少或免除租金。

②前項租金減免請求權，不得預先拋棄。

第四五七條之一 （耕作地預收地租之禁止與承租人得為部分租金之支付）

①耕作地之出租人不得預收租金。

②承租人不能按期支付應交租金之全部，而以一部支付時，出租人不得拒絕收受。

第四五八條 （耕地租約之終止）

耕作地租賃於租期屆滿前，有左列情形之一時，出租人得終止契約：

一　承租人死亡而無繼承人或繼承人無耕作能力者。

二　承租人非因不可抗力不為耕作繼續一年以上者。

三　承租人將耕作地全部或一部轉租於他人者。

四　租金積欠達兩年之總額者。

五　耕作地依法編定或變更為非耕地使用者。

第四五九條 （耕地租約之終止）

未定期限之耕作地租賃，出租人除收回自耕外，僅於有前條各款之情形或承租人違反第四百三十二條或第四百六十二條第二項之規定時，得終止契約。

第四六〇條 （耕地租約之終止期）

耕作地之出租人終止契約者，應以收益季節後，次期作業開始前之時日，為契約之終止期。

第四六〇條之一 （耕作地之優先承買或承典權）

①耕作地出租人出賣或出典耕作地時，承租人有依同樣條件優先承買或承典之權。

②第四百二十六條之二第二項及第三項之規定，於前項承買或承典準用之。

第四六一條 （耕作費用之償還）

耕作地之承租人，因租賃關係終止時未及收穫之孳息所支出之耕作費用，得請求出租人償還之。但其請求額不得超過孳息之價額。

第四六一條之一 （承租人對耕作地之特別改良）

①耕作地承租人於保持耕作地之原有性質及效能外，得為增加耕作地生產力或耕作便利之改良。但應將改良事項及費用數額，以書面通知出租人。

②前項費用，承租人返還耕作地時，得請求出租人返還。但以其未失效能部分之價額為限。

第四六二條 （耕作地附屬物之範圍及其補充）

①耕作地之租賃，附有農具、牲畜或其他附屬者，當事人應於訂約時，評定其價值，並繕具清單，由雙方簽名，各執一份。

②清單所載之附屬物，如因可歸責於承租人之事由而滅失者，由承租人負補充之責任。

③附屬物如因不可歸責於承租人之事由而滅失者，由出租人負補充之責任。

第四六三條 （耕作地附屬物之返還）

耕作地之承租人，依清單所受領之附屬物，應於租賃關係終止時，返還於出租人；如不能返還者，應賠償其依清單所定之價值。但因使用所生之通常折耗，應扣除之。

第四六三條之一 （權利租賃之準用）

本節規定，於權利之租賃準用之。

第六節　借　貸

第一款　使用借貸

第四六四條 （使用借貸之定義）

稱使用借貸者，謂當事人一方以物交付他方，而約定他方於無償使用後返還其物之契約。

第四六五條 （刪除）

第四六五條之一 （使用借貸之預約）

使用借貸預約成立後，預約貸與人得撤銷其約定。但預約借用人已請求履行預約而預約貸與人未即時撤銷者，不在此限。

第四六六條 （貸與人之責任）

貸與人故意不告知借用物之瑕疵，致借用人受損害者，負賠償責任。

第四六七條 （依約定方法使用借用物義務）

①借用人應依約定方法，使用借用物；無約定方法者，應以依借用物之性質而定之方法使用之。

②借用人非經貸與人之同意，不得允許第三人使用借用物。

第四六八條 （借用人之保管義務）

①借用人應以善良管理人之注意，保管借用物。

②借用人違反前項義務，致借用物毀損、滅失者，負損害賠償責任。但依約定之方法或依物之性質而定之方法使用借用物，致有變更或毀損者，不負責任。

第四六九條 （通常保管費之負擔及工作物之取回）

①借用物之通常保管費用，由借用人負擔。借用物為動物者，其飼養費亦同。

②借用人就借用物支出有益費用，因而增加該物之價值者，準用第四百三十一條第一項之規定。

③借用人就借用物所增加之工作物，得取回之。但應回復借用物之原狀。

第四七○條 （借用人返還借用物義務）

①借用人應於契約所定期限屆滿時，返還借用物；未定期限者，應於依借貸之目的使用完畢時返還之。但經過相當時期，可推定借用人已使用完畢者，貸與人亦得為返還之請求。

②借貸未定期限，亦不能依借貸之目的而定其期限者，貸與人得隨時請求返還借用物。

第四七一條 （借用人之連帶責任）

數人共借一物者，對於貸與人，連帶負責。

第四七二條 （貸與人之終止契約權）

有左列各款情形之一者，貸與人得終止契約：

一　貸與人因不可預知之情事，自己需用借用物者。

二　借用人違反約定或依物之性質而定之方法使用借用物，或未經貸與人同意允許第三人使用者。

三　因借用人怠於注意，致借用物毀損或有毀損之虞者。

四　借用人死亡者。

第四七三條 （消滅時效期間及其起算）

①貸與人就借用物所受損害，對於借用人之賠償請求權、借用人依第四百六十六條所定之賠償請求權、第四百六十九條所定有益費用償還請求權及其工作物之取回權，均因六個月間不行使而消滅。

②前項期間，於貸與人，自受借用物返還時起算。於借用人，自借貸關係終止時起算。

第二款 消費借貸

第四七四條 （消費借貸之定義）

①稱消費借貸者，謂當事人一方移轉金錢或其他代替物之所有權於他方，而約定他方以種類、品質、數量相同之物返還之契約。

②當事人之一方對他方負金錢或其他代替物之給付義務而約定以之作為消費借貸之標的者，亦成立消費借貸。

第四七五條 （刪除）

第四七五條之一 （消費借貸之預約）

①消費借貸之預約，其約定之消費借貸有利息或其他報償，當事人之一方於預約成立後，成為無支付能力者，預約貸與人得撤銷其預約。

②消費借貸之預約，其約定之消費借貸為無報償者，準用第四百六十五條之一之規定。

第四七六條 （物之瑕疵擔保責任）

①消費借貸，約定有利息或其他報償者，如借用物有瑕疵時，貸與人應另易以無瑕疵之物。但借用人仍得請求損害賠償。

②消費借貸為無報償者，如借用物有瑕疵時，借用人得照有瑕疵原物之價值，返還貸與人。

③前項情形，貸與人如故意不告知其瑕疵者，借用人得請求損害賠償。

第四七七條 （消費借貸報償之支付時期）

利息或其他報償，應於契約所定期限支付之；未定期限者，應於借貸關係終止時支付之。但其借貸期限逾一年者，應於每年終支付之。

第四七八條 （借用人返還借用物義務）

借用人應於約定期限內，返還與借用物種類、品質、數量相同之物，未定返還期限者，借用人得隨時返還，貸與人亦得定一個月以上之相當期限，催告返還。

第四七九條 （返還不能之補償）

①借用人不能以種類、品質、數量相同之物返還者，應以其物在返還時、返還地所應有之價值償還之。

②返還時或返還地未約定者，以其物在訂約時或訂約地之價值償還之。

第四八〇條 （金錢借貸之返還）

金錢借貸之返還，除契約另有訂定外，應依左列之規定：

一　以通用貨幣為借貸者，如於返還時已失其通用效力，應以返還時有通用效力之貨幣償還之。

二　金錢借貸，約定折合通用貨幣計算者，不問借用人所受領貨幣價格之增減，均應以返還時有通用效力之貨幣償還之。

三　金錢借貸，約定以特種貨幣為計算者，應以該特種貨幣，或按返還時、返還地之市價，以通用貨幣償還之。

第四八一條 （貨物折算金錢之消費借貸）

以貨物或有價證券折算金錢而爲借貸者，縱有反對之約定，仍應以該貨物或有價證券按照交付時交付地之市價所應有之價值，爲其借貸金額。

第七節 僱 傭

第四八二條 （僱傭之定義）

稱僱傭者，謂當事人約定，一方於一定或不定之期限內爲他方服勞務，他方給付報酬之契約。

第四八三條 （報酬及報酬額）

①如依情形，非受報酬即不服勞務者，視爲允與報酬。

②未定報酬額者，按照價目表所定給付之；無價目表者，按照習慣給付。

第四八三條之一 （僱用人對受僱人之保護義務）

受僱人服勞務，其生命、身體、健康有受危害之虞者，僱用人應按其情形爲必要之預防。

第四八四條 （勞務之專屬性）

①僱用人非經受僱人同意，不得將其勞務請求權讓與第三人，受僱人非經僱用人同意，不得使第三人代服勞務。

②當事人之一方違反前項規定時，他方得終止契約。

第四八五條 （特種技能之保證）

受僱人明示或默示保證其有特種技能者，如無此種技能時，僱用人得終止契約。

第四八六條 （報酬給付之時期）

報酬應依約定之期限給付之，無約定者，依習慣；無約定亦無習慣者，依左列之規定：

一　報酬分期計算者，應於每期屆滿時給付之。

二　報酬非分期計算者，應於勞務完畢時給付之。

第四八七條 （受領遲延之報酬請求）

僱用人受領勞務遲延者，受僱人無補服勞務之義務，仍得請求報酬。但受僱人因不服勞務所減省之費用，或轉向他處服勞務所取得，或故意怠於取得之利益，僱用人得由報酬額內扣除之。

第四八七條之一 （受僱人之請求賠償）

①受僱人服勞務，因非可歸責於自己之事由，致受損害者，得向僱用人請求賠償。

②前項損害之發生，如別有應負責任之人時，僱用人對於該應負責者，有求償權。

第四八八條 （僱傭關係之消滅—屆期與終止契約）

①僱傭定有期限者，其僱傭關係，於期限屆滿時消滅。

②僱傭未定期限，亦不能依勞務之性質或目的定其期限者，各當事人得隨時終止契約。但有利於受僱人之習慣者，從其習慣。

第四八九條 （僱傭關係之消滅—遇重大事由之終止）

①當事人之一方，遇有重大事由，其僱傭契約，縱定有期限，仍得於期限屆滿前終止之。

②前項事由，如因當事人一方之過失而生者，他方得向其請求損害賠償。

第八節　承　攬

第四九〇條 （承攬之定義）

①稱承攬者，謂當事人約定，一方為他方完成一定之工作，他方俟工作完成，給付報酬之契約。

②約定由承攬人供給材料者，其材料之價額，推定為報酬之一部。

第四九一條 （承攬之報酬）

①如依情形，非受報酬即不為完成其工作者，視為允與報酬。

②未定報酬額者，按照價目表所定給付之；無價目表者，按照習慣給付。

第四九二條 （物之瑕疵擔保責任）

承攬人完成工作，應使其具備約定之品質及無減少或滅失價值或不適於通常或約定使用之瑕疵。

第四九三條 （瑕疵擔保之效力—瑕疵修補）

①工作有瑕疵者，定作人得定相當期限，請求承攬人修補之。

②承攬人不於前項期限內修補者，定作人得自行修補，並得向承攬人請求償還修補必要之費用。

③如修補所需費用過鉅者，承攬人得拒絕修補；前項規定，不適用之。

第四九四條 （瑕疵擔保之效力—解約或減少報酬）

承攬人不於前條第一項所定期限內修補瑕疵，或依前條第三項之規定拒絕修補或其瑕疵不能修補者，定作人得解除契約或請求減少報酬。但瑕疵非重要，或所承攬之工作為建築物或其他土地上之工作物者，定作人不得解除契約。

第四九五條 （瑕疵擔保之效力—損害賠償）

①因可歸責於承攬人之事由，致工作發生瑕疵者，定作人除依前二條之規定，請求修補或解除契約，或請求減少報酬外，並得請求損害賠償。

②前項情形，所承攬之工作為建築物或其他土地上之工作物，而其瑕疵重大致不能達使用之目的者，定作人得解除契約。

第四九六條 （瑕疵擔保責任之免除）

工作之瑕疵，因定作人所供給材料之性質或依定作人之指示而生者，定作人無前三條所規定之權利。但承攬人明知其材料之性質或指示不適當，而不告知定作人者，不在此限。

第四九七條 （瑕疵預防請求權）

①工作進行中，因承攬人之過失，顯可預見工作有瑕疵或有其他違反契約之情事者，定作人得定相當期限，請求承攬人改善其工作

或依約履行。

②承攬人不於前項期限內，依照改善或履行者，定作人得使第三人改善或繼續其工作，其危險及費用，均由承攬人負擔。

第四九八條 （一般瑕疵發見期間—瑕疵擔保期間）

①第四百九十三條至第四百九十五條所規定定作人之權利，如其瑕疵自工作交付後經過一年始發見者，不得主張。

②工作依其性質無須交付者，前項一年之期間，自工作完成時起算。

第四九九條 （土地上工作物瑕疵發見期間—瑕疵擔保期間）

工作為建築物或其他土地上之工作物或為此等工作物之重大之修繕者，前條所定之期限，延為五年。

第五〇〇條 （瑕疵發見期間之延長）

承攬人故意不告知其工作之瑕疵者，第四百九十八條所定之期限，延為五年，第四百九十九條所定之期限，延為十年。

第五〇一條 （瑕疵發見期間之強制性）

第四百九十八條及第四百九十九條所定之期限，得以契約加長。但不得減短。

第五〇一條之一 （特約免除承攬人瑕疵擔保義務之例外）

以特約免除或限制承攬人關於工作之瑕疵擔保義務者，如承攬人故意不告知其瑕疵，其特約為無效。

第五〇二條 （完成工作延遲之效果）

①因可歸責於承攬人之事由，致工作逾約定期限始完成，或未定期限而逾相當時期始完成者，定作人得請求減少報酬或請求賠償因遲延而生之損害。

②前項情形，如以工作於特定期限完成或交付為契約之要素者，定作人得解除契約，並得請求賠償因不履行而生之損害。

第五〇三條 （期前遲延之解除契約）

因可歸責於承攬人之事由，遲延工作，顯可預見其不能於限期內完成而其遲延可為工作完成後解除契約之原因者，定作人得依前條第二項之規定解除契約，並請求損害賠償。

第五〇四條 （遲延責任之免除）

工作遲延後，定作人受領工作時不為保留者，承攬人對於遲延之結果，不負責任。

第五〇五條 （報酬給付之時期）

①報酬應於工作交付時給付之，無須交付者，應於工作完成時給付之。

②工作係分部交付，而報酬係就各部分定之者，應於每部分交付時，給付該部分之報酬。

第五〇六條 （實際報酬超過預估概數甚鉅時之處理）

①訂立契約時，僅估計報酬之概數者，如其報酬因非可歸責於定作人之事由，超過概數甚鉅者，定作人得於工作進行中或完成後，解除契約。

②前項情形，工作如為建築物或其他土地上之工作物或為此等工作物之重大修繕者，定作人僅得請求相當減少報酬，如工作物尚未完成者，定作人得通知承攬人停止工作，並得解除契約。

③定作人依前二項之規定解除契約時，對於承攬人，應賠償相當之損害。

第五〇七條　（定作人之協力義務）

①工作需定作人之行為始能完成者，而定作人不為其行為時，承攬人得定相當期限，催告定作人為之。

②定作人不於前項期限內為其行為者，承攬人得解除契約，並得請求賠償因契約解除而生之損害。

第五〇八條　（危險負擔）

①工作毀損、滅失之危險，於定作人受領前，由承攬人負擔，如定作人受領遲延者，其危險由定作人負擔。

②定作人所供給之材料，因不可抗力而毀損、滅失者，承攬人不負其責。

第五〇九條　（可歸責於定作人之履行不能）

於定作人受領工作前，因其所供給材料之瑕疵或其指示不適當，致工作毀損、滅失，或不能完成者，承攬人如及時將材料之瑕疵或指示不適當之情事通知定作人時，得請求其已服勞務之報酬及墊款之償還。定作人有過失者，並得請求損害賠償。

第五一〇條　（視為受領工作）

前二條所定之受領，如依工作之性質，無須交付者，以工作完成時視為受領。

第五一一條　（定作人之終止契約）

工作未完成前，定作人得隨時終止契約。但應賠償承攬人因契約終止而生之損害。

第五一二條　（承攬契約之當然終止）

①承攬之工作，以承攬人個人之技能為契約之要素者，如承攬人死亡或非因其過失致不能完成其約定之工作時，其契約為終止。

②工作已完成之部分，於定作人為有用者，定作人有受領及給付相當報酬之義務。

第五一三條　（承攬人之法定抵押權）

①承攬之工作為建築物或其他土地上之工作物，或為此等工作物之重大修繕者，承攬人得就承攬關係報酬額，對於其工作所附之定作人之不動產，請求定作人為抵押權之登記；或對於將來完成之定作人之不動產，請求預為抵押權之登記。

②前項請求，承攬人於開始工作前亦得為之。

③前二項之抵押權登記，如承攬契約已經公證者，承攬人得單獨申請之。

④第一項及第二項就修繕報酬所登記之抵押權，於工作物因修繕所增加之價值限度內，優先於成立在先之抵押權。

第五一四條 （權利行使之期間）

①定作人之瑕疵修補請求權、修補費用償還請求權、減少報酬請求權、損害賠償請求權或契約解除權，均因瑕疵發見後一年間不行使而消滅。

②承攬人之損害賠償請求權或契約解除權，因其原因發生後，一年間不行使而消滅。

第八節之一 旅 遊

第五一四條之一 （旅遊營業人之定義）

①稱旅遊營業人者，謂以提供旅客旅遊服務為營業而收取旅遊費用之人。

②前項旅遊服務，係指安排旅程及提供交通、膳宿、導遊或其他有關之服務。

第五一四條之二 （旅遊書面之規定）

旅遊營業人因旅客之請求，應以書面記載左列事項，交付旅客：

一 旅遊營業人之名稱及地址。

二 旅客名單。

三 旅遊地區及旅程。

四 旅遊營業人提供之交通、膳宿、導遊或其他有關服務及其品質。

五 旅遊保險之種類及其金額。

六 其他有關事項。

七 填發之年月日。

第五一四條之三 （旅客之協力義務）

①旅遊需旅客之行為始能完成，而旅客不為其行為者，旅遊營業人得定相當期限，催告旅客為之。

②旅客不於前項期限內為其行為者，旅遊營業人得終止契約，並得請求賠償因契約終止而生之損害。

③旅遊開始後，旅遊營業人依前項規定終止契約時，旅客得請求旅遊營業人墊付費用將其送回原出發地。於到達後，由旅客附加利息償還之。

第五一四條之四 （第三人參加旅遊）

①旅遊開始前，旅客得變更由第三人參加旅遊。旅遊營業人非有正當理由，不得拒絕。

②第三人依前項規定為旅客時，如因而增加費用，旅遊營業人得請求其給付。如減少費用，旅客不得請求退還。

第五一四條之五 （變更旅遊內容）

①旅遊營業人非有不得已之事由，不得變更旅遊內容。

②旅遊營業人依前項規定變更旅遊內容時，其因此所減少之費用，應退還於旅客；所增加之費用，不得向旅客收取。

③旅遊營業人依第一項規定變更旅程時，旅客不同意者，得終止契約。

④旅客依前項規定終止契約時，得請求旅遊營業人墊付費用將其送回原出發地。於到達後，由旅客附加利息償還之。

第五一四條之六 （旅遊服務之品質）

旅遊營業人提供旅遊服務，應使其具備通常之價值及約定之品質。

第五一四條之七 （旅遊營業人之瑕疵擔保責任）

①旅遊服務不具備前條之價值或品質者，旅客得請求旅遊營業人改善之。旅遊營業人不為改善或不能改善時，旅客得請求減少費用。其有難以達預期目的之情形者，並得終止契約。

②因可歸責於旅遊營業人之事由致旅遊服務不具備前條之價值或品質者，旅客除請求減少費用或並終止契約外，並得請求損害賠償。

③旅客依前二項規定終止契約時，旅遊營業人應將旅客送回原出發地。其所生之費用，由旅遊營業人負擔。

第五一四條之八 （旅遊時間浪費之求償）

因可歸責於旅遊營業人之事由，致旅遊未依約定之旅程進行者，旅客就其時間之浪費，得按日請求賠償相當之金額。但其每日賠償金額，不得超過旅遊營業人所收旅遊費用總額每日平均之數額。

第五一四條之九 （旅客隨時終止契約之規定）

①旅遊未完成前，旅客得隨時終止契約。但應賠償旅遊營業人因契約終止而生之損害。

②第五百十四條之五第四項之規定，於前項情形準用之。

第五一四條之一〇 （旅客在旅遊途中發生身體或財產上事故之處置）

①旅客在旅遊中發生身體或財產上之事故時，旅遊營業人應為必要之協助及處理。

②前項之事故，係因非可歸責於旅遊營業人之事由所致者，其所生之費用，由旅客負擔。

第五一四條之一一 （旅遊營業人協助旅客處理購物瑕疵）

旅遊營業人安排旅客在特定場所購物，其所購物品有瑕疵者，旅客得於受領所購物品後一個月內，請求旅遊營業人協助其處理。

第五一四條之一二 （短期之時效）

本節規定之增加、減少或退還費用請求權，損害賠償請求權及墊付費用償還請求權，均自旅遊終了或應終了時起，一年間不行使而消滅。

第九節　出　版

第五一五條 （出版之定義）

①稱出版者，謂當事人約定，一方以文學、科學、藝術或其他之著作，為出版而交付於他方，他方擔任印刷或以其他方法重製及發行之契約。

②投稿於新聞紙或雜誌經刊登者，推定成立出版契約。

第五一五條之一 （出版權之授與及消滅）

①出版權於出版授與人依出版契約將著作交付於出版人時，授與出版人。

②依前項規定授與出版人之出版權，於出版契約終了時消滅。

第五一六條 （出版權之移轉與權利瑕疵擔保）

①著作財產權人之權利，於合法授權實行之必要範圍內，由出版人行使之。

②出版權授與人，應擔保其於契約成立時，有出版授與之權利，如著作受法律上之保護者，並應擔保該著作有著作權。

③出版權授與人，已將著作之全部或一部，交付第三人出版，或經第三人公開發表，為其所明知者，應於契約成立前將其情事告知出版人。

第五一七條 （出版權授與人為不利於出版人處分之禁止及例外）

出版權授與人於出版人得重製發行之出版物未賣完時，不得就其著作之全部或一部，為不利於出版人之處分。但契約另有訂定者，不在此限。

第五一八條 （版數與續版義務）

①版數未約定者，出版人僅得出一版。

②出版人依約得出數版或永遠出版者，如於前版之出版物賣完後，怠於新版之重製時，出版權授與人得聲請法院令出版人於一定期限內，再出新版。逾期不遵行者，喪失其出版權。

第五一九條 （出版人之發行義務）

①出版人對於著作，不得增減或變更。

②出版人應以適當之格式重製著作。並應為必要之廣告及用通常之方法推銷出版物。

③出版物之賣價，由出版人定之。但不得過高，致礙出版物之銷行。

第五二○條 （著作物之訂正或修改）

①著作人於不妨害出版人出版之利益，或增加其責任之範圍內，得訂正或修改著作。但對於出版人因此所生不可預見之費用，應負賠償責任。

②出版人於重製新版前，應予著作人以訂正或修改著作之機會。

第五二一條 （著作物出版之分合）

①同一著作人之數著作，為各別出版而交付於出版人者，出版人不得將其數著作，併合出版。

②出版權授與人就同一著作人或數著作人之數著作為併合出版，而交付於出版人者，出版人不得將著作，各別出版。

第五二二條 （刪除）

第五二三條 （著作物之報酬）

①如依情形非受報酬，即不為著作之交付者，視為允與報酬。

②出版人有出數版之權者，其次版之報酬，及其他出版之條件，推定與前版相同。

第五二四條 （給付報酬之時效及銷行證明之提出）

①著作全部出版者，於其全部重製完畢時，分部出版者，於其各部分重製完畢時應給付報酬。

②報酬之全部或一部，依銷行之多寡而定者，出版人應依習慣計算，支付報酬，並應提出銷行之證明。

第五二五條 （著作物之危險負擔－著作物滅失）

①著作交付出版人後，因不可抗力致滅失者，出版人仍負給付報酬之義務。

②滅失之著作，如出版權授與人另存有稿本者，有將該稿本交付於出版人之義務。無稿本時，如出版權授與人係著作人，且不多費勞力，即可重作者，應重作之。

③前項情形，出版權授與人得請求相當之賠償。

第五二六條 （著作物之危險負擔－出版物滅失）

重製完畢之出版物，於發行前，因不可抗力，致全部或一部滅失者，出版人得以自己費用，就滅失之出版物，補行出版，對於出版權授與人，無須補給報酬。

第五二七條 （出版關係之消滅）

①著作未完成前，如著作人死亡，或喪失能力，或非因其過失致不能完成其著作者，其出版契約關係消滅。

②前項情形，如出版契約關係之全部或一部之繼續，為可能且公平者，法院得許其繼續，並命為必要之處置。

第十節　委　任

第五二八條 （委任之定義）

稱委任者，謂當事人約定，一方委託他方處理事務，他方允為處理之契約。

第五二九條 （勞務給付契約之適用）

關於勞務給付之契約，不屬於法律所定其他契約之種類者，適用關於委任之規定。

第五三〇條 （視為允受委託）

有承受委託處理一定事務之公然表示者，如對於該事務之委託，不即為拒絕之通知時，視為允受委託。

第五三一條 （委任事務處理權之授與）

為委任事務之處理，須為法律行為，而該法律行為，依法應以文字為之者，其處理權之授與，亦應以文字為之。其授與代理權者，代理權之授與亦同。

第五三二條 （受任人之權限－特別委任或概括委任）

受任人之權限，依委任契約之訂定。未訂定者，依其委任事務之性質定之。委任得指定一項或數項事務而為特別委任。或就一切事務，而為概括委任。

第五三三條 （特別委任）

受任人受特別委任者，就委任事務之處理，得為委任人為一切必要之行為。

第五三四條 （概括委任）

受任人受概括委任者，得為委任人為一切行為。但為左列行為，須有特別之授權：

一　不動產之出賣或設定負擔。

二　不動產之租賃其期限逾二年者。

三　贈與。

四　和解。

五　起訴。

六　提付仲裁。

第五三五條 （受任人之依從指示及注意義務）

受任人處理委任事務，應依委任人之指示，並與處理自己事務為同一之注意，其受有報酬者，應以善良管理人之注意為之。

第五三六條 （變更指示）

受任人非有急迫之情事，並可推定委任人若知有此情事亦允許變更其指示者，不得變更委任人之指示。

第五三七條 （處理事務之專屬性與複委任）

受任人應自己處理委任事務。但經委任人之同意或另有習慣或有不得已之事由者，得使第三人代為處理。

第五三八條 （複委任之效力）

①受任人違反前條之規定，使第三人代為處理委任事務者，就該第三人之行為，與就自己之行為，負同一責任。

②受任人依前條之規定，使第三人代為處理委任事務者，僅就第三人之選任及其對於第三人所為之指示，負其責任。

第五三九條 （複委任之效力—委任人對第三人之直接請求權）

受任人使第三人代為處理委任事務者，委任人對於該第三人關於委任事務之履行，有直接請求權。

第五四〇條 （受任人之報告義務）

受任人應將委任事務進行之狀況，報告委任人，委任關係終止時，應明確報告其顛末。

第五四一條 （交付金錢物品孳息及移轉權利之義務）

①受任人因處理委任事務，所收取之金錢、物品及孳息，應交付於委任人。

②受任人以自己之名義，為委任人取得之權利，應移轉於委任人。

第五四二條 （交付利息與損害賠償）

受任人為自己之利益，使用應交付於委任人之金錢或使用應為委任人利益而使用之金錢者，應自使用之日起，支付利息。如有損害，並應賠償。

第五四三條 （處理委任事務請求權讓與之禁止）

委任人非經受任人之同意，不得將處理委任事務之請求權，讓與

第三人。

第五四四條 （受任人之損害賠償責任）

受任人因處理委任事務有過失，或因逾越權限之行為所生之損害，對於委任人應負賠償之責。

第五四五條 （必要費用之預付）

委任人因受任人之請求，應預付處理委任事務之必要費用。

第五四六條 （委任人之償還費用代償債務及損害賠償義務）

①受任人因處理委任事務，支出之必要費用，委任人應償還之，並付自支出時起之利息。

②受任人因處理委任事務，負擔必要債務者，得請求委任人代其清償，未至清償期者，得請求委任人提出相當擔保。

③受任人處理委任事務，因非可歸責於自己之事由，致受損害者，得向委任人請求賠償。

④前項損害之發生，如別有應負責任之人時，委任人對於該應負責者，有求償權。

第五四七條 （委任報酬之支付）

報酬縱未約定，如依習慣或依委任事務之性質，應給與報酬者，受任人得請求報酬。

第五四八條 （請求報酬之時期）

①受任人應受報酬者，除契約另有訂定外，非於委任關係終止及為明確報告顛末後，不得請求給付。

②委任關係，因非可歸責於受任人之事由，於事務處理未完畢前已終止者，受任人得就其已處理之部分，請求報酬。

第五四九條 （委任契約之終止—任意終止）

①當事人之任何一方，得隨時終止委任契約。

②當事人之一方，於不利於他方之時期終止契約者，應負損害賠償責任。但因非可歸責於該當事人之事由，致不得不終止契約者，不在此限。

第五五〇條 （委任關係之消滅—當事人死亡、破產或喪失行為能力）

委任關係，因當事人一方死亡、破產或喪失行為能力而消滅。但契約另有訂定，或因委任事務之性質不能消滅者，不在此限。

第五五一條 （委任事務之繼續處理）

前條情形，如委任關係之消滅，有害於委任人利益之虞時，受任人或其繼承人或其法定代理人，於委任人或其繼承人或其法定代理人能接受委任事務前，應繼續處理其事務。

第五五二條 （委任關係之視為存續）

委任關係消滅之事由，係由當事人之一方發生者，於他方知其事由或可得而知其事由前，委任關係視為存續。

第十一節　經理人及代辦商

第五五三條 （經理人之定義及經理權之授與）

①稱經理人者，謂由商號之授權，爲其管理事務及簽名之人。

②前項經理權之授與，得以明示或默示爲之。

③經理權得限於管理商號事務之一部或商號之一分號或數分號。

第五五四條 （經理權—管理行爲）

①經理人對於第三人之關係，就商號或其分號，或其事務之一部，視爲有爲管理上之一切必要行爲之權。

②經理人，除有書面之授權外，對於不動產，不得買賣，或設定負擔。

③前項關於不動產買賣之限制，於以買賣不動產爲營業之商號經理人，不適用之。

第五五五條 （經理權—訴訟行爲）

經理人，就所任之事務，視爲有代理商號爲原告或被告或其他一切訴訟上行爲之權。

第五五六條 （共同經理人）

商號得授權於數經理人。但經理人中有二人之簽名者，對於商號，即生效力。

第五五七條 （經理權之限制）

經理權之限制，除第五百五十三條第三項、第五百五十四條第二項及第五百五十六條所規定外，不得以之對抗善意第三人。

第五五八條 （代辦商之意義及其權限）

①稱代辦商者，謂非經理人而受商號之委託，於一定處所或一定區域內，以該商號之名義，辦理其事務之全部或一部之人。

②代辦商對於第三人之關係，就其所代辦之事務，視爲有爲一切必要行爲之權。

③代辦商，除有書面之授權外，不得負擔票據上之義務，或爲消費借貸，或爲訴訟。

第五五九條 （代辦商報告義務）

代辦商，就其代辦之事務，應隨時報告其處所或區域之商業狀況於其商號，並應將其所爲之交易，即時報告之。

第五六〇條 （報酬及費用償還請求權）

代辦商得依契約所定，請求報酬或請求償還其費用。無約定者依習慣；無約定亦無習慣者，依代辦事務之重要程度及多寡，定其報酬。

第五六一條 （代辦權終止）

①代辦權未定期限者，當事人之任何一方得隨時終止契約。但應於三個月前通知他方。

②當事人之一方，因非可歸責於自己之事由，致不得不終止契約者，得不先期通知而終止之。

第五六二條 （競業禁止）

經理人或代辦商，非得其商號之允許，不得爲自己或第三人經營與其所辦理之同類事業，亦不得爲同類事業公司無限責任之股東。

第五六三條 （違反競業禁止之效力—商號之介入權及時效）

①經理人或代辦商，有違反前條規定之行為時，其商號得請求因其行為所得之利益，作為損害賠償。

②前項請求權，自商號知有違反行為時起，經過二個月或自行為時起，經過一年不行使而消滅。

第五六四條 （經理權或代辦權消滅之限制）

經理權或代辦權，不因商號所有人之死亡、破產或喪失行為能力而消滅。

第十二節 居　間

第五六五條 （居間之定義）

稱居間者，謂當事人約定，一方為他方報告訂約之機會或為訂約之媒介，他方給付報酬之契約。

第五六六條 （報酬及報酬額）

①如依情形，非受報酬即不為報告訂約機會或媒介者，視為允與報酬。

②未定報酬額者，按照價目表所定給付之。無價目表者，按照習慣給付。

第五六七條 （居間人據實報告及妥為媒介義務）

①居間人關於訂約事項，應就其所知，據實報告於各當事人。對於顯無履行能力之人，或知其無訂立該約能力之人，不得為其媒介。

②以居間為營業者，關於訂約事項及當事人之履行能力或訂立該約之能力，有調查之義務。

第五六八條 （報酬請求之時期）

①居間人，以契約因其報告或媒介而成立者為限，得請求報酬。

②契約附有停止條件者，於該條件成就前，居間人不得請求報酬。

第五六九條 （費用償還請求之限制）

①居間人支出之費用，非經約定，不得請求償還。

②前項規定，於居間人已為報告或媒介而契約不成立者適用之。

第五七〇條 （報酬之給付義務人）

居間人因媒介應得之報酬，除契約另有訂定或另有習慣外，由契約當事人雙方平均負擔。

第五七一條 （違反忠實辦理義務之效力—報酬及費用償還請求權之喪失）

居間人違反其對於委託人之義務，而為利於委託人之相對人之行為，或違反誠實及信用方法，由相對人收受利益者，不得向委託人請求報酬及償還費用。

第五七二條 （報酬之酌減）

約定之報酬，較居間人所任勞務之價值，為數過鉅失其公平者，法院得因報酬給付義務人之請求酌減之。但報酬已給付者，不得請求返還。

第五七三條　（婚姻居間之報酬無請求權）

因婚姻居間而約定報酬者，就其報酬無請求權。

第五七四條　（居間人無為給付或受領給付之權）

居間人就其媒介所成立之契約，無為當事人給付或受領給付之權。

第五七五條　（隱名居間之不告知與履行義務）

①當事人之一方，指定居間人不得以其姓名或商號告知相對人者，居間人有不告知之義務。

②居間人不以當事人一方之姓名或商號告知相對人時，應就該方當事人由契約所生之義務，自己負履行之責，並得為其受領給付。

第十三節　行　紀

第五七六條　（行紀之意義）

稱行紀者，謂以自己之名義，為他人之計算，為動產之買賣或其他商業上之交易，而受報酬之營業。

第五七七條　（委任規定之準用）

行紀，除本節有規定者外，適用關於委任之規定。

第五七八條　（行紀人與相對人之權義）

行紀人為委託人之計算所為之交易，對於交易之相對人，自得權利並自負義務。

第五七九條　（行紀人之直接履行義務）

行紀人為委託人之計算所訂立之契約，其契約之他方當事人不履行債務時，對於委託人，應由行紀人負直接履行契約之義務，但契約另有訂定或另有習慣者，不在此限。

第五八〇條　（差額之補償）

行紀人以低於委託人所指定之價額賣出，或以高於委託人所指定之價額買入者，應補償其差額。

第五八一條　（高價出賣或低價買入利益之歸屬）

行紀人以高於委託人所指定之價額賣出，或以低於委託人所指定之價額買入者，其利益均歸屬於委託人。

第五八二條　（報酬及費用償還之請求）

行紀人得依約定或習慣請求報酬、寄存費及運送費，並得請求償還其為委託人之利益而支出之費用及其利息。

第五八三條　（行紀人保管義務）

①行紀人為委託人之計算所買入或賣出之物，為其占有時，適用寄託之規定。

②前項占有之物，除委託人另有指示外，行紀人不負付保險之義務。

第五八四條　（行紀人委託物處置義務）

委託出賣之物，於達到行紀人時有瑕疵，或依其物之性質易於敗壞者，行紀人為保護委託人之利益，應與保護自己之利益為同一之處置。

第五八五條 （買入物之拍賣提存權）

①委託人拒絕受領行紀人依其指示所買之物時，行紀人得定相當期限，催告委託人受領，逾期不受領者，行紀人得拍賣其物，並得就其對於委託人因委託關係所生債權之數額，於拍賣價金中取償之，如有賸餘，並應提存。

②如為易於敗壞之物，行紀人得不為前項之催告。

第五八六條 （委託物之拍賣提存權）

委託行紀人出賣之物，不能賣出或委託人撤回其出賣之委託者，如委託人不於相當期間取回或處分其物時，行紀人得依前條之規定，行使其權利。

第五八七條 （行紀人之介入權）

①行紀人受委託出賣或買入貨幣、股票，或其他市場定有市價之物者，除有反對之約定外，行紀人得自為買受人或出賣人，其價值以依委託人指示而為出賣或買入時市場之市價定之。

②前項情形，行紀人仍得行使第五百八十二條所定之請求權。

第五八八條 （介入之擬制）

行紀人得自為買受人或出賣人時，如僅將訂立契約之情事通知委託人，而不以他方當事人之姓名告知者，視為自己負擔該方當事人之義務。

第十四節　寄　託

第五八九條 （寄託之定義及報酬）

①稱寄託者，謂當事人一方以物交付他方，他方允為保管之契約。

②受寄人除契約另有訂定或依情形非受報酬即不為保管者外，不得請求報酬。

第五九○條 （受寄人之注意義務）

受寄人保管寄託物，應與處理自己事務為同一之注意，其受有報酬者，應以善良管理人之注意為之。

第五九一條 （受寄人使用寄託物之禁止）

①受寄人非經寄託人之同意，不得自己使用或使第三人使用寄託物。

②受寄人違反前項之規定者，對於寄託人，應給付相當報償，如有損害，並應賠償。但能證明縱不使用寄託物，仍不免發生損害者，不在此限。

第五九二條 （寄託之專屬性）

受寄人應自己保管寄託物。但經寄託人之同意或另有習慣或有不得已之事由者，得使第三人代為保管。

第五九三條 （受寄人使第三人保管之效力）

①受寄人違反前條之規定，使第三人代為保管寄託物者，對於寄託物因此所受之損害，應負賠償責任。但能證明縱不使第三人代為保管，仍不免發生損害者，不在此限。

②受寄人依前條之規定，使第三人代為保管者，僅就第三人之選任

及其對於第三人所爲之指示，負其責任。

第五九四條 （保管方法之變更）

寄託物保管之方法經約定者，非有急迫之情事，並可推定寄託人若知有此情事，亦允許變更其約定方法時，受寄人不得變更之。

第五九五條 （必要費用之償還）

受寄人因保管寄託物而支出之必要費用，寄託人應償還之，並付自支出時起之利息。但契約另有訂定者，依其訂定。

第五九六條 （寄託人損害賠償責任）

受寄人因寄託物之性質或瑕疵所受之損害，寄託人應負賠償責任。但寄託人於寄託時，非因過失而不知寄託物有發生危險之性質或瑕疵或爲受寄人所已知者，不在此限。

第五九七條 （寄託物返還請求權）

寄託物返還之期限，雖經約定，寄託人仍得隨時請求返還。

第五九八條 （受寄人之返還寄託物）

①未定返還期限者，受寄人得隨時返還寄託物。

②定有返還期限者，受寄人非有不得已之事由，不得於期限屆滿前返還寄託物。

第五九九條 （孳息一併返還）

受寄人返還寄託物時，應將該物之孳息，一併返還。

第六〇〇條 （寄託物返還之處所）

①寄託物之返還，於該物應爲保管之地行之。

②受寄人依第五百九十二條或依第五百九十四條之規定，將寄託物轉置他處者，得於物之現在地返還之。

第六〇一條 （寄託報酬給付之時期）

①寄託約定報酬者，應於寄託關係終止時給付之；分期定報酬者，應於每期屆滿時給付之。

②寄託物之保管，因非可歸責於受寄人之事由而終止者，除契約另有訂定外，受寄人得就其已爲保管之部分，請求報酬。

第六〇一條之一 （第三人主張權利時之返還及危險通知義務）

①第三人就寄託物主張權利者，除對於受寄人提起訴訟或爲扣押外，受寄人仍有返還寄託物於寄託人之義務。

②第三人提起訴訟或扣押時，受寄人應即通知寄託人。

第六〇一條之二 （短期消滅時效）

關於寄託契約之報酬請求權、費用償還請求權或損害賠償請求權，自寄託關係終止時起，一年間不行使而消滅。

第六〇二條 （消費寄託）

①寄託物爲代替物時，如約定寄託物之所有權移轉於受寄人，並由受寄人以種類、品質、數量相同之物返還者，爲消費寄託。自受寄人受領該物時起，準用關於消費借貸之規定。

②消費寄託，如寄託物之返還，定有期限者，寄託人非有不得已之事由，不得於期限屆滿前請求返還。

③前項規定，如商業上另有習慣者，不適用之。

第六〇三條 （法定消費寄託—金錢寄託）

寄託物爲金錢時，推定其爲消費寄託。

第六〇三條之一 （混藏寄託）

①寄託物爲代替物，如未約定其所有權移轉於受寄人者，受寄人得經寄託人同意，就其所受寄託之物與其自己或他寄託人同一種類、品質之寄託物混合保管，各寄託人依其所寄託之數量與混合保管數量之比例，共有混合保管物。

②受寄人依前項規定爲混合保管者，得以同一種類、品質、數量之混合保管物返還於寄託人。

第六〇四條 （刪除）

第六〇五條 （刪除）

第六〇六條 （場所主人之責任）

旅店或其他供客人住宿爲目的之場所主人，對於客人所攜帶物品之毀損、喪失，應負責任。但因不可抗力或因物之性質或因客人自己或其伴侶、隨從或來賓之故意或過失所致者，不在此限。

第六〇七條 （飲食店浴堂主人之責任）

飲食店、浴堂或其他相類場所之主人，對於客人所攜帶通常物品之毀損、喪失，負其責任。但有前條但書規定之情形時，不在此限。

第六〇八條 （貴重物品之責任）

①客人之金錢、有價證券、珠寶或其他貴重物品，非經報明其物之性質及數量交付保管者，主人不負責任。

②主人無正當理由拒絕爲客人保管前項物品者，對於其毀損、喪失，應負責任。其物品因主人或其使用人之故意或過失而致毀損、喪失者，亦同。

第六〇九條 （減免責任揭示之效力）

以揭示限制或免除前三條所定主人之責任者，其揭示無效。

第六一〇條 （客人之通知義務）

客人知其物品毀損、喪失後，應即通知主人。怠於通知者，喪失其損害賠償請求權。

第六一一條 （短期消滅時效）

依第六百零六條至第六百零八條之規定，所生之損害賠償請求權，自發見喪失或毀損之時起，六個月間不行使而消滅。自客人離去場所後，經過六個月者亦同。

第六一二條 （主人之留置權）

①主人就住宿、飲食、沐浴或其他服務及墊款所生之債權，於未受清償前，對於客人所攜帶之行李及其他物品，有留置權。

②第四百四十五條至第四百四十八條之規定，於前項留置權準用之。

第十五節　倉　庫

第六一三條 （倉庫營業人之定義）

稱倉庫營業人者，謂以受報酬而為他人堆藏及保管物品為營業之人。

第六一四條 （寄託規定之準用）

倉庫，除本節有規定者外，準用關於寄託之規定。

第六一五條 （倉單之填發）

倉庫營業人於收受寄託物後，因寄託人之請求，應填發倉單。

第六一六條 （倉單之法定記載事項）

①倉單應記載左列事項，並由倉庫營業人簽名：

一 寄託人之姓名及住址。

二 保管之場所。

三 受寄物之種類、品質、數量及其包皮之種類、個數及記號。

四 倉單填發地，及填發之年、月、日。

五 定有保管期間者，其期間。

六 保管費。

七 受寄物已付保險者，其保險金額、保險期間及保險人之名號。

②倉庫營業人，應將前列各款事項，記載於倉單簿之存根。

第六一七條 （寄託物之分割與新倉單之填發）

①倉單持有人，得請求倉庫營業人將寄託物分割為數部分，並填發各該部分之倉單。但持有人應將原倉單交還。

②前項分割及填發新倉單之費用，由持有人負擔。

第六一八條 （倉單之背書及其效力）

倉單所載之貨物，非由寄託人或倉庫持有人於倉單背書，並經倉庫營業人簽名，不生所有權移轉之效力。

第六一八條之一 （倉單遺失或被盜之救濟程序）

倉單遺失、被盜或滅失者，倉單持有人得於公示催告程序開始後，向倉庫營業人提供相當之擔保，請求補發新倉單。

第六一九條 （寄託物之保管期間）

①倉庫營業人於約定保管期間屆滿前，不得請求移去寄託物。

②未約定保管期間者，自為保管時起經過六個月，倉庫營業人得隨時請求移去寄託物。但應於一個月前通知。

第六二〇條 （檢點寄託物或摘取樣本之允許）

倉庫營業人，因寄託人或倉單持有人之請求，應許其檢點寄託物、摘取樣本，或為必要之保存行為。

第六二一條 （拒絕或不能移去寄託物之處理）

倉庫契約終止後，寄託人或倉單持有人，拒絕或不能移去寄託物者，倉庫營業人得定相當期限，請求於期限內移去寄託物，逾期不移去者，倉庫營業人得拍賣寄託物，由拍賣代價中扣去拍賣費用及保管費用，並應以其餘額交付於應得之人。

第十六節 運 送

第一款 通 則

第六二二條 （運送人之定義）

　稱運送人者，謂以運送物品或旅客爲營業而受運費之人。

第六二三條 （短期時效）

①關於物品之運送，因喪失、毀損或遲到而生之賠償請求權，自運送終了，或應終了之時起，一年間不行使而消滅。

②關於旅客之運送，因傷害或遲到而生之賠償請求權，自運送終了，或應終了之時起，二年間不行使而消滅。

第二款 物品運送

第六二四條 （託運單之填發及應載事項）

①託運人因運送人之請求，應填給託運單。

②託運單應記載左列事項，並由託運人簽名：

　一　託運人之姓名及住址。

　二　運送物之種類、品質、數量及其包皮之種類、個數及記號。

　三　目的地。

　四　受貨人之名號及住址。

　五　託運單之填給地及填給之年、月、日。

第六二五條 （提單之填發）

①運送人於收受運送物後，因託運人之請求，應填發提單。

②提單應記載左列事項，並由運送人簽名：

　一　前條第二項所列第一款至第四款事項。

　二　運費之數額及其支付人爲託運人或爲受貨人。

　三　提單之填發地及填發之年月日。

第六二六條 （必要文件之交付及說明義務）

　託運人對於運送人應交付運送上及關於稅捐警察所必要之文件，並應爲必要之說明。

第六二七條 （提單之文義性）

　提單填發後，運送人與提單持有人間，關於運送事項，依其提單之記載。

第六二八條 （提單之背書性）

　提單縱爲記名式，仍得以背書移轉於他人。但提單上有禁止背書之記載者，不在此限。

第六二九條 （提單之物權證券性）

　交付提單於有受領物品權利之人時，其交付就物品所有權移轉之關係，與物品之交付有同一之效力。

第六二九條之一 （提單準用倉單遺失或被盜之救濟程序）

　第六百十八條之一之規定，於提單適用之。

第六三〇條 （託運人之告知義務）

　受貨人請求交付運送物時，應將提單交還。

第六三一條 （託運人之告知義務）

　運送物依其性質，對於人或財產有致損害之虞者，託運人於訂立

契約前，應將其性質告知運送人，怠於告知者，對於因此所致之損害，應負賠償之責。

第六三二條 （運送人之按時運送義務）

①託運物品，應於約定期間內運送之。無約定者，依習慣。無約定亦無習慣者，應於相當期間內運送之。

②前項所稱相當期間之決定，應顧及各該運送之特殊情形。

第六三三條 （變更指示之限制）

運送人非有急迫之情事，並可推定託運人若知有此情事亦允許變更其指示者，不得變更託運人之指示。

第六三四條 （運送人之責任）

運送人對於運送物之喪失、毀損或遲到，應負責任。但運送人能證明其喪失、毀損或遲到，係因不可抗力或因運送物之性質或因託運人或受貨人之過失而致者，不在此限。

第六三五條 （運送物有瑕疵時運送人責任）

運送物因包皮有易見之瑕疵而喪失或毀損時，運送人如於接收該物時，不爲保留者，應負責任。

第六三六條 （刪除）

第六三七條 （相繼運送人之連帶責任）

運送物由數運送人相繼運送者，除其中有能證明無第六百三十五條所規定之責任者外，對於運送物之喪失、毀損或遲到，應連帶負責。

第六三八條 （損害賠償之範圍）

①運送物有喪失、毀損或遲到者，其損害賠償額，應依其應交付時目的地之價值計算之。

②運費及其他費用，因運送物之喪失、毀損，無須支付者，應由前項賠償額中扣除之。

③運送物之喪失、毀損或遲到，係因運送人之故意或重大過失所致者，如有其他損害，託運人並得請求賠償。

第六三九條 （貴重物品之賠償責任）

①金錢、有價證券、珠寶或其他貴重物品，除託運人於託運時報明其性質及價值者外，運送人對於其喪失或毀損，不負責任。

②價值經報明者，運送人以所報價額爲限，負其責任。

第六四〇條 （遲到之損害賠償）

因遲到之損害賠償額，不得超過因其運送物全部喪失可得請求之賠償額。

第六四一條 （運送人之必要注意及處置義務）

①如有第六百三十三條、第六百五十條、第六百五十一條之情形，或其他情形足以妨礙或遲延運送，或危害運送之安全者，運送人應爲必要之注意及處置。

②運送人怠於前項之注意及處置者，對於因此所致之損害應負責任。

第六四二條 （運送人之中止運送之返還運送物或為其他處分）

①運送人未將運送物之達到通知受貨人前，或受貨人於運送物達到後，尚未請求交付運送物前，託運人對於運送人，如已填發提單者，其持有人對於運送人，得請求中止運送，返還運送物，或為其他之處置。

②前項情形，運送人得按照比例，就其已為運送之部分，請求運費，及償還因中止、返還或為其他處置所支出之費用，並得請求相當之損害賠償。

第六四三條 （運送人通知義務）

運送人於運送物達到目的地時，應即通知受貨人。

第六四四條 （受貨人請求交付之效力）

運送物達到目的地，並經受貨人請求交付後，受貨人取得託運人因運送契約所生之權利。

第六四五條 （運送物喪失時之運送費）

運送物於運送中，因不可抗力而喪失者，運送人不得請求運費，其因運送而已受領之數額，應返還之。

第六四六條 （最後運送人之責任）

運送人於受領運費及其他費用前交付運送物者，對於其所有前運送人應得之運費及其他費用，負其責任。

第六四七條 （運送人之留置權與受貨人之提存權）

①運送人為保全其運費及其他費用得受清償之必要，按其比例，對於運送物，有留置權。

②運費及其他費用之數額有爭執時，受貨人得將有爭執之數額提存，請求運送物之交付。

第六四八條 （運送人責任之消滅及其例外）

①受貨人受領運送物並支付運費及其他費用不為保留者，運送人之責任消滅。

②運送物內部有喪失或毀損不易發見者，以受貨人於受領運送物後，十日內將其喪失或毀損通知於運送人為限，不適用前項之規定。

③運送物之喪失或毀損，如運送人以詐術隱蔽，或因其故意或重大過失所致者，運送人不得主張前二項規定之利益。

第六四九條 （減免責任約款之效力）

運送人交與託運人之提單或其他文件上，有免除或限制運送人責任之記載者，除能證明託運人對於其責任之免除或限制明示同意外，不生效力。

第六五〇條 （運送人之通知並請求指示義務及運送物之寄存拍賣權）

①受貨人所在不明或對運送物受領遲延或有其他交付上之障礙時，運送人應即通知託運人，並請求其指示。

②如託運人未即為指示，或其指示事實上不能實行，或運送人不能繼續保管運送物時，運送人得以託運人之費用，寄存運送物於倉

庫。

③運送物如有不能寄存於倉庫之情形，或有易於腐壞之性質或顯見其價值不足抵償運費及其他費用時，運送人得拍賣之。

④運送人於可能之範圍內，應將寄存倉庫或拍賣之事情，通知託運人及受貨人。

第六五一條 （有關通知義務及寄存拍賣權之適用）

前條之規定，於受領權之歸屬有訴訟，致交付遲延者適用之。

第六五二條 （拍賣代價之處理）

運送人得就拍賣代價中，扣除拍賣費用、運費及其他費用，並應將其餘額交付於應得之人，如應得之人所在不明者，應為其利益提存之。

第六五三條 （相繼運送—最後運送人之代理權）

運送物由數運送人相繼運送者，其最後之運送人，就運送人全體應得之運費及其他費用，得行使第六百四十七條、第六百五十條及第六百五十二條所定之權利。

第三款 旅客運送

第六五四條 （旅客運送人之責任）

①旅客運送人對於旅客因運送所受之傷害及運送之遲到應負責任。但因旅客之過失，或其傷害係因不可抗力所致者，不在此限。

②運送之遲到係因不可抗力所致者，旅客運送人之責任，除另有交易習慣者外，以旅客因遲到而增加支出之必要費用為限。

第六五五條 （行李返還義務）

行李及時交付運送人者，應於旅客達到時返還之。

第六五六條 （行李之拍賣）

①旅客於行李到達後一個月內不取回行李時，運送人得定相當期間催告旅客取回，逾期不取回者，運送人得拍賣之。旅客所在不明者，得不經催告逕予拍賣。

②行李有易於腐壞之性質者，運送人得於到達後，經過二十四小時，拍賣之。

③第六百五十二條之規定，於前二項情形準用之。

第六五七條 （交託之行李適用物品運送之規定）

運送人對於旅客所交託之行李，縱不另收運費，其權利義務，除本款另有規定外，適用關於物品運送之規定。

第六五八條 （對未交託行李之責任）

運送人對於旅客所未交託之行李，如因自己或其僱人之過失，致有喪失或毀損者，仍負責任。

第六五九條 （減免責任約款之效力）

運送人交與旅客之票、收據或其他文件上，有免除或限制運送人責任之記載者，除能證明旅客對於其責任之免除或限制明示同意外，不生效力。

第十七節 承攬運送

第六六○條 （承攬運送人之意義及行紀規定之準用）

①稱承攬運送人者，謂以自己之名義，為他人之計算，使運送人運送物品而受報酬為營業之人。

②承攬運送，除本節有規定外，準用關於行紀之規定。

第六六一條 （承攬運送人之損害賠償責任）

承攬運送人，對於託運物品之喪失、毀損或遲到，應負責任。但能證明其於物品之接收保管、運送人之選定、在目的地之交付，及其他與承攬運送有關之事項，未怠於注意者，不在此限。

第六六二條 （留置權之發生）

承攬運送人為保全其報酬及墊款得受清償之必要，按其比例，對於運送物有留置權。

第六六三條 （介入權—自行運送）

承攬運送人除契約另有訂定外，得自行運送物品。如自行運送，其權利義務，與運送人同。

第六六四條 （介入之擬制）

就運送全部約定價額，或承攬運送人填發提單於委託人者，視為承攬人自己運送，不得另行請求報酬。

第六六五條 （物品運送規定之準用）

第六百三十一條、第六百三十五條及第六百三十八條至第六百四十條之規定，於承攬運送準用之。

第六六六條 （短期消滅時效）

對於承攬運送人因運送物之喪失、毀損或遲到所生之損害賠償請求權，自運送物交付或應交付之時起，一年間不行使而消滅。

第十八節 合 夥

第六六七條 （合夥之意義及合夥人之出資）

①稱合夥者，謂二人以上互約出資以經營共同事業之契約。

②前項出資，得為金錢或其他財產權，或以勞務、信用或其他利益代之。

③金錢以外之出資，應估定價額為其出資額。未經估定者，以他合夥人之平均出資額視為其出資額。

第六六八條 （合夥財產之公同共有）

各合夥人之出資及其他合夥財產，為合夥人全體之公同共有。

第六六九條 （合夥人不增資權利）

合夥人除有特別訂定外，無於約定出資之外增加出資之義務。因損失而致資本減少者，合夥人無補充之義務。

第六七○條 （合夥契約或事業種類之變更）

①合夥之決議，應以合夥人全體之同意為之。

②前項決議，合夥契約約定得由合夥人全體或一部之過半數決定者，從其約定。但關於合夥契約或其事業種類之變更，非經合夥人全體三分之二以上之同意，不得為之。

第六七一條 （合夥事務之執行人及其執行）

①合夥之事務，除契約另有訂定或另有決議外，由合夥人全體共同執行之。

②合夥之事務，如約定或決議由合夥人中數人執行者，由該數人共同執行之。

③合夥之通常事務，得由有執行權之各合夥人單獨執行之。但其他有執行權之合夥人中任何一人，對於該合夥人之行為有異議時，應停止該事務之執行。

第六七二條 （合夥人之注意義務）

合夥人執行合夥之事務，應與處理自己事務為同一注意。其受有報酬者，應以善良管理人之注意為之。

第六七三條 （合夥人之表決權）

合夥之決議，其有表決權之合夥人，無論其出資之多寡，推定每人僅有一表決權。

第六七四條 （合夥事務執行人之辭任與解任）

①合夥人中之一人或數人，依約定或決議執行合夥事務者，非有正當事由不得辭任。

②前項執行合夥事務之合夥人，非經其他合夥人全體之同意，不得將其解任。

第六七五條 （合夥人之事務檢查權）

無執行合夥事務權利之合夥人，縱契約有反對之訂定，仍得隨時檢查合夥之事務及其財產狀況，並得查閱賬簿。

第六七六條 （決算及損益分配之時期）

合夥之決算及分配利益，除契約另有訂定外，應於每屆事務年度終為之。

第六七七條 （損益分配之成數）

①分配損益之成數，未經約定者，按照各合夥人出資額之比例定之。

②僅就利益或僅就損失所定之分配成數，視為損益共通之分配成數。

③以勞務為出資之合夥人，除契約另有訂定外，不受損失之分配。

第六七八條 （費用及報酬請求權）

①合夥人因合夥事務所支出之費用，得請求償還。

②合夥人執行合夥事務，除契約另有訂定外，不得請求報酬。

第六七九條 （執行事業合夥人之對外代表權）

合夥人依約定或決議執行合夥事務者，於執行合夥事務之範圍內，對於第三人，為他合夥人之代表。

第六八○條 （委任規定之準用）

第五百三十七條至第五百四十六條關於委任之規定，於合夥人之執行合夥事務準用之。

第六八一條 （合夥人之補充連帶責任）

合夥財產不足清償合夥之債務時，各合夥人對於不足之額，連帶

負其責任。

第六八二條 （合夥財產分析與抵銷之禁止）

①合夥人於合夥清算前，不得請求合夥財產之分析。

②對於合夥負有債務者，不得以其對於任何合夥人之債權與其所負之債務抵銷。

第六八三條 （股分轉讓之限制）

合夥人非經他合夥人全體之同意，不得將自己之股分轉讓於第三人。但轉讓於他合夥人者，不在此限。

第六八四條 （債權人代位權行使之限制）

合夥人之債權人，於合夥存續期間內，就該合夥人對於合夥之權利，不得代位行使。但利益分配請求權，不在此限。

第六八五條 （合夥人股份之扣押及其效力）

①合夥人之債權人，就該合夥人之股份，得聲請扣押。

②前項扣押實施後兩個月內，如該合夥人未對於債權人清償或提供相當之擔保者，自扣押時起，對該合夥人發生退夥之效力。

第六八六條 （合夥人之聲明退夥）

①合夥未定有存續期間，或經訂明以合夥人中一人之終身，為其存續期間者，各合夥人得聲明退夥，但應於兩個月前通知他合夥人。

②前項退夥，不得於退夥有不利於合夥事務之時期為之。

③合夥縱定有存續期間，如合夥人有非可歸責於自己之重大事由，仍得聲明退夥，不受前二項規定之限制。

第六八七條 （法定退夥事由）

合夥人除依前二條規定退夥外，因下列事項之一而退夥：

一　合夥人死亡者。但契約訂明其繼承人得繼承者，不在此限。

二　合夥人受破產或監護之宣告者。

三　合夥人經開除者。

第六八八條 （合夥人之開除）

①合夥人之開除，以有正當理由為限。

②前項開除，應以他合夥人全體之同意為之，並應通知被開除之合夥人。

第六八九條 （退夥之結算與股分之抵還）

①退夥人與他合夥人間之結算，應以退夥時合夥財產之狀況為準。

②退夥人之股分，不問其出資之種類，得由合夥以金錢抵還之。

③合夥事務，於退夥時尚未了結者，於了結後計算，並分配其損益。

第六九〇條 （退夥人之責任）

合夥人退夥後，對於其退夥前合夥所負之債務，仍應負責。

第六九一條 （入夥）

①合夥成立後，非經合夥人全體之同意，不得允許他人加入為合夥人。

②加入為合夥人者，對於其加入前合夥所負之債務，與他合夥人負

同一之責任。

第六九二條 （合夥之解散）

合夥因左列事項之一而解散：

一 合夥存續期限屆滿者。

二 合夥人全體同意解散者。

三 合夥之目的事業已完成或不能完成者。

第六九三條 （不定期繼續合夥契約）

合夥所定期限屆滿後，合夥人仍繼續其事務者，視爲以不定期限繼續合夥契約。

第六九四條 （清算人之選任）

①合夥解散後，其清算由合夥人全體或由其所選任之清算人爲之。

②前項清算人之選任，以合夥人全體之過半數決之。

第六九五條 （清算之執行及決議）

數人爲清算人時，關於清算之決議，應以過半數行之。

第六九六條 （清算人之辭任與解任）

以合夥契約，選任合夥人中一人或數人爲清算人者，適用第六百七十四條之規定。

第六九七條 （清償債務與返還出資）

①合夥財產，應先清償合夥之債務。其債務未至清償期，或在訴訟中者，應將其清償所必需之數額，由合夥財產中劃出保留之。

②依前項清償債務，或劃出必需之數額後，其賸餘財產應返還各合夥人金錢或其他財產權之出資。

③金錢以外財產權之出資，應以出資時之價額返還之。

④爲清償債務及返還合夥人之出資，應於必要限度內，將合夥財產變爲金錢。

第六九八條 （出資額之比例返還）

合夥財產，不足返還各合夥人之出資者，按照各合夥人出資額之比例返還之。

第六九九條 （賸餘財產之分配）

合夥財產於清償合夥債務及返還各合夥人出資後，尚有賸餘者，按各合夥人應受分配利益之成數分配之。

第十九節 隱名合夥

第七〇〇條 （隱名合夥）

稱隱名合夥者，謂當事人約定，一方對於他方所經營之事業出資，而分受其營業所生之利益，及分擔其所生損失之契約。

第七〇一條 （合夥規定之準用）

隱名合夥，除本節有規定者外，準用關於合夥之規定。

第七〇二條 （隱名合夥人之出資）

隱名合夥人之出資，其財產權移屬於出名營業人。

第七〇三條 （隱名合夥人之責任）

隱名合夥人，僅於其出資之限度內，負分擔損失之責任。

第七〇四條 （隱名合夥事務之執行）

①隱名合夥之事務，專由出名營業人執行之。

②隱名合夥人就出名營業人所爲之行爲，對於第三人不生權利義務之關係。

第七〇五條 （隱名合夥人參與業務執行—表見出名營業人）

隱名合夥人，如參與合夥事務之執行，或爲參與執行之表示，或知他人表示其參與執行而不否認者，縱有反對之約定，對於第三人，仍應負出名營業人之責任。

第七〇六條 （隱名合夥人之監督權）

①隱名合夥人，縱有反對之約定，仍得於每屆事務年度終，查閱合夥之賬簿，並檢查其事務及財產之狀況。

②如有重大事由，法院因隱名合夥人之聲請，得許其隨時爲前項之查閱及檢查。

第七〇七條 （損益之計算及其分配）

①出名營業人，除契約另有訂定外，應於每屆事務年度終，計算營業之損益，其應歸隱名合夥人之利益，應即支付之。

②應歸隱名合夥人之利益而未支取者，除另有約定外，不得認爲出資之增加。

第七〇八條 （隱名合夥之終止）

除依第六百八十六條之規定得聲明退夥外，隱名合夥契約，因下列事項之一而終止：

一　存續期限屆滿者。

二　當事人同意者。

三　目的事業已完成或不能完成者。

四　出名營業人死亡或受監護之宣告者。

五　出名營業人或隱名合夥人受破產之宣告者。

六　營業之廢止或轉讓者。

第七〇九條 （隱名合夥出資及餘額之返還）

隱名合夥契約終止時，出名營業人，應返還隱名合夥人之出資及給與其應得之利益。但出資因損失而減少者，僅返還其餘存額。

第十九節之一　合　會

第七〇九條之一 （合會、合會金、會款之定義）

①稱合會者，謂由會首邀集二人以上爲會員，互約交付會款及標取合會金之契約。其僅由會首與會員爲約定者，亦成立合會。

②前項合會金，係指會首及會員應交付之全部會款。

③會款得爲金錢或其他代替物。

第七〇九條之二 （會首及會員之資格限制）

①會首及會員，以自然人爲限。

②會首不得兼爲同一合會之會員。

③無行爲能力人及限制行爲能力人不得爲會首，亦不得參加其法定代理人爲會首之合會。

第七〇九條之三 （會單之訂立、記載事項及保存方式）

①合會應訂立會單，記載左列事項：
一　會首之姓名、住址及電話號碼。
二　全體會員之姓名、住址及電話號碼。
三　每一會份會款之種類及基本數額。
四　起會日期。
五　標會期日。
六　標會方法。
七　出標金額有約定其最高額或最低額之限制者，其約定。

②前項會單，應由會首及全體會員簽名，記明年月日，由會首保存並製作繕本，簽名後交每一會員各執一份。

③會員已交付首期會款者，雖未依前二項規定訂立會單，其合會契約視爲已成立。

第七〇九條之四 （標會之方法）

①標會由會首主持，依約定之期日及方法爲之。其場所由會首決定並應先期通知會員。

②會首因故不能主持標會時，由會首指定或到場會員推選之會員主持之。

第七〇九條之五 （合會金之歸屬）

首期合會金不經投標，由會首取得，其餘各期由得標會員取得。

第七〇九條之六 （標會之方法）

①每期標會，每一會員僅得出標一次，以出標金額最高者爲得標。最高金額相同者，以抽籤定之。但另有約定者，依其約定。

②無人出標時，除另有約定外，以抽籤定其得標人。

③每一會份限得標一次。

第七〇九條之七 （會首及會員交付會款之期限）

①會款應於每期標會後三日內交付會款。

②會首應於前項期限內，代得標會員收取會款，連同自己之會款，於期滿之翌日前交付得標會員。逾期未收取之會款，會首應代爲給付。

③會首依前項規定收取會款，在未交付得標會員前，對其喪失、毀損，應負責任。但因可歸責於得標會員之事由致喪失、毀損者，不在此限。

④會首依第二項規定代爲給付後，得請求未給付之會員附加利息償還之。

第七〇九條之八 （會首及會員轉讓權利之限制）

①會首非經會員全體之同意，不得將其權利及義務移轉於他人。

②會員非經會首及會員全體之同意，不得退會，亦不得將自己之會份轉讓於他人。

第七〇九條之九 （合會不能繼續進行之處理）

①因會首破產、逃匿或有其他事由致合會不能繼續進行時，會首及已得標會員應給付之各期會款，應於每屆標會期日平均交付於未

得標之會員。但另有約定者，依其約定。

②會首就各得標會員依前項規定應給付之各期會款，負連帶責任。

③會首或各得標會員依第一項規定應平均交付於未得標會員之會款遲延給付，其遲付之數額已達兩期之總額時，該未得標會員得請求其給付全部會款。

④第一項情形，得由未得標之會員共同推選一人或數人處理相關事宜。

第二十節　指示證券

第七一〇條　（指示證券及其關係人之意義）

①稱指示證券者，謂指示他人將金錢、有價證券或其他代替物給付第三人之證券。

②前項為指示之人，稱為指示人。被指示之他人，稱為被指示人，受給付之第三人，稱為領取人。

第七一一條　（指示證券之承擔及被指示人之抗辯權）

①被指示人向領取人承擔所指示之給付者，有依證券內容而為給付之義務。

②前項情形，被指示人僅得以本於指示證券之內容，或其與領取人間之法律關係所得對抗領取人之事由，對抗領取人。

第七一二條　（指示證券發行之效力）

①指示人為清償其對於領取人之債務而交付指示證券者，其債務於被指示人為給付時消滅。

②前項情形，債權人受領指示證券者，不得請求指示人就原有債務為給付。但於指示證券所定期限內，其未定期限者於相當期限內，不能由被指示人領取給付者，不在此限。

③債權人不願由其債務人受領指示證券者，應即時通知債務人。

第七一三條　（指示證券與其基礎關係）

被指示人雖對於指示人負有債務，無承擔其所指示給付或為給付之義務。已向領取人為給付者，就其給付之數額，對於指示人，免其債務。

第七一四條　（拒絕承擔或給付之通知義務）

被指示人對於指示證券拒絕承擔或拒絕給付者，領取人應即通知指示人。

第七一五條　（指示證券之撤回）

①指示人於被指示人未向領取人承擔所指示之給付或為給付前，得撤回其指示證券。其撤回應向被指示人以意思表示為之。

②指示人於被指示人未承擔或給付前受破產宣告者，其指示證券，視為撤回。

第七一六條　（指示證券之讓與）

①領取人得將指示證券讓與第三人。但指示人於指示證券有禁止讓與之記載者，不在此限。

②前項讓與，應以背書為之。

③被指示人對於指示證券之受讓人已爲承擔者，不得以自己與領取人間之法律關係所生之事由，與受讓人對抗。

第七一七條 （短期消滅時效）

指示證券領取人或受讓人，對於被指示人因承擔所生之請求權，自承擔之時起，三年間不行使而消滅。

第七一八條 （指示證券喪失）

指示證券遺失、被盜或滅失者，法院得因持有人之聲請，依公示催告之程序，宣告無效。

第二十一節　無記名證券

第七一九條 （無記名證券之定義）

稱無記名證券者，謂持有人對於發行人得請求其依所記載之內容爲給付之證券。

第七二〇條 （無記名證券發行人之義務）

①無記名證券發行人，於持有人提示證券時，有爲給付之義務，但知持有人就證券無處分之權利，或受有遺失、被盜或滅失之通知者，不得爲給付。

②發行人依前項規定已爲給付者，雖持有人就證券無處分之權利，亦免其債務。

第七二〇條之一 （無記名證券持有人爲證券遺失被盜或滅失之通知應爲已聲請公示催告證明）

①無記名證券持有人向發行人爲遺失、被盜或滅失之通知後，未於五日內提出已爲聲請公示催告之證明者，其通知失其效力。

②前項持有人於公示催告程序中，經法院通知有第三人申報權利而未於十日內向發行人提出已爲起訴之證明者，亦同。

第七二一條 （無記名證券發行人之責任）

①無記名證券發行人，其證券雖因遺失、被盜或其他非因自己之意思而流通者，對於善意持有人，仍應負責。

②無記名證券，不因發行在發行人死亡或喪失能力後，失其效力。

第七二二條 （無記名證券發行人之抗辯權）

無記名證券發行人，僅得以本於證券之無效、證券之內容或其與持有人間之法律關係所得對抗持有人之事由，對抗持有人。但持有人取得證券出於惡意者，發行人並得以對持有人前手間所存抗辯之事由對抗之。

第七二三條 （無記名證券之交還義務）

①無記名證券持有人請求給付時，應將證券交還發行人。

②發行人依前項規定收回證券時，雖持有人就該證券無處分之權利，仍取得其證券之所有權。

第七二四條 （無記名證券之換發）

①無記名證券，因毀損或變形不適於流通，而其重要內容及識別、記號仍可辨認者，持有人得請求發行人，換給新無記名證券。

②前項換給證券之費用，應由持有人負擔。但證券爲銀行兌換券或

其他金錢兌換券者，其費用應由發行人負擔。

第七二五條 （無記名證券喪失）

①無記名證券遺失、被盜或滅失者，法院得因持有人之聲請，依公示催告之程序，宣告無效。

②前項情形，發行人對於持有人，應告知關於實施公示催告之必要事項，並供給其證明所必要之材料。

第七二六條 （無記名證券提示期間之停止進行）

①無記名證券定有提示期間者，如法院因公示催告聲請人之聲請，對於發行人為禁止給付之命令時，停止其提示期間之進行。

②前項停止，自聲請發前項命令時起，至公示催告程序終止時止。

第七二七條 （定期給付證券喪失時之通知）

①利息、年金及分配利益之無記名證券，有遺失、被盜或滅失而通知發行人者，如於法定關於定期給付之時效期間屆滿前，未有提示，為通知之持有人得向發行人請求給付該證券所記載之利息、年金、或應分配之利益。但自時效期間屆滿後，經過一年者，其請求權消滅。

②如於時效期間屆滿前，由第三人提示該證券者，發行人應將不為給付之情事，告知該第三人，並於該第三人與為通知之人合意前，或於法院為確定判決前，應不為給付。

第七二八條 （無利息見票即付無記名證券喪失時之例外）

無利息見票即付之無記名證券，除利息、年金及分配利益之證券外，不適用第七百二十條第一項但書及第七百二十五條之規定。

第二十二節　終身定期金

第七二九條 （終身定期金契約之意義）

稱終身定期金契約者，謂當事人約定，一方於自己或他方或第三人生存期內，定期以金錢給付他方或第三人之契約。

第七三〇條 （終身定期金契約之訂定）

終身定期金契約之訂立，應以書面為之。

第七三一條 （終身定期金契約之存續期間及應給付金額）

①終身定期金契約，關於期間有疑義時，推定其為於債權人生存期內，按期給付。

②契約所定之金額有疑義時，推定其為每年應給付之金額。

第七三二條 （終身定期金之給付時期）

①終身定期金，除契約另有訂定外，應按季預行支付。

②依其生存期間而定終身定期金之人，如在定期金預付後，該期屆滿前死亡者，定期金債權人取得該期金之全部。

第七三三條 （終身定期金契約仍為存續之宣言）

因死亡而終止定期金契約者，如其死亡之事由，應歸責於定期金債務人時，法院因債權人或其繼承人之聲請，得宣告其債權在相當期限內仍為存續。

第七三四條（終身定期金權利之移轉）

終身定期金之權利，除契約另有訂定外，不得移轉。

第七三五條（遺贈之準用）

本節之規定，於終身定期金之遺贈準用之。

第二十三節　和　解

第七三六條（和解之定義）

稱和解者，謂當事人約定，互相讓步，以終止爭執或防止爭執發生之契約。

第七三七條（和解之效力）

和解有使當事人所拋棄之權利消滅及使當事人取得和解契約所訂明權利之效力。

第七三八條（和解之撤銷—和解與錯誤之關係）

和解不得以錯誤爲理由撤銷之。但有左列事項之一者，不在此限：

一　和解所依據之文件，事後發見爲僞造或變造，而和解當事人若知其僞造或變造，即不爲和解者。

二　和解事件，經法院確定判決，而爲當事人雙方或一方於和解當時所不知者。

三　當事人之一方，對於他方當事人之資格或對於重要之爭點有錯誤，而爲和解者。

第二十四節　保　證

第七三九條（保證之定義）

稱保證者，謂當事人約定，一方於他方之債務人不履行債務時，由其代負履行責任之契約。

第七三九條之一（保證人之權利，不得預先拋棄）

本節所規定保證人之權利，除法律另有規定外，不得預先拋棄。

第七四〇條（保證債務之範圍）

保證債務，除契約另有訂定外，包含主債務之利息、違約金、損害賠償及其他從屬於主債務之負擔。

第七四一條（保證債務負擔之從屬性）

保證人之負擔，較主債務人爲重者，應縮減至主債務之限度。

第七四二條（保證人之抗辯權）

①主債務人所有之抗辯，保證人得主張之。

②主債務人拋棄其抗辯者，保證人仍得主張之。

第七四二條之一（保證人之抵銷權）

保證人得以主債務人對於債權人之債權，主張抵銷。

第七四三條（無效債務之保證）

保證人對於因行爲能力之欠缺而無效之債務，如知其情事而爲保證者，其保證仍爲有效。

第七四四條 （保證人之拒絕清償權）

主債務人就其債之發生原因之法律行為有撤銷權者，保證人對於債權人，得拒絕清償。

第七四五條 （先訴抗辯權）

保證人於債權人未就主債務人之財產強制執行而無效果前，對於債權人得拒絕清償。

第七四六條 （先訴抗辯權之喪失）99

有下列各款情形之一者，保證人不得主張前條之權利：

一 保證人拋棄前條之權利者。

二 主債務人受破產宣告者。

三 主債務人之財產不足清償其債務者。

第七四七條 （請求履行及中斷時效之效力）

向主債務人請求履行，及為其他中斷時效之行為，對於保證人亦生效力。

第七四八條 （共同保證）

數人保證同一債務者，除契約另有訂定外，應連帶負保證責任。

第七四九條 （保證人之代位權）

保證人向債權人為清償後，於其清償之限度內，承受債權人對於主債務人之債權。但不得有害於債權人之利益。

第七五○條 （保證責任除去請求權）

①保證人受主債務人之委任而為保證者，有左列各款情形之一時，得向主債務人請求除去其保證責任：

一 主債務人之財產顯形減少者。

二 保證契約成立後，主債務人之住所、營業所或居所有變更，致向其請求清償發生困難者。

三 主債務人履行債務遲延者。

四 債權人依確定判決得令保證人清償者。

②主債務未屆清償期者，主債務人得提出相當擔保於保證人，以代保證責任之除去。

第七五一條 （保證責任之免除─拋棄擔保物權）

債權人拋棄為其債權擔保之物權者，保證人就債權人所拋棄權利之限度內，免其責任。

第七五二條 （定期保證責任之免除─不為審判上之請求）

約定保證責任僅於一定期間內為保證者，如債權人於其期間內，對於保證人不為審判上之請求，保證人免其責任。

第七五三條 （未定期保證責任之免除─不為審判上之請求）

①保證未定期間者，保證人於主債務清償期屆滿後，得定一個月以上之相當期限，催告債權人於其期限內，向主債務人為審判上之請求。

②債權人不於前項期限內向主債務人為審判上之請求者，保證人免其責任。

第七五三條之一 （董監改選後免除其保證責任）99

因擔任法人董事、監察人或其他有代表權之人而為該法人擔任保證人者，僅就任職期間法人所生之債務負保證責任。

第七五四條　（連續發生債務保證之終止）

①就連續發生之債務為保證而未定有期間者，保證人得隨時通知債權人終止保證契約。

②前項情形，保證人對於通知到達債權人後所發生主債務人之債務，不負保證責任。

第七五五條　（定期債務保證責任之免除－延期清償）

就定有期限之債務為保證者，如債權人允許主債務人延期清償時，保證人除對於其延期已為同意外，不負保證責任。

第七五六條　（信用委任）

委任他人以該他人之名義及其計算，供給信用於第三人者，就該第三人因受領信用所負之債務，對於委任人，負保證責任。

第二十四節之一　人事保證

第七五六條之一　（人事保證之定義）

①稱人事保證者，謂當事人約定，一方於他方之受僱人將來因職務上之行為而應對他方為損害賠償時，由其代負賠償責任之契約。

②前項契約，應以書面為之。

第七五六條之二　（保證人之賠償責任）

①人事保證之保證人，以僱用人不能依他項方法受賠償者為限，負其責任。

②保證人依前項規定負賠償責任時，除法律另有規定或契約另有訂定外，其賠償金額以賠償事故發生時，受僱人當年可得報酬之總額為限。

第七五六條之三　（人事保證之期間）

①人事保證約定之期間，不得逾三年。逾三年者，縮短為三年。

②前項期間，當事人得更新之。

③人事保證未定期間者，自成立之日起有效期間為三年。

第七五六條之四　（保證人之終止權）

①人事保證未定期間者，保證人得隨時終止契約。

②前項終止契約，應於三個月前通知僱用人。但當事人約定較短之期間者，從其約定。

第七五六條之五　（僱用人負通知義務之特殊事由）

①有左列情形之一者，僱用人應即通知保證人：

一　僱用人依法得終止僱傭契約，而其終止事由有發生保證人責任之虞者。

二　受僱人因職務上之行為而應對僱用人負損害賠償責任，並經僱用人向受僱人行使權利者。

三　僱用人變更受僱人之職務或任職時間、地點，致加重保證人責任或使其難於注意者。

②保證人受前項通知者，得終止契約。保證人知有前項各款情形

者，亦同。

第七五六條之六（減免保證人賠償金額）

有左列情形之一者，法院得減輕保證人之賠償金額或免除之：

一　有前條第一項各款之情形而僱用人不即通知保證人者。

二　僱用人對受僱人之選任或監督有疏懈者。

第七五六條之七（人事保證契約之消滅）

人事保證關係因左列事由而消滅：

一　保證之期間屆滿。

二　保證人死亡、破產或喪失行為能力。

三　受僱人死亡、破產或喪失行為能力。

四　受僱人之僱傭關係消滅。

第七五六條之八（請求權之時效）

僱用人對保證人之請求權，因二年間不行使而消滅。

第七五六條之九（人事保證之準用）

人事保證，除本節有規定者外，準用關於保證之規定。

民法債編施行法

①民國 19 年 2 月 10 日國民政府制定公布全文 15 條；並自 19 年 5 月 5 日施行。
②民國 88 年 4 月 21 日總統令修正公布全文 36 條；並自 89 年 5 月 5 日施行。
③民國 89 年 5 月 5 日總統令修正公布第 36 條條文。
④民國 98 年 12 月 30 日總統令修正公布第 36 條條文。

第一條　（不溯既往）

民法債編施行前發生之債，除本施行法有特別規定外，不適用民法債編之規定；其在修正施行前發生者，除本施行法有特別規定外，亦不適用修正施行後之規定。

第二條　（消滅時效已完成請求權之行使期間）

①民法債編施行前，依民法債編之規定，消滅時效業已完成，或其時效期間尚有殘餘不足一年者，得於施行之日起，一年內行使請求權。但自其時效完成後，至民法債編施行時，已逾民法債編所定時效期間二分之一者，不在此限。

②依民法債編之規定，消滅時效，不滿一年者，如在施行時，尚未完成，其時效自施行日起算。

第三條　（法定消滅時效）

①民法債編修正施行前之法定消滅時效已完成者，其時效為完成。

②民法債編修正施行前之法定消滅時效，其期間較民法債編修正施行後所定為長者，適用修正施行前之規定。但其殘餘期間自民法債編修正施行日起算，較民法債編修正施行後所定期間為長者，應自施行日起，適用民法債編修正施行後之規定。

第四條　（無時效性質法定期間之準用）

前二條之規定，於民法債編所定，無時效性質之法定期間，準用之。

第五條　（懸賞廣告之適用）

修正之民法第一百六十四條之規定，於民法債編修正施行前成立之懸賞廣告，亦適用之。

第六條　（廣告之適用）

修正之民法第一百六十五條第二項之規定，於民法債編修正施行前所為之廣告定有完成行為之期間者，亦適用之。

第七條　（優等懸賞廣告之適用）

修正之民法第一百六十五條之一至第一百六十五條之四之規定，於民法債編修正施行前成立之優等懸賞廣告，亦適用之。

第八條 （法定代理人之適用）

修正之民法第一百八十七條第三項之規定，於民法債編修正施行前無行為能力或限制行為能力人不法侵害他人之權利者，亦適用之。

第九條 （侵害身體健康名譽等賠償之適用）

修正之民法第一百九十五條之規定，於民法債編修正施行前，不法侵害他人信用、隱私、貞操，或不法侵害其他人格法益或基於父、母、子、女、配偶關係之身分法益而情節重大者，亦適用之。

第一〇條 （債務人提前還本權之適用）

民法第二百零四條之規定，於民法債編施行前，所約定之利率，逾週年百分之十二者，亦適用之。

第一一條 （利息債務之適用）

民法債編施行前，發生之利息債務，於施行時尚未履行者，亦依民法債編之規定，定其數額。但施行時未付之利息總額已超過原本者，仍不得過一本一利。

第一二條 （回復原狀之適用）

修正之民法第二百十三條第三項之規定，於民法債編修正施行前因負損害賠償責任而應回復原狀者，亦適用之。

第一三條 （法定損害賠償範圍之適用）

修正之民法第二百十六條之一之規定，於民法債編修正施行前發生之債，亦適用之。

第一四條 （過失相抵與義務人生計關係酌減規定之適用）

①民法第二百十七條第一項、第二項及第二百十八條之規定，於民法債編施行前，負損害賠償義務者，亦適用之。

②修正之民法第二百十七條第三項之規定，於民法債編修正施行前被害人之代理人或使用人與有過失者，亦適用之。

第一五條 （情事變更之適用）

修正之民法第二百二十七條之二之規定，於民法債編修正施行前發生之債，亦適用之。

第一六條 （債務不履行責任之適用）

①民法債編施行前發生之債務，至施行後不履行時，依民法債編之規定，負不履行之責任。

②前項規定，於債權人拒絕受領或不能受領時，準用之。

第一七條 （因契約標的給付不能賠償之適用）

修正之民法第二百四十七條之一之規定，於民法債編修正施行前訂定之契約，亦適用之。

第一八條 （違約金之適用）

民法第二百五十條至第二百五十三條之規定，於民法債編施行前約定之違約金，亦適用之。

第一九條 （債務清償公認證書之作成）

民法第三百零八條之公認證書，由債權人作成，聲請債務履行地

之公證人、警察機關、商業團體或自治機關蓋印簽名。

第二〇條　（一部清償之適用）

①民法第三百十八條之規定，於民法債編施行前所負債務，亦適用之。

②修正之民法第三百十八條第二項之規定，於民法債編修正施行前所負債務，並適用之。

第二一條　（抵銷之適用）

民法債編施行前之債務，亦得依民法債編之規定為抵銷。

第二二條　（買回期限之限制）

民法債編施行前，所定買回契約定有期限者，依其期限，但其殘餘期限，自施行日起算，較民法第三百八十條所定期限為長者，應自施行日起，適用民法第三百八十條之規定，如買回契約未定期限者，自施行日起，不得逾五年。

第二三條　（出租人地上權登記之適用）

修正之民法第四百二十二條之一之規定，於民法債編修正施行前租用基地建築房屋者，亦適用之。

第二四條　（租賃之效力及期限）

①民法債編施行前所定之租賃契約，於施行後其效力依民法債編之規定。

②前項契約，訂有期限者，依其期限，但其殘餘期限，自施行日起算，較民法第四百四十九條所規定之期限為長者，應自施行日起，適用民法第四百四十九條之規定。

第二五條　（使用借貸預約之適用）

修正之民法第四百六十五條之一之規定，於民法債編修正施行前成立之使用借貸預約，亦適用之。

第二六條　（消費借貸預約之適用）

修正之民法第四百七十五條之一之規定，於民法債編修正施行前成立之消費借貸預約，亦適用之。

第二七條　（承攬契約之適用）

修正之民法第四百九十五條第二項之規定，於民法債編修正施行前成立之承攬契約，亦適用之。

第二八條　（拍賣之方法及程序）

民法債編所定之拍賣，在拍賣法未公布施行前，得照市價變賣，但應經公證人、警察機關、商業團體或自治機關之證明。

第二九條　（旅遊之適用）

民法債編修正施行前成立之旅遊，其未終了部分自修正施行之日起，適用修正之民法債編關於旅遊之規定。

第三〇條　（遺失被盜或滅失倉單之適用）

修正之民法第六百十八條之一之規定，於民法債編修正施行前遺失、被盜或滅失之倉單，亦適用之。

第三一條　（遺失被盜或滅失提單之適用）

修正之民法第六百二十九條之一之規定，於民法債編修正施行前

遺失、被盜或滅失之提單，亦適用之。

第三二條 （無記名證券發行人抗辯權之適用）

修正之民法第七百二十二條之規定，於民法債編修正施行前取得
證券出於惡意之無記名證券持有人，亦適用之。

第三三條 （保證人之權利不得預先拋棄之適用）

修正之民法第七百三十九條之一之規定，於民法債編修正施行前
成立之保證，亦適用之。

第三四條 （保證人抵銷權之適用）

修正之民法第七百四十二條之一之規定，於民法債編修正施行前
成立之保證，亦適用之。

第三五條 （人事保證之適用）

新增第二十四節之一之規定，除第七百五十六條之二第二項外，
於民法債編修正施行前成立之人事保證，亦適用之。

第三六條 （施行日）98

①本施行法自民法債編施行之日施行。

②中華民國八十八年四月二十一日修正公布之民法債編修正條文及
本施行法修正條文，自八十九年五月五日施行。但民法第一百六
十六條之一施行日期，由行政院會同司法院另定之。

③中華民國九十八年十二月十五日修正之民法第六百八十七條及第
七百零八條，自九十八年十一月二十三日施行。

民　法

第三編　物　權

①民國 18 年 11 月 30 日國民政府制定公布全文第 757～966 條條文；並自 19 年 5 月 5 日施行。

②民國 84 年 1 月 16 日總統令修正公布第 942 條條文。

③民國 96 年 3 月 28 日總統令修正公布第 860～863、866、869、871 至 874、876、877、879、881、883～890、892、893、897～909、902、904～906、908～910、928～930、932、933、936、937、939 條條文；刪除第 935、938 條條文；增訂第 862-1、870-1、870-2、873-1、873-2、875-1～875-4、877-1、879-1、881-1～881-17、899-1、899-2、906-1～906-4、907-1、932-1 條條文及第六章第一～第三節節名；並自公布後六個月施行。

④民國 98 年 1 月 23 日總統令修正公布第 757～759、764、767～772、774、775、777～782、784～790、792～794、796～800、802～807、810、816、818、820、822～824、827、828、830 條條文；刪除第 760 條條文；增訂第 759-1、768-1、796-1、796-2、799-1、799-2、800-1、805-1、807-1、824-1、826-1 條條文；並自公布後六個月施行。

⑤民國 99 年 2 月 3 日總統令修正公布第 800-1、832、834～836、838～841、851～857、859、882、911、913、915、917～921、925、927、941～945、948～954、956、959、965 條條文及第五章章名；增訂第 833-1、833-2、835-1～836-3、838-1、841-1～841-6、850-1～850-9、851-1、855-1、859-1～859-5、917-1、922-1、924-1、924-2、951-1、963-1 條條文及第三章第一節、第二節節名、第四章之一章名；刪除第 833、842～850、858、914 條條文及第四章章名；並自公布後六個月施行。

⑥民國 101 年 6 月 13 日總統令修正公布第 805、805-1 條條文；並自公布後六個月施行。

第一章　通　則

第七五七條　（物權法定主義）

物權除依法律或習慣外，不得創設。

第七五八條　（設權登記—登記生效要件主義）

①不動產物權，依法律行為而取得、設定、喪失及變更者，非經登記，不生效力。

②前項行為，應以書面為之。

第七五九條　（宣示登記—相對登記主義）

因繼承、強制執行、徵收、法院之判決或其他非因法律行為，於登記前已取得不動產物權者，應經登記，始得處分其物權。

第七五九條之一 （不動產物權登記之變動效力）

① 不動產物權經登記者，推定登記權利人適法有此權利。

② 因信賴不動產登記之善意第三人，已依法律行為為物權變動之登記者，其變動之效力，不因原登記物權之不實而受影響。

第七六〇條 （刪除）98

第七六一條 （動產物權之讓與方法―交付、簡易交付、占有改定、指示交付）

① 動產物權之讓與，非將動產交付，不生效力。但受讓人已占有動產者，於讓與合意時，即生效力。

② 讓與動產物權，而讓與人仍繼續占有動產者，讓與人與受讓人間，得訂立契約，使受讓人因此取得間接占有，以代交付。

③ 讓與動產物權，如其動產由第三人占有時，讓與人得以對於第三人之返還請求權，讓與於受讓人，以代交付。

第七六二條 （物權之消滅―所有權與他物權混同）

同一物之所有權及其他物權，歸屬於一人者，其他物權因混同而消滅。但其他物權之存續，於所有人或第三人有法律上之利益者，不在此限。

第七六三條 （物權之消滅―所有權以外物權之混同）

① 所有權以外之物權，及以該物權為標的之物之權利，歸屬於一人者，其權利因混同而消滅。

② 前條但書之規定，於前項情形準用之。

第七六四條 （物權之消滅―拋棄）

① 物權除法律另有規定外，因拋棄而消滅。

② 前項拋棄，第三人有以該物權為標的之物之其他物權或於該物權有其他法律上之利益者，非經該第三人同意，不得為之。

③ 拋棄動產物權者，並應拋棄動產之占有。

第二章　所有權

第一節　通　則

第七六五條 （所有權之權能）

所有人，於法令限制之範圍內，得自由使用、收益、處分其所有物，並排除他人之干涉。

第七六六條 （所有人之收益權）

物之成分及其天然孳息，於分離後，除法律另有規定外，仍屬於其物之所有人。

第七六七條 （所有權之保護―物上請求權）

① 所有人對於無權占有或侵奪其所有物者，得請求返還之。對於妨害其所有權者，得請求除去之。有妨害其所有權之虞者，得請求防止之。

② 前項規定，於所有權以外之物權，準用之。

第七六八條 （動產所有權之取得時效）

以所有之意思，十年間和平、公然、繼續占有他人之動產者，取得其所有權。

第七六八條之一 （動產之特別取得時效）

以所有之意思，五年間和平、公然、繼續占有他人之動產，而其占有之始為善意並無過失者，取得其所有權。

第七六九條 （不動產之一般取得時效）

以所有之意思，二十年間和平、公然、繼續占有他人未登記之不動產者，得請求登記為所有人。

第七七〇條 （不動產之特別取得時效）

以所有之意思，十年間和平、公然、繼續占有他人未登記之不動產，而其占有之始為善意並無過失者，得請求登記為所有人。

第七七一條 （取得時效之中斷）

①占有人有下列情形之一者，其所有權之取得時效中斷：

一 變為不以所有之意思而占有。

二 變為非和平或非公然占有。

三 自行中止占有。

四 非基於自己之意思而喪失其占有。但依第九百四十九條或第九百六十二條規定，回復其占有者，不在此限。

②依第七百六十七條規定起訴請求占有人返還占有物者，占有人之所有權取得時效亦因而中斷。

第七七二條 （所有權以外財產權取得時效之準用）

前五條之規定，於所有權以外財產權之取得，準用之。於已登記之不動產，亦同。

第二節 不動產所有權

第七七三條 （土地所有權之範圍）

土地所有權，除法令有限制外，於其行使有利益之範圍內，及於土地之上下。如他人之干涉，無礙其所有權之行使者，不得排除之。

第七七四條 （鄰地損害之防免）

土地所有人經營事業或行使其所有權，應注意防免鄰地之損害。

第七七五條 （自然流水之排水權及承水義務）

①土地所有人不得妨礙由鄰地自然流至之水。

②自然流至之水為鄰地所必需者，土地所有人縱因其土地利用之必要，不得妨阻其全部。

第七七六條 （蓄水等工作物破潰阻塞之修繕疏通或預防）

土地因蓄水、排水或引水所設之工作物破潰、阻塞，致損害及於他人之土地，或有致損害之虞者，土地所有人應以自己之費用，為必要之修繕、疏通或預防。但其費用之負擔，另有習慣者，從其習慣。

第七七七條 （使雨水直注相鄰不動產之禁止）

土地所有人不得設置屋簷、工作物或其他設備，使雨水或其他液

體直注於相鄰之不動產。

第七七八條 （高地所有人之疏水權）

①水流如因事變在鄰地阻塞，土地所有人得以自己之費用，為必要疏通之工事。但鄰地所有人受有利益者，應按其受益之程度，負擔相當之費用。

②前項費用之負擔，另有習慣者，從其習慣。

第七七九條 （土地所有人之過水權一人工排水）

①土地所有人因使浸水之地乾涸，或排泄家用或其他用水，以至河渠或溝道，得使其水通過鄰地。但應擇於鄰地損害最少之處所及方法為之。

②前項情形，有通過權之人對於鄰地所受之損害，應支付償金。

③前二項情形，法令另有規定或另有習慣者，從其規定或習慣。

④第一項但書之情形，鄰地所有人有異議時，有通過權之人或異議人得請求法院以判決定之。

第七八〇條 （他人過水工作物使用權）

土地所有人因使其土地之水通過，得使用鄰地所有人所設置之工作物。但應按其受益之程度，負擔該工作物設置及保存之費用。

第七八一條 （水流地所有人之自由用水權）

水源地、井、溝渠及其他水流地之所有人得自由使用其水。但法令另有規定或另有習慣者，不在此限。

第七八二條 （用水權人之物上請求權）

①水源地或井之所有人對於他人因工事杜絕、減少或污染其水者，得請求損害賠償。如其水為飲用或利用土地所必要者，並得請求回復原狀；其不能為全部回復者，仍應於可能範圍內回復之。

②前項情形，損害非因故意或過失所致，或被害人有過失者，法院得減輕賠償金額或免除之。

第七八三條 （使用鄰地餘水之用水權）

土地所有人因其家用或利用土地所必要，非以過鉅之費用及勞力不能得水者，得支付償金，對鄰地所有人請求給與有餘之水。

第七八四條 （水流地所有人變更水流或寬度之限制）

①水流地對岸之土地屬於他人時，水流地所有人不得變更其水流或寬度。

②兩岸之土地均屬於水流地所有人者，其所有人得變更其水流或寬度。但應留下游自然之水路。

③前二項情形，法令另有規定或另有習慣者，從其規定或習慣。

第七八五條 （堰之設置與利用）

①水流地所有人有設堰之必要者，得使其堰附著於對岸。但對於因此所生之損害，應支付償金。

②對岸地所有人於水流地之一部屬於其所有者，得使用前項之堰。但應按其受益之程度，負擔該堰設置及保存之費用。

③前二項情形，法令另有規定或另有習慣者，從其規定或習慣。

第七八六條 （管線安設權）

① 土地所有人非通過他人之土地，不能設置電線、水管、瓦斯管或其他管線，或雖能設置而需費過鉅者，得通過他人土地之上下而設置之。但應擇其損害最少之處所及方法為之，並應支付償金。

② 依前項之規定，設置電線、水管、瓦斯管或其他管線後，如情事有變更時，他土地所有人得請求變更其設置。

③ 前項變更設置之費用，由土地所有人負擔。但法令另有規定或另有習慣者，從其規定或習慣。

④ 第七百七十九條第四項規定，於第一項但書之情形準用之。

第七八七條 （袋地所有人之必要通行權）

① 土地因與公路無適宜之聯絡，致不能為通常使用時，除因土地所有人之任意行為所生者外，土地所有人得通行周圍地以至公路。

② 前項情形，有通行權人應於通行必要之範圍內，擇其周圍地損害最少之處所及方法為之；對於通行地因此所受之損害，並應支付償金。

③ 第七百七十九條第四項規定，於前項情形準用之。

第七八八條 （開路通行權）

① 有通行權人於必要時，得開設道路。但對於通行地因此所受之損害，應支付償金。

② 前項情形，如致通行地損害過鉅者，通行地所有人得請求有通行權人以相當之價額購買通行地及因此形成之畸零地，其價額由當事人協議定之；不能協議者，得請求法院以判決定之。

第七八九條 （通行權之限制）

① 因土地一部之讓與或分割，而與公路無適宜之聯絡，致不能為通常使用者，土地所有人因至公路，僅得通行受讓人或讓與人或他分割人之所有地。數宗土地同屬於一人所有，讓與其一部或同時分別讓與數人，而與公路無適宜之聯絡，致不能為通常使用者，亦同。

② 前項情形，有通行權人，無須支付償金。

第七九○條 （土地之禁止侵入與例外）

土地所有人得禁止他人侵入其地內。但有下列情形之一者，不在此限：

一 他人有通行權者。

二 依地方習慣，任他人入其未設圍障之田地、牧場、山林刈取雜草，採取枯枝枯幹，或採集野生物，或放牧牲畜者。

第七九一條 （因尋查取回物品或動物之允許侵入）

① 土地所有人，遇他人之物品或動物偶至其地內者，應許該物品或動物之占有人或所有人入其地內，尋查取回。

② 前項情形，土地所有人受有損害者，得請求賠償。於未受賠償前，得留置其物品或動物。

第七九二條 （鄰地使用權）

土地所有人因鄰地所有人在其地界或近旁，營造或修繕建築物或

其他工作物有使用其土地之必要，應許鄰地所有人使用其土地。但因而受損害者，得請求償金。

第七九三條 （氣響侵入之禁止）

土地所有人於他人之土地、建築物或其他工作物有瓦斯、蒸氣、臭氣、煙氣、熱氣、灰屑、喧囂、振動及其他與此相類者侵入時，得禁止之。但其侵入輕微，或按土地形狀、地方習慣，認為相當者，不在此限。

第七九四條 （損害鄰地地基或工作物危險之預防義務）

土地所有人開掘土地或為建築時，不得因此使鄰地之地基動搖或發生危險，或使鄰地之建築物或其他工作物受其損害。

第七九五條 （工作物傾倒危險之預防）

建築物或其他工作物之全部，或一部有傾倒之危險，致鄰地有受損害之虞者，鄰地所有人，得請求為必要之預防。

第七九六條 （越界建屋之異議）

①土地所有人建築房屋非因故意或重大過失逾越地界者，鄰地所有人如知其越界而不即提出異議，不得請求移去或變更其房屋。但土地所有人對於鄰地因此所受之損害，應支付償金。

②前項情形，鄰地所有人得請求土地所有人，以相當之價額購買越界部分之土地及因此形成之畸零地，其價額由當事人協議定之，不能協議者，得請求法院以判決定之。

第七九六條之一 （越界建屋之移去或變更）

①土地所有人建築房屋逾越地界，鄰地所有人請求移去或變更時，法院得斟酌公共利益及當事人利益，免為全部或一部之移去或變更。但土地所有人故意逾越地界者，不適用之。

②前條第一項但書及第二項規定，於前項情形準用之。

第七九六條之二 （等值建物之準用範圍）

前二條規定，於具有與房屋價值相當之其他建築物準用之。

第七九七條 （竹木枝根越界之刈除）

①土地所有人遇鄰地植物之枝根有逾越地界者，得向植物所有人，請求於相當期間內刈除之。

②植物所有人不於前項期間內刈除者，土地所有人得刈取越界之枝根，並得請求償還因此所生之費用。

③越界植物之枝根，如於土地之利用無妨害者，不適用前二項之規定。

第七九八條 （鄰地之果實獲得權）

果實自落於鄰地者，視為屬於鄰地所有人。但鄰地為公用地者，不在此限。

第七九九條 （建築物之區分所有）

①稱區分所有建築物者，謂數人區分一建築物而各專有其一部，就專有部分有單獨所有權，並就該建築物及其附屬物之共同部分共有之建築物。

②前項專有部分，指區分所有建築物在構造上及使用上可獨立，且

得單獨爲所有權之標的者。共有部分，指區分所有建築物專有部分以外之其他部分及不屬於專有部分之附屬物。

③專有部分得經其所有人之同意，依規約之約定供區分所有建築物之所有人共同使用；共有部分除法律另有規定外，得經規約之約定供區分所有建築物之特定所有人使用。

④區分所有人就區分所有建築物共有部分及基地之應有部分，依其專有部分面積與專有部分總面積之比例定之。但另有約定者，從其約定。

⑤專有部分與其所屬之共有部分及其基地之權利，不得分離而爲移轉或設定負擔。

第七九九條之一 （建築物之費用分擔）

①區分所有建築物共有部分之修繕費及其他負擔，由各所有人按其應有部分分擔之。但規約另有約定者，不在此限。

②前項規定，於專有部分經依前條第三項之約定供區分所有建築物之所有人共同使用者，準用之。

③規約之內容依區分所有建築物之專有部分、共有部分及其基地之位置、面積、使用目的、利用狀況、區分所有人已否支付對價及其他情事，按其情形顯失公平者，不同意之區分所有人得於規約成立後三個月內，請求法院撤銷之。

④區分所有人間依規約所生之權利義務，繼受人應受拘束。其依其他約定所生之權利義務，特定繼受人對於約定之內容明知或可得而知者，亦同。

第七九九條之二 （同一建築物之所有人區分）

同一建築物屬於同一人所有，經區分爲數專有部分登記所有權者，準用第七百九十九條規定。

第八〇〇條 （他人正中宅門之使用）

①第七百九十九條情形，其專有部分之所有人，有使用他專有部分所有人正中宅門之必要者，得使用之。但另有特約或另有習慣者，從其特約或習慣。

②因前項使用，致他專有部分之所有人受損害者，應支付償金。

第八〇〇條之一 （建築物或其他工作物利用人之準用）

第七百七十四條至前條規定，於地上權人、農育權人、不動產役權人、典權人、承租人、其他土地、建築物或其他工作物利用人準用之。

第三節 動產所有權

第八〇一條 （善意受讓）

動產之受讓人占有動產，而其關於占有規定之保護者，縱讓與人無移轉所有權之權利，受讓人仍取得其所有權。

第八〇二條 （無主物之先占）

以所有之意思，占有無主之動產者，除法令另有規定外，取得其所有權。

第八○三條 （遺失物拾得人之揭示報告義務）

①拾得遺失物者應從速通知遺失人、所有人、其他有受領權之人或報告警察、自治機關。報告時，應將其物一併交存。但於機關、學校、團體或其他公共場所拾得者，亦得報告於各該場所之管理機關、團體或其負責人、管理人，並將其物交存。

②前項受報告者，應從速於遺失物拾得地或其他適當處所，以公告、廣播或其他適當方法招領之。

第八○四條 （揭示後無人認領之處置─交存遺失物）

①依前條第一項為通知或依第二項由公共場所之管理機關、團體或其負責人、管理人為招領後，有受領權之人未於相當期間認領時，拾得人或招領人應將拾得物交存於警察或自治機關。

②警察或自治機關認原招領之處所或方法不適當時，得再為招領之。

第八○五條 （認領期限、費用及報酬之請求）101

①遺失物自通知或最後招領之日起六個月內，有受領權之人認領時，拾得人、招領人、警察或自治機關，於通知、招領及保管之費用受償後，應將其物返還之。

②有受領權之人認領遺失物時，拾得人得請求報酬。但不得超過其物財產上價值十分之一；其不具有財產上價值者，拾得人亦得請求相當之報酬。

③有受領權人依前項規定給付報酬顯失公平者，得請求法院減少或免除其報酬。

④第二項報酬請求權，因六個月間不行使而消滅。

⑤第一項費用之支出者或得請求報酬之拾得人，在其費用或報酬未受清償前，就該遺失物有留置權；其權利人有數人時，遺失物占有人視為為全體權利人占有。

第八○五條之一 （認領報酬之例外）101

有下列情形之一者，不得請求前條第二項之報酬：

一　在公眾得出入之場所或供公眾往來之交通設備內，由其管理人或僱用人拾得遺失物。

二　拾得人未於七日內通知、報告或交存拾得物，或經查詢仍隱匿其拾得遺失物之事實。

三　有受領權之人為特殊境遇家庭、低收入戶、中低收入戶、依法接受急難救助、災害救助，或有其他急迫情事者。

第八○六條 （遺失物之拍賣）

拾得物易於腐壞或其保管需費過鉅者，招領人、警察或自治機關得拍賣或逕以市價變賣之，保管其價金。

第八○七條 （逾期未認領之遺失物之歸屬─拾得人取得所有權）

①遺失物自通知或最後招領之日起逾六個月，未經有受領權之人認領者，由拾得人取得其所有權。警察或自治機關並應通知其領取遺失物或賣得之價金。其不能通知者，應公告之。

②拾得人於受前項通知或公告後三個月內未領取者，其物或賣得之價金歸屬於保管地之地方自治團體。

第八〇七條之一　（五百元以下遺失物之歸屬）

①遺失物價值在新臺幣五百元以下者，拾得人應從速通知遺失人、所有人或其他有受領權之人。其有第八百零三條第一項但書之情形者，亦得依該條第一項但書及第二項規定辦理。

②前項遺失物於下列期間未經有受領權之人認領者，由拾得人取得其所有權或變賣之價金：

一　自通知或招領之日起逾十五日。

二　不能依前項規定辦理，自拾得日起逾一個月。

③第八百零五條至前條規定，於前二項情形準用之。

第八〇八條　（埋藏物之發見）

發見埋藏物，而占有者，取得其所有權。但埋藏物係在他人所有之動產或不動產中發見者，該動產或不動產之所有人與發見人，各取得埋藏物之半。

第八〇九條　（有學術價值埋藏物之歸屬）

發見之埋藏物足供學術、藝術、考古或歷史之資料者，其所有權之歸屬，依特別法之規定。

第八一〇條　（漂流物或沈沒物之拾得）

拾得漂流物、沈沒物或其他因自然力而脫離他人占有之物者，準用關於拾得遺失物之規定。

第八一一條　（不動產之附合）

動產因附合而為不動產之重要成分者，不動產所有人，取得動產所有權。

第八一二條　（動產之附合）

①動產與他人之動產附合，非毀損不能分離，或分離需費過鉅者，各動產所有人，按其動產附合時之價值，共有合成物。

②前項附合之動產，有可視為主物者，該主物所有人，取得合成物之所有權。

第八一三條　（混合）

動產與他人之動產混合，不能識別，或識別需費過鉅者，準用前條之規定。

第八一四條　（加工）

加工於他人之動產者，其加工物之所有權，屬於材料所有人。但因加工所增之價值顯逾材料之價值者，其加工物之所有權屬於加工人。

第八一五條　（添附之效果—其他權利之同消滅）

依前四條之規定，動產之所有權消滅者，該動產上之其他權利，亦同消滅。

第八一六條　（添附之效果—補償請求）

因前五條之規定而受損害者，得依關於不當得利之規定，請求償還價額。

第四節 共 有

第八一七條 （分別共有一共有人及應有部分）

①數人按其應有部分，對於一物有所有權者，爲共有人。

②各共有人之應有部分不明者，推定其爲均等。

第八一八條 （共有人之使用收益權）

各共有人，除契約另有約定外，按其應有部分，對於共有物之全部，有使用收益之權。

第八一九條 （應有部分及共有物之處分）

①各共有人，得自由處分其應有部分。

②共有物之處分、變更、及設定負擔，應得共有人全體之同意。

第八二〇條 （共有物之管理）

①共有物之管理，除契約另有約定外，應以共有人過半數及其應有部分合計過半數之同意行之。但其應有部分合計逾三分之二者，其人數不予計算。

②依前項規定之管理顯失公平者，不同意之共有人得聲請法院以裁定變更之。

③前二項所定之管理，因情事變更難以繼續時，法院得因任何共有人之聲請，以裁定變更之。

④共有人依第一項規定爲管理之決定，有故意或重大過失，致共有人受損害者，對不同意之共有人連帶負賠償責任。

⑤共有物之簡易修繕及其他保存行爲，得由各共有人單獨爲之。

第八二一條 （共有人對第三人之權利）

各共有人對於第三人，得就共有物之全部爲本於所有權之請求。但回復共有物之請求，僅得爲共有人全體之利益爲之。

第八二二條 （共有物費用之分擔）

①共有物之管理費及其他負擔，除契約另有約定外，應由各共有人按其應有部分分擔之。

②共有人中之一人，就共有物之負擔爲支付，而逾其所應分擔之部分者，對於其他共有人得按其各應分擔之部分，請求償還。

第八二三條 （共有物之分割與限制）

①各共有人，除法令另有規定外，得隨時請求分割共有物。但因物之使用目的不能分割或契約訂有不分割之期限者，不在此限。

②前項約定不分割之期限，不得逾五年；逾五年者，縮短爲五年。但共有之不動產，其契約訂有管理之約定時，約定不分割之期限，不得逾三十年；逾三十年者，縮短爲三十年。

③前項情形，如有重大事由，共有人仍得隨時請求分割。

第八二四條 （共有物分割之方法）

①共有物之分割，依共有人協議之方法行之。

②分割之方法不能協議決定，或於協議決定後因消滅時效完成經共有人拒絕履行者，法院得因任何共有人之請求，命爲下列之分配：

一 以原物分配於各共有人。但各共有人均受原物之分配顯有困

難者，得將原物分配於部分共有人。

二 原物分配顯有困難時，得變賣共有物，以價金分配於各共有人；或以原物之一部分分配於各共有人，他部分變賣，以價金分配於各共有人。

③以原物為分配時，如共有人中有未受分配，或不能按其應有部分受分配者，得以金錢補償之。

④以原物為分配時，因共有人之利益或其他必要情形，得就共有物之一部分仍維持共有。

⑤共有人相同之數不動產，除法令另有規定外，共有人得請求合併分割。

⑥共有人部分相同之相鄰數不動產，各該不動產均具應有部分之共有人，經各不動產應有部分過半數共有人之同意，得適用前項規定，請求合併分割。但法院認合併分割為不適當者，仍分別分割之。

⑦變賣共有物時，除買受人為共有人外，共有人有依相同條件優先承買之權，有二人以上願優先承買者，以抽籤定之。

第八二四條之一 （共有物分割之效力）

①共有人自共有物分割之效力發生時起，取得分得部分之所有權。

②應有部分有抵押權或質權者，其權利不因共有物之分割而受影響。但有下列情形之一者，其權利移存於抵押人或出質人所分得之部分：

一 權利人同意分割。

二 權利人已參加共有物分割訴訟。

三 權利人經共有人告知訴訟而未參加。

③前項但書情形，於以價金分配或以金錢補償者，準用第八百八十一條第一項、第二項或第八百九十九條第一項規定。

④前條第三項之情形，如為不動產分割者，應受補償之共有人，就其補償金額，對於補償義務人所分得之不動產，有抵押權。

⑤前項抵押權應於辦理共有物分割登記時，一併登記。其次序優先於第二項但書之抵押權。

第八二五條 （分得物之擔保責任）

各共有人，對於他共有人因分割而得之物，按其應有部分，負與出賣人同一之擔保責任。

第八二六條 （所得物與共有物證書之保管）

①共有物分割後，各分割人應保存其所得物之證書。

②共有物分割後，關於共有物之證書，歸取得最大部分之人保存之，無取得最大部分者，由分割人協議定之，不能協議決定者，得聲請法院指定之。

③各分割人，得請求使用他分割人所保存之證書。

第八二六條之一 （共有物讓與之責任）

①不動產共有人間關於共有物使用、管理、分割或禁止分割之約定或依第八百二十條第一項規定所為之決定，於登記後，對於應有部分之受讓人或取得物權之人，具有效力。其由法院裁定所定之

②動產共有人間就共有物爲前項之約定、決定或法院所爲之裁定，對於應有部分之受讓人或取得物權之人，以受讓或取得時知悉其情事或可得而知者爲限，亦具有效力。

③共有物應有部分讓與時，受讓人對讓與人就共有物因使用、管理或其他情形所生之負擔連帶負清償責任。

第八二七條 （公同共有人及其權利）

①依法律規定、習慣或法律行爲，成一公同關係之數人，基於其公同關係，而共有一物者，爲公同共有人。

②前項依法律行爲成立之公同關係，以有法律規定或習慣者爲限。

③各公同共有人之權利，及於公同共有物之全部。

第八二八條 （公同共有人之權利義務與公同共有物之處分）

①公同共有人之權利義務，依其公同關係所由成立之法律、法律行爲或習慣定之。

②第八百二十條、第八百二十一條及第八百二十六條之一規定，於公同共有準用之。

③公同共有物之處分及其他之權利行使，除法律另有規定外，應得公同共有人全體之同意。

第八二九條 （公同共有物分割之限制）

公同關係存續中，各公同共有人，不得請求分割其公同共有物。

第八三〇條 （公同共有關係之消滅與公同共有物之分割方法）

①公同共有之關係，自公同關係終止，或因公同共有物之讓與而消滅。

②公同共有物之分割，除法律另有規定外，準用關於共有物分割之規定。

第八三一條 （準共有）

本節規定，於所有權以外之財產權，由數人共有或公同共有者，準用之。

第三章 地上權

第一節 普通地上權

第八三二條 （地上權之意義）

稱普通地上權者，謂以在他人土地之上下有建築物或其他工作物爲目的而使用其土地之權。

第八三三條 （刪除）

第八三三條之一 （地上權之存續期間與終止）

地上權未定有期限者，存續期間逾二十年或地上權成立之目的已不存在時，法院得因當事人之請求，斟酌地上權成立之目的、建築物或工作物之種類、性質及利用狀況等情形，定其存續期間或終止其地上權。

第八三三條之二 （公共建設之地上權存續期限）

以公共建設為目的而成立之地上權，未定有期限者，以該建設使用目的之完畢時，視為地上權之存續期限。

第八三四條　（地上權之拋棄）

地上權無支付地租之約定者，地上權人得隨時拋棄其權利。

第八三五條　（地上權拋棄時應盡之義務）

①地上權定有期限，而有支付地租之約定者，地上權人得支付未到期之三年分地租後，拋棄其權利。

②地上權未定有期限，而有支付地租之約定者，地上權人拋棄權利時，應於一年前通知土地所有人，或支付未到期之一年分地租。

③因不可歸責於地上權人之事由，致土地不能達原來使用之目的時，地上權人於支付前二項地租二分之一後，得拋棄其權利；其因可歸責於土地所有人之事由，致土地不能達原來使用之目的時，地上權人亦得拋棄其權利，並免支付地租。

第八三五條之一　（地租給付之公平原則）

①地上權設定後，因土地價值之昇降，依原定地租給付顯失公平者，當事人得請求法院增減之。

②未定有地租之地上權，如因土地之負擔增加，非當時所得預料，仍無償使用顯失公平者，土地所有人得請求法院酌定其地租。

第八三六條　（地上權之撤銷）

①地上權人積欠地租達二年之總額，除另有習慣外，土地所有人得定相當期限催告地上權人支付地租，如地上權人於期限內不為支付，土地所有人得終止地上權。地上權經設定抵押權者，並應同時將該催告之事實通知抵押權人。

②地租之約定經登記者，地上權讓與時，前地上權人積欠之地租應併同計算。受讓人就前地上權人積欠之地租，應與讓與人連帶負清償責任。

③第一項終止，應向地上權人以意思表示為之。

第八三六條之一　（土地所有權之讓與）

土地所有權讓與時，已預付之地租，非經登記，不得對抗第三人。

第八三六條之二　（土地之用益權）

①地上權人應依設定之目的及約定之使用方法，為土地之使用收益；未約定使用方法者，應依土地之性質為之，並均應保持其得永續利用。

②前項約定之使用方法，非經登記，不得對抗第三人。

第八三六條之三　（土地用益權之終止）

地上權人違反前條第一項規定，經土地所有人阻止而仍繼續為之者，土地所有人得終止地上權。地上權經設定抵押權者，並應同時將該阻止之事實通知抵押權人。

第八三七條　（租金減免請求之限制）

地上權人，縱因不可抗力，妨礙其土地之使用，不得請求免除或減少租金。

第八三八條 （地上權之讓與）

①地上權人得將其權利讓與他人或設定抵押權。但契約另有約定或另有習慣者，不在此限。

②前項約定，非經登記，不得對抗第三人。

③地上權與其建築物或其他工作物，不得分離而為讓與或設定其他權利。

第八三八條之一 （強制執行拍賣之協定）

①土地及其土地上之建築物，同屬於一人所有，因強制執行之拍賣，其土地與建築物之拍定人各異時，視為已有地上權之設定，其地租、期間及範圍由當事人協議定之；不能協議者，得請求法院以判決定之。其僅以土地或建築物為拍賣時，亦同。

②前項地上權，因建築物之滅失而消滅。

第八三九條 （工作物及竹木之取回）

①地上權消滅時，地上權人得取回其工作物。但應回復土地原狀。

②地上權人不於地上權消滅後一個月內取回其工作物者，工作物歸屬於土地所有人。其有礙於土地之利用者，土地所有人得請求回復原狀。

③地上權人取回其工作物前，應通知土地所有人。土地所有人願以時價購買者，地上權人非有正當理由，不得拒絕。

第八四〇條 （建築物之補償）

①地上權人之工作物為建築物者，如地上權因存續期間屆滿而消滅，地上權人得於期間屆滿前，定一個月以上之期間，請求土地所有人按該建築物之時價為補償。但契約另有約定者，從其約定。

②土地所有人拒絕地上權人前項補償之請求或於期間內不為確答者，地上權之期間應酌量延長之。地上權人不願延長者，不得請求前項之補償。

③第一項之時價不能協議者，地上權人或土地所有人得聲請法院裁定之。土地所有人不願依裁定之時價補償者，適用前項規定。

④依第二項規定延長期間者，其期間由土地所有人與地上權人協議定之；不能協議者，得請求法院斟酌建築物與土地使用之利益，以判決定之。

⑤前項期間屆滿後，除經土地所有人與地上權人協議外，不適用第一項及第二項規定。

第八四一條 （地上權之永續性）

地上權不因建築物或其他工作物之滅失而消滅。

第二節　區分地上權

第八四一條之一 （區分地上權之定義）

稱區分地上權者，謂以在他人土地上下之一定空間範圍內設定之地上權。

第八四一條之二 （使用收益之權益限制）

①區分地上權人得與其設定之土地上下有使用、收益權利之人，約定相互間使用收益之限制。其約定未經土地所有人同意者，於使用收益權消滅時，土地所有人不受該約定之拘束。

②前項約定，非經登記，不得對抗第三人。

第八四一條之三 （區分地上權期間之第三人權益）

法院依第八百四十條第四項定區分地上權之期間，足以影響第三人之權利者，應併斟酌該第三人之利益。

第八四一條之四 （第三人之權益補償）

區分地上權依第八百四十條規定，以時價補償或延長期間，足以影響第三人之權利時，應對該第三人為相當之補償。補償之數額以協議定之；不能協議時，得聲請法院裁定之。

第八四一條之五 （權利行使之設定）

同一土地有區分地上權與以使用收益為目的之物權同時存在者，其後設定物權之權利行使，不得妨害先設定之物權。

第八四一條之六 （準用地上權之規定）

區分地上權，除本節另有規定外，準用關於普通地上權之規定。

第四章 （刪除）

第八四二條至第八五〇條 （刪除）

第四章之一 農育權

第八五〇條之一 （農育權之定義）

①稱農育權者，謂在他人土地為農作、森林、養殖、畜牧、種植竹木或保育之權。

②農育權之期限，不得逾二十年；逾二十年者，縮短為二十年。但以造林、保育為目的或法令另有規定者，不在此限。

第八五〇條之二 （農育權之終止）

①農育權未定有期限時，除以造林、保育為目的者外，當事人得隨時終止之。

②前項終止，應於六個月前通知他方當事人。

③第八百三十三條之一規定，於農育權以造林、保育為目的而未定有期限者準用之。

第八五〇條之三 （農育權之讓與）

①農育權人得將其權利讓與他人或設定抵押權。但契約另有約定或另有習慣者，不在此限。

②前項約定，非經登記不得對抗第三人。

③農育權與其農育工作物不得分離而為讓與或設定其他權利。

第八五〇條之四 （地租減免或變更土地使用目的）

①農育權有支付地租之約定者，農育權人因不可抗力致收益減少或全無時，得請求減免其地租或變更原約定土地使用之目的。

②前項情形，農育權人不能依原約定目的使用者，當事人得終止之。

③前項關於土地所有人得行使終止權之規定，於農育權無支付地租之約定者，準用之。

第八五○條之五 （土地或工作物之出租限制）

①農育權人不得將土地或農育工作物出租於他人。但農育工作物之出租另有習慣者，從其習慣。

②農育權人違反前項規定者，土地所有人得終止農育權。

第八五○條之六 （土地用益權）

①農育權人應依設定之目的及約定之方法，為土地之使用收益；未約定使用方法者，應依土地之性質為之，並均應保持其生產力或得永續利用。

②農育權人違反前項規定，經土地所有人阻止而仍繼續為之者，土地所有人得終止農育權。農育權經設定抵押權者，並應同時將該阻止之事實通知抵押權人。

第八五○條之七 （出產物及工作物之取回權）

①農育權消滅時，農育權人得取回其土地上之出產物及農育工作物。

②第八百三十九條規定，於前項情形準用之。

③第一項之出產物未及收穫而土地所有人又不願以時價購買者，農育權人得請求延長農育權期間至出產物可收穫時為止，土地所有人不得拒絕。但延長之期限，不得逾六個月。

第八五○條之八 （土地特別改良權）

①農育權人得為增加土地生產力或使用便利之特別改良。

②農育權人將前項特別改良事項及費用數額，以書面通知土地所有人，土地所有人於收受通知後不即為反對之表示者，農育權人於農育權消滅時，得請求土地所有人返還特別改良費用。但以其現存之增價額為限。

③前項請求權，因二年間不行使而消滅。

第八五○條之九 （農育權之準用）

第八百三十四條、第八百三十五條第一項、第二項、第八百三十五條之一至第八百三十六條之一、第八百三十六條之二第二項規定，於農育權準用之。

第五章 不動產役權

第八五一條 （不動產役權之意義）

稱不動產役權者，謂以他人不動產供自己不動產通行、汲水、採光、眺望、電信或其他以特定便宜之用為目的之權。

第八五一條之一 （權利行使之設定）

同一不動產上有不動產役權與以使用收益為目的之物權同時存在者，其後設定物權之權利行使，不得妨害先設定之物權。

第八五二條 （不動產役權因時效而取得）

①不動產役權因時效而取得者，以繼續並表見者為限。

②前項情形，需役不動產為共有者，共有人中一人之行為，或對於

共有人中一人之行為，為他共有人之利益，亦生效力。

③向行使不動產役權取得時效之各共有人為中斷時效之行為者，對全體共有人發生效力。

第八五三條　（不動產役權之從屬性）

不動產役權不得由需役不動產分離而為讓與，或為其他權利之標的物。

第八五四條　（不動產役權人之必要行為權）

不動產役權人因行使或維持其權利，得為必要之附隨行為。但應擇於供役不動產損害最少之處所及方法為之。

第八五五條　（設置之維持與使用）

①不動產役權人因行使權利而為設置者，有維持其設置之義務。其設置由供役不動產所有人提供者，亦同。

②供役不動產所有人於無礙不動產役權行使之範圍內，得使用前項之設置，並應按其受益之程度，分擔維持其設置之費用。

第八五五條之一　（不動產役權處所或方法之變更）

供役不動產所有人或不動產役權人因行使不動產役權之處所或方法有變更之必要，而不甚礙不動產役權人或供役不動產所有人權利之行使者，得以自己之費用，請求變更之。

第八五六條　（不動產役權之不可分性—需役不動產分割之效力）

需役不動產經分割者，其不動產役權為各部分之利益仍為存續。但不動產役權之行使，依其性質祇關於需役不動產之一部分者，僅就該部分仍為存續。

第八五七條　（不動產役權之不可分性—供役不動產分割之效力）

供役不動產經分割者，不動產役權就其各部分仍為存續。但不動產役權之行使，依其性質祇關於供役不動產之一部分者，僅對於該部分仍為存續。

第八五八條　（刪除）

第八五九條　（不動產役權之消滅）

①不動產役權之全部或一部無存續之必要時，法院因供役不動產所有人之請求，得就其無存續必要之部分，宣告不動產役權消滅。

②不動產役權因需役不動產滅失或不堪使用而消滅。

第八五九條之一　（不動產役權消滅之取回權及期限）

不動產役權消滅時，不動產役權人所為之設置，準用第八百三十九條規定。

第八五九條之二　（準用不動產役權之規定）

第八百三十四條至第八百三十六條之三規定，於不動產役權準用之。

第八五九條之三　（不動產役權之設定）

①基於以使用收益為目的之物權或租賃關係而使用需役不動產者，亦得為該不動產設定不動產役權。

②前項不動產役權，因以使用收益爲目的之物權或租賃關係之消滅而消滅。

第八五九條之四 （就自己不動產之設定）

不動產役權，亦得就自己之不動產設定之。

第八五九條之五 （準用不動產役權之規定）

第八百五十一條至第八百五十九條之二規定，於前二條準用之。

第六章　抵押權

第一節　普通抵押權

第八六〇條 （抵押權之定義）

稱普通抵押權者，謂債權人對於債務人或第三人不移轉占有而供其債權擔保之不動產，得就該不動產賣得價金優先受償之權。

第八六一條 （抵押權之擔保範圍）

①抵押權所擔保者爲原債權、利息、遲延利息、違約金及實行抵押權之費用。但契約另有約定者，不在此限。

②得優先受償之利息、遲延利息、一年或不及一年定期給付之違約金債權，以於抵押權人實行抵押權聲請強制執行前五年內發生及於強制執行程序中發生者爲限。

第八六二條 （抵押權效力及於標的物之範圍－從物及從權利）

①抵押權之效力，及於抵押物之從物與從權利。

②第三人於抵押權設定前，就從物取得之權利，不受前項規定之影響。

③以建築物爲抵押者，其附加於該建築物而不具獨立性之部分，亦爲抵押權效力所及。但其附加部分爲獨立之物，如係於抵押權設定後附加者，準用第八百七十七條之規定。

第八六二條之一 （抵押權效力之範圍－殘餘物）

①抵押物滅失之殘餘物，仍爲抵押權效力所及。抵押物之成分非依物之通常用法而分離成爲獨立之動產者，亦同。

②前項情形，抵押權人得請求占有該殘餘物或動產，並依質權之規定，行使其權利。

第八六三條 （抵押權效力及於標的物之範圍－天然孳息）

抵押權之效力，及於抵押物扣押後自抵押物分離，而得由抵押人收取之天然孳息。

第八六四條 （抵押權效力及於標的物之範圍－法定孳息）

抵押權之效力，及於抵押物扣押後抵押人就抵押物得收取之法定孳息。但抵押權人，非以扣押抵押物之事情，通知應清償法定孳息之義務人，不得與之對抗。

第八六五條 （抵押權之順位）

不動產所有人，因擔保數債權，就同一不動產，設定數抵押權者，其次序依登記之先後定之。

第八六六條　（地上權或其他物權之設定）

①不動產所有人設定抵押權後，於同一不動產上，得設定地上權或其他以使用收益為目的之物權，或成立租賃關係。但其抵押權不因此而受影響。

②前項情形，抵押權人實行抵押權受有影響者，法院得除去該權利或終止該租賃關係後拍賣之。

③不動產所有人設定抵押權後，於同一不動產上，成立第一項以外之權利者，準用前項之規定。

第八六七條　（抵押不動產之讓與其效力）

不動產所有人設定抵押權後，得將不動產讓與他人。但其抵押權不因此而受影響。

第八六八條　（不可分性—抵押物分割）

抵押之不動產如經分割，或讓與其一部，或擔保一債權之數不動產而以其一讓與他人者，其抵押權不因此而受影響。

第八六九條　（不可分性—債權分割）

①以抵押權擔保之債權，如經分割或讓與其一部者，其抵押權不因此而受影響。

②前項規定，於債務分割或承擔其一部時適用之。

第八七〇條　（抵押權之從屬性）

抵押權不得由債權分離而為讓與，或為其他債權之擔保。

第八七〇條之一　（抵押權次序之調整）

①同一抵押物有多數抵押權者，抵押權人得以下列方法調整其可優先受償之分配額。但他抵押權人之利益不受影響：

一　為特定抵押權人之利益，讓與其抵押權之次序。

二　為特定後次序抵押權人之利益，拋棄其抵押權之次序。

三　為全體後次序抵押權人之利益，拋棄其抵押權之次序。

②前項抵押權次序之讓與或拋棄，非經登記，不生效力。並應於登記前，通知債務人、抵押人及共同抵押人。

③因第一項調整而受利益之抵押權人，亦得實行調整前次序在先之抵押權。

④調整優先受償分配額時，其次序在先之抵押權所擔保之債權，如有第三人之不動產為同一債權之擔保者，在因調整後增加負擔之限度內，以該不動產為標的物之抵押權消滅。但經該第三人同意者，不在此限。

第八七〇條之二　（抵押權次序之調整）

調整可優先受償分配額時，其次序在先之抵押權所擔保之債權有保證人者，於因調整後所失優先受償之擔保限度內，保證人免其責任。但經該保證人同意調整者，不在此限。

第八七一條　（抵押權之保全—抵押物價值減少之防止）

①抵押人之行為，足使抵押物之價值減少者，抵押權人得請求停止其行為。如有急迫之情事，抵押權人得自為必要之保全處分。

②因前項請求或處分所生之費用，由抵押人負擔。其受償次序優先

於各抵押權所擔保之債權。

第八七二條 （抵押權之保全－抵押物價值減少之補救）

①抵押物之價值因可歸責於抵押人之事由致減少時，抵押權人得定相當期限，請求抵押人回復抵押物之原狀，或提出與減少價額相當之擔保。

②抵押人不於前項所定期限內，履行抵押權人之請求時，抵押權人得定相當期限請求債務人提出與減少價額相當之擔保。屆期不提出者，抵押權人得請求清償其債權。

③抵押人為債務人時，抵押權人得不再為前項請求，逕行請求清償其債權。

④抵押物之價值因不可歸責於抵押人之事由致減少者，抵押權人僅於抵押人因此所受利益之限度內，請求提出擔保。

第八七三條 （抵押權之實行）

抵押權人，於債權已屆清償期，而未受清償者，得聲請法院，拍賣抵押物，就其賣得價金而受清償。

第八七三條之一 （流押捔約）

①約定於債權已屆清償期而未為清償時，抵押物之所有權移屬於抵押權人者，非經登記，不得對抗第三人。

②抵押權人請求抵押人為抵押物所有權之移轉時，抵押物價值超過擔保債權部分，應返還抵押人；不足清償擔保債權者，仍得請求債務人清償。

③抵押人在抵押物所有權移轉於抵押權人前，得清償抵押權擔保之債權，以消滅該抵押權。

第八七三條之二 （實行抵押權之效果）

①抵押權人實行抵押權者，該不動產上之抵押權，因抵押物之拍賣而消滅。

②前項情形，抵押權所擔保之債權有未屆清償期者，於抵押物拍賣得受清償之範圍內，視為到期。

③抵押權所擔保之債權未定清償期或清償期尚未屆至，而拍定人或承受抵押之債權人聲明願在拍定或承受之抵押物價額範圍內清償債務，經抵押權人同意者，不適用前二項之規定。

第八七四條 （抵押物賣得價金之分配次序）

抵押物賣得之價金，除法律另有規定外，按各抵押權成立之次序分配之。其次序相同者，依債權額比例分配之。

第八七五條 （共同抵押）

為同一債權之擔保，於數不動產上設定抵押權，而未限定各個不動產所負擔之金額者，抵押權人得就各個不動產賣得之價金，受債權全部或一部之清償。

第八七五條之一 （共同抵押之取償順序）

為同一債權之擔保，於數不動產上設定抵押權，抵押物全部或部分同時拍賣時，拍賣之抵押物中有為債務人所有者，抵押權人應先就該抵押物賣得之價金受償。

第八七五條之二 （內部分擔擔保債權金額之計算方式）

①為同一債權之擔保，於數不動產上設定抵押權者，各抵押物對債權分擔之金額，依下列規定計算之：

一　未限定各個不動產所負擔之金額時，依各抵押物價值之比例。

二　已限定各個不動產所負擔之金額時，依各抵押物所限定負擔金額之比例。

三　僅限定部分不動產所負擔之金額時，依各抵押物所限定負擔金額與未限定負擔金額之各抵押物價值之比例。

②計算前項第二款、第三款分擔金額時，各抵押物所限定負擔金額較抵押物價值為高者，以抵押物之價值為準。

第八七五條之三 （共同抵押金額分擔之準用）

為同一債權之擔保，於數不動產上設定抵押權者，在抵押物全部或部分同時拍賣，而其賣得價金超過所擔保之債權額時，經拍賣之各抵押物對債權分擔金額之計算，準用前條之規定。

第八七五條之四 （共同抵押之求償及承受）

為同一債權之擔保，於數不動產上設定抵押權者，在各抵押物分別拍賣時，適用下列規定：

一　經拍賣之抵押物為債務人以外之第三人所有，而抵押權人就該抵押物賣得價金受償之債權額超過其分擔額時，該抵押物所有人就超過分擔額之範圍內，得請求其餘未拍賣之其他第三人償還其供擔保抵押物應分擔之部分，並對該第三人之抵押物，以其分擔額為限，承受抵押權人之權利。但不得有害於該抵押權人之利益。

二　經拍賣之抵押物為同一人所有，而抵押權人就該抵押物賣得價金受償之債權額超過其分擔額時，該抵押物之後次序抵押權人就超過分擔額之範圍內，對其餘未拍賣之同一人供擔保之抵押物，承受實行抵押權人之權利。但不得有害於該抵押權人之利益。

第八七六條 （法定地上權）

①設定抵押權時，土地及其土地上之建築物，同屬於一人所有，而僅以土地或僅以建築物為抵押者，於抵押物拍賣時，視為已有地上權之設定，其地租、期間及範圍由當事人協議定之。不能協議者，得聲請法院以判決定之。

②設定抵押權時，土地及其土地上之建築物，同屬於一人所有，而以土地及建築物為抵押者，如經拍賣，其土地與建築物之拍定人各異時，適用前項之規定。

第八七七條 （營造建築物之併付拍賣權）

①土地所有人於設定抵押權後，在抵押之土地上營造建築物者，抵押權人於必要時，得於強制執行程序中聲請法院將其建築物與土地併付拍賣。但對於建築物之價金，無優先受清償之權。

②前項規定，於第八百六十六條第二項及第三項之情形，如抵押之

不動產上，有該權利人或經其同意使用之人之建築物者，準用之。

第八七七條之一 （抵押物存在必要權利併付拍賣）

以建築物設定抵押權者，於法院拍賣抵押物時，其抵押物存在所必要之權利得讓與者，應併付拍賣。但抵押權人對於該權利賣得之價金，無優先受清償之權。

第八七八條 （拍賣以外其他方法處分抵押物）

抵押權人於債權清償期屆滿後，為受清償，得訂立契約，取得抵押物之所有權或用拍賣以外之方法，處分抵押物。但有害於其他抵押權人之利益者，不在此限。

第八七九條 （物上保證人之求償權）

①為債務人設定抵押權之第三人，代為清償債務，或因抵押權人實行抵押權致失抵押物之所有權時，該第三人於其清償之限度內，承受債權人對於債務人之債權。但不得有害於債權人之利益。

②債務人如有保證人時，保證人應分擔之部分，依保證人應負之履行責任與抵押物之價值或限定之金額比例定之。抵押物之擔保債權額少於抵押物之價值者，應以該債權額為準。

③前項情形，抵押人就超過其分擔額之範圍，得請求保證人償還其應分擔部分。

第八七九條之一 （物上保證人之免除責任）

第三人為債務人設定抵押權時，如債權人免除保證人之保證責任者，於前條第二項保證人應分擔部分之限度內，該部分抵押權消滅。

第八八〇條 （時效完成後抵押權之實行）

以抵押權擔保之債權，其請求權已因時效而消滅，如抵押權人，於消滅時效完成後，五年間不實行其抵押權者，其抵押權消滅。

第八八一條 （抵押權之消滅）

①抵押權除法律另有規定外，因抵押物滅失而消滅。但抵押人因滅失得受賠償或其他利益者，不在此限。

②抵押權人對於前項抵押人所得行使之賠償或其他請求權有權利質權，其次序與原抵押權同。

③給付義務人因故意或重大過失向抵押人為給付者，對於抵押權人不生效力。

④抵押物因毀損而得受之賠償或其他利益，準用前三項之規定。

第二節 最高限額抵押權

第八八一條之一 （最高限額抵押權）

①稱最高限額抵押權者，謂債務人或第三人提供其不動產為擔保，就債權人對債務人一定範圍內之不特定債權，在最高限額內設定之抵押權。

②最高限額抵押權所擔保之債權，以由一定法律關係所生之債權或基於票據所生之權利為限。

③基於票據所生之權利，除本於與債務人間依前項一定法律關係取得者外，如抵押權人係於債務人已停止支付、開始清算程序，或依破產法有和解、破產之聲請或有公司重整之聲請，而仍受讓票據者，不屬最高限額抵押權所擔保之債權。但抵押權人不知其情事而受讓者，不在此限。

第八八一條之二　（最高限額約定額度）

①最高限額抵押權人就已確定之原債權，僅得於其約定之最高限額範圍內，行使其權利。

②前項債權之利息、遲延利息、違約金，與前項債權合計不逾最高限額範圍者，亦同。

第八八一條之三　（最高限額抵押權之抵押權人與抵押人變更債權範圍或其債務人）

①原債權確定前，抵押權人與抵押人得約定變更第八百八十一條之一第二項所定債權之範圍或其債務人。

②前項變更無須經後次序抵押權人或其他利害關係人同意。

第八八一條之四　（最高限額抵押權所擔保之原債權－確定期日）

①最高限額抵押權得約定其所擔保原債權應確定之期日，並得於確定之期日前，約定變更之。

②前項確定之期日，自抵押權設定時起，不得逾三十年。逾三十年者，縮短為三十年。

③前項期限，當事人得更新之。

第八八一條之五　（最高限額抵押權所擔保之原債權－未約定確定期日）

①最高限額抵押權所擔保之原債權，未約定確定之期日者，抵押人或抵押權人得隨時請求確定其所擔保之原債權。

②前項情形，除抵押人與抵押權人另有約定外，自請求之日起，經十五日為其確定期日。

第八八一條之六　（最高限額抵押權所擔保債權移轉之效力）

①最高限額抵押權所擔保之債權，於原債權確定前讓與他人者，其最高限額抵押權不隨同移轉。第三人為債務人清償債務者，亦同。

②最高限額抵押權所擔保之債權，於原債權確定前經第三人承擔其債務，而債務人免其責任者，抵押權人就該承擔之部分，不得行使最高限額抵押權。

第八八一條之七　（最高限額抵押權之抵押權人或債務人為法人之合併）

①原債權確定前，最高限額抵押權之抵押權人或債務人為法人而有合併之情形者，抵押人得自知悉合併之日起十五日內，請求確定原債權。但自合併登記之日起已逾三十日，或抵押人為合併之當事人者，不在此限。

②有前項之請求者，原債權於合併時確定。

③合併後之法人，應於合併之日起十五日內通知抵押人，其未為通知致抵押人受損害者，應負賠償責任。

④前三項之規定，於第三零六條或法人分割之情形，準用之。

第八八一條之八　（單獨讓與最高限額抵押權之方式）

①原債權確定前，抵押權人經抵押人之同意，得將最高限額抵押權之全部或分割其一部讓與他人。

②原債權確定前，抵押權人經抵押人之同意，得使他人成為最高限額抵押權之共有人。

第八八一條之九　（最高限額抵押權之共有）

①最高限額抵押權為數人共有者，各共有人按其債權額比例分配其得優先受償之價金。但共有人於原債權確定前，另有約定者，從其約定。

②共有人得依前項按債權額比例分配之權利，非經共有人全體之同意，不得處分。但已有應有部分之約定者，不在此限。

第八八一條之一〇　（共同最高限額抵押權原債權均歸於確定）

為同一債權之擔保，於數不動產上設定最高限額抵押權者，如其擔保之原債權，僅其中一不動產發生確定事由時，各最高限額抵押權所擔保之原債權均歸於確定。

第八八一條之一一　（最高限額抵押權所擔保之原債權確定事由）

最高限額抵押權不因抵押權人、抵押人或債務人死亡而受影響。但經約定為原債權確定之事由者，不在此限。

第八八一條之一二　（最高限額抵押權所擔保之原債權確定事由）

①最高限額抵押權所擔保之原債權，除本節另有規定外，因下列事由之一而確定：

一　約定之原債權確定期日屆至者。

二　擔保債權之範圍變更或因其他事由，致原債權不繼續發生者。

三　擔保債權所由發生之法律關係經終止或因其他事由而消滅者。

四　債權人拒絕繼續發生債權，債務人請求確定者。

五　最高限額抵押權人聲請裁定拍賣抵押物，或依第八百七十三條之一之規定為抵押物所有權轉之請求時，或依第八百七十八條規定訂立契約者。

六　抵押物因他債權人聲請強制執行經法院查封，而為最高限額抵押權人所知悉，或經執行法院通知最高限額抵押權人者。但抵押物之查封經撤銷時，不在此限。

七　債務人或抵押人經裁定宣告破產者。但其裁定經廢棄確定時，不在此限。

②第八百八十一條之五第二項之規定，於前項第四款之情形，準用之。

③第一項第六款但書及第七款但書之規定，於原債權確定後，已有第三人受讓擔保債權，或以該債權爲標的物設定權利者，不適用之。

第八八一條之一三 （請求結算）

最高限額抵押權所擔保之原債權確定事由發生後，債務人或抵押人得請求抵押權人結算實際發生之債權額，並得就該金額請求變更爲普通抵押權之登記。但不得逾原約定最高限額之範圍。

第八八一條之一四 （確定後擔保效力）

最高限額抵押權所擔保之原債權確定後，除本節另有規定外，其擔保效力不及於繼續發生之債權或取得之票據上之權利。

第八八一條之一五 （最高限額抵押權擔保債權之請求權消滅後之效力）

最高限額抵押權所擔保之債權，其請求權已因時效而消滅，如抵押權人於消滅時效完成後，五年間不實行其抵押權者，該債權不再屬於最高限額抵押權擔保之範圍。

第八八一條之一六 （擔保債權超過限額）

最高限額抵押權所擔保之原債權確定後，於實際債權額超過最高限額時，爲債務人設定抵押權之第三人，或其他對該抵押權之存在有法律上利害關係之人，於清償最高限額爲度之金額後，得請求塗銷其抵押權。

第八八一條之一七 （最高限額抵押權準用普通抵押權之規定）

最高限額抵押權，除第八百六十一條第二項、第八百六十九條第一項、第八百七十條、第八百七十條之一、第八百七十條之二、第八百八十條之規定外，準用關於普通抵押權之規定。

第三節　其他抵押權

第八八二條 （權利抵押權）

地上權、農育權及典權，均得爲抵押權之標的物。

第八八三條 （抵押權之準用）

普通抵押權及最高限額抵押權之規定，於前條抵押權及其他抵押權準用之。

第七章　質　權

第一節　動產質權

第八八四條 （動產質權之定義）

稱動產質權者，謂債權人對於債務人或第三人移轉占有而供其債權擔保之動產，得就該動產賣得價金優先受償之權。

第八八五條 （設定質權之生效要件）

①質權之設定，因供擔保之動產移轉於債權人占有而生效力。

②質權人不得使出質人或債務人代自己占有質物。

第八八六條 （質權之善意取得）

動產之受質人占有動產，而受關於占有規定之保護者，縱出質人無處分其物之權利，受質人仍取得其質權。

第八八七條　（動產質權之擔保範圍）

① 質權所擔保者為原債權、利息、遲延利息、違約金、保存質物之費用、實行質權之費用及因質物隱有瑕疵而生之損害賠償。但契約另有約定者，不在此限。

② 前項保存質物之費用，以避免質物價值減損所必要者為限。

第八八八條　（質權人之注意義務）

① 質權人應以善良管理人之注意，保管質物。

② 質權人非經出質人之同意，不得使用或出租其質物。但為保存質物之必要而使用者，不在此限。

第八八九條　（質權人之孳息收取權）

質權人得收取質物所生之孳息。但契約另有約定者，不在此限。

第八九○條　（孳息收取人之注意義務及其抵充）

① 質權人有收取質物所生孳息之權利者，應以對於自己財產同一之注意收取孳息，並為計算。

② 前項孳息，先抵充費用，次抵原債權之利息，次抵原債權。

③ 孳息如須變價始得抵充者，其變價方法準用實行質權之規定。

第八九一條　（責任轉質—非常事變責任）

質權人於質權存續中，得以自己之責任，將質物轉質於第三人。其因轉質所受不可抗力之損失，亦應負責。

第八九二條　（代位物—質物之變賣價金）

① 因質物有腐壞之虞，或其價值顯有減少，足以害及質權人之權利者，質權人得拍賣質物，以其賣得價金，代充質物。

② 前項情形，如經出質人之請求，質權人應將價金提存於法院。質權人屆債權清償期而未受清償者，得就提存物實行其質權。

第八九三條　（質權之實行）

① 質權人於債權已屆清償期，而未受清償者，得拍賣質物，就其賣得價金而受清償。

② 約定於債權已屆清償期而未為清償時，質物之所有權移屬於質權人者，準用第八百七十三條之一之規定。

第八九四條　（拍賣之通知義務）

前二條情形質權人應於拍賣前，通知出質人。但不能通知者，不在此限。

第八九五條　（準用處分抵押物之規定）

第八百七十八條之規定，於動產質權準用之。

第八九六條　（質物之返還義務）

動產質權，所擔保之債權消滅時，質權人應將質物返還於有受領權之人。

第八九七條　（質權之消滅—返還質物）

動產質權，因質權人將質物返還於出質人或交付於債務人而消滅。返還或交付質物時，為質權繼續存在之保留者，其保留無

效。

第八九八條 （質權之消滅—喪失質物之占有）

質權人喪失其質物之占有，於二年內未請求返還者，其動產質權消滅。

第八九九條 （質權之消滅—物上代位性）

①動產質權，因質物滅失而消滅。但出質人因滅失得受賠償或其他利益者，不在此限。

②質權人對於前項出質人所得行使之賠償或其他請求權仍有質權，其次序與原質權同。

③給付義務人因故意或重大過失向出質人為給付者，對於質權人不生效力。

④前項情形，質權人得請求出質人交付其給付物或提存其給付之金錢。

⑤質物因毀損而得受之賠償或其他利益，準用前四項之規定。

第八九九條之一 （最高限額質權之設定）

①債務人或第三人得提供其動產為擔保，就債權人對債務人一定範圍內之不特定債權，在最高限額內，設定最高限額質權。

②前項質權之設定，除移轉動產之占有外，並應以書面為之。

③關於最高限額抵押權及第八百八十四條至前條之規定，於最高限額質權準用之。

第八九九條之二 （營業質）

①質權人係經許可以受質為營業者，僅得就質物行使其權利。出質人未於取贖期間屆滿後五日內取贖其質物時，質權人取得質物之所有權，其所擔保之債權同時消滅。

②前項質權，不適用第八百八十九條至第八百九十五條、第八百九十九條、第八百九十九條之一之規定。

第二節 權利質權

第九○○條 （權利質權之定義）

稱權利質權者，謂以可讓與之債權或其他權利為標的物之質權。

第九○一條 （動產質權規定之準用）

權利質權，除本節有規定外，準用關於動產質權之規定。

第九○二條 （權利質權之設定）

權利質權之設定，除依本節規定外，並應依關於其權利讓與之規定為之。

第九○三條 （處分質權標的物之限制）

為質權標的物之權利，非經質權人之同意，出質人不得以法律行為，使其消滅或變更。

第九○四條 （一般債權質之設定）

①以債權為標的物之質權，其設定應以書面為之。

②前項債權有證書者，出質人有交付之義務。

第九〇五條 （一般債權質之實行—提存給付物）

①為質權標的之物之債權，以金錢給付為內容，而其清償期先於其所擔保債權之清償期者，質權人得請求債務人提存之，並對提存物行使其質權。

②為質權標的之物之債權，以金錢給付為內容，而其清償期後於其所擔保債權之清償期者，質權人於其清償期屆至時，得就擔保之債權額，為給付之請求。

第九〇六條 （一般債權質之實行—請求給付）

為質權標的之物之債權，以金錢以外之動產給付為內容者，於其清償期屆至時，質權人得請求債務人給付之，並對該給付物有質權。

第九〇六條之一 （一般債權質之實行—物權設定或移轉）

①為質權標的之物之債權，以不動產物權之設定或移轉為給付內容者，於其清償期屆至時，質權人得請求債務人將該不動產物權設定或移轉於出質人，並對該不動產物權有抵押權。

②前項抵押權應於不動產物權設定或移轉於出質人時，一併登記。

第九〇六條之二 （質權之實行）

質權人於所擔保債權清償期屆至而未受清償時，除依前三條之規定外，亦得依第八百九十三條第一項或第八百九十五條之規定實行其質權。

第九〇六條之三 （權利質權之質權人得行使一定之權利）

為質權標的之物之債權，如得因一定權利之行使而使其清償期屆至者，質權人於所擔保債權清償期屆至而未受清償時，亦得行使該權利。

第九〇六條之四 （通知義務）

債務人依第九百零五條第一項、第九百零六條、第九百零六條之一為提存或給付時，質權人應通知出質人，但無庸得其同意。

第九〇七條 （第三債務人之清償）

為質權標的之物之債權，其債務人受質權設定之通知者，如向出質人或質權人一方為清償時，應得他方之同意。他方不同意時，債務人應提存其為清償之給付物。

第九〇七條之一 （債務人不得主張抵銷）

為質權標的之物之債權，其債務人於受質權設定之通知後，對出質人取得債權者，不得以該債權與為質權標的之物之債權主張抵銷。

第九〇八條 （有價證券債權質之設定）

①質權以未記載權利人之有價證券為標的物者，因交付其證券於質權人，而生設定質權之效力。以其他之有價證券為標的物者，並應依背書方法為之。

②前項背書，得記載設定質權之意旨。

第九〇九條 （有價證券債權質之實行）

①質權以未記載權利人之有價證券、票據、或其他依背書而讓與之有價證券為標的物者，其所擔保之債權，縱未屆清償期，質權人

仍得收取證券上應受之給付。如使證券清償期屆至之必要者，並有爲通知或依其他方法使其屆至之權利。債務人亦僅得向質權人爲給付。

②前項收取之給付，適用第九百零五條第一項或第九百零六條之規定。

③第九百零六條之二及第九百零六條之三之規定，於以證券爲標的物之質權，準用之。

第九一〇條 （有價證券債權質之標的物範圍）

①質權以有價證券爲標的物者，其附屬於該證券之利息證券、定期金證券或其他附屬證券，以已交付於質權人者爲限，亦爲質權效力所及。

②附屬之證券，係於質權設定後發行者，除另有約定外，質權人得請求發行人或出質人交付之。

第八章 典 權

第九一一條 （典權之意義）

稱典權者，謂支付典價在他人之不動產爲使用、收益，於他人不回贖時，取得該不動產所有權之權。

第九一二條 （典權之期限）

典權約定期限不得逾三十年。逾三十年者，縮短爲三十年。

第九一三條 （絕賣之限制）

①典權之約定期限不滿十五年者，不得附有到期不贖即作絕賣之條款。

②典權附有絕賣條款者，出典人於典期屆滿不以原典價回贖時，典權人即取得典物所有權。

③絕賣條款非經登記，不得對抗第三人。

第九一四條 （刪除）

第九一五條 （轉典與出租及其限制）

①典權存續中，典權人得將典物轉典或出租於他人。但另有約定或另有習慣者，依其約定或習慣。

②典權定有期限者，其轉典或租賃之期限，不得逾原典權之期限，未定期限者，其轉典或租賃，不得定有期限。

③轉典之典價，不得超過原典價。

④土地及其土地上之建築物同屬一人所有，而爲同一人設定典權者，典權人就該典物不得分離而爲轉典或就其典權分離而爲處分。

第九一六條 （轉典或出租之責任）

典權人對於典物因轉典或出租所受之損害，負賠償責任。

第九一七條 （典權之讓典）

①典權人得將典權讓與他人或設定抵押權。

②典物爲土地，典權人在其上有建築物者，其典權與建築物，不得分離而爲讓與或其他處分。

第九一七條之一 （典物之使用收益）

①典權人應依典物之性質爲使用收益，並應保持其得永續利用。

②典權人違反前項規定，經出典人阻止而仍繼續爲之者，出典人得回贖其典物。典權經設定抵押權者，並應同時將該阻止之事實通知抵押權人。

第九一八條 （典物之讓與）

出典人設定典權後，得將典物讓與他人。但典權不因此而受影響。

第九一九條 （典權人之留買權）

①出典人將典物出賣於他人時，典權人有以相同條件留買之權。

②前項情形，出典人應以書面通知典權人。典權人於收受出賣通知後十日內不以書面表示依相同條件留買者，其留買權視爲拋棄。

③出典人違反前項通知之規定而將所有權移轉者，其移轉不得對抗典權人。

第九二〇條 （危險分擔─非常事變責任）

①典權存續中，典物因不可抗力致全部或一部滅失者，就其滅失之部分，典權與回贖權，均歸消滅。

②前項情形，出典人就典物之餘存部分，爲回贖時，得就原典價扣除滅失部分之典價。其滅失部分之典價，依滅失時滅失部分之價值與滅失時典物之價值比例計算之。

第九二一條 （典權人之重建修繕權）

典權存續中，典物因不可抗力致全部或一部滅失者，除經出典人同意外，典權人僅得於滅失時滅失部分之價值限度內爲重建或修繕。原典權對於重建之物，視爲繼續存在。

第九二二條 （典權人保管典物責任）

典權存續中，因典權人之過失，致典物全部或一部滅失者，典權人於典價額限度內，負其責任。但因故意或重大過失致滅失者，除將典價抵償損害外，如有不足，仍應賠償。

第九二二條之一 （重建之物原典權）

因典物滅失受賠償而重建者，原典權對於重建之物，視爲繼續存在。

第九二三條 （定期典權之回贖）

①典權定有期限者，於期限屆滿後，出典人得以原典價回贖典物。

②出典人於典期屆滿後，經過二年，不以原典價回贖者，典權人即取得典物所有權。

第九二四條 （未定期典權之回贖）

典權未定期限者，出典人得隨時以原典價回贖典物。但自出典後經過三十年不回贖者，典權人即取得典物所有權。

第九二四條之一 （轉典之典物回贖）

①經轉典之典物，出典人向典權人爲回贖之意思表示時，典權人不於相當期間向轉典權人回贖並塗銷轉典權登記者，出典人得於原典價範圍內，以最後轉典價逐向最後轉典權人回贖典物。

②前項情形，轉典價低於原典價者，典權人或轉典權人得向出典人請求原典價與轉典價間之差額。出典人並得為各該請求權人提存其差額。

③前二項規定，於下列情形亦適用之：

一 典權人預示拒絕塗銷轉典權登記。

二 典權人行踪不明或有其他情形致出典人不能為回贖之意思表示。

第九二四條之二 （典權存續之租賃關係）

①土地及其土地上之建築物同屬一人所有，而僅以土地設定典權者，典權人與建築物所有人間，推定在典權或建築物存續中，有租賃關係存在；其僅以建築物設定典權者，典權人與土地所有人間，推定在典權存續中，有租賃關係存在；其分別設定典權者，典權人相互間，推定在典權均存續中，有租賃關係存在。

②前項情形，其租金數額當事人不能協議時，得請求法院以判決定之。

③依第一項設定典權者，於典權人依第九十三條第二項、第九百二十三條第二項、第九百二十四條規定取得典物所有權，致土地與建築物各異其所有人時，準用第八百三十八條之一規定。

第九二五條 （回贖之時期與通知）

出典人之回贖，應於六個月前通知典權人。

第九二六條 （找貼與其次數）

①出典人於典權存續中，表示讓與其典物之所有權於典權人者，典權人得按時價找貼，取得典物所有權。

②前項找貼，以一次為限。

第九二七條 （典權人之之費用償還請求權）

①典權人因支付有益費用，使典物價值增加，或依第九百二十一條規定，重或修繕者，於典物回贖時，得於現存利益之限度內，請求償還。

②第八百三十九條規定，於典物回贖時準用之。

③典物為土地，出典人同意典權人在其上營造建築物者，除另有約定外，於典物回贖時，應按該建築物之時價補償之。出典人不願補償者，於回贖時視為已有地上權之設定。

④出典人願依前項規定為補償而就時價不能協議時，得聲請法院裁定之；其不願依裁定之時價補償者，於回贖時亦視為已有地上權之設定。

⑤前二項視為已有地上權設定之情形，其地租、期間及範圍當事人不能協議時，得請求法院以判決定之。

第九章 留置權

第九二八條 （留置權之發生）

①稱留置權者，謂債權人占有他人之動產，而其債權之發生與該動產有牽連關係，於債權已屆清償期未受清償時，得留置該動產之

權。

②債權人因侵權行為或其他不法之原因而占有動產者，不適用前項之規定。其占有之始明知或因重大過失而不知該動產非為債務人所有者，亦同。

第九二九條 （牽連關係之擬制）

商人間因營業關係而占有之動產，與其因營業關係所生之債權，視為有前條所定之牽連關係。

第九三〇條 （留置權發生之限制）

動產之留置，違反公共秩序或善良風俗者，不得為之。其與債權人應負擔之義務或與債權人債務人間之約定相牴觸者，亦同。

第九三一條 （留置權之擴張）

①債務人無支付能力時，債權人縱於其債權未屆清償期前，亦有留置權。

②債務人於動產交付後，成為無支付能力，或其無支付能力於交付後始為債權人所知者，其動產之留置，縱前條所定之牴觸情形，債權人仍得行使留置權。

第九三二條 （留置權之不可分性）

債權人於其債權未受全部清償前，得就留置物之全部，行使其留置權。但留置物為可分者，僅得依其債權與留置物價值之比例行使之。

第九三二條之一 （留置物存有所有權以外之物權之效力）

留置物存有所有權以外之物權者，該物權人不得以之對抗善意之留置權人。

第九三三條 （準用規定）

第八百八十八條至第八百九十條及第八百九十二條之規定，於留置權準用之。

第九三四條 （必要費用償還請求權）

債權人因保管留置物所支出之必要費用，得向其物之所有人，請求償還。

第九三五條 （刪除）

第九三六條 （留置權之實行）

①債權人於其債權已屆清償期而未受清償者，得定一個月以上之相當期限，通知債務人，聲明如不於其期限內為清償時，即就其留置物取償；留置物為第三人所有或存有其他物權而為債權人所知者，應併通知之。

②債務人或留置物所有人不於前項期限內為清償者，債權人得準用關於實行質權之規定，就留置物賣得之價金優先受償，或取得其所有權。

③不能為第一項之通知者，於債權清償期屆至後，經過六個月仍未受清償時，債權人亦得行使前項所定之權利。

第九三七條 （留置權之消滅─提出相當擔保）

①債務人或留置物所有人為債務之清償，已提出相當之擔保者，債

①權人之留置權消滅。

②第八百九十七條至第八百九十九條之規定，於留置權準用之。

第九三八條 （刪除）

第九三九條 （留置權之準用）

本章留置權之規定，於其他留置權準用之。但其他留置權另有規定者，從其規定。

第十章 占 有

第九四〇條 （占有人之意義）

對於物有事實上管領之力者，為占有人。

第九四一條 （間接占有人）

地上權人、農育權人、典權人、質權人、承租人、受寄人，或基於其他類似之法律關係，對於他人之物為占有者，該他人為間接占有人。

第九四二條 （占有輔助人）

受僱人、學徒、家屬或基於其他類似之關係，受他人之指示，而對於物有管領之力者，僅該他人為占有人。

第九四三條 （占有權利之推定）

①占有人於占有物上行使之權利，推定其適法有此權利。

②前項推定，於下列情形不適用之：

一 占有已登記之不動產而行使物權。

二 行使所有權以外之權利者，對使其占有之人。

第九四四條 （占有態樣之推定）

①占有人推定其為以所有之意思，善意、和平、公然及無過失占有。

②經證明前後兩時為占有者，推定前後兩時之間，繼續占有。

第九四五條 （占有之變更）

①占有依其所由發生之事實之性質，無所有之意思者，其占有人對於使其占有之人表示所有之意思時起，為以所有之意思而占有。其因新事實變為以所有之意思占有者，亦同。

②使其占有之人非所有人，而占有人於前項表示時已知占有物之所有人者，其表示並應向該所有人為之。

③前二項規定，於占有人以所有之意思占有變為以其他意思而占有，或以其他意思之占有變為以不同之其他意思而占有者，準用之。

第九四六條 （占有之移轉）

①占有之移轉，因占有物之交付而生效力。

②前項移轉，準用第七百六十一條之規定。

第九四七條 （占有之合併）

①占有之繼承人或受讓人，得就自己之占有，或將自己之占有與其前占有人之占有合併，而為主張。

②合併前占有人之占有而為主張者，並應承繼其瑕疵。

第九四八條 （善意受讓）

①以動產所有權，或其他物權之移轉或設定為目的，而善意受讓該動產之占有者，縱其讓與人無讓與之權利，其占有仍受法律之保護。但受讓人明知或因重大過失而不知讓與人無讓與之權利者，不在此限。

②動產占有之受讓，係依第七百六十一條第二項規定為之者，以受讓人受現實交付且交付時善意為限，始受前項規定之保護。

第九四九條 （盜贓遺失物之回復請求權）99

①占有物如係盜贓、遺失物或其他非基於原占有人之意思而喪失其占有者，原占有人自喪失占有之時起二年以內，得向善意受讓之現占有人請求回復其物。

②依前項規定回復其物者，自喪失其占有時起，回復其原來之權利。

第九五〇條 （盜贓遺失物回復請求之限制）

盜贓、遺失物或其他非基於原占有人之意思而喪失其占有之物，如現占有人由公開交易場所，或由販賣與其物同種之物之商人，以善意買得者，非償還其支出之價金，不得回復其物。

第九五一條 （盜贓遺失物回復請求之禁止）

盜贓、遺失物或其他非基於原占有人之意思而喪失其占有之物，如係金錢或未記載權利人之有價證券，不得向其善意受讓之現占有人請求回復。

第九五一條之一 （典權存續之租賃關係）

第九百四十九條及第九百五十條規定，於原占有人為惡意占有者，不適用之。

第九五二條 （善意占有人之權利）

善意占有人於推定其為適法所有之權利範圍內，得為占有物之使用、收益。

第九五三條 （善意占有人之責任）

善意占有人就占有物之滅失或毀損，如係因可歸責於自己之事由所致者，對於回復請求人僅以滅失或毀損所受之利益為限，負賠償之責。

第九五四條 （善意占有人之必要費用求償權）

善意占有人因保存占有物所支出之必要費用，得向回復請求人請求償還。但已就占有物取得孳息者，不得請求償還通常必要費用。

第九五五條 （善意占有人之有益費用求償權）

善意占有人，因改良占有物所支出之有益費用，於其占有物現存之增加價值限度內，得向回復請求人，請求償還。

第九五六條 （惡意占有人之責任）

惡意占有人或無所有意思之占有人，就占有物之滅失或毀損，如係因可歸責於自己之事由所致者，對於回復請求人，負賠償之責。

第九五七條　（惡意占有人之必要費用求償權）
惡意占有人，因保存占有物所支出之必要費用，對於回復請求人，得依關於無因管理之規定，請求償還。

第九五八條　（惡意占有人之返還孳息義務）
惡意占有人，負返還孳息之義務。其孳息如已消費，或因其過失而毀損，或怠於收取者，負償還其孳息價金之義務。

第九五九條　（善意占有人變為惡意占有人）
①善意占有人自確知其無占有本權時起，為惡意占有人。
②善意占有人於本權訴訟敗訴時，自訴狀送達之日起，視為惡意占有人。

第九六○條　（占有人之自力救濟）
①占有人對於侵奪或妨害其占有之行為，得以己力防禦之。
②占有物被侵奪者，如係不動產，占有人得於侵奪後，即時排除加害人而取回之。如係動產，占有人得就地或追蹤向加害人取回之。

第九六一條　（占有輔助人之自力救濟）
依第九百四十二條所定對於物有管領力之人，亦得行使前條所定占有人之權利。

第九六二條　（占有人之物上請求權）
占有人，其占有被侵奪者，得請求返還其占有物。占有被妨害者，得請求除去其妨害。占有有被妨害之虞者，得請求防止其妨害。

第九六三條　（占有人物上請求權之消滅時效）
前條請求權，自侵奪或妨害占有，或危險發生後，一年間不行使而消滅。

第九六三條之一　（共同占有人之自力救濟及物上請求權）
①數人共同占有一物時，各占有人得就占有物之全部，行使第九百六十條或第九百六十二條之權利。
②依前項規定，取回或返還之占有物，仍為占有人全體占有。

第九六四條　（占有之消滅）
占有，因占有人喪失其對於物之事實上管領力而消滅。但其管領力僅一時不能實行者，不在此限。

第九六五條　（共同占有）
數人共同占有一物時，各占有人就其占有物使用之範圍，不得互相請求占有之保護。

第九六六條　（準占有）
①財產權，不因物之占有而成立者，行使其財產權之人，為準占有人。
②本章關於占有之規定，於前項準占有準用之。

民法物權編施行法

①民國 19 年 2 月 10 日國民政府制定公布全文 16 條；並自 19 年 5 月 5 日施行。
②民國 96 年 3 月 28 日總統令修正公布全文 24 條；並自公布後六個月施行。
③民國 98 年 1 月 23 日總統令修正公布第 4、11、13 條條文；增訂第 8-1～8-5 條條文；並自公布後六個月施行。
④民國 99 年 2 月 3 日總統令修正公布第 13-1 及 13-2 條條文；並自公布後六個月施行。

第一條　（不溯既往原則）

物權在民法物權編施行前發生者，除本施行法有特別規定外，不適用民法物權編之規定；其在修正施行前發生者，除本施行法有特別規定外，亦不適用修正施行後之規定。

第二條　（物權效力之適用）

民法物權編所定之物權，在施行前發生者，其效力自施行之日起，依民法物權編之規定。

第三條　（物權之登記）

①民法物權編所規定之登記，另以法律定之。

②物權於未能依前項法律登記前，不適用民法物權編關於登記之規定。

第四條　（消滅時效已完成請求權之行使）

①民法物權編施行前，依民法物權編之規定，消滅時效業已完成，或其時效期間尚有殘餘不足一年者，得於施行之日起，一年內行使請求權。但自其時效完成後，至民法物權編施行時，已逾民法物權編所定時效期間二分之一者，不在此限。

②前項規定，於依民法物權編修正施行後規定之消滅時效業已完成，或其時效期間尚有殘餘不足一年者，準用之。

第五條　（無時效性質法定期間之準用）

①民法物權編施行前，無時效性質之法定期間已屆滿者，其期間為屆滿。

②民法物權編施行前已進行之期間，依民法物權編所定之無時效性質之法定期間，於施行時尚未完成者，其已經過之期間與施行後之期間，合併計算。

③前項規定，於取得時效準用之。

第六條　（無時效性質法定期間之準用）

前條規定，於民法物權編修正施行後所定無時效性質之法定期間

準用之。但其法定期間不滿一年者，如在修正施行時尚未屆滿，其期間自修正施行之日起算。

第七條 （動產所有權之取得時效）

民法物權編施行前占有動產而具備民法第七百六十八條之條件者，於施行之日取得其所有權。

第八條 （不動產之取得時效）

民法物權編施行前占有不動產而具備民法第七百六十九條或第七百七十條之條件者，自施行之日起，得請求登記為所有人。

第八條之一 （用水權人之物上請求權之適用）

修正之民法第七百八十二條規定，於民法物權編修正施行前水源地或井之所有人，對於他人因工事杜絕、減少或污染其水，而得請求損害賠償或並得請求回復原狀者，亦適用之。

第八條之二 （開路通行權之損害適用）

修正之民法第七百八十八條第二項規定，於民法物權編修正施行前有通行權人開設道路，致通行地損害過鉅者，亦適用之。但以未依修正前之規定支付償金者為限。

第八條之三 （越界建屋之移去或變更之請求）

修正之民法第七百九十六條及第七百九十六條之一規定，於民法物權編修正施行前土地所有人建築房屋逾越地界，鄰地所有人請求移去或變更其房屋時，亦適用之。

第八條之四 （等值建物之適用）

修正之民法第七百九十六條之二規定，於民法物權編修正施行前具有與房屋價值相當之其他建築物，亦適用之。

第八條之五 （建物基地或專有部分之所有區分）

①同一區分所有建築物之區分所有人間為使其共有部分或基地之應有部分符合修正之民法第七百九十九條第四項規定之比例而為移轉者，不受修正之民法同條第五項規定之限制。

②民法物權編修正施行前，區分所有建築物之專有部分與其所屬之共有部分及其基地之權利，已分屬不同一人所有或已分別設定負擔者，其物權之移轉或設定負擔，不受修正之民法第七百九十九條第五項規定之限制。

③區分所有建築物之基地，依前項規定有分離出賣之情形時，其專有部分之所有人無基地應有部分或應有部分不足者，於按其專有部分面積比例計算其基地之應有部分範圍內，有依相同條件優先承買之權利，其權利並優先於其他共有人。

④前項情形，有數人表示優先承買時，應按專有部分比例買受之。但另有約定者，從其約定。

⑤區分所有建築物之專有部分，依第二項規定有分離出賣之情形時，其基地之所有人無專有部分者，有依相同條件優先承買之權利。

⑥前項情形，有數人表示優先承買時，以抽籤定之。但另有約定者，從其約定。

⑦區分所有建築物之基地或專有部分之所有人依第三項或第五項規定出賣基地或專有部分時，應在該建築物之公告處或其他相當處所公告五日。優先承買權人不於最後公告日起十五日內表示優先承買者，視為拋棄其優先承買權。

第九條 （視為所有人）

依法得請求登記為所有人者，如得第三條第一項所定之登記機關尚未設立，於得請求登記之日，視為所有人。

第一〇條 （動產所有權或質權之善意取得）

民法物權編施行前，占有動產，而具備民法第八百零一條或第八百八十六條之條件者，於施行之日，取得其所有權或質權。

第一一條 （拾得遺失物等規定之適用）

民法物權編施行前，拾得遺失物、漂流物或沈沒物，而具備民法第八百零三條及第八百零七條之條件者，於施行之日，取得民法第八百零七條所定之權利。

第一二條 （埋藏物與添附規定之適用）

民法物權編施行前，依民法第八百零八條或第八百十一條至第八百十四條之規定，取得所有權者，於施行之日，取得其所有權。

第一三條 （共同物分割期限之適用）

①民法物權編施行前，以契約訂有共有物不分割之期限者，如其殘餘期限，自施行日起算，較民法第八百二十三條第二項所定之期限為短者，依其期限，較長者，應自施行之日起，適用民法第八百二十三條第二項規定。

②修正之民法第八百二十三條第三項規定，於民法物權編修正施行前契約訂有不分割期限者，亦適用之。

第一三條之一 （地上權期限）99

修正之民法第八百三十三條之一規定，於民法物權編中華民國九十九年一月五日修正之條文施行前未定有期限之地上權，亦適用之。

第一三條之二 （永佃權存續期限）99

①民法物權編中華民國九十九年一月五日修正之條文施行前發生之永佃權，其存續期限縮短為自修正施行日起二十年。

②前項永佃權仍適用修正前之規定。

③第一項永佃權存續期限屆滿時，永佃權人得請求變更登記為農育權。

第一四條 （抵押物為債務人以外之第三人所有之適用）

①修正之民法第八百七十五條之一至第八百七十五條之四之規定，於抵押物為債務人以外之第三人所有，而其上之抵押權成立於民法物權編修正施行前者，亦適用之。

②修正之民法第八百七十五條之四第二款之規定，於其後次序抵押權成立於民法物權編修正施行前者，亦同。

第一五條 （保證情形之適用）

修正之民法第八百七十九條關於為債務人設定抵押權之第三人對

保證人行使權利之規定，於民法物權編正施行前已成立保證之情形，亦適用之。

第一六條 （時效完成後抵押權之實行）

民法物權編施行前，以抵押權擔保之債權，依民法之規定，其請求權消滅時效已完成者，民法第八百八十條所規定抵押權之消滅期間，自施行日起算。但自請求權消滅時效完成後，至施行之日已逾十年者，不得行使抵押權。

第一七條 （設定最高限額抵押權之適用）

修正之民法第八百八十一條之一至第八百八十一條之十七之規定，除第八百八十一條之一第二項、第八百八十一條之四第二項、第八百八十一條之七之規定外，於民法物權編修正施行前設定之最高限額抵押權，亦適用之。

第一八條 （以地上權或典權為標的物之抵押權及其他抵押權之適用）

修正之民法第八百八十三條之規定，於民法物權編修正施行前以地上權或典權為標的物之抵押權及其他抵押權，亦適用之。

第一九條 （拍賣質物之證明）

民法第八百九十二條第一項及第八百九十三條第一項所定之拍賣質物，除聲請法院拍賣者外，在拍賣法未公布施行前，得照市價變賣，並應經公證人或商業團體之證明。

第二〇條 （當舖等不適用質權之規定）

民法物權編修正前關於質權之規定，於當舖或其他以受質為營業者，不適用之。

第二一條 （質權標的物之債權清償期已屆至者之適用）

修正之民法第九百零六條之一之規定，於民法物權編修正施行前為質權標的物之債權，其清償期已屆至者，亦適用之。

第二二條 （定期典權之依舊法回贖）

民法物權編施行前，定有期限之典權，依舊法得回贖者，仍適用舊法規。

第二三條 （留置物存有所有權以外之物權者之適用）

修正之民法第九百三十二條之一之規定，於民法物權編修正施行前留置物存有所有權以外之物權者，亦適用之。

第二四條 （施行日）

①本施行法自民法物權編施行之日施行。

②民法物權編修正條文及本施行法修正條文，自公布後六個月施行。

民　法

第四編　親　屬

①民國 19 年 12 月 26 日國民政府制定公布全文第 967～1137 條條文；並自 20 年 5 月 5 日施行。

②民國 74 年 6 月 3 日總統令修正公布第 971、977、982、983、985、988、1002、1010、1013、1016～1019、1021、1024、1050、1052、1058～1060、1063、1067、1074、1078～1080、1084、1088、1105、1113、1118、1131、1132 條條文；刪除第 992、1042、1043、1071 條條文暨第二章第四節第三款第二目目名；並增訂第 979-1、979-2、999-1、1008-1、1030-1、1073-1、1079-1、1079-2、1103-1、1116-1 條條文。

③民國 85 年 9 月 25 日總統令修正公布第 999-1、1055、1089 條條文；刪除第 1051 條條文；並增訂第 1055-1、1055-2、1069、1116-2 條條文。

④民國 87 年 6 月 17 日總統令修正公布第 983、1000、1002 條條文；並刪除第 986、987、993、994 條條文。

⑤民國 88 年 4 月 21 日總統令修正公布第 1067 條條文。

⑥民國 89 年 1 月 19 日總統令修正公布第 1094 條條文。

⑦民國 91 年 6 月 26 日總統令修正公布第 1007、1008、1008-1、1010、1017、1018、1022、1023、1030-1、1031～1034、1038、1040、1041、1044、1046 及 1058 條條文；刪除第 1006、1013～1016、1019～1021、1024～1030、1035～1037、1045、1047 及 1048 條條文；並增訂第 1003-1、1018-1、1020-1、1020-2、1030-2～1030-4 及 1031-1 條條文。

⑧民國 96 年 5 月 23 日總統令修正公布第 982、988、1030-1、1052、1059、1062、1063、1067、1070、1073～1083、1086、1090 條條文；刪除第 1068 條條文；並增訂第 988-1、1059-1、1076-1、1076-2、1079-3～1079-5、1080-1～1080-3、1083-1、1089-1 條條文；除第 982 條自公布後一年施行，其餘自公布日施行。

⑨民國 97 年 1 月 9 日總統令修正公布第 1052、1120 條條文。

⑩民國 97 年 5 月 23 日總統令修正公布第 1092～1101、1103、1104、1106～1109、1110～1113 條條文；刪除第 1103-1、1105 條條文；增訂第 1094-1、1099-1、1106-1、1109-1、1109-2、1111-1、1111-2、1112-1、1112-2、1113-1 條條文；並自公布後一年六個月施行。

⑪民國 98 年 4 月 29 日總統令增訂公布第 1052-1 條條文。

⑫民國 98 年 12 月 30 日總統令修正公布第 1131 及 1133 條條文。

⑬民國 99 年 1 月 27 日總統令增訂公布第 1118-1 條條文。

⑭民國 99 年 5 月 19 日總統令修正公布第 1059、1059-1 條條文。

⑮民國 101 年 12 月 26 日總統令修正公布第 1030-1 條條文；並刪除第 1009 及 1011 條條文。

⑯民國 102 年 12 月 11 日總統令修正公布第 1055-1 條條文。

⑰民國 103 年 1 月 29 日總統令修正公布第 1132 條條文。

⑱民國 104 年 1 月 14 日總統令修正公布第 1111-2 條條文。

第一章 通 則

第九六七條 （直系與旁系血親）

①稱直系血親者，謂己身所從出，或從己身所出之血親。

②稱旁系血親者，謂非直系血親，而與己身出於同源之血親。

第九六八條 （親等之計算）

血親親等之計算，直系血親，從己身上下數，以一世爲一親等；旁系血親，從己身數至同源之直系血親，再由同源之直系血親，數至與之計算親等之血親，以其總世數爲親等之數。

第九六九條 （姻親之定義）

稱姻親者，謂血親之配偶、配偶之血親及配偶之血親之配偶。

第九七○條 （姻親之親系及親等）

姻親之親系及親等之計算如左：

一　血親之配偶，從其配偶之親系及親等。

二　配偶之血親，從其與配偶之親系及親等。

三　配偶之血親之配偶，從其與配偶之親系及親等。

第九七一條 （姻親關係之消滅）

姻親關係，因離婚而消滅；結婚經撤銷者亦同。

第二章 婚 姻

第一節 婚 約

第九七二條 （婚約之要件）

婚約，應由男女當事人自行訂定。

第九七三條 （婚約之要件）

男未滿十七歲，女未滿十五歲者，不得訂定婚約。

第九七四條 （婚約之要件）

未成年人訂定婚約，應得法定代理人之同意。

第九七五條 （婚約之效力）

婚約，不得請求強迫履行。

第九七六條 （婚約解除之事由及方法）

①婚約當事人之一方，有左列情形之一者，他方得解除婚約：

一　婚約訂定後，再與他人訂定婚約或結婚者。

二　故違結婚期約者。

三　生死不明已滿一年者。

四　有重大不治之病者。

五　有花柳病或其他惡疾者。

六　婚約訂定後成爲殘廢者。

七　婚約訂定後與人通姦者。

八　婚約訂定後受徒刑之宣告者。

九　有其他重大事由者。

②依前項規定解除婚約者，如事實上不能向他方爲解除之意思表示

時，無須爲意思表示，自得爲解除時起，不受婚約之拘束。

第九七七條 （解除婚約之賠償）

①依前條之規定，婚約解除時，無過失之一方，得向有過失之他方，請求賠償其因此所受之損害。

②前項情形，雖非財產上之損害，受害人亦得請求賠償相當之金額。

③前項請求權不得讓與或繼承。但已依契約承諾，或已起訴者，不在此限。

第九七八條 （違反婚約之損害賠償）

婚約當事人之一方，無第九百七十六條之理由而違反婚約者，對於他方因此所受之損害，應負賠償之責。

第九七九條 （違反婚約之損害賠償）

①前條情形，雖非財產上之損害，受害人亦得請求賠償相當之金額。但以受害人無過失者爲限。

②前項請求權，不得讓與或繼承。但已依契約承諾或已起訴者，不在此限。

第九七九條之一 （贈與物之返還）

因訂定婚約而爲贈與者，婚約無效、解除或撤銷時，當事人之一方，得請求他方返還贈與物。

第九七九條之二 （贈與物返還請求權之消滅時效）

第九百七十七條至第九百七十九條之一所規定之請求權，因二年間不行使而消滅。

第二節 結 婚

第九八〇條 （結婚之實質要件－結婚年齡）

男未滿十八歲，女未滿十六歲者，不得結婚。

第九八一條 （結婚之實質要件－未成年人結婚之同意）

未成年人結婚，應得法定代理人之同意。

第九八二條 （結婚之形式要件）

結婚應以書面爲之，有二人以上證人之簽名，並應由雙方當事人向戶政機關爲結婚之登記。

第九八三條 （結婚之實質要件－須非一定之親屬）

①與左列親屬，不得結婚：

一 直系血親及直系姻親。

二 旁系血親在六親等以內者。但因收養而成立之四親等及六親等旁系血親，輩分相同者，不在此限。

三 旁系姻親在五親等以內，輩分不相同者。

②前項直系姻親結婚之限制，於姻親關係消滅後，亦適用之。

③第一項直系血親及直系姻親結婚之限制，於因收養而成立之直系親屬間，在收養關係終止後，亦適用之。

第九八四條 （結婚之實質要件－須無監護關係）

監護人與受監護人，於監護關係存續中，不得結婚。但經受監護

人父母之同意者，不在此限。

第九八五條 （結婚之實質要件－須非重婚）

①有配偶者，不得重婚。

②一人不得同時與二人以上結婚。

第九八六條 （刪除）

第九八七條 （刪除）

第九八八條 （結婚之無效）

結婚有下列情形之一者，無效：

一 不具備第九百八十二條之方式。

二 違反第九百八十三條規定。

三 違反第九百八十五條規定。但重婚之雙方當事人因善意且無過失信賴一方前婚姻消滅之兩願離婚登記或離婚確定判決而結婚者，不在此限。

第九八八條之一 （前婚姻視為消滅之效力、賠償及相關規定）

①前條第三款但書之情形，前婚姻自後婚姻成立之日起視為消滅。

②前婚姻視為消滅之效力，除法律另有規定外，準用離婚之效力。但剩餘財產已為分配或協議者，仍依原分配或協議定之，不得另行主張。

③依第一項規定前婚姻視為消滅者，其剩餘財產差額之分配請求權，自請求權人知有剩餘財產之差額時起，二年間不行使而消滅。自撤銷兩願離婚登記或廢棄離婚判決確定時起，逾五年者，亦同。

④前婚姻依第一項規定視為消滅者，無過失之前婚配偶得向他方請求賠償。

⑤前項情形，雖非財產上之損害，前婚配偶亦得請求賠償相當之金額。

⑥前項請求權，不得讓與或繼承。但已依契約承諾或已起訴者，不在此限。

第九八九條 （結婚之撤銷－未達結婚年齡）

結婚違反第九百八十條之規定者，當事人或其法定代理人，得向法院請求撤銷之。但當事人已達該條所定年齡或已懷胎者，不得請求撤銷。

第九九〇條 （結婚之撤銷－未得同意）

結婚違反第九百八十一條之規定者，法定代理人得向法院請求撤銷之。但自知悉其事實之日起，已逾六個月，或結婚後已逾一年，或已懷胎者，不得請求撤銷。

第九九一條 （結婚之撤銷－有監護關係）

結婚違反第九百八十四條之規定者，受監護人或其最近親屬得向法院請求撤銷之。但結婚已逾一年者，不得請求撤銷。

第九九二條至第九九四條 （刪除）

第九九五條 （結婚之撤銷－不能人道）

當事人之一方於結婚時不能人道而不能治者，他方得向法院請求

撤銷之。但自知悉其不能治之時起已逾三年者，不得請求撤銷。

第九九六條 （結婚之撤銷－精神不健全）

當事人之一方於結婚時係在無意識或精神錯亂中者，得於常態回復後六個月內，向法院請求撤銷之。

第九九七條 （結婚之撤銷－因被詐欺或脅迫）

因被詐欺或被脅迫而結婚者，得於發見詐欺或脅迫終止後，六個月內向法院請求撤銷之。

第九九八條 （撤銷之不溯及效力）

結婚撤銷之效力，不溯及既往。

第九九九條 （婚姻無效或撤銷之損害賠償）

①當事人之一方因結婚無效或被撤銷而受有損害者，得向他方請求賠償。但他方無過失者，不在此限。

②前項情形，雖非財產上之損害，受害人亦得請求賠償相當之金額，但以受害人無過失者爲限。

③前項請求權，不得讓與或繼承。但已依契約承諾或已起訴者，不在此限。

第九九九條之一 （結婚無效或經撤銷準用規定）

①第一千零五十七條及第一千零五十八條之規定，於結婚無效時準用之。

②第一千零五十五條、第一千零五十五條之一、第一千零五十五條之二、第一千零五十七條及第一千零五十八條之規定，於結婚經撤銷時準用之。

第三節　婚姻之普通效力

第一〇〇〇條 （夫妻之冠姓）

①夫妻各保有其本姓。但得書面約定以其本姓冠以配偶之姓，並向戶政機關登記。

②冠姓之一方得隨時回復其本姓。但於同一婚姻關係存續中以一次爲限。

第一〇〇一條 （夫妻之同居義務）

夫妻互負同居之義務。但有不能同居之正當理由者，不在此限。

第一〇〇二條 （夫妻之住所）

①夫妻之住所，由雙方共同協議之；未爲協議或協議不成時，得聲請法院定之。

②法院爲前項裁定前，以夫妻共同戶籍地推定爲其住所。

第一〇〇三條 （日常家務代理權）

①夫妻於日常家務，互爲代理人。

②夫妻之一方濫用前項代理權時，他方得限制之。但不得對抗善意第三人。

第一〇〇三條之一 （家庭生活費用之分擔方式）

①家庭生活費用，除法律或契約另有約定外，由夫妻各依其經濟能

力、家事勞動或其他情事分擔之。

②因前項費用所生之債務，由夫妻負連帶責任。

第四節　夫妻財產制

第一款　通　則

第一〇〇四條　（夫妻財產制契約之訂立－約定財產制之選擇）

夫妻得於結婚前或結婚後，以契約就本法所定之約定財產制中，選擇其一，為其夫妻財產制。

第一〇〇五條　（法定財產制之適用）

夫妻未以契約訂立夫妻財產制者，除本法另有規定外，以法定財產制，為其夫妻財產制。

第一〇〇六條　（刪除）

第一〇〇七條　（夫妻財產制契約之要件－要式契約）

夫妻財產制契約之訂立、變更或廢止，應以書面為之。

第一〇〇八條　（夫妻財產制契約之要件－契約之登記）

①夫妻財產制契約之訂立、變更或廢止，非經登記，不得以之對抗第三人。

②前項夫妻財產制契約之登記，不影響依其他法律所為財產權登記之效力。

③第一項之登記，另以法律定之。

第一〇〇八條之一　（除夫妻財產制外，其他約定之方法）

前二條之規定，於有關夫妻財產之其他約定準用之。

第一〇〇九條　（刪除）

第一〇一〇條　（分別財產制之原因－法院應夫妻一方之聲請而為宣告）

①夫妻之一方有左列各款情形之一時，法院因他方之請求，得宣告改用分別財產制：

一　依法應給付家庭生活費用而不給付時。

二　夫或妻之財產不足清償其債務時。

三　依法得他方同意所為之財產處分，他方無正當理由拒絕同意時。

四　有管理權之一方對於共同財產之管理顯有不當，經他方請求改善而不改善時。

五　因不當減少其婚後財產，而對他方剩餘財產分配請求權有侵害之虞時。

六　有其他重大事由時。

②夫妻之總財產不足清償總債務或夫妻難於維持共同生活，不同居已達六個月以上時，前項規定於夫妻均適用之。

第一〇一一條　（刪除）

第一〇一二條　（夫妻財產制之變更廢止）

夫妻於婚姻關係存續中，得以契約廢止其財產契約，或改用他種

約定財產制。

第一○一三條至第一○一五條 （刪除）

第二款 法定財產制

第一○一六條 （刪除）

第一○一七條 （婚前財產與婚後財產）

①夫或妻之財產分為婚前財產與婚後財產，由夫妻各自所有。不能證明為婚前或婚後財產者，推定為婚後財產；不能證明為夫或妻所有之財產，推定為夫妻共有。

②夫或妻婚前財產，於婚姻關係存續中所生之孳息，視為婚後財產。

③夫妻以契約訂立夫妻財產制後，於婚姻關係存續中改用法定財產制者，其改用前之財產視為婚前財產。

第一○一八條 （各自管理財產）

夫或妻各自管理、使用、收益及處分其財產。

第一○一八條之一 （自由處分生活費用外金錢）

夫妻於家庭生活費用外，得協議一定數額之金錢，供夫或妻自由處分。

第一○一九條 （刪除）

第一○二○條 （刪除）

第一○二○條之一 （婚後剩餘財產之分配）

①夫或妻於婚姻關係存續中就其婚後財產所為之無償行為，有害及法定財產制關係消滅後他方之剩餘財產分配請求權者，他方得聲請法院撤銷之。但為履行道德上義務所為之相當贈與，不在此限。

②夫或妻於婚姻關係存續中就其婚後財產所為之有償行為，於行為時明知有損於法定財產制關係消滅後他方之剩餘財產分配請求權者，以受益人受益時亦知其情事者為限，他方得聲請法院撤銷之。

第一○二○條之二 （婚後剩餘財產分配撤銷權之除斥期間）

前條撤銷權，自夫或妻之一方知有撤銷原因時起，六個月間不行使，或自行為時起經過一年而消滅。

第一○二一條 （刪除）

第一○二二條 （婚後財產之報告義務）

夫妻就其婚後財產，互負報告之義務。

第一○二三條 （各自清償債務）

①夫妻各自對其債務負清償之責。

②夫妻之一方以自己財產清償他方之債務時，雖於婚姻關係存續中，亦得請求償還。

第一○二四條至第一○三○條 （刪除）

第一○三○條之一 （法定財產制關係消滅時剩餘財產之分配、除外規定及請求權行使之時效）

①法定財產制關係消滅時，夫或妻現存之婚後財產，扣除婚姻關係存續所負債務後，如有剩餘，其雙方剩餘財產之差額，應平均分配。但下列財產不在此限：

一　因繼承或其他無償取得之財產。

二　慰撫金。

②依前項規定，平均分配顯失公平者，法院得調整或免除其分配額。

③第一項請求權，不得讓與或繼承。但依契約承諾，或已起訴者，不在此限。

④第一項剩餘財產差額之分配請求權，自請求權人知有剩餘財產之差額時起，二年間不行使而消滅。自法定財產制關係消滅時起，逾五年者，亦同。

第一○三○條之二　（法定財產制關係消滅時債務之計算）

①夫或妻之一方以其婚後財產清償其婚前所負債務，或以其婚前財產清償婚姻關係存續中所負債務，除已補償者外，於法定財產制關係消滅時，應分別納入現存之婚後財產或婚姻關係存續中所負債務計算。

②夫或妻之一方以前條第一項但書之財產清償婚姻關係存續中其所負債務者，適用前項之規定。

第一○○條之三　（法定財產制關係消滅時財產之追加計算）91

①夫或妻爲減少他方對於剩餘財產之分配，而於法定財產制關係消滅前五年內處分其婚後財產者，應將該財產追加計算，視爲現存之婚後財產。但爲履行道德上義務所爲之相當贈與，不在此限。

②前項情形，分配權利人於義務人不足清償其應得之分配額時，得就其不足額，對受領之第三人於其所受利益內請求返還。但受領爲有償者，以顯不相當對價取得者爲限。

③前項對第三人之請求權，於知悉其分配權利受侵害時起二年間不行使而消滅。自法定財產制關係消滅時起，逾五年者，亦同。

第一○三○條之四　（婚後財產與追加計算財產之計價基準）

①夫妻現存之婚後財產，其價值計算以法定財產制關係消滅時爲準。但夫妻因判決而離婚者，以起訴時爲準。

②依前條應追加計算之婚後財產，其價值計算以處分時爲準。

第三款　約定財產制
第一目　共同財產制

第一○三一條　（共同財產之定義）

夫妻之財產及所得，除特有財產外，合併爲共同財產，屬於夫妻公同共有。

第一○三一條之一　（特有財產之範圍及準用規定）

①左列財產爲特有財產：

一　專供夫或妻個人使用之物。

二　夫或妻職業上必需之物。

三　夫或妻所受之贈物，經贈與人以書面聲明爲其特有財產者。

②前項所定之特有財產，適用關於分別財產制之規定。

第一○三二條 （共同財產之管理）

①共同財產，由夫妻共同管理。但約定由一方管理者，從其約定。

②共同財產之管理費用，由共同財產負責。

第一○三三條 （共同財產之處分）

①夫妻之一方，對於共同財產為處分時，應得他方之同意。

②前項同意之欠缺，不得對抗第三人。但第三人已知或可得而知其欠缺，或依情形，可認為該財產屬於共同財產者，不在此限。

第一○三四條 （結婚前或婚關係存續中債務之清償責任）

夫或妻結婚前或婚姻關係存續中所負之債務，應由共同財產，並各就其特有財產負清償責任。

第一○三五條至第一○三七條 （刪除）

第一○三八條 （共同財產制之補償請求權）

①共同財產所負之債務，而以共同財產清償者，不生補償請求權。

②共同財產之債務，而以特有財產清償，或特有財產之債務，而以共同財產清償者，有補償請求權，雖於婚姻關係存續中，亦得請求。

第一○三九條 （共同財產制之消滅－因其他原因之消滅）

①夫妻之一方死亡時，共同財產之半數，歸屬於死亡者之繼承人，其他半數，歸屬於生存之他方。

②前項財產之分割，其數額另有約定者，從其約定。

③第一項情形，如該生存之他方，依法不得為繼承人時，其對於共同財產得請求之數額，不得超過於離婚時所應得之數額。

第一○四○條 （共有財產制之消滅時財產之取回）

①共同財產制關係消滅時，除法律另有規定外，夫妻各取回其訂立共同財產制契約時之財產。

②共同財產制關係存續中取得之共同財產，由夫妻各得其半數。但另有約定者，從其約定。

第一○四一條 （勞力所得共同財產制）

①夫妻得以契約訂定僅以勞力所得為限為共同財產。

②前項勞力所得，指夫或妻於婚姻關係存續中取得之薪資、工資、紅利、獎金及其他與勞力所得有關之財產收入。勞力所得之孳息及代替利益，亦同。

③不能證明為勞力所得或勞力所得以外財產者，推定為勞力所得。

④夫或妻勞力所得以外之財產，適用關於分別財產制之規定。

⑤第一千零三十四條、第一千零三十八條及第一千零四十條之規定，於第一項情形準用之。

第二目 （刪除）

第一○四二條 （刪除）

第一○四三條 （刪除）

第三目 分別財產制

第一〇四四條（分別財產制之意義）

分別財產，夫妻各保有其財產之所有權，各有管理、使用、收益及處分。

第一〇四五條（刪除）

第一〇四六條（分別財產制債務之清償）

分別財產制有關夫妻債務之清償，適用第一千零二十三條之規定。

第一〇四七條（刪除）

第一〇四八條（刪除）

第五節　離　婚

第一〇四九條（兩願離婚）

夫妻兩願離婚者，得自行離婚。但未成年人，應得法定代理人之同意。

第一〇五〇條（離婚之要式性）

兩願離婚，應以書面為之，有二人以上證人之簽名並應向戶政機關為離婚之登記。

第一〇五一條（刪除）

第一〇五二條（裁判離婚之原因）

①夫妻之一方，有下列情形之一者，他方得向法院請求離婚：

一　重婚。

二　與配偶以外之人合意性交。

三　夫妻之一方對他方為不堪同居之虐待。

四　夫妻之一方對他方之直系親屬為虐待，或夫妻一方之直系親屬對他方為虐待，致不堪為共同生活。

五　夫妻之一方以惡意遺棄他方在繼續狀態中。

六　夫妻之一方意圖殺害他方。

七　有不治之惡疾。

八　有重大不治之精神病。

九　生死不明已逾三年。

十　因故意犯罪，經判處有期徒刑逾六個月確定。

②有前項以外之重大事由，難以維持婚姻者，夫妻之一方得請求離婚。但其事由應由夫妻之一方負責者，僅他方得請求離婚。

第一〇五二條之一（法院調解或和解離婚之效力）

離婚經法院調解或法院和解成立者，婚姻關係消滅。法院應依職權通知該管戶政機關。

第一〇五三條（裁判離婚之限制）

對於前條第一款、第二款之情事，有請求權之一方，於事前同意或事後宥恕，或知悉後已逾六個月，或自其情事發生後已逾二年者，不得請求離婚。

第一〇五四條（裁判離婚之限制）

對於第一千零五十二條第六款及第十款之情事，有請求權之一

方，自知悉後已逾一年，或自其情事發生後已逾五年者，不得請求離婚。

第一〇五五條 （離婚未成年子女保護教養之權義及變更）

①夫妻離婚者，對於未成年子女權利義務之行使或負擔，依協議由一方或雙方共同任之。未為協議或協議不成者，法院得依夫妻之一方、主管機關、社會福利機構或其他利害關係人之請求或依職權酌定之。

②前項協議不利於子女者，法院得依主管機關、社會福利機構或其他利害關係人之請求或依職權為子女之利益改定之。

③行使、負擔權利義務之一方未盡保護教養之義務或對未成年子女有不利之情事者，他方、未成年子女、主管機關、社會福利機構或其他利害關係人得為子女之利益，請求法院改定之。

④前三項情形，法院得依請求或依職權，為子女之利益酌定權利義務行使負擔之內容及方法。

⑤法院得依請求或依職權，為未行使或負擔權利義務之一方酌定其與未成年子女會面交往之方式及期間。但其會面交往有妨害子女之利益者，法院得依請求或依職權變更之。

第一〇五五條之一 （裁判離婚子女之監護㈠）

①法院為前條裁判時，應依子女之最佳利益，審酌一切情狀，尤應注意下列事項：

一 子女之年齡、性別、人數及健康情形。

二 子女之意願及人格發展之需要。

三 父母之年齡、職業、品行、健康情形、經濟能力及生活狀況。

四 父母保護教養子女之意願及態度。

五 父母子女間或未成年子女與其他共同生活之人間之感情狀況。

六 父母之一方是否有妨礙他方對未成年子女權利義務行使負擔之行為。

七 各族群之傳統習俗、文化及價值觀。

②前項子女最佳利益之審酌，法院除得參考社工人員之訪視報告或家事調查官之調查報告外，並得依囑託警察機關、稅捐機關、金融機構、學校及其他有關機關、團體或具有相關專業知識之適當人士就特定事項調查之結果認定之。

第一〇五五條之二 （裁判離婚子女之監護㈡）

父母均不適合行使權利時，法院應依子女之最佳利益並審酌前條各款事項，選定適當之人為子女之監護人，並指定監護之方法、命其父母負擔扶養費用及其方式。

第一〇五六條 （損害賠償）

①夫妻之一方，因判決離婚而受有損害者，得向有過失之他方，請求賠償。

②前項情形，雖非財產上之損害，受害人亦得請求賠償相當之金

額。但以受害人無過失者爲限。

③前項請求權，不得讓與或繼承。但已依契約承諾或已起訴者，不在此限。

第一〇五七條 （贍養費）

夫妻無過失之一方，因判決離婚而陷於生活困難者，他方縱無過失，亦應給與相當之贍養費。

第一〇五八條 （財產之取回）

夫妻離婚時，除採用分別財產制者外，各自取回其結婚或變更夫妻財產制時之財產。如有剩餘，各依其夫妻財產制之規定分配之。

第三章 父母子女

第一〇五九條 （子女之姓）

①父母於子女出生登記前，應以書面約定子女從父姓或母姓。未約定或約定不成者，於戶政事務所抽籤決定之。

②子女經出生登記後，於未成年前，得由父母以書面約定變更爲父姓或母姓。

③子女已成年者，得變更爲父姓或母姓。

④前二項之變更，各以一次爲限。

⑤有下列各款情形之一，法院得依父母之一方或子女之請求，爲子女之利益，宣告變更子女之姓氏爲父姓或母姓：

　一　父母離婚者。

　二　父母之一方或雙方死亡者。

　三　父母之一方或雙方生死不明滿三年者。

　四　父母之一方顯有未盡保護或教養義務之情事者。

第一〇五九條之一 （非婚生子女之姓）

①非婚生子女從母姓。經生父認領者，適用前條第二項至第四項之規定。

②非婚生子女經生父認領，而有下列各款情形之一，法院得依父母之一方或子女之請求，爲子女之利益，宣告變更子女之姓氏爲父姓或母姓：

　一　父母之一方或雙方死亡者。

　二　父母之一方或雙方生死不明滿三年者。

　三　子女之姓氏與任權利義務行使或負擔之父或母不一致者。

　四　父母之一方顯有未盡保護或教養義務之情事者。

第一〇六〇條 （未成年子女之住所）

未成年之子女，以其父母之住所爲住所。

第一〇六一條 （婚生子女之定義）

稱婚生子女者，謂由婚姻關係受胎而生之子女。

第一〇六二條 （受胎期間）

①從子女出生日回溯第一百八十一日起至第三百零二日止，爲受胎期間。

②能證明受胎回溯在前項第一百八十一日以內或第三百零二日以前者，以其期間爲受胎期間。

第一○六三條 （婚生子女之推定及否認）

①妻之受胎，係在婚姻關係存續中者，推定其所生子女爲婚生子女。

②前項推定，夫妻之一方或子女能證明子女非爲婚生子女者，得提起否認之訴。

③前項否認之訴，夫妻之一方自知悉該子女非爲婚生子女，或子女自知悉其非爲婚生子女之時起二年內爲之。但子女於未成年時知悉者，仍得於成年後二年內爲之。

第一○六四條 （準正）

非婚生子女，其生父與生母結婚者，視爲婚生子女。

第一○六五條 （認領之效力及認領之擬制及非婚生子女與生母之關係）

①非婚生子女經生父認領者，視爲婚生子女，其經生父撫育者，視爲認領。

②非婚生子女與其生母之關係視爲婚生子女，無須認領。

第一○六六條 （認領之否認）

非婚生子女或其生母，對於生父之認領，得否認之。

第一○六七條 （認領之請求）

①有事實足認其爲非婚生子女之生父者，非婚生子女或其生母或其他法定代理人，得向生父提起認領之訴。

②前項認領之訴，於生父死亡後，得向生父之繼承人爲之。生父無繼承人者，得向社會福利主管機關爲之。

第一○六八條 （刪除）

第一○六九條 （認領之效力－溯及效力）

非婚生子女認領之效力，溯及於出生時。但第三人已得之權利，不因此而受影響。

第一○六九條之一（認領非婚生未成年子女權義之準用規定）

非婚生子女經認領者，關於未成年子女權利義務之行使或負擔，準用第一千零五十五、第一千零五十五條之一及第一千零五十五條之二之規定。

第一○七○條 （認領之效力－絕對效力）

生父認領非婚生子女後，不得撤銷其認領。但有事實足認其非生父者，不在此限。

第一○七一條 （刪除）

第一○七二條 （收養之定義）

收養他人之子女爲子女時，其收養者爲養父或養母，被收養者爲養子或養女。

第一○七三條 （收養要件－年齡）

①收養者之年齡，應長於被收養者二十歲以上。但夫妻共同收養時，夫妻之一方長於被收養者二十歲以上，而他方僅長於被收養

者十六歲以上，亦得收養。

②夫妻之一方收養他方之子女時，應長於被收養者十六歲以上。

第一〇七三條之一 （不得收養為養子女之親屬）

下列親屬不得收養爲養子女：

一　直系血親。

二　直系姻親。但夫妻之一方，收養他方之子女者，不在此限。

三　旁系血親在六親等以內及旁系姻親在五親等以內，輩分不相
　　當者。

第一〇七四條 （夫妻應為共同收養）

夫妻收養子女時，應共同爲之。但有下列各款情形之一者，得單
獨收養：

一　夫妻之一方收養他方之子女。

二　夫妻之一方不能爲意思表示或生死不明已逾三年。

第一〇七五條 （同時為二人養子女之禁止）

除夫妻共同收養外，一人不得同時爲二人之養子女。

第一〇七六條 （被收養人配偶之同意）

夫妻之一方被收養時，應得他方之同意。但他方不能爲意思表示
或生死不明已逾三年者，不在此限。

第一〇七六條之一 （子女被收養應得父母之同意）

①子女被收養時，應得其父母之同意。但有下列各款情形之一者，
不在此限：

一　父母之一方或雙方對子女未盡保護教養義務或有其他顯然不
　　利子女之情事而拒絕同意。

二　父母之一方或雙方事實上不能爲意思表示。

②前項同意應作成書面並經公證。但已向法院聲請收養認可者，得
以言詞向法院表示並記明筆錄代之。

③第一項之同意，不得附條件或期限。

第一〇七六條之二 （未滿七歲及滿七歲之被收養者應得其法
　　　　　　　　　　定代理人之同意）

①被收養者未滿七歲時，應由其法定代理人代爲並代受意思表示。

②滿七歲以上之未成年人被收養時，應得其法定代理人之同意。

③被收養者之父母已依前二項規定以法定代理人之身分代爲並代受
意思表示或爲同意時，得免依前條規定爲同意。

第一〇七七條 （收養之效力－養父母子女之關係）

①養子女與養父母及其親屬間之關係，除法律另有規定外，與婚生
子女同。

②養子女與本生父母及其親屬間之權利義務，於收養關係存續中停
止之。但夫妻之一方收養他方之子女時，他方與其子女之權利義
務，不因收養而受影響。

③收養者收養子女後，與養子女之本生父或母結婚時，養子女回復
與本生父或母及其親屬間之權利義務。但第三人已取得之權利，
不受影響。

④養子女於收養認可時已有直系血親卑親屬者，收養之效力僅及於其未成年且未結婚之直系血親卑親屬。但收養認可前，其已成年或已結婚之直系血親卑親屬表示同意者，不在此限。

⑤前項同意，準用第一千零七十六條之一第二項及第三項之規定。

第一○七八條 （收養之效力－養子女之姓氏）

①養子女從收養者之姓或維持原來之姓。

②夫妻共同收養子女時，於收養登記前，應以書面約定養子女從養父姓、養母姓或維持原來之姓。

③第一千零五十九條第二項至第五項之規定，於收養之情形準用之。

第一○七九條 （收養之方法）

①收養應以書面為之，並向法院聲請認可。

②收養有無效、得撤銷之原因或違反其他法律規定者，法院應不予認可。

第一○七九條之一 （收養之無效）

法院為未成年人被收養之認可時，應依養子女最佳利益為之。

第一○七九條之二 （收養之撤銷及其行使期間）

被收養者為成年人而有下列各款情形之一者，法院應不予收養之認可：

一 意圖以收養免除法定義務。

二 依其情形，足認收養於其本生父母不利。

三 有其他重大事由，足認違反收養目的。

第一○七九條之三 （收養之生效時點）

收養自法院認可裁定確定時，溯及於收養契約成立時發生效力。但第三人已取得之權利，不受影響。

第一○七九條之四 （收養之無效）

收養子女，違反第一千零七十三條、第一千零七十三條之一、第一千零七十五條、第一千零七十六條之一、第一千零七十六條之二第一項或第一千零七十九條第一項之規定者，無效。

第一○七九條之五 （收養之撤銷及其行使期間）

①收養子女，違反第一千零七十四條之規定者，收養者之配偶得請求法院撤銷之。但自知悉其事實之日起，已逾六個月，或自法院認可之日起已逾一年者，不得請求撤銷。

②收養子女，違反第一千零七十六條或第一千零七十六條之二第二項之規定者，被收養者之配偶或法定代理人得請求法院撤銷之。但自知悉其事實之日起，已逾六個月，或自法院認可之日起已逾一年者，不得請求撤銷。

③依前二項之規定，經法院判決撤銷收養者，準用第一千零八十二條及第一千零八十三條之規定。

第一○八○條 （收養之終止－合意終止）

①養父母與養子女之關係，得由雙方合意終止之。

②前項終止，應以書面為之。養子女為未成年人者，並應向法院聲

請認可。

③法院依前項規定爲認可時，應依養子女最佳利益爲之。

④養子女爲未成年人者，終止收養自法院認可裁定確定時發生效力。

⑤養子女未滿七歲者，其終止收養關係之意思表示，由收養終止後爲其法定代理人之人爲之。

⑥養子女爲滿七歲以上之未成年人者，其終止收養關係，應得收養終止後爲其法定代理人之人之同意。

⑦夫妻共同收養子女者，其合意終止收養應共同爲之。但有下列情形之一者，得單獨終止：

一 夫妻之一方不能爲意思表示或生死不明已逾三年。

二 夫妻之一方於收養後死亡。

三 夫妻離婚。

⑧夫妻之一方依前項但書規定單獨終止收養者，其效力不及於他方。

第一○八○條之一 （收養之終止－聲請法院許可）

①養父母死亡後，養子女得聲請法院許可終止收養。

②養子女未滿七歲者，由收養終止後爲其法定代理人之人向法院聲請許可。

③養子女爲滿七歲以上之未成年人者，其終止收養之聲請，應得收養終止後爲其法定代理人之人之同意。

④法院認終止收養顯失公平者，得不許可之。

第一○八○條之二 （收養之終止－無效）

終止收養，違反第一千零八十條第二項、第五項或第一千零八十條之一第二項規定者，無效。

第一○八○條之三 （收養之終止－撤銷）

①終止收養，違反第一千零八十條第七項之規定者，終止收養者之配偶得請求法院撤銷之。但自知悉其事實之日起，已逾六個月，或自法院認可之日起已逾一年者，不得請求撤銷。

②終止收養，違反第一千零八十條第六項或第一千零八十條之一第三項之規定者，終止收養後被收養者之法定代理人得請求法院撤銷之。但自知悉其事實之日起，已逾六個月，或自法院許可之日起已逾一年者，不得請求撤銷。

第一○八一條 （收養之終止－判決終止）

①養父母、養子女之一方，有下列各款情形之一者，法院得依他方、主管機關或利害關係人之請求，宣告終止其收養關係：

一 對於他方爲虐待或重大侮辱。

二 遺棄他方。

三 因故意犯罪，受二年有期徒刑以上之刑之裁判確定而未受緩刑宣告。

四 有其他重大事由難以維持收養關係。

②養子女爲未成年人者，法院宣告終止收養關係時，應依養子女最

佳利益爲之。

第一〇八二條 （終止之效果－給與金額之請求）

因收養關係終止而生活陷於困難者，得請求他方給與相當之金額。但其請求顯失公平者，得減輕或免除之。

第一〇八三條 （終止之效果－復姓）

養子女及收養效力所及之直系血親卑親屬，自收養關係終止時起，回復其本姓，並回復其與本生父母及其親屬間之權利義務。但第三人已取得之權利，不受影響。

第一〇八三條之一 （準用規定）

法院依第一千零五十九條第五項、第一千零五十九條之一第二項、第一千零七十八條第三項、第一千零七十九條之一、第一千零八十條第三項或第一千零八十一條第二項規定爲裁判時，準用第一千零五十五條之一之規定。

第一〇八四條 （親權－孝親、保護及教養）

①子女應孝敬父母。

②父母對於未成年之子女，有保護及教養之權利義務。

第一〇八五條 （親權－懲戒）

父母得於必要範圍內懲戒其子女。

第一〇八六條 （親權－代理）

①父母爲其未成年子女之法定代理人。

②父母之行爲與未成年子女之利益相反，依法不得代理時，法院得依父母、未成年子女、主管機關、社會福利機構或其他利害關係人之聲請或依職權，爲子女選任特別代理人。

第一〇八七條 （子女之特有財產）

未成年子女，因繼承、贈與或其他無償取得之財產，爲其特有財產。

第一〇八八條 （親權－子女特有財產之管理）

①未成年子女之特有財產，由父母共同管理。

②父母對於未成年子女之特有財產，有使用、收益之權。但非爲子女之利益，不得處分之。

第一〇八九條 （裁判未成年子女權義之行使及變更）

①對於未成年子女之權利義務，除法律另有規定外，由父母共同行使或負擔之。父母之一方不能行使權利時，由他方行使之。父母不能共同負擔義務時，由有能力者負擔之。

②父母對於未成年子女重大事項權利之行使意思不一致時，得請求法院依子女之最佳利益酌定之。

③法院爲前項裁判前，應聽取未成年子女、主管機關或社會福利機構之意見。

第一〇八九條之一 （未成年子女權義之行使或負擔準用規定）

父母不繼續共同生活達六個月以上時，關於未成年子女權利義務之行使或負擔，準用第一千零五十五條、第一千零五十五條之一及第一千零五十五條之二之規定。但父母有不能同居之正當理由

或法律另有規定者，不在此限。

第一〇九〇條 （親權濫用之禁止）

父母之一方濫用其對於子女之權利時，法院得依他方、未成年子女、主管機關、社會福利機構或其他利害關係人之請求或依職權，為子女之利益，宣告停止其權利之全部或一部。

第四章 監 護

第一節 未成年人之監護

第一〇九一條 （監護人之設置）

未成年人無父母，或父母均不能行使、負擔對於其未成年子女之權利、義務時，應置監護人。但未成年人已結婚者，不在此限。

第一〇九二條 （委託監護人）

父母對其未成年之子女，得因特定事項，於一定期限內，以書面委託他人行使監護之職務。

第一〇九三條 （遺囑指定監護人）

①最後行使、負擔對於未成年子女之權利、義務之父或母，得以遺囑指定監護人。

②前項遺囑指定之監護人，應於知悉其為監護人後十五日內，將姓名、住所報告法院；其遺囑未指定會同開具財產清冊之人者，並應申請當地直轄市、縣（市）政府指派人員會同開具財產清冊。

③於前項期限內，監護人未向法院報告者，視為拒絕就職。

第一〇九四條 （法定監護人）

①父母均不能行使、負擔對於未成年子女之權利義務或父母死亡而無遺囑指定監護人，或遺囑指定之監護人拒絕就職時，依下列順序定其監護人：

一 與未成年人同居之祖父母。

二 與未成年人同居之兄姊。

三 不與未成年人同居之祖父母。

②前項監護人，應於知悉其為監護人後十五日內，將姓名、住所報告法院，並應申請當地直轄市、縣（市）政府指派人員會同開具財產清冊。

③未能依第一項之順序定其監護人時，法院得依未成年子女、四親等內之親屬、檢察官、主管機關或其他利害關係人之聲請，為未成年子女之最佳利益，就其三親等旁系血親尊親屬、主管機關、社會福利機構或其他適當之人選定為監護人，並得指定監護之方法。

④法院依前項選定監護人或依第一千一百零六條及第一千一百零六條之一另行選定或改定監護人時，應同時指定會同開具財產清冊之人。

⑤未成年人無第一項之監護人，於法院依第三項為其選定確定前，由當地社會福利主管機關為其監護人。

第一〇九四條之一　（法院選定或改定監護人應注意事項）

法院選定或改定監護人時，應依受監護人之最佳利益，審酌一切情狀，尤應注意下列事項：

一　受監護人之年齡、性別、意願、健康情形及人格發展需要。

二　監護人之年齡、職業、品行、意願、態度、健康情形、經濟能力、生活狀況及有無犯罪前科紀錄。

三　監護人與受監護人間或受監護人與其他共同生活之人間之情感及利害關係。

四　法人為監護人時，其事業之種類與內容，法人及其代表人與受監護人之利害關係。

第一〇九五條　（監護人之辭職）

監護人有正當理由，經法院許可者，得辭任其職務。

第一〇九六條　（監護人資格之限制）

有下列情形之一者，不得為監護人：

一　未成年。

二　受監護或輔助宣告尚未撤銷。

三　受破產宣告尚未復權。

四　失蹤。

第一〇九七條　（監護人之職務）

①除另有規定外，監護人於保護、增進受監護人利益之範圍內，行使、負擔父母對於未成年子女之權利、義務。但由父母暫時委託者，以所委託之職務為限。

②監護人有數人，對於受監護人重大事項權利之行使意思不一致時，得聲請法院依受監護人之最佳利益，酌定由其中一監護人行使之。

③法院為前項裁判前，應聽取受監護人、主管機關或社會福利機構之意見。

第一〇九八條　（監護人之法定代理權）

①監護人於監護權限內，為受監護人之法定代理人。

②監護人之行為與受監護人之利益相反或依法不得代理時，法院得因監護人、受監護人、主管機關、社會福利機構或其他利害關係人之聲請或依職權，為受監護人選任特別代理人。

第一〇九九條　（監護人對受監護人財產之權義－開具財產清冊）

①監護開始時，監護人對於受監護人之財產，應依規定會同遺囑指定、當地直轄市、縣（市）政府指派或法院指定之人，於二個月內開具財產清冊，並陳報法院。

②前項期間，法院得依監護人之聲請，於必要時延長之。

第一〇九九條之一　（監護人對受監護人之財產僅得為管理上必要行為）

於前條之財產清冊開具完成並陳報法院前，監護人對於受監護人之財產，僅得為管理上必要之行為。

第一一〇〇條 （監護人對受監護人財產之權義－管理權及注意義務）

監護人應以善良管理人之注意，執行監護職務。

第一一〇一條 （監護人對受監護人財產之權義－限制）

① 監護人對於受監護人之財產，非為受監護人之利益，不得使用、代為或同意處分。

② 監護人為下列行為，非經法院許可，不生效力：

一　代理受監護人購置或處分不動產。

二　代理受監護人，就供其居住之建築物或其基地出租、供他人使用或終止租賃。

③ 監護人不得以受監護人之財產為投資。但購買公債、國庫券、中央銀行儲蓄券、金融債券、可轉讓定期存單、金融機構承兌匯票或保證商業本票，不在此限。

第一一〇二條 （監護人對受監護人財產之權義－受讓之禁止）

監護人不得受讓受監護人之財產。

第一一〇三條 （監護人對受監護人財產之權義－財產狀況之報告）

① 受監護人之財產，由監護人管理。執行監護職務之必要費用，由受監護人之財產負擔。

② 法院於必要時，得命監護人提出監護事務之報告、財產清冊或結算書，檢查監護事務或受監護人之財產狀況。

第一一〇三條之一 （刪除）

第一一〇四條 （監護人之報酬請求權）

監護人得請求報酬，其數額由法院按其勞力及受監護人之資力酌定之。

第一一〇五條 （刪除）

第一一〇六條 （監護人之撤退）

① 監護人有下列情形之一，且受監護人無第一千零九十四條第一項之監護人者，法院得依受監護人、第一千零九十四條第三項聲請權人之聲請或依職權，另行選定適當之監護人：

一　死亡。

二　經法院許可辭任。

三　有第一千零九十六條各款情形之一。

② 法院另行選定監護人確定前，由當地社會福利主管機關為其監護人。

第一一〇六條之一 （改定監護人之聲請）

① 有事實足認監護人不符受監護人之最佳利益，或有顯不適任之情事者，法院得依前條第一項聲請權人之聲請，改定適當之監護人，不受第一千零九十四條第一項規定之限制。

② 法院於改定監護人確定前，得先行宣告停止原監護人之監護權，並由當地社會福利主管機關為其監護人。

第一一〇七條 （監護終止時受監護人財產之清算）

①監護人變更時，原監護人應即將受監護人之財產移交於新監護人。

②受監護之原因消滅時，原監護人應即將受監護人之財產交還於受監護人；如受監護人死亡時，交還於其繼承人。

③前二項情形，原監護人應於監護關係終止時起二個月內，為受監護人財產之結算，作成結算書，送交新監護人、受監護人或其繼承人。

④新監護人、受監護人或其繼承人對於前項結算書未為承認前，原監護人不得免其責任。

第一一〇八條 （清算義務之繼承）

監護人死亡時，前條移交及結算，由其繼承人為之；其無繼承人或繼承人有無不明者，由新監護人逕行辦理結算，連同依第一千零九十九條規定開具之財產清冊陳報法院。

第一一〇九條 （監護人賠償責任之短期時效）

①監護人於執行監護職務時，因故意或過失，致生損害於受監護人者，應負賠償之責。

②前項賠償請求權，自監護關係消滅之日起，五年間不行使而消滅；如有新監護人者，其期間自新監護人就職之日起算。

第一一〇九條之一 （監護事件依職權囑託戶政機關登記）

法院於選定監護人、許可監護人辭任及另行選定或改定監護人時，應依職權囑託該管戶政機關登記。

第一一〇九條之二 （未成年人受監護宣告之適用規定）

未成年人依第十四條受監護之宣告者，適用本章第二節成年人監護之規定。

第二節 成年人之監護及輔助

第一一一〇條 （監護人之設置）

受監護宣告之人應置監護人。

第一一一一條 （監護人之順序及選定）

①法院為監護之宣告時，應依職權就配偶、四親等內之親屬、最近一年有同居事實之其他親屬、主管機關、社會福利機構或其他適當之人選定一人或數人為監護人，並同時指定會同開具財產清冊之人。

②法院為前項選定及指定前，得命主管機關或社會福利機構進行訪視，提出調查報告及建議。監護之聲請人或利害關係人亦得提出相關資料或證據，供法院斟酌。

第一一一一條之一 （選定監護人之注意事項）

法院選定監護人時，應依受監護宣告之人之最佳利益，優先考量受監護宣告之人之意見，審酌一切情狀，並注意下列事項：

一 受監護宣告之人之身心狀態與生活及財產狀況。

二 受監護宣告之人與其配偶、子女或其他共同生活之人間之情

感狀況。

三　監護人之職業、經歷、意見及其與受監護宣告之人之利害關係。

四　法人爲監護人時，其事業之種類與內容，法人及其代表人與受監護宣告之人之利害關係。

第一一一條之二 （監護人之資格限制）104

照護受監護宣告之人之法人或機構及其代表人、負責人，或與該法人或機構有僱傭、委任或其他類似關係之人，不得爲受監護宣告之人之監護人。但爲該受監護宣告之人之配偶、四親等內之血親或二親等內之姻親者，不在此限。

第一一一二條 （監護人之職務）

監護人於執行有關受監護人之生活、護養療治及財產管理之職務時，應尊重受監護人之意思，並考量其身心狀態與生活狀況。

第一一一二條之一 （成年監護之監護人為數人時執行監護職務之方式）

① 法院選定數人爲監護人時，得依職權指定其共同或分別執行職務之範圍。

② 法院得因監護人、受監護人、第十四條第一項聲請權人之聲請，撤銷或變更前項之指定。

第一一一二條之二 （監護事件依職權囑託戶政機關登記）

法院爲監護之宣告、撤銷監護之宣告、選定監護人、許可監護人辭任及另行選定或改定監護人時，應依職權囑託該管戶政機關登記。

第一一一三條 （未成年人監護規定之準用）

成年人之監護，除本節有規定者外，準用關於未成年人監護之規定。

第一一一三條之一 （輔助人之設置）

① 受輔助宣告之人，應置輔助人。

② 輔助人及有關輔助之職務，準用第一千零九十五條、第一千零九十六條、第一千零九十八條第二項、第一千一百條、第一千一百零二條、第一千一百零三條第二項、第一千一百零四條、第一千一百零六條、第一千一百零六條之一、第一千一百零九條、第一千一百十一條至第一千一百十一條之二、第一千一百十二條之一及第一千一百十二條之二之規定。

第五章　扶　養

第一一一四條 （互負扶養義務之親屬）

左列親屬，互負扶養之義務：

一　直系血親相互間。

二　夫妻之一方與他方之父母同居者，其相互間。

三　兄弟姊妹相互間。

四　家長家屬相互間。

第一一一五條 （扶養義務人之順序）

①負扶養義務者有數人時，應依左列順序定其履行義務之人：

一 直系血親卑親屬。

二 直系血親尊親屬。

三 家長。

四 兄弟姊妹。

五 家屬。

六 子婦、女婿。

七 夫妻之父母。

②同係直系尊親屬或直系卑親屬者，以親等近者爲先。

③負扶養義務者有數人，而其親等同一時，應各依其經濟能力，分擔義務。

第一一一六條 （扶養權利人之順序）

①受扶養權利者有數人，而負扶養義務者之經濟能力，不足扶養其全體時，依左列順序定其受扶養之人：

一 直系血親尊親屬。

二 直系血親卑親屬。

三 家屬。

四 兄弟姊妹。

五 家長。

六 夫妻之父母。

七 子婦、女婿。

②同係直系尊親屬或直系卑親屬者，以親等近者爲先。

③受扶養權利者有數人，而其親等同一時，應按其需要之狀況，酌爲扶養。

第一一一六條之一 （夫妻與其他人扶養權利義務之順位）

夫妻互負扶養之義務，其扶養義務之順序與直系血親卑親屬同，其受扶養權利之順序與直系血親尊親屬同。

第一一一六條之二 （結婚經撤銷或離婚子女之扶養義務）

父母對於未成年子女之扶養義務，不因結婚經撤銷或離婚而受影響。

第一一一七條 （受扶養之要件）

①受扶養權利者，以不能維持生活而無謀生能力者爲限。

②前項無謀生能力之限制，於直系血親尊親屬不適用之。

第一一一八條 （扶養義務之免除）

因負擔扶養義務而不能維持自己生活者，免除其義務。但受扶養權利者爲直系血親尊親屬或配偶時，減輕其義務。

第一一一八條之一 （減輕或免除扶養義務之情形）

①受扶養權利者有下列情形之一，由負扶養義務者負擔扶養義務顯失公平，負扶養義務者得請求法院減輕其扶養義務：

一 對負扶養義務者、其配偶或直系血親故意爲虐待、重大侮辱或其他身體、精神上之不法侵害行爲。

二　對負扶養義務者無正當理由未盡扶養義務。

②受扶養權利者對負扶養義務者有前項各款行為之一，且情節重大者，法院得免除其扶養義務。

③前二項規定，受扶養權利者為負扶養義務者之未成年直系血親卑親屬者，不適用之。

第一一一九條　（扶養程序）

扶養之程度，應按受扶養權利者之需要與負扶養義務者之經濟能力及身分定之。

第一一二〇條　（扶養方法之決定）

扶養之方法，由當事人協議定之；不能協議時，由親屬會議定之。但扶養費之給付，當事人不能協議時，由法院定之。

第一一二一條　（扶養程度及方法之變更）

扶養之程度及方法，當事人得因情事之變更，請求變更之。

第六章　家

第一一二二條　（家之定義）

稱家者，謂以永久共同生活為目的而同居之親屬團體。

第一一二三條　（家長與家屬）

①家置家長。

②同家之人，除家長外，均為家屬。

③雖非親屬，而以永久共同生活為目的同居一家者，視為家屬。

第一一二四條　（家長之選定）

家長由親屬團體中推定之；無推定時，以家中之最尊輩者為之；尊輩同者，以年長者為之；最尊或最長者不能或不願管理家務時，由其指定家屬一人代理。

第一一二五條　（管理家務之注意義務）

家務由家長管理。但家長得以家務之一部，委託家屬處理。

第一一二六條　（管理家務之注意義務）

家長管理家務，應注意於家屬全體之利益。

第一一二七條　（家屬之分離－請求分離）

家屬已成年或雖未成年而已結婚者，得請求由家分離。

第一一二八條　（家屬之分離－命令分離）

家長對於已成年或雖未成年而已結婚之家屬，得令其由家分離。但以有正當理由時為限。

第七章　親屬會議

第一一二九條　（召集人）

依本法之規定應開親屬會議時，由當事人、法定代理人或其他利害關係人召集之。

第一一三〇條　（親屬會議組織）

親屬會議，以會員五人組織之。

第一一三一條　（親屬會議會員構成之順序）

①親屬會議會員，應就未成年人、受監護宣告之人或被繼承人之下列親屬與順序定之：

一　直系血親尊親屬。

二　三親等內旁系血親尊親屬。

三　四親等內之同輩血親。

②前項同一順序之人，以親等近者爲先；親等同者，以同居親屬爲先，無同居親屬者，以年長者爲先。

③依前二項順序所定之親屬會議會員，不能出席會議或難於出席時，由次順序之親屬充任之。

第一一三二條　（聲請法院處理之事由）103

依法應經親屬會議處理之事項，而有下列情形之一者，得由有召集權人或利害關係人聲請法院處理之：

一　無前條規定之親屬或親屬不足法定人數。

二　親屬會議不能或難以召開。

三　親屬會議經召開而不爲或不能決議。

第一一三三條　（會員資格之限制）

監護人、未成年人及受監護宣告之人，不得爲親屬會議會員。

第一一三四條　（會員辭職之限制）

依法應爲親屬會議會員之人，非有正當理由，不得辭其職務。

第一一三五條　（會議之召開及決議）

親屬會議，非有三人以上之出席，不得開會；非有出席會員過半數之同意，不得爲決議。

第一一三六條　（決議之限制）

親屬會議會員，於所議事件有個人利害關係者，不得加入決議。

第一一三七條　（不服決議之聲訴）

第一千一百二十九條所定有召集權之人，對於親屬會議之決議有不服者，得於三個月內向法院聲訴。

民法親屬編施行法

①民國 20 年 1 月 24 日國民政府制定公布全文 15 條；並自 20 年 5 月 5 日施行。
②民國 74 年 6 月 3 日總統令修正公布第 1～4、6、8、10、12～15 條條文。
③民國 85 年 9 月 25 日總統令增訂公布第 6-1 條條文。
④民國 89 年 2 月 2 日總統令增訂公布第 14-1 條條文。
⑤民國 91 年 6 月 26 日總統令增訂公布第 6-2 條條文。
⑥民國 96 年 5 月 23 日總統令增訂公布第 4-1、8-1 條條文。
⑦民國 97 年 5 月 23 日總統令修正公布第 15 條條文；增訂第 14-2、14-3 條條文；並自公布日施行。
⑧民國 98 年 12 月 30 日總統令修正公布第 15 條條文。
⑨民國 101 年 12 月 26 日總統令增訂公布第 6-3 條條文。

第一條 （不溯及既往之原則）
關於親屬之事件，在民法親屬編施行前發生者，除本施行法有特別規定外，不適用民法親屬編之規定；其在修正前發生者，除本施行法有特別規定外，亦不適用修正後之規定。

第二條 （消滅時效之特別規定）
①民法親屬編施行前，依民法親屬編之規定消滅時效業已完成，或其時效期間尚有殘餘不足一年者，得於施行之日起一年內行使請求權。但自其時效完成後，至民法親屬編施行時，已逾民法親屬編所定時效期間二分之一者，不在此限。
②前項規定，於依民法親屬編修正後規定之消滅時效業已完成，或其時效期間尚有殘餘不足一年者，準用之。

第三條 （無時效性質之法定期間之準用）
前條之規定，於民法親屬編修正前或修正後所定無時效性質之法定期間準用之。但其法定期間不滿一年者，如在施行時或修正時尚未屆滿，其期間自施行或修正之日起算。

第四條 （婚約規定之適用）
①民法親屬編關於婚約之規定，除第九百七十三條外，於民法親屬編施行前所訂之婚約亦適用之。
②修正之民法第九百七十七條第二項及第三項之規定，於民法親屬編修正前所訂之婚約並適用之。

第四條之一 （重婚規定之適用）
①中華民國九十六年五月四日修正之民法第九百八十二條之規定，自公布後一年施行。
②修正之民法第九百八十八條之規定，於民法修正前重婚者，仍有適用。

第五條 （再婚期間計算之特別規定）

民法第九百八十七條所規定之再婚期間，雖其婚姻關係在民法親屬編施行前消滅者，亦自婚姻關係消滅時起算。

第六條 （夫妻財產制之適用）

①民法親屬編施行前已結婚者，除適用民法第一千零四條之規定外，並得以民法親屬編所定之法定財產制為其約定財產制。

②修正之民法第一千零十條之規定，於民法親屬編施行後修正前已結婚者，亦適用之。其第五款所定之期間，在修正前已屆滿者，其期間為屆滿，未屆滿者，以修正前已經過之期間與修正後之期間合併計算。

第六條之一 （夫妻聯合財產制之適用）

中華民國七十四年六月四日以前結婚，並適用聯合財產制之夫妻，於婚姻關係存續中以妻之名義在同日以前取得不動產，而有左列情形之一者，於本施行法中華民國八十五年九月六日修正生效一年後，適用中華民國七十四年民法親屬編修正後之第一千零十七條規定：

一　婚姻關係尚存續中且該不動產仍以妻之名義登記者。

二　夫妻已離婚而該不動產仍以妻之名義登記者。

第六條之二 （婚前財產與婚後財產之適用）

中華民國九十一年民法親屬編修正前適用聯合財產制之夫妻，其特有財產或結婚時之原有財產，於修正施行後視為夫或妻之婚前財產；婚姻關係存續中取得之原有財產，於修正施行後視為夫或妻之婚後財產。

第六條之三 （債務人夫妻財產制未判決確定時適用新法之規定）101

本法中華民國一百零一年十二月七日修正施行前，經債權人向法院聲請宣告債務人改用分別財產制或已代位債務人起訴請求分配剩餘財產而尚未確定之事件，適用修正後之規定。

第七條 （裁判離婚規定之適用）

民法親屬編施行前所發生之事實，而依民法親屬編之規定得為離婚之原因者，得請求離婚。但已逾民法第一千零五十三條或第一千零五十四條所定之期間者，不在此限。

第八條 （婚生子女之推定及否認規定之適用）

①民法親屬編關於婚生子女之推定及否認，於施行前受胎之子女亦適用之。

②民法親屬編修正前結婚，並有修正之民法第一千零五十九條第一項但書之約定而從母姓者，得於修正後一年內，聲請改從母姓。但子女已成年或已結婚者，不在此限。

③修正之民法第一千零六十三條第二項之規定，於民法親屬編修正前受胎或出生之子女亦適用之。

第八條之一 （否認婚生子女提訴期限）

夫妻已逾中華民國九十六年五月四日修正前之民法第一千零六十

三條第二項規定所定期間，而不得提起否認之訴者，得於修正施行後二年內提起之。

第九條　（立嗣子女與其所後父母之關係）

民法親屬編施行前所立之嗣子女，與其所後父母之關係，與婚生子女同。

第一○條　（非婚生子女規定之適用）

①非婚生子女在民法親屬編施行前出生者，自施行之日起適用民法親屬編關於非婚生子女之規定。

②非婚生子女在民法親屬編修正前出生者，修正之民法第一千零六十七條之規定，亦適用之。

第一一條　（收養效力規定之適用）

收養關係雖在民法親屬編施行前發生者，自施行之日起，有民法親屬編所定之效力。

第一二條　（得請求宣告終止收養關係之規定之適用）

①民法親屬編施行前所發生之事實，依民法親屬編之規定得為終止收養關係之原因者，得請求宣告終止收養關係。

②民法親屬編施行後修正前所發生之事實，依修正之民法第一千零八十條第五項之規定得為終止收養關係之原因者，得聲請許可終止收養關係。

第一三條　（父母子女權義規定之適用）

父母子女間之權利義務，自民法親屬編施行之日起，依民法親屬編之規定。其有修正者，適用修正後之規定。

第一四條　（監護人權義規定之適用）

民法親屬編施行前所設置之監護人，其權利義務，自施行之日起，適用民法親屬編之規定。其有修正者，適用修正後之規定。

第一四條之一　（法定監護人）

本法於民國八十九年一月十四日修正前已依民法第一千零九十四條任監護人者，於修正公布後，仍適用修正後同條第二項至第四項之規定。

第一四條之二　（修法後監護人適用規定）

中華民國九十七年五月二日修正之民法親屬編第四章條文施行前所設置之監護人，於修正施行後，適用修正後之規定。

第一四條之三　（施行日）

中華民國九十七年五月二日修正之民法親屬編第四章之規定，自公布後一年六個月施行。

第一五條　（施行日）

①本施行法自民法親屬編施行之日施行。

②民法親屬編修正條文及本施行法修正條文，除另定施行日期，及中華民國九十八年十二月十五日修正之民法第一千一百三十一條及第一千一百三十三條自九十八年十一月二十三日施行者外，自公布日施行。

民 法

第五編 繼 承

①民國 19 年 12 月 26 日國民政府制定公布全文第 1138～1225 條條
文；並自 20 年 5 月 5 日施行。
②民國 74 年 6 月 3 日總統令修正公布第 1145、1165、1174、1176 至
1178、1181、1195、1196、1213、1219～1222 條條文暨第三章第五
節節名；刪除第 1142、1143、1167 條條文；並增訂第 1176-1、
1178-1 條條文。
③民國 97 年 1 月 2 日總統令修正公布第 1148、1153、1154、1156、
1157、1163、1174 及 1176 條條文。
④民國 98 年 6 月 10 日總統令修正公布第 1148、1153、1154、1156、
1157、1159、1161、1163、1176 條條文；刪除第 1155 條條文及第
二章第二節節名；並增訂第 1148-1、1156-1、1162-1、1162-2 條條
文。
⑤民國 98 年 12 月 30 日總統令修正公布第 1198 及 1210 條條文。
⑥民國 103 年 1 月 29 日總統令修正公布第 1212 條條文。
⑦民國 104 年 1 月 14 日總統令修正公布第 1183 條條文；並增訂第
1211-1 條條文。

第一章 遺產繼承人

第一一三八條 （法定繼承人及其順序）

遺產繼承人，除配偶外，依左列順序定之：

一 直系血親卑親屬。
二 父母。
三 兄弟姊妹。
四 祖父母。

第一一三九條 （第一順序繼承人之決定）

前條所定第一順序之繼承人，以親等近者爲先。

第一一四○條 （代位繼承）

第一千一百三十八條所定第一順序之繼承人，有於繼承開始前死
亡或喪失繼承權者，由其直系血親卑親屬代位繼承其應繼分。

第一一四一條 （同順序繼承人之應繼分）

同一順序之繼承人有數人時，按人數平均繼承。但法律另有規定
者，不在此限。

第一一四二條 （刪除）

第一一四三條 （刪除）

第一一四四條 （配偶之應繼分）

配偶有相互繼承遺產之權，其應繼分，依左列各款定之：

一　與第一千一百三十八條所定第一順序之繼承人同為繼承時，其應繼分與他繼承人平均。

二　與第一千一百三十八條所定第二順序或第三順序之繼承人同為繼承時，其應繼分為遺產二分之一。

三　與第一千一百三十八條所定第四順序之繼承人同為繼承時，其應繼分為遺產三分之二。

四　無第一千一百三十八條所定第一順序至第四順序之繼承人時，其應繼分為遺產全部。

第一一四五條（繼承權喪失之事由）

①有左列各款情事之一者，喪失其繼承權：

一　故意致被繼承人或應繼承人於死或雖未致死因而受刑之宣告者。

二　以詐欺或脅迫使被繼承人為關於繼承之遺囑，或使其撤回或變更之者。

三　以詐欺或脅迫妨害被繼承人為關於繼承之遺囑，或妨害其撤回或變更之者。

四　偽造、變造、隱匿或湮滅被繼承人關於繼承之遺囑者。

五　對於被繼承人有重大之虐待或侮辱情事，經被繼承人表示其不得繼承者。

②前項第二款至第四款之規定，如經被繼承人宥恕者，其繼承權不喪失。

第一一四六條（繼承回復請求權）

①繼承權被侵害者，被害人或其法定代理人得請求回復之。

②前項回復請求權，自知悉被侵害之時起，二年間不行使而消滅；自繼承開始起逾十年者亦同。

第二章　遺產之繼承

第一節　效　力

第一一四七條（繼承之開始）

繼承，因被繼承人死亡而開始。

第一一四八條（限定繼承之有限責任）

①繼承人自繼承開始時，除本法另有規定外，承受被繼承人財產上之一切權利、義務。但權利、義務專屬於被繼承人本身者，不在此限。

②繼承人對於被繼承人之債務，以因繼承所得遺產為限，負清償責任。

第一一四八條之一（財產贈與視同所得遺產之計算期限）98

①繼承人在繼承開始前二年內，從被繼承人受有財產之贈與者，該財產視為其所得遺產。

②前項財產如已移轉或滅失，其價額，依贈與時之價值計算。

第一一四九條（遺產酌給請求權）

被繼承人生前繼續扶養之人，應由親屬會議依其所受扶養之程度及其他關係，酌給遺產。

第一一五〇條 （繼承費用之支付）

關於遺產管理、分割及執行遺囑之費用，由遺產中支付之。但因繼承人之過失而支付者，不在此限。

第一一五一條 （遺產之公同共有）

繼承人有數人時，在分割遺產前，各繼承人對於遺產全部為公同共有。

第一一五二條 （公同共有遺產之管理）

前條公同共有之遺產，得由繼承人中互推一人管理之。

第一一五三條 （債務之連帶責任）

①繼承人對於被繼承人之債務，以因繼承所得遺產為限，負連帶責任。

②繼承人相互間對於被繼承人之債務，除法律另有規定或另有約定外，按其應繼分比例負擔之。

第二節 （刪除）

第一一五四條 （繼承人之權義）

繼承人對於被繼承人之權利、義務，不因繼承而消滅。

第一一五五條 （刪除）

第一一五六條 （繼承人開具遺產清冊之呈報）

①繼承人於知悉其得繼承之時起三個月內開具遺產清冊陳報法院。

②前項三個月期間，法院因繼承人之聲請，認為必要時，得延展之。

③繼承人有數人時，其中一人已依第一項開具遺產清冊陳報法院者，其他繼承人視為已陳報。

第一一五六條之一 （債權人遺產清冊之提出）

①債權人得向法院聲請命繼承人於三個月內提出遺產清冊。

②法院於知悉債權人以訴訟程序或非訟程序向繼承人請求清償繼承債務時，得依職權命繼承人於三個月內提出遺產清冊。

③前條第二項及第三項規定，於第一項及第二項情形，準用之。

第一一五七條 （報明債權之公示催告及其期限）

①繼承人依前二條規定陳報法院時，法院應依公示催告程序公告，命被繼承人之債權人於一定期限內報明其債權。

②前項一定期限，不得在三個月以下。

第一一五八條 （償還債務之限制）

繼承人在前條所定之一定期限內，不得對於被繼承人之任何債權人償還債務。

第一一五九條 （依期報明債權之償還）

①在第一千一百五十七條所定之一定期限屆滿後，繼承人對於在該一定期限內報明之債權及繼承人所已知之債權，均應按其數額，比例計算，以遺產分別償還。但不得害及有優先權人之利益。

②繼承人對於繼承開始時未屆清償期之債權，亦應依第一項規定予以清償。

③前項未屆清償期之債權，於繼承開始時，視爲已到期。其無利息者，其債權額應扣除自第一千一百五十七條所定之一定期限屆滿時起至到期時止之法定利息。

第一一六〇條 （交付遺贈之限制）

繼承人非依前條規定償還債務後，不得對受遺贈人交付遺贈。

第一一六一條 （繼承人之賠償責任及受害人之返還請求權）98

①繼承人違反第一千一百五十八條至第一千一百六十條之規定，致被繼承人之債權人受有損害者，應負賠償之責。

②前項受有損害之人，對於不當受領之債權人或受遺贈人，得請求返還其不當受領之數額。

③繼承人對於不當受領之債權人或受遺贈人，不得請求返還其不當受領之數額。

第一一六二條 （未依期報明債權之償還）

被繼承人之債權人，不於第一千一百五十七條所定之一定期限內報明其債權，而又爲繼承人所不知者，僅得就賸餘遺產，行使其權利。

第一一六二條之一 （繼承人之清償債權責任）

①繼承人未依第一千一百五十六條、第一千一百五十六條之一開具遺產清冊陳報法院者，對於被繼承人債權人之全部債權，仍應按其數額，比例計算，以遺產分別償還。但不得害及有優先權人之利益。

②前項繼承人，非依前項規定償還債務後，不得對受遺贈人交付遺贈。

③繼承人對於繼承開始時未屆清償期之債權，亦應依第一項規定予以清償。

④前項未屆清償期之債權，於繼承開始時，視爲已到期。其無利息者，其債權額應扣除自清償時起至到期時止之法定利息。

第一一六二條之二 （限定繼承之例外原則）

①繼承人違反第一千一百六十二條之一規定者，被繼承人之債權人得就應受清償而未受償之部分，對該繼承人行使權利。

②繼承人對於前項債權人應受清償而未受償部分之清償責任，不以所得遺產爲限。但繼承人爲無行爲能力人或限制行爲能力人，不在此限。

③繼承人違反第一千一百六十二條之一規定，致被繼承人之債權人受有損害者，亦應負賠償之責。

④前項受有損害之人，對於不當受領之債權人或受遺贈人，得請求返還其不當受領之數額。

⑤繼承人對於不當受領之債權人或受遺贈人，不得請求返還其不當受領之數額。

第一一六三條 （限定繼承利益之喪失）

繼承人中有下列各款情事之一者，不得主張第一千一百四十八條第二項所定之利益：

一 隱匿遺產情節重大。
二 在遺產清冊爲虛僞之記載情節重大。
三 意圖詐害被繼承人之債權人之權利而爲遺產之處分。

第三節 遺產之分割

第一一六四條 （遺產分割自由原則）

繼承人得隨時請求分割遺產。但法律另有規定或契約另有訂定者，不在此限。

第一一六五條 （分割遺產之方法）74

①被繼承人之遺囑，定有分割遺產之方法，或託他人代定者，從其所定。

②遺囑禁止遺產之分割者，其禁止之效力以十年爲限。

第一一六六條 （胎兒應繼分之保留）

①胎兒爲繼承人時，非保留其應繼分，他繼承人不得分割遺產。

②胎兒關於遺產之分割，以其母爲代理人。

第一一六七條 （刪除）

第一一六八條 （分割之效力－繼承人互相擔保責任）

遺產分割後，各繼承人按其所得部分，對於他繼承人因分割而得之遺產，負與出賣人同一之擔保責任。

第一一六九條 （分割之效力－債務人資力之擔保責任）

①遺產分割後，各繼承人按其所得部分，對於他繼承人因分割而得之債權，就遺產分割時債務人之支付能力，負擔保之責。

②前項債權，附有停止條件或未屆清償期者，各繼承人就應清償時債務人之支付能力，負擔保之責。

第一一七〇條 （分割之效力－擔保責任人無資力時之分擔）

依前二條規定負擔保責任之繼承人中，有無支付能力不能償還其分擔額者，其不能償還之部分，由有請求權之繼承人與他繼承人，按其所得部分比例分擔。但其不能償還，係由有請求權人之過失所致者，不得對於他繼承人，請求分擔。

第一一七一條 （分割之效力－連帶債務之免除）

①遺產分割後，其未清償之被繼承人之債務，移歸一定之人承受，或劃歸各繼承人分擔，如經債權人同意者，各繼承人免除連帶責任。

②繼承人之連帶責任，自遺產分割時起，如債權清償期在遺產分割後者，自清償期屆滿時起，經過五年而免除。

第一一七二條 （分割之計算－債務之扣還）

繼承人中如對於被繼承人負有債務者，於遺產分割時，應按其債務數額，由該繼承人之應繼分內扣還。

第一一七三條 （分割之計算－贈與之歸扣）

①繼承人中有在繼承開始前因結婚、分居或營業，已從被繼承人受有財產之贈與者，應將該贈與價額加入繼承開始時被繼承人所有之財產中，爲應繼遺產。但被繼承人於贈與時有反對之意思表示者，不在此限。

②前項贈與價額，應於遺產分割時，由該繼承人之應繼分中扣除。

③贈與價額，依贈與時之價值計算。

第四節　繼承之拋棄

第一一七四條 （繼承權拋棄之自由及方法）

①繼承人得拋棄其繼承權。

②前項拋棄，應於知悉其得繼承之時起三個月內，以書面向法院爲之。

③拋棄繼承後，應以書面通知因其拋棄而應爲繼承之人。但不能通知者，不在此限。

第一一七五條 （繼承拋棄之效力）

繼承之拋棄，溯及於繼承開始時發生效力。

第一一七六條 （拋棄繼承權人應繼分之歸屬）

①第一千一百三十八條所定第一順序之繼承人中有拋棄繼承權者，其應繼分歸屬於其他同爲繼承之人。

②第二順序至第四順序之繼承人中，有拋棄繼承者，其應繼分歸屬於其他同一順序之繼承人。

③與配偶同爲繼承之同一順序繼承人均拋棄繼承權，而無後順序之繼承人時，其應繼分歸屬於配偶。

④配偶拋棄繼承權者，其應繼分歸屬於與其同爲繼承之人。

⑤第一順序之繼承人，其親等近者均拋棄繼承權時，由次親等之直系血親卑親屬繼承。

⑥先順序繼承人均拋棄其繼承權時，由次順序之繼承人繼承。其次順序繼承人有無不明或第四順序之繼承人均拋棄其繼承權者，準用關於無人承認繼承之規定。

⑦因他人拋棄繼承而應爲繼承之人，爲拋棄繼承時，應於知悉其得繼承之日起三個月內爲之。

第一一七六條之一 （拋棄繼承權者繼續管理遺產之義務）

拋棄繼承權者，就其所管理之遺產，於其他繼承人或遺產管理人開始管理前，應與處理自己事務爲同一之注意，繼續管理之。

第五節　無人承認之繼承

第一一七七條 （遺產管理人之選定及報明）

繼承開始時，繼承人之有無不明者，由親屬會議於一個月內選定遺產管理人，並將繼承開始及選定遺產管理人之事由，向法院報明。

第一一七八條 （搜索繼承人之公示催告與選任遺產管理人）

①親屬會議依前條規定爲報明後，法院應依公示催告程序，定六個月以上之期限，公告繼承人，命其於期限內承認繼承。

②無親屬會議或親屬會議未於前條所定期限內選定遺產管理人者，利害關係人或檢察官，得聲請法院選任遺產管理人，並由法院依前項規定爲公示催告。

第一一七八條之一 （法院爲保存遺產之必要處置）

繼承開始時繼承人之有無不明者，在遺產管理人選定前，法院得因利害關係人或檢察官之聲請，爲保存遺產之必要處置。

第一一七九條 （遺產管理人之職務）

①遺產管理人之職務如左：

一 編製遺產清冊。

二 爲保存遺產必要之處置。

三 聲請法院依公示催告程序，限定一年以上之期間，公告被繼承人之債權人及受遺贈人，命其於該期間內報明債權及爲願受遺贈與否之聲明，被繼承人之債權人及受遺贈人爲管理人所已知者，應分別通知之。

四 清償債權或交付遺贈物。

五 有繼承人承認繼承或遺產歸屬國庫時，爲遺產之移交。

②前項第一款所定之遺產清冊，管理人應於就職後三個月內編製之；第四款所定債權之清償，應先於遺贈物之交付，爲清償債權或交付遺贈物之必要，管理人經親屬會議之同意，得變賣遺產。

第一一八〇條 （遺產管理人之報告義務）

遺產管理人，因親屬會議，被繼承人之債權人或受遺贈人之請求，應報告或說明遺產之狀況。

第一一八一條 （清償債務或交付遺贈物期間之限制）

遺產管理人非於第一千一百七十九條第一項第三款所定期間屆滿後，不得對被繼承人之任何債權人或受遺贈人，償還債務或交付遺贈物。

第一一八二條 （未依期限報明債權及聲明受遺贈之償還）

被繼承人之債權人或受遺贈人，不於第一千一百七十九條第一項第三款所定期間內爲報明或聲明者，僅得就賸餘遺產，行使其權利。

第一一八三條 （遺產管理人之報酬）

遺產管理人得請求報酬，其數額由法院按其與被繼承人之關係、管理事務之繁簡及其他情形，就遺產酌定之，必要時，得命聲請人先爲墊付。

第一一八四條 （遺產管理人行爲效果之擬制）

第一千一百七十八條所定之期限內，有繼承人承認繼承時，遺產管理人在繼承人承認繼承前所爲之職務上行爲，視爲繼承人之代理。

第一一八五條 （賸餘遺產之歸屬）

第一千一百七十八條所定之期限屆滿，無繼承人承認繼承時，其

遺產於清償債權並交付遺贈物後，如有賸餘，歸屬國庫。

第三章 遺　囑

第一節　通　則

第一一八六條 （遺囑能力）

①無行為能力人，不得為遺囑。

②限制行為能力人，無須經法定代理人之允許，得為遺囑。但未滿十六歲者，不得為遺囑。

第一一八七條 （遺產之自由處分）

遺囑人於不違反關於特留分規定之範圍內，得以遺囑自由處分遺產。

第一一八八條 （受遺贈權之喪失）

第一千一百四十五條喪失繼承權之規定，於受遺贈人準用之。

第二節　方　式

第一一八九條 （遺囑方式之種類）

遺囑應依左列方式之一為之：

一　自書遺囑。

二　公證遺囑。

三　密封遺囑。

四　代筆遺囑。

五　口授遺囑。

第一一九〇條 （自書遺囑）

自書遺囑者，應自書遺囑全文，記明年、月、日，並親自簽名；如有增減、塗改，應註明增減、塗改之處所及字數，另行簽名。

第一一九一條 （公證遺囑）

①公證遺囑，應指定二人以上之見證人，在公證人前口述遺囑意旨，由公證人筆記、宣讀、講解，經遺囑人認可後，記明年、月、日，由公證人、見證人及遺囑人同行簽名；遺囑人不能簽名者，由公證人將其事由記明，使按指印代之。

②前項所定公證人之職務，在無公證人之地，得由法院書記官行之，僑民在中華民國領事駐在地為遺囑時，得由領事行之。

第一一九二條 （密封遺囑）

①密封遺囑，應於遺囑上簽名後，將其密封，於封縫處簽名，指定二人以上之見證人，向公證人提出，陳述其為自己之遺囑，如非本人自寫，並陳述繕寫人之姓名、住所，由公證人於封面記明該遺囑提出之年、月、日及遺囑人所為之陳述，與遺囑人及見證人同行簽名。

②前條第二項之規定，於前項情形準用之。

第一一九三條 （密封遺囑之轉換）

密封遺囑，不具備前條所定之方式，而具備第一千一百九十條所

定自書遺囑之方式者，有自書遺囑之效力。

第一一九四條 （代筆遺囑）

代筆遺囑，由遺囑人指定三人以上之見證人，由遺囑人口述遺囑意旨，使見證人中之一人筆記、宣讀、講解，經遺囑人認可後，記明年、月、日，及代筆人之姓名，由見證人全體及遺囑人同行簽名，遺囑人不能簽名者，應按指印代之。

第一一九五條 （口授遺囑之方法）

遺囑人因生命危急或其他特殊情形，不能依其他方式爲遺囑者，得依左列方式之一爲口授遺囑：

一　由遺囑人指定二人以上之見證人，並口授遺囑意旨，由見證人中之一人，將該遺囑意旨，據實作成筆記，並記明年、月、日，與其他見證人同行簽名。

二　由遺囑人指定二人以上之見證人，並口述遺囑意旨、遺囑人姓名及年、月、日，由見證人全體口述遺囑之爲眞正及見證人姓名，全部予以錄音，將錄音帶當場密封，並記明年、月、日，由見證人全體在封縫處同行簽名。

第一一九六條 （口授遺囑之失效）

口授遺囑，自遺囑人能依其他方式爲遺囑之時起，經過三個月而失其效力。

第一一九七條 （口授遺囑之鑑定）

口授遺囑，應由見證人中之一人或利害關係人，於爲遺囑人死亡後三個月內，提經親屬會議認定其眞僞，對於親屬會議之認定如有異議，得聲請法院判定之。

第一一九八條 （遺囑見證人資格之限制）

下列之人，不得爲遺囑見證人：

一　未成年人。

二　受監護或輔助宣告之人。

三　繼承人及其配偶或其直系血親。

四　受遺贈人及其配偶或其直系血親。

五　爲公證人或代行公證職務人之同居人助人或受僱人。

第三節　效　力

第一一九九條 （遺囑生效期）

遺囑自遺囑人死亡時發生效力。

第一二〇〇條 （附停止條件遺贈之生效期）

遺囑所定遺贈，附有停止條件者，自條件成就時，發生效力。

第一二〇一條 （遺贈之失效）

受遺贈人於遺囑發生效力前死亡者，其遺贈不生效力。

第一二〇二條 （遺贈之無效）

遺囑人以一定之財產爲遺贈，而其財產在繼承開始時，有一部分不屬於遺產者，其一部分遺贈爲無效；全部不屬於遺產者，其全部遺贈爲無效。但遺囑另有意思表示者，從其意思。

第一二○三條 （遺贈標的物之推定）

遺囑人因遺贈物滅失、毀損、變造、或喪失物之占有，而對於他人取得權利時，推定以其權利爲遺贈；因遺贈物與他物附合或混合而對於所附合或混合之物取得權利時亦同。

第一二○四條 （用益權之遺贈及其期限）

以遺產之使用、收益爲遺贈，而遺囑未定返還期限，並不能依遺贈之性質定其期限者，以受遺贈人之終身爲其期限。

第一二○五條 （附負擔之遺贈）

遺贈附有義務者，受遺贈人以其所受利益爲限，負履行之責。

第一二○六條 （遺贈之拋棄及其效力）

①受遺贈人在遺囑人死亡後，得拋棄遺贈。

②遺贈之拋棄，溯及遺囑人死亡時發生效力。

第一二○七條 （承認遺贈之催告及擬制）

繼承人或其他利害關係人，得定相當期限，請求受遺贈人於期限內爲承認遺贈與否之表示；期限屆滿，尚無表示者，視爲承認遺贈。

第一二○八條 （遺贈無效或拋棄之效果）

遺贈無效或拋棄時，其遺贈之財產，仍屬於遺產。

第四節 執 行

第一二○九條 （遺囑執行人之產生－遺囑指定）

①遺囑人得以遺囑指定遺囑執行人，或委託他人指定之。

②受前項委託者，應即指定遺囑執行人，並通知繼承人。

第一二一○條 （遺囑執行人資格之限制）

未成年人、受監護或輔助宣告之人，不得爲遺囑執行人。

第一二一一條 （遺囑執行人之產生－親屬會議法院之選任）

遺囑未指定遺囑執行人，並未委託他人指定者，得由親屬會議選定之；不能由親屬會議選定時，得由利害關係人聲請法院指定之。

第一二一一條之一 （遺囑執行人之報酬）104

除遺囑人另有指定外，遺囑執行人就其職務之執行，得請求相當之報酬，其數額由繼承人與遺囑執行人協議定之；不能協議時，由法院酌定之。

第一二一二條 （遺囑之提示）103

遺囑保管人知有繼承開始之事實時，應即將遺囑交付遺囑執行人，並以適當方法通知已知之繼承人；無遺囑執行人者，應通知已知之繼承人、債權人、受遺贈人及其他利害關係人。無保管人而由繼承人發現遺囑者，亦同。

第一二一三條 （封緘遺囑之開視）

①有封緘之遺囑，非在親屬會議當場或法院公證處，不得開視。

②前項遺囑開視時應製作紀錄，記明遺囑之封緘有無毀損情形，或其他特別情事，並由在場之人同行簽名。

第一二一四條 （遺囑執行人之執行職務－編製遺產清冊）

遺囑執行人就職後，於遺囑有關之財產，如有編製清冊之必要時，應即編製遺產清冊，交付繼承人。

第一二一五條 （遺囑執行人之執行職務－遺產管理及必要行為）

①遺囑執行人有管理遺產，並為執行上必要行為之職務。

②遺囑執行人因前項職務所為之行為，視為繼承人之代理。

第一二一六條 （遺囑執行人之執行職務－繼承人妨害之排除）

繼承人於遺囑執行人執行職務中，不得處分與遺囑有關之遺產，並不得妨礙其職務之執行。

第一二一七條 （遺囑執行人之執行職務－數執行人執行職務之方法）

遺囑執行人有數人時，其執行職務，以過半數決之。但遺囑另有意思表示者，從其意思。

第一二一八條 （遺囑執行人之解任）

遺囑執行人怠於執行職務，或有其他重大事由時，利害關係人，得請求親屬會議改選他人；其由法院指定者，得聲請法院另行指定。

第五節　撤　回

第一二一九條 （遺囑撤回之自由及其方式）

遺囑人得隨時依遺囑之方式，撤回遺囑之全部或一部。

第一二二○條 （視為撤回－前後遺囑牴觸）

前後遺囑有相牴觸者，其牴觸之部分，前遺囑視為撤回。

第一二二一條 （視為撤回－遺囑與行為牴觸）

遺囑人於為遺囑後所為之行為與遺囑有相牴觸者，其牴觸部分，遺囑視為撤回。

第一二二二條 （視為撤回－遺囑之廢棄）

遺囑人故意破毀或塗銷遺囑，或在遺囑上記明廢棄之意思者，其遺囑視為撤回。

第六節　特留分

第一二二三條 （特留分之決定）

繼承人之特留分，依左列各款之規定：

一　直系血親卑親屬之特留分，為其應繼分二分之一。

二　父母之特留分，為其應繼分二分之一。

三　配偶之特留分，為其應繼分二分之一。

四　兄弟姊妹之特留分，為其應繼分三分之一。

五　祖父母之特留分，為其應繼分三分之一。

第一二二四條 （特留分之算定）

特留分，由依第一千一百七十三條算定之應繼財產中，除去債務額算定之。

第一二二五條 （遺贈之扣減）

應得特留分之人，如因被繼承人所爲之遺贈，致其應得之數不足者，得按其不足之數由遺贈財產扣減之。受遺贈人有數人時，應按其所得遺贈價額比例扣減之。

民法繼承編施行法

①民國 20 年 1 月 24 日國民政府制定公布全文 11 條；並自 20 年 5 月 5 日施行。
②民國 74 年 6 月 3 日總統令修正公布全文 11 條。
③民國 97 年 1 月 2 日總統令增訂公布第 1-1 條條文。
④民國 97 年 5 月 7 日總統令增訂公布第 1-2 條條文。
⑤民國 98 年 6 月 10 日總統令修正公布第 1-1 條條文；並增訂第 1-3 條條文。
⑥民國 98 年 12 月 30 日總統令修正公布第 11 條條文。
⑦民國 101 年 12 月 26 日總統令修正公布第 1-3 條條文。
⑧民國 102 年 1 月 30 日總統令修正公布第 1-1、1-2 條條文。

第一條 （不溯既往之原則）

繼承在民法繼承編施行前開始者，除本施行法有特別規定外，不適用民法繼承編之規定；其在修正前開始者，除本施行法有特別規定外，亦不適用修正後之規定。

第一條之一 （法律適用範圍）102

①繼承在民法繼承編中華民國九十六年十二月十四日修正施行前開始且未逾修正施行前為拋棄繼承之法定期間者，自修正施行之日起，適用修正後拋棄繼承之規定。

②繼承在民法繼承編中華民國九十六年十二月十四日修正施行前開始，繼承人於繼承開始時為無行為能力人或限制行為能力人，未能於修正施行前之法定期間為限定或拋棄繼承，以所得遺產為限，負清償責任。但債權人證明顯失公平者，不在此限。

③前項繼承人依修正施行前之規定已清償之債務，不得請求返還。

第一條之二 （繼承人之保證契約債務）102

①繼承在民法繼承編中華民國九十七年一月四日前開始，繼承人對於繼承開始後，始發生代負履行責任之保證契約債務，以所得遺產為限，負清償責任。但債權人證明顯失公平者，不在此限。

②前項繼承人依中華民國九十七年四月二十二日修正施行前之規定已清償之保證契約債務，不得請求返還。

第一條之三 （法律適用範圍）

①繼承在民法繼承編中華民國九十八年五月二十二日修正施行前開始，繼承人未逾修正施行前為限定繼承之法定期間且未為概括繼承之表示或拋棄繼承者，自修正施行之日起，適用修正後民法第一千一百四十八條、第一千一百五十三條至第一千一百六十三條之規定。

②繼承在民法繼承編中華民國九十八年五月二十二日修正施行前開

始，繼承人對於繼承開始以前已發生代負履行責任之保證契約債務，以所得遺產爲限，負清償責任。但債權人證明顯失公平者，不在此限。

③繼承在民法繼承編中華民國九十八年五月二十二日修正施行前開始，繼承人已依民法第一千一百四十條之規定代位繼承，以所得遺產爲限，負清償責任。但債權人證明顯失公平者，不在此限。

④繼承在民法繼承編中華民國九十八年五月二十二日修正施行前開始，繼承人因不可歸責於己之事由或未同居共財者，於繼承開始時無法知悉繼承債務之存在，致未能於修正施行前之法定期間爲限定或拋棄繼承，以所得遺產爲限，負清償責任。但債權人證明顯失公平者，不在此限。

⑤前三項繼承人依修正施行前之規定已清償之債務，不得請求返還。

第二條 （消滅時效之特別規定）

民法繼承編施行前，依民法繼承編之規定，消滅時效業已完成，或其時效期間尚有殘餘不足一年者，得於施行之日起，一年內行使請求權。但自其時效完成後，至民法繼承編施行時，已逾民法繼承編所定時效期間二分之一者，不在此限。

第三條 （無時效性質之法定期間之準用）

前條之規定於民法繼承編所定無時效性質之法定期間準用之。但其法定期間不滿一年者，如在施行時尚未屆滿，其期間自施行之日起算。

第四條 （禁止分割遺產之遺囑與新舊法之適用）

禁止分割遺產之遺囑，在民法繼承編修正前生效者，民法第一千一百六十五條第二項所定之期間，仍適用修正前之規定。但其殘餘期間自修正施行日起算超過十年者，縮短爲十年。

第五條 （口授遺囑與新舊法之適用）

民法繼承編修正前生效之口授遺囑，於修正施行時尚未屆滿一個月者，適用修正之民法第一千一百九十六條之規定，其已經過之期間，與修正後之期間合併計算。

第六條 （喪失繼承權規定之溯及既往效力）

民法繼承編，關於喪失繼承權之規定，於施行前所發生之事實，亦適用之。

第七條 （立嗣子女之繼承順序及應繼分）

民法繼承編施行前，所立之嗣子女，對於施行後開始之繼承，其繼承順序及應繼分與婚生子女同。

第八條 （繼承人規定之適用）

繼承開始在民法繼承編施行前，被繼承人無直系血親卑親屬，依當時之法律亦無其他繼承人者，自施行之日起，依民法繼承編之規定定其繼承人。

第九條 （遺產管理人權義規定之適用）

民法繼承編施行前所設置之遺產管理人，其權利義務自施行之日

起，適用民法繼承編之規定。

第一〇條 （特留分規定之適用）

民法繼承編關於特留分之規定，於施行前所立之遺囑，而發生效力在施行後者，亦適用之。

第一一條 （施行日）

①本施行法自民法繼承編施行之日施行。

②民法繼承編修正條文及本施行法修正條文，除中華民國九十八年十二月十五日修正之民法第一千一百九十八條及第一千二百十條自九十八年十一月二十三日施行者外，自公布日施行。

貳、測量法規

國土測繪法

民國 96 年 3 月 21 日總統令制定公布全文 60 條；並自公布日施行。

第一章 總 則

第一條 （立法目的）

為建立完整之國土基本資料，健全測繪及地名管理制度，提昇測繪品質，達成測繪成果共享，特制定本法。

第二條 （主管機關）

本法所稱主管機關：在中央為內政部；在直轄市為直轄市政府；在縣（市）為縣（市）政府。

第三條 （用詞定義）

本法用詞定義如下：

一 測繪：指土地之測量及製圖。

二 測量：指以土地為標的，對地表及其上下具空間分布特性之地理資料，進行蒐集、分析、計算、加值、整合、管理等相關之處理。

三 製圖：指依據測量成果，展現地貌、地物或各類自然或人文資料之處理。

四 地圖：指製圖之成品或相關成果。

五 基本測量：指建立全國統一之測量基準及基本控制點，以作為測繪基礎之測量。

六 測量基準：指實施國土測繪之基本準據，包括大地基準、高程基準、深度基準及重力基準等。

七 參考系統：指依據測量基準，作為基本控制測量參考所訂定之系統，包括坐標系統、高程系統、重力系統及其他相關系統。

八 基本控制測量：指以精密測算點位坐標、高程或其他相關資料，提供測繪作業之依據，並以全國整體控制測量需求為目的之測量。

九 加密控制測量：指以基本控制測量為依據所為之次級控制測量，並以區域性控制測量需求為目的者。

十 應用測量：指基本測量以外，以特定效益為目的所為之測量。

十一 測量標：指辦理測繪業務所設置之控制點；其需永久保存，並於現場設有明確標示者，為永久測量標；保存至測量目的完成之日止者，為臨時測量標。

十二　測繪成果：指依測繪目的所測得之影像、數據、圖籍、資訊及其他相關結果。

十三　基本地形圖：指依中央主管機關所定基本比例尺測繪之地形圖，包括主要地貌、地物及基本地理資料。

十四　行政區域圖：指包括行政區界、政府所在地及相關地理資料等主題之地圖。

十五　海圖：指以低於最低低潮線之海底地形及水文資料為主題之地圖。

十六　航空測量攝影及遙感探測：指以測繪為目的，運用航空器或衛星為載台，以攝影機或感測器等器具，對地面獲取影像或其他相關資料之作業。

十七　地名：指地表上特定地點、區域或地理實體之名稱，包括自然地理實體、行政區域、聚落、街道或具有地標意義公共設施。

十八　標準地名：指依本法公告為政府機關統一使用之地名。

十九　測繪業：指依本法經營測繪業務之技師事務所、公司或技術顧問機構。

第四條　（中央主管機關掌理事項）

①中央主管機關掌理下列事項：

一　測繪政策、制度及法規之制（訂）定。

二　中央測繪業務之規劃、實施及管理。

三　國際測繪事務之聯繫協調及規劃合作。

四　測量基準及參考系統之訂定。

五　全國性測繪計畫、成果、資訊之登錄及管理。

六　全國基本地形圖、行政區域圖及海圖之測繪及發行。

七　全國性地名普查計畫及地名管理制度之訂定。

八　直轄市及縣（市）測繪及地名業務之督導。

九　測繪業之管理。

十　其他有關全國性測繪事項之實施及管理。

②中央主管機關得將前項第二款、第三款、第五款至第十款之事項，委任所屬機關、委託其他機關、團體或個人、委辦直轄市、縣（市）主管機關辦理之。

第五條　（直轄市縣市主管機關掌理事項）

①直轄市、縣（市）主管機關掌理其轄區內之下列事項：

一　加密控制測量業務之規劃、實施及管理。

二　應用測量業務之規劃、實施及管理。

三　測繪計畫、成果、資訊、永久測量標之登錄及管理。

四　行政區域圖及鄉（鎮、市、區）行政區域圖之編製及發行。

五　地名事項之實施及管理。

六　其他有關測繪事項之實施及管理。

②直轄市、縣（市）主管機關得將前項第一款、第二款、第四款至第六款之事項，委任所屬機關、委託其他機關、團體或個人、委

辦鄉（鎮、市）公所辦理之。

第六條　（指定專責機關或單位統籌辦理業務）

各級主管機關應指定專責機關或單位，統籌協調所轄有關測繪業務。

第二章　基本測量

第七條　（基本測量之事項）

①基本測量之事項如下：

　一　測量基準之測量。

　二　基本控制測量。

②基本控制測量應依測量基準辦理；加密控制測量應依基本控制測量成果辦理。

③基本測量實施之精度規定、作業方法、實施程序及其他相關事項之規則，由中央主管機關定之。

第八條　（基本測量之辦理機關）

①基本測量由中央主管機關辦理為原則。其他機關辦理基本測量時，其實施計畫應經中央主管機關同意；其變更計畫者，亦同。

②前項其他機關辦理之測繪成果，應於完成後六個月內送中央主管機關審查，其合於前條精度規定者，應予建檔管理；其測繪成果修正時，亦同。

③軍事機關辦理基本測量有涉及軍事機密者，不受前二項規定之限制。

第九條　（測量人員勘查或測量應事先通知）

①中央主管機關或其他機關之測量人員因辦理基本測量須進入公、私有土地或建築物勘查或測量時，其所有權人、占有人、管理人或使用人不得拒絕。但進入國防設施用地，應經該國防設施用地主管機關同意。

②前項測量人員進入公、私有土地或建築物勘查或測量時，應出示執行職務有關之證明文件或顯示足資辨別之標誌；於進入建築物或設有圍障之土地勘查或測量前，應於七日前通知其所有權人、占有人、管理人或使用人。

③前二項規定於測繪業受中央主管機關或其他機關委託辦理基本測量時，準用之。

第一〇條　（永久測量標之設置）

中央主管機關或其他機關辦理基本測量設置永久測量標，需用公、私有土地或建築物時，應依下列規定辦理：

　一　需用公有土地時，在不妨礙原使用情況下，管理機關（構）除有正當原因並報經其上級機關核准外，不得拒絕。

　二　需設置於公有建築物者，在不妨礙建築物原使用情況下，應先通知其管理機關（構），優先提供使用。

　三　需用私有土地時，應先徵得土地所有權人或管理人同意無償提供使用。必要時得協議價購或租用；協議不成者，得依法

徵收或徵用。

四　需設置於私有建築物者，應先徵得建築物所有權人或管理人同意無償提供使用。必要時得協議徵用或租用。

第一一條　（遷移或拆除地上物之補償）

辦理前二條勘查或測量事項，須遷移或拆除地上物，致所有權人、占有人、管理人或使用人遭受損失者，應予協議補償；協議不成時，其屬私有者，得依法徵收。

第一二條　（測量標之遷移重建）

①機關、團體或個人應儘量避免在測量標附近建築或其他影響測量行為，如認為已設置之永久測量標有妨礙其權利之行使時，得敘明理由，向設置機關申請遷移重建。設置機關經勘查認為該永久測量標確有妨礙申請人權利之行使，得同意遷移重建；仍有存在必要者，得拒絕之；已失其效用者，得逕予廢除。

②前項永久測量標遷移重建所需費用，除有下列情形之一之外，應由申請人負擔：

一　依第十條第一款或第二款規定提供公有土地或建築物使用。

二　依第十條第三款或第四款規定無償提供私有土地或建築物使用。

三　依第十條第三款或第四款規定出租私有土地或建築物。但租約另有規定，依其租約之規定。

③第一項測量標之遷移重建，應依前三項規定為之。

④無故移動或損壞永久測量標，致失其效用者，行為人應負擔重建或改建所需費用。

第一三條　（妨礙永久測量標之限期恢復原狀）

在永久測量標上堆積雜物、懸掛繩索或塗抹污損，致妨礙永久測量標效用者，直轄市、縣（市）主管機關應限期令其恢復原狀；屆期未恢復原狀者，並得逕行排除或恢復原狀，所需費用由行為人負擔。

第一四條　（定期實地查對）

中央主管機關應將基本測量之永久測量標點位圖說分送當地直轄市、縣（市）主管機關，並由該管直轄市、縣（市）主管機關負責管理維護，定期實地查對，作成紀錄，發現永久測量標有毀損或移動時，應即將毀損或移動情形層報中央主管機關。

第一五條　（成果項目公告及通報）

①中央主管機關應將基本測量成果及項目公告，並通報有關機關；修正時，亦同。

②各級主管機關辦理加密控制測量，準用前項規定。

第一六條　（辦理加密控制測量之準用）

第九條至第十二條規定，於辦理加密控制測量時，準用之。

第三章　應用測量

第一七條　（應用測量包含之種類）

應用測量應依基本控制測量及加密控制測量成果辦理，其種類如下：

一　地籍測量。

二　地形測量。

三　工程測量。

四　都市計畫測量。

五　河海測量。

六　礦區測量。

七　林地測量。

八　其他相關之應用測量。

第一八條 （應用測量計畫之登記及建檔管理）

①機關辦理應用測量達一定規模或條件者，其測量計畫應送該管主管機關備查；其變更計畫者，亦同。

②機關依前項測量計畫完成測量後，應於六個月內將測量成果送該管主管機關建檔管理。

③軍事機關辦理應用測量有涉及軍事機密者，不受前二項規定之限制。

第一九條 （應用測量相關作業規則之訂定）

前條應用測量之適用種類、範圍、作業方法、作業精度、資料格式、成果管理及其他應遵行事項之規則，由中央主管機關會商有關目的事業主管機關定之。

第二〇條 （辦理應用測量之準用）

第九條至第十二條規定，於辦理應用測量時，準用之。

第二一條 （測量技師應具地籍測量專業資格）

①測繪業受委託辦理地籍測量，其測量技師應具地政機關認可之地籍測量專業資格。

②地政機關對委託辦理地籍測量之業務範圍、資格要求、工作項目、作業精度、成果檢核、監督管理等事項之辦法與地籍測量專業資格之專業科目、應具時數、認可程序及其他應遵行事項之辦法，由中央主管機關定之。

第四章　地圖管理

第二二條 （地圖資訊管理制度之建立）

①為促進地圖資訊流通、資訊標準化及提昇地圖品質，中央主管機關應建立地圖資訊管理制度，並為全國出版地圖之法定送存機關。

②政府機關（構）、學校、個人、法人、團體或出版機構發行地圖，出版人應於發行時連同電子檔送存中央主管機關一份；再版時，亦同。

第二三條 （編印地圖相關作業規則之訂定）

政府機關（構）編印地圖之編纂規格、作業方式、標準圖式及其他應遵行事項之規則，由中央主管機關定之。

第二四條 （地圖發行之獎勵措施）

為提昇製圖水準，中央主管機關得獎勵民間編印優良地圖；其獎勵方式、評審及作業程序之辦法，由中央主管機關定之。

第二五條 （定期發行所轄行政區域圖）

①中央主管機關應定期發行全國行政區域圖、基本地形圖及海圖。

②直轄市、縣（市）主管機關應定期發行所轄行政區域圖；其行政區域界線，應依各級主管機關勘定之界線繪之。

第五章　地名管理

第二六條 （調查地名資料）

辦理測繪時應先調查地名資料，其有標準地名者，測繪成果應採用標準地名註記之。但其測繪與地名資料無涉者，不在此限。

第二七條 （審議標準地名）

各級主管機關得遴聘學者、專家、機關及民間團體代表審議標準地名相關事宜。

第二八條 （地名之訂定）

①標準地名應尊重地理、歷史、語言及風俗習慣定之。

②行政區域之標準地名，應依地方制度法規定之行政區域名稱。

③聚落或自然地理實體之標準地名，由所屬直轄市、縣（市）主管機關召開會議審定後，由該主管機關報請中央主管機關備查。

④街道之標準地名，由直轄市、縣（市）主管機關定之。

⑤具有地標意義公共設施之標準地名，應由各該目的事業主管機關與所在地名主管機關協議定之，並通知各級主管機關。

⑥第三項聚落或自然地理實體範圍跨越不同直轄市、縣（市）者，其標準地名由相關地名主管機關協議定之。

⑦第五項具有地標意義公共設施涉及二個以上目的事業主管機關，或範圍跨越不同直轄市或縣（市）者，其標準地名由相關目的事業主管機關及地名主管機關協議定之。

⑧前三項協議，協議不成者，送由中央主管機關核定。

第二九條 （地名管理檔案之建立）

①各級主管機關應建立地名管理檔案，並定期更新之。

②標準地名審議程序、變更、公告與地名管理檔案之規格及地名管理有關事項之辦法，由中央主管機關定之。

第三〇條 （譯寫準則）

標準地名之譯寫準則，由中央主管機關會商教育部、有關機關及專家學者定之。

第六章　測繪業管理

第三一條 （測繪業測量技師及測量員資格）

①測繪業應經核准登記領有技師執業執照及具有二年以上實務經驗之測量技師一人以上，並至少配置測量員二人，依測量技師之指揮執行業務及接受其管理。

②前項測量員，應具備下列資格之一：

一　測量技師考試及格。

二　經公務人員高等、普通考試或相當之特種考試土地行政科測量組、土地測量、測量、測量製圖、地籍測量等測量相關科別考試及格。

三　經職業訓練主管機關甲級或乙級測量技術士檢定考試及格。

四　高級中學或職業學校以上學校，修習測量工程或相關系（科）畢業。

五　提出曾受政府機關辦理之測量專業訓練或經中央主管機關認可之測量專業訓練，其訓練期間達七百二十小時以上之合格結業證明文件。

第三二條　（測繪業組織）

測繪業之經營，以下列組織為限：

一　測量技師事務所。

二　公司。

三　技術顧問機構。

第三三條　（測繪業登記之營業範圍）

測繪業登記之營業範圍，包括測繪之規劃、研究、分析、評價、鑑定、實測及製作等業務。

第三四條　（測繪業測量技師及測量員之執業限制）

①經營或受聘於測繪業之測量技師及測量員，為專任之繼續性從業人員，應在該測繪業執行業務，不得兼任其他業務或職務。但經中央主管機關認可之兼任教學、研究、勘災、鑑定或其他業務、職務者，不在此限。

②測繪業負責人知其專任之測量技師及測量員有違反前項規定之情事者，應通知其專任之測量技師及測量員限期就兼任工作、業務辦理辭任；屆期未辭任者，應予解任其專任工作。

第三五條　（申請許可）

①經營測繪業者，應填具申請書，並檢附下列文件，向中央主管機關申請許可：

一　申請人之身分證明文件，或申請公司之營利事業（或營業）登記證及其負責人之身分證明文件，或申請技術顧問機構之技術顧問機構登記證及其負責人之身分證明文件。

二　測量技師及測量員資格證明文件；其為受聘者，並應檢附受聘同意書。

三　其他經中央主管機關公告應行檢附之文件。

②建築師依建築師法規定辦理建築物及其實質環境之測量業務者，以及工程技術顧問公司、技術顧問機構、技師事務所或營造業置有測量或相關專業技師，依工程技術顧問公司管理條例、技師法或營造業法規定經營之測繪業務係附屬於工程、技術服務事項或其他勞務者，不適用前項之規定。

第三六條　（公司登記）

以公司組織經營之測繪業於取得許可後，應於六個月內辦妥公司登記；屆期未辦妥者，由中央主管機關廢止其許可。但有正當理由者，得申請展延一次，其期限以三個月為限。

第三七條　（變更登記）

① 測繪業應於取得許可或完成公司登記後一個月內加入登記所在地之技師公會或同業公會，並向中央主管機關申請測繪業登記證後，始得營業；屆期未辦妥者，由中央主管機關廢止其許可。

② 前項測繪業登記所在地無地方性之技師公會或同業公會者，得加入全國性之技師公會或同業公會。

③ 測繪業營業後，其經許可或登記之事項有變更者，應於三十日內檢附有關證明文件，向中央主管機關申請變更登記。

第三八條　（登記相關證照之揭示）

測繪業應將登記相關證照連同測量技師專業證書揭示於營業處所明顯之處。

第三九條　（停業或歇業之程序）

① 測繪業自行停業或受停業處分時，應將其登記證送繳中央主管機關註記後發還之；復業時，亦同。

② 測繪業歇業時，應於歇業後三十日內將其登記證送繳中央主管機關，並辦理廢止登記；屆期不送繳註記者，由中央主管機關註銷其登記證並公告之。

第四〇條　（登記證有效期限）

測繪業登記證有效期限為四年，有效期限屆滿前六十日內，應向中央主管機關申請換證；屆期未申請換證者，視同自行停業。

第四一條　（測量成果簽證制度建立）

① 測繪業受委託辦理測繪業務之成果，應由測量技師依簽證規則簽證之。

② 前項測量技師簽證之適用種類、實施範圍、簽證項目及其他應備文件之規則，由中央主管機關會同技師法之中央主管機關定之。

第四二條　（保守業務秘密之義務）

① 測繪業、測量技師及測量員對於因業務知悉之秘密，不得無故洩漏。

② 前項測繪業、測量技師及測量員對於因業務知悉之秘密，有涉及國家安全或軍事機密者，應遵守國家機密保護法及其有關法規之規定。

第四三條　（不得規避、妨礙或拒絕檢查）

中央主管機關得檢查測繪業業務，或本法所定該測繪業及其執業測量技師應遵守之事項；檢查時，並得令其提出證明文件、表冊及有關資料；測繪業及其執業測量技師不得規避、妨礙或拒絕。

第四四條　（測繪業獎勵辦法）

中央主管機關得評選優良測繪業獎勵之；其獎勵事由、評選程序及獎勵方式之辦法，由中央主管機關定之。

第七章 罰 則

第四五條 （處罰）

①未經依第三十五條第一項規定許可或許可經撤銷、廢止而經營測繪業業務者，由中央主管機關處負責人新臺幣十萬元以上五十萬元以下罰鍰，並限期改正；屆期仍未改正者，並得按次連續處罰之；無負責人或負責人不明時，處罰實際負責執行業務之人。

②違反第五十五條第一項、第五十六條第一項或第五十七條規定者，依前項規定處罰。

第四六條 （處罰）

①測繪業有下列情事之一者，由中央主管機關處新臺幣十萬元以上五十萬元以下罰鍰，並廢止其許可：

一 將測繪業登記證交由他人使用經營測繪業業務。

二 停業期間仍經營業務。

②前項測繪業自廢止許可之日起五年內，其負責人不得重新申請測繪業許可。

第四七條 （處罰）

借用、租用、冒用、偽造或變造測繪業登記證者，由中央主管機關處新臺幣十萬元以上五十萬元以下罰鍰。

第四八條 （處罰）

測繪業、測量技師及測量員違反第四十二條第一項規定者，由中央主管機關處新臺幣六萬元以上三十萬元以下罰鍰；情節重大者，得予以一個月以上一年以下停業之處分。

第四九條 （處罰）

非依第十二條第一項所定程序移動或無故損壞永久測量標，致失其效用者，由直轄市、縣（市）主管機關處新臺幣五萬元以上二十五萬元以下罰鍰。

第五○條 （處罰）

①測繪業違反第三十八條、第三十九條第二項、第四十三條規定者，由中央主管機關處新臺幣三萬元以上十五萬元以下罰鍰；情節重大者，得予以一個月以上一年以下停業之處分。

②測繪業未能監督其測量技師依簽證規則簽證，致有簽證不實之事實者，依前項規定處罰。

第五一條 （處罰）

①測量技師及測量員違反第三十四條第一項規定者，由中央主管機關處新臺幣一萬元以上五萬元以下罰鍰；情節重大者，得予以一個月以上一年以下停止執行測繪業務處分。

②測量技師未依簽證規則簽證，致有簽證不實之事實者，依前項規定處罰。

第五二條 （處罰）

出版人違反第二十二條第二項規定，經中央主管機關通知限期送存，屆期仍不送存者，由中央主管機關處該地圖定價十倍之罰

鍰；無定價或定價一百元以下者，處新臺幣一萬元罰鍰，並得按次連續處罰至其送存為止。

第五三條　（處罰）

行為人違反第十三條規定，經限期令其恢復原狀，屆期未恢復原狀者，由直轄市、縣（市）主管機關處新臺幣二千元以上一萬元以下罰鍰。

第八章　附　則

第五四條　（測量成果申請使用及收費基準）

① 政府機關依本法所為之測繪成果，除法規另有規定不得提供者外，機關、團體或個人得申請使用。

② 前項測繪成果申請使用程序、收費基準及其他應遵行事項之辦法，由中央主管機關會商目的事業主管機關定之。

第五五條　（航空測量攝影及遙感探測之申請）

① 機關、團體或個人為實施本法測繪所為之航空測量攝影及遙感探測，應向中央主管機關申請核准。

② 中央主管機關受理前項航空測量攝影及遙感探測之申請，應會同國防部審查之；經審查認有妨害國家安全或軍事機密者，駁回之。

③ 第一項以航空測量攝影及遙感探測獲取之影像或其他相關資料有涉及國家安全或軍事機密者，應遵守國家機密保護法及其相關法規之規定。

④ 第一項申請之資格要件、應備文件、審查程序、影像資料保管、曬製與供應及其他應遵行事項之規則，由中央主管機關定之。

第五六條　（外國人或組織營業程序）

① 外國人或組織在中華民國陸域及海域從事測繪業務，應經中央主管機關許可，並依本法規定辦理測繪業登記後，始得營業。

② 前項外國人或組織之資格要件、許可之申請程序、應備文件、審核方式及其他應遵行事項之辦法，由中央主管機關定之。

第五七條　（本法施行前經營測繪業務者之處置）

本法公布施行前已經營測繪業務者，應自本法施行之日起三年內，依本法規定取得測繪業登記證後，始得繼續營業。

第五八條　（收費標準）

各級主管機關依本法規定應收取規費之標準，由中央主管機關定之。

第五九條　（施行細則）

本法施行細則，由中央主管機關定之。

第六〇條　（施行日）

本法自公布日施行。

基本測量實施規則

民國 96 年 11 月 15 日內政部令訂定發布全文 36 條；並自發布日施行。

第一章　總　則

第一條

本規則依國土測繪法第七條第三項規定訂定之。

第二條

①中央主管機關應視國家建設、國民經濟、社會發展之需要及國土變遷情形，釐訂實施計畫辦理基本測量。

②前項實施計畫應分送地方主管機關及中央各目的事業主管機關參考。

第三條

①機關辦理基本測量或加密控制測量，須調查點位所在土地或建築物之坐落及權屬相關資料時，得通知該管地政機關協助調查。

②前項規定於測繪業受託辦理基本測量或加密控制測量時，準用之。

第四條

①測量基準之測量、基本控制測量之作業，應依中央主管機關所定規範或手冊為之。

②加密控制測量之作業，應依地方主管機關所定規範或手冊為之。

第二章　測量基準及參考系統

第五條

中央主管機關公告測量基準、參考系統時，應記載下列事項：

一　名稱。

二　說明。

三　基準數據。

四　站址、點位圖說。

五　測設日期。

六　實施日期。

第六條

①中央主管機關應選定衛星追蹤站作為大地基準，並將其測量成果作為訂定坐標系統之依據。

②基本控制測量之地心坐標、橢球坐標及平面坐標值計算，應以中央主管機關所定之坐標系統為依據，並以一九九七坐標系統

（TWD97）命名，其內容應包括：

一　地心坐標框架：依國際地球參考框架及國際時間局所定之標準時刻方位建構而成。

二　參考橢球體：採用國際大地測量與地球物理聯合會所定之參考橢球體。

三　地圖投影方式採用橫麥卡托投影經差二度分帶：臺灣、小琉球、綠島、蘭嶼及龜山島等地區之中央子午線定於東經一二一度；澎湖、金門及馬祖等地區之中央子午線定於東經一一九度。投影坐標原點向西平移二十五萬公尺，中央子午線尺度比為〇‧九九九九。

第七條

① 中央主管機關應選定潮位站及水準原點作為高程基準，並將其測量成果作為訂定高程系統之依據。

② 基本控制測量之正高值計算，應以中央主管機關所定之高程系統為依據，並以二〇〇一高程系統（TWVD2001）命名。

第八條

① 中央主管機關應選定重力基準站及絕對重力點作為重力基準，並將其測量成果作為訂定重力系統之依據。

② 基本控制測量之重力值計算，應以中央主管機關所定之重力系統為依據。

第九條

① 中央主管機關應選定潮位站及深度原點作為深度基準，並將其測量成果作為訂定深度系統之依據。

② 基本控制測量之水深值計算，應以中央主管機關所定之深度系統為依據。

第三章　測量基準之測量

第一〇條

① 測量基準之測量事項如下：

一　選址及站址、點位之設置。

二　觀測、計算及調製成果圖表。

三　自動觀測數據之傳輸及建檔。

四　站址、點位之管理及維護。

五　實施追溯檢校之行為。

六　觀測不確定度之評估。

七　站址、點位之變動量分析。

八　其他與測量基準相關之測量。

② 前項之測量事項，應依中央主管機關所定精度規範為之，並得視實際執行情形予增減。

第一一條

① 測量基準之站址、點位，應設置於地質條件穩定且易經常維護之位置。

②測量基準之測量，應以嚴密之施測程序爲之，並應率定儀器誤差及環境變化之影響。

第一二條

衛星追蹤站、潮位站及重力基準站之測量，應爲長期自動觀測；其成果並應作統計分析。

第一三條

①潮位站之長期觀測成果，應作爲測量水準原點或深度原點之依據。

②重力基準站之長期觀測成果，應作爲測量絕對重力點之依據。

第一四條

①水準原點、深度原點及絕對重力點，應設置爲雙（正、副）點位並定期檢測之。

②衛星追蹤站、潮位站及重力基準站，除依前項規定辦理外，並得設置一個以上副點位。

第四章　基本控制測量

第一五條

①基本控制測量得依適用場合、作業方法及精度之差異，區分其等級，以一等及二等爲主；必要時，得另設三等。

②次等級基本控制測量應與較高等級基本控制測量聯繫。

第一六條

基本控制測量得以衛星定位測量、三角測量、三邊測量、精密導線測量、水準測量、重力測量或其他同等成果精度之測量方法爲之；精度規範如附表一至附表六。

第一七條

基本控制測量之實施程序如下：

一　點位清查、選點及埋點。

二　網形設計及精度評估。

三　作業規劃。

四　儀器裝備校正。

五　觀測及計算。

六　精度及變動量分析。

七　調製成果圖表。

八　建檔及公告。

第一八條

基本控制測量所設置之點位爲基本控制點，應依實施計畫方式加註等級、點號及設置機關名稱，並依下列方法區分之：

一　採衛星定位測量方法設置者，以衛星控制點稱之。

二　採三角、三邊測量方法設置者，以三角點稱之。

三　採精密導線測量方法設置者，以精密導線點稱之。

四　採水準測量方法設置者，以水準點稱之。

五　採重力測量方法設置者，以重力點稱之。

第一九條

①衛星控制點之選點，應設置於透空度及衛星訊號接收良好之位置。

②三角點、精密導線點之選點，應設置於相鄰各點互相通視，且展望良好之位置。

第二〇條

水準點之選點，應設置於通視良好且地質條件穩定之位置，並以沿測設路線均勻布設為原則。

第二一條

重力點之選點，應設置於地質條件穩定、附近無經常明顯震動或無電壓、磁場、質量異常之位置，並以優先共用沿測設路線之既有基本控制點為原則。

第二二條

基本控制點經清查、選點或埋點後，應調製點之紀錄，作為實施基本控制測量之參考。

第二三條

基本控制測量之網形，應依測量方法、精度規範、儀器精密度、點位分布及觀測數目設計，並依其精度評估結果調整之。

第二四條

①基本控制測量所使用之儀器裝備，應依實施計畫之校正項目及週期辦理校正。

②前項校正應由國家度量衡標準實驗室或簽署國際實驗室認證聯盟相互承認辦法之認證機構所認證之實驗室為之，並出具校正報告。

第二五條

基本控制測量之觀測值，應依精度要求加以適當之改正。

第二六條

①基本控制測量之成果，應以最小自乘平差方法計算之。

②前項計算成果，應作為基本控制點之精度及變動量分析之依據。

第二七條

①基本控制點計算完竣後，應調製成果表及基本控制系（網）圖。

②成果表應記載基本控制點之點號、種類、等級、材質、土地坐落、點位略圖、點位數據、施測照片及測設單位。

③基本控制系（網）圖，應記載點號，並將觀測方向以直線連接成觀測方向線。但以衛星定位測量方法實施者，不須組成觀測方向線。

第二八條

基本控制測量之原始觀測數據、平差計算結果、儀器裝備校正報告、點之紀錄、成果表、基本控制系（網）圖及相關紀錄資料，應予永久保存。

第五章　加密控制測量

第二九條

地方主管機關應釐訂實施計畫定期辦理加密控制測量；其實施範圍，以所在直轄市或縣（市）區域爲原則。

第三〇條

實施加密控制測量前應先檢測基本控制點。

第三一條

加密控制測量所設置之點位爲加密控制點，應依各該地方主管機關所定方式加註點號、種類及設置機關名稱。

第三二條

加密控制測量得以衛星定位測量、三角測量、三邊測量、精密導線測量、水準測量、重力測量或其他同等成果精度之測量方法爲之；精度規範如附表七至附表十二。

第三三條

加密控制測量之實施程序、測量方法、點位種類與選擇、儀器裝備校正、成果計算及圖表調製，得依第十七條至第二十八條規定辦理。

第六章 附 則

第三四條

①中央主管機關應將已公告之基本測量成果建立資料庫，並公開資料清冊供各界查詢。

②地方主管機關應將加密控制測量成果建立資料庫，除公開資料清冊供各界查詢外，並應將該清冊送中央主管機關備查。

第三五條

①各機關於中央主管機關公告測量基準、參考系統之實施日期前所完成之測繪成果，得繼續流通使用。

②前項測繪成果，於重新測製時應以當時公告之測量基準、參考系統爲之。

第三六條

本規則自發布日施行。

地籍測量實施規則

①民國 33 年 2 月 12 日地政署訂定發布全文 154 條。

②民國 64 年 5 月 26 日內政部令修正發布全文 221 條。

③民國 75 年 1 月 10 日內政部令修正發布全文 226 條。

④民國 79 年 6 月 27 日內政部令修正發布全文 313 條。

⑤民國 83 年 10 月 17 日內政部令修正發布第 2、91、94-1、103、183、185、192、196、197、198、199、200、201、206、212、224、241、242、278、294、296、297、298、301 條條文。

⑥民國 84 年 3 月 31 日內政部令增訂發布第 311-1 條條文。

⑦民國 84 年 11 月 15 日內政部令修正發布第 223 條條文;並增訂第 245-1、245-2 條條文。

⑧民國 86 年 5 月 14 日內政部令修正發布第 234、283 條條文;並增訂第 234-1 條條文。

⑨民國 87 年 2 月 11 日內政部令修正發布全文 300 條。

⑩民國 88 年 6 月 29 日內政部令修正發布第 2、9、12、77、80、164、187、196、198、201、236、257 條條文。

⑪民國 89 年 12 月 6 日內政部令修正發布第 4、8、9、12、79、82、85、96、105、144、148、173、185、187、192、193、194-1、196-1、196-2、198、200-1、201、201-1、201-2、212、224、225、225-1、232、236、241、244、278、288 條條文;並刪除第 80、142、156、200 條條文。

⑫民國 92 年 3 月 25 日內政部令修正發布第 12、85、205、208、211、216、279、280 條條文。

⑬民國 92 年 10 月 27 日內政部令修正發布第 214、266 條條文;並刪除第 196-1 條條文。

⑭民國 95 年 11 月 24 日內政部令修正發布第 2、8、12、51、56、67、144、185、187、190、192、193、196、196-2、199、201、201-2、202、204〜207、210〜217、221、224、225、225-1、226、228、229、231、232、236、238、257、261、262、264〜267、269、275、277〜285、287、288、295、296 條條文;增訂第 211-1、231-1、264-1、283-1 條條文;並刪除第 149、194、297、298 條條文。

⑮民國 100 年 4 月 15 日內政部令修正發布第 4、6、10、13、15、46、48、49、51、56〜58、60、61、63、64、69、75、83、86、90、93、98、107、109、113、121、127、128、134、135、138、139、141、143〜145、157、158、166、185、186、189、198、204、205、207、211、224、231、231-1、236、244、257、259、263、264、283、284、290 條條文及第一章章名;增訂第 9-1、10-1、13-1、13-2、231-2 條條文;並刪除第 5、11、12、14、16〜45、164 條條文及第一章第一〜六節節名。

⑯民國 102 年 8 月 28 日內政部令修正發布第 60、92、101、153、240、269、283 條條文;並增訂第 282-1〜282-3 條條文。

第一編　總　則

第一條

本規則依土地法第四十七條規定訂定之。

第二條

本規則所稱主管機關：中央為內政部；直轄市為直轄市政府；縣（市）為縣（市）政府。

第三條

①地籍測量之程序如下：

一　三角測量、三邊測量或精密導線測量。

二　圖根測量。

三　戶地測量。

四　計算面積。

五　製圖。

②前項第一款之測量方法，得隨科技發展，採衛星定位測量或其他同等精度測量方法為之。

第四條

本規則之測量，應依國土測繪法之中央主管機關公告之測量基準及參考系統實施。

第五條 （刪除）

第六條

本規則所定之基本控制測量及加密控制測量，包括三角測量、三邊測量、精密導線測量、衛星定位測量或其他同等精度之測量方法。

第七條

①已辦地籍測量之地區，準用本規則規定實施土地複丈或建築改良物測量。

②土地複丈或建築改良物測量時，得免辦第三條第一項第一款及第二項之程序。

第八條

第三編土地複丈及第四編建築改良物測量之業務，由土地所在地之直轄市或縣（市）登記機關辦理之。

第九條

各級主管機關因事實之需要，得另定地籍測量規範或手册。

第九條之一

①基本控制測量由國土測繪法之中央主管機關依基本測量實施規則第四章規定辦理。

②加密控制測量由國土測繪法之直轄市、縣（市）主管機關依基本測量實施規則第五章規定辦理，並以直轄市、縣（市）為實施區域；必要時，得將相鄰區域合併舉辦。

第二編　地籍測量

第一章　基本控制測量及加密控制測量

第一〇條

基本控制測量之施測等級，依基本測量實施規則第十五條第一項之規定，以一等及二等為主；必要時，得另設三等。

第一〇條之一

地籍測量應依基本控制測量及加密控制測量成果辦理。

已辦理基本控制測量及加密控制測量之地區，得以檢測控制點為之。

第一一條　（刪除）

第一二條　（刪除）

第一三條

①次等級基本控制測量應與較高等級基本控制測量聯繫。

②加密控制測量應依基本控制測量成果辦理。

第一三條之一

加密控制測量所設置之點位為加密控制點，應依國土測繪法之直轄市、縣（市）主管機關所定方式加註點號、種類及設置機關名稱。

第一三條之二

加密控制測量之作業，應依國土測繪法之直轄市、縣（市）主管機關所定規範或手冊為之。

第一四條　（刪除）

第一五條

①基本控制測量之精度規範，依基本測量實施規則第十六條規定辦理。

②加密控制測量之精度規範，依基本測量實施規則第三十二條之規定辦理。

第一六條至第四五條　（刪除）

第二章　圖根測量

第一節　通　則

第四六條

①圖根測量應依基本控制測量及加密控制測量之成果，以下列測量方法實施：

一　導線測量。

二　交會測量。

三　衛星定位測量。

四　自由測站法。

②前項圖根測量採用之測量方法，以衛星定位測量及導線測量優先

實施。

第四七條

圖根測量作業方法如下：

一　檢測已知點。

二　規劃、選點並視需要埋設永久標誌。

三　觀測。

四　計算。

五　調製成果圖表。

第四八條

①圖根測量之導線分幹導線及支導線二種，其規定如下：

一　幹導線應由基本控制點、加密控制點及方位角起，閉合於另一基本控制點、加密控制點及方位角。

二　支導線應由較高或同等級之導線點及方位角起，閉合於另一較高或同等級之導線點及方位角，其導線之逐級推展，以不超過三次爲限。

②前項幹導線、支導線得整體規劃，組成導線網。

③第一項導線點均應與最鄰近之已知點連測之。

第四九條

交會點之位置，應依基本控制點、加密控制點或幹導線點交會之，每點交會至少應用三方向線。

第五○條

方向線交會之角度，應在三十度至一百二十度間。

第五一條

圖根測量完竣後，實施測量之機關應將圖根點之位置略圖及圖根資料檔移送所在地登記機關，依國土測繪法及其施行細則規定查對。

第二節　選　點

第五二條

圖根點之選定應注意下列事項：

一　應便於保存，並顧及戶地測量之便利。

二　選在行政區界及重要河川、道路、山腳或堅硬之固定物等處。

三　塔尖、避雷針等永久固定突出物，應以多方向交會法測定之。

第五三條

①圖根點應均勻配布，並涵蓋全區。

②幹導線及支導線選點，應先於地形圖、基本圖、航測照片或地籍藍曬圖上規劃各級導線之走向及配布。

第五四條

①圖根測量之導線邊長，以五十至一百五十公尺爲原則。

②每一導線含起迄點之總點數，幹導線應在十五點以內，支導線應

在十點以內。但爲地勢所限得調整之。

第五五條

交會法所用方向線之長，應在三百公尺以上。但爲地勢所限得調整之。

第五六條

① 圖根點選定後應於近處標記之編號，並繪製點之位置略圖。但因地形特殊致該點之位置略圖無法繪製者，應於該圖中敘明理由。

② 圖根點需永久保存者，應依國土測繪法第三條第十一款及國土測繪法施行細則第二條之規定，於現場設置明確標示。

第三節　觀測計算

第五七條

① 圖根點之水平角觀測，用精於（含）六秒讀經緯儀，採方向觀測法施測之。

② 前項水平角觀測，應施測二測回，其二測回之差，不得超過十二秒，水平角觀測之讀數記至秒止。

第五八條

① 距離測量用精於（含）5 mm＋5 ppm 電子測距儀者，以單向觀測爲原則，照準觀測目標施測二次，取其平均值，算至毫米爲止，二次之差不得超過十毫米。

② 距離測量用鋼捲尺者，應往返施測二次，取其平均值，算至毫米爲止，二次之差不得超過三點二毫米$\sqrt{S}$（S 爲距離，以公尺爲單位）。但在平坦地不得超過二點五毫米$\sqrt{S}$；在地勢起伏地區不得超過三點八毫米$\sqrt{S}$。

第五九條

以數值法辦理地籍測量之地區，其幹導線、支線導之量距依前條第一項之規定辦理。

第六〇條　102

① 圖根測量之距離量得以鋼捲尺或電子測距儀測定之。

② 以鋼捲尺施測者，其結果應加下列之改正：

一　標準尺長之改正。

二　傾斜改正。

三　化歸至平均海水面長度之改正。

③ 以電子測距儀施測者，其結果應加下列之改正：

一　頻率偏差改正。

二　傾斜改正。

三　化歸至平均海水面長度之改正。

第六一條

圖根測量以衛星接收儀施測者，應加下列之改正：

一　星曆改正。

二　電離層改正。

三　對流層改正。

四　衛星及接收儀時錶改正。

五　接收天線相位中心及天線高改正。

第六二條

①圖根點加測高程時，方法如下：

一　直接水準測量。

二　三角高程測量。

三　衛星定位測量。

②前項高程之精度依實際需要另定之。

第六三條

導線測量得採幹導線、支導線簡易平差或導線網嚴密平差計算之；其縱橫坐標計算至毫米爲止。

第六四條

①幹導線、支導線簡易平差計算之規定如下：

一　水平角閉合差，不得超過下列之限制：

㈠以數值法辦理地籍測量之地區：

1. 幹導線：$20''\sqrt{N}$（N 爲含起迄二已知點之導線點總數）。

2. 支導線：$20''\sqrt{N}+ 30''$

㈡以圖解法辦理地籍測量之地區：

1.幹導線：$1'\sqrt{N}$

2.支導線：$1'\sqrt{N}+1'$

二　水平角閉合差，採平均配賦，並算至秒止。

三　縱橫距閉合差，依各邊長與邊長總合之比例配賦，並算至毫米止。

四　位置閉合比數，不得超過下列之限制：

㈠以數值法辦理地籍測量之地區：

1.幹導線：$1 / 5,000$

2.支導線：$1 / 3,000$

㈡以圖解法辦理地籍測量之地區：

1.幹導線：$1 / 3,000$

2.支導線：$1 / 2,000$

②前項幹導線、支導線亦得採最小自乘法嚴密平差計算之。

第六五條

導線網平差計算，應合於前條第一項規定，並採最小自乘法嚴密平差精算之。

第六六條

①交會點之縱橫坐標，以相異三角形，採六位三角函數計算之，其差不得超過二十公分。

②以數值法戶地測量不得使用交會點施測。

第六七條

圖根測量之觀測原始紀錄、計算結果、成果圖表、圖根資料檔及

點之位置略圖，由實施測量之機關永久保管，並得複製分送有關機關。

第三章　戶地測量

第一節　通　則

第六八條

①戶地測量得以地面測量或航空攝影測量爲之。

②地面測量以數值法爲主，並得視實際情形採圖解法爲之。

③航空攝影測量以解析法爲主，並得視實際情形採類比法爲之。

第六九條

①戶地測量，以確定一宗地之位置、形狀、面積爲目的，並應依基本控制點、加密控制點及圖根點施測之。

②戶地測量時應先舉辦地籍調查，界址測量與地籍調查應密切配合。

第七〇條

①戶地測量之比例尺如下：

一　二百五十分之一。

二　五百分之一。

三　一千分之一。

四　二千五百分之一。

五　五千分之一。

六　一萬分之一。

②前項比例尺於特殊繁榮或荒僻地方得增減之。

第七一條

戶地測量，必要時得同時測繪地形圖。如採航空攝影測量，並得繪像片圖。

第七二條

高山峻嶺或礁嶼地區，得以基本圖、地形圖或航測照片等繪製地籍圖。

第七三條

戶地測量採數值法測繪者，其圖根點至界址點之位置誤差不得超過下列限制：

一　市地：標準誤差二公分，最大誤差六公分。

二　農地：標準誤差七公分，最大誤差二十公分。

三　山地：標準誤差十五公分，最大誤差四十五公分

第七四條

一　市地：2公分＋0.3公分$\sqrt{S}$（S係邊長，以公尺爲單位）

二　農地：4公分＋1公分$\sqrt{S}$

三　山地：8公分＋2公分$\sqrt{S}$

第七五條

戶地測量採圖解法測繪者，其圖根點至界址點之圖上位置誤差不

得超過零點三毫米。

第七六條

戶地測量採圖解法測繪者，圖上邊長與實測邊長之差，不得超過下列限制：

一　市地：4 公分＋ 1 公分$\sqrt{S}$＋ 0.02 公分 M（S 係邊長，以公尺為單位，M 係地籍圖比例尺之分母）

二　農地：8 公分＋ 2 公分$\sqrt{S}$＋ 0.02 公分 M

三　山地：13 公分＋ 4 公分$\sqrt{S}$＋ 0.02 公分 M

第七七條

戶地測量之圖廓橫長爲四十公分，縱長爲三十公分。但直轄市或縣（市）主管機關得視實際需要報經中央主管機關核准後變更之。

第七八條

戶地測量，應按全直轄市或縣（市）所劃定之段編定圖幅，由上而下，由右而左，依序編定圖號。

第二節　地籍調查

第七九條

①地籍調查，係就土地坐落、界址、原有面積、使用狀況及其所有權人、他項權利人與使用人之姓名、住所等事項，查註於地籍調查表內。

②前項所有權人之土地界址，應於地籍調查表內繪製圖說，作爲戶地界址測量之依據。

第八〇條　（刪除）

第八一條

①地籍調查，以鄉（鎮、市、區）爲實施區域。同一鄉（鎮、市、區）得參酌自然界、顯明地界、土地面積、號數及使用狀況，劃分爲若干段，段內得設小段。

②原有段界不宜於地籍管理者，得依前項規定調整之。

第八二條

①地籍調查，應通知土地所有權人於一定期限內會同辦理。

②前項調查情形應作成地籍調查表，由指界人簽名或蓋章。

第八三條

①土地所有權人，應於地籍調查時到場指界，並在界址分歧點、彎曲點或其他必要之點，自行設立界標。

②到場之土地所有權人不能指界者，得由測量員協助指界，其經土地所有權人同意者，應由土地所有權人埋設界標。

③土地所有權人逾前條第一項期限未設立界標或到場指界者，得依土地法第四十六條之二第一項各款之規定逕行施測，其依第三款及第四款規定辦理者，並應埋設界標。

④界址有爭議時，直轄市或縣（市）主管機關應依土地法第五十九條第二項規定處理之。

第八四條

土地所有權人因故不能到場指界、設立界標時，得出具委託書委託他人辦理。

第八五條

①共有土地之址址，得由部分共有人到場指界；到場指界之共有人未能共同認定而發生指界不一致者，應由到場之共有人自行協議後於七日內認定之。其未能於期限內協議者，依土地法第四十六條之二第一項各款之規定逕行施測。

②前項共有土地為公寓大廈基地並設有管理委員會者，其到場指界之通知，得送請公寓大廈管理委員會轉發各土地所有權人。

第八六條

因法律行為或依法院判決、拍賣而取得之土地，尚未登記完畢者，權利人得於地籍調查時敍明理由，檢附申請登記收件收據或其他有關文件，到場指界。

第八七條

土地所有權人住所遷移，或其他原因無法通知，或經通知未到場指界者，應在地籍調查表內註明之。

第八八條

地籍調查表應於戶地測量完竣後，由直轄市或縣（市）主管機關永久保存之。

第三節 戶地地面測量

第八九條

戶地測量以圖解以為之者，其作業方法如下：
一 地籍調查。
二 展繪基本控制點、圖根點。
三 測量補助點。
四 界址測量。

第九〇條

展繪已知點，應依各點之縱橫坐標，就圖廓及方格網，按既定之比例尺，嚴密施行，並以距離檢查之。其展繪誤差不得超過零點二毫米。

第九一條

戶地測量採圖解法者，其已知點不敷需用時，得以平板儀採圖解交會法或圖解導線法，測量補助點。

第九二條 102

圖解交會法採前方交會或側方交會者，其觀測方向線應有三條以上，角度應在三十度至一百二十度間，示誤三角形之內切圓直徑不得超過零點二毫米。

第九三條

圖解導線應於已知點間連接。其圖上閉合差，不得超過 0.2 毫米 $\sqrt{N}$（N 為總邊數，N≦6），並應平均配賦於各點。

第九四條

圖解法戶地測量應採光線法、導線法、半導線法、支距法或交會法施測。但採導線法或半導線法者，應隨時檢查並閉合之。

第九五條

戶地測量採數值法為之者，其作業方法如下：

一　地籍調查。

二　編定界址點號。

三　界址測量。

四　建立基本資料檔及展繪。

第九六條

界址點號依下列原則編定：

一　界址點編號以阿拉伯數字編之。

二　每地段由 1 號開始，中間不空號，連續編號；如果界址點漏編點號者，　以已編號碼之次一號碼補之。若一地段劃分為若干單元進行編號時，後單元之起始號碼，應銜接前單元之終止號碼。

三　每一單元之點號，應自右而左，從上而下依"S"形順序編列之，不得重號。

第九七條

戶地測量採數值法者，以光線法為主，並得視實地情形，採直線截點法、導線法或交會法等為之。

第九八條

數值法戶地測量應依基本控制點、加密控制點、圖根點或都市計畫樁測量之成果觀測及計算之。

第九九條

界址點之水平角觀測，應以精於（含）二十秒讀緯儀，於一已知點上整置，並標定較遠之另一已知點後，就每一界址點正倒鏡觀測一測回，施測五至十點及觀測完畢後，應回歸至原標定之已知點，正倒鏡觀測檢查之，其較差不得超過四十秒。

第一〇〇條

戶地測量得採自由測站法為之。

第一〇一條 102

數值法戶地測量之縱橫坐標，計算至毫米止。

第一〇二條

數值法戶地測量成果，除依第九十條之規定展繪外，得以自動繪圖儀展繪之。

第一〇三條

①每宗地相鄰界址，應以直線聯結之，並儘量將各邊邊長予以實量後註明於圖上。

②前項相鄰界址如係弧形者，應以弧線聯結之。

第一〇四條

宗地分層二以上圖幅時，在圖廓外能測其整個形狀者，應測全

之，如不能測其整個形狀者，應測至圖廓外二公分處止。

第一○五條

宗地測量完竣應編列暫編地號，記載於地籍調查表內。

第四節　戶地航空攝影測量

第一○六條

戶地航空攝影測量，以用立體測圖法為主，必要時得採正射投影法或糾正鑲嵌法。其作業方法如下：

一　地籍調查。

二　布設航測標。

三　航空攝影。

四　像片認點。

五　實地控制測量。

六　空中三角測量。

七　界址點坐標測量。

八　測圖或糾正鑲嵌圖。

九　實地補測及調繪。

第一○七條

下列各種點位，除另有規定外，應於實施航空攝影前布設航測標：

一　界址點。

二　都市計畫樁。

三　圖根點。

四　基本控制點（三角點、精密導線點、衛星控制點、水準點。）

五　像片控制點。

六　加密控制點。

第一○八條

航測標須布設於正確點位上，其對空通視應良好，對空通視不良或航測標布設困難之點位，得於附近地點選補助點，並布設航測標。

第一○九條

航測標須視點位之地面情況，選用耐久、易布設，且與地面對比差良好之材料。航測標之形狀以方形或圓形為準，其大小以在像片上比儀器量測標大零點零一毫米為原則。

第一一○條

航空攝影須先在現有適當比例之地圖上設計航線。航線方向為東西向。但得視氣候情形及地形情況而定之。

第一一一條

航空攝影使用之飛機，應能保持穩定之航行，其速度及航高並應適合航空攝影。

第一一二條

　　航空攝影應於天氣晴朗，能見度佳，並於上午十時至下午二時之間實施爲原則。

第一一三條

航空攝影機之選用，以配合測圖儀器爲主。但須受下列之限制：

一　鏡頭輻射畸變差應小於零點零零五毫米，分解力每一毫米應多於四十根線。

二　不得使用超寬角攝影機。

三　城市及高山地區不得使用寬角攝影機。

第一一四條

①航空攝像之比例尺，依測圖比例尺之需要規定如下：

一　圖比例尺爲五百分之一者，其像片比例尺應爲三千分之一。

二　圖比例尺爲一千分之一者，其像片比例尺應爲五千分之一。

三　圖比例尺爲二千五百分之一者，其像片比例尺應爲九千分之一。

四　圖比例尺爲五千分之一者，其像片比例尺應爲一萬二千分之一。

五　圖比例尺爲一萬分之一者，其像片比例尺應爲二萬分之一。

②以正射投影法製圖時，得視需要另定之。

第一一五條

航空攝影像片之航線間重疊爲百分之三十以上，前後重疊爲百分之六十以上。

第一一六條

航空攝影詳細記載攝影紀錄，其內容應包括下列各款：

一　地區名稱。

二　日期。

三　氣候。

四　飛機及攝影機型號。

五　航高、航線及對地速度。

六　底片種類、號數及比例尺。

七　露光時間及沖洗藥品。

八　作業人員。

九　其他有關資料。

第一一七條

航空攝影後，應即繪製涵蓋圖，並檢查底片。其有下列情形之一者，應重行攝影或補攝：

一　航線偏差超過百分之十。

二　重疊不足，像對不能涵蓋全測區。

三　航高過高或過低，致底片比例尺與規定相差百分之十以上。

四　航傾角或航偏角大於五度以上。

五　底片有雲、陰影過長，模糊及其他因攝影或沖洗不良，致無法用於量測及製圖。

第一一八條

像片認點應詳細記載使用儀器、確認情況及作業時間、人員等資料。經確認之點位，應在像片上刺點圈註。

第一一九條

像片控制點每點每像對至少四點，以空中三角測量方法測定爲原則。

第一二〇條

實地控制點之分布，得視空中三角測量之需要定之。

第一二一條

平面控制測量，以基本控制測量方法實施，並依基本測量實施規則及本編第二章有關規定辦理之。

第一二二條

高程控制測量採直接水準測量或三角高程測量方法辦理之。

第一二三條

空中三角測量採純解析空中三角測量法、類比儀器（Analogue Instrument）航帶空中三角測量法或獨立像對空中三角測量法施行之。

第一二四條

空中三角測量各像對之副點與翼點，應以立體轉點儀刺選圈註，並轉刺於鄰片上。

第一二五條

空中三角測量應使用二等以上之精密航測儀器；其成果應配合量測及製圖精度之要求。

第一二六條

界址點坐標之量測，以與空中三角測量合併實施爲原則。

第一二七條

測得之界址坐標須展開於原圖紙上，其點位誤差應在圖上零點二毫米以內。一宗土地之相鄰界點，應連接成界址線。

第一二八條

①採糾正鑲嵌法時，應根據航攝底片與控制點，用糾正儀糾正爲適當比例尺之照片，並鑲嵌成圖、劃分圖廓或採圖解法，直接製成原圖。

②用糾正儀糾正時，對點誤差，不得超過一毫米。

第一二九條

複照作業，根據糾正之鑲嵌照片圖，複照成需要比例尺之照片，再曬印蓋圖。

第一三〇條

立體測圖或糾正複照後，應根據藍圖及照片或圖解法直接製成之原圖，在實地註號檢對調繪；其蔭蔽不清之處及照片上不能顯示之界址，並應以經緯儀或平板儀補測之。

第一三一條

地形圖之測繪規範另定之。

第五節　繪　圖

第一三二條

地籍原圖紙應使用鑲鋁片之圖紙或透明膠片，其伸縮率在濕度變化百分之二十者，平均不得超過縱百分之零點零八，橫百分之零點零二五。

第一三三條

地籍原圖於戶測量完竣後應與鄰圖接合無誤，始得著墨。

第一三四條

地籍原圖互相接合，圖上之差，除因圖紙伸縮影響外；其在零點四毫米以上者，應實地檢查並更正之。

第一三五條

繪圖線之規格如下：

一　一號線寬零點二毫米。
二　二號線寬零點一毫米。

第一三六條

①地籍原圖之圖廓用紅色二號線。
②宗地之界址，以黑色二號線，依實測鉛筆線描繪。未確定之界址，暫用船筆虛線描繪。

第一三七條

每地段之地籍原圖於戶地測量完竣後，按順序編定地號；其起迄以不超過五位數為原則。

第一三八條

地籍原圖之各類點，按下列規定描繪之：

一　三角點及衛星控制點：用二號線繪邊長二毫米之黑色正三角形，並於其中心繪一黑點。
二　精密導線點：用紅色二號線分別以一點五毫米及二毫米之直徑繪同心圓。
三　圖根點：用紅色二號線以直徑一點五毫米繪一圓圈。
四　補助點：用紅色二號線以直徑一毫米繪一圓圈。
五　都市計畫樁：用紅色二號線以直徑一點五毫米繪一圓圈，並於其中心繪十字。

第一三九條

國界、行政區域界、段界及小段界之圖例如附表。

第一四○條

行政區域界、段界或小段界界線重疊時，繪其上級界線；其與宗地界線重疊時，則沿宗地界線外緣繪製之；其在道路、江河、溝渠上者，按實際情形繪製之。

第一四一條

三角點及衛星控制點之名稱，用三毫米之仿宋體，橫書於點之上方或右方。

第一四二條 （刪除）

第一四三條

　道路、江河、溝渠及湖海等名稱，應按面積之大小用三毫米至五毫米之宋體字書之。道路、江河等線狀物體，用雁行字列。

第一四四條

　宗地地號用一點五毫米阿拉伯數字註記之。

第一四五條

　比例尺採文字表示者，以五毫米仿宋體字，書於圖廓外下端中間。

第一四六條

　地籍原圖著墨後，原鉛筆線及註記不得擦去。

第一四七條

　戶地航空攝影測量，有藍圖調繪者，應就調繪完成之藍圖上著墨。

第一四八條

　宗地分屬二以上圖幅時，其最大部分應以黑色註記地號，其他部分以紅色註記之。

第一四九條 （刪除）

第一五○條

　地籍原圖圖廓外，應繪註下列各款：

一　縱二公分、橫二點五公分之接圖表。

二　圖號。

三　行政區域名稱。

四　測量開始及完成日期。

五　測量及檢查者姓名並蓋章。

第四章　計算面積

第一節　通　則

第一五一條

①計算面積之方法如下：

一　數值法測量者：以界址點坐標計算之。

二　圖解法測量者，以實量距離、圖上量距、坐標讀取儀或電子求積儀測算之。

②前項以實量距離及圖上量距計算面積，至少應由二人分別計算，並取其平均值。

第一五二條

①宗地之面積，以公頃為單位，算至平方公尺為止，平方公尺以下四捨五入。但都市地區或其他地價較高之土地，得算至平方公尺以下二位，二位以下四捨五入。

②每幅之圖紙伸縮誤差與求積誤差在限制內者，應依各宗地面積大小比例配賦之。

第一五三條 102

①每幅之圖紙伸縮誤差與求積誤差，應依各宗地面積大小比例配賦之。

②前項求積誤差不得超過△F＝0.2√F＋0.0003F 之限制（△F 為求積誤差，F 為總面積，均以平方公尺為單位）。

第一五四條

宗地分層二以上圖幅時，其面積應就各部分計算後再合併之。

第一五五條

計算面積完竣後，應記入面積計算表並永久保存之。

第一五六條 （刪除）

第二節 計算面積之精度

第一五七條

①坐標讀取儀計算面積時，其面積較差應不得大於 0.0003 M √F（M 為圖比例尺之分母，F 為以平方公尺為單位所計算之面積），並取其平均值。

②前項計算面積，於量取各界址點坐標時，每點連續二次，其較差不得超過圖上零點二毫米。

③面積較差超過第一項之限制時，應重新計算之。

第一五八條

圖上量距法計算面積所用之邊長，應以實量距離為原則，如依圖上量距，應量至毫米下一位。

第一五九條

圖上量距法計算面積，其宗地二次計算之較差適用第一百五十七條之規定，並取其平均值。

第一六〇條

電子求積儀測算二次面積之較差，適用第一百五十七條之規定。

第五章 製 圖

第一節 通 則

第一六一條

製圖種類如下：

一 地籍圖。
二 地籍公告圖。
三 段接續一覽圖。
四 地段圖。
五 鄉（鎮、市、區）一覽圖。
六 直轄市、縣（市）一覽圖。
七 其他。

第一六二條

製圖應用之各種線號、符號及註記，適用第一百三十五條、第一

百三十九條、第一百四十條、第一百四十二條至第一百四十四條及第一百四十八條之規定。

第一六三條

直轄市、縣（市）及鄉（鎮、市、區）一覽圖所用圖式，除前條規定外，應採用中央主管機關之地形圖圖式及其解說。

第一六四條 （刪除）

第一六五條

① 圖解法地籍圖得數值化爲之。

② 圖解法地籍圖數值化之步驟如下：

一 圖籍資料清理及整飾。

二 數值化建檔。

三 面積計算。

四 成果檢核。

五 成果管理。

③ 前項第五款成果，因原地籍圖破損、折皺或圖紙伸縮，致圖幅接合有困難者，得實施圖幅整合。

④ 圖幅整合之步驟如下：

一 加密控制測量。

二 圖根測量。

三 現況測量。

四 套圖分析。

五 坐標轉換。

六 成果檢核。

七 成果管理。

⑤ 前項第五款之坐標轉換，得依第四條規定之測量基準辦理。

第一六六條

圖解法地籍圖數值化及圖幅整合方式，依中央主管機關所定之作業手冊爲之。

第二節 地籍圖

第一六七條

圖解法之地籍圖應依地籍原圖同一比例尺複製之。

第一六八條

圖解法之地籍藍曬底圖應依地籍原圖同一比例尺複製，以標準圖廓坐標四幅接合爲一幅，並得視需要縮製如下：

一 地籍原圖爲五百分之一者，縮製爲二千五百分之一。

二 地籍原圖爲一千分之一者，縮製爲五千分之一。

第三節 地籍公告圖

第一六九條

地籍公告圖依地籍藍曬底圖複製。但有特殊情形時，得酌量縮放之。

第四節　段接續一覽圖

第一七〇條

段接續一覽圖，應依地籍原圖縮製，並繪註本段範圍內地籍圖標準圖廓、坐標、圖號、重要之道路、河流、建物及其名稱。

第一七一條

段接續一覽圖之比例尺如下。但必要時得變動之：

一　地籍原圖為五百分之一者，縮製為五千分之一。

二　地籍原圖為一千分之一者，縮製為一萬分之一。

第一七二條

段接續一覽圖與鄰段、鄉（鎮、市、區）、縣（市）界應將各類界標誌繪上，並將鄰段、鄉（鎮、市、區）、縣（市）名稱，註記於適當位置，在圖幅上方註記直轄市縣（市）鄉（鎮、市、區）段地籍圖接續一覽圖，下方註記比例尺，右側註記圖幅編號，在側註記測量日期。

第五節　地段圖

第一七三條

地段圖應繪明本號地之地籍線及相鄰土地之界址。

第一七四條

每一宗地應發給土地所有權人一張地段圖，並將該宗地以記號區別之。宗地過大者，得以能確認其土地坐落之該宗地附近之地籍圖影印發給之。

第一七五條

地段圖各宗地過大或過小時，得按原圖比例尺酌量放大或縮小，另行繪圖。

第六節　鄉鎮市區一覽圖

第一七六條

鄉（鎮、市、區）一覽圖，應依地籍原圖縮製之，並將該鄉（鎮、市、區）內之基本控制點、段界、村里位置名稱及河流、渠塘、道路等重要地物繪註。

第一七七條

鄉（鎮、市、區）一覽圖之比例尺為二萬五千分之一。但得依各鄉（鎮、市、區）之大小酌量調整之。

第一七八條

鄉（鎮、市、區）一覽圖應與鄰鄉（鎮、市、區）精密併接，其上方註記某鄉（鎮、市、區）一覽圖，下方書原圖若干幅。

第一七九條

鄰接之省（市）、縣（市）或鄉（鎮、市、區）名稱，應於其適當之位置註記之。

第七節　直轄市縣市一覽圖

第一八○條

直轄市、縣（市）一覽圖應繪縣（市）鄉（鎮、市、區）界線、道路、河流、湖海、地渠及城鎮村落之位置，並參照地形圖補繪地形概況。

第一八一條

直轄市、縣（市）一覽圖，應依鄉（鎮、市、區）一覽圖縮製之，其上方書某直轄市、縣（市）一覽圖，下方書原圖若干幅，比例尺為五萬分之一。但得視其面積大小酌量調整之。

第八節　數值法製圖

第一八二條

數值地籍測量之製圖，依基本資料檔按所需比例尺，以自動繪圖儀直接繪製之。

第一八三條

數值地籍測量之製圖，以電腦繪製者，其地籍圖廓及宗地界線以黑色實線繪製，未確定之界線界址，暫以黑色虛線繪製。

第六章　重新實施地籍測量

第一八四條

已辦地籍測量之地區，因地籍原圖破損、滅失、比例尺變更或其他重大原因，得重新實施地籍測量（以下簡稱地籍圖重測）。

第一八五條 95

地籍圖重測，應依下列程序辦理：

一　劃定重測地區。
二　地籍調查。
三　地籍測量。
四　成果檢核。
五　異動整理及造冊。
六　繪製公告圖。
七　公告通知。
八　異議處理。
九　土地標示變更登記。
十　複（繪）製地籍圖。

第一八六條

①地籍圖重測，應以段為實施單位。但得以河流、道路、鐵路、分水嶺等自然界，劃定重測區域。

②原有段界不適宜地籍管理者，準用第八十一條第二項之規定。

第一八七條

①直轄市、縣（市）重測地區由中央主管機關會同直轄市、縣（市）主管機關勘定。

②重測地區勘查後，直轄市或縣（市）主管機關應將重測地區之範圍繪具圖說，連同應行注意事項，在土地所在地之鄉（鎮、市、區）公所及適當處所公布。

③第一項之中央主管機關辦理事項，得委任所屬下級機關辦理。

第一八八條

①地籍圖重測時發現未經登記之土地，應另設地籍調查表，記明其四至、鄰地地號、使用現況及其他有關事項。

②前項未登記土地測量編號後，應辦理土地第一次登記。

第一八九條

地籍圖重測時，應先檢測基本控制點、加密控制點、圖根點及有關之測量標，經檢測結果原測量標失去效用或遺失者，非依法不得廢棄或重置之。

第一九〇條

都市計畫範圍內，辦理地籍圖重測時，直轄市或縣（市）主管都市計畫機關（單位），應事先檢測都市計畫樁位置，並將樁位及其坐標資料列冊點交直轄市或縣（市）主管機關。

第一九一條

①戶地測量應按地籍調查表所載認定之界址，逐宗施測。

②地籍調查時未到場指界之土地所有權人，得於戶地測量時，補辦地籍調查。

第一九二條

①現有界址曲折者，有關土地所有權人得於地籍調查時，檢具協議書，協議截彎取直。但以土地使用性質相同者為限。

②前項土地設定有他項權利者，應經他項權利人之同意。但設定之他項權利內容完全一致者，不在此限。

第一九三條

①同一段內二宗以上相連之土地，其使用性質相同，且屬同一所有權人者，土地所有權人得於地籍調查時，申請合併為一宗。

②前項部分土地設定有他項權利者，應經他項權利人之同意。但設定之他項權利內容完全一致者，不在此限。

第一九四條 （刪除）

第一九四條之一

私有土地與未登記土地相毗鄰者，依下列規定施測：

一　私有土地所有權人所指認之界址，未占用未登記土地者，以其指認之界址施測。占用未登記土地者，應參照舊地籍圖及其他可靠資料所示之坵塊形狀及關係位置，實地測定界址，逕行施測。

二　私有土地之一部分，已為道路、水路公眾使用，其所有權人無法指界時，依照前款方法，實地測定界址，逕行施測。

第一九五條

地籍圖重測後之地號，得就該段或小段重新編訂地號。

第一九六條 95

直轄市、縣（市）主管機關於重測期間，有下列情形之一者，應補辦地籍調查及訂正相關圖表：

一 申請土地標示變更登記經登記完畢者。

二 土地界址經調處或判決確定，而其結果與原測量結果不符者。

第一九六條之一 （刪除）

第一九六條之二

因重測界址爭議未解決之土地，得就其未涉及界址爭議部分，申請土地分割、合併、鑑界、界址調整或調整地形。

第一九七條

地籍原圖整理及面積計算完竣後，應分別實施檢查。

第一九八條

①地籍圖重測結果，直轄市、縣（市）主管機關應視實際情形，依據面積計算表編造下列清冊：

一 段區域調整清冊。

二 合併清冊。

三 重測結果清冊。

四 未登記土地清冊。

②前項第三款重測結果清冊包括新舊地號及面積對照表。

③第一項各種清冊應各造三份，經核對有關圖表無誤後，一份存查，二份備供公告閱覽及登記之用。

第一九九條

①地籍圖重測結果公告時，直轄市或縣（市）主管機關應將前條所列清冊、地籍公告圖及地籍調查表，以展覽方式公告三十日，並以書面通知土地所有權人。

②前項公告期滿，土地所有權人無異議者，直轄市或縣（市）主管機關，應據以辦理土地標示變更登記，並將登記結果，以書面通知土地所有權人限期申請換發書狀。

第二○○條 （刪除）

第二○○條之一

重測結果公告期間，土地所有權人申請土地分割、合併複丈、土地所有權移轉登記，除權利關係人附具同意書，同意以重測成果公告確定之結果為準者，得予受理外，應俟重測成果公告確定後受理。

第二○一條

①土地所有權人認為重測結果有錯誤，除未依土地法第四十六條之二之規定設立界標或到場指界外，得於公告期間內，以書面向直轄市或縣（市）主管機關提出異議，並申請複丈。複丈結果無誤者，依重測結果辦理土地標示變更登記；其有錯誤者，應更正有關簿冊圖卡後，辦理土地標示變更登記。

②前項地籍圖重測結果錯誤經更正者，其已繳之複丈費予以退還。

③第一項辦理異議複丈業務，得由主管機關委任所屬登記機關辦理之。

第二〇一條之一

重測期間發生界址爭議尚未解決之土地，申請所有權移轉或他項權利設定登記者，應由權利關係人出具切結書敘明於界址確定後，其面積與原登記面積不符時，同意由地政機關逕爲更正。

第二〇一條之二

重測公告確定之土地，登記機關不得受理申請依重測前地籍圖辦理複丈。

第二〇二條

建築改良物之基地標示，因實施地籍圖重測而變更者，直轄市或縣（市）主管機關得查明逕爲辦理建物基地標示變更登記，並依第一百九十九條規定通知換發書狀。

第二〇三條

直轄市或縣（市）主管機關保管之土地及建築改良物有關簿冊圖卡等，應依地籍圖重測結果辦理重繪或訂正。

第三編　土地複丈

第一章　通　則

第二〇四條

土地有下列情形之一者，得申請土地複丈（以下簡稱複丈）：
一　因自然增加、浮覆、坍沒、分割、合併、鑑界或變更。
二　因界址曲折需調整。
三　依建築法第四十四條或第四十五條第一項規定調整地形。
四　宗地之部分設定地上權、農育權、不動產役權或典權。
五　因主張時效完成，申請時效取得所有權、地上權、農育權或不動產役權。

第二〇五條

①申請複丈，由土地所有權人或管理人向土地所在地登記機關爲之。但有下列情形之一者，各依其規定辦理：
一　因承租土地經界不明者，由承租人會同土地所有權人或管理人申請。
二　因宗地之部分擬設定地上權、農育權、不動產役權或典權者，由擬設定各該權利人會同土地所有權人或管理人申請。
三　地上權之分割者，由地上權人會同土地所有權人或管理人申請。
四　依民法第七百六十九條、第七百七十條或第七百七十二條規定因時效完成所爲之登記請求者，由權利人申請。
五　因司法機關判決確定或訴訟上之和解或調解成立者，由權利人申請。

六 共有土地之協議分割、合併者，由共有人全體申請。但合併或標示分割，得由共有人依土地法第三十四條之一規定申請。

七 因建造行為需要鑑界者，得由建造執照起造人會同土地所有權人或管理人申請。

八 依土地法第十二條第二項規定因土地浮覆回復原狀時，復權範圍僅為已登記公有土地之部分，需辦理分割者，由復權請求權人會同公有土地之管理機關申請。

九 依直轄市縣（市）不動產糾紛調處委員會設置及調處辦法作成調處結果確定者，由權利人或登記名義人單獨申請。

十 依法令規定得由地政機關逕為測量者。

②前項申請，得以書面委託代理人為之。

第二〇六條

登記機關應備下列文件，辦理複丈：

一 土地複丈申請書。

二 土地複丈收件簿。

三 土地複丈定期通知書。

四 土地複丈案件補正、駁回通知書。

五 土地複丈地籍調查表。

六 土地複丈圖。

七 土地面積計算表。

八 分號管理簿。

九 土地複丈成果圖。

十 土地複丈結果通知書。

十一 他項權利位置圖。

十二 法院囑託辦理土地複丈成果圖。

十三 其他。

第二〇七條

①申請複丈時，應填具土地複丈申請書，並檢附權利書狀或其他足資證明文件。

②前項檢附之文件，能以電腦處理達成查詢者，得免提出。

③複丈涉及原有標示變更者，應於申請複丈時，填具土地登記申請書，一併申請土地標示變更登記。

第二〇八條

依第二百零五條第一項第四款規定申請者，申請人應提出占有土地四鄰證明或其他足資證明繼續占有事實之文件。

第二〇九條

申請複丈應繳納土地複丈費。土地複丈費之收支應依預算程序辦理。

第二一〇條

①申請複丈經通知辦理者，除本規則另有規定外，申請人應自備界標，於下列點位自行埋設，並永久保存之：

一 申請分割複丈之分割點。

二 申請界址調整、調整地形之界址點。

三 經鑑定確定之界址點。

②申請人不能依前項第一款或第二款規定埋設界標者，得檢附分割點或調整後界址點之位置圖說，加繳土地複丈費之半數，一併申請確定界址。

第二一一條

①登記機關受理複丈申請案件，應予收件，經審查准予複丈者，隨即排定複丈日期、時間及會同地點，填發土地複丈定期通知書，交付申請人並通知關係人。原定複丈日期，因風雨或其他事故，致不能實施複丈時，登記機關應分別通知申請人及關係人改期複丈。

②申請人於複丈時，應到場會同辦理；申請人屆時不到場或不依規定埋設界標者，視為放棄複丈之申請，已繳土地複丈費不予退還。

③第一項所稱關係人，於鑑界時，指鑑界址之鄰地所有權人；鄰地為公寓大廈之基地者，指公寓大廈管理委員會；於主張時效取得地上權、農育權或不動產役權時，指所有權人。

④關係人屆時不到場者，得逕行複丈。

第二一一條之一

撤回複丈之申請，應於複丈前以書面向登記機關提出。但屬有需通知前條第三項關係人之案件，應於原定複丈日期三日前為之。

第二一二條

①登記機關受理複丈申請案件，經審查有下列各款情形之一者，應通知申請人於接到通知書之日起十五日內補正：

一 申請人之資格不符或其代理人之代理權有欠缺。

二 申請書或應提出之文件與規定不符。

三 申請書記載之申請原因與登記簿冊或其證明文件不符，而未能證明不符原因。

四 未依規定繳納土地複丈費。

②依排定時間到場，發現有障礙物無法實施測量，需申請人排除者，登記機關應依前項規定通知補正。

第二一三條

登記機關受理複丈申請案件，經審查有下列各情形之一者，應以書面敘明法令依據或理由駁回之：

一 不屬受理登記機關管轄。

二 依法不應受理。

三 逾期未補正或未依補正事項完全補正。

第二一四條

①申請人申請複丈案件，有下列情形之一者，得於五年內請求退還其已繳土地複丈費：

一 依第二百十一條之一規定申請撤回。

二　申請再鑑界，經查明第一次複丈確有錯誤。

三　經通知補正逾期未補正而駁回。

四　其他依法令應予退還。

②前項第一款、第三款之情形，其已支出之費用應予扣除。

③申請人於五年內重新申請複丈者，得予援用其得申請退還之土地複丈費。

第二一五條

①複丈人員於實施複丈前，應先核對申請人、關係人之身分。複丈完竣後，應發給申請人土地複丈成果圖或他項權利位置圖。

②複丈除本規則另有規定外，其因自然增加、浮覆、坍沒、分割、界址調整、調整地形或主張時效取得所有權而複丈者，應辦理地籍調查。

③前項地籍調查表記載之界址，應由申請人當場認定，並簽名或蓋章；其未於當場簽名或蓋章者，得於三日內至登記機關補簽名或蓋章。逾期未簽名或蓋章者，應載明事由，發給之土地複丈成果圖並加註僅供參考，其所附土地登記申請書件予以退還。

第二一六條

受理土地複丈案件應於收件日起十五日內辦竣，其情形特殊經登記機關首長核定延長者，依其核定。各級法院或檢察機關囑託並明定期限辦理者，應依囑託期限辦竣。

第二一七條

各級法院或檢察機關行使國家刑罰權囑託辦理土地複丈案件，免納土地複丈費。

第二一八條

採數值法辦理地籍測量之地區，其複丈應以數值法爲之。

第二一九條

①採圖解法複丈者，應依第九十條至第九十四條之規定辦理。

②採數值法複丈者，應依第九十八條、第九十九條、第一百零一條及第一百零二條之規定辦理。

③因地區廣大必須先使用經緯儀補測圖根點者，應依第二編第二章圖根測量之規定辦理。

第二二〇條

複丈時，應對申請複丈案件之各宗土地全部界址及其毗鄰土地界址予以施測，必要時並應擴大其施測範圍。

第二二一條

①鑑界複丈，應依下列規定辦理：

一　複丈人員實地測定所需鑑定之界址點位置後，應協助申請人埋設界標，並於土地複丈圖上註明界標名稱、編列界址號數及註明關係位置。

二　申請人對於鑑界結果有異議時，得再填具土地複丈申請書敘明理由，向登記機關繳納土地複丈費申請再鑑界，原登記機關應即送請直轄市或縣（市）主管機關派員辦理後，將再鑑

　　　界結果送交原登記機關，通知申請人及關係人。
　三　申請人對於再鑑界結果仍有異議者，應向司法機關訴請處
　　　理，登記機關不得受理其第三次鑑界之申請。
②前項鑑界、再鑑界測定之界址點應由申請人及到場之關係人當場
　認定，並在土地複丈圖上簽名或蓋章。申請人或關係人不簽名或
　蓋章時，複丈人員應在土地複丈圖及土地複丈成果圖載明其事
　由。
③關係人對於第一項之鑑界或再鑑界結果有異議時，得以其所有土
　地申請鑑界，其鑑界之辦理程序及異議之處理，準用第一項第二
　款及第三款之規定。

第二二二條

①司法機關囑託之複丈案件，應依司法機關所囑託事項辦理，對土
　地所有權人不得發給土地複丈成果圖。
②前項以數案併同囑託辦理者，應於辦理後按宗數計收土地複丈
　費。

第二二三條

宗地之一部分，因天然變遷，成為可通運之水道，或受洪水流失
辦理分割時，得供測量其存餘土地，決定其分割線。

第二二四條

①土地因合併申請複丈者，應以同一地段、地界相連、使用性質相
　同之土地為限。
②前項土地之所有權人不同或設定有抵押權、典權、耕作權等他項
　權利者，應依下列規定檢附相關文件：
　一　所有權人不同時，應檢附全體所有權人之協議書。
　二　設定有抵押權時，應檢附土地所有權人與抵押權人之協議
　　　書。但為擔保同一債權，於數土地上設定抵押權，未涉權利
　　　範圍縮減者，不在此限。
　三　設定有典權或耕作權時，應檢附該他項權利人之同意書。
③登記機關辦理合併複丈，得免通知實地複丈。
④第一項之土地設定有用益物權者，其物權範圍為合併後土地之一
　部分者，應於土地複丈成果圖繪明其位置。

第二二五條

①土地界址調整應以同一地段、地界相連、使用性質相同之土地為
　限。如為實施建築管理地區，並應符合建築基地法定空地分割辦
　法規定。
②前項土地設有他項權利者，應先徵得他項權利人之同意。

第二二五條之一

第一百九十二條、第一百九十三條、第二百二十四條及前條所稱
之使用性質，於都市土地指使用分區，於非都市土地指使用分區
及編定之使用地類別。

第二二六條

①直轄市、縣（市）主管機關或登記機關於辦理土地界址調整複丈

後，應依複丈成果改算當期公告土地現值，調整前後各宗土地地價之總合應相等。

②實施界址調整之土地，其調整線跨越不同地價區段者，複丈成果應分別載明調整線與原地籍交叉所圍各塊坵形之面積，作為改算地價之參考。

第二二七條

①各土地所有權人調整後土地價值，與其原有土地價值無增減時，應通知申請人申辦土地標示變更登記。

②調整後土地價值與其原有土地價值有增減時，應通知申請人就調整土地向直轄市或縣（市）稅捐稽徵機關申報土地移轉現值。

第二二八條

登記機關辦理土地界址調整之標示變更登記後，應即通知申請人領件並即改算地價及訂正地籍、地價有關圖冊，並通知直轄市或縣（市）稅捐稽徵機關訂正稅籍暨通知他項權利人換發或加註權利書狀。

第二二九條

①土地所有權人或鄰接土地所有權人依第二百零四條第三款規定申請土地複丈時，應填具土地複丈申請書，並檢附權利書狀及下列規定文件，向土地所在地登記機關辦理：

一 依建築法第四十四條規定協議調整地形者：調整地形協議書及建設（工務）機關核發合於當地建築基地最小面積之寬度及深度且非屬法定空地之文件及圖說。

二 依建築法第四十五條第一項規定調處調整地形者：調處成立紀錄。

②前項土地設有他項權利者，應先徵得他項權利人之同意。

第二三〇條

依前條規定辦理調整地形準用第二百二十六條至二百二十八條規定。

第二三一條

①地上權、農育權、不動產役權或典權之平面位置測繪，依下列規定：

一 同一他項權利人在數宗土地之一部分設定同一性質之他項權利者，應儘量測繪在同一幅土地複丈圖內。

二 一宗土地同時申請設定二以上同一性質之他項權利者，應在同一幅土地複丈圖內分別測繪他項權利位置。

三 他項權利位置圖，用紅色實線繪製他項權利位置界線，並用黑色實線繪明土地經界線，其他項權利位置界線與土地經界線相同者，用黑色實線繪明。

四 因地上權分割申請複丈者，應於登記完畢後，在原土地複丈圖上註明地上權範圍變更登記日期及權利登記先後次序。

五 測量完畢，登記機關應依土地複丈圖贈繪他項權利位置圖二份，分別發給他項權利人及土地所有權人。

②前項他項權利之位置，應由會同之申請人當場認定，並在土地複丈圖上簽名或蓋章。

第二三一條之一

①申請時效取得地上權、農育權或不動產役權者，應依申請人所主張占有範圍測繪，並就下列符合民法地上權、農育權、不動產役權要件之使用情形測繪其位置及計算面積：

　一　普通地上權之位置，以其最大垂直投影範圍測繪；區分地上權之位置，以在土地上下之一定空間範圍，分平面與垂直範圍測繪。

　二　農育權、不動產役權之位置，以其實際使用現況範圍測繪。

②前項複丈之位置，應由申請人當場認定，並在土地複丈圖上簽名或蓋章，其發給之他項權利位置圖應註明依申請人主張占有範圍測繪，其實際權利範圍，以登記審查確定登記完畢爲準。

③關係人不同意申請人所主張之占有範圍位置時，登記機關仍應發給他項權利位置圖，並將辦理情形通知關係人。

第二三一條之二

①區分地上權之位置測繪，依下列規定：

　一　平面範圍之測繪，依第二百三十一條規定辦理。

　二　垂直範圍之測繪，應由申請人設立固定參考點，並檢附設定空間範圍圖說，供登記機關據以繪製其空間範圍，登記機關並應於土地複丈圖及他項權利位置圖註明該點位及其關係位置。

②以建物之樓層或其特定空間爲設定之空間範圍，如該建物已測繪建物測量成果圖者，得於土地複丈圖及他項權利位置圖載明其位置參見該建物測量成果圖，或其他適當之註記。

第二三二條

①複丈發現錯誤者，除有下列情形之一，得由登記機關逕行辦理更正者外，應報經直轄市或縣（市）主管機關核准後始得辦理：

　一　原測量錯誤純係技術引起者。

　二　抄錄錯誤者。

②前項所稱原測量錯誤純係技術引起者，指原測量錯誤純係觀測、量距、整理原圖、訂正地籍圖或計算面積等錯誤所致，並有原始資料可稽；所稱抄錄錯誤指錯誤因複丈人員記載之疏忽所引起，並有資料可資核對。

第二三三條

土地分割之地號，應依下列規定編定，並將編定情形登載於分號管理簿：

　一　原地號分割時，除將其中一宗維持原地號外，其他各宗以分號順序編列之。

　二　分號土地或經分割後之原地號土地，再行分割時，除其中一宗保留原分號或原地號外，其餘各宗，繼續原地號之最後分號之次一分號順序編列之。

第二三四條

土地合併之地號，應依下列規定編定，並將刪除地號情形登載於分號管理簿，其因合併而刪除之地號不得再用：

一　數宗原地號土地合併為一宗時，應保留在前之原地號。

二　原地號土地與其分號土地合併時，應保留原地號。

三　原地號之數宗分號土地合併時，應保留在前之分號。

四　原地號土地與他原地號之分號土地合併時，應保留原地號。

五　原地號之分號土地與他原地號之分號土地合併時，應保留在前原地號之分號。

第二三五條

複丈成果需訂正地籍圖者，應於完成登記後隨即辦理之。

第二三六條

因行政區域、段或小段界線調整而編入之土地，應移繪於各該地段之地籍圖內，並重編地號；其有新增圖幅者，應與原地籍圖幅連接編號，並拼接於地籍接合圖及一覽圖內，用紅色表示之。其編出之土地，應將原地籍圖上之經界線及地籍接合圖幅用紅色×線劃銷之，地號用紅色雙線劃銷之。

第二三七條

測量登記完竣地區內之未登記土地，其於辦理土地第一次登記前，應測繪於各該地段之地籍圖內，並編定地號。其有新增圖幅時，應與原地籍圖幅連接編號，並用紅色線拼接於地籍接合圖及一覽圖內。

第二三八條

登記機關對土地複丈圖、地籍圖應每年與土地登記簿按地號核對一次，並將核對結果，作成紀錄，存案備查，其如有不符者，應詳細查明原因，分別依法訂正整理之。

第二章　圖解法複丈

第二三九條

土地複丈圖之調製，應依下列規定辦理：

一　依地籍圖或圖解地籍圖數值化成果調製土地複丈圖時，應將其鄰接四週適當範圍內之經界線及附近圖根點，精密移繪或繪製於圖紙上，並應將界線之彎曲、鄰接圖廓線及圖面折縐破損等情形繪明之。

二　土地複丈圖調製後，應經核對地籍圖、原有土地複丈圖及地籍調查表無誤後，始得辦理複丈。

三　土地複丈圖應按申請案件逐次調製，不得重複使用。

第二四〇條 102

複丈應以圖根點或界址點作為依據。其因分割或鑑定界址複丈者，應先將其測區適當範圍內按其圖上界線長度與實地長度作一比較，求其伸縮率，分別平均配賦後，依分割線方向及長度決定分割點或鑑定點之位置。

第二四一條

土地複丈圖之整理，應依下列規定辦理：

一　變更後之經界線用紅色標示之，並將其原經界線用紅色×線劃銷之。

二　變更後地號用黑色標示之，原地號用紅色雙線劃銷之。

三　合併後再分割者，其分割之經界線與前因合併而劃銷之經界線一致時，應於原經界線上紅色×線處加繪紅色○，以示將×線劃銷之。

第二四二條

分割複丈，應依下列規定辦理：

一　申請人已依第二百十條第一項規定實地埋設界標者，複丈人員於複丈時應將其界標與附近固定明顯目標之實量距離及界標種類繪註於土地複丈圖上，其分ү實量之邊長，應以黑色註記於土地複丈圖各界線之內側，其因圖形過小註記有困難者，得在該宗空白處另繪放大之界址示意圖註記之。

二　依第二百十條第二項規定辦理者，複丈人員應先將圖上位置及面積劃分後，再於實地依土地複丈圖上劃分界線，測定本宗土地之周圍界址及內部分割點，並協助申請人埋設界標。

三　土地分割時，其分割之本宗周圍界線，經實測結果在容許誤差以內者，周圍之界線不予變動，其內部之分割應按宗地圖上距離與實地距離之伸縮比例決定分割點，儘量在土地初丈圖上分別證明其實量邊長，並按其實量邊長計算面積。必要時得用較大之比例尺測繪附圖，作為土地複丈圖之附件，不得分離。

第二四三條

分割土地面積之計算，依下列規定辦理：

一　一宗土地分割為數宗土地，該分割後數宗土地面積之總和，須與原土地面積相符。如有差數，經將圖紙伸縮成數除去後，其增減在下列公式計算值以下者，應按各地號土地面積比例配賦；在下列公式計算值 以上者，應就原測量及計算作必要之檢核，經檢核無誤後依第二百三十二條規定辦理。

　　㈠ 1 ／ 500 比例尺地籍圖：（0.10 ＋ 0.02（$\sqrt[4]{F}$））$\sqrt{F}$（F為一筆土地面積，以平方公尺為單位）

　　㈡ 1 ／ 600 及 1 ／ 1,000 比例尺地籍圖：（0.10 ＋ 0.04（$\sqrt[4]{F}$）$\sqrt{F}$）

　　㈢ 1 ／ 1,200 比例尺地籍圖：（0.25 ＋ 0.07（$\sqrt[4]{F}$））$\sqrt{F}$

　　㈣ 1 ／ 3,000 比例尺地籍圖：（0.50 ＋ 0.14（$\sqrt[4]{F}$））$\sqrt{F}$

二　前款按各地號土地面積比例配賦之，公式如下：

　　每號地新計算面積×原面積／新面積總和＝每號地配賦後面積

第二四四條

①採圖解法複丈者，依下列規定訂正地籍圖：

一　分割複丈部分，應依土地複丈圖將地號以紅色雙線劃銷之，然後以紅色移繪其新經界線，並以黑色註記其新地號。

二　合併複丈部分，應依土地複丈圖將不需要之部分經界線以紅色×線劃銷之。地號以紅色雙線劃銷之，並以黑色註記其新地號。

三　一宗土地跨二幅以上地籍圖時，其面積較大部分之地號以黑色註記之，其餘部分之地號以紅色註記之。

四　因地籍圖之伸縮致拼接發生差異時，應依其伸縮率，平均配賦。

五　因地籍圖上坵形細小，訂正困難時，得比例放大並量註邊長移繪於該地籍圖空白處。如無空白位置，則另行加繪浮貼於地籍圖適當之處。

②前項之地籍圖已依第一百六十五條完成圖解地籍圖數值化者，得以複丈成果訂正數值化圖檔。

第二四五條

土地複丈圖應按地段及圖號分年彙集，每五十幅裝訂一冊，編列索引，永久保管。

第三章　數值法複丈

第二四六條

數值法複丈時，應準備下列資料：

一　錄印本宗土地及鄰接四週適當範圍內之界址點點號、坐標及附近圖根點點號、坐標，並加算方位角及邊長。

二　土地面積。

三　參考圖。

四　地籍調查表。

第二四七條

①複丈應以圖根點或界址點作為依據，並應先檢測圖根點及界址點，所測得點位間之距離與由坐標反算之距離，其差不得超過下列限制：

一　市地：0.005 公尺$\sqrt{S}$ + 0.04 公尺（S 係邊長，以公尺為單位）。

二　農地：0.01 公尺$\sqrt{S}$ + 0.08 公尺。

三　山地：0.02 公尺$\sqrt{S}$ + 0.08 公尺。

②前項之檢測應由縱橫二方向實施之。

第二四八條

界址點之水平角，用精於（含）二十秒讀經緯儀施測之，其採方向觀測法者，應正倒鏡各觀測一次，水平角觀測手簿記至秒止。其採複測法者應觀測二倍角。

第二四九條

距離測量應依第五十八條規定辦理。

第二五○條

數值法複丈得視實地情況採光線法、直線截點法、導線法、支距法或交會法等施測。

第二五一條

數值法複丈，其界址點位置誤差之限制準用第七十三條之規定。

第二五二條

鑑界複丈者，應先以所需鑑定之界址點坐標與圖根點或可靠界址點之坐標反算邊長及二方向線間之夾角後，再於實地測定各界址點之位置。

第二五三條

採數值法分割複丈者，應依下列規定辦理：

一　因分割而新增之界址點，不在本宗土地周圍界線上者，應先依申請人實地所領界址，埋設界標後，再以第二百五十條規定之方法測量，並計算其分割點之坐標，據以計算面積及展繪土地複丈成果圖。

二　因分割而新增之界址點，在本宗土地周圍界線上者，應先就申請人所予條件，測算該分割點在界線上之坐標後，再於實地測定該界址點之位置，並埋設界標。

三　前款分割界址點之點號，應按本地段現有界址點最後點號之次一點號順序編列之。

第二五四條

數值法複丈面積之計算依第一百五十二條規定辦理。

第二五五條

一宗土地分割為數宗土地，該分割後數宗土地面積之總和，應與原宗土地之面積相符，如有差數，應就原測量及計算作必要之檢核，經檢核無誤後，依分割面積之大小比例配賦之。

第二五六條

數宗土地合併為一宗土地，該合併後之土地面積，應與各宗原地號土地面積之總和相符，如有差數，應就原測量及計算作必要之檢核，經檢核無誤後依該宗土地外圍界址點坐標所計算之面積為準。

第二五七條

數值法複丈成果依法登記後，登記機關應修正宗地資料檔、地號界址檔及界址坐標檔。

第四編　建築改良物測量

第一章　通　則

第二五八條

建築改良物（以下簡稱建物）測量，包括建物第一次測量及建物複丈。

第二五九條

新建之建物得申請建物第一次測量。但有下列情形之一者，不得申請測量：

一　依法令應請領使用執照之建物，無使用執照者。

二　實施建築管理前建造完成無使用執照之建物，無土地登記規則第七十九條第三項所規定之文件者。

第二六〇條

建物因增建、改建、滅失、分割、合併或其他標示變更者，得申請複丈。

第二六一條

申請建物測量，由建物所有權人或管理人向建物所在地登記機關為之。

第二六二條

①前項申請，得以書面委託代理人為之。

②登記機關應備下列文件，辦理建物測量：

一　建物測量申請書。

二　建物測量收件簿。

三　建物測量定期通知書。

四　建物測量成果圖。

五　建物測量成果通知書。

六　建號管理簿。

七　其他。

第二六三條

區分所有建物，區分所有權人得就其專有部分及所屬共有部分之權利，單獨申請測量。

第二六四條

①登記機關受理建物測量申請案件，應予收件，經審查准予測量者，隨即排定測量日期、時間及會同地點，填發建物測量定期通知書交付申請人。原定測量日期，因風雨或其他事故，致不能實施測量時，登記機關應另定測量日期通知申請人。

②申請人於測量時，應到場會同辦理；屆時不到場者，視為放棄測量之申請，已繳建物測量費不予退還。

第二六四條之一

撤回建物測量之申請，應於測量前以書面向登記機關提出。

第二六五條

①登記機關受理建物測量申請案件，經審查有下列各款情形之一者，應通知申請人於接到通知書之日起十五日內補正：

一　申請人之資格不符或其代理人之代理權有欠缺。

二　申請書或應提出之文件與規定不符。

三　申請書記載之申請原因或建物標示與登記簿冊或其證明文件不符，而未能證明不符之原因。

四　未依規定繳納建物測量費。

②依排定時間到場，發現有障礙物無法實施測量，需申請人排除者，登記機關應依前項規定通知補正。

第二六六條

①申請人申請建物測量案件，有下列情形之一者，得於五年內請求退還其已繳建物測量費：

一　依第二百六十四條之一規定申請撤回。

二　經通知補正逾期未補正而駁回。

三　其他依法令應予退還。

②前項第一款、第二款之情形，其已支出之費用應予扣除。

③申請人於五年內重新申請建物測量者，得予援用其得申請退還之建物測量費。

第二六七條

測量人員於實施測量前，應先核對申請人之身分。測量完竣後，應發給申請人建物測量成果圖。測量結果應由申請人當場認定，並在建物測量圖上簽名或蓋章。申請人不簽名或蓋章時，測量人員應在建物測量圖及建物測量成果圖載明其事由；其涉及原建物標示變更者，發給之建物測量成果圖並加註僅供參考，其所附土地登記申請書件予以退還。

第二六八條

第二百零九條、第二百十三條、第二百十六條及第二百十七條之規定，於建物測量時，準用之。

第二六九條　102

①法院或行政執行分署囑託登記機關，就已登記土地上之未登記建物辦理查封、假扣押、假處分、暫時處分、破產登記或因法院裁定而為清算登記之建物測量時，由法院或行政執行分署派員定期會同登記機關人員辦理，並於測量後由其指定人員在建物測量圖上簽名或蓋章。

②前項規定，於管理人持法院裁定申請為清算登記之建物測量時，準用之。

第二七〇條

建物測量圖之調製，應依下列規定辦理：

一　依地籍圖或圖解地籍圖數值化成果圖製建物測量圖時，應將其鄰接四週適當範圍內之經界線及圖根點，精密移繪或繪製於圖紙上，並應將　界線之彎曲、鄰接圖廓線及圖面折縐破損等情形繪明之。

二　建物測量圖圖製後，應核對地籍圖、原有建物測量圖後，始得辦理測量。

三　建物測量圖應按申請案件逐次調製，不得重複使用。

第二七一條

測繪建物位置圖及平面圖，應以平板儀或經緯儀實地測繪之，並註明邊長，以公尺為單位，量至公分為止。

第二七二條

建物平面圖之比例尺，以一百分之一或二百分之一為原則，如有特殊情形，得視實際需要增減之。

第二七三條

建物平面圖測繪邊界依下列規定辦理：

一　獨立建物所有之牆壁，以牆之外緣為界。

二　兩建物共用之牆壁，以牆壁之所有權範圍為界。

三　前二款之建物，除實施建築管理前建造者外，其竣工平面圖載有陽台、屋簷或雨遮等突出部分者，以其外緣為界，並以附屬建物辦理測量。

四　地下街之建物，無隔牆設置者，以建物使用執照竣工平面圖區分範圍測繪其位置圖及平面圖。

五　建物地下室之面積，包括室內面積及建物設計圖內所載地下室四周牆壁厚度之面積。

第二七四條

建物之各層樓及地下室，分別測繪於平面圖上，各層樓平面圖，應註明其層次。騎樓地平面、附屬建物與主體建物相連處繪虛線。

第二七五條

①建物位置圖，以地籍圖同一比例尺謄繪於建物測量成果圖左上角或適當位置，並繪明土地界線，註明地號、建號、使用執照號碼及鄰近之路名。但建物所坐落之土地過大或過小時，得按原圖比例尺酌予縮放。

②前項建號應於公告確定後填寫。

第二七六條

①各棟及各層樓房之騎樓地平面及其附屬建物應分別計算其面積。建物面積之計算，應依第一百五十一條第二項、第一百五十八條及第一百五十九條規定辦理。

②建物面積之單位為平方公尺，平方公尺以下記載至第二位，第三位以下四捨五入。

第二七七條

①建物測量圖及建物測量成果圖由登記機關永久保管。

②前項建物測量圖及建物測量成果圖以段為單位，按建號順序每五十號或一百號裝訂一冊，並編列冊數。

第二七八條

建物登記後發現原測量或抄錄錯誤需辦理更正者，準用第二百三十二條之規定。

第二章　建物第一次測量

第二七九條

①申請建物第一次測量，應填具申請書，檢附土地登記規則第七十九條所規定之文件辦理。

②建物起造人向主管建築機關申請建物使用執照時，得同時檢附建造執照、設計圖、申請使用執照之相關證明文件及其影本，向登記機關申請建物第一次測量。

③依前二項規定繳驗之文件正本，於繳驗後發還。

第二八○條

申請建物第一次測量時，得同時填具土地登記申請書件，一併申請建物所有權第一次登記。

第二八一條

依第二百七十九條第二項申請辦理之建物第一次測量，申請人應於領取建物使用執照後，檢附該建物使用執照提供登記機關核對，據以發給建物測量成果圖。

第二八二條

建物第一次測量，應測繪建物位置圖及其平面圖。登記機關於測量完竣後，應發給建物測量成果圖。

第二八二條之一 102

①於實施建築管理地區，依法建造完成之建物，其建物第一次測量，得依使用執照竣工平面圖轉繪建物平面圖及位置圖，免通知實地測量。但建物坐落有越界情事，應辦理建物位置測量者，不在此限。

②前項轉繪應依第二百七十二條至第二百七十五條、第二百七十六條第一項、第三項、第二百八十三條及下列規定辦理：

　　一　建物平面圖應使用使用執照竣工平面圖轉繪各權利範圍及平面邊長，並詳列計算式計算其建物面積。

　　二　平面邊長，應以使用執照竣工平面圖上註明之邊長為準，並以公尺為單位。

　　三　建物位置圖應依使用執照竣工平面圖之地籍配置轉繪之。

　　四　圖面應註明辦理轉繪之依據。

第二八二條之二 102

①依前條規定轉繪之建物平面圖及位置圖，得由開業之建築師、測量技師、地政士或其他與測量相關專門職業及技術人員為轉繪人。

②依前項規定辦理之建物平面圖及位置圖，應記明本建物平面圖、位置圖及建物面積如有遺漏或錯誤致他人受損害者，建物起造人及轉繪人願負法律責任等字樣及開業證照字號，並簽名或蓋章。

③依本條規定完成之建物平面圖及位置圖，應送登記機關依前條第二項規定予以核對後發給建物測量成果圖。

第二八二條之三 102

①依土地登記規則第七十八條但書規定，申請建物所有權第一次登記時檢附之建物標示圖，應依第二百八十二條之一第二項規定繪製，並簽證，其記載項目及面積計算式，登記機關得查對之。

②前項建物辦竣所有權第一次登記後，其建物標示圖由登記機關永久保管。

第二八三條 102

① 區分所有建物之共有部分，除法規另有規定外，依區分所有權人按其設置目的及使用性質之約定情形，分別合併，另編建號予以勘測。

② 建物共有部分之建物測量成果圖或建物標示圖應註明共有部分各項目內容。

第二八三條之一

中華民國八十三年十月十九日前已領有建造執照之建物，申請建物第一次測量者，有關區分所有建物共用部分之測繪，適用本規則中華民國八十三年十月十七日修正發布施行前第二百九十七條之規定。

第二八四條

① 區分所有建物之地下層或屋頂突出物等，依主管建築機關備查之圖說標示爲專有部分，並已由戶政機關編列門牌或核發其所在地址證明者，得單獨編列建號，予以測量。

② 前項圖說未標示專有部分，經區分所有權人依法約定爲專有部分者，亦同。

第二八五條

① 一棟建物跨越二個以上登記機關轄區者，由該建物門牌所在地之登記機關受理測量，編列建號。

② 在同一登記機關轄區內之一棟建物，位於二個以上地段者，以其坐落較廣地段編其建號。

第二八六條

下列建物，在同一建築基地範圍內屬於同一所有權人，供同一目的之使用者爲特別建物：

一　公有公用之建物。
二　地方自治團體建物。
三　學校。
四　工廠倉庫。
五　祠、廟、寺院或教堂。
六　名勝史蹟之建物。

第二八七條

① 一般建物以段或小段爲單位，依登記先後，逐棟編列建號，以五位數爲之。

② 特別建物數棟併編一建號爲母號，亦爲五位數，其各棟建物之棟次以分號編列，爲三位數。

第三章　建物複丈

第二八八條

① 已登記之建物申辦分割，以分割處已有定著可爲分隔之樓地板或牆壁，且法令並無禁止分割者爲限。

② 申請建物分割，應填具申請書檢附分割位置圖說及編列門牌號證

明文件爲之。經法院判決分割者，依法院確定判決辦理。

第二八九條

分割後之建物，除將其中一棟維持原建號外，其他各棟以該地段最後建號之次一號順序編列。新編列之建號，應登載於建號管理簿。

第二九〇條

①辦理建物合併，應以辦畢所有權登記、位置相連之建物爲限。

②前項所定之位置相連，包括建物間左右、前後或上下之位置毗鄰者。

③申請建物合併應塡具申請書檢附合併位置圖說，建物之所有權人不同或設定有抵押權、不動產役權、典權等他項權利者，應依下列規定辦理：

一　所有權人不同時，各所有權人之權範圍除另有協議應檢附全體所有權人之協議書外，應以合併前各該棟建物面積與各棟建物面積之和之比計算。

二　設定有抵押權時，應檢附建物所有權人與抵押權人之協議書。但爲擔保同一債權，於數建物上設定抵押權，未涉權利範圍縮減者，不在此限。

三　設定有不動產役權、典權時，應檢附該不動產役權、典權人之同意書。

第二九一條

①建物合併應先辦理建物勘查。

②建物合併，除保留合併前之最前一建號外，其他建號應予刪除，不得使用。

第二九二條

建物因滅失或基地號、門牌號等變更，除變更部分位置無法確認，申請複丈外，應塡具申請書檢附標示變更位置圖說及權利證明文件申請標示變更勘查。勘查結果經核定後，應加註於有關建物測量成果圖。

第二九三條

①增建建物之所有權人得提出增建使用執照（含竣工平面圖）、執照影本及藍曬圖各一份，連同建物測量申請書，申請建物複丈。

②前項建築使用執照，於繳驗後發還之。

第二九四條

①改建建物之所有權人得提出變更使用執照（含竣工平面圖）、執照影本及藍曬圖各一份，連同建物測量申請書，申請建物複丈。

②前項建築使用執照，於繳驗後發還之。

第二九五條

建物複丈（包括標示勘查）涉及原有標示變更者，應於申請複丈時塡具土地登記申請書，檢附有關權利證明文件，一併申請建物標示變更登記。其經申請人於複丈時當場認定，並在建物測量圖上簽名或蓋章者，複丈完竣後，登記機關據以辦理建物標示變更

登記。

第二九六條

建物因改建、增建、分割或合併等申請複丈完成後，登記機關應將變更前後情形分別繪製建物位置圖及平面圖。

第二九七條 （刪除）

第二九八條 （刪除）

第五編　附　則

第二九九條

本規則規定之書表簿冊圖卡等格式，由中央主管機關定之。

第三〇〇條

本規則自發布日施行。

界標管理辦法

①民國 79 年 10 月 26 日內政部令訂定發布全文 11 條。
②民國 96 年 4 月 25 日內政部令修正發布第 3 條條文。

第一條
本辦法依土地法第四十四條第一第二項規定訂之。

第二條
①界標按功能分土地界標及輔助界標。
②前項土地界標係指位於土地界址點位者，輔助界標係指位於土地經界線上者。

第三條 96
①界標按材料分鋼釘界標、銅釘界標、水泥界標及塑膠界標等。
②前項鋼釘界標、銅釘界標、水泥界標及塑膠界標之規格如附圖。
③前二項界標之材料及規格，直轄市、縣（市）政府得斟酌地籍測量或土地複丈實地狀況調整，並報中央地政機關核定。

第四條
界標應按左列情形埋設之：
一 位於泥土地面者，增設水泥界標或塑膠界標。
二 位於水泥、柏油或硬質地面者，埋設鋼釘界標。
三 位於建築物或固定工作物者，埋設鋼釘界標或銅釘界標。

第五條
界標埋設原則如左：
一 於平坦地者，應沒入與地面平。
二 於山坡地，得露出地面十公分。
三 於建築物或固定工作物者，應沒入建築物或固定工作物。

第六條
直轄市或縣市地政事務所應儲存界標，以供需要人購買，並得委託殷實廠商代售。

第七條
實施地籍測量時除有左列情形之一外，土地所有權人或管理人應自備界標埋設之；其界標規不符合規定者不予施測。
一 界址點在建築物或工作物內，其埋設顯有困難者。
二 界址點在水溝、池沼、河川、行水區域內、懸崖或絕壁邊緣無法埋設者。
三 以明顯之永久性建築物或固定工作物為界址，其埋設顯有困難者。

第八條
相鄰土地間之界標，土地所有權人或管理人應會同鄰地所有權人

或管理人埋設之。

第九條

土地所有權人或管理人應對土地界標妥為維護管理，永久保存，並不得任意轉移動或毀損。

第一〇條

辦理地籍測量或土地複丈地籍調查時，應將實地埋設界標之種類、相關界標間之距離及與附近固定物之關係查註於地籍調查物表內。如有第七條所列界標埋設困難或無法埋設情形者，應於地籍調查表內註明其原因。

第一一條

本辦法自發布日施行。

都市計畫樁測定及管理辦法

①民國 63 年 6 月 18 日內政部函訂定發布全文 37 條。
②民國 68 年 5 月 4 日內政部令修正發布全文 40 條。
③民國 78 年 4 月 17 日內政部令修正發布全文 49 條。
④民國 86 年 2 月 13 日內政部令修正發布第 5～7、11、13～16、21、
　22、24～29、31、32、38、42、43、47 條條文。
⑤民國 88 年 6 月 29 日內政部令修正發布第 8、9、42 條條文。
⑥民國 91 年 8 月 30 日內政部令修正發布第 1 條條文。

第一章　總　則

第一條

本辦法依都市計畫法第二十三條第四項規定訂定之。

第二條

①都市計畫樁之測定機關，依都市計畫之種類規定如左：

一　鄉街、鎮、縣轄市計畫除由鄉、鎮、縣轄市公所擬定者，由
　　鄉、鎮、縣轄市公所測定外，由縣政府測定之。

二　市計畫由市政府測定。

三　特定區計畫由縣（市）（局）政府測定。

②前項第一款由鄉、鎮、縣轄市公所測定者，必要時得由縣政府測
　定之。

③第一項第三款特定區計畫之樁位，必要時得由特定區管理機關測
　定之。

第三條

都市計畫樁之種類如左：

一　道路中心樁：豎立於道路中心之樁。

二　界樁：

　　(一)都市計畫範圍界樁：豎立於都市計畫範圍邊界之樁。

　　(二)公共設施用地界樁：豎立於公共設施用地邊界之樁。

　　(三)土地使用分區界樁：豎立於住宅區、商業區、工業區及其
　　　　他使用分區等土地邊界之樁。

三　虛樁：樁點極易損毀或因地形地物等阻礙，無法於實地豎立
　　之樁。

四　副樁：在虛樁附近適當地點另行設置以指示虛樁位置之樁。

第四條

都市計畫樁之測定，應依已知之三角點、導線點、水準點施測
之。

第五條

都市計畫樁因地形地物之阻礙無法到達或樁點極易損毀者，得設虛樁，僅測定座標，不埋設樁石，並應在附適當地點設置副樁以指示其位置。但情況特殊者，得免設置副樁。

第六條

測量作業所採用之單位如左：

一 長度：公尺。

二 高度：公尺。

三 角度：採用三百六十度制。

四 座標：以東經一百二十一度爲中央子午線與赤道交點爲原點，橫座標西移二十五萬公尺，採用二度分帶橫梅氏投影方法計算座標，中央子午線之尺度比率爲〇‧九九九九。地籍圖仍採用臺灣地籍座標系統地區，須兼測地籍座標。但澎湖地區及福建省金門縣、連江縣地區採用之座標系統另定之。

第七條

①直轄市、縣（市）（局）政府、鄉、鎮、縣轄市公所，應於都市計畫樁測釘並經檢查校正完竣後三十天內，將都市計畫樁位公告圖、樁位圖及樁位座標表公告三十天，並將公告地點及日期登報周知，公告期滿確定。

②都市計畫樁由特定區管理機關測定者，應於樁位測釘並經檢查校正完竣後三十天內，送請該管縣（市）（局）政府依前項規定辦理。

第八條

①土地權利關係人，如認爲樁位測定錯誤時，應於公告期間內以書面向該管直轄市、縣（市）政府、鄉、鎮、縣轄市公所繳納複測費用，申請複測。其申請書式如附表一。

②前項複測費用標準，由直轄市、縣（市）政府訂定之。

第九條

①直轄市、縣（市）政府、鄉、鎮、縣轄市公所，對前條土地權利關係人之申請，應會同原測釘單位，並通知申請複測人及相鄰有關土地及建物所有權人，前往實地複測。

②前項複測如無錯誤者，應將複測結果，書面通知申請人；如確有錯誤者即予更正，並就更正後之樁位及鄰近有關樁位重行辦理公告；所繳複測費無息退還。

第一〇條

土地權利關係人對複測結果，如仍有異議，應於收到通知之次日起三十日內，以書面檢同複測結果向該管上一級都市計畫主管機關申請再複測，再複測結果及費用之負擔依前條之規定辦理。經再複測決定者不再受理申請複測。

第一一條

①都市計畫樁位經公告確定後，原測釘單位如發現錯誤，應即予更正，若實地樁位更動或與地籍圖原分割結果有出入者，應重新辦理樁位公告，並通知土地及建物所有權人。

② 土地及建物所有權人如認爲更正後之樁位有錯誤時，得於公告期間內，依第八條至第十條之規定申請複測、再複測。

第二章　控制點測量

第一二條

① 都市計畫樁位測量，均須先作控制點測量，其作業程序爲三角測量或三邊測量或三角三邊量、精密導線測量及幹、支導線測量、交會測量等。但得視實際情況採用全部或部分程序。

② 前項控制點應均帆分布，以能控制整個都市計畫地區爲原則，並在適當距離選定穩固可靠地物點或埋設標石，作爲永久控制點，俾供附近都市計畫樁位聯測之根據。

第一三條

① 控制點測量應依左列規定辦理：

一　三角測量、三邊測量、三角三邊量、精密導線測量水平角觀測應採用最小讀數小於（含）一秒之經緯儀，距離應採用標準誤差小於 5MM + 5PPM 之電子測距儀施測。

二　控制點測量應檢測三點以上之已知控制點，經檢測與原控制點成果比較，夾角差不得超過二十五秒，邊長差不得超過五千分之一，無其他適當已知點得補設之。

三　三角控制點以採用四邊形鎖或中心點多邊形網，對向觀測爲原則；三角補點以採用單三角形對向觀測爲原則。三角形內角以不小於三十度，不大於一百二十度爲原則，水平角觀測，採用方向觀測法，觀測三測回，每測回觀測值與其平均值之差不得超過五秒，三角形閉合差不得超過十秒。

四　三邊測量：邊長使用電子測距儀對向觀測各四次，各讀數之較差不得大於 5MM + 5PPM，並施以氣壓、溫度、濕度等各項改正後，量距精度不得低於二萬分之一，所測之距離須化算至平均海水面之距離。

五　三角三邊量：三角、三邊之精度，各準用前二款三角、三邊測量之相關規定。

六　精密導線測量之邊長準用三邊測量之規定，水平角觀測準用三角測量之規定，水平角閉合差不得超過 $10''\sqrt{N}$，N 爲導線點數。邊長以不小於五百公尺，並儘量少轉折爲原則，導線點數在二十點以內，位置閉合差不得超過導線總邊長之萬分之一。

② 前項各款均應實施平差計算，其座標算至公釐。

第一四條

幹導線測量自一已知三角點或精密導線點起，閉合於另一三角點或精密導線點，距離測量用電子測距儀施測二次，取其平均值，算至公釐爲止；水平角觀測採用精於（含）六秒讀以上經緯儀施測至少二測回，二測回較差不得大於十二秒。水平角閉合差不得超過 $20''\sqrt{N}$，N 爲導線點數。邊長以不小於一百五十公尺爲原

則，導線點數應在二十點以內，位置閉合差不得超過導線總邊長之五千分之一。

第一五條

① 支導線測量應自三角點或精密導線或幹線線點起，閉合於另一已知三角點或精密導線點或幹導線點，導線點數應在十五點以內，如爲地勢所限，得酌予增加之。

② 距離測量用電子測距儀施測二次，取其平均值，算至公釐爲止；水平角觀測採用精於（含）六秒讀以上經緯儀施測至少二測回，二測回之較差不得大於十二秒。水平角閉合差不得超過 $20''\sqrt{N}+30''$，N爲導線點數；位置閉合差不得超過導線總邊長之三千分之一。

第一六條

① 幹線及支導線測量儘可能利用都市計畫樁位爲導線點，並與該地區之地籍測量控制點或圖根點聯測。在修訂及擴大都市計畫地區，導線測量時，應與鄰近相關樁位予以聯測。

② 各導線構成導線網時，其導線計算應採用導線網整體平差方式，並儘可能增加多餘觀測。

第三章　樁位測定

第一七條

都市計畫樁位應依左列規定，先在圖上加以選定。

一　都市計畫範圍界樁之選定：

　（一）邊界轉折點。

　（二）邊界與道路中心線或另一公共設施用地界線之交點。

　（三）直線距離過長時，在其經過之山脊、山坳及明顯而重要之地物處。

二　道路中心樁之選位：

　選取道路中心線之交點及其起迄點。若兩交點間之距離過長或因地形變化，兩交點不能通視時，可視實際需要，在中間加設中心樁。

　曲線道路先在圖上判別曲線性質，選定曲線之起點、終點，並繪切線求其交點、量曲線半徑、切線或矢矩概值，註記在圖上，作爲實地測釘時參考。

三　公共設施用地界樁及土地使用分區界樁之選位：

　（一）邊界轉折點。

　（二）邊界與道路中心線或另一公共設施用地界線之交點。

　（三）直線距離過長時，在其經過之山脊、山坳及明顯而重要之地物處。

　（四）彎曲處按照單曲線選定相關樁位。但保護區邊界以採用折線爲原則，惟兩折點間弦線至弧線之最大垂距不得大於三公尺。

　（五）道路交叉口截角，依照截角標準，於指定建築線時測定

之，不另設樁。但都市計畫書圖另有敍明及標示規定者，從其規定辦理。

(七)鄰接道路之邊樁，除交界樁外，沿道路之邊樁免釘。

第一八條

都市計畫樁位選定後應依左列原則作有系統之編號：

一 鄉街及鎮都市計畫：道路中心樁與界樁分別採用全區統一編號。

二 市都市計畫：道路中心樁與界樁應分別採用分區統一編號。

三 編號順序：縱向自上至下，橫向自左至右，環狀順時針方向編號。

第一九條

都市計畫樁實地定位，應依左列規定辦理：

一 依據圖上選定之樁位及其有關之主要地形地物，測定地上樁位，並檢驗其相關樁位作適當調整，使其誤差減至最小。

二 樁位附近缺少可資參考之地形地物時，可先在圖上量取重要樁位座標值，依據已知點測定其實地位置，然後據以推算其他點位。

三 道路中心樁，以採用相交道路中心線之交會點定位為原則，如不同方向之交會點在兩點以上，彼此之距離在三十公尺以內者，取其平均值。道路為單曲線者，根據兩條道路中心線之交角，推算切線、曲線、矢矩等長度，據以測定曲線之起點、中點、終點及切線交叉點等樁位。曲線過短時，中點樁可酌量免釘。道路為複曲線、反曲線、和緩曲線之設計者，得分別依照各種曲線之特性，測定曲線之起點、中點、共切點、終點及切線交叉點等。

四 公共設施用地或分區使用邊界已設有明顯而固定之地物者，如圍牆、漿砌水溝、水泥柱、鐵絲網等，可免設邊界樁。但應設虛樁以確定其位置；河流、排水溝及綠地等之公共設施用地邊樁，應在其交界點及轉折點處設樁，曲線部分按照單曲線之作業法則釘之。

五 因建築物、池塘、農田、橋涵、溝渠等地形地物之阻礙無法到達及容易遭損毀之點位，而不在實地豎立永久樁者設置虛樁，並在適當位置設置副樁，該副樁以能與該虛樁及其相關樁位在同大直線上為原則。

第二〇條

① 都市計畫樁位均須測定其座標，並得視實際情形，採用左列方法之一辦理之：

一 導線法：與第十五條規定之支導線測量同。

二 交會法：以三角點或幹線點為已知點。但須有餘觀測值以供檢校，並取得其平均值，其觀測誤差限制同支導線測量。

三 引點法：與測站距離以不超過一〇〇公尺，且每次以引測一點為原則；其測角、量距規定同支導線測量。

② 虛樁之樁位，應依據都市計畫圖，以其相關之樁位為已知點推算其座標。

第二一條

① 左列已完成地籍分割地區得視實際情況減釘或免釘樁位：

　一　已依都市計畫開闢完成之公共設施用地。

　二　已辦理市地重劃或區段徵收地區。

　三　都市計畫界線以地籍界線為準地區。

② 前項地區測釘樁位時，應會同有關單位辦理。

第二二條

都市計畫樁公告實施後，因都市計畫變更，需另釘樁位時，應與鄰近相關樁位座標系統予以聯測，並依第七條規定辦理。

第四章　埋樁與管理

第二三條

都市計畫樁之形式、規格規定如左：

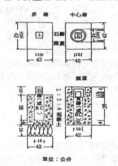

單位：公分

第二四條

都市計畫樁之埋設依左列之規定：

　一　定位：挖坑前應先檢查樁位有無異動，是否正確，否則應重新測定，次在樁之垂直方向設置經緯儀或十字樁，以交會法對準樁之中心，然後固定經緯儀方向線或十字樁之交會線，以為標定樁位之依據。

　二　挖坑：以樁位為中心開挖四十二公分方形坑，其深度為六十二公分，如樁頂露出地面十公分者，於底層舖大卵石、級配及混凝土十六公分，然後灌 1:3:6 混凝土八公分搗實之。

　三　埋設：將樁安放於坑內，以經緯儀或十字樁校正樁位後固定之，次將 1:3:6 混凝土，沿樁之四周灌至坑深 1/2 時校正樁位，使其準確正直，然後再用混凝土將坑填平。在現有道路中，樁頂鐵蓋宜與路面平；其餘地區以露出地面十公分為原則。埋設完竣後，再檢查樁位中心，其誤差應在五公釐以

內。道路中心樁及其交點樁（IP）埋設在現有道路上時，為避免損壞及妨礙交通，應於樁頂之上加設鑄鐵護蓋。

第二五條

① 都市計畫樁豎立完竣後，應由所在地直轄市、縣（市）（局）之工務（建設或都市計畫）單位、鄉、鎮、縣轄市公所負責管理及維護，並定期實地查對作成紀錄。

② 特定區計畫之樁位，其由特定區管理機關測定者，由該管理機關管理、維護之。

第二六條

① 公私機構因建設需要移動、挖除或覆蓋樁位時，應由該施工單位洽樁位管理維護機關同意，並向樁位測定機關繳納重建樁位工料費用後，始可移動、挖除或覆蓋。在施工期間由施工單位維持樁位之功能，施工完竣後，由施工單位函請樁位測定機關重建樁位；樁位測定機關將樁位重建完成驗收合格後點交樁位管理維護單位負責管理維護。

② 前項工料費用基準，由直轄市、縣（市）（局）政府訂定之。

第二七條

都市計畫樁經檢測發現異動，其處理方式如左：

一　毀失或移動：由樁位管理維護機關查明毀失或移動之原因及對象並責成其繳納賠償費，賠償費用準用前條重建樁位工料費用之基準計算，然後洽請樁位測定機關依原樁位資料恢復樁位。如毀失或移動樁位之對象，拒不繳納賠償費，或損及第三者權益而無法協商解決者，應依測量標設置保護條例之規定處理。

二　埋設不良：樁位高出或低陷路面，妨礙交通安全，或埋樁不夠穩固，易遭破壞者，由樁位管理維護機關洽請樁位測定機關重行埋設。

第二八條

都市計畫樁有缺失不全情形，應依左列規定儘速恢復或補建，以保持樁位完整：

一　恢復樁位：原設樁位毀失，由樁位管理維護機關會同樁位測定機關校對都市計畫書圖後，依據原樁位資料，並參照現地建築線及地籍圖資料恢復樁位；原樁位資料與建築線不符合時，應由有關單位會同檢測處理。

二　補建樁位：原設樁位不足或漏釘，由樁位測定機關依釘樁有關規定補建，並與其相關樁位座標系統聯測後，辦理樁位公告。

第五章　成果管理

第二九條

都市計畫樁之測量紀錄規定如左，並應順序裝訂成冊：

一　三角測量：包括三角點略圖、已知三角點檢測紀錄、已知點

座標、反算邊角、驗算成果、補設三角點觀測紀錄、精密導線點紀錄、平差計算、座標計算及點之紀錄紀錄。

二 導線測量：包括導線圖、邊角觀測紀錄、導線計算及座標成果表等。

三 樁位聯測：包括樁位導線圖、邊角觀測紀錄、導線計算及座標成果表等。

第三〇條

都市計畫樁位公告圖規定如左：

一 圖：採用都市計畫原圖複製。

二 樁位：依據樁位座標，將樁概略位置標繪於都市計畫圖上，並註記樁號。

第三一條

①都市計畫樁位座標表規定如左：

一 記載內容：包括樁號、樁別、縱座標、橫座標、埋樁時地類別、測量單位、日期、測量者、校核者等，其格式如表二。

二 填寫：依道路中心樁、界樁分別按樁號順序用黑色筆填寫、印製，如其樁位有特殊意義或特殊情形者，應在備註欄加以附註。

三 說明：表之前一頁應說明本表之內容，如採用三角點之系統、名稱、座標、主要控制點網狀圖、各種樁之編號數量及使用時應注意事項。

②前項資料，應製作電腦文字檔、圖形檔。

第三二條

①都市計畫樁位圖規定如左：

一 比例尺：採用原都市計畫圖之比例尺為原則，必要時得依實際需要伸縮之。

二 展繪：以小於〇‧二五公釐針筆或黑筆將樁位座標、精密導線座標展繪於三百磅以上雙面透明膠片上，並註記樁號及聯繪道路中心線或土地分區界線，連線之上方註距離至公釐，下方註方位角至秒；道路中心樁二側按寬度加繪境界線並註記寬度；其曲線道路加註曲線要素資料。

三 樁位符號：○示道路中心樁，⊕示界樁，⊕示副樁，⑪示虛樁，◬示測量基點，◎示精密導線點。

四 註記：樁位圖應註記之要項如左：

㈠圖名：○○都市計畫樁位圖，由左向右橫寫於圖幅之上方為原則。

㈡比例尺：註記於圖廓外下方。

㈢座標格：圖廓內以每隔一百公尺繪座標線一條為原則（一號線為原則），圖廓外註記座標值。

㈣曲線要素：道路曲線要素列表繪於圖廓內為原則。

㈤製圖時間：測量製圖年月註記於圖廓外左上方為原則。

㈥製圖機構：測量製圖機構註記於圖廓外右下方為原則。

（如圖一）

②前項資料，應製作電腦圖形檔。

第三三條

都市計畫樁位指示圖，規定如左：

一　凡樁位附近五〇公尺以內有明顯地物者，均應選擇三點以上主要地物點繪製指示圖，以供樁位位置參考。

二　依幾何原理，利用樁位之關係位置，如方向距離等測定其位置。（如圖二）

第六章　檢測標準

第三四條

三角點測驗之標準，準用第十三條之規定。

第三五條

導線檢測之標準，準用第十三條第五款、第十四條、第十五條之規定。

第三六條

①都市計畫樁位附近地形地物檢測規定如左：

一　圖上地物平面位置誤差不得超過〇・五公厘。

二　圖上兩地物間之距離誤差不得超過〇・七公厘。

②如誤差超過前項之規定，由有關單位會同檢測處理。

第三七條

樁位檢測規定如左：

一　依據計畫圖上樁位與其附近主要地形地物之相關位置，核對實地相應位置，二者應該相符，如部分校對不符，其較差未超出圖上〇・五公厘者視爲無誤。

二　依據實地樁位，利用鄰近道路中心樁或界樁檢測其相關之距離與角度，其角度誤差在六十秒以內，或樁位偏差在二公分以內，距離誤差在二千分之一以內者，視爲無誤。

三　依據控制點，選擇樁位附近之三角點、精密導線點或導線點檢測樁位，其閉合差在二千分之一以內者，視爲無誤。

第七章　地籍分割

第三八條

都市計畫樁豎立完竣，並經依第七條規定公告確定後，直轄市、縣（市）（局）政府工務（建設或都市計畫）單位除應將樁位座標表、樁位圖、樁位指示圖及有關資料送地政單位外，並應實地完成樁位點交作業，據以辦理地籍逕爲分割測量。

第三九條

①樁點展點，應依各都市計畫樁之座標，就圖廓及方格網，按地籍圖之比例尺，嚴密施行，並以距離檢查之。

②展點樁位間距離，除法圖紙伸縮成數後，與樁位圖記載距離比較，其圖上相差超過〇・二公厘時，應予查明訂正。

第四〇條

製作分割測量原圖，應依據樁位圖，將分割有關各地號與其鄰接周圍適當範圍內之地籍經界線及經檢查無誤之樁位座標展點位置，精密移繪於測量圖紙上。

第四一條

實施分割測量時，應先實地檢測圖上都市計畫樁位後，依左列規定測定分割線位置：

一 都市計畫範圍、土地使用分區、及公共設施用地之分割測量，依檢測後之圖上樁位，決定分割界線位置。

二 道路用地之分割測量，依檢測後之圖上道路中心樁位，並按照道路寬度決定分割界線位置。道路兩旁有綠地者，同時按照綠地寬度決定其分割界線位置。

三 曲線道路用地之分割測量依曲線起點、終點及交點圖上樁位，求繪曲線道路中心線後，依照道路寬度測定分割界線位置。

四 交叉道路截角之分割測量，應依照道路交叉口截角規定辦理。但都市計畫書圖另有敘明及標示規定者，從其規定辦理。

第四二條

①地籍分割測量完竣之地區，都市計畫經變更並發布實施後，直轄市、縣（市）（局）政府工務（建設或都市計畫）單位應依第三十八條之規定，將有關資料送地政機關，據以重行辦理地籍分割。

②前項地區，如經核定辦理地籍圖重測時，工務（建設或都市計畫）單位應配合於辦理地籍圖重測年度前，將有關資料送交直轄市、縣（市）地政單位及完成實地點交，據以辦理地籍圖重測。

第四三條

都市計畫樁位，因第十一條規定情事而重行公告者及依第二十八條規定補建樁位公告後，直轄市、縣（市）（局）政府工務（建設或都市計畫）單位應將更正或補建後之樁位資料，送地政機關，據以重行辦理地籍分割或更正分割。

第八章 附　則

第四四條

道路兩側或一側之建築物或街廓，於本辦法發布實施前，已依照指定建築線建築完成之地區，如其建築線與都市計畫道路之邊線不一致，且超出許可誤差時，得先以建築線作為計畫道路邊線，測定道路中心樁，然後依法變更都市計畫，並追究其責任。

第四五條

計畫為直線之道路，因其兩側建築物之偏差，導致中線發生偏差時，其偏差實地在十五公分以內者，視為無誤。

第四六條

兩不同路寬之計畫道路相交處，若中心線以單曲線測定，其內外邊線亦以單曲線測定，其切線交角與中線者同（如附圖三），曲線起點在較寬道路端，與中心曲線起點，位於同一橫斷面上，曲線終點及半徑各異。邊曲線資料繪註於樁位圖上，不另釘樁。

第四七條

①土地權利關係人自行擬訂或變更細部計畫，經核定發布實施後，得依本辦法有關規定自行測釘都市計畫樁位，並將有關資料及測量成果，送請主管機關檢定並依第七條之規定辦理後，始得申請建築。

②已發布實施細部計畫地區，土地權利關係人，在其權利土地範圍內自行釘樁，應依前項規定辦理。

第四八條

已測釘完成之都市計畫樁，因都市計畫之變更而不適用者，在測釘變更計畫後之樁位辦理公告時，併同公告廢棄拔除之。

第四九條

本辦法自發布日施行。

土地法第四十六條之一至第四十六條之三執行要點

①民國 77 年 11 月 21 日內政部函訂頒全文 35 點。
②民國 82 年 6 月 17 日內政部函發布刪除第 9 點。
③民國 87 年 4 月 30 日內政部函修正發布全文 34 點。
④民國 91 年 2 月 7 日內政部令修正發布全文 27 點。
⑤民國 93 年 6 月 23 日內政部令修正發布第 15、22、25 點；並自即日起生效。
⑥民國 97 年 12 月 19 日內政部令修正發布第 18、19、20 點；刪除第 12 點；並自即日生效。
⑦民國 102 年 2 月 7 日內政部令修正發布第 4、16 點。

一 重測區範圍之勘選，應於重測工作開始前半年，依下列原則，實地審慎勘選：
　（一）地籍圖破損、誤謬嚴重地區。
　（二）即將快速發展之地區。
　下列地區不列入重測範圍：
　（一）已辦理或已列入土地重劃、區段徵收或土地、社區開發且有辦理地籍測量計畫者。
　（二）都市計畫樁位坐標資料不全者。
　（三）地籍混亂嚴重，辦理重測確有困難者。

二 重測時段界之調整有下列情形之一者，調整範圍內之宗地應逐爲分割測量：
　（一）重測區之段界調整後，原爲一宗土地跨越於二段者。
　（二）段界線以公共設施預定地之界線調整者。
　依前項逐爲分割測量結果應通知土地所有權人。

三 會社名義登記之土地，地籍調查前應查明該會社管理人或股東住址通知之。

四 重測地籍調查時，到場之土地所有權人不能指界者，地籍調查及測量人員得參照舊地籍圖及其他可靠資料，協助指界，並依下列方式辦理：
　（一）土地所有權人同意該協助指界之結果者，視同其自行指界。
　（二）土地所有權人不同意協助指界之結果且未能自行指界者，應依土地法第四十六條之二第一項規定予以逕行施測。
　（三）土地所有權人不同意協助指界之結果而產生界址爭議者，應依土地法第四十六條之二第二項規定予以調處。

五 土地所有權人未到場指界，或雖到場而不指界者，應依土地法第四十六條之二第一項各款之規定逕行施測。

六　依土地法第四十六條之二第一項第三款參照舊地籍圖逕行施測者，應參照舊地籍圖及其他可靠資料所示之坵塊形狀及關係位置，實地測定界址，設立界標，逕行施測。

七　重測土地地形特殊，實地無法設立界標者，應於地籍調查表空白處註明其原因。

八　地籍調查時，土地所有權人依土地法第四十六條之二於現有地界線設立界標並到場指界者，不論其現有地界線與地籍線是否相符，以其界標並指界之現有地界線辦理調查並測量。但相互毗鄰土地涉及不同使用分區或使用地時，仍應依有關管制規定辦理。

九　司法機關因審判上需要，囑託提供舊地籍圖謄本時，仍應受理，惟應註明本宗土地因辦理重測時，界址爭議未解決，本謄本僅供參考字樣。

　　司法機關受理經界訴訟事件，囑託地政機關以原地籍圖施測者，地政機關應予受理。但應將地籍調查表及調處結果等資料影本以及辦理測量情形一併送請司法機關參考。

一〇　地籍調查時，雙方指界一致，惟於重測結果公告前一方認為指界錯誤而發生界址爭議者，得予協調，並依下列方式處理：
　　㈠雙方達成協議者，依協議結果更正界址，並補正地籍調查表。
　　㈡雙方不能達成協議者，仍依原調查結果繼續進行重測程序。

一一　公有土地之管理機關，於地籍調查時，應派員持具致地政機關函文到場指界。
　　前項公有土地管理機關函文影本應黏貼於地籍調查表背面。

一二　（刪除）97

一三　都市計畫範圍內辦理重測時，都市計畫主管機關應事先派員前往實地清查都市計畫樁位，如有湮沒損毀者，應即補設，並將樁位坐標資料列冊送交地政機關。補設樁位工作，應於當年度四月底前完成，逾期未完成者，該重測區得暫緩辦理。

一四　重測公告期間，土地所有權人因面積增減提出異議時，應依土地法第四十六條之三第二項及第三項辦理。

一五　重測異議複丈案件，應依地籍調查表所載界址辦理複丈。
　　重測成果公告期間申請異議複丈而公告期滿尚未處理完竣之土地，應按重編之段別、地號記載於登記簿之標示部。標示部其他登記事項欄註明重測前面積、重測公告面積及加註本宗土地重測異議複丈處理中，其實際面積以異議複丈處理結果為準字樣。

一六　重測結果公告時，部分土地之界址爭議，尚未依土地法第五十九條第二項程序處理完畢者，應於公告文載明重測地籍圖

經公告期滿確定後，登記機關不得受理申請依重測前地籍圖辦理複丈。並附記下列土地因界址爭議，正依法處理中字樣。

界址爭議經法院判決確定後，應即據以施測，並將施測結果公告。

一七 重測結果公告期滿無異議者，即屬確定。土地所有權人或關係人不得以任何理由申請複丈更正。但土地標示變更登記辦竣前，雙方當事人以指界錯誤書面申請更正，並檢附不影響雙方當事人以外之第三人權益之切結書時，得予受理。其已辦竣土地標示變更登記者，應不准許。

一八 核發重測前地籍圖謄本，應於謄本上註明原地籍圖已停止使用，本謄本僅供參考字樣。

前項重測前地籍圖已送內政部國土測繪中心或有關機關典藏者，其謄本由地政事務所向該機關洽取後核發之。

當事人或利害關係人申請閱覽、抄寫、複印或攝影重測地籍調查表等有關資料或卷宗，應依行政程序法第四十六條有關法令規定辦理。

一九 因都市計畫樁位測定錯誤，致使重測成果錯誤，經都市計畫主管機關依法更正樁位坐標，地政機關應依更正後樁位坐標辦理測量，並辦竣更正登記後，通知土地所有權人。

二○ 土地標示變更登記完竣後，發現原測量錯誤者，依地籍測量實施規則第二百三十二條辦理測量成果更正後，再辦理土地標示更正登記，並通知土地所有權人及他項權利人。土地所有權人及他項權利人如有異議，應向司法機關訴請裁判。

二一 共有土地於辦竣重測後，申請人始持重測前土地標示之民事確定判決向地政事務所申請共有物分割複丈、登記時，其重測後地籍圖形、面積與重測前不相符合者，應下列規定辦理：

㈠通知申請人應於一定期限內，就重測後結果檢具原全體共有人協議書，據以辦理。

㈡申請人逾期未檢具協議書者，應依法院判決意旨及有關圖說，以重測前地籍至實地測定界址點位釘立界樁，再以重測後地籍圖調製之土地複丈圖說取分割界址點，計算面積後辦理分割登記並將登記結果通知有關權利人。

土地辦竣重測後，申請人始持重測前土地標示之民事給付確定判決申請土地分割登記者，應依前項規定辦理。

二二 土地標示變更登記辦竣後，應通知權利人限期檢附原權利書狀辦理加註或換發新書狀。權利人未能提出原權利書狀者，應檢附未能提出書狀之理由之切結書換發。

依切結書換發者，應將重測前原權利書狀註銷並公告之。

二三 重測後加註或換發之土地所有權狀，應附以地段圖。

二四 加註或換發土地權利書狀時，原書狀背面附有甲式或乙式建

　　物附表者，應換發建物所有權狀。

二五　重測期間發生界址爭議尚未解決之土地，應按重編之段別、地號記載於登記簿之標示部。標示部其他登記事項欄註明重測前面積及加註本宗土地重測界址爭議未解決字樣，並通知土地所有權人。該土地俟界址爭議解決後再辦理土地標示變更登記及加註或換發書狀。

　　前項重測界址爭議未解決前，權利書狀損壞或滅失，登記名義人依土地登記規則之規定申請權利書狀換給或補給時，地政機關應予受理。

二六　已辦理建物所有權第一次登記之建物，其基地標示於重測後已變更者，其測量成果圖應依下列規定辦理訂正：

　　㈠基地標示按變更後標示訂正之。並辦理建物基地標示變更登記。

　　㈡建物位置圖依據重測後之地籍圖，按原測繪之建物相應位置比例訂正之。其情形特殊者，地政事務所得視實際需要實地測繪之。建物平面圖必要時得轉繪之。

二七　重測區建物，不論其坐落基地有無界址爭議，建物所有權人申請核發該建物測量成果圖謄本時，應予受理。

參、登記法規

土地登記規則

①民國 35 年 10 月 2 日地政署訂定發布全文 109 條。
②民國 67 年 1 月 12 日內政部令修正發布第 28、33、34 條條文。
③民國 69 年 1 月 23 日內政部令修正發布全文 138 條；並自 69 年 3 月 1 日施行。
④民國 75 年 5 月 16 日內政部令增訂發布第 12-1 條條文。
⑤民國 79 年 6 月 29 日內政部令修正發布第 6、13、20、22、23、45、62、63、120、123、第四章章名、134、140 條條文；刪除第 12-1、138 條條文；並增訂第 5-1、133-1、134-1 條條文。
⑥民國 80 年 11 月 29 日內政部令修正發布第 37 條條文。
⑦民國 84 年 7 月 12 日內政部令修正發布全文 144 條；並自 84 年 9 月 1 日施行。
⑧民國 88 年 6 月 29 日內政部令修正發布第 15、20、24、70 條條文；並自 88 年 7 月 1 日起施行。
⑨民國 90 年 9 月 14 日內政部令修正發布全文 157 條；並自 90 年 11 月 1 日施行。
⑩民國 92 年 7 月 29 日內政部令修正發布第 5、4、34、40、41、44、51、101、106、119、130、137、146、155 條條文；並刪除第 76 條條文。
　民國 92 年 7 月 29 日內政部函發布定自 92 年 9 月 1 日施行。
⑪民國 92 年 9 月 23 日內政部令修正發布第 12、39、119、135 條條文；並自 92 年 9 月 1 日施行。
⑫民國 95 年 6 月 19 日內政部令修正發布第 19、27～29、35、42、43、58、65、67、69、97、101、123、126～130、132、133、135、138～142、155 條條文；刪除第 134 條條文；增訂第 122-1、133-1 條條文；並自 95 年 6 月 30 日施行。
⑬民國 96 年 7 月 31 日內政部令修正發布第 3、27、30、46、112、115、116 條條文；刪除第 101、110 條條文；增訂第 111-1、114-1、114-2、115-1、115-2、116-1、117-1、117-2 條條文；並自 96 年 9 月 28 日施行。
⑭民國 98 年 7 月 6 日內政部令修正發布第 4、27、28、39、40、44、70、79、80、81、83、89、94、96、97、98、107、143、149 條條文；刪除第 82 條條文；並增訂第十二章第四節節名及第 24-1、100-1、155-1～155-3 條條文；除第 39 條自 98 年 11 月 23 日施行外，其餘條文自 98 年 7 月 23 日施行。
⑮民國 99 年 6 月 28 日內政部令修正發布第 4、12、16、27、28、30、31、49、56、87、88、95、97、100、108、109、118、143、145、148、155-2、155-3 條條文及第十二章第四節節名；增訂第 108-1、108-2、109-1、155-4 條條文；並自 99 年 8 月 3 日施行。
⑯民國 100 年 12 月 12 日內政部令修正發布第 27、29、40～42、94、95 條條文；刪除第 135 條條文；並自 100 年 12 月 15 日施行。
　民國 100 年 12 月 16 日行政院公告第 27 條第 4 款、第 69 條第 1 項第 2 款、第 138 條第 1、3 項、第 139 條第 1～3 項、第 140 條、第 141 條第 1、2 項、第 142 條第 1、2 款所列屬「行政執行處」之權責事項，自 101 年 1 月 1 日起改由「行政執行分署」管轄。

⑰民國 102 年 8 月 22 日內政部令修正發布第 27、40、42、69、78、79、102、138～142、152 條條文；增訂第 78-1 條條文；並自 102 年 8 月 30 日施行。

⑱民國 103 年 12 月 25 日內政部令修正發布第 24-1、132、155-3 條條文；並自 104 年 2 月 2 日施行。

第一章 總 則

第一條

本規則依土地法第三十七條第二項規定訂定之。

第二條

土地登記，謂土地及建築改良物（以下簡稱建物）之所有權與他項權利之登記。

第三條 96

①土地登記，由土地所在地之直轄市、縣（市）地政機關辦理之。但該直轄市、縣（市）地政機關在轄區內另設或分設登記機關者，由該土地所在地之登記機關辦理之。

②建物跨越二個以上登記機關轄區者，由該建物門牌所屬之登記機關辦理之。

③直轄市、縣（市）地政機關已在轄區內另設或分設登記機關，且登記項目已實施跨登記機關登記者，得由同直轄市、縣（市）內其他登記機關辦理之。

第四條 99

①下列土地權利之取得、設定、移轉、喪失或變更，應辦理登記：

一 所有權。

二 地上權。

三 中華民國九十九年八月三日前發生之永佃權。

四 不動產役權。

五 典權。

六 抵押權。

七 耕作權。

八 農育權。

九 依習慣形成之物權。

②土地權利名稱與前項第一款至第八款名稱不符，而其性質與其中之一種相同或相類者，經中央地政機關審定爲前項第一款至第八款中之某種權利，得以該權利辦理登記，並添註其原有名稱。

第五條

①土地登記得以電腦處理，其處理之系統規範由中央地政機關定之。

②土地登記以電腦處理者，其處理方式及登記書表簿冊圖狀格式，得因應需要於系統規範中另定之。

第六條

① 土地權利經登記機關依本規則登記於登記簿，並校對完竣，加蓋登記簿及校對人員名章後，為登記完畢。

② 土地登記以電腦處理者，經依系統規範登錄、校對，並異動地籍主檔完竣後，為登記完畢。

第七條

依本規則登記之土地權利，除本規則另有規定外，非經法院判決塗銷確定，登記機關不得為塗銷登記。

第八條

① 主登記，指土地權利於登記簿上獨立存在之登記；附記登記，指附屬於主登記之登記。

② 主登記之次序，應依登記之先後。附記登記之次序，應依主登記之次序。但附記登記各依其先後。

第九條

同一土地為他項權利登記時，其權利次序，除法律另有規定外，應依登記之先後。但於土地總登記期限內申請登記者，依其原設定之先後。

第一〇條

土地上已有建物者，應於土地所有權完成總登記後，始得為建物所有權登記。

第一一條

未經登記所有權之土地，除法律或本規則另有規定外，不得為他項權利登記或限制登記。

第一二條 99

登記原因證明文件為依法與法院確定判決有同一效力者，於第二十七條第四款、第三十條第一款、第三十五條第三款、第一百條、第一百十九條第五項、第一百四十一條第一項第二款及第二項之規定準用之。

第一三條

土地法第六十八條第一項及第六十九條所稱登記錯誤，係指登記事項與登記原因證明文件所載之內容不符者；所稱遺漏，係指應登記事項而漏未登記者。

第二章 登記書表簿狀圖冊

第一四條

登記機關應備下列登記書表簿冊圖狀：

一　登記申請書。

二　登記清冊。

三　契約書。

四　收件簿。

五　土地登記簿及建物登記簿。

六　土地所有權狀及建物所有權狀。

七　他項權利證明書。

八 地籍圖。

九 地籍總歸戶冊（卡）。

十 其他必要之書表簿冊。

第一五條

收件簿按登記機關、鄉（鎮、市、區）、地段或案件性質設置，依收件之先後次序編號記載之。其封面記明該簿總頁數及起用年月，鈐蓋登記機關印，每頁依次編號，裝訂成冊。

第一六條 99

登記簿用紙除第八十一條第二項規定外，應分標示部、所有權部及他項權利部，依次排列分別註明頁次，並於標示部用紙記明各部用紙之頁數。

第一七條

①登記簿就登記機關轄區情形按鄉（鎮、市、區）或地段登記之，並應於簿面標明某鄉（鎮、市、區）某地號土地或建物登記簿冊次及起止地號或建號，裏面各頁蓋土地登記之章。

②同一地段經分編二冊以上登記簿時，其記載方式與前項同。

第一八條

登記簿應按地號或建號順序，採用活頁裝訂之，並於頁首附索引表。

第一九條

①收件簿、登記申請書及其附件，除土地所有權第一次登記案件應永久保存外，應自登記完畢之日起保存十五年。

②前項文件之保存及銷毀，由登記機關依檔案法相關規定辦理。

第二〇條

登記簿及地籍圖由登記機關永久保存之。除法律或中央地政機關另有規定或為避免遭受損害外，不得攜出登記機關。

第二一條

登記簿滅失時，登記機關應即依土地法施行法第十七條之一規定辦理。

第二二條

一宗土地之登記簿用紙部分損壞時，登記機關應依原有記載全部予以重造。登記簿用紙全部損壞、滅失或其樣式變更時，登記機關應依原有記載有效部分予以重造。

第二三條

登記機關應建立地籍資料庫，指定專人管理。其管理事項，由直轄市、縣（市）地政機關定之。

第二四條

申請閱覽、抄寫、複印或攝影登記申請書及其附件者，以下列之一者為限：

一 原申請案之申請人、代理人。

二 登記名義人。

三 與原申請案有利害關係之人，並提出證明文件者。

第二四條之一 103

①申請提供土地登記及地價資料，其資料分類及內容如下：

一　第一類：顯示登記名義人全部登記資料。

二　第二類：隱匿登記名義人之出生日期、部分姓名、部分統一編號、債務人及債務額比例、設定義務人及其他依法令規定需隱匿之資料。但限制登記、非自然人之姓名及統一編號，不在此限。

三　第三類：隱匿登記名義人之統一編號、出生日期之資料。

②前項第二款資料，得依登記名義人之請求，隱匿部分住址資料。但為權利人之管理人及非自然人，不適用之。

③登記名義人或其他依法令得申請者，得申請第一項第一款資料；任何人得申請第一項第二款資料；登記名義人、具有法律上通知義務或權利義務得喪變更關係之利害關係人得申請第一項第三款資料。

④土地登記及地價資料之申請提供，委託代理人為之者，準用第三十七條第一項規定。

第二五條

土地或建物所有權狀及他項權利證明書，應蓋登記機關印信及其首長職銜簽字章，發給權利人。

第三章　登記之申請及處理

第一節　登記之申請

第二六條

土地登記，除本規則另有規定外，應由權利人及義務人會同申請之。

第二七條 102

下列登記由權利人或登記名義人單獨申請之：

一　土地總登記。

二　建物所有權第一次登記。

三　因繼承取得土地權利之登記。

四　因法院、行政執行分署或公正第三人拍定、法院判決確定之登記。

五　標示變更登記。

六　更名或住址變更登記。

七　消滅登記。

八　預告登記或塗銷登記。

九　法定地上權登記。

十　依土地法第十二條第二項規定回復所有權之登記。

十一　依土地法第十七條第二項、第三項、第二十條第三項、第七十三條之一、地籍清理條例第十一條、第三十七條或祭祀公業條例第五十一條規定標售或讓售取得土地之登記。

十二　依土地法第六十九條規定更正之登記。

十三　依土地法第一百三十三條規定取得耕作權或所有權之登記。

十四　依民法第五百十三條第三項規定抵押權之登記。

十五　依民法第七百六十九條、第七百七十條或第七百七十二條規定因時效完成之登記。

十六　依民法第八百二十四條之一第四項規定抵押權之登記。

十七　依民法第八百五十九條之四規定就自己不動產設定不動產役權之登記。

十八　依民法第八百七十條之一規定抵押權人拋棄其抵押權次序之登記。

十九　依民法第九百零六條之一第二項規定抵押權之登記。

二十　依民法第九百十三條第二項、第九百二十三條第二項或第九百二十四條但書規定典權人取得典物所有權之登記。

二一　依民法第一千一百八十五條規定應屬國庫之登記。

二二　依直轄市縣（市）不動產糾紛調處委員會設置及調處辦法作成調處結果之登記。

二三　法人合併之登記。

二四　其他依法律得單獨申請登記者。

第二八條 99

①下列各款應由登記機關逕為登記：

一　建物因行政區域調整、門牌整編或基地號因重測、重劃或依法逕為分割或合併所為之標示變更登記。

二　依第一百四十三條第三項規定之國有登記。

三　依第一百四十四條規定之塗銷登記。

四　依第一百五十三條規定之住址變更登記。

五　其他依法律得逕為登記者。

②登記機關逕為登記完畢後，應將登記結果通知登記名義人。但登記機關依登記名義人之申請登記資料而逕為併案辦理，及因政府機關辦理行政區域調整、門牌整編而逕為辦理之住址變更或建物標示變更登記，不在此限。

第二九條 100

政府機關遇有下列各款情形之一時，得囑託登記機關登記之：

一　因土地徵收或撥用之登記。

二　照價收買土地之登記。

三　因土地重測或重劃確定之登記。

四　因地目等則調整之登記。

五　依土地法第五十二條規定公有土地之登記。

六　依土地法第五十七條、第六十三條第二項、第七十三條之一第五項或地籍清理條例第十八條第二項規定國有土地之登記。

七　依強制執行法第十一條或行政執行法第二十六條準用強制執

行法第十一條規定之登記。

八　依破產法第六十六條規定之登記。

九　依稅捐稽徵法第二十四條第一項規定之登記。

十　依國民住宅條例施行細則第二十三條第三項規定法定抵押權之設定及塗銷登記。

十一　依第一百四十七條但書規定之塗銷登記。

十二　依第一百五十一條規定之公有土地管理機關變更登記。

十三　其他依法規得囑託登記機關登記者。

第三○條 99

下列各款登記，得代位申請之：

一　登記原因證明文件為法院確定判決書，其主文載明應由義務人先行辦理登記，而怠於辦理者，得由權利人代位申請之。

二　質權人依民法第九百零六條之一第一項規定辦理土地權利設定或移轉登記於出質人者。

三　典權人依民法第九百二十一條或第九百二十二條之一規定重建典物而代位申請建物所有權第一次登記者。

四　其他依法律得由權利人代位申請登記者。

第三一條 99

①建物滅失時，該建物所有權人未於規定期限內申請消滅登記者，得由土地所有權人或其他權利人代位申請；亦得由登記機關查明後逕為辦理消滅登記。

②前項建物基地有法定地上權登記者，應同時辦理該地上權塗銷登記；建物為需役不動產者，應同時辦理其供役不動產上之不動產役權塗銷登記。

③登記機關於登記完畢後，應將登記結果通知該建物所有權人及他項權利人。建物已辦理限制登記者，並應通知囑託機關或預告登記請求權人。

第三二條

公同共有之土地，公同共有人中之一人或數人，為全體公同共有人之利益，得就公同共有土地之全部，申請為公同共有之登記。登記機關於登記完畢後，應將登記結果通知他公同共有人。

第三三條

①申請土地權利變更登記，應於權利變更之日起一個月內為之。繼承登記得自繼承開始之日起六個月內為之。

②前項權利變更之日，係指下列各款之一者：

一　契約成立之日。

二　法院判決確定之日。

三　訴訟上和解或調解成立之日。

四　依鄉鎮市調解條例規定成立之調解，經法院核定之日。

五　依仲裁法作成之判斷，判斷書交付或送達之日。

六　產權移轉證明文件核發之日。

七　法律事實發生之日。

第二節　申請登記之文件

第三四條

①申請登記，除本規則另有規定外，應提出下列文件：

一　登記申請書。

二　登記原因證明文件。

三　已登記者，其所有權狀或他項權利證明書。

四　申請人身分證明。

五　其他由中央地政機關規定應提出之證明文件。

②前項第四款之文件，能以電腦處理達成查詢者，得免提出。

第三五條

有下列情形之一者，得免提出前條第一項第三款之文件：

一　因徵收、區段徵收、撥用或照價收買土地之登記。

二　因土地重劃或重測確定之登記。

三　登記原因證明文件爲法院權利移轉證書或確定判決之登記。

四　法院囑託辦理他項權利塗銷登記。

五　依法代位申請登記者。

六　遺產管理人或遺產清理人之登記。

七　法定地上權之登記。

八　依國民住宅條例規定法定抵押權之設定及塗銷登記。

九　依土地法第三十四條之一第一項至第三項規定辦理之登記，他共有人之土地所有權狀未能提出者。

十　依民法第五百十三條第三項規定之抵押權登記。

十一　依本規則規定未發給所有權狀或他項權利證明書者。

十二　其他依法律免予提出者。

第三六條

①登記申請書除本規則另有規定外，應由申請人簽名或蓋章。

②由代理人申請者，代理人並應於登記申請書或委託書內簽名或蓋章；有複代理人者，亦同。

第三七條

①土地登記之申請，委託代理人爲之者，應附具委託書；其委託複代理人者，並應出具委託複代理人之委託書。但登記申請書已載明委託關係者，不在此限。

②前項代理人或複代理人，代理申請登記時，除法律另有規定外，應親自到場，並由登記機關核對其身分。

第三八條

①代理申請登記檢附之委託書具備特別授權之要件者，委任人得免於登記申請書內簽名或蓋章。

②前項委託書應載明委託事項及委託辦理登記之土地或建物權利之坐落、地號或建號與權利範圍。

第三九條 98

①父母處分未成年子女所有之土地權利，申請登記時，應於登記申

請書適當欄記明確爲其利益處分並簽名。

②未成年人或受監護宣告之人，其監護人代理受監護人或受監護宣告之人購置或處分土地權利，應檢附法院許可之證明文件。

③繼承權之拋棄經法院准予備查者，免依前二項規定辦理。

第四〇條 102

①申請登記時，登記義務人應親自到場，提出國民身分證正本，當場於申請書或登記原因證明文件內簽名，並由登記機關指定人員核符後同時簽名。

②前項登記義務人未領有國民身分證者，應提出下列身分證明文件：

一 外國人應提出護照或中華民國居留證。

二 旅外僑民應提出經僑務委員會核發之華僑身分證明書或中央地政主管機關規定應提出之文件，及其他附具照片之身分證明文件。

三 大陸地區人民應提出經行政院設立或指定之機構或委託之民間團體驗證之身分證明文件或臺灣地區長期居留證。

四 香港、澳門居民應提出護照或香港、澳門永久居留資格證明文件。

五 歸化或回復中華民國國籍者，應提出主管機關核發之歸化或回復國籍許可證明文件。

第四一條 100

申請登記時，有下列情形之一者，當事人得免親自到場：

一 依第二十七條第四款規定，得由權利人單獨申請登記。

二 登記原因證明文件及同意書依法公證、認證。

三 與有前款情形之案件同時連件申請辦理，而登記義務人同一，且其所蓋之印章相同。

四 登記原因證明文件經依法由地政士簽證。

五 登記義務人爲無行爲能力或限制行爲能力人，其法定代理人已依第三十九條規定辦理並親自到場。

六 登記義務人依土地登記印鑑設置及使用作業要點於土地所在地之登記機關設置土地登記印鑑。

七 外國人或旅外僑民授權第三人辦理土地登記，該授權書經我駐外館處驗證。

八 大陸地區人民或香港、澳門居民授權第三人辦理土地登記，該授權書經行政院設立或指定之機構或委託之民間團體驗證。

九 祭祀公業土地授權管理人處分，該契約書依法經公證或認證。

十 檢附登記原因發生日期前一年以後核發之當事人印鑑證明。

十一 土地合併時，各所有權人合併前後應有部分之價值差額在一平方公尺公告土地現值以下。

十二 建物所有權第一次登記協議書與申請書權利人所蓋印章相

符。

十三 依第四十三條第三項規定辦理更正登記所提出之協議書，各共有人更正前後應有部分之價值差額在一平方公尺公告土地現值以下。

十四 依第一百零四條規定以籌備人公推之代表人名義申請登記提出協議書。

十五 其他由中央地政機關規定得免由當事人親自到場。

第四二條 102

①申請人為法人者，應提出法人登記證明文件及其代表人之資格證明。其為義務人時，應另提出法人登記機關核發之法人及代表人印鑑證明或其他足資證明之文件，及於登記申請書適當欄記明確依有關法令規定完成處分程序，並蓋章。

②前項應提出之文件，於申請人為公司法人者，為法人登記機關核發之設立、變更登記表或其抄錄本、影本。

③義務人為財團法人或祭祀公業法人者，應提出其主管機關核准或同意備查之證明文件。

第四三條

①申請登記，權利人為二人以上時，應於登記申請書件內記明應有部分或相互之權利關係。

②前項應有部分，應以分數表示之，其分子分母不得為小數，分母以整十、整百、整千、整萬表示為原則，並不得超過六位數。

③已登記之共有土地權利，其應有部分之表示與前項規定不符者，得由登記機關通知土地所有權人於三十日內自行協議後準用更正登記辦理，如經通知後逾期未能協議者，由登記機關報請上級機關核准後更正之。

第四四條

①申請登記須第三人同意者，應檢附第三人同意書或由第三人在登記申請書內註明同意事由。

②前項第三人除符合第四十一條第二款、第五款至第八款及第十款規定之情形者外，應親自到場，並依第四十條規定程序辦理。

第三節 登記規費及罰鍰

第四五條

登記規費，係指土地法所規定之登記費、書狀費、工本費及閱覽費。

第四六條 96

①土地登記，應依土地法規定繳納登記規費。登記費未滿新臺幣一元者，不予計收。但有下列情形之一者，免繳納：

一 抵押權設定登記後，另增加一宗或數宗土地權利為共同擔保時，就增加部分辦理設定登記者。

二 抵押權次序讓與、拋棄或變更登記。

三 權利書狀補（換）給登記。

　　四　管理人登記及其變更登記。

　　五　其他法律規定免納者。

②以郵電申請發給登記簿或地籍圖謄本或節本者，應另繳納郵電費。

③登記規費之收支應依預算程序辦理。

第四七條

登記規費應於申請登記收件後繳納之。

第四八條

申請建物所有權第一次登記，於計收登記規費時，其權利價值，依下列規定認定之：

　　一　建物在依法實施建築管理地區者，應以使用執照所列工程造價為準。

　　二　建物在未實施建築管理地區者，應以當地稅捐稽徵機關所核定之房屋現值為準。

第四九條 99

①申請他項權利登記，其權利價值為實物或非現行通用貨幣者，應由申請人按照申請時之價值折算為新臺幣，填入申請書適當欄內，再依法計收登記費。

②申請地上權、永佃權、不動產役權、耕作權或農育權之設定或移轉登記，其權利價值不明者，應由申請人於申請書適當欄內自行加註，再依法計收登記費。

③前二項權利價值低於各該權利標的物之土地申報地價或當地稅捐稽徵機關核定之房屋現值百分之四時，以各該權利標的物之土地申報地價或當地稅捐稽徵機關核定之房屋現值百分之四為其一年之權利價值，按存續之年期計算；未定期限者，以七年計算之價值標準計收登記費。

第五〇條

①逾期申請登記之罰鍰，應依土地法之規定計收。

②土地權利變更登記逾期申請，於計算登記費罰鍰時，對於不能歸責於申請人之期間，應予扣除。

第五一條

①已繳之登記費及書狀費，有下列情形之一者，得由申請人於五年內請求退還之：

　　一　登記申請撤回者。

　　二　登記依法駁回者。

　　三　其他依法令應予退還者。

②申請人於五年內重新申請登記者，得予援用未申請退還之登記費及書狀費。

第五二條

①已繳之登記費罰鍰，除法令另有規定外，不得申請退還。

②經駁回之案件重新申請登記，其罰鍰應重新核算，如前次申請已核計罰鍰之款項者應予扣除，且前後數次罰鍰合計不得超過應納

登記費之二十倍。

第四節　登記處理程序

第五三條

①辦理土地登記程序如下：

一　收件。

二　計收規費。

三　審查。

四　公告。

五　登簿。

六　繕發書狀。

七　異動整理。

八　歸檔。

②前項第四款公告，僅於土地總登記、土地所有權第一次登記、建物所有權第一次登記、時效取得登記、書狀補給登記及其他法令規定者適用之。第七款異動整理，包括統計及異動通知。

第五四條

①登記機關接收登記申請書時，應即收件，並記載收件有關事項於收件簿與登記申請書。

②前項收件，應按接收申請之先後編列收件號數，登記機關並應給與申請人收據。

第五五條

①登記機關接收申請登記案件後，應即依法審查。辦理審查人員，應於登記申請書內簽註審查意見及日期，並簽名或蓋章。

②申請登記案件，經審查無誤者，應即登載於登記簿。但依法應予公告或停止登記者，不在此限。

第五六條　99

有下列各款情形之一者，登記機關應以書面敘明理由或法令依據，通知申請人於接到通知書之日起十五日內補正：

一　申請人之資格不符或其代理人之代理權有欠缺者。

二　登記申請書不合程式，或應提出之文件不符或欠缺者。

三　登記申請書記載事項，或關於登記原因之事項，與登記簿或其證明文件不符，而不能證明其不符之原因者。

四　未依規定繳納登記規費者。

第五七條

①有下列各款情形之一者，登記機關應以書面敘明理由及法令依據，駁回登記之申請：

一　不屬受理登記機關管轄者。

二　依法不應登記者。

三　登記之權利人、義務人或其與申請登記之法律關係有關之權利關係人間有爭執者。

四　逾期未補正或未照補正事項完全補正者。

②申請人不服前項之駁回者，得依訴願法規定提起訴願。

③依第一項第三款駁回者，申請人並得訴請司法機關裁判。

第五八條

駁回登記之申請時，應將登記申請書件全部發還，並得將駁回理由有關文件複印存查。

第五九條

申請登記案件，於登記完畢前，全體申請人以書面申請撤回者，登記機關應即將登記申請書及附件發還申請人。

第六〇條

已駁回或撤回登記案件，重新申請登記時，應另行辦理收件。

第六一條

①登記，應依各類案件分別訂定處理期限，並依收件號數之次序或處理期限為之。其為分組辦理者亦同。除法令另有規定外，同一宗土地之權利登記，其收件號數在後之土地，不得提前登記。

②登記程序開始後，除法律或本規則另有規定外，不得停止登記之進行。

第六二條

應登記之事項記載於登記簿後，應由登簿及校對人員分別辦理並加蓋其名章。

第六三條

登記原因證明文件所載之特約，其屬應登記以外之事項，登記機關應不予審查登記。

第六四條

權利人為二人以上時，應將全部權利人分別予以登載。義務人為二人以上時，亦同。

第六五條

①土地權利於登記完畢後，除本規則或其他法規另有規定外，登記機關應即發給申請人權利書狀。但得就原書狀加註者，於加註後發還之。

②有下列情形之一，經申請人於申請書記明免繕發權利書狀者，得免發給之，登記機關並應於登記簿其他登記事項欄內記明之：

一　建物所有權第一次登記。

二　共有物分割登記，於標示變更登記完畢者。

三　公有土地權利登記。

③登記機關逕為辦理土地分割登記後，應通知土地所有權人換領土地所有權狀；換領前得免繕造。

第六六條 98

①土地權利如係共有者，應按各共有人分別發給權利書狀，並於書狀內明其權利範圍。

②共有人取得他共有人之應有部分者，於申請登記時，應檢附原權利書狀，登記機關應就其權利應有部分之總額，發給權利書狀。

③同一所有權人於同一區分所有建物有數專有部分時，其應分擔之

基地權利應有部分，得依申請人之申請分別發給權利書狀。

第六七條

土地登記有下列各款情形之一，未能提出權利書狀者，應於登記完畢後公告註銷：

一　申辦繼承登記，經申請之繼承人檢附切結書者。

二　申請他項權利塗銷登記，經檢附他項權利人切結書者，或他項權利人出具已交付權利書狀之證明文件，並經申請人檢附未能提出之切結書者。

三　建物滅失登記，經申請人檢附切結書者。

四　申請塗銷信託、信託歸屬或受託人變更登記，經權利人檢附切結書者。

五　申請都市更新權利變換登記，未受分配或不願參與分配者；或經登記機關於登記完畢後通知換領土地及建築物權利書狀，未於規定期限內提出者。

六　合於第三十五條第一款至第五款、第九款及第十二款情形之一者。

第六八條

登記完畢之登記申請書件，除登記申請書、登記原因證明文件或其副本、影本及應予註銷之原權利書狀外，其餘文件應加蓋登記完畢之章，發還申請人。

第六九條 102

①由權利人單獨申請登記者，登記機關於登記完畢後，應即以書面通知登記義務人。但有下列情形之一者，不在此限：

一　無義務人者。

二　法院、行政執行分署或公正第三人拍定之登記。

三　抵押權人為金融機構，辦理抵押權塗銷登記，已提出同意塗銷證明文件者。

②前項義務人為二人以上時，應分別通知之。

第七○條 98

政府因實施土地重劃、區段徵收及依其他法律規定，公告禁止所有權移轉、變更、分割及設定負擔之土地，登記機關應於禁止期間內，停止受理該地區有關登記案件之申請。但因繼承、強制執行、徵收、法院判決確定或其他非因法律行為，於登記前已取得不動產物權而申請登記者，不在此限。

第四章　總登記

第一節　土地總登記

第七一條

①土地總登記，所有權人應於登記申請期限內提出登記申請書，檢附有關文件向登記機關申請之。

②土地總登記前，已取得他項權利之人，得於前項登記申請期限

內，會同所有權人申請之。

第七二條

登記機關對審查證明無誤之登記案件，應公告十五日。

第七三條

前條公告，應於主管登記機關之公告處所為之，其內容應載明下列事項：

一　申請登記為所有權人或他項權利人之姓名、住址。

二　土地標示及權利範圍。

三　公告起訖日期。

四　土地權利關係人得提出異議之期限、方式及受理機關。

第七四條

依前條公告之事項如發現有錯誤或遺漏時，登記機關應於公告期間內更正，並即於原公告之地方重新公告十五日。

第七五條

土地權利關係人於公告期間內提出異議，而生權利爭執事件者，登記機關應於公告期滿後，依土地法第五十九條第二項規定調處。

第七六條　（刪除）

第七七條

土地總登記後，未編號登記之土地，因地籍管理，必須編號登記者，其登記程序準用土地總登記之程序辦理。

第二節　建物所有權第一次登記

第七八條 102

申請建物所有權第一次登記前，應先向登記機關申請建物第一次測量。但在中華民國一百零二年十月一日以後領有使用執照之建物，檢附依使用執照竣工平面圖繪製及簽證之建物標示圖辦理登記者，不在此限。

第七八條之一 102

①前項之建物標示圖，應由開業之建築師、測量技師或其他依法規得為測量相關簽證之專門職業及技術人員辦理繪製及簽證。

②前項建物標示圖，應註明本建物平面、位置圖及建物面積確依使用執照竣工平面圖繪製，如有遺漏或錯誤致他人受損害者，建物起造人及繪製人願負法律責任等字樣及開業證照字號，並簽名或蓋章。

③依建物標示圖申請建物所有權第一次登記，申請人與委託繪製人不同時，應於登記申請書適當欄記明同意依該圖繪製成果辦理登記，並簽名或蓋章。

第七九條 102

①申請建物所有權第一次登記，應提出使用執照或依法得免發使用執照之證件及建物測量成果圖或建物標示圖。有下列情形者，並應附其他相關文件：

一　區分所有建物申請登記時，應檢具全體起造人就專有部分所屬各共有部分及基地權利應有部分之分配文件。

二　區分所有建物之專有部分，依使用執照無法認定申請人之權利範圍及位置者，應檢具全體起造人之分配文件。

三　區分所有建物之地下層或屋頂突出物，依主管建築機關備查之圖說標示為專有部分且未編釘門牌者，申請登記時，應檢具戶政機關核發之所在地址證明。

四　申請人非起造人時，應檢具移轉契約書或其他證明文件。

②前項第三款之圖說未標示專有部分者，應另檢附區分所有權人依法約定為專有部分之文件。

③實施建築管理前建造之建物，無使用執照者，應提出主管建築機關或鄉（鎮、市、區）公所之證明文件或實施建築管理前有關該建物之下列文件之一：

一　曾於該建物設籍之戶籍證明文件。

二　門牌編釘證明。

三　繳納房屋稅憑證或稅籍證明。

四　繳納水費憑證。

五　繳納電費憑證。

六　未實施建築管理地區建物完工證明書。

七　地形圖、都市計畫現況圖、都市計畫禁建圖、航照圖或政府機關測繪地圖。

八　其他足資證明之文件。

④前項文件內已記載面積者，依其所載認定。未記載面積者，由登記機關會同直轄市、縣（市）政府主管建築、農業、稅務及鄉（鎮、市、區）公所等單位，組成專案小組並參考航照圖等有關資料實地會勘作成紀錄以為合法建物面積之認定證明。

⑤第三項之建物與基地非屬同一人所有者，並另附使用基地之證明文件。

第八○條 98

區分所有建物，區分所有權人得就其專有部分及所屬共有部分之權利，單獨申請建物所有權第一次登記。

第八一條 98

①區分所有建物所屬共有部分，除法規另有規定外，依區分所有權人按其設置目的及使用性質之約定情形，分別合併，另編建號，單獨登記為各相關區分所有權人共有。

②區分所有建物共有部分之登記僅建立標示部及加附區分所有建物共有部分附表，其建號、總面積及權利範圍，應於各專有部分之建物所有權狀中記明之，不另發給所有權狀。

第八二條 （刪除）98

第八三條 98

①區分所有權人申請建物所有權第一次登記時，除依第七十九條規定，提出相關文件外，並應於申請書適當欄記明基地權利種類及

範圍。

②登記機關受理前項登記時，應於建物登記簿標示部適當欄記明基地權利種類及範圍。

第八四條

建物所有權第一次登記，除本節規定者外，準用土地總登記程序。

第五章　標示變更登記

第八五條

土地總登記後，因分割、合併、增減、地目變更及其他標示之變更，應為標示變更登記。

第八六條

一宗土地之部分合併於他土地時，應先行申請辦理分割。

第八七條 99

一宗土地之部分已設定地上權、永佃權、不動產役權、典權或農育權者，於辦理分割登記時，應先由土地所有權人會同他項權利人申請勘測確定權利範圍及位置後為之。但設定時已有勘測位置圖且不涉及權利位置變更者，不在此限。

第八八條 99

①二宗以上所有權人不同之土地辦理合併時，各所有權人之權利範圍依其協議定之。

②設定有地上權、永佃權、不動產役權、典權、耕作權或農育權之土地合併時，應先由土地所有權人會同他項權利人申請他項權利位置圖勘測。但設定時已有勘測位置圖且不涉及權利位置變更者，不在此限。

③前項他項權利於土地合併後仍存在於合併前原位置之上，不因合併而受影響。

④設定有抵押權之土地合併時，該抵押權之權利範圍依土地所有權人與抵押權人之協議定之。

第八九條 98

①申請建物基地分割或合併登記，涉及基地號變更者，應同時申請基地號變更登記。建物與基地所有權人不同時，得由基地所有權人代為申請或由登記機關查明後逕為辦理變更登記。

②前項登記，除建物所有權人申請登記者外，登記機關於登記完畢後，應通知建物所有權人換發或加註建物所有權狀。

第九〇條

設定有他項權利之土地申請分割或合併登記，於登記完畢後，應通知他項權利人換發或加註他項權利證明書。

第九一條

①因土地重劃辦理權利變更登記時，應依據地籍測量結果釐正後之重劃土地分配清冊重造土地登記簿辦理登記。

②土地重劃前已辦竣登記之他項權利，於重劃後繼續存在者，應按

原登記先後及登記事項轉載於重劃後分配土地之他項權利部，並通知他項權利人。重劃土地上已登記之建物未予拆除者，應逐爲辦理基地號變更登記。

第九二條

①因地籍圖重測確定，辦理變更登記時，應依據重測結果清冊重造土地登記簿辦理登記。

②建物因基地重測標示變更者，應逐爲辦理基地號變更登記。

③重測前已設定他項權利者，應於登記完畢後通知他項權利人。

第六章　所有權變更登記

第九三條

土地總登記後，土地所有權移轉、分割、合併、增減或消滅時，應爲變更登記。

第九四條　100

區分所有建物之共有部分，除法令另有規定外，應隨同各相關專有部分及其基地權利爲移轉、設定或限制登記。

第九五條　100

①部分共有人就共有土地全部爲處分、變更及設定地上權、農育權、不動產役權或典權申請登記時，登記申請書及契約書內，應列明全體共有人，及於登記申請書備註欄記明依土地法第三十四條之一第一項至第三項規定辦理。並提出他共有人應得對價或補償已受領或已提存之證明文件。但其無對價或補償者，免予提出。

②依前項申請登記時，契約書及登記申請書上無須他共有人簽名或蓋章。

第九六條　98

區分所有建物，數人共有一專有部分，部分共有人依土地法第三十四條之一規定就該專有部分連同其基地權利之應有部分爲處分、變更或設定負擔時，其基地共有人，指該專有部分之全體共有人；其基地權利之應有部分，指該專有部分之全體共有人所持有之基地權利應有部分。

第九七條　99

①申請土地權利移轉登記時，依民法物權編施行法第八之五第三項、第五項、土地法第三十四條之一第四項、農地重劃條例第五條第二款、第三款或文化資產保存法第二十八條規定之優先購買權人已放棄優先購買權者，應附具出賣人之切結書，或於登記申請書適當欄記明優先購買權人確已放棄其優先購買權，如有不實，出賣人願負法律責任字樣。

②依民法第四百二十六條之二、第九百十九條、土地法第一百零四條、第一百零七條、耕地三七五減租條例第十五條或農地重劃條例第五條第一款規定，優先購買權人放棄或視爲放棄其優先購買權者，申請人應檢附優先購買權人放棄優先購買權之證明文件；

或出賣人已通知優先購買權人之證件並切結優先購買權人接到出賣通知後逾期不表示優先購買，如有不實，願負法律責任字樣。

③依前二項規定申請之登記，於登記完畢前，優先購買權人以書面提出異議並能證明確於期限內表示願以同樣條件優先購買或出賣人未依通知或公告之條件出賣者，登記機關應駁回其登記之申請。

第九八條 98

土地法第三十四條之一第四項規定，於區分所有建物之專有部分連同其基地應有部分之所有權一併移轉與同一人所有之情形，不適用之。

第九九條

因徵收或照價收買取得土地權利者，直轄市、縣（市）地政機關應於補償完竣後一個月內，檢附土地清冊及已收受之權利書狀，囑託登記機關為所有權登記，或他項權利之塗銷或變更登記。

第一○○條 99

依據法院判決申請共有物分割登記者，部分共有人得提出法院確定判決書及其他應附書件，單獨為全體共有人申請分割登記，登記機關於登記完畢後，應通知他共有人。其所有權狀應俟登記規費繳納完畢後再行繕發。

第一○○條之一 98

①依民法第八百二十四條第三項規定申請共有物分割登記時，共有人中有應受金錢補償者，申請人應就其補償金額，對於補償義務人所分得之土地，同時為應受補償之共有人申請抵押權登記。但申請人提出應受補償之共有人已受領或為其提存之證明文件者，不在此限。

②前項抵押權次序優先於第一百零七條第一項但書之抵押權；登記機關於登記完畢後，應將登記結果通知各次序抵押權人及補償義務人。

第一○一條 （刪除）96

第一○二條 102

①土地權利移轉、設定，依法須申報土地移轉現值者，於申報土地移轉現值後，如登記義務人於申請登記前死亡時，得僅由權利人敘明理由並提出第三十四條規定之文件，單獨申請登記。

②登記權利人死亡時，得由其繼承人為權利人，敘明理由提出契約書及其他有關證件會同義務人申請登記。

③前二項規定於土地權利移轉、設定或權利內容變更，依法無須申報土地移轉現值，經約立書面契約，依法公證或申報契稅、贈與稅者，準用之。

第一○三條

破產管理人就破產財團所屬土地申請權利變更登記時，除依第三十四條規定辦理外，應提出破產管理人、監查人之資格證明文件與監查人之同意書或法院之證明文件。

第一○四條

① 法人或寺廟在未完成法人設立登記或寺廟登記前，取得土地所有權或他項權利者，得提出協議書，以其籌備人公推之代表人名義申請登記。其代表人應表明身分及承受原因。

② 登記機關為前項之登記，應於登記簿所有權部或他項權利部其他登記事項欄註記取得權利之法人或寺廟籌備處名稱。

③ 第一項之協議書，應訂明於登記完畢後，法人或寺廟未核准設立或登記者，其土地依下列方式之一處理：

一 申請更名登記為已登記之代表人所有。

二 申請更名登記為籌備全體共有。

④ 第一項之法人或寺廟在未完成法人設立登記或寺廟登記前，其代表人變更者，已依第一項辦理登記之土地，應由該法人或寺廟籌備人之全體出具新協議書，辦理更名登記。

第一○五條

共有物分割應先申請標示變更登記，再申辦所有權分割登記。但無須辦理標示變更登記者，不在此限。

第一○六條

數宗共有土地併同辦理共有物分割者，不以同一地段、同一登記機關為限。

第一○七條 98

① 分別共有土地，部分共有人就應有部分設定抵押權者，於辦理共有物分割登記時，該抵押權按原應有部分轉載於分割後各宗土地之上。但有下列情形之一者，該抵押權僅轉載於原設定人分割後取得之土地上：

一 抵押權人同意分割。

二 抵押權人已參加共有物分割訴訟。

三 抵押權人經共有人告知訴訟而未參加。

② 前項但書情形，原設定人於分割後未取得土地者，申請人於申請共有物分割登記時，應同時申請該抵押權之塗銷登記。登記機關於登記完畢後，應將登記結果通知該抵押權人。

第七章 他項權利登記

第一○八條 99

① 於一宗土地內就其特定部分申請設定地上權、不動產役權、典權或農育權登記時，應提出位置圖。

② 因主張時效完成，申請地上權、不動產役權或農育權登記時，應提出占有範圍位置圖。

③ 前二項位置圖應先向該管登記機關申請土地複丈。

第一○八條之一 99

① 申請地上權或農育權設定登記時，登記機關應於登記簿記明設定之目的及範圍；並依約定記明下列事項：

一 存續期間。

二　地租及其預付情形。

三　權利價值。

四　使用方法。

五　讓與或設定抵押權之限制。

②前項登記，除第五款外，於不動產役權設定登記時準用之。

第一○八條之二 99

①不動產役權設定登記得由需役不動產之所有權人、地上權人、永佃權人、典權人、農育權人、耕作權人或承租人會同供役不動產所有權人申請之。申請登記權利人為需役不動產承租人者，應檢附租賃關係證明文件。

②前項以地上權、永佃權、典權、農育權、耕作權或租賃關係使用需役不動產而設定不動產役權者，其不動產役權存續期間，不得逾原使用需役不動產權利之期限。

③第一項使用需役不動產之物權申請塗銷登記時，應同時申請其供役不動產上之不動產役權塗銷登記。

第一○九條 99

①不動產役權設定登記時，應於供役不動產登記簿之他項權利部辦理登記，並於其他登記事項欄記明需役不動產之地、建號及使用需役不動產之權利關係；同時於需役不動產登記簿之標示部其他登記事項欄記明供役不動產之地、建號。

②前項登記，需役不動產屬於他登記機關管轄者，供役不動產所在地之登記機關應於登記完畢後，通知他登記機關辦理登記。

第一○九條之一 99

申請典權設定登記時，登記機關應於登記簿記明其設定之範圍及典價；並依約定記明下列事項：

一　存續期間。

二　絕賣條款。

三　典物轉典或出租之限制。

第一一○條 （刪除）96

第一一一條

申請為抵押權設定之登記，其抵押人非債務人時，契約書及登記申請書應經債務人簽名或蓋章。

第一一一條之一 96

申請普通抵押權設定登記時，登記機關應於登記簿記明擔保債權之金額、種類及範圍；契約書訂有利息、遲延利息之利率、違約金或其他擔保範圍之約定者，登記機關亦應於登記簿記明之。

第一一二條 96

以不屬同一登記機關管轄之數宗土地權利為共同擔保設定抵押權時，除第三條第三項另有規定外，應訂立契約分別向土地所在地之登記機關申請登記。

第一一三條

抵押權設定登記後，另增加一宗或數宗土地權利共同為擔保時，

應就增加部分辦理抵押權設定登記，並就原設定部分辦理抵押權內容變更登記。

第一一四條

以數宗土地權利為共同擔保，經設定抵押權登記後，就其中一宗或數宗土地權利，為抵押權之塗銷或變更時，應辦理抵押權部分塗銷及抵押權內容變更登記。

第一一四條之一 96

①以數宗土地權利為共同擔保，申請設定抵押權登記時，已限定各宗土地權利應負擔之債權金額者，登記機關應於登記簿記明之；於設定登記後，另為約定或變更限定債權金額申請權利內容變更登記者，亦同。

②前項經變更之土地權利應負擔債權金額增加者，應經後次序他項權利人及後次序抵押權之共同抵押人同意。

第一一四條之二 96

以一宗或數宗土地權利為擔保之抵押權，因擔保債權分割而申請抵押權分割登記，應由抵押權人會同抵押人及債務人申請之。

第一一五條 96

①同一土地權利設定數個抵押權登記後，其中一抵押權因債權讓與為變更登記時，原登記之權利先後，不得變更。

②抵押權因增加擔保債權金額申請登記時，除經後次序他項權利人及後次序抵押權之共同抵押人同意辦理抵押權內容變更登記外，應就其增加金額部分另行辦理設定登記。

第一一五條之一 96

①申請最高限額抵押權設定登記時，登記機關應於登記簿記明契約書所載之擔保債權範圍。

②前項申請登記時，契約書訂有原債權確定期日之約定者，登記機關應於登記簿記明之；於設定登記後，另為約定或於確定期日前變更約定申請權利內容變更登記者，亦同。

③前項確定期日之約定，自抵押權設定時起，不得逾三十年。其因變更約定而申請權利內容變更登記者，自變更之日起，亦不得逾三十年。

第一一五條之二 96

①最高限額抵押權因原債權確定事由發生而申請變更為普通抵押權時，抵押人應會同抵押權人及債務人就結算實際發生之債權額申請為權利內容變更登記。

②前項申請登記之債權額，不得逾原登記最高限額之金額。

第一一六條 96

①同一標的之抵押權因次序變更申請權利變更登記，應符合下列各款規定：

一　因次序變更致先次序抵押權擔保債權金額增加時，其有中間次序之他項權利存在者，應經中間次序之他項權利人同意。

二　次序變更之先次序抵押權已有民法第八百七十條之一規定之

次序讓與或拋棄登記者，應經該次序受讓或受次序拋棄利益之抵押權人同意。

②前項登記，應由次序變更之抵押權人會同申請；申請登記時，申請人並應於登記申請書適當欄記明確已通知債務人、抵押人及共同抵押人，並簽名。

第一一六條之一 96

①同一標的之普通抵押權，因次序讓與申請權利內容變更登記者，應由受讓人會同讓與人申請；因次序拋棄申請權利內容變更登記者，得由拋棄人單獨申請之。

②前項申請登記，申請人應提出第三十四條及第四十條規定之文件，並提出已通知債務人、抵押人及共同抵押人之證明文件。

第一一七條

①承攬人依民法第五百十三條規定申請為抵押權登記或預為抵押權登記，除應提出第三十四條及第四十條規定之文件外，並應提出建築執照或其他建築許可文件，會同定作人申請之。但承攬契約經公證者，承攬人得單獨申請登記，登記機關於登記完畢後，應將登記結果通知定作人。

②承攬人就尚未完成之建物，申請預為抵押權登記時，登記機關應即暫編建號，編造建物登記簿，於他項權利部辦理登記。

第一一七條之一 96

①申請抵押權設定登記時，契約書訂有於債權已屆清償期而未為清償時，抵押物之所有權移屬於抵押權人之約定者，登記機關應於登記簿記明之；於設定登記後，另為約定或變更約定申請權利內容變更登記者，亦同。

②抵押權人依前項約定申請抵押物所有權移轉登記時，應提出第三十四條及第四十條規定之文件，並提出擔保債權已屆清償期之證明，會同抵押人申請之。

③前項申請登記，申請人應於登記申請書適當欄記明確依民法第八百七十三條之一第二項規定辦理，並簽名。

第一一七條之二 96

①質權人依民法第九百零六條之一第一項規定代位申請土地權利設定或移轉登記於出質人時，應提出第三十四條、第四十條規定之文件及質權契約書，會同債務人申請之。

②前項登記申請時，質權人應於登記申請書適當欄記明確已通知出質人並簽名，同時對出質人取得之該土地權利一併申請抵押權登記。

③前二項登記，登記機關於登記完畢後，應將登記結果通知出質人。

第一一八條 99

①土地總登記後，因主張時效完成申請地上權登記時，應提出以行使地上權意思而占有之證明文件及占有土地四鄰證明或其他足資證明開始占有至申請登記時繼續占有事實之文件。

②前項登記之申請，經登記機關審查證明無誤應即公告。

③公告期間爲三十日，並同時通知土地所有權人。

④土地所有權人在前項公告期間內，如有異議，依土地法第五十九條第二項規定處理。

⑤前四項規定，於因主張時效完成申請不動產役權、農育權登記時準用之。

第八章　繼承登記

第一一九條

①申請繼承登記，除提出第三十四條第一項第一款及第三款之文件外，並應提出下列文件：

一　載有被繼承人死亡記事之戶籍謄本。

二　繼承人現在戶籍謄本。

三　繼承系統表。

四　遺產稅繳（免）納證明書或其他有關證明文件。

五　繼承人如有拋棄繼承，應依下列規定辦理：

　㈠繼承開始時在中華民國七十四年六月四日以前者，應檢附拋棄繼承權有關文件；其向其他繼承人表示拋棄者，拋棄人應親自到場在拋棄書內簽名。

　㈡繼承開始時在中華民國七十四年六月五日以後者，應檢附法院准予備查之證明文件。

六　其他依法律或中央地政機關規定應提出之文件。

②前項第二款之繼承人現在戶籍謄本，於部分繼承人申請登記爲全體繼承人公同共有時，未能會同之繼承人得以曾設籍於國內之戶籍謄本及敘明未能檢附之理由書代之。

③第一項第一款、第二款之戶籍謄本，能以電腦處理達成查詢者，得免提出。

④第一項第三款之繼承系統表，由申請人依民法有關規定自行訂定，註明如有遺漏或錯誤致他人受損害者，申請人願負法律責任，並簽名。

⑤因法院確定判決申請繼承登記者，得不提出第一項第一款、第三款及第五款之文件。

第一二〇條

①繼承人爲二人以上，部分繼承人因故不能會同其他繼承人共同申請繼承登記時，得由其中一人或數人爲全體繼承人之利益，就被繼承人之土地，申請爲公同共有之登記。其經繼承人全體同意者，得申請爲分別共有之登記。

②登記機關於登記完畢後，應將登記結果通知他繼承人。

第一二一條

①胎兒爲繼承人時，應由其母以胎兒名義申請登記，俟其出生辦理戶籍登記後，再行辦理更名登記。

②前項胎兒以將來非死產者爲限。如將來爲死產者，其經登記之權

利，溯及繼承開始時消滅，由其他繼承人共同申請更正登記。

第一二二條

遺產管理人就其所管理之土地申請遺產管理人登記時，除法律另有規定外，應提出親屬會議選定或經法院選任之證明文件。

第一二二條之一

遺產清理人就其所管理之土地申請遺產清理人登記時，應提出經法院選任之證明文件。

第一二三條

①受遺贈人申辦遺贈之土地所有權移轉登記，應由繼承人先辦繼承登記後，由繼承人會同受遺贈人申請之；如遺囑另指定有遺囑執行人時，應於辦畢遺囑執行人及繼承登記後，由遺囑執行人會同受遺贈人申請之。

②前項情形，於繼承人因故不能管理遺產亦無遺囑執行人時，應於辦畢遺產清理人及繼承登記後，由遺產清理人會同受遺贈人申請之。

③第一項情形，於無繼承人或繼承人有無不明時，仍應於辦畢遺產管理人登記後，由遺產管理人會同受遺贈人申請之。

第九章　土地權利信託登記

第一二四條

本規則所稱土地權利信託登記（以下簡稱信託登記），係指土地權利依信託法辦理信託而為變更之登記。

第一二五條

信託以契約為之者，信託登記應由委託人與受託人會同申請之。

第一二六條

①信託以遺囑為之者，信託登記應由繼承人辦理繼承登記後，會同受託人申請之；如遺囑另指定遺囑執行人時，應於辦畢遺囑執行人及繼承登記後，由遺囑執行人會同受託人申請之。

②前項情形，於繼承人因故不能管理遺產亦無遺囑執行人時，應於辦畢遺產清理人及繼承登記後，由遺產清理人會同受託人申請之。

③第一項情形，於無繼承人或繼承人有無不明時，仍應於辦畢遺產管理人登記後，由遺產管理人會同受託人申請之。

第一二七條

受託人依信託法第九條第二項取得土地權利，申請登記時，應檢附信託關係證明文件，並於登記申請書適當欄內載明該取得財產為信託財產及委託人身分資料。登記機關辦理登記時，應依第一百三十條至第一百三十二條規定辦理。

第一二八條

①信託財產依第一百二十五條辦理信託登記後，於信託關係消滅時，應由信託法第六十五條規定之權利人會同受託人申請塗銷信託或信託歸屬登記。

②前項登記，受託人未能會同申請時，得由權利人提出足資證明信託關係消滅之文件單獨申請之。未能提出權利書狀時，得檢附切結書或於土地登記申請書敘明未能提出之事由，原權利書狀於登記完畢後公告註銷。

第一二九條

①信託財產因受託人變更，應由新受託人會同委託人申請受託人變更登記。

②前項登記，委託人未能或無須會同申請時，得由新受託人提出足資證明文件單獨申請之。未能提出權利書狀時，準用前條第二項規定。

第一三〇條

①信託登記，除應於登記簿所有權部或他項權利部登載外，並於其他登記事項欄記明信託財產、委託人姓名或名稱，信託內容詳信託專簿。

②前項其他登記事項欄記載事項，於辦理受託人變更登記時，登記機關應予轉載。

第一三一條

信託登記完畢，發給土地或建物所有權狀或他項權利證明書時，應於書狀記明信託財產，信託內容詳信託專簿。

第一三二條 103

①土地權利經登記機關辦理信託登記後，應就其信託契約或遺囑複印裝訂成信託專簿，提供閱覽或申請複印，其提供資料內容及申請人資格、閱覽費或複印工本費之收取，準用第二十四條之一及土地法第七十九條之二規定。

②信託專簿，應自塗銷信託登記或信託歸屬登記之日起保存十五年。

第一三三條

①信託內容有變更，而不涉及土地權利變更登記者，委託人應會同受託人檢附變更後之信託內容變更文件，以登記申請書向登記機關提出申請。

②登記機關於受理前項申請後，應依信託內容變更文件，將收件號、異動內容及異動年月日於土地登記簿其他登記事項欄註明，並將登記申請書件複印併入信託專簿。

第一三三條之一

①申請人依不動產證券化條例或金融資產證券化條例規定申請信託登記時，為資產信託者，應檢附主管機關核准或申報生效文件及信託關係證明文件；登記機關辦理登記時，應於登記簿其他登記事項欄記明委託人姓名或名稱。

②前項信託登記，為投資信託者，應檢附主管機關核准或申報生效文件，無須檢附信託關係證明文件；登記機關辦理登記時，應於登記簿其他登記事項欄記明該財產屬不動產投資信託基金信託財產。

③依前項規定辦理信託登記後，於信託關係消滅、信託內容變更時，不適用第一百二十八條、第一百三十三條規定。

第十章　更正登記及限制登記

第一三四條 （刪除）

第一三五條 （刪除） 100

第一三六條

①土地法第七十八條第八款所稱限制登記，謂限制登記名義人處分其土地權利所爲之登記。

②前項限制登記，包括預告登記、查封、假扣押、假處分或破產登記，及其他依法律所爲禁止處分之登記。

第一三七條

①申請預告登記，除提出第三十四條各款規定之文件外，應提出登記名義人同意書。

②前項登記名義人除符合第四十一條第二款、第四款至第八款及第十款規定之情形者外，應親自到場，並依第四十條規定程序辦理。

第一三八條 102

①土地總登記後，法院或行政執行分署囑託登記機關辦理查封、假扣押、假處分、暫時處分、破產登記或因法院裁定而爲清算登記時，應於囑託書內記明登記之標的物標示及其事由。登記機關接獲法院或行政執行分署之囑託時，應即辦理，不受收件先後順序之限制。

②登記標的物如已由登記名義人申請移轉或設定登記而尚未登記完畢者，應即改辦查封、假扣押、假處分、暫時處分、破產或清算登記，並通知登記申請人。

③登記標的物如已由登記名義人申請移轉與第三人並已登記完畢者，登記機關應即將無從辦理之事實函復法院或行政執行分署。但法院或行政執行分署因債權人實行抵押權拍賣抵押物，而囑託辦理查封登記，縱其登記標的物已移轉登記與第三人，仍應辦理查封登記，並通知該第三人及將移轉登記之事實函復法院或行政執行分署。

④前三項之規定，於其他機關依法律規定囑託登記機關爲禁止處分之登記，或管理人持法院裁定申請爲清算之登記時，準用之。

第一三九條 102

①法院或行政執行分署囑託登記機關，就已登記土地上之未登記建物辦理查封、假扣押、假處分、暫時處分、破產登記或因法院裁定而爲清算登記時，應於囑託書內另記明登記之確定標示以法院或行政執行分署人員指定勘測結果爲準字樣。

②前項建物，由法院或行政執行分署派員定期會同登記機關人員勘測。勘測費，由法院或行政執行分署命債權人於勘測前向登記機關繳納。

③登記機關勘測建物完畢後，應即編列建號，編造建物登記簿，於所有權部辦理查封、假扣押、假處分、暫時處分、破產或清算登記。並將該建物登記簿與平面圖及位置圖之影本函送法院或行政執行分署。

④前三項之規定，於管理人持法院裁定申請為清算之登記時，準用之。

第一四○條 102

同一土地經辦理查封、假扣押或假處分登記後，法院或行政執行分署再囑託為查封、假扣押或假處分登記時，登記機關應註明不予受理，並復知法院或行政執行分署已辦理登記之日期及案號。

第一四一條 102

①土地經辦理查封、假扣押、假處分、暫時處分、破產登記或因法院裁定而為清算登記後，未為塗銷前，登記機關應停止與其權利有關之新登記。但有下列情形之一為登記者，不在此限：

一 徵收、區段徵收或照價收買。

二 依法院確定判決申請移轉、設定或塗銷登記之權利人為原假處分登記之債權人。

三 公同共有繼承。

四 其他無礙禁止處分之登記。

②前項第二款情形者，應檢具法院民事執行處或行政執行分署核發查無其他債權人併案查封或調卷拍賣之證明文件。

第一四二條 102

有下列情形之一者，登記機關應予登記，並將該登記之事由分別通知有關機關：

一 土地經法院或行政執行分署囑託查封、假扣押、假處分、暫時處分、破產登記或因法院裁定而為清算登記後，其他機關再依法律囑託禁止處分之登記者。

二 土地經其他機關依法律囑託禁止處分登記後，法院或行政執行分署再囑託查封、假扣押、假處分、暫時處分、破產登記或因法院裁定而為清算登記者。

第十一章 塗銷登記及消滅登記

第一四三條 99

①依本規則登記之土地權利，因權利之拋棄、混同、終止、存續期間屆滿、債務清償、撤銷權之行使或法院之確定判決等，致權利消滅時，應申請塗銷登記。

②前項因拋棄申請登記時，有以該土地權利為標的物之他項權利者，應檢附該他項權利人之同意書，同時申請他項權利塗銷登記。

③私有土地所有權之拋棄，登記機關應於辦理塗銷登記後，隨即為國有之登記。

第一四四條

①依本規則登記之土地權利，有下列情形之一者，於第三人取得該土地權利之新登記前，登記機關得於報經直轄市或縣（市）地政機關查明核准後塗銷之：

一　登記證明文件經該主管機關認定係屬偽造。

二　純屬登記機關之疏失而錯誤之登記。

②前項事實於塗銷登記前，應於土地登記簿其他登記事項欄註記。

第一四五條 99

①他項權利塗銷登記除權利終止外，得由他項權利人、原設定人或其他利害關係人提出第三十四條第一項所列文件，單獨申請之。

②前項單獨申請登記有下列情形之一者，免附第三十四條第一項第二款、第三款之文件：

一　永佃權或不動產役權因存續期間屆滿申請塗銷登記。

二　以建物以外之其他工作物為目的之地上權，因存續期間屆滿申請塗銷登記。

三　農育權因存續期間屆滿六個月後申請塗銷登記。

四　因需役不動產滅失或原使用需役不動產之物權消滅，申請其不動產役權塗銷登記。

第一四六條

①預告登記之塗銷，應提出原預告登記請求權人之同意書。

②前項請求權人除符合第四十一條第二款、第四款至第八款及第十款規定之情形者外，應親自到場，並依第四十條規定程序辦理。

第一四七條

查封、假扣押、假處分、破產登記或其他禁止處分之登記，應經原囑託登記機關或執行拍賣機關之囑託，始得辦理塗銷登記。但因徵收、區段徵收或照價收買完畢後，得由徵收或收買機關囑託登記機關辦理塗銷登記。

第一四八條 99

①土地滅失時應申請消滅登記；其為需役土地者，應同時申請其供役不動產上之不動產役權塗銷登記。

②前項土地有他項權利或限制登記者，登記機關應於登記完畢後通知他項權利人、囑託機關或預告登記請求權人。

第十二章　其他登記

第一節　更名登記及管理者變更登記

第一四九條 98

①土地權利登記後，權利人之姓名或名稱有變更者，應申請更名登記。設有管理人者，其姓名變更時，亦同。

②權利人或管理人為自然人，其姓名已經戶政主管機關變更者，登記機關得依申請登記之戶籍資料，就其全部土地權利逕為併案辦理更名登記；登記完畢後，應通知權利人或管理人換發權利書

狀。

第一五○條

法人或寺廟於籌備期間取得之土地所有權利或他項權利，已以籌備人之代表人名義登記者，其於取得法人資格或寺廟登記後，應申請為更名登記。

第一五一條

公有土地管理機關變更者，應囑託登記機關為管理機關變更登記。

第二節　住址變更登記

第一五二條 102

①登記名義人之住址變更者，應檢附國民身分證影本或戶口名簿影本，申請住址變更登記。如其所載身分證統一編號與登記簿記載不符或登記簿無記載統一編號者，應加附原登記住址之身分證明文件。

②登記名義人為法人者，如其登記證明文件所載統一編號與登記簿不符者，應提出其住址變更登記文件。

第一五三條

登記名義人住址變更，未申請登記者，登記機關得查明其現在住址，逕為住址變更登記。

第三節　書狀換給及補給登記

第一五四條

土地所有權狀或他項權利證明書損壞或滅失，應由登記名義人申請換給或補給。

第一五五條

①申請土地所有權狀或他項權利證明書補給時，應由登記名義人敘明其滅失之原因，檢附切結書或其他有關證明文件，經登記機關公告三十日，並通知登記名義人，公告期滿無人提出異議後，登記補給之。

②前項登記名義人除符合第四十一條第二款、第七款、第八款、第十款及第十五款規定之情形者外，應親自到場，並依第四十條規定程序辦理。

第一五五條之一 98

①共有人依民法第八百二十六條之一第一項規定申請登記者，登記機關應於登記簿標示部其他登記事項欄記明收件年月日字號及共有物使用、管理、分割內容詳共有物使用管理專簿。

②共有人依民法第八百二十條第一項規定所為管理之決定或法院之裁定，申請前項登記時，應於登記申請書適當欄記明確已通知他共有人並簽名；於登記後，決定或裁定之內容有變更，申請登記時，亦同。

第一五五條之二 99

①區分地上權人與設定之土地上下有使用、收益權利之人，就相互間使用收益限制之約定事項申請登記時，登記機關應於該區分地上權及與其有使用收益限制之物權其他登記事項欄記明收件年月日字號及使用收益限制內容詳土地使用收益限制約定專簿。

②前項約定經土地所有權人同意者，登記機關並應於土地所有權部其他登記事項欄辦理登記；其登記方式準用前項規定。

第一五五條之三 103

登記機關依前二條規定辦理登記後，應就其約定、決定或法院裁定之文件複印裝訂成共有物使用管理專簿或土地使用收益限制約定專簿，提供閱覽或申請複印，其提供資料內容及申請人資格、閱覽費或複印工本費之收取，準用第二十四條之一及土地法第七十九條之二規定。

第一五五條之四 99

①依第一百五十五條之一或第一百五十五條之二規定登記之內容，於登記後有變更或塗銷者，申請人應檢附登記申請書、變更或同意塗銷之文件向登記機關提出申請。

②前項申請為變更登記者，登記機關應將收件年月日字號、變更事項及變更年月日，於登記簿標示部或該區分地上權及與其有使用收益限制之物權所有權部或他項權利部其他登記事項欄註明；申請為塗銷登記者，應將原登記之註記塗銷。

③前項登記完畢後，登記機關應將登記申請書件複印併入共有物使用管理專簿或土地使用收益限制約定專簿。

第十三章 附 則

第一五六條

本規則所需登記書表簿冊圖狀格式及其填載須知，由中央地政機關定之。

第一五七條

①本規則自發布日施行。

②本規則修正條文施行日期另定之。

登記原因標準用語

①民國 99 年 7 月 1 日內政部令修正發布「權利種類變更」之意義，並自即日生效。

②民國 99 年 7 月 15 日內政部令修正發布「典權回贖除斥期滿」、「註記」、「回贖」、「權利內容等變更」、「權利種類變更」，增訂「設定目的變更」、「預付地租情形變更」、「使用方法變更」、「讓與或設定抵押權限制變更」、「絕賣條款變更」、「典物轉典或出租限制變更」、「絕賣」、「終止」、「法定塗銷」之意義規定；並自99 年 8 月 3 日生效。

③民國 100 年 1 月 4 日內政部令修正發布「酌給遺產」之規定。

④民國 100 年 4 月 1 日內政部令增訂發布「名義更正」之規定。

⑤民國 100 年 8 月 10 日內政部令增訂發布「退稅」之規定。

⑥民國 101 年 1 月 30 日內政部令修正發布「合併」、「拍賣」、「保全處分」、「查封」、「假扣押」、「塗銷假扣押」、「法院囑託回復」、「塗銷查封」、「查封部分塗銷」、「法院囑託塗銷」、「調處移轉」、「調處共有物分割」、「未登記建物查封」之意義及「收歸國有」之適用部別及備註事項。

⑦民國 101 年 3 月 16 日內政部令修正發布「撤銷撥用」為「廢止撥用」規定及其意義；並自即日生效。

⑧民國 101 年 9 月 6 日內政部令增訂發布「廢止徵收」規定。

⑨民國 102 年 7 月 3 日內政部令修正發布「遺贈」之備註欄規定；自即日生效。

⑩民國 102 年 10 月 2 日內政部令修正發布「撤銷徵收」、「廢止徵收」規定；並自即日生效。

⑪民國 103 年 5 月 22 日內政部令增訂發布「暫時處分」、「塗銷暫時處分」規定；並自即日生效。

登記原因 （代碼）	意　義	土地標示部	建物標示部	土地建物所有權部	他項建物權利部	備　註
總登記 （01）	指爲依法辦理地籍測量之地方，於一定期間內就市縣土地之全部所爲之登記。	✓		✓	✓	含補辦總登記、土地總登記、囑託登記、土地他項權利總登記。囑託登記應視其性質歸爲總登記或第一次登記。
第一次登記 （02）	指已逾總登記期限始辦理登記之土地，或建物第一次登記。	✓	✓	✓		含土地新登記、建物所有權第一次登記、新建、增建（保責有尚未辦理登記之合法建物或增建後辦理第一次建物登記）、新登記地、囑託登記。
地籍圖重測 （03）	地籍圖重測確定後辦理之變更登記。	✓	✓		✓	
土地重劃 （04）	土地重劃確定後辦理之變更登記。	✓	✓	✓	✓	含市地重劃、農地重劃。

回復 （05）	一、依土地法第十二條 　　第二項規定所爲之 　　回復所有權登記。 二、依農業發展條例第 　　十七條所爲之登記	✓		✓		含浮覆。
分　割 （06）	指土地分割或建物分割 辦理標示變更登記。	✓	✓			係除逕爲分割、判決分割、和解分割、調解分割、調處分割以外之一般申請之「分割」。
逕爲分割 （07）	指土地逕爲分割時辦理 之標示變更登記。	✓				
判決分割 （08）	因法院確定判決分割土 地或建物辦理標示變更 登記。	✓	✓			判決分割、和解分割、調解分割、調處分割專指標示部分之分割。（判決共有物分割、和解共有物分割、調解共有物分割、調處共有物分割則指所有權部之分
和解分割 （09）	因法院和解分割土地或 建物辦理標示變更登記。	✓	✓			
調解分割 （10）	經法院調解成立之分割 辦理標示變更登記。	✓	✓			
合　併 （11）	指數宗土地或數號建 物合併爲一宗或一建號 時所辦理標示變更登記。	✓	✓	✓	✓	
更　正 （12）	經依法核准更正後所爲 之更正登記。	✓	✓	✓	✓	除姓名更正、統一編號更正、地號更正、更正編定、住址更正、出生日期更正、遺漏更正、名義更正、面積更正外，其餘各類更正皆以更正爲登記原因。
更正編定 （14）	土地使用編定後，因編 定依法辦理更正所爲之 土地使用編定更正登記。	✓				
使用編定 （15）	業經縣市政府依據區域 計畫法等辦理非都市土 地使用編定所爲之編定 登記。	✓				
變更編定 （16）	土地使用編定後，用地 依核准變更所爲之土 地使用編定變更登記。	✓				
等則調整 （17）	因等則調整所辦理之標 示變更登記。	✓				
地目變更 （18）	凡土地因主要使用狀況 變更，依法核准變更地 目所爲之土地標示變更 登記。	✓				
逕爲地目變 　更	由主管機關依法逕爲辦 理之地目變更登記。	✓				
部分滅失 （20）	土地或建物部分因天然 或人爲原因致標的物部 分滅失時所爲之消滅登 記。	✓	✓			含部分拆除、坍沒、焚燬、流失、倒塌、面積變更。
滅　失 （21）	土地或建物因天然或人 爲原因致標的之物客觀的 不存在時所爲之消滅登 記。	✓	✓			含拆除、坍沒、焚燬、流失、倒塌。

登記原因	說明						備註
區段徵收（22）	一、主管機關（或需用土地人）以區段徵收方式取得之私有土地之所有權移轉登記。 二、主管機關（或需用土地人）對於以作價或領回土地方式取得之公有土地之所有權移轉或管理機關變更登記。 三、區段徵收開發完成後主管機關（或需用土地人）取得但尚未辦理有償撥用、讓售或標售土地之登記。 四、依區域徵收法令應無償登記為國有、直轄市有、縣（市）有或鄉（鎮、市）有之變更登記。 五、區域徵收地區內之建物，辦理建物段名、建號變更之標示變更登記。	✓	✓		✓	✓	
地目等則調整（23）	指主管機關依政策辦理地目等則調整之標示變更登記。	✓					
行政區域調整（24）	因行政區域調整所為之標示變更登記。	✓	✓				
段界調整（25）	因地段調整而辦理之土地或建物標示變更登記。	✓	✓				
地籍整理（26）	除地籍圖重測、土地重劃、區段徵收以外因地籍整理而辦理之標示重新建立之登記。	✓	✓		✓		含工業區開發之地籍整理。
門牌整編（28）	因街路名稱變更或門牌數號整編所為之建物標示變更登記。		✓				
基地號變更（29）	建物坐落或建築基地號因分割合併所為之變更登記。		✓				
增建（30）	已辦理登記之建物因增建致面積增加，及所有權人、他項權利人依協議取得權利範圍、設定權利範圍所為之登記。		✓	✓			
改建（31）	已登記之建物因部分改建標示內容變更而辦理之變更登記。		✓				
查封（33）	法院或行政執行分署因強制執行囑託登記機關所為之查封。		✓	✓	✓	✓	
塗銷查封（34）	法院或行政執行分署囑託塗銷查封所為之登記。	✓	✓	✓	✓		

登記原因	說明					備註
判決共有物分割（35）	依法院確定判決所爲之共有物分割登記。			✓	✓	判決共有物分割、和解共有物分割、調解共有物分割、調處共有物分割指所有權部分之分割。
和解共有物分割（36）	依法院和解筆錄所爲之共有物分割登記。		✓	✓		
調解共有物分割（37）	依調解筆錄所爲之共有物分割登記。		✓	✓		
共有物分割（38）	指共有人依協議或依法辦理分割各自取得其應有部分所有權所爲之所有權移轉登記。		✓	✓		
法人合併（39）	法人因合併所爲之所有權或他項權利移轉登記。					含「奉令合併承受」（例第二信用合作社變更爲第九信用合作社）。
住址更正（40）	因住址登記錯誤或遺漏經依法核准之更正登記。			✓	✓	
更名（41）	一、登記名義人因姓名或名稱變更，所爲之更名登記。 二、管理者姓名或名義變更所爲之更名登記。 三、法人在未完成法人設立登記前，以代表人登記之土地所有權，於法人成立後或未奉准設立所爲之更名登記。 四、夫妻共同財產關係消滅時，所爲之共同財產之更名登記。 五、抵押權登記後債務人或義務人姓名或名稱變更所爲之更名登記。			✓	✓	含更名、名義（稱）變更、管理者更名。
夫妻聯合財產更名（42）	民法親屬編修正前以妻名義登記之夫妻聯合財產變更爲夫名義時所爲之登記。			✓	✓	含法院判決所爲之夫妻聯合財產更名。
姓名更正（43）	因姓名登記錯誤或遺漏經依法核准之更正登記。			✓		
統一編號更正（44）	登記名義人之統一編號因登記錯誤或遺漏經依法核准之更正登記。			✓		
管理者變更（46）	管理人或管理機關變更所爲之管理者變更登記。				✓	含改選、推選、移交、接管、改制、公有財產劃分。
住址變更（48）	因行政區域調整或門牌整編或遷居所爲之登記名義人住址變更登記。					
假扣押（49）	法院或行政執行分署因強制執行囑託登記機關所爲之假扣押登記。			✓	✓	

登記原因	定義				說明
假處分（50）	法院因強制執行囑託登記機關所為之假處分登記。		✓	✓	
破產登記（51）	法院囑託就破產財團因破產所為之登記。		✓	✓	
禁止處分（52）	政府機關依法律規定囑託登記機關所為禁止登記名義人處分其土地權利之限制登記。		✓	✓	
塗銷預告登記（53）	預告登記塗銷時所為之登記。		✓	✓	
塗銷假扣押（54）	法院或行政執行分署囑託塗銷假扣押所為之登記。		✓	✓	
塗銷假處分（55）	法院囑託塗銷假處分所為之登記。		✓	✓	
塗銷破產登記（56）	法院囑託塗銷破產登記所為之登記。		✓	✓	
塗銷禁止處分（57）	政府機關囑託塗銷禁止處分所為之登記。		✓	✓	
預告登記（58）	經登記名義人之同意所為保全請求權之登記。		✓	✓	
書狀補給（59）	土地權利書狀因滅失所為之權利書狀補給登記。		✓	✓	
書狀換給（60）	一、土地權利書狀因損壞所為之權利書狀換給登記。二、依土地登記規則第一百條末段他共有人登記規費及罰鍰繳納完畢後持憑繳納收據再行繕發書狀之書狀換給。三、其他因書狀換給所為之登記。		✓	✓	
判決回復所有權（61）	依法院確定判決塗銷所有權回復原所有權之登記。	✓			因法律行為不成立或當然、視為自始無效，經法院判決確定之回復所有權登記。
耕作權期間屆滿（62）	因耕作權期間屆滿依法律規定取得他項權利所為之登記。		✓		
典權回贖除斥期滿（63）	出典人於典期屆滿後經過二年或出典後過三十年不以原典價回贖者，典權人取得典物所有權所為之登記。		✓		
買賣（64）	指當事人約定一方移轉土地或建築物所有權於他方，他方支付價金之契約所為之所有權移轉登記。	✓	✓		含出售、投資、核配、標售、得標、公法人收購、收買、轉帳、撥償、買回、雙方合意契約解除、土地登記規則第一百十七條之一規定流抵約款及依據民法第926條典權人按時價找貼之所有權移轉等。

贈與 (65)	指當事人間約定一方以土地或建物所有權或他項權利無償給予他方之契約所爲之權利移轉登記。	✓	✓	✓	含捐贈。
遺贈 (66)	登記名義人死亡,以其土地權利遺贈於他人所爲之登記。	✓	✓	✓	含臺灣地區與大陸地區人民關係條例第六十八條第四項規定之捐助。
拍賣 (67)	法院或行政執行分署強制將債務人財產予以拍賣後,拍定人憑其發給之權利移轉證明書所爲之權利移轉登記。	✓	✓	✓	
繼承 (68)	土地建物所有權或他項權利因權利人死亡所爲之繼承登記。		✓	✓	
抛棄 (69)	權利人拋棄其所有權或他項權利所爲之塗銷登記。	✓	✓	✓	
徵收 (70)	國家因公共事業或經濟政策依法強制取得私有土地所爲之所有權移轉登記及他項權利之取得或塗銷登記。		✓	✓	含一併徵收。
放領 (71)	政府爲實施耕者有其田扶植自耕農政策等有關規定將政府管有公地或從原土地所有權人徵收而來之土地放領農民和佃農所爲之放領土地所有權移轉登記。		✓		含公地放領、耕者有其田放領。
照價收買 (72)	政府爲實施土地政策基於公權力強制依申報地價收買私有土地所爲之所有權移轉登記。		✓		
交換 (73)	一、當事人約定以土地或建物所有權相互交換訂立契約所爲之權利移轉登記。 二、已辦理編號登記之停車位與市場攤位,嗣後該相關所有權人互爲調換或調整變更其分管使用之車位或攤位時所爲之登記。	✓	✓	✓	第二款如屬共同使用部分者,適用於建物標示部。
判決繼承 (74)	依法院確定判決所爲之繼承登記。	✓	✓	✓	
和解繼承 (75)	依法院和解筆錄所爲之繼承登記。	✓	✓	✓	
調解繼承 (76)	以調解筆錄所爲之繼承登記。	✓	✓	✓	
判決移轉 (80)	依法院確定判決所爲之所有權或他項權利移轉登記。	✓	✓	✓	1. 含判決買賣、判決贈與。 2. 除法律行爲不成立或當然、視爲自始無效者外,移轉行爲(包含解除權行使所爲回復原狀)經法院判決確定之移轉登記。

用語	意義				備註
和解移轉 (81)	依法院和解筆錄所爲之所有權或他項權利移轉登記。	✓	✓	✓	1. 含和解買賣、和解贈與。 2. 除法律行爲不成立或當然、視爲自始無效者外，移轉行爲（包含解除權行使所爲回復原狀）經法院和解成立之移轉登記。
調解移轉 (82)	依調解筆錄所爲之所有權或他項權利移轉登記。	✓	✓	✓	1. 含調解買賣、調解贈與。 2. 除法律行爲不成立或當然、視爲自始無效者外，移轉行爲（包含解除權行使所爲回復原狀）經調解成立之移轉登記。
設　定 (83)	以土地或建物設定他項權利時所爲之登記。			✓	
權利價值變　更 (85)	他項權利價值或擔保債權總金額增加或減少所爲之登記。			✓	
存續期間變　更 (86)	除抵押權以外之他項權利之存續期間，縮短或延長所爲之登記。			✓	
清償日期變　更 (88)	他項權利清償日期變更所爲之登記。			✓	
利息變更 (88)	他項權利利息變更時所爲之登記。			✓	含遲延利息變更。
地租變更 (89)	他項權利地租變更時所爲之登記。			✓	
義務人變　更 (90)	他項權利義務人變更時所爲之登記。			✓	
債務人及債務額比例變更 (91)	抵押權因債務人或債務額比例變更所爲之登記。			✓	
權利範圍變　更 (92)	一、同一所有權人所有各相關部分所有建物之共用使用部分權利範圍調整時所爲之登記。 二、他項權利範圍變更時所爲之登記。		✓		第一款情形，於人工登記作業時適用於區分所有建物共同使用部分附表；於電腦登記作業時適用於建物標示部。
部分清償 (93)	他項權利因債務部分清償所爲之一部分塗銷登記。			✓	
部分拋棄 (94)	權利人拋棄其所有權或他項權利之一部分所爲之塗銷登記。	✓	✓	✓	
轉　典 (95)	典權物將典物轉典其他人所爲之典權登記。			✓	此與典權讓與不同，轉典時原典權人之典權仍繼續存在。 典權讓與係典權人主體變更，原典權人之權利已因讓與而不存在。

登記原因	意義					備註
讓　與 （96）	一、與他人所爲之他項權利移轉登記。 二、金融機構因概括承受或受讓土地權利所爲之所有權或他項權利移轉登記。			✓	✓	1.含讓渡、轉讓。 2.第二項情形係於法人主體未消滅時適用之。
判決設定 （97）	依法院確定判決所爲之他項權利設定登記。				✓	
和解設定 （98）	依法院和解筆錄所爲之他項權利設定登記。				✓	
調解設定 （99）	依調解筆錄所爲之他項權利設定登記。				✓	
判決塗銷 （AB）	依法院確定判決所爲之塗銷登記。	✓	✓	✓	✓	
和解塗銷 （AC）	依法院和解筆錄所爲之塗銷登記。	✓	✓	✓	✓	
調解塗銷 （AD）	依法院和解筆錄所爲之塗銷登記。	✓	✓	✓	✓	
調解塗銷 （AD）	依調解筆錄所爲之塗銷登記。				✓	
混　同 （AE）	他項權利因權利混同所爲之塗銷登記。				✓	
清　償 （AF）	他項權利因債務清償所爲之塗銷登記。				✓	
擔保物 減　少 （AG）	抵押權設定登記後，因擔保物減少所爲之抵押權內容變更登記。				✓	
擔保物 增　加 （AH）	抵押權設定登記後，因擔保物增加時原設定部分所爲之抵押權內容變更登記。				✓	
界址調整 （AJ）	因土地界址調整而辦理之土地或建物標示變更登記；或依建築法規定調整地形而辦理之土地或建物標示變更登記，或所有權或他項權利移轉登記。	✓	✓	✓	✓	
解除編定 （AK）	土地使用編定經核准解除編定時所爲之登記。	✓				
註銷編定 （AL）	土地使用編定因列入都市計畫範圍內所爲之註銷編定登記。	✓				
補辦編定 （AM）	實施區域計畫地區於辦理編定公告後因㈠新登記土地。㈡遺漏編定等予以補辦編定之登記。	✓				
補　註 用地別 （AN）	暫未編定用地之山坡地土地，於可利用限度查定後據以註記用地別時所爲之登記。	✓				
和解回復 所有權 （AP）	依法院和解筆錄所爲之回復所有權登記。		✓	✓		因法律行爲不成立或當然、視爲自始無效，經法院和解成立之回復所有權登記。
調解回復 所有權 （AQ）	依調解筆錄回復所有權所爲之登記。		✓	✓		因法律行爲不成立或當然、視爲自始無效，經調解成立之回復所有權登記。

法　定（AR）	係指法定抵押權及法定地上權申請登記時用之。				✓	包括法定抵押
權利分割（AS）	一、共有之地上權、典權、地役權等他項權利因辦理權利分割所爲之登記。二、抵押權因擔保債權分割所爲之登記。				✓	土地標示未分割而他項權利分割時記載之。
權利合併（AT）	地上權、永佃權、典權、地役權等他項權利合併所爲之登記。				✓	
未登記建物查封（AU）	法院或行政執行分署囑託就未登記建物所爲之查封登記。	✓				
註　記（AX）	在標示部所有權部或他項權利部其他登記事項欄內註記資料之登記。	✓	✓	✓	✓	含 1.公告徵收。2.編爲建築用地之出租耕地。3.代管。4.依平均地權條例第四十五條規定處理。5.國宅用地。6.重測面積更正中。7.依土地登記規則第一百零四條規定辦理。8.依土地登記規則第一百條規定辦理。9.出租耕地終止租約限一年內建築使用。10.公告補發權狀。11.限建。12.三七五出租耕地。13.依土地登記規則第一百五十五條之一、第一百五十五條之二規定辦理。14.其他一般行政法令規定事項。本項登記原因於人工登簿時無須另登載，得直接註記於登記簿備考欄或其他登記事項欄。
塗銷註記（AY）	一、塗銷註記資料所爲之登記。二、塗銷共同使用部分登記之停車位編號及停車位權利範圍之註記登記。			✓	✓	
抵繳稅款（AZ）	因主管稽徵機關核准抵繳應納稅款所爲之土地權利移轉登記。				✓	含抵繳遺產稅、抵繳贈與稅、抵繳地價稅、抵繳土地增值稅。
解　散（BA）	祭祀公業、神明會辦理解散後，其產權移轉或更名爲派下員或信徒會員名義時所爲之登記。					

發　還 （BB）	一、被徵收之土地原所有權人申請照原徵收補償價額繳回其土地。 二、依金門、馬祖東沙南沙地區安全及輔導條例第十四條之一申請歸還其土地所爲之登記。 三、國有林班地，經墾農提出足資證明其權屬之文件，經認定屬實，且管理機關未表示異議者，申請發還土地所爲之登記。			✓		
收歸國有 （BC）	依法定原因收歸爲國有所爲之登記。	✓		✓	✓	含 1.沒收。 2.無人承認繼承。 3.無主土地公告期滿收歸國有。 4.依土地法第七十三條之一及地籍清理條例第十五條規定，未完成標售而爲國有者。
無償撥用 （BD）	各級政府機關奉准無償撥用時所爲之管理機關變更登記。			✓		
自耕保留地持分交換 （BE）	實施耕者有其田者，共有土地部分共有人土地被徵收，部分共有人因自耕保留依法令所爲之持分交換移轉登記。			✓		
地上權期間屆滿 （BF）	因地上權期間屆滿依法律規定取得所有權所爲之登記。			✓		
時效取得 （BG）	因時效完成取得所有權或用益物權所爲之登記。			✓	✓	
分割繼承 （BH）	登記名義人死亡，各繼承人間依協議分割繼承土地權利所爲之登記。		✓	✓		
遺產管理人登記 （BJ）	無人承認繼承之土地經法院指定或親屬會議選定遺產管理人後所爲之管理人登記。			✓	✓	應以附記登記爲之。
遺囑執行人登記 （BK）	以遺囑分配遺產並指定有遺囑執行人時所爲之登記。			✓	✓	應以附記登記爲之。
保全處分 （BL）	法院囑託依法所爲保全處分之登記。			✓	✓	
破產管理人登記 （BM）	法院爲破產宣告時，選任破產管理人所爲之登記。			✓	✓	
撤　銷 （BN）	因撤銷權之行使所爲之塗銷登記。	✓	✓	✓	✓	包括撤銷重測、撤銷重劃。
訴願決定撤　銷 （BP）	受理訴願機關撤銷違法或不當之原行政處分所爲之登記。	✓	✓	✓	✓	

登記原因	說明					備註
撤銷徵收（BQ）	因撤銷徵收回復所有權及他項權利所為之登記。		✓	✓	✓	撤銷徵收地上權準用之。
次序變更（BR）	同一抵押物之先、後次序抵押權人將其抵押權次序互為交換所為之次序變更登記。				✓	
權利內容等變更（BS）	他項權利內容有二項以上之變更時所為之登記。				✓	
存續期間屆滿（BT）	他項權利因約定存續期間屆滿所為之塗銷登記。				✓	含臨時典權塗銷登記。
截止記載（BU）	因重測、重劃、區段徵收、登記簿重造、地號變更及權利變換等時將原登記資料截止所為之登記。	✓	✓	✓	✓	本登記原因於人工登記時，得以截記加蓋於登記簿，無須另行登載。
失蹤人財產管理人（BV）	依法辦理失蹤人不動產登記之前，申請登記為財產管理人所為之登記。			✓	✓	應以附記登記為之。
有償撥用（BW）	各級政府機關奉准有償撥用公有土地時所為之所有權移轉及管理機關變更登記。				✓	
查封部分塗銷（BX）	法院或行政執行署囑託塗銷部分查封所為之登記。		✓	✓	✓	
法院囑託塗銷（BY）	法院或行政執行署囑託塗銷所有權或他項權利所為之登記。			✓	✓	
共有型態變更（BZ）	公同共有後型態變更為分別共有之登記。			✓	✓	
回贖（CA）	出典人、典權人或轉典權人提出原典價或轉典價，贖回典物以消滅典權或轉典權之登記。			✓	✓	
建物主要用途變更（CB）	建物因其主要用途變更所為之登記。		✓			
地建號更正（CC）	地號或建號因重複登記或誤載時所為之登記。	✓	✓	✓	✓	
墾竣（CD）	依土地法第一百三十三條規定承墾人自墾竣之日起取得之耕作權。				✓	
廢止撥用（CE）	因廢止撥用所為之登記。		✓			
法院囑託回復（CF）	法院或行政執行署囑託回復查封、假扣押、假處分查封登記及他項權利登記所為之登記。			✓	✓	
接管（CG）	政府機關因改制致其管有土地所有權主體變更或日人財產由有關機關接管所為之登記。			✓	✓	

登記原因	內容					備註
修　建（CH）	已登記之建物因修建致標示內容變更而辦理之標示變更登記。		✓			
出生日期更正（CJ）	因出生日期註記錯誤經依法核對更正之更正。			✓	✓	因出生日期註記錯誤經依法核對註記之更正。
逕為塗銷（CL）	由主管機關依法所為之塗銷登記。			✓	✓	
名義更正（CM）	一、台灣光復初期誤以死者名義申辦登記所為之更正登記。 二、胎兒為死產者，依土地登記規則第一百二十一條第二項所為之更正登記。 三、九十八年七月二十三日民法修正施行後，共有人之一或其繼承人依土地法第十二條規定就原已滅失之共有土地申請復權登記為死者名義所為之更正登記。			✓	✓	
遺漏更正（CN）	因登記遺漏經依法核准之更正登記。	✓	✓	✓	✓	
違約金變更（CP）	他項權利違約金變更時所為之登記。				✓	
調處移轉（CQ）	依調處結果所為之所有權或他項權利移轉登記。			✓	✓	
執行命令（CR）	依法院執行命令所為之登記。			✓	✓	
代表人變更（CS）	已依土地登記規則第一百零四條規定，以代表人名義登記之土地所有權，於代表人變更時所為之登記。				✓	
塗銷遺產管理人登記（CT）	遺產管理人於有繼承人承認繼承，並完成移交財產，惟繼承人遲未申請繼承登記，所為之遺產管理人塗銷登記。			✓	✓	應以附記為之。
信　託（CU）	土地權利因成立信託關係而移轉或為其他處分所為之登記。不論其原因係法律規定，或以契約、遺囑為之，一律以信託為登記原因。			✓	✓	
受託人變更（CV）	土地權利信託登記後，受託人有變動、死亡…等所為之受託人變更登記。			✓	✓	
塗銷信託（CW）	土地權利於委託人與受託人間，因信託關係之消滅或其他原因而回復至原委託人所有時所為之登記。			✓	✓	
信託歸屬（CX）	土地權利因信託關係消滅而移轉予委託人以外之歸屬權利人時所為之			✓	✓	

用語	意義					備註
	登記。					
信託取得	受託人於信託期間，因信託行為取得土地權利所為之登記。			✓	✓	
塗銷保全處分（CZ）	法院囑託塗銷保全處分所為之登記。			✓	✓	
領回抵價地（DA）	實施區段徵收地區，原土地所有權人申請發給抵價地者，主管機關於土地分配結果公告期滿囑託該管登記機關之登記。	✓	✓	✓	✓	
夫妻贈與（DB）	配偶間相互贈與土地或建物所為權利移轉登記。		✓	✓	✓	配偶相互贈與之土地登記案件，於申報土地增值稅時主張「夫妻贈與，申請不課徵。」及土地增值稅繳款書或免稅證明書蓋有「夫妻贈與」者適用之。
分區調整（DC）	土地使用分區經劃定後，因使用分區依法調整所為之土地使用分區調整登記。	✓				
剩餘財產差額分配（DD）	依民法第1030條之1規定，因法定財產制關係消滅所為夫妻剩餘財產差額分配之土地建物權利移轉登記。			✓	✓	
賸餘財產分派（DE）	公司將清算後之賸餘財產依各股東股份或出資之比例分派所為之登記。			✓	✓	
持分合併（DF）	指所有權權利範圍或他項權利之設定權利範圍之持分合併辦理變更登記者。			✓	✓	
耕地租約終止（DG）	依「農業發展條例」第十六條第五款規定租佃雙方協議以分割方式終止耕地三七五租約，得分割為租佃雙方單獨所有。			✓		
地籍圖修正測量（DH）	依法辦理地籍圖修正測量，土地面積或界址發生變動者，所為之土地標示變更登記。	✓				
領回土地（DI）	實施區段徵收地區，公有土地管理機關以領回土地方式處理者，主管機關於土地分配結果公告期滿囑託該管登記機關之登記。	✓	✓	✓		
預為抵押權（DJ）	依民法第五百十三條規定承攬人對於將來完成之定作人之不動產，請求預為抵押權之登記。		✓			
面積更正（DK）	因面積錯誤依法核准所為之更正登記。	✓	✓			
逕為合併（DL）	指土地逕為合併時辦理之標示變更登記。	✓				

原因	說明					備註
調處分割 （DM）	經不動產糾紛調處委員會調處成立之分割辦理標示變更登記者。	✓	✓			
調處共有物分割 （DN）	依調處結果所為之共有物分割登記。		✓	✓		
徵收失效 （DO）	依司法院釋字第一一〇號解釋、司法院字第二七〇四號解釋、司法院釋字第五一六號解釋及土地徵收條例第二十條第三項規定，徵收失其效力者。		✓	✓		
轉換 （DP）	依金融控股公司法規定所為之權利變更登記。		✓	✓		
持分分割 （DQ）	同一所有權人於同一土地上有數應區分所有建物，就其應分擔之基地權利應有部分，申請持分分割，分別發給權利書狀所為之登記。		✓	✓		
法人分割 （DR）	法人因辦理分割所為之所有權或他項權利移轉登記。		✓	✓		
塗銷地目 （DS）	民眾因地目與使用編定或使用分區不符申請塗銷該土地之地目。	✓				
權利變換 （DT）	指依都市更新條例辦理都市更新事業計畫範圍內之土地及建物之權利變換登記。	✓	✓			
法人收購 （DU）	法人因辦理收購所為之所有權或他項權利移轉登記。		✓	✓		
改設醫療法人 （DV）	私立醫療機構依醫療法第 38 條第 3 項規定改設為醫療法人，所為之土地權利移轉登記。		✓	✓		
遺囑繼承 （DW）	土地建物所有權或他項權利因人死亡以遺囑分配遺產所之繼承登記。	✓	✓	✓		
遺產清理人登記 （DX）	繼承人因故不能管理遺產亦無遺囑執行人之土地，經法院選任遺產清理人後所為之登記。		✓	✓		應以附記登記為之。
次序讓與 （DY）	同一抵押物之普通抵押權，先次序或同次序抵押權人為特定後次序或同次序抵押權人之利益，將其可優先受償之分配額讓與該後次序或同次序抵押權人所為之登記。				✓	
次序相對拋棄 （DZ）	同一抵押物之普通抵押權，先次序抵押權人為特定後次序抵押權人之利益，拋棄其優先受償利益所為之登記。				✓	

標準用語	意義					備註
次序絕對拋棄（EA）	同一抵押物之普通抵押權，先次序抵押權人為全體後次序抵押權人之利益，拋棄其可優先受償利益所為之登記。				✓	
擔保債權確定期日變更（EB）	最高限額抵押權設定後，於原債權確定前另為約定或變更擔保債權確定期日所為之登記。				✓	
流抵約定變更（EC）	抵押權設定後，另為約定或變更流抵約定所為之登記。				✓	
其他擔保範圍約定變更（ED）	抵押權設定後，另為約定或變更其他擔保範圍之約定事項所為之登記。				✓	
擔保債權種類及範圍變更（EE）	一、普通抵押權變更擔保債權種類所為之登記。 二、最高限額抵押權於原債權確定前，變更擔保債權範圍所為之登記。				✓	
限定擔保債權金額變更（EF）	抵押權設定後，另為約定或變更各抵押物應負擔債權金額所為之登記。				✓	
分割讓與（EG）	原債權確定前，最高限額抵押權分割一部讓與他人所為之登記。				✓	
權利種類變更（EH）	他項權利種類變更所為之登記。				✓	含1.最高限額抵押權與普通抵押權互為變更。2.永佃權變更為農育權。3.地上權變更為普通地上權或區分地上權。4.地役權變更為不動產役權。
地籍清理塗銷（EI）	土地所有權人依地籍清理條例申請塗銷所為之登記。	✓	✓	✓	✓	含地籍清理條例第28條至第30條申請塗銷登記。
地籍清理部分塗銷（EJ）	土地所有權人依地籍清理條例第28條規定申請抵押權部分塗銷所為之登記				✓	
地籍清理擔保物減少（EK）	土地所有權人依地籍清理條例第28條規定申請抵押權部分塗銷，致擔保物減少所為之抵押權內容變更登記。				✓	
囑託塗銷（EL）	直轄市、縣（市）主管機關囑託塗銷都市更新前已設定之他項權利、限制登記或耕地三七五租約註記所為之登記。	✓		✓	✓	
退股（EM）	無限公司依公司法規定辦理股東退股所為之土地權利移轉登記。			✓	✓	
地籍清理權利範圍變更（EN）	土地所有權人依地籍清理條例規定申請部分塗銷，致他項權利範圍變更時所為之登記。				✓	

登記原因	說明				備註
地籍清理權利內容等變更（EO）	土地所有權人依地籍清理條例規定申請部分塗銷，致他項權利內容如權利範圍變更、義務人變更等二項以上之變更者。			✓	
設定目的變更（EP）	地上權、農育權或不動產役權設定目的變更時所為之登記。			✓	
預付地租情形變更（EQ）	地上權、農育權或不動產役權預付地租情形變更時所為之登記。			✓	
使用方法變更（ER）	地上權、農育權或不動產役權使用方法變更時所為之登記。			✓	
讓與或設定抵押權限制變更（ES）	地上權或農育權讓與或設定抵押權之限制變更時所為之登記。			✓	
絕賣條款變更（ET）	典權之絕賣條款變更時所為之登記。			✓	
典物轉典或出租限制變更（EU）	典物轉典或出租之限制變更時所為之登記。			✓	
絕賣（EV）	典權附有絕賣條款，出典人於典期屆滿不以原典價回贖時，典權人取得典物所有權所為之登記。		✓		
終止（EW）	他項權利因終止致其權利消滅所為之塗銷登記。				
法定塗銷（EX）	他項權利因依法轉換為動產權利或當然歸於消滅所為之全部或部分塗銷登記。				
酌給遺產（EY）	登記名義人死亡，親屬會議決議以其土地權利酌給生前繼續扶養之人所為之權利移轉登記。				
退稅（EZ）	因主管稽徵機關核准退還原以第三人土地抵繳應納稅款所為之土地權利移轉登記。				
廢止徵收（FA）	因廢止徵收回復所有權之登記。	✓	✓	✓	廢止徵收地上權準用之。
暫時處分（FB）	法院依家事件法規定囑託登記機關所為之暫時處分登記。			✓	✓
塗銷暫時處分（FC）	法院囑託塗銷暫時處分所為之登記。			✓	✓

繼承登記法令補充規定

①民國 81 年 5 月 7 日內政部函訂定發布全文 104 點。
②民國 82 年 4 月 45 日內政部函發布刪除第 82 點。
③民國 82 年 9 月 22 日內政部函修正發布第 91 點。
④民國 85 年 4 月 10 日內政部函修正發布第 95 點。
⑤民國 85 年 4 月 25 日內政部函修正發布第 91 點。
⑥民國 85 年 7 月 16 日內政部令修正發布第 87、90、91 點。
⑦民國 87 年 4 月 21 日內政部函修正發布第 97 點。
⑧民國 88 年 4 月 5 日內政部函修正發布第 93 點。
⑨民國 91 年 3 月 21 日內政部令修正發布第 16 點。
⑩民國 93 年 8 月 20 日內政部令修正發布第 52、54、58、60、71、83、89 點；刪除第 99、101、102 點；增訂第 105 點；並自即日起生效。
⑪民國 99 年 12 月 29 日內政部令修正發布第 3、9、10、12～17、19～24、27、30、34、36、41、54、58、65、87、89、91 點；增訂第 35-1、75-1 點；並刪除第 7、31、32、35、44、45、51、52、55、56、85 點。
⑫民國 100 年 6 月 13 日內政部令修正發布第 97 點；並自即日生效。
⑬民國 102 年 1 月 23 日內政部令修正發布第 66 點；並自即日生效。
⑭民國 102 年 9 月 6 日內政部令修正發布第 79、87、91、94 點；並自即日生效。
⑮民國 103 年 9 月 10 日內政部令發布刪除第 83 點；並自即日生效。

壹、遺產繼承人

一　繼承開始（即被繼承人死亡日期或經死亡宣告確定死亡日期）於臺灣光復以前者（民國三十四年十月二十四日以前），應依有關臺灣光復前繼承習慣辦理。繼承開始於臺灣光復後（民國三十四年十月二十五日以後）至七十四年六月四日以前者，依修正前之民法親屬、繼承兩編及其施行法規定辦理。繼承開始於民國七十四年六月五日以後者，應依現行民法親屬、繼承兩編暨其施行法規定辦理。

二　日據時期臺灣省人財產繼承習慣分為家產繼承與私產繼承兩種。
　　家產為戶主所有之財產；私產係指家屬個人之特有財產。
　　家產繼承因戶主喪失戶主權而開始；私產繼承則因家屬之死亡而開始。
　　戶主喪失戶主權之原因：
　　㈠戶主之死亡。死亡包括事實上之死亡及宣告死亡。
　　㈡戶主之隱居。民國二十四年（日本昭和十年）四月五日臺灣高等法院上告部判官及覆審部判官聯合總會決議，承認隱居

　　有習慣法之效力，自該日起隱居始成爲戶主繼承開始之原因。但隱居發生於該決議日期以前者，不能認爲因隱居而開始之戶主繼承，而應以被繼承人死亡日期定其繼承開始日期。

㈢戶主之國籍喪失。

㈣戶主因婚姻或收養之撤銷而離家。

㈤有親生男子之單身女戶主，未嫁家而入他家爲妾。

三　因戶主喪失戶主權而開始之財產繼承，其繼承人之順序爲：

㈠法定之推定財產繼承人。

㈡指定之財產繼承人。

㈢選定之財產繼承人。

第一順序之法定推定財產繼承人係男子直系卑親屬（不分長幼、嫡庶、婚生或私生、自然血親或準血親）且係繼承開始當時之家屬爲限。女子直系卑親屬及因別籍異財或分家等原因離家之男子直系卑親屬均無繼承權。至於「寄留」他戶之男子直系卑親屬對家產仍有繼承權。

男子直系卑親屬有親等不同者，以親等近者爲優先。親等相同之男子有數人時，共同均分繼承之。

第二順序指定及第三順序選定之財產繼承人，應依當時之戶口規則申報。

第三順序選定之財產繼承人，不以在民法繼承編施行前選定爲限。但至民國九十八年十二月十一日止，尚未合法選定繼承人者，自該日起，依現行民法繼承編之規定辦理繼承。

四　戶主無法定之推定戶主繼承人時，得以生前行爲指定繼承人或以遺囑指定繼承人。如未指定時，親屬得協議爲選定繼承人。指定或選定之繼承人無妨以女子或非家屬者充之。

五　戶主指定某人爲戶主權之繼承人，應同時指定該人爲財產繼承人，兩者有不可分之關係。但被指定人得僅承認戶主繼承而拋棄財產繼承。惟其拋棄戶主繼承時，則視爲亦拋棄財產繼承。

六　戶主喪失戶主權後所生之男子，不因戶主已指定戶主繼承人，而喪失其繼承權。

七　（刪除）

八　日據時期隱居者，光復後仍以自己名義辦理土地登記，其隱居繼承之原因應視爲消滅，自不得復以隱居之原因爲繼承之登記。

九　死亡絕戶（家）者如尚有財產，其經絕戶（家）再興，並有選定繼承人之事實或戶籍簿記載有選定繼承人者，得爲戶主繼承及因此而開始之財產繼承。日據時期死亡絕戶（家）之遺產如未予歸公，致懸成無人繼承，光復後，應依我國民法繼承編之規定定其繼承人，不得再以絕戶（家）再興爲由主張繼承申請登記。

一〇　日據時期招婿（贅夫）與妻所生子女，冠母姓者，繼承其母之遺產，冠父姓者，繼承其父之遺產。但父母共同商議決定

繼承關係者，從其約定。

招婿（贅夫）以招家族之身分死亡而無冠父姓之直系卑親屬時，其直系卑親屬不論姓之異同，均得繼承其父之私產。招贅婚之女子死亡而無冠母姓之子女可繼承其私產時，由冠招夫姓之子女為第一順位繼承人。

一一 日據時期共有人中之一人死亡而無合法繼承人時，其他共有人如踐行日本民法所定繼承人曠缺手續，經公示催告為無繼承人後，其應有部分始歸屬於其他共有人。如光復前未踐行此項程序者，應依我國民法繼承編施行法第八條規定定其繼承人，如仍無法定繼承人承認繼承時，即應依民法第一千一百七十七條、第一千一百七十八條所定程序公示催告確定無繼承人後，其遺產歸屬於國庫。

一二 日據時期私產之繼承：
(一)屬（非戶主）之遺產為私產。因家屬死亡而開始之私產繼承，僅有法定繼承人而無指定或選定繼承人。
(二)私財產繼承性質，與家之觀念無關，故分戶別居、別籍異財之直系卑親屬對家產雖無繼承權，但對於私產仍有繼承權。
(三)法定繼承人之順序如下：
　　1.直系卑親屬。
　　2.配偶。
　　3.直系尊親屬。
　　4.戶主。
(四)第一順序繼承人直系卑親屬有親等不同時，以親等近者為優先。親等相同之直系卑親屬有數人時，按人數共同均分繼承，不分男女、嫡庶、婚生、私生或收養，且非必與被繼承人同住一家，均得為繼承人。

一三 繼承開始在光復前，依當時之習慣有其他合法繼承人者，即不適用民法繼承編之規定。如無合法繼承人時，光復後應依民法繼承編規定定其繼承人，但該所定之繼承人應以民法繼承編施行之日生存者為限。

一四 遺產繼承資格之有無，應以繼承開始時為決定之標準，故養子女被收養之前已發生繼承事實者，對其本生父母之遺產有繼承權。

一五 子女被人收養者，於收養關係尚未終止之前，對本生父母、祖父母、兄弟姐妹之繼承權暫行停止，而對養父母之遺產有繼承權。

一六 繼承人須於繼承開始當時生存；繼承開始當時已死亡者，則無繼承人之資格，此即「同時存在原則」。至於同時死亡者，互不發生繼承權。

一七 子女喪失國籍者，其與本生父母自然血親之關係並不斷絕，故對本生父母之遺產仍有繼承權，惟辦理繼承登記時，應注

意土地法第十七條規定及第十八條有關外國人取得土地權利之限制。

一八 嫡母與庶子間僅有姻親關係，故庶子對嫡母之遺產無繼承權。

一九 繼承開始於民國七十四年六月四日以前，依修正前民法第一千一百四十二條第二項「養子女應繼分，為婚生子女之二分之一」之規定主張繼承者，以養子女與婚生子女共同繼承養父母之遺產時，始有其適用。

二〇 親生子女與養子女，養子女與養子女係民法第一千一百三十八條第三款所定之兄弟姐妹，相互間有繼承權。

二一 民法第一千一百三十八條規定所謂配偶，須繼承開始時合法結婚之夫或妻。夫或妻於對方死亡後再婚，仍不喪失繼承權。

二二 在民國七十四年六月四日以前重婚者，依修正前民法第九百九十二條規定，在利害關係人向法院聲請撤銷前，其婚姻關係並非當然無效，依照民法第一千一百四十四條之規定，有與前婚姻關係配偶一同繼承遺產之權，配偶之應繼分由各配偶均分之。

二三 夫妾婚姻，夫得繼承妾之遺產，但妾非配偶，對夫遺產尚無繼承權可言。

貳、收養子女

二四 日據時期養親無子，以立嗣為目的而收養之過房子及螟蛉子，與現行民法繼承編施行法第七條所稱之「嗣子女」相當，其認定以戶籍記載為準。於臺灣省光復後開始繼承者，其繼承順序及應繼分與婚生子女同。

二五 日據時期臺灣有死後養子之習慣，即凡人未滿二十歲死亡者，得由親屬會議以祭祀死者，並繼承其財產為目的，追立繼承人為其養子，依此目的收養之養子，對死者之遺產得為繼承。

二六 所謂收養係指收養他人之子女而言。生父與生母離婚後，收養其婚生子女為養子女，即使形式上有收養之名，惟其與生父母之自然血親關係仍然存在，該收養於法律上不能發生效力。

二七 日據時期養子離家廢戶（家）或廢戶（家）再興，係戶口之遷徙，非終止收養之除籍，祇要收養關係繼續存在，其與養父母之擬制血親關係不因戶籍遷徙而受影響。

二八 日據時期養父母與養子女終止收養關係後，養子女之子女縱戶籍記載為原收養者之孫，對該收養者之遺產無繼承權。

二九 日據時期夫或妻結婚前單獨收養之子女，其收養關係於婚後繼續存在。收養人後來之配偶除對原收養之子女亦為收養外，只發生姻親關係。

三〇	養子女被收養後，再與養父母之婚生子女結婚者，應先終止收養關係。如養親收養時，有使其與婚生子女結婚之眞意者，雖名之爲收養，實無收養關係，該養子女與本生父母之法律關係並未中斷，其與本生父母間互有繼承權。
三一	（刪除）
三二	（刪除）
三三	有配偶者違反民法第一千零七十四條共同收養規定，由一方單獨收養子女，該養子女與收養者之配偶間，相互無遺產繼承權。
三四	收養者與被收養者之年齡應符合民法第一千零七十三條規定，但在民國七十四年六月四日以前收養子女違反上開規定，依修正前民法親屬編規定，並非當然無效，僅得由有撤銷權人向法院請求撤銷之。民法親屬編修正後，違反上開條文之收養，依同法第一千零七十九條之四規定，應屬無效。
三五	（刪除）
三五之一	養子女與本生父母及其親屬間之權利義務，於收養關係存續中停止之。但夫妻之一方收養他方之子女時，該子女與他方及其親屬間之權利義務，不因收養而受影響。
三六	養父（或養母）死亡後，子女單獨與養母（或養父）終止收養關係，其與養父（或養母）之收養關係不受影響。
三七	收養關係之認定如戶政機關無法處理，應循司法程序謀求解決。

參、養媳或媳婦仔

三八	日據時期媳婦仔係以將來婚配養家男子爲目的而收養之異姓幼女，縱本姓上冠以養家之姓，其與養家僅有姻親關係，並無擬制血親關係，性質與養女有別，對養家財產不得繼承，而與其本生父母互有繼承權。
三九	養女、媳婦仔與養家間之關係完全不同，養女嗣後被他人收養爲媳婦仔，其與養父之收養關係並不終止，亦不發生一人同時爲兩人之養女之情形，其對養父之遺產仍有繼承權。
四〇	「無頭對」媳婦仔日後在養家招婿，且所生長子在戶籍上載爲「孫」者，自該時起該媳婦仔與養家發生準血親關係，即身分轉換爲養女。但媳婦仔如由養家主婚出嫁，除另訂書約或依戶籍記載爲養女外，難謂其身分當然轉換爲養女。
四一	光復後養家有意將媳婦仔之身分變更爲養女者，應依民法第一千零七十九條規定辦理，並向戶政機關申報爲養女，否則不能認定其具有養女身分。
四二	除戶於本家而入他家之女子，其本家之戶籍均記載爲「養子緣組除戶」，如經戶政機關查復確實無法查明其究係被他家收養爲養女或媳婦仔時，可由申請人於繼承系統表上簽註，以示負責。

肆、代位繼承

四三　日據時期家產之第一順序法定之推定財產繼承人於繼承開始前死亡或喪失繼承權時，代襲（代位）財產繼承人限於被代襲人之直系男性卑親屬；至於私產，如被繼承人之直系卑親屬有於繼承開始前死亡或喪失繼承權者，無論被代襲人之直系男卑親屬或直系女卑親屬均得代襲繼承。

四四　（刪除）

四五　（刪除）

四六　民法第一千一百四十條規定之代位繼承人包括養子女之婚生子女，養子女之養子女，婚生子女之養子女。

四七　被代位繼承人與被繼承人同時死亡，可由其直系血親卑親屬代位繼承其應繼分。

伍、繼承之拋棄

四八　日據時期臺灣地區有關繼承權之拋棄，參照民國二十五年四月二十日（昭和十一年四月二十日）臺灣高等法院上告部及同院覆審部判官聯合總會議決議，應於繼承開始三個月內向管轄地方法院單獨申報後發生效力。於該決議作成前繼承人所為之拋棄繼承，不發生效力。

四九　繼承開始前拋棄繼承權者，無效。

五〇　繼承權之拋棄應就遺產之全部為之，部分拋棄者，不生效力。

五一　（刪除）

五二　（刪除）

五三　繼承權之拋棄，一經拋棄不得撤銷。

五四　繼承開始於民國七十四年六月四日以前者，旅居海外之繼承人為拋棄繼承權得向駐外單位申請繼承權拋棄書驗證，駐外單位於驗證後，應即將該拋棄書掃描建檔，供各該不動產所在地之直轄市、縣（市）政府或轄區地政事務所，於受理登記時調閱查驗。

　　繼承開始於民國七十四年六月五日以後者，旅外繼承人拋棄繼承權，應以書面向被繼承人死亡之住所所在地管轄法院陳報，如其因故未能親自返國向法院陳報時，得出具向法院為拋棄之書面，送請駐外單位驗證後，逕寄其國內代理人向法院陳報。

五五　（刪除）

五六　（刪除）

五七　被繼承人經法院判決宣告死亡後，其繼承人拋棄繼承權之期間應自法院宣示（指不受送達之繼承人）或送達宣告死亡判決之翌日起算，不以判決內所確定死亡之時為準。

五八　繼承開始於民國七十四年六月四日以前，部分繼承人拋棄繼

承權，於登記完畢後發現尚有部分遺產漏辦登記，補辦繼承登記時，倘原繼承登記申請案件已逾保存年限經依規定銷毀者，其繼承人以土地登記簿所載者為準，免再添附部分繼承人之繼承權拋棄書。惟申請人應於繼承系統表內記明其事由，並自負損害賠償之法律責任。

陸、無人承認之繼承

五九　無人承認繼承之遺產，依民法第一千一百八十五條規定，應歸屬國庫者，財政部國有財產局申請國有登記時，應於申請書備註欄加註「確依民法規定完成公示催告程序，期間屆滿無人主張權利」等字樣。

六〇　遺產管理人為清償債權之必要，得經親屬會議之同意變賣遺產，如無親屬會議行使同意權時，應經該管法院核准。遺產管理人申辦被繼承人之抵押權塗銷登記，亦同。

遺產管理人執行民法第一千一百七十九條第一項第二款所定為保存遺產必要之處置之職務，無須經親屬會議或法院之許可。至於遺產有無荒廢喪失價值之虞，是否為保存遺產必要之處置，變賣時是否已為善良管理人之注意，應由遺產管理人切結自行負責。

遺產管理人就被繼承人所遺不動產辦理遺產管理人登記，免檢附遺產及贈與稅法第四十二條所規定之證明文件；遺產管理人處分該財產或交還繼承人時，仍應檢附上開規定之證明文件，始得辦理移轉登記。

六一　繼承人於民法第一千一百七十八條所定公示催告期間內承認繼承時，遺產管理人之權限即行消滅，於申請繼承登記時，無須先聲請法院裁定撤銷遺產管理人。

柒、遺　囑

六二　遺囑係要式行為，應依照民法第一千一百九十條至第一千一百九十七條所定方式為之，不依法定方式作成之遺囑，依照民法第七十三條規定，應屬無效。

六三　日據時期之遺言公證書（公證遺囑），依當時適用臺灣之法律已合法成立，除經撤銷者外，雖其在光復後未辦理追認手續，仍應有效。

六四　自書遺囑，遺囑人未親筆書寫遺囑全文，而以打字方式為之，或未記明年月日並親自簽名者，不生效力。

六五　自書遺囑有增刪，於公證時依公證法第八十三條規定辦理，已足證遺囑人所為之增刪意思，如利害關係人對自書遺囑效力有所爭執，應訴由法院認定之。

六六　代筆遺囑，代筆人除親自以筆書寫為之外，並得以電腦或自動化機器製作之書面代之。

六七　代表遺囑須由遺囑人簽名，遺囑人不能簽名時，僅能按指印

代之，不能以蓋章代替簽名。代筆遺囑如僅由遺囑人蓋章，縱經法院公證人認證，亦不發生遺囑效力。

六八　代筆遺囑須由遺囑人以言語口述遺囑意旨，如為啞者或言語障礙不能發聲音，自不能為代筆遺囑。

六九　代筆遺囑僅載明二人為見證人，一人為代筆人，並未載明該代筆人兼具見證人身分，如利害關係人間無爭執，得認代筆遺囑之代筆人兼具見證人之身分。

七○　民法第一千一百九十四條規定所謂「撫定三人以上之見證人」，並無須由遺囑人於遺囑文中明文指示，只須有三人以上之見證人於遺囑中簽名即可，至於見證人之簽名，應由見證人自行簽名，而非由代筆人執筆。

七一　遺囑見證人是否符合民法第一千一百九十八條之規定，除該遺囑經法院公證或認證外，應提出身分證明，供地政機關審查。前項身分證明能以電腦處理達成查詢者，得免提出。

七二　因繼承取得不動產，未辦竣繼承登記，得以遺囑將該不動產遺贈他人。

七三　口授遺囑如已具備代筆遺囑之要件，得依代筆遺囑辦理。

七四　日據時期口授遺囑非經當時裁判所確認該遺言有效者，不得據以辦理繼承登記。

七五　遺囑執行人有管理遺產並為執行遺囑必要行為之職務。法院裁定之遺囑執行人執行上述職務時，無須再經法院之核准。

七五之一　繼承人不會同申辦繼承登記時，遺囑執行人得依遺囑內容代理繼承人申辦遺囑繼承登記及遺贈登記，無須徵得繼承人之同意。

七六　被繼承人死亡時，其繼承人之有無不明者，雖其生前以遺囑指定有遺囑執行人，惟並不能排除民法有關無人承認繼承規定之適用。

七七　遺囑指定變賣遺產之人非遺囑執行人時，遺產之處分應由該被指定人與遺囑執行人共同為之，無須再經法院之核准。

七八　遺囑違反民法有關特留分之規定時，繼承人是否已行使扣減權，非地政機關所得干預。

捌、繼承登記之申請

七九　繼承人持憑被繼承人剝奪某繼承人繼承權之遺囑申辦繼承登記，依檢附之繼承系統表及戶籍謄本未發現喪失繼承權人有直系血親卑親屬可代位繼承時，登記機關應准其繼承登記。嗣後如有代位繼承人主張其繼承權被侵害時，可依民法第一千一百四十六條規定，訴請法院回復其繼承權。

前項之戶籍謄本，能以電腦處理達成查詢者，得免提出。

八○　債務人部分遺產已由債權人代位以全體繼承人名義辦繼承登記後，繼承人就其他部分遺產申請繼承登記時，如有拋棄繼承權者，得予受理。

八一　退輔會授田場員死亡，其繼承人不願辦理繼承登記，並未願交還國有者，可檢附繼承人立具之交還土地志願書，以「收歸國有」為登記原因，並以「行政院國軍退除役官兵輔導委員會」為管理機關辦理登記。

八二　（刪除）

八三　（刪除）

八四　繼承人之一未辦竣繼承登記前死亡，且無合法繼承人者，應選定遺產管理人，由遺產管理人會同其他繼承人辦理繼承登記。

八五　（刪除）

八六　私人將未辦竣繼承登記之土地贈與政府，得以稅捐機關核發之遺產稅不計入遺產總額及贈與稅不計入贈與總額證明書向稅捐機關申報土地移轉現值，於核發土地增值稅免稅證明書後，併案送件申請繼承登記及贈與移轉登記。

玖、繼承登記應附之文件

八七　申請人持遺囑或法院准予拋棄繼承之證明文件申辦繼承登記時，已檢附未被遺囑指定繼承之繼承人或拋棄繼承權之繼承人曾設籍於國內之戶籍謄本供登記機關查對其與被繼承人之關係，或登記機關能以電腦處理達成查詢者，得免檢附該未被遺囑指定繼承之繼承人或拋棄繼承權之繼承人現在之戶籍謄本。

八八　被繼承人死亡日期之認定，應以戶籍登記簿記載之死亡日期為準。

八九　繼承開始於臺灣光復後至民國七十四年六月四日以前，繼承人拋棄其繼承權，應依修正前民法第一千一百七十四條規定於知悉其得繼承之時起二個月內以書面向法院、親屬會議或其他繼承人為之。所謂「知悉」其得繼承之時起二個月內拋棄繼承權，該期間之起算，係指知悉被繼承人死亡且自己已依民法第一千一百三十八條規定成為繼承人之時，始開始起算主張拋棄繼承之期間。申請登記時應檢附拋棄繼承權有關文件。其向其他繼承人表示拋棄者，拋棄人除符合土地登記規則第四十一條第二款、第五款至第八款及第十款規定之情形者外，應親自到場，並依同規則第四十條規定程序辦理。繼承開始於民國七十四年六月五日以後，而繼承人有拋棄繼承權者，應依照修正後民法第一千一百七十四條規定，應以書面向法院為之。申請繼承登記時，應檢附法院核發繼承權拋棄之證明文件。至於拋棄繼承權者是否以書面通知因其拋棄而應為繼承之人，非屬登記機關審查之範疇。

九〇　錄音遺囑係屬口授遺囑之一種，應由見證人中之一人或利害關係人於遺囑人死亡後三個月內，提經親屬會議認定其真偽。繼承人申辦繼承登記時，免檢附錄音帶，但應檢附說明

遺囑內容之親屬會議紀錄。

繼承人或利害關係人對親屬會議之認定或遺囑內容有異議者，應訴請法院處理，登記機關並應依土地登記規則第五十一條規定駁回登記之申請。

九一 被繼承人（即登記名義人）於日據時期死亡或光復後不能設籍前死亡，繼承人申辦繼承登記時，倘有被繼承人生前戶籍資料而無死亡之戶籍記事時，可依內政部四十年十一月十六日內戶字第五九一八號代電規定檢具死亡證明文件或在場親見其死亡者二人之證明書，向戶政機關聲請爲死亡之登記，據以辦理；倘繼承人以書面申請戶政機關查復無被繼承人日據時期及光復後之戶籍資料，如合於下列情形之一者，申請繼承登記時，免檢附土地登記規則第一百十九條第一項第一款規定文件辦理：

(一)依繼承人檢附之戶籍謄本已能顯示被繼承人死亡，且申請人於繼承系統表註明登記名義人死亡日期。

(二)申請人於繼承系統表註明被繼承人死亡日期，並切結「死亡日期如有不實，申請人願負法律責任」。

繼承人之一於日據時期死亡或光復後未設籍前死亡者，可比照前項辦理。

第一項第一款之戶籍謄本，能以電腦處理達成查詢者，得免提出。

九二 戶籍謄本缺漏某出生別繼承人之姓名，如戶政機關查復無法辦理戶籍更正，而其戶籍謄本均能銜接，仍查無該缺漏者何人時，申請人得檢附切結書敍明其未能列明缺漏者之事由後，予以受理。

九三 原住民民情特殊，對於子女夭折或死胎未申報戶籍，致未能檢附該夭折者死亡之除籍謄本者，可由申請人立具切結書經該管警員或村長證明後，准予辦理繼承登記。

九四 被繼承人及繼承人爲華僑，未辦理戶籍登記者，得檢附經我駐外館處驗證之死亡證明書及身分證明申辦繼承登記。

九五 華僑辦理不動產繼承登記，如被繼承人及繼承人在台未設有戶籍，該華僑得提出經我駐外機構驗證之合法證明親屬關係文件，據以申辦繼承登記。

九六 繼承人申請繼承登記時，應依照被繼承人與繼承人之戶籍謄本，製作繼承系統表。如戶籍登記事項有錯誤或脫漏時，應先向戶政機關申辦更正登記後，再依正確之戶籍謄本製作繼承系統表。

九七 外國人死亡，依涉外民事法律適用法第五十八條規定，應依被繼承人死亡時之本國法，故其繼承人依該被繼承人死亡時之該國法律規定，將合法繼承人製成系統表並簽註負責，登記機關應予受理。但依中華民國法律中華民國國民應爲繼承人者，得就其在中華民國之遺產繼承之，不適用被繼承人之

本國法。

九八　債權人代位申辦繼承登記，如部分繼承人未在台設籍，無從領取身分證明者，可依法院判決書所列之繼承人及住址申請登記。

九九　（刪除）

一〇〇　申請繼承登記時，繼承人中有民法第一千一百四十五條第一項第五款喪失繼承權者，應檢附被繼承人有事實表示不得繼承之有關證明文件，供登記機關審查之參證。

一〇一　（刪除）

一〇二　（刪除）

一〇三　辦理遺產分割繼承登記，不論分割之結果與應繼分是否相當，不課徵土地增值稅或契稅。

一〇四　遺產稅繳清（或免稅或不計入遺產總額或同意移轉）證明書，應加蓋「依法免徵契稅及土地增值稅」字樣。

拾、預告登記請求權死亡

一〇五　預告登記所保全之請求權，於請求權人死亡時，得由繼承人依土地登記規則第一百十九條規定，檢具登記申請書件，向登記機關申請加註繼承人姓名。

建物所有權第一次登記法令補充規定

①民國 81 年 5 月 30 日內政部函訂定發布全文 28 點。
②民國 82 年 12 月 1 日內政部函停止適用第 16 點。
③民國 85 年 6 月 4 日內政部函發布刪除第 12、13 點；並增訂第 11-1、
11-2、11-3、11-4、30 點。
④民國 85 年 7 月 16 日內政部函修正發布第 11 點。
⑤民國 86 年 2 月 22 日內政部函發布刪除第 5 點。
⑥民國 90 年 2 月 16 日內政部函修正發布第 11-3 點。
⑦民國 91 年 1 月 31 日內政部令修正發布第 11、11-4、22 點。
⑧民國 93 年 8 月 20 日內政部令修正發布第 3、10、11-4、14、22、
30 點；刪除第 15 點；增訂第 22-1 點；並自即日起生效。
⑨民國 93 年 11 月 4 日內政部令修正發布第 23 點；並自即日起生效。
⑩民國 94 年 6 月 21 日內政部令修正發布全文 28 點；並自即日起生效。
⑪國 100 年 6 月 15 日內政部令修正發布第 3～28 點；並刪除第
11-1～11-4、22-1、29、30 點。
⑫民國 103 年 9 月 10 日內政部令修正發布第 3 點；並自即日生效。

一　債務人怠於申請辦理建物所有權第一次登記時，債權人得依法
院確定判決代位申請。

二　共有建物所有人申辦建物所有權第一次登記，如他共有人經通
知而不會同申請者，得代為申請。

三　夫妻聯合財產中，民國七十四年六月四日以前以妻名義為建物
起造人而取得使用執照之未登記建物，於民國八十六年九月二
十六日以前，夫或妻一方死亡或夫妻均死亡者，除為妻之原有
或特有財產外，申請人應提出下列文件之一證明為夫所有，始
得以夫或夫之繼承人之名義申請建物所有權第一次登記：

　㈠夫或妻一方死亡，其死亡登記之戶籍謄本，及生存一方與他
　　方之全體繼承人同意認定為夫所有之文件。

　㈡夫妻均死亡，其死亡登記之戶籍謄本，及雙方之全體繼承人
　　同意認定為夫所有之文件。

　㈢經法院確定判決或其他足資認定為夫所有之文件。

　前項第一款及第二款死亡登記之戶籍謄本，能以電腦處理達成
查詢者，得免提出；檢附同意認定為夫所有之文件時，當事人
除符合土地登記規則第四十一條第二款、第五款至第八款及第
十款規定之情形外，應親自到場，並依同規則第四十條規定程
序辦理。

四　於實施建築管理後且在中華民國五十七年六月六日以前建築完
成之建物，得憑建築執照申請建物所有權第一次登記。

五　建築同一樓層之夾層超過該層樓地板面積三分之一或一百平方
公尺，並有獨立出入口與門牌者，得單獨編列建號登記。

六　建築工程部分完竣且可獨立使用，並經核發部分使用執照之建物，得申請建物所有權第一次登記。

七　以樑柱架高形成第一層建物與地面架空部分，得依使用執照之記載辦理建物所有權第一次登記。

八　臨時建物如領有使用執照，得申辦建物所有權第一次登記。登記時應於登記簿標示部其他登記事項欄及建物所有權狀內註明：「本建物為臨時建物，公共設施開闢時，應無條件拆除。」

九　下列建物得辦理建物所有權第一次登記：
　　㈠無牆之鋼架建物。
　　㈡游泳池。
　　㈢加油站（亭）。
　　㈣高架道路下里民活動中心。

一○　區分所有建物地下層依法附建之防空避難設備或停車空間應為共有部分，其屬內政部中華民國八十年九月十八日台內營字第八○七一三三七號函釋前請領建造執照建築完成，經起造人或承受該所有權之人全體依法約定為專有部分，並領有戶政機關核發之所在地址證明者，得依土地登記規則第七十九條規定辦理建物所有權第一次登記。

一一　區分所有建物之騎樓，除供主管建築機關備查之圖說標示為專有部分者外，應以共有部分辦理登記。

一二　區分所有建物依主管建築機關備查之圖說標示為共用部分及約定專用部分，應以共有部分辦理登記。
　　前項共有部分登記之項目如下：
　　㈠共同出入、休憩交誼區域，如走廊、樓梯、門廳、通道、昇降機間等。
　　㈡空調通風設施區域，如地下室機房、屋頂機房、冷氣機房、電梯機房等。
　　㈢法定防空避難室。
　　㈣法定停車空間（含車道及其必要空間）。
　　㈤給水排水區域，如水箱、蓄水池、水塔等。
　　㈥配電場所，如變電室、配電室、受電室等。
　　㈦管理委員會使用空間。
　　㈧其他經起造人或區分所有權人按其設置目的及使用性質約定為共有部分者。

一三　申請實施建築管理前建築完成之建物所有權第一次登記，申請人與基地所有權人非同一人時，有下列情形之一者，免附基地所有權人同意使用之證明文件：
　　㈠申請人為地上權人或典權人。
　　㈡因法院拍賣移轉取得建物者。
　　㈢日據時期已登記之建物。
　　㈣占用基地經法院判決確定有使用權利者。

（五）租用他人土地建築房屋且提出土地使用證明者。

一四　建物基地經辦理查封登記，仍得辦理建物所有權第一次登記。

一五　建物基地若經稅捐稽徵機關囑託辦竣禁止處分登記，於辦理建物所有權第一次登記公告時，應通知原囑託之稅捐稽徵機關。

一六　領有使用執照之建物，其建築面積與使用執照面積相符，惟部分占用基地相鄰之土地，該建物所有人得就未占用部分，申辦建物所有權第一次登記，公告時無須通知鄰地所有人。辦理登記時，應於登記簿標示部其他登記事項欄加註：「本合法建物尚有部分面積因使用鄰地未予以登記」之文字。

一七　實施建築管理前建造之建物部分占用鄰地，得比照前點規定，就未占用鄰地部分，申辦建物所有權第一次登記。

一八　共有人之一於實施建築管理前在共有土地興建完成之房屋，申請建物所有權第一次登記時，應檢附他共有人之土地使用同意書。但該建物為基地共有人區分所有者，免檢附他共有人之土地使用同意書。

一九　申請建物所有權第一次登記，有下列情形各依其規定辦理：
（一）申請人與起造人不同係因權利移轉者，應提出權利移轉證明文件；其未檢附契稅收據者，登記機關於登記完畢後，應通知報稅捐稽徵機關。
（二）起造人為限制行為能力或無行為能力人者，無須檢附贈與稅繳（免）納證明文件。

二〇　區分所有權人申請建物所有權第一次登記時，依土地登記規則第八十三條規定應於申請書適當欄記明之基地權利種類，以所有權、地上權或典權為限。

二一　已登記之建物在同一建號下就增建部分申請登記時，應以「增建」為登記原因，並以建物所有權第一次登記方式辦理登記。登記時應於登記簿標示部其他登記事項欄註記：「第〇次增建，增建建築完成日期：〇年〇月〇日」，及顯示於建物所有權狀上；公告時並應分別列示增建前後之標示。

前項建物增建部分以主管建築機關核發之他起造人增建使用執照申辦登記者，其所有權之權利範圍依權利人與增建前之建物所有權人之協議定之。

二二　依第四點規定申請建物所有權第一次登記者，其建築執照遺失且無法補發時，得由同一建築執照已登記之鄰屋所有權人出具證明書證明申請登記之建物確與其所有已登記之建物為同一建築執照。

二三　法院囑託查封之未登記建物，在未塗銷查封以前，債務人得檢具使用執照申請建物所有權第一次登記，登記時應將原查封事項予以轉載，並將辦理情形函知原執行法院。

前項登記前之勘測結果與查封面積不符時，其違建部分，應不予登記。

二四　以法院核發之不動產權利移轉證書申請建物所有權第一次登記，仍須公告，如有權利關係人提出異議，依土地法第五十九條規定處理。

二五　依土地法第五十九條規定，於建物所有權第一次登記公告期間提出異議之「權利關係人」，係指對公告之建物所有權有爭議之人。

二六　申請建物所有權第一次登記，因不服調處結果訴請司法機關判決確定者，其登記免再公告。經提起訴訟復撤回者，視為未起訴，如另行起訴已逾調處起訴期限，均得依調處結果辦理。

二七　公告文貼於公告揭示處後意外毀損，不影響公告效力。

二八　中華民國八十五年六月四日前領得建造執照之建物，得依修正前之規定辦理所有權第一次登記。

中華民國一百年六月十五日前領得建造執照之建物，使用執照竣工平面圖已將附屬建物計入樓地板面積者，得辦理所有權第一次登記。

土地法第三十四條之一執行要點

①民國 75 年 8 月 19 日內政部函訂定發布全文 14 點。
②民國 77 年 8 月 18 日內政部函修正發布第 2、3、8、9、10 點；並增訂第 5-1、5-2 點。
③民國 83 年 1 月 24 日內政部函修正發布第 8、9 點。
④民國 84 年 1 月 25 日內政部函修正發布第 6 點。
⑤民國 85 年 2 月 5 日內政部函修正發布第 14 點。
⑥民國 85 年 7 月 16 日內政部函修正發布第 8 點第 5 項。
⑦民國 90 年 1 月 19 日內政部函發布刪除第 13、14 點。
⑧民國 90 年 12 月 7 日內政部令修正發布第 8、10 點；並刪除第 5-1 點。
⑨民國 91 年 8 月 28 日內政部令修正發布第 10 點。
⑩民國 91 年 10 月 30 日內政部令修正發布第 10 點。
⑪民國 92 年 7 月 13 日內政部令發布刪除第 12 點；並自 92 年 7 月 11 日起生效。
⑫民國 93 年 8 月 2 日內政部令修正發布全文 12 點；並自即日起生效。
⑬民國 94 年 3 月 29 日內政部函修正發布第 3 點；並自即日起生效。
⑭民國 95 年 3 月 29 日內政部令發布刪除第 6 點；並自即日起生效。
⑮民國 101 年 10 月 3 日內政部令修正發布全文 10 點。
⑯民國 102 年 9 月 6 日內政部令修正發布第 9 點；並自即日生效。

一　依土地法第三十四條之一（以下簡稱本法條）規定，部分共有人就共有土地或建築改良物（以下簡稱建物）為處分、變更及設定地上權、農育權、不動產役權或典權，應就共有物之全部為之。

二　共有土地或建物之應有部分為公同共有者，該應有部分之處分、變更及設定地上權、農育權、不動產役權或典權，得依本法條規定辦理。

三　本法條第一項所稱處分，指法律上及事實上之處分。但不包括贈與等無償之處分、信託行為及共有物分割。

四　共有土地或建物為公私共有者，有本法條之適用。
　　私有部分共有人就公私共有土地或建物全部為處分時，如已符合本法條各項規定，其申請所有權變更登記，應予受理。但公有部分為直轄市或縣（市）有時，其管理機關於接獲共有人之通知後，以其處分係依據法律之規定，應即報請該管區內民意機關備查。

五　共有土地或建物標示之分割、合併、界址調整及調整地形，有本法條之適用。
　　二宗以上所有權人不相同之共有土地或建物，依本法條規定申請合併，應由各宗土地或建物之共有人分別依本法條規定辦

理。

六　本法條第一項所稱共有人過半數及其應有部分合計過半數，指共有人數及應有部分合計均超過半數；應有部分合計逾三分之二，指應有部分逾三分之二者，共有人數可以不計。共有人數及應有部分之計算，以土地登記簿上登記之共有人數及應有部分為準。但共有人死亡者，以其繼承人數及繼承人應繼分計入計算。

前項共有人數及應有部分之計算，於公同共有土地或建物者，指共有人數及其潛在應有部分合計均過半數。但潛在應有部分合計逾三分之二者，其共有人數不予計算。各共有人之潛在應有部分，依其成立公同關係之法律規定、習慣或法律行為定之；未有規定者，其比率視為不明，推定為均等。

分別共有與公同共有併存之土地或建物，部分公同共有人已得依本法條規定處分其公同共有之應有部分，且另有分別共有之共有人同意處分全部共有物者，於計算本法條第一項共有人數及其應有部分時，該公同共有部分，以同意處分之人數及其潛在應有部分併入計算。

七　本法條第二項所稱事先、書面通知或公告，其方式及內容，依下列之規定：

　（一）部分共有人依本法條規定為處分、變更或設定負擔行為之前，應先行通知他共有人。

　（二）書面通知應視實際情形，以一般之通知書或郵局存證信函為之。

　（三）公告代替通知他共有人者，應以他共有人住址不明或經通知而無法送達者為限。

　（四）公告可直接以布告方式，由村里長簽證後，公告於土地或建物所在地之村、里辦公處，或以登報方式公告之。

　（五）通知或公告之內容應註明土地或建物標示、處分方式、價金分配、償付方法及期限、受通知人及通知人之姓名住址及其他事項。

　（六）他共有人已死亡者，應以其繼承人為通知或公告之對象。

　（七）委託他人代為事先通知，其委託行為無須特別授權。

八　依本法條規定處分、變更或設定負擔，於申請權利變更登記時，應依下列規定辦理：

　（一）本法條第一項共有人會同權利人申請權利變更登記時，登記申請書及契約書內，應列明全體共有人及其繼承人，並於登記申請書適當欄記明依土地法第三十四條之一第一項至第三項規定辦理，如有不實，義務人願負法律責任；登記機關無須審查其通知或公告之文件。未能會同申請之他共有人，無須於契約書及申請書上簽名，亦無須親自到場核對身分。如因而取得不動產物權者，本法條第一項共有人應代他共有人申請登記。

㈡涉及對價或補償者，應提出他共有人已領受之證明或已依法提存之證明文件，並於登記申請書適當欄內證明受領之對價或補償數額如有錯誤，由義務人自行負責；已領受對價補償之他共有人，除符合土地登記規則第四十一條第二款、第五款至第八款及第十款規定之情形者外，應親自到場，並依同規則第四十條規定程序辦理。無對價或補償者，應於登記申請書適當欄內證明事由，並證明如有不實，共有人願負法律責任後，免於提出證明。對價或補償之多寡，非登記機關之審查範圍。

㈢依本法條規定處分全部共有土地或建物，如處分後共有權利已不存在，而他共有人已死亡有繼承人或死亡絕嗣者，部分共有人得逕直接申辦所有權移轉登記，免辦繼承或遺產管理人登記。

㈣依本法條第三項規定提出他共有人應得之對價或補償已為其繼承人受領或為其提存之證明時，應檢附土地登記規則第一百十九條規定之文件。

㈤依本法條規定移轉、設定典權或調處分割共有物時，得由同意之共有人申報土地移轉現值，但申報人應繳清該土地應納之土地增值稅及有關稅費後，始得申辦土地權利變更登記。

㈥他共有人之應有部分經限制登記者，應依下列規定辦理：
　1.他共有人之應有部分經法院或行政執行分署囑託查封、假扣押、假處分、暫時處分、破產登記或因法院裁定而為清算登記者，登記機關應依土地登記規則第一百四十一條規定徵詢原囑託或裁定機關查明有無妨礙禁止處分之登記情形，無礙執行效果者，應予受理登記，並將原查封、假扣押、假處分、暫時處分、破產登記或法院裁定開始清算程序事項予以轉載，登記完畢後並通知原囑託或裁定機關及債權人；有礙執行效果者，應以書面敘明理由及法令依據，駁回登記之申請。
　2.他共有人之應有部分經有關機關依法律囑託禁止處分登記者，登記機關應洽原囑託機關意見後，依前目規定辦理。
　3.他共有人之應有部分經預告登記且涉及對價或補償者，應提出該共有人已受領及經預告登記請求權人同意之證明文件及印鑑證明；為該共有人提存者，應提出已於提存書對待給付之標的及其他受取權提存物所附之要件欄內記明提存物受取人領取提存物時，須檢附預告登記請求權人之同意書及印鑑證明領取之證明文件。登記機關應逕予塗銷該預告登記，於登記完畢後通知預告登記請求權人。

㈦申請合併之共有土地地價不一者，合併後各共有人之權利範圍，應以合併前各共有人所有土地之地價與各宗土地總地價之和之比計算，並不得影響原設定之他項權利。

九　依本法條第三項規定辦理提存之方式如下：

㈠應以本法條第一項共有人為提存人。

㈡他共有人之住址為日據時期之番地，可以該番地所查對之現在住址向法院辦理提存。

㈢他共有人之住址不詳，經舉證客觀上仍無法查明時，依下列方式辦理：

1.他共有人確尚生存者，部分共有人可以該他共有人為受取權人，辦理提存，並依提存法第二十七條準用民事訴訟法第一百四十九條規定，聲請公示送達。

2.他共有人已死亡者，應以其繼承人為清償或辦理提存之對象。

3.他共有人已死亡而其繼承人之有無不明者，則應依民法第一千一百七十七條選定之遺產管理人或依民法第一千一百七十八條第二項選任之遺產管理人為清償或辦理提存之對象。無遺產管理人時，可依民法第三百二十六條規定，以不能確知孰為債權人而難為給付為由，辦理提存。

4.他共有人行蹤不明而未受死亡宣告者，可依民法第十條、家事事件法第一百四十三條第一項、第二項所定財產管理人為清償或辦理提存之對象。

㈣以他共有人之繼承人為提存對象時，應依提存法第二十一條規定在提存書領取提存物所附條件欄內記明提存物受取人領取提存物時，應依遺產及贈與稅法第四十二條檢附遺產稅繳清證明書、免稅證明書、同意移轉證明書或不計入遺產總額證明書後，持憑法院核發之提存書，並檢附土地登記規則第一百十九條規定之文件。

一〇　本法條第四項所稱之優先購買權，依下列規定辦理：

㈠部分共有人依本法條規定出賣共有土地或建物，就該共有人而言，仍為出賣其應有部分，對於他共有人之應有部分，僅有權代為處分，並非剝奪他共有人之優先承購權，故應在程序上先就其應有部分通知他共有人是否願意優先購買。

㈡徵求他共有人是否優先承購之手續，準用土地法第一百零四條第二項規定，即他共有人於接到出賣通知後十日內不表示者，其優先購買權視為放棄。他共有人以書面為優先購買與否之表示者，以該表示之通知達到同意處分之共有人時發生效力。

㈢他共有人之優先購買權，仍應受有關法律之限制。

㈣區分所有建物之專有部分連同其基地應有部分之所有權一併移轉與同一人者，他共有人無本法條優先購買權之適用。

㈤區分所有建物之專有部分為共有者，部分共有人出賣其專有部分及基地之應有部分時，該專有部分之他共有人有本法條優先購買權之適用。

(六)本法條之優先購買權係屬債權性質，出賣人違反此項義務將其應有部分之所有權出售與他人，並已為土地權利變更登記時，他共有人認為受有損害者，得依法向該共有人請求損害賠償。

(七)本法條之優先購買權與土地法第一百零四條、第一百零七條或民法物權編施行法第八條之五第三項規定之優先購買權競合時，應優先適用土地法第一百零四條、第一百零七條或民法物權編施行法第八條之五第三項規定。但與民法物權編施行法第八條之五第五項規定之優先購買權競合時，優先適用本法條之優先購買權。

(八)共有人之應有部分經限制登記者，不影響其優先購買權之行使。

(九)權利人持執行法院或行政執行分署依強制執行法或主管機關依法辦理標售或讓售所發給之權利移轉證書，向地政機關申辦共有人之應有部分移轉登記，無須檢附優先購買權人放棄優先承購權之證明文件。

(十)共有人出賣其應有部分，除買受人同為共有人外，他共有人對共有人出賣應有部分之優先購買權，均有同一優先權；他共有人均主張或多人主張優先購買時，其優先購買之部分應按各主張優先購買人之應有部分比率定之。

(十一)土地或建物之全部或應有部分為公同共有，部分公同共有人依本法條規定出賣該共有物全部或應有部分時，他公同共有人得就該公同共有物主張優先購買權，如有數人主張時，其優先購買權之範圍應按各主張優先購買權人之潛在應有部分比率計算之。

平均地權條例第八十一條補充規定

①民國 78 年 1 月 9 日內政部函訂定發布全文 6 點。
②民國 93 年 8 月 2 日內政部令修正發布第 5 點；並自即日起生效。

一 本條所稱「買賣」，指當事人約定一方移轉財產權於他方，他方支付價金之契約而言。

二 本條所「土地買賣未辦竣權利移轉登記」指土地權利尚未經登記機關依土地登記規則第六條登記完畢而言。

三 本條所稱「再行出售」，指承買人就所承買土地尚未辦竣權利移轉登記前，即再行出售他人成立「債權契約」而言。

四 依本條處以罰款之對象，指買賣土地未辦竣移轉登記之權利人（承買人），亦即未辦竣移轉登記再行出售之義務人（出賣人）而言。

五 土地買賣未辦竣權利移轉登記前，承買人再行出售該土地時，其罰鍰之計徵如下：
㈠自當事人訂立買賣契約之日起二個月內再行出售者，處應納登記費一倍之罰鍰，逾二個月者，每逾一個月加處一倍，以至二十倍為限。
㈡前款登記費之計算，以當事人訂定買賣契約之日該土地之當期申報地價為準。

六 土地買賣未辦竣權利移轉登記，經處以罰鍰逾期不繳納時，應由原處分機關依行政執行法執行之。

地政士法

①民國 90 年 10 月 24 日總統令制定公布全文 59 條；並自 91 年 4 月 24 日起施行。
②民國 98 年 5 月 27 日總統令修正公布第 11、59 條條文；並自 98 年 11 月 23 日施行。
③民國 100 年 6 月 15 日總統令修正公布第 30 條條文；並自公布後六個月施行。
④民國 100 年 12 月 30 日總統令修正公布第 59 條條文；增訂第 26-1、51-1 條條文；並刪除第 52 條條文。
民國 101 年 6 月 27 日行政院令發布定自 101 年 8 月 1 日施行。
⑤民國 103 年 2 月 5 日總統令修正公布第 11、59 條條文；並自公布日施行。

第一章 總 則

第一條 （立法目的）
為維護不動產交易安全，保障人民財產權益，建立地政士制度，特制定本法。

第二條 （地政士之職責）
地政士應精通專業法令及實務，並應依法誠信執行業務。

第三條 （主管機關）
本法所稱主管機關：在中央為內政部；在直轄市為直轄市政府；在縣（市）為縣（市）政府。

第四條 （地政士之資格）
①中華民國國民經地政士考試及格，並領有地政士證書者，得充任地政士。
②本法施行前，依法領有土地登記專業代理人證書者，仍得充任地政士。

第五條 （地政士證書之申請）
經地政士考試及格者，得檢具申請書及資格證明文件，向中央主管機關申請核發地政士證書。

第六條 （不得充任地政士之情形）
①有下列情事之一者，不得充任地政士；其已充任者，中央主管機關應撤銷或廢止其地政士證書：
一 曾因業務上有詐欺、背信、侵占、偽造文書等犯罪行為，受有期徒刑一年以上刑之裁判確定者。
二 受本法所定除名處分者。
三 依專門職業及技術人員考試法規定，經撤銷考試及格資格者。

②中央主管機關為前項之撤銷或廢止時，應公告並通知直轄市、縣（市）主管機關及地政士公會。

第二章 執 業

第七條 （開業執照之請領）

地政士應檢具申請書及資格證明文件，向直轄市或縣（市）主管機關申請登記，並領得地政士開業執照（以下簡稱開業執照），始得執業。

第八條 （執照之更新方式及要件）

①開業執照有效期限為四年，期滿前，地政士應檢附其於四年內在中央主管機關認可之機關（構）、學校、團體完成專業訓練三十個小時以上與專業訓練相當之證明文件，向直轄市或縣（市）主管機關辦理換發開業執照。屆期未換照者，應備具申請書，並檢附最近四年內完成專業訓練三十個小時以上與專業訓練相當之證明文件，依前條規定，重行申領開業執照。

②換發開業執照，得以於原開業執照加註延長有效期限之方式為之。

③第一項機關（構）、學校、團體，應具備之資格、認可程序及訓練課程範圍等事項之辦法，由中央主管機關定之。

第九條 （地政士名簿登載之事項及變更之備查）

①直轄市或縣（市）主管機關應備置地政士名簿，載明下列事項：

一 姓名、性別、出生日期、國民身分證統一編號、住址。

二 地政士證書字號。

三 學歷、經歷。

四 事務所或聯合事務所名稱及地址。

五 登記助理員之姓名、學歷、經歷、出生日期、國民身分證統一編號、住址。

六 登記日期及其開業執照字號。

七 加入地政士公會日期。

八 獎懲之種類、日期及事由。

②前項第一款至第五款事項變更時，地政士應於三十日內，向直轄市或縣（市）主管機關申報備查。

第一〇條 （登記之公告及層報）

直轄市或縣（市）主管機關於地政士登記後，應公告與通知相關機關及地政士公會，並報請中央主管機關備查；註銷登記時，亦同。

第一一條 （撤銷或廢止開業執照）103

①有下列情事之一者，不發給開業執照；已領者，撤銷或廢止之：

一 經撤銷或廢止地政士證書。

二 罹患精神疾病或身心狀況違常，經直轄市或縣（市）主管機關委請二位以上相關專科醫師諮詢，並經直轄市或縣（市）主管機關認定不能執行業務。

三　受監護或輔助宣告尚未撤銷。

四　受破產宣告尚未復權。

②直轄市或縣（市）主管機關為前項之撤銷或廢止時，應公告並通知他直轄市、縣（市）主管機關及地政士公會，並報請中央主管機關備查。

③依第一項第二款至第四款規定不發、撤銷或廢止開業執照者，於原因消滅後，仍得依本法之規定，請領開業執照。

第一二條　（事務所之設立）

①地政士應設立事務所執行業務，或由地政士二人以上組織聯合事務所，共同執行業務。

②前項事務所，以一處為限，不得設立分事務所。

第一三條　（事務所之名稱）

地政士事務所名稱，應標明地政士之字樣。

第一四條　（事務所之遷移）

地政士事務所遷移於原登記之直轄市或縣（市）主管機關所管轄以外之區域時，應重新申請登記。

第一五條　（註銷登記）

①地政士有下列情形之一者，本人或利害關係人應向直轄市或縣（市）主管機關申請註銷登記：

一　自行停止執業。

二　死亡。

②直轄市或縣（市）主管機關知悉前項事由時，應依職權予以註銷登記；地政士公會知悉前項事由時，得報請直轄市或縣（市）主管機關辦理。

第三章　業務及責任

第一六條　（執業之範圍）

地政士得執行下列業務：

一　代理申請土地登記事項。

二　代理申請土地測量事項。

三　代理申請與土地登記有關之稅務事項。

四　代理申請與土地登記有關之公證、認證事項。

五　代理申請土地法規規定之提存事項。

六　代理撰擬不動產契約或協議事項。

七　不動產契約或協議之簽證。

八　代理其他與地政業務有關事項。

第一七條　（業務委託其他地政士之情形）

地政士應自己處理受託事務。但經委託人同意、另有習慣或有不得已之事由者，得將業務委由其他地政士辦理。

第一八條　（核對委託人身分）

地政士於受託辦理業務時，應查明委託人確為登記標的物之權利人或權利關係人，並確實核對其身分後，始得接受委託。

第一九條 （簽證範圍）

①地政士符合下列各款規定，得向直轄市或縣（市）主管機關申請簽證人登記，於受託辦理業務時，對契約或協議之簽訂人辦理簽證：

一　經地政士公會全國聯合會推薦者。

二　最近五年內，其中二年主管稽徵機關核定之地政士執行業務收入總額達一定金額以上者。

②前項第二款之一定金額，由中央主管機關定之。

第二〇條 （辦理簽證業務消極資格之限制）

地政士有下列情事之一，不得申請簽證人登記；已登記者，廢止其登記：

一　經地政士公會全國聯合會撤回推薦者。

二　曾有第二十二條第二項因簽證不實或錯誤，致當事人受有損害者。

三　曾依第四十四條規定受申誡以上處分者。

第二一條 （不得辦理簽證之範圍）

地政士就下列土地登記事項，不得辦理簽證：

一　繼承開始在中華民國七十四年六月四日以前之繼承登記。

二　書狀補給登記。

三　依土地法第三十四條之一規定爲共有土地處分、變更或設定負擔之登記。

四　寺廟、祭祀公業、神明會土地之處分或設定負擔之登記。

五　須有第三人同意之登記。

六　權利價值逾新臺幣一千萬元之登記。

七　其他經中央主管機關公告之土地登記事項。

第二二條 （簽證保證金及簽證責任）

①地政士爲不動產契約或協議之簽訂時，應查明簽訂人之身分爲眞正，不動產契約或協議經地政士簽證後，地政機關得免重複查核簽訂人身分。

②地政士辦理簽證業務前，應向地政士公會全國聯合會繳納簽證保證金新臺幣二十萬元，作爲簽證基金。地政士辦理簽證業務，因簽證不實或錯誤，致當事人受有損害者，簽證人應負損害賠償責任；其未能完全賠償之部分，由簽證基金於每一簽證人新臺幣四百萬元之範圍內代爲支付，並由地政士公會全國聯合會對該簽證人求償。

③前項有關簽證責任及簽證基金之管理辦法，由中央主管機關定之。

第二三條 （標明收費標準）

地政士應將受託收取費用之標準於事務所適當處所標明；其收取之委託費用，應掣給收據。

第二四條 （收受文件之掣給收據）

①地政士接受委託人之有關文件，應掣給收據。

②地政士受委託後，非有正當事由，不得終止其契約。如須終止契約，應於十日前通知委託人，在未得委託人同意前，不得終止進行。

第二五條 （業務紀錄簿）

①地政士應置業務紀錄簿，記載受託案件辦理情形。

②前項紀錄簿，應至少保存十五年。

第二六條 （誠實責任及損害賠償責任）

①地政士受託辦理各項業務，不得有不正當行為或違反業務上應盡之義務。

②地政士違反前項規定，致委託人或其他利害關係人受有損害時，應負賠償責任。

第二六條之一 （不動產交易實價資訊之登錄）100

①地政士應於買賣受託案件辦竣所有權移轉登記三十日內，向主管機關申報登錄土地及建物成交案件實際資訊。

②前項申報受理登錄成交案件實際資訊，主管機關得委任所屬機關辦理。

③前二項登錄之資訊，除涉及個人資料外，得供政府機關利用並以區段化、去識別化方式提供查詢。

④已登錄之不動產交易價格資訊，在相關配套措施完全建立並完成立法後，始得為課稅依據。

⑤第一項登錄資訊類別、內容與第三項提供之內容、方式、收費費額及其他應遵行事項之辦法，由中央主管機關定之。

第二七條 （執業之禁止行為）

地政士不得有下列行為：

一 違反法令執行業務。

二 允諾他人假藉其名義執行業務。

三 以不正當方法招攬業務。

四 為開業、遷移或業務範圍以外之宣傳性廣告。

五 要求、期約或收受規定外之任何酬金。

六 明知為不實之權利書狀、印鑑證明或其他證明文件而向登記機關申辦登記。

第二八條 （主管機關之查核）

地政士執行業務所為之登記案件，主管機關或轄區登記機關認為有必要時，得查詢或取閱地政士之有關文件，地政士不得規避、妨礙或拒絕。

第二九條 （登記助理員之資格及責任）

①地政士受託向登記機關辦理土地登記之送件及領件工作，得由其僱用之登記助理員為之。但登記機關認有必要時，得通知地政士本人到場。

②前項登記助理員，應具備下列資格之一：

一 領有地政士證書者。

二 專科以上學校地政相關系科畢業者。

三　高中或高職以上學校畢業，並於地政士事務所服務二年以上者。

③地政士僱用登記助理員以二人爲限，並應於僱傭關係開始前或終止後向直轄市、縣（市）主管機關及所在地之地政士公會申請備查。

第四章　公　會

第三〇條　（各級公會之設立）

①地政士公會之組織區域依現有之行政區域劃分，分爲直轄市公會、縣（市）公會，並得設地政士公會全國聯合會。

②在同一區域內，同級之地政士公會，以一個爲原則。但二個以上之同級公會，其名稱不得相同。

第三一條　（公會之組織）

直轄市或縣（市）已登記之地政士達十五人以上者，應組織地政士公會；其未滿十五人者，得加入鄰近公會或聯合組織之。

第三二條　（全國聯合會之組織）

地政士公會全國聯合會應由直轄市及過半數之縣（市）地政士公會完成組織後，始得發起組織。但經中央主管機關核准者，不在此限。

第三三條　（業必歸會）

①地政士登記後，非加入該管直轄市或縣（市）地政士公會，不得執業。

②地政士公會不得拒絕地政士之加入。

③地政士申請加入所在地公會遭拒絕時，其會員資格經人民團體主管機關認定後，視同業已入會。

④本法施行後，各直轄市、縣（市）地政士公會成立前，地政士之執業，不受第一項規定之限制。

第三四條　（管理委員會之設立）

①地政士於加入地政士公會時，應繳納會費，並由公會就會費中提撥不低於百分之十之金額作爲地政業務研究發展經費，交由地政士公會全國聯合會設管理委員會負責保管；以其孳息或其他收入，用於研究發展地政業務有關事項。

②前項管理委員會之組織及經費運用規定，由地政士公會全國聯合會定之，並報中央主管機關備查。

第三五條　（公會章程會員名冊及應陳報主管機關事項）

①各級地政士公會應訂立章程，造具會員名冊及職員簡歷冊，報請該管人民團體主管機關核准立案，並報所在地主管機關備查。

②地政士公會全國聯合會應訂定地政士倫理規範，提經會員代表大會通過後，報請中央主管機關備查。

第三六條　（理、監事設置及選舉）

①地政士公會應置理事、監事，由會員（會員代表）大會選舉之，其名額依下列之規定：

一　縣（市）地政士公會之理事，不得超過十五人。
二　直轄市地政士公會之理事，不得超過二十五人。
三　地政士公會全國聯合會之理事，不得超過三十五人。
四　各級地政士公會之監事名額，不得超過各該公會理事名額三分之一。
五　各級地政士公會均得置候補理、監事，其名額不得超過各該公會理、監事名額三分之一。

②前項各款理事、監事名額在三人以上者，得分別互選常務理事及常務監事，其名額不得超過理事或監事總額之三分之一；並由理事就常務理事中選舉一人為理事長；其不置常務理事者，就理事中互選之。常務監事在三人以上時，應互推一人為監事會召集人。

③理事、監事之任期為三年，連選連任者，不得超過全體理事、監事名額二分之一。理事長之連任，以一次為限。

第三七條　（公會章程應訂事項）

地政士公會章程，應載明下列事項：
一　名稱、組織區域及會址。
二　宗旨、組織及任務。
三　會員之入會及出會。
四　會員之權利及義務。
五　理事、監事、候補理事、候補監事之名額、權限、任期及其選任、解任。
六　會員（會員代表）大會及理事會、監事會會議之規定。
七　會員應遵守之公約。
八　風紀之維持方法。
九　經費及會計。
十　章程修訂之程序。
十一　其他有關會務之必要事項。

第三八條　（會員大會之召開）

①各級地政士公會每年召開會員（會員代表）大會一次；必要時，得召開臨時大會。

②地政士公會會員人數超過三百人時，得依章程之規定，就會員分布狀況劃定區域，按會員人數比例選出代表，召開會員代表大會，行使會員大會之職權。

第三九條　（會議之監督）

①各級地政士公會舉行會員（會員代表）大會、理事會、監事會或理監事聯席會議時，應將開會時間、地點及會議議程陳報所在地主管機關及人民團體主管機關。

②前項會議，所在地主管機關及人民團體主管機關得派員列席。

第四〇條　（陳報主管機關之事項）

各級地政士公會應將下列事項，陳報所在地主管機關及人民團體主管機關：

一　會員名冊與會員之入會及出會。

二　理事、監事、候補理事、候補監事選舉情形及當選人名冊。

三　會員（會員代表）大會、理事會、監事會或理監事聯席會會議紀錄。

第四一條　（違反法令或章程之處分）

①各級地政士公會違反法令或章程、妨害公益或廢弛會務者，人民團體主管機關得爲下列處分：

一　警告。

二　撤銷其決議。

三　停止其業務之一部或全部。

四　撤免其理事、監事或職員。

五　限期整理。

六　解散。

②前項第一款至第三款之處分，所在地主管機關亦得爲之。

③各級地政士公會經依第一項第六款解散後，應即重行組織。

第五章　獎　懲

第四二條　（獎勵之事項）

地政士有下列情事之一者，直轄市或縣（市）主管機關應予獎勵，特別優異者，報請中央主管機關獎勵之：

一　執行地政業務連續二年以上，成績優良者。

二　有助革新土地登記或其他地政業務之研究或著作，貢獻卓著者。

三　舉發虛僞之土地登記案件，確能防止犯罪行爲，保障人民財產權益者。

四　協助政府推行地政業務，成績卓著者。

第四三條　（懲戒處分）

①地政士之懲戒處分如下：

一　警告。

二　申誡。

三　停止執行業務二月以上二年以下。

四　除名。

②地政士受警告處分三次者，視爲申誡處分一次；受申誡處分三次者，應另予停止執行業務之處分；受停止執行業務期間累計滿三年者，應予除名。

第四四條　（懲戒之事項及方式）

地政士違反本法規定者，依下列規定懲戒之：

一　違反第九條第二項、第十二條第一項、第十三條、第十四條、第十五條第一項、第十七條、第二十三條至第二十五條或第二十九條第三項規定者，應予警告或申誡，並限期命其改正；屆期仍未改正者，得繼續限期命其改正，並按次連續予以警告或申誡至改正爲止。

二　違反第十二條第二項、第十八條、第二十七條第三款、第四
　　款、第二十八條規定、違背地政士倫理規範或違反地政士公
　　會章程情節重大者，應予申誡或停止執行業務。

三　違反依第二十二條第三項所定之管理辦法、第二十六條第一
　　項、第二十七條第一款、第二款、第五款、第六款或第二十
　　九條第二項規定者，應予停止執行業務或除名。

第四五條　（懲戒委員會之設立）

①直轄市或縣（市）主管機關應設立地政士懲戒委員會（以下簡稱
懲戒委員會），處理地政士懲戒事項；其組織，由直轄市或縣
（市）主管機關定之。

②懲戒委員會置委員九人，其中一人為主任委員，由直轄市政府地
政處長或縣（市）政府地政局長兼任，其餘委員，由直轄市或縣
（市）主管機關就下列人員派兼或聘兼之：

一　公會代表二人。

二　人民團體業務主管一人。

三　地政業務主管三人。

四　社會公正人士二人。

第四六條　（交付懲戒之程序）

地政士有第四十四條各款情事之一時，委託人、利害關係人、各級
主管機關、地政事務所或地政士公會得列舉事實，提出證據，報
請地政士登記之直轄市或縣（市）主管機關所設懲戒委員會處理。

第四七條　（被付懲戒者之答辯或陳述之程序）

①懲戒委員會於受理懲戒案件後，應將懲戒事由通知被付懲戒之地
政士，並通知其於二十日內提出答辯書或到會陳述；不依限提出
答辯書或到會陳述時，得逕行決定。

②懲戒委員會處理懲戒事件，認為有犯罪嫌疑者，應即移送司法機
關偵辦。

第四八條　（處分後之通告）

①地政士受懲戒處分後，應由直轄市或縣（市）主管機關公告，並
通知所轄地政事務所及地政士公會。

②前項地政士受停止執行業務或除名之處分者，直轄市或縣（市）
主管機關應報請中央主管機關備查，並副知其他直轄市、縣
（市）主管機關及刊登公報。

第四九條　（罰則）

未依法取得地政士證書或地政士證書經撤銷或廢止，而擅自以地
政士為業者，處新臺幣五萬元以上二十五萬元以下罰鍰。

第五〇條　（罰則）

有下列情形之一，而擅自以地政士為業者，由直轄市或縣（市）
主管機關處新臺幣三萬元以上十五萬元以下罰鍰，並限期命其改
正或停止其行為；屆期仍不改正或停止其行為者，得繼續限期命
其改正或停止其行為，並按次連續處罰至改正或停止為止：

一　未依法取得開業執照。

二　領有開業執照未加入公會。

三　領有開業執照，其有效期限屆滿未依本法規定辦理換發。

四　開業執照經撤銷或廢止者。

五　受停止執行業務處分。

第五一條　（罰則）

地政士公會違反第三十三條第二項規定者，由直轄市或縣（市）主管機關處新臺幣三萬元以上十五萬元以下罰鍰。

第五一條之一　（罰則）100

地政士違反第二十六條之一第一項規定者，處新臺幣三萬元以上十五萬元以下罰鍰，並限期改正；屆期未改正者，應按次處罰。

第五二條　（刪除）100

第六章　附　則

第五三條　（本法施行前具登記代理人資格請領地政士證書之期限）

①本法施行前，依法領有土地登記專業代理人證書者，於本法施行後，得依第七條規定，申請開業執照；已執業者，自本法施行之日起，得繼續執業四年，期滿前，應依第八條規定申請換發，始得繼續執業。

②本法施行前，已領有土地登記專業代理人考試及格或檢覈及格證書者，得依本法規定，請領地政士證書。

③未依第一項規定申請換發而繼續執業者，依第五十條第三款規定處理。

第五四條　（本法施行前領有執照或考試及格者之處理）

本法施行前，領有直轄市、縣（市）政府核發土地代書人登記合格證明或領有代理他人申辦土地登記案件專業人員登記卡，而未申領土地登記專業代理人證書者，應於本法施行後一年內申請地政士證書，逾期不得請領。

第五五條　（本法施行前已成立公會之處理方式）

①本法公布施行前已成立之土地登記專業代理人公會符合本法第三十條規定者，視為已依本法規定完成組織。

②本法施行後，其組織與本法規定不相符合者，應於本法施行後三個月內解散，逾期未解散，主管機關應撤銷其許可。

第五六條　（證照費）

主管機關依本法受理申請核發證書、開業執照，應收取證照費；其收費基準，由中央主管機關定之。

第五七條　（書表格式）

本法所需書表格式，由中央主管機關定之。

第五八條　（施行細則）

本法施行細則，由中央主管機關定之。

第五九條　（施行日）103

①本法自公布後六個月施行。

②本法中華民國九十八年五月十二日修正之條文，自九十八年十一月二十三日施行。

③本法中華民國一百年十二月十三日修正之第二十六條之一、第五十一條之一及第五十二條之施行日期，由行政院定之。

④本法中華民國一百零三年一月三日修正之第十一條，自公布日施行；第五十一條之一，自公布後三個月施行。

地政士法施行細則

民國91年8月1日內政部令訂定發布全文27條；並自發布日施行。

第一條

本細則依地政士法（以下簡稱本法）第五十八條規定訂定之。

第二條

本法第四條第一項所稱地政士考試及格，包括本法施行前考試院依法規劃，並於本法施行後舉辦之九十一年專門職業及技術人員特種考試土地登記專業代理人考試及九十四年十二月三十一日前辦理之土地登記專業代理人檢覈及格。

第三條

①依本法第五條、第五十三條第二項或第五十四條規定向中央主管機關請領地政士證書，應備具下列書件：

一 申請書。

二 下列資格證明文件之一：

（一）依本法第五條規定請領者，地政士考試及格證書及其影本。

（二）依本法第五十三條第二項規定請領者，土地登記專業代理人考試及格證書及其影本，或土地登記專業代理人檢覈及格證書及其影本。

（三）依本法第五十四條規定請領者，直轄市、縣（市）主管機關核發之土地代書人登記合格證明及其影本，或代理他人申辦土地登記案件專業人員登記卡及其影本。

三 身分證明文件影本。

②合於前項規定者，發給地政士證書，並發還原繳送之資格證明文件；不合規定者，駁回其申請；其須補正者，應通知其於十五日內補正，屆期未補正者，駁回其申請。

③依前項規定駁回申請時，應退還第一項第二款及第三款之文件。

④本法施行前依法領有土地登記專業代理人證書者，得備具原證書以代第一項第二款之資格證明文件，準用第一項規定請領地政士證書；於發給地政士證書後，原繳送之土地登記專業代理人證書不予發還。

第四條

①依本法第七條規定向直轄市或縣（市）主管機關申請登記發給開業執照，應備具下列書件：

一 申請書。

二 地政士或土地登記專業代理人證書及其影本。

三 身分證明文件影本。

四 本人最近一年內二吋半身照片二張。

②前條第二項之規定，於前項準用之；駁回申請時，應退還前項第二款至第四款之文件。

第五條

地政士證書或土地登記專業代理人證書遺失、滅失或污損，得備具下列書件，向中央主管機關申請補發或換發地政士證書：

一 申請書。

二 證書污損者，原證書。

三 身分證明文件影本。

第六條

①地政士開業執照遺失、滅失或污損，得備具下列書件，向原直轄市或縣（市）主管機關申請補發或換發：

一 申請書。

二 執照污損者，原執照。

三 身分證明文件影本。

四 本人最近一年內二吋半身照片二張。

②前項補發或換發之開業執照，以原開業執照之有效期限為期限。

第七條

①依本法第八條規定向直轄市或縣（市）主管機關申請換發開業執照者，應備具下列書件，於原開業執照有效期限屆滿前六個月內為之：

一 申請書。

二 原開業執照及其影本；執照遺失、滅失者，免予檢附。

三 身分證明文件影本。

四 四年內完成專業訓練三十小時以上或與專業訓練相當之證明文件。

五 本人最近一年內二吋半身照片二張。但以原開業執照加註延長有效期限者，免予檢附。

②前項換發之開業執照，其有效期限自原執照期限屆滿之次日起算四年。合於第一項規定者，直轄市或縣（市）主管機關應換發新開業執照或於原開業執照加註延長有效期限；不合規定者，駁回其申請；其須補正者，應通知其於十五日內補正，屆期未補正者，駁回其申請。

③依前項規定駁回申請時，應退還第一項第二款至第五款之文件。

第八條

本法第八條第一項所稱最近四年內，指專業訓練之結訓日至重行申領開業執照之日在四年以內。

第九條

地政士依本法第九條第二項所定申報變更事項備查時，應檢附申請書及變更事項證明文件，向事務所所在地之直轄市或縣（市）主管機關申請。其因本法第九條第一項第一款或第四款所定事項

變更時，並得準用第五條及第六條規定，申請換發地政士證書或開業執照。

第一○條

依本法第十一條第三項規定請領開業執照，應備具原因消滅證明文件及第四條第一項規定書件，向事務所所在地之直轄市或縣（市）主管機關申請。

第一一條

①地政士依本法第十四條規定重新申請登記，應備具原開業執照及第四條第一項規定書件，向遷入之直轄市或縣（市）主管機關為之。

②受理遷入之主管機關審查合於規定者，應發給新開業執照，同時將原開業執照送請原登記主管機關辦理註銷。

③前項發給之開業執照，以原開業執照之有效期限為期限。

第一二條

依第三條至前條第二項規定申請發給地政士證書或開業執照，應依本法第五十六條規定繳交證照費；經主管機關審查駁回申請者，應退還證照費。

第一三條

地政士執行業務之區域，不以其登記開業之直轄市或縣（市）轄區為限。

第一四條

地政士依本法第十九條規定申請簽證人登記時，應備具下列書件，向開業登記之直轄市或縣（市）主管機關為之：

一　申請書。

二　身分證明文件影本。

三　本法第十九條第一項規定之資格證明文件及其影本。

四　本法第二十二條第二項規定繳納簽證保證金之證明文件及其影本。

五　簽證人之印章款及簽名款。

第一五條

①直轄市或縣（市）主管機關受理前條簽證人登記申請案件，其經審查合於規定者，應予建檔、製作簽證人名簿，及將簽證人名簿函送所轄地政事務所、申請人所屬地政士公會及中華民國地政士公會全國聯合會（以下簡稱全國聯合會），並依其申請，將簽證人名簿函送他縣（市）主管機關及其所轄地政事務所。廢止登記時，亦同。

②前項簽證人名簿，應記載事項如下：

一　簽證人姓名、性別、出生日期、國民身分證統一編號、住址。

二　事務所名稱、地址及聯絡電話。

三　開業執照字號。

四　簽證人之印章款及簽名款。

第一六條

地政士辦理簽證案件時，應建立契約或協議簽訂人基本資料，其項目如下：

一　姓名。

二　出生日期。

三　國民身分證統一編號。

四　戶籍地址。

五　通訊地址及電話。

六　印章款及簽名款。

第一七條

①地政士依本法第二十五條第一項規定設置之業務紀錄簿，其應載明之事項如下：

一　受託案件之類別及內容。

二　委託人姓名或名稱及地址。

三　受託日期。

四　申請日期。

五　受託案件辦理情形。

②地政士辦理簽證案件者，應將前條所定基本資料事項，列入前項業務紀錄簿應載明之事項。

第一八條

本法第二十五條第二項所定保存年限，自地政士將受託案件向相關機關申請之日起算。

第一九條

①地政士公會名稱，應冠以所屬直轄市或縣（市）行政區域名稱。

②本法施行前已成立之土地登記專業代理人公會符合本法第三十條規定者，得向該管人民團體主管機關申請更名。更名後之公會應於中央主管機關所定期限內將章程、會員名冊及職員簡歷冊，報請該管人民團體主管機關備查，並副知所在地主管機關。

第二〇條

①領有開業執照之地政士，以加入該管直轄市或縣（市）公會為限。但鄰近直轄市或縣（市）之地政士依本法第三十一條規定申請加入者，不在此限。

②依本法第三十一條規定加入鄰近直轄市或縣（市）公會之地政士，於其開業之直轄市或縣（市）組織地政士公會後，應加入其開業之直轄市或縣（市）公會，並自其原加入之鄰近直轄市或縣（市）公會辦竣出會。

第二一條

①全國聯合會會員代表，由直轄市或縣（市）公會選派之；其選派之代表人數，於全國聯合會章程中定之。

②前項直轄市或縣（市）公會選派之代表，不以各該公會之理事、監事為限。

第二二條

全國聯合會理事、監事之被選舉人，不以直轄市或縣（市）公會選派參加全國聯合會之會員代表爲限。

第二三條

本法第三十六條第三項關於地政士公會理事、監事之任期爲三年，應自本法施行後改選之當屆起適用；共連選連任之理事、監事不得超過全體理事、監事名額二分之一，應分別就理事與監事名額認定。

第二四條

本法第四十二條規定之獎勵，應以公開方式頒發獎狀、獎牌或獎章。

第二五條

本法第四十三條第二項規定地政士懲戒處分之計算，對於其在各直轄市或縣（市）之懲戒處分，應予累計。

第二六條

直轄市或縣（市）主管機關執行地政士之懲戒處分時，應檢視其懲戒處分之累計情形，其有本法第四十三條第二項所定申誡處分三次者或受停止執行業務處分累計滿三年者，應提地政士懲戒委員會另予停止執行業務之處分或予以除名。

第二七條

本細則自發布日施行。

肆、地價法規

地價調查估計規則

①民國35年10月28日地政署令訂定發布全文21條。
②民國43年11月25日內政部修正發布全文22條；並自發布日起施行。
③民國66年6月6日內政部令修正發布全文25條。
④民國78年9月27日內政部令修正發布全文20條。
⑤民國83年1月17日內政部令修正發布全文26條。
⑥民國88年6月29日內政部令修正發布第24條條文。
⑦民國89年5月19日內政部令修正發布第21條條文。
⑧民國91年8月30日內政部令修正發布第20條條文。
⑨民國92年3月14日內政部令修正發布全文27條；並自發布日施行。
⑩民國102年12月31日內政部令修正發布第2、5～9、15、17～19、21、24、27條條文；除第9、18條施行日期另定外，自發布日施行。
民國103年7月7日內政部令發布定自103年9月2日施行。

第一條
①本規則依土地法施行法第四十條規定訂定之。
②依本規則所爲之地價調查估計，應符合平均地權條例有關規定。

第二條 102
直轄市或縣（市）地政機關爲地價調查估計之主辦機關。

第三條
地價調查估計之辦理程序如下：
一　蒐集、製作或修正有關之基本圖籍及資料。
二　調查買賣或收益實例、繪製地價區段草圖及調查有關影響區段地價之因素。
三　估計實例土地正常單價。
四　劃分或修正地價區段，並繪製地價區段圖。
五　估計區段地價。
六　計算宗地單位地價。

第四條
①地價調查應以買賣實例爲主，無買賣實例者，得調查收益實例。
②前項收益實例，係指租賃權或地上權等他項權利，且具有租金或權利金等對價給付之實例。

第五條 102
第三條第一款所定基本圖籍及資料如下：
一　不動產相關資料、都市計畫地籍套繪圖、非都市土地使用分區圖、街道圖、都市計畫圖說、禁限建範圍圖、河川管制範圍圖。
二　地籍圖檔。

三　上期地價分布圖及地價區段略圖。

四　其他有關圖籍及資料。

第六條 102

① 調查買賣或收益實例時，應依買賣或收益實例調查估價表之項目調查並填寫之。

② 前項調查得採用不動產成交案件申報登錄之實際資訊，或採用當事人、四鄰、不動產估價師、不動產經紀人員、地政士、金融機構、公有土地管理機關、司法機關或有關機關（構）提供之資訊。

第七條 102

買賣或收益實例如有下列情形之一，致價格明顯偏高或偏低者，應先行適當之修正，記載於買賣或收益實例調查估價表。但該影響交易價格之情況無法有效掌握及量化調整時，應不予採用：

一　急買急賣或急出租急承租。

二　期待因素影響之交易。

三　受債權債務關係影響之交易。

四　親友關係人間之交易。

五　畸零地或有合併使用之交易。

六　地上物處理有糾紛之交易。

七　拍賣。

八　公有土地標售、讓售。

九　受迷信影響之交易。

十　包含公共設施用地之交易。

十一　人為哄抬之交易。

十二　與法定用途不符之交易。

十三　其他特殊交易。

第八條 102

買賣或收益實例除依前條規定辦理外，並應就下列事項詳予查證確認後，就實例價格進行調整，並記載於買賣或收益實例調查估價表：

一　交易價格、租金或權利金等及各項稅費之負擔方式。

二　有無特殊付款方式。

三　實例狀況。

第九條 102

① 第三條第二款所定影響區段地價之因素，包括土地使用管制、交通運輸、自然條件、土地改良、公共建設、特殊設施、環境污染、工商活動、房屋建築現況、土地利用現況、發展趨勢及其他影響因素之資料等。

② 前項影響區段地價之資料，應依地價區段勘查表規定之項目勘查並填寫。

第一○條

買賣或收益實例之土地上有建築改良物（以下簡稱建物）者，其

建物現值，依第十一條至第十三條規定計算。

第一一條

建物主體構造之種類如下：

一　竹造。

二　土造、土磚混合造。

三　木造。

四　石造。

五　磚造。

六　加強磚造。

七　鋼鐵造或輕鋼架造。

八　鋼筋混凝土造。

九　鋼骨鋼筋混凝土造。

十　鋼骨造。

十一　其他。

第一二條

① 建物現值之估計程序如下：

一　計算建物重建價格。其公式如下：

建物重建價格＝建物單價×建物面積

二　計算建物累積折舊額。其公式如下：

建物累積折舊額＝建物重建單價×建物每年折舊率×經歷年數

三　計算建物現值。其公式如下：

建物現值＝建物重建價格－建物累積折舊額

② 前項建物單價，應以不同主體構造種類之建物標準單價為準。但建物之樓層高度、層數、材料、用途、設計及建築物設備等特殊者，應酌予增減計算之。

③ 第一項建物現值之計算，得簡化為下列公式：

建物現值＝建物單價×【1－（年折舊率×經歷年數）】×建物面積

第一三條

前條所稱建物面積，已辦理登記者，以建物登記之面積為準；其全部或部分未辦理登記者，以實際調查之面積為準。

第一四條

① 以買賣實例估計土地正常單價方法如下：

一　判定買賣實例情況，非屬特殊情況者，買賣實例總價格即為正常買賣總價格；其為特殊情況者，應依第七條及第八條規定修正後，必要時並得調查鄰近相似條件土地或房地之市場行情價格，估計該買賣實例之正常買賣總價格。

二　地上無建物者，計算土地正常買賣單價。其公式如下：

土地正常買賣單價＝正常買賣總價格÷土地面積

三　地上有區分所有建物，買賣實例為其中部分層數或區分單位者，其土地正常買賣單價之計算程序如下：

㈠推估各樓層可出售面積、各樓層房地正常買賣平均單價、車位平均價格及車位數。

㈡計算全棟房地可出售總價格。其公式如下：

全棟房地可出售總價格＝Σ〔（各樓層房地正常買賣平均單價×各樓層可出售面積）＋（車位平均價格×車位數）〕

㈢計算全棟建物現值，依第十二條規定辦理。

㈣估算全棟建物之裝潢、設備及庭園設施等費用。

㈤估算全棟建物買賣正常利潤。

㈥計算土地可出售總價格。其公式如下：

土地可出售總價格＝全棟房地可出售總價格－全棟建物現值－全棟建物之裝潢、設備及庭園設施等費用－全棟建物買賣正常利潤

㈦計算土地正常買賣單價。其公式如下：

土地正常買賣單價＝土地可出售總價格÷基地面積

四　地上有建物，且買賣實例爲全部層數者，其土地正常買賣單價之計算程序如下：

㈠計算全棟建物現值，依第十二條規定辦理。

㈡估算全棟建物之裝潢、設備及庭園設施等費用。

㈢估算全棟建物買賣正常利潤。

㈣計算土地正常買賣總價格。其公式如下：

土地正常買賣總價格＝全棟房地正常買賣總價格－全棟建物現值－全棟建物之裝潢、設備及庭園設施等費用－全棟建物買賣正常利潤

㈤計算土地正常買賣單價。其公式如下：

土地正常買賣單價＝土地正常買賣總價格÷基地面積

②前項所稱全棟建物買賣正常利潤，應視實際情況敘明理由估計。

第一五條 102

建物已不具備使用價值，得將其基地視爲素地估價。但應考量建物拆除成本후予以調整之。

第一六條

以收益實例估計土地正常單價之方法，依不動產估價技術規則第三章第二節規定辦理。

第一七條 102

①地價實例估計完竣後，應將估計之土地正常單價調整至估價基準日。

②前項調整後之單價及其調查估價表之編號，應以鄉（鎮、市、區）爲單位，製作地價分布圖。

③第一項估價基準日指每年九月一日，案例蒐集期間爲前一年九月二日至當年九月一日。

第一八條 102

①劃分地價區段時，應攜帶地籍圖、地價分布圖及地價區段勘查表

實地勘查，以鄉（鎮、市、區）為單位，斟酌地價之差異、當地土地使用管制、交通運輸、自然條件、土地改良、公共建設、特殊設施、環境污染、工商活動、房屋建築現況、土地利用現況、發展趨勢及其他影響地價因素，於地籍圖上將地價相近、地段相連、情況相同或相近之土地劃為同一地價區段。

②已開闢道路及其二側或一側帶狀土地，其地價與一般地價區段之地價有顯著差異者，得就具有顯著商業活動之繁榮街區，依當地發展及地價高低情形，劃設繁榮街道路線價區段。繁榮街道以外已開闢之道路，鄰接該道路之土地，其地價顯著較高者，得於適當範圍劃設一般路線價區段。

③非建築用地中經依法允許局部集中作建築使用且其地價有顯著差異時，應就該建築使用之土地單獨劃分地價區段。非都市土地或都市計畫農業區、保護區之零星建築用地，或依規定應整體開發而未開發之零星已建築用地，在同一區段範圍內，得將地價相近且使用情形相同而地段不相連之零星建築用地，視為一個地價區段另編區段號。

④公共設施保留地應單獨劃分地價區段。但其毗鄰之非公共設施保留地均屬相同區段地價之地價區段時，得併入毗鄰之非公共設施保留地劃為同一地價區段。

⑤帶狀公共設施保留地穿越數個地價不同之區段時，得視二側非保留地地價區段之不同，分段劃分地價區段。

第一九條 102

地價區段之界線，應以地形地貌等自然界線、道路、溝渠或使用分區、編定使用類別等使用管制之界線或適當之地籍線為準。繁榮街道路線價區段，應以裡地線為區段界線。路線價區段之界線，應以距離臨街線適當深度範圍為準。

第二〇條

地價區段圖以地籍圖繪製或由電腦產製，應以紅線標示地價區段界線，並註明區段號、區段地價、主要街道及重要公共設施位置與名稱。

第二一條 102

①估計區段地價之方法如下：

一　有買賣或收益實例估計正常單價之區段，以調整至估價基準日之實例土地正常單價，求其中位數為各該區段之區段地價。

二　無買賣及收益實例之區段，應於鄰近或適當地區選取二個以上使用分區或編定用地相同，且依前款估計出區段地價之區段，作為基準地價區段，按影響地價區域因素評價基準表及影響地價區域因素評價基準明細表，考量價格形成因素之相近程度，修正估計目標地價區段之區段地價。無法選取使用分區或編定用地相同之基準地價區段者，得以鄰近使用性質類似或其他地價區段之區段地價修正之。

②估計區段地價之過程及決定區段地價之理由，應填載於區段地價估價報告表。

③第一項第一款所稱之中位數，指土地正常單價調整至估價基準日之單價，由高而低依序排列。其項數為奇數時，取其中項價格為中位數；其項數為偶數時，取中間二項價格之平均數為中位數；實例為一個時，以該實例之土地正常單價為中位數。

④影響地價區域因素評價基準，由內政部定之。

第二二條

①區段地價，應以每平方公尺為計價單位，其地價尾數依下列規定計算：

一　區段地價每平方公尺單價在新臺幣一百元以下者，計算至個位數，未達個位數四捨五入。

二　區段地價每平方公尺單價逾新臺幣一百元至一千元者，計算至十位數，未達十位數四捨五入。

三　區段地價每平方公尺單價逾新臺幣一千元至十萬元者，計算至百位數，未達百位數四捨五入。

四　區段地價每平方公尺單價逾新臺幣十萬元者，計算至千位數，未達千位數四捨五入。

②公共設施保留地地價區段，其區段地價之尾數，計算至個位數，未達個位數四捨五入。

第二三條

宗地單位地價之計算方法如下：

一　屬於繁榮街道路線價區段之土地，由直轄市或縣（市）地政機關依繁榮街道路線價區段宗地單位地價計算原則計算。

二　其他地價區段之土地，以區段地價作為宗地單位地價。

三　跨越二個以上地價區段之土地，分別按各該區段之面積乘以各該區段地價之積之和，除以宗地面積作為宗地單位地價。

四　宗地單位地價應以每平方公尺新臺幣元表示，計算至個位數，未達個位數四捨五入。

第二四條 102

①下列事項應由直轄市或縣（市）地政機關訂定：

一　實施地價調查估計作業規定。

二　繁榮街道路線價區段宗地單位地價計算原則。

三　建物標準單價表。

四　建物耐用年數及每年折舊率。

五　全棟建物之裝潢、設備及庭園設施等費用。

六　土地每單位種植農作改良物面積標準單價或農作改良物每株標準單價。

七　土地收益資本化率及建物收益資本化率。

八　調整至估價基準日地價用之比率。

九　依影響地價區域因素評價基準製作各直轄市、縣（市）或鄉（鎮、市、區）影響地價區域因素評價基準明細表。

②前項規定之事項，於地價調查估計授權地政事務所辦理之地區，得部分授權地政事務所定之。

第二五條

①內政部應對都市土地商業區、住宅區、工業區，依直轄市或縣（市）地政機關調查之地價，每年編製地價指數表二次。

②前項編製地價指數表，得委託民間機構辦理。

第二六條

本規則所定書、表格式，由內政部定之。

第二七條　102

①本規則自發布日施行。

②本規則修正條文，除中華民國一百零二年十二月三十一日修正發布之第九條及第十八條施行日期另定外，自發布日施行。

土地建築改良物估價規則

①民國 35 年 10 月 28 日地政署令訂定發布全文 25 條；並自公布日施行。
②民國 88 年 6 月 29 日內政部令修正發布第 5、24 條條文。
③民國 99 年 6 月 24 日內政部令發布刪除第 18、19 條條文。

第一條 （訂定依據）

本規則依土地法施行法第四十條之規定訂定之。

第二條 （估價機關及時間）

建築改良物估價，由市縣地政機關於辦理規定地價時，同時為之。

第三條 （估價程序）

建築改良物估價程序如左：

一　調查。

二　計算。

三　評議。

四　公佈與通知。

五　造冊。

第四條 （建築改良物種類）

①建築改良物依其主體構造材料，分為左列七種：

一　鋼鐵造者。

二　鋼骨水泥造者。

三　石造者。

四　磚造者。

五　木造者。

六　土造者。

七　竹造者。

②前項建築改良物種類，市縣地政機關得視實際情形再分細目。

第五條 （建築改良物調查表之事項）

建築改良物價調查表，應包括左列各事項，其格式由直轄市或縣（市）地政機關定之：

一　建築改良物及建築地所有權人姓名、住址、地號。

二　建築改良物之種類。（依本規則第四條所分之種類）

三　建築改良物建築年月。

四　建築改良物之建築情形及簡單圖說。

五　建築改良物之使用狀況及其收益情形。

六　建築改良物之耐用年限。

七　建築改良物廢棄後之殘餘價值。

八　建築改良物之面積（平方尺計）或體積。（立方尺計）

九　建築改良物之買賣價格。

十　建築改良物之附屬設備。如衛生、電氣等。

十一　建築改良物建築時，所用各種工料之數量及其費用。

十二　建築改良物之增修情形。

十三　建築改良物佔地面積。

十四　調查年、月、日。

十五　調查員簽名、蓋章。

第六條　（調查表備註欄）

建築地之自然環境、經濟狀況及其他可能影響建築改良物之耐用年限，及殘餘價值者，應查明記載於調查表備註欄內，以供計算建築改良物現值之參考。

第七條　（調查）

調查建築改良物價前，應調查當時各種建築材料之價格及工資支付標準，以爲估計重新建築費用之依據。

第八條　（計算法）

①以同樣建築改良物爲重新建築所須費用之求得，應按實際需要情形，以淨計法或立方尺法或平方尺法計算之。

②前項淨計法，僅適用於都市建築改良物估價。

第九條　（淨計法）

①依淨計法求重新建築所需費用，應就建築改良物所需各種建築材料之數量及工數，逐一乘以估價時各該同樣建築材料之單價及工資支付標準，再將所得之積加之。

②前項建築材料之數量及工數，如有建築時之承建包單或其他書面記載，確實可憑者，依其記載。

第一〇條　（立方尺法）

依立方尺法求重新建築所需費用，應先測計建築改良物之立方尺總數，乘以估價時同樣建築每立方尺所需工料費用。

第一一條　（平方尺法）

依平方尺法求重新建築所需費用，應先測計建築改良物之平方尺總數，乘以估價時同樣建築每平方尺所需工料費用。

第一二條　（現值）

重新建築費用求得後，應由該費用總額內減去因時間經歷所受損耗，即爲該建築改良物之現值。

第一三條　（計算公式㈠）

鋼鐵造、鋼骨水泥造、石造，其現值用左列公式計算之。

一　$1 - \sqrt[N]{S \div V} = R$

二　$V(1 - R)^m = M$

上式中：

V 表示建築改良物之建築費用總額。

N 表示建築改良物之耐用年數。

S 表示建築改良物廢棄後之殘餘價值。

R 表示建築改良物之折舊率。

m 表示建築改良物之經歷年數。

M 表示建築改良物之經歷 m 年後之現值。

第一四條 （計算公式㈡）

土造、木造、竹造，其現值用左列公式計算之：

一 $(V - S) \div N = D$

二 $V - mD = M$

上式中：

D 表示每年之平均折舊額。

S、N、V、m、M 同前條。

第一五條 （建築公式之選用）

磚造建築改良物之現值，得視該建築改良物耐用年限之久暫，就第十三、第十四兩條所定計算方法中，選用一法計算。

第一六條 （共有建築改良物之計算）

一宗地上建築改良物不屬一人所有，其有顯明界限者，應分別計算之。界限不清者，仍作一宗計算，按各所有人權利價值大小註明之。

第一七條 （估價後之程序）

市縣地政機關將建築改良物價值計算完竣，送經標準地價評議委員會評定後，應即報請該管市縣政府公布之，並分別將估定價額，以書面通知所有權人。

第一八條 （刪除）99

第一九條 （刪除）99

第二〇條 （決定價值）

建築改良物價值經過公布通知程序，不發生異議，或發生異議經標準地價評議委員會重新評定者，為建築改良物之法定價值。

第二一條 （法定價值之登載）

①建築改良物之法定價值，應分別編入地價冊及總歸戶冊內。

②前項總歸戶冊編竣後，應移送該管市縣財政機關。

第二二條 （增加改良物之計算）

就原建築改良物增加之改良物，於重新估價時，併合於原改良物計算之。但因維持建築改良物現狀所為之修繕，不視為增加之改良物。

第二三條 （重估）

建築改良物價值，得於辦理重估地價時，依本規則之規定重為估定。但因改良物有增減或重大改變者，不在此限。

第二四條 （施行細則之制定）

①直轄市或縣（市）地政機關得參酌地方實際情形，依本規則之規定，制定施行細則，報請中央地政機關備案。

②前項施行細則，應參酌各地方自然環境規定各種建築改良物之耐用年限。

第二五條 （免估部分）

　簡陋及臨時性之建築改良物，免予估價。

第二六條 （施行日）

　本規則自公布之日施行。

土地分割改算地價原則

①民國 72 年 1 月 28 日內政部函訂定發布。
②民國 95 年 2 月 17 日內政部令修正發布全文 5 點；並自即日起生效。

一　為利於直轄市、縣（市）政府執行平均地權條例施行細則第二十四條第一項規定，辦理土地分割後各宗土地之當期公告土地現值、原地價（原規定地價、前次移轉現值）、最近一次申報地價改算，特訂定本原則。

二　當期公告土地現值
　㈠分割後各宗土地臨街深度不變者，其計算公式及案例如附件一。
　㈡分割後各宗土地臨街深度變動者
　　1.分割後各宗土地有裡地，亦有臨街地，而臨街地深度未達裡地線者，其計算公式及案例如附件二。
　　2.分割後各宗土地有裡地，亦有臨街地，而臨街地深度超過裡地線者，其計算公式及案例如附件三。
　　3.分割後各宗土地有裡地，亦有臨街地，而臨街各宗土地之臨街深度不同者，其計算公式及案例如附件四。

三　最近一次申報地價
　㈠分割後各宗土地臨街深度不變者，其計算公式及案例如附件五。
　㈡分割後各宗土地臨街深度變動者，其計算公式及案例如附件六。

四　原規定地價或前次移轉現值
　㈠分割後各宗土地臨街深度不變者，其計算公式及案例如附件七。
　㈡分割後各宗土地臨街深度變動者，其計算公式及案例如附件八。

五　其他規定如下：
　㈠改算後各數值取捨標準，依土地登記複丈地價用電腦作業系統規範規定。
　　1.公告土地現值以整數（元／平方公尺）為單位，以下四捨五入。
　　2.原地價以實數（元／平方公尺）為單位，整數七位小數一位，以下四捨五入。
　　3.最近一次申報地價以實數（元／平方公尺）為單位，整數七位小數一位，以下四捨五入。
　　4.歷次取得權利範圍應有部分分母及分子資料位數規定為十位數，因取位關係造成持分不等於一時，可授權計算人員取捨部分末數使持分總合仍維持為一。
　㈡繁榮街道路線價區段宗地單位地價計算原則依地價調查估計

規則規定應由直轄市或縣（市）政府訂定之，故本原則例舉案例之相關臨街深度指數，各直轄市或縣（市）政府規定不一，應依各直轄市或縣（市）政府之規定計算。

附件一

（一）分割後各宗土地臨街深度不變者

計算公式：

分割後各宗土地公告土地現值單價
＝分割前該宗土地公告土地現值單價

分割前

段	小段	地號	面積（m²）	臨街深度（m）	（深度指數）（%）	所有權人	持分	公告土地現值（元/m²）
忠孝	一	1	120	12	（110）	甲	全	22,000

分割後

段	小段	地號	面積（m²）	臨街深度（m）	（深度指數）（%）	所有權人	持分	公告土地現值（元/m²）
忠孝	一	1	60	12	（110）	甲	全	22,000
		（同圖示）1-1	60	12	（110）	甲	全	22,000

列式計算：

1　公告土地現值單價…22,000（元/m²）
1-1　公告土地現值單價…22,000（元/m²）

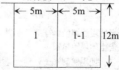

路線價 20,000 元

附件二

（二）分割後各宗土地臨街深度變動者

1. 分割後各宗土地有裡地，亦有臨街地，而臨街地深度未達裡地線者

計算公式：

分割後臨街地公告土地現值單價＝路線價×深度指數

分割後非臨街地公告土地現值單價＝

$$\frac{\text{分割前宗地公告土地現值總額－分割後臨街地公告土地現值總額}}{\text{分割後非臨街地面積}}$$

分割前

段	小段	地號	面積 (m²)	臨街深度 (m)	（深度指數）（%）	所有權人	持分	公告土地現值 （元/m²）
江東	一	1	300	30		甲	全	15,200

分割後

段	小段	地號	面積 (m²)	臨街深度 (m)	（深度指數）（%）	所有權人	持分	公告土地現值 （元/m²）
江東	一	1	100	10	（115）	甲	全	23,000
		1-1	200	20		甲	全	11,300

列式計算：

1 公告土地現值單價…$20,000 \times 1.15 = 23,000$（元/m²）

1-1 公告土地現值單價…$\dfrac{15,200 \times 300 - 23,000 \times 100}{200}$

$$= 11,300 \text{（元/m²）}$$

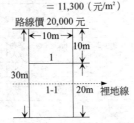

路線價 20,000 元

附件三

2. 分割後各宗土地有裡地，亦有臨街地，而臨街地深度超過裡地線者

計算公式：

分割後裡地公告土地現值單價＝裡地價單價

分割後臨街地公告土地現值單價＝

$$\dfrac{\text{分割前宗地公告土地現值總額} - \text{分割後裡地公告土地現值總額}}{\text{分割後臨街地面積}}$$

分割前

段	小段	地號	面積 (m²)	臨街深度 (m)	（深度指數）（%）	所有權人	持分	公告土地現值 （元/m²）
江東	一	1	300	30		甲	全	15,200

分割後

段	小段	地號	面積 (m²)	臨街深度 (m)	（深度指數）（%）	所有權人	持分	公告土地現值 （元/m²）
江東	一	1	200	20		甲	全	18,800
		1-1	100			甲	全	8,000

列式計算：

1-1　公告土地現值單價…8,000（元/m²）

1　公告土地現值單價…$\dfrac{15,200 \times 300 - 8,000 \times 100}{200}$

$= 18,800$（元/m²）

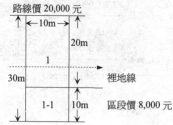

附件四

3. 分割後各宗土地有裡地，亦有臨街地，而臨街各宗土地之臨街深度不同者

計算公式：

分割後裡地公告土地現值單價＝裡地價單價

分割後臨街各宗土地公告土地現值單價＝

〔（分割前宗地公告土地現值總額－分割後裡地公告土地現值總額）×分割後臨街各宗土地地價比例〕÷分割後臨街各該宗土地面積

分割後臨街各宗土地地價比例＝$\dfrac{\text{分割後各該臨街宗地價值總額}}{\text{分割後所有臨街宗地價值總額}}$

分割前

段	小段	地號	面積 （m²）	臨街深度 （m）	（深度指數） （%）	所有 權人	持分	公告土地現值 （元/m²）
江東	一	1	225			甲	全	17,600

分割後

段	小段	地號	面積 （m²）	臨街深度 （m）	（深度指數） （%）	所有 權人	持分	公告土地現值 （元/m²）
江東	一	1	10			甲	全	8,000
		1-1	100	20		甲	全	18,800
		1-2	115	23		甲	全	17,391

列式計算：

1　公告土地現值單價…8,000（元/m²）

1-1　與 1-2 公告土地現值總額…17,600 ×225－8,000×10

$= 3,880,000$

1-1　宗地價值總額…〔（20,000×18＋8,000×2）÷20〕×100
　　　＝3,880,000

1-2　宗地價值總額…〔（20,000×18＋8,000×5）÷23〕×115
　　　＝2,000,000

1-1　公告土地現值單價… $\dfrac{3,880,000 \times \dfrac{1,880,000}{1,880,000+2,000,000}}{100}$

　　　＝18,800（元/m²）

1-2　公告土地現值單價… $\dfrac{3,880,000 \times \dfrac{2,000,000}{1,880,000+2,000,000}}{115}$

　　　＝17,391（元/m²）

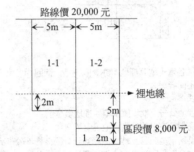

路線價 20,000 元

1-1　1-2

裡地線

區段價 8,000 元

附件五

（一）分割後各宗土地臨街深度不變者

計算公式：

分割後各宗土地（各所有權人）最近一次申報地價單價＝
分割前宗地（該所有權人）最近一次申報地價單價

分割前

段	小段	地號	面積（m²）	臨街深度（m）	（深度指數）（％）	所有權人	持分	六十七年申報地價（元/m²）	公告土地現值（元/m²）
忠孝	一	1	120	12	（110）	甲	1/2	33,000	44,000
						乙	1/2	26,400	

分割後

段	小段	地號	面積（m²）	臨街深度（m）	（深度指數）（％）	所有權人	持分	六十七年申報地價（元/m²）	公告土地現值（元/m²）
忠孝	一	1	60	12	（110）	甲	1/2	33,000	44,000
						乙	1/2	26,400	
		1-1	60	12	（110）	甲	1/2	33,000	44,000
						乙	1/2	26,400	

列式計算：
1　甲最近一次申報地價單價…33,000（元/m²）
　　乙最近一次申報地價單價…26,400（元/m²）
1-1　甲最近一次申報地價單價…33,000（元/m²）
　　乙最近一次申報地價單價…26,400（元/m²）

路線價 40,000 元（七十一年現值）
　　　 30,000 元（六十七年）

附件六

㈡分割後各宗土地臨街深度變動者

計算公式：

分割後各宗土地（各所有權人）最近一次申報地價單價
＝〔分割前宗地（該所有權人）申報地價總額×分割後各該宗土地地價比例〕÷〔分割後各該宗地（該所有權人）面積〕

分割後各該宗土地地價比例

＝ 分割後各該宗土地公告土地現值總額 / 分割前宗地公告土地現值總額

分割前

段	小段	地號	面積 (m²)	臨街深度 (m)	（深度指數） (%)	所有權人	持分	六十七年 申報地價 （元/m²）	公告土 地現值 （元/m²）
新興	一	1	200	20		甲	1/2	28,200	37,600
						乙	1/2	22,560	

分割後

段	小段	地號	面積 (m²)	臨街深度 (m)	（深度指數） (%)	所有權人	持分	六十七年 申報地價 （元/m²）	公告土 地現值 （元/m²）
新興	一	1	80	80	（120）	甲	1/2	36,000	48,000
						乙	1/2	28,800	
		1-1	120			甲	1/2	23,000	30,666.7
						乙	1/2	18,400	

列式計算：

分割前宗地公告土地現值總額…37,600×200 = 7,520,000

分割後

1　　公告土地現值…40,000 × 1.2 =48,000…單價

　　　　48,000×80=3,840,000…總價

1-1　公告土地現值…$\frac{7,520,000 - 3,840,000}{120}$ = 30,666.7…單價

　　　　7,520,000 － 3,840,000 = 3,680,000…總價

1　　地價比例…$\frac{3,840,000}{7,520,000}$

1-1　地價比例…$\frac{3,680,000}{7,520,000}$

路線價 40,000 元（七十一年）
　　　　30,000（六十七年）

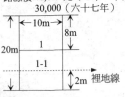

分割前　甲…申報地價總額…28,200×100 = 2,820,000

　　　　乙…申報地價總額…22,560×100 = 2,256,000

分割後　1　甲…申報地價單價…$\dfrac{2,820,000 \times \frac{3,840,000}{7,520,000}}{80 \times 1/2}$

　　　　　　　= 36,000（元/m²）

　　　　　乙…申報地價單價…$\dfrac{2,256,000 \times \frac{3,840,000}{7,520,000}}{80 \times 1/2}$

　　　　　　　= 28,800（元/m²）

　　　　1-1　甲…申報地價單價…$\dfrac{2,820,000 \times \frac{3,680,000}{7,520,000}}{120 \times 1/2}$

　　　　　　　= 23,000（元/m²）

　　　　　乙…申報地價單價…$\dfrac{2,256,000 \times \frac{3,680,000}{7,520,000}}{120 \times 1/2}$

　　　　　　　= 18,400（元/m²）

附件七

㈠分割後各宗土地臨街深度不變者

計算公式：

分割後各宗土地（各所有權人）原規定地價或前次移轉現值單價
＝分割前宗地（該所有權人）原規定地價或前次移轉現值單價

分割前

段	小段	地號	面積 （m²）	臨街深度 （m）	（深度指數） （%）	所有權人	持分	原規定地價或前次移轉現值		公告土地現值 （元/m²）
大統	一	1	180	18	（100）	甲	1/2	53.9	200	20,000
						乙	1/2	64.5	1,000	

分割後

段	小段	地號	面積 （m²）	臨街深度 （m）	（深度指數） （%）	所有權人	持分	原規定地價或前次移轉現值		公告土地現值 （元/m²）
大統	一	1	90	18	（100）	甲	1/2	53.9	200	20,000
						乙	1/2	64.5	1,000	
		1-1	90	18	（100）	甲	1/2	53.9	200	20,000
						乙	1/2	64.5	1,000	

列式計算：
1　甲原規定地價或前次移轉現值單價…200（元/m²）
　　乙原規定地價或前次移轉現值單價…1,000（元/m²）
1-1　甲原規定地價或前次移轉現值單價…200（元/m²）
　　　乙原規定地價或前次移轉現值單價…1,000（元/m²）

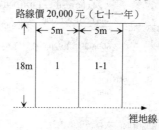

路線價 20,000 元（七十一年）

附件八

㈡分割後各宗土地臨街深度變動者

計算公式：

分割後各宗土地（各所有權人）原規定地價或前次移轉現值單價
＝〔分割前宗地（該所有權人）原規定地價或前次移轉現值總額×分割後各該宗土地地價比例〕÷〔分割後各該宗地（該所有權人）面積〕

$$分割後各該宗土地地價比例＝\frac{分割後各該宗土地公告土地現值總額}{分割前宗地公告土地現值總額}$$

分割前

段	小段	地號	面積 (m²)	臨街深度 (m)	（深度指數） (%)	所有 權人	持分	原規定地價或前次移轉現值	公告土地現值 (元/m²)
大統	一	1	180	18	（100）	甲	1/2	53.9　200	20,000
						乙	1/2	64.5　1,000	

分割後

段	小段	地號	面積 (m²)	臨街深度 (m)	（深度指數） (%)	所有 權人	持分	原規定地價或前次移轉現值	公告土地現值 (元/m²)
大統	一	1	80	8	（120）	甲	1/2	53.9　240	24,000
						乙	1/2	64.5　1,200	
			100			甲	1/2	53.9　168	16,800
						乙	1/2	64.5　840	

列式計算：

分割前宗地公告土地現值總額…20,000×180 = 3,600,000

分割後

1　　單價公告土地現值…20,000×1.2 = 24,000…單價

　　　　　　　　　　24,000×80 = 1,920,000…總價

1-1　公告土地現值…$\frac{3,600,000-1,920,000}{100}$ = 16,800…單價

　　　　　　　　3,600,000－1,920,000 = 1,680,000…總價

1　　地價比例…$\frac{1,920,000}{3,600,000}$

1-1　地價比例…$\frac{1,680,000}{3,600,000}$

分割前

　　甲…原規定地價或前次移轉現值總額

　　　…200×90 = 18,000

　　乙…原規定地價或前次移轉現值總

　　　…1,000×90 = 90,000

路線價 20,000 元
（七十一年）

分割後

1　　甲…原規定地價或前次移轉現值單價…

　　　$\dfrac{18,000 \times \frac{1,920,000}{3,600,000}}{80 \times 1/2}$

　　　= 240（元/m²）

　　乙…原規定地價或前次移轉現值單價…

　　　$\dfrac{90,000 \times \frac{1,920,000}{3,600,000}}{80 \times 1/2}$

　　　= 1,200（元/m²）

1-1 甲…原規定地價或前次移轉現值單價

$$\frac{18,000 \times \frac{1,680,000}{3,600,000}}{100 \times 1/2} = 168（元/m^2）$$

乙…原規定地價或前次移轉現值單價

$$\frac{9,000 \times \frac{1,680,000}{3,600,000}}{100 \times 1/2} = 840（元/m^2）$$

土地合併改算地價原則

①民國 72 年 11 月 8 日內政部函訂定發布。
②民國 95 年 2 月 17 日內政部令修正發布全文 5 點；並自即日起生效。

一　為利於直轄市、縣（市）政府執行平均地權條例施行細則第二
　　十四條第一項規定，辦理土地合併後各宗土地之當期公告土地
　　現值、原地價（原規定地價、前次移轉現值）、最近一次申報
　　地價改算，特訂定本原則。

二　當期公告土地現值：
　　㈠合併前各宗土地當期公告土地現值均相同者，其計算公式及
　　　案例如附件一。
　　㈡合併前各宗土地當期公告土地現值不同者，其計算公式及案
　　　例如附件二。

三　最近一次申報地價：
　　㈠合併後價值無增減者，其計算公式如附件三。
　　　1.數宗土地合併，所有權人、合併前各宗土地最近一次申報
　　　　地價均相同者，其案例如附件三。
　　　2.數宗土地合併，所有權人相同，合併前各宗土地最近一次申報
　　　　申報地價不同者，其案例如附件四。
　　　3.數宗土地合併，所有權人、合併前各宗土地最近一次申報
　　　　地價均不相同者，其案例如附件五。
　　㈡合併後價值減少者
　　　數宗土地合併，所有權人、最近一次申報地價均不相同，其
　　　合併後價值減少者，其計算公式及案例如附件六。
　　㈢合併後價值增加者
　　　數宗土地合併，所有權人、最近一次申報地價均不相同，其
　　　合併後價值增加者，其計算公式及案例如附件七。

四　原規定地價或前次移轉現值：
　　㈠合併後價值無增減者，其計算公式如附件八。
　　　1.數宗土地合併，不同所有權人，合併前各宗土地原地價年
　　　　月及原地價相同者，其案例如附件八。
　　　2.數宗土地合併，同一所有權人及合併前各宗土地原地價年
　　　　月相同，原地價不同者，其案例如附件九。
　　　3.數宗土地合併，所有權人、合併前各宗土地原地價年月及
　　　　原地價均不相同者，其案例如附件十。
　　㈡合併後價值減少者
　　　數宗土地合併，所有權人、原地價年月及原地價均不相同，

其合併後價值減少者，其計算公式及案例如附件十一。

㈢合併後價值增加者

數宗土地合併，所有權人、原地價年月及原地價均不相同，其合併後價值增加者，計算公式及案例如附件十二。

五　其他規定如下：

㈠改算後各數值取捨標準，依土地登記複丈地價地用電腦作業系統規範規定。

1. 公告土地現值以整數（元／平方公尺）爲單位，以下四捨五入。

2. 原地價以實數（元／平方公尺）爲單位，整數七位小數一位，以下四捨五入。

3. 最近一次申報地價以實數（元／平方公尺）爲單位，整數七位小數一位，以下四捨五入。

4. 歷次取得權利範圍應有部分分母及分子資料位數規定爲十位數，因取位關係造成持分不等於一時，由計算人員取捨部分末數使持分總合仍維持爲一。

㈡土地合併，各所有權人個別取得合併價值增減均在一平方公尺之公告土地現值以下者，其原地價、最近一次申報地價計算，以合併後價值無增減者之計算式辦理。

㈢因應不同租稅減免優惠條件土地合併後課稅問題，對不同土地或同土地其爲歷次取得，其原地價年月雖相同者，仍不合併其原地價。

㈣土地合併價值增減在一平方公尺以下之認定係包含本數一平方公尺，且以參與合併土地之合併前，其公告土地現值最低者爲計算標準。

附件一

㈠合併前各宗土地當期公告土地現值均相同者

計算公式：

合併後公告土地現值單價＝合併前各宗土地公告土地現值單價

合併前

段	小段	地號	面積（平方公尺）	當期公告土地現值			備註
				年	月	公告土地現值	
地政	三	500	90	93	1	35,000	
地政	三	501	110	93	1	35,000	

列式計算：35,000 元＝ 35,000 元

合併後

段	小段	地號	面積（平方公尺）	當期公告土地現值			備註
				年	月	公告土地現值	
地政	三	500	200	93	1	35,000	

附件二

㈡合併前各宗土地當期公告土地現值不同者

計算公式：

合併後公告土地現值單價＝

$$\frac{合併前各宗土地公告土地現值之總和}{合併後土地總面積}$$

合併前

段	小段	地號	面積 （平方公尺）	當期公告土地現值			備註
				年	月	公告土地現值	
地政	三	576	35	93	1	38,500	
地政	三	577	115	93	1	32,000	

列式計算：$\dfrac{38,500 \times 35 + 32,000 \times 115}{150} = 33,517$

合併後

段	小段	地號	面積 （平方公尺）	當期公告土地現值			備註
				年	月	公告土地現值	
地政	三	576	150	93	1	33,517	

附件三

㈠合併後價值無增減者

計算公式：

合併後該土地所有權人最近一次申報地價單價＝

$$\frac{合併前該土地所有權人各宗土地最近一次申報地價總和}{合併後該土地所有權人取得土地持分面積}$$

1. 數宗土地合併，所有權人、合併前各宗土地最近一次申報地價均相同者

合併前

段	小段	地號	面積 （平方公尺）	所有權人	權利範圍	最近一次申報地價			公告土地現值	備註
						年	月	地價		
地政	三	114	244	甲	全	93	1	3,032元/m²	7200	
地政	三	115	314	甲	全	93	1	3,032元/m²	7200	

列式計算：

甲最近一次申報地價單價…$\dfrac{3032 \times 244 + 3032 \times 314}{558} = 3032$

合併後

段	小段	地號	面積 （平方公尺）	所有權人	權利範圍	最近一次申報地價			公告土地現值	備註
						年	月	地價		
地政	三	114	558	甲	全	93	1	3,032元/m²	7200	

附件四

2. 數宗土地合併，同一所有權人，合併前各宗土地最近一次申報地價不同者

合併前

段	小段	地號	面積（平方公尺）	所有權人	權利範圍	最近一次申報地價			公告土地現值	備註
						年	月	地價		
地政	二	49-3	13	甲	全	93	1	9,380 元/m²	10000	
地政	二	284	111	甲	全	93	1	7,504 元/m²	10000	

列式計算：$\dfrac{9{,}380\ 元 \times 13m^2 + 7{,}504\ 元 \times 111m^2}{124m^2} = 7{,}701\ 元$

合併後

段	小段	地號	面積（平方公尺）	所有權人	權利範圍	最近一次申報地價			公告土地現值	備註
						年	月	地價		
地政	二	284	124	甲	全	93	1	7,701 元	10000	

附件五

3. 數宗土地合併，所有權人、合併前各宗土地最近一次申報地價均不相同者

合併前

段	小段	地號	面積（平方公尺）	所有權人	權利範圍	最近一次申報地價			公告土地現值	備註
						年	月	地價		
地政	三	790	33	甲	全	93	1	14,500 元/m²	20000	
地政	三	808	133	乙	全	93	1	11,600 元/m²	20000	

列式計算：

甲…$\dfrac{14{,}5002\ 元 \times 33m^2}{166m^2 \times 33/166} = 14{,}500\ 元$

乙…$\dfrac{11600\ 元 \times 133m^2}{166m^2 \times 133/166} = 11{,}600\ 元$

合併後

段	小段	地號	面積（平方公尺）	所有權人	權利範圍	最近一次申報地價			公告土地現值	備註
						年	月	地價		
地政	三	790	166	甲	$\dfrac{33}{166}$	93	1	14,500 元/m²	20000	
				乙	$\dfrac{33}{166}$	93	1	11,600 元/m²		

附件六

㈡合併後價值減少者

計算公式：

合併後該土地所有權人最近一次申報地價單價＝

〔合併前該土地所有權人各宗土地最近一次申報地價總和×（該所有權人合併後公告土地現值總和÷該所有權人合併前公告土地現值總和）〕÷合併後該土地所有權人取得土地持分面積

數宗土地合併，所有權人、最近一次申報地價均不相同，其合併後價值減少者

合併前

段	小段	地號	面積（平方公尺）	所有權人	權利範圍	最近一次申報地價			公告土地現值	備註
						年	月	地價		
地政	二	788	75	甲	全	93	1	363 元/m²	8500	
地政	二	810	75	乙	全	93	1	302.5 元/m²	6000	
地政	二	812	86	丙	全	93	1	295 元/m²	5500	

列式計算：

$8500 \times 75 = 637500$ …合併前甲公告土地現值總和

$6000 \times 75 = 450000$ …合併前乙公告土地現值總和

$5500 \times 86 = 473000$ …合併前丙公告土地現值總和

$6612 \times 236 \times \dfrac{4}{10} = 624173$ …合併後公告土地現值總和（屬合併後價值減少者，甲合併後減少 13327）

$6612 \times 236 \times \dfrac{3}{10} = 468130$ …合併後公告土地現值總和（屬合併後價值增加者，乙合併後增加 18130）

$6612 \times 236 \times \dfrac{3}{10} = 468130$ …合併後公告土地現值總和（屬合併後價值減少者，丙合併後減少 4870）

合併後該土地所有權人最近一次申報地價單價

甲 93 年 1 月…$\dfrac{(363 \text{ 元} \times 75\text{m}^2) \times \dfrac{624173}{637500}}{236\text{m}^2 \times 4/10} = 282.4$ 元/m²

丙 93 年 1 月…$\dfrac{295 \text{ 元} \times 86\text{m}^2 \times \dfrac{468130}{473000}}{236\text{m}^2 \times 3/10} = 354.6$ 元/m²

合併後

段	小段	地號	面積（平方公尺）	所有權人	權利範圍	最近一次申報地價			公告土地現值	備註
						年	月	地價		
地政	二	788	236	甲	$\frac{4}{10}$	93	1	282.4 元/m²	6612	
				乙	$\frac{3}{10}$	93	1			屬價值增加，本例題不予計算
				丙	$\frac{3}{10}$	93	1	354.6 元/m²		

附件七

(三)合併後價值增加者

計算公式：

合併後土地所有權人價值一方增加，一方減少者，減少者計算方式詳如(二)合併後價值減少者。

增加者之其申報地價計算方式如下：

合併後該土地所有權人最近一次申報地價單價＝
（合併前該土地所有權人各宗土地最近一次申報地價總和＋合併後該所有權人增加之最近一次申報地價總額＊）÷合併後該土地所有權人取得土地持分面積

＊ 合併後該所有權人增加之最近一次申報地價總額＝
合併後價值減少者各所有權人減少最近一次申報地價總和＊＊×（該土地所有權人合併後增加之價值÷合併後價值增加者各土地所有權人增加價值之總和）

＊＊合併後價值減少者各所有權人減少最近一次申報地價總和＝
合併後價值減少者各所有權人合併前最近一次申報地價總和×（合併後價值減少者各該土地所有權人減少價值之總和÷合併後價值減少者各該土地所有權人合併前價值之總和）

數宗土地合併，所有權人、最近一次申報地價均不相同，其合併後價值增加者

合併前

段	小段	地號	面積（平方公尺）	所有權人	權利範圍	最近一次申報地價			公告土地現值	備註
						年	月	地價		
地政	二	788	75	甲	全	93	1	363 元/m²	8500	
地政	二	810	75	乙	全	93	1	302.5 元/m²	6000	
地政	二	812	86	丙	全	93	1	295 元/m²	5500	

列式計算：

8500 × 75 ＝ 637500 …合併前甲公告土地現值總和

$6000 \times 75 = 450000$ …合併前乙公告土地現值總和

$5500 \times 86 = 473000$ …合併前丙公告土地現值總和

$6612 \times 236 \times \dfrac{4}{10} = 624173$ …合併後公告土地現值總和（屬合併後地價值減少者，甲合併後減少 13327）

$6612 \times 236 \times \dfrac{3}{10} = 468130$ …合併後公告土地現值總和（屬合併後價值增加者，乙合併後增加 18130）

$6612 \times 236 \times \dfrac{3}{10} = 468130$ …合併後公告土地現值總和（屬合併後價值減少者，丙合併後減少 4870）

合併後該土地所有權人最近一次申報地價單價

乙 93 年 1 月

**合併後價值減少者各所有權人減少最近一次申報地價總和＝

……（363 元$\times 75\text{m}^2$＋295 元$\times 86\text{m}^2$）÷〔（13327＋4870）÷（8500 元$\times 75\text{m}^2$＋5500 元$\times 86\text{m}^2$）〕＝ 861.8 元

*合併後該所有權人增加之最近一次申報地價總額

$= 861.8 \times \dfrac{18130}{18130} = 861.8$

乙合併後該土地所有權人最近一次申報地價單價＝

$\dfrac{(302.5 \text{元} \times 75\text{m}^2) + 861.8}{236\text{m}^2 \times 3/10} = 332.6$ 元／m²

合併後

段	小段	地號	面積（平方公尺）	所有權人	權利範圍	最近一次申報地價			公告土地現值	備註
						年	月	地價		
地政	二	788	236	甲	$\dfrac{4}{10}$	93	1		6612	屬價值減少，本例題不予計算
				乙	$\dfrac{3}{10}$	93	1	332.6 元/m²		
				丙	$\dfrac{3}{10}$	93	1			屬價值減少，本例題不予計算

共有土地所有權分割改算地價原則

民國 95 年 2 月 17 日內政部令修正發布名稱及全文 5 點；並自即日起生效（原名稱：共有土地（所有權）分割改算地價原則）。

一 為利於直轄市、縣（市）政府執行平均地權條例施行細則第二十三條第一項、第六十五條規定，辦理共有土地所有權分割（共有物分割）後之原地價（原規定地價、前次移轉現值）、最近一次申報地價改算，特訂定本原則。

二 多筆土地參加共有物分割，共有人各取得其中一筆土地時，其共有物分割後之原地價及最近一次申報地價之計算方式如下：

　㈠共有物分割前後各土地所有權人取得之土地價值均相等者，視同未移轉，其原地價及最近一次申報地價計算公式及案例如附件一。

　㈡共有物分割後部分土地所有權人取得之價值相等；部分價值不等（視同移轉）時，其原地價及最近一次申報地價計算公式及案例如附件二。

三 多筆土地參加共有物分割，共有人各取得一筆或二筆（持分或全部）以上時，其共有物分割後之原地價及最近一次申報地價計算方式如下：

　㈠分割前後價值相等，取得其中一筆或二筆以上，且各宗土地公告土地現值相等者，其計算公式同附件一。

　㈡分割前後價值相等，取得二筆以上，且各宗土地公告土地現值不等者，其原地價及最近一次申報地價計算公式如附件三。

　㈢分割後價值減少，取得二筆以上，且各宗土地公告土地現值不等者，其原地價及最近一次申報地價計算公式如附件四。

　㈣分割後價值增加，取得二筆以上，且各宗土地公告土地現值不等者，其原地價及最近一次申報地價計算公式及案例如附件五。

四 關於持分共有多筆公共設施保留地，或持分共有公共設施保留地與持分共有一般土地，及持分共有多筆農業用地，或持分共有農業用地與持分共有一般土地，經核准依土地稅法第三十九條第二項及第三十九條之二第一項規定，免徵及不課徵土地增值稅之土地辦理共有分割，改算地價時其原地價及最近一次申報地價計算公式如附件六。

五 其他規定如下：

㈠改算後各數值取捨標準，依土地登記複丈地價地用電腦作業系統規範規定
　　1.公告土地現值以整數（元／平方公尺）為單位，以下四捨五入。
　　2.原地價以實數（元／平方公尺）為單位，整數七位小數一位，以下四捨五入。
　　3.最近一次申報地價以實數（元／平方公尺）為單位，整數七位小數一位，以下四捨五入。
　　4.歷次取得權利範圍應有部分分母及分子資料位數規定為十位數，因取位關係造成持分不等於一時，由計算人員取捨部分末數使持分總合仍維持為一。

㈡共有物分割價值增減，各所有權人個別取得共有物分割價值增減均在一平方公尺之公告土地現值以下者，其原地價、最近一次申報地價計算，以共有物分割後價值無增減者之計算式辦理。

㈢因應不同租稅減免優惠條件共有物分割後課稅問題，對不同土地或同土地其為歷次取得，其原地價年月雖相同者，仍不合併其原地價。

㈣共有物分割價值增減在一平方公尺以下之認定係包含本數一平方公尺，且以參與分割之土地，其公告土地現值最低者為計算標準。

附件一

㈠共有物分割前後各土地所有權人取得之土地價值均相等者，視同未移轉，其原地價及最近一次申報地價計算公式如下：

1. 原地價年月及原地價單價：

所有權人共有物分割後各筆土地其各該原地價年月持分比例＝（共有物分割前該年月持分公告土地現值總和÷共有物分割前該土地所有權人公告土地現值總和）×共有物分割後各筆土地該所有權人土地持分

所有權人共有物分割後各筆土地其各該年月原地價單價＝共有物分割前各該年月原地價總和÷（共有物分割後土地總面積×所有權人共有物分割後各筆土地其各該原地價年月持分比例）

2. 最近一次申報地價：

共有物分割後各所有權人最近一次申報地價之單位地價＝Σ（共有物分割前該所有權人各宗土地最近一次申報地價之總和）÷共有物分割後該所有權人取得土地持分面積

註：案例一（略）

附件二

㈠共有物分割後部分土地所有權人取得之價值相等；部分價值不等（視同移轉）時，其原地價及最近一次申報地價計算公式如下：

1. 分割後價值相等者，其計算公式同本原則二、㈠計算公式。
2. 分割後價值減少者：
   (1)共有物分割後各所有權人原地價及其年月
      A.共有物分割後各所有權人原地價比例＝〔共有物分割前各該年月持分公告土地現值總和÷共有物分割前該土地所有權人公告土地現值總和〕×共有物分割後該所有權人土地持分
      B.共有物分割後各所有權人原地價之單位地價＝〔共有物分割前各該年月原地價總和×（共有物分割後所有權人公告土地現值總和÷共有物分割前所有權人公告土地現值總和）〕÷（共有物分割後土地總面積×所有權人共有物分割後各該原地價年月持分比例）
   (2)共有物分割後各所有權人最近一次申報地價之單位地價＝〔共有物分割前各宗土地最近一次申報地價總和×（共有物分割後所有權人公告土地現值總和÷共有物分割前所有權人公告土地現值總和）〕÷共有物分割後該土地所有權人取得土地持分面積
3. 分割後價值增加者：
   (1)共有物分割後各所有權人原地價及其年月
      A.共有物分割後各所有權人原地價比例＝〔〔共有物分割前各該年月持分公告土地現值總和×（共有物分割前所有權人公告土地現值總和÷共有物分割後所有權人公告土地現值總和）〕÷共有物分割前該土地所有權人公告土地現值總和〕×共有物分割後該所有權人土地持分
      B.共有物分割後各所有權人增加之原地價比例＝（該所有權人共有物分割後增加之公告土地現值÷共有物分割後該所有權人公告土地現值總和）×共有物分割後該所有權人土地持分
      C.共有物分割後各所有權人原地價之單位地價＝共有物分割前各該年月原地價總和÷（共有物分割後土地總面積×所有權人共有物分割後各該原地價年月持分比例）
      D.所有權人共有物分割後屬於價值增加者其共有物分割日之原地價單價＝該所有權人共有物分割後增加之公告土地現值÷（共有物分割後土地總面積×所有權人共有物分割屬值增加者以末割日為原地價年月持分比例）
   (2)共有物分割後各所有權人最近一次申報地價之單位地價＝（共有物分割前該土地所有權人各宗土地最近一次申報地價總和＋共有物分割後該所有權人增加之最近一次申報地價總額*）÷共有物分割前該土地所有權人公告土地現值總和
      *共有物分割後該所有權人增加之最近一次申報地價總額＝共有物分割後價值減少者各所有權人減少最近一次申報地價總和** ×（該土地所有權人共有物分割後增加之價值÷共

　　　　有物分割後價值增加者各土地所有權人增加價值之總和）

　　**共有物分割後價值減少者各所有權人減少最近一次申報地

　　　價總和＝ 共有物分割後價值減少者各所有權人共有物分割

　　　前最近一次申報地價總和×（共有物分割後價值減少者各

　　　該土地所有權人減少價值之總和÷共有物分割後價值減少

　　　者各該土地所有權人共有物分割前價值之總和）

註：案例二（略）

附件三

㈠分割前後價值相等取得二筆以上，且各宗地公告土地現值不等
者，其原地價及最近一次申報地價計算公式如下：

1. 原地價年月及原地價單價：

　所有權人共有物分割後各筆土地其各該原地價年月持分比例＝
　（共有物分割前各該年月持分公告土地現值總和÷共有物分割
　前該土地所有權人公告土地現值總和）×共有物分割後各筆土
　地該所有權人土地持分

　所有權人共有物分割後各筆土地其各該年月原地價單價＝〔共
　有物分割前各該年月原地價總和×〔共有物分割後該土地所有
　權人取得各宗（或持分）土地公告土地現值總和÷共有物分割
　後該土地所有權人取得之土地公告土地現值總和〕〕÷（共有
　物分割後該筆土地總面積×所有權人共有物分割後各筆土地其
　各該原地價年月持分比例）

2. 最近一次申報地價：

　共有物分割後各所有權人各宗地最近一次申報地價之單位地
　價＝（Σ共有物分割前該所有權人各宗土地最近一次申報地價
　之總和÷共有物分割後該所有權人取得各宗土地持分面積）×
　〔共有物分割後該土地所有權人取得各宗（或持分）土地公告
　土地現值總和÷共有物分割後該土地所有權人取得之公告土地
　現值總和〕

附件四

㈡分割後價值減少，取得二筆以上，且各宗土地公告土地現值不等
者，其原地價及最近一次申報地價計算公式如下：

1. 原地價年月及原地價單價：

　所有權人共有物分割後各筆土地其各該原地價年月持分比例＝
　（共有物分割前各該年月持分公告土地現值總和÷共有物分割
　前該土地所有權人公告土地現值總和）×共有物分割後各筆土
　地該所有權人土地持分

　所有權人共有物分割後各筆土地其各該年月原地價單價＝〔共
　有物分割前各該年月原地價總和×（共有物分割後該土地所有
　權人公告土地現值總和÷共有物分割前該土地所有權人公告土
　地現值總和）÷（共有物分割後該筆土地總面積×所有權人共

有物分割後各筆土地其各該原地價年月持分比例）〕×（共有物分割後該土地所有權人取得各宗（或持分）土地公告土地現值總和÷共有物分割後該土地所有權人取得之公告土地現值總和）

2. 最近一次申報地價：

共有物分割後各所有權人各宗土地最近一次申報地價之單位地價＝｛〔Σ共有物分割前該所有權人各宗土地最近一次申報地價之總和×（共有物分割後該土地所有權人公告土地現值總和÷共有物分割前該土地所有權人公告土地現值總和）〕÷共有物分割後該所有權人取得各宗土地持分面積｝×〔共有物分割後該土地所有權人取得各宗（或持分）土地公告土地現值總和÷共有物分割後該土地所有權人取得之公告土地現值總和〕

附件五

㈣分割後價值增加，取得二筆以上，且各宗土地公告土地現值不等者，其原地價及最近一次申報地價計算公式如下：

1. 原地價年月及原地價單價：

所有權人共有物分割後各該原地價年月持分比例＝（共有物分割前各該年月持分公告土地現值總和÷共有物分割前該土地所有權人公告土地現值總和）×（共有物分割前所有權人公告土地現值總和÷共有物分割後所有權人公告土地現值總和）×共有物分割後該所有權人土地持分

所有權人共有物分割後屬於價值增加該以共有物分割日為原地價年月之持分比例＝（該所有權人共有物分割後增加之公告土地現值÷共有物分割後該所有權人公告土地現值總和）×共有物分割後該所有權人土地持分

所有權人共有物分割後各該年月原地價單價＝｛共有物分割前各該年月原地價總和×〔共有物分割後該土地所有權人取得各宗（或持分）土地公告土地現值總和÷共有物分割後該土地所有權人取得之土地公告土地現值總和〕｝÷（共有物分割後該筆土地總面積×所有權人共有物分割後各該原地價年月持分比例）

所有權人共有物分割後屬於價值增加者其共有物分割日之原地價單價＝｛該所有權人共有物分割後增加之公告土地現值×〔共有物分割後該土地所有權人取得各宗（或持分）土地公告土地現值總和÷共有物分割後該土地所有權人取得土地公告土地現值總和〕｝÷（共有物分割後該筆土地總面積×所有權人共有物分割後屬價值增加者以共有物分割日為原地價年月持分比例）

2. 最近一次申報地價：

〔（共有物分割前該土地所有權人各宗土地最近一次申報地價總和＋共有物分割後該所有權人增加之最近一次申報地價總

額*）÷共有物分割後該土地所有權人取得各宗土地持分面
積〕×〔共有物分割後該土地所有權人取得各宗（或持分）土
地公告土地現值總和÷共有物分割後該土地所有權人取得之土
地公告土地現值總和〕

*共有物分割後該所有權人增加之最近一次申報地價總額=共有
物分割後價值減少者各所有權人減少最近一次申報地價總和**
×（該土地所有權人共有物分割後增加之價值÷共有物分割
後價值增加者各土地所有權人增加價值之總和）

**共有物分割後價值減少者各所有權人減少最近一次申報地價
總和=〔共有物分割後價值減少者各所有權人共有物分割前
最近一次申報地價總和×（共有物分割後價值減少者各該土
地所有權人減少價值之總和÷共有物分割後價值減少者各該
土地所有權人共有物分割前價值之總和）

註：案例三（略）

附件六

一、有關持分共有多筆公共設施保留地（農業用地）辦理共有物分
割，其價值減少部分，適用土地稅法第三十九條第二項（第三
十九條之二第一項）規定不課徵土地增值稅時，分割後其原地
價之計算，應視分割後取得土地情形，分別依下列計算公式處
理：

(一)分割後取得土地價值無增減者：

1.分割後取得單一土地所有權者，依本原則二、(一)規定辦理。

2.分割後取得二筆以上土地所有權者，各宗土地公告土地現值
相等者，依本原則三、(一)規定辦理，如各宗土地公告土地現
值不等者，依本原則三、(二)規定辦理。

(二)分割後取得土地價值減少者：

1.分割後取得單一土地所有權者，依本原則二、(二)計算公式 2
規定辦理。

2.分割後取得二筆以上土地所有權者，依本原則三、(三)規定辦
理。

(三)分割後取得土地價值增加者：

1.單一共有人取得單一筆土地：

(1)A.共有物分割後各所有權人原地價比例，依本原則二、(二)
計算公式 3 規定辦理。

B.共有物分割後各所有權人價值增加部分之原地價比例=
（該所有權人共有物分割後增加之公告土地現值÷共有
物分割後該所有權人公告土地現值總和）×共有物分割
後該所有權人土地持分×（各該價值減少者各該年月公
告土地現值÷價值減少者分割前公告土地現值總和）

(2)A.共有物分割後各所有權人原地價之單位地價，依本原則
二、(二)計算公式 3 規定辦理。

B. 所有權共有物分割後屬於價值增加者各該年月之原地價單價＝（共有物分割後價值減少者各該年月減少部分之原地價**＊共有物分割後各該所有權人取得價值增加比例***）÷（共有物分割後土地總面積×所有權人共有物分割後價值增加者各該原地價年月持分比例）

**共有物分割後價值減少者各該年月減少部分之原地價＝〔各該價值減少者分割前持有各宗土地各年月原地價總額×（各該價值減少者分割後土地總現值減少數額÷各該價值減少者分割前持有土地現值總額）〕

***共有物分割後各該所有權人取得價值增加比例＝共有物分割後各該價值增加者取得價值增加額÷共有物分割後較分割前總現值總增加額

(3)共有物分割後各所有權人最近一次申報地價之單位地價，依本原則二、㈡計算公式 3 規定辦理。

2. 取得多筆土地者：

(1)A. 共有物分割後各所有權人原地價比例，依本原則三、㈣計算公式 1 規定辦理。

　　B. 共有物分割後各所有權人價值增加部分之原地價比例＝（該所有權人共有物分割後增加之公告土地現值÷共有物分割後該所有權人公告土地現值總和）×共有物分割後該所有權人土地持分×（各該價值減少者各該年月公告現值÷價值減少者分割前公告土地現值總和）

(2)A. 共有物分割後各所有權人原地價之單位地價，依本原則三、㈣計算公式 1 規定辦理。

　　B. 所有權人共有物分割後屬於價值增加者其各該年月之原地價單價＝〔（共有物分割後價值減少者各該年月減少部分之原地價** ×共有物分割後該所有權人取得價值增加比例***）÷（共有物分割後該筆土地總面積×所有權人共有物分割後價值增加者各該原地價年月持分比例）〕×〔共有物分割後該土地所有權人取得各宗（或持分）土地公告土地現值總和÷共有物分割後該所有權人取得之土地公告現值總和〕

**共有物分割後價值減少者各該年月減少部分之原地價＝〔各該價值減少者分割前持有各宗土地各年月原地價總額×（各該價值減少者分割後土地總現值減少數額÷各該價值減少者分割前持有土地現值總額）〕

***共有物分割後各該所有權人取得價值增加比例＝共有物分割後各該價值增加者取得價值增加額÷共有物分割後較分割前總現值總增加額

(3)共有物分割後各所有權人最近一次申報地價之單位地價，依本原則三、㈣計算公式 2 規定辦理。

二、持分共有公共設施保留地（農業用地）與一般土地辦理共有物

分割，價值有減少應計課土地增值稅時，因該價值減少部分無法歸屬係由公共設施保留地（農業用地）或一般土地而來，故應先分算應稅及不課徵現值，再計算原地價，其計算公式如下：

(一)各該共有人取得土地價值減少部分，其不課徵及應課稅現值之計算：

1. 各該共有人分割後較分割前現值減少總額×（各該共有人分割前符合土地稅法第三十九條第二項及第三十九條之二第一項規定之土地現值總額÷各該共有人分割前土地之總現值）＝分割後各該共有人取得土地價值減少部分之不課徵現值 ………………………………………………………… F

2. 各該共有人分割後較分割前現值減少總額×（各該共有人分割前不符合土地稅法第三十九條第二項及第三十九條之二第一項規定之各該年月土地現值總額÷各該共有人分割前土地之總現值）＝分割後各該共有人取得價值減少部分之應課稅現值 ……………………………………………………… H

(二)各該共有人取得價值減少不課徵及應課稅部分之原地價

1. 各該共有人取得價值減少不課徵部分之原地價＝分割前各該共有人持有符合土地稅法第三十九條第二項及第三十九條之二第一項規定之各該年月之原地價總和×（F÷分割前各該共有人持有符合土地稅法第三十九條第二項及第三十九條之二第一項規定之土地現值總額） ……………… K

2. 各該共有人取得價值減少應課稅部分之原地價＝分割前各該共有人持有不符合土地稅法第三十九條第二項及第三十九條之二第一項規定之各該年月之原地價總和×（H÷分割前各該共有人持有不符合土地稅法第三十九條第二項及第三十九條之二第一項規定之土地現值總額）

(三)分割後其原地價及其比例之計算

1. 分割後取得土地價值無增減者：

(1)分割後取得單一土地所有權者，依本原則二、(一)規定辦理。

(2)分割後取得二筆以上土地所有權者，各宗土地公告土地現值相等者，依本原則三、(一)規定辦理，如各宗土地公告土地現值不等者，依本原則三、(二)規定辦理。

2. 分割後取得土地價值減少者：

(1)分割後取得單一土地所有權者，依本原則二、(二)計算公式2規定辦理。

(2)分割後取得二筆以上土地所有權者，依本原則三、(三)規定辦理。

3. 分割後取得土地價值增加者：

(1)單一共有人取得單一筆土地：

A. a. 共有物分割後各所有權人原地價比例，依本原則

二、㈡計算公式 3 規定辦理。

b. 共有物分割後各所有權人價值增加之原地價比例：

(a) 價值增加共有物分割日之原地價比例（已課徵部分）＝（該所有權人共有物分割後增加之公告土地現值÷共有物分割後所有權人公告土地現值總和）×（ΣH ÷共有人分割後較分割前現值減少總額）

(b) 價值增加各該年月原地價之原地價比例（不課徵部分）＝（該所有權人共有物分割後增加之公告土地現值÷共有物分割後該所有權人公告土地現值總和）×共有物分割後該所有權人土地持分×（F ÷共有人分割後較分割前現值減少總額）

B. a. 共有物分割後各所有權人原地價之單位地價，依本原則二、㈡計算公式 3 規定辦理。

b. 所有權人共有物分割後屬於價值增加者取得應稅部分其共有物分割日之原地價單價＝（共有物分割後價值減少者減少部分之應稅現值**×共有物分割後該所有權人取得價值增加比例***）÷（共有物分割後土地總面積×所有權人共有物分割後價值增加者以共割日為原地價年月持分比例）

**價值減少者減少部分之應稅現值＝Σ分割後各該共有人取得價值減少部分之應課稅現值＝ΣH

***共有物分割後各該所有權人取得價值增加比例＝共有物分割後各該價值增加者取得價值增加額÷共有物分割後較分割前總現值總增加額

c. 所有權人共有物分割後屬於價值增加者取得不課徵部分其各該年月之原地價單價＝

（共有物分割後價值減少者不課徵部分各年月原地價**×共有物分割後該所有權人取得價值增加比例***）÷（共有物分割後土地總面積×所有權人共有物分割後價值增加者各該原地價年月持分比例）

**共有物分割後價值減少者不課徵部分各年月減少部分之原地價＝各該價值減少者分割前持有符合不課徵之各宗土地各年月原地價總額×（F÷各該價值減少者分割前持有符合不課徵之土地現值總額）＝K

***共有物分割後各該所有權人取得價值增加比例＝共有物分割後各該價值增加者取得價值增加額÷共有物分割後較分割前總現值總增加額

C. 共有物分割後各所有權人最近一次申報地價之單位地價，依本原則二、㈡計算公式 3 規定辦理。

(2)取得多筆土地者：

A. a. 共有物分割後各所有權人原地價比例，依本原則三、㈣計算公式1規定辦理。

b. 價值增加部分之原地價比例：

(a)價值增加共有物分割日之原地價比例（已課徵部分）＝（該所有權人共有物分割後增加之公告土地現值÷共有物分割後該所有權人公告土地現值總和）×共有物分割後該所有權人土地持分×（ΣH÷共有人分割後較分割前現值減少總額）

(b)價值增加各該年月原地價之原地價比例（不課徵部分）＝（該所有權人共有物分割後增加之公告土地現值÷共有物分割後該所有權人公告土地現值總和）×共有物分割後該所有權人土地持分×（F÷共有人分割後較分割前現值減少總額）×（各該價值減少者持有符合不課徵之各宗土地各該年月公告現值÷各該價值減少者分割前持有符合不課徵之各宗土地公告土地現值總和）

B. a. 共有物分割後各所有權人原地價之單位地價，依本原則三、㈣計算公式1規定辦理。

b. 所有權人共有物分割後屬於價值增加者其共有物分割日之原地價單價＝〔（共有物分割後價值減少者減少部分之應稅現值**×共有物分割後各該所有權人取得價值增加比例***）÷（共有物分割後該筆土地總面積×所有權人共有物分割後價值增加者以共割日為原地價年月持分比例）〕×〔共有物分割後該土地所有權人取得各宗（或持分）土地公告土地現值總和÷共有物分割後該所有權人取得之土地公告現值總和〕

**價值減少者減少部分之應稅現值＝Σ分割後各該共有人取得價值減少部分之應課現值＝ΣH

***共有物分割後各該所有權人取得價值增加比例＝共有物分割後各該價值增加者取得價值增加額÷共有物分割後較分割前總現值總增加額

c. 所有權人共有物分割後屬於價值增加者取得不課徵部分其各該年月之原地價單價＝

（共有物分割後價值減少者不課徵部分各年月原地價**×共有物分割後各該所有權人取得價值增加比例***）÷（共有物分割後土地總面積×所有權人共有物分割後價值增加者各該原地價年月持分比例）

**共有物分割後價值減少者部分各年月減少部分之原地
價＝各該價值減少者分割前持有符合不課徵之各宗土
地各年月原地價總額×（F÷各該價值減少者分割前持
有符合不課徵之土地現值總額）＝K

***共有物分割後各該所有權人取得價值增加比例＝共
有物分割後各該價值增加者取得價值增加額÷共有
物分割後較分割前總現值增加額

d. 共有物分割後各該所有權人最近一次申報地價之單
位地價，依本原則三、四計算公式二規定辦理。

不動產估價師法

①民國89年10月4日總統令制定公布全文46條；並自公布日起施行。
②民國91年6月12日總統令增訂公布第44-1條條文。
③民國91年12月11日總統令修正公布第4、7、8、13、20、33、34、42、44條條文。
④民國98年5月27日總統令修正公布第8、46條條文；並自98年11月23日施行。
⑤民國100年6月15日總統令修正公布第24條條文。

第一章　總　則

第一條　（資格之取得）

中華民國國民經不動產估價師考試及格，並依本法領有不動產估價師證書者，得充任不動產估價師。

第二條　（主管機關）

本法所稱主管機關：在中央為內政部；在直轄市為直轄市政府；在縣（市）為縣（市）政府。

第三條　（請領證書）

經不動產估價師考試及格者，得向中央主管機關請領不動產估價師證書。

第四條　（不動產估價師之消極資格）91

有下列情形之一，不得充任不動產估價師；其已充任不動產估價師者，撤銷或廢止其不動產估價師資格並註銷不動產估價師證書：

一　曾因不動產業務上有關詐欺、背信、侵占、偽造文書等犯罪行為，受有期徒刑六個月以上刑之宣告確定者。

二　受本法所定除名處分者。

三　依專門職業及技術人員考試法規定，經撤銷考試及格資格者。

第二章　登記及開業

第五條　（估價經驗）

①領有不動產估價師證書，並具有實際從事估價業務達二年以上之估價經驗者，得申請發給開業證書。

②不動產估價師在未領得開業證書前，不得執行業務。

③第一項所稱估價經驗之認定標準，由中央主管機關定之。

第六條　（登記開業之程序）

①不動產估價師登記開業，應備具申請書，並檢附不動產估價師證

書及實際從事估價業務達二年以上之估價經驗證明文件，向所在地直轄市或縣（市）主管機關申請，經審查登記後，發給開業證書。

②直轄市及縣（市）主管機關，應備具開業不動產估價師登記簿；其格式，由中央主管機關定之。

第七條　（刊登政府公報）91

直轄市及縣（市）主管機關於核發不動產估價師開業證書後，應刊登政府公報，並報中央主管機關備查；撤銷或廢止開業資格並註銷開業證書時，亦同。

第八條　（禁止發給開業證書之情形）98

①有下列情形之一，不發給開業證書；已領者，撤銷或廢止其開業資格並註銷開業證書：

一　經撤銷或廢止不動產估價師資格並註銷不動產估價師證書者。

二　經公立醫院或教學醫院證明有精神病者。

三　受監護或輔助宣告尚未撤銷者。

四　受破產宣告尚未復權者。

②依前項第二款至第四款註銷開業證書者，於原因消滅後，仍得依本法之規定，請領開業證書。

第九條　（事務所之設立）

①不動產估價師開業，應設立不動產估價師事務所執行業務，或由二個以上估價師組織聯合事務所，共同執行業務。

②前項事務所，以一處為限，不得設立分事務所。

第一○條　（事務所遷移登記）

不動產估價師事務所遷移於核准登記開業之直轄市或縣（市）以外地區時，應檢附原開業證書向原登記之主管機關申請核轉遷移登記；遷移地之主管機關於接獲原登記主管機關通知後，應即核發開業證書，並復知原登記主管機關將原開業證書註銷。

第一一條　（變更登記）

不動產估價師開業後，其登記事項有變更時，應於事實發生之日起三十日內，報該管直轄市或縣（市）主管機關登記。

第一二條　（註銷開業證書）

不動產估價師自行停止執行業務，應於事實發生之日起三十日內，敘明事由，檢附開業證書，向直轄市或縣（市）主管機關申請註銷開業證書。

第一三條　（強制註銷開業證書）91

①不動產估價師開業後，有第八條第一項規定情形之一或死亡時，得由其最近親屬或利害關係人檢附有關證明文件，向直轄市或縣（市）主管機關申請撤銷或廢止其開業資格並註銷開業證書。

②直轄市或縣（市）主管機關知悉前條或前項情事時，應依職權予以撤銷或廢止其開業資格並註銷開業證書。

第三章　業務及責任

第一四條　（執業範圍）

①不動產估價師受委託人之委託，辦理土地、建築改良物、農作改良物及其權利之估價業務。

②未取得不動產估價師資格者，不得辦理前項估價業務。但建築師依建築師法規定，辦理建築物估價業務者，不在此限。

第一五條　（訂立書面契約）

不動產估價師受委託辦理業務，其工作範圍及應收酬金，應與委託人於事前訂立書面契約。

第一六條　（誠信原則及應負責任）

①不動產估價師受委託辦理各項業務，應遵守誠實信用之原則，不得有不正當行為及違反或廢弛其業務上應盡之義務。

②不動產估價師違反前項規定，致委託人或利害關係人受有損害者，應負損害賠償責任。

第一七條　（禁止允諾他人以其名義執業）

不動產估價師不得允諾他人以其名義執行業務。

第一八條　（保密義務）

不動產估價師對於因業務知悉之秘密，除依第二十一條之規定或經委託人之同意外，不得洩漏。但為提昇不動產估價技術，得將受委託之案件，於隱匿委託人之私人身份資料後，提供做為不動產估價技術交流、研究發展及教學之用。

第一九條　（估價技術規則之訂定及資料之保存）

①不動產估價之作業程序、方法及估價時應遵行事項等技術規則，由中央主管機關定之。

②不動產估價師受託辦理估價，應依前項技術規則及中央主管機關之規定製作估價報告書，於簽名後交付委託人。

③不動產估價師對於受託估價案件之委託書及估價工作記錄資料應至少保存十五年。

第二〇條　（開業證書之更新方式及要件）91

①不動產估價師開業證書有效期限為四年。期滿前，不動產估價師應檢附其於四年內在中央主管機關認可之機關（構）、學校、團體完成專業訓練三十六個小時以上或與專業訓練相當之證明文件，向直轄市或縣（市）主管機關辦理換證。屆期未換證者，應備具申請書，並檢附最近四年內完成受訓三十六個小時以上或專業訓練相當之證明文件，依第六條第一項規定，重行申請開業登記及發給開業證書。

②前項機關（構）、學校、團體應具備之資格、認可程序、專業訓練或與專業訓練相當之方式及證明文件等事項之認可辦法，由中央主管機關定之。

第二一條　（檢查及報告義務）

①主管機關得檢查不動產估價師之業務或令其報告，必要時，得查

閱其業務記錄簿，不動產估價師不得規避、妨礙或拒絕。

②前項業務記錄簿之格式，由中央主管機關定之。

第四章 公 會

第二二條 （加入公會之責任）

①不動產估價師領得開業證書後，非加入該管直轄市或縣（市）不動產估價師公會，不得執行業務。不動產估價師公會對具有資格之不動產估價師之申請入會，不得拒絕。

②不動產估價師於加入公會時，應繳納會費，並由公會就會費中提撥不低於百分之二十之金額，作為不動產估價研究發展經費，交由不動產估價師公會全國聯合會設管理委員會負責保管；以其孳息或其他收入，用於不動產估價業務有關研究發展事項。

③前項管理委員會之組織及經費運用辦法，由不動產估價師公會全國聯合會定之，並報中央主管機關備查。

④不動產估價師事務所遷移於原登記開業之直轄市或縣（市）以外地區時，於依第十條規定領得新開業證書後，應向該管不動產估價師公會申請辦竣出會及入會後，始得繼續執業。

第二三條 （發起組織公會）

直轄市或縣（市）不動產估價師公會，以在該區域內開業之不動產估價師十五人以上發起組織之；其不滿十五人者，得加入鄰近直轄市或縣（市）之不動產估法師公會。

第二四條 （公會及全國聯合會設立地點）100

①不動產估價師公會於直轄市或縣（市）組設之，並設不動產估價師公會全國聯合會於中央政府所在地。

②同一區域內，同級之不動產估價師公會，以一個為原則。但二個以上同級之公會，其名稱不得相同。

第二五條 （全國聯合會之組成要件）

不動產估價師公會全國聯合會，應由直轄市或縣（市）不動產估價師公會七個單位以上之發起組織之；但經中央主管機關核准者，不在此限。

第二六條 （理監事之產生方式人數限制及任期）

①不動產估價師公會置理事、監事，由會員（會員代表）大會選舉之，其名額如下：

一 縣（市）不動產估價師公會之理事不得逾十五人。

二 直轄市不動產估價師公會之理事不得逾二十五人。

三 不動產估價師公會全國聯合會之理事不得逾三十五人。

②監事名額不得超過理事名額三分之一。候補理事、候補監事名額不得超過理事、監事名額三分之一。

③理事、監事名額在三人以上者，得分別互選常務理事及常務監事；其名額不得超過理事或監事總額三分之一；並由理事就常務理事中選舉一人為理事長，其不設常務理事者，就理事中互選之。常務監事在三人以上時，應互推一人為監事會召集人。

④理事、監事之任期爲三年，連選連任，理事長之連任以一次爲限。

第二七條　（章程會員名冊及職員簡歷冊）

不動產估價師公會應訂立章程，造具會員名冊及職員簡歷冊，報請該管人民團體主管機關核准立案，並報所在地主管機關備查。

第二八條　（章程應載事項）

不動產估價師公會章程，應規定下列事項：

一　名稱、組織區域及會址。

二　宗旨、組織及任務。

三　會員之入會及出會。

四　會員（會員代表）之權利及義務。

五　會員代表、理事、監事、候補理事、候補監事之名額、權限、任期及其選任、解任。

六　會員遵守之公約。

七　風紀維持方法。

八　會議。

九　會費、經費及會計。

十　章程修訂之程序。

十一　其他有關會務之必要事項。

第二九條　（列報主管機關之事項）

不動產估價師公會應將下列事項，報該管人民團體主管機關及所在地主管機關：

一　會員名冊及會員之入會、出會。

二　理事、監事選舉情形及當選人姓名。

三　會員（會員代表）大會、理事會及監事會開會之紀錄。

四　提議及決議事項。

第五章　獎　懲

第三〇條　（獎勵之情形）

不動產估價師對不動產估價學術、技術、法規或其他有關不動產估價事宜之研究或襄助研究、辦理，有重大貢獻者，直轄市或縣（市）主管機關得報請中央主管機關予以獎勵。

第三一條　（獎勵之方式）

不動產估價師之獎勵如下：

一　頒發獎狀或獎牌。

二　頒發專業獎章。

第三二條　（違反執業範圍規定之處罰）

違反第十四條第二項之規定者，處新臺幣五萬元以上二十五萬元以下罰鍰。

第三三條　（擅自執行業務之處罰）91

①不動產估價師已領有開業證書未加入不動產估價師公會而執行業務者，處新臺幣二萬元以上十萬元以下罰鍰。

②不動產估價師未領有開業證書、開業證書屆期未換證、已註銷開業證書或受停止執行業務處分而仍執行業務者，處新臺幣三萬元以上十五萬元以下罰鍰。

③受第一項或前項處分合計三次，而仍繼續執行業務者，廢止其不動產估價師資格並註銷不動產估價師證書。

第三四條 （強制執行）91

依前二條所處罰鍰，經通知限期繳納，屆期仍未繳納者，依法移送強制執行。

第三五條 （懲戒方式）

①不動產估價師之懲戒處分如下：

　一　警告。

　二　申誡。

　三　停止執行業務二個月以上二年以下。

　四　除名。

②不動產估價師受警告處分三次者，視為申誡處分一次；申誡處分三次者，應另予停止執行業務之處分；受停止執行業務處分累計滿三年者，應予除名。

第三六條 （懲戒處分）

不動產估價師違反本法規定者，依下列規定懲戒之：

　一　違反第九條第二項、第十條至第十二條或第十五條規定情事之一者，應予警告或申誡。

　二　違反第十八條或第十九條第二項規定情事之一者，應予申誡或停止執行業務。

　三　違反第十六條第一項、第十七條、第二十一條或第二十二條第四項規定情事之一者，應予停止執行業務或除名。

第三七條 （懲戒委員會之設立）

①直轄市及縣（市）主管機關應設不動產估價師懲戒委員會，處理不動產估價師懲戒事項。

②前項懲戒委員會之組織，由中央主管機關定之。

第三八條 （舉證）

不動產估價師有第三十六條各款情事之一時，利害關係人、直轄市或縣（市）主管機關或不動產估價師公會得列舉事實，提出證據，送請該不動產估價師登記地之不動產估價師懲戒委員會處理。

第三九條 （懲戒之答辯陳述及決定程序）

①不動產估價師懲戒委員會對於不動產估價師懲戒事項，應通知被付懲戒之不動產估價師，限於二十日內提出答辯或到會陳述；如不依限提出答辯或到會陳述時，得逕行決定。

②不動產估價師懲戒委員會處理懲戒事件，認為有犯罪嫌疑者，應即移送司法機關偵辦。

第四〇條 （懲戒之刊載公報）

被懲戒人受懲戒處分後，應由直轄市或縣（市）主管機關執行，

並通知公會及刊登政府公報。

第六章 附 則

第四一條 （同一標的物價差異之處理）

①不動產估價師間，對於同一標的物在同一期日價格之估計有百分之二十以上之差異時，土地所有權人或利害關係人得請求土地所在之直轄市或縣（市）不動產估價師公會協調相關之不動產估價師決定其估定價格；必要時，得指定其他不動產估價師重行估價後再行協調。

②不動產估價師公會為前項之處理時，發現不動產估價師有違反本法之規定時，應即依第三十八條之規定處理。

第四二條 （外國人任不動產估價師）91

①外國人得依中華民國法律，應不動產估價師考試。

②前項考試及格，領有不動產估價師證書之外國人，適用本法及其他有關不動產估價師之法令。

第四三條 （文件圖說之文字）

外國人經許可在中華民國執行不動產估價師業務者，其所為之文件、圖說，應以中華民國文字為之。

第四四條 （特種考試及公司之變更登記）91

①本法施行前已從事第十四條第一項所定不動產估價業務者，自本法施行之日起，得繼續執業五年；五年期滿後尚未取得不動產估價師資格並依本法開業者，不得繼續執行不動產估價業務。

②本法施行前已從事不動產估價業務滿三年，有該項執行業務所得扣繳資料證明或薪資所得扣繳資料證明並具有專科以上學校畢業資格，經中央主管機關審查合格者，得應不動產估價師特種考試。

③前項特種考試，於本法施行後五年內辦理三次。

④公司或商號於本法施行前已登記經營不動產估價業務者，自本法施行之日起五年內應辦理解散或變更登記停止經營是項業務，五年期滿即由該管登記機關廢止其公司或商業登記之全部或部分登記事項，不得繼續經營不動產估價業務。

第四四條之一 （收費標準）91

依本法規定核發不動產估價師證書及開業證書，得收取費用；其費額，由中央主管機關關定之。

第四五條 （施行細則）

本法施行細則，由中央主管機關關定之。

第四六條 （施行日）98

①本法自公布日施行。

②本法中華民國九十八年五月十二日修正之條文，自九十八年十一月二十三日施行。

不動產估價師法施行細則

民國 90 年 10 月 17 日內政部令訂定發布全文 24 條；並自發布日施行。

第一條
本細則依不動產估價師法（以下簡稱本法）第四十五條規定訂定之。

第二條
①依本法第三條所定向中央主管機關請領不動產估價師證書者，應備具下列文件：
　一　申請書。
　二　不動產估價師考試及格證書及其影本。
　三　身分證明文件影本。
　四　本人最近一年內二吋半身照片一張。
②合於前項規定者，發給不動產估價師證書，並發還原繳送之考試及格證書；不合規定者，駁回其申請；其須補正者，應通知其於十五日內補正，屆期未補正者，駁回其申請。
③依前項規定駁回申請時，應退還第一項第二款至第四款之文件。

第三條
①依本法第六條所定向所在地直轄市或縣（市）主管機關申請登記開業發給不動產估價師開業證書者，應備具下列文件：
　一　申請書。
　二　不動產估價師證書及其影本。
　三　實際從事不動產估價業務達二年以上之估價經驗證明文件及其影本。
　四　身分證明文件影本。
　五　本人最近一年內二吋半身照片二張。
②前條第二項之規定，於前項申請準用之；駁回申請時，應退還前項第二款至第五款之文件。
③第一項申請人為外國人者，直轄市或縣（市）主管機關於審查合於規定，並依本法第四十二條第二項規定報經中央主管機關許可後，始得核發開業證書。

第四條
本法第七條及第四十條所稱政府公報，指該管直轄市或縣（市）主管機關公報。

第五條
不動產估價師證書遺失、滅失或污損，備具下列文件者，得向中央主管機關申請補發或換發：
　一　申請書。

二　證書遺失、滅失者，刊登聲明原領證書遺失、滅失作廢之報
　　紙；證書污損者，原證書。

三　身分證明文件影本。

四　本人最近一年內二吋半身照片二張。

第六條

①不動產估價師開業證書遺失、滅失或污損，備具下列文件者，得
　向所在地直轄市或縣（市）主管機關申請補發或換發：

一　申請書。

二　證書遺失、滅失者，刊登聲明原領證書遺失、滅失作廢之報
　　紙；證書污損者，原證書。

三　身分證明文件影本。

四　本人最近一年內二吋半身照片二張。

②依前項補發或換發之開業證書，仍以原開業證書之有效期限為期
　限。

第七條

中央主管機關撤銷或廢止不動產估價師資格並註銷不動產估價師
證書時，應通知各直轄市或縣（市）主管機關；不動產估價師已
開業者，該管直轄市或縣（市）主管機關，應依本法第十三條第
二項規定依職權予以撤銷或廢止其開業資格並註銷開業證書。

第八條

①不動產估價師依本法第十條所定向原登記主管機關申請遷移登記
　時，應備具下列文件：

一　申請書。

二　原開業證書。

三　身分證明文件影本。

四　本人最近一年內二吋半身照片二張。

②原登記主管機關受理前項申請，經查核無誤後，除將原開業證書
　抽存外，應將全案移送遷移地之直轄市或縣（市）主管機關。遷
　移地之直轄市或縣（市）主管機關應予登記及發給開業證書，並
　復知原登記主管機關將原開業證書註銷。

③遷移地之主管機關依前項發給之開業證書，仍以原開業證書之有
　效期限為期限。

第九條

①本法第十一條所稱登記事項有變更，指下列之情形：

一　不動產估價師身分資料之變更。

二　事務所名稱、地址之變更。

三　聯合事務所共同執行業務之不動產估價師之異動。

②不動產估價師依本法第十一條所定報請登記事項變更時，應檢附
　申請書、開業證書及登記事項變更之證明文件。

第一〇條

本法第十九條第三項所定十五年，自不動產估價師將估價報告書
交付委託人之日起算。

第一一條

①依本法第二十條第一項所定向直轄市或縣（市）主管機關申請換證者，應備具下列文件，於原開業證書有效期限屆滿前三個月內為之：

一　申請書。

二　四年內完成專業訓練三十六個小時以上或與專業訓練相當之證明文件。

三　原開業證書影本。

四　身分證明文件影本。

五　本人最近一年內二吋半身照片二張。

②合於前項規定者，直轄市或縣（市）主管機關應通知申請人繳交原開業證書換發新開業證書；不合規定者，駁回其申請；其須補正者，應通知其於十五日內補正，屆期未補正者，駁回其申請。

③依前項規定駁回申請時，應退還第一項第二款至第五款之文件。依第一項規定申請換證時，其原開業證書遺失、滅失者，應檢附刊登聲明原領證書遺失、滅失作廢之報紙。

④第一項第二款所稱四年內，指專業訓練之結訓日在原開業證書有效期間之四年內。

⑤第一項換發之開業證書，其有效期限自原開業證書期限屆滿日起算四年。

第一二條

①依本法第二十條第一項所定重行申請開業登記及發給開業證書者，除依第三條之規定辦理外，並應檢附最近四年內完成受訓三十六個小時以上或與專業訓練相當之證明文件及原開業證書。

②前項所稱最近四年內，指專業訓練之結訓日至重行申請開業登記之日在四年以內。

第一三條

直轄市或縣（市）不動產估價師公會（以下簡稱直轄市或縣（市）公會）之會員，以在該直轄市或縣（市）領有開業證書之不動產估價師為限。但鄰近直轄市或縣（市）之不動產估價師依本法第二十三條所定申請加入者，不在此限。

第一四條

依本法第二十三條所定加入鄰近直轄市或縣（市）公會之不動產估價師，於其開業之直轄市或縣（市）組織不動產估價師公會後，應加入其開業之直轄市或縣（市）公會。

第一五條

①不動產估價師公會全國聯合會（以下簡稱全國聯合會）會員代表，由直轄市、縣（市）公會選派之；其選派之代表人數，於全國聯合會章程中定之。

②前項直轄市、縣（市）公會選派之代表，不以各該公會之理事、監事為限。

第一六條

全國聯合會理事、監事之被選舉人，不以直轄市、縣（市）公會選派參加全國聯合會之會員代表爲限。

第一七條

本法第三十五條第二項所定不動產估價師懲戒處分之計算，對於其在各直轄市或縣（市）之懲戒處分，應予累計。

第一八條

直轄市或縣（市）主管機關執行不動產估價師之懲戒處分時，應檢視其懲戒處分之累計情形，其有本法第三十五條第二項所定申誡處分三次者或受停止執行業務處分累計滿三年者，應提不動產估價師懲戒委員會另予停止執行業務之處分或予以除名。

第一九條

直轄市或縣（市）主管機關執行不動產估價師受除名之懲戒處分時，應報請中央主管機關廢止不動產估價師資格並註銷不動產估價師證書後，廢止開業資格並註銷開業證書。

第二〇條

本法第四十一條第一項所定百分之二十以上之差異，指最高價格與最低價格之差，除以各價格平均值達百分之二十以上。

第二一條

①本法第四十四條第二項所定本法公布施行前已從事不動產估價業務者，指已登記得經營不動產估價業務之公司、商號或財團法人從事不動產估價業務之人員。

②前項人員申請不動產估價師特種考試資格審查，應於當次考試報名開始之日十五日前檢附下列文件，向中央主管機關爲之：

一　申請書。

二　身分證明文件影本。

三　本法施行前已從事不動產估價業務滿三年之證明文件。

四　執行業務所得扣繳資料證明或薪資所得扣繳資料證明。

五　專科以上學校畢業資格證明文件。

六　其他經中央主管機關規定之證明文件。

③合於前項規定者，發給審查合格證明文件；不合規定者，駁回其申請，並退還前項第二款至第六款之文件。

第二二條

①依本法規定核發不動產估價師證書及開業證書，得收取費用；其費額由中央主管機關定之。

②前項收費，應依預算程序爲之。

第二三條

本細則所定書、表格式，由中央主管機關定之。

第二四條

本細則自發布日施行。

不動產估價技術規則

①民國 90 年 10 月 17 日內政部令訂定發布全文 116 條；並自發布日施行。
②民國 95 年 6 月 12 日內政部令修正發布全文 134 條；並自發布日施行。
③民國 102 年 12 月 20 日內政部令修正發布第 6、12、13、15、16、22～28、31～33、38、41、43～46、61、67～73、77～79、81、86、87、95、114、119、124～126 條條文及第八章章名；增訂第 40-1、101-1、118-1、122-1、126-1、126-2 條條文；並刪除第 96 條條文。

第一章 總 則

第一條

本規則依不動產估價師法第十九條第一項規定訂定之。

第二條

本規則用詞定義如下：

一 正常價格：指具有市場性之不動產，於有意願之買賣雙方，依專業知識、謹慎行動，不受任何脅迫，經適當市場行銷及正常交易條件形成之合理價值，並以貨幣金額表示者。

二 限定價格：指具有市場性之不動產，在下列限定條件之一所形成之價值，並以貨幣金額表示者：
(一)以不動產所有權以外其他權利與所有權合併爲目的。
(二)以不動產合併爲目的。
(三)以違反經濟合理性之不動產分割爲前提。

三 特定價格：指具有市場性之不動產，基於特定條件下形成之價值，並以貨幣金額表示者。

四 特殊價格：指對不具市場性之不動產所估計之價值，並以貨幣金額表示者。

五 正常租金：指具有市場性之不動產，於有意願之租賃雙方，依專業知識、謹慎行動，不受任何脅迫，經適當市場行銷及正常租賃條件形成之合理租賃價值，並以貨幣金額表示者。

六 限定租金：指基於續訂租約或不動產合併爲目的形成之租賃價值，並以貨幣金額表示者。

七 價格日期：指表示不動產價格之基準日期。

八 勘察日期：指赴勘估標的現場從事調查分析之日期。

九 勘估標的：指不動產估價師接受委託所估價之土地、建築改良物（以下簡稱建物）、農作改良物及其權利。

十 比較標的：指可供與勘估標的間，按情況、價格日期、區域

因素及個別因素之差異進行比較之標的。

十一　同一供需圈：指比較標的與勘估標的間能成立替代關係，且其價格互為影響之最適範圍。

十二　近鄰地區：指勘估標的或比較標的之周圍，供相同或類似用途之不動產，形成同質性較高之地區。

十三　類似地區：指同一供需圈內，近鄰地區以外而與勘估標的之使用性質相近之其他地區。

十四　一般因素：指對於不動產市場及其價格水準發生全面影響之自然、政治、社會、經濟等共同因素。

十五　區域因素：指影響近鄰地區不動產價格水準之因素。

十六　個別因素：指不動產因受本身條件之影響，而產生價格差異之因素。

十七　最有效使用：指客觀上具有良好意識及通常之使用能力者，在合法、實質可能、正當合理、財務可行前提下，所作得以獲致最高利益之使用。

第三條

不動產估價師應經常蒐集與不動產價格有關之房地供需、環境變遷、人口、居民習性、公共與公用設施、交通運輸、所得水準、產業結構、金融市場、不動產經營利潤、土地規劃、管制與使用現況、災變、未來發展趨勢及其他必要資料，作為掌握不動產價格水準之基礎。

第四條

①不動產估價師應經常蒐集比較標的之相關交易、收益及成本等案例及資料，並詳予求證其可靠性。

②前項資料得向當事人、四鄰、其他不動產估價師、不動產經紀人員、地政士、地政機關、金融機構、公有土地管理機關、司法機關、媒體或有關單位蒐集之。

第五條

不動產估價師應力求客觀公正，運用邏輯方法及經驗法則，進行調查、勘察、整理、比較、分析及調整等估價工作。

第六條　102

①不動產估價，應切合價格日期當時之價值。其估計價格種類包括正常價格、限定價格、特定價格及特殊價格；估計租金種類包括正常租金及限定租金。

②不動產估價，應註明其價格種類；其以特定價格估價者，應敘明其估價條件，並同時估計其正常價格。

第七條

依本規則辦理估價所稱之面積，已辦理登記者，以登記之面積為準；其未辦理登記或以部分面積為估價者，應調查註明之。

第二章　估價作業程序

第八條

不動產估價作業程序如下：

一　確定估價基本事項。

二　擬定估價計畫。

三　蒐集資料。

四　確認勘估標的狀態。

五　整理、比較、分析資料。

六　運用估價方法推算勘估標的價格。

七　決定勘估標的價格。

八　製作估價報告書。

第九條

確定估價基本事項如下：

一　勘估標的內容。

二　價格日期。

三　價格種類及條件。

四　估價目的。

第一〇條

擬定估價計畫包括下列事項：

一　確定作業步驟。

二　預估所需時間。

三　預估所需人力。

四　預估作業經費。

五　擬定作業進度表。

第一一條

不動產估價應蒐集之資料如下：

一　勘估標的之標示、權利、法定用途及使用管制等基本資料。

二　影響勘估標的價格之一般因素、區域因素及個別因素。

三　勘估標的相關交易、收益及成本資料。

第一二條 102

不動產估價師應依下列原則蒐集比較實例：

一　實例之價格屬正常價格、可調整為正常價格或與勘估標的價格種類相同者。

二　與勘估標的位於同一供需圈之近鄰地區或類似地區者。

三　與勘估標的使用性質或使用管制相同或相近者。

四　實例價格形成日期與勘估標的之價格日期接近者。

第一三條 102

①確認勘估標的狀態時，應至現場勘察下列事項：

一　確認勘估標的之基本資料及權利狀態。

二　調查勘估標的及比較標的之使用現況。

三　確認影響價格之各項資料。

四　作成紀錄及攝製必要之照片或影像檔。

②委託人未領勘，無法確認勘估標的之範圍或無法進入室內勘察時，

應於估價報告書敘明。

第一四條

不動產估價師應兼採二種以上估價方法推算勘估標的價格。但因情況特殊不能採取二種以上方法估價並於估價報告書中敘明者，不在此限。

第一五條 102

①不動產估價師應就不同估價方法估價所獲得之價格進行綜合比較，就其中金額顯著差異者重新檢討。並視不同價格所蒐集資料可信度及估價種類目的條件差異，考量價格形成因素之相近程度，決定勘估標的價格，並將決定理由詳予敘明。

②以契約約定租金作為不動產證券化受益證券信託利益分配基礎者，折現現金流量分析法之收益價格應視前項情形賦予相對較大之權重。但不動產證券化標的進行清算時，不在此限。

第一六條 102

①不動產估價師應製作估價報告書，於簽名或蓋章後，交付委託人。

②估價報告書應載明事項如下：

一　委託人。

二　勘估標的之基本資料。

三　價格日期及勘察日期。

四　價格種類。

五　估價條件。

六　估價目的。

七　估價金額。

八　勘估標的之所有權、他項權利及其他負擔。

九　勘估標的使用現況。

十　勘估標的法定使用管制或其他管制事項。

十一　價格形成之主要因素分析。

十二　估價所運用之方法與其估算過程及價格決定之理由。

十三　依本規則規定須敘明之情況。

十四　其他與估價相關之必要事項。

十五　不動產估價師姓名及其證照字號。

③前項估價報告書應檢附必要之圖說資料。

④因行政執行或強制執行委託估價案件，其報告書格式及應附必要之圖說資料，依其相關規定辦理，不受前二項之限制。

第一七條

估價報告書之事實描述應真實確切，其用語應明確肯定，有難以確定之事項者，應在估價報告書中說明其可能影響勘估標的權利或價值之情形。

第三章　估價方法

第一節 比較法

第一八條

①比較法指以比較標的價格為基礎，經比較、分析及調整等，以推算勘估標的價格之方法。

②依前項方法所求得之價格為比較價格。

第一九條

本節名詞定義如下：

一 情況調整：比較標的之價格形成條件中有非屬於一般正常情形而影響價格時，或有其他足以改變比較標的價格之情況存在時，就該影響部分所作之調整。

二 價格日期調整：比較標的之交易日期與勘估標的之價格日期因時間之差異，致價格水準發生變動，應以適當之變動率或變動金額，將比較標的價格調整為勘估標的之價格日期之價格。

三 區域因素調整：所選用之比較標的與勘估標的不在同一近鄰地區內時，為將比較標的之價格轉化為與勘估標的同一近鄰地區內之價格水準，而以比較標的之區域價格水準為基礎，就區域因素不同所產生之價格差異，逐項進行之分析及調整。

四 個別因素調整：以比較標的之價格為基礎，就比較標的與勘估標的因個別因素不同所產生之價格差異，逐項進行之分析及調整。

五 百分率法：將影響勘估標的及比較標的價格差異之區域因素及個別因素逐項比較，並依優劣程度或高低等級所評定之差異百分率進行價格調整之方法。

六 差額法：指將影響勘估標的及比較標的價格差異之區域因素及個別因素逐項比較，並依優劣程度或高低等級所評定之差額進行價格調整之方法。

七 計量模型分析法：蒐集相當數量具代表性之比較標的，透過計量模型分析，求出各主要影響價格因素與比較標的價格二者之關係式，以推算各主要影響價格因素之調整率及調整額之方法。

第二〇條

應用前條計量模型分析法應符合下列條件：

一 須蒐集應用計量模型分析關係式自變數個數五倍以上之比較標的。

二 計量模型分析採迴歸分析者，其調整後判定係數不得低於零點七。

三 截距項以外其他各主要影響價格因素之係數估計值同時為零之顯著機率不得大於百分之五。

第二一條

① 比較法估價之程序如下：
一　蒐集並查證比較標的相關資料。
二　選擇與勘估標的之條件相同或相似之比較標的。
三　對比較標的之價格進行情況調整及價格日期調整。
四　比較、分析勘估標的及比較標的間之區域因素及個別因素之差異，並求取其調整率或調整額。
五　計算勘估標的之試算價格。六決定勘估標的之比較價格。

② 前項第五款所稱之試算價格，指以比較標的之價格經情況調整、價格日期調整、區域因素調整及個別因素調整後所獲得之價格。

第二二條 102

① 所蒐集之比較標的，應就下列事項詳予查證確認：
一　交易價格及各項費用之負擔方式。
二　交易條件；有特殊付款方式者，其方式。
三　比較標的之狀況。
四　交易日期。

② 前項查證確有困難之事項，應於估價報告書中敘明。

第二三條 102

比較標的有下列情況，應先作適當之調整；該影響交易價格之情況無法有效掌握及量化調整時，應予不採用：
一　急買急賣或急出租急承租。
二　期待因素影響之交易。
三　受債權債務關係影響之交易。
四　親友關係人間之交易。
五　畸零地或有合併使用之交易。
六　地上物處理有糾紛之交易。
七　拍賣。
八　公有土地標售、讓售。
九　受迷信影響之交易。
十　包含公共設施用地之交易。
十一　人為哄抬之交易。
十二　與法定用途不符之交易。
十三　其他特殊交易。

第二四條 102

比較、分析勘估標的與比較標的之區域因素及個別因素差異並就其中差異進行價格調整時，其調整以百分率法為原則，亦得以差額法調整，並應於估價報告書中敘明。

第二五條 102

試算價格之調整運算過程中，區域因素調整、個別因素調整或區域因素及個別因素內之任一單獨項目之價格調整率大於百分之十五，或情況、價格日期、區域因素及個別因素調整總調整率大於百分之三十時，判定該比較標的與勘估標的之差異過大，應排除該比較標的之適用。但勘估標的之性質特殊或區位特殊缺乏市場交易

資料，並於估價報告書中敘明者，不在此限。

第二六條 102

①經比較調整後求得之勘估標的試算價格，應就價格偏高或偏低者重新檢討，經檢討確認適當合理者，始得作為決定比較價格之基礎。檢討後試算價格之間差距仍達百分之二十以上者，應排除該試算價格之適用。

②前項所稱百分之二十以上之差距，指高低價格之差除以高低價格平均值達百分之二十以上者。

第二七條 102

不動產估價師應採用三件以上比較標的，就其經前條推估檢討後之勘估標的試算價格，考量各比較標的的蒐集資料可信度、各比較標的與勘估標的的價格形成因素之相近程度，決定比較價格，並將比較修正內容敘明之。

第二節　收益法

第二八條 102

①收益法得採直接資本化法、折現現金流量分析法等方法。

②依前項方法所求得之價格為收益價格。

第二九條

直接資本化法，指勘估標的未來平均一年期間之客觀淨收益，應用價格日期當時適當之收益資本化率推算勘估標的之價格之方法。

第三〇條

直接資本化法之計算公式如下：

收益價格＝勘估標的未來平均一年期間之客觀淨收益÷收益資本化率

第三一條 102

①折現現金流量分析法，指勘估標的未來折現現金流量分析期間之各期淨收益及期末價值，以適當折現率折現後加總推算勘估標的的價格之方法。

②前項折現現金流量分析法，得適用於以投資為目的之不動產投資評估。

第三二條 102

折現現金流量分析法之計算公式如下：

$$P = \sum_{k=1}^{n'} CF_k / (1 + Y)^k + P_{n'} / (1 + Y)^{n'}$$

其中：

P：收益價格。

CF_k：各期淨收益。

Y：折現率。

n'：折現現金流量分析期間。

k：各年期。

$P_{n'}$：期末價值。

第三三條 102

① 客觀淨收益應以勘估標的作最有效使用之客觀淨收益爲基準，並參酌鄰近類似不動產在最有效使用情況下之收益推算之。

② 以不動產證券化爲估價目的者，採折現現金流量分析法估價時，各期淨收益應以勘估標的之契約租金計算爲原則。但因情況特殊不宜採契約租金估價，並於估價報告書中敘明者，不在此限。

③ 前項契約租金未知者，應以市場經濟租金推估客觀淨收益。

第三四條

收益法估價之程序如下：

一　蒐集總收入、總費用及收益資本化率或折現率等資料。
二　推算有效總收入。
三　推算總費用。
四　計算淨收益。
五　決定收益資本化率或折現率。
六　計算收益價格。

第三五條

① 收益法估價應蒐集勘估標的及與其特性相同或相似之比較標的最近三年間總收入、總費用及收益資本化率或折現率等資料。

② 前項蒐集最近三年間之資料有困難時，應於估價報告書中敘明。

③ 蒐集第一項資料時，應就其合理性進行綜合研判，以確定資料之可用性，並得依其持續性、穩定性及成長情形加以調整。

④ 前項蒐集總收入資料，得就其不動產之租金估計之，以確認總收入資料之合理性。

第三六條

① 勘估標的之有效總收入計算方式如下：

一　分析並推算勘估標的之總收入。
二　推算閒置及其他原因所造成之收入損失。
三　第一款總收入扣除前款收入損失後之餘額爲勘估標的之有效總收入。

② 前項第一款所稱總收入，指價格日期當時勘估標的按法定用途出租或營運，在正常情況下所獲得之租金或收入之數額。

第三七條

推算總收入及有效總收入時，應與下列相關資料校核比較：

一　勘估標的之往年之總收入及有效總收入。
二　相同產業或具替代性比較標的之總收入及有效總收入。
三　目前或未來可能之計畫收入。

第三八條 102

① 勘估標的之總費用之推算，應根據相同或相似不動產所支出之費用資料或會計報表所載資料加以推算，其項目包括地價稅或地租、房屋稅、保險費、管理費及維修費等。其爲營運性不動產者，並應加計營運費用。

② 以不動產證券化爲估價目的者，其折現現金流量分析法之總費用

應依信託計畫資料加以推算。

第三九條

勘估標的總費用之推算，應推估不動產構成項目中，於耐用年數
內需重置部分之重置提撥費，並按該支出之有效用年期及耗損
比率分年攤提。

第四〇條

勘估標的總費用之推算，除推算勘估標的之各項費用外，勘估標的
之包含建物者，應加計建物之折舊提存費，或於計算收益價格
時，除考量建物收益資本化率或折現率外，應加計建物價格日期
當時價值未來每年折舊提存率。

第四〇條之一 102

① 建物折舊提存費，得依下列方式計算：

一　等速折舊型：$C \times (1-s) \times \dfrac{1}{N}$

二　償債基金型：$C \times (1-s) \times \dfrac{i}{(1+i)^N - 1}$

其中：

C：建物總成本。

s：殘餘價格率。

i：自有資金之計息利率。

N：建物經濟耐用年數。

② 前項建物總成本、殘餘價格率、自有資金之計息利率及建物經濟
耐用年數依本法相關規定估計之。

第四一條 102

① 建物價格日期當時價值未來每年折舊提存率，得依下列方式計
算：

一　等速折舊型：$d = \dfrac{(1-s)/N}{1-(1-s)\,n/N}$

二　償債基金型：$d = \dfrac{i}{(1+i)^{n'} - 1}$

其中：

d：建物價格日期當時價值未來每年折舊提存率。

$(1-s)\dfrac{1}{N}$：折舊率。

n：已經歷年數。

n'：剩餘可收益之年數。

i：自有資金之計息利率。

② 前項折舊率，依本法相關規定估計之。

第四二條

① 有效總收入減總費用即為淨收益。

② 前項淨收益為營運性不動產之淨收益者，應扣除不屬於不動產所
產生之其他淨收益。

第四三條 102

① 收益資本化率或折現率應於下列各款方法中，綜合評估最適宜之

方法決定：

一 風險溢酬法：收益資本化率或折現率應考慮銀行定期存款利率、政府公債利率、不動產投資之風險性、貨幣變動狀況及不動產價格之變動趨勢等因素，選擇最具一般性財貨之投資報酬率為基準，比較觀察該投資財貨與勘估標的個別特性之差異，並就流通性、風險性、增值性及管理上之難易程度等因素加以比較決定之。

二 市場萃取法：選擇數個與勘估標的相同或相似之比較標的，以其淨收益除以價格後，以所得之商數加以比較決定之。

三 加權平均資金成本法：依加權平均資金成本方式決定，其計算式如下：

收益資本化率或折現率 $=\sum\limits_{i=1}^{n}W_i\,K_i$

其中：

W_i：第 i 個資金來源占總資金成本比例，$\sum\limits_{i=1}^{n}W_i=1$。

K_i：為第 i 個資金來源之利率或要求報酬率。

四 債務保障比率法：依債務保障比率方式決定，其計算式如下：

收益資本化率或折現率＝債務保障比率×貸款常數×貸款資金占不動產價格比率

五 有效總收入乘數法：考量市場上類似不動產每年淨收益占每年有效總收入之合理淨收益率，及類似不動產合理價格除以每年有效總收入之有效總收入乘數，以下列公式計算之：

收益資本化率或折現率＝淨收益率／有效總收入乘數

②收益資本化率或折現率之決定有採取其他方法計算之必要時，應於估價報告書中敘明。

第四四條 102

①土地收益價格依下列計算式求取之：

一 地上無建物者：

土地收益價格＝土地淨收益／土地收益資本化率

二 地上有建物者：

土地收益價格＝（房地淨收益－建物淨收益）／土地收益資本化率

②建物淨收益依下列計算式求取之：

一 淨收益已扣除折舊提存費者：

建物淨收益＝建物成本價格×建物收益資本化率

二 淨收益未扣除折舊提存費者：

建物折舊前淨收益＝建物成本價格×（建物收益資本化率＋建物價格日期當時價值未來每年折舊提存率）

第四五條 102

①建物收益價格依下列計算式求取之：

一 淨收益已扣除折舊提存費者：

（一）建物收益價格＝建物淨收益／建物收益資本化率

（二）建物收益價格＝（房地淨收益－土地淨收益）／建物收益
　　　資本化率

二　淨收益未扣除折舊提存費者：

（一）建物收益價格＝建物折舊前淨收益／（建物收益資本化率
　　　＋建物價格日期當時價值未來每年折舊提存率）

（二）建物收益價格＝（房地折舊前淨收益－土地淨收益）／
　　　（建物收益資本化率＋建物價格日期當時價值未來每年折
　　　舊提存率）

②前項土地淨收益，得先以比較法求取土地比較價格後，再乘以土
地收益資本化率得之。

第四六條 102

①推算房地收益價格時，依下列方式計算之：

房地收益價格＝房地淨收益／房地綜合收益資本化率

②房地綜合收益資本化率除依第四十三條決定外，亦得下列計算
式求取之：

一　淨收益已扣除折舊提存費者：

房地綜合收益資本化率＝土地收益資本化率×土地價值比率
＋建物收益資本率×建物價值比率

二　淨收益未扣除折舊提存費者：

房地綜合收益資本化率＝土地收益資本化率×土地價值比率
＋（建物收益資本化率＋建物價格日期當時價值未來每年折
舊提存率）×建物價值比率

③前項土地價值比率及建物價值比率，應參酌當地市場調查資料，
運用估價方法計算之。

第四七條

①一定期間之收益價格，依下列計算式求取：

$$P = a \times \frac{1 - \frac{1}{(1+r)^n}}{r}$$

其中：

P：收益價格

a：平均一年期間折舊前淨收益

r：收益資本化率

n'：可收益之年數

②收益價格已知者，適用該公式反推平均一年期間折舊前淨收益。

③一定期間終止後，有期末價值者，收益價格得加計該期末價值之
現值，期末價值並得扣除處分不動產所需之相關費用。

第三節　成本法

第四八條

①成本法，指求取勘估標的於價格日期之重建成本或重置成本，扣

減其累積折舊額或其他應扣除部分，以推算勘估標的價格之方法。

②依前項方法所求得之價格爲成本價格。

③建物估價以求取重建成本爲原則。但建物使用之材料目前已無生產或施工方法已改變者，得採重置成本替代之。

④重建成本，指使用與勘估標的相同或極類似之建材標準、設計、配置及施工品質，於價格日期重新複製建築所需之成本。

⑤重置成本，指與勘估標的相同效用之建物，以現代建材標準、設計及配置，於價格日期建築所需之成本。

第四九條

成本法估價之程序如下：

一　蒐集資料。

二　現況勘察。

三　調查、整理、比較及分析各項成本及相關費用等資料。

四　選擇適當方法推算營造或施工費。

五　推算其他各項費用及利潤。

六　計算總成本。

七　計算建物累積折舊額。

八　計算成本價格。

第五〇條

成本法估價除依第十一條規定蒐集資料外，另得視需要申請及蒐集下列土地及建物所需資料：

一　土地開發及建築構想計畫書。

二　設計圖說。

三　相關許可或執照。

四　施工計畫書。

五　竣工圖。

六　使用執照。

七　登記（簿）謄本或建物平面位置圖。

第五一條

成本法估價應蒐集與勘估標的同一供需圈內之下列資料：

一　各項施工材料、人工之價格水準。

二　營造、施工、規劃、設計、廣告、銷售、管理及稅捐等費用資料。

三　資本利率。

四　開發或建築利潤率。

第五二條

①勘估標的之總成本應包括之各項成本及相關費用如下：

一　營造或施工費。

二　規劃設計費。

三　廣告費、銷售費。

四　管理費。

　五　稅捐及其他負擔。
　六　資本利息。
　七　開發或建築利潤。

②前項勘估標的為土地或包含土地者，總成本應加計價格日期當時之土地價格。

③總成本各項計算過程應核實填寫於成本價格計算表內。

第五三條

勘估標的之營造或施工費，項目如下：

　一　直接材料費。
　二　直接人工費。
　三　間接材料費。
　四　間接人工費。
　五　管理費。
　六　稅捐。
　七　資本利息。
　八　營造或施工利潤。

第五四條

勘估標的之營造或施工費，得按下列方法擇一求取之：

　一　直接法：指就勘估標的之構成部分或全體，調查其使用材料之種別、品級、數量及所需勞力種別、時間等，並以勘估標的所在地區於價格日期之各種單價為基礎，計算其營造或施工費。

　二　間接法：指就同一供需圈內近鄰地區或類似地區中選擇與勘估標的類似之比較標的或標準建物，經比較與勘估標的之營造或施工費之條件差異並作價格調整，以求取勘估標的之營造或施工費。

第五五條

直接法分為下列二種：

　一　淨計法：指就勘估標的所需要各種建築材料及人工之數量，逐一乘以價格日期當時該建築材料之單價及人工工資，並加計管理費、稅捐、資本利息及利潤。

　二　單位工程法：係以建築細部工程之各項目單價乘以該工程施工數量，並合計之。

第五六條

①間接法分為下列二種：

　一　工程造價比較法：指按工程概算項目逐項比較勘估標的與比較標的或標準建物之差異，並依工程價格及工程數量比率進行調整，以求取勘估標的之營造或施工費。

　二　單位面積（或體積）比較法：指以類似勘估標的之比較標的或標準建物之單位面積（或體積）營造或施工費單價為基礎，經比較並調整價格後，乘以勘估標的之面積（或體積）總數，以求取勘估標的之營造或施工費。

②前項所稱標準建物，指按營造或施工費標準表所營造或施工之建物。

③前項營造或施工費標準表應由不動產估價師公會全國聯合會（以下簡稱全聯會）按不同主體構造種類及地區公告之。未公告前，應依直轄市或縣（市）政府發布地價調查用建築改良物標準單價表為準。

第五七條

勘估標的為建物時，規劃設計費按內政部所定建築師酬金標準表及直轄市或縣（市）政府發布之建造執照工程造價表計算之，或按實際營造施工費之百分之二至百分之三推估之。

第五八條

①勘估標的之資本利息應依分期投入資本數額及資本使用年數，按自有資金與借貸資金分別計息，其自有資金與借貸資金比例，應依銀行一般放款成數定之。

②前項資本利息之計算，應按營造施工費、規劃設計費、廣告費、銷售費、管理費、稅捐及其他負擔之合計額乘以利率計算。

③第一項勘估標的為土地或包含土地者，前項合計額應另加計土地價格。

第五九條

資金中自有資金之計息利率應不高於一年期定存利率且不低於活存利率；借款則以銀行短期放款利率計息；預售收入之資金應不計息。

第六〇條

①勘估標的之開發或建築利潤應視工程規模、開發年數與經濟景氣等因素，按營造或施工費、規劃設計費、廣告費、銷售費、管理費、資本利息、稅捐及其他負擔之合計額乘以適當利潤率計算之。

②前項利潤率應由全聯會定期公告；未公告前依營造或建築業之平均經營利潤率為準，並得依開發或建物形態之不同，考量經營風險及開發或建築工期之長短酌予調整之。

③前項建築工期指自申請建造執照開始至建築完成達到可交屋使用為止無間斷所需之時間。

④第一項勘估標的為土地或包含土地者，合計額應另加計土地價格。

第六一條 102

廣告費、銷售費、管理費及稅捐，應按總成本乘以相關費率計算，相關費率應由全聯會定期公告之。

第六二條

廣告費、銷售費、管理費、稅捐及開發或建築利潤，視勘估標的之性質，於成本估價時得不予計入。

第六三條

①未完工之建物應依實際完成部分估價，或以標準建物之營造或施

工費標準表爲基礎，參考建物工程進度營造費用比例表估算之。

②前項建物工程進度營造費用比例表，由全聯會公告之。

第六四條

因特殊狀況致土地或建物投資無法產生相對正常報酬之成本，於成本估價時得不予計入或於折舊中扣除，並應於估價報告書中敘明。

第六五條

①建物折舊額計算應以經濟耐用年數爲主，必要時得以物理耐用年數計算。

②經濟耐用年數指建物因功能或效益衰退至不值得使用所經歷之年數。

③物理耐用年數指建物因自然耗損或外力破壞至結構脆弱而不堪使用所經歷之年數。

④建物之經歷年數大於其經濟耐用年數時，應重新調整經濟耐用年數。

第六六條

建物經濟耐用年數表由全聯會依建物之經濟功能及使用效益，按不同主體構造種類及地區公告之。

第六七條 102

①建物之殘餘價格率應由全聯會公告之，並以不超過百分之十爲原則。

②建物耐用年數終止後確實無殘餘價格者，於計算折舊時不予提列。

③第一項所稱殘餘價格率，指建物於經濟耐用年數屆滿後，其所賸餘之結構材料及內部設備仍能於市場上出售之價格占建物總成本之比率。

④依第一項殘餘價格率計算建物殘餘價格時，應考量建物耐用年數終止後所需清理或清除成本。

第六八條 102

①建物累積折舊額之計算，應視建物特性及市場動態，選擇屬於等速折舊、初期加速折舊或初期減速折舊路徑之折舊方法。

②建物累積折舊額之計算，除考量物理與功能因素外，並得按個別建物之實際構成部分與使用狀態，考量經濟因素，觀察維修及整建情形，推估建物之膡餘經濟耐用年數，加計已經歷年數，求算耐用年數，並於估價報告書中敘明。

第六九條 102

①成本價格之計算公式如下：

一 土地價格＝土地總成本。

二 建物成本價格＝建物總成本－建物累積折舊額。

三 房地成本價格＝土地價格＋建物成本價格。

②前項土地價格之求取有困難者，得以比較法或收益法計算之，並於估價報告書中敘明。以比較法或收益法計算土地價格者，並需

考量土地部分之廣告費、銷售費、管理費、稅捐、資本利息及利潤之合理性。

③依第一項規定計算土地價格，得考量已投入土地開發改良因時間經過造成之減損，並於土地總成本中扣除。

第七〇條 102

土地開發分析法，指根據土地法定用途、使用強度進行開發與改良所導致土地效益之變化，估算開發或建築後總銷售金額，扣除開發期間之直接成本、間接成本、資本利息及利潤後，求得開發前或建築前土地開發分析價格。

第七一條 102

土地開發分析法之估價程序如下：

一　確定土地開發內容及預期開發時間。

二　調查各項成本及相關費用並蒐集市場行情等資料。

三　現況勘察並進行環境發展程度之調查及分析。

四　估算開發或建築後可銷售之土地或建物面積。

五　估算開發或建築後總銷售金額。

六　估算各項成本及相關費用。

七　選擇適當之利潤率及資本利息綜合利率。

八　計算土地開發分析價格。

第七二條 102

依土地開發分析法進行估價除依第十一條規定蒐集資料外，另得視需要蒐集下列土地及建物所需資料：

一　開發構想計畫書。

二　建築設計圖說或土地規劃配置圖說。

三　建照申請書或建造執照。

四　營造或施工費資料。

五　規劃、設計、廣告、銷售、管理及稅捐等費用資料。

六　資本利率。

七　開發或建築利潤率。

第七三條 102

現況勘察與環境發展程度之調查及分析包括下列事項：

一　調查影響總銷售金額、成本及費用等因素。

二　確認勘估標的之工程進度、施工及環境狀況並攝製必要照片或影像檔。

三　市場交易資料之蒐集、調查。

四　週遭環境土地建物及公共設施開發程度。

第七四條

①開發或建築後可銷售之土地或建物面積應依下列原則估算之：

一　依建造執照及建築設計圖說或土地開發許可文件及規劃配置圖計算之面積。

二　未取得建造執照或土地開發許可文件時應按相關法令規定下最有效使用之狀況，根據土地之地形、地勢並參酌當地市場

狀況等因素估算其可銷售面積。

②前項可銷售面積之計算過程應詳列計算式以便校核。

第七五條

①開發或建築後預期總銷售金額應按開發或建築後可銷售之土地或建物面積乘以推定之銷售單價計算之。

②可銷售面積中之各部分銷售單價不同時，應詳列各部分面積及適用之單價。

③前項銷售單價應考量價格日期當時銷售可實現之價值，以比較法或收益法求取之。

第七六條

土地建築開發之直接成本、間接成本項目如下：

一　直接成本：營造或施工費。

二　間接成本，其內容如下：

　　㈠規劃設計費。

　　㈡廣告費、銷售費。

　　㈢管理費。

　　㈣稅捐及其他負擔。

第七七條 102

廣告費、銷售費、管理費及稅捐，應按總銷售金額乘以相關費率計算，相關費率應由全聯會定期公告之。

第七八條 102

土地開發分析法之規劃設計費與利潤率應依第五十七條及第六十條規定計算之。

第七九條 102

①土地開發分析法之資本利息綜合利率，應依第五十八條及第五十九條規定計算資本利息年利率，並參考下列公式計算之：

資本利息綜合利率＝資本利息年利率×（土地價值比率＋建物價值比率× $\frac{1}{2}$ ）×開發年數

②勘估標的資本利息負擔特殊，或土地取得未立即營造施工者，資本利息綜合利率得再就前項規定之二分之一部分調整計算，並於估價報告書中敘明。

③第一項建物價值比率之建物價值，得以營造施工費加計規劃設計費計算之。

第八〇條

開發年數之估計應自價格日期起至開發完成為止無間斷所需之時間。

第八一條 102

土地開發分析法價格之計算公式如下：

$V = S ÷ (1 + R) ÷ (1 + i) - (C + M)$

其中：

V：土地開發分析價格。

S：開發或建築後預期總銷售金額。

R：適當之利潤率。

C：開發或建築所需之直接成本。

M：開發或建築所需之間接成本。

i：開發或建築所需總成本之資本利息綜合利率。

第八二條

全聯會依第五十六條、第六十條、第六十一條、第六十三條、第六十六條、第六十七條及第七十七條公告之資料，應先報請中央主管機關備查。

第四章　宗地估價

第一節　通　則

第八三條

以合併或分割為前提之宗地估價，應考慮合併或分割前後之價格變動情形，而予酌量增減。

第八四條

①數筆土地合併為一宗進行土地利用之估價，應以合併後土地價值，並以合併前各筆土地價值比例分算其土地價格。

②非以合併一宗進行土地利用為目的之數筆相連土地，其屬同一土地所有權人所有者，比照前項規定計算。

第八五條

一宗土地內有數種不同法定用途時，應考量其最有效使用及各種用途之相關性及分割之難易度後，決定分別估價或依主要用途估價。

第八六條 102

附有建物之宗地估價，應考慮該建物對該宗地價格造成之影響。但以素地估價為前提並於估價報告書敘明者，不在此限。

第八七條 102

對以進行開發為前提之宗地，得採土地開發分析法進行估價，並參酌比較法或收益法之評估結果決定其宗價額。

第八八條

土地之上下因有其他設施通過，致使用受限制之宗地，應先估算其正常價格，再考量該設施通過造成土地利用之影響，並計算其土地價格減損額後，從正常價格中扣除之，以其餘額為該宗地之價格。

第八九條

受有土壤或地下水污染之土地，應先估算其未受污染之正常價格，再依據委託人提供之土壤污染檢測資料，考量該土壤或地下水污染之影響，並計算其土地價格減損額後，從正常價格中扣除之，以其餘額為該宗地之價格。

第二節　特殊宗地估價

第九○條

溫泉地之估價，應考慮溫泉地之水權內容、開發成本、水量、水質、水溫、當地之交通情形、相關設施及遊客人數等影響溫泉地價格之因素。

第九一條

高爾夫球場之估價，應考慮會員制度、球場設施、開發成本、收益及營運費用等因素。

第九二條

林地之估價，得視林木之成長情形而分別採取比較法、收益法及成本法估計之。於採成本法估價時，其總費用之計算，應考量造林費、林地改良費及道路開挖費用。

第九三條

農場或牧場之估價，以比較法估價為原則。無買賣實例者，得以附近土地價格為基礎，考慮其位置、形狀、地形、土壤特性及利用狀況等差異，比較推估之。

第九四條

鹽田之估價，以比較法估價為原則。無買賣實例者，得以附近土地價格為基礎，考慮其日照、通風、位置及形狀等差異，比較推估之。

第九五條　102

池沼、墓地之估價，以比較法估價為原則。無買賣實例者，得以附近土地價格為基礎，考慮位置、形狀、利用狀況等差異，比較推估之。

第九六條　（刪除）102

第九七條

公共設施用地及公共設施保留地之估價，以比較法估價為原則。無買賣實例者，得比較其與毗鄰土地使用分區及使用強度差異，及土地價值減損情況，並掛酌毗鄰土地平均價格為基礎推算之。

第五章　房地估價

第九八條

①區分所有建物之估價，應就專有部分、共用部分之比例及基地權利合併估價，並考量其與比較標的之樓層別效用比及位置差異作適當之調整。

②前項樓層別效用比，由全聯會按不同地區所蒐集之案例公告，供前項調整之參考，並依市場行情及地方習慣推估之。

第九九條

①以勘估標的之房地價格推估其基地單價時，得以下列方式估計之：

一　勘估標的之基地價格＝勘估標的之房地價格－勘估標的之建

物成本價格。

二　勘估標的之基地單價＝勘估標的之基地價格／勘估標的之基地面積。

②勘估標的之土地價值比率及建物價值比率已知者，以勘估標的之房地價格推估其基地單價時，亦得以下列方式估計之：

一　勘估標的之基地價格＝勘估標的之房地價格×土地價值比率。

二　勘估標的之基地單價＝勘估標的之基地價格／勘估標的之基地面積。

③前項所稱土地價值比率及建物價值比率，應參酌當地市場調查資料，運用估價方法計算之。

第一○○條

①前條勘估標的屬區分所有建物時，以其房地價格推估該區分所有建物基地單價時，得以下列方式估計之：

一　該區分所有建物基地權利價格＝該區分所有建物房地價格－該區分所有建物之建物成本價格

二　該區分所有建物之基地權利單價＝該區分所有建物基地權利價格／該區分所有建物之基地持分面積

三　基地單價＝該區分所有建物之基地權利單價×平均地價分配率／該區分所有建物之地價分配率

②前項第三款該區分所有建物之地價分配率公式如下：

該區分所有建物之地價分配率＝該區分所有建物之樓層別效用比÷平均樓層別效用比×全棟建物成本價格占全棟房地總價格比率

第一○一條

①勘估標的之土地價值比率及建物價值比率已知者，前條以房地價格推估該區分所有建物基地單價，亦得以下列方式估計之：

一　該區分所有建物基地權利價格＝該區分所有建物房地價格×土地價值比率

二　該區分所有建物之基地權利單價＝該區分所有建物基地權利價格／該區分所有建物之基地持分面積

三　該區分所有建物之基地單價＝該區分所有建物之基地權利單價×平均樓層別效用比／該區分所有建物之樓層別效用比

②前項所稱土地價值比率及建物價值比率，應參酌當地市場調查資料，運用估價方法計算之。

第一○一條之一　102

勘估標的之土地價值比率及建物價值比率已知者，以勘估標的之房地價格推估其建物價格時，得以房地價格乘以建物價值比率計算之。

第一○二條

實際建築使用之容積率超過法定容積率之房地估價，應以實際建築使用合法部分之現況估價，並敘明法定容積對估值之影響。

第一○三條

附有違章建築之房地估價，其違建部分不予以評估。但委託人要求評估其價值，並就合法建物及違建部分於估價報告書中分別標示各該部分之價格者，不在此限。

第一○四條

未達最有效使用狀態之房地估價，應先求取其最有效使用狀態之正常價格，再視其低度使用情況進行調整。

第一○五條

建物原核定用途與現行土地使用管制不符之合法建物，應以現行土地使用分區管制允許之建物用途估價，並就其與建物法定用途估價之差額於估價報告書中敘明。

第一○六條

建物已不具備使用價值，得將其基地視為素地估價。但應考量建物拆除成本予以調整之。

第六章 土地改良物估價

第一○七條

土地改良物之分類，依土地法第五條規定。

第一○八條

①建物估價，以成本法估價為原則。
②辦理建物估價時，其附屬設施得一併估計之。

第一○九條

本規則所稱農作改良物之估價，指附著於土地之果樹、茶樹、竹類、觀賞花木、造林木及其他各種農作物之估價。

第一一○條

農作改良物之估價，應依其類別，考量其生產環境、農業災害、生產技術、生產期間、樹齡大小、生長情形、結果習性、管理狀況及農業設施等因素估計之。

第一一一條

農作改良物之估價方式如下：

一　農作改良物幼小且距孳息成熟期尚長者，依其種植及培育費用，並視作物生長情況估計之。

二　農作改良物接近孳息成熟期者，應估計其收穫量及市場價格，必要時得扣減價格日期至作物孳息成熟期間收成所應投入之費用。

三　農作改良物距成熟期一年以上，且有期待收穫價值者，得以產地價格為基礎，推估未來收穫價格後，折算為價格日期之價格。但應扣除價格日期至作物孳息成熟期間收成所應投入之費用。

第一一二條

附著於土地之工事及水利土壤之改良，以成本法估價為原則。但得斟酌比較法及收益法估價之結果，決定其估價額。

第一一三條

受有土壤及地下水污染之建物，應先估算其未受污染之正常價格，再依據委託人提供之土壤污染檢測資料，考量該土壤及地下水污染之影響，並計算其減損額後，從正常價格中扣除之，以其餘額爲該建物之價格。

第七章　權利估價

第一一四條 102

權利估價，包括地上權、典權、永佃權、農育權、不動產役權、耕作權、抵押權、租賃權、市地重劃、容積移轉及都市更新權利變換之估價。

第一一五條

權利估價，應考慮契約內容、權利存續期間、權利登記狀況、相關法令規定、民間習俗及正常市場權利狀態等影響權利價值之因素估計之。

第一一六條

地上權估價，應考慮其用途、權利存續期間、支付地租之有無、權利讓與之限制及地上權設定之空間位置等因素估計之。

第一一七條

典權估價，應考慮權利存續期間、權利讓與之限制等因素，以典價爲基礎估計之。

第一一八條

永佃權估價，應考慮佃租支付情形、民間習俗等因素估計之。

第一一八條之一 102

農育權估價，應考慮設定目的、約定方法、權利存續期間、支付地租之有無及高低、權利讓與之限制、民間習俗、得爲增加土地生產力或使用便利之特別改良等因素估計之。

第一一九條 102

不動產役權估價，應考慮需役不動產與供役不動產之使用情況、權利存續期間、不動產役權使用性質、民間習俗等因素估計之。

第一二〇條

耕作權估價，應考慮耕作期間、權利登記狀況、相關法令規定等因素估計之。

第一二一條

抵押權估價，應估計價格日期當時勘估標的正常價格，以實際債權額爲基礎，考慮其他順位抵押權設定狀況、流通性、風險性、增值性及執行上之難易程度等因素調整估計之。

第一二二條

租賃權估價，應考慮契約內容、用途、租期、租金支付方式、使用目的及使用情形等因素估計之。

第一二二條之一 102

市地重劃估價，其重劃前、後地價評估項目應依平均地權條例及

其施行細則、市地重劃實施辦法及獎勵土地所有權人辦理市地重劃辦法等相關法令規定辦理。

第一二三條

容積移轉估價，應考慮容積送出基地、接受基地及其他影響不動產價格及相關法令等因素估計之。

第一二四條 102

都市更新權利變換估價，其評估項目應依都市更新條例及都市更新權利變換實施辦法等相關法令規定辦理。

第一二五條 102

①權利變換前為區分所有建物者，應以全棟建物之基地價值比率，分算各區分所有建物房地總價之基地權利價值，公式如下：

各區分所有建物之基地權利價值＝各區分所有建物房地總價×基地價值比率

②前項基地價值比率之計算公式如下：

基地價值比率＝素地單價×基地總面積／｛素地單價×基地總面積＋〔營造或施工費單價×（1－累積折舊率）×全棟建物面積〕｝

③區分所有建物情況特殊致依第一項計算之基地權利價值顯失公平者，得依第一百二十六條之二計算之基地權利價值予以調整。

第一二六條 102

權利變換前區分所有建物之基地總價值低於區分所有建物坐落基地之素地總價值者，各區分所有建物之基地權利價值，計算方式如下：

一　依前條規定計算基地價值比率。

二　各區分所有建物基地權利價值＝各區分所有建物房地總價×基地價值比率。

三　各區分所有建物基地權利價值比率＝各區分所有建物基地權利價值／Σ（各區分所有建物基地權利價值）。

四　各區分所有建物調整後基地權利價值＝區分所有建物坐落基地之素地總價值×各區分所有建物基地權利價值比率。

第一二六條之一 102

權利變換前為非屬區分所有之建物者，應以該建物之房地總價乘以基地價值比率計算基地權利價值。但基地權利價值低於素地價值者，以素地價值為準。

第一二六條之二 102

①權利變換前地上有區分所有建物之基地所有權人未持有該區分所有建物產權者，其土地權利價值計算方式如下：

一　該基地所有權人持有之土地持分可確認其對應之區分所有建物者，依第一百二十五條或第一百二十六條計算其對應區分所有建物之基地權利價值，再扣除該合法區分所有建物權利價值。

二　該基地所有權人持有之土地持分無法確認其對應之區分所有

建物者，依下列方式計算：

㈠依第一百二十五條或第一百二十六條計算同一建築基地平均單價。

㈡前目平均單價乘以無持分建物權屬之基地持分面積。

㈢計算地上建物全棟之權利價值。

㈣前目乘以無持分建物權屬之基地持分比例。

㈤第二目扣除前目之餘額。

②前項無持分建物權屬之基地所有權人與其地上建物所有權人自行協議者，依其協議辦理。

第一二七條

權利變換前之基地未建築使用者，以素地價值推估其土地權利價值。

第一二八條

權利變換後區分所有建物及其土地應有部分，應考量都市更新權利變換計畫之建築計畫、建材標準、設備等級、工程造價水準及更新前後樓層別效用比關聯性等因素，以都市更新評價基準日當時之新成屋價格查估之。

第八章　租金估計

第一二九條

不動產之租金估計應考慮契約內容、租期長短、使用目的、稅費負擔、租金水準、變遷狀態、租約更新、變更條件及其他相關因素估計之。

第一三○條

①不動產租金估計，以估計勘估標的之實質租金為原則。

②前項所稱實質租金，指承租人每期支付予出租人之租金，加計押金或保證金、權利金及其他相關運用收益之總數。

第一三一條

不動產租金估計，應視新訂租約與續訂租約分別為之。

第一三二條

新訂租約之租金估計，得採下列方式為之：

一　以新訂租約之租賃實例為比較標的，運用比較法估計之。

二　以勘估標的之價格乘以租金收益率，以估計淨收益，再加計必要費用。

三　分析企業經營之總收入，據以估計勘估標的在一定期間內之淨收益，再加計必要費用。

第一三三條

續訂租約之租金估計，得採下列方式為之：

一　以續訂租約之租賃實例為比較標的，運用比較法估計之。

二　以勘估標的於價格日期當時之正常價格為基礎，乘以續租之租金收益率，以估計淨收益，再加計必要費用。

三　以勘估標的之原契約租金之淨收益，就其租金變動趨勢調整

　　　後，再加計必要費用。

四　分析勘估標的原契約租金與市場經濟租金之差額中，應歸屬
　　於出租人之適當部分，加計契約租金。

第九章　附　則

第一三四條

　　本規則自發布日施行。

伍、地權法規

耕地三七五減租條例

①民國 40 年 6 月 7 日總統令制定公布全文 30 條。
②民國 43 年 12 月 9 日總統令增訂公布第 27 條條文；原第 27 條改為
　第 28 條，以下條文依次遞改，全文共 31 條。
③民國 72 年 12 月 23 日總統令修正公布全文 31 條。
④民國 91 年 5 月 15 日總統令修正公布第 3、4、6 條條文。

第一條 （適用範圍）

耕地之租佃，依本條例之規定；本條例未規定者，依土地法及其他法律之規定。

第二條 （三七五減租）

①耕地地租租額，不得超過主要作物正產品全年收穫總量千分之三百七十五；原約定地租超過千分之三百七十五者，減為千分之三百七十五；不及千分之三百七十五者，不得增加。

②前項所稱主要作物，係指依當地農業習慣種植最為普遍之作物，或實際輪植之作物；所稱正產品，係指農作物之主要產品而為種植之目的者。

第三條 （耕地租佃委員會）91

①直轄市或縣（市）政府及鄉（鎮、市、區）公所，應分別設立耕地租佃委員會。但鄉（鎮、市、區）公所轄區內地主、佃農戶數過少時，得不設立，或由數鄉（鎮、市、區）合併設立耕地租佃委員會。

②前項委員會佃農代表人數，不得少於地主與自耕農代表人數之總和；其組織規程，由內政部、直轄市政府擬訂，報請行政院核定。

③鄉（鎮、市、區）公所未設立耕地租佃委員會者，其有關租佃事項，由直轄市或縣（市）政府耕地租佃委員會處理之。

第四條 （主要作物正產品收穫總量標準）91

耕地主要作物正產品，全年收穫總量之標準，由各鄉（鎮、市、區）公所耕地租佃委員會，按照耕地等則評議報請直轄市或縣（市）政府耕地租佃委員會評定後，報內政部備查。

第五條 （耕地租佃期間）

耕地租佃期間，不得少於六年；其原約定租期超過六年者，依其原約定。

第六條 （耕地租約之登記）91

①本條例施行後，耕地租約應一律以書面為之；租約之訂立、變更、終止或換訂，應由出租人會同承租人申請登記。

②前項登記辦法，由內政部、直轄市政府擬訂，報請行政院核定之。

第七條 （租約內應訂明事項）

地租之數額、種類、成色標準、繳付日期與地點及其他有關事項，應於租約內訂明；其以實物繳付需由承租人運送者，應計程給費，由出租人負擔之。

第八條 （地租繳付）

承租人應按期繳付地租，出租人收受時，應以檢定合格之量器或衡器為之。

第九條 （地租之標的物）

承租人於約定主要作物生長季節改種其他作物者，仍應以約定之主要作物繳付。但經出租人同意，得依當地當時市價折合現金或所種之其他作物繳付之。

第一〇條 （拒收地租之處置）

依照本條例及租約規定繳付之地租，出租人無正當理由拒絕收受時，承租人得憑村里長及農會證明，送請鄉（鎮、市、區）公所代收，限出租人於十日內領取，逾期得由鄉（鎮、市、區）公所斟酌情形，照當地當時市價標售保管，其效力與提存同。

第一一條 （歉收減免租之處理）

①耕地因災害或其他不可抗力致農作物歉收時，承租人得請求鄉（鎮、市、區）公所耕地租佃委員會查勘歉收成數，議定減租辦法，鄉（鎮、市、區）公所耕地租佃委員會應於三日內辦理；必要時得報請直轄市或縣（市）政府耕地租佃委員會復勘決定之。

②地方如普遍發生前項農作物歉收情事，鄉（鎮、市、區）公所耕地租佃委員會應即勘定受災地區歉收成數，報請直轄市或縣（市）政府耕地租佃委員會議定減租辦法。

③耕地因災歉致收穫量不及三成時，應予免租。

第一二條 （出租人農舍之使用）

承租人之農舍，原由出租人無條件供給者，本條例施行後，仍由承租人繼續使用，出租人不得藉詞拒絕或收取報酬。

第一三條 （承租人特別改良）

①承租人對於承租耕地之特別改良得自由為之，其特別改良事項及用費數額，應以書面通知出租人，並於租佃契約終止返還耕地時，由出租人償還之。但以未失效能部分之價值為限。

②前項所稱之耕地特別改良，係指於保持耕地原有性質及效能外，以增加勞力資本之結果，致增加耕地生產力或耕作便利者。

第一四條 （預收地租與押租之禁止）

出租人不得預收地租及收取押租。

第一五條 （承租人之優先承受權）

①耕地出賣或出典時，承租人有優先承受之權，出租人應將賣典條件以書面通知承租人，承租人在十五日內未以書面表示承受者，視為放棄。

②出租人因無人承買或受典而再行貶價出賣或出典時，仍應照前項規定辦理。

③出租人違反前二項規定而與第三人訂立契約者，其契約不得對抗承租人。

第一六條 （承租人轉租之禁止）

①承租人應自任耕作，並不得將耕地全部或一部轉租於他人。

②承租人違反前項規定時，原訂租約無效，得由出租人收回自行耕種或另行出租。

③承租人因服兵役致耕作勞力減少而將承租耕地全部或一部託人代耕者，不視為轉租。

第一七條 （租期屆滿前之終止）

①耕地租約在租佃期限未屆滿前，非有左列情形之一不得終止：

　一　承租人死亡而無繼承人時。

　二　承租人放棄耕作權時。

　三　地租積欠達兩年之總額時。

　四　非因不可抗力繼續一年不為耕作時。

　五　經依法編定或變更為非耕地使用時。

②依前項第五款規定，終止租約時，除法律另有規定外，出租人應給予承租人左列補償：

　一　承租人改良土地所支付之費用。但以未失效能部分之價值為限。

　二　尚未收穫農作物之價額。

　三　終止租約當期之公告土地現值，減除土地增值稅後餘額三分之一。

第一八條 （耕地租約終止之期限）

耕地租約之終止，應於收益季節後次期作業開始前為之。但當地有特殊習慣者，依其習慣。

第一九條 （租約期滿時承租人之保護）

①耕地租約期滿時，有左列情形之一者，出租人不得收回自耕：

　一　出租人不能自任耕作者。

　二　出租人所有收益足以維持一家生活者。

　三　出租人因收回耕地，致承租人失其家庭生活依據者。

②出租人為擴大家庭農場經營規模，得收回與其自耕地同一或鄰近地段內之耕地自耕，不受前項第二款規定之限制。

③出租人依前項規定收回耕地時，準用第十七條第二項規定補償承租人。

④出租人不能維持其一家生活而有第一項第三款情事時，得申請鄉（鎮、市、區）公所耕地租佃委員會予以調處。

第二○條 （耕地租約之續訂）

耕地租約於租期屆滿時，除出租人依本條例收回自耕外，如承租人願繼續承租者，應續訂租約。

第二一條 （強脅承租人放棄耕地權利罪）

出租人以強暴、脅迫方法強迫承租人放棄耕作權利者，處三年以下有期徒刑。

第二二條 （違規終止租約收回自耕拒續約罪）

出租人有左列情形之一者，處一年以下有期徒刑或拘役：

一 違反第十七條第一項規定終止租約者。

二 違反第十九條規定收回自耕者。

三 違反第二十條規定拒絕續訂租約者。

第二三條 （超收地租預收地租或收取押租罪）

出租人有左列情事之一者，處拘役或科四百元以上四千元以下罰金：

一 違反第二條規定超收地租者。

二 違反第十四條規定預收地租或收取押租者。

第二四條 （承租人之轉租罪）

承租人違反第十六條第一項規定者，處拘役或科四百元以上四千元以下罰金。

第二五條 （租約屆滿前讓與所有權效力）

在耕地租期屆滿前，出租人縱將其所有權讓與典第三人，其租佃契約對於受讓受典人仍繼續有效，受讓受典人應會同原承租人申請為租約變更之登記。

第二六條 （爭議之調節調處）

①出租人與承租人間因耕地租佃發生爭議時，應由當地鄉（鎮、市、區）公所耕地租佃委員會調解；調解不成立者，應由直轄市或縣（市）政府耕地租佃委員會調處；不服調處者，由直轄市或縣（市）政府耕地租佃委員會移送該管司法機關，司法機關應即迅予處理，並免收裁判費用。

②前項爭議案件非經調解、調處，不得起訴；經調解、調處成立者，由直轄市或縣（市）政府耕地租佃委員會給予書面證明。

第二七條 （爭議調節、調處之效力）

前條爭議案件，經調解或調處成立者，當事人之一方不履行其義務時，他造當事人得逕向該管司法機關聲請強制執行，並免收執行費用。

第二八條 （永佃權耕地準用）

本條例之規定，於永佃權之耕地準用之。

第二九條 （經營者之規定）

耕地依農業發展條例規定經營者，從其規定。

第三〇條 （施行區域）

本條例之施行區域，由行政院以命令定之。

第三一條 （施行日）

本條例自公布日施行。

耕地三七五租約清理要點

①民國 73 年 10 月 6 日內政部函訂定發布全文 17 點。
②民國 91 年 6 月 18 日內政部函修正發布第 2、3、10、11、15、16 點。

一　耕地租約之清理，除依耕地三七五減租條例、省（市）耕地租約登記辦法外，依本要點行之。

二　為清理已登記之耕地租約，鄉（鎮、市、區）公所辦理租約登記前，應查明佃租關係是否存在，及其出租人、承租人、租佃土地標示等各項情形，以為清理租約之參考。

三　耕地租約之訂立、續訂、變更、終止、註銷或更正，由出租人會同承租人申請登記，當事人一方不會同他方申請時，得由他方陳明理由，單獨申請登記。

　　鄉（鎮、市、區）公所受理由當事人之一方單獨申請登記時，應通知他方於接到通知後二十日內提出書面意見，逾期未提出者，視為同意。

　　前項登記係依確定判決、訴訟上之和解或調解成立、耕地租佃委員會之調解或調處成立而為者，免與通知他方。

四　耕地租約期滿，出租人申請終止租約，而承租人申請繼續承租時，依左列規定處理：

　（一）承租人仍繼續耕作，而出租人有耕地三七五減租條例第十九條第一項各款情形之一者，應准承租人續訂租約。

　（二）出租人無耕地三七五減租條例第十九條第一項第一款、第二款情形，承租人因出租人收回耕地致失其家庭生活依據者，由（鎮、市、區）公所耕地租佃委員會依申請予以調處。

　（三）出租人為擴大家庭農場經營規模，且無耕地三七五減租條例第十九條第一項第一款、第三款情形之一者，得收回與其自耕地同一或鄰近地段內之耕地自耕，不受同條項第二款規定限制。

　（四）出租人無耕地三七五減租條例第十九條第一項第一款、第二款情形，而承租人不因出租人收回耕地，失其家庭生活依據，准由出租人收回自耕。

五　耕地租約期滿，出租人未申請終止租約，而承租人申請繼續承租，並有繼續耕作之事實者，應准續訂租約。

六　耕地租約期滿，承租人未申請繼續承租，而出租人申請終止租約者，依左列規定處理：

　（一）出租人無耕地三七五減租條例第十九條第一項第一款情形

者，准予辦理終止租約登記。

㈡出租人有耕地三七五減租條例第十九條第一項第一款情形者，鄉（鎮、市、區）公所應以書面通知承租人於十日內以書面表示是否願意續租，如(1)承租人於限期內表示願繼續承租，並經查明其有耕作之事實者，應准續訂租約；(2)承租人逾期不為表示，而又無繼續耕作之事實者，視為不願續訂租約，准予辦理終止租約登記。

七　出租人、承租人依本要點第四、五、六點規定申請終止或續訂租約登記時，應於耕地租約期滿翌日起四十五日內為之。

出租人、承租人於前項期間內，均未提出申請時，鄉（鎮、市、區）公所應逕為辦理租約註銷登記，將登記結果公告三十日，並以書面通知出租人、承租人。

八　耕地租約期滿出租地為祭祀公業、神明會、法人等及其他非自然人所有者，不得依耕地三七五減租條例第十九條規定申請收回自耕。但耕地租約如有同條例第十七條第一項各款情形之一，或承租人表示不願繼續承租者，准予辦理終止租約登記。

九　耕地租約有左列情形之一，出租人、承租人申請終止租約，經查明屬實者，准予辦理租約終止或註銷登記：

㈠承租人死亡而無繼承人時。

㈡承租人放棄耕作權（承租權）時。

㈢承租人積欠地租達兩年之總額，經出租人依民法第四百四十條第一項規定催告，仍未依限期支付者。

㈣承租人非因不可抗力繼續一年不為耕作時。

㈤出租耕地全部經依法編定或變更為非耕地使用時。

㈥出租耕地全部經出租人收回者。

㈦承租人將承租耕地轉租於他人者。

一〇　耕地租約有下列各款情形之一者，應為租約變更登記：

㈠出租人將耕地之一部或全部轉讓或出典與第三人者。

㈡出租人死亡，由繼承人繼承者。

㈢承租人死亡，由繼承人繼承承租權者。

㈣耕地之一部已由出租人收回者。

㈤耕地已分戶分耕者。

㈥耕地經分割、合併或其他標示變更者。

㈦耕地之一部已由承租人承買或承典者。

㈧耕地之一部滅失者。

㈨耕地之一部變更為非耕地使用者。

㈩耕地因實施土地重劃、地籍圖重測變動者。

(十一)耕地之一部經政府徵收或收購者。

(十二)其他租約內容變更之情事。

鄉（鎮、市、區）公所依前項第三款辦理租約變更登記時，非現耕之繼承人未拋棄其繼承權，亦不能按應繼分將耕地承租權分歸現耕繼承人繼承時，可由現耕繼承人具結辦理租約

變更登記。
耕地租約經查明有第一項各款情形之一，而出租人、承租人未於六個月內申請登記者，鄉（鎮、市、區）公所應即通知出租人、承租人於二十日內申請租約變更登記，逾期未申請者，由鄉（鎮、市、區）公所逕為租約變更登記，將登記結果公告三十日並以書面通知雙方當事人。

一一 耕地租約經查明有左列情形之一，而出租人、承租人未申請登記者，鄉（鎮、市、區）公所應通知出、承租人。出租人、承租人於接到通知後二十日內未提出異議者，即逕為租約註銷登記，並將登記結果以書面通知雙方當事人。
㈠耕地全部經政府徵收或收購者。
㈡耕地全部經承租人承買或承典者。
㈢耕地已全部變更為公共設施或建築使用者。
㈣耕地已全部滅失者。
㈤已無租佃事實者。

一二 耕地租約有左列各款情形之一者，鄉（鎮、市、區）公所應即通知出租人、承租人於三個月內會同辦理更正，或由一方檢具證明文件單獨申請更正：
㈠租約上未詳載各筆租佃土地地號者。
㈡租約上所載租佃土地為一筆土地之部分，無法確定其範圍者。
㈢其他租佃土地標示不明確之情形者。
耕地租約有前項各款情形之一，如出租人、承租人無法確定，或數承租人間有所爭議時，應向地政事務所申請勘測，以確定租佃土地標示，並申請更正登記。

一三 依本要點清理租約所為之公告地點如左：
㈠土地所在地鄉（鎮、市、區）公所公告欄。
㈡土地所在地村、里辦公處公告欄。

一四 因清理租約所為耕地租約之訂立、續訂、變更、終止、註銷或更正登記，出租人、承租人間發生爭議時，依耕地三七五減租條例第二十六條規定處理。但鄉（鎮、市、區）公所就同條例第十九條所為耕地准否收回自耕之核定與調處，當事人如有不服，得依訴願法規定提起訴願。

一五 依本要點清理租約，鄉（鎮、市、區）公所使用之租約登記簿格式，應由內政部或直轄市政府予以修訂，以利租約管理。
鄉（鎮、市、區）公所於清理租約時，除保存原租約登記簿外，應將原租約登記簿有效部分轉載於新租約登記簿上，俾便辦理各項租約登記。

一六 依本要點清理租約之清理計畫及清理、登記所需各項書、表格式，由內政部或直轄市政府訂定之。

一七 各鄉（鎮、市、區）公所依本要點清理租約所應辦理事項，於未設置區公所之省轄市，由市政府辦理之。

地籍清理條例

①民國 96 年 3 月 21 日總統令制定公布全文 43 條。
民國 97 年 3 月 18 日行政院令發布定自 97 年 7 月 1 日施行。
②民國 104 年 6 月 3 日總統令修正公布第 14、15、43 條條文；增訂第 31-1 條條文；並自公布日施行。

第一章 總 則

第一條 （立法目的）

為健全地籍管理，確保土地權利，促進土地利用，特制定本條例。

第二條 （主管機關及登記機關）

①本條例所稱主管機關：在中央為內政部；在直轄市為直轄市政府；在縣（市）為縣（市）政府。

②本條例所稱登記機關，指土地所在地之直轄市或縣（市）地政事務所；未設地政事務所者，指直轄市或縣（市）主管機關辦理土地登記之機關。

第三條 （地籍清理之程序及公告、申報或申請登記之期限）

①主管機關為清查權利內容不完整或與現行法令規定不符之地籍登記，經釐清權利內容及權屬後，應重新辦理登記；其未能釐清權利內容及權屬者，應予標售或處理；除本條例另有規定外，其清理程序如下：

一 清查地籍。

二 公告下列事項：

(一)應清理之土地。

(二)受理申報或受理申請登記之機關。

(三)申報或申請登記之期間。

三 受理申報。

四 受理申請登記。

五 審查及公告審查結果。

六 登記並發給權利證書。

七 異動或其他之處理。

②前項第二款之公告，由直轄市或縣（市）主管機關為之，其期間為九十日；申報或申請登記之期間，除本條例另有規定外，為期一年。

第四條 （土地地籍清查期間之訂定）

直轄市或縣（市）主管機關應於一定期間內清查轄區內第十七條至第三十三條規定之土地地籍；其清查之期間、範圍、分類、程

序及其他相關事項之辦法，由中央主管機關定之。

第五條　（土地清理公告前之查詢、通知）

有下列各款情形之一者，直轄市或縣（市）主管機關依第三條第一項第二款公告應清理之土地前，應向稅捐、戶政、民政、地政、法院等機關查詢；其能查明土地權利人或利害關係人者，應於公告時一併通知：

一　以日據時期會社或組合名義登記。

二　以神明會名義登記。

三　土地總登記時或金門馬祖地區實施戰地政務終止前，登記名義人姓名或住址記載不全或不符。

第六條　（審查補正）

登記機關受理申請登記後，應即開始審查，經審查應補正者，通知申請人於六個月內補正。

第七條　（駁回申請登記之情形）

①有下列各款情形之一者，登記機關應以書面駁回：

一　依法不應登記。

二　登記之權利人、義務人或其與權利關係人間涉有私權爭執。

三　不能補正或屆期未補正。

②依前項第一款、第三款規定駁回者，申請人如有不服，得依法提起訴願；依前項第二款規定駁回者，應於收受駁回通知書之次日起三個月內，向管轄法院提起訴訟。

第八條　（土地公告）

登記機關受理申請登記，經審查無誤者，除第十九條至第二十六條及第三十四條至第三十九條規定之土地應即辦理登記外，其餘土地應即公告三個月。

第九條　（調處）

①土地權利關係人於前條公告期間內，得以書面向該管登記機關提出異議，並應檢附證明文件；經該管登記機關審查屬土地權利爭執者，應移送直轄市或縣（市）主管機關調處。

②直轄市或縣（市）主管機關為前項之調處時，準用土地法第三十四條之二規定，進行調處。不服調處者，得於收受調處結果通知次日起三十日內，向管轄法院提起訴訟；屆期未提起訴訟者，依原調處結果辦理。

第一〇條　（辦理登記之時機）

申請登記事項於公告期滿無人異議、經調處成立或法院判決確定者，應即依其結果辦理登記。

第一一條　（代為標售之土地）

①第十七條至第二十六條、第三十二條及第三十三條規定之土地，有下列情形之一者，除公共設施用地外，由直轄市或縣（市）主管機關代為標售：

一　屆期無人申報或申請登記。

二　經申報或申請登記而被駁回，且屆期未提起訴願或訴請法院

　　　　裁判。

三　經訴願決定或法院裁判駁回確定。

②前項情形，相關權利人有正當理由者，得申請暫緩代為標售。

③前二項代為標售之程序、暫緩代為標售之要件及期限、底價訂定及其他應遵行事項之辦法，由中央主管機關定之。

第一二條　（優先購買權人之資格、順序）

①依前條規定代為標售之土地，其優先購買權人及優先順序如下：

一　地上權人、典權人、永佃權人。

二　基地或耕地承租人。

三　共有土地之他共有人。

四　本條例施行前已占有達十年以上，至標售時仍繼續為該土地之占有人。

②前項第一款優先購買權之順序，以登記之先後定之。

第一三條　（行使優先購買權之期間、方式）

①直轄市或縣（市）主管機關代為標售土地前，應公告三個月。

②前項公告，應載明前條之優先購買權意旨，並以公告代替對優先購買權人之通知。優先購買權人未於決標後十日內以書面為承買之意思表示者，視為放棄其優先購買權。

第一四條　（地籍清理土地權利價金之保管、申領）104

①直轄市或縣（市）主管機關應於國庫設立地籍清理土地權利價金保管款專戶，保管代為標售或代為讓售土地之價金。

②直轄市或縣（市）主管機關應將代為標售或代為讓售土地價金，扣除百分之五行政處理費用、千分之五地籍清理獎金及應納稅賦後，以其餘額儲存於前項保管款專戶。

③權利人自專戶儲存之保管款儲存之日起十年內，得檢附證明文件向直轄市或縣（市）主管機關申請發給土地價金；經審查無誤，公告三個月，期滿無人異議時，按代為標售或代為讓售土地之價金扣除前項應納稅賦後之餘額，並加計儲存於保管款專戶之實收利息發給之。

④前項權利人已死亡者，除第十九條及第二十六條規定之土地外，得由部分繼承人於前項申請期限內按其應繼分申請發給土地價金。

⑤第三項期間屆滿後，專戶儲存之保管款經結算如有賸餘，歸屬國庫。

⑥地籍清理土地權利價金保管款之儲存、保管、繳庫等事項及地籍清理獎金之分配、核發等事項之辦法，由中央主管機關定之。

第一五條　（登記為國有土地發給土地價金之申請）104

①依第十一條規定代為標售之土地，經二次標售而未完成標售者，由直轄市或縣（市）主管機關囑託登記為國有。

②前項登記為國有之土地，權利人自登記完畢之日起十年內，得檢附證明文件向直轄市或縣（市）主管機關申請發給土地價金；經審查無誤，公告三個月，期滿無人異議時，依該土地第二次標售

底價扣除應納稅賦後之餘額，並加計自登記國有之日起儲存於保管款專戶之應收利息發給。所需價金，由地籍清理土地權利價金保管款支應；不足者，由國庫支應。

③前項權利人已死亡者，除第十九條及第二十六條規定之土地外，得由部分繼承人於前項申請期限內按其應繼分申請發給土地價金。

第一六條 （公告期間異議之處理方式）

第十四條第三項及前條第二項公告期間異議之處理，準用第九條規定辦理。

第二章 日據時期會社或組合名義登記土地之清理

第一七條 （以日據時期會社或組合名義登記土地之申請更正登記）

①以日據時期會社或組合名義登記之土地，原權利人或其繼承人應於申請登記期間內提出有關股權或出資比例之證明文件，向該管登記機關申請更正登記為原權利人所有。

②前項所稱原權利人，指中華民國三十四年十月二十四日為股東或組合員，或其全體法定繼承人者。但股東或組合員為日本人者，以中華民國為原權利人。

第一八條 （以日據時期會社或組合名義登記土地之處理方式）

①前條規定之土地，依下列方式處理：

  一　原權利人及其股權或出資比例已確知者，依各該原權利人之股權或出資比例登記為分別共有。

  二　原權利人之股權或出資比例全部或部分不明者，原權利人或其繼承人應就不明部分之土地權利協議其應有部分，協議不成者，其應有部分登記為均等。

  三　原權利人及其股權或出資比例全部或部分不明者，其不明部分之土地權利依第十一條第一項規定辦理。

②原權利人中有前條第二項但書情形者，應依該日本人之股權或出資比例登記為國有。

第三章 神明會名義登記土地之清理

第一九條 （神明會名義登記土地之申報）

①神明會土地，應由神明會管理人或三分之一以上會員或信徒推舉之代表一人，於申報期間內檢附下列文件，向土地所在地之直轄市或縣（市）主管機關申報：

  一　申報書。

  二　神明會沿革及原始規約。無原始規約者，得以該神明會成立時組織成員或出資證明代替。

  三　現會員或信徒名冊、會員或信徒系統表及會員或信徒全部戶籍謄本。

  四　土地登記謄本及土地清冊。

五　其他有關文件。

②前項申報有二人以上者，直轄市、縣（市）主管機關應通知當事人於三個月內協調以一人申報，逾期協調不成者，由直轄市、縣（市）主管機關通知當事人於一個月內向法院提起確認之訴，並陳報直轄市、縣（市）主管機關，直轄市、縣（市）主管機關應依法院確定判決辦理；屆期未起訴者，均予駁回。

③神明會土地位在不同直轄市或縣（市）者，應向該神明會土地面積最大之直轄市或縣（市）主管機關申報；受理申報之主管機關應通知神明會其他土地所在之主管機關會同審查。

第二○條　（神明會土地申報之公告期間）

①神明會依前條規定所為之申報，直轄市或縣（市）主管機關於審查無誤後，應於土地所在地之鄉（鎮、市、區）公所、村里辦公處公告及陳列會員或信徒名冊、系統表及土地清冊，期間為三個月，並將公告文副本及現會員或信徒名冊、系統表、不動產清冊交由申報人於公告之日起刊登當地通行之一種新聞紙連續三日，並於直轄市、縣（市）主管機關及公所電腦網站刊登公告文三十日。

②權利關係人於前項公告期間內，得以書面向該管直轄市或縣（市）主管機關提出異議，並檢附證明文件。

③前項異議涉及土地權利爭執時，準用第九條規定辦理。

第二一條　（申報補正期間）

神明會依第十九條第一項規定所為之申報，其應檢附之文件有不全者，直轄市或縣（市）主管機關應通知申報人於六個月內補正；不能補正或屆期未補正者，駁回之。

第二二條　（神明會現會員、信徒名冊、系統表及土地清冊驗印後發還登記）

神明會依第十九條第一項規定所為之申報，於公告期滿無人異議或經調處成立或法院判決確定者，直轄市或縣（市）主管機關應即將神明會現會員或信徒名冊、系統表及土地清冊予以驗印後發還申報人，並通知登記機關。

第二三條　（神明會現會員、信徒名冊或土地清冊驗印後，有變動或誤列者之申請更正）

①神明會現會員或信徒名冊或土地清冊經直轄市或縣（市）主管機關驗印後，有變動、漏列或誤列者，神明會之管理人、會員、信徒或利害關係人得檢具會員或信徒過半數同意書，敘明理由，並檢附相關文件，申請更正。

②直轄市或縣（市）主管機關受理前項申請，經審查無誤後，應即公告三十日並通知登記機關，如無異議，更正現會員或信徒名冊或土地清冊，更正完成並通知登記機關。

③前項異議涉及土地權利爭執時，準用第九條規定辦理。

第二四條　（申報人收到驗印之神明會現會員、信徒名冊或土地清冊之辦理方式）

①申報人於收到直轄市或縣（市）主管機關驗印之神明會現會員或信徒名冊、系統表及土地清冊後，應於三年內依下列方式之一辦理：

一　經會員或信徒過半數書面同意依法成立法人者，申請神明會土地更名登記為該法人所有。

二　依規約或經會員或信徒過半數書面同意，申請神明會土地登記為現會員或信徒分別共有或個別所有。

②申報人未依前項規定辦理者，由直轄市或縣（市）主管機關逕依現會員或信徒名冊，囑託該管土地登記機關均分登記為現會員或信徒分別共有。

第二五條　（本條例施行後仍以神明會名義登記者之辦理方式）

本條例施行前已依有關法令清理之神明會土地，於本條例施行後仍以神明會名義登記者，應自本條例施行之日起三年內，依前條第一項規定辦理；屆期未辦理者，由直轄市或縣（市）主管機關依前條第二項規定辦理。

第二六條　（本條例施行前以神明會以外名義登記土地經證明認定者之準用規定）

本條例施行前以神明會以外名義登記之土地，具有神明會之性質及事實，經申報人出具已知過半數現會員或信徒願意以神明會案件辦理之同意書或其他證明文件足以認定者，準用本章之規定。

第四章　所有權以外土地權利之清理

第二七條　（土地權利塗銷登記之情形）

①土地權利，於中華民國三十八年十二月三十一日以前登記，並有下列各款情形之一者，由登記機關公告三個月，期滿無人異議，逕為塗銷登記：

一　以典權或臨時典權登記之不動產質權。

二　耕權。

三　賃借權。

四　其他非以法定不動產物權名稱登記。

②前項公告期間異議之處理，準用第九條規定辦理。

第二八條　（抵押權之塗銷登記）

①中華民國三十八年十二月三十一日以前登記之抵押權，土地所有權人得申請塗銷登記，由登記機關公告三個月，期滿無人異議，塗銷之。

②前項公告期間異議之處理，準用第九條規定辦理。

③因第一項塗銷登記致抵押權人受有損害者，由土地所有權人負損害賠償責任。

第二九條　（地上權之塗銷登記）

①中華民國四十五年十二月三十一日以前登記之地上權，未定有期限，且其權利人住所不詳或行蹤不明，而其土地上無建築改良物或其他工作物者，土地所有權人得申請塗銷登記，由登記機關公

告三個月，期滿無人異議，塗銷之。

②前項公告期間異議之處理，準用第九條規定辦理。

③因第一項塗銷登記致地上權人受有損害者，由土地所有權人負損害賠償責任。

第五章　限制登記及土地權利不詳之清理

第三○條　（限制登記之塗銷）

①中華民國三十四年十月二十四日以前之查封、假扣押、假處分登記，土地所有權人得申請塗銷登記，經登記機關公告三個月，期滿無人異議者，塗銷之。

②前項公告期間異議之處理，準用第九條規定辦理。

③因第一項塗銷登記致債權人受有損害者，由土地所有權人負損害賠償責任。

第三一條　（共有土地之更正登記）

①共有土地，各共有人登記之權利範圍合計不等於一，除依原始登記原因證明文件或其他足資證明之資料，得由登記機關逕為辦理更正登記者外，得經權利範圍錯誤之共有人過半數及其應有部分合計過半數之同意，由共有人之一，於申請登記期間內，申請更正登記。

②未依前項規定申請更正登記者，由登記機關依各相關共有人登記之權利範圍比例計算新權利範圍，逕為更正登記。

③依前二項規定辦理更正登記，無須經他項權利人之同意，且不受限制登記之影響。

第三一條之一　（所有權權利範圍空白土地清理有關事宜）104

①土地總登記時登記名義人登記之所有權權利範圍空白且現仍空白者，除依原始登記原因證明文件或其他足資證明之資料，得由登記機關逕為辦理更正登記者外，由權利人於申請登記期間內，申請更正登記。

②前項權利人為數人者，得經權利人過半數之同意，由權利人之一，申請更正登記。

③未依前二項規定申請權利範圍空白之更正登記者，由登記機關依下列原則計算新權利範圍，並公告三個月，期滿無人異議，逕為更正登記：

一　登記名義人為一人者，為該權利範圍空白部分之全部。

二　登記名義人為數人者，按其人數均分該權利範圍空白部分。

④前項所稱權利範圍空白部分，為權利範圍全部扣除已有登記權利範圍部分之餘額。

⑤第三項公告期間異議之處理，準用第九條規定辦理。

⑥依第一項至第三項規定辦理更正登記，無須經他項權利人之同意，且不受限制登記之影響。

第三二條　（土地權利之更正登記）

已登記之土地權利，除第十七條至第二十六條及第三十三條規定

之情形外，土地總登記時或金門、馬祖地區實施戰地政務終止前，登記名義人之姓名、名稱或住址記載不全或不符者，土地權利人或利害關係人應於申請登記期間內檢附證明文件，申請更正登記。

第三三條 （非以自然人、法人或依法登記之募建寺廟名義登記之土地權利之更正申請）

非以自然人、法人或依法登記之募建寺廟名義登記之土地權利，除第十七條至第二十六條、第三十五條及登記名義人為祭祀公業或具有祭祀公業性質及事實者之情形外，利害關係人應於申請登記期間內檢附足資證明文件，申請更正登記。

第六章 寺廟或宗教團體土地之清理

第三四條 （以寺廟或宗教團體名義登記之土地申報）

①原以寺廟或宗教團體名義登記，於中華民國三十四年十月二十四日前改以他人名義登記之土地，自始為該寺廟或宗教團體管理、使用或收益者，經登記名義人或其繼承人同意，由該寺廟或宗教團體於申報期間內，檢附證明文件向土地所在地直轄市或縣（市）主管機關申報發給證明書；並於領得證明書後三十日內，向該管登記機關申請更名登記。

②依前項規定申報發給證明書之寺廟或宗教團體，於申報時應為已依法登記之募建寺廟或法人。

③第一項登記名義人為數人者，以共有人過半數及其應有部分合計過半數之同意行之。

④第一項登記名義人為行蹤不明或住址資料記載不全之自然人；或為未依第十七條規定申請更正之會社或組合，且無股東或組合員名冊者，得由該寺廟或宗教團體檢附相關證明文件，並切結真正權利人主張權利時，該寺廟或宗教團體願負返還及法律責任後申報。

⑤第一項登記名義人為法人或非法人團體者，其行使同意權後，應報經其目的事業主管機關備查。

第三五條 （以神祇、未依法登記之寺廟或宗教團體名義登記之土地申報）

以神祇、未依法登記之寺廟或宗教團體名義登記之土地，現為依法登記之募建寺廟或宗教性質之法人使用，且能證明登記名義人與現使用之寺廟或宗教性質之法人確係同一主體者，由該已依法登記之寺廟或宗教性質之法人於申報期間內，檢附證明文件，向土地所在地之直轄市或縣（市）主管機關申報發給證明書；並於領得證明書後三十日內，向該管登記機關申請更名登記。

第三六條 （土地申報辦理程序）

①直轄市或縣（市）主管機關依前二條規定受理申報後，應依下列程序辦理：

一 經審查無誤，應即公告三個月。

二 公告期滿無人異議、經調處成立或法院判決確定者，應即發給證明書，並通知登記機關。

②前項審查及公告期間異議之處理，準用第六條、第七條及第九條規定辦理。

第三七條 （土地申購）

以神祇、未依法登記之寺廟或宗教團體名義登記之土地，現為依法登記之募建寺廟或宗教性質之法人使用，未能證明登記名義人與現使用之寺廟或宗教性質之法人確係同一主體者，得由使用該土地之寺廟或宗教性質之法人於申報期間內，向土地所在地之直轄市或縣（市）主管機關，按當期公告土地現值，申請代為讓售予該寺廟或宗教性質之法人。

第三八條 （土地申購辦理規定）

①直轄市或縣（市）主管機關依前條規定受理土地申購後，應依下列規定辦理：

一 經審查無誤，應即公告三個月。

二 公告期滿無人異議、經調處成立或法院判決確定者，應即通知申購土地之寺廟或宗教性質之法人限期繳納價款。

三 價款繳清後，應發給土地權利移轉證明書，並通知登記機關。

②前項審查及公告期間異議之處理，準用第六條、第七條及第九條規定辦理。

第三九條 （土地贈與之申請）

①日據時期經轉為寺廟或宗教團體所有，而未辦理移轉登記或移轉後為日本政府沒入，於本條例施行時登記為公有之土地，自日據時期即為該寺廟或宗教團體管理、使用或收益，且該寺廟為已依法登記之募建寺廟，該宗教團體為已依法登記之法人者，得由該寺廟或宗教性質之法人於申報期間內，向土地管理機關就其實際管理、使用或收益範圍，申請贈與之；其申請贈與之資格、程序、應附文件、審查、受贈土地使用處分之限制及其他應遵行事項之辦法，由行政院定之。

②依前項規定申請贈與之土地，以非屬公共設施用地為限。

③依第一項規定辦理之土地，免受土地法第二十五條規定之限制。

第七章 附則

第四〇條 （辦理地籍清理所需經費之預算編列）

辦理地籍清理所需經費，除本條例另有規定外，由中央主管機關編列預算支應。

第四一條 （準用規定）

已登記建築改良物權利之清理，準用本條例之規定。

第四二條 （施行細則）

本條例施行細則，由中央主管機關定之。

第四三條 （施行日）104

①本條例施行日期，由行政院定之。

②本條例修正條文自公布日施行。

地籍清理條例施行細則

①民國 97 年 3 月 31 日內政部令訂定發布全文 39 條。
民國 97 年 3 月 18 日行政院令發布定自 97 年 7 月 1 日施行。
②民國 99 年 9 月 17 日內政部令修正發布第 5、9、11、13、20、23、
25、27、32、36、39 條條文；增訂第 31-1 條條文；並自發布日施行。
民國 101 年 12 月 25 日行政院公告第 17 條所列屬財政部「國有財產局」之權責事項，自 102 年 1 月 1 日起改由財政部「國有財產署」管轄。

第一條

本細則依地籍清理條例（以下簡稱本條例）第四十二條規定訂定之。

第二條

本條例第三條第一項所定權利內容不完整或與現行法令規定不符之地籍登記，包括下列各款情形：

一　以日據時期會社或組合名義登記之土地。

二　以神明會名義登記之土地，或本條例施行前以神明會以外名義登記，具有神明會性質及事實之土地。

三　中華民國三十八年十二月三十一日以前以典權或臨時典權登記之不動產質權、耕權、賃借權或其他非以法定不動產物權名稱登記之土地權利。

四　中華民國三十八年十二月三十一日以前登記之抵押權。

五　中華民國四十五年十二月三十一日以前登記之地上權，未定有期限，且其權利人住所不詳或行蹤不明，而地上權人在該土地上無建築改良物或其他工作物者。

六　中華民國三十四年十月二十四日以前之查封、假扣押、假處分登記。

七　共有土地，各共有人登記之權利範圍合計不等於一。

八　土地總登記時或金門、馬祖地區實施戰地政務終止前，登記名義人姓名、名稱或住址記載不全或不符者。

九　非以自然人、法人或依法登記之募建寺廟名義登記之土地權利。

十　原以寺廟或宗教團體名義登記，於中華民國三十四年十月二十四日前改以他人名義登記之土地，自始為該寺廟或宗教團體管理、使用或收益者。

十一　以神祇、未依法登記之寺廟或宗教團體名義登記之土地，現為依法登記之募建寺廟或宗教性質之法人使用者。

| 十二 | 日據時期經移轉爲寺廟或宗教團體所有，而未辦理移轉登記或移轉後爲日本政府沒入，於本條例施行時登記爲公有土地。 |

第三條

本條例第三條第一項所稱重新辦理登記，指依本條例清理後所爲之更正、更名、塗銷或移轉登記。

第四條

①本條例第三條第一項第二款所定清理程序之公告，應載明下列事項：

一 清理土地類型。

二 法令依據。

三 公告起訖日期。

四 清理之各筆土地標示、登記名義人姓名或名稱及權利範圍。

五 受理申報或受理申請登記之機關。

六 申報或申請登記之期間。

七 未依限申報或申請登記之處理方式。

八 其他依規定應公告之事項。

②本條例第三十四條、第三十五條、第三十七條及第三十九條所定土地權利之清理，其公告，免載明前項第四款事項。

③本條例第二十八條及第二十九條所定所有權以外之土地權利之清理，其公告，於第一項第四款所載事項外，併予載明土地所有權人之姓名或名稱。

④本條例第三十條所定查封、假扣押、假處分登記之清理，其公告，於第一項第四款所載事項外，併予載明債權人之姓名或名稱。

第五條 99

①本條例第三條第一項第二款、第八條、第十四條第三項、第十五條第二項、第二十七條至第三十條、第三十六條第一項及第三十八條第一項所定之公告，應揭示於下列各款之公告處所：

一 直轄市或縣（市）主管機關。

二 土地所在地鄉（鎮、市、區）公所及村（里）辦公處。

三 土地所在地登記機關。

四 土地登記簿所載土地權利人住所地之鄉（鎮、市、區）公所。但無從查明或住所地爲國外者，不在此限。

②前項各款所爲之公告期間，以公告文所載之起訖日期爲準。但張貼公告期日逾依前條第一項第三款及第十一條第一項第三款規定所載之起始期日時，公告期日之計算，應以最後張貼公告之機關將公告事項張貼於公告處所之翌日起算。

③張貼公告有前項但書之情形時，逾期張貼之機關應將張貼期日另通知公告機關。

④直轄市或縣（市）主管機關認有必要時，並得於其他適當處所或以其他適當方式揭示公告；其公告期間，以第二項所定公告之期

間為準。

第六條

① 土地權利人、利害關係人或相關機關，發現第四條之公告事項有清查遺漏或錯誤時，應於公告期間內，檢附相關證明文件向直轄市或縣（市）主管機關申請查明。

② 經直轄市或縣（市）主管機關查明屬清查遺漏者，應就遺漏之土地補行公告九十日；屬清查錯誤者，應就更正之土地重新公告九十日。但清查錯誤非屬本條例應清理之土地權利，或屬依本條例第四條規定清查後公告時之分類錯誤，且查明更正分類前後清理程序相同者，免重新公告。

③ 依前項規定補行或重新公告時，應一併通知本條例第五條規定之土地權利人或利害關係人。

④ 土地權利人、利害關係人或相關機關於本條例第三條第二項公告期滿後，發現有清查遺漏或錯誤情形者，除該土地已依本條例辦竣更正、更名、塗銷、移轉登記或登記為國有外，應以書面向該管直轄市或縣（市）主管機關申請查明屬實後，依本條例第三條第一項規定辦理。

第七條

依本條例第五條規定應於公告時一併通知能查明之土地權利人，指下列各款人員：

一　以日據時期會社或組合名義登記者：為原權利人或其繼承人。

二　以神明會名義登記者：為現會員或信徒。

三　土地總登記時或金門、馬祖地區實施戰地政務終止前，登記名義人之姓名或住址記載不全或不符者：為登記名義人或其繼承人。

第八條

本條例第五條、第七條第一項、第九條第一項、第二十條第二項、第二十三條第一項、第三十二條、第三十三條所稱利害關係人、權利關係人或土地權利關係人，指因依本條例規定申報或申請登記之結果，致其法律上之權利或利益受影響之人。

第九條 99

本條例第五條規定之通知，應載明下列事項：

一　清理土地類型。

二　法令依據。

三　公告起訖日期及處所。

四　清理之土地標示、登記名義人姓名或名稱及權利範圍。

五　受理申報或受理申請登記之機關。

六　申報或申請登記之期間。

七　未依限申報或申請登記之處理方式。

八　其他依法令規定應通知之事項。

第一○條

登記機關依本條例受理申請登記，除本條例或本細則另有規定外，應依土地登記規則相關規定辦理。

第一一條 99

① 本條例第八條、第十四條第三項、第十五條第二項、第二十七條至第三十條、第三十六條第一項及第三十八條第一項規定之公告，應載明下列事項：

一 公告事由。

二 法令依據。

三 公告起訖日期。

四 土地標示、登記名義人姓名或名稱、權利種類及範圍。

五 土地權利關係人得提出異議之期限、方式及受理機關。

六 公告期滿無人提出異議之法律效果。

七 其他依法令規定應公告之事項。

② 本條例第十四條第三項及第十五條第二項規定之公告，免予記載前項第四款之登記名義人之姓名或名稱。但應於同款所載事項外，併予記載原登記名義人及權利人之姓名或名稱。

③ 本條例第三十條第一項規定之公告，於第一項第四款所載事項外，併予記載債權人之姓名或名稱。

④ 本條例第三十六條第一項及第三十八條第一項規定之公告，於第一項第四款所載事項外，併予載明寺廟或法人名稱與所在地、負責人或代表人之姓名及住所。

第一二條

本條例第十一條第一項代為標售之土地，於決標或依本條例第十五條第一項規定登記為國有前，權利人依本條例規定申報或申請登記者，直轄市或縣（市）主管機關或登記機關應予受理。

第一三條 99

① 依本條例第十四條第三項及第十五條第二項申請發給土地價金者，除第十八條、第二十二條、第二十三條、第二十七條至第三十條及第三十一條之一另有規定外，應填具申請書，並檢附下列文件：

一 申請人身分證明文件。

二 權利人已死亡者，應檢附載有被繼承人死亡記事之戶籍謄本、繼承人現在戶籍謄本及繼承系統表。

三 權利書狀。

四 其他經中央主管機關規定之證明文件。

② 前項第二款規定之繼承系統表，應依民法有關規定自行訂定，註明如有遺漏或錯誤致他人受損害者，申請人願負法律責任，並簽名。

③ 申請人未能提出第一項第三款之權利書狀，除本條例第三十二條規定之情形，應依第二十七條至第三十條規定辦理外，經申請人檢附切結書敘明其未能檢附之事由，註明如致真正權利人受損

害，願負法律責任並簽名者，得免予檢附。

第一四條

直轄市或縣（市）主管機關受理申請發給土地價金案件後，應即審查，經審查應予補正者，通知申請人於六個月內補正。

第一五條

直轄市或縣（市）主管機關受理申請發給土地價金案件後，有下列各款情形之一者，應以書面駁回：

一 依法不應發給。

二 權利人、義務人或其與權利關係人間涉有私權爭執。

三 不能補正或屆期仍未補正。

第一六條

依本條例第十八條第一項第二款規定協議時，應由不明部分之原權利人或其繼承人協議其應有部分；協議不成者，得由其中一人或數人，就不明部分之土地應有部分，申請登記為不明部分之原權利人均等，並於登記申請書適當欄記明協議不成之事由及簽名。

第一七條

本條例第十七條第一項規定之更正登記，於辦理本條例第八條所定之公告時，有本條例第十七條第二項但書之情形者，應通知財政部國有財產局。

第一八條

①以日據時期會社或組合名義登記之土地經標售完成後，權利人應檢附第十三條第一項規定之文件及其股權或出資比例之證明，申請按其股權或出資比例發給土地價金。

②權利人申請土地價金時，並應檢附切結書，切結權利人如有遺漏或錯誤，願負法律責任並簽名。

③前二項規定，於權利人依本條例第十五條第二項規定申請發給土地價金者，準用之。

第一九條

①直轄市或縣（市）主管機關審查公告前，有二人以上就神明會土地提出申報者，依本條例第十九條第二項規定辦理。

②於本條例第二十條第一項公告期間，就該神明會土地再行提出申報者，視為對公告內容提出異議，準用本條例第二十條第二項及第三項規定辦理。

第二〇條 99

神明會土地位於不同直轄市或縣（市）者，受理申報之直轄市或縣（市）主管機關依本條例第二十二條規定核發驗印之神明會現會員或信徒名冊、系統表及土地清冊，或依本條例第二十三條規定公告及更正完成現會員或信徒名冊或土地清冊時，應一併通知神明會其他土地所在之直轄市或縣（市）主管機關及管轄登記機關。

第二一條

神明會申報人依本條例第二十四條第一項或第二十五條規定向登記機關申請神明會土地更名登記為法人所有，或為現會員或信徒分別共有或個別所有者，登記機關應於辦竣登記後，通知直轄市或縣（市）主管機關之民政機關或單位。

第二二條

①本條例第十九條及第二十六條規定之土地標售完成後，權利人依本條例第十九條第一項規定申報並取得直轄市或縣（市）主管機關驗印之現會員或信徒名冊及相關證明文件，向直轄市或縣（市）主管機關申請發給土地價金時，其領取方式，規約有明確規定者，依其規定，無規約或規約無明確規定者，依下列方式辦理：

　一　神明會已選定管理人，且向直轄市或縣（市）主管機關之民政機關或單位備查有案者，得由管理人切結其領取土地價金未違背規約。但現會員或信徒提出異議者，應由管理人就領取土地價金召開會員或信徒大會決議領取方式。

　二　神明會未選定管理人或管理人死亡尚未依規定選任新管理人者，應經現會員或信徒全體之同意。

　三　神明會管理人權限如有爭議，且已繫屬法院，應俟法院判決確定後，再行處理。

②前項規定，於權利人依本條例第十五條第二項規定申請發給土地價金者，準用之。

第二三條 99

①神明會土地之權利人依前條規定申請發給土地價金時，應檢附下列文件：

　一　第十三條第一款、第三款及第四款文件。

　二　規約。但無規約者，免附。

　三　管理人備查文件。但無管理人或管理人死亡尚未依規定選任新管理人者，免附。

　四　直轄市或縣（市）主管機關驗印之現會員或信徒名冊及土地清冊。

②前項規定，於權利人依本條例第十五條第二項規定申請發給土地價金者，準用之。

第二四條

①土地所有權人依本條例第二十九條規定申請塗銷地上權登記時，應檢附地上權人在該土地上確無建築改良物或其他工作物之土地複丈成果圖，及足資證明地上權人住址不詳或行蹤不明之文件。

②前項土地複丈成果圖，應先向該管登記機關申請土地複丈或勘查。

第二五條 99

①本條例第三十一條第一項及第二項規定得由登記機關逕為辦理更正登記者，免予公告，並應將登記結果通知各相關共有人。

②前項土地有他項權利或限制登記者，登記機關應於登記完畢後通知他項權利人、囑託機關或預告登記請求權人。

第二六條

本條例第三十二條所稱登記名義人之姓名、名稱或住址記載不全或不符，指下列各款情形之一者：

一　登記名義人之姓名或名稱空白、缺漏或僅有一字，或姓名與戶籍所載有同音異字、筆劃錯誤，或認定與土地登記簿所載為同一自然人或法人有疑義者。

二　登記名義人之登記住址記載空白、無完整門牌號、與戶籍記載不符，或以日據時期住址登載缺漏町、目、街、番地號碼。

第二七條 99

①土地總登記時登記名義人姓名、名稱或住址記載不全或不符之土地經依本條例第十一條規定標售完成後，權利人依本條例第十四條第三項規定申請發給土地價金時，除應檢附第十三條規定文件外，原登記名義人姓名與戶籍謄本姓名相符，其住址有不符、不全或無記載之情事者，應檢附或由戶政機關提供合於下列各款情形之一文件：

一　日據時期土地登記簿或土地臺帳所載原登記名義人之住址，與其日據時期戶籍謄本所載住址相符者。

二　原登記名義人與其他共有人於日據時期取得數宗共有土地之時間、原因相同，其中某宗地號登記簿上未載明原登記名義人之住址，而其他共有土地之土地登記簿謄本載有其住址，且與戶籍謄本相符者。

三　原登記名義人與其他共有人之一，依日據時期戶籍謄本所載有直系血親、配偶或三親等內旁系血親關係者。

四　原登記名義人住址記載不全，而有原登記名義人日據時期之登記濟證、光復後首次核發之原權利書狀或共有人保持證者。

五　原登記名義人住址番地號碼與其戶籍謄本所載住址番地號碼不符時，經直轄市或縣（市）主管機關依戶政機關提供該鄉（鎮、市、區）與該登記名義人同姓名之人所有戶籍資料，審查無同名同姓之人於該土地登記之番地號碼設籍，且有原登記名義人日據時期之登記濟證、光復後首次核發之原權利書狀或共有人保持證者。

六　土地登記簿未載明原登記名義人住址，其日據時期戶籍謄本所載住址之番地號碼與已標售土地之日據時期之地號相符時，經直轄市或縣（市）主管機關依戶政機關提供該鄉（鎮、市、區）與該登記名義人同姓名人之所有戶籍資料，審查無同名同姓之人於該土地登記之番地號碼設籍，且有原登記名義人日據時期之登記濟證、光復後首次核發之原權利書狀或共有人保持證者。

②原登記名義人之住址，依日據時期土地登記簿所載，與權利人檢附之日據時期戶籍資料所載住址相符，姓名有同音異字或筆劃錯誤，或認定與土地登記簿所載爲同一自然人有疑義者，除應檢附原登記名義人日據時期之登記濟證或光復後首次核發之原權利書狀或共有人保持證外，並經直轄市或縣（市）主管機關依戶政機關提供該鄉（鎮、市、區）與該登記名義人同姓名人之所有戶籍資料，審查無同名同姓之人於該土地登記之番地號碼設籍者。

③第一項第一款至第三款規定情形，如未能提出第十三條第一項第三款之權利書狀，經申請人檢附切結書者，得免檢附。

④前三項規定，於權利人依本條例第十五條第二項規定申請發給土地價金者，準用之。

第二八條

①合於前條第一項第四款至第六款或第二項情形，而未能檢附第十三條第一項第三款之權利書狀者，應檢附村（里）長、土地共有人（含繼承人）、土地四鄰之土地、建物所有權人或其使用人一人之證明書，並於申請書備註欄內切結本申請案確無虛僞不實之情事，如有不實，申請人願負法律責任。

②前項所稱村（里）長，指土地所在地現任或歷任之村（里）長。

③出具證明書之證明人，應具完全之法律行爲能力，證明書應載明其親自觀察之具體事實，而非其推斷之結果，並應檢附其印鑑證明書。

第二九條

①前條第一項規定之證明書未能檢附者，申請人得檢附下列文件之一：

一 土地課稅證明文件。

二 地上房屋稅籍證明文件。

三 鄉（鎮、市、區）公所耕地三七五租約登記資料。

四 放領清冊或地價繳納（清）證明文件。

五 土地四鄰、共有人或房屋使用人持有之相關文書。

六 與登記名義人取得土地權利時相關申請案之登記情形或資料。

七 與申請標示有關之訴訟或公文往來書件。

八 其他足資參考文件。

②直轄市或縣（市）主管機關無法審查認定前項文件時，應派員實地查訪，並以申請人戶籍所在地或相關之鄉（鎮、市、區）爲範圍，由戶政機關或自行派員至戶政機關全面清查全鄉（鎮、市、區）與該登記名義人同名同姓之人並就戶籍資料，按土地權利取得時間，逐一就年齡、住所及地緣關係審查認定。

第三〇條

①本條例第三十二條規定金門、馬祖地區實施戰地政務終止前，登記名義人姓名、名稱或住址記載不全或不符之土地經依本條例第十一條規定標售完成後，權利人依本條例第十四條第三項規定申

請發給土地價金時，除應檢附第十三條第一項各款規定之文件外，應檢附下列各款文件之一：

一　原登記名義人為自然人在國內設有戶籍者，應檢附可資證明與原登記名義人係同一人之戶籍資料；依其戶籍資料無法證明者，應檢附土地關係人一人之證明書。

二　原登記名義人為華僑者，應檢附該縣同鄉會出具證明與原登記名義人係同一人之文件，並經僑居地駐外使領館、代表處、辦事處或其他外交部授權機構驗證及土地關係人一人之證明書。

三　以非法人團體、管理人名義登記者，應於依法完成法人登記後，檢附該法人主管機關核發原登記名義人與該依法登記之法人係同一主體之備查文件、法人登記證明文件及其代表人之資格證明文件，並應檢附土地關係人一人之證明書。

②前項各款土地關係人之證明書因故無法取得者，除應敘明具體理由外，並應檢附土地四鄰之土地、建物所有權人或其使用人一人之證明書。

③權利人依前二項規定申請時應於申請書適當欄切結本申請案確無虛偽不實之情事，如有不實，申請人願負法律責任。

④第一項所稱土地關係人，指該土地之管理者、共有人或原申請登記案之關係人或其繼承人。

⑤前四項規定，於權利人依本條例第十五條第二項規定申請發給土地價金者，準用之。

第三一條

第二十七條至前條規定應檢附或由戶政機關提供之相關證明文件，於土地權利人或利害關係人依本條例第三十二條規定申請更正登記時，準用之。

第三一條之一 99

①本條例第三十三條規定之土地標售完成或本條例第三十七條規定之土地代為讓售後，權利人應檢附第十三條第一項規定之文件及足資證明文件，申請發給土地價金。

②權利人申請土地價金時，並應檢附切結書，切結權利人如有遺漏或錯誤，願負法律責任並簽名。

③前二項規定，於權利人依本條例第十五條第二項規定申請發給土地價金者，準用之。

第三二條 99

①募建寺廟或宗教性質之法人依本條例第三十四條規定申報發給證明書時，應填具申請書，並檢附下列文件：

一　寺廟登記或法人登記之證明文件。

二　現任寺廟負責人或法人代表人之身分證明文件。

三　日據時期之土地登記簿謄本、土地臺帳、登記濟證、其他足資證明為寺廟或宗教團體名義取得或出資購買之證明文件，或由寺廟或宗教團體立具該土地為其所有之切結書。

四　土地自始為該寺廟或宗教團體管理、使用或收益之文件。

五　土地登記名義人或繼承人之同意書及印鑑證明書；其為法人或非法人團體者，並應附目的事業主管機關備查之文件。

六　土地清冊。

七　最近三個月內之土地登記謄本及地籍圖謄本。

②土地登記名義人已死亡者，應檢附載有被繼承人死亡記事之戶籍謄本、繼承系統表、全體繼承人現在戶籍謄本、過半數繼承人及其應繼分合計過半數之同意書與印鑑證明書。

③前項規定之繼承系統表，應依民法有關規定自行訂定，並註明如有遺漏或錯誤致他人受損害者，申請人願負法律責任，並簽名。

第三三條

①募建寺廟或宗教性質之法人依本條例第三十五條規定申報發給證明書時，應填具申請書，並檢附下列文件：

一　寺廟登記或法人登記之證明文件。

二　現任寺廟負責人或法人代表人之身分證明文件。

三　土地現為該寺廟或宗教性質之法人使用之文件。

四　寺廟登記經過及沿革資料。

五　土地清冊。

六　最近三個月內之土地登記謄本及地籍圖謄本。

②以神祇名義登記者，並應檢附該神祇自始為寺廟所奉祀神祇之證明文件。

第三四條

①募建寺廟或宗教性質之法人依本條例第三十七條規定申請讓售土地時，應填具申請書，並檢附下列文件：

一　申請讓售之土地為依法登記之募建寺廟或宗教性質之法人使用之文件。

二　寺廟登記或法人登記之證明文件。

三　現任寺廟負責人或法人代表人之身分證明文件。

②依法登記之募建寺廟或宗教性質之法人取得讓售土地，向登記機關申辦所有權移轉登記時，免檢附土地所有權狀；登記機關於登記完畢後，應將該權狀公告註銷。

第三五條

①直轄市或縣（市）主管機關依本條例第三十八條第一項第二款規定公告期滿無人異議或經調處成立者，應以書面通知申請人於三個月內繳清價款。

②依本條例第三十八條第一項第二款規定經法院判決確定者，申請人應自確定之日起三個月內繳清價款。

③逾前二項繳納期限未繳清價款者，視為放棄購買。

第三六條 99

①第十三條第一項第一款與第二款、第三十二條第一項第二款及第二項、第三十三條第一項第二款、第三十四條第一項第三款所定身分證明文件或戶籍謄本，及第三十二條第一項第七款、第三十

三條第一項第六款所定土地登記謄本或地籍圖謄本，得以電腦完成查詢者，免予檢附。

②第二十八條第三項及第三十二條第一項第五款與第二項所定之印鑑證明書，於證明人或同意人親自到場，並提出國民身分證正本，當場於證明書或同意書內簽名，經直轄市或縣（市）主管機關指定人員核符後同時簽證，或證明書、同意書經公證或認證者，免予檢附。

第三七條

本細則所需書表格式，由中央主管機關定之。

第三八條

已登記建築改良物權利之清理，依本條例第四十一條規定，準用本細則規定辦理。

第三九條 99

①本細則自本條例施行之日施行。

②本細則修正條文自發布日施行。

陸、地用法規

區域計畫法

①民國 63 年 1 月 31 日總統令制定公布全文 24 條。
②民國 89 年 1 月 26 日總統令修正公布第 4～7、9、16～18、21、22 條條文；並增訂第 15-1～15-5、22-1 條條文。

第一章 總 則

第一條 （立法目的）

爲促進土地及天然資源之保育利用，人口及產業活動之合理分布，以加速並健全經濟發展，改善生活環境，增進公共福利，特制定本法。

第二條 （法律適用）

區域計畫依本法之規定；本法未規定者，適用其他法律。

第三條 （區域計畫定義）

本法所稱區域計畫，係指基於地理、人口、資源、經濟活動等相互依賴及共同利益關係，而制定之區域發展計畫。

第四條 （主管機關）89

①區域計畫之主管機關：中央爲內政部；直轄市爲直轄市政府；縣（市）爲縣（市）政府。

②各級主管機關爲審議區域計畫，應設立區域計畫委員會；其組織由行政院定之。

第二章 區域計畫之擬定、變更、核定與公告

第五條 （區域計畫之擬定地區）89

左列地區應擬定區域計畫：

一 依全國性綜合開發計畫或地區性綜合開發計畫所指定之地區。

二 以首都、直轄市、省會或省（縣）轄市爲中心，爲促進都市實質發展而劃定之地區。

三 其他經內政部指定之地區。

第六條 （區域計畫之擬定機關）89

①區域計畫之擬定機關如左：

一 跨越兩個省（市）行政區以上之區域計畫，由中央主管機關擬定。

二 跨越兩個縣（市）行政區以上之區域計畫，由中央主管機關擬定。

三 跨越兩個鄉、鎮（市）行政區以上之區域計畫，由縣主管機

關擬定。

②依前項第三款之規定，應擬定而未能擬定時，上級主管機關得視實際情形，指定擬定機關或代爲擬定。

第七條 （區域計畫內容）89

區域計畫應以文字及圖表，表明左列事項：

一　區域範圍。

二　自然環境。

三　發展歷史。

四　區域機能。

五　人口及經濟成長、土地使用、運輸需要、資源開發等預測。

六　計畫目標。

七　城鄉發展模式。

八　自然資源之開發及保育。

九　土地分區使用計畫及土地分區管制。

十　區域性產業發展計畫。

十一　區域性運輸系統計畫。

十二　區域性公共設施計畫。

十三　區域性觀光遊憩設施計畫。

十四　區域性環境保護設施計畫。

十五　實質設施發展順序。

十六　實施機構。

十七　其他。

第八條 （資料之配合提供）

區域計畫之擬定機關爲擬定計畫，得要求有關政府機關或民間團體提供必要之資料，各該機關團體應配合提供。

第九條 （區域計畫之核定）89

區域計畫依左列規定程序核定之：

一　中央主管機關擬定之區域計畫，應經中央區域計畫委員會審議通過，報請行政院備案。

二　直轄市主管機關擬定之區域計畫，應經直轄市區域計畫委員會審議通過，報請中央主管機關核定。

三　縣（市）主管機關擬定之區域計畫，應經縣（市）區域計畫委員會審議通過，報請中央主管機關核定。

四　依第六條第二項規定由上級主管機關擬定之區域計畫，比照本條第一款程序辦理。

第一〇條 （公告實施）

區域計畫核定後，擬定計畫之機關應於接到核定公文之日起四十天內公告實施，並將計畫圖說發交各有關地方政府及鄉、鎮（市）公所分別公開展示；其展示期間，不得少於三十日。並經常保持清晰完整，以供人民閱覽。

第一一條 （區域計畫實施之效力）

區域計畫公告實施後，凡依區域計畫應擬定市鎮計畫、鄉街計

畫、特定區計畫或已有計畫而須變更者，當地都市計畫主管機關應按規定期限辦理擬定或變更手續。未依限期辦理者，其上級主管機關得代爲擬定或變更之。

第一二條　（區域計畫之配合）

區域計畫公告實施後，區域內有關之開發或建設事業計畫，均應與區域計畫密切配合；必要時應修正其事業計畫，或建議主管機關變更區域計畫。

第一三條　（區域計畫之變更）

①區域計畫公告實施後，擬定計畫之機關應視實際發展情況，每五年通盤檢討一次，並作必要之變更。但有左列情事之一者，得隨時檢討變更之：

一　發生或避免重大災害。

二　興辦重大開發或建設事業。

三　區域建設推行委員會之建議。

②區域計畫之變更，依第九條及第十條程序辦理；必要時上級主管機關得比照第六條第二項規定變更之。

第一四條　（調查勘測）

①主管機關因擬定或變更區域計畫，得派員進入公私土地實施調查或勘測。但設有圍障之土地，應事先通知土地所有權人或其使用人；通知無法送達時，得以公告方式爲之。

②爲實施前項調查或勘測，必須遷移或拆除地上障礙物，以致所有權人或使用人遭受損失者，應予適當之補償。補償金額依協議爲之，協議不成，報請上級政府核定之。

第三章　區域土地使用管制

第一五條　（非都市土地分區管制）

①區域計畫公告實施後，不屬第十一條之非都市土地，應由有關直轄市或縣（市）政府，按照非都市土地分區使用計畫，製定非都市土地使用分區圖，並編定各種使用地，報經上級主管機關核備後，實施管制。變更之程序亦同。其管制規則，由中央主管機關定之。

②前項非都市土地分區圖，應按鄉、鎮（市）分別繪製，並利用重要建築或地形上顯著標誌及地籍所載段次以標明土地位置。

第一五條之一　（分區變更之程序）89

①區域計畫完成通盤檢討公告實施後，不屬第十一條之非都市土地，符合非都市土地分區使用計畫者，得依左列規定，辦理分區變更：

一　政府爲加強資源保育須檢討變更使用分區者，得由直轄市、縣（市）政府報經上級主管機關核定時，逕爲辦理分區變更。

二　爲開發利用，依各該區域計畫之規定，由申請人擬具開發計畫，檢同有關文件，向直轄市、縣（市）政府申請，報經各

該區域計畫擬定機關許可後，辦理分區變更。

②區域計畫擬定機關為前項第二款計畫之許可前，應先將申請開發案提報各該區域計畫委員會審議之。

第一五條之二　（許可開發之審議）89

①依前條第一項第二款規定申請開發之案件，經審議符合左列各款條件，得許可開發：

一　於國土利用係屬適當而合理者。

二　不違反中央、直轄市或縣（市）政府基於中央法規或地方自治法規所為之土地利用或環境保護計畫者。

三　對環境保護、自然保育及災害防止為妥適規劃者。

四　與水源供應、鄰近之交通設施、排水系統、電力、電信及垃圾處理等公共設施及公用設備服務能相互配合者。

五　取得開發地區土地及建築物權利證明文件者。

②前項審議之作業規範，由中央主管機關會商有關機關定之。

第一五條之三　（開發影響費）89

①申請開發者依第十五條之一第一項第二款規定取得區域計畫擬定機關許可後，辦理分區或用地變更前，應將開發區內之公共設施用地完成分割移轉登記為各該直轄市、縣（市）有或鄉、鎮（市）有，並向直轄市、縣（市）政府繳交開發影響費，作為改善或增建相關公共設施之用；該開發影響費得以開發區內可建築土地抵充之。

②前項開發影響費之收費範圍、標準及其他相關事項，由中央主管機關定之。

③第一項開發影響費得成立基金；其收支保管及運用辦法，由直轄市、縣（市）主管機關定之。

④第一項開發影響費之徵收，於都市土地準用之。

第一五條之四　（許可審議之期限及延長）89

依第十五條之一第一項第二款規定申請開發之案件，直轄市、縣（市）政府應於受理後六十日內，報請各該區域計畫擬定機關辦理許可審議，區域計畫擬定機關並應於九十日內將審議結果通知申請人。但有特殊情形者，得延長一次，其延長期間並不得超過原規定之期限。

第一五條之五　（上級主管機關辦理許可審議）89

直轄市、縣（市）政府不依前條規定期限，將案件報請區域計畫擬定機關審議者，其上級主管機關得令其一定期限內為之；逾期仍不為者，上級主管機關得依申請，逕行辦理許可審議。

第一六條　（非都市土地分區公告）89

①直轄市或縣（市）政府依第十五條規定實施非都市土地分區使用管制時，應將非都市土地分區圖及編定結果予以公告；其編定結果，應通知土地所有權人。

②前項分區圖複印本，發交有關鄉（鎮、市）公所保管，隨時備供人民免費閱覽。

第一七條　（因區域計畫受害土地改良物之補償）89

區域計畫實施時，其地上原有之土地改良物，不合土地分區使用計畫者，經政府令其變更使用或拆除時所受之損害，應予適當補償。補償金額，由雙方協議之。協議不成，由當地直轄市、縣（市）政府報請上級政府予以核定。

第四章　區域開發建設之推動

第一八條　（區域建設推行委員會之組成）89

中央、直轄市、縣（市）主管機關為推動區域計畫之實施及區域公共設施之興修，得邀同有關政府機關、民意機關、學術機構、人民團體、公私企業等組成區域建設推行委員會。

第一九條　（區域建設推行委員會任務）

區域建設推行委員會之任務如左：

一　有關區域計畫之建議事項。

二　有關區域開發建設事業計畫之建議事項。

三　有關個別開發建設事業之協調事項。

四　有關籌措區域公共設施建設經費之協助事項。

五　有關實施區域開發建設計畫之促進事項。

六　其他有關區域建設推行事項。

第二〇條　（開發建設進度）89

區域計畫公告實施後，區域內個別事業主管機關，應配合區域計畫及區域建設推行委員會之建議，分別訂定開發或建設進度及編列年度預算，依期辦理之。

第五章　罰　則

第二一條　（罰則）89

①違反第十五條第一項之管制使用土地者，由該管直轄市、縣（市）政府處新臺幣六萬元以上三十萬元以下罰鍰，並得限期令其變更使用、停止使用或拆除其地上物恢復原狀。

②前項情形經限期變更使用、停止使用或拆除地上物恢復原狀而不遵從者，得按次處罰，並停止供水、供電、封閉、強制拆除或採取其他恢復原狀之措施，其費用由土地或地上物所有人、使用人或管理人負擔。

③前二項罰鍰，經限期繳納逾期不繳納者，移送法院強制執行。

第二二條　（罰則）89

違反前條規定不依限變更土地使用或拆除建築物恢復土地原狀者，除依行政執行法辦理外，並得處六個月以下有期徒刑或拘役。

第二二條之一　（審查費之收取）89

區域計畫擬定機關或上級主管機關依本法為土地開發案件之許可審議，應收取審查費；其收費標準，由中央主管機關定之。

第六章 附 則

第二三條 （施行細則）

　本法施行細則，由內政部擬訂，報請行政院核定之。

第二四條 （施行日）

　本法自公布日施行。

區域計畫法施行細則

① 民國 67 年 1 月 23 日內政部令訂定發布全文 24 條。
② 民國 77 年 6 月 27 日內政部令修正發布全文 23 條。
③ 民國 86 年 7 月 7 日內政部令修正發布第 2、3、6、13、15、16 條條文。
④ 民國 88 年 10 月 16 日內政部令修正發布第 2、15 條條文。
⑤ 民國 90 年 5 月 4 日內政部令修正發布第 2、10～15 條條文；並增訂第 16-1～16-4 條條文。
⑥ 民國 102 年 10 月 23 日內政部令修正發布全文 25 條；並自發布日施行。

第一章 總　則

第一條

本細則依區域計畫法（以下簡稱本法）第二十三條規定訂定之。

第二章 區域計畫之擬定、變更、核定與公告

第二條

依本法規定辦理區域計畫之擬定或變更，主管機關於必要時得委託有關機關、學術團體或其他專業機構研究規劃之。

第三條

各級主管機關依本法擬定區域計畫時，得要求有關政府機關或民間團體提供資料，必要時得徵詢事業單位之意見，其計畫年期以不超過二十五年為原則。

第四條

① 區域計畫之區域範圍，應視行政區劃、自然環境、自然資源、人口分布、都市體系、產業結構與分布及其他必要條件劃定之。
② 直轄市、縣（市）主管機關之海域管轄範圍，由中央主管機關會商有關機關劃定之。

第五條

① 本法第七條第九款所定之土地分區使用計畫，包括土地使用基本方針、環境敏感地區、土地使用計畫、土地使用分區劃定及檢討等相關事項。
② 前項所定環境敏感地區，包括天然災害、生態、文化景觀、資源生產及其他環境敏感等地區。

第六條

各級區域計畫委員會審議區域計畫時，得徵詢有關政府機關、事業單位、民間團體或該區域建設推行委員會之意見。

第七條

① 直轄市、縣（市）主管機關擬定之區域計畫，應遵循中央主管機關擬定之區域計畫。

② 區域計畫公告實施後，區域內之都市計畫及有關開發或建設事業計畫之內容與建設時序，應與區域計畫密切配合。原已發布實施之都市計畫不能配合者，該都市計畫應即通盤檢討變更。

③ 區域內各開發或建設事業計畫，在區域計畫公告實施前已執行而與區域計畫不符者，主管機關應通知執行機關就尚未完成部分限期修正。

第八條

① 主管機關因擬定或變更區域計畫，依本法第十四條規定派員進入公私有土地實施調查或勘測時，應依下列規定辦理：

　一　進入設有圍障之土地，應於十日前通知該土地所有權人或使用人。

　二　必須遷移或拆除地上障礙物者，應於十日前將其名稱、地點及拆除或變更日期，通知所有權人或使用人，並定期協議補償金額。

② 前項通知無法送達時，得寄存於當地村里長處，並於本機關公告處公告之。

第九條

依本法第十四條第二項及第十七條應發給所有權人或使用人之補償金，有下列情形之一時，應依法提存：

　一　應受補償人拒絕受領或不能受領者。

　二　應受補償人所在不明者。

第三章　區域土地使用管制

第一〇條

① 區域土地應符合土地分區使用計畫，並依下列規定管制：

　一　都市土地：包括已發布都市計畫及依都市計畫法第八十一條規定為新訂都市計畫或擴大都市計畫而先行劃定計畫地區範圍，實施禁建之土地；其使用依都市計畫法管制之。

　二　非都市土地：指都市土地以外之土地；其使用依本法第十五條規定訂定非都市土地使用管制規則管制之。

② 前項範圍內依國家公園法劃定之國家公園土地，依國家公園計畫管制之。

第一一條

非都市土地得劃定為下列各種使用區：

　一　特定農業區：優良農地或曾經投資建設重大農業改良設施，經會同農業主管機關認為必須加以特別保護而劃定者。

　二　一般農業區：特定農業區以外供農業使用之土地。

　三　工業區：為促進工業整體發展，會同有關機關劃定者。

　四　鄉村區：為調和、改善農村居住與生產環境及配合政府興建住宅社區政策之需要，會同有關機關劃定者。

五　森林區：為保育利用森林資源，並維護生態平衡及涵養水源，依森林法等有關法規，會同有關機關劃定者。

六　山坡地保育區：為保護自然生態資源、景觀、環境，與防治沖蝕、崩塌、地滑、土石流失等地質災害，及涵養水源等水土保育，依有關法規，會同有關機關劃定者。

七　風景區：為維護自然景觀，改善國民康樂遊憩環境，依有關法規，會同有關機關劃定者。

八　國家公園區：為保護國家特有之自然風景、史蹟、野生物及其棲息地，並供國民育樂及研究，依國家公園法劃定者。

九　河川區：為保護水道、確保河防安全及水流宣洩，依水利法等有關法規，會同有關機關劃定者。

十　海域區：為促進海域資源與土地之保育及永續合理利用，防治海域災害及環境破壞，依有關法規及實際用海需要劃定者。

十一　其他使用區或特定專用區：為利各目的事業推動業務之實際需要，依有關法規，會同有關機關劃定並註明其用途者。

第一二條

①依本法第十五條規定製定非都市土地使用分區圖，應按鄉（鎮、市、區）之行政區域分別繪製，其比例尺不得小於二萬五千分之一，並標明各種使用區之界線；已依法核定之各種公共設施、道路及河川用地，能確定其界線者，應一併標明之。

②前項各種使用區之界線，應根據圖面、地形、地物等顯著標誌與說明書，依下列規定認定之：

一　以計畫地區範圍界線為界線者，以該範圍之界線為分區界線。

二　以水岸線或河川中心線為界線者，以該水岸線或河川中心線為分區界線，其有移動者，隨其移動。

三　以鐵路線為界線者，以該鐵路界線為分區界線。

四　以道路為界線者，以其計畫道路界線為分區界線，無計畫道路者，以該現有道路線為準。

五　以宗地界線為界線者，以地籍圖上該宗地界線為分區界線。

③海域區應以適當坐標系統定位範圍界線，並製定非都市土地使用分區圖，不受第一項比例尺不得小於二萬五千分之一限制。

第一三條

①直轄市、縣（市）主管機關依本法第十五條規定編定各種使用地時，應按非都市土地使用分區圖所示範圍，就土地能供使用之性質，參酌地方實際需要，依下列規定編定，且除海域用地外，並應繪入地籍圖；其已依法核定之各種公共設施用地，能確定其界線者，並應測定其界線後編定之：

一　甲種建築用地：供山坡地範圍外之農業區內建築使用者。

二　乙種建築用地：供鄉村區內建築使用者。

三　丙種建築用地：供森林區、山坡地保育區、風景區及山坡地範圍之農業區內建築使用者。

四　丁種建築用地：供工廠及有關工業設施建築使用者。

五　農牧用地：供農牧生產及其設施使用者。

六　林業用地：供營林及其設施使用者。

七　養殖用地：供水產養殖及其設施使用者。

八　鹽業用地：供製鹽及其設施使用者。

九　礦業用地：供礦業實際使用者。

十　窯業用地：供磚瓦製造及其設施使用者。

十一　交通用地：供鐵路、公路、捷運系統、港埠、空運、氣象、郵政、電信等及其設施使用者。

十二　水利用地：供水利及其設施使用者。

十三　遊憩用地：供國民遊憩使用者。

十四　古蹟保存用地：供保存古蹟使用者。

十五　生態保護用地：供保護生態使用者。

十六　國土保安用地：供國土保安使用者。

十七　殯葬用地：供殯葬設施使用者。

十八　海域用地：供各類用海及其設施使用者。

十九　特定目的事業用地：供各種特定目的之事業使用者。

②前項各種使用地編定完成後，直轄市、縣（市）主管機關應報中央主管機關核定；變更編定時，亦同。

第一四條

①依本法第十五條及第十五條之一第一項第一款製定非都市土地使用分區圖、編定各種使用地與辦理非都市土地使用分區及使用地編定檢討之作業方式及程序，由中央主管機關定之。

②前項使用分區具有下列情形之一者，得委辦直轄市、縣（市）主管機關核定：

一　使用分區之更正。

二　為加強資源保育辦理使用分區之劃定或檢討變更。

三　面積未達一公頃使用分區之劃定。

第一五條

①本法第十五條之一第一項第二款所稱開發計畫，應包括下列內容：

一　開發內容分析。

二　基地環境資料分析。

三　實質發展計畫。

四　公共設施營運管理計畫。

五　平地之整地排水工程。

六　其他應表明事項。

②本法第十五條之一第一項第二款所稱有關文件，係指下列文件：

一　申請人清冊。

二　設計人清冊。

　三　土地清冊。

　四　相關簽證（名）技師資料。

　五　土地及建築物權利證明文件。

　六　相關主管機關或事業機構同意文件。

　七　其他文件。

③前二項各款之內容，應視開發計畫性質，於審議作業規範中定之。

第一六條

①直轄市、縣（市）主管機關受理申請開發案件後，經查對開發計畫與有關文件須補正者，應通知申請人限期補正；屆期未補正者，直轄市、縣（市）主管機關應敘明處理經過，報請中央主管機關審議。

②主管機關辦理許可審議時，如有須補正事項者，應通知申請人限期補正，屆期未補正者，應為駁回之處分。

第一七條

①本法第十五條之四所定六十日，係指自直轄市、縣（市）主管機關受理申請開發案件之次日起算六十日。

②本法第十五條之四所定九十日，係指自主管機關受理審議開發案件，並經申請人繳交審查費之次日起算九十日。

第一八條

①直轄市、縣（市）區域計畫公告實施後，依本法第十五條之一第一項第二款規定申請開發之案件，由直轄市、縣（市）主管機關辦理審議許可。但一定規模以上、性質特殊、位於環境敏感地區或其他經中央主管機關指定者，應由中央主管機關審議許可。

②直轄市、縣（市）區域計畫公告實施前，依本法第十五條之一第一項第二款規定申請開發之案件，除前項但書規定者外，中央主管機關得委辦直轄市、縣（市）主管機關審議許可。

③第一項所定一定規模、性質特殊、位於環境敏感地區，由中央主管機關定之。

第一九條

為實施區域土地使用管制，直轄市或縣（市）主管機關應會同有關機關定期實施全面性土地使用現狀調查，並將調查結果以圖冊（卡）記載之。

第二〇條

①直轄市、縣（市）主管機關依本法第十五條規定將非都市土地使用分區圖及各種使用地編定結果報經中央主管機關核定後，除應依本法第十六條規定予以公告，並通知土地所有權人外，並應自公告之日起，依照非都市土地使用管制規則實施土地使用管制。

②土地所有權人發現土地使用分區界線或使用地編定有錯誤或遺漏時，應於公告之日起三十日內，以書面申請更正。

③直轄市、縣（市）主管機關對前項之申請經查明屬實者，應彙報中央主管機關核定後更正之，並復知申請人。

④各種使用地編定結果，除海域用地外，應登載於土地登記簿，變更編定時亦同。

第二一條

依本法實施區域土地使用管制後，區域計畫依本法第十三條規定變更者，直轄市或縣（市）主管機關應即檢討相關之非都市土地使用分區圖及土地使用編定，並作必要之變更編定。

第四章　區域開發建設之推動

第二二條

各級主管機關得視需要，依本法第十八條規定，聘請有關人員設置區域建設推行委員會，辦理本法第十九條規定之任務，其設置辦法由各該主管機關定之。未設置區域建設推行委員會者，本法第十九條規定之任務，由各級主管機關指定單位負責辦理。

第二三條

各級區域建設推行委員會或辦理其任務之單位對區域建設推行事項應廣為宣導，並積極誘導區域開發建設事業之發展，必要時並得邀請有關機關公私團體，舉辦區域建設之各種專業性研討會，或委託學術團體從事區域開發建設問題之專案研究。

第二四條

各級區域建設推行委員會或辦理其任務之單位依本法第十九條所為協助或建議，各有關機關及事業機構應盡量配合辦理。其屬於區域公共設施分期建設計畫及經費概算者，各有關機關編製施政計畫及年度預算時應配合辦理。

第五章　附　則

第二五條

本細則自發布日施行。

非都市土地使用管制規則

①民國 65 年 3 月 30 日內政部令訂定發布全文 8 條。
②民國 65 年 11 月 26 日內政部令修正發布全文 10 條。
③民國 68 年 2 月 5 日內政部令修正發布第 8、9 條條文。
④民國 70 年 4 月 22 日內政部令修正發布第 4 條條文。
⑤民國 73 年 11 月 5 日內政部令修正發布第 5 條條文。
⑥民國 77 年 6 月 29 日內政部令修正發布第 4、7、10、11 條條文及附表一之各種使用地容許使用項目表。
⑦民國 78 年 7 月 7 日內政部令修正發布第 2、4、7、9 條條文。
⑧民國 80 年 3 月 6 日內政部令修正發布全文 32 條。
⑨民國 82 年 11 月 5 日內政部令修正發布第 9、12、13、18、20、21 條條文;刪除第 14 條條文;並增訂第 18-1、21-1、21-2 條條文。
⑩民國 83 年 6 月 1 日內政部令修正發布第 9 條條文;並增訂第 31-1 條條文。
⑪民國 85 年 5 月 23 日內政部令修正發布全文 36 條。
⑫民國 87 年 1 月 7 日內政部令修正發布第 9 條條文。
⑬民國 88 年 6 月 29 日內政部令修正發布第 6、10、18、23、29、30、34 條條文。
⑭民國 90 年 3 月 26 日內政部令修正發布全文 59 條;並自發布日起實施。
⑮民國 91 年 5 月 31 日內政部令修正發布第 6、19、25、28、35、45、48、49 條條文;並增訂第 35-1 條條文。
⑯民國 92 年 3 月 26 日內政部令修正發布第 6、23、26、28、30、31、33、53 條條文;刪除第 49、52 條條文;並增訂第 6-1、38-1、44-1、49-1、52-1 條條文。
⑰民國 93 年 3 月 5 日內政部令修正發布第 6、9、22、28、49-1 條條文。
⑱民國 93 年 6 月 15 日內政部令修正發布第 44、45、52-1 條條文。
⑲民國 94 年 12 月 16 日內政部令修正發布第 35-1 條條文。
⑳民國 97 年 9 月 5 日內政部令修正發布第 9 條條文及第 6 條之附表一。
㉑民國 98 年 3 月 18 日內政部令修正發布第 35、35-1 條條文。
㉒民國 98 年 8 月 20 日內政部令修正發布第 52-1 條條文;並增訂第 42-1 條條文。
㉓民國 99 年 4 月 28 日內政部令修正發布第 1、6、11、13、14、15、16、20、21、22、23、48、49-1、52-1 條條文及第 17 條之附表二、附表二之一;增訂第 14-1、22-1 條條文;並刪除第 24、25 條條文。
㉔民國 100 年 5 月 2 日內政部令修正發布第 35、35-1 條條文及第 6 條之附表一。
民國 101 年 5 月 15 日行政院公告第 9 條第 4 項第 4 款所列屬「行政院文化建設委員會」之權責事項,自 101 年 5 月 20 日起改由「文化部」管轄。
㉕民國 102 年 9 月 19 日內政部令修正發布第 9~11、13、14、17、21、22、23、28、31、35、35-1、40、42-1、44、45、46、48、52-1 條條文及第 6 條附表一、第 17 條附表二、附表二之一、第 27 條附表三、第 28 條附表四;增訂第 22-2、23-1、30-1~30-3、44-2

條條文；並刪除第 38～39、44-1 條條文。

㉖民國 103 年 12 月 31 日內政部令修正發布第 2、3、9、17、30-1～30-3、43、49-1、52-1、56 條條文及第 6 條附表一、第 27 條附表三；增訂第 30-4、31-1、31-2 條條文；並刪除第 44-2 條條文。

第一章　總　則

第一條 99

本規則依區域計畫法（以下簡稱本法）第十五條第一項規定訂定之。

第二條 103

非都市土地得劃定為特定農業、一般農業、工業、鄉村、森林、山坡地保育、風景、國家公園、河川、海域、特定專用等使用分區。

第三條 103

非都市土地依其使用分區之性質，編定為甲種建築、乙種建築、丙種建築、丁種建築、農牧、林業、養殖、鹽業、礦業、窯業、交通、水利、遊憩、古蹟保存、生態保護、國土保安、殯葬、海域、特定目的事業等使用地。

第四條

非都市土地之使用，除國家公園區內土地，由國家公園主管機關依法管制外，按其編定使用地之類別，依本規則規定管制之。

第五條

①非都市土地使用分區劃定及使用地編定後，由直轄市或縣（市）政府管制其使用，並由當地鄉（鎮、市、區）公所隨時檢查，其有違反土地使用管制者，應即報請直轄市或縣（市）政府處理。

②鄉（鎮、市、區）公所辦理前項檢查，應指定人員負責辦理。

③直轄市或縣（市）政府為處理第一項違反土地使用管制之案件，應成立聯合取締小組定期查處。

④前項直轄市或縣（市）聯合取締小組得請目的事業主管機關定期檢查是否依原核定計畫使用。

第二章　容許使用、建蔽率及容積率

第六條 99

①非都市土地經劃定使用分區並編定使用地類別，應依其容許使用之項目及許可使用細目使用。但中央目的事業主管機關認定為重大建設計畫所需之臨時性設施，經徵得使用地之中央主管機關及有關機關同意後，得核准為臨時使用。中央目的事業主管機關於核准時，應函請直轄市或縣（市）政府通知土地登記機關於土地登記簿標示部加註臨時使用用途及期限。中央目的事業主管機關及直轄市、縣（市）政府應負責監督確實依核定計畫使用及依限拆除恢復原狀。

②前項容許使用及臨時性設施，其他法律或依本法公告實施之區域

計畫有禁止或限制使用之規定者，依其規定。

③各種使用地容許使用項目、許可使用細目及其附帶條件如附表一。

④非都市土地容許使用執行要點，由內政部定之。

⑤目的事業主管機關為辦理容許使用案件，得視實際需要，訂定審查作業要點。

第六條之一

①依前條第三項附表一規定應申請許可使用者，應檢附下列文件，向目的事業主管機關申請核准：

一　非都市土地許可使用申請書如附表五。
二　使用計畫書。
三　土地登記（簿）謄本及地籍圖謄本。
四　申請許可使用同意書。
五　土地使用配置圖及位置示意圖。
六　其他有關文件。

②前項第三款之文件能以電腦處理者，免予檢附。

③申請人為土地所有權人者，免附第一項第四款規定之文件。

④第一項第一款申請書格式，目的事業主管機關另有規定者，得依其規定辦理。

第七條

山坡地範圍內森林區、山坡地保育區及風景區之土地，在未編定使用地之類別前，適用林業用地之管制。

第八條

①土地使用編定後，其原有使用或原有建築物不合土地使用分區規定者，在政府令其變更使用或拆除建築物前，得為從來之使用。原有建築物除准修繕外，不得增建或改建。

②前項土地或建築物，對公眾安全、衛生及福利有重大妨礙者，該管直轄市或縣（市）政府應限期令其變更或停止使用、遷移、拆除或改建，所受損害應予適當補償。

第九條 103

①下列非都市土地建蔽率及容積率不得超過下列規定。但直轄市或縣（市）主管機關得視實際需要酌予調降，並報請中央主管機關備查：

一　甲種建築用地：建蔽率百分之六十。容積率百分之二百四十。
二　乙種建築用地：建蔽率百分之六十。容積率百分之二百四十。
三　丙種建築用地：建蔽率百分之四十。容積率百分之一百二十。
四　丁種建築用地：建蔽率百分之七十。容積率百分之三百。
五　窯業用地：建蔽率百分之六十。容積率百分之一百二十。
六　交通用地：建蔽率百分之四十。容積率百分之一百二十。

七　遊憩用地：建蔽率百分之四十。容積率百分之一百二十。
八　殯葬用地：建蔽率百分之四十。容積率百分之一百二十。
九　特定目的事業用地：建蔽率百分之六十。容積率百分之一百八十。

②經依區域計畫擬定機關核定之工商綜合區或行政院同意設立之自由經濟示範區土地使用計畫而規劃之特定專用區或工業區，區內可建築基地經編定為特定目的事業用地者，其建蔽率及容積率依核定計畫管制，不受前項第九款規定之限制。

③經主管機關核定之土地使用計畫，其建蔽率及容積率低於第一項之規定者，依核定計畫管制之。

④第一項以外使用地之建蔽率及容積率，由下列使用地之中央主管機關會同建築管理、地政機關訂定：
一　農牧、林業、生態保護、國土保安用地之中央主管機關：行政院農業委員會。
二　養殖用地之中央主管機關：行政院農業委員會漁業署。
三　鹽業、礦業、水利用地之中央主管機關：經濟部。
四　古蹟保存用地之中央主管機關：文化部。

第三章　土地使用分區變更

第一○條 102

非都市土地經劃定使用分區後，因申請開發，依區域計畫之規定需辦理土地使用分區變更者，應依本規則之規定辦理。

第一一條 102

①非都市土地申請開發達下列規模者，應辦理土地使用分區變更：
一　申請開發社區之計畫達五十戶或土地面積在一公頃以上，應變更為鄉村區。
二　申請開發為工業使用之土地面積達十公頃以上或依產業創新條例申請開發為工業使用之土地面積達五公頃以上，應變更為工業區。
三　申請開發遊憩設施之土地面積達五公頃以上，應變更為特定專用區。
四　申請設立學校之土地面積達十公頃以上，應變更為特定專用區。
五　申請開發高爾夫球場之土地面積達十公頃以上，應變更為特定專用區。
六　申請開發公墓之土地面積達五公頃以上或其他殯葬設施之土地面積二公頃以上，應變更為特定專用區。
七　前六款以外開發之土地面積達二公頃以上，應變更為特定專用區。

②前項辦理土地使用分區變更案件，申請開發涉及其他法令規定開發所需最小規模者，並應符合各該法令之規定。

第一二條

為執行區域計畫，各級政府得就各區域計畫所列重要風景及名勝地區研擬風景區計畫，並依本規則規定程序申請變更為風景區，其面積以二十五公頃以上為原則。但離島地區，不在此限。

第一三條 102

①非都市土地開發需辦理土地使用分區變更者，其申請人應依相關審議作業規範之規定製作開發計畫書圖及檢具有關文件，並依下列程序，向直轄市或縣（市）政府申請辦理：

一 申請開發許可。

二 山坡地範圍屬依水土保持法相關規定應擬具水土保持計畫者，取得水土保持完工證明書；非山坡地範圍，應取得整地排水計畫完工證明書。

三 申請土地使用分區及使用地之異動登記。

②海埔地開發及非山坡地範圍農村社區土地重劃案件，免依前項第二款申請整地排水計畫完工證明書。

③直轄市或縣（市）政府認定水土保持計畫或整地排水計畫之工程需與建築物一併施工或經水土保持主管機關認定無法於申請土地使用分區及使用地之異動登記前核發水土保持完工證明書者，得由申請人先行申請辦理使用分區及使用地變更編定之異動登記。

第一四條 102

①直轄市或縣（市）政府依前條規定受理申請後，應查核開發計畫書圖及基本資料，並視開發計畫之使用性質，徵詢相關單位意見後，提出具體初審意見，併同申請案之相關書圖，送達各該區域計畫擬定機關，提報其區域計畫委員會，依各該區域計畫內容與相關審議作業規範及建築法令之規定審議。

②前項申請案經區域計畫委員會審議同意後，由區域計畫擬定機關核發開發許可予申請人，並通知土地所在地直轄市或縣（市）政府。

③依前條規定申請使用分區變更之土地，其使用管制及開發建築，應依區域計畫擬定機關核發開發許可或開發同意之開發計畫書圖及其許可條件辦理，申請人不得逕依第六條附表一作為開發計畫以外之其他容許使用項目或許可使用細目使用。

第一四條之一 99

非都市土地申請開發許可案件，申請人得於區域計畫擬定機關許可前向該機關申請撤回；區域計畫擬定機關於同意撤回後，應通知申請人及土地所在地直轄市或縣（市）政府。

第一五條 99

①非都市土地開發需辦理土地使用分區變更者，申請人於申請開發許可時，得依相關審議作業規範規定，檢具開發計畫申請許可，或僅先就開發計畫之土地使用分區變更計畫申請同意，並於區域計畫擬定機關核准期限內，再檢具使用地變更編定計畫申請許可。

②申請開發殯葬、廢棄物衛生掩埋場、廢棄物封閉掩埋場、廢棄物

焚化處理廠、營建剩餘土石方資源處理場及土石採取場等設施，應先就開發計畫之土地使用分區變更計畫申請同意，並於區域計畫擬定機關核准期限內，檢具使用地變更編定計畫申請許可。

第一六條 99

①申請人依前條規定，僅先檢具開發計畫之土地使用分區變更計畫申請時，應於區域計畫擬定機關核准期限內，檢具開發計畫之使用地變更編定計畫向直轄市或縣（市）政府申請許可，逾期未申請者，其原經區域計畫擬定機關同意之土地使用分區變更計畫失其效力。但在期限屆滿前申請，並經區域計畫擬定機關同意延長期限者，不在此限。

②前項使用地變更計畫，經直轄市或縣（市）政府查核資料，並報經區域計畫委員會審議同意後，由區域計畫擬定機關核發開發許可予申請人，並通知土地所在地直轄市或縣（市）政府。

第一七條 103

①申請土地開發者於目的事業法規另有規定，或依法需辦理環境影響評估、實施水土保持之處理及維護或涉及農業用地變更者，應依各目的事業、環境影響評估、水土保持或農業發展條例有關法規規定辦理。

②前項環境影響評估、水土保持或區域計畫擬定等主管機關之審查作業，得採併行方式辦理，其審議程序如附表二及附表二之一。

第一八條

①非都市土地申請開發屬綜合性土地利用型態者，應由區域計畫擬定機關依其土地使用性質，協調判定其目的事業主管機關。

②前項綜合性土地利用型態，係指多類別使用分區變更案或多種類土地使用（開發）案。

第一九條

①申請人依第十三條第一項第一款規定申請開發許可，依區域計畫委員會審議同意之計畫內容或各目的事業相關法規之規定，需與當地直轄市或縣（市）政府簽訂協議書者，應依審議同意之計畫內容及各目的事業相關法規之規定，與當地直轄市或縣（市）政府簽訂協議書。

②前項協議書應於區域計畫擬定機關核發開發許可前，經法院公證。

第二○條 99

區域計畫擬定機關核發開發許可、廢止開發許可或開發同意後，直轄市或縣（市）政府應將許可或廢止內容於各該直轄市、縣（市）政府或鄉（鎮、市、區）公所公告三十日。

第二一條 102

①申請人有下列情形之一者，直轄市或縣（市）政府應報經區域計畫擬定機關廢止原開發許可或開發同意：

　一　違反核定之土地使用計畫、目的事業或環境影響評估等相關法規，經該管主管機關提出要求處分並經限期改善而未改

善。

二　興辦事業計畫目的事業主管機關廢止、整理排水計畫之核准經直轄市或縣（市）政府廢止或水土保持計畫之核准經水土保持主管機關廢止。

三　申請人自行申請廢止。

②屬區域計畫擬定機關委辦直轄市或縣（市）政府審議許可案件，由直轄市或縣（市）政府廢止原開發許可，並副知區域計畫擬定機關。

③開發許可或開發同意依前二項廢止，其土地使用分區及使用地已完成變更異動之登記者，直轄市或縣（市）政府應依第三十七條第二項規定辦理。

第二二條 102

①區域計畫擬定機關核發開發許可或開發同意後，申請人有變更下列各款情形之一者，應依第十三條至第二十條規定之程序申請變更開發計畫：

一　增、減原經核准之開發計畫土地涵蓋範圍。

二　增加全區土地使用強度。

三　變更原開發計畫核准之主要公共設施、公用設備或必要性服務設施。

四　原核准開發計畫土地使用配置變更之面積已達原核准開發面積二分之一或大於二公頃。

②前項以外之變更事項，經目的事業主管機關認定未變更原核准興辦事業計畫之性質，申請人應製作變更內容對照表送請直轄市或縣（市）政府備查，並由直轄市或縣（市）政府通知申請人，並副知目的事業主管機關及區域計畫擬定機關。

③因政府依法徵收、撥用或協議價購土地，致減少原經核准之開發計畫土地涵蓋範圍，而有第一項第三款所列情形，如不影響基地開發之保育、保安、防災並經專業技師簽證及不妨礙原核准開發許可或開發同意之主要公共設施、公用設備或必要性服務設施之正常功能行使，得準用前項規定辦理。

④依促進投資條例編定之工業區，申請人變更原核准計畫，未涉及原工業區興辦目的之性質之變更者，由工業主管機關辦理審查，免徵得區域計畫擬定機關同意。

⑤區域計畫擬定機關核發開發許可或開發同意後，原開發計畫範圍依行政院同意設立為自由經濟示範區，經目的事業主管機關認定性質相同或具有高度相容性，且未變更主要公共設施、公用設備或必要性服務設施及未增加全區土地使用強度者，申請人應製作變更內容對照表送請中央主管機關備查，不受第一項及第二項規定之限制。

第二二條之一 99

申請人依前條規定申請變更開發計畫，符合下列情形之一者，區域計畫擬定機關得委辦直轄市、縣（市）政府審議許可：

一　中華民國七十七年七月一日本規則修正生效前免經區域計畫擬定機關審議之山坡地開發許可案件。

二　依本法施行細則第十六條之四第一項規定，區域計畫擬定機關委辦直轄市、縣（市）政府審議核定案件。

三　原經區域計畫擬定機關核發開發許可或開發同意之案件，其面積規模屬區域計畫擬定機關委辦直轄市、縣（市）政府審議核定範圍。

第二二條之二　102

①經區域計畫擬定機關核發開發許可、開發同意或依原獎勵投資條例編定之案件，變更原經目的事業主管機關核准之興辦事業計畫性質且面積達第十一條規模者，申請人應依本章規定程序重新申請使用分區變更。

②前項面積未達第十一條規模者，申請人應依第四章規定申請使用地變更編定。

③前二項除依原獎勵投資條例編定之案件外，其原許可或同意之開發計畫未涉及興辦事業計畫性質變更部分，應依第二十二條規定辦理變更；興辦事業計畫性質變更涉及全部基地範圍，原許可或同意之開發計畫，應依第二十一條規定辦理廢止。

④第一項或第二項之變更與前項變更開發計畫或廢止原許可或同意之程序，得併同辦理。

⑤第一項及第二項之變更，涉及其他法令規定開發所需最小規模者，並應符合各該法令之規定。

第二三條　102

①申請人於獲准開發許可後，應於收受通知之日起一年內擬具水土保持計畫或整地排水計畫送請水土保持主管機關或直轄市、縣（市）政府審核，以從事區內整地排水及公共設施用地整地等工程，並於工程完成，經直轄市或縣（市）政府查驗合格後，除其他法律另有規定外，申請人應辦理相關公共設施用地移轉予該管直轄市、縣（市）政府或鄉（鎮、市）公所，始得申請辦理變更編定為允許之使用分區及使用地。但開發案件因故未能於期限內申請水土保持計畫或整地排水計畫審核者，得敘明理由於期限屆滿前申請展期；展期之期間每次不得超過一年，並以二次為限；逾期未申請者，區域計畫擬定機關原許可失其效力。

②前項屬非山坡地範圍案件整地排水計畫之審查項目、變更、施工管理及相關申請書圖文件，由內政部定之。

③第一項相關公共設施用地移轉予該管直轄市、縣（市）政府或鄉（鎮、市）公所時，應切結及提供公共設施興建保證金，並應依核定開發計畫之公共設施分期計畫，於申請建築物之使用執照前完成，經直轄市或縣（市）政府查驗合格，移轉予該管直轄市、縣（市）政府或鄉（鎮、市）公所。但公共設施之捐贈及完成時間，其他法令另有規定者，從其規定。

④前項應移轉登記為鄉（鎮、市）有之公共設施，鄉（鎮、市）公

所應派員會同查驗。

第二三條之一 102

①申請人應於核定整地排水計畫之日起一年內，申領整地排水計畫施工許可證。

②整地排水計畫需分期施工者，應於計畫中敘明各期施工之內容，並按期申領整地排水計畫施工許可證。

③整地排水計畫施工許可證核發時，應同時核定施工期限或各期施工期限。

④整地排水施工，因故未能於核定期限內完工時，應於期限屆滿前敘明事實及理由，申請展延。展延以二次為限，每次不得超過六個月。

⑤未依第一項規定之期限申領整地排水計畫施工許可證或未於第三項所定施工期限或前項展延期限內完工者，直轄市或縣（市）政府應廢止原核定整地排水計畫，如已核發整地排水計畫施工許可證，應同時廢止。

第二四條 （刪除）99

第二五條 （刪除）99

第二六條

申請人於非都市土地開發依相關規定應興闢公共設施、繳交開發影響費、捐贈土地或繳交土地代金或回饋金時，應先完成捐贈之土地及公共設施用地之分割、移轉登記，並繳交開發影響費、土地代金或回饋金後，由直轄市或縣（市）政府辦理土地使用分區及使用地變更編定異動登記，並函請土地登記機關於土地登記簿標示部加註核定事業計畫使用項目。

第四章 使用地變更編定

第二七條

①土地使用分區內各種使用地，除依第三章規定辦理使用分區及使用地變更者外，應在原使用分區範圍內申請變更編定。

②前項使用分區內各種使用地之變更編定原則，除本規則另有規定外，應依使用分區內各種使用地變更編定原則表如附表三辦理。

③非都市土地變更編定執行要點，由內政部定之。

第二八條 102

①申請使用地變更編定，應檢附下列文件，向土地所在地直轄市或縣（市）政府申請核准，並依規定繳納規費：

一 非都市土地變更編定申請書如附表四。

二 興辦事業計畫核准文件。

三 申請變更編定同意書。

四 土地使用計畫配置圖及位置圖。

五 其他有關文件。

②下列申請案件免附前項第二款及第四款規定文件：

一 符合第三十五條、第三十五條之一第一項第一款、第二款、

第四款或第五款規定之零星或狹小土地。

二　依第四十條規定已檢附需地機關核發之拆除通知書。

三　鄉村區土地變更編定為乙種建築用地。

四　變更編定為農牧、林業、國土保安或生態保護用地。

③申請案件符合第三十五條之一第一項第三款者，免附第一項第二款規定文件。

④申請人為土地所有權人者，免附第一項第三款規定之文件。

⑤興辦事業計畫有第三十條第二項及第三項規定情形者，應檢附區域計畫擬定機關核發許可文件。其屬山坡地範圍內土地申請興辦事業計畫面積未達十公頃者，應檢附興辦事業計畫面積免受限制文件。

第二九條

申請人依法律規定應繳交回饋金者，直轄市或縣（市）政府應於核准變更編定時，通知申請人繳交；直轄市或縣（市）政府應於申請人繳交後，函請土地登記機關辦理變更編定異動登記。

第三〇條

①辦理非都市土地變更編定時，申請人應擬具興辦事業計畫。

②前項興辦事業計畫如有第十一條或第十二條需辦理使用分區變更之情形者，應依第三章規定之程序及審議結果辦理。

③第一項興辦事業計畫於原使用分區內申請使用地變更編定，或因興辦事業計畫變更，達第十一條規定規模，足以影響原土地使用分區劃定目的者，除毋需辦理使用分區及使用地變更外，準用第三章有關土地變更規定程序辦理。

④第一項興辦事業計畫除有前二項規定情形外，應報經直轄市或縣（市）目的事業主管機關之核准。直轄市或縣（市）目的事業主管機關於核准前，應先徵得變更前直轄市或縣（市）目的事業主管機關及有關機關同意。但依規定需向中央目的事業主管機關申請或徵得其同意者，應從其規定辦理。變更後目的事業主管機關為審查興辦事業計畫，得視實際需要，訂定審查作業要點。

⑤申請人以前項經目的事業主管機關核准興辦事業計畫辦理使用地變更編定者，直轄市或縣（市）政府於核准變更編定時，應函請土地登記機關辦理異動登記並於土地登記簿標示部加註核定事業計畫使用項目。

⑥申請人依第三項或第四項申請興辦事業計畫變更者，直轄市或縣（市）政府應依第二十六條規定辦理或依前項規定函請土地登記機關於土地登記簿標示部加註核定事業計畫使用項目。

第三〇條之一 103

①依前條規定擬具之興辦事業計畫不得位於區域計畫規定之第一級環境敏感地區。但有下列情形之一者，不在此限：

一　屬內政部會商中央目的事業主管機關認定由政府興辦之公共設施或公用事業，且經各項第一級環境敏感地區之中央法令規定之目的事業主管機關同意興辦。

二　為整體規劃需要，不可避免夾雜之零星土地符合第三十條之二規定者，得納入範圍，並應維持原地形地貌不得開發使用。

三　依各項第一級環境敏感地區之中央目的事業主管法令明定得許可或同意開發。

②依第二十八條第二項或第三項規定免檢討興辦事業計畫核准文件之變更編定案件，除申請變更編定為農牧、林業、國土保安或生態保護用地外，準用前項規定辦理。

第三〇條之二　103

第三十條擬具之興辦事業計畫範圍內有夾雜第一級環境敏感地區之零星土地者，應符合下列各款情形，始得納入申請範圍：

一　基於整體開發規劃之需要。

二　夾雜地仍維持原使用分區及原使用地類別，或同意變更編定為國土保安用地。

三　面積未超過基地開發面積之百分之十。

四　擬定夾雜地之管理維護措施。

第三〇條之三　103

依第三十條規定擬具之興辦事業計畫位於第二級環境敏感地區者，應說明下列事項，並徵詢各項環境敏感地區之中央法令規定之目的事業主管機關意見：

一　就所屬環境敏感地區特性提出具體防範及補救措施，並不得違反各項環境敏感地區劃設所依據之中央目的事業法令之禁止或限制規定。

二　就所屬環境敏感地區特性規範土地使用種類及強度。

第三〇條之四　103

依第三十條擬具之興辦事業計畫位屬原住民保留地者，在不妨礙國土保安、環境資源保育、原住民生計及原住民行政之原則下，得為觀光遊憩、加油站、農產品集貨場倉儲設施、原住民文化保存、社會福利及其他經中央原住民族主管機關同意興辦之事業，不受第三十條之一規定之限制。

第三一條　102

①工業區以外之丁種建築用地或都市計畫工業區土地有下列情形之一而原使用地或都市計畫工業區內土地確已不敷使用，經依產業創新條例第六十五條規定，取得直轄市或縣（市）工業主管機關核定發給之工業用地證明書者，得在其需用面積限度內以其毗連非都市土地申請變更編定為丁種建築用地：

一　設置污染防治設備。

二　直轄市或縣（市）工業主管機關認定之低污染事業有擴展工業需要。

②前項第二款情形，興辦工業人應規劃變更土地總面積百分之十之土地作為綠地，辦理變更編定為國土保安用地，並依產業創新條例、農業發展條例相關規定繳交回饋金後，其餘土地始可變更編

定為丁種建築用地。

③依原促進產業升級條例第五十三條規定，已取得工業主管機關核定發給之工業用地證明書者，或依同條例第七十條之二第五項規定，取得經濟部核定發給之證明文件者，得在其需用面積限度內以其毗連非都市土地申請變更編定為丁種建築用地。

④都市計畫工業區土地確已不敷使用，依第一項申請毗連非都市土地變更編定者，其建蔽率及容積率，不得高於該都市計畫工業區土地之建蔽率及容積率。

⑤直轄市或縣（市）工業主管機關應依第五十四條檢查是否依原核定計畫使用；如有違反使用，經直轄市或縣（市）工業主管機關廢止其擴展計畫之核定者，直轄市或縣（市）政府應函請土地登記機關恢復原編定，並通知土地所有權人。

第三一條之一 103

①位於依工廠管理輔導法第三十三條第三項公告未達五公頃之特定地區內已補辦臨時工廠登記之低污染事業與辦產業人，經取得中央工業主管機關核准之整體規劃興辦事業計畫文件者，得於特定農業區以外之土地申請變更編定為丁種建築用地及適當使用地。

②興辦產業人前項規定擬具之興辦事業計畫，應規劃百分之二十以上之土地作為公共設施，辦理變更編定為適當使用地，並由興辦產業人管理維護；其餘土地於公共設施興建完竣經勘驗合格後，依核定之土地使用計畫變更編定為丁種建築用地。

③興辦產業人依前項規定，於區內規劃配置之公共設施無法與區外隔離者，得敘明理由，以區外之毗連土地，依農業發展條例相關規定，配置適當隔離綠帶，併同納入第一項之興辦事業計畫範圍，申請變更編定為國土保安用地。

④第一項特定地區外已補辦臨時工廠登記或列管之低污染事業與辦產業人，經取得直轄市或縣（市）工業主管機關輔導進駐核准文件，得併同納入第一項興辦事業計畫範圍，申請使用地變更編定。

⑤直轄市或縣（市）主管機關受理變更編定案件，除位於山坡地範圍者依第四十九條之一規定辦理外，應組專案小組審查下列事項後予以准駁：

一　符合第三十條之一至第三十條之三規定。

二　依非都市土地變更編定執行要點規定所定查詢項目之查詢結果。

三　依非都市土地變更編定執行要點規定辦理審查後，各單位意見有爭議部分。

四　農業用地經農業主管機關同意變更使用。

五　水污染防治措施經環境保護主管機關許可。

六　符合環境影響評估相關法令規定。

七　不妨礙周邊自然景觀。

⑥依第一項規定申請使用地變更編定者，就第一項特定地區外之土

地，不得再依前條規定申請變更編定。

第三一條之二 103

①位於依工廠管理輔導法第三十三條第三項公告未達五公頃之特定
地區內已補辦臨時工廠登記之低污染事業興辦產業人，經中央工
業主管機關審查認無法依前條規定辦理整體規劃，並取得直轄市或
縣（市）工業主管機關核准興辦事業計畫文件者，得於特定農業
區以外之土地申請變更編定爲丁種建築用地及適當使用地。

②興辦產業人依前項規定申請變更編定者，應規劃百分之三十以上
之土地作爲隔離綠帶或設施，其中百分之十之土地作爲綠地，變
更編定爲國土保安用地，並由興辦產業人管理維護；其餘土地依
核定之土地使用計畫變更編定爲丁種建築用地。

③興辦產業人無法依前項規定，於區內規劃配置隔離綠帶或設施
者，得敘明理由，以區外之毗連土地，依農業發展條例相關規
定，配置適當隔離綠帶，併同納入第一項興辦事業計畫範圍，申
請變更編定爲國土保安用地。

④第一項特定地區外經已補辦臨時工廠登記之低污染事業興辦產業
人，經取得直轄市或縣（市）工業主管機關輔導進駐核准文件及
直轄市或縣（市）工業主管機關核准之興辦事業計畫文件者，得
申請使用地變更編定。

⑤直轄市或縣（市）主管機關受理變更編定案件，準用前條第五項
規定辦理審查。

⑥依第一項規定申請使用地變更編定者，就第一項特定地區外之土
地，不得再依第三十一條規定申請變更編定。

第三二條

工業區以外位於依法核准設廠用地範圍內，爲丁種建築用地所包
圍或夾雜土地，經工業主管機關審查認定得合併供工業使用者，
得申請變更編定爲丁種建築用地。

第三三條

①工業區以外爲原編定公告之丁種建築用地所包圍或夾雜土地，其
面積未達二公頃，經工業主管機關審查認定適宜作低污染、附加
產值高之投資事業者，得申請變更編定爲丁種建築用地。

②工業主管機關應依第五十四條檢查是否依原核定計畫使用；如有
違反使用，經工業主管機關廢止其事業計畫之核定者，直轄市或
縣（市）政府應函請土地登記機關恢復原編定，並通知土地所有
權人。

第三四條

一般農業區、山坡地保育區及特定專用區內取土部分以外之窯業
用地，經領有工廠登記證者，經工業主管機關審查認定得供工業
使用者，得申請變更編定爲丁種建築用地。

第三五條 102

①毗鄰甲種、丙種建築用地或已作國民住宅、勞工住宅、政府專案
計畫興建住宅特定目的之事業用地之零星或狹小土地，合於下列各

款規定之一者，得按其毗鄰土地申請變更編定為甲種、丙種建築用地：

一　為各種建築用地、建築使用之特定目的事業用地或都市計畫住宅區、商業區、工業區所包圍，且其面積未超過○‧一二公頃。

二　道路、水溝所包圍或為道路、水溝及各種建築用地、建築使用之特定目的事業用地所包圍，且其面積未超過○‧一二公頃。

三　凹入各種建築用地或建築使用之特定目的事業用地，其面積未超過○‧一二公頃，且缺口寬度未超過二十公尺。

四　對邊為各種建築用地、作建築使用之特定目的事業用地、都市計畫住宅區、商業區、工業區或道路、水溝等，所夾狹長之土地，其平均寬度未超過十公尺，於變更後不致妨礙鄰近農業生產環境。

五　面積未超過○‧○一二公頃，且鄰接無相同使用地類別。

②前項第一款至第三款、第五款土地面積因地形坵塊完整需要，得為百分之十以內之增加。

③第一項道路或水溝之平均寬度應為四公尺以上，道路、水溝相毗鄰者，得合併計算其寬度。道路、水溝之一與建築用地或建築使用之特定目的事業用地相毗鄰，或道路、水溝相毗鄰後，再毗鄰建築用地或建築使用之特定目的事業用地，經直轄市或縣（市）政府認定已達隔絕效果者，其寬度不受限制。

④第一項及前項道路、水溝及各種建築用地或建築使用之特定目的事業用地，指於中華民國七十八年四月三日臺灣省非都市零星地變更編定認定基準頒行前，經編定或變更編定為交通用地、水利用地及各該種建築用地、特定目的事業用地，或實際上已作道路、水溝之未登記土地者。但政府規劃興建之道路、水溝或建築使用之特定目的事業用地不受前段時間之限制。

⑤符合第一項各款規定有數筆土地者，土地所有權人個別申請變更編定時，應檢附周圍相關土地地籍圖簿資料，直轄市或縣（市）政府應就整體加以認定後核准之。

⑥第一項建築使用之特定目的事業用地，限於作非農業使用之特定目的事業用地，經直轄市或縣（市）政府認定可核發建照者。

⑦第一項土地於山坡地範圍外之農業區者，變更編定為甲種建築用地；於山坡地保育區、風景區及山坡地範圍內之農業區者，變更編定為丙種建築用地。

第三五條之一 102

①非都市土地鄉村區邊緣畸零不整且未依法禁、限建，並經直轄市或縣（市）政府認定非作為隔離必要之土地，合於下列各款規定之一者，得在原使用分區內申請變更編定為建築用地：

一　毗鄰鄉村區之土地，外圍有道路、水溝或各種建築用地、作建築使用之特定目的事業用地、都市計畫住宅區、商業區、

　　　工業區等隔絕，面積在○‧一二公頃以下。

二　凹入鄉村區之土地，三面連接鄉村區，面積在○‧一二公頃
　　以下。

三　凹入鄉村區之土地，外圍有道路、水溝、機關、學校、軍事
　　等用地隔絕，或其他經直轄市或縣（市）政府認定具有明顯隔
　　絕之自然界線，面積在○‧五公頃以下。

四　毗鄰鄉村區之土地，對邊為各種建築用地、作建築使用之特
　　定目的事業用地、都市計畫住宅區、商業區、工業區或道
　　路、水溝等，所夾狹長之土地，其平均寬度未超過十公尺，
　　於變更後不致妨礙鄰近農業生產環境。

五　面積未超過○‧○一二公頃，且鄰接無相同使用類別。

②前項第一款、第二款及第五款土地面積因地形坵塊完整需要，得
　為百分之十以內之增加。

③第一項道路、水溝及其寬度、各種建築用地、作建築使用之特定
　目的事業用地之認定依前條第三項、第四項及第六項規定辦理。

④符合第一項各款規定有數筆土地者，土地所有權人個別申請變更
　編定時，依前條第五項規定辦理。

⑤直轄市或縣（市）政府於審查第一項各款規定時，得提報該直轄
　市或縣（市）非都市土地使用編定審議小組審議後予以准駁。

⑥第一項土地於山坡地範圍外之農業區者，變更編定為甲種建築用
　地；於山坡地保育區、風景區及山坡地範圍內之農業區者，變更
　編定為丙種建築用地。

第三六條

特定農業區內土地供道路使用者，得申請變更編定為交通用地。

第三七條

①已依目的事業主管機關核定計畫編定或變更編定之各種使用地，
　於該事業計畫廢止者，各該目的事業主管機關應通知當地直轄市
　或縣（市）政府。

②直轄市或縣（市）政府於接到前項通知後，應即依下列規定辦
　理，並通知土地所有權人：

一　已依核定計畫完成使用者，除依法提出申請變更編定外，應
　　維持其使用地類別。

二　已依核定計畫開發尚未完成使用者，其已依法建築之土地，
　　除依法提出申請變更編定外，應維持其使用地類別，其他土
　　地依編定前土地使用性質或變更編定前原使用地類別辦理變
　　更編定。

三　尚未依核定計畫開始開發者，依編定前土地使用性質或變更
　　編定前原使用地類別辦理變更編定。

第三八條至第三九條　（刪除）102

第四○條　102

①政府因興辦公共工程，其工程用地範圍內非都市土地之甲種、乙
　種或丙種建築用地因徵收或撥用被拆除地上合法住宅使用之建築

物，致其剩餘建築用地畸零狹小，未達畸零地使用規則規定之最小建築單位面積，除有下列情形之一者外，被徵收土地所有權人或公地管理機關得申請將毗鄰土地變更編定，其面積以依畸零地使用規則規定之最小單位面積扣除剩餘建築用地面積為限：

一　已依本規則中華民國一百零二年九月二十一日修正生效前第三十八條規定申請自有土地變更編定。

二　需地機關有安置計畫。

三　毗鄰土地屬交通用地、水利用地、古蹟保存用地、生態保護用地、國土保安用地或工業區、河川區、森林區內土地。

四　建築物與其基地非屬同一所有權人者。但因繼承、三親等內之贈與致建築物與其基地非屬同一所有權人者，或建築物與其基地之所有權人為直系血親者，不在此限。

②前項土地於山坡地範圍外之農業區者，變更編定為甲種建築用地；於山坡地保育區、風景區及山坡地範圍內之農業區者，變更編定為丙種建築用地。

第四一條

農業主管機關專案輔導之農業計畫所需使用地，得申請變更編定為特定目的之事業用地。

第四二條

①政府興建住宅計畫或徵收土地拆遷戶住宅安置計畫經各該目的事業上級主管機關核定者，得依其核定計畫內容之土地使用性質，申請變更編定為適當使用地；其於農業區供住宅使用者，變更編定為甲種建築用地。

②前項核定計畫附有條件者，應於條件成就後始得辦理變更編定。

第四二條之一　102

政府或經政府認可之民間單位為辦理安置災區災民所需之土地，經直轄市或縣（市）政府建築管理、環境影響評估、水土保持、原住民、水利、農業、地政等單位及有關專業人員會勘認定安全無虞，且無其他法律禁止或限制事項者，得依其核定計畫內容之土地使用性質，申請變更編定為適當使用地。於山坡地範圍外之農業區者，變更編定為甲種建築用地；於山坡地保育區、風景區及山坡地範圍內之農業區者，變更編定為丙種建築用地。

第四三條　103

特定農業區、森林區內公立公墓之更新計畫經主管機關核准者，得依其核定計畫申請變更編定為殯葬用地。

第四四條　102

依本規則申請變更編定為遊憩用地者，依下列規定辦理：

一　申請人應依其事業計畫設置必要之保育綠地及公共設施；其設置之保育綠地不得少於變更編定面積百分之三十。但風景區內土地，於本規則中華民國九十三年六月十七日修正生效前，已依中央目的事業主管機關報奉行政院核定方案申請辦理輔導合法化，其保育綠地設置另有規定者，不在此限。

二　申請變更編定之使用地，前款保育綠地變更編定為國土保安用地，由申請開發人或土地所有權人管理維護，不得再申請開發或列為其他開發案之基地；其餘土地公共設施興建完竣經勘驗合格後，依核定之土地使用計畫，變更編定為適當使用地。

第四四條之一　（刪除）102

第四四條之二　（刪除）103

第四五條　102

①申請於離島、原住民保留地地區之農牧用地、養殖或林業用地住宅興建計畫，應以其自有土地，並符合下列條件，經直轄市或縣（市）政府依第三十條核准者，得依其核定計畫內容之土地使用性質，申請變更編定為適當使用地，並以一次為限：

一　離島地區之申請人及其配偶、同一戶內未成年子女均無自用住宅或未曾依特殊地區非都市土地使用管制規定申請變更編定經核准，且申請人戶籍登記滿二年經提出證明文件。

二　原住民保留地地區之申請人，除應符合前款條件外，並應具原住民身分且未依第四十六條取得政府興建住宅。

三　住宅興建計畫建築基地面積不得超過三百三十平方公尺。

②前項土地於山坡地範圍外之農業區者，變更編定為甲種建築用地；於山坡地保育區、風景區及山坡地範圍內之農業區者，變更編定為丙種建築用地。

③符合第一項規定之原住民保留地位屬森林區範圍內者，得申請變更編定為丙種建築用地。

第四六條　102

原住民保留地地區住宅興建計畫，由鄉（鎮、市、區）公所整體規劃，經直轄市或縣（市）政府依第三十條核准者，得依其核定計畫內容之土地使用性質，申請變更編定為適當使用地。於山坡地範圍外之農業區者，變更編定為甲種建築用地；於森林區、山坡地保育區、風景區及山坡地範圍內之農業區者，變更編定為丙種建築用地。

第四七條

①非都市土地經核准提供政府設置廢棄物清除處理設施或營建剩餘土石方資源堆置處理場，其興辦事業計畫應包括再利用計畫，並應經各該目的事業主管機關會同有關機關審查核定；於使用完成後，得依其再利用計畫按區域計畫法相關規定申請變更編定為適當使用地。

②再利用計畫經修正，依前項規定之程序辦理。

第四八條　102

①山坡地範圍內各使用分區土地申請變更編定，屬依水土保持法相關規定應擬具水土保持計畫者，應檢附水土保持機關核發之水土保持完工證明書，並依其開發計畫之土地使用性質，申請變更編定為允許之使用地。但有下列情形之一者，不在此限：

一　甲種、乙種、丙種、丁種建築用地依本規則申請變更編定為其他種建築用地。

二　徵收、撥用或依土地徵收條例第三條規定得徵收之事業，以協議價購或其他方式取得，一併辦理變更編定。

三　國營公用事業報經目的事業主管機關許可興辦之事業，以協議價購、專案讓售或其他方式取得。

四　經直轄市或縣（市）政府認定水土保持計畫工程需與建築物一併施工。

五　經水土保持主管機關認定無法分申請變更編定時核發。

②依前項但書規定辦理變更編定者，應於開發建設前，依核定水土保持計畫內容完成必要之水土保持處理及維護。

第四九條　（刪除）

第四九條之一　103

①直轄市或縣（市）主管機關受理變更編定案件時，除下列情形之一者外，應組專案小組審查：

一　第二十八條第二項免擬具興辦事業計畫情形之一。

二　非屬山坡地變更編定案件。

三　經區域計畫委員會審議通過案件。

四　第四十八條第一項第二款、第三款情形之一。

②專案小組審查山坡地變更編定案件時，其興辦事業計畫範圍內土地，經依建築相關法令認定有下列各款情形之一者，不得規劃作建築使用：

一　坡度陡峭。

二　地質結構不良、地層破碎、活動斷層或順向坡有滑動之虞。

三　現有礦場、廢土堆、坑道，及其周邊有危害安全之虞。

四　河岸侵蝕或向源侵蝕有危及基地安全之虞。

五　有崩塌或洪患之虞。

六　依其他法律規定不得建築。

第五〇條

直轄市或縣（市）政府審查申請變更編定案件認為有下列情形之一者，應通知申請人修正申請變更編定範圍：

一　變更使用後影響鄰近土地使用者。

二　造成土地之細碎分割者。

第五一條

直轄市或縣（市）政府於核准變更編定案件並通知申請人時，應同時副知變更前、後目的事業主管機關。

第五章　附　則

第五二條　（刪除）

第五二條之一　103

申請人擬具之興辦事業計畫土地位屬山坡地範圍內者，其面積不得少於十公頃。但有下列情形之一者，不在此限：

一　依第六條規定容許使用。

二　依第三十一條至第三十五條之一、第四十條、第四十二條之一、第四十五條及第四十六條規定辦理。

三　興闢公共設施、公用事業、慈善、社會福利、醫療保健、教育文化事業或其他公共建設所必要之設施，經依中央目的事業主管機關訂定之審議規範核准。

四　屬地方需要並經中央農業主管機關專案輔導設置之政策性或公用性農業產銷設施。

五　申請開發遊憩設施之土地面積達五公頃以上。

六　風景區內土地供遊憩設施使用，經中央目的事業主管機關基於觀光產業發展需要，會商有關機關研擬方案報奉行政院核定。

七　辦理農村社區土地重劃。

八　國防設施。

九　依其他法律規定得為建築使用。

第五三條

非都市土地之建築管理，應依實施區域計畫地區建築管理辦法及相關法規之規定為之；其在山坡地範圍內者，並應依山坡地建築管理辦法之規定為之。

第五四條

非都市土地依目的事業主管機關核定事業計畫編定或變更編定、或經目的事業主管機關同意使用者，由目的事業主管機關檢查是否原核定計畫使用；其有違反使用者，應函請直轄市或縣（市）聯合取締小組依相關規定處理，並通知土地所有權人。

第五五條

違反本規則規定同時違反其他特別法令規定者，由各該法令主管機關會同地政機關處理。

第五六條　103

申請使用地變更編定應繳納規費；其費額由中央主管機關定之。但直轄市或縣（市）主管機關另定收費規定者，從其規定。

第五七條

①特定農業區或一般農業區內之丁種建築用地或取土部分以外之窯業用地，已依本規則中華民國八十二年十一月七日修正發布生效前第十四條規定，向工業主管機關或窯業主管機關申請同意變更作非工業或非窯業用地使用，或向直轄市或縣（市）政府申請變更編定為甲種建築用地而其處理程序尚未終結之案件，得從其規定繼續辦理。

②前項經工業主管機關或窯業主管機關同意變更作非工業或非窯業用地使用者，應於中華民國八十三年十二月三十一日以前，向直轄市或縣（市）政府提出申請變更編定，逾期不再受理。

③直轄市或縣（市）政府受理前二項申請案件，經審查需補正者，應於本規則中華民國九十年三月二十六日修正發布生效後，通知

申請人於收受送達之日起六個月內補正，逾期未補正者，應駁回原申請，並不得再受理。

第五八條

申請人依第三十四條或前條辦理變更編定時，其擬具之興辦事業計畫範圍內，有為變更前之窯業用地或丁種建築用地所包圍或夾雜之土地，面積合計小於一公頃，且不超過興辦事業計畫範圍總面積十分之一者，得併同提出申請。

第五九條

本規則自發布日施行。

地用法規

都市計畫法

①民國 28 年 6 月 8 日國民政府制定公布全文 32 條。
②民國 53 年 9 月 1 日總統令修正公布全文 69 條。
③民國 62 年 9 月 6 日總統令修正公布全文 87 條。
④民國 77 年 7 月 15 日總統令修正公布第 49～51 條條文；並增訂第 50-1 條條文。
⑤民國 89 年 1 月 26 日總統令修正公布第 79、80 條條文。
⑥民國 91 年 5 月 15 日總統令修正公布第 19、23、26 條條文；並增訂第 27-2 條條文。
⑦民國 91 年 12 月 11 日總統令修正公布第 4、10、11、13、14、18、20、21、25、27、29、30、39、41、64、67、71、77～79、81、82、85、86 條條文；並增訂第 27-1、50-2、83-1 條條文。
　民國 93 年 2 月 27 日行政院令發布第 50-2 條定自 93 年 3 月 1 日施行。
⑧民國 98 年 1 月 7 日總統令修正公布第 83-1 條條文。
⑨民國 99 年 5 月 19 日總統令修正公布第 84 條條文。

第一章　總　則

第一條　（制定目的）

為改善居民生活環境，並促進市、鎮、鄉街有計畫之均衡發展，特制定本法。

第二條　（適用範圍）

都市計畫依本法之規定；本法未規定者，適用其他法律之規定。

第三條　（都市計畫之意義）

本法所稱之都市計畫，係指在一定地區內有關都市生活之經濟、交通、衛生、保安、國防、文教、康樂等重要設施，作有計畫之發展，並對土地使用作合理之規劃而言。

第四條　（主管機關）91

本法之主管機關：在中央為內政部；在直轄市為直轄市政府；在縣（市）（局）為縣（市）（局）政府。

第五條　（都市計畫之依據）

都市計畫應依據現在及既往情況，並預計二十五年內之發展情形訂定之。

第六條　（土地使用之限制）

直轄市及縣（市）（局）政府對於都市計畫範圍內之土地，得限制其使用人為妨礙都市計畫之使用。

第七條　（用語定義）

本法用語定義如左：

一　主要計畫：係指依第十五條所定之主要計畫書及主要計畫

圖，作爲擬定細部計畫之準則。

二 細部計畫：係指第二十二條之規定所爲之細部計畫書及細部計畫圖，作爲實施都市計畫之依據。

三 都市計畫事業：係指依本法規定所舉辦之公共設施、新市區建設、舊市區更新等實質建設之事業。

四 優先發展區：係指預計在十年內，必須優先規畫建設發展之都市計畫地區。

五 新市區建設：係指建築物稀少，尚未依照都市計畫實施建設發展之地區。

六 舊市區更新：係指舊有建築物密集、畸零破舊、有礙觀瞻，影響公共安全，必須拆除重建、就地整建或特別加以維護之地區。

第八條 （都市計畫之擬定及變更）

都市計畫之擬定、變更，依本法所定之程序爲之。

第二章 都市計畫之擬定、變更、發布及實施

第九條 （分類）91

都市計畫分爲左列三種：

一 市（鎮）計畫。

二 鄉街計畫。

三 特定區計畫。

第一〇條 （市（鎮）計畫）91

左列各地方應擬定市（鎮）計畫：

一 首都、直轄市。

二 省會、市。

三 縣（局）政府所在地及縣轄市。

四 鎮。

五 其他經內政部或縣（市）（局）政府指定應依本法擬定市（鎮）計畫之地區。

第一一條 （鄉街計畫）91

左列各地方應擬定鄉街計畫：

一 鄉公所所在地。

二 人口集居五年前已達三千，而在最近五年內已增加三分之一以上之地區。

三 人口集居達三千，而其中工商業人口占就業總人口百分之五十以上之地區。

四 其他經縣（局）政府指定應依本法擬定鄉街計畫之地區。

第一二條 （特定區計畫）

爲發展工業或爲保持優美風景或因其他目的而劃定之特定地區，應擬定特定區計畫。

第一三條 （都市計畫之擬定機關）91

都市計畫由各級地方政府或鄉、鎮、縣轄市公所依左列之規定擬

定之：

一　市計畫由直轄市、市政府擬定，鎮、縣轄市計畫及鄉街計畫分別由鎮、縣轄市、鄉公所擬定，必要時，得由縣（局）政府擬定。

二　特定區計畫由直轄市、縣（市）（局）政府擬定之。

三　相鄰接之行政地區，得由有關行政單位之同意，會同擬定聯合都市計畫。但其範圍未逾越省境或縣（局）境者，得由縣（局）政府擬定之。

第一四條　（都市計畫之擬定機關）91

①特定區計畫，必要時，得由內政部訂定之。

②經內政部或縣（市）（局）政府指定應擬定之市（鎮）計畫或鄉街計畫，必要時，得由縣（市）（局）政府擬定之。

第一五條　（主要計畫書㈠）

①市鎮計畫應先擬定主要計畫書，並視其實際情形，就左列事項分別明之：

一　當地自然、社會及經濟狀況之調查與分析。

二　行政區域及計畫地區範圍。

三　人口之成長、分布、組成、計畫年期內人口與經濟發展之推計。

四　住宅、商業、工業及其他土地使用之配置。

五　名勝、古蹟及具有紀念性或藝術價值應予保存之建築。

六　主要道路及其他公衆運輸系統。

七　主要上下水道系統。

八　學校用地、大型公園、批發市場及供作全部計畫地區範圍使用之公共設施用地。

九　實施進度及經費。

十　其他應加表明之事項。

②前項主要計畫書，除用文字、圖表說明外，應附主要計畫圖，其比例尺不得小於一萬分之一；其實施進度以五年爲一期，最長不得超過二十五年。

第一六條　（主要計畫書㈡）

鄉街計畫及特定區計畫之主要計畫所應表明事項，得視實際需要，參照前條第一項規定事項全部或一部予以簡化，並得與細部計畫合併擬定之。

第一七條　（分區發展次序之訂定）

①第十五條第一項第九款所定之實施進度，應就其計畫地區範圍預計之發展趨勢及地方財力，訂定分區發展優先次序。第一期發展地區應於主要計畫發布實施後，最多二年完成細部計畫，並於細部計畫發布後，最多五年完成公共設施。其他地區應於第一期發展地區開始進行後，次第訂定細部計畫建設之。

②未發布細部計畫地區，應限制其建築使用及變更地形。但主要計畫發布已逾二年以上，而能確定建築線或主要公共設施已照主要計畫興建完成者，得依有關建築法令之規定，由主管建築機關指

定建築線，核發建築執照。

第一八條　（審議及徵求意見）91

主要計畫擬定後，應先送由該管政府或鄉、鎮、縣轄市都市計畫委員會審議。其依第十三條、第十四條規定由內政部或縣（市）（局）政府訂定或擬定之計畫，應先分別徵求有關縣（市）（局）政府及鄉、鎮、縣轄市公所之意見，以供參考。

第一九條　（公開展覽）

①主要計畫擬定後，送該管政府都市計畫委員會審議前，應於各該直轄市、縣（市）（局）政府及鄉、鎮、縣轄市公所公開展覽三十天及舉行說明會，並應將公開展覽及說明會之日期及地點登報周知；任何公民或團體得於公開展覽期間內，以書面載明姓名或名稱及地址，向該管政府提出意見，由該管政府都市計畫委員會予以參考審議，連同審議結果及主要計畫一併報請內政部核定之。

②前項之審議，各級都市計畫委員會應於六十天內完成。但情形特殊者，其審議期限得予延長，延長以六十天為限。

③該管政府都市計畫委員會審議修正，或經內政部指示修正者，免再公開展覽及舉行說明會。

第二〇條　（主要計畫之核定）91

①主要計畫應依左列規定分別層報核定之：

　一　首都之主要計畫由內政部核定，轉報行政院備案。

　二　直轄市、省會、市之主要計畫由內政部核定。

　三　縣政府所在地及縣轄市之主要計畫由內政部核定。

　四　鎮及鄉街之主要計畫由內政部核定。

　五　特定區計畫由縣（市）（局）政府擬定者，由內政部核定；直轄市政府擬定者，由內政部核定，轉報行政院備案；內政部訂定者，報行政院備案。

②主要計畫在區域計畫地區範圍內者，內政部在訂定或核定前，應先徵詢各該區域計畫機構之意見。

③第一項所定應報請備案之主要計畫，非經准予備案，不得發布實施。但備案機關於文到後三十日內不為准否之指示者，視為准予備案。

第二一條　（公布實施）91

①主要計畫經核定或備案後，當地直轄市、縣（市）（局）政府應於接到核定或備案公文之日起三十日內，將主要計畫書及主要計畫圖發布實施，並應將發布地點及日期登報周知。

②內政部訂定之特定區計畫，層交當地直轄市、縣（市）（局）政府依前項之規定發布實施。

③當地直轄市、縣（市）（局）政府未依第一項規定之期限發布者，內政部得代為發布之。

第二二條　（細部計畫）

①細部計畫應以細部計畫書及細部計畫圖就左列事項表明之：

　一　計畫地區範圍。

二　居住密度及容納人口。
三　土地使用分區管制。
四　事業及財務計畫。
五　道路系統。
六　地區性之公共設施用地。
七　其他。
②前項細部計畫圖比例尺不得小於一千二百分之一。

第二三條　（細部計畫之核定實施）

①細部計畫擬定後，除依第十四條規定由內政部訂定，及依第十六條規定與主要計畫合併擬定者，由內政部核定實施外，其餘均由該管直轄市、縣（市）政府核定實施。

②前項細部計畫核定之審議原則，由內政部定之。

③細部計畫核定發布實施後，應於一年內豎立都市計畫樁、計算坐標及辦理地籍分割測量，並將道路及其他公共設施用地、土地使用分區之界線測繪於地籍圖上，以供公眾閱覽或申請謄本之用。

④前項都市計畫樁之測定、管理及維護等事項之辦法，由內政部定之。

⑤細部計畫之擬定、審議、公開展覽及發布實施，應分別依第十七條第一項、第十八條、第十九條及第二十一條規定辦理。

第二四條　（關係人擬定或變更細部計畫）

土地權利關係人為促進其土地利用，得配合當地分區發展計畫，自行擬定或變更細部計畫，並應附具事業及財務計畫，申請當地直轄市、縣（市）（局）政府或鄉、鎮、縣轄市公所依前條規定辦理。

第二五條　（關係人細部計畫被拒絕與救濟）91

土地權利關係人自行擬定或申請變更細部計畫，遭受直轄市、縣（市）（局）政府或鄉、鎮、縣轄市公所拒絕時，得分別向內政部或縣（市）（局）政府請求處理；經內政部或縣（市）（局）政府依法處理後，土地權利關係人不得再提異議。

第二六條　（通盤檢討）

①都市計畫經發布實施後，不得隨時任意變更。但擬定計畫之機關每三年內或五年內至少應通盤檢討一次，依據發展情況，並參考人民建議作必要之變更。對於非必要之公共設施用地，應變更其使用。

②前項都市計畫定期通盤檢討之辦理機關、作業方法及檢討基準等事項之實施辦法，由內政部定之。

第二七條　（變更）91

①都市計畫經發布實施後，遇有左列情事之一時，當地直轄市、縣（市）（局）政府或鄉、鎮、縣轄市公所，應視實際情況迅行變更：

一　因戰爭、地震、水災、風災、火災或其他重大事變遭受損壞時。

二 為避免重大災害之發生時。

三 為適應國防或經濟發展之需要時。

四 為配合中央、直轄市或縣（市）興建之重大設施時。

②前項都市計畫之變更，內政部或縣（市）（局）政府得指定各該原擬定之機關限期為之，必要時，並得逕為變更。

第二七條之一 （土地權利關係人提供或捐贈土地事項之訂定）91

①土地權利關係人依第二十四條規定自行擬定或變更細部計畫，或擬定計畫機關依第二十六條或第二十七條規定辦理都市計畫變更時，主管機關得要求土地權利關係人提供或捐贈都市計畫變更範圍內之公共設施用地、可建築土地、樓地板面積或一定金額予當地直轄市、縣（市）（局）政府或鄉、鎮、縣轄市公所。

②前項土地權利關係人提供或捐贈之項目、比例、計算方式、作業方法、辦理程序及應備書件等事項，由內政部於審議規範或處理原則中定之。

第二七條之二 （重大投資開發案件）91

①重大投資開發案件，涉及都市計畫之擬定、變更，依法應辦理環境影響評估、實施水土保持之處理與維護者，得採平行作業方式辦理。必要時，並得聯合作業，由都市計畫主管機關召集聯席會議審決之。

②前項重大投資開發案件之認定、聯席審議會議之組成及作業程序之辦法，由內政部會商中央環境保護及水土保持主管機關定之。

第二八條 （變更程序）

主要計畫及細部計畫之變更，其有關審議、公開展覽、層報核定及發布實施等事項，應分別依照第十九條至第二十一條及第二十三條之規定辦理。

第二九條 （變更之勘查與補償）91

①內政部、各級地方政府或鄉、鎮、縣轄市公所為訂定、擬定或變更都市計畫，得派查勘人員進入公私土地內實施勘查或測量。但設有圍障之土地，應事先通知其所有權人或使用人。

②為前項之勘查或測量，如必須遷移或除去該土地上之障礙物時，應事先通知其所有權人或使用人；其所有權人或使用人因而遭受之損失，應予適當之補償；補償金額由雙方協議之，協議不成，由當地直轄市、縣（市）（局）政府函請內政部予以核定。

第三〇條 （公用事業設施之投資與收費）91

①都市計畫地區範圍內，公用事業及其他公共設施，當地直轄市、縣（市）（局）政府或鄉、鎮、縣轄市公所認為有必要時，得獎勵私人或團體投資辦理，並准收取一定費用；其獎勵辦法由內政部或直轄市政府定之；收費基準由直轄市、縣（市）（局）政府定之。

②公共設施用地得作為多目標使用，其用地類別、使用項目、准許條件、作業方法及辦理程序等事項之辦法，由內政部定之。

第三一條 （投資人之勘查與補償）

獲准投資辦理都市計畫事業之私人或團體在事業上有必要時，得適用第二十九條之規定。

第三章　土地使用分區管制

第三二條 （使用區之劃分）

①都市計畫得劃定住宅、商業、工業等使用區，並得視實際情況，劃定其他使用區域或特定專用區。

②前項各使用區，得視實際需要，再予劃分，分別予以不同程度之使用管制。

第三三條 （保留保護區）

都市計畫地區，得視地理形勢，使用現況或軍事安全上之需要，保留農業地區或設置保護區，並限制其建築使用。

第三四條 （住宅區）

住宅區為保護居住環境而劃定，其土地及建築物之使用，不得有礙居住之寧靜、安全及衛生。

第三五條 （商業區）

商業區為促進商業發展而劃定，其土地及建築物之使用，不得有礙商業之便利。

第三六條 （工業區）

工業區為促進工業發展而劃定，其土地及建築物，以供工業使用為主；具有危險性及公害之工廠，應特別指定工業區建築之。

第三七條 （行政文教風景區）

其他行政、文教、風景等使用區內土地及建築物，以供其規定目的之使用為主。

第三八條 （特定專用區）

特定專用區內土地及建築物，不得違反其特定用途之使用。

第三九條 （使用規定）91

對於都市計畫各使用區及特定專用區內土地及建築物之使用、基地面積或基地內應保留空地之比率、容積率、基地內前後側院之深度及寬度、停車場及建築物之高度，以及有關交通、景觀或防火等事項，內政部或直轄市政府得依據地方實際情況，於本法施行細則中作必要之規定。

第四○條 （建築管理）

都市計畫經發布實施後，應依建築法之規定，實施建築管理。

第四一條 （不合規定之原有建築物）91

都市計畫發布實施後，其土地上原有建築物不合土地使用分區規定者，除准修繕外，不得增建或改建。當地直轄市、縣（市）（局）政府或鄉、鎮、縣轄市公所認有必要時，得斟酌地方情形限期令其變更使用或遷移；其因變更使用或遷移所受之損害，應予適當之補償，補償金額由雙方協議之；協議不成，由當地直轄市、縣（市）（局）政府函請內政部予以核定。

第四章　公共設施用地

第四二條　（公共設施用地）

①都市計畫地區範圍內，應視實際情況，分別設置左列公共設施用地：

一　道路、公園、綠地、廣場、兒童遊樂場、民用航空站、停車場所、河道及港埠用地。

二　學校、社教機關、體育場所、市場、醫療衛生機構及機關用地。

三　上下水道、郵政、電信、變電所及其他公用事業用地。

四　本章規定之其他公共設施用地。

②前項各款公共設施用地應盡先利用適當之公有土地。

第四三條　（設置依據）

公共設施用地，應就人口、土地使用、交通等現狀及未來發展趨勢，決定其項目、位置與面積，以增進市民活動之便利，及確保良好之都市生活環境。

第四四條　（交通設施等之配置）

道路系統、停車場所及加油站，應按土地使用分區及交通情形與預期之發展配置之。鐵路、公路通過實施都市計畫之區域者，應避免穿越市區中心。

第四五條　（遊樂場所等之布置）

公園、體育場所、綠地、廣場及兒童遊樂場，應依計畫人口密度及自然環境，作有系統之布置，除具有特殊情形外，其占用土地總面積不得少於全部計畫面積百分之十。

第四六條　（公共設施之配置）

中小學校、社教場所、市場、郵政、電信、變電所、衛生、警所、消防、防空等公共設施，應按閭鄰單位或居民分布情形適當配置之。

第四七條　（其他場地之設置）

屠宰場、垃圾處理場、殯儀館、火葬場、公墓、污水處理廠、煤氣廠等應在不妨礙都市發展及鄰近居民之安全、安寧與衛生之原則下，於邊緣適當地點設置之。

第四八條　（公共設施保留地之取得）

依本法指定之公共設施保留供公用事業設施之用者，由各該事業機構依法予以徵收或購買；其餘由該管政府或鄉、鎮、縣轄市公所依左列方式取得之：

一　徵收。

二　區段徵收。

三　市地重劃。

第四九條　（地價補償之計算標準）

①依本法徵收或區段徵收之公共設施保留地，其地價補償以徵收當期毗鄰非公共設施保留地之平均公告土地現值為準，必要時得加

成補償之。但加成最高以不超過百分之四十為限；其地上建築改良物之補償以重建價格為準。

②前項公共設施保留地之加成補償標準，由當地直轄市、縣（市）地價評議委員會於評議當年期土地現值時評議之。

第五〇條 （公共設施保留地之臨時建築及其自行拆除）

①公共設施保留地在未取得前，得申請為臨時建築使用。

②前項臨時建築之權利人，經地方政府通知開闢公共設施並限期拆除回復原狀時，應自行無條件拆除；其不自行拆除者，予以強制拆除。

③都市計畫公共設施保留地臨時建築使用辦法，由內政部定之。

第五〇條之一 （所得稅、遺產稅或贈與稅之免徵）

公共設施保留地因依本法第四十九條第一項徵收取得之加成補償，免徵所得稅；因繼承或因配偶、直系血親間之贈與而移轉者，免徵遺產稅或贈與稅。

第五〇條之二 （土地交換辦法之訂定）93

①私有公共設施保留地得申請與公有非公用土地辦理交換，不受土地法、國有財產法及各級政府財產管理法令相關規定之限制；劃設逾二十五年未經政府取得者，得優先辦理交換。

②前項土地交換之範圍、優先順序、換算方式、作業方法、辦理程序及應備書件等事項之辦法，由內政部會商財政部定之。

③本條之施行日期，由行政院定之。

第五一條 （公共設施保留地之使用限制）

依本法指定之公共設施保留地，不得為妨礙其指定目的之使用。但得繼續為原來之使用或改為妨礙目的較輕之使用。

第五二條 （徵收與撥用原則）

都市計畫範圍內，各級政府徵收私有土地或撥用公有土地，不得妨礙當地都市計畫。公有土地必須配合當地都市計畫予以處理，其為公共設施用地者，由當地直轄市、縣（市）（局）政府或鄉、鎮、縣轄市公所於興修公共設施時，依法辦理撥用；該項用地如有改良物時，應參照原有房屋重建價格補償之。

第五三條 （私人投資之土地取得）

獲准投資辦理都市計畫事業之私人或團體，其所需用之公共設施用地，屬於公有者，得申請該公地之管理機關租用；屬於私有無法協議收購者，應備妥價款，申請該管直轄市、縣（市）（局）政府代為收買之。

第五四條 （私人投資租用公地之使用限制）

依前條租用之公有土地，不得轉租。如該私人或團體無力經營或違背原核准之使用計畫，或不遵守有關法令之規定者，直轄市、縣（市）（局）政府得通知其公有土地管理機關即予終止租用，另行出租他人經營，必要時並得接管經營。但對其已有設施，應照原資產重估價額予以補償。

第五五條 （代買土地之優先收買權）

直轄市、縣（市）（局）政府代為收買之土地，如有移轉或違背原核准之使用計畫者，直轄市、縣（市）（局）政府有按原價額優先收買之權。私人或團體未經呈報直轄市、縣（市）（局）政府核准而擅自移轉者，其移轉行為不得對抗直轄市、縣（市）（局）政府之優先收買權。

第五六條 （私人捐獻之公共設施）

私人或團體興修完成之公共設施，自願將該項公共設施及土地捐獻政府者，應登記為該市、鄉、鎮、縣轄市所有，並由各市、鄉、鎮、縣轄市負責維護修理，並予獎勵。

第五章 新市區之建設

第五七條 （優先發展地區之事業計畫）

① 主要計畫經公布實施後，當地直轄市、縣（市）（局）政府或鄉、鎮、縣轄市公所應依第十七條規定，就優先發展地區，擬具事業計畫，實施新市區之建設。

② 前項事業計畫，應包括左列各項：

一　劃定範圍之土地面積。

二　土地之取得及處理方法。

三　土地之整理及細分。

四　公共設施之興修。

五　財務計畫。

六　實施進度。

七　其他必要事項。

第五八條 （土地重劃）

① 縣（市）（局）政府為實施新市區之建設，對於劃定範圍內之土地及地上物得實施區段徵收或土地重劃。

② 依前項規定辦理土地重劃時，該管地政機關應擬具土地重劃計畫書，呈經上級主管機關核定公告滿三十日後實施之。

③ 在前項公告期間內，重劃地區內土地所有權人半數以上，而其所有土地面積超過重劃地區土地總面積半數者表示反對時，該管地政機關應參酌反對理由，修訂土地重劃計畫書，重行報請核定，並依核定結果辦理，免再公告。

④ 土地重劃之範圍選定後，直轄市、縣（市）（局）政府得公告禁止該地區之土地移轉、分割、設定負擔、新建、增建、改建及採取土石或變更地形。但禁止期間，不得超過一年六個月。

⑤ 土地重劃地區之最低面積標準、計畫書格式及應訂事項，由內政部訂定之。

第五九條 （區段徵收）

新市區建設範圍內，於辦理區段徵收時各級政府所管之公有土地，應交由當地直轄市、縣（市）（局）政府依照新市區建設計畫，予以併同處理。

第六〇條 （指定用途之公有土地）

公有土地已有指定用途，且不牴觸新市區之建設計畫者，得事先以書面通知當地直轄市、縣（市）（局）政府調整其位置或地界後，免予出售。但仍應負擔其整理費用。

第六一條　（私人舉辦建設事業）

①私人或團體申請當地直轄市、縣（市）（局）政府核准後，得舉辦新市區之建設事業。但其申請建設範圍之土地面積至少應在十公頃以上，並應附具左列計畫書件：

一　土地面積及其權利證明文件。

二　細部計畫及其圖說。

三　公共設施計畫。

四　建築物配置圖。

五　工程進度及竣工期限。

六　財務計畫。

七　建設完成後土地及建築物之處理計畫。

②前項私人或團體舉辦之新市區建設範圍內之道路、兒童遊樂場、公園以及其他必要之公共設施等，應由舉辦事業人自行負擔經費。

第六二條　（私人舉辦建設事業之協助）

私人或團體舉辦新市區建設事業，其計畫書件函經核准後，得請求直轄市、縣（市）（局）政府或鄉、鎮、縣轄市公所，配合興修前條計畫範圍外之關連性公共設施及技術協助。

第六章　舊市區之更新

第六三條　（更新之對象）

直轄市、縣（市）（局）政府或鄉、鎮、縣轄市公所對於窳陋或髒亂地區認為有必要時，得視細部計畫劃定地區範圍，訂定更新計畫實施之。

第六四條　（更新方式）91

①都市更新處理方式，分為左列三種：

一　重建：係為全地區之徵收、拆除原有建築、重新建築、住戶安置，並得變更其土地使用性質或使用密度。

二　整建：強制區內建築物為改建、修建、維護或設備之充實，必要時，對部分指定之土地及建築物徵收、拆除及重建，改進區內公共設施。

三　維護：加強區內土地使用及建築管理，改進區內公共設施，以保持其良好狀況。

②前項更新地之劃定，由直轄市、縣（市）（局）政府依各該地方情況，及按各類使用地區訂定標準，送內政部核定。

第六五條　（更新計畫圖說）

更新計畫應以圖說表明左列事項：

一　劃定地區內重建、整建及維護地段之詳細設計圖說。

二　土地使用計畫。

三　區內公共設施興修或改善之設計圖說。

四　事業計畫。

五　財務計畫。

六　實施進度。

第六六條　（更新程序）

更新地區範圍之劃定及更新計畫之擬定、變更、報核與發布，應分別依照有關細部計畫之規定程序辦理。

第六七條　（更新計畫之辦理機關）91

更新計畫由當地直轄市、縣（市）（局）政府或鄉、鎮、縣轄市公所辦理。

第六八條　（土地及地上物之徵收）

辦理更新計畫，對於更新地區範圍內之土地及地上物得依法實施徵收或區段徵收。

第六九條　（禁建）

更新地區範圍劃定後，其需拆除重建地區，應禁止地形變更、建築物新建、增建或改建。

第七〇條　（重建整建程序）

辦理更新計畫之機關或機構得將重建或整建地區內拆除整理後之基地讓售或標售。其承受人應依照更新計畫期限實施重建；其不依規定實施重建者，應按原售價收回其土地自行辦理，或另行出售。

第七一條　（補充規定）91

直轄市、縣（市）（局）政府或鄉、鎮、縣轄市公所為維護地區內土地使用及建築物之加強管理，得視實際需要，於當地分區使用規定之外，另行補充規定，報經內政部核定後實施。

第七二條　（整建區之改建等之輔導）

執行更新計畫之機關或機構對於整建地區之建築物，得規定期限，令其改建、修建、維護或充實設備，並應給予技術上之輔導。

第七三條　（國民住宅興建計畫）

國民住宅興建計畫應與當地直轄市、縣（市）（局）政府或鄉、鎮、縣轄市公所實施之舊市區更新計畫力求配合；國民住宅年度興建計畫中，對於廉價住宅之興建，應規定適當之比率，並優先租售與舊市區更新地區範圍內應予徙置之居民。

第七章　組織及經費

第七四條　（都市計畫委員會之設置與組織）

①內政部、各級地方政府及鄉、鎮、縣轄市公所為審議及研究都市計畫，應分別設置都市計畫委員會辦理之。

②都市計畫委員會之組織，由行政院定之。

第七五條　（經辦人員）

內政部、各級地方政府及鄉、鎮、縣轄市公所應設置經辦都市計

畫之專業人員。

第七六條　（公地使用與處分）

因實施都市計畫廢置之道路、公園、綠地、廣場、河道、港灣原所使用之公有土地及接連都市計畫地區之新生土地，由實施都市計畫之當地地方政府或鄉、鎮、縣轄市公所管理使用，依法處分時所得價款得以補助方式撥供當地實施都市計畫建設經費之用。

第七七條　（經費籌措）91

①地方政府及鄉、鎮、縣轄市公所為實施都市計畫所需經費，應以左列各款籌措之：

一　編列年度預算。

二　工程受益費之收入。

三　土地增值稅部分收入之提撥。

四　私人團體之捐獻。

五　中央或縣政府之補助。

六　其他辦理都市計畫事業之盈餘。

七　都市建設捐之收入。

②都市建設捐之徵收，另以法律定之。

第七八條　（發行公債）91

①中央、直轄市或縣（市）（局）政府為實施都市計畫或土地徵收，得發行公債。

②前項公債之發行，另以法律定之。

第八章　罰　則

第七九條　（對違法行為之處分）91

①都市計畫範圍內土地或建築物之使用，或從事建造、採取土石、變更地形，違反本法或內政部、直轄市、縣（市）（局）政府依本法所發布之命令者，當地地方政府或鄉、鎮、縣轄市公所得處其土地或建築物所有權人、使用人或管理人新臺幣六萬元以上三十萬元以下罰鍰，並勒令拆除、改建、停止使用或恢復原狀。不拆除、改建、停止使用或恢復原狀者，得按次處罰，並停止供水、供電、封閉、強制拆除或採取其他恢復原狀之措施，其費用由土地或建築物所有權人、使用人或管理人負擔。

②前項罰鍰，經限期繳納，屆期不繳納者，依法移送強制執行。

③依第八十一條劃定地區範圍實施禁建地區，適用前二項之規定。

第八〇條　（罰則）

不遵前條規定拆除、改建、停止使用或恢復原狀者，除應依法予以行政強制執行外，並得處六個月以下有期徒刑或拘役。

第九章　附　則

第八一條　（禁建辦法之制定與禁建期間）91

①依本法新訂、擴大或變更都市計畫時，得先行劃定計畫地區範圍，經由該管都市計畫委員會通過後，得禁止該地區內一切建築

物之新建、增建、改建，並禁止變更地形或大規模採取土石。但為軍事、緊急災害或公益等之需要，或施工中之建築物，得特許興建或繼續施工。

②前項特許興建或繼續施工之准許條件、辦理程序、應備書件及違反准許條件之廢止等事項之辦法，由內政部定之。

③第一項禁止期限，視計畫地區範圍之大小及舉辦事業之性質定之。但最長不得超過二年。

④前項禁建範圍及期限，應報請行政院核定。

⑤第一項特許興建或繼續施工之建築物，如牴觸都市計畫必須拆除時，不得請求補償。

第八二條 （復議）91

直轄市及縣（市）（局）政府對於內政部核定之主要計畫、細部計畫，如有申請復議之必要時，應於接到核定公文之日起一個月內提出，並以一次為限；經內政部復議仍維持原核定計畫時，應依第二十一條之規定即予發布實施。

第八三條 （徵收土地之使用）

①依本法規定徵收之土地，其使用期限，應照其呈經核准之計畫期限辦理，不受土地法第二百十九條之限制。

②不依照核准計畫期限使用者，原土地所有權人得照原徵收價額收回其土地。

第八三條之一 （容積移轉辦法之訂定）98

①公共設施保留地之取得、具有紀念性或藝術價值之建築與歷史建築之保存維護及公共開放空間之提供，得以容積移轉方式辦理。

②前項容積移轉之送出基地種類、可移出容積訂定方式、可移入容積地區範圍、接受基地可移入容積上限、換算公式、移轉方式、折繳代金、作業方法、辦理程序及應備書件等事項之辦法，由內政部定之。

第八四條 （徵收土地之出售）99

依本法規定所為區段徵收之土地，於開發整理後，依其核准之計畫予行出售時，得不受土地法第二十五條規定之限制。但原土地所有權人得依實施都市平均地權條例之規定，於標售前買回其規定比率之土地。

第八五條 （施行細則之訂定）91

本法施行細則，在直轄市由直轄市政府訂定，送內政部核轉行政院備案；在省由內政部訂定，送請行政院備案。

第八六條 （實施報告）91

都市計畫經發布實施後，其實施狀況，當地直轄市、縣（市）（局）政府或鄉、鎮、縣轄市公所應於每年終了一個月內編列報告，分別層報內政部或縣（市）（局）政府備查。

第八七條 （施行日）

本法自公布日施行。

都市計畫法臺灣省施行細則

①民國 89 年 12 月 29 日內政部令訂定發布全文 42 條；並自發布日起施行。
②民國 90 年 10 月 30 日內政部令修正發布第 5、18～21、30 條條文。
③民國 91 年 1 月 23 日內政部令修正發布第 33 條條文。
④民國 91 年 2 月 6 日內政部令修正發布第 18 條條文。
⑤民國 91 年 6 月 14 日內政部令修正發布第 18～21 條條文。
⑥民國 91 年 11 月 27 日內政部令修正發布第 29、32 條條文。
⑦民國 92 年 2 月 26 日內政部令修正發布第 27、29 條條文。
⑧民國 92 年 7 月 22 日內政部令修正發布第 39、40 條條文；並增訂第 39-1 條條文。
⑨民國 92 年 12 月 10 日內政部令修正發布第 29 條條文。
⑩民國 93 年 3 月 22 日內政部令修正發布第 15、18、29、39-1 條條文；並增訂第 29-1、30-1 條條文。
⑪民國 95 年 7 月 21 日內政部令修正發布第 3、5、11、15、17、18、20、25、27、29、29-1、34、37、39-1 條條文；並增訂第 29-2、39-2 條條文。
⑫民國 99 年 2 月 1 日內政部令修正發布第 14、15、17、18、20、25、27、29、29-1、30-1、31、32、34～37 條條文；增訂第 24-1、32-1 條條文；並刪除第 38、41 條條文。
⑬民國 101 年 11 月 12 日內政部令修正發布第 15～18、27、29、29-1、30-1、35、40 條條文；並增訂第 34-1、34-2 條條文。
⑭民國 103 年 1 月 3 日內政部令修正發布第 42 條條文；並增訂第 34-3 條條文；除第 34-3 條第 1 項自 104 年 7 月 1 日施行外，自發布日施行。

第一章　總　則

第一條

本細則依都市計畫法（以下簡稱本法）第八十五條規定訂定之。

第二條

本法第十七條第二項但書所稱能確定建築線，係指該計畫區已依有關法令規定豎立樁誌，而能確定建築線者而言；所稱主要公共設施已照主要計畫興建完成，係指符合下列各款規定者：

一　面前道路已照主要計畫之長度及寬度興建完成。但其興建長度已達六百公尺或已達一完整街廓者，不在此限。

二　該都市計畫鄰里單元規劃之國民小學已開闢完成。但基地周邊八百公尺範圍內已有國小興闢完成者，不在此限。

第二章　都市計畫之擬定、變更、發布及實施

第三條

本法第十三條第三款規定之聯合都市計畫，由有關鄉（鎮、市）公所會同擬定者，應由各該鄉（鎮、市）公所聯合審議，並以占全面積較大之鄉（鎮、市）公所召集之；由縣政府擬定者，應先徵求鄉（鎮、市）公所之意見。

第四條

聯合都市計畫主要計畫之變更，依前條之規定辦理；細部計畫之擬定及變更，其範圍未逾越其他鄉（鎮、市）行政區域者，得不舉行聯合審議。

第五條

縣（市）政府應於本法第十九條規定之公開展覽期間內舉辦說明會，於公開展覽期滿三十日內審議，並於審議完竣後四十五日內將審議結果、計畫書圖及有關文件一併報內政部核定。鄉（鎮、市）公所擬定之都市計畫案件報核期限，亦同。

第六條

本法第十九條規定之公開展覽，應在各該縣（市）政府及鄉（鎮、市）公所所在地為之，縣（市）政府應將公開展覽日期、地點連同舉辦說明會之日期、地點刊登當地政府公報或新聞紙三日，並在有關村（里）辦公處張貼公告。

第七條

①主要計畫應依本法第十五條第一項第九款及第十七條規定，以五年為一期訂定都市計畫實施進度，擬定分期分區發展計畫，並依有關公共設施完竣地區法令規定，就主要計畫街廓核計街廓內除公有土地、公營事業土地、公用設施用地及祭祀公業土地以外之建築用地使用率已達百分之八十以上之地區，劃定為已發展區。

②前項已發展區，應於主要計畫發布實施後一年內完成細部計畫。

第八條

①依本法第二十四條或第六十一條規定，土地權利關係人自行擬定或變更細部計畫時，應檢送申請書、圖及文件正、副本各一份。

②前項申請書，應載明下列事項：

　一　申請人姓名、出生年、月、日、住址。

　二　本法第二十二條規定事項。

　三　全部土地權利關係人姓名、住址、權利證明文件及其同意書。但以市地重劃開發，且經私有土地所有權人五分之三以上，及其所有土地總面積超過範圍內私有土地總面積三分之二之同意者，僅檢具同意之土地所有權人姓名、住址、權利證明文件及其同意書。

　四　套繪細部計畫之地籍圖或套繪變更細部計畫之地籍圖。

　五　其他必要事項。

③依本法第二十四條規定申請變更細部計畫者，除依前二項規定辦理外，並應檢附變更前之計畫圖及變更部分四鄰現況圖。

第九條

①土地權利關係人申請擬定細部計畫，其範圍不得小於一個街廓。

但有明顯之天然界線或主要計畫書另有規定範圍者，不在此限。

②前項街廓，係指都市計畫範圍內四週被都市計畫道路圍成之土地。

第一○條

內政部、縣（市）政府、鄉（鎮、市）公所擬定或變更主要計畫或細部計畫，或土地權利關係人依前二條規定自行擬定或變更細部計畫時，其計畫書附帶以市地重劃辦理者，應檢附當地市地重劃主管機關認可之可行性評估相關證明文件。

第一一條

①土地權利關係人依本法第二十五條規定請求處理時，應繕具副本連同附件送達拒絕機關，拒絕機關應於收到副本之日起十五日內，提出拒絕理由及必要之關係文件，送請內政部或該管縣政府審議。內政部或該管縣政府應於受理請求之日起三個月內審議決定之。

②前項審議之決議及理由，應由內政部或該管縣政府於決議確定日起十二日內通知拒絕機關及請求之土地權利關係人，如認為土地權利關係人有理由時，拒絕機關應依本法第二十三條規定辦理。

第一二條

內政部、縣（市）政府或鄉（鎮、市）公所為擬定或變更都市計畫，得依下列規定派員進入公私土地內為勘查及測量工作，必要時，並得遷移或除去其障礙物：

一　將工作地點及日期預先通知土地所有權人或使用人。

二　攜帶證明身分文件。

三　在日出前或日沒後不得進入他人之房屋。但經現住人同意者，不在此限。

四　須遷移或除去其障礙物時，應於十五日前將應行遷移或除去物之種類、地點及日期通知所有人或使用人。

第一三條

本法第二十九條及第四十一條所定之補償金遇有下列情形之一者，得依法提存：

一　應受補償人拒絕受領或不能受領者。

二　應受補償人所在地不明者。

第三章　土地使用分區管制

第一四條 99

①都市計畫範圍內土地得視實際發展情形，劃定下列各種使用區，分別限制其使用：

一　住宅區。

二　商業區。

三　工業區：

　　㈠特種工業區。

　　㈡甲種工業區。

　　㈢乙種工業區。

　　㈣零星工業區。

四　行政區。

五　文教區。

六　體育運動區。

七　風景區。

八　保存區。

九　保護區。

十　農業區。

十一　其他使用區。

②除前項使用區外，必要時得劃定特定專用區。

③都市計畫地區得依都市階層及規模，考量地方特性及實際發展需要，於細部計畫書內對住宅區、商業區再予細分，予以不同程度管制。

第一五條 101

①住宅區爲保護居住環境而劃定，不得爲下列建築物及土地之使用：

一　第十七條規定限制之建築及使用。

二　使用電力及氣體燃料（使用動力不包括空氣調節、抽水機及其附屬設備）超過三匹馬力，電熱超過三十瓩（附屬設備與電熱不得流用於作業動力），作業廠房樓地板面積合計超過一百平方公尺或其地下層無自然通風口（開窗面積未達廠房面積七分之一）者。

三　經營下列事業：

　　㈠使用乙炔從事焊切等金屬之工作者。

　　㈡噴漆作業者。

　　㈢使用動力以從事金屬之乾磨者。

　　㈣使用動力以從事軟木、硬橡皮或合成樹脂之碾碎或乾磨者。

　　㈤從事搓繩、製袋、碾米、製針、印刷等使用動力超過零點七五瓩者。

　　㈥彈棉作業者。

　　㈦醬、醬油或其他調味品之製造者。

　　㈧沖壓金屬板加工或金屬網之製造者。

　　㈨鍛冶或翻砂者。

　　㈩汽車或機車修理業者。但從事汽車之清潔、潤滑、檢查、調整、維護、總成更換、車輪定位、汽車電機業務或機車修理業其設置地點面臨十二公尺以上道路者，不在此限。

　　㈡液化石油氣之分裝、儲存、販賣或礦油之儲存、販賣者。但申請僅供辦公室、聯絡處所使用，不作爲經營實際商品之交易、儲存或展示貨品者，不在此限。

　　㈢塑膠類之製造者。

（土）成人用品零售業。

四 汽車拖吊場、客、貨運行業、裝卸貨物場所、棧房及調度站。但申請僅供辦公室、聯絡處所使用者，或計程車客運業、小客車租賃業之停車庫、運輸業停車場、客運停車站及貨運寄貨站設置地點面臨十二公尺以上道路者，不在此限。

五 加油（氣）站或客貨運業停車場附設自用加儲油加儲氣設施。

六 探礦、採礦。

七 各種廢料或建築材料之堆棧或堆置場、廢棄物資源回收貯存及處理場所。但申請僅供辦公室、聯絡處所使用者或資源回收站者，不在此限。

八 殯葬服務業（殯葬設施經營業、殯葬禮儀服務業）、壽具店。但申請僅供辦公室、聯絡處所使用，不作為經營實際商品之交易、儲存或展示貨品者，不在此限。

九 毒性化學物質或爆竹煙火之販賣者。但農業資材、農藥或環境用藥販售業經縣（市）政府實地勘查認為符合安全隔離者，不在此限。

十 戲院、電影片映演業、視聽歌唱場、錄影節目帶播映場、電子遊戲場、動物園、室內釣蝦（魚）場、機械式遊樂場、歌廳、保齡球館、汽車駕駛訓練場、攤販集中場、零售市場及旅館或其他經縣（市）政府認定類似之營業場所。但汽車駕駛訓練場及旅館經目的事業主管機關審查核准與室內釣蝦（魚）場其設置地點面臨十二公尺以上道路，且不妨礙居住安寧、公共安全與衛生者，不在此限。

十一 舞廳（場）、酒家、酒吧（廊）、特種咖啡茶室、浴室、性交易服務場所或其他類似之營業場所。

十二 飲酒店。

十三 樓地板面積超過五百平方公尺之大型商場（店）或樓地板面積超過三百平方公尺之飲食店。

十四 樓地板面積超過五百平方公尺之證券及期貨業。

十五 樓地板面積超過七百平方公尺之金融業分支機構、票券業及信用卡公司。

十六 人造或合成纖維或其中間物之製造者。

十七 合成染料或其中間物、顏料或塗料之製造者。

十八 從事以醱酵作業產製味精、氨基酸、檸檬酸或水產品加工製造者。

十九 肥料製造者。

二十 紡織染整工業。

二一 拉線、拉管或用滾筒壓延金屬者。

二二 金屬表面處理業。

二三 其他經縣（市）政府認定足以發生噪音、振動、特殊氣味、污染或有礙居住安寧、公共安全或衛生，並依法律或

　　自治條例限制之建築物或土地之使用。

②未超過前項第二款、第三款第五目或第十三款至第十五款之限制規定，與符合前項第三款第十目但書、第四款但書、第九款但書及第十款但書規定許可作為室內釣蝦（魚）場，限於使用建築物之第一層；作為工廠（銀樓金飾加工業除外）、商場（店）、汽車保養所、機車修理業、計程車客運業、小客車租賃業之停車庫、運輸業停車場、客運停車站、貨運寄貨站、農業資材、農藥或環境用藥販售業者，限於使用建築物之第一層及地下一層；作為銀樓金飾加工業之工廠、飲食店及美容美髮服務業者，限於使用建築物之第一層、第二層及地下一層；作為證券業、期貨業、金融業分支機構者，應面臨十二公尺以上道路，申請設置之樓層限於地面上第一層至第三層及地下一層，並應有獨立之出入口。

第一六條 101

大型商場（店）及飲食店符合下列條件，並經縣（市）政府審查無礙居住安寧、公共安全與衛生者，不受前條第一項第十三款用面積及第二項使用樓層之限制：

一　主要出入口面臨十五公尺以上之道路。

二　申請設置之地點位於建築物地下第一層或地面上第一層、第二層。

三　依建築技術規則規定加倍附設停車空間。

四　大型商場（店）或樓地板面積超過六百平方公尺之飲食店，其建築物與鄰地間保留四公尺以上之空地（不包括地下室）。

第一七條 101

商業區為促進商業發展而劃定，不得為下列建築物及土地之使用：

一　第十八條規定限制之建築及使用。

二　使用電力及氣體燃料（使用動力不包括空氣調節、抽水機及附屬設備）超過十五匹馬力、電熱超過六十瓩（附屬設備與電熱不得流用於作業動力）或作業廠房之樓地板面積合計超過三百平方公尺者。但報業印刷及冷藏業，不在此限。

三　經營下列事業：

　㈠製造爆竹或煙火類物品者。

　㈡使用乙炔，其熔接裝置容量三十公升以上及壓縮氣或電力從事焊切金屬工作者。

　㈢賽璐珞或其易燃性塑膠類之加熱、加工或使用鋸機加工者。

　㈣印刷油墨或繪圖用顏料製造者。

　㈤使用動力超過零點七五瓩之噴漆作業者。

　㈥使用氣體亞硫酸漂白物者。

　㈦骨炭或其他動物質炭之製造者。

　㈧毛羽類之洗滌洗染或漂白者。

(九)碎布、紙屑、棉屑、絲屑、毛屑及其他同類物品之消毒、揀選、洗滌或漂白者。

(十)使用動力合計超過零點七五瓩、從事彈棉、翻棉、起毛或製氈者。

(土)削切木件使用動力總數超過三點七五瓩者。

(吉)使用動力鋸割或乾磨骨、角、牙或蹄者。

(吉)使用動力研磨機三臺以上乾磨金屬，其動力超過二點二五者。

(古)使用動力碾碎礦物、岩石、土砂、硫磺、金屬玻璃、磚瓦、陶瓷器、骨類或貝殼類，其動力超過三點七五瓩者。

(大)煤餅、機製煤餅或木炭之製造者。

(大)使用熔爐鎔鑄之金屬加工者。但印刷所之鉛字鑄造，不在此限。

(大)磚瓦、陶瓷器、人造磨石、坩鍋、搪瓷器之製造或使用動力之水泥加工，動力超過三點七五瓩者。

(大)玻璃或機製毛玻璃製造者。

(大)使用機器錘之鍛冶者。

四 公墓、火化場及骨灰（骸）存放設施、動物屍體焚化場。

五 廢棄物貯存、處理、轉運場；屠宰場。但廢棄物貯存場經目的事業主管機關審查核准者，不在此限。

六 公共危險物品、高壓氣體及毒性化學物質分裝、儲存。但加油（氣）站附設之地下油（氣）槽，不在此限。

七 馬廄、牛、羊、豬及家禽等畜禽舍。

八 乳品工廠、堆肥舍。

九 土石方資源堆置處理場。

十 賽車場。

十一 環境用藥微生物製劑或釀（製）酒製造者。

十二 其他經縣（市）政府認定有礙商業之發展或妨礙公共安全及衛生，並依法律或自治條例限制之建築物或土地之使用。

第一八條 101

①乙種工業區以供公害輕微之工廠與其必要附屬設施及工業發展有關設施使用為主，不得為下列建築物及土地之使用。但公共服務設施及公用事業設施、一般商業設施，不在此限：

一 第十九條規定限制之建築及使用。

二 經營下列事業之工業：

(一)火藥類、雷管類、氯酸鹽類、過氯酸鹽類、亞氯酸鹽類、次氯酸鹽類、硝酸鹽類、黃磷、赤磷、硫化磷、金屬鉀、金屬鈉、金屬鎂、過氧化氫、過氧化鉀、過氧化鈉、過氧化鋇、過氧化丁酮、過氧化二苯甲醯、二硫化碳、甲醇、乙醇、乙醚、苦味酸、苦味酸鹽類、醋酸鹽類、過醋酸鹽類、硝化纖維、苯、甲苯、二甲苯、硝基苯、三硝基苯、三硝基甲苯、松節油之製造者。

㈡火柴、賽璐珞及其他硝化纖維製品之製造者。
㈢使用溶劑製造橡膠物品或芳香油者。
㈣使用溶劑或乾燥油製造充皮紙布或防水紙布者。
㈤煤氣或炭製造者。
㈥壓縮瓦斯或液化石油氣之製造者。
㈦高壓氣體之製造、儲存者。但氧、氮、氬、氦、二氧化碳之製造及高壓氣體之混合、分裝及倉儲行為，經目的事業主管機關審查核准者，不在此限。
㈧氯、溴、碘、硫磺、氯化硫、氟氫酸、鹽酸、硝酸、硫酸、磷酸、氫氧化鈉、氫氧化鉀、氨水、碳酸鉀、碳酸鈉、純鹼、漂白粉、亞硝酸鉍、亞硫酸鹽類、硫化硫酸鹽類、鉀化合物、汞化合物、鉛化合物、銅化合物、鋇化合物、氰化合物、三氯甲甲烷、四氯化碳、甲醛、丙酮、縮水乙碸、魚骸脂磺、酸銨、石碳酸、安息香酸、鞣酸、乙醯苯銨（胺）、合成防腐劑、農藥之調配加工分裝、農藥工業級原體之合成殺菌劑、滅鼠劑、環境衛生用藥、醋硫酸鉀、磷甲基酚、炭精棒及其他毒性化學物質之製造者。但生物農藥、生物製劑及微生物製劑等以生物為主體之發酵產物之製造者，不在此限。
㈨油、脂或油脂之製造者。但食用油或脂之製造者及其他油、脂或油脂以摻配、攪拌、混合等製程之製造者，不在此限。
㈩屠宰場。
(十一)硫化油膠或可塑劑之製造者。
(十二)製紙漿及造紙者。
(十三)製革、製膠、毛皮或骨之精製者。
(十四)瀝青之精煉者。
(十五)以液化瀝青、煤柏油、木焦油、石油蒸餾產物之殘渣為原料之物品製造者。
(十六)電氣用炭素之製造者。
(十七)水泥、石膏、消石灰或電石之製造者。
(十八)石棉工業（僅石棉採礦或以石棉為主要原料之加工業）。
(十九)鎳、鎘、鉛汞電池製造工業。但鎳氫、鋰氫電池之製造工業，不在此限。
(二十)銅、鐵類之煉製者。
(二十一)放射性工業（放射性元素分裝、製造、處理）、原子能工業。
(二十二)以原油為原料之煉製工業。
(二十三)石油化學基本原料之製造工業，包括乙烯、丙烯、丁烯、丁二烯、芳香烴等基本原料之製造工業。
(二十四)以石油化學基本原料，產製中間原料或產品之工業。
(二十五)以煤為原料煉製焦炭之工業。

㈥經由聚合反應製造樹脂、塑膠、橡膠產品之工業。但無聚合反應者，不在此限。

三　供前款第一目、第二目、第六目及第七目規定之物品、可燃性瓦斯或電石處理者。

四　其他經縣（市）政府依法律或自治條例限制之建築物或土地之使用。

②前項所稱工廠必要附屬設施、工業發展有關設施、公共服務設施及公用事業設施、一般商業設施，指下列設施：

一　工廠必要附屬設施：

㈠研發、推廣、教育解說、實作體驗及服務辦公室（所）。

㈡倉庫、生產實驗室、訓練房舍及環境保護設施。

㈢員工單身宿舍及員工餐廳。

㈣其他經縣（市）政府審查核准與從事製造、加工或修理業務工廠有關產品或原料之買賣、進出口業務，或其他必要之附屬設施。

二　工業發展有關設施：

㈠有線、無線及衛星廣播電視事業。

㈡環境檢驗測定業。

㈢消毒服務業。

㈣樓地板總面積超過三百平方公尺之大型洗衣業。

㈤廢棄物回收、貯存、分類、轉運場及其附屬設施。

㈥營造業之施工機具及材料儲放設施。

㈦倉儲業相關設施。（賣場除外）

㈧冷凍空調工程業。

㈨機械設備租賃業。

㈩工業產品展示服務業。

(十一)接錄音工作室。

(十二)電影、電視設置及發行業。

(十三)公共危險物品、液化石油氣及其他可燃性高壓氣體之容器儲存設施。

(十四)汽車運輸業停車場及其附屬設施。

(十五)機車、汽車及機械修理業。

(十六)提供產業創意、研究發展、設計、檢驗、測試、品質管理、流程改善、製程改善、自動化、電子化、資源再利用、污染防治、環境保護、清潔生產、能源管理、創業管理等專門技術服務之技術服務業。

(十七)經核定之企業營運總部及其相關設施。

(十八)經縣（市）政府審查核准之職業訓練、創業輔導、景觀維護及其他工業發展有關設施。

三　公共服務設施及公用事業設施：

㈠警察及消防機構。

㈡變電所、輸電線路鐵塔（連接站）及其管路。

㈢自來水或下水道抽水站。
㈣自來水處理場（廠）或配水設施。
㈤煤氣、天然氣加（整）壓站。
㈥加油站、液化石油氣汽車加氣站。
㈦電信機房。
㈧廢棄物及廢（污）水處理設施或焚化爐。
㈨土石方資源堆置處理場。
㈩醫療保健設施：指下列醫療保健設施，且其使用土地總面積不得超過該工業區總面積百分之五者：
1. 醫療機構。
2. 護理機構。
(十一)社會福利設施：
1. 兒童及少年福利機構（托嬰中心、早期療育機構）。
2. 老人長期照顧機構（長期照護型、養護型及失智照顧型）。
3. 身心障礙福利機構。
(十二)幼兒園或兒童課後照顧服務中心。
(十三)郵局。
(十四)汽車駕駛訓練場。
(十五)客貨運站及其附屬設施。
(十六)宗教設施：其建築物總樓地板面積不得超過五百平方公尺。
(十七)電業相關之維修及其服務處所。
(十八)再生能源發電設備及其輸變電相關設施（不含沼氣發電）。
(十九)其他經縣（市）政府審查核准之必要公共服務設施及公用事業。

四　一般商業設施：
㈠一般零售業、一般服務業及餐飲業：其使用土地總面積不得超過該工業區總面積百分之五。
㈡一般事務所及自由職業事務所：其使用土地總面積不得超過該工業區總面積百分之五。
㈢運動設施：其使用土地總面積不得超過該工業區總面積百分之五。
㈣銀行、信用合作社、農、漁會信用部及保險公司等分支機構：其使用土地總面積不得超過該工業區總面積百分之五。
㈤大型展示中心或商務中心：使用土地面積超過一公頃以上，且其區位、面積、設置內容及公共設施，經縣（市）政府審查通過者。
㈥倉儲批發業：使用土地面積在一公頃以上五公頃以下、並面臨十二公尺以上道路，且其申請開發事業計畫、財務計畫、經營管理計畫，經縣（市）政府審查通過者。

㈦旅館：其使用土地總面積不得超過該工業區總面積百分之五，並以使用整棟建築物爲限。

③前項第一款至第四款之設施，應經縣（市）政府審查核准後，始得建築；增建及變更使用時，亦同。第二款至第四款設施之申請，縣（市）政府於辦理審查時，應依據地方實際情況，對於各目之使用細目、使用面積、使用條件及有關管理維護事項及開發義務作必要之規定。

④第二項第三款設施之使用土地總面積，不得超過該工業區總面積百分之二十；第四款設施之使用土地總面積，不得超過該工業區總面積百分之三十。

第一九條

①甲種工業區以供輕工業及無公共危險之重工業爲主，不得爲下列建築物及土地之使用。但前條第二項各款設施，不在此限：

一 煉油工業：以原油爲原料之製造工業。

二 放射性工業：包含放射性元素分裝、製造及處理工業。

三 易爆物製造儲存業：包括炸藥、爆竹、硝化棉、硝化甘油及相關之爆炸性工業。

四 液化石油氣製造分裝業。

②甲種工業區中建有前條第二項各款設施者，其使用應符合前條第三項之規定。

第二〇條 99

①特種工業區除得供與特種工業有關之辦公室、倉庫、展售設施、生產實驗室、訓練房舍、環境保護設施、單身員工宿舍、員工餐廳及其他經縣（市）政府審查核准之必要附屬設施外，應以下列特種工業、公共服務設施及公用事業設施之使用爲限：

一 甲種工業區限制設置並經縣（市）政府審查核准設置之工業。

二 其他經縣（市）政府指定之特種原料及其製品之儲藏或處理之使用。

三 公共服務設施及公用事業設施：

㈠變電所、輸電線路鐵塔（連接站）及其管路。

㈡電業相關之維修及其服務處所。

㈢電信機房。

㈣自來水設施。

㈤煤氣、天然氣加（整）壓站。

㈥再生能源發電設備及其輸變電相關設施（不含沼氣發電）。

㈦其他經縣（市）政府審查核准之必要公共服務設施及公用事業。

②前項與特種工業有關之各項設施，應經縣（市）政府審查核准後，始得建築；增建時，亦同。

第二一條

①零星工業區係配合原登記有案，無污染性，具有相當規模且遷廠不易之合法性工廠而劃定，僅得爲無污染性之工業及與該工業有關之辦公室、展售設施、倉庫、生產實驗室、訓練房舍、環境保護設施、單身員工宿舍、員工餐廳、其他經縣（市）政府審查核准之必要附屬設施使用，或爲汽車運輸業停車場、客貨運站、機車、汽車及機械修理業與儲配運輸物流業及其附屬設施等之使用。

②前項無污染性之工廠，係指工廠排放之廢水、廢氣、噪音及其他公害均符合有關管制標準規定，且其使用不包括下列危險性之工業：

一 煤氣及易燃性液體製造業。

二 劇毒性工業：包括農藥、殺蟲劑、滅鼠劑製造業。

三 放射性工業：包括放射性元素分裝、製造、處理工業，及原子能工業。

四 易爆物製造儲存業：包括炸藥、爆竹、硝化棉、硝化甘油及其他爆炸性類工業。

五 重化學品製造、調和、包裝業。

第二二條

依原獎勵投資條例或促進產業升級條例規定編定開發之工業區內建築物及土地之使用，得依其有關法令規定辦理，不受第十八條至第二十條之限制。

第二三條

行政區以供政府機關、自治團體、人民團體及其他公益上需要之建築物使用爲主，不得建築住宅、商店、旅社、工廠及其他娛樂用建築物。但紀念性之建築物與附屬於建築物之車庫及非營業性之招待所，不在此限。

第二四條

文教區以供下列使用爲主：

一 藝術館、博物館、社教館、圖書館、科學館及紀念性建築物。

二 學校。

三 體育場所、集會所。

四 其他與文教有關，並經縣（市）政府審查核准之設施。

第二四條之一 99

體育運動區以供下列使用爲主：

一 傑出運動名人館、運動博物館及紀念性建築物。

二 運動訓練設施。

三 運動設施。

四 國民運動中心。

五 其他與體育運動相關，經縣（市）政府審查核准者。

第二五條 99

①風景區爲保育及開發自然風景而劃定，以供下列之使用爲限：

一　住宅。
二　宗祠及宗教建築。
三　招待所。
四　旅館。
五　俱樂部。
六　遊樂設施。
七　農業及農業建築。
八　紀念性建築物。
九　戶外球類運動場、運動訓練設施。但土地面積不得超過零點三公頃。
十　其他必要公共與公用設施及公用事業。

②前項使用之建築物，其構造造型、色彩、位置應無礙於景觀；縣（市）政府核准其使用前，應會同有關單位審查。

③第一項第十款其他必要公共與公用設施及公用事業之設置，應以經縣（市）政府認定有必要於風景區設置者爲限。

第二六條

保存區爲維護名勝、古蹟及具有紀念性或藝術價值應保存之建築物，並保全其環境景觀而劃定，以供保存、維護古物、古蹟、歷史建築、民族藝術、民俗與有關文物及自然文化景觀之使用爲限。

第二七條 101

①保護區爲國土保安、水土保持、維護天然資源與保護環境及生態功能而劃定，在不妨礙保護區之劃定目的下，經縣（市）政府審查核准，得爲下列之使用：

一　國防所需之各種設施。
二　警衛、保安、保防、消防設施。
三　臨時性遊憩及露營所需之設施。
四　公用事業、社會福利事業所必需之設施、再生能源發電設備及其輸變電相關設施。
五　採礦之必要附屬設施：電力設備、輸送設備及交通運輸設施。
六　土石方資源堆置處理。
七　廢棄物資源回收、貯存場及其附屬設施。
八　水質淨化處理設施及其附屬設施。
九　造林及水土保持設施。
十　爲保護區內地形、地物所爲之工程。
十一　汽車運輸業所需之停車場、客、貨運站及其必需之附屬設施。
十二　危險物品及高壓氣體儲藏、分裝等。
十三　休閒農業設施。
十四　農村再生相關公共設施。
十五　原有合法建築物拆除後之新建、改建、增建。除寺廟、教

堂、宗祠外，其高度不得超過三層或十點五公尺，建蔽率最高以百分之六十為限，建築物每一基層面積不得超過一百六十五平方公尺，建築總樓地板面積不得超過四百九十五平方公尺。土地及建築物除供居住使用及建築物之第一層得作小型商店及飲食店外，不得違反保護區有關土地使用分區之規定。

十六　都市計畫發布實施前，原有依法實際供農作、養殖、畜牧生產且未停止其使用者，得比照農業區之有關規定及條件，申請建築農舍及農業產銷必要設施。但依規定辦理休耕、休養、停養或有不可抗力等事由，而未實際供農作、養殖、畜牧等使用者，視為未停止其使用。

②前項第一款至第十三款等設施之申請，縣（市）政府於辦理審查時，應依據地方實際情況，對於其使用面積、使用條件及有關管理維護事項作必要之規定。

第二八條

保護區內之土地，禁止下列行為。但第一款至第五款及第七款之行為，為前條第一項各款設施所必需，且經縣（市）政府審查核准者，不在此限：

一　砍伐竹木。但間伐經中央目的事業主管機關審查核准者，不在此限。

二　破壞地形或改變地貌。

三　破壞或污染水源、堵塞泉源或改變水路及填埋池塘、沼澤。

四　採取土石。

五　焚毀竹、木、花、草。

六　名勝、古蹟及史蹟之破壞或毀滅。

七　其他經內政部認為應行禁止之事項。

第二九條 101

①農業區為保持農業生產而劃定，除保持農業生產外，僅得申請興建農舍、農業產銷必要設施、休閒農業設施及農村再生相關公共設施。但第二十九條之一、第二十九條之二及第三十條所規定者，不在此限。

②申請興建農舍須符合下列規定：

一　興建農舍之申請人必須具備農民身分，並應在該農業區內有農業用地或農場。

二　農舍之高度不得超過四層或十四公尺，建築面積不得超過申請興建農舍之該宗農業用地面積百分之十，建築總樓地板面積不得超過六百六十平方公尺，與都市計畫道路境界之距離，除合法農舍申請立體增建外，不得小於八公尺。

三　都市計畫農業區內之農業用地，其已申請建築者（包括百分之十農舍面積及百分之九十之農業用地），主管建築機關應於都市計畫及地籍套繪圖上著色標示之，嗣後不論該百分之九十農業用地是否分割，均不得再行申請興建農舍。

四 農舍不得擅自變更使用。

③第一項所定農業產銷必要設施、休閒農業設施及農村再生相關公共設施之項目由農業主管機關認定，並依目的事業主管機關所定相關法令規定辦理，且不得擅自變更使用；農業產銷必要設施之建蔽率不得超過百分之六十，休閒農業設施之建蔽率不得超過百分之二十。

④前項農業產銷必要設施，不得供爲居室、工廠及其他非農業產銷必要設施使用。

⑤第一項農業用地內之農舍、農業產銷必要設施及休閒農業設施，其建蔽率應一併計算，合計不得超過百分之六十。

第二九條之一 101

①農業區經縣（市）政府審查核准，得設置公用事業設施、土石方資源堆置處理、廢棄物資源回收、貯存場、汽車運輸業停車場（站）、客（貨）運站與其附屬設施、汽車駕駛訓練場、社會福利事業設施、幼兒園、加油（氣）站（含汽車定期檢驗設施）、面積零點三公頃以下之戶外球類運動場及運動訓練設施、政府重大建設計畫所需之臨時性設施。核准設置之各項設施，不得擅自變更使用，並應依農業發展條例第十二條繳交回饋金之規定辦理。

②前項所定經縣（市）政府審查核准之社會福利事業設施、幼兒園、加油（氣）站及運動訓練設施，其建蔽率不得超過百分之四十。

③縣（市）政府得視農業區之發展需求，於都市計畫書中調整第一項所定之各項設施，並得依地方實際需求，於都市計畫書中增列經審查核准設置之其他必要設施。

④縣（市）政府於辦理第一項及前項設施之申請審查時，應依據地方實際情況，對於其使用面積、使用條件及有關管理維護事項，作必要之規定。

第二九條之二

①毗鄰農業區之建築基地，爲建築需要依其建築使用條件無法以其他相鄰土地作爲私設通路連接建築線者，得經縣（市）政府審查核准後，以農業區土地興闢作爲連接建築線之私設通路使用。

②前項私設通路長度、寬度及使用條件等相關事項，由縣（市）政府定之。

第三〇條

農業區土地在都市計畫發布前已爲建地目、編定爲可供興建住宅使用之建築用地，或已建築供居住使用之合法建築物基地者，其建築物及使用，應依下列規定辦理：

一 建築物簷高不得超過十四公尺，並以四層爲限，建蔽率不得大於百分之六十，容積率不得大於百分之一百八十。

二 土地及建築物除作居住使用及建築物之第一層得作小型商店及飲食店外，不得違反農業區有關土地使用分區之規定。

三 原有建築物之建蔽率已超過第一款規定者，得就地修建。但改建、增建或拆除後新建，不得違反第一款之規定。

第三〇條之一 101

①電信專用區為促進電信事業之發展而劃定，得為下列之使用：

一 經營電信事業所需設施：包括機房、營業廳、辦公室、料場、倉庫、天線場、展示中心、線路中心、動力室（電力室）、衛星電臺、自立式天線基地、海纜登陸區、基地臺、電信轉播站、移動式拖車機房及其他必要設施。

二 電信必要附屬設施：
　㈠研發、實驗、推廣、檢驗及營運辦公室。
　㈡教學、訓練、實習房舍（場所）及學員宿舍。
　㈢員工托育中心、員工幼兒園、員工課輔班、員工餐廳、員工福利社、員工招待所及員工醫務所（室）。
　㈣其他經縣（市）政府審查核准之必要設施。

三 與電信運用發展有關設施：
　㈠網路加值服務業。
　㈡有線、無線及電腦資訊業。
　㈢資料處理服務業。

四 與電信業務經營有關設施：
　㈠電子資訊供應服務業。
　㈡電信器材零售業。
　㈢通信工程業。
　㈣金融業派駐機構。

五 金融保險業、一般批發業、一般零售業、運動服務業、餐飲業、一般商業辦公大樓。

②作前項第五款使用時，以都市計畫書載明得為該等使用者為限，其使用之樓地板面積，不得超過該電信專用區總樓地板面積之二分之一。

第三一條 99

都市計畫發布實施後，不合分區使用規定之建築物，除經縣（市）政府或鄉（鎮、市）公所命其變更使用或遷移者外，得繼續為原有之使用或改為妨礙目的較輕之使用，並依下列規定處理之：

一 原有合法建築物不得增建、改建、增加設備或變更為其他不合規定之使用。

二 建築物有危險之虞，確有修建之必要，得在維持原有使用範圍內核准修建。但以縣（市）政府或鄉（鎮、市）公所尚無限期要求變更使用或遷移計畫者為限。

三 因災害毀損之建築物，不得以原用途申請重建。

第三二條 99

①各使用分區之建蔽率不得超過下列規定。但本細則另有規定者外，不在此限：

一　住宅區：百分之六十。
二　商業區：百分之八十。
三　工業區：百分之七十。
四　行政區：百分之六十。
五　文教區：百分之六十。
六　體育運動區：百分之六十。
七　風景區：百分之二十。
八　保護區：百分之二十。
九　農業區：百分之十。
十　保存區：百分之六十。但古蹟保存區內原有建築物已超過者，不在此限。
十一　車站專用區：百分之七十。
十二　加油（氣）站專用區：百分之四十。
十三　郵政、電信、變電所專用區：百分之六十。
十四　港埠專用區：百分之七十。
十五　醫療專用區：百分之六十。
十六　露營區：百分之五。
十七　青年活動中心區：百分之二十。
十八　出租別墅區：百分之五十。
十九　旅館區：百分之六十。
二十　鹽田、漁塭區：百分之五。
二一　倉庫區：百分之七十。
二二　漁業專用區、農會專用區：百分之六十。
二三　再生能源相關設施專用區：百分之七十。
二四　其他使用分區：依都市計畫書規定。

②前項各使用分區之建蔽率，當地都市計畫書或土地使用分區管制規則另有較嚴格之規定者，從其規定。

第三二條之一 99

都市計畫地區內，依本細則規定允許設置再生能源發電設備及其輸變電相關設施者，其建蔽率不得超過百分之七十，不受該分區建蔽率規定之限制。

第三三條

①都市計畫地區內，為使土地合理使用，應依下列規定，於都市計畫書內訂定容積管制規定：

一　住宅區及商業區，應依計畫容納人口、居住密度、每人平均居住樓地板面積及公共設施服務水準，訂定平均容積率，並依其計畫特性、區位、面臨道路寬度、鄰近公共設施之配置情形、地形地質、發展現況及限制，分別訂定不同之容積率管制。
二　其他使用分區，應視實際發展情形需要及公共設施服務水準訂定。
三　實施容積率管制前，符合分區使用之合法建築物，改建時其

容積規定與建築物管理事宜，應視實際發展情形需要及公共設施服務水準而訂定。

②舊市區小建築基地合併整體開發建築，或舊市區小建築基地合法建築物經縣（市）政府認定無法以都市更新或合併整理開發建築方式辦理重建者，得於法定容積百分之三十之限度內放寬其建築容積額度或依該合法建築物原建築容積建築。

第三四條 99

①都市計畫地區各土地使用分區之容積率，依都市計畫書中所載規定；未載明者，其容積率不得超過下列規定：

一　住宅區及商業區：

居住密度 （人／公頃）	分區別	鄰里性公共設施用地 比值未逾百分之十五	鄰里性公共設施用地 比值超過百分之十五
未達二百	住宅區	百分之一百二十	百分之一百五十
	商業區	百分之一百八十	百分之二百十
二百以上 未達三百	住宅區	百分之一百五十	百分之一百八十
	商業區	百分之二百十	百分之二百四十
三百以上 未達四百	住宅區	百分之一百八十	百分之二百
	商業區	百分之二百四十	百分之二百八十
四百以上	住宅區	百分之二百	百分之二百四十
	商業區	百分之二百八十	百分之三百二十

二　旅館區：

　㈠山坡地：百分之一百二十。

　㈡平地：百分之一百六十。

三　工業區：百分之二百十。

四　行政區：百分之二百五十。

五　文教區：百分之二百五十。

六　體育運動區：百分之二百五十。

七　風景區：百分之六十。

八　保存區：百分之一百六十。但古蹟保存區內原有建築物已超過者，不在此限。

九　加油（氣）站專用區：百分之一百二十。

十　郵政、電信、變電所專用區：百分之四百。

十一　醫療專用區：百分之二百。

十二　漁業專用區：百分之一百二十。

十三　農會專用區：百分之二百五十。

十四　倉庫區：百分之三百。

十五　寺廟保存區：百分之一百六十。

十六　其他使用分區由各縣（市）政府依實際需要，循都市計畫程序，於都市計畫書中訂定。

②前項第一款所稱居住密度，於都市計畫書中已有規定者，以都市計畫書為準；都市計畫書未規定者，以計畫人口與可建築用地

（住宅區及商業區面積和）之比值爲準。所稱鄰里性公共設施用地比值，係指鄰里性公共設施面積（包括鄰里性公園、中小學用地、兒童遊樂場、體育場所、停車場、綠地、廣場及市場等用地）與都市建築用地面積之比值。

③前項都市建築用地面積，係指都市計畫總面積扣除非都市發展用地（包括農業區、保護區、河川區、行水區、風景區等非屬開發建築用地，以都市計畫書爲準）及公共設施用地之面積。

第三四條之一 101

內政部、縣（市）政府或鄉（鎭、市）公所擬定或變更都市計畫，如有增設供公衆使用停車空間及開放空間之必要，得於都市計畫書訂定增加容積獎勵之規定。

第三四條之二 101

①都市計畫範圍內屋齡三十年以上五層樓以下之公寓大廈合法建築物，經所有權人同意辦理原有建築物之重建，且無法劃定都市更新單元辦理重建者，得依該合法建築物原建築容積建築；或符合下列條件者，得於法定容積百分之二十限度內放寬其建築容積：

一　採綠建築規劃設計：建築基地及建築物採綠建築設計，取得候選綠建築證書及通過綠建築分級評估銀級以上。

二　提高結構物耐震性能：耐震能力達現行規定之一點二五倍。

三　應用智慧建築技術：建築基地及建築物採智慧建築設計，取得候選智慧建築證書，且通過智慧建築等級評估銀級以上。

四　納入綠色能源：使用再生能源發電設備。

五　其他對於都市環境品質有高於法規規定之具體貢獻。

②縣（市）政府辦理審查前項條件時，應就分級、細目、條件、容積額度及協議等事項作必要之規定。

③依第三十三條第二項規定辦理重建者，不得再依第一項規定申請放寬建築容積。

第三四條之三 103

①各土地使用分區除依本法第八十三條之一規定可移入容積外，於法定容積增加建築容積後，不得超過下列規定：

一　依都市更新法規實施都市更新事業之地區：建築基地一點五倍之法定容積或各該建築基地零點三倍之法定容積再加其原建築容積。

二　前款以外之地區：建築基地一點二倍之法定容積。

②舊市區小建築基地合併整體開發建築、高氯離子鋼筋混凝土建築物及放射性污染建築物拆除重建時增加之建築容積，得依第三十三條、第四十條及放射性污染建築物事件防範及處理辦法規定辦理。

第三五條 101

①擬定細部計畫時，應於都市計畫書中訂定土地使用分區管制要點；並得就該地區環境之需要，訂定都市設計有關事項。

②各縣（市）政府爲審核前項相關規定，得邀請專家學者採合議方

式協助審查。

③第一項土地使用分區管制要點，應規定區內土地及建築物之使用、最小建築基地面積、基地內應保持空地之比率、容積率、綠覆率、透水率、排水逕流平衡、基地內前後側院深度及寬度、建築物附設停車空間、建築物高度與有關交通、景觀、防災及其他管制事項。

④前項土地使用分區管制要點規定之土地及建築物使用，都市計畫擬定機關得視各都市計畫區實際發展需要，訂定較本細則嚴格之規定。

第四章　公共設施用地

第三六條 99

公共設施用地建蔽率不得超過下列規定：

一　公園、兒童遊樂場：有頂蓋之建築物，用地面積在五公頃以下者，建蔽率不得超過百分之十五；用地面積超過五公頃者，其超過部分之建築物建蔽率不得超過百分之十二。

二　社教機構、體育場所、機關及醫療（事）衛生機構用地：百分之六十。

三　停車場：

　　㈠平面使用：百分之十。

　　㈡立體使用：百分之八十。

四　郵政、電信、變電所用地：百分之六十。

五　港埠用地：百分之七十。

六　學校用地：百分之五十。

七　市場：百分之八十。

八　加油站：百分之四十。

九　火化場及殯儀館用地：百分之六十。

十　鐵路用地：百分之七十。

十一　屠宰場：百分之六十。

十二　墳墓用地：百分之二十。

十三　其他公共設施用地：依都市計畫書規定。

第三七條 99

都市計畫地區公共設施用地容積率，依都市計畫書中所載規定；未載明者，其容積率不得超過下列規定：

一　公園：

　　㈠面積在五公頃以下者：百分之四十五。

　　㈡面積超過五公頃者：百分之三十五。

二　兒童遊樂場：百分之三十。

三　社教機構、體育場所、機關及醫療（事）衛生機構用地：百分之二百五十。

四　停車場：

　　　（一）平面使用：其附屬設施百分之二十。
　　　（二）立體使用：百分之九百六十。
　五　郵政、電信、變電所用地：百分之四百。
　六　學校用地：
　　　（一）國中以下用地：百分之一百五十。
　　　（二）高中職用地：百分之二百。
　　　（三）大專以上用地：百分之二百五十。
　七　零售市場：百分之二百四十。
　八　批發市場：百分之一百二十。
　九　加油站：百分之一百二十。
　十　火化場及殯儀館用地：百分之一百二十。
　十一　屠宰場：百分之三百。
　十二　墳墓用地：百分之二百。
　十三　其他公共設施用地：由各縣（市）政府依實際需要，循都
　　　　市計畫程序，於都市計畫書中訂定。

第三八條　（刪除）99

第五章　附　則

第三九條

①合法建築物因地震、風災、水災、爆炸或其他不可抗力事變而遭
　受損害，經縣（市）政府認定爲危險或有安全之虞者，土地權利
　關係人得於一定期限內提出申請，依原建蔽率、原規定容積率或
　原總樓地板面積重建。

②前項認定基準及申請期限，由縣（市）政府定之。

第三九條之一

①都市計畫住宅區、風景區、保護區或農業區內之合法建築物，經
　依行政院專案核定之相關公共工程拆遷處理規定獲准遷建，或因
　地震毀損並經全部拆除而無法於原地重建者，得按其原都市計畫
　及相關法規規定之建蔽率、容積率、建築物高度或總樓地板面
　積，於同一縣（市）都市計畫住宅區、風景區、保護區或農業區
　之自有土地，辦理重建。原拆遷戶於重建後自有土地上之增建、
　改建或拆除後新建，亦同。

②位於九二一震災地區車籠埔斷層線二側各十五公尺建築管制範圍
　內之建築用地，於震災前已有合法建築物全倒或已自動拆除者，
　經縣（市）政府審查核准，得依前項規定辦理重建。

第三九條之二

　合法建築物因政府興辦公共設施拆除後賸餘部分就地整建，其建
　蔽率、容積率、前後院之退縮規定及停車空間之留設，得不受本
　細則或都市計畫書土地使用分區管制之限制。

第四〇條　101

　高氯離子鋼筋混凝土建築物經報縣（市）政府專案核准拆除重建
　者，得就原規定容積率或原總樓地板面積重建。原規定未訂定容

積率者，得依重建時容積率重建，並酌予提高。但最高以不超過其原規定容積率、重建時容積率或總樓地板面積之百分之三十為限。

第四一條 （刪除）99

第四二條 103

本細則除中華民國一百零三年一月三日修正之第三十四條之三第一項，自一百零四年七月一日施行外，自發布日施行。

臺北市都市計畫施行自治條例

①民國 65 年 1 月 4 日臺北市政府令訂定發布全文 41 條。
②民國 72 年 1 月 5 日臺北市政府令修正發布。
③民國 77 年 7 月 18 日臺北市政府令修正發布第 11 條條文。
④民國 82 年 11 月 2 日臺北市政府令修正公布全文 41 條。
⑤民國 100 年 7 月 22 日臺北市政府令修正公布名稱及全文 41 條；並自公布日施行（原名稱：都市計畫法臺北市施行細則）。

第一條

臺北市（以下簡稱本市）爲提升都市生活環境品質，並落實都市計畫法之實施，依都市計畫法（以下簡稱本法）第八十五條規定制定本自治條例。

第一條之一

本自治條例之主管機關爲臺北市政府（以下簡稱市政府），並得委任市政府都市發展局（以下簡稱發展局）執行。

第二條

本自治條例用詞定義如下：

一　道路境界線：道路與其他土地之分界線。

二　道路：合於下列規定之一者。

　　㈠經主要計畫或細部計畫規定發布之計畫道路。

　　㈡依法指定或認定建築線之巷道。

第三條

凡依本法第十九條規定，在公開展覽期間內提出書面意見者，以意見書送達或郵戳日期爲準，並應在臺北市都市計畫委員會（以下簡稱都委會）未審議完成前送達。

第四條

①都市計畫擬定、變更之審議，都委會應於公開展覽期滿之日起三十日內爲之，並於審議完成後十五日內作成紀錄，送發展局辦理。

②發展局於接到錄案之日起三十日內，以市政府名義送請內政部核定。

第五條

依本法第二十四條規定，土地權利關係人自行擬定細部計畫時，應配合本法第十七條規定之分區發展優先次序辦理之。但有下列情形之一者，不在此限。

一　自行擬定細部計畫地區範圍之土地面積在十公頃以上，而合於本法第六十一條之規定者。

二　興辦國民住宅或社區開發者。

三　經都市計畫指定應自行擬定細部計畫地區者。

第六條

①依本法第二十四條或第六十一條規定土地權利關係人自行擬定細部計畫時，應檢送載明下列事項之申請書及圖件正副本各一份，送市政府核辦。

一　申請人姓名、年齡、住址。

二　本法第二十二條及二十四條規定事項。

三　全部土地權利關係人姓名、住址、權利證明文件及其同意書。

四　套繪細部計畫之地籍圖。

五　其他必要事項。

②前項自行擬定細部計畫如以市地重劃進行整體開發者，所檢送之同意書，僅須有土地權利關係人半數以上且其所有土地面積超過範圍內私有土地面積半數之同意。

③依本法第二十四條規定申請變更細部計畫者，除依第一項之規定辦理外，並應檢附變更前之計畫圖與變更部分四鄰現況圖。

第七條

依前二條規定申請之計畫，市政府認為其計畫不當或有礙公共利益時，得請其修改。其應具備之書圖及附件與本法或本自治條例之規定不合者，得令其補足或不予受理。

第八條

土地權利關係人依本法第二十五條規定向內政部請求處理時，應同時繕具副本連同附件送達市政府，市政府應自收到副本之日起十五日內提出意見，函送內政部核辦，經內政部受理之案件，市政府應自收到內政部通知之日起三十日內召開都委會予以審議，並將審議結果函送內政部及通知土地權利關係人。申請案件經審議通過時，應即依本法第十九條至二十一條、第二十三條及第二十八條之規定辦理。

第八條之一

依本法第二十六條規定辦理通盤檢討時，市政府得視實際情形就本法第十五條或第二十二條規定之全部或部分事項辦理，並得視地區發展需要於細部計畫通盤檢討時加列都市設計有關規定。

第九條

細部計畫經核定發布後，應依本法第二十三條及都市計畫樁測定及管理辦法之規定，辦理樁位測定及地籍分割，以供公眾閱覽或申請謄本之用。

第一〇條

①本市都市計畫地區範圍內劃定下列使用分區，分別限制其使用。

一　住宅區。

二　商業區。

三　工業區。

四　行政區。

五　文教區。

六　倉庫區。

七　風景區。

八　保護區。

九　農業區。

②除前項使用分區外，必要時得劃定其他使用分區或特定專用區。

第一〇條之一

前各使用分區使用限制如下：

一　住宅區：以建築住宅爲主，不得爲大規模之商業、工業及其他經市政府認定足以發生噪音、震動、特殊氣味、污染或有礙居住安寧、公共安全、衛生之使用。

二　商業區：以建築商場（店）及供商業使用之建築物爲主，不得爲有礙商業之便利、發展或妨礙公共安全、衛生之使用。

三　工業區：以供工業使用爲主，並以供工廠所需之辦公室、員工單身宿舍、餐廳、福利、育樂及醫療等設備使用爲輔。供工業使用及工廠所需之設備，於建廠時，應連同建廠計畫提出申請，並應經目的事業主管機關之許可，增建時亦同。

四　行政區：以供公務機關之使用爲主。

五　文教區：以供文教機關之使用爲主。

六　倉庫區：以供運輸、倉儲及其有關設施之使用爲主。

七　風景區：以供維護或促進自然風景之使用爲主。

八　保護區：以供國土保安、水土保持及維護天然資源之使用爲主。

九　農業區：以供保持農業生產之使用爲主。

第一一條至第一九條　（刪除）

第二〇條

下列建築物基地之位置，除應依都市土地使用分區規定外，在建築前並應申請市政府核准。

一　學校。

二　停車場、監獄、傳染病醫院。

三　火藥類之製造及貯藏場所。

四　硝化纖維、寶璐珞、氯酸鹽類、苦味酸、若味酸鹽類、黃磷、過氧化鈉、過氧化鉀、二硫化碳、乙醚、丙酮、安息油、二甲苯、甲苯或松節油類之製造場所。

五　石油類、氧化硫、硫酸、硝酸、氖氰酸、漂白粉、氰水化合物、鉀鹽、汞鹽、亞硫酸鹽類、動物質肥料之製造及動物質原料之提煉場所。

六　有關放射性物質之工廠。

七　其他經市政府指定之特種原料及其製品之儲藏或處理場所。

第二一條

都市計畫發布實施後，不合分區使用規定之土地及建築物，除得繼續爲原有之使用或改爲妨礙目的較輕之使用外，並依下列規定處理之：

一　原有合法建築物不得增建、改建、增加設備或變更爲其他不合規定之使用。

二　建築物有危險之虞，確有修建之必要，得在維持原有使用範圍內核准修建。但以市政府尚無限期令其變更使用或遷移計畫者為限。

三　因災害毀損之建築物，不得以原用途申請使用。

四　經停止使用滿二年者，不得再繼續為原來之使用。

第二二條

都市計畫分區使用核定發布前，已領有建築執照尚未動工或已動工但未完成一樓頂板之建築物，有違反分區使用之用途規定者，得由市政府通知限期重新申請變更用途。

第二三條　（刪除）

第二四條

實施容積管制地區，依照容積管制之規定辦理。

第二五條

都市計畫地區內，市政府認為土地有合理使用之必要時，得擬定細部計畫規定地區內土地及建築物之使用，基地面積或基地內應保留空地之比率、容積率、基地內前後側院之深度及寬度、停車場及建築物之高度，及有關交通、景觀、防火等事項，並依本法第二十三條規定程序辦理。

第二六條

市政府得依本法第三十二條第二項規定將使用分區用建築物及土地之使用再予劃分不同程序之使用管制，並另訂土地使用分區管制自治條例管理。

第二七條　（刪除）

第二八條　（刪除）

第二九條

依本法第五十八條規定實施區段徵收之土地，應即依照細部計畫興築公共設施、平整基地、整理分割後出租或出售予需地者建築使用或由政府保留為興建國民住宅或其他使用。

第三〇條

依前條承租或承購人取得土地後，應於規定期間內興工建築，逾期不建築或未報准延期建築者，市政府得終止租約或照原售價收回，另行出租或出售予其他需地者建築使用。

第三一條

市政府為促進新市區之建設，得准許私人或團體於未經發布細部計畫地區申請舉辦新市區建設事業。

第三二條

私人或團體舉辦市區建設事業，其計畫書件送經核准後，得請求市政府配合興修計畫範圍外公共設施及辦理公共服務，或協助向金融機構辦理土地抵押貸款及技術指導。

第三三條　（刪除）

第三四條

依本法第六十三條實施之更新地區得就下列各款情形，或其中之

一而情形較為嚴重者，儘先劃定之。

一　地區內大部分之建築物為窳陋之非防火構造，且建築物與建築物間，無適當之防火間隔距離足以防礙公共安全者。

二　地區內建築物因年代久遠有傾頹或朽壞之虞，或違章建築特多，建築物排列不良，或道路彎曲狹小，足以妨礙公共交通或公共安全者。

三　地區內建築物之建蔽率高，容積率低，且人口密度過高者。

四　土地低度使用與不當使用。

五　其他居住環境惡劣，足以妨害公共衛生及社會治安者。

第三五條

更新計畫屬於重建者，應包括下列事項：

一　重建地區範圍及總面積。

二　原有各宗土地面積及建築物樓地板面積，暨其所有權人姓名。有他項權利者，並應載明他項權利人姓名及其權利內容。

三　各宗土地及其建築物之價值。

四　重建計畫及實施進度之圖表及說明。

五　土地及建築物徵收計畫。

六　公共設施配合計畫。

七　住宅計畫之配合。

八　安置拆遷戶計畫。

九　財務計畫。

十　重建前後土地與建築物之處理計畫。

十一　重建完竣期限。

第三六條

更新計畫屬於整建者，應包括下列事項：

一　整建地區範圍及其總面積。

二　原有各宗土地面積及建築物構造情況，樓地板面積、所有權人姓名。有他項權利者，並應載明他項權利人姓名及其權利內容。

三　整建計畫及實施進度之圖表及說明。

四　土地及建築物之部分徵收計畫。

五　公共設施配合計畫。

六　安置拆遷戶計畫。

七　整建費用之估計及貸款之基準。

八　重建前後土地與建築物之部分處理計畫。

九　整建完竣期限。

第三七條

更新計畫屬於維護者，應包括下列事項：

一　維護地區範圍及其總面積。

二　維護要旨及詳細內容。

三　計畫圖表及說明。

　　四　維護經費之估價與負擔。

　　五　維護事業實施年期及進度。

　　六　實施土地使用分區管制規定地區，配合土地使用分區管制自
　　　　治條例實施內容。

　　七　預防效果及實施方法。

　　八　其他有關事項。

第三八條

舊市區之更新，應依核定期限完成，情形特殊者得延長之。但延
長期間，不得超過原核定完成期限。

第三九條

更新地區範圍之劃定及更新計畫之擬定、核定及發布，應依本法
第六十六條規定辦理。

第三九條之一

為期有效推動都市更新，得設置都市更新基金，循環運用，其辦
法由市政府依規定程序定之。

第四〇條

申請在公共設施保留地內建築臨時性之展覽會場、裝飾門、裝飾
塔、牌樓、施工架或其他類似之建築物於核准時應規定其存續期
間。

第四一條

本自治條例自公布日施行。

都市計畫法高雄市施行細則

①民國 102 年 1 月 14 日高雄市政府令訂定發布全文 30 條；除第 24 條
　自 102 年 7 月 1 日施行外，自發布日施行。
②民國 103 年 10 月 23 日高雄市政府令修正發布第 6、7、10、14、
　16、18、22～24、26、27、30 條條文及第 18、20 條之附表；增訂
　第 24-1 條條文；並刪除第 5 條條文。

第一章　總　則

第一條

為促進本市土地合理使用及均衡區域發展，並依都市計畫法（以
下簡稱本法）第八十五條規定訂定本細則。

第二條

本細則所稱道路，指經發布實施之都市計畫所劃設之計畫道路，
或經建築主管機關依高雄市建築管理自治條例規定認定之現有巷
道；所稱街廓，指都市計畫範圍內四周由計畫道路圍繞之區域。

第三條

本府為美化或維護市容景觀，或促進土地之開發利用，得於都市
計畫書劃定應實施都市設計或土地使用開發許可之地區，並訂定
相關設計基準或審查規範。

第四條

本府為辦理都市設計與土地使用開發許可案件及前條設計基準或
審查規範之審議，得設高雄市都市設計及土地使用開發許可審議
會（以下簡稱都設會）；其組織、運作及其他有關事項，由本府
另定之。

第二章　都市計畫之擬定、變更、發布及實施

第五條　（刪除）103

第六條　103

本府依本法第十九條第一項、第二十一條第一項、第二十三條第
五項、第八十一條第一項及第三項規定，辦理都市計畫之公開展
覽、發布實施、禁止建築物之新建、增建、改建、禁止變更地形
或禁止大規模採取土石，應於公告內載明期日或其起迄期間。

第七條　103

①本府依本法第十九條第一項規定辦理公開展覽，應於本府及各區
公所辦公處所為之，並將公開展覽與舉行說明會之日期、地點刊
登本府公報、網站及本市新聞紙三日，及於有關里辦公處張貼公
告。

②前項說明會應於公開展覽期間內舉行。

第八條

公民或團體依本法第十九條第一項規定提出書面意見者，應於高雄市都市計畫委員會（以下簡稱都委會）審議完成前送達。

第九條

本府應於都委會依本法第十九條第二項規定審議完成後四十五日內，將審議結果、計畫書圖及有關文件報內政部核定。

第一○條 103

土地權利關係人依本法第二十四條規定自行擬定或○○○○顯之者，其範圍不得小於一個街廓。但有土地○限。

天然界線或主要計畫另有規定範○○

第一一條

①土地權利關係人依本法第二十四條或第六十一條規定自行擬定或變更細部計畫者，除應檢附本法所定文件外，並應檢附下列文件正副本各一份，向本府提出申請：

一　申請書應載明申請人姓名、年齡、住址。

二　所有土地權利關係人姓名、住址、權利證明文件及同意書。但以市地重劃開發，且經私有土地所有權人五分之三以上及其所有土地總面積超過開發範圍內私有土地總面積三分之二之同意者，得僅檢附同意者之姓名、住址、權利證明文件及同意書。

三　本法第二十二條規定之細部計畫書圖。申請細部計畫變更者，應同時檢附變更前之計畫圖與變更部分四鄰現況圖。

四　套繪擬定或變更細部計畫之地籍圖。

五　其他本府規定之文件。

②前項應備文件有欠缺或不符規定者，本府應命申請人限期補正；屆期不補正或補正不完全者，駁回其申請。

第一二條

前條申請有違法、不當或妨礙公共利益時，應駁回之。但計畫內容得以修正者，得命申請人限期修正；屆期未修正者，駁回其申請。

第一三條

①土地權利關係人依本法第二十五條規定向內政部請求處理時，應繕具副本連同相關文件送交本府；本府應於收受副本之日起十五日內，擬具拒絕理由並檢附相關文件，送請內政部處理。

②前項情形，經內政部認定土地權利關係人之請求有理由時，本府應依本法第二十三條規定辦理。

第一四條 103

①本府擬定或變更主要計畫或細部計畫，或土地權利關係人依本法第二十四條或第六十一條規定申請自行擬定或變更細部計畫，其計畫書載明以區段徵收或市地重劃方式辦理者，應檢附地政機關認可之可行性分析報告。

②前項計畫書劃定之公共設施用地兼具其他使用項目者，應載明其主要用途。

第一五條

行政機關或公營事業機構依本法申請變更公共設施用地為其他使用時，應提出可行性分析報告，並徵詢變更前後目的事業主管機關意見後，提送都委會審議。

第一六條 103

依本法第二十九條第一項規定實施勘查或測量時，應依下列規定辦理：

一 應於實施勘查或測量十五日前，將勘查或測量地點及日期通知土地所有權人或使用人；其必須遷移或除去土地上之障礙物者，應一併通知。

二 實施勘查或測量人員應隨身攜帶身分證明文件。

三 不得於夜間實施勘查或測量。但經土地所有權人或使用人同意者，不在此限。

第一七條

本府依本法第二十九條第二項或第四十一條規定辦理補償時，應受補償人受領遲延、拒絕受領或不能受領，或應受補償人所在不明者，本府得提存其補償費。

第三章 土地使用分區管制

第一八條 103

本市都市計畫範圍內劃定下列使用分區，分別管制其使用；其使用管制項目及內容如附表一。但其他法律、法規命令、自治條例或都市計畫書另有規定者，從其規定：

一 住宅區。

二 商業區。

三 工業區。

四 行政區。

五 文教區。

六 漁業區。

七 風景區。

八 保護區。

九 保存區。

十 水岸發展區。

十一 農業區。

十二 葬儀業區。

十三 特定倉儲轉運專用區。

十四 體育運動區。

十五 電信專用區。

十六 宗教專用區

十七 其他使用分區或特定專用區。

第一九條

都市計畫發布實施或本細則施行後，其土地上原有建築物不合土地使用分區規定者，除經本府依本法第四十一條規定命其變更使用或遷移者外，得繼續爲原來之使用或改爲妨礙目的較輕之使用，並應符合下列規定：

一　原有合法建築物不得增建、改建、增加設備或變更爲其他不合規定之使用。但增加安全設備或爲防治污染行爲，經目的事業主管機關核准者，不在此限。

二　建築物有危險之虞，確有修建之必要者，得在維持原有使用範圍內經建築主管機關核准後爲之。但以本府未命其變更使用或遷移者爲限。

三　因災害毀損之建築物，不得以原用途申請重建。

第二〇條

本市各使用分區及公共設施用地之建蔽率或容積率如附表二。但其他法律、法規命令、自治條例或都市計畫書另有規定者，從其規定。

第二一條

依本細則規定允許設置之再生能源發電設備及其輸變電相關設施，其建蔽率不受附表二規定之限制。但最高以百分之八十爲限。

第二二條 103

依高雄市建築物設置太陽光電設施辦法及高雄厝相關設計規定設置之太陽光電設施、景觀陽臺、通用化設計空間、綠能設施、導風板等相關設施設備，得免計入建築物之高度、建築面積及容積。

第二三條 103

①住宅區及商業區之一宗基地內，樓層在五層樓以下並建築面積在七十平方公尺以下，且設有昇降機之非供公眾使用之每棟建築物，其各層樓地板面積十平方公尺部分，得不計入建築面積及容積。

②前項建築面積，指建築物與附設之昇降機合計面積。

第二四條 103

①建築基地依法獎勵之容積累計，在實施都市更新地區不得超過法定容積百分之五十；在其他地區不得超過法定容積百分之二十。

②已公告實施之都市計畫書規定之容積獎勵超過前項規定者，應依前項規定辦理。

第二四條之一

①都市計畫範圍內住宅區及商業區之合法老舊建築物，符合下列規定，並經全體所有權人同意辦理重建，且未依都市更新法規申請容積獎勵者，經都設會審議通過後，得給予容積獎勵：

一　建築基地內現有屋齡三十年以上之合法老舊建築物坐落之基地面積占申請基地面積百分之五十以上。

二　建築基地面積達五百平方公尺以上，且面臨七公尺以上都市計畫道路，或臨綠地（帶）並與七公尺以上都市計畫道路相面臨。

②前項情形，得增加之建築容積如下：

一　建築基地面積達五百平方公尺以上者，以法定容積百分之十五為限。

二　建築基地面積達一千平方公尺以上者，以法定容積百分之二十為限。

③第一項情形，其重建之建築基地主要出入口臨道路側應留設淨寬一點五公尺之人行步道，準用高雄市政府審查容積移轉申請案件許可要點第十三點規定辦理退縮建築設計。但建築基地面積未達一千平方公尺且建築物在十二層以下者，地面以上各樓層與基地境界線之淨距離應在一點五公尺以上。

④第一項情形，建築基地達一千平方公尺以上者，其建築基地及建築物應取得候選綠建築證書及通過綠建築分級評估銀級以上，申請者並應繳交保證金具結保證；其保證金繳交及退還等事宜，準用都市更新建築容積獎勵辦法第八條及高雄市政府都市更新建築容積獎勵算基準規定辦理。

第二五條

高氯離子鋼筋混凝土建築物經本府核准拆除重建者，得依原規定容積率或原總樓地板面積重建；原無規定容積率者，得依重建時容積率重建，並得酌予提高。但最高不得超過其原規定容積率、重建時容積率或原總樓地板面積之百分之三十。

第二六條 103

①合法建築物因地震、風災、水災等不可抗力災害或爆炸等不可歸責事變致受損害，經建築主管機關認定有危險或危害公共安全之虞者，土地權利關係人得於三年內提出申請，依原建蔽率、原規定容積率或原總樓地板面積重建。

②前項認定基準由建築主管機關定之。

第二七條 103

住宅區、風景區、保護區或農業區內之合法建築物，經依行政院專案核定之相關公共工程拆遷處理規定獲准遷建，或因地震毀損經全部拆除而無法於原地重建者，得經本府審核同意後，按其原都市計畫及相關法規之建蔽率、容積率、建築物高度或總樓地板面積，於住宅區、風景區、保護區或農業區之自有土地，辦理重建。原拆遷戶重建後於自有土地上之增建、改建或拆除後新建，亦同。

第二八條

合法建築物因政府興辦公共設施予以拆除後，就賸餘部分為就地整建者，其建蔽率、容積率、前後院之退縮規定及停車空間之留設，不受本細則或都市計畫書規定之限制。

第四章 附 則

第二九條

本府適用土地使用分區管制、建蔽率或容積率規定有疑義時，得
提送都委會審定。

第三〇條 103

本細則除中華民國一百零二年一月十四日訂定發布之第二十四條
自一百零二年七月一日施行外，自發布日施行。

大眾捷運系統土地開發辦法

①民國 79 年 2 月 15 日交通部、內政部令會銜訂定發布全文 43 條。
②民國 88 年 7 月 31 日交通部、內政部令會銜修正發布第 37 條條文。
③民國 89 年 10 月 2 日交通部、內政部令會銜修正發布名稱及全文 32
條；並自發布日起施行（原名稱：大眾捷運系統土地聯合開發辦
法）。
④民國 94 年 5 月 16 日交通部、內政部令會銜修正發布第 4 條條文。
⑤民國 95 年 5 月 17 日交通部、內政部令會銜修正發布第 2、11、15
條條文；並刪除第 5 條條文。
⑥民國 99 年 1 月 15 日交通部、內政部令會銜修正發布第 3、4、6、
7、14～16、18、20、21 條條文。

第一章 總 則

第一條

本辦法依大眾捷運法（以下簡稱本法）第七條第七項規定訂定
之。

第二條

大眾捷運系統路線、場、站土地及其毗鄰地區土地之開發依本辦
法之規定。

第三條 99

本辦法用詞，定義如下：

一 開發用地：係指大眾捷運系統路線、場、站土地及其毗鄰地
區之土地，經主管機關核定為土地開發之土地。

二 土地開發：係指主管機關自行開發或與投資人合作開發開發
用地，以有效利用土地資源之不動產興闢事業。

第四條 99

①大眾捷運系統土地開發之主管機關，為各該大眾捷運系統主管機
關或交通部指定之地方主管機關；其執行機構為各該大眾捷運系
統主管機關所屬或許可之工程建設機構、營運機構或其他土地開
發機構。

②前項主管機關辦理本法所規定之土地開發事宜，得委任或委託執
行機構為之。

③前項情形，應將委任或委託事項及法規依據公告，並刊登政府公
報。

第五條 （刪除）

第二章 土地開發之規劃及容許使用項目

第六條 99

辦理土地之開發時，執行機構應擬定開發範圍，報請主管機關核定實施。

第七條 99

主管機關爲辦理各開發用地之興建前，應將用地範圍、土地使用分區管制規定或構想、建物設計指導原則（含捷運設施需求及設計）、開發時程及其他有關土地開發事項公告並刊登政府公報。

第八條

開發用地內之捷運設施屬出入口、通風口或其他相關附屬設施等，經主管機關核准得交由投資人興建，其建造成本由主管機關支付。

第九條

①主管機關得依區域計畫法或都市計畫法之規定，就大衆捷運系統路線、場、站土地及其毗鄰地區，申請劃定或變更爲特定專用區。

②開發用地及前項特定專用區之建築物及土地使用，應符合非都市土地使用管制或都市計畫土地使用分區管制之規定。

第三章 土地取得程序、開發方式及投資人甄選程序

第一〇條

大衆捷運系統開發用地屬公有者，主管機關得依本法第七條第四項規定辦理有償撥用。

第一一條

大衆捷運系統開發所需用地屬私有而由主管機關依本法第七條第四項規定以協議價購方式辦理者，經執行機構召開會議依優惠辦法協議不成時，得由主管機關依法報請徵收。

第一二條

以市地重劃方式取得開發用地時，由主管機關擬定市地重劃計畫書，送請該管市地重劃主管機關依平均地權條例有關規定辦理。

第一三條

以區段徵收方式取得土地開發用地時，由主管機關擬定區段徵收計畫及徵收土地計畫書，送請該管區段徵收主管機關依本法第七條第五項、第六項規定辦理。

第一四條 99

①開發用地由主管機關自行開發或公告徵求投資人合作開發之。

②主管機關與投資人合作開發者，其徵求投資人所需之甄選文件由執行機構報請主管機關核定後辦理。

第一五條 99

①主管機關依前條規定辦理徵求投資人時，申請人應於公告期滿後一個月內，依甄選文件備具下列書件各二份及申請保證金，向主管機關提出申請：

一 申請書：載明申請人姓名、出生年月日、職業、住所或居

所、身分證統一編號或法人名稱、主事務所、代表人姓名，申請土地開發之地點及範圍。

二 申請人身分證影本、法人登記證明文件。

三 財力證明文件或開發資金來源證明文件及類似開發業績證明文件。

②前項財力及開發資金基準，由主管機關定之。

第四章 申請投資表件及審查程序

第一六條 99

①依前條申請土地開發者應自公告期滿後四個月內提出開發建議書二份，逾期視為撤回申請；其開發建議書應包括下列事項：

一 基地位置、範圍與土地權屬。

二 土地權利取得方法與使用計畫、開發成果處分方式。

三 開發項目、內容與用途。

四 建築計畫：包括建築設計、結構系統、設備系統、營建工法、建材規格及工程預算書等。

五 依建築相關法令應檢附之防災計畫。

六 依水土保持、環境保護相關法令提送水土保持計畫、環境影響評估計畫等。

七 與捷運系統相關設施銜接計畫。

八 財務計畫：包括財務基本假設與參數設定、預估投資總金額、預估營運收支總金額、資金籌措與償還計畫、分年現金流量及投資效益分析。

九 開發時程計畫。

十 營運管理計畫。

十一 申請人與主管機關、土地所有人合作條件、分收比例及其他相關權利義務文件。

十二 其他有關事項文件。

②主管機關得考量基地條件、捷運設施、以設定地上權方式或合併不同基地作開發辦理等特殊情形，酌予調整前條、本條所定期限及甄選文件並公告。

③有二以上申請人申請投資時，除斟酌各申請人之開發能力及開發建議書外，以其開發內容對於都市發展之貢獻程度及其提供主管機關獲益較高者為優先考慮因素。

第一七條

①執行機構受理申請投資土地開發案件時，應就申請投資書件先行審查，所備書件不合規定且屬非契約必要之點者，執行機構應詳為列舉通知申請人限期補正，逾期不補正或補正不全者，視為放棄投資申請。

②執行機構受理前項完成補正之申請案件，應於三個月內會同有關機關就申請資料完成審查或評選，並報主管機關核定土地開發計畫。但申請案件須變更都市計畫、區域計畫或案情繁複者，得延

長之。

③前項審查或評選得通知申請人或有關機關。

第一八條 99

依前條規定核定取得投資權之申請案件，由執行機構通知申請人依審定條件於書面通知到達日起三十日內簽訂投資契約書，並繳交預估投資總金額百分之三之履約保證金。不同意主管機關審定條件或未於限期內簽訂投資契約書，並繳交履約保證金者，視同放棄投資權，執行機構得由其他申請投資案件依序擇優遞補或重新公開徵求投資人。

第一九條

①前條履約保證金，申請人應以現金逕向執行機構指定之金融機構繳納，或以下列方式辦理：

一 銀行本行本票或支票、保付支票。

二 無記名政府公債。

三 設定質權予執行機構之銀行定期存款單。

四 銀行開發或保兌之不可撤銷擔保信用狀繳納。

五 取具銀行之書面連帶保證。

六 保險公司之連帶保證保險單。

②前項保證金於計畫範圍內之工程完成百分之五十後，無息退還二分之一，開發計畫建築物全部領得使用執照後，無息退還原保證金之四分之一，餘款於不動產登記完畢，並交付所有人後十日內，無息退還。

第二〇條 99

①投資人應自簽訂投資契約書之日起六個月內，依建築法令規定申請建造執照。

②前項建造執照之申請，若因其他相關法令規定須先行辦理相關書圖文件送審，或有不可歸責於投資人之原因並經主管機關同意者，其作業之時間得不予計入。

③第一項建造執照內容變更時，應先經執行機構同意後，再依建築法令規定辦理。

第五章 監督、管理及處分

第二一條 99

①建物全部或部分出租、設定地上權或以其他方式交由投資人統一經營者，投資人應於申請投資案核定後，檢具其所訂營運管理章程報經執行機構核轉主管機關核定，建物產權登記前併同營運人與執行機構簽訂營運契約書，依本辦法規定受執行機構之監督與管理。

②建物非屬統一經營者，投資人得參照公寓大廈規約範本研訂管理規約，並納入與捷運有關之特別約定事項，報經執行機構核轉主管機關核定後請照、興建。

③區分所有權人不得以會議決議排除第一項營運管理章程及營運契

約之規定，及第二項管理規約之特別約定事項，專有部分有讓售等處分行為時，應於移轉契約中明定，須繼受原區分所有權人依公寓大廈管理條例及本條文之規範。

第二二條

① 依土地開發計畫要求設置之公共設施建築及維護費用，由投資人負擔或視合作條件依協議比例分擔，並由執行機構或該公共設施主管機關代為施工或派員協助監督施工。

② 前項屬道路、人行陸橋及地下穿越道之公共設施；應於興建完成後將該部分之產權捐贈各該公共設施所在地之地方政府，並交由公共設施主管機關管理維護。

第二三條

執行機構於必要時，得經主管機關核准，出租或出售開發之公有不動產，其租售作業要點由主管機關另定之。

第二四條

投資人有下列情形之一者，執行機構得報請主管機關核准後解除投資契約：

一　違反第二十條之規定者。

二　建造執照被作廢或註銷者。

三　違反第二十一條第一項之規定者。

第二五條

① 投資人營運時有下列情形之一者，執行機構應通知限期改善，逾期不改善者，該執行機構得報經主管機關核准後終止契約：

一　地下商場，人行陸橋或地下道等工程附屬設施擅自增、修、改建者。

二　依土地開發計畫興建之開發設施未盡管理及養護責任，且不服從執行機構之監督與管理者。

三　不依主管機關核備之營運管理章程使用開發設施者。

② 投資人有前項各款情形之一者，執行機構於必要時得報經主管機關核准後逕為封閉或拆除之，所需費用由營運保證金扣抵。

第六章　獎　勵

第二六條

依本辦法申請投資土地開發案件，其符合獎勵投資法令有關規定者，得依法申請減免稅捐。

第二七條

土地開發計畫經核准後，執行機構得協調政府相關單位配合興修計畫地區外關聯性公共設施及提供技術協助。

第二八條

主管機關得協助投資人洽請金融機構辦理優惠或長期貸款。

第二九條

依本辦法申請投資土地開發且無償提供捷運設施所需空間及其應持分土地所有權者，其建築物樓地板面積與高度得依下列規定放

寬：

一　除捷運設施使用部分樓層不計入總樓地板面積外，得視個案情形酌予增加，但增加之樓地板面積，以不超過提供捷運系統場、站及相關設施使用之土地面積，乘以地面各層可建樓地板面積之和與基地面積之比，乘以二分之一為限。

二　除捷運設施使用部分樓層之高度得不計入高度限制外，並得視個案情形酌予增加，但增加部分以不超過該基地面前道路寬度之一倍，並以三十公尺為限。

第三○條

若捷運系統工程建設因時程緊迫，執行機構於開發用地內，先行構築捷運設施，投資人於未來開發時，須償還因配合開發所增加之基本設計費及共構部分之細部設計費及施工費，但免計利息。

第七章　附　則

第三一條

執行機構應將下列條文載明於所訂契約中，作為契約內容之一部分：

一　投資契約書：第二十條至第二十二條、第二十四條及第二十五條。

二　營運契約書：第二十三條及第二十五條。

第三二條

本辦法自發布日施行。

都市更新條例

①民國 87 年 11 月 11 日總統令制定公布全文 62 條。
②民國 89 年 4 月 26 日總統令修正公布第 2 條條文。
③民國 92 年 1 月 29 日總統令修正公布第 3、9、12、19、22、34 條條文；並增訂第 22-1、25-1 條條文。
④民國 94 年 6 月 22 日總統令修正公布第 22-1、25-1、27、40 條條文。
⑤民國 95 年 5 月 17 日總統令修正公布第 27 條條文。
⑥民國 96 年 3 月 21 日總統令修正公布第 25-1 條條文。
⑦民國 96 年 7 月 4 日總統令修正公布第 27 條條文。
⑧民國 97 年 1 月 16 日總統令修正公布第 8、10、12、13、16、18～22、25-1、29～32、36、40、43～45、50、52 及 60 條條文；並增訂第 19-1、29-1 及 60-1 條條文。
⑨民國 99 年 5 月 12 日總統令修正公布第 19、19-1、29～30、32 及 36 條條文。

第一章 總 則

第一條 （立法宗旨及目的）
①為促進都市土地有計畫之再開發利用，復甦都市機能，改善居住環境，增進公共利益，特制定本條例。
②本條例未規定者，適用其他法律之規定。

第二條 （主管機關）
本條例所稱主管機關：在中央為內政部；在直轄市為直轄市政府；在縣（市）為縣（市）政府。

第三條 （用語定義）92
本條例用語定義如下：

一 都市更新：係指依本條例所定程序，在都市計畫範圍內，實施重建、整建或維護措施。

二 都市更新事業：係指依本條例規定，在更新地區內實施重建、整建或維護事業。

三 更新單元：係指更新地區內可單獨實施都市更新事業之分區。

四 實施者：係指依本條例規定實施都市更新事業之機關、機構或團體。

五 權利變換：係指更新單元內重建區段之土地所有權人、合法建築物所有權人、他項權利人或實施者，提供土地、建築物、他項權利或資金，參與或實施都市更新事業，於都市更新事業計畫實施完成後，按其更新前權利價值及提供資金比例，分配更新後建築物及其土地之應有部分或權利金。

第四條 （都市更新之處理方式）

都市更新處理方式，分為下列三種：

一 重建：係指拆除更新地區內原有建築物，重新建築，住戶安置，改進區內公共設施，並得變更土地使用性質或使用密度。

二 整建：係指改建、修建更新地區內建築物或充實其設備，並改進區內公共設施。

三 維護：係指加強更新地區內土地使用及建築管理，改進區內公共設施，以保持其良好狀況。

第二章　更新地區之劃定

第五條 （更新地區之劃定應進行調查評估）

直轄市、縣（市）主管機關應就都市之發展狀況、居民意願、原有社會、經濟關係及人文特色，進行全面調查及評估，劃定更新地區，並視實際需要分別訂定都市更新計畫，表明下列事項，作為擬定都市更新事業計畫之指導：

一 更新地區範圍。

二 基本目標與策略。

三 實質再發展。

四 劃定之更新單元或其劃定基準。

五 其他應表明事項。

第六條 （優先劃定更新地區之原則）

有下列各款情形之一者，直轄市、縣（市）主管機關得優先劃定為更新地區：

一 建築物窳陋且非防火構造或鄰棟間隔不足，有妨害公共安全之虞。

二 建築物因年代久遠有傾頹或朽壞之虞、建築物排列不良或道路彎曲狹小，足以妨害公共交通或公共安全。

三 建築物未符合都市應有之機能。

四 建築物未能與重大建設配合。

五 具有歷史、文化、藝術、紀念價值，亟須辦理保存維護。

六 居住環境惡劣，足以妨害公共衛生或社會治安。

第七條 （都市更新計畫之訂定或變更）

①有下列各款情形之一時，直轄市、縣（市）主管機關應視實際情況，迅行劃定更新地區，並視實際需要訂定或變更都市更新計畫：

一 因戰爭、地震、火災、水災、風災或其他重大事變遭受損壞。

二 為避免重大災害之發生。

三 為配合中央或地方之重大建設。

②前項更新地區之劃定或都市更新計畫之擬定、變更，上級主管機關得指定該管直轄市、縣（市）主管機關限期為之，必要時並得逕為辦理。

第八條 （都市更新計畫之擬定或變更涉及或未涉及都市計畫之處理）97

①更新地區之劃定及都市更新計畫之擬定或變更，未涉及都市計畫之擬定或變更者，送各級主管機關遴選聘（派）學者、專家、熱心公益人士及相關機關代表審議通過後，公告實施之；其涉及都市計畫主要計畫或細部計畫之擬定或變更者，依都市計畫法規定程序辦理，主要計畫或細部計畫得一併辦理擬定或變更。

②採整建或維護方式處理之更新地區，得逕由各級主管機關劃定公告實施之，免依前項規定辦理審議。

第三章　都市更新事業之實施

第九條 （都市更新事業之自行或委託實施）92

①經劃定應實施更新之地區，除本條例另有規定外、直轄市、縣（市）主管機關得自行實施或經公開評選程序委託都市更新事業機構、同意其他機關（構）為實施者，實施都市更新事業；其依第七條第一項劃定之都市更新地區，並得由直轄市、縣（市）主管機關合併相鄰或不相鄰之更新單元實施之。

②依第七條第二項規定由上級主管機關逕為劃定應實施更新之地區，其都市更新事業之實施，上級主管機關得準用前項規定辦理。

第一〇條 （更新地區之土地及建物所有權人自行或委託實施之程序）97

①經劃定應實施更新之地區，其土地及合法建築物所有權人得就主管機關劃定之更新單元，或依所定更新單元劃定基準自行劃定更新單元，舉辦公聽會，擬具事業概要，連同公聽會紀錄，申請當地直轄市、縣（市）主管機關核准，自行組織更新團體實施該地區之都市更新事業，或委託都市更新事業機構為實施者實施之。

②前項之申請，應經該更新單元範圍內私有土地及私有合法建築物所有權人均超過十分之一，並其所有土地總面積及合法建築物總樓地板面積均超過十分之一之同意；其同意比例已達第二十二條規定者，得免擬具都市更新事業概要，並依第十五條及第十九條規定，逕行擬具都市更新事業計畫辦理。

第一一條 （未經劃定更新地區申請實施都市更新事業之程序）
未經劃定應實施更新之地區，土地及合法建築物所有權人為促進其土地再開發利用或改善居住環境，得依主管機關所定更新單元劃定基準，自行劃定更新單元，依前條規定，申請實施該地區之都市更新事業。

第一二條 （所有權比例計算之例外）97
申請實施都市更新事業之人數與土地及建築物所有權比例之計算，不包括下列各款：
一　依法應予保存之古蹟及聚落。
二　經協議保留，並經直轄市、縣（市）主管機關核准且登記有

　　案之宗祠、寺廟、教堂。

三　經政府代管或依土地法第七十三條之一規定由地政機關列冊管理者。

四　經法院囑託查封、假扣押、假處分或破產登記者。

五　祭祀公業土地。但超過三分之一派下員反對參加都市更新時，應予計算。

第一三條　（都市更新事業得以信託方式實施）97

都市更新事業得以信託方式實施之。其依第十條第二項或第二十二條第一項規定計算所有權人人數比例，以委託人人數計算。

第一四條　（都市更新事業機構設立之限制）

都市更新事業機構以依公司法設立之股份有限公司為限。但都市更新事業係以整建或維護方式處理者，不在此限。

第一五條　（應組更新團體之情形及章程應載明事項）

①逾七人之土地及合法建築物所有權人依第十條及第十一條規定自行實施都市更新事業時，應組織更新團體，訂定章程載明下列事項，申請當地直轄市、縣（市）主管機關核准：

一　團體之名稱及辦公地點。

二　實施地區。

三　成員資格、幹部法定人數、任期、職責及選任方式等事項。

四　有關會務運作事項。

五　有關費用分擔、公告及通知方式等事項。

六　其他必要事項。

②前項更新團體應為法人；其設立、管理及解散辦法，由中央主管機關定之。

第一六條　（都市更新審議委員會之設置）97

各級主管機關為審議都市更新事業計畫、權利變換計畫及處理有關爭議，應分別遴聘（派）學者、專家、熱心公益人士及相關機關代表，以合議制及公開方式辦理之；必要時，並得委託專業團體或機構協助作技術性之諮商。

第一七條　（都市更新業務專業人員及專責機構之設置）

①各級主管機關應設置專業人員辦理都市更新業務。

②直轄市、縣（市）主管機關為實施都市更新事業得設置專責機構。

第一八條　（都市更新基金之設置及運用）97

①各級主管機關為推動都市更新事業，得設置都市更新基金。

②以整建或維護方式實施都市更新之規劃設計及實施經費，或組織更新團體以重建方式實施都市更新事業之規劃設計費，得以前項基金酌予補助之；其申請要件、補助額度及辦理程序等事項之辦法或自治法規，由各級主管機關定之。

第一九條　（都市更新事業計畫之擬定及變更程序）99

①都市更新事業計畫由實施者擬訂，送由當地直轄市、縣（市）主管機關審議通過後核定發布實施；其屬依第七條第二項規定辦理

之都市更新事業，得逕送中央主管機關審議通過後核定發布實施。並即公告三十日及通知更新單元範圍內土地、合法建築物所有權人、他項權利人、囑託限制登記機關及預告登記請求權人；變更時，亦同。

②擬訂或變更都市更新事業計畫期間，應舉辦公聽會，聽取民眾意見。

③都市更新事業計畫擬訂或變更後，送各級主管機關審議前，應於各該直轄市、縣（市）政府或鄉（鎮、市）公所公開展覽三十日，並舉辦公聽會；實施者已取得更新單元內全體私有土地及私有合法建築物所有權人同意者，公開展覽期間得縮短為十五日。

④前二項公開展覽、公聽會之日期及地點，應登報周知，並通知更新單元範圍內土地、合法建築物所有權人、他項權利人、囑託限制登記機關及預告登記請求權人；任何人民或團體得於公開展覽期間內，以書面載明姓名或名稱及地址，向各級主管機關提出意見，由各級主管機關予以參考審議。經各級主管機關審議修正者，免再公開展覽。

⑤依第七條規定劃定之都市更新地區或採整建、維護方式辦理之更新單元，實施者已取得更新單元內全體私有土地及私有合法建築物所有權人之同意者，於擬訂或變更都市更新事業計畫時，得免舉辦公開展覽及公聽會，不受前三項規定之限制。

第一九條之一　（都市更新事業計畫變更作業程序期限）99

都市更新事業計畫之變更，得採下列簡化作業程序辦理：

一　有下列情形之一而辦理變更者，得逕由各級主管機關核定發布實施之，免依前條規定舉辦公開展覽、公聽會及審議：

（一）第二十一條第二款所定事項之變更，於依第二十二條規定徵求同意，並經原實施者與新實施者辦理公證。

（二）第二十一條第十一款所定事項之變更，經全體土地及合法建築物所有權人同意。

二　第二十一條第七款至第十款所定事項之變更，經各級主管機關認定不影響原核定之都市更新事業計畫者，免舉辦公開展覽、公聽會及依第二十二條規定徵求同意。

第二〇條　（都市更新事業計畫之擬定或變更涉及都市計畫之處置）97

都市更新事業計畫之擬定或變更，涉及都市計畫之主要計畫變更者，應於依法變更主要計畫後，依第十九條規定辦理；其僅涉及主要計畫局部性之修正不違背其原規劃遂旨者，或僅涉及細部計畫之擬定、變更者，都市更新事業計畫得先行依第十九條規定程序發布實施，據以推動更新工作，相關都市計畫再配合辦理擬定或變更。

第二一條　（都市更新事業計畫應表明事項）97

都市更新事業計畫應視其實際情形，表明下列事項：

一　計畫地區範圍。

二　實施者。

三　現況分析。

四　計畫目標。

五　細部計畫及其圖說。

六　處理方式及其區段劃分。

七　區內公共設施興修或改善計畫，含配置之設計圖說。

八　整建或維護區段內建築物改建、修建、維護或充實設備之標準及設計圖說。

九　重建區段之土地使用計畫，含建築物配置及設計圖說。

十　都市設計或景觀計畫。

十一　實施方式及有關費用分擔。

十二　拆遷安置計畫。

十三　財務計畫。

十四　實施進度。

十五　效益評估。

十六　申請獎勵項目及額度。

十七　相關單位配合辦理事項。

十八　其他應加表明之事項。

第二二條　（都市更新事業計畫之擬定、變更應取得同意之所有權人及總樓地板面積之比例）97

①實施者擬定或變更都市更新事業計畫報核時，其屬依第十條規定申請獲准實施都市更新事業者，除依第七條劃定之都市更新地區，應經更新單元範圍內私有土地及私有合法建築物所有權人均超過二分之一，並其所有土地總面積及合法建築物總樓地板面積均超過二分之一之同意外，應經更新單元範圍內私有土地及私有合法建築物所有權人均超過五分之三，並其所有土地總面積及合法建築物總樓地板面積均超過三分之二之同意；其屬依第十一條規定申請獲准實施都市更新事業者，應經更新單元範圍內私有土地及私有合法建築物所有權人均超過三分之二，並其所有土地總面積及合法建築物總樓地板面積均超過四分之三之同意。但其私有土地及私有合法建築物所有權面積均超過五分之四同意者，其所有權人數不予計算。

②前項人數與土地及建築物所有權比例之計算，準用第十二條之規定。

③各級主管機關對第一項同意比例之審核，除有民法第八十八條、第八十九條、第九十二條規定情事或雙方合意撤銷者外，以都市更新事業計畫公開展覽期滿時為準。所有權人不同意公開展覽之都市更新事業計畫者，得於公開展覽期滿前，撤銷其同意。但出具同意書與報核時之都市更新事業計畫權利義務相同者，不在此限。

第二二條之一　（受損建築重建之申請人數、所有權比例計算）94

依第七條劃定之都市更新地區，於實施都市更新事業時，其同一

建築基地上有數幢或數棟建築物，其中部分建築物毀損而辦理重建、整建或維護時，得在不變更其他幢或棟建築物區分所有權人之區分所有權及其基地所有權應有部分之情形下，以各該幢或棟受損建築物所有權人之人數、所有權及其基地所有權應有部分為計算基礎，分別計算其同意之比例。

第二三條 （調查或測量更新地區範圍內之土地及建物）

①實施者為擬定都市更新事業計畫，得派員進入更新地區範圍內之公私有土地或建築物實施調查或測量；其進入土地或建築物，應先通知其所有權人、管理人或使用人。

②依前項辦理調查或測量時，應先報請當地直轄市、縣（市）主管機關核准。但主管機關辦理者，不在此限。

③依第一項辦理調查或測量時，如必須遷移或除去該土地上之障礙物，應先通知其所有權人、管理人或使用人，所有權人、管理人或使用人因而遭受之損失，應予適當之補償；補償金額由雙方協議之，協議不成時，由當地直轄市、縣（市）主管機關核定之。

第二四條 （更新地區範圍內建物改建、增建等之禁止）

①更新地區劃定後，直轄市、縣（市）主管機關得視實際需要，公告禁止更新地區範圍內建築物之改建、增建或新建及採取土石或變更地形。但不影響都市更新事業之實施者，不在此限。

②前項禁止期限，最長不得超過二年。

③違反第一項規定者，當地直轄市、縣（市）主管機關得限期命令其拆除、改建、停止使用或恢復原狀。

第二五條 （重建區段土地之實施方式）

①都市更新事業計畫範圍內重建區段之土地，以權利變換方式實施之。但由主管機關或其他機關辦理者，得以徵收、區段徵收或市地重劃方式實施；其他法律另有規定或經全體土地及合法建築物所有權人同意者，得以協議合建或其他方式實施之。

②以區段徵收方式實施都市更新事業時，抵價地總面積占徵收總面積之比例，由主管機關考量實際情形定之。

第二五條之一 （協議合建）97

以協議合建方式實施都市更新事業，未能依前條第一項取得全體土地及合法建築物所有權人同意者，得經更新單元範圍內私有土地總面積及私有合法建築物總樓地板面積均超過五分之四之同意，就達成合建協議部分，以協議合建方式實施之。對於不願參與協議合建之土地及合法建築物，得以權利變換方式實施之，或由實施者協議價購；協議不成立者，得由實施者檢具協議合建及協議價購之條件、協議過程等相關文件，按徵收補償金額預繳承買價款，申請該管直轄市、縣（市）主管機關徵收後，讓售予實施者。

第二六條 （範圍內應行整建或維護之建築物之辦理方式）

①都市更新事業計畫經直轄市、縣（市）主管機關核定發布實施後，範圍內應行整建或維護之建築物，其所有權人或管理人，應

依實施進度辦理。逾期未辦理，經限期催告仍不辦理者，得由實施者辦理，其所需費用由實施者計算其數額，經直轄市、縣（市）主管機關核定後，通知建築物所有權人或管理人依限繳納；逾期未繳納者，得移送法院強制執行。

②前項由實施者辦理時，其需申請建築執照者，以實施者名義為之，並免檢附土地權利證明文件。

第二七條 （範圍內公有土地及建物一律參加都市更新及公有財產之處理方式）96

①都市更新事業計畫範圍內公有土地及建築物，應一律參加都市更新，並依都市更新事業計畫處理之，不受土地法第二十五條、國有財產法第七條、第二十八條、第六十六條、預算法第二十五條、第二十六條、第八十六條及地方政府公產管理法令相關規定之限制。

②公有土地及建築物為公用財產而須變更為非公用財產者，應配合當地都市更新事業計畫，由各該級政府之非公用財產管理機關逕行變更為非公用財產，統籌處理，不適用國有財產法第三十三條至第三十五條及地方政府公產管理法令之相關規定。

③前二項公有財產依下列方式處理：
一　自行辦理、委託其他機關（構）辦理或信託予信託機構辦理更新。
二　由信託機構為實施者以信託方式實施都市更新事業，應信託予該信託機構。
三　由直轄市、縣（市）政府或其他機關以徵收、區段徵收方式實施都市更新事業時，辦理撥用。
四　以權利變換方式實施都市更新事業時，除按應有之權利價值選擇參與分配或領取補償金外，並得讓售實施者。
五　以協議合建方式實施時，得以標售或專案讓售予實施者；其採標售方式時，除原有法定優先承購者外，實施者得以同樣條件優先承購。
六　其他法律規定之方式。

④公有土地上之舊違章建築戶，如經協議納入都市更新事業計畫處理，並給付管理機關不當得利使用補償金及相關訴訟費用後，管理機關得與該舊違章建築戶達成訴訟上之和解。

第二八條 （土地、建物或權利其處分或收益相關規定限制之排除）

各級主管機關或鄉（鎮、市）公所因實施或參與都市更新事業取得之土地、建築物或權利，其處分或收益，不受土地法第二十五條、國有財產法第二十八條及各級政府財產管理規則相關規定之限制。

第四章　權利變換

第二九條 （權利變換計畫變更程序之擬訂及規定）99

①以權利變換方式實施都市更新時，實施者應於都市更新事業計畫核定發布實施後擬具權利變換計畫，依第十九條規定程序辦理審議、公開展覽、核定及發布實施等事項；變更時，亦同。但必要時，權利變換計畫之擬訂報核，得與都市更新事業計畫一併辦理。

②實施者為擬訂或變更權利變換計畫，須進入權利變換範圍內公、私有土地或建築物實施調查或測量時，準用第二十三條規定辦理。

③權利變換計畫應表明之事項及權利變換實施辦法，由中央主管機關定之。

第二九條之一 （權利變換計畫變更之作業程序期限）99

權利變換計畫之變更，得採下列簡化作業程序辦理：

一　有下列情形之一而辦理變更者，得逕由各級主管機關核定發布實施之，免依第十九條規定舉辦公開展覽、公聽會及審議：

　　㈠計畫內容有誤寫、誤算或其他類此之顯然錯誤之更正。

　　㈡參與分配人或實施者，其分配單元或停車位變動，經變動雙方同意。

　　㈢依第十三條辦理時之信託登記。

　　㈣權利變換期間辦理土地及建築物之移轉、分割、設定負擔及抵押權、典權、限制登記之塗銷。

　　㈤依地政機關地籍測量或建築物測量結果釐正圖冊。

　　㈥第二十一條第二款所定事項之變，經原實施者與新實施者辦理公證。

二　有下列情形之一而辦理變更者，得逕由各級主管機關核定發布實施之，免依第十九條規定舉辦公開展覽及公聽會：

　　㈠原參與分配人表明不願繼續參與分配，或原不願意參與分配者表明參與分配，經主管機關認定不影響其他權利人之權益。

　　㈡第二十一條第七款至第十款所定事項之變更，經各級主管機關認定不影響原核定之權利變換計畫。

第三○條 （權利變換共同負擔項目）99

①實施權利變換時，權利變換範圍內供公共使用之道路、溝渠、兒童遊樂場、鄰里公園、廣場、綠地、停車場等七項用地，除以各該原有公共設施用地、未登記地及得無償撥用取得之公有道路、溝渠、河川等公有土地抵充外，其不足土地與工程費用、權利變換費用、貸款利息、稅捐、管理費用及都市更新事業計畫載明之都市計畫變更負擔、申請各項建築容積獎勵及容積移轉所支付之費用，經各級主管機關核定後，由權利變換範圍內之土地所有權人按其權利價值比例共同負擔，並以權利變換後應分配之土地及建築物折價抵付；其應分配之土地及建築物因折價抵付致未達最

小分配面積單元時，得改以現金繳納。

②前項權利變換範圍內，土地所有權人應共同負擔之比例，由各級主管機關考量實際情形定之。

③權利變換範圍內未列為第一項共同負擔之公共設施，於土地及建築物分配時，除原有土地所有權人提出申請分配者外，以原公有土地應分配部分，優先指配；其仍有不足時，以折價抵付共同負擔之土地及建築物指配之。但公有土地及建築物管理機關（構）或實施者得要求該公共設施管理機構負擔所需經費。

④第一項最小分配面積單元基準，由直轄市、縣（市）主管機關定之。

第三一條　（土地及建物之分配及差額價金之繳納或發給）97

①權利變換後之土地及建築物扣除前條規定折價抵付共同負擔後，其餘土地及建築物依各宗土地權利變換前之權利價值比例，分配與原土地所有權人。但其不願參與分配或應分配之土地及建築物未達最小分配面積單元，無法分配者，得以現金補償之。

②依前項規定分配結果，實際分配之土地及建築物面積多於應分配之面積者，應繳納差額價金；實際分配之土地及建築物少於應分配之面積者，應發給差額價金。

③第一項規定現金補償於發放或提存後，由實施者列冊送請各級主管機關囑託該管登記機關辦理所有權移轉登記。

④依第一項補償之現金及第二項規定應發給之差額價金，經各級主管機關核定後，應定期通知應受補償人領取；逾期不領取者，依法提存之。

⑤第二項應繳納之差額價金經各級主管機關核定後限期繳納。

⑥應繳納差額價金而未繳納者，其獲配之土地及建築物不得移轉或設定負擔；違反者，其移轉或設定負擔無效。但因繼承而辦理移轉者，不在此限。

第三二條　（權利變換計畫書審議核復期限）99

①權利變換計畫書核定發布實施後二個月內，土地所有權人對其權利價值有異議時，應以書面敘明理由，向各級主管機關提出，各級主管機關應於受理異議後三個月內審議核復。但因情形特殊，經各級主管機關認有委託專業團體或機構協助技術性諮商之必要者，得延長審議核復期限三個月。當事人對審議核復結果不服者，得依法提請行政救濟。

②前項異議處理或行政救濟期間，實施者非經主管機關核准，不得停止都市更新事業之進行。

③前二項異議處理或行政救濟結果與原評定價值有差額部分，由當事人以現金相互找補。

④第一項審議核復期限，應扣除各級主管機關委託專業團體或機構協助作技術性諮商及實施者委託專業團體或機構重新查估權利價值之時間。

第三三條 （權利變換計畫書核定後得禁止事項）

①實施權利變換地區，直轄市、縣（市）主管機關得於權利變換計畫書核定後，公告禁止下列事項。但不影響權利變換之實施者，不在此限：

一　土地及建築物之移轉、分割或設定負擔。

二　建築物之改建、增建或新建及採取土石或變更地形。

②前項禁止期限，最長不得超過二年。

③違反第一項規定者，當地直轄市、縣（市）主管機關得限期命令其拆除、改建、停止使用或恢復原狀。

第三四條 （依權利變換計畫申請執照之名義）92

依權利變換計畫申請建築執照，得以實施者名義為之，並免檢附土地、建物及他項權利證明文件。

第三五條 （權利變換後分配之土地及建物視為原有）

權利變換後，原土地所有權人應分配之土地及建築物，自分配結果確定之日起，視為原有。

第三六條 （權利變換範圍內應強制拆除或遷移之期限及補償）99

①權利變換範圍內應行拆除遷移之土地改良物，由實施者公告之，並通知其所有權人、管理人或使用人，限期三十日內自行拆除或遷移；屆期不拆除或遷移者，實施者得予代為或請求當地直轄市、縣（市）主管機關代為之，直轄市、縣（市）主管機關有代為拆除或遷移之義務；直轄市、縣（市）主管機關並應訂定期限辦理強制拆除或遷移，期限以六個月為限。其因情形特殊有正當理由者，得報經中央主管機關核准延長六個月，並以二次為限。但應拆除或遷移之土地改良物為政府代管或法院強制執行者，實施者應於拆除或遷移前，通知代管機關或執行法院為必要之處理。

②前項因權利變換而拆除或遷移之土地改良物，應補償其價值或建築物之殘餘價值，其補償金額由實施者查定之，代為拆除或遷移費用在應領補償金額內扣回；對補償金額有異議時，由直轄市、縣（市）主管機關核定之。

第三七條 （權利變換範圍內出租土地及建物之處置）

①權利變換範圍內出租之土地及建築物，因權利變換而不能達到原租賃之目的者，租賃契約終止，承租人並得依下列規定向出租人請求補償。但契約另有約定者，從其約定：

一　出租土地係供為建築房屋者，承租人得向出租人請求相當一年租金之補償，所餘租期未滿一年者，得請求相當所餘租期租金之補償。

二　前款以外之出租土地或建築物，承租人得向出租人請求相當二個月租金之補償。

②權利變換範圍內出租之土地訂有耕地三七五租約者，應由承租人選擇依第三十九條或耕地三七五減租條例第十七條規定辦理，不

適用前項之規定。

第三八條　（權利變換範圍內土地經設定地役權之處置）

①權利變換範圍內設定地役權之土地，該地役權消滅。

②前項地役權之設定爲有償者，地役權人得向土地所有權人請求相當補償；補償金額如發生爭議時，準用第三十二條規定辦理。

第三九條　（權利變換範圍內合法建物及設定地上權、永佃權或耕地三七五租約之土地之處理）

①權利變換範圍內合法建築物及設定地上權、永佃權或耕地三七五租約之土地，由土地所有權人及合法建築物所有權人、地上權人、永佃權人或耕地三七五租約之承租人於實施者擬定權利變換計畫前，自行協議處理。

②前項協議不成，或土地所有權人不願或不能參與分配時，由實施者估定合法建築物所有權之權利價值及地上權、永佃權、或耕地三七五租約價值，於土地所有權人應分配之土地及建築物權利範圍內，按合法建築物所有權、地上權、永佃權或耕地三七五租約價值占原土地價值比例，分配各該合法建築物所有權人、地上權人、永佃權人或耕地三七五租約承租人，納入權利變換計畫內。其原有之合法建築物所有權、地上權、永佃權或耕地三七五租約消滅或終止。

③土地所有權人、合法建築物所有權人、地上權人、永佃權人或耕地三七五租約承租人對前項實施者估定之合法建築物所有權之價值及地上權、永佃權或耕地三七五租約價值有異議時，準用第三十二條規定辦理。

④第二項之分配，視爲土地所有權人獲配土地後無償移轉；其土地增值稅準用第四十六條第三款規定減徵並准予記存，由合法建築物所有權人、地上權人、永佃權人或耕地三七五租約承租人於權利變換後再移轉時，一併繳納之。

第四〇條　（權利變換範圍內土地及建物經設定抵押權或典權之處置）97

①權利變換範圍內土地及建築物經設定抵押權、典權或限制登記，除自行協議消滅者外，由實施者列冊送請各級主管機關囑託該管登記機關，於權利變換後分配土地及建築物時，按原登記先後，登載於該土地或建築物所有權人應分配之土地及建築物；其爲合併分配者，抵押權、典權或限制登記之登載，應以權利變換前各宗土地或各幢（棟）建築物之權利價值，計算其權利價值。

②土地及建築物依第三十一條第三項及第三十六條第二項規定辦理補償時，其設有抵押權、典權或限制登記者，由實施者在不超過原土地或建築物所有權人應得補償之數額內，代爲清償、回贖或提存後，消滅或終止，並由實施者列冊送請各級主管機關囑託該管登記機關辦理塗銷登記。

第四一條　（權利變換範圍內舊違章建戶之處理）

權利變換範圍內占有他人土地之舊違章建築戶處理事宜，由實施

者提出處理方案，納入權利變換計畫內一併報核；有異議時，準用第三十二條規定辦理。

第四二條 （權利變換後土地及建物之接管）

權利變換範圍內，經權利變換分配之土地及建築物，實施者應以書面分別通知受配人，限期辦理接管；逾期不接管者，自限期屆滿之翌日起，視為已接管。

第四三條 （權利變換後土地及建物之權利登記）97

經權利變換之土地及建築物，實施者應依據權利變換結果，列冊送請各級主管機關囑託該管登記機關辦理權利變更或塗銷登記，換發權利書狀；未於規定期限內換領者，其原權利書狀由該管登記機關公告註銷。

第五章 獎 助

第四四條 （建築容積獎勵之給予原則）97

①都市更新事業計畫範圍內之建築基地，得視都市更新事業需要，依下列原則給予適度之建築容積獎勵：

一 實施容積管制前已興建完成之合法建築物，其原建築容積高於法定容積者，得依原建築容積建築。

二 更新後提供社區使用之公益設施，該公益設施之樓地板面積不予計算容積。經政府指定額外提供之公益設施，其產權無償登記為公有者，除不計入容積外，並得適度增加其建築容積。

三 主管機關依第六條或第七條規定優先或迅行劃定之更新地區，在一定程度內申請實施更新者，給予適度之容積獎勵。

四 其他為促進都市更新事業之辦理，經地方主管機關報中央主管機關核准者。

五 前四款容積獎勵後，多數原土地及建築物所有權人分配之建築物樓地板面積仍低於當地居住樓地板面積平均水準者，得適度增加其建築容積。

②依第七條第一項第一款規定劃定之更新地區，於實施都市更新事業時，其建築物高度，除因飛航安全管制外，不受建築法令及都市計畫法令之建築高度限制；其建蔽率得經直轄市、縣（市）主管機關審議通過，按原建蔽率建築。

③第一項建築容積獎勵辦法，由中央主管機關定之。

第四五條 （更新地區內公共設施保留地等土地其建築容積得轉移）97

①更新地區範圍內公共設施保留地、依法應予保存及獲准保留之建築所坐落之土地或街區，或其他為促進更有效利用之土地，其建築容積得一部或全部轉移至其他建築基地建築使用，並準用依都市計畫法第八十三條之一第二項所定辦法有關可移出容積訂定方式、可移入容積地區範圍、接受基地可移入容積上限、換算公式、移轉方式及作業方法等規定辦理。

②前項建築容積經全部轉移至其他建築基地建築使用者，其原爲私有之土地應登記爲公有。

第四六條 （更新地區內土地及建物稅捐減免原則）

更新地區內之土地及建築物，依下列規定減免稅捐：

一　更新期間土地無法使用者，免徵地價稅；其仍可繼續使用者，減半徵收。但未依計畫進度完成更新且可歸責於土地所有權人之情形者，依法課徵之。

二　更新後地價稅及房屋稅減半徵收二年。

三　依權利變換取得之土地及建築物，於更新後第一次移轉時，減徵土地增值稅及契稅百分之四十。

四　不願參加權利變換而領取現金補償者，減徵土地增值稅百分之四十。

五　實施權利變換應分配之土地未達最小分配面積單元，而改領現金者，免徵土地增值稅。

六　實施權利變換，以土地及建築物抵付權利變換負擔者，免徵土地增值稅及契稅。

第四七條 （信託土地贈與稅及土地增值稅課徵之排除）

①以更新地區內之土地爲信託財產，訂定以委託人爲受益人之信託契約者，不課徵贈與稅。

②前項信託土地，因信託關係而於委託人與受託人間移轉所有權者，不課徵土地增值稅。

第四八條 （信託土地地價稅及地價總額之計算）

①以更新地區內之土地爲信託財產者，於信託關係存續中，以受託人爲地價稅或田賦之納稅義務人。

②前項信託土地應與委託人在同一直轄市或縣（市）轄區內所有之土地合併計算地價總額，依土地稅法第十六條規定稅率課徵地價稅，分別就各該土地地價占地價總額之比例，計算其應納之地價稅。但信託利益之受益人爲非委託人且符合下列各款規定者，前項土地應與受益人在同一直轄市或縣（市）轄區內所有之土地合併計算地價總額：

一　受益人已確定並享有全部信託利益者。

二　委託人未保留變更受益人之權利者。

第四九條 （股份有限公司投資都市更新事業之所得稅抵減）

①股份有限公司組織之都市更新事業機構投資於經主管機關劃定應實施都市更新地區之都市更新事業，得按其投資總額百分之二十範圍內，抵減其都市更新事業計畫完成年度應納營利事業所得稅額，當年度不足抵減時，得在以後四年度抵減之。

②前項投資抵減，其每一年度得抵減總額，以不超過該公司當年度應納營利事業所得稅額百分之五十爲限。但最後年度抵減金額，不在此限。

③第一項投資抵減之適用範圍，由財政部會商內政部定之。

第五○條 （都市更新投資信託公司之設立及受益憑證之發行、

基金之募集）97

①證券管理機關得視都市更新事業計畫財源籌措之需要，核准設立都市更新投資信託公司發行都市更新投資信託受益憑證，募集都市更新投資信託基金。

②前項都市更新投資信託公司之設置、監督及管理之辦法，由證券管理機關定之。

③第一項受益憑證之發行、募集及買賣，應依證券交易法之規定辦理。

④都市更新投資信託公司募集之都市更新投資信託基金、應以投資信託基金專戶存放於信託機構，其運用基金取得之財產並應信託予該信託機構，與都市更新投資信託公司及信託機構之自有財產分別獨立。都市更新投資信託公司及信託機構就其自有財產所負債務，其債權人不得對於基金資產請求扣押或行使其他權利。

第五一條 （都市更新投資信託基金規定之訂定及準用規定）

①都市更新投資信託基金之募集、運用及管理，由證券管理機關定之。

②證券交易法第三十六條、第三十九條、第六十四條及第六十六條之規定，於申請募集都市更新投資信託基金之都市更新投資信託公司準用之。

③證券交易法第五十三條、第五十四條及第五十六條之規定，於前項公司之人員準用之。

第五二條 （經營都市更新事業之新設立公司之設立規定）97

①實施者為新設立公司，並以經營都市更新事業為業者，得公開招募股份；其發起人應包括不動產投資開發專業公司及都市更新事業計畫內土地、合法建築物所有權人及地上權人，且持有股份總數不得低於該新設立公司股份總數之百分之三十，並應報經中央主管機關核定。其屬公開招募新設立公司者，應檢具各級主管機關已核定都市更新事業計畫之證明文件，向證券管理機關申報生效後，始得為之。

②前項公司之設立，應由都市更新事業計畫內土地、合法建築物之所有權人及地上權人，優先參與該公司之發起。

③實施者為經營不動產投資開發之上市公司，為籌措都市更新事業計畫之財源，得發行指定用途之公司債，不受公司法第二百四十七條之限制。

④前項經營不動產投資開發之上市公司於發行指定用途之公司債時，應檢具各級主管機關核定都市更新事業計畫之證明文件，向證券管理機關申報生效後，始得為之。

第五三條 （更新地區內重要公共設施興修費用之負擔）

①因實施都市更新事業而興修之重要公共設施，除本條例另有規定外，實施者得要求該公共設施之管理者負擔公共設施興修所需費用之全部或一部；其費用負擔應於都市更新事業計畫中訂定。

②更新地區範圍外必要之關聯性公共設施，各該主管機關應配合更

新進度，優先興建，並實施管理。

第六章　監督及管理

第五四條　（都市更新事業計畫之報核限及申請展期）

①實施者依第十條或第十一條規定實施都市更新事業計畫，應自獲准之日起一年內，擬具都市更新事業計畫報核；逾期未報核者，直轄市、縣（市）主管機關得撤銷其更新核准。但不可歸責於實施者之事由而遲誤之期間，應予扣除。

②因故未能於前項限內擬具都市更新事業計畫報核者，得敘明理由申請展期；展期之期間每次不得超過六個月，並以二次為限。

第五五條　（主管機關得檢查計畫執行情形）

都市更新事業計畫核定後，直轄市、縣（市）主管機關得視實際需要隨時或定期檢查實施者對該事業計畫之執行情形。

第五六條　（得限期改善或勒令停止營運之情形）

①前條之檢查發現有下列情形之一者，直轄市、縣（市）主管機關應限期令其改善或勒令其停止營運並限期清理；必要時，並得派員監管、代管或為其他必要之處理：

一　違反或擅自變更章程、事業計畫或權利變換計畫。

二　業務廢弛。

三　事業及財務有嚴重缺失。

②實施者不遵從前項命令時，直轄市、縣（市）主管機關得撤銷其更新核准，並得強制接管；其接管辦法由中央主管機關定之。

第五七條　（計畫完成後檢具竣工書圖及報告備查）

實施者應於都市更新事業計畫完成後六個月內，檢具竣工書圖及更新成果報告，送請當地直轄市、縣（市）主管機關備查。

第七章　罰　則

第五八條　（罰則㈠）

不依第二十四條第三項或第三十三條第三項規定拆除、改建、停止使用或恢復原狀者，處新臺幣六萬元以上三十萬元以下罰鍰。並得停止供水、供電、封閉、強制拆除或採取恢復原狀措施，費用由土地或建築物所有權人、使用人或管理人負擔。

第五九條　（罰則㈡）

實施者無正當理由拒絕、妨礙或規避第五十五條之檢查者，處新臺幣六萬元以上三十萬元以下罰鍰，並得按次處罰之。

第六〇條　（罰則㈢）97

前二條所定罰鍰，由直轄市、縣（市）主管機關處罰之。

第八章　附　則

第六一條　（施行細則之訂定）

本條例施行細則，由中央主管機關定之。

第六一條之一 （建造執造申請期限）97

① 都市更新案實施者申請建造執照，其法規之適用，以擬定都市更新事業計畫報核日為準，並應自擬定都市更新事業計畫經核定之日起二年內為之。

② 以權利變換計畫實施，且其權利變換計畫與都市更新事業計畫分別報核者，得依前項規定延長一年。

③ 未依前二項規定期限申請者，其法規之適用，以申請建造執照日為準。

④ 都市更新事業概要、都市更新事業計畫、權利變換計畫及其執行事項，直轄市、縣（市）政府怠於或遲未處理時，實施者得向中央主管機關請求處理，中央主管機關應即邀集有關機關（構）、實施者及相關權利人協商處理，必要時並得由中央主管機關逕行審核處理。

第六二條 （施行日期）

本條例自公布日施行。

都市更新條例施行細則

①民國88年5月21日內政部令訂定發布全文39條。
②民國97年1月3日內政部令修正發布第5、9條條文；並增訂第5-1、9-1條條文。
③民國97年9月12日內政部令修正發布第2、3、9-1、10、11、14、17條條文；並增訂第12-1條條文。
④民國99年5月3日內政部令修正發布第5-1、15條條文。
⑤民國103年4月25日內政部令修正發布第6、39條條文；增訂第2-1、8-1、8-2、11-1、11-2、38-1條條文；並自103年4月26日施行。

第一條

本細則依都市更新條例（以下簡稱本條例）第六十一條規定訂定之。

第二條 97

本條例第八條所定公告，於直轄市、縣（市）主管機關審議通過後三十日內為之，並將公告地點及日期刊登當地政府公報或新聞紙三日。公告期間不得少於三十日。

第二條之一 103

實施者應於適當地點提供諮詢服務，並於專屬網頁、政府公報、電子媒體、平面媒體或會議以適當方式充分揭露更新相關資訊。

第三條 97

①更新地區之劃定及都市更新計畫之擬定或變更，由中央主管機關依本條例第七條第二項規定逕為辦理時，其未涉及都市計畫之擬定或變更並經審議通過者，交當地直轄市、縣（市）主管機關於三十日內依前條規定公告實施。

②當地直轄市、縣（市）主管機關未依前項規定之期限公告實施者，中央主管機關得代為公告實施。

第四條

①各級主管機關依本條例第九條規定委託都市更新事業機構或同意其他機關（構）為實施者時，應規定期限令其擬具都市更新事業計畫報核。

②前項實施者逾期且經催告仍未報核者，各該主管機關得另行辦理委託或同意其他機關（構）為實施者。

第五條 97

更新單元之劃定，應考量原有社會、經濟關係及人文特色之維繫、整體再發展目標之促進、更新處理方式之一致性、公共設施負擔之公平性及土地權利整合之易行性等因素。

第五條之一 99

①各級主管機關依本條例第九條所定經公開評選程序委託都市更新事業機構為實施者，其委託作業，得委任所屬機關、委託其他機關或公營事業機構辦理。

②前項委託作業，包括公開評選、議約、簽約、履約執行及其他有關事項。

③第一項公開評選程序，得準用促進民間參與公共建設法有關申請及審核程序之規定。

第六條 103

①依本條例第十條第一項、第十九條第二項及第三項規定舉辦公聽會時，應邀請有關機關、學者專家及當地居民代表並通知更新單元內土地、合法建築物所有權人、他項權利人、囑託限制登記機關及預告登記請求權人參加，並以傳單周知更新單元內門牌戶。

②前項公聽會之日期及地點，於十日前刊登當地政府公報或新聞紙三日，並以專屬網頁周知及張貼於當地村（里）辦公處之公告牌。

第七條

公聽會程序之進行，應公開以言詞為之。

第八條

本條例第十條第一項所定事業概要，應參照本條例第二十一條所列事項摘要表明之。

第八條之一 103

依本條例第十條或第十一條申請核准實施都市更新事業之案件，申請人或土地及合法建築物所有權人應將都市更新事業概要連同公聽會紀錄及土地、合法建築物所有權人意見綜整處理表，送由直轄市、縣（市）主管機關依本條例第十六條組成之組織會議；任何人民或團體得於會議前，以書面載明姓名或名稱及地址，向直轄市、縣（市）主管機關提出意見，併同參考審議。

第八條之二 103

各級主管機關辦理審議事業概要、都市更新事業計畫、權利變換計畫及處理有關爭議時，與案情有關之人民或團體代表得列席陳述意見。

第九條 97

①直轄市、縣（市）主管機關受理土地及合法建築物所有權人依本條例第十條或第十一條規定申請核准實施都市更新事業之案件，應自受理收件日起六十日內完成審核。但情形特殊者，得延長審核期限一次，最長不得逾六十日。

②前項申請案件經審查不合規定者，直轄市、縣（市）主管機關應敘明理由駁回其申請；其得補正者，應詳為列舉事由，通知申請人限期補正，屆期未補正或經通知補正仍不符規定者，駁回其申請。

③第一項審核期限，應扣除申請人依前項補正通知辦理補正之時間。

④申請人對於審核結果有異議者，得於接獲通知之翌日起三十日內提請覆議，以一次為限，逾期不予受理。

第九條之一 97

①各級主管機關受理實施者依本條例第十九條或第二十九條規定，申請核定都市更新事業計畫或權利變換計畫之案件，應自受理收件日起六個月內完成審核。但情形特殊者，得延長審核期限一次，最長不得逾六個月。

②前項申請案件經審查不合規定者，各該主管機關應敘明理由駁回其申請；其得補正者，應詳為列舉事由，通知申請人限期補正，屆期未補正或經通知補正仍不符規定者，駁回其申請。

③第一項審核期限，應扣除實施者依前項補正通知辦理補正及依各級主管機關審議結果修正計畫之時間。

④實施者對於審核結果有異議者，得於接獲通知之翌日起三十日內提請覆議，以一次為限，逾期不予受理。

第一〇條 97

各級主管機關審議都市更新事業計畫、權利變換計畫或審議核復有關異議時，認有委託專業團體或機構協助作技術性諮商之必要者，於徵得實施者同意後，由其負擔技術性諮商之相關費用。

第一一條 97

①依本條例第十九條第三項辦理三十日公開展覽時，各級主管機關應將公開展覽日期及地點，刊登當地政府公報或新聞紙三日，並張貼於當地村（里）辦公處之公告牌。

②人民或團體於前項公開展覽期間內提出書面意見者，以意見書送達或郵戳日期為準。

第一一條之一 103

各級主管機關依本條例第十九條、第十九條之一、第二十九條及第二十九條之一規定核定都市更新事業計畫及權利變換計畫前，應舉行聽證；各級主管機關核定前，應斟酌聽證全部結果，並說明採納或不採納之理由。

第一一條之二 103

①依本條例第十九條第一項所為之通知，應連同已核定之計畫送達更新單元內土地、合法建築物所有權人、他項權利人、囑託限制登記機關及預告登記請求權人。

②依本條例第十九條第四項所為之通知，應連同都市更新事業計畫及相關資訊送達前項之人。

③前二項應送達之計畫，得以書面製作或光碟片儲存。

第一二條

本條例第二十條所定都市更新事業計畫之擬定或變更，僅涉及主要計畫局部性之修正不違背其原規劃設計意旨者，應符合下列情形：

一　除八公尺以下計畫道路外，其他各項公共設施用地之總面積不減少者。

二　各種土地使用分區之面積不增加，且不影響其原有機能者。

第一二條之一 97

本條例第二十條所稱據以推動更新工作，指依都市更新事業計畫辦理都市計畫樁測定、地籍分割測量、土地使用分區證明及建築執照核發及其他相關工作；所稱相關都市計畫再配合辦理擬定或變更，指都市計畫應依據已核定發布實施之都市更新事業計畫辦理擬定或變更。

第一三條

本條例第二十一條第五款及第七款至第九款所定圖說，其比例尺不得小於五百分之一。

第一四條 97

本條例第二十一條第十七款所稱相關單位配合辦理事項，指相關單位依本條例第五十三條規定配合負擔都市更新地區內之公共設施興修費用、配合興修更新地區範圍外必要之關聯性公共設施及其他事項。

第一五條 99

①土地及合法建築物所有權人或實施者，依本條例第十條第二項或第二十二條第一項規定取得之同意，應檢附下列證明文件：
　　一　土地及合法建築物之權利證明文件：
　　　　㈠地籍圖謄本或其電子謄本。
　　　　㈡土地登記謄本或其電子謄本。
　　　　㈢建物登記謄本或其電子謄本，或合法建物證明。
　　二　私有土地及合法建築物所有權人出具之同意書。
②前項第一款謄本及電子謄本，以於都市更新事業概要或都市更新事業計畫報核之日所核發者為限。
③第一項第一款第三目之合法建物證明，其因災害受損拆除之合法建築物，或更新單元內之合法建築物，經直轄市、縣（市）主管機關同意先行拆除者，直轄市、縣（市）主管機關得核發證明文件證明之。

第一六條

本條例第二十四條第一項、第三十三條第一項及第三十六條第一項所定公告，應將公告地點刊登當地政府公報或新聞紙三日，並張貼於直轄市、縣（市）政府、鄉（鎮、市、區）公所及當地村（里）辦公處之公告牌。

第一七條 97

本條例第二十四條第三項命令拆除、停止使用或恢復原狀、第二十六條第一項繳納費用、第三十一條第四項領取補償現金及差額價金、第五項繳納差額價金及第三十三條第三項命令拆除、停止使用或恢復原狀之期限，均以三十日為限。

第一八條

本條例第二十六條第一項所定限期催告、通知建築物所有權人或管理人依限繳納及移送法院強制執行之規定，均由直轄市、縣（市）主管機關辦理；所定限期催告辦理之期限，以三個月為

限。

第一九條

以信託方式實施之都市更新事業，其計畫範圍內之公有土地及建築物所有權為國有者，應以中華民國為信託之委託人及受益人；為直轄市有、縣（市）有或鄉（鎮、市）有者，應以各該地方自治團體為信託之委託人及受益人。

第二〇條

① 公有土地及建築物以信託方式辦理更新時，各該管理機關應與信託機構簽訂信託契約。

② 前項信託契約應載明下列事項：

一　委託人、受託人及受益人之名稱及住所。

二　信託財產之種類、名稱、數量及權利範圍。

三　信託目的。

四　信託關係存續期間。

五　信託證明文件。

六　信託財產之移轉及登記。

七　信託財產之經營管理及運用方法。

八　信託機構財源籌措方式。

九　各項費用之支付方式。

十　信託收益之收取方式。

十一　信託報酬之支付方式。

十二　信託機構之責任。

十三　信託事務之查核方式。

十四　修繕準備及償還債務準備之提撥。

十五　信託契約變更、解除及終止事由。

十六　信託關係消滅後信託財產之交付及債務之清償。

十七　其他事項。

第二一條

① 本條例第四十六條第一款所稱更新期間，指都市更新事業計畫發布後實施後，都市更新事業實際施工期間；所定土地無法使用，以重建或整建方式實施更新者為限。

② 前項更新期間及土地無法使用，由實施者申請直轄市、縣（市）主管機關認定後，轉送主管稅捐稽徵機關依法辦理地價稅之減免。

③ 本條例第四十六條第一款但書所定未依計畫進度完成更新且可歸責於土地所有權人之情形，由直轄市、縣（市）主管機關認定後，送請主管稅捐稽徵機關依法課徵地價稅。

第二二條

本條例第四十六條第二款所定更新後地價稅之減徵，指直轄市、縣（市）主管機關依前條第二項認定之更新期間截止日之次年起，二年內地價稅之減徵；所定更新後房屋稅之減徵，指直轄市、縣（市）主管機關依前條第二項認定之更新期間截止日之次

月起，二年內房屋稅之減徵。

第二三條

更新地區內之土地及建築物，依本條例第四十六條規定減免稅捐時，應由實施者列冊，檢同有關證明文件，向主管稅捐稽徵機關申請辦理；減免原因消滅時，亦同。

第二四條

本條例第五十一條第三項所定都市更新投資信託公司之人員，指辦理都市更新投資信託受益憑證之募集及發行，或對於都市更新投資信託基金之運用提供研究、分析、建議，或執行買賣決策及內部稽核之相關業務人員。

第二五條

本條例第五十二條第一項所定不動產投資開發專業公司，係指經營下列業務之一之公司：

一 都市更新業務。

二 住宅及大樓開發租售業務。

三 工業廠房開發租售業務。

四 特定專用區開發業務。

五 投資興建公共建設業務。

六 新市鎮或新社區開發業務。

七 區段徵收及市地重劃代辦業務。

第二六條

本條例第五十五條所定之定期檢查，至少每六個月應實施一次，直轄市、縣（市）主管機關得要求實施者提供有關都市更新事業計畫執行情形之詳細報告資料。

第二七條

①直轄市、縣（市）主管機關依本條例第五十六條第一項規定限期令實施者改善時，應以書面載明下列事項通知實施者：

一 缺失之具體事實。

二 改善缺失之期限。

三 改善後應達到之標準。

四 逾期不改善之處理。

②直轄市、縣（市）主管機關應審酌所發生缺失對都市更新事業之影響程度及實施者之改善能力，訂定適當之改善期限。

第二八條

①實施者經直轄市、縣（市）主管機關依本條例第五十六條第一項規定限期改善後，屆期未改善或改善無效者，直轄市、縣（市）主管機關應依同條項規定勒令實施者停止營運、限期清理，並以書面載明下列事項通知實施者：

一 勒令停止營運之理由。

二 停止營運之日期。

三 限期清理完成之期限。

②直轄市、縣（市）主管機關應審酌都市更新事業之繁雜程度及實

施行者之清理能力，訂定適當之清理完成期限。

第二九條

① 直轄市、縣（市）主管機關依本條例第五十六條第一項規定派員監管或代管時，得指派適當機關（構）或人員為監管人或代管人，執行監管或代管任務。

② 監管人或代管人為執行前項任務，得遴選人員、報請直轄市、縣（市）主管機關派員或調派其他機關（構）人員，組成監管小組或代管小組。

第三〇條

實施者受直轄市、縣（市）主管機關之監管或代管處分後，對監管人或代管人執行職務所為之處置，應密切配合，對於監管人或代管人所為之有關詢問，有據實答覆之義務。

第三一條

監管人之任務如下：

一　監督及輔導實施者恢復依原核定之章程、事業計畫或權利變換計畫繼續實施都市更新事業。

二　監督及輔導實施者改善業務，並協助恢復正常營運。

三　監督及輔導事業及財務嚴重缺失之改善。

四　監督實施者相關資產、權狀、憑證、合約及權利證書之控管。

五　監督及輔導都市更新事業之清理。

六　其他有關監管事項。

第三二條

代管人之任務如下：

一　代為恢復依原核定之章程、事業計畫或權利變換計畫繼續實施都市更新事業。

二　代為改善業務，並恢復正常營運。

三　代為改善事業及財務之嚴重缺失。

四　代為控管實施者相關資產、權狀、憑證、合約及權利證書。

五　代為執行都市更新事業之清理。

六　其他有關代管事項。

第三三條

監管人或代管人得委聘具有專門學識經驗之人員協助處理有關事項。

第三四條

因執行監管或代管任務所發生之費用，由實施者負擔。

第三五條

受監管或代管之實施者符合下列情形之一，監管人或代管人得報請直轄市、縣（市）主管機關終止監管或代管：

一　已恢復依照原經核定之章程、事業計畫或權利變換計畫繼續實施都市更新事業者。

二　已具體改善業務，並恢復正常營運者。

三　已具體改善事業及財務之嚴重缺失，並能維持健全營運者。

第三六條

直轄市、縣（市）主管機關依本條例第五十六條第二項規定撤銷實施者之更新核准時，應以書面載明下列事項通知實施者及主管稅捐稽徵機關：

一　不遵從直轄市、縣（市）主管機關限期改善或停止營運、限期清理命令之具體事實。

二　撤銷更新核准之日期。

第三七條

本條例第五十七條所定竣工書圖，包括下列資料：

一　重建區段內建築物竣工平面、立面書圖及照片。

二　整建或維護區段內建築物改建、修建、維護或充實設備之竣工平面、立面書圖及照片。

三　公共設施興修或改善之竣工書圖及照片。

第三八條

本條例第五十七條所定更新成果報告，包括下列資料：

一　更新前後公共設施興修或改善成果差異分析報告。

二　更新前後建築物重建、整建或維護成果差異分析報告。

三　原住戶拆遷安置成果報告。

四　權利變換有關分配結果清冊。

五　財務結算成果報告。

六　後續管理維護之計畫。

第三八條之一 103

本細則中華民國一百零三年四月二十六日修正生效前已申請或報核尚未核定或核定之事業概要、都市更新事業計畫及權利變換計畫，於一百零三年四月二十六日修正生效前，已踐行之公開展覽、公聽會或審議等程序，適用修正前規定；未完成踐行之程序，適用修正後之規定。

第三九條

①本細則自發布日施行。

②本細則中華民國一百零三年四月二十五日修正發布之條文，自一百零三年四月二十六日施行。

住宅法

民國 100 年 12 月 30 日總統令制定公布全文 54 條；並自公布後一年施行。

第一章　總　則

第一條 （立法目的）

為健全住宅市場，提升居住品質，使全體國民居住於適宜之住宅且享有尊嚴之居住環境，特制定本法。

第二條 （主管機關權責劃分）

①本法所稱主管機關，在中央為內政部；在直轄市為直轄市政府；在縣（市）為縣（市）政府。

②主管機關之權責劃分如下：

一　中央主管機關：

　㈠住宅政策及全國性住宅計畫之擬訂。

　㈡全國性住宅計畫之財務規劃。

　㈢直轄市、縣（市）住宅業務之督導。

　㈣全國性住宅相關資訊之蒐集及公布。

　㈤住宅政策、補貼、市場、品質及其他相關之研究。

　㈥基本居住水準之訂定。

　㈦其他相關事項。

二　直轄市、縣（市）主管機關：

　㈠轄區內住宅施政目標之訂定。

　㈡轄區內住宅計畫之擬訂及執行。

　㈢轄區內住宅計畫之財務規劃。

　㈣住宅補貼案件之受理、核定及查核。

　㈤地區性住宅相關資訊之蒐集及公布。

　㈥轄區內住宅補貼、市場供需與品質狀況及其他相關之調查。

　㈦社會住宅之規劃、興辦、獎勵及管理。

　㈧其他相關事項。

第三條 （用詞定義）

本法用詞，定義如下：

一　住宅：指供居住使用，並具備門牌之合法建築物。

二　社會住宅：指由政府興辦或獎勵民間興辦，專供出租之用，並應提供至少百分之十以上比例出租予具特殊情形或身分者之住宅。

第四條 （特殊情形或身分者之範圍）

① 本法所定具特殊情形或身分，指下列規定之一者：
　一　低收入戶。
　二　特殊境遇家庭。
　三　育有未成年子女三人以上。
　四　於安置教養機構或寄養家庭結束安置無法返家，未滿二十五
　　　歲。
　五　六十五歲以上之老人。
　六　受家庭暴力或性侵害之受害者及其子女。
　七　身心障礙者。
　八　感染人類免疫缺乏病毒者或罹患後天免疫缺乏症候群者。
　九　原住民。
　十　災民。
　十一　遊民。
　十二　其他經中央主管機關認定者。
② 住宅租金與自購住宅貸款利息補貼之額度，應依據居住地區合理
　住宅價格租金水準、受補貼家戶之所得、人口數量與弱勢狀況，
　以及合理負擔能力標準等，計算合理補貼額度。
③ 主管機關應於本法施行後二年內，完成相關價格租金資料蒐集、
　負擔標準與合理補貼金額計算方式之建立。
④ 主管機關未完成第二項合理補貼額度之計算前，得沿用現有方式
　繼續辦理之。

第五條　（中央住宅政策及住宅計畫之研擬與財政計畫之報核）
① 為使全國國民居住於適宜之住宅，且享有尊嚴之居住環境需要，
　中央主管機關應衡酌未來環境發展、住宅市場供需狀況、住宅發
　展課題等，研擬住宅政策，報行政院核定。
② 直轄市、縣（市）主管機關應依據中央住宅政策，衡酌地方發展
　需要，擬訂住宅施政目標，並據以研擬住宅計畫及財務計畫，報
　中央主管機關備查。
③ 中央主管機關應依據住宅政策、衡酌社會經濟發展、國土空間規
　劃、區域發展、產業、人口、住宅供需、中央及地方財政狀況，
　並參考直轄市、縣（市）主管機關住宅計畫執行情形，擬訂住宅
　計畫及財務計畫，報行政院核定。
④ 主管機關為推動住宅計畫，得結合土地開發、都市更新、融資貸
　款、住宅補貼或其他策略辦理。

第六條　（住宅計畫參與機制）
　直轄市、縣（市）主管機關為諮詢、審議住宅計畫、評鑑社會住
　宅事務，應邀集相關機關、民間相關團體及專家學者共同參與；
　其中民間相關團體及專家學者之比例，不得少於三分之一。

第七條　（住宅基金之設置）
　各級主管機關為健全住宅市場、辦理住宅補貼、興辦社會住宅及
　提升居住環境品質，得設置住宅基金。

第二章　住宅補貼

第八條　（住宅補貼之種類）

① 為協助一定所得及財產以下家庭或個人獲得適居之住宅，政府得視財務狀況擬訂計畫，辦理補貼住宅之貸款利息、租金或修繕費用；其補貼種類如下：

一　自建住宅貸款利息。

二　自購住宅貸款利息。

三　承租住宅租金。

四　修繕住宅貸款利息。

五　簡易修繕住宅費用。

② 申請前項住宅補貼，同一年度僅得擇一辦理。接受住宅貸款利息補貼者，除經行政院專案同意外，不得同時接受二種以上住宅貸款利息補貼；接受政府住宅費用補貼者，一定年限內以申請一次為限。

③ 第一項一定所得及財產基準，由中央主管機關定之。

第九條　（住宅補貼之申請條件）

① 前條第一項各種住宅補貼，同一家庭由一人提出申請；其申請應符合下列規定：

一　前條第一項第一款或第二款補貼：以無自有住宅之家庭或二年內建購住宅之家庭為限。

二　前條第一項第三款補貼：以無自有住宅之家庭為限。

三　前條第一項第四款或第五款補貼：以自有一戶住宅之家庭為限。

② 前條第一項住宅補貼對象之先後順序，以評點結果決定之。有下列情形之一者，增加評點權重；評點總分相同時，有增加評點權重情形者，優先給予補貼：

一　具特殊情形或身分。

二　未達基本居住水準。

三　申請修繕住宅貸款利息或簡易修繕住宅費用補貼，其屬一定年限以上之老舊住宅整修外牆或汰換更新設備。

③ 前項一定年限，由中央主管機關定之。

第一〇條　（訂定住宅補貼之辦理方式）

① 第八條第一項第一款至第三款補貼之申請資格、應檢附文件、自有一戶住宅之認定、無自有住宅或二年內建購住宅之認定、評點方式、申請程序、審查程序、住宅面積、補貼額度、期限、利率、補貼繳受及其他應遵行事項之辦法，由中央主管機關定之。

② 第八條第一項第四款或第五款補貼之申請資格、應檢附文件、自有一戶住宅之認定、修繕之設施設備項目、評點方式、申請程序、審查程序、補貼額度、期限、利率、補貼繳受及其他應遵行事項之辦法，由中央主管機關定之。

第一一條 （基本居住水準之補貼規定）

申請政府住宅補貼者，除修繕住宅貸款利息或簡易修繕貸款利息補貼外，其受補貼居住住宅須達第三十四條所定之基本居住水準。

第一二條 （稅捐稽徵）

① 接受自建住宅貸款利息補貼者，其土地於興建期間之地價稅，按自用住宅用地稅率課徵。

② 前項土地經核准按自用住宅用地稅率課徵地價稅後，未依建築主管機關核定建築期限完工者，應自核定期限屆滿日當年期起，改按一般用地稅率課徵地價稅。

③ 第一項申請程序、前項申報改課程序及未依規定申報之處罰，依土地稅法相關規定辦理。

第一三條 （定期查核及停止補貼之規定）

① 直轄市、縣（市）主管機關，應定期查核接受自建、自購、修繕住宅貸款利息補貼或承租住宅租金補貼者之資格。

② 接受住宅補貼者有下列情事之一時，直轄市、縣（市）主管機關應自事實發生之日起停止補貼，並作成書面行政處分追繳其自事實發生之日起接受之補貼或重複接受之利息補貼或租金：

　一　已不符申請補貼資格。

　二　申報資料有虛偽情事。

　三　重複接受二種以上住宅貸款利息補貼。

③ 直轄市、縣（市）主管機關為辦理第一項查核業務，應於核定自建、自購、修繕住宅貸款利息及租金補貼後，將受補貼者之相關資料予以建檔。

第三章　社會住宅

第一四條 （住宅及財務計畫之評估參考）

直轄市、縣（市）主管機關應評估社會住宅之需求總量、區位及興辦戶數，納入住宅計畫及財務計畫。

第一五條 （民間興辦社會住宅之申請）

① 民間興辦社會住宅，應檢具申請書、興辦事業計畫及有關文件，向興辦所在地之直轄市、縣（市）主管機關提出申請。

② 直轄市、縣（市）主管機關受理前項申請，對申請資料不全者，應一次通知限期補正；屆期不補正或不符規定者，駁回其申請。

③ 直轄市、縣（市）主管機關審查社會住宅申請興辦案件，得邀請相關機關或學者、專家，以合議制方式辦理；經審查符合規定者，應核准其申請。

④ 直轄市、縣（市）主管機關應於受理申請之日起九十日內完成審查；必要時，得延長六十日。

⑤ 第一項至第三項申請興辦應備文件、審查事項、核准、撤銷或廢止核准、事業計畫之內容、變更原核定目的之處理及其他應遵行事項之辦法，由中央主管機關定之。

第一六條 （民間興辦社會住宅之辦理方式）

① 民間興辦社會住宅之辦理方式，得以新建建築物，或增建、改建、修建、修繕同一宗建築基地之既有建築物等方式辦理。

② 前項新建建築物，其建築基地應符合下列規定之一：

一 在實施都市計畫地區達五百平方公尺以上，且依都市計畫規定容積核算總樓地板面積達六百平方公尺以上。

二 在非都市土地甲種建築用地及乙種建築用地達五百平方公尺以上。

三 在非都市土地丙種建築用地、遊憩用地及特定目的事業用地達一千平方公尺以上。

第一七條 （住宅補貼之獎勵及優惠）

① 民間興辦之社會住宅，需用公有非公用土地或建築物時，得由公產管理機關以出租、設定地上權提供使用，並予優惠。

② 前項出租及設定地上權之優惠辦法，由財政部會同內政部定之。

③ 民間需用基地內夾雜零星或狹小公有土地時，應由出售公有土地機關依讓售當期公告土地現值辦理讓售。

第一八條 （民間興辦社會住宅之補貼）

直轄市、縣（市）主管機關得補貼民間新建、增建、改建、修建或修繕社會住宅貸款利息、部分建設費用或營運管理費用。

第一九條 （民間興辦社會住宅之融資）

直轄市、縣（市）主管機關得視民間新建、增建、改建、修建或修繕社會住宅資金融通之必要，向中長期資金主管機關申請提供中長期資金。

第二〇條 （地價稅之減免）

① 民間興辦之社會住宅於興建或營運期間，直轄市、縣（市）政府應課徵之地價稅，得予適當減徵。

② 前項減徵之期限、範圍、基準及程序之自治條例，由直轄市、縣（市）主管機關定之，並報財政部備查。

第二一條 （社會住宅建物登記註記、移轉之管理）

① 民間興辦之社會住宅，應由直轄市、縣（市）主管機關囑託地政機關，於建物登記簿標示部其他登記事項欄註記社會住宅。

② 前項社會住宅興辦人變更其原核定目的之使用時，應將依本法取得之優惠及獎勵金額結算，報直轄市、縣（市）主管機關核定，並繳交全數結算金額；其有入住者應於安置妥善後，始得由該直轄市、縣（市）主管機關囑託地政機關塗銷社會住宅之註記。

③ 第一項社會住宅興辦人辦理所有權移轉時，應向主管機關申請同意；同時變更原核定目的之使用者，並應依前項規定辦理。

④ 第二項及前項結算金額，應繳交該主管機關設置之住宅基金；未設置住宅基金者，一律撥充中央主管機關住宅基金。

⑤ 第二項及第三項結算金額計算方式、計算基準、同意條件、應檢具文件及其他應遵行事項之辦法，由直轄市、縣（市）主管機關定之。

第二二條 （主管機關取得社會住宅之方式）

直轄市、縣（市）主管機關視社會住宅之需求情形，於必要時得依下列方式取得社會住宅：

一　新建。

二　利用公共建物增建、修建、修繕、改建。

三　接受捐贈。

四　租購民間房屋。

第二三條 （新建興辦社會住宅之方式）

前條以新建興辦社會住宅之方式如下：

一　直接興建。

二　合建分屋。

三　設定地上權予民間合作興建。

四　其他經主管機關認定者。

第二四條 （土地或建築物以撥用方式之取得情形）

①直轄市、縣（市）主管機關依前條規定興辦社會住宅，需用非公用之公有土地或建築物者，得辦理撥用；因整體規劃使用之需要，得與鄰地交換分合。

②前項之鄰地為私有者，其交換分合不受土地法第一百零四條及第一百零七條之限制。

第二五條 （社會福利服務或社區活動之空間保留）

直轄市、縣（市）主管機關興辦之社會住宅，得保留一定空間供作社會福利服務或社區活動之用。

第二六條 （社會住宅適宜設施或設備之提供）

①直轄市、縣（市）主管機關或民間興辦之社會住宅，應考量其租住對象之身心狀況、家庭組成及其他必要條件，提供適宜之設施或設備。

②前項設施、設備之項目，由中央主管機關定之。

第二七條 （興辦社會住宅之管理方式）

直轄市、縣（市）主管機關興辦之社會住宅，得自行或委託經營管理。

第二八條 （社會住宅承租者申請資格等辦法之訂定）

①社會住宅承租者，應以無自有住宅或一定所得、財產基準以下之家庭或個人為限。

②社會住宅承租者之申請資格、程序、租金計算、分級收費、租賃與續租期限及其他應遵行事項之辦法，由直轄市、縣（市）主管機關定之。

③前項租金之訂定，不適用土地法第九十七條之規定。

第二九條 （社會住宅之經營管理）

①社會住宅之經營管理，得視實際需要，自行或結合物業管理及相關服務業，提供文康休閒活動、社區參與活動、餐飲服務、適當轉介服務、其他依入住者需求提供或協助引進之服務，並收取費用。

②前項費用之收取規定，社會住宅經營者應報當地直轄市、縣（市）主管機關備查。

第三○條 （評鑑及獎勵辦法）

①直轄市、縣（市）主管機關應自行或委託機關（構）、學校、團體對社會住宅之經營管理者進行輔導、監督及定期評鑑；評鑑結果應公告周知。經評鑑優良者，應予獎勵。

②前項之評鑑及獎勵辦法，由中央主管機關定之。

第三一條 （接管程序及安置之辦法）

①民間興辦社會住宅因故無法繼續營業，社會住宅經營者對於其入住之具特殊情形或身分者，應即予以適當之安置；其無法安置時，由直轄市、縣（市）目的事業主管機關協助安置；經營者不予配合，強制實施之，並處新臺幣六萬元以上三十萬元以下罰鍰；必要時，得予接管。

②前項接管之實施程序、期限與受接管社會住宅之經營權、財產管理權之限制及補助協助安置等事項之辦法，由中央主管機關會商中央目的事業主管機關定之。

第三二條 （終止租約之情形）

社會住宅之承租人有下列情形之一者，經營管理者得隨時終止租約收回住宅：

一 已不符承租社會住宅之資格。

二 將住宅部分或全部轉租或借予他人居住。

三 改建、增建、搭蓋違建、改變住宅原狀或變更為居住以外之使用。

四 其他違反租約規定之行為，經通知後三十日內仍未改善。

第四章 居住品質

第三三條 （補助或獎勵興建具地方特色或風格之住宅）

①直轄市、縣（市）主管機關或相關目的事業主管機關為營造住宅景觀及風貌，得補助或獎勵新建、增建、改建、修建或修繕具地方或民族特色之住宅。

②前項補助或獎勵事項之辦法，由直轄市、縣（市）主管機關或相關中央目的事業主管機關定之。

第三四條 （基本居住水準之訂定）

①為提升居住品質，中央主管機關應衡酌社會經濟發展狀況、公共安全及衛生、居住需求等，訂定基本居住水準，作為住宅政策規劃及住宅補貼之依據。

②前項基本居住水準，中央主管機關應每四年進行檢視修正。

第三五條 （住宅計畫應辦理之要件）

為提升住宅社區環境品質，直轄市、縣（市）主管機關應主動辦理下列事項，並納入住宅計畫：

一 住宅社區無障礙空間之營造及改善。

二 公寓大廈屋頂、外牆、建築物設備及雜項工作物之修繕及美

　　化。
三　住宅社區發展諮詢及技術之提供。
四　社區整體營造、環境改造或環境保育之推動。
五　住宅社區組織團體之教育訓練。
六　配合住宅計畫目標或特定政策之項目。
七　其他經主管機關認有必要之事項。

第三六條　（居住環境改善之評鑑、獎勵或競賽及補助）
中央主管機關為促進住宅品質之提升，得定期舉辦，並邀集相關機關、專家學者共同參與，作為直轄市、縣（市）住宅計畫經費補助之參考。

第三七條　（住宅性能評估制度之訂定）
①為提升住宅品質及明確標示住宅性能，中央主管機關應訂定住宅性能，鼓勵住宅之興建者或所有權人申請評估。
②前項評估制度之內容、基準、方法、鼓勵措施、評估機構與人員之資格及管理等事項之辦法，由中央主管機關定之。

第三八條　（無障礙住宅設計基準及獎勵辦法之訂定）
為推動無障礙之住宅，中央主管機關應訂定無障礙住宅之設計基準及獎勵辦法。

第五章　住宅市場

第三九條　（住宅市場與其他相關資訊之蒐集）
①為引導住宅市場健全發展，中央及直轄市、縣（市）主管機關應定期蒐集、分析住宅供給、需求、用地、金融、市場、交易價格及其他相關資訊，並定期公布住宅與不動產統計數據及指數等資訊。
②前項住宅資訊之蒐集，各級政府機關、金融、住宅投資、生產、交易及使用等相關產業公會及團體，應配合提供相關統計資訊。
③資料蒐集、運用及發布，應遵守相關法令之規定。
④非營利組織、學術機構提供非營利性之住宅相關資訊服務，政府得予獎勵。
⑤住宅相關資訊之蒐集、管理及獎勵辦法，由中央主管機關定之。

第四○條　（住宅供需失衡地區之必要性調節措施）
中央及直轄市、縣（市）主管機關為穩定住宅市場，經依前條第一項規定分析住宅市場供給、需求資訊，得就有嚴重住宅供需失衡之地區，視實際情形採取必要之市場調節措施。

第四一條　（資訊之建設及公開）
直轄市、縣（市）主管機關應建置社會住宅相關資訊，並公開於網際網路。

第四二條　（提供經濟或社會弱勢者之承租購住宅資訊）
中央及直轄市、縣（市）主管機關應鼓勵法人或個人，對無自有住宅或住宅條件亟待改善之具特殊情形或身分者，提供承租或購置適當住宅之市場資訊。

第四三條　（相關統計資訊之提供）

從事住宅興建之公司，應於取得建造執照申報開工時，將第三十九條所定應配合提供之相關統計資訊，提供予住宅所在地之建築相關產業公會。

第四四條　（住宅租賃發展政策之研擬）

①中央及直轄市、縣（市）主管機關為提升租屋市場健全發展，應研擬住宅租賃發展政策，針對租賃相關制度及專業服務，研擬短、中長期計畫。並就租屋市場資訊、媒合服務、專業管理協助及糾紛諮詢等提供相關服務。

②前項服務之提供得以自行或輔導、獎勵民間成立租屋服務平台方式辦理。

③第二項輔導、獎勵辦法，由中央目的事業主管機關定之。

第六章　居住權利平等

第四五條　（住宅歧視）

居住為基本人權，任何人皆應享有公平之居住權利，不得有歧視待遇。

第四六條　（住宅使用人行為之權責）

任何人不得拒絕或妨礙住宅使用人為下列之行為：

一　自費從事必要之居住或公共空間無障礙修繕。
二　因協助視覺功能障礙者之需要飼養導盲犬。
三　合法使用住宅之專有部分及非屬約定專用之共用部分空間、設施、設備及相關服務。

第四七條　（申訴處理機制處罰規定）

①發生前條規定之情事，住宅使用人得於事件發生之日起一年內，向住宅所在地之直轄市、縣（市）主管機關提出申訴。

②直轄市、縣（市）主管機關認定有違反前條規定情事時，應即通知違規行為人限期改善；屆期未改善者，處新臺幣十萬元以上五十萬元以下罰鍰。

③直轄市、縣（市）主管機關處理第一項之申訴，應邀集比例不得少於三分之一之社會或經濟弱勢代表、社會福利學者等參與。

第七章　附　則

第四八條　（相關公產管理法令適用之排除）

中央及直轄市、縣（市）主管機關依本法就公有土地及建築物所為之處分、設定負擔或超過十年期間之租賃，不受土地法第二十五條、第一百零四條、第一百零七條、國有財產法第二十八條及地方政府公產管理法令之限制。

第四九條　（政府原辦理之各類住宅補貼之後續處理方式）

①本法施行前，除身心障礙者權益保障法、社會救助法外，政府已辦理之各類住宅補貼或向未完成配售之政府直接興建之國民住宅，應依原依據之法令規定繼續辦理，至終止利息補貼或完成配

售爲止。

②本法施行前，政府已辦理之出租國民住宅，其承租資格、辦理程序等相關事項，得依原依據之法令規定繼續辦理，至該出租國民住宅轉型爲社會住宅或完成出、標售爲止；政府直接興建之國民住宅社區內商業、服務設施及其他建築物之標售、標租作業，得依原依據之法令規定繼續辦理，至完成標售爲止。

第五〇條 （管理及維護之適用法規與公共基金專戶之設立）

①未依公寓大廈管理條例成立管理委員會或推選管理負責人及完成報備之原由政府直接興建之國民住宅社區，自本法施行之日起，其社區管理維護依公寓大廈管理條例之規定辦理。

②國民住宅社區之管理維護基金結算有賸餘或未提撥者，直轄市、縣（市）主管機關應以該社區名義，於公庫開立公共基金專戶，並將其社區管理維護基金撥入該專戶；社區依公寓大廈管理條例成立管理委員會或推選管理負責人及完成報備後，直轄市、縣（市）主管機關應將該專戶基金撥入社區開立之公共基金專戶。

第五一條 （管理與維護之權責）

①原由政府興建國民住宅社區之管理站、地下室、巷道、兒童遊戲場、綠地與法定空地外之空地及其他設施，已納入國民住宅售價並登記爲公有者，於本法施行後，應由該管地方政府列冊囑託地政機關，將該設施更名登記爲社區區分所有權人所有，其權利範圍按個別所有權之比例計算。

②前項個別所有權之比例，以個別專有部分之樓地板面積占該住宅社區全部屬於專有部分之樓地板面積比例計算。

③地政機關辦理第一項更名登記，免繕發權利書狀，其權利範圍於主建物辦理移轉登記時應隨同移轉。

第五二條 （公共設施之產權規定）

①以社區管理維護基金價購，政府直接興建國民住宅社區之管理站、活動中心及其他設施，未於本法施行之日前，完成移交爲社區區分所有權人所有，或經社區區分所有權人會議決議予以完成出售者，且係單一社區管理維護基金出資並由該社區使用者，依前條有關更名登記之規定辦理。

②前項設施係由數社區管理維護基金共同出資者，由該管地方政府依規定辦理出（標）售；其所得價款，按原價購時之分擔比例交予各社區作爲公共基金。

第五三條 （施行細則）

本法施行細則，由中央主管機關定之。

第五四條 （施行日）

本法自公布後一年施行。

住宅法施行細則

民國 101 年 10 月 9 日內政部令訂定發布全文 14 條；並自住宅法施行之日施行。

第一條
本細則依住宅法（以下簡稱本法）第五十三條規定訂定之。

第二條
本法第四條第一項所定具特殊形或身分，其認定方式如下：
一　第一款、第二款、第四款、第六款至第九款：指符合各該管法律規定，並依法取得相關證明文件者。
二　第十款所定災民，指經各級災害主管機關依法認定為遭受災害之人民，且其合法房屋因受災致不堪居住者。
三　第十一款所定遊民，指經各直轄市、縣（市）社政主管機關認定、列冊在案，並認有安置必要者。

第三條
各級主管機關擬訂住宅計畫及財務計畫，應視實際情形表明下列事項：
一　計畫目標。
二　相關計畫執行情形。
三　社會經濟發展、國土空間規劃、區域發展、產業、人口、住宅供需及財政狀況。
四　住宅發展課題、對策及工作項目。
五　財務規劃：
　　㈠經費需求。
　　㈡經費籌措及分配。
六　計畫之預期效應及績效評估。
七　其他相關配合措施及事項。

第四條
本法第六條所定相關機關、民間相關團體及專家學者，應包含社會福利、地政、都市計畫、建築、財政及其他有助於住宅計畫擬訂或社會住宅事務評鑑等相關領域。

第五條
本法第十三條第一項所定定期查核，直轄市、縣（市）主管機關應就受補貼戶資格現況每三年至少檢核一次，並得視需要隨時辦理。

第六條
①本法第十五條第一項所定興辦事業計畫，應包含下列事項：

一　評估分析計畫。

二　興建計畫。

三　營運管理計畫。

四　財務計畫。

五　設備計畫。

六　其他興辦事業計畫相關文件。

②直轄市、縣（市）主管機關依本法第二十二條規定興辦社會住宅時，應依前項規定擬訂興辦事業計畫，報經首長核准後辦理；於委託經營管理後，應納入地方社會住宅評鑑。

第七條

住宅使用人依本法第四十七條第一項規定提出申訴之日期，以主管機關收受申訴書之日期為準。但以掛號郵寄方式向主管機關提出者，以交郵當日之郵戳為準。

第八條

①住宅使用人依本法第四十七條第一項規定提出申訴時，應檢具申訴書，載明下列事項，由申訴人或其代理人簽名或蓋章：

一　申訴人之姓名、出生年月日、身分證明文件字號、住居所、電話。

二　有申訴代理人者，其姓名、出生年月日、身分證明文件字號、住居所、電話。

三　被申訴人。

四　申訴請求事項。

五　申訴之事實及理由。

六　證據。但無法提供者，免附。

七　申訴之日期。

②申訴書不符合前項規定，而其情形可補正者，主管機關應通知申訴人於文到之次日起二十日內補正。

第九條

①主管機關審議申訴事件應以書面審查為原則，並依本法第四十七條第三項規定辦理；必要時，得通知有關機關、申訴人、被申訴人或利害關係人到達指定處所陳述意見。

②前項申訴之決定，應自主管機關收受申訴書之次日起九十日內為之，並應將申訴決定通知申訴人及被申訴人。

第一〇條

原由中央主管機關為興建國民住宅已取得且尚未開發之國有土地，得委由直轄市、縣（市）主管機關管理維護。

第一一條

①直轄市、縣（市）主管機關依本法第五十一條第一項及第二項規定辦理相關土地或設施變更登記，於公寓大廈管理條例施行前申請建造執照之國民住宅社區，應依本法第五十一條第二項規定辦理。但國民住宅出售當時之售價計算書載有各戶原持有面積者，得依各該計算書所載面積計算其權利範圍。

②直轄市、縣（市）主管機關辦理仍有困難者，得請求中央主管機關邀集相關機關（單位）及住戶代表研商處理之。

第一二條

原由政府興建獨立使用之國民住宅社區依本法第五十一條第一項規定辦理綠地及法定空地外之空地更名登記時，其個別所有權之比例，以各宗土地專有部分之樓地板面積占該整體住宅社區全部屬於專有部分之樓地板面積比例計算。

第一三條

①直轄市、縣（市）主管機關依本法第五十一條第一項囑託地政機關辦理更名登記時，應於囑託登記清冊註明應隨同移轉或設定負擔之主建物建號。

②地政機關辦理前項囑託登記時，應於該主建物標示部及辦理更名登記之土地或建物所有權部註記應隨同移轉或設定負擔之情形。

第一四條

本細則自本法施行之日施行。

國軍老舊眷村改建條例

① 民國 85 年 2 月 5 日總統令制定公布全文 30 條。
② 民國 86 年 11 月 26 日總統令修正公布第 5 條條文。
③ 民國 90 年 5 月 30 日總統令修正公布第 5、9、11、16、18、23、27 條條文；並增訂 21-1 條條文。
④ 民國 90 年 10 月 31 日總統令修正公布第 8、13、14 條條文。
⑤ 民國 96 年 1 月 3 日總統令修正公布第 21-1、22 條條文。
⑥ 民國 96 年 1 月 24 日總統令修正公布第 23 條條文。
⑦ 民國 96 年 12 月 12 日總統令修正公布第 1、4、11、14 條條文。
⑧ 民國 98 年 5 月 27 日總統令修正公布第 11、22 條條文。
⑨ 民國 100 年 12 月 30 日總統令修正公布第 1、10、12、16、20 條條文。
　　民國 101 年 5 月 15 日行政院公告第 4 條第 3 項所列屬「行政院文化建設委員會」之權責事項，自 101 年 5 月 20 日起改由「文化部」管轄。

第一條　（立法目的及適用範圍）100
　　為加速更新國軍老舊眷村，提高土地使用經濟效益，興建住宅照顧原眷戶、中低收入戶及志願役現役軍（士）官、兵，保存眷村文化，協助地方政府取得公共設施用地，並改善都市景觀，特制定本條例；本條例未規定者，適用其他有關法律之規定。

第二條　（主管機關）
① 本條例主管機關為國防部。
② 國防部為推動國軍老舊眷村改建，應由國防部長邀集相關部會代表成立國軍老舊眷村改建推行委員會，負責協調推動事宜。

第三條　（國軍老舊眷村及原眷戶之定義）
① 本條例所稱國軍老舊眷村，係指於中華民國六十九年十二月三十一日以前興建完成之軍眷住宅，具有下各款情形之一者：
一　政府興建分配者。
二　中華婦女反共聯合會捐款興建者。
三　政府提供土地由眷戶自費興建者。
四　其他經主管機關認定者。
② 本條例所稱原眷戶，係指領有主管機關或其所屬權責機關核發之國軍眷舍居住憑證或公文書之國軍老舊眷村住戶。

第四條　（改建範圍）100
① 國軍老舊眷村土地及不適用營地之名稱、位置，主管機關應列冊報經行政院核定。
② 主管機關為執行國軍老舊眷村改建或做為眷村文化保存之用，得運用國軍老舊眷村及不適用營地之國有土地，興建住宅社區、處

分或爲現況保存，不受國有財產法有關規定之限制。

③前項眷村文化保存之用，應由直轄市、縣（市）政府選擇騰空待標售且尚未拆除建物之國軍老舊眷村、擬具保存計畫向國防部申請保存；其選擇及審核辦法，由國防部會同行政院文化建設委員會定之。

④直轄市、縣（市）政府應於前項辦法公布後六個月內提出申請，申請期間不得再依文化資產保存法之規定指定相關文化資產；其經國防部核准申請後，不得撤銷、變更、廢止保存計畫。

第五條（原眷戶享有承購之權益） 90

①原眷戶享有承購依本條例興建之住宅及由政府給與輔助購宅款之權益。原眷戶死亡者，由配偶優先承受其權益；原眷戶與配偶均死亡者，由其子女承受其權益，餘均不得承受其權益。

②前項子女人數在二人以上者，應於原眷戶與配偶均死亡之日起六個月內，以書面協議向主管機關表示由一人承受權益，逾期均喪失承受之權益。但於中華民國八十五年十一月四日行政院核定國軍老舊眷村改建計畫或於本條例修正施行前，原眷戶與配偶均死亡者，其子女應於本條例修正施行之日起六個月內，以書面協議向主管機關表示由一人承受權益。

③本條例修正施行前，已依國軍老舊眷村改建計畫辦理改建之眷村，原眷戶之子女依第二項但書辦理權益承受之相關作業規定，由主管機關定之。

第六條（分區規劃）

①主管機關辦理國軍老舊眷村改建，應按眷村分布位置，依條件相近者採整體分區規劃，並運用既有眷村土地、不適用營地或價購土地，依規定變更爲適當使用分區或用地，集中興建住宅社區。

②興建住宅社區之土地，以非屬商業區且單位地價公告土地現值在一定金額以下者爲限。

③前項單位地價公告土地現值之一定金額，由主管機關定之。

第七條（土地變更）

①都市計畫區內非屬住宅區之眷地及不適用營地，在不影響當地都市發展下，得依都市計畫法第二十七條變更爲住宅區後，依本條例辦理改建。

②非屬都市計畫範圍者，依有關法令變更爲建築用地。

第八條（改建基金之設置）

①政府爲辦理國軍老舊眷村改建工作，應設置國軍老舊眷村改建基金（以下簡稱改建基金）；其收支保管及運用辦法，由行政院定之。

②國軍老舊眷村改建資金應以第四條報經行政院核定之老舊眷村土地及不適用營地處分得款運用辦理，不得另行動支其他經費支應。

③前項土地因市場狀況未能及時處分得款時，應由改建基金依實際需求融資墊付之。

第九條 （撥交基金之程序及計價標準）90

①本條例計畫辦理改建之國有老舊眷村土地處分收支，循特別預算程序辦理；歲入按行政院核定眷村土地當期公告土地現值作價之收入編列；歲出之編列除原眷戶之輔助購宅款外，其餘部分為改建基金。

②前項歲出部分所列原眷戶之輔助購宅款在未支用前，得移作改建基金週轉之用。

③行政院核定之國軍老舊眷村土地權屬為直轄市有、縣（市）有或鄉（鎮、市）有者，應由各級地方政府於本條例施行之日起六個月內擬定計畫，執行國軍老舊眷村改建，逾期未擬定者，除公共設施用地外，各級地方政府應將其土地以繳款當期公告土地現值讓售主管機關移撥改建基金。

④前項土地出售，不受土地法第二十五條及各級政府財產管理規則之限制。

第一○條 （改建經費來源）100

①改建基金得運用國有不適用營地處理得款，循特別預算程序供作眷村改建資金週轉之用，於適當時機繳還國庫。

②主管機關對前項得款，應編列特別預算，供作國軍營舍改建之用。

③第一項得款未能於適當時機繳還國庫時，得以國軍老舊眷村之等值國有土地，以收支併列之方式，循預算程序，供作國軍營舍改建之用。

第一一條 （主管機關除自辦外，得採多管道方式改建）98

①第四條第二項之土地，除主管機關自行改建外，得按下列方式處理：

一　獎勵民間參與投資興建住宅社區。

二　委託民間機構興建住宅社區。

三　與直轄市、縣（市）政府合作興建國民住宅。

四　以信託方式與公、民營開發公司合作經營、處分及管理。

五　辦理標售或處分。

六　未達全體原眷戶三分之二同意改建，經主管機關核定不辦理改建之眷村，得依都市更新條例之規定辦理都市更新。

②前項第一款、第二款、第四款、第五款實施辦法，由主管機關定之。

③依第四條第三項核定為眷村文化保存之土地，國防部應連同建物無償撥用地方政府。經撥用之土地與建物管理機關為申請保存之直轄市、縣（市）政府。

④前項直轄市、縣（市）政府獲得無償撥用之土地，應依都市計畫法辦理等值容積移轉國防部處分。

第一二條 （土地處分計價標準）100

第四條第二項之土地，除配售與原眷戶、價售與第二十三條之違占建戶、第十六條之中低收入戶及志願役現役軍（士）官、兵

者，依房屋建造完成當期公告土地現值計價外，其餘土地應以專案提估方式計價。

第一三條　（改建基金資金來源）90

改建基金資金來源如下：

一　循預算程序或由改建基金融資之款項。

二　基金財產運用所得。

三　本基金孳息收入。

四　基金運用後之收益。

五　處分或經營改建完成之房舍價款收入。

六　眷村土地配合公共工程拆遷有償撥用價款及地上物補償金。

七　有關眷村改建之捐贈收入。

八　貸放原眷戶自備款利息收入。

九　其他有關收入。

第一四條　（改建基金之用途）96

①改建基金之用途如下：

一　興建工程款及購建地開發費用之支出。

二　投資參與住宅及土地開發計畫經費。

三　有關基金管理及總務支出。

四　改建基地內原眷戶搬遷費、房租補助費及地上物拆除費、違占建戶拆遷、補償、訴訟、強制執行費用支出。

五　融資貸款利息支出。

六　本條例第二十條第二項輔助購宅款補助支出。

七　輔助原眷戶貸款支出。

八　眷村文化保存支出。

九　其他眷村改建之支出。

②前項第八款眷村文化保存支出，以眷村文化保存開辦之軟、硬體設施為限；其經營、管理及維護支出，由申請保存之直轄市、縣（市）政府負責。

第一五條　（照顧低收入家庭資金辦法）

改建基金所經管之眷村土地，經改建經營處理後所得之盈收部分，應作為照顧低收入家庭居住之資金；其辦法由行政院另定之。

第一六條　（住宅社區配售坪型辦法）100

①興建住宅社區配售原眷戶以一戶為限。每戶配售之坪型以原眷戶現住或退伍時之職缺階階為準；並得價售與第二十三條之違占建戶及中低收入戶；如有零星餘戶由主管機關處理之。

②前項價售中低收入戶之住宅，得由主管機關洽請直轄市、縣（市）國民住宅主管機關價購，並依國民住宅條例規定辦理配售、管理。

③第一項住宅社區配售坪型辦法及零星餘戶處理辦法，由主管機關定之。

第一七條　（住宅社區得設置商業、服務設施及其他建築物）

依本條例興建之住宅社區，得視需要，依都市計畫法規設置商業、服務設施及其他建築物，並得連同土地標售。

第一八條　（拆遷補償之辦理）90

國軍老舊眷村土地為公共設施用地者，直轄市、縣（市）政府應配合眷村改建計畫，優先辦理拆遷補償。

第一九條　（土地交換分合作法）

國軍老舊眷村或不適用營地，因整體規劃必需與鄰地交換分合者，經雙方同意後，報其上級機關核定之，不受土地法第二十五條、第三十四條之一、第一百零四條及第一百零七條規定之限制。

第二〇條　（原眷戶可獲輔助購宅款標準）100

①原眷戶可獲之輔助購宅款，以各直轄市、縣（市）轄區內同期改建之國軍老舊眷村土地，依國有土地可計價公告土地現值總額百分之六十九點三為分配總額，並按其原眷戶數、住宅興建成本及配售坪型計算之。分配總額達房地總價以上者，原眷戶無須負擔自備款，超出部分，撥入改建基金；未達房地總價之不足款，由原眷戶自行負擔。

②前項房地總價決算，不得納計工程之物價調整款，該款項全數由改建基金支出，原眷戶自行負擔部分，最高以房地總價百分之二十為限，其有不足部分，由改建基金補助。

③原眷戶可獲得之輔助購宅款及自備款負擔金額，依各眷村之條件，於規劃階段，由主管機關以書面向原眷戶說明之。

④申請自費增加住宅坪型之原眷戶，仍依原坪型核算輔助購宅款，其與申請購買房地總價之差額由原眷戶自行負擔。

⑤住宅興建至主管機關核定完工決算價期間，因工程違約經主管機關已沒入賠罰款者，應按原負擔比例辦理補償。

⑥本條例於中華民國一百年十二月十三日修正施行前，經主管機關核定完工決算之住宅，且決算前已計入工程物價調整款或因工程違約經主管機關沒入賠罰款，承購戶價購住宅及基地，有自行負擔部分者，應按其負擔比例及達一定金額辦理退款，其一定金額由主管機關定之。

第二一條　（原眷戶放棄承購改建之住宅）

原眷戶放棄承購改建之住宅，自願領取前條之輔助購宅款後搬遷者，從其意願。

第二一條之一　（特殊需要及發給作業）96

①依本條例第二十二條規劃改建之眷村，其原眷戶有三分之二以上同意改建，並具殘障、貧病之特殊需要者，經依本條例第二十一條自願領取輔助購宅款時，主管機關得發給之。

②前項特殊需要及發給作業規定，由主管機關另定之。

第二二條　（強制執行收回房地）98

①規劃改建之眷村，其原眷戶有三分之二以上同意改建者，對不同意改建之眷戶，主管機關得逕行註銷其眷舍居住憑證及原眷戶權

益，收回該房地，並得移送管轄之地方法院裁定後強制執行。

②原眷戶未逾三分之二同意改建之眷村，應於本條例中華民國九十八年五月十二日修正之條文施行後六個月內，經原眷戶二分之一以上連署，向主管機關申請辦理改建說明會。未於期限內依規定連署提出申請之眷村，不辦理改建。

③主管機關同意前項申請並辦理改建說明會，應以書面通知原眷戶，於三個月內，取得三分之二以上之書面同意及完成認證，始得辦理改建；對於不同意改建之眷戶，依第一項規定辦理。但未於三個月內取得三分之二以上同意或完成認證之眷村，不辦理改建。

④經主管機關核定不辦理改建之眷村，依第十一條第一項第六款規定辦理都市更新時，原眷戶應由實施者納入都市更新事業計畫辦理拆遷補償或安置，不得再依本條例之相關規定請領各項輔（補）助款。

第二三條 （拆遷補償及提供優惠貸款）96

①改建、處分之眷村及第四條之不適用營地上之違占建戶，主管機關應比照當地地方政府舉辦公共工程拆遷補償標準，由改建基金予以補償後拆遷，提供興建住宅依成本價格價售之，並洽請直轄市、縣（市）政府比照國民住宅條例規定，提供優惠貸款。但屬都市更新事業計畫範圍內，實施者應依都市更新條例之規定，納入都市更新事業計畫辦理拆遷補償或安置，並經都市更新主管機關核定者不適用之。

②前項所稱之違占建戶，以本條例施行前，經主管機關存證有案者為限。

③前項違占建戶應於主管機關通知搬遷之日起，六個月內搬遷騰空，逾期未搬遷者，由主管機關收回土地，並得移送管轄之地方法院裁定後強制執行。

第二四條 （禁止處分）

①由主管機關配售之住宅，除依法繼承者外，承購人自產權登記之日未滿五年，不得自行將住宅及基地出售、出典、贈與或交換。

②前項禁止處分，於建築完工交屋後，由主管機關列冊囑託當地土地登記機關辦理土地所有權移轉登記及建築改良物所有權第一次登記時，並為禁止處分之限制登記。

第二五條 （減免契稅、房屋稅及地價稅之開徵）

①由主管機關配售之住宅，免徵不動產買賣契稅。

②前項配售住宅建築完工後，在產權未完成移轉登記前，免徵房屋稅及地價稅。

第二六條 （軍眷住宅使用人比照原眷戶之規定辦理）

本條例第三條第一項第三款之軍眷住宅，其使用人不具原眷戶身分而領有房屋所有權狀者，比照原眷戶規定辦理之。

第二七條 （權屬非國有之公有土地辦理改建之依據）90

①國軍老舊眷村土地權屬為直轄市有、縣（市）有、鄉（鎮、市）

有者，各級地方政府辦理改建時，其土地計價、規劃設計、配售標準、租稅減免等，應依本條例規定辦理。

②前項各級地方政府辦理改建時，依第二十條規定辦理購宅補助。

第二八條 （土地計價標準）

①本條例施行之日，已完成改建之眷村及已報行政院核定改建之眷村，依國防部原規定辦理。但已報行政院核定改建之眷村，其土地計價標準如下：

一　有原眷戶原地改建眷村，以房屋建造完成當期公告土地現值計繳地價。

二　空置及分期規劃建宅眷地與已核定遷村尚未騰空之眷地，其土地價款一次繳清者，按繳款當期公告土地現值計價。

②本條例施行前，經行政院核定遷建騰空之眷村土地，依本條例規定辦理。

第二九條 （施行細則）

本條例施行細則，由主管機關定之。

第三〇條 （施行日）

本條例自公布日施行。

國軍老舊眷村改建條例施行細則

①民國 85 年 7 月 23 日國防部令訂定發布全文 25 條。
②民國 87 年 9 月 16 日國防部令修正發布第 4、9、19、22 條條文；
　並刪除第 6 條條文。
③民國 88 年 5 月 14 日國防部令修正發布第 7、9 條條文。
④民國 89 年 3 月 24 日國防部令修正發布第 3、16、19、22 條條文。
⑤民國 89 年 6 月 14 日國防部令修正發布第 9 條條文。
⑥民國 91 年 2 月 27 日國防部令修正發布第 3、4、20、22 條條文。
⑦民國 95 年 5 月 24 日國防部令修正發布第 4 條條文。
⑧民國 95 年 10 月 20 日國防部令修正發布第 3、9、12 條條文；並刪
　除第 24 條條文。
⑨民國 96 年 5 月 29 日國防部令修正發布第 20 條條文。
⑩民國 97 年 3 月 14 日國防部令修正發布第 3、4 條條文。
　民國 101 年 2 月 3 日行政院公告第 3 條第 1 項所列屬「行政院主計
　處」之權責事項，自 101 年 2 月 6 日起改由「行政院主計總處」管
　轄。
⑪民國 101 年 6 月 27 日國防部令修正發布第 3 條條文；並刪除第 5 條
　條文。
　民國 101 年 12 月 25 日行政院公告第 3 條第 1 項、第 4 條第 1 項所
　列由「總政治作戰局局長」擔任委員事項，自 102 年 1 月 1 日起改
　由「政治作戰局局長」擔任；所列屬「國防部總政治作戰局」之權
　責事項，自 102 年 1 月 1 日起改由「國防部政治作戰局」管轄。
　民國 103 年 1 月 21 日行政院公告第 3 條第 1 項所列屬「行政院經
　濟建設委員會」之權責事項，自 103 年 1 月 22 日起改由「國家發
　展委員會」管轄。
⑫民國 103 年 6 月 6 日國防部令修正發布第 3、4、19 條條文。

第一條
本細則依國軍老舊眷村改建條例（以下簡稱本條例）第二十九條
訂定之。

第二條
本條例第一條所定中低收入戶，應符合下列各款條件：
一　女子年滿二十二歲，男子年滿二十五歲，在當地設有戶籍
　　者。
二　本人、配偶及其共同生活之直系親屬，均無自有住宅。
三　符合行政院公告之收入較低家庭標準者。

第三條　103
①本條例第二條第二項所定國軍老舊眷村改建推行委員會（以下簡
稱推行委員會），由國防部部長為召集人，委員十一人，由國防
部副部長、政治作戰局局長、常務次長、行政院副秘書長及內政
部、財政部、法務部、行政院主計總處、國家發展委員會、臺北

市政府、高雄市政府副首長級人員擔任之，負責協調推動國軍老舊眷村改建事宜。

②推行委員會開會時，由召集人爲主席，必要時得邀請專家學者列席，召集人不能出席時，由召集人指定委員一人爲主席。

第四條 103

①依本條例第四條第一項列冊報經行政院核定之國軍老舊眷村土地及不適用營地，其土地屬國有者，應由主管機關列冊，囑託當地土地登記機關，將管理機關變更登記爲國防部政治作戰局。

②前項國軍老舊眷村土地及不適用營地，其國軍老舊眷村改建總冊土地清冊詳細土地標示，如有漏列或不應列屬使用範圍者，應由主管機關與管理機關或土地所有權人會勘確定後，辦理更正。

第五條 （刪除）101

第六條 （刪除）

第七條

本條例第八條第一項所定國軍老舊眷村改建基金（以下簡稱改建基金），爲預算法第四條第一項第二款之特種基金，編製附屬單位預算，以國防部爲主管機關。

第八條

①本條例第九條特別預算之歲入，以本條例第四條經行政院核定眷村土地當期公告土地現值爲基礎作價編列。

②前項土地作價之方式，屬計畫興建住宅社區者，以公告土地現值預估調幅後之總值作價；其餘土地，以預估處分後可獲價款作價。

第九條 95

①改建基金對原眷戶承購依本條例興建之住宅或依第十九條第五項購置主管機關選定之政府興建住宅、國民住宅或依本條例第二十八條第一項興建之眷宅而依本條例第二十條第一項、第二項應自行負擔部分，或自願領取輔助購宅款而向主管機關申請核准購置民間興建住宅之差額款，於辦理貸款時，比照中央公教人員輔助購置住宅貸款利率，其貸款總額每戶以新臺幣一百萬元爲限，貸款期限三十年，按月平均攤還本息。

②前項原眷戶辦理貸款之住宅及基地，於貸款存續期間內將該住宅、基地出售、出典、贈與或交換時，應即清償貸款本息。

第一〇條

①各級地方政府依本條例第九條第三項擬定之改建計畫，應函送主管機關轉報行政院備查。

②前項改建計畫，應包含改建起迄時間、改建方式以及輔助原眷戶購宅方法、違占建戶處理措施。

第一一條

本條例第十二條所定房屋建造完成，以主管機關核定建築工程完成日期爲準。

第一二條 95

本條例第十二條所稱土地應以專案提估方式計價，指逐案查估之土地價格。

第一三條

① 為配合眷村改建，原眷戶應於主管機關公告期間內搬遷，未於期限內主動搬遷者，視為不同意改建，由主管機關依本條例第二十二條規定處理。

② 前項原眷戶一次搬遷者，發給每戶新臺幣一萬元搬遷補助費；就地改建，或配合地方政府舉辦公共工程拆遷，須先行遷出，再行遷入者，發給每戶新臺幣二萬元搬遷補助費，並自遷出之日起，至交屋之日止，發給每戶每月房租補助費新臺幣六千元。

③ 前項搬遷補助費，於核定搬遷之日起，由主管機關發給。房租補助費於原眷戶遷出後，由主管機關按期發給，每期發放六個月，至交屋日止，不足一個月者，以一個月計算。

第一四條

① 原眷戶於國軍老舊眷村內自行增建之房屋，由主管機關於拆除時當地地方政府舉辦公共工程拆遷補償標準，予以補償，其補償坪數計算方式如下：

　一　現有房屋總坪數（含原公配眷舍坪數與自行增建坪數），減去原公配眷舍坪數與輔助購宅坪型，等於補償坪數。

　二　由原眷戶籌款配合政府補助重新整建，或屬於本條例第三條第一項第三款自費興建者，以現有房屋總坪數，減去輔助購宅坪型，等於補償坪數。

② 前項補償，以房屋為限，餘均不辦理補償。

第一五條

① 本條例第十六條所稱坪型，係指配售住宅之室內自用面積，不包括共同使用部分及陽台面積，其區分如下：

　一　十二坪型：四十平方公尺

　二　二十六坪型：八十五平方公尺

　三　二十八坪型：九十二平方公尺

　四　三十坪型：九十九平方公尺

　五　三十四坪型：一百十二平方公尺。

② 前項各款坪型面積，得彈性增減百分之二。

第一六條

① 本條例第十八條所定公共設施用地之拆遷補償，由主管機關會同直轄市、縣（市）政府或需地機關，實施勘査、丈量，地上物補償金由直轄市、縣（市）政府或需地機關撥交主管機關，作為改建基金。

② 前項拆遷範圍內之原眷戶，由主管機關依第十三條及第十四條規定辦理拆遷補償；違占建戶，由直轄市、縣（市）政府或需地機關，依規定辦理。

第一七條

本條例第二十條第一項所稱國有土地可計價，係指非屬公共設施之國有土地，按行政院核定改建計畫當期公告土地現值計算之價格。

第一八條

①本條例第二十條所定房地總價及第二十三條所定成本價格，依下列方式計算：

一　房屋部分：依房屋及公用建築之建造費、工程管理費、墊款利息、有關稅捐及其他建築有關必要費用之總額與房屋自用總面積之比例，分戶計算之。

二　土地部分：以房屋建造完成當期公告土地現值計價後，按各戶之應有持分比例計算之。

②前項土地不屬於本條例第四條第二項者，應以土地取得地價為準，包含墊款利息、開發費用及有關稅捐。

第一九條 103

①原眷戶依本條例第二十一條規定於規劃改建基地房屋建造完成前，自願領取輔助購宅款後搬遷者，應以書面向主管機關提出申請，經核定後發給，其與實際房屋建造完成當期決算之價格發生差異時，不予追加減。

②前項輔助購宅款，其數額應於主管機關規劃改建基地建築工程發包後，依決標價格計算之。

③原眷戶於規劃改建基地房屋建造完成後，自願領取輔助購宅款搬遷者，其可獲輔助購宅款之數額，依決算後之房地總價計算之。

④經主管機關輔導改建眷村內，原眷戶有三分之二以上放棄承購依本條例改建之住宅，自願領取輔助購宅款後搬遷者，其可獲輔助購宅款之數額，依主管機關選定之政府興建住宅、國民住宅或依本條例第二十八條第一項興建之眷宅，完工決算後之房地總價計算之。

⑤前項原眷戶領取輔助購宅款後，得依其意願購置主管機關選定之政府興建住宅、國民住宅或依本條例第二十八條第一項興建之眷宅。

第二〇條 96

①原眷戶依本條例第二十二條規定同意改建者，應於主管機關書面通知之日起三個月內以書面為之，並經法院或民間公證人認證。

②原眷戶未達三分之二同意改建之眷村，不辦理改建，於本條例廢止後，依國有財產法有關規定辦理。

第二一條

①本條例第二十三條所定違占建戶之拆遷補償，按拆除時當地地方政府舉辦公共工程拆遷補償規定辦理。

②前項房屋拆遷補償之面積，以實際丈量面積核計，不足七十九平方公尺者，以七十九平方公尺計算。

第二二條

①主管機關依本條例第二十三條辦理違占建戶拆遷補償時，應以公文通知，並公告之。

②前項違占建戶拆遷補償，應以主管機關存證有案之建築物占有人為對象，價售住宅以一戶為限。

③主管機關存證有案之建築物占有人在二人以上者，主管機關應以書面通知占有人自收受通知書之日起三個月內，以書面協議，並經法院或民間公證人認證，向主管機關表示由其中一人承受本條例第二十三條第一項所定權益；占有人逾期未表示者，喪失其承受之權益。

④第二項存證資料缺件、遺失、毀損者，主管機關應通知建築物占有人辦理補件作業。

第二三條

本條例第二十八條所稱國防部原規定，係指本條例施行前，由國防部訂頒或報奉行政院核定（備）有關眷村改建、遷建、計價、核配、預算編列與收支及輔助購宅之有關規定。

第二四條 （刪除）95

第二五條

本細則自發布日施行。

新市鎮開發條例

①民國 86 年 5 月 21 日總統令制定公布全文 33 條。
②民國 89 年 1 月 26 日總統令修正公布第 2、4～6 條條文。
③民國 98 年 5 月 27 日總統令修正公布第 26 條條文。

民國 101 年 6 月 25 日行政院公告第 22 條第 1、2 項所列屬「財政部」之權責事項，經行政院公告自 93 年 7 月 1 日起變更為「行政院金融監督管理委員會」管轄，自 101 年 7 月 1 日起改由「金融監督管理委員會」管轄。

第一章　總　則

第一條 （立法目的）
①為開發新市鎮，促進區域均衡及都市健全發展，誘導人口及產業活動之合理分布，改善國民居住及生活環境，特制定本條例。
②本條例未規定者，適用其他法律之規定。

第二條 （主管機關）89
本條例之主管機關：在中央為內政部；在直轄市為直轄市政府；在縣（市）為縣（市）政府。

第三條 （新市鎮之定義）
本條例所稱新市鎮，係指依本條例劃定一定地區，從事規劃開發建設，具有完整之都市機能，足以成長之新都市。

第二章　新市鎮區位之選定及計畫之擬定

第四條 （可行性規劃報告之擬具）89
①中央主管機關得視區域及都市發展需要，並參考私人或團體之建議，會同有關機關及當地直轄市、縣（市）政府勘選一定地區內土地，擬具可行性規劃報告，報行政院核定，劃定為新市鎮特定區。
②新市鎮特定區之勘選原則及可行性規劃報告內容，由中央主管機關定之。

第五條 （新市鎮特定區計畫之擬定）89
①中央主管機關於可行性規劃報告書（圖）核定後，應公告三十日，公告期滿，應即進行或指定直轄市、縣（市）主管機關進行新市鎮之規劃與設計，擬定新市鎮特定區計畫，作為新市鎮開發之依據。
②前項公告期間內應舉辦公聽會，特定區內私有土地所有權人半數以上，而其所有土地面積超過特定區私有土地面積半數者，表示

反對時，中央主管機關應予調處，並參酌反對理由及公聽會之結論，修訂或廢止可行性規劃報告，重行報核，並依其核定結果辦理之。

③新市鎮計畫範圍內之保護區土地，如逾二十年未開發使用者，主管機關應併同新市鎮開發辦理協議價購、區段徵收，或許可私人或團體申請開發。

第三章　土地取得與處理

第六條　（私有土地之取得方式）89

①新市鎮特定區核定後，主管機關對於新市鎮特定區內之私有土地，應先與所有權人協議價購，未能達成協議者，得實施區段徵收，並於區段徵收公告期滿一年內，發布實施新市鎮特定區計畫。

②前項協議價購成立者，免徵其土地增值稅。

③耕地承租人因第一項徵收而領取之補償費，自八十六年五月二十三日本條例公布生效日後尚未核課確定者，不計入所得課稅。撥用公有耕地之承租人準用之。

第七條　（公有土地之取得方式）

①新市鎮特定區內之公有土地，應一律按公告土地現值撥供主管機關統籌規劃開發。

②前項公有土地管理機關原有附著於土地之建築物及構造物，如需遷建者，得洽由主管機關指定新市鎮開發基金代為辦理，遷建所需費用，由其土地及附著於土地之建築物及構造物之補償價款內支應。

第八條　（土地經規劃整理後之處理方式）

①新市鎮特定區內土地經取得並規劃整理後，除以區段徵收方式辦理之抵價地，依規定發交原土地所有權人外，由主管機關依左列方式處理：

一　道路、溝渠、公園、綠地、兒童遊樂場、體育場、廣場、停車場、國民學校用地，於新市鎮開發完成後，無償登記為當地直轄市、縣（市）有。

二　前款以外之公共設施用地，有償撥供需地機關使用。

三　國民住宅、安置原住戶或經行政院專案核准所需土地讓售需地機關。

四　社會、文化、教育、慈善、救濟團體舉辦公共福利事業、慈善救濟事業或教育事業所需土地，經行政院專案核准，得予讓售或出租。

五　其餘可供建築土地，得予標售、標租、自行興建。

②原土地所有權人依規定領回面積不足最小建築基地面積者，應於規定期間內提出申請合併、自行出售或由主管機關統籌興建建築物後分配之。未於規定期間內申請者，於規定期間屆滿之日起三十日內，按徵收前原土地面積之協議地價發給現金補償。

③前項土地如在農地重劃區內者，應按重劃前之面積計算之。

④依第一項第二款至第五款撥用或讓售地價與標售底價，以開發總成本爲基準，按其土地之位置、地勢、交通、道路寬度、公共設施及預期發展等條件之優劣估定之。

⑤依第一項第五款標租時，其期限不逾九十九年。

⑥第一項第五款土地之標售、標租辦法，由中央主管機關定之。

第九條 （差額地價之繳納）

①新市鎮特定區內之既成社區建築基地及已辦竣財團法人登記之私立學校、社會福利事業、慈善事業、宗教團體所使用之土地，不妨礙新市鎮特定區計畫及區段徵收計畫，且經規劃爲該等建築或設施使用者，於實施區段徵收時，其原建築面積得保留發還原土地所有權人，免令其繳納差額地價，其餘土地應參加區段徵收分配。但建築物法定空地保留分配者，應依規定繳納差額地價。

②前項應納之差額地價經限期繳納而逾期不繳納者，得移送法院強制執行。

第一○條 （地價稅之課徵）

主管機關取得新市鎮特定區內之土地，於未依第八條第一項規定處理前免徵地價稅。但未依新市鎮特定區計畫書規定之實施進度處理者，於規定期間屆滿之次日起，依法課徵地價稅。

第一一條 （土地於核定前已持有，免徵遺產稅或贈與稅）

①新市鎮特定區計畫範圍內之徵收土地，所有權人於新市鎮範圍核定前已持有，且於核定之日起至依平均地權條例實施區段徵收發還抵價地五年內，因繼承或配偶、直系血親間之贈與而移轉者，免徵遺產稅或贈與稅。

②前項規定於本條例公布施行前，亦適用之。

第四章 建設與管制

第一二條 （整體開發計畫之擬訂）

①新市鎮特定區計畫發布後，主管機關應擬訂整體開發計畫，依實施進度，分期分區完成公共工程建設，並視人口及產業引進之情形，興建住宅、商業、工業及其他都市服務設施。

②前項住宅、商業、工業及其他都市服務設施興建完成後，除本條例另有規定外，得辦理標售、標租；其標售、標租及管理辦法，由中央主管機關定之。

第一三條 （公用事業及公共設施之配合興建）

新市鎮特定區內、外必要之公用事業及公共設施，各該公用事業及公共設施主管機關應配合新市鎮開發進度優先興建，並實施管理。

第一四條 （投資獎勵辦法）

①股份有限公司投資於新市鎮之建設，得依左列各款獎勵及協助：

一 按其投資總額百分之二十範圍內抵減當年度應納營利事業所得稅額；當年度不足抵減時，得在以後四年度內抵減之。

二　必要之施工機器設備得按所得稅法固定資產耐用年數表所載年數，縮短二分之一計算折舊；其縮短後之年數不滿一年者，不予計算。

三　於施工期間免徵地價稅。但未依規定完工者，應補徵之。

四　洽請金融機構就其建設所需資金提供優惠貸款。

五　協助從證券市場籌募資金。

②前項第一款及第三款，於新市鎮土地規劃整理完成當年起第六年至第十年內投資建設者，其優惠額度減半，第十一年起不予優惠。

③前二項獎勵辦法，由中央主管機關會同財政部定之。

第一五條　（強制買回）

需地機關或社會、文化、教育、慈善、救濟團體依第八條第一項第三款或第四款價購之土地，如有未依原核准進度使用、違背原核准之使用計畫或擅自移轉者，主管機關應強制買回。未經原核准出售機關之核准而擅自移轉者，其移轉行為不得對抗主管機關之強制買回。

第一六條　（投資計畫）

①主管機關依第八條標售或標租土地時，投資人應附具投資計畫，經主管機關審查核准，始得參與投標。

②投資人標得土地後，應即依投資計畫規定之進度實施建設。主管機關並應依投資計畫定期或不定期檢查。經檢查發現有未依進度開工或進度落後時，主管機關應通知於三個月內改善。

③得標人接獲通知，有正當理由未能於限期內改善者，應敘明原因，申請展期；展期之期間不得超過三個月。

④得標人未完成建設前，不得以一部或全部轉售、轉租或設定負擔。違反者，其轉售、轉租或設定負擔之契約無效。

⑤第一項投資計畫之審查準則，由中央主管機關定之。

第一七條　（強制收買或終止租約）

①投資人違反前條第二項至第四項規定者，除依左列各款分別處罰外，並應由主管機關強制收買或終止租約：

一　未依投資計畫進度開工或進度落後，經通知限期改善，逾期仍未改善者，處以該宗土地當期公告地價百分之二以上百分之五以下罰鍰，經再限期於三個月內改善，逾期仍未改善者，得按次連續處罰。

二　擅自轉售、轉租或設定負擔者，處以該宗土地當期公告地價百分之一以上百分之三以下罰鍰。

②前項所定罰鍰經通知限期繳納，逾期仍不繳納者，移送法院強制執行。

③主管機關依第一項規定強制收買時，對於土地上之設施，應限期投資人遷移，未於期限內遷移者，視同放棄。

④前項規定於主管機關依第一項終止租約時，準用之。

⑤依第十五條及本條第一項之規定強制收買者，其價格不得超出原

出售價格。

第一八條 （限期建築使用）

①主管機關為促進新市鎮之發展，得依新市鎮特定區計畫之實施進度，限期建築使用。逾期未建築使用者，按該宗土地應納地價稅基本稅額之五倍至十倍加徵地價稅；經加徵地價稅滿三年，仍未建築使用者，按該宗土地應納地價稅基本稅額之十倍至二十倍加徵地價稅或由主管機關照當期公告土地現值強制收買。

②前項限期建築之土地，其限期建築之期限，不因移轉他人而受影響，對於不可歸責於土地所有權人之事由而遲誤之期間，應予扣除。

③前項不可歸責於土地所有權人之事由，由中央主管機關於施行細則中定之。

第一九條 （強制收買程序及其相關事項準用規定）

前二條強制收買之程序及其他相關事項，除本條例另有規定外，準用平均地權條例照價收買之有關規定。

第二○條 （共有土地處分規定）

①新市鎮特定區內建築基地未達新市鎮特定區計畫規定之最小建築基地面積者，不予核發建築執照。

②共有人於其共有土地建築房屋，適用土地法第三十四條之一有關共有土地處分之規定。

第二一條 （土地及建築物使用申請）

①新市鎮特定區計畫發布實施後，實施整體開發前，區內土地及建築物之使用，得由中央主管機關訂定辦法管制之，不受都市計畫法規之限制。

②依前項辦法申請土地及建築物之使用者，經主管機關通知整體開發並限期拆除回復原狀時，應自行無條件拆除；其不自行拆除者，予以強制拆除。

第五章　人口與產業之引進

第二二條 （優惠貸款辦法）

①主管機關為促進人口及產業之引進，得協商財政部洽請金融機構提供長期優惠貸款，並得於新市鎮開發基金內指撥專款協助融資。

②前項優惠貸款辦法，由中央主管機關會同財政部定之。

第二三條 （新市鎮就業家庭優先租購住宅）

①主管機關依第十二條規定興建之住宅，優先租售予在該新市鎮就業之家庭及其他公共建設拆遷戶；商業、工業及其他都市服務設施，優先標租、標售予有利於新市鎮發展之產業。

②前項新市鎮就業家庭優先租購住宅應具備之條件，由中央主管機關定之。有利於新市鎮發展產業之範圍，由行政院視各該新市鎮之發展需要定之。

③第一項優先出售、出租辦法，由中央主管機關定之。

第二四條　（有利於新市鎮發展經營之獎勵）

①主管機關得劃定地區，就左列各款稅捐減免規定，獎勵有利於新市鎮發展之產業投資經營：

一　於開始營運後按其投資總額百分之二十範圍內抵減當年度應納營利事業所得稅額，當年度不足抵減時，得在以後四年度內抵減之。

二　土地所有權人於出售原營業使用土地後，自完成移轉登記之日起，二年內於新市鎮重購營業所需土地時，其所購土地地價，超過出售原營業使用之土地地價扣除繳納土地增值稅後之餘額者，得於開始營運後，向主管稽徵機關申請就其已納土地增值稅額內，退還其不足支付新購土地地價之數額。但重購之土地自完成移轉登記起五年內再轉讓或改作非獎勵範圍內產業之用途者，應追繳原退還稅款。

②前項第一款之獎勵，以股份有限公司組織者為限。

③第一項稅捐之減免，自劃定地區起第六年至第十年內申請者，其優惠額度減半，第十一年起不予優惠。

④前三項獎勵辦法，由中央主管機關會同財政部、經濟部定之。

第二五條　（房屋稅、地價稅及買賣契稅之減免）

①新市鎮特定區內之建築物於興建完成後，其房屋稅、地價稅及買賣契稅，第一年免徵，第二年減徵百分之八十，第三年減徵百分之六十，第四年減徵百分之四十，第五年減徵百分之二十，第六年起不予減免。

②前項減免買賣契稅以一次為限。

第六章　組織與經費

第二六條　（新市鎮開發基金來源及聯外交通建設經費之補助）98

①新市鎮開發之規劃設計經費，由主管機關編列預算支應。

②前項以外之土地取得、工程設計施工及經營管理等經費，中央主管機關得設置新市鎮開發基金支應。

③新市鎮開發基金之收支、保管及運用辦法，由中央主管機關定之，其來源如下：

一　主管機關循預算程序之撥入款。

二　本基金孳息收入。

三　應用本基金開發新市鎮之盈餘款。

四　其他有關收入。

④中央主管機關得就對新市鎮開發有顯著效益之相關聯外交通建設，視本基金營運效能及財務狀況，補助其部分或全部建設經費。

第二七條　（財團法人機構辦理事項）

①主管機關得設立財團法人機構辦理左列新市鎮開發事項：

一　新市鎮可行性規劃報告及新市鎮特定區計畫之研、修訂。

二　建設財源之籌措與運用。

三　土地及地上物之取得與處理。

四　各項公用事業公共設施之興建及管理維護。

五　都市服務設施建設之協調推動。

六　住宅、商店、廠房之興建與租售。

七　土地使用管制與建築管理。

八　主管機關經管財產之管理與收益。

九　獎勵參與投資建設之公告、審查。

十　違反獎勵規定之處理。

十一　新市鎮內加徵地價稅之提報及限期建築使用之執行。

十二　人口與產業引進之協調推動。

十三　申請減免稅捐證明之核發。

②前項財團法人機構之董監事，應有當地地方政府代表、土地所有權人代表或其委託之代理人及學者專家擔任；其組織章程及董監事人選並應經立法院同意。

第二八條　（抵押權之登載）

新市鎮特定區範圍內土地，區段徵收前已設定抵押權，而於實施區段徵收後領回抵價地者，主管機關應於辦理土地囑託登記前，邀集權利人協調，除協調結果該權利消滅者外，應列冊送由該管登記機關，於發還抵價地時，按原登記先後，登載於領回之抵價地。其為合併分配者，抵押權之登載，應以區段徵收前各宗土地之權利價值，計算其權利範圍。

第七章　附　則

第二九條　（租賃、出租之規範）

①主管機關就土地所為之處分、設定負擔或超過十年期間之租賃，不受土地法第二十五條之限制。

②土地或建築改良物依本條例出租者，其租金率不受土地法第九十七條或第一百零五條之限制。

第三〇條　（有關獎勵投資建設及人口產業引進之適用規定）

本條例有關獎勵投資建設及人口、產業引進之規定，如其他法律規定較本條例更有利者，適用最有利之法律。

第三一條　（適用規定）

本條例公布施行前經行政院核定開發之新市鎮，適用本條例之規定。

第三二條　（施行細則）

本條例施行細則，由中央主管機關定之。

第三三條　（施行日）

本條例自公布日施行。

建築法

①民國 27 年 12 月 26 日國民政府制定公布全文 47 條。
②民國 33 年 9 月 21 日國民政府修正公布全文 50 條。
③民國 60 年 12 月 23 日總統令修正公布全文 105 條。
④民國 65 年 1 月 8 日總統令修正公布第 3、7、13、27、34、35、39、40、48、52～54、58、59、68、70、77 條條文；並刪除第 17、18、21～23 條條文。
⑤民國 73 年 11 月 7 日總統令修正公布第 11、25、29、34、36、45、48、54、56、60、70、72、74、76～78、83、85～91、93～95、99、102 條條文；刪除第 37、38、57 條條文；並增訂第 34-1、70-1、77-1、96-1、97-1、97-2、99-1、102-1 條條文。
⑥民國 84 年 8 月 2 日總統令修正公布第 74、76、77、90、91、94、95 條條文；並增訂第 77-2、94-1、95-1 條條文。
⑦民國 89 年 12 月 20 日總統令修正公布第 2、13、16、19、20、32、42、46、50、53、96、99-1、101、102、102-1 條條文。
⑧民國 90 年 11 月 14 日總統令修正公布第 15 條條文。
⑨民國 92 年 6 月 5 日總統令修正公布第 3、7、10、11、34-1、36、41、53、54、56、70-1、73、77-1、77-2、87、91、97、97-1、99 條條文；刪除第 90 條條文；並增訂第 77-3、77-4、91-1、91-2、95-2、95-3、97-3 條條文。
⑩民國 93 年 1 月 20 日總統令修正公布第 2 條條文。
⑪民國 98 年 5 月 27 日總統令修正公布第 12、105 條條文；並自 98 年 11 月 23 日施行。
⑫民國 100 年 1 月 5 日總統令修正公布第 97 條條文。
民國 101 年 6 月 25 日行政院公告第 77-3 條第 6 項、第 77-4 條第 10 項所列屬「財政部」之權責事項，經行政院公告自 93 年 7 月 1 日起變更為「行政院金融監督管理委員會」管轄，自 101 年 7 月 1 日改由「金融監督管理委員會」管轄。

第一章 總 則

第一條 （立法宗旨）
為實施建築管理，以維護公共安全、公共交通、公共衛生及增進市容觀瞻，特制定本法；本法未規定者，適用其他法律之規定。

第二條 （主管機關）93
①主管建築機關，在中央為內政部；在直轄市為直轄市政府；在縣（市）為縣（市）政府。
②在第三條規定之地區，如以特設之管理機關為主管建築機關者，應經內政部之核定。

第三條 （適用地區）92
①本法適用地區如左：

一　實施都市計畫地區。
二　實施區域計畫地區。
三　經內政部指定地區。

②前項地區外供公眾使用及公有建築物，本法亦適用之。

③第一項第二款之適用範圍、申請建築之審查許可、施工管理及使用管理等事項之辦法，由中央主管建築機關定之。

第四條　（建築物）

本法所稱建築物，爲定著於土地上或地面下具有頂蓋、樑柱或牆壁，供個人或公眾使用之構造物或雜項工作物。

第五條　（公眾用建築物）

本法所稱供公眾使用之建築物，爲供公眾工作、營業、居住、遊覽、娛樂及其他供公眾使用之建築物。

第六條　（公有建築物）

本法所稱公有建築物，爲政府機關、公營事業機構、自治團體及具有紀念性之建築物。

第七條　（雜項工作物） 92

本法所稱雜項工作物，爲營業爐竈、水塔、瞭望臺、招牌廣告、樹立廣告、散裝倉、廣播塔、煙囱、圍牆、機械遊樂設施、游泳池、地下儲藏庫、建築所需駁崁、挖填土石方等工程及建築物興建完成後增設之中央系統空氣調節設備、昇降設備、機械停車設備、防空避難設備、污物處理設施等。

第八條　（主要構造）

本法所稱建築物之主要構造，爲基礎、主要樑柱、承重牆壁、樓地板及屋頂之構造。

第九條　（建造）

本法所稱建造，係指左列行爲：

一　新建：爲新建造之建築物或將原建築物全部拆除而重行建築者。

二　增建：於原建築物增加其面積或高度者。但以過廊與原建築物連接者，應視爲新建。

三　改建：將建築物之一部分拆除，於原建築基地範圍內改造，而不增高或擴大面積者。

四　修建：建築物之基礎、樑柱、承重牆壁、樓地板、屋架或屋頂，其中任何一種有過半之修理或變更者。

第一〇條　（建築物設備） 92

本法所稱建築物設備，爲敷設於建築物之電力、電信、煤氣、給水、污水、排水、空氣調節、昇降、消防、消雷、防空避難、污物處理及保護民眾隱私權等設備。

第一一條　（建築基地）

①本法所稱建築基地，爲供建築物本身所占之地面及其所應留設之法定空地。建築基地原爲數宗者，於申請建築前應合併爲一宗。

②前項法定空地之留設，應包括建築物與其前後左右之道路或其他

建築物間之距離，其寬度於建築管理規則中定之。

③應留設之法定空地，非依規定不得分割、移轉，並不得重複使用；其分割要件及申請核發程序等事項之辦法，由中央主管建築機關定之。

第一二條 （起造人）98

①本法所稱建築物之起造人，為建造該建築物之申請人，其為未成年或受監護宣告之人，由其法定代理人代為申請；本法規定之義務與責任，亦由法定代理人負之。

②起造人為政府機關公營事業機構、團體或法人者，由其負責人申請之，並由負責人負本法規定之義務與責任。

第一三條 （設計人及監造人）

①本法所稱建築物設計人及監造人為建築師，以依法登記開業之建築師為限。但有關建築物結構及設備等專業工程部分，除五層以下非供公眾使用之建築物外，應由承辦建築師交由依法登記開業之專業工業技師負責辦理，建築師並負連帶責任。

②公有建築物之設計人及監造人，得由起造之政府機關、公營事業機構或自治團體內，依法取得建築師或專業工業技師證書者任之。

③開業建築師及專業工業技師不能適應各該地方之需要時，縣（市）政府得報經內政部核准，不受前二項之限制。

第一四條 （承造人）

本法所稱建築物之承造人為營造業，以依法登記開業之營造廠商為限。

第一五條 （營造業之工程人員及外國營造業之設立）

①營造業應設置專任工程人員，負承攬工程之施工責任。

②營造業之管理規則，由內政部定之。

③外國營造業設立，應經中央主管建築機關之許可，依公司法申請認許或依商業登記法辦理登記，並應依前項管理規則之規定領得營造業登記證書及承攬工程手冊，始得營業。

第一六條 （造價金額或規模標準之訂定）

①建築物及雜項工作物造價在一定金額以下或規模在一定標準以下者，得免由建築師設計，或監造或營造業承造。

②前項造價金額或規模標準，由直轄市、縣（市）政府於建築管理規則中定之。

第一七條 （刪除）

第一八條 （刪除）

第一九條 （標準圖樣）

內政部、直轄市、縣（市）政府得製訂各種標準建築圖樣及說明書，以供人民選用；人民選用標準圖樣申請建築時，得免由建築師設計及簽章。

第二○條 （中央主管機關之指導）

中央主管建築機關對於直轄市、縣（市）建築管理業務，應負指

導、考核之責。

第二章　建築許可

第二一條至第二三條　（刪除）

第二四條　（公有建築之領照）

公有建築應由起造機關將核定或決定之建築計劃、工程圖樣及說明書，向直轄市、縣（市）（局）主管建築機關請領建築執照。

第二五條　（無照建築之禁止）

①建築物非經申請直轄市、縣（市）（局）主管建築機關之審查許可並發給執照，不得擅自建造或使用或拆除。但合於第七十八條及第九十八條規定者，不在此限。

②直轄市、縣（市）（局）主管建築機關為處理擅自建造或使用或拆除之建築物，得派員攜帶證明文件，進入公私有土地或建築物內勘查。

第二六條　（主管機關權限）

①直轄市、縣（市）（局）主管建築機關依本法規定核發之執照，僅為對申請建造、使用或拆除之許可。

②建築物起造人、或設計人、或監造人、或承造人，如有侵害他人財產，或肇致危險或傷害他人時，應視其情形，分別依法負其責任。

第二七條　（鄉鎮公所核發執照）

非縣（局）政府所在地之鄉、鎮，適用本法之地區，非供公眾使用之建築物或雜項工作物，得委由鄉、鎮（縣轄市）公所依規定核發執照。鄉、鎮（縣轄市）公所核發執照，應每半年彙報縣（局）政府備案。

第二八條　（建築執照種類）

建築執照分左列四種：

一　建造執照：建築物之新建、增建、改建及修建，應請領建造執照。

二　雜項執照：雜項工作物之建築，應請領雜項執照。

三　使用執照：建築物建造完成後之使用或變更使用，應請領使用執照。

四　拆除執照：建築物之拆除，應請領拆除執照。

第二九條　（規費或工本費）

直轄市、縣（市）（局）主管建築機關核發執照時，應依左列規定，向建築物之起造人或所有人收取規費或工本費：

一　建造執照及雜項執照：按建築物造價或雜項工作物造價收取千分之一以下之規費。如有變更設計時，應按變更部分收取千分之一以下之規費。

二　使用執照：收取執照工本費。

三　拆除執照：免費發給。

第三○條 （申請建造文件）

起造人申請建造執照或雜項執照時，應備具申書書、土地權利證明文件、工程圖樣及說明書。

第三一條 （申請書內容）

建造執照或雜項執照申請書，應載明左列事項：

一 起造人之姓名、年齡、住址。起造人為法人者，其名稱及事務所。

二 設計人之姓名、住址、所領證書字號及簽章。

三 建築地址。

四 基地面積、建築面積、基地面積與建築面積之百分比。

五 建築物用途。

六 工程概算。

七 建築期限。

第三二條 （圖樣及說明書內容）

工程圖樣及說明書應包括左列各款：

一 基地位置圖。

二 地盤圖，其比例尺不得小於一千二百分之一。

三 建築物之平面、立面、剖面圖，其比例尺不得小於二百分之一。

四 建築物各部之尺寸構造及材料，其比例尺不得小於三十分之一。

五 直轄市、縣（市）主管建築機關規定之必要結構計算書。

六 直轄市、縣（市）主管建築機關規定之必要建築物設備圖說及設備計算書。

七 新舊溝渠及出水方向。

八 施工說明書。

第三三條 （審查期限）

直轄市、縣（市）（局）主管建築機關收到起造人申請建造執照或雜項執照件之日起，應於十日內審查完竣，合格者即發給執照。但供公眾使用或構造複雜者，得視需要予以延長，最長不得超過三十日。

第三四條 （審查人員）

①直轄市、縣（市）（局）主管建築機關審查或鑑定建築物工程圖樣及說明書，應就規定項目為之，其餘項目由建築師或建築師及專業工業技師依本法規定簽證負責。對於特殊結構或設備之建築物並得委託或指定具有該項學識及經驗之專家或機關、團體為之；其委託或指定之審查或鑑定費用由起造人負擔。

②前項規定項目之審查或鑑定人員以大、專有關系、科畢業或高等考試或相當於高等考試以上之特種考試相關類科考試及格，經依法任用，並具有三年以上工程經驗者為限。

③第一項之規定項目及收費標準，由內政部定之。

第三四條之一 （預審辦法及收費標準）92

①起造人於申請建造執照前，得先列舉建築有關事項，並檢附圖樣，繳納費用，申請直轄市、縣（市）主管建築機關預為審查。審查時應特重建築結構之安全。

②前項列舉事項經審定合格者，起造人自審定合格之日起六個月內，依審定結果申請建造執照，直轄市、縣（市）主管建築機關就其審定事項應予認可。

③第一項預審之項目與其申請、審查程序及收費基準等事項之辦法，由中央主管建築機關定之。

第三五條 （通知改正）

直轄市、縣（市）（局）主管建築機關，對於申請建造執照或雜項執照案件，認為不合本法規定或基於本法所發布之命令或妨礙當地都市計畫或區域計劃有關規定者，應將其不合條款之處，詳為列舉，依第三十三條所規定之期限，一次通知起造人，令其改正。

第三六條 （復審）92

起造人應於接獲第一次通知改正之日起六個月內，依照通知改正事項改正完竣送請復審；屆期未送復審或復審仍不合規定者，主管建築機關得將該申請案件予以駁回。

第三七條 （刪除）

第三八條 （刪除）

第三九條 （按圖施工）

起造人應依照核定工程圖樣及說明書施工；如於興工前或施工中變更設計時，仍應依照本法申請辦理。但不變更主要構造或位置，不增加高度或面積，不變更建築物設備內容或位置者，得於竣工後，備具竣工平面、立面圖，一次報驗。

第四〇條 （建築執照補發）

①起造人領得建築執照後，如有遺失，應登報作廢，申請補發。

②原發照機關，應於收到前項申請之日起，五日內補發，並另收取執照工本費。

第四一條 （建造執照之廢止）92

起造人自接獲通知領取建造執照或雜項執照之日起，逾三個月未領取者，主管建築機關得將該執照予以廢止。

第三章　建築基地

第四二條 （統一規定）

建築基地與建築線相連接，其接連部分之最小寬度，由直轄市、縣（市）主管建築機關統一規定。但因該建築物周圍有廣場或永久性之空地等情形，經直轄市、縣（市）主管建築機關認為安全上無礙者，其寬度得不受限制。

第四三條 （基地與騎樓地面）

①建築物基地地面，應高出所臨接道路邊界處之路面；建築物底層

地板面，應高出基地地面，但對於基地內之排水無礙，或因建築物用途上之需要，另有適當之防水及排水設備者，不在此限。

②建築物設有騎樓者，其他平面不得與鄰接之騎樓地平面高低不平。但因地勢關係，經直轄市、縣（市）（局）主管機關核准者，不在此限。

第四四條　（基地最小面積）

直轄市、縣（市）（局）政府應視當地實際情形，規定建築基地最小面積之寬度及深度；建築基地面積畸零狹小不合規定者，非與鄰接土地協議調整地形或合併使用，達到規定最小面積之寬度及深度，不得建築。

第四五條　（鄰接土地調處）

①前條基地所有權人與鄰接土地所有權人於不能達成協議時，得申請調處，直轄市、縣（市）（局）政府應於收到申請之日起一個月內予以調處；調處不成時，基地所有權人或鄰接土地所有權人得就規定最小面積之寬度及深度範圍內之土地按徵收補償金額預繳承買價款申請該管地方政府徵收後辦理出售。徵收之補償，土地以市價為準，建築物以重建價格為準，所有權人如有爭議，由標準地價評議委員會評定之。

②徵收土地之出售，不受土地法第二十五條程序限制。辦理出售時應予公告三十日，並通知申請人，經公告期滿無其他利害關係人聲明異議者，即出售予申請人，發給權利移轉證明書；如有異議，公開標售之。但原申請人有優先承購權。標售所得超過徵收補償者，其超過部分發給被徵收之原土地所有權人。

③第一項範圍內之土地，屬於公有者，准照該宗土地或相鄰土地當期土地公告現值讓售鄰接土地所有權人。

第四六條　（畸零地使用規則）

直轄市、縣（市）主管建築機關應依照前二條規定，並視當地實際情形，訂定畸零地使用規則，報經內政部核定後發布實施。

第四七條　（禁建地區）

易受海潮、海嘯侵襲，洪水泛濫及土地崩塌之地區，如無確保安全之防護設施者，直轄市、縣（市）（局）主管建築機關應商同有關機關劃定範圍予以發布，並豎立標誌，禁止在該地區範圍內建築。

第四章　建築界線

第四八條　（建築線）

①直轄市、縣（市）（局）主管建築機關，應指定已經公告道路之境界線為建築線。但都市細部計畫規定須退縮建築時，從其規定。

②前項以外之現有巷道，直轄市、縣（市）（局）主管建築機關，認有必要時得另定建築線；其辦法於建築管理規則中定之。

第四九條　（建築線退讓）

在依法公布尚未闢築或拓寬之道路線兩旁建造建築物，應依照直轄市、縣（市）（局）主管建築機關指定之建築線退讓。

第五〇條　（退讓辦法）

①直轄市、縣（市）主管建築機關基於維護交通安全、景致觀瞻或其他需要，對於道路交叉口及面臨河湖、廣場等地帶之申請建築，得訂定退讓辦法令其退讓。

②前項退讓辦法，應報請內政部核定。

第五一條　（突出之例外）

建築物不得突出於建築線之外，但紀念性建築物，以及在公益上或短期內有需要且無礙交通之建築物，經直轄市、縣（市）（局）主管建築機關許可其突出者，不在此限。

第五二條　（退讓土地之徵收）

依第四十九條、第五十條退讓之土地，由直轄市、縣（市）（局）政府依法徵收。其地價補償，依都市計畫法規定辦理。

第五章　施工管理

第五三條　（建築期限）92

①直轄市、縣（市）主管建築機關，於發給建造執照或雜項執照時，應依照建築期限基準之規定，核定其建築期限。

②前項建築期限，以開工之日起算。承造人因故未能於建築期限內完工時，得申請展期一年，並以一次為限。未依規定申請展期，或已逾展期期限仍未完工者，其建造執照或雜項執照自規定得展期之期限屆滿之日起，失其效力。

③第一項建築期限基準，於建築管理規則中定之。

第五四條　（開工日期）92

①起造人自領得建造執照或雜項執照之日起，應於六個月內開工；並應於開工前，會同承造人及監造人將開工日期，連同姓名或名稱、住址、證書字號及承造人施工計畫書，申請該管主管建築機關備查。

②起造人因故不能於前項期限內開工時，應敘明原因，申請展期一次，期限為三個月。未依規定申請展期，或已逾展期期限仍未開工者，其建造執照或雜項執照自規定得展期之期限屆滿之日起，失其效力。

③第一項施工計畫書應包括之內容，於建築管理規則中定之。

第五五條　（變更之備案）

①起造人領得建造執照或雜項執照後，如有左列各款情事之一者，應即申報該管主管建築機關備案：

一　變更起造人。
二　變更承造人。
三　變更監造人。
四　工程中止或廢止。

②前項中止之工程，其可供使用部分，應由起造人依照規定辦理變

更設計，申請使用；其不堪供使用部分，由起造人拆除之。

第五六條 （勘驗）92

① 建築工程中必須勘驗部分，應由直轄市、縣（市）主管建築機關於核定建築計畫時，指定由承造人會同監造人按時申報後，方得繼續施工，主管建築機關得隨時勘驗之。

② 前項建築工程必須勘驗部分、勘驗項目、勘驗方式、勘驗紀錄保存年限、申報規定及起造人、承造人、監造人應配合事項，於建築管理規則中定之。

第五七條 （刪除）

第五八條 （停工修改拆除）

建築物在施工中，直轄市、縣（市）（局）主管建築機關認有必要時，得隨時加以勘驗，發現左列情事之一者，應以書面通知承造人或起造人或監造人，勒令停工或修改；必要時，得強制拆除：

一　妨礙都市計畫者。

二　妨礙區域計畫者。

三　危害公共安全者。

四　妨礙公共交通者。

五　妨礙公共衛生者。

六　主要構造或位置或高度或面積與核定工程圖樣及說明書不符者。

七　違反本法其他規定或基於本法所發布之命令者。

第五九條 （停工變更設計）

① 直轄市、縣（市）（局）主管建築機關因都市計畫或區域計畫之變更，對已領有執照尚未開工或正在施工中之建築物，如有妨礙變更後之都市計畫或區域計畫者，得令其停工，另依規定，辦理變更設計。

② 起造人因前項規定必須拆除其建築物時，直轄市、縣（市）（局）政府應對該建造物拆除之一部或全部，按照市價補償之。

第六〇條 （賠償責任）

建築物由監造人負責監造，其施工不合規定或肇致起造人蒙受損失時，賠償責任，依左列規定：

一　監造人認為不合規定或承造人擅自施工，致必須修改、拆除、重建或予補強，經主管建築機關認定者，由承造人負賠償責任。

二　承造人未按核准圖說施工，而監造人認為合格經直轄市、縣（市）（局）主管建築機關勘驗不合規定，必須修改、拆除、重建或補強者，由承造人負賠償責任，承造人之專任工程人員及監造人負連帶責任。

第六一條 （修改）

建築物在施工中，如有第五十八條各款情事之一時，監造人應分別通知承造人及起造人修改；其未依照規定修改者，應即申報該

管主管建築機關處理。

第六二條　（勘驗程序）

主管建築機關派員勘驗時，勘驗人員應出示其身分證明文件；其未出具身分證明文件者，起造人、承造人、監造人得拒絕勘驗。

第六三條　（場所安全防範）

建築物施工場所，應有維護安全、防範危險及預防火災之適當設備或措施。

第六四條　（物品堆放）

建築物施工時，其建築材料及機具之堆放，不得妨礙交通及公共安全。

第六五條　（機械施工）

凡在建築工地使用機械施工者，應遵守左列規定：

一　不得作其使用目的以外之用途，並不得超過其性能範圍。

二　應備有掣動裝置及操作上所必要之信號裝置。

三　自身不能穩定者，應扶以撐柱或拉索。

第六六條　（墜落物之防止）

二層以上建築物施工時，其施工部分距離道路境界線或基地境界線不足二公尺半者，或五層以上建築物施工時，應設置防止物體墜落之適當圍籬。

第六七條　（噪音等之限制）

主管建築機關對於建築工程施工方法或施工設備，發生激烈震動或噪音及灰塵散播，有妨礙附近之安全或安寧者，得令其作必要之措施或限制其作業時間。

第六八條　（施工注意事項）

①承造人在建築物施工中，不得損及道路、溝渠等公共設施；如必須損壞時，應先申報各該主管機關核准，並規定施工期間之維護標準與責任，及損壞原因消失後之修復責任與期限，始得進行該部分工程。

②前項損壞部分，應在損壞原因消失後即予修復。

第六九條　（附鄰接建築物之防護措施）

建築物在施工中，鄰接其他建築物施行挖土工程時，對該鄰接建築物應視需要作防護其傾斜或倒壞之措施。挖土深度在一公尺半以上者，其防護措施之設計圖樣及說明書，應於申請建造執照或雜項執照時一併送審。

第六章　使用管理

第七○條　（查驗）

①建築工程完竣後，應由起造人會同承造人及監造人申請使用執照。直轄市、縣（市）（局）主管建築機關應自接到申請之日起，十日內派員查驗完竣。其主要構造、室內隔間及建築物主要設備等與設計圖樣相符者，發給使用執照，並得核發謄本；不相符者，一次通知其修改後，再報請查驗。但供公眾使用建築物之

查驗期限，得展延爲二十日。

②建築物無承造人或監造人，或承造人、監造人無正當理由，經建築爭議事件評審委員會評審後而拒不會同或無法會同者，由起造人單獨申請之。

③第一項主要設備之認定，於建築管理規則中定之。

第七〇條之一 （部分使用執照之核發）92

建築工程部分完竣後可供獨立使用者，得核發部分使用執照；其效力、適用範圍、申請程序及查驗規定等事項之辦法，由中央主管建築機關定之。

第七一條 （使用執照申請應備之件）

①申請使用執照，應備具申請書，並檢附左列各件：

一　原領之建造執照或雜項執照。

二　建築物竣工平面圖及立面圖。

②建築物與核定工程圖樣完全相符者，免附竣工平面圖及立面圖。

第七二條 （公衆用建物使用執照之申請）

供公衆使用之建築物，依第七十條之規定申請使用執照時，直轄市、縣（市）（局）主管建築機關應會同消防主管機關檢查其消防設備，合格後方得發給使用執照。

第七三條 （使用程序）92

①建築物非經領得使用執照，不准接水、接電及使用。但直轄市、縣（市）政府認有左列各款情事之一者，得另定建築物接用水、電相關規定：

一　偏遠地區且非屬都市計畫地區之建築物。

二　因興辦公共設施所需而拆遷具整建需要且無礙都市計畫發展之建築物。

三　天然災害損壞需安置及修復之建築物。

四　其他有迫切民生需要之建築物。

②建築物應依核定之使用類組使用，其有變更使用類組或有第九條建造行爲以外主要構造、防火區劃、防火避難設施、消防設備、停車空間及其他與原核定使用不合之變更者，應申請變更使用執照。但建築物在一定規模以下之使用變更，不在此限。

③前項一定規模以下之免辦理變更使用執照相關規定，由直轄市、縣（市）主管建築機關定之。

④第二項建築物之使用類組、變更使用之條件及程序等事項之辦法，由中央主管建築機關定之。

第七四條 （變更使用執照之申請）

申請變更使用執照，應備具申請書並檢附左列各件：

一　建築物之原使用執照或謄本。

二　變更用途之說明書。

三　變更供公衆使用者，其結構計算書與建築物室內裝修及設備圖說。

第七五條 （檢查及發照期限）

直轄市、縣（市）（局）主管建築機關對於申請變更使用之檢查及發照期限，依第七十條之規定辦理。

第七六條 （公共安全衛生之檢查㈠）

非供公眾使用建築物變更為供公眾使用，或原供公眾使用建築物變更為他種公眾使用時，直轄市、縣（市）（局）主管建築機關應檢查其構造、設備及室內裝修。其有關消防安全設備部分應會同消防主管機關檢查。

第七七條 （公共安全衛生之檢查㈡）

①建築物所有權人、使用人應維護建築物合法使用與其構造及設備安全。

②直轄市、縣（市）（局）主管建築機關對於建築物得隨時派員檢查其有關公共安全與公共衛生之構造與設備。

③供公眾使用之建築物，應由建築物所有權人、使用人定期委託中央主管建築機關認可之專業機構或人員檢查簽證，其檢查簽證結果應向當地主管建築機關申報。非供公眾使用之建築物，經內政部認有必要時亦同。

④前項檢查簽證結果，主管建築機關得隨時派員或定期會同各有關機關複查。

⑤第三項之檢查簽證事項、檢查期間、申報方式及施行日期，由內政部定之。

第七七條之一 （公安衛生檢查）92

為維護公共安全，供公眾使用或經中央主管建築機關認有必要之非供公眾使用之原有合法建築物防火避難設施及消防設備不符現行規定者，應視其實際情形，令其改善或改變其他用途；其申請改善程序、項目、內容及方式等事項之辦法，由中央主管建築機關定之。

第七七條之二 （室內裝修應遵守之規定）92

①建築物室內裝修應遵守左列規定：

　一　供公眾使用建築物之室內裝修應申請審查許可，非供公眾使用建築物，經內政部認有必要時，亦同。但中央主管機關得授權建築師公會或其他相關專業技術團體審查。

　二　裝修材料應合於建築技術規則之規定。

　三　不得妨害或破壞防火避難設施、消防設備、防火區劃及主要構造。

　四　不得妨害或破壞保護民眾隱私權設施。

②前項建築物室內裝修應由經內政部登記許可之室內裝修從業者辦理。

③室內裝修從業者應經內政部登記許可，並依其業務範圍及責任執行業務。

④前三項室內裝修申請審查許可程序、室內裝修從業者資格、申請登記許可程序、業務範圍及責任，由內政部定之。

第七七條之三 （機械遊樂設施管理使用規定）92

①機械遊樂設施應領得雜項執照，由具有設置機械遊樂設施資格之承辦廠商施工完竣，經竣工查驗合格取得合格證明書，並依第二項第二款之規定投保意外責任險後，檢同保險證明文件及合格證明書，向直轄市、縣（市）主管建築機關申領使用執照；非經領得使用執照，不得使用。

②機械遊樂設施經營者，應依左列規定管理使用其機械遊樂設施：

一　應依核准使用期限使用。

二　應依中央主管建築機關指定之設施項目及最低金額常時投保意外責任保險。

三　應定期委託依法開業之相關專業技師、建築師或經中央主管建築機關指定之檢查機構、團體實施安全檢查。

四　應置專任人員負責機械遊樂設施之管理操作。

五　應置經考試及格或檢定合格之機電技術人員，負責經常性之保養、修護。

③前項第三款安全檢查之次數，由該管直轄市、縣（市）主管建築機關定之，每年不得少於二次。必要時，並得實施全部或一部之不定期安全檢查。

④第二項第三款安全檢查之結果，應申報直轄市、縣（市）主管建築機關處理；直轄市、縣（市）主管建築機關得隨時派員或定期會同各有關機關或委託相關機構、團體複查或抽查。

⑤第一項、第二項及前項之申請雜項執照應檢附之文件、圖說、機械遊樂設施之承辦廠商資格、條件、竣工查驗方式、項目、合格證明書格式、投保意外責任險之設施項目及最低金額、安全檢查、方式、項目、受指定辦理檢查之機構、團體、資格、條件及安全檢查結果格式等事項之管理辦法，由中央主管建築機關定之。

⑥第二項第二款之保險，其保險條款及保險費率，由財政部會同中央主管建築機關核定之。

第七七條之四 （各項安檢執行業務規定）92

①建築物昇降設備及機械停車設備，非經竣工檢查合格取得使用許可證，不得使用。

②前項設備之管理人，應定期委託領有中央主管建築機關核發登記證之專業廠商負責維護保養，並定期向直轄市、縣（市）主管建築機關或由直轄市、縣（市）主管建築機關委託經中央主管建築機關指定之檢查機構或團體申請安全檢查。管理人未申請者，直轄市、縣（市）主管建築機關應限期令其補行申請；屆期未申請者，停止其設備之使用。

③前項安全檢查，由檢查機構或團體受理者，應指派領有中央主管建築機關核發檢查員證之檢查員辦理檢查；受指派之檢查員，不得爲負責受檢設備之維護保養之專業廠商從業人員。直轄市、縣（市）主管建築機關並得委託受理安全檢查機構或團體核發使用

許可證。

④前項檢查結果，檢查機構或團體應定期彙報直轄市、縣（市）主管建築機關，直轄市、縣（市）主管建築機關得抽驗之；其抽驗不合格者，廢止其使用許可證。

⑤第二項之專業廠商應依左列規定執行業務：

一　應指派領有中央主管建築機關核發登記證之專業技術人員安裝及維護。

二　應依原送直轄市、縣（市）主管建築機關備查之圖說資料安裝。

三　應依中央主管建築機關指定之最低金額常時投保意外責任保險。

四　應依規定保養台數，聘僱一定人數之專任專業技術人員。

五　不得將專業廠商登記證提供他人使用或使用他人之登記證。

六　應接受主管建築機關業務督導。

七　訂約後應依約完成安裝或維護保養作業。

八　報請核備之資料應與事實相符。

九　設備經檢查機構檢查或主管建築機關抽驗不合格者應即改善。

十　受委託辦理申請安全檢查應於期限內申辦。

⑥前項第一款之專業技術人員應依左列規定執行業務：

一　不得將專業技術人員登記證提供他人使用或使用他人之登記證。

二　應據實記載維護保養結果。

三　應參加中央主管建築機關舉辦或委託之相關機構、團體辦理之訓練。

四　不得同時受聘於二家以上專業廠商。

⑦第二項之檢查機構應依左列規定執行業務：

一　應具備執行業務之能力。

二　應據實申報檢查員異動資料。

三　申請檢查案件不得積壓。

四　應接受主管建築機關業務督導。

五　檢查員檢查不合格報請處理案件，應通知管理人限期改善，複檢不合格之設備，應即時轉報直轄市、縣（市）主管建築機關處理。

⑧第三項之檢查員應依左列規定執行業務：

一　不得將檢查員證提供他人使用或使用他人之檢查員證。

二　應據實申報檢查結果，對於檢查不合格之設備應報請檢查機構處理。

三　應參加中央主管建築機關舉辦或委託之相關機構、團體所舉辦之訓練。

四　不得同時任職於二家以上檢查機構或團體。

五　檢查發現昇降設備有立即發生危害公共安全之虞時，應即報告管理人停止使用，並儘速報告直轄市、縣（市）主管建築

機關處理。

⑨前八項設備申請使用許可證應檢附之文件、使用許可證有效期限、格式、維護保養期間、安全檢查期間、方式、項目、安全檢查結果與格式、受指定辦理安全檢查及受委託辦理訓練之機構或團體之資格、條件、專業廠商登記證、檢查員證、專業技術人員證核發之資格、條件、程序、格式、投保意外責任保險之最低金額、專業廠商聘僱專任專業技術人員之一定人數及保養設備台數等事項之管理辦法，由中央主管建築機關定之。

⑩第五項第三款之保險，其保險條款及保險費率，由財政部會同中央主管建築機關核定之。

第七章　拆除管理

第七八條　（拆除執照之請領）

建築物之拆除應先請領拆除執照。但左列各款之建築物，無第八十三條規定情形者不在此限：

一　第十六條規定之建築物及雜項工作物。

二　因實施都市計畫或拓闢道路等經主管建築機關通知限期拆除之建築物。

三　傾頹或朽壞有危險之虞必須立即拆除之建築物。

四　違反本法或基於本法所發布之命令規定，經主管建築機關通知限期拆除或由主管建築機關強制拆除之建築物。

第七九條　（拆除執照之申請）

申請拆除執照應備具申請書，並檢附建築物之權利證明文件或其他合法證明。

第八〇條　（審查）

直轄市、縣（市）（局）主管建築機關應自收到前條件之日起五日內審查完竣，合於規定者，發給拆除執照；不合者，予以駁回。

第八一條　（停止使用及拆除）

①直轄市、縣（市）（局）主管建築機關對傾頹或朽壞而有危害公共安全之建築物，應通知所有人或占有人停止使用，並限期命所有人拆除；逾期未拆者，得強制拆除之。

②前項建築物所有人住址不明無法通知者，得逕予公告強制拆除。

第八二條　（危險建築物）

因地震、水災、風災、火災或其他重大事變，致建築物發生危險不及通知其所有人或占有人予以拆除時，得由該管主管建築機關逕予強制拆除。

第八三條　（古蹟之修繕）

經指定為古蹟之古建築物、遺址及其他文化遺跡，地方政府或其所有人應予管理維護，其修復應經古蹟主管機關許可後，始得為之。

第八四條　（安全設施）

拆除建築物時，應有維護施工及行人安全之設施，並不得妨礙公眾交通。

第八章 罰 則

第八五條 （違法設計監造）

違反第十三條或第十四條之規定，擅自承攬建築物之設計、監造或承造業務者，勒令其停止業務，並處以六千元以上三萬元以下罰鍰；其不遵從而繼續營業者，處一年以下有期徒刑、拘役或科或併科三萬元以下罰金。

第八六條 （違法建築等）

違反第二十五條之規定者，依左列規定，分別處罰：

一 擅自建造者，處以建築物造價千分之五十以下罰鍰，並勒令停工補辦手續；必要時得強制拆除其建築物。

二 擅自使用者，處以建築物造價千分之五十以下罰鍰，並勒令停止使用補辦手續；其有第五十八條情事之一者，並得封閉其建築物，限期修改或強制拆除之。

三 擅自拆除者，處一萬元以下罰鍰，並勒令停止拆除補辦手續。

第八七條 （違法施工等）92

有左列情形之一者，處起造人、承造人或監造人新臺幣九千元以下罰鍰，並勒令補辦手續；必要時，並得勒令停工。

一 違反第三十九條規定，未依照核定工程圖樣及說明書施工者。

二 建築執照遺失未依第四十條規定，登報作廢，申請補發者。

三 逾建築期限未依第五十三條第二項規定，申請展期者。

四 逾開工期限未依第五十四條第二項規定，申請展期者。

五 變更起造人、承造人、監造人或工程中止或廢止未依第五十五條第一項規定，申請備案者。

六 中止之工程可供使用部分未依第五十五條第二項規定，辦理變更設計，申請使用者。

七 未依第五十六條規定，按時申報勘驗者。

第八八條 （違法、退讓與突出）

違反第四十九條至第五十一條各條規定之一者，處其承造人或監造人三千元以上一萬五千元以下罰鍰，並令其限期修改；逾期不遵從者，得強制拆除其建築物。

第八九條 （違法施工）

違反第六十三條至第六十九條及第八十四條各條規定之一者，除勒令停工外，並各處承造人、監造人或拆除人六千元以上三萬元以下罰鍰；其起造人亦有責任時，得處以相同金額之罰鍰。

第九〇條 （刪除）92

第九一條 （處罰）92

①有左列情形之一者，處建築物所有權人、使用人、機械遊樂設施

之經營者新臺幣六萬元以上三十萬元以下罰鍰，並限期改善或補辦手續，屆期仍未改善或補辦手續而繼續使用者，得連續處罰，並限期停止其使用。必要時，並停止供水供電、封閉或命其於期限內自行拆除，恢復原狀或強制拆除：

一　違反第七十三條第二項規定，未經核准變更使用擅自使用建築物者。

二　未依第七十七條第一項規定維護建築物合法使用與其構造及設備安全者。

三　規避、妨礙或拒絕依第七十七條第二項或第四項之檢查、複查或抽查者。

四　未依第七十七條第三項、第四項規定辦理建築物公共安全檢查簽證或申報者。

五　違反第七十七條之三第一項規定，未經領得使用執照，擅自供人使用機械遊樂設施者。

六　違反第七十七條之三第二項第一款規定，未依核准期限使用機械遊樂設施者。

七　未依第七十七條之三第二項第二款規定常時投保意外責任保險者。

八　未依第七十七條之三第二項第三款規定實施定期安全檢查者。

九　未依第七十七條之三第二項第四款規定置專任人員管理操作機械遊樂設施者。

十　未依第七十七條之三第二項第五款規定置經考試及格或檢定合格之機電技術人員負責經常性之保養、修護者。

②有供營業使用事實之建築物，其所有權人、使用人違反第七十七條第一項有關維護建築物合法使用與其構造及設備安全規定致人於死者，處一年以上七年以下有期徒刑，得併科新臺幣一百萬元以上五百萬元以下罰金；致重傷者，處六個月以上五年以下有期徒刑，得併科新臺幣五十萬元以上二百五十萬元以下罰鍰。

第九一條之一　（處罰）92

有左列情形之一者，處建築師、專業技師、專業機構或人員、專業技術人員、檢查員或實施機械遊樂設施安全檢查人員新臺幣六萬元以上三十萬元以下罰鍰：

一　辦理第七十七條第三項之檢查簽證內容不實者。

二　允許他人假借其名義辦理第七十七條第三項檢查簽證業務或假借他人名義辦理該檢查簽證業務者。

三　違反第七十七條之四第六項第一款或第七十七條之四第八項第一款規定，將登記證或檢查員證提供他人使用或使用他人之登記證或檢查員證執業者。

四　違反第七十七條之三第二項第三款規定，安全檢查報告內容不實者。

第九一條之二　（處罰）92

① 專業機構或專業檢查人違反第七十七條第五項內政部所定有關檢查簽證事項之規定情節嚴重大者，廢止其認可。

② 建築物昇降設備及機械停車設備之專業廠商有左列情形之一者，直轄市、縣（市）主管建築機關應通知限期改正，屆期未改正者，得予停業或報請中央主管建築機關廢止其登記證：

一　違反第七十七條之四第五項第一款規定，指派非專業技術人員安裝及維護者。

二　違反第七十七條之四第五項第二款規定，未依原送備查之圖說資料安裝者。

三　未依第七十七條之四第五項第三款規定常時投保意外責任保險者。

四　未依第七十七條之四第五項第四款之規定聘僱一定人數之專任專業技術人員者。

五　違反第七十七條之四第五項第五款之規定，將登記證提供他人使用或使用他人之登記證執業者。

六　違反第七十七條之四第五項第六款規定，規避、妨害、拒絕接受業務督導者。

七　違反第七十七條之四第五項第八款規定，報請核備之資料與事實不符者。

八　違反第七十七條之四第五項第九款規定，設備經檢查或抽查不合格拒不改善或改善後複檢仍不合格者。

九　違反第七十七條之四第五項第十款規定，未於期限內申辦者。

③ 專業技術人員有左列情形之一者，直轄市、縣（市）主管建築機關應通知限期改正，屆期未改正者，得予停止執行職務或報請中央主管建築機關廢止其專業技術人員登記證：

一　違反第七十七條之四第六項第一款規定，將登記證提供他人使用或使用他人之登記證執業者。

二　違反第七十七條之四第六項第二款規定，維護保養結果記載不實者。

三　未依第七十七條之四第六項第三款規定參加訓練者。

四　違反第七十七條之四第六項第四款規定，同時受聘於兩家以上專業廠商者。

④ 檢查機構有左列情形之一者，直轄市、縣（市）主管建築機關應通知限期改正，屆期未改正者，得予停止執行職務或報請中央主管建築機關廢止指定：

一　違反第七十七條之四第七項第一款規定，喪失執行業務能力者。

二　未依第七十七條之四第七項第二款規定據實申報檢查員異動資料者。

三　違反第七十七條之四第七項第三款規定，積壓申請檢查案件者。

四　違反第七十七條之四第七項第四款規定，規避、妨害或拒絕接受業務督導者。

五　未依第七十七條之四第七項第五款規定通知管理人限期改善或將複檢不合格案件即時轉報主管建築機關處理者。

⑤檢查員有左列情形之一者，直轄市、縣（市）主管建築機關應通知限期改正，屆期未改正者，得予停止執行職務或報請中央主管建築機關廢止其檢查員證：

一　違反第七十七條之四第八項第一款規定，將檢查員證提供他人使用或使用他人之檢查員證執業者。

二　違反第七十七條之四第八項第二款規定，未據實申報檢查結果或對於檢查不合格之設備未報檢查機構處理者。

三　未依第七十七條之四第八項第三款規定參加訓練者。

四　違反第七十七條之四第八項第四款規定，同時任職於兩家以上檢查機構或團體者。

五　未依第七十七條之四第八項第五款規定報告管理人停止使用或儘速報告主管建築機關處理者。

⑥專業廠商、專業技術人員或檢查員經撤銷或廢止登記證或檢查員證，未滿三年者，不得重行申請核發同種類登記證或檢查員證。

第九二條　（處罰機關）

本法所定罰鍰由該管主管建築機關處罰之，並得於行政執行無效時，移送法院強制執行。

第九三條　（違法復工）

依本法規定勒令停工之建築物，非經許可不得擅自復工；未經許可擅自復工經制止不從者，除強制拆除其建築物或勒令恢復原狀外，處一年以下有期徒刑、拘役或科或併科三萬元以下罰金。

第九四條　（違法使用之處罰）

依本法規定停止使用或封閉之建築物，非經許可不得擅自使用；未經許可擅自使用經制止不從者，處一年以下有期徒刑、拘役或科或併科新臺幣三十萬元以下罰金。

第九四條之一　（違法使用水電之處罰）

依本法規定停止供水或供電之建築物，非經直轄市、縣（市）（局）主管建築機關審查許可，不得擅自接水、接電或使用；未經許可擅自接水、接電或使用者，處一年以下有期徒刑、拘役或科或併科新臺幣三十萬元以下罰金。

第九五條　（違法重建之處罰）

依本法規定強制拆除之建築物，違反規定重建者，處一年以下有期徒刑、拘役或科或併科新臺幣三十萬元以下罰金。

第九五條之一　（違法室內裝修之處罰）

①違反第七十七條之二第一項或第二項規定者，建築物所有權人、使用人或室內裝修從業者新臺幣六萬元以上三十萬元以下罰鍰，並限期改善或補辦，逾期仍未改善或補辦者得連續處罰；必要時強制拆除其室內裝修違規部分。

②室內裝修從業者違反第七十七條之二第三項規定者，處新臺幣六萬元以上三十萬元以下罰鍰，並得勒令其停止業務，必要時並撤銷其登記；其為公司組織者，通知該管主管機關撤銷其登記。

③經依前項規定勒令停止業務，不遵從而繼續執業者，處一年以下有期徒刑、拘役或科或併科新臺幣三十萬元以下罰金；其為公司組織者，處罰其負責人及行為人。

第九五條之二 （處罰）92

建築物昇降設備及機械停車設備管理人違反第七十七條之四第二項規定者，處新臺幣三千元以上一萬五千元以下罰鍰，並限期改善或補辦手續，屆期仍未改善或補辦手續者，得連續處罰。

第九五條之三 （處罰）92

本法修正施行後，違反第九十七條之三第二項規定，未申請審查許可，擅自設置招牌廣告或樹立廣告者，處建築物所有權人、土地所有權人或使用人新臺幣四萬元以上二十萬元以下罰鍰，並限期改善或補辦手續，屆期仍未改善或補辦手續者，得連續處罰。必要時，得命其限期自行拆除其招牌廣告或樹立廣告。

第九章　附　則

第九六條 （使用執照之核發）

①本法施行前，供公眾使用之建築物而未領有使用執照者，其所有權人應申請核發使用執照。但都市計畫範圍內非供公眾使用者，其所有權人得申請核發使用執照。

②前項建築物使用執照之核發及安全處理，由直轄市、縣（市）政府於建築管理規則中定之。

第九六條之一 （強制拆除不予補償）

①依本法規定強制拆除之建築物均不予補償，其拆除費用由建築物所有人負擔。

②前項建築物內存放之物品，主管機關應公告或以書面通知所有人、使用人或管理人自行遷移，逾期不遷移者，視同廢棄物處理。

第九七條 （建築技術規則）100

有關建築規劃、設計、施工、構造、設備之建築技術規則，由中央主管建築機關定之，並應落實建構兩性平權環境之政策。

第九七條之一 （山坡地建築管理辦法之訂定）92

山坡地建築之審查許可、施工管理及使用管理等事項之辦法，由中央主管建築機關定之。

第九七條之二 （違反本法之處理）

違反本法或基於本法所發布命令規定之建築物，其處理辦法，由內政部定之。

第九七條之三 （招牌廣告及樹立廣告）92

①一定規模以下之招牌廣告及樹立廣告，得免申請雜項執照。其管理並得簡化，不適用本法全部或一部之規定。

② 招牌廣告及樹立廣告之設置，應向直轄市、縣（市）主管建築機關申請審查許可，直轄市、縣（市）主管建築機關得委託相關專業團體審查，其審查費用由申請人負擔。

③ 前二項招牌廣告及樹立廣告之一定規模、申請審查許可程序、施工及使用等事項之管理辦法，由中央主管建築機關定之。

④ 第二項受委託辦理審查之專業團體之資格條件、執行審查之工作內容、收費基準與應負之責任及義務等事項，由該管直轄市、縣（市）主管建築機關定之。

第九八條　（特種建築物之許可）

特種建築物得經行政院之許可，不適用本法全部或一部之規定。

第九九條　（例外規定）92

① 左列各款經直轄市、縣（市）主管建築機關許可者，得不適用本法全部或一部之規定：

一　紀念性之建築物。

二　地面下之建築物。

三　臨時性之建築物。

四　海港、碼頭、鐵路車站、航空站等範圍內之雜項工作物。

五　興闢公共設施，在拆除剩餘建築基地內依規定期限改建或增建之建築物。

六　其他類似前五款之建築物或雜項工作物。

② 前項建築物之許可程序、施工及使用等事項之管理，得於建築管理規則中定之。

第九九條之一　（實施都市計畫以外地區之管理）

實施都市計畫以外地區或偏遠地區建築物之管理得予簡化，不適用本法全部或一部之規定；其建築管理辦法，得由縣政府擬訂，報請內政部核定之。

第一○○條　（適用區外之建築管理）

第三條所定適用地區以外之建築物，得由內政部另定辦法管理之。

第一○一條　（建築管理規則）

直轄市、縣（市）政府得依據地方情形，分別訂定建築管理規則，報經內政部核定後實施。

第一○二條　（建築限制）

直轄市、縣（市）政府對左列各款建築物，應分別規定其建築限制：

一　風景區、古蹟保存區及特定區內之建築物。

二　防火區內之建築物。

第一○二條之一　（防空避難設備或停車空間之興建）

① 建築物依規定應附建防空避難設備或停車空間；其防空避難設備因特殊情形施工確有困難或停車空間在一定標準以下及建築物位於都市計畫停車場公共設施用地一定距離範圍內者，得由起造人繳納代金，由直轄市、縣（市）主管建築機關代為集中興建。

②前項標準、範圍、繳納代金及管理使用辦法，由直轄市、縣（市）政府擬訂，報請內政部核定之。

第一○三條　（評審委員會）

①直轄市、縣（市）（局）主管建築機關為處理有關建築爭議事件，得聘請資深之營建專家及建築師，並指定都市計劃及建築管理主管人員，組設建築爭議事件評審委員會。

②前項評審委員會之組織，由內政部定之。

第一○四條　（防火防空設備）

　直轄市、縣（市）（局）政府對於建築物有關防火及防空避難設備之設計與構造，得會同有關機關為必要之規定。

第一○五條　（施行日）98

①本法自公布日施行。

②本法中華民國九十八年五月十二日修正之條文，自九十八年十一月二十三日施行。

違章建築處理辦法

①民國 46 年 12 月 7 日內政部令訂定發布全文 52 條。
②民國 53 年 9 月 24 日內政部令修正發布全文 60 條。
③民國 64 年 6 月 10 日內政部函修正發布全文 15 條。
④民國 69 年 1 月 24 日內政部令修正發布第 2 條條文。
⑤民國 72 年 7 月 1 日內政部令修正發布全文 17 條。
⑥民國 76 年 3 月 4 日內政令修正發布全文 16 條。
⑦民國 81 年 1 月 10 日內政部令修正發布第 14 條條文。
⑧民國 88 年 6 月 29 日內政部令修正發布第 11 條條文。
⑨民國 101 年 4 月 2 日內政部令修正發布第 3、8 條條文；並增訂第 11-1 條條文。

第一條

本辦法依建築法第九十七條之二規定訂定之。

第二條

本辦法所稱之違章建築，為建築法適用地區內，依法應申請當地主管建築機關之審查許可並發給執照方能建築，而擅自建築之建築物。

第三條 101

①違章建築之拆除，由直轄市、縣（市）主管建築機關執行之。
②直轄市、縣（市）主管建築機關應視實際需要置違章建築查報人員在轄區執行違章建築查報事項。鄉（鎮、市、區）公所得指定人員辦理違章建築之查報工作。
③第一項拆除工作及前項查報工作，直轄市、縣（市）主管建築機關得視實際需要委託辦理。

第四條

①違章建築查報人員遇有違反建築法規之新建、增建、改建、修建情事時，應立即報告主管建築機關處理，並執行主管建築機關指定辦理之事項。
②主管建築機關因查報、檢舉或其他情事知有違章建築情事而在施工中者，應立即勒令停工。
③違章建築查報及拆除人員，於執行職務時，應佩帶由直轄市、縣（市）政府核發之識別證；拆除人員並應攜帶拆除文件。

第五條

直轄市、縣（市）主管建築機關，應於接到違章建築查報人員報告之日起五日內實施勘查，認定必須拆除者，應即拆除之。認定尚未構成拆除要件者，通知違建人於收到通知後三十日內，依建築法第三十條之規定補行申請執照。違建人之申請執照不合規定或逾期未補辦申領執照手續者，直轄市、縣（市）主管建築機關

應拆除之。

第六條

依規定應拆除之違章建築，不得准許緩拆或免拆。

第七條

①違章建築拆除時，敷設於違章建築之建築物設備，一併拆除之。

②經公告或書面通知強制執行拆除之違章建築，如所有人、使用人或管理人規避拆除時，拆除人員得會同自治人員拆除之，並由轄區警察機關派員維持秩序。

第八條 101

違章建築拆除後之建築材料，應公告或以書面通知違章建築所有人、使用人或管理人限期自行清除，逾期不清除者，視同廢棄物，依廢棄物清理法規定處理。

第九條

人民檢舉違章建築，檢舉人姓名應予保密。

第一○條

建築師、營造業及土木包工業設計、監造或承造違章建築者，依有關法令處罰。

第一一條

①舊違章建築，其妨礙都市計畫、公共交通、公共安全、公共衛生、防空疏散、軍事設施及對市容觀瞻有重大影響者，得由直轄市、縣（市）政府實地勘查、劃分左列地區分別處理：

一　必須限期拆遷地區。

二　配合實施都市計畫拆遷地區。

三　其他必須整理地區。

②前項地區經勘定後，應函請內政部備查，並以公告限定於一定期限內拆遷或整理。

③新舊違章建築之劃分日期，依直轄市、縣（市）主管建築機關經以命令規定並報內政部備案之日期。

第一一條之一 101

①既存違章建築影響公共安全者，當地主管建築機關應訂定拆除計畫限期拆除；不影響公共安全者，由當地主管建築機關分類分期予以列管拆除。

②前項影響公共安全之範圍如下：

一　供營業使用之整幢違章建築。營業使用之對象由當地主管建築機關於查報及拆除計畫中定之。

二　合法建築物垂直增建違章建築，有下列情形之一者：

　㈠占用建築技術規則設計施工編第九十九條規定之屋頂避難平臺。

　㈡違章建築樓層達二層以上。

三　合法建築物水平增建違章建築，有下列情形之一者：

　㈠占用防火間隔。

　㈡占用防火巷。

㈢占用騎樓。

㈣占用法定空地供營業使用。營業使用之對象由當地主管建築機關於查報及拆除計畫中定之。

㈤占用開放空間。

四　其他經當地主管建築機關認有必要。

③既存違章建築之劃分日期由當地主管機關視轄區實際情形分區公告之，並以一次爲限。

第一二條

①舊違章建築在未依規定拆除或整理前，得准予修繕，但不得新建、增建、改建、修建。

②前項舊違章建築之修繕，得由直轄市、縣（市）政府訂定辦法行之。

第一三條

直轄市、縣（市）政府拆除違章建築所需經費，應按預算程序編列預算支應。

第一四條　（刪除）

第一五條

國軍眷區違章建築之處理，由內政部會同國防部定之。

第一六條

本辦法自發布日施行。

柒、徵收法規

土地徵收條例

①民國89年2月2日總統令制定公布全文63條；並自公布日起施行。

②民國91年12月11日總統令增訂公布第36-1條條文。

③民國101年1月4日總統令修正公布第1、5、7、10、11、13、15、20、22、25、27、29、30、33、38、40、44、49～52、53～55、58、59、63條條文及第五章章名；並增訂第3-1、3-2、13-1、18-1、34-1、43-1、52-1條條文；第30條之施行日期，由行政院定之。

民國101年7月20日行政院令發布第30條定自101年9月1日施行。

第一章　總　則

第一條 （立法目的）101

①為規範土地徵收，確保土地合理利用，並保障私人財產，增進公共利益，特制定本條例。

②土地徵收，依本條例之規定，本條例未規定者，適用其他法律之規定。

③其他法律有關徵收程序、徵收補償標準與本條例牴觸者，優先適用本條例。

第二條 （主管機關）

本條例所稱主管機關：在中央為內政部；在直轄市為直轄市政府；在縣（市）為縣（市）政府。

第三條 （徵收私有土地興辦事業之種類）

國家因公益需要，興辦下列各款事業，得徵收私有土地；徵收之範圍，應以其事業所必須者為限：

一　國防事業。

二　交通事業。

三　公用事業。

四　水利事業。

五　公共衛生及環境保護事業。

六　政府機關、地方自治機關及其他公共建築。

七　教育、學術及文化事業。

八　社會福利事業。

九　國營事業。

十　其他依法得徵收土地之事業。

第三條之一 （興辦公益事業勘選土地）101

①需用土地人興辦公益事業，應按事業性質及實際需要，勘選適當用地及範圍，並應盡量避免耕地及優先使用無使用計畫之公有土

地或國營事業土地。

②對於經依都市計畫法、區域計畫法或國家公園法劃設或變更後，依法得予徵收或區段徵收之農業用地，於劃設或變更時，應經目的事業主管機關考量徵收之公益性及必要性。

③需用土地人勘選用地內之農業用地，免經區域計畫擬定機關許可者，於變更為非農業使用時，應先徵得直轄市或縣（市）農業主管機關同意。

④特定農業區農牧用地，除零星夾雜難以避免者外，不得徵收。但國防、交通、水利事業、公用事業供輸電線路使用者所必須或經行政院核定之重大建設所需者，不在此限。

第三條之二 （興辦事業徵收土地評估因素）101

興辦事業徵收土地時，應依下列因素評估興辦事業之公益性及必要性，並為綜合評估分析：

一 社會因素：包括徵收所影響人口之多寡、年齡結構及徵收計畫對周圍社會現況、弱勢族群生活型態及健康風險之影響程度。

二 經濟因素：包括徵收計畫對稅收、糧食安全、增減就業或轉業人口、徵收費用、各級政府配合興辦公共設施與政府財務支出及負擔情形、農林漁牧產業鏈及土地利用完整性。

三 文化及生態因素：包括因徵收計畫而導致城鄉自然風貌、文化古蹟、生活條件或模式發生改變及對該地區生態環境、周邊居民或社體之影響。

四 永續發展因素：包括國家永續發展政策、永續指標及國土計畫。

五 其他：依徵收計畫個別情形，認為適當或應加以評估參考之事項。

第四條 （區段徵收）

①有下列各款情形之一者，得為區段徵收：

一 新設都市地區之全部或一部，實施開發建設者。

二 舊都市地區為公共安全、衛生、交通之需要或促進土地之合理使用實施更新者。

三 都市土地之農業區、保護區變更為建築用地或工業區變更為住宅區、商業區者。

四 非都市土地實施開發建設者。

五 農村社區為加強公共設施、改善公共衛生之需要或配合農業發展之規劃實施更新者。

六 其他依法得為區段徵收者。

②前項第一款至第三款之開發範圍經中央主管機關核定者，得先行區段徵收，並於區段徵收公告期滿後一年內發布實施都市計畫，不受都市計畫法第五十二條規定之限制。

③第一項第五款之開發，需用土地人得會同有關機關研擬開發範圍，並檢具經上級目的事業主管機關核准之興辦事業計畫書，報經中央主管機關核定後，先行區段徵收，於區段徵收公告期滿

後，依土地使用計畫完成非都市土地分區或用地編定之變更。

④第一項第四款或第六款之開發，涉及都市計畫之新訂、擴大或變更者，得依第二項之規定辦理；未涉及者，得依前項之規定辦理。

⑤不相連之地區，得依都市計畫或興辦事業計畫書內容、範圍合併辦理區段徵收，並適用前三項之規定。

⑥區段徵收範圍勘選、計畫之擬定、核定、用地取得、拆遷補償、工程施工、分配設計、地籍整理、權利清理、財務結算及區段徵收與都市計畫配合等事項之實施辦法，由中央主管機關定之。

第五條　（土地改良物不予徵收之情形）101

①徵收土地時，其土地改良物應一併徵收。但有下列情形之一者，不在此限：

一　土地改良物所有權人要求取回，並自公告期滿之日起十五日內自行遷移。

二　墳墓及其他紀念物必須遷移。

三　建築改良物依法令規定不得建造。

四　農作改良物之種類或數量與正常種植情形不相當者，其不相當部分。

五　其他法律另有規定。

②前項應徵收之土地改良物，得視其興辦事業計畫之需要，於土地徵收公告之日起三年內徵收之。但土地改良物所有權人於需用土地人報請徵收土地前，請求同時一併徵收其改良物時，需用土地人應同時辦理一併徵收。

③第一項第三款及第四款之土地改良物，於徵收土地公告期滿後，由該管直轄市或縣（市）主管機關通知其所有權人或使用人限期遷移或拆除之，不予補償；屆期不拆遷者，由該管直轄市或縣（市）主管機關會同有關機關逕行除去。

第六條　（公有土地上之私有土地改良物之徵收）

需用土地人取得經核准撥用或提供開發之公有土地，該公有土地上之私有土地改良物，得準用前條規定徵收之。

第七條　（古蹟、遺址或歷史建築之保存）101

申請徵收之土地遇有古蹟、遺址或登錄之歷史建築，應於可能範圍內避免之；其未能避免者，需用土地人應先擬訂保存計畫，徵得目的事業主管機關同意，始得徵收。

第八條　（一併徵收之要件、程序及期限）

①有下列各款情形之一者，所有權人得於徵收公告之日起一年內向該管直轄市或縣（市）主管機關申請一併徵收，逾期不予受理：

一　徵收土地之殘餘部分面積過小或形勢不整，致不能為相當之使用者。

二　徵收建築改良物之殘餘部分不能為相當之使用者。

②前項申請，應以書面為之。於補償費發給完竣前，得以書面撤回之。

③一併徵收之土地或建築改良物殘餘部分，應以現金補償之。

第九條　（原土地所有權人照原徵收補償收回土地）

①被徵收之土地，除區段徵收及本條例或其他法律另有規定外，有下列情形之一者，原土地所有權人得於徵收公告之日起二十年內，向該管直轄市或縣（市）主管機關申請照原徵收補償價額收回其土地，不適用土地法第二百十九條之規定：

一　徵收補償費發給完竣屆滿三年，未依徵收計畫開始使用者。

二　未依核准徵收原定興辦事業使用者。

三　依原徵收計畫開始使用後未滿五年，不繼續依原徵收計畫使用者。

②該管直轄市或縣（市）主管機關收受申請後，經查明合於前項規定時，應報原核准徵收機關核准後，通知原土地所有權人於六個月內繳還原受領之補償地價及地價加成補償，逾期視為放棄收回權。

③第一項第一款之情形，係因不可歸責於需用土地人之事由者，不得申請收回土地。

④第一項第一款所稱開始使用，指興辦事業之主體工程動工。但依其事業性質無需興建工程者，不在此限。

第二章　徵收程序

第一〇條　（事業計畫之申請許可）101

①需用土地人興辦之事業依法應經目的事業主管機關許可者，於申請徵收土地或土地改良物前，應將其事業計畫報目的事業主管機關許可。

②需用土地人於事業計畫報請目的事業主管機關許可前，應舉行公聽會，聽取土地所有權人及利害關係人之意見。但因舉辦具機密性之國防事業或已舉行公聽會或說明會者，不在此限。

③特定農業區經行政院核定為重大建設須辦理徵收者，若有爭議，應依行政程序法舉行聽證。

④需用土地人興辦之事業無須報經目的事業主管機關許可者，除有第二項但書情形外，應於與所有權人協議價購或以其他方式取得前，先舉行公聽會。

第一一條　（公益用地之取得）101

①需用土地人申請徵收土地或土地改良物前，除國防、交通或水利事業，因公共安全急需使用土地未及與所有權人協議者外，應先與所有權人協議價購或以其他方式取得；所有權人拒絕參與協議或經開會未能達成協議且無法以其他方式取得者，始得依本條例申請徵收。

②前項協議之內容應作成書面，並應記明協議之結果。如未能達成協議，應記明未達成協議之理由，於申請時送交中央主管機關。

③第一項協議價購，依其他法律規定有優先購買權者，無優先購買權之適用。

④第一項協議價購，應由需用土地人依市價與所有權人協議。

⑤前項所稱市價，指市場正常交易價格。

第一二條 （調查勘測）

①需用土地人經依前條規定協議不成時，為申請徵收土地或土地改良物之需，得洽請直轄市或縣（市）主管機關會同有關人員進入公、私有土地或土地改良物內實施調查或勘測，其所有權人、占有人、使用人或管理人不得拒絕或阻撓。但進入建築物或設有圍障之土地調查或勘測，應於七日前通知其所有權人、占有人、使用人或管理人。

②為實施前項調查或勘測，須遷移或拆除地上障礙物，致所有權人或使用人遭受之損失，應先予適當之補償，其補償價額以協議為之。

第一三條 （徵收計畫書之審查事項）101

①申請徵收土地或土地改良物，應由需用土地人擬具詳細徵收計畫書，並附具徵收土地圖冊或土地改良物清冊及土地使用計畫圖，送由核准徵收機關核准，並副知該管直轄市或縣（市）主管機關。

②中央主管機關為前項之審核，應審查下列事項：

一 是否符合徵收之公益性、必要性及是否適當與合理。

二 需用土地人是否具有執行該事業之能力。

三 該事業計畫申請徵收之土地是否符合現行都市計畫、區域計畫或國土計畫。

四 該事業計畫是否有助於土地適當且合理之利用。

五 該事業計畫之財務評估是否合理可行。

六 依本條例第三十四條之一提出之安置計畫是否合理可行。

七 其他依法應為或得為審查之事項。

③需用土地人有第二十七條但書之情形者，應一併載明於徵收計畫書送交審核。

④中央主管機關收受第一項申請後，視需要得會同利害關係人進行現場勘查並作成勘查紀錄。勘查紀錄作成後應於十四日內寄送利害關係人。

第一三條之一 （徵收計畫書應載事項及檢附文件）101

①前條所稱徵收計畫書，應記載下列事項，並檢附相關證明文件：

一 徵收土地或土地改良物原因。

二 徵收土地或土地改良物所在地範圍及面積。

三 興辦事業之種類及法令依據。

四 興辦事業計畫之必要性說明。

五 與土地所有權人或土地改良物所有權人協議價購或以其他方式取得之經過情形及所有權人陳述意見之情形。

六 公益性及必要性評估報告。

七 土地使用之現狀及其使用人之姓名、住所。

八 土地改良物情形。

九　一併徵收之土地改良物。

十　四鄰接連土地之使用狀況及其改良情形。

十一　徵收土地區內有無古蹟、遺址或登錄之歷史建築，並註明其現狀及維護措施。

十二　舉行聽證、公聽會、說明會之情形，並應檢附會議紀錄及出席紀錄。

十三　土地或土地改良物所有權人或管理人之姓名、住所。

十四　被徵收土地之使用配置。

十五　興辦事業概略及其計畫進度。

十六　應需補償金額總數及其分配。

十七　準備金額總數及其來源。

十八　涉及原住民土地之徵收，應檢附中央原住民族主管機關之書面同意文件。

十九　安置計畫。

②如僅申請徵收土地改良物，得免記明前項第九款及第十四款事項。

第一四條　（徵收之核准機關）

徵收土地或土地改良物，由中央主管機關核准之。

第一五條　（專家學者、民間團體及相關機關代表之遴聘）101

①中央主管機關為審議徵收案件，應遴聘（派）專家學者、民間團體及相關機關代表，以合議制方式辦理之。

②前項專家學者應由地政、環境影響評估、都市計畫、城鄉規劃等專業領域學者組成，其中專家學者及民間團體代表不得少於二分之一。

第一六條　（核定原則）

同一土地有二以上需用土地人申請徵收時，以其興辦事業性質之輕重為核定原則。其性質相同者，以其申請之先後為核定原則。

第一七條　（核准後之通知）

中央主管機關於核准徵收土地或土地改良物後，應將原案通知該管直轄市或縣（市）主管機關。

第一八條　（公告、通知對象及公告期間）

①直轄市或縣（市）主管機關於接到中央主管機關通知核准徵收案時，應即公告，並以書面通知土地或土地改良物所有權人及他項權利人。

②前項公告之期間為三十日。

第一八條之一　（徵收公告通知之對象）101

被徵收土地或土地改良物之所有權已登記者，以公告之日土地登記簿或建築改良物登記簿記載之所有權人及他項權利人姓名、住所辦理公告及通知；其效力並及於公告前因繼承、強制執行或法院之判決已取得土地或土地改良物所有權或他項權利，而尚未辦竣登記之人。

第一九條 （補償費）

徵收土地或土地改良物應發給之補償費，由需用土地人負擔，並繳交該管直轄市或縣（市）主管機關轉發之。

第二〇條 （補償費）101

① 徵收土地或土地改良物應發給之補償費，應於公告期滿後十五日內發給之。但依第二十二條第五項規定發給應補償價額之差額者，不在此限。

② 需用土地人未於公告期滿十五日內將應發給之補償費繳交該管直轄市或縣（市）主管機關發給完竣者，該部分土地或土地改良物之徵收從此失其效力。但有下列各款情形之一者，不在此限：

一　於公告期間內因對補償之估定有異議，而由該管直轄市或縣（市）主管機關依第二十二條規定提交地價評議委員會復議。

二　經應受補償人以書面同意延期或分期發給。

三　應受補償人拒絕受領或不能受領。

四　應受補償人所在地不明。

第二一條 （被徵收土地所有權人權利義務之終止）

① 被徵收土地或土地改良物之所有權人，對於其土地或土地改良物之權利義務，於應受之補償費發給完竣時終止。

② 前項補償費未發給完竣前，得繼續爲從來之使用。但合於第二十七條但書規定者，不在此限。

第二二條 （異議之提出、復議及行政救濟）101

① 權利關係人對於第十八條第一項之公告事項有異議者，得於公告期間內向該管直轄市或縣（市）主管機關以書面提出。該管直轄市或縣（市）主管機關接受異議後應即查明處理，並將查處情形以書面通知權利關係人。

② 權利關係人對於徵收補償價額有異議者，得於公告期間屆滿之次日起三十日內以書面向該管直轄市或縣（市）主管機關提出異議，該管直轄市或縣（市）主管機關於接受異議後應即查明處理，並將查處情形以書面通知權利關係人。

③ 權利關係人對於前項查處不服者，該管直轄市或縣（市）主管機關得提請地價評議委員會復議，權利關係人不服復議結果者，得依法提起行政救濟。

④ 直轄市或縣（市）主管機關依第二十條規定發給補償費完竣後，徵收計畫之執行，不因權利關係人依前三項規定提出異議或提起行政救濟而停止。

⑤ 徵收補償價額經復議、行政救濟結果有變動或補償費經依法發給完竣，嗣後發現原補償價額認定錯誤者，其應補償價額差額，應於其結果確定之日起三個月內發給之。

第二三條 （分割、合併、移轉、設定負擔或使用之禁止）

① 被徵收之土地或土地改良物自公告起日，除於公告前因繼承、強制執行或法院之判決而取得所有權或他項權利，並於公告期間內

申請登記者外，不得分割、合併、移轉或設定負擔。土地權利人或使用人並不得在該土地為建築改良物之新建、增建、改建或採取土石、變更地形或為農作改良物之增加種植。其於公告時已在工作中者，應即停止。

②共有分管之耕地，部分被徵收者，土地所有權人得於徵收補償地價發給完竣前或核定發給抵價地前，申請共有物分割登記或應有部分交換移轉登記，不受前項不得分割、移轉規定之限制。

第二四條 （土地登記簿之效力）

①被徵收土地或建築改良物之所有權或他項權利，以公告之日土地登記簿或建築改良物登記簿記載者為準。但於公告前因繼承、強制執行、法院之判決或其他依法律規定取得土地或建築改良物之所有權或他項權利而未經登記完畢者，其權利人應於徵收公告期間內，向該管直轄市或縣（市）主管機關申請將其權利備案。

②被徵收土地因前條第二項規定辦理登記，其權利以登記後土地登記簿記載者為準。

第二五條 （徵收、補償費之繼承）101

①被徵收之土地或土地改良物，所有權人死亡未辦竣繼承登記，其徵收補償費得由部分繼承人按其應繼分領取之；其已辦竣公同共有繼承登記者，亦同。

②前項規定，於本條例施行前尚未領取徵收補償費之土地或土地改良物，適用之。

第二六條 （徵收補償保管專戶）

①直轄市或縣（市）主管機關應於國庫設立土地徵收補償費保管專戶，保管因受領遲延、拒絕受領或不能受領之補償費，不適用提存法之規定。直轄市或縣（市）主管機關應於本條例規定應發給補償費之期限屆滿次日起三個月內存入專戶保管，並通知應受補償人。自通知送達發生效力之日起，逾十五年未領取之補償費，歸屬國庫。

②前項保管專戶儲存之補償費應給付利息。以實收利息照付。

③未受領之徵收補償費，依第一項規定繳存專戶保管時，視同補償完竣。

④第一項未受領補償費保管辦法，由中央主管機關定之。

⑤前四項規定，於本條例施行前未辦竣提存之未受領補償費，準用之。

第二七條 （進入被徵收土地內工作之限制及例外）101

需用土地人應俟補償費發給完竣或核定發給抵價地後，始得進入被徵收土地內工作。但國防、交通及水利事業，因公共安全急需先行使用者，不在此限。

第二八條 （限期遷移）

①被徵收土地或土地改良物應受之補償費發給完竣或核定發給抵價地後，直轄市或縣（市）主管機關應通知土地權利人或使用人限期遷移完竣。

②應受領遷移費人無可考或所在地不明，致其應遷移之物件未能遷移者，直轄市或縣（市）主管機關應公告三十日限期遷移完竣。

③徵收範圍內應遷移之物件逾期未遷移者，由直轄市或縣（市）主管機關或需用土地人依行政執行法執行。

第二九條　（墳墓遷葬之處理）101

徵收範圍內應行遷葬之墳墓，需用土地人應申請當地墳墓主管機關依殯葬管理條例規定辦理，並將情形詳細記載列冊，報請直轄市或縣（市）政府備案。

第三章　徵收補償

第三〇條　（補償地價之基準）101

①被徵收之土地，應按照徵收當期之市價補償其地價。在都市計畫區內之公共設施保留地，應按毗鄰非公共設施保留地之平均市價補償其地價。

②前項市價，由直轄市、縣（市）主管機關提交地價評議委員會評定。

③各直轄市、縣（市）主管機關應經常調查轄區地價動態，每六個月提交地價評議委員會評定被徵收土地市價變動幅度，作為調整徵收補償地價之依據。

④前三項查估市價之地價調查估計程序、方法及應遵行事項等辦法，由中央主管機關定之。

第三一條　（建築改良物及農作改良物之補償費）

①建築改良物之補償費，按徵收當時該建築改良物之重建價格估定之。

②農作改良物之補償費，於農作改良物被徵收時與其孳息成熟時期相距在一年以內者，按成熟時之孳息估定之；其逾一年者，按其種植及培育費用，並參酌現值估定之。

③建築改良物及農作改良物之補償費，由直轄市或縣（市）主管機關會同有關機關估定之；其查估基準，由中央主管機關定之。

第三二條　（土地改良物之補償）

徵收土地公告前已領有建築執照或於農地上為合法改良土地，依第二十三條第一項規定停止工作者，其已支付之土地改良費用，應給予補償。

第三三條　（合法營業損失之補償）101

①土地或土地改良物原供合法營業之用，因徵收而致營業停止或營業規模縮小之損失，應給予補償。

②前項補償基準，由中央主管機關定之。

第三四條　（發給遷移費之情形及查估基準）

①徵收土地或土地改良物時，有下列情形之一，應發給遷移費：

　一　依第五條第一項第一款或第二款規定遷移者。

　二　徵收公告六個月前設有戶籍之人口必須遷移者。但因結婚或出生而設籍者，不受六個月期限之限制。

三　動力機具、生產原料或經營設備等必須遷移者。

四　因土地一部分之徵收而其改良物須全部遷移者。

五　水產養殖物或畜產必須遷移者。

②前項遷移費查估基準，由中央主管機關定之。

第三四條之一　（安置計畫之訂定）101

①徵收公告一年前有居住事實之低收入戶或中低收入戶人口，因其所有建築改良物被徵收，致無屋可居住者，或情형相同經直轄市或縣（市）政府社會工作人員查訪屬實者，需用土地人應訂定安置計畫，並於徵收計畫書內敘明安置計畫情形。

②前項安置，包括安置住宅、購置住宅貸款利息補貼、租金補貼等。

第三五條　（應有之負擔及清償）

①被徵收之土地或建築改良物應有之負擔，除申請發給抵價地者依第四十一條及第四十二條規定辦理外，其款額計算，以該土地或建築改良物應得之補償金額為限，由該管直轄市或縣（市）主管機關於發給地價補償費或建築改良物補償費時為清償結束之。

②前項所稱應有之負擔，指他項權利價值及依法應補償耕地三七五租約承租人之地價。

第三六條　（設定權利之消滅及債權額之清償）

被徵收之土地或建築改良物原設定之他項權利因徵收而消滅。其款額計算，該管直轄市或縣（市）主管機關應通知當事人限期自行協議，再依其協議結果代為清償；協議不成者，其補償費依第二十六條規定辦理。

第三六條之一　（補償費辦法之訂定）91

被徵收土地或土地改良物，其補償費之核計、核發對象、領取補償費應備文件等事項之辦法，由中央主管機關定之。

第四章　區段徵收

第三七條　（區段徵收範圍勘定後之禁止事項）

①區段徵收範圍勘定後，該管直轄市或縣（市）主管機關得視實際需要，報經上級主管機關核定後，分別或同時公告禁止建築改良物之新建、增建、改建或重建及採取土石或變更地形。

②前項禁止期間，不得超過一年六個月。

第三八條　（區段徵收之申請程序及必備書件）101

①需用土地人申請區段徵收土地，應檢具區段徵收計畫書、徵收土地圖冊及土地使用計畫圖，送由當地直轄市或縣（市）主管機關邀集需用土地人及土地所有權人舉行公聽會後，報請中央主管機關核准。

②內政部申請區段徵收時，準用前項規定報請行政院核准。

第三九條　（現金補償原則）

①區段徵收土地時，應依第三十條規定補償其地價。除地價補償經土地所有權人申請，以徵收後可供建築之抵價地折算抵付外，

其餘各項補償費依第三十一條至第三十四條規定補償之。

②抵價地總面積，以徵收總面積百分之五十為原則。因情況特殊，經上級主管機關核准者，不在此限。但不得少於百分之四十。曾經農地重劃者，該重劃地區部分不得少於百分之四十五。

第四〇條　（發給抵價地之申請程序及處理程序）101

①實施區段徵收時，原土地所有權人不願領取現金補償者，應於徵收公告期間內，檢具有關證明文件，以書面向該管直轄市或縣（市）主管機關申請發給抵價地。該管直轄市或縣（市）主管機關收受申請後，應即審查，並將審查結果，以書面通知申請人。

②土地所有權人依前項規定申請發給抵價地時，得就其全部或部分被徵收土地應領之補償地價提出申請。

③申請發給抵價地者，對其土地之權利義務，於接到該管直轄市或縣（市）主管機關核定發給抵價地通知時終止。經核定發給抵價地或已領竣徵收補償地價之土地所有權人，得向直轄市或縣（市）主管機關申請，改按原徵收補償地價發給現金補償或發給抵價地，經直轄市或縣（市）主管機關徵得需用土地人同意後核准。

④前項申請改發給現金補償或改發給抵價地者，應於核定發給抵價地通知之日，或現金補償發給完竣之日，或通知補償地價存入保管專戶之日起一個月內為之，並以一次為限。申請改發給抵價地者，直轄市或縣（市）主管機關應限期繳回其申請改發給抵價地之徵收補償地價後始得核准。

⑤申請發給抵價地者，直轄市或縣（市）主管機關不受第二十條第一項發給期限之限制。

⑥經核定發給抵價地者，其應領之抵價地由該管直轄市或縣（市）主管機關於規劃分配後，囑託該管登記機關逕行辦理土地所有權登記，並通知原土地所有權人定期到場接管。未按指定期限接管者，視為已接管。

第四一條　（被徵收土地有耕地租約或設定他項權利或限制登記者之處理）

①土地所有權人申請發給抵價地之原有土地上訂有耕地租約或設定他項權利或限制登記者，除第四十二條另有規定外，直轄市或縣（市）主管機關應通知申請人限期自行清理，並依規定期限提出證明文件。

②申請人未依前項規定辦理者，直轄市或縣（市）主管機關應核定不發給抵價地。

③直轄市或縣（市）主管機關經核定不發給抵價地者，應於核定之次日起十五日內發給現金補償。

第四二條　（發給抵價地設定抵押權或典權）

①土地所有權人申請發給抵價地之原有土地上設定有抵押權或典權者，原土地所有權人及該他項權利人得申請於發給之抵價地設定抵押權或典權，申請時並應提出同意塗銷原有土地抵押權或典權

之證明文件。

②依前項規定於發給之抵價地設定抵押權或典權，其權利範圍、價值、次序等內容，由原土地所有權人與他項權利人協議定之。

③依第一項設定之抵押權或典權，應於抵價地登記時，同時登記；並應於登記後通知該他項權利人。

第四三條　（區段徵收公有土地之規劃開發及分配）

①區段徵收範圍內之公有土地，管理機關應以作價或領回土地方式撥供該管區段徵收主管機關統籌規劃開發、分配。但區段徵收前已作為第四十四條第一項第二款用地使用者，應無償撥供主管機關統籌規劃開發。

②前項以作價方式提供者，其地價準用第三十條規定計算。以領回土地方式提供者，其領回土地面積按區段徵收之抵價地面積比率計算，配回原管理機關，配回之土地應以第四十四條第一項第二款以外之公共設施用地為優先，並依區段徵收計畫處理。

第四三條之一　（農業專用區之規劃配設）101

①區段徵收範圍內得規劃配設農業專用區，供原土地所有權人以其已領之現金地價補償費數額申請計算配售土地，作為農業耕作使用。

②前項農業專用區規劃原則、申請配售資格、條件、面積、作業程序及其他應遵行事項之辦法，由各級主管機關定之。

第四四條　（區段徵收範圍內土地之處理方式）101

①區段徵收範圍內土地，經規劃整理後，除依第四十三條規定配回原管理機關及第四十三條之一規定配售外，其處理方式如下：

　一　抵價地發交被徵收土地所有權人領回。其應領回抵價地之面積，由該管直轄市或縣（市）主管機關按其應領地價補償費與區段徵收補償地價總額之比率計算其應領之權利價值，並以實際領回抵價地之單位地價折算之。

　二　道路、溝渠、公園、綠地、兒童遊樂場、廣場、停車場、體育場所及國民學校用地，無償登記為當地直轄市有、縣（市）有或鄉（鎮、市）有。

　三　前款以外之公共設施用地，得由主管機關依財務計畫需要，於徵收計畫書載明有償或無償撥供需地機關或讓售供公營事業機構使用。

　四　國民住宅用地、安置原住戶或經行政院專案核准所需土地得以讓售。

　五　其餘可供建築土地，得予標售、標租或設定地上權。

②依前項第一款規定領回面積不足最小建築單位面積者，應於規定期間內提出申請合併，未於規定期間內申請者，該管直轄市或縣（市）主管機關應於規定期間屆滿之日起三十日內，按原徵收地價補償費發給現金補償。

③第一項第二款以外之公共設施用地，如該事業得許民營者，其用地應依第一項第五款之規定辦理。

④依第一項第三款至第五款撥用或讓售地價及標售底價，以開發總

費用爲基準，按其土地之位置、地勢、交通、道路寬度、公共設施及預期發展等條件之優劣估定之。

⑤依第一項第五款標租或設定地上權時，其期限不得逾九十九年。

⑥第一項第五款土地之標售、標租及設定地上權辦法，由各級主管機關定之。

第四五條　（抵償地之計算基準）

實施區段徵收時，直轄市或縣（市）主管機關應預計區段徵收土地平均開發成本，並斟酌區段徵收後各街廓之位置、地勢、交通、道路寬度、公共設施及預期發展情形，估計區段徵收後各路街之路線價或區段價，提經地價評議委員會評定後，作爲原土地所有權人領回抵償地之計算基準。

第四六條　（應領與實際領回抵償地面積有所增減之處理）

①區段徵收土地所有權人應領抵償地面積與實際領回抵償地之面積有所增減時，依下列規定處理：

一　實際領回抵償地之面積超過應領之面積者，就其超過部分按評定區段徵收後地價繳納差額地價。

二　實際領回抵償地之面積小於應領之面積者，就其不足部分按評定區段徵收後地價發給差額地價。

②前項第一款應繳納之差額地價，經限期繳納，屆期仍未繳納者，得移送法院強制執行。

③未繳納差額地價之抵償地，不得移轉或設定他項權利。

第四七條　（差額地價之減輕）

區段徵收範圍內不妨礙都市計畫事業及區段徵收計畫之既成建築物基地或已辦竣財團法人登記之私立學校、社會福利、慈善事業、宗教團體用地，得按原位置保留分配，並減輕其依前條規定應繳納之差額地價，其減輕比例由主管機關視實際情形定之，並載明於區段徵收計畫書。

第四八條　（區段徵收程序及補償之準用）

區段徵收之程序及補償，本章未規定者，準用第二章及第三章規定。

第五章　徵收之撤銷及廢止

第四九條　（辦理撤銷或廢止徵收之情形）101

①已公告徵收之土地，需用土地人應切實按核准計畫及所定期限使用。在未依徵收計畫完成使用前，需用土地人應每年檢討其興辦事業計畫，並由其上級事業主管機關列管。有下列情形之一者，應辦理撤銷徵收：

一　因作業錯誤，致原徵收之土地不在工程用地範圍內。

二　公告徵收時，都市計畫已規定以聯合開發、市地重劃或其他方式開發。但以聯合開發方式開發之土地，土地所有權人不願參與聯合開發者，不在此限。

②已公告徵收之土地，有下列情形之一者，應廢止徵收：

一　因工程變更設計，致原徵收之土地不在工程用地範圍內。
二　依徵收計畫開始使用前，興辦之事業改變、興辦事業計畫經
　　撤銷、開發方式改變或取得方式改變。
三　已依徵收計畫開始使用，尚未依徵收計畫完成使用之土地，
　　因情事變更，致原徵收土地之全部或一部已無徵收之必要。
③依前二項辦理撤銷或廢止徵收之土地或土地改良物，其已一併徵
　收之殘餘部分，應同時辦理撤銷或廢止。但該殘餘部分已移轉或
　另有他用者，不在此限。
④前三項規定，於本條例施行前公告徵收之土地，適用之。

第五○條　（辦理撤銷或廢止徵收之程序）101

①撤銷或廢止徵收，由需用土地人向中央主管機關申請之。
②已公告徵收之土地有前條第一項或第二項各款情形之一，而需用
　土地人未申請撤銷或廢止徵收者，原土地所有權人得向該管直轄
　市或縣（市）主管機關請求之。
③該管直轄市或縣（市）主管機關收受前項請求後，應會同需用土
　地人及其他有關機關審查。其合於規定者，由需用土地人依第一
　項規定申請之；不合規定者，該管直轄市或縣（市）主管機關應
　將處理結果函復原土地所有權人。
④原土地所有權人不服前項處理結果，應於直轄市或縣（市）主管
　機關函復送達之日起三十日內向中央主管機關請求撤銷或廢止徵
　收。其合於規定者，由中央主管機關逕行撤銷或廢止；不合規定
　者，由中央主管機關將處理結果函復原土地所有權人。原土地所
　有權人不服處理結果者，依法提起行政救濟。
⑤已公告徵收之土地有前條第一項或第二項各款情形之一，而需用
　土地人未申請撤銷或廢止徵收者，由該管直轄市或縣（市）主管
　機關會同需用土地人及其他有關機關審查後向中央主管機關申請
　撤銷或廢止徵收。

第五一條　（辦理撤銷或廢止徵收之程序）101

①中央主管機關於核准撤銷或廢止徵收後，應將原案通知該管直轄
　市或縣（市）主管機關。
②直轄市或縣（市）主管機關於收到中央主管機關通知核准撤銷或
　廢止徵收案時，應公告三十日，並通知原土地所有權人於一定期
　間內繳清應繳納之價額，發還其原有土地。未於一定期間繳清者，
　不發還其土地，並不得依第九條規定申請收回該土地。
③前項一定期間，不得少於六個月。
④第二項所稱應繳納之價額，指徵收補償地價、地價加成補償及遷
　移費。但第三十四條第一項規定之人口或物件已遷移者，無須繳
　納遷移費。
⑤前項徵收補償地價，於徵收前設定有他項權利或耕地租約者，包
　括他項權利人或耕地承租人原應受領之價金。

第五二條　（撤銷或廢止徵收後權利之准予或不予回復）101

撤銷或廢止徵收後，徵收前原設定之他項權利及耕地租約不予回

復。但依第四十二條規定由原土地所有權人及他項權利人申請於發給之抵價地設定抵押權或典權者，其原抵押權或典權准予回復。

第五二條之一 （土地徵收處分準用規定）101

土地徵收處分有下列情形之一者，其徵收補償費之繳清、土地之發還、原設定他項權利及耕地租約之處理，準用前二條規定：

一　經中央主管機關依行政程序法撤銷或廢止。

二　經相對人或利害關係人依行政程序法第一百二十八條規定向行政機關申請後予以撤銷或廢止。

三　經行政救濟結果撤銷或廢止。

第五三條 （土地改良物撤銷或廢止徵收之準用）101

前五條規定，於土地改良物撤銷或廢止徵收時準用之。

第五四條 （土地改良物一併辦理撤銷或廢止徵收之情形）101

①土地撤銷或廢止徵收時，原一併徵收之土地改良物應一併辦理撤銷或廢止徵收。但該土地改良物已滅失者，不在此限。

②前項土地改良物與徵收當時相較已減輕其價值，而仍得為相當之使用者，原需用土地人得就其現存部分酌定價額，一併辦理撤銷或廢止徵收。

第五五條 （土地改良物所有權人相同時之處理）101

撤銷或廢止徵收之土地與一併辦理撤銷或廢止徵收之土地改良物原所有權人相同者，應同時繳清土地及土地改良物應繳納之價額後，發還其原有之土地及現存之土地改良物。

第六章　附　則

第五六條 （徵收之土地，提供民間機構投資建設）

①徵收之土地，得於徵收計畫書載明以信託、聯合開發、委託開發、委託經營、合作經營、設定地上權或出租提供民間機構投資建設。

②本條例施行前申請徵收之土地，經申請中央主管機關備案者，得依前項規定之方式提供民間機構投資建設。

第五七條 （地上權之取得）

①需用土地人因興辦第三條規定之事業，需穿越私有土地之上空或地下，得就需用之空間範圍協議取得地上權，協議不成時，準用徵收規定取得地上權。但應擇其損害最少之處所及方法為之。

②前項土地因事業之興辦，致不能為相當之使用時，土地所有權人得自施工之日起至完工後一年內，請求需用土地人徵收土地所有權，需用土地人不得拒絕。

③前項土地所有權人原設定地上權取得之對價，應在徵收補償地價內扣除之。

④地上權徵收補償辦法，由中央目的事業主管機關會同中央主管機關定之。

第五八條 （徵用私有土地或土地改良物之要件、程序、及使用

補償費）101

①國家因興辦臨時性之公共建設工程，得徵用私有土地或土地改良物。

②徵用期間逾三年，或二次以上徵用，期間合計逾三年者，需用土地人應於申請徵用前，以書面通知；土地或土地改良物所有權人於收到通知書之日起三十日內，得請求需用土地人徵收所有權，需用土地人不得拒絕。

③依前項規定請求徵收土地或土地改良物所有權者，不得再依第九條規定申請收回其土地或土地改良物。

④第二章規定，於徵用土地或土地改良物時，準用之。但因情況緊急，如遲延使用土地或土地改良物，公共利益有受重大危害之虞者，得經中央主管機關核准後，先行使用該土地或土地改良物。

⑤徵用土地或土地改良物，應自公告徵用之日起計算使用補償費，並於公告期滿後十五日內一次發給所有權人、地上權、典權、不動產役權、農育權、永佃權或耕作權人；其每年補償費，土地依徵用公告期滿第十五日之公告土地現值百分之十計算，土地改良物依徵收補償費百分之十計算；徵用期間不足一年者，按月計算之；不足一月者，按日計算之。

⑥前項使用補償費，經應受補償人同意者，得延期或分期發給。

⑦因徵用致土地改良物必需拆除或未能回復為徵用前之使用者，準用第三十一條規定給予補償。但其使用方式經徵得所有權人同意者，不在此限。

第五九條 （優先購買權）101

①私有土地經依徵收計畫使用後，依法變更原使用目的，土地管理機關標售該土地時，應公告一個月，被徵收之原土地所有權人或其繼承人有依同樣條件優先購買權。但優先購買權人未於決標後十日內表示優先購買者，其優先購買權視為放棄。

②依第八條第一項規定一併徵收之土地，須與原徵收土地同時標售時，適用前項之規定。

③前二項規定，於區段徵收不適用之。

第六〇條 （尚未辦竣結案者之處理）

本條例施行前，已公告徵收但尚未辦竣結案者，除本條例另有規定外，應依其公告徵收時所依據之法律規定，繼續辦理結案。

第六一條 （申請收回之辦理）

本條例施行前公告徵收之土地，其申請收回，仍依施行前之規定辦理。

第六二條 （施行細則）

本條例施行細則，由中央主管機關定之。

第六三條 （施行日）101

①本條例自公布日施行。

②本條例中華民國一百年十二月十三日修正之第三十條之施行日期，由行政院定之。

土地徵收條例施行細則

①民國91年4月17日內政部令訂定發布全文66條；並自發布日施行。
②民國95年12月8日內政部令修正發布第52條條文。
③民國98年10月23日內政部令修正發布第51條條文。
④民國101年6月27日內政部令修正發布第10、11、13、16、22、23、25、26、30、31、35、36、39、43~45、48、51、54、55、57至59、61、64、66條條文、第46條之附件一、第50條之附件二及第五章章名；增訂第2-1、11-1、31-1、48-1條條文；並刪除第2、17條條文；除第30~31-1條自101年9月1日施行外，自發布日施行。

第一章 總 則

第一條

本細則依土地徵收條例（以下簡稱本條例）第六十二條規定訂定之。

第二條 （刪除）101

第二條之一

①本條例第三條之一第四項所稱零星夾雜，指興辦事業計畫範圍內夾有特定農業區農牧用地，其面積不超過零點二五公頃，且累計不得超過興辦事業計畫總面積百分之十。但因興辦事業計畫完整需要，其面積或比例得以百分之十以內之增加。

②本條例第三條之一第四項所稱行政院核定之重大建設，指其建設計畫由中央目的事業主管機關會商相關主管機關，針對計畫之政策方向、總量管制、合理性及使用特定農業區農牧用地之無可替代性等事項進行審查認定為重大建設，並循程序報經行政院核定者。

第三條

區段徵收範圍跨越直轄市或縣（市）行政轄區者，其區段徵收業務由各行政轄區分別辦理。必要時，得經協商後合併辦理。

第四條

本條例第五條第一項第三款及第四款之認定，由直轄市或縣（市）主管機關會同其他有關機關為之。

第五條

土地改良物徵收公告後，所有權人於公告期間要求取回，並自公告期滿之日起十五日內自行遷移者，由直轄市或縣（市）主管機關發給遷移費；原核准之該土地改良物一併徵收案，依法定程序報請廢止之。

第六條

①依本條例第八條規定得申請就殘餘土地或建築改良物一併徵收之所有權人，為原被徵收土地或建築改良物之所有權人；原所有權

人死亡，已辦竣繼承登記者，為登記名義人；未辦竣繼承登記者，為其全體繼承人。

②前項一併徵收之殘餘土地或建築改良物為分別共有者，各共有人得就其應有部分申請之。

第七條

①依本條例第八條第一項規定申請一併徵收殘餘土地或建築改良物案件，由直轄市或縣（市）主管機關會同需用土地人、申請人及其他有關機關實地勘查，並作成勘查紀錄；合於規定者，由直轄市或縣（市）主管機關轉需用土地人報請中央主管機關核准之；不合規定者，由直轄市或縣（市）主管機關報請中央主管機關核定後，將處理結果函復申請人。但申請人未符合前條第一項規定，或其申請已逾法定期間者，免實地勘查，逕由直轄市或縣（市）主管機關報請中央主管機關核定後，將處理結果函復申請人。

②依前項規定實地勘查時，申請人有不同意見者，應於勘查紀錄證明。

第八條

①原土地所有權人依本條例第九條規定申請收回其被徵收之土地時，得就依本條例第八條規定一併徵收之土地殘餘部分，同時申請收回。但該殘餘部分已移轉或另有他用者，土地管理機關得予拒絕。

②依本條例第八條規定一併徵收之土地，除依前項規定，與被徵收之土地同時申請收回外，不得單獨申請收回。

第九條

①依本條例第九條規定申請收回被徵收土地案件，由直轄市或縣（市）主管機關會同需用土地人、申請人及其他有關機關實地勘查，並作成勘查紀錄及研擬是否得申請收回之意見，報請原核准徵收機關核定。但有下列情形之一者，免實地勘查，逕由直轄市或縣（市）主管機關報請原核准徵收機關核定後，將處理結果函復申請人：

一　申請人非原所有權人或其全體繼承人者。

二　其申請已逾法定期間者。

三　徵收補償費發給完竣未滿三年，原土地所有權人依本條例第九條第一項第一款申請收回者。

四　其他法律規定之使用期限屆滿前，原土地所有權人以需用土地人尚未依徵收計畫開始使用為由申請收回者。

②依前項規定實地勘查時，申請人有不同意見者，應於勘查紀錄證明。

第二章　徵收程序

第一○條 101

①需用土地人依本條例第十條第二項規定舉行公聽會，應至少舉行二場，其辦理事項如下：

一　應於七日前將舉行公聽會之事由、日期及地點公告於需用土地所在地之公共地方、當地直轄市或縣（市）政府、鄉（鎮、市、區）公所、村（里）辦公處之公告處所與村

　　　　（里）住戶之適當公共位置，並於其網站張貼公告及刊登政府公報或新聞紙。

二　依土地登記簿所載住所，以書面通知興辦事業計畫範圍內之土地所有權人。

三　說明興辦事業概況、展示相關圖籍及說明事業計畫之公益性、必要性、適當性及合法性，並聽取土地所有權人及利害關係人之意見。後場公聽會並應說明對於前場公聽會土地所有權人及利害關係人陳述意見之明確回應及處理情形。

四　公聽會應作成會議紀錄，並將紀錄公告周知，張貼於需用土地所在地之公共地方、當地直轄市或縣（市）政府、鄉（鎮、市、區）公所、村（里）辦公處公告處所，與村（里）住戶之適當公共位置，需用土地人並應於其網站上張貼公告及書面通知陳述意見之土地所有權人及利害關係人。

五　依前二款規定所為前場公聽會紀錄之公告及書面通知，與對於前場公聽會土地所有權人及利害關係人陳述意見之回應及處理，應於舉行後場公聽會前為之。

② 事業計畫報請目的事業主管機關許可及徵收案件送由核准徵收機關核准時，應一併檢附所有公聽會紀錄、土地所有權人及利害關係人之意見與對其意見之回應及處理情形。

第一一條 101

本條例第十條第二項但書所稱具機密性之國防事業，指具有軍事機密與國防秘密種類範圍等級劃分準則規定之機密性國防事業；所稱已舉行公聽會或說明會，指下列情形之一：

一　興辦事業計畫於規劃階段已舉行二次以上公聽會，且最近一次公聽會之舉行距申請徵收三年內。

二　興辦事業計畫已依都市計畫法舉行公開展覽及說明會，並通知土地所有權人，且最近一次公開展覽及說明會之舉行距申請徵收三年內。

三　原事業計畫已舉行公聽會，於申請徵收後發現範圍內土地有遺漏須補辦徵收。

四　原興辦事業為配合其他事業需遷移或共構，而於該其他事業計畫舉辦公聽會或說明會時，已原興辦事業之遷移或共構，聽取土地所有權人及利害關係人之意見者。

第一一條之一 101

① 本條例第十條第三項所稱特定農業區，指特定農業區農牧用地；所稱爭議，指建設計畫於行政院核定為重大建設後，經需用土地人以書面通知計畫範圍內之特定農業區農牧用地之土地所有權人其土地列入徵收，而土地所有權人對其所有之農牧用地列入徵收計畫範圍之必要性提出異議時，經興辦事業之中央目的事業主管機關詳實說明後，仍有異議者。

② 前項異議應由土地所有權人於收到通知後一個月內，以書面向需用土地人或興辦事業之中央目的事業主管機關提出，屆期未提

出，視為無異議。

③聽證之舉行應由興辦事業之中央目的事業主管機關於報送徵收計畫予中央主管機關審查前辦理之。

第一二條

依本條例第十一條規定因公共安全急需使用，未及與土地所有權人協議取得之土地，需用土地人應於申請徵收前，擬具理由報請目的事業主管機關許可，並敘明事由，通知土地所有權人。

第一三條 101

①本條例第十三條之一第一項第五款所定所有權人陳述意見，需用土地人應於申請徵收土地或土地改良物前，以書面通知被徵收土地或土地改良物所有權人為之。但有前條情形者，不須通知。

②前項通知所有權人陳述意見，得於協議價購或以其他方式取得土地或土地改良物時，或舉辦區段徵收公聽會時一併為之。

③前二項以書面通知所有權人陳述意見，應依下列規定辦理：

　一　以書面通知陳述意見之期限，自通知書送達之次日起，不得少於七日；已併協議會議開會通知者，自最後一次會議之日起，不得少於七日。

　二　所有權人以言詞陳述意見者，需用土地人應作成書面，經向所有權人確認內容無誤後，由陳述人簽名或蓋章；其拒絕簽名或蓋章者，應記明事由。所有權人對紀錄有異議者，應更正之。

　三　需用土地人對於所有權人以書面或言詞陳述之意見，均應以書面回應及處理；於申請徵收土地或土地改良物時，應一併檢附所有權人以書面或言詞陳述之意見，及需用土地人之回應、處理之書面資料，並將意見及回應、處理情形依序整理，詳實填載於所有權人陳述意見及相關回應處理情形一覽表（如附表）。

第一四條

需用土地人協議取得之土地，其地上私有土地改良物未能協議取得者，得依本條例第十一條規定申請徵收。

第一五條

徵收案件之申請程序如下：

　一　需用土地人為中央機關、直轄市或縣（市）政府者，逕送中央主管機關核定。

　二　需用土地人為中央機關所屬機關者，應經其上級機關核轉中央主管機關核定。

　三　需用土地人為鄉（鎮、市）公所者，應經該管縣（市）政府核轉中央主管機關核定。

　四　需用土地人為農田水利會者，應經該管縣（市）政府報經中央目的事業主管機關核轉中央主管機關核定。

第一六條 101

①需用土地人依本條例第十三條及第十三條之一規定，應擬具徵收計畫書、徵收土地圖冊或土地改良物清冊及土地使用計畫圖各二

份，送中央主管機關核准。

②需用土地人依前項規定送中央主管機關審查後，經退回補正者，應於六個月內補正完竣；屆期未補正者，其協議價購程序應重新辦理。

第一七條　（刪除）101

第一八條

本條例第十三條規定之徵收土地圖，應以地籍圖描繪，並就工程用地範圍及徵收土地分別描繪及加註圖例。

第一九條

本條例第十三條規定之土地使用計畫圖，應繪明土地使用配置情形或其使用位置，並應加註圖例。

第二○條

一宗土地部分被徵收者，直轄市或縣（市）主管機關應於公告徵收前，囑託該管登記機關就徵收之部分辦理分割測量登記，並以分割登記後之土地標示辦理公告徵收。

第二一條

①依本條例第十八條規定所爲之公告，應載明下列事項：

一　需用土地人之名稱。

二　興辦事業之種類。

三　核准徵收機關及文號。

四　徵收之土地或土地改良物及其應補償之費額。

五　公告期間。

六　得提出異議及行政救濟之期限。

七　公告徵收後之禁止事項。

八　得申請一併徵收之要件及期限。

九　其他依規定應公告之事項。

②徵收農作改良物或未經登記之建築改良物，其公告應載明應受補償人之姓名、住所。

③第一項公告應附同徵收土地圖，公布於該管直轄市或縣（市）主管機關之公告處所及被徵收土地或土地改良物所在地。

第二二條　101

原土地所有權人依本條例第二十條第二項規定主張直轄市或縣（市）主管機關未於規定期限內發給補償費致該部分土地或土地改良物徵收失效，應向該管直轄市或縣（市）主管機關申請之。該管直轄市或縣（市）主管機關應查明發給補償費之情形，研擬徵收是否失效之意見，報原核准徵收機關核定後，函復原土地所有權人。

第二三條　101

權利關係人對於徵收補償價額，不服直轄市或縣（市）主管機關依本條例第二十二條第二項規定所爲查處者，應於查處通知送達之日起三十日內，以書面敘明不服查處之事實及理由，送直轄市或縣（市）主管機關。

第二四條

直轄市或縣（市）主管機關應於公告徵收時，同時囑託該管登記

機關於被徵收土地或建築改良物登記簿註記徵收公告日期及文號，並自公告之日起，依本條例第二十三條規定限制分割、合併、移轉或設定負擔。

第二五條 101

① 直轄市或縣（市）主管機關依第十三條、本條例第十八條第一項、第十八條之一、第二十六條第一項、第二十八條第一項、第三十六條、第五十一條第二項或第五十八條第二項規定所爲之通知及領取補償費之通知，其對象及辦理方式如下：

一　被徵收土地或建築改良物已登記者，依土地登記簿或建築改良物登記簿所載之所有權人及他項權利人姓名、住所，以書面通知。

二　徵收農作改良物或未經登記之建築改良物，依第二十一條第二項規定公告之姓名、住所，以書面通知。

三　依前二款通知未能送達者，以前二款姓名、住所辦理公示送達。

② 前項第一款、第二款之通知，應以掛號交寄並取得回執，或以其他得收取回執之方式爲之。

③ 直轄市或縣（市）主管機關依本條例第十八條第一項規定將核准徵收案通知土地或土地改良物所有權人及他項權利人時，得一併通知其領取補償費之日期。

第二六條 101

本條例第二十六條第一項所稱本條例規定應發給補償費之期限，指本條例第二十條第一項及第二十二條第五項規定之期限。

第二七條

直轄市或縣（市）主管機關於土地徵收地價及其他補償費補償完竣，並完成土地登記後，應將辦理經過情形，報中央主管機關備查。

第二八條

需用土地人依本條例第二十七條規定因公共安全急需先行使用被徵收土地或其土地改良物者，應於申請徵收前，擬具理由，報請目的事業主管機關許可後，送由中央主管機關核准徵收及先行使用；直轄市或縣（市）主管機關於徵收公告時，將上開事由一併公告。

第三章　徵收補償

第二九條

被徵收土地補償金額之計算及發給，由土地所在直轄市或縣（市）主管機關爲之。

第三〇條 101

① 本條例第三十條第一項所稱徵收當期之市價，指徵收公告期滿次日起算第十五日經地價評議委員會評定之當期市價。

② 前項當期市價低於徵收公告之市價，仍按徵收公告之市價補償。

第三一條 101

① 本條例第三十條第一項規定之毗鄰非公共設施保留地之平均市價，指毗鄰各非公共設施保留地市場正常交易價格之平均數，比

照平均地權條例施行細則第六十三條第二項規定計算之。毗鄰部分為公共設施用地納入計算致平均市價降低者，不予納入。

②都市計畫農業區、保護區之零星建築用地，或依規定應整體開發而未開發之零星已建築用地，經劃歸公共設施保留地，前項毗鄰平均市價以該保留地距離最近之三個同使用性質地價區段之平均市價計算。計算結果較高者，應從高計算。

③預定徵收土地之市價依本條例第三十條第二項評定後，始經都市計劃劃定為公共設施保留地之土地，其市價應於公告徵收前，比照平均地權條例施行細則第六十三條規定重新計算後，作為徵收補償地價之依據。但重新計算結果降低者，仍以原市價作為徵收補償地價之依據。

第三一條之一 101

①依本條例第三十條規定辦理徵收補償市價查估作業，需用土地人應將預定徵收土地範圍資料函文通知直轄市、縣（市）主管機關。

②需用土地人為前項之通知，應於每年九月一日前送達直轄市、縣（市）主管機關，作為次年土地徵收補償查估之依據。但屬當年具急迫性或重大公共建設推動之需者，得於當年三月一日前送達。

③需用土地人未及於前項限前提供直轄市、縣（市）主管機關辦理徵收範圍市價查估作業所需資料者，應提供查估之市價予直轄市、縣（市）主管機關，或協調直轄市、縣（市）主管機關調查估市價，提交地價評議委員會會評定，所需費用並得由需用土地人負擔。

第三二條

本條例第三十二條所稱改良土地，指下列各款：

一　建築基地改良：包括整平或填挖基地、水土保持、埋設管道、修築駁嵌、開挖水溝、鋪築道路等。

二　農地改良：包括耕地整理、水土保持、土壤改良與修築農路、灌溉、排水、防風、防砂及堤防等設施。

三　其他用地開發所為之土地改良。

第三三條

申請發給本條例第三十二條規定之補償費，應依平均地權條例施行細則第十二條規定申請驗證登記，並持憑主管機關發給之改良土地費用證明書，向直轄市或縣（市）主管機關領取之。

第四章　區段徵收

第三四條

直轄市或縣（市）主管機關依本條例第三十七條第一項規定報請上級主管機關核定禁止建築改良物之新建、增建、改建或重建及採取土石或變更地形時，應檢具開發計畫及區段徵收範圍地籍圖。

第三五條 101

依本條例第三十八條規定報請核准區段徵收時，應檢具區段徵收計畫書、徵收土地圖冊及土地使用計畫圖各二份送核准徵收機關核准。

第三六條 101

① 本條例第三十八條第一項規定之區段徵收計畫書，應載明下列事項，並檢附相關證明文件：

一　徵收土地或土地改良物原因。

二　徵收土地或土地改良物所在地範圍及面積。

三　辦理區段徵收之法令依據。

四　興辦事業計畫之必要性說明。

五　公益性及必要性評估報告。

六　徵收範圍內土地權屬、面積統計。

七　土地使用之現況及其使用人之姓名、住所。

八　一併徵收土地改良物。

九　四鄰接連土地之使用狀況及其改良物情形。

十　徵收土地區內有無古蹟、遺址或登錄之歷史建築，並註明其現狀及維護措施。

十一　舉行聽證、公聽會、說明會之情形，並應檢附會議紀錄及出席紀錄。

十二　與土地所有權人或土地改良物所有權人協議價購或以其他方式取得之經過情形及所有權人陳述意見之情形。

十三　土地或土地改良物所有權人或管理人姓名、住所。

十四　興辦事業計畫概略及其計畫進度。

十五　徵收範圍內土地之使用配置。

十六　原位置保留分配土地之差額地價減輕比例。

十七　安置計畫。

十八　公有土地以作價或領回土地方式處理及其協調情形。

十九　抵價地比例。

二十　開發完成後道路等九項以外之公共設施用地預定有償或無償撥用或讓售情形。

二一　財務計畫，包括預估區段徵收開發總費用、預算編列情形及籌措方式及償還開發總費用分析。

二二　涉及原住民土地之徵收，應檢附中央原住民族主管機關之書面同意文件。

二三　預計區段徵收工作進度。

② 如僅申請徵收土地改良物，得免記明前項第八款及第十五款事項。

第三七條

本條例第三十八條第一項規定之徵收土地圖，應以地籍圖描繪區段徵收範圍，並加註圖例。

第三八條

本條例第三十八條第一項規定之土地使用計畫圖，指區段徵收後土地使用之計畫配置圖；於完成都市計畫地區，指都市計畫圖。

第三九條 101

① 直轄市或縣（市）主管機關依本條例第三十八條第一項規定舉行公聽會時，應於召開七日前將公聽會舉行事由、日期及地點公告

於區段徵收土地所在地之公共地方、當地直轄市或縣（市）政府、鄉（鎮、市、區）公所、村（里）辦公處之公告處所，並於其網站張貼公告及刊登政府公報或新聞紙，及以書面通知區內土地及土地改良物所有權人，並說明下列事項：

一　區段徵收之必要性及目的。

二　各項補償標準。

三　抵價地比例及抵價地申請程序。

四　地價稅及土地增值稅之減免與扣繳。

五　耕地租約之處理。

六　他項權利或其他負擔之處理。

七　安置計畫。

八　其他事項。

②前項公聽會應作成會議紀錄，並將紀錄公告於區段徵收土地所在地之公共地方、當地直轄市或縣（市）政府、鄉（鎮、市、區）公所、村（里）辦公處之公告處所，與村（里）住戶之適當公共位置；需用土地人並應於其網站張貼公告及以書面通知土地或土地改良物所有權人。

第四○條

①本條例第三十九條第二項所稱因情況特殊，經上級主管機關核准者，指抵價地總面積非為徵收總面積百分之五十時，經需用土地人擬具具體理由，於區段徵收計畫書報核前，先報經上級主管機關核准者。所稱曾經農地重劃者，指原有土地曾參加農地重劃並分攤農路、水路用地，且該農路、水路用地已登記為直轄市、縣（市）或農田水利會所有者。

②抵價地發給比例因土地所有權人領取現金補償或選擇高價區位土地較多者，致實際發給面積比例降低，視為已符合本條例第三十九條之規定。

第四一條

本條例第三十七條第一項及第三十九條第二項規定應報經上級主管機關核定或核准事項，其屬內政部申請區段徵收者，由內政部逕行核定之。

第四二條

①土地所有權人依本條例第四十條第一項申請發給抵價地者，主管機關於收件後，應於徵收公告期滿後二個月內審查完畢。審查結果，應予補正者，應通知申請人於接到通知書之日起三個月內補正；申請人於補正期限屆滿之日前提出請求展延補正期限者，在不影響整體開發作業及時程原則下，得酌予展延。主管機關應於申請人補正後十五日內審查完畢，並將審查結果，以書面通知申請人。屆期未補正者，應核定不發給抵價地。

②前項申請發給抵價地、補正及主管機關審查期限，應於公告徵收時，載明於公告內，並通知土地所有權人。

第四三條　101

土地所有權人依本條例第四十條第三項向直轄市或縣（市）主管機關申請改發給現金補償或抵價地者，應由主管機關就資金調度情形徵詢需用土地人意見及視區段徵收實際作業情形核處之。

第四四條 101

本條例第四十一條第一項所稱證明文件如下：

一 訂有耕地三七五租約者，應提出補償承租人之證明文件。

二 設定地上權、不動產役權、永佃權或農育權者，應提出同意塗銷他項權利之證明文件。

三 設定抵押權或典權者，應提出抵押權或典權之清償、回贖或同意塗銷之證明文件。

四 有限制登記者，應提出已為塗銷限制登記之土地登記謄本或預告登記權利人同意塗銷之證明文件。

第四五條 101

土地所有權人申請發給抵價地之原有土地上訂有耕地三七五租約或設定地上權、不動產役權、永佃權或農育權者，除依前條第一款或第二款辦理外，並得請求主管機關邀集承租人或他項權利人協調；其經協調合於下列情形者，得由主管機關就其應領之補償地價辦理代扣清償及註銷租約或塗銷他項權利，並由土地所有權人就其賸餘應領補償地價申請抵價地：

一 補償金額或權利價值經雙方確定，並同意由主管機關代為扣繳清償。

二 承租人或他項權利人同意註銷租約或塗銷他項權利。

第四六條

① 需用土地人於申請區段徵收土地前，應會同主管機關邀集區段徵收範圍內公有土地原管理機關及其為非公用之管理機關，依本條例第四十三條第一項規定，協調公有土地處理方式。

② 前項公有土地以領回土地方式提供者，其領回土地面積計算公式如附件一。

附件一　公有土地領回土地權利價值及面積計算公式

一 非農地重劃區內公有土地領回土地面積（A1）＝非農地重劃區內以領回土地方式撥供開發之公有土地面積×抵價地比例

二 農地重劃區內公有土地領回土地面積（A2）＝農地重劃區內以領回土地方式撥供開發之公有土地面積×抵價地比例

三 預計領回土地之總面積（A）＝A1＋A2

四 領回土地之總地價（V）＝Σ各宗供公有土地領回之土地面積×各該宗土地評定單位地價

五 位於非農地重劃區內各公有土地領回土地之權利價值（V1）＝V×【A1÷A】×【該公有土地位於非農地重劃區內以領回土地方式撥供開發之公有土地補償地價÷非農地重劃區領回土地之公有土地總補償地價】

六　位於農地重劃區內各公有土地領回土地之權利價值（V2）＝
　　V×【A2÷A】×【該公有土地位於農地重劃區內以領回土
　　地方式撥供開發之公有土地補償地價÷農地重劃區領回土
　　地之公有土地總補償地價】

七　各公有土地領回土地之面積＝（V1＋V2）÷該宗領回土地
　　之評定單位地價

第四七條

① 依本條例第四十三條第一項規定撥供該管區段徵收主管機關統籌
規劃開發之公有土地，於領取地價款或經核定領回土地後，逕由
區段徵收主管機關囑託該管登記機關辦理所有權移轉或管理機關
變更登記。

② 本條例第四十三條第一項但書規定應無償撥供主管機關統籌規劃
開發之土地，指於區段徵收前，經區段徵收主管機關會同公有土
地管理機關認定實際已作為道路、溝渠、公園、綠地、兒童遊樂
場、廣場、停車場、體育場所及國民學校等用地使用之公有土
地，並應循無償撥用程序辦理。

第四八條 101

公有土地依本條例第四十三條第二項規定配回公共設施用地者，
除按原位置保留分配之土地外，應以區段徵收計畫書記載讓售或
有償撥供需地機關使用者先行指配，其餘公有土地指配公共設施
用地之順序如下：

一　本直轄市、縣（市）有土地。

二　本鄉（鎮、市）有土地。

三　國有土地。

四　他直轄市、縣（市）有土地。

五　他鄉（鎮、市）有土地。

第四八條之一 101

① 本條例第四十三條之一所稱農業專用區，指供農業耕作使用之土
地使用分區。

② 需用土地人應於都市計畫規劃時，調查原土地所有權人於區段徵收
後繼續從事耕作之意願，作為劃設農業專用區面積及位置之參考。

③ 各級主管機關依本條例第四十三條之一第二項規定訂定配售辦法
時，應會商需用土地人並邀集原土地所有權人舉行土地配售說明
會，且應於徵收公告時，於公告事項內載明欲申請配售農業專用
區土地之原土地所有權人，應選擇領回現金補償。

④ 先行區段徵收地區，都市計畫應於農業專用區劃設完成後再發布
實施。

第四九條

區段徵收範圍內之未登記土地，得視需用土地人分別登記為國
有、直轄市或縣（市）有，並由其指定管理機關。

第五○條

原土地所有權人領回抵價地權利價值及面積計算公式如附件二。

附件二　原土地所有權人領回抵價地權利價值及面積計算公式

一　非農地重劃區預計抵價地面積（A1）＝非農地重劃區之徵收土地面積×抵價地比例

二　農地重劃區預計抵價地面積（A2）＝農地重劃區之徵收土地面積×抵價地比例

三　預計抵價地之總面積（A）＝A1＋A2

四　預計抵價地之總地價（V）＝（Σ規劃供抵價地分配之各分配街廓面積×各該分配街廓評定之單位地價）×（A÷規劃供抵價地分配之總面積）

五　位於非農地重劃區內各原土地所有權人領回抵價地之權利價值（V1）V×【A1÷A】×【位於非農地重劃區內之該所有權人申請領回抵價地之補償地價÷非農地重劃區之徵收土地補償總地價】

六　位於農地重劃區內各原土地所有權人領回抵價地之權利價值（V2）＝V×【A2÷A】×【位於農地重劃區內之該所有權人申請領回抵價地之補償地價÷農地重劃區之徵收土地補償總地價】

七　各原土地所有權人領回抵價地之面積＝（V1＋V2）÷該領回土地之評定單位地價

第五一條　101

①本條例第四十四條第四項所稱開發總費用，指徵收土地之現金補償地價、本條例第八條及第三十一條至第三十四條規定之補償費及遷移費、本條例第十一條規定之協議價購地價、公有土地以作價方式提供使用之地價款、公共設施費用、公共設施管理維護費、土地整理費用及貸款利息之總額。

②前項所稱公共設施費用，包括道路、橋樑、溝渠、雨污水下水管道、鄰里公園、廣場、綠地及兒童遊樂場等公共設施之規劃設計費、施工費、材料費、工程管理費、整地費、第五十二條規定應分擔之管線工程費用及其他經主管機關核定必要公共設施之全部或部分費用。所稱公共設施管理維護費，指自公共設施完成之日起至移交接管前及移交接管後各共計三年內，辦理管理維護所需之費用；其額度以開發總面積每年每公頃新臺幣五萬元為限。所稱土地整理費用，指依其他規定應發給之獎勵金、救濟金、補助費、地籍整理費及其他辦理土地整理必要之行政作業費用。

③前項道路，指區段徵收後登記為直轄市、縣（市）或鄉（鎮、市）有之道路。

第五二條　95

①區段徵收範圍內必要之管線工程所需工程費用或遷移費用，由需用土地人與管線事業機關（構）依下列分擔原則辦理：

一　原有架空線路或管線辦理遷移時，需用土地人應協調管線機關（構）勘定遷移位置，管線機關（構）應依協調結果配合辦理遷移，並負擔全數遷移費用。但同一工程限於工地環境，需辦理多次遷移時，除最後一次費用由管線機關（構）負擔外，其餘各次遷移費及用戶所有部分之遷移費，均由需用土地人負擔。

二　原有架空之電力線路應永久遷移，經需用土地人要求改為地下化者，遷移費用除依前款規定辦理外，地下化所需變更設置費扣除依原架空標準設計拆遷所需變更設置費用之差額，由需用土地人與管線事業機關（構）各負擔二分之一。

三　新設電力採架空方式辦理者，所需工程費用由需用土地人與管線事業機關（構）各負擔二分之一；採地下化方式辦理者，管線之土木工程費用，由需用土地人與管線事業機關（構）各負擔二分之一。

四　新設電信採架空方式辦理者，所需工程費用由管線事業機關（構）全部負擔；採地下化方式辦理者，管線之土木工程費用，由需用土地人負擔三分之一，管線事業機關（構）負擔三分之二。

五　新設自來水管線之工程費用，由需用土地人全數負擔。

六　新設電力、電信管線工程需施設之電氣設備及纜線費用，由管線事業機關（構）全部負擔。

②區段徵收範圍外新設管線之工程費用，由管線事業機關（構）全部負擔。但自來水管線因區段徵收位置或地勢特殊需增加設備之工程費用，得以個案協商方式辦理。

③非屬第一項區段徵收範圍內必要之管線，其管線工程費用之分擔原則，以個案協商方式辦理。

第五三條

本條例第四十六條第三項規定未繳納差額地價之抵價地，主管機關應就超過應領抵價地面積換算其應有部分，囑託登記機關於土地登記簿加註未繳清差額地價前，不得辦理所有權移轉或設定他項權利字樣，主管機關於差額地價繳清後，立即通知登記機關註銷。

第五四條　101

抵價地分配街廓及最小建築單位面積，由主管機關會商需用土地人依開發目的及實際作業需要劃定之。但最小建築單位面積不得小於畸零地使用規則或都市計畫所規定最小建築基地之寬度、深度及面積。

第五五條　101

各級主管機關得將下列區段徵收業務委託事業機構、法人或學術團體辦理：

一　現況調查及地籍測量。

二　區段徵收工程之規劃、設計、施工、監造及管理。

三　土地改良物價額及區段徵收後地價之調查。

四　抵價地分配之規劃設計。

五　編造有關清冊。

第五六條

區段徵收土地之處分收入，優先抵付開發總費用，如有盈餘，除其他法令另有規定外，全部撥充實施平均地權基金；如有不足，由實施平均地權基金貼補之。

第五章　徵收之撤銷及廢止

第五七條 101

依本條例第五十條規定申請撤銷或廢止徵收，應於土地或土地改良物徵收公告期滿後，始得為之。

第五八條 101

本條例第五十一條第二項規定之公告，應載明事項如下：

一　原需用土地人之名稱。

二　原興辦事業之種類。

三　原徵收及撤銷或廢止徵收之核准機關、日期及文號。

四　撤銷或廢止徵收土地之區域。

五　撤銷或廢止徵收土地應繳納之價額、繳回期限及受理繳回地點。

六　公告期間。

七　逾期不繳清應繳納之價額者，不發還其土地，並不得依本條例第九條規定申請收回該土地。

八　得提出異議及行政救濟之期限。

第五九條 101

撤銷或廢止徵收之土地，於徵收前設定有他項權利或訂有耕地租約，且原土地所有權人應受之補償尚未領取者，直轄市或縣（市）主管機關應依本條例第五十一條第二項規定通知原土地所有權人於一定期間內繳清應繳納之價額，發還其原有土地。

第六〇條

依本條例第五十一條第二項規定維持原登記之土地，其為公有者，依公有財產管理有關法令處理之。

第六一條 101

依本條例第五十四條第二項規定，由原需用土地人就原徵收之土地改良物現存部分酌定價額，一併辦理撤銷或廢止徵收之土地改良物，原所有權人不服原需用土地人所定價額者，得於撤銷或廢止徵收公告期間內向該管直轄市或縣（市）主管機關以書面提出異議，由直轄市或縣（市）主管機關準用本條例第二十二條規定辦理。

第六章　附　則

第六二條

依本條例第五十八條第四項但書規定先行使用該土地或土地改良物者，於申請徵用前，得免舉行公聽會，並免與土地所有權人或土地改良物所有權人協議價購或以其他方式取得。

第六三條

① 申請徵用土地或土地改良物，應由需用土地人擬具詳細徵用計畫書，並附具徵用土地圖冊或土地改良物清冊及土地使用計畫圖，送由中央主管機關核准，並副知該管直轄市或縣（市）主管機關。

② 徵用計畫書，應載明下列事項：

一 徵用土地或土地改良物原因。

二 徵用土地或土地改良物所在地範圍及面積。

三 興辦事業之種類。

四 興辦事業之法令依據。

五 土地使用之現狀及其使用人之姓名、住所。

六 土地改良物情形。

七 有無一併徵用土地改良物。

八 四鄰接連土地之使用狀況及其改良情形。

九 徵用土地區內有無古蹟，並註明其現狀及維護措施。

十 舉行公聽會之經過情形。

十一 與土地所有權人或土地改良物所有權人協議價購或以其他方式取得之經過情形及所有權人陳述意見之情形。

十二 土地或土地改良物所有權人或管理人姓名、住所。

十三 被徵用土地之使用配置。

十四 興辦事業概略及徵用期間。

十五 應需補償金額總數及其分配。

十六 準備金額總數及其來源。

③ 申請徵用土地改良物，得免載明前項第七款及第十三款事項。

④ 有前條規定情形者，徵用計畫書免載明第二項第十款及第十一款事項。

第六四條 101

原徵收之土地嗣因分割、合併、重測或重劃等原因，致無法維持原標示或位置者，其辦理標售土地所坐落之原徵收地號土地之原所有權人或其繼承人有依同樣條件優先購買權。

第六五條

① 依本條例第五十九條規定辦理標售時，應於標售公告中載明原土地所有權人或其繼承人有依同樣條件優先購買之權，其願優先購買者，應於決標後十日內，自行檢具保證金及相關證明文件，以書面向標售機關申請。

② 依前項規定於期限內申請優先購買權者，由標售機關依直轄市或縣（市）主管機關提供之資料及申請人檢附之相關證明文件審認。

③ 對同一標案土地申請優先購買者，有二人以上時，應於接到標售機關通知之日起十日內提出全體申請人優先購買權利範圍之協議書，無法達成協議者，各優先購買權人購買之權利範圍，由標售機關按該標案土地徵收當時，各該原土地所有權人被徵收土地面積與全體申請優先購買之原土地所有權人被徵收土地總面積之比

例，計算其購買持分及應繳價款。但標案土地因分割、合併、重測或重劃等原因，致無法維持原標示或位置者，按辦理標售土地所坐落之原徵收地號整筆土地面積計算之。

④前項被徵收土地之原所有權人之繼承人有二人以上申請優先購買者，除依協議外，按優先購買之繼承人數平均計算其購買持分。

⑤第一項保證金與該標售案公告之投標保證金相同。其收取、退還或沒收之情形，由標售機關於標售公告文件中載明。

第六六條 101

①本細則自發布日施行。

②本細則中華民國一百零一年六月二十七日修正之條文，除第三十條、第三十一條及第三十一條之一自本條例一百零一年一月四日修正之第三十條施行之日施行外，自發布日施行。

申請土地徵收注意事項

①民國 91 年 8 月 28 日內政部令訂定發布全文 7 點。
②民國 92 年 12 月 25 日內政部令修正發布貳、五、肆、四及伍、四點。
③民國 101 年 12 月 4 日內政部令修正發布全文 7 點；並自即日生效。

壹、總　則

申請土地或土地改良物徵收、一併徵收、撤銷徵收、廢止徵收、更正徵收、徵收地上權及徵用，應依下列規定辦理：

一　土地徵收案件之申請程序如下：

　　㈠需用土地人為中央機關、直轄市或縣（市）政府者－送內政部核定。

　　㈡需用土地人為中央機關所屬機關者－經其上級機關核轉內政部核定。

　　㈢需用土地人為鄉（鎮、市）公所者－經該管縣（市）政府核轉內政部核定。

　　㈣需用土地人為農田水利會者－經該管縣（市）政府報經中央目的事業主管機關核轉內政部核定。

二　需用土地人於申請時，應副知土地所在地直轄市或縣（市）政府。但依第一點第三款及第四款核轉內政部之案件，不在此限。

三　需用土地人於申請時，應檢送應附之計畫書及圖册等有關資料一式二份送審。

貳、一般徵收

四　需用土地人申請徵收土地前，應核實按事業性質及實際需要，依徵收土地範圍勘選作業要點（以下簡稱勘選要點）規定，勘選適當用地位置及範圍。勘選用地屬都市計畫範圍內得徵收之私有土地，以徵收方式取得前應再檢視需用土地範圍位置之適當性及必要性。勘選用地屬非都市土地範圍者，應就損害最少之地方為之，並應儘量避免勘選要點第三點規定之土地。

五　需用土地人對於已列入年度施政預算項目關建工程需用私有土地者，應儘速辦理徵收，並應依土地徵收條例（以下簡稱本條例）施行細則第三十一條之一及土地徵收補償市價查估辦法規定檢送相關資料送直轄市、縣（市）主管機關提交地價評議委員會評定土地徵收補償市價。

六　一宗土地部分被徵收者，依本條例施行細則第二十條規定，直轄市或縣（市）主管機關應於公告徵收前，囑託該管登記機關就徵收之部分辦理分割測量登記，並以分割登記後之土地標示辦理公告徵收。需用土地人依其興辦事業計畫期程擬取得所需用土地，應注意上開規定，預留辦理土地分割測量登記所需之時間。

七　需用土地人申請土地徵收時，應於來文主旨敘明工程名稱、擬徵收土地標示、總筆數及總面積，其土地改良物擬一併徵收者，並應敘明。擬徵收土地標示以徵收土地清冊所列第一筆土地代表。

八　需用土地人依本條例第十三條及第十三條之一擬具徵收土地計畫書（格式如附件一）申請土地徵收時，應注意下列事項：

（一）需用土地人應檢送徵收土地計畫書、徵收土地圖冊或土地改良物清冊及土地使用計畫圖送審，陳報徵收計畫書時，應同時檢附「（需用土地人）辦理○○工程徵收計畫書自行檢覈表」（格式如附件二），附具徵收土地圖說、現況照片（均含電子檔）。並應將擬徵收土地之基本資料、工程範圍圖（如衛星影像圖或地籍圖，並用標線標示清楚）、徵收土地圖說（標線及圖例應清楚標示）及現況照片製作成簡報檔，提送內政部土地徵收審議小組審核。

（二）申請徵收土地如分屬都市土地、非都市土地與國家公園用地，應分案辦理。

（三）徵收土地計畫書內所敘徵收土地原因、工程名稱、擬徵收土地標示、筆數、面積等，應前後一致。

（四）徵收土地原因須符合本條例第三條或其他法律之規定。

（五）徵收之土地屬非都市土地者，如其興辦之目的事業不屬其非都市土地使用分區所編定之各種使用地容許項目所容許使用，應一併申請變更編定，並於徵收土地計畫書序文敘明「案內非編定為○○用地之土地，並請一併核准變更編定為○○用地」；如徵收之非都市土地為尚未編定地，則應敘明「案內非編定為○○用地之土地，並請一併核准編定為○○用地」。前述申請一併核准變更編定或編定者，如有非都市土地使用管制規則第十一條及第十二條規定應辦理土地使用分區變更者，應於依同規則規定，將開發計畫書圖及有關文件經區域計畫擬定機關審議同意後，再報請徵收。

（六）徵收之土地屬非都市土地者，應視下列情形於序文中分別敘明各事項並檢附證明文件：

　　1.需用土地人申請徵收非都市土地，並要求一併（變更）編定者，應依非都市土地變更編定執行要點第四點第二項及第三項規定辦理，並於徵收土地計畫書序文敘明；

構造用途特殊，非屬建築法第七條所稱之雜項工作物者，得免依非都市土地變更編定執行要點第四點第二項及第三項規定辦理，並應於徵收土地計畫書序文敘明。

2.需用土地人所擬辦事業土地如屬山坡地範圍者，面積不得少於十公頃，並應於徵收土地計畫書序文敘明；符合非都市土地管制規則第五十二條之一規定免受十公頃限制者，應敘明免受限制之理由，其中如屬興辦公共設施、公用事業、慈善、社會福利、醫療保健、教育文化事業或其他公共建設所必要之建築物，經直轄市或縣（市）政府依中央目的事業主管機關訂定之審議規範核准者，應併同敘明經核准之審議規範名稱及規定，並於徵收土地計畫書序文敘明。

3.農業用地變更非農業使用者，應先徵得農業主管機關之同意，並於徵收土地計畫書序文敘明。

4.林業用地或山坡地範圍內森林區、山坡地保育區及風景區之暫未編定用地，變更為非林業用途使用者，應先徵得林業主管機關之同意，並於徵收土地計畫書序文敘明。其土地屬保安林者，應附保安林解除公告文件。

(七)申請徵收應於徵收土地計畫第二項下敘明勘選徵收用地範圍已依勘選要點規定辦理。如屬都市計畫範圍內得徵收之私有土地，應敘明已依勘選要點第二點規定檢視需用土地範圍位置之適當性及必要性情形；如屬非都市土地者，應敘明已依勘選要點第三點規定辦理之情形。徵收土地範圍內有特定農業區農牧用地者，應敘明總面積及其占工程用地範圍之面積百分比，及符合本條例第三條之一及本條例施行細則第二條之一規定。

(八)興辦事業之種類應參照本條例第三條或其他法律之規定填列。特定農業區農牧用地，符合本條例第三條之一第四項規定得徵收情形，應於徵收土地計畫書第三項下敘明符合之原因或經行政院核定為重大建設所需之核定日期及文號。

(九)需用土地人申請徵收土地時，應檢附奉准興辦事業計畫文件影本或抄件，並於徵收土地計畫書第三項下載明核准興辦該事業計畫之機關名稱、核准日期及文號。如屬本於權責辦理工程，無須報目的事業主管機關同意者，應於該項下敘明。

(十)需用土地人應於徵收土地計畫書第四項下對興辦事業計畫之必要性提出說明，其內容應包括本計畫目的與預計徵收私有土地合理關連理由、預計徵收私有土地已達必要最小限度範圍理由、用地勘選有無其他可替代地區、是否有其他取得方式及其他評估必要性理由。如作成報告書者，得以檢附附件方式辦理，並註明「詳后附件」。

㈡需用土地人應於徵收土地計畫書第五項下對興辦事業之社會因素、經濟因素、文化及生態因素、永續發展因素及其他因素提出公益性及必要性評估報告，並就本條例第三條之二規定各項因素內各點應評估事項，分項分點提出具體說明，並為綜合評估分析。

㈢徵收土地之使用現狀應按實填寫，如為空地無土地改良物者，應註明為「空地」。徵收工程用地範圍內如有既成道路，應敘明，並列入徵收。

㈣徵收土地上如有土地改良物應徵收者，除興辦事業計畫確有需要外，應隨同土地同時申請一併徵收。擬同時申請一併徵收土地改良物時，除應另檢附徵收土地改良物清冊外，並應於來文及徵收土地計畫書序文中一併敘明。如土地改良物依本條例第五條第一項但書規定不一併徵收或依同條第二項規定於土地徵收始申請徵收者，應於計畫書第八項下敘明。

㈤徵收土地四鄰接連土地之使用狀況及其改良情形，應就東、南、西、北毗鄰地形及使用狀況扼要說明。

㈥徵收土地範圍內如有古蹟、遺址或登錄之歷史建築者，應於徵收土地計畫書第十項下註明其現狀，並檢附文化資產保存法規定之目的事業主管機關之同意文件影本或抄件及說明徵收土地後對該古蹟、遺址或登錄之歷史建築之維護措施。

㈦特定農業區農牧用地經行政院核定為重大建設須辦理徵收者，若有爭議，應於徵收土地計畫書第十一項下敘明聽證舉辦情形。

㈧申請徵收土地，應檢附舉辦公聽會、說明會、聽證之公告與刊登政府公報或新聞紙之文件影本，及於興辦事業計畫報請目的事業主管機關許可前舉行公聽會或於與所有權人協議價購或以其他方式取得前舉行公聽會（興辦之事業無須報請目的事業主管機關許可者）之紀錄文件、紀錄公告周知之文件影本及將會議紀錄書面通知陳述意見之土地所有權人及利害關係人文件，並於徵收土地計畫書第十一項下敘明辦理公聽會、說明會、聽證之情形。但舉辦具有軍事機密與國防秘密種類範圍等級別分準則規定之機密性國防事業或已舉行公聽會或說明會有下列情形之一者，得敘明事由，免檢附上開辦理公聽會或說明會之相關文件及紀錄：

　1.興辦事業計畫於規劃階段已舉行二次以上公聽會，且最近一次公聽會之舉行距申請徵收三年內。

　2.興辦事業計畫已依都市計畫法舉行公開展覽及說明會，並通知土地所有權人，且最近一次公開展覽及說明會之舉行距申請徵收三年內。

3.原事業計畫已舉行公聽會，於申請徵收後發現範圍內有土地有遺漏須補辦徵收。

4.原興辦事業為配合其他事業需遷移或共構，而於該其他事業計畫舉行公聽會或說明會時，已就原興辦事業之遷移或共構，聽取土地所有權人及利害關係人之意見者。

(七)需用土地人依本條例第十條第二項規定舉行公聽會，應至少舉行二場，並依本條例施行細則第十條規定辦理；申請徵收時應於徵收土地計畫書第十一項下敘明下列情形：

1.敘明每一場公聽會公告日期、張貼處所及公聽會舉行之日期等公聽會公告周知情形，並說明已依土地登記簿所載住所完成書面通知興辦事業計畫範圍內之土地所有權人。公聽會之事由、日期及地點應注意於舉行公聽會七日前公告於需用土地所在地之公共地方、當地直轄市或縣（市）政府、鄉（鎮、市、區）公所、村（里）辦公處之公告處所與村（里）住戶之適當公共位置，並於需用土地人網站張貼公告及刊登政府公報或新聞紙。

2.敘明公聽會上已依本條例施行細則第十條第一項第三款規定說明興辦事業概況與事業計畫之公益性、必要性、適當性及合法性，勘選用地屬非都市土地範圍者，應併同敘明是否已依勘選要點第五點規定敘明事項，併入興辦事業概況內於公聽會上適當地點揭示及說明。公聽會並應以拍照或錄影存檔。

3.請敘明公聽會紀錄已依本條例施行細則第十條第一項第四款及第五款規定辦理公告及書面通知，並敘明後場公聽會對於前場公聽會土地所有權人及利害關係人陳述意見之明確回應及處理情形。前開各說明事項、陳述意見之明確回應及處理情形應詳細記載於會議紀錄，會議紀錄並應載明下列事項：

(1)事由。

(2)日期。

(3)地點。

(4)主持人及記錄人之姓名。

(5)出席單位及人員之姓名。

(6)出席之土地所有權人及利害關係人之姓名。

(7)興辦事業概況（有製作興辦事業說明文件，為會議紀錄之附件）。

(8)詳實記載事業計畫之公益性、必要性、適當性及合法性。

(9)土地所有權人及利害關係人之意見（包括言詞及書面意見），及對其意見之回應與處理情形。（對於土地所有權人及利害關係人之意見，應作明確之回應及處理，並應留下陳述意見者之住址，寄送公聽會紀

錄。）

⑽後場公聽會紀錄應記載前場公聽會土地所有權人及利害關係人之意見與回應及處理情形。

㈩申請徵收土地，應於徵收土地計畫書第十二項下載明與土地及土地改良物所有權人協議以市價價購或其他方式取得，及於申請徵收前依本條例施行細則第十三條規定，以書面通知給予所有權人陳述意見機會之經過情形，並檢附協議通知、協議紀錄及給予所有權人陳述意見書面通知之影本或抄件；如所有權人對於協議取得或徵收有意見陳述時，或所有權人未參與協議亦未於一定期限內提出陳述書者，並應於該項下敘明。但如依本條例第十一條因公共安全急需使用土地未及與所有權人協議，及依本條例施行細則第十三條第一項但書規定得不給予所有權人陳述意見之機會，於申請徵收前已擬具理由報請目的事業主管機關許可，並敘明事由，通知所有權人，於該項下敘明經過情形後，得免檢附上開協議通知、協議紀錄及給予所有權人陳述意見書面通知之文件。

㈠需用土地人依土地登記簿所載住址通知土地所有權人協議價購時，如因土地所有權人遷徙未能登記機關辦理住址變更登記，或有住址空白、日據時期住址、地址不全不符或其他有行政程序法第七十八條規定之情形，致依土地登記簿所載住址通知遭退回或無法送達者，應洽地政、戶政、稅捐機關查對新址重新通知，如仍無法送達，得依職權辦理公示送達，並於徵收土地計畫書第十二項下敘明前開住址及送達情形。

㈡如已知土地登記簿所載之土地所有權人已死亡，應先洽地政、戶政、稅捐機關查明其合法繼承人，並通知其協議，郵寄通知未能送達時，應以「登記名義人及其之全體繼承人」辦理公示送達。向戶政機關查明及辦理協議之情形應於徵收土地計畫書第十二項下中敘明，並檢附繼承系統表供參。

㈢第十九款給予所有權人陳述意見之書面通知內容應記載下列事項，其通知之對象及辦理方式應依本條例施行細則第二十五條規定辦理送達。以協議會議開會（或協議會議紀錄）併同通知者，亦同：

1.所有權人姓名及其住、居所、事務所或營業所。
2.徵收土地之概況、法令依據及徵收標的之範圍。
3.所有權人提出陳述意見書時，應為事實上及法律上之陳述。
4.陳述意見之期限及不提出之效果。
5.其他必要事項。

㈣以書面通知所有權人陳述意見，應依本條例施行細則第十

三條第三項規定辦理下列事項：

1. 以書面通知所有權人陳述意見之期限，自通知書送達之次日起，不得少於七日；已併協議會議開會通知者，自最後一次會議之日起，不得少於七日。依行政程序法第七十八條辦理公示送達者，陳述意見之期限應注意公示送達生效日期並加計給予陳述意見期限之相當時日。

2. 所有權人以言詞陳述意見者，需用土地人應作成書面，經向所有權人確認內容無誤後，由陳述人簽名或蓋章；其拒絕簽名或蓋章者，應記明事由。所有權人對紀錄有異議者，應更正之。

3. 需用土地人對於所有權人以書面或言詞陳述之意見，均應以書面回應及處理；於申請徵收土地或土地改良物時，應一併檢附所有權人以書面或言詞陳述之意見，及需用土地人之回應、處理之書面資料，並將意見及回應、處理情形依序整理，詳實填載於所有權人陳述意見及相關回應處理情形一覽表。

㈡申請徵收土地，應事先查明工程範圍內有無涉及原住民土地之徵收，如有，應於徵收土地計畫書第十五項下敘明，並檢附中央原住民族主管機關之書面同意文件。

㈢申請徵收土地擬一併徵收建築改良物，應先向各直轄市或縣（市）政府社政單位查詢有無符合本條例第三十四條之一規定之需安置情形，並於徵收土地計畫書第十六項下敘明計畫範圍內符合前開規定情形之人數及安置情形，安置包括安置住宅、購置住宅貸款利息補貼、租金補貼等。如無符合前開規定需安置情形，並敘明無本條例第三十四條之一規定情形，並檢附向各直轄市或縣（市）政府社政單位查詢無符合規定之相關公文影本。案內無建築改良物致無須向社政單位查詢者，應敘明清楚，免附相關查詢資料。

㈣徵收都市計畫公共設施保留地作多目標使用，應於徵收土地計畫書第十七項㈠「計畫目的」項下載明准許使用之項目，徵收後僅得依原核准計畫所列之興辦事業使用，不宜再增列使用項目。

㈤徵收之土地，擬以信託、聯合開發、委託開發、委託經營、合作經營、設定地上權或出租提供民間機構投資建設者，應於徵收土地計畫書第十七項㈠「計畫目的」項下載明之，並註明其提供方式。

㈥計畫進度之預定開工日期應配合申請徵收時程填載，如興辦之事業已施工或已完工者，則依實際情形填載。申請徵收之土地屬都市計畫公共設施用地者，應注意按都市計畫書事業計畫與實施進度、公共設施之性質或種類，審酌地方人力、財力狀況，妥予訂定使用期限。

(二)徵收土地需補償金額總數，應注意所編列預算是否足敷支應。如已列入年度預算，應附該年度預算書，並檢附已提送直轄市、縣（市）政府地價評議委員會評定徵收當期之市價相關證明文件；如所列經費已逾預算年度時，應檢附核准保留預算之相關證明文件；如屬特別預算，應依特別規定辦理。

(二)徵收土地計畫書末頁請加蓋機關印信及代表人官章，並應填載製作日期。

(三)徵收土地計畫書及其附件，應加蓋騎縫章。

(三)徵收土地計畫書之附件：

1.奉准興辦事業計畫文件影本或抄件：指由依法有權核准興辦該事業計畫之機關所核准之文件，包括專案核定之事業計畫或依年度施政計畫所編列之預算證明（須含擬興辦事業之計畫名稱），如該預算證明未能涵蓋擬興辦之計畫名稱者，應補附其他證明文件。

2.舉辦公聽會之公告與刊登政府公報或新聞紙等文件影本：指於七日前將舉行公聽會之事由、日期及地點，公告於需用土地所在地之公共地方、當地直轄市或縣（市）政府、鄉（鎮、市、區）公所、村（里）辦公處公告處所，與村（里）住戶之適當公共位置之公告與刊登政府公報、新聞紙等文件影本。

3.舉辦公聽會之紀錄影本或抄件：該紀錄應記載事項詳第十八款規定。

4.通知土地及土地改良物所有權人協議價購或以其他方式取得之文件影本：該通知應載明協議事由、日期、地點、主持人姓名、邀請之出席單位名稱、土地及土地改良物所有權人姓名、擬協議取得之說明資料、所有權人拒絕參與協議或經開會協議不成得依法辦理徵收之法令依據等事項。如給予所有權人陳述意見通知擬併於該通知一併為之者，並應載明所有權人得依行政程序法第一百零五條規定以書面提出事實上及法律上之意見陳述、得提出陳述意見之期限，及不於期限內提出陳述之效果等事項。

5.協議價購或以其他方式取得不成之證明文件或協議紀錄之影本或抄件：協議紀錄應載明協議事由、日期、地點、主持人與記錄人之姓名、出席單位及人員之姓名、出席之土地及土地改良物所有權人等之姓名、協議不成將依法辦理徵收之程序及相關徵收補償之規定，以及所有權人得行使之權利、所有權人對於協議取得或徵收之陳述意見及協議之結論等事項。但協議通知已就相關徵收補償規定及所有權人得行使之權利事項載明者，於該紀錄得免再記載該等事項。如給予所有權人陳述意見通

知擬併於會議紀錄一併爲之者，並應載明所有權人得依
行政程序法第一百零五條規定以書面提出事實上及法律
上之意見陳述、得提出陳述意見之期限，及不於期限內
提出陳述之效果等事項。

6.給予所有權人陳述意見書面通知之影本：應載明通知之
所有權人姓名、住所、徵收土地或土地改良物坐落之土
地標示、所有權人得依行政程序法第一百零五條規定以
書面提出事實上及法律上之意見陳述、得提出陳述意見
之期限，及不於期限內提出陳述之效果等事項。但給予
所有權人陳述意見之通知已併於協議通知或會議紀錄爲
之者，得免檢附本通知。

7.所有權人陳述意見及相關回應處理情形一覽表：申請徵
收土地或土地改良物時，應一併檢附所有權人以書面或
言詞陳述之意見，及需用土地人相關之回應、處理之書
面資料，並將相關意見及回應、處理情形依序整理成
表。

8.徵收土地清冊（格式如附件三，爲配合電子處理作業，
得採由左而右之橫行格式填製）：

(1)申請土地徵收，應先查明擬徵收之土地究爲都市土地
或非都市土地；如爲非都市土地，應於清冊「非都市
土地使用編定之種類」欄載明土地登記簿或電子處理
之地籍資料中所載之編定使用種類。另用地範圍內多
屬非都市土地，惟部分土地之登記簿其編定使用種類
欄空白時，應洽都市計畫單位查明該等土地是否確非
屬都市土地，並於清冊備考欄載明。

(2)申請徵收之土地如屬經依地籍清理條例第十一條規定
及依祭祀公業條例第五十一條規定，交由直轄市或縣
（市）主管機關代爲標售而尚未標售者，應由需用土
地人於申請徵收前將土地擬辦理徵收之情形告知直轄
市、縣、（市）代爲標售機關，並於土地徵收清冊備
考欄註明。

(3)申請徵收一宗土地之部分時，徵收土地清冊所載土地
標示及面積，應依以下規定辦理：

A.申請徵收之土地爲都市土地者：

a.位屬都市計畫地區爲應擬定細部計畫，其細部計
畫並已發布實施者，應先洽該管地政事務所依都
市計畫樁位辦理地籍分割測量登記後，依分割登
記之土地標示及面積載明。

b.位屬都市計畫地區爲應擬定細部計畫，惟細部計
畫尚未發布實施者，經該管直轄市或縣（市）都
市計畫主管機關依各該主要計畫之規劃意旨及鄰
近相關地形、位置認定其使用分區，並洽該管地

政事務所辦理假分割，計算面積後，清冊之土地標示及面積欄填載擬申請徵收之母地號及母地號面積，擬徵收私有持分面積則填載實際徵收面積，並於清冊備考欄載明擬申請徵收土地之暫編地號。

c.位屬都市計畫地區僅有主要計畫，無須擬定細部計畫者，應洽該管地政事務所依都市計畫樁位辦理地籍分割測量登記後，依分割登記之土地標示及面積填載。

B.徵收之土地爲非都市土地者，需用土地人應先洽該管地政事務所依所埋設之用地界樁，辦理假分割，計算面積，清冊之土地標示及面積欄填載擬申請徵收之母地號及母地號面積，擬徵收私有持分面積則填載實際徵收面積，並於清冊備考欄載明擬申請徵收土地之暫編地號。

(4)徵收一宗土地之部分時，其申請徵收土地總筆數之計算應以母地號爲準。

(5)清冊應送請轄區地政事務所核對土地登記簿或電子處理之地籍資料無訛，依分層負責規定逐級核章後，加蓋「經核與土地登記簿（電子處理之地籍資料）記載相符」戳記及核章日期。

(6)徵收土地如爲公私共有者，公有持分部分應予註明；如需另案辦理撥用者，應於備考欄敘明。

(7)徵收土地爲共有土地者，如其應有部分之和不等於一，應先洽該管地政事務所查明後，再申請徵收。經清查後，如仍無法查明其中持分錯誤情形，應於徵收土地清冊備考欄載明，並依以下方式填載：

A.共有人登記權利範圍合計大於一者：

　a.徵收土地全部爲私有者，其「擬徵收私有持分面積」欄依用地面積填載。

　b.徵收土地爲公私共有者，其「擬徵收私有持分面積」欄依用地面積乘以私有持分和之面積填載。

B.共有人登記權利範圍合計小於一者：

　a.徵收土地全部爲私有者，其「擬徵收私有持分面積」欄依用地面積填載。

　b.徵收土地爲公私共有者，其「擬徵收私有持分面積」欄依用地面積扣除公有持分面積後填載。

　c.共有土地之應有部分不明者，同前開B之方式填載。

(8)申請徵收之土地或土地改良物如屬未辦繼承登記，經地政機關列冊管理期滿，已移交財政部國有財產局辦理標售，而尚未標售者，應由需用土地人於申請徵收

前將土地擬辦理徵收之情形告知財政部國有財產局，並於清冊備考欄註明。

(9)土地所有權人或管理人之住址按土地登記簿或電子處理之地籍資料所載之地址填寫。如為日據時期地址者，應先協調地政、戶政、稅捐機關協助查明最新住址，並於清冊備考欄註明；如為空白，應載明「空白」之字。

(10)申請徵收之土地為日據時期以日人姓名登記之土地，應先洽財政部國有財產局清理後，再依清理結果辦理。

9.徵收土地改良物清冊（格式如附件四，為配合電子處理作業，得採由左而右之橫行格式填製）：

(1)僅須就擬一併徵收土地改良物部分填寫，並於備考欄註明其所坐落土地於徵收土地清冊上之編號。如徵收之土地無土地改良物或未一併徵收土地改良物者，得免附。

(2)公有土地管理機關對其管理之公有土地上之私有土地改良物，不得申請徵收，但因取得經核准撥用或提供開發之公有土地，不在此限。

(3)如擬徵收公有土地上之私有土地改良物時，應於該清冊之備考欄載明公有土地之管理機關。

10.有無妨礙都市計畫證明書（格式如附件五）或有無妨礙國家公園計畫證明書（格式如附件六）：

(1)徵收土地如位屬都市土地，應檢附有無妨礙都市計畫證明書；如位屬國家公園區，應檢附有無妨礙國家公園計畫證明書。但國家公園管理機關為執行國家公園計畫申請徵收土地者，應檢附國家公園計畫土地使用分區證明。

(2)申請徵收都市計畫各使用區或特定專用區土地，申請核發無妨礙都市計畫證明書時，除擬徵收土地位於依相關目的之事業法律編定、劃設或公告之事業範圍內，各該法律並特別規定得予徵收，且其編定、劃設或公告涉及都市計畫之擬定或變更，已依都市計畫法訂定程序辦理完成者，得據以核發無妨礙都市計畫證明書外，應依法完成都市計畫擬定或變更後核發之。

(3)各該直轄市或縣（市）都市計畫主管機關於核發徵收土地有無妨礙都市計畫證明書時，應確實查明該地區都市計畫有無指定以聯合開發、市地重劃、區段徵收或其他方式整體開發，並於核發之有無妨礙都市計畫證明書載明之。

(4)申請徵收土地所屬都市計畫為應擬定細部計畫，惟

部計畫尚未發布實施，致未能依都市計畫樁位辦理逕為分割測量者，經各該直轄市或縣（市）都市計畫主管機關依各該主要計畫之規劃意旨及鄰近相關地形、位置認定其使用分區，並於有無妨礙都市計畫證明書之土地標示欄以母地號並加註「內」字之方式填載，面積則填載實際徵收面積，並於備考欄註明擬徵收之暫編地號及加註「凡暫編地號土地依地政事務所逕為分割測量成果為準」文字，需用土地人得據以申請徵收。

(5)證明書上應加蓋核發日期、機關印信及首長簽名章。

11. 徵收土地圖說應以地籍圖描繪，並加註比例尺大小，並應將工程用地範圍及徵收土地分別著色描繪及加註圖例。工程用地範圍內未列入徵收之公、私有土地，亦應將其權屬或取得方式，分別著色描繪及加註圖例。

12. 土地使用計畫圖應繪明土地使用配置情形或其使用位置，並應加註圖例。

九 如興辦事業計畫確有需要而於土地徵收後始申請徵收土地改良物者，或經協議取得土地，其地上私有土地改良物未能協議取得，申請徵收該私有土地改良物者、或於取得經核准撥用或提供開發之公有土地後，申請徵收該公有土地上私有土地改良物，需用土地人依本條例第十三條及十三條之一擬具徵收土地改良物計畫書（格式如附件七）申請徵收土地改良物時，除準用第八點規定辦理外，並應注意下列事項：

(一)申請徵收時，應注意所在奉准徵收土地有無土地所有權人得申請收回土地之情形。

(二)申請徵收時，應檢附原核准徵收、撥用或提供開發公有土地之文件、計畫書及土地清冊等之影本。如需用土地係協議取得，應檢附協議取得土地之清冊（格式如附件八）影本。

(三)計畫進度之預定開工日期應注意本條例第九條規定，配合奉准徵收土地案及申請徵收時程填載，其工程預定完工日期並應與原奉准徵收土地計畫書所載計畫進度一致。

(四)徵收部分土地已分割完竣者，徵收土地改良物清冊「擬徵收土地改良物坐落之土地標示」欄應按申請徵收當時改良物坐落之土地標示填載，並於備考欄註明原奉准徵收土地於徵收土地清冊上之編號。

參、一併徵收

十 依本條例第八條規定得申請就殘餘土地或建築改良物一併徵收之所有權人，為原被徵收土地或建築改良物之所有權人；原所有權人死亡，已辦竣繼承登記者，為登記名義人；未辦竣繼承登記者，為其全體繼承人。上開一併徵收之殘餘土地

或建築改良物為分別共有者，各共有人得就其應有部分申請之。

十一　直轄市或縣（市）主管機關受理所有權人依本條例第八條第一項規定申請一併徵收殘餘土地或建築改良物案件，應會同需用土地人、申請人及其他有關機關實地勘查，並作成勘查紀錄；合於規定者，由直轄市或縣（市）主管機關轉需用土地人，檢附一併徵收土地或土地改良物清冊、被徵收土地所有權人申請一併徵收土地一覽表及所有權人申請一併徵收文件影本、勘查通知影本、勘查紀錄影本、原核准徵收函影本、公告徵收函影本、相關地號原核准徵收土地清冊影本、地籍圖（應加註圖例，標明工程範圍及申請一併徵收土地位置）及彩色現況照片（應加註圖例，標明工程範圍及申請一併徵收土地位置）（均含電子檔）及其他有關文件，報請內政部核准之；不合規定者，由直轄市或縣（市）主管機關擬具處理意見，並檢附通知陳述意見函、陳述意見書、處理回復函影本及前開各項圖籍及文件，請內政部核定後，將處理結果函復申請人。但申請人不適格或其申請已逾法定期限者，免實地勘查時，得免檢附上開勘查通知影本、勘查紀錄影本及地籍圖文件。

十二　直轄市或縣（市）主管機關於受理所有權人依法申請一併徵收之案件時，除有因申請人不適格或其申請已逾法定期限等無須實地勘查之情形外，於依規定會同申請人實地勘查時，其通知應參照行政程序法第三十九條規定為之，並注意應合法送達。勘查通知應載明以下事項：勘查事由、時間、地點、申請人申請一併徵收土地標示、邀請會同勘查之機關名稱及申請人姓名、申請人得否委託他人到場及不到場之效果等事項。

十三　勘查紀錄應載明以下事項：勘查事由、時間、地點、主持人與記錄人之姓名、出席之會勘單位及人員姓名、出席之申請人或代理人姓名、申請一併徵收土地標示、申請人有無申請一併徵收土地改良物、申請一併徵收土地使用情形概述、申請人陳述之意見、各會勘單位之意見、會勘結論（該結論應敘明符合一併徵收或未符合一併徵收之原因）等事項。

十四　土地所有權人要求一併徵收之土地，遇有古蹟、遺址或登錄之歷史建築，應先由需用土地人徵得文化資產保存法規定之目的事業主管機關同意。

十五　徵收土地之殘餘部分，原指一筆土地部分被徵收，經分割後之剩餘部分而言。若同一所有權人有二筆以上土地，地界相連，實際已合併為同一性質之使用，其中一筆被徵收，剩餘之一筆，亦屬殘餘部分。

十六　殘餘土地面積過小，指該徵收殘餘土地之面積，非指共有

十七　本條例第八條第一項所稱「不能爲相當之使用」，應於實地勘查時，依事實認定之，不限以計畫使用或徵收當時實際使用爲認定之依據。

十八　一併徵收土地清冊格式及填寫說明如附件九。

十九　一併徵收土地改良物清冊格式及填寫說明如附件十。

二十　被徵收土地所有權人申請一併徵收土地一覽表格式及填寫說明如附件十一。

肆、撤銷或廢止徵收

二一　需用土地人依本條例第五十條規定申請撤銷或廢止徵收，應詳細說明撤銷或廢止徵收原因及符合之法令依據，並應於土地或土地改良物徵收公告期滿後，始得爲之。因作業錯誤，致原徵收之土地不在工程用地範圍內之申請撤銷徵收，應敍明作業錯誤之種類：

(一)位置勘選錯誤。

(二)地號摘錄錯誤。

(三)地籍圖地號誤繪。

(四)地籍分割錯誤。

(五)部分徵收之土地未辦理分割，致以全筆土地辦理徵收，分割完成後已錯誤徵收部分。

(六)都市計畫中心椿（線）偏移。

(七)其他。

二二　申請撤銷或廢止徵收之土地或建築改良物，如土地或建物登記簿之所有權人仍爲被徵收土地或建築改良物所有權人者，應先查明徵收補償費是否已發給完竣，如是，應先辦理徵收所有權移轉登記後，再申請撤銷或廢止徵收。辦理撤銷或廢止徵收之土地或土地改良物，依本條例第八條規定已一併徵收之殘餘部分，除已移轉或另有他用者，應同時辦理撤銷或廢止。土地徵收時一併徵收之土地改良物，除已滅失者，於土地撤銷或廢止徵收時應同時辦理撤銷或廢止徵收。

二三　直轄市或縣（市）主管機關於依本條例第五十條第三項規定受理原土地所有權人申請撤銷或廢止徵收案件，經會同需用土地人及其他有關機關審查符合規定者，由需用土地人檢同撤銷或廢止徵收土地清冊、撤銷或廢止徵收土地改良物清冊及有關圖籍、文件等，向內政部申請之；未符合規定者，該管直轄市或縣（市）主管機關於將處理結果函復原土地所有權人前，應注意依行政程序法規定，給予原土地所有權人陳述意見之機會。

二四　撤銷或廢止徵收土地清冊格式及填寫說明如附件十二。

二五　撤銷或廢止徵收土地改良物清冊格式如附件十三。

伍、更正徵收

二六　土地徵收後有下列情形，在不涉及原報准徵收之實體內容，且用地範圍不變之前提下，應辦理更正徵收：

(一)徵收土地面積、被徵收人之姓名或被徵收人之住所誤繕。

(二)核准徵收之土地，徵收土地清冊地號誤繕，而其他資料無誤。

(三)核准徵收後，發現原始地籍資料錯誤，並辦竣更正登記。

(四)部分徵收之土地，以假分割面積報准徵收後，地政事務所徵理正式分割時，發現實際使用面積與原報准徵收面積不符。

(五)於公告徵收前，因分割、合併、地籍圖重測、土地重劃等，致核准徵收之土地標示與現況不符。

(六)其他經核准徵收之土地，徵收土地清冊所載事項與事實不符。

二七　關於土地徵收案件，於經內政部土地徵收審議小組審議通過，然尚未核准徵收之前，或於核准徵收之後尚未公告徵收之前，或業經公告徵收於地價尚未發給完竣前，遇有地籍圖重測公告期滿並確定，如該重測結果已涉及工程用地範圍之變動，應另案辦理補辦徵收或撤銷徵收，如未涉及工程用地範圍之變動，應依以下原則處理：

(一)經內政部土地徵收審議小組審議通過，內政部尚未核准徵收前，遇有地籍圖重測公告期滿並確定，請需用土地人依重測後地籍資料檢送釐正後徵收土地計畫書報經內政部予以核准徵收。

(二)經內政部核准徵收，而尚未公告徵收前，遇有地籍圖重測公告期滿並確定，請需用土地人先申請更正徵收並報經內政部核准後，再辦理公告徵收。

(三)公告徵收後，在地價未發給完竣前，遇有地籍圖重測公告期滿並確定，其土地面積因地籍圖重測結果而增減者，如重測面積大於徵收公告面積時，應以重測面積辦理補償，如重測面積小於徵收公告面積時，應仍按徵收公告面積補償，並逕請直轄市或縣（市）主管機關於嗣後就實際補償面積大於徵收核准面積之部分，函報內政部釐正徵收案相關資料。重測面積增加部分，其地價補償並應以原公告徵收時之補償標準計算。

二八　直轄市或縣（市）主管機關對於已核准徵收之土地，於公告徵收前應將核准徵收土地清冊與最新土地登記簿記載資料予以核對，其已辦理所有權移轉登記者，得於公告徵收

時逐以新所有權人名義辦理公告徵收，並通知領取補償費，並應將實際情形報請內政部備查並副知需用土地人。又該筆土地嗣後如有辦理撤銷或廢止徵收或殘餘部分擬一併徵收之情形時，需用土地人應於撤銷或廢止徵收土地清冊或一併徵收土地清冊備考欄記載註明上開情事。

二九　已核准徵收之數筆土地，因更正原因不同需同時申辦更正徵收時，應於更正徵收清冊說明二逐筆記載更正之原因。

三十　更正徵收土地清冊格式及填寫說明如附件十四。

陸、徵收地上權

三一　需用土地人依本條例第五十七條第一項規定申請徵收地上權，除準用貳、「一般徵收」各點規定辦理外，並應注意以下事項：

(一)申請徵收地上權，應擇其損害最少之處所及方法為之。

(二)應就需穿越私有土地之上空或地下，界定適當之擬徵收地上權空間範圍，於徵收地上權計畫書第二項「徵收地上權所在地範圍及面積」項下載明。

三二　徵收地上權計畫書格式如附件十五。

柒、徵　用

三三　需用土地人依本條例第五十八條第一項規定申請徵用私有土地或土地改良物，除準用貳、「一般徵收」各點規定辦理外，並應注意以下事項：

(一)於申請徵用前，應依本條例第十條及第十一條規定，舉行公聽會及先與土地及土地改良物所有權人協議價購或以其他方式取得，但依本條例第五十八條第四項但書規定先行使用該土地或土地改良物者，得免舉行公聽會，並免與土地或土地改良物所有權人協議價購或以其他方式取得。

(二)徵用期間逾三年者，或二次以上徵用，期間合計逾三年者，應於決定徵用前，將土地徵收條例第五十八條第二項及第三項規定告知所有權人。

(三)徵用土地或土地改良物計畫書第十四項應載明徵用起迄期間，其始期應以公告徵用之日起算，並應配合工程計畫進度及施工情形，妥予訂定徵用期間。

三四　徵用土地計畫書格式如附件十六。

三五　徵用土地改良物計畫書格式如附件十七。

捌、重劃法規

農地重劃條例

① 民國 69 年 12 月 19 日總統令制定公布全文 43 條。
　民國 70 年 5 月 25 日行政院令指定臺灣省、臺北市及高雄市為本條例之施行區域。
　民國 70 年 6 月 29 日行政院令指定金門為本條例之施行區域。
② 民國 89 年 11 月 8 日總統令修正公布第 2、3、14 條條文。
　民國 90 年 12 月 21 日行政院令指定福建省連江縣為本條例之施行區域；並自 90 年 12 月 21 日生效。
③ 民國 100 年 6 月 15 日總統令修正公布第 7、31、32 條條文。

第一章　總　則

第一條　（本法適用）

農地重劃依本條例之規定；本條例未規定者，適用其他有關法律之規定。

第二條　（主管機關）89

本條例所稱主管機關：在中央為內政部；在直轄市為直轄市政府；在縣（市）為縣（市）政府。

第三條　（農地重劃委員會協進會之設置）89

① 直轄市或縣（市）主管機關辦理農地重劃，得組設農地重劃委員會；必要時並得於重劃區分別組設農地重劃協進會，協助辦理農地重劃之協調推動事宜；其設置辦法，由中央主管機關定之。

② 前項之農地重劃，為配合今後農業發展之需要，由地政機關會同農業及水利等有關機關，統籌策劃，配合實施。

第四條　（農地重劃工程費用之分擔）

① 農地重劃，除區域性排水工程由政府興辦並負擔費用外，其餘農路、水路及有關工程由政府或農田水利會興辦，所需工程費用由政府與土地所有權人分擔，其分擔之比例由行政院定之。

② 前項土地所有權人應分擔之工程費用，得由土地所有權人提供重劃區內部分土地折價抵付之。

第五條　（優先購買權）

重劃區內耕地出售時，其優先購買權之次序如左：

一　出租耕地之承租人。

二　共有土地現耕之他共有人。

三　毗連耕地之現耕所有權人。

第二章　選定重劃區

第六條　（重劃區勘選之應循規定）

① 直轄市或縣（市）主管機關因左列情形之一，得就轄區內之相關

土地勘選為重劃區，擬訂農地重劃計畫書，連同範圍圖說，報經上級主管機關核定，實施農地重劃：

一　耕地坵形不適於農事工作或不利於灌溉、排水者。

二　耕地散碎不利於擴大農場經營規模或應用機械耕作者。

三　農路、水路缺少，不利於農事經營者。

四　須新闢灌溉、排水系統者。

五　農地遭受水沖、砂壓等重大災害者。

六　舉辦農地之開發或改良者。

②農地重劃區之勘選，應兼顧農業發展規劃與農村社區建設，得不受行政區域之限制。

第七條　（農地重劃計畫書之公告）100

①農地重劃計畫書經上級主管機關核定後，直轄市或縣（市）主管機關應即於重劃區所在地鄉（鎮、市、區）公所或重劃之適當處所公告三十日，公告期滿實施之。

②前項公告期間內，重劃區土地所有權人半數以上，而其所有土地面積超過重劃區土地總面積半數者表示反對時，該管主管機關應予調處，並參酌反對理由，修訂農地重劃計畫書，重行報請核定，並依核定結果公告實施。

第八條　（農地重劃之優先辦理）

依第六條勘選之農地重劃區，因重劃區內私有土地所有權人過半數，而其所有土地面積超過區內私有土地總面積半數者之申請，直轄市或縣（市）主管機關得報經上級主管機關核准後優先辦理。

第九條　（禁建及其期間）

直轄市或縣（市）主管機關於農地重劃計畫書公告時，得同時公告於一定期限內禁止該重劃區內土地之新建、增建、改建及採取土石或變更地形。但禁止之期間，不得超過一年六個月。

第一〇條　（獎勵自行辦理辦法之訂定）

①為促進土地利用，擴大辦理農地重劃，中央主管機關得訂定辦法，獎勵土地所有權人自行辦理之；其獎勵事項適用平均地權條例第五十八條之規定。

②前項所稱自行辦理，指經重劃區內私有土地所有權人三分之二以上，而其所有面積亦達私有土地面積三分之二以上者之同意，就重劃區全部土地辦理重劃，並經該管直轄市或縣（市）主管機關核准者而言。

第三章　農路、水路用地及其費用負擔

第一一條　（應抵充農路、水路用地之土地等）

①重劃後農路、水路用地，應以重劃區內原為公有及農田水利會所有農路、水路土地抵充之；其有不足者，按參加重劃分配土地之面積比例分擔之。

②前項應抵充農路、水路用地之土地，直轄市或縣（市）主管機關

應於農地重劃計畫書公告時，同時通知其管理機關或農田水利會不得出租、處分或設定負擔。

第一二條 （區域性整理之列入重劃工程等）

重劃區因農路、水路工程設施需要及基於灌溉、排水便利之區域性整理，應列入重劃工程辦理。但其屬個別坵塊之整理工作，應由受分配土地所有權人自行為之；所需經費，得向政府指定之銀行申請專案貸款。

第四章 重劃工程

第一三條 （原有道路等之變更或廢棄）

重劃區內原有道路、池塘、溝渠或其他供公共使用之土地，得因實施重劃予以變更或廢置之。

第一四條 （規格、標準之訂定）89

重劃區內農路、水路工程設施之規劃設計標準，及農路、水路建造物規格，由中央主管機關會商中央農業及水利等有關機關定之。

第一五條 （農地坵塊標準之訂定）

①重劃後之農地坵塊，以能直接灌溉、排水及臨路為原則。

②坵塊之標準，由直轄市或縣（市）主管機關定之。

第一六條 （施工期間）

重劃工程之施工，應於重劃區內主要作物收穫後為之；主要作物收穫季節不一時，應擇主要作物損害最少之期間為之。

第一七條 （土地改良物或墳墓應行拆遷時之公告等）

①重劃區內應行拆遷之土地改良物或墳墓，直轄市或縣（市）主管機關應予公告，並通知其所有權人或墓主限期三十日內自行拆除或遷葬；逾期不為拆除或遷葬或為無主無法通知者，應代為拆除或遷葬。

②前項因重劃而拆除或遷葬之土地改良物或墳墓，應予補償；其補償標準，由直轄市或縣（市）主管機關查定之。但違反第九條規定禁止之公告者，不予補償。代為拆除或遷葬者，其費用在其應領補償金額內扣回。

第五章 土地分配與異議處理

第一八條 （土地之分配）

重劃區內之土地，均應參加分配，其土地標示及權利均以開始辦理分配日之前一日土地登記簿上所記載者為準；其有承租、承墾者，以開始辦理分配日之前一日，已依法訂約承租耕地之承租人或依法核准承墾土地之承墾人為準。

第一九條 （土地權利移轉及設定負擔登記之停止）

①直轄市或縣（市）主管機關應自開始辦理分配之日起，一定期限內停止受理土地權利移轉及設定負擔之登記。但抵押權設定之登記，不在此限。

②前項停止登記之期間，不得逾八個月。

③第二項之停止登記期間及前條之開始辦理分配日，由直轄市或縣（市）主管機關於停止受理登記開始之日三十日前公告之。

第二○條 （分配區之劃分）

重劃區得視自然環境、面積大小、地價高低及分配之需要，劃分若干分配區。

第二一條 （重劃區單位區段地價之重新查定等）

①直轄市或縣（市）主管機關於辦理重劃時重新查定重劃區內之單位區段地價，作為土地分配及差額、補償之依據。

②重劃土地之分配，按各宗土地原來面積，扣除應負擔之農路、水路用地及抵付工程費用之土地，按重新查定之單位區段地價，折算成應分配之總地價，再按新分配區單位區段地價折算面積，分配予原所有權人。但限於實際情形，應分配土地之一部或全部未達最小坵塊面積不能妥為分配者，得以現金補償之。

第二二條 （同一分配區土地辦理分配之方法）

①重劃區內同一分配區之土地辦理分配時，應按原有位次分配之。但同一所有權人在同一分配區有數宗土地時，面積小者應儘量向面積大者集中；出租土地與承租人所有土地相鄰時，應儘量向承租人所有土地集中。

②前項但書規定於左列土地辦理分配時，不適用之：

一　農地重劃計畫書公告之日前已有建築改良物之土地。

二　原有鄰接公路、鐵路、村莊或特殊建築改良物之土地。

三　墳墓地。

四　原位於公墓、河川或山谷邊緣或其他特殊地形範圍內之土地。

五　養、溜、池、溝、水、原、林、雜等地目土地，難以改良成田、旱土地使用者。

第二三條 （未達最小坵塊面積者之補償）

①同一土地所有權人，在重劃區內所有土地應分配之面積，未達或合併後仍未達最小坵塊面積者，應以重劃前原有面積按原位置查定之單位區段地價計算，發給現金補償。但二人以上之土地所有權人，就其未達最小坵塊面積之土地，協議合併後達最小坵塊面積者，得申請分配於其中一人。

②前項發給現金補償之土地，應予以集中公開標售，經兩次標售而未標出者，直轄市或縣（市）主管機關應出售與需要耕地之農民。

③第二項公開標售或出售時，其毗連土地之現耕所有權人有依同樣條件優先購買之權，如毗連土地現耕所有權人有二人以上主張優先購買時，以抽籤定之。

第二四條 （得分配為個人所有之情形）

重劃區內共有土地有左列情形之一者，得分配為個人所有：

一　共有人之應有部分折算面積達最小坵塊面積者。

二　共有人共有二筆以上之土地，部分共有人之應有部分達最小坵塊面積者。

三　共有土地經共有人自行協議，分配爲其中一人者。

第二五條　（分配結果之公告及通知）

①直轄市或縣（市）主管機關於辦理土地分配完畢後，應即將分配結果，於重劃區所在地鄉（鎮、市、區）公所或重劃區之適當處所公告之，並以書面分別通知土地所有權人、承租人、承墾人與他項權利人。

②前項公告期間爲三十日。

第二六條　（分配異議之提出及其處理）

①土地所有權人對於重劃區土地之分配如有異議，應於公告期間向該管直轄市或縣（市）主管機關以書面提出，該管直轄市或縣（市）主管機關應予查處。其涉及他人權利者，並應通知其權利關係人予以調處。土地所有權人對主管機關之調處如有不服，應當場表示異議。經表示異議之調處案件，主管機關應於五日內報請上級機關裁決之。

②在縣設有農地重劃委員會或農地重劃協進會者，前項調處案件，應先發交農地重劃委員會或農地重劃協進會予以調解。

第二七條　（原有土地之擬制）

農地重劃後分配於原土地所有權人之土地，自分配確定之日起，視爲其原有土地。

第二八條　（經重劃分配土地之限期移交）

重劃區內經重劃分配之土地，應由該管主管機關，以書面分別通知土地所有權人、使用人、承墾人限期辦理辦理交接；逾期不交接者，得移送法院強制執行。

第六章　權利清理及地籍整理

第二九條　（出租耕地租約之逕爲變更或註銷）

①出租耕地因實施重劃致標示變更或不能達到原租賃之目的者，應依據公告確定結果，逕爲變更或註銷其租約，並通知當事人。

②依前項規定註銷租約者，承租人得依左列規定請求或領取補償：

一　因出租耕地畸零狹小，而合併於其他耕地者，承租人得向出租人請求相當一年租金之補償。

二　因出租耕地畸零狹小而未受分配土地者，所應領受之補償地價，由土地所有權人領取其三分之二，承租人領取其三分之一。

第三〇條　（他項權利限制登記之轉載或塗銷）

原設定之他項權利登記及限制登記，直轄市或縣（市）主管機關於重劃前土地分配確定後，依據分配結果逐爲轉載或爲塗銷登記。

第三一條　（地上權農育權擬制消滅及其求償）100

①因重劃致地上權、農育權或永佃權不能達其設定之目的者，各該權利視爲消滅。地上權人、農育權人或永佃權人得向土地所有權

人請求相當之補償。

②前項請求權之行使，應自重劃分配確定之日起，二個月內爲之。

第三二條 （不動產役權之續存或擬制消滅）100

①重劃土地之上所存之不動產役權，於重劃後仍存在於原有土地上。但因重劃致設定不動產役權之目的已不存在者，其不動產役權視爲消滅，不動產役權人得向土地所有權人請求相當之補償。

②因重劃致不動產役權人不能享受與從前相同之利益者，得於保存其利益之限度內設定不動產役權。

③前條第二項之規定，於本條第一項但書情形準用之。

第三三條 （未受分配土地之原抵押權、典權有關權利價值之協調清理）

實施重劃未受分配之土地，其原設定抵押權或典權有關權利價值，由直轄市或縣（市）主管機關在不超過土地所有權人應得補償之數額內予以協調清理。

第三四條 （重劃後土地之分別區段重新編號）

重劃區範圍內之土地於重劃後，應分別區段重新編號，並逕爲辦理地籍測量、土地登記、換發權利書狀、免收登記費及書狀工本費。

第三五條 （未辦地籍整理土地、地籍測量等之辦理）

重劃區內未經辦理地籍整理之土地，在實施農地重劃時，其地籍測量、土地登記及規定地價，依重劃結果辦理。

第三六條 （重劃分配土地移轉之限制）

重劃分配之土地，在農地重劃工程費用或差額地價未繳清前不得移轉。但承受人承諾繳納者，不在此限。

第七章　農路、水路管理維護

第三七條 （農路水路之登記及其管理機構）

①重劃區農路及非農田水利會管理之水路，其用地應登記爲該管直轄市或縣（市）所有。原登記爲國有、省有及鄉（鎮）有者，應辦理註銷手續。

②前項農路及水路，由直轄市或縣（市）政府自行或指定機關、團體管理、維護之。其費用由各該政府列入年度預算。

③重劃區內農田水利會管理之水路及有關水利設施，其用地登記爲農田水利會所有，並由農田水利會管理、維護之。

第三八條 （農路水路管理機構之檢查管理及維護）

①農地重劃完成後，農路、水路之管理機構，對於重劃區之農路、水路每年應檢查一次以上，並管理、維護之。

②重劃區內之耕地使用人對其耕地坵塊所鄰接之農路、水路，有維護之義務，發現遭受毀損時，並應即時通知管理機構。

第八章　罰　則

第三九條 （私自變更重劃農地使用者等之處罰）

有左列行為之一者，處一年以下有期徒刑、拘役或二千元以下罰金，並責令恢復原狀：

一　未經許可，私自變更重劃農地之使用者。

二　違反依第九條規定之公告，致妨害農地重劃之實施者。

三　以占有、耕作、使用或其他方法，妨害農地重劃計畫之實施者。

第四〇條 （移損重劃測量標椿等之處罰）

有左列行為之一者，處三年以下有期徒刑、拘役或科或併科五千元以下罰金：

一　移動或毀損重劃測量標椿，致妨害重劃工程之設計、施工或重劃土地之分配者。

二　以強暴、脅迫或其他方法妨害重劃工程之施工者。

三　以堵塞、毀損或其他方法妨害農路、水路之灌漑、排水或通行者。

第九章　附　則

第四一條 （施行區域）

本條例施行區域，由行政院以命令定之。

第四二條 （施行細則之訂定）

本條例施行細則由內政部定之。

第四三條 （施行日期）

本條例自公布日施行。

農地重劃條例施行細則

① 民國 71 年 3 月 12 日內政部令訂定發布全文 57 條。
② 民國 77 年 6 月 29 日內政部令修正發布第 2、5、12、21、26、36～39、54 條條文。
③ 民國 88 年 11 月 2 日內政部令修正發布第 3～5、8、12、16、20、24、54、56 條條文。
④ 民國 98 年 6 月 3 日內政部令發布刪除第 24 條條文。
⑤ 民國 100 年 10 月 14 日內政部令修正發布第 41、45、51、52 條條文。

第一章 總 則

第一條

本細則依農地重劃條例（以下簡稱本條例）第四十二條規定訂定之。

第二條

本條例第二條規定縣（市）主管機關為縣（市）政府，其執行農地重劃之業務劃分如次：

一 地政科（局）：重劃區之勘選、農地重劃計畫書之擬訂、土地測量、土地權利及使用狀況調查、地價及地上物補償之查估、重劃工程之規劃設計施工及所需工程費用預算決算之編製、土地分配與異議處理、權利清理、地籍整理、農路及非農田水利會管理之水路管理、維護、督導等事項。

二 農業局（科）：會同勘選重劃區、查估農作改良物補償、區內防風林之營造、農業區域發展規劃、農產專業區或各種農業經營計畫及農業機械化經營推行配合等事項。

三 建設局（科）：會同勘選重劃區、查估建築改良物補償、區內基層建設、區域性排水改善之配合及農田水利會管理之水路管理、維護之督導事項。

四 社會局（科）：會同勘選重劃區、查估墳墓補償、區內農村社區發展及墳墓拆遷公告等配合事項。

第三條

依本條例第四條規定之區域性排水工程，由中央水利主管機關協調興辦。農路、水路及有關工程，由縣（市）政府或農田水利會興辦。其由農田水利會興辦者，應由縣（市）政府與農田水利會將工程規劃、設計、發包、施工、驗收、經費撥付、決算、業務聯繫等先行協議，訂立協議書，報中央主管機關核備。

第四條

依本條例第四條第一項規定，由政府與土地所有權人分擔工程費

用之比例，得由中央主管機關按年度擬具農地重劃實施計畫及其所需工程費用，報請行政院定之。

第五條

①本條例第四條規定由政府與土地所有權人分擔之工程費用包括如下：

一　施工費。

二　材料費。

三　補償費。

四　區域性整地費。

五　界樁設置費。

六　管理費。

②前項各款費用標準（每公頃單價），由中央主管機關定之。

第六條

①依本條例第四條第二項規定土地所有權人應分擔之工程費用，以保護自耕農基金或銀行貸款墊借。

②前項由土地所有權人負擔之費用，以現金繳納者，得由土地所有權人依保護自耕農基金農地重劃放款辦法規定貸款，或銀行貸款，或以現金償還。以土地折價抵付費用者（以下簡稱抵費地），由土地所有權人按參加重劃土地面積比例提供土地折價抵付之，於公開標售後，以所得價款歸還保護自耕農基金或銀行貸款之本息。

第七條

前項抵費地或依本條例第二十三條規定應予集中公開標售之土地，在未標售前，以縣（市）政府為管理機關，於標售後，逐為登記與得標人。

第八條

①抵費地得按區域計畫土地使用分區集中規劃。其適宜作非農地使用者，得由縣（市）主管機關，報請中央主管機關核定，就土地個別情況，依法變更為非農地使用。

②重劃區設有農地重劃協進會者，縣（市）主管機關依前項辦理集中規劃時，得先交該協進會協調。

第九條

農地重劃實施期間，無法耕作或不能為原來使用而無收益者，由縣（市）主管機關於當期田賦或地價稅開徵四十天前，列冊函送稅捐機關依規定核免其田賦或地價稅。

第一〇條

依本條例或細則規定之書面通知，如應受通知人拒絕收領而無法律上理由者，應以留置送達方式為之。如應為通知之處所不明者，以公示送達方式為之。

第一一條

直轄市農地重劃主管機關執行農地重劃之業務，準用本細則有關規定。

第二章　選定重劃區

第一二條

縣（市）主管機關依本條例第六條規定勘選重劃區時，應就重劃區地理環境詳細勘察，作成記錄，並召集區內農民舉辦說明會，徵詢其意見，完成初勘後，報請中央主管機關會同有關機關複勘核定之。

第一三條

依本條例第六條規定擬訂之農地重劃計畫書，其內容應包括左列事項：

一　重劃區之名稱及其範圍。
二　法律依據。
三　辦理重劃之原因及預期效益。
四　重劃區公私有土地面積、筆數及土地所有權人總數。
五　重劃區內原為公有及農田水利會所有農路、水路土地面積。
六　區域性排水或灌溉工程計畫配合實施情形。
七　預估重劃費用及財務計畫、工程費用負擔方式。
八　預定工作進度。
九　其他。

第一四條

縣（市）主管機關依本條例第六條規定勘選重劃區時，儘量以天然界線為界，其範圍圖以圖例標明重劃區界址及其四至、重劃區內外主要交通，灌溉及排水狀況，以及重劃區內村莊或明顯特殊建築物位置。

第一五條

①重劃區土地所有權人於本條例第七條第二項公告期間內表示反對辦理重劃時，應以書面說明理由，並註明其土地之座落、面積、姓名、住址、年月日，於簽名或蓋章後，向縣（市）主管機關提出。

②本條例第七條第二項所稱土地所有權人，以土地登記簿所記載者為準。但因繼承、強制執行、法院判決確定已取得所有權，並能提出證明文件者不在此限。

第一六條

縣（市）主管機關依本條例第七條第二項規定調處、修訂農地重劃計畫書，應於公告期滿之翌日起一個月內為之。修訂計畫書報請核定時，中央主管機關應於收到修訂計畫書一個月內核定之。

第一七條

農地重劃計畫書依本條例第七條規定於公告實施後，縣（市）主管機關應召集重劃區內土地所有權人說明重劃計畫要點，並宣導重劃意義。

第一八條

縣（市）主管機關依本條例第九條規定公告禁止重劃區內土地之

新建、增建、改建時，對於在公告前已依法核准並完成基礎工程之建築物，應依核准興建之圖樣繼續興建。

第三章 農路、水路用地及其費用負擔

第一九條

本條例第十一條規定應抵充農路、水路用地之重劃區內原為公有及農田水利會所有農路、水路土地，包括重劃前已登記、未登記土地及已廢棄而未出租之原農路、水路土地。

第二〇條

受分配土地所有權人依本條例第十二條規定個別坵塊整理所需費用，得向中央主管機關洽定之金融機構，申請專案貸款。

第二一條

①重劃後分配左列土地之所有權人，依本條例第四條及第十一條規定比例分擔之工程費用及農路、水路用地，得視其受益程度予以減免：

一　重劃區內土地，未能劃分坵塊及施設農路、水路予以改良者。

二　水田重劃區內之土地，因地形、地勢特殊，未能施設灌溉系統者。

三　原已臨接路寬六公尺以上之道路且灌溉情況良好之土地。

四　交通情況及排水系統原已良好之養魚池或農舍。

②前項減免標準，由縣（市）主管機關定之。設有農地重劃協進會或農地重劃委員會者，縣（市）主管機關得參酌其意見定之。

第四章 重劃工程

第二二條

重劃區農路、水路工程之規劃，應於施工前一年內辦理完成。

第二三條

①辦理重劃區農路、水路工程規劃設計施工程序如左：

一　水利狀況調查。

二　高程及地形測量。

三　農路、水路系統規劃及規劃圖、報告書送審。

四　農路、水路中心位置測量及釘樁。

五　農路、水路工程設計。

六　編製工程預算書及設計圖送審。

七　工程發包。

八　放樣施工。

九　施工管理。

十　工程驗收及移交接管。

十一　辦理決算。

②前項農路、水路工程之規劃設計，其在農田水利會灌區範圍內者，當地農田水利會應派員參與。

第二四條 （刪除）98

第二五條

本條例第十六條所稱主要作物，係指當地農業習慣種植最普遍之作物，或實際輪植之作物。所稱主要作物損害最少之期間，係指主要作物收穫後次期主要作物種植前較長之休閒時間。

第二六條

本條例第十七條所稱應行拆遷之土地改良物或墳墓，係指因土地分配或重劃工程需要必須拆遷之土地改良物或墳墓。

第五章 土地分配與異議處理

第二七條

辦理重劃土地分配前，應先完成左列工作：

一 三角點檢測及補點測量。

二 圖根測量。

三 重劃區邊界測量。

四 繪製一千分之一比例尺地籍藍晒底圖。

五 編造土地權利使用調查表及重劃前原有土地清冊。

六 土地權利關係及使用狀況調查。

七 地上物現況測量。

八 查定單位區段地價。

九 辦理土地歸戶及統計。

十 農路、水路中心椿連測。

第二八條

辦理重劃土地分配程序如左：

一 公告停止受理土地權利移轉及設定負擔登記。

二 協議合併。

三 編造土地分配卡。

四 計算重劃後每分配區可分配面積及繪製土地分配作業圖。

五 計算每公頃土地應負擔農路、水路用地及工程費額或抵費地面積。

六 辦理土地交換分配。

七 編製土地分配結果圖冊。

六 土地分配結果公告及通知。

九 異議處理。

十 分宗測量釘椿及交接土地。

十一 編製重劃後土地清冊。

第二九條

本條例第十八條所定之承租、承墾土地中之公地，縣（市）主管機關應於依本條例第十九條規定公告時，通知公地管理機關，限期檢送出租、放墾等有關資料。

第三○條

縣（市）主管機關依本條例第二十一條規定重新查定重劃區內之

單位區段地價，應就土地位置、地勢、交通、水利、土壤及使用情況，並參酌最近一年內之土地收益價格、買賣實例，以及當期公告現值等資料，分別估定之。設有農地重劃協進會者，縣（市）主管機關得參酌其意見定之。

第三一條

①重劃後土地，仍依其重劃前各宗土地之平均申報地價、平均原規定地價或平均前次移轉申報現值，按重劃後分配土地總面積計算總價，並分算各宗土地之單價，其計算公式如左：

一　某戶參加重劃各宗土地重劃前總申報地價÷某戶參加重劃各宗土地重劃前總面積＝重劃前某戶平均申報單位地價

二　㈠式×重劃後某戶分配各宗土地總面積＝重劃後某戶分配土地申報地價總額

三　㈡式×重劃後某宗土地查定地價÷重劃後某戶分配土地總查定地價＝重劃後某宗土地申報地價總額

四　㈢式÷該宗土地重劃後面積＝重劃後某宗土地申報單位地價

②前項計算結果，除通知各宗土地所有權人外，並於公告確定後依法編造地價冊，於一個月內送稅捐機關，作為重劃後土地課徵地價稅及土地增值稅之依據。

第三二條

①本條例第二十一條第二項規定應負擔之農路、水路用地及工程費用或抵費地之計算公式如左：

一　重劃區每公頃土地應負擔農路、水路用地面積

　㈠重劃前

　　1. 重劃前參加分配耕地總面積＝耕地坵塊規劃面積＋重劃後農路、水路用地總面積－原供農路、水路使用之公有及農田水利會所有之農路、水路土地總面積

　　2. 每公頃耕地應負擔農路、水路用地面積＝（重劃後農路、水路用地總面積－原供農路、水路使用之公有及農田水利會所有之農路、水路土地總面積）÷重劃前參加分配耕地總面積

　㈡重劃後

　　1. 重劃後可分配耕地總面積＝耕地坵塊規劃面積

　　2. 每公頃耕地應負擔農路、水路用地面積＝（重劃後農路、水路用地總面積－原供農路、水路使用之公有及農田水利會所有之農路、水路土地總面積）÷重劃後可分配耕地總面積

二　重劃區每公頃耕地應負擔重劃工程費用或抵費地面積

　㈠重劃前

　　1. 每公頃耕地應負擔重劃各項工程費數額＝（重劃各項工程費總額－政府應分擔之費用）÷重劃前參加分配耕地總面積

　　2. 每公頃耕地應負擔抵費地面積＝每公頃耕地應負擔重劃

　　　　各項工程費數額÷重劃區每公頃耕地平均地價

㈡重劃後

1. 每公頃耕地應負擔重劃各項工程費之數額＝（重劃各項工程費用總額之政府應分擔之費用）÷重劃後可分配耕地總面積

2. 每公頃耕地負擔抵費地面積＝每公頃耕地應負擔重劃各項工程費之數額÷重劃區每公頃耕地平均地價

②前項第一款、第二款有關重劃前之計算式僅供作業時參考，實際計算負擔時，仍以重劃後之計算式為準。

③受益較低之土地或村莊內土地，其農路、水路及工程費用負擔不適用本條之規定。

第三三條

依本條例第二十二條規定辦理分配時，左列土地得逾越分配區予以集中分配。

一　同一所有權人在二以上分配區內之土地，未達最小坵塊面積無法在各該分配區內分配者。

二　農路、水路用地面積過多地區，無法於原分配區分配者。

三　同一所有權人一筆或二筆以上相連之土地，因農路、水路之修築，而分散在不同分配區者。

第三四條

①本條例規定最小坵塊面積，以該重劃區規劃坵塊土地之短邊十公尺計算之面積為準。

②前項標準於本條例第二十二條第二項按原有位次分配之土地不適用之。

第三五條

依本條例第二十三條第一項規定，辦理協議合併時，應由縣（市）主管機關通知土地所有權人，在規定期間內提出合併申請書，申請合併分配為一人所有。

第三六條

①依本條例第二十三條第二項規定，應公開標售之土地，其標售底價以各宗土地查定之單位區段地價計算之總價，及其應負擔農路、水路用地地價與工程費用之總和為準。如因未能標出而出售與需要耕地之農民時，其出售價格以原標售之底價為準或參酌該區農地重劃協進會意見定之，其標售或出售之地價超過補償地價部分，應作為重劃工程改善費用。

②抵費地之標售及其超過抵繳工程費之剩餘款之運用準用前項之規定。

第三七條

①本條例第二十三條第三項規定毗連土地之現耕所有權人有依同樣條件優先購買之權，以地段相連，且於公開標售時當場主張優先購買者或接獲出售通知後十日內以書面申請者為限。縣（市）主管機關應於投標須知內訂明，並應於公告標售前十日，通知其到

場主張優先購買權或出售前，通知其優先購買。

②前項毗連土地之現耕所有權人優先購買土地後，該土地應與其原受分配土地合併成一宗。

第三八條

重劃區村莊內土地之分配，依左列規定辦理：

一　村莊之土地應劃定範圍爲一分配區，就其現況儘量按原位置分配。

二　村莊分配區之土地辦理分配前應先實施地籍調查，據以辦理測量分配。

三　村莊分配區各宗土地之界址以當事人指界爲原則，但當事人未能指界時，以現況使用界爲準。現在界址曲折，有關土地所有權人得於地籍調查時，自行協議截彎取直。

四　村莊分配區共有土地如經全部共有人書面協議分割且指界者，得分配爲個人所有。

五　村莊分配區土地辦理分配後，所有權人分配之面積減少時，依左列方式處理：

　　㈠在重劃區有耕地分配者，將減少之面積折價，以重劃區內之耕地分配補足或以差額地價補償。

　　㈡在重劃區無耕地，或經補配耕地面積仍不能分配補足者，以差額地價補償。

六　村莊分配區土地辦理分配後，所有權人分配之面積增加時，依左列方式處理：

　　㈠在重劃區有耕地分配者，將增加之面積折價，以重劃區內應分配之耕地面積扣減之或由該所有權人繳納差額地價。

　　㈡在重劃區無耕地者，由該所有權人繳納差額地價。

第三九條

①縣（市）政府主管機關依本條例第二十五條規定公告之前應舉辦公聽會就土地分配初步成果，向農民說明並聽取其意見。辦理公告土地分配結果時，應檢附左列圖冊一併公告：

一　土地所有權人原有土地與新分配土地對照清冊。

二　重劃前後他項權利及限制登記對照清冊。

三　應予集中公開標售土地清冊。

四　抵費地清冊。

五　重劃前地籍圖重劃後土地分配圖。

六　地價區段圖。

②前項第一款、第二款之對照清冊應以書面分別通知土地所有權人、承租人、承墾人、他項權利人及限制登記名義人。

第四〇條

①依本條例第二十六條規定辦理調解、調處，應將調解、調處結果作成書面紀錄。調解、調處成立案件，應經當事人簽名或蓋章，並將紀錄分發雙方當事人。

②調處不成立，報請上級機關裁決之案件，應擬具處理意見，連同

調解、調處紀錄，函報上級機關。

第四一條 100

本條例第二十八條所稱使用人，指地上權人、農育權人、不動產役權人、典權人、永佃權人或承租人。

第四二條

①土地分配公告確定後，縣（市）主管機關應以書面分別通知土地所有權人、使用人及承墾人定期到場實地測量指界，辦理交接土地。

②土地分配公告期間提出異議者，應就其異議部分及其相關土地，於依本條例第二十六條規定處理完畢後，依前項規定辦理。

第六章 權利清理及地籍整理

第四三條

依本條例第二十九條規定辦理租約變更或註銷登記時，縣（市）主管機關應將有關重劃前後土地對照清冊，發交土地所在地鄉（鎮、市、區）公所逐為辦理。

第四四條

①登記機關依本條例第三十條規定辦理他項權利之轉載，應按原登記先後及登記事項，轉載於重劃後分配之土地；其合併分配者，他項權利之轉載應以重劃前各宗土地面積比率所算得之持分為各該他項權利範圍，並應於轉載後通知他項權利人。

②重劃前土地經辦竣限制登記者，除準用前項規定外，並應於轉載後，通知原囑託機關或請求權人。

③重劃前原設定之他項權利因重劃未受分配土地而消滅或視為消滅者，縣（市）主管機關應列冊送該登記機關逐為塗銷登記。

第四五條 100

地上權人、永佃權人、農育權人或不動產役權人依本條例第三十一條或第三十二條規定，向土地所有權人請求相當之補償不能達成協議時，得申請縣（市）主管機關於辦理土地權利變更登記前邀集權利關係人進行協調。

第四六條

依本條例第三十三條規定未受分配之土地，其原設定抵押權或典權有關權利價值，縣（市）主管機關應於重劃分配確定之日起二個月內，邀集權利關係人協調，其經達成協議者，應依協議結果清理；其未達成協議者，應將土地所有權人應得補償地價提存之，並列冊送由該管登記機關逐為塗銷登記。

第四七條

①原設定有耕作權之土地，因實施重劃未分配土地者，縣（市）主管機關應於補償或提存耕作權價值後，列冊送由該管登記機關逐為塗銷登記。

②前項耕作權價值由縣（市）主管機關估定之。設有農地重劃協會者，縣（市）主管機關得參酌其意見定之。

第四八條

重劃未受分配之土地，其已辦竣限制登記者，縣（市）主管機關應將土地所有權人應得補償數額予以提存後，列冊送交該管登記機關逕為塗銷登記，並通知原囑託機關或請求權人予以清理。

第四九條

依本條例第三十四條規定，逕為辦理地籍測量，應於重劃分配土地交接及農路、水路工程施工後，依左列規定辦理：

一 檢測圖根點，農路、水路位置及有關之測量標。

二 戶地測量應按分配土地交接結果及農路、水路施工位置逐宗施測，實地埋設界標。

三 戶地測量如發現分配土地位置及農路、水路設計位置與實地情形不符時，應查明不符原因，將測量結果報請縣（市）主管機關處理之。

四 重劃後土地區段應依照地籍測量實施規則第一百零一條規定劃分區段、調整段界、重新編訂宗地地號，其每一段宗數以三位數為原則。

五 測量原圖整理及面積計算，依照地籍測量實施規則第三章第五節及第五章規定辦理。

六 地籍測量後之面積與重劃後土地分配清冊之面積不符時，縣（市）主管機關應即訂正土地分配面積及差額地價，並通知土地所有權人。

第五○條

重劃土地辦竣地籍測量後，除依據地籍原圖繪製地籍圖外，縣（市）主管機關應將重劃前後土地分配對照清冊及地籍圖，送由該管登記機關，辦理變更登記，並依據登記結果訂正有關冊籍。

第五一條 100

重劃後實際分配之土地面積超過應分配之面積者，縣（市）主管機關於重劃土地交接後應通知土地所有權人，就其超過部分，按查定重劃地價，限期繳納差額地價；其實際分配之土地面積小於應分配之面積者，就其不足部分，按查定重劃地價，發給差額地價補償。

第五二條 100

土地所有權人應分擔之工程費用，除以抵費地抵付者外，縣（市）主管機關應以書面通知土地所有權人，限期繳納。

第七章 農路、水路管理維護

第五三條

①重劃區農路與非農田水利會管理之水路及有關水利設施，由縣（市）主管機關指定機關、團體管理維護者，縣（市）主管機關於工程驗收後，將農路、水路用地資料及有關工程設施、竣工圖說及地籍資料，列冊送交指定之機關、團體接管維護。

②重劃區農田水利會管理之水路及水利設施，其工程由農田水利會

辦理者，於工程驗收後，縣（市）主管機關應將地籍及有關資料，交由農田水利會逕為接管；其工程非由農田水利會辦理者，於工程驗收後，縣（市）主管機關應將水路及水利設施用地資料、工程設施、竣工圖說及地籍資料，列冊送交農田水利會接管，工程驗收時，農田水利會得就水路及水利設施會同驗收之。

第五四條

①重劃完成，農路、水路之管理機構，對於重劃區之農路、水路、除防氾及災害搶修即時辦理外，每年應擬具歲修計畫，報請各該主管機關核准後編年度預算實施之。

②前項農路、水路之管理維護，由中央主管機關訂定要點辦理之。

③農田水利會管理之水路及水利設施，其管理維護應依照水利法規有關規定辦理之。

第五五條

重劃後防風林用地，應登記為該管直轄市或縣（市）所有。其管理維護準用第五十三條及第五十四條規定。

第八章　附　則

第五六條

辦理農地重劃有關書表格式，由中央主管機關定之。

第五七條

本細則自發布日施行。

農村社區土地重劃條例

① 民國 89 年 1 月 26 日總統令制定公布全文 35 條。
② 民國 91 年 12 月 11 日總統令修正公布第 8、9、12、15 條條文。
　民國 103 年 3 月 24 日行政院公告第 4 條第 1 項所列屬「行政院原住民委員會」之權責事項，自 103 年 3 月 26 日起改由「原住民族委員會」管轄。

第一章　總　則

第一條　（立法目的）
① 爲辦理農村社區土地重劃，以促進農村社區土地合理利用，改善生活環境，特制定本條例。
② 本條例未規定者，適用其他法律之規定。

第二條　（主管機關）
　本條例所稱主管機關，在中央爲內政部，在直轄市爲直轄市政府，在縣（市）爲縣（市）政府。

第三條　（農村社區之範圍）
① 本條例所稱農村社區，指依區域計畫法劃定非都市土地使用分區之鄉村區、農村聚落及原住民聚落。
② 前項農村社區得因區域整體發展或增加公共設施之需要，適度擴大其範圍。

第四條　（農村社區土地重劃委員會及更新協進會之設置）
① 直轄市或縣（市）主管機關辦理農村社區土地重劃，應設置農村社區土地重劃委員會；農村社區得設置農村社區更新協進會，協助辦理農村社區更新及土地重劃之協調推動及成果維護事宜。其組織由內政部會商行政院農業委員會及原住民委員會定之。
② 農村社區更新協進會得聘請專家、學者參與規劃、諮詢。

第二章　重劃區之選定

第五條　（農村社區土地重劃區之選定條件）
① 有下列情形之一者，直轄市或縣（市）主管機關得報請中央主管機關核定辦理農村社區土地重劃：
　一　促進農村社區土地合理利用需要。
　二　實施農村社區更新需要。
　三　配合區域整體發展需要。
　四　配合遭受地震、水災、風災、火災或其他重大事變損壞之災區重建需要。
② 依前項第四款辦理之重劃，得由直轄市或縣（市）主管機關於災

區內、外擇定適當土地併同報核。必要時，亦得由中央主管機關逕行決定辦理。

第六條　（規劃、擬修重建計畫書圖及公告）

①直轄市或縣（市）主管機關依前條規定選定重劃區後，先徵詢農村社區更新協進會之意見，辦理規劃，依規劃結果擬訂重劃計畫書、圖，並邀集土地所有權人及有關人士等舉辦聽證會，修正重劃計畫書、圖，經徵得區內私有土地所有權人過半數，而其所有土地面積超過區內私有土地總面積半數之同意，報經中央主管機關核定後，於重劃區所在地鄉（鎮、市、區）公所之適當處所公告三十日；公告期滿實施之。

②前項公告期間內，重劃區私有土地所有權人提出異議時，主管機關應予調處。

③第一項規劃應考量農業發展、古蹟民俗文物維護、自然生態保育及社區整體建設。

第七條　（私有土地優先辦理農村社區土地重劃之條件）

農村社區內私有土地符合第五條各款情形之一者，經土地所有權人過半數，而其所有土地面積超過區內私有土地總面積半數之同意，得由土地所有權人申請該管直轄市或縣（市）主管機關核准後，優先辦理農村社區土地重劃。

第八條　（重劃區實施禁建及期限）91

①直轄市或縣（市）主管機關於農村社區土地重劃計畫書、圖公告時，得同時公告於一定期限內禁止該重劃區內建築改良物之新建、增建、改建及採取土石或變更地形。

②前項禁止期間，不得超過一年六個月。

③第一項公告禁止事項，無須徵詢土地及建築改良物所有權人之意見。

第九條　（土地所有權人自組重劃會辦理重劃之獎勵）91

①為促進土地利用，擴大辦理農村社區土地重劃，得由土地所有權人自行組成重劃會辦理農村社區土地重劃；有關之籌備作業、重劃會組織、重劃申請程序、重劃業務、准駁條件、監督管理、獎勵、違反法令之處分及其他應遵行事項之辦法，由中央主管機關定之。

②前項獎勵事項如下：

一　給予低利之重劃貸款。

二　免收或減收地籍整理規費及換發權利書狀費用。

三　優先興建重劃區及其相關地區之公共設施。

四　免徵或減徵地價稅與田賦。

五　其他有助於農村社區土地重劃之推行事項。

③重劃會辦理農村社區土地重劃時，應經重劃區內私有土地所有權人合計超過二分之一，且其所有面積合計超過私有土地面積二分之一者之同意，就重劃區全部土地辦理重劃，並經該管直轄市或縣（市）主管機關核准後實施。

第三章　重劃負擔及工程

第一〇條　（以經評定之地價為計算負擔、分配及補償標準）

直轄市或縣（市）主管機關應於辦理重劃時調查各宗土地之位置、交通及利用情形，並斟酌重劃後各宗土地利用價值，相互比較估計重劃前後地價，提經地價評議委員會評定後，作為計算公共設施用地負擔、費用負擔、土地交換分配及變通補償之標準。

第一一條　（重劃費用負擔方式、公共設施用地之負擔項目及共同負擔之土地比例）

① 辦理農村社區土地重劃時，其行政業務費及規劃設計費由政府負擔；工程費由政府與土地所有權人分擔，其分擔之比例由行政院定之。

② 重劃區內規劃之道路、溝渠、電信電力地下化、下水道、廣場、活動中心、綠地及重劃區內土地所有權人認為為達現代化生活機能必要之其他公共設施用地，除以原公有道路、溝渠、河川及未登記土地等四項土地抵充外，其不足土地及拆遷補償費與貸款利息，由參加重劃土地所有權人按其土地受益比例共同負擔。

③ 前二項土地所有權人之負擔，以重劃區內未建築土地按評定重劃後地價折價抵付。如無未建築土地者，改以現金繳納。

④ 依前項規定折價抵付共同負擔之土地，其合計面積以不超過各該重劃區總面積百分之三十五為限。但經重劃區內私有土地所有權人過半數，而其所有土地面積超過區內私有土地總面積半數之同意者，不在此限。

⑤ 重劃區內重劃前經編定為建築用地以外之土地，應提供負擔至少百分之四十土地，其超過依前項折價抵付共同負擔土地部分，準用第二十九條規定處理。

第一二條　（公共設施之廢止或變更）91

重劃區內原有道路、池塘、溝渠或其他供公共使用之土地，得因實施重劃予以變更或廢止之。

第一三條　（重劃區內土地改良物或墳墓之拆遷及補償）

① 重劃區內應行拆遷之土地改良物或墳墓，直轄市或縣（市）主管機關應予公告，並通知其所有權人或墓主限期三十日內自行拆除或遷葬；逾期不為拆除或遷葬或為無主無法通知者，應代為拆除或遷葬。

② 前項因重劃而拆除之土地改良物或遷葬之墳墓，應予補償；其補償數額，由直轄市或縣（市）主管機關查定之。但違反第八條公告禁止之事項者，不予補償。代為拆除或遷葬者，其費用在其應領補償金額內扣回。

③ 第一項應行拆遷之土地改良物，於拆遷時應注意古蹟、民俗文物之保存。

第四章　土地分配及異議處理

第一四條 （土地分配時土地標示及權利狀況之基準日）

重劃區內之土地，均應參加分配，其土地標示及權利均以開始辦理分配日之前一日土地登記簿上所記載者為準。

第一五條 （停止受理移轉及設定負擔之登記）

①直轄市或縣（市）主管機關應自開始辦理分配之日起，一定期限內停止受理土地權利移轉及設定負擔之登記。但因繼承、強制執行、公用徵收及法院判決之原因所為之登記者，不在此限。

②前項停止登記之期間，不得逾八個月。

③第一項之停止登記期間、事項及前條之開始辦理分配日，由直轄市或縣（市）主管機關開始辦理分配日之三十日前公告之。

④第一項公告，無須徵詢土地、建築改良物所有權人及他項權利人之意見。

第一六條 （重劃土地負擔及分配面積之計算）

①重劃區內之土地，扣除依第十一條規定提供負擔之土地後，其餘土地仍依各宗土地地價數額比例分配與原土地所有權人。經分配結果，實際分配面積多於或少於應分配之面積者，應繳納或發給差額地價。

②前項重劃土地負擔及分配面積之計算，以土地登記簿所載面積為準。

第一七條 （實際面積少於登記總面積之處理）

重劃區內土地實際面積少於土地登記總面積而未能更正者，其差額應列入共同負擔。

第一八條 （土地位次分配原則）

①重劃後土地分配之位置，以按重劃前原有土地相關位次分配為準，其調整分配方法如下：

一　重劃前土地已有建築物，且不妨礙重劃計畫及土地分配者，按其原有位置分配。

二　同一土地所有權人在重劃區內有數宗土地，其每宗土地應分配之面積均已達最小分配面積標準者，應逐宗個別分配；其未達最小分配面積標準者，得以應分配之面積較大者集中合併分配。

三　同一土地所有權人在重劃區內所有土地應分配之面積，未達或合併後仍未達最小分配面積標準二分之一者，除通知土地所有權人申請與其他土地所有權人合併分配者外，應以現金補償之；其已達最小分配面積標準二分之一者，得於重劃後深度較淺或地價較低之土地按最小分配面積標準分配之。

四　分別共有土地，經共有人過半數及其應有部分合計逾半數之同意，且其應有部分計算之應分配面積已達最小分配面積標準者，得分配為單獨所有。但應有部分合計逾三分之二者，其人數不予計算。

五　重劃前土地位於重劃計畫之公共設施用地者，其分配位置由主管機關視土地分配情形調整之。

②前項最小分配面積標準，由直轄市或縣（市）主管機關視土地使用情況及分配需要，於規劃設計時定之。但不得小於畸零地使用規則規定之寬度、深度及面積。

第一九條　（分配結果之公告）

①直轄市或縣（市）主管機關於辦理土地分配完畢後，應即將分配結果，於重劃區所在地鄉（鎮、市、區）公所或重劃區之適當處所公告之，並以書面分別通知土地所有權人與他項權利人。

②前項公告期間為三十日。

第二〇條　（分配結果有異議之處理）

①土地所有權人對於重劃區土地之分配結果如有異議，應於公告期間內向該管直轄市或縣（市）主管機關以書面提出；未於公告期間內提出異議者，其分配結果於公告期滿時確定。

②前項異議，該管直轄市或縣（市）主管機關應予查處。其涉及他人權利者，應先發交農村社區更新協進會予以調解，調解不成立者，由該管直轄市或縣（市）主管機關調處。土地所有權人對主管機關之調處如有不服，應當場表示異議。經表示異議之調處案件，主管機關應於十日內報請上級機關裁決之。

第二一條　（獲分配土地之效力）

農村社區土地重劃後分配與原土地所有權人之土地，自分配結果確定之日起，視為其原有土地。

第二二條　（遷讓或接管）

重劃區內經重劃分配之土地，該管直轄市或縣（市）主管機關應以書面分別通知原土地所有權人及使用人限期辦理遷讓或接管；逾期不接管者，自期限屆滿之日起，視為已接管。

第五章　權利清理及地籍處理

第二三條　（原設定之他項權利登記或限制登記之處理）

重劃區內土地原設定之他項權利登記或限制登記，由直轄市或縣（市）主管機關於重劃土地分配確定後，依據分配結果予以協調清理後，逐併轉載或為塗銷登記，並分別通知土地所有權人及其他權利人。

第二四條　（行使補償之請求權）

①因重劃致地上權、永佃權或地役權不能達其設定之目的者，各該權利視為消滅。地上權人、永佃權人或地役權人得向土地所有權人請求相當之補償。

②土地、建築改良物經設定抵押權或典權，因重劃而不能達其設定之目的者，各該權利視為消滅。抵押權人或典權人得向土地所有權人請求以其所分配之土地，設定抵押權或典權。但建築改良物非土地所有權人所有者，其建築改良物之抵押權人或典權人得向建築改良物所有權人請求相當之補償。

③前二項請求權之行使，應於重劃分配結果確定通知送達之次日起二個月內為之。

第二五條 （權利價值之協調處理）

實施重劃未受分配之土地上其原設定抵押權或典權之權利價值，主管機關應於重劃分配確定之日起二個月內，邀集權利人協調，達成協議者，依其協議結果辦理；協議不成者，應將土地所有權人應得之補償地價提存之，並列冊送由該管登記機關逕為塗銷登記。

第二六條 （註銷租約及請領補償）

①適用耕地三七五減租條例之出租公、私有耕地因實施重劃致不能達到原租賃之目的者，由直轄市或縣（市）主管機關逕為註銷其租約並通知當事人。

②依前項規定註銷租約者，承租人得依下列規定請求或領取補償：

　一　重劃後分配土地者，承租人得向出租人請求按重劃計畫書公告當期該土地之公告土地現值三分之一之補償。

　二　重劃後未受分配土地者，其應領之補償地價，由出租人領取三分之二，承租人領取三分之一。

③因重劃抵充為公共設施用地之原公有道路、溝渠、河川及未登記地而訂有耕地租約者，直轄市或縣（市）主管機關應逕為註銷租約，並按重劃計畫書公告當期該土地之公告土地現值三分之一補償承租人，所需費用列為重劃共同負擔。

第二七條 （土地權利書狀之效力）

重劃區土地分配結果確定後，直轄市或縣（市）主管機關應依據分配結果重新編號，列冊送由該管登記機關逕為辦理地籍測量及變更登記，並通知土地所有權人於三十日內換領土地權利書狀，免收登記費及書狀費；未於規定期限內換領者，宣告其原土地權利書狀無效。

第二八條 （繳納差額地價）

重劃分配之土地，自分配確定之日起，在土地所有權人依第十六條第一項規定應繳納之差額地價未繳清前，不得移轉或設定負擔。

第二九條 （公開標售及優先購買權）

①依第十一條第四項折價抵付之土地，扣除共同負擔公共設施用地後之土地，應訂定底價公開標售，並得按底價讓售為國民住宅用地、公共事業用地或行政院專案核准所需用地。

②前項土地公開標售時，經農村社區更新協進會決定，得賦予重劃區內土地所有權人或該重劃核定時已設籍者，有依同樣條件優先購買之權。

③第一項土地之標售、讓售，不受土地法第二十五條之限制。

④第一項所定底價，不得低於各宗土地評定重劃後地價。

⑤第一項土地之標售、讓售所得價款，除抵付重劃負擔費用外，餘款留供農村社區之建設費用。

第三〇條 （抵充或列為共同負擔之公共設施用地之管理機關）

①重劃區內經抵充或列為共同負擔之公共設施用地與依前條及第十

一條第五項規定供出售之土地，登記爲直轄市或縣（市）有。

②前項經抵充或列爲共同負擔之公共設施用地，以各該公共設施主管機關爲管理機關；供出售之土地以各該直轄市或縣（市）主管機關爲管理機關。

第六章 附 則

第三一條 （未於限期繳納差額地價及辦理遷讓之處置）

依第十一條第三項規定改以現金繳納者及第十六條規定應繳納之差額地價，經限期繳納而逾期未繳納者，得移送法院強制執行。重劃區重劃分配之土地，經依第二十二條規定限期辦理遷讓而逾期不遷讓者亦同。

第三二條 （減免土地增值稅）

重劃區祖先遺留之共有土地經整體開發建築者，於建築後第一次土地移轉時，得減免土地增值稅，其減免之規定，由財政部會同內政部定之。

第三三條 （重劃區財務結算及公告的程序）

直轄市或縣（市）主管機關對於每一重劃區之財務，應於重劃計畫書所載工程完竣後一年內完成結算並公告之，並應於完成結算後六個月內撰寫重劃成果報告，檢同有關圖冊層報中央主管機關備查。

第三四條 （施行細則）

本條例施行細則由中央主管機關定之。

第三五條 （施行日）

本條例自公布日施行。

農村社區土地重劃條例施行細則

①民國91年3月6日內政部令訂定發布全文39條；並自發布日施行。
②民國95年7月18日內政部令修正發布第5、13條條文；並增訂第2-1條條文。
③民國98年6月3日內政部令修正發布第15條條文。

第一章 總　則

第一條

本細則依農村社區土地重劃條例（以下簡稱本條例）第三十四條規定訂定之。

第二條

重劃區涉及非都市土地使用分區變更者，應依區域計畫法相關規定辦理，於重劃計畫書報核前，提報區域計畫委員會審議，取得許可，並於重劃完成後逐為辦理非都市土地使用分區及各種使用地編定之登記。

第二條之一

本條例第三條第一項所稱農村聚落、原住民聚落，指下列範圍之土地，其合計面積達零點五公頃以上，依戶籍資料，其最近五年中每年人口聚居均已達十五戶以上，且人口數均已達五十人以上之地區。但依本條例第五條第一項第四款規定辦理災區重建時，面積以零點三三三三公頃、戶數以十戶、人口數以三十三人以上認定之：

一　農村聚落：非都市土地鄉村區範圍外，非原住民保留地之地區，就相距未逾二十公尺之甲、丙種建築用地邊緣為範圍。

二　原住民聚落：非都市土地鄉村區範圍外之原住民保留地，就相距未逾二十五公尺之甲、丙種建築用地邊緣為範圍。

第二章 重劃區之選定

第三條

直轄市或縣（市）主管機關依本條例第五條規定勘選重劃區時，應就下列原則評估選定：

一　明顯之地形、地物界線。

二　社區人口及建地需求量。

三　土地使用狀況。

四　因區域整體發展或增加公共設施之需要。

五　土地所有權人意願。

六 財務計畫。

七 其他特殊需要。

第四條

①直轄市或縣（市）主管機關依前條規定勘查後，應檢附擬辦重劃區範圍圖書及勘選報告表，報請中央主管機關核定之。

②前項擬辦重劃區範圍圖書，應於地籍圖上以圖例標明重劃區界址與其四至、重劃區內外主要交通、排水狀況及重劃區內村莊或明顯特殊建築物位置。

第五條

①本條例第六條第一項所稱農村社區土地重劃計畫書、圖，其內容應包括下列事項：

一 重劃區名稱及其範圍。

二 法律依據。

三 辦理重劃原因及預期效益。

四 重劃區內公、私有土地筆數、面積、土地所有權人總數與非都市土地使用分區及使用地編定類別明細表。

五 同意辦理重劃之土地所有權人總數及其所有土地總面積。

六 重劃區內原公有道路、溝渠、河川及未登記土地筆數、面積。

七 重劃區內古蹟保存、生態保育及國土保安用地等筆數、面積。

八 重劃區擬調整鄉村區、農村聚落與原住民聚落界線，變更為建地使用之面積及其理由。

九 預估行政業務費、規劃設計費及工程費之金額。

十 預估重劃公共設施用地負擔：包括土地所有權人共同負擔之公共設施用地項目、面積及平均負擔比率。

十一 預估重劃費用負擔：包括土地所有權人共同負擔工程費、拆遷補償費總額、貸款利息總額及平均負擔比率。

十二 預估重劃土地所有權人平均負擔比率。

十三 重劃區內原有建築用地重劃負擔減輕之原則。

十四 財務計畫：包括資金需求總額、貸款及償還計畫。

十五 預定重劃工作進度。

十六 重劃區範圍圖：於地籍圖上以圖例標明重劃區界址及其四至。

十七 重劃區規劃圖及地籍套繪圖。

十八 其他經直轄市或縣（市）主管機關指定之事項。

②重劃區土地依水土保持法、山坡地保育利用條例或環境影響評估法及其相關規定，應實施水土保持或環境影響評估者，並應檢附水土保持或環境影響評估等相關書件。

③第一項第十款之預估重劃公共設施用地平均負擔比率、第十一款之預估重劃費用平均負擔比率及第十二款之預估重劃土地所有權人平均負擔比率，其計算式如附件一。

第六條

①本條例第六條所稱私有土地所有權人，以土地登記簿所記載者為準。但因繼承、強制執行或法院判決已取得所有權，並能提出證

明文件者，不在此限。

②前項私有土地所有權人依本條例第六條第二項規定於公告期間內提出異議時，應以書面說明理由，並註明其土地之坐落、面積、姓名、住址、年月日，於簽名或蓋章後，向直轄市或縣（市）主管機關提出。

第七條

直轄市或縣（市）主管機關依本條例第六條第一項規定修正重劃計畫書、圖或第二項調處，應分別於聽證會結束或公告期滿之翌日起三十日內為之。

第八條

重劃區經直轄市或縣（市）主管機關依本條例第八條規定公告禁建後，在公告禁建前已依法核發建造執照正在施工中之建築物，依下列規定處理：

一　經審核不妨礙重劃工程及土地交換分配者，得准其依原核發建造執照繼續施工。

二　經審核有妨礙重劃工程或土地交換分配者，應通知其停工或限期改善。

第九條

直轄市或縣（市）主管機關於必要時，得將部分土地重劃業務委託法人或學術團體辦理。

第三章　重劃負擔及工程

第一〇條

本條例第十條規定重劃前後地價，應依下列規定查估：

一　重劃前之地價應優先調查土地位置、地勢、交通、使用狀況、買賣實例及當期公告土地現值等資料，分別估計重劃前各宗土地地價。

二　重劃後之地價應參酌各街廓土地位置、地勢、交通、道路寬度、公共設施及重劃後預期發展情形，估計重劃後區段價或路線價。

第一一條

①土地所有權人依本條例第十一條規定，應共同負擔之項目如下：

一　公共設施用地負擔：指重劃區內之道路、溝渠、電信電力地下化、下水道、廣場、活動中心、綠地等七項用地及重劃區內土地所有權人認為達現代化生活機能必要之其他公共設施用地，扣除重劃區內原公有道路、溝渠、河川及未登記土地等四項土地後，由參加重劃土地所有權人按其土地受益比例所算得之負擔。

二　重劃費用負擔：指工程費扣除政府分攤之部分、拆遷補償費及貸款利息，由參加重劃土地所有權人按其土地受益比例，依評定重劃後地價折價抵付之負擔。

②前項第一款所列舉前項用地及重劃區內土地所有權人認為為達現

代化生活機能必要之其他公共設施用地，不包括重劃前業經直轄市或縣（市）主管機關協議價購或徵收取得者。

③第一項第二款所稱工程費，包括施工費、材料費、區域性整地費、界標設置費、工程管理費用及應徵之空氣污染防制費。

第一二條

前條第一項第一款所定重劃區內原公有道路、溝渠及河川土地，指重劃計畫書、圖核定時，實際作道路、溝渠、河川使用及原作道路、溝渠、河川使用已廢置而尚未完成廢置程序之公有土地。

第一三條

第十一條第一項第二款所定重劃費用負擔，其以土地折價抵付者（以下簡稱抵費地），由土地所有權人提供參加重劃之土地折價抵付之，於公開標售後，以所得價款歸還抵付。

第一四條

①本條例第十三條第一項所定應行拆遷之土地改良物或墳墓，以有妨礙重劃土地分配或重劃工程施工必須拆遷者為限。

②直轄市或縣（市）主管機關依本條例第十三條第一項及第二項規定代為拆除或遷葬土地改良物或墳墓，並將代為拆除或遷葬之費用自其應領補償金額內扣回後，如有餘額，應通知土地改良物所有權人或墓主限期領回，屆期未領回者，依法提存；如有不足，應通知其限期繳納，屆期未繳納者，依法移送強制執行。

第一五條 98

①辦理重劃區工程之規劃設計、發包、施工及決算程序如下：

　一　現況調查。
　二　現況測量。
　三　道路與溝渠中心位置之測量及釘樁。
　四　重劃區土地模擬分配位置圖之繪製。
　五　工程設計。
　六　工程設計預算書、圖之編製。
　七　工程發包。
　八　放樣施工。
　九　施工管理。
　十　工程驗收及移交接管。
　十一　決算辦理。

②溝渠工程之規劃設計，在農田水利會事業區域內者，應通知該管農田水利會派員參與。

第一六條

自來水、電信、電力、天然氣等公用事業所需之地下管道土木工程及其他必要設施，應協調各該事業機構配合規劃、設計，並按重劃工程進度施工；其所需經費，依協調結果應由重劃區分擔者，得列為工程費。

第四章　土地分配及異議處理

第一七條

為重劃土地分配之需要，應辦理下列工作：

- 一　控制點檢測及補測。
- 二　圖根測量。
- 三　重劃區邊界測量。
- 四　繪製地籍藍曬底圖。
- 五　編製土地權利使用調查表及重劃前原有土地清冊。
- 六　土地權利關係及使用狀況調查。
- 七　地上物現況測量。
- 八　查定單位區段地價。
- 九　辦理土地歸戶及統計。
- 十　道路及溝渠中心樁連測。

第一八條

辦理重劃土地分配程序如下：

- 一　公告停止受理土地權利移轉及設定負擔登記。
- 二　協議合併。
- 三　計算重劃後每分配街廓可分配面積及繪製土地分配作業圖。
- 四　計算公共設施用地負擔、重劃費用負擔或抵費地面積，並編製計算負擔總計表。
- 五　辦理土地交換分配。
- 六　編製土地分配結果圖冊草案。
- 七　舉辦公聽會，聽取土地所有權人意見。
- 八　土地分配結果公告及通知。
- 九　異議處理。
- 十　分宗測量釘樁及交接土地。
- 十一　編製重劃後各項土地清冊。

第一九條

本條例第十六條第二項所定重劃土地負擔及分配面積，其計算公式如附件二。

第二○條

① 直轄市或縣（市）主管機關依本條例第十九條規定公告分配結果之前，應舉辦公聽會，就土地分配結果，向土地所有權人說明，並聽取其意見。

② 辦理前項公告時，應檢附下列圖冊一併公告：

- 一　計算負擔總計表。
- 二　重劃前後土地分配對照清冊。
- 三　重劃前地籍圖。
- 四　重劃後土地分配圖。
- 五　重劃前後地號圖。

第二一條

① 依本條例第二十條規定辦理調解、調處，應將調解、調處結果作成書面紀錄。調解、調處成立案件，應經當事人簽名或蓋章，並

將紀錄分發雙方當事人。

②依本條例第二十條第二項規定經表示異議之調處案件，直轄市或縣（市）主管機關應擬具處理意見，連同調解、調處紀錄，報請中央主管機關裁決。

第二二條

①土地所有權人重劃後應分配之土地面積，未達重劃區最小分配面積標準二分之一而不能分配土地時，直轄市或縣（市）主管機關應於重劃分配結果確定之次日起六十日內，以其重劃前原有面積，按原位置評定重劃後地價，發給現金補償。但重劃範圍勘定後，土地所有權人非因繼承或強制執行而申請分割土地，致應分配土地面積未達重劃區最小分配面積標準二分之一者，以其重劃前原有面積，按原位置評定重劃前地價，發給現金補償。

②土地所有權人重劃後應分配土地面積，已達重劃區最小分配面積標準二分之一而未達最小分配面積準者，經直轄市或縣（市）主管機關按最小分配面積標準分配後，如申請放棄分配土地而改領現金補償時，應以其應分配權利面積，按重劃分配位置之評定重劃後地價，予以計算補償。

第二三條

依本條例第二十二條規定通知原土地所有權人及使用人限期辦理遷讓或接管，應於土地分配結果確定，並完成地籍測量後為之。

第二四條

①重劃後實際分配之土地面積多於應分配之面積者，直轄市或縣（市）主管機關應於重劃土地接管後三十日內通知土地所有權人，就其超過部分按評定重劃後地價，限期繳納差額地價；屆期未繳納者，依法移送強制執行。

②重劃後實際分配之土地面積少於應分配之面積者，直轄市或縣（市）主管機關應於重劃土地接管後三十日內通知土地所有權人，就其不足部分，按評定重劃後地價，發給差額地價補償；屆期未領取者，依法提存。

第五章　權利清理及地籍整理

第二五條

①直轄市或縣（市）主管機關依本條例第二十三條規定辦理他項權利登記之轉載，應按原登記先後及登記事項，轉載於重劃後應分配之土地；其為合併分配者，他項權利之轉載，應以重劃前各宗土地面積比率所算得之應有部分為各該他項權利範圍，並應於轉載後，通知他項權利人。

②重劃前土地經辦竣限制登記者，直轄市或縣（市）主管機關除用前項規定辦理轉載外，並應於轉載後，分別通知土地所有權人、其他權利人及原囑託機關或請求權人。

③實施重劃未受分配之土地上設有他項權利、耕作權或辦竣限制登記者，直轄市或縣（市）主管機關應於重劃分配確定之日起二個

月內，邀集權利人協調，達成協議者，依其協議結果辦理，協議不成者，應將土地所有權人應得補償地價提存之，並列冊送由該管登記機關逕為塗銷登記。

第二六條

依本條例第二十六條規定辦理註銷租約登記時，直轄市或縣（市）主管機關應將有關重劃前後土地對照清冊，發交土地所在地鄉（鎮、市、區）公所逕為辦理。

第二七條

依本條例第二十七條規定逕為辦理地籍測量，其工作項目如下：

一　檢測補測圖根點、道路中心樁、邊界樁及有關之測量標。

二　戶地測量應按土地分配結果、道路及有關工程施工位置逐宗施測，實地埋設界標。

三　戶地測量如發現分配土地位置、道路及有關工程設計位置與實地情形不符時，應查明不符原因，將測量結果報請直轄市或縣（市）主管機關處理之。

四　重劃後土地應依地籍測量實施規則規定劃分區段、調整段界、重新編訂宗地地號，其起迄以不超過五位數為原則。

五　面積計算及測量原圖整理。

六　地籍測量後之面積與重劃後土地分配清冊之面積不符時，直轄市或縣（市）主管機關應即訂正土地分配面積及差額地價，並通知土地所有權人。

第二八條

①重劃土地辦竣地籍測量後，直轄市或縣（市）主管機關應將重劃前後土地分配對照清冊及地籍圖等資料，送由該管登記機關逕為辦理權利變更登記。其有應繳納差額地價者，並應通知該管登記機關於土地登記簿加註未繳清差額地價，不得辦理所有權移轉或設定負擔字樣，於土地所有權人繳清差額地價時，立即通知該管登記機關註銷，並依據結果訂正有關圖冊。

②前項重劃前後土地分配對照清冊於送登記機關前，應依核定計畫書、圖內容及相關規定，完成非都市土地使用分區及各種使用地之編定。

第二九條

①重劃區內已辦竣建物所有權第一次登記之建築改良物，因辦理重劃致全部或部分拆除者，直轄市或縣（市）主管機關應列冊送由該管登記機關逕為辦理消滅登記或標示變更登記，並通知建築改良物所有權人於三十日內繳交或換領建物權利書狀。未於規定期限內繳交或換領者，其建物權利書狀公告作廢；建築改良物所有權人於領取建物拆還補償費時，已繳交建物權利書狀者，直轄市或縣（市）主管機關應一併檢附。

②前項換領建物權利書狀，免收登記費及書狀費。

第三○條

本條例第二十九條第一項規定之公共事業，指政府機關或所屬事

業機構直接興辦以公共利益或以社會福利服務、社會救助爲主要目的之事業；第二項所稱該重劃核定時已設籍者，指該重劃計畫書、圖核定之日前已設籍者。

第三一條

依本條例第二十九條第二項規定經賦予有優先購買權之土地所有權人或該重劃核定時已設籍之人，直轄市或縣（市）主管機關應限期通知其優先購買，其有二人以上者，以抽籤方式決定之；屆期未辦理者，視爲放棄優先購買權。

第六章 附 則

第三二條

①中央主管機關依本條例第五條第二項規定辦理農村社區土地重劃時，其辦理程序準用本條例及其施行細則有關規定；必要時，並得會同當地直轄市或縣（市）主管機關爲之。

②中央主管機關依本條例第五條第二項規定辦理重劃業務者，其抵費地登記爲國有，管理機關爲中央主管機關。

第三三條

本條例第三十二條規定重劃區祖先遺留之共有土地，指重劃計畫書、圖公告期滿之日，依土地登記簿記載爲祭祀公業或取得原因爲繼承之共有土地。

第三四條

重劃工程完竣後，各項公共設施應依有關法令規定，交由各該主管機關接管並養護之。

第三五條

重劃負擔總費用證明書核發對象，以土地分配結果公告期滿之日土地登記簿所載土地所有權人爲準。但依本條例第二十條第一項規定提出異議者，以調解、調處或裁決確定之土地所有權人爲準。

第三六條

實施重劃期間，依法得減免地價稅或田賦之土地，由直轄市或縣（市）主管機關於重劃計畫書、圖公告期滿之日起三十日內，列冊送交該管稅捐稽徵機關。

第三七條

①重劃後之土地，由直轄市或縣（市）主管機關於重劃完成之日起三十日內，列冊送交該管稅捐稽徵機關依法徵免地價稅或田賦。

②前項重劃完成之日，指地籍測量、土地登記、工程驗收、實地指界及交接土地等各項工作均完成之日。

第三八條

本細則所定之書表格式，由中央主管機關定之。

第三九條

本細則自發布日施行。

市地重劃實施辦法

①民國 68 年 6 月 22 日內政部令訂定發布全文 40 條。
②民國 70 年 3 月 26 日內政部令修正發布第 6 條條文。
③民國 70 年 6 月 18 日內政部令修正發布第 6、8 條條文。
④民國 73 年 6 月 9 日內政部令修正發布第 19 條條文。
⑤民國 77 年 6 月 13 日內政部令修正發布名稱及全文 50 條（原名稱：都市土地重劃實施辦法）。
⑥民國 81 年 8 月 26 日內政部令修正發布全文 60 條。
⑦民國 84 年 2 月 13 日內政部令修正發布第 14、21、35、50 條條文。
⑧民國 85 年 1 月 3 日內政部令修正發布第 7 條條文；並增訂第 9-1 條條文。
⑨民國 86 年 4 月 16 日內政部令修正發布第 17 條條文。
⑩民國 87 年 12 月 9 日內政部令修正發布第 5～7、21、31、34、53、55、56 條條文；並增訂第 3-1 條條文。
⑪民國 88 年 6 月 29 日內政部令修正發布第 2、6、8、24、32、33、50、59 條條文。
⑫民國 88 年 10 月 6 日內政部令修正發布第 54 條條文。
⑬民國 89 年 11 月 7 日內政部令修正發布第 8、10、17、24、29 條條文。
⑭民國 90 年 12 月 12 日內政部令修正發布第 18 條條文。
⑮民國 91 年 7 月 29 日內政部令修正發布第 52、53 條條文。
⑯民國 92 年 1 月 24 日內政部令修正發布第 54 條條文。
⑰民國 102 年 12 月 23 日內政部令修正發布第 2、4、7、11、12、14～16、20、21、31、35、38、40、52、53 條條文；增訂第 53-1 條條文；並刪除第 9-1 條條文。
⑱民國 104 年 7 月 13 日內政部令修正發布第 21、31、33、34、54 條條文。

第一章 總則

第一條

本辦法依平均地權條例（以下簡稱本條例）第五十六條第四項訂定之。

第二條 102

①市地重劃由中央、直轄市或縣（市）主管機關辦理。

②前項主管機關為協調推動市地重劃，應遴聘（派）專家學者、重劃區所在地鄉（鎮、市）長及相關機關代表，以合議制方式辦理之。

第三條

①本辦法所定之面積，以平方公尺為單位；所定之長度、寬度及深度，以公尺為單位。

②前項單位，應計算至小數點以下二位，小數點以下第三位四捨五

入。

第三條之一

本辦法所稱重劃完成之日，係指地籍測量、土地登記、工程驗收、實地指界及交接土地等各項工作均完成之日。

第四條 102

實施重劃期間，由主管機關於重劃計畫書公告確定後三十日內，將重劃區內土地列冊送交該管稅捐稽徵機關依法減免地價稅或田賦。

第五條

重劃完成後之土地，由主管機關於重劃完成之日起三十日內列冊送交該管稅捐稽徵機關依法徵免地價稅或田賦。

第二章　重劃地區之選定與公告禁止事項

第六條

重劃地區之範圍，由該管主管機關勘定；其由中央主管機關辦理者，應會同當地直轄市或縣（市）政府辦理。

第七條 102

① 重劃地區範圍應儘量配合都市計畫之閭鄰單位辦理，其邊界並應依下列原則劃定：

一　明顯之地形、地物。

二　非屬整個街廓納入重劃區者，依街廓分區線。

三　計畫道路中心線。但路寬在八公尺以下或都市計畫附帶以市地重劃方式開發者，得將道路全寬納入重劃區。

② 都市計畫指定整體開發之地區，其以市地重劃方式開發者，應以都市計畫指定整體開發地區為重劃地區範圍，並得依都市計畫劃定之開發分區辦理市地重劃；其經依第八條評估實施市地重劃確有困難者，應檢討都市計畫後再行辦理重劃。

第八條

① 主管機關勘選市地重劃地區時，應就左列事項加以評估：

一　都市計畫。

二　土地所有權人意願。

三　地區發展潛力。

四　人口成長情形與建地需求量。

五　地區現況。

六　重劃後地價預期增漲幅度。

七　財務計畫。

八　其他特殊事項。

② 勘選市地重劃地區評估作業要點，由中央主管機關定之。

第九條

選定之重劃地區尚未發布細部計畫或其細部計畫需變更者，應於完成細部計畫之擬定或變更程序後，再行辦理重劃。但選定重劃之地區，其主要計畫具有都市計畫法第二十二條第一項規定之內容者，得先依主要計畫辦理重劃，以配合擬定細部計畫。

第九條之一　（刪除）102

第一〇條

① 土地所有權人依本條例第五十七條申請優先實施市地重劃時，其申請書應載明左列事項：

一　擬辦重劃地區及範圍。

二　申請辦理重劃之原因。

三　參加重劃土地標示及土地所有權人姓名、國民身分證統一編號、住址，並簽名蓋章。

四　代表人姓名、國民身分證統一編號、住址。

② 主管機關對於前項申請，應即進行審查，並依第六條規定勘定範圍，其合於都市發展需要者，優先實施市地重劃。但得按重劃工程及設計分配之需要，調整其範圍。

第一一條　102

① 下列事項非屬本條例第五十九條第一項規定公告禁止或限制事項：

一　土地繼承登記。

二　建物及其基地登記。

三　因抵繳遺產稅土地所有權移轉國有登記。

四　因強制執行、土地徵收或法院判決確定，申請登記。

五　共有土地因實施耕者有其田部分徵收放領，辦理持分交換移轉登記。

六　申請剩餘財產差額分配登記。

七　抵押權讓與登記。

八　實施重劃本身所必要之作業。

② 本條例第五十九條第二項所稱禁止或限制期間一年六個月為期，指各禁止或限制事項，不論分別或同時辦理公告禁止或限制，其全部期間合計不得超過一年六個月。

第一二條　102

① 直轄市或縣（市）政府依本條例第五十九條報經上級主管機關核定及公告禁止或限制事項後，應將重劃區土地列冊送該管登記機關，將禁止土地移轉、分割或設定負擔事項，加註於土地登記簿，並通知有關機關對於重劃區內建築改良物之新建、增建、改建或重建及採取土石或變更地形等事項加以管制，於禁止或限制期限屆滿時，立即通知註銷。

② 前項公告禁止或限制事項，直轄市或縣（市）政府應以書面通知土地、建物所有權人或使用人。

第一三條

市地重劃區經依本條例第五十九條規定公告禁建後，在公告禁建前已依法核發建造執照正在施工中之建築物，依左列規定處理：

一　經審核不妨礙重劃工程及土地交換分配者，得准其依原核發建造執照繼續施工。

二　經審核有妨礙重劃工程或土地交換分配者，應通知其停工。

但可改善者，應通知其限期改善。其經通知停工仍不停工或逾期不爲改善者，依行政執行法強制執行之，並對繼續施工建築部分之拆除不予補償。

第三章　重劃計畫之擬訂、核定及公告通知

第一四條 102

①重劃地區選定後，主管機關應舉辦座談會，並擬具市地重劃計畫書，報請上級主管機關核定。

②前項座談會主管機關應以書面載明下列事項，通知土地所有權人：

一　重劃區範圍及總面積（附範圍圖）。
二　公共設施用地負擔項目及其概略面積。
三　舉辦重劃工程項目。
四　重劃經費負擔概算及負擔方式。
五　預計重劃平均負擔比率。

③第一項重劃計畫書應記載下列事項：

一　重劃地區及其範圍。
二　法律依據。
三　辦理重劃原因及預期效益。
四　重劃地區公、私有土地總面積及其土地所有權人總數。
五　重劃地區原公有道路、溝渠、河川及未登記地土地面積。
六　土地總面積：指計畫範圍內之公、私有土地面積及未登記地之計算面積。
七　預估公共設施用地負擔：包括土地所有權人共同負擔之公共設施用地項目、面積及平均負擔比率。
八　預估費用負擔：包括土地所有權人共同負擔之工程項目及其費用、重劃費用及貸款利息之總額與平均負擔比率。
九　土地所有權人平均重劃負擔比率概計。
十　重劃區內原有合法建物或既成社區重劃負擔減輕之原則。
十一　財務計畫：包括資金需求總額、貸款及償還計畫。
十二　預定重劃工作進度表。
十三　重劃區範圍都市計畫地籍套繪圖。

④前項第七款至第九款之計算式如附件一；依第十款減輕之重劃負擔，不得因此增加其他土地所有權人之負擔。

⑤依本條例辦理重劃，如爲申優先實施重劃或有超額負擔者，重劃計畫書應記載土地所有權人同意辦理情形及處理方法。

附件一　預估公共設施用地平均負擔比率及預估費用平均負擔比率之計算式

一　公共設施用地平均負擔比率＝

$$\frac{公共設施用地負擔總面積－重劃前原公有道路、溝渠、河川及未登記地面積}{重劃區總面積－重劃前原公有道路、溝渠、河川及未登記地面積}$$

二　費用平均負擔比率＝

$$\frac{\text{公程費用總額＋重劃費用總額＋貸款利息總額}}{\text{重劃後平均地價×（重劃區總面積－重劃前原公有道路、溝渠、河川及未登記地面積）}}$$

三　重劃總平均負擔比率＝公共設施用地平均負擔比率＋費用平均負擔比率

第一五條 102

依本條例辦理市地重劃計算重劃人數及面積時，除下列規定外，以土地登記簿記載者為準：

一　公同共有土地，應以其同意超額負擔或參加重劃之公同共有人數為同意人數，並以其占該公同共有全體人數之比率，乘以該公同共有部分土地面積所得之面積為其同意面積。

二　祭祀公業或未辦理繼承登記土地，經其派下員或合法繼承人提出該祭祀公業派下全員證明文件或全體合法繼承人戶籍資料者，其同意人數及面積比照前款計算方式辦理。但未提出證明文件或戶籍資料者，以土地登記簿上登記名義人為單位計算之。

三　信託土地，以登記機關信託專簿所載各契約之委託人及面積為準。

第一六條 102

① 重劃計畫書經核定後，主管機關應即依法公告，及通知土地所有權人，並舉行說明會，說明重劃意旨及計畫要點。

② 土地所有權人對重劃計畫書有反對意見者，應於公告期間內以書面載明理由與其所有土地坐落、面積及姓名、住址，於簽名或蓋章後，提出於主管機關為之。

第一七條

① 主管機關依本條例第五十六條第三項規定，修訂重劃計畫書重行報請核定時，對土地所有權人提出而未採納之意見應說明不能採納之理由，並於核定結果公告實施後，將不能採納之理由函復異議人。

② 重劃計畫書經核定公告後，實施重劃確有困難者，應敘明理由報請核定後公告及通知土地所有權人廢止或撤銷重劃或修訂重劃計畫書、圖。但重劃土地分配結果已公告期滿確定者，不得廢止或撤銷重劃或修訂重劃計畫書、圖。

第一八條

① 重劃計畫書經核定公告實施後，主管機關必要時得將部分業務委託法人或學術團體辦理；其委託作業要點由中央主管機關定之。

② 前項受委託之法人或學術團體，以經營業務有辦理土地重劃項目，並置有地政、測量專業人員為限。

第四章　測量、調查及地價查估

第一九條

重劃計畫書經核定公告滿三十日後，主管機關應即實施重劃區範

圍、公告設施用地及土地使用現況之測量，並調查各宗地使用現況，編造有關清冊。

第二〇條 102

重劃前後之地價應依下列規定查估後，提請地價評議委員會評定之：

一　重劃前之地價應先調查土地位置、地勢、交通、使用狀況、買賣實例及當期公告現值等資料，分別估計重劃前各宗土地地價。

二　重劃後之地價應參酌各街廓土地之位置、地勢、交通、道路寬度、公共設施、土地使用分區及重劃後預期發展情形，估計重劃後各路街之路線價或區段價。

第五章　計算負擔及分配設計

第二一條 104

①土地所有權人依本條例第六十條規定，應共同負擔之項目如下：

一　公共設施用地負擔：指重劃區內供公共使用之道路、溝渠、兒童遊樂場、鄰里公園、廣場、綠地、國民小學、國民中學、停車場、零售市場等十項用地，扣除重劃區內原公有道路、溝渠、河川及未登記地等土地後，由參加重劃土地所有權人按其土地受益比例所得分之負擔。

二　費用負擔：指工程費用、重劃費用及貸款利息，由參加重劃土地所有權人依其土地受益比例，按評定重劃後地價折價抵付之負擔。

②前項第一款所定重劃區內供公共使用之道路，包括道路之安全島、綠帶及人行步道；所稱重劃區內供公共使用之溝渠，指依都市計畫法定程序所劃設供重劃區內公共使用之排水用地。

③第一項第一款所列舉十項用地，不包括下列用地：

一　重劃前業經主管機關核准興建之兒童遊樂場、鄰里公園、廣場、綠地、國民小學、國民中學、停車場、零售市場等八種用地。

二　重劃前政府已取得者。

④第一項第二款所稱工程費用，指道路、橋樑、溝渠、地下管道、兒童遊樂場、鄰里公園、廣場、綠地、平面停車場等公共設施之規劃設計、施工、整地、材料、工程管理費用及應徵收之空氣污染防制費。

第二二條

①重劃區內已建築土地之所有權人，如尚有其他未建築土地者，其重劃負擔應依本條例第六十條第一項規定，以未建築土地折價抵付，不得改以現金繳納。公有土地亦同。

②公有土地依前項規定辦理後如尚有賸餘土地，依第三十二條及第三十三條規定辦理指配。

第二三條

①依本條例第六十條第三項規定，重劃區折價抵付共同負擔之土地，合計面積已達百分之四十五，而區內尚有同法條第一項規定之其他公共用地未計入負擔者，得經區內私有土地所有權人半數以上且其所有土地面積超過區內私有土地總面積半數之同意，納入重劃共同負擔，不受本條例施行細則第八十三條負擔順序之限制。

②重劃區供公共使用之十項用地以外之公共設施用地，非經重劃區全體土地所有權人之同意，不得列爲共同負擔。

第二四條

重劃區內之區域性道路、下水道等公共設施，除其用地應由重劃區內土地所有權人按其土地受益比例共同負擔外，其工程費用得由政府視實際情況編列預算補助，或由政府視實際情況配合施工。

第二五條

①公共設施用地負擔包括臨街地特別負擔及一般負擔。

②前項之臨街地特別負擔，指重劃後分配於道路兩側之臨街地，對其面臨之道路用地，按路寬比例所計算之負擔。

③第一項之一般負擔，指公共設施用地負擔扣除道路兩側臨街地特別負擔後，所餘之負擔。

第二六條

①前條臨街地特別負擔，應依左列標準計算之：

　一　面臨寬度超過四公尺未滿八公尺之道路者，其道路寬度超過四公尺部分，由兩側臨街地各負擔二分之一。

　二　面臨寬度八公尺以上未滿二十公尺之道路者，其兩側臨街地各負擔路寬之四分之一。

　三　面臨寬度二十公尺以上道路者，其兩側臨街地各負擔五公尺。

②街角地對其正面道路之臨街地特別負擔，依前項標準計算；其對側面道路之臨街地特別負擔，依前項標準二分之一計算。

第二七條

①市地重劃區範圍以都市計畫道路中心線爲界者，其臨時地特別負擔，應按參與重劃之道路寬度計算。

②分配結果未列入共同負擔公共設施用地、面臨路寬四公尺以下道路及已開闢公有道路之臨街地，不計算臨街地特別負擔。

第二八條

①重劃區內都市計畫規劃之街廓無法符合重劃分配需要者，得於不妨礙都市計畫及道路系統之前提下，增設或加寬爲八公以尺下巷道，並依第二十六條規定計算臨街地特別負擔。

②前項增設或加寬之巷道，主管機關應於重劃分配結果公告確定後，通知有關機關依法辦理都市計畫細部計畫變更。

③重劃前供公共通行之既成巷道或私設巷道應予保留者，視爲增設

巷道，並依前二項規定辦理。但該巷道如兼具法定空地性質者，
應按重劃前原位置、面積分配予原土地所有權人，不計算其重劃
負擔，並得配合重劃工程同時施工。

第二九條

①重劃負擔及分配面積之計算，以土地登記總簿所載之面積為準，
其計算順序及公式如附件二。

②重劃區內土地實際面積少於土地登記總面積而未能更正者，其差
額得列入共同負擔。

附件二　重劃負擔及分配面積之計算順序及公式

一　重劃區臨街地特別負擔總面積＝（正面道路負擔總面積＋側
面道路負擔總面積）（1－C）

正面道路負擔總面積＝（正面道路長度×正面道路負擔標
準）之總和

側面道路負擔總面積＝（側面道路長度×側面道路負擔標
準）之總和

二　重劃區一般負擔總面積＝公共設施用地負擔總面積－重劃前
原公有道路、溝渠、河川及未登記地面積－臨街地特別負擔
總面積

三　重劃區一般負擔係數＝一般負擔面積×重劃前平均地價÷
〔重劃後平均地價×（重劃區總面積－重劃前原公有道路、
溝渠、河川及未登記地面積）〕

四　重劃區費用負擔係數＝（工程費用總額＋重劃費用總額＋貸
款利息總額）÷〔重劃後平均地價×（重劃區總面積－公共
設施用地負擔總面積）〕

五　重劃前後宗地地價上漲率＝重劃後宗地單價÷重劃前宗地單
價

六　各宗土地重劃後應分配之面積，依下列公式計算：

$$G = [a(1 - A \times B) - Rw \times F \times l_1 - S \times l_2](1 - C)$$

符號說明：

G表示各宗土地重劃後應分配之面積

a表示參加重劃土地重劃前原有之宗地面積；如重劃後非以
原有街廓分配時應先計算預計分配街廓之重劃前宗地面積
（a'）

a'＝（a×原位置之重劃前宗地單價）÷預計分配街廓之重劃
前宗地平均單價

A表示宗地地價上漲率

B表示一般負擔係數

W表示分配土地寬度（宗地側街臨街線實際長度之中點向宗
地分配線作垂直線所量其間之距離）

Rw表示街角地側面道路負擔百分率，即重劃後分配於土地
寬度為 W 公尺時，所應分攤之側面道路負擔百分比。其

計算表如下：

W (公尺)	1	2	3	4	5	6	7	8	9
Rw (%)	17.4	24.4	31.3	37.8	44.0	50.0	55.7	61.1	66.3

W (公尺)	10	11	12	13	14	15	16	17	18
Rw (%)	71.1	75.7	80.0	84.0	87.8	91.3	94.4	97.4	100

F表示街角第一筆土地面臨側面道路之長度
S表示宗地面臨正面之實際分配寬度
l_1表示側面道路負擔尺度
l_2表示正面道路負擔尺度
C表示費用負擔係數

第三〇條

重劃後土地之最小分配面積標準，由主管機關視各街廓土地使用情況及分配需要於規劃設計時定之。但不得小於畸零地使用規則及都市計畫所規定之寬度、深度及面積。

第三一條 104

① 重劃後土地分配之位置，以重劃前原有土地相關位次分配於原街廓之面臨原有路街線者為準，其調整分配方法如下：

一　同一土地所有權人在重劃區內有數宗土地，其每宗土地應分配之面積已達原街廓原路街線最小分配面積標準者，除依第二十二條規定辦理外，應逐宗個別分配；其未達原街廓原路街線最小分配面積標準者，按應分配之面積較大者集中合併分配。但不得合併分配於公共設施用地及依法不能建築之土地。

二　同一土地所有權人在重劃區內所有土地應分配之面積，未達或合併後仍未達重劃區內最小分配面積標準二分之一者，除通知土地所有權人申請與其他土地所有權人合併分配者外，應以現金補償之；其已達重劃區內最小分配面積標準二分之一者，得於深度較淺、重劃後地價較低之街廓按最小分配面積標準分配或協調合併分配之。

三　同一宗土地跨占分配線兩側，其各側應分配之面積已達原街廓原路街線最小分配面積標準者，應於分配線兩側個別分

之；其中一側應分配之面積，未達原街廓原路街線最小分配面積標準者，應向面積較大之一側合併分配之。

四 分別共有土地，共有人依該宗應有部分計算之應分配面積已達原街廓原路街線最小分配面積標準，且經有人過半數及其應有部分合計過半數之同意或其應有部分合計逾三分之二之同意者，得分配為單獨所有；其應有部分未達原街廓原路街線最小分配面積標準者，得依第二款規定辦理或仍分配為共有。

五 重劃前已有合法建築物之土地，其建築物不妨礙都市計畫、重劃工程及土地分配者，按原有位置分配之。

六 重劃區內之都市計畫公共設施用地，除道路、溝渠用地外，在重劃前業經主管機關核准興建者，應仍分配與原土地所有權人。

七 重劃前土地位於共同負擔之公共設施用地或非共同負擔之公共設施用地，經以公有土地、抵費地指配者，其分配位置由主管機關視土地分配情形調整之。

② 重劃前各宗土地如已設定不同種類之他項權利，或經法院查封、假扣押、假處分、破產登記或其他依法律所為禁止處分之登記者，不得合併分配。主管機關辦理市地重劃時，為配合整體建設、大街廓規劃或興建社會住宅之需要，得經協調後調整相關土地分配位次，不受第一項分配方法之限制。

③ 重劃前政府已取得之公共設施用地，已依計畫興建使用，且符合本條例施行細則第八十二條第一款規定之道路、溝渠、河川等用地，依本條例第六十條第一項規定辦理抵充；其餘不屬該條款之用地仍按原位置、原面積分配，不得辦理抵充。

第三二條

① 依本條例第六十條第二項指配之公有土地，以未建築或已有建築物因實施重劃而須拆除之土地為限。其提供順序如左：

一 本直轄市、縣（市）有土地。

二 本鄉（鎮）有土地。

三 國有土地。

四 他直轄市、縣（市）有土地。

五 他鄉（鎮）有土地。

② 前項公有土地不足指配於未列為共同負擔之公共設施用地時，其指配順序如左：

一 依本條例施行細則第八十三條規定負擔順序未列入共同負擔之公共設施用地。

二 機關用地。

三 其他公共設施用地。

第三三條 104

前條第一項規定指配之公有土地包含已出租之公有土地。但不包括下列土地：

一　重劃計畫書核定前業經協議價購或徵收取得者。

　二　重劃計畫書核定前已有具體利用或處分計畫，且報經權責機
　　　關核定或有償撥用者。

　三　重劃計畫書核定前，社會住宅主管機關以住宅基金購置或已
　　　報奉核定列管為社會住宅用地有案者。

　四　非屬都市計畫公共設施用地之學產地。

第三四條 104

①重劃區內未列為共同負擔之公共設施用地，依前二條規定以重劃
　區內之公有土地優先指配；如有不足，得以抵費地指配或按該公
　共設施用地範圍內土地所有權人所有土地面積比例分配之，其分
　配面積不受街廓原路街線最小分配面積之限制。但該範圍內私
　有土地所有權人主張以原位置（次）分配時，不得以抵費地強行
　指配。

②前項以抵費地指配於未列為共同負擔之公共設施用地者，需地機
　關應配合重劃進度編列預算，按主管機關所定底價價購，其底價
　不得低於各該宗土地評定重劃後地價。但依法得民營之公用事業
　用地，得依第五十四條規定辦理公開標售。

第三五條 102

①主管機關於辦理重劃分配完畢後，應檢附下列圖冊，將分配結果
　公告於重劃土地所在地鄉（鎮、市、區）公所三十日，以供閱
　覽：

　一　計算負擔總計表。

　二　重劃前後土地分配清冊。

　三　重劃後土地分配圖。

　四　重劃前地籍圖。

　五　重劃前後地號圖。

　六　重劃前後地價圖。

②主管機關應將前項公告及重劃前後土地分配清冊檢送土地所有權
　人。

③土地所有權人對於第一項分配結果有異議時，得於公告期間內向
　主管機關以書面提出異議。未提出異議或逾期提出者，其分配結
　果於公告期滿時確定。

④主管機關對於土地所有權人提出之異議案件，得先行查處。其經
　查處結果如仍有異議者或未經查處之異議案件，應依第二條規定
　以合議制方式予以調處；調處不成者，由主管機關擬具處理意
　見，連同調處紀錄函報上級主管機關裁決之。但分別共有之土地
　依第三十一條第一項第四款規定調整分配為單獨所有者，共有人
　如提出異議，主管機關得不予調處，仍分配為共有。

第三六條

　市地重劃負擔總費用證明書核發對象，以土地分配結果公告期滿
　之日土地登記簿上所載土地所有權人為準。但依前條第三項規定提
　出異議者，以調處或裁決成立之日為準。

第三七條

重劃區內公共設施用地，由土地所有權人無償提供，或部分土地所有權人自願單獨負擔者，其地價應列入該等土地所有權人之重劃負擔。非由土地所有權人負擔之重劃費用，不得計入重劃負擔總費用證明書。

第六章　土地改良物或墳墓拆遷補償及工程施工

第三八條 102

① 依本條例第六十二條之一規定，應行拆遷之土地改良物或墳墓，以有妨礙重劃土地分配或重劃工程施工所必須拆遷者為限。

② ……重劃應拆遷之土地改良物或墳墓，應給予補償。補償金額由……三十日，並通知其所有權人或墓主；其為無主墳墓者，得以公告代通知。

③ 土地改良物所有權人或墓主不於規定期限內自行拆除或遷葬者，其補償金額依下列規定處理：

　一　代為拆除費用應在土地改良物拆除補償金額內扣回。

　二　代為遷葬費用在墳墓遷葬補償金額內扣回。

　三　經依前二款規定扣回後，如有餘額，依第五十三條之一規定存入專戶保管；其無法扣回者，依行政執行法規定向義務人徵收之。

④ 土地改良物所有權人或墓主對於補償金額有異議時，得於公告期間內以書面向主管機關提出，經主管機關重新查處後，如仍有異議，主管機關應將該異議案件提交地價評議委員會予以評定之。

⑤ 前項異議內容如為漏估原公告清冊內未載之地上物，須進行補估時，仍應依第二項及前項規定踐行公告三十日及受理異議之程序。

第三九條

重劃計畫書經上級主管機關核定後，主管機關應即依計畫書所列工程項目進行規劃、設計及施工。自來水、電力、電訊、天然氣等公用事業所需之地下管道土木工程及其他必要設施，應協調各該事業機構配合規劃、設計，並按重劃工程進度施工。其所需經費，依規定應由使用人分攤者，得列為重劃工程費用。

第四○條 102

① 前條重劃工程之施工，應於重劃計畫書公告確定及其土地改良物或墳墓補償金額經領取或存入專戶保管後為之。

② 重劃工程完竣後，各項公共設施應依有關法令規定交由各該主管機關接管並養護之。

第四一條

都市發展較緩地區依本條例第六十一條第一項先辦理重劃土地之交換分合、測定界址及土地之分配、登記及交接工作者，得興建簡易灌溉、排水及道路等工程；其費用得由主管機關編列預算支

應。

第七章　地籍登記

第四二條

① 土地分配結果公告確定後，主管機關應依重劃前後土地分配清冊所載分配面積及重劃後土地分配圖之分配位置，實地埋設界標，辦理地籍測量。但得免辦理地籍調查。

② 前項地籍測量後之面積，如與重劃前後土地分配清冊所載分配面積不符時，主管機關應依地籍測量之結果，釐正該土地分配清冊之面積。經釐正面積差距未達○‧五平方公尺者，其地價熱○○發給或繳納。但土地所有權人請求發給者，應予發○○

第四三條

重劃區內既成巷道，經都市計畫地○○為可供建築土地，於重劃後其鄰近計畫道路已開闢完成可供通行而無繼續供公眾通行之必要時，應由主管機關通知有關機關依法逕依重劃分配結果辦理公告廢止。

第四四條

① 重劃土地辦竣地籍測量後，主管機關應將重劃前後土地分配清冊及重劃後土地分配圖等資料送由該管登記機關逕為辦理權利變更登記。其有應繳納差額地價者，並應通知該管登記機關於土地登記總簿加註「未繳清差額地價，除繼承外不得辦理所有權移轉登記。」字樣，於土地所有權人繳清差額地價時，立即通知該管登記機關塗銷。

② 重劃後分配之土地，於辦竣權利變更登記前，主管機關得經其相鄰土地所有權人之同意，合併為共有，但設有他項權利者，應徵得他項權利人之同意。

③ 依第一項辦理登記完竣後，該管登記機關應通知土地所有權人於三十日內換領土地權利書狀，免收登記費及書狀費。

第四五條

① 重劃區內已辦竣建物所有權第一次登記之建築改良物，因辦理重劃致全部或部分拆除者，主管機關應列冊送由該管登記機關逕為辦理消滅登記或標示變更登記，並通知建物所有權人於三十日內繳交或換領建物權利書狀。

② 未於規定期限內繳交或換領者，宣告其建物權利書狀無效；建物所有權人於領取建物拆遷補償費時已繳交建物權利書狀者，主管機關應一併檢附。

③ 前項換領建物書狀，免收登記費及書狀費。

第四六條

① 重劃前訂有耕地租約之公、私有耕地，應於重劃土地分配結果公告確定後二個月內，依照本條例第六十三條暨其施行細則第八十九條及第九十條規定協調清理。

② 重劃區內出租之公、私有耕地，依本條例第六十三條第二項第一

款規定註銷租約者，其計算補償面積，以重劃前租約面積爲準。

第四七條

本條例第六十三條第二項及第三項所稱重劃計畫書公告當期之公告土地現值，如係重劃計畫書經重新公告者，以重新公告重劃計畫書當期之公告土地現值爲準。

第四八條

重劃前訂有耕地三七五租約之土地，如無本條例施行細則第八十九條所定不能達到原租賃目的之情形者，主管機關應於重劃分配結果公告確定後二個月內邀集權利人協調。協調成立者，應於權利變更登記後函知有關機關逕爲辦理終止租約登記。協調不成者，應於權利變更登記後函知有關機關逕爲辦理租約標示變更登記。

第四九條

重劃前已辦竣登記之他項權利，應依本條例第六十四條、第六十四條之一、第六十五條及其施行細則第九十一條、第九十二條等規定清理。

第五〇條

① 重劃區內經抵充或列爲共同負擔取得之公共設施用地及抵費地，登記爲直轄市或縣（市）有。其由中央主管機關辦理者，抵費地登記爲國有。

② 前項經抵充或列爲共同負擔取得之公共設施用地，管理機關爲各該公共設施主管機關，抵費地管理機關爲直轄市或縣（市）主管機關。其由中央主管機關辦理者，抵費地管理機關爲中央主管機關。

第八章　交接及清償

第五一條

重劃土地完成地籍測量後，主管機關應以書面通知土地所有權人及使用人定期到場接管。土地所有權人未按指定期間到場接管者，自指定之日起自負保管責任。

第五二條 102

① 重劃後實際分配之土地面積多於應分配之面積者，主管機關應於重劃土地接管後三十日內通知土地所有權人，就其超過部分按評定重劃後地價限期繳納差額地價；逾期未繳納者，依法移送強制執行。

② 重劃後實際分配之土地面積少於應分配之面積者，主管機關應於重劃土地接管後三十日內通知土地所有權人，就其不足部分，按評定重劃後地價發給差額地價補償；逾期未領取者，依第五十三條之一規定存入專戶保管。

第五三條 102

① 土地所有權人重劃後應分配之土地面積未達重劃區最小分配面積標準二分之一而不能分配土地時，主管機關應於重劃分配結果公

告確定之次日起六十日內，以其重劃前原有面積按原位置評定重劃後地價發給現金補償。但重劃範圍勘定後，除因繼承或強制執行者外，土地所有權人申請分割土地，致應分配土地面積未達重劃區最小分配面積標準二分之一者，以其重劃前原有面積按原位置評定重劃前地價發給現金補償；逾期未領取者，依第五十三條之一規定存入專戶保管。

②土地所有權人重劃後應分配土地面積已達重劃區最小分配面積標準二分之一，經主管機關按最小分配面積標準分配後，如申請放棄分配土地而改領現金補償時，應以其應分配權利面積，按重劃後分配位置之評定重劃後地價予以計算補償。

③前二項土地設有他項權利或出租或辦竣限制登記者，主管機關應於發給補償費前邀集權利人協調，協調成立者，依其協調結果處理；協議不成者，應將補償費依第五十三條之一規定存入專戶保管，並列冊送由該管登記機關逕為塗銷登記。

第五三條之一 102

①直轄市或縣（市）主管機關應於國庫設立市地重劃補償費、差額地價保管專戶，保管因受領遲延、拒絕受領或不能受領之補償費或差額地價，不適用提存法之規定。

②直轄市或縣（市）主管機關應於本辦法規定應發給補償費或差額地價之期限屆滿次日起三個月內存入專戶保管，並通知應受領補償人。儲存之補償費或差額地價應給付利息，以實收利息照付。自通知送達發生效力之日起，逾十五年未領取之補償費或差額地價，歸屬國庫。

③未受領之市地重劃補償費或差額地價，依第一項規定繳存專戶保管時，視同補償或領訖完竣。

④前三項規定，於本辦法中華民國一百零二年十二月二十五日修正生效前未辦竣提存之未受領補償費或差額地價，準用之。

第九章　財務結算

第五四條 104

①主管機關對於重劃區內之抵費地，於土地分配結果公告確定後，除得按底價讓售為社會住宅用地、公共事業用地或行政院專案核准所需用地外，應訂定底價辦理公開標售，並得於重劃負擔總費用已清償之原則下，辦理公開標租或招標設定地上權。經公開標售而無人得標時，得於不影響重劃區財務計畫之原則下，予以降低底價再行公開標售、標租或招標設定地上權。

②前項標售、讓售底價不得低於各宗土地之評定重劃後地價。但經降低底價再行公開標售者，不在此限。

③第一項標租、招標設定地上權權利金之底價，應由主管機關視當地實際情況訂定之。

④第一項所稱公共事業，指政府機關或所屬事業機構直接興辦以公共利益或社會福利服務、社會救助為主要目的之事業。

第五五條

主管機關對於每一重劃區之帳務，應於重劃完成之日起一年內完成結算公告之。

第五六條

重劃區之抵費地售出後所得價款應優先抵付重劃總費用，如有盈餘時，應以其半數撥充實施平均地權基金，半數作為增添該重劃區公共設施建設、管理、維護之費用；如有不足時，應由實施平均地權基金貼補之。

第五七條

主管機關應於市地重劃完成結算後六個月內撰寫重劃報告，檢同有關圖冊層報中央主管機關備查。

第十章 附 則

第五八條

主管機關因辦理市地重劃業務之需要，得聘僱人員，所需經費在重劃費用項下開支。

第五九條

本辦法有關書表格式及作業手冊，由中央主管機關定之。

第六○條

本辦法自發布日施行。

獎勵土地所有權人辦理市地重劃辦法

①民國 68 年 9 月 10 日內政部令訂定發布全文 40 條。
②民國 77 年 6 月 15 日內政部令修正發布名稱及全文 50 條（原名稱：獎勵都市土地所有權人辦理重劃辦法）。
③民國 81 年 12 月 30 日內政部令修正發布全文 56 條。
④民國 89 年 7 月 20 日內政部令修正發布第 3、9、10、11、19、20、29、31、32、38、42、43、49、50、55 條條文；並增訂第 10-1 條條文。
⑤民國 95 年 6 月 22 日內政部令修正發布全文 58 條；並自發布日施行。
⑥民國 101 年 2 月 4 日內政部令修正發布第 7、9、11、13、14、16～18、23、25、30、35、38、45、50 條條文；並增訂第 25-1、42-1 條條文。

第一章 總 則

第一條

本辦法依平均地權條例（以下簡稱本條例）第五十八條第二項規定訂定之。

第二條

土地所有權人自行辦理市地重劃（以下簡稱自辦市地重劃），依本辦法之規定。本辦法未規定者，準用市地重劃實施辦法之規定。

第三條

①自辦市地重劃，應組織重劃會，設立時應冠以市地重劃區名稱，並於重劃區當地鄉（鎮、市、區）設置會址。

②前項重劃會，係以自辦市地重劃區內全體土地所有權人爲會員。但土地分配結果公告期滿後，以土地分配結果公告期滿之日土地登記簿所載土地所有權人爲會員。

第四條

自辦市地重劃之地區，土地所有權人得依都市計畫法第二十四條規定自行擬定或變更細部計畫，申請核辦。

第五條

自辦市地重劃之範圍不得小於一個街廓。但因都市計畫需要，報經直轄市或縣（市）主管機關核定者，不在此限。

第六條

自辦市地重劃之主要程序如下：

一 重劃之發起及成立籌備會。

二 申請核定擬辦重劃範圍。

三 徵求土地所有權人同意。

四 重劃計畫書之擬定、申請核定及公告，並通知土地所有權人。

五　成立重劃會。

六　測量、調查及地價查估。

七　計算負擔及分配設計。

八　土地改良物或墳墓拆遷補償及工程施工。

九　公告、公開閱覽重劃分配結果及其異議之處理。

十　申請地籍整理。

十一　辦理交接及清償。

十二　財務結算。

十三　撰寫重劃報告。

十四　報請解散重劃會。

第七條 101

① 自辦市地重劃區舉辦座談會、徵求土地所有權人同意、公告重劃計畫書、召開會員大會、地上物拆遷補償及土地分配結果等事項，其通知方式應以書面懸掛號函或由專人送達簽收。

② 前項徵求土地所有權人同意，應向全體土地所有權人為之。

③ 第一項徵求土地所有權人同意、地上物拆遷補償及土地分配結果通知未能送達者，準用民事訴訟法規定向法院聲請裁定准為公示送達，或報經直轄市或縣（市）主管機關同意後，連續刊登當地報紙三日並於重劃土地所在鄉（鎮、市、區）公所公告之。

第二章　重劃會之組織及職權

第八條

① 自辦市地重劃應由土地所有權人過半數或七人以上發起成立籌備會，並由發起人檢具範圍圖及發起人所有區內土地所有權狀影本，向直轄市或縣（市）主管機關申請核定；其申請書應載明下列事項：

一　擬辦重劃範圍及土地所有權人總數。

二　發起人姓名、住址，並檢具附國民身分證影本。如發起人為法人時，應檢具法人登記證明文件及其代表人資格證明文件。

三　發起人所有區內土地標示。

四　籌備會代表人姓名及聯絡地址。

② 自辦市地重劃區土地所有權人總數為一人者，不得辦理。但祭祀公業所有土地，得以派下員過半數或七人以上申請發起。

第九條 101

籌備會之任務如下：

一　調查重劃區現況。

二　向有關機關申請提供都市計畫及地籍資料與技術指導。

三　申請核定擬辦重劃範圍。

四　舉辦座談會說明重劃意旨。

五　徵求土地所有權人同意。

六　重劃計畫書之擬定、申請核定及公告，並通知土地所有權人。

七　擬定重劃會章程草案。

八　召開第一次會員大會。

九　其他法令規定應行辦理並經中央主管機關認定應由籌備會辦理者。

第一○條

重劃會章程應載明下列事項：

一　重劃會名稱及會址。

二　重劃區範圍及核准文號。

三　會員大會召開之條件、程序。

四　會員之權利及義務。

五　理事、監事之名額、選任、解任。

六　理事會、監事會之權責。

七　出資方式及財務收支程序。

八　章程之訂定及修改。

九　依第三十四條第二項規定訴請司法機關裁判之期限及逾期不訴請裁判之處理。

第一一條 101

①籌備會應於重劃計畫書公告期滿日起二個月內通知土地所有權人並召開第一次會員大會，審議章程、重劃計畫書，並互選代表組成理事會、監事會，分別負責執行業務。

②前項理事會應由理事七人以上組成之，並由理事互選一人為理事長；監事名額不得超過理事名額三分之一。但重劃會會員人數為八人以下時，得選一人為監事，其餘會員均為理事。

③理事、監事個人所有重劃前土地面積應達該重劃區都市計畫規定最小建築基地面積，但有下列情形之一者，不在此限：

一　符合面積資格者擔任後，仍不足理事、監事人數。

二　符合面積資格者經選任或擔任後，因故不願擔任、違反法令或死亡，經會員大會解任，致不足理事、監事人數。

④籌備會於召開第一次會員大會選定理事、監事，並將章程、會員與理事、監事名冊、第一次會員大會紀錄及理事會紀錄，送請直轄市或縣（市）主管機關核定後，成立重劃會。

⑤籌備會有下列情形之一者，直轄市或縣（市）主管機關得解散之：

一　籌備會自報准核定之日起一年內未依第二十六條規定辦理。

二　未於重劃計畫書公告期滿日起三個月內，依前項規定送請直轄市或縣（市）主管機關核定。

第一二條

①會員大會之召開，除依章程規定外，得經全體會員十分之一以上且其所有土地面積超過重劃區總面積十分之一以上連署，以書面記明提議事項及理由，請求理事會召開。

②前項請求提出後十五日內，理事會不為召開之通知時，會員得報經主管機關許可自行召開。

③經會員大會決議之提案，於一年內不得作為連署請求召開會員大會之提議事項或理由。

第一三條 101

①會員大會舉辦時，會員如不能親自出席者，得以書面委託他人代理。但區內私有土地所有權人少於十人時，受託人僅得接受一人委託；其未辦理繼承登記土地經法院指定遺產管理人者，得由遺產管理人代為行使之；其為政府機關或法人者，由代表人或指派代表行使之。

②會員大會之權責如下：

- 一 通過或修改章程。
- 二 選任或解任理事、監事。
- 三 監督理事、監事職務之執行。
- 四 追認或修正重劃計畫書。
- 五 重劃分配結果之認可。
- 六 抵費地之處分。
- 七 預算及決算之審議。
- 八 理事會、監事會提請審議事項。
- 九 本辦法規定應提會員大會審議之事項。
- 十 其他重大事項。

③會員大會對於前項各款事項之決議，應有全體會員二分之一以上，及其所有土地面積超過重劃區總面積二分之一以上之同意。但有下列情形之一者，其人數、面積不列入計算：

- 一 重劃前政府已取得之公共設施用地且依規定原位置原面積分配或依法應抵充之土地。
- 二 籌備會核准成立之日前一年起至重劃完成前取得土地所有權，除繼承取得者外，其持有土地面積合計未達該重劃區都市計畫規定最小建築基地面積或土地分配後重劃最小分配面積二分之一。
- 三 受託人接受委託人數超過區內私有土地所有權人人數十分之一。

④第二項之權責，除第一款至第四款及第八款外，得經會員大會決議授權由理事會辦理。

第一四條 101

①理事會之權責如下：

- 一 召開會員大會並執行其決議。
- 二 代為申請貸款。
- 三 土地改良物或墳墓拆遷補償數額之查定。
- 四 工程設計、發包、施工、監造、驗收、移管及其他工程契約之履約事項。
- 五 異議之協調處理。
- 六 撰寫重劃報告。
- 七 其他重劃業務應辦事項。

②理事會對於前項各款事項之決議，應有理事四分之三以上之出席，出席理事三分之二以上同意行之。

③理事會執行重劃業務時，得視實際需要雇用各種專業人員辦理或委託法人、學術團體辦理，並將相關人員名冊送請直轄市或縣（市）主管機關備查。

第一五條

①監事會之權責如下：

一 監察理事會執行會員大會之決議案。

二 監察理事會執行重劃業務。

三 審核經費收支。

四 監察財務及財產。

五 其他依權責應監察事項。

②監事會對於前項各款事項之決議，應有監事四分之三以上之出席，出席監事三分之二以上之同意行之。

③重劃會不設監事會時，第一項各款所列事項，由監事一人行之。

第一六條 101

重劃會理事、監事應親自出席理事、監事會議，不得委託他人代理。但理事、監事為政府機關或法人者，得由代表人或指派代表行使之。

第一七條 101

會員大會及理事會召開時，應函請直轄市或縣（市）主管機關派員列席；會議紀錄應送請備查，並於會址公告及通知相關土地所有權人。

第一八條 101

籌備會、重劃會如有違反法令、擅自變更經直轄市或縣（市）主管機關核定之重劃計畫書或廢弛重劃業務者，直轄市或縣（市）主管機關應予警告或撤銷其決議。情節重大者，得命其整理，必要時得解散之。

第一九條

重劃會應於完成財務結算後，檢附重劃報告，送請直轄市或縣（市）主管機關備查，並報請解散。

第三章 重劃業務

第二○條

①籌備會成立後，應備具申請書並檢附下列圖冊向直轄市或縣（市）主管機關申請核定擬辦重劃範圍：

一 重劃區範圍及位置圖。

二 重劃區都市計畫地籍套繪圖。

三 重劃區土地清冊並載明土地所有權人。

四 公共設施用地負擔項目及其概略面積。

②前項申請，直轄市或縣（市）主管機關應於三十日內核復。

第二一條

籌備會申請擬辦重劃地區有下列各款情形之一者，應不予核准：

一　重劃範圍不符合第五條規定者。

二　非屬都市計畫指定整體開發地區，經選定市地重劃範圍內之公有土地管理機關已有具體利用或處分計畫，且報經權責機關核定者。但剔除該部分公有土地後，重劃範圍仍屬完整者，不在此限。

三　經政府擬定開發計畫或有重大建設者。

四　重劃範圍位於都市計畫檢討變更地區且涉及重劃範圍內之都市計畫變更者。

五　經政府指定以區段徵收方式開發者。

第二二條

①申請擬辦重劃範圍內土地所有權人依本條例第六十條第一項規定應提供之公共設施用地，經直轄市或縣（市）主管機關計算結果，扣除原公有道路、溝渠、河川用地及未登記地抵充部分後賸餘面積，未達全區土地扣除上開抵充土地後之面積百分之十五者，直轄市或縣（市）主管機關應通知籌備會重新調整擬辦重劃範圍。

②依前項規定處理結果，應共同負擔之公共設施用地仍未達百分之十五者，其不足部分得準用市地重劃實施辦法第二十八條規定增設巷道，或按下列順序經重劃區全體土地所有權人同意列為共同負擔或由部分土地所有權人同意自行負擔後，准予辦理市地重劃：

一　提供區內其他非共同負擔之公共設施用地。

二　經徵得直轄市或縣（市）都市計畫主管機關之同意，增加劃設巷道以外之公共設施用地。

③依都市計畫規定應以整體開發或以市地重劃方式開發地區，不論一次開發或分期分區開發；其提供共同負擔公共設施用地比例，應以不低於該地區尚未開發部分都市計畫規劃屬本條例第六十條第一項規定十項公共設施用地全部合計，扣除依法抵充土地後賸餘面積，占該尚未開發地區土地扣除抵充土地後之面積比例為限，不適用前二項之規定。

第二三條 101

直轄市或縣（市）主管機關核定重劃範圍內之公有土地，應一律參加重劃，並由直轄市或縣（市）主管機關於核定同時列冊通知公有土地管理機關。

第二四條

自辦市地重劃區內重劃前已由政府協議價購或徵收取得之公共設施用地，其用地免納入重劃共同負擔，並按原位置、原面積分配。

第二五條 101

①重劃範圍經核定後，籌備會應舉辦座談會，會議通知並應載明第二項各款事項。

②徵求擬辦重劃地區內土地所有權人同意，應以書面為之，並載明

下列事項：

一　重劃區範圍及總面積（附範圍圖）。

二　公共設施用地負擔項目及其概略面積。

三　土地所有權人參加重劃之土地標示及面積。

四　舉辦重劃工程項目。

五　預計重劃平均負擔比率。

六　重劃經費負擔概算及負擔方式。

③土地所有權人同意參加重劃者，應於前項書面簽名或蓋章。但籌備會核准成立之日起前一年至重劃計畫書報核之日前取得之土地所有權，除繼承取得者外，其持有土地面積合計未達最重劃區都市計畫規定最小建築基地面積二分之一者，不計入同意及不同意人數、面積比例。

第二五條之一　101

①籌備會送之土地所有權人參與自辦市地重劃同意書，並應檢附下列文件之一。但土地所有權人親自到該管直轄市或縣（市）政府確認同意書無誤者，不在此限：

一　同意人印鑑證明書。

二　同意書經依公證法及其施行細則等相關規定辦理公證或認證之文件。

②前項印鑑證明書應以依第二十六條規定申請書件送經直轄市或縣（市）政府收件之日前一年內核發者為限。

第二六條

①籌備會應檢附下列書、表、圖冊，向該管直轄市或縣（市）主管機關申請核准實施市地重劃：

一　申請書。

二　重劃計畫書。

三　重劃區土地清冊。

四　土地所有權人同意書。

五　土地所有權人意見分析表，包括同意、不同意之意見及其處理經過情形。

六　其他有關資料。

②前項重劃計畫書內容，應載明市地重劃實施辦法第十四條第二項規定事項。

第二七條

①直轄市或縣（市）主管機關受理前條申請時，應即進行審查，符合規定者，應予核准；不合規定者，應敘明不予核准之理由並將原件退回。

②籌備會應於重劃計畫書核定後公告三十日，並通知土地所有權人。

第二八條

重劃計畫書經公告確定後，重劃會得視需要向直轄市或縣（市）主管機關申請辦理重劃區範圍邊界之鑑界、分割測量及登記。

第二九條

重劃計畫書經公告確定後，重劃會得經會員大會之決議，送請直轄市或縣（市）主管機關依本條例第五十九規定，分別或同時公告禁止或限制下列事項：

一 土地移轉、分割或設定負擔。

二 建築改良物之新建、增建、改建或重建及採取土石或變更地形。

第三〇條 101

重劃前後地價，應於辦理重劃土地分配設計前，由重劃會委託不動產估價師查估後，送理事會提經會員大會通過後，送請直轄市或縣（市）主管機關提交地價評議委員會評定之。

第三一條

①重劃區內應行拆遷之土地改良物或墳墓，應予補償；其補償數額，由理事會依照直轄市或縣（市）政府所定土地改良物或墳墓拆遷補償相關規定查定，並提交會員大會決議後辦理。

②前項應行拆遷之土地改良物或墳墓，以妨礙重劃土地分配或工程施工者爲限。土地改良物所有權人或墓主對於補償數額有異議或拒不拆遷時，得由理事會協調；協調不成時，由理事會報請直轄市或縣（市）主管機關予以調處；不服調處結果者，應於三十日內訴請司法機關裁判，逾期不訴請裁判者，理事會應依調處結果辦理。但妨礙公共設施工程施工之地上物，於調處後仍拒不拆遷者，理事會得將前項補償數額依法提存後，送請直轄市或縣（市）主管機關依本條例第六十二條之一第一項規定代爲拆遷。

③自辦市地重劃進行中，重劃區內土地所有權人阻撓重劃施工者，得由理事會協調；協調不成時，訴請司法機關處理。

第三二條

①自辦市地重劃地區之公共設施工程，理事會應依有關規定規劃、設計及監造，並委由合格之相關工程技師簽證；其設計書圖及工程預算，並應於計算負擔總計表核算前，送請各該工程主管機關核定，始得發包施工。施工前應提報經簽證之監造執行計畫，送請各該工程主管機關備查。

②各該工程主管機關為前項核定時，應依各該地區所定公共設施工程費用規定予以審查。

③重劃工程施工期間，理事會應督促監造單位及施工廠商依有關施工規範辦理，並定期申請各該工程主管機關會同實施查核。

第三三條

①重劃負擔之計算及土地交換分合設計，依市地重劃實施辦法規定辦理。

②重劃會於辦理重劃土地分配前，應將計算負擔總計表送請直轄市或縣（市）主管機關核定。

③前項計算負擔總計表有關工程費用，應以送經各工程主管機關核定之數額爲準；土地改良物或墳墓之拆遷補償費，以理事會查定

提交會員大會通過之數額爲準；其餘重劃費用，以重劃計畫書所載數額爲準；貸款利息，以各該工程主管機關核定之工程費用，及理事會查定提交會員大會通過之地上物拆遷補償費與重劃費用加總數額，重新計算之金額爲準。

第三四條

① 重劃區土地分配完畢後，理事會應即檢具下列圖冊提經會員大會通過後，公告公開閱覽三十日，並通知土地所有權人：

一　計算負擔總計表。

二　重劃前後土地分配清冊。

三　重劃後土地分配圖。

四　重劃前地籍圖。

五　重劃前後地號圖。

② 土地所有權人得於前項公告期間內提出異議，理事會應予協調處理。並將處理結果送會員大會追認；協調不成時，異議人得依章程所定期限訴請司法機關裁判。

③ 前項土地所有權人之異議，經理事會協調處理結果，有下列情形之一者，可免提會員大會追認：

一　協調不成。

二　該土地所有權人同意依原公告結果辦理分配。

三　相關土地所有權人均同意辦理調整分配而未涉及抵費地之調整。

第三五條 101

重劃分配結果公告期滿確定定後，重劃會應即辦理實地埋設界椿，並檢附下列圖冊，申請直轄市或縣（市）主管機關辦理地籍測量及土地登記：

一　重劃前後土地分配清冊。

二　重劃後土地分配圖。

三　重劃前後地號圖。

第三六條

① 直轄市或縣（市）主管機關辦竣地籍測量後，對重劃後土地分配面積與地籍測量結果不符部分，應列冊通知重劃會更正土地分配清冊之面積，再行辦理土地登記。

② 土地登記辦竣，且重劃區工程經各該工程主管機關接管後，直轄市或縣（市）主管機關應通知重劃會依下列規定按宗計算每一土地所有權人重劃負擔總費用數額，列冊送請審核後，發給市地重劃負擔總費用證明書：

一　公共設施用地，以土地所有權人實際負擔之公共設施用地，按重劃土地分配結果公告期滿時之當期公告土地現值計算。

二　工程費用、重劃費用及貸款利息，以送經該管直轄市或縣（市）主管機關核定之計算負擔總計表所列費用爲準。

第三七條

① 自辦市地重劃區重劃前訂有耕地租約之公、私有土地者，重劃後依下列方式處理：

一　重劃後分配土地者，重劃會應於分配結果公告確定後二個月內邀集原約雙方當事人協調，承租人得依本條例第六十三條第二項第一款規定向出租人請求按重劃前租約面積、重劃計畫書公告當期該土地之公告土地現值三分之一之補償。協調同意終止租約者，重劃會應檢具有關資料函知直轄市或縣（市）主管機關轉請有關機關辦理註銷租約並通知當事人；協調不成者，重劃會應於權利變更登記後，檢具有關資料函知有關機關逕為辦理租約標示變更登記。

二　重劃後未受分配土地者，重劃會就其應領之補償地價，由出租人領取三分之二，承租人領取三分之一，並函知直轄市或縣（市）主管機關轉請有關機關辦理註銷租約及通知當事人。

②因重劃抵充為公共設施用地之原公有道路、溝渠、河川及未登記地而訂有耕地租約者，重劃會應函請直轄市或縣（市）政府逕為註銷租約，並按重劃前租約面積、重劃計畫書公告當期該土地之公告土地現值三分之一補償承租人，所需費用列為重劃共同負擔。

第三八條 101

①自辦市地重劃區重劃前已設定他項權利或辦竣限制登記之土地，於重劃後分配土地者，重劃會應於辦理土地變更登記前邀集權利人協調。除協調結果該權利消滅者外，應列冊送請直轄市或縣（市）主管機關併同重劃前後土地分配圖冊，轉送登記機關按原登記先後轉載於重劃後分配之土地。其係合併分配者，他項權利及限制登記之轉載，應以重劃前各宗土地面積比率計算其權利範圍；他項權利為地上權、農育權、永佃權、不動產役權或典權者，並應附具位置圖。

②自辦市地重劃區重劃前已設定他項權利登記之土地，於重劃後未分配土地者，重劃會應於重劃分配結果確定之日起二個月內，邀集權利人協調。達成協議者，依其協議結果辦理；協議不成者，應將其地價補償費提存法院後，列冊送請直轄市或縣（市）主管機關轉送登記機關逕為塗銷登記。

③第一項規定之轉載及前項規定因協議不成逕為塗銷登記辦竣後，登記機關應通知權利人。

第三九條

①自辦市地重劃共同負擔及抵充之公共設施用地，登記為直轄市或縣（市）有；管理機關為各該公共設施主管機關。

②抵費地在未出售前，以直轄市或縣（市）主管機關為管理機關，於出售後，登記與承受人。

第四〇條

自辦市地重劃區辦竣土地登記後，重劃會應以書面通知土地所有權人及使用人定期到場交接土地，並限期辦理遷讓或接管。逾期不遷讓者，得經理事會通過後訴請司法機關裁判。

第四一條

自辦市地重劃區內土地，其應繳納差額地價逾期未繳清者，得由

重劃會訴請法院裁判，並得依保全程序聲請司法機關限制其土地移轉登記。

第四二條之一 101

①重劃會未完成下列各項前，直轄市或縣（市）主管機關得酌定保留部分抵費地，暫緩出售：

一　重劃區地上物拆遷補償費、差額地價及現金補償繳領或提存。

二　土地分配異議協調處理或訴請司法機關裁判。

三　經法院判決確定應給付之費用尚未給付者。

②重劃會對於前項第一款或第三款事項怠於執行者，直轄市或縣（市）主管機關得比照本條例施行細則第八十四規定辦理公開標售抵費地，並以所得價款代執行之。

第四三條

抵費地出售後，應由重劃會造具出售清冊二份，送請該管直轄市或縣（市）主管機關備查，並由直轄市或縣（市）主管機關於備查同時，檢附清冊一份通知該管登記機關作為當事人申請移轉登記時之審查依據。

第四四條

自辦市地重劃地區重劃工程完竣，理事會應申請各該工程主管機關會同驗收合格，並由承包商向工程主管機關依相關規定繳交保固保證金後，送請各該工程主管機關接管養護。保固期滿無事故者，該保固保證金無息退還承包商。

第四五條 101

①自辦市地重劃於抵費地全數出售前，理事會應先辦理結算，並報請直轄市或縣（市）政府備查後公告。

②前項公告應張貼於重劃區適當位置、當地鄉（鎮、市、區）公所及村（里）辦公處之公告牌。

第四章　獎　勵

第四六條

土地所有權人參加自辦市地重劃所需費用，得向政府指定之銀行或實施平均地權基金申請低利貸款。貸款手續得委由重劃會代辦之。

第四七條

自辦市地重劃籌備會或重劃會向有關機關申請閱覽地籍藍曬圖、都市計畫圖、耕地租約資料時，有關機關應依相關規定辦理並免收閱覽費；申請發給土地登記、地籍圖及地價謄本時，減半收取謄本費。

第四八條

①自辦市地重劃免收土地權利變更登記及換發權利書狀費用。

②自辦市地重劃地區，直轄市或縣（市）主管機關應優先辦理公共設施用地分割測量，並免收測量費用。

③依第二十八條及第三十五條辦理之重劃區範圍邊界之鑑界、分割

測量及地籍測量之費用，減半收取。

第四九條

① 自辦土地重劃區之公共設施，除土地所有權人依本條例施行細則第八十三條規定之順序負擔公共設施用地，並依同細則第八十二條負擔工程費用興建者外，其餘由直轄市或縣（市）主管機關依下列規定辦理：

一　依規定應列入共同負擔之公共設施用地而未興建者，應協調有關機關優先編列預算配合施工。

二　前款以外之公共設施，應協調有關機關於重劃完成後二年內優先興建。

② 自辦市地重劃區之相關地區公共設施，直轄市或縣（市）主管機關應協調有關機關於重劃完成後二年內優先興建。

第五〇條 101

自辦市地重劃期間，依法得減免地價稅或田賦之土地，由重劃會於成立後二個月內列冊報經主管機關轉送稅捐稽徵機關。

第五一條

自辦市地重劃完成後之土地，由重劃會於重劃完成之日起三十日內列冊報經主管機關轉送稅捐稽徵機關依法徵免地價稅或田賦。

第五二條

自辦市地重劃區抵費地出售時，不計徵土地增值稅。

第五三條

自辦市地重劃區所需之自來水、電力、電訊、天然氣等設施，應由直轄市或縣（市）主管機關洽請各該事業機構於重劃工程施工時一併施設。

第五四條

自辦市地重劃區內之區域性道路、下水道等公共設施，除其用地應由重劃區內土地所有權人按其土地受益比例共同負擔外，其工程費用得由直轄市或縣（市）政府視實際情形編列預算補助或由政府視實際情形配合施工。

第五五條

自辦市地重劃區內既成巷道，經都市計畫規劃為可供建築土地，於重劃後其鄰近計畫道路已開闢完成可供通行而無繼續供公眾通行之必要時，由重劃會申請主管機關通知有關機關依法逕依重劃分配結果辦理公告廢止。

第五六條

自辦市地重劃區內依市地重劃實施辦法第二十八條規定增設之巷道，及依第二十二條第二項規定增加劃設之公共設施用地，由重劃會於重劃分配結果公告確定後申請主管機關通知都市計畫擬定機關依法辦理都市計畫細部計畫變更。

第五章　附　則

第五七條

　政府因舉辦大規模重劃之需要，將已完成自辦市地重劃之地區列入重劃範圍時，應將自辦市地重劃之負擔予以扣除。

第五八條

　本辦法自發布日施行。

玖、稅務法規

土地稅法

①民國 66 年 7 月 14 日總統令制定公布全文 59 條。
②民國 68 年 7 月 25 日總統令修正公布第 34 條條文。
③民國 78 年 10 月 30 日總統令修正公布全文 59 條。
④民國 82 年 7 月 30 日總統令公布刪除第 56 條條文。
⑤民國 83 年 1 月 7 日總統令修正公布第 39、39-1 條條文。
⑥民國 84 年 1 月 18 日總統令修正公布第 31、55-2 條條文。
⑦民國 86 年 1 月 15 日總統令修正公布第 30 條條文。
⑧民國 86 年 5 月 21 日總統令修正公布第 39 條條文；並增訂第 28-2 條條文。
⑨民國 86 年 10 月 29 日總統令修正公布第 30 條條文。
⑩民國 89 年 1 月 26 日總統令修正公布第 10、39-2 條條文；刪除第 55-2 條條文；並增訂第 39-3 條條文。
⑪民國 90 年 6 月 13 日總統令修正公布第 2、7、13、25、59 條條文；並增訂第 3-1、5-2、28-3、31-1 條條文。
　民國 90 年 6 月 29 日行政院令發布定自 90 年 7 月 1 日施行。
⑫民國 91 年 1 月 30 日總統令修正公布第 33 條條文。
⑬民國 93 年 1 月 14 日總統令修正公布第 28-2、33 條條文。
⑭民國 94 年 1 月 30 日總統令修正公布第 33 條條文。
⑮民國 96 年 7 月 11 日總統令修正公布第 54 條條文。
⑯民國 98 年 12 月 30 日總統令修正公布第 31、34 條條文。
⑰民國 99 年 11 月 24 日總統令修正公布第 54 條條文。
⑱民國 104 年 7 月 1 日總統令修正公布第 31-1、35、53 條條文。

第一章　總　則

第一節　一般規定

第一條　（土地稅之種類）
　土地稅分爲地價稅、田賦及土地增值稅。

第二條　（主管機關）90
①本法之主管機關：在中央爲財政部；在直轄市爲直轄市政府；在縣（市）爲縣（市）政府。
②田賦實物經收機關爲直轄市、縣（市）糧政主管機關。

第三條　（納稅義務人）
①地價稅或田賦之納稅義務人如左：
一　土地所有權人。
二　設有典權土地，爲典權人。
三　承領土地，爲承領人。
四　承墾土地，爲耕作權人。
②前項第一款土地所有權屬於公有或公同共有者，以管理機關或管

理人爲納稅義務人；其爲分別共有者，地價稅以共有人各按其應有部分爲納稅義務人；田賦以共有人所推舉之代表人爲納稅義務人，未推舉代表人者，以共有人各按其應有部分爲納稅義務人。

第三條之一 （合併計算地價總額）90

①土地爲信託財產者，於信託關係存續中，以受託人爲地價稅或田賦之納稅義務人。

②前項土地應與委託人在同一直轄市或縣（市）轄區內所有之土地合併計算地價總額，依第十六條規定稅率課徵地價稅，分別就各該土地地價占地價總額之比例，計算其應納之地價稅。但信託利益之受益人爲非委託人且符合左列各款規定者，前項土地應與受益人在同一直轄市或縣（市）轄區內所有之土地合併計算地價總額：

一　受益人已確定並享有全部信託利益者。

二　委託人未保留變更受益人之權利者。

第四條 （代繳）

①土地有左列情形之一者，主管稽徵機關得指定土地使用人負責代繳其使用部分之地價稅或田賦：

一　納稅義務人行踪不明者。

二　權屬不明者。

三　無人管理者。

四　土地所有權人申請由占有人代繳者。

②土地所有權人在同一直轄市、縣（市）內有兩筆以上土地，爲不同之使用人所使用時，如土地所有權人之地價稅係按累進稅率計算，各土地使用人應就所使用土地之地價比例負責代繳地價稅之義務。

③第一項第一款至第三款代繳義務人代繳之地價稅或田賦，得抵付使用期間應付之地租或向納稅義務人求償。

第五條 （增值稅納稅義務人）

①土地增值稅之納稅義務人如左：

一　土地爲有償移轉者，爲原所有權人。

二　土地爲無償移轉者，爲取得所有權之人。

三　土地設定典權者，爲出典人。

②前項所稱有償移轉，指買賣、交換、政府照價收買或徵收等方式之移轉；所稱無償移轉，指遺贈及贈與等方式之移轉。

第五條之一 （增值稅之代繳）

土地所有權移轉，其應納之土地增值稅，納稅義務人未於規定期限內繳納者，得由取得所有權之人代爲繳納。依平均地權條例第四十七條規定由權利人單獨申報土地移轉現值者，其應納之土地增值稅，應由權利人代爲繳納。

第五條之二 （課徵土地增值稅）90

①受託人就受託土地，於信託關係存續中，有償移轉所有權、設定典權或依信託法第三十五條第一項規定轉爲其自有土地時，以受

託人為納稅義務人，課徵土地增值稅。

②以土地為信託財產，受託人依信託本旨移轉信託土地與委託人以外之歸屬權利人時，以該歸屬權利人為納稅義務人，課徵土地增值稅。

第六條 （減免）

為發展經濟，促進土地利用，增進社會福利，對於國防、政府機關、公共設施、騎樓走廊、研究機構、教育、交通、水利、給水、鹽業、宗教、醫療、衛生、公私墓、慈善或公益事業及合理之自用住宅等所使用之土地，及重劃、墾荒、改良土地者，得予適當之減免；其減免標準及程序，由行政院定之。

第二節 名詞定義

第七條 （公有土地）90

本法所稱公有土地，指國有、直轄市有、縣（市）有及鄉、鎮（市）有之土地。

第八條 （都市土地）

本法所稱都市土地，指依都市計畫範圍內之土地；所稱非都市土地，指都市土地以外之土地。

第九條 （自用住宅用地）

本法所稱自用住宅用地，指土地所有權人或其配偶、直系親屬於該地辦竣戶籍登記，且無出租或供營業用之住宅用地。

第一〇條 （農業用地）

①本法所稱農業用地，指非都市土地或都市土地農業區、保護區範圍內土地，依法供下列使用者：

一 供農作、森林、養殖、畜牧及保育使用者。

二 供與農業經營不可分離之農舍、畜禽舍、倉儲設備、曬場、集貨場、農路、灌溉、排水及其他農用之土地。

三 農民團體與合作農場所有直接供農業使用之倉庫、冷凍（藏）庫、農機中心、蠶種製造（繁殖）場、集貨場、檢驗場等用地。

②本法所稱工業用地，指依法核定之工業區土地及政府核准工業或工廠使用之土地；所稱礦業用地，指供礦業實際使用地面之土地。

第一一條 （空地）

本法所稱空地，指已完成道路、排水及電力設施，於有自來水地區並已完成自來水系統，而仍未依法建築使用；或雖建築使用，而其建築改良物價值不及所占基地申報地價百分之十，且經直轄市或縣（市）政府認定應予增建、改建或重建之私有及公有非公用建築用地。

第一二條 （公告現值）

本法所稱公告現值，指直轄市及縣（市）政府依平均地權條例公告之土地現值。

第一三條 （田賦用辭定義）90

本法課徵田賦之用辭定義如左：

一　地目：指各直轄市、縣（市）地籍冊所載之土地使用類別。

二　等則：指按各種地目土地單位面積全年收益或地價高低所區分之賦率等級。

三　賦元：指按各種地目等則土地單位面積全年收益或地價釐定全年賦額之單位。

四　賦額：指依每種地目等則之土地面積，乘各該地目等則單位面積釐定之賦元所得每筆土地全年賦元之積。

五　實物：指各地區徵收之稻穀、小麥或就其折徵之他種農作產物。

六　代金：指按應徵實物折徵之現金。

七　夾雜物：指實物中含帶之沙、泥、土、石、稗子等雜物。

第二章　地價稅

第一四條 （課稅土地）

已規定地價之土地，除依第二十二條規定課徵田賦者外，應課徵地價稅。

第一五條 （計徵依據）

① 地價稅按每一土地所有權人在每一直轄市或縣（市）轄區內之地價總額計徵之。

② 前項所稱地價總額，指每一土地所有權人依法定程序辦理規定地價或重新規定地價，經核列歸戶冊之地價總額。

第一六條 （基本稅率與累進課徵）

① 地價稅基本稅率為千分之十。土地所有權人之地價總額未超過土地所在地直轄市或縣（市）累進起點地價者，其地價稅按基本稅率徵收；超過累進起點地價者，依左列規定累進課徵：

一　超過累進起點地價未達五倍者，就其超過部分加徵千分之十五。

二　超過累進起點地價五倍至十倍者，就其超過部分課徵千分之二十五。

三　超過累進起點地價十倍至十五倍者，就其超過部分課徵千分之三十五。

四　超過累進起點地價十五倍至二十倍者，就其超過部分課徵千分之四十五。

五　超過累進起點地價二十倍以上者，就其超過部分課徵千分之五十五。

② 前項所稱累進起點地價，以各該直轄市及縣（市）土地七公畝之平均地價為準。但不包括工廠用地、礦業用地、農業用地及免稅土地在內。

第一七條 （自用住宅用地之稅率）

① 合於左列規定之自用住宅用地，其地價稅按千分之二計徵：

一　都市土地面積未超過三公畝部分。晉儔僙疎儞龐

二　非都市土地面積未超過七公畝部分。

②國民住宅及企業或公營事業興建之勞工宿舍，自動工興建或取得土地所有權之日起，其用地之地價稅，適用前項稅率計徵。

③土地所有權人與其配偶及未成年之受扶養親屬，適用第一項自用住宅用地稅率繳納地價稅者，以一處為限。

第一八條　（工業用地等之稅率）

①供左列事業直接使用之土地，按千分之十計徵地價稅。但未按目的事業主管機關核定規劃使用者，不適用之：

一　工業用地、礦業用地。

二　私立公園、動物園、體育場所用地。

三　寺廟、教堂用地、政府指定之名勝古蹟用地。

四　經主管機關核准設置之加油站及依都市計畫法規定設置之供公眾使用之停車場用地。

五　其他經行政院核定之土地。

②在依法劃定之工業區或工業用地公告前，已在非工業區或工業用地設立之工廠，經政府核准有案者，其直接供工廠使用之土地，準用前項規定。

③第一項各款土地之地價稅，符合第六條減免規定者，依該條減免之。

第一九條　（都市計畫公共設施保留地之稅率）

都市計畫公共設施保留地，在保留期間仍為建築使用者，除自用住宅用地依第十七條之規定外，統按千分之六計徵地價稅；其未作任何使用並與使用中之土地隔離者，免徵地價稅。

第二〇條　（公有土地之稅率及公有公用土地之免稅）

公有土地按基本稅率徵收地價稅。但公有土地供公共使用者，免徵地價稅。

第二一條　（空地稅）

凡經直轄市或縣（市）政府核定應徵空地稅之土地，按該宗土地應納地價稅基本稅額加徵二至五倍之空地稅。

第三章　田　賦

第二二條　（田賦之徵收對象）

①非都市土地依法編定之農業用地或未規定地價者，徵收田賦。但都市土地合於左列規定者亦同：

一　依都市計畫編為農業區及保護區，限作農業用地使用者。

二　公共設施尚未完竣前，仍作農業用地使用者。

三　依法限制建築，仍作農業用地使用者。

四　依法不能建築，仍作農業用地使用者。

五　依都市計畫編為公共設施保留地，仍作農業用地使用者。

②前項第二款及第三款，以自耕農地及依耕地三七五減租條例出租之耕地為限。

③農民團體與合作農場所有直接供農業使用之倉庫、冷凍（藏）庫、農機中心、蠶種製造（繁殖）場、集貨場、檢驗場、水稻育苗用地、儲水池、農用溫室、農產品批發市場等用地，仍徵收田賦。

④公有土地供公共使用及都市計畫公共設施保留地在保留期間未作任何使用並使用中之土地隔離者，免徵田賦。

第二二條之一 （荒地稅徵收對象）

①農業用地閒置不用，經直轄市或縣（市）政府報經內政部核准通知限期使用或命其委託經營，逾期仍未使用或委託經營者，按應納田賦加徵一倍至三倍之荒地稅；經加徵荒地稅滿三年，仍不使用者，得照價收買。但有左列情形之一者不在此限：

一　因農業生產或政策之必要而休閒者。

二　因地區性生產不經濟而休耕者。

三　因公害污染不能耕作者。

四　因灌溉、排水設施損壞不能耕作者。

五　因不可抗力不能耕作者。

②前項規定之實施辦法，依平均地權條例有關規定辦理。

第二三條 （徵收實物與代金）

①田賦徵收實物，就各地方生產稻穀或小麥徵收之。不產稻穀或小麥之土地及有特殊情形地方，得應徵實物折徵當地生產雜糧或折徵代金。

②實物計算一律使用公制衡器，以公斤為單位，公兩以下四捨五入。代金以元為單位。

第二四條 （徵收實物之計算標準）

①田賦徵收實物，依左列標準計徵之：

一　徵收稻穀區域之土地，每賦元徵收稻穀二十七公斤。

二　徵收小麥區域之土地，每賦元徵收小麥二十五公斤。

②前項標準，得由行政院視各地土地稅捐負擔情形酌予減低。

第二五條 （驗收標準）90

①實物驗收，以新穀同一種類、質色未變及未受蟲害者為限；其所含沙、石、泥、土、稗子等類雜物及水分標準如左：

一　稻穀：夾雜物不得超過千分之五，水分不得超過百分之十三，重量一公石在五十三公斤二公兩以上者。

二　小麥：夾雜物不得超過千分之四，水分不得超過百分之十三，重量一公石在七十四公斤以上者。

②因災害、季節或特殊情形，難達前項實物驗收標準時，得由直轄市、縣（市）政府視實際情形，酌予降低。

第二六條 （隨賦徵購實物）

徵收實物地方，得視當地糧食生產情形，辦理隨賦徵購實物；其標準由行政院核定之。

第二七條 （地目調整）

徵收田賦土地，因交通、水利、土壤及水土保持等因素改變或自

然變遷，致其收益有增減時，應辦理地目等則調整；其辦法由中央地政主管機關定之。

第二七條之一 （停徵田賦）

為調劑農業生產狀況或因應農業發展需要，行政院得決定停徵全部或部分田賦。

第四章　土地增值稅

第二八條 （土地增值稅之徵收對象）

已規定地價之土地，於土地所有權移轉時，應按其土地漲價總數額徵收土地增值稅。但因繼承而移轉之土地，各級政府出售或依法贈與之公有土地，及受贈之私有土地，免徵土地增值稅。

第二八條之一 （免徵土地增值稅之情形）

私人捐贈供興辦社會福利事業或依法設立私立學校使用之土地，免徵土地增值稅。但以符合左列各款規定者為限：

一　受贈人為財團法人。

二　法人章程載明法人解散時，其賸餘財產歸屬當地地方政府所有。

三　捐贈人未以任何方式取得所捐贈土地之利益。

第二八條之二 （配偶贈與土地免徵）93

①配偶相互贈與之土地，得申請不課徵土地增值稅。但於再移轉第三人時，以該土地第一次贈與前之原規定地價或前次移轉現值為原地價，計算漲價總數額，課徵土地增值稅。

②前項贈與土地，於再移轉計課土地增值稅時，贈與人或受贈人於其具有土地所有權之期間內，有支付第三十一條第一項第二款改良土地之改良費用或同條第三項繳納之地價稅者，準用該條之減除或抵繳規定；其為經重劃之土地，準用第三十九條第四項之減徵規定。該項再移轉土地，於申請適用第三十四條規定稅率課徵土地增值稅時，其出售前一年內未曾供營業使用或出租之期間，應合併計算。

第二八條之三 （不課徵土地增值稅之情形）90

土地為信託財產者，於左列各款信託關係人間移轉所有權，不課徵土地增值稅：

一　因信託行為成立，委託人與受託人間。

二　信託關係存續中受託人變更時，原受託人與新受託人間。

三　信託契約明定信託財產之受益人為委託人者，信託關係消滅時，受託人與受益人間。

四　因遺囑成立之信託，於信託關係消滅時，受託人與受益人間。

五　因信託行為不成立、無效、解除或撤銷，委託人與受託人間。

第二九條 （出典地增值稅之退還）

已規定地價之土地，設定典權時，出典人應依本法規定預繳土地

增值稅。但出典人回贖時，原繳之土地增值稅，應無息退還。

第三〇條 （申報移轉現值審核標準）

① 土地所有權移轉或設定典權，其申報移轉現值之審核標準，依左列規定：

一　申報人於訂定契約之日起三十日內申報者，以訂約日當期之公告土地現值爲準。

二　申報人逾訂定契約之日起三十日始申報者，以受理申報機關收件日當期之公告土地現值爲準。

三　遺贈之土地，以遺贈人死亡日當期之公告土地現值爲準。

四　依法院判決移轉登記者，以申報人向法院起訴日當期之公告土地現值爲準。

五　經法院拍賣之土地，以拍定日當期之公告土地現值爲準。但拍定價額低於公告土地現值者，以拍定價額爲準；拍定價額如已先將設定抵押金額及其他債務予以扣除者，應以併同計算之金額爲準。

六　經政府核定照價收買或協議購買之土地，以政府收買日或購買日當期之公告土地現值爲準。但政府給付之地價低於收買日或購買日當期之公告土地現值者，以政府給付之地價爲準。

② 前項第一款至第四款申報人申報之移轉現值，經審核低於公告土地現值者，得由主管機關照其自行申報之移轉現值收買或照公告土地現值徵收土地增值稅。前項第一款至第三款之申報移轉現值，經審核超過公告土地現值者，應以其自行申報之移轉現值爲準，徵收土地增值稅。

③ 八十六年一月十七日本條修正公布生效日後經法院判決移轉、法院拍賣、政府核定照價收買或協議購買之案件，於本條修正公布生效日尙未核課或尙未核課確定者，其申報移轉現值之審核標準適用第一項第四款至第六款及第二項規定。

第三〇條之一 （免徵土地增值稅之移轉現值與免稅證明）

依法免徵土地增值稅之土地，主管稽徵機關應依左列規定核定其移轉現值並發給免稅證明，以憑辦理土地所有權移轉登記：

一　依第二十八條規定免徵土地增值稅之公有土地，以實際出售價額爲準；各級政府贈與或受贈之土地，以贈與契約訂約日當期之公告土地現值爲準。

二　依第二十八條之一規定，免徵土地增值稅之私有土地，以贈與契約訂約日當期之公告土地現值爲準。

三　依第三十九條之一第二項規定，免徵土地增值稅之抵價地，以區段徵收時實際領回抵價地之地價爲準。

四　依第三十九條之二第一項規定，免徵土地增值稅之農業用地，以權利變更之日當期之公告土地現值爲準。

第三一條 （漲價總數額之計算）98

① 土地漲價總數額之計算，應自該土地所有權移轉或設定典權時，

經核定之申報移轉現值中減除左列各項後之餘額，為漲價總數額：

一　規定地價後，未經過移轉之土地，其原規定地價。規定地價後，曾經移轉之土地，其前次移轉現值。

二　土地所有權人為改良土地已支付之全部費用，包括已繳納之工程受益費、土地重劃費用及因土地使用變更而無償捐贈一定比率土地作為公共設施用地者，其捐贈時捐贈土地之公告現值總額。

②前項第一款所稱之原規定地價，依平均地權條例之規定；所稱前次移轉時核計土地增值稅之現值，於因繼承取得之土地再行移轉者，係指繼承開始時該土地之公告現值。但繼承前依第三十條之一第三款規定領回區段徵收抵價地之地價，高於繼承開始時該土地之公告現值者，應從高認定。

③土地所有權人辦理土地移轉繳納土地增值稅時，在其持有土地期間內，因重新規定地價增繳之地價稅，就其移轉土地部分，准予抵繳其應納之土地增值稅。但准予抵繳之總額，以不超過土地移轉時應繳增值稅總額百分之五為限。

④前項增繳之地價稅抵繳辦法，由行政院定之。

第三一條之一　（課徵土地增值稅）104

①依第二十八條之三規定不課徵土地增值稅之土地，於所有權移轉、設定典權或依信託法第三十五條第一項規定轉為受託人自有土地時，以該土地不課徵土地增值稅前之原規定地價或最近一次經核定之移轉現值為原地價，計算漲價總數額，課徵土地增值稅。但屬第三十九條第二項但書規定情形者，其原地價之認定，依其規定。

②因遺囑成立之信託，於成立時以土地為信託財產者，該土地有前項應課徵土地增值稅之情形時，其原地價指遺囑人死亡日當期之公告土地現值。

③以自有土地交付信託，且信託契約明定受益人為委託人並享有全部信託利益，受託人於信託關係存續中死亡者，該土地有第一項應課徵土地增值稅之情形時，其原地價指受託人死亡日當期之公告土地現值。

④前項委託人藉信託契約，不當為他人或自己規避或減少納稅義務者，不適用該項規定。

⑤第一項土地，於計課土地增值稅時，委託人或受託人於信託前或信託關係存續中，有支付第三十一條第一項第二款改良土地之改良費用或同條第三項增繳之地價稅者，準用該條之減除或抵繳規定；第二項及第三項土地，遺囑人或受益人死亡後，受託人有支付前開費用及地價稅者，亦準用之。

⑥本法中華民國一百零四年六月十二日修正之條文施行時，尚未核課或尚未核課確定案件，適用前三項規定。

第三二條 （地價之調整）

前條之原規定地價及前次移轉時核計土地增值稅之現值，遇一般物價有變動時，應按政府發布之物價指數調整後，再計算其土地漲價總數額。

第三三條 （稅率）94

① 土地增值稅之稅率，依下列規定：

一　土地漲價總數額超過原規定地價或前次移轉時核計土地增值稅之現值數額未達百分之一百者，就其漲價總數額徵收增值稅百分之二十。

二　土地漲價總數額超過原規定地價或前次移轉時核計土地增值稅之現值數額在百分之一百以上未達百分之二百者，除按前款規定辦理外，其超過部分徵收增值稅百分之三十。

三　土地漲價總數額超過原規定地價或前次移轉時核計土地增值稅之現值數額在百分之二百以上者，除按前二款規定分別辦理外，其超過部分徵收增值稅百分之四十。

② 因修正前項稅率造成直轄市政府及縣（市）政府稅收之實質損失，於財政收支劃分法修正擴大中央統籌分配稅款規模之規定施行前，由中央政府補足之，並不受預算法第二十三條有關公債收入不得充經常支出之用之限制。

③ 前項實質損失之計算，由中央主管機關與直轄市政府及縣（市）政府協商之。

④ 公告土地現值應調整至一般正常交易價格。

⑤ 全國平均之公告土地現值調整達一般正常交易價格百分之九十以上時，第一項稅率應檢討修正。

⑥ 持有土地年限超過二十年以上者，就其土地增值稅超過第一項最低稅率部分減徵百分之二十。

⑦ 持有土地年限超過三十年以上者，就其土地增值稅超過第一項最低稅率部分減徵百分之三十。

⑧ 持有土地年限超過四十年以上者，就其土地增值稅超過第一項最低稅率部分減徵百分之四十。

第三四條 （稅徵標準及土增稅優惠稅率之適用）98

① 土地所有權人出售其自用住宅用地者，都市土地面積未超過三公畝部分或非都市土地面積未超過七公畝部分，其土地增值稅統就該部分之土地漲價總數額按百分之十徵收之；超過三公畝或七公畝者，其超過部分之土地漲價總數額依前條規定之稅率徵收之。

② 前項土地於出售前一年內，曾供營業使用或出租者，不適用前項規定。

③ 第一項規定於自用住宅之評定現值不及所占基地公告土地現值百分之十者，不適用之。但自用住宅建築工程完成滿一年以上者不在此限。

④ 土地所有權人，依第一項規定稅率繳納土地增值稅者，以一次為限。

⑤土地所有權人適用前項規定後，再出售其自用住宅用地，符合下列各款規定者，不受前項一次之限制：

一　出售都市土地面積未超過一‧五公畝部分或非都市土地面積未超過三‧五公畝部分。

二　出售時土地所有權人與其配偶及未成年子女，無該自用住宅以外之房屋。

三　出售前持有該土地六年以上。

四　土地所有權人或其配偶、未成年子女於土地出售前，在該地設有戶籍且持有該自用住宅連續滿六年。

五　出售前五年內，無供營業使用或出租。

⑥因增訂前項規定造成直轄市政府及縣（市）政府稅收之實質損失，於財政收支劃分法修正擴大中央統籌分配稅款規模之規定施行前，由中央政府補足之，並不受預算法第二十三條有關公債收入不得充經常支出之用之限制。

⑦前項實質損失之計算，由中央主管機關與直轄市政府及縣（市）政府協商之。

第三四條之一　（以自用住宅用地稅率課徵土地增值稅）

①土地所有權人申請按自用住宅用地稅率課徵土地增值稅，應於土地現值申報書註明自用住宅字樣，並檢附戶口名簿影本及建築改良物證明文件；其未註明者，得於繳納期間屆滿前，向當地稽徵機關補行申請，逾期不得申請依自用住宅用地稅率課徵土地增值稅。

②土地所有權移轉，依規定由權利人單獨申報土地移轉現值或無須申報土地移轉現值之案件，稽徵機關應主動通知土地所有權人，其合於自用住宅用地要件者，應於收到通知之次日起三十日內提出申請，逾期申請者，不得適用自用住宅用地稅率課徵土地增值稅。

第三五條　（重購退稅）104

①土地所有權人於出售土地後，自完成移轉登記之日起，二年內重購土地合於下列規定之一，其新購土地地價超過原出售土地地價，扣除繳納土地增值稅後之餘額者，得向主管稽徵機關申請就其已納土地增值稅額內，退還其不足支付新購土地地價之數額：

一　自用住宅用地出售後，另行購買都市土地未超過三公畝部分或非都市土地未超過七公畝部分仍供自用住宅用地者。

二　自營工廠用地出售後，另行購買其他都市計畫工業區或政府編定之工業用地內購地設廠者。

三　自耕之農業用地出售後，另行購買仍供自耕之農業用地者。

②前項規定土地所有權人於先購買土地後，自完成移轉登記之日起二年內，始行出售土地者，準用之。

③第一項第一款及第二項規定，於土地出售前一年內，曾供營業使用或出租者，不適用之。

第三六條 （原出售土地地價、新購土地地價）

前條第一項所稱原出售土地地價，以該次移轉計徵土地增值稅之地價爲準。所稱新購土地地價，以該次移轉計徵土地增值稅之地價爲準；該次移轉課徵契稅之土地，以該次移轉計徵契稅之地價爲準。

第三七條 （追繳）

土地所有權人因重購土地退還土地增值稅者，其重購之土地，自完成移轉登記之日起，五年內再行移轉時，除就該次移轉之漲價總數額課徵土地增值稅外，並應追繳原退還稅款；重購之土地，改作其他用途者亦同。

第三八條 （刪除）

第三九條 （被徵收土地增值稅之減免）

①被徵收之土地，免徵其土地增值稅。

②依都市計畫法指定之公共設施保留地尚未被徵收前之移轉，準用前項規定，免徵土地增值稅。但經變更爲非公共設施保留地後再移轉時，以該土地第一次免徵土地增值稅前之原規定地價或前次移轉現值爲原地價，計算漲價總數額，課徵土地增值稅。

③依法得徵收之私有土地，土地所有權人自願按公告土地現值之價格售與需地機關者，準用第一項之規定。

④經重劃之土地，於重劃後第一次移轉時，其土地增值稅減徵百分之四十。

第三九條之一 （區段徵收土地增值稅之減免與課徵）

①區段徵收之土地，以現金補償其地價者，依前條第一項規定，免徵其土地增值稅。但依平均地權條例第五十四條第三項規定因領回抵價地不足最小建築單位面積而領取現金補償者亦免徵土地增值稅。

②區段徵收之土地依平均地權條例第五十四條第一項、第二項規定以抵價地補償其地價者，免徵土地增值稅。但領回抵價地後第一次移轉時，應以原土地所有權人實際領回抵價地之地價爲原地價，計算漲價總數額，課徵土地增值稅，準用前條第三項之規定。

第三九條之二 （農業用地之免徵）

①作農業使用之農業用地，移轉與自然人時，得申請不課徵土地增值稅。

②前項不課徵土地增值稅之土地承受人於其具有土地所有權之期間內，曾經有關機關查獲該土地未作農業使用且未在有關機關所令期限內恢復作農業使用，或雖在有關機關所令期限內已恢復作農業使用而再有未作農業使用情事時，於再移轉時應課徵土地增值稅。

③前項所定土地承受人有未作農業使用之情事，於配偶間相互贈與之情形，應合併計算。

④作農業使用之農業用地，於本法中華民國八十九年一月六日修正

施行後第一次移轉，或依第一項規定取得不課徵土地增值稅之土地後再移轉，依法應課徵土地增值稅時，以該修正施行日當期之公告土地現值爲原地價，計算漲價總數額，課徵土地增值稅。

⑤本法中華民國八十九年一月六日修正施行後，曾經課徵土地增值稅之農業用地再移轉，依法應課徵土地增值稅時，以該土地最近一次課徵土地增值稅時核定之申報移轉現值爲原地價，計算漲價總數額，課徵土地增值稅，不適用前項規定。

第三九條之三 （申請免徵土地增值稅之程序）

①依前條第一項規定申請不課徵土地增值稅者，應由權利人及義務人於申報土地移轉現值時，於土地現值申報書註明農業用地字樣提出申請；其未註明者，得於土地增值稅繳納期間屆滿前補行申請，逾期不得申請不課徵土地增值稅。但依規定得由權利人單獨申報土地移轉現值者，該權利人得單獨提出申請。

②農業用地移轉，其屬無須申報土地移轉現值者，主管稽徵機關應通知權利人及義務人，其屬權利人單獨申報土地移轉現值者，應通知義務人，如合於前條第一項規定不課徵土地增值稅之要件者，權利人或義務人應於收到通知之次日起三十日內提出申請，逾期不得申請不課徵土地增值稅。

第五章　稽徵程序

第四○條 （稽徵程序）

地價稅由直轄市或縣（市）主管稽徵機關按照地政機關編送之地價歸戶冊及地籍異動通知資料核定，每年徵收一次，必要時得分二期徵收；其開徵日期，由省（市）政府定之。

第四一條 （特別稅率之申請）

①依第十七條及第十八條規定，得適用特別稅率之用地，土地所有權人應於每年（期）地價稅開徵四十日前提出申請，逾期申請者，自申請之次年期開始適用。前已核定而用途未變更者，以後免再申請。

②適用特別稅率之原因、事實消滅時，應即向主管稽徵機關申報。

第四二條 （公告㈠）

主管稽徵機關應於每年（期）地價稅開徵六十日前，將第十七條及第十八條適用特別稅率課徵地價稅之有關規定及其申請手續公告通知。

第四三條 （公告㈡）

主管稽徵機關於查定納稅義務人每期應納地價稅額後，應填發地價稅稅單，分送納稅義務人或代繳義務人，並將繳納期限、罰則、收款公庫名稱地點、稅額計算方法等公告週知。

第四四條 （繳納期限及地點）

地價稅納稅義務人或代繳義務人應於收到地價稅稅單後三十日內，向指定公庫繳納。

第四五條 （田賦之核定及徵收）

田賦由直轄市及縣（市）主管稽徵機關依每一土地所有權人所有土地按段歸戶後之賦額核定，每年以分上下二期徵收為原則，於農作物收穫後一個月內開徵，每期應徵成數，得按每期實物收穫量之比例，就賦額劃分計徵之。

第四六條　（公告）

主管稽徵機關應於每期田賦開徵前十日，將開徵日期、繳納處所及繳納須知等事項公告週知，並填發繳納通知單，分送納稅義務人或代繳義務人，持憑繳納。

第四七條　（田賦繳納期限）

田賦納稅義務人或代繳義務人於收到田賦繳納通知單後，徵收實物者，應於三十日內向指定地點繳納；折徵代金者，應於三十日內向公庫繳納。

第四八條　（田賦實物代金之繳納期限）

①田賦徵收實物之土地，因當環境或自然限制變更使用，申請改徵實物代金者，納稅義務人應於當地徵收實物之農作物普遍播種後三十日內，向鄉（鎮）（市）（區）公所申報。

②申請折徵代金案件，鄉（鎮）（市）（區）公所應派員實地調查屬實後，列冊送由主管稽徵機關會同當地糧食機關派員勘查核定。

第四九條　（增值稅之核定）

①土地所有權移轉或設定典權時，權利及義務人應於訂定契約之日起三十日內，檢附契約影本及有關文件，共同向主管稽徵機關申報其土地移轉現值。但依規定得由權利人單獨申請登記者，權利人得單獨申報其移轉現值。

②主管稽徵機關應於申報土地移轉現值收件之日起七日內，核定應納土地增值稅額，並填發稅單，送達納稅義務人。但申請按自用住宅用地稅率課徵土地增值稅之案件，其期間得延長為二十日。

③權利人及義務人應於繳納土地增值稅後，共同向主管地政機關申請土地所有權移轉或設定典權登記。主管地政機關於登記時，發現該土地公告現值、原規定地價或前次移轉現值有錯誤者，立即移送主管稽徵機關更正重核土地增值稅。

第五〇條　（土地增值稅之繳納期限）

土地增值稅納稅義務人於收到土地增值稅繳納通知書後，應於三十日內向公庫繳納。

第五一條　（繳清欠稅）

①欠繳土地稅之土地，在欠稅未繳清前，不得辦理移轉登記或設定典權。

②經法院拍賣之土地，依第三十條第一項第五款但書規定審定之移轉現值核定其土地增值稅者，如拍定價額不足扣繳土地增值稅時，拍賣法院應俟指定人代為繳清差額後，再行發給權利移轉證書。

③第一項所欠稅款，土地承受人得申請代繳或在買賣、典價內照數

扣留完納；其屬代繳者，得向繳稅義務人求償。

第五二條 （代扣稅款）

經徵收或收買之土地，該管直轄市、縣（市）地政機關或收買機關，應檢附土地清冊及補償清冊，通知主管稽徵機關，核算土地增值稅及應繳未納之地價稅或田賦，稽徵機關應於收到通知後十五日內，造具代扣稅款證明冊，送由徵收或收買機關，於發放價款或補償費時代為扣繳。

第六章 罰 則

第五三條 （滯納金逾期未繳移送行政執行署）

①納稅義務人或代繳義務人未於稅單所載限繳日期內繳清應納稅款者，每逾二日按滯納數額加徵百分之一滯納金；逾三十日仍未繳納者，移送法務部行政執行署所屬行政執行分署強制執行。經核准以票據繳納稅款者，以票據兌現日為繳納日。

②欠繳之田賦代金及應發或應追收欠繳之田賦徵購實物價款，均應按照繳付或徵購當時政府核定之標準計算。

第五四條 （罰鍰）99

①納稅義務人藉變更、隱匿地目等則或於適用特別稅率、減免地價稅或田賦之原因、事實消滅時，未向主管稽徵機關申報者，依下列規定辦理：

一 逃稅或減輕稅賦者，除追補應納部分外，處短匿稅額或賦額三倍以下之罰鍰。

二 規避繳納實物者，除追補應納部分外，應處繳田賦實物額一倍之罰鍰。

②土地買賣未辦竣權利移轉登記，再行出售者，處再行出售移轉現值百分之二之罰鍰。

③第一項應追補之稅額或賦額、隨賦徵購實物及罰鍰，納稅義務人應於通知繳納之日起一個月內繳納之；屆期不繳納者，移送強制執行。

第五五條 （追補）

依前條規定追補應繳田賦時，實物部分按實物追收之；代金及罰鍰部分，按繳交時實物折價代金標準折收之；應發隨賦徵購實物價款，按徵購時核定標準計發之。

第五五條之一 （罰鍰）

依第二十八條之一受贈土地之財團法人，有左列情形之一者，除追補應納之土地增值稅外，並應處納土地增值稅額二倍之罰鍰：

一 未按捐贈目的使用土地者。

二 違反各該事業設立宗旨者。

三 土地收益未全部用於各該事業者。

四 經稽徵機關查獲或經人舉發查明捐贈人有以任何方式取得所捐贈土地之利益者。

第五五條之二 （刪除）

第五六條　（刪除）

第七章　附　則

第五七條　（施行區域）

　　本法施行區域，由行政院以命令定之。

第五八條　（施行細則之訂定）

　　本法施行細則，由行政院定之。

第五九條　（施行日）

①本法自公布日施行。

②本法九十年五月二十九日修正條文施行日期，由行政院定之。

土地稅法施行細則

① 民國 68 年 2 月 22 日行政院函訂定發布全文 44 條。
② 民國 79 年 10 月 12 日行政院令修正發布全文 63 條。
③ 民國 80 年 7 月 17 日行政院令修正發布第 20 條條文。
④ 民國 87 年 4 月 8 日行政院函修正發布第 58 條條文。
⑤ 民國 89 年 9 月 20 日行政院令修正發布第 14、18、20、36、37、
　 49、56～60、62、63 條條文；本細則除另定施行日期者外，自發布
　 日施行。
⑥ 民國 90 年 6 月 20 日行政院令修正發布第 14 條條文。
⑦ 民國 94 年 12 月 16 日行政院令修正發布第 17～19、21、22、
　 24～26、45、51、57、58、61 條條文及第 53 條之附件五；並增訂
　 第 57-1 條條文。
⑧ 民國 103 年 1 月 13 日行政院令修正發布第 8、9、14、44、49、58
　 條條文；並刪除第 57-1 條條文。

第一章　總　則

第一條

本細則依土地稅法（以下簡稱本法）第五十八條之規定訂定之。

第二條

本法第六條所稱之減免標準及程序，依土地稅減免規則之規定辦
理。

第三條

① 地價稅、土地增值稅、田賦代金稅及隨賦徵購稻穀價款均以新臺
　 幣為單位，計算至元為止。
② 每年（期）地價稅，每戶稅額在新臺幣一百元以下者，免予課
　 徵。
③ 每期田賦實際造單賦額，每戶未滿一臺元者，免予課徵。
④ 土地增值稅稅額，在新臺幣一百元以下者，予以課徵。

第四條

本法第九條之自用住宅用地，以其土地上之建築改良物屬土地所
有權人或其配偶、直系親屬所有者為限。

第二章　地價稅

第五條

依本法第十六條第一項規定計算地價稅時，其公式如附件一。

第六條

① 本法第十六條第二項所規定之累進起點地價，其計算公式如附件二。
② 前項累進起點地價，應於舉辦規定地價或重新規定地價後當年

（期）地價稅開徵前計算完竣，並分別報請財政部及內政部備查。

③累進起點地價以千元爲單位，以下四捨五入。

第七條

土地所有權人如有依本法第十六條規定應予累進課徵地價稅之土地及本法第十七條、第十八條或第十九條規定免予累進課徵地價稅之土地，主管稽徵機關應分別計算其應納稅額後，合併課徵。

第八條 102

①土地所有權人在本法施行區域內申請超過一處之自用住宅用地時，依本法第十七條第三項認定一處適用自用住宅用地稅率，以土地所有權人擇定之戶籍所在地爲準；土地所有權人未擇定者，其適用順序如下：

一　土地所有權人之戶籍所在地。

二　配偶之戶籍所在地。

三　未成年受扶養親屬之戶籍所在地。

②土地所有權人與其配偶或未成年之受扶養親屬分別以所有土地申請自用住宅用地者，應以共同擇定之戶籍所在地爲準；未擇定者，應以土地所有權人與其配偶、未成年之受扶養親屬申請當年度之自用住宅用地地價稅最高者爲準。

③第一項第三款戶籍所在地之適用順序，依長幼次序定之。

第九條 102

①土地所有權人在本法施行區域內申請之自用住宅用地面積超過本法第十七條第一項規定時，應依土地所有權人擇定之適用順序計算至該規定之面積限制爲止；土地所有權人未擇定者，其適用順序如下：

一　土地所有權人與其配偶及未成年之受扶養親屬之戶籍所在地。

二　直系血親尊親屬之戶籍所在地。

三　直系血親卑親屬之戶籍所在地。

四　直系姻親之戶籍所在地。

②前項第二款至第四款之適用順序，依長幼次序定之。

第一〇條

①本法第十七條第二項所稱國民住宅，指依國民住宅條例規定，依左列方式興建之住宅。

一　政府直接興建。

二　貸款人民自建。

三　獎勵投資興建。

②本法第十七條第二項所稱企業或公營事業興建之勞工宿舍，指興建之目的專供勞工居住之用。

第一一條

土地所有權人，申請適用本法第十七條第一項自用住宅用地特別稅率計徵地價稅時，應填具申請書並檢附戶口名簿影本及建築改良物證明文件，向主管稽徵機關申請核定之。

第一二條

①土地所有權人，申請適用本法第十七條第二項特別稅率計徵地價稅者，應填具申請書，並依左列規定，向主管稽徵機關申請核定之。

一　國民住宅用地：其屬政府直接興建者，檢附建造執照影本或取得土地所有權證明文件。其屬貸款人民自建或獎勵投資興建者，檢附建造執照影本及國民住宅主管機關核准之證明文件。

二　企業或公營事業興建之勞工宿舍用地：檢附建造執照或使用執照影本及勞工行政主管機關之證明文件。

②前項第一款貸款人民自建之國民住宅及第二款企業或公營事業興建之勞工宿舍，自建築完成之日起未供自用住宅或勞工宿舍使用者，應由土地所有權人向主管稽徵機關申報改按一般用地稅率計徵。

③第一項第一款貸款人民自建或獎勵投資興建之國民住宅及第一項第二款企業或公營事業興建之勞工宿舍，經核准按自用住宅用地稅率計徵地價稅後，未依建築主管機關核准期限建築完成者，應自核准期限屆滿日當年期起改按一般用地稅率計徵地價稅。

第一三條

依本法第十八條第一項特別稅率計徵地價稅之土地，指左列各款土地經按目的事業主管機關核定規劃使用者。

一　工業用地：為依區域計畫法或都市計畫法劃定之工業區或依其他法律規定之工業用地，及工業主管機關核准工業或工廠使用範圍內之土地。

二　礦業用地：為經目的事業主管機關核准開採礦業實際使用地面之土地。

三　私立公園、動物園、體育場所用地：為經目的事業主管機關核准設立之私立公園、動物園及體育場所使用範圍內之土地。

四　寺廟、教堂用地、政府指定之名勝古蹟地：為已辦妥財團法人或寺廟登記之寺廟、專供公開傳教佈道之教堂及政府指定之名勝古蹟使用之土地。

五　經主管機關核准設置之加油站及依都市計畫法規定設置之供公眾使用之停車場用地：為經目的事業主管機關核准設立之加油站用地，及依都市計畫法劃設並經目的事業主管機關核准供公眾停車使用之停車場用地。

六　其他經行政院核定之土地：為經專案報行政院核准之土地。

第一四條 102

①土地所有權人申請適用本法第十八條特別稅率計徵地價稅者，應填具申請書，並依下列規定，向主管稽徵機關申請核定之：

一　工業用地：應檢附建造執照及興辦工業人證明文件；建廠前依法應取得設立許可者，應加附工廠設立許可文件。其已開工生產者，應檢附工廠登記證明文件。

二　其他按特別稅率計徵地價稅之土地：應檢附目的事業主管機關核准或行政院專案核准之有關文件及使用計畫書圖或組織

設立章程或建築改良物證明文件。

②核定按本法第十八條特別稅率計徵地價稅之土地，有下列情形之一者，應由土地所有權人申報改按一般用地稅率計徵地價稅：

一　逾目的事業主管機關核定之期限尚未按核准計畫完成使用。

二　停工或停止使用逾一年。

③前項第二款停工或停止使用逾一年之土地，如屬工業用地，其在工廠登記未被工業主管機關撤銷或廢止，且未變更供其他使用前，仍繼續按特別稅率計徵地價稅。

④依第二項第二款規定應改按一般用地稅率計徵地價稅之案件，至中華民國八十九年九月二十二日尚未核課或尚未核課確定者，適用前項規定。

第一五條

適用特別稅率之原因、事實消滅時，土地所有權人應於三十日內向主管稽徵機關申報，未於期限內申報者，依本法第五十四條第一項第一款之規定辦理。

第一六條

都市計畫公共設施保留地釘樁測量分割前，仍照原有稅額開單課徵，其溢徵之稅額，於測量分割後准予抵沖應納稅額或退還。

第一七條

依本法第二十條課徵地價稅之公有土地應由管理機關於每年（期）地價稅開徵四十日前，提供有關資料並派員前往主管稽徵機關校對冊籍。

第一八條

依本法第二十一條規定加徵空地稅之倍數，由直轄市或縣（市）主管機關視都市發展情形擬訂，報行政院核定。

第一九條

①欠繳地價稅之土地於移轉時，得由移轉土地之義務人或權利人申請分單繳納，分單繳納稅額之計算公式如附件三。

②前項欠繳地價稅單，已合法送達者，其分單繳納稅款之限繳日期，以原核定限繳日期爲準；未合法送達者，其分單繳納稅款及其餘應納稅款應另訂繳納期間，並予送達。如欠繳地價稅案件已移送行政執行機關執行，主管稽徵機關於分單稅款繳清時，應即向行政執行機關更正欠稅金額。

第二〇條

①地價稅依本法第四十條之規定，每年一次徵收者，以八月三十一日爲納稅義務基準日；每年分二期徵收者，上期以二月二十八日（閏年爲二月二十九日），下期以八月三十一日爲納稅義務基準日。各年（期）地價以納稅義務基準日土地登記簿所載之所有權人或典權人爲納稅義務人。

②前項規定自中華民國九十年一月一日施行。

第三章　田　賦

第二一條

本法第二十二條第一項所稱非都市土地依法編定之農業用地，指依區域計畫法編定之農牧用地、林業用地、養殖用地、鹽業用地、水利用地、生態保護用地、國土保安用地及國家公園區內由國家公園管理機關會同有關機關認定合於上述規定之土地。

第二二條

非都市土地編為前條以外之其他用地合於下列規定者，仍徵收田賦：

一　於中華民國七十五年六月二十九日平均地權條例修正公布施行前，經核准徵收田賦仍作農業用地使用。

二　合於非都市土地使用管制規定作農業用地使用。

第二三條

①本法第二十二條第一項第二款所稱公共設施尚未完竣前，指道路、自來水、排水系統、電力等四項設施尚未建設完竣而言。

②前項道路以計畫道路能通行貨車為準；自來水及電力以可自計畫道路接通輸送者為準；排水系統以能排水為準。

③公共設施完竣之範圍，應以道路兩旁鄰接街廓之一半深度為準。但道路同側街廓之深度有顯著差異者或毗鄰地形特殊者，得視實際情形由直轄市或縣（市）政府劃定之。

第二四條

徵收田賦之土地，依下列規定辦理：

一　第二十一條之土地，分別由地政機關或國家公園管理機關按主管相關資料編造清冊，送主管稽徵機關。

二　本法第二十二條第一項但書規定之土地，由直轄市或縣（市）主管機關依地區範圍圖編造清冊，送主管稽徵機關。

三　第二十二條第一款之土地，由主管稽徵機關按平均地權條例於中華民國七十五年六月二十九日修正公布施行前徵收田賦之清冊課徵。

四　第二十二條及本法第二十二條第一項但書規定之土地中供與農業經營不可分離之使用者，由農業機關受理申請，會同有關機關勘查認定後，編造清冊，送主管稽徵機關。

五　第二十二條第二款之土地中供農作、森林、養殖、畜牧及保育之使用者，由主管稽徵機關受理申請，會同有關機關勘查認定之。

六　本法第二十二條第一項之非都市土地未規定地價者，由地政機關編造清冊送主管稽徵機關。

七　本法第二十二條第三項之用地，由主管稽徵機關受理申請，會同有關機關勘查認定之。

第二五條

①本法第二十二條第一項但書所定都市土地農業區、保護區、公共設施尚未完竣地區、依法限制建築地區、依法不能建築地區及公共設施保留地等之地區範圍，如有變動，直轄市或縣（市）主管機關應於每年二月底前，確定變動地區範圍。

②直轄市或縣（市）主管機關對前項變動地區內應行改課地價稅之土地，應於每年五月底前列冊送主管稽徵機關。

第二六條

①依本法第二十二條規定課徵田賦之土地，主管稽徵機關應依相關主管機關編送之土地清冊分別建立土地卡（或賦籍卡）及賦籍冊按戶歸戶課徵。

②土地權利、土地標示或所有權人住址有異動時，地政機關應於登記同時更正地價冊，並於十日內通知主管稽徵機關釐正土地卡（或賦籍卡）及賦籍冊。

③公有土地管理機關應於每期田賦開徵四十日前，提供有關資料，並派員前往主管稽徵機關核對冊籍。

第二七條

田賦徵收實物，但合於本法第二十三條第一項規定不產稻穀或小麥之土地及有特殊情形地方，得依左列規定折徵代金。

一　田地目以外土地不產稻穀或小麥者，得按應徵實物折徵代金。

二　田地目土地受自然環境限制不產稻穀或小麥，經勘定為永久性單季田、臨時性單季田及輪作田者，其不產稻穀或小麥之年（期），得按應徵實物折徵代金。

三　永久性單季田如係跨兩期改種其他農作物者，每年田賦仍應一期徵收實物，一期折徵代金。

四　永久性單季田及輪作田於原核定種植稻穀或小麥年（期），有第三十條所定情形之一經勘查屬實者，當期田賦實物仍得折徵代金。

第二八條

納稅義務人所有課徵田賦實物之土地，按段歸戶後實際造單時，賦額未超過五賦元者，准予折徵代金。

第二九條

田地目土地有左列情形之一者，應勘定為永久性單季田。

一　土地因受自然環境限制、水量不足、氣候寒冷或水量過多時，每年必有一期不產稻穀或小麥者。

二　屬於灌溉區域內土地，每年必有固定一期無給水灌溉，不產稻穀或小麥者。

第三〇條

田地目土地有左列情形之一，當期不產稻穀或小麥者，應勘定為臨時性單季田。

一　因災害或其他原因，致水量不足者。

二　灌溉區域之稻田，因當期給水不足者。

三　非灌溉區域之稻田，因當期缺水者。

第三一條

田地目土地因非輪值給水灌溉年（期），不產稻穀或小麥者，應勘定為輪作田。

第三二條

臨時性單季田、永久性單季田及輪作田之勘定，應由直轄市及縣（市）主管稽徵機關參酌當地每期稻作普遍播種時間，分別訂定公告，以當地每期稻作普遍播種後三十日內為受理申請期間，函由各鄉、鎮、市（區）公所接受申請。但永久性單季田及輪作田，經核定有案者，免再提出申請。

第三三條

①納稅義務人或代繳義務人依前條規定申請勘定單季田及輪作田時，應依規定期間，按地段逐筆填妥申請書向土地所在地之鄉、鎮、市（區）公所或村里辦公處申請辦理。各鄉、鎮、市（區）公所應派員輔導或代填申請書。

②前項申請書由各縣（市）主管稽徵機關印製發交各鄉、鎮、市（區）公所免費供應申請人使用。

第三四條

①單季田及輪作田之勘定，依左列規定辦理：

一　各鄉、鎮、市（區）公所接到單季田或輪作田申請書後，應統一編號並即與土地賦籍冊核對納稅義務人或代繳義務人姓名、土地座落、等則、面積、賦額等記載相符後，由鄉、鎮、市（區）公所派員持同原申請書實地逐筆調查，將初勘意見、初勘日期填註於申請書各該欄，並限於當地申請期間屆滿後五日內初勘完竣。業經初勘之申請書，應由初勘人員簽章後按段裝訂成冊，並由財政課長、鄉、鎮、市（區）長於底頁簽章存案。

二　各鄉、鎮、市（區）公所初勘完竣後，應於申請期間屆滿後八日內將初勘結果擬核定為單季田或輪作田之土地，按段逐筆填造調查成果清冊一式及三份，並按段填造該鄉、鎮、市（區）勘查成果統計表一式各三份，分別裝訂於清冊冊首。以一份存案，餘二份函送主管稽徵機關派員複勘。

三　稽徵機關接到勘查成果清冊後，應於三日內排定複勘日程表，洽請當地糧政主管機關派員會同複勘。

四　複勘人員應攜帶地籍圖及勘查成果清冊前往實地逐筆複勘，填註複勘意見。如經複勘結果不合規定應予剔除者，勘查成果清冊該筆土地應以紅筆雙線劃去，並由複勘人員會同加蓋職名章以示負責，惟仍應將實地勘查情形詳實簽註，以資查考。

五　經複勘後之清冊，應經複勘人員及稽徵及糧食機關主管簽章，並填造勘查成果統計表一式各二份，一併簽請縣（市）長核定，分別裝訂於勘查成果清冊冊首，並以清冊一份函送當地糧政主管機關。

六　經核定之永久性單季田及輪作田，應每三年依據各縣（市）原核定清冊辦理初、複勘一次。

七　單季田及輪作田，如因申報筆數過多，無法在本條各款規定期間內辦理完竣者，得視當地實際情形酌予延展，惟其複勘工作至遲應在當地申報期限屆滿之日起三十日內辦理完竣。

八　申請臨時性單季田土地，如部分種植稻穀面積超過該筆土地面積一半以上者，不予核定爲臨時性單季田。

② 前項規定於直轄市單季田及輪作田之申請準用之。

第三五條

① 永久性單季田及輪作田，於原已核定非種植稻穀之年（期），因水利改良改種稻穀使用者，納稅義務人或代繳義務人應自行申報改徵實物。

② 前項土地，納稅義務人或代繳義務人未自行申報改徵實物，被查獲或經檢舉而調查屬實者，依本法第五十四條第一項第二款之規定辦理。

第三六條

① 田賦徵收實物之賦率及隨賦徵購實物標準，由行政院公告之。

② 田賦折徵代金標準及隨賦徵購實物價格規定如左：

一　田地目以外各地目按土地賦籍冊所載之年賦額及依前項賦率徵收稻穀數量，按各縣（市）當地田賦開徵前第二十日至第十六日共五日期間，各主要生產鄉、鎭、市（區）當期生產之在來種稻穀平均市價折徵代金。臺灣省澎湖縣田賦折徵代金標準比照該省臺南縣第一期公告之折徵代金價格折徵。

二　隨賦徵購稻穀價格，以各縣（市）當期田賦開徵前第二十日至第十六日共五日期間，各主要生產鄉、鎭、市（區）當期生產之蓬萊種稻穀平均市價與在來稻穀平均市價爲準，報由各縣（市）議會與（市）政府有關單位組織之隨賦徵購稻穀價格評價委員會於當期田賦開徵前第十四日分別訂定之，其標準應優於市價。

三　前二款之稻穀市價，由行政院農業委員會同當地縣（市）政府、議會、農會及米穀商業同業公會調查之。

四　隨賦徵購稻穀價格由評價委員會評定後，三日內送請行政院農業委員會公告實施。折徵代金標準，由縣（市）政府於稻穀市價調查完畢次日公告實施。

五　直轄市之折徵代金標準及隨賦徵購稻穀價格，應比照毗鄰之縣份當期公告之價格辦理。田地目土地、稻穀生產量較少及稻穀市價調查期間經常未有實際交易之稻穀市價可供調查之縣（市），其折徵代金標準及隨賦徵購稻穀價格，應比照毗鄰縣份當期公告之價格辦理。

六　稻穀市價調查及資料通報等有關作業事項，依各縣（市）政府之規定。

第三七條

① 主管稽徵機關應於每期田賦開徵前，將田賦實物（代金）繳納通知單，送由納稅義務人或代繳義務人依本法第四十七條規定，持向指定經收公糧倉庫或經收（代收）稅款公庫繳納，並應將田賦實物徵收底冊各一份分別送交當地主管機關及指定經收公糧倉庫。但納稅義務人或代繳義務人如居住在土地所在地之鄉、

鎮、市（區）轄區以外者，或住址不在指定經收公糧倉庫轄內，或因災害等特殊情形無法在原指定經收公糧倉庫繳納田賦實物及隨賦徵購稻穀者，依左列規定辦理之：

一　納稅義務人或代繳義務人如居住在土地所在地之鄉、鎮、市（區）轄區以外者，主管稽徵機關得將田賦繳納通知單移送其居住所在地之鄉、鎮、市（區）公所代為送達並代為徵收。其為繳納田賦實物者，並得依照糧政主管機關之規定辦理易地繳納。

二　納稅義務人或代繳義務人住址不在指定經收公糧倉庫轄內，或因災害等特殊情形無法在原指定經收公糧倉庫繳納田賦實物及隨賦徵購稻穀者，應將田賦實物繳納通知單送交其住所所在地鄉、鎮、市（區）公所彙送當地糧政主管機關辦理易地繳納。

②指定經收公糧倉庫經收田賦實物稻穀及隨賦徵購稻穀，應核對徵收底冊與繳納通知單記載相符，驗收稻穀加蓋經收稻穀日期及經收人章戳，憑付款憑證聯發給隨賦徵購稻穀價款收回，附同當旬徵購價款旬報表送當地糧政主管機關，並將通知及收據聯交納稅人收執。報核聯由經收公糧倉庫連同當旬旬報表送主管稽徵機關以憑辦理劃解及銷號；銷號聯限於繳納當日送鄉、鎮、市（區）公所以憑登記銷號。

③經收（代收）稅款公庫於受託田賦代金稅款，加蓋經收（代收）公庫及經收人員章戳後將通知及收據聯交納稅人收執。報核聯連同收款日報表送主管稽徵機關，以憑辦理劃解及銷號；銷號聯限於收款當日送鄉、鎮、市（區）公所，以憑登記銷號；存查聯留存公庫備查。

④田賦實物及田賦代金之徵收底冊及繳納通知單之編造、分發程序及其格式，由直轄市、縣（市）政府定之。

第三八條

①納稅義務人或代繳義務人如有重複或錯誤繳納田賦及隨賦徵購稻穀時，得依稅捐稽徵法第二十八條之規定申請主管稽徵機關會同當地糧政主管機關辦理退還或抵繳次期應繳田賦及隨賦徵購稻穀。但納稅義務人或代繳義務人得僅申請退還田賦實物；其申請退還或抵繳田賦代金者，免由當地糧政主管機關會辦。

②依前項規定退還之田賦實物及隨賦徵購稻穀，應以退還當期之新穀，並以原繳納之同一種類稻穀退還之。其退還隨賦徵購稻穀，應先行按退還當期政府核定隨賦徵購單價格計算其徵購稻穀價款，繳付於指定退還實物經收公糧倉庫後予以退還。

第三九條

①納稅義務人或代繳義務人，如因災害或其他特殊情形，當期無稻穀或其稻穀不合本法第二十五條第一項規定驗收標準，致無法繳納田賦實物者，各指定經收公糧倉庫應按稻穀市價供納稅人購買繳納。但其價格不得高於該倉庫購穀成本百分之一百零三。

②指定經收公糧倉庫，如無稻穀供納稅人購買繳納時，納稅人得申請糧政主管機關指定公糧倉庫洽購稻穀繳納。

③糧政主管機關為便於法院執行收納舊欠田賦實物，應在各縣市指定交通較方便地區之經收公糧倉庫辦理代購稻穀事項，指定經收公糧倉庫不得拒絕。

第四○條

田賦之徵收，以直轄市、縣（市）各期田賦開徵前第三十日為納稅義務基準日。各期田賦以納稅義務基準日土地登記簿所載之土地所有權人或典權人、承領人、耕作權人為納稅義務人。

第四一條

田賦開徵日期由省（市）政府定之。

第四章　土地增值稅

第四二條

①土地交換，應分別向原土地所有權人徵收土地增值稅。

②分別共有土地分割後，各人所取得之土地價值與其分割前應有部分價值相等者，免徵土地增值稅；其價值減少者，就其減少部分課徵土地增值稅。

③公同共有土地分割，其土地增值稅之課徵，準用前項規定。

④土地合併後，各共有人應有部分價值與其合併前之土地價值相等者，免徵土地增值稅。其價值減少者，就其減少部分課徵土地增值稅。

⑤前三項土地價值之計算，以共有土地分割或土地合併時之公告土地現值為準。

第四三條

①本法第二十八條之一所稱社會福利事業，指依法經社會福利事業主管機關許可設立，以興辦社會福利服務及社會救助為主要目的之事業。所稱依法設立私立學校，指依私立學校法規定，經主管教育行政機關許可設立之各級、各類私立學校。

②依本法第二十八條之一申請免徵土地增值稅時，應檢附社會福利事業主管機關核發可設立之證明文件或主管教育行政機關許可設立之證明文件、捐贈文書、法人登記證書（或法人登記簿謄本）、法人章程及當事人出具捐贈土地未因捐贈以任何方式取得利益之文書。

③依本法第二十八條之一核定免徵土地增值稅之土地，主管稽徵機關應將核准文號註記有關稅冊，並列冊（或建卡）保管，定期會同有關機關檢查有無本法第五十五條之一規定之情形。

第四四條 102

①土地所有權人申報出售在本法施行區域內之自用住宅用地，面積超過本法第三十四條第一項規定時，應依土地所有權人擇定之適用順序計算至該規定之面積限制為止；土地所有權人未擇定者，應以各筆土地依本法第三十三條規定計算之土地增值稅，由高至低之適用順序計算之。

②本細則中華民國一〇三年一月十三日修正施行前出售自用住宅用地尚未核課確定案件，適用前項規定。

第四五條

①土地出典人依本法第二十九條但書規定，於土地回贖申請無息退還其已繳納土地增值稅時，應檢同有關土地回贖已塗銷典權登記之土地登記簿謄本及原納稅證明文件向主管稽徵機關申請之。

②前項土地登記簿謄本，主管稽徵機關得以電腦處理達成查詢者，出典人得免提出。

第四六條

本法第三十一條所稱土地漲價總數額，在原規定地價後未經移轉之土地，於所有權移轉或設定典權時，以其申報移轉現值超過原規定地價之數額爲準。

第四七條

本法第三十一條所稱土地漲價總數額，在原規定地價後曾經移轉之土地，於所有權移轉或設定典權時，以其申報移轉現值超過前次移轉時申報之現值之數額爲準。

第四八條

本法第三十一條所稱土地漲價總數額，在因繼承取得之土地，於所有權移轉或設定典權時，以其申報移轉現值超過被繼承人死亡時公告土地現值之數額爲準。但繼承土地有左列各款情形之一者，以超過各該款地價之數額爲準。

一　被繼承人於其土地第一次規定地價以前死亡者，以該土地於中華民國五十三年之規定地價爲準。該土地於中華民國五十三年以前已依土地法辦理規定地價，或於中華民國五十三年以後始舉辦規定地價者，以其第一次規定地價爲準。

二　繼承人於中華民國六十二年二月八日起至中華民國六十五年六月三十日止，依當時遺產及贈與稅法第五十七條或依遺產稅補報期限及處理辦法之規定補報遺產稅，且於中華民國六十五年十二月三十一日以前向地政機關補辦繼承登記者，以該土地補辦繼承登記收件時之公告土地現值爲準。

三　繼承人於中華民國六十二年二月八日起至中華民國六十五年六月三十日止，依當時遺產及贈與稅法第五十七條或依遺產稅補報期限及處理辦法之規定補報遺產稅，於中華民國六十六年一月一日以後始向地政機關補辦繼承登記者，以其補報遺產稅收件時之公告土地現值爲準。

第四九條　102

依本法第三十二條計算土地漲價總數額時，應按本法第三十條審核申報移轉現值所屬年月已公告之最近臺灣地區消費者物價指數，調整原規定地價或前次移轉時申報之土地移轉現值。

第五〇條

依本法第三十一條規定計算土地漲價總數額時，其計算公式如附件四。

第五一條

①依本法第三十一條第一項第二款規定應自申報移轉現值中減除之費用，包括改良土地費用、已繳納之工程受益費、土地重劃負擔總費用及因土地使用變更而無償捐贈作為公共設施用地其捐贈土地之公告現值總額。但照價收買之土地，已由政府依平均地權條例第三十二條規定補償之改良土地費用及工程受益費不包括在內。

②依前項規定減除之費用，應由土地所有權人於土地增值稅繳納期限屆滿前檢附工程受益費繳納收據、直轄市或縣（市）主管機關發給之改良土地費用證明書或地政機關發給之土地重劃負擔總費用證明書及因土地使用變更而無償捐贈作為公共設施用地其捐贈土地之公告現值總額之證明文件，向主管稽徵機關提出申請。

第五二條

土地所有權人收到土地增值稅繳納通知書後，發現主管稽徵機關未依本法第三十一條第三項計算增減地價稅或所計算增減地價稅金額不符時，得敘明理由，於土地增值稅繳納期限屆滿前向主管稽徵機關申請更正。

第五三條

依本法第三十三條規定計算土地增值稅應徵稅額之公式如附件五。

第五四條

本法第三十四條第三項所稱自用住宅之評定現值，以不動產評價委員會所評定之房屋標準價格為準。所稱自用住宅建築工程完成，以建築主管機關核發使用執照之日為準，或其他可確切證明建築完成可供使用之文件認定之。

第五五條

①土地所有權人因重購土地，申請依本法第三十五條規定退還已納土地增值稅者，應由土地所有權人檢同原出售及重購土地向地政機關辦理登記時之契約文件影本，或原被徵收土地徵收日期之證明文件及重購土地向地政機關辦理登記時之契約文件影本，提出於原出售或被徵收土地所在地稽徵機關辦理。

②重購土地與出售土地不在同一縣市者，依前項規定受理申請退稅之稽徵機關，應函請重購土地所在地稽徵機關查明有關資料後再憑辦理；其經核准退稅後，應即將有關資料通報重購土地所在地稽徵機關。

③重購土地所在地之稽徵機關對已核准退稅之案件及前項受通報之資料，應列冊（或建卡）保管，在其重購土地之有關冊籍註明：「重購之土地在五年內移轉或改作其他用途應追繳原退之土地增值稅」等字樣。

④前項稽徵機關對於核准退稅案件，每年應定期清查，如發現重購土地五年內改作其他用途或再行移轉者，依本法第三十七條規定辦理。

第五六條

依本法第三十九條第四項減徵土地增值稅之重劃土地，以左列土

地，於中華民國六十六年二月二日平均地權條例公布施行後移轉者為限：

一　在中華民國五十三年舉辦規定地價或重新規定地價之地區，於該次規定地價或重新規定地價以後辦理重劃之土地。

二　在中華民國五十三年以前已依土地法規定辦理規定地價及在中華民國五十三年以後始舉辦規定地價之地區，於其第一次規定地價以後辦理重劃之土地。

第五七條

本法第三十九條之二第一項所定農業用地，其法律依據及範圍如下：

一　農業發展條例第三條第十一款所稱之耕地。

二　依區域計畫法劃定為各種使用分區內所編定之林業用地、養殖用地、水利用地、生態保護用地、國土保安用地及供農路使用之土地，或上開分區內暫未依法編定用地別之土地。

三　依區域計畫法劃定為特定農業區、一般農業區、山坡地保育區、森林區以外之分區內所編定之農牧用地。

四　依都市計畫法劃定為農業區、保護區內之土地。

五　依國家公園法劃定為國家公園區內按各分區別及使用性質，經國家公園管理機關會同有關機關認定合於前三款規定之土地。

第五七條之一　（刪除）102

第五八條 102

①依本法第三十九條之二第一項申請不課徵土地增值稅者，應檢附直轄市、縣（市）農業主管機關核發之農業用地作農業使用證明文件，送主管稽徵機關辦理。

②直轄市、縣（市）農業主管機關辦理前項所定作農業使用證明文件之核發事項，得委任或委辦區、鄉（鎮、市、區）公所辦理。

第五九條

依本法第三十九條之二第一項核准不課徵土地增值稅之農業用地，主管稽徵機關應將核准文號註記列管，並於核准後一個月內，將有關資料送直轄市、縣（市）農業主管機關。

第六〇條

土地增值稅於繳納期限屆滿逾三十日仍未繳清之滯欠案件，主管稽徵機關應通知當事人限期繳清或撤回原申報案，逾期仍未繳清稅款或撤回原申報案者，主管稽徵機關應逕行註銷申報案及其查定稅額。

第六一條

主管稽徵機關接到執行機關通知之有關土地拍定或承受價額等事項後，除應於七日內查定應納土地增值稅並填掣土地增值稅繳納通知書註明執行機關拍賣字樣，送請執行機關代為扣繳外，並應查明該土地之欠繳土地稅額參與分配。

第五章　附　則

第六二條

　本細則所需各種書表由直轄市、縣（市）政府擬定報請財政部核定之。

第六三條

　本細則除另定施行日期者外，自發布日施行。

附件一　地價稅之計算公式

（土地稅法施行細則第五條附件）

稅級別	計算公式
第一級	應徵稅額＝ 課稅地價（未超過累進起點地價者）×稅率（10‰）
第二級	應徵稅額＝ 課稅地價（超過累進起點地價未達五倍者）×稅率（15‰）－累進差額（累進起點地價×0.005）
第三級	應徵稅額＝ 課稅地價（超過累進起點地價五倍至十倍者）×稅率（25‰）－累進差額（累進起點地價×0.065）
第四級	應徵稅額＝ 課稅地價（超過累進起點地價十倍至十五倍者）×稅率（35‰）－累差額（累進起點地價×0.175）
第五級	應徵稅額＝ 課稅地價（超過累進起點地價十五倍至二十倍者）×稅率（45‰）－累進差額（累進起點地價×0.335）
第六級	應徵稅額＝ 課稅地價（超過累進起點地價二十倍以上者）×稅率（55‰）－累進差額（累進起點地價×0.545）

附件二　地價稅累進起點地價之計算公式

（土地稅法施行細則第六條附件）

地價稅累進起點地價＝

$$\frac{直轄市或縣（市）規定地價總額}{直轄市或縣（市）規定地價總面積（公畝）}$$

$$\frac{-（工業用地地價＋礦業用地地價}{-（工業用地面積＋礦業用地面積}$$

$$\frac{＋農業用地地價＋免稅地地價）}{＋農業用地面積＋免稅地面積）（公畝）} \times 7$$

附件三　分單繳納地價稅額之計算公式

（土地稅法施行細則第十九條附件）

核准分單繳納當年（期）稅額＝

$$\frac{分單土地之當年（期）課稅地價}{當年（期）課稅地價總額} \times 當年（期）應繳地價稅稅額$$

附件四　土地漲價總數額之計算公式

（土地稅法施行細則第五十條附件）

土地漲價總數額＝

申報土地移轉現值－原規定地價或前次移轉時所申報之土地移

轉現值×$\dfrac{\text{臺灣地區消費者物價總指數}}{100}$－（改良土地費用＋工程

受益費＋土地重劃負擔總費用＋因土地使用變更而無償捐贈作

為公共設施用地其捐贈土地之公告現值總額）

附件五　土地增值稅應徵稅額之計算公式

（土地稅法施行細則第五十三條附件）

稅級別	計算公式
第一級	應徵稅額＝土地漲價總數額【超過原規定地價或前次移轉時申報現值（按臺灣地區消費者物價總指數調整後）未達百分之一百者】×稅率（20%）
第二級	應徵稅額＝土地漲價總數額【超過原規定地價或前次移轉時申報現值（按臺灣地區消費者物價總指數調整後）在百分之一百以上未達百分之二百者】×【稅率（30%）－〔（30%－20%）×減徵率〕】－累進差額（按臺灣地區消費者物價指數調整後之原規定地價或前次移轉現值×A） 註：持有土地年限未超過 20 年者，無減徵，A 為 0.10 　　持有土地年限超過 20 年以上者，減徵率為 20%，A為 0.08 　　持有土地年限超過 30 年以上者，減徵率為 30%，A為 0.07 　　持有土地年限超過 40 年以上者，減徵率為 40%，A為 0.06
第三級	應徵稅額＝土地漲價總數額【超過原規定地價或前次移轉時申報現值（按臺灣地區消費者物價總指數調整後）在百分之二百以上者】×【稅率（40%）－〔（40%－20%）×減徵率〕】－累進差額（按臺灣地區消費者物價總指數調整後之原規定地價或前次移轉現值×B） 註：持有土地年限未超過 20 年者，無減徵，B 為 0.30 　　持有土地年限超過 20 年以上者，減徵率為 20%，B為 0.24 　　持有土地年限超過 30 年以上者，減徵率為 30%，B為 0.21 　　持有土地年限超過 40 年以上者，減徵率為 40%，B為 0.18

土地稅減免規則

①民國 47 年 4 月 29 日行政院令修正發布名稱及全文 27 條（原名稱：土地賦稅減免規程）。
②民國 59 年 4 月 3 日行政院令修正發布全文 39 條。
③民國 63 年 4 月 13 日行政院令修正發布第 11 條條文。
④民國 69 年 5 月 5 日行政院令修正發布名稱及全文 36 條；並自發布日施行（原名稱：土地賦稅減免規則）。
⑤民國 76 年 9 月 21 日行政院令增訂發布第 11-1 條條文。
⑥民國 80 年 1 月 11 日行政院令修正發布第 7、8、11-1、15、17、20～24、26、27、29～33、35 條條文。
⑦民國 83 年 10 月 24 日行政院令修正發布第 7、22 條條文；並增訂第 11-2～11-4 條條文。
⑧民國 85 年 1 月 24 日行政院令修正發布第 7 條條文。
⑨民國 88 年 4 月 28 日行政院令修正發布第 7 條條文。
⑩民國 89 年 7 月 19 日行政院令修正發布第 8、11-4、15、20、31～33、35 條條文。
⑪民國 93 年 8 月 31 日行政院令修正發布第 7 條條文。
⑫民國 94 年 2 月 24 日行政院令修正發布第 7、8、11-1、11-4、20、22、31、36 條條文；並刪除第 19 條條文；除第 11-1 條第 1 款規定自 95 年 1 月 1 日施行外，自發布日施行。
⑬民國 96 年 12 月 19 日行政院令修正發布第 22 條條文；並增訂第 11-5 條條文。
⑭民國 99 年 5 月 7 日行政院令修正發布第 7、9、22 條條文。

第一章　總　則

第一條

本規則依土地稅法第六條及平均地權條例第二十五條規定訂定之。

第二條

本規則所稱土地稅，包括地價稅、田賦及土地增值稅。

第三條

①本規則所稱私有土地，指公有土地以外，經自然人或法人依法取得所有權之土地。

②承墾人依法取得耕作權之墾竣土地及承領人依法承領之土地，準用本規則關於私有土地之規定。

第四條

本規則所稱供公共使用之土地，係指供公眾使用，不限定特定人使用之土地。

第五條

同一地號之土地，因其使用之情形或因其地上建物之使用情形，

認定僅部分合於本規則減免標準者，得依合於減免標準之使用面積比率計算減免其土地稅。

第六條

土地稅之減免，除依第二十二條但書規定由土地所有權人或典權人申請者外，以其土地使用合於本規則所定減免標準，並依本規則規定程序申請核定者為限。

第二章　減免標準

第七條 99

① 下列公有土地地價稅或田賦全免：

一　供公共使用之土地。

二　各級政府與所屬機關及地方自治機關用地及其員工宿舍用地。但不包括供事業使用者在內。

三　（刪除）

四　國防用地及軍事機關、部隊、學校使用之土地。

五　公立之醫院、診所、學術研究機構、社教機構、救濟設施及公、私立學校直接用地及其員工宿舍用地，以及學校學生實習所用之直接生產用地。但外國僑民學校應為該國政府設立或認可，並依私立高級中等以下外國僑民學校及附設幼稚園設立及管理辦法設立，且以該國與我國有相同互惠待遇或經行政院專案核定免徵者為限；本國私立學校，以依私立學校法立案者為限。

六　農、林、漁、牧、工、礦機關直接辦理試驗之用地。

七　糧食管理機關倉庫用地。

八　鐵路、公路、航空站、飛機場、自來水廠及垃圾、水肥、污水處理廠（池、場）等直接用地及其員工宿舍用地。但不包括其附屬營業單位獨立使用之土地在內。

九　引水、蓄水、洩水等水利設施及各項建造物用地。

十　政府無償配供貧民居住之房屋用地。

十一　名勝古蹟與紀念先賢先烈之館堂祠廟與公墓用地。

十二　觀光主管機關為開發建設觀光事業，依法徵收或協議購買之土地，在未出賣與興辦觀光事業者前，確無收益者。

十三　依停車場法規定設置供公眾使用之停車場用地。

② 前項公有土地係徵收、收購或撥用而取得者，於其尚未辦妥產權登記前，如經該使用機關提出證明文件，其用途合於免徵標準者，徵收土地自徵收確定之日起、收購土地自訂約之日起、受撥用土地自撥用之日起，準用前項規定。

③ 原合於第一項第五款供公、私立學校使用之公有土地，經變更登記為非公有土地後，仍供原學校使用者，準用第一項規定。

④ 公立學校之學生宿舍，由民間機構與主辦機關簽訂投資契約，投資興建並租與該校學生作宿舍使用，且約定於營運期間屆滿後，移轉該宿舍之所有權予政府者，於興建及營運期間，其基地之地

價稅得由當地主管稽徵機關專案報請直轄市、縣（市）主管機關核准免徵。

第八條

①私有土地減免地價稅或田賦之標準如下：

一 財團法人或財團法人所辦業經立案之私立學校用地、為學生實習農、林、漁、牧、工、礦等所用之生產用地及員生宿舍用地，經登記為財團法人所有者，全免。但私立補習班或函授學校用地，均不予減免。

二 經主管教育行政機關核准合於私立社會教育機構設立及獎勵辦法規定設立之私立圖書館、博物館、科學館、藝術館及合於學術研究機構設立辦法規定設立之學術研究機構，其直接用地，全免。但以已辦妥財團法人登記，或係辦妥登記之財團法人所興辦，且其用地為該財團法人所有者為限。

三 經事業主管機關核准設立，對外絕對公開，並不以營利為目的之私立公園及體育館場，其用地減徵百分之五十；其為財團法人組織者減徵百分之七十。

四 經事業主管機關核准設立之私立農、林、漁、牧、工、礦試驗場，辦理五年以上，具有試驗事實，其土地未作其他使用，並經該主管機關證明者，其用地減徵百分之五十。

五 經主管機關核准設立之私立醫院、捐血機構、社會救濟慈善及其他為促進公眾利益，不以營利為目的，且不以同業、同鄉、同學、宗親成員或其他特定之人等為主要受益對象之事業，其本身事業用地，全免。但為促進公眾利益之事業，經當地主管稽徵機關報經直轄市、縣（市）主管機關核准免徵者外，其餘應以辦妥財團法人登記，或係辦妥登記之財團法人所興辦，且其用地為該財團法人所有者為限。

六 經事業主管機關核准設立之私立公墓，其為財團法人組織，且不以營利為目的者，其用地，全免。但以都市計畫規劃為公墓用地或非都市土地經編定為墳墓用地者為限。

七 經事業主管機關核准興建之民營鐵、公路或專用鐵、公路，經常開放並附帶客貨運輸者，其基地，全免。

八 經事業主管機關核准辦之農田水利事業，所有引水、蓄水、洩水各項建造物用地，全免；辦公處所及其工作站房用地減徵百分之五十。

九 有益於社會風俗教化之宗教團體，經辦妥財團法人或寺廟登記，其專供公開傳教佈道之教堂、教內政部核准設立之宗教教義研究機構、寺廟用地及紀念先賢先烈之館堂祠廟用地，全免。但用以收益之祀田或放租之基地，或其土地係以私人名義所有權登記者不適用之。

十 無償供給政府機關、公立學校及軍事機關、部隊、學校使用之土地，在使用期間以內，全免。

十一 各級農會、漁會之辦公廳及其集貨場、依法辦竣農倉登記之倉庫或漁會附屬之冷凍魚貨倉庫用地，減徵百分之五十。

　　十二　經主管機關依法指定之私有古蹟用地，全免。

②前項第一款之私立學校，第二款之私立學術研究機構及第五款之私立社會救濟慈善各事業，其有收益之土地，而將全部收益直接用於各該事業者，其地價稅或田賦得專案報請減免。第三款、第四款、第六款、第七款、第八款及第十一款之各事業用地，應以各該事業所有者爲限。但第三款之事業租用公地爲用地者，該公地仍適用該款之規定。

第九條 99

無償供公衆通行之道路土地，經查明屬實者，在使用期間內，地價稅或田賦全免。但其屬建造房屋應保留之法定空地部分，不予免徵。

第一〇條

①供公共通行之騎樓走廊地，無建築改良物者，應免徵地價稅，有建築改良物者，依左列規定減徵地價稅。

　　一　地上有建築改良物一層者，減徵二分之一。

　　二　地上有建築改良物二層者，減徵三分之一。

　　三　地上有建築改良物三層者，減徵四分之一。

　　四　地上有建築改良物四層以上者，減徵五分之一。

②前項所稱建築改良物係指附著於土地之建築物或工事。

第一一條

都市計畫公共設施保留地，在保留期間未作任何使用並與使用中之土地隔離者，地價稅或田賦全免。

第一一條之一

由國防部會同內政部指定海岸、山地或重要軍事設施區，經依法劃爲管制區而實施限建或禁建之土地，減免地價稅或田賦之標準如下：

　　一　限建之土地，得在百分之三十範圍內，由直轄市、縣（市）主管機關的予減徵。

　　二　禁建之土地，減徵百分之五十。但因禁建致不能建築使用且無收益者，全免。

第一一條之二

水源水質水量保護區依都市計畫程序劃定爲水源特定者，減免地價稅或田賦之標準如左：

　　一　農業區及保護區，減徵百分之五十。

　　二　住宅區，減徵百分之三十。

　　三　商業區，減徵百分之二十。

第一一條之三

依法劃定爲古蹟保存區或編定爲古蹟保存用地之土地，減免地價稅或田賦之標準如左：

　　一　土地或建築物之使用及建造受限制者，減徵百分之三十。

　　二　禁建之土地，減徵百分之五十；但因禁建致不能建築使用而無收益者，全免。

第一一條之四

① 飛航管制區依航空站飛行場助航設備四周禁止限制建築物及其他障礙物高度管理辦法規定禁止建築之土地，其地價稅或田賦減徵百分之五十。但因禁止建築致不能建築使用且無收益者，全免。

② 依前項辦法規定限制建築地區之土地，因實際使用確受限制者，其地價稅或田賦得在百分之三十範圍內，由直轄市、縣（市）主管機關酌予減徵。

第一一條之五 96

已發布主要計畫尚未發布細部計畫之都市計畫地區，其主要計畫變更案於本規則中華民國九十六年十二月十九日修正施行前，業經內政部都市計畫委員會審議，因受限於防洪計畫致尚未能核定者，於該地區細部計畫發布實施前，其地價稅或田賦得在百分之三十範圍內，由當地主管稽徵機關報請直轄市、縣（市）主管機關酌予減徵。

第一二條

因山崩、地陷、流失、沙壓等環境限制及技術上無法使用之土地，或在墾荒過程中之土地，地價稅或田賦全免。

第一三條

經依法編定為森林用地，或尚未編定為森林用地之山林地目，業經栽植竹木之土地，田賦減百分之五十。但依法編定並實際供保安林使用之土地，田賦全免。

第一四條

① 已墾竣之土地，仍由原承墾人耕作並經依法取得耕作權者，自有收益之日起，免徵田賦八年。

② 免徵田賦期間內，原承墾人死亡，仍由繼承人耕作者，得繼續享受尚未屆滿之免稅待遇。

第一五條

① 農地因農民施以勞力或資本改良而提高等則（包括地目等則變更）者，其增加部分之田賦免徵五年。

② 家庭農場為擴大經營面積或便利農業經營，在同一地段或毗鄰地段購置或交換耕地時，於取得後連同原有耕地之總面積在五公頃以下者，其新增部分，免徵田賦五年。

③ 作農業使用之農業用地，由繼承人或受遺贈人承受者，自承受之年起，免徵田賦十年。

④ 作農業使用之農業用地，贈與民法第一千一百三十八條所定繼承人者，自受贈之年起，免徵田賦十年。

第一六條

依耕地三七五減租條例規定，出租人無償供承租人使用之農舍土地，地價稅或田賦全免。

第一七條 （區段徵收）

區段徵收或重劃地區內土地，於辦理期間致無法耕作或不能為原來之使用而無收益者，其地價稅或田賦全免。辦理完成後，自完

成之日起其地價稅或田賦減半徵收二年。

第一八條 （外國政府）

外國政府機關取得所有權或典權之土地，其土地稅之減免依據各該國與我互惠規定辦理。

第一九條 （刪除）

第二○條

土地增值稅之減免標準如下：

一 因繼承而移轉之土地，全免。

二 各級政府出售或依法贈與之公有土地，及受贈之私有土地，全免。

三 被徵收之土地，全免。

四 依都市計畫法指定之公共設施保留地尚未被徵收前之移轉，全免。

五 依法得徵收之私有土地，土地所有權人自願按徵收補償地價售與需地機關者，全免。

六 區段徵收之土地，以現金補償其地價者，及因領回抵價地不足最小建築單位面積而領取現金補償者，或以抵價地補償其地價者，全免。領回抵價地後第一次移轉時，減徵百分之四十。

七 經重劃之土地，於重劃後第一次移轉時，減徵百分之四十。但以下列土地，於中華民國六十六年二月二日平均地權條例公布施行後移轉者爲限：

　　㈠在中華民國五十三年舉辦規定地價或重新規定地價之地區，於該次規定地價或重新規定地價以後辦理重劃之土地。

　　㈡在中華民國五十三年以前已依土地法規定辦理規定地價及在中華民國五十三年以後始舉辦規定地價之地區，於其第一次規定地價以後辦理重劃之土地。

八 土地重劃時土地所有權人依法應負擔之公共用地及抵費地，全免。於重劃區內原土地所有權人應分配之土地因未達最小分配面積標準改領差額地價者，亦同。

九 分別共有土地分割後，各人所取得之土地價值與其分割前應有部分價值相等者，全免。公同共有土地分割，各人所取得之土地價值與分割前相等者，亦同。

十 土地合併後，各共有人應有部分價值與其合併前之土地價值相等者，全免。

十一 私人捐贈供興辦社會福利事業或依法設立私立學校使用之土地，全免。但以符合下列規定者爲限：

　　㈠受贈人爲財團法人。

　　㈡法人章程載明法人解散時，其賸餘財產歸屬當地方政府所有。

　　㈢捐贈人未以任何方式取得所捐贈土地之利益。

第三章　減免程序

第二一條

直轄市、縣（市）主管稽徵機關應於每年（期）地價稅或田賦開徵六十日前，將減免有關規定及其申請手續公告週知。

第二二條 99

第七條至第十七條規定申請減免地價稅或田賦者，公有土地應由管理機關，私有土地應由所有權人或典權人，造具清冊檢同有關證明文件，向直轄市、縣（市）主管稽徵機關為之。但合於下列規定者，應由稽徵機關依通報資料逕行辦理或由用地機關函請稽徵機關辦理，免由土地所有權人或典權人申請：

一　依第八條第一項第十款規定全免者。

二　經地目變更為「道」之土地（應根據主管地政機關變更登記為「道」之地籍資料辦理）。

三　經都市計畫編為公共設施保留地（應根據主管地政機關通報資料辦理）。

四　徵收之土地或各級政府、軍事機關、學校、部隊等承購之土地（應根據徵收或承購機關函送資料辦理）。

五　私有無償提供公共巷道用地（應由工務、建設主管機關或各鄉（鎮、市、區）公所建設單位，列冊送稽徵機關辦理）。

六　辦理區段徵收或重劃之土地（應由主管地政機關列冊送稽徵機關辦理）。

七　依第十一條之一規定減免之土地（應由國防軍事機關列冊敘明土地標示及禁、限建面積及限建管制圖等有關資料送稽徵機關辦理）。

八　依第十一條之二規定減免之土地（應由水源特定區管理機關列冊敘明土地標示、使用分區送稽徵機關辦理）。

九　依第十一條之三規定減免之土地（應由古蹟主管機關列冊敘明土地標示、使用分區送稽徵機關辦理）。

十　依第十一條之四規定減免之土地（應由民航主管機關提供機場禁建限建管制圖等有關資料送稽徵機關辦理）。

十一　依第十一條之五規定減徵之土地（應由該管都市計畫主管機關提供該地區主要計畫變更案之範圍等有關資料送稽徵機關辦理）。

十二　經核准減免有案之土地，於減免年限屆滿，由稽徵機關查明其減免原因仍存在並准予繼續減免者。

第二三條

①直轄市、縣（市）主管稽徵機關接到減免地價稅或田賦之申請後，除左列規定外，應即會同辦理機關派員，依據地籍圖冊實地勘查，並得視事實需要，函請申請人到場引導。

一　徵收土地或各級政府、軍事機關、學校、部隊因公承購土地，於辦妥產權登記前，依徵收或承購土地機關之申請或檢

　　附之證明文件核定減免，免辦實地勘查。

二　公有土地，依管理機關或使用機關之申請或檢附之證明文件核定減免，免辦實地勘查。

三　無償提供公共或軍事機關、學校、部隊使用之私有土地，依有關機關或使用機關之申請或檢附之證明文件核定減免，免辦實地勘查。

四　合於減免規定之私有土地，依所有權人或典權人於申請減免時所檢附之相關資料，足資證明其地上建築物之土地標示者，得自行派員實地勘查。

②前項實地勘查，其應勘查事項如左，會勘人員並應將勘查結果會報主管稽徵機關。

一　核對原冊所列土地權屬、坐落、面積、地號、地價或賦額是否相符。

二　查核申請減免案件是否與有關規定相符。

三　逐筆履勘土地使用情形是否屬實。

四　其他有關事項。

第二四條

①合於第七條至第十七條規定申請減免地價稅或田賦者，應於每年（期）開徵四十日前提出申請；逾期申請者，自申請之次年（期）起減免。減免原因消滅，自次年（期）恢復徵收。

②土地增值稅之減免應於申報土地移轉現值時，檢同有關證明文件向主管稽徵機關提出申請。

第二五條

直轄市、縣（市）主管稽徵機關受理申請土地稅減免案件，應於查核會勘核定後十日內，以書面通知申請人。

第二六條　（刪除）

第二七條　（刪除）

第二八條

依第十八條規定減免土地稅者，應由土地所有權人或典權人依照第二十二條及第二十四條規定向直轄市、縣（市）主管稽徵機關申請，層轉財政部會同內政部核定。

第四章　檢查考核

第二九條

減免地價稅或田賦原因事實有變更或消滅時，土地權利人或管理人，應於三十日內向直轄市、縣（市）主管稽徵機關申報恢復徵稅。

第三○條　（未申報恢復徵稅之處罰）

土地權利人或管理人未依前條規定申報，經查出或被檢舉者，除追補繳納地價稅或田賦外，並依土地稅法第五十四條第一項之規定處罰。其為公有土地，該土地管理機關主管及經辦人員，應予懲處。

第三一條

①已准減免地價稅或田賦之土地，直轄市、縣（市）主管稽徵機關，應每年會同會辦機關，普查或抽查一次，如有下列情形之一，應即辦理撤銷或廢止減免，並依前條規定處理：

一　未按原申請減免原因使用者。

二　有兼營私人謀利之事實者。

三　違反各該事業原來目的者。

四　經已撤銷、廢止立案或登記者。

五　土地收益未全部用於各該事業者。六減免原因消滅者。

②前項普查或抽查成果，應由直轄市、縣（市）主管稽徵機關函報直轄市、縣（市）主管機關備查。

第三二條

①凡經減免土地稅之土地，直轄市、縣（市）主管稽徵機關，除於有關稅冊記載減免原因、期別及核准文號外，並應登錄土地稅電腦稅籍主檔，按年（期）由電腦列印明細表，函報直轄市主管機關、縣（市）政府核備。

②直轄市主管機關，縣（市）主管稽徵機關依前項明細表，分別編造地價稅、田賦及土地增值稅減免稅額統計表，函報財政部備查。

第三三條

依本規則辦理土地稅減免所需之表冊簿籍，其格式由直轄市主管機關、縣（市）主管稽徵機關訂定之。

第三四條

主管及會辦機關處理減免案件，應隨到隨辦，不得積壓，如有勘辦不實或違反規定情事，其主管及經辦人員，應予議處。

第三五條

減免土地稅之土地，直轄市、縣（市）政府或財政部，得隨時派員抽查之。

第五章　附　則

第三六條

本規則自發布日施行。但中華民國九十四年二月二十四日修正發布之第十一條之一第一款規定，自中華民國九十五年一月一日施行。

房屋稅條例

①民國 32 年 3 月 11 日國民大會制定公布全文 14 條。
②民國 33 年 10 月 3 日國民大會修正公布第 2 條條文。
③民國 35 年 12 月 5 日國民大會修正公布全文 15 條。
④民國 36 年 11 月 14 日國民大會修正公布全文 14 條。
⑤民國 39 年 6 月 17 日總統令修正公布第 11、12 條條文。
⑥民國 44 年 12 月 31 日總統令修正公布全文 20 條。
⑦民國 56 年 4 月 11 日總統令修正公布名稱及全文 25 條；並自 57 年 1 月 1 日施行（原名稱：房捐條例）。
⑧民國 59 年 7 月 8 日總統令修正公布第 5、14、15 條條文。
⑨民國 61 年 12 月 11 日總統令修正公布第 13、15 條條文。
⑩民國 63 年 11 月 30 日總統令修正公布第 15 條條文。
⑪民國 70 年 5 月 20 日總統令修正公布第 15 條條文。
⑫民國 72 年 11 月 11 日總統令修正公布第 12 條條文。
⑬民國 81 年 7 月 29 日總統令修正公布第 6、15、18、25 條條文；並刪除第 13、17 條條文。
⑭民國 82 年 7 月 30 日總統令公布刪除第 19～21 條條文。
⑮民國 90 年 6 月 20 日總統令修正公布第 1、4～7、10、11、15、16、22、24、25 條條文；並自 90 年 7 月 1 日施行。
⑯民國 96 年 3 月 21 日總統令修正公布第 15 條條文。
⑰民國 103 年 6 月 4 日總統令修正公布第 5 條條文。

第一條 （徵收依據）90

房屋稅之徵收，依本條例之規定；本條例未規定者，依其他有關法律之規定。

第二條 （名詞定義）

本條例用辭之定義如左：

一　房屋，指固定於土地上之建築物，供營業、工作或住宅用者。

二　增加該房屋使用價值之建築物，指附屬於應徵房屋稅房屋之其他建築物，因而增加該房屋之使用價值者。

第三條 （課徵對象）

房屋稅，以附著於土地之各種房屋，及有關增加該房屋使用價值之建築物，為課徵對象。

第四條 （徵收之相對人）90

①房屋稅向房屋所有人徵收之。其設有典權者，向典權人徵收之。共有房屋向共有人徵收之，由共有人推定一人繳納，其不為推定者，由現住人或使用人代繳。

②前項代繳之房屋稅，在其應負擔部分以外之稅款，對於其他共有人有求償權。

③第一項所有權人或典權人住址不明，或非居住房屋所在地者，應由管理人或現住人繳納之。如屬出租，應由承租人負責代繳，抵扣房租。

④未辦建物所有權第一次登記且所有人不明之房屋，其房屋稅向使用執照所載起造人徵收之；無使用執照者，向建造執照所載起造人徵收之；無建造執照者，向現住人或管理人徵收之。

⑤房屋為信託財產者，於信託關係存續中，以受託人為房屋稅之納稅義務人。受託人為二人以上者，準用第一項有關共有房屋之規定。

第五條 （稅率）103

①房屋依房屋現值，按下列稅率課徵之：

一　住家用房屋：供自住或公益出租人出租使用者，為其房屋現值百分之一點二；其他供住家用者，最低不得少於其房屋現值百分之一點五，最高不得超過百分之三點六。各地方政府得視所有權人持有房屋戶數訂定差別稅率。

二　非住家用房屋：供營業、私人醫院、診所或自由職業事務所使用者，最低不得少於其房屋現值百分之三，最高不得超過百分之五；供人民團體等非營業使用者，最低不得少於其房屋現值百分之一點五，最高不得超過百分之二點五。

三　房屋同時作住家及非住家用者，應以實際使用面積，分別按住家用或非住家用稅率，課徵房屋稅。但非住家用者，課稅面積最低不得少於全部面積六分之一。

②前項第一款供自住及公益出租人出租使用之認定標準，由財政部定之。

第六條 （稅率擬定程序）90

直轄市及縣（市）政府得視地方實際情形，在前條規定稅率範圍內，分別規定房屋稅徵收率，提經當地民意機關通過，報請或層轉財政部備案。

第七條 （申報現值）90

納稅義務人應於房屋建造完成之日起三十日內檢附有關文件，向當地主管稽徵機關申報房屋稅籍有關事項及使用情形；其有增建、改建、變更使用或移轉、承典時，亦同。

第八條 （停止課稅）

房屋遇有焚燬、坍塌、拆除至不堪居住程度者，應由納稅義務人申報當地主管稽徵機關查實後，在未重建完成期內，停止課稅。

第九條 （評價）90

各直轄市、縣（市）（局）選派有關主管人員及建築技術專門人員組織不動產評價委員會。不動產評價委員會應由當地民意機關及有關人民團體推派代表參加，人數不得少於總額五分之二。其組織規程由財政部定之。

第一〇條 （核價與異議）90

①主管稽徵機關應依據不動產評價委員會評定之標準，核計房屋現

值。

②依前項規定核計之房屋現值，主管稽徵機關應通知納稅義務人。納稅義務人如有異議，得於接到通知書之日起三十日內，檢附證件，申請重行核計。

第一一條　（評定與公告）90

①房屋標準價格，由不動產評價委員會依據下列事項分別評定，並由直轄市、縣（市）政府公告之：

一　按各種建造材料所建房屋，區分種類及等級。

二　各類房屋之耐用年數及折舊標準。

三　按房屋所處街道村里之商業交通情形及房屋之供求概況，並比較各該不同地段之房屋買賣價格減除地價部分，訂定標準。

②前項房屋標準價格，每三年重行評定一次，並應依其耐用年數予以折舊，按年遞減其價格。

第一二條　（徵收期）

①房屋稅每年徵收一次，其開徵日期由省（市）政府定之。

②新建、增建或改建房屋，於當期建造完成者，均須按月比例計課，未滿一個月者不計。

第一三條　（刪除）

第一四條　（免稅）

公有房屋供下列各款使用者，免徵房屋稅：

一　各級政府機關及地方自治機關之辦公房屋及其員工宿舍。

二　軍事機關部隊之辦公房屋及其官兵宿舍。

三　監獄、看守所及其辦公房屋暨員工宿舍。

四　公立學校、醫院、社會教育學術研究機構及救濟機構之校舍、院舍、辦公房屋及其員工宿舍。

五　工礦、農林、水利、漁牧事業機關之研究或試驗所所用之房屋。

六　糧政機關之糧倉、鹽務機關之鹽倉、公賣事業及政府經營之自來水廠（場）所使用之廠房及辦公房屋。

七　郵政、電信、鐵路、公路、航空、氣象、港務事業，供本身業務所使用之房屋及其員工宿舍。

八　名勝古蹟及紀念先賢先烈之祠廟。

九　政府配供貧民居住之房屋。

十　政府機關為輔導退除役官兵就業所舉辦事業使用之房屋。

第一五條　（私有房屋免稅減稅之規定）96

①私有房屋有下列情形之一者，免徵房屋稅：

一　業經立案之私立學校及學術研究機構，完成財團法人登記者，其供校舍或辦公使用之自有房屋。

二　業經立案之私立慈善救濟事業，不以營利為目的，完成財團法人登記者，其直接供辦理事業所使用之自有房屋。

三　專供祭祀用之宗祠、宗教團體供傳教佈道之教堂及寺廟。但

以完成財團法人或寺廟登記，且房屋爲其所有者爲限。

四　無償供政府機關公用或供軍用之房屋。

五　不以營利爲目的，並經政府核准之公益社團自有供辦公使用之房屋。但以同業、同鄉、同學或宗親社團爲受益對象者，除依工會法組成之工會經由當地主管稽徵機關報經直轄市、縣（市）政府核准免徵外，不在此限。

六　專供飼養禽畜之房舍、培植農產品之溫室、稻米育苗中心作業室、人工繁殖場、抽水機房舍；專供農民自用之燻菸房、稻穀及茶葉烘乾機房、存放農具倉庫及堆肥舍等房屋。

七　受重大災害，毀損面積佔整棟面積五成以上，必須修復始能使用之房屋。

八　司法保護事業所有之房屋。

九　住家房屋現值在新臺幣十萬元以下者。但房屋標準價格如依第十一條第二項規定重行評定時，按該重行評定時之標準價格增減程度調整之。調整金額以千元爲單位，未達千元者，按千元計算。

十　農會所有之倉庫，專供糧政機關儲存公糧，經主管機關證明者。

十一　經目的事業主管機關許可設立之公益信託，其受託人因該信託關係而取得之房屋，直接供辦理公益活動使用者。

②私有房屋有下列情形之一者，其房屋稅減半徵收：

一　政府平價配售之平民住宅。

二　合法登記之工廠供直接生產使用之自有房屋。

三　農會所有之自用倉庫及檢驗場，經主管機關證明者。

四　受重大災害，毀損面積佔整棟面積三成以上不及五成之房屋。

③依第一項第一款至第八款、第十款、第十一款及第二項規定減免房屋稅者，應由納稅義務人於減免原因、事實發生之日起三十日內，申報當地主管稽徵機關調查核定之；逾期申報者，自申報當月份起減免。

第一六條　（補稅與罰鍰）90

納稅義務人未依第七條規定之期限申報，因而發生漏稅者，除責令補繳應納稅額外，並按所漏稅額處以二倍以下罰鍰。

第一七條　（刪除）

第一八條　（滯納金）

納稅義務人未於稅單所載限繳日期以內繳清應納稅款者，每逾二日按滯納數額加徵百分之一滯納金；逾三十日仍未繳納者，移送法院強制執行。

第一九條至第二一條　（刪除）

第二二條　（典賣等房屋稅）90

①欠繳房屋稅之房屋，在欠稅未繳清前，不得辦理移轉登記或設定典權登記。

②前項所欠稅款，房屋承受人得申請代繳，其代繳稅額得向納稅義
　務人求償，或在買價、典價內照數扣除。

第二三條　（新建等發照）

　房屋之新建、重建、增建或典賣移轉，主管建築機關及主辦登記
　機關應於核准發照或登記之日，同時通知主管稽徵機關。

第二四條　（徵收細則）90

　房屋稅徵收細則，由各直轄市及縣（市）政府依本條例分別擬
　訂，報財政部備案。

第二五條　（施行日）90

①本條例施行日期，由行政院以命令定之。

②本條例修正條文自公布日施行。

③本條例九十年五月二十九日修正條文施行日期，由行政院定之。

契稅條例

①民國 32 年 5 月 15 日國民政府制定公布全文 25 條。
②民國 34 年 4 月 17 日國民政府修正公布第 16 條條文。
③民國 35 年 6 月 29 日國民政府修正公布第 3 條條文。
④民國 39 年 10 月 27 日總統令修正公布第 13 條條文。
⑤民國 42 年 11 月 27 日總統令修正公布第 2、13、17、24 條條文。
⑥民國 56 年 12 月 30 日總統令修正公布全文 33 條。
⑦民國 62 年 8 月 30 日總統令修正公布第 14 條條文。
⑧民國 82 年 7 月 30 日總統公布刪除第 31 條條文。
⑨民國 88 年 1 月 27 日總統令修正公布第 3 條條文。
⑩民國 88 年 7 月 15 日總統令修正公布第 2、3、12、14、16、19、23、25 條條文；並刪除第 20～22、27、28 條條文。
⑪民國 90 年 6 月 13 日總統令修正公布第 33 條條文；增訂第 7-1、14-1 條條文；並自 90 年 7 月 1 日起施行。
⑫民國 98 年 12 月 30 日總統令修正公布第 24 條條文。
⑬民國 99 年 5 月 5 日總統令修正公布第 4、5 及 13 條條文。

第一條 （適用範圍）
契稅之徵收，依本條例之規定。

第二條 （徵收範圍）
不動產之買賣、承典、交換、贈與、分割或因占有而取得所有權者，均應申報繳納契稅。但在開徵土地增值稅區域之土地，免徵契稅。

第三條 （稅率）
契稅稅率如下：
一　買賣契稅為其契價百分之六。
二　典權契稅為其契價百分之四。
三　交換契稅為其契價百分之二。
四　贈與契稅為其契價百分之六。
五　分割契稅為其契價百分之二。
六　占有契稅為其契價百分之六。

第四條 （買賣契稅）99
買賣契稅，應由買受人申報納稅。

第五條 （典權契稅）99
典權契稅，應由典權人申報納稅。

第六條 （交換契稅）
①交換契稅，應由交換人估價立契，各就承受部分申報納稅。
②前項交換有給付差額價款者，其差額價款，應依買賣契稅稅率課徵。

第七條　（贈與契稅）

　　贈與契稅，應由受贈人估價立契，申報納稅。

第七條之一　（贈與契稅之申報繳納）90

　　以不動產為信託財產，受託人依信託本旨移轉信託財產與委託人以外之歸屬權利人時，應由歸屬權利人估價立契，依第十六條規定之期限申報繳納贈與契稅。

第八條　（分割契稅）

　　分割契稅，應由分割人估價立契，申報納稅。

第九條　（占有契稅）

　　占有契稅，應由占有不動產依法取得所有權之人估價立契，申報納稅。

第一〇條　（典權契稅）

　　先典後賣者，得以原納典權契稅額，抵繳買賣契稅。但以典權人與買主同屬一人者為限。

第一一條　（領買等之契稅）

　　依法領買或標購公產及向法院標購拍賣之不動產者，仍應申報繳納契稅。

第一二條　（以變相方式取得所有權或使用權）

①凡以遷移、補償等變相方式支付產價，取得不動產所有權者，應照買賣契稅申報納稅；其以抵押、借貸或變相方式代替設典，取得使用權者，應照典權契稅申報納稅。

②建築物於建造完成前，因買賣、交換、贈與，以承受人為建造執照原始起造人或中途變更起造人名義，並取得使用執照者，應由使用執照所載起造人申報納稅。

第一三條　（計課契稅之契價）99

①第三條所稱契價，以當地不動產評價委員會評定之標準價格為準。但依第十一條取得不動產之移轉價格低於評定標準價格者，從其移轉價格。

②不動產評價委員會組織，由財政部定之。

第一四條　（免稅情形）

　　有下列情形之一者，免徵契稅：

一　各級政府機關、地方自治團體、公立學校因公使用而取得之不動產。但供營業用者，不適用之。

二　政府經營之郵政事業，因業務使用而取得之不動產。

三　政府因公務需要，以公有不動產交換，或因土地重劃而交換不動產取得所有權者。

四　建築物於建造完成前，變更起造人名義者。但依第十二條第二項規定應申報納稅者，不適用之。

五　建築物於建造完成前，其興建中之建築工程讓與他人繼續建造未完工部分，因而變更起造人名義為受讓人，並以該受讓人為起造人名義取得使用執照者。

第一四條之一 （不課徵契稅之情形）90

不動產為信託財產者，於左列各款信託關係人間移轉所有權，不課徵契稅：

一　因信託行為成立，委託人與受託人間。

二　信託關係存續中受託人變更時，原受託人與新受託人間。

三　信託契約明定信託財產之受益人為委託人者，信託關係消滅時，受託人與受益人間。

四　因遺囑成立之信託，於信託關係消滅時，受託人與受益人間。

五　因信託行為不成立、無效、解除或撤銷，委託人與受託人間。

第一五條 （免稅申請）

依前條規定免稅者，應填具契稅免稅申請書，並檢附契約及有關證件，向主管稽徵機關聲請發給契稅免稅證明書，以憑辦理權利變更登記。

第一六條 （申報契稅）

①納稅義務人應於不動產買賣、承典、交換、贈與及分割契約成立之日起，或因占有而依法申請為所有人之日起三十日內，填具契稅申報書表，檢附公定格式契約書及有關文件，向當地主管稽徵機關申報契稅。但未辦建物所有權第一次登記之房屋買賣、交換、贈與、分割，應由雙方當事人共同申報。

②不動產移轉發生糾紛時，其申報契稅之起算日期，應以法院判決確定日為準。

③向政府機關標購或領買公產，以政府機關核發產權移轉證明書之日為申報起算日。

④向法院標購拍賣之不動產，以法院發給權利移轉證明書之日為申報起算日。

⑤建築物於建造完成前，因買賣、交換、贈與，以承受人為建造執照原始起造人或中途變更起造人名義並取得使用執照者，以主管建築機關核發使用執照之日起滿三十日為申報起算日。

第一七條 （收件）

主管稽徵機關於收到納稅義務人之契稅申報書表暨所附證件，應即填給收件清單，加蓋機關印信及經手人名章，交付納稅義務人執存。

第一八條 （查定與補正）

①主管稽徵機關收到納稅義務人契稅申報案件，應於十五日內審查完竣，查定應納稅額，發單通知納稅義務人依限繳納。

②主管稽徵機關對納稅義務人所檢送表件，如認為有欠完備或有疑問時，應於收件後七日內通知納稅義務人補正或說明。

第一九條 （繳納期限）

納稅義務人應於稽徵機關核定繳款書送達後三十日內繳納。

第二〇條至第二二條 （刪除）

第二三條 （變更登記）

凡因不動產之買賣、承典、交換、贈與、分割及占有而辦理所有權登記者，地政機關應憑繳納契稅收據、免稅證明書或同意移轉證明書，辦理權利變更登記。

第二四條 （怠報金）

納稅義務人不依規定期限申報者，每逾三日，加徵應納稅額百分之一之怠報金，最高以應納稅額爲限。但不得超過新臺幣一萬五千元。

第二五條 （滯納金）

納稅義務人不依規定期限繳納稅款者，每逾二日，加徵應納稅額百分之一之滯納金；逾期三十日仍不繳納稅款及滯納金或前條之怠報金者，移送法院強制執行。

第二六條 （補稅與罰鍰）

納稅義務人應納契稅，匿報或短報，經主管稽徵機關查得，或經人舉發查明屬實者，除應補繳稅額外，並加處以應納稅額一倍以上三倍以下之罰鍰。

第二七條 （刪除）

第二八條 （刪除）

第二九條 （徵收機關）

契稅由直轄市及縣（市）稅捐稽徵處徵收或鄉、鎮、市、區公所代徵之。

第三〇條 （免繳怠報滯納金）

在規定申報繳納契稅期間，因不可抗力致不能如期申報或繳納者，應於不可抗力之原因消滅後十日內，聲明事由，經查明屬實，免予加徵怠報金或滯納金。

第三一條 （刪除）

第三二條 （檢舉獎金）

①告發或檢舉納稅義務人逃漏、匿報、短報或以其他不正當之行爲逃稅者，稽徵機關得以罰鍰百分之二十獎給舉發人，並爲舉發人絕對保守秘密。

②前項告發或檢舉獎金，稽徵機關應於收到罰鍰後三日內，通知原檢舉人，限期領取。

③公務員爲舉發人時，不適用本條獎金之規定。

第三三條 （施行日）90

①本條例自公布日施行。

②本條例九十年五月二十九日修正條文施行日期，由行政院定之。

遺產及贈與稅法

①民國 62 年 2 月 6 日總統令制定公布全文 59 條。
②民國 62 年 9 月 5 日總統令修正公布第 57 條條文。
③民國 70 年 6 月 19 日總統令修正公布第 12、13、16～20、22、30、44～46、51～53、56 條條文；並刪除第 27、31、32、34～36、38、49、54、57 條條文暨第四章第二節節名。
④民國 82 年 7 月 30 日總統令公布刪除第 53 條條文。
⑤民國 84 年 1 月 13 日總統令修正公布第 4、5、10、11、13、16～20、22、30、41、51 條條文；並增訂第 3-1、12-1、41-1 條條文。
⑥民國 87 年 6 月 24 日總統令修正公布第 11、20 條條文。
⑦民國 88 年 7 月 15 日總統令修正公布第 15 條條文。
⑧民國 89 年 1 月 26 日總統令修正公布第 4、17、20 條條文。
⑨民國 90 年 6 月 13 日總統令修正公布第 59 條條文；增訂第 3-2、5-1、5-2、10-1、10-2、16-1、20-1、24-1 條條文；並自 90 年 7 月 1 日施行。
⑩民國 93 年 6 月 2 日總統令修正公布第 28 條條文。
⑪民國 98 年 1 月 21 日總統令修正公布第 7、10、13、18、19、22、30、44、45 條條文；並增訂第 17-1、58-1 條條文。
民國 101 年 2 月 3 日行政院公告第 12-1 條第 2 項所列屬「行政院主計處」之權責事項，自 101 年 2 月 6 日起改由「行政院主計總處」管轄。
⑫民國 104 年 7 月 1 日總統令修正公布第 30 條條文。

第一章 總 則

第一條 （遺產稅之客體）
①凡經常居住中華民國境內之中華民國國民死亡時遺有財產者，應就其在中華民國境內境外全部遺產，依本法規定，課徵遺產稅。
②經常居住中華民國境外之中華民國國民，及非中華民國國民，死亡時在中華民國境內遺有財產者，應就其在中華民國境內之遺產，依本法規定，課徵遺產稅。

第二條 （無人承認繼承之遺產稅）
無人承認繼承之遺產，依法歸屬國庫；其應繳之遺產稅，由國庫依財政收支劃分法之規定分配之。

第三條 （贈與稅之客體）
①凡經常居住中華民國境內之中華民國國民，就其在中華民國境內或境外之財產為贈與者，應依本法規定，課徵贈與稅。
②經常居住中華民國境外之中華民國國民，及非中華民國國民，就其在中華民國境內之財產為贈與者，應依本法規定，課徵贈與稅。

第三條之一 （喪失國籍者之課稅）

死亡事實或贈與行為發生前二年內，被繼承人或贈與人自願喪失中華民國國籍者，仍應依本法關於中華民國國民之規定，課徵遺產稅或贈與稅。

第三條之二 （遺產稅之課徵）90

①因遺囑成立之信託，於遺囑人死亡時，其信託財產應依本法規定，課徵遺產稅。

②信託關係存續中受益人死亡時，應就其享有信託利益之權利未領受部分，依本法規定課徵遺產稅。

第四條 （名詞定義）

①本法稱財產，指動產、不動產及其他一切有財產價值之權利。

②本法稱贈與，指財產所有人以自己之財產無償給予他人，經他人允受而生效力之行為。

③本法稱經常居住中華民國境內，係指被繼承人或贈與人有左列情形之一：

一 死亡事實或贈與行為發生前二年內，在中華民國境內有住所者。

二 在中華民國境內無住所而有居所，且在死亡事實或贈與行為發生前二年內，在中華民國境內居留時間合計逾三百六十五天者。但受中華民國政府聘請從事工作，在中華民國境內有特定居留期限者，不在此限。

④本法稱經常居住中華民國境外，係指不合前項經常居住中華民國境內規定者而言。

⑤本法稱農業用地，適用農業發展條例之規定。

第五條 （視同贈與）

財產之移動，具有左列各款情形之一者，以贈與論，依本法規定，課徵贈與稅：

一 在請求權時效內無償免除或承擔債務者，其免除或承擔之債務。

二 以顯著不相當之代價，讓與財產、免除或承擔債務者，其差額部分。

三 以自己之資金，無償為他人購置財產者，其資金。但該財產為不動產者，其不動產。

四 因顯著不相當之代價，出資為他人購置財產者，其出資與代價之差額部分。

五 限制行為能力人或無行為能力人所購置之財產，視為法定代理人或監護人之贈與。但能證明支付之款項屬於購買人所有者，不在此限。

六 二親等以內親屬間財產之買賣。但能提出已支付價款之確實證明，且該已支付之價款非由出賣人貸與或提供擔保向他人借得者，不在此限。

第五條之一 （贈與稅之課徵）90

①信託契約明定信託利益之全部或一部之受益人為非委託人者，視為委託人將享有信託利益之權利贈與該受益人，依本法規定，課

徵贈與稅。

②信託契約明定信託利益之全部或一部之受益人爲委託人，於信託關係存續中，變更爲非委託人者，於變更時，適用前項規定課徵贈與稅。

③信託關係存續中，委託人追加信託財產，致增加非委託人享有信託利益之權利者，於追加時，就增加部分，適用第一項規定課徵贈與稅。

④前三項之納稅義務人爲委託人。但委託人有第七條第一項但書各款情形之一者，以受託人爲納稅義務人。

第五條之二 （不課徵贈與稅之情形）90

信託財產於左列各款信託關係人間移轉或爲其他處分者，不課徵贈與稅：

一 因信託行爲成立，委託人與受託人間。

二 信託關係存續中受託人變更時，原受託人與新受託人間。

三 信託關係存續中，受託人依信託本旨交付信託財產，受託人與受益人間。

四 因信託關係消滅，委託人與受託人間或受託人與受益人間。

五 因信託行爲不成立、無效、解除或撤銷，委託人與受託人間。

第六條 （納稅義務人之遺產稅）

①遺產稅之納稅義務人如左：

一 有遺囑執行人者，爲遺囑執行人。

二 無遺囑執行人者，爲繼承人及受遺贈人。

三 無遺囑執行人及繼承人者，爲依法選定遺產管理人。

②其應選定遺產管理人，於死亡發生之日起六個月內未經選定呈報法院者，或因特定原因不能選定者，稽徵機關得依非訟事件法之規定，申請法院指定遺產管理人。

第七條 （納稅義務－贈與稅）98

①贈與稅之納稅義務人爲贈與人。但贈與人有下列情形之一者，以受贈人爲納稅義務人：

一 行蹤不明。

二 逾本法規定繳納期限尚未繳納，且在中華民國境內無財產可供執行。

三 死亡時贈與稅尚未核課。

②依前項規定受贈人有二人以上者，應按受贈財產之價值比例，依本法規定計算之應納稅額，負納稅義務。

第八條 （遺產贈與稅之保全）

①遺產稅未繳清前，不得分割遺產、交付遺贈或辦理移轉登記。贈與稅未繳清前，不得辦理贈與移轉登記。但依第四十一條規定，於事前申請該管稽徵機關核准發給同意移轉證明書，或經稽徵機關核發免稅證明書、不計入遺產總額證明書或不計入贈與總額證明書者，不在此限。

②遺產中之不動產，債權人聲請強制執行時，法院應通知該管稽徵機關，迅依法定程序核定其稅額，並移送法院強制執行。

第九條　（境內外財產之認定）

①第一條及第三條所稱中華民國境內或境外之財產，按被繼承人死亡時或贈與人贈與時之財產所在地認定之：

一　動產、不動產及附著於不動產之權利，以動產或不動產之所在地為準。但船舶、車輛及航空器，以其船籍、車輛或航空器登記機關之所在地為準。

二　礦業權，以其礦區或礦場之所在地為準。

三　漁業權，以其行政管轄區之所在地為準。

四　專利權、商標權、著作權及出版權，以其登記機關之所在地為準。

五　其他營業上之權利，以其營業所在地為準。

六　金融機關收受之存款及寄託物，以金融機關之事務所或營業所所在地為準。

七　債權，以債務人經常居住之所在地或事務所或營業所所在地為準。

八　公債、公司債、股權或出資，以其發行機關或被投資事業之主事務所所在地為準。

九　有關信託之權益，以其承受信託事業之事務所或營業所所在地為準。

②前列各款以外之財產，其所在地之認定有疑義時，由財政部核定之。

第一〇條　（估價原則）98

①遺產及贈與財產價值之計算，以被繼承人死亡時或贈與人贈與時之時價為準；被繼承人如係受死亡之宣告者，以法院宣告死亡判決內所確定死亡日之時價為準。

②本法中華民國八十四年一月十五日修正生效前發生死亡事實或贈與行為而尚未核課或尚未核課確定之案件，其估價適用修正後之前項規定辦理。

③第一項所稱時價，土地以公告土地現值或評定標準價格為準；房屋以評定標準價格為準；其他財產時價之估定，本法未規定者，由財政部定之。

第一〇條之一　（遺產稅價值計算）90

依第三條之二第二項規定應課徵遺產稅之權利，其價值之計算，依左列方式估定之：

一　享有全部信託利益之權利者，該信託利益為金錢時，以信託金額為準，信託利益為金錢以外之財產時，以受益人死亡時信託財產之時價為準。

二　享有孳息以外信託利益之權利者，該信託利益為金錢時，以信託金額按受益人死亡時起至受益時止之期間，依受益人死亡時郵政儲金匯業局一年期定期儲金固定利率複利折算現值

計算之；信託利益為金錢以外之財產時，以受益人死亡時信託財產之時價，按受益人死亡時起至受益止之期間，依受益人死亡時郵政儲金匯業局一年期定期儲金固定利率複利折算現值計算之。

三　享有孳息部分信託利益之權利者，以信託金額或受益人死亡時信託財產之時價，減除依前款規定所計算之價值後之餘額為準。但該孳息係給付公債、公司債、金融債券或其他約載之固定利息者，其價值之計算，以每年享有之利息，依受益人死亡時郵政儲金匯業局一年期定期儲金固定利率，按年複利折算現值之總和計算之。

四　享有信託利益之權利為按期定額給付者，其價值之計算，以每年享有信託利益之數額，依受益人死亡時郵政儲金匯業局一年期定期儲金固定利率，按年複利折算現值之總和計算之；享有信託利益之權利為全部信託利益扣除按期定額給付後之餘額者，其價值之計算，以受益人死亡時信託財產之時價減除依前段規定計算之價值後之餘額計算之。

五　享有前四款所規定信託利益之一部者，按受益比率計算之。

第一○條之二　（贈與稅價值計算）90

依第五條之一規定應課徵贈與稅之權利，其價值之計算，依左列規定估定之：

一　享有全部信託利益之權利者，該信託利益為金錢時，以信託金額為準；信託利益為金錢以外之財產時，以贈與時信託財產之時價為準。

二　享有孳息以外信託利益之權利者，該信託利益為金錢時，以信託金額按贈與時起至受益止之期間，依贈與時郵政儲金匯業局一年期定期儲金固定利率複利折算現值計算之；信託利益為金錢以外之財產時，以贈與時信託財產之時價，按贈與時起至受益止之期間，依贈與時郵政儲金匯業局一年期定期儲金固定利率複利折算現值計算之。

三　享有孳息部分信託利益之權利者，以信託金額或贈與時信託財產之時價，減除依前款規定所計算之價值後之餘額為準。但該孳息係給付公債、公司債、金融債券或其他約載之固定利息者，其價值之計算，以每年享有之利息，依贈與時郵政儲金匯業局一年期定期儲金固定利率，按年複利折算現值之總和計算之。

四　享有信託利益之權利為按期定額給付者，其價值之計算，以每年享有信託利益之數額，依贈與時郵政儲金匯業局一年期定期儲金固定利率，按年複利折算現值之總和計算之；享有信託利益之權利為全部信託利益扣除按期定額給付後之餘額者，其價值之計算，以贈與時信託財產之時價減除依前段規定計算之價值後之餘額計算之。

五　享有前四款所規定信託利益之一部者，按受益比率計算之。

第一一條 （國外財產遺產稅與贈與稅之扣抵）

① 國外財產依所在地法律已納之遺產稅或贈與稅，得由納稅義務人提出所在地稅務機關發給之納稅憑證，併應取得所在地中華民國使領館之簽證；其無使領館者，應取得當地公定會計師或公證人之簽證，自其應納遺產稅或贈與稅額中扣抵。但扣抵額不得超過因加計其國外遺產而依國內適用稅率計算增加之應納稅額。

② 被繼承人死亡前二年內贈與之財產，依第十五條之規定併入遺產課徵遺產稅者，應將已納之贈與稅與土地增值稅連同按郵政儲金匯業局一年期定期存款利率計算之利息，自應納遺產稅額內扣抵。但扣抵額不得超過贈與財產併計遺產總額後增加之應納稅額。

第一二條 （貨幣單位）

本法規定之各種金額，均以新臺幣爲單位。

第一二條之一 （金額項目）

① 本法規定之左列各項金額，每遇消費者物價指數較上次調整之指數累計上漲達百分之十以上時，自次年起按上漲程度調整之。調整金額以萬元爲單位，未達萬元者按千元數四捨五入：

一 免稅額。

二 課稅級距金額。

三 被繼承人日常生活必需之器具及用具、職業上之工具，不計入遺產總額之金額。

四 被繼承人之配偶、直系血親卑親屬、父母、兄弟姊妹、祖父母扣除額、喪葬費扣除額及殘障特別扣除額。

② 財政部於每年十二月底前，應依據前項規定，計算次年發生之繼承或贈與案件所應適用之各項金額後公告之。所稱消費者物價指數，係指行政院主計處公布，自前一年十一月起至該年十月底爲止十二個月平均消費者物價指數。

第二章　遺產稅之計算

第一三條 （稅率）98

遺產稅按被繼承人死亡時，依本法規定計算之遺產總額，減除第十七條、第十七條之一規定之各項扣除額及第十八條規定之免稅額後之課稅遺產淨額，課徵百分之十。

第一四條 （遺產總額範圍）

遺產總額應包括被繼承人死亡時依第一條規定之全部財產，及依第十條規定計算之價值。但第十六條規定不計入遺產總額之財產，不包括在內。

第一五條 （視同財產）

① 被繼承人死亡前二年內贈與下列個人之財產，應於被繼承人死亡時，視爲被繼承人之遺產，併入其遺產總額，依本法規定徵收：

一 被繼承人之配偶。

二 被繼承人依民法第一千一百三十八條及第一千一百四十條規

定各順序繼承人。

三　前款各順序繼承人之配偶。

②八十七年六月二十六日以後至前項修正公布生效前發生之繼承案件，適用前項之規定。

第一六條　（不計入遺產總額）

左列各款不計入遺產總額：

一　遺贈人、受遺贈人或繼承人捐贈各級政府及公立教育、文化、公益慈善機關之財產。

二　遺贈人、受遺贈人或繼承人捐贈公有事業機構或全部公股之公營事業之財產。

三　遺贈人、受遺贈人或繼承人捐贈於被繼承人死亡時，已依法登記設立為財團法人組織且符合行政院規定標準之教育、文化、公益、慈善、宗教團體及祭祀公業之財產。

四　遺產中有關文化、歷史、美術之圖書、物品，經繼承人向主管稽徵機關聲明登記者。但繼承人將此項圖書、物品轉讓時，仍須自動申報補稅。

五　被繼承人自己創作之著作權、發明專利權及藝術品。

六　被繼承人日常生活必需之器具及用品，其總價值在七十二萬元以下部分。

七　被繼承人職業上之工具，其總價值在四十萬元以下部分。

八　依法禁止或限制採伐之森林。但解禁後仍須自動申報補稅。

九　約定於被繼承人死亡時，給付其所指定受益人之人壽保險金額、軍、公教人員、勞工或農民保險之保險金額及互助金。

十　被繼承人死亡前五年內，繼承之財產已納遺產稅者。

十一　被繼承人配偶及子女之原有財產或特有財產，經辦理登記或確有證明者。

十二　被繼承人遺產中經政府闢為公眾通行道路之土地或其他無償供公眾通行之道路土地，經主管機關證明者。但其屬建造房屋應保留之法定空地部分，仍應計入遺產總額。

十三　被繼承人之債權及其他請求權不能收取或行使確有證明者。

第一六條之一　（不計入遺產總額之財產）90

遺贈人、受遺贈人或繼承人提供財產，捐贈或加入於被繼承人死亡時已成立之公益信託並符合左列各款規定者，該財產不計入遺產總額：

一　受託人為信託業法所稱之信託業。

二　各該公益信託除為其設立目的之舉辦事業而必須支付之費用外，不以任何方式對特定或可得特定之人給予特殊利益。

三　信託行為明定信託關係解除、終止或消滅時，信託財產移轉於各級政府、有類似目的之公益法人或公益信託。

第一七條　（扣除額）

①左列各款，應自遺產總額中扣除，免徵遺產稅：

一　被繼承人遺有配偶者，自遺產總額中扣除四百萬元。

二　繼承人為直系血親卑親屬者，每人得自遺產總額中扣除四十萬元。其有未滿二十歲者，並得按其年齡距屆滿二十歲之年數，每年加扣四十萬元。但親等近者拋棄繼承由次親等卑親屬繼承者，扣除之數額以拋棄繼承前所得扣除之數額為限。

三　被繼承人遺有父母者，每人得自遺產總額中扣除一百萬元。

四　第一款至第三款所定之人如為身心障礙者保護法第三條規定之重度以上身心障礙者，或精神衛生法第五條第二項規定之病人，每人得再加扣五百萬元。

五　被繼承人遺有受其扶養之兄弟姊妹、祖父母者，每人得自遺產總額中扣除四十萬元；其兄弟姊妹中有未滿二十歲者，並得按其年齡距屆滿二十歲之年數，每年加扣四十萬元。

六　遺產中作農業使用之農業用地及其地上農作物，由繼承人或受遺贈人承受者，扣除其土地及地上農作物價值之全數。承受人自承受之日起五年內，未將該土地繼續作農業使用且未在有關機關所令期限內恢復作農業使用，或雖在有關機關所令期限內已恢復作農業使用而再有未作農業使用情事者，應追繳應納稅賦。但如因該承受人死亡、該承受土地被徵收或依法變更為非農業用地者，不在此限。

七　被繼承人死亡前六年至九年內，繼承之財產已納遺產稅者，按年遞減扣除百分之八十、百分之六十、百分之四十及百分之二十。

八　被繼承人死亡前，依法應納之各項稅捐、罰鍰及罰金。

九　被繼承人死亡前，未償之債務，具有確實之證明者。

十　被繼承人之喪葬費用，以一百萬元計算。

十一　執行遺囑及管理遺產之直接必要費用。

②被繼承人如為經常居住中華民國境外之中華民國國民，或非中華民國國民者，不適用前項第一款至第七款之規定；前項第八款至第十一款規定之扣除，以在中華民國境內發生者為限；繼承人中拋棄繼承權者，不適用前項第一款至第五款之規定之扣除。

第一七條之一　（配偶剩餘財產差額分配請求權）98

①被繼承人之配偶依民法第一千零三十條之一規定主張配偶剩餘財產差額分配請求權者，納稅義務人得向稽徵機關申報自遺產總額中扣除。

②納稅義務人未於稽徵機關核發稅款繳清證明書或免稅證明書之日起一年內，給付該請求權金額之財產予被繼承人之配偶者，稽徵機關應於前述期間屆滿之翌日起五年內，就未給付部分追繳應納稅賦。

第一八條　（免稅額）98

①被繼承人如為經常居住中華民國境內之中華民國國民，自遺產總額中減除免稅額一千二百萬元；其為軍警公教人員因執行職務死亡者，加倍計算。

② 被繼承人如為經常居住中華民國境外之中華民國國民，或非中華
民國國民，其減除免稅額比照前項規定辦理。

第三章　贈與稅之計算

第一九條　（稅率）98

① 贈與稅按贈與人每年贈與總額，減除第二十一條規定之扣除額及
第二十二條規定之免稅額後之課稅贈與淨額，課徵百分之十。

② 一年內有二次以上贈與者，應合併計算其贈與額，依前項規定計
算稅額，減除其已繳之贈與稅額後，為當次之贈與稅額。

第二○條　（不計入贈與總額）

① 左列各款不計入贈與總額：

一　捐贈各級政府及公立教育、文化、公益、慈善機關之財產。

二　捐贈公有事業機構或全部公股之公營事業之財產。

三　捐贈依法登記為財團法人組織且符合行政院規定標準之教
育、文化、公益、慈善、宗教團體及祭祀公業之財產。

四　扶養義務人為受扶養人支付之生活費、教育費及醫藥費。

五　作農業使用之農業用地及其地上農作物，贈與民法第一千一
百三十八條所定繼承人者，不計其土地及地上農作物價值
之全數。受贈人自受贈之日起五年內，未將該土地繼續作農
業使用且未在有關機關所令期限內恢復作農業使用，或雖在
有關機關所令期限內已恢復作農業使用而再有未作農業使用
情事者，應追繳應納稅賦。但如因受贈人死亡、該受贈土
地被徵收或依法變更為非農業用地者，不在此限。

六　配偶相互贈與之財產。

七　父母於子女嫁娶時所贈與之財物，總金額不超過一百萬元。

② 八十四年一月十四日以前配偶相互贈與之財產，及婚嫁時受贈於
父母之財物在一百萬元以內者，於本項修正公布生效日尚未核課
或尚未核課確定者，適用前項第六款及第七款之規定。

第二○條之一　（不計入贈與總額之財產）90

因委託人提供財產成立、捐贈或加入符合第十六條之一各款規定
之公益信託，受益人得享有信託利益之權利，不計入贈與總額。

第二一條　（扣除額）

贈與附有負擔者，由受贈人負擔部分應自贈與額中扣除。

第二二條　（免稅額）98

贈與稅納稅義務人，每年得自贈與總額中減除免稅額二百二十萬
元。

第四章　稽徵程序

第一節　申報與繳納

第二三條　（遺產稅之申報）

① 被繼承人死亡遺有財產者，納稅義務人應於被繼承人死亡之日起

六個月內，向戶籍所在地主管稽徵機關依本法規定辦理遺產稅申報。但依第六條第二項規定由稽徵機關申請法院指定遺產管理人者，自法院指定遺產管理人之日起算。

②被繼承人爲經常居住中華民國境外之中華民國國民或非中華民國國民死亡時，在中華民國境內遺有財產者，應向中華民國中央政府所在地之主管稽徵機關辦理遺產稅申報。

第二四條　（贈與稅之申報）

①除第二十條所規定之贈與外，贈與人在一年內贈與他人之財產總值超過贈與免稅額時，應於超過免稅額之贈與行爲發生後三十日內，向主管稽徵機關依本法規定辦理贈與稅申報。

②贈與人爲經常居住中華民國境內之中華民國國民者，向戶籍所在地主管稽徵機關申報；其爲經常居住中華民國境外之中華民國國民或非中華民國國民，就其在中華民國境內之財產爲贈與者，向中華民國中央政府所在地之主管稽徵機關申報。

第二四條之一　（訂定、變更信託契約日爲贈與行爲發生日）90

除第二十條之一所規定之公益信託外，委託人有第五條之一應課徵贈與稅情形者，應以訂定、變更信託契約之日爲贈與行爲發生日，依前條第一項規定辦理。

第二五條　（合併申報）

同一贈與人在同一年內有兩次以上依本法規定應申報納稅之贈與行爲者，應於辦理後一次贈與稅申報時，將同一年內以前各次之贈與事實及納稅情形合併申報。

第二六條　（延長申報期間）

①遺產稅或贈與稅納稅義務人具有正當理由不能如期申報者，應於前三條規定限期屆滿前，以書面申請延長之。

②前項申請延長期限以三個月爲限。但因不可抗力或其他有特殊之事由者，得由稽徵機關視實際情形核定之。

第二七條　（刪除）

第二八條　（通知申報）93

①稽徵機關於查悉死亡事實或接獲死亡報告後，應於一個月內填發申報通知書，檢附遺產稅申報書表，送達納稅義務人，通知依限申報，並於限期屆滿前十日填具催報通知書，提示逾期申報之責任，加以催促。

②前項通知書應以明顯之文字，載明民法限定繼承及拋棄繼承之相關規定。

③納稅義務人不得以稽徵機關未發第一項通知書，而免除本法規定之申報義務。

第二九條　（調查估價）

稽徵機關應於接到遺產稅或贈與稅申報書表之日起二個月內，辦理調查及估價，決定應納稅額，繕發納稅通知書，通知納稅義務人繳納；其有特殊情形不能在二個月內辦竣者，應於限期內呈報上級主管機關核准延期。

第三○條 （延期或分期繳納）104

①遺產稅及贈與稅納稅義務人，應於稽徵機關送達核定納稅通知書之日起二個月內，繳清應納稅款；必要時，得於限期內申請稽徵機關核准延期二個月。

②遺產稅或贈與稅應納稅額在三十萬元以上，納稅義務人確有困難，不能一次繳納現金時，得於納稅期限內，向該管稽徵機關申請，分十八期以內繳納，每期間隔以不超過二個月為限。

③經申請分期繳納者，應自納稅期限屆滿之次日起，至納稅義務人繳納之日止，依郵政儲金一年期定期儲金固定利率，分別加計利息；利率有變動時，依變動後利率計算。

④遺產稅或贈與稅應納稅額在三十萬元以上，納稅義務人確有困難，不能一次繳納現金時，得於納稅期限內，就現金不足繳納部分申請以在中華民國境內之課徵標的物或納稅義務人所有易於變價及保管之實物一次抵繳。中華民國境內之課徵標的物屬不易變價或保管，或申請抵繳日之時價較死亡或贈與日之時價為低者，其得抵繳之稅額，以該項財產價值占全部課徵標的物價值比例計算之應納稅額為限。

⑤本法中華民國九十八年一月十二日修正之條文施行前所發生未結之案件，適用修正後之前三項規定。但依修正前之規定有利於納稅義務人者，適用修正前之規定。

⑥第四項抵繳財產價值之估定，由財政部定之。

⑦第四項抵繳之財產為繼承人公同共有之遺產且該遺產為被繼承人單獨所有或持分共有者，得由繼承人過半數及其應繼分合計過半數之同意，或繼承人之應繼分合計逾三分之二之同意提出申請，不受民法第八百二十八條第三項限制。

第三一條 （刪除）

第三二條 （刪除）

第三三條 （對未申報者之調查核定）

遺產稅或贈與稅納稅義務人違反第二十三條或第二十四條之規定，未依限辦理遺產稅或贈與稅申報，或未依第二十六條規定申請延期申報者，該管稽徵機關應即進行調查，並於第二十九條規定之期限內調查，核定其應納稅額，通知納稅義務人依第三十條規定之期限繳納。

第二節 （刪除）

第三四條至第三六條 （刪除）

第三節 資料調查與通報

第三七條 （死亡通報）

戶籍機關受理死亡登記後，應即將死亡登記事項副本抄送稽徵機關。

第三八條 （刪除）

第三九條 （搜索扣押）

　稽徵機關進行調查，如發現納稅義務人有第四十六條所稱故意以詐欺或不正當方法逃漏遺產稅或贈與稅時，得敘明事由，申請當地司法機關，實施搜索、扣押或其他強制處分。

第四〇條 （會同點驗登記）

　被繼承人死亡前在金融或信託機關租有保管箱或有存款者，繼承人或利害關係人於被繼承人死亡後，依法定程序，得開啟被繼承人之保管箱或提取被繼承人之存款時，應先通知主管稽徵機關會同點驗、登記。

第四一條 （證明書之核發）

①遺產稅或贈與稅納稅義務人繳清應納稅款、罰鍰及加徵之滯納金、利息後，主管稽徵機關應發給稅款繳清證明書；其經核定無應納稅款者，應發給核定免稅證明書；其有特殊原因必須於繳清稅款前辦理產權移轉者，得提出確切納稅保證，申請該管主管稽徵機關核發同意移轉證明書。

②依第十六條規定，不計入遺產總額之財產，或依第二十條規定不計入贈與總額之財產，經納稅義務人之申請，稽徵機關應發給不計入遺產總額證明書，或不計入贈與總額證明書。

第四一條之一 （同意移轉證明書）

　繼承人為二人以上時，經部分繼承人按其法定應繼分繳納部分遺產稅款、罰鍰及加徵之滯納金、利息後，為辦理不動產之公同共有繼承登記，得申請主管稽徵機關核發同意移轉證明書；該登記為公同共有之不動產，在全部應納稅款項未繳清前，不得辦理遺產分割登記或就公同共有之不動產權利為處分、變更及設定負擔登記。

第四二條 （移轉登記時通知檢附證明書）

　地政機關及其他政府機關，或公私事業辦理遺產或贈與財產之產權移轉登記時，應通知當事人檢附稽徵機關核發之稅款繳清證明書，或核定免稅證明書或不計入遺產總額證明書或不計入贈與總額證明書，或同意移轉證明書之副本；其不能繳附者，不得逕為移轉登記。

第五章　獎　懲

第四三條 （舉發獎金）

　告發或檢舉納稅義務人及其他關係人有短報、漏報、匿報或故意以虛偽不實及其他不正當行為之逃稅，或幫助他人逃稅情事，經查明屬實者，主管稽徵機關應以罰鍰提成獎給舉發人，並為舉發人保守秘密。

第四四條 （未依限申報之處罰）98

　納稅義務人違反第二十三條或第二十四條規定，未依限辦理遺產稅或贈與稅申報者，按核定應納稅額加處二倍以下之罰鍰。

第四五條 （短漏報之處罰）98

納稅義務人對依本法規定，應申報之遺產或贈與財產，已依本法規定申報而有漏報或短報情事者，應按所漏稅額處以二倍以下之罰鍰。

第四六條 （故意詐欺逃稅之處罰）

納稅義務人有故意以詐欺或其他不正當方法，逃漏遺產稅或贈與稅者，除依繼承或贈與發生年度稅率重行核計補徵外，並應處以所漏稅額一倍至三倍之罰鍰。

第四七條 （罰鍰之限制）

前三條規定之罰鍰，連同應徵之稅款，最多不得超過遺產總額或贈與總額。

第四八條 （稽徵戶籍人員違法之處罰）

稽徵人員違反第二十九條之規定，戶籍人員違反第三十七條之規定者，應由各該主管機關從嚴懲處，並責令迅行補辦；其涉有犯罪行為者，應依刑法及其有關法律處斷。

第四九條 （刪除）

第五〇條 （稅前分割遺產等刑責）

納稅義務人違反第八條之規定，於遺產稅未繳清前，分割遺產、交付遺贈或辦理移轉登記，或贈與稅未繳清前，辦理贈與移轉登記者，處一年以下有期徒刑。

第五一條 （逾期繳納之處罰）

①納稅義務人，對於核定之遺產稅或贈與稅應納稅額，逾第三十條規定期限繳納者，每逾二日加徵應納稅額百分之一滯納金；逾三十日仍未繳納者，主管稽徵機關應即移送法院強制執行；法院應於稽徵機關移送後七日內開始辦理。

②前項應納稅款及滯納金，應自滯納期限屆滿之次日起，至納稅義務人繳納之日止，依郵政儲金匯業局一年期定期存款利率，按日加計利息，一併徵收。

第五二條 （未驗證而受理之處罰）

違反第四十二條之規定，於辦理有關遺產或贈與財產之產權移轉登記時，未通知當事人繳驗遺產稅或贈與稅繳清證明書，或核定免稅證明書，或不計入遺產總額證明書，或不計入贈與總額證明書，或同意移轉證明書等之副本，即交受理者，其屬民營事業，處一萬五千元以下之罰鍰；其屬政府機關及公有公營事業，由主管機關對主辦及直接主管人員從嚴議處。

第五三條 （刪除）

第六章 附 則

第五四條 （刪除）

第五五條 （施行細則）

本法施行細則，由財政部定之。

第五六條 （書表格式之製定）

本法所定之各項書表格式，由財政部製定之。

第五七條 （刪除）

第五八條 （補充法）

關於遺產稅及贈與稅之課徵，本法未規定者，適用其他法律之規定。

第五八條之一 （稅收實質損失）98

①本法中華民國九十八年一月十二日修正之條文施行後，造成依財政收支劃分法規定應受分配之地方政府每年度之稅收實質損失，於修正現行財政收支劃分法擴大中央統籌分配稅款規模之規定施行前，由中央政府補足之，並不受預算法第二十三條有關公債收入不得充經常支出之用之限制。

②前項稅收實質損失，以各地方政府於本法中華民國九十八年一月十二日修正之條文施行前三年度遺產稅及贈與稅稅收之平均數，減除修正施行當年度或以後年度遺產稅及贈與稅稅收數之差額計算之，並計算至萬元止。

第五九條 （施行日）90

①本法自公布日施行。

②本法九十年五月二十九日修正條文施行日期，由行政院定之。

遺產及贈與稅法施行細則

①民國 62 年 9 月 5 日財政部令訂定發布全文 57 條。
②民國 70 年 11 月 20 日財政部令修正發布第 7、8、11、31、46、48、49 條條文；刪除第 10、12、14、52 條條文；並增訂第 10-1、10-2、52-1 條條文。
③民國 85 年 4 月 17 日財政部函修正發布第 7、10-1、10-2、11、13、26、27、28、29、44、45、46、49、51、52-1 條條文；刪除第 8、16、43、55 條條文；並增訂第 9-1、10-3、43-1 條條文。
④民國 89 年 2 月 10 日財政部令修正發布第 6、10-2、10-3、17、31、34、38、51 條條文。
⑤民國 98 年 9 月 17 日財政部令修正發布第 2、7、9-1、10-2、17、22、28、29、41、43-1、45、46、48、49、51、57 條條文；刪除第 11 條條文；並增訂第 11-1、40-1 條條文；除第 22 條自 98 年 11 月 23 日施行外，自發布日施行。
⑥民國 99 年 1 月 13 日財政部令修正發布第 44 條條文。
民國 101 年 12 月 25 日行政院公告第 6 條第 2 項、第 49 條第 2 項第 5 款、第 51 條第 1 項所列屬財政部「國有財產局」之權責事項，自 102 年 1 月 1 日起改由財政部「國有財產署」管轄。
⑦民國 102 年 11 月 25 日財政部令修正發布第 4、17、49、51 條條文。

第一章　總　則

第一條
本細則依遺產及贈與稅法（以下簡稱本法）第五十五條制定之。

第二條 98
債務人經依破產法和解、破產、依消費者債務清理條例更生、清算或依公司法聲請重整，以致債權人之債權無法十足取償者，其免除之差額部分，非本法第五條第一款之贈與。

第三條
①保證人因履行保證責任，而代主債務人清償債務並無償免除其債務者，應以贈與論。但主債務人宣告破產者，保證人之代償行為不視為贈與。
②以保證債務為目的而為連帶債務人者，仍適用前項規定。

第四條 102
①稽徵機關依本法第六條第二項得聲請法院核定遺產管理人者，應於申報期限屆滿後一個月內為之，並同時聲請法院依民法第一千一百七十八條為公示催告。遺產管理人亦應於就任後一個月內，向法院為民法第一千一百七十九條第一項第三款之聲請。
②遇有民法第一千一百八十五條情形時，前項遺產管理人應於公示催告期限屆滿後二個月內，清償債務、交付遺贈物，並將賸餘財

產連同有關簿冊、文件及計算書類報請主管稽徵機關及財政部國有財產署依第五十一條規定辦理。

第五條

依本法第七條之規定，以受贈人爲納稅義務人時，其應納稅額仍應按贈與人爲納稅義務人時之規定計算之。

第六條

本法第十一條第二項所稱被繼承人死亡前二年內贈與之財產，應包括二年內依本法第二十二條規定免稅贈與之財產。

第二章　遺產稅及贈與稅之計算

第七條 98

①依本法第十六條第一款至第三款規定不計入遺產總額之遺產，納稅義務人於申報遺產稅時，應檢具受遺贈人或受贈人同意受遺贈或受贈之證明列報主管稽徵機關核發不計入遺產總額證明書。

②前項捐贈之財產，其爲不動產者，納稅義務人未於主管稽徵機關核發不計入遺產總額證明書之日起一年內辦妥產權移轉登記；其爲動產者，未於三個月內交付與受遺贈人或受贈人者，除有特殊原因，報經主管稽徵機關核准延期者外，應依法補徵遺產稅，並按郵政儲金一年期定期儲金固定利率加計利息。

第八條　（刪除）

第九條

①依本法第十六條第四款規定聲明登記之圖書物品，欲爲轉讓時，應先聲明主管稽徵機關依法補徵遺產稅。

②主管稽徵機關對於前項聲明登記之圖書物品，應設置登記簿登記之，必要時並得拍照存查。

第九條之一 98

本法第十六條第十三款所稱債權及其他請求權不能收取或行使確有證明者，指下列各款情形：

一　債務人經依破產法和解、破產、依消費者債務清理條例更生、清算或依公司法聲請重整，致債權全部或一部不能取償，經取具和解契約或法院裁定書。

二　被繼承人或繼承人與債務人於法院成立訴訟上和解或調解，致債權全部或一部不能收取，經取具法院和解或調解筆錄，且無本法第五條第一款規定之情事，經稽徵機關查明屬實。

三　其他原因致債權或其他請求權之一部或全部不能收取或行使，經取具證明文件，並經稽徵機關查明屬實。

第一〇條　（刪除）

第一〇條之一

本法第十七條第一項第二款及第五款所稱距屆滿二十歲之年數，不滿一年或餘數不滿一年者，以一年計算。

第一〇條之二 98

依本法第十七條第一項第四款規定申報身心障礙特別扣除額者，

應檢附社政主管機關核發之重度以上身心障礙手冊或身心障礙證明影本，或精神衛生法第十九條第一項規定之專科醫師診斷證明書影本。

第一○條之三

本法第十七條第一項第五款所稱受扶養之兄弟姊妹、祖父母係指：

一　被繼承人之兄弟姊妹未滿二十歲，或滿二十歲以上而因在校就學，或因身心障礙，或因無謀生能力，受被繼承人扶養者。

二　被繼承人之祖父母年滿六十歲，或未滿六十歲而無謀生能力，受被繼承人扶養者。

第一一條　（刪除）98

第一一條之一　98

依本法第十七條之一第一項規定經核准自遺產總額中扣除之配偶剩餘財產差額分配請求權，納稅義務人未於同條第二項所定期間內給付該請求權金額之財產予被繼承人之配偶者，除有特殊原因，報經主管稽徵機關核准延期者外，應依法補徵遺產稅，並按郵政儲金一年期定期儲金固定利率加計利息。

第一二條　（刪除）

第一三條

被繼承人死亡前因重病無法處理事務期間舉債、出售財產或提領存款，而其繼承人對該項借款、價金或存款不能證明其用途者，該項借款、價金或存款，仍應列入遺產課稅。

第一四條　（刪除）

第一五條

被繼承人為軍、警、公教人員，因執行任務死亡，而依本法第十八條第一項後段加倍減除其免稅額者，繼承人應提出被繼承人死亡時，服務機關出具之執行任務死亡證明書。

第一六條　（刪除）

第一七條　102

本法第二十條第一項第四款所稱受扶養人，指符合下列各款情形之一之受扶養人：

一　贈與人及其配偶之直系尊親屬年滿六十歲或未滿六十歲而無謀生能力，受贈與人扶養。

二　贈與人之直系血親卑親屬未滿二十歲者，或二十歲以上而因在校就學，或因身心障礙，或因無謀生能力，受贈與人扶養。

三　贈與人之同胞兄弟姊妹未滿二十歲者，或滿二十歲以上而因在校就學，或因身心障礙，或因無謀生能力，受贈與人扶養。

四　贈與人之其他親屬或家屬，合於民法第一千一百十四條第四款及第一千一百二十三條第三項規定，未滿二十歲，或滿二

十歲以上而因在校就學、身心障礙或無謀生能力，確係受贈與人扶養。

第一八條

①依本法第二十一條在贈與額中扣除之負擔，以具有財產價值，業經履行或能確保其履行者爲限。負擔內容係向贈與人以外之人爲給付得認係間接之贈與者，不得主張扣除。

②前項負擔之扣除，以不超過該負擔贈與財產之價值爲限。

第一九條

不動產贈與移轉所繳納之契稅或土地增值稅得自贈與總額中扣除。

第三章 申報及通知

第二〇條

①被繼承人死亡時遺有財產者，不論有無應納稅額，納稅義務人均應填具遺產稅申報書向主管稽徵機關據實申報。其有依本法規定之減免扣除或不計入遺產總額者，應檢同有關證明文件一併報明。

②贈與稅納稅義務人辦理贈與稅申報時，應填具贈與稅申報書，檢同有關證明文件，據實申報。

第二一條

本法第二十三條規定之遺產稅申報期間，如被繼承人爲受死亡之宣告者，應自判決宣告之日起計算。

第二二條 98

①遺產稅納稅義務人爲二人以上時，應由其全體會同申報，未成年人或受監護宣告之人應由其法定代理人代爲申報。但納稅義務人一人出面申報者，視同全體已申報。

②稽徵機關核定之納稅通知書應送達於出面申報之人，如對出面申報人無法送達時，得送達於其他納稅義務人。

③遺產稅應納稅額、滯納金、罰鍰及應加徵之利息，在不超過遺產總額範圍內，仍得對遺產及已受納稅通知確定之繼承人之財產執行之。

第四章 估 價

第二三條

被繼承人在國外之遺產或贈與人在國外之贈與財產，依本法第一條或第三條規定應徵稅者，得由財政部委託遺產或贈與財產所在地之中華民國使領館調查估定其價額其無使領館者，得委託當地公定會計師或公證人調查估定之。

第二四條

林木依其種類、數量及林地時價爲標準估定之。

第二五條

動產中珍寶、古物、美術品、圖書及其他不易確定其市價之物品，得由專家估定之。

第二六條

車輛、船舶、航空器之價值，以其原始成本減除合理折舊之餘額為準，其不能提出原始成本之證明或提出原始成本之證明而與事實顯不相符者，得按其年式及使用情形估定。

第二七條

債權之估價，以其債權額為其價值。其有約定利息者，應加計至被繼承人死亡日或贈與行為發生日止已經過期間之利息額。

第二八條 98

① 凡已在證券交易所上市（以下簡稱上市）或證券商營業處所買賣（以下簡稱上櫃或興櫃）之有價證券，依繼承開始日或贈與日該項上市或上櫃有價證券之收盤價或興櫃股票之當日加權平均成交價估定之。但當日無買賣價格者，依繼承開始日或贈與日前最後一日該項上市或上櫃有價證券之收盤價或興櫃股票之加權平均成交價估定之，其價格有劇烈變動者，則依其繼承開始日或贈與日前一個月內該項上市或上櫃有價證券各日收盤價或興櫃股票各日加權平均成交價之平均價格估定之。

② 有價證券初次上市或上櫃者，於其契約經證券主管機關核准後至掛牌買賣前，或登錄為興櫃股票者，於其契約經證券櫃檯買賣中心同意後至開始櫃檯買賣前，應依該項證券之承銷價格或主辦輔導推薦證券商認購之價格估定之。

第二九條 98

① 未上市、未上櫃且非興櫃之股份有限公司股票，除前條第二項規定情形外，應以繼承開始日或贈與日該公司之資產淨值估定，並按下列情形調整估價：

一 公司資產中之土地或房屋，其帳面價值低於公告土地現值或房屋評定標準價格者，依公告土地現值或房屋評定標準價格估價。

二 公司持有之上市、上櫃有價證券或興櫃股票，依第二十八條規定估價。

② 前項所定公司，已擅自停業、歇業、他遷不明或有其他具體事證，足資認定其股票價值已減少或已無價值者，應核實認定之。

③ 非股份有限公司組織之事業，其出資價值之估價，準用前二項規定。

第三○條

預付租金，應就該預付租金額按租期比例計算其賸餘期間之租金額，為其承租權之價額，但付押金者，應按押金額計算之。

第三一條

① 地上權之設定有期限及年租者，其賸餘期間依左列標準估定其價額：

一 賸餘期間在五年以下者，以一年地租額為其價額。

二 賸餘期間超過五年至十年以下者，以一年地租額之二倍為其價額。

　　三　賸餘期間超過十年至三十年以下者，以一年地租額之三倍為
　　　　其價額。

　　四　賸餘期間超過三十年至五十年以下者，以一年地租額之五倍
　　　　為其價額。

　　五　賸餘期間超過五十年至一百年以下者，以一年地租額之七倍
　　　　為其價額。

　　六　賸餘期間超過一百年者，以一年地租額之十倍為其價額。

②地上權之設定，未定有年限者，均以一年地租額之七倍為其價
　額。但當地另有習慣者，得依其習慣決定其賸餘年限。

③地上權之設定，未定有年租者，其年租按申報地價年息百分之四
　估定之。

④地上權之設定一次付租、按年加租或以一定之利息代租金者，均
　按其設定之期間規定其平均年租後，依第一項規定估定其價額。

第三二條

永佃權價值之計算，均依一年應納佃租額之五倍為標準。

第三三條

典權以典價為其價額。

第三四條

①礦業權、漁業權之價值，應就其賸餘年數依左列倍數估計之：

　　一　賸餘年數為一年者，以其額外利益額為其價額。

　　二　賸餘年數超過一年至三年以下者，以其額外利益額之二倍為
　　　　其價額。

　　三　賸餘年數超過三年至五年以下者，以其額外利益額之三倍為
　　　　其價額。

　　四　賸餘年數超過五年至七年以下者，以其額外利益額之四倍為
　　　　其價額。

　　五　賸餘年數超過七年至十二年以下者，以其額外利益額之六倍
　　　　為其價額。

　　六　賸餘年數超過十二年至十六年以下者，以其額外利益額之七
　　　　倍為其價額。

　　七　賸餘年數超過十六年者，以其額外利益額之八倍為其價額。

②前項額外利益額，謂由各該權利最近三年平均純益減除其實際投入
　資本，依年息百分之十計算之普通利益額後之餘額，未經設權之土
　法礦窯及未經領證之漁業，本無期限，不能認為享有礦業權、漁業
　權者，應就其營業利得，依週息百分之五還原計算其價額。

③礦業權、漁業權除依前二項規定，就各該權利徵得遺產稅或贈與稅
　外，就經營各該業所設廠號之商號權，不再徵得遺產稅或贈與稅。

第三五條

無形資產之估價，除另有規定外，準用前條之規定。

第三六條

定期年金之價值，就其未受領年數，依左列標準估計之：

　　一　未領受年數在一年以下者，以一年年金額為其價額。

二　未領受年數超過一年至三年以下者，以一年年金額之二倍爲其價額。

三　未領受年數超過三年至五年以下者，以一年年金額之三倍爲其價額。

四　未領受年數超過五年至七年以下者，以一年年金額之四倍爲其價額。

五　未領受年數超過七年至九年以下者，以一年年金額之五倍爲其價額。

六　未領受年數超過九年至十二年以下者，以一年年金額之六倍爲其價額。

七　未領受年數超過十二年至十六年以下者，以一年年金額之七倍爲其價額。

八　未領受年數超過十六年至二十四年以下者，以一年年金額之八倍爲其價額。

九　未領受年數超過二十四年至一百年以下者，以一年年金額之九倍爲其價額。

十　未領受年數超過一百年者，以一年年金額之十倍爲其價額。

第三七條

無期年金或因特殊情形不能依前條規定計算之年金，其價值之計算，得按實際情形，比照前條所列標準估定之。

第三八條

終身年金以給付人或受領人或第三人之終身爲付給之標準者，其年金價值之計算方法，依左列標準估定之：

一　年齡未滿十歲者，以一年年金額之九倍爲其價額。

二　年齡十歲以上未滿二十歲者，以一年年金額之八倍爲其價額。

三　年齡二十歲以上未滿三十歲者，以一年年金額之七倍爲其價額。

四　年齡三十歲以上未滿四十歲者，以一年年金額之五倍爲其價額。

五　年齡四十歲以上未滿五十歲者，以一年年金額之三倍爲其價額。

六　年齡五十歲以上未滿六十歲者，以一年年金額之二倍爲其價額。

七　年齡在六十歲以上者，以一年年金額爲其價額。

第三九條

附有條件之權利及不定期之權利，就其權利之性質，斟酌當時實際情形估定其價額。

第四○條

共有財產或共營財產之價額估定，應先估計其財產總淨值，再核算被繼承人遺產部分或贈與人贈與部分之價值。

第四○條之一 98

納稅義務人於本法第十七條之一第二項規定之一年期間內，給付被繼承人配偶之財產為遺產者，其價值之計算，應以該項財產核課遺產稅之價值為準；給付之財產為遺產以外之財產者，其價值之計算，以給付日為準，並準用有關遺產之估價規定辦理。

第四一條 98

遺產或贈與財產價值之計算，本法及本細則無規定者，依市價值估定之。

第五章 繳　納

第四二條

贈與人對依本法規定應申報之贈與財產，未申報或已申報而有漏報或短報情事，而贈與人並有本法第七條第一項情形時，各受贈人應對各該次贈與之未申報、漏報或短報行為，按其受贈財產之比例在受贈財產範圍內負繳納稅款及利息之責。

第四三條 （刪除）

第四三條之一 98

本法第三十條第四項所稱中華民國境內之課徵標的物，指依本法規定計入本次遺產總額或贈與總額並經課徵遺產稅之遺產或課徵贈與稅之受贈財產，其所在地於中華民國境內者。

第四四條 99

①被繼承人遺產中依都市計畫法第五十條之一免徵遺產稅之公共設施保留地，納稅義務人得以該項財產申請抵繳遺產稅款。

②依本法第七條第一項之規定，以受贈人為納稅義務人時，納稅義務人得以受贈財產中依都市計畫法第五十條之一免徵贈與稅之公共設施保留地申請抵繳贈與稅款。

③前二項之公共設施保留地，除於劃設前已為被繼承人或贈與人所有，或於劃設後因繼承移轉予被繼承人或贈與人所有，且於劃設後至該次移轉前未曾以繼承以外原因移轉者外，得抵繳之遺產稅或贈與稅款，以依下列公式計算之金額為限：

公共設施保留地得抵繳遺產稅或贈與稅之限額＝依本法計算之應納遺產稅額或贈與稅額×（申請抵繳之公共設施保留地財產價值÷全部遺產總額或受贈財產總額）

第四五條 98

①納稅義務人依本法第三十條第四項規定申請以實物抵繳遺產稅或贈與稅時，應於核定繳納期限內繕具抵繳之財產清單，申請主管稽徵機關核准。主管稽徵機關應於接到申請後三十日內調查核定。

②申請抵繳稅款之實物，不合於本法第三十條第四項規定者，主管稽徵機關應即述明不准之理由，通知納稅義務人仍按原核定繳納期限繳納。如不准抵繳之通知書送達納稅義務人時，已逾原核定繳納期限或距原核定繳納期限不滿十日者，應准納稅義務人於通知書送達日起十日內繳納。

③申請抵繳稅款之實物，如有部分不合本法第三十條第四項規定者，應通知納稅義務人就不合部分補繳現金。

第四六條 98

①納稅義務人申請以繼承或受贈中華民國境內之課徵標的物抵繳遺產稅或贈與稅者，其抵繳價值之計算，以該財產核課遺產稅或贈與稅之價值為準。

②前項抵繳之標的物為折舊或折耗性之財產者，應扣除繼承發生日或贈與日至申請抵繳日之折舊或折耗額；其經設定他項權利者，應扣除該項權利之價值或擔保之債權額。

③前項之他項權利為抵押權者，其擔保之債權於抵繳後經債務人清償，致抵繳價值超過原抵繳稅款者，準用第四十八條第一項規定辦理。

④納稅義務人申請以課徵標的物以外之財產抵繳遺產稅或贈與稅者，其抵繳價值之計算，以申請日為準，並準用有關遺產或贈與財產之估價規定辦理。

第四七條

以土地或房屋抵繳應納稅款者，主管稽徵機關應查明該項土地或房屋應納未納之其他稅款同時抵繳。

第四八條 98

①以實物抵繳應納稅款者，用以抵繳之實物其價額如低於應納稅額，納稅義務人應於辦理抵繳時以現金補足。其價額超過應納稅額者，應俟實物處理變價後，就賣得價款淨額，按抵繳時超過應納稅額部分占抵繳實物全部價額之比例，計算其應退還之價額，於處理變價完竣之日起一個月內通知納稅義務人具領。

②前項所稱賣得價款淨額，指抵繳實物處分之價款，扣除各項稅捐、規費、管理及處分費用後之餘額。

③依第一項及第四十五條第三項規定，應以現金補繳者，納稅義務人得依本法第三十條第二項規定申請分期繳納。

第四九條 102

①經主管稽徵機關核准以土地、房屋或其他實物抵繳稅款者，納稅義務人應於接到核准通知書後三十日內將有關文件或財產檢送主管稽徵機關以憑辦理抵繳。

②前項抵繳之財產為繼承人公同共有之遺產者，應檢送下列文件或財產：

一　繼承登記及移轉登記之申請書。

二　經繼承人全體或符合土地法第三十四條之一規定之共有人簽章出具抵繳同意書一份，如有拋棄繼承權者，應檢附法院准予備查之證明文件。

三　土地或房屋之所有權狀、其他財產之證明文件或抵繳之財產。

四　經繼承人全體或符合土地法第三十四條之一規定之共有人簽章出具切結書一份，聲明該抵繳之土地倘在未經辦妥移轉登

　　記爲國有財產前，經政府公告徵收時，其徵收補償地價，應由財政部國有財產署具領。

五　其他依法令應提出之文件。

③第一項抵繳之財產爲納稅義務人所有屬前項以外之財產者，應檢送下列文件或財產：

一　移轉登記之申請書。

二　土地或房屋之所有權狀、其他財產之證明文件或抵繳之財產。

三　其他依法令應提出之文件。

第五○條

納稅義務人未於前條規定期限內，將各項產權移轉登記所需之有關文件或抵繳之財產，檢送主管稽徵機關者，應依本法第五十一條規定辦理。其應以現金補足應納稅款者亦同。

第五一條 102

①經主管稽徵機關核准抵繳遺產稅、贈與稅及第四十七條規定欠稅之實物，應移轉登記爲國有，管理機關爲財政部國有財產署，並依財政收支劃分法之規定註明直轄市、市及鄉（鎮、市）應分給之成數。但抵繳之實物爲公共設施保留地且坐落於收入歸屬之直轄市、市、鄉（鎮、市）轄區內者，按其分給之成數分別移轉登記爲國、直轄市、市、鄉（鎮、市）有。

②抵繳之實物應儘速處理，在管理期間之收益及處理後之價款，均應依規定成數分解各該級政府之公庫，其應繳納各項捐、規費、管理及處分費用，應由管理機關墊繳，就各該財產之收益及變賣或放領後之價款抵償。

第五二條　（刪除）

第五二條之一

本法第四十一條第一項之納稅保證，係指提供符合稅捐稽徵法第十一條之一規定之擔保品所爲之擔保。

第五三條

經稽徵機關核發遺產稅或贈與稅繳清證明書後，得經利害關係人申請核發副本。其申請補發遺產稅或贈與稅免稅證明書、同意移轉證明書、不計入遺產總額證明書、或不計入贈與總額證明書者，亦同。

第六章　罰則及附則

第五四條

依本法第四十三條規定之舉發獎金，主管稽徵機關，應於收到罰鍰後十日內，通知原舉發人限期領取。

第五五條　（刪除）

第五六條

本法及本細則規定之各種書表格式由財政部定之。

第五七條 98

本細則除中華民國九十八年九月十七日修正發布之第二十二條第一項規定自九十八年十一月二十三日施行外，自發布日施行。

稅捐稽徵法

①民國 65 年 10 月 22 日總統令制定公布全文 51 條。
②民國 68 年 9 月 6 日總統令增訂公布第 48-1 條條文。
③民國 79 年 1 月 24 日總統令修正公布第 2、6、23、30、33～35、
　38、39、41～46、48-1 條條文；刪除第 36、37 條條文；並增訂
　11-1、35-1、50-1 條條文。
④民國 81 年 11 月 23 日總統令增訂公布第 48-2、50-2～50-5 條條文。
⑤民國 82 年 7 月 16 日總統令修正公布第 48-1 條條文。
⑥民國 85 年 7 月 30 日總統令增訂公布第 1-1、48-3 條條文。
⑦民國 86 年 5 月 21 日總統令修正公布第 33 條條文。
⑧民國 86 年 10 月 29 日總統令修正公布第 6 條條文。
⑨民國 89 年 5 月 17 日總統令增訂公布第 11-2 條條文。
⑩民國 96 年 1 月 10 日總統令修正公布第 6 條條文。
⑪民國 96 年 3 月 21 日總統令修正公布第 23 條條文。
⑫民國 96 年 12 月 12 日總統令修正公布第 18 條條文。
⑬民國 97 年 8 月 13 日總統令修正公布第 24、44 條條文。
⑭民國 98 年 1 月 21 日總統令修正公布第 28 條條文。
⑮民國 98 年 5 月 13 日總統令修正公布第 24、33、48-1 條條文；並增
　訂第 12-1 條條文。
⑯民國 98 年 5 月 27 總統令修正公布第 47 條條文。
⑰民國 99 年 1 月 6 日總統令修正公布第 44 條條文；並增訂第一章之
　一章名及第 11-3～11-7、25-1 條條文。
⑱民國 100 年 1 月 26 日總統令修正公布第 38 條條文。
⑲民國 100 年 5 月 11 日總統令修正公布第 19、35、51 條條文。
　民國 100 年 6 月 20 日行政院令發布定自 100 年 7 月 1 日施行。
⑳民國 100 年 11 月 23 日總統令修正公布第 1-1、6、23 條條文。
　民國 100 年 12 月 16 日行政院公告第 6 條第 2、3 項、第 23 條第 5
　項第 2、3 款所列屬「行政執行處」之權責事項，自 101 年 1 月 1 日
　起改由「行政執行分署」管轄。
㉑民國 101 年 1 月 4 日總統令修正公布第 47 條條文。
㉒民國 102 年 5 月 29 日總統令修正公布第 12-1、25-1、39 條條文。
㉓民國 103 年 6 月 4 日總統令修正公布第 30、33、43、48-1 條條文。
㉔民國 103 年 6 月 18 日總統令修正公布第 48 條條文。
　民國 103 年 12 月 26 日行政院公告第 24 條第 3～7 項所列屬「內政
　部入出國及移民署」之權責事項，自 104 年 1 月 2 日起改由「內政
　部移民署」管轄。
㉕民國 104 年 1 月 14 日總統令修正公布第 26、33 條條文。

第一章　總　則

第一條　（適用範圍）

　稅捐之稽徵，依本法之規定，本法未規定者，依其他有關法律之
規定。

第一條之一 （解釋函令之發布）100

①財政部依本法或稅法所發布之解釋函令，對於據以申請之案件發生效力。但有利於納稅義務人者，對於尚未核課確定之案件適用之。

②財政部發布解釋函令，變更已發布解釋函令之法令見解，如不利於納稅義務人者，自發布日起或財政部指定之將來一定期日起，發生效力；於發布日或財政部指定之將來一定期日前，應核課而未核課之稅捐及未確定案件，不適用該變更後之解釋函令。

③本條中華民國一百年十一月八日修正施行前，財政部發布解釋函令，變更已發布解釋函令之法令見解且不利於納稅義務人，經稅捐稽徵機關依財政部變更法令見解後之解釋函令核課稅捐，於本條中華民國一百年十一月八日修正施行日尚未確定案件，適用前項規定。

④財政部發布之稅務違章案件裁罰金額或倍數參考表變更時，有利於納稅義務人者，對於尚未核課確定之案件適用之。

第二條 （稅捐定義）

本法所稱稅捐，指一切法定之國、省（市）及縣（市）稅捐。但不包括關稅及礦稅。

第三條 （稽徵機關）

稅捐由各級政府主管稅捐稽徵機關稽徵之，必要時得委託代徵；其辦法由行政院定之。

第四條 （使領館等免稅之核定）

財政部得本互惠原則，對外國派駐中華民國之使領館及享受外交官待遇之人員，暨對雙方同意給與免稅待遇之機構及人員，核定免徵稅捐。

第五條 （與外國互免稅捐之商訂）

財政部得本互惠原則，與外國政府商訂互免稅捐，於報經行政院核准後，以外交換文方式行之。

第六條 （稅捐之優先權）100

①稅捐之徵收，優先於普通債權。

②土地增值稅、地價稅、房屋稅之徵收及法院、行政執行處執行拍賣或變賣貨物應課之營業稅，優先於一切債權及抵押權。

③經法院、行政執行處執行拍賣或交債權人承受之土地、房屋及貨物，執行法院或行政執行處應於拍定或承受五日內，將拍定或承受價額通知當地主管稅捐稽徵機關，依法核課土地增值稅、地價稅、房屋稅及營業稅，並由執行法院或行政執行處代為扣繳。

第七條 （破產財團成立後之應納稅捐）

破產財團成立後，其應納稅捐為財團費用，由破產管理人依破產法之規定清償之。

第八條 （公司重整中發生之稅捐）

公司重整中所發生之稅捐，為公司重整債務，依公司法之規定清償之。

第九條 （納稅義務人應為行為之時間）

納稅義務人應為之行為，應於稅捐稽徵機關之辦公時間內為之。但繳納稅捐，應於代收稅款機構之營業時間內為之。

第一○條 （納稅期間之延長）

因天災、事變而遲誤依法所定繳納稅捐期間者，該管稅捐稽徵機關，得視實際情形，延長其繳納期間，並公告之。

第一一條 （憑證保存年限）

依稅法規定應自他人取得之憑證及給予他人憑證之存根或副本應保存五年。

第一一條之一 （相當擔保之意義）

本法所稱相當擔保，係指相當於擔保稅款之左列擔保品：

一　黃金，按九折計算，經中央銀行掛牌之外幣、核准上市之有價證券，按八折計算；其計值辦法，由財政部定之。

二　政府發行經規定可十足提供公務擔保之公債，按面額計值。

三　銀行存款單摺，按存本金額計值。

四　其他經財政部核准，易於變價及保管，且無產權糾紛之財產。

第一一條之二 （文件辦理或提出之方式）89

依本法或稅法規定應辦理之事項及應提出之文件，得以電磁紀錄或電子傳輸方式辦理或提出；其實施辦法，由財政部訂之。

第一章之一　納稅義務人權利之保護 99

第一一條之三 （納稅人法定之納稅權益）99

財政部依本法或稅法所發布之法規命令及行政規則，不得增加或減免納稅義務人法定之納稅義務。

第一一條之四 （明定租稅優惠年限）99

①稅法或其他法律為特定政策所規定之租稅優惠，應明定實施年限並以達成合理之政策目的為限，不得過度。

②前項租稅優惠之擬訂，應經稅式支出評估。

第一一條之五 （稅捐調整之權益保證）99

①稅捐稽徵機關或財政部賦稅署指定之調查人員，於進行調查前，除通知調查將影響稽徵或調查目的者外，應以書面通知被調查者調查或備詢之事由及範圍。被調查者如委任代理人，該代理人應於接受調查或備詢時，出具委任書。

②被調查者或其代理人經稅捐稽徵機關或財政部賦稅署之許可，得偕同輔佐人到場接受調查或備詢。

第一一條之六 （課稅及處罰之調查程序保障）99

稅捐稽徵機關故意以不正當方法取得之自白且與事實不相符者，不得作為課稅或處罰之證據。

第一一條之七 （設置陳情或解答之場所）99

稅捐稽徵機關應設置適當場所，聆聽陳情或解答納稅義務人問題。

第二章 納稅義務

第一二條 （共有財產之納稅義務人）

共有財產，由管理人負納稅義務；未設管理人者，共有人各按其應有部分負納稅義務，其爲公同共有時，以全體公同共有人爲納稅義務人。

第一二條之一 （課稅構成要件之認定及明訂舉證之責任）98

①及租稅事項之法律，其解釋應本於租稅法律主義之精神，依各該法律之立法目的，衡酌經濟上之意義及實質課稅之公平原則爲之。

②稅捐稽徵機關認定課徵租稅之構成要件事實時，應以實質經濟事實關係及其所生實質經濟利益之歸屬與享有爲依據。

③納稅義務人基於獲得租稅利益，違背稅法之立法目的，濫用法律形式，規避租稅構成要件之該當，以達成與交易常規相當之經濟效果，爲租稅規避。

④前項租稅規避及第二項課徵租稅構成要件事實之認定，稅捐稽徵機關就其事實有舉證之責任。

⑤納稅義務人依本法及稅法規定所負之協力義務，不因前項規定而免除。

⑥稅捐稽徵機關查明納稅義務人及交易之相對人或關係人有第二項或第三項之情事者，爲正確計算應納稅額，得按交易常規或依查得資料依各稅法規定予以調整。

⑦納稅義務人得於從事特定交易行爲前，提供相關證明文件，向稅捐稽徵機關申請諮詢，稅捐稽徵機關應於六個月內答覆。

第一三條 （清算人之納稅義務）

①法人、合夥或非法人團體解散清算時，清算人於分配賸餘財產前，應依法按稅捐受清償之順序，繳清稅捐。

②清算人違反前項規定者，應就未清繳之稅捐負繳納義務。

第一四條 （遺囑執行人等之納稅義務）

①納稅義務人死亡，遺有財產者，其依法應繳納之稅捐，應由遺囑執行人、繼承人、受遺贈人或遺產管理人，依法按稅捐受清償之順序，繳清稅捐後，始得分割遺產或交付遺贈。

②遺囑執行人、繼承人、受遺贈人或遺產管理人，違反前項規定者，應就未清繳之稅捐，負繳納義務。

第一五條 （營利事業合併後欠稅之承擔）

營利事業因合併而消滅時，其在合併前之應納稅捐，應由合併後存續或另立之營利事業負繳納之義務。

第三章 稽 徵

第一節 繳納通知文書

第一六條 （繳納通知文書之填發）

繳納通知文書，應載明繳納義務人之姓名或名稱、地址、稅別、稅額、稅率、繳納期限等項，由稅捐稽徵機關填發。

第一七條 （查對更正）

納稅義務人如發現繳納通知文書有記載、計算錯誤或重複時，於規定繳納期間內，得要求稅捐稽徵機關，查對更正。

第二節 送 達

第一八條 （送達方法）96

繳納稅捐之文書，稅捐稽徵機關應於該文書所載開始繳納稅捐日期前送達。

第一九條 （應受送達人）100

①為稽徵稅捐所發之各種文書，得向納稅義務人之代理人、代表人、經理人或管理人以為送達；應受送達人在服役中者，得向其父母或配偶以為送達；無父母或配偶者，得委託服役單位代為送達。

②為稽徵土地稅或房屋稅所發之各種文書，得以使用人為應受送達人。

③納稅義務人為全體公同共有人者，繳款書得僅向其中一人送達；稅捐稽徵機關應另繕發核定稅額通知書並載明繳款書受送達者及繳納期間，於開始繳納稅捐日期前送達全體公同共有人。但公同共有人有無不明者，得以公告代之，並自黏貼公告欄之翌日起發生效力。

第三節 徵 收

第二〇條 （加徵滯納金之統一規定）

依稅法規定逾期繳納稅捐應加徵滯納金者，每逾二日按滯納數額加徵百分之一滯納金；逾三十日仍未繳納者，移送法院強制執行。

第二一條 （核課期間）

①稅捐之核課期間，依左列規定：

一 依法應由納稅義務人申報繳納之稅捐，已在規定期間內申報，且無故意以詐欺或其他不正當方法逃漏稅捐者，其核課期間為五年。

二 依法應由納稅義務人實貼之印花稅，及應由稅捐稽徵機關依稅籍底冊或查得資料核定課徵之稅捐，其核課期間為五年。

三 未於規定期間內申報，或故意以詐欺或其他不正當方法逃漏稅捐者；其核課期間為七年。

②在前項核課期間內，經另發現應徵之稅捐者，仍應依法補徵或並予處罰，在核課期間內未經發現者，以後不得再補稅處罰。

第二二條 （核課期間之起算）

前條第一項核課期間之起算，依左列規定：

一　依法應由納稅義務人申報繳納之稅捐，已在規定期間內申報
　　者，自申報日起算。

二　依法應由納稅義務人申報繳納之稅捐，未在規定期間內申報
　　繳納者，自規定申報期間屆滿之翌日起算。

三　印花稅自依法應貼用印花稅票日起算。

四　由稅捐稽徵機關按稅籍底冊或查得資料核定徵收之稅捐，自
　　該稅捐所屬徵期屆滿之翌日起算。

第二三條　（追徵時效）100

①稅捐之徵收期間為五年，自繳納期間屆滿之翌日起算；應徵之稅
　捐未於徵收期間徵收者，不得再行徵收。但於徵收期間屆滿前，
　已移送執行，或依強制執行法規定聲明參與分配，或已依破產
　法規定申報債權尚未結案者，不在此限。

②應徵之稅捐，有第十條、第二十五條、第二十六條或第二十七條
　規定情事者，前項徵收期間，自各該變更繳納期間屆滿之翌日起
　算。

③依第三十九條暫緩移送執行或其他法律規定停止稅捐之執行者，
　第一項徵收期間之計算，應扣除暫緩執行或停止執行之期間。

④稅捐之徵收，於徵收期間屆滿前已移送執行者，自徵收期間屆滿
　之翌日起，五年內未經執行者，不再執行，其於五年期間屆滿前
　已開始執行，仍得繼續執行；但自五年期間屆滿之日起已逾五年
　尚未執行終結者，不得再執行。

⑤本法中華民國九十六年三月五日修正前已移送執行尚未終結之案
　件，自修正之日起逾五年尚未執行終結者，不再執行。但有下列
　情形之一，自九十六年三月五日起逾十年尚未執行終結者，不再
　執行：

一　截至一百零一年三月四日，納稅義務人欠繳稅捐金額達新臺
　　幣五十萬元以上者。

二　一百零一年三月四日前經法務部行政執行署所屬行政執行
　　處，依行政執行法第十七條規定聲請法院裁定拘提或管收義
　　務人確定者。

三　一百零一年三月四日前經法務部行政執行署所屬行政執行
　　處，依行政執行法第十七條之一第一項規定對義務人核發禁
　　止命令者。

第二四條　（稅捐之保全及限制出境之處分與解除）98

①納稅義務人欠繳應納稅捐者，稅捐稽徵機關得就納稅義務人相當
　於應繳稅捐數額之財產，通知有關機關，不得為移轉或設定他項
　權利；其為營利事業者，並得通知主管機關，限制其減資或註銷
　之登記。

②前項欠繳應納稅捐之納稅義務人，有隱匿或移轉財產、逃避稅捐
　執行之跡象者，稅捐稽徵機關得聲請法院就其財產實施假扣押，
　並免提供擔保。但納稅義務人已提供相當財產擔保者，不在此
　限。

③在中華民國境內居住之個人或在中華民國境內之營利事業，其已確定之應納稅捐逾法定繳納期限尚未繳納完畢，所欠繳稅款及已確定之罰鍰單計或合計，個人在新臺幣一百萬元以上，營利事業在新臺幣二百萬元以上者；其在行政救濟程序終結前，個人在新臺幣一百五十萬元以上，營利事業在新臺幣三百萬元以上，得由財政部函請內政部入出國及移民署限制其出境；其為營利事業者，得限制其負責人出境。但已提供相當擔保者，應解除其限制。

④財政部函請內政部入出國及移民署限制出境時，應同時以書面敘明理由並附記救濟程序通知當事人，依法送達。

⑤稅捐稽徵機關未執行第一項或第二項前段規定者，財政部不得依第三項規定函請內政部入出國及移民署限制出境。

⑥限制出境之期間，自內政部入出國及移民署限制出境之日起，不得逾五年。

⑦納稅義務人或其負責人經限制出境後，具有下列各款情形之一，財政部應函請內政部入出國及移民署解除其出境限制：
一　限制出境已逾前項所定期間者。
二　已繳清全部欠稅及罰鍰，或向稅捐稽徵機關提供欠稅及罰鍰之相當擔保者。
三　經行政救濟及處罰程序終結，確定之欠稅及罰鍰合計金額未滿第三項所定之標準者。
四　欠稅之公司組織已依法解散清算，且無謄餘財產可資抵繳欠稅及罰鍰者。
五　欠稅人就其所欠稅款已依破產法規定之和解或破產程序分配完結者。

第二五條　（稅捐之保全）
①有左列情形之一者，稅捐稽徵機關，對於依法應徵收之稅捐，得於法定開徵日期前徵收之。但納稅義務人能提供相當擔保者，不在此限：
一　納稅義務人顯有隱匿或移轉財產，逃避稅捐執行之跡象者。
二　納稅義務人於稅捐法定徵收日期前，申請離境者。
三　因其他特殊原因，經納稅義務人申請者。
②納稅義務人受破產宣告或經裁定為公司重整前，應徵收之稅捐而未開徵者，於破產宣告或公司重整裁定時，視為已到期之破產債權或重整債權。

第二五條之一　（免徵、免予移送強制執行之授權範圍）102
依本法或稅法規定應補或應移送強制執行之稅捐在一定金額以下者，財政部得視實際需要，報請行政院核定免徵或免予移送強制執行。

第四節　緩　繳

第二六條 （延期或分期繳納）

①納稅義務人因天災、事變、不可抗力之事由或爲經濟弱勢者，不能於法定期間內繳清稅捐者，得於規定納稅期間內，向稅捐稽徵機關申請延期或分期繳納，其延期或分期繳納之期間，不得逾三年。

②前項天災、事變、不可抗力之事由、經濟弱勢者之認定及實施方式之辦法，由財政部定之。

第二七條 （緩繳權利之停止）

納稅義務人對核准延期或分期繳納之任何一期應繳稅捐，未如期繳納者，稅捐稽徵機關應於該期繳納期間屆滿之翌日起三日內，就未繳清之餘額稅款，發單通知納稅義務人，限十日內一次全部繳清；逾期仍未繳清者，移送法院強制執行。

第五節 退 稅

第二八條 （退稅）98

①納稅義務人自行適用法令錯誤或計算錯誤溢繳之稅款，得自繳納之日起五年內提出具體證明，申請退還；屆期未申請者，不得再行申請。

②納稅義務人因稅捐稽徵機關適用法令錯誤、計算錯誤或其他可歸責於政府機關之錯誤，致溢繳稅款者，稅捐稽徵機關應自知有錯誤原因之日起二年內查明退還，其退還之稅款不以五年內溢繳者爲限。

③前二項溢繳之稅款，納稅義務人以現金繳納者，應自其繳納該項稅款之日起，至填發收入退還書或國庫支票之日止，按溢繳之稅額，依繳納稅款之日郵政儲金一年期定期儲金固定利率，按日加計利息，一併退還。

④本條修正施行前，因第二項事由致溢繳稅款者，適用修正後之規定。

⑤前項情形，稅捐稽徵機關於本條修正施行前已知有錯誤之原因者，二年之退還期間，自本條修正施行之日起算。

第二九條 （退稅之扣抵）

納稅義務人應退之稅捐，稅捐稽徵機關應先抵繳其積欠。並於扣抵後，應即通知該納稅義務人。

第六節 調 查

第三○條 （調查）103

①稅捐稽徵機關或財政部賦稅署指定之調查人員，爲調查課稅資料，得向有關機關、團體或個人進行調查，要求提示帳簿、文據或其他有關文件，或通知納稅義務人，到達其辦公處所備詢，被調查者不得拒絕。

②前項調查，不得逾越稅目的之必要範圍。

③被調查者以調查人員之調查爲不當者，得要求調查人員之服務機

關或其上級主管機關爲適當之處理。

④納稅義務人及其他關係人提供帳簿、文據時，該管稽徵機關或財政部賦稅署應掣給收據，除涉嫌違章漏稅者外，應於帳簿、文據提送完全之日起，七日內發還之；其有特殊情形，經該管稽徵機關或賦稅署首長核准者，得延長發還時間七日。

第三一條　（搜查）

①稅捐稽徵機關對逃漏所得稅及營業稅涉有犯罪嫌疑之案件，得敘明事由，聲請當地司法機關簽發搜索票後，會同當地警察或自治人員，進入藏置帳簿、文件或證物之處所，實施搜查；搜查時非上述機關人員不得參與。經搜索獲得有關帳簿、文件或證物，統由參加搜查人員，會同攜回該管稽徵機關，依法處理。

②司法機關接到稽徵機關前項聲請時，如認有理由，應盡速簽發搜索票；稽徵機關應於搜索票簽發後十日內執行完畢，並將搜索票繳回司法機關。其他有關搜索及扣押事項，準用刑事訴訟法之規定。

第三二條　（調查人員身分之證明）

稅捐稽徵機關或財政部指定之調查人員依法執行公務時，應出示有關執行職務之證明文件；其未出示者，被調查者得拒絕之。

第三三條　（個人財稅資訊秘密之保護）104

①稅捐稽徵人員對於納稅義務人之財產、所得、營業、納稅等資料，除對下列人員及機關外，應絕對保守秘密：

一　納稅義務人本人或其繼承人。

二　納稅義務人授權代理人或辯護人。

三　稅捐稽徵機關。

四　監察機關。

五　受理有關稅務訴願、訴訟機關。

六　依法從事調查稅務案件之機關。

七　經財政部核定之機關與人員。

八　債權人已取得民事確定判決或其他執行名義者。

②稅捐稽徵機關對其他政府機關、學校與教研人員、學術研究機構與研究人員、民意機關與民意代表爲統計、教學、研究與監督目的而供應資料，並不洩漏納稅義務人之姓名或名稱，且符合政府資訊公開法規定者，不受前項之限制。

③第一項第四款至第八款之人員及機關，對稅捐稽徵機關所提供第一項之資料，不得另作其他目的之使用；第一項第四款至第七款之機關人員或第八款之人員，如有洩漏情事，準用第四十三條第三項洩漏秘密之規定。

第三四條　（重大欠稅及逃漏稅之公告）

①財政部或經其指定之稅捐稽徵機關，對重大欠稅案件或重大逃漏稅捐案件經確定後，得公告其欠稅人或逃漏稅捐人姓名或名稱與內容，不受前條第一項限制。

②財政部或經其指定之稅捐稽徵機關，對於納稅額較高之納稅義務

人，得經其同意，公告其姓名或名稱，並予獎勵；其獎勵辦法，由財政部定之。

③第一項所稱確定，係指左列各種情形：

一　經稅捐稽徵機關核定之案件，納稅義務人未依法申請復查者。

二　經復查決定，納稅義務人未依法提起訴願者。

三　經訴願決定，納稅義務人未依法提起再訴願者。

四　經再訴願決定，納稅義務人未依法行政訴訟者。

五　經行政訴訟判決者。

第四章　行政救濟

第三五條　（復查及訴願）100

①納稅義務人對於核定稅捐之處分如有不服，應依規定格式，叙明理由，連同證明文件，依下列規定，申請復查：

一　依核定稅額通知書所載有應納稅額或應補徵稅額者，應於繳款書送達後，於繳納期間屆滿之翌日起三十日內，申請復查。

二　依核定稅額通知書所載無應納稅額或應補徵稅額者，應於核定稅額通知書送達之翌日起三十日內，申請復查。

三　依第十九條第三項規定受送達核定稅額通知書或以公告代之者，應於核定稅額通知書或公告所載應納稅額或應補徵稅額繳納期間屆滿之翌日起三十日內，申請復查。

②納稅義務人或其代理人，因天災事變或其他不可抗力之事由，遲誤申請復查期間者，於其原因消滅後一個月內，得提出具體證明，申請回復原狀。但遲誤申請復查期間已逾一年者，不得申請。

③前項回復原狀之申請，應同時補行申請復查期間內應爲之行爲。

④稅捐稽徵機關對有關復查之申請，應於接到申請書之翌日起二個月內復查決定，並作成決定書，通知納稅義務人；納稅義務人爲全體公同共有人者，稅捐稽徵機關應於公同共有人最後得申請復查之期間屆滿之翌日起二個月內，就分別申請之數宗復查合併決定。

⑤前項期間屆滿後，稅捐稽徵機關仍未作成決定者，納稅義務人得逕行提起訴願。

第三五條之一　（進口貨物稅捐之徵收）

國外輸入之貨物，由海關代徵之稅捐，其徵收及行政救濟程序，準用關稅法及海關緝私條例之規定辦理。

第三六條　（刪除）

第三七條　（刪除）

第三八條　（行政救濟後稅款之退補）100

①納稅義務人對稅捐稽徵機關之復查決定如有不服，得依法提起訴願及行政訴訟。

②經依復查、訴願或行政訴訟等程序終結決定或判決，應退還稅款者，稅捐稽徵機關應於復查決定，或接到訴願決定書，或行政法院判決書正本後十日內退回；並自納稅義務人繳納該項稅款之日起，至填發收入退還書或國庫支票之日止，按退稅額，依各年度一月一日郵政儲金一年期定期儲金固定利率，按日加計利息，一併退還。

③經依復查、訴願或行政訴訟程序終結決定或判決，應補繳稅款者，稅捐稽徵機關應於復查決定，或接到訴願決定書，或行政法院判決書正本後十日內，填發補繳稅款繳納通知書，通知納稅義務人繳納；並自該項補繳稅款原應繳納期間屆滿之次日起，至填發補繳稅款繳納通知書之日止，按補繳稅額，依各年度一月一日郵政儲金一年期定期儲金固定利率，按日加計利息，一併徵收。

④本條中華民國一百年一月十日修正施行前，經復查、訴願或行政訴訟程序終結，稅捐稽徵機關尚未送達收入退還書、國庫支票或補繳稅款繳納通知書之案件，或已送達惟其行政救濟利息尚未確定之案件，適用修正後之規定。但修正前之規定有利於納稅義務人者，適用修正前之規定。

第五章 強制執行

第三九條 （未繳稅捐之強制執行）102

①納稅義務人應納稅捐，於繳納期間屆滿三十日後仍未繳納者，由稅捐稽徵機關移送強制執行。但納稅義務人已依第三十五條規定申請復查者，暫緩移送強制執行。

②前項暫緩執行之案件，除有下列情形之一者外，稅捐稽徵機關應移送強制執行：

一 納稅義務人對復查決定之應納稅額繳納半數，並依法提起訴願者。

二 納稅義務人依前款規定繳納半數稅額確有困難，經稅捐稽徵機關核准，提供相當擔保者。

三 納稅義務人依前二款規定繳納半數稅額及提供相當擔保確有困難，經稅捐稽徵機關依第二十四條第一項規定，已就納稅義務人相當於復查決定應納稅額之財產，通知有關機關，不得為移轉或設定他項權利者。

③本條中華民國一百零二年五月十四日修正施行前，經依復查決定應補繳稅款，納稅義務人未依前項第一款或第二款規定繳納或提供相當擔保，稅捐稽徵機關尚未移送強制執行者，適用修正後之規定。

第四○條 （強制執行之撤回與停止）

稅捐稽徵機關，認為移送法院強制執行不當者，得向法院撤回。已在執行中者，應即聲請停止執行。

第六章 罰 則

第四一條　（逃漏稅捐之處罰）

納稅義務人以詐術或其他不正當方法逃漏稅捐者，處五年以下有期徒刑、拘役或科或併科新臺幣六萬元以下罰金。

第四二條　（違反代繳或扣繳義務之處罰）

①代徵人或扣繳義務人以詐術或其他不正當方法匿報、短報、短徵或不為代徵或扣繳稅捐者，處五年以下有期徒刑、拘役或科或併科新臺幣六萬元以下罰金。

②代徵人或扣繳義務人侵占已代繳或已扣繳之稅捐者，亦同。

第四三條　（教唆或幫助逃漏稅捐之處罰）103

①教唆或幫助犯第四十一條或第四十二條之罪者，處三年以下有期徒刑、拘役或科新臺幣六萬元以下罰金。

②稅務人員、執行業務之律師、會計師或其他合法代理人犯前項之罪者，加重其刑至二分之一。

③稅務稽徵人員違反第三十三條規定者，處一萬元以上五萬元以下罰鍰。

第四四條　（違反給予或取得憑證之處罰）99

①營利事業依法規定應給與他人憑證而未給與，應自他人取得憑證而未取得，或應保存憑證而未保存者，應就其未給與憑證、未取得憑證或未保存憑證，經查明認定之總額，處百分之五罰鍰。但營利事業取得非實際交易對象所開立之憑證，如經查明確有進貨事實及該項憑證確由實際銷貨之營利事業所交付，且實際銷貨之營利事業已依法處罰者，免予處罰。

②前項之處罰金額最高不得超過新臺幣一百萬元。

第四五條　（違反設置帳簿或記載帳簿義務之處罰）

①依規定應設置帳簿而不設置，或不依規定記載者，處新臺幣三千元以上七千五百元以下罰鍰，並應通知限於一個月內依規定設置或記載；期滿仍未依照規定設置或記載者，處新臺幣七千五百元以上一萬五千元以下罰鍰，並再通知於一個月內依規定設置或記載；期滿仍未依規定設置或記載者，應予停業處分，至依規定設置或記載帳簿時，始予復業。

②依規定應驗印之帳簿，未於規定期限內送請主管稽徵機關驗印者，除通知限期補辦外，處新臺幣一千五百元以上一萬五千元以下罰鍰；逾期仍未補辦者，得連續處罰至補辦為止。

③不依規定保存帳簿或無正當理由而不將帳簿留置於營業場所者，處新臺幣一萬五千元以上六萬元以下罰鍰。

第四六條　（拒絕調查之處罰）

①拒絕稅捐稽徵機關或財政部賦稅署指定之調查人員調查，或拒不提示有關課稅資料、文件者，處新臺幣三千元以上三萬元以下罰鍰。

②納稅義務人經稅捐稽徵機關或財政部賦稅署指定之調查人員通知到達備詢，納稅義務人本人或受委任之合法代理人，如無正當理由而拒不到達備詢者，處新臺幣三千元以下罰鍰。

第四七條 （法人或非法人團體實際業務負責人之刑罰）101

①本法關於納稅義務人、扣繳義務人及代徵人應處刑罰之規定，於下列之人適用之：

一　公司法規定之公司負責人。

二　民法或其他法律規定對外代表法人之董事或理事。

三　商業登記法規定之商業負責人。

四　其他非法人團體之代表人或管理人。

②前項規定之人與實際負責業務之人不同時，以實際負責業務之人為準。

第四八條 （逃漏稅之處理）103

①納稅義務人逃漏稅捐情節重大者，除依有關稅法規定處理外，財政部應停止並追回其違章行為所屬年度享受租稅優惠之待遇。

②納稅義務人違反環境保護、勞工、食品安全衛生相關法律且情節重大，租稅優惠法律之中央主管機關應通知財政部停止並追回其違章行為所屬年度享受租稅優惠之待遇。

第四八條之一 （自動補繳漏稅之免除處罰及按日加計利息）103

①納稅義務人自動向稅捐稽徵機關補報並補繳所漏稅款者，凡屬未經檢舉、未經稅捐稽徵機關或財政部指定之調查人員進行調查之案件，下列之處罰一律免除；其涉及刑事責任者，並得免除其刑：

一　第四十一條至第四十五條之處罰。

二　各稅法所定關於逃漏稅之處罰。

②營利事業應保存憑證而未保存，如已給與或取得憑證且帳簿記載明確，不涉及逃漏稅捐，於稅捐稽徵機關裁處或行政救濟程序終結前，提出原始憑證或取得與原應保存憑證相當之證明者，免依第四十四條規定處罰；其涉及刑事責任者，並得免除其刑。

③第一項補繳之稅款，應自該項稅捐原繳納期限截止之次日起，至補繳之日止，就補繳之應納稅捐，依原應繳納稅款期間屆滿之日郵政儲金匯業局之一年期定期存款利率按日加計利息，一併徵收。

第四八條之二 （輕微違章之減免）

①依本法或稅法規定應處罰鍰之行為，其情節輕微，或漏稅在一定金額以下者，得減輕或免予處罰。

②前項情節輕微、金額及減免標準，由財政部擬訂，報請行政院核定後發布之。

第四八條之三 （適用法律）

納稅義務人違反本法或稅法之規定，適用裁處時之法律。但裁處前之法律有利於納稅義務人者，適用最有利於納稅義務人之法律。

第七章　附　則

第四九條 （稅捐規定之準用）

滯納金、利息、滯報金、怠報金、短估金及罰鍰等，除本法另有規定者外，準用本法有關稅捐之規定。但第六條關於稅捐優先及第三十八條，關於加計利息之規定，對於罰鍰不在準用之列。

第五〇條 （納稅義務人規定之準用）

本法對於納稅義務人之規定，除第四十一條規定外，於扣繳義務人、代徵人、代繳人及其他依本法負繳納稅捐義務之人準用之。

第五〇條之一 （徵收期間之計算）

①本法修正前，應徵稅捐之繳納期間已屆滿者，其徵收期間自本法修正公布生效日起算五年。

②本法修正公布生效日前，已進行之徵收期間，應自前項徵收期間內扣除。

第五〇條之二 （罰鍰案件處分機關之更動）

依本法或稅法規定應處罰鍰者，由主管稽徵機關處分之，不適用稅法處罰程序之有關規定，受處分人如有不服，應依行政救濟程序辦理。但在行政救濟程序終結前，免依本法第三十九條規定予以強制執行。

第五〇條之三 （過渡時期輕微違章減免之適用）

本法修正前所發生應處罰鍰之行為，於本法修正公布生效日未裁罰確定者，適用第四十八條之二規定辦理。

第五〇條之四 （過渡時期罰鍰處分機關之確定）

依本法或稅法規定應處罰鍰之案件，於本法修正施行前尚未移送法院裁罰者，依本法之規定由主管稽徵機關處分之；其已移送法院裁罰者，仍依本法修正施行前各稅法之規定由法院裁罰。

第五〇條之五 （施行細則之訂定）

本法施行細則，由財政部擬訂，報請行政院核定後發布之。

第五一條 （施行日）100

本法自公布日施行。但中華民國一百年四月二十六日修正之條文，其施行日期由行政院定之。

稅捐稽徵法施行細則

①民國 82 年 5 月 17 日財政部令訂定發布全文 17 條。
②民國 97 年 2 月 20 日財政部令修正發布第 2、3、8、11、15 條條文。
③民國 100 年 8 月 11 日財政部令修正發布第 8、11 條條文。
④民國 102 年 1 月 7 日財政部令修正發布第 8 條條文。

第一條
本細則依稅捐稽徵法（以下簡稱本法）第五十條之五規定訂定之。

第二條 97
本法所定稅捐，包括各稅依法附徵或代徵之捐。

第三條 97
本法第六條第二項土地增值稅、地價稅、房屋稅之徵收優先受償之規定，以該土地及建築物所應課徵之土地增值稅、地價稅、房屋稅為限。

第四條
①本法第十四條第一項有關納稅義務人死亡遺有財產者，其依法應繳納之稅捐，由左列之人負繳納義務。

　一　有遺囑執行人者，為遺囑執行人。

　二　無遺囑執行人者，為繼承人及受遺贈人。

　三　無遺囑執行人及繼承人者，為依法選定之遺產管理人。

②前項第三款應選定之遺產管理人，於被繼承人死亡發生之日起六個月內未經選定報明法院者，稅捐稽徵機關得依有關規定聲請法院選任遺產管理人。

第五條
本法第十五條規定營利事業因合併而消滅時，其於合併前應退之稅捐，應由合併後存續或另立之營利事業受領。但獨資合夥之營利事業，在合併時另有協議，並已向稅捐稽徵機關報備者，從其協議。

第六條
稅捐稽徵機關依本法第十七條規定受理查對更正之案件，逾原限繳日期答復者，應改訂繳納期限。

第七條
本法第二十一條第一項第二款所稱應由稅捐稽徵機關依稅籍底冊或查得資料核定課徵之稅捐，指地價稅、田賦、房屋稅、使用牌照稅及查定課徵之營業稅、娛樂稅。

第八條 102
①稅捐稽徵機關依本法第二十九條規定，就納稅義務人應退之稅捐

抵繳其積欠者，應依下列順序抵繳：

一　同一稅捐稽徵機關同一稅目之欠稅。

二　同一稅捐稽徵機關同一稅目欠繳之滯納金、滯報金、怠報金、利息及罰鍰。

三　同一稅捐稽徵機關其他稅目之欠稅。

四　同一稅捐稽徵機關其他稅目欠繳之滯納金、滯報金、怠報金、利息及罰鍰。

五　同級政府其他稅捐稽徵機關各項稅目之欠稅。

六　同級政府其他稅捐稽徵機關各項稅目欠繳之滯納金、滯報金、怠報金、利息及罰鍰。

七　其他各項稅目之欠稅及欠繳之滯納金、滯報金、怠報金、利息及罰鍰。

②依前項規定抵繳，同一順序應以徵收期間屆至日期在先者先行為之；徵收期間屆至日期相同而分屬不同稅捐稽徵機關管轄者，按各該積欠金額比例抵繳。

③納稅義務人欠繳應納稅捐，已逾限繳日期，而於本法第三十五條第一項第一款及第三款所定申請復查期間，尚未依法申請復查者，應俟其期間屆滿後，確未申請復查，再依本法第二十九條規定辦理退稅抵欠。

第九條

稅捐稽徵機關依本法第三十三條第一項規定，向有關機關及人員提供資料時，應以密件處理，並提示其應予保密之責任。

第一〇條

本法第三十五條第一項所稱核定稅捐之處分，包括對自行申報及非自行申報案件之核定處分。

第一一條 100

①納稅義務人依本法第三十五條規定申請復查時，應將下列證明文件連同復查申請書送交稅捐稽徵機關：

一　受送達繳款書或已繳納稅捐者，為原繳款書或繳納收據影本。

二　前款以外情形者，為核定稅額通知書。

②前項復查申請書應載明下列事項，由申請人簽名或蓋章：

一　申請人之姓名、出生年月日、性別、身分證明文件字號、住、居所。如係法人或其他設有管理人或代表人之團體，其名稱、事務所或營業所及管理人或代表人之姓名、出生年月日、性別、住、居所。有代理人者，其姓名、出生年月日、性別、身分證明文件字號、住、居所及代理證明文件。

二　原處分機關。

三　復查申請事項。

四　申請復查之事實及理由。

五　證據。其為文書者應填具繕本或影本。

六　受理復查機關。

七　年、月、日。

第一二條

納稅義務人未繳納稅款而申請復查，稅捐稽徵機關於復查決定通知納稅義務人時，應就復查決定之應納稅額，依本法第三十八條第三項後段規定加計利息填發繳款書，一併通知納稅義務人繳納。

第一三條

① 本法第五十條之一所稱本法修正，指本法於中華民國七十九年一月二十四日公布修正者而言。

② 本法第五十條之三及第五十條之四所稱本法修正，指本法於中華民國八十一年十一月二十三日公布修正者而言。

第一四條

本法第五十條之二所稱不適用稅法處罰程序之有關規定，指不適用下列處罰程序：

一　稅捐稽徵機關通知受處分人限期提出申辯者。

二　補徵稅額者，俟補徵稅額之處分確定後移送法院者。

三　由法院裁定處以罰鍰者。

四　不服法院裁定時，於接到法院裁定後十日內提出抗告者。

第一五條 97

① 稅捐稽徵機關依本法第五十條之二規定為罰鍰處分時，應填具裁處書及罰鍰繳款書送達受處分人。

② 受處分人如僅對於應繳稅捐不服提起行政救濟，經變更或撤銷而影響其罰鍰金額者，稅捐稽徵機關應本於職權更正其罰鍰金額。

第一六條

本法第五十條之二增訂施行前，已發單補徵稅款而尚未移送法院裁罰之案件，應俟其應繳稅捐之處分確定後，由主管稽徵機關為罰鍰之處分。

第一七條

本細則自發布日施行。

印花稅法

①民國 23 年 12 月 8 日國民政府制定公布全文 24 條。

②民國 25 年 2 月 10 日國民政府修正公布第 7、13、16 條條文及稅率表。

③民國 26 年 2 月 5 日國民政府修正公布稅率表第 12 目。

④民國 32 年 4 月 29 日國民政府修正公布第 5、16～18 條條文及稅率表。

⑤民國 33 年 1 月 18 日國民政府修正公布稅率表。

⑥民國 34 年 10 月 1 日國民政府修正公布第 16 條條文及稅率表第 16 目。

⑦民國 35 年 4 月 16 日國民政府修正公布第 4、18、19 條條文及稅率表。

⑧民國 36 年 6 月 6 日國民政府修正公布全文 30 條。

⑨民國 37 年 4 月 3 日國民政府修正公布全文 36 條。

⑩民國 39 年 6 月 21 日總統令修正公布第 20、26～29 條條文。

⑪民國 42 年 6 月 6 日總統令修正公布全文 44 條。

⑫民國 43 年 12 月 9 日總統令修正公布附表第四類第一目。

⑬民國 47 年 10 月 24 日總統令修正公布第 7、12、14、35 條條文及附表。

⑭民國 62 年 6 月 8 日總統令修正公布第 9、14、16、35 條條文及附表。

⑮民國 67 年 7 月 5 日總統令修正公布全文 31 條。

⑯民國 68 年 12 月 5 日總統令修正公布第 9、23 條條文。

⑰民國 73 年 4 月 16 日總統令修正公布第 5～7 條條文。

⑱民國 75 年 1 月 17 日總統令修正公布第 5、7、31 條條文；並刪除第 19 條條文。

民國 75 年 3 月 31 日行政院令發布自 75 年 4 月 1 日起施行。

⑲民國 82 年 7 月 50 日總統令公布刪除第 27、28 條條文。

民國 84 年 2 月 13 日行政院令發布自 82 年 8 月 1 日起施行。

⑳民國 91 年 5 月 15 日總統令修正公布第 8 條條文。

第一章 總　則

第一條　（課徵要件）

本法規定之各種憑證，在中華民國領域內書立者，均應依本法納印花稅。

第二條　（主管機關）

印花稅，除本法另有規定外，由財政部發行印花稅票徵收之。

第三條　（計稅單位）

本法規定之金額，以國幣為單位。其因事實上之需要而使用中央授權發行之通用貨幣者，應依政府規定之比價折算之。

第四條　（憑證保存年限）

應納印花稅之憑證，於權利義務消滅後應保存二年。但公營或公私合營之事業，應依照會計法及其他有關法令之規定辦理。

第二章　課徵範圍

第五條　（應稅憑證）

印花稅以左列憑證為課徵範圍：

一　（刪除）

二　銀錢收據：指收到銀錢所立之單據、簿摺。凡收受或代收銀錢收據、收款回執、解款條、取租簿、取租摺及付款簿等屬之。但兼具營業發票性質之銀錢收據及兼具銀錢收據性質之營業發票不包括在內。

三　買賣動產契據：指買賣動產所立之契據。

四　承攬契據：指一方為他方完成一定工作之契據；如承包各種工程契約、承印印刷品契約及代理加工契據等屬之。

五　典賣、讓受及分割不動產契據：指設定典權及買賣、交換、贈與、分割不動產所立向主管機關申請物權登記之契據。

第六條　（免稅憑證）

左列各種憑證免納印花稅：

一　各級政府機關及鄉（鎮、市、區）公所所立或使用在一應負納稅義務之各種憑證。

二　公私立學校處理公款所發之憑證。

三　公私營事業組織內部，所用不生對外權利義務關係之單據，包括總組織與分組織間互用而不生對外作用之單據。

四　催索欠款或核對數目所用之帳單。

五　各種憑證之正本已貼用印花稅票者，其副本或抄本。

六　車票、船票、航空機票及其他往來客票、行李票。

七　農民（農、林、漁、牧）出售本身生產之農產品所出具之收據。

　　農產品第一次批發交易，由農產品批發市場代農民（農、林、漁、牧）或農民團體出具之銷貨憑證。

　　農民（農、林、漁、牧）或農民團體辦理共同供銷、運銷、直接供應工廠或出口外銷出具之銷貨憑證。

八　薪給、工資收據。

九　領受賑金、恤金、養老金收據。

十　義務代收稅捐或其他捐獻政府款項者，於代收時所具之收據。

十一　義務代發政府款項者，於向政府領款時所具之收據。

十二　領受退還稅款之收據。

十三　銷售印花稅票收款收據。

十四　財團或社團法人組織之教育、文化、公益或慈善團體領受捐贈之收據。

十五　農田水利會收取會員水利費收據。

十六　建造或檢修航行於國際航線船舶所訂之契約。

第三章　稅率或稅額

第七條　（稅率稅額）

印花稅稅率或稅額如左：

一　（刪除）

二　銀錢收據：每件按金額千分之四，由立據人貼印花稅票。招標人收受押標金收據：每件按金額千分之一，由立據人貼印花稅票。

三　承攬契據：每件按金額千分之一，由立約或立據人貼印花稅票。

四　典賣、讓受及分割不動產契據：每件按金額千分之一，由立約或立據人貼印花稅票。

五　買賣動產契據：每件稅額四元，由立約或立據人貼印花稅票。

第四章　納稅方法

第八條　（繳納方法）91

①應納印花稅之憑證，於書立後交付或使用時，應貼足印花稅票；其稅額巨大不便貼用印花稅票者，得請由稽徵機關開給繳款書繳納之。

②公私營事業組織所用各種憑證應納之印花稅，於報經所在地主管稽徵機關核准後，得彙總繳納；其辦法，由財政部定之。

第九條　（尾數計算）

印花稅以計至通用貨幣元為止，凡按件實貼印花稅票者，如每件依稅率計算之印花稅額不足通用貨幣一元及每件稅額尾數不足通用貨幣一元之部分，均免予貼用。經核准彙總繳納印花稅者，如彙總繳納稅額不足通用貨幣一元及應納稅額尾數不足通用貨幣一元之部分，均免予繳納。

第一〇條　（註銷方法）

貼用印花稅票，應由納稅義務人於每枚稅票與原件紙面騎縫處，加蓋營章圖註銷之，個人得以簽名或畫押代替圖章。但稅票連綴，無從貼近原件紙面騎縫者，得以稅票之連綴處為騎縫註銷之。

第一一條　（禁止重用）

印花稅票經貼用註銷者，不得揭下重用。

第一二條　（正本及視同正本）

同一憑證須備具二份以上，由雙方或各方關係人各執一份者，應於每份各別貼用印花稅票；同一憑證之副本或抄本視同正本使用者，仍應貼用印花稅票。

第一三條　（兼用憑證代用憑證）

①同一憑證而具有兩種以上性質；稅率相同者，僅按一種貼用印花稅票；稅率不同者，應按較高之稅率計算稅額。

②應使用高稅額之憑證而以低稅額之憑證代替者，須按高稅額之憑證貼用印花稅票。

③凡以非納稅憑證代替應納稅憑證使用者，仍應按其性質所屬類目貼用印花稅票。

第一四條 （一行為產生兩種以上憑證）

同一行為產生兩種以上憑證，除本法另有規定外，應各按其性質所屬類目，分別貼用印花稅票。

第一五條 （續用憑證）

經關係人約定將已失時效之憑證繼續使用者，應另貼印花稅票。

第一六條 （改用憑證）

已貼印花稅票之憑證，因事實變更而修改原憑證繼續使用，其變更部份，如須增加貼用印花稅票時，仍應補足之。

第一七條 （外貨計算）

應貼印花稅票之憑證，如所載金額係外國貨幣，於交付或使用時，應按政府規定或認可之兌換率，折算為本國貨幣計貼。

第一八條 （實物之計貼標準）

應貼印花稅票之憑證，如未載明金額，應按憑證所載品名及數量，依使用時當地時價計貼。

第一九條 （刪除）

第二〇條 （簿摺及臨時收據之計貼）

①支取銀錢之簿、摺，應按收取數額逐筆貼用印花稅票。憑以付款之付款簿，由收款人在帳簿內簽名或蓋章，以代替收據者亦同，由付款人扣款代貼。

②一宗交易先開立臨時收據再開立正式收據，或分次收款先開立分次收款收據再開立總收據者，臨時收據或分次收款收據應先行分別貼足印花稅票，俟開立正式收據或總收據時，將臨時收據或分次收款收據收回貼附背面；其金額相等者，正式收據或總收據免再貼印花稅票；其不相等者，應於正式收據或總收據上補足差額。

③開立正式收據或總收據時，未依規定將臨時收據或分次收款收據收回貼附背面者，應照所載全部金額貼用印花稅票。

第五章　印花稅檢查

第二一條 （檢查機關）

印花稅之檢查，由財政部主管印花稅機關，依稅捐稽徵法規定執行之；檢查規則，由財政部定之。

第二二條 （違章憑證之舉發）

違反本法之憑證，任何人得向主管徵收機關舉發之。

第六章　罰　則

第二三條 （漏貼貼用不足額或不依繳納之處罰）

①違反第八條第一項或第十二條至第二十條之規定，不貼印花稅票

或貼用不足稅額者，除補貼印花稅票外，按漏貼稅額處五倍至十五倍罰鍰。

②以總繳方式完納印花稅，逾期繳納者，應依稅捐稽徵法第二十條之規定處理；逾三十日仍未繳納者，除由稽徵機關移送法院強制執行外，並依情節輕重，按滯納之稅額處一倍至五倍罰鍰。

③違反第四條之規定者，除漏稅部分依第一項處罰外，應按情節輕重，處一千元以下罰鍰。

第二四條　（違反註銷規定之處罰）

①違反第十條之規定者，按情節輕重，照未經註銷或註銷不合規定之印花稅票數額，處五倍至十倍罰鍰。

②違反第十一條之規定者，按情節輕重，照所揭下重用之印花稅票數額，處二十倍至三十倍罰鍰。

第二五條　（妨害檢查之刑責）

妨害印花稅之檢查者，依刑法妨害公務罪處斷。

第二六條　（違章之合併處罰）

同一憑證違反本法所定情事在兩種以上者，應分別裁定合併處罰之。

第二七條　（刪除）

第二八條　（刪除）

第二九條　（補貼及補辦註銷）

凡違反本法之憑證，於處罰後，其屬漏稅或揭下重用者，仍應由負責貼花稅票人，按應納稅額補足印花稅票。未經註銷或註銷不合規定者，仍應由負責貼花稅票人，依法補行註銷。其負責人所在不明者，應由憑證使用人或持有人補辦之。

第七章　附　則

第三○條　（施行細則）

本法施行細則，由財政部擬訂，報請行政院核定之。

第三一條　（施行日）

①本法自公布日施行。

②本法修正條文施行日期，由行政院以命令定之。

地方稅法通則

民國 91 年 12 月 11 日總統令制定公布全文 10 條；並自公布日施行。
民國 101 年 2 月 3 日行政院公告第 6 條第 2 項所列屬「行政院主計
處」之權責事項，自 101 年 2 月 6 日起改由「行政院主計總處」管
轄。

第一條 （適用範圍）
直轄市政府、縣（市）政府、鄉（鎮、市）公所課徵地方稅，依
本通則之規定；本通則未規定者，依稅捐稽徵法及其他有關法律
之規定。

第二條 （地方稅範圍）
本通則所稱地方稅，指下列各稅：
一　財政收支劃分法所稱直轄市及縣（市）稅、臨時稅課。
二　地方制度法所稱直轄市及縣（市）特別稅課、臨時稅課及附
　　加稅課。
三　地方制度法所稱鄉（鎮、市）臨時稅課。

第三條 （開徵稅課之法源及其程序）
①直轄市政府、縣（市）政府、鄉（鎮、市）公所得視自治財政需
要，依前條規定，開徵特別稅課、臨時稅課或附加稅課。但對下
列事項不得開徵：
一　轄區外之交易。
二　流通至轄區外之天然資源或礦產品等。
三　經營範圍跨越轄區之公用事業。
四　損及國家整體利益或其他地方公共利益之事項。
②特別稅課及附加稅課之課徵年限至多四年，臨時稅課至多二年，
年限屆滿仍需繼續課徵者，應依本通則之規定重行辦理。
③特別稅課不得以已課徵貨物稅或菸酒稅之貨物為課徵對象；臨時
稅課應指明課徵該稅課之目的，並應對所開徵之臨時稅課指定用
途，並開立專款帳戶。

第四條 （徵收率（額）之訂定及限制）
①直轄市政府、縣（市）政府為辦理自治事項，充裕財源，除印花
稅、土地增值稅外，得就其地方稅原規定稅率（額）上限，於百
分之三十範圍內，予以調高，訂定徵收率（額）。但原規定稅率
為累進稅率者，各級距稅率應同時調高，級距數目不得變更。
②前項稅率（額）調整實施後，除因中央原規定稅率（額）上限調
整而隨之調整外，二年內不得調高。

第五條 （稅課附加權限及限制）
①直轄市政府、縣（市）政府為辦理自治事項，充裕財源，除關

稅、貨物稅及加值型營業稅外，得就現有國稅中附加徵收。但其徵收率不得超過原規定稅率百分之三十。

②前項附加徵收之國稅，如其稅基已同時為特別稅課或臨時稅課之稅基者，不得另行徵收。

③附加徵收稅率除因配合中央政府增減稅率而調整外，公布實施後二年內不得調高。

第六條　（開徵地方稅之法定程序）

①直轄市政府、縣（市）政府、鄉（鎮、市）公所開徵地方稅，應擬具地方稅自治條例，經直轄市議會、縣（市）議會、鄉（鎮、市）民代表會完成三讀立法程序後公布實施。

②地方稅自治條例公布前，應報請各該自治監督機關、財政部及行政院主計處備查。

第七條　（稅捐受償之順序）

各稅之受償，依下列規定：

一　地方稅優先於國稅。

二　鄉（鎮、市）稅優先於縣（市）稅。

第八條　（附加稅課之徵收機關）

①依第五條規定附加徵收之稅課，應由被附加稅課之徵收機關一併代徵。

②前項代徵事項，由委託機關與受託機關會商訂定；其代徵費用，由財政部另定之。

第九條　（行政區域調整之辦理規定）

直轄市、縣（市）、鄉（鎮、市）之行政區域有調整時，其地方稅之課徵，自調整之日起，依調整後行政區域所屬直轄市、縣（市）、鄉（鎮、市）有關法規規定辦理。

第一○條　（施行日）

本通則自公布日施行。

工程受益費徵收條例

①民國 33 年 8 月 19 日國民政府制定公布全文 8 條。
②民國 51 年 4 月 7 日總統令修正公布全文 8 條。
③民國 60 年 1 月 30 日總統令修正公布名稱及全文 20 條（原名稱：市縣工程受益費徵收條例）。
④民國 62 年 1 月 16 日總統令修正公布第 3 條條文。
⑤民國 66 年 7 月 23 日總統令修正公布第 2、5～7 條條文。
⑥民國 76 年 12 月 30 日總統令修正公布第 2 條條文。
⑦民國 89 年 11 月 8 日總統令修正公布第 4、5 條條文。

第一條　（本條例之適用）

各級政府徵收工程受益費，依本條例之規定；本條例未規定者，依其他有關法令之規定。

第二條　（徵收原因及數額）

①各級政府於該管區域內，因推行都市建設，提高土地使用，便利交通或防止天然災害，而建築或改善道路、橋樑、溝渠、港口、碼頭、水庫、堤防、疏濬水道及其他水陸等工程，應就直接受益之公私有土地及其改良物，徵收工程受益費；其無直接受益之土地者，就使用該項工程設施之車輛、船舶徵收之。

②前項工程受益費之徵收數額，最高不得超過該項工程實際所需費用百分之八十。但就車輛、船舶徵收者，得按全額徵收之，其為水庫、堤防、疏濬水道等工程之徵收最低限額，由各級政府視實際情形定之。

第三條　（工程費用）

①前條所稱工程實際所需費用，包括左列各種費用：

一　工程興建費。

二　工程用地之徵購費及公地地價。

三　地上物拆遷補償費。

四　工程管理費。

五　借款之利息負擔。

②前項第二款之公地地價，以各該公地管理機關抵繳同一工程應繳納之工程受益費數額為限。

第四條　（工程辦理機關）89

第二條之各項工程，除左列各款外，由該管直轄市或縣（市）政府辦理：

一　規模廳大，非直轄市或縣（市）財力、人力、物力所能舉辦者，得由中央辦理。

二　跨越二縣（市）以上行政區域之工程，由各該縣（市）政府

　　　共同辦理。

三　跨越直轄市與縣（市）行政區域之工程，得由中央統籌辦理，或由各該直轄市、縣（市）政府共同辦理。

第五條　（徵收程序㈠）89

①各級地方政府徵收工程受益費，應擬具徵收計畫書，包括工程計畫、經費預算、受益範圍及徵收費率等，送經各該級民意機關決議後，報請中央主管機關備查。如係長期辦理之工程，應先將分期、分年之工程計畫，依照上開規定，先行送經民意機關決議，報請中央主管機關核備後，據以編列年度預算或特別預算辦理。中央舉辦之工程，應由主辦工程機關循收支預算程序辦理。

②各級地方民意機關對於工程受益費徵收計畫書，應連同該工程經費收支預算一併審定；如工程受益費徵收案予以延擱或否決，該工程經費收支預算應併同延緩或註銷。

③工程受益費以徵足原定數額為限。但就車輛、船舶徵收受益費之工程，而有繼續維持保養、改善必要者，經各該級民意機關決議，並完成收支預算程序後，得徵之。

第六條　（徵收程序㈡）

①就土地及其改良物徵收受益費之工程，主辦工程機關應於開工前三十日內，將工程名稱、施工範圍、經費預算、工程受益費徵收標準及數額暨受益範圍內之土地地段、地號繪圖公告三十日，並於公告後三個月內，將受益土地之面積、負擔之單價暨該筆土地負擔工程受益費數額，連同該項工程受益費簡要說明，依第八條第二項規定以書面通知各受益人。就車輛、船舶徵收受益費之工程，應於開徵前三十日將工程名稱、施工範圍、經費預算、工程受益費徵收標準及數額公告之。

②就土地及其改良物徵收之工程受益費，於各該工程開工之日起，至完工後一年內開徵。

③第一項受益範圍內之土地及其改良物公告後之移轉，除因繼承者外，應由買受人出具承諾書，願依照規定繳納未到期之工程受益費，或先將工程受益費全部繳清，始得辦理移轉登記；經查封拍賣者亦同。

第七條　（徵收時間及方法）

①工程受益費之徵收，得一次或分期為之；其就車輛、船舶徵收者，得計次徵收。

②各級政府如因財政困難，無力墊付工程費用者，得於完成第五條第一項所規定之程序後，先行開徵，或以應徵之工程受益費為擔保，向金融機構借款辦理。

第八條　（徵收標準及繳納義務人）

①工程受益費之徵收標準，按土地受益之程度或車輛、船舶之等級，擬定徵收費率。

②工程受益費向公告徵收時之土地所有權人徵收之；其設有典權者，向典權人徵收；放領之公地，向其承領人徵收。所有權人或

典權人未自行使用之不動產，經催徵而不繳納者，得責由承租人或使用人扣繳或墊繳之。

第九條　（工程受益費之分擔）

①土地及其改良物不屬同一人者，其應徵之工程受益費，由土地所有權人及土地改良物所有權人分擔；其分擔比率，由辦理工程之各級政府定之。

②前項土地改良物在未繳清全部受益費以前，如因土地租賃期限屆滿而予以拆除，由土地所有權人負責繳納未到期之部分；如係於租賃期間內拆除或改建，由改建人負責繳納之。

第一〇條　（車船工程受益費之徵收）

以車輛、船舶為徵收標的之工程受益費，向使用之車輛或船舶徵收之。

第一一條　（不得免徵之情形）

土地及其改良物於公告徵收工程受益費後，不因其用途變更而免予徵收。

第一二條　（工程受益費之計算）

不同性質之工程，其工程受益費應予分別徵收；同性質之工程有重複受益時，僅就其受益較大者，予以計算徵收。

第一三條　（經徵機關）

工程受益費之徵收，以土地及其改良物為徵收標的者，以稅捐稽徵機關為經徵機關；以車輛或船舶為徵收標的者，以交通管理機關為經徵機關。

第一四條　（免徵）

左列各款之土地及其改良物、車輛、船舶，免徵工程受益費。

一　非營業性或依都市計劃法規定保留之公共設施用地及其改良物。

二　駐軍兵營、要塞、軍用機場、軍用基地及其改良物。

三　軍用港口、碼頭、船舶、戰備及訓練車輛。

第一五條　（滯納處分及強制執行）

土地及其改良物之受益人不依規定期限繳納工程受益費者，自期限屆滿之次日起，每逾三日應按欠費額加徵滯納金百分之一；逾期超過一個月，經催繳而仍不繳納者，除加徵滯納金百分之十外，應由經徵機關移送法院強制執行。

第一六條　（行政救濟）

受益人對應繳之工程受益費有異議時，應於收到繳納通知後，按照通知單所列數額及規定期限，先行繳納二分之一款項，申請復查；對復查之核定仍有不服，得依法提起訴願及行政訴訟。經訴願、再訴願、行政訴訟程序確定應繳納之工程受益費數額高於已繳數額時，應予補足；低於已繳數額時，其溢繳部分應予退還，並均按銀行定期存款利率加計利息。

第一七條　（公文送達）

本條例之公文送達，準用民事訴訟法有關送達之規定。

第一八條 （本條例之準用）

　　鄉、鎮（市）公所興辦工程，徵收工程受益費，準用本條例之規定。

第一九條 （施行細則之訂定）

　　本條例施行細則，由內政部會同財政部、經濟部、交通部訂定，報請行政院核備。

第二○條 （施行日）

　　本條例自公布日施行。

一○四年發生之繼承或贈與案件，應適用遺產及贈與稅法第十二條之一第一項各款所列之金額

民國 103 年 11 月 28 日財政部公告。

一　遺產稅

(一)免稅額：新臺幣（下同）1,200 萬元。

(二)不計入遺產總額之金額：

　　1. 被繼承人日常生活必需之器具及用品：89 萬元以下部分。

　　2. 被繼承人職業上之工具：50 萬元以下部分。

(三)扣除額：

　　1. 配偶扣除額：493 萬元。

　　2. 直系血親卑親屬扣除額：每人 50 萬元。其有未滿 20 歲者，並得按其年齡距屆滿 20 歲之年數，每年加扣 50 萬元。

　　3. 父母扣除額：每人 123 萬元。

　　4. 重度以上身心障礙特別扣除額：每人 618 萬元。

　　5. 受被繼承人扶養之兄弟姊妹、祖父母扣除額：每人 50 萬元。兄弟姊妹中有未滿 20 歲者，並得按其年齡距屆滿 20 歲之年數，每年加扣 50 萬元。

　　6. 喪葬費扣除額：123 萬元。

二　贈與稅

　　免稅額：每年 220 萬元。

拾、公產管理法規

國有財產法

①民國 58 年 1 月 27 日總統令制定公布全文 77 條。
②民國 60 年 5 月 5 日總統令修正公布第 60 條條文。
③民國 64 年 1 月 17 日總統令修正公布第 8、32、38、42、44、46、47、50、52、54 條條文；並刪除第 15 條條文。
④民國 70 年 1 月 12 日總統令修正公布第 13、42 條條文。
⑤民國 81 年 4 月 6 日總統令公布刪除第 74 條條文。
⑥民國 89 年 1 月 12 日總統令修正公布第 42、43、46、47、49、52、58 條條文；並增訂第 52-1、52-2 條條文。
⑦民國 91 年 4 月 24 日總統令修正公布第 50、51 條條文。
⑧民國 92 年 2 月 6 日總統令修正公布第 52-2 條條文。
⑨民國 101 年 1 月 4 日總統令修正公布第 33、39、53 條條文。
民國 101 年 12 月 25 日行政院公告第 9 條第 2 項、第 12、16、19 條、第 35 條第 1、2 項、第 38 條第 2 項、第 39 條、第 47 條第 2、4 項、第 49 條第 4 項、第 52-2、53 條、第 54 條第 3 項、第 55 條第 2 項、第 63、65、68、69 條所列屬財政部「國有財產局」之權責事項，自 102 年 1 月 1 日起改由財政部「國有財產署」管轄。

第一章 總 則

第一條 （本法之適用範圍）

國有財產之取得、保管、使用、收益及處分，依本法之規定；本法未規定者，適用其他法律。

第二條 （國有財產之定義）

①國家依據法律規定，或基於權力行使，或由於預算支出，或由於接受捐贈所取得之財產，為國有財產。

②凡不屬於私有或地方所有之財產，除法律另有規定外，均應視為國有財產。

第三條 （國有財產之範圍）

①依前條取得之國有財產，其範圍如左：

一 不動產：指土地及其改良物暨天然資源。

二 動產：指機械及設備、交通運輸及設備，暨其他雜項設備。

三 有價證券：指國家所有之股份或股票及債券。

四 權利：指地上權、地役權、典權、抵押權、礦業權、漁業權、專利權、著作權、商標權及其他財產上之權利。

②前項第二款財產之詳細分類，依照行政院規定辦理。

第四條 （國有財產之種類）

①國有財產區分為公用財產與非公用財產兩類。左列各種財產稱為公用財產：

一 公務用財產：各機關、部隊、學校、辦公、作業及宿舍使用

　　之國有財產均屬之。

二　公共用財產：國家直接供公用使用之國有財產均屬之。

三　事業用財產：國營事業機關使用之財產均屬之。但國營事業為公司組織者，僅指其股份而言。

②非公用財產，係指公用財產以外可供收益或處分之一切國有財產。

第五條　（其他國有財產之保管使用）

第三條第一項所定範圍以外之左列國有財產，其保管或使用，仍依其他有關法令辦理：

一　軍品及軍用器材。

二　圖書、史料、古物及故宮博物。

三　國營事業之生產材料。

四　其他可供公用或應保存之有形或無形財產。

第六條　（保留國有土地及其定著物之管理辦法）

國家為保障邊疆各民族之土地使用，得視地方實際情況，保留國有土地及其定著物；其管理辦法由行政院定之。

第七條　（國有財產收益及處分程序）

①國有財產收益及處分，依預算程序為之；其收入應解國庫。

②凡屬事業用之公用財產，在使用期間或變更為非公用財產，而為收益或處分時，均依公營事業有關規定程序辦理。

第八條　（國有土地及建築改良物之免徵土地稅及建築改良物）

國有土地及國有建築改良物，除放租有收益及第四條第二項第三款所指事業用者外，免徵土地稅及建築改良物稅。

第二章　機　構

第九條　（國有財產局承辦國有財產事務）

①財政部承行政院之命，綜理國有財產事業。

②財政部設國有財產局，承辦前項事務；其組織以法律定之。

第一○條　（公用財產之主管機關）

①公用財產之主管機關，依預算法之規定。

②公用財產為二個以上機關共同使用，不屬於同一機關管理者，其主管機關由行政院指定之。

第一一條　（公用財產之管理機關）

公用財產以各該直接使用機關為管理機關，直接管理之。

第一二條　（非公用財產之管理機關）

非公用財產以財政部國有財產局為管理機關，承財政部之命，直接管理之。

第一三條　（國有財產之委託管理）

財政部視國有財產實際情況之需要，得委託地方政府或適當機構代為管理或經營。

第一四條　（國境外國有財產之管理）

國有財產在國境外者，由外交部主管，並由各使領館直接管理；

如當地無使領館時，由外交部委託適當機關爲管理。

第一五條 （刪除）

第一六條 （國有財產估價委員會之組織）

財政部國有財產局設國有財產估價委員會，爲國有財產估價機構；其組織由財政部定之。

第三章 保 管

第一節 登 記

第一七條 （國有財產應完成國有登記）

第三條所指取得之不動產、動產、有價證券及權利，應分別依有關法令完成國有登記，或確定其權屬。

第一八條 （辦理國有財產國有登記機關）

①不動產之國有登記，由管理機關囑託該管直轄市、縣（市）地政機關爲之。

②動產、有價證券及權利有關確定權屬之程序，由管理機關辦理之。

③依本條規定取得之產權憑證，除第二十六條規定外，由管理機關保管之。

第一九條 （尚未完成登記應屬國有之土地之登記）

尚未完成登記應屬國有之土地，除公用財產依前條規定辦理外，得由財政部國有財產局或其所屬分支機構囑託該管直轄市、縣（市）地政機關辦理國有登記；必要時得分期、分區辦理。

第二〇條 （國境外國有財產之辦理確定權屬程序）

國有財產在國境外者，應由外交部或各使領館依所在地國家法令，辦理確定權屬之程序。

第二節 產 籍

第二一條 （設置國有財產資料卡及明細分類帳）

管理機關應設置國有財產資料卡及明細分類帳，就所經管之國有財產，分類、編號、製卡、登帳，並列冊層報主管機關；其異動情形，應依會計報告程序爲之。

第二二條 （設置國有財產總帳）

財政部應設國有財產總帳，就各管理機關所送資料整理、分類、登錄。

第二三條 （國有財產變動之列表層轉註銷產籍）

國有財產因故滅失、毀損或拆卸、改裝，經有關機關核准報廢者，或依本法規定出售或贈與者，應由管理機關於三個月內列表層轉財政部註銷產籍。但涉及民事或刑事者不在此限。

第二四條 （卡、帳、表、冊格式及財產編號之訂定）

第二十一條至第二十三條所定卡、帳、表、冊之格式及財產編號，由財政部會商中央主計機關及審計機關統一訂定之。

第三節　維　護

第二五條　（管理機關之保養整修義務）

管理機關對其經管之國有財產，除依法令報廢者外，應注意保養及整修，不得毀損、棄置。

第二六條　（有價證券之保管處所）

有價證券應交由當地國庫或其代理機構負責保管。

第二七條　（損害國有財產之賠償責任）

國有財產直接經管人員或使用人，因故意或過失，致財產遭受損害時，除涉及刑事責任部分，應由管理機關移送該管法院究辦外，並應負賠償責任。但因不可抗力而發生損害者，其責任經審計機關查核後決定之。

第二八條　（對公用財產處分收益之限制）

主管機關或管理機關對於公用財產不得為任何處分或擅為收益。但其收益不違背其事業目的或原定用途者，不在此限。

第二九條　（國境外國有財產處分之限制）

國有財產在國境外者，非依法經外交部核准，並徵得財政部同意，不得為任何處分。但為應付國際間之突發事件，得為適當之處理，於處理後即報外交部，並轉財政部及有關機關。

第三〇條　（保全國有財產提起塗銷之訴與異議登記）

①國有不動產經他人以虛偽之方法，為權利之登記者，經主管機關或管理機關查明確實後，應依民事訴訟法之規定，提起塗銷之訴；並得於起訴後囑託該管直轄市、縣（市）地政機關，為異議登記。

②前項為虛偽登記之申請人及登記人員，並應移送該管法院查究其刑責。

第三一條　（禁止國有財產管理人員之行為）

①國有財產管理人員，對於經管之國有財產不得買受或承租，或為其他與自己有利之處分或收益行為。

②違反前項規定之行為為無效。

第四章　使　用

第一節　公用財產之用途

第三二條　（公用財產之使用）

①公用財產應依預定計畫及規定用途或事業目使用；其事業用財產，仍適用營業預算程序。

②天然資源之開發、利用及管理，除法律另有規定外，應由管理機關善為規劃，有效運用。

第三三條　（用途廢止之變更）101

公用財產用途廢止時，應變更為非公用財產。但依法徵收之土地，適用土地法及土地徵收條例之規定。

第三四條 (核准變更為非公用財產)

①財政部基於國家政策需要，得徵商主管機關同意，報經行政院核准，將公用財產變更為非公用財產。

②公用財產與非公用財產得互易其財產類別，經財政部與主管機關協議，報經行政院核定為之。

第三五條 (變更後之接管機關)

①公用財產變更為非公用財產時，由主管機關督飭該管理機關移交財政部國有財產局接管。但原屬事業用財產，得由原事業主管機關，依預算程序處理之。

②非公用財產經核定變更為公用財產時，由財政部國有財產局移交公用財產主管機關或管理機關接管。

第三六條 (公務用、公共用財產之變更用途與相互交換使用)

①主管機關基於事實需要，得將公務用、公共用財產，在原規定使用範圍內變更用途，並得將各該種財產相互交換使用。

②前項變更用途或相互交換使用，須變更主管機關者，應經各該主管機關之協議，並徵得財政部之同意。

第三七條 (國家接受捐贈財產之處理)

國家接受捐贈之財產，屬於第三條規定之範圍者，應由受贈機關隨時通知財政部轉報行政院，視其用途指定其主管機關。

第二節　非公用財產之撥用

第三八條 (非公用財產類之不動產辦理撥用之限制)

①非公用財產類之不動產，各級政府機關為公務或公共所需，得申請撥用。但有左列情形之一者，不得辦理撥用：

一　位於繁盛地區，依申請撥用之目的，非有特別需要者。

二　擬作為宿舍用途者。

三　不合區域計畫或都市計畫土地使用分區規定者。

②前項撥用，應由申請撥用機關檢具使用計畫及圖說，報經其上級機關核明屬實，並徵得財政部國有財產局同意後，層報行政院核定之。

第三九條 (非公用財產經撥為公用後隨時收回之事由) 101

非公用財產經撥為公用後，遇有下列情事之一者，應由財政部查明隨時收回，交財政部國有財產局接管。但撥用土地之收回，應由財政部呈請行政院廢止撥用後為之：

一　用途廢止時。

二　變更原定用途時。

三　於原定用途外，擅供收益使用時。

四　擅自讓由他人使用時。

五　建地空置逾一年，尚未開始建築時。

第三節　非公用財產之借用

第四○條　（非公用財產之供短期借用）

① 非公用財產得供各機關、部隊、學校因臨時性或緊急性之公務用或公共用，爲短期之借用；其借用期間，不得逾三個月。如屬土地，並不得供建築使用。

② 前項借用手續，應由需用機關徵得管理機關同意爲之，並通知財政部。

第四一條　（非公用財產經借用後應查明隨時收回事由）

① 非公用財產經借用後，遇有左列情事之一者，應由管理機關查明隨時收回：

　一　借用原因消滅時。

　二　於原定用途外，另供收益使用時。

　三　擅自讓由他人使用時。

② 非公用財產借用期間，如有增建、改良或修理情事，收回時不得請求補償。

第五章　收　益

第一節　非公用財產之出租

第四二條　（得申請租用非公用財產類不動產之情形、期限及管理）

① 非公用財產類不動產之出租，得以標租方式辦理。但合於左列各款規定之一者，得逕予出租：

　一　原有租賃期限屆滿，未逾六個月者。

　二　民國八十二年七月二十一日前已實際使用，並願繳清歷年使用補償金者。

　三　依法得讓售者。

② 非公用財產類之不動產出租，應以書面爲之；未以書面爲之者，不生效力。

③ 非公用財產類之不動產依法已爲不定期租賃關係者，承租人應於規定期限內訂定書面契約；未於規定期限內訂定書面契約者，管理機關得終止租賃關係。

④ 前項期限及非公用財產類不動產出租管理辦法，由財政部擬定報請行政院核定後發布之。

第四三條　（非公用財產類不動產之出租期限）

① 非公用財產類之不動產出租，應依左列各款規定，約定期限：

　一　建築改良物，五年以下。

　二　建築基地，二十年以下。

　三　其他土地，六年至十年。

② 約定租賃期限屆滿時，得更新之。

③ 非公用財產類之不動產租金率，依有關土地法律規定；土地法律未規定者，由財政部斟酌實際情形擬訂，報請行政院核定之。但以標租方式出租或出租係供作營利使用者，其租金率得不受有關

土地法律規定之限制。

第四四條 （非公用財產類不動產出租得解約收回事由）

① 非公用財產類之不動產出租後，除依其他法律規定得予終止租約收回外，遇有左列情形之一者，亦得解約收回：

一 基於國家政策需要，變更為公用財產時。

二 承租人變更約定用途時。

三 因開發、利用或重行修建，有收回必要時。

② 承租人因前項第一、第三兩款規定，解除租約所受之損失，得請求補償。其標準由財政部核定之。

③ 非公用財產類之不動產解除租約時，除出租機關許可之增建或改良部分，得由承租人請求補償其現值外，應無償收回；其有毀損情事者，應責令承租人回復原狀。

第四五條 （非公用財產類動產之出租限制）

非公用財產類之動產，以不出租為原則。但基於國家政策或國庫利益，在無適當用途前，有暫予出租之必要者，得經財政部專案核准為之。

第二節 非公用財產之利用

第四六條 （國有土地放租放領實施辦法之訂定）

① 國有耕地得提供為放租或放領之用；其放租、放領實施辦法，由內政部會商財政部擬訂，報請行政院核定之。

② 邊際及海岸地可開闢為觀光或作海水浴場等事業用者，得提供利用辦理放租；可供造林、農墾、養殖等事業用者，得辦理放租或放領。其辦法由財政部會同有關機關擬訂，報請行政院核定之。

第四七條 （非公用財產類不動產之依法改良利用）

① 非公用財產類不動產，得依法改良利用。

② 財政部國有財產局得以委託、合作或信託方式，配合區域計畫、都市計畫辦理左列事項：

一 改良土地。

二 興建公務或公共用房屋。

三 其他非興建房屋之事業。

③ 經改良之土地，以標售為原則。但情形特殊，適於以設定地上權或其他方式處理者，得報請行政院核定之。

④ 第二項各款事業，依其計畫須由財政部國有財產局負擔資金者，應編列預算。

第四八條 （非公用財產類動產提供投資之限制）

非公用財產類之動產，得提供投資之用。但以基於國家政策及國庫利益，確有必要者為限。

第六章 處 分

第一節 非公用財產類不動產之處分

第四九條 （非公用財產類不動產之讓售）

①非公用財產類之不動產，其已有租賃關係者，得讓售與直接使用人。

②前項得予讓售之不動產範圍，由行政院另定之。

③非公用財產類之不動產，其經地方政府認定應與鄰接土地合併建築使用者，得讓售與有合併使用必要之鄰地所有權人。

④第一項及第三項讓售，由財政部國有財產局辦理之。

第五〇條 （非公用財產類不動產之讓售）91

①非公用財產類之不動產，為國營事業機關或地方公營事業機構，因業務上所必需者，得予讓售。

②前項讓售，由各該主管機關，商請財政部核准，並徵得審計機關同意為之。

第五一條 （非公用財產類不動產之讓售）91

①非公用財產類之不動產，為社會、文化、教育、慈善、救濟團體舉辦公共福利事業或慈善救濟事業所必需者，得予讓售。

②前項讓售，由各該主管機關商請財政部轉報行政院核定，並徵得審計機關同意為之。

第五二條 （非公用財產類土地之得予讓售）

①非公用財產類之土地，經政府提供興建國民住宅或獎勵投資各項用地者，得予讓售。

②前項讓售，依國民住宅條例及其他有關規定辦理之。

第五二條之一 （非公用財產類不動產之專案讓售）

①非公用財產類之不動產，有左列各款情形之一者，得專案報經財政部核准讓售：

　一　使用他人土地之國有房屋。

　二　原屬國有房屋業已出售，其尚未併售之建築基地。

　三　共有不動產之國有持分。

　四　獲准整體開發範圍內之國有不動產。

　五　非屬公墓而其地目為「墓」並有墳墓之土地。

　六　其他不屬前五款情況，而其使用情形或位置情形確屬特殊者。

②非公用財產類之不動產，基於國家建設需要，不宜標售者，得專案報經行政院核准讓售。

③非公用財產類之不動產，為提高利用價值，得專案報經財政部核准與他人所有之不動產交換所有權。其交換辦法，由財政部擬訂，報請行政院核定之。

第五二條之二 （直接使用人申請讓售之方式）92

非公用財產類之不動產，於民國三十五年十二月三十一日以前已供建築、居住使用至今者，其直接使用人得於民國一百零四年一月十三日前，檢具有關證明文件，向財政部國有財產局或所屬分支機構申請讓售。經核准者，其土地面積在五百平方公尺以內部分，得按第一次公告土地現值計價。

第五三條 （非公用財產類之空屋、空地之標售）101

非公用財產類之空屋、空地，並無預定用途，面積未達一千六百五十平方公尺者，得由財政部國有財產局辦理標售。面積在一千六百五十平方公尺以上者，不得標售。

第五四條 （非公用財產類之不動產應收回標售或自行利用與得辦理現狀標售情形）

①非公用財產類之不動產，使用人無租賃關係或不合第四十二條第一項第二款之規定者，應收回標售或自行利用。

②其有左列情形之一者，得經財政部核准辦理現狀標售：

一　經財政部核准按現狀接管處理者。

二　接管時已有墳墓或已作墓地使用者。

三　使用情形複雜，短期間內無法騰空辦理標售，且因情形特殊，急待處理者。

③前項標售，由財政部國有財產局辦理之。

第二節　非公用財產類動產、有價證券及權利之處分

第五五條 （非公用財產類動產之改裝標售）

①非公用財產類之動產不堪使用者，得予標售，或拆卸後就其殘料另行改裝或標售。

②前項標售或拆卸、改裝，由財政部國有財產局報經財政部，按其權責核轉審計機關報廢後為之。

第五六條 （有價證券之核准出售）

①有價證券，得經行政院核准予以出售。

②前項出售，由財政部商得審計機關同意，依證券交易法之規定辦理。

第五七條 （財產上權利之處分之核定）

第三條第一項第四款財產上權利之處分，應分別按其財產類別，經主管機關或財政部核定之。

第三節　計　價

第五八條 （國有財產計價方式）

①國有財產計價方式，經國有財產估價委員會議訂，由財政部報請行政院核定之。但放領土地地價之計算，依放領土地有關法令規定辦理。

②有價證券之售價，由財政部核定之。

第五九條 （非公用財產之預估售價應經審計機關同意之情形）

非公用財產之預估售價，達於審計法令規定之稽察限額者，應經審計機關之同意。

第四節　贈　與

第六〇條 （國有財產之贈與辦法）

①在國外之國有財產，有贈與外國政府或其人民必要者，得層請行政院核准贈與之。

②在國內之國有財產，其贈與行為以動產為限。但現為寺廟、教堂所使用之不動產，合於國人固有信仰，有贈與該寺廟、教堂依法成立之財團法人必要者，得贈與之。

③前項贈與辦法，由行政院定之。

第七章　檢　核

第一節　財產檢查

第六一條 （國有財產之檢查方法）

國有財產之檢查，除審計機關依審計法令規定隨時稽察外，主管機關對於各管理機關或國外代管機關有關公用財產保管、使用、收益及處分情形，應為定期與不定期之檢查。

第六二條 （財政部之查詢義務）

財政部對於各主管機關及委託代管機構管理公用財產情形，應隨時查詢。

第六三條 （財政部之考查義務）

財政部對於財政部國有財產局及委託經營事業機構管理或經營非公用財產情形，應隨時考查，並應注意其撥用或借用後，用途有無變更。

第二節　財產報告

第六四條 （公用財產異動計畫之擬具與審查）

管理機關或委託代管機構，應於每一會計年度開始前，擬具公用財產異動計畫，報由主管機關核轉財政部審查。

第六五條 （非公用財產管理與經營計畫之擬具與審定）

財政部國有財產局及委託經營事業機構，於每一會計年度開始前，應對非公用財產之管理或經營擬具計畫，報財政部審定。

第六六條 （財政部對計畫之審查與呈報）

財政部應於每一會計年度開始前，對於公用財產及非公用財產，就第六十四條及第六十五條所擬之計畫加具審查意見，呈報行政院；其涉及處分事項，應列入中央政府年度總預算。

第六七條 （公用財產目錄及財產增減表之編具及呈報彙轉）

管理機關及委託代管機構，應於每一會計年度終了時，編具公用財產目錄及財產增減表，呈報主管機關彙轉財政部及中央主計機關暨審計機關。

第六八條 （公用財產目錄及財產增減表之編具與呈報分轉）

財政部國有財產局及委託經營事業機構，應於每一會計年度終了時，編具非公用財產目錄及財產增減表，呈報財政部，並分轉中央主計機關及審計機關。

第六九條 （國有財產編目錄之編具呈報）

財政部應於每一會計年度終了時，就各主管機關及財政部國有財產局等所提供之資料，編具國有財產總目錄，呈報行政院彙入中央政府年度總決算。

第七〇條 （計畫、目錄及表報格式之訂定）

第六十四條至第六十九條所指之計畫、目錄及表報格式，由財政部會商中央主計機關及審計機關定之。

第八章 附 則

第七一條 （國有財產經管人員違法之加重其刑）

國有財產經管人員違反第二十一條之規定，應登帳而未登帳，並有隱匿或侵佔行為者，加重其刑至二分之一。

第七二條 （國有財產之掘發打撈辦法）

國有財產被埋藏、沉沒者，其掘、發打撈辦法，由行政院定之。

第七三條 （舉報人獎金）

國有財產漏未接管，經舉報後發現，或被人隱匿經舉報後收回，或經舉報後始撈取、掘獲者，給予舉報人按財產總值一成以下之獎金。

第七四條 （刪除）

第七五條 （施行區域）

本法施行區域，由行政院以命令定之。

第七六條 （施行細則之訂定）

本法施行細則，由行政院定之。

第七七條 （施行日）

本法自公布日施行。

國有財產法施行細則

①民國 59 年 3 月 27 日行政院令訂定發布全文 75 條。
②民國 64 年 4 月 30 日行政院令修正發布第 11、26、30、35、53、54、56、71 條條文：並增訂第 56-1 條條文。
③民國 70 年 9 月 14 日行政院令修正發布第 10、35、44、50、53、54、75 條條文：並刪除第 45、56 條條文。
④民國 72 年 2 月 28 日行政院令修正發布第 72 條條文。
⑤民國 89 年 11 月 15 日行政院令修正發布第 5、8、9、15、22、25、26、29～32、48、53、55、57、59、70 條條文：刪除第 7、19、35、37、44、46、50～52、54、62 條條文：並增訂第 43-1、43-2、48-1～48-3、55-1～55-3、68-1 條條文。
⑥民國 96 年 3 月 2 日行政院令修正發布第 55-3 條條文。
⑦民國 99 年 7 月 23 日行政院令修正發布第 31、32、43-2、48-1 條條文：並刪除第 10、17 條條文。
民國 101 年 12 月 25 日行政院公告第 13、14 條、第 15 條第 2 項、第 18、27、33、36、38、39、41 條、第 42 條第 2 項、第 43-2 條第 2 項、第 48-1、49、53、55-2 條、第 55-3 條第 3、5 項、第 65 條第 2 項、第 66、68、68-1 條、第 71 條第 1、2 項、第 72～74 條所列屬財政部「國有財產局」之權責事項，自 102 年 1 月 1 日起改由財政部「國有財產署」管轄。

第一章　總　則

第一條

本細則依國有財產法（以下簡稱本法）第七十六條之規定訂定之。

第二條

本法第二條第一項所稱財產之取得「依據法律規定」，係指依其他法律規定由國家取得其財產權：所稱「基於權利行使」，係指國家基於公權力之行使，經接收、沒收或徵收而取得財產權：所稱「由於預算支出」，係指依預算撥款而營建或購置財產：所稱「由於接受捐贈」，係指國內外以中華民國政府為對象而捐贈財產。

第三條

本法第二條第二項所稱「凡不屬於私有或地方所有之財產」，係指未經登記之不動產或未確定權屬為私有或地方所有之財產。

第四條

本法所稱土地及改良物，其定義依土地法之有關規定。所稱天然資源，係指原始森林、天然氣、地熱、溫泉、水資源、地下資源及海底資源等。

第五條

① 本法第三條第一項第二款所稱動產，係以耐用年限在二年以上，且其價值在一定金額以上者為限。

② 前項一定金額，依行政院所定財物標準分類之規定。

第六條

本法第五條第一款、第二款、第四款另依其他法令保管或使用之國有財產，於發生處分行為時，應改列為非公用財產。

第七條 （刪除）

第二章 機 構

第八條

本法第十條所稱公用財產主管機關，係指預算法第三條第二項所稱之本機關。

第九條

① 本法第十一條所稱管理機關，係指直接使用公用財產，依法設置，具有獨立編制及預算，並得對外行文之機關、學校。

② 前項所稱獨立預算，係指預算法第十六條之單位預算、單位預算之分預算、附屬單位預算、附屬單位預算之分預算。

第一〇條 （刪除）99

第一一條

依本法第十四條規定國有財產在國境外者，由外交部委託適當機構為管理時，應由外交部通知財政部。

第三章 保 管

第一節 登 記

第一二條

國有財產屬於不動產者，應依民法及土地法規定為國有登記；屬於動產、有價證券及權利者，應依民法及其他有關特別法之規定，分別確定其權屬國有。

第一三條

屬於公用財產之動產、有價證券及權利，其有關確定權屬之程序，由管理機關辦理之；其屬於非公用財產者，由財政部國有財產局辦理之。

第一四條

非公用財產之登記，以財政部國有財產局為管理機關。

第一五條

① 本法第十九條所稱尚未完成登記應屬國有之土地，係指本法第二條第二項應屬國有之下列未登記土地：

一 海埔新生地。

二 港灣新生地。

三 河川新生地。

四　廢道、廢渠、廢堤。

五　其他未登記土地。

②前項未登記土地，除第四款所列廢道、廢渠、廢堤土地原爲地方政府所有者外，應由財政部國有財產局會商該管直轄市、縣（市）地政機關先辦地籍測量，再行囑託國有登記。

③第一項各款土地，係經地方政府投資開發者，得陳報行政院核准，登記爲地方政府所有。

第一六條

在國境外之國有財產經外交部委託適當機構代爲管理者，其有關確定權屬之程序，由該代管機構辦理之。

第二節　產　籍

第一七條 （刪除）99

第一八條

依本法第二十二條規定應設之國有財產總帳，由財政部國有財產局主辦之。

第一九條 （刪除）

第二〇條

國有財產因故滅失、毀損、拆卸或改裝，其報廢程序依有關法令之規定。

第二一條

國有不動產，依前條規定報廢，或依本法規定出售或贈與，並經註銷產籍者，應由管理機關依法辦滅失登記或移轉登記。

第三節　維　護

第二二條

管理機關經管之國有財產，除應經常爲適當之保養外，其可能發生之災害，應事先妥籌防範；並得視財產性質、價值及預算財力，辦理保險；如發現因災害有所損毀時，應即整修，或依規定程序報廢。

第二三條

管理機關經管之國有財產，除設置產籍外，其屬於動產者，應分類編號，並粘釘金屬製標籤或烙火印；其屬於不動產之建築物，應加釘產籍標誌。

第二四條

①有價證券應由管理機關分類編號，詳細記載；並委託國庫或其代理機構負責保管。

②前項委託保管之有價證券，於還本中籤或息票到期或股利發放時，應由管理機關適時兌領收帳。其管理機關之經管人員，因故意或過失逾時未兌領收帳，致遭受損害時，應依本法第二十七條規定辦理。

第二五條

①本法第二十八條所稱處分，係指出售、交換、贈與或設定他項權利；所稱收益，係指出租或利用。

②本法第二十八條但書所稱不違背其事業目的，係指主管機關或管理機關之組織法規或其主管法律規定，得將經管之財產提供他人使用；所稱不違背其原定用途，係指管理機關依計畫及規定用途使用中，兼由他人使用者。

③違反本法第二十八條及第二十九條規定者，主管機關或管理機關對於有關人員，應依法查究責任，並責令賠償損失；其涉及刑責者，應移送法辦。

第四章 使 用

第一節 公用財產之用途

第二六條

①本法第三十三條所稱公用財產用途廢止，係指下列各款情形之一：

一 原定用途或事業目的消滅者。

二 原使用機關裁撤而無接替機關者。

三 未依預定計畫及規定用途或事業目的使用已逾一年者。

四 原定用途之時限屆滿者。

五 其他基於事實情況無繼續使用必要者。

②公用財產有前項各款情形之一時，原管理機關應向主管機關自動申報；其另無適當用途者，應由主管機關函請財政部核定變更爲非公用財產。

③依本法第三十八條第二項規定奉准撥用之土地，撥用機關因事實需要不能在一年內使用者，得向財政部申請展期。但以半年爲限。

第二七條

公用財產奉准變更爲非公用財產移交財政部國有財產局接管時，其屬於不動產者，除情形特殊經商得財政部國有財產局同意報經財政部核准者外，應騰空點交，並應辦理管理機關變更登記；其屬於動產者，應就現狀盡量保持完整。

第二八條

公用財產主管機關將公務用、公共用財產，在原規定使用範圍內變更用途或將各該種財產交換使用時，或因使用單位改組或裁併須移由接替單位接管使用時，應通知財政部。

第二九條

①依本法第三十七條接受捐贈之財產，主管機關應指定管理機關辦理國有登記或確定其權屬之程序。

②前項接受捐贈之財產附有負擔者，受贈機關在接受捐贈前，應一併通知財政部轉報行政院核定。

第三〇條

各級政府機關依本法第三十八條規定申請撥用非公用不動產，應備具申請撥用書類；其格式由財政部定之。

第三一條 99

依本法第三十八條第一項規定得申請撥用非公用不動產之各級政府機關，其申請名義如下：

一　中央各級機關、學校，以各該機關、學校名義申請之。

二　直轄市、縣（市）政府及其所屬機關、學校，以各該機關、學校名義申請之；鄉（鎮、市）公所，以鄉（鎮、市）公所名義申請之；直轄市、縣（市）議會，以各該議會名義申請之；鄉（鎮、市）民代表會，以鄉（鎮、市）公所名義申請之。

三　國防部及所屬機關、學校、部隊，以該部軍備局名義申請之。

四　省政府及其所屬機關，以省政府及其所屬機關名義申請之；省諮議會，以省諮議會名義申請之。

第三二條 99

① 本法第三十八條第二項所稱上級機關，指下列機關：

一　前條第一款之中央各級機關學校，為總統府或各院部會行處局署。

二　前條第二款之直轄市、縣（市）政府及其所屬機關學校，為直轄市或縣（市）政府；鄉（鎮、市）公所，為縣政府；直轄市、縣（市）議會，為各議會。

三　前條第三款之國防部軍備局，為國防部。

四　前條第四款之省政府及其所屬機關，為省政府；省諮議會，為省諮議會。

② 本法第三十八條第二項所稱核明屬實，指就其所擬使用計畫、實需面積、圖說及經費來源，加以審核，認定有無撥用之必要。

第三三條

本法第三十八條第一項第一款所稱「繁盛地區」，係指位於都市計畫商業區或其地價在一定金額以上之土地，其金額由財政部國有財產局定之。

第三四條

① 申請撥用國有土地供建築使用者，其建築面積應按建蔽率標準計算。但國防及交通重要設施需用之土地或學校及訓練機關需用之操場用地，不在此限。

② 申請撥用國有土地興建辦公廳舍營房及校舍等，應儘量利用建築高度，提高土地利用價值。

第三五條　（刪除）

第三六條

非公用不動產經撥用後，財政部國有財產局承財政部之命，得隨時派員實地視察其使用情形。

第三七條 （刪除）

第三八條

撥用土地因受撥機關改組或裁汰，須移由接替機關接管使用時，應先洽經財政部國有財產局各該管分支機構核層報財政部備查。

第三節 非公用財產之借用

第三九條

依本法第四十條申請借用非公用財產，應備具借用申請書，其格式由財政部國有財產局定之。

第四〇條

本細則第三十一條之規定，於非公用不動產之借用準用之。

第四一條

非公用財產借用機關於借期屆滿前半個月，或於中途停止使用時，應即通知財政部國有財產局各該管分支機構，定期派員收回接管，不得擅自處理。

第四二條

借用機關保管借用物應盡善良管理人之責任。

第四三條

借用物因不可抗力而致毀損或滅失時，借用機關應在三日內將實際情形通知出借機關，經出借機關查明確屬不能使用時，即行終止借用關係，收回借用物，或辦理報損或報廢手續。

第五章 收 益

第一節 非公用財產之出租

第四三條之一

本法第四十二條第一項所稱標租，係指以公開招標方式，將國有非公用不動產出租與得標人。

第四三條之二 99

①本法第四十二條第一項第三款所定依法得讓售者得逕予出租之非公用不動產，指依本法或其他法律規定得予讓售之不動產。但有下列情形之一者，應不予出租：
一 經地方政府認定應與鄰接土地合併建築使用之土地。
二 抵稅不動產。
三 因土地徵收、重劃、照價收買、價購取得或變產置產，經列入營運開發之土地。
四 興建國民住宅之用地。
五 經經濟部依廢止前促進產業升級條例核定編定為工業區或依產業創新條例核定設置為產業園區之土地，且其核定編定或設置非屬興辦工業人或興辦產業人申請者。

六　使用他人土地之國有房屋。

七　獲准整體開發範圍內之國有不動產。

八　非屬公墓而其地目為「墓」並有墳墓之土地。

九　其他情形特殊不宜出租者。

②符合前項規定得逕予出租之不動產，免經權責機關核定讓售，逕由財政部國有財產局辦理出租。但其讓售依法須報目的事業主管機關核轉者，應由該目的事業主管機關先行審核，再核辦出租。

第四四條至第四六條　（刪除）

第四七條

非公用動產，其出租方式、租期、租金計算標準，與其他應行約定事項，由財政部視實際情形於核准出租時專案核定。

第二節　非公用財產之利用

第四八條

①依本法第四十七條第二項規定辦理之事項，應訂定工作計畫，報請財政部核定。

②前項計畫，應載明下列事項：

一　計畫緣起。

二　計畫依據。

三　計畫範圍及其不動產權利狀況。

四　計畫目標。

五　土地使用現況及利用管制規定。

六　辦理方式。

七　辦理機關及期間。

八　辦理機關與委託、合作或信託對象之權利義務。

九　經改良之土地，其處理方式。

十　經費籌措方式。

十一　效益評估。

第四八條之一　99

財政部國有財產局辦理本法第四十七條第二項第二款及第三款規定事項，得經財政部核准，指定由具有專業能力之政府機關或公營事業機構為之。

第四八條之二

以信託方式辦理本法第四十七條第二項規定之事項，應以中華民國為信託之委託人及受益人。

第四八條之三

依本法第四十七條第二項規定辦理之事項，應與委託、合作或信託對象簽訂契約。

第六章　處　分

第一節　非公用財產類不動產之處分

第四九條

財政部國有財產局對非公用財產類不動產之處分或設定負擔或超過十年期間之租賃，應報經財政部核准後，依本細則有關規定辦理，並列冊彙報行政院備查。

第五○條至第五二條 （刪除）

第五三條

本法第四十九條第一項所稱直接使用人，係指現使用國有非公用不動產，並與財政部國有財產局或其所屬分支機構訂立租約之承租人。

第五四條 （刪除）

第五五條

①本法第五十一條所稱社會、文化、教育、慈善、救濟團體，以已依法設立之財團法人為限。

②前項團體申購非公用不動產時，應先備具事業計畫，指明價款來源，依本法第五十一條第二項報請該管目的事業主管機關核轉辦理。

第五五條之一

①依本法第五十二條之一第一項辦理讓售，其讓售對象如下：

一　他人土地上之國有房屋，為該土地所有權人。

二　原屬國有房屋業已出售，其尚未併售之建築基地，為該房屋現所有人。

三　共有不動產之國有持分，為其他共有人。

四　獲准整體開發範圍內之國有不動產，為開發人。

五　非屬公墓而其他地目為「墓」並有墳墓之土地，為該墳墓之墓主。

六　其他使用情形或位置情形確屬特殊者，為實際需用人。

②前項所稱之獲准整體開發，應經各目的事業主管機關或直轄市、縣（市）主管機關核准。

③本法第五十二條之一第一項第六款所稱之使用情形或位置情形確屬特殊，係指下列情形之一：

一　已被私有合法建築物使用之土地，收回有困難者。

二　與私有土地交雜，無法單獨利用者。

三　經目的事業主管機關認定為興辦公用事業需要者。

四　經相關主管機關認定有提供使用必要者。

五　經財政部就事實狀況認定情形特殊者。

第五五條之二

本法第五十二條及第五十二條之二規定之讓售，向財政部國有財產局或所屬分支機構申請辦理之。

第五五條之三 96

①本法第五十二條之二所稱非公用財產類之不動產，指下列各款以外之非公用不動產：

一　抵稅不動產。

二　公共設施用地。

三　依法不得私有之不動產。

四　原屬宿舍、眷舍性質之不動產。

②本法第五十二條之二所稱直接使用人，指本法中華民國八十九年一月十四日修正生效前已使用，至讓售時仍繼續使用之下列各款之人：

一　國有土地，其地上已有私有建築物，包括主體建物及併同主體建物居住使用之場所或附屬設施者，為主體建物所有人或實際分戶使用人。

二　國有房屋，為設有戶籍之現居住使用人。

③前項第一款之實際分戶使用人，以屬建物所有人遺產之法定繼承人，且依事實狀況有分戶使用必要者為限。其分戶使用必要情形，及前項第一款，併同主體建物居住使用之場所或附屬設施範圍之認定基準，由財政部國有財產局定之。

④本法第五十二條之二所稱第一次公告土地現值，指依平均地權條例規定第一次公告之土地現值。於辦理第一次公告土地現值之地區，該土地屬未登記土地者，得以該土地所屬地價區段之區段地價為準，其未劃屬地價區段者，以毗鄰地價區段之平均區段地價為其公告土地現值。

⑤前項土地現值資料，由財政部國有財產局所屬分支機構洽當地地政機關提供。

⑥依本法第五十二條之二辦理讓售之國有非公用房屋或面積逾五百平方公尺之土地部分，其售價依國有財產計價方式辦理計估。

第五六條　（刪除）

第五六條之一

國有非公用財產類之不動產，依本法第五十四條第二項辦理現狀標售者，概照現狀點交予得標人。

第五七條

①國有房屋使用其他公有土地，或其他公有房屋使用國有基地，或房、地屬中央與地方共有者，得經各方同意，委託一方辦理出售。其所得價款，分別解繳各該公庫。

②國有與其他公有不動產相毗鄰，併同出售較有實益者，得比照前項規定辦理。

第二節　非公用財產類動產、有價證券及權利之處分

第五八條

本法第五十五條所稱拆卸後就其殘料另予改裝之動產，其無提供公用或提供投資或暫予出租之必要者，仍應標售。

第五九條

有價證券不能依本法第五十六條第二項規定出售者，應採取公開標售方式處理。但經行政院核准者，不在此限。

第六〇條

本法第五十七條規定「財產上權利之處分，應分別按其類別經主管機關或財政部核定」，係指屬於公用部份之財產上權利，其處分應經公用財產主管機關核定；屬於非公用部份之財產上權利，其處分應經財政部核定。

第三節 計 價

第六一條

本法第五十八條第一項所稱之「計價方式」，係指計算方法及估價標準。

第六二條 （刪除）

第四節 贈 與

第六三條

依本法第六十條規定以在國外之國有財贈與外國政府或其人民時，其屬於公用之不動產而有採取緊急措施必要者，得免依本法第三十五條規定公用財產變爲非公用財產之程序，並得由原管理機關逕行行政院決定爲之。

第七章 檢 核

第一節 財產檢查

第六四條

本法第六十一條規定之定期檢查，應於每一會計年度決算後施行；不定期檢查應視實際情況爲之；檢查人員應於檢查完畢二十日內，將檢查結果報告該主管機關核辦。

第六五條

① 本法第六十二條規定之查詢，得採用派員訪問或書面詢問方式；情況特殊者，得專案調查。

② 前項查詢，財政部得授權財政部國有財產局爲之。

第六六條

財政部國有財產局依本細則規定派員實地測量、視察、檢查、調查，應製發國有財產調查證，交由指派人員攜帶使用之。

第二節 財產報告

第六七條

本法第六十四條所稱「公用財產異動計畫」，應包括使用用途之變更或廢止，財產類別之變更或互易，各種財產之相互交換使用及準備申請撥用非公用不動產之擬議。

第六八條

依本法第六十九條編具國有財產總目錄，由財政部國有財產局辦理。

第八章　附　則

第六八條之一

本法規定應由行政院、財政部或國有財產局辦理之事項，得委託其他機關或委任所屬下級機關執行之。

第六九條

① 本法第七十三條所稱漏未接管之財產，係指應屬國有而未經各級政府機關接管或使用之財產而言；所稱被人隱匿之財產，係指原不知其應屬國有，被人隱匿經人舉報後，始知其應屬國有之財產而言。

② 前項財產屬於未經地籍登記之土地者，舉報人不得請發獎金。

第七○條

① 依本法第七十三條給予舉報人之獎金，其標準規定如下：

一　漏未接管之財產：動產部分，給予總值百分之八之獎金；不動產部分，給予總值百分之四之獎金。

二　被人隱匿之財產：動產部分，給予總值百分之十之獎金；不動產部分，給予總值百分之五之獎金。

三　埋藏沉沒之財產：依照國有埋沉財產申請掘發打撈辦法辦理。

② 前項各款中動產部分，其給予舉報人之獎金，得照規定標準，改發實物。

第七一條

① 依本法第七十三條給予之獎金，其所舉報之財產為依法應辦登記者，按登記程序完成時政府公定價格計算之；其為毋需辦理登記者，按點收接管時政府公定價格計算之；無政府公定價格者，按財政部國有財產局估定之價格計算之。

② 前項應發獎金，由財政部國有財產局報請財政部核發。但仍應補辦預算程序。

第七二條

本法施行後，中央及地方各機關所管之國有財產，其保管、使用、收益及處分不合本法規定者，應改依本法辦理。其應由財政部國有財產局管理之非公用財產，應由各原經管機關列冊移交該局管理。

第七三條

本法施行前，有關國有不動產糾紛未結案件及尚未判決或已判決尚未執行終結之訴訟案件，如對方當事人請求依照本法或本細則有關規定處理時，財政部國有財產局得視實際情況，予以處理結案。

第七四條

依本法及本細則應規定之各種作業程序，由財政部國有財產局另定之。

第七五條

　本細則自發布日施行。

國有非公用不動產出租管理辦法

①民國90年9月3日財政部令訂定發布全文45條；並自發布日施行。
②民國96年11月2日財政部令修正發布第3、5、15、19、20、25、37條條文；並增訂第19-1條條文。
民國101年12月25日行政院公告第2條第1、2項所列屬財政部「國有財產局」之權責事項，自102年1月1日起改由財政部「國有財產署」管轄。
③民國102年12月25日財政部令修正發布全文47條；並自發布日施行。
④民國104年6月10日財政部令修正發布第7、15、22、47條條文；增訂第13-1條條文；並自發布日施行，但第22條，自102年12月27日施行。

第一章　總　則

第一條

本辦法依國有財產法（以下簡稱本法）第四十二條第四項規定訂定之。

第二條

①本辦法所定管理機關，為財政部國有財產署。

②本辦法所定出租機關，為財政部國有財產署所屬分署。

第三條

①非公用不動產除法令另有規定外，得辦理出租。

②前項出租之方式，包括標租及逕予出租。

③國有耕地另依本法第四十六條第一項訂定之國有耕地放租實施辦法規定辦理放租，不適用本辦法規定。

第四條

①已形成不定期租賃關係之非公用不動產，出租機關應以書面通知承租人於三個月內申請訂定書面契約；承租人未於期限內申請訂定書面契約者，管理機關得依本法施行細則第六十八條之一規定，委任出租機關終止租賃關係。

②前項期限，承租人死亡者，得延長為六個月。

第五條

本辦法所稱租金率，指依下列基準計算年租金之比率。但在造林地者，為林木砍伐時，出租機關應分得造林利益之比率：

一　建築基地：當期土地申報地價總額。

二　建築改良物：當期房屋課稅現值。

三　養地及其他農業用地：地方政府公告當期正產物收穫總量折算代金。

第二章　標　租

第六條

①非公用不動產標租之程序如下：

一　選定標租之非公用不動產。

二　決定招標內容。

三　公告。

四　開標。

五　訂約。

②前項第三款公告，其期間不得少於十四日。

第七條 104

①非公用不動產，無預定用途者，得辦理標租。

②被占用非公用不動產有下列情形之一者，得逕按現狀辦理標租，其歷年使用補償金，應向實際占用人追收：

一　經出租機關排除占用收回後，原占用人再度占用。

二　出租機關已知占用人因占用涉有犯罪嫌疑，經司法警察調查、司法機關偵查或審理中，尚未結案。

三　依確定判決或與確定判決同一效力之執行名義應返還，尚未完成執行。

四　原有合法使用契約關係，因違反約定經出租機關撤銷、終止、解除契約，未騰空返還。

五　原依財政部規定辦理一年以下委託經營，委託經營期限屆滿，未經騰空收回。

六　影響國土保安或公共安全等占用情節重大。

③非公用不動產於本條文中華民國一百零四年六月十日修正施行以後被占用，且無前項各款情形者，以其原有合法使用契約關係，該契約關係非因違反約定經出租機關撤銷、終止、解除契約而消滅，始得逕按現狀辦理標租。

第八條

①非公用土地標租，應收取訂約權利金及年租金，並以訂約權利金競標，以有效投標單之投標金額最高者，為得標人。最高者有二標以上相同時，當場由主持人抽籤決定得標人。

②前項訂約權利金底價，不得低於依法令規定逕予出租之年租金乘以年期之租金總額；其訂定基準，由財政部定之。

③第一項之訂約權利金及年租金，分別按標之訂約權利金及依法令規定逕予出租之年租金計收。

第九條

①非公用土地及建築改良物一併標租時，依年租金競標，並以有效投標單之投標金額最高者，為得標人。最高者有二標以上相同時，當場由主持人抽籤決定得標人。

②前項年租金底價，不得低於依法令規定逕予出租之年租金；其訂定基準，由財政部定之。

③第一項不動產之年租金，按得標之年租金計收。

④得標後，因法令規定逕予出租之租金率發生變動，法令規定逕予出租之年租金高於承租人得標之年租金時，改按法令規定逕予出租之年租金計收。

⑤第一項不動產屬依文化資產保存法公告之文化資產者，其租金計收之基準及方式，另由財政部會商相關機關擬訂，報請行政院核定。

第一○條

標租非公用不動產，得標人應繳交履約保證金；其計收基準及充當種類，由財政部定之。

第一一條

①前條履約保證金，於租期屆滿或租約終止時，抵付欠繳租金、拆除地上物或騰空租賃物、損害賠償等費用後，如有賸餘，無息退還，如有不足，由承租人另行支付。

②承租人依第三十九條規定轉讓其租賃權，其已繳交之履約保證金，於受讓人提供同額之履約保證金後，無息退還。

第一二條

①承租人為於租得非公用土地上興建建築改良物或設施，需取得土地使用權同意書者，由出租機關核發之；其得辦理建物所有權第一次登記者，於辦理該項登記時，應會同出租機關連件向登記機關辦理預告登記。

②前項土地使用權同意書核發相關事項，由財政部定之。

第一三條

①標租非公用土地租期屆滿或終止租約前六個月，出租機關視地上物狀況，通知承租人依下列方式辦理：
　　一　地上物尚有使用價值者，其所有權無償移轉為國有。
　　二　地上物無使用價值者，承租人應自行拆除地上物。

②依前項第一款規定辦理者，承租人應於租期屆滿或終止租約三個月前，會同出租機關完成所有權移轉登記手續。地上物移轉為國有至租期屆滿或終止租約期間，仍由土地承租人使用維護，出租機關不另計收該地上物租金。

③依第一項第二款規定辦理者，承租人於租期屆滿或終止租約時未拆除之地上物，由出租機關依租約約定拆除，所需處理費用由承租人負擔。

第一三條之一

①本辦法中華民國一百零二年十二月二十五日修正施行以後一併標租之非公用土地及建築改良物，出租機關無其他處分利用計畫，於租期屆滿前，重新辦理標租並完成決標時，承租人得依決標之年租金優先承租及簽訂新租約。

②前項重新標租，承租人得標或優先承租者，其起租日為原租期屆滿之次日，原租期屆滿時不受第十四條有關應返還租賃物並停止使用之限制。

③承租人有意優先承租者，應於租期屆滿前一定期限內申請出租機關重新辦理標租；該一定期限由管理機關定之，不得少於六個月。

第一四條

標租非公用不動產於租期屆滿或租約終止時，承租人應返還租賃物並停止使用，且不得向出租機關要求任何補償。

第一五條 104

第二十六條、第二十七條及第二十八條第一項後段得減免租金之規定，於標租時準用之。

第三章 逕予出租

第一六條

非公用不動產逕予出租之程序如下：
一　申請。
二　收件。
三　勘查。
四　審查。
五　通知繳交歷年使用補償金。
六　訂約。

第一七條

依本法第四十二條第一項各款規定逕予出租之對象如下：
一　第一款為逕予出租之原承租人或其繼受人。但出租標的為建築改良物或建築改良物連同基地者，其繼受人僅限於原承租人之繼承人。
二　第二款為現使用人。但地上有非國有建築改良物時，屬已辦理建物所有權第一次登記者，為建物登記謄本記載之所有權人；屬未辦理建物所有權第一次登記者，為該改良物出資之原始建造人、繼受該改良物之繼承人、買受人及受贈人。
三　第三款為依本法或其他法律承購之人。

第一八條

①國有非公用土地屬農業發展條例施行細則第二條第二款至第五款規定之農業用地或依法劃定專供農作、畜牧之使用區或特定專用區，已實際作農作、畜牧使用者，除有下列情形之一不予出租外，得依本法第四十二條第一項第二款規定辦理出租，訂定農作地、畜牧地租約：
一　原住民保留地。
二　位於特定水土保持區。
三　位於水庫蓄水範圍。
四　位於飲用水水源水質保護區或飲用水取水口一定距離內地區。
五　保安林地。
六　位於國家公園生態保護區、特別景觀區、史蹟保存區或經國

家公園主管機關認定影響國家公園經營管理之遊憩區。

七 超限利用之山坡地。

八 位於臺灣沿海地區自然環境保護計畫劃設之自然保護區。

九 其他依法令規定不得出租之土地。

②本辦法中華民國一百零二年十二月二十五日修正施行前，已出租或曾成立租賃關係之土地，仍作農作、畜牧使用者，得出租予最近一次租約之原承租人或其繼承人。但法令另有規定或經目的事業主管機關通知應收回者，不再出租。

第一九條

①國有非公用土地屬農業發展條例施行細則第二條規定之農業用地或依法劃設專供造林之使用區或特定專用區，已實際作造林使用者，除有下列情形之一不予出租外，得依本法第四十二條第一項第二款規定辦理出租，訂定造林地租約：

一 原住民保留地。

二 位於特定水土保持區。

三 位於水庫蓄水範圍。

四 位於飲用水水源水質保護區或飲用水取水口一定距離內地區。

五 保安林地，且經林務主管機關認定有保護需要或有安全之虞。

六 位於國家公園生態保護區、特別景觀區、史蹟保存區或經國家公園主管機關認定影響國家公園經營管理之遊憩區。

七 超限利用之山坡地。

八 位於臺灣沿海地區自然環境保護計畫劃設之自然保護區。

九 其他依法令規定不得出租之土地。

②本辦法中華民國一百零二年十二月二十五日修正施行前，已出租或曾成立租賃關係之土地，仍作造林使用者，得出租予最近一次租約之原承租人或其繼承人。但法令另有規定或經目的事業主管機關通知應收回者，不再出租。

第二〇條

①國有非公用土地屬農業發展條例施行細則第二條規定之農業用地或依法劃設專供養殖之使用區或特定專用區，已實際作養殖使用者，除有下列情形之一不予出租外，得依本法第四十二條第一項第二款規定辦理出租，訂定養殖地租約：

一 原住民保留地。

二 位於特定水土保持區。

三 位於水庫蓄水範圍。

四 位於飲用水水源水質保護區或飲用水取水口一定距離內地區。

五 保安林地。

六 位於國家公園生態保護區、特別景觀區、史蹟保存區或經國家公園主管機關認定影響國家公園經營管理之遊憩區。

七 位於地下水管制區範圍。但經漁業主管機關核定劃設為養殖漁業生產區者，或經主管機關認定以海水、地面水或地下水管制區外抽取地下水進行養殖者，不在此限。

八 位於臺灣沿海地區自然環境保護計畫劃設之自然保護區。

九 超限利用之山坡地。

十 其他依法令規定不得出租之土地。

②本辦法中華民國一百零二年十二月二十五日修正施行前，已出租或曾成立租賃關係之土地，仍作養殖使用者，得出租予最近一次租約之原承租人或其繼承人。但法令另有規定或經目的事業主管機關通知應收回者，不再出租。

第二一條

①國有非公用土地已實際作建築使用者，除有下列情形之一不予出租外，得依本法第四十二條第一項第二款規定辦理出租，訂定基地租約：

一 原住民保留地。

二 位於特定水土保持區。

三 位於水庫蓄水範圍。

四 位於飲用水水源水質保護區或飲用水取水口一定距離內地區，且經相關目的事業主管機關認定有保護需要或有安全之虞。

五 保安林地。

六 位於國家公園生態保護區、特別景觀區、史蹟保存區或經國家公園主管機關認定影響國家公園經營管理之遊憩區。

七 位於臺灣沿海地區自然環境保護計畫劃設之自然保護區。

八 其他依法令規定不得出租之土地。

②本辦法中華民國一百零二年十二月二十五日修正施行前，已出租或曾成立租賃關係之土地，仍作建築使用者，得出租予最近一次租約之原承租人或其繼承人。但法令另有規定或經目的事業主管機關通知應收回者，不再出租。

第二二條 104

①依本法第四十二條第一項第二款規定申請租用非公用不動產者，應檢附下列實際使用之時間證明文件。但出租機關得審認實際使用時間者，免予檢附：

一 租用建築基地：戶籍證明、房屋稅繳納證明、水電費收據、建物所有權狀影本、建物登記謄本、門牌證明書、政府機關於中華民國八十二年七月二十一日前攝製之圖資或其他政府機關、公營事業機構出具之證明文件。

二 租用建築改良物或建築改良物連同基地：戶籍證明或其他政府機關、公營事業機構出具之證明文件。

三 租用其他土地：當地農漁會、鄉鎮市（區）公所或其他政府機關出具之證明文件，或在中華民國八十二年七月二十一日前任職當地村里長、在同日前已具有行為能力且為毗鄰土地

　　　　所有權人、毗鄰土地承租人出具之證明文件。

②前項第三款之證明文件，除當地農漁會、鄉鎮市（區）公所或其他政府機關出具之證明文件外，應經出租機關公告三十日，無人異議後，再據以採認。

第二三條

依本法第四十二條第一項第三款規定，得逕予出租之非公用不動產，其範圍及辦理程序，依本法施行細則第四十三條之二規定辦理。

第二四條

租用非公用不動產案件之申請書表不合格式，或檢附證件有欠缺者，應通知限期補正。

第二五條

申請租用非公用不動產案件，有下列情形之一者，得予註銷，並退還原申請書所附證件：

一　依前條規定通知補正，屆期未補正。

二　不屬管理機關管理之不動產。

三　依法令規定不得出租之不動產。

四　有使用糾紛或產權尚未確定。

五　有預定用途、使用計畫或其他處理方式。

六　逾期未繳清歷年使用補償金。

七　不符法令規定之出租要件。

八　申請書或所附文件記載內容與事實不符。

第二六條

①依本法第四十二條第一項各款規定申請租用非公用不動產，其已有使用事實者，應自出租機關受理申請之當月底起追溯收取使用補償金，最長以五年為限。期間內已繳之租金或使用補償金，應予扣除，並得准分期繳交。

②前項使用補償金，按使用當期法令規定逕予出租之租金基準計收，不適用租金優惠之規定。但屬經法院判決確定使用補償金計算基準者，按法院判決確定之基準計收。

第二七條

租賃契約書應載明下列事項：

一　雙方當事人。

二　租賃標的。

三　租期。

四　租金及繳納方式、逾期違約金及計收基準。

五　使用限制。

六　終止租約條件。

七　其他約定事項。

第二八條

①逕予出租不動產之租金，依法令規定之租金基準計收；法令有優惠規定者，從其規定。因天然災害等不可抗力事由致收益減少或

不堪使用者，得減免租金；其減免計收基準，由財政部定之。

②租賃關係存續期間，法令規定逐予出租之租金率、土地申報地價、當期公告之正產物全年收穫總量或折收代金基準有變動時，其租金應配合調整。

第二九條

國私共有土地，得經共有人協議分管後，就國有分管範圍，辦理逐予出租。

第三〇條

依本法第四十二條第一項第二款規定申請承租國有非公用不動產案件，於出租機關通知其繳清歷年使用補償金及訂約前，有依本法第五十條至第五十二條、第五十二條之一第二項、本法施行細則第五十五條之一第三項第三款、第四款或其他特別法律規定申請承購相同標的之案件時，先審辦申購案。其他為相同標的之租、購案件競合時，按收件時間順序審辦。

第三一條

①租期屆滿時，除法令另有規定外，租賃關係消滅，出租機關不另通知。承租人應依租約定返還租賃物並停止使用，且不得向出租機關要求任何補償。

②承租人有意續租時，應於租期屆滿前之一定期限內申請換約。

③前項期限，由管理機關定之，不得少於三個月。

第四章 租約之管理

第三二條

①出租機關得視承租人每月應繳租金額，於租約內訂明按月或按若干月繳交。

②前項租金為實物者，得依折收代金基準核計後，通知承租人繳交。

第三三條

①承租人未依限繳交租金者，應加收逾期違約金。

②前項逾期違約金之計收基準，由管理機關定之。

第三四條

出租機關對於積欠租金之承租人，依下列程序催收之：

一 催告限期繳納。

二 聲請法院發支付命令或依法起訴。

三 聲請法院強制執行。

第三五條

二人以上共同承租非公用不動產時，承租人應就租約所訂事項，負連帶責任。

第三六條

承租人應依約定用途使用租賃物，且不得轉租他人使用。

第三七條

①承租人除經出租機關同意發給土地使用權同意書外，不得擅自增

建、修建、改建或新建地上建築改良物、設置雜項工作物或其他設施。

②違反前項規定，屬標租者，出租機關應終止租約；屬逕予出租者，由出租機關通知承租人於一個月內繳納發現當月租金額二倍之違約金，承租人屆期未繳納違約金，出租機關應終止租約。

第三八條

租賃關係存續期間，承租人對租賃物不繼續使用時，應申請終止租約返還租賃物。

第三九條

①依本法第四十二條第一項辦理標租或逕予出租之不動產仍依約定用途使用者，承租人轉讓其租賃權或變更承租人名義，除法令另有規定外，應先經出租機關同意。

②違反前項規定，依下列方式處理：

一 造林地租約，由出租機關通知承租人依第四十二條規定會同受讓人申請換約續租，未配合辦理者，終止租約。

二 租用建築改良物或建築改良物連同其基地者，終止租約。

三 前二款以外之租約，除法令另有規定外，由出租機關通知承租人於一個月內繳納轉讓或變更承租人名義當月租金額二倍違約金，並依第四十二條規定會同受讓人申請換約續租，未配合辦理者，終止租約。

③適用耕地三七五減租條例之出租養地，除承租人因年邁體衰、分戶或財產權之分配，得由其最初訂約時同一戶籍原共同養殖之直系血親卑親屬或家屬換約承租外，不得轉讓租賃權或變更承租人名義。但經出租機關同意，由其現耕之直系血親卑親屬換約承租，並訂定適用農業發展條例之養殖地租約者，不在此限。

第四〇條

依本法第四十二條第一項辦理標租或依同條項第一款、第二款逕予出租者，承租人得轉讓其租賃權或變更承租人名義之對象如下：

一 租用基地，為地上非國有建築改良物移轉後之所有人。

二 租用其他不動產，為承受使用人。

第四一條

依本法第四十二條第一項第三款規定逕予出租者，承租人得轉讓其租賃權之對象，為依本法或其他法律亦得受讓者。

第四二條

①承租人依第三十九條至前條轉讓租賃權或變更承租人名義時，受讓人應履行原租約約定之義務，除法令另有規定外，應於轉讓或變更承租人名義之日起一個月內會同受讓人向出租機關申請換約續租。

②違反前項規定，依下列方式處理：

一 造林地租約，由出租機關通知承租人於一個月內會同受讓人申請換約續租，未配合辦理者，終止租約。

二　前款以外之租約，除法令另有規定外，由出租機關通知承租人於一個月內繳納逾期違約金，並會同受讓人申請換約續租，未配合辦理者，終止租約。

③前項違約金之計收基準，逾期每滿一個月加收轉讓或變更承租人名義當月一個月之租金額，至多以五個月租金額爲限。

第四三條

①租賃關係存續期間，承租人死亡，繼承人應於繼承開始之日起六個月內申請繼承換約。但不可歸責於繼承人或經各主管機關核准者，得申請展期。

②違反前項規定，依下列方式處理：

一　造林地租約，由出租機關通知繼承人於一個月內申請繼承換約，未配合辦理者，終止租約。

二　前款以外之租約，除法令另有規定外，由出租機關通知繼承人於一個月內繳納逾期違約金，並會同辦理繼承換約，未配合辦理者，終止租約。

③全體繼承人無法會同申請繼承換約者，除法令另有規定外，得由部分繼承人以全體繼承人之名義申請辦理。

④第二項第二款違約金之計收基準，逾期每滿一個月加收繼承事實發生當月一個月之租金額，至多以六個月租金額爲限。

第四四條

租約終止或消滅，承租人拆除騰空非屬國有之地上物，返還租賃物時，除法令另有規定外，不得要求任何補償。

第四五條

承租人申請承租，附繳之證件有虛僞不實時，應撤銷租約，所繳租金及歷年使用補償金不予退還。

第五章　附　則

第四六條

本辦法所需申請書表及租賃契約書之格式，由管理機關定之。

第四七條　104

本辦法自發布日施行。但中華民國一百零四年六月十日修正發布之第二十二條條文，自一百零二年十二月二十七日施行。

國有耕地放租實施辦法

①民國 86 年 5 月 7 日內政部令訂定發布全文 17 條。
②民國 91 年 1 月 22 日內政部令修正發布第 2～4、6、8、10、16 條
　條文。
③民國 96 年 11 月 2 日內政部令修正發布全文 19 條；並自發布日施行。
　民國 101 年 12 月 25 日行政院公告第 5 條、第 14 條所列屬財政部
　「國有財產局」之權責事項，自 102 年 1 月 1 日起改由財政部「國
　有財產署」管轄。
④民國 102 年 12 月 25 日內政部令修正發布第 3、5、8、14 條條文；
　並刪除第 18 條條文。

第一條

本辦法依國有財產法第四十六條第一項規定訂定之。

第二條

①本辦法所稱國有耕地，指依區域計畫法劃定為特定農業區、一般
　農業區、山坡地保育區及森林區之國有農牧用地。
②本辦法中華民國九十六年十一月二日修正施行前，已以國有耕地
　放租或出租，而非屬前項之國有耕地，仍作農作、畜牧使用者，
　適用本辦法國有耕地之規定。

第三條 102

①下列各款國有耕地不予放租：
　一　原住民保留地。
　二　位於特定水土保持區。
　三　位於水庫蓄水範圍。
　四　位於飲用水水源水質保護區或飲用水取水口一定距離內地
　　　區。
　五　保安林地。
　六　超限利用之山坡地。
　七　位於臺灣沿海地區自然環境保護計畫劃設之自然保護區。
　八　有預定用途、使用計畫或其他處理方式之土地。
　九　其他依法令規定不得放租之土地。
②本辦法中華民國一百零二年十二月二十五日修正施行前，已出租
　或曾以國有耕地放租或出租之土地，仍作農作、畜牧使用者，得
　出租予最近一次租約之原承租人或其繼承人。但法令另有規定或
　經目的事業主管機關通知應收回者，不再出租。

第四條

國有耕地在未依法完成總登記前，不得放租。但本辦法施行前已
放租者，得於租期屆滿時申請續租。

第五條 102

依本辦法辦理國有耕地放租機關爲財政部國有財產署及其所屬分署，或受託管理、經營土地之機關、機構。

第六條

① 國有耕地放租對象及順序如下：

一　中華民國八十二年七月二十一日前已實際耕作之現耕人或繼受其耕之現耕人，並願繳清歷年使用補償金者。

二　實際耕作毗鄰耕地之耕地所有權人。

三　實際耕作毗鄰耕地之耕地承租人。

四　農業學校畢業青年或家庭農場從事農業青年。

五　最近五年內取得農業主管機關農業專業訓練四十小時以上證明文件者。

六　合作農場。

② 同一筆耕地，依前項第二款至第六款同一順序有二以上之申請人同在受理申請期間內申請時，抽籤決定之。

③ 第一項第一款所定歷年，最長不得超過五年。

第七條

① 國有耕地之承租人，其承租面積每戶合計不得超過五公頃。但得視土地坵形爲百分之十以內之增加。

② 本辦法施行前，原承租面積已超過前項規定面積標準者，其面積不受前項規定之限制，並不得再增加承租面積。

③ 山坡地範圍內農牧用地之放租面積，依山坡地保育利用條例第二十條規定辦理。

第八條 102

① 國有耕地放租程序如下：

一　篩選並受理申請承租依本辦法規定可予放租之耕地。

二　勘查現況。

三　公告放租，並徵詢異議。

四　受理申請。但曾提出申請者，可免再申請。

五　審查。

六　核定放租。

七　訂定租約。

② 前項第三款公告期間爲三十日。

第九條

① 國有耕地得依現狀辦理放租。

② 國私共有土地，得經共有人協議分管後，就國有分管範圍辦理放租。

③ 國有耕地有使用或產權糾紛尚未確定前，暫不放租。

第一○條

① 國有耕地放租，其租佃之相關事項，依農業發展條例規定辦理。但於中華民國八十九年一月二十八日前已承租國有耕地者，依耕地三七五減租條例規定辦理；非屬耕地三七五減租條例之施行區

域，依土地法及其他有關法律規定辦理。

②山坡地範圍內國有耕地之放租，其租約之終止、承租權之撤銷、補償、水土保持與維護，並應依山坡地保育利用條例及水土保持法相關規定辦理。

第一一條

①國有耕地之租期、租金及支付方式，由放租機關與承租人約定之。

②前項約定之租期及租金，於中華民國八十九年一月二十八日前已承租國有耕地者，其租期不得少於六年，且地租之年租額不得超過主要作物正產品全年收穫總量千分之三百七十五；原約定地租不及千分之三百七十五者，不得增加；非屬耕地三七五減租條例之施行區域者，耕地地租之年租額不得超過公告地價百分之八。

第一二條

①承租人應自任耕作，並不得將耕地全部或一部轉租於他人使用。

②承租人違反前項規定，放租機關得依相關法令規定收回耕地，承租人不得請求補償。

第一三條

國有耕地租約租期屆滿，除依本辦法規定不再續租者外，承租人有意續租者，應於租期屆滿前三個月內申請換約。

第一四條 102

國有耕地地租，應於開始繳納日起一個月內繳清。承租人未依限繳納者，應依財政部國有財產署規定加收逾期違約金。

第一五條

①承租人承租耕地，因災害或其他不可抗力致農作物歉收，得依有關規定申請減免當期地租。

②承租人承租之耕地，參加重劃或實施水土保持處理，其實施期間致無法耕作或不能為原來之使用，經該管重劃或水土保持機關證明一部或全部無收益者，承租人得申請減免其地租。

第一六條

放租耕地因天然災害或其他不可抗力事由，致土地一部或全部崩塌或流失時，承租人得請求變更或終止租約，放租機關不負回復原狀之義務。

第一七條

第十條至前條規定之事項，應於耕地租約中定明之。

第一八條 （刪除）102

第一九條

本辦法自發布日施行。

國有耕地放領實施辦法

①民國 83 年 11 月 23 日內政部令訂定發布全文 26 條。
②民國 86 年 8 月 13 日內政部令修正發布第 2、19 條條文。
③民國 88 年 11 月 6 日內政部令修正發布第 2、17、21、23、25 條條文。
④民國 90 年 3 月 6 日內政部令修正發布第 5、7 條條文。
⑤民國 91 年 3 月 19 日內政部令修正發布第 9、21 條條文。
民國 101 年 12 月 25 日行政院公告第 2 條第 8 款、第 9 條第 1 項第 1～3 款、第 10 條第 6 款、第 12 條第 3 項所列屬財政部「國有財產局」之權責事項，自 102 年 1 月 1 日起改由財政部「國有財產署」管轄。

第一條

本辦法依國有財產法第四十六條第一項規定訂定之。

第二條

①本辦法有關業務之主辦機關（單位）劃分如左：

一　關於水源涵養、國土保安及自然保育之認定，中央為行政院農業委員會，直轄市為直轄市政府建設局，縣（市）為縣（市）政府農業局（科）或建設局。

二　關於環境保護之認定，中央為行政院環境保護署，直轄市為直轄市政府環境保護局，縣（市）為縣（市）政府環境保護局。

三　關於政府計畫供公共建設使用之認定，中央為各目的事業主管部、會、署、處、局或為省政府，直轄市為直轄市政府各目的事業主管處、局，縣（市）為縣（市）政府。

四　關於政府計畫開發新市區、新社區及都市計畫範圍之認定，中央為內政部，直轄市為直轄市政府工務局或都市發展局，縣（市）為縣（市）政府工務局或建設局。

五　關於政府計畫開發新港口、風景區之認定，中央為交通部，直轄市為直轄市政府交通局或建設局，縣（市）為縣（市）政府建設局。

六　關於政府計畫開發工業區之認定，中央為經濟部，直轄市為直轄市政府建設局，縣（市）為縣（市）政府工務局或建設局。

七　關於影響國家公園經營管理之認定，為內政部。

八　關於放領耕地之清查檢討評估、擬具放領或公用之處理意見，為財政部國有財產局。

九　關於放領土地之調查、公告、審定、測量及登記業務，中央

　　為內政部，直轄市為直轄市政府地政處，縣（市）為縣
　　（市）政府地政科（局）及地政事務所。

②為辦理前項各款業務，中央主辦機關得訂定相關作業要點。

③直轄市或縣（市）政府於辦理放領時，應組成公地放領工作小
組，其設置要點，由直轄市或縣（市）政府定之。

第三條

①依本辦法辦理放領之國有耕地，指供農業使用，經依法完成總登
記，編定為農牧用地，且在中華民國六十五年九月二十四日以前
經依法放租之國有土地，但有左列情形之一者，不予放領。

　一　都市計畫地區範圍內。

　二　政府計畫開發為新市區、新社區、新港口、風景區、工業區
　　　或其他非供農業使用。

　三　政府計畫供公共建設使用或自行開發利用。

　四　影響水源涵養、國土保安、自然保育或環境保護。

　五　影響國家公園經營管理。

　六　為原住民保留地。

②前項放租國有耕地契約內之其他土地，供與放領土地之農業經營
不可分離之農舍、畜禽舍、倉儲設備、曬場使用者，得一併放
領。

第四條

①未登記土地於中華民國六十五年九月二十四日以前已依法放租，
且無前條第一項但書各款情形之一者，其承租人得依本辦法規定
申請承領。

②前項土地於地籍測量登記後，經依規定編定為非農牧用地者，不
予放領。

第五條

①國有耕地放領對象，除第六條規定者外，為中華民國六十五年九
月二十四日以前已承租該國有耕地，至本辦法發布時仍繼續承租
使用之農民、依法換約承租使用之農民或由其繼承人繼承承租使
用之農民。

②前項承租人於本辦法發布後，公告放領前，有左列情形之一者，
其換約承租使用者得列入放領對象：

　一　承租人因年邁體衰，而由其同戶籍原共同使用之直系血親卑
　　　親屬或家屬現耕、使用而依法換約承租使用者。

　二　承租人死亡，由其繼承人繼承承租使用者。

③前二項承租國有耕地之農民，如有積欠租金或使用補償金者，應
先向放租機關繳清後再辦理放領。

第六條

①合作農場或其他與農業有關之團體（以下簡稱農業團體）於中華
民國六十五年九月二十四日以前已承租國有耕地者，由該土地管
理機關與其承租人終止租約，並依規定與合作農場場員、農業團
體會員重新訂立租約後放領與本辦法發布時使用該土地之合作農

場場員農民、農業團體會員農民。

②前項所定場員或會員之身分，由該合作農場或農業團體確認之。

第七條

①依本辦法放領之面積，以申請承領人原租約面積為準。但因地形限制或一筆土地內部分承租，致申請承領人實際使用面積與租約面積不符者，依左列規定辦理：

一　實際使用面積未達租約面積者，經申請承領人同意就其租約面積超過實際使用面積部分終止租約後，依其實際使用面積辦理放領。

二　實際使用面積超過租約面積未達百分之十者，依其實際使用面積辦理放領。

三　實際使用面積超過租約面積百分之十者，依其租約面積加百分之十辦理放領，其餘部分應收回另行處理。但該其餘部分面積在一公頃以下者，併予放領，不予收回。

②依前項第二款、第三款放領面積超出租約面積辦理放領部分，應由放租機關依左列期間計收使用補償金：

一　自受理申請承領之當月起，追收至開始使用時止。但最長以五年為限。

二　自受理申請承領之次月起至承領人承領之前一個月止。

③依第一項計算之放領面積，不得超過農業發展條例第十一條第一項規定之面積上限。

第八條

①放領地價以七十九年之公告土地現值為計算標準。部分土地無七十九年之公告土地現值者，以其所屬地價區段或參照鄰近土地七十九年之公告土地現值為其放領地價之計算標準，並按年利率百分之三本利合計，分十五年每年上下二期均等攤繳。但承領人得提前繳清地價。

②前項每期應攤繳地價，承領人應於通知繳納之日起三十日內繳清。

第九條　91

①辦理國有耕地放領前，應先依左列程序辦理先期作業：

一　財政部國有財產局應清查中華民國六十五年九月二十四日以前已有租賃關係至本辦法發布時仍出租之國有耕地，造具清冊，送交第二條規定之主辦機關查註意見後，檢討評估，就符合第三條規定得予放領之土地，造具擬辦國有耕地放領清冊（含土地及承租人資料）並附具相關圖說，送請內政部公地放領審議委員會審議。

二　內政部公地放領審議委員會審議決定後，應將清冊送回財政部國有財產局報財政部核准。

三　財政部國有財產局依法完成處分程序後，應將國有耕地放領清冊送交土地所在直轄市或縣（市）政府辦理放領。

②前項第一款清查檢討評估之土地，包括第四條規定之未登記土

地。

③內政部公地放領審議委員會設置要點另定之。

④第一項先期作業之聯繫要點，由內政部定之。

第一○條

直轄市或縣（市）政府辦理國有耕地放領程序如左：

一 接收國有耕地放領清冊。

二 公告並通知受理申請承領。

三 現場調查並確認現使用承租農民身分。

四 未登記土地辦理地籍測量登記，已登記土地得經申請人之申請，辦理土地複丈。

五 審定及公告確定放領。

六 編造國有耕地承領農戶清冊分送財政部國有財產局、地價經收行庫、該管地政事務所及直轄市政府建設局或縣（市）政府農業局（科）或建設局。

七 通知申請人繳納第一期地價，並以書面承諾第十八條至第二十條及第二十二條所定各項限制。

八 發給承領證書。

九 繳清全部地價後囑託辦理所有權移轉登記並通知承領人領取土地所有權狀。

第一一條

①直轄市或縣（市）政府依前條第二款規定公告受理申請承領之期間為三十日。

②承租人逾期未申請承領者，視為放棄承領。

第一二條

①直轄市或縣（市）政府依第十條第三款規定調查時，應會同農業機關及放租機關（構）逐筆調查，並通知承租人備具身分證明文件到場指界。

②經依前項調查，符合左列情形者，應依第十條第四款規定辦理之。

一 現使用人與國有耕地放領清冊所載承租人相符。

二 符合第五條或第六條之農民規定。

三 耕地現供農業使用。

四 承租耕地界址無糾紛。

五 耕地承租權無糾紛。

③經調查結果，不符合前項各款情形之一者，直轄市或縣（市）政府應造具放領國有耕地現況不符清冊送財政部國有財產局查明處理。

第一三條

①直轄市或縣（市）政府依第十條第四款規定辦理地籍測量或土地複丈時，應由放租機關（構）會同申請人現場指界。

②直轄市或縣（市）政府辦理前項地籍測量或土地複丈，應訂定年度測量計畫，分期分區辦理。

第一四條

① 直轄市或縣（市）政府審定及公告確定放領後，應委託土地價經收行庫開發第一期地價繳納通知書，通知申請人於接到通知之日起三十日內繳清第一期地價。

② 申請人繳清第一期地價，並以書面承諾第十八條至第二十條及第二十二條所定各項限制者，直轄市或縣（市）政府應於三個月內發給承領證書。

③ 申請人不按第一項規定辦理者，視為放棄承領。

第一五條

承領人於繳清全部地價後，應檢具身分證影本、戶口名簿影本或戶籍謄本，送請直轄市或縣（市）政府囑託該管地政事務所理所有權移轉登記，並憑原承領證書領取土地所有權狀。

第一六條

承領人自承領之當期起免繳租金。但應負擔地價稅或田賦。

第一七條

① 承領之耕地，於承領人未繳清地價前，因不可抗力致部分或全部不能使用者，由承領人向直轄市或縣（市）政府申請勘查屬實，經直轄市政府核准或縣（市）政府報內政部核准後，其不能使用部分，自申報之日起，准予減免其應繳之地價。

② 前項免繳地價者，由直轄市或縣（市）政府註銷承領，並收回其承領證書。但承領數筆土地僅部分土地免繳地價者，於原承領證書加註後發還之；其已繳之地價應無息退還。

第一八條

① 承領人在繳清地價取得土地所有權前，有左列情形之一者，由直轄市與縣（市）政府收回土地另行處理。

　一　死亡無人繼承或其繼承人均非農民。

　二　承領人喪失耕作能力且同一戶內共同生活之家屬均無耕作能力。

　三　因遷徙或轉業，不能繼續承領。

② 前項經收回土地所繳之地價，除承領人死亡無人繼承者依民法處理外，直轄市或縣（市）政府應通知承領人或其繼承人一次無息發還。

③ 依第一項第二款、第三款規定收回土地之地上物得限期由承領人收割、處理；或由直轄市或縣（市）政府併同特別改良估定價格，予以補償。

第一九條

① 承領人在繳清地價取得土地所有權前，有左列情形之一者，應由直轄市或縣（市）政府撤銷承領收回土地。

　一　冒名頂替朦請承領。

　二　轉讓或出租。

　三　違反使用編定容許使用，經通知限期改正而逾期不改正者。

　四　承領人不自任耕作。

② 依前項第二款撤銷承領收回土地者，所繳之地價不予發還。其餘各款撤銷承領收回土地者，所繳之地價一次無息發還。

③ 依第一項第二款撤銷承領收回之土地，其土地之特別改良或地上物不予補償，其餘各款撤銷承領收回之土地，其地上物由承領人依限收割或處理，逾期未收割或處理者，直轄市或縣（市）政府得逕行清除，不予補償。

第二〇條

① 承領人逾期繳納第一期以後各期地價者，依左列規定按當期應納地價加收違約金。

　一　逾期未滿一個月者，加收百分之二。

　二　逾期一個月以上未滿二個月者，加收百分之五。

　三　逾期二個月以上未滿三個月者，加收百分之十。

　四　逾期三個月以上者，加收百分之十五。

② 逾期四個月仍未繳納者，得予撤銷承領收回土地，其已繳地價一次無息發還，土地之特別改良或地上物比照第十八條第三項規定辦理。

第二一條 91

① 放領地價之繳納，由國家行庫、直轄市行庫及其分支機構辦理經收，悉數解繳國庫，循預算程序撥充平均地權保護自耕農及重劃工程作業基金。

② 公產管理機關及直轄市或縣（市）政府辦理放領所需經費，由平均地權保護自耕農及重劃工程作業基金支應。

第二二條

① 承領人繳清地價，取得土地所有權後滿五年始得移轉。

② 承領人取得土地所有權後五年內，除政府實施國家經濟政策或公共需用，辦理區段徵收或徵收外，不得變更使用。

第二三條

依本辦法辦理放領之工作要點，在直轄市，由直轄市政府定之，報內政部備查；在縣（市），由內政部定之。

第二四條

山坡地範圍內國有耕地之放領，依公有山坡地放領辦法之規定辦理。

第二五條

直轄市有、縣（市）有及鄉（鎮、市）有耕地之放領，得比照本辦法有關規定辦理。

第二六條

本辦法自發布日施行。

拾壹、公物、公共設施法規

水利法

①民國 31 年 7 月 7 日國民政府制定公布全文 71 條；並自 32 年 4 月 1 日施行。
②民國 44 年 1 月 19 日總統令修正公布第 3、38 條條文。
③民國 52 年 12 月 10 日總統令修正公布全文 99 條；並自公布日施行。
④民國 63 年 2 月 2 日總統令修正公布第 5、10、11、18、20、26、34、36、37、39～41、46、52、60、63、65、71、73、79、81～83、85、87、89～95 條條文；並增訂第 8-1、19-1、47-1、60-1～60-3、65-1、69-1 條條文。
⑤民國 72 年 12 月 28 日總統令修正公布第 19、78、79、92～95 條條文；並增訂第 18-1、20-1、54-1、69-2、72-1、92-1 條條文。
⑥民國 88 年 7 月 15 日總統令修正公布第 82、83 條條文；並增訂第 83-1 條條文。
⑦民國 89 年 11 月 15 日總統令修正公布第 4、7、8、10、18、20、28、37、47-1、85、87、90 條條文。
⑧民國 92 年 2 月 6 日總統令修正公布第 49、53、54-1、60、78 條條文；刪除第 10、69-2、92-1 條條文；並增訂第 54-2、60-4～60-6、63-1～63-6、78-1～78-4、91-2、92-2～92-5、93-1～93-5、94-1 條條文。
⑨民國 96 年 7 月 11 日總統令修正公布第 34、89 條條文；並增訂第 89-1 條條文。
⑩民國 97 年 5 月 7 日總統令增訂公布第 97-1 條條文。
⑪民國 100 年 6 月 1 日總統令修正公布第 91 條條文。
⑫民國 102 年 6 月 11 日總統令增訂公布第 93-6 條條文。
⑬民國 103 年 1 月 29 日總統令修正公布第 78-2、82、83、91-2 條條文。

第一章　總　則

第一條 （適用之範圍）

水利行政之處理及水利事業之興辦，依本法之規定。但地方習慣與本法不相牴觸者，得從其習慣。

第二條 （水之所有權）

水為天然資源，屬於國家所有，不因人民取得土地所有權而受影響。

第三條 （水利事業之定義）

本法所稱水利事業，謂用人為方法控馭，或利用地面水或地下水，以防洪、禦潮、灌溉、排水、洗鹹、保土、蓄水、放淤、給水、築港、便利水運及發展水力。

第四條 （主管機關）89

本法所稱主管機關：在中央為經濟部；在直轄市為直轄市政府；在縣（市）為縣（市）政府。

第二章　水利區及水利機構

第五條　（水利區之劃分公告）

中央主管機關按全國水道之天然形勢，劃分水利區，報請行政院核定公告之。

第六條　（中央水利機關）

水利區涉及二省（市）以上或關係重大地方難以興辦者，其水利事業，得由中央主管機關設置水利機關辦理之。

第七條　（涉及二縣之水利機關）89

水利區涉及二縣（市）以上或關係重大縣（市）難以興辦者，其水利事業，得由中央主管機關設置水利機關辦理之。

第八條　（應經核准之水利事業）89

直轄市或縣（市）政府辦理水利事業，其利害涉及二直轄市、縣（市）以上者，應經中央主管機關核准。

第八條之一　（應經核准之水利事業）

引用一水系之水，移注另一水系，以發展該一水系之水利事業，適用前條之規定。

第九條　（應經核准之水利事業）

變更水道或開鑿運河，應經中央主管機關核准。

第一〇條　（刪除）

第一一條　（向受益人徵工之辦法）

各級主管機關為辦理水利工程，得向受益人徵工；其辦法應報經上級主管機關核准，並報中央主管機關。

第一二條　（農田水利會之核准設立）

①主管機關得視地方區域之需要，核准設立農田水利會，秉承政府推行農田灌溉事業。

②前項農田水利會為公法人，其組織通則另定之。

第一三條　（水利協會之核准設立）

政府興辦水利事業，受益人直接負擔經費者，得申請主管機關核准設立水利協進會。

第一四條　（水利公司之核准設立）

人民興辦水利事業，經主管機關核准後，得依法組織水利公司。

第三章　水　權

第一五條　（水權之定義）

本法所稱水權，謂依法對於地面水或地下水，取得使用或收益之權。

第一六條　（非本國人取得水權之限制）

非中華民國國籍人民用水，除依本法第四十二條之規定外，不得取得水權。但經中央主管機關報請行政院核准者，不在此限。

第一七條　（取得水權後用水量之限制）

團體公司或人民，因每一標的，取得水權，其用水量應以其事業

所必需者為限。

第一八條 （用水標的之順序）89

① 用水標的之順序如左：

一　家用及公共給水。

二　農業用水。

三　水力用水。

四　工業用水。

五　水運。

六　其他用途。

② 前項順序，主管機關對於某一水道，或政府劃定之工業區，得酌量實際情形，報請中央主管機關核准變更之。

第一八條之一 （用水標的之順序）

多目標水庫用水標的之順序，依主管機關核准之計畫定之。但各標的之權利人另有協議，並報經主管機關核定者，從其協議。

第一九條 （水權之停止、撤銷與限制）

① 水源之水量不敷公共給水，並無法另得水源時，主管機關得停止或撤銷前條第一項第一款以外之水權，或加使用上之限制。

② 前項水權之停止、撤銷或限制，致使原用水人受有重大損害時，由主管機關按損害情形核定補償，責由公共給水機構負擔之。

第一九條之一 （換水契約之訂定與生效）

水權人交換使用全部或一部分引水量者，應由雙方訂定換水契約，於報經主管機關核准後發生效。但交換使用時間超過三年者，應由雙方依法辦理變更登記。

第二〇條 （用水優先權之順序）89

登記之水權，因水源之水量不足，發生爭執時，用水標的順序在先者有優先權；順序相同者，先取得水權者有優先權，順序相同而同時取得水權者，按水權狀內額定用水量比例分配之或輪流使用。其辦法，由中央主管機關定之。

第二〇條之一 （用水優先權之順序）

水源之水量不足，依第十八條第一項第二款至第六款用水標的之順序在先，取得水權登記在後而優先用水者，如因優先用水之結果，致登記在先之水權人受有重大損害時，由登記在後之水權人給予適當補償，其補償金額由雙方協議定之；協議不成，由主管機關按損害情形核定補償，責由優先用水人負擔之。

第二一條 （臨時使用權之核准取得）

主管機關根據水文測驗，認為該管區域內某水源之水量，在一定時期內，除供給各水標的人之水權標的需要外，尚有剩餘時，得准其他人民在此定期內，取得臨時使用權，如水源水量忽感不足，臨時使用權得予停止。

第二二條 （令改善取水用水方法或設備）

主管機關根據科學技術，認為該管區域內某水源之水量可以節約使用，得令已取得水權之原水權人，改善其取水、用水方法或設

備，因此所有剩餘之水量，並得另行分配使用，但取得剩餘水量之水權人，應負擔原水權人改善之費用。

第二三條 （水道變更後之水權利用）

水道因自然變更時，原水權人得請求主管機關，就新水道指定適當取水地點及引水路線，使用水權狀內額定用水量之全部或一部。

第二四條 （停用二年後之水權撤銷與保留）

水權取得後，繼續停用逾二年者，經主管機關查明公告後，即喪失其水權，並撤銷其水權狀。但經主管機關核准保留者，不在此限。

第二五條 （共同取得水權之重行劃定）

共同取得之水權，因用水量發生爭執時，主管機關得依用水現狀重行劃定之。

第二六條 （變更或撤銷私人已登記之水權）

主管機關因公共事業之需要，得變更或撤銷私人已登記之水權。但應由公共事業機構酌予補償。

第四章　水權之登記

第二七條 （登記生效主義）

水權之取得、設定、移轉、變更或消滅，非依本法登記不生效力。前項規定，於航行天然通航水道者，不適用之。

第二八條 （辦理水權登記機關）89

①水權登記，應向直轄市、縣（市）主管機關為之，水源流經二縣（市）以上者，應向中央主管機關為之；流經二省（市）以上者，應向中央主管機關為之。

②主管機關辦理水權登記，應具備水權登記簿。

第二九條 （申請水權登記應具文件）

①水權之登記，應由權利人及義務人或其代理人提出左列文件，向主管機關申請之：

一　申請書。

二　證明登記原因文件或水權狀。

三　其他依法應提出之書據圖式。

②由代理人申請登記者，應附具委任書。

③政府興辦之水利事業，以其主辦機關為水權登記申請人。

④地下水之開發，應先行檢具工程計畫及詳細說明，申請水權；俟工程完成供水後，再行依法取得水權。

第三○條 （申請書應載事項）

前條申請書應記載左列事項：

一　申請人之姓名、性別、籍貫、年齡、住所、職業。

二　申請水權年限。

三　水權來源。

四　登記原因。

　　五　用水標的。
　　六　引用水源。
　　七　用水範圍。
　　八　使用方法。
　　九　引水地點。
　　十　退水地點。
　　十一　引用水量。
　　十二　水頭高度（水力用）。
　　十三　水井深度（地下水用）。
　　十四　用水時間。
　　十五　年、月、日。
　　十六　其他應行記載事項。

第三一條 （共有水權登記之申請）

　共有水權之登記，由共有人聯名或其代理人申請之。

第三二條 （第三人承諾書之加具）

　水權登記與第三人有利害關係時，應於申請書外，加具第三人承諾書，或其他證明文件。

第三三條 （審查與派員履勘）

　主管機關接受登記申請，應即審查並派員履勘，如有不合程式或申請登記時已發生訴訟，或顯已有爭執者，應通知申請人補正，或俟訴訟或爭執終了後為之。

第三四條 （申請之駁回與公告）96

①登記申請，經主管機關審查履勘，認為不適當者，應於審查完畢十日內附具理由駁回申請；認為適當者，應即於審查完畢十日內依下列規定公告，並通知申請人：

　　一　揭示於申請登記之水權所在顯著地方。
　　二　揭示於主管機關之公告地方。

②前項公告之揭示期間，不得少於十五日。

第三五條 （公告應載事項）

　前條公告，應載明左列事項：

　　一　登記人之姓名。
　　二　登記原因。
　　三　核准水權年限。
　　四　用水標的。
　　五　引用水源。
　　六　用水範圍。
　　七　使用方法。
　　八　引水地點。
　　九　退水地點。
　　十　引用水量。
　　十一　水頭高度（水力用）。
　　十二　水井深度（地下水用）。

十三　用水時間。

十四　申請登記年、月、日。

十五　對於該項登記得提出異議之期限及處所。

十六　其他應行公告事項。

第三六條　（異議期間）

① 依前二條公告後，利害關係人得於十五日內，附具理由及證據，向主管機關提出異議。

② 前項期間，自主管機關公告之日起算。

第三七條　（水權狀之發給）89

① 水權經登記公告，無人提出異議，或異議不成立時，主管機關應即登入水權登記簿，並發給水權狀。但直轄市或縣（市）主管機關發給水權狀時，應層轉或報請中央主管機關驗印備案。

② 前項水權狀，由中央主管機關製定之。

第三八條　（水權狀應載事項）

水權狀應記載左列事項：

一　登記號數及水權狀號數。

二　申請年、月、日及號數。

三　水權人姓名。

四　核准水權年限。

五　用水標的。

六　引用水源。

七　用水範圍。

八　使用方法。

九　引水地點。

十　退水地點。

十一　引用水量。

十二　水頭高度（水力用）。

十三　水井深度（地下水用）。

十四　用水時間。

十五　登記主管機關。

十六　其他應行記載事項。

第三九條　（水權人之義務）

① 水權人應在取水地點裝置量水設備，並將全年之逐月用水情形、實用水量，填具用水紀錄表報查。

② 前項設備及用水情形，主管機關得隨時派員檢查。

第四〇條　（水權之消滅與展限登記）

水權於核准年限屆滿時消滅。但有延長之必要者，水權人應於期限屆滿三十日以前，申請展限登記。

第四一條　（水權消滅登記）

水權消滅、水權人或義務人應繳還水權狀，為消滅之登記。水權年限屆滿後，不申請消滅登記者，主管機關應予註銷，並公告之。

第四二條 （免為水權登記之用水）

①左列用水免為水權登記：

一　家用及牲畜飲料。

二　在私有土地內挖塘。

三　在私有土地內鑿井汲水，其出水量每分鐘在一百公升以下者。

四　用人力、獸力或其他簡易方法引水。

②前項各款用水，如足以妨害公共水利事業，或他人用水之利益時，主管機關得酌予限制，或令其辦理登記。

第四三條 （家用及公共用水之保留、適當井距之制定公告）

主管機關辦理水權登記，應於水源保留一部分之水量，以供家用及公共給水，其屬於地下水水權登記者，應根據各地地下水水文資料及井出水量，制定適當之井距公告之。

第四四條 （臨時用水執照之發給）

依本法第二十一條為臨時用水申請時，主管機關派員履勘，應依照第三十四條所規定期限辦理，並於核定後予以登記公布，發給臨時用水執照。

第四五條 （得制定水權登記規則）

中央主管機關為劃一水權登記程式，得制定水權登記規則。

第五章　水利事業之興辦

第四六條 （建、拆應經核准之建造物）

①興辦水利事業，關於左列建造物之建造、改造或拆除，應經主管機關之核准：

一　防水之建造物。

二　引水之建造物。

三　蓄水之建造物。

四　洩水之建造物。

五　抽汲地下水之建造物。

六　與水運有關之建造物。

七　利用水力之建造物。

八　其他水利建造物。

②前項各款建造物之建造或改造，均應由興辦水利事業人備具詳細計畫圖樣及說明書，申請主管機關核准。如因特殊情形有變更核准計畫之必要時，應由興辦水利事業人聲敘理由，並備具變更之計畫圖樣及說明書，申請核准後為之。但為防止危險及臨時救濟起見，得先行處置，報請主管機關備案。

③未經主管機關核准而擅行施工之水利建造物，主管機關得令其更改或拆除。

第四七條 （撤銷或限制核准事由）

興辦水利事業經核准後，發生左列情事之一者，主管機關應撤銷其核准或予以限制；於必要時，並得令其更改或拆除之：

一　設施工程與核定計畫不符或超過原核准範圍以外者。

二　施行工程方法不良，致妨害公共利益者。

三　施工程序與法令不符者。

四　在核准限期內，未能興工，或未能依限完成者。但因特殊情形申請主管機關核准予以展期者，不在此限。

第四七條之一　（地下水管制區之劃定）

①中央主管機關爲防止某一地區地下水之超抽所引起之海水入侵或地盤沉陷，得劃定地下水管制區，限制或禁止地下水之開發；其管制辦法，由中央主管機關定之。

②前項地下水管制區內已取得之水權，主管機關得予限制、變更或撤銷。

第四八條　（水門啟用辦法之訂定公告）

防水、引水、蓄水、洩水之建造物，如有水門者，其水門啟用之標準、時間及方法，應由興辦水利事業人預爲訂定，申請主管機關核准並公告之，主管機關認爲有變更之必要時，得限期令其變更之。

第四九條　（歲修養護義務）92

①興辦水利事業人經辦之防水、引水、蓄水、洩水之水利建造物及其附屬建造物，應維護管理、歲修養護、定期整理或改造，並應定期及不定期辦理檢查及安全評估。

②前項檢查及安全評估之認定範圍及細目，其辦法，由中央主管機關會商相關機關定之。

第五〇條　（妨害其他水權之補救）

興辦水利事業，有妨害其他水權人之利益者，主管機關得令興辦水利事業人建造適當之建造物，或採用其他補救辦法。

第五一條　（防災建造物之興建）

興辦水利事業，有影響於水患之防禦者，主管機關得令興辦水利事業人建造適當之防災建造物。

第五二條　（船閘之建造）

①在通航運之水道上，因興辦水利事業，必須建造堰壩、水閘時，應於適當地點建造船閘；其數目大小及啟閉之時間，由主管機關依實際之需要規定之。

②前項建造船閘之費用，由興辦水利事業人負擔。但航道之深度，因建造堰壩而增加時，得由主管機關視水道之性質，報經上級主管機關核准，予以補助。

第五三條　（參加開發與分擔費用）92

①興辦水利事業，具有多目標開發之價值者，得商請其他目標有關之人民或團體參加開發，並根據經濟評價分擔其費用；必要時，並得報請主管機關予以協助輔導。

②前項多目標開發之水利事業或數水利事業有聯合運用必要時，爲統籌管理運用水資源，得由各該標的用水人，推舉總代表人，辦理水權總登記。其由主管機關興辦者，以該水利事業之管理機關

爲水權登記總代表人。

第五四條 （預留擴充地位與增添初步設備）

中央主管機關認爲興辦之水利事業有擴大開發之必要，或增加使用目標之利益時，得不經該目標有關機關團體之同意，令由興辦水利事業人預留擴充地位，或增添初步設備，並籌墊其經費。

第五四條之一 （水庫蓄水範圍之注意事項）92

① 爲維護水庫安全，水庫蓄水範圍內禁止下列行爲：

一 毀壞或變更蓄水建造物或設備。

二 啓閉、移動或毀壞水閘門或其附屬設施。

三 棄置廢土或廢棄物。

四 採取土石。但主管機關辦理之濬渫，不在此限。

五 飼養牲畜、養殖水產物或種植植物。

六 排放不符水污染防制主管機關放流水標準之污水。

七 違反水庫主管或管理機關公告許可之遊憩範圍、活動項目或行爲。

② 於水庫蓄水範圍內施設建造物，應申請主管機關許可。

③ 前項許可，主管機關得委託水庫管理機關（構）辦理。

第五四條之二 （水庫蓄水範圍之管理辦法）92

水庫蓄水範圍由興辦人或其委託管理機關（構）管理之。其使用管理、蓄水範圍之界限與核定公告程序及其他應遵行事項之辦法，由中央主管機關定之。

第五五條 （對增闢水源之優先使用收益權）

① 興辦水利事業人因投資興辦水利建造物而增闢水道之水源者，在不影響下游水權人既得用水權益時，其增闢之水源，興辦水利事業人有優先申請使用收益之權。

② 前項既得水權益，指未增闢水源前之自然流量，但以不超過其登記之水權爲限。

第五六條 （應建造竹木筏運道與魚道）

① 在不通航道而有竹木筏運或產魚之水道上，因興辦水利事業，必須建造堰壩水閘時，應於適當地點，建造竹木筏運道或魚道，其辦法由主管機關定之。

② 前項工程費用，由興辦水利事業人負擔之。

第五七條 （妨害交通或阻塞溝渠之補償義務）

因興辦水利事業使用土地，妨礙土地所有權人原有交通或阻塞其溝渠水道時，興辦水利事業人應取得土地所有權人之同意，爲其建造橋樑、涵洞或渡槽等建造物，或予以相當之補償。

第五八條 （得請求賠償損失或收買土地之權利）

引水工程經過私人土地，致受有損害時，土地所有權人得要求興辦水利事業人賠償其損失，或收買其土地，但能即時回復原狀，且回復後並無損害者，不在此限。

第五九條 （報請查核義務）

興辦水利事業人每年應將業務概況，水之利用及工程管理養護情

形，報請主管機關查核。

第六〇條 （鑿井圖表申請期限）92

①為管理地下水開發，地下水鑿井業應向所在地直轄市或縣（市）政府申請許可，始得申請公司或商業登記。

②地下水鑿井業之許可、資格、條件及其分類、技術條件、施工、經營管理事項及其所屬技術員、技工之資格、施工管理事項及其他應遵行事項，由中央主管機關訂定地下水鑿井業管理規則管理之。

第六〇條之一 （水井施工不良之改善義務與強制封閉）

主管機關發現水井施工不良，有影響含水層之水質或水量之虞時，得限期命水井所有人改善；逾期未改善或不能改善者，得強制封閉；其費用由水井所有人負擔。

第六〇條之二 （水井之封閉或填塞義務）

①水井停止使用或廢棄時，水井所有人應將水井封閉或填塞，以防止含水層水量之流失或水質之污染。

②前項水井之封閉或填塞，主管機關得僱工代辦；其費用由水井所有人負擔。

第六〇條之三 （加裝水之再利用設備義務）

為促進水資源之經濟使用，冷卻用水及可循環使用之工業用水，主管機關得命水井所有人加裝設備，以供再利用。

第六〇條之四 （地下水鑿井業停止營業處分之情形）92

地下水鑿井業有下列情事之一者，應予六個月以上，二年以下之停止營業處分：

一　不符地下水鑿井業分類資格規定承辦工程者。

二　不符前條管理規則規定，一年內受警告處分三次以上者。

三　未依規定申請變更許可之營業事項者。

四　僱用不合格技術員、技工者。

第六〇條之五 （地下水鑿井業廢止許可之情形）92

①地下水鑿井業有下列情事之一者，應廢止其許可，並通知公司或商業登記之主管機關廢止其公司或商業登記：

一　喪失營業能力。

二　承辦未經申請核准興辦水利事業之鑿井工程。

三　自行停業超過一年，未依限申請復業者。

四　受停業處分，未依核定期限內將許可書、業務手冊及技工工作證繳還，經限期催繳不繳者。

五　一年受停業處分二次以上者。

六　出售或轉借營業許可書或頂替使用者。

七　連續二年內未承包任何鑿井工程者。

八　有圍標情事者。

②受廢止許可之地下水鑿井業，三年內不得重行申請許可。

第六〇條之六 （地下水鑿井業技工廢止工作證之規定）92

地下水鑿井業技工，未依第六十條之管理規則規定，經受警告處

分次以上者，應廢止其工作證，並於一年內不再重新發證。

第六一條　（禁止影響水源清潔）

因興辦水利事業影響於水源之清潔時，主管機關得限制或禁止之。

第六二條　（水道之限制開渠及使用吸水機）

有關特殊航運之水道，主管機關得酌量限制開渠及使用吸水機。

第六三條　（涉及多數目的事業之辦理）

興辦水利事業涉及其他目的事業主管機關職掌者，由水利主管機關會商辦理之。目的事業機關興辦目的事業涉及水利者，應商得水利主管機關同意。

第六三條之一　（事業管理計畫）92

灌溉事業，除多目標或具有特殊目標之設施，由主管機關或指定機構管理外，由興辦水利事業人擬定事業管理計畫，報經主管機關核准後管理之。

第六三條之二　（灌溉事業區系統核定）92

①興辦水利事業人興辦灌溉事業，應擬定灌溉事業區及其系統，報主管機關核定；其由直轄市或縣（市）主管機關興辦者，應報中央主管機關核定。變更或廢止時，亦同。

②灌溉事業區內埤池、圳路及其他設施之變更或廢止，應經興辦水利事業人同意，並報經主管機關核准。

第六三條之三　（灌溉事業設施範圍核定公告後之禁止行為）92

①灌溉事業設施範圍由興辦人劃定報主管機關核定公告後，禁止下列行為：

一　填塞圳路。

二　毀損埤池、圳路或附屬建造物。

三　啓閉、移動或毀壞水閘門或其附屬設施。

四　棄置廢土或廢棄物。

五　採取或堆置土石。

六　種植、採伐植物、飼養牲畜或養殖水產物。

七　其他妨礙灌溉設施安全之行為。

②排放廢污水或引取圳路用水，於埤池或圳路設施上或其界限內施設建造物，非經主管機關核准不得為之。

第六三條之四　（遵行事項管理辦法）92

前二條有關灌溉事業之興辦、設施之變更、廢止、管理及其他應遵行事項，由中央主管機關會同中央農田水利會主管機關訂定灌溉事業管理辦法管理之。

第六三條之五　（海堤區域內禁止行為）92

①海堤區域內禁止下列行為：

一　毀損或變更海堤。

二　啓閉、移動或毀壞水閘門或其附屬設施。

三　棄置廢土或廢棄物。

四　採取或堆置土石。

五　飼養牲畜或採伐植物。

六　其他妨礙堤防排水或安全之行為。

②海堤區域內養殖、種植植物或設置改建、修復或拆除建造物或其他設施，非經許可不得為之。

第六三條之六　（海堤區域應遵行事項管理辦法之訂定）92

海堤區域之劃定與核定公告、使用管理、防潮搶險、海堤安全之檢查與養護及其他應遵行事項，其管理辦法，由中央主管機關定之。

第六章　水之蓄洩

第六四條　（宣洩洪潦應注意義務）

宣洩洪潦，應導入本水道，或其他河、湖、海，並應特別注意有關建築物及其重要設備之維護。但經上級主管機關之核准，得洩入其他或新闢水道者，不在此限。

第六五條　（土地之分區限制使用）

①主管機關為減輕洪水災害，得就水道洪水泛濫所及之土地，分區限制其使用。

②前項土地限制使用之範圍及分區辦法，應由主管機關就洪水紀錄及預測之結果，分別劃訂，報請上級主管機關核定公告後行之。

第六五條之一　（洩洪之通知義務）

洪水期間，有閘門之水庫洩洪前，水庫管理機關應通知有關機關採取必要防護措施。

第六六條　（自然流水之承水義務）

由高地自然流至之水，低地所有權人不得妨阻。

第六七條　（高地所有人之過水權）

高地所有權人以人為方法，宣洩洪潦於低地，應擇低地受損害最少之地點及方法為之，並應予相當補償。

第六八條　（廢水、污水之宣洩限制）

工廠、礦場廢水或市區污水，應經適當處理後擇地宣洩之，如對水質有不良影響，足以危害人體，妨害公共或他人利益者，主管機關得限制或禁止之，被害人並得請求損害賠償。

第六九條　（蓄水人及排水人之損害賠償義務）

實施蓄水或排水，致上下游沿岸土地所有權人發生損害時，由蓄水人或排水人，予以相當之賠償。但因不可抗力之天災所發生之損害，不在此限。

第六九條之一　（可能被淹沒土地之處理義務）

蓄水人對於水庫集水區域內可能被淹沒之土地及土地改良物，應詳為調查，擬具收購、補償及遷移辦法，報經有關主管機關核准後實施。

第六九條之二　（刪除）

第七〇條　（高地所有人之疏水權）

水流因事變在低地阻塞時，高地所有權人得自備費用，為必要疏

通之工事。

第七一條 (減少閘壩啓閉辦法之核定公告)

　　減少閘壩啓閉之標準、水位或時間，由主管機關報請上級主管機關核定公告之。

第七二條 (跨水建物應留水流通路橫剖面積之核定)

①跨越水道建造物均應留水流之通路，其橫剖面積由主管機關核定之。

②前項水道，如係通運之水道，應建造橋樑，其底線之高度，及橋孔之跨度，由主管機關規定之。

第七二條之一 (跨水建物之設置申請及禁止事項)

①設置穿越水道或水利設施底部之建造物，應申請主管機關核准，並接受施工指導。

②在前項建造物上下游之規定距離內，除基於維護水利安全之必要外，不得爲挖掘行爲或採取砂石；其距離由主管機關訂定公告之。

第七章　水道防護

第七三條 (歲修工程興修期限)

　　水道建造物歲修工程，主管機關應於防汛期後，派員勘估，報准上級主管機關分別興修，至翌年防汛期前修理完竣，並報請驗收。

第七四條 (防汛期之決定)

①主管機關應酌量歷年水勢，決定設防之水位或日期。

②由設防日起至撤防止止，爲防汛期。

第七五條 (主管機關之警察權)

①主管機關得於水道防護範圍內，執行警察職權。

②防汛期間主管機關於必要時，得商調防區內之軍警協同防護。

第七六條 (主管機關之緊急處置權)

①防汛緊急時，主管機關爲緊急處置，得就地徵用關於搶護必需之物料、人工、土地，並得拆毀防礙水流之障礙物。

②前項徵用之物料、人工、土地及拆毀之物，主管機關應於事後酌給相當之補償。

第七七條 (指揮地方主管機關權)

　　辦理防汛機關，於防汛期間，得指揮沿河地方主管機關協助，遇有緊急情形時，地方主管機關應即發動民力，駐堤協防。

第七八條 (保護水道應禁止事項) 92

　　河川區域內，禁止下列行爲：

一　填塞河川水路。

二　毀損或變更河防建造物、設備或供防汛、搶險用之土石料及其他物料。

三　啓閉、移動或毀壞水閘門或其附屬設施。

四　建造工廠或房屋。

　　五　棄置廢土或其他足以妨礙水流之物。
　　六　在指定通路外行駛車輛。
　　七　其他妨礙河川防護之行為。

第七八條之一　（河川區域內應經許可之行為）92

河川區域內之下列行為應經許可：
一　施設、改建、修復或拆除建造物。
二　排注廢污水或引取用水。
三　採取或堆置土石。
四　種植植物。
五　挖掘、埋填或變更河川區域內原有形態之使用行為。
六　圍築魚塭、插、吊蚵或飼養牲畜。
七　其他經主管機關公告與河川管理有關之使用行為。

第七八條之二　（河川管理辦法之訂定；地方說明會之舉辦）103

①河川整治之規劃與施設、河防安全檢查與養護、河川防洪與搶險、河川區域之劃定與核定公告、使用管理及其他應遵行事項，由中央主管機關訂定河川管理辦法管理之。
②前項河川區域應視實際需要辦理地方說明會，但已依河川治理計畫辦理地方說明會，且其河川區域未超出用地範圍線者除外。

第七八條之三　（排水設施範圍內禁止行為）92

①排水設施範圍內禁止下列行為：
一　填塞排水路。
二　毀損或變更排水設施。
三　啟閉、移動或毀壞水閘門或其附屬設施。
四　棄置廢土或廢棄物。
五　飼養牲畜或其他養殖行為。
六　其他妨礙排水之行為。
②排水設施範圍內之下列行為，非經許可不得為之：
一　施設、改建、修復或拆除建造物。
二　排注廢污水。
三　採取或堆置土石。
四　種植植物。
五　挖掘、埋填或變更排水設施範圍內原有形態之使用行為。

第七八條之四　（排水管理辦法之訂定）92

排水集水區域之劃定與核定公告、排水設施管理之維護管理、防洪搶險、安全檢查、設施範圍之使用管理及其他應遵行事項，由中央主管機關訂定排水管理辦法管理之。但農田、市區及事業排水，由目的事業主管機關依其法令管理之。

第七九條　（有礙水流之種植物或建造物之修改遷移和拆毀）

①水道沿岸之種植物或建造物，主管機關認為有礙水流者，得報經上級主管機關核准，限令當事人修改、遷移或拆毀之。但應酌予補償。
②前項水道沿岸係指未建堤防之水道，在尋常洪水位到達地區外緣

毗連之土地。

第八○條　（有防止風浪功效之草木之採伐限制）

堤岸至河岸區域內栽種之蘆葦、菱草、楊柳或其他草木，有防止風浪之功效者，無論公有、私有，非在防汛期後，不得任意採伐。但經主管機關核准者，不在此限。

第八一條　（圍墾禁止與例外）

水道沙洲灘地，不得圍墾。但經主管機關報准上級主管機關認為無礙水流及洪水之停瀦者，不在此限。

第八二條　（水道治理計畫線或用地範圍線內土地之徵收與限制使用等相關規定）103

①水道治理計畫線或用地範圍線內之土地，經主管機關報請上級主管機關核定公告後，得依法徵收之；未徵收者，為防止水患，並得限制其使用。

②水道治理計畫線或用地範圍線內之土地經公告實施後，主管機關應定期辦理通盤檢討。但因重大天然災害致水道遽烈變遷時，得適時修正變更。

③主管機關依第一項公告之水道治理計畫線或用地範圍線內施設防洪設施所需之用地，或依計畫所為截彎取直或擴大通洪斷面辦理河道治理，致無法使用之私有土地及既有堤防用地，應視實際需要辦理徵收。

④河川區域內依前項致無法使用之私有土地，其位於都市計畫範圍內者，經主管機關核定實施計畫，而尚未辦理徵收前，得準用都市計畫法第八十三條之一第二項所定辦法有關可移出容積訂定方式、可移入容積地區範圍、接受基地可移入容積上限、移轉方式及作業方法等規定辦理容積移轉。

⑤前項容積移轉之換算公式，由內政部會同經濟部訂定。

第八三條　（尋常洪水位行水區域土地之限制使用）103

①尋常洪水位行水區域之土地，為防止水患，得限制其使用，其原為公有者，不得移轉為私有；其已為私有者，主管機關應視實際需要辦理徵收，未徵收者，為防止水患，並得限制其使用。

②前項所稱洪水位行水區域，由主管機關報請上級主管機關核定公告之。

第八三條之一　（土地徵收方式）88

①前二條主管機關所為已逕為分割編定或變更編定為水利用地之私有土地，其所有權人得申請變更編定為適當用地。

②依前條規定限制使用之私有土地，得以依區段徵收或水利重劃等方式，辦理用地之取得。

③前項水利地重劃辦法，由中央主管機關會同中央地政機關定之。

第八章　水利經費

第八四條　（得徵收之費用）

①政府為發展及維護水利事業，得徵收左列各費

一　水權費。

二　河工費。

三　防洪受益費。

②前項所稱各費，除依法支付管理費用外，一律撥充水利建設專款，由主管機關列入預算，統籌支配。

第八五條　（水權費之徵收標準）89

水權費之徵收，農業工業用水以每分鐘一立方公尺之供水量爲起點，水力用水以每秒鐘一立方公尺之供水量爲起點；其費率，由中央主管機關訂定公告之。

第八六條　（河工費之徵收）

政府因辦理及維護內陸通航水道及其港埠工程，得向通行之船舶徵收河工費，其徵收標準及辦法，由中央主管機關會商交通部訂定之。

第八七條　（防洪受益費之徵收）89

①政府因辦理及維護防洪工程，得向受益者分別輕重徵收防洪受益費。

②直轄市或縣（市）主管機關徵收防洪受益費之區域及標準，由中央主管機關定之。

第八八條　（防洪受益費之徵收對象與標準）

①防洪受益費，向受益區域之土地所有權人徵收之；其設有典權者，向典權人徵收之。

②前項土地上設有工廠、礦場、商店或其他建築改良物者，其徵收標準，應按受益程度訂定細則徵收之。

第八九條　（得向使用人酌收費用）96

①興辦水利事業人得依其興辦水利事業之成本及合理利潤，在兼顧公共利益之原則下，向使用人收取費用。

②前項收費之方式與計算基準，由興辦水利事業人擬訂，報主管機關核定；其由機關興辦者，由機關定之。

第八九條之一　（水資源作業基金之用途範圍與來源）96

①中央主管機關得設置水資源作業基金，其用途範圍如下：

一　辦理水庫、海堤、河川或排水設施之管理及疏濬。

二　辦理水庫、海堤、河川或排水設施之災害搶修搶險。

三　相關人才培訓。

四　辦理回饋措施。

②前項水資源作業基金之來源如下：

一　循預算程序之撥款。

二　中央主管機關興辦水利事業、水庫蓄水範圍、海堤區域、河川區域或排水設施範圍之使用費收入。

三　中央主管機關辦理水庫、河川或排水設施之疏濬，所得砂石之出售收入。

四　基金之孳息。

五　其他收入。

第九〇條 （辦理水權登記得徵費用）89

主管機關辦理水權登記，得視實際需要向申請人徵收登記費、水權狀費或臨時用水執照費及履勘費；其收費標準，由中央主管機關定之。

第九章 罰 則

第九一條 （毀損或竊盜水利設施罪）

① 毀損或竊盜第四十六條、第五十一條之建造物或器材或其他水利設備者，除限令修復或賠償外，處五年以下有期徒刑、拘役或科或併科三千元以下罰金。

② 因前項毀損或竊盜、以致釀成災害者，處七年以上有期徒刑；其情節重大且危害多數人之生命財產者，處無期徒刑或十年以上有期徒刑。

③ 第一項之未遂犯罰之。

第九一條之二 （罰則）103

① 依第六十三條之三第二項、第六十三條之五第二項、第五十四條之一第二項、第七十八條之一或第七十八條之三第二項規定申請使用人，有下列情形之一者，廢止其核准或許可：

一 違反第六十三條之三第二項、第六十三條之五第一項、第六章有關禁止或應行辦理事項、第七十八條、第七十八條之三第一項、第八十條或第八十一條之規定者。

二 興辦灌溉事業違反第六十三條之二或第六十三條之三之規定，或有關灌溉事業之興辦、設施之變更、廢止、管理及其他應遵行事項，違反依第六十三條之四所定之管理辦法者。

三 海堤區域內，有關使用管理、防洪搶險、海堤安全之檢查與養護或其他應遵行事項，有違反依第六十三條之六所定之管理辦法者。

四 堰壩及水庫蓄水範圍內，有關使用管理或其他應遵行事項，違反依第五十四條之二所定之辦法者。

五 河川整治之規劃與施設、河防安全檢查與養護、河川防洪與搶險、河川區域之使用管理或其他應遵行事項，違反依第七十八條之二第一項所定之河川管理辦法者。

六 排水設施管理之維護管理、防洪搶險、安全檢查、設施範圍之使用管理或其他應遵行事項，違反依第七十八條之四所定之管理辦法者。

七 自取得許可之日起，未經主管機關許可，逾六個月未使用。

八 經催繳未在通知期限內繳清使用費者。

九 轉讓他人使用或未依許可使用內容或其範圍使用者。

十 因故意或重大過失管理不當，致他人於其使用範圍，有違反許可使用內容或其範圍使用者。

十一 許可使用後，喪失申請資格者。

十二 為水利設施整治、管理、公共使用或其他防救緊急危險之

必要者。

②依法撤銷許可者或依前項第一款至第十一款規定廢止許可者，使用人於一年內不得再申請使用。

第九二條　（私開水道或私塞水道罪）

未得主管機關許可，私開或私塞水道者，除通知限期回復或廢止外，處六千元以上三萬元以下罰鍰；因而損害他人權益者，處三年以下有期徒刑、拘役或科或併科四千元以上二萬元以下罰金；致生公共危險者，處五年以下有期徒刑，得併科六千元以上三萬元以下罰金。

第九二條之一　（刪除）92

第九二條之二　（罰鍰）92

有下列情形之一者，處新臺幣一百萬元以上五百萬元以下罰鍰：

一　違反第五十四條之一第一項第一款、第六十三條之五第一項第一款、第七十八條第二款、第七十八條之三第二款規定，毀壞或變更海堤、蓄水建造物或設備、河防建造物、設備或供防汛、搶險用之土石料及其他物料或排水設施者。

二　違反第五十四條之一第一項第二款、第六十三條之五第一項第二款、第七十八條第三款、第七十八條之三第一項第三款規定，啟閉、移動或毀壞水閘門或其附屬設施者。

三　違反第六十五條第一項規定，使用洪氾區之土地者。

四　違反第七十八條第一款、第七十八條之三第一項第一款規定，填塞河川水路或排水路者。

五　違反第五十四條之一第一項第三款、第六十三條之五第一項第三款、第七十八條第五款、第七十八條之三第一項第四款規定，棄置廢土或廢棄物者。

六　違反第六十三條之五第一項第四款規定，採取或堆置土石者。

七　違反第七十八條之一第三款、第七十八條之三第二項第三款規定，未經許可採取或堆置土石者。

第九二條之三　（罰鍰）92

有下列情形之一者，處新臺幣六十萬元以上三百萬元以下罰鍰：

一　違反第六十三條之三第一項第一款規定填塞圳路者。

二　違反第六十三條之三第一項第二款規定，毀壞埤池、圳路或附屬建造物者。

三　違反第六十三條之三第一項第三款規定，啟閉、移動或毀壞水閘門或其附屬設施者。

四　違反第六十三條之三第一項第四款規定，棄置廢土或廢棄物。

五　違反第七十八條第四款規定，建造工廠或房屋者。

六　違反第七十八條之一第一款、第二款、第七十八條之三第二項第一款、第二款規定，未經許可施設、改建、修復或拆除建造物、排注廢污水或引取用水者。

第九二條之四　（罰鍰）92

違反第四十九條第一項規定，不辦理檢查及安全評估者，處新臺幣三十萬元以上一百五十萬元以下罰鍰。

第九二條之五　（罰鍰）92

有下列情形之一者，處新臺幣五十萬元以上二百五十萬元以下罰鍰：

一　違反第六十三條之三第一項第五款規定，採取或堆置土石者。

二　違反第六十三條之五第二項規定，未經許可圍築魚塭、種植植物或設置改建、修復或拆除建造物或其他設施者。

三　違反第五十四條之一第二項規定，未經主管機關或堰壩及水庫蓄水管理機關許可而施設建造物者。

第九三條　（擅行或妨礙取水用水排水罪）

① 違反本法或主管機關依法所發有關水利管理命令，而擅行或妨礙取水、用水或排水者，處四千元以上二萬元以下罰鍰；因而損害他人權益者，處三年以下有期徒刑、拘役或科或併科四千元以上二萬元以下罰金。

② 前項擅行或妨礙取水、用水或排水所使用之機件、工具，主管機關得先行扣留之。

第九三條之一　（罰鍰）92

未依第六十條規定申請設立許可從事地下水鑿井業務者，處新臺幣五萬元以上二十五萬元以下之罰鍰。

第九三條之二　（罰鍰）

有下列情形之一者，處新臺幣十萬元以上五十萬元以下罰鍰：

一　違反第五十四條之一第一項第四款規定，採取土石者。

二　違反第五十四條之一第一項第六款規定，排放不符水污染防治主管機關放流水標準之污水者。

三　違反第六十三條之三第二項規定，未經核准排注廢污水或引取圳路用水，於埤池或圳路設施上或其界限內施設建造物者。

四　違反第五十四條之一第一項第五款、第六十三條之五第一項第五款、第七十八條之一第六款、第七十八條之三第一項第五款規定，種植或採伐植物、飼養性畜、養殖水產物、圍築魚塭、插、吊蚵或其他養殖行為者。

五　違反第七十八條第七款規定，有其他妨礙河川防護之行為者。

六　違反第七十八條之一第四款、第七十八條之三第二項第四款規定，未經許可而種植植物者。

七　違反第七十八條之一第五款、第七十八條之三第二項第五款規定，挖掘、埋填或變更河川區域或排水設施範圍內原有形態之使用行為者。

八　違反第七十八條之三第一項第六款規定，有其他妨礙排水之

行為者。

第九三條之三 （罰鍰）

有下列情形之一者，處新臺幣一萬元以上五萬元以下之罰鍰：

一 第五十四條之一第一項第七款所規定違反水庫主管或管理機
關公告許可之遊憩範圍、活動項目或行為者。

二 違反第六十三條之三第一項第六款規定，種植、採伐植物、
飼養牲畜或養殖水產物。

三 違反第六十三條之三第一項第七款規定，有其他妨礙灌溉設
施安全之行為者。

四 違反第六十三條之五第一項第六款規定，有其他妨礙堤防排
水或安全之行為者。

五 違反第七十八條第六款規定，在指定通路外行駛車輛。

六 違反第七十八條之一第七款規定，未經許可有其他經主管機
關公告與河川管理有關之使用行為者。

第九三條之四 （罰鍰）

違反第四十六條、第四十七條、第五十四條之一、第六十三條之
三、第六十三條之五、第六十五條、第七十八條、第七十八條之
一、第七十八條之三規定者，主管機關得限期令行為人回復原
狀、拆除、清除或適當處分其設施或建造物；屆期不遵行者，得
按日連續處新臺幣一萬元以上五萬元以下之罰鍰。

第九三條之五 （罰則）92

違反第四十六條、第四十七條、第五十四條之一、第六十三條之
三、第六十三條之五、第六十五條、第七十八條、第七十八條之
一或有第七十八條之三情形者，主管機關得沒入行為人使用之設
施或機具，並得公告拍賣之。

第九三條之六 （主管機關或水利機關之強制檢查權）102

①主管機關或水利機關為執行有關水權、河川、排水、海堤、水
庫、水利建造物或地下水鑿井業之管理，認有違反本法禁止或限
制規定之虞時，得派員進入事業場所、建築物或土地實施檢查，
並得令相關人員為必要之說明、配合措施或提供相關資料；被檢
查者不得規避、妨礙或拒絕。有具體事實足認有違反實施檢查之
行為且拒絕、妨礙或拒絕檢查時，主管機關或水利機關得強制進
入；必要時，並得商請轄區內警察機關協助之。

②前項規定之檢查人員於執行檢查職務時，應主動出示執行職務證
明文件或足資辨別之標誌，並不得妨礙該場所正常業務之進行。

③第一項規定之檢查機關及人員，對於被檢查者之私人、工商秘
密，應予保密。

④無正當理由規避、妨礙或拒絕第一項之檢查，或提出說明、配合
措施或相關資料者，處新臺幣二萬元以上十萬元以下罰鍰，並得
按次處罰。

第九四條 （強暴脅迫啟閉水門閘門罪）

①以強暴、脅迫使管理人員啟閉水門、閘門因而妨害他人權益者，

處五年以下有期徒刑、拘役或科或併科六千元以上三萬元以下罰金。

②在防汛期間有前項行為，致生公共危險者，處七年以下有期徒刑，得併科一萬元以上五萬元以下罰金。

③聚眾犯前二項之罪者，加重其刑至二分之一。

④第一項及第二項之未遂犯罰之。

第九四條之一 （罰則）92

①有第九十二條之二至第九十二條之五、第九十三條之二或第九十三條之三規定情形之一，致生公共危險者，處五年以下有期徒刑，得併科新臺幣五十萬元以上五百萬元以下罰金。

②因而致人於死者，處無期徒刑或七年以上有期徒刑。致重傷者，處三年以上、十年以下有期徒刑。

第九五條 （作為與不作為義務之強制履行）

違反本法或主管機關依本法所發命令規定作為或不作為之義務者，主管機關得強制其履行義務，或停止其依法應享權利之一部或全部，並得處六千元以上三萬元以下罰鍰。

第九六條 （罰鍰之執行）

本法所稱之罰鍰，由主管機關處罰之，並得於行政執行無效果時，移送法院強制執行。

第十章 附 則

第九七條 （爭議之評議）

本法規定之補償或水權之處理，利害關係人發生爭議時，主管機關得邀集有關機關團體評議之。

第九七條之一 （限制使用之私有土地申請免稅規定）97

①水庫蓄水範圍、海堤區域、河川區域及排水設施範圍內規定限制使用之私有土地，其使用現狀未違反本法規定者，於贈與直系血親或繼承時，免徵贈與稅或遺產稅。但承受人於承受之日起五年內，其承受之土地使用現狀違反本法規定者，應由主管機關通報該管稽徵機關追繳應納稅賦。

②前項贈與，其土地使用現狀未違反本法規定者，得申請不課徵土地增值稅。但再移轉第三人時，以該土地第一次贈與前之原規定地價或前次移轉現值為原地價，計算漲價總數額，課徵土地增值稅。

③依前二項規定申請免徵遺產稅、贈與稅及不課徵土地增值稅者，應由繼承人、贈與人或受贈人檢附主管機關核發其土地使用現狀未違反本法規定之證明文件，送該管稽徵機關辦理。

第九八條 （施行細則之訂定）

本法施行細則，由行政院定之。

第九九條 （施行日）

本法自公布日施行。

水利法施行細則

① 民國 32 年 3 月 22 日行政院令訂定發布全文 62 條；並自 32 年 4 月 1 日施行。
② 民國 33 年 9 月 16 日行政院令修正發布第 24 條條文。
③ 民國 44 年 4 月 19 日行政院令增訂發布第 3 條條文，原條文依次遞改；並修正第 29 條條文，遞改為第 30 條。
④ 民國 48 年 7 月 1 日行政院令修正發布第 30 條條文。
⑤ 民國 58 年 8 月 5 日行政院令修正發布全文 189 條。
⑥ 民國 64 年 5 月 12 日行政院令修正發布全文 186 條。
⑦ 民國 79 年 3 月 16 日行政院令修正發布第 6、9、11、18、21、25、32、36、38～40、42、43、45、49、50、53、55、57、62、64、68～76、79～82、84、85、87～89、97、98、101～103、109、110、119、120、122、124～129、131、133、134、136～138、142、143、148、152、154、156、163、164、166～168、170、173、178 條條文；刪除第 16、24、27、112、179 條條文；並增訂第 16-1、33-1 條條文。
⑧ 民國 93 年 11 月 17 日行政院令修正發布全文 66 條；並自發布日施行。
⑨ 民國 98 年 11 月 3 日行政院令修正發布第 29、36 條條文。

第一章 總 則

第一條
本細則依水利法（以下簡稱本法）第九十八條規定訂定之。

第二條
本法所稱地面水，指流動或停瀦於地面上之水；地下水，指流動或停瀦於地面以下之水。

第三條
本法第三條用詞定義如下：

一 防洪：指用人為方法控馭或防禦霪雨洪潦，以消減泛濫湮沒災害之發生。

二 禦潮：指以興建海堤等人為方法防禦海岸或河口地區潮浪之災害。

三 灌溉：指用人為方法取水供應農田或農作物，以發展農業。

四 排水：指用人為方法排洩足以危害或可供回歸利用之地面水或地下水。

五 洗鹹：指用人為方法引水沖洗或滲濾，以消除或減少土壤內所含酸鹼或鹽份。

六 保土：指用人為方法合理利用土地，增進水源之涵養，防止土壤之沖蝕。

七　蓄水：指用人爲方法攔阻或蓄存、利用地面水或地下水。

八　放淤：指用人爲方法引水至指定地區停貯、沈落泥沙或引水輸沙，以改良土地或改善水道。

九　給水：指以水利建造物輸配水資源，供應本法第十八條第一項各款用水標的。

十　築港：指在水道沿岸興築港口或碼頭。

十一　便利水運：指用人爲方法整理水道或開鑿運河，以便利通航。

十二　發展水力：指用人爲方法經由水輪機，轉變水之勢能爲機械能或電能。

第四條

本法所稱水道，指河川、湖泊、水庫蓄水範圍、排水設施範圍、運河、減河、滯洪池或越域引水路水流經過之地域。

第五條

本法所稱水庫，指水資源利用或防洪關係重大之堰、壩、人工湖與其附屬設施及蓄水範圍，並經中央主管機關公告者。

第六條

本法所稱水權人，指取得水權之人，包括自然人、法人、機關（構）、非法人之團體設有代表人或管理人者。

第七條

本法所稱興辦水利事業人，指下列情形之一：

一　涉及水利建造物建造、改造或拆除者，興辦完成前爲依本法第四十六條第二項向主管機關申請水利建造物核定之人；興辦完成後爲控制、運轉、維護或管理水利事業之人。

二　未涉及水利建造物建造、改造及拆除者，爲控制、運轉、維護或管理水利事業之人。

三　政府興辦水利事業者，興辦完成前爲主辦機關（構），興辦完成後爲指定之管理機關（構）。

第八條

本法所定土石，包括土石採取法第四條第一款所定土石及礦業法第三條所列以固體狀態存在之礦。

第九條

本法所稱農業用水，指農林漁牧業用水；工業用水，指供應工廠、礦場作業上之冷卻、消耗及廢水處理等用水；水力用水，指水力發電等用水。

第二章　水利區及水利機構

第一〇條

本法第九條所稱變更水道，指對河川區域、水道治理計畫線、堤防預定線與排水設施範圍之變更及對水道縱斷面或橫斷面爲中央主管機關公告之一定規模以上範圍之改變。

第三章　水　權

第一一條

本法第十七條所定事業所必需者之用水量，由主管機關依興辦水利事業權利人或需取用水資源者之申請，為必需之蓄水調節、引取、輸送、使用之水量核定；必要時，得以鑑定方法為之。

第一二條

① 興辦單目標或多目標水利事業權利人為水權取得登記時，每一用水標的申請登記之引用水量，以主管機關核准其興辦計畫之引用水量為準。但興辦水利事業權利人另有協議，並報經主管機關核定者，從其協議。

② 主管機關核准前項興辦水利事業計畫之引用水量，不得違反本法第五十五條規定。

第一三條

水利事業因強制執行或公用徵收而發生權利主體異動時，原取得之水權，應視強制執行或公用徵收之目的及內容，依本法分別為移轉、變更或消滅之登記。

第一四條

本法第二十條及第二十三條所稱額定用水量，指水權狀內記載之引用水量。

第一五條

① 申請臨時使用之水源，主管機關依本法第二十一條規定水文測驗結果，在一定時期內，其水源通常保持之水量仍足以供給申請人事業所必需者，或依本法第五十五條規定增闢源之水量者，應通知申請人改依本法第二十九條規定申請水權登記；其水源通常保持之水量不足以供給申請人事業所必需者，在該一定時期內，其水源尚有剩餘水量時，始得准予取得臨時使用權。

② 前項所稱通常保持之水量，其水源為地面水者，指流量超越機率百分之八十五之水量。

第一六條

依本法第二十一條規定為臨時用水之申請時，其申請人資格、申請書格式及申請程序，準用水權登記申請之規定。

第一七條

① 依本法第二十一條規定取得臨時使用權者，於其臨時使用權期限內，如遇水源不能保持通常水量時，經主管機關通知後，臨時使用權人應即自行停止使用或由利害關係人報請主管機關停止之。

② 臨時使用權於核准期限屆滿後，如有繼續使用之必要時，應依本法規定重新申請臨時用水登記。

第一八條

① 主管機關依本法第二十二條規定令原水權人改善其取用水方法或設備者或依本法第二十五條規定重行劃定用水量者，得限期令水權人為水權變更登記，水權人屆期未申請變更登記者，主管機關

得逕行核定公告，並註銷原水權狀及換發水權狀。

②前項期限爲三十日。但經當事人之申請，主管機關認爲有理由者，得核准展期三十日，並以一次爲限。

第一九條

本法第二十六條所稱公共事業，指下列情形之一：

一　國防設備。

二　自來水事業。

三　公共衛生。

四　中央或地方之公共建築。

五　國營事業。

六　其他由政府興辦以公共利益爲目的之事業。

第四章　水權之登記

第二〇條

本法第二十七條所稱移轉，指水權與其有關水利事業全部之繼承或讓受；變更，指本法第三十八條第三款水權人不改變主體情形下，其姓名、名稱或其代表人之更改，與本法第三十八條第四款至第十四款及第十六款原記載內容之更改。

第二一條

本法第二十七條第二項所定天然通航水道，不包括該水道曾經施以渠化或其他增加通航便利之工事者。

第二二條

①取水口位於平均低潮位以下引取海水者，免依本法第二十八條規定申請水權登記。

②前項所稱伏潮位，指海水面起伏過程中，水位最低時之高程；平均低潮位，指每日二次低潮位之長年平均。

第二三條

依本法第二十九條第一項規定提出水權登記申請者，其申請人如下：

一　水權取得登記，由興辦水利事業權利人或需取用水資源者申請之。

二　水權移轉登記或設定其他權利之登記，由水權人及義務人共同申請之。

三　水權變更登記，由水權人申請之。

四　水權消滅登記，由水權人申請之。

第二四條

申請人依本法第二十九條規定申請水權登記或第四十四條規定申請臨時用水登記，以單一引水地點，單一用水標的爲之。

第二五條

申請人依本法第二十九條規定申請水權登記時，申請書及其相關書件有下列情形者，主管機關應於收受申請書起十五日內通知其補正：

一　申請書內容填註不明。

二　證明文件不完備。

三　由代理人申請登記而未附委任書。

四　其他不合法令規定之程式。

第二六條

① 申請人應於接獲前條通知之日起三十日內補正；屆期不補正者，駁回其申請。但經主管機關核准展期者，不在此限。

② 前項展期以一次爲限，最長不得逾三十日。

第二七條

主管機關受理本法第二十九條水權或本法第四十四條臨時用水登記之申請，其申請之先後順序，按主管機關實際收受登記申請書之年、月、日、時定之。但以掛號郵寄方式提出申請者，以交郵當日之郵戳爲準。

第二八條

主管機關接受登記申請，應依申請先後爲處理之順序。其先經依法登記確定者，爲先取得水權或臨時使用權。

第二九條 98

① 本法第三十條第二款、第三十五條第三款、第三十八條第四款所定之水權年限，在本法第十八條第一項各用水標之之水權爲三年至五年。但引用水源爲溫泉水權者，本法第十八條第一項各款用水標之之水權爲二年至三年。

② 本法第四十四條之臨時用水執照，其核准臨時使用權年限，每次不得逾二年。

③ 申請人申請水權年限少於第一項所定水權最低年限者，得依其申請年限核准之。

第三〇條

本法第三十一條所稱共有水權，指二人以上共同取得之同一水權。

第三一條

主管機關依本法第三十三條或第四十四條規定派員履勘時，得通知申請人及利害關係人到場。

第三二條

主管機關依本法第三十四條規定辦理公告時，應於同日將公告影本以掛號郵寄通知申請人及前條之利害關係人。

第三三條

利害關係人依本法第三十六條規定提出異議，應以書面記載下列事項：

一　異議人之姓名、出生年月日、住居所及身分證明文件字號；如係法人或其他設有管理人或代表人之團體，其名稱、事務所或營業所，及管理人或代表人之姓名、出生年月日、住居所及身分證明文件字號。

二　異議之事實及理由。

三　證據名稱及件數。

四　異議提出之年、月、日。

五　其他應記載事項。

第三四條

主管機關對於利害關係人依本法第三十六條第一項規定提出之異議，必要時得派員會同利害關係人及申請人覆勘。

第三五條

前條覆勘完畢後，主管機關應於三十日內審查決定，必要時得依本法第九十七條規定評議決定之。

第三六條 98

① 水權期限如有延長之必要者，水權人應於期限屆滿前三個月起六十日內，申請展限登記。主管機關對於逾限申請展限登記者，應按新申請取得水權案件處理。

② 水權人於前項規定期限內申請展限登記者，於其水權年限屆滿後主管機關准駁前，得依原水權狀記載事項引取用水。

第三七條

本法第四十二條第一項第四款所定其他簡易方法引水，不包括機械動力引水及汲水。

第三八條

主管機關依本法第四十四條規定辦理臨時用水執照之發給，其審查、補正、履勘、公布、異議處理、登入臨時用水登記簿、執照之製定，準用水權登記規定。

第三九條

水權狀或臨時用水執照損毀或遺失者，水權人或臨時使用權人應備具申請書，向主管機關申請換發或補發。

第四〇條

主管機關換發或補發之水權狀或臨時用水執照，除換發或補發狀、照之年、月、日外，其餘記載事項均應與原狀、照同。

第五章　水利事業之興辦

第四一條

本法第四十六條水利建造物之核准，興辦水利事業人應向該水利建造物基地所在直轄市或縣（市）主管機關申請；水利建造物有下列各款情形之一者，應向中央主管機關申請：

一　基地涉及二以上直轄市、縣（市）。

二　基地涉及中央管之河川區域、排水設施範圍、海堤區域或水庫蓄水範圍內。

三　屬重大公共建設之水利建造物。

第四二條

主管機關依本法第四十六條規定辦理水利建造物之核准，其竣工查驗、核准文件發給、登入水利建造物登記簿之程序，由中央主管機關訂定統一規定。

第四三條

申請人應將水利建造物之開工日期，於開工前報請主管機關備查。

第四四條

①本法第五十三條第二項所稱多目標開發之水利事業水權之登記，應由全體權利人會同商訂用水契約，推舉其中一人為總代表人就各權利人之引用水量分別提出申請，並辦理水權總登記。

②主管機關發給水權狀，應同時發予各個相關權利人及總代表人。水權狀之水權人姓名欄，應載明相關權利人及總代表人；其他應行記載事項，應分別載明各該相關權利人之引用水量。

③第一項由主管機關興辦多目標開發之水利事業，以其主辦機關或指定之管理機關為水權登記總代表人。

④第一項權利人，指其他既有水權人之引用水量改自該水利事業內引取者或分擔該水利事業開發費用之自然人、法人、機關、非法人之團體設有代表人或管理人者。

⑤第一項總代表人推舉不成者，由主管機關指定全體權利人之一人為總代表人。

第四五條

直轄市或縣（市）主管機關受理興辦水利事業申請時，認其具有多目標開發價值者，應報請中央主管機關依本法第五十四條規定辦理。

第四六條

①目的事業興辦或擴充，其用水量在一定規模以上者，目的事業主管機關核准目的事業興辦或擴充前，得商請主管機關審查同意其用水計畫書。

②用水人為預防供水不足，應有適當之備用儲水能力，並採取節約用水及適當應變措施，減少斷水之影響。

第六章　水之蓄洩

第四七條

①本法第六十四條所稱洪潦，指洪水及積潦；水道流量超過其水道可能容洩之限度，足以溢決泛濫成災之大水為洪水；降雨或融雪停滯於地面足以浸淹為害之積水為積潦。

②本法第六十四條所稱洩河，指專為疏分本水道一定地段超量洪水而開闢之另一水道，其疏分之水至下游適當地點再歸本水道，或注入湖海，或暫儲於低窪地區。

③本法第六十四條所稱新闢水道，指為防洪而引水或洩水新闢之水道；其兼為航運利用者，視同運河。

第四八條

原水權人利用後之水進入水道系統，原水權人或他人得再利用，並應依本法辦理水權登記。

第四九條

本法第六十九條之一所稱可能被淹沒之土地，指水庫設計最高洪水位與其迴水所及蓄水域、水庫相關重要設施之土地與水面及必要之保護帶。

第五〇條

水庫之蓄水利用、防洪操作、緊急運轉措施及其作業方法，由水庫興辦人或管理人擬訂，報請主管機關核定公告之。

第五一條

① 設有洩洪閘門之水庫，於洪水期間水庫水位上升段，其最高放水流量，不得大於流入水庫之最高流入量；水庫放水流量之增加率，不得超過該水庫流入量之最高增加率。但有危及水庫安全之虞時，得依前條防洪操作及緊急運轉措施辦理。

② 前項放水流量，在水庫下游設有下池或相當於下池功能之設施，供以調節上游水庫放水者，爲調節後之放水流量。

第七章　水道防護

第五二條

本法第七十四條第一項所稱設之水位，指由主管機關公告分級之警戒水位。

第五三條

本法第七十五條第一項所稱水道防護範圍，指河川區域、排水設施範圍或該水道水流所及地區。

第五四條

本法第七十六條第一項所稱防汛緊急時，指中央氣象局發布豪雨特報或颱風警報期間。

第五五條

依本法第七十七條規定辦理防汛之機關，於防汛期內，每日應將水位通報主管機關；洪水盛漲時，應即將水位分送有關機關，並將設防河段、施工情形、洪水情勢摘要通報主管機關；撤防後，將防汛經過彙報主管機關備查。

第五六條

本法第八十條所稱堤址至河岸區域內，指由堤防臨水面之堤址線起至河岸臨水之邊線爲止。

第五七條

本法第八十一條所稱水道沙洲灘地，指凡與水流宣洩或洪水停瀦有礙，經禁止或限制使用之地區，包括湖沼、河口之海埔地與三角洲及指定之洩洪區。

第五八條

本法第八十二條所稱水道治理計畫線，指水道治理計畫之臨水面堤肩線或計畫水面寬度範圍線；堤防預定線，指自堤外之堤址線起，包括堤基、堤內水防道路、歲修養護保留使用地及應實施安全管制地之境界線。

第五九條

本法第八十三條所稱尋常洪水位，指洪峰流量重現期距為二年所對應之洪水位；尋常洪水位行水區域，指尋常洪水位向水岸之二岸臨陸面加列一定範圍後之區域。

第八章 水利經費

第六〇條

①本法第八十四條第一項所稱水權費，指向水權人徵收之費用；河工費，指向來往船舶按季或按次徵收之費用；防洪受益費，指向防洪受益人分期徵收之費用。

②前項河工費，不包括渠化水道之過閘費；防洪受益費，包括防洪工程建設費及維護費。

③本法第八十四條第一項第一款之水權費，由本法第二十八條辦理水權登記之主管機關徵收之。

第六一條

本法第八十四條第二項所稱水利建設專款，指專用於水利設施之興建、維護管理及水利事業研究發展之款項，其項目包括調查測驗、研究規劃、設計施工、學術獎勵、人才培育及儀器製造。

第六二條

本法第八十五條所稱供水量，指水權狀記載之引用水量。

第六三條

依本法第八十五條規定辦理水權費徵收，於徵收期間，應辦之展限或變更或消滅登記，其尚未辦理或辦理未竣者，其當期水權費，仍按原水權狀記載之引用水量徵收，俟登記完成後下期徵收時，始按新登記辦理。

第六四條

本法第八十八條所稱徵收防洪受益費之區域，指辦理及維護防洪工程受保護之區域。

第九章 附 則

第六五條

本法及本細則所定書、圖、表格式，由中央主管機關定之。

第六六條

本細則自發布日施行。

河川管理辦法

①民國91年5月29日經濟部令訂定發布全文53條；並自發布日施行。
②民國92年12月3日經濟部令修正發布全文66條；並自發布日施行。
③民國94年10月27日經濟部令修正發布第6、15、18、20、27、28、32～34、36、44～46、52、56、58～61條條文。
④民國96年1月17日經濟部令修正發布第5～7、17、18、27、33、34、36、45、50、52、55、56、64條條文；並刪除第57、59、60條條文。
⑤民國99年12月24日經濟部令修正發布第45條條文。
⑥民國102年12月27日經濟部令修正發布第2、5、6、12、16、28、29、31～35、37、38、44、52、53、56、62條條文；並刪除第61條條文。

第一章 總則

第一條

本辦法依水利法（以下簡稱本法）第七十八條之二規定訂定之。

第二條 102

①本辦法所稱河川，指依中央主管機關認定其屬於水資源開發或國土保育或區域發展關係重大之水系，並經公告之水道。

②前項河川依其管理權責，分為中央管河川、直轄市管河川及縣（市）管河川三類。

③河川起迄點規定如下：

一 河川水系之主支流經主管機關公告界點者，其主流起迄點為主流界點以下至出海口；支流起迄點為支流界點以下至其幹流之匯流口；河川界點上游及未經公告界點之支流不屬河川。

二 河川水系之主支流均未經公告河川界點者，河川之起迄點，自源頭至出海口，含其主、支流全部。

④前項河川不包括排水管理辦法規定之區域排水起迄點及其上游。

第三條

本辦法所稱河川管理，指下列事項：

一 河川治理計畫之規劃、設計、施工。

二 河川區域之劃定與變更。

三 土石可採區之劃定。

四 河川環境管理計畫之訂定。

五 河防建造物之管理。

六 河川之巡防與違法危害河防事件之取締及處分。

七 河川使用申請案件之受理、審核、許可、廢止、撤銷及使用

費之徵收。

八　治理計畫用地之取得。

九　防汛、搶險。

十　其他有關河川管理行政事務。

第四條

①中央、直轄市及縣（市）管河川之管理機關，應依前條辦理河川管理事項。但前條第九款有關中央管河川之防汛、搶險由直轄市及縣（市）政府辦理。

②前項管理機關，在中央為經濟部水利署（以下簡稱水利署），並由水利署所屬河川局（以下簡稱河川局）執行其轄管之河川管理工作。

第五條 102

①主管機關得將其主管河川有關本法第九十七條之一第三項所定河川區域私有土地使用現況未違反本法規定證明文件申請案件之受理、審核及准駁，委任其所屬機關辦理。

②中央主管機關得將中央管河川有關第三條第五款至第八款、第十款之河川管理事項及前項工作，委辦直轄市、縣（市）政府辦理。

第六條 102

本辦法用詞定義如下：

一　河川區域：指河口區及依下列各目之一之土地區域：

　　㈠未訂定河川治理計畫或未依本法第八十二條劃定公告水道治理計畫線或堤防預定線者，為本法第八十三條規定尋常洪水位行水區域並經劃定公告之土地。

　　㈡已訂定河川治理計畫或劃定公告水道治理計畫線或堤防預定線，而尚未據以完成河防建造者，為本法第八十三條規定尋常洪水位行水區域並經劃定公告之土地。但堤防預定線（即水道治理計畫用地範圍線）或水道治理計畫線較寬者，以其較寬線劃定並經公告者。

　　㈢依河川治理計畫完成一定河段範圍之河防建造物者，為依其河防建造物設施範圍劃定之土地，及因養護河防工程設施之需要所保留預備使用之土地，並經劃定公告。

　　㈣未依第一目公告之河段，經河川管理機關依河川實際水路所及、土地編定使用與權屬或其他相關資料認定之範圍。

二　堤防用地：指預定堤防用地或已建築堤防及其附屬建造物、水防道路用地。

三　水防道路：指便利防汛、搶險運輸所需之道路及側溝，並為堤防之一部分。

四　河口區：指沿陸地所定之河川區域線與海岸高潮線之銜接處沿海岸向河川兩岸外推距一定距離（中央、直轄市管河川最長五百公尺，縣、市管河川最長三百公尺）後，從該點沿河川流向，向海延伸銜接處寬度之一點二倍所形成之區域。

五　堤內：指堤防之臨陸面，即堤後。

六　堤外：指堤防之臨水面，即堤前。

七　河川公地：指河川區域內已登記及未登記之公有土地。

八　浮覆地：指河川區域土地因河川變遷或因施設河防建造物，經公告劃出河川區域以外之土地。

九　河防建造物：指以維護河防安全為目的而興建之建造物，包括堤防、護岸、丁壩、防砂壩、潛壩、固床工、附屬堤防設施之水門及其他河川防護建造物。

十　河川圖籍：指河川管理機關依本法劃定之河川區域、水道治理計畫線及水道治理計畫用地範圍線之圖說。

十一　搶險：指天然災害致使河防建造物已發生險象或發生損壞，為防止損壞險象擴大所作之緊急搶救措施。

十二　搶修：指天然災害之威脅已減退，為免河防建造物尚未修復、重建前，災害再次發生或擴大所作之緊急措施。

第二章　河川區域及土地管理

第七條 96

① 河川區域之劃定及變更，除前條第一款第三目外，由管理機關測定，報主管機關核轉中央主管機關核定後，由主管機關公告並函送有關鄉（鎮、市、區）公所揭示及公開閱覽；中央管河川由水利署測定，報中央主管機關核定公告，並函送當地直轄市、縣（市）主管機關轉由有關鄉（鎮、市、區）公所揭示及公開閱覽。

② 前項公告劃入河川區域內之公私有土地在未經變更公告劃出前，管理機關應依本法及本辦法相關規定限制其使用。

③ 河川區域劃定及變更公告時，主管機關應同時函送當地都市或非都市計畫機關配合辦理使用分區變更為河川區。

④ 中央主管機關為劃定及變更中央管河川區域及審查直轄市管、縣（市）管河川區域之劃定及變更，得成立審議小組；其有涉及土地使用分區變更者，並得邀請都市或非都市計畫及其他政主管機關派員列席。

第八條

① 管理機關得就所轄河川區域範圍豎立界樁或標示牌。

② 管理機關為管理之必要得就河川區域內未完成總登記之公有土地，以流域為單位，區分地段，統一編定假編地號列冊登記。

第九條

① 河川區域土地之申請使用人或利害關係人得向管理機關申請閱覽、影印、抄繪河川圖籍及申請複丈，該使用土地之假編地號與範圍，並依規定繳納規費。

② 申請河川公地使用之土地無假編地號時，以鄰近之已登記土地編列地先認定其位置及範圍。

第一○條

政府投資施工，直接或間接產生之浮覆地，原土地所有權人或其繼承人，得於公告劃出河川區域後，向地政機關申請回復所有權。

第一一條

管理機關應設置河川巡防人員或河川駐衛警察，執行本法第七十五條之警察職權，負責河川巡防及違法危害河防安全事件之取締；必要時，並得會同當地警察機關辦理。

第一二條 102

①管理機關對轄區內各河川，應於每年一月底前會同有關機關詳實普遍檢查，其檢查項目如下：
　一　河防建造物損壞情形及應予加強或改善之措施。
　二　堤防附屬建造物及沿河水閘門、各圳渠閘門等之開閉效能靈活程度及各該管單位人員聯繫協調情形。
　三　妨害河川防護或危害河防安全之使用行為。

②前項第一款或第二款之檢查，如發現損壞、故障，應於汛期前修補完成。但無法於汛期前完成者，應為必要之應變措施；其有第三款行為時，應即依本法處理。

第三章　河川治理規劃

第一三條

河川治理規劃應以一水系或利害有關之數水系為一規劃單元，由管理機關統一為之。

第一四條

①河川治理工程應由管理機關依優先次序釐訂分年分期實施計畫，經主管機關核定後實施。但管理機關得因事實之需要，報經主管機關核准後變更。

②其他機關在同一水系實施相關治理工程時，依本法第六十三條規定辦理。

第一五條

管理機關經辦完工之河防建造物，應列冊並附圖管理；其他機關或公、私法人或自然人依河川治理計畫線及管理機關許可經辦完工河防建造物，應檢附有關資料及圖說，列冊移交管理機關接管。

第一六條 102

①河川區域內私有土地所有權人或其代表（理）人為提前解除河川區域管制，願意依河川治理計畫自行興建河防建造物，並於興建完成後將河防建造物及其所在土地無償移轉為公有者，得報經管理機關核轉主管機關核准後興建之。

②其他目的之事業主管機關依河川治理計畫興辦河防建造物得報經管理機關核轉主管機關核准後辦理，興建完成後之河防建造物應併同其土地無償移轉於管理機關。

③管理機關應於第一項或第二項程序完成後，將其堤後土地劃出河川區域，並公告之。

④第一項土地所有權人自行施設河防建造物範圍內有他人所有或使用之土地者，應先取得該土地所有權人同意無償移轉及其他權利人放棄權利之相關文件。

第一七條 96

為維持河川治理通洪斷面，河川管理機關所為疏濬等必要工程，除施設防護工程所需用地或辦理疏濬後其土地無法為原來之使用，應依法徵收其土地外，得不經河川私有地所有人之同意逕行為之，但其原有合法地上物應予補償。

第四章　防汛及搶險

第一八條 96

①防汛期間為每年五月一日至十一月三十日。

②防汛期間直轄市、縣（市）管理機關應就所轄河川範圍，分別組織防汛搶險隊（以下簡稱搶險隊），或輔導鄉（鎮、市、區）公所成立之。

③搶險位於中央管河川者，其所需經費管理機關得予補助之。

④中央管河川河防建造物之搶修，由該管河川管理機關辦理。

第一九條

①直轄市、縣（市）政府或鄉（鎮、市、區）公所應於每年三月底前將搶險隊編組完成，造具名冊，報請上級主管機關備查。

②搶險隊編組完成後，每年度最少應辦理防汛、搶險技術演練一次，演練時，應報請上級主管機關派員指導；其屬中央管河川者，並應通知當地河川局派員指導。

第二〇條

河防建造物之搶險跨及二鄉（鎮、市、區）以上時，由直轄市、縣（市）管理機關指揮；跨及二縣（市）以上時，由當地河川局指揮；遇緊急情況時，應由鄉（鎮、市、區）公所、直轄市或縣（市）管理機關密切聯繫先行搶險。

第二一條

防汛期間，鄉（鎮、市、區）公所應派員並宣導民眾協助巡查轄內河川，發現河防建造物有破裂、損毀等情事，應迅即報請權責單位修繕。

第二二條

直轄市、縣（市）政府或鄉（鎮、市、區）公所為緊急召集搶險隊員，應備有搶險隊員名冊、聯絡方式及聯絡電話。

第二三條

直轄市、縣（市）管理機關應沿河川兩岸之適當地點設置防汛搶險器材儲藏所；中央管河川之儲藏所地點由直轄市、縣（市）管理機關會同當地河川局查勘決定。

第二四條

①管理機關應於每年防汛期前完成下列工作：

一　防汛搶險所需之土石料或混凝土塊之儲備。

二　防汛搶險所需之各種器材之調查登記。

三　配合調度支援廠商之洽商。

四　轄區內之防汛搶險計畫及搶險人員之配置。

②前項工作得於第十二條之河防檢查時併同辦理。

第二五條

直轄市、縣（市）管理機關應於每年四月底前辦理搶險隊防汛、搶險研習會或演習。

第二六條

每一河川之警戒水位，由各該主管機關訂定並公告之。

第五章　河川管理使用

第二七條 96

①管理機關應依河川治理計畫，並參酌所轄河川水土資源、生態環境、自然景觀、河川沿岸土地發展及其他相關情事，訂定河川環境管理計畫報經其主管機關核定之。

②管理機關應依前項核定之各該河川環境管理計畫，公告其管理使用分區、得申請許可使用之範圍及其項目。但原已許可使用者，應俟使用期限屆滿後始得變更，其為種植使用者，得展限使用二次期滿後再行變更之。

③前項經許可使用之土地於許可期限屆滿時或經撤銷、廢止使用許可者，管理機關得命使用人限期整復；未依所定期限整復者，得依本法第九十五條規定處分，該河川公地如符合許可要件者，管理機關得指定期限公告受理申請許可使用。

第二八條 102

本法第七十八條之一第七款所稱其他與河川管理有關之使用行為如下：

一　土石採取法第三條第一項第一款採取少量土石供自用者。

二　原住民族基本法第十九條第一項第三款規定之行為。

三　跨越河川區域上空或穿越河川區域地下一定範圍之使用行為。

四　許可使用行為所必需之附屬施設或其他使用行為。

五　以臨時性非固定設施或就地整平使用等，未變更河川原有形態而於固定地點之長期使用行為。

六　大型活動、救難演習等臨時使用行為。

七　於堤後坡、水防道路、側溝、歲修養護保留使用地或實施安全管制之土地，設置簡易固定設施或構造物。

八　行駛三點五噸以上大貨車或動力機械於水防道路，作為對外交通之使用行為。

第二九條 102

①河川區域之使用行為，如為防止危害公共安全緊急需要者，得先行使用，並於三十日內補辦申請許可；必要時，管理機關得命其採取適當之補救措施後許之。

②前項使用行為為採取土石時，以政府機關、公有公用事業機構及農田水利會於搶辦救災區交通搶通或公共設施重建，並屬災後須立即進行及於短期內完成者為限，且其採取土石之範圍及數量應經管理機關會勘確定後，始得先行使用。

第三〇條

①河川土地經核准辦理治理工程或管理計畫後，不得辦理新案許可，但申請種植農作物展限使用者，管理機關得視工程與農作物收成時期決定許可展限期日，並應於許可時附記因工程或管理計畫之需要得廢止許可，不予任何補償。

②前項治理工程或管理計畫內有明定土地分區使用計畫者，得從其計畫許可使用。

第三一條 102

①河川公地同一地點有二人以上申請使用，且書件齊全者，依下列規定定其優先順序：

一　收件在先者。

二　送達日期相同不能分別先後者，以抽籤決定之。

②前項行為屬種植使用時，在原許可使用人死亡後六個月內，如原許可使用人之配偶及年滿十六歲之直系血親過半數共同推具申請資格者提出申請時為最優先。

③屬土石採取使用者，管理機關應就各該可採區公告受理申請，其申請程序及優先順序依土石採取法規定辦理。

第三二條 102

①管理機關收受使用申請書件後，認為書件不完備或不明晰者，應於十日內逐項列出，一次通知限期補正；逾期不補正或補正不完備者，駁回其申請。

②前項機關審查及通知補正期限，其期間之例假日及國定假日不計入。

③書件經審查完備者，應即訂期勘查，必要時，並得會同有關機關為之。會勘時，申請人應到場或出具委託書委託他人代理領勘；未領勘或不符合規定時，駁回其申請案。

④位於河川公地之使用申請案經依前項審查認為符合規定者，應於申請人繳清使用費和保證金後，始發給使用許可書。

第三三條 102

①河川區域之許可使用期間不得超過五年；期滿欲繼續使用者，除種植植物、圍築魚塭、插、吊蚵使用者外，應於期限屆滿前三個月起三十日內以新案申請許可，逾期未申請者，其許可於期限屆滿時失其效力。

②許可期限屆滿未申請展限而繼續使用，或其使用未經申請許可

者，除屬第三項應依其規定辦理者外，應依本法裁處。

③屬本法第七十八條之一第一款、第四款、第六款之圍築魚塭、挿、吊蚵之使用期滿未依第一項規定申請展限，或未獲許可於私有土地為同條第四款之使用，且其使用符合本法及本辦法其他相關規定者，得補辦申請許可，管理機關於其補繳使用期間之使用費後，依新案許可之。但其使用不符合本法及本辦法規定或未於管理機關通知期限內補辦許可者，應依本法裁處。

④前項補辦許可申請屬河川公地使用者，管理機關應於許可前追繳使用期間之使用費，但使用期間超過五年者，以五年為限。

⑤本法第七十八條之一第一款、第四款及第六款之圍築魚塭、挿、吊蚵使用行為於許可使用期限屆滿後，未依管理機關通知期限內申請繼續使用之河川公地，始得受理他人申請。

⑥政府機關、公有公用事業機構或公法人施設之永久性建造物，其許可使用年限按實際需要訂定，不受第一項許可使用期間之限制。

⑦因申請水權而施設之建造物，其許可使用年限得按水權狀核准年限訂定，不受第一項許可使用期間之限制。

第三四條 102

①申請種植植物、圍築魚塭及挿、吊蚵使用者，應檢附下列書件：

一 申請書，並應載明下列事項：

　　㈠姓名及住址。申請圍築魚塭及挿、吊蚵者，如係其他設有管理人或代表人之團體、商號，應載明名稱、營業所在地址以及管理人或代表人之姓名、地址，並檢附登記或設立證明文件。

　　㈡申請面積及植物、養殖種類名稱。

　　㈢申請地點土地標示。

　　㈣其他相關文件。

二 土地位置實測圖，其比例尺應與河川圖籍比例相同，申請養殖者並應加測繪其周圍一百公尺範圍內地形。但其申請所在位置，依管理機關清查之河川圖籍可資判定者，得向管理機關申請其所在位置圖籍代替位置實測圖。

三 戶口名簿影本，並應於會勘時提示戶口名簿正本。

四 行政規費繳納收據。

②前項申請使用之土地為公有者，應檢附管理機關同意證明；屬其他私人所有者，應檢附使用同意書。

③第一項所附之土地位置實測圖非屬管理機關提供之圖資者，應以透明紙繪製，測繪人應簽名蓋章，並載明身分證統一號碼及詳細戶籍住址；實地勘查時，得要求測繪人備置測量儀器，並到場複測。

④第一項許可使用人於期滿仍欲繼續使用者，經查無違反使用規定，且該河川土地適宜原使用者，得於期限屆滿前三個月起之三十日內，持原許可書、戶口名簿影本或身分證影本及行政規費

繳納收據，依原使用許可範圍及方式向管理機關申請展期，每次得延長五年；准予展期者，加蓋展期使用戳記，並以二次為限。

⑤第一項之申請使用為河川公地者，同一戶之總使用面積為種植使用者，不得超過五公頃；其為圍築魚塭及插、吊蚵使用者，同一戶之總使用面積不得超過三公頃。

第三五條 102

申請圍築魚塭使用者，除依前條辦理外，並應檢齊下列文件：

一　養殖用水計畫。

二　水權狀影本。但符合本法第四十二條規定者除外。

三　經漁業主管機關公告為公共水域經營養殖漁業之範圍，須檢附漁業證照影本。

四　屬環境保護主管機關公告水污染防治法事業分類及定義之水產養殖業，應檢附排放許可證或簡易排放許可文件影本。

五　依開發行為應實施環境影響評估細目及範圍認定標準應實施環境影響評估之魚塭或魚池興建者，應檢附環境影響評估審查結論。

第三六條 96

①下列人員不得申請使用河川區域種植植物、圍築魚塭及插、吊蚵：

一　法人。但圍築魚塭及插、吊蚵者，不在此限。

二　住所與申請種植地點非在同一或毗鄰鄉（鎮、市、區）者。但其居住地距離申請地點在十公里以內者，不在此限。

三　戶籍為寄居者。

四　未滿十六歲之自然人。

②申請於河川區域私有地種植植物、圍築魚塭或插、吊蚵者，不受前項第二款及第三款之限制。

第三七條 102

①禁止種植區域如下：

一　在堤腳、防洪牆、護岸或堤防附屬建造物臨水面二十公尺以內之區域。

二　施工中或已完成之高灘地綠美化河段。但管理機關依河川環境管理計畫及高灘地綠美化計畫許可者，不在此限。

三　經河川管理機關或授權執行機關核准之治理工程及必要工程所在施工區域。

四　其他為確保河防安全，或配合環境營造、生態保育工作，經河川管理機關公告禁止種植之區域。

②草本、蔓藤植物之植株及灌木之成木高度低於五十公分且未設置支持之棚架者，不受前項第一款及第二款規定之限制。

第三八條 102

①申請圍築魚塭者，以河川區域寬度三百公尺以上之河口區或感潮河段之不影響水流區域為限，且不得位於下列地區：

一　堤外堤防堤腳、防洪牆、護岸或堤防附屬建造物八十公尺範

圍內。

二　依兩岸河川治理計畫線間之河川寬度之三分之一，以經常水流區域之中心點向兩岸計算之範圍內。

三　本法第七十二條、第七十二條之一之建造物或取水口上、下游各五百公尺或自來水取水設施上游一千公尺、下游四百公尺範圍內。

②申請圍築魚塭之範圍，其寬度總計不得大於該河川之河川區域寬度之三分之一，塭底高度應高於同橫斷面河床最低點，並不得低於申請範圍平均地盤高程以下一百五十公分，塭岸高度不得高於平均地盤高五十公分，塭岸應以河川內現地之土石圍築。

③前項開挖塭池所產生之土石應依管理機關指定之方式處理。

第三九條

申請插、吊蚵者，限於河口區或感潮河段之不影響水流區域，其範圍總計至少應保留兩岸河川治理計畫線間之河川寬度之六分之一，並以經常水流區域之中心點向兩岸計算，以作為通洪斷面之範圍。

第四〇條

經許可使用河川公地者，其土地相毗連或鄰近農民自願結合共同從事農業經營者，得依相關法規合作經營。

第四一條

管理機關應於河川治理計畫目標下許可採取土石，並以穩定河床，不影響水流流向為其前提，視河床地形變遷、通水斷面及其他因素，分段劃定土石可採區及許可採取使用之優先順序，報經其主管機關核定公告之。但下列範圍內，不得劃為可採區：

一　堤防堤腳、防洪牆、護岸或堤防附屬建造物八十公尺範圍內。

二　本法第七十二條、第七十二條之一之建造物或取水口上、下游各五百公尺或自來水取水設施上游一千公尺、下游四百公尺範圍內。

第四二條

①前條第二款建造物之目的事業主管機關為安全需要，得附縮減可採區範圍理由書，送經管理機關同意後報主管機關核定縮減可採區。

②目的事業主管機關於前項範圍內，基於其事業安全需要，需辦理疏濬時，應經河川管理機關許可後辦理之。

第四三條

申請採取土石許可使用者，不得以採石船或抽砂船採取。

第四四條　102

①申請採取土石使用者，應檢附下列書件：

一　申請書。

二　土石採取法第十一條規定之土石採取計畫書。

三　申請位置標示圖，其比例尺不得小於二萬五千分之一，並標

示運輸路線、起運、卸運場、碎解及洗選場位置。

四　申請區域及其周圍一百公尺之地形實測圖，其比例尺應與河川圖籍比例尺相同，並一併標示縱、橫斷圖及計畫採取高程。

五　運輸路線須使用既設越堤路或水防道路者，需附維護保養計畫書同時申請。

②前項地形實測圖應包含計算採取面積、土石方量之測量成果表，並以透明紙繪製，測繪人應簽名蓋章，並載明身分證統一號碼及詳細戶籍住址；實地勘查時，測繪人應備置測量儀器，並到場複測。

③符合第二十八條第一款、第二款或第二十九條第二項規定者，應檢附申請書、河川圖籍比例尺相同並標示採取範圍、採取量之申請位置圖向管理機關申請許可使用，不受第一項及第四十一條公告可採區之限制。

第四五條 99

①中央管河川之管理機關為疏濬或整理河道有辦理土石採取之需要時，得由當地直轄市或縣（市）政府擬訂計畫書報經該管管理機關核轉主管機關核定後許可辦理之。

②前項許可範圍，不受第四十一條但書規定之限制。

第四六條

①申請本法第七十八條之一第一款、第二款、第五款、第七款及第三款之堆置土石使用行為者，應檢附下列書件：

一　申請書，並應載明下列事項：
　㈠姓名及住址。
　㈡使用行為種類及面積。
　㈢申請地點座落位置標示。
　㈣其他相關文件。

二　申請土地位置及其周圍一百公尺範圍內地形實測圖，其比例尺應與河川圖籍比例尺相同。

三　計畫書及設計圖表等。

四　申請人身分證或公司行號證明文件，但政府機關、公有公用事業機構及公法人不在此限。

五　申請使用範圍部分為政府機關、公有公用事業機構或公法人已取得許可使用之土地者，應附許可使用人之同意書及共同維護管理文件。

②前項地形實測圖應以透明紙繪製，測繪人應簽名蓋章，載明身分證統一號碼及詳細戶籍住址；實地勘查時，測繪人應備置測量儀器，並到場複測。

第四七條

申請排放廢污水使用者，其廢污水應符合放流水標準，並附水污染防治機關之同意排放證明文件。

第四八條

①本法第七十八條之一第三款之申請堆置土石，限於依同條第一款、第二款、第五款或第七款規定許可行為，其施工所需一定期間之暫置，並應於申請該使用行為時同時提出置費申請。

②前項申請應擬定緊急清離計畫，管理機關依各該河川之地形與洪水可能到達時間審查核定其堆置位置與堆置量，但不得超過七天之使用量及陸上颱風警報或豪雨特報發布後之二日可清離量。

③經許可使用後，始有暫置之必要者，應於申請許可後始為之。

第四九條

申請本法第七十八條之一第五款之挖掘行為者，不得位於本法第七十二條、第七十二條之一之建造物或取水口上、下游各五百公尺或自來水取水設施之上游一千公尺及下游四百公尺範圍內。

第五○條 96

①申請作為休閒遊憩兼具本法第七十八條之一規定二種以上許可使用事項者，以下列為限：

一 賽車運動場、自行車道、漆彈場。

二 高爾夫球練習場。

三 超輕型飛行機具起降場。

四 球類或其他運動場。

五 親水場地。

②前項許可事項之設施超過五十公分以上者，以可拆卸式之臨時性設施為限，申請使用人應負責其使用範圍內之維護管理工作，並納入其使用計畫書中，其內容包括下列事項：

一 使用私有土地之土地所有人、合法使用權人同意書或公有土地管理機關准許使用證明文件。

二 目的事業主管機關同意文件。

三 使用管理計畫，應載明下列事項：

㈠依使用範圍河川高低水治理施設所為排洪功能影響評估。

㈡原有地上物處理措施。

㈢設施布置、分區及使用動線與頻率預估。

㈣聯外道路、衛生設備等其他配套措施。

㈤安全防護及夜間使用之加強管制措施。

㈥維護管理措施與編組。

㈦籌設及營運使用預定時間表。

㈧協助河川管理事項。

四 汛期應變計畫，應載明下列事項：

㈠警告、警報系統建立及緊急疏散措施。

㈡區間封閉管制措施。

㈢防汛器材整備。

㈣非固定設施之拆遷暫置。

㈤應變任務編組。

③依環境影響評估法需辦理環境影響評估者，於開工前應檢附有關書圖文件及該管環境主管機關同意文件報經河川管理機關同意後

　發給使用許可書。

第五一條

其他政府機關為配合河川沿岸土地利用或其整體規劃，得於不妨礙河防安全範圍內，擬定兼顧河川生態功能之休閒遊憩使用計畫，報經河川管理機關許可後辦理。

第五二條　102

①河川區域施設運輸路、便橋或越堤路應經許可始得為之，並應於完成後提供他人使用；同時提供其他許可使用人使用者，得協議共同負擔建造成本及維護費用，無法取得協議時，由管理機關協調。

②於河川區域內行駛車輛，應限於現存之運輸路、便橋或越堤路，並自行注意安全。

第五三條　102

①埋設穿越河川之水管、油管、氣管、其他埋設物或跨河建造物基礎之頂高，應低於該河川斷面最低點，並應考量沖刷深度之影響。

②申請跨河建造物之基礎頂高如因河川地形環境特殊致埋設低於河川斷面最低點有實際困難者，得由申設單位確實考量河道擺盪及沖刷深度影響予以施設。

第五四條

申請許可使用依本辦法規定，應經其他目的事業主管機關核發許可或核准文件者，管理機關得先行核發附停止條件之許可處分，使其得據以取得該等文件。其申請人未於六個月內取得者，該處分自始不生效力。但有特殊原因並經管理機關同意者，得延長之。

第五五條　96

①河川區域土地使用人對施設之建造物或其使用範圍應負責維護管理；如造成他人之損害，應負責賠償。

②依本法第九十一條之二第一項第八款、第十一款或第九款轉讓他人使用廢止許可者，得命使用人限期整復，未依限期整復者，依本法第九十五條處分。

第五六條　102

申請使用河川區域內公有土地應依法繳交使用費、行政規費及保證金；保證金於使用費期滿未展期使用時返還，但應先抵繳其欠繳之使用費及其使用行為所致之損害賠償金。

第五七條　（刪除）96

第五八條

未依規定期限繳交使用費者，管理機關應於繳納期限屆滿後，訂期催繳，經催繳未在通知期限內繳清者應即廢止其許可使用；其所積欠之使用費，應於其保證金中扣除。

第五九條　（刪除）96

第六章　附　則

第六〇條　（刪除）96

第六一條　（刪除）102

第六二條　102

① 河川區域內申請圍築魚塭、插、吊蚵使用，以符合經核定之河川環境管理計畫中作為圍築魚塭、插、吊蚵使用者為限。但河川環境管理計畫尚未核定前，現存並符合本辦法規定者，不在此限。

② 前項現存係指本辦法中華民國一百零二年十二月二十七日修正施行前已存在者。

③ 河川管理機關就現存之魚塭，經水理分析無妨礙河防安全者，應劃設魚塭得許可之範圍及其最高與最低高程，不受第三十八條第一項及第二項規定之限制。但仍不得位於河防建造物二十公尺範圍內及經常水流區域之中心點向兩岸計算河川寬度之三分之一之範圍內。

④ 前項水理分析工作，管理機關得委託具有該項學識或經驗之專家、機關或團體辦理，並邀請魚塭上下游一定範圍內之建造物管理機關（構）參與審查。

⑤ 現存魚塭屬零星分布者，其第三項水理分析工作得由申請人自行委託專業技師辦理，並於申請時檢附證明文件。

⑥ 前項水理分析之證明文件，管理機關於必要時，得委託具有該項學識或經驗之專家、機關或團體審查，其委託費用由申請人負擔。

⑦ 現存魚塭屬位於已公告治理計畫或已完成治理規劃報告之河段者，第三項之水理分析應採用該河段治理計畫或規劃報告相同之模式。

⑧ 現存魚塭符合本條文規定者得補辦申請，並依第三十三條規定補繳使用費。

第六三條

管理機關之許可於河川出海口海岸管制區及其他管制區範圍內之河川區域內使用、開發或修築堤防等行為者，應先會商該管制機關後辦理之。

第六四條　96

於第六條第一款第三目未經公告之河川區域內違反本法第七十八條或第七十八條之一規定者，管理機關應先通知行為人停止違法行為、限期改善或回復原狀；逾期未為者，始得依本法處罰之。

第六五條

同一水系流經直轄市及縣（市）之河川，原於專責管理機關設立前，委託其流經之直轄市、縣（市）政府辦理河川管理事項者，應依本辦法規定辦理。

第六六條

本辦法自發布日施行。

地下水管制辦法

①民國 91 年 2 月 6 日經濟部令訂定發布全文 8 條；並自發布日施行。
②民國 91 年 6 月 12 日經濟部令修正發布第 4 條條文。
③民國 93 年 6 月 9 日經濟部令修正發布第 2 條條文。
④民國 95 年 2 月 6 日經濟部令修正發布全文 18 條；並自發布日施行。

第一條

本辦法依水利法（以下簡稱本法）第四十七條之一第一項規定訂定之。

第二條

①本辦法適用之地下水管制地區（以下簡稱管制區）由中央主管機關考量地層下陷程度、地下水水位變化、地質條件及其他相關因素劃定公告，並刊登政府公報；變更時，亦同。

②前項管制區之劃定，中央主管機關得每五年或依實際狀況檢討變更之。

第三條

本辦法用詞定義如下：

一　鑿井：指挖鑿或設置於地面以下，可抽汲地下水之建造物者。

二　引水：指抽汲地下水並加以使用或收益者。

第四條

管制區內之鑿井，應依本法第四十六條規定辦理。

第五條

①管制區內鑿井引水，應符合下列各款規定之一者：

一　自來水系統尚未到達或尚未供水地區之家用及公共給水。

二　因戰爭、天然災害、重大變故、時日久遠自然耗損，致已取得水權之水井不堪使用或因政府依法撥用、徵收土地，致無法使用已取得水權之水井，原地下水水權人仍有續行用水之必要。

三　經主管機關同意，進行地下水人工補注及回用。

四　因應中央各目的事業主管機關政策需要，報經中央主管機關同意，對於地下水水權重新調配引水。

五　中央農業主管機關公告之養殖漁業專區內，經中央主管機關同意並指定適當地點鑿井引水。

六　溫泉法劃定公告之溫泉區內，依其溫泉區管理計畫規劃為公共管線之水源，並經中央主管機關同意。

七　國防設施或營區、國際航空站、國際商港、消防機關、醫學

中心或區域醫院，供水有中斷之虞，必須設置備用水源。

八　主管機關或中央目的事業主管機關為預防戰爭、天然災害或其他重大變故，對公共利益或經濟造成重大影響，有設置備用水源之必要，並經中央主管機關同意。

②符合前項各款規定之一者，主管機關以其必需水量核給水權，並發給水權狀。

③前項發給之水權狀，應於其他應行記載事項中載明符合第一項得鑿井引水之要件；屬備用水源者，應同時載之。

第六條

符合前條第一項第一款規定於管制區內鑿井引水者，於自來水系統開始供水後，主管機關應通知地下水水權人限期停用地下水，並於期限屆滿後廢止其水權。

第七條

①符合第五條第一項第二款規定於管制區內鑿井引水者，應於原水井附近地點重新鑿井，並應依本法規定，向主管機關申請鑿井及水權變更登記。

②因戰爭、天然災害或不可歸責於水權人之重大變故，致無法依規定提出鑿井及變更登記之申請者，得先行鑿井引水，並應於該事由消滅之次日起十五日內補辦之。

③主管機關受理前二項水權變更登記時，其水井深度及引用水量不得超過原水權狀之記載。

第八條

①符合第五條第一項第三款規定於管制區內鑿井引水者，其回用水量於同一含水層內不得超過補注水量。

②水權人應記錄其補注及回用水量，並於年度結束後一個月內檢具其補注及回用水量紀錄表送主管機關備查。

第九條

符合第五條第一項第四款規定於管制區內鑿井引水者，重新調配引水之總引用水量，不得超過原水權狀記載之引用水量。

第一〇條

①符合第五條第一項第五款或第六款規定於管制區內鑿井引水者，其養殖漁業專區及溫泉區內同一目的事業之既有水井，除經中央主管機關同意保留或做為公共水井外，應於公共水井及公共管線設置完妥後填塞，並報主管機關備查。

②養殖漁業專區之水井填塞費用，得由中央農業主管機關編列。

第一一條

①符合第五條第一項第七款或第八款規定於管制區內鑿井引水者，應於原有供水系統無法供水時，始得使用備用水源。

②依前項規定使用備用水源者，應於開始引水後十五日內檢具供水中斷證明文件或相關原因證明文件送主管機關備查；引水原因消滅後，應停止使用，暫予封閉水井，並於停止使用後一個月內檢具用水紀錄表及水井封閉影像送主管機關備查。

③因戰爭、天然災害或不可歸責於水權人之重大變故，致無法於開始引水後十五日內依前項規定報主管機關備查者，應於該事由消滅之次日起十五日內為之。

第一二條

①管制區內遭受戰爭、天然災害或其他重大變故，致原有供水系統無法供水者，得於主管機關公告管制區之特定區域範圍內鑿井引水。

②依前項規定鑿井引水者，應於開始引水後十五日內檢具相關原因證明文件送主管機關備查；引水原因消滅後，應停止使用及填塞水井，並於停止使用後一個月內檢具用水紀錄表及水井填塞影像送主管機關備查。

③因不可歸責於水權人之事由致無法依前項規定報主管機關備查者，應於事由消滅之次日起十五日內為之。

④第二項引水原因消滅後，經主管機關或中央目的事業主管機關認有保留設置備用水源之必要並符合第五條第一項第八款規定者，得於停止使用後一個月內依第五條第二項及第三項規定辦理水權登記，並暫予封閉水井。

第一三條

①管制區內之水權於核准年限屆滿時消滅。但有延長使用必要者，應依本法規定申請展限登記。

②符合第五條第一項第一款、第三款、第七款、第八款或前條第四項規定之水權人申請展限登記者，主管機關應先查明其是否仍具該條款之情事，始得核准；依第五條第一項第一款規定申請水權展限登記者，應另檢具引水原因未消滅之證明文件。

第一四條

管制區內申請水權變更登記者，除有第五條第一項第二款情事，得依第七條第一項規定變更引水地點者外，不得變更引水地點，並不得超過原水權狀之記載之水井深度及總引用水量。

第一五條

依第五條第一項第七款、第八款或第十二條第四項規定設置備用水源者，為定期維護需要，得抽汲必要水量；其抽汲水量紀錄表，應於年度結束後一個月內送主管機關備查。

第一六條

①主管機關對管制區內之地下水抽水量、補注量及地層下陷之關係，應予觀測、調查及研究。

②依本辦法應填塞之水井，主管機關為地下水水資源保育需要，得為觀測或監測地下水水位使用。

第一七條

①本辦法於中華民國九十五年二月六日修正發布後，有下列各款情事之一，仍有引水需要且符合原核發各款規定者，主管機關應於九個月內通知原水權人或臨時使用權人於本辦法本次修正發布後一年內檢具原核准之水權狀、臨時用水執照或相關證明文件及證

明現仍需用水之文件，向主管機關申請水權登記，不受第五條規定之限制：

一　依中華民國八十五年五月十三日發布之臺灣省地下水管制辦法第四條第一項第二款、中華民國八十六年五月十二日發布之高雄市地下水管制辦法第五條、中華民國八十七年五月二十七日發布之臺北市地下水管制辦法第七條第一項或中華民國八十九年十月二十五日發布之高雄市地下水管制自治條例第五條規定取得臨時用水執照。

二　依中華民國八十八年六月三十日發布之臺灣省地下水管制辦法第四條第二項、中華民國八十八年十月十三日修正發布之臺灣省地下水管制辦法第四條第二項、中華民國九十一年二月六日發布之地下水管制辦法第三條第二項、第四條第三項或中華民國九十一年六月十二日修正發布之地下水管制辦法第四條第四項規定取得臨時用水執照。

三　因中華民國九十一年二月六日發布之地下水管制辦法刪除水權展限得鑿井引水之規定，致原取得之水權無法辦理展限。

四　依中華民國八十五年五月十三日後歷次修正發布之臺灣省地下水管制辦法、中華民國八十六年五月十二日發布之高雄市地下水管制辦法、中華民國八十七年五月二十七日發布之臺北市地下水管制辦法、中華民國八十九年十月二十五日發布之高雄市地下水管制自治條例或中華民國九十一年二月六日後歷次修正發布之地下水管制辦法規定應發給水權狀而發給臨時用水執照。

②原水權人或臨時使用權人於接獲通知後，無正當理由，逾期提出前項之申請者，主管機關應駁回之。

③主管機關未依第一項規定通知原水權人或臨時使用權人申請水權登記者，原水權人或臨時使用權人申請水權登記期限不受第一項規定之限制。

④主管機關受理第一項之申請時，其核准之水井深度及總引用水量不得超過原水權狀或臨時用水執照之記載。

第一八條

本辦法自發布日施行。

溫泉法

①民國 92 年 7 月 2 日總統令制定公布全文 32 條。
民國 94 年 7 月 1 日行政院令發布定自 94 年 7 月 1 日施行。
②民國 99 年 5 月 12 日總統令修正公布第 5、31 條條文。
民國 99 年 6 月 10 日行政院令發布定自 99 年 7 月 1 日施行。
民國 103 年 3 月 24 日行政院公告第 11 條第 2 項所列屬「行政院原
住民族綜合發展基金」之權責事項，自 103 年 3 月 26 日起改由「原住
民族綜合發展基金」管轄；第 14 條第 2 項所列屬「行政院原
住民族委員會」之權責事項，自 103 年 3 月 26 日起改由「原住民族
委員會」管轄。

第一章 總 則

第一條 （立法目的）
為保育及永續利用溫泉，提供輔助復健養生之場所，促進國民健康與發展觀光事業，增進公共福祉，特制定本法；本法未規定者，依其他法律之規定。

第二條 （主管機關）
①本法所稱主管機關：在中央為經濟部；在直轄市為直轄市政府；在縣（市）為縣（市）政府。
②有關溫泉之觀光發展業務，由中央觀光主管機關會商中央主管機關辦理；有關溫泉區劃設之土地、建築、環境保護、水土保持、衛生、農業、文化、原住民及其他業務，由中央觀光主管機關會商各目的事業中央主管機關辦理。

第三條 （用詞定義）
①本法用詞定義如下：
　一　溫泉：符合溫泉基準之溫水、冷水、氣體或地熱（蒸氣）。
　二　溫泉水權：指依水利法對於溫泉之水取得使用或收益之權。
　三　溫泉礦業權：指依礦業法對於溫泉之氣體或地熱（蒸氣）取得探礦權或採礦權。
　四　溫泉露頭：指溫泉自然湧出之處。
　五　溫泉孔：指以開發方式取得溫泉之出處。
　六　溫泉區：指溫泉露頭、溫泉孔及計畫利用設施周邊，經勘定劃設並核定公告之範圍。
　七　溫泉取供事業：指以取得溫泉水權或礦業權，提供自己或他人使用之事業。
　八　溫泉使用事業：指自溫泉取供事業獲得溫泉，作為觀光休閒遊憩、農業栽培、地熱利用生物科技或其他使用目的之事業。

②前項第一款之溫泉基準，由中央主管機關定之。

第二章　溫泉保育

第四條　（水權或礦業權之取得）

①溫泉為國家天然資源，不因人民取得土地所有權而受影響。

②申請溫泉水權登記，應取得溫泉引水地點用地同意使用之證明文件。

③前項用地為公有土地者，土地管理機關得出租或同意使用，並收取租金或使用費。

④地方政府為開發公有土地上之溫泉，應先辦理撥用。

⑤本法施行前已依規定取得溫泉用途之水權或礦業權者，主管機關應輔導於一定期限內辦理水權或礦業權之換證；屆期仍未換證者，水權或礦業權之主管機關得變更或廢止之。

⑥前項一定期限、輔導方式、換證之程序及其相關事項之辦法，由中央主管機關定之。

⑦本法施行前，已開發溫泉使用者，主管機關應輔導取得水權。

第五條　（溫泉開發及使用計畫書）99

①溫泉取供事業開發溫泉，應附土地同意使用證明，並擬具溫泉開發及使用計畫書，向直轄市、縣（市）主管機關申請開發許可；本法施行前，已開發溫泉使用者，其溫泉開發及使用計畫書得以溫泉使用現況報告書替代，申請補辦開發許可；其未達一定規模且無地質災害之虞者，得以簡易溫泉開發許可申請書替代溫泉使用現況報告書。

②前項溫泉開發及使用計畫書、溫泉使用現況報告書，應經水利技師及應用地質技師簽證；其開發需開鑿溫泉井者，應於開鑿完成後，檢具溫度量測、溫泉成分、水利技師及應用地質技師簽證之鑽探紀錄、水量測試及相關資料，送直轄市、縣（市）主管機關備查。

③第一項一定規模、無地質災害之虞之認定、溫泉開發及使用計畫書、溫泉使用現況報告書與簡易溫泉開發許可申請書應記載之內容、開發許可與變更之程序、條件、期限及其他相關事項之辦法，由中央主管機關定之。

④於國家公園、風景特定區、國有林區、森林遊樂區、水質水量保護區或原住民保留地，各該管機關亦得辦理溫泉取供事業。

第六條　（溫泉露頭一定範圍內不得開發）

①溫泉露頭及其一定範圍內，不得為開發行為。

②前項一定範圍，由直轄市、縣（市）主管機關劃定，其劃定原則由中央主管機關定之。

第七條　（廢止或限制溫泉開發許可之情形）

①溫泉開發經許可後，有下列情形之一者，直轄市、縣（市）主管機關得廢止或限制其開發許可：

　　一　自許可之日起一年內尚未興工或興工後停工一年以上。

二　未經核准，將其開發許可移轉予他人。

三　溫泉開發已顯著影響溫泉湧出量、溫度、成分或其他損害公共利益之情形。

②前項第二款開發許可移轉之條件、程序、應備文件及其他相關事項之辦法，由中央主管機關定之。

第八條　（其他開發行為之限制或禁止）

非以開發溫泉為目的之其他開發行為，如有顯著影響溫泉湧出量、溫度或成分之虞或已造成實質影響者，直轄市、縣（市）主管機關得會商其目的事業主管機關，並於權衡雙方之利益後，由目的事業主管機關對該開發行為，為必要之限制或禁止，並對其開發行為之延誤或其他損失，酌予補償。

第九條　（拆除溫泉有關設施）

經許可開發溫泉而未湧出溫泉或經直轄市、縣（市）主管機關撤銷、廢止溫泉開發許可或溫泉停止使用一年以上者，該溫泉取供事業應拆除該溫泉有關設施，並恢復原狀或為適當之措施。

第一〇條　（溫泉資源基本資料庫之建立）

直轄市、縣（市）主管機關應調查轄區內之現有溫泉位置、泉質、泉量、泉溫、地質概況、取用量、使用現況等，建立溫泉資源基本資料庫，並陳報中央主管機關；必要時，應由中央主管機關予以協助。

第一一條　（溫泉取用費之徵收及用途）

①為保育及永續利用溫泉，除依水利法或礦業法收取相關費用外，主管機關應向溫泉取供事業或個人徵收溫泉取用費；其徵收方式、範圍、費率及使用辦法，由中央主管機關定之。

②前項溫泉取用費，除支付管理費外，應專供溫泉資源保育、管理、國際交流及溫泉區公共設施之相關用途使用，不得挪為他用。但位於原住民族地區內所徵收溫泉取用費，應提撥至少三分之一納入行政院原住民族綜合發展基金，作為原住民族發展經濟及文化產業之用。

③直轄市、縣（市）主管機關徵收之溫泉取用費，除提撥原住民族地區三分之一外，應再提撥十分之一予中央主管機關設置之溫泉事業發展基金，供溫泉政策規劃、技術研究發展及國際交流用途使用。

第一二條　（滯納金之加徵）

溫泉取供事業或個人未依前條第一項規定繳納溫泉取用費者，應自繳納期限屆滿之次日起，每逾三日加徵應納溫泉取用費額百分之一滯納金。但加徵之滯納金額，以至應納費額百分之五為限。

第三章　溫泉區

第一三條　（溫泉區管理計畫之擬訂）

①直轄市、縣（市）主管機關為有效利用溫泉資源，得擬訂溫泉區管理計畫，並會商有關機關，於溫泉露頭、溫泉孔及計畫利用設

施周邊勘定範圍，報經中央觀光主管機關核定後，公告劃設為溫泉區；溫泉區之劃設，應優先考量現有已開發為溫泉使用之地區，涉及土地使用分區或用地之變更者，直轄市、縣（市）主管機關應協調土地使用主管機關依相關法令規定配合辦理變更。

②前項土地使用分區、用地變更之程序，建築物之使用管理，由中央觀光主管機關會同各土地使用中央主管機關依溫泉區特定需求，訂定溫泉區土地及建築物使用管理辦法。

③經劃設之溫泉區，直轄市、縣（市）主管機關評估有擴大、縮小或無繼續保護及利用之必要時，得依前項規定程序變更或廢止之。

④第一項溫泉區管理計畫之內容、審核事項、執行、管理及其他相關事項之辦法，由中央觀光主管機關會商各目的事業中央主管機關定之。

第一四條　（原住民族地區經營溫泉事業）

①於原住民族地區劃設溫泉區時，中央觀光主管機關及各目的事業主管機關應會同中央原住民族主管機關辦理。

②原住民族地區之溫泉得輔導及獎勵當地原住民個人或團體經營，其輔導及獎勵辦法，由行政院原住民族委員會定之。

③於原住民族地區經營溫泉事業，其聘僱員工十人以上者，應聘僱十分之一以上原住民。

④本法施行前，於原住民族地區已合法取得土地所有權人同意使用證明文件之業者，得不受前項規定之限制。

第一五條　（限期拆除舊有私設管線）

①已設置公共管線之溫泉區，直轄市、縣（市）主管機關應命舊有之私設管線者限期拆除；屆期不拆除者，由直轄市、縣（市）主管機關依法強制執行。

②原已合法取得溫泉用途之水權者，其所設之舊有管線依前項規定拆除時，直轄市、縣（市）主管機關應酌予補償。其補償標準，由直轄市、縣（市）主管機關定之。

第四章　溫泉使用

第一六條　（管理法規）

溫泉使用事業除本法另有規定外，由各目的事業主管機關依其主管法規管理。

第一七條　（溫泉取供事業之申請經營）

①於溫泉區申請開發之溫泉取供事業，應符合該溫泉區管理計畫。

②溫泉取供事業應依水利法或礦業法等相關規定申請取得溫泉水權或溫泉礦業權並完成開發後，向直轄市、縣（市）主管機關申請經營許可。

③前項溫泉取供事業申請經營之程序、條件、期限、廢止、撤銷及其他相關事項之辦法，由中央觀光主管機關會商各目的事業中央主管機關定之。

第一八條 （溫泉標章之申請）

①以溫泉作為觀光休閒遊憩目的之溫泉使用事業，應將溫泉送經中央觀光主管機關認可之機關（構）、團體檢驗合格，並向直轄市、縣（市）觀光主管機關申請發給溫泉標章後，始得營業。

②前項溫泉使用事業應將溫泉標章懸掛明顯可見之處，並標示溫泉成分、溫度、標章有效期限、禁忌及其他應行注意事項。

③溫泉標章申請之資格、條件、期限、廢止、撤銷、型式、使用及其他相關事項之辦法，由中央觀光主管機關會商各目的事業中央主管機關定之。

第一九條 （計量設備之裝置）

①溫泉取供事業或溫泉使用事業應裝置計量設備，按季填具使用量、溫度、利用狀況及其他必要事項，每半年報主管機關備查。

②前項紀錄之書表格式及每半年應報主管機關之期限，由中央主管機關定之。

第二〇條 （限期改善溫泉利用設施或經營管理措施）

直轄市、縣（市）觀光主管機關為增進溫泉之公共利用，得通知溫泉使用事業限期改善溫泉利用設施或經營管理措施。

第二一條 （不得規避或拒絕檢查）

各目的事業地方主管機關得派員攜帶證明文件，進入溫泉取供事業或溫泉使用事業之場所，檢查溫泉計量設備、溫泉使用量、溫度、衛生條件、利用狀況等事項，或要求提供相關資料，該事業或其從業人員不得規避、妨礙或拒絕。

第五章 罰 則

第二二條 （違法取用溫泉之處罰）

未依法取得溫泉水權或溫泉礦業權而為溫泉取用者，由主管機關處新臺幣六萬元以上三十萬元以下罰鍰，並勒令停止利用；其不停止利用者，得按次連續處罰。

第二三條 （未取得溫泉開發許可而開發之處罰）

①未取得開發許可而開發溫泉者，由直轄市、縣（市）主管機關處新臺幣五萬元以上二十五萬元以下罰鍰，並命其限期改善；屆期不改善者，得按次連續處罰。

②未依開發許可內容開發溫泉者，由直轄市、縣（市）主管機關處新臺幣四萬元以上二十萬元以下罰鍰，並命其限期改善；屆期不改善者，廢止其開發許可。

第二四條 （處罰）

違反第六條第一項規定進行開發行為者，由直轄市、縣（市）主管機關處新臺幣三萬元以上十五萬元以下罰鍰，並命立即停止開發，及限期整復土地；未立即停止開發或依限整復土地者，得按次連續處罰。

第二五條 （處罰）

未依第九條規定拆除設施、恢復原狀或為適當之措施者，由直轄

市、縣（市）主管機關處新臺幣一萬元以上五萬元以下罰鍰，並得按次連續處罰。

第二六條 （處罰）

未依第十八條第一項規定取得溫泉標章而營業者，由直轄市、縣（市）觀光主管機關處新臺幣一萬元以上五萬元以下罰鍰，並得按次連續處罰；未依第十八條第二項規定於明顯可見之處懸掛溫泉標章，並標示溫泉成分、溫度、標章有效期限、禁忌及其他應行注意事項者，直轄市、縣（市）觀光主管機關應命其限期改善；屆期仍未改善者，處新臺幣一萬元以上五萬元以下罰鍰，並得按次連續處罰。

第二七條 （處罰）

未依第十九條第一項規定裝設計量設備者，由主管機關處新臺幣二千元以上一萬元以下罰鍰，並得按次連續處罰。

第二八條 （處罰）

未依第二十條規定之通知期限改善溫泉利用設施或經營管理措施者，由直轄市、縣（市）觀光主管機關處新臺幣一萬元以上五萬元以下罰鍰，並得按次連續處罰。

第二九條 （處罰）

違反第二十一條規定，規避、妨礙、拒絕檢查或提供資料，或提供不實資料者，由各目的事業直轄市、縣（市）主管機關處新臺幣一萬元以上五萬元以下罰鍰，並得按次連續處罰。

第三○條 （強制執行）

①對本法所定之溫泉取用費、滯納金之徵收有所不服，得依法提起行政救濟。

②前項溫泉取用費、滯納金及依本法所處之罰鍰，經以書面通知限期繳納，屆期不繳納者，依法移送強制執行。

第六章 附　則

第三一條 （施行細則）99

①本法施行細則，由中央主管機關會商各目的事業中央主管機關定之。

②本法制定公布前，已開發溫泉使用未取得合法登記者，應於中華民國一百零二年七月一日前完成改善。

第三二條 （施行日期）

本法施行日期，由行政院以命令定之。

大眾捷運法

① 民國 77 年 7 月 1 日總統令制定公布全文 54 條。
② 民國 86 年 5 月 28 日總統令修正公布第 4、5、7、10、12～15、17、19、21、22、24、25、28、32、38、50、51、52 條條文；並增訂第 24-1、24-2、32-1、38-1、50-1、51-1 條條文。
③ 民國 90 年 5 月 30 日總統令修正公布第 4、7、14、15、19、31、38、38-1、45、51、51-1、53 條條文；並增訂第 7-1 條條文。
④ 民國 92 年 5 月 21 日總統令修正公布第 3、42、44 條條文。
⑤ 民國 93 年 5 月 12 日總統令修正公布第 5、7、7-1、13～15、19、25、45、50、50-1、52、53 條條文；並增訂第 13-1、45-1～45-3 條條文。
民國 101 年 6 月 25 日行政院公告第 47 條第 2 項所列屬「財政部」之權責事項，經行政院公告自 93 年 7 月 1 日起變更為「行政院金融監督管理委員會」管轄，自 101 年 7 月 1 日起改由「金融監督管理委員會」管轄。
⑥ 民國 102 年 6 月 5 日總統令修正公布第 3、11～13、15、19、24、24-1、25、31、38、40、44、47、49～50-1、51-1、52 條條文；增訂第 32-2 條條文；並刪除第 32-1、38-1 條條文。
⑦ 民國 103 年 6 月 4 日總統令修正公布第 24-2、28 條條文。

第一章　總　則

第一條　（立法目的）
　為加強都市運輸效能，改善生活環境，促進大眾捷運系統健全發展，以增進公共福利，特制定本法。

第二條　（法律之適用）
　大眾捷運系統之規劃、建設、營運、監督及安全，依本法之規定；本法未規定者，適用其他法律之規定。

第三條　（大眾捷運系統之意義）102
① 本法所稱大眾捷運系統，指利用地面、地下或高架設施，使用專用動力車輛，行駛於導引之路線，並以密集班次、大量快速輸送都市及鄰近地區旅客之公共運輸系統。
② 前項大眾捷運系統，依使用路權型態，分為下列二類：
一　完全獨立專用路權：全部路線為獨立專用，不受其他地面交通干擾。
二　非完全獨立專用路權：部分地面路線以實體設施與其他地面運具區隔，僅在路口、道路空間不足或其他特殊情形時，不設區隔設施，而與其他地面運具共用車道。
③ 大眾捷運系統為非完全獨立專用路權者，其共用車道路線長度，以不超過全部路線長度四分之一為限。但有特殊情形，經中央主

管機關報請行政院核准者，不在此限。

④第二項第二款之大眾捷運系統，應考量路口行車安全、行人與車行交通狀況、路口號誌等因素，設置優先通行或聲光號誌。

第四條　（主管機關）

①大眾捷運系統主管機關：在中央為交通部；在直轄市為直轄市政府；在縣（市）為縣（市）政府。

②路網跨越不相隸屬之行政區域者，由各有關直轄市、縣（市）政府協議決定地方主管機關，協議不成者，由交通部指定之。

第五條　（經費之籌措）93

①建設大眾捷運系統所需經費及各級政府分擔比例，應依第十二條第一項規定納入規劃報告書財務計畫中，由中央主管機關報請或核轉行政院核定。

②前項建設由民間辦理者，除其他法令另有規定外，所需資金應自行籌措。

第六條　（土地之徵收與撥用）

大眾捷運系統需用之土地，得依法徵收或撥用之。

第七條　（自行開發與聯合開發）93

①為有效利用土地資源，促進地區發展，主管機關得辦理大眾捷運系統路線、場、站土地及其毗鄰地區土地之開發。

②有下列情形之一者，為前項所稱之毗鄰地區土地：

一　與捷運設施用地相連接。

二　與捷運設施用地在同一街廓內，且能與捷運設施用地連成同一建築基地。

三　與捷運設施用地相鄰之街廓，而以地下道或陸橋相連通。

③第一項開發用地，主管機關得協調內政部或直轄市政府調整當地之土地使用分區管制或區域土地使用管制。

④大眾捷運系統路線、場、站及其毗鄰地區辦理開發所需之土地，得依有償撥用、協議價購、市地重劃或區段徵收方式取得之；其依協議價購方式辦理者，主管機關應訂定優惠辦法，經協議不成者，得由主管機關依法報請徵收。

⑤主管機關得會商都市計畫、地政等有關機關，於路線、場、站及其毗鄰地區劃定開發用地範圍，經區段徵收中央主管機關核定後，先行依法辦理區段徵收，並於區段徵收公告期滿後一年內，發布實施都市計畫進行開發，不受都市計畫法第五十二條規定之限制。

⑥以區段徵收方式取得開發用地者，應將大眾捷運系統路線、場、站及相關附屬設施用地，於區段徵收計畫書載明無償登記為主管機關所有。

⑦第一項開發之規劃、申請、審查、土地取得程序、開發方式、容許使用項目、申請保證金、履約保證金、獎勵及管理監督之辦法，由交通部會同內政部定之。

⑧主管機關辦理開發之公有土地及因開發所取得之不動產，其處

分、設定負擔、租賃或收益，不受土地法第二十五條、國有財產法第二十八條及地方政府公產管理法令之限制。

第七條之一 （土地開發基金來源）93

①主管機關爲辦理前條第一項之土地開發，得設置土地開發基金；其基金來源如下：

一 出售（租）因土地開發所取得之不動產及經營管理之部分收入。

二 辦理土地開發業務所取得之收益或權利金。

三 主管機關循預算程序之撥款。

四 本基金利息收入。

五 其他收入。

②前項基金之收支、保管及運用辦法，其基金屬中央設置者，由中央主管機關擬訂，報請行政院核定發布；其基金屬地方設置者，由地方主管機關定之。

第八條 （大眾捷運系統專用電信之設置）

爲謀大眾捷運系統通信便利，大眾捷運系統工程建設或營運機構，經交通部核准，得設置大眾捷運系統專用電信。

第九條 （協調會之設置及工作）

各級主管機關爲促進大眾捷運系統之發展，得設協調委員會，負責規劃、建設及營運之協調事項。

第二章 規　劃

第一〇條 （大眾捷運系統規劃之辦理）

①大眾捷運系統之規劃，由主管機關或民間辦理。

②辦理大眾捷運系統規劃時，主管機關或民間應召開公聽會，公開徵求意見。

第一一條 （大眾捷運系統規劃應考慮之因素）102

大眾捷運系統之規劃，應考慮下列因素：

一 地理條件。

二 人口分布。

三 生態環境。

四 土地之利用計畫及其發展。

五 社會及經濟活動。

六 都市運輸發展趨勢。

七 運輸系統之整合發展。

八 採用非完全獨立專用路權路段所經鄰近道路之交通衝擊。

九 其他有關事項。

第一二條 （大眾捷運系統規劃報告書之核定及內容）102

①大眾捷運系統規劃報告書，應由中央主管機關報請或核轉行政院核定；其內容應包含下列事項：

一 規劃目的及規劃目標年。

二 運量分析及預測。

　　三　工程標準及技術可行性。
　　四　經濟效益及財務評估。
　　五　路網及場、站規劃。
　　六　興建優先次序。
　　七　財務計畫。
　　八　環境影響說明書或環境影響評估報告書。
　　九　土地取得方式及可行性評估。
　　十　依第十條第二項規定召開公聽會之經過及徵求意見之處理結
　　　　果。
　　十一　其他有關事項。
②大眾捷運系統規劃為採用非完全獨立專用路權型態時，前項規劃
　報告書並應記載非完全獨立專用路權所經鄰近道路之交通衝擊分
　析及道路交通管制配套計畫。
③民間自行規劃大眾捷運系統者，第一項規劃報告書應向地方主管
　機關提出，經層報中央主管機關核轉行政院核定。

第三章　建　設

第一三條　（工程建設機構之設立）102
①大眾捷運系統之建設，由中央主管機關辦理。但經中央主管機關
　報請行政院同意後，得由地方主管機關辦理。
②中央或地方主管機關為建設大眾捷運系統，得設立工程建設機
　構，依前條核定之大眾捷運系統路網計畫，負責設計、施工。
③前項大眾捷運系統之建設，中央或地方主管機關得委任、委託其
　他機關辦理或甄選民間機構投資建設，並擔任工程建設機構。
④大眾捷運系統由民間投資建設者，申請人申請投資捷運建設計畫
　時，其公司最低實收資本額不得低於新臺幣十億元，並應為總工
　程經費百分之十以上。取得最優申請人資格者，應於六個月內完
　成最低實收資本額為總工程經費百分之二十五以上之股份有限公
　司設立登記。
⑤民間機構在籌辦、興建及營運時期，其自有資金之最低比率，均
　應維持在百分之二十五以上。
⑥中央主管機關為整合各捷運系統建設之經驗，應蒐集各該路網之
　建設合約、土地取得、拆遷補償、管線遷移及涉外民事仲裁事件
　等有關資料，主動提供各該工程建設機構參考使用。

第一三條之一　（相關專業技師簽證）93
①大眾捷運系統及其附屬設施之公共工程，其設計、監造業務，應
　由依法登記執業之相關專業技師簽證。但主管機關自行辦理者，
　得由機關內依法取得相關專業技師證書者辦理。
②前項相關專業技師之科別，由中央主管機關會商中央技師主管機
　關定之。

第一四條　（地方及中央主管機關建設大眾捷運系統之程序）93
①地方主管機關建設之大眾捷運系統，應由地方主管機關備具下列

文書，報請中央主管機關核定後辦理：
一　經核定之規劃報告書。
二　初步工程設計圖說。
三　財源籌措計畫書。
四　工程實施計畫書。
五　大眾捷運系統營運機構之設立計畫及營運計畫書。
六　營運損益估計表。
②中央主管機關建設之大眾捷運系統，應備具前項各款文書，報請行政院核定後辦理。

第一五條 （開工竣工期限核准展期與完工履勘）102
①大眾捷運系統建設，其開工及竣工期限，應由中央工程建設機構或地方主管機關擬訂，報請中央主管機關核定；其不能依限開工或竣工時，應敘明理由，報請中央主管機關核准展期。
②路網全部或一部工程完竣，應報請中央主管機關履勘；非經核准，不得營運。

第一六條 （穿越河川應注意事項）
大眾捷運系統路線穿越河川，其築墩架橋或開闢隧道，應與水利設施配合；河岸如有堤壩等建築物，應予適度加強，並均應商得水利主管機關同意，以防止危險發生。

第一七條 （施工應與有關主管機關配合）
大眾捷運系統建設工程之施工，主管機關應協同管、線、下水道及其他公共設施之有關主管機關，同時配合進行。

第一八條 （因施工需要使用河川溝渠等）
大眾捷運系統工程建設機構因施工需要，得使用河川、溝渠、涵洞、堤防、道路、公園及其他公共使用之土地。但應事先通知各有關主管機關。

第一九條 （他人土地之利用與補償）102
①大眾捷運系統因工程上之必要，得穿越公、私有土地及其土地改良物之上空或地下，或得將管、線附掛於沿線之建物上。但應擇其對土地及其土地改良物之所有人、占有人或使用人損害最少之處所及方法為之，並應支付相當之補償。
②前項須穿越私有土地及其土地改良物之上空或地下之情形，主管機關得就其需用之空間範圍，在施工前，於土地登記簿註記，或與土地所有權人協議設定地上權，協議不成時，準用土地徵收條例規定徵收取得地上權。
③前二項私有土地及其土地改良物因大眾捷運系統之穿越，致不能為相當之使用時，土地及其土地改良物所有人得自施工之日起至完工後一年內，請求徵收土地及其土地改良物，主管機關不得拒絕。私有土地及其土地改良物所有人原依前二項規定取得之對價，應在徵收土地及其土地改良物補償金額內扣除之。
④第一項穿越之土地為建築基地之全部或一部時，該建築基地得以增加新建樓地板面積方式補償之。

⑤前四項土地及其土地改良物上空或地下使用之程序、使用範圍、地籍逕為分割及設定地上權、徵收、註記、補償、登記、增加新建樓地板面積等事項之辦法，由中央主管機關會同內政部定之。

⑥主管機關依第三項規定徵收取得之土地及其土地改良物，其處分、設定負擔、租賃或收益，不受土地法第二十五條、國有財產法第二十八條及地方政府公產管理法令有關規定之限制。

第二〇條 （附建防空避難設備或法定停車場義務之免除）

①因舖設大眾捷運系統地下軌道或其他地下設備，致土地所有人無法附建防空避難設備或法定停車空間時，經當地主管建築機關勘查屬實者，得就該地下軌道或其他地下設備直接影響部分，免予附建防空避難設備或法定停車空間。

②土地所有人因無法附建防空避難設備或法定停車空間所受之損害，大眾捷運系統工程建設機構應依前條規定予以補償或於適當地點興建或購置停車場所以資替代。

第二一條 （進入或使用公私土地或建築物）

①大眾捷運系統工程建設機構為勘測、施工或維護大眾捷運系統路線及其設施，應於七天前通知所有人、占有人或使用人後始得進入或使用公、私土地或建築物。但情況緊急，遲延即有發生重大公共危險之虞者，得先行進入或使用。

②前項情形工程建設機構應對所有人、占有人或使用人予以相當之補償，如對補償有異議時，應報請當地主管機關核定後為之。

③依第一項但書規定進入或使用私有土地或建築物時，應會同當地村、里長或警察到場見證。

第二二條 （建築物或其他工作物之拆除）

①大眾捷運系統工程建設機構依前條使用公、私土地或建築物，有拆除建築物或其他工作物全部或一部之必要時，應先報請當地主管機關限期令所有人、占有人或使用人拆除之；如緊急需要或逾期不拆除者，其主管機關得逕行或委託當地主管建築機關強制拆除之。

②前項拆除應給予相當補償；對補償有異議時，應報請當地主管機關核定後為之。

第二三條 （電能之供應）

大眾捷運系統所需電能，由電業機構優先供應；經電業主管機關之核准，得自行設置供自用之發電、變電及輸電系統之一部或全部。

第二四條 （管線溝渠之附掛埋設與養護）102

①大眾捷運系統設施附掛管、線，應協調該工程建設機構同意後，始得施工。

②於大眾捷運系統用地內埋設管、線、溝渠者，應具備工程設計圖說，徵得該工程建設機構同意，由其代為施工或派員協助監督施工。工程興建及管、線、溝渠養護費用，由該設施之所有人或使用人負擔。

③依前二項規定附掛或埋設之管、線、溝渠，因大衆捷運系統業務需要而應予拆遷時，該設施之所有人或使用人不得拒絕；其所需費用，依原設施標準，按新設經費減去拆除材料折舊價值後，應由該設施之所有人或使用人與大衆捷運系統工程建設或營運機構各負擔二分之一。

④前三項管、線、溝渠處理分類、經費負擔、結算給付、申請手續、施工期程及其他相關事項之辦法，由中央主管機關定之。

第二四條之一 （大衆捷運系統建設）102

①大衆捷運系統在市區道路或公路建設，應先徵得該市區道路或公路主管機關同意。

②前項大衆捷運系統之建設，須拆遷已附掛或埋設之管、線、溝渠時，該設施之所有人或使用人不得拒絕；其所需費用分擔，依前條第三項規定及第四項所定辦法辦理。

③依第三條第二項第二款所定大衆捷運系統，其他地面路線之設置標準、規劃、管理養護及費用分擔原則等相關事項之辦法，由中央主管機關會同內政部定之。

④共用車道路線維護應劃歸大衆捷運系統。

第二四條之二 （技術規範之訂定）103

①大衆捷運系統建設及車輛製造之技術規範，由中央主管機關定之。

②前項技術規範，應包含無障礙設備及設施之設置與維護方式。

第四章 營 運

第二五條 （營運機構之設置及其工作）102

①中央主管機關建設之大衆捷運系統，由中央主管機關指定地方主管機關設立營運機構或經甄選後許可民間投資籌設營運機構營運。

②地方主管機關建設之大衆捷運系統，由地方主管機關設立營運機構或經甄選後許可民間投資籌設營運機構營運。

③政府建設之大衆捷運系統財產，依各級政府出資之比率持有。由中央政府補助辦理者，由路線行經之各該地方政府，按自償及非自償經費出資比率共有之，營運機構不共有大衆捷運系統財產；該財產以出租方式提供營運機構使用、收益者，營運機構應負責管理維護。

④前項大衆捷運系統財產之租賃期間及程序，不受民法第四百四十九條第一項、土地法第二十五條及地方政府公產管理法令之限制。

⑤第三項財產之定義、範圍、管理機關、產權登記、交付、增置、減損、異動、處分、收益、設定負擔、用途、租賃及管理等事項之辦法，由中央主管機關定之。

第二六條 （組織結構）

前條大衆捷運系統營運機構，以依公司法設立之股份有限公司為

限。

第二七條 （經營方式）

大眾捷運系統之營運，應以企業方式經營，旅客運價一律全票收費。如法令另有規定予以優待者，應由其主管機關編列預算補貼之。

第二八條 （服務指標之擬訂）103

大眾捷運系統營運機構應擬訂服務指標，提供安全、快速、舒適之服務，以及便於身心障礙者行動與使用之無障礙運輸服務，報請地方主管機關核定，並核轉中央主管機關備查。

第二九條 （運價率計算公式之核定與變更）

①大眾捷運系統運價率之計算公式，由中央主管機關擬訂，報請行政院核定；變更時亦同。

②大眾捷運系統之運價，由其營運機構依前項運價率計算公式擬訂，報請地方主管機關核定後公告實施；變更時亦同。

第三〇條 （操作與修護）

大眾捷運系統設施之操作及修護，應由依法經技能檢定合格之技術人員擔任之。

第三一條 （汽車路線之配合、調整）102

為發揮大眾捷運系統與公路運輸系統之整合功能，於大眾捷運系統營運前及營運期間，在其路線運有效距離內，地方主管機關應會商當地公路主管機關重新調整公路汽車客運業或市區汽車客運業營運路線。

第三二條 （聯運業務之辦理）

為公益上之必要，大眾捷運系統地方主管機關，得核准或責令大眾捷運系統營運機構與市區汽車客運業或其他大眾運輸業者，共同辦理聯運或其他路線、票證、票價等整合業務。

第三二條之一 （刪除）102

第三二條之二 （免費充電設施之提供）102

大眾捷運系統營運機構得於站區內提供免費充電設施服務，以供旅客緊急需要使用。

第三三條 （因維修需要而使用進入他人土地等）

大眾捷運系統營運機構為維修路線場、站或搶救災害，得適用第十八條、第二十一條、第二十二條之規定。

第五章 監　督

第三四條 （監督與監督辦法）

大眾捷運系統之經營、維護與安全應受主管機關監督；監督實施辦法，由中央主管機關定之。

第三五條 （營運情況之報備）

①大眾捷運系統營運機構，應依左列規定，報請地方主管機關核轉中央主管機關備查：

一　營運時期之營運狀況，每三個月報備一次。

二　每年應將大眾捷運系統狀況、營業盈虧、運輸情形及改進計畫，於年度終了後六個月內報價一次。

②中央主管機關得派員不定期視察大眾捷運系統營運狀況，必要時得檢閱文件帳冊；辦理有缺失者，應即督導改正。

第三六條　（必要設備之檢查）

大眾捷運系統運輸上必要之設備，主管機關得派員檢查；設備不適當時，應通知其限期改正。

第三七條　（其他附屬事業之兼營）

大眾捷運系統營運機構，得經地方主管機關核准兼營其他附屬事業。

第三八條　（重要事項之先行報請核准核備）102

①大眾捷運系統營運機構增減資本、租借營業、抵押財產或移轉管理，應先經地方主管機關核准，並報請中央主管機關備查。

②大眾捷運系統營運機構全部或部分宣告停業或終止營業者，應報經地方主管機關核轉中央主管機關核准。

③大眾捷運系統營運機構，如有經營不善或其他有損公共利益之重大情事者，主管機關應命其限期改善，屆期仍未改善或改善無效者，停止其營運之一部或全部。但情況緊急，遲延即有害交通安全或公共利益時，得立即命其停止營運之一部或全部。

④受前項停止營運處分六個月以上仍未改善者，由中央主管機關廢止其營運許可。

⑤依前二項規定，停止其營運之一部或全部或廢止其營運許可時，地方主管機關應採取適當措施，繼續維持運輸服務，不使中斷。必要時，並得予以強制接管，其接管辦法，由中央主管機關定之。

第三八條之一　（刪除）102

第三九條　（重要事故之通知報請查核與一般事故之彙報）

大眾捷運系統營運機構，遇有行車上之重大事故，應立即通知地方及中央主管機關，並隨時將經過及處理情形報請查核；其一般行車事故，亦應按月彙報。

第六章　安　全

第四○條　（專業交通警察之設置及其工作）102

①大眾捷運系統地方主管機關，為防護大眾捷運系統路線、維持場、站及行車秩序、保障旅客安全，應由其警察機關置專業交通警察，執行職務時並受該地方主管機關之指揮、監督。

②大眾捷運系統採用非完全獨立專用路權，涉共用現有道路之車道部分，其道路交通之管理，依道路交通管理處罰條例及其相關法規辦理。

第四一條　（管理維護安全與安全措施）

①大眾捷運系統營運機構，對行車及路線、場、站設施，應妥善管理維護，並應有緊急逃生之設施，以確保旅客安全。其車輛機具

之檢查、養護並應嚴格遵守法令之規定。

②大眾捷運系統設施及其運作有採取特別安全防護措施之必要者，應由大眾捷運系統營運機構，報請地方主管機關核定之。

第四二條　（行車人員之訓練及體檢等）

大眾捷運系統營運機構，對行車人員，應予有效之訓練與管理，使其確切瞭解並嚴格執行法令之規定；對其技能、體格及精神狀況，應施行定期檢查及臨時檢查，經檢查不合標準者，應暫停或調整其職務。

第四三條　（行車事故之研究與預防）

大眾捷運系統營運機構，對行車事故，應蒐集資料調查研究，分析原因，並採取預防措施。

第四四條　（安全規定之標示等）102

①大眾捷運系統營運機構，應於適當處所標示安全規定，旅客乘車時應遵守站車人員之指導。

②非大眾捷運系統之車輛或人員不得進入大眾捷運系統之路線、橋樑、隧道、涵管內及站區內非供公眾通行之處所。但屬非完全獨立專用路權之大眾捷運系統，其與其他運具共用車道部分，依第四十條第二項規定辦理。

③採完全獨立專用路權之大眾捷運系統路線，除天橋及地下道外，不得跨越。

第四五條　（公告禁建或限建範圍）93

①為興建或維護大眾捷運系統設施及行車安全，主管機關於規劃路線經行政院核定後，應會同當地直轄市或縣（市）主管機關，於大眾捷運系統兩側勘定範圍，公告禁建或限建範圍，不受相關土地使用管制法令規定之限制。

②已公告實施之禁建、限建範圍，因禁建、限建之內容變更或原因消滅時，主管機關應依規定程序辦理變更或公告廢止。

第四五條之一　（禁建範圍內之禁止行為）93

①禁建範圍內除建造其他捷運設施或連通設施或開發建築物外，不得為下列行為：

一　建築物之建造。

二　工程設施之構築。

三　廣告物之設置。

四　障礙物之堆置。

五　土地開挖行為。

六　其他足以妨礙大眾捷運系統設施或行車安全之工程行為。

②禁建範圍公告後，於禁建範圍內原有或施工中之建築物、工程設施、廣告物及障礙物，有礙大眾捷運系統設施或行車安全者，主管機關得商請該管機關令其限期修改或拆除，屆期不辦理者，強制拆除之。其為合法之建築物、工程設施或廣告物，應依當地直轄市或縣（市）主管機關辦理公共工程用地拆遷補償規定辦理。

第四五條之二 （限建範圍之管制行為）93

①限建範圍公告後，於限建範圍內為建築物之建造、工程設施之構築、廣告物之設置、障礙物之堆置、土地開挖行為或其他有妨礙大眾捷運系統設施或行車安全之虞之工程行為，申請建築執照或許可時，應檢附該管主管機關及主管機關規定之文件，由該管主管機關會同主管機關審核；該管主管機關於核准或許可時並得為附款。

②經主管機關審核認前項行為有妨礙大眾捷運系統設施或行車安全之虞者，得通知該管主管機關要求申請人變更工程設計、施工方式或為其他適當之處理。

③第一項之行為，於施工中有致大眾捷運系統之設施或行車產生危險之虞者，主管機關得通知承造人、起造人或監造人停工。必要時，得商請轄區內之警察或建管單位協助，並通知該管主管機關令其限期改善、修改或拆除。

④前項行為損壞大眾捷運系統之設施或行車安全者，承造人、起造人及監造人應負連帶回復原狀或損害賠償責任。

第四五條之三 （管理辦法之訂定）93

前三條所定禁建、限建範圍之劃定、公告、變更、禁建範圍之禁止行為、拆除補償程序、限建範圍之管制行為、管制規範、限建範圍內建築物建造、工程設施構築、廣告物設置或工程行為施作之申請、審核、施工管理、通知停工及捷運設施損害回復原狀或賠償等事項之辦法，由交通部會同內政部定之。

第四六條 （損害賠償與卹金醫療補助費之酌給）

①大眾捷運系統營運機構，因行車及其他事故致旅客死亡或傷害，或財物毀損喪失時，應負損害賠償責任。

②前項事故之發生，非因大眾捷運系統營運機構之過失者，對於非旅客之被害人死亡或傷害，仍應酌給卹金或醫療補助費。但事故之發生係出於被害人之故意行為者，不予給付。

③前項卹金及醫療補助費發給辦法，由中央主管機關定之。

第四七條 （責任保險）102

①大眾捷運系統旅客之運送，應依中央主管機關指定金額投保責任保險，其投保金額，得另以提存保證金支付之。

②前項投保金額、保證金之提存及其他相關事項之辦法，由中央主管機關定之。

第七章 罰 則

第四八條 （刑事與民事責任）

擅自占用或破壞大眾捷運系統用地、車輛或其他設施者，除涉及刑責應依法移送偵辦外，該大眾捷運系統工程建設或營運機構，應通知行為人或其僱用人償還修復費用或依法賠償。

第四九條 （違約金之計算）102

①旅客無票、持用失效車票或冒用不符身分之車票乘車者，除補繳

票價外，並支付票價五十倍之違約金。

②前項應補繳票價及支付之違約金，如旅客不能證明其起站地點者，以營運機構公告之單程票最高票價計算。

第五○條 （罰鍰）102

①有下列情形之一者，處行為人或駕駛人新臺幣一千五百元以上七千五百元以下罰鍰：

一 車輛行駛中，攀登、跳車或攀附隨行。

二 妨礙車門、月台門關閉或擅自開啟。

三 非大眾捷運系統之車輛或人員，違反第四十四條第二項前段規定，進入大眾捷運系統之路線、橋樑、隧道、涵管內及站區內非供公眾通行之處所。

四 未經驗票程序、不按規定處所或方式出入車站或上下車。

五 拒絕大眾捷運系統站、車人員查票或妨害其執行職務。

六 滯留於不提供載客服務之車廂，不聽勸止。

七 未經許可在車上或站區內募捐、散發或張貼宣傳品、銷售物品或為其他商業行為。

八 未經許可攜帶動物進入站區或車輛內。

九 於大眾捷運系統禁止飲食區內飲食，嚼食口香糖或檳榔，或隨地吐痰、檳榔汁、檳榔渣，拋棄紙屑、菸蒂、口香糖、瓜果或其皮、核、汁、渣或其他一般廢棄物。

十 滯留於車站出入口、驗票閘門、售票機、電扶梯或其他通道，致妨礙旅客通行或使用，不聽勸離。

十一 非為乘車而在車站之旅客大廳、穿堂層或月台層區域內遊蕩，致妨礙旅客通行或使用，不聽勸離。

十二 躺臥於車廂內或月台上之座椅，不聽勸阻。

十三 未經許可在捷運系統路權範圍內設攤、搭棚架或擺設筵席。

十四 於月台上嬉戲、跨越黃色警戒線，或於電扶梯上不按遵行方向行走或奔跑，或為其他影響作業秩序及行車安全之行為，不聽勸止。

②有前項各款情事之一者，大眾捷運系統站、車人員得視情節會同警察人員強制其離開車站、車或大眾捷運系統區域，其未乘車區間之票款，不予退還。

第五○條之一 （罰鍰）102

①有下列情形之一者，處新臺幣一萬元以上五萬元以下罰鍰：

一 未經許可攜帶經公告之危險或易燃物進入大眾捷運系統路線、場、站或車輛內。

二 任意操控站、車設備或妨礙行車、電力或安全系統設備正常運作。

三 違反第四十四條第三項規定，未經天橋或地下道，跨越完全獨立專用路權之大眾捷運系統路線。

②有前項情形之一者，適用前條第二項規定。

③未滿十四歲之人，因其法定代理人或監護人監督不周，致違反第一項規定時，處罰其法定代理人或監護人。

第五一條　（罰鍰與停止營業撤銷許可）

①大眾捷運系統營運機構有下列情形之一者，處新臺幣十萬元以上五十萬元以下罰鍰：

一　違反第三十條規定，僱用未經技能檢定合格之技術人員擔任設施之操作及修護者。

二　違反依第三十四條所定監督實施辦法，經地方主管機關通知改善而未改善者。

三　違反第三十五條第一項或第三十九條規定者。

四　違反第三十五條第二項或第三十六條規定，經主管機關通知改正而未改正者。

五　規避、妨礙或拒絕中央主管機關依第三十五條第二項之檢閱文件帳冊者。

六　違反第三十七條規定，未經核准兼營其他附屬事業者。

七　違反第四十一條規定或未依第四十二條規定對行車人員施予訓練與管理致發生行車事故者。

八　違反第四十四條第一項規定，未於適當處所標示安全規定者。

九　未依第四十七條規定投保責任保險或提存保證金者。

②有前項第一款、第二款、第六款至第九款情形之一，並通知其限期改正或改善，屆期未改正或改善者，按日連續處罰；情節重大者，並得停止其營運之一部或全部或廢止其營運許可。

第五一條之一　（罰鍰）102

①大眾捷運系統營運機構有下列情形之一者，處新臺幣五十萬元以上二百五十萬元以下罰鍰：

一　違反第十五條第二項規定，未經履勘核准而營運。

二　違反第二十九條第二項規定，未經核定或未依公告實施運價。

三　非因不可抗力而停止營運。

②前項第一款情形，並命其立即停止營運；其未遵行者，按日連續處罰。前項第二款情形，並命其立即改正；其未改正者，按日連續處罰，並得停止其營運之一部或全部或廢止其營運許可。

③第一項第三款情形，應命其立即恢復營運；其未遵行者，按日連續處罰，並得廢止其營運許可。

④大眾捷運系統營運機構受停止營運、廢止營運許可處分或擅自停止營運時，地方主管機關應採取適當措施，繼續維持旅客運輸服務。

第五二條　（處罰機關與強制執行）102

①本法所定之罰鍰，由地方主管機關處罰。

②第五十條第一項或第五十一條之規定之處罰，地方主管機關得委託大眾捷運系統營運機構為之。

第八章 附 則

第五三條 （經營辦法之擬訂與核定）93

　　大眾捷運系統旅客運送、行車安全、修建養護、車輛機具檢修、行車人員技能體格檢查規則及附屬事業經營管理辦法，由營運之地方主管機關擬訂，報請中央主管機關核定。

第五四條 （施行日期）

　　本法自公布日施行。

要塞堡壘地帶法

①民國 20 年 9 月 18 日國民政府制定公布全文 24 條。
②民國 24 年 3 月 12 日國民政府修正公布全文 16 條。
③民國 26 年 9 月 27 日國民政府修正公布全文 17 條。
④民國 43 年 5 月 12 日總統令修正公布全文 19 條。
⑤民國 91 年 4 月 17 日總統令修正公布第 1 條條文；並增訂第 7-1、7-2、14-1 條條文。

第一章　總　則

第一條 （要塞堡壘地帶之意義）91

國防上所必須控制與確保之戰術要點、軍港及軍用飛機場，稱爲要塞堡壘；要塞堡壘及其周圍之必要區域（含水域），稱爲要塞堡壘地帶。

第二條 （要塞堡壘要地帶之幅員）

要塞堡壘地帶之幅員，以要塞、堡壘各據點爲基點，或連結建築物各突出部之線爲基線，自此基點或基線起，至其周圍外方所定距離之範圍內均屬之。

第三條 （要塞堡壘地帶之分區）

①要塞堡壘地帶除有特別規定者外，陸地及水面均分爲第一、第二兩區，天空則分爲禁航與限航兩區，依地形交通及居民狀況規定如左：

一　自基點或基線起至外方約四百至六百公尺以內爲第一區。

二　自第一區界線起至外方約三千至四千公尺以內爲第二區。

三　禁止航空器飛越地帶之上空爲禁航區，限制航空器飛越地帶之上空爲限航區，在此區域內其禁航與限航之限制，得由國防部逐一加以規定，必要時並附以地形地圖，詳確繪明其區域。

②前項所列各區及其與軍港、要港、海軍防禦建築物、飛機場、空軍防禦建築物等相關連之區域，均由國防部核定並公告之。

第二章　禁止及限制事項

第四條 （第一區內之禁止限制事項）

第一區內之禁止及限制事項：

一　非受有國防部之特別命令，不得爲測量、攝影、描繪、記述及其他關於軍事上之偵察事項。

二　非經要塞司令之許可，不得爲漁獵、採藻、繫泊船隻及採掘沙土、礦石等事項。

三　非經要塞司令之許可，不得新設或改設各種建築物、堆集物、墓墳、窯窖、林園、牆垣、溝渠、池塘、水井及變更地面高低之工程。

四　建築物應以可燃物爲主要材料，如係不燃質建築之部分，其高度不得超過一公尺。

五　堆集物之高度，不燃物質不得超過二公尺，可燃物質，不得超過四公尺。

六　要塞司令對於本區內裝置無線電短波收音機、播音機或畜養鴿類犬類或施放鞭炮、煙火及其類似事項，得加以禁止。

七　本區內禁止人民遷入居住。但要塞司令對於已居住區內及經過之人應詳加考核，如認爲確有窺察軍事之嫌疑者，得加以拘留、偵訊，依法處理。

八　要塞司令於必要時，經呈准國防部後，得將本區內居民一部或全部勒令遷出。

第五條　（第二區內禁止限制事項）

第二區內之禁止及限制事項：

一　非經要塞司令之許可，不得爲測量、攝影、描繪、記述及其他關於軍事上偵察事項。

二　非經要塞司令之許可，不得以可燃物新設或改設高過六公尺以上之建築物及變更地面高低一公尺以上之工程，以鐵筋混凝土爲建築之部份，不得超過一公尺。

三　堆積物之高度，非經要塞司令之許可，不燃質物不得超過三公尺，可燃物質不得超過六公尺。

第六條　（第一、二兩區共同禁止限制事項）

第一、第二兩區內，應共同禁止及限制事項：

一　第一區全部及第二區特別指定地區如山地或要塞獨立守備地區，非經要塞司令之許可，不論軍、警、人民不得出入。

二　因公出入特別指定地區者，非經要塞司令之許可，不得攜帶照相機、武器、觀測器及危險物品。

三　非經中華民國政府之許可，外國商輪、軍艦不得通過或停泊。

四　非經國防部之許可，不得新設或變更鐵路、道路、河渠、橋樑、堤塔、隧道、永久棧橋等工程。但交通部對於上列工程如有設施，除緊急搶修者外，應先與國防部洽商。

第七條　（禁航區及限航區禁止限制事項）

禁航區及限航區之禁止及限制事項：

一　外國航空器非經中華民國政府之特許，不得飛越禁航區域。

二　本國民用航空器非經國防部之特許，不得飛越禁航區域。

三　本國軍用航空器非經國防部之許可，不得飛越禁航區域。

四　外國航空器非經中華民國政府之特許，不得飛越限航區域。但在天氣情況惡劣或黑夜使用儀器飛行時，得許其飛越。

五　本國民用航空器非經國防部之特許，不得飛越限航區域。但

在天氣情況惡劣或黑夜使用儀器飛行時，得許其飛越。

六　本國軍用航空器非經國防部之許可，不得飛越限航區域。但在天氣情況惡劣或黑夜使用儀器飛行時，得許其飛越。

第七條之一　（飛航安全管制措施）91

①軍用飛機場禁止牲畜侵入，對已侵入之牲畜及鳥類顯有危害飛航安全者，得捕殺之。

②軍用飛機場四周之一定距離範圍內，禁止飼養飛鴿或施放有礙飛航安全之物體。

③軍用飛機場四周之一定距離範圍內，權責機關應採取適當措施，防止飛鴿、鳥類及牲畜侵入。

④前二項所稱一定距離範圍，由國防部會同有關機關劃定公告之。

第七條之二　（軍用港口之限制事項）91

①軍用港口限制區內為發揮安全防護及武器效能所規劃之範圍，禁止採藻、繫泊、漁獵及養殖等。

②商（漁）船、漂浮器、人員及外國籍軍艦等，非經國防部同意，禁止進入軍用港區與限制水域。

第三章　懲　罰

第八條　（違背禁止限制事項時之處分）

違背本法所規定禁止及限制事項，無論新設、變更、改築之房屋、倉庫並其他之建築物或堆積物等，應限期令其拆除，如係變更地形應令其回復原狀，倘在限期內不能完全除去回復原狀或其所施方法不適合時，要塞司令部得逕自執行或命第三人代執行之，其費用由違背者擔負。

第九條　（測繪要塞處所罪）

①犯第四條第一款或第五條第一款之規定者，處一年以上、七年以下有期徒刑。

②因過失犯前項之規定者，處一年以下有期徒刑、拘役或五百元以下罰金。

第一〇條　（侵入要塞處所罪）

①犯第六條第一款或第七條第一款、第二款、第四款、第五款之規定者，處五年以下有期徒刑。

②因過失犯前項之規定者，處十月以下有期徒刑、拘役或三百元以下罰金。

第一一條　（本國軍用航空器侵入罪）

犯第七條第三款、第六款之規定者，其懲罰辦法由國防部另訂之。

第一二條　（擅行工作、建築、通泊、攜帶物品罪）

①犯第四條第二款至第六款或第五條第二款、第三款或第六條第二款至第四款之規定者，處三年以下有期徒刑、拘役或一千元以下罰金。

②因過失犯前之規定者，處六月以下有期徒刑拘役或一百元以下罰

金。

第一三條　（沒收）

犯第四條第一款或第五條第一款或第六條第二款或第七條第一款、第二款、第四款、第五款之規定者，並得沒收其器具、底片、底稿及航空器。

第一四條　（毀損移動標識罪）

①毀損或移動要塞堡壘地帶區內所設各種標識者，處一年以下有期徒刑、拘役或三百元以下罰金。

②因過失毀損或移動要塞堡壘地帶區內所設各種標識者不罰。但得責令賠償。

第一四條之一　（違法飼養飛鴿之處罰及鴿舍拆遷之補償）91

①違反第七條之一第二項規定者，處十萬元以上五十萬元以下罰鍰，並令其限期改善，屆期仍未完成改善者，得按日連續處罰。所ісла罰鍰經限期繳納，屆期不繳納者，依法移送強制執行。

②本法修正施行前，於軍用飛機場四周一定距離範圍內已設之鴿舍，由權責機關會同警察機關，令其所有人限期遷移，並由權責機關給予補償；屆期不遷移者，強制拆除，不予補償，並依前項規定處罰。

③前項拆遷補償辦法，由國防部定之。

第四章　附　則

第一五條　（已決未建前公告之適用）

已經決定建設要塞、堡壘之地區，在未建設之前，亦得公告適用本法之規定。

第一六條　（解除或緩行禁止限制事項之公告）

本法所禁止及限制事項，國防部得斟酌情形，就某區域內解除或緩行其全部或一部。但應於顯著地點公告週知；以後遇有變更時同。

第一七條　（戰時之特別處置）

戰時要塞司令按情勢之必要，得於要塞地帶內勒令除去建築、堆積、種植諸物。

第一八條　（適用本法之要塞堡壘之指定）

適用本法之要塞、堡壘，由國防部以命令定之。

第一九條　（施行日）

本法自公布日施行。

殯葬管理條例

①民國 91 年 7 月 17 日總統令制定公布全文 76 條。
民國 91 年 7 月 29 日行政院令發布第 1～20、22～31、34～36、
55～60、69～73、75、76 條自 91 年 7 月 19 日施行；其餘條文定於
92 年 7 月 1 日施行。
②民國 96 年 7 月 4 日總統令修正公布第 9 條條文。
民國 98 年 12 月 3 日行政院令發布定自 96 年 7 月 6 日施行。
③民國 98 年 5 月 13 日總統令修正公布第 35 條條文。
民國 98 年 12 月 3 日行政院令發布定自 98 年 5 月 15 日施行。
④民國 99 年 1 月 27 日總統令修正公布第 13 條條文。
民國 99 年 3 月 8 日行政院令發布定自 99 年 4 月 30 日施行。
⑤民國 101 年 1 月 11 日總統令修正公布全文 105 條。
民國 101 年 2 月 7 日行政院令發布定自 101 年 7 月 1 日施行。
民國 101 年 6 月 25 日行政院公告第 52 條第 1 項第 2 款所列屬「行
政院金融監督管理委員會」之權責事項，自 101 年 7 月 1 日起改由
「金融監督管理委員會」管轄。

第一章　總　則

第一條 （立法目的）

為促進殯葬設施符合環保並永續經營；殯葬服務業創新升級，提
供優質服務；殯葬行為切合現代需求，兼顧個人尊嚴及公眾利
益，以提升國民生活品質，特制定本條例。

第二條 （名詞定義）

本條例用詞，定義如下：

一　殯葬設施：指公墓、殯儀館、禮廳及靈堂、火化場及骨灰
　　（骸）存放設施。

二　公墓：指供公眾營葬屍體、埋藏骨灰或供樹葬之設施。

三　殯儀館：指醫院以外，供屍體處理及舉行殮、殯、奠、祭儀
　　式之設施。

四　禮廳及靈堂：指殯儀館外單獨設置或附屬於殯儀館，供舉行
　　奠、祭儀式之設施。

五　火化場：指供火化屍體或骨骸之場所。

六　骨灰（骸）存放設施：指供存放骨灰（骸）之納骨堂
　　（塔）、納骨牆或其他形式之存放設施。

七　骨灰再處理設備：指加工處理火化後之骨灰，使成更細小之
　　顆粒或縮小體積之設備。

八　擴充：指增加殯葬設施土地面積。

九　增建：指增加殯葬設施原建築物之面積或高度。

十　改建：指拆除殯葬設施原建築物之一部分，於原建築基地範

圍內改造，而不增加高度或擴大面積。

十一　樹葬：指於公墓內將骨灰藏納土中，再植花樹於上，或於樹木根部周圍埋藏骨灰之安葬方式。

十二　移動式火化設施：指組裝於車、船等交通工具，用於火化屍體、骨骸之設施。

十三　殯葬服務業：指殯葬設施經營業及殯葬禮儀服務業。

十四　殯葬設施經營業：指以經營公墓、殯儀館、禮廳及靈堂、火化場、骨灰（骸）存放設施為業者。

十五　殯葬禮儀服務業：指以承攬處理殯葬事宜為業者。

十六　生前殯葬服務契約：指當事人約定於一方或其約定之人死亡後，由他方提供殯葬服務之契約。

第三條　（主管機關）

①本條例所稱主管機關：在中央為內政部；在直轄市為直轄市政府；在縣（市）為縣（市）政府；在鄉（鎮、市）為鄉（鎮、市）公所。

②主管機關之權責劃分如下：

一　中央主管機關：

(一)殯葬管理制度之規劃設計、相關法令之研擬及禮儀規範之訂定。

(二)對直轄市、縣（市）主管機關殯葬業務之監督。

(三)殯葬服務業證照制度之規劃。

(四)殯葬服務定型化契約之擬定。

(五)全國性殯葬統計及政策研究。

二　直轄市、縣（市）主管機關：

(一)直轄市、縣（市）立殯葬設施之設置、經營及管理。

(二)殯葬設施專區之規劃及設置。

(三)對轄區內公私立殯葬設施之設置核准、經營監督及管理。

(四)對轄區內公立殯葬設施廢止之核准。

(五)對轄區內公私立殯葬設施之評鑑及獎勵。

(六)殯葬服務業之經營許可、廢止許可、輔導、管理、評鑑及獎勵。

(七)違法設置、擴充、增建、改建、經營殯葬設施之取締及處理。

(八)違法從事殯葬服務業與違法殯葬行為之取締及處理。

(九)殯葬消費資訊之提供及消費者申訴之處理。

(十)殯葬自治法規之擬（制）定。

三　鄉（鎮、市）主管機關：

(一)鄉（鎮、市）公立殯葬設施之設置、經營及管理。

(二)埋葬、火化及起掘許可證明之核發。

(三)違法設置、擴充、增建、改建殯葬設施、違法從事殯葬服務業及違法殯葬行為之查報。

③前項第三款第一目設施之設置，須經縣主管機關之核准；第二目、第三目之業務，於直轄市或市，由直轄市或市主管機關辦理之。

④第二項第三款第二目之業務，於縣設置、經營之公墓或火化場，由縣主管機關辦理之。

第二章　殯葬設施之設置管理

第四條　（公立殯葬設施之設置種類及設置主體行政層級）

①直轄市、縣（市）及鄉（鎮、市）主管機關，得分別設置下列公立殯葬設施：

一　直轄市、市主管機關：公墓、殯儀館、禮廳及靈堂、火化場、骨灰（骸）存放設施。

二　縣主管機關：殯儀館、禮廳及靈堂、火化場。

三　鄉（鎮、市）主管機關：公墓、骨灰（骸）存放設施。

②縣主管機關得視需要設置公墓及骨灰（骸）存放設施；鄉（鎮、市）主管機關得視需要設置殯儀館、禮廳及靈堂及火化場。

③直轄市、縣（市）得規劃、設置殯葬設施專區。

第五條　（私立殯葬設施之設置主體與面積限制）

①設置私立殯葬設施者，以法人或寺院、宮廟、教會為限。

②本條例中華民國一百年十二月十四日修正之條文施行前私人或團體設置之殯葬設施，自本條例修正施行後，其移轉除繼承外，以法人或寺院、宮廟、教會為限。

③私立公墓之設置或擴充，由直轄市、縣（市）主管機關視其設施內容及性質，定其最小面積。但山坡地設置私立公墓，其面積不得小於五公頃。

④前項私立公墓之設置，經主管機關核准，得依實際需要，實施分期分區開發。

第六條　（設置、擴充、增改建殯葬設施之報准）

①殯葬設施之設置、擴充、增建、改建，應備具下列文件報請直轄市、縣（市）主管機關核准；其由直轄市、縣（市）主管機關辦理者，報請中央主管機關備查：

一　地點位置圖。

二　地點範圍之土地登記（簿）謄本及地籍圖謄本。

三　配置圖說。

四　興建營運計畫。

五　管理方式及收費標準。

六　申請人之相關證明文件。

七　土地權利證明或土地使用同意書。

②前項殯葬設施土地跨越直轄市、縣（市）行政區域者，應向該殯葬設施土地面積最大之直轄市、縣（市）主管機關申請核准，受理機關並應通知其他相關之直轄市、縣（市）主管機關會同審查。

③殯葬設施於核准設置、擴充、增建或改建後，其核准事項有變更者，應備具相關文件報請直轄市、縣（市）主管機關核准；其由直轄市、縣（市）主管機關辦理者，應報請中央主管機關備查。

第七條 （設置、擴充、增改建殯葬設施之施工期限）

①直轄市、縣（市）主管機關依前條第一項受理設置、擴充、增建或改建殯葬設施之申請，應於六個月內為准駁之決定。但依法應為環境影響評估者，其所需期間，應予扣除。

②前項限得延長一次，最長以三個月為限。

③殯葬設施經核准設置、擴充、增建或改建者，除有特殊情形報經主管機關延長者外，應於核准之日起一年內施工，並應於開工後五年內完工。逾期未施工者，應廢止其核准。

④前項延長期限最長以六個月為限。

第八條 （設置、擴充公墓之地點距離限制）

①設置、擴充公墓，應選擇不影響水土保持、不破壞環境保護、不妨礙軍事設施及公共衛生之適當地點為之；其與下列第一款地點距離不得少於一千公尺，與第二款、第三款及第六款地點距離不得少於五百公尺，與其他各款地點應因地制宜，保持適當距離。但其他法律或自治條例另有規定者，從其規定：

一　公共飲水井或飲用水之水源地。

二　學校、醫院、幼稚園、托兒所。

三　戶口繁盛地區。

四　河川。

五　工廠、礦場。

六　貯藏或製造爆炸物或其他易燃之氣體、油料等之場所。

②前項公墓專供樹葬者，得縮短其與第一款至第五款地點之距離。

第九條 （設置、擴充殯儀館、火化場等之地點距離限制）

①設置、擴充殯儀館、火化場或骨灰（骸）存放設施，應與前條第一項第二款規定之地點距離不得少於三百公尺，與第六款規定之地點距離不得少於五百公尺，與第三款戶口繁盛地區應保持適當距離。但其他法律或自治條例另有規定者，從其規定。

②單獨設置、擴充禮廳及靈堂，應與前條第一項第二款規定之地點距離不得少於二百公尺。但其他法律或自治條例另有規定者，從其規定。

第一〇條 （地點距離限制之例外）

都市計畫範圍內劃定為公墓、殯儀館、禮廳及靈堂、火化場或骨灰（骸）存放設施用地依其指定目的使用，或在非都市土地已設置公墓範圍內之墳墓用地者，不受前二條規定距離之限制。

第一一條 （公立殯葬設施用地之取得）

依本條例規定設置或擴充之公立殯葬設施用地屬私有者，經協議價購不成，得依法徵收之。

第一二條 （公墓應有之設施及墓道寬度）

①公墓應有下列設施：

一　墓基。

二　骨灰（骸）存放設施。

三　服務中心。

四　公共衛生設施。
五　排水系統。
六　給水及照明設施。
七　墓道。
八　停車場。
九　聯外道路。
十　公墓標誌。
十一　其他依法應設置之設施。

②前項第七款之墓道，分墓區間道及墓區內步道，其寬度分別不得小於四公尺及一點五公尺。

③公墓周圍應以圍牆、花木、其他設施或方式，與公墓以外地區作適當之區隔。

④專供樹葬之公墓得不受第一項第一款、第二款及第十款規定之限制。

⑤位於山地鄉之公墓，得由縣主管機關斟酌實際狀況定其應有設施，不受第一項規定之限制。

第一三條 （殯儀館應有之設施）

殯儀館應有下列設施：

一　冷凍室。
二　屍體處理設施。
三　解剖室。
四　消毒設施。
五　廢（污）水處理設施。
六　停柩室。
七　禮廳及靈堂。
八　悲傷輔導室。
九　服務中心及家屬休息室。
十　公共衛生設施。
十一　緊急供電設施。
十二　停車場。
十三　聯外道路。
十四　其他依法應設置之設施。

第一四條 （禮廳及靈堂應有之設施）

單獨設置禮廳及靈堂應有下列設施：

一　禮廳及靈堂。
二　悲傷輔導室。
三　服務中心及家屬休息室。
四　公共衛生設施。
五　緊急供電設施。
六　停車場。
七　聯外道路。
八　其他依法應設置之設施。

公共設施

第一五條　（火化場應有之設施）

火化場應有下列設施：

一　撿骨室及骨灰再處理設施。

二　火化爐。

三　祭拜檯。

四　服務中心及家屬休息室。

五　公共衛生設施。

六　停車場。

七　聯外道路。

八　緊急供電設施。

九　空氣污染防制設施。

十　其他依法應設置之設施。

第一六條　（骨灰（骸）存放設施應有之設施）

骨灰（骸）存放設施應有下列設施：

一　納骨灰（骸）設施。

二　祭祀設施。

三　服務中心及家屬休息室。

四　公共衛生設施。

五　停車場。

六　連外道路。

七　其他依法應設置之設施。

第一七條　（殯葬設施應有設施得共用）

①殯葬設施合併設置者，第十二條至前條規定之應有設施得共用之。殯葬設施設置完竣後，其有擴充、增建或改建者，亦同。

②第十二條至前條規定設置之自治法規，由直轄市、縣（市）主管機關定之。但聯外道路寬度不得規定小於六公尺。

第一八條　（殯葬設施規劃原則及公墓綠化面積比例）

①殯葬設施規劃應以人性化為原則，並與鄰近環境景觀力求協調，其空地宜多植花木。

②公墓內應劃定公共綠化空地，綠化空地面積占公墓總面積比例，不得小於十分之三。公墓內墳墓造型採平面草皮式者，其比例不得小於十分之二。

③於山坡地設置之公墓，應有前項規定面積二倍以上之綠化空地。

④專供樹葬之公墓或於公墓內劃定一定區域實施樹葬者，其樹葬面積得計入綠化空地面積。但在山坡地上實施樹葬面積得計入綠化空地面積者，以喬木為之者為限。

⑤實施樹葬之骨灰，應經骨灰再處理設備處理後，始得為之。以裝入容器為之者，其容器材質應易於腐化且不含毒性成分。

第一九條　（骨灰之處理方式）

①直轄市、縣（市）主管機關得會同相關機關劃定一定海域，實施骨灰拋灑；或於公園、綠地、森林或其他適當場所，劃定一定區域範圍，實施骨灰拋灑或植存。

②前項骨灰之處置，應經骨灰再處理設備處理後，始得為之。如以裝入容器為之者，其容器材質應易於腐化且不含毒性成分。實施骨灰拋灑或植存之區域，不得施設任何有關喪葬外觀之標誌或設施，且不得有任何破壞原有景觀環境之行為。

③第一項骨灰拋灑或植存之自治法規，由直轄市、縣（市）主管機關定之。

第二〇條 （殯葬設施之啟用及販售）

①設置、擴充、增建或改建殯葬設施完工，應備具相關文件，經直轄市、縣（市）主管機關檢查符合規定，並將殯葬設施名稱、地點、所屬區域、申請人及經營者之名稱公告後，始得啟用、販售墓基或骨灰（骸）存放單位。其由直轄市、縣（市）主管機關設置、擴充、增建或改建者，應報請中央主管機關備查。

②前項應備具之文件，由直轄市、縣（市）主管機關定之。

第三章　殯葬設施之經營管理

第二一條 （殯葬設施管理機關或管理人員之設置）

①直轄市、縣（市）或鄉（鎮、市）主管機關，為經營殯葬設施，得設殯葬設施管理機關（構），或置殯葬設施管理人員。

②前項殯葬設施於必要時，並得委託民間經營。

第二二條 （殯葬設施之經營及廢止許可）

①經營私立殯葬設施或受託經營公立殯葬設施，應備具相關文件經該殯葬設施所在地之直轄市、縣（市）主管機關許可。

②依前項經許可經營殯葬設施後，其無經營事實或停止營業者，直轄市、縣（市）主管機關應廢止其許可。

③第一項應備具之文件，由中央主管機關定之。

第二三條 （移動式火化設施經營及火化地點限制）

①殯儀館及火化場經營者得向直轄市、縣（市）主管機關申請使用移動式火化設施，經營火化業務；其火化之地點，以合法設置之殯葬設施及其他經直轄市、縣（市）主管機關核准之範圍內為限。

②前項設施之設置基準、應備功能、設備及其使用管理之辦法，由中央主管機關會同相關機關定之。

第二四條 （單獨設置之禮廳及靈堂使用限制）

單獨設置之禮廳及靈堂不得供屍體處理或舉行殯、殯儀式；除出殯日舉行奠、祭儀式外，不得停放屍體棺柩。

第二五條 （屍體埋葬、骨骸起掘及骨灰火化之處理方式）

①公墓不得收葬未經核發埋葬許可證明之屍體或骨灰。骨灰（骸）存放設施不得收存未檢附火化許可證明、起掘許可證明或其他相關證明之骨灰（骸）。火化場或移動式火化設施，不得火化未經核發火化許可證明之屍體。但依法遷葬者，不在此限。

②申請埋葬、火化許可證明者，應檢具死亡證明文件，向直轄市、市或鄉（鎮、市）主管機關或其委託之機關申請核發。但於縣設

置、經營之公墓或火化場埋葬或火化者，向縣主管機關申請之。

第二六條 （墓區、墓基之劃分及面積之限制）

①公墓內應依地形劃分墓區，每區內劃定若干墓基，編定墓基號次，每一墓基面積不得超過八平方公尺。但二棺以上合葬者，每增加一棺，墓基得放寬四平方公尺。其屬埋藏骨灰者，每一骨灰盒（罐）用地面積不得超過零點三六平方公尺。

②直轄市、縣（市）主管機關為節約土地利用，得考量實際需要，酌減前項面積。

第二七條 （棺柩埋葬深度及墓頂高度）

①埋葬棺柩時，其棺面應深入地面以下至少七十公分，墓頂最高不得超過地面一公尺五十公分，墓穴並應嚴密封固。但因地方風俗或地質條件特殊報經直轄市、縣（市）主管機關核准者，不在此限。其墓頂最高不得超過地面二公尺。

②埋藏骨灰者，應以平面式為之。但以公共藝術之造型設計，經直轄市、縣（市）主管機關核准者，不在此限。

第二八條 （公墓墓基及骨灰（骸）存放設施之使用年限及期限屆滿之處理方式）

①直轄市、縣（市）或鄉（鎮、市）主管機關得經同級立法機關議決，規定公墓墓基及骨灰（骸）存放設施之使用年限。

②前項埋葬屍體之墓基使用年限屆滿時，應通知遺族檢骨存放於骨灰（骸）存放設施或火化處理之。埋藏骨灰之墓基及骨灰（骸）存放設施使用年限屆滿時，應通知遺族依規定之骨灰拋灑、植存或其他方式處理之。無遺族或遺族不處理者，由經營者存放於骨灰（骸）存放設施或以其他方式處理之。

第二九條 （墳墓起掘許可之要件）

公墓內之墳墓棺柩、屍體或骨灰（骸），非經直轄市、縣（市）、鄉（鎮、市）主管機關或其委託之機關核發起掘許可證明者，不得起掘。但依法遷葬者，不在此限。

第三〇條 （無主墳墓之確認起掘與處理方式）

直轄市、縣（市）或鄉（鎮、市）主管機關對轄區內公立公墓內或其他公有土地上之無主墳墓，得經公告三個月確認後，予以起掘為必要處理後，火化或存放於骨灰（骸）存放設施。

第三一條 （殯葬設施更新遷移之事由及辦理計畫之核准備查）

①公立殯葬設施有下列情形之一者，得擬具更新、遷移計畫，報經直轄市、縣（市）主管機關核准後辦理更新、遷移；其由直轄市、縣（市）主管機關辦理者，報請中央主管機關備查：

一　不敷使用。

二　遭遇天然災害致全部或一部無法使用。

三　全部或一部地形變更。

四　其他特殊情形。

②前項涉及殯葬設施之設置、擴充、增建或改建者，應依第六條規定辦理。

③符合第一項各款規定情形之私立殯葬設施，其更新或遷移計畫，應報請直轄市、縣（市）主管機關核准。

第三二條 （公立殯葬設施廢止之核准備查）

①公立殯葬設施因情事變更或特殊情形致無法或不宜繼續使用者，得擬具廢止計畫，報請直轄市、縣（市）主管機關核准；其由直轄市、縣（市）主管機關辦理者，應報請中央主管機關備查。

②前項廢止計畫，應載明下列事項：

一　殯葬設施名稱及地點。

二　廢止之原因。

三　預定廢止之期日。

四　殯葬設施之使用現況。

五　善後處理措施。

③公立公墓或骨灰（骸）存放設施，應於遷移完竣後，始得廢止。

第三三條 （公墓及骨灰（骸）存放設施登記簿之設置）

公墓、骨灰（骸）存放設施應設置登記簿永久保存，並登載下列事項：

一　墓基或骨灰（骸）存放單位編號。

二　營葬或存放日期。

三　受葬者之姓名、性別、出生地及生死年月日。

四　墓主或存放者之姓名、國民身分證統一編號、出生地、住址與通訊處及其與受葬者之關係。

五　其他經主管機關指定應記載之事項。

第三四條 （殯葬設施內設施之維護及設施損壞之通知）

①殯葬設施內之各項設施，經營者應妥為維護。

②公墓內之墳墓及骨灰（骸）存放設施內之骨灰（骸）櫃，其有損壞者，經營者應即通知墓主或存放者。

第三五條 （管理費專戶之設置及支出用途之限制）

①私立公墓、骨灰（骸）存放設施經營者向墓主及存放者收取之費用，應明定管理費，並以管理費設立專戶，專款專用。本條例施行前已設置之私立公墓、骨灰（骸）存放設施，亦同。

②前項管理費之金額、收取方式及其用途，殯葬設施經營者應於書面契約中載明。

③第一項專戶之支出用途，以下列各款為限：

一　維護設施安全、整潔。

二　舉辦祭祀活動。

三　內部行政管理。

四　定型化契約所載明由管理費支應之費用。

④第一項管理費專戶之設立、收支、管理、運用、查核及其他應遵行事項之辦法，由中央主管機關定之。

第三六條 （成立殯葬設施經營管理基金）

私立或以公共造產設置之公墓、骨灰（骸）存放設施經營者，應將管理費以外之其他費用，提撥百分之二，交由直轄市、縣

（市）主管機關，成立殯葬設施經營管理基金，支應重大事故發生或經營不善致無法正常營運時之修護、管理等費用。本條例施行前已設置尚未出售之私立公墓、骨灰（骸）存放設施，自本條例施行後，亦同。

第三七條　（按月提撥基金）

私立或以公共造產設置之公墓、骨灰（骸）存放設施經營者，應按月將前條規定提撥之款項繕造交易清冊後，於次月底前交付直轄市、縣（市）主管機關。

第三八條　（殯葬設施管理之查核及評鑑獎勵）

① 直轄市、縣（市）主管機關對轄區內殯葬設施，應定期查核管理情形，並辦理評鑑及獎勵。

② 前項查核、評鑑及獎勵之自治法規，由直轄市、縣（市）主管機關定之。

第三九條　（遷葬之認定與補償費、救濟金之發給）

① 墳墓因情事變更致有妨礙軍事設施、公共衛生、都市發展或其他公共利益之虞，經直轄市、縣（市）主管機關轉請目的事業主管機關認定屬實者，應予遷葬。但經公告為古蹟者，不在此限。

② 前項應行遷葬之合法墳墓，應發給遷葬補償費；其補償基準，由直轄市、縣（市）主管機關定之。但非依法設置之墳墓得發給遷葬救濟金；其要件及標準由直轄市、縣（市）主管機關定之。

第四〇條　（公墓禁葬之公告）

① 直轄市、縣（市）或鄉（鎮、市）主管機關對其經營管理之公墓，為更新、遷移、廢止或其他公益需要，得公告其全部或一部禁葬。

② 經公告禁葬公墓之全部或一部，於禁葬期間不得埋葬屍體或埋藏骨灰。

③ 鄉（鎮、市）主管機關為第一項公告，應報請縣主管機關備查。

第四一條　（遷葬之程序及屆期未遷葬之處理）

① 直轄市、縣（市）或鄉（鎮、市）主管機關應依下列程序辦理遷葬：

一　公告限期自行遷葬；遷葬期限自公告日起，至少應有三個月之期間。

二　於應行遷葬墳墓前樹立標誌。

三　以書面通知墓主。無主墳墓，毋庸通知。

② 墓主屆期未遷葬者，除有特殊情形提出申請，經直轄市、縣（市）或鄉（鎮、市）主管機關核准延期者外，準用第三十條規定處理之。

第四章　殯葬服務業之管理及輔導

第四二條　（殯葬服務業之許可、登記與開始營業期限）

① 經營殯葬服務業，應向所在地直轄市、縣（市）主管機關申請經營許可後，依法辦理公司或商業登記，並加入殯葬服務業之公

②本條例施行前已依公司法或商業登記法辦理登記之殯葬場所開發租售業及殯葬服務業，並已報經所在地直轄市、縣（市）主管機關備查者，視同取得前項許可。

③殯葬禮儀服務業於前二項許可設立之直轄市、縣（市）外營業者，應持原許可經營證明報請營業所在地直轄市、縣（市）主管機關備查，始得營業。但其設有營業處所營業者，並應加入該營業處所所在地之直轄市、縣（市）殯葬業公會後，始得營業。

④殯葬設施經營業應加入該殯葬設施所在地之直轄市、縣（市）殯葬業公會，始得營業。

⑤第一項規定以外之其他法人依其設立宗旨，從事殯葬服務業，應向所在地直轄市、縣（市）主管機關申請經營許可，領得經營許可證書，並加入所在地之殯葬服務業公會，始得營業；其於原許可設立之直轄市、縣（市）外營業者，準用前二項規定。

⑥第一項申請經營許可之程序、事項、應具備之資格、條件及其他應遵行事項之辦法，由中央主管機關定之。

第四三條 （殯葬服務業之廢止許可）

殯葬服務業依法辦理公司、商業登記或領得經營許可證書後，應於六個月內開始營業，屆期未開始營業者，由直轄市、縣（市）主管機關廢止其許可。但有正當理由者，得申請展延，其期限以三個月爲限。

第四四條 （殯葬服務業之許可變更登記）

殯葬服務業於第四十二條申請許可事項有所變更時，應於十五日內，向許可經營之直轄市、縣（市）主管機關辦理變更登記。

第四五條 （專任禮儀師之設置）

①殯葬禮儀服務業具一定規模者，應置專任禮儀師，始得申請許可及營業。

②禮儀師應具備之資格、條件、證書之申請或換（補）發、執業管理及其他應遵行事項之辦法，由中央主管機關定之。

③第一項一定規模，由中央主管機關於前項辦法施行後定之。

第四六條 （禮儀師得執行之業務）

①具有禮儀師資格者，得執行下列業務：

一 殯葬禮儀之規劃及諮詢。

二 殮殯葬會場之規劃及設計。

三 指導喪葬文書之設計及撰寫。

四 指導或擔任出殯殮會場司儀。

五 臨終關懷及悲傷輔導。

六 其他經中央主管機關核定之業務項目。

②未取得禮儀師資格者，不得以禮儀師名義執行前項各款業務。

第四七條 （殯葬服務業負責人之消極資格）

①有下列各款情形之一，不得充任殯葬服務業負責人：

一　無行為能力或限制行為能力者。

二　受破產之宣告尚未復權者。

三　犯殺人、妨害自由、搶奪、強盜、恐嚇取財、擄人勒贖、詐欺、背信、侵占罪、性侵害犯罪防治法第二條所定之罪、組織犯罪防制條例第三條第一項、第二項、第六項、第九條之罪，經受有期徒刑一年以上刑之宣告確定，尚未執行完畢或執行完畢或赦免後未滿三年者。但受緩刑宣告者，不在此限。

四　受感訓處分之裁定確定，尚未執行完畢或執行完畢未滿三年者。

五　曾經營殯葬服務業，經主管機關廢止或撤銷許可，自廢止或撤銷之日起未滿五年者。但第四十三條所定屆期未開始營業或第五十七條所定自行停止業務者，不在此限。

六　受第七十五條第三項所定之停止營業處分，尚未執行完畢者。

②殯葬服務業之負責人有前項各款情形之一者，由直轄市、縣（市）主管機關令其限期變更負責人；逾期未變更負責人者，廢止其許可。

第四八條　（服務資訊及收費標準之展示）

殯葬服務業應將相關證照、商品或服務項目、價金或收費基準表公開展示於營業處所顯著處，並備置收費基準表。

第四九條　（書面契約之訂定）

①殯葬服務業就其提供之商品或服務，應與消費者訂定書面契約。書面契約未載明之費用，無請求權；並不得於契約簽訂後，巧立名目，強索增加費用。

②前項書面契約之格式、內容，中央主管機關應訂定定型化契約範本及其應記載及不得記載事項。

③殯葬服務業應將中央主管機關訂定之定型化契約書範本公開並印製於收據憑證或交付消費者，除另有約定外，視為已依第一項規定與消費者訂定。

第五〇條　（生前殯葬服務契約之簽訂）

①非依第四十二條規定經直轄市、縣（市）主管機關許可經營殯葬禮儀服務業之公司，不得與消費者簽訂生前殯葬服務契約。

②與消費者簽訂生前殯葬服務契約之公司，須具一定規模；其應備具一定規模之證明、生前殯葬服務定型化契約與及與信託業簽訂之信託契約副本，報請直轄市、縣（市）主管機關核准後，始得與消費者簽訂生前殯葬服務契約。

③前項生前殯葬服務契約，中央主管機關應訂定定型化契約範本及其應記載及不得記載事項；一定規模，由中央主管機關定之。

第五一條　（生前殯葬服務費用信託契約）

①殯葬禮儀服務業與消費者簽訂生前殯葬服務契約，其有預先收取費用者，應將該費用百分之七十五，依信託本旨交付信託業管

理。除生前殯葬服務契約之履行、解除、終止或本條例另有規定外，不得提領。

②前項費用，指消費者依生前殯葬服務契約所支付之一切對價。

③殯葬禮儀服務業應將第一項交付信託業管理之費用，按月逐筆結算造冊後，於次月底前交付信託業管理。

④中央主管機關對於第一項信託契約，應會商信託業目的事業主管機關，訂定定型化契約範本及其應記載及不得記載事項。

第五二條 （交付信託業管理費用之運用範圍）

①依前條第一項規定交付信託業管理之費用，其運用範圍以下列各款爲限：

一 現金及銀行存款。

二 政府債券、經中央銀行及行政院金融監督管理委員會核准之國際金融組織來臺發行之債券。

三 以前款爲標的之附買回交易。

四 經中央主管機關認定之一定等級以上信用評等之金融債券、公司債、短期票券、依金融資產證券化條例及不動產證券化條例發行之受益證券或資產基礎證券。

五 貨幣市場共同信託基金、貨幣市場證券投資信託基金。

六 債券型基金。

七 前二款以外之其他共同信託基金或證券投資信託基金。

八 依信託業法第十八條之一第二項所定信託業運用信託財產於外國有價證券之範圍。

九 經核准設置之殯儀館、火化場需用之土地、營建及相關設施費用。

②前項第七款至第九款合計之投資總額不得逾投資時信託財產價值之百分之三十；第九款之投資總額不得逾投資時信託財產當時價值之百分之二十五。

③第一項第九款殯儀館或火化場設置所需費用之認定、管理及其他應行遵行事項之辦法，由中央主管機關定之。

第五三條 （殯葬禮儀服務業交付信託業管理費用之結算及報告）

①殯葬禮儀服務業依第五十一條第一項規定交付信託業管理之費用，信託業應於每年十二月三十一日結算一次。經結算未達預先收取費用之百分之七十五者，殯葬禮儀服務業應以現金補足其差額；已逾預先收取費用之百分之七十五者，得提領其已實現之收益。

②前項結算應將未實現之損失計入。

③第一項之結算，信託業應於次年一月三十一日前將結算報告送直轄市、縣（市）主管機關。

第五四條 （信託契約終止或解除之保障、信託業應退費用之情形與退還比例）

①殯葬禮儀服務業解除或終止依第五十一條第一項規定與信託業簽

訂之信託契約時，應指定新受託人；其信託財產由原受託人結算後，移交新受託人，於未移交新受託人前，其信託契約視爲存續，由原受託人依原信託契約管理之。

②殯葬禮儀服務業破產時，其依第五十一條第一項規定交付信託業管理之財產，不屬於破產財團。

③殯葬禮儀服務業有下列情形之一時，其依第五十一條第一項規定交付信託業管理之財產，由信託業者報經直轄市、縣（市）主管機關核准後，退還與殯葬禮儀服務業簽訂生前殯葬服務契約且尚未履行完畢之消費者：

一　破產。

二　依法解散，或經直轄市、縣（市）主管機關廢止其許可。

三　自行停止營業連續六個月以上，或經直轄市、縣（市）主管機關勒令停業逾六個月以上。

四　經向直轄市、縣（市）主管機關申請停業期滿後，逾三個月未申請復業。

五　與信託業簽訂之信託契約因故解除或終止後逾六個月未指定新受託人。

④消費者依前項領回金額以其簽訂生前殯葬服務契約已繳之費用爲原則。但信託財產處分後不足支付全部未履行消費者已繳費用時，依消費者繳款比例領回。

第五五條　（主管機關之查核與資訊公開）

①直轄市、縣（市）主管機關爲瞭解殯葬服務業依第三十五條規定提撥之款項、依第五十一條至前條規定預收生前殯葬服務契約之費用收支及交付信託之情形，得隨時派員或委託專業人員查核之，受查核者不得規避、妨礙或拒絕。

②前項查核結果，直轄市、縣（市）主管機關得公開相關資訊。

第五六條　（生前殯葬服務契約及殯葬設施之代售與相關資訊之備查）

①殯葬禮儀服務業得委託公司、商業代爲銷售生前殯葬服務契約；殯葬設施經營業除其他法令另有規定外，銷售墓基、骨灰（骸）存放單位，亦同。

②殯葬服務業應備具銷售墓基、骨灰（骸）存放單位、生前殯葬服務契約之營業處所及依前項受委託之公司、商業相關文件，報請直轄市、縣（市）主管機關備查，並公開相關資訊。受委託之公司、商業亦動同。

③前項應公開資訊及其他應遵行事項之辦法，由中央主管機關定之。

第五七條　（暫停營業之申請及自行停止營業之處置）

①殯葬服務業預定暫停營業三個月以上者，應於停止營業之日十五日前，以書面向直轄市、縣（市）主管機關申請停業；並應於期限屆滿十五日前申請復業。

②前項暫停營業期間，以一年爲限。但有特殊情形者，得向直轄

市、縣（市）主管機關申請展延一次，其期間以六個月為限。

③殯葬服務業開始營業後自行停止營業連續六個月以上，或暫停營業期滿未申請復業者，直轄市、縣（市）主管機關得廢止其許可。

第五八條　（殯葬服務業之評鑑及獎勵）

①直轄市、縣（市）主管機關對殯葬服務業應定期實施評鑑，經評鑑成績優良者，應予獎勵。

②前項評鑑及獎勵之自治法規，由直轄市、縣（市）主管機關定之。

第五九條　（殯葬服務業公會業務觀摩及教育訓練之舉辦）

殯葬服務業之公會每年應自行或委託學校、機構、學術社團，舉辦殯葬服務業務觀摩交流及教育訓練課程

第六○條　（殯葬服務業之講習或訓練）

①殯葬服務業得視實際需要，指派所屬員工參加殯葬講習或訓練。

②前項參加講習或訓練之紀錄，列入評鑑殯葬服務業之評鑑項目。

第五章　殯葬行為之管理

第六一條　（殯葬事宜之預立遺囑或意願書）

①成年人且有行為能力者，得於生前就其死亡後之殯葬事宜，預立遺囑或以填具意願書之形式表示之。

②死者生前曾為前項之遺囑或意願書者，其家屬或承辦其殯葬事宜者應予尊重。

第六二條　（使用道路搭棚治喪之核准與規定）

①辦理殯葬事宜，如因殯儀館設施不足需使用道路搭棚者，應擬具使用計畫報經當地警察機關核准，並以二日為限。但直轄市或縣（市）主管機關有禁止使用道路搭棚規定者，從其規定。

②前項管理之自治法規，由直轄市、縣（市）主管機關定之。

第六三條　（殯葬服務業提供或媒介非法殯葬設施之禁止）

①殯葬服務業不得提供或媒介非法殯葬設施供消費者使用。

②殯葬服務業不得擅自進入醫院招攬業務；未經醫院或家屬同意，不得搬移屍體。

第六四條　（醫院太平間之設置）

①醫院依法設太平間者，對於在醫院死亡者之屍體，應負責安置。

②醫院得劃設適當空間，暫時停放屍體，供家屬助念或悲傷撫慰之用。

③醫院不得拒絕死亡者之家屬或其委託之殯葬禮儀服務業領回屍體；並不得拒絕使用前項設之空間。

第六五條　（醫院禁止附設殯葬設施及過渡之規定）

醫院不得附設殮、殯、奠、祭設施。但本條例於中華民國一百年十二月十四日修正之條文施行前已經核准附設之殮、殯、奠、祭設施，得於本條例修正施行後繼續使用五年，並不得擴大其規模；其管理及其他應遵行事項之辦法，由中央衛生主管機關會商中央

主管機關定之。

第六六條 （醫院設置或委託經營殯葬設施之服務項目及收費基準規範）

①前二條所定空間及設施，醫院得委託他人經營。自行經營者，應將服務項目及收費基準表公開展示於明顯處；委託他人經營者，醫院應於委託契約定明服務項目、收費基準表及應遵行事項。

②前項受託經營者應將服務項目及收費基準表公開展示於明顯處。除經消費者同意支付之項目外，不得額外請求其他費用，並不得有第六十四條第三項行為。

第六七條 （出殯行經路線之報請備查）

殯葬禮儀服務業就其承攬之殯葬服務至遲應於出殯前一日，將出殯行經路線報請辦理殯葬事宜所在地警察機關備查。

第六八條 （妨礙公眾安寧之禁止）

殯葬禮儀服務業提供之殯葬服務，不得有製造噪音、深夜喧嘩或其他妨礙公眾安寧、善良風俗之情事，且不得於晚間九時至翌日上午七時間使用擴音設備。

第六九條 （憲警人員轉介承攬服務之禁止）

①憲警人員依法處理意外事件或不明原因死亡之屍體程序完結後，除經家屬認領，自行委託殯葬禮儀服務業者承攬服務者外，應即通知轄區或較近之公立殯儀館辦理屍體運送事宜，不得擅自轉介或縱容殯葬服務業逕行提供服務。

②公立殯儀館接獲前項通知後，應即自行或委託殯葬禮儀服務業運送屍體至殯儀館後，依相關規定處理。

③非依前二項規定或未經家屬同意，自行運送屍體者，不得請求任何費用。

④第一項屍體無家屬認領者，其處理之自治法規，由直轄市、縣（市）主管機關定之。

第七〇條 （骨灰（骸）存放、埋葬或火化屍體之規定）

埋葬屍體，應於公墓內為之；骨灰或起掘之骨骸除本條例另有規定外，應存放於骨灰（骸）存放設施或火化處理；火化屍體，應於火化場或移動式火化設施為之。

第七一條 （私人墳墓及既存墳墓設置、修繕之規定）

①本條例施行前依法設置之私人墳墓及墳墓設置管理條例施行前既存之墳墓，於本條例施行後僅得依原墳墓形式修繕，不得增加高度及擴大面積。

②直轄市、縣（市）或鄉（鎮、市）主管機關經依第二十八條規定公墓墓基及骨灰（骸）存放設施之使用年限者，其轄區內私人墳墓之使用年限及使用年限屆滿之處理，準用同條規定。

第七二條 （合法墳墓繼續存放之規定）

①本條例施行前公墓內既存供家族集中存放骨灰（骸）之合法墳墓，於原規劃容納數量範圍內，得繼續存放，並不得擴大其規模。

②前項合法墳墓之修繕，準用前條第一項規定；其使用年限及使用年限屆滿之處理，準用第二十八條規定。

第六章　罰　則

第七三條　（罰則）

①殯葬設施經營業違反第六條第一項或第三項規定，未經核准或未依核准之內容設置、擴充、增建、改建殯葬設施，或違反第二十條第一項規定擅自啟用、販售墓基或骨灰（骸）存放單位，處新臺幣三十萬元以上一百五十萬元以下罰鍰，並限期改善或補辦手續；屆期仍未改善或補辦手續者，得按次處罰，情節重大或拒不遵從者，得令其停止開發、興建、營運或販售墓基、骨灰（骸）存放單位、強制拆除或回復原狀。未經核准，擅自使用移動式火化設施經營火化業務，或火化地點未符第二十三條第一項規定者，亦同。

②殯葬設施經營業違反第七條第三項規定未於開工後五年內完工者，處新臺幣十萬元以上五十萬元以下罰鍰，並限期完工；屆期仍未完工者，得按次處罰，其情節重大者，得廢止其核准。

③前二項之處罰，無殯葬設施經營業者，處罰設置、擴充、增建或改建者；無設置、擴充、增建或改建者，處罰販售者。

第七四條　（罰則）

①經營移動式火化設施之負責人或其受僱人執行火化業務發生違法情事，經檢察官提起公訴、聲請簡易判決處刑、緩起訴或依刑事訴訟法第二百五十三條、第二百五十四條規定為不起訴處分者，直轄市、縣（市）主管機關應禁止該設施繼續使用。但受無罪判決確定者，不在此限。

②移動式火化設施經營者違反第二十三條第二項所定辦法所定有關設置、使用及管理之強制或禁止規定者，處新臺幣三萬元以上十五萬元以下罰鍰，並令其限期改善，屆期仍未改善者，得按次處罰並禁止其繼續使用，情節重大者，得廢止該設施之設置許可。

第七五條　（罰則）

①殯葬設施經營業或其受僱人違反第二十四條規定者，處新臺幣三萬元以上十五萬元以下罰鍰，並令其立即改善；拒不改善者，得按次處罰。其情節重大者，得廢止其禮廳及靈堂設置許可。

②殯葬設施經營業或其受僱人違反第二十五條第一項規定，擅自收葬、收存或火化屍體、骨灰（骸）者，處新臺幣三十萬元以上一百五十萬元以下之罰鍰。

③火化場違反第二十五條第一項規定火化屍體，且涉及犯罪事實者，除行為人依法送辦外，得勒令其經營者停止營業六個月至一年。其情節重大者，得廢止其殯葬設施經營業之經營許可

第七六條　（罰則）

墓主違反第二十六條第一項面積規定者，應限期改善；屆期仍未改善者，處新臺幣六萬元以上三十萬元以下罰鍰，超過面積達一

倍以上者，按其倍數處罰。

第七七條　（罰則）

墓主違反第二十七條第一項規定者，應限期改善；屆期仍未改善者，處新臺幣十萬元以上五十萬元以下罰鍰，超過高度達一倍以上者，按其倍數處罰。

第七八條　（罰則）

違反第二十九條起掘規定者，處新臺幣三萬元以上十五萬元以下罰鍰。

第七九條　（罰則）

公墓、骨灰（骸）存放設施經營者違反第三十三條規定者，應限期改善；屆期仍未改善者，處新臺幣一萬元以上五萬元以下罰鍰。就同條第二款、第四款之事項，故意為不實之記載者，處新臺幣三十萬元以上一百五十萬元以下罰鍰。

第八〇條　（罰則）

①私立公墓、骨灰（骸）存放設施經營者違反第三十五條第一項規定，未明定管理費、未設立管理費專戶或未依第二項規定於書面契約中載明管理費之金額、收取方式及其用途者，處新臺幣十萬元以上五十萬元以下罰鍰，並限期改善；屆期仍未改善者，得按次處罰。

②私立公墓、骨灰（骸）存放設施經營者違反第三十五條第三項規定支出管理費者，處新臺幣三十萬元以上一百五十萬元以下罰鍰，並限期改善；屆期仍未改善者，得按次處罰。

③私立公墓、骨灰（骸）存放設施經營者違反第三十五條第四項所定之辦法中有關專戶收支運用資料公開與更新、會計師查核簽證及相關資料報經備查之強制或禁止規定者，處新臺幣三萬元以上十五萬元以下罰鍰，並限期改善；屆期仍未改善者，得按次處罰。

第八一條　（罰則）

私立或以公共造產設置之公墓、骨灰（骸）存放設施經營者違反第三十六條規定者，依其所收取之其他費用之總額，定其罰鍰之數額處罰，並限期改善；屆期仍未改善者，得按次處罰。

第八二條　（罰則）

私立或以公共造產設置之公墓、骨灰（骸）存放設施經營者違反第三十七條規定未按月繕造清冊交付者，處新臺幣三萬元以上十五萬元以下罰鍰，並限期改善；屆期仍未改善者，依所應交付之總額定其罰鍰數額處罰。

第八三條　（罰則）

墓主違反第四十條第二項或第七十條規定者，處新臺幣三萬元以上十五萬元以下罰鍰，並限期改善；屆期仍未改善者，得按次處罰；必要時，由直轄市、縣（市）主管機關起掘火化後為適當之處理，其所需費用，向墓主徵收。

第八四條 （罰則）

經營殯葬服務業違反第四十二條第一項至第五項規定者，除勒令停業外，並處新臺幣六萬元以上三十萬元以下罰鍰；其不遵從而繼續營業者，得按次處罰。

第八五條 （罰則）

殯葬服務業違反第四十四條規定者，處新臺幣一萬元以上五萬元以下罰鍰，並限期改善；屆期仍未改善者，得按次處罰。

第八六條 （罰則）

①殯葬禮儀服務業違反第四十五條第一項規定，具一定規模而未置專任禮儀師者，處新臺幣十萬元以上五十萬元以下罰鍰，並應禁止其繼續營業；拒不遵從者，得按次加倍處罰，其情節重大者，得廢止其經營許可。

②禮儀師違反第四十五條第二項所定辦法有關執行業務規範、再訓練之強制或禁止規定者，依其情節處新臺幣二萬元以上十萬元以下罰鍰，並限期改善；屆期仍未改善者，得按次處罰，其情節重大者，得廢止原核發處分並註銷證書，三年內並不得再核發禮儀師證書。

第八七條 （罰則）

未具禮儀師資格，違反第四十六條第二項之規定以禮儀師名義執行業務者，處新臺幣六萬元以上三十萬元以下罰鍰。連續違反者，並得按次處罰。

第八八條 （罰則）

殯葬服務業違反第四十八條、第四十九條第一項或第三項規定者，應限期改善；屆期仍未改善者，處新臺幣三萬元以上十五萬元以下罰鍰，並得按次處罰。

第八九條 （罰則）

①非經直轄市、縣（市）主管機關許可經營殯葬禮儀服務業之公司違反第五十條第一項規定，與消費者簽訂生前殯葬服務契約者，處新臺幣六十萬元以上三百萬元以下罰鍰，並得按次處罰；其代理人或受僱人，亦同。

②殯葬禮儀服務業違反第五十條第二項規定未具一定規模或未經核准與消費者簽訂生前殯葬服務契約者，處新臺幣六萬元以上三十萬元以下罰鍰，並限期改善；屆期仍未改善者，得按次處罰，其情節重大者，得廢止其經營許可。

第九○條 （罰則）

①殯葬禮儀服務業違反第五十一條第一項規定，處新臺幣二十萬元以上一百萬元以下罰鍰，並限期改善；屆期仍未改善者，得按次處罰，其情節重大者，得廢止其經營許可。

②殯葬禮儀服務業違反第五十一條第三項規定者，處新臺幣三萬元以上十五萬元以下罰鍰，並限期改善；屆期仍未改善者，得按次處罰。

第九一條 （罰則）

殯葬禮儀服務業違反第五十二條第一項交付信託業管理之費用運用範圍規定者，處新臺幣二十萬元以上一百萬元以下罰鍰，並限期改善；屆期仍未改善者，得按次處罰。

第九二條 （罰則）

殯葬禮儀服務業違反第五十三條第一項後段補足差額規定或第五十四條第一項規定未指定新受託人規定者，處新臺幣六萬元以上三十萬元以下罰鍰，並限期改善；屆期未改善者，得按次處罰，並得廢止其經營許可。

第九三條 （罰則）

信託業違反第五十三條第三項規定未送結算報告者，處新臺幣三萬元以上十五萬元以下罰鍰，並限期改善；屆期未改善者，得按次處罰。

第九四條 （罰則）

殯葬服務業違反第五十五條第一項規定規避、妨礙或拒絕查核者，處新臺幣六萬元以上三十萬元以下罰鍰。

第九五條 （罰則）

殯葬服務業違反第五十六條第一項規定委託公司、商業以外之人代為銷售，或違反第二項規定者，處新臺幣三萬元以上十五萬元以下罰鍰，並限期改善；屆期未改善者，得按次處罰。

第九六條 （罰則）

①殯葬服務業違反第五十七條第一項、第六十二條第一項、第六十三條、第六十七條或第六十八條規定者，處新臺幣三萬元以上十五萬元以下之罰鍰，並限期改善；屆期仍未改善者，得按次處罰，情節重大者，得廢止其許可。

②醫院違反第六十四條第一項或第三項規定者，處新臺幣六萬元以上三十萬元以下罰鍰。

③醫院或其受託經營者違反第六十六條規定，除未將服務項目及收費基準表公開展示於明顯處者，處新臺幣三萬元以上十五萬元以下罰鍰外，其餘處新臺幣六萬元以上三十萬元以下罰鍰。

④醫院或其受託經營者違反第六十四條第三項或第六十六條第二項規定者，經處罰累計達三次者，直轄市、縣（市）主管機關應轉請直轄市、縣（市）衛生主管機關廢止該醫院附設殮、殯、奠、祭設施之核准。

⑤第二項、第三項規定應處之罰鍰，於私立醫院，處罰其負責醫師。

第九七條 （罰則）

①醫院違反第六十五條規定附設殮、殯、奠、祭設施者，處新臺幣三十萬元以上一百五十萬元以下罰鍰，並令設施停止營運；繼續營運者，得按次處罰。

②本條例中華民國一百年十二月十四日修正之條文施行前已經核准附設殮、殯、奠、祭設施之醫院違反第六十五條規定擴大其規模

者，處新臺幣三十萬元以上一百五十萬元以下罰鍰，並限期改善；屆期仍未改善者，得按次處罰。

③依前二項規定所處之罰鍰，於私立醫院，處罰其負責醫師。

第九八條 （罰則）

憲警人員違反第六十九條第一項規定者，除移送所屬機關依法懲處外，並處新臺幣三萬元以上十五萬元以下罰鍰。

第九九條 （罰則）

墓主違反第七十一條第一項前段或第七十二條第二項規定，修繕逾越原墳墓之面積或高度者，經限期改善，屆期仍未改善者，處新臺幣六萬元以上三十萬元以下罰鍰，超過面積或高度達一倍以上者，按其倍數處罰。

第七章 附 則

第一〇〇條 （殯葬設施管理計畫之擬訂及預算編列）

為落實殯葬設施管理，推動公墓公園化、提高殯葬設施服務品質及鼓勵火化措施，主管機關應擬訂計畫，編列預算執行之。

第一〇一條 （處理殯葬相關事務之審議及諮詢）

為處理殯葬設施之設置、經營、骨灰拋灑、植存區域範圍之劃定等相關事宜，直轄市及縣（市）主管機關得邀集專家學者、公正人士或相關人員審議或諮詢之。

第一〇二條 （寺廟及宗教團體所屬之公墓、骨灰（骸）存放設施等得就地原規模修建之規定）

①本條例公布施行前募建之寺院、宮廟及宗教團體所屬之公墓、骨灰（骸）存放設施及火化設施得繼續使用，其有損壞者，得於原地修建，並不得增加高度及擴大面積。

②本條例公布施行前私建之寺院、宮廟，變更登記為募建者，準用前項規定。

第一〇三條 （殯葬禮儀服務業置殯葬禮儀師之過渡措施）

殯葬禮儀服務業達第四十五條第三項所定之一定規模者，於第四十五條第二項所定辦法發布施行後三年內得繼續營業，期間屆滿前，應補送聘禮儀師證明，經主管機關備查，始得繼續營業。

第一〇四條 （施行細則）

本條例施行細則，由中央主管機關定之。

第一〇五條 （施行日）

本條例施行日期，由行政院定之。

祭祀公業條例

民國 96 年 12 月 12 日總統令制定公布全文 60 條。
民國 97 年 5 月 79 日行政院令發布定自 97 年 7 月 1 日施行。

第一章　總　則

第一條　（立法目的）

爲祭祀祖先發揚孝道，延續宗族傳統及健全祭祀公業土地地籍管理，促進土地利用，增進公共利益，特制定本條例。

第二條　（主管機關）

①本條例所稱主管機關：在中央爲內政部；在直轄市爲直轄市政府；在縣（市）爲縣（市）政府；在鄉（鎮、市）爲鄉（鎮、市）公所。

②主管機關之權責劃分如下：

一　中央主管機關：

　（一）祭祀公業制度之規劃與相關法令之研擬及解釋。

　（二）對地方主管機關祭祀公業業務之監督及輔導。

二　直轄市、縣（市）主管機關：

　（一）祭祀公業法人登記事項之審查。

　（二）祭祀公業法人業務之監督及輔導。

三　鄉（鎮、市）主管機關：本條例施行前已存在之祭祀公業，其申報事項之處理、派下全員證明書之核發及變動事項之處理。

③前項第三款之權責於直轄市或市，由直轄市或市主管機關主管。

④本條例規定由鄉（鎮、市）公所辦理之業務，於直轄市或市，由直轄市或市之區公所辦理。

⑤第二項未列舉之權責遇有爭議時，除本條例或其他法律另有規定者外，由中央主管機關會商直轄市、縣（市）主管機關決定之。

第三條　（用詞定義）

本條例用詞定義如下：

一　祭祀公業：由設立人捐助財產，以祭祀祖先或其他享祀人爲目的之團體。

二　設立人：捐助財產設立祭祀公業之自然人或團體。

三　享祀人：受祭祀公業所奉祀之人。

四　派下員：祭祀公業之設立人及繼承其派下權之人；其分類如下：

　（一）派下全員：祭祀公業或祭祀公業法人自設立起至目前止之全體派下員。

　　　㈡派下現員：祭祀公業或祭祀公業法人目前仍存在之派下員。

五　派下權：祭祀公業或祭祀公業法人所屬派下員之權利。

六　派下員大會：由祭祀公業或祭祀公業法人派下現員組成，以議決規約、業務計畫、預算、決算、財產處分、設定負擔及選任管理人、監察人。

第四條　（本條例施行前已存在祭祀公業之派下員資格）

①本條例施行前已存在之祭祀公業，其派下員依規約定之。無規約或規約未規定者，派下員爲設立人及其男系子孫（含養子）。

②派下員無男系子孫，其女子未出嫁者，得爲派下員。該女子招贅夫或未招贅生有男子或收養男子冠母姓者，該男子亦得爲派下員。

③派下之女子、養女、贅婿等有下列情形之一者，亦得爲派下員：

一　經派下現員三分之二以上書面同意。

二　經派下員大會派下現員過半數出席，出席人數三分之二以上同意通過。

第五條　（本條例施行後派下員之繼承）

本條例施行後，祭祀公業及祭祀公業法人之派下員發生繼承事實時，其繼承人應以共同承擔祭祀者列爲派下員。

第二章　祭祀公業之申報

第六條　（祭祀公業之申報）

①本條例施行前已存在，而未依祭祀公業土地清理要點或臺灣省祭祀公業土地清理辦法之規定申報並核發派下全員證明書之祭祀公業，其管理人應向該祭祀公業不動產所在地之鄉（鎮、市）公所（以下簡稱公所）辦理申報。

②前項祭祀公業無管理人、管理人行方不明或管理人拒不申報者，得由派下現員過半數推舉派下現員一人辦理申報。

第七條　（清查土地造冊公告）

直轄市、縣（市）地政機關應自本條例施行之日起一年內清查祭祀公業土地並造冊，送公所公告九十日，並通知尚未申報之祭祀公業，應自公告之日起三年內辦理申報。

第八條　（申請書及檢附文件）

①第六條之祭祀公業，其管理人或派下員申報時應填具申請書，並檢附下列文件：

一　推舉書。但管理人申報者，免附。

二　沿革。

三　不動產清冊及其證明文件。

四　派下全員系統表。

五　派下全員戶籍謄本。

六　派下現員名冊。

七　原始規約。但無原始規約者，免附。

②前項第五款派下全員戶籍謄本，指戶籍登記開始實施後，至申報時全體派下員之戶籍謄本。但經戶政機關查明無該派下員戶籍資料者，免附。

第九條 （祭祀公業之申報）

祭祀公業土地分屬不同直轄市、縣（市）、鄉（鎮、市）者，應向該最大土地所在之公所申報；受理申報之公所應通知祭祀公業其他土地所在之公所會同審查。

第一〇條 （文件之審查及補正）

①公所受理祭祀公業申報後，應就其所附文件予以書面審查；其有不符者，應通知申報人於三十日內補正；屆期不補正或經補正仍不符者，駁回其申報。

②同一祭祀公業有二人以上申報者，公所應通知當事人於三個月內協調以一人申報，屆期協調不成者，由公所通知當事人於一個月內向法院提起確認之訴並陳報公所，公所應依法院確定判決辦理；屆期未起訴者，均予駁回。

第一一條 （公告事項）

公所於受理祭祀公業申報後，應於公所、祭祀公業土地所在地之村（里）辦公處公告，陳列派下現員名冊、派下全員系統表、不動產清冊，期間為三十日，並將公告文副本及派下現員名冊、派下全員系統表、不動產清冊交由申報人於公告之日起刊登當地通行之一種新聞紙連續三日，並於直轄市、縣（市）主管機關及公所電腦網站刊登公告文三十日。

第一二條 （提出異議）

①祭祀公業派下現員或利害關係人對前條公告事項有異議者，應於公告期間內，以書面向公所提出。

②公所應於異議期間屆滿後，將異議書轉知申報人自收受之日起三十日內申復；申報人未於期限內提出申復書者，駁回其申報。

③申報人之申復書繕本，公所應即轉知異議人；異議人仍有異議者，得自收受申復書之次日起三十日內，向法院提起確認派下權、不動產所有權之訴，並將起訴狀副本連同起訴證明送公所備查。

④申報人接受異議者，應於第二項所定三十日內更正申報事項，再報請公所公告三十日徵求異議。

第一三條 （派下全員證明書之核發）

①異議期間屆滿後，無人異議或異議人收受申復書屆期未向公所提出法院受理訴訟之證明者，公所應核發派下全員證明書；其經向法院起訴者，俟各法院均判決後，依確定判決辦理。

②前項派下全員證明書，包括派下現員名冊、派下全員系統表及不動產清冊。

第一四條 （規約之訂定及變更）

①祭祀公業無原始規約者，應自派下全員證明書核發之日起一年內，訂定其規約。

②祭祀公業原始規約內容不完備者，應自派下全員證明書核發之日起一年內，變更其規約。

③規約之訂定及變更應有派下現員三分之二以上之出席，出席人數四分之三以上之同意或經派下現員三分之二以上之書面同意，並報公所備查。

第一五條　（規約記載事項）

祭祀公業規約應記載下列事項：
一　名稱、目的及所在地。
二　派下權之取得及喪失。
三　管理人人數、權限、任期、選任及解任方式。
四　規約之訂定及變更程序。
五　財產管理、處分及設定負擔之方式。
六　解散後財產分配之方式。

第一六條　（管理人、監察人之選任及解任）

①祭祀公業申報時無管理人者，應自派下全員證明書核發之日起一年內選任管理人，並報公所備查。

②祭祀公業設有監察人者，應自派下全員證明書核發之日起一年內選任監察人，並報公所備查。

③祭祀公業管理人、監察人之選任及備查事項，有異議者，應逕向法院提起確認之訴。

④祭祀公業管理人、監察人之選任及解任，除規約另有規定或經派下員大會議決通過者外，應經派下現員過半數之同意。

第一七條　（派下全員證明書之更正）

祭祀公業派下全員證明書核發後，管理人、派下員或利害關係人發現有漏列、誤列派下員者，得檢具派下現員過半數之同意書，並敘明理由，報經公所公告三十日無人異議後，更正派下全員證明書；有異議者，應向法院提起確認派下權之訴，公所應依法院確定判決辦理。

第一八條　（派下員變動之申辦、異議）

祭祀公業派下全員證明書核發後，派下員有變動者，管理人、派下員或利害關係人應檢具下列文件，向公所申請公告三十日，無人異議後准予備查；有異議者，依第十二條、第十三條規定之程序辦理：
一　派下全員證明書。
二　變動部分之戶籍謄本。
三　變動前後之系統表。
四　拋棄書（無人拋棄者，免附）。
五　派下員變動前後之名冊。
六　規約（無規約者，免附）。

第一九條　（管理人變動之申請備查）

祭祀公業管理人之變動，應由新管理人檢具下列證明文件，向公所申請備查，無需公告：

一 派下全員證明書。

二 規約（無規約者，免附）。

三 選任之證明文件。

第二○條 （申報文件虛偽不實駁回或撤銷證書）

祭祀公業申報時所檢附之文件，有虛偽不實經法院判決確定者，公所應駁回其申報或撤銷已核發之派下全員證明書。

第三章 祭祀公業法人之登記

第二一條 （祭祀公業法人之登記）

①本條例施行前已存在之祭祀公業，其依本條例申報，並向直轄市、縣（市）主管機關登記後，為祭祀公業法人。

②本條例施行前已核發派下全員證明書之祭祀公業，視為已依本條例申報之祭祀公業，得逕依第二十五條第一項規定申請登記為祭祀公業法人。

③祭祀公業法人有享受權利及負擔義務之能力。

④祭祀公業申請登記為祭祀公業法人後，應於祭祀公業名稱之上冠以法人名義。

第二二條 （管理人之設置）

祭祀公業法人應設管理人，執行祭祀公業法人事務，管理祭祀公業法人財產，並對外代表祭祀公業法人。管理人有數人者，其人數應為單數，並由管理人互選一人為代表人；管理事務之執行，取決於全體管理人過半數之同意。

第二三條 （監察人之設置）

祭祀公業法人得設監察人，由派下現員中選任，監察祭祀公業法人事務之執行。

第二四條 （章程記載事項）

祭祀公業法人章程，應記載下列事項：

一 名稱。

二 目的。

三 主事務所之所在地。

四 財產總額。

五 派下權之取得及喪失。

六 派下員之權利及義務。

七 派下員大會之召集、權限及議決規定。

八 管理人之人數、權限、任期、選任及解任方式。

九 設有監察人者，其人數、權限、任期、選任及解任方式。

十 祭祀事務。

十一 章程之訂定及變更程序。

十二 財產管理、處分及設定負擔之方式。

十三 定有存立期間者，其期間。

十四 解散之規定。

十五 解散後財產分配之方式。

第二五條 （申請書及檢附文件）

①祭祀公業得填具申請書，並檢附下列文件，報請公所轉報直轄市、縣（市）主管機關申請登記為祭祀公業法人：

一　派下現員過半數之同意書。

二　沿革。

三　章程。

四　載明主事務所所在地之文件；設有分事務所者，亦同。

五　管理人備查公文影本；申報前已有管理人者，並附管理人名冊。

六　監察人備查公文影本；申報前已有監察人者，並附監察人名冊；無監察人者，免附。

七　派下全員證明書。

八　祭祀公業法人圖記及管理人印鑑。

②前項祭祀公業法人圖記之樣式及規格，由中央主管機關定之。

第二六條 （法人登記證書之發給）

①直轄市、縣（市）主管機關受理祭祀公業法人登記之申請，經審查符合本條例規定者，發給祭祀公業法人登記證書。

②前項法人登記證書應於祭祀公業名稱之上冠以法人名義。

③祭祀公業法人登記證書之格式，由中央主管機關定之。

第二七條 （法人登記簿之備置及記載事項）

①直轄市、縣（市）主管機關辦理祭祀公業法人登記，應備置法人登記簿，並記載下列事項：

一　祭祀公業法人設立之目的、名稱、所在地。

二　財產總額。

三　派下現員名冊。

四　管理人之姓名及住所；定有代表法人之管理人者，其姓名。

五　設有監察人者，其姓名及住所。

六　定有存立期間者，其期間。

七　祭祀公業法人登記證書核發之日期。

八　祭祀公業法人圖記及管理人印鑑。

②祭祀公業法人登記簿之格式，由中央主管機關定之。

第二八條 （不動產所有權申請更名登記辦理期限）

①管理人應自取得祭祀公業法人登記證書之日起九十日內，檢附登記證書及不動產清冊，向土地登記機關申請，將其不動產所有權更名登記為法人所有；逾期得展延一次。

②未依前項規定期限辦理者，依第五十條第三項規定辦理。

第二九條 （祭祀公業法人登記之效力）

祭祀公業法人登記後，有應登記之事項而不登記，或已登記之事項有變更而不為變更之登記者，不得以其事項對抗第三人。

第四章　祭祀公業法人之監督

第三○條 （派下員大會之召開及議決事項）

①祭祀公業法人派下員大會每年至少定期召開一次，議決下列事項：

一 章程之訂定及變更。

二 選任管理人、監察人。

三 管理人、監察人之工作報告。

四 管理人所擬訂之年度預算書、決算書、業務計畫書及業務執行書。

五 財產處分及設定負擔。

六 其他與派下員權利義務有關之事項。

②祭祀公業法人應將派下員大會會議紀錄於會議後三十日內，報請公所轉報直轄市、縣（市）主管機關備查。

第三一條 （會議召集）

①祭祀公業法人派下員大會，由代表法人之管理人召集，並應有派下現員過半數之出席；派下現員有變動時，應於召開前辦理派下員變更登記。

②管理人認為必要或經派下現員五分之一以上書面請求，得召集臨時派下員大會。

③依前二項召集之派下員大會，由代表法人之管理人擔任主席。

④管理人未依章程或第一項及第三項規定召集會議，得由第二項請求之派下現員推舉代表召集之，並互推一人擔任主席。

第三二條 （不能成會時之同意書取得）

為執行祭祀公業事務，依章程或本條例規定應由派下員大會議決事項時，祭祀公業法人派下員大會出席人數因故未達定額者，得由代表法人之管理人取得第三十三條所定比例派下現員簽章之同意書為之。

第三三條 （祭祀公業法人派下員大會一般決議與特別決議通過之決數）

①祭祀公業法人派下員大會之決議，應有派下現員過半數之出席，出席人數過半數之同意行之；依前條規定取得同意書者，應取得派下現員二分之一以上書面之同意。但下列事項之決議，應有派下現員三分之二以上之出席，出席人數超過四分之三之同意；依前條規定取得同意書者，應取得派下現員三分之二以上書面之同意：

一 章程之訂定及變更。

二 財產之處分及設定負擔。

三 解散。

②祭祀公業法人之章程定有高於前項規定之決數者，從其章程之規定。

第三四條 （訂定及變更章程會議報請主管機關派員列席）

祭祀公業法人為訂定及變更章程召開派下員大會時，應報請直轄市、縣（市）主管機關派員列席。

第三五條 （管理人、監察人之選任及解任）

祭祀公業法人管理人、監察人之選任及解任，除章程另有規定或經派下員大會議決通過者外，應經派下現員過半數之同意。

第三六條 （管理人職權之限制）

管理人就祭祀公業法人財產之管理，除章程另有規定外，僅得為保全及以利用或改良為目的之行為。

第三七條 （派下員變更登記）

①祭祀公業法人之派下現員變動者，應檢具下列文件，報請公所轉報直轄市、縣（市）主管機關辦理派下員變更登記：

一 派下全員證明書。

二 派下員變動部分之系統表。

三 變動部分派下員之戶籍謄本。

四 派下員變動前名冊及變動後現員名冊。

五 派下權拋棄書；無拋棄派下權者，免附。

六 章程。

②前項祭祀公業法人之派下現員之變動，經直轄市、縣（市）主管機關公告三十日，無人異議者，予以備查；有異議者，依第十二條、第十三條規定之程序辦理。

第三八條 （管理人或監察人變更登記）

①祭祀公業法人管理人或監察人變動者，應檢具選任管理人或監察人證明文件，報請公所轉報直轄市、縣（市）主管機關辦理管理人或監察人變更登記。

②祭祀公業法人之管理人、監察人之選任及變更登記，有異議者，應逕向法院提起民事確認之訴。

第三九條 （不動產變更登記）

祭祀公業法人之不動產變動者，應檢具土地、建物變動證明文件及變動後不動產清冊，報請公所轉報直轄市、縣（市）主管機關辦理變更登記。

第四〇條 （圖記印鑑變更登記）

祭祀公業法人圖記或管理人印鑑變動者，應檢具新圖記、印鑑及有關資料，報請公所轉報直轄市、縣（市）主管機關辦理變更登記。

第四一條 （帳簿之設置）

①祭祀公業法人應設置帳簿，詳細記錄有關會計事項，按期編造收支報告。

②祭祀公業法人應自取得法人登記證書之日起三個月內及每年度開始前三個月，檢具年度預算書及業務計畫書，年度終了後三個月內，檢具年度決算及業務執行書，報請公所轉報直轄市、縣（市）主管機關查核。

第四二條 （監察人得隨時查核業務及財務簿冊文件）

祭祀公業法人設有監察人者，監察人得隨時查核業務執行情形及財務簿冊文件，並對管理人提出之各種表冊、計畫，向派下員大

會報告監察意見。

第四三條　（糾正並限期改善）

① 祭祀公業法人有下列情形之一者，直轄市、縣（市）主管機關應予糾正，並通知限期改善：

一　違反法令或章程規定。

二　管理運作與設立目的不符。

三　財務收支未取具合法憑證或未有完備之會計紀錄。

四　財產總額已無法達成設立目的。

② 祭祀公業法人未於前項期限內改善者，直轄市、縣（市）主管機關得解除其管理人之職務，令其重新選任管理人或廢止其登記。

第四四條　（違反法律或善良風俗者得請求解散）

祭祀公業法人之目的或其行為，有違反法律、公共秩序或善良風俗者，法院得因主管機關、檢察官或利害關係人之請求，宣告解散。

第四五條　（解散）

① 祭祀公業法人發生章程所定解散之事由或經直轄市、縣（市）主管機關廢止其登記時，解散之。

② 祭祀公業法人解散時，應由清算人檢具證明文件及財產清算計畫書，報請直轄市、縣（市）主管機關備查。

第四六條　（解散後之財產清算）

祭祀公業法人解散後，其財產之清算由管理人為之。但章程有特別規定或派下員大會另有決議者，不在此限。

第四七條　（清算人之選任）

不能依前條規定其清算人時，法院得因直轄市、縣（市）主管機關、檢察官或利害關係人之聲請，或依職權選任清算人。

第四八條　（清算人之職務）

① 清算人之職務如下：

一　了結現務。

二　收取債權、清償債務。

三　移交分配賸餘財產。

② 祭祀公業法人至清算終結止，在清算之必要範圍內，視為存續。

第五章　祭祀公業土地之處理

第四九條　（派下全員證明書核發後，不動產清冊漏列誤列之更正公告）

祭祀公業派下全員證明書核發後，管理人、派下現員或利害關係人發現不動產清冊內有漏列、誤列建物或土地者，得檢具派下現員過半數之同意書及土地或建物所有權狀影本或土地登記（簿）謄本，報經公所公告三十日無人異議後，更正不動產清冊。有異議者，應向法院提起確認不動產所有權之訴，由公所依法院確定判決辦理。

第五〇條　（派下全員證明書核發後，土地或建物之處理方式）

①祭祀公業派下全員證明書核發，經選任管理人並報公所備查後，應於三年內依下列方式之一，處理其土地或建物：

一　經派下現員過半數書面同意依本條例規定登記為祭祀公業法人，並申辦所有權更名登記為祭祀公業法人所有。

二　經派下現員過半數書面同意依民法規定成立財團法人，並申辦所有權更名登記為財團法人所有。

三　依規約規定申辦所有權變更登記為派下員分別共有或個別所有。

②本條例施行前已核發派下全員證明書之祭祀公業，應自本條例施行之日起三年內，依前項各款規定辦理。

③未依前二項規定辦理者，由直轄市、縣（市）主管機關依派下全員證明書之派下現員名冊，囑託該管土地登記機關均分登記為派下員分別共有。

第五一條　（土地代為標售）

①祭祀公業土地於第七條規定公告之日屆滿三年，有下列情形之一者，除公共設施用地外，由直轄市或縣（市）主管機關代為標售：

一　期滿三年無人申報。

二　經申報被駁回，屆期未提起訴願或訴請法院裁判。

三　經訴願決定或法院裁判駁回確定。

②前項情形，祭祀公業及利害關係人有正當理由者，得申請暫緩代為標售。

③前二項代為標售之程序、暫緩代為標售之要件及期限、底價訂定及其他應遵行事項之辦法，由中央主管機關定之。

第五二條　（土地優先購買權之順序）

①依前條規定代為標售之土地，其優先購買權人及優先順序如下：

一　地上權人、典權人、永佃權人。

二　基地或耕地承租人。

三　共有土地之他共有人。

四　本條例施行前已占有達十年以上，至標售時仍繼續為該土地之占有人。

②前項第一款優先購買權之順序，以登記之先後定之。

第五三條　（代為標售土地前之公告）

①直轄市或縣（市）主管機關代為標售土地前，應公告三個月。

②前項公告，應載明前條之優先購買權意旨，並以公告代替對優先購買權人之通知。優先購買權人未於決標後十日內以書面為承買之意思表示者，視為放棄其優先購買權。

③直轄市或縣（市）主管機關於代為標售公告清理之土地前，應向稅捐、戶政、民政、地政等機關查詢；其能查明祭祀公業土地之派下現員或利害關係人者，應於公告時一併通知。

第五四條　（地籍清理土地權利價金保管款專戶之設立）

①直轄市或縣（市）主管機關應於國庫設立地籍清理土地權利價金

保管款專戶，保管代為標售土地之價金。

②直轄市或縣（市）主管機關應將代為標售土地價金，扣除百分之
五行政處理費用、千分之五地籍清理獎金及應納稅賦後，以其餘
額儲存於前項保管款專戶。

③祭祀公業自專戶儲存之保管款儲存之日起十年內，得檢附證明文
件向直轄市或縣（市）主管機關申請發給土地價金；經審查無
誤，公告三個月，期滿無人異議時，按代為標售土地之價金扣除
應納稅賦後之餘額，並加計儲存於保管款專戶之實收利息發給
之。

④前項期間屆滿後，專戶儲存之保管款經結算如有賸餘，歸屬國
庫。

⑤地籍清理土地權利價金保管款之儲存、保管、繳庫等事項及地籍
清理獎金之分配、核發等事項之辦法，由中央主管機關定之。

第五五條　（土地未完成標售者登記為國有）

①依第五十一條規定代為標售之土地，經二次標售而未完成標售
者，由直轄市或縣（市）主管機關囑託登記為國有。

②前項登記為國有之土地，自登記完畢之日起十年內，祭祀公業得
檢附證明文件，向直轄市或縣（市）主管機關申請發給土地價
金；經審查無誤，公告三個月，期滿無人異議時，依該土地第二
次標售底價扣除應納稅賦後之餘額，並加計儲存於保管款專戶之
應收利息發給。所需價金，由地籍清理土地權利價金保管款支
應；不足者，由國庫支應。

第六章　附　則

第五六條　（祭祀公業以外名義登記不動產申報登記之準用）

①本條例施行前以祭祀公業以外名義登記之不動產，具有祭祀公業
之性質及事實，經申報人出具已知過半數派下員願意以祭祀公業
案件辦理之同意書或其他證明文件足以認定者，準用本條例申報
及登記之規定；財團法人祭祀公業，亦同。

②前項不動產為耕地時，得申請更名為祭祀公業法人或以財團法人
社團法人成立之祭祀公業所有，不受農業發展條例之限制。

第五七條　（祭祀公業申報登記、變更備查等事項異議之處理）

管理人、派下員或利害關係人對祭祀公業申報、祭祀公業法人登
記、變更及備查之事項或土地登記事項，有異議者，除依本條例
規定之程序辦理外，得逕向法院起訴。

第五八條　（獎勵措施）

中央主管機關得訂定獎勵措施，鼓勵祭祀公業運用其財產孳息興
辦公益慈善及社會教化事務。

第五九條　（新設立祭祀公業之方式）

①新設立之祭祀公業應依民法規定成立社團法人或財團法人。

②本條例施行前，已成立之財團法人祭祀公業，得依本條例規定，
於三年內辦理變更登記為祭祀公業法人，完成登記後，祭祀公業

法人主管機關應函請法院廢止財團法人之登記。

第六〇條 （施行日）

本條例施行日期，由行政院定之。

拾貳、產業發展法規

農業發展條例

① 民國 62 年 9 月 3 日總統令制定公布全文 38 條。
② 民國 69 年 1 月 30 日總統令修正公布第 3、20、21、23、24 條條文；並增訂第 20-1、26-1 條條文。
③ 民國 72 年 8 月 1 日總統令修正公布全文 53 條。
④ 民國 75 年 1 月 6 日總統令修正公布第 2 條條文。
⑤ 民國 89 年 1 月 26 日總統令修正公布全文 77 條；並自公布日施行。
⑥ 民國 91 年 1 月 30 日總統令修正公布第 12、18、25、71 條條文。
⑦ 民國 92 年 2 月 7 日總統令修正公布第 3、5、8、16、17、20～22、26、27、30～32、36、37、39、43、52、54、55、63～65、67、69、74、77 條條文；刪除第 11、14 條條文；並增訂第 8-1、9-1、22-1、25-1、67-1、67-2 條條文。
⑧ 民國 96 年 1 月 10 日總統令修正公布第 31、39 條條文。
⑨ 民國 96 年 1 月 29 日總統令修正公布第 27 條條文。
⑩ 民國 99 年 12 月 8 日總統令增訂公布第 38-1 條條文。

第一章　總　則

第一條　（立法目的）

為確保農業永續發展，因應農業國際化及自由化，促進農地合理利用，調整農業產業結構，穩定農業產銷，增進農民所得及福利，提高農民生活水準，特制定本條例；本條例未規定者，適用其他法律之規定。

第二條　（主管機關）

本條例所稱主管機關：在中央為行政院農業委員會；在直轄市為直轄市政府；在縣（市）為縣（市）政府。

第三條　（用詞定義）92

本條例用辭定義如下：

一　農業：指利用自然資源、農用資材及科技，從事農作、森林、水產、畜牧等產製銷及休閒之事業。

二　農產品：指農業所生產之物。

三　農民：指直接從事農業生產之自然人。

四　家庭農場：指以共同生活戶為單位，從事農業經營之農場。

五　休閒農業：指利用田園景觀、自然生態及環境資源，結合農林漁牧生產、農業經營活動、農村文化及農家生活，提供國民休閒，增進國民對農業及農村之體驗為目的之農業經營。

六　休閒農場：指經營休閒農業之場地。

七　農民團體：指農民依農會法、漁會法、農業合作社法、農田水利會組織通則所組織之農會、漁會、農業合作社及農田水利會。

八　農業企業機構：指從事農業生產或農業試驗研究之公司。

九　農業試驗研究機構：指從事農業試驗研究之機關、學校及農業財團法人。

十　農業用地：指非都市土地或都市土地農業區、保護區範圍內，依法供下列使用之土地：

（一）供農作、森林、養殖、畜牧及保育使用者。

（二）供與農業經營不可分離之農舍、畜禽舍、倉儲設備、曬場、集貨場、農路、灌溉、排水及其他農用之土地。

（三）農民團體與合作農場所有直接供農業使用之倉庫、冷凍（藏）庫、農機中心、蠶種製造（繁殖）場、集貨場、檢驗場等用地。

十一　耕地：指依區域計畫法劃定為特定農業區、一般農業區、山坡地保育區及森林區之農牧用地。

十二　農業使用：指農業用地依法實際供農作、森林、養殖、畜牧、保育及設置相關之農業設施或農舍等使用者。但依規定辦理休耕、休養、停養或有不可抗力等事由，而未實際供農作、森林、養殖、畜牧等使用者，視為作農業使用。

十三　農產專業區：指按農產別規定經營種類所設立，並建立產、製、儲、銷體系之地區。

十四　農業用地租賃：指土地所有權人將其自有農業用地之部分或全部出租與他人經營農業使用者。

十五　委託代耕：指自行經營之家庭農場，僅將其農場生產過程之部分或全部作業，委託他人代為實施者。

十六　農業產銷班：指土地相毗連或經營相同產業之農民，自願結合共同從事農業經營之組織。

十七　農產運銷：指農產品之集貨、選別、分級、包裝、儲存、冷凍（藏）、加工處理、檢驗、運輸及交易等各項作業。

十八　農業推廣：指利用農業資源，應用傳播、人力資源發展或行政服務等方式，提供農民終身教育機會，協助利用當地資源，發展地方產業之業務。

第四條　（編列年度計畫及預算）

①為期本條例之有效實施，政府各級有關機關應應逐年將有關工作，編列年度施政計畫及預算，積極推動。

②前項預算，應由中央政府配合補助。

第五條　（專人執行）92

①主管機關為推動農業經營管理資訊化，辦理農業資源及產銷統計、分析，應充實資訊設施及人力，並輔導農民及農民團體建立農業資訊應用環境，強化農業資訊蒐集機制。

②鄉（鎮、市、區）公所應指定專人辦理農業資源及產銷資料之調查、統計，層報該管主管機關分析處理。

第六條　（指定人員執行特定任務）

主管機關為執行保護農業資源、救災、防治植物病蟲害、家畜或

水產動植物疾病等特定任務時，得指定人員爲必要之措施。

第七條 （全國性聯合會之設置）

為強化農民團體之組織功能，保障農民之權益，各類農民團體得依法共同設立全國性聯合會。

第二章　農地利用與管理

第八條 （農地利用綜合規畫計畫）92

①主管機關得依據農業用地之自然環境、社會經濟因素、技術條件及農民意願，配合區域計畫法或都市計畫法土地使用分區之劃定，擬訂農地利用綜合規畫計畫，建立適地適作模式。

②前項完成農地利用綜合規畫計畫地區，應至少每五年通盤檢討一次，依據當地發展情況作必要之修正。

第八條之一 （農業設施容許使用興建之種類、申請等）92

①農業用地上申請以竹木、稻草、塑膠材料、角鋼、鐵絲網或其他材料搭建無固定基礎之臨時性與農業生產有關之設施，免申請建築執照。直轄市、縣（市）政府得斟酌地方農業經營需要，訂定農業用地上搭建無固定基礎之臨時性與農業生產有關設施之審查規範。

②農業用地上興建有固定基礎之農業設施，應先申請農業設施之容許使用，並依法申請建築執照。但農業設施面積在四十五平方公尺以下，且屬一層樓之建築者，免申請建築執照。本條例中華民國九十二年一月十三日修正施行前，已興建有固定基礎之農業設施，面積在二百五十平方公尺以下而無安全顧慮者，得免申請建築執照。

③前項農業設施容許使用與興建之種類、興建面積與高度、申請程序及其他應遵行事項之辦法，由中央主管機關會商有關機關定之。

④對於農民需求較多且可提高農業經營附加價值之農業設施，主管機關得訂定農業設施標準圖樣。採用該圖樣於農業用地施設者，得免由建築師設計監造或營造廠承建。

第九條 （農業用地需求總量及可變更農地數量之訂定）

中央主管機關爲維護農業發展需要，應配合國土計畫之總體發展原則，擬定農業用地需求總量及可變更農地數量，並定期檢討。

第九條之一 （主管機關農業用地開發利用之規劃、協調及實施等）92

①爲促進農村建設，並兼顧農業用地資源有效利用與生產環境之維護，縣（市）主管機關得依據當地農業用地資源規劃與整體農村發展需要，徵詢農業用地所有權人意願，會同有關機關，以土地重劃或區段徵收等方式，規劃辦理農業用地開發利用。

②前項農業用地開發利用之規劃、協調與實施方式及其他相關事項，由中央主管機關會商有關機關定之。

第一○條 （農業用地變更使用）

① 農業用地於劃定或變更爲非農業使用時，應以不影響農業生產環境之完整，並先徵得主管機關之同意；其變更之條件、程序，另以法律定之。

② 在前項法律未制定前，關於農業用地劃定或變更爲非農業使用，依現行相關法令之規定辦理。

第一一條 （刪除）

第一二條 （回饋金之繳交及免繳）91

① 第十條第一項用地之變更，應視其事業性質，繳交回饋金，撥交第五十四條中央主管機關所設置之農業發展基金，專供農業發展及農民福利之用。

② 各目的事業相關法令已明定土地變更使用應捐贈或繳交相當回饋性質之金錢或代金者，其繳交及使用，依其法令規定辦理。但其土地如係農業用地，除本條例中華民國八十九年一月四日修正施行前已收繳者，得免予撥交外，各相關機關應將收繳之金錢或代金之二分之一依前項規定辦理。

③ 前二項有關回饋金、金錢或代金之繳交、撥交與分配方式及繳交基準之辦法，由中央主管機關會商相關機關定之。

④ 第十條第一項用地之變更，有下列情形之一者，得免繳交回饋金：

　　一　政府興辦之公共建設及公益性設施。

　　二　政府興辦之農村建設及農民福利設施。

　　三　興辦之建設、設施位於經濟部公告爲嚴重地層下陷地區，或中央主管機關所定偏遠、離島地區。

第一三條 （農地重劃會同策劃）

地政主管機關推行農地重劃，應會同農業及水利等有關機關，統籌策劃，配合實施。

第一四條 （刪除）

第一五條 （集水區之管理規劃）

主管機關對於集水區之經營管理，應會同相關機關作整體規劃。對於水土保持、治山防災、防風林、農地改良、漁港、農業專用道路、農業用水、灌溉、排水等農業工程及公共設施之興建及維護應協調推動。

第一六條 （耕地之分割及禁止）92

① 每宗耕地分割後每人所有面積未達〇‧二五公頃者，不得分割。但有下列情形之一者，不在此限：

　　一　因購置毗鄰耕地而與其耕地合併者，得爲分割合併；同一所有權人之二宗以上毗鄰耕地，土地宗數未增加者，得爲分割合併。

　　二　部分依法變更爲非耕地使用者，其依法變更部分及共有分管之未變更部分，得爲分割。

　　三　本條例中華民國八十九年一月四日修正施行後所繼承之耕地，得分割爲單獨所有。

四　本條例中華民國八十九年一月四日修正施行前之共有耕地，
　　得分割爲單獨所有。

五　耕地三七五租約，租佃雙方協議以分割方式終止租約者，得
　　分割爲租佃雙方單獨所有。

六　非農地重劃地區，變更爲農水路使用者。

七　其他因執行土地政策、農業政策或配合國家重大建設之需
　　要，經中央目的事業主管機關專案核准者，得爲分割。

②前項第三款及第四款所定共有耕地，辦理分割爲單獨所有者，應
先取得共有人之協議或法院確定判決，其分割後之宗數，不得超
過共有人人數。

第一七條　（農民團體辦理更名登記所屬產權）92

本條例修正施行前，登記有案之寺廟、教堂、依法成立財團法人
之教堂（會）、宗教基金會或農民團體，其以自有資金取得或無
償取得而以自然人名義登記之農業用地，得於本條例中華民國九
十二年一月十三日修正施行後一年內，更名爲該寺廟、教堂或依
法成立財團法人之教堂（會）、宗教基金會或農民團體所有。

第一八條　（無自用農舍農民興建農舍之規定）91

①本條例中華民國八十九年一月四日修正施行後取得農業用地之農
民，無自用農舍而需興建者，經直轄市或縣（市）主管機關核
定，於不影響農業生產環境及農村發展，得申請以集村方式或在
自有農業用地興建農舍。

②前項農業用地應確供農業使用；其在自有農業用地興建農舍滿五
年始得移轉。但因繼承或法院拍賣而移轉者，不在此限。

③本條例中華民國八十九年一月四日修正施行前取得農業用地，且
無自用農舍而需興建者，得依相關土地使用管制及建築法令規
定，申請興建農舍。本條例中華民國八十九年一月四日修正施行
前共有耕地，而於本條例中華民國八十九年一月四日修正施行後
分割爲單獨所有，且無自用農舍而需興建者，亦同。

④第一項及前項農舍起造人應爲該農舍坐落土地之所有權人；農舍
應與其坐落用地併同移轉或併同設定抵押權；已申請興建農舍之
農業用地不得重複申請。

⑤前項興建農舍之農民資格、最高樓層板面積、農舍建蔽率、容
積率、最大基層建築面積與高度、許可條件、申請程序、興建方
式、許可之撤銷或廢止及其他應遵行事項之辦法，由內政部會同
中央主管機關定之。

⑥主管機關對以集村方式興建農舍者應予獎勵，並提供必要之協
助；其獎勵及協助辦法，由中央主管機關定之。

第一九條　（農地做爲廢棄物處理場使用）

①爲確保農業生產環境，避免地下水及土壤污染，影響國民健康，
農業用地做爲廢棄物處理場（廠）或污染性工廠等使用，應依環
境影響評估法，進行環境影響評估。

②農業用地設立廢棄物處理場（廠）或污染性工廠者，環境主管機

關應全面普查建立資料庫，廢棄物處理場（廠）或工廠設立者應於廢棄物處理場（廠）或污染性工廠四周，設立地下水監控系統，定期檢查地下水或土壤是否遭受污染，經監控確有污染者，應依照土壤及地下水污染整治有關限制土地使用、賠償、整治及復育等事項之相關法規辦理。

第二○條 （耕地租賃契約－適用法規）92

① 本條例中華民國八十九年一月四日修正施行後所訂立之農業用地租賃契約，應依本條例之規定，不適用耕地三七五減租條例之規定。本條例未規定者，適用土地法、民法及其他有關法律之規定。

② 本條例中華民國八十九年一月四日修正施行前已依耕地三七五減租條例，或已依土地法及其他法律之規定訂定租約者，除出租人及承租人另有約定者外，其權利義務關係、租約之續約、修正及終止，悉依該法律之規定。

③ 本條例中華民國八十九年一月四日修正施行前所訂立之委託經營書面契約，不適用耕地三七五減租條例之規定；在契約存續期間，其權利義務關係，依其約定；未約定之部分，適用本條例之規定。

第二一條 （耕地租賃契約－訂定期限及終止租約）92

① 本條例中華民國八十九年一月四日修正施行後所訂立之農業用地租賃契約之租期、租金及支付方式，由出租人與承租人約定之，不受土地法第一百十條及第一百十二條之限制。租期逾一年未訂立書面契約者，不適用民法第四百二十二條之規定。

② 前項農業用地租賃約定有期限者，其租賃關係於期限屆滿時消滅，不適用民法第四百五十一條及土地法第一百零九條、第一百十四條之規定；當事人另有約定於期限屆滿前得終止租約者，租賃關係於終止時消滅，其終止應於六個月前通知他方當事人；約定期限未達六個月者，應於十五日前通知。

③ 農業用地租賃未定期限者，雙方得隨時終止租約。但應於六個月前通知對方。

第二二條 （耕地租賃－關係終止）92

本條例中華民國八十九年一月四日修正施行後所訂立之農業用地租賃契約，其租賃關係終止，由出租人收回其農業用地時，不適用平均地權條例第十一條、第六十三條、第七十七條、農地重劃條例第二十九條及促進產業升級條例第二十七條有關由出租人給付承租人補償金之規定。

第二二條之一 （輔導獎勵農民團體辦理仲介業務）92

主管機關為促進農地流通及有效利用，得輔導農民團體辦理農業用地買賣、租賃、委託經營之仲介業務，並予以獎勵。

第三章 農業生產

第二三條 （全國產銷方針）

①中央主管機關應訂定全國農業產銷方案、計畫，並督導實施。

②前項方案、計畫之擬訂，應兼顧農業之生產、生活及生態功能，發展農業永續經營體系。

第二四條 （各業發展基金之設置管理）

①中央主管機關必要時得會同有關機關，指定農產品或農產加工品，輔導業者設置各該業發展基金。

②前項基金之管理及運用，中央主管機關得會同有關機關指導及監督。

第二五條 （農業專業區之劃定）91

①主管機關應會同有關機關，就農業資源分布、生產環境及發展需要，規劃農業生產區域，並視市場需要，輔導設立適當規模之農產專業區，實施計畫產、製、儲、銷。

②農產專業區內，政府指定興建之公共設施，得酌予補助或協助貸款。

第二五條之一 （農業科技園區之設置）92

主管機關為發展農業科技，得輔導設置農業科技園區；其設置、管理及輔導，另以法律定之。

第二六條 （農業產銷班之設立）92

①農民自願結合共同從事農業經營，符合一定條件者，得組織農業產銷班經營之；主管機關並得依其營運狀況予以輔導、獎勵、補助。

②農業產銷班之設立條件、申請程序、評鑑方式、輔導、獎勵、補助及其他應遵行事項之辦法，由中央主管機關定之。

第二七條 （農業資材規格標準及農產品認證制度）96

①中央主管機關對於種用動植物、肥料、飼料、農藥及動物用藥等資材，應分別訂定規格及設立廠場標準，實施檢驗。

②為提升農產品及農產加工品品質，維護消費者權益，中央主管機關應推動相關產品之證明標章驗（認）證制度。

第二八條 （機械化發展計畫）

中央主管機關應訂定農業機械化發展計畫，輔導農民或農民團體購買及使用農業機械，並予協助貸款或補助。

第二九條 （水電油優待）

①農業動力用電、動力用油、用水，不得高於一般工業用電、用油、用水之價格。

②農業動力用電費用，不採累進計算，停用期間，免收基本費。

③農業動力用電、動力用油、用水之範圍及標準，由行政院定之。

第三〇條 （擴大農場經營規模之獎勵及經營方式）92

①主管機關應獎勵輔導家庭農場，擴大經營規模；並籌撥資金，協助貸款或補助。

②前項擴大經營規模，得以組織農業產銷班、租賃耕地、委託代耕或其他經營方式為之。

第三一條 （所有權移轉登記及其例外情形）96

　耕地之使用及違規處罰，應依據區域計畫法相關法令規定；其所有權之移轉登記依據土地法及民法之規定辦理。

第三二條 （農地違規使用之稽查）92

①直轄市或縣（市）政府對農業用地之違規使用，應加強稽查及取締；並得併同依土地相關法規成立之違規聯合取締小組辦理。

②為加強農業用地違規使用之稽查，中央主管機關得訂定農業用地違規使用檢舉獎勵辦法。

第三三條 （私法人不得承受耕地及例外）

　私法人不得承受耕地。但符合第三十四條規定之農民團體、農業企業機構或農業試驗研究機構經取得許可者，不在此限。

第三四條 （農民團體、農業企業機構或農業試驗研究機構承受耕地）

①農民團體、農業企業機構或農業試驗研究機構，其符合技術密集或資本密集之類目及標準者，經申請許可後，得承受耕地；技術密集或資本密集之類目及標準，由中央主管機關指定公告。

②農民團體、農業企業機構或農業試驗研究機構申請承受耕地，應檢具經營利用計畫及其他規定書件，向承受耕地所在地之直轄市或縣（市）主管機關提出，經核轉中央主管機關許可並核發證明文件，憑以申辦土地所有權移轉登記。

③中央主管機關應視當地農業發展情況及所申請之類目、經營利用計畫等因素為核准之依據，並限制其承受耕地之區位、面積、用途及他項權利設定之最高金額。

④農民團體、農業企業機構或農業試驗研究機構申請承受耕地之移轉許可準則，由中央主管機關定之。

第三五條 （承受耕地不得變更經營或閒置不用）

　農民團體、農業企業機構或農業試驗研究機構依前條許可承受耕地後，非經中央主管機關核准，不得擅自變更經營利用計畫或閒置不用。

第三六條 （承受耕地之變更使用）92

　農民團體、農業企業機構或農業試驗研究機構依本條例許可承受之耕地，不得變更使用。但經中央主管機關核准之經營利用計畫，應依相關法令規定辦理用地變更者，不在此限。

第三七條 （土地增值稅之免繳）92

①作農業使用之農業用地移轉與自然人時，得申請不課徵土地增值稅。

②作農業使用之耕地依第三十三條及第三十四條規定移轉與農民團體、農業企業機構及農業試驗研究機構時，其符合產業發展需要、一定規模或其他條件，經直轄市、縣（市）主管機關同意者，得申請不課徵土地增值稅。

③前二項不課徵土地增值稅之土地承受人於其具有土地所有權之期間內，曾經有關機關查獲該土地未作農業使用且未在有關機關所

令期限內恢復作農業使用，或雖在有關機關所令期限內已恢復作農業使用而再有未作農業使用情事者，於再移轉時應課徵土地增值稅。

④前項所定土地受讓人有未作農業使用之情事，於配偶間相互贈與之情形，應合併計算。

第三八條　（遺產稅田賦及贈與稅之優惠）

①作農業使用之農業用地及其地上農作物，由繼承人或受遺贈人承受者，其土地及地上農作物之價值，免徵遺產稅，並自承受之年起，免徵田賦十年。承受人自承受之日起五年內，未將該土地繼續作農業使用且未在有關機關所令期限內恢復作農業使用，或雖在有關機關所令期限內已恢復作農業使用而再有未作農業使用情事者，應追繳應納稅賦。但如因該承受人死亡、該承受土地被徵收或依法變更為非農業用地者，不在此限。

②作農業使用之農業用地及其地上農作物，贈與民法第一千一百三十八條所定繼承人者，其土地及地上農作物之價值，免徵贈與稅，並自受贈之年起，免徵田賦十年。受贈人自受贈之日起五年內，未將該土地繼續作農業使用且未在有關機關所令期限內恢復作農業使用，或雖在有關機關所令期限內已恢復作農業使用而再有未作農業使用情事者，應追繳應納稅賦。但如因該受贈人死亡、該受贈土地被徵收或依法變更為非農業用地者，不在此限。

③第一項繼承人有數人，協議由一人繼承土地而需以現金補償其他繼承人者，由主管機關協助辦理二十年土地貸款。

第三八條之一　（農業用地變更適用年期及賦稅減免）99

①農業用地經依法律變更為非農業用地，不論其為何時變更，經都市計畫主管機關認定符合下列各款情形之一，並取得農業主管機關核發該土地作農業使用證明書者，得分別檢具由都市計畫及農業主管機關所出具文件，向主管稽徵機關申請適用第三十七條第一項、第三十八條第一項或第二項規定，不課徵土地增值稅或免徵遺產稅、贈與稅或田賦：

一　依法應完成之細部計畫尚未完成，未能准許依變更後計畫用途使用者。

二　已發布細部計畫地區，都市計畫書規定應實施市地重劃或區段徵收，於公告實施市地重劃或區段徵收計畫前，未依變更後之計畫用途申請建築使用者。

②本條例中華民國七十二年八月三日修正生效前已變更為非農業用地，經直轄市、縣（市）政府視都市計畫實施進度及地區發展趨勢等情況同意者，得依前項規定申請不課徵土地增值稅。

第三九條　（稅賦優惠及農地移轉登記之申請）96

①依前二條規定申請不課徵土地增值稅或免徵遺產稅、贈與稅、田賦者，應檢具農業用地作農業使用證明書，向該管稅捐稽徵機關辦理。

②農業用地作農業使用之認定標準，前項之農業用地作農業使用證

明書之申請、核發程序及其他應遵行事項之辦法，由中央主管機關會商有關機關定之。

第四〇條　（稅賦優惠之定期抽檢）

作農業使用之農業用地，經核准不課徵土地增值稅或免徵遺產稅、贈與稅、田賦者，直轄市或縣（市）主管機關應會同有關機關定期檢查或抽查，並予列管；如有第三十七條或第三十八條未依法作農業使用之情事者，除依本條例有關規定課徵或追繳應納稅賦外，並依第六十九條第一項規定處理。

第四一條　（獎勵擴大農場）

家庭農場為擴大經營面積或便利農業經營，在同一地段或毗鄰地段購置或交換耕地時，於取得後連同原有耕地之總面積在五公頃以下者，其新增部分，免徵田賦五年；所需購地或需以現金補償之資金，由主管機關協助辦理二十年貸款。

第四二條　（輔導農業青年承墾）

農業學校畢業青年，購買耕地直接從事農業生產所需之資金，由主管機關協助辦理二十年貸款。

第四三條　（協助貸款辦法）92

第三十條第一項、第三十八條第三項、第四十一條及前條之協助貸款，其貸款對象、期限、利率、額度及相關事項之辦法，由中央主管機關會商有關機關定之。

第四章　農產運銷、價格及貿易

第四四條　（保證價格收購）

主管機關為維持農產品產銷平衡及合理價格，得辦理國內外促銷或指定農產品由供需雙方依契約生產、收購並保證其價格。

第四五條　（平準基金）

為因應國內外農產品價格波動，穩定農產品產銷，政府應指定重要農產品，由政府或民間設置平準基金；其設置辦法及保管運用準則，由中央主管機關會同有關機關定之。

第四六條　（共同運銷之優待）

農民或農民團體辦理農產品共同供銷、運銷，直接供應工廠或出口外銷者，視同批發市場第一次交易，依本稅法規定免徵印花稅及營業稅。

第四七條　（農民出售農產品之優待）

農民出售本身所生產之農產品，免徵印花稅及營業稅。

第四八條　（計畫產銷）

中央主管機關會同有關主管機關，對各種農產品或農產加工品，得實施計畫產銷，並協調農業生產、製造、運銷各業間之利益。

第四九條　（原料供應區之劃分）

①農產品加工業，得由主管機關，或經由農民團體或農產品加工業者之申請，劃分原料供應區，分區以契約採購原料。已劃定之原料供應區，主管機關得視實際供需情形變更之。

②不劃分原料供應區者，主管機關得會同有關機關統籌協調原料分配。

第五○條 （產、製、儲、銷一貫作業）

主管機關應會同有關機關，協助農民或農民團體實施產、製、儲、銷一貫作業，並鼓勵工廠設置於農村之工業用地或工業區內，便利農民就業及原料供應。

第五一條 （外銷統一供貨）

①外銷之農產品及農產加工品，得簽訂公約，維持良好外銷秩序。

②中央主管機關得指定農產品，由農民團體、公營機構專責外銷或統一供貨。

③外銷農產加工品輸入其所需之原料與包裝材料，及外銷農產品輸入其所需之包裝材料，其應徵關稅、貨物稅，得於成品出口後，依關稅法及貨物稅條例有關規定申請沖退之。

第五二條 （進口農產品損害國內農業之救助）92

①貿易主管機關對於限制進口之農產品於核准進口之前，應徵得中央主管機關之同意。

②財政主管機關應於實施農產品關稅配額前，就配額之種類、數量、分配方式及分配期間，先行會商中央主管機關後公告之。

③農產品或其加工品因進口對國內農業有損害之虞或損害時，中央主管機關應與中央有關機關會商對策，並應設置救助基金新臺幣一千億元，對有損害之虞或損害者，採取調整產業或防範措施或予以補助、救濟；農產品受進口損害救助辦法及農產品受進口損害救助基金之收支、保管及運用辦法，由行政院定之。

④前項基金之來源，除由政府分三年編列預算補足，不受公共債務法之限制外，並得包括出售政府核准限制進口及關稅配額輸入農產品或其加工品之盈餘或出售其進口權利之所得。

第五三條 （進口農產品之特別措施）

①為維護進口農產品之產銷秩序及公平貿易，中央主管機關得協調財政及貿易主管機關依有關法令規定，採取關稅配額、特別防衛及其他措施；必要時，得指定單位進口。

②農產品貿易之出口國對特定農產品指定單位辦理輸銷我國時，中央主管機關得協商貿易主管機關指定或成立相對單位辦理該國是項農產品之輸入。

第五章　農民福利及農村建設

第五四條 （農業發展基金之設置）92

①為因應未來農業之經營，政府應設置新臺幣一千五百億元之農業發展基金，以增進農民福利及農業發展，農業發展基金來源除捐贈款外，不足額應由政府分十二年編列預算補足。

②前項捐贈，經主管機關之證明，依所得稅法之規定，免予計入當年度所得，課徵所得稅，或列為當年度費用。

③中央主管機關所設置之農業發展基金，應為農民之福利及農業發

展之使用，其收支、保管及運用辦法，由行政院定之。

第五五條 （綠色生態行為之獎勵）92

　　為確保農業生產資源之永續利用，並紓解國內農業受進口農產品之衝擊，主管機關應對農業用地做為休耕、造林等綠色生態行為予以獎勵。

第五六條 （農業金融策劃委員會之設置）

① 中央政府應設立農業金融策劃委員會，策劃審議農業金融政策及農業金融體系；其設置辦法，由行政院定之。

② 中央主管機關應依據前項政策，訂定農貸計畫，籌措分配農貸資金，並建立融資輔導制度。

第五七條 （農業信用保證制度）

　　為協助農民取得農業經營所需資金，政府應建立農業信用保證制度，並予獎勵或補助。

第五八條 （農業保險）

① 為安定農民收入，穩定農村社會，促進農業資源之充分利用，政府應舉辦農業保險。

② 在農業保險法未制定前，得由中央主管機關訂定辦法，分區、分類、分期試辦農業保險，由區內經營同類業務之全體農民參加，並得委託農民團體辦理。

③ 農民團體辦理之農業保險，政府應予獎助與協助。

第五九條 （獎勵老年農民離農退休）

　　為因應農業國際化自由化之衝擊，提高農業競爭力，加速調整農業結構，應建立獎勵老年農民離農退休，引進年輕專業農民參與農業生產之制度。

第六○條 （農業天然災害之救助）

① 農業生產因天然災害受損，政府得辦理現金救助、補助或低利貸款，並依法減免田賦，以協助農民迅速恢復生產。

② 前項現金救助、補助或低利貸款辦法，由中央主管機關定之。

③ 辦理第一項現金救助、補助或低利貸款所需經費，由中央主管機關設置農業天然災害救助基金支應之；其收支、保管及運用辦法，由行政院定之。

第六一條 （農村福利）

① 為改善農村生活環境，政府應籌撥經費，加強農村基層建設，推動農村社區之更新，農村醫療福利及休閒、文化設施，以充實現代化之農村生活環境。

② 農村社區之更新得以實施重劃或區段徵收方式為之，增加農村現代化之公共設施，並得擴大其農村社區之範圍。

第六二條 （農村環境維護）

　　為維護農業生產及農村生活環境，主管機關應採取必要措施，防止農業生產對環境之污染及非農業部門對農業生產、農村環境、水資源、土地、空氣之污染。

第六三條 （休閒農業區之設置）92

①直轄市、縣（市）主管機關應依據各地區農業特色、景觀資源、生態及文化資產，規劃休閒農業區，報請中央主管機關劃定。

②休閒農場之設置，應報經直轄市或縣（市）主管機關核轉中央主管機關許可。

③第一項休閒農業區之劃定條件、程序與其他應遵行事項，及前項休閒農場設置之輔導、最小面積、申請許可條件、程序、許可證之核發、廢止、土地之使用與營建行為之管理及其他應遵行事項之辦法，由中央主管機關定之。

第六章 農業研究及推廣

第六四條 （農業試驗研究）92

①為提高農業科技技術水準，促進農業產業轉型，主管機關應督導所屬農業試驗研究機構，加強農業試驗研究及產業學術合作，並推動農業產業技術研究發展。

②中央主管機關為落實農業科技研發成果於產業發展，應依法加強農業科技智慧財產權之管理及運用，並得輔導設置創新育成中心。

③前項創新育成中心之設置及輔導辦法，由中央主管機關定之。

第六五條 （農業研究與推廣）92

①為確保並提升農業競爭優勢，中央主管機關應會同中央教育及科技主管機關，就農業實驗、研究、教育、訓練及推廣等事項，訂定農業研究、教育及推廣合作辦法。

②中央主管機關應加強辦理農業專業訓練，並應編列預算，獎助志願從事農業之青年就讀相關校院科、系、所及學程，以提升農業科技水準及農業經營管理能力。

③主管機關辦理農業推廣業務，應編列農業推廣經費。

第六六條 （轉業訓練）

為擴大農場經營規模，鼓勵農民轉業，主管機關應會同職業訓練主管機關，對離農農民，專案施以職業訓練，並輔導就業。

第六七條 （農業推廣機構及評鑑）92

①主管機關應指定專責單位，或置農業推廣人員，辦理農業推廣業務，必要時，得委託校院、農民團體、農業財團法人、農業社團法人、企業組織或有關機關（構）、團體辦理，並予以輔導、監督及評鑑；其經評鑑優良者，並得予以獎勵。

②前項評鑑項目、計分標準、成績評定、獎勵及其他應遵行事項之辦法，由中央主管機關定之。

第六七條之一 （農業推廣服務費用）92

提供農業推廣服務者，得收取費用。

第六七條之二 （農業推廣體系）92

①為強化農業試驗研究成果推廣運用，建立農民終身學習機制，主管機關應建構完整農業推廣體系，並加強培訓農業經營、生活改

善、青少年輔導、資訊傳播及鄉村發展等相關領域之專業農業推廣人員。

②中央主管機關應指定專責單位，規劃辦理農業推廣及專業人力之教育、訓練及資訊傳播發展工作。

第六八條 （農業發展有貢獻者之獎勵）

農業實驗、研究、教育及推廣人員對農業發展有貢獻者，主管機關應予獎勵；其獎勵辦法，由中央主管機關定之。

第七章 罰 則

第六九條 （對農地違規使用之罰則）92

①農業用地違反區域計畫法或都市計畫法土地使用管制規定者，應依區域計畫法或都市計畫法規定處理。

②農民團體、農業企業機構或農業試驗研究機構依本條例許可承受之耕地，違反第三十六條規定，擅自變更使用，除依前項規定辦理外，對該農民團體、農業企業機構或農業試驗研究機構之負責人，並處新臺幣六萬元以上三十萬元以下罰鍰。

第七○條 （未經許可設置休閒農場之罰則）

未經許可擅自設置休閒農場經營休閒農業者，處新臺幣六萬元以上三十萬元以下罰鍰，並限期改正；屆期不改正者，按次分別處罰。

第七一條 （未經許可變更用途之處罰）91

休閒農場未經主管機關許可，自行變更用途或變更經營計畫者，由直轄市或縣（市）主管機關通知限期改正；屆期不改正者，處新臺幣六萬元以上三十萬元以下罰鍰，並按次分別處罰；情節重大者，並得廢止其許可登記證。

第七二條 （擅自變更經營利用計畫或閒置不用之處罰）

農民團體、農業企業機構或農業試驗研究機構違反第三十五條之規定，未經核准擅自變更經營利用計畫或將耕地閒置不用者，處新臺幣三萬元以上十五萬元以下之罰鍰並限期改正；逾期不改正者，按次分別處罰。

第七三條 （處罰機關）

本條例所定之罰鍰，由主管機關處罰之。

第七四條 （強制執行）92

依本條例所處之罰鍰，經限期繳納，屆期仍未繳納者，依法移送強制執行。

第八章 附 則

第七五條 （費用之收取）

各級主管機關依本條例受理申請登記、核發證明文件，應向申請者收取審查費、登記費或證明文件費；其收費標準，由中央主管機關定之。

第七六條 （施行細則）

　本條例施行細則，由中央主管機關定之。

第七七條 （施行日）92

　本條例自公布日施行。

農業發展條例施行細則

①民國 64 年 10 月 1 日行政院令訂定發布全文 19 條。
②民國 69 年 11 月 13 日行政院令修正發布第 2、10、11、12 條條文；
　並增訂第 9-1、9-2、12-1、18-1 條條文。
③民國 73 年 9 月 7 日行政院令修正發布全文 25 條。
④民國 89 年 6 月 7 日行政院農業委員會令修正發布全文 22 條。
⑤民國 94 年 6 月 10 日行政院農業委員會令修正發布第 2、11、15、
　16 條條文；刪除第 3、6、7、10 條條文；並增訂第 14-1 條條文。

第一條

本細則依農業發展條例（以下簡稱本條例）第七十六條規定訂定之。

第二條 94

本條例第三條第十款所稱依法供該款第一目至第三目使用之農業用地，其法律依據及範圍如下：

一　本條例第三條第十一款所稱之耕地。
二　依區域計畫法劃定為各種使用分區內所編定之林業用地、養殖用地、水利用地、生態保護用地、國土保安用地及供農路使用之土地，或上開分區內暫未依法編定用地別之土地。
三　依區域計畫法劃定為特定農業區、一般農業區、山坡地保育區、森林區以外之分區內所編定之農牧用地。
四　依都市計畫法劃定為農業區、保護區內之土地。
五　依國家公園法劃定為國家公園區內按各分區別及使用性質，經國家公園管理處會同有關機關認定合於前三款規定之土地。

第三條 （刪除）94

第四條

本條例第七條所稱依法共同設立全國性聯合會，係指依人民團體法，設立一個全國性之聯合團體。

第五條

本條例第十條第二項所稱依現行相關法令之規定，包括主管機關依本條例第十一條第一項決定是否同意農業用地變更使用所訂定之相關作業規定。

第六條 （刪除）94

第七條 （刪除）94

第八條

本條例第十二條第三項第一款所稱政府興辦之公益性設施，係指政府興建之文教、慈善、醫療、衛生、社會福利及民眾活動中心等公益性設施。

第九條

本條例第十五條所定集水區經營管理之整體規劃與農業工程及公共設施興建及維護之協調推動，依下列規定辦理：

一 在直轄市、縣（市）行政區域內者，由該直轄市或縣（市）主管機關辦理。但規模龐大，非直轄市、縣（市）主管機關所能辦理者，由中央主管機關辦理。

二 跨越二直轄市、縣（市）以上行政區域者，由中央主管機關辦理。

第一○條 （刪除）94

第一一條 94

①本條例第十六條第一項第七款所稱執行土地政策或農業政策者，係指下列事項：

一 政府辦理放租或放領。

二 政府分配原住民保留地。

三 地權調整。

四 地籍整理。

五 農地重劃區之農水路改善。

六 依本條例核定之集村興建農舍。

七 其他經中央目的事業主管機關專案核准者。

②中央目的事業主管機關為執行本條例第十六條第一項第七款規定事項，得委辦直轄市或縣（市）政府辦理。

第一二條

①依本條例第二十四條第一項規定設置之發展基金，應報經中央主管機關許可後設立財團法人；其基金之捐助、管理及運用，應於章程內訂明，並專戶存儲。

②各發展基金應將年度計畫、預算及年度業務報告、決算，層報中央主管機關核備。

第一三條

①農業專業區計畫由直轄市、縣（市）主管機關依本條例第二十五條第一項規定，並視農民意願，協調有關機構及團體研擬，報中央主管機關核定之；其變更或廢止時，亦同。

②農業專業區計畫書應記載下列事項：

一 農產種類及經營型態。

二 設置地區、位置及其面積。

三 區域內農戶數。

四 經營方法或作業計畫，包括實施計畫產、製、儲、銷。

五 加強農民組織及教育訓練計畫。

六 公共設施之配置及其管理、維護計畫。

七 預算經費，包括補助款、配合款及貸款金額。

八 預期效益。

第一四條

①農產專業區計畫，由所在地直轄市、縣（市）主管機關執行，或

協調有關機構及團體辦理之。

②前項農產專業區跨越直轄市、二縣（市）以上者，其執行機關由中央主管機關指定之。

第一四條之一 94

農業用地經依法律變更為非農業用地，經該法律主管機關認定符合下列各款情形之一，並取得農業用地作農業使用證明書者，得適用本條例第三十七條第一項、第三十八條第一項或第二項規定，不課徵土地增值稅或免徵遺產稅、贈與稅或田賦：

一 依法應完成之細部計畫尚未完成，未能准許依變更後計畫用途使用者。

二 已發布細部計畫地區，都市計畫書規定應實施市地重劃或區段徵收，於公告實施市地重劃或區段徵收計畫前，未依變更後之計畫用途申請建築使用者。

第一五條 94

①直轄市、縣（市）主管機關對於依本條例第三十九條規定核發證明文件之案件，應於該證明文件核發後，予以建檔列管，並應依本條例第四十條規定，會同區域計畫法或都市計畫法土地使用分區管制之主管機關或地政事務所、稅捐稽徵處或國稅局等有關機關，定期檢查或抽查。

②稅捐稽徵處、國稅局或地政事務所依法核准農業用地不課徵土地增值稅、免徵遺產稅或贈與稅或耕地所有權移轉登記之案件，應自行列管或於登記資料上註記，並於核准後一個月內，將有關資料送直轄市、縣（市）主管機關於前項之建檔列管案件加以註記。

③直轄市、縣（市）主管機關辦理第一項定期檢查或抽查，於發現有未依法作農業使用情事之案件時，應予列冊專案管理，並依下列方式處理：

一 通知該農業用地之土地所有權人，依本條例第三十七條第三項、第三十八條第一項或第二項之規定，限期令其恢復作農業使用，並追蹤其恢復作農業使用情形，註記所專案列管之資料。

二 通知區域計畫法或都市計畫法土地使用分區管制之主管機關，依本條例第六十九條第一項處理。

三 農業用地之土地所有權人有本條例第三十八條第一項、第二項未恢復作農業使用或再有未作農業使用情事者，通知該管國稅局或稅捐稽徵處追繳遺產稅、贈與稅或田賦；其有本條例第三十七條第三項或第四項未恢復作農業使用或再有未作農業使用情事者，應於第一款之資料內註記，並通知該管稅捐稽徵處註記，該農業用地於再移轉時，直轄市、縣（市）主管機關應於依本條例第三十九條規定核發之證明文件內，註明上開情事。

第一六條 94

直轄市、縣（市）主管機關為執行本條例第四十條規定之相關事項，得訂定相關規定辦理之。

第一七條

① 本條例第四十一條所稱交換，係指與家庭農場間為有利於農業經營而交換坐落在同一地段或毗鄰地段之耕地；所稱耕地總面積，係指共同生活戶內各成員所有耕地之總和。

② 家庭農場依本條例第四十一條規定申請免徵田賦，應向該管稽徵機關報明其購置或交換前後之耕地總面積及標示。

第一八條

本條例第四十二條所稱農業學校畢業，係指公立或經主管教育行政機關立案或認可之國內外中等以上學校農業有關系科畢業。所稱青年，係指十八歲以上四十五歲以下者。

第一九條

依本條例第四十四條規定由政府輔導業者與農民訂定契約收購農產品，其契約內容應包括產品品質、規格、標準、收購數量、保證或收購價格，並由收購者將所訂契約條款及鄉鎮別契約數量表，函送直轄市、縣（市）主管機關備查。

第二○條

中央主管機關為依本條例第四十八條規定，對特定農產品或農產加工品實施計畫產銷，得會同有關機關為下列之措施：

一　訂定生產目標。

二　劃分農產品或原料供應區。

三　訂定產銷配額。

四　訂定農產品或原料收購規格。

五　訂定最低收購價格。

六　輔導產銷業者採行契約生產或契約收購。

第二一條

本條例第四十九條第一項所定原料供應區之劃分或變更，由直轄市、縣（市）主管機關訂定，報請中央主管機關備查。

第二二條

本細則自發布日施行。

促進民間參與公共建設法

①民國 89 年 2 月 9 日總統令制定公布全文 57 條；並自公布日施行。
②民國 90 年 10 月 31 日總統令修正公布第 3 條條文。
　民國 101 年 6 月 25 日行政院公告第 31 條、第 35 條所列屬「財政部」之權責事項，經行政院公告自 93 年 7 月 1 日起變更為「行政院金融監督管理委員會」管轄，自 101 年 7 月 1 日起改由「金融監督管理委員會」管轄。
　民國 101 年 12 月 25 日行政院公告第 5 條第 1 項所列屬「行政院公共工程委員會」之權責事項，自 102 年 1 月 1 日起改由「財政部」管轄。

第一章　總　則

第一條　（立法目的）
　為提升公共服務水準，加速社會經濟發展，促進民間參與公共建設，特制定本法。

第二條　（適用之範圍）
　促進民間參與公共建設，依本法之規定。本法未規定者，適用其他有關法律之規定。

第三條　（公共建設之範圍）90
①本法所稱公共建設，指下列供公眾使用或促進公共利益之建設：
　一　交通建設及共同管道。
　二　環境污染防治設施。
　三　污水下水道、自來水及水利設施。
　四　衛生醫療設施。
　五　社會及勞工福利設施。
　六　文教設施。
　七　觀光遊憩重大設施。
　八　電業設施及公用氣體燃料設施。
　九　運動設施。
　十　公園綠地設施。
　十一　重大工業、商業及科技設施。
　十二　新市鎮開發。
　十三　農業設施。
②本法所稱重大公共建設，指性質重要且在一定規模以上之公共建設；其範圍，由主管機關會商內政部、財政部及中央目的事業主管機關定之。

第四條　（民間機構之定義）
①本法所稱民間機構，指依公司法設立之公司或其他經主辦機關核

定之私法人，並與主辦機關簽訂參與公共建設之投資契約者。

②前項民間機構有政府、公營事業出資或捐助者，其出資或捐助不得超過該民間機構資本總額或財產總額百分之二十。

③第一項民間機構有外國人持股者，其持股比例之限制，主辦機關得視個案需要，報請行政院核定，不受其他法律有關外國人持股比例之限制。

第五條 （主管機關）

①本法所稱主管機關，為行政院公共工程委員會。

②本法所稱主辦機關，指主辦民間參與公共建設相關業務之機關：在中央為目的事業主管機關；在直轄市為直轄市政府；在縣（市）為縣（市）政府。主辦機關依本法辦理之事項，得授權所屬機關（構）執行之。

③主辦機關得經其上級機關核定，將依本法辦理之事項，委託其他政府機關執行之。

④前項情形，應將委託事項及所依據之前項規定公告之，並刊登於政府公報、新聞紙、或公開上網。

第六條 （主管機關之職掌）

主管機關掌理下列有關政府促進民間參與公共建設事項：

一 政策與制度之研訂及政令之宣導。

二 資訊之蒐集、公告及統計。

三 專業人員之訓練。

四 各主辦機關相關業務之協調與公共建設之督導及考核。

五 申訴之處理。

六 其他相關事項。

第七條 （民間規劃）

公共建設，得由民間規劃之。

第八條 （民間參與之方式）

①民間機構參與公共建設之方式如下：

一 由民間機構投資興建並為營運；營運期間屆滿後，移轉該建設之所有權予政府。

二 由民間機構投資新建完成後，政府無償取得所有權，並委託該民間機構營運；營運期間屆滿後，營運權歸還政府。

三 由民間機構投資新建完成後，政府一次或分期給付建設經費以取得所有權，並委託該民間機構營運；營運期間屆滿後，營運權歸還政府。

四 由政府委託民間機構，或由民間機構向政府租賃現有設施，予以擴建、整建後並為營運；營運期間屆滿後，營運權歸還政府。

五 由政府投資新建完成後，委託民間機構營運；營運期間屆滿後，營運權歸還政府。

六 為配合國家政策，由民間機構投資新建，擁有所有權，並自為營運或委託第三人營運。

七 其他經主管機關核定之方式。

②前項各款之營運期間，由該主辦機關於核定之計畫及投資契約中訂定之。其屬公用事業者，不受民營公用事業監督條例第十九條之限制；其訂有租賃契約者，不受民法第四百四十九條、土地法第二十五條及國有財產法第二十八條之限制。

第九條　（民間參與之範圍）

前條第一項各款之新建、擴建、整建（以下簡稱興建）或營運工作，得就該公共建設之全部或一部為之。

第一〇條　（主管機關給付建經經費及工程估驗之效果）

①主辦機關依第八條第一項第三款方式興建公共建設者，應於實施前將建設及財務計畫，報請行政院核定或由各該地方政府自行核定，並循預算程序編列賒借及建設計畫相關預算，據以辦理。

②前項建設工程，其經完成估驗者，視同該估驗部分之賒借及建設計畫均已執行。

第一一條　（投資契約之內容）

主辦機關與民間機構簽訂投資契約，應依個案特性，記載下列事項：

一　公共建設之規劃、興建、營運及移轉。

二　權利金及費用之負擔。

三　費率及費率變更。

四　營運期間屆滿之續約。

五　風險分擔。

六　施工或經營不善之處置及關係人介入。

七　稽核及工程控管。

八　爭議處理及仲裁條款。

九　其他約定事項。

第一二條　（投資契約之性質、訂定原則及履行方法）

①主辦機關與民間機構之權利義務，除本法另有規定外，依投資契約之約定；契約無約定者，適用民事法相關之規定。

②投資契約之訂定，應以維護公共利益及公平合理為原則；其履行，應依誠實及信用之方法。

第二章　用地取得及開發

第一三條　（公共建設所需用地之範圍）

①本章所稱公共建設所需用地，係指經主辦機關核定之公共建設整體計畫所需之用地。含公共建設及其附屬設施所需之用地。

②前項用地取得如採區段徵收方式辦理，主辦機關得報經行政院核准後，委託民間機構擬定都市計畫草案及辦理區段徵收開發業務。

第一四條　（土地利用變更之程序）

公共建設所需用地涉及都市計畫變更者，主辦機關應協調都市計畫主管機關依都市計畫法第二十七條規定辦理迅行變更；涉及非都市土地使用變更者，主辦機關應協調區域計畫主管機關依區域計畫法第十三條規定辦理變更。

第一五條 （公有土地之撥用及提供方式）

①公共建設所需用地為公有土地者，主辦機關得於辦理撥用後，訂定期限出租、設定地上權、信託或以使用土地之權利金或租金出資方式提供民間機構使用，不受土地法第二十五條、國有財產法第二十八條及地方政府公產管理法令之限制。其出租及設定地上權之租金，得予優惠。

②前項租金優惠辦法，由內政部會同財政部定之。

③民間機構依第八條第一項第六款開發公共建設用地範圍內之零星公有土地，經公共建設目的事業主管機關核定符合政策需要者，得由出售公地機關將該公有土地讓售予民間機構使用，不受土地法第二十五條及地方政府公產管理法令之限制。

第一六條 （私有地取得之程序及要件）

①公共建設所需用地為私有土地者，由主辦機關或民間機構與所有權人協議以一般買賣價格價購。價購不成，且該土地係為舉辦政府規劃之重大公共建設所必需者，得由主辦機關依法辦理徵收。

②前項經由主辦機關依法辦理徵收之土地如為國防、交通、水利、公共衛生或環境保護事業因公共安全急需使用者，得由主辦機關依法逕行辦理徵收，不受前項協議價購程序之限制。

③主辦機關得於徵收計畫中載明辦理聯合開發、委託開發、合作經營、出租、設定地上權、信託或以使用土地之權利金或租金出資方式，提供民間機構開發、興建、營運，不受土地法第二十五條、國有財產法第二十八條及地方政府公產管理法令之限制。

④本法施行前徵收取得之公共建設用地，得依前項規定之方式，提供民間機構開發、興建、營運，不受土地法第二十五條、國有財產法第二十八條及地方政府公產管理法令之限制。

⑤徵收土地之出租及設定地上權，準用前條第一項及第二項租金優惠之規定。

第一七條 （加速取得公共建設所需用地之程序及作業）

①依公共建設之性質有加速取得前條重大公共建設所需用地之必要時，主辦機關得協調公有土地管理機關或公營事業機構依法讓售其管理或所有之土地，以利訂定開發計畫，依法開發、處理，並提供一定面積之土地、建築物，准由未領取補償費之被徵收土地所有權人就其應領補償費折算土地、建築物領回。

②前項公有土地之開發或處理，不受土地法第二十五條、國有財產法第二十八條及地方政府公產管理法令之限制。其由被徵收土地所有權人折算土地、建築物領回時，並不受國有財產法第七條及預算法第二十五條之限制。

③第一項被徵收土地未領地價之補償費及開發土地後應領土地、建築物之計價，應以同一基準折算之。申請時，應於土地徵收公告期間內檢具相關證明文件，以書面向該管直轄市或縣（市）政府具結不領取補償費，經轉報主辦機關同意者，視為地價已補償完竣。

④第一項開發、處理及被徵收土地所有權人領回土地、建築物之折算計價基準辦法及其施行日期，由主辦機關會商有關機關擬訂，報請行政院核定之。

第一八條　（地上權之取得）

①民間機構興建公共建設，需穿越公有、私有土地之上空或地下，應與該土地管理機關或所有權人就其需用之空間範圍協議設定地上權。其屬公有土地而協議不成時，得由民間機構報請主辦機關核轉行政院核定，不受土地法第二十五條之限制；其屬私有土地而協議不成時，準用徵收規定取得地上權後，租與民間機構使用，其租金優惠準用第十五條第一項及第二項之規定。

②前項土地因公共建設路線之穿越，致不能為相當使用時，土地所有權人得自施工之日起至開始營運後一年內，向主辦機關申請徵收土地所有權，主辦機關不得拒絕；其徵收補償地價依第十六條之規定，並於扣除原設定地上權取得之對價後補償之。其所增加之土地費用，應計入公共建設成本中。

③前二項土地上空或地下使用之程序、使用範圍、界線之劃分及地上權之設定、徵收、補償、登記之審核辦法，由中央目的事業主管機關會同內政部定之。

第一九條　（區段徵收之辦理）

①以區段徵收方式取得公共建設所需用地，得由主辦機關洽請區段徵收主管機關先行依法辦理區段徵收，並於區段徵收公告期滿一年內，發布實施都市計畫進行開發，不受都市計畫法第五十二條之限制。

②依前項規定劃定為區段徵收範圍內土地，經規劃整理後，除依下列規定方式處理外，並依區段徵收相關法令辦理：

　一　路線、場站、交流道、服務區、橋樑、隧道及相關附屬設施所需交通用地，無償登記為國有或直轄市、縣（市）所有。但大眾捷運系統之土地產權，依大眾捷運法之規定。

　二　轉運區、港埠及其設施、重大觀光遊憩設施所需土地，依開發成本讓售予主辦機關或需地機關。

　三　其餘可供建築用地，由主辦機關會同直轄市或縣（市）政府依所需負擔開發總成本比例取得之。

③依第十三條規定委託民間機構辦理者，其土地處理方式，亦同。

④主辦機關依第二項規定取得之土地，得依第十五條、第二十七條規定出租或設定地上權予民間機構或逕為使用、收益及處分，不受土地法第二十五條、國有財產法第二十八條及地方政府公產管理法令之限制；其處理辦法，由主辦機關會同內政部定之。

第二〇條　（徵收土地之收回）

依第十六條及第十八條規定徵收之土地所有權或地上權，其使用期限應依照核准之計畫期限辦理。未依核准計畫期限使用者，原土地所有權人得於核准計畫期限屆滿之次日起五年內，向該管直轄市或縣（市）地政機關申請照原徵收價額收回其土地。

第二一條 （徵收前用地處分之限制）

①重大公共建設所需用地及依第十九條規定辦理區段徵收之範圍，主辦機關得視實際需要報經上級機關核准後，通知該用地所在之直轄市或縣（市）政府，分別或同時公告禁止下列事項：

一　土地移轉、分割、設定負擔。

二　建築物之新建、增建、改建及採取土石或變更地形。

②前項禁止期間，不得逾二年。

第二二條 （毗鄰地之禁建及限建）

①為維護重大公共建設興建及營運之安全，主辦機關對該公共建設毗鄰之公有、私有建築物及廣告物，得請當地直轄市或縣（市）政府勘定範圍，公告禁止或限制建築及樹立，不適用都市計畫土地使用分區管制或非都市土地使用管制之規定。其範圍內施工中或原有之建築物、廣告物及其他障礙物有礙興建或營運之安全者，主辦機關得商請當地主管建築機關，依法限期修改或拆除；屆期不辦理者，逕行強制拆除之。但應給予相當補償；對補償有異議時，應報請上級主管機關核定後為之。其補償費，應計入公共建設成本中。

②前項禁建、限建辦法，由主管機關會同內政部定之。

第二三條 （進入或使用私有土地或建築物）

①民間機構為勘測、鑽探、施工及維修必要，經主辦機關許可於三十日前通知公、私有土地或建築物所有人、占有人、使用人或管理人後，得進入或使用公、私有土地或建築物，其所有人、占有人、使用人或管理人不得拒絕。但情況緊急，遲延即有發生重大公共利益損害之虞者，得先行進入或使用。

②依前項規定進入或使用私有土地或建築物時，應會同當地警察到場。

③第一項土地或建築物因進入或使用而遭受損失時，應給予相當補償；對補償有異議，經協議不成時，應報請主辦機關核定後為之。其補償費，應計入公共建設成本中。

第二四條 （鄰地建築物或工作物之拆除）

①依前條規定使用公、私有土地或建築物，有拆除建築物或其他工作物全部或一部之必要者，民間機構應報請主辦機關同意後，由主辦機關商請當地主管建築機關通知所有人、占有人或使用人限期拆除之。但屆期不拆除或情況緊急遲延即有發生重大公共利益損害之虞者，主辦機關得逕行或委託當地主管建築機關強制拆除之。

②前項拆除及因拆除所遭受之損失，應給予相當補償；對補償有異議，經協議不成時，應報請主辦機關核定後為之。其補償費，應計入公共建設成本中。

第二五條 （施工使用公有土地之申請）

民間機構因施工需要，得報請主辦機關協調管理機關同意，使用河川、溝渠、涵洞、堤防、道路、公園及其他公共使用之土地。

第二六條 （共架共構之協調）

①民間機構於市區道路、公路、鐵路、其他交通系統或公共設施之上、下興建公共建設時，應預先獲得各該管主管機關同意；其需共架、共構興建時，主辦機關應協調各該管機關同意後，始得辦理。

②經依前項辦理未獲同意時，主辦機關應商請主管機關協調；協調不成時，主辦機關得敘明理由，報請行政院核定後辦理。

第二七條 （附屬事業之土地使用限制與經營）

①主辦機關爲有效利用公共建設所需用地，得協調內政部、直轄市或縣（市）政府調整都市計畫土地使用分區管制或非都市土地使用管制後，開發、興建供公共建設之附屬事業使用。

②前項附屬事業使用所容許之項目，由主辦機關會同內政部及有關機關定之。但經營前項事業，依法令需經其他有關機關核准者，並應申請核准之。

③民間機構以依第十五條或第十九條規定取得之土地辦理開發，並於該土地上經營第一項規定之事業者，其所得爲該公共建設之附屬事業收入，應計入該公共建設整體財務收入中。

第二八條 （捐獻之獎勵）

民間捐獻公共建設所需用地或其相關設施予政府者，主辦機關得獎勵之。

第三章　融資及租稅優惠

第二九條 （非自償部分之補貼或投資）

①公共建設經甄審委員會評定其投資依本法其他獎勵仍未具完全自償能力者，得就其非自償部分，由主辦機關補貼其所需貸款利息或投資其建設之一部。

②主辦機關辦理前項公共建設，其涉及中央政府預算者，實施前應將建設計畫與相關補貼利息及投資建設方案，報請行政院核定；其未涉及中央政府預算者，得依權責由主辦機關自行核定。

③第一項之補貼利息及投資建設，應循預算程序辦理。

第三〇條 （中長期資金之融通）

主辦機關視公共建設資金融通之必要，得洽請金融機構或特種基金提供民間機構中長期貸款。

第三一條 （貸款限制之放寬）

金融機構對民間機構提供用於重大交通建設之貸款，係配合政府政策，並報經財政部核准者，其授信額度不受銀行法第三十三條之三及第八十四條之限制。

第三二條 （外國金融機構參與聯合貸款之權利義務及權利能力）

外國金融機構參加對民間機構提供聯合貸款，其組織爲公司型態者，就其與融資有關之權利義務及權利能力，與中華民國公司相同，不受民法總則施行法第十二條及公司法第三百七十五條之限制。

第三三條 （參與建設之民間機構公開發行新股）

參與公共建設之民間機構得公開發行新股，不受公司法第二百七十條第一款之限制。但其已連續虧損二年以上者，應提因應計畫，並充分揭露相關資訊。

第三四條 （參與建設之民間機構發行公司債）

民間機構經依法辦理股票公開發行後，為支應公共建設所需之資金，得發行指定用途之公司債，不受公司法第二百四十七條、第二百四十九條第二款及第二百五十條第二款之限制。但其發行總額，應經證券主管機關徵詢中央目的事業主管機關同意。

第三五條 （協助民間機構辦理重大天然災害復舊貸款）

民間機構在公共建設興建、營運期間，因天然災變而受重大損害時，主辦機關應會商財政部協調金融機構或特種基金，提供重大天然災害復舊貸款。

第三六條 （營利事業所得稅之免徵）

①民間機構得自其參與重大公共建設開始營運後有課稅所得之年度起，最長以五年為限，免納營利事業所得稅。

②前項之民間機構，得自各該重大公共建設開始營運後有課稅所得之年度起，四年內自行選定延遲開始免稅之期間；其延遲期間最長不得超過三年，延遲後免稅期間之始日，應為一會計年度之首日。

③第一項免稅之範圍及年限、核定機關、申請期限、程序、施行期限及其他相關事項，由財政部會商主管機關及中央目的事業主管機關擬訂，報請行政院核定之。

第三七條 （投資抵減）

①民間機構得在所參與重大公共建設下列支出金額百分之五至百分之二十限度內，抵減當年度應納營利事業所得稅額；當年度不足抵減時，得在以後四年度抵減之：

一　投資於興建、營運設備或技術。

二　購置防治污染設備或技術。

三　投資於研究發展、人才培訓之支出。

②前項投資抵減，其每一年度得抵減總額，以不超過該機構當年度應納營利事業所得稅額百分之五十為限。但最後年度抵減金額，不在此限。

③第一項各款之適用範圍、核定機關、申請期限、程序、施行期限、抵減率及其他相關事項，由財政部會商主管機關及中央目的事業主管機關擬訂，報請行政院核定之。

第三八條 （關稅之減免及分期繳納）

①民間機構及其直接承包商進口供其興建重大公共建設使用之營建機器、設備、施工用特殊運輸工具、訓練器材及其所需之零組件，經主辦機關證明屬實，並經經濟部證明在國內尚未製造供應者，免徵進口關稅。

②民間機構進口供其經營重大公共建設使用之營運機器、設備、訓

練器材及其所需之零組件，經主辦機關證明屬實，其進口關稅得提供適當擔保，於開始營運之日起，一年後分期繳納。

③民間機構進口第一項規定之器材，如係國內已製造供應者，經主辦機關證明屬實，其進口關稅得提供適當擔保於完工之日起，一年後分期繳納。

④依前二項規定辦理分期繳納關稅之貨物，於稅款繳清前，轉讓或變更原目的以外之用途者，應就未繳清之稅款餘額依關稅法規定，於期限內一次繳清。但轉讓經財政部專案核准者，准由受讓人繼續分期繳稅。

⑤第一項至第三項之免徵及分期繳納關稅辦法，由財政部會商主管機關定之。

第三九條　（地價稅、房屋稅、契稅之減免）

①參與重大公共建設之民間機構在興建或營運期間，供其直接使用之不動產應課徵之地價稅、房屋稅及取得時應課徵之契稅，得予適當減免。

②前項減免之期限、範圍、標準及程序，由直轄市及縣（市）政府擬訂，提經各該議會通過後，報財政部備查。

第四○條　（股東投資抵減）

①營利事業原始認股或應募參與重大公共建設之民間機構因創立或擴充而發行之記名股票，其持有股票時間達四年以上者，得以其取得該股票之價款百分之二十限度內，抵減當年度應納營利事業所得稅額；當年度不足抵減時，得在以後四年度內抵減之。

②前項投資抵減，其每一年度得抵減總額，以不超過該營利事業當年度應納營利事業所得稅額百分之五十為限。但最後年度抵減金額，不在此限。

③第一項投資抵減之核定機關、申請期限、程序、施行期限、抵減率及其他相關事項，由財政部會商主管機關及中央目的事業主管機關擬訂，報請行政院核定之。

第四一條　（附屬事業不適用租稅獎勵）

民間機構依第二十七條所經營之附屬事業，不適用本章之規定。

第四章　申請及審核

第四二條　（公共建設相關事項之公告）

①經主辦機關評估得由民間參與政府規劃之公共建設，主辦機關應將該建設之興建、營運規劃內容及申請人之資格條件等相關事項，公告徵求民間參與。

②前項申請人應於公告期限屆滿前，向主辦機關申購相關規劃資料。

第四三條　（申請文件）

依前條規定參與公共建設之申請人，應於公告所定期限屆滿前，備妥資格文件、相關土地使用計畫、興建計畫、營運計畫、財務計畫、金融機構融資意願書及其他公告規定資料，向主辦機關提

出申請。

第四四條 （甄審委員會之設置及甄審原則）

①主辦機關爲審核申請案件，應設甄審委員會，按公共建設之目的，決定甄審標準，並就申請人提出之資料，依公平、公正原則，於評審期限內，擇優評定之。

②前項甄審標準，應於公告徵求民間參與之時一併公告；評審期限，依個案決定之，並應通知申請人。

③第一項甄審委員會之組織及評審辦法，由主管機關定之。甄審委員會委員應有二分之一以上爲專家、學者，甄審過程應公開爲之。

第四五條 （最優申請案件之通知、投資契約之簽訂、次優申請案件之遞補）

①經評定爲最優申請案件申請人，應自接獲主辦機關通知之日起，按評定規定時間籌辦，並與主辦機關完成投資契約之簽約手續，依法興建、營運。

②經評定爲最優申請案件申請人，如未於前項規定時間籌辦，並與主辦機關完成投資契約簽約手續者，主辦機關得訂期限，通知補正之。該申請人如於期限內無法補正者，主辦機關得決定由合格之次優申請案件申請人遞補簽約或重新依第四十二條規定公告接受申請。

第四六條 （民間自行規劃申請參與之程序）

①民間自行規劃申請參與公共建設者，應擬具相關土地使用計畫、興建計畫、營運計畫、財務計畫、金融機構融資意願書及其他法令規定文件，向主辦機關提出申請。

②主辦機關對於前項之申請案件，應於一定期限內核定之。

③民間依第一項規定自行規劃申請參與公共建設，經主辦機關審核通過後，應按規定時間籌辦，並依主辦機關核定之土地使用計畫，取得土地所有權或使用權，並與主辦機關簽訂投資契約後，始得依法興建、營運。

④民間自行規劃之申請案件未獲審核通過，或未依前項規定取得土地所有權或使用權時，主辦機關得基於公共利益之考量及相關法令之規定，將該計畫依第四十二條規定公告徵求民間投資或由政府自行興建、營運。

第四七條 （申請及審核之異議及申訴處理）

①參與公共建設之申請人與主辦機關於申請及審核程序之爭議，其異議及申訴，準用政府採購法處理招標、審標或決標爭議之規定。

②前項爭議處理規則，由主管機關定之。

第四八條 （不適用政府採購法之規定）

依本法核准民間機構興建、營運之公共建設，不適用政府採購法之規定。

第五章　監督及管理

第四九條 （公用事業營運費率之訂定及調整）

①民間機構參與之公共建設屬公用事業者，得參照下列因素，於投資申請案財務計畫內擬訂營運費率標準、調整時機及方式：

一　規劃、興建、營運及財務等成本支出。

二　營運及附屬事業收入。

三　營運年限。

四　權利金之支付。

五　物價指數水準。

②前項民間機構擬訂之營運費率標準、調整時機及方式，應於主辦機關與民間機構簽訂投資契約前，經各該公用事業主管機關依法核定後，由主辦機關納入契約並公告之。

③前項經核定之營運費率標準、調整時機及方式，於公共建設開始營運後如有修正必要，應經各該公用事業主管機關依法核定後，由主辦機關修正投資契約相關規定並公告之。

第五○條 （減價優惠）

依本法營運之公共建設，政府非依法律不得要求提供減價之優惠；其依法優惠部分，除投資契約另有約定者外，應由各該法律之主管機關編列預算補貼之。

第五一條 （投資契約之權利、興建營運之資產設備轉讓出租及設定負擔之禁止）

①民間機構依投資契約所取得之權利，除為第五十二條規定之改善計畫或第五十三條規定之適當措施所需，且經主辦機關同意者外，不得轉讓、出租、設定負擔或為民事執行之標的。

②民間機構因興建、營運所取得之營運資產、設備，非經主辦機關同意，不得轉讓、出租或設定負擔。但民間機構以第八條第一項第六款方式參與公共建設者，不在此限。

③違反前二項規定者，其轉讓、出租或設定負擔之行為，無效。

第五二條 （民間機構經營不善或其他重大事情發生時之處理方式及關係人之介入權）

①民間機構於興建或營運期間，如有施工進度嚴重落後、工程品質重大違失、經營不善或其他重大情事發生，主辦機關依投資契約得為下列處理，並以書面通知民間機構：

一　要求定期改善。

二　屆期不改善或改善無效者，中止其興建、營運一部或全部。但主辦機關依第三項規定同意融資機構、保證人或其指定之其他機構接管者，不在此限。

三　因前款中止興建或營運，或經融資機構、保證人或其指定之其他機構接管後，持續相當期間仍未改善者，終止投資契約。

②主辦機關依前項規定辦理時，應通知融資機構、保證人及政府有

關機關。

③民間機構有第一項之情形者，融資機構、保證人得經主辦機關同意，於一定期限內自行或擇定符合法令規定之其他機構，暫時接管該民間機構或繼續辦理興建、營運。

第五三條　（緊急處分權）

①公共建設之興建、營運如有施工進度嚴重落後、工程品質重大違失、經營不善或其他重大情事發生，於情況緊急，遲延即有損害重大公共利益或造成緊急危難之虞時，中央目的事業主管機關得令民間機構停止興建或營運之一部或全部，並通知政府有關機關。

②依前條第一項中止及前項停止其營運一部、全部或終止投資契約時，主辦機關得採取適當措施，繼續維持該公共建設之營運。必要時，並得予以強制接管營運；其接管營運辦法，由中央目的事業主管機關於本法公布後一年內訂定之。

第五四條　（經營期限屆滿時之移轉）

①民間機構應於營運期限屆滿後，移轉公共建設予政府者，應將現存所有之營運資產或營運權，依投資契約有償或無償移轉、歸還予主辦機關。

②經主辦機關評定為營運績效良好之民間機構，主辦機關得於營運期限屆滿時與該民間機構優先定約，委託其繼續營運。

③前項營運績效評估辦法應於契約中明定之。

第六章　附　則

第五五條　（本法施行前各項公共建設之適用）

①本法施行前政府依法與民間機構所訂公共建設投資契約之權利義務，不受本法影響。投資契約未規定者，而本法之規定較有利於民間機構時，得適用本法之規定。

②本法施行前政府依法公告徵求民間參與，而於本法施行後簽訂投資契約之公共建設，其公告載明該建設適用公告當時之獎勵民間投資法令，並將應適用之法令於投資契約訂明者，其建設及投資契約之權利義務，適用公告當時之法令規定。但本法之規定較有利於民間機構者，得適用本法之規定。

第五六條　（施行細則）

本法施行細則，由主管機關擬訂，報請行政院核定後發布之。

第五七條　（施行日）89

本法自公布日施行。

促進民間參與公共建設法施行細則

①民國 89 年 10 月 25 日行政院令訂定發布全文 63 條；並自發布日起施行。
②民國 91 年 5 月 29 日行政院令修正發布第 2、11、17 條條文；並增訂第 6-1、19-1 條條文。
③民國 92 年 8 月 13 日行政院令修正發布第 2、4、5、7、8、10、14、19-1、39 條條文。
④民國 94 年 2 月 23 日行政院令修正發布第 11、14、18、19-1、22、23、40、42、44 條條文。
⑤民國 95 年 2 月 15 日行政院令修正發布第 7 條條文。
⑥民國 97 年 1 月 21 日行政院公共工程委員會令修正發布第 2、3、8、11、16、17、18、19-1、21、22、23、31、40 條條文；並增訂第 20-1、20-2、22-1～22-4、28-1、37-1、40-1、41-1、41-2、43-1、46-1、56-1 條條文。
⑦民國 98 年 4 月 24 日行政院公共工程委員會令修正發布第 2、7、16 條條文。
⑧民國 99 年 6 月 17 日行政院公共工程委員會令修正發布第 2、17 條條文。
⑨民國 103 年 3 月 13 日財政部令修正發布第 7、8、10、11、16、17、19-1 條條文。

第一條

本細則依促進民間參與公共建設法（以下簡稱本法）第五十六條規定訂定之。

第二條 99

①本法第三條第一項第一款所稱交通建設，指鐵路、公路、市區快速道路、大眾捷運系統、輕軌運輸系統、智慧型運輸系統、纜車系統、轉運站、車站、調度站、航空站與其設施、港埠與其設施、停車場、橋樑及隧道。

②前項智慧型運輸系統，指經中央目的事業主管機關認定，結合資訊、通信、電子、控制及管理等技術運用於各種運輸軟硬體設施，以使整體交通運輸之營運管理自動化，或提升運輸服務品質之系統。

③第一項纜車系統，指經中央目的事業主管機關認定之利用纜索懸吊並推進封閉式車廂，往返行駛於固定路徑，用以運送特定地點及其鄰近地區乘客之運輸設施。但不包括吊纜式機械遊樂設施。

④第一項航空站與其設施，指航空站區域內及經行政院核定設置或中央目的事業主管機關編定之航空客、貨運園區內之下列各項設施：

一　供航空器載卸客貨之設施及裝備。

二　航空器起降活動區域內之設施。

三　維修棚廠。

四　加儲油設施。

五　污水處理設施。

六　焚化爐設施。

七　航空附加價值作業設施，含廠房、倉儲、加工、運輸等必要設施。

八　航空事業營運設施，指投資興建及營運航空事業辦公或具交通系統轉運等功能之設施，且申請開發土地面積達一公頃以上。

九　航空訓練設施。

十　過境旅館。

十一　展覽館。

十二　國際會議中心。

十三　停車場。

⑤第一項港埠與其設施，指商港區域內之下列各項設施：

一　投資總額不含土地達新臺幣十億元以上之船舶出入、停泊、貨物裝卸、倉儲、駁運作業、服務旅客之水面、陸上、海底設施、遊艇碼頭及其他相關設施。

二　投資總額不含土地達新臺幣二十五億元以上之新商港區開發，含防波堤、填地、碼頭及相關設施。

三　投資總額不含土地達新臺幣十億元以上之各專業區附加價值作業設施，含廠房、倉儲、加工、運輸等必要設施。

⑥第一項及第四項第十三款停車場，指符合下列規定之一之路外公共停車場：

一　申請開發土地面積達四千五百平方公尺以上之平面式停車場或總樓地板面積達二千平方公尺以上之立體式停車場。

二　投資總額不含土地成本達新臺幣一千五百萬元以上之機械式或塔臺式停車場。

第三條 97

本法第三條第一項第一款所稱共同管道，指共同管道法規定之共同管道。

第四條

本法第三條第一項第二款所稱環境污染防治設施，指下列各項設施：

一　環境保護相關法規所定之空氣污染防制、噪音與振動防制、水污染防治、土壤污染整治及廢棄物之貯存、清除、處理或最終處置設施。

二　經中央目的事業主管機關認定之營建剩餘土石方資源堆置、處理、調度場所及其設施。

第五條

本法第三條第一項第三款所稱污水下水道，指專供處理家庭污水

及事業廢水之下水道及其設施。

第六條

本法第三條第一項第三款所稱自來水設施，指自來水法所稱之自來水設備。

第六條之一

本法第三條第一項第三款所稱水利設施，指水利法所稱之水利建造物及經中央目的事業主管機關認定之水再生利用、水淡化處理及地下水補注回用設施。

第七條 103

本法第三條第一項第四款所稱衛生醫療設施，指醫療機構、精神照護機構、物理治療機構、職能治療機構、醫事放射機構、醫事檢驗機構、護理機構、疫苗製造工廠或其他經中央目的事業主管機關認定之核子醫學藥物製造機構、醫療（事）機構及其設施。

第八條 103

本法第三條第一項第五款所稱社會福利設施，指下列各項設施：
一 依法核准設置之殯葬設施。
二 依法核准興辦之社會住宅。
三 其他經中央目的事業主管機關認定之社會福利設施。

第九條

本法第三條第一項第五款所稱勞工福利設施，指經中央目的事業主管機關認定之勞工育樂、訓練、教育機構及其設施。

第一〇條 103

本法第三條第一項第六款所稱文教設施，指下列各項設施：
一 公立文化機構及其設施。
二 公立學校、公立幼兒園及其設施。
三 社會教育機構及其設施。但不包括體育場所。
四 依法指定之古蹟、登錄之歷史建築及其設施。
五 其他經目的事業主管機關認定之文化、教育機構及其設施。

第一一條 103

本法第三條第一項第七款所稱觀光遊憩重大設施，指在國家公園、風景區、風景特定區、觀光地區、森林遊樂區、溫泉區或其他經目的事業主管機關依法劃設具觀光遊憩（樂）性質之區域內之遊憩（樂）設施、住宿、餐飲、解說等相關設施、區內及聯外運輸設施、遊艇碼頭及其相關設施。

第一二條

本法第三條第一項第八款所稱電業設施，指經中央目的事業主管機關認定之經營發電、輸電、配電業務，因供給電能而需設置之相關發電、輸電、配電、變電設施。

第一三條

本法第三條第一項第八款所稱公用氣體燃料設施，指經中央目的事業主管機關認定之下列公用氣體燃料事業建置之輸儲整壓相關設施：

一　貯存氣體燃料之貯氣槽、貯氣管、貯氣場及其附屬貯氣設備。

二　自來源地起所敷設之輸氣管線、加壓站、整壓站及其他有關之輸氣設備。

三　摻配空氣或其他可燃氣體，以調整供應氣體燃料熱值之摻配設備。

四　用以氣化、液化氣體燃料之氣化設備。

五　裝卸液化氣體燃料之裝卸設備。

第一四條

本法第三條第一項第九款所稱運動設施，指下列各項設施：

一　國際及亞洲奧林匹克委員會所定正式比賽種類之室內外運動設施。但不包括高爾夫球運動設施。

二　經目的事業主管機關認定，結合前款二種以上運動設施及休閒設施之運動休閒園區。

三　其他經中央目的事業主管機關認定之室內外運動設施。

第一五條

本法第三條第一項第十款所稱公園綠地設施，指下列各項設施：

一　由各級都市計畫主管機關依都市計畫法劃設之公共設施用地內之公園綠地及其設施。

二　由各級非都市土地主管機關依區域計畫法編訂之用地內之公園綠地及其設施。

三　依相關法令變更土地使用應捐贈之綠地、綠帶、生態綠地社區公園及其設施。

第一六條 103

本法第三條第一項第十一款所稱重大工業設施，指下列各項設施：

一　工業主管機關編定開發之工業區。

二　依產業創新條例、區域計畫法或都市計畫法編定或劃設由民營事業、土地所有權人或興辦工業人開發之工業區，其開發面積達五公頃以上，投資總額不含土地達新臺幣二十億元以上，且開發營運計畫符合工業發展政策，於一定期限從事營運行為，並提供用地及廠房供興辦工業人設廠使用者。

三　依區域計畫法、都市計畫法編定或劃設，供工業主管機關、民營事業、土地所有權人或興辦工業人開發使用之深層海水產業園區。

四　經國防部認定之國防科技工業相關設施。

第一七條 103

①本法第三條第一項第十一款所稱重大商業設施，指下列各項設施：

一　經直轄市、縣（市）政府認定之供應蔬果、魚肉及日常生活用品等零售業者集中營業之市場。

二　經中央目的事業主管機關認定，並符合下列規定之大型物流

中心：

㈠申請開發面積達一公頃以上。

㈡投資總額不含土地達新臺幣三億元以上。但土地上有相關設施經主辦機關認定符合需求者，其投資額得由主辦機關報請中央目的事業主管機關依其價值酌減。

㈢規劃有貨車進出迴轉空間，並使用倉儲管理資訊系統或輸配送管理資訊系統及棧板、貨架、堆高機等設備。

三　經中央目的事業主管機關認定，並符合下列規定之國際展覽中心：

㈠一棟以上建築物，提供廠商設置臨時性攤位展示產品或服務，接受參觀者現場下訂單，或提供會議、訓練服務，並得結合相關附屬商業服務設施。

㈡展覽館基地面積達二公頃以上，且設置五百個以上之標準展覽攤位。

四　經中央目的事業主管機關認定提供會議、訓練服務，並結合相關附屬商業服務設施之國際會議中心。

五　於離島地區開發經中央目的事業主管機關認定，結合購物、休閒、文化、娛樂、飲食、展示及資訊等設施於一體，並符合下列規定之大型購物中心：

㈠申請開發土地面積達二公頃以上或樓地板面積在六萬六千平方公尺以上。

㈡一處以上之主力商店，且其營業用樓地板面積達一萬五千平方公尺以上。

㈢一百家以上之中小零售店。

②前項第五款所稱離島地區，指與臺灣本島隔離屬我國管轄之島嶼。

第一八條 97

①本法第三條第一項第十一款所稱重大科技設施，指下列各項設施：

一　依科學工業園區相關管理法令規定開發之園區。

二　育成中心及其設施。

②前項第二款育成中心及其設施，指經中央目的事業主管機關認定，提供空間、設備、技術、資金、商務與管理之諮詢及支援，以孕育新事業、新產品、新技術及協助企業轉型升級之相關設施。

第一九條

本法第三條第一項第十二款所稱新市鎮開發，指依新市鎮開發條例劃定一定地區，從事之開發建設。

第一九條之一

本法第三條第一項第十三款所稱農業設施，指下列各項設施：

一　依畜牧法規定設置符合屠宰場設置標準之畜禽屠宰場及其相關設施。

二　依農產品市場交易法規定設置之農產品批發市場及其相關設施。

三　依農業科技園區設置管理條例規定設置之農業科技園區或補助設立之地方農業科技園區及其相關設施。

四　依國際或輸入國防疫檢疫標準或規定，及防疫檢疫技術原理設置之動植物及其產品之防疫檢疫相關設施。

五　依農業發展條例規定劃定之休閒農業區或取得許可登記證之休閒農場之服務、育樂及區內與聯外運輸等相關設施。

六　經中央目的事業主管機關認定具農業推廣、訓練、展示、加工等之多功能農業推廣、生產及運銷設施。

七　漁港區域內之下列各項設施：
　㈠漁業附加價值作業設施，含活魚儲運、冷凍倉儲、魚貨加工等必要設施。
　㈡遊客住宿、餐飲服務、文物展覽及相關海洋遊憩、教育設施等多元化相關設施。
　㈢遊艇遊憩專用區域之遊艇碼頭及相關必要設施。

八　依動物保護法第十四條規定設置之動物收容處所及其相關設施。

第二○條

本法第三條第一項所稱各項公共建設，其認定如有疑義，由主管機關會商中央目的事業主管機關認定之。

第二○條之一 97

①主辦機關依本法第五條第二項規定授權所屬機關（構）或依第三項規定委託其他政府機關執行時，應審酌之案件性質及被授權機關（構）或受委託機關之專業能力。必要時，得洽詢主管機關意見。

②主辦機關就前項執行情形，應定期或不定期查核及檢討。

第二○條之二 97

本法第五條第三項所稱上級機關，於中央目的事業主管機關為主辦機關時，為行政院；於直轄市、縣（市）政府為主辦機關時，為中央目的事業主管機關。

第二一條 97

①民間機構參與公共建設依本法第八條第一項第三款方式辦理者，主辦機關應於徵求民間參與之招商文件中，載明建設經費計算方式、工程品質監督、驗收、產權移轉等規定，並應要求申請人提出建設經費償付計畫。

②前項建設經費償付計畫，應包括建設總經費、加計之利息、利率、償還年限及期次等項目。

第二二條 97

①主辦機關與民間機構依本法第十一條規定簽訂之投資契約，不得違反原公告及招商文件內容。但有下列情形之一者，不在此限：
一　原公告及招商文件內容載明得經協商後變更。

二　於公告後投資契約訂立前發生情事變更。

三　原公告及招商文件內容不符公共利益或公平合理之原則。

②投資契約，應明定協調委員會之組成時機、方式及運作機制，以協商處理契約履行及其爭議事項。

第二二條之一　97

主辦機關為辦理本法第十一條第七款之稽核，應於投資契約訂定重點稽核之項目、程序及基準。

第二二條之二　97

①本法第十一條第七款所稱工程控管事項，指民間機構執行工程之進度、環境保護、施工安全衛生及工程品質管理事項。

②主辦機關為辦理前項工程控管，應於投資契約訂定工程進度及品質控管機制。

第二二條之三　97

本法第十一條第九款所定其他約定事項，得包括下列事項：

一　雙方聲明及承諾事項。

二　用地與設施取得、交付之範圍及方式。

三　財務事項。

四　營運品質管理事項。

五　履約保證。

六　契約變更。

第二二條之四　97

投資契約得訂明因政策變更，民間機構依契約繼續履行反不符公共利益者，主辦機關得終止或解除一部或全部契約，並補償民間機構因此所生之損失。

第二三條　97

主辦機關應依公共建設之特性及民間投資方式，於投資契約明定，民間機構應於一定期間內提出或交付工程品質管理計畫、工程進度報告、帳簿、表冊、傳票、財務報告、工作資料及其他相關文件，以供查核。

第二四條

①本法第十三條第二項所定得委託民間機構辦理之區段徵收開發業務如下：

一　現況調查及地籍測量。

二　區段徵收工程之規劃、設計、施工及管理。

三　土地改良物價值及區段徵收後地價之查估。

四　抵價地分配之規劃設計。

五　編造有關清冊。

②主辦機關委託民間機構辦理前項業務者，應於委託契約中明定區段徵收工程之經費計算方式、品質監督及驗收等規定。

第二五條

①主辦機關依本法第十九條規定洽請區段徵收主管機關辦理區段徵收者，應事先擬定開發計畫，報請行政院核定。

②前項開發計畫，應載明下列事項：
　一　該公共建設事業計畫之特性及與相關上位計畫之關係。
　二　開發目標。
　三　預定開發地區範圍。
　四　主要公共設施項目。
　五　開發地區及鄰近地區發展現況。
　六　整體發展構想。
　七　自行或委託辦理之開發方式。
　八　預定抵價地比例。
　九　拆遷安置構想。
　十　開發進度。
　十一　土地使用計畫。
　十二　財務分析及計畫。
　十三　配合措施。
　十四　責任分工。
　十五　預期效益。
　十六　其他應載明事項。

③前項第十二款財務分析及計畫，如將第二十六條之其他公共設施費用計入者，其得計入本法第十九條第二項區段徵收開發總成本之額度上限，應於開發計畫中敘明，並應納入徵求民間參與公告內容。

④開發計畫報請行政院核定後，主辦機關應備齊相關之地籍藍曬圖、範圍圖、基地附近地區發展現況資料、都市計畫圖或非都市土地使用分區圖及用地編定圖等，會同區段徵收主管機關及都市計畫、地政、環境保護、交通等有關機關，現場評估勘定區段徵收之範圍後，洽請區段徵收主管機關依法辦理區段徵收。

⑤開發計畫因配合都市計畫或土地徵收審議委員會審議調整者，主辦機關應修正開發計畫，報請行政院備查。

第二六條

①本法第十九條第二項所稱開發總成本，指徵收私有土地之現金補償地價或協議價購地價、有償撥用公有土地地價、公共設施費用、土地整理費用及貸款利息等項之支出總額。

②前項所稱公共設施費用，包括道路、橋樑、溝渠、地下管道、鄰里公園、廣場、綠地、停車場之規劃設計費、施工費、材料費、工程管理費及整地費。經主辦機關報請公共建設中央目的事業主管機關核定之其他公共設施，亦同。

③第一項所稱土地整理費用，包括土地改良物或墳墓拆遷補償費、動力及機械設備或人口遷移費、營業損失補償費、自動拆遷獎助金、加成補償金、地籍整理費、救濟金及辦理土地整理必要之業務費。

第二七條

①依本法第十三條第二項委託民間機構辦理區段徵收開發業務者，

得於委託契約中約定區段徵收開發總成本中主辦機關應負擔之資金由民間機構籌措。

②前項約定，除應明定資金總額、加計之利息、利率、償還年限及期次等項目外，並得訂定如主辦機關依本法第十九條第二項第三款規定取得之可供建築用地經依法處理，而未能完成處分，致收入不足償付民間機構所支付之開發總成本中主辦機關應負擔金額時，由民間機構按各筆土地依法估定之標售底價，承受該未能處分之可供建築用地。但以補足應償付之數額為限。

第二八條

本法第二十一條第一項所定禁止事項，由中央辦理時，應由主辦機關會商內政部及當地政府勘定範圍報請行政院核准後，通知該用地所在之直轄市或縣（市）政府公告之。

第二八條之一 97

本法第二十一條第一項之公告，主辦機關應協調用地所在之直轄市或縣（市）政府於投資契約簽訂前為之。

第二九條

民間機構依本法第二十三條第一項但書規定先行進入或使用公、私有土地或建築物時，仍應事先經主辦機關許可，並通知公、私有土地或建築物之所有人、占有人、使用人或管理人。但無法事先通知者，得於事後補行通知。

第三〇條

公共建設依本法第二十六條第一項規定需與市區道路、公路、鐵路、其他交通系統或公共設施共架、共構興建時，其因共架、共構興建所需增加之費用，由民間機構負擔。但市區道路、公路、鐵路、其他交通系統或公共設施係新建、改建者，其因共架、共構興建所需之費用，得經由協商依其單獨興建所需費用之比例分擔之。

第三一條 97

①本法第二十七條第三項所稱附屬事業，指民間機構於公共建設所需用地辦理公共建設及其附屬設施以外之開發經營事業。

②民間機構經營公共建設及前項附屬事業之收支，應分別列帳。

第三二條

①本法第二十九條第一項所稱自償能力，指營運評估年期內各年現金淨流入現值總額，除以公共建設計畫工程興建年期內所有工程建設經費各年現金流出現值總額之比例。

②前項所稱營運評估年期，指公共建設計畫之財務計畫中，可產生營運收入及附屬事業收入之設算年期。

③第一項所稱現金淨流入，指公共建設計畫營運收入、附屬事業收入、資產設備處分收入之總和，減除不含折舊與利息之公共建設營運成本及費用、不含折舊與利息之附屬事業成本及費用、資產設備增置及更新之支出後之餘額。

第三三條

①主辦機關依本法第二十九條第一項規定，就公共建設非自償部分投資其建設之一部，其方式如下：

　一　由主辦機關興建後，交由民間機構經營或使用。

　二　併由民間機構興建，經主辦機關勘驗合格並支付投資價款取得產權後，交由民間機構經營或使用。

②主辦機關依前項第二款支付之投資價款額度，不得高於民間投資興建額度，並應於投資契約中明定各項工程價款、政府投資額度、工程品質之監督及驗收。

第三四條

①主辦機關依本法第二十九條第一項規定對民間機構補貼利息或投資其建設之一部時，應於先期計畫書中，進行自償能力初步評估，擬定補貼利息或投資建設之方式及上限，並載明於公告。

②申請人應就其申請案件之財務計畫內提出自償能力之計算及分析資料，並依據前項主辦機關公告之內容，敘明要求主辦機關補貼利息或投資建設之額度及方式，由甄審委員會評審之。

第三五條

①主辦機關依本法第二十九條規定補貼民間機構所需貸款利息，以該貸款用途係支應民間機構興建、營運公共建設所需中長期資金為限。但不包括土地購置成本所需貸款金額。

②民間機構於支付金融機構貸款利息後，應檢具利息支付證明及貸款資金用途說明文件，始得向主辦機關申請核付補貼利息。

第三六條

民間機構於營運期間屆滿前，經主辦機關依本法第五十二條或第五十三條終止投資契約、停止興建、營運之全部時、或強制接管營運者，其依本法取得之利息補貼權利，應自通知日起予以終止。

第三七條

①民間機構就主辦機關補貼利息之貸款未依第三十五條規定使用者，主辦機關應就違反規定之貸款部分終止核付補貼利息，並要求民間機構償還自違反貸款用途規定之日起已核付之補貼利息及支付違約金。

②前項已補貼利息之償還方法及違約金金額，應於投資契約明定之。

第三七條之一　97

①本法第三十二條所稱外國金融機構，指經外國相關主管機關核准得辦理融資或貸款業務之機構。

②前項機構所提出之外國文書，應經我國駐外使領館、代表處、辦事處或其他外交部授權機構驗證。

第三八條

本法第三十八條第一項所稱直接承包商，指直接承攬民間機構依本法所投資興建之重大公共建設，並與民間機構簽訂書面契約者。

第三九條

①主辦機關辦理民間參與政府規劃之公共建設前，應辦理可行性評估及先期規劃。但未涉及政府預算補貼或投資者，不在此限。

②前項可行性評估，應依公共建設特性及民間參與方式，以民間參與之角度，就公共建設之目的、市場、技術、財務、法律、土地取得與環境影響等方面，審慎評估民間投資之可行性。

③第一項先期規劃，應撰擬先期計畫書，並擬依公共建設特性及民間參與方式，就經由民間參與公共建設興建、營運之規劃及財務，進行分析；必要時，應審慎研擬政府對該建設之承諾與配合事項及容許民間投資附屬事業之範圍，並研擬政府應配合辦理之項目、完成程度及時程。

④主辦機關辦理民間參與公共建設，得聘請財務、工程、營運、法律等專業顧問，協助辦理相關作業。

第四○條 97

①主辦機關依本法第四十二條第一項規定辦理公告徵求民間參與時，得視公共建設計畫之性質，備具民間投資資訊，供民間投資人索閱，或辦理說明會，並參酌民間投資人建議事項，訂定公告及招商文件內容。

②前項公告內容，除依第二十五條及第三十四條規定辦理外，應依各該公共建設之性質，載明下列事項：

　一　公共建設計畫之性質、基本規範、許可年限及範圍。

　二　申請人之資格條件。

　三　申請案件之甄審項目及甄審標準。

　四　有無協商事項。

　五　公告日、申請文件遞送截止日、申請程序及保證金。

　六　容許民間投資附屬事業之範圍及其所需土地使用期限。

　七　主辦機關依本法第五條規定授權或委託事項。

③第一項招商文件內容，除包括前項公告內容及依第二十一條規定辦理外，應包括下列項目：

　一　投資計畫書主要內容及格式。

　二　申請案件之評定方式及評審時程。

　三　政府承諾及配合事項。

　四　協商項目及程序。但不允許協商者，不在此限。

　五　議約及簽約期限。

　六　投資契約草案。

④第一項公告內容涉及重大權益事宜者，如得變更，應敍明之，並附記其變更程序。

第四○條之一 97

主辦機關於招商公告後，變更或補充招商文件者，應於截止收件前辦理變更或補充公告，並延長截止收件期限。

第四一條

①主辦機關依本法第四十二條規定辦理公告，應將公告摘要公開於

　資訊網路，並刊登於政府採購公報。

②主辦機關辦理前項公告，其自公告日至申請人遞送申請文件截止日之期間，應視公共建設之內容與特性及申請人準備申請文件所需時間，合理定之。

第四一條之一 97

主辦機關應依下列原則，辦理議約：

一　依據徵求民間參與公告內容、招商文件、投資計畫書及綜合評審結果。

二　議約內容除符合第二十二條第一項第二款或第三款之情形外，不得違反公告內容、招商文件及協商結果。

第四一條之二 97

①主辦機關應視公共建設性質，訂定合理之議約及簽約期限。

②前項議約及簽約期限，除有特殊情形者外，不得逾下列期限：

一　議約期限：自評定最優申請人之日起至完成議約止之期間，不得超過等標期之二倍，且以六個月為限。

二　簽約期限：自議約完成至簽訂契約期間，以一個月為原則，並得展延一個月。但簽約前依本法第四十五條及第四十六條規定之籌辦時間，不予計算。

③前項特殊情形之認定，不得授權所屬或委託其他機關（構）執行之。

第四二條

申請人依本法第四十三條及第四十六條規定提出金融機構融資意願書時，應一併提出金融機構對投資計畫書之評估意見，其評估意見得載明融資續作主要條件。

第四三條

①民間參與本法公共建設有融資需求者，主辦機關得視需要，經甄審委員會決議，要求最優申請案件申請人應於籌辦期間內與主要融資機構簽訂融資協議書，或要求民間機構應於投資契約簽訂後一定期間內提出融資協議書。

②最優申請案件申請人未於籌辦期間內提出融資協議書者，主辦機關應依本法第四十五條第二項規定處理。

③民間機構未於投資契約簽訂後一定期間內提出融資協議書者，主辦機關應依投資契約規定之方式處理。

第四三條之一 97

①主辦機關應依公告及招商文件規定之條件，評審申請人所送之申請文件。

②主辦機關於選出最優申請人或次優申請人後，發現申請人有下列情形之一者，應不予議約、簽約：

一　未依公告及招商文件規定之條件提出申請。

二　有詐欺、脅迫、賄賂、對重要審審項目提供不正確資料或為不完全陳述，致影響評審之情形。

三　未依通知之期限辦理補正、完成議約程序。

四　未按規定時間籌辦或完成簽約手續。

第四四條

① 民間依本法第四十六條第一項規定申請自行規劃參與公共建設，主辦機關應將申請案件摘要公開於主管機關及主辦機關之網站。

② 前項民間申請自行規劃參與公共建設，其應備文件不合規定時，主辦機關得定相當期間通知補正；屆期未完成補正或不能補正者，不予受理。

第四五條

本法第四十六條第二項所稱一定期限，以六個月為限。但必要時得延長六個月，並以一次為限。

第四六條

① 民間自行規劃申請參與公共建設，未依本法第四十六條第三項規定，按主辦機關核定之土地使用計畫所載期限自行取得所需土地所有權或使用權者，主辦機關應廢止其申請案件之核定。

② 前項期限得於屆滿前，報經主辦機關准予延期，並以一年為限。

第四六條之一　97

主辦機關得依政策需求，對於可供民間參與公共建設之興辦項目、協助事項、作業程序予以公告，徵求民間依本法第四十六條規定，自行規劃提出申請。

第四七條

① 本法第五十一條第二項所稱民間機構因興建、營運所取得之營運資產、設備，指民間機構於興建營運期間內，因興建營運公共建設所取得及為繼續經營公共建設所必要之資產及設備。

② 前項營運資產、設備，於不影響公共建設之正常運作，並符合下列規定者，主辦機關得同意其轉讓、出租或設定負擔：

一　依投資契約規定，無需移轉予政府者。

二　依投資契約規定，需於營運期間屆滿後移轉予政府者，得依投資契約規定於移轉期限屆滿前，在不影響期滿移轉下，附條件准予轉讓；其出租或設定負擔之期間，以經營許可期限為限；其設定負擔，應訂有償債計畫或設立償債基金辦法。

第四八條

本法第五十二條第一項所稱施工進度嚴重落後，指未於投資契約所定之期限內完成工程，或建設進行中，依客觀事實顯無法於投資契約所訂期限內完成工程者；所稱工程品質重大違失，指工程違反法令或違反投資契約之工程品質規定，或經主辦機關與民間機構雙方同意之獨立認證機構認定有損害公共品質之情形，且情節重大者；所稱經營不善，指民間機構營運期間，於公安全、服務品質或相關管理事項上違反法令或投資契約者。

第四九條

① 主辦機關依本法第五十二條第一項第一款規定要求民間機構定期改善時，應以書面載明下列事項，通知民間機構：

一　缺失之具體事實。

二 改善缺失之期限。

三 改善後應達到之標準。

四 屆期未完成改善之處理。

②主辦機關應依所發生缺失對公共安全之影響程度及民間機構之改善能力，訂定改善期限。

第五〇條

本法第五十二條所稱融資機構及保證人，以經民間機構送請主辦機關備查者爲限。

第五一條

民間機構未於第四十九條第一項第二款規定之期限內改善缺失時，主辦機關應以書面載明下列事項，通知融資機構或保證人：

一 民間機構屆期不改善或改善無效之具體事實。

二 融資機構、保證人得申報主辦機關同意暫時接管機構或繼續辦理機構之期限。

三 暫時接管或繼續辦理時，應爲改善之期限。

四 應繼續改善之項目及標準。

五 屆期未完成改善之處理。

第五二條

①融資機構、保證人或其指定之其他機構依本法第五十二條規定接管後，經主辦機關認定缺失確已改善者，除民間機構與融資機構、保證人或其指定之其他機構另有約定並經主辦機關同意者外，主辦機關應以書面通知融資機構、保證人或其指定之其他機構終止接管，並載明終止接管之日期。

②前項通知，並應通知民間機構及政府有關機關。

③融資機構、保證人或其指定之其他機構於改善期限屆滿前，已改善缺失者，得向主辦機關申請終止接管。

第五三條

①主辦機關依本法第五十二條第一項第一款規定要求民間機構定期改善者，應自通知要求改善日起至完成改善日止，中止核付補貼利息。但經民間機構完成改善或經融資機構、保證人或其指定之其他機構依規定接管並完成改善者，主辦機關得補付中止核付之補貼利息。

②主辦機關依前項規定中止核付補貼利息時，應通知融資機構、保證人及政府有關機關。

第五四條

①主辦機關依本法第五十二條第一項第二款規定中止民間機構興建或營運一部或全部時，應以書面載明下列事項，通知民間機構：

一 屆期不改善或改善無效之具體事實。

二 中止興建或營運之日期。

三 中止興建之工程範圍或中止營運之業務範圍。

四 中止興建或營運後，應繼續改善之項目、標準及期限。

五 屆期未完成改善之處理。

②前項第三款中止興建之工程範圍，得由主辦機關視該工程之缺失及與其他工程之相關性，於影響整體工程興建、品質及進度最少之範圍內決定之；中止營運之範圍，由主辦機關依客觀事實，在改善缺失必要之範圍內決定之。

第五五條

①主辦機關依本法第五十二條第一項第二款規定中止民間機構興建或營運一部或全部後，經主辦機關認定缺失確已改善者，應以書面限期令民間機構繼續興建或營運。

②民間機構於改善期限屆滿前，已改善缺失者，得向主辦機關申請繼續興建或營運。

第五六條

主辦機關依本法第五十二條第一項第三款規定終止投資契約時，應以書面載明下列事項，通知民間機構：

一　未改善缺失之具體事實。

二　終止投資契約之表示及終止之日期。

三　終止地上權及租賃契約之表示。

四　主辦機關依本法第五十三條第二項規定擬採取之適當措施或強制接管營運有關事項。

第五六條之一 97

①主辦機關將公共建設所需用地設定地上權予民間機構時，應於契約中約定地上權消滅時建物所有權移轉予政府，並於辦理地上權設定登記時，由登記機關於土地登記簿他項權利部其他登記事項欄註記。

②前項公共建設興建完成後，民間機構申辦建物所有權第一次登記時，亦應記明前項約定，由登記機關於建物登記簿之所有權部其他登記事項欄註記。

第五七條

①有本法第五十三條第一項所定情事時，主辦機關應即通知中央目的事業主管機關為必要之處置或由中央目的事業主管機關逕為必要之處置。

②中央目的事業主管機關依本法第五十三條規定停止民間機構興建或營運之一部或全部時，應即以書面載明下列事項，通知民間機構：

一　缺失之具體事實。

二　停止興建或營運之日期。

三　停止興建之工程範圍或停止營運之業務範圍。

③主辦機關依本法第五十三條第二項規定採取適當措施或強制接管營運時，應以書面通知民間機構。

④本法第五十三條第一項所定之情事經排除，且經主辦機關認定缺失確已改善者，除主辦機關採取之適當措施或強制接管營運辦法另有規定外，主辦機關應報請中央目的事業主管機關同意後，以書面限期令民間機構繼續興建或營運。

第五八條

第四十九條、第五十一條及第五十四條至前條所定之書面通知，應同時副知融資機構、保證人及政府有關機關。

第五九條

①本法第五十四條第一項所稱現存所有之營運資產，指民間機構於營運期間屆滿時，所有為繼續經營公共建設所必要之全部資產。

②前項現存所有營運資產，其範圍、期滿移轉有關之移轉條件、價金決定方法、給付方式及給付時間等相關事項，應於投資契約明定之。

第六〇條

①民間機構依本法第五十四條第一項規定於營運期限屆滿應移轉資產者，應於期滿前一定期限辦理資產總檢查。

②前項一定期限與資產總檢查之檢查機構、檢查方式、程序、標準及費用負擔，應於投資契約明定之。

第六一條

①主辦機關依本法第五十四條第二項規定辦理營運績效之評定，應於營運期間內辦理，每年至少一次；並得成立評估委員會辦理之。

②主辦機關依本法第五十四條第二項規定與該民間機構優先定約前，應就委託繼續營運進行規劃及財務評估，研訂繼續營運之條件，以與該民間機構議定契約。

第六二條

①本法第五十四條第三項所定營運績效評估辦法，應載明下列事項：

　一　營運績效評估方法及項目。

　二　營運績效評估程序及標準。

　三　其他績效評估事項。

②主辦機關應將營運績效評估結果，以書面通知民間機構。

第六三條

本細則自發布日施行。

獎勵民間參與交通建設條例

① 民國 83 年 12 月 5 日總統令制定公布全文 49 條。
② 民國 91 年 4 月 24 日總統令修正公布第 3、12～14 條條文。
③ 民國 91 年 6 月 19 日總統令修正公布第 30、43、44 條條文。
　民國 101 年 6 月 25 日行政院公告第 26 條第 3 項、第 27 條第 2 項
　所列屬「財政部」之權責事項，經行政院公告自 93 年 7 月 1 日起
　變更為「行政院金融監督管理委員會」管轄，自 101 年 7 月 1 日起
　改由「金融監督管理委員會」管轄。
④ 民國 104 年 6 月 17 日總統令修正公布第 4 條條文。

第一章　總　則

第一條　（立法目的）
　爲獎勵民間參與交通建設，提升交通服務水準，加速社會經濟發
　展，特制定本條例。
第二條　（適用範圍）
　獎勵民間參與交通建設，依本條例之規定。本條例未規定者，適
　用其他有關法律之規定。
第三條　（主管機關）91
① 本條例所稱主管機關：在中央爲交通部；在直轄市爲直轄市政
　府；在縣（市）爲縣（市）政府。
② 本條例所定事項，涉及目的事業主管機關職掌者，由主管機關會
　同目的事業主管機關辦理。
第四條　（民間機構）104
① 本條例所稱民間機構，係指依公司法設立之公司；其有政府、公
　營事業出資或捐助者，其出資或捐助不得超過該公司資本總額或
　財產總額百分之二十。
② 前項總額比例限制之規定，於民間參與興建營運台灣南北高速鐵
　路案應低於該公司資本總額或財產總額百分之五十。
第五條　（獎勵之範圍）
　本條例之獎勵，以下列重大交通建設之興建、營運爲範圍：
一　鐵路。
二　公路。
三　大眾捷運系統。
四　航空站。
五　港埠及其設施。
六　停車場。
七　觀光遊憩重大設施。

八　橋樑及隧道。

第六條　（適用對象）

本條例適用之對象，以民間機構依下列方式之一參與前條交通建設為限：

一　由政府規劃之交通建設計畫，經核准由民間機構投資興建及營運其一部或全部者。

二　由政府興建完成之交通建設，經核准由民間機構投資營運其一部或全部者。

三　由民間機構自行規劃之交通建設計畫，經政府依法審核，准其投資興建營運者。

第七條　（權利金之收取）

①主管機關視交通建設個案特性，得基於公平競爭原則許可民間機構於一定限期內經營交通建設，並得向其收取權利金。

②前項權利金收取之相關事項應於投資契約中明定。

第八條　（交通建設之興建經費）

①第五條所定之交通建設，主管機關得由廠商提供資金興建，並於完工後分期償付建設經費。

②主管機關以前項方式興建交通建設者，應於實施前將建設及財務計畫，報請行政院核定或由各該地方政府自行核定，並循預算程序編列賒借及建設計畫預算，據以辦理發包興建。

③前項發包興建工程，其經工程主辦機關完成估驗者，視同該估驗部分之賒借及建設計畫均已執行。

④第一項所稱廠商，係指依法設立之公、民營機構。

第二章　用地取得與開發

第九條　（交通用地）

①本條例所獎勵交通建設之交通用地，涉及都市計畫變更者，主管機關應協調都市計畫主管機關依都市計畫法第二十七條規定辦理變更；涉及非都市土地使用變更者，於報准徵收或撥用取得土地後，依法辦理變更編定。

②前項交通用地，係指路線、場站、交流道、服務區及第五條相關附屬設施所需之用地。

第一〇條　（租金優惠辦法）

①本條例所獎勵交通建設之交通用地及依第十二條規定區段徵收範圍內之土地，屬公有土地者，主管機關依程序辦理撥用後，得訂定期限出租或設定地上權與民間機構使用，不受土地法第二十五條及國有財產法第二十八條之限制，其租金得予優惠。

②前項租金優惠辦法由交通部會同財政部定之。

第一一條　（交通用地之取得）

本條例所獎勵交通建設之交通用地，屬私有土地者，主管機關得視交通建設之需要，依法報請徵收，並得於徵收計畫書載明辦理聯合開發、委託開發、合作經營或依前條規定出租或設定地上權

與民間機構開發、興建、營運。

第一二條 （區段徵收處理方式）91

① 主管機關應會商都市計畫、地政等有關機關，得就具都市發展潛力地區之路線、場站、交流道、服務區、轉運區、港埠及其設施、觀光遊憩設施、橋樑及隧道與其毗鄰地區劃定範圍，報經行政院核定後，先行依法辦理區段徵收，並於區段徵收公告期滿後一年內，發布實施都市計畫進行開發，不受都市計畫法第五十二條之限制。

② 依前項規定劃定為區段徵收範圍內土地，經規劃整理後，除依下列規定方式處理外，並依區段徵收相關法令處理：

一　路線、場站、交流道、服務區、橋樑及隧道與相關附屬設施等交通用地，無償登記為國有或直轄市、縣（市）所有。但大眾捷運系統之土地產權，依大眾捷運法之規定。

二　轉運區、港埠及其設施、觀光遊憩設施所需土地，依開發成本讓售與主管機關。

三　其餘可供建築用地，由主管機關會同直轄市或縣（市）政府依所負擔開發總成本比例協議處理。

③ 主管機關依前項取得之土地，得依第十條、第十五條規定出租或設定地上權與民間機構或逕為使用、收益及處分，不受土地法第二十五條及國有財產法第二十八條之限制；其處理辦法另定之。

第一三條 （公有土地之開發、處理）91

① 為加速第十一條交通用地之取得，主管機關得協調公有土地管理機關或公營事業，就其管理或所有土地訂定開發計畫，依法開發、處理，並提供開發計畫範圍內一定面積之土地、建築物，准由未領補償費之被徵收土地所有權人就其應領補償費折算土地、建築物領回。

② 前項被徵收土地未領地價之補償費及開發土地後應領土地、建築物之計價，應以同一基準折算之。申請時，應於土地徵收公告期間檢具相關證明文件，以書面向當地市、縣地政主管機關具結不領取補償費，經轉報主管機關同意者，視為地價已補償完竣；主管機關並應通知公有土地管理機關或公營事業。

③ 第一項公有土地之開發或處理不受土地法第二十五條、國有財產法第二十八條限制。

④ 第一項開發、處理及被徵收土地所有權人領回開發土地、建築物之折算計價基準辦法及其施行日期，由交通部會同經濟部、內政部、財政部、直轄市政府等有關機關擬訂，報請行政院核定之。

第一四條 （交通土地之利用）91

主管機關為有效利用交通土地，得協調內政部或直轄市政府，於調整或適度放寬土地使用分區管制或區域土地使用管制後，開發、興建供下列事業使用：

一　運輸服務業、商業。

二　停車場業。

　　三　交通工具維修業。

　　四　加油站業。

第一五條　（交通建設之附屬事業收入）

①本條例所獎勵之民間機構得以承租或設定地上權方式取得第十二條土地辦理開發，並得於該土地上經營前條規定之事業。其所得該交通建設之附屬事業收入，應計入該交通建設整體財務收入中。

②經營前項事業，依法令經需經其他有關關關核准者，並應申請核准之。

第一六條　（徵收土地之使用期限）

　依第十一條及第二十三條規定徵收之土地，其使用期限應依照核准之計畫期限辦理。主管機關未依核准計畫期限使用者，原土地所有權人得於核准計畫期限屆滿之次日起五年內，向該管縣（市）地政機關申請照原徵收價額收回其土地。

第一七條　（交通用地之禁止事項）

①本條例所獎勵交通建設之交通用地，主管機關經上級機關核准後，應通知該用地所在之直轄市或縣（市）政府公告禁止下列事項：

　　一　土地移轉、分割、設定負擔。

　　二　建築改良物之新建、增建、或改建，及採取土石或變更地形。

②前項禁止期間，不得逾二年。

第一八條　（禁建、限建之辦法）

①為維護本條例所獎勵交通建設興建及營運之安全，主管機關對該交通建設毗鄰之公、私有建築物與廣告物，得商請當地直轄市或縣（市）政府勘定範圍，公告禁止或限制建築及樹立，不受都市計畫土地使用分區管制或區域土地使用管制之限制。其範圍內建築中或原有之建物、廣告物及其他障礙物興建或營運安全者，主管機關得指示或商請當地主管建築機關，依法限期修改或拆除；逾期不辦理者，逕行強制拆除之。但應給與相當補償，對補償有異議時，應報請上級主管機關核定後為之。

②前項禁建、限建辦法，由交通部會同內政部定之。

第一九條　（空間範圍之取得）

①民間機構興建本條例所獎勵之交通建設，需穿越公、私有土地之上空或地下，應與該土地管理機關或所有權人就其需用之空間範圍協議取得地上權。其屬公有土地而協議不成時，得由民間機構報請主管機關核轉行政院核定，不受土地法第二十五條之限制；其屬私有土地而協議不成時，準用徵收規定取得地上權，租與民間機構使用，其租金優惠準用第十條之規定。

②前項土地因交通建設路線之穿越，致不能為相當使用時，土地所有權人得自施工之日起至開始營運後一年內，向主管機關請求徵收土地所有權，主管機關不得拒絕；徵收土地之地價依法補償之。但原設定地上權取得之對價，應扣除之。

③前二項土地上空或地下使用之程序、使用範圍、界線之劃分及地上權之設定、徵收、補償、登記之審核辦法，由交通部會同內政部定之。

第二〇條　（交通建設之申請）

本條例所獎勵之民間機構於市區道路、公路、鐵路、其他交通系統或公共設施之上、下興建交通建設時，應預先向各該管主管機關申請許可，如需共架、共構興建時，主管機關應協助民間機構獲得各該主管機關同意後，始得辦理。申請許可未獲同意或協調不成時，應敘明理由報請主管機關層轉行政院核定後辦理。

第二一條　（進入或使用建築物）

① 本條例所獎勵之民間機構為勘測、鑽探、施工及維修必要，經主管機關許可於十五日前通知公、私有土地或建築物所有人、占有人、使用人或管理人後，得進入或使用公、私有土地或建築物，其所有人、占有人、使用人或管理人不得拒絕。但情況緊急，遲延即有發生重大公共利益損害之虞者，得先行進入或使用。

② 依前項書規定進入或使用私有土地或建築物時，應會同當地村、里長或警察到場。

③ 第一項土地或建築物因進入或使用而遭受損失時，應與補償。如對補償有異議時，應報請其主管機關核定後為之。

第二二條　（建築物之拆除及補償）

① 依前條規定使用公、私有土地或建築物，有拆除建築物或其他工作物全部或一部之必要者，民間機構應先報請主管機關，經主管機關商請當地主管建築機關依法令所有人、占有人或使用人拆除之；如緊急需要或逾期不拆除者，主管機關得逕行或委託當地建築主管機關強制拆除之。

② 前項拆除及因拆除所遭受之損失應給與相當之補償；對補償有異議時，應報請其主管機關核定後為之。

第二三條　（地上權設定）

① 經主管機關會同有關機關核定為興建本條例所獎勵交通建設所需之取、棄土區，主管機關得予徵收或撥用後，以租用或設定地上權之方式提供民間機構使用。

② 民間機構依前項規定使用取、棄土區時，應事先擬具取、棄土計畫，送經主管機關會同有關機關核定後為之。

③ 第一項土地如係徵收取得者，於取、棄土完成後，應由主管機關通知土地所有權人於六個月內依原徵收價額買回。逾期不買回者，視為放棄其買回權。

④ 第一項及第三項不受國有財產法第二十八條之限制。

第二四條　（土地使用之協調）

本條例所獎勵之民間機構，因施工需要，得報請主管機關協調管理機關同意，使用河川、溝渠、涵洞、堤防、道路、公園及其他公共使用之土地。

第三章　融資與稅捐優惠

第二五條　（補貼利息及投資建設）

① 本條例所獎勵之交通建設，經甄審委員會評定其建設投資依本條

例其他獎勵仍未具完全之自償能力者，得就其非自償部分由政府補貼其所需貸款利息或投資其建設之一部。

②前項補貼利息或投資建設辦法，由交通部會同財政部擬訂，報請行政院核定之。

③第一項補貼利息及投資建設，由主管機關編列預算爲之。

第二六條　（長期優惠貸款）

①主管機關視交通建設資金融通之必要，得洽請金融機構給與本條例所獎勵民間機構長期優惠貸款，其代款期限及授信額度不受銀行法第三十三條之三、第三十八條及第八十四條之限制。

②前項長期優惠貸款利息之差額，由主管機關編列預算補貼之。

③第一項長期優惠代款辦法由交通部會同財政部定之。

第二七條　（公司債之發行）

①本條例所獎勵之民間機構，經主管機關核准營運並辦理股票公開發行後，不論其股票是否上市，均得發行公司債。

②前項公司債發行審核辦法由交通部會同經濟部及財政部擬訂，報請行政院核定之。

第二八條　（免稅之範圍及年限）

①本條例所獎勵之民間機構，得自各該交通建設開始營運後有課稅所得之年度起，最長以五年爲限，免納營利事業所得稅。

②適用前項獎勵之民間機構，得自各該交通建設開始營運後有課稅所得之年度起，四年內自行選定延遲開始免稅之期間；其延遲期間最長不得超過三年，延遲後免稅期間之始日，應爲一會計年度之首日。

③第一項實際適用免稅之範圍及年限，由財政部會商交通部擬訂，報請行政院核定之。

第二九條　（投資抵減）

①本條例所獎勵之民間機構，得在下列支出金額百分之五至百分之二十限度內，抵減當年度應納營利事業所得稅額；當年度不足抵減時，得在以後四年內抵減之：

一　投資於興建、營運設備或技術。

二　購置防治污染設備或技術。

三　投資於研究與發展、人才培訓之支出。

四　其他經行政院核定之投資支出。

②前項投資抵減，其每一年度得抵減總額，以不超過該公司當年度應納營利事業所得稅額百分之五十爲限。但最後年度抵減金額，不在此限。

③第一項各款投資抵減之適用範圍、施行期限及抵減率，由財政部會商交通部擬訂，報請行政院核定之。

第三〇條　（進口關稅）91

①本條例所獎勵之民間機構，進口供其興建交通建設使用之營建機器、設備、施工用特殊運輸工具、訓練器材及其所需之零組件，經交通部證明屬實，並經經濟部證明在國內尚未製造供應者，免

徵進口關稅。

②本條例所獎勵之民間機構，進口供其經營交通建設使用之營運機器、設備、訓練器材、電聯車、高速鐵路車輛及其所需之零組件，經交通部證明屬實，其進口關稅得提供適當擔保，於開始營運之日起，一年後分期繳納。

③本條例所獎勵之民間機構，進口第一項規定之器材，如係國內已製造供應者，經交通部證明屬實，其進口關稅得提供適當擔保，於完工之日起，一年後分期繳納。

④依第二項及第三項規定辦理分期繳納關稅案件，於稅款繳清前，變更原目的以外之用途者，廢止原核定之分期繳納期限，追繳關稅，並依關稅法第五十一條之規定辦理。

⑤第一項至第三項之免徵及分期繳納關稅辦法，由財政部會商交通部定之。

第三一條　（減免之標準）

①本條例所獎勵之民間機構在興建或營運期間，供其直接使用之不動產應課徵之地價稅、房屋稅及取得時應課徵之契稅，得予適當減免。

②前項減免之標準，由財政部會商交通部擬訂，報請行政院核定之。

第三二條　（天然災害復舊貸款）

本條例所獎勵之民間機構，營運期間因天然災變而受重大損害時，主管機關應協調金融機構辦理重大天然災害復舊貸款。

第三三條　（投資抵減）

①個人或營利事業，原始認股或應募本條例所獎勵之民間機構因創立或擴充而發行之記名股票，其持有股票時間達二年以上者，得以其取得該股票之價款百分之二十限度內，抵減當年度應納綜合所得稅額或營利事業所得稅額；當年度不足抵減時，得在以後四年度內抵減之。

②前項投資抵減，其每一年度得抵減總額，以不超過該個人或營利事業當年度應納綜合所得稅額或營利事業所得稅額百分之五十為限。但最後年度抵減金額，不在此限。

第三四條　（附屬事業）

本條例所獎勵之民間機構所經營之附屬事業，不適用本章之規定。

第四章　申請與審核

第三五條　（公告申請）

①依第六條第一款或第二款方式由民間機構投資興建、營運之交通建設，主管機關應將該建設之興建、營運規劃內容及投資者之資格條件等相關事項，公告徵求民間參與。

②投資興建、營運交通建設之申請人，應於公告期限屆滿前，向主管機關申購相關規劃資料。

第三六條　（申請程序）

參與興建、營運交通建設之申請人，應於前條公告所定期限屆滿

前備妥資格文件、土地使用計畫、興建計畫、營運計畫、財務計畫及其他公告規定資料，向主管機關提出申請。

第三七條　（甄審委員會之組織）

①主管機關為審核申請案件，應設甄審委員會，就申請人之興建或營運能力、公司組織健全性、財務計畫可行性、附屬事業之收入、權利金支付額度及要求政府投資或補貼等事項，依公平公正之原則，擇優評審之。

②前項評審期限，依個案決之，並應通知申請人。

③第一項甄審委員會之組織及評審辦法，由各級主管機關會同相關主管機關定之。甄審委員應有三分之一以上為專家、學者，甄審過程應公開為之。

第三八條　（簽約）

民間機構經主管機關評定為最優申請案件者，應自接獲通知之日起，按評定規定時間籌辦，並與主管機關完成興建、營運之簽約手續，依法興建、營運。

第三九條　（審核）

民間機構依第六條第三款規定依法申請自行規劃參與交通建設，應擬具土地使用計畫、興建營運計畫、財務計畫及其他法規規定文件，報經主管機關審核通過後，並按規定時間依主管機關核定之土地使用計畫，經自行或政府協助取得土地所有權或使用權後，始得依法興建、營運。

第五章　監督與管理

第四〇條　（收費費率標準及其調整時機、方式）

①本條例所獎勵交通建設之營運費率，民間機構得參照下列因素，於投資申請案財務計畫內，擬訂收費費率標準與其調整時機及方式：

一　規劃、興建、營運及財務等成本支出。

二　營運及附屬事業收入。

三　許可年限。

四　權利金之支付。

五　物價水準。

六　市場競爭。

七　其他有關因素。

②前項民間機構擬訂之收費費率標準與其調整時機及方式，應依法報請主管機關核定後公告實施。

③主管機關為前項核定時，應經各該費率委員會審議。

第四一條　（差距標準及權利金調整方式）

①本條例所獎勵之民間機構，於營運期間，其實際營收、支出與原核定財務計畫所載營收、支出之差距達一定標準者，得報請或逕由原主管機關調整其權利金之繳納額度。

②前項差距標準與權利金調整方式，由主管機關定之。

第四二條 （興建權利之取得）

民間機構依本條例取得興建、營運交通建設之權利，不得轉讓、出租或為民事執行之標的；其因興建、營運所取得之資產、設備，非經主管機關同意，不得轉讓、出租或設定負擔；違反者，其轉讓、出租或設定負擔之行為無效。

第四三條 （情況緊急之處理）91

① 本條例所獎勵之民間機構，於興建或營運期間，如有施工進度嚴重落後，工程品管重大違失、經營不善或其他重大情事發生，主管機關得為下列處理：

一 限令定期改善。

二 逾期不改善或改善無效者，停止其興建或營運一部或全部。

三 受停止興建或營運處分六個月以上仍未改善者，廢止其興建或營運許可。

② 前項之處理於情況緊急，遲延即有損害重大公共利益或交通安全之虞者，得令其停止興建或營運之一部或全部。

③ 依第一項、第二項停止其營運一部或全部或廢止其營運許可時，主管機關應採取適當措施，繼續維持運輸服務，不使中斷。必要時，並得予以強制接管營運，其接管營運辦法，由交通部另定之。

第四四條 （強制收買）91

① 本條例所獎勵之民間機構，經廢止興建或營運許可者，其因本條例規定取得之土地地上權及租約應予終止；其必要且堪用之營運資產及興建中之工程，主管機關得強制收買之。

② 主管機關依前項規定強制收買之營運資產或興建中之工程，得移轉其他依法核准之民間機構繼續興建或營運，或由指定之政府專責機構興建、營運。

第四五條 （經營之移轉）

本條例所獎勵之民間機構於第七條所定許可經營期限屆滿時，應將現存所有全部營運資產，依原許可條件有償或無償概括移轉予主管機關。

第六章 附 則

第四六條 （用地取得與開發規定之準用）

由主管機關設置之興建、營運專責機構，其辦理本條例所獎勵交通建設，準用第二章之規定。

第四七條 （規定之準用）

① 依第六條第三款規定自行規劃參與交通建設之民間機構，不適用關於第二章第十條至第十三條、第十六條、第十七條、第十九條、第二十三條、第四章第三十五條至第三十八條及第五章第四十條之規定。

② 第二章第九條、第十四條、第十五條之規定於依第六條第三款規定自行規劃參與交通建設之民間機構準用之。

第四八條 （施行細則）

本條例施行細則，由交通部擬定，報請行政院核定之。

第四九條 （施行日）83

本條例自公布日施行。

獎勵民間參與交通建設條例施行細則

①民國 85 年 1 月 15 日交通部令訂定發布全文 36。
②民國 86 年 4 月 29 日交通部令修正發布第 3 條條文。
③民國 91 年 11 月 7 日交通部令修正發布第 21、30 條條文。
④民國 91 年 12 月 27 日交通部令增訂發布第 3-1 條條文。

第一條

本細則依獎勵民間參與交通建設條例（以下簡稱本條例）第四十八條規定訂定之。

第二條

本條例第五條第六款所定停車場，係指符合下列規定之路外公共停車場：

一　設置五十個以上停車位之立體式或平面式停車場者。

二　設置三十個以上停車位之機械式或塔臺式停車場者。

第三條

本條例第五條第七款所定觀光遊憩重大設施，係指在風景區、風景特定區、森林遊樂區及其他經觀光主管機關核准設立之遊樂區內，其投資總額符合下列規定之遊樂設施、聯外道路設施及其他提供遊客住宿、餐飲、解說等服務設施：

一　依本條例第六條第一款、第二款方式參與興建、營運之觀光遊憩設施，其投資總額爲新臺幣三億元以上（不包括土地）。

二　位於中央觀光主管機關指定偏遠地區之觀光遊憩設施，其投資總額爲新臺幣三億元以上（不包括土地）。

三　依本條例第六條第三款方式參與興建、營運非位於中央觀光主管機關指定偏遠地區之觀光遊憩設施，其投資總額爲新臺幣六億元以上（不包括土地）。

第三條之一 91

①中央主管機關爲獎勵本條例所定觀光遊憩重大設施之興建、營運，必要時，得委託其他行政機關爲之。

②受託機關辦理前項委託事項，其甄審委員會之設置及甄審作業程序，準用交通部民間投資交通建設案件甄審委員會組織及評審辦法之規定。

第四條

本條例第七條第一項所定一定期限，由主管機關於公告徵求民間機構投資興建或營運時一併公告之。

第五條

主管機關依本條例第八條規定由廠商提供資金興建交通建設時，

招標文件應載明下列事項：

一　投標廠商應提出建設經費籌措說明。

二　投標廠商應提出建設經費分期償付之辦法（包括建設總經費、加計之利息、利率、償還年限及期次等）。

第六條

本條例第八條第四項之民營機構，其為外國公司者，應依公司法規定辦理認許並領有分公司執照或在中華民國境內設立代表人辦事處並向經濟部申請備案。

第七條

本條例之交通用地，以依法令規定可供興建交通建設使用之土地為限。

第八條

本條例第九條第二項所定路線，係指依本條例獎勵興建、營運之鐵路、公路、大眾捷運系統所經之通及其安全、管理、維護所需設施之用地。

第九條

本條例第九條第二項所定場站，係指車站、停車場、航空站、飛行場及為運輸、安全、維護或營業所需設施之場所。

第一○條

本條例第九條第二項所定第五條相關附屬設施如附表。

附表

鐵路

一　轉乘設施：包括停車場、停車灣、計程車招呼站及站外標誌。

二　電力及通信設施：包括供電系統（含變電站及電力輸送設備）、號誌及通信設備（含有、無線電基地臺）。

三　行車控制中心。

四　貨運服務所（站）及倉儲設施。

五　機廠（場）附屬設施。

六　其他經主管機關核定之相關必要設施。

公路

一　公路運輸所需之汽車轉運及停車設施。

二　公路運輸所需之收費設施。

三　有關人員緊急救護及車輛拖救、修護、障礙排除之必要設施。

四　其他經主管機關核定之相關必要設施。

大眾捷運系統

一　轉乘設施：包括停車場、停車灣、計程車招呼站、汽車轉運站及站外標誌。

二　電力及通信設施：包括供電系統（含變電站及電力輸送設備）、號誌及通信設備（含有、無線電基地臺）。

　　三　行車控制中心。

　　四　機廠（場）附屬設施。

　　五　其他經主管機關核定之相關必要設施。

航空站

　　一　停車設施。

　　二　維修棚廠、加油設施。

　　三　旅館。

　　四　其他經主管機關核定之相關必要設施。

港埠及其設施

　　一　船舶出入、停泊有關設施。

　　二　貨物裝卸、倉儲、駁運作業有關設施。

　　三　旅客服務中心有關設施。

　　四　港埠區域內各專業區附加價值作業設施，如廠房、倉儲、加工、運輸等必要設施。

　　五　其他經主管機關核定之相關必要設施。

停車場

　　一　供汽車出入之車道、坡道、匝道、出入口之緩衝車道。

　　二　收費管理辦公室、收費系統、監視系統。

　　三　通風、照明、水電、消防、停車機械設備。

　　四　各項交通管制設施。

　　五　其他經主管機關核定之相關必要設施。

觀光遊憩重大設施

　　一　停車設施。

　　二　水污染防治設施、廢棄物處理設施。

　　三　供會議使用之場所及其有關設施。

　　四　其他經主管機關核定之相關必要設施。

橋樑及隧道

　　一　橋樑及隧道之停車設施。

　　二　橋樑及隧道之收費、餐飲、加油、加氣及服務之設施。

　　三　其他經主管機關核定之相關必要設施。

第一一條

依本條例第十一條所獎勵交通建設之交通用地及第二十三條為興建本條例所獎勵交通建設所需之取、棄土區用地，其徵收或撥用之申請，主管機關得分別辦理之。

第一二條

①主管機關依本條例第十二條第一項規定，勘還具都市發展潛力地區之路線、場站、交流道、服務區、轉運區、港埠及其設施、觀光遊憩設施、橋樑及隧導與其毗鄰地區並劃定範圍辦理區段徵收時，應備具比例尺不小於五千分之一相關圖籍，並會同都市計畫、地政、環保、交通等有關機關，就下列因素評估選定具可行性之實施地區：

　　一　該交通建設事業計畫及其財務計畫之特性。

二　與區域計畫、國土綜合開發計畫等之配合關係。

三　與鄰近都市功能之配合關係。

四　現有發展及限制條件，如土地使用、人口規模、社經與文教結構、交通系統、自來水、電力、電信、排水、水污染防治措施與廢棄物清理等公共設施服務條件。

五　自然環境狀況。

六　不屬於區域計畫界定之不可開發地區及其他依法劃設之管制區。

七　已定案之政府重大經濟建設投資計畫或發展計畫。

②前項實施地區選定並依規定層報核可辦理擴大或新訂都市計畫，主管機關應備齊相關之地籍藍晒圖、範圍圖、基地附近地區發展現況資料、都市計畫圖或非都市土地使用分區圖及用地編定圖等，再次會同都市計畫、地政、環保、交通等有關機關，現場評估勘定區段徵收之範圍。

③實施區段徵收範圍勘定後，主管機關應擬具開發計畫，報經行政院核定後，先行辦理區段徵收。

第一三條

①本條例第十五條所定民間機構經營附屬事業所得，係指民間機構經營附屬事業之稅後盈餘。

②民間機構經營交通建設與其附屬事業之收支，應分別列帳。

第一四條

民間機構依本條例第十五條規定經營附屬事業所需土地之使用期限，由主管機關於公告徵求民間投資營運交通建設時，併同其他相關事項公告之。

第一五條

本條例第十七條第一項所定禁止事項，由中央主管機關辦理時，應由交通部會商內政部及當地政府勘定範圍報請行政院核准後，通知該用地所在之直轄市或縣（市）政府公告之。

第一六條

本條例所獎勵交通建設需與市區道路、公路、鐵路、其他交通系統或公共設施共架、共構興建時，其因共架、共構興建所需增加之費用，由民間機構負擔。但市區道路、公路、鐵路、其他交通系統或公共設施係新建、改建者，其因共架、共構興建所需之費用，得由雙方協商依其單獨興建所需費用之比例分擔之。

第一七條

民間機構依本條例第二十一條第一項但書規定先行進行或使用公、私有土地或建築物時，應立即通知主管機關及公、私有土地或建物築之所有人、占有人、使用人或管理人。

第一八條

本條例第二十三條第二項之取、棄土計算，應包括下列事項：

一　依法令規定提出之水土保持計畫書。

二　依法令規定應提出之環境影響說明書或環境影響評估報告

書。

三　交通路線之規劃。

四　取、棄土區規劃：包括取、棄土之期限及容量、原地面高程及計畫填挖高程等。

五　其他相關事項。

第一九條

① 主管機關得視交通建設計畫之性質，備具民間投資資訊，供民間投資人索閱，並參酌民間機構建議事項，擬訂本條例第三十五條規定之公告內容。主管機關應本於合作精神及不違反原公告內容，與民間機構簽訂興建、營運交通建設之契約。

② 主管機關與民間機構簽訂興建、營運交通建設之契約內，得明定由雙方組成協調委員會，就契約履行及其爭議事項協商解決之。

第二〇條

民間機構依本條例第六條第三款規定依法申請自行規劃參與交通建設案件，其申請資格、程序或應備文件不合規定時，主管機關得通知限期補正或退回其申請案。

第二一條　91

① 自行規劃參與交通建設之民間機構，未依主管機關核定其土地使用計畫所載期限自行取得所需土地所有權或使用權者，主管機關應廢止其核定。但於期限屆滿前報經主管機關准予延期者，不在此限。

② 前項准予延期以一次為限。

第二二條

民間機構因興建、營運交通建設所取得之資產、設備，於不影響交通建設之正常運作並符合下列規定者，主管機關得同意其轉讓、出租或設定負擔：

一　轉讓以原許可件無需移轉予主管機關者為限。

二　出租或設定負擔之期間，以交通建設經營許可期限為限。

三　設定負擔者，以訂有償債計畫（包括設立償債基金辦法）經主管機關核定為限。

第二三條

主管機關於必要時，得通知民間機構限期提出或交付工程進度報告、帳簿、表冊、、傳票、財務報告、工作資料及其他相關文件。

第二四條

本條例第四十三條第一項所定施工進度嚴重落後，係指未於興建、營運之約定期限內完成工程，或依客觀事實經主管機關認定顯無法於期限內完成工程者。

第二五條

本條例第四十三條第一項所定工程品管重大違失，係指工程違反法令或違反約定之工程品管規定，或依客觀事實經主管機關認定有損害交通安全或服務品質之情形。

第二六條

本條例第四十三條第一項所定經營不善，係指民間機構營運期間，於交通安全、服務品質或相關管理事項上有重大違失。

第二七條

①主管機關依本條例第四十三條第一項第一款限令民間機構定期改善時，應以書面載明下列事項通知民間機構：

一　缺失之具體事實。

二　改善缺失之期限。

三　改善後應達到之標準。

四　逾期不改善之處理。

②主管機關應依所發生缺失對交通安全之影響程度及民間機構之改善能力，訂定改善期限。

第二八條

①主管機關依本條例第四十三條第一項第二款停止民間機構興建或營運一部或全部時，應以書面載明下列事項通知民間機構：

一　逾期不改善或改善無效之具體事實。

二　停止興建或營運之日期。

三　停止興建之工程範圍或停止營運之業務範圍。

四　應繼續改善之項目、標準及期限。

五　未完成改善缺失之處理。

②前項第三款停止興建之工程範圍，得由主管機關視該工程之缺失及與其他工程之相關性，於影響整體工程興建進度最少之範圍內決定之；停止營運之範圍，由主管機關依客觀事實，在改善缺失必要之範圍內決定之。

第二九條

①主管機關依本條例第四十三條第一項第二款停止民間機構興建或營運一部或全部後，認定缺失確已改善者，應限期令民間機構繼續興建或營運。

②民間機構於改善期限屆滿前，已改善缺失者，得向主管機關申請繼續興建或營運。

③主管機關限期令民間機構繼續興建或營運時，應以書面載明下列事項通知民間機構：

一　繼續興建或營運之日期。

二　繼續興建之工程範圍或營運之業務範圍。

第三〇條 91

主管機關依本條例第四十三條第一項第三款廢止民間機構興建或營運許可時，應以書面載明下列事項通知財政部及民間機構：

一　未改善缺失之具體事實。

二　廢止興建、營運許可之日期。

三　終止地上權及租賃契約之表示。

四　強制接管營運或強制收買有關事項。

第三一條

① 主管機關依本條例第四十三條第二項停止民間機構興建或營運一部或全部時，應以書面載明下列事項通知民間機構：

一 缺失之具體事實。

二 停止興建或營運之日期。

三 停止興建之工程範圍或停止營運之業務範圍。

② 緊急情況如經排除，主管機關應限期令民間機構繼續興建或營運，其仍未改善者，應限令定期改善。

第三二條

主管機關依本條例第四十三條規定停止民間機構營運一部或全部，得指定條件、營運期間、緊急營運標準及其他適當措施，與民間機構訂定特約繼續為一部或全部營運。

第三三條

① 主管機關依本條例第四十四條強制收買興建中之工程或營運資產時，應以書面通知民間機構，並載明收買之工程或資產項目及完成收買之期限。

② 民間機構移轉前項工程或資產時，對已出租或設定負擔之資產，主管機關認為需終止租約或塗銷他項權利登記而民間機構未提出終止或塗銷證明文件，主管機關得拒絕給付收買價金。

③ 主管機關強制收買興建中之工程時，應委託鑑價機構就該工程之實際成本、使用價值，並參考興建合約之規定鑑價；鑑價費用由主管機關負擔。

④ 主管機關強制收買營運資產時，應委託鑑價機構就該資產之實際成本、使用情形，並參考興建、營運合約之規定鑑價；鑑價費用由主管機關負擔。

⑤ 強制收買價金及鑑價費用之支付，主管機關應依預算程序辦理。

第三四條

① 第二十七條至第三十三條之書面通知，應副知融資提供人及保證人。

② 前項所稱融資提供人，係指提供資金與民間機構興建或營運交通建設之人。所稱保證人，係指民間機構不履行所約定條件時，由其代負履行責任之人。融資提供人及保證人，以國內外金融機構、公司或團體經民間機構送請主管機關備查者為限。

第三五條

① 本條例第四十五條所定現存所有全部營運資產，係指民間機構於營運期間所有交通建設經折舊之全部資產。

② 民間機構許可經營期限屆滿，依原許可條件移轉營運資產予主管機關，其有償或無償之移轉條件，及有償之價金決定方法與給付時間，雙方應於興建、營運契約訂定之。

第三六條

本細則自發布日施行。

離島建設條例

① 民國 89 年 4 月 5 日總統令制定公布全文 20 條；並自公布日施行。
② 民國 91 年 2 月 6 日總統令修正公布第 11、14、17、18 條條文；並增訂第 9-1、9-2 條條文。
③ 民國 97 年 1 月 9 日總統令增訂公布第 10-1 條條文。
④ 民國 98 年 1 月 23 日總統令修正公布第 9、10、10-1、13、16、17 條條文；並增訂第 10-2 條條文。
⑤ 民國 99 年 12 月 8 日總統令修正公布第 7 條條文。
⑥ 民國 100 年 1 月 12 日總統令修正公布第 12 條條文。
⑦ 民國 100 年 6 月 22 日總統令修正公布第 9、13 條條文；並增訂第 9-3、12-1、15-1 條條文。
⑧ 民國 102 年 1 月 9 日總統令修正公布第 13 條條文。
⑨ 民國 102 年 1 月 23 日總統令修正公布第 13 條條文。
⑩ 民國 102 年 12 月 11 日總統令修正公布第 12-1 條條文。
⑪ 民國 103 年 1 月 8 日總統令修正公布第 9 條條文。
⑫ 民國 104 年 6 月 10 日總統令修正公布第 9-3、12-1 條條文。

第一條 （立法目的及法律適用）
　為推動離島開發建設，健全產業發展，維護自然生態環境，保存文化特色，改善生活品質，增進居民福利，特制定本條例；本條例未規定者，適用其他法律之規定。

第二條 （離島之定義）
　本條例所稱之離島，係指與臺灣本島隔離屬我國管轄之島嶼。

第三條 （重大建設投資計畫之定義）
　本條例所稱重大建設投資計畫，係指經中央主管機關認定之重要產業投資或交由民間機構辦理公共建設之計畫。

第四條 （主管機關及離島建設委員會之設置）
① 本條例之主管機關：在中央為行政院；在直轄市為直轄市政府；在縣（市）為縣（市）政府。
② 為審議、監督、協調及指導離島建設，中央主管機關得設置離島建設指導委員會，由行政院院長召集之。
③ 前項指導委員會之主要職掌為審議離島綜合建設實施方案及協調有關離島重大建設計畫推動等事項；其設置要點，由行政院定之。

第五條 （離島綜合建設實施方案之內容）
　縣（市）主管機關應依據縣（市）綜合發展計畫，擬訂四年一期之離島綜合建設實施方案，其內容如下：
一　方案目標及實施範圍。
二　實施策略。
三　基礎建設。

四　產業建設。

五　教育建設。

六　文化建設。

七　交通建設。

八　醫療建設。

九　觀光建設。

十　警政建設。

十一　社會福利建設。

十二　天然災害防制及濫葬、濫墾、濫建之改善。

十三　分年實施計畫及執行分工。

十四　分年財務需求及經費來源。

十五　其他。

第六條　（離島綜合建設實施方案之核定、檢討與修正）

①離島綜合建設實施方案應經離島建設指導委員會審議通過，報請行政院核定後實施。

②前項實施方案，縣（市）主管機關每四年應通盤檢討一次，或配合縣（市）綜合發展計畫之修正，進行必要之修正；其修正程序，依前項程序辦理。

第七條　（土地使用變更之審議程序期限及重大建設投資計畫之認定標準與核定）99

①為鼓勵離島產業發展，經中央主管機關核定為重大建設投資計畫者，其土地使用變更審議程序，自申請人送件至土地使用分區或用地變更完成審查，以不超過一年為限。

②前項重大建設投資計畫之核定標準，由離島建設指導委員會擬訂，報請行政院核定之。

③重大建設投資計畫其都市計畫主要計畫及非都市土地使用變更由縣（市）政府核定之，不受都市計畫法、非都市土地使用管制規則暨相關法令之限制。

第八條　（重大建設投資計畫用地之取得程序及方式）

①離島重大建設投資計畫所需用地，屬公有土地者，目的事業主管機關辦理撥用後，訂定期限以出租、設定地上權、信託或以使用土地之權利金或租金出資方式，提供民間機構使用，不受土地法第二十五條、國有財產法第二十八條或地方政府公產管理法令之限制。

②離島重大建設投資計畫屬交由民間機構辦理公共建設者，其所需用地屬私有土地時，由目的事業主管機關或民間機構與土地所有權人協議以一般買賣價格價購，協議不成或無法協議時，目的事業主管機關辦理徵收；於徵收計畫中載明以聯合開發、委託開發、合作經營、出租、設定地上權、信託或以使用土地之權利金或租金出資方式，提供民間機構開發、興建、營運，不受土地法第二十五條、國有財產法第二十八條或地方政府公產管理法令之限制。

③目的事業主管機關或縣（市）政府爲因應民間機構投資離島重大
建設取得所需土地，得選定適當地區，報請中央主管機關核准後
逕行辦理區段徵收；區段徵收範圍確定後，經規劃爲因應民間機
構投資之土地得預為標售，不受平均地權條例第五十三條及第五
十五條之二之限制。

第九條（適用之地區及相關應配合之事項）103

①本條例適用之地區，於實施戰地政務終止前，或實施戰地政務期
間被占用於終止後，因徵收、價購或徵購後登記爲公有之土地，
土地管理機關已無使用或事實已廢棄使用者，最遲應於本條例中
華民國一百零二年十二月二十日修正施行之日起二年內全數公
告；原土地所有人或其繼承人並得於公告之日起五年內，向該管
土地管理機關申請按收件日當年度公告地價計算之地價購回其土
地。但徵收、價購或徵購之價額超過該計算所得之地價時，應照
原徵收、價購或徵購之價額購回。

②土地管理機關接受申請後，應於三十日內答覆申請人；其經審查
合於規定者，應通知該申請人於三十日內繳價，屆期不繳價者，
註銷其申請；不合規定者，駁回其申請，申請人如有不服，得向
土地所在地縣（市）政府申請調處。

③前項期間於必要時得延長一個月。

④縣（市）政府爲第二項調處時，得準用土地法第五十九條規定處
理。

⑤金門地區土地，非經有償徵收或價購等程序登記爲公有，於實施
戰地政務終止前，其地上已有建物或墳墓等足資證明其所有者，
原土地所有人或其繼承人或占有人得於本條例中華民國一百零二
年十二月二十日修正施行之日起五年內檢附相關證明文件申請土
地管理機關會同地政機關勘查，經確認屬實且無公用之情形者，
得就其建物、墳墓所在位置核算面積，並按申請收件日當年度公
告地價計價讓售其土地。

⑥馬祖地區之土地，自民國三十八年起，非經有償徵收或價購等程
序登記爲公有，致原土地所有人或合於民法物權編施行法第九條
規定之視爲所有人或其繼承人喪失其所有權，土地管理機關已無
使用土地之必要者，應本條例中華民國一百零二年十二月二十
日修正施行之日起五年內，依原土地所有人、視爲所有人或其繼
承人之申請返還土地；土地管理機關有繼續使用土地之必要者，
應依法向原土地所有人、視爲所有人或其繼承人辦理徵收、價購
或租用。其已依金門馬祖東沙南沙地區安全及輔導條例提出請求
經駁回者，得再依本條例之規定提出申請。

⑦前項返還土地實施辦法由行政院定之。

⑧第一項申請購回、第五項申請讓售及第六項申請返還土地，不受
都市計畫法第五十二條、第五十三條、土地法第二十五條、國有
財產法第二十八條、第三十三條、第三十五條或地方政府公產管
理法令之限制。

⑨澎湖地區之土地，凡未經政府機關依法定程序徵收、價購或徵購者，應比照辦理。

第九條之一　（補償地價之準用）91

①本條例適用之土地於金門馬祖東沙南沙地區安全及輔導條例第十四條之一適用期間申請發還土地者，因該土地為政府機關使用或已移轉於私人致無法發還土地，得自本條例修正施行之日起二年內，請求該公地管理機關或原處分機關以申請發還時之地價補償之，其補償地價準用土地徵收條例第三十條規定辦理。

②前項補償條件、申請期限、應附證件及其他事項之辦法，由行政院定之。

第九條之二　（參與荒地承墾者之補償）91

①本條例適用之地區於實施戰地政務終止前，曾於金馬地區申請核准荒地承墾並已依限實施開墾，倘其後因軍事原因致未能繼續耕作取得所有權者，承墾人或其繼承人自本條例修正施行之日起二年內，得向該公地管理機關申請補償其開墾費，其已取得耕作權者，按其取得耕作權之年限，以申請時之公告土地現值計算補償之。

②前項補償條件、申請期限、應附證件、補償金額及其他事項之辦法，由行政院定之。

第九條之三　（金門地區雷區範圍內土地之申請返還）104

①金門地區位於雷區範圍內之土地，非經徵收或價購等程序有償取得登記為公有者，中華民國六十年四月三十日佈雷前之原權利人、合於民法規定時效完成取得土地所有權之占有人或其繼承人，得於本條例一百零四年五月二十六日修正之條文施行之日起五年內，向土地所在地地政機關申請返還。

②依前項申請返還土地者，應檢具其屬佈雷前原可主張取得土地所有權或合於民法規定時效完成取得土地所有權之下列證明文件之一：
一　佈雷前之土地權利證明文件。
二　當地鄉（鎮）公所或其他政府機關出具之證明。
三　雷區土地所在二人以上四鄰證明或村（里）長出具之證明書。

③前項第三款出具證明書之四鄰證明人或村（里）長，於被證明之事實發生期間，應設籍於申請返還土地所在或毗鄰之村（里）且具有行為能力，並應會同權利人到場指界測量確認界址，經土地所在地地政機關通知二次均未到場者，駁回其申請。上開證明書應載明約計之土地面積及係證明人親自觀察之具體事實，而非推斷之結果。證明人證明之占有期間戶籍如有他遷之情事者，申請人得另覓證明人補足。

④第一項申請返還土地案件應檢具之證明文件有不全者，土地所在地地政機關應通知申請人於三個月內補正；不能補正或屆期未補正者，駁回之。經土地所在地地政機關審查無誤者，公告六個

月，並通知土地管理機關，公告期滿無人提出異議者，由土地所在地地政機關辦理土地所有權移轉登記。原土地管理機關有繼續使用土地之必要者，應依法向土地所有權人辦理租用、價購或徵收。

⑤土地所在地地政機關辦理前項審查，當地縣政府、土地管理機關及相關機關應配合會同辦理；公告期間如有他人提出異議，準用土地法第五十九條第二項規定予以調處。

⑥第一項申請返還土地，不受都市計畫法第五十二條、第五十三條、土地法第二十五條、國有財產法第二十八條、第三十三條、第三十五條或地方政府公產管理法令之限制。

⑦第一項雷區範圍內之未登記土地辦理土地所有權第一次登記，該土地於佈雷前已完成時效占有，因佈雷而喪失占有者，視為占有不中斷；其登記案件審查之補正、公告期間及證明人之資格、條件等，準用第三項及第四項規定。

第一〇條 （離島之營業稅及關稅免稅規定）98

①澎湖、金門、馬祖、綠島、蘭嶼及琉球地區之營業人，於當地銷售並交付使用之貨物或於當地提供之勞務，免徵營業稅。

②澎湖、金門、馬祖、綠島、蘭嶼及琉球地區之營業人進口並於當地銷售之商品，免徵關稅；其免稅項目及實施辦法，由財政部定之。

第一〇條之一 （離島免稅購物商店之設置）98

①為促進離島之觀光，在澎湖、金門、馬祖、綠島、蘭嶼及琉球地區設置離島免稅購物商店者，應經當地縣（市）主管機關之同意後，向海關申請登記，經營銷售貨物予旅客，供攜出離島地區。

②離島免稅購物商店進儲供銷售之貨物，應依關稅法規定辦理保稅進儲保稅倉庫。

③離島免稅購物商店銷售貨物，營業稅率為零。

④離島免稅購物商店自國外或保稅區進儲供銷售之貨物，在一定金額或數量範圍內銷售予旅客，並由其隨身攜出離島地區者，免徵關稅、貨物稅、菸酒稅及菸品健康福利捐。

⑤離島免稅購物商店進儲供銷售國內產製之貨物，在一定金額或數量範圍內銷售予旅客，並由其隨身攜出離島地區者，免徵貨物稅、菸酒稅及菸品健康福利捐。

⑥離島免稅購物商店設置之資格條件、申請程序、登記與變更、前二項所定之一定金額或數量、銷售對象、通關程序、提貨管理及其他應遵行事項之辦法，由財政部定之。

⑦離島免稅購物商店違反依前項所定辦法有關登記之申請、變更或換發、銷售金額、數量或對象、通關程序、提貨管理及其他應遵行事項之規定者，海關得予警告，並限期改正或處新臺幣六千元以上三萬元以下罰鍰；並得按次處罰；連續處罰三次仍未完成改正者，得為三個月以上一年以下停業處分。

⑧離島免稅購物商店銷售予旅客之貨物，其數量或金額超過第四項

及第五項之限額者，應依關稅法、貨物稅條例、菸酒稅法、加值型及非加值型營業稅法規定計算稅額，由旅客補繳關稅、貨物稅、菸酒稅、菸品健康福利捐及營業稅後，始得攜出離島地區。

第一〇條之二　（離島觀光賭場之設置）98

①開放離島設置觀光賭場，應依公民投票法先辦理地方性公民投票，其公民投票案投票結果，應經有效投票數超過二分之一同意，投票人數不受縣（市）投票權人總數二分之一以上之限制。

②前項觀光賭場應附設於國際觀光度假區內。國際觀光度假區之設施應另包含國際觀光旅館、觀光旅遊設施、國際會議展覽設施、購物商場及其他發展觀光有關之服務設施。

③國際觀光度假區之投資計畫，應向中央觀光主管機關提出申請；其申請時程、審核標準及相關程序等事項，由中央觀光主管機關訂定，報請行政院同意後公布之。

④有關觀光賭場之申請程序、設置標準、執照核發、執照費、博弈特別稅及相關監督管理等事項，另以法律定之。

⑤依前項法律特許經營觀光賭場及從事博弈活動者，不適用刑法賭博罪之規定。

第一一條　（軍事管制措施）91

①各離島駐軍或軍事單位，在不妨礙國防及離島軍事安全之原則下，應積極配合離島各項建設，並隨時檢討其軍事防務，改進各種不合時宜之軍事管制措施。

②為辦理前項事項，行政院應每年定期召集國防部及相關部會、當地民意代表及社會人士，舉行檢討會議，提出配合離島建設與發展之具體措施。

第一二條　（國民義務教育費用之補助）100

①離島地區接受國民義務教育之學生，其書籍費及雜費，由教育部編列預算補助之。

②因該離島無學校致有必要至臺灣本島或其他離島受義務教育之學生，其往返之交通費用，由教育部編列預算補助之。但學生因交通因素無法當日往返居住離島者，得以該交通費支付宿於學校所在地區之必要生活費用。

第一二條之一　（離島教師申請介聘之規定）104

①為保障離島地區學生之受教權，離島地區高級中等以下學校初聘教師應實際服務六年以上，始得提出申請介聘至台灣本島地區學校。

②前項所謂實際服務年限，除育嬰或應徵服兵役留職停薪者外，應扣除各項留職停薪年資；以實際服務現職學校年資為限。

第一三條　（醫療補助及獎勵與長期照護機制）102

①為維護離島居民之生命安全及身體健康，行政院應編列預算，補助在離島開業之醫療機構、護理機構、長期照顧機構及其他醫事機構與該離島地區所缺乏之專科醫師，並訂定特別獎勵及輔導辦法。

②六十五歲以上離島地區居民全民健康保險保險對象應自付之保險費，由中央政府編列預算支應。

③對於應由離島緊急送往臺灣本島就醫之急、重症病人暨陪同之醫護人員，其往返交通費用，由中央目的事業主管機關補助之。

④對於有接受長期照顧服務必要之身心障礙者及老人，中央目的事業主管機關應編列經費補助。

⑤為維護離島老人尊嚴及健康，中央目的事業主管機關應提供老人每二年一次比照公務人員健康檢查項目之體檢，其與老人福利法由直轄市、縣（市）主管機關當年提供之老人健康檢查之差額，由中央目的事業主管機關編列預算補助。

第一四條 （用水、用電費率之收取及營運虧損補）91
離島用水、用電，比照臺灣本島平均費率收取，其營運單位因依該項費率收費致產生之合理虧損，由中央目的事業主管機關審核後，編列預算撥補之。但蘭嶼地區住民自用住宅之用電費用應予免收。

第一五條 （離島開發建設之經費來源）
依本條例所為之離島開發建設，由中央政府編列預算專款支應，若有不足，由離島開發建設基金補足之。

第一五條之一 （對外交通費用之補貼）100
①為促進離島地區居民對外交通便捷，凡與台灣本島間對外交通費用，應由中央政府編列預算補貼，如係補貼票價者，金額不得低於其票價百分之三十。

②前項票價補貼辦法，由交通部擬訂，報行政院核定之。

第一六條 （離島建設基金之來源）98
①為加速離島建設，中央主管機關應設置離島建設基金，基金總額不得低於新臺幣三百億元，基金來源如下：
　　一　中央政府分十年編列預算或指定財源撥入。
　　二　縣（市）主管機關編列預算撥入。
　　三　基金孳息。
　　四　人民或團體之捐助。
　　五　觀光博弈業特許費。
　　六　其他收入。

②離島建設基金之收支、保管及運用辦法，由行政院定之。

第一七條 （補助辦法之擬訂）98
①第十二條至第十四條之補助辦法，由離島建設指導委員會會同各目的事業主管機關擬訂，報請行政院核定之。

②澎湖、金門、馬祖、綠島、蘭嶼及琉球地區之教育文化應予保障，對該地區人才之培養，應由教育部會同相關主管機關訂定保送辦法，以扶助並促其發展。

第一八條 （兩岸通航之試辦）91
為促進離島發展，在臺灣本島與大陸地區全面通航之前，得先行試辦金門、馬祖、澎湖地區與大陸地區通航，臺灣地區人民經許

可後得憑相關入出境證件，經查驗後由試辦地區進入大陸地區，或由大陸地區進入試辦地區，不受臺灣地區與大陸地區人民關係條例等法令限制；其實施辦法，由行政院定之。

第一九條　（施行細則）

本條例施行細則，由中央主管機關定之。

第二〇條　（施行日）89

本條例自公布日施行。

離島建設條例施行細則

民國90年4月24日行政院令訂定發布全文10條；並自發布日實施。

第一條
本細則依離島建設條例（以下簡稱本條例）第十九條規定訂定之。

第二條
本條例第二條稱隔離及島嶼者，其定義如下：
一　隔離：指與臺灣本島無橋樑或海底隧道等陸路交通之連結。
二　島嶼：指天然形成，在自然狀況下四面環水，最高潮時仍露出水面之陸地。但不包括離岸沙洲。

第三條
離島綜合建設實施方案應明列縣（市）綜合發展計畫相關之內容；縣（市）綜合發展計畫未訂定離島建設計畫者，應於修正時納入之。

第四條
①縣市主管機關依本條例第五條第一款擬訂離島綜合建設實施方案之方案目標及實施範圍，應載明該離島之角色定位、未來發展目標及實施之空間範圍等總體目標。
②依同條第二款擬訂實施策略，應載明整體發展策略、成長管理策略、島嶼特色及脆弱度因應策略等內容。

第五條
離島綜合建設實施方案之內容，應確保離島居民之基本公共服務與設施，並配合島嶼環境及發展狀況訂定其建設項目及規模。

第六條
①離島綜合建設實施方案擬訂時，應視實際需要，徵詢該管目的事業主管機關之意見。
②離島綜合建設實施方案送請離島建設指導委員會審議前，應舉辦公聽會，聽取公眾及相關團體代表之意見。

第七條
依本條例第七條第三項規定，縣（市）主管機關為核定重大建設投資計畫土地之使用變更，應訂定土地使用變更審查規定，以利執行。

第八條
為配合推動離島之開發建設，離島建設指導委員會得請國防部、行政院海岸巡防署及內政部，就海岸或軍事管制區重新檢討，減少其管制範圍及管制事項。

第九條

　離島開發建設依本條例第十五條規定編列預算不足支應時，應報
請離島建設指導委員會審議，經行政院核定後，由離島開發建設
基金補足之。

第一〇條

　本細則自發布日施行。

發展觀光條例

①民國 58 年 7 月 30 日總統令制定公布全文 26 條。
②民國 69 年 11 月 14 日總統令修正公布全文 49 條。
③民國 90 年 11 月 14 日總統令修正公布全文 71 條。
　民國 92 年 5 月 14 日行政院、考試院會會銜發布第 32 條第 1 項「導遊人員及領隊人員，應經考試主管機關或其委託之有關機關考試及訓練合格」定自 92 年 7 月 1 日施行。
④民國 92 年 6 月 11 日總統令增訂公布第 50-1 條條文。
⑤民國 96 年 3 月 21 日總統令增訂公布第 70-1 條條文。
⑥民國 98 年 11 月 18 日總統令修正公布第 27 條條文。
⑦民國 100 年 4 月 13 日總統令修正公布第 27 條條文。
⑧民國 104 年 2 月 4 日總統令修正公布第 1、2、5、6、24、36、38、55、60、64 條條文；並增訂第 70-2 條條文。

第一章　總　則

第一條 （立法目的）104

爲發展觀光產業，宏揚傳統文化，推廣自然生態保育意識，永續經營台灣特有之自然生態與人文景觀資源，敦睦國際友誼，增進國民身心健康，加速國內經濟繁榮，制定本條例。

第二條 （名詞定義）104

本條例所用名詞，定義如下：

一　觀光產業：指有關觀光資源之開發、建設與維護，觀光設施之興建、改善，爲觀光旅客旅遊、食宿提供服務與便利及提供舉辦各類型國際會議、展覽相關之旅遊服務產業。

二　觀光旅客：指觀光旅遊活動之人。

三　觀光地區：指風景特定區以外，經中央主管機關會商各目的事業主管機關同意後指定供觀光旅客遊覽之風景、名勝、古蹟、博物館、展覽場所及其他可供觀光之地區。

四　風景特定區：指依規定程序劃定之風景或名勝地區。

五　自然人文生態景觀區：指無法以人力再造之特殊天然景緻、應嚴格保護之自然動、植物生態環境及重要史前遺跡所呈現之特殊自然人文景觀，其範圍包括：原住民保留地、山地管制區、野生動物保護區、水產資源保育區、自然保留區、及國家公園內之史蹟保存區、特別景觀區、生態保護區等地區。

六　觀光遊樂設施：指在風景特定區或觀光地區提供觀光旅客休閒、遊樂之設施。

七　觀光旅館業：指經營國際觀光旅館或一般觀光旅館，對旅客提供住宿及相關服務之營利事業。

八　旅館業：指觀光旅館業以外，以各種方式名義提供不特定人以日或週之住宿、休息並收取費用及其他相關服務之營利事業。

九　民宿：指利用自用住宅空閒房間，結合當地人文、自然景觀、生態、環境資源及農林漁牧生產活動，以家庭副業方式經營，提供旅客鄉野生活之住宿處所。

十　旅行業：指經中央主管機關核准，為旅客設計安排旅程、食宿、領隊人員、導遊人員、代購代售交通客票、代辦出國簽證手續等有關服務而收取報酬之營利事業。

十一　觀光遊樂業：指經主管機關核准經營觀光遊樂設施之營利事業。

十二　導遊人員：指執行接待或引導來本國觀光旅客旅遊業務而收取報酬之服務人員。

十三　領隊人員：指執行引導出國觀光旅客團體旅遊業務而收取報酬之服務人員。

十四　專業導覽人員：指為保存、維護及解說國內特有自然生態及人文景觀資源，由各目的事業主管機關在自然人文生態景觀區所設置之專業人員。

第三條　（主管機關）

本條例所稱主管機關：在中央為交通部；在直轄市為直轄市政府；在縣（市）為縣（市）政府。

第四條　（主管機關）

①中央主管機關為主管全國觀光事務，設觀光局；其組織，另以法律定之。

②直轄市、縣（市）主管機關為主管地方觀光事務，得視實際需要，設立觀光機構。

第五條　（觀光產業之國際宣傳及推廣）104

①觀光產業之國際宣傳及推廣，由中央主管機關綜理，應力求國際化、本土化及區域均衡化，並得視國外市場需要，於適當地區設辦事機構或與民間組織合作辦理。

②中央主管機關得將辦理國際觀光行銷、市場推廣、市場資訊蒐集等業務，委託法人團體辦理。其受委託法人團體應具備之資格、條件、監督管理及其他相關事項之辦法，由中央主管機關定之。

③民間團體或營利事業，辦理涉及國際觀光宣傳及推廣事務，除依有關法律規定外，應受中央主管機關之輔導；其辦法，由中央主管機關定之。

④為加強國際宣傳，便利國際觀光旅客，中央主管機關得與外國觀光機構或授權觀光機構與外國觀光機構簽訂觀光合作協定，以加強區域性國際觀光合作，並與各該區域內之國家或地區，交換業務經營技術。

第六條 （市場調查及資訊蒐集）104

① 為有效積極發展觀光產業，中央主管機關應每年就觀光市場進行調查及資訊蒐集，並及時揭露，以供擬定國家觀光產業政策之參考。

② 為維持觀光地區、風景特定區與自然人文生態景觀區之環境品質，得視需要導入成長管理機制，規範適當之遊客量、遊憩行為與許可開發強度，納入經營管理計畫。

第二章　規劃建設

第七條 （綜合開發計畫）

① 觀光產業之綜合開發計畫，由中央主管機關擬訂，報請行政院核定後實施。

② 各級主管機關，為執行前項計畫所採行之必要措施，有關機關應協助與配合。

第八條 （交通運輸設施）

① 中央主管機關為配合觀光產業發展，應協調有關機關，規劃國內觀光據點交通運輸網，開闢國際交通路線，建立海、陸、空聯運制；並得視需要於國際機場及商港設旅客服務機構；或輔導直轄市、縣（市）主管機關於重要交通轉運地點，設置旅客服務機構或設施。

② 國內重要觀光據點，應視需要建立交通運輸設施，其運輸工具、路面工程及場站設備，均應符合觀光旅行之需要。

第九條 （觀光設施）

主管機關對國民及國際觀光旅客在國內觀光旅遊必需利用之觀光設施，應配合其需要，予以旅宿之便利與安寧。

第一〇條 （風景特定區）

① 主管機關得視實際情形，會商有關機關，將重要風景或名勝地區，勘定範圍，劃為風景特定區；並得視其性質，專設機構經營管理之。

② 依其他法律或由其他目的事業主管機關劃定之風景區或遊樂區，其所設有關觀光之經營機構，均應接受主管機關之輔導。

第一一條 （風景特定區計畫）

① 風景特定區計畫，應依據中央主管機關會同有關機關，就地區特性及功能所作之評鑑結果，予以綜合規劃。

② 前項計畫之擬訂及核定，除應先會商主管機關外，悉依都市計畫法之規定辦理。

③ 風景特定區應按其地區特性及功能，劃分為國家級、直轄市級及縣（市）級。

第一二條 （建築物、廣告物及攤販設置限制）

為維持觀光地區及風景特定區之美觀，區內建築物之造形、構造、色彩等及廣告物、攤位之設置，得實施規劃限制；其辦法，由中央主管機關會同有關機關定之。

第一三條 （發展順序）

風景特定區計畫完成後，該管主管機關，應就發展順序，實施開發建設。

第一四條 （觀光建設用地取得之方式）

主管機關對於發展觀光產業建設所需之公共設施用地，得依法申請徵收私有土地或撥用公有土地。

第一五條 （土地區段徵收）

中央主管機關對於劃定為風景特定區範圍內之土地，得依法申請施行區段徵收。公有土地得依法申請撥用或會同土地管理機關依法開發利用。

第一六條 （勘查或測量）

①主管機關為勘定風景特定區範圍，得派員進入公私有土地實施勘查或測量。但應先以書面通知土地所有權人或其使用人。

②為前項之勘查或測量，如使土地所有權人或使用人之農作物、竹木或其他地上物受損時，應予補償。

第一七條 （風景特定區內設施計畫之限制）

為維護風景特定區內自然及文化資源之完整，在該區域內之任何設施計畫，均應徵得該管主管機關之同意。

第一八條 （名勝、古蹟及生態之保存）

具有大自然之優美景觀、生態、文化與人文觀光價值之地區，應規劃建設為觀光地區。該區域內之名勝、古蹟及特殊動植物生態等觀光資源，各目的事業主管機關應嚴加維護，禁止破壞。

第一九條 （自然人文生態景觀區及生態導覽人員）

①為保存、維護及解說國內特有自然生態資源，各目的事業主管機關應於自然人文生態景觀區，設置專業導覽人員，旅客進入該地區，應申請專業導覽人員陪同進入，以提供旅客詳盡之說明，減少破壞行為發生，並維護自然資源之永續發展。

②自然人文生態景觀區之劃定，由該管主管機關會同目的事業主管機關劃定之。

③專業導覽人員之資格及管理辦法，由中央主管機關會商各目的事業主管機關定之。

第二〇條 （名勝古蹟之調查登記及修復）

①主管機關對風景特定區內之名勝、古蹟，應會同有關目的事業主管機關調查登記，並維護其完整。

②前項古蹟受損者，主管機關應通知管理機關或所有人，擬具修復計畫，經有關目的事業主管機關及主管機關同意後，即時修復。

第三章　經營管理

第二一條 （觀光旅館業營業程序）

經營觀光旅館業者，應先向中央主管機關申請核准，並依法辦妥公司登記後，領取觀光旅館業執照，始得營業。

第二二條 （觀光旅館業業務範圍）

①觀光旅館業業務範圍如下：

一 客房出租。

二 附設餐飲、會議場所、休閒場所及商店之經營。

三 其他經中央主管機關核准與觀光旅館有關之業務。

②主管機關為維護觀光旅館旅宿之安寧，得會商相關機關訂定有關之規定。

第二三條 （觀光旅館等級）

①觀光旅館等級，按其建築與設備標準、經營、管理及服務方式區分之。

②觀光旅館之建築及設備標準，由中央主管機關會同內政部定之。

第二四條 （旅館業營業程序）104

①經營旅館業者，除依法辦妥公司或商業登記外，並應向地方主管機關申請登記，領取登記證及專用標識後，始得營業。

②主管機關為維護旅館旅宿之安寧，得會商相關機關訂定有關之規定。

第二五條 （民宿）

①主管機關應依據各地區人文、自然景觀、生態、環境資源及農林漁牧生產活動，輔導管理民宿之設置。

②民宿經營者，應向地方主管機關申請登記，領取登記證及專用標識後，始得經營。

③民宿之設置地區、經營規模、建築、消防、經營設備基準、申請登記要件、經營者資格、管理監督及其他應遵行事項之管理辦法，由中央主管機關會商有關機關定之。

第二六條 （旅行業營業程序）

經營旅行業者，應先向中央主管機關申請核准，並依法辦妥公司登記後，領取旅行業執照，始得營業。

第二七條 （旅行業業務範圍）100

①旅行業業務範圍如下：

一 接受委託代售海、陸、空運輸事業之客票或代旅客購買客票。

二 接受旅客委託代辦出、入國境及簽證手續。

三 招攬或接待觀光旅客，並安排旅遊、食宿及交通。

四 設計旅程、安排導遊人員或領隊人員。

五 提供旅遊諮詢服務。

六 其他經中央主管機關核定與國內外觀光旅客旅遊有關之事項。

②前項業務範圍，中央主管機關得按其性質，區分為綜合、甲種、乙種旅行業核定之。

③非旅行業者不得經營旅行業業務。但代售日常生活所需國內海、陸、空運輸事業之客票，不在此限。

第二八條 （外國旅行業設立分公司程序）

①外國旅行業在中華民國設立分公司，應先向中央主管機關申請核准，並依公司法規定辦理認許後，領取旅行業執照，始得營業。

②外國旅行業在中華民國境內所置代表人，應向中央主管機關申請核准，並依公司法規定向經濟部備案。但不得對外營業。

第二九條 （旅行契約）

①旅行業辦理團體旅遊或個別旅客旅遊時，應與旅客訂定書面契約。

②前項契約之格式、應記載及不得記載事項，由中央主管機關定之。

③旅行業將中央主管機關訂定之契約書格式公開並印製於收據憑證交付旅客者，除另有約定外，視為已依第一項規定與旅客訂約。

第三〇條 （保證金）

①經營旅行業者，應依規定繳納保證金；其金額，由中央主管機關定之。金額調整時，原已核准設立之旅行業亦適用之。

②旅客對旅行業者，因旅遊糾紛所生之債權，對前項保證金有優先受償之權。

③旅行業未依規定繳足保證金，經主管機關通知限期繳納，屆期仍未繳納者，廢止其旅行業執照。

第三一條 （保險）

①觀光旅館業、旅館業、旅行業、觀光遊樂業及民宿經營者，於經營各該業務時，應依規定投保責任保險。

②旅行業辦理旅客出國及國內旅遊業務時，應依規定投保履約保證保險。

③前二項各行業應投保之保險範圍及金額，由中央主管機關會商有關機關定之。

第三二條 （導遊及領隊人員執業限制）

①導遊人員及領隊人員，應經考試主管機關或其委託之有關機關考試及訓練合格。

②前項人員，應經中央主管機關發給執業證，並受旅行業僱用或受政府機關、團體之臨時招請，始得執行業務。

③導遊人員及領隊人員取得結業證書或執業證後連續三年未執行各該業務者，應重行參加訓練結業，領取或換領執業證後，始得執行業務。

④第一項修正施行前已經中央主管機關或其委託之有關機關測驗及訓練合格，取得執業證者，得受旅行業僱用或受政府機關、團體之臨時招請，繼續執行業務。

⑤第一項施行日期，由行政院會同考試院以命令定之。

第三三條 （發起人、監察人、經理人、股東之消極資格）

①有下列各款情事之一者，不得為觀光旅館業、旅行業、觀光遊樂業之發起人、董事、監察人、經理人、執行業務或代表公司之股東：

一　有公司法第三十條各款情事之一者。

二　曾經營該觀光旅館業、旅行業、觀光遊樂業受撤銷或廢止營業執照處分尚未逾五年者。

②已充任為公司之董事、監察人、經理人、執行業務或代表公司之股東，如有第一項各款情事之一者，當然解任之，中央主管機關應撤銷或廢止其登記，並通知公司登記之主管機關。

③旅行業經理人應經中央主管機關或其委託之有關機關團體訓練合格，領取結業證書後，始得充任；其參加訓練資格，由中央主管機關定之。

④旅行業經理人連續三年未在旅行業任職者，應重新參加訓練合格後，始得受僱為經理人。

⑤旅行業經理人不得兼任其他旅行業之經理人，並不得自營或為他人兼營旅行業。

第三四條　（手工藝品之生產及輔導銷售）

主管機關對各地特有產品及手工藝品，應會同有關機關調查統計，輔導改良其生產及製作技術，提高品質，標明價格，並協助在各觀光地區商號集中銷售。

第三五條　（觀光旅遊業之營業程序觀光遊樂業）

①經營觀光遊樂業者，應先向主管機關申請核准，並依法辦妥公司登記後，領取觀光遊樂業執照，始得營業。

②為促進觀光遊樂業之發展，中央主管機關應針對重大投資案件，設置單一窗口，會同中央有關機關辦理。

③前項所稱重大投資案件，由中央主管機關會商有關機關定之。

第三六條　（水域遊憩活動之管理）104

為維護遊客安全，水域遊憩活動管理機關得對水域遊憩活動之種類、範圍、時間及行為限制之，並得視水域環境及資源條件之狀況，公告禁止水域遊憩活動區域；其禁止、限制、保險及應遵守事項之管理辦法，由主管機關會商有關機關定之。

第三七條　（主管機關之檢查權）

①主管機關對觀光旅館業、旅館業、旅行業、觀光遊樂業或民宿經營者之經營管理、營業設施，得實施定期或不定期檢查。

②觀光旅館業、旅館業、旅行業、觀光遊樂業或民宿經營者不得規避、妨礙或拒絕前項檢查，並應提供必要之協助。

第三八條　（機場服務費）104

為加強機場服務及設施，發展觀光產業，得收取出境航空旅客之機場服務費；其收費繳納方法、免收服務費對象及相關作業方式之辦法，由中央主管機關擬訂，報請行政院核定之。

第三九條　（觀光從業人員之訓練）

中央主管機關，為適應觀光產業需要，提高觀光從業人員素質，應辦理專業人員訓練，培育觀光從業人員；其所需之訓練費用，得向其所屬事業機構、團體或受訓人員收取。

第四○條 （同業公會及法人團體之監督）

觀光產業依法組織之同業公會或其他法人團體，其業務應受各該目的事業主管機關之監督。

第四一條 （觀光專業標識）

① 觀光旅館業、旅館業、觀光遊樂業及民宿經營者，應懸掛主管機關發給之觀光專用標識；其型式及使用辦法，由中央主管機關定之。

② 前項觀光專用標識之製發，主管機關得委託各該業者團體辦理之。

③ 觀光旅館業、旅館業、觀光遊樂業或民宿經營者，經受停止營業或廢止營業執照或登記證之處分者，應繳回觀光專用標識。

第四二條 （停業、暫停營業及復業之程序）

① 觀光旅館業、旅館業、旅行業、觀光遊樂業或民宿經營者，暫停營業或暫停經營一個月以上者，其屬公司組織者，應於十五日內備具股東會議事錄或股東同意書，非屬公司組織者備具申請書，並詳述理由，報請該管主管機關備查。

② 前項申請暫停營業或暫停經營期間，最長不得超過一年，其有正當理由者，得申請展延一次，期間以一年為限，並應於期間屆滿前十五日內提出。停業期限屆滿後，應於十五日內向該管主管機關申報復業。

③ 未依第一項規定報請備查或前項規定申報復業，達六個月以上者，主管機關得廢止其營業執照或登記證。

第四三條 （主管機關公告之事項）

為保障旅遊消費者權益，旅行業有下列情事之一者，中央主管機關得公告之：

一　保證金被法院扣押或執行者。

二　受停業處分或廢止旅行業執照者。

三　自行停業者。

四　解散者。

五　經票據交換所公告為拒絕往來戶者。

六　未依第三十一條規定辦理履約保證保險或責任保險者。

第四章　獎勵及處罰

第四四條 （觀光事業之獎勵）

觀光旅館、旅館與觀光遊樂設施之興建及觀光產業之經營、管理，由中央主管機關會商有關機關訂定獎勵項目及標準獎勵之。

第四五條 （民間經營觀光事業公有土地之取得）

① 民間機構開發經營觀光遊樂設施、觀光旅館經中央主管機關報請行政院核定者，其範圍內所需之公有土地得由公產管理機關讓售、出租、設定地上權、聯合開發、委託開發、合作經營、信託或以使用土地權利金或租金出資方式，提供民間機構開發、興建、營運，不受土地法第二十五條、國有財產法第二十八條及地

方政府公產管理法令之限制。

②依前項售之公有土地為公用財產者，仍應變更為非公用財產，
由非公用財產管理機構辦理讓售。

第四六條　（協助興建聯外道路）

民間機構開發經營觀光遊樂設施、觀光旅館經中央主管機關報請
行政院核定者，其所需之聯外道路得由中央主管機關協調該管道
路主管機關、地方政府及其他相關目的事業主管機關興建之。

第四七條　（土地變更）

民間機構開發經營觀光遊樂設施、觀光旅館經中央主管機關核定
者，其範圍內所需用地如涉及都市計畫或非都市土地使用變更，
應檢具書圖文件申請，依都市計畫法第二十七條或區域計畫法第
十五條之一規定辦理逕行變更，不受通盤檢討之限制。

第四八條　（優惠貸款）

民間機構經營觀光遊樂業、觀光旅館業、旅館業之貸款經中央主
管機關報請行政院核定者，中央主管機關為配合發展觀光政策之
需要，得洽請相關機關或金融機構提供優惠貸款。

第四九條　（租稅優惠）

民間機構經營觀光遊樂業、觀光旅館業之租稅優惠，依促進民間
參與公共建設法第三十六條至第四十一條規定辦理。

第五〇條　（投資抵減）

①為加強國際觀光宣傳推廣，公司組織之觀光產業，得在下列用途
項下支出金額百分之十至百分之二十限度內，抵減當年度應納營
利事業所得稅額；當年度不足抵減時，得在以後四年度內抵減
之：

一　配合政府參與國際宣傳推廣之費用。

二　配合政府參加國際觀光組織及旅遊展覽之費用。

三　配合政府推廣會議旅遊之費用。

②前項投資抵減，其每一年度得抵減總額，以不超過該公司當年度
應納營利事業所得稅額百分之五十為限。但最後年度抵減金額，
不在此限。

③第一項投資抵減之適用範圍、核定機關、申請期限、申請程序、
施行期限、抵減率及其他相關事項之辦法，由行政院定之。

第五〇條之一　（外籍旅客辦理退還特定貨物營業稅辦法）92

外籍旅客向特定營業人購買特定貨物，達一定金額以上，並於一
定期間內攜帶出口者，得在一定期間內辦理退還特定貨物之營業
稅；其辦法，由交通部會同財政部定之。

第五一條　（表揚）

經營管理良好之觀光產業或服務成績優良之觀光產業從業人員，
由主管機關表揚之；其表揚辦法，由中央主管機關定之。

第五二條　（文學藝術作品之獎勵）

①主管機關為加強觀光宣傳，促進觀光產業發展，對有關觀光之優
良文學、藝術作品，應予獎勵；其辦法，由中央主管機關會同有

關機關定之。

②中央主管機關，對促進觀光產業之發展有重大貢獻者，授給獎金、獎章或獎狀表揚之。

第五三條 （罰則）

①觀光旅館業、旅館業、旅行業、觀光遊樂業或民宿經營者，有玷辱國家榮譽、損害國家利益、妨害善良風俗或詐騙旅客行為者，處新臺幣三萬元以上十五萬元以下罰鍰；情節重大者，定期停止其營業之一部或全部，或廢止其營業執照或登記證。

②經受停止營業一部或全部之處分，仍繼續營業者，廢止其營業執照或登記證。

③觀光旅館業、旅館業、旅行業、觀光遊樂業之受僱人員有第一項行為者，處新臺幣一萬元以上五萬元以下罰鍰。

第五四條 （罰則）

①觀光旅館業、旅館業、旅行業、觀光遊樂業或民宿經營者，經主管機關依第三十七條第一項檢查結果有不合規定者，除依相關法令辦理外，並令限期改善，屆期仍未改善者，處新臺幣三萬元以上十五萬元以下罰鍰；情節重大者，並得定期停止其營業之一部或全部；經受停止營業處分仍繼續營業者，廢止其營業執照或登記證。

②經依第三十七條第一項規定檢查結果，有不合規定且危害旅客安全之虞者，在未完全改善前，得暫停其設施或設備一部或全部之使用。

③觀光旅館業、旅館業、旅行業、觀光遊樂業或民宿經營者，規避、妨礙或拒絕主管機關依第三十七條第一項規定檢查者，處新臺幣三萬元以上十五萬元以下罰鍰，並按次連續處罰。

第五五條 （罰則）104

①有下列情形之一者，處新臺幣三萬元以上十五萬元以下罰鍰；情節重大者，得廢止其營業執照：

一 觀光旅館業違反第二十二條規定，經營核准登記範圍外業務。

二 旅行業違反第二十七條規定，經營核准登記範圍外業務。

②有下列情形之一者，處新臺幣一萬元以上五萬元以下罰鍰：

一 旅行業違反第二十九條第一項規定，未與旅客訂定書面契約。

二 觀光旅館業、旅館業、旅行業、觀光遊樂業或民宿經營者，違反第四十二條規定，暫停營業或暫停經營未報請備查或停業期間屆滿未申報復業。

③觀光旅館業、旅館業、旅行業、觀光遊樂業或民宿經營者，違反依本條例所發布之命令，視情節輕重，主管機關得令限期改善或處新臺幣一萬元以上五萬元以下罰鍰。

④未依本條例領取營業執照而經營觀光旅館業務、旅行業務或觀光遊樂業務者，處新臺幣九萬元以上四十五萬元以下罰鍰，並禁止

其營業。

⑤未依本條例領取登記證而經營旅館業務者，處新臺幣十八萬元以上九十萬元以下罰鍰，並命其即停業。經命停業仍繼續營業者，得按次處罰，主管機關並得移送建築主管機關，採取停止供水、供電、封閉、強制拆除或其他必要可立即結束營業之措施，且其費用由該違反本條例之經營者負擔。

⑥未依本條例領取登記證而經營民宿者，處新臺幣六萬元以上三十萬元以下罰鍰，並命其立即停業。經命停業仍繼續經營者，得按次處罰，主管機關並得移送建築主管機關，採取停止供水、供電、封閉、強制拆除或其他必要可立即結束經營之措施，且其費用由該違反本條例之民宿經營者負擔。

⑦旅館業及民宿經營者，擅自擴大營業客房部分者，其擴大部分，分別依前二項違規營業或經營行為論處。

⑧違反前三項規定者，主管機關得公布其名稱、地址、負責人或經營者姓名及違規事項。

第五六條 （罰則）

外國旅行業未經申請核准而在中華民國境內設置代表人者，處代表人新臺幣一萬元以上五萬元以下罰鍰，並勒令其停止執行職務。

第五七條 （罰則）

①旅行業未依第三十一條規定辦理履約保證保險或責任保險，中央主管機關得立即停止其辦理旅客之出國及國內旅遊業務，並限於三個月內辦妥投保，逾期未辦妥者，得廢止其旅行業執照。

②違反前項停止辦理旅客之出國及國內旅遊業務之處分者，中央主管機關得廢止其旅行業執照。

③觀光旅館業、旅館業、觀光遊樂業及民宿經營者，未依第三十一條規定辦理責任保險者，限於一個月內辦妥投保，屆期未辦妥者，處新臺幣三萬元以上十五萬元以下罰鍰，並廢止其營業執照或登記證。

第五八條 （罰則）

①有下列情形之一者，處新臺幣三千元以上一萬五千元以下罰鍰；情節重大者，並得逐次定期停止其執行業務或廢止其執業證：

　一　旅行業經理人違反第三十三條第五項規定，兼任其他旅行業經理人或自營或為他人兼營旅行業。

　二　導遊人員、領隊人員或觀光產業經營者僱用之人員，違反依本條例所發布之命令者。

②經受停止執行業務處分，仍繼續執業者，廢止其執業證。

第五九條 （罰則）

未依第三十二條規定取得執業證而執行導遊人員或領隊人員業務者，處新臺幣一萬元以上五萬元以下罰鍰，並禁止其執業。

第六〇條 （罰則）104

①於公告禁止區域從事水域遊憩活動或不遵守水域遊憩活動管理機

關對有關水域遊憩活動所爲種類、範圍、時間及行爲之限制命令者，由其水域遊憩活動管理機關處新臺幣一萬元以上五萬元以下罰鍰，並禁止其活動。

②前項行爲具營利性質者，處新臺幣三萬元以上十五萬元以下罰鍰，並禁止其活動。

③具營利性質者未依主管機關所定保險金額，投保責任保險或傷害保險者，處新臺幣三萬元以上十五萬元以下罰鍰，並禁止其活動。

第六一條 （罰則）

未依第四十一條第三項規定繳回觀光專用標識，或未經主管機關核准擅自使用觀光專用標識者，處新臺幣三萬元以上十五萬元以下罰鍰，並勒令其停止使用及拆除之。

第六二條 （罰則）

①損壞觀光地區或風景特定區之名勝、自然資源或觀光設施者，有關目的事業主管機關得處行爲人新臺幣五十萬元以下罰鍰，並責令回復原狀或償還修復費用。其無法回復原狀者，有關目的事業主管機關得再處行爲人新臺幣五百萬元以下罰鍰。

②旅客進入自然人文生態景觀區未依規定申請專業導覽人員陪同進入者，有關目的事業主管機關得處行爲人新臺幣三萬元以下罰鍰。

第六三條 （罰則）

①於風景特定區或觀光地區內有下列行爲之一者，由其目的事業主管機關處新臺幣一萬元以上五萬元以下罰鍰：

一　擅自經營固定或流動攤販。

二　擅自設置指示標誌、廣告物。

三　強行向旅客拍照並收取費用。

四　強行向旅客推銷物品。

五　其他騷擾旅客或影響旅客安全之行爲。

②違反前項第一款或第二款規定者，其攤架、指示標誌或廣告物予以拆除並沒入之，拆除費用由行爲人負擔。

第六四條 （罰則）104

①於風景特定區或觀光地區內有下列行爲之一者，由其目的事業主管機關處新臺幣五千元以上十萬元以下罰鍰：

一　任意拋棄、焚燒垃圾或廢棄物。

二　將車輛開入禁止車輛進入或停放於禁止停車之地區。

三　擅入管理機關公告禁止進入之地區。

②其他經管理機關公告禁止破壞生態、污染環境及危害安全之行爲，由其目的事業主管機關處新臺幣五千元以上一百萬元以下罰鍰。

第六五條 （強制執行）

依本條例所處之罰鍰，經通知限期繳納，屆期未繳納者，依法移送強制執行。

第五章 附 則

第六六條 （管理規則之訂定）

① 風景特定區之評鑑、規劃建設作業、經營管理、經費及獎勵等事項之管理規則，由中央主管機關定。

② 觀光旅館業、旅館業之設立、發照、經營設備設施、經營管理、受僱人員管理及獎勵等事項之管理規則，由中央主管機關定之。

③ 旅行業之設立、發照、經營管理、受僱人員管理、獎勵及經理人訓練等事項之管理規則，由中央主管機關定之。

④ 觀光遊樂業之設立、發照、經營管理及檢查等事項之管理規則，由中央主管機關定之。

⑤ 導遊人員、領隊人員之訓練、執業證核發及管理等事項之管理規則，由中央主管機關定之。

第六七條 （裁罰標準）

依本條例所為處罰之裁罰標準，由中央主管機關定之。

第六八條 （證照費）

依本條例規定核准發給之證照，得收取證照費；其費額，由中央主管機關定之。

第六九條 （過渡條款）

① 本條例修正施行前已依法核准經營旅館業務、國民旅舍或觀光遊樂業務者，應自本條例修正施行之日起一年內，向該管主管機關申請旅館業登記證或觀光遊樂業執照，始得繼續營業。

② 本條例修正施行後，始劃定之風景特定區或指定之觀光地區內，原依法核准經營遊樂設施業務者，應於風景特定區專責管理機構成立後或觀光地區公告指定之日起一年內，向該管主管機關申請觀光遊樂業執照，始得繼續營業。

③ 本條例修正施行前已依法設立經營旅遊諮詢服務者，應自本條例修正施行之日起一年內，向中央主管機關申請核發旅行業執照，始得繼續營業。

第七〇條 （非公司組織之觀光旅館業之處置）

① 於中華民國六十九年十一月二十四日前已經許可經營觀光旅館業務而非屬公司組織者，應自本條例修正施行之日起一年內，向該管主管機關申請觀光旅館業營業執照，始得繼續營業。

② 前項申請案，不適用第二十一條辦理公司登記及第二十三條第二項之規定。

第七〇條之一 （觀光遊樂業執照之申請）98

① 於本條例中華民國九十年十一月十四日修正施行前，已依相關法令核准經營觀光遊樂業業務而非屬公司組織者，應於中華民國一百年三月二十一日前，向該管主管機關申請觀光遊樂業執照，始得繼續營業。

② 前項申請案，不適用第三十五條辦理公司登記之規定。

第七〇條之二 （本條例修正施行前，非以營利為目的且供特定對象住宿之場所而有營利事實者，申請旅館業登記之期限）104

於本條例中華民國一百零四年一月二十二日修正施行前，非以營利為目的且供特定對象住宿之場所而有營利之事實者，應自本條例修正施行之日起十年內，向地方主管機關申請旅館業登記、領取登記證及專用標識，始得繼續營業。

第七一條 （施行日）90

本條例除另定施行日期者外，自公布日施行。

科學工業園區設置管理條例

①民國 68 年 7 月 27 日總統令制定公布全文 36 條。
②民國 70 年 5 月 20 日總統令修正公布第 17 條條文。
③民國 78 年 5 月 24 日總統令修正公布第 3、11、12、15、17、18、20、23、24、27、28、30 條條文；並增訂第 3-1、15-1、30-1 條條文。
④民國 90 年 1 月 20 日總統令修正公布全文 35 條；並自公布日實施。
⑤民國 91 年 6 月 26 日總統令修正公布第 8 條條文。
⑥民國 91 年 12 月 18 日總統令修正公布第 4、8、10、19 條條文；並增訂第 6-1、31-1 條條文。
⑦民國 93 年 1 月 20 日總統令修正公布第 19、20、23、24、29～31、33 條條文；刪除第 21、28 條條文；並增訂第 31-2 條條文。
⑧民國 100 年 1 月 12 日總統令修正公布第 14、35 條條文；並自 99 年 12 月 25 日施行。
民國 102 年 7 月 19 日行政院公告第 7 條第 1 項所列由「行政院衛生署」副首長擔任委員事項，自 102 年 7 月 23 日改由「衛生福利部」副首長擔任委員。
民國 103 年 1 月 21 日行政院公告第 7 條第 1 項所列屬「行政院經濟建設委員會」之權責事項，自 103 年 1 月 22 日起改由「國家發展委員會」管轄。
民國 103 年 2 月 27 日行政院公告第 1 條、第 4 條第 4 項、第 5 條第 1 項、第 6 條第 3 項、第 7 條第 1、3 項、第 9 條、第 12 條第 2 項、第 13 條第 1、3 項、第 14 條、第 17 條第 4 項、第 19 條、第 25 條第 1 項、第 26 條第 2 項、第 27 條第 2 項、第 34 條所列屬「行政院國家科學委員會」之權責事項，自 103 年 3 月 3 日起改由「科技部」管轄。

第一條 （科學工業園區之設置）
為引進高級技術工業及科學技術人才，以激勵國內工業技術之研究創新，並促進高級技術工業之發展，行政院國家科學委員會（以下簡稱國科會）依本條例之規定，得選擇適當地點，報請行政院核定設置科學工業園區（以下簡稱園區）。

第二條 （適用範圍）
園之設置與管理，依本條例之規定。本條例未規定者，適用其他有關法律之規定。但其他法律之規定，對發展科學工業較本條例更有利者，適用最有利之規定。

第三條 （科學工業之定義）
①本條例所稱科學工業，指經核准在園區內成立從事高級技術工業產品之開發製造或研究發展之事業。
②前項科學工業應為依公司法組織之股份有限公司或其分公司，或經認許相當於我國股份有限公司組織之外國公司之分公司，其投

資計畫須能配合我國工業之發展、使用或能培養較多之本國科學技術人員，且投入研發經費佔營業額一定比例以上，並具有相當之研究實驗儀器設備，而不造致公害，並合於下列條件之一者為限：

一　具有產製成品之各項設計能力及有產品之整體發展計畫者。

二　產品已經初期研究發展，正在成長中者。

三　產品具有發展及創新之潛力者。

四　設有研究發展部門，從事高級創新研究及發展工作者。

五　生產或研究開發過程中可引進與培養高級科學技術人員，並需要較多研究發展費用者。

六　對我國經濟建設或國防有重大助益者。

第四條　（園區事業）91

① 本條例所稱園區事業，指科學工業與經核准在園區內設立以提供科學工業營運、管理或技術服務之事業。

② 除前項園區事業外，研究機構、創業育成中心亦得申請在園區設立營運。

③ 創業育成中心之進駐對象，需以從事研究發展為限並不得量產，且經園區管理局核准，其進駐期間不得超過三年。

④ 創業育成中心設立營運之管理辦法，由國科會定之。

第五條　（園區管理局之設置）

① 為執行園區管理業務，辦理園區管理工作，並提供園區事業各項服務，由國科會於各園區設置園區管理局（以下簡稱管理局）。

② 各園區管理局之組織，均另以法律定之。

第六條　（管理局掌理事項）

① 管理局掌理園區內下列事項：

一　關於園區發展政策、策略及相關措施規劃之推動事項。

二　關於所屬分局之監督及指揮事項。

三　關於園區事業設立之審查事項。

四　關於科學技術研究創新與發展之推動事項。

五　關於吸引投資及對外宣傳事項。

六　關於財務之計劃、調度及稽核事項。

七　關於產品市場調查事項。

八　關於園區事業之營運輔導及服務事項。

九　關於產品檢驗發證及產地證明簽發事項。

十　關於電信器材進、出口查驗及護照憑證之簽發事項。

十一　關於園區事業外籍人員延長居留申請之核轉事項。

十二　關於外籍或僑居國外專門性或技術性人員聘僱之許可及管理事項。

十三　關於減免稅捐相關證明之核發事項。

十四　關於外匯及貿易業務事項。

十五　關於預防走私措施事項。

十六　關於統一核發工商登記證照、工業用電證明事項。

十七　關於安全、防護事項。

十八　關於工商團體之業務事項。

十九　關於勞工行政、勞工安全衛生、公害防治及勞動檢查事項。

二十　關於公有財產管理、收益事項。

二一　關於都市計畫之檢討及變更、非都市土地之檢討及變更編定、都市設計審議、土地使用管制與建築管理事項。

二二　關於各項公共設施之建設及管理事項。

二三　關於社區編定、開發及管理事項。

二四　關於廠房、住宅、宿舍之興建及租售事項。

二五　關於促進建教合作及技術訓練事項。

二六　關於科學技術人才訓練及人力資源之獲得與調節事項。

二七　關於通用之技術服務設施事項。

二八　關於儲運單位及保稅倉庫之設立、經營或輔導管理事項。

二九　關於公共福利事項。

三十　關於園區事業業務及財務狀況查核事項。

三一　關於資訊管理網路運用及園區資訊化發展之推動事項。

三二　有關園區環境保護工作之規劃推動執行與管理事項。

三三　其他有關園區事業或機構之設廠或擴充規模之相關證照之核轉事項。

三四　其他有關行政管理事項。

②前項第八款至第三十四款業務，分局所在之園區，得由所屬分局掌理之。

③第一項各款所定事項與各機關有關者，其處理辦法，由國科會會商有關機關定之，授權管理局代辦該業務。

第六條之一　（作業基金之設置）91

①管理局為辦理前條所列職掌應收取之服務收入及租金收入等，應設置作業基金，為下列各款之應用：

一　科學工業園區之開發、擴充、改良、維護及管理等事項。

二　科學工業園區各項作業服務事項。

三　其他有關事項。

②前項作業基金之收支、保管及運用辦法，由行政院定之。

第七條　（園區審議委員會之設置及審議事項）

①國科會設園區審議委員會，置委員十五人至十九人，由內政部、國防部、財政部、教育部、經濟部、交通部、行政院環境保護署、行政院衛生署、行政院經濟建設委員會、國科會之副首長、學者專家組成之，國科會主任委員為當然委員並為召集人。

②園區審議委員會並就管理局所提下列事項審議之：

一　園區企劃管理之決策及重大業務事項。

二　園區引進科學工業之種類及優先順序。

三　在園區內投資之申請案。

③前項第一款及第二款經審議後，由國科會報請行政院核定之。

第八條 （事業主管機關分支單位之設立及園區內水電之供需管制）91

① 園區內下列事項，由各該事業主管機關設立分支單位，受管理局或分局之指導、監督辦理之：

一　稅捐之稽徵事項。

二　海關業務事項。

三　郵電業務事項。

四　電力、給水及其他有關公用事業之業務事項。

五　金融業務事項。

六　警察及消防業務事項。

七　土地行政事項。

八　其他公務機關服務事項。

② 前項第四款為有效供應園區水、電，管理局得商請相關單位配合訂定園區水、電供需調配、短缺預警及節水節能輔導管制辦法，對園區水電供需、短缺預警及節約，進行有效之計畫與管制。

第九條 （實驗中小學及雙語學校之設立）

① 國科會得商請主管教育行政機關，在園區內設立實驗中小學（含幼稚園）及雙語部或雙語學校。

② 雙語部或雙語學校之教師任用資格及學生入學資格，由教育部會同國科會訂定之。

第一〇條 （保證金之繳納）91

① 投資申請人於申請核准後，應按管理局規定繳納保證金或同一金額政府債券，以保證投資之實施；其未依規定繳納者，撤銷其投資核准。

② 前項保證金或政府債券於投資計畫全部完成時無息發還之。如投資計畫經核准分期實施者，按實施投資金額比率發還；如未按投資計畫完成，經管理局撤銷其投資案者，除沒入保證金或政府債券外，並得令其遷出園區。

③ 園區事業投資計畫實施後，未依經營計畫經營，且未經管理局核准延期或變更經營計畫者，得撤銷其投資案並令其遷出園區。

④ 有關投資計畫之實施、完成、延期或變更及廢止等事項之管理辦法，由管理局定之。

第一一條 （決算表之申報及查核）

園區事業每屆營業年度終了，應將經會計師簽證之決算書表送管理局或分局查核；其業務及財務狀況之檢查，依公司法有關規定辦理。

第一二條 （園區內土地之徵收）

① 園區內之土地，其原屬其他機關管理者，管理局得申請撥用；原屬私有者，得予徵收，並按市價補償之。

② 前項土地徵收由管理局擬具詳細徵收計畫書，附具計畫開發用地綱要計畫圖及徵收土地清冊，送由國科會轉中央地政機關核定，發交當地直轄市或縣（市）地政機關，依下列程序辦理徵收，並

於辦理完畢後，層報中央地政機關備查：

一　直轄市或縣（市）地政機關，於接到核定徵收土地案時，應即定期召集土地所有權人協議補償地價；未能達成協議者，提請地價評議委員會及標準地價評議委員會評定之。

二　直轄市或縣（市）地政機關，於接到核定徵收土地案時，應即派員調查一併徵收之土地改良物實況，作為計算補償費之依據；土地所有權人或利害關係人不得拒絕或妨害其調查。

三　直轄市或縣（市）地政機關，應於補償地價及土地改良物補償費協議成立或評定後十五日內公告徵收，並通知土地所有權人及土地他項權利人。公告期間為三十日；土地所有權人及利害關係人認為徵收有錯誤、遺漏或對補償地價或補償費有意見時，應於公告期間內，申請更正或提出異議。直轄市或縣（市）地政機關，應即分別查明處理或提請地價評議委員會及標準地價評議委員會復議。

四　公告期滿確定徵收後，由直轄市或縣（市）地政機關通知土地所有權人，於二十日內繳交土地所有權狀及有關證件，具領補償地價及補償費；逾期不繳交者，宣告其權狀及證件無效，其應補償之地價及補償費，依法提存之。

五　被徵收土地原設定之他項權利，因徵收確定而消滅；其權利價值，由直轄市或縣（市）地政機關於發給補償金時代為補償，並以其餘款交付被徵收土地之所有權人。

六　被徵收耕地終止租約時，由直轄市或縣（市）地政機關補償承租人為改良土地所支付之費用及尚未收獲之農作改良物，並以地價扣除繳納增值稅後餘額三分之一補償原耕地承租人。

七　補償地價及補償費發給完竣後，由直轄市或縣（市）地政機關逕行辦理土地權利變更登記。

③園區事業得依其需要向管理局申請租用園區土地，除應付租金外，並應負擔公共設施建設費用。

第一三條　（鄰近工業園區土地之併入及管理㈠）

①公民營事業或財團法人，得在民國七十年五月二十日公告發布實施之擬定新竹科學工業園區特定區主要計畫案範圍內取得土地，並向國科會申請同意，且依第一條規定報請行政院核定後併入科學工業園區。

②投資開發園區之公民營事業或財團法人，應規劃開發總面積至少百分之三十公共設施土地，其中綠地應佔開發總面積百分之十以上，並負責管理維護。

③第一項由民間取得土地開發之園區，其設置管理辦法，由國科會報經行政院核定後實施。

第一四條　（鄰近工業園區土地之併入及管理㈡）100

公民營事業或財團法人，依法在當地市鄉鎮區毗鄰科學工業園區或科學工業園區特定區計畫範圍內取得土地，並向國科會申請同

意，且依第一條規定報請行政院核定後併入科學工業園區。其設置管理辦法，由國科會報經行政院核定後實施。

第一五條　（社區之規劃）

①園區得劃定一部分地區作為社區，並由管理局配合園區建設進度予以開發、管理。

②前項社區用地，除供公共設施及其必要之配合設施外，得配售予園區內被徵收土地或房屋之原所有權人及耕地承租人供興建住宅使用；其配售土地辦法，由管理局層報行政院核定之。

第一六條　（園區內廠房住宅之興建與租售）

①園區內之廠房及社區內之員工宿舍，得由園區內設立之機構請准自建或由管理局或分局興建租售。

②前項廠房以租售與園區內設立之機構，員工宿舍以租與園區從業人員為限。其售價及租金標準，由投資興建人擬定報請管理局核定；租金標準不受土地法第九十七條規定之限制。

第一七條　（廠房之轉讓及徵購情形）

①園區內私有廠房之轉讓，以供經核准設立之園區事業及研究機構使用為原則。

②前項廠房及其有關建築物有下列情形之一者，管理局或分局得依市價徵購之：

　一　未供經核准設立之機構使用者。

　二　使用情形不當者。

　三　高抬轉讓價格者。

　四　依第十條規定應遷出園區者。

③依前項規定徵購廠房及其有關建築物時，對於原所有權人存於該廠房及其有關建築物內之一切物資，管理局或分局得限期令其遷移或代為移置他處存放，費用及因遷移該物資所生之損害，由原所有權人負擔之。

④廠房及其有關建築物之徵購辦法，由國科會會商有關機關定之。

第一八條　（免徵營利事業所得稅）

①自民國八十九年一月一日起，科學工業依公司法規定合併者，合併後存續或新設科學工業，得繼續承受消滅科學工業合併前，依法已享有而尚未屆滿或尚未抵減之租稅獎勵。但適用免徵營利事業所得稅之獎勵者，應繼續生產消滅科學工業合併前受獎勵之產品或提供受獎勵之勞務，且以合併後存續或新設科學工業中，屬消滅科學工業原受獎勵且獨立生產之產品或提供之勞務部分計算之所得額為限；適用投資抵減獎勵者，以合併後存續或新設科學工業中，屬消滅科學工業部分計算之應納稅額為限。

②合於第三條第二項規定之分公司，不適用本條之規定。

第一九條　（保稅範圍之劃定）93

①國科會得報經行政院核准於園區內，劃定保稅範圍，賦予保稅便利。

②為確保保稅便利，前項保稅範圍內保稅貨品之加工、管理、自行

點驗進出區及按月彙報、通關、產品內銷應辦補稅程序及其他應遵行事項之辦法，由國科會會商財政部定之。

③有關園區貨品之進出口貿易業務管理辦法，由國科會會商有關機關定之。

第二〇條 （進口稅捐貨物稅營業稅之免徵）93

①園區事業自國外輸入自用機器、設備，免徵進口稅捐、貨物稅及營業稅。但於輸入後五年內輸往課稅區者，應依進口貨品之規定，課徵進口稅捐、貨物稅及營業稅。

②園區事業自國外輸入原料、物料、燃料、半製品、樣品及供貿易用之成品免徵進口稅捐、貨物稅及營業稅。但輸往課稅區時，應依進口貨品之規定，課徵進口稅捐、貨物稅及營業稅。

③園區事業以產品或勞務外銷者，其營業稅稅率為零，並免徵貨物稅。但其以產品、廢品或下腳輸往課稅區時，除國內課稅區尚未能產製之產品，依所使用原料或零件課徵進口稅捐、貨物稅及營業稅外，應依進口貨品之規定，課徵進口稅捐、貨物稅及營業稅；其在課稅區提供勞務者，應依法課徵營業稅。

④園區事業之保稅貨品因特殊原因，確需暫存於課稅區時，應經管理局或分局核准，並依關稅法有關規定，向海關提供相當擔保後為之；其保稅貨品應於海關所定期限內運回。

⑤依第一項及第二項規定免徵稅捐之進口貨品，應依關稅法有關規定辦理通關手續，無需辦理免徵、擔保、記帳及繳納保證金手續。

第二一條 （刪除）93

第二二條 （減免租金）

科學工業經管理局認定其科學技術對工業發展有特殊貢獻者，得減免其承租土地五年以內之租金。

第二三條 （輸出入貨品之免辦許可證）93

①園區事業之輸出入貨品，應依關稅法有關規定辦理通關手續。

②前項貨品除經貿易主管機關規定，應申請簽約或核准者外，得免辦輸出入許可證。

③由課稅區廠商售供園區事業自用之機器、設備、原料、物料、燃料、半製品及樣品，視同外銷貨品。

④前項貨品再行輸往課稅區時，應依進口貨品之規定，課徵進口稅捐、貨物稅及營業稅。

第二四條 （帳冊之備置）93

①園區事業無論由國外或國內購入之機器、設備、原料、物料、燃料、半製品、樣品及其所產生之廢品、下腳、產製之成品、半製品與供貿易用之成品，均應備置帳冊，據實記載貨品出入數量及金額。帳載貨品如有缺損，經敘明正當理由報請管理局或分局會同海關及稅捐稽徵機關查明屬實者，辦理徵免後，准在帳冊內剔除。

②前項帳冊及貨品，管理局或分局必要時得會同海關及稅捐稽徵

關派員查核。

第二五條 （國科會之參加投資）

①國科會得報經行政院核准，在科學技術發展基金或其他開發基金內指撥專款，對符合園區引進條件之科學工業，參加投資。

②前項投資額對其總額之比例，依工業類別，由雙方以契約定之。但投資額以不超過該科學工業總投資額百分之四十九為限。

第二六條 （建教合作之實施）

①管理局或分局對園區事業所需人才之培訓，創新技術之研究發展，及技術人員與儀器設備之交流運用，得選擇適當之教育及學術研究機構，本建教合作精神協商實施。

②前項建教合作實施方案及技術人員與儀器設備之交流運用辦法，由國科會、教育部會商有關機構定之。

第二七條 （管理費規費服務費之徵收）

①管理局或分局為辦理園區及周邊公共設施及維護安全與環境品質，得向園區內設立之機構收取管理費；為辦理第六條規定掌理之事項，得收取規費或服務費，各機構並應於期限內繳納。

②前項收取管理費、規費、服務費之範圍及收費標準等辦法，由管理局擬定，報請國科會核定之。

第二八條 （刪除）93

第二九條 （私運或漏稅之處理）93

園區事業之輸出入貨品，有私運或其他違法漏稅情事者，依海關緝私條例或其他有關法律之規定處理。

第三〇條 （轉讓或變更用途等之補繳稅捐）93

①園區事業將經核准輸往課稅區之保稅貨品轉讓或變更用途者，應自轉讓或變更用途之翌日起三十日內，向海關按保稅貨品原型態補繳進口稅捐、貨物稅及營業稅。未依規定補繳稅捐者，依關稅法有關規定辦理。

②園區事業以保稅名義報運非保稅貨品進口逾規定期限自行申報補稅者，除補繳稅捐外，並自原料進口放行之翌日起至稅捐繳清之日止，就應補稅捐金額按日加徵萬分之五之滯納金。但經海關查獲者，除補稅及加徵滯納金外，應另依海關緝私條例有關規定處分。

第三一條 （連續處罰）93

園區事業保稅貨品之加工、管理、通關、產品內銷應辦補稅程序或其他應遵行事項，違反依第十九條第二項所定之辦法者，海關得予以警告並限期改正或處新臺幣六千元以上三萬元以下罰鍰；並得連續處罰；連續處罰三次仍未完成改正者，得停止六個月以下保稅業務之全部或一部。

第三一條之一 （強制執行）91

在園區內設立之事業、機構，不依第二十七條第一項規定期限繳納管理費者，處新臺幣六千元以上三萬元以下罰鍰，並通知限期繳納，屆期仍不繳者，管理局或分局得依法移送強制執行。管理

局或分局並得停止園區事業、機構一個月以上一年以下貨品之輸出入。

第三一條之二 （限期改正）93

管理局或分局及海關得派員隨時抽查或複驗園區事業之保稅業務人員處理自行點驗進出區及按月彙報業務。如經發現未據實辦理或未依規定期限辦理，海關得予以警告並限期改正，連續警告三次仍未完成改正者，得函請管理局或分局暫停一年以內自行點驗進出區及按月彙報之資格；其情節重大者，得函請管理局或分局廢止其自行點驗進出區及按月彙報之資格。

第三二條 （分別處罰）

本條例規定應處罰鍰之案件涉及刑事責任者，應分別依有關法律處罰。

第三三條 （強制執行）93

依本條例所處之罰鍰，經限期繳納，屆期未繳納者，依法移送強制執行。

第三四條 （施行細則訂定）

本條例施行細則，由國科會定之。

第三五條 （施行日）100

①本條例自公布日施行。

②本條例中華民國九十九年十二月二十八日修正之第十四條，自九十九年十二月二十五日施行。

加工出口區設置管理條例

①民國 54 年 1 月 30 日總統令制定公布全文 27 條。
②民國 56 年 12 月 30 日總統令修正公布第 5 條條文。
③民國 60 年 11 月 25 日總統令修正公布全文 31 條。
④民國 68 年 12 月 24 日總統令修正公布第 10、14 條條文。
⑤民國 77 年 12 月 5 日總統令修正公布第 5、12～15、17 條條文；並增訂第 3-1、14-1、29-1 條條文。
⑥民國 86 年 5 月 7 日總統令修正公布全文 32 條。
⑦民國 90 年 5 月 30 日總統令修正公布第 6、10、14、17、19、26、27 條條文；並增訂第 10-1、10-2、11-1、22-1 條條文。
⑧民國 95 年 5 月 30 日總統令修正公布第 11、11-1、12、13、15、16、20、23 條條文；刪除第 30 條條文；並增訂第 10-3、11-2～11-4、26-1 條條文。
⑨民國 98 年 1 月 21 日總統令修正公布第 10、32 條條文。
民國 98 年 3 月 12 日行政院令發布定自 98 年 4 月 13 日施行。
⑩民國 99 年 6 月 2 日總統令修正公布第 7、10-3～11-1、13、15、23 條條文。

第一條 （立法目的）
為促進投資及國際貿易，行政院得依本條例之規定，選擇適當地區，劃定範圍，設置加工出口區。

第二條 （適用法律順序）
加工出口區之設置及管理，依本條例之規定；本條例未規定者，適用其他有關法律之規定。但其他法律之規定，較本條例更有利者，適用最有利之法律。

第三條 （區內事業、在區內營業之事業定義）
①本條例所稱區內事業，指經核准在加工出口區內製造加工、組裝、研究發展、貿易、諮詢、技術服務、倉儲、運輸、裝卸、包裝、修配之事業及經經濟部核定之其他相關事業。
②本條例所稱在區內營業之事業，指區內事業及其他經核准在加工出口區內設有營業或聯絡處所之事業。

第四條 （加工出口區管理處及分處之設置）
①經濟部為統籌管理各加工出口區，應設置加工出口區管理處（以下簡稱管理處），除管理處所在地區外，得於其他加工出口區設置分處，隸屬於管理處。
②前項管理處及分處之組織，另以法律定之。

第五條 （管理處掌理事項）
①管理處掌理左列有關加工出口區之事項：
一　關於各分處之監督及指揮事項。
二　關於申請投資在區內營業之事業之審核事項。

　　三　關於各項設施之籌建事項。

　　四　關於財務之計畫、調度及稽核事項。

　　五　關於業務之企劃及研究發展事項。

　　六　關於吸引投資及對外宣傳之籌劃事項。

　　七　關於保稅倉庫之設立及經營事項。

　　八　關於儲運單位之設立、管理及經營事項。

　　九　關於加工出口業務之行政管理事項。

　　十　關於公有財產之管理及收益事項。

　十一　關於土地使用管制及建築管理事項。

　十二　關於工商登記、管理及建築之核准發證事項。

　十三　關於工廠設置及勞工安全衛生檢查事項。

　十四　關於工商團體業務及勞工行政事項。

　十五　關於產地證明書、再出口證明核發事項。

　十六　關於貨品輸出入簽證事項。

　十七　關於外匯、貿易管理事項。

　十八　關於防止走私措施及巡邏檢查事項。

　十九　關於公共福利事項。

　二十　其他依法律賦予之事項。

②前項第九款至第二十款事項，於設有分處之加工出口區，得由分處掌理之。

③管理處及分處業務管理規則，由經濟部會商有關機關定之。

第六條　（區內事業之種類）90

在區內營業之事業之種類，由經濟部視經濟發展政策及加工出口區之位置、面積等情定之。

第七條　（區內事業保稅貨品輸往課稅區之處理）99

區內事業保稅貨品輸往課稅區者，比照進口貨品之方式處理。

第八條　（廢品下腳處理）

區內事業之廢品下腳處理辦法，由經濟部定之。

第九條　（目的事業主管機關設立分支單位辦理事項）

①加工出口區之左列事項，由各該目的事業主管機關設立分支單位或派員，受管理處或分處指導、協調辦理之：

　一　稅務之稽徵事項。

　二　貨口輸出入之驗關及運輸途中之監督、稽查事項。

　三　郵電業務事項。

　四　電力、給水及其他有關公用事業之業務事項。

　五　有關授信機構之業務事項。

　六　有關檢疫及檢驗之業務事項。

②前項分支單位，以集中管理處或分處內辦公為原則。

第一〇條　（區內事業之申請設立）98

申請設立區內事業者，應填具申請書，並檢附有關資料，向管理處申請或向分處申請核轉，由管理處會同有關機關審查核定；其審查辦法，由經濟部定之。

第一〇條之一 （區內事業登記、撤銷、廢止登記之情形）90

①申請在區內設置營業或聯絡處所之事業，應填具申請書，並檢附相關資料，向管理處或分處登記。

②在區內設有營業或聯絡處所之事業登記事項有虛偽不實情事，管理處或分處得撤銷其登記。

③在區內設有營業或聯絡處所之事業有左列情事之一者，管理處或分處得廢止其登記：

一 未依照登記事項經營。

二 自行停止營業三個月以上。

三 屆期未辦理變更登記。

四 有第二十二條之一至第二十六條規定之情形，經管理處或分處依第二十七條規定勒令出區。

五 租借廠地期限屆滿，未續（另）訂租約。

六 經有關主管機關撤銷或廢止其公司、商業、法人登記或專門技術人員之資格者。

④在區內設有營業或聯絡處所之事業，結束在區內營業時，應向管理處或分處申請註銷其登記。

⑤經管理處或分處依第二十七條規定勒令出區者，二年內不得重新申請登記。

⑥在區內設有營業或聯絡處所之事業，其登記之申請條件、程序、撤銷或廢止、變更或註銷及其他應遵行事項之管理辦法，由經濟部定之。

第一〇條之二 （其他申請事項之核辦）90

在區內營業之事業除前二條以外之其他申請事項，均由管理處或分處核辦或核轉有關機關核辦之。

第一〇條之三 （中央勞工主管機關得委託管理處或分處執行專門性或技術性工作許可業務）99

區內事業聘僱外國人從事就業服務法第四十六條第一項第一款專門性或技術性工作之許可業務，中央勞工主管機關得委託管理處或分處執行，管理處或分處應依就業服務法相關規定辦理。

第一一條 （區內所需用地之開發方式）99

①加工出口區內之土地（以下簡稱區內土地），管理處得自行或委託公民營事業開發；開發所需用地為私有者，依下列方式辦理：

一 依法徵收。

二 由土地所有權人以地上權設定方式，提供管理處開發。

②管理處得與公營事業依據加工出口區設置計畫簽訂合作開發協議書，由公營事業提供土地供管理處辦理開發事宜。

③前項合作開發協議書應包括開發方式、土地提供、分配、使用、出租、租金代收、稅捐、法律糾紛處理等權利義務事項。

④第一項開發所需用地為公有者，由各該公有土地之管理機關逕行提供開發，不受土地法第二十五條、國有財產法第七條、第二十八條、第六十六條、預算法第二十五條、第二十六條、第八十六

條及各級政府財產管理法令相關規定之限制。

第一一條之一 （社區開發與租用管理及費用計收標準）99

① 加工出口區得劃分一部分地區作為社區，由管理處配合加工出口區之需要，作有計畫之開發及管理；其涉及土地使用之擬訂、編定或變更者，應依都市計畫法或區域計畫法之規定辦理。

② 前項社區之開發及租用管理辦法與其土地租用及費用計收標準，由經濟部定之。

③ 社區內之建築物，得由在區內營業之事業請准自建或由管理處興建出租；必要時，得開放民間投資興建出租。

④ 前項建築物以租與加工出口區從業人員為限；其租金基準，由投資興建人擬訂，報請管理處核定，不受土地法第九十七條規定之限制。

⑤ 在區內營業之事業或民間事業投資興建社區內之建築物有下列情形之一者，得讓售，其讓售對象以在區內營業之事業為限。讓售時，應先報經管理處同意：

一　經有關主管機關撤銷或廢止其公司登記、商業、法人登記或投資興建資格。

二　依第二十七條規定應遷出加工出口區。

第一一條之二 （區內土地之租用）95

① 在區內營業之事業得依其需用情形租用區內土地，除給付土地租金外，並應負擔公共設施建設費用。

② 前項土地租用及費用計收標準，由經濟部定之。

③ 租用第一項土地興建建築物，積欠租金逾四個月者，管理處或分處得終止租約，收回租地，不受民法第四百四十條及土地法第一百零三條第四款規定之限制。

第一一條之三 （加工出口區內建築物之興建及租售辦理方式）95

① 加工出口區內建築物（以下簡稱區內建築物）之興建及租售，得依下列方式辦理：

一　由在區內營業之事業自行興建。

二　由管理處自行興建租售。

三　由公民營事業投資申請核准興建租售。

② 前項第二款由管理處興建租售者，其租售辦法，由經濟部定之，不受國有財產法第七條、第二十八條、第六十六條、預算法第二十五條、第二十六條及第八十六條規定之限制。

③ 第一項第三款公民營事業投資申請核准興建程序、審查及租售辦法，由經濟部定之。

第一一條之四 （加工出口區內供公共使用之土地及公共建築物與設施之所有權登記）95

管理處開發之加工出口區內供公共使用之土地及公共建築物與設施，其所有權登記為國有，管理機關登記為加工出口區管理處。但以委託管理所開發之加工出口區土地，其管理機關仍登記為原

機關。

第一二條 （加工出口區內私有土地或建築物之轉讓及徵購）95

①加工出口區內私有土地或建築物之轉讓對象，以在區內營業之事業爲限。

②前項土地或建築物有下列情形之一者，管理處或分處得協議價購，不適用政府採購法之規定；所有權人拒絕參與協議或經開會未能達成協議者，得辦理徵收：

一 不供在區內營業之事業使用。

二 使用情形不當。

三 高抬轉讓價格。

四 自行停業六個月以上或歇業。

五 因更新計畫需使用土地。

六 依第二十七條規定應遷出加工出口區。

③依前項第一款至第四款規定取得私有土地或建築物時，對於原所有權人或占有人存於該土地或建築物內外之物資，得由管理處或分處限期令其遷移，逾期得代爲移置他處存放或變賣或聲請法院拍賣；其費用及所生之損害，由原所有權人負擔；其經變賣或拍賣者，所得價款扣除費用後，如有餘款，依法處理。

④依第二項第五款取得私有土地或建築物時，對於原所有權人得優先核配建築物或提供遷廠之土地，並補償其拆遷停工之損失；其辦法，由經濟部定之。

⑤經解散之在區內營業之事業，其餘留物資，應於一年內處理完畢；逾期者，由管理處或分處變賣或聲請法院拍賣；所得價款扣除費用後，如有餘款，依法處理。

⑥管理處或分處協議價購、徵收或聲請法院拍賣取得之土地或建築物，土地得出租；建築物得租售予在區內營業之事業。

⑦前項土地出租及建築物租售辦法，由經濟部定之，不受國有財產法第七條、第二十八條、第六十六條、預算法第二十五條、第二十六條及第八十六條規定之限制。

第一三條 （區內事業免徵之稅捐）99

①區內事業免徵下列各款之稅捐：

一 由國外輸入自用機器、設備之進口稅捐、貨物稅及營業稅。但於輸入後五年內輸往課稅區者，應依進口貨品之規定，補徵進口稅捐、貨物稅及營業稅。

二 自國外輸入原料、燃料、物料、半製品、樣品、實驗用動植物及供貿易、倉儲轉運用貨品之進口稅捐、貨物稅及營業稅。但其輸往課稅區時，應依進口貨品之規定補徵進口稅捐、貨物稅及營業稅。

三 取得加工出口區內新建之標準廠房或自管理處依法取得建築物之契稅。

②區內事業產製之保稅產品輸往課稅區者，按出廠時形態之價值扣除附加價值後課徵關稅，並依進口貨品之規定，課徵貨物稅及營

業稅；其提供勞務予課稅區者，應依法課徵營業稅。

③前項附加價值之計算，由經濟部會同財政部定之。

④依本條規定免徵稅捐者，除進口貨品仍應辦理通關手續外，無須辦理免徵、擔保、記帳及繳納保證金。

第一四條　（營利事業所得稅之課徵）90

①區內事業從事轉運業務者，得按其轉運業務收入之百分之十為營利事業所得額，課徵營利事業所得稅。但總機構在中華民國境內者，其在區內之分支機構不適用之。

②前項事業應依所得稅法第九十八條之一規定，繳納其應納營利事業所得稅。但不得適用所得稅法第三十九條之規定。

③前二項區內事業從事轉運業務課稅之申請程序、期限及其他應遵行事項之作業辦法，由經濟部會同財政部定之。

第一五條　（保稅範圍之劃定）99

①經濟部得報經行政院核准於加工出口區內，劃定保稅範圍，賦予保稅便利。

②區內事業於前項保稅範圍內，得生產非保稅產品。

③為確保第一項保稅便利，其保稅貨品之通關、加工、管理、自行點驗進出區、按月彙報、產品內銷應辦補銷程序及其他應遵行事項之辦法，由經濟部會同財政部定之。

第一六條　（區內事業免稅貨品應限期輸往課稅區）95

①區內事業免稅之貨品因修理、測試、檢驗、展示、委託加工或提供勞務而須輸往課稅區者，應經管理處或分處核准，並經海關查驗，得免提供稅款擔保。但應於出區後六個月內復運回區內，並辦理結案手續；屆期未運回區內者，應向海關申報補繳稅捐。

②前項輸往課稅區之貨品，因委託加工或其他特殊情形，經管理處或分處核准者，得不運回區內逕行出口或輸往保稅區，並辦理結案手續。

③第一項貨品如須延長復運回區內之期限者，應於復運期限屆滿前，以書面敘明理由，檢附有關證件，向管理處或分處申請展延；展延期間，以六個月為限。

第一七條　（視同外銷貨品及其有關規定）90

①課稅區廠商售與區內事業之貨品，視同外銷貨品。

②前項貨品入區時，其須申請減徵、免徵或退還進口稅捐、貨物稅及營業稅或運返課稅區者，除經海關核准者外，應向海關辦理入區相關手續。

③前項已申請減徵、免徵或退還貨品運返課稅區時，應按輸往課稅區時之價格及稅率，課徵有關稅捐或補徵已減免或已退之稅捐。但機器設備入區已逾五年者，不在此限。

第一八條　（區內事業貨品之處理）

①區內事業得將其貨品在加工出口區內，作有關業務之儲存、陳列、改裝、加工製造及他項處理。但應具備帳冊，分別詳細記載貨品出入數量及金額，以供管理處或分處或海關稽核。

②前項貨品，得在加工出口區內無限期儲存；如有缺損，應於十五日內申述理由，報請管理處或分處會同海關及稅捐稽徵機關查驗，經查明屬實，並有正當理由者，准在帳冊內減除。

第一九條　（區內事業貨品出入加工出口區）90

區內事業輸出入貨品時，應向海關辦理通關手續；其屬貿易主管機關公告限制輸出入貨品項目者，應先向管理處或分處申請核准。

第二〇條　（人員、車輛管理）95

①加工出口區內，除必要之管理人員、警衛人員、員工與其眷屬及在區內營業之事業值勤員工外，不得在區內居住。

②在區內營業之事業應將所屬員工名冊、照片，報請管理處或分處核發出入許可證。

③進出加工出口區之人員、車輛，應循管理處或分處指定之地點出入，並須接受海關及警衛人員所為必要之檢查。

第二一條　（管理費之徵收）

①管理處或分處為維護加工出口區之環境衛生、安全及辦理公共設施，得向在區內營業之事業收取管理費；為辦理第五條規定掌理之事項，得收取規費或服務費。在區內營業之事業並應於期限內繳納。

②前項收取管理費、規費、服務費之範圍及收費標準，由經濟部定之。

第二二條　（作業基金之設置及運用）

①加工出口區應設置作業基金，為左列各款之運用：

一　加工出口區之開發、擴充、改良、維護及管理。

二　加工出口區開發及相關事業之投資或貸款。

三　加工出口區開發管理相關之研究規劃、設計及宣導事項。

四　各項作業服務事項。

五　其他經行政院專案核准者。

②前項作業基金之收支保管及運用辦法，由行政院定之。

第二二條之一　（罰則）90

區內事業違反第十六條或第十九條規定，未經管理處或分處核准，將貨品運入或運出加工出口區者，予以警告或處新臺幣三萬元以上十五萬元以下罰鍰或停止其一個月以上一年以下貨品之輸出入。

第二三條　（罰則）99

①區內事業違反第十八條第一項但書規定，不具備帳冊或為虛偽不實之記載或拒絕管理處或分處及海關之稽核者，除命其限期改正外，處新臺幣三萬元以上十五萬元以下罰鍰；屆期未改正者，得按次處罰，至其改正為止；情節重大者，並得停止其一個月以上一年以下貨品之輸出入。

②區內事業違反依第十五條第三項所定辦法中有關保稅貨品之通關、加工、管理、自行點驗進出區、按月彙報、產品內銷應辦理補

税程序規定，海關得予以警告並限期改正；屆期未改正者，處新臺幣六千元以上三萬元以下罰鍰，並得按次處罰；處罰三次，仍未完成改正者，得停止六個月以下保稅業務之一部或全部。

第二四條 （罰則）

違反第二十條規定者，處新臺幣六千元以上三萬元以下罰鍰。

第二五條 （罰則）

在區內營業之事業不依第二十一條規定繳納管理費、規費或服務費者，處新臺幣六千元以上三萬元以下罰鍰，並通知限期繳納，屆期仍不繳納者，並得停止其一個月以上一年以下貨品之輸入。

第二六條 （罰則）90

區內事業有從事走私行為或其他違法漏稅情事者，依海關緝私條例或其他有關法律之規定處理。

第二六條之一 （保稅貨品之申報）95

區內事業以保稅貨品名義報運非保稅貨品進口，應於放行之次日起三十日內填具報單，向海關申報補繳稅捐；逾期申報者，除補繳稅捐外，並自貨品進口放行之次日起至稅捐繳清之日止，就應補繳稅捐金額按日加徵萬分之五之滯納金；如未申報，經海關查獲者，除補繳稅捐及加徵滯納金外，應另依海關緝私條例有關規定處分。

第二七條 （罰則）

在區內營業之事業有第二十二條之一至第二十六條之情事，除按各該條處罰外，並得勒令該事業限期遷出加工出口區。

第二八條 （罰則）

管理處或分處對區內事業產品出口價格得隨時稽查。其經查獲低報出口價格者，依有關法令處理之。

第二九條 （罰鍰及刑事責任處罰依據）

本條例規定應處罰鍰之案件涉及刑事責任者，應分別依有關法律處罰。

第三〇條 （刪除）

第三一條 （施行細則）

本條例施行細則，由經濟部定之。

第三二條 （施行日）98

① 本條例自公布日施行。

② 本條例中華民國九十八年一月六日修正之條文，其施行日期由行政院定之。

農業科技園區設置管理條例

①民國 93 年 4 月 7 日總統令制定公布全文 44；並自公布日施行。
②民國 98 年 5 月 13 日總統令修正公布第 30、34 條條文。

第一章 總　則

第一條 （立法目的）

為發展農業科技，引進農業科技人才，營造農業科技產業群聚，促進農業產業之轉型，以確保農業永續經營，特制定本條例。

第二條 （適用範圍）

農業科技園區（以下簡稱園區）之設置、管理，依本條例之規定。但其他法律之規定，對農業科技之發展較本條例更有利者，適用最有利之規定。

第三條 （主管機關）

本條例之主管機關為行政院農業委員會。

第四條 （名詞定義）

本條例用詞定義如下：

一　農業科技：指經主管機關認定具有產業發展可行性，且能應用於提升農業產品之研發、改良、生產及加工效益之生物或其他相關科技。

二　園區事業：指經核准進駐於園區內成立從事農業科技之開發、研究、生產、製造、技術服務或其他相關業務之業者。

三　生活機能服務業者：指於園區內提供住宿、餐飲、購物、育樂及其他服務之事業。

四　園區機構：指進駐於園區內之園區事業、創新育成中心、研究機構及生活機能服務業者。

第二章 設置及管理

第五條 （園區設置）

主管機關得選定適當地點，報請行政院核定設置園區。

第六條 （創新育成中心及研究機構之設立）

創新育成中心及研究機構得申請在園區內設立。

第七條 （園區管理局之設置及掌理事項）

①主管機關應於園區內設置園區管理局（以下簡稱管理局），辦理園區內各項管理工作並提供各項服務；其組織，另以法律定之。

②管理局掌理園區內下列事項：

一　園區發展政策、策略及相關措施規劃之擬議事項。

二　園區財務之計劃、調度及稽核事項。

三　農業科技研究、創新及發展推動事項。

四　吸引投資、招商及宣傳事項。

五　園區事業申請之審查、核准及廢止運營相關事項。

六　指定園區事業年度營運報告之提出時程事項。

七　園區事業之營運、輔導及服務事項。

八　園區事業之業務狀況查核事項。

九　工商團體之業務事項。

十　公有財產之管理及收益事項。

十一　公共設施之建設及管理事項。

十二　生活機能區之劃定、開發及管理事項。

十三　廠房、相關研究生產設施與生活機能設施之興建、租賃及規劃事項。

十四　通用之技術服務設施事項。

十五　儲運單位及保稅倉庫之設立、經營或輔導管理事項。

十六　資訊管理網路運用及園區資訊化發展之推動事項。

十七　園區環境保護工作之規劃及推動事項。

十八　園區事業、創新育成中心及研究機構之設廠或擴充規模相關證照之核轉事項。

十九　預防走私措施事項。

二十　園區其他管理及服務事項。

二一　依法令或上級機關交付辦理事項。

③管理局就園區內下列事項之管理，應經目的事業主管機關之委任或委託：

一　產品檢驗與動植物防疫及檢疫事項。

二　減免稅捐相關證明之核發事項。

三　工商登記事項及農業用電證明事項。

四　公害防治事項。

五　土地使用管制及建築管理事項。

六　貨品輸出入簽證、原產地證明書之核發及進出口貿易事項。

第八條　（受管理局協調統合辦理之事項）

園區內下列事項，得由各該目的事業主管機關或相關機構在園區內設立分支機構或指派人員，受管理局協調統合辦理之：

一　稅捐稽徵事項。

二　海關業務事項。

三　郵政業務事項。

四　電力、給水及其他有關公用事業業務事項。

五　金融業務事項。

六　警察及消防業務事項。

七　土地行政事項。

八　種苗業登記事項。

九　其他公務機關業務事項。

第九條　（收取費用）

①管理局為管理園區及其公共設施，並維護園區環境品質，得向園區機構收取管理費；為辦理前二條及第二十條規定事項，得收取服務費或相關必要費用。

②前項收費標準，由主管機關定之。

第一〇條 （作業基金之設置及來源）

①管理局得設置作業基金，其來源如下：

一 管理費、服務費及相關必要費用。

二 政府循預算程序之撥款。

三 依法所為財產使用、收益等收入。

②前項作業基金之用途如下：

一 園區之開發、擴充、改良、維護、徵購及管理等事項。

二 園區內各項作業服務事項。

三 其他與園區業務發展之相關事項。

③第一項作業基金之收支、保管及運用辦法，由行政院定之。

第三章 土地與建物之取得及運用

第一一條 （園區內土地取得之方式）

①園區內之土地，屬公有者，管理局得依法申請撥用；屬私有者，依下列方式辦理：

一 依法徵收補償之。

二 由土地所有權人以設定地上權或出租方式提供管理局開發使用。

三 由土地所有權人依主管機關之開發計畫與管理局共同開發。

②園區內公共設施用地至少占開發總面積百分之三十；其中綠地至少占開發總面積百分之十。

③園區機構依其需用，得向管理局租用園區內土地，除給付土地租金外，並應分擔公共設施建設費用；其土地租金標準不受土地法第一百零五條規定之限制。

第一二條 （廠房與相關設施之興建及使用限制）

①園區內廠房及相關研究生產設施，得由園區事業、創新育成中心或研究機構擬定計畫，申請管理局核准後興建，或由管理局興建出租。

②前項園區事業、創新育成中心或研究機構興建之廠房、相關研究生產設施之租售，以經管理局核准之園區事業、創新育成中心、研究機構為限，其售價及租金標準，應報請管理局核定之；租金標準不受土地法第九十七條規定之限制。

第一三條 （徵購或強制接管及處置之情形）

①有下列情形之一者，管理局得以書面定三十日以內期限，命園區事業、創新育成中心或研究機構改善或遷出；屆期不改善或遷出者，管理局得視其情形徵購或強制接管及處置：

一 提供園區內廠房及相關研究生產設施予未經核准之園區事業、創新育成中心、研究機構使用。

二 園區內廠房及相關研究生產設施未依核准之進駐目的使用。

三 高抬園區內廠房及相關研究生產設施租售價格。

四 依第十九條第三項、第三十二條或第三十四條第二項規定廢止進駐核准而應遷出者。

②管理局依前項規定徵購或強制接管及處置時，對於原所有權人存放於該廠房及其他建築物內之一切物品，得限期令其遷移或代爲移置；其費用及因遷移所生之損害，由原所有權人負擔之。

③第一項廠房及相關研究生產設施之徵購程序與方式、強制接管及處置之辦法，由主管機關定之。

第一四條 （生活機能區之規劃及相關設施之興建）

①園區得劃定一定區域作爲住宿、餐飲、購物、育樂及其他功能之生活機能區，並由管理局配合園區建設進度予以開發、管理；員工宿舍以出租予園區機構從業人員爲限。

②除前項生活機能區外，園區事業經管理局核准後，得另興建相關生活機能設施，供其從業人員使用。

第四章 進駐之條件、程序及管理

第一五條 （進駐業者之條件）

①園區事業應爲依公司法組織之股份有限公司或其分公司或經認許相當於我國股份有限公司組織之外國公司，並符合下列條件之一者：

一 具有農業科技之開發研究能力及產品之整體發展計畫。

二 生產或研究開發過程中可引進及培養本國籍之農業科技人員。

三 設有研究發展部門，從事農業科技研究及發展工作，且研發經費占營業額一定比率以上，並具有一定之研究實驗儀器設備。

四 研發中之農業科技產品具有發展及創新潛力。

五 研發運用之農業科技相關技術已獲得國內外之專利。

六 營運計畫能配合我國農業政策及發展計畫，且對我國經濟建設或農業發展有顯著助益。

②園區事業於申請時非爲前項所定公司組織者，應於核准之日起六個月內，向管理局辦妥公司或分公司登記。

第一六條 （進駐業者申請程序）

①園區事業、創新育成中心、研究機構應填具申請書，並檢附營運計畫及必要文件，向管理局提出進駐申請；管理局受理後，應於三個月內將審查結果通知申請人。

②前項必要文件，由主管機關定之。

③第一項之營運計畫，應包括營運項目、核心技術內容概要及其他經主管機關指定之項目。

④園區事業、創新育成中心、研究機構開始營運後，其營運項目或核心技術內容概要有變更時，應報請管理局核准。

⑤園區事業、創新育成中心、研究機構依第一項規定提出申請時，其文件不全或應記載事項不完備者，管理局應敘明理由限期命其補正；屆期不補正或補正不完全者，管理局應為不予受理之決定。

第一七條 （進駐業者繳納保證金）

①園區事業應於核准之日起二個月內，依管理局規定繳納保證金，以保證營運計畫之實施。

②園區事業於核准之日起屆滿三年時，經管理局審核未依營運計畫實施者，得沒入前項保證金；其依營運計畫實施者，應無息發還。

③園區事業有正當理由未能依前項規定期限實施營運計畫者，得向管理局申請延期，最長不得超過三年。

第一八條 （授權主管機關訂定相關辦法）

生活機能服務業者與研究機構之設立、園區事業、創新育成中心與研究機構開始實施營運計畫之期限、核准延期、變更、園區事業繳納保證金之數額及其他相關管理事項之辦法，由主管機關定之。

第一九條 （廢止進駐核准）

①園區事業未依第十五條第二項規定辦妥公司或分公司登記或未依第十七條第一項規定繳納保證金者，管理局應廢止其進駐核准。

②園區事業、創新育成中心及研究機構未依規定期限開始實施或未依營運計畫實施者，管理局應廢止其進駐核准。

③管理局廢止進駐核准者，應令其遷出園區。

第五章　促進園區發展措施

第二○條 （基因轉殖動植物或微生物產品專用隔離設施及相關研究設備之設置）

管理局為因應園區事業、創新育成中心或研究機構之研發、外銷需求，得設置溫室、養殖場、實驗農場、低溫保鮮儲運中心或其他相關設施、設備及基因轉殖動物、植物或微生物產品專用隔離設施，以供園區事業、創新育成中心或研究機構使用。

第二一條 （保稅範圍之劃定）

①主管機關得報經行政院核准，於園區內劃定保稅範圍，賦予園區事業保稅便利。

②前項保稅範圍內保稅貨品之加工、管理、自行點驗進出區、按月彙報、通關、產品內銷應辦補稅程序及其他應遵行事項之辦法，由主管機關會商財政部定之。

第二二條 （免稅）

①前條保稅範圍內之園區事業，自國外輸入自用機器、設備，免徵進口稅捐、貨物稅及營業稅。但於輸入後五年內輸往課稅區者，應依進口貨品之規定，課徵進口稅捐、貨物稅及營業稅。

②前條保稅範圍內之園區事業，自國外輸入原料、物料、燃料、半

製品、樣品及經核准兼營貿易之成品，免徵進口稅捐、貨物稅及營業稅。但輸往課稅區時，應依進口貨品之規定，課徵進口稅捐、貨物稅及營業稅。

③前條保稅範圍內之園區事業以產品或勞務外銷者，其營業稅稅率爲零，並免徵貨物稅。但其以產品、廢品或下腳輸往課稅區時，除國內課稅區尚未能產製之產品，依所使用原料或零件課徵進口稅捐、貨物稅及營業稅外，應依進口貨品之規定，課徵進口稅捐、貨物稅及營業稅；其在課稅區提供勞務者，應依法課徵營業稅。

④前條保稅範圍內之園區事業之保稅貨品，因特殊原因，確需暫存於課稅區時，應經管理局核准，並依關稅法有關規定向海關提供相當擔保後爲之；其保稅貨品應於海關所定期限內運回。

⑤依第一項及第二項規定免徵稅捐之進口貨品，應依關稅法有關規定辦理通關手續，無需辦理免徵、擔保、記帳及繳納保證金手續。

第二三條 （通關手續）

①園區事業之輸出入貨品，應依關稅法有關法令規定辦理通關手續。

②前項貨品，除經貿易主管機關規定應申請簽證或核准者外，得免辦輸出入許可證。

③由課稅區廠商售供園區事業自用機器、設備、原料、物料、燃料、半製品及樣品，視同外銷貨品。

④前項貨品復行輸往課稅區時，應依進口貨品之規定，課徵進口稅捐、貨物稅及營業稅。

第二四條 （減免土地租金）

園區事業經主管機關認定其對於農業科技發展有特殊貢獻者，得減免其承租土地之租金，最長以五年爲限。

第二五條 （人才培訓及創新技術研究）

管理局對於園區事業、創新育成中心或研究機構所需人才之培訓、創新技術之研究發展及技術人員與儀器設備之交流運用，得選擇適當之教育、訓練或學術研究機構，協調雙方本互惠原則實施之。

第二六條 （衛星農場之設置）

①園區事業爲因應大量生產之需要，得於園區外設置衛星農場。

②管理局得編列預算，協助農民團體輔導其轄下農業產銷班參與衛星農場之經營。

第二七條 （專案低利貸款之辦理）

爲促進農業科技產品外銷，主管機關得報經行政院核准，對以外銷爲主之園區事業辦理專案低利貸款。

第六章 園區事業義務

第二八條 （保稅貨品轉讓或變更用途之補繳稅捐）

①園區事業將經核准輸往課稅區之保稅貨品轉讓或變更用途者，應自轉讓或變更用途之次日起三十日內，向海關按保稅貨品原型態補繳進口稅捐、貨物稅及營業稅。未依規定補繳稅捐者，依關稅法之規定辦理。

②園區事業以保稅名義報運非保稅貨品進口逾規定期限自行申報補稅者，除補繳稅捐外，並自原料進口放行之次日起至稅捐繳清之日止，就應補稅捐金額按日加徵萬分之五之滯納金。但經海關查獲者，除補稅捐及加徵滯納金外，應另依海關緝私條例有關規定處分。

第二九條 （備置帳冊）

①園區事業應就由國外或國內購入之機器、設備、原料、物料、燃料、半製品、樣品及其所產生之廢品、下腳、產製之成品、半製品及經核准兼營貿易之成品，備置帳冊，據實記載貨品出入數量及金額。帳載貨品如有缺損，經敘明正當理由報請管理局會同海關及稅捐稽徵機關查明屬實者，辦理徵免後，准在帳冊內剔除。

②前項帳冊及貨品，管理局必要時，得會同海關及稅捐稽徵機關派員查核。

第三〇條 （年度營運報告及財務報表提交備查）98

①園區事業於每屆會計年度終了，應於管理局指定之期間內，將其年度營運報告及財務報表，提交管理局備查。

②園區事業資本額達公司法第二十條第二項所定一定數額以上者，其提交前項之財務報表，應先經會計師查核簽證。

第三一條 （相關法規之遵守）

園區事業、創新育成中心及研究機構就基因轉殖動物、植物或微生物產品及其產製過程，應遵守相關法規之規定，以確保園區內外環境之生態安全。

第七章　罰　則

第三二條 （未經核准違法興建廠房及相關生產設施之處罰）

園區事業、創新育成中心及研究機構未經管理局核准，違反第十二條第一項規定，於園區內興建廠房及相關研究生產設施者，管理局應限期令其遷出，並處新臺幣十萬元以上五十萬元以下罰鍰。

第三三條 （未經核准變更營運項目或技術內容之處罰）98

園區事業、創新育成中心及研究機構違反第十六條第四項規定者，管理局應限期命其補辦，並處新臺幣十萬元以上五十萬元以下罰鍰；屆期仍不補辦者，並得廢止其進駐核准。

第三四條 （未於指定時間內提交年度營運報告或財務報表之處罰）98

①園區事業未依第三十條規定，於指定之期間內提出年度營運報告或財務報表，或其財務報表未先經會計師查核簽證者，管理局應命其限期提出或補正；屆期仍未提出或補正者，處新臺幣三萬元

以上十五萬元以下罰鍰，並得按次連續處罰。

②園區事業連續二年經依前項規定處罰後，管理局並得廢止其進駐核准。

第三五條 （違法將興建之生活機能設施提供非其從業人員使用之處罰）

園區事業違反第十四條第二項規定將興建之生活機能設施，提供非其從業人員使用者，管理局應限期命其改正；屆期未改正者，處新臺幣十萬元以下罰鍰。

第三六條 （違反保稅貨品補稅程序之處罰）

園區事業保稅貨品之加工、管理、自行點驗進出區及按月彙報、通關、產品內銷應辦補稅程序或其他應遵行事項，違反依第二十一條第二項所定之辦法者，海關得予以警告或處新臺幣六千元以上三萬元以下罰鍰，並限期命其改正；屆期未改正者，並得連續處罰；連續處罰三次仍未改正者，得停止六個月以下保稅業務之一部或全部。

第三七條 （未依規定將售價及租金標準報請核定之處罰）

園區事業、創新育成中心及研究機構未依第十二條第二項規定，將售價及租金標準報請管理局核定者，管理局應限期命其補報，並處新臺幣六千元以上三萬元以下罰鍰。

第三八條 （未據實點驗進出或未依規定期限辦理之處罰）

管理局或海關得派員隨時抽查或複驗園區事業之保稅業務人員處理自行點驗進出及按月彙報業務。經發現未據實辦理或未依規定期限辦理者，海關得予以警告並限期命其改正；連續警告三次仍未完成改正者，得函請管理局暫停一年以內自行點驗進出區及按月彙報之資格；其情節重大者，得函請管理局廢止其自行點驗進出區及按月彙報之資格。

第三九條 （輸出入貨品私運或違法漏稅之處理）

園區事業之輸出入貨品，有私運或其他違法漏稅情事者，依海關緝私條例或其他有關法律之規定處理。

第四○條 （不依規定期限繳納管理費之處罰）

園區機構不依規定期限繳納管理費者，應加徵滯納金，每逾二日按滯納數額加徵百分之一滯納金；逾三十日仍未繳納者，依法移送強制執行。

第四一條 （強制執行）

依本條例所處之罰鍰，經限期繳納，屆期未繳納者，依法移送強制執行。

第八章 附 則

第四二條 （地方農業科技園區之設立）

①為發展地區農業，直轄市或縣（市）政府得選取具競爭優勢與市場需求之特定農業科技產業項目，並選定適當地點，設立地方農業科技園區。

②主管機關得就前項地方農業科技園區之公共設施予以補助。

③第一項地方農業科技園區之設置及管理事項，由直轄市或縣（市）政府依其地方自治相關法規辦理。

第四三條 （施行細則）

　本條例施行細則，由主管機關定之。

第四四條 （施行日）

　本條例自公布日施行。

拾參、不動產經紀
法規

不動產證券化條例

①民國 92 年 7 月 23 日總統令制定公布全文 68 條；並自公布日施行。
②民國 98 年 1 月 21 日總統令修正公布第 3～6、8、9、15、17、19、
23、29～31、36、38、47、48、56、59、61～63 條條文；並增訂第
34-1、44-1、46-1 條條文。
　民國 101 年 6 月 25 日行政院公告第 3 條第 1 項所列屬「財政部」
之權責事項，經行政院公告自 93 年 7 月 1 日起變更為「行政院金
融監督管理委員會」管轄，自 101 年 7 月 1 日起改由「金融監督管
理委員會」管轄。
③民國 104 年 2 月 4 日總統令修正公布第 3 條條文。

第一章　總　則

第一條 （立法目的）

為發展國民經濟，藉由證券化提高不動產之流動性，增加不動產
籌資管道，以有效開發利用不動產，提升環境品質，活絡不動產
市場，並保障投資，特制定本條例。

第二條 （法律之適用）

有關不動產之證券化，依本條例之規定；本條例未規定者，依其
他法律之規定。

第三條 （主管機關）104

①本條例所稱主管機關，為金融監督管理委員會。

②本條例規定事項，涉及目的事業主管機關職掌者，由主管機關會
同目的事業主管機關辦理。

第四條 （用詞定義）98

①本條例用詞，定義如下：

一　不動產：指土地、建築改良物、道路、橋樑、隧道、軌道、
碼頭、停車場與其他具經濟價值之土地定著物及所依附之設
施，但以該設施與土地及其定著物分離即無法單獨創造價
值，土地及其定著物之價值亦因而減損者為限。

二　不動產相關權利：指地上權及其他經中央目的事業主管機關
核定之權利。

三　不動產相關有價證券：指受託機構或特殊目的之公司依本條例
或金融資產證券化條例發行或交付之受益證券或資產基礎證
券，其資產池合不動產、不動產相關權利或不動產擔保貸款
債權者。

四　證券化：指受託機構依本條例之規定成立不動產投資信託或
不動產資產信託，向不特定人募集發行或向特定人私募交付
受益證券，以獲取資金之行為。

五　不動產投資信託：指依本條例之規定，向不特定人募集發行或向特定人私募交付不動產投資信託受益證券，以投資不動產、不動產相關權利、不動產相關有價證券及其他經主管機關核准投資標的而成立之信託。

六　不動產資產信託：指依本條例之規定，委託人移轉其不動產或不動產相關權利予受託機構，並由受託機構向不特定人募集發行或向特定人私募交付不動產資產信託受益證券，以表彰受益人對該信託之不動產、不動產相關權利或其所生利益、孳息及其他收益之權利而成立之信託。

七　受益證券：指下列不動產投資信託受益證券及不動產資產信託受益證券：

　　㈠不動產投資信託受益證券：指受託機構為不動產投資信託基金而發行或交付表彰受益人享有該信託財產及其所生利益、孳息及其他收益之受益權持分之權利憑證或證書。

　　㈡不動產資產信託受益證券：指受託機構為不動產資產信託而發行或交付表彰受益人享有該信託財產本金或其所生利益、孳息及其他收益之受益權持分之權利憑證或證書。

八　受託機構：指得受託管理及處分信託財產，並募集或私募受益證券之機構。

九　不動產投資信託基金：指不動產投資信託契約之信託財產，其範圍包括因募集或私募不動產投資信託受益證券所取得之價款、所生利益、孳息與其他收益及以之購入之各項資產或權利。

十　信託監察人：指由受託機構依不動產投資信託契約或不動產資產信託契約之約定或經受益人會議決議所選任，為受益人之利益，行使本條例所定權限之人。

十一　利害關係人：指信託業法第七條所稱之利害關係人。

十二　不動產管理機構：指受受託機構委任管理或處分信託財產之不動產投資業、營造業、建築經理業、不動產買賣租賃業或其他經主管機關核定之機構。

十三　封閉型基金：指於基金存續期間，投資人不得請求受託機構買回其持有之受益證券之基金。

十四　開放型基金：指投資人得請求受託機構買回其持有之受益證券之基金。

十五　專業估價者：指不動產估價師或其他依法律得從事不動產估價業務者。

十六　發起人：指受託機構申請或申報募集或私募不動產投資信託基金時，已確定投資之不動產之所有人、不動產相關權利之權利人或現金出資人。

十七　安排機構：指對受益證券之募集或私募安排規劃整體事務者。

十八　開發型之不動產或不動產相關權利：指正進行或規劃進行

開發、建築、重建、整建之不動產或不動產相關權利。

②前項第八款所定受託機構，以信託業法所稱之信託業為限，設立滿三年以上者，並應經主管機關認可之信用評等機構評等達一定等級以上。

③僅辦理不動產投資信託或不動產資產信託業務之信託業，主管機關應就其最低實收資本額、股東結構、負責人資格條件、經營與管理人員專門學識或經驗、業務限制另定之。

④第一項第十二款所定不動產管理機構，應符合一定條件，並與受託機構簽訂記載其職權、義務、責任及應遵行事項之委任契約書。

⑤前項一定條件及委任契約書之應記載事項，由信託業商業同業公會洽商相關不動產管理機構之商業同業公會擬訂，報請主管機關核定。

⑥第一項第十七款所定安排機構，應符合一定條件；其一定條件及應受規範，由信託業商業同業公會洽商相關公會擬訂，報請主管機關核定。

第五條 （其他有價證券）98

依本條例規定募集或私募之受益證券，為證券交易法第六條規定經主管機關核定之其他有價證券。

第二章　不動產投資信託

第一節　不動產投資信託基金之募集及私募

第六條 （募集或私募投資信託受益證券應檢具書件）98

①受託機構募集或私募不動產投資信託受益證券，應檢具下列書件，向主管機關申請核准或申報生效；其審核程序、核准或生效條件及其他應遵行事項之處理辦法，由主管機關定之：

一　不動產投資信託計畫。

二　不動產投資信託契約。

三　不動產投資信託契約與定型化契約範本異同之對照表。

四　公開說明書或投資說明書。

五　不動產投資信託基金經營與管理人員符合主管機關規定之證明文件。

六　設有信託監察人者，其信託監察人之名單、資格證明文件及願任同意書。

七　受託機構董事會決議募集或私募不動產投資信託受益證券之議事錄。

八　信託財產之管理及處分方法說明書。委任不動產管理機構進行信託財產之管理或處分者，該委任契約書或其他證明文件。

九　受託機構填報及會計師或律師複核之案件檢查表。

十　律師之法律意見書。

十一　其他經主管機關規定之文件。

②主管機關於審核前項書件時，應洽商中央目的事業主管機關出具

意見書。

③不動產投資信託基金有發起人者，發起人對於其所提供受託機構辦理受益證券之募集、發行或私募之資料，不得有虛偽、詐欺或其他足致他人誤信之行為。

④發起人違反前項規定，對於該受益證券之善意取得人或出賣人因而所受之損害，應負賠償責任。

⑤發起人擬讓與之不動產或不動產相關權利有設定抵押權者，發起人應予塗銷，並檢具相關證明文件予受託機構。

第七條 （擬於國外募集或私募基金先報請央行同意）

受託機構擬於國外募集或私募不動產投資信託基金投資國內不動產者，於申請核准或申報生效募集、追加募集或私募前，應先報請中央銀行同意。

第八條 （計畫應載事項）98

①不動產投資信託計畫，應記載下列事項：

一　受託機構之名稱、地址；委任不動產管理機構進行信託財產之管理或處分者，其受委任機構之名稱、地址；有發起人、安排機構者，其名稱、地址。

二　不動產投資信託基金之名稱及其存續期間。

三　與不動產投資信託受益證券有關之下列事項：

　　㈠不動產投資信託基金募集或私募總額、受益權單位總數。

　　㈡不動產投資信託受益證券之發行或交付方式、發行或交付日期、購買每一受益權單位之金額、費用及其轉讓限制。

四　不動產投資信託基金募集或私募成立與不成立之條件及不成立時之處理方式。

五　信託財產預期收益之評價方法、評估基礎及專家意見。

六　投資計畫：包含計劃購買、管理或處分之不動產或其他投資標的之種類、地點、預定持有期間、資金來源、運用及控管程式、成本回收、財務預測及預估收益率等事項。

七　不動產開發計畫：包含預定開發之不動產或不動產相關權利之種類、地點、市場分析、可行性分析、產權調查報告、估價報告書、預定開發時程、計畫、取得、開發、銷售或經營管理等各階段計畫及控管程式、資金來源、運用及控管程式、成本回收、財務預測及預估收益率、專家審查意見及自行評估計畫等事項。

八　不動產開發計畫未完成或遲延之處理方式、對受益人權益之影響與受託機構、不動產管理機構及受益人間權利義務之約定。

九　其他主管機關規定之事項。

②前項第五款及第七款所定出具意見之專家，應與受託機構及不動產所有人無財務會計準則公報第六號所定之關係人或實質關係人之情事。

第九條 （投資信託計畫變更檢附文件）98

① 受託機構應依主管機關核准或向主管機關申報生效之不動產投資信託計畫，經營不動產投資信託業務。

② 受託機構募集或私募不動產投資信託受益證券後，非經受益人會議決議及申經主管機關核准或向主管機關申報生效，不得變更不動產投資信託計畫。但其變更對受益人之權益無重大影響者，經主管機關核准或向主管機關申報生效後，即得變更之。

③ 前項申請或申報，應以申請書或申報表載明變更內容及理由，並檢附下列文件為之：

一　變更前、後之不動產投資信託計畫及其對照表。

二　受益人會議議事錄。屬前項但書規定之變更者，免附。

三　對受益人之權益有無重大影響之評估及專家意見。

四　其他主管機關規定之文件。

④ 主管機關於審核前項書件時，應洽商中央目的事業主管機關出具意見書。

⑤ 受託機構募集或私募不動產投資信託基金，於核准或申報生效之總額外，追加募集或私募者，應經受益人會議決議，並適用第六條規定，不適用前三項規定。

第一〇條　（投資信託契約記載事項）

不動產投資信託契約，應以書面為之，並記載下列事項：

一　受託機構之名稱、地址；委任不動產管理機構進行信託財產之管理或處分者，其受委任機構之名稱、地址。

二　不動產投資信託基金之名稱及其存續期間。

三　不動產投資信託基金募集或私募總面額、受益權單位總數。

四　不動產投資信託受益證券之發行或交付方式、發行或交付日期、購買每一受益權單位之金額、費用及其轉讓限制。

五　受託機構之義務及責任；委任不動產管理機構進行信託財產之管理或處分者，該機構之義務及責任。

六　運用不動產投資信託基金之基本方針、範圍及投資策略。

七　不動產投資信託基金有關借入款項與其上限及閒置資金之事項。

八　不動產投資信託基金投資收益分配之項目、時間及給付方式。

九　不動產投資信託基金應負擔費用之項目及其計算方法、給付方式及時間。

十　受託機構之報酬、種類、計算方法、支付時期及方法。

十一　不動產投資信託基金淨資產價值之計算方法（含不動產估價方法、評估基礎、進行估價期間、淨資產價值計算之期間、應為公告之期限及公告方式）。

十二　受益權單位淨資產價值之計算及公告方式。

十三　受託機構應召集受益人會議之事由。

十四　受託機構應選任信託監察人之事由及其專門學識或經驗。

十五　不動產投資信託契約之變更、解除、終止事由、終止程序

及終止後之處理事項。

十六　不動產投資信託基金不再存續時，基金之清算方法及受益人請求返還金額或財產之計算方法、給付方式及時間。

十七　其他依信託業法第十九條第一項及主管機關規定事項。

第一一條　（投資信託契約變更及終止準用規定）

不動產投資信託契約之變更及終止，準用金融資產證券化條例第二章第七節之規定。但信託契約另有約定，且於公開說明書或投資說明書中載明者，從其所定。

第一二條　（投資信託契約範本之核定）

①信託業商業同業公會應訂定受託機構募集不動產投資信託基金之定型化契約範本，報請主管機關核定。

②受託機構募集不動產投資信託基金，其不動產投資信託契約之訂定及修改，就受益人權益保障之程度，不得低於主管機關所核定之不動產投資信託定型化契約範本。

第一三條　（投資信託受益證券私募之對象）

①受託機構得對下列對象進行不動產投資信託受益證券之私募：

一　銀行業、票券業、信託業、保險業、證券業或其他經主管機關核准之法人或機構。

二　符合主管機關所定條件之自然人、法人或基金。

②前項第二款之應募人總數，不得超過三十五人。

③受託機構應第一項第二款對象之合理請求，於私募完成前負有提供與本次私募有關之財務、業務或其他資訊之義務。

④受託機構應於不動產投資信託受益證券價款繳納完成日起十五日內，報請主管機關備查。

⑤有關私募有價證券轉讓之限制，應於不動產投資信託受益證券以明顯文字註記，並於交付應募人或購買人之相關書面文件中載明。

⑥證券交易法第二十條、第四十三條之七及第四十三條之八第一項之規定，於私募之不動產投資信託受益證券準用之。

第一四條　（投資信託基金募集期限及展延）

①受託機構申請或申報募集不動產投資信託基金經主管機關核准或向主管機關申報生效後，應於核准函送達之日或申報生效之日起三個月內開始募集。但有正當理由者，得於期限屆滿前，向主管機關申請展延；展延期限不得超過三個月，並以一次為限。

②受託機構應於不動產投資信託基金募集完成後五個營業日內，報請主管機關備查。

③受託機構如於不動產投資信託基金募集發行期間屆滿未募足最低募集金額致無法成立時，應於募集發行期間屆滿後十個營業日內，以書面通知受益人並報請主管機關備查，並應依不動產投資信託計畫之規定處理後續事宜。

第一五條　（公開說明書及投資說明書之提供）98

①受託機構依不動產投資信託計畫募集受益證券時，受託機構應依

證券交易法規定之方式，向應募人或購買人提供公開說明書。

②受託機構私募受益證券時，受託機構應依主管機關規定之方式，向應募人或購買人提供投資說明書。

③第一項公開說明書及前項投資說明書之應行記載事項，由主管機關以準則定之。

第一六條 （以封閉型基金為限）

不動產投資信託基金，以封閉型基金為限。但經主管機關核准者，得募集附買回時間、數量或其他限制之開放型基金。

第二節　不動產投資信託基金之運用

第一七條 （投資或運用標的限制）98

①不動產投資信託基金，以投資或運用於下列標的為限：

一　開發型或已有穩定收入之不動產。

二　開發型或已有穩定收入之不動產相關權利。

三　不動產相關有價證券。

四　第十八條規定之運用範圍。

五　其他經主管機關核准投資或運用之標的。

②不動產投資信託基金投資或運用於現金、政府債券及前項第一款至第三款投資標的之最低比率，由主管機關定之。

③不動產投資信託基金投資於證券交易法第六條之有價證券，不得超過其募集發行額度之一定比率及金額；其一定比率及金額，由主管機關定之。

④不動產投資信託基金投資於開發型之不動產或不動產相關權利時，如須取得建造執照者，應於該不動產或不動產相關權利領得建造執照後，始得動用該基金款項。

⑤募集之不動產投資信託基金投資於開發型不動產或不動產相關權利，以下列各款標的為限：

一　都市更新條例核定之都市更新事業計畫範圍內之土地、建築物及不動產相關權利。

二　促進民間參與公共建設法所稱公共建設。

三　經中央目的事業主管機關核准參與之公共建設。

⑥募集及私募之不動產投資信託基金投資於開發型不動產或不動產相關權利，不得超過該基金信託財產價值之一定比率；其一定比率，由主管機關會同相關中央目的事業主管機關分別定之。惟採募集方式者，該比率不得超過百分之三十。

⑦前二項之開發型不動產或不動產相關權利，不得為下列標的：

一　政府、公股占百分之二十以上事業、政府直接或間接控制之基金或法人參與投資比率合計超過百分之十者。

二　政府承諾承擔其債務或保證其營運收益者。

⑧前項所定標的，不含下列事項：

一　依促進民間參與公共建設法第二十九條規定由主辦機關就公共建設非自償部分補貼其所需貸款利息或投資其建設之一

部。

二　提供不動產參與都市更新。

第一八條　（閒置資金運用方式之限制）

不動產投資信託基金閒置資金之運用，應以下列各款方式爲限：

一　銀行存款。

二　購買政府債券或金融債券。

三　購買國庫券或銀行可轉讓定期存單。

四　購買經主管機關規定一定評等等級以上銀行之保證、承兌或一定等級以上信用評等之商業票據。

五　購買經主管機關核准之其他金融商品。

第一九條　（借入款項）98

①受託機構得依不動產投資信託契約之約定，以信託財產借入款項。但借入款項之目的，以不動產或不動產相關權利之取得、開發、營運，或以配發利益、孳息或其他收益所必需者爲限。

②受託機構得於借入款項之範圍，就信託財產爲不動產抵押權或其他擔保物權之設定；該擔保物權之權利人於不動產抵押權或其他擔保物權之設定範圍內，僅得對信託財產聲請法院裁定後強制執行。

③受託機構依第一項規定借入款項，應於借款契約生效日起二日內，於受託機構本機構所在地之日報或依主管機關規定之方式辦理公告。

④爲確保不動產投資信託基金之財務健全，主管機關得訂定受託機構依第一項規定借入款項之比率上限。受託機構超過該比率上限者，應於主管機關所定期限內調整之。

第二〇條　（流動性資產之範圍及比率調整）

爲確保不動產投資信託基金之流動性，主管機關於必要時，得規定不動產投資信託基金之流動性資產之範圍及比率。受託機構未達該比率者，應於主管機關所定期限內調整之。

第二一條　（注意事項之擬訂核定）

①不動產投資信託受益證券之行銷、訂約、資訊揭露、風險管理與內部稽核及內部控制等應注意事項，由信託業商業同業公會會同有關公會擬訂，報請主管機關核定。

②受託機構辦理不動產投資信託業務，應依前項應注意事項規定辦理之。

第二二條　（估價報告書）

①受託機構運用不動產投資信託基金進行達主管機關規定之一定金額以上之不動產或不動產相關權利交易前，應先洽請專業估價者依不動產估價師法規定出具估價報告書。

②不動產估價主管機關或不動產估價師公會應就前項之估價報告書，訂定估價報告書範本。

③受託機構委請專業估價者出具估價報告書時，應符合下列規定：

一　同一宗交易金額達新臺幣三億元以上者，應由二位以上之專

業估價者進行估價。若專業估價者間在同一期日價格之估計達百分之二十以上之差異，受託機構應依不動產估價師法第四十一條規定辦理。

二 交易契約成立日前估價者，其價格日期與契約成立日期不得逾六個月。

三 專業估價者及其估價人員應與交易當事人無財務會計準則公報第六號所定之關係人或實質關係人之情事。

四 其他不動產估價主管機關規定之事項。

④第一項之交易行為，應於契約生效日起二日內，於受託機構本機構所在地之日報或依主管機關規定之方式辦理公告。

第二三條 （投資分析報告）98

①受託機構運用不動產投資信託基金，應依據投資分析報告作成投資決定，交付執行，作成投資決定紀錄及執行紀錄，並應定期向董事會提出檢討報告。

②前項投資分析報告，應記載分析基礎、根據及建議；投資決定紀錄，應記載投資標的之種類、數量及時機；執行紀錄，應記載實際投資、或交易標的之種類、數量、價格及時間，並說明投資或交易差異原因。

③受託機構運用不動產投資信託基金自行或委任不動產管理機構進行信託財產之管理或處分，應依計畫、取得、開發、銷售、經營等階段作成書面控管報告，並按季向董事會提出各階段之檢討報告。

④前三項書面資料，受託機構應按時序記載並建檔保存；其保存期限，自信託期間屆滿日起不得少於五年。

第二四條 （信託財產出租）

不動產投資信託之信託財產，其全部或一部依信託契約之約定出租時，其租金得不受土地法第九十七條第一項規定之限制；租賃期限不受民法第四百四十九條第一項規定二十年之限制，但最長不得超過信託契約之存續期間。

第二五條 （受託機構遵守規定）

①受託機構應依本條例之規定、不動產投資信託計畫及不動產投資信託契約之約定，募集發行或私募交付及投資運用不動產投資信託基金，並遵守下列規定：

一 除本條例另有規定外，不得為保證、放款或提供擔保。

二 不得從事證券信用交易。

三 不得對於受託機構所設立之各不動產投資信託基金及不動產資產信託間為交易行為。

四 投資於任一公司短期票券之總金額，不得超過投資當日該不動產投資信託基金淨資產價值百分之十。

五 存放於同一金融機構之存款，以及投資於其發行、保證或承兌之債券或短期票券金額，合計不得超過投資當日該不動產投資信託基金淨資產價值百分之二十及該金融機構淨值百分

之十。

六　投資於其他受託機構或特殊目的公司依本條例或金融資產證券化條例發行或交付之受益證券及資產基礎證券總額，不得超過投資當日該不動產投資信託基金淨資產價值百分之二十。

七　依風險分散原則，投資於不動產及不動產相關權利。

八　不得藉該不動產投資信託基金經主管機關核准或申報生效，作為保證其申請事項或文件之真實或保證受益證券獲利之宣傳。

九　不得為經主管機關規定之其他禁止事項。

②主管機關於必要時，得規定不動產投資信託基金投資於不動產及不動產相關權利之風險分散原則。受託機構違反該原則者，應於主管機關所定期限內調整之。

第三節　不動產投資信託基金之會計

第二六條　（信託財產評審委員會）

①受託機構依信託業法第二十一條規定設置之信託財產評審委員會，應至少每三個月評審不動產投資信託基金之信託財產一次，並於報告董事會後，於本機構所在地之日報或依主管機關規定方式公告之。

②信託財產評審委員會於必要時或依不動產投資信託契約之約定，得治請專業估價者或專家出具相關估價報告書或意見，作為評審信託財產之參考。

③前項專業估價者或專家，應與受託機構無財務會計準則公報第六號所定之關係人或實質關係人之情事。

④信託業商業同業公會應對不動產投資信託基金之信託財產評審及淨資產價值之計算，擬訂評審原則及計算標準，報經主管機關核定。

⑤受託機構對不動產投資信託基金之淨資產價值，應按主管機關依前項核定之淨資產價值計算標準、有關法令及一般公認會計原則計算之。

⑥受託機構應於每一營業日計算，並於本機構所在地之日報或依主管機關規定之方式公告前一營業日不動產投資信託基金每受益權單位之淨資產價值。但不動產或其他信託財產之資產價值於公告期間內無重大變更，且對基金之淨資產價值無重大影響者，得依不動產投資信託契約之約定，以附註揭露方式替代對該不動產或信託財產資產價值重新估價計算。

第二七條　（會計獨立）

①受託機構募集或私募之不動產投資信託基金應有獨立之會計，受託機構不得將其與自有財產或其他信託財產相互流用。

②不動產投資信託基金相關會計簿冊之作成，應遵守相關法令及自律規範；其保存方式及保存期限，並應依商業會計法及相關規定

辦理。

第二八條 （收取手續費及報酬）

①受託機構得向受益人收取辦理不動產投資信託業務之手續費及報酬，或逕於不動產投資信託之信託財產中扣除支付之。

②受託機構辦理不動產投資信託業務，因運用、管理所產生之費用及稅捐，得逕自信託財產中扣除繳納之。

③不動產投資信託基金投資所得依不動產投資信託契約約定應分配之收益，應於會計年度結束後六個月內分配之。

第三章 不動產資產信託

第二九條 （募集或私募資產信託受益證券應檢具書件）98

①不動產資產信託之受託機構募集或私募不動產資產信託受益證券，應檢具下列書件，向主管機關申請核准或申報生效；其審核程序、核准或生效條件及其他應遵行事項之處理辦法，由主管機關定之：

一　不動產資產信託計畫。

二　不動產資產信託契約。

三　不動產資產信託契約與定型化契約範本異同之對照表。

四　公開說明書或投資說明書。

五　不動產資產信託經營與管理人員符合主管機關規定之證明文件。

六　設有信託監察人者，其信託監察人之名單、資格證明文件及願任同意書。

七　受託機構董事會決議募集或私募不動產資產信託受益證券之議事錄。

八　信託財產之管理及處分方法說明書。委任不動產管理機構進行信託財產之管理或處分者，該委任契約書或其他證明文件。

九　信託財產之估價報告書。

十　第三十條第二項及第三項規定之書件。

十一　受託機構填報及會計師或律師複核之案件檢查表。

十二　律師之法律意見書。

十三　其他經主管機關規定之文件。

②主管機關於審核前項書件時，應洽商中央目的事業主管機關出具意見書。

③委託人應將信託財產相關書件及資料，提供受託機構，不得有虛偽或隱匿之情事。

④委託人違反前項規定，對於受益證券取得人或受讓人因而所受之損害，應負賠償責任。

第三〇條 （財產權之塗銷）98

①依不動產資產信託契約移轉之財產權，以第十七條第一項第一款及第二款所規定者為限。但募集之不動產資產信託受益證券，其

信託財產以已有穩定收入之不動產或不動產相關權利爲限。

②前項之財產權有設定抵押權者，委託人應予塗銷，並檢具相關證明文件予受託機構。因故未能塗銷者，委託人應檢具抵押權人於信託契約存續期間不實行抵押權之公證人公證同意書。

③委託人應提供債務明細之書面文件予受託機構，並定一個月以上之期限，公告債權人於期限內聲明異議，並將聲明異議之文件予受託機構。

第三一條 （不動產資產信託計畫應載事項）98

①不動產資產信託計畫，應記載下列事項：

一　受託機構、委託人之名稱、地址；委任不動產管理機構進行信託財產之管理或處分者，其受任機構之名稱、地址；有安排機構者，其名稱、地址。

二　不動產資產信託之名稱及其存續期間。

三　與不動產資產信託受益證券有關之下列事項：
　　㈠不動產資產信託受益證券募集或私募總額、受益權單位總數。
　　㈡若募集或私募不同種類或期間之受益證券，其受益權之約定、受償順位及期間。
　　㈢不動產資產信託受益證券之發行或交付方式、發行或交付日期、購買每一受益權單位之金額、費用及其轉讓限制。
　　㈣不動產資產信託受益證券募集或私募成立與不成立之條件及不成立時之處理方式。

四　與信託財產有關之下列事項：
　　㈠信託財產之內容及經專業估價者估價之價值。
　　㈡信託財產上之負擔及對該等負擔之處理方式。
　　㈢信託財產之管理及處分方法。
　　㈣信託財產預期收益之評價方法、評估基礎及專家意見。

五　受託機構因募集或私募受益證券自應募人或購買人所收受對價之運用方法。

六　不動產開發計畫：包含預定開發之不動產或不動產相關權利之種類、地點、市場分析、可行性分析、產權調查報告、估價報告書、預定開發時程、計畫、取得、開發、銷售或經營管理等各階段計畫及控管程式、資金來源、運用及控管程式、成本回收、財務預測及預估收益率、專家審查意見及自行評估計畫等事項。

七　不動產開發計畫未完成或遲延之處理方式、對受益人權益之影響與受託機構、不動產管理機構及受益人間之權利義務之約定。

八　委託人爲受託機構之利害關係人，其交易處理程序及內部控管方式之說明。

九　其他主管機關規定之事項。

②前項第四款第四目及第六款規定出具意見之專家，應與委託人及

受託機構無財務會計準則公報第六號所定之關係人或實質關係人之情事。

第三二條　（資產信託計畫變更檢附文件）

①受託機構應依主管機關核准或向主管機關申報生效之不動產資產信託計畫，經營不動產資產信託業務。

②受託機構募集或私募不動產資產信託受益證券後，非經受益人會議決議及申經主管機關核准或向主管機關申報生效，不得變更不動產資產信託計畫。但其變更對受益人之權益無重大影響者，經主管機關核准或向主管機關申報生效後得逕變更之。

③前項申請或申報，應以申請書或申報表載明變更內容及理由，並檢附下列文件為之：

一　變更前、後之不動產資產信託計畫及其對照表。

二　受益人會議議事錄。屬前項但書規定之變更者，免附。

三　對受益人之權益有無重大影響之評估及專家意見。

四　其他主管機關規定之文件。

④主管機關於審核前項書件時，應洽商中央目的事業主管機關出具意見書。

第三三條　（資產信託契約應載事項）

不動產資產信託契約，應以書面為之，並記載下列事項：

一　信託目的。

二　信託契約之存續期間。

三　信託財產之種類、內容及其依第三十四條所為估價之價額。

四　委託人之義務及應告知受託機構之事項。

五　信託財產之管理及處分方法。委任不動產管理機構管理或處分者，其受委任機構之名稱、義務及責任。

六　信託財產本金或其所生利益、孳息及其他收益分配之方法。

七　各種種類或期間之受益證券，其內容、受償順位及期間。

八　受益證券之發行或交付方式及其轉讓限制。

九　受託機構支出費用之償還及損害賠償之事項。

十　受託機構於處理信託事務時，關於借入款項與其上限及閒置資金之運用方法等事項。

十一　受託機構之報酬、種類、計算方法、支付時期及方法。

十二　受託機構應召集受益人會議之事由。

十三　受託機構應選任信託監察人之事由及其專門學識或經驗。

十四　其他依信託業法第十九條第一項及主管機關規定事項。

第三四條　（估價報告書）

受託機構依第二十九條規定向主管機關申請核准或申報生效前，應先洽請專業估價者就不動產資產信託之信託財產，依不動產估價師法之規定出具估價報告書。

第三四條之一　（不動產資產信託之信託財產其租賃期限不得超過信託契約存續期間）98

①不動產資產信託之信託財產，其全部或一部依信託契約之約定出

租時，其租金得不受土地法第九十七條第一項規定之限制；租賃期限不受民法第四百四十九條第一項規定二十年之限制。

②不動產資產信託契約約定信託財產於信託終止後須返還委託人者，信託財產之租賃期限如超過信託契約之存續期間，應事先經委託人同意。但承租人為委託人時，不適用之。

第三五條　（有利害關係之委託人）

不動產資產信託之委託人為受託機構之利害關係人時，受託機構不得就該不動產資產信託依本條例規定發行受益證券。但委託人有數人，且有利害關係之委託人就信託財產所占持分及持有擔保物權持分之合計比率未達百分之二十時，不在此限。

第三六條　（不動產資產信託準用規定）98

第七條、第十一條至第十五條、第十八條、第十九條、第二十一條、第二十二條第二項及第三項、第二十三條、第二十五條至第二十八條之規定，於不動產資產信託準用之。

第四章　受益證券之發行交付及轉讓、受益人會議、信託監察人

第一節　受益證券之發行交付及轉讓

第三七條　（受益證券之簽證）

①受益證券應編號、載明下列事項並由受託機構之代表人簽名、蓋章，並經發行簽證機構簽證後發行或交付之：

一　表明其為不動產投資信託受益證券或不動產資產信託受益證券之文字。

二　受益證券發行日或交付日及到期日。

三　受益證券發行總金額。

四　不動產資產信託之委託人之姓名或名稱。

五　受託機構之名稱、地址。

六　受益人之姓名或名稱。

七　所表彰之權利內容及其他相關事項。

八　信託契約之存續期間。

九　受託機構支出費用之償還及損害賠償之事項。

十　受託機構之報酬、種類、計算方法、支付時期及方法。

十一　受益證券轉讓對象如有限制者，其限制內容及其效力。

十二　受益人行使權利之限制。

十三　其他主管機關規定之事項。

②前項受益證券之簽證，準用公開發行公司發行股票及公司債券簽證規則之規定。

第三八條　（受益權之行使及轉讓）98

①不動產投資信託或不動產資產信託受益權之行使及轉讓，應以表彰該受益權之受益證券為之。

②不動產投資信託或不動產資產信託受益證券，應符合一定之持有

人數、持有金額及比率；未符合規定之持有人，其受益權之表決權行使及信託利益之分配，得予以限制。

③前項持有人數、持有金額與比率及限制事項，由主管機關以辦法定之。

第三九條　（受益證券之轉讓）

①受益證券應爲記名式，其轉讓並應以背書方式爲之；且非將受讓人之姓名或名稱、住所通知受託機構，不得對抗受託機構。

②受益證券之轉讓，非將受讓人之姓名或名稱記載於該受益證券，不得對抗第三人。

③受益證券以帳簿劃撥方式發行或交付有價證券者，得不印製實體有價證券；其轉讓、買賣之交割、設置之交付等事項，依證券交易法第四十三條規定辦理。

第四〇條　（受讓人之權利及義務）

受益證券之受讓人，依該受益證券所表彰受益權之種類、內容及順位，承受不動產投資信託或不動產資產信託契約委託人之權利及義務。但不動產資產信託契約就委託人之義務另有約定者，不在此限。

第四一條　（收益分配請求權之時效）

①受益證券持有人之收益分配請求權，自發放日起五年間不行使而消滅。該時效消滅之收益併入信託財產。

②除前項規定外，基於受益證券所爲之其他給付，其請求權之消滅時效爲十五年。

第四二條　（公示催告之聲請）

①受益證券喪失時，受益人得爲公示催告之聲請。

②公示催告程序開始後，聲請人得提供相當擔保，請求受託機構履行關於該受益證券之債務。

第四三條　（增強信用之方式）

受託機構依本條例規定發行或交付之受益證券，得依不動產投資信託計畫或不動產資產信託計畫之規定，由國內外金融機構或法人以保證、承諾、更換部分資產或其他方式，增強其信用。

第四四條　（信用評等結果及信用增強方式之說明）

受託機構依本條例規定發行或交付之受益證券，有經信用評等機構評定其等級或增強其信用之情形者，應於公開說明書、投資說明書或主管機關規定之其他文件，說明其信用評等之結果及信用增強之方式，不得有虛僞不實或隱匿之情事。

第四四條之一　（信託計畫書表之公開）98

①受託機構應分別於每營業年度終了及不動產投資信託計畫或不動產資產信託計畫執行完成後四個月內，就不動產投資信託基金或不動產資產信託之信託財產作成經會計師查核簽證之下列書表，向信託監察人報告，並通知各受益人：

一　資產負債表。

二　損益表。

三　信託財產管理及運用之報告書。

②前項書表之內容，不得有虛偽或隱匿之情事。

③不動產投資信託計畫及不動產資產信託計畫執行完成，受託機構已依第一項規定作成計畫執行完成書表，且其內容足以涵蓋當年度營業年度終了書表者，得免作成當年度營業年度終了書表。

④受託機構於不動產投資信託計畫及不動產資產信託計畫執行完成當年度四月三十日前，已依第一項規定作成計畫執行完成書表，且其內容足以涵蓋前一年度之營業年度終了書表者，得免作成前一年度之營業年度終了書表。

第四五條　（受益證券申請上市或買賣）

依本條例所發行之受益證券，得依證券相關法令規定申請於證券交易所上市或證券商營業處所買賣。

第四六條　（私募受益證券不適用之規定）

依本條例所成立之不動產投資信託及不動產資產信託，其受益證券採私募方式者，不適用第十九條第三項及第四項、第二十條、第二十二條、第二十三條、第二十五條第一項第四款至第七款及第二十六條之規定。

第四六條之一　（發起人及其負責人等之連帶賠償責任）98

①公開說明書或投資說明書應記載之主要內容有虛偽或隱匿情事者，下列各款之人，對於善意相對人，因而所受之損害，應負連帶賠償責任：

一　發起人及其負責人。

二　不動產資產信託之委託人及其負責人。

三　安排機構及其負責人。

四　不動產管理機構及其負責人。

五　受託機構及其負責人。

六　發起人及不動產資產信託委託人之職員，曾在公開說明書或投資說明書上簽章，以證實其所記載內容之全部或一部者。

七　受益證券之證券承銷商。

八　會計師、律師、專業估價者、其他專門職業或技術人員，曾在公開說明書或投資說明書上簽章，以證實其所記載內容之全部或一部，或陳述意見者。

②前項第一款至第七款之人，除發起人、不動產資產信託之委託人及其負責人外，對於未經前項第八款之人簽證部分，如能證明已盡相當之注意，並有正當理由確信其主要內容無虛偽、隱匿情事或對於簽證之意見有正當理由確信其為真實者，免負賠償責任；前項第八款之人，如能證明已經合理調查，並有正當理由確信其簽證或意見為真實者，亦同。

第二節　受益人會議及信託監察人

第四七條　（受益證券準用規定）98

不動產證券化所發行或交付之受益證券，準用金融資產證券化條

例第二十條、第二章第三節及第四十二條之規定。但信託契約另有約定，且於公開說明書或投資說明書中載明者，從其所定。

第四八條 （信託監察人之選任）98

①受託機構為保護受益人之權益，得依不動產投資信託契約或不動產資產信託契約之約定，選任信託監察人，並準用金融資產證券化條例第二十八條第二項及第三項、第二十九條、第三十一條至第三十三條之規定。

②信託監察人不得為發起人、受託機構之利害關係人、職員、受僱人或不動產資產信託之委託人。

第五章　稅捐及相關事項

第四九條 （免稅）

依本條例規定發行或交付之受益證券，其買賣或經受託機構依信託契約之約定收回者，免徵證券交易稅。

第五○條 （利息所得分配）

①依本條例規定募集或私募之受益證券，其信託利益應每年分配。

②依前項規定分配之信託利益，為受益人之所得，按利息所得課稅，不計入受託機構之營利事業所得額。

③第一項利息所得於分配時，應以受託機構為扣繳義務人，依規定之扣繳率扣繳稅款分離課稅，不併計受益人之綜合所得稅總額或營利事業所得額。

第五一條 （課徵地價稅）

不動產投資信託或不動產資產信託以土地為信託財產，並以其為標的之募集或私募受益證券者，該土地之地價稅，於信託關係存續中，以受託機構為納稅義務人。其應納稅額之計算，就該信託計畫在同一直轄市或縣（市）轄區內之所有信託土地合併計算地價總額，依土地稅法第十六條規定稅率課徵地價稅。

第五二條 （課徵土地增值稅）

依不動產資產信託契約約定，信託土地於信託終止後毋須返還委託人者，於信託行為成立移轉土地所有權時，以委託人為納稅義務人，課徵土地增值稅，不適用土地稅法第二十八條之三規定。

第五三條 （建築物折舊費用之計算）

依不動產投資信託計畫或不動產資產信託計畫投資之建築物，得依固定資產耐用年數表規定之耐用年數延長二分之一計算每年之折舊費用。但經選定延長年限提列折舊者，嗣後年度即不得變更。

第六章　行政監督

第五四條 （派員或委託適當機構檢查事項提出報告）

①主管機關為保護公益或受益人權益之必要時，得會同目的事業主管機關派員或委託適當機構，就不動產投資信託計畫或不動產資產信託計畫之執行狀況及其他相關事項，檢查受託機構、不動產

管理機構、不動產資產信託之委任人或其他關係人之業務、財務或其他有關事項，或令其於限期內據實提報財務報告、財產目錄或其他有關資料及報告。

②主管機關於必要時，得委任專門職業及技術人員，就前項規定應行檢查事項、報表或資料予以查核，並向主管機關據實提出報告，其費用由被查核人負擔。

③前項委任專門職業及技術人員查核之辦法，由主管機關定之。

第五五條　（信託業務移轉公告）

①受託機構違反本條例之規定或不依不動產投資信託計畫或不動產資產信託計畫經營信託業務者，主管機關得變更受託機構並命原受託機構將該業務及信託財產移轉與新受託機構，或準用信託業法第四十四條之規定。

②依前項受讓之受託機構，應於業務及信託財產移轉日起二日內，於其本機構所在地之日報或依主管機關規定之方式辦理公告。

第五六條　（終止委任契約公告）98

①不動產管理機構有下列情事之一，經受託機構通知限期改善而未於指定期限內改善者，受託機構得終止委任契約，移轉其受任事項予其他不動產管理機構，不受原委任契約之限制，並於終止後陳報主管機關備查：

一　違反委任契約之約定事項。

二　業務或財務有嚴重缺失情事。

②經受託機構依前項規定終止委任契約者，不動產管理機構應於受託機構所定期限內辦理委任事項相關業務、財務之結算及移交。不動產管理機構未於所定期限內辦理結算及移交者，受託機構得逕行結算，結算之結果對不動產管理機構有拘束力。

③不動產管理機構留置於管理不動產上之機具及其他物品，應限期遷移。屆期未遷移者，視同廢棄，受託機構得逕予處置；其費用由該不動產管理機構負擔。

④受託機構於發生第一項情事時，應於委任契約終止日起二日內，於受託機構本機構所在地之日報或依主管機關規定之方式辦理公告。

第五七條　（準用信業法規定之情事）

①受託機構依本條例辦理不動產投資信託或不動產資產信託業務有下列情事之一者，準用信託業法第四十一條之規定：

一　依本條例之規定召集受益人會議。

二　未依不動產投資信託計畫或不動產資產信託計畫分配信託利益。

三　其他足以影響受益人權益之重大情事。

②受託機構依本條例規定辦理不動產投資信託或不動產資產信託業務，有前項及信託業法第四十一條所定情事者，如該信託設有信託監察人時，並應通知信託監察人。

第七章 罰 則

第五八條 （罰則）

有下列情事之一者，其行為負責人處一年以上七年以下有期徒刑，得併科新臺幣一千萬元以下罰金：

一 非第四條第二項之受託機構而擔任不動產投資信託或不動產資產信託之受託人，且募集發行受益證券。

二 違反第六條第一項或第二十九條第一項規定，受託機構未經主管機關核准或向主管機關申報生效，而募集發行受益證券。

第五九條 （罰則）98

有下列情事之一，致生損害於公眾、他人或信託財產者，其行為負責人處六月以上五年以下有期徒刑，得併科新臺幣三百萬元以下罰金：

一 受託機構依第六條第一項、第八條第一項、第九條第三項、第十五條、第二十九條第一項、第三十一條第一項、第三十二條第三項或第三十六條準用第十五條規定，所提供之文件或其記載事項有虛偽不實或隱匿之情事。

二 受益證券之私募違反第十三條第六項準用證券交易法第二十條第一項規定。

三 安排機構、不動產管理機構、發起人或不動產資產信託之委託人，提供虛偽不實之資料或以其他不正方法，使受託機構於第六條第一項、第八條第一項、第九條第三項、第十五條、第二十九條第一項、第三十一條第一項、第三十二條第三項或第三十六條準用第十五條規定所列文件為虛偽不實之記載者。

四 違反第四十四條規定，就信用評等及信用增強之情形有虛偽不實或隱匿之情事。

五 違反第四十四條之一第二項規定，書表有虛偽不實或隱匿之情事。

六 信託監察人或受益人會議依第四十七條準用金融資產證券化條例第二十七條第一項規定選定之人，意圖為自己或第三人不法之利益，而為違背職務之行為。

七 專業估價者依本條例規定所為之估價報告書有虛偽不實或隱匿之情事。

第六〇條 （罰則）

有下列情事之一者，其行為負責人處二年以下有期徒刑、拘役或科併科新臺幣三百萬元以下罰金：

一 非第四條第二項之受託機構而擔任不動產投資信託或不動產資產信託之受託人，且私募交付受益證券。

二 違反第六條第一項或第二十九條第一項規定，受託機構未經主管機關核准或向主管機關申報生效，而私募交付受益證

券。

三 受益證券之私募違反第十三條第一項或第三十六條準用第十三條第一項規定。

第六一條 （罰則）98

有下列情事之一者，其行為負責人處一年以下有期徒刑、拘役或科或併科新臺幣三百萬元以下罰金：

一 私募之受益證券違反第十三條第六項準用證券交易法第四十三條之八第一項規定再行賣出。

二 違反第十五條或第三十六條準用第十五條規定，未依主管機關規定之方式提供公開說明書或投資說明書，致生損害於公眾或他人。

第六二條 （連續處罰）98

有下列情事之一者，處新臺幣二百萬元以上一千萬元以下罰鍰，並責令限期辦理或改正；屆期仍未辦理或改正者，得按次處罰：

一 違反第九條第二項或第三十二條第二項規定而為不動產投資信託計畫或不動產資產信託計畫之變更。

二 受託機構未依第十三條第四項、第十四條第二項、第三項、第三十六條準用第十三條第四項、第十四條第二項或第三項之規定報請備查。

三 違反第十七條第一項至第三項、第五項至第七項所定之投資標的或比率、金額限制，或未依同條第四項規定動用基金款項。

四 違反第十八條、第三十六條準用第十八條閒置資金之運用，或違反第三十條第一項移轉財產權之限制。

五 違反第十九條第一項、第二項、第三十六條準用第十九條第一項或第二項規定而借入款項。

六 違反第二十二條第一項、第三項、第三十四條或第三十六條準用第二十二條第三項有關估價之規定。

七 信託監察人違反第四十七條準用金融資產證券化條例第二十三條第二項規定，無正當理由，未出席受益人會議。

八 信託監察人違反第四十七條準用金融資產證券化條例第二十六條第四項規定，無正當理由，未出席特定種類受益人會議。

九 信託監察人違反第四十八條第一項準用金融資產證券化條例第二十八條第二項規定。

十 信託監察人違反第四十八條第一項準用金融資產證券化條例第三十一條第二項規定，無正當事由，拒絕為受益人行使其權利。

十一 違反第四十八條第二項規定，為受託機構之利害關係人、職員、受雇人或不動產資產信託之委託人而擔任信託監察人。

第六三條 （連續處罰）98

受託機構有下列情事之一者，處新臺幣一百萬元以上五百萬元以下罰鍰，並得責令限期辦理或改正；屆期仍未辦理或改正者，得按次處罰：

一 違反第八條第一項第一款、第十條第一款、第三十一條第一項第一款或第三十三條第一項第五款之規定，未於不動產投資信託計畫或契約或不動產資產信託計畫或契約中說明，而委任他人進行不動產之管理或處分。

二 違反第十一條或第三十六條準用金融資產證券化條例第四十八條規定。

三 違反第十六條規定，未經主管機關核准募集開放型基金。

四 從事第二十五條第一項或第三十六條準用第二十五條第一項所禁止之行為。

五 違反第四十四條之一第一項規定，未向信託監察人報告。

六 違反第四十七條準用金融資產證券化條例第四十二條第二項規定，拒絕請求。

七 違反第四十八條第一項準用金融資產證券化條例第二十八條第三項規定，未於期限內將選任信託監察人之事實通知受益人。

第六四條 （連續處罰）

受託機構有下列情事之一者，處新臺幣六十萬元以上三百萬元以下罰鍰，並得責令限期辦理或改正；屆期仍未辦理或改正者，得連續處罰：

一 違反第九條第一項或第三十二條第一項規定，未依不動產投資信託計畫或不動產資產信託計畫經營信託業務。

二 違反第十九條第三項、第四項、第三十六條準用第十九條第三項或第四項規定，未公告借款契約或借款超過主管機關規定之比率且未於期限內調整。

三 違反第二十條規定，流動性資產未達主管機關規定之比率且未於期限內調整。

四 違反第二十二條第四項、第二十六條第一項、第六項、第三十六條準用第二十六條第一項或第六項有關公告之規定。

五 未依第二十八條第三項或第三十六條準用第二十八條第三項規定分配收益。

六 違反第四十七條準用金融資產證券化條例第二十條第一項規定未設置受益人名冊，或其設置違反金融資產證券化條例第二十條第二項規定。

七 違反第五十四條第一項或第二項規定，妨礙或拒絕主管機關之檢查或不據實提供報告資料。

八 違反主管機關依第五十五條第一項所為之移轉處分或準用信託業法第四十四條所為之處分。

九 受託機構違反第五十五條第二項或第五十六條第四項有關公

告之規定。

十　受託機構有第五十七條第一項之情事，未依信託業法第四十一條辦理公告或申報。

十一　受託機構違反第五十七條第二項規定，未通知信託監察人。

第六五條　（罰則）

法人之負責人、代理人、受雇人或其他職員，因執行業務違反本條例規定，除依本章規定處罰該行為人外，對於該法人亦科、處各該條之罰金或罰鍰。

第八章　附　則

第六六條　（不動產投資信託及資產信託之除外規定）

信託法第六條第三項、第十六條、第三十二條、第三十六條第一項至第三項及第五十二條之規定，於不動產投資信託及不動產資產信託，不適用之。

第六七條　（施行細則）

本條例施行細則，由主管機關定之。

第六八條　（施行日）

本條例自公布日施行。

不動產證券化條例施行細則

①民國92年12月2日財政部令訂定發布全文14條；並自發布日施行。
②民國98年6月19日行政院金融監督管理委員會令修正發布第11條
　條文；並刪除第5、8條條文。

第一條

本細則依不動產證券化條例（以下簡稱本條例）第六十七條規定
訂定之。

第二條

①本條例第九條第二項但書及第三十二條第二項但書所稱不動產投
資信託計畫及不動產資產信託計畫之變更對受益人之權益無重大
影響者，指有下列情事之一：

一　不動產投資信託契約或不動產資產信託契約終止處分信託財
　　產所得現金分配後，不動產投資信託基金或不動產資產信託
　　契約存續期間之縮短。

二　依不動產投資信託計畫或不動產資產信託計畫之記載，取得
　　受益人全體書面同意所為之變更。

三　不動產投資信託契約或不動產資產信託契約訂定當事人同意
　　之修正或補充事項，其內容涉及不動產投資信託計畫或不動
　　產資產信託計畫應記載事項之變更。但以其修正或補充事
　　項，係經律師出具法律意見書認定係以更正原有約定之明顯錯
　　誤、澄清原有約定疑義或為不牴觸其他約定所為之補充，並
　　聲明對受益人無重大影響者為限。

四　其他經主管機關認定之情事。

②不動產投資信託計畫或不動產資產信託計畫之變更，對受益人之
權益無重大影響者，受託機構應將變更後之不動產投資信託計畫
或不動產資產信託計畫，通知受益人或依信託業法第四十一條所
定方式公告。

第三條

①受託機構應於不動產投資信託計畫或不動產資產信託計畫執行完
成之日起三十日內，檢具該計畫之結算書及報告書，向主管機關
申報。

②前項結算書及報告書之格式，由信託業商業同業公會擬訂，報請
主管機關核定之。

第四條

本條例第十條第十七款、第三十三條第十四款所定不動產投資信
託契約及不動產資產信託契約應記載信託業法第十九條第一項所

定事項中有關受益人之姓名或名稱，如受益人於契約訂定時尚未確定，而嗣後可得確定者，得以敍明使受益人特定之方式辦理。

第五條 （刪除）98

第六條

本條例第十九條第三項、第二十二條第四項、第二十六條第一項、第六項、第五十五條第二項及第五十六條第四項所稱本機構所在地，指本公司所在地或銀行兼營信託業務營業執照登載之所在地。

第七條

不動產投資信託辦理信託登記時，應以受託機構名義登記，並於登記簿其他登記事項欄記明爲不動產投資信託基金信託財產。

第八條 （刪除）98

第九條

委託人依本條例第二十九條第三項規定提供之信託財產書件及資料，應包含表彰信託財產之標示、權利性質、法定用途、使用許可或管制、與信託財產有關之債務明細、信託財產上之負擔等證明文件。

第一〇條

委託人依本條例第三十條第三項規定所提供之債務明細書面文件，應包括下列事項：

一　信託財產所擔保債務明細。

二　債務餘額明細。

三　委託人對於第三人所爲之其他承諾、保證或借貸等直接或間接之債權債務關係，於不履行時將影響信託事務之執行效果者，其債務明細。

第一一條 98

本條例第三十一條第一項第四款第二目所稱信託財產上之負擔，指地上權、地役權、抵押權、典權或租賃權等第三人得對信託財產爲直接請求之權利。

第一二條

受益人依本條例行使表決權、兌領本金及其所生利益、孳息或其他收益時應否提示受益證券，依不動產投資信託契約或不動產資產信託契約之約定辦理。

第一三條

① 受託機構、信託監察人、不動產資產信託之委託人，不得擔任不動產投資信託計畫或不動產資產信託計畫所發行受益證券之簽證機構。

② 主辦證券承銷商不得擔任當次不動產投資信託計畫或不動產資產信託計畫所發行受益證券之簽證機構。

③ 依不動產投資信託計畫或不動產資產信託計畫同次發行之證券，應委託同一機構簽證。

第一四條

  本細則自發布日施行。

不動產經紀業管理條例

①民國 88 年 2 月 3 日總統令制定公布全文 40 條。
②民國 90 年 10 月 31 日總統令修正公布第 6、7、13～15、22、
　29～31、37、38 條條文；並增訂第 38-1 條條文。
③民國 100 年 12 月 30 日總統令修正公布第 29 條條文；並增訂第
　24-1、24-2 條條文。
　民國 101 年 6 月 27 日行政院令發布定自 101 年 8 月 1 日施行。

第一章　總　則

第一條　（立法目的）

　為管理不動產經紀業（以下簡稱經紀業），建立不動產交易秩
序，保障交易者權益，促進不動產交易市場健全發展，特制定本
條例。

第二條　（法律適用順序）

　經紀業之管理，依本條例之規定；本條例未規定者，適用其他有
關法律之規定。

第三條　（主管機關）

　本條例所稱主管機關：在中央為內政部；在直轄市為直轄市政府
地政處；在縣（市）為縣（市）政府。

第四條　（用詞定義）

　本條例用辭定義如下：

一　不動產：指土地、土地定著物或房屋及其可移轉之權利；房
　　屋指成屋、預售屋及其可移轉之權利。

二　成屋：指領有使用執照，或於實施建築管理前建造完成之建
　　築物。

三　預售屋：指領有建造執照尚未建造完成而以將來完成之建築
　　物為交易標的之物。

四　經紀業：指依本條例規定經營仲介或代銷業務之公司或商
　　號。

五　仲介業務：指從事不動產買賣、互易、租賃之居間或代理業
　　務。

六　代銷業務：指受起造人或建築業之委託，負責企劃並代理銷
　　售不動產之業務。

七　經紀人員：指經紀人或經紀營業員。經紀人之職務為執行仲
　　介或代銷業務；經紀營業員之職務為協助經紀人執行仲介或
　　代銷業務。

八　加盟經營者：經紀業之一方以契約約定使用他方所發展之服
　　務、營運方式、商標或服務標章等，並受其規範或監督。

九　差價：係指實際買賣交易價格與委託銷售價格之差額。

十　營業處所：指經紀業經營仲介或代銷業務之店面、辦公室或非常態之固定場所。

第二章　經紀業

第五條　(申請許可之程序)

①經營經紀業者，應向主管機關申請許可後，依法辦理公司或商業登記；其經營國外不動產仲介或代銷業務者，應以公司型態組織依法辦理登記為限。

②前項申請許可之事項及其應備文件，由中央主管機關定之。

③經紀業分設營業處所，應向直轄市或縣（市）政府申請備查。

第六條　(申請經營經紀業不予許可情形)

①有下列各款情形之一者，不得申請經營經紀業，其經許可者，撤銷或廢止其許可：

一　無行為能力或限制行為能力者。

二　受破產之宣告尚未復權者。

三　犯詐欺、背信、侵占罪、性侵害犯罪防治法第二條所定之罪、組織犯罪防制條例第三條第一項、第二項、第六條、第九條之罪，經受有期徒刑一年以上刑之宣告確定，尚未執行完畢或執行完畢或赦免後未滿三年者。但受緩刑宣告者，不在此限。

四　受感訓處分之裁定確定，尚未執行完畢或執行完畢後未滿三年者。

五　曾經營經紀業，經主管機關撤銷或廢止許可，自撤銷或廢止之日起未滿五年者。但依第七條第一項逾期未開始營業或第三十條自行停止業務者，不在此限。

六　受第二十九條之停止營業處分，尚未執行完畢者。

七　受第三十一條停止執行業務處分尚未執行完畢，或廢止經紀人員證書或證明處分未滿五年者。

②經紀業經公司登記或商業登記後，其公司負責人、董事、監察人、經理人或商號負責人、經理人有前項各款情形之一者，由主管機關關令其限期改善；逾期未改善者，廢止其許可，並通知其公司或商業登記主管機關廢止其登記。

第七條　(申請開業之要件及期限)

①經紀業經主管機關之許可，辦妥公司登記或商業登記，並加入登記所在地之同業公會後方得營業，並應於六個月內開始營業；逾期未開始營業者，由主管機關廢止其許可。但有正當理由者，得申請展延一次，其期限以三個月為限。

②前項經紀業得視業務性質並經主管機關核准後，分別組織仲介經紀業或代銷經紀業同業公會或其全國聯合會。

③第一項經紀業於辦妥公司登記或商業登記後，應依中央主管機關規定繳存營業保證金。經紀業應繳存之營業保證金，超過一定金

額者，得就超過部分以金融機構提供保證函擔保之。

④前項應繳之營業保證金及繳存或提供擔保之辦法，由中央主管機關定之。

⑤經紀業除依第三項規定繳存營業保證金外，並得向第二項全國聯合會申請增加金額繳存或以金融機構提供保證函擔保之。

⑥第二項全國聯合會應訂立經紀業倫理規範，提經會員代表大會通過後，報請中央主管機關備查。

第八條　（營業保證基金之管理）

①前條第三項營業保證金由中華民國不動產仲介經紀業或代銷經紀業同業公會全國聯合會統一於指定之金融機構設置營業保證基金專戶儲存，並組成管理委員會負責保管；基金之孳息部分，得運用於健全不動產經紀制度。

②前項基金管理委員會委員，由經紀業擔任者，其人數不得超過委員總數之五分之二。

③基金管理委員會之組織及基金管理辦法由中央主管機關定之。第一項營業保證基金，除本條例另有規定外，非有依第二十六條第四項之情形，不得動支。

④經紀業分別繳存之營業保證金低於第七條第三項規定之額度時，中華民國不動產仲介經紀業或代銷經紀業同業公會全國聯合會應通知經紀業者於一個月內補足。

第九條　（營業保證金之獨立原則）

①營業保證金獨立於經紀業及經紀人員之外，除本條例另有規定外，不因經紀業或經紀人員之債務債權關係而為讓與、扣押、抵銷或設定負擔。

②經紀業因合併、變更組織時對其所繳之營業保證金之權利應隨之移轉。其因申請解散者，得自核准註銷營業之日滿一年後二年內，請求退還原繳存之營業保證金。但不包括營業保證金之孳息。

第一〇條　（會員入退會之報請備查）

直轄市、縣（市）同業公會應將會員入會、停權、退會情形報請所在地主管機關層轉中央主管機關備查。

第一一條　（經紀人之設置）

①經紀業設立之營業處所至少應置經紀人一人。但非常態營業處所，其所銷售總金額達新臺幣六億元以上，該處所至少應置專業經紀人一人。

②營業處所經紀營業員數每逾二十名時，應增設經紀人一人。

第一二條　（經紀人到職異動之報備）

經紀業應於經紀人到職之日起十五日內，造具名冊報請所在地主管機關層報中央主管機關備查，異動時，亦同。

第三章　經紀人員

第一三條　（經紀人之考試）

①中華民國國民經不動產經紀人考試及格並依本條例領有不動產經

紀人證書者，得充不動產經紀人。

②經中央主管機關或其認可之機構、團體舉辦不動產經紀營業員訓練合格或不動產經紀人考試及格，並向中央主管機關指定之機構、團體登錄及領有不動產經紀營業員證明者，得充任不動產經紀營業員。

③前項經紀營業員訓練不得少於三十個小時，其證明有效期限為四年，期滿時，經紀營業員應檢附完成訓練二十個小時以上之證明文件，向中央主管機關指定之機構、團體重新辦理登錄。

④前二項登錄及發證費用，由中央主管機關定之。

⑤第二項訓練機構、團體之認可資格、程序、廢止認可條件、經紀營業員之訓練資格、課程、收費費額及其他應遵行事項之辦法，由中央主管機關定之。

第一四條　（請領經紀人證書之程序）

①經不動產經紀人考試及格者，應具備一年以上經紀營業員經驗，始得向直轄市或縣（市）政府請領經紀人證書。

②前項經紀營業員經驗，依下列情形之一認定：
一　取得經紀營業員資格並附有仲介或代銷業務所得扣繳資料證明者。
二　本條例施行前已實際從事仲介或代銷業務有所得扣繳資料證明者。

③有第六條第一項第一款至第四款或第七款情形之一者，不得充任經紀人員。已充任者，應撤銷或廢止其證書或證明。

第一五條　（經紀人證書之更新方向及要件）

①前條第一項經紀人證書有效期限為四年，期滿時，經紀人應檢附其於四年內在中央主管機關認可之機構、團體完成專業訓練三十個小時以上之證明文件，向直轄市或縣（市）政府辦理換證。

②前項機構、團體應具備之資格、認可程序、訓練課程範圍及廢止認可條件等事項之辦法，由中央主管機關定之。

第一六條　（經紀人員應專任一職）

經紀人員應專任一經紀業，並不得為自己或他經紀業執行仲介或代銷業務。但經所屬經紀業同意為他經紀業執行業務者，不在此限。

第一七條　（不得僱用未具資格從事仲介或代銷）

經紀業不得僱用未具備經紀人員資格者從事仲介或代銷業務。

第四章　業務及責任

第一八條　（仲介證照許可文件經紀人證書應揭示）

經紀業應將其仲介或代銷相關證照及許可文件連同經紀人證書揭示於營業處所明顯之處；其為加盟經營者，應併標明之。

第一九條　（報酬之收取及收取差價之處置）

①經紀業或經紀人員不得收取差價或其他報酬，其經營仲介業務者，並應依實際成交價金或租金按中央主管機關規定之報酬標準

計收。

②違反前項規定者，其已收取之差價或其他報酬，應於加計利息後加倍返還支付人。

第二○條 （報酬標準及收取方式之揭示）

經營仲介業務者應揭示報酬標準及收取方式於營業處所明顯之處。

第二一條 （廣告刊登與銷售之內容與責任）

①經紀業與委託人簽訂委託契約書後，方得刊登廣告及銷售。

②前項廣告及銷售內容，應與事實相符，並註明經紀業名稱。

③廣告及銷售內容與事實不符者，應負損害賠償責任。

第二二條 （應由經紀人簽章之文件）

①不動產之買賣、互易、租賃或代理銷售，如委由經紀業仲介或代銷者，下列文件應由經紀業指派經紀人簽章：

　　一　不動產出租、出售委託契約書。

　　二　不動產承租、承購要約書。

　　三　定金收據。

　　四　不動產廣告稿。

　　五　不動產說明書。

　　六　不動產租賃、買賣契約書。

②前項第一款及第二款之規定，於經營代銷業務者不適用之。

③第一項第五款之不動產說明書應display記載及不得記載事項，由中央主管機關定之。

第二三條 （不動產說明書之解說責任）

①經紀人員在執行業務過程中，應以不動產說明書向與委託人交易之相對人解說。

②前項說明書於提供解說前，應經委託人簽章。

第二四條 （租賃或買賣契約書之簽訂）

①雙方當事人簽訂租賃或買賣契約書時，經紀人應將不動產說明書交付與委託人交易之相對人，並由相對人在不動產說明書上簽章。

②前項不動產說明書視為租賃或買賣契約書之一部分。

第二四條之一 （不動產交易實價資訊之登錄）100

①經營仲介業務者，對於買賣或租賃委託案件，應於簽訂買賣契約書並辦竣所有權移轉登記或簽訂租賃契約書後三十日內，向主管機關申報登錄成交案件實際資訊。

②經營代銷業務者，對於起造人或建築業委託代銷之案件，應於委託代銷契約屆滿或終止三十日內，向主管機關申報登錄成交案件實際資訊。

③前二項受理申報登錄成交案件實際資訊，主管機關得委任所屬機關辦理。

④前三項登錄之資訊，除涉及個人資料外，得供政府機關利用並以區段化、去識別化方式提供查詢。

⑤已登錄之不動產交易價格資訊，在相關配套措施完全建立並完成立法後，始得為課稅依據。

⑥第一項、第二項登錄資訊類別、內容與第四項提供之內容、方式、收費費額及其他應遵行事項之辦法，由中央主管機關定之。

第二四條之二　（當事人書面同意及委託人保障）100

經營仲介業務者經買賣或租賃雙方當事人之書面同意，得同時接受雙方之委託，並依下列規定辦理：

一　公平提供雙方當事人類似不動產之交易價格。

二　公平提供雙方當事人有關契約內容規範之說明。

三　提供買受人或承租人關於不動產必要之資訊。

四　告知買受人或承租人依仲介專業應查知之不動產之瑕疵。

五　協助買受人或承租人對不動產進行必要之檢查。

六　其他經中央主管機關為保護買賣或租賃當事人所為之規定。

第二五條　（經紀人員之保密責任）

經紀人員對於因業務知悉或持有之他人秘密，不得無故洩漏。

第二六條　（經紀業與經紀人員應負之賠償責任）

①因可歸責於經紀業之事由不能履行委託契約，致委託人受損害時，由該經紀業負賠償責任。

②經紀業因經紀人員執行仲介或代銷業務之故意或過失致交易當事人受損害者，該經紀業應與經紀人員負連帶賠償責任。

③前二項受害人向中華民國不動產仲介經紀業或代銷經紀業同業公會全國聯合會請求代為賠償時，視為已向基金管理委員會申請調處，基金管理委員會應即進行調處。

④受害人取得對經紀業或經紀人員之執行名義、經仲裁成立或基金管理委員會之決議支付後，得於該經紀業繳存營業保證金及提供擔保總額內，向中華民國不動產仲介經紀業或代銷經紀業同業公會全國聯合會請求代為賠償；經代為賠償後，即應依第八條第四項規定，通知經紀業限期補繳。

第二七條　（仲介業受檢查之義務）

主管機關檢查經紀業之業務，經紀業不得拒絕。

第五章　獎　懲

第二八條　（獎勵經紀業或經紀人員之事項及機關）

①經紀業或經紀人員有下列情事之一者，主管機關得予以獎勵；其在直轄市者，由直轄市主管機關為之；特別優異者，得報請中央主管機關獎勵之：

一　增進不動產交易安全、公平，促進不動產經紀業健全發展，有優異表現者。

二　維護消費者權益成績卓著者。

三　對於不動產經紀相關法規之研究或建議有重大貢獻者。

四　其他特殊事蹟經主管機關認定應予獎勵者。

②前項獎勵辦法由中央主管機關另定之。

第二九條 （罰則）100

① 經紀業違反本條例者，依下列規定處罰之：

一 違反第十二條、第十八條、第二十條或第二十七條規定者，經主管機關限期改正而未改正者，處新臺幣三萬元以上十五萬元以下罰鍰。

二 違反第二十四條之一第一項、第二項或第二十四條之二規定者，處新臺幣三萬元以上十五萬元以下罰鍰。

三 違反第七條第六項、第十一條、第十七條、第十九條第一項、第二十一條第一項、第二項或第二十二條第一項規定者，處新臺幣六萬元以上三十萬元以下罰鍰。

四 違反第七條第三項、第四項或第八條第四項者，應予停止營業處分，其期間至補足營業保證金為止。但停止營業期間達一年者，應廢止其許可。

② 經紀業經依前項第一款、第二款或第三款處罰並限期改正而屆期未改正者，應按次處罰。

③ 第二十四條之一、第二十四條之二及本條第一項第二款之施行日期，由行政院另定之。

第三〇條 （自行停業六個月以上撤銷許可）

經紀業開始營業後自行停止營業連續六個月以上者，直轄市或縣（市）主管機關得廢止其許可。但依法辦理停業登記者，不在此限。

第三一條 （經紀人員受懲戒之情形）

① 經紀人員違反本條例者，依下列規定懲戒之：

一 違反第十六條、第二十二條第一項、第二十三條或第二十五條規定者，應予申誡。

二 違反第十九條第一項規定者，應予六個月以上三年以下之停止執行業務處分。

② 經紀人員受申誡處分三次者，應另予六個月以上三年以下之停止執行業務處分；受停止執行業務處分累計達五年以上者，廢止其經紀人員證書或證明。

第三二條 （擅自營業之罰則）

① 非經紀業而經營仲介或代銷業務者，主管機關應禁止其營業，並處公司負責人、商號負責人或行為人新臺幣十萬元以上三十萬元以下罰鍰。

② 公司負責人、商號負責人或行為人經主管機關依前項規定為禁止營業處分後，仍繼續營業者，處一年以下有期徒刑、拘役或科或併科新臺幣十萬元以上三十萬元以下罰金。

第三三條 （經紀人員獎懲之辦理）

① 經紀人員有第三十一條第一項各款情事之一時，利害關係人、各級主管機關或其同業公會得列舉事實，提出證據，報請直轄市或縣（市）主管機關交付懲戒。

② 直轄市或縣（市）主管機關對於經紀人員獎懲事項，應設置獎懲

委員會處理之。

③前項獎懲委員會之組織，由中央主管機關定之。

第三四條 （被懲戒人之答辯或陳述）

前條獎懲委員會受理懲戒事項，應通知檢舉或移送之經紀人員，於二十日內提出答辯或到場陳述；逾期未提出答辯或到場陳述時，得逕行決定。

第三五條 （強制執行）

依本條例所處罰鍰，經通知繳納而逾期不繳納者，移送法院強制執行。

第六章 附 則

第三六條 （本法施行前經營仲介或代銷業者之處置）

①本條例公布施行前已經營仲介或代銷業務者，應於本條例施行後，三年內依本條例規定領得經紀業證照後始得繼續營業。

②違反前項規定繼續營業者，依第三十二條處理。

第三七條 （本法施行前經紀人員之處置）

①本條例公布施行前已從事不動產經紀業之人員，得自本條例公布施行之日起繼續執業三年；三年期滿後尚未取得經紀人員資格者，不得繼續執行業務。

②本條例公布施行前已從事不動產仲介或代銷業務滿二年，有該項執行業務或薪資所得扣繳資料證明，經中央主管機關審查合格者，得自本條例公布施行之日起繼續執業三年；並得應不動產經紀人特種考試。

③前項特種考試，於本條例公布施行後五年內至少應辦理五次。

第三八條 （外國人任經紀人員之規定）

①外國人得依中華民國法律應不動產經紀人考試或參加營業員訓練。

②前項領有及格證書或訓練合格並依第十三條第二項登錄及領有證明之外國人，應經中央主管機關許可，並遵守中華民國一切法令，始得受僱於經紀業為經紀人員。

③外國人經許可在中華民國充任經紀人員者，其有關業務上所為之文件、圖說，應以中華民國文字為之。

第三八條之一 （收取核發證書費用）

依本條例規定核發不動產經紀人證書，得收取費用；其費額，由中央主管機關定之。

第三九條 （施行細則）

本條例施行細則，由中央主管機關定之。

第四〇條 （施行日）

本條例自公布日施行。

不動產經紀業管理條例施行細則

①民國 89 年 4 月 19 日內政部令訂定發布全文 31 條；並自發布日施行。
②民國 91 年 3 月 22 日內政部令修正發布第 2、5～10、18、21、26～28 條條文；刪除第 30 條條文；並增訂第 13-1～13-3、25-1、28-1 條條文。

第一條

本細則依不動產經紀業管理條例（以下簡稱本條例）第三十九條規定訂定之。

第二條 91

經營不動產經紀業（以下簡稱經紀業）者，應檢附下列文件，依本條例第五條第一項規定，向所在地直轄市或縣（市）主管機關申請許可：

一 申請書一式二份。

二 公司負責人、董事、監察人、經理人或商號負責人、經理人名冊，及其身分證明文件影本。

三 其他經中央主管機關規定之文件。

第三條

直轄市或縣（市）主管機關受理前條申請，經審查合於規定者，應予許可，並副知轄內之同業公會轉知其全國聯合會；不合規定者，應通知該經紀業於十五日內補正，屆期未補正者，駁回其申請。

第四條

經紀業經主管機關許可後，應於六個月內依本條例第七條第一項、第三項規定辦妥公司登記或商業登記、繳存營業保證金及加入登記所在地之同業公會。

第五條 91

①經紀業應於開始營業後十五日內，檢附下列文件，向所在地直轄市或縣（市）主管機關申請備查：

一 申請書一式二份。

二 公司或商業登記證明文件影本。

三 營業保證金繳存證明影本。

四 同業公會會員證明影本。

五 不動產經紀人員名冊及其證書影本。

六 其他經中央主管機關規定之文件。

②直轄市或縣（市）主管機關准予備查後，應通知該經紀業所屬之同業公會轉知其全國聯合會。

第六條 91

①經紀業經許可後，下列事項內容有變更者，除第七條另有規定外，應於變更之日起三十日內，以書面向所在地直轄市或縣（市）主管機關申請備查：

一　經紀業名稱、所在地、組織型態、經營型態、營業項目及是否經營國外不動產仲介或代銷業務。

二　公司負責人、董事、監察人、經理人或商號負責人、經理人。

②直轄市或縣（市）主管機關准予備查後，應通知該經紀業所屬之同業公會轉知其全國聯合會，經紀業分設之營業處所非在其所轄區域內者，並應通知該營業處所所在地直轄市或縣（市）主管機關。

第七條 91

①經紀業遷出所在地直轄市或縣（市）主管機關轄管轄區域以外時，應於遷出後三十日內，以書面向遷入之直轄市或縣（市）主管機關申請遷入備查，並向原所屬之同業公會報備，及加入遷入之直轄市或縣（市）同業公會，該遷入之同業公會並應轉知其全國聯合會。

②前項經紀業遷入之直轄市或縣（市）主管機關，於辦理該經紀業之遷入備查後，應通知該經紀業遷出之直轄市或縣（市）主管機關。經紀業分設之營業處所非在其所轄區域內者，並應通知該營業處所所在地直轄市或縣（市）主管機關。

第八條 91

①經紀業分設營業處所，依本條例第五條第三項規定，應於設立後三十日內，以書面記明下列事項，向經紀業所在地直轄市或縣（市）主管機關申請備查：

一　經紀業名稱及所在地。

二　營業處所名稱、所在地及設立日期。

三　該營業處所僱用之經紀人員姓名、身分證明文件字號及證書字號。

②經紀業分設之營業處所為本條例第四條第十款所稱非常態之固定場所者，前項第二款應記明事項，改以該營業處所之設立目的、代理銷售不動產名稱、所在地、銷售總金額及設立期間代之。

③直轄市或縣（市）主管機關准予備查後，應通知該經紀業所屬之同業公會轉知其全國聯合會；經紀業分設之營業處所非在其所轄區域內者，並應將第一項或前項之資料，通知該營業處所所在地直轄市或縣（市）主管機關。

第九條 91

①前條第一項第二款、第三款或第二項應記明之事項有變更者，經紀業應於變更之日起三十日內，以書面記明變更事項，並向經紀業所在地直轄市或縣（市）主管機關申請備查。

②直轄市或縣（市）主管機關准予備查後，應通知該經紀業所屬之

同業公會轉知其全國聯合會；經紀業分設之營業處所非在其所轄區域內者，應通知該營業處所所在地直轄市或縣（市）主管機關；變更事項係營業處所之遷入或遷出者，應通知該營業處所遷出之直轄市或縣（市）主管機關，並連同前條第一項或第二項資料，通知其遷入之直轄市或縣（市）主管機關。

第一○條 91

①經紀業分設之營業處所裁撤時，應於裁撤後三十日內，以書面向經紀業所在地直轄市或縣（市）主管機關申請備查。

②直轄市或縣（市）主管機關准予備查後，應通知該經紀業所屬之同業公會轉知其全國聯合會，裁撤之營業處所非在其所轄區域內者，並應通知該營業處所所在地直轄市或縣（市）主管機關。

第一一條

經紀業僱用之經紀人員為外國人者，於依第五條、第八條第一項或第二項規定申請備查時，並應檢附該外國人依本條例第三十八條第二項規定取得之中央主管機關許可之證明文件影本。

第一二條

①經紀業經許可後，所在地同業公會向未設立者，應加入鄰近直轄市或縣（市）同業公會。

②前項經紀業於所在地同業公會設立後，應即加入之。

第一三條

①代銷經紀業於所在地或鄰近直轄市或縣（市）同業公會未設立前，應加入所在地或鄰近直轄市或縣（市）仲介經紀業同業公會。

②前項代銷經紀業於所在地或鄰近直轄市或縣（市）代銷經紀業同業公會設立後，應即依前條規定辦理。

第一三條之一 91

經紀業依本條例第九條第二項規定得請求退還原繳存之營業保證金，係指下列情形之一：

一 公司組織申請解散者。

二 商號組織申請歇業者。

三 營業項目經變更登記後，該公司或商號已無不動產仲介經紀業及不動產代銷經紀業組織仍存續者。

第一三條之二 91

①經紀業依前條規定請求退還原繳存之營業保證金者，應檢附直轄市或縣（市）主管機關核發之核准註銷營業證明文件及其他經中央主管機關規定之文件。

②經紀業向直轄市或縣（市）主管機關申請核准註銷營業者，應檢附公司或商業登記主管機關核發之公司解散、商號歇業或公司、商號營業項目變更登記證明文件。

③直轄市或縣（市）主管機關於核准註銷營業後，應通知該經紀業所屬之同業公會轉知其全國聯合會。

第一三條之三 91

經紀業加入同業公會後，該同業公會應於三十日內，依本條例第十條規定將會員入會情形，以書面報請經紀業所在地主管機關層轉中央主管機關備查；其停權、退會時，亦同。

第一四條

直轄市或縣（市）主管機關應設置下列簿冊，並永久保存：

一　不動產經紀業管理登記簿。

二　外縣市不動產經紀業在其所轄區域內設立之營業處所管理登記簿。

三　不動產經紀人名簿。

四　不動產經紀營業員名簿。

五　不動產經紀業專冊。

第一五條

①請領不動產經紀人證書，應檢附下列文件，向戶籍所在地直轄市或縣（市）主管機關申請之：

一　申請書。

二　身分證明文件影本。

三　申請人最近一年內直四公分、寬二點八公分正面脫帽半身相片一式二張。

四　不動產經紀人考試及格證書及其影本。

五　一年以上經紀營業員經驗證明文件及其影本。

②直轄市或縣（市）主管機關受理前項申請，經審查合於規定者，應發給不動產經紀人證書，並退還前項第四款及第五款文件原本；不合規定者，應通知其於十五日內補正，屆期未補正者，駁回其申請，並退還前項第二款至第五款文件。

第一六條

外國人請領不動產經紀人證書，應檢附依本條例第三十八條第二項經中央主管機關許可之證明文件及前條第一項各款文件，向居留地直轄市或縣（市）主管機關申請之。

第一七條

①經紀人依本條例第十五條第一項規定辦理換發證書時，應於證書有效期限屆滿前六個月內，檢附下列文件，向原核發機關申請之：

一　申請書。

二　完成專業訓練三十個小時以上之證明文件。

三　原核發之經紀人證書。

②直轄市或縣（市）主管機關受理前項申請，經審查合於規定者，應即換發證書；不合規定者，應通知其於十五日內補正，屆期未補正者，駁回其申請，並退還前項第二款及第三款文件。

③換發之證書，其有效期限自原證書有效期限屆滿之次日起算四年。

④換發證書，得以於原證書加註延長有效期限之方式為之。

第一八條 91

經紀人未依規定辦理換發證書，或申請換發證書被駁回，其原證書有效期間屆滿者，由原核發機關註銷原證書，並公告周知及通知當事人、其任職經紀業所在地直轄市或縣（市）主管機關及該經紀業所屬之同業公會轉知其全國聯合會。

第一九條

①經紀人證書經依前條規定註銷後，重新申請核發者，應檢附第十五條第一項第一款至第四款文件，及最近四年內完成專業訓練三十個小時以上之證明文件原本及其影本，向原核發機關申請之。

②直轄市或縣（市）主管機關受理前項申請後，準用第十五條第二項規定辦理。

第二○條

①經紀人證書損壞或滅失，申請換發或補發者，應敘明其損壞或滅失之原因，檢附第十五條第一項第一款至第四款文件，向原核發機關申請之。

②直轄市或縣（市）主管機關受理前項申請後，準用第十五條第二項規定辦理。

第二一條 91

①經紀業應依本條例第十八條及第二十條規定，於營業處所明顯之處，揭示下列文件：

一　經紀業許可文件。

二　同業公會會員證書。

三　不動產經紀人證書。

四　報酬標準及收取方式。

②前項第一款至第三款文件，得以影本為之。

③第一項第四款規定，於代銷經紀業不適用之。

第二二條

經紀業係加盟經營者，應於廣告、市招及名片等明顯處，標明加盟店或加盟經營字樣。

第二三條

經紀人員收受委託人或與委託人交易之相對人之有關文件，應掣給收據。

第二四條

不動產之買賣、互易、租賃或代理銷售，非由經紀業仲介或代銷者，不適用本條例第二十二條第一項之規定。

第二五條

經紀業執行業務過程，應記錄其辦理情形。主管機關得查詢或取閱經紀業執行業務有關記錄及文件，並得限期令所轄區域內之經紀業及外縣市經紀業於所轄區域內設立之營業處所，提出第五條第二款至第五款文件或其他業務執行之相關資料、說明書，經紀業不得規避、妨礙或拒絕。

第二五條之一 91

本條例第二十九條所定之處罰，由經紀業所在地直轄市或縣

（市）主管機關爲之；經紀業分設之營業處所所在地或經紀業、營業處所執行業務行爲所在地，與經紀業所在地非屬同一行政管轄區域而有本條例第二十九條第一項第一款、第二款或第二項規定情事之一者，由該營業處所所在地或經紀業、營業處所執行業務行爲所在地之直轄市或縣（市）主管機關查明後，移請經紀業所在地之直轄市或縣（市）主管機關爲之。

第二六條 91

①本條例第十四條第三項及第三十一條第二項所定之處罰，由經紀人員原領不動產經紀人證書或不動產經紀營業員證明時之戶籍所在地主管機關爲之。

②主管機關依前項規定辦理時，應即公告，並通知當事人、其任職之經紀業及該經紀業所屬之同業公會；撤銷或廢止不動產經紀營業員證明時，並應通知原核發證明之機構或團體。

第二七條 91

經紀人員有本條例第三十一條第一項各款情事之一者，由其經紀業所在地直轄市或縣（市）主管機關交付懲戒；懲戒結果，應通知當事人，並函請原領不動產經紀人證書或不動產經紀營業員證明時之戶籍所在地主管機關登錄。

第二八條 91

經紀人員依本條例第十四條第三項規定受撤銷或廢止不動產經紀人證書或不動產經紀營業員證明者，於原因消滅後，得重新請領證書或證明。

第二八條之一 91

本條例第三十二條第一項所定之處罰，依下列方式爲之：

一　處罰公司或商號及其負責人者，由公司或商號所在地之直轄市或縣（市）主管機關爲之；執行業務行爲所在地與公司或商號所在地非屬同一行政管轄區域者，由執行業務行爲所在地之直轄市或縣（市）主管機關查明後，移請公司或商號所在地之直轄市或縣（市）主管機關爲之。

二　處罰行爲人者，由行爲人行爲時之戶籍所在地直轄市或縣（市）主管機關爲之；不動產仲介或代銷標的所在地與行爲人行爲時之戶籍所在地非屬同一行政管轄區域者，由標的所在地之直轄市或縣（市）主管機關查明後，移請行爲人行爲時之戶籍所在地直轄市或縣（市）主管機關爲之。

第二九條

本細則所定書、表、簿、冊之格式，由中央主管機關定之。

第三〇條 （刪除）91

第三一條

本細則自發布日施行。

公寓大廈管理條例

①民國 84 年 6 月 28 日總統令制定公布全文 52 條。
②民國 89 年 4 月 26 日總統令修正公布第 2 條條文。
③民國 92 年 12 月 31 日總統令修正公布全文 63 條；並自公布日施行。
④民國 95 年 1 月 18 日總統令修正公布第 29 條條文；並增訂第 59-1 條條文。
　民國 101 年 6 月 25 日行政院公告第 17 條第 1 項所列屬「財政部」之權責事項，經行政院公告自 93 年 7 月 1 日起變更為「行政院金融監督管理委員會」管轄，自 101 年 7 月 1 日起改由「金融監督管理委員會」管轄。
⑤民國 102 年 5 月 8 日總統令修正公布第 8、27 條條文。

第一章　總　則

第一條　（立法目的及適用範圍）

為加強公寓大廈之管理維護，提昇居住品質，特制定本條例。本條例未規定者，適用其他法令之規定。

第二條　（主管機關）

本條例所稱主管機關：在中央為內政部；在直轄市為直轄市政府；在縣（市）為縣（市）政府。

第三條　（名詞定義）

本條例用辭定義如下：

一　公寓大廈：指構造上或使用上或在建築執照設計圖樣標有明確界線，得區分為數部分之建築物及其基地。

二　區分所有：指數人區分一建築物而各有其專有部分，並就其共用部分按其應有部分有所有權。

三　專有部分：指公寓大廈之一部分，具有使用上之獨立性，且為區分所有之標的者。

四　共用部分：指公寓大廈專有部分以外之其他部分及不屬專有之附屬建築物，而供共同使用者。

五　約定專用部分：公寓大廈共用部分經約定供特定區分所有權人使用者。

六　約定共用部分：指公寓大廈專有部分經約定供共同使用者。

七　區分所有權人會議：指區分所有權人為共同事務及涉及權利義務之有關事項，召集全體區分所有權人所舉行之會議。

八　住戶：指公寓大廈之區分所有權人、承租人或其他經區分所有權人同意而為專有部分之使用者或業經取得停車空間建築物所有權者。

九 管理委員會：指爲執行區分所有權人會議決議事項及公寓大廈管理維護工作，由區分所有權人選任住戶若干人爲管理委員所設立之組織。

十 管理負責人：指未成立管理委員會，由區分所有權人推選住戶一人或依第二十八條第三項、第二十九條第六項規定爲負責管理公寓大廈事務者。

十一 管理服務人：指由區分所有權人會議決議或管理負責人或管理委員會僱傭或委任而執行建築物管理維護事務之公寓大廈管理服務人員或管理維護公司。

十二 規約：公寓大廈區分所有權人爲增進共同利益，確保良好生活環境，經區分所有權人會議決議之共同遵守事項。

第二章 住戶之權利義務

第四條 （專有部分）

①區分所有權人除法律另有限制外，對其專有部分，得自由使用、收益、處分，並排除他人干涉。

②專有部分不得與其所屬建築物共用部分之應有部分及其基地所有權或地上權之應有部分分離而爲移轉或設定負擔。

第五條 （專有部分之使用權）

區分所有權人對專有部分之利用，不得有妨害建築物之正常使用及違反區分所有權人共同利益之行爲。

第六條 （住戶之義務）

①住戶應遵守下列事項：

一 於維護、修繕專有部分、約定專用部分或行使其權利時，不得妨害其他住戶之安寧、安全及衛生。

二 他住戶因維護、修繕專有部分、約定專用部分或設置管線，必須進入或使用其專有部分或約定專用部分時，不得拒絕。

三 管理負責人或管理委員會因維護、修繕共用部分或設置管線，必須進入或使用其專有部分或約定專用部分時，不得拒絕。

四 於維護、修繕專有部分、約定專用部分或設置管線，必須使用共用部分時，應經管理負責人或管理委員會之同意後爲之。

五 其他法令或規約規定事項。

②前項第二款至第四款之進入或使用，應擇其損害最少之處所及方法爲之，並應修復或補償所生損害。

③住戶違反第一項規定，經協調仍不履行時，住戶、管理負責人或管理委員會得按其性質請求各該主管機關或訴請法院爲必要之處置。

第七條 （共用部分不得約定專用之範圍）

公寓大廈共用部分不得獨立使用供做專有部分。其爲下列各款者，並不得爲約定專用部分：

一　公寓大廈本身所占之地面。

二　連通數個專有部分之走廊或樓梯，及其通往室外之通路或門廳；社區內各巷道、防火巷弄。

三　公寓大廈基礎、主要樑柱、承重牆壁、樓地板及屋頂之構造。

四　約定專用有違法令使用限制之規定者。

五　其他有固定使用方法，並屬區分所有權人生活利用上不可或缺之共用部分。

第八條　（公寓大廈外圍使用之限制）102

①公寓大廈周圍上下、外牆面、樓頂平臺及不屬專有部分之防空避難設備，其變更構造、顏色、設置廣告物、鐵鋁窗或其他類似之行為，除應依法令規定辦理外，該公寓大廈規約另有規定或區分所有權人會議已有決議，經向直轄市、縣（市）主管機關完成報備有案者，應受該規約或區分所有權人會議決議之限制。

②公寓大廈有十二歲以下兒童之住戶，外牆開口部或陽臺得設置不妨礙逃生且不突出外牆面之防墜設施。防墜設施設置後，設置理由消失且不符前項限制者，區分所有權人應予改善或回復原狀。

③住戶違反第一項規定，管理負責人或管理委員會應予制止，經制止而不遵從者，應報請主管機關依第四十九條第一項規定處理，該住戶並應於一個月內回復原狀。屆期未回復原狀者，得由管理負責人或管理委員會回復原狀，其費用由該住戶負擔。

第九條　（共用部分之使用權）

①各區分所有權人按其共有之應有部分比例，對建築物之共用部分及其基地有使用收益之權。但另有約定者從其約定。

②住戶對共用部分之使用應依其設置目的及通常使用方法為之。但另有約定者從其約定。

③前二項但書所約定事項，不得違反本條例、區域計畫法、都市計畫法及建築法令之規定。

④住戶違反第二項規定，管理負責人或管理委員會應予制止，並得按其性質請求各該主管機關或訴請法院為必要之處置。如有損害並得請求損害賠償。

第一〇條　（管理、維護費用）

①專有部分、約定專用部分之修繕、管理、維護，由各該區分所有權人或約定專用部分之使用人為之，並負擔其費用。

②共用部分、約定共用部分之修繕、管理、維護，由管理負責人或管理委員會為之。其費用由公共基金支付或由區分所有權人按其共有之應有部分比例分擔之。但修繕費係因可歸責於區分所有權人或住戶之事由所致者，由該區分所有權人或住戶負擔。其費用若區分所有權人會議或規約另有規定者，從其規定。

③前項共用部分、約定共用部分，若涉及公共環境清潔衛生之維持、公共消防滅火器材之維護、公共通道溝渠及相關設施之修繕，其費用政府得視情況予以補助，補助辦法由直轄市、縣

（市）政府定之。

第一一條　（拆除、修繕費用）

①共用部分及其相關設施之拆除、重大修繕或改良，應依區分所有權人會議之決議爲之。

②前項費用，由公共基金支付或由區分所有權人按其共有之應有部分比例分擔。

第一二條　（專有部分之權屬）

專有部分之共同壁及樓地板或其內之管線，其維修費用由該共同壁雙方或樓地板上下方之區分所有權人共同負擔。但修繕費係因可歸責於區分所有權人之事由所致者，由該區分所有權人負擔。

第一三條　（必須重建之法定事由）

公寓大廈之重建，應經全體區分所有權人及基地所有權人、地上權人或典權人之同意。但有下列情形之一者，不在此限：

一　配合都市更新計畫而實施重建者。

二　嚴重毀損、傾頹或朽壞，有危害公共安全之虞者。

三　因地震、水災、風災、火災或其他重大事變，肇致危害公共安全者。

第一四條　（重建建造執照之申請）

①公寓大廈有前條第二款或第三款所定情形之一，經區分所有權人會議決議重建時，區分所有權人不同意決議又不出讓區分所有權或同意後不依決議履行其義務者，管理負責人或管理委員會得訴請法院命區分所有權人出讓其區分所有權及其基地所有權應有部分。

②前項之受讓人視爲同意重建。

③重建之建造執照之申請，其名義以區分所有權人會議之決議爲之。

第一五條　（依使用執照及規約使用之義務）

①住戶應依使用執照所載用途及規約使用專有部分、約定專用部分，不得擅自變更。

②住戶違反前項規定，管理負責人或管理委員會應予制止，經制止而不遵從者，報請直轄市、縣（市）主管機關處理，並要求其回復原狀。

第一六條　（維護公共安全、公共衛生與公共安寧之義務）

①住戶不得任意棄置垃圾、排放各種污染物、惡臭物質或發生喧囂、振動及其他與此相類之行爲。

②住戶不得於私設通路、防火間隔、防火巷弄、開放空間、退縮空地、樓梯間、共同走廊、防空避難設備等處所堆置雜物、設置柵欄、門扇或營業使用，或違規設置廣告物或私設路障及停車位侵占巷道妨礙出入。但開放空間及退縮空地，在直轄市、縣（市）政府核准範圍內，得依規約或區分所有權人會議決議供營業使用；防空避難設備，得爲原核准範圍之使用；其兼作停車空間使用者，得依法供公共收費停車使用。

③住戶為維護、修繕、裝修或其他類似之工作時，未經申請主管建築機關核准，不得破壞或變更建築物之主要構造。

④住戶飼養動物，不得妨礙公共衛生、公共安寧及公共安全。但法令或規約另有禁止飼養之規定時，從其規定。

⑤住戶違反前四項規定時，管理負責人或管理委員會應予制止或按規約處理，經制止而不遵從者，得報請直轄市、縣（市）主管機關處理。

第一七條　（投保公共意外責任保險）

①住戶於公寓大廈內依法經營餐飲、瓦斯、電焊或其他危險營業或存放有爆炸性或易燃性物品者，應依中央主管機關所定保險金額投保公共意外責任保險。其因此增加其他住戶投保火災保險之保險費者，並應就其差額負補償責任。其投保、補償辦法及保險費率由中央主管機關會同財政部定之。

②前項投保公共意外責任保險，經通告於七日內仍未辦理者，管理負責人或管理委員會應代為投保；其保險費、差額補償費及其他費用，由該住戶負擔。

第一八條　（公共基金之設置及來源）

①公寓大廈應設置公共基金，其來源如下：
　一　起造人就公寓大廈領得使用執照一年內之管理維護事項，應按工程造價一定比例或金額提列。
　二　區分所有權人依區分所有權人會議決議繳納。
　三　本基金之孳息。
　四　其他收入。

②依前項第一款規定提列之公共基金，起造人於該公寓大廈使用執照申請時，應提出繳交各直轄市、縣（市）主管機關公庫代收之證明；於公寓大廈成立管理委員會或推選管理負責人，並完成依第五十七條規定點交共用部分、約定共用部分及其附屬設施設備後向直轄市、縣（市）主管機關報備，由公庫代為撥付。同款所稱比例或金額，由中央主管機關定之。

③公共基金應設專戶儲存，並由管理負責人或管理委員會負責管理。其運用應依區分所有權人會議之決議為之。

④第一項及第二項所規定起造人應提列之公共基金，於本條例公布施行前，起造人已取得建造執照者，不適用之。

第一九條　（區分所有權人對公共基金之權利）

區分所有權人對於公共基金之權利應隨區分所有權之移轉而移轉；不得因個人事由為讓與、扣押、抵銷或設定負擔。

第二○條　（公共基金移交程序）

①管理負責人或管理委員會應定期將公共基金或區分所有權人、住戶應分擔或其他應負擔費用之收支、保管及運用情形公告，並於解職、離職或管理委員會改組時，將公共基金收支情形、會計憑證、會計帳簿、財務報表、印鑑及餘額移交新管理負責人或新管理委員會。

②管理負責人或管理委員會拒絕前項公告或移交，經催告於七日內仍不公告或移交時，得報請主管機關或訴請法院命其公告或移交。

第二一條　（積欠公共基金之催討程序）

區分所有權人或住戶積欠應繳納之公共基金或應分擔或其他應負擔之費用已逾二期或達相當金額，經定相當期間催告仍不給付者，管理負責人或管理委員會得訴請法院命其給付應繳之金額及遲延利息。

第二二條　（強制出讓之要件）

①住戶有下列情形之一者，由管理負責人或管理委員會促請其改善，於三個月內仍未改善者，管理負責人或管理委員會得依區分所有權人會議之決議，訴請法院強制其遷離：

　一　積欠依本條例規定應分擔之費用，經強制執行後再度積欠金額達其區分所有權總價百分之一者。

　二　違反本條例規定經依第四十九條第一項第一款至第四款規定處以罰鍰後，仍不改善或續犯者。

　三　其他違反法令或規約情節重大者。

②前項之住戶如為區分所有權人時，管理負責人或管理委員會得依區分所有權人會議之決議，訴請法院命區分所有權人出讓其區分所有權及其基地所有權應有部分；於判決確定後三個月內不自行出讓並完成移轉登記手續者，管理負責人或管理委員會得聲請法院拍賣之。

③前項拍賣所得，除其他法律另有規定外，於積欠本條例應分擔之費用，其受償順序與第一順位抵押權同。

第二三條　（住戶規約之訂定及範圍）

①有關公寓大廈、基地或附屬設施之管理使用及其他住戶間相互關係，除法令另有規定外，得以規約定之。

②規約除應載明專有部分及共用部分範圍外，下列各款事項，非經載明於規約者，不生效力：

　一　約定專用部分、約定共用部分之範圍及使用主體。

　二　各區分所有權人對建築物共用部分及其基地之使用收益權及住戶對共用部分使用之特別約定。

　三　禁止住戶飼養動物之特別約定。

　四　違反義務之處理方式。

　五　財務運作之監督規定。

　六　區分所有權人會議決議有出席及同意之區分所有權人人數及其區分所有權比例之特別約定。

　七　糾紛之協調程序。

第二四條　（繼受人應繼受前區分所有人權利義務）

①區分所有權之繼受人，應於繼受前向管理負責人或管理委員會請求閱覽或影印第三十五條所定文件，並應於繼受後遵守原區分所有權人依本條例或規約所定之一切權利義務事項。

②公寓大廈專有部分之無權占有人，應遵守依本條例規定住戶應盡之義務。

③無權占有人違反前項規定，準用第二十一條、第二十二條、第四十七條、第四十九條住戶之規定。

第三章　管理組織

第二五條　（會議之召開及召集人之產生方式）

①區分所有權人會議，由全體區分所有權人組成，每年至少應召開定期會議一次。

②有下列情形之一者，應召開臨時會議：

一　發生重大事故有及時處理之必要，經管理負責人或管理委員會請求者。

二　經區分所有權人五分之一以上及其區分所有權比例合計五分之一以上，以書面載明召集之目的及理由請求召集者。

③區分所有權人會議除第二十八條規定外，由具區分所有權人身分之管理負責人、管理委員會主任委員或管理委員為召集人；管理負責人、管理委員會主任委員或管理委員喪失區分所有權人資格日起，視同解任。無管理負責人或管理委員會，或無區分所有權人擔任管理負責人、主任委員或管理委員時，由區分所有權人互推一人為召集人；召集人任期依區分所有權人會議或依規約規定，任期一至二年，連選得連任一次。但區分所有權人會議或規約未規定者，任期一年，連選得連任一次。

④召集人無法依前項規定互推產生時，各區分所有權人得申請直轄市、縣（市）主管機關指定臨時召集人，區分所有權人不申請指定時，直轄市、縣（市）主管機關得視實際需要指定區分所有權人一人為臨時召集人，或依規約輪流擔任，其任期至互推召集人為止。

第二六條　（非封閉式之公寓大廈規約訂定）

①非封閉式之公寓大廈集居社區其地面層為各自獨立之數幢建築物，且區內屬住宅與辦公、商場混合使用，其辦公、商場之出入口各自獨立之公寓大廈，各該幢內之辦公、商場部分，得就該幢或結合他幢內之辦公、商場部分，經其區分所有權人過半數書面同意，及全體區分所有權人會議決議或規約明定下列各款事項後，以該辦公、商場部分召開區分所有權人會議，成立管理委員會，並向直轄市、縣（市）主管機關報備。

一　共用部分、約定共用部分範圍之劃分。

二　共用部分、約定共用部分之修繕、管理、維護範圍及管理維護費用之分擔方式。

三　公共基金之分配。

四　會計憑證、會計帳簿、財務報表、印鑑、餘額及第三十六條第八款規定保管文件之移交。

五　全體區分所有權人會議與各該辦公、商場部分之區分所有權

　　　人會議之分工事宜。
②第二十條、第二十七條、第二十九條至第三十九條、第四十八
　條、第四十九條第一項第七款及第五十四條規定，於依前項召開
　或成立之區分所有權人會議、管理委員會及其主任委員、管理委
　員準用之。

第二七條　（區分所有權之計算方式）102

①各專有部分之區分所有權人有一表決權。數人共有一專有部分
　者，該表決權應推由一人行使。
②區分所有權人會議之出席人數與表決權之計算，於任一區分所有
　權人之區分所有權占全部區分所有權五分之一以上者，或任一區
　分所有權人所有之專有部分之個數超過全部專有部分個數總合之
　五分之一以上者，其超過部分不予計算。
③區分所有權人因故無法出席區分所有權人會議時，得以書面委託
　配偶、有行為能力之直系血親、其他區分所有權人或承租人代理
　出席；受託人於受託之區分所有權占全部區分所有權五分之一以
　上者，或以單一區分所有權計算之人數超過區分所有權人數五分
　之一者，其超過部分不予計算。

第二八條　（起造人召集會議）

①公寓大廈建築物所有權登記之區分所有權人達半數以上及其區分
　所有權比例合計半數以上時，起造人應於三個月內召集區分所有
　權人召開區分所有權人會議，成立管理委員會或推選管理負責人，
　並向直轄市、縣（市）主管機關報備。
②前項起造人為數人時，應互推一人為之。出席區分所有權人之人
　數或其區分所有權比例合計未達第三十一條規定之定額而未能成
　立管理委員會時，起造人應就同一議案重新召集會議一次。
③起造人於召集區分所有權人召開區分所有權人會議成立管理委員
　會或推選管理負責人前，為公寓大廈之管理負責人。

第二九條　（管理委員會、管理負責人之成立）95

①公寓大廈應成立管理委員會或推選管理負責人。
②公寓大廈成立管理委員會者，應由管理委員互推一人為主任委
　員，主任委員對外代表管理委員會。主任委員、管理委員之選
　任、解任、權限與其委員人數、召集方式及事務執行方法與代理
　規定，依區分所有權人會議之決議。但規約另有規定者，從其規
　定。
③管理委員、主任委員及管理負責人之任期，依區分所有權人會議
　或規約之規定，任期一至二年，主任委員、管理負責人、負責財
　務管理及監察業務之管理委員，連選得連任一次，其餘管理委
　員，連選得連任。但區分所有權人會議或規約未規定者，任期一
　年，主任委員、管理負責人、負責財務管理及監察業務之管理委
　員，連選得連任一次，其餘管理委員，連選得連任。
④前項管理委員、主任委員及管理負責人任期屆滿未再選任或有第
　二十條第二項所定之拒絕移交者，自任期屆滿日起，視同解任。

⑤公寓大廈之住戶非該專有部分之區分所有權人者，除區分所有權人會議之決議或規約另有規定外，得被選任、推選爲管理委員、主任委員或管理負責人。

⑥公寓大廈未組成管理委員會且未推選管理負責人時，以第二十五條區分所有權人互推之召集人或申請指定之臨時召集人爲管理負責人。區分所有權人無法互推召集人或申請指定臨時召集人時，區分所有權人得申請直轄市、縣（市）主管機關指定住戶一人爲管理負責人，其任期至成立管理委員會、推選管理負責人或互推召集人爲止。

第三○條 （召開會議之通知方法）

①區分所有權人會議，應由召集人於開會前十日以書面載明開會內容，通知各區分所有權人。但有急迫情事須召開臨時會者，得以公告爲之；公告期間不得少於二日。

②管理委員之選任事項，應在前項開會通知中載明並公告之，不得以臨時動議提出。

第三一條 （區分所有權之計算方式）

區分所有權人會議之決議，除規約另有規定外，應有區分所有權人三分之二以上及其區分所有權比例合計三分之二以上出席，以出席人數四分之三以上及其區分所有權比例占出席人數區分所有權四分之三以上之同意行之。

第三二條 （未獲致決議時重新開議之要件）

①區分所有權人會議依前條規定未獲致決議、出席區分所有權人之人數或其區分所有權比例合計未達前條定額者，召集人得就同一議案重新召集會議；其開議除規約另有規定出席人數外，應有區分所有權人三人並五分之一以上及其區分所有權比例合計五分之一以上出席，以出席人數過半數及其區分所有權比例占出席人數區分所有權合計過半數之同意作成決議。

②前項決議之會議紀錄依第三十四條第一項規定送達各區分所有權人後，各區分所有權人得於七日內以書面表示反對意見。書面反對意見未超過全體區分所有權人及其區分所有權比例合計半數時，該決議視爲成立。

③第一項會議主席應於會議決議成立後十日內以書面送達全體區分所有權人並公告之。

第三三條 （區分所有權之決議效力）

區分所有權人會議之決議，未經依下列各款事項辦理者，不生效力：

一 專有部分經依區分所有權人會議約定爲約定共用部分者，應經該專有部分區分所有權人同意。

二 公寓大廈外牆面、樓頂平台，設置廣告物、無線電台基地台等類似強波發射設備或其他類似之行爲，設置於屋頂者，應經頂層區分所有權人同意；設置其他樓層者，應經該樓層區分所有權人同意。該層住戶，並得參加區分所有權人會議陳

述意見。

三　依第五十六條第一項規定成立之約定專用部分變更時，應經使用該約定專用部分之區分所有權人同意。但該約定專用顯已違反公共利益，經管理委員會或管理負責人訴請法院判決確定者，不在此限。

第三四條　（會議紀錄作成方式及送達公告）

①區分所有權人會議應作成會議紀錄，載明開會經過及決議事項，由主席簽名，於會後十五日內送達各區分所有權人並公告之。

②前項會議紀錄，應與出席區分所有權人之簽名簿及代理出席之委託書一併保存。

第三五條　（請求閱覽或影印之權利）

利害關係人於必要時，得請求閱覽或影印規約、公共基金餘額、會計憑證、會計帳簿、財務報表、欠繳公共基金與應分攤或其他應負擔費用情形、管理委員會會議紀錄及前條會議紀錄，管理負責人或管理委員會不得拒絕。

第三六條　（管理委員會之職務範圍）

管理委員會之職務如下：

一　區分所有權人會議決議事項之執行。

二　共有及共用部分之清潔、維護、修繕及一般改良。

三　公寓大廈及其周圍之安全及環境維護事項。

四　住戶共同事務應興革事項之建議。

五　住戶違規情事之制止及相關資料之提供。

六　住戶違反第六條第一項規定之協調。

七　收益、公共基金及其他經費之收支、保管及運用。

八　規約、會議紀錄、使用執照謄本、竣工圖說、水電、消防、機械設施、管線圖說、會計憑證、會計帳簿、財務報表、公共安全檢查及消防安全設備檢修之申報文件、印鑑及有關文件之保管。

九　管理服務人之委任、僱傭及監督。

十　會計報告、結算報告及其他管理事項之提出及公告。

十一　共用部分、約定共用部分及其附屬設施設備之點收及保管。

十二　依規定應由管理委員會申報之公共安全檢查與消防安全設備檢修之申報及改善之執行。

十三　其他依本條例或規約所定事項。

第三七條　（管理委員會會議決議內容）

管理委員會會議決議之內容不得違反本條例、規約或區分所有權人會議決議。

第三八條　（管理委員會於民事訴訟上有當事人能力）

①管理委員會有當事人能力。

②管理委員會為原告或被告時，應將訴訟事件要旨速告區分所有權人。

第三九條 （管理委員會應向區分所有權人會議負責）

管理委員會應向區分所有權人會議負責，並向其報告會務。

第四○條 （管理委員會之職務於管理負責人準用之）

第三十六條、第三十八條及前條規定，於管理負責人準用之。

第四章 管理服務人

第四一條 （執業許可登記）

公寓大廈管理維護公司應經中央主管機關許可及辦理公司登記，並向中央主管機關申領登記證後，始得執業。

第四二條 （管理維護事務）

公寓大廈管理委員會、管理負責人或區分所有權人會議，得委任或僱傭領有中央主管機關核發之登記證或認可證之公寓大廈管理維護公司或管理服務人員執行管理維護事務。

第四三條 （公寓大廈管理維護公司執業務規定）

公寓大廈管理維護公司，應依下列規定執行業務：

一　應依規定類別，聘僱一定人數領有中央主管機關核發認可證之繼續性從業之管理服務人員，並負監督考核之責。

二　應指派前款之管理服務人員辦理管理維護事務。

三　應依業務執行規範執行業務。

第四四條 （受僱之管理服務人員執行業務規定）

受僱於公寓大廈管理維護公司之管理服務人員，應依下列規定執行業務：

一　應依核准業務類別、項目執行管理維護事務。

二　不得將管理服務人員認可證提供他人使用或使用他人之認可證執業。

三　不得同時受聘於二家以上之管理維護公司。

四　應參加中央主管機關舉辦或委託之相關機構、團體辦理之訓練。

第四五條 （受僱以外之管理服務人員執行業務規定）

前條以外之公寓大廈管理服務人員，應依下列規定執行業務：

一　應依核准業務類別、項目執行管理維護事務。

二　不得將管理服務人員認可證提供他人使用或使用他人之認可證執業。

三　應參加中央主管機關舉辦或委託之相關機構、團體辦理之訓練。

第四六條 （管理維護公司及人員管理辦法之訂定）

第四十一條至前條公寓大廈管理維護公司及管理服務人員之資格、條件、管理維護公司聘僱管理服務人員之類別與一定人數、登記證與認可證之申請與核發、業務範圍、業務執行規範、責任、輔導、獎勵、參加訓練之方式、內容與時數、受委託辦理訓練之機構、團體之資格、條件與責任及登記費之收費基準等事項之管理辦法，由中央主管機關定之。

第五章 罰 則

第四七條 （罰則）

有下列行為之一者，由直轄市、縣（市）主管機關處新臺幣三千元以上一萬五千元以下罰鍰，並得令其限期改善或履行義務、職務；屆期不改善或不履行者，得連續處罰：

一 區分所有權人會議召集人、起造人或臨時召集人違反第二十五條或第二十八條所定之召集義務者。

二 住戶違反第十六條第一項或第四項規定者。

三 區分所有權人或住戶違反第六條規定，主管機關受理住戶、管理負責人或管理委員會之請求，經通知限期改善，屆期不改善者。

第四八條 （罰則）

有下列行為之一者，由直轄市、縣（市）主管機關處新臺幣一千元以上五千元以下罰鍰，並得令其限期改善或履行義務、職務；屆期不改善或不履行者，得連續處罰：

一 管理負責人、主任委員或管理委員未善盡督促第十七條所定住戶投保責任保險之義務者。

二 管理負責人、主任委員或管理委員無正當理由未執行第二十二條所定促請改善或訴請法院強制遷離或強制出讓該區分所有權之職務者。

三 管理負責人、主任委員或管理委員無正當理由違反第三十五條規定者。

四 管理負責人、主任委員或管理委員無正當理由未執行第三十六條第一款、第五款至第十二款所定之職務，顯然影響住戶權益者。

第四九條 （罰則）

① 有下列行為之一者，由直轄市、縣（市）主管機關處新臺幣四萬元以上二十萬元以下罰鍰，並得令其限期改善或履行義務；屆期不改善或不履行者，得連續處罰：

一 區分所有權人對專有部分之利用違反第五條規定者。

二 住戶違反第八條第一項或第九條第二項關於公寓大廈變更使用限制規定，經制止而不遵從者。

三 住戶違反第十五條第一項規定擅自變更專有或約定專用之使用者。

四 住戶違反第十六條第二項或第三項規定者。

五 住戶違反第十七條所定投保責任保險之義務者。

六 區分所有權人違反第十八條第一項第二款規定未繳納公共基金者。

七 管理負責人、主任委員或管理委員違反第二十條所定之公告或移交義務者。

八 起造人或建築業者違反第五十七條或第五十八條規定者。

②有供營業使用事實之住戶有前項第三款或第四款行為，因而致人於死者，處一年以上七年以下有期徒刑，得併科新臺幣一百萬元以上五百萬元以下罰金；致重傷者，處六個月以上五年以下有期徒刑，得併科新臺幣五十萬元以上二百五十萬元以下罰金。

第五〇條 （罰則）

從事公寓大廈管理維護業務之管理維護公司或管理服務人員違反第四十二條規定，未經領得登記證、認可證或經廢止登記證、認可證而營業，或接受公寓大廈管理委員會、管理負責人或區分所有權人會議決議之委任或僱傭執行公寓大廈管理維護服務業務者，由直轄市、縣（市）主管機關勒令其停業或停止執行業務，並處新臺幣四萬元以上二十萬元以下罰鍰；其拒不遵從者，得按次連續處罰。

第五一條 （罰則）

①公寓大廈管理維護公司，違反第四十三條規定者，中央主管機關應通知限期改正；屆期不改正者，得予停業、廢止其許可或登記證或處新臺幣三萬元以上十五萬元以下罰鍰；其未依規定向中央主管機關申領登記證者，中央主管機關應廢止其許可。

②受僱於公寓大廈管理維護公司之管理服務人員，違反第四十四條規定者，中央主管機關應通知限期改正；屆期不改正者，得廢止其認可證或停止其執行公寓大廈管理維護業務三個月以上三年以下或處新臺幣三千元以上一萬五千元以下罰鍰。

③前項以外之公寓大廈管理服務人員，違反第四十五條規定者，中央主管機關應通知限期改正；屆期不改正者，得廢止其認可證或停止其執行公寓大廈管理維護業務六個月以上三年以下或處新臺幣三千元以上一萬五千元以下罰鍰。

第五二條 （強制執行）

依本條例所處之罰鍰，經限期繳納，屆期仍不繳納者，依法移送強制執行。

第六章 附 則

第五三條 （集居地區之管理及組織）

多數各自獨立使用之建築物、公寓大廈，其共同設施之使用與管理具有整體不可分性之集居地區者，其管理及組織準用本條例之規定。

第五四條 （催告事項）

本條例所定應行催告事項，由管理負責人或管理委員會以書面為之。

第五五條 （管理委員會之成立或管理負責人之推選）

①本條例施行前已取得建造執照之公寓大廈，其區分所有權人應依第二十五條第四項規定，互推一人為召集人，並召開第一次區分所有權人會議，成立管理委員會或推選管理負責人，並向直轄市、縣（市）主管機關報備。

②前項公寓大廈於區分所有權人會議訂定規約前，以第六十條規約範本視為規約。但得不受第七條各款不得為約定專用部分之限制。

③對第一項未成立管理組織並報備之公寓大廈，直轄市、縣（市）主管機關得分期、分區、分類（按樓高或使用之不同等分類）擬定計畫，輔導召開區分所有權人會議成立管理委員會或推選管理負責人，並向直轄市、縣（市）主管機關報備。

第五六條　（建物所有權登記）

①公寓大廈之起造人於申請建造執照時，應檢附專有部分、共用部分、約定專用部分、約定共用部分標示之詳細圖說及規約草約。於設計變更時亦同。

②前項規約草約經承受人簽署同意後，於區分所有權人會議訂定規約前，視為規約。

③公寓大廈之起造人或區分所有權人應依使用執照所記載之用途及下列測繪規定，辦理建物所有權第一次登記：

一　獨立建築物所有權之牆壁，以牆之外緣為界。

二　建築物共用之牆壁，以牆壁之中心為界。

三　附屬建物以其外緣為界辦理登記。

四　有隔牆之共用牆壁，依第二款之規定，無隔牆設置者，以使用執照竣工平面圖區分範圍為界，其面積應包括四周牆壁之厚度。

④第一項共用部分之圖說，應包括設置管理維護使用空間之詳細位置圖說。

⑤本條例中華民國九十二年十二月九日修正施行前，領得使用執照之公寓大廈，得設置一定規模、高度之管理維護使用空間，並不計入建築面積及總樓地板面積；其設計入建築面積及總樓地板面積之一定規模、高度之管理維護使用空間及設置條件等事項之辦法，由直轄市、縣（市）主管機關定之。

第五七條　（檢測移交）

①起造人應將公寓大廈共用部分、約定共用部分與其附屬設施設備；設施設備使用維護手冊及廠商資料、使用執照謄本、竣工圖說、水電、機械設施、消防及管線圖說，於管理委員會成立或管理負責人推選或指定後七日內會同政府主管機關、公寓大廈管理委員會或管理負責人現場針對水電、機械設施、消防設施及各類管線進行檢測，確認其功能正常無誤後，移交之。

②前項公寓大廈之水電、機械設施、消防設施及各類管線不能通過檢測，或其功能有明顯缺陷者，管理委員會或管理負責人得報請主管機關處理，其歸責起造人者，主管機關命起造人負責修復改善，並於一個月內，起造人再會同管理委員會或管理負責人辦理移交手續。

第五八條　（消費者權益）

①公寓大廈起造人或建築業者，非經領得建造執照，不得辦理銷

售。

②公寓大廈之起造人或建築業者，不得將共用部分，包含法定空地、法定停車空間及法定防空避難設備，讓售於特定人或爲區分所有權人以外之特定人設定專用使用權或爲其他有損害區分所有權人權益之行爲。

第五九條　（舉證處理）

區分所有權人會議召集人、臨時召集人、起造人、建築業者、區分所有權人、住戶、管理負責人、主任委員或管理委員有第四十七條、第四十八條或第四十九條各款所定情事之一時，他區分所有權人、利害關係人、管理負責人或管理委員會得列舉事實及提出證據，報直轄市、縣（市）主管機關處理。

第五九條之一　（爭議事件調處委員會之設立）95

①直轄市、縣（市）政府爲處理有關公寓大廈爭議事件，得聘請資深之專家、學者及建築師、律師，並指定公寓大廈及建築管理主管人員，組設公寓大廈爭議事件調處委員會。

②前項調處委員會之組織，由內政部定之。

第六〇條　（規約範本）

①規約範本，由中央主管機關定之。

②第五十六條規約草約，得依前項規約範本制作。

第六一條　（委託或委辦處理事項）

第六條、第九條、第十五條、第十六條、第二十條、第二十五條、第二十八條、第二十九條及第五十九條所定主管機關應處理事項，得委託或委辦鄉（鎮、市、區）公所辦理。

第六二條　（施行細則）

本條例施行細則，由中央主管機關定之。

第六三條　（施行日）

本條例自公布日施行。

公寓大廈管理條例施行細則

①民國 85 年 10 月 2 日內政部令訂定發布全文 16 條。
②民國 94 年 11 月 16 日內政部令修正發布全文 14 條；並自發布日施行。

第一條

本細則依公寓大廈管理條例（以下簡稱本條例）第六十二條規定訂定之。

第二條

①本條例所稱區分所有權比例，指區分所有權人之專有部分依本條例第五十六條第三項測繪之面積與公寓大廈專有部分全部面積總和之比。建築物已完成登記者，依登記機關之記載爲準。

②同一區分所有權人有數專有部分者，前項區分所有權比例，應予累計。但於計算區分所有權人會議之比例時，應受本條例第二十七條第二項規定之限制。

第三條

本條例所定區分所有權人之人數，其計算方式如下：

一 區分所有權已登記者，按其登記人數計算。但數人共有一專有部分者，以一人計。

二 區分所有權未登記者，依本條例第五十六條第一項圖說之標示，每一專有部分以一人計。

第四條

本條例第七條第一款所稱公寓大廈本身所占之地面，指建築物外牆中心線或其代替柱中心線以內之最大水平投影範圍。

第五條

①本條例第十八條第一項第一款所定按工程造價一定比例或金額提列公共基金，依下列標準計算之：

一 新臺幣一千萬元以下者爲千分之二十。

二 逾新臺幣一千萬元至新臺幣一億元者，超過新臺幣一千萬元部分爲千分之十五。

三 逾新臺幣一億元至新臺幣十億元者，超過新臺幣一億元部分爲千分之五。

四 逾新臺幣十億元者，超過新臺幣十億元部分爲千分之三。

②前項工程造價，指經直轄市、縣（市）主管建築機關核發建造執照載明之工程造價。

③政府興建住宅之公共基金，其他法規有特別規定者，依其規定。

第六條

本條例第二十二條第一項第一款所稱區分所有權總價，指管理負

責人或管理委員會促請該區分所有權人或住戶改善時，建築物之評定標準價格及當期土地公告現值之和。

第七條

① 本條例第二十五條第三項所定由區分所有權人互推一人爲召集人，除規約另有規定者外，應有區分所有權人二人以上書面推選，經公告十日後生效。

② 前項被推選人爲數人或公告期間另有他人被推選時，以推選之區分所有權人人數較多者任之；人數相同時，以區分所有權比例合計較多者任之。新被推選人與原被推選人不爲同一人時，公告日數應自新被推選人被推選之次日起算。

③ 前二項之推選人於推選後喪失區分所有權人資格時，除受讓人另爲意思表示者外，其所爲之推選行爲仍爲有效。

④ 區分所有權人推選管理負責人時，準用前三項規定。

第八條

① 本條例第二十六條第一項、第二十八條第一項及第五十五條第一項所定報備之資料如下：

一　成立管理委員會或推選管理負責人時之全體區分所有權人名冊及出席區分所有權人名冊。

二　成立管理委員會或推選管理負責人時之區分所有權人會議議紀錄或推選書或其他證明文件。

② 直轄市、縣（市）主管機關受理前項報備資料，應予建檔。

第九條

本條例第三十三條第二款所定無線電臺基地臺等類似強波發射設備，由無線電台基地台之目的事業主管機關認定之。

第一〇條

本條例第二十六條第一項第四款、第三十五條及第三十六條第八款所稱會計憑證，指證明會計事項之原始憑證；會計簿籍，指日記帳及總分類帳；財務報表，指公共基金之現金收支及管理維護費之現金收支及財產目錄、費用及應收未收款明細。

第一一條

本條例第三十六條所定管理委員會之職務，除第七款至第九款、第十一款及第十二款外，經管理委員會決議或管理負責人以書面授權者，得由管理服務人執行之。但區分所有權人會議或規約另有規定者，從其規定。

第一二條

本條例第五十三條所定其共同設施之使用與管理具有整體不可分性之集居地區，指下列情形之一：

一　依建築法第十一條規定之一宗建築基地。

二　依非都市土地使用管制規則及中華民國九十二年三月二十六日修正施行前山坡地開發建築管理辦法申請開發許可範圍內之地區。

三　其他經直轄市、縣（市）主管機關認定其共同設施之使用與

　　　管理具有整體不可分割之地區。

第一三條

　本條例所定之公告，應於公寓大廈公告欄內為之；未設公告欄者，應於主要出入口明顯處所為之。

第一四條

　本細則自發布日施行。

公平交易法

①民國 80 年 2 月 4 日總統令制定公布全文 49 條。
②民國 88 年 2 月 3 日總統令修正公布第 10、11、16、18～21、23、35～37、40～42、46、49 條條文；並增訂第 23-1～23-4 條條文。
③民國 89 年 4 月 26 日總統令修正公布第 9 條條文。
④民國 91 年 2 月 6 日總統令修正公布第 7、8、11～17、23-4、40 條條文；並增訂第 5-1、11-1、27-1、42-1 條條文。
⑤民國 99 年 6 月 9 日總統令修正公布第 21 條條文。
⑥民國 100 年 11 月 23 日總統令修正公布第 21、41 條條文；並增訂第 35-1 條條文。
　民國 101 年 2 月 3 日行政院公告第 9 條第 1、2 項所列屬「行政院公平交易委員會」之權責事項，自 101 年 2 月 6 日起改由「公平交易委員會」管轄。
⑦民國 104 年 2 月 4 日總統令修正公布全文 50 條；除第 10、11 條自公布三十日後施行外，餘自公布日施行。
⑧民國 104 年 6 月 24 日總統令增訂公布第 47-1 條條文。

第一章　總　則

第一條　（立法目的）
為維護交易秩序與消費者利益，確保自由與公平競爭，促進經濟之安定與繁榮，特制定本法。

第二條　（事業之定義）
①本法所稱事業如下：
　一　公司。
　二　獨資或合夥之工商行號。
　三　其他提供商品或服務從事交易之人或團體。
②事業所組成之同業公會或其他依法設立、促進成員利益之團體，視為本法所稱事業。

第三條　（交易相對人之定義）
本法所稱交易相對人，指與事業進行或成立交易之供給者或需求者。

第四條　（競爭之定義）
本法所稱競爭，指二以上事業在市場上以較有利之價格、數量、品質、服務或其他條件，爭取交易機會之行為。

第五條　（相關市場之定義）
本法所稱相關市場，指事業就一定之商品或服務，從事競爭之區域或範圍。

第六條　（主管機關）
①本法所稱主管機關為公平交易委員會。

②本法規定事項，涉及其他部會之職掌者，由主管機關商同各該部會辦理之。

第二章 限制競爭

第七條 （獨占之定義）

①本法所稱獨占，指事業在相關市場處於無競爭狀態，或具有壓倒性地位，可排除競爭之能力者。

②二以上事業，實際上不為價格之競爭，而其全體之對外關係，具有前項規定之情形者，視為獨占。

第八條 （獨占事業認定範圍）

①事業無下列各款情形者，不列入前條獨占事業認定範圍：

　一　一事業於相關市場之占有率達二分之一。

　二　二事業全體於相關市場之占有率達三分之二。

　三　三事業全體於相關市場之占有率達四分之三。

②有前項各款情形之一，其個別事業於相關市場占有率未達十分之一或上一會計年度事業總銷售金額未達主管機關所公告之金額者，該事業不列入獨占事業之認定範圍。

③事業之設立或事業所提供之商品或服務進入相關市場，受法令、技術之限制或有其他足以影響市場供需可排除競爭能力之情事者，雖有前二項不列入認定範圍之情形，主管機關仍得認定其為獨占事業。

第九條 （獨占事業禁止之行為）

　獨占之事業，不得有下列行為：

　一　以不公平之方法，直接或間接阻礙他事業參與競爭。

　二　對商品價格或服務報酬，為不當之決定、維持或變更。

　三　無正當理由，使交易相對人給予特別優惠。

　四　其他濫用市場地位之行為。

第一〇條 （事業之結合）

①本法所稱結合，指事業有下列情形之一者：

　一　與他事業合併。

　二　持有或取得他事業之股份或出資額，達到他事業有表決權股份總數或資本總額三分之一以上。

　三　受讓或承租他事業全部或主要部分之營業或財產。

　四　與他事業經常共同經營或受他事業委託經營。

　五　直接或間接控制他事業之業務經營或人事任免。

②計算前項第二款之股份或出資額時，應將與該事業具有控制與從屬關係之事業及與該事業受同一事業或數事業控制之從屬關係事業所持有或取得他事業之股份或出資額一併計入。

第一一條 （事業結合之申報）

①事業結合時，有下列情形之一者，應先向主管機關提出申報：

　一　事業因結合而使其市場占有率達三分之一。

　二　參與結合之一事業，其市場占有率達四分之一。

三　參與結合之事業，其上一會計年度銷售金額，超過主管機關所公告之金額。

②前項第三款之銷售金額，應將與參與結合之事業具有控制與從屬關係之事業及與參與結合之事業同一事業或數事業控制之從屬關係事業之銷售金額一併計入，其計算方法由主管機關公告之。

③對事業具有控制性持股之人或團體，視為本法有關結合規定之事業。

④前項所稱控制性持股，指前項之人或團體及其關係人持有他事業有表決權之股份或出資額，超過他事業已發行有表決權之股份總數或資本總額半數者。

⑤前項所稱關係人，其範圍如下：

一　同一自然人與其配偶及二親等以內血親。

二　前款之人持有已發行有表決權股份總數或資本總額超過半數之事業。

三　第一款之人擔任董事長、總經理或過半數董事之事業。

四　同一團體與其代表人、管理人或其他有代表權之人及其配偶與二親等以內血親。

五　同一團體及前款之自然人持有已發行有表決權股份總數或資本總額超過半數之事業。

⑥第一項第三款之銷售金額，得由主管機關擇定行業分別公告之。

⑦事業自主管機關受理其提出完整申報資料之日起算三十日內，不得為結合。但主管機關認為必要時，得將該期間縮短或延長，並以書面通知申報事業。

⑧主管機關依前項但書延長之期間，不得逾六十日；對於延長期間之申報案件，應依第十三條規定作成決定。

⑨主管機關屆期未為第七項但書之延長通知或前項之決定者，事業得逕行結合。但有下列情形之一者，不得逕行結合：

一　經申報之事業同意再延長期間。

二　事業之申報事項有虛偽不實。

第一二條 （不適用事業結合申報之情形）

前條第一項之規定，於下列情形不適用之：

一　參與結合之一事業或其百分之百持有之子公司，已持有他事業達百分之五十以上之有表決權股份或出資額，再與該他事業結合者。

二　同一事業所持有有表決權股份或出資額達百分之五十以上之事業間結合者。

三　事業將其全部或主要部分之營業、財產或可獨立營運之全部或一部營業，讓與其獨自新設之他事業者。

四　事業依公司法第一百六十七條第一項但書或證券交易法第二十八條之二規定收回股東所持有之股份，致其原有股東符合第十條第一項第二款之情形者。

五　單一事業轉投資成立並持有百分之百股份或出資額之子公司

者。

六　其他經主管機關公告之類型。

第一三條　（不得禁止事業結合之限制）

①對於事業結合之申報，如其結合，對整體經濟利益大於限制競爭之不利益者，主管機關不得禁止其結合。

②主管機關對於第十一條第八項申報案件所爲之決定，得附加條件或負擔，以確保整體經濟利益大於限制競爭之不利益。

第一四條　（聯合行爲之定義）

①本法所稱聯合行爲，指具競爭關係之同一產銷階段事業，以契約、協議或其他方式之合意，共同決定商品或服務之價格、數量、技術、產品、設備、交易對象、交易地區或其他相互約束事業活動之行爲，而足以影響生產、商品交易或服務供需之市場功能者。

②前項所稱其他方式之合意，指契約、協議以外之意思聯絡，不問有無法律拘束力，事實上可導致共同行爲者。

③聯合行爲之合意，得依市場狀況、商品或服務特性、成本及利潤考量、事業行爲之經濟合理性等相當依據之因素推定之。

④第二條第二項之同業公會或其他團體藉章程或會員大會、理、監事會議決議或其他方法所爲約束事業活動之行爲，亦爲本法之聯合行爲。

第一五條　（聯合行爲之禁止及例外）

①事業不得爲聯合行爲。但有下列情形之一，而有益於整體經濟與公共利益，經申請主管機關許可者，不在此限：

一　爲降低成本、改良品質或增進效率，而統一商品或服務之規格或型式。

二　爲提高技術、改良品質、降低成本或增進效率，而共同研究開發商品、服務或市場。

三　爲促進事業合理經營，而分別作專業發展。

四　爲確保或促進輸出，而專就國外市場之競爭予以約定。

五　爲加強貿易效能，而就國外商品或服務之輸入採取共同行爲。

六　因經濟不景氣，致同一行業之事業難以繼續維持或生產過剩，爲有計畫適應需求而限制產銷數量、設備或價格之共同行爲。

七　爲增進中小企業之經營效率，或加強其競爭能力所爲之共同行爲。

八　其他爲促進產業發展、技術創新或經營效率所必要之共同行爲。

②主管機關收受前項之申請，應於三個月內爲決定；必要時得延長一次。

第一六條　（聯合行爲許可之附加條件、限制或負擔）

①主管機關爲前條之許可時，得附加條件或負擔。

②許可應附期限，其期限不得逾五年；事業如有正當理由，得於期限屆滿前三個月至六個月期間內，以書面向主管機關申請延展；其延展期限，每次不得逾五年。

第一七條 （許可之撤銷、變更）

聯合行為經許可後，因許可事由消滅、經濟情況變更、事業逾越許可範圍或違反主管機關依前條第一項所附加之條件或負擔者，主管機關得廢止許可、變更許可內容、令停止、改正其行為或採取必要更正措施。

第一八條 （聯合行為之許可及相關條件等之公開）

主管機關對於前三條之許可及其有關之條件、負擔、期限，應主動公開。

第十九條 （不得限制交易相對人轉售價格）

①事業不得限制其交易相對人，就供給之商品轉售與第三人或第三人再轉售時之價格。但有正當理由者，不在此限。

②前項規定，於事業之服務準用之。

第二〇條 （妨害公平競爭之行為）

下列各款行為之一，而有限制競爭之虞者，事業不得為之：

一　以損害特定事業為目的，促使他事業對該特定事業斷絕供給、購買或其他交易之行為。

二　無正當理由，對他事業給予差別待遇之行為。

三　以低價利誘或其他不正當方法，阻礙競爭者參與或從事競爭之行為。

四　以脅迫、利誘或其他不正當方法，使他事業不為價格之競爭、參與結合、聯合或為垂直限制競爭之行為。

五　以不正當限制交易相對人之事業活動為條件，而與其交易之行為。

第三章　不公平競爭

第二一條 （虛偽不實記載或廣告薦證引人不實之賠償責任）

①事業不得在商品或廣告上，或以其他使公眾得知之方法，對於與商品相關而足以影響交易決定之事項，為虛偽不實或引人錯誤之表示或表徵。

②前項所定與商品相關而足以影響交易決定之事項，包括商品之價格、數量、品質、內容、製造方法、製造日期、有效期限、使用方法、用途、原產地、製造者、製造地、加工者、加工地，及其他具有招徠效果之相關事項。

③事業對於載有前項虛偽不實或引人錯誤表示之商品，不得販賣、運送、輸出或輸入。

④前三項規定，於事業之服務準用之。

⑤廣告代理業在明知或可得而知情形下，仍製作或設計有引人錯誤之廣告，與廣告主負連帶損害賠償責任。廣告媒體業在明知或可得而知其所傳播或刊載之廣告有引人錯誤之虞，仍予傳播或刊

載，亦與廣告主負連帶損害賠償責任。廣告薦證者明知或可得而知其所從事之薦證有引人錯誤之虞，而仍為薦證者，與廣告主連帶損害賠償責任。但廣告薦證者非屬知名公眾人物、專業人士或機構，僅於受廣告主報酬十倍之範圍內，與廣告主負連帶損害賠償責任。

⑥前項所稱廣告薦證者，指廣告主以外，於廣告中反映其對商品或服務之意見、信賴、發現或親身體驗結果之人或機構。

第二二條　（仿冒行為之制止）

①事業就其營業所提供之商品或服務，不得有下列行為：

一　以著名之他人姓名、商號或公司名稱、商標、商品容器、包裝、外觀或其他顯示他人商品之表徵，於同一或類似之商品，為相同或近似之使用，致與他人商品混淆，或販賣、運送、輸出或輸入使用該項表徵之商品者。

二　以著名之他人姓名、商號或公司名稱、標章或其他表示他人營業、服務之表徵，於同一或類似之服務為相同或近似之使用，致與他人營業或服務之設施或活動混淆者。

②前項姓名、商號或公司名稱、商標、商品容器、包裝、外觀或其他顯示他人商品或服務之表徵，依法註冊取得商標權者，不適用之。

③第一項規定，於下列各款行為不適用之：

一　以普通使用方法，使用商品或服務習慣上所通用之名稱，或交易上同類商品或服務之其他表徵，或販賣、運送、輸出或輸入使用該名稱或表徵之商品或服務者。

二　善意使用自己姓名之行為，或販賣、運送、輸出或輸入使用該姓名之商品或服務者。

三　對於第一項第一款或第二款所列之表徵，在未著名前，善意為相同或近似使用，或其表徵之使用係自該善意使用人連同其營業一併繼受而使用，或販賣、運送、輸出或輸入使用該表徵之商品或服務者。

④事業因他事業為前項第二款或第三款之行為，致其商品或服務來源有混淆誤認之虞者，得請求他事業附加適當之區別標示。但對僅為運送商品者，不適用之。

第二三條　（禁止不當提供贈品、贈獎促銷）

①事業不得以不當提供贈品、贈獎之方法，爭取交易之機會。

②前項贈品、贈獎之範圍、不當提供之額度及其他相關事項之辦法，由主管機關定之。

第二四條　（競爭手段之限制）

事業不得為競爭之目的，而陳述或散布足以損害他人營業信譽之不實情事。

第二五條　（不法行為之禁止）

除本法另有規定者外，事業亦不得為其他足以影響交易秩序之欺罔或顯失公平之行為。

第四章 調查及裁處程序

第二六條 （主管機關對於危害公共利益之處理）

主管機關對於涉及有違反本法規定，危害公共利益之情事，得依檢舉或職權調查處理。

第二七條 （主管機關之調查程序）

①主管機關依本法調查，得依下列程序進行：

一 通知當事人及關係人到場陳述意見。

二 通知當事人及關係人提出帳冊、文件及其他必要之資料或證物。

三 派員前往當事人及關係人之事務所、營業所或其他場所爲必要之調查。

②依前項調查所得可爲證據之物，主管機關得扣留之；其扣留範圍及期間，以供調查、檢驗、鑑定或其他爲保全證據之目的所必要者爲限。

③受調查者對於主管機關依第一項規定所爲之調查，無正當理由不得規避、妨礙或拒絕。

④執行調查之人員依法執行公務時，應出示有關執行職務之證明文件；其未出示者，受調查者得拒絕之。

第二八條 （中止調查及恢復調查之決定）

①主管機關對於事業涉及違反本法規定之行爲進行調查時，事業承諾在主管機關所定期限內，採取具體措施停止並改正涉及違法之行爲者，主管機關得中止調查。

②前項情形，主管機關應對事業有無履行其承諾進行監督。

③事業已履行其承諾，採取具體措施停止並改正涉及違法之行爲者，主管機關得決定終止該案之調查。但有下列情形之一者，應恢復調查：

一 事業未履行其承諾。

二 作成中止調查之決定所依據之事實發生重大變化。

三 作成中止調查之決定係基於事業提供不完整或不眞實之資訊。

④第一項情形，裁處權時效自中止調查之日起，停止進行。主管機關恢復調查者，裁處權時效自恢復調查之翌日起，與停止前已經過之期間一併計算。

第五章 損害賠償

第二九條 （權益之保護）

事業違反本法之規定，致侵害他人權益者，被害人得請求除去之；有侵害之虞者，並得請求防止之。

第三〇條 （損害賠償責任）

事業違反本法之規定，致侵害他人權益者，應負損害賠償責任。

第三一條　（損害賠償額之酌給）

① 法院因前條被害人之請求，如為事業之故意行為，得依侵害情節，酌定損害額以上之賠償。但不得超過已證明損害額之三倍。

② 侵害人如因侵害行為受有利益者，被害人得請求專依該項利益計算損害額。

第三二條　（損害賠償請求權之消滅時效）

本章所定之請求權，自請求權人知有行為及賠償義務人時起，二年間不行使而消滅；自為行為時起，逾十年者亦同。

第三三條　（被害人得請求侵害人負擔訴訟費用）

被害人依本法之規定，向法院起訴時，得請求由侵害人負擔費用，將判決書內容登載新聞紙。

第六章　罰　則

第三四條　（獨占、聯合行為之罰則）

違反第九條或第十五條規定，經主管機關依第四十條第一項規定限期令停止、改正其行為或採取必要更正措施，而屆期未停止、改正其行為或未採取必要更正措施，或停止後再為相同違反行為者，處行為人三年以下有期徒刑、拘役或科或併科新臺幣一億元以下罰金。

第三五條　（違反聯合行為之罰則）

① 違反第十五條之事業，符合下列情形之一，並經主管機關事先同意者，免除或減輕主管機關依第四十條第一項、第二項所為之罰鍰處分：

一　當尚未為主管機關知悉或依本法進行調查前，就其所參與之聯合行為，向主管機關提出書面檢舉或陳述具體違法，並檢附事證及協助調查。

二　當主管機關依本法調查期間，就其所參與之聯合行為，陳述具體違法，並檢附事證及協助調查。

② 前項之適用對象之資格要件、裁處減免之基準及家數、違法事證之檢附、身分保密及其他執行事項之辦法，由主管機關定之。

第三六條　（罰則）

違反第十九條或第二十條規定，經主管機關依第四十條第一項規定限期令停止、改正其行為或採取必要更正措施，而屆期未停止、改正其行為或未採取必要更正措施，或停止後再為相同違反行為者，處行為人二年以下有期徒刑、拘役或科或併科新臺幣五千萬元以下罰金。

第三七條　（罰則）

① 違反第二十四條規定者，處行為人二年以下有期徒刑、拘役或科或併科新臺幣五千萬元以下罰金。

② 法人之代表人、代理人、受僱人或其他從業人員，因執行業務違反第二十四條規定者，除依前項規定處罰其行為人外，對該法人亦科處前項之罰金。

③前二項之罪，須告訴乃論。

第三八條　（罰則）

第三十四條、第三十六條、第三十七條之處罰，其他法律有較重之規定者，從其規定。

第三九條　（違反事業結合之罰則）

①事業違反第十一條第一項、第七項規定而為結合，或申報後經主管機關禁止其結合而為結合，或未履行第十三條第二項對於結合所附加之負擔者，主管機關得禁止其結合、限期令其分設事業、處分全部或部分股份、轉讓部分營業、免除擔任職務或為其他必要之處分，並得處新臺幣二十萬元以上五千萬元以下罰鍰。

②事業對結合申報事項有虛偽不實而為結合之情形者，主管機關得禁止其結合、限期令其分設事業、處分全部或部分股份、轉讓部分營業、免除擔任職務或為其他必要之處分，並得處新臺幣十萬元以上一百萬元以下罰鍰。

③事業違反主管機關依前二項所為之處分者，主管機關得命令解散、勒令歇業或停止營業。

④前項所處停止營業之期間，每次以六個月為限。

第四〇條　（違法行為之限期停止、改正之罰則）

①主管機關對於違反第九條、第十五條、第十九條及第二十條規定之事業，得限期令停止、改正其行為或採取必要更正措施，並得處新臺幣十萬元以上五千萬元以下罰鍰；屆期仍不停止、改正其行為或未採取必要更正措施者，得繼續限期令停止、改正其行為或採取必要更正措施，並按次處新臺幣二十萬元以上一億元以下罰鍰，至停止、改正其行為或採取必要更正措施為止。

②事業違反第九條、第十五條，經主管機關認定有情節重大者，得處該事業上一會計年度銷售金額百分之十以下罰鍰，不受前項罰鍰金額限制。

③前項事業上一會計年度銷售金額之計算、情節重大之認定、罰鍰計算之辦法，由主管機關定之。

第四一條　（第三十九條、第四十條裁處權之消滅時效）

前二條規定之裁處權，因五年期間之經過而消滅。

第四二條　（罰則）

主管機關對於違反第二十一條、第二十三條至第二十五條規定之事業，得限期令停止、改正其行為或採取必要更正措施，並得處新臺幣五萬元以上二千五百萬元以下罰鍰；屆期仍不停止、改正其行為或未採取必要更正措施者，得繼續限期令停止、改正其行為或採取必要更正措施，並按次處新臺幣十萬元以上五千萬元以下罰鍰，至停止、改正其行為或採取必要更正措施為止。

第四三條　（同業公會或其他團體成員參與違法行為之處罰）

第二條第二項之同業公會或其他團體違反本法規定者，主管機關得就其參與違法行為之成員併同罰之。但成員能證明其不知、未參與合意、未實施或在主管機關開始調查前即停止該違法行為

者，不予處罰。

第四四條 （受調者違反規定之罰則）

主管機關依第二十七條規定進行調查時，受調查者違反第二十七條第三項規定，得處新臺幣五萬元以上五十萬元以下罰鍰；受調查者再經通知，無正當理由規避、妨礙或拒絕者，主管機關得繼續通知調查，並按次處新臺幣十萬元以上一百萬元以下罰鍰，至接受調查、到場陳述意見或提出有關帳冊、文件等資料或證物為止。

第七章 附 則

第四五條 （除外規定）

依照著作權法、商標法、專利法或其他智慧財產權法規行使權利之正當行為，不適用本法之規定。

第四六條 （競爭行為優先適用本法）

事業關於競爭之行為，優先適用本法之規定。但其他法律另有規定且不牴觸本法立法意旨者，不在此限。

第四七條 （未經認許外國法人、團體之訴訟權）

未經認許之外國法人或團體，就本法規定事項得告訴、自訴或提起民事訴訟。但以依條約或其本國法令、慣例，中華民國人或團體得在該國享受同等權利者為限；其由團體或機構互訂保護之協議，經主管機關核准者亦同。

第四七條之一 （反托拉斯基金之設立及基金來源與用途）104

① 主管機關為強化聯合行為查處，促進市場競爭秩序之健全發展，得設立反托拉斯基金。

② 前項基金之來源如下：

一 提撥違反本法罰鍰之百分之三十。

二 基金孳息收入。

三 循預算程序之撥款。

四 其他有關收入。

③ 第一項基金之用途如下：

一 檢舉違法聯合行為獎金之支出。

二 推動國際競爭法執法機關之合作、調查及交流事項。

三 補助本法與涉及檢舉獎金訴訟案件相關費用之支出。

四 辦理競爭法相關資料庫之建置及維護。

五 辦理競爭法相關制度之研究發展。

六 辦理競爭法之教育及宣導。

七 其他維護市場交易秩序之必要支出。

④ 前項第一款有關檢舉獎金適用之範圍、檢舉人資格、發給標準、發放程序、獎金之撤銷、廢止與追償、身分保密等事項之辦法，由主管機關定之。

第四八條 （行政處分或決定不服之處理）

① 對主管機關依本法所為之處分或決定不服者，直接適用行政訴訟

程序。

②本法修正施行前，尚未終結之訴願事件，依訴願法規定終結之。

第四九條 （施行細則）

本法施行細則，由主管機關定之。

第五○條 （施行日）

本法除中華民國一百零四年一月二十二日修正之第十條及第十一條條文自公布三十日後施行外，自公布日施行。

公平交易法施行細則

①民國 81 年 6 月 24 日行政院公平交易委員會令訂定發布全文 32 條。
②民國 88 年 8 月 30 日行政院公平交易委員會令修正發布全文 35 條；
　並自發布日起施行。
③民國 91 年 6 月 19 日行政院公平交易委員會令修正發布全文 37 條；
　並自發布日施行。
④民國 103 年 4 月 18 日公平交易委員會令發布刪除第 29 條條文。
⑤民國 104 年 7 月 2 日公平交易委員會令修正發布全文 37 條；並自
　發布日施行。

第一條

本細則依公平交易法（以下簡稱本法）第四十九條規定訂定之。

第二條

①本法第二條第二項所稱同業公會如下：

一　依工業團體法成立之工業同業公會及工業會。

二　依商業團體法成立之商業同業公會、商業同業公會聯合會、
　　輸出業同業公會及聯合會、商業會。

三　依其他法規規定成立之律師公會、會計師公會、建築師公
　　會、醫師公會、技師公會等職業團體。

②本法第二條第二項所稱其他依法設立、促進成員利益之團體，指
除前項外其他依人民團體法或相關法律設立、促進成員利益之事
業團體。

第三條

本法第七條所稱獨占，應審酌下列事項認定之：

一　事業在相關市場之占有率。

二　考量時間、空間等因素下，商品或服務在相關市場變化中之
　　替代可能性。

三　事業影響相關市場價格之能力。

四　他事業加入相關市場有無不易克服之困難。

五　商品或服務之輸入、輸出情形。

第四條

①計算事業之市場占有率時，應先審酌該事業及該相關市場之生
產、銷售、存貨、輸入及輸出值（量）之資料。

②計算市場占有率所需之資料，得以主管機關調查所得資料或其他
政府機關記載資料為基準。

第五條

本法第二條第二項所稱同業公會或其他團體之代表人，得為本法
聯合行為之行為人。

第六條

①本法第十條第二項與第十一條第二項所稱控制與從屬關係，指有下列情形之一者：

一　事業持有他事業有表決權之股份或出資額，超過他事業已發行有表決權股份總數或資本總額半數。

二　事業直接或間接控制他事業之人事、財務或業務經營，而致一事業對另一事業有控制力。

三　二事業間，有本法第十條第一項第三款或第四款所定情形，而致一事業對一事業有控制力。

四　本法第十一條第三項之人或團體及其關係人持有他事業有表決權之股份或出資額，超過他事業已發行有表決權股份總數或資本總額半數。

②有下列情形之一者，推定為有控制與從屬關係：

一　事業與他事業之執行業務股東或董事有半數以上相同。

二　事業與他事業之已發行有表決權股份總數或資本總額有半數以上為相同之股東持有或出資。

第七條

①本法第十一條第一項第三款所稱銷售金額，指事業之營業收入總額。

②前項營業收入總額之計算，得以主管機關調查所得資料或其他政府機關記載資料為基準。

第八條

①本法第十一條第一項之事業結合，由下列之事業向主管機關提出申報：

一　與他事業合併、受讓或承租他事業之營業或財產、經常共同經營或受他事業委託經營者，為參與結合之事業。

二　持有或取得他事業之股份或出資額者，為持有或取得之事業。但持有或取得事業間具有控制與從屬關係者，或受同一事業或數事業控制者，為最終控制之事業。

三　直接或間接控制他事業之業務經營或人事任免者，為控制事業。

②應申報事業尚未設立者，由參與結合之既存事業提出申報。

③金融控股公司或其依金融控股公司法具控制性持股之子公司參與結合時，由金融控股公司提出申報。

第九條

①本法第十一條第一項之事業結合，應備下列文件，向主管機關提出申報：

一　申報書，載明下列事項：

　　㈠結合型態及內容。

　　㈡參與事業之姓名、住居所或公司、行號或團體之名稱、事務所或營業所。

　　㈢預定結合日期。

　　㈣設有代理人者，其代理人之姓名及其證明文件。
　　㈤其他必要事項。
　二　參與事業之基本資料：
　　㈠事業設有代表人或管理人者，其代表人或管理人之姓名及住居所。
　　㈡參與事業之資本額及營業項目。
　　㈢參與事業、與參與事業具有控制與從屬關係之事業，以及與參與事業受同一事業或數事業控制之從屬關係事業，其上一會計年度之營業額。
　　㈣每一參與事業之員工人數。
　　㈤參與事業設立證明文件。
　三　參與事業上一會計年度之財務報表及營業報告書。
　四　參與事業就該結合相關商品或服務之生產或經營成本、銷售價格及產銷值（量）等資料。
　五　實施結合對整體經濟利益及限制競爭不利益之說明。
　六　參與事業未來主要營運計畫。
　七　參與事業轉投資之概況。
　八　本法第十一條第三項之人或團體，持有他事業有表決權股份或出資額之概況。
　九　參與事業之股票在證券交易所上市，或於證券商營業處所買賣者，其最近一期之公開說明書或年報。
　十　參與事業之水平競爭或其上下游事業之市場結構資料。
　十一　主管機關為完整評估結合對競爭影響所指定之其他文件。
②前項申報書格式，由主管機關定之。
③事業結合申報，有正當理由無法提出第一項應備文件或資料者，應於申報書內表明並釋明之。

第一〇條
　事業結合依本法第十一條第一項提出申報時，所提資料不符前條規定或記載不完備者，主管機關得敘明理由限期通知補正；屆期不補正或補正後所提資料仍不齊備者，不受理其申報。

第一一條
　本法第十一條第七項所定受理其提出完整申報資料之日，指主管機關受理事業提出之申報資料符合第九條規定且記載完備之收文日。

第一二條
①事業依本法第十五條第一項但書規定申請許可，應由參與聯合行為之事業共同為之。
②前項事業為本法第二條第二項所定之同業公會或其他團體者，應由該同業公會或團體為之。
③前二項之申請，得委任代理人為之。

第一三條
①依本法第十五條第一項但書規定申請許可，應備下列文件：

一 申請書，載明下列事項：
㈠申請聯合行為之商品或服務名稱。
㈡聯合行為之型態。
㈢聯合行為實施期間及地區。
㈣設有代理人者，其代理人之姓名及其證明文件。
㈤其他必要事項。
二 聯合行為之契約書、協議書或其他合意文件。
三 實施聯合行為之具體內容及實施方法。
四 參與事業之基本資料：
㈠參與事業之姓名、住居所或公司、行號、公會或團體之名稱、事務所或營業所。
㈡事業設有代表人或管理人者，其代表人或管理人之姓名及住居所。
㈢參與事業之營業項目、資本額及上一會計年度之營業額。
五 參與事業最近三年與聯合行為有關之商品或服務價格及產銷值（量）之逐季資料。
六 參與事業上一會計年度之財務報表及營業報告書。
七 參與事業之水平競爭或其上下游事業之市場結構資料。
八 聯合行為評估報告書。
九 其他經主管機關指定之文件。
②前項申請書格式，由主管機關定之。

第一四條

前條第一項第八款聯合行為評估報告書，並應載明下列事項：
一 參與事業實施聯合行為前後成本結構及變動分析預估。
二 聯合行為對未參與事業之影響。
三 聯合行為對該市場結構、供需及價格之影響。
四 聯合行為對上、下游事業及其市場之影響。
五 聯合行為對整體經濟與公共利益之具體效益與不利影響。
六 其他必要事項。

第一五條

依本法第十五條第一項第一款、第三款或第八款規定申請許可者，其聯合行為評估報告書除依前條規定外，並應詳載其實施聯合行為達成降低成本、改良品質、增進效率、促進合理經營、產業發展或技術創新之具體預期效果。

第一六條

依本法第十五條第一項第二款規定申請許可者，其聯合行為評估報告書除第十四條規定外，並應詳載下列事項：
一 個別研究開發及共同研究開發所需經費之差異。
二 提高技術、改良品質、降低成本或增進效率之具體預期效果。

第一七條

依本法第十五條第一項第四款規定申請許可者，其聯合行為評估

報告書除第十四條規定外，並應詳載下列事項：

一　參與事業最近三年之輸出值（量）與其占該商品總輸出值（量）及內外銷之比例。

二　促進輸出之具體預期效果。

第一八條

依本法第十五條第一項第五款規定申請許可者，其聯合行為評估報告書除第十四條規定外，並應詳載下列事項：

一　參與事業最近三年之輸入值（量）。

二　事業為個別輸入及聯合輸入所需成本比較。

三　達成加強貿易效能之具體預期效果。

第一九條

① 依本法第十五條第一項第六款規定申請許可者，其聯合行為評估報告書除第十四條規定外，並應詳載下列事項：

一　因經濟不景氣，而致同一行業之事業難以繼續維持或生產過剩之資料。

二　參與事業最近三年每月之產能、設備利用率、產銷值（量）、輸出入值（量）及存貨量資料。

三　最近三年間該行業廠家數之變動狀況。

四　該行業之市場展望資料。

五　除聯合行為外，已採或擬採之自救措施。

六　實施聯合行為之預期效果。

② 除前項應載事項外，主管機關得要求提供其他相關資料。

第二〇條

依本法第十五條第一項第七款規定申請許可者，其聯合行為評估報告書除第十四條規定外，並應詳載下列事項：

一　符合中小企業認定標準之資料。

二　達成增進經營效率或加強競爭能力之具體預期效果。

第二一條

本法第十五條第一項第七款所稱中小企業，依中小企業發展條例規定之標準認定之。

第二二條

事業依本法第十五條第一項但書規定申請聯合行為許可時，所提資料不全或記載不完備者，主管機關得敘明理由限期通知補正；屆期不補正或補正後所提資料仍不齊備者，駁回其申請。

第二三條

本法第十五條第二項所定三個月期限，自主管機關收文之次日起算。但事業提出之資料不全或記載不完備，經主管機關限期通知補正者，自補正之次日起算。

第二四條

① 事業依本法第十六條第二項規定申請延展時，應備下列資料，向主管機關提出：

一　申請書。

二　聯合行為之契約書、協議書或其他合意文件。

三　實施聯合行為之具體內容及實施方法。

四　參與事業之基本資料。

五　參與事業最近三年與聯合行為有關之商品或服務價格及產銷值（量）之逐季資料。

六　參與事業上一會計年度之財務報表及營業報告書。

七　參與事業之水平競爭或其上下游事業之市場結構資料。

八　聯合行為評估報告書。

九　原許可文件影本。

十　申請延展之理由。

十一　其他經主管機關指定之文件或資料。

②前項第三款應符合原申請許可之內容，如逾越許可範圍，應重新提出申請。

③事業依本法第十六條第二項規定申請聯合行為延展時，所提資料不全或記載不完備者，主管機關得於敘明理由限期通知補正；屆期不補正或補正後所提資料仍不齊備者，駁回其申請。

第二五條

本法第十九條第一項但書所稱正當理由，主管機關得就事業所提事證，應審酌下列因素認定之：

一　鼓勵下游事業提升售前服務之效率或品質。

二　防免搭便車之效果。

三　提升新事業或品牌參進之效果。

四　促進品牌間之競爭。

五　其他有關競爭考量之經濟上合理事由。

第二六條

①本法第二十條第二款所稱正當理由，應審酌下列情形認定之：

一　市場供需情況。

二　成本差異。

三　交易數額。

四　信用風險。

五　其他合理之事由。

②差別待遇是否有限制競爭之虞，應綜合當事人之意圖、目的、市場地位、所屬市場結構、商品或服務特性及實施情況對市場競爭之影響等加以判斷。

第二七條

①本法第二十條第三款所稱低價利誘，指事業以低於成本或顯不相當之價格，阻礙競爭者參與或從事競爭。

②低價利誘是否有限制競爭之虞，應綜合當事人之意圖、目的、市場地位、所屬市場結構、商品或服務特性及實施情況對市場競爭之影響等加以判斷。

第二八條

①本法第二十條第五款所稱限制，指搭售、獨家交易、地域、顧客

或使用之限制及其他限制事業活動之情形。

②前項限制是否不正當而有限制競爭之虞，應綜合當事人之意圖、目的、市場地位、所屬市場結構、商品或服務特性及履行情況對市場競爭之影響等加以判斷。

第二九條

①事業有違反本法第二十一條第一項、第四項規定之行為，主管機關得依本法第四十二條規定，令其刊登更正廣告。

②前項更正廣告方法、次數及期間，由主管機關審酌原廣告之影響程度定之。

第三〇條

主管機關對於無具體內容、未具真實姓名或住址之檢舉案件，得不予處理。

第三一條

①主管機關依本法第二十七條第一項第一款規定為通知時，應以書面載明下列事項：

　一　受通知者之姓名、住居所。受通知者為公司、行號、公會或團體者，其負責人之姓名及事務所、營業所。

　二　擬調查之事項及受通知者對該事項應提供之說明或資料。

　三　應到之日、時、處所。

　四　無正當理由不到場之處罰規定。

②前項通知，至遲應於到場日四十八小時前送達。但有急迫情形者，不在此限。

第三二條

前條之受通知者得委任代理人到場陳述意見。但主管機關認為必要時，得通知應由本人到場。

第三三條

第三十一條之受通知者到場陳述意見後，主管機關應作成陳述紀錄，由陳述者簽名。其不能簽名者，得以蓋章或按指印代之；其拒不簽名、蓋章或按指印者，應載明其事實。

第三四條

主管機關依本法第二十七條第一項第二款規定為通知時，應以書面載明下列事項：

　一　受通知者之姓名、住居所。受通知者為公司、行號、公會或團體者，其負責人之姓名及事務所、營業所。

　二　擬調查之事項。

　三　受通知者應提供之說明、帳冊、文件及其他必要之資料或證物。

　四　應提出之期限。

　五　無正當理由拒不提出之處罰規定。

第三五條

主管機關收受當事人或關係人所提出之帳冊、文件及其他必要之資料或證物後，應依提出者之請求製發收據。

第三六條

依本法量處罰鍰時，應審酌一切情狀，並注意下列事項：

一　違法行為之動機、目的及預期之不當利益。

二　違法行為對交易秩序之危害程度。

三　違法行為危害交易秩序之持續期間。

四　因違法行為所得利益。

五　事業之規模、經營狀況及其市場地位。

六　以往違法類型、次數、間隔時間及所受處罰。

七　違法後悛悔實據及配合調查等態度。

第三七條

本細則自發布日施行。

消費者保護法

①民國 83 年 1 月 11 日總統令制定公布全文 64 條。
②民國 92 年 1 月 22 日總統令修正公布第 2、6、7、13～17、35、38、39、41、42、49、50、57、58、62 條條文；並增訂第 7-1、10-1、11-1、19-1、44-1、45-1～45-5 條條文。
　民國 92 年 5 月 26 日行政院令發布第 45-4 條第 4 項之小額消費爭議額度定為新臺幣十萬元。
③民國 94 年 2 月 5 日總統令增訂公布第 22-1 條條文。
　民國 100 年 12 月 16 日行政院公告第 39 條、第 40 條第 1 項、第 41 條第 1、2 項、第 44-1 條、第 49 條第 1、4 項所列屬「行政院消費者保護委員會」之權責事項，自 101 年 1 月 1 日起改由「行政院」管轄；第 40 條第 2 項所列「行政院消費者保護委員會」，自 101 年 1 月 1 日起改為諮詢審議性質之任務編組「行政院消費者保護會」，並以設置要點定之；第 60 條所列屬「行政院消費者保護委員會」之權責事項，自 101 年 1 月 1 日起停止辦理。
④民國 104 年 6 月 17 日總統令修正公布第 2、8、11-1、13、17、18、19、22、29、39～41、44-1、45、45-4、46、49、51、57、58、60、62、64 條條文及第三節節名；增訂第 17-1、19-2、56-1 條條文；刪除第 19-1 條條文；並自公布日施行，但第 2 條第 10、11 款及第 18～19-2 條之施行日期，由行政院定之。

第一章　總　則

第一條　（立法目的）
①為保護消費者權益，促進國民消費生活安全，提昇國民消費生活品質，特制定本法。
②有關消費者之保護，依本法之規定，本法未規定者，適用其他法律。

第二條　（名詞定義）104
本法所用名詞定義如下：
一　消費者：指以消費為目的而為交易、使用商品或接受服務者。
二　企業經營者：指以設計、生產、製造、輸入、經銷商品或提供服務為營業者。
三　消費關係：指消費者與企業經營者間就商品或服務所發生之法律關係。
四　消費爭議：指消費者與企業經營者間因商品或服務所生之爭議。
五　消費訴訟：指因消費關係而向法院提起之訴訟。
六　消費者保護團體：指以保護消費者為目的而依法設立登記之

　　　　法人。

七　定型化契約條款：指企業經營者爲與多數消費者訂立同類契
　　約之用，所提出預先擬定之契約條款。定型化契約條款不限
　　於書面，其以放映字幕、張貼、牌示、網際網路、或其他方
　　法表示者，亦屬之。

八　個別磋商條款：指契約當事人個別磋商而合意之契約條款。

九　定型化契約：指以企業經營者提出之定型化契約條款作爲契
　　約內容之全部或一部而訂立之契約。

十　通訊交易：指企業經營者以廣播、電視、電話、傳眞、型
　　錄、報紙、雜誌、網際網路、傳單或其他類似之方法，消費
　　者於未能檢視商品或服務下而與企業經營者所訂立之契約。

十一　訪問交易：指企業經營者未經邀約而與消費者在其住居
　　　所、工作場所、公共場所或其他場所所訂立之契約。

十二　分期付款：指買賣契約約定消費者支付頭期款，餘款分期
　　　支付，而企業經營者於收受頭期款時，交付標的物與消費
　　　者之交易型態。

第三條　（定期檢討、協調、改進）

①政府爲達成本法目的，應實施下列措施，並應就下列事項有關
之法規及其執行情形，定期檢討、協調、改進之：

一　維護商品或服務之品質與安全衛生。

二　防止商品或服務損害消費者之生命、身體、健康、財產或其
　　他權益。

三　確保商品或服務之標示，符合法令規定。

四　確保商品或服務之廣告，符合法令規定。

五　確保商品或服務之度量衡，符合法令規定。

六　促進商品或服務維持合理價格。

七　促進商品之合理包裝。

八　促進商品或服務之公平交易。

九　扶植、獎勵消費者保護團體。

十　協調處理消費爭議。

十一　推行消費者教育。

十二　辦理消費者諮詢服務。

十三　其他依消費生活之發展所必要之消費者保護措施。

②政府爲達成前項之目的，應制定相關法律。

第四條　（企業經營者提供之商品或服務應遵守事項）

企業經營者對於其提供之商品或服務，應重視消費者之健康與安
全，並向消費者說明商品或服務之使用方法，維護交易之公平，提
供消費者充分與正確之資訊，及實施其他必要之消費者保護措施。

第五條　（充實消費資訊）

政府、企業經營者及消費者均應致力充實消費資訊，提供消費者
運用，俾能採取正確合理之消費行爲，以維護其安全與權益。

第六條　（主管機關）92

本法所稱主管機關：在中央為目的事業主管機關；在直轄市為直轄市政府；在縣（市）為縣（市）政府。

第二章　消費者權益

第一節　健康與安全保障

第七條　（企業經營者就其商品或服務所應負之責任）92

①從事設計、生產、製造商品或提供服務之企業經營者，於提供商品流通進入市場，或提供服務時，應確保該商品或服務，符合當時科技或專業水準可合理期待之安全性。

②商品或服務具有危害消費者生命、身體、健康、財產之可能者，應於明顯處為警告標示及緊急處理危險之方法。

③企業經營者違反前二項規定，致生損害於消費者或第三人時，應負連帶賠償責任。但企業經營者能證明其無過失者，法院得減輕其賠償責任。

第七條之一　（舉證責任）

①企業經營者主張其商品於流通進入市場，或其服務於提供時，符合當時科技或專業水準可合理期待之安全性者，就其主張之事實負舉證責任。

②商品或服務不得僅因其後有較佳之商品或服務，而被視為不符合前條第一項之安全性。

第八條　（企業經營者就其商品或服務所負之除外責任）104

①從事經銷之企業經營者，就商品或服務所生之損害，與設計、生產、製造商品或提供服務之企業經營者連帶負賠償責任。但其對於損害之防免已盡相當之注意，或縱加以相當之注意而仍不免發生損害者，不在此限。

②前項之企業經營者，改裝、分裝商品或變更服務內容者，視為第七條之企業經營者。

第九條　（輸入商品或服務之提供者）

輸入商品或服務之企業經營者，視為該商品之設計、生產、製造者或服務之提供者，負本法第七條之製造者責任。

第一〇條　（企業經營者對於危險商品或服務之處理行為）

①企業經營者於有事實足認其提供之商品或服務有危害消費者安全與健康之虞時，即應回收該批商品或停止其服務。但企業經營者所為必要之處理，足以除去其危害者，不在此限。

②商品或服務有危害消費者生命、身體、健康或財產之虞，而未於明顯處為警告標示，並附載危險之緊急處理方法者，準用前項規定。

第一〇條之一　（損害賠償責任）

本節所定企業經營者對消費者或第三人之損害賠償責任，不得預先約定限制或免除。

第二節　定型化契約

第一一條　（定型化契約之一般條款）

①企業經營者在定型化契約中所用之條款，應本平等互惠之原則。

②定型化契約條款如有疑義時，應為有利於消費者之解釋。

第一一條之一　（審閱期間）

①企業經營者與消費者訂立定型化契約前，應有三十日以內之合理期間，供消費者審閱全部條款內容。

②企業經營者以定型化契約條款使消費者拋棄前項權利者，無效。

③違反第一項規定者，其條款不構成契約之內容。但消費者得主張該條款仍構成契約之內容。

④中央主管機關得選擇特定行業，參酌定型化契約條款之重要性、涉及事項之多寡及複雜程度等事項，公告定型化契約之審閱期間。

第一二條　（定型化契約無效之情形）

①定型化契約中之條款違反誠信原則，對消費者顯失公平者，無效。

②定型化契約中之條款有下列情形之一者，推定其顯失公平：

　一　違反平等互惠原則者。

　二　條款與其所排除不予適用之任意規定之立法意旨顯相矛盾者。

　三　契約之主要權利或義務，因受條款之限制，致契約之目的難以達成者。

第一三條　（構成契約內容之要件；定型化契約書之給與）104

①企業經營者應向消費者明示定型化契約條款之內容；明示其內容顯有困難者，應以顯著之方式，公告其內容，並經消費者同意者，該條款即為契約之內容。

②企業經營者應給與消費者定型化契約書。但依其契約之性質致給與顯有困難者，不在此限。

③定型化契約書經消費者簽名或蓋章者，企業經營者應給與消費者該定型化契約書正本。

第一四條　（契約之一般條款不構成契約內容之要件）92

定型化契約條款未經記載於定型化契約中而依正常情形顯非消費者所得預見者，該條款不構成契約之內容。

第一五條　（定型化契約中一般條款無效之情形）92

定型化契約中之定型化契約條款牴觸個別磋商條款之約定者，其牴觸部分無效。

第一六條　（契約部分無效之情形）92

定型化契約中之定型化契約條款，全部或一部無效或不構成契約內容之一部者，除去該部分，契約亦可成立者，該契約之其他部分，仍為有效。但對當事人之一方顯失公平者，該契約全部無效。

第一七條　（中央主管機關公告特定行業定型化契約應記載或不得記載之事項）104

①中央主管機關為預防消費糾紛，保護消費者權益，促進定型化契

約之公平化，得選擇特定行業，擬訂其定型化契約應記載或不得記載事項，報請行政院核定後公告之。

②前項應記載事項，依契約之性質及目的，其內容得包括：

一　契約之重要權利義務事項。

二　違反契約之法律效果。

三　預付型交易之履行擔保。

四　契約之解除權、終止權及其法律效果。

五　其他與契約履行有關之事項。

③第一項不得記載事項，依契約之性質及目的，其內容得包括：

一　企業經營者保留契約內容或期限之變更權或解釋權。

二　限制或免除企業經營者之義務或責任。

三　限制或剝奪消費者行使權利，加重消費者之義務或責任。

四　其他對消費者顯失公平事項。

④違反第一項公告之定型化契約，其定型化契約條款無效。該定型化契約之效力，依前條規定之。

⑤中央主管機關公告應記載之事項，雖未記載於定型化契約，仍構成契約之內容。

⑥企業經營者使用定型化契約者，主管機關得隨時派員查核。

第一七條之一　（企業經營者負定型化契約符合規定之舉證責任）104

企業經營者與消費者訂立定型化契約，主張符合本節規定之事實者，就其事實負舉證責任。

第三節　特種交易 104

第一八條　（企業經營者以通訊或訪問交易訂立契約，應記載於書面之資訊事項）104

①企業經營者以通訊交易或訪問交易方式訂立契約時，應將下列資訊以清楚易懂之文句記載於書面，提供消費者：

一　企業經營者之名稱、代表人、事務所或營業所及電話或電子郵件等消費者得迅速有效聯絡之通訊資料。

二　商品或服務之內容、對價、付款期日及方式、交付期日及方式。

三　消費者依第十九條規定解除契約之行使期限及方式。

四　商品或服務依第十九條第二項規定排除第十九條第一項解除權之適用。

五　消費申訴之受理方式。

六　其他中央主管機關公告之事項。

②經由網際網路所為之通訊交易，前項應提供之資訊應以可供消費者完整查閱、儲存之電子方式為之。

第一九條　（通訊或訪問交易之解約）104

①通訊交易或訪問交易之消費者，得於收受商品或接受服務後七日內，以退回商品或書面通知方式解除契約，無須說明理由及負擔

任何費用或對價。但通訊交易有合理例外情事者，不在此限。

②前項但書合理例外情事，由行政院定之。

③企業經營者於消費者收受商品或接受服務時，未依前條第一項第三款規定提供消費者解除契約相關資訊者，第一項七日期間自提供之次日起算。但自第一項七日期間起算，已逾四個月者，解除權消滅。

④消費者於第一項及第三項所定期間內，已交運商品或發出書面者，契約視為解除。

⑤通訊交易或訪問交易違反本條規定所為之約定，其約定無效。

第一九條之一 （刪除）104

第一九條之二 （消費者退回商品或解除契約之處理）104

①消費者依第十九條第一項或第三項規定，以書面通知解除契約者，除當事人另有個別磋商外，企業經營者應於收到通知之次日起十五日內，至原交付處所或約定處所取回商品。

②企業經營者應於取回商品、收到消費者退回商品或解除服務契約通知之次日起十五日內，返還消費者已支付之對價。

③契約經解除後，企業經營者與消費者間關於回復原狀之約定，對於消費者較民法第二百五十九條之規定不利者，無效。

第二〇條 （保管義務）

①未經消費者要約而對之郵寄或投遞之商品，消費者不負保管義務。

②前項物品之寄送人，經消費者定相當期限通知取回而逾期未取回或無法通知者，視為拋棄其寄投之商品。雖未經通知，但在寄送後逾一個月未經消費者表示承諾，而仍不取回其商品者，亦同。

③消費者得請求償還因寄送物所受之損害，及處理寄送物所支出之必要費用。

第二一條 （契約書應載事項）

①企業經營者與消費者分期付款買賣契約應以書面為之。

②前項契約書應載明下列事項：

一　頭期款。

二　各期價款與其他附加費用合計之總價款與現金交易價格之差額。

三　利率。

③企業經營者未依前項規定記載利率者，其利率按現金交易價格週年利率百分之五計算之。

④企業經營者違反第二項第一款、第二款之規定者，消費者不負現金交易價格以外價款之給付義務。

第四節　消費資訊之規範

第二二條 （企業經營者對消費者所負之義務，不得低於廣告之內容）104

①企業經營者應確保廣告內容之真實，其對消費者所負之義務不得

低於廣告之內容。

②企業經營者之商品或服務廣告內容，於契約成立後，應確實履行。

第二二條之一 （總費用之範圍及年百分率計算方式）94

①企業經營者對消費者從事與信用有關之交易時，應於廣告上明示應付所有總費用之年百分率。

②前項所稱總費用之範圍及年百分率計算方式，由各目的事業主管機關定之。

第二三條 （損害賠償責任）

①刊登或報導廣告之媒體經營者明知或可得而知廣告內容與事實不符者，就消費者因信賴該廣告所受之損害與企業經營者負連帶責任。

②前項損害賠償責任，不得預先約定限制或拋棄。

第二四條 （商品及服務之標示）

①企業經營者應依商品標示法等法令爲商品或服務之標示。

②輸入之商品或服務，應附中文標示及說明書，其內容不得較原產地之標示及說明書簡略。

③輸入之商品或服務在原產地附有警告標示者，準用前項之規定。

第二五條 （書面保證書應載事項）

①企業經營者對消費者保證商品或服務之品質時，應主動出具書面保證書。

②前項保證書應載明下列事項：

一　商品或服務之名稱、種類、數量，其有製造號碼或批號者，其製造號碼或批號。

二　保證之內容。

三　保證期間及其起算方法。

四　製造商之名稱、地址。

五　由經銷商售出者，經銷商之名稱、地址。

六　交易日期。

第二六條 （包裝之規定）

企業經營者對於所提供之商品應按其性質及交易習慣，爲防震、防潮、防塵或其他保存商品所必要之包裝，以確保商品之品質與消費者之安全。但不得誇張其內容或爲過大之包裝。

第三章　消費者保護團體

第二七條 （消費者保護團體之定義）

①消費者保護團體以社團法人或財團法人爲限。

②消費者保護團體應以保護消費者權益、推行消費者教育爲宗旨。

第二八條 （消費者保護團體之任務）

消費者保護團體之任務如下：

一　商品或服務價格之調查、比較、研究、發表。

二　商品或服務品質之調查、檢驗、研究、發表。

三　商品標示及其內容之調查、比較、研究、發表。

四　消費資訊之諮詢、介紹與報導。

五　消費者保護刊物之編印發行。

六　消費者意見之調查、分析、歸納。

七　接受消費者申訴，調解消費爭議。

八　處理消費爭議，提起消費訴訟。

九　建議政府採取適當之消費者保護立法或行政措施。

十　建議企業經營者採取適當之消費者保護措施。

十一　其他有關消費者權益之保護事項。

第二九條　（商品及服務之檢驗）104

① 消費者保護團體為從事商品或服務檢驗，應設置與檢驗項目有關之檢驗設備或委託設有與檢驗項目有關之檢驗設備之機關、團體檢驗之。

② 執行檢驗人員應製作檢驗紀錄，記載取樣、儲存樣本之方式與環境、使用之檢驗設備、檢驗方法、經過及結果，提出於該消費者保護團體。

③ 消費者保護團體發表前項檢驗結果後，應公布其取樣、儲存樣本之方式與環境、使用之檢驗設備、檢驗方法及經過，並通知相關企業經營者。

④ 消費者保護團體發表第二項檢驗結果有錯誤時，應主動對外更正，並使相關企業經營者有澄清之機會。

第三〇條　（消費者組織參與權）

政府對於消費者保護之立法或行政措施，應徵詢消費者保護團體、相關行業、學者專家之意見。

第三一條　（商品或服務檢驗得請求政府協助之）

消費者保護團體為商品或服務之調查、檢驗時，得請求政府予以必要之協助。

第三二條　（消費者保護組織之獎勵）

消費者保護團體辦理消費者保護工作成績優良者，主管機關得予以財務上之獎助。

第四章　行政監督

第三三條　（調查進行方式）

① 直轄市或縣（市）政府認為企業經營者提供之商品或服務有損害消費者生命、身體、健康或財產之虞者，應即進行調查。於調查完成後，得公開其經過及結果。

② 前項人員為調查時，應出示有關證件，其調查得依下列方式進行：

一　向企業經營者或關係人查詢。

二　通知企業經營者或關係人到場陳述意見。

三　通知企業經營者提出資料證明該商品或服務對於消費者生命、身體、健康或財產無損害之虞。

四　派員前往企業經營者之事務所、營業所或其他有關場所進行調查。

五　必要時，得就地抽樣商品，加以檢驗。

第三四條　（調查之扣押）

①直轄市或縣（市）政府於調查時，對於可為證據之物，得聲請檢察官扣押之。

②前項扣押，準用刑事訴訟法關於扣押之規定。

第三五條　（主管機關辦理檢驗）92

直轄市或縣（市）主管機關辦理檢驗，得委託設有與檢驗項目有關之檢驗設備之消費者保護團體、職業團體或其他有關公私機構或團體辦理之。

第三六條　（企業經營者改善、收回或停止生產之情形）

直轄市或縣（市）政府對於企業經營者提供之商品或服務，經第三十三條之調查，認為確有損害消費者生命、身體、健康或財產，或確有損害之虞者，應命其限期改善、回收或銷燬，必要時並得命企業經營者立即停止該商品之設計、生產、製造、加工、輸入、經銷或服務之提供，或採取其他必要措施。

第三七條　（借用大眾傳播媒體公告之情形）

直轄市或縣（市）政府於企業經營者提供之商品或服務，對消費者已發生重大損害或有發生重大損害之虞，而情況危急時，除前之處置外，應即在大眾傳播媒體公告企業經營者之名稱、地址、商品、服務、或為其他必要之處置。

第三八條　（中央或省之主管機關必要時之措施）92

中央主管機關認為必要時，亦得為前五條規定之措施。

第三九條　（消費者保護官之設置、任用及職掌）104

①行政院、直轄市、縣（市）政府應置消費者保護官若干名。

②消費者保護官任用及職掌之辦法，由行政院定之。

第四〇條　（行政院應定期邀集事務相關部會首長、團體代表及學者等專家提供諮詢）104

行政院為監督與協調消費者保護事務，應定期邀集有關部會首長、全國性消費者保護團體代表、全國性企業經營者代表及學者、專家，提供本法相關事項之諮詢。

第四一條　（行政院推動消費者保護，應辦理之事項）104

①行政院為推動消費者保護事務，辦理下列事項：

一　消費者保護基本政策及措施之研擬及審議。

二　消費者保護計畫之研擬、修訂及執行成果檢討。

三　消費者保護方案之審議及其執行之推動、連繫與考核。

四　國內外消費者保護趨勢及其與經濟社會建設有關問題之研究。

五　消費者保護之教育宣導、消費資訊之蒐集及提供。

六　各部會局署關於消費者保護政策、措施及主管機關之協調事項。

七 監督消費者保護主管機關及指揮消費者保護官行使職權。

②消費者保護之執行結果及有關資料，由行政院定期公告。

第四二條 （消費者服務中心之設置）92

①直轄市、縣（市）政府應設消費者服務中心，辦理消費者之諮詢服務、教育宣導、申訴等事項。

②直轄市、縣（市）政府消費者服務中心得於轄區內設分中心。

第五章 消費爭議之處理

第一節 申訴與調解

第四三條 （申訴之處理期限）

①消費者與企業經營者因商品或服務發生消費爭議時，消費者得向企業經營者、消費者保護團體或消費者服務中心或其分中心申訴。

②企業經營者對於消費者之申訴，應於申訴之日起十五日內妥適處理之。

③消費者依第一項申訴，未獲妥適處理時，得向直轄市、縣（市）政府消費者保護官申訴。

第四四條 （申訴調解）

消費者依前條申訴未能獲得妥適處理時，得向直轄市或縣（市）消費爭議調解委員會申請調解。

第四四條之一 （消費爭議調解事件辦法之訂定）104

前條消費爭議調解事件之受理、程序進行及其他相關事項之辦法，由行政院定之。

第四五條 （消費爭議調解委員會之設置）104

①直轄市、縣（市）政府應設消費爭議調解委員會，置委員七名至二十一名。

②前項委員以直轄市、縣（市）政府代表、消費者保護官、消費者保護團體代表、企業經營者所屬或相關職業團體代表、學者及專家充任之，以消費者保護官為主席，其組織另定之。

第四五條之一 （調解程序不公開）92

①調解程序，於直轄市、縣（市）政府或其他適當之處所行之，其程序得不公開。

②調解委員、列席協同調解人及其他經辦調解事務之人，對於調解事件之內容，除已公開之事項外，應保守秘密。

第四五條之二 （消費爭議之調解）92

①關於消費爭議之調解，當事人不能合意但已甚接近者，調解委員得斟酌一切情形，求兩造利益之平衡，於不違反兩造當事人之主要意思範圍內，依職權提出解決事件之方案，並送達於當事人。

②前項方案，應經參與調解委員過半數之同意，並記載第四十五條之三所定異議期間及未於法定期間提出異議之法律效果。

第四五條之三 （調解不成立）92

①當事人對於前條所定之方案，得於送達後十日之不變期間內，提出異議。

②於前項期間內提出異議者，視為調解不成立；其未於前項期間內提出異議者，視為已依該方案成立調解。

③第一項之異議，消費爭議調解委員會應通知他方當事人。

第四五條之四 （送達）104

①關於小額消費爭議，當事人之一方無正當理由，不於調解期日到場者，調解委員得審酌情形，依到場當事人一造之請求或依職權提出解決方案，並送達於當事人。

②前項之方案，應經全體調解委員過半數之同意，並記載第四十五條之五所定異議期間及未於法定期間提出異議之法律效果。

③第一項之送達，不適用公示送達之規定。

④第一項小額消費爭議之額度，由行政院定之。

第四五條之五 （提出異議）92

①當事人對前條之方案，得於送達後十日之不變期間內，提出異議；未於異議期間內提出異議者，視為已依該方案成立調解。

②當事人於異議期間提出異議，經調解委員另定調解期日，無正當理由不到場者，視為依該方案成立調解。

第四六條 （調解書之作成及效力）104

①調解成立者應作成調解書。

②前項調解書之作成及效力，準用鄉鎮市調解條例第二十五條至第二十九條之規定。

第二節　消費訴訟

第四七條 （消費訴訟之管轄）

消費訴訟，得由消費關係發生地之法院管轄。

第四八條 （消費法庭）

①高等法院以下各級法院及其分院得設立消費專庭或指定專人審理消費訴訟事件。

②法院為企業經營者敗訴之判決時，得依職權宣告為減免擔保之假執行。

第四九條 （消費者保護團體之訴訟權）104

①消費者保護團體許可設立二年以上，置有消費者保護專門人員，且申請行政院評定優良者，得以自己之名義，提起第五十條消費者損害賠償訴訟或第五十三條不作為訴訟。

②消費者保護團體依前項規定提起訴訟者，應委任律師代理訴訟。受委任之律師，就該訴訟，得請求預付或償還必要費用。

③消費者保護團體關於其提起之第一項訴訟，有不法行為者，許可設立之主管機關應廢止其許可。

④優良消費者保護團體之評定辦法，由行政院定之。

第五〇條 （消費者損害賠償訴訟）92

①消費者保護團體對於同一之原因事件，致使眾多消費者受害時，

得受讓二十人以上消費者損害賠償請求權後，以自己名義，提起訴訟。消費者得於言詞辯論終結前，終止讓與損害賠償請求權，並通知法院。

②前項訴訟，因部分消費者終止讓與損害賠償請求權，致人數不足二十人者，不影響其實施訴訟之權能。

③第一項讓與之損害賠償請求權，包括民法第一百九十四條、第一百九十五條第一項非財產上之損害。

④前項關於消費者損害賠償請求權之時效利益，應依讓與之消費者單獨個別計算。

⑤消費者保護團體受讓第三項所定請求權後，應就訴訟結果所得之賠償，扣除訴訟及依前條第二項規定支付予律師之必要費用後，交付該讓與請求權之消費者。

⑥消費者保護團體就第一項訴訟，不得向消費者請求報酬。

第五一條　（消費者求償之訴訟）104
依本法所提之訴訟，因企業經營者之故意所致之損害，消費者得請求損害額五倍以下之懲罰性賠償金；但因重大過失所致之損害，得請求三倍以下之懲罰性賠償金，因過失所致之損害，得請求損害額一倍以下之懲罰性賠償金。

第五二條　（訴訟之免繳裁判費）
消費者保護團體以自己之名義提起第五十條訴訟，其標的價額超過新臺幣六十萬元者，超過部分免繳裁判費。

第五三條　（訴訟之免繳裁判費）
①消費者保護官或消費者保護團體，就企業經營者重大違反本法有關保護消費者規定之行為，得向法院訴請停止或禁止之。

②前項訴訟免繳裁判費。

第五四條　（消費者集體訴訟）
①因同一消費關係而被害之多數人，依民事訴訟法第四十一條之規定，選定一人或數人起訴請求損害賠償者，法院得徵求原被選定人之同意後公告曉示，其他之被害人得於一定之期間內以書狀表明被害之事實、證據及應受判決事項之聲明、併案請求賠償。其請求之人，視為已依民事訴訟法第四十一條為選定。

②前項併案請求之書狀，應以繕本送達於兩造。

③第一項之期間，至少應有十日，公告並黏貼於法院牌示處，並登載新聞紙，其費用由國庫墊付。

第五五條　（訴訟法定代理之準用）
民事訴訟法第四十八條、第四十九條之規定，於依前條為訴訟行為者，準用之。

第六章　罰　則

第五六條　（罰則）
違反第二十四條、第二十五條或第二十六條規定之一者，經主管機關通知改正而逾期不改正者，處新臺幣二萬元以上二十萬元以

下罰鍰。

第五六條之一 （罰鍰）104

企業經營者使用定型化契約，違反中央主管機關依第十七條第一項公告之應記載或不得記載事項者，除法律另有處罰規定外，經主管機關令其限期改正而屆期不改正者，處新臺幣三萬元以上三十萬元以下罰鍰；經再次令其限期改正而屆期不改正者，處新臺幣五萬元以上五十萬元以下罰鍰，並得按次處罰。

第五七條 （罰鍰）104

企業經營者規避、妨礙或拒絕主管機關依第十七條第六項、第三十三條或第三十八條規定所為之調查者，處新臺幣三萬元以上三十萬元以下罰鍰，並得按次處罰。

第五八條 （罰鍰）104

企業經營者違反主管機關依第三十六條或第三十八條規定所為之命令者，處新臺幣六萬元以上一百五十萬元以下罰鍰，並得按次處罰。

第五九條 （罰則）

企業經營者有第三十七條規定之情形者，主管機關除依該條及第三十六條之規定處置外，並得對其處新臺幣十五萬元以上一百五十萬元以下罰鍰。

第六○條 （停止營業之情形）104

企業經營者違反本法規定，生產商品或提供服務具有危害消費者生命、身體、健康之虞者，影響社會大眾經中央主管機關認定為情節重大，中央主管機關或行政院得立即命令其停止營業，並儘速協請消費者保護團體以其名義，提起消費者損害賠償訴訟。

第六一條 （處罰）

依本法應予處罰者，其他法律有較重處罰之規定時，從其規定；涉及刑事責任者，並應即移送偵查。

第六二條 （罰鍰未繳，移送行政執行）104

本法所定之罰鍰，由主管機關處罰，經限期繳納後，屆期仍未繳納者，依法移送行政執行。

第七章 附 則

第六三條 （施行細則）

本法施行細則，由行政院定之。

第六四條 （施行日）104

本法自公布日施行。但中華民國一百零四年六月二日修正公布之第二條第十款與第十一款及第十八條至第十九條之二之施行日期，由行政院定之。

消費者保護法施行細則

①民國 83 年 11 月 2 日行政院令訂定發布全文 43 條。
②民國 92 年 7 月 8 日行政院令修正發布第 5、12、17～19、22～24、
　39 條條文；並刪除第 3、6、7、9～11、35、38 條條文。
　民國 100 年 12 月 16 日行政院公告第 27 條所列屬「行政院消費者
　保護委員會」之權責事項，自 101 年 1 月 1 日起改由「行政院」管
　轄。

第一章　總　則

第一條　（法源）

　本細則依消費者保護法（以下簡稱本法）第六十三條規定訂定
　之。

第二條　（營業）

　本法第二條第二款所稱營業，不以營利為目的者為限。

第三條　（刪除）92

第二章　消費者權益

第一節　健康與安全保障

第四條　（商品）

　本法第七條所稱商品，指交易客體之不動產或動產，包括最終產
　品、半成品、原料或零組件。

第五條　（安全性之認定）92

　本法第七條第一項所定商品或服務符合當時科技或專業水準可合
　理期待之安全性，應就下列情事認定之：

一　商品或服務之標示說明。

二　商品或服務可期待之合理使用或接受。

三　商品或服務流通進入市場或提供之時期。

第六條　（刪除）92

第七條　（刪除）92

第八條　（改裝）

　本法第八條第二項所稱改裝，指變更、減少或增加商品原設計、
　生產或製造之內容或包裝。

第二節　定型化契約

第九條至第一一條　（刪除）92

第一二條　（難辨識文字之效力）92

定型化契約條款因字體、印刷或其他情事，致難以注意其存在或辨識者，該條款不構成契約之內容。但消費者得主張該條款仍構成契約之內容。

第一三條 （無效認定之考量事項）

定型化契約條款是否違反誠信原則，對消費者顯失公平，應斟酌契約之性質、締約目的、全部條款內容、交易習慣及其他情事判斷之。

第一四條 （互惠原則之違反）

定型化契約條款，有下列情事之一者，為違反平等互惠原則：

一　當事人間之給付與對待給付顯不相當者。

二　消費者應負擔非其所能控制之危險者。

三　消費者違約時，應負擔顯不相當之賠償責任者。

四　其他顯有不利於消費者之情形者。

第一五條 （機關公告契約範本之效力）

①定型化契約記載經中央主管機關公告應記載之事項者，仍有本法關於定型化契約規定之適用。

②中央主管機關公告應記載之事項，未經記載於定型化契約者，仍構成契約之內容。

第三節　特種買賣

第一六條 （解除權之告知）

企業經營者應於訂立郵購或訪問買賣契約時，告知消費者本法第十八條所定事項及第十九條第一項之解除權，並取得消費者聲明已受告知之證明文件。

第一七條 （解除權之不消滅）92

消費者因檢查之必要或因不可歸責於自己之事由，致其收受之商品有毀損、滅失或變更者，本法第十九條第一項規定之解除權不消滅。

第一八條 （收受前之解約）92

消費者於收受商品或接受服務前，亦得依本法第十九條第一項規定，以書面通知企業經營者解除買賣契約。

第一九條 （解約之期限）92

①消費者退回商品或以書面通知解除契約者，其商品之交運或書面通知之發出，應於本法第十九條第一項所定之七日內為之。

②本法第十九條之一規定之服務交易，準用前項之規定。

第二〇條 （解約商品之收回）

消費者依本法第十九條第一項規定以書面通知解除契約者，除當事人另有特約外，企業經營者應於通知到達後一個月內，至消費者之住所或營業所取回商品。

第二一條 （契約份數）

企業經營者應依契約當事人之人數，將本法第二十一條第一項之契約書作成一式數份，由當事人各持一份。有保證人者，並應交

付一份於保證人。

第二二條 （各期價款）92

①本法第二十一條第二項第二款所稱各期價款，指含利息之各期價款。

②分期付款買賣契約書所載利率，應載明其計算方法及依此計算方法而得之利息數額。

③分期付款買賣之附加費用，應明確記載，且不得併入各期價款計算利息；其經企業經營者同意延期清償或分期給付者，亦同。

第四節　消費資訊之規範

第二三條 （廣告）92

本法第二十二條及第二十三條所稱廣告，指利用電視、廣播、影片、幻燈片、報紙、雜誌、傳單、海報、招牌、牌坊、電腦、電話傳真、電子視訊、電子語音或其他方法，可使不特定多數人知悉其宣傳內容之傳播。

第二四條 （廣告之證實）92

主管機關認為企業經營者之廣告內容誇大不實，足以引人錯誤，有影響消費者權益之虞時，得通知企業經營者提出資料，證明該廣告之真實性。

第二五條 （標示之要求）

本法第二十四條規定之標示，應標示於適當位置，使消費者在交易前及使用時均得閱讀標示之內容。

第二六條 （品質之保證）

企業經營者未依本法第二十五條規定出具書面保證書者，仍應就其保證之品質負責。

第三章　消費者保護團體

第二七條 （消保團體之公告）

主管機關每年應將依法設立登記之消費者保護團體名稱、負責人姓名、社員人數或登記財產總額、消費者保護專門人員姓名、會址、聯絡電話等資料彙報行政院消費者保護委員會公告之。

第二八條 （檢驗紀錄之保存）

消費者保護團體依本法第二十九條規定從事商品或服務檢驗所採之樣品，於檢驗紀錄完成後，應至少保存三個月。但依其性質不能保存三個月者，不在此限。

第二九條 （政府之協助）

政府於消費者保護團體依本法第三十一條規定請求協助時，非有正當理由不得拒絕。

第四章　行政監督

第三〇條 （政府之協助）

本法第三十三條第二項所稱出示有關證件，指出示有關執行職務

之證明文件；其未出示者，被調查者得拒絕之。

第三一條 （商品之抽樣）

①主管機關依本法第三十三條第二項第五款抽樣商品時，其抽樣數量以足供檢驗之用者為限。

②主管機關依本法第三十三條、第三十八條規定，公開調查經過及結果前，應先就調查經過及結果讓企業經營者有說明或申訴之機會。

第三二條 （面處分原則）

主管機關依本法第三十六條或第三十八條規定對於企業經營者所為處分，應以書面為之。

第三三條 （改善、收回期限）

依本法第三十六條所為限期改善、回收或銷毀，除其他法令有特別規定外，其期間應由主管機關依個案性質決定之；但最長不得超過六十日。

第三四條 （處理過程之報告）

企業經營者經主管機關依本法第三十六條規定命其就商品或服務限期改善、回收或銷毀者，應將處理過程及結果函報主管機關備查。

第五章　消費爭議之處理

第三五條 （刪除）92

第三六條 （期間之起算）

本法第四十三條第二項規定十五日之期間，以企業經營者接獲申訴之日起算。

第三七條 （消保專門人員）

本法第四十九條第一項所稱消費者保護專門人員，指該團體專任或兼任之有給職或無給職人員中，具有下列資格或經歷之一者：

一　曾任法官、檢察官或消費者保護官者。

二　律師、醫師、建築師、會計師或其他執有全國專門職業執業證照之專業人士，且曾在消費者保護團體服務一年以上者。

三　曾在消費者保護團體擔任保護消費者工作三年以上者。

第三八條 （刪除）92

第三九條 （訴訟必要費用）92

本法第五十條第五項所稱訴訟及支付予律師之必要費用，包括民事訴訟費用、消費者保護團體及律師為進行訴訟所支出之必要費用，及其他依法令應繳納之費用。

第四〇條 （重大違反消保法之行為）

本法第五十三條第一項所稱企業經營者重大違反本法有關保護消費者規定之行為，指企業經營者違反本法有關保護消費者規定之行為，確有損害消費者生命、身體、健康或財產，或確有損害之虞者。

第六章 罰 則

第四一條 （改正期限）

依本法第五十六條所為通知改正，其期間應由主管機關依個案性質決定之；但最長不得超過六十日。

第七章 附 則

第四二條 （適用之時的效力）

本法對本法施行前已流通進入市場之商品或已提供之服務不適用之。

第四三條 （施行日）

本細則自發布日施行。

拾肆、環境資源
　　法規

環境基本法

民國91年12月11日總統令制定公布全文41條；並自公布日施行。

第一章　總　則

第一條　（立法目的）

為提升環境品質，增進國民健康與福祉，維護環境資源，追求永續發展，以推動環境保護，特制定本法；本法未規定者，適用其他法律之規定。

第二條　（環境及永續發展之意義）

①本法所稱環境，係指影響人類生存與發展之各種天然資源及經過人為影響之自然因素總稱，包括陽光、空氣、水、土壤、陸地、礦產、森林、野生生物、景觀及遊憩、社會經濟、文化、人文史蹟、自然遺蹟及自然生態系統等。

②永續發展係指做到滿足當代需求，同時不損及後代滿足其需要之發展。

第三條條　（環境保護與經濟、科技及社會發展並重）

基於國家長期利益，經濟、科技及社會發展均應兼顧環境保護。但經濟、科技及社會發展對環境有嚴重不良影響或有危害之虞者，應環境保護優先。

第四條　（全民環境保護責任）

①國民、事業及各級政府應共負環境保護之義務與責任。

②環境污染者、破壞者應對其所造成之環境危害或環境風險負責。

③前項污染者、破壞者不存在或無法確知時，應由政府負責。

第五條　（綠色消費，減少環境負荷）

①國民應秉持環境保護理念，減輕因日常生活造成之環境負荷。消費行為上，以綠色消費為原則；日常生活上，應進行廢棄物減量、分類及回收。

②國民應主動進行環境保護，並負有協助政府實施環境保護相關措施之責任。

第六條　（以生命週期為基礎，促進清潔生產）

①事業進行活動時，應自規劃階段納入環境保護理念，以生命週期為基礎，促進清潔生產，預防及減少污染，節約資源，回收利用再生資源及其他有益於減低環境負荷之原（材）料及勞務，以達永續發展之目的。

②事業應有協助政府實施環境保護相關措施之責任。

第七條　（環境保護責任及執行之評估檢討）

①中央政府應制（訂）定環境保護相關法規，策定國家環境保護計畫，建立永續發展指標，並推動實施之。

②地方政府得視轄區內自然及社會條件之需要，依據前項法規及國家環境保護計畫，訂定自治法規及環境保護計畫，並推動實施之。

③各級政府應定期評估檢討環境保護計畫之執行狀況，並公布之。

④中央政府應協助地方政府，落實地方自治，執行環境保護事務。

第八條 （環境保護科技發展）

各級政府施政應納入環境保護優先、永續發展理念，並應發展相關科學及技術，建立環境生命週期管理及綠色消費型態之經濟效率系統，以處理環境相關問題。

第九條 （環境保護教育宣導）

各級政府應普及環境保護優先及永續發展相關之教育及學習，加強宣導，以提升國民環境知識，建立環境保護觀念，並落實於日常生活中。

第一〇條 （環保事務之辦理及經費分配）

①各級政府應由專責機關或單位規劃、推動辦理及輔導有關環境保護事務。

②各級政府應寬列環境保護經費，並視實際需要合理分配之。

第一一條 （環境保護諮詢）

①各級政府得聘請環境保護有關之機關、團體代表及學者專家備供諮詢。

②各級政府得邀請有關民眾與團體共同參與加強推動環境保護工作。

第一二條 （國際合作）

中央政府應推動地球永續發展相關之國際合作與技術協助、工程技術及試驗研究，並公開相關資訊，以利國民、事業運用；地方政府亦得視需要辦理之。

第一三條 （環境保護人才培育及專責單位、人員之設置）

①中央政府應辦理環境保護專業訓練，建立環境保護專業人員資格制度，以提升環境保護工作品質。

②事業應依環境保護相關法規設置環境保護專責單位或人員，並訂定環境保護計畫實施之。

第一四條 （環保專庭之設置或指定專人辦理）

法院為審理環境保護糾紛案件，得設立專庭或指定專人辦理。

第二章 規劃及保護

第一五條 （建立及公開環境資訊系統）

①各級政府對於轄區內之自然、社會及人文環境狀況，應予蒐集、調查及評估，建立環境資訊系統，並供查詢。

②前項環境資訊，應定期公開。

第一六條 （土地利用及規劃）

①各級政府對於土地之開發利用，應以高品質寧適和諧之環境為目標，並基於環境資源總量管制理念，進行合理規劃並推動實施。

②前項規劃，應優先考慮環境保護相關設施。

第一七條 （區域劃分及活動限制）

①各級政府為維護自然、社會、人文環境，得視自然條件、實際需要及兼顧原住民權益劃定區域，採取必要之措施或限制人為活動及使用。

②各級政府應視土地使用及人為活動限制程度，予以補償及回饋。

第一八條 （自然保育）

各級政府應積極保育野生生物，確保生物多樣性；保護森林、潟湖、濕地環境，維護多樣化自然環境，並加強水資源保育、水土保持及植被綠化工作。

第三章　防制及救濟

第一九條 （非再生性及稀有資源之保護）

各級政府對非再生性資源，應採預防措施予以保護；對於已超限或瀕臨極限利用之稀有資源，應定期調查評估，並採改善或限制措施。

第二〇條 （地下水、地層及海岸之保護）

各級政府應積極採取各種措施，保護海洋環境、強化海岸管理，並防制地下水超限利用、地層下陷及海岸侵蝕。

第二一條 （抑制溫室效應）

各級政府應積極採二氧化碳排放抑制措施，並訂定相關計畫，防止溫室效應。

第二二條 （採預防及醫療保健措施）

各級政府應積極研究、建立環境與健康風險評估制度，採預防及醫療保健措施，降低健康風險，預防及減輕與環境有關之疾病。

第二三條 （非核家園目標）

政府應訂定計畫，逐步達成非核家園目標；並應加強核能安全管制、輻射防護、放射性物料管理及環境輻射偵測，確保民眾生活避免輻射危害。

第二四條 （環境影響評估制度）

中央政府應建立環境影響評估制度，預防及減輕政府政策或開發行為對環境造成之不良影響。

第二五條 （環境品質及管制標準）

①中央政府應視社會需要及科技水準，訂定階段性環境品質及管制標準。

②地方政府為達成前項環境品質標準，得視其轄區內自然及社會條件，訂定較嚴之管制標準，經中央政府備查後，適用於該轄區。

③各級政府應採必要措施，以達成前二項之標準。

第二六條 （建立事前許可、機動查核、事業自動申報及管制與稽查制度）

① 中央政府對於環境污染行為，應建立事前許可、機動查核及事業自動申報制度，以有效管制污染源。

② 中央政府對於稀有資源及自然與文化資產之利用，應建立事前許可、管制及稽查制度，以有效保育自然資源。

第二七條　（監測及預警制度）

各級政府應建立嚴密之環境監測網，定期公告監測結果，並建立預警制度，及採必要措施。

第二八條　（污染者付費）

環境資源為全體國民世代所有，中央政府應建立環境污染及破壞者付費制度，對污染及破壞者徵收污染防治及環境復育費用，以維護環境之永續利用。

第二九條　（國家永續發展委員會之設置）

行政院應設置國家永續發展委員會，負責國家永續發展相關業務之決策，並交由相關部會執行，委員會由政府部門、學者專家及社會團體各三分之一組成。

第三〇條　（環境資源專責部會之設置）

中央政府為有效整合及推動維護環境資源之政策及相關事務，應設置環境資源專責部會。

第三一條　（各種環境基金之設置）

中央政府應依法律設置各種環境基金，負責環境清理、復育、追查污染源、推動有益於環境發展之事項。

第三二條　（受益者及使用者付費）

① 各級政府應加強環境保護公共建設，提升環境品質，並對受益者或使用者徵收適度費用。

② 事業應加強與建相關環境保護處理設施。

第三三條　（環境糾紛處理及補償、救濟制度）

① 中央政府應建立環境糾紛處理制度，加強糾紛原因鑑定技術及舉證責任之教育訓練及研究發展，提供適當糾紛處理機制。

② 中央政府應建立環境相關之緊急應變、損害賠償、補償及救濟制度。

第三四條　（公民訴訟）

① 各級政府疏於執行時，人民或公益團體得依法律規定以主管機關為被告，向行政法院提起訴訟。

② 行政法院為判決時，得依職權判令被告機關支付適當律師費用、監測鑑定費用或其他訴訟費用予對維護環境品質有具體貢獻之原告。

第四章　輔導、監督及獎懲

第三五條　（環境保護之研究發展）

中央政府應獎勵環境保護學術及研究機構充實設備、延攬及培訓人員、引進先進科技、整合研究資源，加速環境保護科技示範計畫及研究發展。

第三六條 （環境保護事業之輔導獎勵）

①各級政府應採優惠獎勵措施，輔導環境保護事業及民間環境保護團體發展，及鼓勵民間投資環境保護事業。

②中央政府應輔導、管理環境保護事業，以提升環境保護工程、服務品質。

第三七條 （環保工作之輔導、獎勵及補償）

各級政府為求資源之合理有效利用及因應環境保護之需要，對下列事項，應採適當之優惠、獎勵、輔導或補償措施：

一 從事自然、社會及人文環境之保護。

二 研發清潔生產技術、設備及生產清潔產品。

三 研發資源回收再利用技術。

四 再生能源之推廣及應用。

五 研發節約能源技術及設置節約能源產品。

六 製造或設置污染防治設備。

七 為環境保護目的而遷移。

八 提供土地或其他資源作為環境保護之用。

九 從事環境造林綠地。

十 其他環境保護有關事項。

第三八條 （促進再生資源，使用環保標章產品）

①各級政府應採行必要措施，以促進再生資源及其他有益減低環境負荷之原（材）料、製品及勞務之利用。

②各級政府之採購，應以再生資源製品及環境保護標章產品為原則。

第三九條 （違反行為之取締處罰）

各級政府應確實執行環境保護相關法規，對於違反者，應依法取締、處罰。

第五章 附 則

第四〇條 （訂定環境日）

為促使國民、事業及各級政府深植環境保護理念，共同關懷環境問題，特訂定六月五日為環境日。

第四一條 （施行日）

本法自公布日施行。

環境影響評估法

①民國 83 年 12 月 30 日總統令制定公布全文 32 條。
②民國 88 年 12 月 22 日總統令修正公布第 2、3 條條文。
③民國 91 年 6 月 12 日總統令修正公布第 14、23 條條文：並增訂第 13-1、16-1、23-1 條條文。
④民國 92 年 1 月 8 日總統令修正公布第 12～14、23 條條文。

第一章 總 則

第一條 （立法目的、適用範圍）

為預防及減輕開發行為對環境造成不良影響，藉以達成環境保護之目的，特制定本法。本法未規定者，適用其他有關法令之規定。

第二條 （主管機關）

本法所稱主管機關：在中央為行政院環境保護署；在直轄市為直轄市政府；在縣（市）為縣（市）政府。

第三條 （各級委員會之設置及組織規程）

①各級主管機關為審查環境影響評估報告有關事項，應設環境影響評估審查委員會（以下簡稱委員會）。

②前項委員會任期二年，其中專家學者不得少於委員會總人數三分之二。目的事業主管機關為開發單位時，目的事業主管機關委員應迴避表決。

③中央主管機關所設之委員會，其組織規程，由行政院環境保護署擬訂，報請行政院核定後發布之。

④直轄市主管機關所設之委員會，其組織規程，由直轄市主管機關擬訂，報請權責機關核定後發布之。

⑤縣（市）主管機關所設之委員會，其組織規程，由縣（市）主管機關擬訂，報請權責機關核定後發布之。

第四條 （專用名詞）

本法專用名詞定義如下：

一 開發行為：指依第五條規定之行為。其範圍包括該行為之規劃、進行及完成後之使用。

二 環境影響評估：指開發行為或政府政策對環境包括生活環境、自然環境、社會環境及經濟、文化、生態等可能影響之程度及範圍，事前以科學、客觀、綜合之調查、預測、分析及評定，提出環境管理計畫，並公開說明及審查。環境影響評估工作包括第一階段、第二階段環境影響評估及審查、追蹤考核等程序。

第五條 （環境影響評估）

①下列開發行為對環境有不良影響之虞者，應實施環境影響評估：

一 工廠之設立及工業區之開發。

二 道路、鐵路、大眾捷運系統、港灣及機場之開發。

三 土石採取及探礦、採礦。

四 蓄水、供水、防洪排水工程之開發。

五 農、林、漁、牧地之開發利用。

六 遊樂、風景區、高爾夫球場及運動場地之開發。

七 文教、醫療建設之開發。

八 新市區建設及高樓建築或舊市區更新。

九 環境保護工程之興建。

十 核能及其他能源之開發及放射性核廢料儲存或處理場所之興建。

十一 其他經中央主管機關公告者。

②前項開發行為應實施環境影響評估者，其認定標準、細目及環境影響評估作業準則，由中央主管機關會商有關機關於本法公布施行後一年內定之，送立法院備查。

第二章 評估、審查及監督

第六條 （環境說明書記載事項）

①開發行為依前條規定應實施環境影響評估者，開發單位於規劃時，應依環境影響評估作業準則，實施第一階段環境影響評估，並作成環境影響說明書。

②前項環境影響說明書應記載下列事項：

一 開發單位之名稱及其營業所或事務所。

二 負責人之姓名、住、居所及身分證統一編號。

三 環境影響說明書綜合評估者及影響項目撰寫者之簽名。

四 開發行為之名稱及開發場所。

五 開發行為之目的及其內容。

六 開發行為可能影響範圍之各種相關計畫及環境現況。

七 預測開發行為可能引起之環境影響。

八 環境保護對策、替代方案。

九 執行環境保護工作所需經費。

十 預防及減輕開發行為對環境不良影響對策摘要表。

第七條 （審查結論）

①開發單位申請許可開發行為時，應檢具環境影響說明書，向目的事業主管機關提出，並由目的事業主管機關轉送主管機關審查。

②主管機關應於收到前項環境影響說明書後五十日內，作成審查結論公告之，並通知目的事業主管機關及開發單位。但情形特殊者，其審查期限之延長以五十日為限。

③前項審查結論主管機關認不須進行第二階段環境影響評估並經許可者，開發單位應舉行公開之說明會。

第八條　（第二階段評估應辦理事項）

①前條審查結論認為對環境有重大影響之虞，應繼續進行第二階段環境影響評估者，開發單位應辦理下列事項：

一　將環境影響說明書分送有關機關。

二　將環境影響說明書於開發場所附近適當地點陳列或揭示，其期間不得少於三十日。

三　於新聞紙刊載開發單位之名稱、開發場所、審查結論及環境影響說明書陳列或揭示地點。

②開發單位應於前項陳列或揭示期滿後，舉行公開說明會。

第九條　（書面意見提出）

前條有關機關或當地居民對於開發單位之說明有意見者，應於公開說明會後十五日內以書面向開發單位提出，並副知主管機關及目的事業主管機關。

第一○條　（範疇界定）

①主管機關應於公開說明會後邀集目的事業主管機關、相關機關、團體、學者、專家及居民代表界定評估範疇。

②前項範疇界定之事項如下：

一　確認可行之替代方案。

二　確認應進行環境影響評估之項目；決定調查、預測、分析及評定之方法。

三　其他有關執行環境影響評估作業之事項。

第一一條　（環境影響評估報告書記載事項）

①開發單位應參酌主管機關、目的事業主管機關、有關機關、學者、專家、團體及當地居民所提意見，編製環境影響評估報告書（以下簡稱評估書）初稿，向目的事業主管機關提出。

②前項評估書初稿應記載下列事項：

一　開發單位之名稱及其營業所或事務所。

二　負責人之姓名、住、居所及身分證統一編號。

三　評估書綜合評估者及影響項目撰寫者之簽名。

四　開發行為之名稱及開發場所。

五　開發行為之目的及其內容。

六　環境現況、開發行為可能影響之主要及次要範圍及各種相關計畫。

七　環境影響預測、分析及評定。

八　減輕或避免不利環境影響之對策。

九　替代方案。

十　綜合環境管理計畫。

十一　對有關機關意見之處理情形。

十二　對當地居民意見之處理情形。

十三　結論及建議。

十四　執行環境保護工作所需經費。

十五　預防及減輕開發行為對環境不良影響對策摘要表。

十六 參考文獻。

第一二條 （勘察及紀錄）92

①目的事業主管機關收到評估書初稿後三十日內，應會同主管機關、委員會委員、其他有關機關，並邀集專家、學者、團體及當地居民，進行現場勘察並舉行公聽會，於三十日內作成紀錄，送交主管機關。

②前項期間於必要時得延長之。

第一三條 （審查及結論）92

①目的事業主管機關應將前條之勘察現場紀錄、公聽會紀錄及評估書初稿送請主管機關審查。

②主管機關應於六十日內作成審查結論，並將審查結論送達目的事業主管機關及開發單位；開發單位應依審查結論修正評估書初稿，作成評估書，送主管機關依審查結論認可。

③前項評估書經主管機關認可後，應將評估書及審查結論摘要公告，並刊登公報。但情形特殊者，其審查期限之延長以六十日為限。

第一三條之一 （限期補正）91

①環境影響說明書或評估書初稿經主管機關受理後，於審查時認有應補正情形者，主管機關應列明補正所需資料，通知開發單位限期補正。開發單位未於期限內補正或補正未符主管機關規定者，主管機關應函請目的事業主管機關駁回開發行為許可之申請，並副知開發單位。

②開發單位於前項補正期間屆滿前，得申請展延或撤回審查案件。

第一四條 （開發行為之撤銷）92

①目的事業主管機關於環境影響說明書未經完成審查或評估書未經認可前，不得為開發行為之許可，其經許可者，無效。

②經主管機關審查認定不應開發者，目的事業主管機關不得為開發行為之許可。但開發單位得另行提出替代方案，重新送主管機關審查。

③開發單位依前項提出之替代方案，如就原地點重新規劃時，不得與主管機關原審查認定不應開發之理由牴觸。

第一五條 （開發行為之合併評估）

同一場所，有二個以上之開發行為同時實施者，得合併進行評估。

第一六條 （變更申請內容之程序）

①已通過之環境影響說明書或評估書，非經主管機關及目的事業主管機關核准，不得變更原申請內容。

②前項之核准，其應重新辦理環境影響評估之認定，於本法施行細則定之。

第一六條之一 （環境現況差異分析及對策檢討報告之提出）91

開發單位於通過環境影響說明書或評估書審查，並取得目的事業主管機關核准之開發許可後，逾三年始實施開發行為時，應提出

環境現況差異分析及對策檢討報告，送主管機關審查。主管機關未完成審查前，不得實施開發行為。

第一七條 （執行）

開發單位應依環境影響說明書、評估書所載之內容及審查結論，切實執行。

第一八條 （環境影響調查報告書之提出）

①開發行為進行中及完成後使用時，應由目的事業主管機關追蹤，並由主管機關監督環境影響說明書、評估書及審查結論之執行情形；必要時，得命開發單位定期提出環境影響調查報告書。

②開發單位作成前項調查報告書時，應就開發行為進行前及完成後使用時之環境差異調查、分析，並與環境影響說明書、評估書之預測結果相互比對檢討。

③主管機關發現對環境造成不良影響時，應命開發單位限期提出因應對策，於經主管機關核准後，切實執行。

第一九條 （警察權之行使）

目的事業主管機關追蹤或主管機關監督環境影響評估案時，得行使警察職權。必要時，並得商請轄區內之憲警協助之。

第三章 罰 則

第二〇條 （處罰）

依第七條、第十一條、第十三條或第十八條規定提出之文書，明知為不實之事項而記載者，處三年以下有期徒刑、拘役或科或併科新臺幣三萬元以下罰金。

第二一條 （處罰）

開發單位不遵行目的事業主管機關依本法所為停止開發行為之命令者，處負責人三年以下有期徒刑或拘役，得併科新臺幣三十萬元以下罰金。

第二二條 （處罰）

開發單位於未經主管機關依第七條或依第十三條規定作成認可前，即逕行為第五條第一項規定之開發行為者，處新臺幣三十萬元以上一百五十萬元以下罰鍰，並由主管機關轉請目的事業主管機關，命其停止實施開發行為。必要時，主管機關得逕命其停止實施開發行為其不遵行者，處負責人三年以下有期徒刑或拘役，得併科新臺幣三十萬元以下罰金。

第二三條 （連續處罰）92

①有下列情形之一，處新臺幣三十萬元以上一百五十萬元以下罰鍰，並限期改善；屆期仍未改善者，得按日連續處罰：

一 違反第七條第三項、第十六條之一或第十七條之規定者。

二 違反第十八條第一項，未提出環境影響調查報告書或違反第十八條第三項，未提出因應對策或不依因應對策切實執行者。

三 違反第二十八條未提出因應對策或不依因應對策切實執行

者。

②前項情形，情節重大者，得由主管機關轉請目的事業主管機關，命其停止實施開發行為。必要時，主管機關得逕命其停止實施開發行為，其不遵行者，處負責人三年以下有期徒刑或拘役，得併科新臺幣三十萬元以下罰金。

③開發單位因天災或其他不可抗力事由，致不能於第一項之改善期限內完成改善者，應於其原因消滅後繼續進行改善，並於三十日內以書面敘明理由，檢具有關證明文件，向主管機關申請核定賸餘期間之起算日。

④第二項所稱情節重大，指下列情形之一：

一 開發單位造成廣泛之公害或嚴重之自然資源破壞者。

二 開發單位未依主管機關審查結論或環境影響說明書、評估書之承諾執行，致危害人體健康或農林漁牧資源者。

三 經主管機關按日連續處罰三十日仍未完成改善者。

⑤開發單位經主管機關依第二項處分停止實施開發行為者，應於恢復實施開發行為前，檢具改善計畫執行成果，報請主管機關查驗；其經主管機關限期改善而自行申報停止實施開發行為者，亦同。經查驗不合格者，不得恢復實施開發行為。

⑥前項停止實施開發行為期間，為防止環境影響之程度、範圍擴大，主管機關應會同有關機關，依據相關法令要求開發單位進行復整改善及緊急應變措施。不遵行者，主管機關得函請目的事業主管機關廢止其許可。

⑦第一項及第四項所稱按日連續處罰，其起算日、暫停日、停止日、改善完成認定查驗及其他應遵行事項，由中央主管機關定之。

⑧開發單位違反本法或依本法授權訂定之相關命令而主管機關疏於執行時，受害人民或公益團體得敘明疏於執行之具體內容，以書面告知主管機關。

⑨主管機關於書面告知送達之日起六十日內仍未依法執行者，人民或公益團體得以該主管機關為被告，對其怠於執行職務之行為，直接向行政法院提起訴訟，請求判令其執行。

⑩行政法院為前項判決時，得依職權判令被告機關支付適當律師費用、偵測鑑定費用或其他訴訟費用予對預防及減輕開發行為對環境造成不良影響有具體貢獻之原告。

⑪第八項之書面告知格式，由中央主管機關定之。

第二三條之一 （報告或證明文件之查驗）91

①開發單位經依本法處罰並通知限期改善，應於期限屆滿前提出改善完成之報告或證明文件，向主管機關報請查驗。

②開發單位未依前項辦理者，視為未完成改善。

第二四條 （強制執行）

依本法所處罰鍰，經通知限期繳納，屆期不繳納者，移送法院強制執行。

第四章　附　則

第二五條　（涉及軍事秘密及國防工程之作業）

開發行為涉及軍事秘密及緊急性國防工程者，其環境影響評估之有關作業，由中央主管機關會同國防部另定之。

第二六條　（政府環境影響評估作業）

有影響環境之虞之政府政策，其環境影響評估之有關作業，由中央主管機關另定之。

第二七條　（審查費）

①主管機關審查開發單位依第七條、第十一條、第十三條或第十八條規定提出之環境影響說明書、評估書初稿、評估書或環境影響調查報告書，得收取審查費。

②前項收費辦法，由中央主管機關另定之。

第二八條　（環境影響之調查、分析）

本法施行前已實施而尚未完成之開發行為，主管機關認有必要時，得命開發單位辦理環境影響之調查、分析，並提出因應對策，於經主管機關核准後，切實執行。

第二九條　（未依結論執行之處理）

本法施行前已完成環境影響說明書或環境影響評估報告書，並經審查作成審查結論，而未依審查結論執行者，主管機關及相關主管機關應命開發單位依本法第十八條相關規定辦理，開發單位不得拒絕。

第三○條　（書面委任）

當地居民依本法所為之行為，得以書面委任他人代行之。

第三一條　（施行細則）

本法施行細則，由中央主管機關定之。

第三二條　（施行日）

本法自公布日施行。

森林法

①民國 21 年 9 月 15 日國民政府制定公布全文 77 條。
②民國 26 年 2 月 13 日國民政府修正公布第 9、18 條條文。
③民國 34 年 2 月 6 日國民政府修正公布全文 57 條。
④民國 61 年 5 月 27 日總統令修正公布第 49 條條文。
⑤民國 74 年 12 月 13 日總統令修正公布全文 58 條。
⑥民國 87 年 5 月 27 日總統令修正公布第 15、17、44、45、47、51、53～56 條條文；並增訂第 48-1、56-1～56-4 條條文。
⑦民國 89 年 11 月 15 日總統令修正公布第 2、12、26、29、48 條條文。
⑧民國 93 年 1 月 20 日總統令修正公布第 6、7、15、25、34、48、56-2、56-3 條條文；並增訂第 17-1、38-1 條條文。
⑨民國 104 年 5 月 6 日總統令修正公布第 50、52 條條文。
⑩民國 104 年 7 月 1 日總統令修正公布第 1、56 條條文；並增訂第 3-1、38-2～38-6、47-1 條條文及第五章之一章名。

第一章　總　則

第一條 （立法目的）104

為保育森林資源，發揮森林公益及經濟效用，並為保護具有保存價值之樹木及其生長環境，制定本法。

第二條 （主管機關）

本法所稱主管機關：在中央為行政院農業委員會；在直轄市為直轄市政府；在縣（市）為縣（市）政府。

第三條 （森林之定義及所有權歸屬種類）

①森林係指林地及其群生竹、木之總稱。依其所有權之歸屬，分為國有林、公有林及私有林。

②森林以國有為原則。

第三條之一 （樹木保護之依據）104

森林以外之樹木保護事項，依第五章之一規定辦理。

第四條 （視為森林所有人）

以所有竹、木為目的，於他人之土地有地上權、租賃權或其他使用或收益權者，於本法適用上視為森林所有人。

第二章　林　政

第五條 （林業管理經營之主要目標）

林業之管理經營，應以國土保安長遠利益為主要目標。

第六條 （荒山荒地之編為林業用地）93

①荒山、荒地之宜於造林者，由中央主管機關商請中央地政主管機關編為林業用地，並公告之。

②經編為林業用地之土地，不得供其他用途之使用。但經徵得直轄市、縣（市）主管機關同意，報請中央主管機關會同中央地政主管機關核准者，不在此限。

③前項土地為原住民土地者，除依前項辦理外，並應會同中央原住民族主管機關核准。

④土地在未編定使用地之類別前，依其他法令適用林業用地管制者，準用第二項之規定。

第七條 （公有或私有林應收歸國有情形）93

①公有林及私有林有左列情形之一者，得由中央主管機關收歸國有。但應予補償金：

　　一　國土保安上或國有林經營上有收歸國有之必要者。

　　二　關係不限於所在地之河川、湖泊、水源等公益需要者。

②前項收歸國有之程序，準用土地徵收相關法令辦理；公有林得依公有財產管理之有關規定辦理。

第八條 （國有或公有林得為出租、讓與或撥用情形）

①國有或公有林地有左列情形之一者，得為出租、讓與或撥用：

　　一　學校、醫院、公園或其他公共設施用地所必要者。

　　二　國防、交通或水利用地所必要者。

　　三　公用事業用地所必要者。

　　四　國家公園、風景特定區或森林遊樂區內經核准用地所必要者。

②違反前項指定用途，或於指定期間不為前項使用者，其出租、讓與或撥用林地應收回之。

第九條 （同意施工之情形）

①於森林內為左列行為之一者，應報經主管機關會同有關機關實地勘查同意後，依指定施工界限施工：

　　一　興修水庫、道路、輸電系統或開發電源者。

　　二　探採礦或採取土、石者。

　　三　興修其他工程者。

②前項行為以地質穩定、無礙國土保安及林業經營者為限。

③第一項行為有破壞森林之虞者，由主管機關督促行為人實施水土保持處理或其他必要之措施，行為人不得拒絕。

第一〇條 （限制採伐之情形）

森林有左列情形之一者，應由主管機關限制採伐：

　　一　林地陡峻或土層淺薄，復舊造林困難者。

　　二　伐木後土壤易被沖蝕或影響公益者。

　　三　位於水庫集水區、溪流水源地帶、河岸沖蝕地帶、海岸衝風地帶或沙丘區域者。

　　四　其他必要限制採伐地區。

第一一條 （得限制或禁止草皮、樹根、草根之採掘）

主管機關得依森林所在地之狀況，指定一定處所及期間，限制或禁止草皮、樹根、草根之採取或採掘。

第三章　森林經營及利用

第一二條 （森林之管理經營主體）89

① 國有林由中央主管機關劃分林區管理經營之；公有林由所有機關或委託其他法人管理經營之；私有林由私人經營之。

② 中央主管機關得依林業特性，訂定森林經營管理方案實施之。

第一三條 （森林經營應配合集水區之保護管理）

為加強森林涵養水源功能，森林經營應配合集水區之保護與管理；其辦法由行政院定之。

第一四條 （國有林經營計畫之擬訂）

國有林各事業區經營計畫，由各該管理經營機關擬訂，層報中央主管機關核定實施。

第一五條 （國有林林產物之採伐）93

① 國有林林產物年度採伐計畫，依各該事業區之經營計畫。

② 國有林林產物之採取，應依年度採伐計畫及國有林林產物處分規則辦理。

③ 國有林林產物之種類、處分方式與條件、林產物採取、搬運、轉讓、繳費及其他應遵行事項之處分規則，由中央主管機關定之。

④ 森林位於原住民族傳統領域土地者，原住民族得依其生活慣俗需要，採取森林產物，其採取之區域、種類、時期、無償、有償及其他應遵行事項之管理規則，由中央主管機關會同中央原住民族主管機關定之。

⑤ 天然災害發生後，國有林竹木漂流至國有林區域外時，當地政府需於一個月內清理註記完畢，未能於一個月內清理註記完畢者，當地居民得自由撿拾清理。

第一六條 （設於森林區域之國家公園或風景特定區）

① 國家公園或風景特定區設置於森林區域者，應先會同主管機關勘查。劃定範圍內之森林區域，仍由主管機關依照本法並配合國家公園計畫及風景特定區計畫管理經營之。

② 前項配合辦法，由行政院定之。

第一七條 （森林遊樂區之設置）87

① 森林區域內，經環境影響評估審查通過，得設置森林遊樂區；其設置管理辦法，由中央主管機關定之。

② 森林遊樂區得酌收環境美化及清潔維護費，遊樂設施得收取使用費；其收費標準，由中央主管機關定之。

第一七條之一 （自然保護區之設置）93

為維護森林生態環境，保存生物多樣性，森林區域內，得設置自然保護區，並依其資源特性，管制人員及交通工具入出；其設置與廢止條件、管理經營方式及許可、管制事項之辦法，由中央主管機關定之。

第一八條 （林業技師及林業技術人員之設置）

① 公有林、私有林之營林面積五百公頃以上者，應由林業技師擔任

　　技術職務。

②造林業及伐木業者，均應置林業技師或林業技術人員。

第一九條　（依法組織林業合作社）

經營林業者，遇有合作經營之必要時，得依合作社法組織林業合作社，並由當地主管機關輔導之。

第二〇條　（他人土地使用權之核准取得）

森林所有人因搬運森林設備、產物等有使用他人土地之必要，或在無妨礙給水及他人生活安全之範圍內，使用、變更或除去他人設置於水流之工作物時，應先與其所有人或土地他項權利人協商；協商不諧或無從協商時，應報請主管機關會同地方有關機關調處；調處不成，由主管機關決定之。

第二一條　（限期完成造林及水土保持之情形）

主管機關對於左列林業用地，得指定森林所有人、利害關係人限期完成造林及必要之水土保持處理：

一　沖蝕溝、陡峻裸露地、崩塌地、滑落地、破碎帶、風蝕嚴重地及沙丘散在地。

二　水源地帶、水庫集水區、海岸地帶及河川兩岸。

三　火災跡地、水災沖蝕地。

四　伐木跡地。

五　其他必要水土保持處理之地區。

第四章　保安林

第二二條　（應編為保安林情形）

國有林、公有林及私有林有左列情形之一者，應由中央主管機關編為保安林：

一　為預防水害、風害、潮害、鹽害、煙害所必要者。

二　為涵養水源、保護水庫所必要者。

三　為防止砂、土崩壞及飛沙、墜石、泮冰、積雪等害所必要者。

四　為國防上所必要者。

五　為公共衛生所必要者。

六　為航行目標所必要者。

七　為漁業經營所必要者。

八　為保存名勝、古蹟、風景所必要者。

九　為自然保育所必要者。

第二三條　（保安林地之劃定）

山陵或其他土地合於前條第一款至第五款所定情形之一者，應劃為保安林地，擴大保安林經營。

第二四條　（保安林之管理經營）

①保安林之管理經營，不論所有權屬，均以社會公益為目的。各種保安林，應分別依其特性合理經營、撫育、更新，並以擇伐為主。

②保安林經營準則，由中央主管機關會同有關機關定之。

第二五條 （保安林之解除）93

①保安林無繼續存置必要時，得經中央主管機關核准，解除其一部或全部。

②前項保安林解除之審核標準，由中央主管機關定之。

第二六條 （保安林之編入或解除之申請）89

保安林之編入或解除，得由森林所在地之法人或團體或其他直接利害關係人，向直轄市、縣（市）主管機關申請，層報中央主管機關核定。但森林屬中央主管機關管理者，逕向中央主管機關申請核定。

第二七條 （保安林編入或解除前之公告）

①主管機關受理前條申請或依職權爲保安林之編入或解除時，應通知森林所有人、土地所有人及土地他項權利人，並公告之。

②自前項公告之日起，至第二十九條第二項公告之日止，編入保安林之森林，非經主管機關之核准，不得開墾林地或砍伐竹、木。

第二八條 （提出異議及其期限）

就保安林編入或解除，有直接利害關係者，對於其編入或解除有異議時，得自前條第一項公告日起三十日內，向當地主管機關提出意見書。

第二九條 （關係文件與意見書之層轉核定）89

①直轄市或縣（市）主管機關，應將保安林編入或解除之各種關係文件，轉中央主管機關核定，其依前條規定有異議時，並應附具異議人之意見書。

②保安林之編入或解除，經中央主管機關核定後，應由中央、直轄市或縣（市）主管機關公告之，並通知森林所有人。

第三〇條 （對保安林使用收益之限制）

①非經主管機關核准或同意，不得於保安林伐採、傷害竹、木、開墾、放牧，或爲土、石、草皮、樹根之採取或採掘。

②除前項外，主管機關對於保安林之所有人，得限制或禁止其使用收益，或指定其經營及保護之方法。

③違反前二項規定，主管機關得命其造林或爲其他之必要重行爲。

第三一條 （保安林所有人之請求補償金與其負擔）

①禁止砍伐竹、木之保安林，其土地所有人或竹、木所有人，以所受之直接損害爲限，得請求補償金。

②保安林所有人，依前條第二項指定而造林者，其造林費用視爲前項損害。

③前二項損害，由中央政府補償之。但得命由因保安林之編入特別受益之法人、團體或私人負擔其全部或一部。

第五章　森林保護

第三二條 （森林警察之設置與其職務代行）

①森林之保護，得設森林警察；其未設森林警察者，應由當地警察代行森林警察職務。

②各地方鄉（鎮、市）村、里長，有協助保護森林之責。

第三三條　（森林保護區之劃定）

森林外緣得設森林保護區，由主管機關劃定，層報中央主管機關核定，由當地主管機關公告之。

第三四條　（森林保護區之禁止引火）93

①森林區域及森林保護區內，不得有引火行為。但經該管消防機關洽該管主管機關許可者不在此限，並應先通知鄰接之森林所有人或管理人。

②經前項許可引火行為時，應預為防火之設備。

第三五條　（森林救火隊之設立）

主管機關應視森林狀況，設森林救火隊，並得視需要，編組森林義勇救火隊。

第三六條　（鐵道、工廠與電線之防火設備）

①鐵道通過森林區域及森林保護區者，應有防火、防煙設備；設於森林保護區附近之工廠，亦同。

②電線穿過森林區域及森林保護區者，應有防止走電設備。

第三七條　（生物為害之撲滅與預防）

①森林發生生物為害或有發生之虞時，森林所有人，應撲滅或預防之。

②前項情形，森林所有人於必要時，經當地主管機關許可，得進入他人土地，為森林生物為害之撲滅或預防，如致損害，應賠償之。

第三八條　（撲滅、預防生物為害蔓延之必要處置）

①森林生物為害蔓延或有蔓延之虞時，主管機關得命有利害關係之森林所有人，為撲滅或預防上所必要之處置。

②前項撲滅預防費用，以有利害關係之土地面積或地價為準，由森林所有人負擔之。但費用負擔人間另有約定者，依其約定。

第三八條之一　（森林保護管理相關辦法之訂定）93

①森林之保護管理、災害防救、保林設施、防火宣導及獎勵之辦法，由中央主管機關定之。

②國有林位於原住民族傳統領域土地者，有關造林、護林等業務之執行，應優先輔導當地之原住民族社區發展協會、法人團體或個人辦理，其輔導經營管理辦法，由中央主管機關會同中央原住民族主管機關定之。

第五章之一　樹木保護 104

第三八條之二　（樹木普查；受保護之樹木予以造冊公告）104

①地方主管機關應對轄區內樹木進行普查，具有生態、生物、地理、景觀、文化、歷史、教育、研究、社區及其他重要意義之群生竹木、行道樹或單株樹木，經地方主管機關認定為受保護樹

木，應予造冊並公告之。

②前項經公告之受保護樹木，地方主管機關應優先加強保護，維持樹冠之自然生長及樹木品質，定期健檢養護並保護樹木生長環境，於機關專屬網頁定期公布其現況。

③第一項普查方法及受保護樹木之認定標準，由中央主管機關定之。

第三八條之三 （土地開發利用範圍內公告之受保護樹木以原地保留為原則；移植須經審查許可）104

①土地開發利用範圍內，有經公告之受保護樹木，應以原地保留為原則；非經地方主管機關許可，不得任意砍伐、移植、修剪或以其他方式破壞，並應維護其良好生長環境。

②前項開發利用者須移植經公告之受保護樹木，應檢附移植及復育計畫，提送地方主管機關審查許可後，始得施工。

③前項之計畫內容、申請、審核程序等事項之辦法，及樹冠面積計算方式、樹木修剪與移植、移植樹穴、病蟲害防治用藥、健檢養護或其他生長環境管理等施工規則，由中央主管機關定之。地方政府得依當地環境，訂定執行規範。

第三八條之四 （移植受保護樹木應經公聽會徵詢各界意見；許可移植之樹木列冊追蹤並於網頁公告現況）104

①地方主管機關受理受保護樹木移植之申請案件後，開發利用者應舉行公開說明會，徵詢各界意見，有關機關（構）或當地居民，得於公開說明會後十五日內以書面向開發利用單位提出意見，並副知主管機關。

②地方主管機關於開發利用者之公開說明會後應舉行公聽會，並將公聽會之日期及地點，登載於新聞紙及專屬網頁，或以其他適當方法廣泛周知，任何民眾得提供意見供地方主管機關參採；其經地方主管機關許可並移植之受保護樹木，地方主管機關應列冊追蹤管理，並於專屬網頁定期更新公告其現況。

第三八條之五 （受保護樹木經許可移植，地方主管機關應命開發利用者進行生態環境之補償）104

①受保護樹木經地方主管機關審議許可移植者，地方主管機關應命開發利用者提供土地或資金供主管機關補植，以為生態環境之補償。

②前項生態補償之土地區位選擇、樹木種類品質、生態功能評定、生長環境管理或補償資金等相關辦法，由地方主管機關定之。

第三八條之六 （樹木保護與管理品質；中央主管機關應建立專業人員之培訓、考選及分級認證制度）104

①樹木保護與管理在中央主管機關指定規模以上者，應由依法登記執業之林業、園藝或相關專業技師或聘有上列專業技師之技術顧問機關規劃、設計及監造。但各級政府機關、公營事業機關及公法人自行興辦者，得由該機關、機構或法人內依法取得相當類科

技師證書者為之。

②中央主管機關應建立樹木保護專業人員之培訓、考選及分級認證制度；其相關辦法由中央主管機關會商考試院及勞動部等相關單位定之。

第六章 監督及獎勵

第三九條 （森林登記義務）

①森林所有人，應檢具森林所在地名稱、面積、竹、木種類、數量、地圖及計畫，向主管機關申請登記。

②森林登記規則，由中央主管機關定之。

第四○條 （得指定經營方法與命令停止伐採）

①森林如有荒廢、濫墾、濫伐情事時，當地主管機關，得向所有人指定經營之方法。

②違反前項指定方法或濫伐竹、木者，得命令其停止伐採，並補行造林。

第四一條 （造林命令之代執行）

①受前條第二項造林之命令，而怠於造林者，該管主管機關得代執行之。

②前項造林所需費用，由該義務人負擔。

第四二條 （命令造林與代執行）

①公有、私有荒山、荒地編入林業用地者，該管主管機關得指定期限，命所有人造林。

②逾前項期限不造林者，主管機關得代執行之；其造林所需費用，由該義務人負擔。

第四三條 （不得擅堆廢棄物及排放污染物）

森林區域內，不得擅自堆積廢棄物或排放污染物。

第四四條 （林產物採取人應設帳簿及選定用於林產物之記號或印章）87

①國、公有林林產物採取人應設置帳簿，記載其林產物種類、數量、出處及銷路。

②前項林產物採取人，應選定用於林產物之記號或印章，申報當地主管機關備案，並於林產物搬出前使用之。

③第一項林產物採取人不得使用經他人申報有案之相同或類似記號或印章。

第四五條 （林產物運銷須經許可及查驗）87

①凡伐採林產物，應經主管機關許可並經查驗，始得運銷；其伐採之許可條件、申請程序、伐採時應遵行事項及伐採查驗之規則，由中央主管機關定之。

②主管機關，應在林產物搬運道路重要地點，設林產物檢查站，檢查林產物。

③前項主管機關或有偵查犯罪職權之公務員，因執行職務認為必要時，得檢查林產物採取人之伐採許可證、帳簿及器具材料。

第四六條 （減免稅賦）

　林業用地及林產物有關之稅賦，依法減除或免除之。

第四七條 （經營林業得獎勵之情形）87

①凡經營林業，合於下列各款之一者，得分別獎勵之：

一　造林或經營林業著有特殊成績者。

二　經營特種林業，其林產物對國防及國家經濟發展具有重大影響者。

三　養成大宗林木，供應工業、國防、造船、築路及其他重要用材者。

四　經營苗圃，培養大宗苗木，供給地方造林之用者。

五　發明或改良林木品種、竹、木材用途及工藝物品者。

六　撲滅森林火災或生物為害及人為災害，顯著功效者。

七　對林業林學之研究改進，有明顯成就者。

八　對保安國土，涵養水源，有顯著貢獻者。

②前項獎勵，得以發給獎勵金、匾額、獎牌及獎狀方式為之；其發給條件、程序及撤銷獎勵之辦法，由中央主管機關定之。

第四七條之一 （保護或認養樹木之獎勵）104

　凡保護或認養樹木著有特殊成績者，準用前條第二項之獎勵。

第四八條 （獎勵造林之措施）93

　為獎勵私人、原住民族或團體造林，主管機關免費供應種苗、發給獎勵金、長期低利貸款或其他方式予以輔導獎勵，其辦法，由中央主管機關會同中央原住民族主管機關定之。

第四八條之一 （造林基金之來源）87

①為獎勵私人或團體長期造林，政府應設置造林基金；其基金來源如下：

一　由水權費提撥。

二　山坡地開發利用者繳交之回饋金。

三　違反本法之罰鍰。

四　水資源開發計畫工程費之提撥。

五　政府循預算程序之撥款。

六　捐贈。

七　其他收入。

②前項第一款水權費及第四款水資源開發計畫工程費之提撥比例，由中央水利主管機關會同中央主管機關定之；第二款回饋金應於核發山坡地開發利用許可時通知繳交，其繳交義務人、計算方式、繳交時間、期限與程序及其他應遵行事項之辦法，由中央主管機關擬訂，報請行政院核定之。

第四九條 （國有荒山、荒地之放租）

　國有荒山、荒地，編為林業用地者，除保留供國有林經營外，得由中央主管機關劃定區域放租本國人造林。

第七章　罰　則

第五〇條 （竊取森林主、副產物罪）104

① 竊取森林主、副產物，收受、搬運、寄藏、故買或媒介贓物者，處六月以上五年以下有期徒刑，併科新臺幣三十萬元以上三百萬元以下罰金。

② 前項竊取森林主、副產物之未遂犯罰之。

第五一條 （擅自墾殖或占用之罰則）87

① 於他人森林或林地內，擅自墾殖或占用者，處六月以上五年以下有期徒刑，得併科新臺幣六十萬元以下罰金。

② 前項情形致釀成災害者，加重其刑至二分之一；因而致人於死者，處五年以上十二年以下有期徒刑，得併科新臺幣一百萬元以下罰金，致重傷者，處三年以上十年以下有期徒刑，得併科新臺幣八十萬元以下罰金。

③ 第一項之罪於保安林犯之者，得加重其刑至二分之一。

④ 因過失犯第一項之罪致釀成災害者，處一年以下有期徒刑，得併科新臺幣六十萬元以下罰金。

⑤ 第一項未遂犯罰之。

⑥ 犯本條之罪者，其墾殖物、工作物、施工材料及所使用之機具沒收之。

第五二條 （加重竊取森林主、副產物罪）104

① 犯第五十條第一項之罪而有下列情形之一，處一年以上七年以下有期徒刑，併科贓額五倍以上十倍以下罰金：

一 於保安林犯之者。

二 依機關之委託或其他契約，有保護森林義務之人犯之者。

三 於行使林產物採取權時犯之者。

四 結夥二人以上或僱使他人犯之者。

五 以贓物為原料，製造木炭、松節油、其他物品或培植菇類者。

六 為搬運贓物，使用牲口、船舶、車輛，或有搬運造材之設備者。

七 掘採、毀壞、燒燬或隱藏根株，以圖罪跡之湮滅者。

八 以贓物燃料，使用於礦物之採取，精製石灰、磚、瓦或其他物品之製造者。

② 前項未遂犯罰之。

③ 第一項森林主產物為貴重木者，加重其刑至二分之一，併科贓額十倍以上二十倍以下罰金。

④ 前項貴重木之樹種，指具高經濟或生態價值，並經中央主管機關公告之樹種。

⑤ 犯本條之罪者，其供竊取之器材及第一項第六款之牲口、船舶、車輛，或有搬運造材之設備，不問屬於犯人與否，沒收之。

⑥ 第一項第五款所製物品，以贓物論，並沒收之。

⑦ 第五十條及本條所列刑事案件之被告或犯罪嫌疑人，於偵查中供述與該案案情有重要關係之待證事項或其他正犯或共犯之犯罪事

證，因而使檢察官得以追訴該案之其他正犯或共犯者，以經檢察官事先同意者爲限，就其因供述所涉之犯罪，減輕或免除其刑。

第五三條　（放火或失火燒燬森林之罰則）87

①放火燒燬他人之森林者，處三年以上十年以下有期徒刑。

②放火燒燬自己之森林者，處二年以下有期徒刑、拘役或科新臺幣三十萬元以下罰金；因而燒燬他人之森林者，處一年以上五年以下有期徒刑。

③失火燒燬他人之森林者，處二年以下有期徒刑、拘役或科新臺幣三十萬元以下罰金。

④失火燒燬自己之森林，因而燒燬他人之森林者，處一年以下有期徒刑、拘役或科新臺幣十八萬元以下罰金。

⑤第一項未遂犯罰之。

第五四條　（毀損保安林之罰則）87

毀棄、損壞保安林，足以生損害於公衆或他人者，處三年以下有期徒刑、拘役或科新臺幣三十萬元以下罰金。

第五五條　（擅自墾殖或占用之賠償責任）87

於他人森林或林地內，擅自墾殖或占用者，對於他人所受之損害，負賠償責任。

第五六條　（罰鍰）104

違反第九條、第三十四條、第三十六條、第三十八條之三及第四十五條第一項之規定者，處新臺幣十二萬元以上六十萬元以下罰鍰。

第五六條之一　（罰鍰）87

有下列情形之一者，處新臺幣六萬元以上三十萬元以下罰鍰：

一　違反第六條第二項、第十八條、第三十條第一項、第四十條及第四十三條之規定者。

二　森林所有人或利害關係人未依主管機關依第二十一條規定，指定期限完成造林及必要之水土保持處理者。

三　森林所有人未依第三十八條規定爲撲滅或預防上所必要之處置者。

四　林產物採取人於林產物採取期間，拒絕管理經營機關派員監督指導者。五移轉、毀壞或污損他人爲森林而設立之標識者。

第五六條之二　（罰鍰）93

在森林遊樂區、自然保護區內，未經主管機關許可，有左列行爲之一者，處新臺幣五萬元以上二十萬元以下罰鍰：

一　設置廣告、招牌或其他類似物。

二　採集標本。

三　焚毀草木。

四　填塞、改道或擴展水道或水面。

五　經營客、貨運。

六　使用交通工具影響森林環境者。

第五六條之三 （罰鍰）93

①有左列情形之一者，處新臺幣一千元以上六萬元以下罰鍰：

一　未依第三十九條第一項規定辦理登記，經通知仍不辦理者。

二　在森林遊樂區或自然保護區內，有下列行為之一者：

　　㈠採折花木，或於樹木、岩石、標示、解說牌或其他土地定著物加刻文字或圖形。

　　㈡經營流動攤販。

　　㈢隨地吐痰、拋棄瓜果、紙屑或其他廢棄物。

　　㈣污染地面、牆壁、樑柱、水體、空氣或製造噪音。

三　在自然保護區內騷擾或毀損野生動物巢穴。

四　擅自進入自然保護區內。

②原住民族基於生活慣俗需要之行為，不受前條及前項各款規定之限制。

第五六條之四 （限期繳納罰鍰）87

本法所定之罰鍰，由主管機關處罰之；依本法所處之罰鍰，經限期繳納，屆期仍不繳納者，移送法院強制執行。

第八章　附　則

第五七條 （施行細則之訂定）

本法施行細則，由中央主管機關定之。

第五八條 （施行日）

本法自公布日施行。

森林法施行細則

①民國 24 年 1 月 31 日國民政府制定公布全文 20 條。
②民國 37 年 2 月 28 日農林部令修正發布全文 75 條。
③民國 45 年 1 月 10 日經濟部令修正發布第 5、7、11、13～16、19、
　28、32、41、44、46、47、50、65、69、71、72、74 條條文。
④民國 58 年 2 月 13 日經濟部令修正發布第 6、60、66 條之文。
⑤民國 76 年 6 月 30 日行政院農業委員會令修正發布全文 27 條。
⑥民國 87 年 8 月 31 日行政院農業委員會令發布刪除第 25 條條文。
⑦民國 89 年 1 月 19 日行政院農業委員會令修正發布第 3、5、11、
　13、19 條條文。
⑧民國 95 年 3 月 1 日行政院農業委員會令修正發布全文 21 條；並自
　發布日施行。

第一條
本細則依森林法（以下簡稱本法）第五十七條規定訂定之。

第二條
森林所有權及所有權以外之森林權利，除依法登記爲公有或私有
者外，概屬國有。

第三條
本法第三條第一項所稱林地，範圍如下：
一　依非都市土地使用管制規則第三條規定編定爲林業用地及非
　　都市土地使用管制規則第七條規定適用林業用地管制之土
　　地。
二　非都市土地範圍內未劃定使用分區及都市計畫保護區、風景
　　區、農業區內，經該直轄市、縣（市）主管機關認定爲林地
　　之土地。
三　依本法編入爲保安林之土地。
四　依本法第十七條規定設置爲森林遊樂區之土地。
五　依國家公園法劃定爲國家公園區內，由主管機關會商國家公
　　園主管機關認定爲林地之土地。

第四條
本法第三條第一項所稱國有林、公有林及私有林之定義如下：
一　國有林，指屬於國家所有及國家領域內無主之森林。
二　公有林，指依法登記爲直轄市、縣（市）、鄉（鎮、市）或
　　公法人所有之森林。
三　私有林，指依法登記爲自然人或私法人所有之森林。

第五條
本法第六條第一項所稱荒山、荒地，指國有、公有、私有荒廢而
不宜農作物生產之山岳、丘陵、海岸、沙灘及其他原野。

第六條

①公有林依本法第七條第一項規定收歸國有者，中央主管機關應於收歸前三個月通知該管公有林管理經營機關。接收程序完成前，該管理經營機關仍負保護之責。

②該管公有林管理經營機關對於前項通知有異議時，應於收受通知之次日起一個月內敘明理由，報請中央主管機關核辦。

第七條

公有林或私有林收歸國有之殘餘部分，其面積過小或形勢不整，致不能為相當之使用時，森林所有人，得請求一併收歸國有。

第八條

①依本法第八條第一項規定，申請出租、讓與或撥用國有林地或公有林地者，應填具申請書載明下列事項，檢附有關證件，經由林地之管理經營機關，在國有林報請中央主管機關，在公有林報請直轄市、縣（市）主管機關會商有關機關辦理：

　一　申請者之姓名或名稱。

　二　需用林地之所在地、使用面積及比例尺五千分之一實測位置圖（含土地登記謄本、地籍圖及用地明細表）。

　三　林地之現況說明。

　四　事業性質及需用林地之理由。

　五　經目的事業主管機關核定之使用計畫。

②前項申請案件，依環境影響評估法規定應實施環境影響評估，或依水土保持法規定應提出水土保持計畫或簡易水土保持申報書者，經各該主管機關審查核定後，始得辦理出租、讓與或撥用程序。

第九條

依本法第九條第一項規定申請於森林內施作相關工程者，應填具申請書載明下列事項，檢附有關證件，經由主管機關會同有關機關辦理：

　一　申請人之姓名或名稱。

　二　工程或開挖需用林地位置圖、面積及各項用地明細。

　三　工程或開挖用地所在地及施工圖說。

　四　屬公、私有林者，應檢附公、私有林所有人之土地使用同意書。

第一○條

主管機關依本法第十一條規定為限制或禁止處分時，應公告之，並通知森林所有人、土地所有人及土地他項權利人。

第一一條

國有林劃分林區，由中央主管機關會同該管直轄市或縣（市）主管機關勘查後，由中央主管機關視當地狀況，就下列因素綜合評估劃分之：

　一　行政區域。

　二　生態群落。

　三　山脈水系。

　四　事業區或林班界。

第一二條

①國有林林區得劃分事業區，由各該林區管理經營機關定期檢訂，調查森林面積、林況、地況、交通情況及自然資源，擬訂經營計畫報請中央主管機關核定後實施。

②供學術研究之實驗林，準用前項規定辦理。

第一三條

本法第十二條第一項所定受委託管理經營公有林之法人，應具有管理經營森林能力，並以公益為目的。

第一四條

森林所有人依本法第二十條規定因搬運森林設備、產物等使用他人土地之必要，報請主管機關會同地方有關機關調處時，應敘明理由並載明下列事項：

　一　使用計畫。

　二　使用土地位置圖。

　三　使用面積。

　四　使用期限。

　五　土地所有人或他項權利人之姓名、住址。

　六　土地之現狀及有無定著物。

　七　協商經過情形。

第一五條

森林所有人依本法第二十條規定在無妨礙給水及他人生活安全之範圍內，使用、變更或除去他人設置於水流之工作物，報請主管機關會同地方有關機關調處時，應敘明理由並載明下列事項：

　一　使用、變更或除去工作物之計畫。

　二　使用、變更或除去工作物之種類及所在位置等。

　三　使用、變更或除去工作物之所有人或他項權利人之姓名、住址。

　四　使用、變更或除去工作物之日期及期限。

　五　協商經過情形。

第一六條

國有林或公有林之管理經營機關對於所轄之國有林或公有林，認有依本法第二十二條規定，編為保安林之必要者，應敘明理由，並附實測圖，報經中央主管機關核定後，函知該管直轄市或縣（市）主管機關。

第一七條

依本法第二十六條規定申請保安林編入或解除，應填具申請書並檢附位置圖，載明下列事項：

　一　申請編入或解除保安林之名稱、位置及其面積。

　二　編入或解除之理由。

　三　申請人姓名、住址，係法人或團體者，其名稱、地址及其代

表人、負責人之姓名。

第一八條

①本法第三十一條規定之補償金，由當地主管機關調查審核。

②前項補償金額，以竹、木山價或造林費用價計算，由當地主管機
　關報請中央主管機關核定補償之。

第一九條

森林發生生物為害或有發生之虞時，森林所有人，除自行撲滅或
預防外，得請求當地國有林管理經營機關予以指導及協助。

第二○條

依本法第四十六條規定請求減稅或免稅者，應依各該稅法規定之
程序，向主管稅捐稽徵機關申請。

第二一條

本細則自發布日施行。

山坡地保育利用條例

①民國 65 年 4 月 29 日總統令制定公布全文 37 條。
②民國 75 年 1 月 10 日總統令修正公布全文 39 條。
③民國 87 年 1 月 7 日總統令修正公布第 6、9、10、12、18、17、25、33～35 條條文；刪除第 7、24、30 條條文；並增訂第 15-1、30-1、35-1 條條文。
④民國 89 年 5 月 17 日總統令修正公布第 2～4、6、11、16、22、28 條條文。
⑤民國 91 年 6 月 12 日總統令修正公布第 12、16 條條文；並增訂第 12-1、32-1 條條文。
⑥民國 95 年 6 月 14 日總統令修正公布第 37 條條文。
　民國 101 年 6 月 25 日行政院公告第 29 條所列屬「財政部」之權責事項，經行政院公告自 93 年 7 月 1 日起變更為「行政院金融監督管理委員會」管轄，自 101 年 7 月 1 日起改由「金融監督管理委員會」管轄。

第一章　總　則

第一條　（依據）

　山坡地之保育、利用，依本條例之規定；本條例未規定者，依其他法律規定。

第二條　（主管機關）89

①本條例所稱主管機關：在中央為行政院農業委員會；在直轄市為直轄市政府；在縣（市）為縣（市）政府。

②有關山坡地之地政及營建業務，由內政部會同中央主管機關辦理；有關國有山坡地之委託管理及經營，由財政部會同中央主管機關辦理。

第三條　（山坡地之定義）89

　本條例所稱山坡地，係指國有林事業區、試驗用林地及保安林地以外，經中央或直轄市主管機關參照自然形勢、行政區域或保育、利用之需要，就合於左列情形之一者劃定範圍，報請行政院核定公告之公、私有土地：

一　標高在一百公尺以上者。

二　標高未滿一百公尺，而其平均坡度在百分之五以上者。

第四條　（公有山坡地）89

　本條例所稱公有山坡地，係指國有、直轄市有、縣（市）有或鄉（鎮、市）有之山坡地。

第五條　（山坡地保育、利用）

　本條例所稱山坡地保育、利用，係指依自然特徵、應用工程、農藝或植生方法，以防治沖蝕、崩坍、地滑、土、石流失等災害，

保護自然生態景觀，涵養水源等水土保持處理與維護，並爲經濟有效之利用。

第六條　（山坡地使用區劃定之原則）89

① 山坡地應按土地自然形勢、地質條件、植生狀況、生態及資源保育、可利用限度及其他有關因素，依照區域計畫法或都市計畫法有關規定，分別劃定各種使用區或編定各種使用地。

② 前項各種使用區或使用地，其水土保持計畫由直轄市或縣（市）主管機關視需要分期擬訂，報請中央主管機關核定後公告實施；其變更時，亦同。

第七條　（刪除）

第八條　（公有山坡地地籍測量等之實施）

公有山坡地未經實施地籍測量或土地總登記者，應定期實施測量，並辦理總登記。

第九條　（水土保持相關義務人）87

在山坡地爲下列經營或使用，其土地之經營人、使用人或所有人，於其經營或使用範圍內，應實施水土保持之處理與維護：

一　宜農、牧地之經營或使用。

二　宜林地之經營、使用或採伐。

三　水庫或道路之修建或養護。

四　探礦、採礦、採取土石、堆積土石或設置有關附屬設施。

五　建築用地之開發。

六　公園、森林遊樂區、遊憩用地、運動場地或軍事訓練場之開發或經營。

七　墳墓用地之開發或經營。

八　廢棄物之處理。

九　其他山坡地之開發或利用。

第一〇條　（擅自墾殖占用之禁止）87

在公有或他人山坡地內，不得擅自墾殖、占用或從事前條第一款至第九款之開發、經營或使用。

第一一條　（水土保持之實施方式）89

山坡地有加強保育、利用之必要者，其水土保持處理與維護，應依直轄市或縣（市）主管機關指定方式實施之。

第一二條　（水土保持之稽查）91

① 山坡地之經營人、使用人或所有人應依主管機關規定之水土保持技術規範及期限，實施水土保持之處理與維護。

② 前項實施水土保持之處理與維護，其期限最長不得超過三年；已完成水土保持處理後，應經常加以維護，保持良好之效果，如有損壞，應即搶修或重建。

③ 主管機關對前二項水土保持之處理與維護，應隨時稽查。

第一二條之一　（合格證明書之發給）91

① 宜農、牧地完成水土保持處理，經直轄市或縣（市）主管機關派員檢查合格者，發給宜農、牧地水土保持合格證明書。

②宜林地完成造林後，經直轄市或縣（市）主管機關派員檢查合格屆滿三年，其成活率達百分之七十者，發給造林水土保持合格證明書。

第一三條 （土地重劃等之辦理）

政府爲增進山坡地之利用或擴大經營規模之需要，得劃定地區，辦理土地重劃、局部交換或協助農民購地，並輔導農民合作經營、共同經營或委託經營。

第一四條 （土地之徵收收回）

①政府爲實施山坡地保育、利用，興建公共設施之需要，得徵收或收回左列土地：

一 私有地。

二 未繳清地價之放領地。

三 放租地。

②前項土地有特別改良或地上物者，由政府予以補償其爲放領地者，並發還已交繳之地價。

第一五條 （山坡地開發、利用致生危害之處置）87

山坡地之開發、利用，致有發生災害或危害公共設施之虞者，主管機關應予限制，並得緊急處理；所需費用，由經營人、使用人或所有人負擔。前項所造成之災害或危害，經營人、使用人或所有人應負損害賠償責任。

第一五條之一 （巡查區之劃定）87

直轄市或縣（市）主管機關應參照行政區域或保育利用管理之需要，劃定巡查區，負責查報、制止及取締山坡地違規使用行爲。

第二章 農業使用

第一六條 （土地可利用限度）91

①山坡地供農業使用者，應實施土地可利用限度分類，並由中央或直轄市主管機關完成宜農、牧地、宜林地、加強保育地查定。土地經營人或使用人，不得超限利用。

②前項查定結果，應由直轄市、縣（市）主管機關於所在地鄉（鎮、市、區）公所公告之；公告期間不得少於三十日。

③第一項土地可利用限度分類標準，由中央主管機關定之。

④經中央或直轄市主管機關查定之宜林地，其已墾殖者，仍應實施造林及必要之水土保持處理與維護。

第一七條 （主管機關之輔導協助）87

①山坡地依第六條第一項劃定使用區後，其適於農業發展者，主管機關應辦理整體發展規劃，並擬訂水土保持細部計畫，輔導農民實施。

②山坡地面積在五十公頃以上，具有農業發展潛力者，主管機關得優先協助土地經營人、使用人或所有人實施水土保持，改善農業經營條件；其所需費用，得予協助辦理貸款或補助。

③山坡地位於國家公園、風景特定區、水源水質水量保護區者，主管

機關辦理前二項工作時，應先徵得各該目的事業主管機關之同意。

第一八條　（未開發山坡地之開發依據）

未開發之宜農、牧、林山坡地，其開發依農業發展條例有關規定辦理。

第一九條　（志願農業青年對公有山坡地之開發或承受）

志願從事農業具有經營計畫之青年，得依農業發展條例之規定，開發或承受公有山坡地。

第二〇條　（承租、承領面積）

①公有宜農、牧、林山坡地，放租或放領予農民者，其承租、承領面積，每戶合計不得超過二十公頃。但基於地形限制，得為百分之十以內之增加。

②本條例施行前，原承租面積超過前項規定者，其超過部分，於租期屆滿時不得續租。公有山坡地放租、放領辦法，由內政部會同有關機關擬訂，報請行政院核定之。

第二一條　（公有未租領地之免稅）

未放租、放領之公有山坡地，免徵賦稅。

第二二條　（不可抗力情事之地價減免） 89

承領之山坡地，因不可抗力致全部或部分不能使用者，其不能使用部分，經承租人層報中央或直轄市主管機關核准者，自申報日起，減免地價。

第二三條　（重大災歉之救濟）

①承領人承領之山坡地，遇有重大災歉，報經直轄市、縣（市）主管機關勘查屬實者，當期地價得暫緩繳付。但應於原定全部地價繳清年限屆滿後，就其緩繳期數依次補繳。

②承租人承租之山坡地有前項災歉者，報經直轄市、縣（市）主管機關勘查屬實後，減免當期租金。

第二四條　（刪除）

第二五條　（超限使用之處罰） 87

①山坡地超限利用者，由直轄市或縣（市）主管機關通知土地經營人、使用人或所有人限期改正；屆期不改正者，依第三十五條之規定處罰，並得下列規定處理：

　一　放租、放領或登記耕作權之山坡地屬於公有者，終止或撤銷其承租、承領或耕作權，收回土地，另行處理；其為放領地者，已繳之地價，不予發還。

　二　借用或撥用之山坡地屬於公有者，由原所有或管理機關收回。

　三　山坡地為私有者，停止其使用。

②前項各款土地之地上物，由經營人、使用人或所有人依限收割或處理；屆期不為者，主管機關得逕行清除，不予補償。

第二六條　（轉租之禁止及租約之終止等）

①依本條例承租之公有山坡地，不得轉租；承租人轉租者，其轉租行為無效，由主管機關撤銷其承租權，收回土地，另行處理；土地之特別改良及地上物均不予補償。

②承租人死亡無人繼承，或無力自任耕作，或因遷徙、轉業，不能繼續承租者，由主管機關終止租約，收回土地，另行處理。

③地上物得限期由承租人收割、處理，或由主管機關估定價格，由新承租（承領）人補償承受，原承租人所有特別改良併同辦理。

第二七條 （承領地租讓之限制及收回等）

①依本條例承領之公有山坡地，承領人在繳清地價取得土地所有權前，不得轉讓或出租；承領人轉讓或出租者，其轉讓或出租行為無效，由主管機關撤銷其承領權，收回土地另行處理；所繳地價不予發還，土地之特別改良或地上物均不予補償。

②承領人在繳清地價取得土地所有權前死亡無人繼承，或無力自任耕作，或因遷徙、轉業，不能繼續承領者，由主管機關收回土地另行處理；所繳地價除死亡無人繼承者依民法處理外，一次發還；其特別改良或地上物，比照前條第二項規定辦理。

③承領人繳清地價，取得土地所有權後，其屬宜林地者，承領人應依規定先行完成造林，始得移轉；屬宜農、牧地者，其移轉之承受人以能自耕者為限。

第二八條 （山坡地開發基金）89

①中央或直轄市主管機關，為推動山坡地開發及保育、利用，得設立山坡地開發基金；其資金來源如左：

一　政府循預算程序之撥款。

二　國、直轄市有森林用地解除後之林木砍伐收入。

三　國、直轄市有森林用地、原野地委託地方政府代為管理部分之租金、放領之地價，扣除支付管理費及放租應繳田賦後之餘款。

四　其他收入。

②前項基金收支、保管及運用辦法，由行政院定之。

第二九條 （開發基金之運用）

為配合前條山坡地開發基金之運用，中央主管機關，得會同財政部指定行庫，依各地區發展計畫，按年訂定貸款計畫，辦理貸款。

第三章　非農業使用

第三〇條 （刪除）

第三〇條之一 （山坡地暫停開發申請之情形）87

從事第九條第三款至第九款之經營或使用行為，違反第十二條第一項規定擅自開發者，除依水土保持法有關規定處理外，自第一次處罰之日起兩年內，暫停該地之開發申請。

第三一條 （水庫道路管理機關等水土保持之實施）

水庫或道路管理機關，應編列經費，實施水土保持處理與維護；其屬私有水庫或道路者，應由各該目的事業主管機關督導實施維護工作。

第三二條 （集水區山坡地之保育利用）

集水區內之山坡地保育、利用，應配合各該所在地集水區經營計

畫辦理，並於興建水庫時，優先納入興建計畫內實施。

第三二條之一 （集水區內開發或利用之報備核准）91

①於水庫集水區內修建道路、伐木、探礦、採礦、採取或堆積土石、開發建築用地、開發或經營遊憩與墳墓用地、處理廢棄物及為其他開發或利用行為者，應先徵得其治理機關（構）之同意，並報經該目的事業主管機關核准。

②前項治理機關（構），指水庫管理機關或經中央、直轄市主管機關指定之機關（構）。

③第一項治理機關（構）得隨時派員查勘，遇有危害水庫安全之虞時，得報請目的事業主管機關通知山坡地經營人、使用人或所有人停工；於完成加強保護措施、經檢查合格後，方得繼續施工。

第四章 獎 懲

第三三條 （舉發人之獎勵）87

①處理山坡地保育利用管理之查報與取締工作，確有績效者，及違規使用山坡地經處罰有案者之舉發人，由主管機關給與獎金。

②前項獎勵辦法，由中央主管機關定之。

第三四條 （擅自墾殖等之處罰）87

①違反第十條規定者，處六月以上五年以下有期徒刑，得併科新臺幣六十萬元以下罰金。

②前項情形致釀成災害者，加重其刑至二分之一；因而致人於死者，處五年以上十二年以下有期徒刑，得併科新臺幣一百萬元以下罰金；致重傷者，處三年以上十年以下有期徒刑，得併科新臺幣八十萬元以下罰金。

③因過失犯第一項之罪致釀成災害者，處一年以下有期徒刑，得併科新臺幣六十萬元以下罰金。

④第一項未遂犯罰之。

⑤犯本條之罪者，其墾殖物、工作物、施工材料及所使用之機具沒收之。

第三五條 （未依法實施水土保持之處罰）87

①有下列情形之一者，處新臺幣六萬元以上三十萬元以下罰鍰：

一 依法應擬具水土保持計畫而未擬具，或水土保持計畫未經核定而擅自實施，或未依核定之水土保持計畫實施者。

二 違反第二十五條第一項規定，未在期限內改正者。

②前項各款情形之一，經限期改正而不改正，或未依改正事項改正者，得按次分別處罰，至改正為止；並得令其停工，沒入其設施及所使用之機具，強制拆除並清除其工作物；所需費用，由經營人、使用人或所有人負擔。

③第一項各款情形之一，致生水土流失、毀損水土保持處理與維護設施或釀成災害者，處六月以上五年以下有期徒刑，得併科新臺幣六十萬元以下罰金；因而致人於死者，處三年以上十年以下有期徒刑，得併科新臺幣八十萬元以下罰金；致重傷者，處一年以

上七年以下有期徒刑，得併科新臺幣六十萬元以下罰金。

第三五條之一 （處罰）87

法人之負責人、法人或自然人之代理人、受雇人或其他從業人員，因執行業務犯第三十四條或第三十五條第三項之罪者，除依各該條規定處罰其行爲人外，對該法人或自然人亦科以各該條之罰金。

第三六條 （罰鍰之處罰機關及逾期之效果）

前條所定罰鍰，由直轄市、縣（市）主管機關處罰；經通知逾期不繳納者，移送法院強制執行。

第五章 附 則

第三七條 （山地保留）95

山坡地範圍內山地保留地，輔導原住民開發並取得耕作權、地上權或承租權。其耕作權、地上權繼續經營滿五年者，無償取得土地所有權，除政府指定之特定用途外，如有移轉，以原住民爲限；其開發管理辦法，由行政院定之。

第三八條 （施行細則）

本條例施行細則，由中央主管機關定之。

第三九條 （施行日期）

本條例自公布日施行。

水土保持法

①民國 83 年 5 月 27 日總統令制定公布全文 39 條。
②民國 83 年 10 月 21 日總統令修正公布第 4、7、8、13～16、19、23、33 條條文。
③民國 89 年 5 月 17 日總統令修正公布第 2、3、5、16～18 條條文。
④民國 92 年 12 月 17 日總統令修正公布第 6、12 條條文；刪除第 13 條條文；並增訂第 6-1、14-1、38-1、38-2 條條文。

第一章　總　則

第一條　（立法目的）

①為實施水土保持之處理與維護，以保育水土資源，涵養水源，減免災害，促進土地合理利用，增進國民福祉，特制定本法。

②水土保持，依本法之規定；本法未規定者，適用其他法律之規定。

第二條　（主管機關）89

本法所稱主管機關：在中央為行政院農業委員會；在直轄市為直轄市政府；在縣（市）為縣（市）政府。

第三條　（名詞定義）89

本法專用名詞定義如下：

一　水土保持之處理與維護：係指應用工程、農藝或植生方法，以保育水土資源、維護自然生態景觀及防治沖蝕、崩塌、地滑、土石流等災害之措施。

二　水土保持計畫：係指為實施水土保持之處理與維護所訂之計畫。

三　山坡地：係指國有林事業區、試驗用林地、保安林地，及經中央或直轄市主管機關參照自然形勢、行政區域或保育、利用之需要，就合於下列情形之一者劃定範圍，報請行政院核定公告之公、私有土地：

　　㈠標高在一百公尺以上者。

　　㈡標高未滿一百公尺，而其平均坡度在百分之五以上者。

四　集水區：係指溪流一定地點以上天然排水所匯集地區。

五　特定水土保持區：係指經中央或直轄市主管機關劃定亟需加強實施水土保持之處理與維護之地區。

六　水庫集水區：係指水庫大壩（含離槽水庫引水口）全流域稜線以內所涵蓋之地區。

七　保護帶：係指特定水土保持區內應依法定林木造林或維持自然林木或植生覆蓋而不宜農耕之土地。

八　保安林：係指森林法所謂之保安林。

第四條　（水土保持義務人）83

公、私有土地之經營或使用，依本法應實施水土保持處理與維護者，該土地之經營人、使用人或所有人，爲本法所稱之水土保持義務人。

第五條　（指定監督管理機構管理）89

對於興建水庫、開發社區或其他重大工程水土保持之處理與維護，中央或直轄市主管機關於必要時，得指定有關之目的事業主管機關、公營事業機構或公法人監督管理之。

第六條　（規劃、設計及監造之資格）92

水土保持之處理與維護在中央主管機關指定規模以上者，應由依法登記執業之水土保持技師、土木工程技師、水利工程技師、大地工程技師等相關專業技師或聘有上列專業技師之技術顧問機構規劃、設計及監造。但各級政府機關、公營事業機構及公法人自行興辦者，得由該機關、機構或法人內依法取得相當類科技師證書者爲之。

第六條之一　（水土保持技師簽證）92

前條所指水土保持技師、土木工程技師、水利工程技師、大地工程技師或聘有上列專業技師之技術顧問機構，其承辦水土保持之處理與維護之調查、規劃、設計、監造，如涉及農藝或植生方法、措施之工程金額達總計畫之百分之三十以上者，主管機關應要求承辦技師交由具有該特殊專業技術之水土保持技師負責簽證。

第七條　（推廣教育之實施）83

中央主管機關應加強水土保持推廣、教育、宣導及試驗研究，並會同有關機關訂定計畫實施之。

第二章　一般水土保持之處理與維護

第八條　（水土保持技術規範）83

①下列地區之治理或經營、使用行爲，應經調查規劃，依水土保持技術規範實施水土保持之處理與維護：

一　集水區之治理。

二　農、林、漁、牧地之開發利用。

三　探礦、採礦、鑿井、採取土石或設置有關附屬設施。

四　修建鐵路、公路、其他道路或溝渠等。

五　於山坡地或森林區內開發建築用地，或設置公園、墳墓、遊憩用地、運動場地或軍事訓練場、堆積土石、處理廢棄物或其他開挖整地。

六　防止海岸、湖泊及水庫沿岸或水道兩岸之侵蝕或崩塌。

七　沙漠、沙灘、沙丘地或風衝地帶之防風定砂及災害防護。

八　都市計畫範圍內保護區之治理。

九　其他因土地開發利用，爲維護水土資源及其品質，或防治災

害需實施之水土保持處理與維護。

②前項水土保持技術規範，由中央主管機關公告之。

第九條　（河川集水區之治理規劃）

①各河川集水區應由主管機關會同有關機關進行整體之治理規劃，並針對水土資源保育及土地合理利用之需要，擬定中、長期治理計畫，報請中央主管機關核定後，由各有關機關、機構或水土保持義務人分期分區實施。

②前項河川集水區，由中央主管機關會同有關機關劃定之。

第一〇條　（農牧地之水土保持）

宜農、宜牧山坡地作農牧使用時，其水土保持之處理與維護，應配合集水區治理計畫或農牧發展區之開發計畫，由其水土保持義務人實施之。

第一一條　（國、公有林區及私有林區之水土保持）

國、公有林區內水土保持之處理與維護，由森林經營管理機構策劃實施；私有林區內水土保持之處理與維護，由當地森林主管機關輔導其水土保持義務人實施之。

第一二條　（水土保持計畫之實施與維護）92

①水土保持義務人於山坡地或森林區內從事下列行為，應先擬具水土保持計畫，送請主管機關核定，如屬依法應進行環境影響評估者，並應檢附環境影響評估審查結果一併送核：

一　從事農、林、漁、牧之開發利用所需之修築農路或整坡作業。

二　探礦、採礦、鑿井、採取土石或設置有關附屬設施。

三　修建鐵路、公路、其他道路或溝渠等。

四　開發建築用地、設置公園、墳墓、遊憩用地、運動場地或軍事訓練場、堆積土石、處理廢棄物或其他開挖整地。

②前項水土保持計畫未經主管機關核定前，各目的事業主管機關不得逕行核發開發或利用之許可。

③第一項各款行為申請案依區域計畫相關法令規定，應先報請各區域計畫擬定機關審議者，應先擬具水土保持規劃書，申請目的事業主管機關送該區域計畫擬定機關同級之主管機關審核。水土保持規劃書與環境影響評估平行審查。

④第一項各款行為，屬中央主管機關指定之種類，且其規模未達中央主管機關所定者，其水土保持計畫得以簡易水土保持申報書代替之；其種類及規模，由中央主管機關定之。

第一三條　（刪除）

第一四條　（國家公園內水土保持之實施及維護）83

國家公園範圍內土地，需實施水土保持處理與維護者，由各該水土保持義務人擬具水土保持計畫，送請主管機關會同國家公園管理機關核定，並由主管機關會同國家公園管理機關監督水土保持義務人實施及維護。

第一四條之一 （收取審查費）92

①主管機關依第十二條規定審核水土保持計畫或水土保持規劃書，應收取審查費；其費額，由中央主管機關定之。

②依第十二條規定擬具之水土保持計畫、水土保持規劃書或簡易水土保持申報書，其內容、申請程序、審核程序、實施監督、水土保持施工許可證之發給與廢止、核定施工之期限、開工之申報、完工之申報、完工證明書之發給及水土保持計畫之變更等事項之辦法，由中央主管機關定之。

第一五條 （水土保持處理與維護費用）83

①宜農、宜牧山坡地水土保持義務人非土地所有人時，應依照主管機關規定，就其使用地實施水土保持之處理與維護。經檢查合於水土保持技術規範者，得以書面將處理費用及政府補助與水土保持義務人所付之比率通知所有人；於返還土地時，由所有人就現存價值比率扣除政府補助部分補償之。但水土保持處理與維護費用，法律另有規定或所有人與水土保持義務人間另有約定者，不在此限。

②對於前項處理費用及現存價值有爭議時，由直轄市、縣（市）主管機關調處之。

第三章　特定水土保持之處理與維護

第一六條 （特定水土保持區之劃定）89

①下列地區，應劃定為特定水土保持區：

一　水庫集水區。
二　主要河川上游之集水區須特別保護者。
三　海岸、湖泊沿岸、水道兩岸須特別保護者。
四　沙丘地、沙灘等風蝕嚴重者。
五　山坡地坡度陡峭，具危害公共安全之虞者。
六　其他對水土保育有嚴重影響者。

②前項特定水土保持區，應由中央或直轄市主管機關設置或指定管理機關管理之。

第一七條 （特定水土保持區劃定公告之主管機關）89

①特定水土保持區在縣（市）或跨越二直轄市與縣（市）以上行政區域者，由中央主管機關劃定公告之；在直轄市行政區域內者，由直轄市主管機關劃定，報請中央主管機關核定公告之。

②前項特定水土保持區劃定與廢止準則，由中央主管機關定之。

第一八條 （長期水土保持計畫）89

①特定水土保持區應由管理機關擬定長期水土保持計畫，報請直轄市主管機關層轉或逕請中央主管機關核定實施之。

②前項長期水土保持計畫，每五年應通盤檢討一次，並視實際需要變更之；遇有特殊需要，並得隨時報請直轄市主管機關層轉或逕請中央主管機關核准變更之。

第一九條 （特定水土保持區水土保持計畫之擬定）83

①經劃定為特定水土保持區之各類地區，其長期水土保持計畫之擬定重點如下：

一 水庫集水區：以涵養水源、防治沖蝕、崩塌、地滑、土石流、淨化水質，維護自然生態環境為重點。

二 主要河川集水區：以保護水土資源，防治沖蝕、崩塌，防止洪水災害，維護自然生態環境為重點。

三 海岸、湖泊沿岸、水道兩岸：以防止崩塌、侵蝕、維護自然生態環境、保護鄰近土地為重點。

四 沙丘地、沙灘：以防風、定砂為重點。

五 其他地區：由主管機關視實際需要情形指定之。

②經劃定為特定水土保持區之各類地區，區內禁止任何開發行為，但依開發資源之重大建設、不涉及一定規模以上之地貌改變及經環境影響評估審查通過之自然遊憩區，經中央主管機關核定者，不在此限。

③前項所稱一定規模以上之地貌改變，由中央主管機關會同有關機關訂定之。

第二○條 （保護帶之設置）

①經劃定為特定水土保持區之水庫集水區，其管理機關應於水庫滿水位線起算至水平距離三十公尺或至五十公尺範圍內，設置保護帶。其他特定水土保持區由管理機關視實際需要報請中央主管機關核准設置之。

②前項保護帶內之私有土地得辦理徵收，公有土地得辦理撥用，其已放領之土地應終止租約收回。

③第一項水庫集水區保護帶以上之區域屬森林者，應編為保安林，依森林法有關規定辦理。

第二一條 （補償金之請求與發放）

①前條保護帶內之土地，未經徵收或收回者，管理機關得限制或禁止其使用收益，或指定其經營及保護之方法。

②前項保護帶屬森林者，應編為保安林，依森林法有關規定辦理。

③第一項之私有土地所有人或地上物所有人所受之損失得請求補償金。補償金估算，應依公平合理價格為之。

④第三項補償金之請求與發放辦法，由中央主管機關定之，並送立法院核備。

第四章 監督與管理

第二二條 （實施不合水土保持技術規範者之處理）

①山坡地超限利用者，或從事農、林、漁、牧業，未依第十條規定使用土地或未依水土保持技術規範實施水土保持之處理與維護者，由直轄市或縣（市）主管機關會同有關機關通知水土保持義務人限期改正；屆期不改正或實施不合水土保持技術規範者，得通知有關機關依下列規定處理：

一 放租、放領或登記耕作權之土地屬於公有者，終止或撤銷其

　　承租、承領或耕作權，收回土地，另行處理；其為放領地者，所已繳之地價予以沒入。

二　借用、撥用之土地屬於公有者，由原所有或管理機關收回。

三　土地為私有者，停止其開發。

②前項各款之地上物，由經營人、使用人或所有人依限收割或處理；屆期不為者，主管機關會同土地管理機關逕行清除。其屬國、公有林地之放租者，並依森林法有關規定辦理。

第二三條 （違反水土保持計畫之處罰）83

①未依第十二條至第十四條規定之一所核定之水土保持計畫實施水土保持之處理與維護者，除依第三十三條規定按次分別處罰外，由主管機關會同目的事業主管機關通知水土保持義務人限期改正；屆期不改正或實施仍不合水土保持技術規範者，應令其停工、強制拆除或撤銷其許可，已完工部分並得停止使用。

②未依第十二條至第十四條規定之一擬具水土保持計畫送主管機關核定而擅自開發者，除依第三十三條規定按次分別處罰外，主管機關應令其停工，得沒入其設施所使用之機具，強制拆除及清除其工作物，所需費用，由經營人、使用人或所有人負擔，並自第一次處罰之日起兩年內，暫停該地之開發申請。

第二四條 （水土保持保證金之繳納）

①有第八條第一項第三款至第五款之開發、經營或使用行為者，應繳納水土保持保證金；其繳納及保管運用辦法，由中央主管機關會同目的事業主管機關定之。

②前項保證金於依規定實施水土保持之處理與維護，經檢查合於水土保持技術規範後發還之。

③有前二條情形之一，經限期改正而屆期不改正或實施不合水土保持技術規範者，應由主管機關會同各該目的事業主管機關代為履行，並向水土保持義務人徵收費用，或自其繳納之保證金中扣抵。

第二五條 （公、私有土地之使用）

　　為辦理水土保持之處理與維護需用公有土地時，主管機關得辦理撥用；土地權屬私有者，主管機關得依法徵收之。遇因緊急處理需徵收土地時，得報經行政院核准先行使用土地。

第二六條 （徵用物料之補償）

①為保護公共安全，實施緊急水土保持之處理與維護，主管機關得就地徵用搶修所需之物料、人工、土地，並得拆除障礙物。

②前項徵用之物料、人工、土地及拆毀之物，主管機關應於事後酌給相當之補償。對於補償有異議時，得報請上級主管機關核定之。

第二七條 （警察職權之行使）

　　主管機關於依本法實施水土保持之處理與維護地區，執行緊急處理及取締工作時，得行使警察職權。必要時，並得商請轄區內之軍警協助之。

第五章　經費及資金

第二八條　（經費）

各級主管機關及有關機關應按年編列計畫，寬籌經費辦理水土保持之處理與維護、推廣、教育、宣導及試驗研究之有關工作。

第二九條　（維護經費之編列）

興建水庫或修建鐵路、公路、其他道路或溝渠時，應於施工預算內編列集水區治理或道路水土保持之處理與維護經費。

第三〇條　（編列預算）

為發展水土保持之處理與維護，政府應按年編列預算，辦理下列工作：

一　辦理水土保持之處理與維護所需資金之融通。

二　實施緊急水土保持之處理與維護之經費。

三　辦理水土保持調查、研究及技術改進所需之補助。

四　促進水土保持國際交流與合作之經費。

五　其他有關水土保持之處理與維護事項。

第六章　獎　勵

第三一條　（補助或救濟之情形）

有下列情形之一者，由主管機關酌予補助或救濟：

一　實施水土保持之處理與維護，增進公共安全而蒙受損失者。

二　實施水土保持之處理與維護交換土地或遷移而蒙受損失者。

三　因實施第二十六條緊急水土保持之處理與維護而傷亡者。

第七章　罰　則

第三二條　（擅自墾殖、占用等之處罰）

①在公有或私人山坡地或國、公有林區或他人私有林區內未經同意擅自墾殖、占用或從事第八條第一項第二款至第五款之開發、經營或使用，致生水土流失或毀損水土保持之處理與維護設施者，處六個月以上五年以下有期徒刑，得併科新臺幣六十萬元以下罰金。但其情節輕微，顯可憫恕者，得減輕或免除其刑。

②前項情形致釀成災害者，加重其刑至二分之一；因而致人於死者，處五年以上十二年以下有期徒刑，得併科新臺幣一百萬元以下罰金；致重傷者，處三年以上十年以下有期徒刑，得併科新臺幣八十萬元以下罰金。

③因過失犯第一項之罪致釀成災害者，處一年以下有期徒刑，得併科新臺幣六十萬元以下罰金。

④第一項未遂犯罰之。

⑤犯本條之罰者，其墾殖物、工作物、施工材料及所使用之機具沒收之。

第三三條　（罰鍰）83

①有下列情形之一者，處新臺幣六萬元以上三十萬元以下罰鍰：

一 違反第八條第一項規定未依水土保持技術規範實施水土保持
之處理與維護，或違反第二十二條第一項，未在規定期限內
改正或實施仍不合水土保持技術規範者。

二 違反第十二條至第十四條規定之一，未先擬具水土保持計畫
或未依核定計畫實施水土保持之處理與維護者，或違反第二
十三條規定，未在規定期限內改正或實施仍不合水土保持技
術規範者。

②前項各款情形之一，經繼續限期改正而不改正者或實施仍不合水
土保持技術規範者，按次分別處罰，至改正為止，並令其停工，
得沒入其設施及所使用之機具，強制拆除及清除其工作物，所需
費用，由經營人、使用人或所有人負擔。

③第一項第二款情形，致生水土流失或毀損水土保持之處理與維護
設施者，處六月以上五年以下有期徒刑，得併科新臺幣六十萬元
以下罰金；因而致人於死者，處三年以上十年以下有期徒刑，得
併科新臺幣八十萬元以下罰金；致重傷者，處一年以上七年以下
有期徒刑，得併科新臺幣六十萬元以下罰金。

第三四條 （因執行業務犯罪之處罰及罰金）
因執行業務犯第三十二條或第三十三條第三項之罪者，除依各該
條規定處罰其行為人外，對僱用該行為人之法人或自然人亦科以
各該條之罰金。

第三五條 （罰鍰之處罰機關）
本法所定之罰鍰，由直轄市或縣（市）主管機關處罰之。

第三六條 （強制執行）
依本法所處之罰鍰，經通知限期繳納，逾期仍未繳納者，移送法
院強制執行。

第八章 附 則

第三七條 （施行細則）
本法施行細則，由中央主管機關定之。

第三八條 （輔導方案）
①為落實本法保育水土資源，減免災害之目的，主管機關應擬定輔
導方案，並於五年內提出實施水土保持之成效報告。

②前項輔導方案，由中央主管機關定之，並送立法院核備。

第三八條之一 （中華民國八十四年七月二日本法施行細則發
布前，已核定之水土保持計畫施工規定）92
中華民國八十四年七月二日本法施行細則生效前，已依山坡地保
育利用條例核定尚未完工之水土保持計畫，得依原核定計畫繼續
施工。但原核定計畫有變更時，仍應依本法規定辦理。

第三八條之二 （中華民國七十五年一月十二日山坡地保育利
用條例修正發布前，已核准實施之水土保持
計畫之開發）92
①中華民國七十五年一月十二日山坡地保育利用條例修正生效前，

經目的事業主管機關核准並已實施而尚未完成之開發、經營或使用行為，依本法之規定應實施水土保持之處理與維護者，其水土保持義務人應於中央主管機關公告之期限內依本法規定擬具水土保持計畫，送經主管機關核定後實施；水土保持義務人未於規定期限內辦理或其實施未依本法相關規定者，應依本法及相關法律規定處理。

②前項水土保持計畫在提送及審核期間，於作好水土保持處理與維護及相關安全措施下，得繼續其開發、經營或使用行為。

第三九條　（施行日）

本法自公布日施行。

國家公園法

①民國 61 年 6 月 13 日總統令制定公布全文 30 條。
②民國 99 年 12 月 8 日總統令修正公布第 6、8 條條文；並增訂第 27-1 條條文。

第一條 （立法目的）
為保護國家特有之自然風景、野生物及史蹟，並供國民之育樂及研究，特制定本法。

第二條 （適用範圍）
國家公園之管理，依本法之規定；本法未規定者，適用其他法令之規定。

第三條 （主管機關）
國家公園主管機關為內政部。

第四條 （國家公園計畫委員會）
內政部為選定、變更或廢止國家公園區域或審議國家公園計畫，設置國家公園計畫委員會，委員為無給職。

第五條 （組織通則之另定）
國家公園設管理處，其組織通則另定之。

第六條 （國家公園選定標準）99
①國家公園之選定基準如下：
一 具有特殊景觀，或重要生態系統、生物多樣性棲地，足以代表國家自然遺產者。
二 具有重要之文化資產及史蹟，其自然及人文環境富有文化教育意義，足以培育國民情操，需由國家長期保存者。
三 具有天然育樂資源，風貌特異，足以陶冶國民情性，供遊憩觀賞者。
②合於前項選定基準而其資源豐度或面積規模較小，得經主管機關選定為國家自然公園。
③依前二項選定之國家公園及國家自然公園，主管機關應分別於其計畫保護利用管制原則各依其保育與遊憩屬性及型態，分類管理之。

第七條 （國家公園存、廢變更之公告）
國家公園之設立、廢止及其區域之劃定、變更，由內政部報請行政院核定公告之。

第八條 （名詞釋義）99
本法用詞，定義如下：
一 國家公園：指為永續保育國家特殊景觀、生態系統，保存生物多樣性及文化多元性並供國民之育樂及研究，經主管機關

依本法規定劃設之區域。

二　國家自然公園：指符合國家公園選定基準而其資源豐度或面積規模較小，經主管機關依本法規定劃設之區域。

三　國家公園計畫：指供國家公園整個區域之保護、利用及發展等經營管理上所需之綜合性計畫。

四　國家自然公園計畫：指供國家自然公園整個區域之保護、利用及發展等經營管理上所需之綜合性計畫。

五　國家公園事業：指依據國家公園計畫所決定，而為便利育樂、生態旅遊及保護公園資源而興設之事業。

六　一般管制區：指國家公園區域內不屬於其他任何分區之土地及水域，包括既有小村落，並准許原土地、水域利用型態之地區。

七　遊憩區：指適合各種野外育樂活動，並准許興建適當育樂設施及有限度資源利用行為之地區。

八　史蹟保存區：指為保存重要歷史建築、紀念地、聚落、古蹟、遺址、文化景觀、古物而劃定及原住民族認定為祖墳地、祭祀地、發源地、舊社地、歷史遺跡、古蹟等祖傳地，並依其生活文化慣俗進行管制之地區。

九　特別景觀區：指無法以人力再造之特殊自然地理景觀，而嚴格限制開發行為之地區。

十　生態保護區：指為保存生物多樣性或供研究生態而應嚴格保護之天然生物社會及其生育環境之地區。

第九條　（公有土地之申請撥用）

①國家公園區域內實施國家公園計畫所需要之公有土地，得依法申請撥用。

②前項區域內私有土地，在不妨礙國家公園計畫原則下，准予保留原有之使用。但為實施國家公園計畫需要私人土地時，得依法徵收。

第一〇條　（實施勘驗或測量）

①為勘定國家公園區域，訂定或變更國家公園計畫，內政部或其委託之機關得派員進入公私土地內實施勘查或測量。但應事先通知土地所有權人或使用人。

②為前項之勘查或測量，如使土地所有權人或使用人之農作物、竹木或其他障礙物遭受損失時，應予以補償；其補償金額，由雙方協議，協議不成時，由其上級機關核定之。

第一一條　（國家公園事業之決定及執行）

①國家公園事業，由內政部依據國家公園計畫決定之。

②前項事業，由國家公園主管機關執行；必要時，得由地方政府或公營事業機構或公私團體經國家公園主管機關核准，在國家公園管理處監督下投資經營。

第一二條　（分區管理）

國家公園得按區域內現有土地利用型態及資源特性，劃分左列各

區管理之：
一　一般管制區。
二　遊憩區。
三　史蹟保存區。
四　特別景觀區。
五　生態保護區。

第一三條　（國家公園區內之禁止行為）

國家公園區域內禁止左列行為：
一　焚燬草木或引火整地。
二　狩獵動物或捕捉魚類。
三　污染水質或空氣。
四　採折花木。
五　於樹林、岩石及標示牌加刻文字或圖形。
六　任意拋棄果皮、紙屑或其他污物。
七　將車輛開進規定以外之地區。
八　其他經國家公園主管機關禁止之行為。

第一四條　（須經許可之行為）

①一般管制區或遊憩區內，經國家公園管理處之許可，得為左列行為：
一　公私建築物或道路、橋樑之建設或拆除。
二　水面、水道之填塞、改道或擴展。
三　礦物或土石之勘採。
四　土地之開墾或變更使用。
五　垂釣魚類或放牧牲畜。
六　纜車等機械化運輸設備之興建。
七　溫泉水源之利用。
八　廣告、招牌或其他類似物之設置。
九　原有工廠之設備需要擴充或增加或變更使用者。
十　其他須經主管機關許可事項。

②前項各款之許可，其屬範圍廣大或性質特別重要者，國家公園管理處應報請內政部核准，並經內政部會同各該事業主管機關審議辦理之。

第一五條　（史蹟保存區內須經許可之行為）

史蹟保存區內左列行為，應先經內政部許可：
一　古物、古蹟之修繕。
二　原有建築物之修繕或重建。
三　原有地形、地物之人為改變。

第一六條　（特定區域之禁止事項）

第十四條之許可事項，在史蹟保存區、特別景觀區或生態保護區內，除第一項第一款及第六款經許可者外，均應予禁止。

第一七條　（因特殊需要應經許可之行為）

特別景觀區或生態保護區內，為應特殊需要，經國家公園管理處

之許可，得為左列行為：

一　引進外來動、植物。

二　採集標本。

三　使用農藥。

第一八條　（生態保護區之優先）

生態保護區應優先於公有土地內設置，其區域內禁止採集標本、使用農藥及興建一切人工設施。但為供學術研究或為供公共安全及公園管理上特殊需要，經內政部許可者，不在此限。

第一九條　（進入生態保護區之許可）

進入生態保護區者，應經國家公園管理處之許可。

第二〇條　（水資源及礦物開發之審議及核准）

特別景觀區及生態保護區內之水資源及礦物之開發，應經國家公園計畫委員會審議後，由內政部呈請行政院核准。

第二一條　（園區內從事科學研究之同意）

學術機構得在國家公園區域內從事科學研究。但應先將研究計畫送請國家公園管理處同意。

第二二條　（專業人員之設置）

國家公園管理處為發揮國家公園教育功效，應視實際需要，設置專業人員，解釋天然景物及歷史古蹟等，並提供所必要之服務與設施。

第二三條　（費用負擔）

①國家公園事業所需費用，在政府執行時，由公庫負擔；公營事業機構或公私團體經營時，由該經營人負擔之。

②政府執行國家公園事業所需費用之分擔，經國家公園計畫委員會審議後，由內政部呈請行政院核定。

③內政部得接受私人或團體為國家公園之發展所捐獻之財物及土地。

第二四條　（罰則）

違反第十三條第一款之規定者，處六月以下有期徒刑、拘役或一千元以下罰金。

第二五條　（罰則）

違反第十三條第二款、第三款、第十四條第一項第一款至第四款、第六款、第九款、第十六條、第十七條或第十八條規定之一者，處一千元以下罰鍰；其情節重大，致引起嚴重損害者，處一年以下有期徒刑、拘役或一千元以下罰金。

第二六條　（罰則）

違反第十三條第四款至第八款、第十四條第一項第五款、第七款、第八款、第十款或第十九條規定之一者，處一千元以下罰鍰。

第二七條　（罰則）

①違反本法規定，經依第二十四條至第二十六條規定處罰者，其損害部分應回復原狀；不能回復原狀或回復顯有重大困難者，應賠

償其損害。

②前項負有恢復原狀之義務而不爲者，得由國家公園管理處或命第三人代執行，並向義務人徵收費用。

第二七條之一 （適用規定之情形）99

國家自然公園之變更、管理及違規行爲處罰，適用國家公園之規定。

第二八條 （施行區域）

本法施行區域，由行政院以命令定之。

第二九條 （施行細則）

本法施行細則，由內政部擬訂，報請行政院核定之。

第三〇條 （施行日）

本法自公布日施行。

文化資產保存法

①民國 71 年 5 月 26 日總統令制定公布全文 61 條。
②民國 86 年 1 月 22 日總統令增訂公布第 31-1、36-1 條條文。
③民國 86 年 5 月 14 日總統令修正公布第 27、30、35、36 條條文。
④民國 89 年 2 月 9 日總統令修正公布第 3、5、27、28、30、31-1 條條文及第三章章名；並增訂第 27-1、29-1、30-1、30-2、31-2 條條文。
⑤民國 91 年 3 月 12 日總統令修正公布第 16、31、32 條條文。
⑥民國 94 年 2 月 5 日總統令修正公布全文 104 條。
民國 94 年 8 月 1 日行政院令發布第 92 條定自 94 年 2 月 5 日施行。
民國 94 年 10 月 31 日行政院令發布除第 92 條外定自 94 年 11 月 1 日施行。
⑦民國 100 年 11 月 9 日總統令修正公布第 35 條條文。
民國 101 年 4 月 20 日行政院令發布定自 101 年 5 月 1 日施行。
民國 101 年 5 月 15 日行政院公告第 4 條第 1、3 項、第 6 條第 2 項、第 35 條第 1 項、第 90 條第 2 項、第 103 條所列屬「行政院文化建設委員會」之權責事項（含中央主管機關之權責事項），自 101 年 5 月 20 日起由「文化部」管轄。

第一章　總則

第一條　（立法目的）
為保存及活用文化資產，充實國民精神生活，發揚多元文化，特制定本法。

第二條　（法律適用）
文化資產之保存、維護、宣揚及權利之轉移，依本法之規定。本法未規定者，依其他有關法律之規定。

第三條　（文化資產之定義）
本法所稱文化資產，指具有歷史、文化、藝術、科學等價值，並經指定或登錄之下列資產：

一　古蹟、歷史建築、聚落：指人類為生活需要所營建之具有歷史、文化價值之建造物及附屬設施群。

二　遺址：指蘊藏過去人類生活所遺留具歷史文化意義之遺物、遺跡及其所定著之空間。

三　文化景觀：指神話、傳說、事蹟、歷史事件、社群生活或儀式行為所定著之空間及相關連之環境。

四　傳統藝術：指流傳於各族群與地方之傳統技藝與藝能，包括傳統工藝美術及表演藝術。

五　民俗及有關文物：指與國民生活有關之傳統並有特殊文化意義之風俗、信仰、節慶及相關文物。

六　古物：指各時代、各族群經人為加工具有文化意義之藝術作

　　　　品、生活及儀禮器物及圖書文獻等。

　　七　自然地景：指具保育自然價值之自然區域、地形、植物及礦物。

第四條　（主管機關）

①前條第一款至第六款古蹟、歷史建築、聚落、遺址、文化景觀、傳統藝術、民俗及有關文物及古物之主管機關：在中央為行政院文化建設委員會（以下簡稱文建會）；在直轄市為直轄市政府；在縣（市）為縣（市）政府。

②前條第七款自然地景之主管機關：在中央為行政院農業委員會（以下簡稱農委會）；在直轄市為直轄市政府；在縣（市）為縣（市）政府。

③前條具有二種以上類別性質之文化資產，其主管機關，與文化資產保存之策劃及共同事項之處理，由文建會同有關機關決定之。

第五條　（主管機關）

　　文化資產跨越二以上直轄市、縣（市）轄區，其地方主管機關由所在地直轄市、縣（市）主管機關商定之；必要時得由中央主管機關協調指定。

第六條　（審議委員會）

①主管機關為審議各類文化資產之指定、登錄及其他本法規定之重大事項，應設相關審議委員會，進行審議。

②前項審議委員會之組織準則，由文建會同農委會定之。

第七條　（地方主管機關）

　　主管機關得委任、委辦其所屬機關（構）或委託其他機關（構）、文化資產研究相關之學術機構、團體或個人辦理文化資產調查、保存及管理維護工作。

第八條　（公有文化資產之管理）

　　公有之文化資產，由所有或管理機關（構）編列預算，辦理保存、修復及管理維護。

第九條　（私有文化資產）

①主管機關應尊重文化資產所有人之權益，並提供其專業諮詢。

②前項文化資產所有人對於其財產被主管機關認定為文化資產之行政處分不服時，得依法提請訴願及行政訴訟。

第一○條　（接受政府補助文化資產相關資料之列冊及公開）

①接受政府補助之文化資產，其調查研究、發掘、維護、修復、再利用、傳習、記錄等工作所繪製之圖說、攝影照片、蒐集之標本或印製之報告等相關資料，均應予以列冊，並送主管機關妥為收藏。

②前項資料，除涉及文化資產之安全或其他法規另有規定外，主管機關應主動公開。

第一一條　（專責機構之設置）

　　主管機關為從事文化資產之保存、教育、推廣及研究工作，得設專責機構；其組織另以法律或自治法規定之。

第二章　古蹟、歷史建築及聚落

第一二條 （普查及接受提報）

　　主管機關應普查或接受個人、團體提報具古蹟、歷史建築、聚落價值建造物之內容及範圍，並依法定程序審查後，列冊追蹤。

第一三條 （建立完整個案資料）

　　主管機關應建立古蹟、歷史建築及聚落之調查、研究、保存、維護、修復及再利用之完整個案資料。

第一四條 （古蹟指定）

①古蹟依其主管機關區分為國定、直轄市定、縣（市）定三類，由各級主管機關審查指定後，辦理公告。直轄市、縣（市）定者，並應報中央主管機關備查。

②古蹟滅失、減損或增加其價值時，應報中央主管機關核准後，始得解除其指定或變更其類別。

③前二項指定基準、審查、廢止條件與程序及其他應遵行事項之辦法，由中央主管機關定之。

④建造物所有人得向主管機關申請指定古蹟，主管機關受理該項申請，應依法定程序審查之。

第一五條 （歷史建築之登錄及輔助）

①歷史建築由直轄市、縣（市）主管機關審查登錄後，辦理公告，並報中央主管機關備查。對已登錄之歷史建築，中央主管機關得予以輔助。

②前項登錄基準、審查、廢止條件與程序、輔助及其他應遵行事項之辦法，由中央主管機關定之。

③建造物所有人得向主管機關申請登錄歷史建築，主管機關受理該項申請，應依法定程序審查之。

第一六條 （聚落之登錄及備查）

①聚落由其所在地之居民或團體，向直轄市、縣（市）主管機關提出申請，經審查登錄後，辦理公告，並報中央主管機關備查。

②中央主管機關得就前項已登錄之聚落中擇其保存共識及價值較高者，審查登錄為重要聚落。

③前二項登錄基準、審查、廢止條件與程序、輔助及其他應遵行事項之辦法，由中央主管機關定之。

第一七條 （暫定古蹟之審查等）

①進入古蹟指定之審查程序者，為暫定古蹟。

②具古蹟價值之建造物在未進入前項審查程序前，遇有緊急情況時，主管機關得逕列為暫定古蹟，並通知所有人、使用人或管理人。

③暫定古蹟於審查期間內視同古蹟，應予以管理維護；其審查期間以六個月為限。但必要時得延長一次。主管機關應於期限內完成審查，期滿失其暫定古蹟之效力。

④建造物經列為暫定古蹟，致權利人之財產受有損失者，主管機關應給與合理補償；其補償金額，以協議定之。

⑤第二項暫定古蹟之條件及踐行程序之辦法，由中央主管機關定之。

第一八條 （古蹟管理維護之權責）

①古蹟由所有人、使用人或管理人管理維護。

②公有古蹟必要時得委任、委辦其所屬機關（構）或委託其他機關（構）、登記有案之團體或個人管理維護。

③私有古蹟依前項規定辦理時，應經主管機關審查後為之。

④公有古蹟及其所定著之土地，除政府機關（構）使用者外，得由主管機關辦理撥用。

第一九條 （古蹟管理維護衍生收益之使用）

公有古蹟因管理維護所衍生之收益，其全部或一部得由各管理機關（構）作為古蹟管理維護費用，不受國有財產法第七條規定之限制。

第二〇條 （管理維護之事項）

①古蹟之管理維護，係指下列事項：

一 日常保養及定期維修。

二 使用或再利用經營管理。

三 防盜、防災、保險。

四 緊急應變計畫之擬定。

五 其他管理維護事項。

②古蹟於指定後，所有人、使用人或管理人應擬定管理維護計畫，並報主管機關備查。

③古蹟所有人、使用人或管理人擬定管理維護計畫有困難時，主管機關應主動協助擬定。

④第一項管理維護辦法，由中央主管機關定之。

第二一條 （古蹟修復之程序）

①古蹟應保存原有形貌及工法，如因故毀損，而主要構造與建材仍存在者，應依照原有形貌修復，並得依其性質，由所有人、使用人或管理人提出計畫，經主管機關核准後，採取適當之修復或再利用方式。

②前項修復計畫，必要時得採用現代科技與工法，以增加其抗震、防災、防潮、防蛀等機能及存續年限。

③第一項再利用計畫，得視需要在不變更古蹟原有形貌原則下，增加必要設施。

④古蹟修復及再利用辦法，由中央主管機關定之。

第二二條 （建築管理、土地使用、消防安全另定辦法）

為利古蹟、歷史建築及聚落之修復及再利用，有關其建築管理、土地使用及消防安全等事項，不受都市計畫法、建築法、消防法及其相關法規全部或一部之限制；其審核程序、查驗標準、限制項目、應備條件及其他應遵行事項之辦法，由中央主管機關會同內政部定之。

第二三條 （重大災害之緊急修復）

①因重大災害有辦理古蹟緊急修復之必要者，其所有人、使用人或管理人應於災後三十日內提報搶修計畫，並於災後六個月內提出修復計畫，均於主管機關核准後為之。

②私有古蹟之所有人、使用人或管理人，提出前項計畫有困難時，主管機關應主動協助擬定搶修或修復計畫。

③前二項規定，於歷史建築所有人、使用人或管理人同意時，準用之。

④古蹟及歷史建築重大災害應變處理辦法，由中央主管機關定之。

第二四條　（古蹟管理不當之處置）

古蹟經主管機關審查認因管理不當致有滅失或減損價值之虞者，主管機關得通知所有人、使用人或管理人限期改善，屆期未改善者，主管機關得逕為管理維護、修復，並徵收代履行所需費用，或強制徵收古蹟及其所定著土地。

第二五條　（辦理修復之採購程序）

政府機關辦理古蹟、歷史建築及聚落之修復或再利用有關之採購，應依中央主管機關訂定之採購辦法辦理，不受政府採購法限制。但不得違反我國締結之條約及協定。

第二六條　（私有古蹟管理維護經費之補助）

①私有古蹟、歷史建築及聚落之管理維護、修復及再利用所需經費，主管機關得酌予補助。

②依前項規定接受政府補助之歷史建築，其保存、維護、再利用及管理維護等，準用第二十條及第二十一條之規定。

第二七條　（開放參觀）

①公有及接受政府補助之私有古蹟、歷史建築及聚落，應適度開放大眾參觀。

②依前項規定開放參觀之古蹟、歷史建築及聚落，得酌收費用；其費額，由所有人、使用人或管理人擬訂，報經主管機關核定。公有者，並應依規費法相關規定程序辦理。

第二八條　（所有權之移轉）

古蹟及其所定著土地所有權移轉前，應事先通知主管機關；其屬私有者，除繼承者外，主管機關有依同樣條件優先購買之權。

第二九條　（發見古蹟之通知義務）

發見具古蹟價值之建造物，應即通知主管機關處理。

第三〇條　（營建或開發工程之義務）

營建工程及其他開發行為，不得破壞古蹟之完整、遮蓋古蹟之外貌或阻塞其觀覽之通道；工程或開發行為進行中，發見具古蹟價值之建造物時，應即停止工程或開發行為之進行，並報主管機關處理。

第三一條　（都市計畫）

①古蹟所在地都市計畫之訂定或變更，應先徵求主管機關之意見。

②政府機關策定重大營建工程計畫時，不得妨礙古蹟之保存及維護，並應先調查工程地區有無古蹟或具古蹟價值之建造物；如有發見，應即報主管機關依第十四條審查程序辦理。

第三二條　（保存原貌）

古蹟除因國防安全或國家重大建設，經提出計畫送中央主管機關審議委員會審議，並由中央主管機關核定者外，不得遷移或拆除。

第三三條 （古蹟保存區）

①為維護古蹟並保全其環境景觀，主管機關得會同有關機關擬具古蹟保存計畫後，依區域計畫法、都市計畫法或國家公園法等有關規定，編定、劃定或變更為古蹟保存用地或保存區、其他使用用地或分區，並依本法相關規定予以保存維護。

②前項古蹟保存用地或保存區、其他使用用地或分區，對於基地面積或基地內應保留空地之比率、容積率、基地內前後側院之深度、寬度、建築物之形貌、高度、色彩及有關交通、景觀等事項，得依實際情況為必要規定及採取獎勵措施。

③主管機關於擬定古蹟保存區計畫過程中，應分階段舉辦說明會、公聽會及公開展覽，並應通知當地居民參與。

第三四條 （聚落保存計畫）

①為維護聚落並保全其環境景觀，主管機關得擬具聚落保存及再發展計畫後，依區域計畫法、都市計畫法或國家公園法等有關規定，編定、劃定或變更為特定專用區。

②前項保存及再發展計畫之擬定，應召開公聽會，並與當地居民協商溝通後為之。

第三五條 （古蹟容積之移轉）100

①古蹟除以政府機關為管理機關者外，其所定著之土地、古蹟保存用地、保存區、其他使用用地或分區內土地，因古蹟之指定、古蹟保存用地、保存區、其他使用用地或分區之編定、劃定或變更，致其原依法可建築之基準容積受到限制部分，得等值移轉至其他地方建築使用或享有其他獎勵措施；其辦法，由內政部會商文建會定之。

②前項所稱其他地方，係指同一都市土地主要計畫地區或區域計畫地區之同一直轄市、縣（市）內之地區。但經內政部都市計畫委員會審議通過後，得移轉至同一直轄市、縣（市）之其他主要計畫地區。

③第一項之容積一經移轉，其古蹟之指定或古蹟保存用地、保存區、其他使用用地或分區之管制，不得任意解除。

第三六條 （保存區之限制）

依第三十三條及第三十四條規定劃設之古蹟保存用地或保存區、其他使用用地或分區及特定專用區內，關於下列事項之申請，應由目的事業主管機關會同主管機關辦理：

一　建築物與其他工作物之新建、增建、改建、修繕、遷移、拆除或其他外形及色彩之變更。

二　宅地之形成、土地之開墾、道路之整修、拓寬及其他土地形狀之變更。

三　竹木採伐及土石之採取。

四　廣告物之設置。

第三章　遺　址

第三七條 （普查及接受提報）

主管機關應普查或接受個人、團體提報具遺址價值者之內容及範圍，並依法定程序審查後，列冊追蹤。

第三八條 （建立完整個案資料）

主管機關應建立遺址之調查、研究、發掘及修復之完整個案資料。

第三九條 （培訓人才及建立系統）

主管機關為維護遺址之需要，得培訓相關專業人才，並建立系統性之監管及通報機制。

第四〇條 （遺址之分類及減失、減損、增加價值之處理程序）

①遺址依其主管機關，區分為國定、直轄市定、縣（市）定三類，由各級主管機關審查指定後，辦理公告。直轄市、縣（市）定者，並應報中央主管機關備查。

②遺址減失、減損或增加其價值時，主管機關得廢止其指定或變更其類別，並辦理公告。直轄市、縣（市）定者，應報中央主管機關核定。

③前二項指定基準、審查、廢止條件與程序及其他應遵行事項之辦法，由中央主管機關定之。

第四一條 （列冊遺址之監管）

具遺址價值者，經依第三十七條規定列冊處理後，於審查指定程序終結前，直轄市、縣（市）主管機關應負責監管，避免其遭受破壞。

第四二條 （管理維護及監管保護）

①遺址由主管機關擬具遺址管理維護計畫，進行監管保護。

②前項監管保護，必要時得委任、委辦其所屬機關（構）或委託其他機關（構）、登記有案之團體或個人為之。

③遺址之監管保護辦法，由中央主管機關定之。

第四三條 （遺址保存用地或保存區之劃定等）

①為維護遺址並保全其環境景觀，主管機關得會同有關機關擬具遺址保存計畫，並依區域計畫法、都市計畫法或國家公園法等有關規定，編定、劃定或變更為保存用地或保存區、其他使用用地或分區，並依本法相關規定予以保存維護。

②前項保存用地或保存區、其他使用用地或分區範圍、利用方式及景觀維護等事項，得依實際情況為必要之規定及採取獎勵措施。

③劃入遺址保存用地或保存區、其他使用用地或分區之土地，主管機關得辦理撥用或徵收之。

第四四條 （遺址容積移轉之準用）

遺址之容積移轉，準用第三十五條規定。

第四五條 （遺址發掘之資格限制、審查程序等）

①遺址之發掘，應由學者專家、學術或專業機構向主管機關提出申請，經審議委員會審議，並由主管機關核定後，始得為之。

②前址發掘者，應製作發掘報告，於主管機關所定期限內，報請主

管機關備查，並公開發表。

③遺址發掘之資格限制、條件、審查程序及其他應遵行事項之辦法，由中央主管機關定之。

第四六條 （外國人參與發掘之許可）

外國人不得在我國領土及領海範圍內調查及發掘遺址。但與國內學術或專業機構合作，經中央主管機關許可者，不在此限。

第四七條 （遺址出土之古物）

遺址發掘出土之古物，應由其發掘者列冊，送交主管機關指定古物保管機關（構）保管。

第四八條 （徵求同意及損失補償）

①為保護或研究遺址，需要進入公、私有土地者，應先徵得土地所有人、使用人或管理人之同意。

②為發掘遺址，致土地權利人受有損失者，主管機關應給與合理補償；其補償金額，以協議定之。

第四九條 （遺址調查等採購之準用）

政府機關辦理遺址調查、研究或發掘有關之採購，準用第二十五條規定。

第五〇條 （發見通報之義務）

①發見疑似遺址，應即通知所在地直轄市、縣（市）主管機關採取必要維護措施。

②營建工程或其他開發行為進行中，發見疑似遺址時，應即停止工程或開發行為之進行，並報所在地直轄市、縣（市）主管機關處理。

第五一條 （各項計畫之訂定及變更）

①遺址所在地都市計畫之訂定或變更，應先徵求主管機關之意見。

②政府機關策定重大營建工程計畫時，不得妨礙遺址之保存及維護，並應先調查工程地區有無遺址或疑似遺址；如有發見，應即報主管機關依第四十條審查程序辦理。

第五二條 （遺址發掘、採購及出土古物保管之準用）

疑似遺址之發掘、採購及出土古物之保管等事項，準用第四十五條至第四十九條規定。

第四章 文化景觀

第五三條 （普查及接受提報）

直轄市、縣（市）主管機關應普查或接受個人、團體提報具文化景觀價值之內容及範圍，並依法定程序審查後，列冊追蹤。

第五四條 （文化景觀之登錄及備查）

①文化景觀由直轄市、縣（市）主管機關審查登錄後，辦理公告，並報中央主管機關備查。

②前項登錄基準、審查、廢止條件與程序及其他應遵行事項之辦法，由中央主管機關定之。

第五五條　（文化景觀保存及管理原則）

①文化景觀之保存及管理原則，由直轄市、縣（市）主管機關設立之審議委員會依個案性質決定，並得依文化景觀之特性及實際發展需要，作必要調整。

②直轄市、縣（市）主管機關應依前項原則，擬定文化景觀之保存維護計畫，進行監管保護，並輔導文化景觀所有人、使用人或管理人配合辦理。

第五六條　（保存計畫及保存用地或保存區）

①為維護文化景觀並保全其環境，主管機關得會同有關機關擬具文化景觀保存計畫，並依區域計畫法、都市計畫法或國家公園法等有關規定，編定、劃定或變更為保存用地或保存區、其他使用用地或分區，並依本法相關規定予以保存維護。

②前項保存用地或保存區、其他使用用地或分區用地範圍、利用方式及景觀維護等事項，得依實際情況為必要規定及採取獎勵措施。

第五章　傳統藝術、民俗有關文物

第五七條　（普查及接受提報）

直轄市、縣（市）主管機關應普查或接受個人、團體提報具傳統藝術、民俗及有關文物保存價值之項目、內容及範圍，並依法定程序審查後，列冊追蹤。

第五八條　（建立完整個案資料）

直轄市、縣（市）主管機關應建立傳統藝術、民俗及有關文物之調查、採集、整理、研究、推廣、保存、維護及傳習之完整個案資料。

第五九條　（傳統藝術、民俗及有關文物之登錄及備查）

①傳統藝術、民俗及有關文物由直轄市、縣（市）主管機關審查登錄後，辦理公告，並報中央主管機關備查。

②中央主管機關得就前項已登錄之傳統藝術、民俗及有關文物中擇其重要者，審查指定為重要傳統藝術、重要民俗及有關文物，並辦理公告。

③傳統藝術、民俗及有關文物滅失或減損其價值時，主管機關得廢止其登錄、指定或變更其類別，並辦理公告。直轄市、縣（市）登錄者，應報中央主管機關核定。

④前三項登錄、指定基準、審查、廢止條件與程序及其他應遵行事項之辦法，由中央主管機關定之。

第六〇條　（保存維護計畫）

主管機關應擬具傳統藝術及民俗之保存維護計畫，並就其中瀕臨滅絕者詳細製作紀錄、傳習或採取為保存所作之適當措施。

第六一條　（鼓勵民間辦理記錄保存傳習工作）

①主管機關應鼓勵民間辦理傳統藝術及民俗之記錄、保存、傳習、維護及推廣等工作。

②前項工作所需經費，主管機關得酌予補助。

第六二條 （學校課程）

為進行傳統藝術及民俗之傳習、研究及發展，主管機關應協調各級教育主管機關督導各級學校於相關課程中為之。

第六章 古 物

第六三條 （古物之分級）

古物依其珍貴稀有價值，分為國寶、重要古物及一般古物。

第六四條 （暫行分級及列冊）

國立古物保管機關（構）應就所保存管理之古物暫行分級，並就其中具國寶、重要古物價值者列冊，報中央主管機關審查。

第六五條 （審查、登錄、公告、備查）

私有及地方政府機關（構）保管之古物，由直轄市、縣（市）主管機關審查登錄後，辦理公告，並報中央主管機關備查。

第六六條 （國寶、重要古物之指定、或滅失、減損、增加價值之公告）

①中央主管機關應就前二條所列冊或登錄之古物，擇其價值較高者，審查指定為國寶、重要古物，並辦理公告。

②前項國寶、重要古物滅失、減損或增加其價值時，中央主管機關得廢止其指定或變更其類別，並辦理公告。

③古物之分級、登錄、指定基準、審查、廢止條件與程序及其他應遵行事項之辦法，由中央主管機關定之。

第六七條 （保管機關及管理維護辦法）

①公有古物，由保存管理之政府機關（構）管理維護。

②國立古物保管機關（構）應就所保管之古物，訂定其管理維護辦法，報中央主管機關備查。

第六八條 （沒入、沒收或外國政府交付之古物保管）

有關機關依法沒收、沒入或收受外國政府交付之古物，由主管機關指定或認可之公立古物保管機關（構）保管之。

第六九條 （公有古物複製及監製）

①公立古物保管機關（構）為研究、宣揚之需要，得就保管之公有古物，具名複製或監製。他人非經原保管機關（構）准許及監製，不得再複製。

②前項公有古物複製及監製管理辦法，由中央主管機關定之。

第七○條 （申請專業維護）

①私有國寶、重要古物之所有人，得向公立古物保存或相關專業機關（構）申請專業維護。

②中央主管機關得要求公有或接受前項專業維護之私有國寶、重要古物，定期公開展覽。

第七一條 （國寶、重要古物之運出外）

①中華民國境內之國寶、重要古物，不得運出國外。但因戰爭、必要修復、國際文化交流舉辦展覽或其他特殊情況有必要運出國

外，經中央主管機關報請行政院核准者，不在此限。

②依前項規定核准出國之國寶、重要古物，應辦理保險、妥慎移運、保管，並於規定期限內運回。

第七二條 （古物進口、出口之申請）

因展覽、銷售、鑑定及修復等原因進口之古物，須復運出口者，應事先向主管機關提出申請。

第七三條 （私有國寶、重要古物所有權之移轉）

私有國寶、重要古物所有權移轉前，應事先通知中央主管機關。除繼承者外，公立古物保管機關（構）有依同樣條件優先購買之權。

第七四條 （無主古物之通知義務）

發見具古物價值之無主物，應即通知所在地直轄市、縣（市）主管機關，採取維護措施。

第七五條 （營建或開發工程之義務）

營建工程或其他開發行為進行中，發見具古物價值者，應即停止工程或開發行為之進行，並報所在地直轄市、縣（市）主管機關依第六十五條審查程序辦理。

第七章　自然地景

第七六條 （自然地景之範圍）

自然地景依其性質，區分為自然保留區及自然紀念物；自然紀念物包括珍貴稀有植物及礦物。

第七七條 （普查及接受提報）

主管機關應普查或接受個人、團體提報具自然地景價值之內容及範圍，並依法定程序審查後，列冊追蹤。

第七八條 （建立完整個案資料）

主管機關應建立自然地景之調查、研究、保存、維護之完整個案資料。

第七九條 （自然地景之分類及滅失、減損、增加價值之處理程序）

①自然地景依其主管機關，區分為國定、直轄市定、縣（市）定三類，由各級主管機關審查指定後，辦理公告。直轄市、縣（市）定者，並應報中央主管機關備查。

②自然地景滅失、減損或增加其價值時，主管機關得廢止其指定或變更其類別，並辦理公告。直轄市、縣（市）定者，應報中央主管機關核定。

③前二項指定基準、審查、廢止條件與程序及其他應遵行事項之辦法，由中央主管機關定之。

④具自然地景價值之所有人得向主管機關申請指定，主管機關受理該項申請，應依法定程序審查之。

第八〇條 （自然地景之管理維護）

①自然地景由所有人、使用人或管理人管理維護；主管機關對私有

自然地景，得提供適當輔導。

②自然地景得委任、委辦其所屬機關（構）或委託其他機關（構）、登記有案之團體或個人管理維護。

③自然地景之管理維護者應擬訂管理維護計畫，報主管機關備查。

第八一條　（管理不當之處置）

自然地景管理不當致有滅失或減損價值之虞之處理，準用第二十四條規定。

第八二條　（暫定自然地景之審查等）

①進入自然地景指定之審查程序者，為暫定自然地景。

②具自然地景價值者遇有緊急情況時，主管機關得指定為暫定自然地景，並通知其所有人、使用人或管理人。

③暫定自然地景之效力、審查期限、補償及應踐行程序等事項，準用第十七條規定。

第八三條　（自然紀念物之保護）

自然紀念物禁止採摘、砍伐、挖掘或以其他方式破壞，並應維護其生態環境。但原住民族為傳統祭典需要及研究機構為研究、陳列或國際交換等特殊需要，報經主管機關核准者，不在此限。

第八四條　（自然保留區原有自然狀態之維護）

①自然保留區禁止改變或破壞其原有自然狀態。

②為維護自然保留區之原有自然狀態，非經主管機關許可，不得任意進入其區域範圍；其申請資格、許可條件、作業程序及其他應遵行事項之辦法，由中央主管機關定之。

第八五條　（都市計畫）

①自然地景所在地訂定或變更區域計畫或都市計畫，應先徵求主管機關之意見。

②政府機關策定重大營建工程計畫時，不得妨礙自然地景之保存及維護，並應先調查工程地區有無具自然地景價值者；如有發見，應即報主管機關依第七十九條審查程序辦理。

第八六條　（發見自然地景價值之處理）

①發見具自然地景價值者，應即報主管機關處理。

②營建工程或其他開發行為進行中，發見具自然地景價值者，應即停止工程或開發行為之進行，並報主管機關處理。

第八章　文化資產保存技術及保存者

第八七條　（普查及接受提報）

①主管機關應普查或接受個人、團體提報具保護需要之文化資產保存技術及其保存者，並依法定程序審查後，列冊追蹤。

②前項保存技術及其保存者，主管機關應建立基礎資料之調查與登錄及其他重要事項之紀錄。

第八八條　（文化資產保存技術、保存者指定、廢止事項）

①中央主管機關對於文化資產保存及修復工作中不可或缺，且必須加以保護之技術及其保存者，應審查指定，並辦理公告。

②前項指定之保存技術無再加以保護之必要時，中央主管機關得於審查後廢止該項技術及其保存者之指定。

③第一項保存技術之保存者因身心障礙或其他特殊情事，經審查認定不適合繼續作為保存者時，中央主管機關得廢止其指定。

第八九條 （對保存技術及保存者應行之保存及傳習措施）

①主管機關應協助經指定之保存技術及其保存者進行技術保存及傳習，並活用該項技術於保存修復工作。

②前項保存技術之保存、傳習、活用與其保存者之工作保障、人才養成及輔助辦法，由中央主管機關定之。

第九章　獎　勵

第九〇條 （獎勵或補助之事項）

①有下列情形之一者，主管機關得給予獎勵或補助：

一　捐獻私有古蹟、遺址或其所定著之土地或自然地景予政府。

二　捐獻私有國寶、重要古物予政府。

三　發見第二十九條之建造物、第五十條之疑似遺址、第七十四條之具古物價值之無主物或第八十六條第一項之具自然地景價值之區域或紀念物，並即通報主管機關處理。

四　維護文化資產具有績效。

五　對闡揚文化資產保存有顯著貢獻。

六　主動將私有古物申請登錄，並經中央主管機關依第六十六條規定審查指定為國寶、重要古物者。

②前項獎勵或補助辦法，由文建會、農委會分別定之。

第九一條 （房屋稅及地價稅之減免）

①私有古蹟、遺址及其所定著之土地，免徵房屋稅及地價稅。

②私有歷史建築、聚落、文化景觀及其所定著土地，得在百分之五十範圍內減徵房屋稅及地價稅；其減免範圍、標準及程序之法規，由直轄市、縣（市）主管機關訂定，報財政部備查。

第九二條 （遺產稅及繼承）

①私有古蹟及其所定著之土地，因繼承而移轉者，免徵遺產稅。

②本法公布生效前發生之古蹟繼承，於本法公布生效後，尚未核課或尚未核課確定者，適用前項規定。

第九三條 （贊助經費）

①出資贊助辦理古蹟、歷史建築、古蹟保存區內建築物、遺址、聚落、文化景觀之修復、再利用或管理維護者，其捐贈或贊助款項，得依所得稅法第十七條第一項第二款第二目及第三十六條第一款規定，列舉扣除或列為當年度費用，不受金額之限制。

②前項贊助費用，應交付主管機關、國家文化藝術基金會、直轄市或縣（市）文化基金會，會同有關機關辦理前項修復、再利用或管理維護事項。該項贊助經費，經贊助者指定其用途者，不得移作他用。

第十章　罰　則

第九四條　（罰則）

① 有下列行為之一者，處五年以下有期徒刑、拘役或科或併科新臺幣二十萬元以上一百萬元以下罰金：

一　違反第三十二條規定遷移或拆除古蹟。

二　毀損古蹟之全部、一部或其附屬設施。

三　毀損遺址之全部、一部或其遺物、遺跡。

四　毀損國寶、重要古物。

五　違反第七十一條規定，將國寶、重要古物運出國外，或經核准出國之國寶、重要古物，未依限運回。

六　違反第八十三條規定，擅自採摘、砍伐、挖掘或以其他方式破壞自然紀念物或其生態環境。

七　違反第八十四條第一項規定，改變或破壞自然保留區之自然狀態。

② 前項之未遂犯，罰之。

第九五條　（罰則）

① 有前條第一項各款行為者，其損害部分應回復原狀；不能回復原狀或回復顯有重大困難者，應賠償其損害。

② 前項負有回復原狀之義務而不為者，得由主管機關代履行，並向義務人徵收費用。

第九六條　（罰則）

法人之代表人、法人或自然人之代理人、受僱人或其他從業人員，因執行職務犯第九十四條之罪者，除依該條規定處罰其行為人外，對該法人或自然人亦科以同條所定之罰金。

第九七條　（罰則）

① 有下列情事之一者，處新臺幣十萬元以上五十萬元以下罰鍰：

一　古蹟之所有人、使用人或管理人，對古蹟之修復或再利用，違反第二十一條規定，未依主管機關核定之計畫為之。

二　古蹟之所有人、使用人或管理人，對古蹟之緊急修復，未依第二十三條規定期限內提出修復計畫或未依主管機關核定之計畫為之。

三　古蹟、自然地景之所有人、使用人或管理人經主管機關依第二十四條、第八十一條規定通知限期改善，屆期仍未改善。

四　營建工程或其他開發行為，違反第三十條、第五十條第二項、第七十五條或第八十六條第二項規定者。

五　發掘遺址或疑似遺址，違反第四十五條、第四十六條或第五十二條規定。

六　再複製公有古物，違反第六十九條第一項規定，未經原保管機關（構）核准者。

② 有前項第一款、第二款及第四款至第六款情形之一，經主管機關限期通知改正而不改正，或未依改正事項改正者，得按次分別處

罰，至改正爲止；情況急迫時，主管機關得代爲必要處置，並向行爲人徵收代履行費用；第四款情形，並得勒令停工，通知自來水、電力事業等配合斷絕自來水、電力或其他能源。

③有第一項各款情形之一，其產權屬公有者，主管機關並應公布該管理機關名稱及將相關人員移請權責機關懲處或懲戒。

第九八條 （罰則）

有下列情事之一者，處新臺幣三萬元以上十五萬元以下罰鍰：

一　移轉私有古蹟及其定著之土地、國寶、重要古物之所有權，未依第二十八條、第七十三條規定，事先通知主管機關者。

二　發見第二十九條之建造物、第五十條之疑似遺址、第七十四條之具古物價值之無主物或第八十六條第一項之具自然地景價值之區域或紀念物，未通報主管機關處理。

三　違反第八十四條第二項規定未經主管機關許可，任意進入自然保留區者。

第九九條 （強制執行）

依本法所處之罰鍰，經限期令其繳納，屆期仍不繳納者，依法移送強制執行。

第一〇〇條 （公務員加重其刑）

公務員假借職務上之權力、機會或方法，犯第九十四條之罪者，加重其刑至二分之一。

第十一章　附　則

第一〇一條 （中央主管機關之代行處理）

直轄市、縣（市）主管機關依本法應作爲而不作爲，致危害文化資產保存時，得由行政院、中央主管機關命其於一定期限內爲之；屆期仍不作爲者，得代行處理。但情況急迫時，得逕予代行處理。

第一〇二條 （本法修正前公告之古蹟及自然文化景觀之處置）

本法修正前公告之古蹟，其屬傳統聚落、古市街、遺址及其他歷史文化遺蹟者，由主管機關自本法施行之日起六個月內依本法規定，完成重新指定、登錄及公告程序；本法修正前公告之自然文化景觀，亦同。

第一〇三條 （施行細則）

本法施行細則，由文建會會同農委會定之。

第一〇四條 （施行日）

本法施行日期，由行政院以命令定之。

文化資產保存法施行細則

① 民國 73 年 2 月 22 日行政院文化建設委員會、內政部、教育部、經濟部、交通部令會銜訂定發布全文 77 條。
② 民國 90 年 12 月 19 日行政院文化建設委員會、農業委員會、內政部、教育部、經濟部令會銜修正發布第 3、23、37～40、42、45～48、50、55、62、68 條條文：刪除第 49、56 條條文；並增訂第 3-1、3-2、4-1、39-1～39-4、40-1、40-2、56-1、76-1 條條文。
③ 民國 95 年 3 月 14 日行政院文化建設委員會、農業委員會令會銜修正發布全文 30 條；並自發布日施行。
④ 民國 98 年 11 月 27 日行政院文化建設委員會、農業委員會令會銜修訂發布第 9 條條文。
⑤ 民國 99 年 6 月 15 日行政院文化建設委員會、農業委員會令會銜修正發布第 3 條條文。
⑥ 民國 104 年 8 月 31 日文化部文授資局、行政院農業委員會令會銜增訂發布第 7-1 條條文。
⑦ 民國 104 年 9 月 3 日文化部文授資局、行政院農業委員會令會銜修正發布第 16 條條文；增訂第 15-1 條條文。

第一條
本細則依文化資產保存法（以下簡稱本法）第一百零三條規定訂定之。

第二條
① 本法第三條第一款所定古蹟及歷史建築，爲年代長久且其重要部分仍完整之建造物及附屬設施群，包括祠堂、寺廟、宅第、城郭、關塞、衙署、車站、書院、碑碣、教堂、牌坊、墓葬、堤閘、燈塔、橋樑及產業設施等。
② 本法第三條第一款所定聚落，爲具有歷史風貌或地域特色之建造物及附屬設施群，包括原住民部落、荷西時期街區、漢人街庄、清末洋人居留地、日治時期移民村、近代宿舍及眷村等。

第三條 99
① 本法第三條第二款所定遺物，指下列各款之一：
　一　文化遺物：指各類石器、陶器、骨器、貝器、木器或金屬器等過去人類製造、使用之器物。
　二　自然遺物：指動物、植物、岩石、土壤或古生物化石等與過去人類所生存生態環境有關之遺物。
② 本法第三條第二款所稱遺跡，指過去人類各種活動所構築或產生之非移動性結構或痕跡。
③ 本法第三條第二款所定遺物、遺跡及其所定著之空間，包括陸地及水下。

第四條

本法第三條第三款所定文化景觀，包括神話傳說之場所、歷史文化路徑、宗教景觀、歷史名園、歷史事件場所、農林漁牧景觀、工業地景、交通地景、水利設施、軍事設施及其他人類與自然互動而形成之景觀。

第五條

①本法第三條第四款所定傳統工藝美術，包括編織、刺繡、製陶、窯藝、琢玉、木作、髹漆、泥作、瓦作、剪粘、雕塑、彩繪、裱褙、造紙、摹搨、作筆製墨及金工等技藝。

②本法第三條第四款所定傳統表演藝術，包括傳統之戲曲、音樂、歌謠、舞蹈、說唱、雜技等藝能。

第六條

①本法第三條第五款所定風俗，包括出生、成年、婚嫁、喪葬、飲食、住屋、衣飾、漁獵、農事、宗族、習慣等生活方式。

②本法第三條第五款所定信仰，包括教派、諸神、神話、傳說、神靈、偶像、祭典等儀式活動。

③本法第三條第五款所定節慶，包括新正、元宵、清明、端午、中元、中秋、重陽、冬至等節氣慶典活動。

第七條

①本法第三條第六款所稱藝術作品，指應用各類材料創作具賞析價值之藝術品，包括書法、繪畫、織繡等平面藝術與陶瓷、雕塑品等。

②本法第三條第六款所稱生活及儀禮器物，指各類材質製作之日用器皿、信仰及禮儀用品、娛樂器皿、工具等，包括飲食器具、禮器、樂器、兵器、衣飾、貨幣、文玩、家具、印璽、舟車、工具等。

③本法第三條第六款所定圖書文獻，包括圖書、文獻、證件、手稿、影音資料等文物。

第八條

①本法第十二條、第三十七條、第五十三條、第五十七條、第七十七條及第八十七條所定主管機關普查或接受個人、團體提報具古蹟、歷史建築、聚落、遺址、文化景觀、傳統藝術、民俗及有關文物或自然地景價值者或具保護需要之文化資產保存技術及其保存者，其法定審查程序如下：

一　現場勘查或訪查。

二　作成是否列冊追蹤之決定。

②前項第二款決定，主管機關應以書面通知提報之個人或團體。

第九條 98

縣主管機關依本法第十二條、第三十七條、第五十三條、第五十七條、第七十七條及第八十七條規定進行之普查，鄉（鎮、市）公所應於其權限範圍內予以協助。

第一○條

①公有古蹟之管理維護，依本法第十八條第二項規定辦理委任、委

託或委辦時，應考量古蹟類別、古蹟現況、古蹟管理維護之目標及需求。

②前項委任、委託或委辦，應以書面爲之，並訂定管理維護事項之辦理期間，報主管機關備查。

第一一條

古蹟或歷史建築之所有人、使用人或管理人依本法第二十三條規定提出重大災害修復計畫時，應考量建造物價值及其周圍環境整體風貌之維護。

第一二條

主管機關依本法第二十六條第一項規定補助經費時，應斟酌古蹟、歷史建築及聚落之管理維護、修復及再利用情形，將下列事項以書面列爲附款或約款：

一 補助經費之運用應與補助用途相符。

二 所有人、使用人或管理人應配合調查研究、工程進行等事宜。

三 所有人、使用人或管理人於工程完工後應維持修復後原貌，妥善管理維護。

四 古蹟、歷史建築及聚落所有權移轉時，契約應載明受讓人應遵守本條規定。

五 違反前四款規定者，主管機關得要求改善，並視情節輕重，追回全部或部分已撥之補助款。

第一三條

本法第二十八條及第七十三條所定私有古蹟、國寶及重要古物所有權移轉之通知，應由其所有人爲之。

第一四條

本法第三十三條、第四十三條及第五十六條所定保存計畫，其內容應包括基礎調查、法令研究、體制建構、管理維護、地區發展及經營、相關圖面等項目。

第一五條

本法第三十六條第二款所稱宅地之形成，指變更土地現況爲建築用地。

第十五條之一 104

主管機關就本法第五十條所發見之疑似遺址，應邀請考古學者專家、學術或專業機構進行會勘或專案研究評估後，得採取下列措施：

一 停止工程進行。

二 變　施工方式或工程配置。

三 進行搶救發掘。

四 施工監看。

五 其他必要措施。

第一六條

①本法第五十條第一項文化景觀之保存及管理原則，應於文化景觀

登錄後一年內完成；本法第五十條二項文化景觀保存維護計畫，應於文化景觀登錄後三年內完成，並至少每五年應通盤檢討一次。

②前項擬定之文化景觀保存維護計畫，其內容如下：

一　基本資料建檔。

二　日常維護管 。

三　相關圖面繪製。

四　其他相關事項。

第一七條

主管機關依本法第六十條擬定之保存維護計畫，其內容如下：

一　基本資料建檔。

二　保存紀錄製作。

三　傳習人才養成。

四　教育推廣活動。

五　定期追踪紀錄。

六　其他相關事項。

第一八條

國立古物保管機關（構）依本法第六十四條辦理古物暫行分級，應依其所保存管理古物具有之歷史、文化、藝術、科學等價值，及其珍貴稀有之程度，先行審定分級；並就國寶、重要古物價值者，於本法施行一年內完成列冊，報中央主管機關審查。

第一九條

本法第六十五條所定私有古物之審查登錄，得由其所有人向戶籍所在地之直轄市、縣（市）主管機關申請之。

第二〇條

本法第六十七條第一項之管理維護，其內容如下：

一　基本資料建檔。

二　日常管理維護。

三　定期專業檢測記錄。

四　特殊維護及其他應注意事項。

第二一條

本法第七十四條所定發見具古物價值無主物之範圍，包含陸地及水下，其所有權之歸屬依國有財產法規定。

第二二條

①自然地景之管理維護者依本法第八十條第三項擬定之管理維護計畫，其內容如下：

一　基本資料：指定之目的、依據、所有人、使用人或管理人、自然保留區範圍圖、面積及位置圖或自然紀念物分布範圍及位置圖。

二　目標及內容：計畫之目標、期程、需求經費及內容。

三　地區環境特質及資源現況：自然及人文環境、自然資源現況（含自然紀念物分布數量或族群數量）、現有潛在因子、所

　　面臨之威脅及因應策略。

四　維護及管制：環境資源、設施維護與重大災害應變。

五　委託管理規劃。

六　其他相關事項。

②前項第一款範圍圖及位置圖比例尺，其面積在一千公頃以下者，不得小於五千分之一；面積逾一千公頃者，不得小於二萬五千分之一。

③第一項之管理維護計畫至少每五年應通盤檢討一次。

第二三條

①自然紀念物，除依本法第八十三條但書核准之研究、陳列或國際交換外，一律禁止出口。

②前項禁止出口項目，包括自然紀念物標本或其他任何取材於自然紀念物之產製品。

第二四條

①原住民族及研究機構依本法第八十三條但書規定向主管機關申請核准者，應檢具下列資料：

一　利用之自然紀念物（中名及學名）、數量、方法、地區、時間及目的。

二　執行人員名冊及身分證明文件正、反面影本。

三　原住民族供為傳統祭典需要或研究機構供為研究、陳列或國際交換需要之承諾書。

四　其他經主管機關指定之資料。

②前項申請經核准後，其執行人員應攜帶核准文件及可供識別身分之證件，以備查驗。

③第一項之研究機構應於完成研究、陳列或國際交換目的後一年內，將該自然紀念物之後續處理及利用成果，作成書面資料送主管機關備查。

第二五條

本法第八十七條所稱文化資產保存技術，指進行文化資產保存及修復工作不可或缺，且必須加以保護需要之技術；其保存者，指保存技術之擁有、精通且能正確體現者。

第二六條

直轄市、縣（市）主管機關應將本法第八十七條之列冊者，報中央主管機關備查。

第二七條

本法第八十八條第一項所定審查指定，由中央主管機關審議委員會審議之。

第二八條

①本法第八十八條第一項所定公告，應載明下列事項：

一　指定保存技術之名稱。

二　其保存者之姓名及其基本資料。

三　指定理由及其法令依據。

四　公告日期及文號。

五　保存技術描述。

②前項公告，應刊登行政院公報，並得以揭示於中央主管機關公布欄、網際網路或其他適當方式爲之。

第二九條

文化資產保存技術及其保存者之廢止指定程序，準用前二條規定辦理。

第三○條

本細則自發布日施行。

漁業法

①民國 18 年 11 月 11 日國民政府制定公布全文 49 條；並自 19 年 7 月 1 日施行。
②民國 21 年 8 月 5 日國民政府修正公布第 2、3、18、19、34、38、39、47 條條文。
③民國 59 年 4 月 30 日總統令修正公布全文 65 條。
④民國 75 年 1 月 6 日總統令修正公布第 2 條條文。
⑤民國 80 年 2 月 1 日總統令修正公布全文 71 條。
⑥民國 91 年 6 月 19 日總統令修正公布第 2、45、48、69 條條文。
⑦民國 91 年 12 月 18 日總統令修正公布第 8 條條文；並增訂第 7-1、53-1 條條文。
⑧民國 97 年 1 月 9 日總統令修正公布第 41 條條文。
⑨民國 101 年 11 月 28 日總統令修正公布第 64 條條文；並增訂第 11-1、64-1 條條文。
⑩民國 102 年 5 月 8 日總統令增訂公布第 69-1 條條文。
⑪民國 102 年 8 月 21 日總統令修正公布第 41、43、44、60、64、65 條條文；並增訂第 39-1、41-1、41-2、64-2 條條文。
⑫民國 104 年 2 月 4 日總統令增訂公布第 69-2 條條文。
⑬民國 104 年 7 月 1 日總統令修正公布第 57、68 條條文；並增訂第 40-1、40-2、63-1、63-2 條條文。

第一章 總 則

第一條 （制訂之目的及法律之適用）
　為保育、合理利用水產資源，提高漁業生產力，促進漁業健全發展，輔導娛樂漁業，維持漁業秩序，改進漁民生活，特制定本法；本法未規定者，適用其他法令之規定。

第二條 （主管機關）91
　本法所稱主管機關：在中央為行政院農業委員會；在直轄市為直轄市政府；在縣（市）為縣（市）政府。

第三條 （漁業之定義）
　本法所稱漁業，係指採捕或養殖水產動植物業，及其附屬之加工、運銷業。

第四條 （漁業人與漁業從業人之意義）
①本法所稱漁業人，係指漁業權人、入漁權人或其他依本法經營漁業之人。
②本法所稱漁業從業人，係指漁船船員及其他為漁業人採捕或養殖水產動植物之人。

第五條 （漁業人之國籍）
　漁業人以中華民國人為限。但外國人經中央主管機關核准與中華民國漁業人合作經營漁業者，不在此限。

第六條 （經營漁業應經核准）

　凡欲在公共水域及與公共水域相連之非公共水域經營漁業者，應經主管機關核准並取得漁業證照後，始得為之。

第七條 （證照費之收取及漁業證照核發準則等）

　主管機關核發漁業證照時，得向申請人收取證照費；其核發準則及費額，由中央主管機關定之。

第七條之一 （不予核發漁業證照之情形）91

　有下列情形之一者，各級主管機關不予核發漁業證照：

一　經漁業主管機關撤銷漁業證照者。

二　從事走私等不法行為，經法院、海關沒收或沒入漁船者。

三　承受未經中央漁業主管機關許可輸入之船舶者。

四　依漁業法第十條限制或禁止漁業經營之期間內者。

五　收回漁業證照處分尚未執行完畢者。

六　依漁業法所處之罰鍰尚未繳納者。

七　現有漁船所有人變更前，有違反本法或依本法所發布之命令，主管機關尚未處分者。

第八條 （使用漁船之許可及輸出入）91

①漁業人經營漁業使用漁船者，其漁船之建造、改造或租賃，應經主管機關許可。

②漁船之輸出入，應經主管機關許可，始得依貿易主管機關規定辦理。

③第一項漁船之建造、改造、租賃及前項主管機關許可權限、同意輸出入之資格、條件、申請程序及其他應遵行事項之準則，由中央主管機關定之。

第九條 （漁業經營核准之附款）

　為開發或保育水產資源，或為公共利益之必要，主管機關於漁業經營之核准時，得加以限制或附以條件。

第一○條 （中央主管機關對漁業人違反本法或依本法所發布命令之處分）

①漁業人違反本法或依本法所發布之命令時，中央主管機關得限制或停止其漁業經營，或收回漁業證照一年以下之處分；情節重大者，得撤銷其漁業經營之核准或撤銷其漁業證照。

②漁業從業人違反本法或依本法所發布之命令時，中央主管機關得收回其幹部船員執業證書或漁船船員手冊一年以下之處分；情節重大者，得撤銷其幹部船員執業證書或漁船船員手冊。

第一一條 （撤銷漁業經營之核准）

①漁業經營經核准後，有左列各款情形之一者，由主管機關撤銷其核准：

一　自核准之日起，無正當理由逾一年不從事漁業，或經營後未經核准繼續休業逾二年者。

二　以中華民國人身分申准經營漁業之漁業人，喪失中華民國國籍者。

三　漁業經營之核准，因申請人以詐術或不正當方法取得者。

②漁業人經營漁業後，非經敘明正當理由，申報主管機關核准，不得休業達一年以上，並應於休業終了復業時，申報主管機關備案；未經申報者，視爲未復業。

第一一條之一 （制止漁船出港及限期返港之規定）101

①漁業人經撤銷漁業證照或漁業經營核准之漁船，不得出港。但經向主管機關重新申請，並取得漁業證照者，不在此限。

②漁業人經處分收回漁業證照、限制或停止漁業經營之漁船，於處分期間，不得出港。

③漁船於中央主管機關依第十條第一項或第十一條第一項規定處分前已出港，或違反前二項規定出港者，中央主管機關應命其限期返港。

④漁船違反第一項及第二項規定出港者，中央主管機關得委託海岸巡防機關，採取適當措施制止其出港或命其立即返港；抗拒者，得使用強制力爲之。

第一二條 （漁船船員管理規則之訂定）

爲維持漁船作業秩序及航行作業安全，中央主管機關應訂定漁船船員管理規則。

第一三條 （漁業諮詢委員會之設置及運作等）

主管機關爲漁業結構調整之目的，得設漁業諮詢委員會，由專家學者、漁業團體、政府有關機關人員組成。漁業諮詢委員會之組成、任務及運作，應符合中央主管機關之規定。

第一四條 （漁場設施、採捕等之規定及公告）

主管機關應按漁業種類，分別規定漁場設施、採捕、養殖方法、漁具及其他必要事項，並公告之。

第二章　漁業權漁業

第一五條 （漁業權之意義）

①本法所稱漁業權如左：

一　定置漁業權：係指於一定水域，築礁、設柵或設置漁具，以經營採捕水產動物之權。

二　區劃漁業權：係指區劃一定水域，以經營養殖水產動植物之權。

三　專用漁業權：係指利用一定水域，形成漁場，供入漁權人入漁，以經營左列漁業之權：

　　㈠採捕水產動植物之漁業。

　　㈡養殖水產動植物之漁業。

　　㈢以固定漁具在水深二十五公尺以內，採捕水產動物之漁業。

②前項專用漁業權之申請人，以漁會或漁業生產合作社爲限。

第一六條 （入漁權之意義）

本法所稱入漁權，係指在專用漁業權之範圍內經營漁業之權。

第一七條 （公共水域之漁業權漁業之整體規劃等）

①主管機關應依據漁業生產資源，參考礦產探採、航行、水利、環境保護及其他公共利益，對公共水域之漁業權漁業作整體規劃，並擬訂計畫，每年定期公告，接受申請。

②前項計畫，得視實際需要予以調整，並公告之。

第一八條 （定置及區劃漁業權之核准優先順序）

①定置及區劃漁業權核准之優先順序如左：

一　漁場所在地鄉（鎮、市、區）之漁業人或漁業從業人。

二　漁場所在地鄉（鎮、市、區）之漁會或漁業生產合作社。

三　漁場所在地直轄市或縣（市）之漁業人或漁業從業人。

四　漁場所在地直轄市或縣（市）之漁會或漁業生產合作社。

五　漁場所在地鄉（鎮、市、區）之非漁業人或非漁業從業人。

六　漁場所在地直轄市或縣（市）之非漁業人或非漁業從業人。

七　其他直轄市或縣（市）之漁業人或漁業從業人。

八　其他直轄市或縣（市）之非漁業人或非漁業從業人。

②漁業權期間屆滿前，漁業人申請繼續經營者，免受前項優先順序之限制。

第一九條 （專用漁業權之入漁規章）

①經核准經營專用漁業權之漁會或漁業生產合作社應訂定入漁規章，並報請主管機關核定。

②非漁會會員或非漁業生產合作社社員之入漁，應另以契約約定之。

第二〇條 （準不動產物權）

漁業權視為物權，除本法規定者外，準用民法關於不動產物權之規定。

第二一條 （登記生效主義）

①漁業權之設定、取得、變更及喪失，非經登記不生效力。

②主管機關對於定置、區劃或專用漁業權，依第十條、第十一條及第二十九條之規定為處分時，應同時為有關漁業權之登記。

③主管機關辦理漁業權登記時，得向申請人收取登記費；其登記規則及費額，由中央主管機關定之。

第二二條 （專屬管轄）

因漁業權涉訟，依不動產所在地而定其法院管轄者，以與漁場最近沿岸所屬之直轄市或縣（市）為不動產所在地。

第二三條 （專用漁業權利用之限制）

專用漁業權，除供入漁外，不得為他項權利或法律行為之標的。

第二四條 （定置及區劃漁業權利利用之限制）

定置漁業權及區劃漁業權，除繼承、讓與、抵押外，不得為他項權利或法律行為之標的。

第二五條 （前條漁業權設定抵押及讓與之限制）

①前條漁業權，非經主管機關核准，不得設定抵押；除強制執行外，非經主管機關核准，不得讓與。

②前項強制執行及讓與之承受人，以漁業人或漁業從業人為優先。

③設定抵押者，其定著於該漁場之工作物，除契約別有訂定外，視為屬於抵押權設定標的。

第二六條 （漁業權合併或分割須經核准）

漁業權非經核准主管機關許可，不得合併或分割。

第二七條 （處分應有部分之限制）

①定置漁業權、區劃漁業權或入漁權之共有人，非經應有部分三分之二以上之其他共有人之同意，不得處分其應有部分。

②前項規定，於公同共有準用之。

第二八條 （漁業權之存續期間）

①漁業權存續期間如左：

一　定置漁業權五年。

二　區劃漁業權五年。

三　專用漁業權十年。

②前項期間屆滿時，漁業權人得優先重行申請。

第二九條 （得變更撤銷或停止漁業權核准之情形）

①有左列各款情形之一者，主管機關得變更或撤銷其漁業權之核准，或停止其漁業權之行使：

一　國防之需要。

二　土地之經濟利用。

三　水產資源之保育。

四　環境保護之需要。

五　船舶之航行、碇泊。

六　水底管線之舖設。

七　礦產之探採。

八　其他公共利益之需要。

②主管機關為前項處分前，應先公告，並通知各該有關之漁業人。

③因第一項之處分致受損害者，應由目的事業主管機關或由請求變更、撤銷、停止者，協調予以相當之補償；協調不成時，由中央主管機關決定。

第三〇條 （入漁權利用之限制）

入漁權，除繼承及讓與外，不得為他項權利或法律行為之標的。

第三一條 （入漁權之存續期間）

入漁權之存續期間未經訂定者，與專用漁業權之存續期間同。

第三二條 （專用漁業權之收取入漁費）

專用漁業權人得向其入漁權人收取入漁費，其數額在入漁規章或契約內定之。

第三三條 （得使用他人土地或限制其竹、木、土、石除去之情形）

漁業權人於左列事項有必要時，經徵得土地所在人及使用人之同意，得使用其土地或限制其竹、木、土、石等之除去：

一　建設漁場之標識。

二　建設或保存漁場上必要之標識。

三　建設有關漁業權之信號或其他必要之設備。

第三四條　（得進入他人土地內或除去障礙物之情形）

因從事漁業之測量、實地調查或為前條各款之設施，經徵得土地所有人及使用人之同意，得進入其土地內，或除去其障礙物。

第三五條　（申報主管機關許可代替他土地所有人之同意及公告通知補償）

前二條情形無法取得同意且有必要時，得申報主管機關許可後為之。主管機關許可時應辦理公告，並通知該土地所有人及使用人；其因此所生之損害，由申請人予以相當之補償。

第三章　特定漁業

第三六條　（特定漁業及其範圍）

①本法所稱特定漁業，係指以漁船從事主管機關指定之營利性採捕水產動植物之漁業。

②前項指定之範圍，包括漁業種類、經營期間及作業海域，並應於漁業證照載明。

第三七條　（特定漁業之漁船及其他事項之限制）

有左列各款情形之一者，主管機關得對各特定漁業之漁船總船數、總噸數、作業海域、經營期間及其他事項，予以限制：

一　水產資源之保育。

二　漁業結構之調整。

三　國際漁業協定或對外漁業合作條件之限制。

第三八條　（前條特定漁業漁船減少之補償）

①依前條規定對各特定漁業之漁船總船數予以限制，須減少已核准之漁船數量時，由該項漁業之漁業團體協調業者辦理，並由繼續經營之漁業人給予被限制者補償。但受限制漁船得改營其他漁業者，得不予補償。無從協調時，由主管機關調處之；調處不成，由主管機關決定之。

②前項限制，如係撤銷其漁業經營，並註銷漁業證照者，主管機關予以相當之補償。

第三九條　（漁船船員於國外作業之核準）

漁船及船員在國外基地入漁，應經中央主管機關核准；其管理辦法，由中央主管機關定之。

第三九條之一　（漁業人得僱用私人武裝保全人員）102

①漁業人之漁船經中央主管機關核准作業之海域範圍，含有受海盜或非法武力威脅高風險海域者，該漁業人得僱用私人海事保全公司提供之私人武裝保全人員。

②前項漁業人應逐船檢附相關文件，事先報請中央主管機關備查，並由中央主管機關轉知內政部、財政部、行政院海岸巡防署。

③漁業人應令其僱用非本國籍之私人武裝保全人員及其持有或使用之槍砲、彈藥、刀械，在國外登（離）船，並不得進入已報請備

查經保護漁船以外之中華民國國領域。

四、第一項之受威脅高爾國際海域，由中央主管機關公告之。

五、屬前項計畫等文件、私人武裝保全人員及其持有之槍、彈、藥、刀械於漁船上之管理，使用紀錄及其他應遵行事項之辦法，由中央主管機關定之。

六、中央主管機關應統一蒐集私人海事安全公司之相關資訊，以供漁業人參考。

第四〇條 （對外漁業發展之需要）

局配合漁業合作辦法之。定對外漁業合作辦法

第四〇條之一 （涉船赴公海或我國與國際漁業組織締約或協定規範海域，應經主管機關許可並遵守其管理規範） 104

①漁船赴公海或於我國與國際漁業組織締約或協定規範海域作業，應經中央主管機關許可並遵守國際漁業組織所定之管理措施。

②前項許可資格、條件、應備文件、申請程序、國際漁業組織所定措施、即項有許可不得有下列情事：

一、於公海或我國與國際漁業組織締約或協定規範海域，從事轉載作業。

二、於國際漁業組織所定之禁漁區作業。

三、提供本船申領之漁獲證明書供其他船使用，或本船漁獲物持有船所核發之漁獲證明書。

定有關下列事項之管理措施及其他應遵行事項之辦法，由中央主管機關定之：

一、漁船資格、條件、設備。

二、作業海域、漁撈方式。

三、漁具、漁撈方法、混獲品避措施。

四、漁獲種類之限制或禁止。

五、漁撈數量限制或配額制。

六、填報漁撈日誌、漁撈通報。

七、作業登記、漁船標識、漁船位回報管理。

八、漁獲物處理方式、前項管理。

九、漁船作業觀察或檢查。

十、漁獲證明書核發。

④漁船未經許可不得載運非自行捕撈之漁獲物或將本船漁獲物供其他船舶載運：其許可資格、條件、應備文件、申請程序、漁獲物轉載之通報項與程序、檢查及其他應遵行事項之辦法，由中央主管機關定之。

第四〇條之二 （受僱非我國籍漁船所定管理措施）

主管機關影響國際漁業組織所定管理措施之國民，不得違反國際漁

受困於非我我國籍漁船合乎我國國民，於受權期間不得有前條第二項
及第四項前段所定情事，並不得違反同條第三項辦法中國際漁業
組織所定有關各事項之管理措施與事項及廢查有關規定。
漁獲物轉載通報各款事項與程序及廢查之規定。

第四章　娛樂漁業

第四一條（娛樂漁業）102

①本法所稱娛樂漁業，指搭供漁船，供以娛樂為目的者，在水上
或水面下從事垂釣水產動植物或觀光之漁業。

②前項經營娛樂漁業之漁業人，應向主管機關申領執照後，始得營
業。

③主管機關核准娛樂漁業之經營期間，最長為五年。但不得超過漁
船檢查及保險之有效期間。

④前二項之漁業人如需繼續經營，應於執照有效期間屆滿前三個月
申請換照。

⑤前二項娛樂漁業執照之申請、核發、變更、廢止、換發及應記載事項之
辦法，由中央主管機關定之。

第四一條之一（經營娛樂漁業漁船應遵守事項）102

①專營或兼營娛樂漁業漁船之檢查、丈量、核定乘客定額、適航水
域及應遵守事項，應依前款有關各該機關核定各小船規定辦理。

②娛樂漁業漁船搭載乘客不得超過依前項核定之乘客定額，並不得
在依前項核定適航水域以外之水域載客。

第四一條之二（娛樂漁業人之投保義務）102

①經營娛樂漁業人應依中央主管機關所定保險金額，投保責
任保險，並為乘客投保傷害保險。

②前項傷害保險之受益人，以被保險人本人或其法定繼承人為限，
並不受保險法第一百三十五條準用第一百零五條、第一百零七條
規定之限制。

③第一項保險期間屆滿時，娛樂漁業人應予以續保。

第四二條（前為進入專用漁業權範圍之許可）102

娛樂漁業進入專用漁業權範圍內時，應取得專用漁業權人之許
可，並遵守其所訂之規章；專用漁業權人無正當理由，不得拒
絕。

第四三條（娛樂漁業應遵守事項）102

娛樂漁業之活動項目、沿捕水產動植物之方法、出海時限、活動
區域、漁船數、漁船順位數及長度、漁船進出港流程、漁船幹部
船員或駕駛人之資格及其他應遵守事項之辦法，由中央主管機關
定之。

第五章　保育與管理

第四四條（主管機關得公告之事項）102

①主管機關爲資源管理及漁業結構調整，得以公告規定左列事項：

一　水產動植物之採捕或處理之限制或禁止。

二　水產動植物或其製品之販賣或持有之限制或禁止。

三　漁具、漁法之限制或禁止。

四　漁區、漁期之限制或禁止。

五　妨害水產動物回游路徑障礙物之限制或除去。

六　投放或遺棄有害於水產動植物之物之限制或禁止。

七　投放或除去水產動植物繁殖上所需之保護物之限制或禁止。

八　水產動植物移植之限制或禁止。

九　其他必要事項。

②違反前項第四款至第九款規定之一者，應由該公告機關處分。

③直轄市、縣（市）主管機關依第一項規定公告前，應報由中央主管機關核定之。

第四五條　（水產動植物繁殖保育區之設置）91

①爲保育水產資源，主管機關得指定設置水產動植物繁殖保育區。

②水產動植物繁殖保育區之設置，由直轄市主管機關核定，或由縣（市）主管機關提具該保育區之管理計畫書，報中央主管機關核定後公告之；其涉及二省（市）以上者，應報由中央主管機關核定之。

③保育區之管理，應由管轄該保育區之直轄市或縣（市）主管機關負責。但該水域跨越二縣（市）、二省（市）以上，或管轄不明時，由中央主管機關指定機關管理之。

第四六條　（有效執行水產資源之保育工作及調查）

①主管機關爲達到水產資源保育之目的，得對特定漁業種類，實施漁獲數量、作業狀況及海況等之調查。

②主管機關實施前項調查時，得要求漁業人或漁業從業人，提出漁獲數量、時期、漁具、漁法及其他有關事項之報告，該漁業人或漁業從業人不得拒絕。

第四七條　（水產資源保育管理辦法之擬定）

水產資源保育管理辦法，由中央主管機關擬訂，報請行政院核定之。

第四八條　（非經核准不得使用之採捕方法）91

①採捕水產動植物，不得以左列方法爲之：

一　使用毒物。

二　使用炸藥或其他爆裂物。

三　使用電氣或其他麻醉物。

②爲試驗研究目的，經中央或直轄市主管機關許可者，不受前項之限制。

第四九條　（檢查與物件暫予封存）

①主管機關得於必要時，派員至漁業人之漁船及其他有關場所，檢查其漁獲物、漁具、簿據及其他物件，並得詢問關係人，關係人不得拒絕。

②為前項檢查時，如發見有關於漁業犯罪之情事，不及即時減請司法機關為搜索或扣押之處置時，得將其漁船、漁獲物或其他足以證明犯罪事實之物件，暫予扣押；如發見其他違反本法情事，得將其漁獲物、漁具及其他物件，先予封存。

③為前項扣押或封存時，應有該漁船或該場所之管理人員或其他公務員在場作證；扣押或封存物件時，應開列清單。

④第一項人員於執行檢查時，應提示身分證明及指定檢查範圍之機關證件；其未經提示者，被檢查人得拒絕之。

第五〇條　（爭執之調處）

漁業人對於作業地區、漁場或採捕、養殖方法遇有爭執時，得申請該管主管機關調處。

第五一條　（作業規範之訂定）

同一漁場有多種漁法採捕時，主管機關得徵詢漁業人意見，訂定作業規範。

第六章　漁業發展

第五二條　（辦理漁業貸款）

①為融通漁業資金，主管機關應會同有關機關，洽由金融機構，辦理各種漁業貸款。

②金融主管機關及漁業主管機關，於必要時得核准設立漁業金融機構。

第五三條　（漁業保險）

為策進漁業投資，保障漁業安全，主管機關應協調有關機關舉辦各種漁業保險，或委託漁民團體，或洽由公民營保險機構辦理之。

第五三條之一　（漁民、漁船海難救助等事項辦法訂定）91

為維護漁民生命財產安全，主管機關得就漁船海難救助互助、遭難漁民與漁船救助、獎勵動力漁船所有人及漁民海上作業保險等相關事項，訂定辦法辦理之。

第五四條　（為維護安全秩序主管機關應辦理事項）

為保障漁業安全及維持漁區秩序，主管機關應辦理左列事項：

一　興建及維護漁港與漁業公共設施。

二　配置巡護船隊，實施救護、巡緝及護漁工作。

三　設置漁業通訊電台。

四　設置佔號台、標識桿及氣象預報系統等安全設備。

五　訂定漁場及漁船作業應行遵守及注意事項。

六　應國防部及有關單位給予必要之協助及保護。

第五五條　（主管機關得獎勵事項）

①有左列各款情形之一者，主管機關應予獎勵：

一　改良設備，有益於漁業安全及救護者。

二　改進漁船、漁具、漁法或水產品加工方法，著有成績者。

三　興辦水產教育，或從事水產研究，著有成績者。

四　開發水產資源，有利於漁業發展者。

五　其他對於漁業發展有重大貢獻者。

②前項獎勵辦法，由中央主管機關定之。

第五六條　（漁業權發展基金之設置）

①為促進漁業發展，政府應設置漁業發展基金；其基金數額，由主管機關報經行政院核定後，編列預算撥充之。

②漁業發展基金之收支、保管及運用辦法，由行政院定之。

第五七條　（政府得採取輔導措施以維護漁產品價格）104

為因應漁產品價格波動，穩定漁產品產銷，主管機關得採取適當輔導措施，維護價格穩定及產業永續發展。

第五八條　（進口漁業用品關稅之減免）

①進口漁業生產所必需之漁船、漁具及漁業資材，為國內尚未生產或生產不足者，免徵或減徵關稅。漁業試驗研究機關進口試驗研究所必需之用品，免徵關稅。

②前項減免項目及標準，由行政院訂定發布之。

第五九條　（漁業動力用油之免稅及優惠）

漁業動力用油，免徵貨物稅。漁業動力用油優惠油價標準，由行政院定之。

第七章　罰　則

第六〇條　（罰則）102

①違反第四十八條第一項各款規定之一者，處一年以上五年以下有期徒刑、拘役或併科新臺幣十五萬元以下罰金。

②違反主管機關依第四十四條第一項第一款、第二款所為之公告事項者，處三年以下有期徒刑、拘役或科或併科新臺幣十五萬元以下罰金。

第六一條　（罰則）

違反主管機關依第四十四條第三款所為之公告事項者，處六月以下有期徒刑、拘役或科或併科新臺幣三萬元以下罰金。

第六二條　（罰則）

有左列各款情事之一者，處拘役或科新臺幣十五萬元以下罰金：

一　塗改漁船船名或統一編號者。

二　遷移、污損或毀滅漁場、漁具之標識者。

三　私設欄柵、建築物或任何漁具，以斷絕魚類之回游路徑者。

第六三條　（罰則）

法人之代表人、法人或自然人之代理人、受僱人或其他從業人，因執行業務犯第六十條至第六十二條之罪者，除依各該條規定處罰其行為人外，對該法人或自然人亦科以各該條之罰金。

第六三條之一　（罰則）104

①有下列情事之一者，由中央主管機關對漁業人、漁業從業人為第十條之處分：

一　未依第四十條所定辦法經中央主管機關核准對外漁業合作，

而進入他國海域作業。

二 違反第四十條之一第一項規定，未經中央主管機關許可，赴公海或我國與國際漁業組織締結之條約或協定規範海域作業。

三 違反第四十條之一第二項各款規定之一。

四 違反第四十條之一第四項前段規定，未經許可載運非自行捕撈之漁獲物或將本船漁獲物供其他船舶載運。

②有下列情事之一者，由中央主管機關對漁業人、漁業從業人處新臺幣三萬元以上三十萬元以下罰鍰，或爲第十之處分：

一 違反第四十條之一第三項辦法中國際漁業組織所定有關各款事項之管理措施。

二 違反第四十條之一第四項所定辦法中有關漁獲物轉載之通報事項與程序、檢查之規定。

第六三條之二 （罰則）104

我國國民受僱於非我國籍漁船，於受僱期間，違反第四十條之二規定者，處新臺幣三萬元以上六十萬元以下罰鍰。

第六四條 （罰則）102

有下列情事之一者，處新臺幣三萬元以上三十萬元以下罰鍰：

一 違反第六條規定經營漁業。

二 違反主管機關依第二十九條第一項所爲之處分。

三 漁業證照逾期未經核准延展，繼續經營漁業。

四 未依第四十一條之一規定檢查、丈量、搭載乘客超過核定之乘客定額或在核定適航水域以外之水域搭載乘客。

第六四條之一 （罰則）101

①漁船違反第一一條之一第一項或第二項規定而出港者，處漁業人或所有人新臺幣六萬元以上三十萬元以下罰鍰。

②漁船未依第一一條之一第三項所定期限返港者，處漁業人或所有人新臺幣六萬元以上三十萬元以下罰鍰，並得按日連續處罰。

第六四條之二 （罰則）102

漁業人有下列情事之一者，處新臺幣六萬元以上三十萬元以下罰鍰：

一 違反第三十九條之一第二項規定，僱用私人武裝保全人員未事先報請中央主管機關備查。

二 違反第三十九條之一第三項規定，所僱用非本國籍之私人武裝保全人員及其持有或使用之槍砲、彈藥、刀械，未在國外登（離）船，或進入已報請備查受保護漁船以外之中華民國領域。

第六五條 （罰則）102

有下列情事之一者，處新臺幣三萬元以上十五萬元以下罰鍰：

一 違反依第九條規定所加之限制或所附之條件。

二 違反依第十四條規定公告之事項。

三 違反依第三十六條或依第三十七條規定所指定或限制之事

　　項。

四　違反第四十一條第二項規定未申請執照。

五　違反第四十一條第四項規定未經核准換照而繼續經營娛樂漁業。

六　違反第四十四條第一項第四款至第九款規定公告事項之一。

七　拒絕、規避或妨礙依第四十九條第一項之檢查，或對檢查人員之詢問，無正當理由拒不答覆或爲虛僞之陳述。

八　違反依第五十四條第五款訂定之應行遵守及注意事項。

九　違反主管機關依本法發布之命令。

第六六條　（罰則）

有左列情事之一者，處新臺幣一萬五千元以上七萬五千元以下罰鍰：

一　違反第十一條第二項規定，未經核准擅自休業達一年以上者。

二　拒絕、規避或妨礙第四十六條第一項之調查，或違反第四十六條第二項規定拒不提出報告者。

三　違反依第五十一條所定之作業規範者。

第六七條　（強制執行）

依本法所處之罰鍰，經通知限期繳納，逾期不繳納者，移送法院強制執行。

第六八條　（沒收或沒入）104

依第六十條、第六十一條、第六十二條第三款、第六十三條之一、第六十四條、第六十五條第一款至第三款、第六款至第八款所爲之處罰，得沒收或沒入其採捕或載運之漁獲物或漁具；依第六十三條之一第一項所爲之處罰，並得沒入其採捕或載運之漁船。如全部或一部不能沒收或沒入時，追徵其價額。

第八章　附　則

第六九條　（登記及管理規則）91

①陸上魚塭養殖漁業之登記及管理規則，由直轄市、縣（市）主管機關定之。

②直轄市、縣（市）主管機關於環境適合發展養殖漁業或現有魚塭集中區域，得規劃設置養殖漁業生產區；其設置及管理準則，由中央主管機關定之。

③水產動植物涉及基因轉殖者，應完成田間試驗及生物安全評估，始得推廣利用；其基因轉殖水產動植物田間試驗及繁、養殖管理規則，由中央主管機關定之。

第六九條之一　（重疊專屬經濟海域漁業作業規定）102

①中華民國與鄰近國家就重疊專屬經濟海域簽訂漁業協定（議），該國家之漁船及漁業從業人員在協定（議）海域內作業，依該協定（議）規定辦理。

②前項協定（議）規定，由中央主管機關公告，並刊登政府公報。

第六九條之二 （外籍漁船船員未領全民健保憑證期間不受全民健保法第九條之限制）104

　自中華民國九十八年一月一日起至本法中華民國一百零四年一月二十二日修正生效之日止，漁業人僱用之外國籍漁船船員未領有全民健康保險憑證之期間，不受全民健康保險法第九條之限制。

第七〇條 （施行細則）

　本法施行細則，由中央主管機關定之。

第七一條 （施行日）

　本法自公布日施行。

礦業法

① 民國 19 年 5 月 26 日國民政府制定公布全文 121 條；並自 19 年 12 月 1 日起施行。
② 民國 21 年 1 月 23 日國民政府修正公布第 2、93、116 條條文。
③ 民國 26 年 10 月 15 日國民政府修正公布第 2、5、9、10、20、41、48、50、61、77、108 條條文。
④ 民國 27 年 7 月 22 日國民政府修正公布第 5、41、108 條條文。
⑤ 民國 31 年 4 月 8 日國民政府修正公布第 116 條條文。
⑥ 民國 36 年 4 月 30 日國民政府修正公布第 92、108～110、112～115 條條文。
⑦ 民國 38 年 1 月 17 日總統令修正公布第 92、108～110、112～115 條條文。
⑧ 民國 38 年 8 月 6 日總統令修正公布第 92 條條文。
⑨ 民國 39 年 6 月 15 日總統令修正公布第 92 條條文。
⑩ 民國 48 年 7 月 30 日總統令修正公布全文 106 條。
⑪ 民國 55 年 11 月 29 日總統令修正公布第 78 條條文。
⑫ 民國 67 年 4 月 14 日總統令修正公布第 2、9、19、21、36、40、49、50、55、57、60、61、65～67、73、78、81、82、90、96～98、100～103 條條文；刪除第 72、83 條條文；並增訂第 102-1、103-1 條條文。
⑬ 民國 85 年 9 月 25 日總統令修正公布第 14 條條文。
⑭ 民國 89 年 11 月 15 日總統令修正發布第 7、17～19、21、24、25、31、33～35、38、40、41、45、48、64、65、79、81、84～90 條條文。
⑮ 民國 91 年 6 月 12 日總統令修正公布第 6、15、16、21、39、44、77、82、84 條條文；刪除第 33 條條文；並增訂第 18-1、19-1、19-2、35-1～35-3、83-1、105-1 條條文。
⑯ 民國 92 年 12 月 31 日總統令修正公布全文 80 條；並自公布日施行。

第一章　總　則

第一條　（立法目的）

為有效利用國家礦產，促進經濟永續發展，增進社會福祉，特制定本法。

第二條　（礦產國有）

中華民國領域、專屬經濟海域及大陸礁層內之礦，均為國有，非依本法取得礦業權，不得探礦及採礦。

第三條　（礦之定義）

① 本法所稱之礦，為下列各礦：

一　金礦。

二　銀礦。

三　銅礦。

四　鐵礦。
五　錫礦。
六　鉛礦。
七　銻礦。
八　鎳礦。
九　鈷礦。
十　鋅礦。
十一　鋁礦。
十二　汞礦。
十三　鉍礦。
十四　鉬礦。
十五　鉑礦。
十六　銥礦。
十七　鉻礦。
十八　鈾礦。
十九　鐳礦。
二十　鎢礦。
二一　錳礦。
二二　釩礦。
二三　鉀礦。
二四　釷礦。
二五　鋯礦。
二六　鈦礦。
二七　鍶礦。
二八　硫礦礦及硫化鐵。
二九　磷礦。
三十　砒礦。
三一　水晶。
三二　石棉。
三三　雲母。
三四　石膏。
三五　鹽礦。
三六　明礬石。
三七　金剛石。
三八　天然鹼。
三九　重晶石。
四十　鈉硝石。
四一　芒硝。
四二　硼砂。
四三　石墨。
四四　綠柱石。
四五　螢石。

四六　火粘土。

四七　滑石。

四八　長石。

四九　瓷土。

五十　大理石及方解石。

五一　鎂礦及白雲石。

五二　煤炭。

五三　石油及油頁岩。

五四　天然氣。

五五　**寶**石及玉。

五六　琢磨沙。

五七　顏料石。

五八　石灰石。

五九　蛇紋石。

六十　矽砂。

六一　其他經行政院指定之礦。

②前項各款所列礦之設權基準，如主管機關認有需要者，得由主管機關公告定之。

第四條　（用詞定義）

本法用詞定義如下：

一　礦業：指從事探礦、採礦及其附屬選礦、煉礦之事業。

二　探礦：指探查礦脈之賦存量及經濟價值。

三　採礦：指採取礦為經濟有效之利用。

四　礦業申請人：指申請設定礦業權之人。

五　探礦申請人：指申請設定探礦權之人。

六　採礦申請人：指申請設定採礦權之人。

七　礦業權：指探礦權或採礦權。

八　礦業權者：指取得探礦權或採礦權之人。

九　礦區：指依本法取得礦業權登記之區域。礦區之境界，以由地面境界線之直下為限。

十　礦業申請地：指探礦申請地或採礦申請地。

十一　探礦申請地：指申請設定探礦權之區域。

十二　採礦申請地：指申請設定採礦權之區域。

十三　礦業用地：指經核定可供礦實際使用之地面。

第五條　（主管機關）

本法主管機關為經濟部；為執行本法所定事項，經濟部得指定專責機關辦理。

第六條　（礦業權取得）

①第三條所列各礦，除第二十九條所定礦業保留區外，中華民國人得依本法取得礦業權。

②中央政府及地方政府得依本法取得前項礦業權。

第七條　（礦區面積之限制）

① 礦區之地面水平面積，以二公頃至二百五十公頃爲限。但因礦牀之合理開發需要，經主管機關派員勘查，認爲必要時，得增加至五百公頃。

② 石油礦及天然氣礦礦區面積，得依儲油氣地質構造，由主管機關核定，不受前項最大面積之限制。

第二章　礦業權

第一節　礦業權之性質與效用

第八條　（礦業權準用規定）

礦業權視爲物權，除本法有特別規定外，準用民法關於不動產物權之規定。

第九條　（礦業權分割之限制）

礦業權不得分割。但有合辦關係，合於礦利原則者，經主管機關核准，得分割之，其面積不得小於第七條所規定最小限度。

第一〇條　（礦業權效用之限制）

① 礦業權除繼承、讓與、抵押、信託及強制執行外，不得爲他項權利或法律行爲之標的。

② 前項礦業權之抵押，以採礦權爲限。

第一一條　（礦業權違法訂約無效）

違反前條規定訂立之契約，無效；未經主管機關核准，將礦業權讓與、信託者，亦同。

第一二條　（探礦權之期限及展期）

① 探礦權以四年爲限，期滿前一年至六個月間，得申請展限一次；展限不得超過二年。

② 探礦權者經依前項規定爲展限之申請時，在探礦權期滿至主管機關就展限申請案爲准駁之期間內，其探礦權仍爲存續。

第一三條　（採礦權之期限及展期）

① 採礦權以二十年爲限。期滿前一年至六個月間，得申請展限；每次展限不得超過二十年。

② 採礦權者經依前項規定爲展限之申請時，在採礦權期滿至主管機關就展限申請案爲准駁之期間內，其採礦權仍爲存續。

第一四條　（礦業權移轉登記規則之訂定）

① 礦業權之設定、展限、變更、自行廢業或因讓與、信託而移轉者，非經向主管機關申請核准並登記，不生效力。

② 下列事項，非經主管機關登記，不生效力：

一　礦業權之消滅及其處分之限制。

二　礦業權因繼承、強制執行而移轉者。

三　抵押權之設定、變更、移轉、消滅及其處分之限制。

③ 主管機關於核准第一項申請及因繼承或強制執行而移轉登記時，應填發或批註礦業執照。

④ 第一項及第二項申請人資格條件、申請程序、登記期限、登記事

項、應備書件及其他應遵行事項之登記規則，由主管機關定之。

第二節　礦業權之設定及展限

第一五條　（礦業權設定之申請）

①申請設定探礦權者，應檢具申請書、申請費，並附礦區圖、探礦構想及其圖說；申請設定採礦權者，應檢具申請書、申請費，並附礦區圖、礦床說明書、開採構想及其圖說。

②前項探礦及開採構想，應敘明水土保持、環境維護（探礦或採礦對環境之影響）、礦場安全措施與礦害預防等永續經營事項，及主管機關規定之其他事項。

③二人以上共同申請設定礦業權，應具合辦契約，載明各合辦人出資額及權利義務關係，如係公司組織者，並應附具公司章程。

第一六條　（礦區位置界限及面積之測定）

礦區之位置界限及面積，以經主管機關公告之測量方式測定之。

第一七條　（礦業權申請設定不予受理情形）

①申請設定礦業權有下列情形之一者，主管機關不予受理：

　一　礦業申請人未依第十五條第一項規定檢齊申請書件及圖說。

　二　所附礦區圖無地名或礦區境界線。

　三　礦業申請地之區域不在管轄區域內。

　四　申請人不合第六條規定。

　五　申請非屬第三條所列之礦。

　六　礦業申請地全部在依法公告停止接受申請或禁止探採之區域。

　七　申請之礦為礦業保留區內經指定禁止探採之各項礦質。

　八　未繳納設定礦業權申請費。

②依前項規定不予受理者，不得據為優先審查之主張。

③未依第十二條第一項或第十三條第一項規定期限申請礦業權展限者，主管機關不予受理。

第一八條　（駁回申請之情形）

①申請設定礦業權有下列情形之一者，主管機關應駁回其申請，並同時通知原申請人：

　一　礦業申請人依第十五條第一項規定檢具之書件及圖說，其應載明事項之內容不完備，經限期補正，屆期不補正或補正不完備。

　二　礦業申請人，不依指定日期導往勘查，經一次限期催告，仍未依到場，或勘查時不能指明其申請地，或勘查時所指定之區域與礦區圖完全不符。

　三　礦業申請地之位置形狀與礦床之位置形狀不符，有損礦利者，經限期申請人更正，屆期不更正。

　四　依第二十條規定駁回其申請。

　五　申請設定礦業權經主管機關審查後，通知礦業申請人限期繳納之勘查費、當期礦業權費、執照費及登記費，屆期不繳

納。

②主管機關受理礦業權申請案，應勘查礦業申請地，並於受理申請後六個月內爲准駁之核定。

第一九條 （礦區面積增減申請之限制）

礦業申請人得因礦利關係，申請增減其所申請區域之面積；其礦區之面積，仍應受第七條規定之限制。

第二〇條 （採礦之強制申請）

主管機關對於探礦申請地認爲適於採礦者，得通知探礦申請人於一定期間內申請採礦；屆期不申請者，駁回其探礦申請案。

第二一條 （申請競合之解決——一地兩案之競合）

①同一礦業申請地有二宗以上申請案時，如礦質爲同種，其重複部分，主管機關應就申請案在先者優先審查。

②前項申請如同一日到達，應通知各該申請人限期協商，再行申請；屆期不辦理者，以抽籤方法決定之。但探礦申請地與採礦申請地重複時，其重複之部分，主管機關應就採礦申請案優先審查。

③前項申請人爲該礦業申請地之土地所有人，而其所有土地占礦業申請地面積二分之一以上者，主管機關應就該申請案優先審查。

第二二條 （探礦變更爲採礦申請之到達日）

探礦申請人對於同種之礦質，變更爲採礦之申請，如申請地與他人採礦申請地有重複時，其探礦申請書到達之日，視爲採礦申請書到達之日。

第二三條 （礦業權之排他效力）

礦業申請地與他人礦區相重複，如礦質爲同種，其重複之部分不得核准。

第二四條 （探礦權人之採礦優先權）

探礦申請人之探礦申請地於申請案審查期間，如有他人申請採礦且礦質爲同種時，他人申請採礦之重複部分，準用第二十條規定。

第二五條 （異種礦質礦業之申請優先權）

礦業申請地與他人礦業申請地或礦區重複，如礦質爲異種，主管機關應通知申請在先者或礦業權者，申請該異種礦質，在通知日起九十日內申請者，應予優先審查。

第二六條 （礦業權取得之優先權及其期限）

探礦權者於探礦期間屆滿後三十日內，對於原申請所探之礦質申請設定採礦權者，主管機關應予優先審查。

第二七條 （申請設定礦業權之禁止地域）

於下列各地域申請設定礦業權者，不予核准：

一　要塞、堡壘、軍港、警衛地帶與軍事設施場所有關曾經圈禁之地點以內，未經該管機關同意。

二　距商埠市場地界一公里以內，未經該管機關同意。

三　保安林地、水庫集水區、風景特定區及國家公園區內，未經

該管機關同意。

四　距公有建築物、國葬地、鐵路、國道、省道、重要廠址及不能移動之著名古蹟等地界一百五十公尺以內，未經該管機關或土地所有人及土地占有人同意。

五　其他法律規定非經主管機關核准不得探、採礦之地域內，未經該管機關核准。

六　其他法律禁止探、採礦之地域。

第二八條　（礦業權設定之駁回及接受申請之停止）

①主管機關認為設定礦業權有妨害公益者，不予核准。

②主管機關為探勘礦產、調整礦區時，得指定一定區域內之礦，停止接受申請。

第二九條　（礦業保留區）

主管機關認為有必要時，得指定礦種及區域作為礦業保留區，禁止人民探採。

第三○條　（礦業權展限程序之準用）

礦業權展限之程序，準用第十五條及第十八條規定。

第三一條　（礦業權展限之申請駁回）

①礦業權展限之申請，非有下列情形之一者，主管機關不得駁回：

一　申請人與礦業權者不相符。

二　無探礦或採礦實績。

三　設定礦業權後，有新增第二十七條所列情形之一。

四　有第三十八條第二款至第四款所列情形之一。

五　有第五十七條第一項所定無法改善之情形。

②依前項第三款規定將礦業權展限申請案駁回，致礦業權者受有損失者，礦業權者得就原核准礦業權期限內已發生之損失，向限制探、採者或其他應負補償責任者，請求相當之補償。

③前項損失之範圍及認定基準，由主管機關定之。

第三二條　（有開採價值礦區之公告徵求申請及申請之決定）

①經主管機關探勘認為有價值而未設定礦業權之區域，或依第三十七條規定撤銷或依第三十八條第一款、第三款或第四款規定廢止礦業權之核准並經主管機關登記之區域，得由主管機關訂定申請人資格條件、資金、所經營事業之性質與開採規模及其他必要條件，公告定期接受申請設定礦業權。但依第三十七條規定撤銷或依第三十八條規定廢止礦業權核准之區域，原礦業權者不得重新提出申請；該區域有所調整者，原礦業權者亦不得就調整之區域提出申請。

②在前項公告期間內同一區域如有二人以上申請，其條件均合於前項規定者，以抽籤方式決定之。

第三三條　（礦業權申請登錄簿之查詢申請）

為避免礦業權申請之重複，人民得附具圖說，向主管機關申請查詢礦業權申請登錄簿。

第三節　礦業權之變更、移轉與消滅

第三四條　（礦區之增減、合併、分割之申請）

①礦業權者對於核准之礦區申請增減、合併、分割時，應檢具申請書、新舊礦區圖及理由書，向主管機關申請；其礦區之面積，仍應受第七條規定之限制。

②前項申請案之處理程序，準用第十八條規定。

第三五條　（鄰接礦區之利用及礦區之調整）

①礦業權者因礦牀之位置、形狀需掘進鄰接礦區時，得與鄰接礦業權者協商，取得書面同意，並附礦牀圖說，共同向主管機關申請礦區調整；其礦區之面積，仍應受第七條規定之限制。

②礦業權者因礦牀之位置、形狀，必須開鑿井、隧通過鄰接礦區時，應與鄰接礦業權者協商，取得書面同意後，附具工程圖說，報請主管機關核准施工。

第三六條　（礦業權之移轉申請）

①礦業權之移轉，應以書面，並依下列規定向主管機關申請：

　　一　因繼承而移轉者，由繼承人申請。

　　二　因讓與而移轉者，由受讓人及礦業權者共同申請。

　　三　因強制執行而移轉者，由債權人申請。

　　四　因信託而移轉者，由受託人及礦業權者共同申請。

②礦業權移轉時，其移轉前礦業權者關於該礦業權之權利義務，亦隨同移轉。

第三七條　（詐欺取得礦業權之撤銷）

以詐欺取得礦業權經法院有罪判決確定者，主管機關應撤銷其礦業權之核准。

第三八條　（礦業權廢止之原因）

礦業權者有下列情形之一者，主管機關應廢止其礦業權之核准：

　　一　礦業權登記後二年內不開工或中途停工一年以上。但有正當理由經主管機關核准者，不在此限。

　　二　礦業之經營有妨害公益無法補救。

　　三　欠繳礦業權費或礦產權利金二年以上。

　　四　礦業工程危害礦產資源或礦場作業人員安全，不遵令改善或無法改善。

第三九條　（礦業權辦理消滅登記之情形）

①礦業權除第四十二條第一項所定情形外，有下列情形之一者，主管機關應辦理消滅登記：

　　一　經主管機關依第三十七條規定撤銷，或依前條或第五十七條第一項規定廢止礦業權之核准。

　　二　礦業權者於礦業權有效期限內自行申請廢業經核准。

　　三　礦業權者於礦業權期滿，未依規定申請展限。

　　四　礦業權者依規定申請展限，經主管機關駁回，其礦業權期限屆滿。

②採礦權辦理消滅登記時，應併同辦理抵押權消滅登記。

第四〇條 （採礦權被撤銷或廢業後財產設備之處分及其期限）

①採礦權被撤銷、廢止或自行廢業後，原礦業權者，應於一年內自行處分其財產設備。但因特別情形並於礦利無妨害時，得申請主管機關核准展限一年。

②礦業權消滅後，原礦業權者對於保護礦利及預防危害之設備，非經主管機關許可，不得自由處分，並依礦場安全法令辦理。

第四節　採礦之抵押

第四一條 （抵押權設定後之效力）

抵押權設定後，採礦權者向主管機關辦理礦區廢業、分割、合併、減少、增加或調整時，須檢附抵押權者之同意書。

第四二條 （採礦權撤廢登記時抵押權人之權利）

①主管機關對於中華民國九十二年十二月九日本法修正前已設定抵押權之採礦權因撤銷、廢止採礦權之核准或自行申請廢業而辦理消滅登記前，應通知抵押權者；採礦權者自提出廢業申請或自主管機關為撤銷、廢止之處分後至採礦權拍定為止，其採礦權不得行使。

②抵押權者受前項之通知後六十日內雖債權仍未屆清償期，仍得聲請法院拍賣其採礦權。但因第三十八條第二款所定有妨害公益之情形而廢止其採礦權之核准者，不得請求拍賣。

③主管機關應於拍定轉變更登記時，同時將第一項採礦權為消滅之登記。

④第一項採礦權拍定所承受之採礦權，應自原採礦權消滅登記之日起承受之；其有效期間至原採礦權期限屆滿之日止。

第三章　礦業用地

第四三條 （使用土地之審查核定）

①礦業權者使用土地，應檢具開採及施工計畫，附同圖說，向主管機關申請審查，就其必須使用之面積予以核定，並通知土地所有人及關係人。

②前項應檢具之書件不完備或未繳納申請費、勘查費者，主管機關得限期通知其補正或繳納；屆期不補正或不繳納者，駁回其申請。

③主管機關為第一項核定時，應先徵詢地政、環境保護、水土保持、其他相關主管機關及土地所有人之意見；如屬國家公園範圍時，應徵求國家公園主管機關之同意。

④第一項所定之土地為公有時，主管機關於核定前，應徵求該土地管理機關之同意。

第四四條 （使用他人土地之法定原因）

礦業權者有下列情形之一者，必要時得依法使用他人土地：

一　開鑿井、隧或探採礦藏。

二　堆積礦產物、爆炸物、土石、薪、炭、礦渣、灰燼或一切礦用材料。

三　建築礦業廠庫或其所需房屋。

四　設置大小鐵路、運路、運河、水管、氣管、油管、儲氣槽、儲水槽、儲油池、加壓站、輸配站、溝渠、地井、架空索道、電線或變壓室等。

五　設置其他礦業上必要之各種工事或工作物。

第四五條　（土地使用權之取得及使用方法）

①前條土地使用權之取得，依下列之規定：

一　購用：由礦業權者給價取得土地所有權。

二　租用：由礦業權者分期或一次給付租金。

三　依其他法律所定之方式。

②礦業權者因埋設或高架管線、索道等設施，非通過他人之土地不能安設，或雖能安設而需費過鉅者，得通過他人土地之上下而安設之。但應擇其損害較少之處所或方法爲之，並應給與相當之補償。

第四六條　（地價）

①礦業權者購用土地之地價，如屬私有土地，其地價應協議定之，若協議不成，委託不動產估價師定之；如屬公有土地，按一般公有財產處分計算標準計算。

②礦業權者租用土地之年租金，應依一般正常交易價格百分之八以下定之，其一般正常交易價格依前項規定辦理。

第四七條　（使用他人土地之協議）

①土地之使用經核定後，礦業權者為取得土地使用權，應與土地所有人及關係人協議；不能達成協議時，雙方均得向主管機關申請調處。

②土地所有人及關係人不接受前項調處時，得依法提起民事訴訟。但礦業權者得於提存地價、租金或補償，申請主管機關備查後，先行使用其土地。

第四八條　（租用土地之返還）

①礦業用地經使用完畢後，礦業權者應依核定之水土保持計畫，實施復整及防災措施。

②租用或通過之土地使用完畢後或停止使用完成前項措施後，仍有損失時，應按其損失程度，另給土地所有人以相當之補償。

第四九條　（區外土地因礦受損之補償）

因礦業工作致礦區以外之土地有重大損失時，礦業權者應給與土地所有人及關係人以相當之補償。

第五○條　（礦業用地有關權利義務之隨同移轉）

礦業權移轉時，其礦業用地有關之權利義務，均應隨同移轉。

第五一條　（為測量或勘查使用他人地面）

覓礦人、礦業申請人或礦業權者，於必要時，得於他人地面為測量或勘查。但應先通知所在地地方機關及土地所有人或土地使用

人；必須除去障礙物時，應商得其所有人同意。

第五二條　（使用他人土地之補償）

因前條之情形，土地所有人、土地使用人或障礙物所有人如受損失，覓礦人、礦業申請人或礦業權者，應按實際價值給與補償。

第四章　礦業權費及礦產權利金

第五三條　（礦業權費）

①礦業權者應依礦種、礦區面積及探礦權或採礦權費率，繳納礦業權費。但經營海域石油礦及天然氣礦，有特殊原因經主管機關核准者得免繳礦業權費。

②前項礦業權費之費率，由主管機關定之。

③第一項礦業權者，得憑開採該礦種之礦區所繳營業稅或礦產權利金，申請照額核減同一礦種之礦業權費，但礦業權費之核減，以百分之八十爲限。

第五四條　（礦產權利金）

①石油礦及天然氣礦之礦業權者應按礦產物價格之百分之二至百分之五十，繳納礦產權利金；金屬礦之礦業權者應按礦產物價格之百分之二至百分之二十，繳納礦產權利金；其他礦種之礦業權者應按礦產物價格之百分之二至百分之十，繳納礦產權利金。

②前項之礦產物價格及繳納比率，由主管機關定之。

第五五條　（礦業權費及礦產權利金）

①礦業權者應每年繳納礦業權費及礦產權利金；爲應付國內外經濟之特殊狀況，及產業合理經營，主管機關於必要時得調整礦產權利金，不受前條第一項繳納比率下限之限制。

②前項礦業權費及礦產權利金之收取程序及調整基準，由主管機關定之。

第五六條　（加徵滯納金之規定）

礦業權者逾期繳納礦業權費或礦產權利金者，每逾二日按應繳納數額加徵百分之一，但以不超過百分之十五爲限；逾三十日仍未繳納者，依郵政儲金一年期定期儲金固定利率，按日加計利息，一併徵收。

第五章　礦業監督及獎勵

第五七條　（礦業監督）

①礦業工程妨害公益時，主管機關應限期通知礦業權者採取改善措施，或暫行停止工程；礦業權者無正當理由而未於限期內完成改善或未暫行停止工程者，主管機關得廢止其礦業權之核准。

②主管機關因公益措施等實際需要，依目的事業主管機關之申請，劃定已設定礦業之礦區爲禁採區，或公益措施之目的事業主管機關依法限制已依本法核定礦業用地之礦區探、採，致礦業經營受有損失者，該礦業權者得就原核定礦業期限內已發生之損失，向申請劃定禁採區者、限制探、採者或其他應負補償責任

者，請求相當之補償。

③前項礦業權者與申請劃定禁採區者、限制探、採者或其他應負補償責任者就補償發生爭議時，由主管機關調處。

④禁採區劃定後，應由主管機關廢止其全部或一部礦業權之核准。

第五八條 （申報開工及請發給礦場登記證）

礦業權者於礦業權設定登記後，應檢具礦場開工申報書、事務所照片、施工計畫書圖、購置坑內外礦業工程設備等相關書圖，與指定礦場負責人、選任主要技術人員及購租礦業用地等證明文件，向主管機關申報開工，並經查核後，發給礦場登記證。

第五九條 （坑內實測圖及礦業簿之備置及申請）

①採礦權者應備置採礦實測圖及礦業簿於採礦場所。

②採礦權者應於每年一月備具上年度施工實況採礦實測圖及相關實測成果表，向主管機關申報。

③採礦權者應於每月十日前繕具礦業簿副本，向主管機關申報。但有正當理由，經主管機關核准者，不在此限。

第六○條 （年度明細表冊之造具申報）

礦業權者每年一月應將上年度之礦業情形及本年度施工計畫，造具明細表冊，向主管機關申報。

第六一條 （探礦所得礦質之管理）

探礦時所得礦質，非經主管機關許可，不得出售。

第六二條 （礦業申請書圖之簽證）

礦業申請所附之探礦構想書圖、開採構想書圖、開採及施工計畫書圖、年度施工計畫書圖，應由依法登記執業之採礦工程技師簽證。

第六三條 （派員檢查礦業簿記或設備）

主管機關得派員檢查有關礦業之簿記或設備，礦業權者不得規避、妨礙或拒絕。

第六四條 （鄰接礦區之會同勘查）

①礦業權者或其利害關係人遇有事故有勘查鄰接礦區之必要時，得向主管機關申請派員會同各該礦業權者實地勘查。

②申請派員赴礦業申請地或礦區勘查時，其費用應歸申請人負擔。

第六五條 （礦產之探勘）

主管機關為探勘某一區域之礦產，得設立探勘機構或委託其他相關機關（構）為之。

第六六條 （礦業經營之協助）

主管機關為輔導礦業經營，得就礦業用地之取得、資金之籌措、器材之購置、人力之培訓及技術之開發予以協助。

第六七條 （探勘或開採之機器設備及材料免稅）

①凡專用於海域石油礦、天然氣礦探勘或開採之機器、設備及材料，免徵進口關稅。

②前項機器、設備及材料之類別，由主管機關會同財政部定之。

第六八條　（必要設備裝置及安全區之建立）

①依本法取得海域石油礦、天然氣礦者，於海域內建立為實施探勘及開採必要之設備及裝置時，應設定安全區。

②前項之必要設備、裝置及安全區，不得妨礙國際航行。

③第一項所建立之設備、裝置及安全區，應妥為通告，並應設置警戒標幟，以顯示其存在。

第六章　罰　則

第六九條　（處罰）

①未依本法取得礦業權私自採礦者，處五年以下有期徒刑、拘役或科或併科新臺幣二十萬元以上一百萬元以下罰金。

②犯前項之罪者，所採之礦產物沒收之；如全部或一部不能沒收時，追徵其價額。

③法人之代表人、代理人、受僱人或其他從業人員，因執行職務犯第一項之罪者，除處罰其行為人外，對該法人亦科以第一項之罰金。

第七○條　（處罰）

有下列情形之一者，處新臺幣十萬元以上三十萬元以下罰鍰：

一　違反第十條規定，擅將礦業權作為他項權利或法律行為之標的。

二　違反第十一條規定，未經主管機關核准，將礦業權讓與或信託。

三　違反第六十一條規定，未經主管機關許可，出售探礦所得之礦。

第七一條　（處罰）

①越出礦區以外採礦者，處新臺幣十萬元以上三十萬元以下罰鍰。

②依前項規定處罰者，所採之礦產物沒入之；如全部或一部不能沒入時，追徵其價額。

第七二條　（處罰）

有下列情形之一者，處新臺幣一萬元以上三萬元以下罰鍰：

一　未依第五十九條規定，備置圖、簿或申報。

二　未依第六十條規定申報。

三　違反第六十三條規定，規避、妨礙或拒絕檢查。

第七三條　（處罰）

欠繳礦業權費或礦產權利金二年以上者，除依第三十八條第三款規定廢止其礦業權之核准外，其未繳之礦業權費、礦產權利金及依第五十六條加徵之數額，依法移送強制執行。

第七四條　（強制執行）

依本法所處之罰鍰，經限期繳納，屆期仍不繳納者，依法移送強制執行。

第七章　附　則

第七四條之一 （矽砂礦種之申請）

①中華民國九十二年十二月九日本法修正前受理之礦業權批註矽砂申請案，主管機關應通知礦業權者改為增加矽砂礦種之申請；受理之矽砂土石採取申請案，直轄市或縣（市）主管機關應通知土石採取申請人改為設定礦業權之申請。

②中華民國九十二年十二月九日本法修正前已核准批註矽砂之礦業權，礦業權者應自本法修正施行之日起六十日內，向主管機關申請增加矽砂礦種。礦業權者未依前項規定申請增加矽砂礦種者，自本法修正施行之日起第六十一日，主管機關應註銷其批註矽砂之核准。

③中華民國九十二年十二月九日本法修正前已取得許可之矽砂土石採取區，土石採取人應自本法修正施行之日起六十日內，就其經許可之土石採取區，向主管機關申請設定為礦業權，其面積得不受第七條第一項所規定最小面積之限制。

④土石採取人未依前項規定申請設定為礦業權者，自本法修正施行之日起第六十一日，直轄市或縣（市）主管機關應廢止其土石採取之許可。

第七五條 （本法修正前增區設權開採之申請）

中華民國九十一年六月十二日本法修正施行前鄰接礦區距離礦界內之礦，得由鄰接礦區礦業權者就其鄰接界限平均分距，申請增區設權開採。但鄰接礦區之礦業權者另有協議者，得依其協議。

第七六條 （本法修正前之國營礦業權）

①中華民國九十二年十二月九日本法修正前已設定之國營礦業權，原經營人或承租人得自本法修正施行之日起六十日內，就其原經營或承租之國營礦區，申請改設定為採礦權，其有效期間至原國營礦業權期限屆滿之日止。

②本法修正施行前已設定之國營礦業權，原經營人或承租人已依海域石油礦探採條例規定並經行政院核准與外國公司或大陸地區公司簽訂海域石油礦探採契約者，依原契約之約定，不受本法規定之限制。

③國營礦業權無經營人或承租人者，主管機關應自本法修正施行之日起廢止其礦業權之設定；國營礦業權之經營人或承租人未依第一項規定申請改設定為採礦權者，自本法修正施行之日起第六十一日，廢止其礦業權之設定。

第七七條 （本法修正前礦業權有效期限之展限）

中華民國九十二年十二月九日本法修正前，原礦業權有效期限不滿九個月者，得自本法修正施行之日起三個月內申請展限，不受第十二條第一項或第十三條第一項申請展限期限之限制；有效期限已屆滿但未逾三十日者，得自期限屆滿之日起三十日內提出申請。

第七八條 （規費之收取）

主管機關依本法受理申請、登記、抄錄、勘查或核發執照，應收

取申請費、登記費、抄錄費、勘查費或執照費；其收費基準，由主管機關定之。

第七九條 （施行細則之訂定）

本法施行細則，由主管機關定之。

第八〇條 （施行日）

本法自公布日施行。

土石採取法

①民國 92 年 2 月 6 日總統令制定公布全文 53 條；並自公布日施行。
②民國 97 年 1 月 9 日總統令修正公布第 3、4、6、10、14、24 及 33 條條文；並增訂第 7-1 及 7-2 條條文。

第一章 總　則

第一條 （立法目的）
　　為合理開發土石資源，維護自然環境，健全管理制度，防止不當土石採取造成相關災害，以達致國家永續發展之目的，特制定本法；本法未規定者，適用其他法律之規定。

第二條 （主管機關）
　　本法所稱主管機關：在中央為經濟部；在直轄市為直轄市政府；在縣（市）為縣（市）政府。

第三條 （不需許可之情形）97
①土石採取，應依本法取得土石採取許可。但下列情形，不在此限：
　一　採取少量土石供自用者。
　二　實施整地與工程就地取材者。
　三　礦業權者在礦區內採取同一礦床共生之土石者。
　四　因天災事變緊急搶修公共工程所需者。
　五　政府機關辦理重要工程所需者。
　六　磚、瓦或窯業，開採土石自用者。
②前項各款土石採取地點、面積、數量、期間之管理辦法，由中央主管機關定之。

第四條 （用辭定義）97
　　本法用詞，定義如下：
　一　土石：指礦業法第三條所列各礦以外之土、砂、礫及石等天然資源。
　二　陸上土石：指賦存於陸地之土石。
　三　河川及水域土石：指賦存於河川區域及湖泊之土石。
　四　濱海及海域土石：指賦存於濱海及濱海以外海域之土石。
　五　土石採取區：指經主管機關許可採取土石之區域。
　六　土石採取場：指土石採掘、儲存及附屬於場內搬運、碎解、洗、選作業之場所。
　七　土石採取人：指取得土石採取許可者。
　八　土石採取場負責人：指實際綜理土石採取場業務者。
　九　土石採取場技術主管：指主辦土石採取場技術及安全管理業

務之技術人員。

十　總量管制：指在一定區域內，對該區域土石採取總容許量所
作之限制措施。

第二章　土石採取之許可

第一節　申請許可之條件

第五條　（許可之申請資格及總量管制）

① 中華民國人得依本法申請土石採取許可。

② 政府機關申請或受理申請土石採取許可，應依本法之規定並衡量
地方土石採取總量管制規則辦理。

③ 前項土石採取總量管制作業規則，由中央主管機關訂定之。

第六條　（許可期限）97

① 河川及水域之土石採取許可期限，最長以三年為限，期滿不得展
延。

② 陸上土石、濱海及海域土石之土石採取許可期限，最長以十年為
限；期滿申請展延者，亦同。

第七條　（許可面積）

① 申請河川及水域土石採取區域之面積，應在二十公頃以下；濱海
及海域土石採取區域，應在一百公頃以下；陸上土石採取區域，
應在一百公頃以下。

② 土石採取區域以由地面境界線直下至核准開採之深度為限，相關
採取深度標準，中央主管機關應會同相關機關訂定並公告之。

第七條之一　（劃設土石採取專區）97

① 主管機關應公共工程進行及經濟發展需要，得選定地點會同水
利、漁業、水土保持、交通、環境保護、土地使用與管理及其他
相關機關實地勘查同意後，劃設土石採取專區。

② 前項土石採取專區，由直轄市、縣（市）主管機關劃設者，應先
報請中央主管機關同意。

③ 土石採取專區內之私有土地，由主管機關依法辦理徵收；公有土
地者，應辦理撥用。

④ 土石採取專區，由主管機關規劃土石採取之開採方式，並依法進
行環境影響評估、水土保持審核及非都市土地分區與用地編定之
變更或都市計畫變更程序後，公告受理申請土石採取許可。

⑤ 土石採取專區內申請採取土石者，應依主管機關規劃方式申請開
採，免重複依前項各該程序辦理。

⑥ 前項土石採取人於經許可開採時起，視為水土保持法之義務人及
環境影響評估法之開發單位，並應依環境影響評估法規定，辦理
開發單位之變更。

⑦ 第三項私有土地所有人經土石採取人同意者，得以徵收補償費為
出資，作為土石採取人之股東或合夥人。

第七條之二 （土石採取專區劃設機關）97

①前條土石採取專區為中央主管機關劃設者，應由中央主管機關受理審查及核發土石採取許可，並負責專區內土石採取區之監督管理事務；土石採取專區為直轄市、縣（市）主管機關劃設者，由直轄市、縣（市）主管機關為之。

②中央主管機關劃設之土石採取專區內，其土石採取之申請、監督管理及處罰，準用本法之規定。

第八條 （河川土石採取之申請）

①河川內之土石採取，由直轄市、縣（市）主管機關併同土石採取及使用河川申請收件後，檢同申請書圖件，邀請河川管理機關共同會勘，取得河川管理機關核發使用河川許可書後，由直轄市、縣（市）主管機關核辦並轉發之。

②水利主管機關為配合河川、水庫疏濬或河道整治，依水利法規定辦理土石採取者，不受本法規定之限制。

第九條 （租金或使用費之收取）

①申請之土石採取區土地為公有者，土地管理機關得出租或同意使用，並收取租金或使用費。

②前項租金或使用費，除海堤區域以外之海域採取土石免計收外，依該管理機關規定辦理。

第二節　申請書圖件

第一〇條 （申請應備之文件）97

①申請土石採取許可者，應檢具下列書件，向直轄市、縣（市）主管機關為之；書件不齊全者，應不受理：

一　申請書及申請區域圖。

二　規費繳納收據。

三　土石採取計畫書圖。

四　申請土石採取區域之土地所有人、使用人或管理人之同意書或公有土地管理機關准許使用或同意規劃之證明文件，其申請採取海域土石者，免附。

五　經中央主管機關指定之其他有關文件。

②前項申請人申請在他人礦區內採取土石者，應於直轄市、縣（市）主管機關通知之期限內，提出礦業權者之同意書。但在他人礦區內採取不同一礦床之土石，無法取得同意書者，應敘明理由，附其曾接洽礦業權者之證明文件。

③第一項第三款土石採取計畫書圖，應由依法登記執業之採礦工程技師或其他相關專業技師簽證。

第一一條 （計畫書圖應載事項）

前條第一項第三款土石採取計畫書圖，應包括下列事項：

一　採取計畫。

二　水土保持及環境保護措施。

三　土石採罄或無繼續經營意願之整復維護措施。

四　運輸計畫。

五　公共設施維護計畫。

六　土石採取計畫圖。

七　土石採取區實測平面圖。

八　土石採取區位置交通圖。

九　其他中央主管機關規定應行記載事項或文件。

第一二條 （申請區域位置界限及面積之測量方式）

申請區域圖之位置界限、面積及第七條第二項規定之深度，以經中央主管機關公告之測量方式測定之。

第三節　審核及登記

第一三條 （主管機關之審查）

直轄市、縣（市）主管機關對於土石採取許可之申請，應就其提出之各項書件、圖說審查，如記載不完備者，應附理由通知申請人限期於三十日內補正；屆期不補正或補正不完全者，駁回其申請。

第一四條 （主管機關之實地勘查）97

直轄市、縣（市）主管機關審核申請土石採取許可案時，應會同水利、漁業、水土保持、交通、環境保護、土地使用、管理及其他相關機關實地勘查，經依法審核認無違反主管法令情事者，報經中央主管機關審核後核發土石採取許可證。

第一五條 （主管機關報請備查及繪製公開聯絡圖）

①直轄市、縣（市）主管機關許可土石採取案件，應登載於土石採取區登記簿，並檢同有關圖說，報請中央主管機關備查。

②經許可採取之土石採取區，直轄市、縣（市）主管機關並應繪製土石採取區聯絡圖，公開閱覽。

第四節　展　限

第一六條 （申請展限之期限）

土石採取人依第六條規定為展限之申請時，應於期滿六個月前為之。但土石採取許可期限在一年以內者，應於期滿二個月前為之。

第一七條 （展限申請審查之準用）

第十條、第十三條至第十五條規定，於申請土石採取許可展限案件，準用之。

第五節　開工、減區、更正及消滅

第一八條 （土石採取場登記證）

①土石採取人應於領得土石採取許可證之次日起六個月內，備具書件，向直轄市、縣（市）主管機關申請核發土石採取場登記證後開工。但有正當理由者，得於期限屆滿前申請延展，並以二次為限。

②直轄市、縣（市）主管機關查核其土石採取場設施與所提土石採取計畫相符後，發給土石採取場登記證，並報中央主管機關備查。

第一九條　（界樁及牌示）

①土石採取人應於申請核發土石採取場登記證前，設妥界樁及牌示，並妥為保存及維護。

②前項界樁及牌示之規格，由中央主管機關定之。

第二〇條　（依計畫施工及辦理相關維護措施）

土石採取人應依核定之土石採取計畫採取土石，並辦理水土保持、環境維護、整復及防災措施。

第二一條　（計畫變更之申請）

①經核定之土石採取計畫，如因工程防災或土石資源保育需為變更時，應報請直轄市、縣（市）主管機關核准。

②直轄市、縣（市）主管機關為保護水道、水土保持及土地之整體有效利用，得就已核定之土石採取計畫逕為變更之。土石採取人因變更致受有損失時，得向直轄市、縣（市）主管機關請求合理之補償。

第二二條　（採取區變更之應備文件）

土石採取人申請土石採取區減區或更正時，應檢具下列書件，向直轄市、縣（市）主管機關為之：

一　第十條第一項第一款至第三款及第五款規定書件。其為更正者，並應加具同條項第四款規定之書件。

二　土石採取區新舊關係圖。

三　理由書。

第二三條　（撤銷許可之情形）

違法取得土石採取許可證者，直轄市、縣（市）主管機關應撤銷土石採取許可。

第二四條　（廢止許可之情形）97

土石採取人有下列情事之一者，直轄市、縣（市）主管機關報經中央主管機關審核後，廢止其土石採取許可：

一　造成環境、生態明顯影響，經查屬實，並經通知改善而不改善或經改善無效。

二　未依第十八條第一項規定申請核發土石採取場登記證。

三　取得土石採取場登記證滿六個月以上未開工或開工後自行停工六個月以上。但有正當理由報經核准者，不在此限。

四　未自行經營土石採取或超越土石採取區採取。

五　土石採取場之作業未按核定之土石採取計畫實施，經通知限期改善，屆期不改善或無法改善。

六　經直轄市、縣（市）主管機關依第三十四條規定通知部分或全部停工不遵行。

七　未依規定繳納公有土地租金或使用費。

八　土石罄或無續經營意願未依第二十六條規定辦理。

九　未依第四十八條規定繳納環境維護費，經直轄市、縣（市）
　　主管機關通知於一個月內補繳，而未依限繳納。

第二五條　（土石採取許可證及土石採取場登記證之註銷）

撤銷或廢止土石採取許可時，應註銷其土石採取許可證及土石採
取場登記證。

第二六條　（土石採取許可證及土石採取場登記證之繳銷）

土石採取人於土石採取區之土石採罄或無繼續經營意願時，應依
原核定之土石採取計畫書圖及相關法令規定辦理整復後，向直轄
市、縣（市）主管機關繳銷土石採取許可證及土石採取場登記
證；其未繳銷者，由直轄市、縣（市）主管機關註銷之。

第二七條　（辦理整復）

土石採取許可期滿或經撤銷、廢止時，土石採取人應依原核定之
土石採取計畫書圖及相關法令規定辦理整復。

第二八條　（損失補償）

土石採取人租用或同意使用之土地使用完畢後或停止使用於完成
整復措施後，土地所有權人如受有損失時，土石採取人應按其損
失程度，給予相當之補償。

第三章　土石採取場安全

第二九條　（土石採取場負責人及技術主管之指定及資格）

①土石採取人應指定土石採取場負責人及土石採取場技術主管，並
　報直轄市、縣（市）主管機關核備；變更時，亦同。
②土石採取場負責人及土石採取場技術主管之資格及任免辦法，由
　中央主管機關定之。

第三〇條　（應採之安全措施）

①土石採取人應負責提供有關土石採取場安全之設備、經費及人
　員，依勞工安全衛生法令規定辦理，並採行下列安全措施：
　一　岩磐或岩床、土石層或廢土石堆不安全崩塌或滑落之防止。
　二　作業場所各種有害氣體、粉塵之防制。
　三　使用機電、搬運或動力設備可能發生危害之防止。
　四　儲存、搬運或使用爆炸物時，可能發生危害之防止。
　五　土石資源濫採或任意廢棄之防止。
　六　作業人員安全防護裝備之供應。
　七　主管機關規定之其他安全措施。
②前項各款安全措施之設計、管理及維護，由土石採取場負責人負
　責。

第三一條　（災變及立即危險之措施）

①土石採取場發生災變時，土石採取場負責人除應依相關法令規定
　辦理外，並應於二十四小時內速報直轄市、縣（市）主管機關轉
　報中央主管機關。
②土石採取場有立即發生危險之虞時，土石採取場負責人應即令停
　止作業，並使作業人員退避至安全場所。

第四章 監　督

第三二條 （採取及銷售數量之申報及調查）

① 土石採取人應定期將採取及銷售數量申報直轄市、縣（市）主管機關轉報中央主管機關備查。

② 中央主管機關應定期進行採取及銷售數量之調查。

第三三條 （土石禁採區劃定及補償之處理程序）97

① 目的事業主管機關為維護水源、水利、交通安全、都市發展、環境景觀或其他公益需要，得向中央主管機關申請劃定土石禁採區；其因而致土石採取人受有損害者，該土石採取人得向申請劃定之目的事業主管機關請求相當之補償。

② 中央主管機關為維持或調節土石供需平衡，得依職權劃定土石禁採區；其因而致土石採取人受有損害時，應予補償。

③ 第一項土石採取人與申請劃定之目的事業主管機關就補償發生爭議時，由中央主管機關協調處理。

④ 禁採區劃定後，土石採取區位於禁採區內者，應由直轄市、縣（市）主管機關廢止其全部或一部土石採取許可。

⑤ 劃定禁採區以外之賸餘土石區，如有經營價值欲繼續經營者，土石採取人應重新造送賸餘土石區土石採取計畫書圖，向直轄市、縣（市）主管機關申請換發土石採取許可證及土石採取場登記證；其有效期限，以原核准日期為限。

⑥ 前項賸餘土石區土石採取計畫書圖應包括事項，準用第十一條之規定。

第三四條 （安全檢查）

① 直轄市、縣（市）主管機關應對各土石採取場實施安全檢查，其有不合規定者，應指導限期改善；其未能如期改善或已發生災變或有災變發生之虞時，應通知其全部或一部停工。中央主管機關於必要時，得派員指導及監督。

② 土石採取人或土石採取場負責人對於前項之檢查，不得拒絕、規避或妨礙。

第三五條 （出貨三聯單及專用車輛管理）

① 土石採取場土石外運時，土石採取場負責人應開具出貨三聯單交運送人隨車攜帶，以備查核。

② 土石採取場負責人於土石採取場土石外運時，應使其裝載於專用車輛或專用車廂。

③ 前項所稱專用車輛或專用車廂，依道路交通安全規則之規定辦理。

④ 載運少量土石者，不受第二項規定之限制；少量土石之標準，由中央主管機關定之。

第五章 罰　則

第三六條 （罰則）

未經許可採取土石者，處新臺幣一百萬元以上五百萬元以下罰鍰，直轄市、縣（市）主管機關並得限期令其辦理整復及清除其設施，屆期仍未遵行者，按日連續處新臺幣十萬元以上一百萬元以下罰鍰至遵行為止，並沒入其設施或機具。必要時，得由直轄市、縣（市）主管機關代為整復及清除其設施；其費用，由行為人負擔。

第三七條 （罰則）

經直轄市、縣（市）主管機關依第三十四條第一項規定通知全部或一部停工而不遵行者，處新臺幣一百萬元以上五百萬元以下罰鍰。

第三八條 （罰則）

未依第二十六條或第二十七條規定辦理整復者，處新臺幣五十萬元以上二百五十萬元以下罰鍰，並命其限期整復；屆期不辦理整復或整復不完整者，得按次連續處罰至遵行為止。必要時，得由直轄市、縣（市）主管機關代為整復及清除其設施；其費用，由土石採取人負擔。

第三九條 （罰則）

①有下列情形之一者，處新臺幣五十萬元以上二百五十萬元以下罰鍰：

一 未依第二十條規定核定之土石採取計畫採取土石，並辦理水土保持、環境維護、整復及防災措施者。

二 未依第三十條規定採行安全措施或為安全措施設計、管理及維護者。

②因違反前項規定導致災變或影響環境者，主管機關得不受理同一土石採取人爾後之土石採取許可證申請。

第四〇條 （罰則）

有下列情形之一者，處新臺幣二十萬元以上一百萬元以下罰鍰：

一 土石採取場發生災變，未依第三十一條第一項規定速報直轄市、縣（市）主管機關者。

二 拒絕、規避或妨礙依第三十四條第一項規定之檢查者。

第四一條 （罰則）

有下列情形之一者，處新臺幣三千元以上三萬元以下罰鍰：

一 土石採取人未依第三十二條第一項規定申報採取及銷售數量者。

二 土石採取場負責人未依第三十五條第一項規定開具出貨三聯單者。

三 運送人未依第三十五條第一項規定隨車攜帶出貨三聯單者。

四 土石採取場負責人未依第三十五條第二項規定，將土石裝載於專用車輛或專用車廂外運者。

第四二條 （罰鍰上限）

違反本法規定所得之利益，超過本法所定罰鍰最高額者，得於所

得利益之範圍內就罰鍰金額酌量加重，不受法定罰鍰最高額之限制。

第四三條 （刑事責任）

違反本法之案件，涉及其他刑事責任者，移送司法機關處理。

第四四條 （處罰機關）

違反本法所定之處罰，除本法另有規定者外，由直轄市、縣（市）主管機關為之。

第四五條 （強制執行）

依本法所處之罰鍰，經限期繳納，屆期仍不繳納者，依法移送強制執行。

第六章 附 則

第四六條 （准駁期限）

土石採取申請案之准駁期限，由中央主管機關公告之。

第四七條 （許可證及登記證之換發）

①本法施行前依土石採取規則取得土石採取許可證及土石採取場登記證者，應自本法施行之日起三個月內報請直轄市、縣（市）主管機關換發；屆期未辦理者，原證失其效力。

②土石採取人依前項規定申請換發土石採取許可證及土石採取場登記證並提出展限之申請時，於直轄市、縣（市）主管機關准駁前，得繼續採取。

第四八條 （環境維護費）

①直轄市、縣（市）主管機關於核發土石採取許可證時，應收取環境維護費，作為直轄市、縣（市）政府之水土保持、環境保護及道路交通等公共設施建設經費之財源。

②前項環境維護費，得依其許可採取量收取；其收取基準，由中央主管機關定之。

第四九條 （規費之收取）

直轄市、縣（市）主管機關依本法規定受理申請許可、勘查、登記或核發證照，應收取審查費、勘查費、證照費或登記費；其收費基準，由中央主管機關定之。

第五〇條 （書表及證照格式）

本法所需各種書表及證照格式，由中央主管機關定之。

第五一條 （中央主管機關定期抽查）

本法所定直轄市、縣（市）主管機關辦理事項，中央主管機關應定期抽查之。

第五二條 （施行細則）

本法施行細則，由中央主管機關定之。

第五三條 （施行日）

本法自公布日施行。

土壤及地下水污染整治法

①民國 89 年 2 月 2 日總統令制定公布全文 51 條；並自公布日施行。
②民國 92 年 1 月 8 日總統令修正公布第 10、34、42 條條文。
③民國 99 年 2 月 3 日總統令修正公布全文 57 條；除第 11 條自公布一年後施行外，餘自公布日施行。

第一章 總 則

第一條 （立法目的）

為預防及整治土壤及地下水污染，確保土地及地下水資源永續利用，改善生活環境，維護國民健康，特制定本法。

第二條 （用詞定義）

本法用詞，定義如下：

一 土壤：指陸上生物生長或生活之地殼岩石表面之疏鬆天然介質。

二 地下水：指流動或停滯於地面以下之水。

三 底泥：指因重力而沉積於地面水體底層之物質。

四 土壤污染：指土壤因物質、生物或能量之介入，致變更品質，有影響其正常用途或危害國民健康及生活環境之虞。

五 地下水污染：指地下水因物質、生物或能量之介入，致變更品質，有影響其正常用途或危害國民健康及生活環境之虞。

六 底泥污染：指底泥因物質、生物或能量之介入，致影響地面水體生態環境與水生食物的正常用途或危害國民健康及生活環境之虞。

七 污染物：指任何能導致土壤或地下水污染之外來物質、生物或能量。

八 土壤污染監測標準：指基於土壤污染預防目的，所訂定須進行土壤污染監測之污染物濃度。

九 地下水污染監測標準：指基於地下水污染預防目的，所訂定須進行地下水污染監測之污染物濃度。

十 土壤污染管制標準：指為防止土壤污染惡化，所訂定之土壤污染管制限度。

十一 地下水污染管制標準：指為防止地下水污染惡化，所訂定之地下水污染管制限度。

十二 底泥品質指標：指基於管理底泥品質之目的，考量污染傳輸移動特性及生物有效累積性等，所訂定分類管理或用途限制之限度。

十三 土壤污染整治目標：指基於土壤污染整治目的，所訂定之

污染物限度。

十四　地下水污染整治目標：指基於地下水污染整治目的，所訂定之污染物限度。

十五　污染行為人：指因有下列行為之一而造成土壤或地下水污染之人：

　　㈠洩漏或棄置污染物。

　　㈡非法排放或灌注污染物。

　　㈢仲介或容許洩漏、棄置、非法排放或灌注污染物。

　　㈣未依法令規定清理污染物。

十六　潛在污染責任人：指因下列行為，致污染物累積於土壤或地下水，而造成土壤或地下水污染之人：

　　㈠排放、灌注、滲透污染物。

　　㈡核准或同意於灌排系統及灌區集水區域內排放污水。

十七　污染控制場址：指土壤污染或地下水污染來源明確之場址，其污染物非自然環境存在經沖刷、流布、沉積、引灌，致該污染物達土壤或地下水污染管制標準者。

十八　污染整治場址：指污染控制場址經初步評估，有嚴重危害國民健康及生活環境之虞，而經中央主管機關審核公告者。

十九　污染土地關係人：指土地經公告為污染控制場址或污染整治場址時，非屬於污染行為人之土地使用人、管理人或所有人。

二十　污染管制區：指視污染控制場址或污染整治場址之土壤、地下水污染範圍或情況所劃定之區域。

第三條　（主管機關）

本法所稱主管機關：在中央為行政院環境保護署；在直轄市為直轄市政府；在縣（市）為縣（市）政府。

第四條　（中央主管機關主管事項）

本法所定中央主管機關之主管事項如下：

一　全國性土壤、底泥及地下水污染預防與整治政策、方案、計畫之規劃、訂定、督導及執行。

二　全國性土壤及地下水污染之監測及檢驗。

三　土壤、底泥及地下水污染整治法規之訂定、研議及釋示。

四　直轄市或縣（市）主管機關土壤、底泥及地下水污染預防、監測與整治工作之監督、輔導及核定。

五　涉及二直轄市或縣（市）以上土壤、底泥及地下水污染整治之協調。

六　土壤及地下水污染整治基金之管理。

七　土壤、底泥及地下水污染檢測機構之認可及管理。

八　土壤、底泥及地下水污染預防與整治之研究發展及宣導。

九　土壤、底泥及地下水污染整治之國際合作、科技交流及人員訓練。

十　其他有關全國性土壤、底泥及地下水污染之管理、預防及整治。

第五條　（直轄市、縣（市）主管機關主管事項）

本法所定直轄市、縣（市）主管機關之主管事項如下：

一　轄內土壤、底泥及地下水污染預防與整治工作實施方案、計畫之規劃、訂定及執行。

二　轄內土壤、底泥及地下水污染整治自治法規之訂定及釋示。

三　轄內土壤及地下水污染預防、監測及整治工作之執行事項。

四　轄內土壤、底泥及地下水污染預防與整治之研究發展及宣導。

五　轄內土壤、底泥及地下水污染預防及整治之人員訓練。

六　其他有關轄內土壤、底泥及地下水污染之管理、預防及整治。

第二章　防治措施

第六條　（土壤或地下水污染監測、管制）

①各級主管機關應定期檢測轄區土壤及地下水品質狀況，其污染物濃度達土壤或地下水污染管制標準者，應採取適當措施，追查污染責任，直轄市、縣（市）主管機關並應陳報中央主管機關；其污染物濃度低於土壤或地下水污染管制標準而達土壤或地下水污染監測標準者，應定期監測，監測結果應公告，並報請中央主管機關備查。

②前項土壤或地下水污染監測、管制之適用範圍、污染物項目、污染物標準值及其他應遵行事項之標準，由中央主管機關分別定之。

③下列區域之目的事業主管機關，應視區內污染潛勢，定期檢測土壤及地下水品質狀況，作成資料送直轄市、縣（市）主管機關備查：

一　工業區。

二　加工出口區。

三　科學工業園區。

四　環保科技園區。

五　農業科技園區。

六　其他經中央主管機關公告之特定區域。

④前項土壤及地下水品質狀況資料之內容、申報時機、應檢具之文件、檢測時機及其他應遵行事項之辦法，由中央主管機關定之。

⑤下列水體之目的事業主管機關，應定期檢測底泥品質狀況，與底泥品質指標比對評估後，送中央主管機關備查，並公布底泥品質狀況：

一　河川。

二　灌溉渠道。

三　湖泊。

四　水庫。

五　其他經中央主管機關公告之特定地面水體。

⑥前項底泥品質指標之分類管理及用途限制，由中央主管機關定之。

⑦第五項底泥品質狀況之內容、申報時機、應檢具之文件、檢測時機及其他應遵行事項之辦法，由中央主管機關定之。

第七條　（主管機關派員查證）

①各級主管機關得派員攜帶證明文件，進入公私場所，為下列查證工作，並得命場所使用人、管理人或所有人提供有關資料：

一　調查土壤、底泥、地下水污染情形及土壤、底泥、地下水污染物來源。

二　進行土壤、地下水或相關污染物採樣及地下水監測井之設置。

三　會同農業及衛生主管機關採集農漁產品樣本。

②前項查證涉及軍事事務者，應會同當地軍事機關為之。

③對於前二項查證或命提供資料，不得規避、妨礙或拒絕。

④檢查機關及人員對於查證所知之工商及軍事秘密，應予保密。

⑤各級主管機關為查證工作時，發現土壤、底泥或地下水因受污染而有影響人體健康、農漁業生產或飲用水水源之虞者，得準用第十五條第一項規定，採取應變必要措施；對於第十五條第一項第三款、第四款、第七款及第八款之應變必要措施，得命污染行為人、潛在污染責任人、場所使用人、管理人或所有人為之，以減輕污染影響或避免污染擴大。

⑥前項應變必要措施之執行期限，以十二個月內執行完畢者為限，必要時，得展延一次，其期限不得超過六個月。

⑦依第五項規定採取應變必要措施，致土壤、地下水污染情形減輕，並經所在地主管機關查證其土壤及地下水污染物濃度低於土壤、地下水污染管制標準者，得不公告為控制場址。

第八條　（土地移轉時提供污染評估調查及檢測資料）

①中央主管機關公告之事業所使用之土地移轉時，讓與人應提供土壤污染評估調查及檢測資料，並報請直轄市、縣（市）主管機關備查。

②土地讓與人未依前項規定提供受讓人相關資料者，於該土地公告為控制場址或整治場址時，其責任與本法第三十一條第一項所定之責任同。

第九條　（檢具用地土壤污染評估調查資料報請審查）

①中央主管機關公告之事業有下列情形之一者，應於行為前檢具用地之土壤污染評估調查資料，報請直轄市、縣（市）主管機關或中央主管機關委託之機關審查：

一　依法辦理事業設立許可、登記、申請營業執照。

二　變更經營者。

三　變更產業類別。但變更前、後之產業類別均屬中央主管機關公告之事業，不在此限。

四　變更營業用地範圍。

五　依法辦理歇業、繳銷經營許可或營業執照、終止營業（運）、關廠（場）或無繼續生產、製造、加工。

②前條第一項及前項土壤污染評估調查資料之內容、申報時機、應檢具之文件、評估調查方法、檢測時機、評估調查人員資格、訓練、委託、審查作業程序及其他應遵行事項之辦法，由中央主管機關定之。

第一〇條　（檢測機構）

①依本法規定進行土壤、底泥及地下水污染調查、整治及提供、檢具土壤及地下水污染檢測資料時，其土壤、底泥及地下水污染物檢驗測定，除經中央主管機關核准者外，應委託經中央主管機關許可之檢測機構辦理。

②前項檢測機構應具備之條件、設施、許可證之申請、審查、核（換）發、撤銷、廢止、停業、復業、查核、評鑑程序、儀器設備、檢測人員、在職訓練、技術評鑑、盲樣測試、檢測方法、品質管制事項、品質系統基本規範、檢測報告簽署、資料提報、執行業務及其他應遵行事項之辦法，由中央主管機關定之。

③依第一項規定進行土壤、底泥及地下水污染物檢驗測定時，其方法及品質管制之準則，由中央主管機關定之。

第一一條　（提出檢具之計畫應經相關專業技師簽證）

依本法規定須提出、檢具之污染控制計畫、污染整治計畫、評估調查資料、污染調查及評估計畫等文件，應經依法登記執業之環境工程技師、應用地質技師或其他相關專業技師簽證。

第三章　調查評估措施

第一二條　（控制場址與整治場址公告後土地登載及地籍變更之處理）

①各級主管機關對於有土壤或地下水污染之虞之場址，應即進行查證，並依相關環境保護法規管制污染源及調查環境污染情形。

②前項場址之土壤污染或地下水污染來源明確，其土壤或地下水污染物濃度達土壤或地下水污染管制標準者，直轄市、縣（市）主管機關應公告為土壤、地下水污染控制場址（以下簡稱控制場址）。

③直轄市、縣（市）主管機關於公告為控制場址後，應囑託土地所在地登記機關登載於土地登記簿，並報中央主管機關備查；控制場址經初步評估後，有嚴重危害國民健康及生活環境之虞時，應報請中央主管機關核定後，由中央主管機關公告為土壤、地下水污染整治場址（以下簡稱整治場址）；直轄市、縣（市）主管機關於公告後七日內將整治場址列冊，送各該鄉（鎮、市、區）公所及土地所在地登記機關提供閱覽，並囑託該管登記機關登載於土地登記簿。

④農業、衛生主管機關發現地面水體中之生物體內污染物質濃度偏

高時，應即通知直轄市、縣（市）主管機關。

⑤直轄市、縣（市）主管機關於接獲前項通知後，應檢測底泥，並得命地面水體之管理人就環境影響與健康風險、技術及經濟效益等事項進行評估，評估結果經中央主管機關審核，認為具整治必要性及可行性者，於擬訂計畫報請中央主管機關核定後，始得實施。必要時，並得準用第十五條第一項規定。

⑥地面水體之管理人不遵行前項規定時，直轄市、縣（市）主管機關得依行政執行法代履行之規定辦理。

⑦依第二項、第三項規定公告為控制場址或整治場址後，其管制區範圍內之底泥有污染之虞者，直轄市、縣（市）主管機關得命污染行為人或潛在污染責任人準用第五項之規定辦理，並應將計畫納入控制計畫或整治計畫中執行。

⑧污染行為人或潛在污染責任人不遵行前項規定時，直轄市、縣（市）主管機關得準用第十三條第二項及第二十二條第二項之規定辦理。

⑨污染物係自然環境存在經沖刷、流布、沉積、引灌致場址之污染物濃度達第二項規定情形者，直轄市、縣（市）主管機關應將檢測結果通知相關目的事業主管機關，並召開協商會議，辦理相關事宜。必要時，並得準用第十五條規定。

⑩前項之場址，直轄市、縣（市）主管機關得對環境影響與健康風險、技術及經濟效益等進行評估，認為具整治必要性及可行性者，於擬訂計畫報中央主管機關核定後為之。

⑪第三項初步評估之條件、計算方式及其他應遵行事項之辦法，由中央主管機關定之。

⑫依第二項、第三項公告為控制場址或整治場址之土地，如公告後有土地重劃之情形，土地所在地登記機關應將重劃後之地籍資料，通知直轄市、縣（市）主管機關。

⑬直轄市、縣（市）主管機關或中央主管機關應於控制場址或整治場址公告後，邀集專家學者、相關機關，協助審查及監督相關之調查計畫、控制計畫、整治計畫、健康風險評估及驗證等工作事項。

第一三條 （控制場址污染控制計畫提出期限及展延）

①控制場址未經公告為整治場址者，直轄市、縣（市）主管機關應命污染行為人或潛在污染責任人於六個月內完成調查工作及擬訂污染控制計畫，並送直轄市、縣（市）主管機關核定後實施。污染控制計畫提出之期限，得申請展延，並以一次為限。

②污染行為人或潛在污染責任人不明或不擬訂污染控制計畫時，直轄市、縣（市）主管機關得視財務狀況及場址實際狀況，採適當措施改善；污染土地關係人得於直轄市、縣（市）主管機關採適當措施改善前，擬訂污染控制計畫，並準用前項規定辦理。

第一四條 （整治場址調查評估計畫提出期限及展延）

①整治場址之污染行為人或潛在污染責任人，應於直轄市、縣

（市）主管機關通知後三個月內，提出土壤、地下水污染調查及評估計畫，經直轄市、縣（市）主管機關核定後據以實施。調查及評估計畫執行期限，得申請展延，並以一次爲限。

②整治場址之污染行爲人或潛在污染責任人不明或不遵行前項規定辦理時，直轄市、縣（市）主管機關得通知污染土地關係人，依前項規定辦理。

③整治場址之污染行爲人、潛在污染責任人或污染土地關係人未依前二項規定辦理時，直轄市、縣（市）主管機關應調查整治場址之土壤、地下水污染範圍及評估對環境之影響，並將調查及評估結果，報請中央主管機關評定處理等級。

④第十二條第五項至第十項、第十三條第二項與第十五條第一項第七款及第八款規定，得由土壤及地下水污染整治基金支出費用者，應納入前項規定，報請中央主管機關評定處理等級。

⑤前二項污染範圍調查、影響環境之評估及處理等級評定之流程、項目及其他應遵行事項之辦法，由中央主管機關定之。

第四章　管制措施

第一五條　（減輕或避免污染危害之應變措施）

①直轄市、縣（市）主管機關爲減輕污染危害或避免污染擴大，應依控制場址或整治場址實際狀況，採取下列應變必要措施：

一　命污染行爲人停止作爲、停業、部分或全部停工。

二　依水污染防治法調查地下水污染情形，並追查污染責任；必要時，告知居民停止使用地下水或其他受污染之水源，並得限制鑽井使用地下水。

三　提供必要之替代飲水或通知自來水主管機關優先接裝自來水。

四　豎立告示標誌或設置圍籬。

五　會同農業、衛生主管機關，對因土壤污染致污染或有受污染之虞之農漁產品進行檢測。必要時，應會同農業、衛生主管機關進行管制或銷燬，並對銷燬之農漁產品予以相當之補償，或限制農地耕種特定農作物。

六　疏散居民或管制人員活動。

七　移除或清理污染物。

八　其他應變必要措施。

②直轄市、縣（市）主管機關對於前項第三款、第四款、第七款及第八款之應變必要措施，得命污染行爲人、潛在污染責任人、污染土地關係人或委託第三人爲之。

第一六條　（污染管制區之劃定及公告）

直轄市、縣（市）主管機關應視控制場址或整治場址之土壤、地下水污染範圍或情況，劃定、公告土壤、地下水污染管制區，並報請中央主管機關備查；土壤、地下水污染範圍或情況變更時，亦同。

第一七條 （污染管制區內禁止行為）

①土壤、地下水污染管制區內禁止下列行為。但依法核定污染控制計畫、污染整治計畫或其他污染改善計畫之執行事項，不在此限：

一　置放污染物於土壤。

二　注入廢（污）水於地下水體。

三　排放廢（污）水於土壤。

四　其他經主管機關公告之管制行為。

②土壤污染管制區內，禁止下列土地利用行為，並得限制人員進入。但經中央主管機關同意者，不在此限：

一　環境影響評估法規定之開發行為。

二　新建、增建、改建、修建或拆除非因污染控制計畫、污染整治計畫或其他污染改善計畫需要之建築物或設施。

三　其他經中央主管機關指定影響居民健康及生活環境之土地利用行為。

③地下水污染管制區內，直轄市、縣（市）主管機關得禁止飲用、使用地下水及作為飲用水水源。

第一八條 （污染管制區內農漁牧行為之管制行為）

直轄市、縣（市）主管機關應會同農業、衛生機關會勘污染管制區之農業行為。必要時，得禁止在污染管制區內種植食用農作物、畜養家禽、家畜及養殖或採捕食用水產動、植物。

第一九條 （清理或污染防制計畫書之訂定及實施）

①於土壤、地下水污染管制區內從事土壤挖除、回填、暫存、運輸或地下水抽出等工作者，應檢具清理或污染防治計畫書，報請直轄市、縣（市）主管機關核定後，始得實施。

②前項工作，由直轄市、縣（市）主管機關為之者，應報請中央主管機關核定後，始得實施。

③直轄市、縣（市）或中央主管機關應於前二項清理或污染防治計畫書提出後三個月內，完成審核。

④第一項清理或污染防治計畫書，得合併於污染控制計畫、污染整治計畫或其他污染改善計畫中提出。

第二〇條 （損害賠償請求）

污染土地關係人、土地使用人、管理人或所有人因第十七條至前條之管制，受有損害者，得向污染行為人請求損害賠償。

第二一條 （污染土地禁止處分）

直轄市、縣（市）主管機關對於整治場址之土地，應囑託土地所在地登記機關辦理禁止處分之登記。土地已進行強制執行之拍賣程序者，得停止其程序。

第五章　整治復育措施

第二二條 （污染整治計畫提出期限及展延）

①整治場址之污染行為人或潛在污染責任人應依第十四條之調查評

估結果，於直轄市、縣（市）主管機關通知後六個月內，提出土壤、地下水污染整治計畫，經直轄市、縣（市）主管機關核定後據以實施；污染行為人或潛在污染責任人如認為有延長之必要時，應敘明理由，於期限屆滿前三十日至六十日內，向直轄市、縣（市）主管機關提出展延之申請；如有再次延長之必要時，則應敘明理由，於延長期限屆滿前三十日至六十日內向中央主管機關申請展延；直轄市、縣（市）主管機關應將核定之土壤、地下水污染整治計畫，報請中央主管機關備查，並將計畫及審查結論摘要公告。

②前項整治場址之污染行為人或潛在污染責任人不明或不遵行前項規定時，直轄市、縣（市）主管機關必要時得視財務狀況、整治技術可行性及場址實際狀況，依第十四條之調查評估結果及評定之處理等級，擬訂土壤、地下水污染整治計畫，降低污染，以避免危害國民健康及生活環境，經中央主管機關核定後據以實施，並將計畫及審查結論摘要公告。

③污染土地關係人得於直轄市、縣（市）主管機關進行土壤、地下水污染整治前，提出整治計畫，並準用第一項規定辦理。

④土壤、地下水污染整治計畫之實施者，得依第一項、第二項規定之程序，提出整治計畫變更之申請；直轄市、縣（市）主管機關亦得視事實需要，依規定自行或命整治計畫實施者變更整治計畫。

⑤污染行為人、潛在污染責任人或污染土地關係人為多數時，得共同提出土壤、地下水污染整治計畫。

第二三條　（污染整治計畫之公開程序）

①各級主管機關依前條規定核定土壤、地下水污染整治計畫前，應將該計畫陳列或揭示於適當地點，期間不得少於十五日。

②對於前項計畫有意見者，得於前項陳列或揭示日起二十日內以書面方式，向各級主管機關提出。

第二四條　（污染整治目標與污染控制計畫）

①第二十二條第一項及第三項之土壤、地下水污染整治計畫，應列明污染物濃度低於土壤、地下水污染管制標準之土壤、地下水污染整治目標。

②前項土壤、地下水污染整治計畫之提出者，如因地質條件、污染物特性或污染整治技術等因素，無法整治至污染物濃度低於土壤、地下水污染管制標準者，報請中央主管機關核准後，依環境影響與健康風險評估結果，提出土壤、地下水污染整治目標。

③直轄市、縣（市）主管機關依第二十二條第二項規定訂定土壤、地下水污染整治計畫時，應提出污染物濃度低於土壤、地下水污染管制標準之土壤、地下水污染整治目標；或視財務及環境狀況，提出環境影響與健康風險評估，並依評估結果，提出土壤及地下水污染整治目標，並應另訂土壤、地下水污染控制計畫，及準用第二十二條第二項、第四項規定辦理。

④整治場址之土地，因配合土地開發而爲利用者，其土壤、地下水污染整治目標，得由中央主管機關會商有關機關核定。核定整治目標後之整治場址土地，不得變更開發利用方式；其有變更時，應先報請中央主管機關會商有關機關核定，並依其他法令變更其開發利用計畫後，始得爲之。整治場址污染物之濃度低於核定之整治目標而解除管制或列管後，如有變更開發利用時，直轄市、縣（市）主管機關應就該場址進行初步評估，並依第十二條規定辦理。

⑤主管機關依第二項及第三項核定不低於管制標準之整治計畫前，應邀集舉行公聽會。

⑥前項公聽會之召開程序及相關應遵守事項由中央主管機關定之。

⑦主管機關依第二項、第四項核定土壤、地下水污染整治計畫時，得依環境狀況，命整治計畫實施者，提出風險管理方式及土壤、地下水污染控制計畫，並準用第二十二條規定程序，經主管機關核定後實施。

⑧第二項及第三項環境影響與健康風險評估之危害鑑定、劑量反應評估、暴露量評估、風險特徵描述及其他應遵行事項之辦法，由中央主管機關定之。

第二五條　（配合措施及派員檢查）

污染行爲人、潛在污染責任人、污染土地關係人或土壤、地下水污染管制區內之土地使用人、管理人或所有人對於土壤、地下水污染整治計畫、污染控制計畫或適當措施之實施，應予配合；各級主管機關得派員攜帶證明文件到場檢查或命提供必要之資料，該等人員不得規避、妨礙或拒絕。

第二六條　（採取適當措施及計畫實施之處理程序）

①控制場址或整治場址因適當措施之採取、控制計畫或整治計畫之實施，致土壤或地下水污染物濃度低於管制標準時，適當措施採取者或計畫實施者應報請直轄市、縣（市）主管機關或中央主管機關核准。

②直轄市、縣（市）主管機關或中央主管機關爲前項核准後，應辦理下列事項：

一　公告解除依第十二條第二項、第三項所爲控制場址或整治場址之管制或列管，並取消列管。

二　公告解除或變更依第十六條所爲之土壤、地下水污染管制區之劃定。

三　囑託土地所在地之登記機關塗銷依第十二條第三項所爲之控制場址、整治場址登記及依第二十一條所爲之土地禁止處分之登記。

③直轄市、縣（市）主管機關依前項規定公告解除控制場址、整治場址或土壤、地下水污染管制區之管制，應報中央主管機關備查。

④土壤污染整治完成後之土地，各土地使用目的之事業主管機關應依

土地使用實際需要，辦理土地使用復育事宜。

第二七條 （地下水污染之應變措施及整治）

①各級主管機關依第十二條第一項規定進行場址查證時，如場址地下水污染濃度達地下水污染管制標準，而污染來源不明確者，直轄市、縣（市）主管機關應公告劃定地下水受污染使用限制地區及限制事項，依第十五條規定採取應變必要措施，並準用第二十五條規定辦理。

②前項場址，經直轄市、縣（市）主管機關初步評估後，有嚴重危害國民健康及生活環境之虞時，準用整治場址依第十四條、第十五條、第二十二條至第二十六條規定辦理。

第六章　財務及責任

第二八條 （污染整治費之徵收及污染整治基金之用途）

①中央主管機關為整治土壤、地下水污染，得對公告之物質，依其產生量及輸入量，向製造者及輸入者徵收土壤及地下水污染整治費，並成立土壤及地下水污染整治基金。

②前項土壤及地下水污染整治費之物質徵收種類、計算方式、繳費流程、繳納期限、委託專業機構審理查核及其他應遵行事項之辦法，由中央主管機關定之。

③第一項基金之用途如下：

一　各級主管機關依第七條第一項與第五項、第十二條第一項、第五項至第六項、第八項至第十項與第十三項、第十三條第一項與第二項、第十四條第一項與第三項、第十五條、第二十二條第一項、第二項與第四項、第二十四條第三項至第五項及第二十七條第一項與第二項規定查證、採取應變必要措施、監督、訂定計畫、審查計畫、調查計畫、評估、實施計畫、變更計畫支出之費用。

二　基金求償及涉訟之相關費用。

三　基金人事、行政管理費用、土壤、地下水污染預防及整治相關工作人事費用。

四　各級主管機關執行土壤及地下水污染管制工作費用。

五　土壤、地下水污染查證及執行成效之稽核費用。

六　涉及土壤、地下水污染之國際環保工作事項之相關費用。

七　土壤、地下水品質監測及執行成效之稽核事項之相關費用。

八　關於徵收土壤、地下水污染整治費之相關費用。

九　關於土壤、地下水污染之健康風險評估及管理事項之相關費用。

十　土壤、地下水污染整治技術研究、推廣、發展及獎勵費用。

十一　關於補助土壤、地下水污染預防工作事項。

十二　其他經中央主管機關核准有關土壤、地下水污染整治之費用。

④前項基金之獎勵及補助對象、申請資格、審查程序、獎勵及補助

之撤銷、廢止與追繳及其他應遵行事項之辦法，由中央主管機關定之。

⑤中央主管機關得派員攜帶證明文件，進入土壤及地下水污染整治費繳費人所屬工廠（場）及營業場所進行相關查核工作或命提供必要之資料，繳費人不得規避、妨礙或拒絕。

第二九條　（污染整治基金之來源）

土壤及地下水污染整治基金之來源如下：

一　土壤及地下水污染整治費收入。

二　污染行為人、潛在污染責任人或污染土地關係人依第四十三條、第四十四條規定繳納之款項。

三　土地開發行為人依第五十一條第三項規定繳交之款項。

四　基金孳息收入。

五　中央主管機關循預算程序之撥款。

六　環境保護相關基金之部分提撥。

七　環境污染之罰金及行政罰鍰之部分提撥。

八　其他有關收入。

第三〇條　（基金管理會之成立）

①前條土壤及地下水污染整治基金應成立基金管理會（以下簡稱管理會）負責管理及運用，該管理會得依下列需要設置工作技術小組：

一　依第十二條第三項規定之審核整治場址事宜。

二　依第十四條或第二十七條規定之處理等級評定事宜。

三　應變必要措施支出費用之審理事宜。

四　依第二十二條、第二十四條或第二十七條規定之污染整治計畫或整治目標審查核定事宜。

五　其他有關基金支用之審理事宜。

②前項管理會得置委員，委員任期二年，其中專家學者不得少於委員總人數三分之二。管理會委員於任期中及該任期屆滿後三年內，均應迴避任期中其所審核之土壤、地下水污染整治相關工作；委員之配偶、直系血親及三親等內旁系血親均應迴避委員任期中其所審核相關整治場址之土壤及地下水污染整治工作。

第三一條　（善良管理人之注意義務）

①污染土地關係人未盡善良管理人注意義務，應就各級主管機關依第十三條第二項、第十四條第三項、第十五條、第二十二條第二項及第四項、第二十四條第三項規定支出之費用，與污染行為人、潛在污染責任人負連帶清償責任。

②污染土地關係人依前項規定清償之費用、依第十四條第二項及第二十二條第三項支出之費用，得向污染行為人及潛在污染責任人求償。

③潛在污染責任人就前項支出之費用，得向污染行為人求償。

④第一項污染土地關係人之善良管理人注意義務之認定要件、注意事項、管理措施及其他相關事項之準則，由中央主管機關定之。

第七章 罰 則

第三二條　（水源污染未採取應變措施致人於死或重傷之處罰）

違反第七條第五項未採行應變必要措施，或不遵行直轄市、縣（市）主管機關依第十五條第一項第一款、第二項所為之命令，因而致人於死者，處無期徒刑或七年以上有期徒刑，得併科新臺幣五百萬元以下罰金；致重傷者，處三年以上十年以下有期徒刑，得併科新臺幣三百萬元以下罰金。

第三三條　（故意污染土壤或地下水致人於死或重傷之處罰）

① 意圖變更土地使用編定而故意污染土壤者，處一年以上五年以下有期徒刑，得併科新臺幣一百萬元以下罰金。

② 故意污染土壤或地下水，致成為污染控制場址或整治場址者，處一年以上五年以下有期徒刑。

③ 犯前二項之罪，因而致人於死者，處無期徒刑或七年以上有期徒刑，得併科新臺幣五百萬元以下罰金；致重傷者，處三年以上十年以下有期徒刑，得併科新臺幣三百萬元以下罰金。

第三四條　（文書虛偽記載之處罰）

① 污染行為人、潛在污染責任人、污染土地關係人、檢測機構從業人員及第八條、第九條所定評估調查之人員，對於依本法作成之文書為虛偽記載者，處三年以下有期徒刑、拘役或科或併科新臺幣一百萬元以下罰金。

② 中央主管機關公告之事業代表人依第八條、第九條規定提供或檢具之土壤污染評估調查資料為虛偽記載者，科新臺幣一百萬元以下罰金。

第三五條　（不遵行減輕或避免污染危害應變措施之處罰）

不遵行直轄市、縣（市）主管機關依第十五條第一項第一款所為之命令者，處一年以下有期徒刑、拘役或科或併科新臺幣三十萬元以下罰金。

第三六條　（罰則）

法人之代表人、法人或自然人之代理人、受僱人或其他從業人員，因執行業務犯第三十二條至前條之罪者，除依各該條規定處罰其行為人外，對該法人或自然人亦科以各該條之罰金。

第三七條　（未提送控制計畫或整治計畫之處罰）

污染行為人或潛在污染責任人違反第十二條第七項、第十三條第一項、第二十二條第一項、第四項或第二十四條第七項規定，未提送控制計畫或整治計畫者，處新臺幣一百萬元以上五百萬元以下罰鍰，並通知限期補正或改善；屆期未補正或改善者，按次處罰。

第三八條　（行政罰）

① 有下列情形之一者，處新臺幣二十萬元以上一百萬元以下罰鍰，並得按次處罰：

一　規避、妨礙或拒絕依第七條第一項、第二十五條或第二十八

　　條第四項所爲之查證、查核、命令或應配合之事項。
二　未遵行各級主管機關依第七條第五項、第十五條第二項所爲之命令。

②有下列情形之一者，處新臺幣二十萬元以上一百萬元以下罰鍰，並通知限期補正，屆期未補正者，按次處罰：
一　污染行爲人或潛在污染責任人未依第十四條第一項規定提出或執行土壤、地下水污染調查及評估計畫。
二　污染行爲人或潛在污染責任人依第十三條第一項或第二十二條第一項送直轄市、縣（市）主管機關審查之控制計畫或整治計畫，經直轄市、縣（市）主管機關審查以書面通知補正三次，屆期仍未完成補正。
三　控制計畫或整治計畫實施者未依第十三條、第二十二條第一項、第三項或第二十四條第五項主管機關核定之控制計畫或整治計畫內容實施。

第三九條　（逾期未繳費加計利息之處罰）
未依第二十八條第三項所定收費辦法，於期限內繳納費用者，應依繳納期限當日郵政儲金一年期定期存款固定利率按日加計利息，一併繳納；逾期九十日仍未繳納者，處新臺幣二十萬元以上一百萬元以下罰鍰。

第四○條　（罰則）
①讓與人未依第八條第一項規定報請備查或中央主管機關公告之事業違反第九條第一項規定者，處新臺幣十五萬元以上七十五萬元以下罰鍰，並通知限期補正，屆期未補正者，按次處罰。
②污染行爲人、潛在污染責任人或污染土地關係人違反第十七條或第十八條規定者，處新臺幣十五萬元以上七十五萬元以下罰鍰，並通知限期改善，屆期未完成改善者，按次處罰；情節重大者，得命其停止作爲或停工、停業。必要時，並得勒令歇業。
③因污染行爲人之行爲致土地經公告爲污染整治場址時，處新臺幣十五萬元以上七十五萬元以下罰鍰，並公告其姓名或名稱，且污染行爲人應接受四小時本法相關法規及環境教育講習。

第四一條　（罰則）
①有下列情形之一者，處新臺幣十萬元以上五十萬元以下罰鍰，並通知限期改善，屆期未改善者，按次處罰；情節重大者，得命其停止作爲或停工、停業；必要時，並得勒令歇業：
一　非屬污染行爲人、潛在污染責任人或污染土地關係人之人違反第十七條或第十八條規定。
二　違反依第二十七條第一項所公告地下水受污染使用限制地區之限制事項。
②未依第十九條第一項規定檢具清理或污染防治計畫書，報請直轄市、縣（市）主管機關核定者，處新臺幣十萬元以上五十萬元以下罰鍰，並通知限期補正；屆期未補正者，按次處罰。
③有下列情形之一者，處新臺幣十萬元以上五十萬元以下罰鍰：

一　未經公告為整治場址之污染行為人因其行為致土地經公告為污染控制場址。

二　污染土地關係人未盡善良管理人之注意義務，致土地經公告為污染整治場址。

④前項第一款之污染行為人，直轄市、縣（市）主管機關應公告其姓名或名稱，並命污染行為人接受四小時本法相關法規及環境教育講習。

第四二條 （罰則）

①有下列情形之一者，處新臺幣五萬元以上二十五萬元以下罰鍰：

一　違反依第十條第二項所定辦法中有關儀器設備、檢測人員、在職訓練、技術評鑑、盲樣測試、檢測方法、品質管制事項、品質系統基本規範、檢測報告簽署、資料提報及執行業務之規定。

二　未依第十九條第一項核定之清理或污染防治計畫書實施。

三　未經公告為整治場址之控制場址污染土地關係人未盡善良管理人之注意義務，致其土地公告為控制場址。

②檢測機構違反前項第一款規定者，中央主管機關並得限期令其改善，屆期未改善者，按次處罰；情節重大者，得撤銷、廢止許可證。

③污染行為人違反第四十條第三項及第四十一條第四項規定不接受講習者，處新臺幣五萬元以上二十五萬元以下罰鍰，經再通知仍不接受者，得按次處罰，至其參加為止。

第四三條 （潛在污染責任人就主管機關代支出費用之負擔上限）

①依第十二條第八項、第十三條第二項、第十四條第三項、第十五條、第二十二條第二項、第四項及第二十四條第三項規定支出之費用，直轄市、縣（市）主管機關得限期命污染行為人或潛在污染責任人繳納；潛在污染責任人應繳納之費用，為依規定所支出費用之二分之一。

②潛在污染責任人為執行第十二條第七項、第十三條第一項、第十四條第一項、第十五條及第二十二條第一項規定所支出之費用，得於執行完畢後檢附單據，報請中央主管機關核付其支出費用之二分之一。

③污染行為人或潛在污染責任人為公司組織時，直轄市、縣（市）主管機關得限期命其負責人、持有超過其已發行有表決權之股份總數或資本總額半數或直接或間接控制其人事、財務或業務經營之公司或股東繳納前二項費用；污染行為人或潛在污染責任人因合併、分割或其他事由消滅時，亦同。

④前項污染行為人或潛在污染責任人之負責人、持有超過其已發行有表決權之股份總數或資本總額數或直接或間接控制其人事、財務或業務經營之公司或股東，就污染行為實際決策者，污染行為人或潛在污染責任人得就第一項支出之費用，向該負責人、公司

或股東求償。

⑤污染行為人、潛在污染責任人、依第三項規定應負責之負責人、公司或股東依第一項、第三項規定應繳納之費用，屆期未繳納者，每逾一日按滯納之金額加徵百分之零點五滯納金，一併繳納；逾期三十日仍未繳納者，處新臺幣二十萬元以上一百萬元以下罰鍰，並限期繳入土壤及地下水污染整治基金。

⑥依第七條第五項規定支出之應變必要措施費用，直轄市、縣（市）主管機關得準用第一項及第五項規定，限期命污染行為人、潛在污染責任人、依第三項規定應負責之負責人、公司或股東、場所使用人、管理人或所有人繳納。

⑦場所使用人、管理人或所有人就前項支出之費用，得向污染行為人或潛在污染責任人連帶求償。

⑧潛在污染責任人就第一項、第六項及第七項支出之費用，得向污染行為人求償。

⑨第一項、第三項及第六項應繳納費用，於繳納義務人有數人者，應就繳納費用負連帶清償責任。

第四四條　（逾期未繳費加徵滯納金之處罰）

污染土地關係人未依第三十一條第一項規定支付費用，經直轄市、縣（市）主管機關限期繳納，屆期未繳納者，每逾一日按滯納之金額加徵百分之零點五滯納金，一併繳納；逾期三十日仍未繳納者，處新臺幣二十萬元以上一百萬元以下罰鍰，並限期繳入土壤及地下水污染整治基金。

第四五條　（主管機關代支出費用之保全程序）

為保全前二條支出費用之強制執行，直轄市、縣（市）主管機關，得於處分書送達污染行為人、潛在污染責任人、污染土地關係人、場址使用人、管理人或所有人後，通知有關機關，於應繳納費用之財產範圍內，不得為移轉或設定他項權利；其為營利事業者，並得通知目的事業主管機關，限制其減資或註銷之登記。

第四六條　（處罰機關）

本法所定之處罰，除本法另有規定外，在中央由行政院環境保護署為之，在直轄市由直轄市政府為之，在縣（市）由縣（市）政府為之。

第四七條　（執行處分之機關）

①依本法所處之停工、停業、停止作為或撤銷、廢止許可證之執行，由主管機關為之；勒令歇業，由主管機關轉請目的事業主管機關為之。

②經主管機關依本法規定命其停業、部分或全部停工者，應於復工、復業前，檢具完成改善證明文件或主管機關指定之文件，向主管機關申請；經主管機關審查核准後，始得復工、復業。

第八章　附　則

第四八條 （主管機關之輔導責任）

　各目的事業主管機關應輔導事業預防及整治土壤及地下水污染。

第四九條 （應繳納費用之優先權）

　依第四十三條、第四十四條規定應繳納之費用，優先於一切債權及抵押權。

第五〇條 （稅捐之保全）

　污染行為人、潛在污染責任人、污染土地關係人、場所使用人、管理人或所有人受破產宣告或經裁定公司重整前，依第四十三條、第四十四條規定應繳納之費用，於破產宣告或公司重整裁定時，視為已到期之破產債權或重整債權。

第五一條 （限制變更與有關利用解除列管）

①整治場址之污染管制區範圍內屬污染行為人、潛在污染責任人或污染土地關係人之土地，不得變更土地使用分區、編定或為違反土壤及地下水污染管制區管制事項之利用。

②土地開發行為人依其他法令規定進行土地開發計畫，如涉及土壤、地下水污染整治場址之污染土地者，其土地開發計畫得與第二十二條之土壤、地下水污染整治計畫同時提出，並各依相關法令審核；其土地開發計畫之實施，應於公告解除土壤及地下水污染整治場址之列管後，始得為之。

③土地開發行為人於前項土壤及地下水整治場址公告解除列管且土地開發計畫實施前，應按該土地變更後之當年度公告現值加四成為基準，核算原整治場址土壤污染面積之現值，依其百分之三十之比率，繳入土壤及地下水污染整治基金。但土地開發行為人於直轄市、縣（市）主管機關提出整治計畫之日前，已提出整治計畫並完成者，不在此限。

第五二條 （連帶損害賠償）

①土壤及地下水污染致他人受損害時，污染行為人或潛在污染責任人有數人者，應連帶負損害賠償責任。有重大過失之污染土地關係人，亦同。

②污染土地關係人依前項規定賠償損害時，對污染行為人或潛在污染責任人有求償權。

第五三條 （本法施行前之適用）

　第七條、第十二條至第十五條、第二十二條、第二十四條、第二十五條、第三十七條、第三十八條及第四十三條第一項至第三項、第五項、第七項至第九項規定，於本法施行前已發生土壤或地下水污染之污染行為人、潛在污染責任人、控制公司或持股超過半數以上之股東，適用之。

第五四條 （公民訴訟）

①公私場所違反本法或依本法授權訂定之法規命令而主管機關疏於執行時，受害人民或公益團體得敘明疏於執行之具體內容，以書面告知主管機關。主管機關於書面告知送達之日起六十日內仍未依法執行者，受害人民或公益團體得以該主管機關為被告，對其

怠於執行職務之行為，直接向行政法院提起訴訟，請求判令其執行。

②行政法院為前項判決時，得依職權判令被告機關支付適當律師費用、偵測鑑定費用或其他訴訟費用予對土壤及地下水污染整治有具體貢獻之原告。

③第一項之書面告知格式，由中央主管機關定之。

第五五條　（規費收取標準）

各級主管機關依本法應收規費之標準，由中央主管機關定之。

第五六條　（施行細則）

本法施行細則，由中央主管機關定之。

第五七條　（施行日）

本法除第十一條自本法公布一年後施行外，其餘自公布日施行。

拾伍、行政相關法規

行政程序法

①民國 88 年 2 月 3 日總統令制定公布全文 175 條；並自 90 年 1 月 1 日施行。
②民國 89 年 12 月 27 日總統令增訂公布第 174-1 條條文。
③民國 90 年 6 月 20 日總統令修正公布第 174-1 條條文。
④民國 90 年 12 月 28 日總統令修正公布第 174-1 條條文。
⑤民國 94 年 12 月 28 日總統令公布刪除第 44、45 條條文。
⑥民國 102 年 5 月 22 日總統令修正公布第 131 條條文。

第一章 總 則

第一節 法 例

第一條 （立法目的）

為使行政行為遵循公正、公開與民主之程序，確保依法行政之原則，以保障人民權益，提高行政效能，增進人民對行政之信賴，特制定本法。

第二條 （行政程序與行政機關之定義）

①本法所稱行政程序，係指行政機關作成行政處分、締結行政契約、訂定法規命令與行政規則、確定行政計畫、實施行政指導及處理陳情等行為之程序。

②本法所稱行政機關，係指代表國家、地方自治團體或其他行政主體表示意思，從事公共事務，具有單獨法定地位之組織。

③受託行使公權力之個人或團體，於委託範圍內，視為行政機關。

第三條 （適用範圍）

①行政機關為行政行為時，除法律另有規定外，應依本法規定為之。

②下列機關之行政行為，不適用本法之程序規定：

一 各級民意機關。

二 司法機關。

三 監察機關。

③下列事項，不適用本法之程序規定：

一 有關外交行為、軍事行為或國家安全保障事項之行為。

二 外國人出、入境、難民認定及國籍變更之行為。

三 刑事案件犯罪偵查程序。

四 犯罪矯正機關或其他收容處所為達成收容目的所為之行為。

五 有關私權爭執之行政裁決程序。

六 學校或其他教育機構為達成教育目的之內部程序。

七　對公務員所爲之人事行政行爲。

八　考試院有關考選命題及評分之行爲。

第四條　（一般法律原則）

行政行爲應受法律及一般法律原則之拘束。

第五條　（行政行爲之內容）

行政行爲之內容應明確。

第六條　（行政行爲之平等原則）

行政行爲，非有正當理由，不得爲差別待遇。

第七條　（行政行爲之比例原則）

行政行爲，應依下列原則爲之：

一　採取之方法應有助於目的之達成。

二　有多種同樣能達成目的之方法時，應選擇對人民權益損害最少者。

三　採取之方法所造成之損害不得與欲達成目的之利益顯失均衡。

第八條　（行政行爲之誠信原則）

行政行爲，應以誠實信用之方法爲之，並應保護人民正當合理之信賴。

第九條　（行政程序對當事人有利及不利之情形）

行政機關就該管行政程序，應於當事人有利及不利之情形，一律注意。

第一〇條　（行政裁量之界限）

行政機關行使裁量權，不得逾越法定之裁量範圍，並應符合法規授權之目的。

第二節　管　轄

第一一條　（行政機關之管轄權及管轄權不得隨意設定或變更）

①行政機關之管轄權，依其組織法規或其他行政法規定之。

②行政機關之組織法規變更管轄權之規定，而相關行政法規所定管轄機關尚未一併修正時，原管轄機關得會同組織法規變更後之管轄機關公告或逕由其共同上級機關公告變更管轄之事項。

③行政機關經裁併者，前項公告得僅由組織法規變更後之管轄機關爲之。

④前二項公告事項，自公告之日起算至第三日起發生移轉管轄權之效力。但公告特定有生效日期者，依其規定。

⑤管轄權非依法規不得設定或變更。

第一二條　（管轄權之補充規定）

不能依前條第一項定土地管轄權者，依下列各款順序定之：

一　關於不動產之事件，依不動產之所在地。

二　關於企業之經營或其他繼續性事業之事件，依經營企業或從事事業之處所，或應經營或應從事之處所。

三　其他事件，關於自然人者，依其住所地，無住所或住所不明者，依其居所地，無居所或居所不明者，依其最後所在地。

關於法人或團體者，依其主事務所或會址所在地。

四　不能依前三款之規定定其管轄權或有急迫情形者，依事件發生之原因定之。

第一三條　（行政機關管轄權競合時之解決方法）

①同一事件，數行政機關依前二條之規定均有管轄權者，由受理在先之機關管轄，不能分別受理之先後者，由各該機關協議定之，不能協議或有統一管轄之必要時，由其共同上級機關指定管轄。無共同上級機關時，由各該上級機關協議定之。

②前項機關於必要之情形時，應為必要之職務行為，並即通知其他機關。

第一四條　（行政機關管轄權爭議之解決方法）

①數行政機關於管轄權有爭議時，由其共同上級機關決定之，無共同上級機關時，由各該上級機關協議定之。

②前項情形，人民就其依法規申請之事件，得向共同上級機關申請指定管轄，無共同上級機關者，得向各該上級機關之一為之。受理申請之機關應自請求到達之日起十日內決定之。

③在前二項情形未經決定前，如有導致國家或人民難以回復之重大損害之虞時，該管轄權爭議之一方，應依當事人申請或依職權為緊急之臨時處置，並應層報共同上級機關及通知他方。

④人民對行政機關依本條所為指定管轄之決定，不得聲明不服。

第一五條　（行政機關將其權限委託或委任其他機關）

①行政機關得依法規將其權限之一部分，委任所屬下級機關執行之。

②行政機關因業務上之需要，得依法規將其權限之一部分，委託不相隸屬之行政機關執行之。

③前二項情形，應將委任或委託事項及法規依據公告之，並刊登政府公報或新聞紙。

第一六條　（行政機關將其權限委託民間或個人處理）

①行政機關得依法規將其權限之一部分，委託民間團體或個人辦理。

②前項情形，應將委託事項及法規依據公告之，並刊登政府公報或新聞紙。

③第一項委託所需費用，除另有約定外，由行政機關支付之。

第一七條　（行政機關對管轄權之有無之處置）

①行政機關對事件管轄權之有無，應依職權調查；其認無管轄權者，應即移送有管轄權之機關，並通知當事人。

②人民於法定期間內提出申請，依前項規定移送有管轄權之機關者，視同已在法定期間內向有管轄權之機關提出申請。

第一八條　（管轄權變更之處理）

行政機關因法規或事實之變更而喪失管轄權時，應將案件移送有管轄權之機關，並通知當事人。但經當事人及有管轄權機關之同意，亦得由原管轄機關繼續處理該案件。

第一九條 （執行職權時得請求其他機關協助及有不同意見之解決方法）

①行政機關為發揮共同一體之行政機能，應於其權限範圍內互相協助。

②行政機關執行職務時，有下列情形之一者，得向無隸屬關係之其他機關請求協助：

一　因法律上之原因，不能獨自執行職務者。

二　因人員、設備不足等事實上之原因，不能獨自執行職務者。

三　執行職務所必要認定之事實，不能獨自調查者。

四　執行職務所必要之文書或其他資料，為被請求機關所持有者。

五　由被請求機關協助執行，顯較經濟者。

六　其他職務上有正當理由須請求協助者。

③前項請求，除緊急情形外，應以書面為之。

④被請求機關於有下列情形之一者，應拒絕之：

一　協助之行為，非其權限範圍或依法不得為之者。

二　如提供協助，將嚴重妨害其自身職務之執行者。

⑤被請求機關認有正當理由不能協助者，得拒絕之。

⑥被請求機關認為無義務提供行政協助之義務或有拒絕之事由時，應將其理由通知請求協助機關。請求協助機關對此有異議時，由其共同上級機關決定之，無共同上級機關時，由被請求機關之上級機關決定之。

⑦被請求機關得向請求協助機關要求負擔行政協助所需費用。其負擔金額及支付方式，由請求協助機關及被請求機關以協議定之；協議不成時，由其共同上級機關定之。

第三節　當事人

第二○條 （當事人之範圍）

本法所稱之當事人如下：

一　申請人及申請之相對人。

二　行政機關所為行政處分之相對人。

三　與行政機關締結行政契約之相對人。

四　行政機關實施行政指導之相對人。

五　對行政機關陳情之人。

六　其他依本法規定參加行政程序之人。

第二一條 （行政程序當事人之範圍）

有行政程序之當事人能力者如下：

一　自然人。

二　法人。

三　非法人之團體設有代表人或管理人者。

四　行政機關。

五　其他依法律規定得為權利義務之主體者。

第二二條　（得為有效行政程序行為之資格）

①有行政程序之行為能力者如下：

　一　依民法規定，有行為能力之自然人。

　二　法人。

　三　非法人之團體由其代表人或管理人為行政程序行為者。

　四　行政機關由首長或其代理人、授權之人為行政程序行為者。

　五　依其他法律規定者。

②無行政程序行為能力者，應由其法定代理人代為行政程序行為。

③外國人依其本國法律無行政程序之行為能力，而依中華民國法律有行政程序之行為能力者，視為有行政程序之行為能力。

第二三條　（通知參加為當事人）

因程序之進行將影響第三人之權利或法律上利益者，行政機關得依職權或依申請，通知其參加為當事人。

第二四條　（委任代理）

①當事人得委任代理人。但依法規或行政程序之性質不得授權者，不得為之。

②每一當事人委任之代理人，不得逾三人。

③代理權之授與，及於該行政程序有關之全部程序行為。但申請之撤回，非受特別授權，不得為之。

④行政程序代理人應於最初為行政程序行為時，提出委任書。

⑤代理權授與之撤回，經通知行政機關後，始對行政機關發生效力。

第二五條　（單獨代理原則）

①代理人有二人以上者，均得單獨代理當事人。

②違反前項規定而為委任者，其代理人仍得單獨代理。

③代理人經本人同意得委任他人為複代理人。

第二六條　（代理權之效力）

代理權不因本人死亡或其行政程序行為能力喪失而消滅。法定代理有變更或行政機關經裁併或變更者，亦同。

第二七條　（當事人之選定或指定）

①多數有共同利益之當事人，未共同委任代理人者，得選定其中一人至五人為全體為行政程序行為。

②未選定當事人，而行政機關認有礙程序之正常進行者，得定相當期限命其選定；逾期未選定者，得依職權指定之。

③經選定或指定為當事人者，非有正當理由不得辭退。

④經選定或指定當事人者，僅得由該當事人為行政程序行為，其他當事人脫離行政程序。但申請之撤回、權利之拋棄或義務之負擔，非經全體有共同利益之人同意，不得為之。

第二八條　（選定或指定當事人單獨行使職權）

選定或指定當事人有二人以上時，均得單獨為全體為行政程序行為。

第二九條　（選定或指定當事人之更換或增減）

① 多數有共同利益之當事人於選定或經指定當事人後，仍得更換或增減之。

② 行政機關對於其指定之當事人，爲共同利益人之權益，必要時，得更換或增減之。

③ 依前二項規定喪失資格者，其他被選定或指定之人得爲全體爲行政程序行爲。

第三○條 （選定、指定、更換或增減當事人之生效要件）

① 當事人之選定、更換或增減，非以書面通知行政機關不生效力。

② 行政機關指定、更換或增減當事人者，非以書面通知全體有共同利益之當事人，不生效力。但通知顯有困難者，得以公告代之。

第三一條 （輔佐人之規定）

① 當事人或代理人經行政機關之許可，得偕同輔佐人到場。

② 行政機關認爲必要時，得命當事人或代理人偕同輔佐人到場。

③ 前二項之輔佐人，行政機關認爲不適當時，得撤銷其許可或禁止其陳述。

④ 輔佐人所爲之陳述，當事人或代理人未立即提出異議者，視爲其所自爲。

第四節　迴　避

第三二條 （公務員應自行迴避的事由）

公務員在行政程序中，有下列各款情形之一者，應自行迴避：

一　本人或其配偶、前配偶、四親等內之血親或三親等內之姻親或曾有此關係者爲事件之當事人時。

二　本人或其配偶、前配偶，就該事件與當事人有共同權利人或共同義務人之關係者。

三　現爲或曾爲該事件當事人之代理人、輔佐人者。

四　於該事件，曾爲證人、鑑定人者。

第三三條 （當事人申請公務員迴避之理由及其相關）

① 公務員有下列各款情形之一者，當事人得申請迴避：

一　有前條所定之情形而不自行迴避者。

二　有具體事實，足認其執行職務有偏頗之虞者。

② 前項申請，應舉其原因及事實，向該公務員所屬機關爲之，並應爲適當之釋明；被申請迴避之公務員，對於該申請得提出意見書。

③ 不服行政機關之駁回決定者，得於五日內提請上級機關覆決，受理機關除有正當理由外，應於十日內爲適當之處置。

④ 被申請迴避之公務員在其所屬機關就該申請事件爲准許或駁回之決定前，應停止行政程序。但有急迫情形，仍應爲必要處置。

⑤ 公務員有前條所定情形不自行迴避，而未經當事人申請迴避者，應由該公務員所屬機關依職權命其迴避。

第五節　程序之開始

第三四條 （行政程序之開始）

行政程序之開始，由行政機關依職權定之。但依本法或其他法規之規定有開始行政程序之義務，或當事人已依法規之規定提出申請者，不在此限。

第三五條 （當事人向行政機關提出申請之方式）

當事人依法向行政機關提出申請者，除法規另有規定外，得以書面或言詞為之。以言詞為申請者，受理之行政機關應作成紀錄，經向申請人朗讀或使閱覽，確認其內容無誤後由其簽名或蓋章。

第六節 調查事實及證據

第三六條 （行政機關應依職權調查證據）

行政機關應依職權調查證據，不受當事人主張之拘束，對當事人有利及不利事項一律注意。

第三七條 （當事人得自行提出證據及向行政機關申請調查）

當事人於行政程序中，除得自行提出證據外，亦得向行政機關申請調查事實及證據。但行政機關認為無調查之必要者，得不為調查，並於第四十三條之理由中敘明之。

第三八條 （行政機關調查後得製作書面紀錄）

行政機關調查事實及證據，必要時得據實製作書面紀錄。

第三九條 （行政機關得通知相關之人到場陳述）

①行政機關基於調查事實及證據之必要，得以書面通知相關之人陳述意見。

②通知書中應記載詢問目的、時間、地點、得否委託他人到場及不到場所生之效果。

第四〇條 （行政機關得要求提供文書、資料或物品）

行政機關基於調查事實及證據之必要，得要求當事人或第三人提供必要之文書、資料或物品。

第四一條 （選定鑑定人）

①行政機關得選定適當之人為鑑定。

②以書面為鑑定者，必要時，得通知鑑定人到場說明。

第四二條 （行政機關得實施勘驗）

①行政機關為瞭解事實真相，得實施勘驗。

②勘驗時應通知當事人到場。但不能通知者，不在此限。

第四三條 （行政機關採證之法則）

行政機關為處分或其他行政行為，應斟酌全部陳述與調查事實及證據之結果，依論理及經驗法則判斷事實之真偽，並將其決定及理由告知當事人。

第七節 資訊公開

第四四條 （刪除）94

第四五條 （刪除）94

第四六條 （申請閱覽卷宗）

① 當事人或利害關係人得向行政機關申請閱覽、抄寫、複印或攝影有關資料或卷宗。但以主張或維護其法律上利益有必要者爲限。

② 行政機關對前項之申請，除有下列情形之一者外，不得拒絕：

一　行政決定前之擬稿或其他準備作業文件。

二　涉及國防、軍事、外交及一般公務機密，依法規規定有保密之必要者。

三　涉及個人隱私、職業秘密、營業秘密，依法規規定有保密之必要者。

四　有侵害第三人權利之虞者。

五　有嚴重妨礙有關社會治安、公共安全或其他公共利益之職務正常進行之虞者。

③ 前項第二款及第三款無保密必要之部分，仍應准許閱覽。

④ 當事人就第一項資料或卷宗內容關於自身之記載有錯誤者，得檢具事實證明，請求相關機關更正。

第四七條　（公務員與當事人進行行政程序外之接觸）

① 公務員在行政程序中，除基於職務上之必要外，不得與當事人或代表其利益之人爲行政程序外之接觸。

② 公務員與當事人或代表其利益之人爲行政程序外之接觸時，應將所有往來之書面文件附卷，並對其他當事人公開。

③ 前項接觸非以書面爲之者，應作成書面紀錄，載明接觸對象、時間、地點及內容。

第八節　期日與期間

第四八條　（期間之計算）

① 期間以時計算者，即時起算。

② 期間以日、星期、月或年計算者，其始日不計算在內。但法律規定即日起算者，不在此限。

③ 期間不以星期、月或年之始日起算者，以最後之星期、月或年與起算日相當日之前一日爲期間之末日。但以月或年定期間，而於最後之月無相當日者，以其月之末日爲期間之末日。

④ 期間之末日爲星期日、國定假日或其他休息日者，以該日之次日爲期間之末日；期間之末日爲星期六者，以其次星期一上午爲期間末日。

⑤ 期間涉及人民之處罰或其他不利行政處分者，其始日不計時刻以一日論；其末日爲星期日、國定假日或其他休息日者，照計。但依第二項、第四項規定計算，對人民有利者，不在此限。

第四九條　（郵送期間之扣除）

基於法規之申請，以掛號寄交方式向行政機關提出者，以交郵當日之郵戳爲準。

第五〇條　（回復原狀之申請）

① 因天災或其他不應歸責於申請人之事由，致基於法規之申請不能於法定期間內提出者，得於其原因消滅後十日內，申請回復原

狀。如該法定期間少於十日者，於相等之日數內得申請回復原狀。

②申請回復原狀，應同時補行期間內應為之行政程序行為。

③遲誤法定期間已逾一年者，不得申請回復原狀。

第五一條 （行政機關對人民申請之處理期間）

①行政機關對於人民依法規之申請，除法規另有規定外，應按各事項類別，訂定處理期間公告之。

②未依前項規定訂定處理期間者，其處理期間為二個月。

③行政機關未能於前二項所定期間內處理終結者，得於原處理期間之限度內延長之，但以一次為限。

④前項情形，應於原處理期間屆滿前，將延長之事由通知申請人。

⑤行政機關因天災或其他不可歸責之事由，致事務之處理遭受阻礙時，於該項事由終止前，停止處理期間之進行。

第九節 費　用

第五二條 （行政程序所生費用之負擔）

①行政程序所生之費用，由行政機關負擔。但專為當事人或利害關係人利益所支出之費用，不在此限。

②因可歸責於當事人或利害關係人之事由，致程序有顯著之延滯者，其因延滯所生之費用，由其負擔。

第五三條 （證人或鑑定人得請求給付費用）

①證人或鑑定人得向行政機關請求法定之日費及旅費，鑑定人並得請求相當之報酬。

②前項費用及報酬，得請求行政機關預行酌給之。

③第一項費用，除法規另有規定外，其標準由行政院定之。

第十節 聽證程序

第五四條 （適用聽證程序）

依本法或其他法規舉行聽證時，適用本節規定。

第五五條 （聽證之通知及公告）

①行政機關舉行聽證前，應以書面記載下列事項，並通知當事人及其他已知之利害關係人，必要時並公告之：

一　聽證之事由與依據。

二　當事人之姓名或名稱及其住居所、事務所或營業所。

三　聽證之期日及場所。

四　聽證之主要程序。

五　當事人得選任代理人。

六　當事人依第六十一條所得享有之權利。

七　擬進行預備程序者，預備聽證之期日及場所。

八　缺席聽證之處理。

九　聽證之機關。

②依法規之規定，舉行聽證應預先公告者，行政機關應將前項所列

各款事項，登載於政府公報或以其他適當方法公告之。

③聽證期日及場所之決定，應視事件之性質，預留相當期間，便利當事人或其代理人參與。

第五六條 （變更聽證期日或場所）

①行政機關得依職權或當事人之申請，變更聽證期日或場所，但以有正當理由爲限。

②行政機關爲前項之變更者，應依前條規定通知並公告。

第五七條 （聽證之主持人）

聽證，由行政機關首長或其指定人員爲主持人，必要時得由律師、相關專業人員或其他熟諳法令之人員在場協助之。

第五八條 （聽證之預備程序）

①行政機關爲使聽證順利進行，認爲必要時，得於聽證期日前，舉行預備聽證。

②預備聽證得爲下列事項：

一 議定聽證程序之進行。

二 釐清爭點。

三 提出有關文書及證據。

四 變更聽證之期日、場所與主持人。

③預備聽證之進行，應作成紀錄。

第五九條 （聽證公開之原則及例外）

①聽證，除法律另有規定外，應公開以言詞爲之。

②有下列各款情形之一者，主持人得依職權或當事人之申請，決定全部或一部不公開：

一 公開顯然有違背公益之虞者。

二 公開對當事人利益有造成重大損害之虞者。

第六〇條 （聽證之開始）

①聽證以主持人說明案由爲始。

②聽證開始時，由主持人或其指定之人說明事件之內容要旨。

第六一條 （聽證當事人之權利）

當事人於聽證時，得陳述意見、提出證據，經主持人同意後並得對機關指定之人員、證人、鑑定人、其他當事人或其代理人發問。

第六二條 （聽證主持人之職權）

①主持人應本中立公正之立場，主持聽證。

②主持人於聽證時，得行使下列職權：

一 就事實或法律問題，詢問當事人、其他到場人，或促其提出證據。

二 依職權或當事人之申請，委託相關機關爲必要之調查。

三 通知證人或鑑定人到場。

四 依職權或申請，通知或允許利害關係人參加聽證。

五 許可當事人及其他到場人之發問或發言。

六 爲避免延滯程序之進行，禁止當事人或其他到場之人發言；

　　　有妨礙聽證程序而情節重大者，並得命其退場。

七　當事人一部或全部無故缺席者，逕行開始、延期或終結聽
　　證。

八　當事人曾於預備聽證中提出有關文書者，得以其所載內容視
　　爲陳述。

九　認爲有必要時，於聽證期日結束前，決定繼續聽證之期日及
　　場所。

十　如遇天災或其他事故不能聽證時，得依職權或當事人之申
　　請，中止聽證。

十一　採取其他爲順利進行聽證所必要之措施。

③主持人依前項第九款決定繼續聽證之期日及場所者，應通知未到
　場之當事人及已知之利害關係人。

第六三條　（當事人申明異議）

①當事人認爲主持人於聽證程序進行中所爲之處置違法或不當者，
　得即時聲明異議。

②主持人認爲異議有理由者，應即撤銷原處置，認爲無理由者，應
　即駁回異議。

第六四條　（聽證紀錄之作成及內容）

①聽證，應作成聽證紀錄。

②前項紀錄，應載明到場人所爲陳述或發問之要旨及其提出之文
　書、證據，並記明當事人於聽證程序進行中聲明異議之事由及主
　持人對異議之處理。

③聽證紀錄，得以錄音、錄影輔助之。

④聽證紀錄當場製作完成者，由陳述或發問人簽名或蓋章；未當場
　製作完成者，由主持人指定日期、場所供陳述或發問人閱覽，並
　由其簽名或蓋章。

⑤前項情形，陳述或發問人拒絕簽名、蓋章或未於指定日期、場所
　閱覽者，應記明其事由。

⑥陳述或發問人對聽證紀錄之記載有異議者，得即時提出。主持人
　認異議有理由者，應予更正或補充；無理由者，應記明其異議。

第六五條　（聽證之終結）

主持人認當事人意見業經充分陳述，而事件已達可爲決定之程度
者，應即終結聽證。

第六六條　（行政機關得再爲聽證）

聽證終結後，決定作成前，行政機關認爲必要時，得再爲聽證。

第十一節　送　達

第六七條　（送達由行政機關爲之）

送達，除法規另有規定外，由行政機關依職權爲之。

第六八條　（送達方式及送達人）

①送達由行政機關自行或交由郵政機關送達。

②行政機關之文書依法規以電報交換、電傳文件、傳眞或其他電子

文件行之者，視爲自行送達。

③由郵政機關送達者，以一般遞送方式爲之。但文書內容對人民權利義務有重大影響者，應以掛號。

④文書由行政機關自行送達者，以承辦人員或辦理送達事務人員爲送達人；其交郵政機關送達者，以郵務人員爲送達人。

⑤前項郵政機關之送達準用依民事訴訟法施行法第三條訂定之郵政機關送達訴訟文書實施辦法。

第六九條 （對無行爲能力人之送達）

①對於無行政程序之行爲能力人爲送達者，應向其法定代理人爲之。

②對於機關、法人或非法人之團體爲送達者，應向其代表人或管理人爲之。

③法定代理人、代表人或管理人有二人以上者，送達得僅向其中之一人爲之。

④無行政程序之行爲能力人爲行政程序之行爲，未向行政機關陳明其法定代理人者，於補正前，行政機關得向該無行爲能力人爲送達。

第七〇條 （對外國法人之送達）

①對於在中華民國有事務所或營業所之外國法人或團體爲送達者，應向其在中華民國之代表人或管理人爲之。

②前條第三項規定，於前項送達準用之。

第七一條 （對代理人之送達）

行政程序之代理人受送達之權限未受限制者，送達應向該代理人爲之。但行政機關認爲必要時，得送達於當事人本人。

第七二條 （送達之處所）

①送達，於應受送達人之住居所、事務所或營業所爲之。但在行政機關辦公處所或他處會晤應受送達人時，得於會晤處所爲之。

②對於機關、法人、非法人之團體之代表人或管理人爲送達者，應向其機關所在地、事務所或營業所行之。但必要時亦得於會晤之處所或其住居所行之。

③應受送達人有就業處所者，亦得向該處所爲送達。

第七三條 （補充送達及留置送達）

①於應送達處所不獲會晤應受送達人時，得將文書付與有辨別事理能力之同居人、受僱人或應送達處所之接收郵件人員。

②前項規定於前項人員與應受送達人在該行政程序上利害關係相反者，不適用之。

③應受送達人或其同居人、受僱人、接收郵件人員無正當理由拒絕收領文書時，得將文書留置於應送達處所，以爲送達。

第七四條 （寄存送達）

①送達，不能依前二條規定爲之者，得將文書寄存送達地之地方自治或警察機關，並作送達通知書兩份，一份黏貼於應受送達人住居所、事務所、營業所或其就業處所門首，另一份交由鄰居轉交

或置於該送達處所信箱或其他適當位置，以爲送達。

②前項情形，由郵政機關爲送達者，得將文書寄存於送達地之郵政機關。

③寄存機關自收受寄存文書之日起，應保存三個月。

第七五條　（對不特定人之送達方式）

行政機關對於不特定人之送達，得以公告或刊登政府公報或新聞紙代替之。

第七六條　（送達證書之製作及附卷）

①送達人因證明之必要，得製作送達證書，記載下列事項並簽名：

一　交送達之機關。

二　應受送達人。

三　應送達文書之名稱。

四　送達處所、日期及時間。

五　送達方法。

②除電子傳達方式之送達外，送達證書應由收領人簽名或蓋章；如拒絕或不能簽名或蓋章者，送達人應記明其事由。

③送達證書，應提出於行政機關附卷。

第七七條　（對第三人送達之處理方式）

送達係由當事人向行政機關申請對第三人爲之者，行政機關應將已爲送達或不能送達之事由，通知當事人。

第七八條　（公示送達之原因與方式）

①對於當事人之送達，有下列各款情形之一者，行政機關得依申請，准爲公示送達：

一　應爲送達之處所不明者。

二　於有治外法權人之住居所或事務所爲送達而無效者。

三　於外國或境外爲送達，不能依第八十六條之規定辦理或預知雖依該規定辦理而無效者。

②有前項所列各款之情形而無人爲公示送達之申請者，行政機關爲避免行政程序遲延，認爲有必要時，得依職權命爲公示送達。

③當事人變更其送達之處所而不向行政機關陳明，致有第一項之情形者，行政機關得依職權命爲公示送達。

第七九條　（行政機關依職權之公示送達）

依前條規定爲公示送達後，對於同一當事人仍應爲公示送達者，依職權爲之。

第八〇條　（公示送達之方式）

公示送達應由行政機關保管送達之文書，而於行政機關公告欄黏貼公告，告知應受送達人得隨時領取；並得由行政機關將文書或其節本刊登政府公報或新聞紙。

第八一條　（公示送達之生效日期）

公示送達自前條公告之日起，其刊登政府公報或新聞紙者，自最後刊登之日起，經二十日發生效力；於依第七十八條第一項第三款爲公示送達者，經六十日發生效力。但第七十九條之公示送

達，自黏貼公告欄翌日起發生效力。

第八二條　（公示送達證書之附卷）

為公示送達者，行政機關應製作記載該事由及年、月、日、時之證書附卷。

第八三條　（送達代收人之送達）

①當事人或代理人經指定送達代收人，向行政機關陳明者，應向該代收人為送達。

②郵寄方式向行政機關提出者，以交郵地無住居所、事務所及營業所者，行政機關得命其於一定期間內，指定送達代收人。

③如不於前項期間指定送達代收人並陳明者，行政機關得將應送達之文書，註明該當事人或代理人之住居所、事務所或營業所，交付郵政機關掛號發送，並以交付文書時，視為送達時。

第八四條　（得為送達之時間）

送達，除第六十八條第一項規定交付郵政機關或依第二項之規定辦理者外，不得於星期日或其他休息日或日出前、日沒後為之。但應受送達人不拒絕收領者，不在此限。

第八五條　（不能為送達時之處理方式）

不能為送達者，送達人應製作記載該事由之報告書，提出於行政機關附卷，並繳回應送達之文書。

第八六條　（於外國或境外送達之方式）

①於外國或境外為送達者，應囑託該國管轄機關或駐在該國之中華民國使領館或其他機構、團體為之。

②不能依前項規定為送達者，得將應送達之文書交郵政機關以雙掛號發送，以為送達，並將掛號回執附卷。

第八七條　（對駐外人員之送達）

對於駐在外國之中華民國大使、公使、領事或其他駐外人員為送達者，應囑託外交部為之。

第八八條　（對現役軍人之送達）

對於在軍隊或軍艦服役之軍人為送達者，應囑託該管軍事機關或長官為之。

第八九條　（對在監所人之送達）

對於在監所人為送達者，應囑託該監所長官為之。

第九〇條

於有治外法權人之住居所或事務所為送達者，得囑託外交部為之。

第九一條　（對有治外法權人之送達）

受囑託之機關或公務員，經通知已為送達或不能為送達者，行政機關應將通知書附卷。

第二章　行政處分

第一節　行政處分之成立

第九二條 （行政處分與一般處分之定義）

①本法所稱行政處分，係指行政機關就公法上具體事件所為之決定或其他公權力措施而對外直接發生法律效果之單方行政行為。

②前項決定或措施之相對人雖非特定，而依一般性特徵可得確定其範圍者，為一般處分，適用本法有關行政處分之規定。有關公物之設定、變更、廢止或其一般使用者，亦同。

第九三條 （行政處分附款之容許性及種類）

①行政機關作成行政處分有裁量權時，得為附款。無裁量權者，以法律有明文規定或為確保行政處分法定要件之履行而以該要件為附款內容者為限，始得為之。

②前項所稱之附款如下：

一　期限。

二　條件。

三　負擔。

四　保留行政處分之廢止權。

五　保留負擔之事後附加或變更。

第九四條 （行政處分附款之限制）

前條之附款不得違背行政處分之目的，並應與該處分之目的具有正當合理之關聯。

第九五條 （行政處分之方式）

①行政處分除法規另有要式之規定者外，得以書面、言詞或其他方式為之。

②以書面以外方式所為之行政處分，其相對人或利害關係人有正當理由要求作成書面時，處分機關不得拒絕。

第九六條 （書面行政處分之應記載事項）

①行政處分以書面為之者，應記載下列事項：

一　處分相對人之姓名、出生年月日、性別、身分證統一號碼、住居所或其他足資辨別之特徵；如係法人或其他設有管理人或代表人之團體，其名稱、事務所或營業所，及管理人或代表人之姓名、出生年月日、性別、身分證統一號碼、住居所。

二　主旨、事實、理由及其法令依據。

三　有附款者，附款之內容。

四　處分機關及其首長署名、蓋章，該機關有代理人或受任人者，須同時於其下簽名。但以自動機器作成之大量行政處分，得不經署名，以蓋章為之。

五　發文字號及年、月、日。

六　表明其為行政處分之意旨及不服行政處分之救濟方法、期間及其受理機關。

②前項規定於依前條第二項作成之書面，準用之。

第九七條 （書面行政處分得不記明理由之情形）

書面之行政處分有下列各款情形之一者，得不記明理由：

一 未限制人民之權益者。

二 處分相對人或利害關係人無待處分機關之說明已知悉或可知悉作成處分之理由者。

三 大量作成之同種類行政處分或以自動機器作成之行政處分依其狀況無須說明理由者。

四 一般處分經公告或刊登政府公報或新聞紙者。

五 有關專門知識、技能或資格所爲之考試、檢定或鑑定等程序。

六 依法律規定無須記明理由者。

第九八條 （告知救濟期間錯誤之處理及未告知救濟期間或告知錯誤未爲更正之效果）

①處分機關告知之救濟期間有錯誤時，應由該機關以通知更正之，並自通知送達之翌日起算法定期間。

②處分機關告知之救濟期間較法定期間爲長者，處分機關雖以通知更正，如相對人或利害關係人信賴原告知之救濟期間，致無法於法定期間內提起救濟，而於原告知之期間內爲之者，視爲於法定期間內所爲。

③處分機關未告知救濟期間或告知錯誤未爲更正，致相對人或利害關係人遲誤者，如自處分書送達後一年內聲明不服時，視爲於法定期間內所爲。

第九九條 （未告知受理聲明不服之管轄機關或告知錯誤）

①對於行政處分聲明不服，因處分機關未爲告知或告知錯誤致向無管轄權之機關爲之者，該機關應於十日內移送有管轄權之機關，並通知當事人。

②前項情形，視爲自始向有管轄權之機關聲明不服。

第一〇〇條 （行政處分之通知）

①書面之行政處分，應送達相對人及已知之利害關係人；書面以外之行政處分，應以其他適當方法通知或使其知悉。

②一般處分之送達，得以公告或刊登政府公報或新聞紙代替之。

第一〇一條 （行政處分之更正）

①行政處分如有誤寫、誤算或其他類此之顯然錯誤者，處分機關得隨時或依申請更正之。

②前項更正，附記於原處分書及其正本，如不能附記者，應製作更正書，以書面通知相對人及已知之利害關係人。

第二節 陳述意見及聽證

第一〇二條 （作成限制或剝奪人民自由或權利之行政處分前給予相對人陳述意見之機會）

行政機關作成限制或剝奪人民自由或權利之行政處分前，除已依第三十九條規定，通知處分相對人陳述意見，或決定舉行聽證者外，應給予該處分相對人陳述意見之機會。但法規另有規定者，從其規定。

第一○三條　（無須給予相對人陳述意見之情形）

有下列各款情形之一者行政機關得不給予陳述意見之機會：

一　大量作成同種類之處分。

二　情況急迫，如予陳述意見之機會，顯然違背公益者。

三　受法定期間之限制，如予陳述意見之機會，顯然不能遵行者。

四　行政強制執行時所採取之各種處置。

五　行政處分所根據之事實，客觀上明白足以確認者。

六　限制自由或權利之內容及程度，顯屬輕微，而無事先聽取相對人意見之必要者。

七　相對人於提起訴願前依法律應向行政機關聲請再審查、異議、復查、重審或其他先行程序者。

八　為避免處分相對人隱匿、移轉財產或潛逃出境，依法律所為保全或限制出境之處分。

第一○四條　（通知相對人陳述意見之方式）

①行政機關依第一百零二條給予相對人陳述意見之機會時，應以書面記載下列事項通知相對人，必要時並公告之：

一　相對人及其住居所、事務所或營業所。

二　將為限制或剝奪自由或權利行政處分之原因事實及法規依據。

三　得依第一百零五條提出陳述書之意旨。

四　提出陳述書之期限及不提出之效果。

五　其他必要事項。

②前項情形，行政機關得以言詞通知相對人，並作成紀錄，向相對人朗讀或使閱覽後簽名或蓋章；其拒絕簽名或蓋章者，應記明其事由。

第一○五條　（陳述書之內容及不提出陳述書之效果）

①行政處分之相對人依前條規定提出之陳述書，應為事實上及法律上陳述。

②利害關係人亦得提出陳述書，為事實上及法律上陳述，但應釋明其利害關係之所在。

③不於期間內提出陳述書者，視為放棄陳述之機會。

第一○六條　（相對人或利害關係人得以言詞代替陳述書）

①行政處分之相對人或利害關係人得於第一百零四條第一項第四款所定期限內，以言詞向行政機關陳述意見代替陳述書之提出。

②以言詞陳述意見者，行政機關應作成紀錄，經向陳述人朗讀或使閱覽確認其內容無誤後，由陳述人簽名或蓋章；其拒絕簽名或蓋章者，應記明其事由。陳述人對紀錄有異議者，應更正之。

第一○七條　（聽證之範圍）

行政機關遇有下列各款情形之一者，舉行聽證：

一　法規明文規定應舉行聽證者。

二　行政機關認為有舉行聽證之必要者。

第一〇八條 （經聽證作成處分應斟酌之事項）

①行政機關作成經聽證之行政處分時，除依第四十三條之規定外，並應斟酌全部聽證之結果。但法規明定應依聽證紀錄作成處分者，從其規定。

②前項行政處分應以書面為之，並通知當事人。

第一〇九條 （不服經聽證作成處分之救濟）

不服依前條作成之行政處分者，其行政救濟程序，免除訴願及其先行程序。

第三節　行政處分之效力

第一一〇條 （行政處分之效力）

①書面之行政處分自送達相對人及已知之利害關係人起；書面以外之行政處分自以其他適當方法通知或使其知悉時起，依送達、通知或使知悉之內容對其發生效力。

②一般處分自公告日或刊登政府公報、新聞紙最後登載日起發生效力。但處分另訂不同日期者，從其規定。

③行政處分未經撤銷、廢止，或未因其他事由而失效者，其效力繼續存在。

④無效之行政處分自始不生效力。

第一一一條 （行政處分無效之判斷標準）

行政處分有下列各款情形之一者，無效：

一　不能由書面處分中得知處分機關者。

二　應以證書方式作成而未給予證書者。

三　內容對任何人均屬不能實現者。

四　所要求或許可之行為構成犯罪者。

五　內容違背公共秩序、善良風俗者。

六　未經授權而違背法規有關專屬管轄之規定或缺乏事務權限者。

七　其他具有重大明顯之瑕疵者。

第一一二條 （行政處分一部無效之效力範圍）

行政處分一部分無效者，其他部分仍為有效。但除去該無效部分，行政處分不能成立者，全部無效。

第一一三條 （行政處分無效之確認程序）

①行政處分之無效，行政機關得依職權確認之。

②行政處分之相對人或利害關係人有正當理由請求確認行政處分無效時，處分機關應確認其為有效或無效。

第一一四條 （瑕疵行政處分之補正）

①違反程序或方式規定之行政處分，除依第一百十一條規定而無效者外，因下列情形而補正：

一　須經申請始得作成之行政處分，當事人已於事後提出者。

二　必須說明之理由已於事後說明者。

三　應給予當事人陳述意見之機會已於事後給予者。

四　應參與行政處分作成之委員會已於事後作成決議者。

五　應參與行政處分作成之其他機關已於事後參與者。

②前項第二款至第五款之補正行為，僅得於訴願程序終結前為之；得不經訴願程序者，僅得於向行政法院起訴前為之。

③當事人因補正行為致未能於法定期間內聲明不服者，其期間之遲誤視為不應歸責於該當事人之事由，其回復原狀期間自該瑕疵補正時起算。

第一一五條　（違反土地管轄之效果）

行政處分違反土地管轄之規定者，除依第一百十一條第六款規定而無效者外，有管轄權之機關如就該事件仍應為相同之處分時，原處分無須撤銷。

第一一六條　（違法行政處分之轉換）

①行政機關得將違法行政處分轉換為與原處分具有相同實質及程序要件之其他行政處分。但有下列各款情形之一者，不得轉換：

一　違法行政處分，依第一百十七條但書規定，不得撤銷者。

二　轉換不符作成原行政處分之目的者。

三　轉換法律效果對當事人更為不利者。

②羈束處分不得轉換為裁量處分。

③行政機關於轉換前應給予當事人陳述意見之機會。但有第一百零三條之事由者，不在此限。

第一一七條　（行政處分之撤銷及其限制）

違法行政處分於法定救濟期間經過後，原處分機關得依職權為全部或一部之撤銷；其上級機關，亦得為之。但有下列各款情形之一者，不得撤銷：

一　撤銷對公益有重大危害者。

二　受益人無第一百十九條所列信賴不值得保護之情形，而信賴授予利益之行政處分，其信賴利益顯然大於撤銷所欲維護之公益者。

第一一八條　（行政處分撤銷之效力）

違法行政處分經撤銷後，溯及既往失其效力。但為維護公益或為避免受益人財產上之損失，為撤銷之機關得另定失其效力之日期。

第一一九條　（信賴不值得保護之情形）

受益人有下列各款情形之一者，其信賴不值得保護：

一　以詐欺、脅迫或賄賂方法，使行政機關作成行政處分者。

二　對重要事項提供不正確資料或為不完全陳述，致使行政機關依該資料或陳述而作成行政處分者。

三　明知行政處分違法或因重大過失而不知者。

第一二〇條　（違法授益處分經撤銷後之信賴補償）

①授予利益之違法行政處分經撤銷後，如受益人無前條所列信賴不值得保護之情形，其因信賴該處分致遭受財產上之損失者，為撤銷之機關應給予合理之補償。

②前項補償額度不得超過受益人因該處分存續可得之利益。

③關於補償之爭議及補償之金額，相對人有不服者，得向行政法院提起給付訴訟。

第一二一條 （撤銷權之除斥期間與受益人信賴補償請求權之時效）

①第一百十七條之撤銷權，應自原處分機關或其上級機關知有撤銷原因時起二年內爲之。

②前條之補償請求權，自行政機關告知其事由時起，因二年間不行使而消滅；自處分撤銷時起逾五年者，亦同。

第一二二條 （非授益處分之廢止）

非授予利益之合法行政處分，得由原處分機關依職權爲全部或一部之廢止。但廢止後仍應爲同一內容之處分或依法不得廢止者，不在此限。

第一二三條 （授益處分之廢止）

授予利益之合法行政處分，有下列各款情形之一者，得由原處分機關依職權爲全部或一部之廢止：

一 法規准許廢止者。

二 原處分機關保留行政處分之廢止權者。

三 附負擔之行政處分，受益人未履行該負擔者。

四 行政處分所依據之法規或事實事後發生變更，致不廢止該處分對公益將有危害者。

五 其他爲防止或除去對公益之重大危害者。

第一二四條 （授益處分行行使廢止權之除斥期間）

前條之廢止，應自廢止原因發生後二年內爲之。

第一二五條 （行政處分廢止之效力）

合法行政處分經廢止後，自廢止時或自廢止機關所指定較後之日時起，失其效力。但受益人未履行負擔致行政處分受廢止者，得溯及既往失其效力。

第一二六條 （廢止授益處分之信賴補償）

①原處分機關依第一百二十三條第四款、第五款規定廢止授予利益之合法行政處分者，對受益人因信賴該處分致遭受財產上之損失，應給予合理之補償。

②第一百二十條第二項、第三項及第一百二十一條第二項之規定，於前項補償準用之。

第一二七條 （受益人不當得利返還義務）

①授予利益之行政處分，其內容係提供一次或連續之金錢或可分物之給付者，經撤銷、廢止或條件成就而有溯及既往失效之情形時，受益人應返還因該處分所受領之給付。其行政處分經確認無效者，亦同。

②前項返還範圍準用民法有關不當得利之規定。

第一二八條 （申請撤銷、廢止或變更處分之要件與期間）

①行政處分於法定救濟期間經過後，具有下列各款情形之一者，相

對人或利害關係人得向行政機關申請撤銷、廢止或變更之。但相對人或利害關係人因重大過失而未能在行政程序或救濟程序中主張其事由者，不在此限。

一　具有持續效力之行政處分所依據之事實事後發生有利於相對人或利害關係人之變更者。

二　發生新事實或發現新證據者，但以如經斟酌可受較有利益之處分者為限。

三　其他具有相當於行政訴訟法所定再審事由且足以影響行政處分者。

②前項申請，應自法定救濟期間經過後三個月內為之；其事由發生在後或知悉在後者，自發生或知悉時起算，但自法定救濟期間經過後已逾五年者，不得申請。

第一二九條 （申請撤銷、廢止或變更原處分之處置）

行政機關認前條之申請為有理由者，應撤銷、廢止或變更原處分；認申請為無理由或雖有重新開始程序之原因，如認為原處分為正當者，應駁回之。

第一三○條 （證書與物品之繳還）

①行政處分經撤銷或廢止確定，或因其他原因失其效力後，而有收回因該處分而發給之證書或物品之必要者，行政機關得命所有人或占有人返還之。

②前項情形，所有人或占有人得請求行政機關將該證書或物品作成註銷之標示後，再予發還。但依物之性質不能作成註銷標示，或註銷標示不能明顯而持續者，不在此限。

第一三一條 （公法上請求權之時效與中斷）102

①公法上之請求權，於請求權人為行政機關時，除法律另有規定外，因五年間不行使而消滅；於請求權人為人民時，除法律另有規定外，因十年間不行使而消滅。

②公法上請求權，因時效完成而當然消滅。

③前項時效，因行政機關為實現該權利所作成之行政處分而中斷。

第一三二條 （時效不中斷）

行政處分因撤銷、廢止或其他事由而溯及既往失效時，自該處分失效時起，已中斷之時效視為不中斷。

第一三三條 （時效之重行起算）

因行政處分而中斷之時效，自行政處分不得訴請撤銷或因其他原因失其效力後，重行起算。

第一三四條 （重行起算之時效期間）

因行政處分而中斷時效之請求權，於行政處分不得訴請撤銷後，其原有時效期間不滿五年者，因中斷而重行起算之時效期間為五年。

第三章　行政契約

第一三五條 （行政契約之容許性）

公法上法律關係得以契約設定、變更或消滅之。但依其性質或法

規規定不得締結者，不在此限。

第一三六條 （締結和解契約之特別要件）

行政機關對於行政處分所依據之事實或法律關係，經依職權調查仍不能確定者，為有效達成行政目的，並解決爭執，得與人民和解，締結行政契約，以代替行政處分。

第一三七條 （雙務契約之特別要件）

①行政機關與人民締結行政契約，互負給付義務者，應符合下列各款之規定：

一　契約中應約定人民給付之特定用途。

二　人民之給付有助於行政機關執行其職務。

三　人民之給付與行政機關之給付應相當，並具有正當合理之關聯。

②行政處分之作成，行政機關無裁量權時，代替該行政處分之行政契約所約定之人民給付，以依第九十三條第一項規定得為附款者為限。

③第一項契約應載明人民給付之特定用途及僅供該特定用途使用之意旨。

第一三八條 （締約前之公告與意見表示）

行政契約當事人之一方為人民，依法應以甄選或其他競爭方式決定該當事人時，行政機關應事先公告應具之資格及決定之程序。決定前，並應予參與競爭者表示意見之機會。

第一三九條 （締結行政契約之方式）

行政契約之締結，應以書面為之。但法規另有其他方式之規定者，依其規定。

第一四○條 （行政契約之特別生效要件）

①行政契約依約定內容履行將侵害第三人之權利者，應經該第三人書面之同意，始生效力。

②行政處分之作成，依法規之規定應經其他行政機關之核准、同意或會同辦理者，代替該行政處分而締結之行政契約，亦應經該行政機關之核准、同意或會同辦理，始生效力。

第一四一條 （行政契約無效之原因）

①行政契約準用民法規定之結果為無效者，無效。

②行政契約違反第一百三十五條但書或第一百三十八條之規定者，無效。

第一四二條 （代替行政處分之行政契約構成無效原因之特別規定）

代替行政處分之行政契約，有下列各款情形之一者，無效：

一　與其內容相同之行政處分為無效者。

二　與其內容相同之行政處分，有得撤銷之違法原因，並為締約雙方所明知者。

三　締結之和解契約，未符合第一百三十六條之規定者。

四　締結之雙務契約，未符合第一百三十七條之規定者。

第一四三條 （行政契約之一部無效）

行政契約之一部無效者，全部無效。但如可認為欠缺該部分，締約雙方亦將締結契約者，其他部分仍為有效。

第一四四條 （行政機關之指導與協助）

行政契約當事人之一方為人民者，行政機關得就相對人契約之履行，依書面約定之方式，為必要之指導或協助。

第一四五條 （契約外公權力行使之損失補償）

①行政契約當事人之一方為人民者，其締約後，因締約機關所屬公法人之其他機關於契約關係外行使公權力，致相對人履行契約義務時，顯增費用或受其他不可預期之損失者，相對人得向締約機關請求補償其損失。但公權力之行使與契約之履行無直接必要之關聯者，不在此限。

②締約機關應就前項請求，以書面並說明理由決定之。

③第一項補償之請求，應自相對人知有損失時起一年內為之。

④關於補償之爭議及補償之金額，相對人有不服者，得向行政法院提起給付訴訟。

第一四六條 （行政機關單方調整或終止契約之權利）

①行政契約當事人之一方為人民者，行政機關為防止或除去對公益之重大危害，得於必要範圍內調整契約內容或終止契約。

②前項之調整或終止，非補償相對人因此所受之財產上損失，不得為之。

③第一項之調整或終止及第二項補償之決定，應以書面敘明理由為之。

④相對人對第一項之調整難為履行者，得以書面敘明理由終止契約。

⑤相對人對第二項補償金額不同意時，得向行政法院提起給付訴訟。

第一四七條 （情事變更後契約之調整或終止）

①行政契約締結後，因有情事重大變更，非當時所得預料，而依原約定顯失公平者，當事人之一方得請求他方適當調整契約內容。如不能調整，得終止契約。

②前項情形，行政契約當事人之一方為人民時，行政機關為維護公益，得於補償相對人之損失後，命其繼續履行原約定之義務。

③第一項之請求調整或終止與第二項補償之決定，應以書面敘明理由為之。

④相對人對第二項補償金額不同意時，得向行政法院提起給付訴訟。

第一四八條 （自願接受執行之約定）

①行政契約約定自願接受執行時，債務人不為給付時，債權人得以該契約為強制執行之執行名義。

②前項約定，締約之一方為中央行政機關時，應經主管院、部或同等級機關之認可；締約之一方為地方自治團體之行政機關時，應

　　經該地方自治團體行政首長之認可；契約內容涉及委辦事項者，
　　並應經委辦機關之認可，始生效力。

③第一項強制執行，準用行政訴訟法有關強制執行之規定。

第一四九條 （行政契約準用民法之相關規定）

　　行政契約，本法未規定者，準用民法相關之規定。

第四章　法規命令及行政規則

第一五〇條 （法規命令之定義）

①本法所稱法規命令，係指行政機關基於法律授權，對多數不特定
　人民就一般事項所作抽象之對外發生法律效果之規定。

②法規命令之內容應明列其法律授權之依據，並不得逾越法律授權
　之範圍與立法精神。

第一五一條 （法規命令程序之適用範圍）

①行政機關訂定法規命令，除關於軍事、外交或其他重大事項而涉
　及國家機密或安全者外，應依本法所定程序為之。但法律另有規
　定者，從其規定。

②法規命令之修正、廢止、停止或恢復適用，準用訂定程序之規
　定。

第一五二條 （法規命令之提議）

①法規命令之訂定，除由行政機關自行草擬者外，並得由人民或團
　體提議為之。

②前項提議，應以書面敘明法規命令訂定之目的、依據及理由，並
　附具相關資料。

第一五三條 （法規命令提議之處理原則）

　　受理前條提議之行政機關，應依下列情形分別處理：

一　非主管之事項，依第十七條之規定予以移送。

二　依法不得以法規命令規定之事項，附述理由通知原提議者。

三　無須訂定法規命令之事項，附述理由通知原提議者。

四　有訂定法規命令之必要者，著手研擬草案。

第一五四條 （法規命令之預告程序）

①行政機關擬訂法規命令時，除情況急迫，顯然無法事先公告周知
　者外，應於政府公報或新聞紙公告，載明下列事項：

一　訂定機關之名稱，其依法應由數機關會同訂定者，各該機關
　　名稱。

二　訂定之依據。

三　草案全文或其主要內容。

四　任何人得於所定期間內向指定機關陳述意見之意旨。

②行政機關除為前項之公告外，並得以適當之方法，將公告內容廣
　泛周知。

第一五五條 （行政機關得依職權舉行聽證）

　　行政機關訂定法規命令，得依職權舉行聽證。

第一五六條 （聽證前應行預告之事項及內容）

行政機關為訂定法規命令，依法舉行聽證者，應於政府公報或新聞紙公告，載明下列事項：

一 訂定機關之名稱：其依法應由數機關會同訂定者，各該機關之名稱。

二 訂定之依據。

三 草案之全文或其主要內容。

四 聽證之日期及場所。

五 聽證之主要程序。

第一五七條 （法規命令之發布）

①法規命令依法應經上級機關核定者，應於核定後始得發布。

②數機關會同訂定之法規命令，依法應經上級機關或共同上級機關核定者，應於核定後始得會銜發布。

③法規命令之發布，應刊登政府公報或新聞紙。

第一五八條 （法規命令無效之事由及一部無效之處理原則）

①法規命令，有下列情形之一者，無效：

一 牴觸憲法、法律或上級機關之命令者。

二 無法律之授權而剝奪或限制人民之自由、權利者。

三 其訂定依法應經其他機關核准，而未經核准者。

②法規命令之一部分無效者，其他部分仍為有效。但除去該無效部分，法規命令顯失規範目的者，全部無效。

第一五九條 （行政規則之定義）

①本法所稱行政規則，係指上級機關對下級機關，或長官對屬官，依其權限或職權為規範機關內部秩序及運作，所為非直接對外發生法規範效力之一般、抽象之規定。

②行政規則包括下列各款之規定：

一 關於機關內部之組織、事務之分配、業務處理方式、人事管理等一般性規定。

二 為協助下級機關或屬官統一解釋法令、認定事實、及行使裁量權，而訂頒之解釋性規定及裁量基準。

第一六〇條 （行政規則之下達與發布）

①行政規則應下達下級機關或屬官。

②行政機關訂定前條第二項第二款之行政規則，應由其首長簽署，並登載於政府公報發布之。

第一六一條 （行政規則之效力）

有效下達之行政規則，具有拘束訂定機關、其下級機關及屬官之效力。

第一六二條 （行政規則之廢止）

①行政規則得由原發布機關廢止之。

②行政規則之廢止，適用第一百六十條規定。

第五章 行政計畫

第一六三條 （行政計畫之定義）

本法所稱行政計畫，係指行政機關為將來一定期限內達成特定之目的或實現一定之構想，事前就達成該目的或實現該構想有關之方法、步驟或措施等所為之設計與規劃。

第一六四條 （行政計畫確定程序之適用範圍及程序）

①行政計畫有關一定地區土地之特定利用或重大公共設施之設置，涉及多數不同利益之人及多數不同行政機關權限者，確定其計畫之裁決，應經公開及聽證程序，並得有集中事權之效果。

②前項行政計畫之擬訂、確定、修訂及廢棄之程序，由行政院另定之。

第六章　行政指導

第一六五條 （行政指導之定義）

本法所稱行政指導，謂行政機關在其職權或所掌事務範圍內，為實現一定之行政目的，以輔導、協助、勸告、建議或其他不具法律上強制力之方法，促請特定人為一定作為或不作為之行為。

第一六六條 （行政指導之原則）

①行政機關為行政指導時，應注意有關法規規定之目的，不得濫用。

②相對人明確拒絕指導時，行政機關應即停止，並不得據此對相對人為不利之處置。

第一六七條 （行政指導明示之方法）

①行政機關對相對人為行政指導時，應明示行政指導之目的、內容、及負責指導者等事項。

②前項明示，得以書面、言詞或其他方式為之。如相對人請求交付文書時，除行政上有特別困難外，應以書面為之。

第七章　陳　情

第一六八條 （陳情之定義）

人民對於行政興革之建議、行政法令之查詢、行政違失之舉發或行政上權益之維護，得向主管機關陳情。

第一六九條 （陳情之方式）

①陳情得以書面或言詞為之；其以言詞為之者，受理機關應作成紀錄，並向陳情人朗讀或使閱覽後命其簽名或蓋章。

②陳情人對紀錄有異議者，應更正之。

第一七〇條 （陳情案件之處理原則）

①行政機關對人民之陳情，應訂定作業規定，指派人員迅速、確實處理之。

②人民之陳情有保密必要者，受理機關處理時，應不予公開。

第一七一條 （陳情案件之處理方式）

①受理機關認為人民之陳情有理由者，應採取適當之措施；認為無理由者，應通知陳情人，並說明其意旨。

②受理機關認為陳情之重要內容不明確或有疑義者，得通知陳情人補陳之。

第一七二條 （行政機關的告知義務）

①人民之陳情應向其他機關為之者，受理機關應告知陳情人。但受理機關認為適當時，應即移送其他機關處理，並通知陳情人。

②陳情之事項，依法得提起訴願、訴訟或請求國家賠償者，受理機關應告知陳情人。

第一七三條 （對人民陳情案件得不處理之情形）

人民陳情案有下列情形之一者，得不予處理：

一 無具體之內容或未具真實姓名或住址者。

二 同一事由，經予適當處理，並已明確答覆後，而仍一再陳情者。

三 非主管陳情內容之機關，接獲陳情人以同一事由分向各機關陳情者。

第八章 附 則

第一七四條 （不服行政機關之行政程序行為之救濟方法）

當事人或利害關係人不服行政機關於行政程序中所為之決定或處置，僅得於對實體決定聲明不服時一併聲明之。但行政機關之決定或處置得強制執行或本法或其他法規另有規定者，不在此限。

第一七四條之一 （職權命令）90

本法施行前，行政機關依中央法規標準法第七條訂定之命令，須以法律規定或以法律明列其授權依據者，應於本法施行後二年內，以法律規定或以法律明列其授權依據後修正或訂定；逾期失效。

第一七五條 （施行日）

本法自中華民國九十年一月一日施行。

行政訴訟法

①民國 21 年 11 月 17 日國民政府制定公布全文 27 條；並自 22 年 6 月 23 日施行。

②民國 26 年 1 月 8 日國民政府修正公布全文 29 條。

③民國 31 年 7 月 27 日國民政府修正公布全文 30 條。

④民國 58 年 11 月 5 日總統令修正公布第 24 條條文。

⑤民國 64 年 12 月 12 日總統令修正公布全文 34 條。

⑥民國 87 年 10 月 28 日總統令修正公布全文 308 條。

民國 88 年 7 月 8 日司法院令定自 89 年 7 月 1 日起施行。

⑦民國 96 年 7 月 4 日總統令修正公布 49、98～100、103、104、107、276 條條文；並增訂第 12-1～12-4、98-1～98-6 條條文。

民國 96 年 7 月 31 日司法院令發布定自 96 年 8 月 15 日施行。

⑧民國 99 年 1 月 13 日總統令修正公布第 6、12-2、12-4、15、16、18～20、24、37、39、43、57、59、62、64、67、70、73、75、77、81、83、96、97、100、104～106、108、111、112、121、128、129、131、132、141、145、146、149、151、154、163、166、176、189、196、200、204、209、229、230、243、244、253、259、272、273、277、286 條條文；並增訂第 12-5、15-1、15-2、274-1、307-1 條條文。

民國 99 年 4 月 23 日司法院令發布定自 99 年 5 月 1 日施行。

⑨民國 100 年 5 月 25 日總統令修正公布第 73、229 條條文；並增訂第 241-1 條條文。

民國 100 年 12 月 26 日司法院函發布定自 101 年 9 月 6 日施行。

⑩民國 100 年 11 月 23 日總統令修正公布第 4～6、8、16、21、42、55、63、75、76、106、107、113、114、120、143、148、169、175、183～185、194、199、216、217、219、229、230、233、235、236、238、244、246、248、267、269、275、294、299、300、305～307 條條文、第二編編名及第一章、第二章章名；增訂第 3-1、98-7、104-1、114-1、125-1、175-1、178-1、235-1、236-1、236-2、237-1～237-9、256-1 條條文及第二編第三章章名；並刪除第 252 條條文。

民國 100 年 12 月 26 日司法院函發布定自 101 年 9 月 6 日施行。

⑪民國 102 年 1 月 9 日總統令修正公布第 131 條條文；並增訂第 130-1 條條文。

民國 102 年 6 月 7 日司法院函發布定自 102 年 6 月 10 日施行。

⑫民國 103 年 6 月 18 日總統令修正公布第 49、73、204、229 條條文；並增訂第 237-10～237-17 條條文及第二編第四章章名。

民國 103 年 6 月 18 日司法院令發布第 49、73、204 條定自公布日施行。

民國 104 年 2 月 4 日司法院令發布第 229 條及第二編第四章定自 104 年 2 月 5 日施行。

民國 103 年 12 月 26 日行政院公告第 229 條第 2 項第 5 款、第 237-12 條第 1、2 項、第 237-13 條第 2 項及第 237-16 條第 1 項涉及「內政部入出國及移民署」之權責事項，自 104 年 1 月 2 日起改由「內政部移民署」管轄。

第一編　總則

第一章　行政訴訟事件

第一條　（立法宗旨）

　　行政訴訟以保障人民權益，確保國家行政權之合法行使，增進司法功能爲宗旨。

第二條　（行政訴訟審判權之範圍）

　　公法上之爭議，除法律別有規定外，得依本法提起行政訴訟。

第三條　（行政訴訟之種類）

　　前條所稱之行政訴訟，指撤銷訴訟、確認訴訟及給付訴訟。

第三條之一　（行政法院）100

　　辦理行政訴訟之地方法院行政訴訟庭，亦爲本法所稱之行政法院。

第四條　（撤銷訴訟之要件）100

① 人民因中央或地方機關之違法行政處分，認爲損害其權利或法律上之利益，經依訴願法提起訴願而不服其決定，或提起訴願逾三個月不爲決定，或延長訴願決定期間逾二個月不爲決定者，得向行政法院提起撤銷訴訟。

② 逾越權限或濫用權力之行政處分，以違法論。

③ 訴願人以外之利害關係人，認爲第一項訴願決定，損害其權利或法律上之利益者，得向行政法院提起撤銷訴訟。

第五條　（請求應爲行政處分之訴訟）100

① 人民因中央或地方機關對其依法申請之案件，於法令所定期間內應作爲而不作爲，認爲其權利或法律上利益受損害者，經依訴願程序後，得向行政法院提起請求該機關應爲行政處分或應爲特定內容之行政處分之訴訟。

② 人民因中央或地方機關對其依法申請之案件，予以駁回，認爲其權利或法律上利益受違法損害者，經依訴願程序後，得向行政法院提起請求該機關應爲行政處分或應爲特定內容之行政處分之訴訟。

第六條　（確認訴訟之要件）100

① 確認行政處分無效及確認公法上法律關係成立或不成立之訴訟，非原告有即受確認判決之法律上利益者，不得提起之。其確認已執行而無回復原狀可能之行政處分或已消滅之行政處分爲違法之訴訟，亦同。

② 確認行政處分無效之訴訟，須已向原處分機關請求確認其無效未被允許，或經請求後於三十日內不爲確答者，始得提起之。

③ 確認訴訟，於原告得提起或可得提起撤銷訴訟、課予義務訴訟或一般給付訴訟者，不得提起之。但確認行政處分無效之訴訟，不在此限。

④ 應提起撤銷訴訟、課予義務訴訟，誤爲提起確認行政處分無效之訴訟，其未經訴願程序者，行政法院應以裁定將該事件移送於訴

願管轄機關，並以行政法院收受訴狀之時，視為提起訴願。

第七條　（損害賠償或財產給付之請求）

提起行政訴訟，得於同一程序中，合併請求損害賠償或其他財產上給付。

第八條　（給付訴訟之要件）100

①人民與中央或地方機關間，因公法上原因發生財產上之給付或請求作成行政處分以外之其他非財產上之給付，得提起給付訴訟。因公法上契約發生之給付，亦同。

②前項給付訴訟之裁判，以行政處分應否撤銷為據者，應依第四條第一項或第三項提起撤銷訴訟時，併為請求。原告未為請求者，審判長應告以得請求。

第九條　（維護公益訴訟）

人民為維護公益，就無關自己權利及法律上利益之事項，對於行政機關之違法行為，得提起行政訴訟。但以法律有特別規定者為限。

第一〇條　（選舉罷免訴訟）

選舉罷免事件之爭議，除法律別有規定外，得依本法提起行政訴訟。

第一一條　（準用訴訟有關規定）

前二條訴訟依其性質，準用撤銷、確認或給付訴訟有關之規定。

第一二條　（民刑訴訟與行政爭訟程序之關係）

①民事或刑事訴訟之裁判，以行政處分是否無效或違法為據者，應依行政爭訟程序確定之。

②前項行政爭訟程序已經開始者，於其程序確定前，民事或刑事法院應停止其審判程序。

第一二條之一　（一事不再理）96

①起訴時法院有受理訴訟權限者，不因訴訟繫屬後事實及法律狀態變更而受影響。

②訴訟繫屬於行政法院後，當事人不得就同一事件向其他不同審判權之法院更行起訴。

第一二條之二　（訴訟權限）99

①行政法院認其有受理訴訟權限而為裁判經確定者，其他法院受該裁判之羈束。

②行政法院認其無受理訴訟權限者，應依職權以裁定將訴訟移送至有受理訴訟權限之管轄法院。數法院有管轄權而原告有指定者，移送至指定之法院。

③移送之裁定確定時，受移送之法院認其亦無受理訴訟權限者，應以裁定停止訴訟程序，並聲請司法院大法官解釋。

④受移送之法院經司法院大法官解釋無受理訴訟權限者，應再行移送至有受理訴訟權限之法院。

⑤當事人就行政法院有無受理訴訟權限有爭執者，行政法院應先為裁定。

⑥前項裁定，得為抗告。

⑦行政法院為第二項及第五項之裁定前，應先徵詢當事人之意見。

第一二條之三 （移送訴訟前有急迫情形之必要處分）96

①移送訴訟前如有急迫情形，行政法院應依當事人聲請或依職權為必要之處分。

②移送訴訟之裁定確定時，視為該訴訟自始即繫屬於受移送之法院。

③前項情形，行政法院書記官應速將裁定正本附入卷宗，送交受移送之法院。

第一二條之四 （訴訟費用之徵收）99

①行政法院將訴訟移至其他法院者，依受移送法院應適用之訴訟法定其訴訟費用之徵收。移送前所生之訴訟費用視為受移送法院訴訟費用之一部分。

②應行徵收之訴訟費用，行政法院未加徵收、徵收不足額或溢收者，受移送法院應補行徵收或退還溢收部分。

第一二條之五 （訴訟費用之徵收）99

①其他法院將訴訟移至行政法院者，依本法定其訴訟費用之徵收。移送前所生之訴訟費用視為行政法院訴訟費用之一部分。

②應行徵收之訴訟費用，其他法院未加徵收、徵收不足額或溢收者，行政法院應補行徵收或退還溢收部分。

第二章　行政法院

第一節　管　轄

第一三條 （法人、機關及團體之普通審判籍）

①對於公法人之訴訟，由其公務所所在地之行政法院管轄。其以公法人之機關為被告時，由該機關所在地之行政法院管轄。

②對私法人或其他得為訴訟當事人之團體之訴訟，由其主事務所或主營業所所在地之行政法院管轄。

③對於外國法人或其他得為訴訟當事人之團體之訴訟，由其在中華民國之主事務所或主營業所所在地之行政法院管轄。

第一四條 （自然人之普通審判籍）

①前條以外之訴訟，由被告住所地之行政法院管轄，其住所地之行政法院不能行使職權者，由其居所地之行政法院管轄。

②被告在中華民國現無住所或住所不明者，以其在中華民國之居所，視為其住所；無居所或居所不明者，以其在中華民國最後之住所，視為其住所；無最後住所者，以中央政府所在地，視為其最後住所地。

③訴訟事實發生於被告居所地者，得由其居所地之行政法院管轄。

第一五條 （因不動產而涉訟之管轄法院）99

①因不動產徵收、徵用或撥用之訴訟，專屬不動產所在地之行政法院管轄。

②除前項情形外，其他有關不動產之公法上權利或法律關係涉訟

者，得由不動產所在地之行政法院管轄。

第一五條之一 （關於公務員職務關係之訴訟之管轄法院）99

關於公務員職務關係之訴訟，得由公務員職務所在地之行政法院管轄。

第一五條之二 （因公法上之保險事件涉訟之管轄法院）99

①因公法上之保險事件涉訟者，得由為原告之被保險人、受益人之住居所地或被保險人從事職業活動所在地之行政法院管轄。

②前項訴訟事件於投保單位為原告時，得由其主事務所或主營業所所在地之行政法院管轄。

第一六條 （指定管轄之情形）100

①有下列各款情形之一者，直接上級行政法院應依當事人之聲請或受訴行政法院之請求，指定管轄：

　　一　有管轄權之行政法院因法律或事實不能行審判權者。

　　二　因管轄區域境界不明，致不能辨別有管轄權之行政法院者。

　　三　因特別情形由有管轄權之行政法院審判，恐影響公安或難期公平者。

②前項聲請得向受訴行政法院或直接上級行政法院為之。

第一七條 （管轄恆定原則）

定行政法院之管轄以起訴時為準。

第一八條 （準用之規定）99

民事訴訟法第三條、第六條、第十五條、第十七條、第二十條至第二十二條、第二十八條第一項、第三項、第二十九條至第三十一條之規定，於本節準用之。

第二節　法官之迴避

第一九條 （法官應自行迴避之情形）99

法官有下列情形之一者，應自行迴避，不得執行職務：

　　一　有民事訴訟法第三十二條第一款至第六款情形之一者。

　　二　曾在中央或地方機關參與該訴訟事件之行政處分或訴願決定者。

　　三　曾參與該訴訟事件相牽涉之民刑事裁判者。

　　四　曾參與該訴訟事件相牽涉之公務員懲戒事件議決者。

　　五　曾參與該訴訟事件之前審裁判者。

　　六　曾參與該訴訟事件再審前之裁判者。但其迴避以一次為限。

第二〇條 （準用之規定）99

民事訴訟法第三十三條至第三十八條之規定，於本節準用之。

第二一條 （司法事務官、書記官及通譯準用之規定）100

前二條規定於行政法院之司法事務官、書記官及通譯準用之。

第三章　當事人

第一節　當事人能力及訴訟能力

第二二條　（當事人能力）

　　自然人、法人、中央及地方機關、非法人之團體，有當事人能力。

第二三條　（訴訟當事人之範圍）

　　訴訟當事人謂原告、被告及依第四十一條與第四十二條參加訴訟之人。

第二四條　（被告機關㈠）99

　　經訴願程序之行政訴訟，其被告為下列機關：

一　駁回訴願時之原處分機關。

二　撤銷或變更原處分時，為撤銷或變更之機關。

第二五條　（被告機關㈡—受託團體或個人）

　　人民與受委託行使公權力之團體或個人，因受託事件涉訟者，以受託之團體或個人為被告。

第二六條　（被告機關㈢—直接上級機關）

　　被告機關經裁撤或改組者，以承受其業務之機關為被告機關；無承受其業務之機關者，以其直接上級機關為被告機關。

第二七條　（訴訟能力）

①能獨立以法律行為負義務者，有訴訟能力。

②法人、中央及地方機關、非法人之團體，應由其代表人或管理人為訴訟行為。

③前項規定於依法令得為訴訟上行為之代理人準用之。

第二八條　（準用之規定）

　　民事訴訟法第四十六條至第四十九條、第五十一條之規定，於本節準用之。

第二節　選定當事人

第二九條　（選定或指定當事人）

①多數有共同利益之人得由其中選定一人至五人為全體起訴或被訴。

②訴訟標的對於多數有共同利益之人，必須合一確定而未為前項選定者，行政法院得限期命為選定，逾期未選定者，行政法院得依職權指定之。

③訴訟繫屬後經選定或指定當事人者，其他當事人脫離訴訟。

第三〇條　（更換或增減選定或指定當事人）

①多數有共同利益之人於選定當事人或由行政法院依職權指定當事人後，得經全體當事人之同意更換或增減之。

②行政法院依前條第二項指定之當事人，如有必要，得依職權更換或增減之。

③依前兩項規定更換或增減者，原被選定或指定之當事人喪失其資格。

第三一條　（選定或指定之人喪失資格之救濟）

　　被選定或被指定之人中有因死亡或其他事由喪失其資格者，他被

選定或被指定之人得為全體為訴訟行為。

第三二條 （應通知他造當事人）

第二十九條及第三十條訴訟當事人之選定、指定及其更換、增減應通知他造當事人。

第三三條 （選定當事人為訴訟行為之限制）

被選定人非得全體之同意，不得為捨棄、認諾、撤回或和解。但訴訟標的對於多數有共同利益之各人非必須合一確定，經原選定人之同意，就其訴之一部為撤回或和解者，不在此限。

第三四條 （選定當事人之證明）

訴訟當事人之選定及其更換、增減，應以文書證之。

第三五條 （為公益提起訴訟）

①以公益為目的之社團法人，於其章程所定目的範圍內，由多數有共同利益之社員，就一定之法律關係，授與訴訟實施權者，得為公共利益提起訴訟。

②前項規定於以公益為目的之非法人之團體準用之。

③前二項訴訟實施權之授與，應以文書證之。

④第三十三條之規定，於第一項之社團法人或第二項之非法人之團體，準用之。

第三六條 （準用之規定）

民事訴訟法第四十八條、第四十九條之規定，於本節準用之。

第三節 共同訴訟

第三七條 （共同訴訟之要件）99

①二人以上於下列各款情形，得為共同訴訟人，一同起訴或一同被訴：

一　為訴訟標的之行政處分係二以上機關共同為之者。

二　為訴訟標的之權利、義務或法律上利益，為其所共同者。

三　為訴訟標的之權利、義務或法律上利益，於事實上或法律上有同一或同種類之原因者。

②依前項第三款同種類之事實上或法律上原因行共同訴訟者，以被告之住居所、公務所、機關、主事務所或主營業所所在地在同一行政法院管轄區域內者為限。

第三八條 （通常共同訴訟人間之關係）

共同訴訟中，一人之行為或他造對於共同訴訟人中一人之行為及關於其一人所生之事項，除別有規定外，其利害不及於他共同訴訟人。

第三九條 （必要共同訴訟人間之關係）99

訴訟標的對於共同訴訟之各人，必須合一確定者，適用下列各款之規定：

一　共同訴訟人中一人之行為有利益於共同訴訟人者，其效力及於全體；不利益者，對於全體不生效力。

二　他造對於共同訴訟人中一人之行為，其效力及於全體。

三　共同訴訟人中之一人，生有訴訟當然停止或裁定停止之原因者，其當然停止或裁定停止之效力及於全體。

第四○條　（續行訴訟權）

共同訴訟人各有續行訴訟之權。行政法院指定期日者，應通知各共同訴訟人到場。

第四節　訴訟參加

第四一條　（必要共同訴訟之獨立參加）

訴訟標的對於第三人及當事人一造必須合一確定者，行政法院應以裁定命該第三人參加訴訟。

第四二條　（利害關係人獨立參加訴訟）100

①行政法院認為撤銷訴訟之結果，第三人之權利或法律上利益將受損害者，得依職權命其獨立參加訴訟，並得因該第三人之聲請，裁定允許其參加。

②前項參加，準用第三十九條第三款規定。參加人並得提出獨立之攻擊或防禦方法。

③前二項規定，於其他訴訟準用之。

④訴願人已向行政法院提起撤銷訴訟，利害關係人就同一事件再行起訴者，視為第一項之參加。

第四三條　（參加訴訟之程序）99

①第三人依前條規定聲請參加訴訟者，應向本訴訟繫屬之行政法院提出參加書狀，表明下列各款事項：

一　本訴訟及當事人。

二　參加人之權利或法律上利益，因撤銷訴訟之結果將受如何之損害。

三　參加訴訟之陳述。

②行政法院認前項聲請不合前條規定者，應以裁定駁回之。

③關於前項裁定，得為抗告。

④駁回參加之裁定未確定前，參加人得為訴訟行為。

第四四條　（命行政機關參加訴訟）

①行政法院認其他行政機關有輔助一造之必要者，得命其參加訴訟。

②前項行政機關或有利害關係之第三人亦得聲請參加。

第四五條　（命參加之裁定及其程序）100

①命參加之裁定應記載訴訟程度及命參加理由，送達於訴訟當事人。

②行政法院為前項裁定前，應命當事人或第三人以書狀或言詞為陳述。

③對於命參加訴訟之裁定，不得聲明不服。

第四六條　（必要共同訴訟參加人之地位）

第四十一條之參加訴訟，準用第三十九條之規定。

第四七條　（本訴訟判決效力之擴張）

判決對於經行政法院依第四十一條及第四十二條規定，裁定命其參加或許其參加而未參加者，亦有效力。

第四八條 （準用之規定）

民事訴訟法第五十九條至第六十一條、第六十三條至第六十七條之規定，於第四十四條之參加訴訟準用之。

第五節 訴訟代理人及輔佐人

第四九條 （訴訟代理人之限制）103

①當事人得委任代理人為訴訟行為。但每一當事人委任之訴訟代理人不得逾三人。

②行政訴訟應以律師為訴訟代理人。非律師具有下列情形之一者，亦得為訴訟代理人：

一 稅務行政事件，具備會計師資格。

二 專利行政事件，具備專利師資格或依法得為專利代理人。

三 當事人為公法人、中央或地方機關、公法上之非法人團體時，其所屬專任人員辦理法制、法務、訴願業務或與訴訟事件相關業務。

四 交通裁決事件，原告為自然人時，其配偶、三親等內之血親或二親等內之姻親；原告為法人或非法人團體時，其所屬人員辦理與訴訟事件相關業務。

③委任前項之非律師為訴訟代理人者，應得審判長許可。

④第二項之非律師為訴訟代理人，審判長許其為本案訴訟行為者，視為已有前項之許可。

⑤前二項之許可，審判長得隨時以裁定撤銷之，並應送達於為訴訟委任之人。

⑥訴訟代理人委任複代理人者，不得逾一人。前四項之規定，於複代理人適用之。

第五〇條 （委任書）

訴訟代理人應於最初為訴訟行為時提出委任書。但由當事人以言詞委任經行政法院書記官記明筆錄者，不在此限。

第五一條 （訴訟代理人之權限）

①訴訟代理人就其受委任之事件，有為一切訴訟行為之權。但捨棄、認諾、撤回、和解、提起反訴、上訴或再審之訴及選任代理人，非受特別委任不得為之。

②關於強制執行之行為或領取所爭物，準用前項但書之規定。

③如於第一項之代理權加以限制者，應於前條之委任書或筆錄內表明。

第五二條 （各別代理權）

①訴訟代理人有二人以上者，均得單獨代理當事人。

②違反前項之規定而為委任者，仍得單獨代理之。

第五三條 （訴訟代理之效力）

訴訟代理權不因本人死亡、破產或訴訟能力喪失而消滅。法定代

理有變更或機關經裁撤、改組者，亦同。

第五四條 （訴訟委任之終止）

①訴訟委任之終止，應以書狀提出於行政法院，由行政法院送達於他造。

②由訴訟代理人終止委任者，自為終止之意思表示之日起十五日內，仍應為防衛本人權利所必要之行為。

第五五條 （輔佐人）100

①當事人或訴訟代理人經審判長之許可，得於期日偕同輔佐人到場。但人數不得逾二人。

②審判長認為必要時亦得命當事人或訴訟代理人偕同輔佐人到場。

③前二項之輔佐人，審判長認為不適當時，得撤銷其許可或禁止其續為訴訟行為。

第五六條 （準用之規定）

民事訴訟法第七十二條、第七十五條及第七十七條之規定，於本節準用之。

第四章　訴訟程序

第一節　當事人書狀

第五七條 （當事人書狀應記載事項）99

當事人書狀，除別有規定外，應記載下列各款事項：

一　當事人姓名、性別、年齡、身分證明文件字號、職業及住所或居所；當事人為法人、機關或其他團體者，其名稱及所在地、事務所或營業所。

二　有法定代理人、代表人或管理人者，其姓名、性別、年齡、身分證明文件字號、職業、住所或居所，及其與法人、機關或團體之關係。

三　有訴訟代理人者，其姓名、性別、年齡、身分證明文件字號、職業、住所或居所。

四　應為之聲明。

五　事實上及法律上之陳述。

六　供證明或釋明用之證據。

七　附屬文件及其件數。

八　行政法院。

九　年、月、日。

第五八條 （書狀之簽名）

當事人、法定代理人、代表人、管理人或訴訟代理人應於書狀內簽名或蓋章；其以指印代簽名者，應由他人代書姓名，記明其事由並簽名。

第五九條 （準用之規定）99

民事訴訟法第一百十六條第三項、第一百十八條至第一百二十一條之規定，於本節準用之。

第六○條 （以筆錄代書狀）

①於言詞辯論外，關於訴訟所為之聲明或陳述，除依本法應用書狀者外，得於行政法院書記官前以言詞為之。

②前項情形，行政法院書記官應作筆錄，並於筆錄內簽名。

③前項筆錄準用第五十七條及民事訴訟法第一百十八條至第一百二十條之規定。

第二節　送　達

第六一條 （送達）

送達除別有規定外，由行政法院書記官依職權為之。

第六二條 （送達之執行）99

①送達由行政法院書記官交執達員或郵務機構行之。

②由郵務機構行送達者，以郵務人員為送達人；其實施辦法由司法院會同行政院定之。

第六三條 （囑託送達㈠—於管轄區域外之送達）100

行政法院得向送達地之地方法院為送達之囑託。

第六四條 （對無訴訟能力人之送達）99

①對於無訴訟能力人為送達者，應向其全體法定代理人為之。但法定代理人有二人以上，如其中有應為送達處所不明者，送達得僅向其餘之法定代理人為之。

②對於法人、中央及地方機關或非法人之團體為送達者，應向其代表人或管理人為之。

③代表人或管理人有二人以上者，送達得僅向其中一人為之。

④無訴訟能力人為訴訟行為，未向行政法院陳明其法定代理人者，於補正前，行政法院得向該無訴訟能力人為送達。

第六五條 （對外國法人或團體之送達）

①對於在中華民國有事務所或營業所之外國法人或團體為送達者，應向其在中華民國之代表人或管理人為之。

②前項代表人或管理人有二人以上者，送達得僅向其中一人為之。

第六六條 （送達應向訴訟代理人為之）

訴訟代理人除受送達之權限受有限制者外，送達應向該代理人為之。但審判長認為必要時，得命送達於當事人本人。

第六七條 （指定送達代收人㈠）99

當事人或代理人經指定送達代收人，向受訴行政法院陳明者，應向該代收人為送達。但審判長認為必要時，得命送達於當事人本人。

第六八條 （送達代收人之效力）

送達代收人經指定陳明後，其效力及於同地之各級行政法院。但該當事人或代理人別有陳明者，不在此限。

第六九條 （指定送達代收人㈡）

當事人或代理人於中華民國無住居所、事務所及營業所者，應指定送達代收人向受訴行政法院陳明。

第七〇條 （付郵送達）99

當事人或代理人未依前條規定指定送達代收人者，行政法院得將應送達之文書交付郵務機構以掛號發送。

第七一條 （送達處所）

① 送達，於應受送達人之住居所、事務所或營業所行之。但在他處會晤應受送達人時，得於會晤處所行之。

② 對於法人、機關、非法人之團體之代表人或管理人為送達者，應向其事務所、營業所或機關所在地行之。但必要時亦得於會晤之處所或其住居所行之。

③ 應受送達人有就業處所者，亦得向該處所為送達。

第七二條 （補充送達）

① 送達於住居所、事務所、營業所或機關所在地不獲會晤應受送達人者，得將文書付與有辨別事理能力之同居人、受僱人或願代為收受而居住於同一住宅之主人。

② 前條所定送達處所之接收郵件人員，視為前項之同居人或受僱人。

③ 如同居人、受僱人、居住於同一住宅之主人或接收郵件人員為他造當事人者，不適用前二項之規定。

第七三條 （寄存送達）103

① 送達不能依前二條規定為之者，得將文書寄存於送達地之自治或警察機關，並作送達通知書二份，一份黏貼於應受送達人住居所、事務所或營業所門首，一份交由鄰居轉交或置於應受送達人之信箱或其他適當之處所，以為送達。

② 前項情形，如係以郵務人員為送達人者，得將文書寄存於附近之郵務機構。

③ 寄存送達，自寄存之日起，經十日發生效力。

④ 寄存之文書自寄存之日起，寄存機關或機構應保存三個月。

第七四條 （留置送達）

① 應受送達人拒絕收領而無法律上理由者，應將文書置於送達處所，以為送達。

② 前項情形，如有難達留置情事者，準用前條之規定。

第七五條 （送達之期間）100

① 送達，除由郵務機構行之者外，非經審判長或受命法官、受託法官或送達地地方法院法官之許可，不得於星期日或其他休息日或日出前、日沒後為之。但應受送達人不拒絕收領者，不在此限。

② 前項許可，書記官應於送達之文書內記明。

第七六條 （自行交付送達之證明）100

行政法院書記官於法院內將文書付與應受送達人者，應命受送達人提出收據附卷。

第七七條 （囑託送達仁—於外國或境外為送達者）99

① 於外國或境外為送達者，應囑託該國管轄機關或駐在該國之中華民國使領館或其他機構、團體為之。

②不能依前項之規定爲囑託送達者，得將應送達之文書交郵務機構以雙掛號發送，以爲送達。

第七八條 （囑託送達㈢－駐外人員爲送達者）

對於駐在外國之中華民國大使、公使、領事或其他駐外人員爲送達者，應囑託外交部爲之。

第七九條 （囑託送達㈣－服役之軍人爲送達者）

對於在軍隊或軍艦服役之軍人爲送達者，應囑託該管軍事機關或長官爲之。

第八〇條 （囑託送達㈤－在監所人爲送達者）

對於在監所人爲送達者，應囑託該監所長官爲之。

第八一條 （公示送達之事由）99

行政法院對於當事人之送達，有下列情形之一者，得依聲請或依職權爲公示送達：

一 應爲送達之處所不明者。

二 於有治外法權人住居所或事務所爲送達而無效者。

三 於外國爲送達，不能依第七十七條之規定辦理或預知雖依該條規定辦理亦無效者。

第八二條 （公示送達生效之起始日）

公示送達，自將公告或通知書黏貼牌示處之日起，其登載公報或新聞紙者，自最後登載之日起，經二十日發生效力；但依前條第三條爲公示送達者，經六十日發生效力。但對同一當事人仍爲公示送達者，自黏貼牌示處之翌日起發生效力。

第八三條 （準用之規定）99

民事訴訟法第一百二十六條、第一百三十一條、第一百三十五條、第一百四十一條、第一百四十二條、第一百四十四條、第一百四十八條、第一百五十一條、第一百五十三條及第一百五十三條之一之規定，於本節準用之。

第三節 期日及期間

第八四條 （期日之指定及限制）

①期日，除別有規定外，由審判長依職權定之。

②期日，除有不得已之情形外，不得於星期日或其他休息日定之。

第八五條 （期日之告知）

審判長定期日後，行政法院書記官應作通知書，送達於訴訟關係人。但經審判長面告以所定之期日命其到場，或訴訟關係人曾以書狀陳明屆期到場者，與送達有同一之效力。

第八六條 （期日應爲之行爲）

期日應爲之行爲於行政法院內爲之。但在行政法院內不能爲或爲之而不適當者，不在此限。

第八七條 （變更或延展期日）

①期日，以朗讀案由爲始。

②期日，如有重大理由，得變更或延展之。

③變更或延展期日，除別有規定外，由審判長裁定之。

第八八條 （裁定期間之酌定及起算）

①期間，除法定者外，由行政法院或審判長酌量情形定之。

②行政法院或審判長所定期間，自送達定期間之文書時起算，無庸送達者，自宣示定期間之裁判時起算。

③期間之計算，依民法之規定。

第八九條 （在途期間之扣除）

①當事人不在行政法院所在地住居者，計算法定期間，應扣除其在途之期間，但有訴訟代理人住居行政法院所在地，得爲期間內應爲之訴訟行爲者，不在此限。

②前項應扣除之在途期間，由司法院定之。

第九〇條 （伸長或縮短期間）

①期間，如有重大理由得伸長或縮短之。但不變期間不在此限。

②伸長或縮短期間由行政法院裁定。但期間係審判長所定者，由審判長裁定。

第九一條 （回復原狀之聲請）

①因天災或其他不應歸責於己之事由，致遲誤不變期間者，於其原因消滅後一個月內，如該不變期間少於一個月者，於相等之日數內，得聲請回復原狀。

②前項期間不得伸長或縮短之。

③遲誤不變期間已逾一年者，不得聲請回復原狀，遲誤第一百零六條之起訴期間已逾三年者，亦同。

④第一項之聲請應以書狀爲之，並釋明遲誤期間之原因及其消滅時期。

第九二條 （聲請回復原狀之程序）

①因遲誤上訴或抗告期間而聲請回復原狀者，向爲裁判之原行政法院爲之；遲誤其他期間者，向管轄該期間內應爲之訴訟行爲之行政法院爲之。

②聲請回復原狀，應同時補行期間內應爲之訴訟行爲。

第九三條 （回復原狀之聲請與補行之訴訟行爲合併裁判）

①回復原狀之聲請，由受聲請之行政法院與補行之訴訟行爲合併裁判之。但原行政法院認其聲請應行許可，而將上訴或抗告事件送交上級行政法院者，應由上級行政法院合併裁判。

②因回復原狀而變更裁判者，準用第二百八十二條之規定。

第九四條 （準用之規定）

①受命法官或受託法官關於其所爲之行爲，得定期日及期間。

②第八十四條至第八十七條、第八十八條第一項、第二項及第九十條之規定，於受命法官或受託法官定期日及期間者，準用之。

第四節　訴訟卷宗

第九五條 （訴訟文書之保存）

①當事人書狀、筆錄、裁判書及其他關於訴訟事件之文書，行政法

院應保存者，應由行政法院書記官編爲卷宗。

②卷宗滅失事件之處理，準用民刑事訴訟卷宗滅失案件處理法之規定。

第九六條 （訴訟文書之利用）99

①當事人得向行政法院書記官聲請閱覽、抄錄、影印或攝影卷內文書，或預納費用請求付與繕本、影本或節本。

②第三人經當事人同意或釋明有法律上之利害關係，而爲前項之聲請者，應經行政法院裁定許可。

③當事人、訴訟代理人、第四十四條之參加人及其他經許可之第三人之閱卷規則，由司法院定之。

第九七條 （訴訟文書利用之限制）99

裁判草案及其準備或評議文件，除法律別有規定外，不得交當事人或第三人閱覽、抄錄、影印或攝影，或付與繕本、影本或節本；裁判書在宣示或公告前，或未經法官簽名者，亦同。

第五節 訴訟費用

第九八條 （裁判費以外訴訟費用負擔之原則）96

①訴訟費用指裁判費及其他進行訴訟之必要費用，由敗訴之當事人負擔。但第一百九十八條之判決時，由被告負擔。

②起訴，按件徵收裁判費新臺幣四千元。適用簡易訴訟程序之事件，徵收裁判費新臺幣二千元。

第九八條之一 （訴之合併應徵收之裁判費）96

以一訴主張數項標的，或爲訴之變更、追加或提起反訴者，不另徵收裁判費。

第九八條之二 （上訴應徵收之裁判費）96

①上訴，依第九十八條第二項規定，加徵裁判費二分之一。

②發回或發交更審再行上訴，或依第二百五十七條第二項爲移送，經判決後再行上訴者，免徵裁判費。

第九八條之三 （再審之訴應徵收之裁判費）96

①再審之訴，按起訴法院之審級，依第九十八條第二項及前條第一項規定徵收裁判費。

②對於確定之裁定聲請再審者，徵收裁判費新臺幣一千元。

第九八條之四 （抗告應徵收之裁判費）96

抗告，徵收裁判費新臺幣一千元。

第九八條之五 （徵收裁判費之聲請）96

聲請或聲明，不徵收裁判費。但下列聲請，徵收裁判費新臺幣一千元：

一 聲請參加訴訟或駁回參加。

二 聲請回復原狀。

三 聲請停止執行或撤銷停止執行之裁定。

四 起訴前聲請證據保全。

五 聲請重新審理。

　六　聲請假扣押、假處分或撤銷假扣押、假處分之裁定。

第九八條之六　（進行訴訟必要費用之徵收）96

①下列費用之徵收，除法律另有規定外，其項目及標準由司法院定之：

一　影印費、攝影費、抄錄費、翻譯費、運送費及登載公報新聞紙費。

二　證人及通譯之日費、旅費。

三　鑑定人之日費、旅費、報酬及鑑定所需費用。

四　其他進行訴訟及強制執行之必要費用。

②郵電送達費及行政法院人員於法院外為訴訟行為之食、宿、交通費，不另徵收。

第九八條之七　（裁判費別有規定之優先適用）100

交通裁決事件之裁判費，第二編第三章別有規定者，從其規定。

第九九條　（參加訴訟人應負擔之訴訟費用）96

①因可歸責於參加人之事由致生無益之費用者，行政法院得命該參加人負擔其全部或一部。

②依第四十四條參加訴訟所生之費用，由參加人負擔。但他造當事人依第九十八條第一項及準用民事訴訟法第七十九至第八十四條規定應負擔之訴訟費用，仍由該當事人負擔。

第一○○條　（必要費用之預納及徵收）99

①裁判費除法律別有規定外，當事人應預納之。其未預納者，審判長應定期命當事人繳納，逾期未納者，行政法院應駁回其訴、上訴、抗告、再審或其他聲請。

②進行訴訟之必要費用，審判長得定期命當事人預納。逾期未納者，由國庫墊付，並於判決確定後，依職權裁定，向應負擔訴訟費用之人徵收之。

③前項裁定得為執行名義。

第一○一條　（訴訟救助）

當事人無資力支出訴訟費用者，行政法院應依聲請，以裁定准予訴訟救助。但顯無勝訴之望者，不在此限。

第一○二條　（聲請訴訟救助）

①聲請訴訟救助，應向受訴行政法院為之。

②聲請人無資力支出訴訟費用之事由應釋明之。

③前項釋明，得由受訴行政法院管轄區域內有資力之人出具保證書代之。

④前項保證書內，應載明具保證書人於聲請訴訟救助人負擔訴訟費用時，代繳暫免之費用。

第一○三條　（訴訟救助之效力）96

准予訴訟救助者，暫行免付訴訟費用。

第一○四條　（準用之規定）99

民事訴訟法第七十七條之二十六、第七十九條至第八十五條、第八十七條至第九十四條、第九十五條、第九十六條至第一百零六

條、第一百零八條、第一百零九條之一、第一百十一條至第一百十三條、第一百十四條第一項及第一百十五條之規定，於本節準用之。

第二編　第一審程序

第一章　高等行政法院通常訴訟程序

第一節　起　訴

第一○四條之一　（高等行政法院通常訴訟程序）100
適用通常訴訟程序之事件，以高等行政法院為第一審管轄法院。

第一○五條　（起訴之程式）99
①起訴，應以訴狀表明下列各款事項，提出於行政法院為之：
　一　當事人。
　二　起訴之聲明。
　三　訴訟標的及其原因事實。
②訴狀內宜記載適用程序上有關事項、證據方法及其他準備言詞辯論之事項；其經訴願程序者，並附具決定書。

第一○六條　（撤銷訴訟之提起期間）100
①第四條及第五條訴訟之提起，除本法別有規定外，應於訴願決定書送達後二個月之不變期間內為之。但訴願人以外之利害關係人知悉在後者，自知悉時起算。
②第四條及第五條之訴訟，自訴願決定書送達後，已逾三年者，不得提起。
③不經訴願程序即得提起第四條或第五條第二項之訴訟者，應於行政處分達到或公告後二個月之不變期間內為之。
④不經訴願程序即得提起第五條第一項之訴訟者，於應作為期間屆滿後，始得為之。但於期間屆滿後，已逾三年者，不得提起。

第一○七條　（訴訟要件之審查及補正）100
①原告之訴，有下列各款情形之一者，行政法院應以裁定駁回之。但其情形可以補正者，審判長應定期間先命補正：
　一　訴訟事件不屬行政訴訟審判之權限者。但本法別有規定者，從其規定。
　二　訴訟事件不屬受訴行政法院管轄而不能請求指定管轄，亦不能為移送訴訟之裁定者。
　三　原告或被告無當事人能力者。
　四　原告或被告未由合法之法定代理人、代表人或管理人為訴訟行為者。
　五　由訴訟代理人起訴，而其代理權有欠缺者。
　六　起訴逾越法定期限者。
　七　當事人就已起訴之事件，於訴訟繫屬中更行起訴者。

　八　本案經終局判決後撤回其訴，復提起同一之訴者。
　九　訴訟標的為確定判決或和解之效力所及者。
　十　起訴不合程式或不備其他要件者。

②撤銷訴訟及課予義務訴訟，原告於訴狀誤列被告機關者，準用第一項規定。

③原告之訴，依其所訴之事實，在法律上顯無理由者，行政法院得不經言詞辯論，逕以判決駁回之。

第一○八條 （將訴狀送達被告並命答辯）99

①行政法院除依前條規定駁回原告之訴或移送者外，應將訴狀送達於被告。並得命被告以答辯狀陳述意見。

②原處分機關、被告機關或受理訴願機關經行政法院通知後，應於十日內將卷證送交行政法院。

第一○九條 （言詞辯論期日之指定）

①審判長認已適於為言詞辯論時，應速定言詞辯論期日。

②前項言詞辯論期日，距訴狀之送達，至少應有十日為就審期間。但有急迫情形者，不在此限。

第一一○條 （當事人恆定與訴訟繼受主義）

①訴訟繫屬中，為訴訟標的之法律關係雖移轉於第三人，於訴訟無影響。但第三人如經兩造同意，得代當事人承當訴訟。

②前項情形，僅他造不同意者，移轉之當事人或第三人得聲請行政法院以裁定許第三人承當訴訟。

③前項裁定得為抗告。

④行政法院知悉訴訟標的有移轉者，應即以書面將訴訟繫屬情形通知第三人。

⑤訴願決定後，為訴訟標的之法律關係移轉於第三人者，得由受移轉人提起撤銷訴訟。

第一一一條 （應准許訴之變更或追加之情形）99

①訴狀送達後，原告不得將原訴變更或追加他訴。但經被告同意，或行政法院認為適當者，不在此限。

②被告於訴之變更或追加無異議，而為本案之言詞辯論者，視為同意變更或追加。

③有下列情形之一者，訴之變更或追加，應予准許：
　一　訴訟標的對於數人必須合一確定者，追加其原非當事人之人為當事人。
　二　訴訟標的之請求雖有變更，但其請求之基礎不變者。
　三　因情事變更而以他項聲明代最初之聲明。
　四　應提起確認訴訟，誤為提起撤銷訴訟者。
　五　依第一百九十七條或其他法律之規定，應為訴之變更或追加者。

④前三項規定，於變更或追加之新訴為撤銷訴訟而未經訴願程序者不適用之。

⑤對於行政法院以訴為非變更追加，或許訴之變更追加之裁判，不

得聲明不服。但撤銷訴訟，主張其未經訴願程序者，得隨同終局判決聲明不服。

第一一二條 （被告得提起反訴）99

①被告於言詞辯論終結前，得在本訴繫屬之行政法院提起反訴。但對於撤銷訴訟及課予義務訴訟，不得提起反訴。

②原告對於反訴，不得復行提起反訴。

③反訴之請求如專屬他行政法院管轄，或與本訴之請求或其防禦方法不相牽連者，不得提起。

④被告意圖延滯訴訟而提反訴者，行政法院得駁回之。

第一一三條 （訴訟撤回之要件及程序）100

①原告於判決確定前得撤回訴之全部或一部。但於公益之維護有礙者，不在此限。

②前項撤回，被告已爲本案之言詞辯論者，應得其同意。

③訴之撤回，應以書狀爲之。但於期日得以言詞爲之。

④以言詞所爲之撤回，應記載於筆錄，如他造不在場，應將筆錄送達。

⑤訴之撤回，被告於期日到場，未爲同意與否之表示者，自該期日起；其未於期日到場或係以書狀撤回者，自前項筆錄或撤回書狀送達之日起，十日內未提出異議者，視爲同意撤回。

第一一四條 （訴訟撤回之限制）100

①行政法院就前條訴之撤回認有礙公益之維護者，應以裁定不予准許。

②前項裁定不得抗告。

第一一四條之一 （訴訟之裁定移送）100

適用通常訴訟程序之事件，因訴之變更或一部撤回，致其訴之全部屬於簡易訴訟程序或交通裁決事件訴訟程序之範圍者，高等行政法院應裁定移送管轄之地方法院行政訴訟庭。

第一一五條 （準用之規定）

民事訴訟法第二百四十五條、第二百四十六條、第二百四十八條、第二百五十二條、第二百五十三條、第二百五十七條、第二百六十一條、第二百六十三條及第二百六十四條之規定，於本節準用之。

第二節 停止執行

第一一六條 （行政訴訟不停止執行之原則(一)）

①原處分或決定之執行，除法律另有規定外，不因提起行政訴訟而停止。

②行政訴訟繫屬中，行政法院認爲原處分或決定之執行，將發生難於回復之損害，且有急迫情事者，得依職權或依聲請裁定停止執行。但於公益有重大影響，或原告之訴在法律上顯無理由者，不得爲之。

③於行政訴訟起訴前，如原處分或決定之執行將發生難於回復之損

害，且有急迫情事者，行政法院亦得依受處分人或訴願人之聲請，裁定停止執行。但於公益有重大影響者，不在此限。

④行政法院爲前二項裁定前，應先徵詢當事人之意見。如原處分或決定機關已依職權或依聲請停止執行者，應爲駁回聲請之裁定。

⑤停止執行之裁定，得停止原處分或決定之效力、處分或決定之執行或程序之續行之全部或部分。

第一一七條 （行政訴訟不停止執行之原則㈡）

前條規定，於確認行政處分無效之訴訟準用之。

第一一八條 （撤銷停止執行之裁定）

停止執行之原因消滅，或有其他情事變更之情形，行政法院得依職權或依聲請撤銷停止執行之裁定。

第一一九條 （抗告）

關於停止執行或撤銷停止執行之裁定，得爲抗告。

第三節　言詞辯論

第一二〇條 （言詞辯論）100

①原告因準備言詞辯論之必要，應提出準備書狀。

②被告因準備言詞辯論，宜於未逾就審期間二分之一以前，提出答辯狀。

第一二一條 （得於言詞辯論前所爲之處置）99

①行政法院因使辯論易於終結，認爲必要時，得於言詞辯論前，爲下列各款之處置：

一　命當事人、法定代理人、代表人或管理人本人到場。

二　命當事人提出圖案、表冊、外國文文書之譯本或其他文書、物件。

三　行勘驗、鑑定或囑託機關、團體爲調查。

四　通知證人或鑑定人，及調取或命第三人提出文書、物件。

五　使受命法官或受託法官調查證據。

②行政法院因闡明或確定訴訟關係，於言詞辯論時，得爲前項第一款至第三款之處置，並得將當事人或第三人提出之文書、物件暫留置之。

第一二二條 （言詞辯論以聲明起訴事項爲始）

①言詞辯論，以當事人聲明起訴之事項爲始。

②當事人應就訴訟關係爲事實上及法律上之陳述。

③當事人不得引用文件以代言詞陳述。但以舉文件之辭句爲必要時，得朗讀其必要之部分。

第一二三條 （調查證據之期日）

①行政法院調查證據，除別有規定外，於言詞辯論期日行之。

②當事人應依第二編第一章第四節之規定，聲明所用之證據。

第一二四條 （審判長之職權－言詞辯論指揮權）

①審判長開始、指揮及終結言詞辯論，並宣示行政法院之裁判。

②審判長對於不服從言詞辯論之指揮者，得禁止發言。

③言詞辯論須繼續行者，審判長應速定其期日。

第一二五條 （行政法院職權調查事實及審判長之闡明權）

①行政法院應依職權調查事實關係，不受當事人主張之拘束。

②審判長應注意使當事人得為事實上及法律上適當完全之辯論。

③審判長應向當事人發問或告知，令其陳述事實、聲明證據，或為必要之聲明及陳述；其所聲明或陳述有不明瞭或不完足者，應令其敘明或補充之。

④陪席法官告明審判長後，得向當事人發問或告知。

第一二五條之一 （司法事務官得參與訴訟程序）100

①行政法院為使訴訟關係明確，必要時得命司法事務官就事實上及法律上之事項，基於專業知識對當事人為說明。

②行政法院因司法事務官提供而獲知之特殊專業知識，應予當事人辯論之機會，始得採為裁判之基礎。

第一二六條 （受命法官之指定及行政法院之囑託）

①凡依本法使受命法官為行為者，由審判長指定之。

②行政法院應為之囑託，除別有規定外，由審判長行之。

第一二七條 （同種類之訴訟得合併辯論）

①分別提起之數宗訴訟係基於同一或同種類之事實上或法律上之原因者，行政法院得命合併辯論。

②命合併辯論之數宗訴訟，得合併裁判之。

第一二八條 （言詞辯論筆錄應記載事項）99

行政法院書記官應作言詞辯論筆錄，記載下列各款事項：

一　辯論之處所及年、月、日。

二　法官、書記官及通譯姓名。

三　訴訟事件。

四　到場當事人、法定代理人、代表人、管理人、訴訟代理人、輔佐人及其他經通知到場之人姓名。

五　辯論之公開或不公開；如不公開者，其理由。

第一二九條 （言詞辯論筆錄實質上應記載事項）99

言詞辯論筆錄內，應記載辯論進行之要領，並將下列各款事項記載明確：

一　訴訟標的之捨棄、認諾、自認及訴之撤回。

二　證據之聲明或撤回，及對於違背訴訟程序規定之異議。

三　當事人所為其他重要聲明或陳述，及經告知而不為聲明或陳述之情形。

四　依本法規定應記載筆錄之其他聲明或陳述。

五　證人或鑑定人之陳述，及勘驗所得之結果。

六　審判長命令記載之事項。

七　不作裁判書附卷之裁判。

八　裁判之宣示。

第一三○條 （筆錄之朗讀或閱覽）

①筆錄或筆錄內所引用附卷或作為附件之文書內所記前條第一款至

第六款事項，應依聲請於法庭向關係人朗讀或令其閱覽，並於筆錄內附記其事由。

②關係人對於筆錄所記有異議者，行政法院書記官得更正或補充之。如以異議為不當，應於筆錄內附記其異議。

③以機器記錄言詞辯論之進行者，其實施辦法由司法院定之。

第一三〇條之一 （視訊審理與文書傳送）102

①當事人、代理人之所在處所或其所在地法院與行政法院間，有聲音及影像相互傳送之科技設備而得直接審理者，行政法院認為適當時，得依聲請或依職權以該設備審理之。

②前項情形，其期日通知書記載之應到處所為該設備所在處所。

③依第一項進行程序之筆錄及其他文書，須陳述人簽名者，由行政法院傳送至陳述人所在處所，經陳述人確認內容並簽名後，將筆錄及其他文書以電信傳真或其他科技設備傳回行政法院。

④第一項之審理及前項文書傳送之辦法，由司法院定之。

第一三一條 （受命法官之權限）102

第四十九條第三項至第六項、第五十五條、第六十六條但書、第六十七條但書、第一百條第一項前段、第二項、第一百零七條第一項但書、第一百十條第四項、第一百二十一條第一項第一款至第四款、第二項、第一百二十四條、第一百二十五條、第一百三十條之一及民事訴訟法第四十九條、第七十五條第一項、第一百二十條第一項、第一百二十一條第一項、第二項、第二百條、第二百零七條、第二百零八條、第二百十三條第二項、第二百十三條之一、第二百十四條、第二百十七條、第二百六十八條、第二百六十八條之一第二項、第三項、第二百六十八條之二第一項、第三百七十一條第一項、第二項及第三百七十二條關於法院或審判長權限之規定，於受命法官行準備程序時準用之。

第一三二條 （準用之規定）99

民事訴訟法第一百九十五條至第一百九十七條、第二百條、第二百零一條、第二百零四條、第二百零六條至第二百零八條、第二百十條、第二百十一條、第二百十四條、第二百十五條、第二百十七條至第二百十九條、第二百六十五條至第二百六十八條之一、第二百六十八條之二、第二百七十條至第二百七十一條之一、第二百七十三條至第二百七十六條之規定，於本節準用之。

第四節　證　據

第一三三條 （調查證據）

行政法院於撤銷訴訟，應依職權調查證據；於其他訴訟，為維護公益者，亦同。

第一三四條 （自認之限制）

前條訴訟，當事人主張之事實，雖經他造自認，行政法院仍應調查其他必要之證據。

第一三五條 （認他造證據之主張應證之事實為真實）

①當事人因妨礙他造使用，故意將證據滅失、隱匿或致礙難使用者，行政法院得審酌情形認他造關於該證據之主張或依該證據應證之事實為真實。

②前項情形，於裁判前應令當事人有辯論之機會。

第一三六條 （準用之規定）

除本法有規定者外，民事訴訟法第二百七十七條之規定於本節準用之。

第一三七條 （當事人對行政法院不知者有舉證之責）

習慣及外國之現行法為行政法院所不知者，當事人有舉證之責任。但行政法院得依職權調查之。

第一三八條 （囑託調查證據）

行政法院得囑託普通法院或其他機關、學校、團體調查證據。

第一三九條 （受命法官調查或囑託調查）

行政法院認為適當時，得使庭員一人為受命法官或囑託他行政法院指定法官調查證據。

第一四○條 （製作調查證據筆錄）

①受訴行政法院於言詞辯論前調查證據，或由受命法官、受託法官調查證據者，行政法院書記官應作調查證據筆錄。

②第一百二十八條至第一百三十條之規定，於前項筆錄準用之。

③受託法官調查證據筆錄，應送交受訴行政法院。

第一四一條 （調查證據後行政法院應為之處置）99

①調查證據之結果，應告知當事人為辯論。

②於受訴行政法院外調查證據者，當事人應於言詞辯論時陳述其調查之結果。但審判長得令行政法院書記官朗讀調查證據筆錄代之。

第一四二條 （為證人之義務）

除法律別有規定外，不問何人，於他人之行政訴訟有為證人之義務。

第一四三條 （裁定不到場證人以罰鍰）100

①證人受合法之通知，無正當理由而不到場者，行政法院得以裁定處新臺幣三萬元以下罰鍰。

②證人已受前項裁定，經再次通知仍不到場者，得再處新臺幣六萬元以下罰鍰，並得拘提之。

③拘提證人，準用刑事訴訟法關於拘提被告之規定；證人為現役軍人者，應以拘票囑託該管長官執行。

④處證人罰鍰之裁定，得為抗告，抗告中應停止執行。

第一四四條 （公務員為證人之特則）

①以公務員、中央民意代表或曾為公務員、中央民意代表之人為證人，而就其職務上應守秘密之事項訊問者，應得該監督長官或民意機關之同意。

②前項同意，除有妨害國家高度機密者外，不得拒絕。

③以受公務機關委託承辦公務之人為證人者，準用前二項之規定。

第一四五條　（得拒絕證言之事由㈠）99

證人恐因陳述致自己或下列之人受刑事訴追或蒙恥辱者，得拒絕證言：

一　證人之配偶、前配偶或四親等內之血親、三親等內之姻親或曾有此親屬關係或與證人訂有婚約者。

二　證人之監護人或受監護人。

第一四六條　（得拒絕證言之事由㈡）99

①證人有下列各款情形之一者，得拒絕證言：

一　證人有第一百四十四條之情形者。

二　證人為醫師、藥師、藥商、助產士、宗教師、律師、會計師或其他從事相類業務之人或其業務上佐理人或曾任此等職務之人，就其因業務所知悉有關他人秘密之事項受訊問者。

三　關於技術上或職業上之秘密受訊問者。

②前項規定，於證人秘密之責任已經免除者，不適用之。

第一四七條　（得拒絕證言者之告之）

依前二條規定，得拒絕證言者，審判長應於訊問前或知有該項情形時告知之。

第一四八條　（不陳明原因而拒絕證言得處罰鍰）100

①證人不陳明拒絕之原因事實而拒絕證言，或以拒絕為不當之裁定已確定而仍拒絕證言者，行政法院得以裁定處新臺幣三萬元以下罰鍰。

②前項裁定得為抗告，抗告中應停止執行。

第一四九條　（命證人具結）99

①審判長於訊問前，應命證人各別具結。但其應否具結有疑義者，於訊問後行之。

②審判長於證人具結前，應告以具結之義務及偽證之處罰。

③證人以書狀為陳述者，不適用前二項之規定。

第一五〇條　（不得命具結者）

以未滿十六歲或因精神障礙不解具結意義及其效果之人為證人者，不得令其具結。

第一五一條　（得不命具結者）99

以下列各款之人為證人者，得不令其具結：

一　證人為當事人之配偶、前配偶或四親等內之血親、三親等內之姻親或曾有此親屬關係或與當事人訂有婚約者。

二　有第一百四十五條情形而不拒絕證言者。

三　當事人之受雇人或同居人。

第一五二條　（得拒絕具結之事由）

證人就與自己或第一百四十五條所列之人有直接利害關係之事項受訊問者，得拒絕具結。

第一五三條　（拒絕具結準用之規定）

第一百四十八條之規定，於證人拒絕具結者準用之。

第一五四條 （當事人之聲請發問及自行發問）99

①當事人得就應證事實及證言信用之事項，聲請審判長對於證人為必要之發問，或向審判長陳明後自行發問。

②前項之發問，與應證事實無關、重複發問、誘導發問、侮辱證人或有其他不當情形，審判長得依聲請或依職權限制或禁止。

③關於發問之限制或禁止有異議者，行政法院應就其異議為裁定。

第一五五條 （發給證人日費及旅費）

①行政法院應發給證人法定之日費及旅費；證人亦得於訊問完畢後請求之。但被拘提或無正當理由而拒絕具結或證言者，不在此限。

②前項關於日費及旅費之裁定，得為抗告。

③證人所需之旅費，得依其請求預行酌給之。

第一五六條 （鑑定準用之規定）

鑑定，除別有規定外，準用本法關於人證之規定。

第一五七條 （有為鑑定人之義務）

從事於鑑定所需之學術、技藝或職業，或經機關委任有鑑定職務者，於他人之行政訴訟有為鑑定人之義務。

第一五八條 （拘提之禁止）

鑑定人不得拘提。

第一五九條 （拒絕鑑定）

鑑定人拒絕鑑定，雖其理由不合於本法關於拒絕證言之規定，如行政法院認為正當者，亦得免除其鑑定義務。

第一六〇條 （報酬之請求）

①鑑定人於法定之日費、旅費外，得請求相當之報酬。

②鑑定所需費用，得依鑑定人之請求預行酌給之。

③關於前二項請求之裁定，得為抗告。

第一六一條 （囑託鑑定準用之規定）

行政法院依第一百三十八條之規定，囑託機關、學校或團體陳述鑑定意見或審查之者，準用第一百六十條及民事訴訟法第三百三十五條至第三百三十七條之規定。其鑑定書之說明，由該機關、學校或團體所指定之人為之。

第一六二條 （專業法律問題之徵詢意見）

①行政法院認有必要時，得就訴訟事件之專業法律問題徵詢從事該學術研究之人，以書面或於審判期日到場陳述其法律上意見。

②前項意見，於裁判前應告知當事人使為辯論。

③第一項陳述意見之人，準用鑑定人之規定。但不得令其具結。

第一六三條 （當事人有提出義務之文書）99

下列各款文書，當事人有提出之義務：

一　該當事人於訴訟程序中曾經引用者。

二　他造依法律規定，得請求交付或閱覽者。

三　為他造之利益而作者。

四　就與本件訴訟關係有關之事項所作者。

五　商業帳簿。

第一六四條 （調取文書）

①公務員或機關掌管之文書，行政法院得調取之。如該機關為當事人時，並有提出之義務。

②前項情形，除有妨害國家高度機密者外，不得拒絕。

第一六五條 （當事人不從提出文書之命）

①當事人無正當理由不從提出文書之命者，行政法院得審酌情形認他造關於該文書之主張或依該文書應證之事實為真實。

②前項情形，於裁判前應令當事人有辯論之機會。

第一六六條 （聲請命第三人提出文書）99

①聲明書證係使用第三人所執之文書者，應聲請行政法院命第三人提出或定由舉證人提出之期間。

②民事訴訟第三百四十二條第二項、第三項之規定，於前項聲請準用之。

③文書為第三人所執之事由及第三人有提出義務之原因，應釋明之。

第一六七條 （裁定命第三人提出文書）

①行政法院認應證之事實重要且舉證人之聲請正當者，應以裁定命第三人提出文書或定由舉證人提出文書之期間。

②行政法院為前項裁定前，應使該第三人有陳述意見之機會。

第一六八條 （第三人提出文書準用之規定）

關於第三人提出文書之義務，準用第一百四十四條至第一百四十七條及第一百六十三條第二款至第五款之規定。

第一六九條 （第三人不從提出文書命令之制裁）100

①第三人無正當理由不從提出文書之命者，行政法院得以裁定處新臺幣三萬元以下罰鍰；於必要時，並得為強制處分。

②前項強制處分之執行，適用第三零六條規定。

③第一項裁定得為抗告，抗告中應停止執行。

第一七〇條 （第三人之權利）

①第三人得請求提出文書之費用。

②第一百五十五條之規定，於前項情形準用之。

第一七一條 （文書真偽之辨別）

①文書之真偽，得依核對筆跡或印跡證之。

②行政法院得命當事人或第三人提出文書，以供核對。核對筆跡或印跡，適用關於勘驗之規定。

第一七二條 （鑑別筆跡之方法）

①無適當之筆跡可供核對者，行政法院得指定文字，命該文書之作成名義人書寫，以供核對。

②文書之作成名義人無正當理由不從前項之命者，準用第一百六十五條或第一百六十九條之規定。

③因供核對所書寫之文字應附於筆錄；其他供核對之文件不須發還者，亦同。

第一七三條 （準文書）

①本法關於文書之規定，於文書外之物件，有與文書相同之效用者，準用之。

②文書或前項物件，須以科技設備始能呈現其內容或提出原件有事實上之困難者，得僅提出呈現其內容之書面並證明其內容與原件相符。

第一七四條 （勘驗準用之規定）

第一百六十四條至第一百七十條之規定，於勘驗準用之。

第一七五條 （保全證據之管轄法院）

①保全證據之聲請，在起訴後，向受訴行政法院為之；在起訴前，向受訊問人住居地或證物所在地之地方法院行政訴訟庭為之。

②遇有急迫情形時，於起訴後，亦得向前項地方法院行政訴訟庭聲請保全證據。

第一七五條之一 （司法事務官協助調查證據）100

行政法院於保全證據時，得命司法事務官協助調查證據。

第一七六條 （準用之規定）99

民事訴訟法第二百五十五條、第二百十七條至第二百十九條、第二百七十八條、第二百八十一條、第二百八十二條、第二百八十二條之一、第二百八十四條至第二百八十六條、第二百九十一條至第二百九十三條、第二百九十五條、第二百九十六條、第二百九十六條之一、第二百九十八條至第三百零一條、第三百零四條、第三百零五條、第三百零九條、第三百十條、第三百十三條、第三百十三條之一、第三百十六條至第三百十九條、第三百二十一條、第三百二十二條、第三百二十五條至第三百二十七條、第三百三十一條至第三百三十七條、第三百三十九條、第三百四十一條至第三百四十三條、第三百五十二條至第三百五十八條、第三百六十一條、第三百六十四條至第三百六十六條、第三百六十八條、第三百七十條至第三百七十六條之二之規定，於本節準用之。

第五節　訴訟程序之停止

第一七七條 （裁定停止㈠—裁判以他訴法律關係為據）

①行政訴訟之裁判須以民事法律關係是否成立為準據，而該法律關係已經訴訟繫屬尚未終結者，行政法院應以裁定停止訴訟程序。

②除前項情形外，有民事、刑事或其他行政爭訟牽涉行政訴訟之裁判者，行政法院在該民事、刑事或其他行政爭訟終結前，得以裁定停止訴訟程序。

第一七八條 （裁定停止㈡—受理訴訟之權限見解有異）

行政法院就其受理訴訟之權限，如與普通法院確定裁判之見解有異時，應以裁定停止訴訟程序，並聲請司法院大法官解釋。

第一七八條之一 （聲請司法院大法官解釋）100

①行政法院就其受理事件，對所適用之法律，確信有牴觸憲法之疑

義時，得聲請司法院大法官解釋。

②前項情形，行政法院應裁定停止訴訟程序。

第一七九條　（當然停止）

①本於一定資格，以自己名義為他人任訴訟當事人之人，喪失其資格或死亡者，訴訟程序在有同一資格之人承受其訴以前當然停止。

②依第二十九條規定，選定或指定為訴訟當事人之人全體喪失其資格者，訴訟程序在該有共同利益人全體或新選定或指定為訴訟當事人之人承受其訴以前當然停止。

第一八〇條　（當然停止之例外規定）

第一百七十九條之規定，於有訴訟代理人時不適用之。但行政法院得酌量情形裁定停止其訴訟程序。

第一八一條　（承受訴訟之聲明）

①訴訟程序當然停止後，依法律所定之承受訴訟之人，於得為承受時，應即為承受之聲明。

②他造當事人亦得聲明承受訴訟。

第一八二條　（當然或裁定停止之效力）

①訴訟程序當然或裁定停止間，行政法院及當事人不得為關於本案之訴訟行為。但於言詞辯論終結後當然停止者，本於其辯論之裁判得宣示之。

②訴訟程序當然或裁定停止者，期間停止進行；自停止終竣時起，其期間更始進行。

第一八三條　（當事人合意停止訴訟程序）100

①當事人得以合意停止訴訟程序。但於公益之維護有礙者，不在此限。

②前項合意，應由兩造向受訴行政法院陳明。

③行政法院認第一項之合意有礙公益之維護者，應於兩造陳明後，一個月內裁定續行訴訟。

④前項裁定不得聲明不服。

⑤不變期間之進行不因第一項合意停止而受影響。

第一八四條　（合意停止之期間及次數之限制）100

除有前條第三項之裁定外，合意停止訴訟程序之當事人，自陳明合意停止時起，如於四個月內不續行訴訟者，視為撤回其訴；續行訴訟而再以合意停止訴訟程序者，以一次為限。如再次陳明合意停止訴訟程序，視為撤回其訴。

第一八五條　（擬制合意停止）100

①當事人兩造無正當理由遲誤言詞辯論期日，除有礙公益之維護者外，視為合意停止訴訟程序。如於四個月內不續行訴訟者，視為撤回其訴。但行政法院認有必要時，得依職權續行訴訟。

②行政法院依前項但書規定續行訴訟，兩造如無正當理由仍不到者，視為撤回其訴。

③行政法院認第一項停止訴訟程序有礙公益之維護者，除別有規定

外，應自該期日起，一個月內裁定續行訴訟。

④前項裁定不得聲明不服。

第一八六條 （準用之規定）

　　民事訴訟法第一百六十八條至第一百七十一條、第一百七十三條、第一百七十四條、第一百七十六條至第一百八十一條、第一百八十五條至第一百八十七條之規定，於本節準用之。

第六節　裁　判

第一八七條 （裁判之方式）

　　裁判，除依本法應用判決者外，以裁定行之。

第一八八條 （判決之形式要件、言詞審理、直接審理）

①行政訴訟除別有規定外，應本於言詞辯論而為裁判。

②法官非參與裁判基礎之辯論者，不得參與裁判。

③裁定得不經言詞辯論為之。

④裁定前不行言詞辯論者，除別有規定外，得命關係人以書狀或言詞為陳述。

第一八九條 （裁判之實質要件）99

①行政法院為裁判時，應斟酌全辯論意旨及調查證據之結果，依論理及經驗法則判斷事實之真偽。但別有規定者，不在此限。

②當事人已證明受有損害而不能證明其數額或證明顯有重大困難者，法院應審酌一切情況，依所得心證定其數額。

③得心證之理由，應記明於判決。

第一九〇條 （終局判決）

　　行政訴訟達於可為裁判之程序者，行政法院應為終局判決。

第一九一條 （一部之終局判決）

①訴訟標的之一部，或以一訴主張之數項標的，其一達於可為裁判之程度者，行政法院得為一部之終局判決。

②前項規定，於命合併辯論之數宗訴訟，其一達於可為裁判之程度者，準用之。

第一九二條 （中間判決）

　　各種獨立之攻擊或防禦方法，達於可為裁判之程度者，行政法院得為中間判決；請求之原因及數額俱有爭執時，行政法院以其原因為正當者，亦同。

第一九三條 （中間裁定）

　　行政訴訟進行中所生程序上之爭執，達於可為裁判之程度者，行政法院得先為裁定。

第一九四條 （逕為判決之情形）100

　　行政訴訟有關公益之維護者，當事人兩造於言詞辯論期日無正當理由均不到場時，行政法院得依職權調查事實，不經言詞辯論，逕為判決。

第一九五條 （判決及不利益變更之禁止）

①行政法院認原告之訴為有理由者，除別有規定外，應為其勝訴之

判決；認為無理由者，應以判決駁回之。

②撤銷訴訟之判決，如係變更原處分或決定者，不得為較原處分或決定不利於原告之判決。

第一九六條 （撤銷判決中命為回復原狀之處置）99

①行政處分已執行者，行政法院為撤銷行政處分判決時，經原告聲請，並認為適當者，得於判決中命行政機關為回復原狀之必要處置。

②撤銷訴訟進行中，原處分已執行而無回復原狀可能或已消滅者，於原告有即受確認判決之法律上利益時，行政法院得依聲請，確認該行政處分為違法。

第一九七條 （撤銷訴訟之代替判決）

撤銷訴訟，其訴訟標的之行政處分涉及金錢或其他代替物之給付或確認者，行政法院得以確定不同金額之給付或以不同之確認代替之。

第一九八條 （情況判決）

①行政法院受理撤銷訴訟，發現原處分或決定雖屬違法，但其撤銷或變更於公益有重大損害，經斟酌原告所受損害、賠償程度、防止方法及其他一切情事，認原處分或決定之撤銷或變更顯與公益相違背時，得駁回原告之訴。

②前項情形，應於判決主文中諭知原處分或決定違法。

第一九九條 （因情況判決而受損害之救濟）100

①行政法院為前條判決時，應依原告之聲明，將其因違法處分或決定所受之損害，於判決內命被告機關賠償。

②原告未為前項聲明者，得於前條判決確定後一年內，向行政法院訴請賠償。

第二○○條 （請求應為行政處分之訴訟之判決方式）99

行政法院對於人民依第五條規定請求應為行政處分或應為特定內容之行政處分之訴訟，應為下列方式之裁判：

一 原告之訴不合法者，應以裁定駁回之。

二 原告之訴無理由者，應以判決駁回之。

三 原告之訴有理由，且案件事證明確者，應判命行政機關作成原告所申請內容之行政處分。

四 原告之訴雖有理由，惟案件事證尚未臻明確或涉及行政機關之行政裁量決定者，應判命行政機關遵照其判決之法律見解對於原告作成決定。

第二○一條 （對違法裁量行為之審查）

行政機關依裁量權所為之行政處分，以其作為或不作為逾越權限或濫用權力者為限，行政法院得予撤銷。

第二○二條 （捨棄及認諾判決）

當事人於言詞辯論時為訴訟標的之捨棄或認諾者，以該當事人具有處分權及不涉及公益者為限，行政法院得本於其捨棄或認諾為該當事人敗訴之判決。

第二○三條 （情事變更原則）

①公法上契約成立後，情事變更，非當時所得預料，而依其原有效果顯失公平者，行政法院得依當事人聲請，為增、減給付或變更、消滅其他原有效果之判決。

②為當事人之行政機關，因防止或免除公益上顯然重大之損害，亦得為前項之聲請。

③前二項規定，於因公法上其他原因發生之財產上給付，準用之。

第二○四條 （宣示與公告判決）103

①經言詞辯論之判決，應宣示之；不經言詞辯論之判決，應公告之。

②宣示判決應於辯論終結之期日或辯論終結時指定之期日為之。

③前項指定之宣示期日，自辯論終結時起，不得逾二星期。

④判決經公告者，行政法院書記官應作記載該事由及年、月、日、時之證書附卷。

第二○五條 （宣示判決之效力及主文之公告）

①宣示判決，不問當事人是否在場，均有效力。

②判決經宣示後，其主文仍應於當日在行政法院牌示處公告之。

③判決經宣示或公告後，當事人得不待送達，本於該判決為訴訟行為。

第二○六條 （判決之羈束力）

判決經宣示後，為該判決之行政法院受其羈束；其不宣示者，經公告主文後，亦同。

第二○七條 （宣示及公告）

①經言詞辯論之裁定，應宣示之。

②終結訴訟之裁定，應公告之。

第二○八條 （裁定之羈束力）

裁定經宣示後，為該裁定之行政法院、審判長、受命法官或受託法官受其羈束；不宣示者，經公告或送達後受其羈束。但關於指揮訴訟或別有規定者，不在此限。

第二○九條 （判決書應記載事項）99

①判決應作判決書記載下列各款事項：

一　當事人姓名、性別、年齡、身分證明文件字號、住所或居所；當事人為法人、機關或其他團體者，其名稱及所在地、事務所或營業所。

二　有法定代理人、代表人、管理人者，其姓名、住所或居所及其與法人、機關或團體之關係。

三　有訴訟代理人者，其姓名、住所或居所。

四　判決經言詞辯論者，其言詞辯論終結日期。

五　主文。

六　事實。

七　理由。

八　年、月、日。

九　行政法院。

②事實項下，應記載言詞辯論時當事人之聲明及所提攻擊或防禦方法之要領。必要時，得以書狀、筆錄或其他文書作為附件。

③理由項下，應記載關於攻擊或防禦方法之意見及法律上之意見。

第二一○條　（判決正本應送達當事人）

①判決，應以正本送達於當事人。

②前項送達，自行政法院書記官收領判決原本時起，至遲不得逾十日。

③對於判決得為上訴者，應於送達當事人之正本內告知其期間及提出上訴狀之行政法院。

④前項告知期間有錯誤時，告知期間較法定期間為短者，以法定期間為準；告知期間較法定期間為長者，應由行政法院書記官於判決正本送達後二十日內，以通知更正之，並自更正通知送達之日起計算法定期間。

⑤行政法院未依第三項規定為告知，或告知錯誤未依前項規定更正，致當事人遲誤上訴期間者，視為不應歸責於己之事由，得自判決送達之日起一年內，適用第九十一條之規定，聲請回復原狀。

第二一一條　（對不得上訴之判決作錯誤告知）

不得上訴之判決，不因告知錯誤而受影響。

第二一二條　（判決之確定）

①判決，於上訴期間屆滿時確定。但於上訴期間內有合法之上訴者，阻其確定。

②不得上訴之判決，於宣示時確定；不宣示者，於公告主文時確定。

第二一三條　（判決之確定力）

訴訟標的於確定之終局判決中經裁判者，有確定力。

第二一四條　（確定判決之效力）

①確定判決，除當事人外，對於訴訟繫屬後為當事人之繼受人者及為當事人或其繼受人占有請求之標的物者，亦有效力。

②對於為他人而為原告或被告者之確定判決，對於該他人亦有效力。

第二一五條　（撤銷或變更原處分判決之效力）

撤銷或變更原處分或決定之判決，對第三人亦有效力。

第二一六條　（判決之拘束力）100

①撤銷或變更原處分或決定之判決，就其事件有拘束各關係機關之效力。

②原處分或決定經判決撤銷後，機關須重為處分或決定者，應依判決意旨為之。

③前二項判決，如係指摘機關適用法律之見解有違誤時，該機關即應受判決之拘束，不得為相左或歧異之決定或處分。

④前三項之規定，於其他訴訟準用之。

第二一七條 （裁定準用之規定）100

第二百零四條第二項至第四項、第二百零五條、第二百十條及民事訴訟法第二百二十八條規定，於裁定準用之。

第二一八條 （準用之規定）

民事訴訟法第二百二十四條、第二百二十七條、第二百二十八條、第二百三十條、第二百三十二條、第二百三十三條、第二百三十六條、第二百三十七條、第二百四十條、第三百八十五條至第三百八十八條、第三百九十六條第一項、第二項及第三百九十九條之規定，於本節準用之。

第七節　和　解

第二一九條 （試行和解）100

①當事人就訴訟標的具有處分權且其和解無礙公益之維護者，行政法院不問訴訟程度如何，得隨時試行和解。受命法官或受託法官，亦同。

②第三人經行政法院之許可，得參加和解。行政法院認為必要時，得通知第三人參加。

第二二〇條 （試行和解得命當事人等到場）

因試行和解，得命當事人、法定代理人、代表人或管理人本人到場。

第二二一條 （和解筆錄）

①試行和解而成立者，應作成和解筆錄。

②第一百二十八條至第一百三十條、民事訴訟法第二百二十四條、第二百十五條、第二百十七條至第二百十九條之規定，於前項筆錄準用之。

③和解筆錄應於和解成立之日起十日內，以正本送達於當事人及參加和解之第三人。

第二二二條 （和解之效力）

和解成立者，其效力準用第二百十三條、第二百十四條及第二百十六條之規定。

第二二三條 （請求繼續審判）

和解有無效或得撤銷之原因者，當事人得請求繼續審判。

第二二四條 （請求繼續審判之時限）

①請求繼續審判，應於三十日之不變期間內為之。

②前項期間，自和解成立時起算。但無效或得撤銷之原因知悉在後者，自知悉時起算。

③和解成立後經過三年者，不得請求繼續審判。但當事人主張代理權有欠缺者，不在此限。

第二二五條 （駁回繼續審判之請求）

①請求繼續審判不合法者，行政法院應以裁定駁回之。

②請求繼續審判顯無理由者，得不經言詞辯論，以判決駁回之。

第二二六條 （變更和解內容之準用規定）

因請求繼續審判而變更和解內容者，準用第二百八十二條之規定。

第二二七條 （第三人參加和解）

① 第三人參加和解成立者，得爲執行名義。

② 當事人與第三人間之和解，有無效或得撤銷之原因者，得向原行政法院提起宣告和解無效或撤銷和解之訴。

③ 前項情形，當事人得請求就原訴訟事件合併裁判。

第二二八條 （準用之規定）

第二百二十四條至第二百二十六條之規定，於前條第二項情形準用之。

第二章　地方法院行政訴訟庭簡易訴訟程序

第二二九條 （適用簡易程序之行政訴訟事件）103

① 適用簡易訴訟程序之事件，以地方法院行政訴訟庭爲第一審管轄法院。

② 下列各款行政訴訟事件，除本法別有規定外，適用本章所定之簡易程序：

一 關於稅捐課徵事件涉訟，所核課之稅額在新臺幣四十萬元以下者。

二 因不服行政機關所爲新臺幣四十萬元以下罰鍰處分而涉訟者。

三 其他關於公法上財產關係之訴訟，其標的之金額或價額在新臺幣四十萬元以下者。

四 因不服行政機關所爲告誡、警告、記點、記次、講習、輔導教育或其他相類之輕微處分而涉訟者。

五 關於內政部入出國及移民署（以下簡稱入出國及移民署）之行政收容事件涉訟，或合併請求損害賠償或其他財產上給付者。

六 依法律之規定應適用簡易訴訟程序者。

③ 前項所定數額，司法院得因情勢需要，以命令減爲新臺幣二十萬元或增至新臺幣六十萬元。

④ 第二項第五款之事件，由受收容人受收容或曾受收容所在地之地方法院行政訴訟庭管轄，不適用第十三條之規定。但未曾受收容者，由被告機關所在地之地方法院行政訴訟庭管轄。

第二三〇條 （簡易訴訟之變更、追加或反訴）100

前條第二項第一款至第三款之訴，因訴之變更，致訴訟標的之金額或價額逾新臺幣四十萬元者，其辯論及裁判改依通常訴訟程序之規定，地方法院行政訴訟庭並應裁定移送管轄之高等行政法院；追加之新訴或反訴，其訴訟標的之金額或價額逾新臺幣四十萬元，而以原訴與之合併辯論及裁判者，亦同。

第二三一條 （起訴及聲明以言詞為之）

① 起訴及其他期日外之聲明或陳述，概得以言詞為之。

② 以言詞起訴者，應將筆錄送達於他造。

第二三二條 （簡易訴訟程序之實行）

簡易訴訟程序在獨任法官前行之。

第二三三條 （通知之送達）100

言詞辯論期日之通知書，應與訴狀或第二百三十一條第二項之筆錄一併送達於他造。

第二三四條 （判決書之簡化）

判決書內之事實、理由，得不分項記載，並得僅記載其要領。

第二三五條 （上訴或抗告）100

① 對於簡易訴訟程序之裁判不服者，除本法別有規定外，得上訴或抗告於管轄之高等行政法院。

② 前項上訴或抗告，非以原裁判違背法令為理由，不得為之。

③ 對於簡易訴訟程序之第二審裁判，不得上訴或抗告。

第二三五條之一 （裁定移送及裁定發回）100

① 高等行政法院受理前條第一項訴訟事件，認有確保裁判見解統一之必要者，應以裁定移送最高行政法院裁判之。

② 前項裁定，不得聲明不服。

③ 最高行政法院認高等行政法院裁定移送之訴訟事件，並未涉及裁判見解統一之必要者，應以裁定發回。受發回之高等行政法院，不得再將訴訟事件裁定移送最高行政法院。

第二三六條 （簡易訴訟程序適用之規定）100

簡易訴訟程序除本章別有規定外，仍適用通常訴訟程序之規定。

第二三六條之一 （上訴或抗告理由狀內應記載事項）100

對於簡易訴訟程序之裁判提起上訴或抗告，應於上訴或抗告理由中表明下列事由之一，提出於原地方法院行政訴訟庭為之：

一　原裁判所違背之法令及其具體內容。

二　依訴訟資料可認為原裁判有違背法令之具體事實。

第二三六條之二 （準用之規定）100

① 應適用通常訴訟程序之事件，第一審誤用簡易訴訟程序審理並為判決者，受理其上訴之高等行政法院應廢棄原判決，逕依通常訴訟程序為第一審判決。但當事人於第一審對於該程序誤用已表示無異議或無異議而就該訴訟有所聲明或陳述者，不在此限。

② 前項但書之情形，高等行政法院應適用簡易訴訟上訴審程序之規定為裁判。

③ 簡易訴訟程序之上訴，除第二百四十一條之一規定外，準用第三編規定。

④ 簡易訴訟程序之抗告、再審及重新審理，分別準用第四編至第六編規定。

第二三七條 （準用之規定）

民事訴訟法第四百三十條、第四百三十一條及第四百三十三條之

規定，於本章準用之。

第三章　交通裁決事件訴訟程序

第二三七條之一　（交通裁決事件之範圍及合併提起非交通裁決事件之處置）100

①本法所稱交通裁決事件如下：

一　不服道路交通管理處罰條例第八條及第三十七條第五項之裁決，而提起之撤銷訴訟、確認訴訟。

二　合併請求返還與前款裁決相關之已繳納罰鍰或已繳送之駕駛執照、計程車駕駛人執業登記證、汽車牌照。

②合併提起前項以外之訴訟者，應適用簡易訴訟程序或通常訴訟程序之規定。

③第二百三十七條之二、第二百三十七條之三、第二百三十七條之四第一項及第二項規定，於前項情形準用之。

第二三七條之二　（交通裁決事件之管轄法院）100

交通裁決事件，得由原告住所地、居所地、所在地或違規行為地之地方法院行政訴訟庭管轄。

第二三七條之三　（撤銷訴訟起訴期間之限制）100

①交通裁決事件訴訟之提起，應以原處罰機關為被告，逕向管轄之地方法院行政訴訟庭為之。

②交通裁決事件中撤銷訴訟之提起，應於裁決書送達後三十日之不變期間內為之。

③前項訴訟，因原處分機關未為告知或告知錯誤，致原告於裁決書送達三十日內誤向原處分機關遞送起訴狀者，視為已遵守起訴期間，原處分機關並應即將起訴狀移送管轄法院。

第二三七條之四　（被告收受起訴狀繕本後之處置）100

①地方法院行政訴訟庭收受前條起訴狀後，應將起訴狀繕本送達被告。

②被告收受起訴狀繕本後，應於二十日內重新審查原裁決是否合法妥當，並分別為如下之處置：

一　原告提起撤銷之訴，被告認原裁決違法或不當者，應自行撤銷或變更原裁決。但不得為更不利益之處分。

二　原告提起確認之訴，被告認原裁決無效或違法者，應為確認。

三　原告合併提起給付之訴，被告認原告請求有理由者，應即返還。

四　被告重新審查後，不依原告之請求處置者，應附具答辯狀，並將重新審查之紀錄及其他必要之關係文件，一併提出於管轄之地方法院行政訴訟庭。

③被告依前項第一款至第三款規定為處置者，應即陳報管轄之地方法院行政訴訟庭；被告於第一審終局裁判生效前已完全依原告之請求處置者，以其陳報管轄之地方法院行政訴訟庭時，視為原告

撤回起訴。

第二三七條之五 （各項裁判費之徵收標準）100

① 交通裁決事件，按下列規定徵收裁判費：

一　起訴，按件徵收新臺幣三百元。

二　上訴，按件徵收新臺幣七百五十元。

三　抗告，徵收新臺幣三百元。

四　再審之訴，按起訴法院之審級，依第一款、第二款徵收裁判費；對於確定之裁定聲請再審者，徵收新臺幣三百元。

五　本法第九十八條之五各款聲請，徵收新臺幣三百元。

② 依前條第三項規定，視爲撤回起訴者，法院應依職權退還已繳之裁判費。

第二三七條之六 （被告收受起訴狀繕本後之處置）100

因訴之變更、追加，致其訴之全部或一部，不屬於交通裁決事件之範圍者，地方法院行政訴訟庭應改依簡易訴訟程序審理；其應改依通常訴訟程序者，並應裁定移送管轄之高等行政法院。

第二三七條之七 （交通裁決事件之裁判不採言詞辯論主義）100

交通裁決事件之裁判，得不經言詞辯論爲之。

第二三七條之八 （訴訟費用）100

① 行政法院爲訴訟費用之裁判時，應確定其費用額。

② 前項情形，行政法院得命當事人提出費用計算書及釋明費用額之文書。

第二三七條之九 （交通裁決事件準用規定）100

① 交通裁決事件，除本章別有規定外，準用簡易訴訟程序之規定。

② 交通裁決事件之上訴，準用第二百三十五條、第二百三十五條之一、第二百三十六條之一、第二百三十六條之二第一項至第三項及第二百三十七條之八規定。

③ 交通裁決事件之抗告、再審及重新審理，分別準用第四編至第六編規定。

第四章　收容聲請事件程序

第二三七條之一〇 （收容聲請事件之種類）103

本法所稱收容聲請事件如下：

一　依入出國及移民法、臺灣地區與大陸地區人民關係條例及香港澳門關係條例提起收容異議、聲請續予收容及延長收容事件。

二　依本法聲請停止收容事件。

第二三七條之一一 （收容聲請事件之管轄法院）103

① 收容聲請事件，以地方法院行政訴訟庭爲第一審管轄法院。

② 前項事件，由受收容人所在地之地方法院行政訴訟庭管轄，不適用第十三條之規定。

第二三七條之一二 （收容聲請事件之審理程序）103

① 行政法院審理收容異議、續予收容及延長收容之聲請事件，應訊

問受收容人；入出國及移民署並應到場陳述。

②行政法院審理前項聲請事件時，得徵詢入出國及移民署爲其他收容替代處分之可能，以供審酌收容之必要性。

第二三七條之一三 （聲請法院停止收容）103

①行政法院裁定續予收容或延長收容後，受收容人及得提起收容異議之人，認爲收容原因消滅、無收容必要或有得不予收容情形者，得聲請法院停止收容。

②行政法院審理前項事件，認有必要時，得訊問受收容人或徵詢入出國及移民署之意見，並準用前條第二項之規定。

第二三七條之一四 （收容聲請事件之裁定方式）103

①行政法院認收容異議、停止收容之聲請爲無理由者，應以裁定駁回之。認有理由者，應爲釋放受收容人之裁定。

②行政法院認續予收容、延長收容之聲請爲無理由者，應以裁定駁回之。認有理由者，應爲續予收容或延長收容之裁定。

第二三七條之一五 （裁定之宣示及送達）103

行政法院所爲續予收容或延長收容之裁定，應於收容期間屆滿前當庭宣示或以正本送達受收容人。未於收容期間屆滿前爲之者，續予收容或延長收容之裁定，視爲撤銷。

第二三七條之一六 （收容聲請事件裁定之救濟程序）103

①聲請人、受裁定人或入出國及移民署對地方法院行政訴訟庭所爲收容聲請事件之裁定不服者，應於裁定送達後五日內抗告於管轄之高等行政法院。對於抗告法院之裁定，不得再爲抗告。

②抗告程序，除依前項規定外，準用第四編之規定。

③收容聲請事件之裁定已確定，而有第二百七十三條之情形者，得準用第五編之規定，聲請再審。

第二三七條之一七 （收容聲請事件之訴訟費用相關規定）103

①行政法院受理收容聲請事件，不適用第一編第四章第五節訴訟費用之規定。但依第九十八條之六第一項第一款之規定徵收者，不在此限。

②收容聲請事件，除本章別有規定外，準用簡易訴訟程序之規定。

第三編　上訴審程序

第二三八條 （上訴審程序）100

①對於高等行政法院之終局判決，除本法或其他法律別有規定外，得上訴於最高行政法院。

②於上訴審程序，不得爲訴之變更、追加或提起反訴。

第二三九條 （上訴之範圍）

前條判決前之裁判，牽涉該判決者，並受最高行政法院之審判。但依本法不得聲明不服或得以抗告聲明不服者，不在此限。

第二四○條 （捨棄上訴權）

①當事人於高等行政法院判決宣示、公告或送達後，得捨棄上訴

權。

②當事人於宣示判決時，以言詞捨棄上訴權者，應記載於言詞辯論筆錄；如他造不在場，應將筆錄送達。

第二四一條　（上訴期間）

提起上訴，應於高等行政法院判決送達後二十日之不變期間內為之。但宣示或公告後送達前之上訴，亦有效力。

第二四一條之一　（上訴審訴訟代理人）100

①對於高等行政法院判決上訴，上訴人應委任律師為訴訟代理人。但有下列情形之一者，不在此限：

一　上訴人或其法定代理人具備律師資格或為教育部審定合格之大學或獨立學院公法學教授、副教授者。

二　稅務行政事件，上訴人或其法定代理人具備會計師資格者。

三　專利行政事件，上訴人或其法定代理人具備專利師資格或依法得為專利代理人者。

②非律師具有下列情形之一，經最高行政法院認為適當者，亦得為上訴審訴訟代理人：

一　上訴人之配偶、三親等內之血親、二親等內之姻親具備律師資格者。

二　稅務行政事件，具備會計師資格者。

三　專利行政事件，具備專利師資格或依法得為專利代理人者。

四　上訴人為公法人、中央或地方機關、公法上之非法人團體時，其所屬專任人員辦理法制、法務、訴願業務或與訴訟事件相關業務者。

③民事訴訟法第四百六十六條之一第三項、第四項、第四百六十六條之二及第四百六十六條之三之規定，於前二項準用之。

第二四二條　（上訴之理由）

對於高等行政法院判決之上訴，非以其違背法令為理由，不得為之。

第二四三條　（判決違背法令之情形）99

①判決不適用法規或適用不當者，為違背法令。

②有下列各款情形之一者，其判決當然違背法令：

一　判決法院之組織不合法者。

二　依法律或裁判應迴避之法官參與裁判者。

三　行政法院於權限之有無辨別不當或違背專屬管轄之規定者。

四　當事人於訴訟未經合法代理或代表者。

五　違背言詞辯論公開之規定者。

六　判決不備理由或理由矛盾者。

第二四四條　（上訴狀應表明事項）100

①提起上訴，應以上訴狀表明下列各款事項，提出於原高等行政法院為之：

一　當事人。

二　高等行政法院判決，及對於該判決上訴之陳述。

三　對於高等行政法院判決不服之程度，及應如何廢棄或變更之聲明。

四　上訴理由。

②前項上訴狀內並應添具關於上訴理由之必要證據。

第二四五條　（補齊上訴理由書之期間）

①上訴狀內未表明上訴理由者，上訴人應於提起上訴後二十日內提出理由書於原高等行政法院；未提出者，毋庸命其補正，由原高等行政法院以裁定駁回之。

②判決宣示或公告後送達前提起上訴者，前項期間應自判決送達後起算。

第二四六條　（原審對不合法上訴之處置）100

①上訴不合法而其情形不能補正者，原高等行政法院應以裁定駁回之。

②上訴不合法而其情形可以補正者，原高等行政法院應定期間命其補正；如不於期間內補正，原高等行政法院應以裁定駁回之。

第二四七條　（上訴狀之送達及答辯狀之提出）

①上訴未經依前條規定駁回者，高等行政法院應速將上訴狀送達被上訴人。被上訴人得於上訴狀或第二百四十五條第一項理由書送達後十五日內，提出答辯狀於原高等行政法院。

②高等行政法院送交訴訟卷宗於最高行政法院，應於收到答辯狀或前項期間已滿，及各當事人之上訴期間已滿後為之。

③前項應送交之卷宗，如為高等行政法院所需者，應自備繕本、影本或節本。

第二四八條　（補提書狀於最高行政法院）100

①被上訴人在最高行政法院未判決前得提出答辯狀及其追加書狀於最高行政法院，上訴人亦得提出上訴理由追加書狀。

②最高行政法院認有必要時，得將前項書狀送達於他造。

第二四九條　（對不合法上訴之處置）

①上訴不合法者，最高行政法院應以裁定駁回之。但其情形可以補正者，審判長應定期間先命補正。

②上訴不合法之情形，已經原高等行政法院命其補正而未補正者，得不行前項但書之程序。

第二五〇條　（上訴聲明之限制）

上訴之聲明不得變更或擴張之。

第二五一條　（調查之範圍）

①最高行政法院應於上訴聲明之範圍內調查之。

②最高行政法院調查高等行政法院判決有無違背法令，不受上訴理由之拘束。

第二五二條　（刪除）100

第二五三條　（判決不經言詞辯論之原則）99

①最高行政法院之判決不經言詞辯論為之。但有下列情形之一者，得依職權或依聲請行言詞辯論：

一　法律關係複雜或法律見解紛歧，有以言詞辯明之必要者。
二　涉及專門知識或特殊經驗法則，有以言詞說明之必要者。
三　涉及公益或影響當事人權利義務重大，有行言詞辯論之必要者。

②言詞辯論應於上訴聲明之範圍內為之。

第二五四條　（判決基礎）

①除別有規定外，最高行政法院應以高等行政法院判決確定之事實為判決基礎。

②以違背訴訟程序之規定為上訴理由時，所舉違背之事實，及以違背法令確定事實或遺漏事實為上訴理由時，所舉之該事實，最高行政法院得斟酌之。

③依前條第一項但書行言詞辯論所得闡明或補充訴訟關係之資料，最高行政法院亦得斟酌之。

第二五五條　（無理由上訴之判決）

①最高行政法院認上訴為無理由者，應為駁回之判決。

②原判決依其理由雖屬不當，而依其他理由認為正當者，應以上訴為無理由。

第二五六條　（上訴有理由之判決）

①最高行政法院認上訴為有理由者，就該部分應廢棄原判決。

②因違背訴訟程序之規定廢棄原判決者，其違背之訴訟程序部分，視為亦經廢棄。

第二五六條之一　（適用上訴審之情形）100

①應適用簡易訴訟程序或交通裁決訴訟程序之事件，最高行政法院不得以高等行政法院行通常訴訟程序而廢棄原判決。

②前項情形，應適用簡易訴訟或交通裁決訴訟上訴審程序之規定。

第二五七條　（將事件移送管轄法院）

①最高行政法院不得以高等行政法院無管轄權而廢棄原判決。但違背專屬管轄之規定者，不在此限。

②因高等行政法院無管轄權而廢棄原判決者，應以判決將該事件移送於管轄行政法院。

第二五八條　（原判決雖違背法令仍不得廢棄之例外規定）

除第二百四十三條第二項第一款至第五款之情形外，高等行政法院判決違背法令而不影響裁判之結果者，不得廢棄原判決。

第二五九條　（自為判決之情形）99

經廢棄原判決而有下列各款情形之一者，最高行政法院應就該事件自為判決：

一　因基於確定之事實或依法得斟酌之事實，不適用法規或適用不當廢棄原判決，而事件已可依該事實為裁判者。
二　因事件不屬行政法院之權限，而廢棄原判決者。
三　依第二百五十三條第一項行言詞辯論者。

第二六〇條　（發回或發交判決）

①除別有規定外，經廢棄原判決者，最高行政法院應將該事件發回

原高等行政法院或發交其他高等行政法院。

②前項發回或發交判決，就高等行政法院應調查之事項，應詳予指示。

③受發回或發交之高等行政法院，應以最高行政法院所為廢棄理由之法律上判斷為其判決基礎。

第二六一條 （發回或發交所應為之處置）

為發回或發交之判決者，最高行政法院應速將判決正本附入卷宗，送交受發回或發交之高等行政法院。

第二六二條 （撤回上訴）

①上訴人於終局判決宣示或公告前得將上訴撤回。

②撤回上訴者，喪失其上訴權。

③上訴之撤回，應以書狀為之。但在言詞辯論時，得以言詞為之。

④於言詞辯論時所為上訴之撤回，應記載於言詞辯論筆錄，如他造不在場，應將筆錄送達。

第二六三條 （上訴審程序準用之規定）

除本編別有規定外，前編第一章之規定，於上訴審程序準用之。

第四編　抗告程序

第二六四條 （得控告之裁定）

對於裁定得為抗告。但別有不許抗告之規定者，不在此限。

第二六五條 （程序中裁定不得抗告之原則）

訴訟程序進行中所為之裁定，除別有規定外，不得抗告。

第二六六條 （準抗告）

①受命法官或受託法官之裁定，不得抗告。但其裁定如係受訴行政法院所為而依法得為抗告者，得向受訴行政法院提出異議。

②前項異議，準用對於行政法院同種裁定抗告之規定。

③受訴行政法院就異議所為之裁定，得依本編之規定抗告。

④繫屬於最高行政法院之事件，受命法官、受託法官所為之裁定，得向受訴行政法院提出異議。其不得上訴最高行政法院之事件，高等行政法院受命法官、受託法官所為之裁定，亦同。

第二六七條 （抗告法院）100

①抗告，由直接上級行政法院裁定。

②對於抗告法院之裁定，不得再為抗告。

第二六八條 （抗告期間）

提起抗告，應於裁定送達後十日之不變期間內為之。但送達前之抗告亦有效力。

第二六九條 （提起抗告之程式）100

①提起抗告，應向為裁定之原行政法院或原審判長所屬行政法院提出抗告狀為之。

②關於訴訟救助提起抗告，及由證人、鑑定人或執有證物之第三人提起抗告者，得以言詞為之。

第二七○條 （抗告捨棄及撤回準用之規定）

關於捨棄上訴權及撤回上訴之規定，於抗告準用之。

第二七一條 （擬制抗告或異議）

依本編規定，應為抗告而誤為異議者，視為已提起抗告；應提出異議而誤為抗告者，視為已提出異議。

第二七二條 （準用之規定）99

民事訴訟法第四百九十條至第四百九十二條及第四百九十五條之一第一項之規定，於本編準用之。

第五編 　再審程序

第二七三條 （再審之事由）99

①有下列各款情形之一者，得以再審之訴對於確定終局判決聲明不服。但當事人已依上訴主張其事由或知其事由而不為主張者，不在此限：

一 適用法規顯有錯誤者。

二 判決理由與主文顯有矛盾者。

三 判決法院之組織不合法者。

四 依法律或裁判應迴避之法官參與裁判者。

五 當事人於訴訟未經合法代理或代表者。

六 當事人知他造之住居所，指為所在不明而與涉訟者。但他造已承認其訴訟程序者，不在此限。

七 參與裁判之法官關於該訴訟違背職務，犯刑事上之罪者。

八 當事人之代理人、代表人、管理人或他造或其代理人、代表人、管理人關於該訴訟有刑事上應罰之行為，影響於判決者。

九 為判決基礎之證物係偽造或變造者。

十 證人、鑑定人或通譯就為判決基礎之證言、鑑定或通譯為虛偽陳述者。

十一 為判決基礎之民事或刑事判決及其他裁判或行政處分，依其後之確定裁判或行政處分已變更者。

十二 當事人發現就同一訴訟標的在前已有確定判決或和解或得使用該判決或和解者。

十三 當事人發現未經斟酌之證物或得使用該證物者。但以如經斟酌可受較有利益之裁判者為限。

十四 原判決就足以影響於判決之重要證物漏未斟酌者。

②確定終局判決所適用之法律或命令，經司法院大法官依當事人之聲請解釋為牴觸憲法者，其聲請人亦得提起再審之訴。

③第一項第七款至第十款情形，以宣告有罪之判決已確定，或其刑事訴訟不能開始或續行非因證據不足者為限，得提起再審之訴。

第二七四條 （為判決基礎之裁判有再審原因）

為判決基礎之裁判，如有前條所定之情形者，得據以對於該判決

提起再審之訴。

第二七四條之一 （判決駁回後不得提起再審之訴）99
　　再審之訴，行政法院認無再審理由，判決駁回後，不得以同一事由對於原確定判決或駁回再審之訴之確定判決，更行提起再審之訴。

第二七五條 （再審之專屬管轄法院）100
①再審之訴專屬為判決之原行政法院管轄。
②對於審級不同之行政法院就同一事件所為之判決提起再審之訴者，專屬上級行政法院合併管轄之。
③對於最高行政法院之判決，本於第二百七十三條第一項第九款至第十四款事由聲明不服者，雖有前二項之情形，仍專屬原高等行政法院管轄。

第二七六條 （提起再審之期間）96
①再審之訴應於三十日之不變期間內提起。
②前項期間自判決確定時起算，判決於送達前確定者，自送達時起算；其再審之理由發生或知悉在後者，均自知悉時起算。
③依第二百七十三條第二項提起再審之訴者，第一項期間自解釋公布當日起算。
④再審之訴自判決確定時起，如已逾五年者，不得提起。但以第二百七十三條第一項第五款、第六款或第十二款情形為再審之理由者，不在此限。
⑤對於再審確定判決不服，復提起再審之訴者，前項所定期間，自原判決確定時起算。但再審之訴有理由者，自該再審判決確定時起算。

第二七七條 （提起再審之程式）99
①再審之訴，應以訴狀表明下列各款事項，並添具確定終局判決繕本，提出於管轄行政法院為之：
　一　當事人。
　二　聲明不服之判決及提起再審之訴之陳述。
　三　應於如何程度廢棄原判決及就本案如何判決之聲明。
　四　再審理由及關於再審理由並遵守不變期間之證據。
②再審訴狀內，宜記載準備本案言詞辯論之事項。

第二七八條 （駁回再審之訴）
①再審之訴不合法者，行政法院應以裁定駁回之。
②再審之訴顯無再審理由者，得不經言詞辯論，以判決駁回之。

第二七九條 （本案審理範圍）
　　本案之辯論及裁判，以聲明不服之部分為限。

第二八〇條 （雖有再審理由仍應以判決駁回）
　　再審之訴雖有再審理由，行政法院如認原判決為正當者，應以判決駁回之。

第二八一條 （各審程序之準用）
　　除本編別有規定外，再審之訴訟程序準用關於各該審級訴訟程序

之規定。

第二八二條　（再審判決之效力）

再審之訴之判決，對於第三人因信賴確定終局判決以善意取得之權利無影響。但顯於公益有重大妨害者，不在此限。

第二八三條　（準再審）

裁定已經確定，而有第二百七十三條之情形者，得準用本編之規定，聲請再審。

第六編　重新審理

第二八四條　（重新審理之聲請）

①因撤銷或變更原處分或決定之判決，而權利受損害之第三人，如非可歸責於己之事由，未參加訴訟，致不能提出足以影響判決結果之攻擊或防禦方法者，得對於確定終局判決聲請重新審理。

②前項聲請，應於知悉確定判決之日起三十日之不變期間內為之。但自判決確定之日起已逾一年者，不得聲請。

第二八五條　（重新審理之管轄法院）

重新審理之聲請準用第二百七十五條第一項、第二項管轄之規定。

第二八六條　（聲請重新審理之程式）99

①聲請重新審理，應以聲請狀表明下列各款事項，提出於管轄行政法院為之：

一　聲請人及原訴訟之兩造當事人。

二　聲請重新審理之事件，及聲請重新審理之陳述。

三　就本案應為如何判決之聲明。

四　聲請理由及關於聲請理由並遵守不變期間之證據。

②聲請狀內，宜記載準備本案言詞辯論之事項。

第二八七條　（聲請不合法之駁回）

聲請重新審理不合法者，行政法院應以裁定駁回之。

第二八八條　（聲請合法之處置）

行政法院認為第二百八十四條第一項之聲請有理由者，應以裁定命為重新審理；認為無理由者，應以裁定駁回之。

第二八九條　（撤回聲請）

①聲請人於前二條裁定確定前得撤回其聲請。

②撤回聲請者，喪失其聲請權。

③聲請之撤回，得以書狀或言詞為之。

第二九〇條　（回復原訴訟程序）

①開始重新審理之裁定確定後，應即回復原訴訟程序，依其審級更為審判。

②聲請人於回復原訴訟程序後，當然參加訴訟。

第二九一條　（不停止執行之原則）

聲請重新審理無停止原確定判決執行之效力。但行政法院認有必要時，得命停止執行。

第二九二條 （重新審理準用之規定）

第二百八十二條之規定於重新審理準用之。

第七編　保全程序

第二九三條 （假扣押之要件）

①為保全公法上金錢給付之強制執行，得聲請假扣押。

②前項聲請，就未到履行期之給付，亦得為之。

第二九四條 （假扣押之管轄法院）100

①假扣押之聲請，由管轄本案之行政法院或假扣押標的所在地之地方法院行政訴訟庭管轄。

②管轄本案之行政法院為訴訟已繫屬或應繫屬之第一審法院。

③假扣押之標的如係債權，以債務人住所或擔保之標的所在地，為假扣押標的所在地。

第二九五條 （本訴之提起）

假扣押裁定後，尚未提起給付之訴者，應於裁定送達後十日內提起；逾期未起訴者，行政法院應依聲請撤銷假扣押裁定。

第二九六條 （假扣押裁定撤銷之效力）

①假扣押裁定因自始不當而撤銷，或因前條及民事訴訟法第五百三十條第三項之規定而撤銷者，債權人應賠償債務人因假扣押或供擔保所受之損害。

②假扣押所保全之本案請求已起訴者，前項賠償，行政法院於言詞辯論終結前，應依債務人之聲明，於本案判決內命債權人為賠償；債務人未聲明者，應告以得為聲明。

第二九七條 （假扣押程序準用之規定）

民事訴訟法第五百二十三條、第五百二十五條至第五百二十八條及第五百三十條之規定，於本編假扣押程序準用之。

第二九八條 （假處分之要件）

①公法上之權利因現狀變更，有不能實現或甚難實現之虞者，為保全強制執行，得聲請假處分。

②於爭執之公法上法律關係，為防止發生重大之損害或避免急迫之危險而有必要時，得聲請為定暫時狀態之處分。

③前項處分，得命先為一定之給付。

④行政法院為假處分裁定前，得訊問當事人、關係人或為其他必要之調查。

第二九九條 （假處分之限制）100

得依第一百十六條請求停止原處分或決定之執行者，不得聲請為前條之假處分。

第三〇〇條 （假處分之管轄法院）100

假處分之聲請，由管轄本案之行政法院管轄。但有急迫情形時，得由請求標的所在地之地方法院行政訴訟庭管轄。

第三〇一條 （假處分原因之釋明）

關於假處分之請求及原因，非有特別情事，不得命供擔保以代釋明。

第三〇二條　（假處分準用假扣押之規定）

除別有規定外，關於假扣押之規定，於假處分準用之。

第三〇三條　（假處分程序準用之規定）

民事訴訟法第五百三十五條及第五百三十六條之規定，於本編假處分程序準用之。

第八編　強制執行

第三〇四條　（撤銷判決之執行）

撤銷判決確定者，關係機關應即為實現判決內容之必要處置。

第三〇五條　（給付裁判之執行）100

①行政訴訟之裁判命債務人為一定之給付，經裁判確定後，債務人不為給付者，債權人得以之為執行名義，聲請地方法院行政訴訟庭強制執行。

②地方法院行政訴訟庭應先定相當期間通知債務人履行；逾期不履行者，強制執行。

③債務人為中央或地方機關或其他公法人者，並應通知其上級機關督促其如期履行。

④依本法成立之和解，及其他依本法所為之裁定得為強制執行者，或科處罰鍰之裁定，均得為執行名義。

第三〇六條　（執行機關與執行程序）100

①地方法院行政訴訟庭為辦理行政訴訟強制執行事務，得囑託民事執行處或行政機關代為執行。

②執行程序，除本法別有規定外，應視執行機關為法院或行政機關而分別準用強制執行法或行政執行法之規定。

③債務人對第一項囑託代為執行之執行名義有異議者，由地方法院行政訴訟庭裁定之。

第三〇七條　（強制執行之訴訟之受理法院）100

債務人異議之訴，依其執行名義係適用簡易訴訟程序或通常訴訟程序，分別由地方法院行政訴訟庭或高等行政法院受理；其餘有關強制執行之訴訟，由普通法院受理。

第三〇七條之一　（準用之規定）99

民事訴訟法之規定，除本法已規定準用者外，與行政訴訟性質不相牴觸者，亦準用之。

第九編　附　則

第三〇八條　（施行日期）87

①本法自公布日施行。

②本法修正條文施行日期，由司法院以命令定之。

行政罰法

①民國 94 年 2 月 5 日總統令制定公布全文 46 條；並自公布後一年施行。
②民國 100 年 11 月 23 日總統令修正公布第 26、27、32、45、46 條條文；並自公布日施行。

第一章 法 例

第一條 （立法目的）

違反行政法上義務而受罰鍰、沒入或其他種類行政罰之處罰時，適用本法。但其他法律有特別規定者，從其規定。

第二條 （其他種類行政罰之要件）

本法所稱其他種類行政罰，指下列裁罰性之不利處分：

一 限制或禁止行為之處分：限制或停止營業、吊扣證照、命令停工或停止使用、禁止行駛、禁止出入港口、機場或特定場所、禁止製造、販賣、輸出入、禁止申請或其他限制或禁止為一定行為之處分。

二 剝奪或消滅資格、權利之處分：命令歇業、命令解散、撤銷或廢止許可或登記、吊銷證照、強制拆除或其他剝奪或消滅一定資格或權利之處分。

三 影響名譽之處分：公布姓名或名稱、公布照片或其他相類似之處分。

四 警告性處分：警告、告誡、記點、記次、講習、輔導教育或其他相類似之處分。

第三條 （行為人之定義）

本法所稱行為人，係指實施違反行政法上義務行為之自然人、法人、設有代表人或管理人之非法人團體、中央或地方機關或其他組織。

第四條 （處罰法定主義）

違反行政法上義務之處罰，以行為時之法律或自治條例有明文規定者為限。

第五條 （從新從輕原則）

行為後法律或自治條例有變更者，適用行政機關最初裁處時之法律或自治條例。但裁處前之法律或自治條例有利於受處罰者，適用最有利於受處罰者之規定。

第六條 （行為地或結果地之效力）

①在中華民國領域內違反行政法上義務應受處罰者，適用本法。

②在中華民國領域外之中華民國船艦、航空器或依法得由中華民國

行使管轄權之區域內違反行政法上義務者，以在中華民國領域內違反論。

③違反行政法上義務之行為或結果，有一在中華民國領域內者，為在中華民國領域內違反行政法上義務。

第二章　責　任

第七條　（有責任始有處罰原則）

①違反行政法上義務之行為非出於故意或過失者，不予處罰。

②法人、設有代表人或管理人之非法人團體、中央或地方機關或其他組織違反行政法上義務者，其代表人、管理人、其他有代表權之人或實際行為之職員、受僱人或從業人員之故意、過失，推定為該等組織之故意、過失。

第八條　（排除卸責藉口）

不得因不知法規而免除行政處罰責任。但按其情節，得減輕或免除其處罰。

第九條　（責任能力）

①未滿十四歲人之行為，不予處罰。

②十四歲以上未滿十八歲人之行為，得減輕處罰。

③行為時因精神障礙或其他心智缺陷，致不能辨識其行為違法或欠缺依其辨識而行為之能力者，不予處罰。

④行為時因前項之原因，致其辨識行為違法或依其辨識而行為之能力，顯著減低者，得減輕處罰。

⑤前二項規定，於因故意或過失自行招致者，不適用之。

第一〇條　（防止之義務）

①對於違反行政法上義務事實之發生，依法有防止之義務，能防止而不防止者，與因積極行為發生事實者同。

②因自己行為致有發生違反行政法上義務事實之危險者，負防止其發生之義務。

第一一條　（職務命令）

①依法令之行為，不予處罰。

②依所屬上級公務員職務命令之行為，不予處罰。但明知職務命令違法，而未依法定程序向該上級公務員陳述意見者，不在此限。

第一二條　（正當防衛或防衛過當）

對於現在不法之侵害，而出於防衛自己或他人權利之行為，不予處罰。但防衛行為過當者，得減輕或免除其處罰。

第一三條　（緊急避難）

因避免自己或他人生命、身體、自由、名譽或財產之緊急危難而出於不得已之行為，不予處罰。但避難行為過當者，得減輕或免除其處罰。

第三章　共同違法及併同處罰

第一四條　（故意共同違法）

①故意共同實施違反行政法上義務之行為者，依其行為情節之輕重，分別處罰之。

②前項情形，因身分或其他特定關係成立之違反行政法上義務行為，其無此身分或特定關係者，仍處罰之。

③因身分或其他特定關係致處罰有重輕或免除時，其無此身分或特定關係者，仍處以通常之處罰。

第一五條　（私法人違法之處罰）

①私法人之董事或其他有代表權之人，因執行其職務或為私法人之利益為行為，致使私法人違反行政法上義務應受處罰者，該行為人如有故意或重大過失時，除法律或自治條例另有規定外，應並受同一規定罰鍰之處罰。

②私法人之職員、受僱人或從業人員，因執行其職務或為私法人之利益為行為，致使私法人違反行政法上義務應受處罰者，私法人之董事或其他有代表權之人，如對該行政法上義務之違反，因故意或重大過失，未盡其防止義務時，除法律或自治條例另有規定外，應並受同一規定罰鍰之處罰。

③依前二項並受同一規定處罰之罰鍰，不得逾新臺幣一百萬元。但其所得之利益逾新臺幣一百萬元者，得於其所得利益之範圍內裁處之。

第一六條　（私法組織違法之準用）

前條之規定，於設有代表人或管理人之非法人團體，或法人以外之其他私法組織，違反行政法上義務者，準用之。

第一七條　（公法組織之處罰）

中央或地方機關或其他公法組織違反行政法上義務者，依各該法律或自治條例規定處罰之。

第四章　裁處之審酌加減及擴張

第一八條　（裁處罰鍰之審酌、加減及期間）

①裁處罰鍰，應審酌違反行政法上義務行為應受責難程度、所生影響及因違反行政法上義務所得之利益，並得考量受處罰者之資力。

②前項所得之利益超過法定罰鍰最高額者，得於所得利益之範圍內酌量加重，不受法定罰鍰最高額之限制。

③依本法規定減輕處罰時，裁處之罰鍰不得逾法定罰鍰最高額之二分之一，亦不得低於法定罰鍰最低額之二分之一；同時有免除處罰之規定者，不得逾法定罰鍰最高額之三分之一，亦不得低於法定罰鍰最低額之三分之一。但法律或自治條例另有規定者，不在此限。

④其他種類行政罰，其處罰定有期間者，準用前項之規定。

第一九條　（不處罰之要件及處理）

①違反行政法上義務應受法定最高額新臺幣三千元以下罰鍰之處罰，其情節輕微，認以不處罰為適當者，得免予處罰。

②前項情形，得對違反行政法上義務者施以糾正或勸導，並作成紀錄，命其簽名。

第二○條 （不當得利之追繳）

①為他人利益而實施行為，致使他人違反行政法上義務應受處罰者，該行為人因其行為受有財產上利益而未受處罰時，得於其所受財產上利益價值範圍內，酌予追繳。

②行為人違反行政法上義務應受處罰，他人因該行為受有財產上利益而未受處罰時，得於其所受財產上利益價值範圍內，酌予追繳。

③前二項追繳，由為裁處之主管機關以行政處分為之。

第二一條 （沒入物之所有人）

沒入之物，除本法或其他法律另有規定者外，以屬於受處罰者所有為限。

第二二條 （沒入之裁處）

①不屬於受處罰者所有之物，因所有人之故意或重大過失，致使該物成為違反行政法上義務行為之工具者，仍得裁處沒入。

②物之所有人明知該物得沒入，為規避沒入之裁處而取得所有權者，亦同。

第二三條 （沒入物價額或減損差額之追徵）

①得沒入之物，受處罰者或前條物之所有人於受裁處沒入前，予以處分、使用或以他法致不能裁處沒入者，得裁處沒入其物之價額；其致物之價值減損者，得裁處沒入其物及減損之差額。

②得沒入之物，受處罰者或前條之所有人於受裁處沒入後，予以處分、使用或以他法致不能執行沒入者，得追徵其物之價額；其致物之價值減損者，得另追徵其減損之差額。

③前項追徵，由為裁處之主管機關以行政處分為之。

第五章 單一行為及數行為之處罰

第二四條 （一行為違反數個行政法上義務規定而應處罰鍰之法律效果）

①一行為違反數個行政法上義務規定而應處罰鍰者，依法定罰鍰額最高之規定裁處。但裁處之額度，不得低於各該規定之罰鍰最低額。

②前項違反行政法上義務行為，除應處罰鍰外，另有沒入或其他種類行政罰之處罰者，得依該規定併為裁處。但其處罰種類相同，如從一重處罰已足以達成行政目的者，不得重複裁處。

③一行為違反社會秩序維護法及其他行政法上義務規定而應受處罰，如已裁處拘留者，不再受罰鍰之處罰。

第二五條 （分別處罰）

數行為違反同一或不同行政法上義務之規定者，分別處罰之。

第二六條 （一行為同時違反刑事法律及行政法上義務規定之處罰及適用範圍）100

①一行為同時觸犯刑事法律及違反行政法上義務規定者，依刑事法律處罰之。但其行為應處以其他種類行政罰或得沒入之物而未經法院宣告沒收者，亦得裁處之。

②前項行為如經不起訴處分、緩起訴處分確定或為無罪、免訴、不受理、不付審理、不付保護處分、免刑、緩刑之裁判確定者，得依違反行政法上義務規定裁處之。

③第一項行為經緩起訴處分或緩刑宣告確定且經命向公庫或指定之公益團體、地方自治團體、政府機關、政府機構、行政法人、社區或其他符合公益目的之機構或團體，支付一定之金額或提供義務勞務者，其所支付之金額或提供之勞務，應於依前項規定裁處之罰鍰內扣抵之。

④前項勞務扣抵罰鍰之金額，按最初裁處時之每小時基本工資乘以義務勞務時數核算。

⑤依第二項規定所為之裁處，有下列情形之一者，由主管機關依受處罰者之申請或依職權撤銷之，已收繳之罰鍰，無息退還：

一　因緩起訴處分確定而為之裁處，其緩起訴處分經撤銷，並經判決有罪確定，且未受免刑或緩刑之宣告。

二　因緩刑裁判確定而為之裁處，其緩刑宣告經撤銷確定。

第六章　時　效

第二七條 （行政罰裁處權之時效）100

①行政罰之裁處權，因三年期間之經過而消滅。

②前項期間，自違反行政法上義務之行為終了時起算。但行為之結果發生在後者，自該結果發生時起算。

③前條第二項之情形，第一項期間自不起訴處分、緩起訴處分確定或無罪、免訴、不受理、不付審理、不付保護處分、免刑、緩刑之裁判確定日起算。

④行政之裁處因訴願、行政訴訟或其他救濟程序經撤銷而須另為裁處者，第一項期間自原裁處被撤銷確定之日起算。

第二八條 （裁處權時效之停止）

①裁處權時效，因天災、事變或依法律規定不能開始或進行裁處時，停止其進行。

②前項時效停止，自停止原因消滅之翌日起，與停止前已經過之期間一併計算。

第七章　管轄機關

第二九條 （主管管轄機關）

①違反行政法上義務之行為，由行為地、結果地、行為人之住所、居所或營業所、事務所或公務所所在地之主管機關管轄。

②在中華民國領域外之中華民國船艦或航空器內違反行政法上義務者，得由船艦本籍地、航空器出發地或行為後在中華民國領域內最初停泊地或降落地之主管機關管轄。

③在中華民國領域外之外國船艦或航空器於依法得由中華民國行使管轄權之區域內違反行政法上義務者，得由行為後其船艦或航空器在中華民國領域內最初停泊地或降落地之主管機關管轄。

④在中華民國領域外依法得由中華民國行使管轄權之區域內違反行政法上義務者，不能依前三項規定定其管轄機關時，得由行為人所在地之主管機關管轄。

第三〇條 （主管機關之共同管轄權）

故意共同實施違反行政法上義務之行為，其行為地、行為人之住所、居所或營業所、事務所或公務所所在地不在同一管轄區內者，各該行為地、住所、居所或所在地之主管機關均有管轄權。

第三一條 （管轄權競合之處理方式及移送管轄）

①一行為違反同一行政法上義務，數機關均有管轄權者，由處理在先之機關管轄。不能分別處理之先後者，由各該機關協議定之；不能協議或有統一管轄之必要者，由其共同上級機關指定之。

②一行為違反數個行政法上義務而應處罰鍰，數機關均有管轄權者，由法定罰鍰額最高之主管機關管轄。法定罰鍰額相同者，依前項規定定其管轄。

③一行為違反數個行政法上義務，應受沒入或其他種類行政罰者，由各該主管機關分別裁處。但其處罰種類相同者，如從一重處罰已足以達成行政目的者，不得重複裁處。

④第一項及第二項情形，原有管轄權之其他機關於必要之情形時，應為必要之職務行為，並將有關資料移送於裁處之機關；為裁處之機關應於調查終結前，通知原有管轄權之其他機關。

第三二條 （案件之移送）100

①一行為同時觸犯刑事法律及違反行政法上義務規定者，應將涉及刑事部分移送該管司法機關。

②前項移送案件，司法機關就刑事案件為不起訴處分、緩起訴處分確定或為無罪、免訴、不受理、不付審理、不付保護處分、免刑、緩刑、撤銷緩刑之裁判確定，或撤銷緩起訴處分後經判決有罪確定者，應通知原移送之行政機關。

③前二項移送案件及業務聯繫之辦法，由行政院會同司法院定之。

第八章 裁處程序

第三三條 （行政機關執行職務時應有之作為）

行政機關執行職務之人員，應向行為人出示有關執行職務之證明文件或顯示足資辨別之標誌，並告知其所違反之法規。

第三四條 （現行違反行政法上義務之行為人得為之處置）

①行政機關對現行違反行政法上義務之行為人，得為下列之處置：

一　即時制止其行為。

二　製作書面紀錄。

三　為保全證據之措施。遇有抗拒保全證據之行為且情況急迫者，得使用強制力排除其抗拒。

四 確認其身分。其拒絕或規避身分之查證，經勸導無效，致確實無法辨認其身分且情況急迫者，得令其隨同到指定處所查證身分；其不隨同到指定處所接受身分查證者，得會同警察人員強制爲之。

②前項強制，不得逾越保全證據或確認身分目的之必要程度。

第三五條　（行為人對強制到指定處所處置之救濟）

①行為人對於行政機關依前條所爲之強制排除抗拒保全證據或強制到指定處所查證身分不服者，得向該行政機關執行職務之人員，當場陳述理由表示異議。

②行政機關執行職務之人員，認前項異議有理由者，應停止或變更強制排除抗拒保全證據或強制到指定處所查證身分之處置；認無理由者，得繼續執行。經行為人請求者，應將其異議要旨製作紀錄交付之。

第三六條　（可爲證據之物之扣留）

①得沒入或可爲證據之物，得扣留之。

②前項可爲證據之物之扣留範圍及期間，以供檢查、檢驗、鑑定或其他爲保全證據之目的所必要者爲限。

第三七條　（強制扣留）

對於應扣留物之所有人、持有人或保管人，得要求其提出或交付；無正當理由拒絕提出、交付或抗拒扣留者，得用強制力扣留之。

第三八條　（扣留紀錄及收據）

①扣留，應作成紀錄，記載實施之時間、處所、扣留物之名目及其他必要之事項，並由在場之人簽名、蓋章或按指印；其拒絕簽名、蓋章或按指印者，應記明其事由。

②扣留物之所有人、持有人或保管人在場或請求時，應製作收據，記載扣留物之名目，交付之。

第三九條　（扣留物之安全、拍賣、毀棄）

①扣留物，應加封緘或其他標識，並爲適當之處置；其不便搬運或保管者，得命人看守或交由所有人或其他適當之人保管。得沒入之物，有毀損之虞或不便保管者，得拍賣或變賣而保管其價金。

②易生危險之扣留物，得毀棄之。

第四〇條　（扣留物之發還）

①扣留物於案件終結前無留存之必要，或案件爲不予處罰或未爲沒入之裁處者，應發還之；其經依前條規定拍賣或變賣而保管其價金或毀棄者，發還或償還其價金。但應沒入或爲調查他案應留存者，不在此限。

②扣留物之應受發還人所在不明，或因其他事故不能發還者，應公告之；自公告之日起滿六個月，無人申請發還者，以其物歸屬公庫。

第四一條　（扣留之救濟程序）

①物之所有人、持有人、保管人或利害關係人對扣留不服者，得向

扣留機關聲明異議。

②前項聲明異議，扣留機關認有理由者，應發還扣留物或變更扣留行為；認無理由者，應加具意見，送直接上級機關決定之。

③對於直接上級機關之決定不服者，僅得於對裁處案件之實體決定聲明不服時一併聲明之。但第一項之人依法不得對裁處案件之實體決定聲明不服時，得單獨對第一項之扣留，逕行提起行政訴訟。

④第一項及前項但書情形，不影響扣留或裁處程序之進行。

第四二條　（不給予陳述意見機會之例外情形）

行政機關於裁處前，應給予受處罰者陳述意見之機會。但有下列情形之一者，不在此限：

一　已依行政程序法第三十九條規定，通知受處罰者陳述意見。

二　已依職權或依第四十三條規定，舉行聽證。

三　大量作成同種類之裁處。

四　情況急迫，如給予陳述意見之機會，顯然違背公益。

五　受法定期間之限制，如給予陳述意見之機會，顯然不能遵行。

六　裁處所據之事實，客觀上明白足以確認。

七　法律有特別規定。

第四三條　（舉行聽證及其例外情形）

行政機關為第二條第一款及第二款之裁處前，應依受處罰者之申請，舉行聽證。但有下列情形之一者，不在此限：

一　有前條但書各款情形之一。

二　影響自由或權利之內容及程度顯屬輕微。

三　經依行政程序法第一百零四條規定，通知受處罰者陳述意見，而未於期限內陳述意見。

第四四條　（裁處書之送達）

行政機關裁處行政罰時，應作成裁處書，並為送達。

第九章　附　則

第四五條　（裁處權之時效）100

①本法施行前違反行政法上義務之行為應受處罰而未經裁處，於本法施行後裁處者，除第十五條、第十六條、第十八條第二項、第二十條及第二十二條規定外，均適用之。

②前項行政罰之裁處權時效，自本法施行之日起算。

③本法中華民國一百年十一月八日修正之第二十六條第三項至第五項規定，於修正施行前違反行政法上義務之行為同時觸犯刑事法律，經緩起訴處分確定，應受行政罰之處罰而未經裁處者，亦適用之；曾經裁處，因訴願、行政訴訟或其他救濟程序經撤銷，而於修正施行後為裁處者，亦同。

④本法中華民國一百年十一月八日修正施行前違反行政法上義務之行為同時觸犯刑事法律，於修正施行後受免刑或緩刑之裁判確定

者，不適用修正後之第二十六條第二項至第五項、第二十七條第三項及第三十二條第二項之規定。

第四六條 （施行日）100

①本法自公布後一年施行。

②本法修正條文自公布日施行。

行政執行法

①民國 21 年 12 月 28 日國民政府制定公布全文 12 條。
②民國 32 年 12 月 1 日國民政府修正公布第 5 條條文。
③民國 36 年 11 月 11 日國民政府修正公布第 5 條條文。
④民國 87 年 11 月 11 日總統令修正公布全文 44 條。
　民國 89 年 10 月 17 日行政院令發布自 90 年 1 月 1 日起施行。
⑤民國 89 年 6 月 21 日總統令修正公布第 39 條條文。
　民國 89 年 10 月 17 日行政院令發布自 90 年 1 月 1 日起施行。
⑥民國 94 年 6 月 22 日總統令修正公布第 17、19 條條文。
　民國 94 年 7 月 15 日行政院令發布定自 94 年 7 月 28 日施行。
⑦民國 96 年 3 月 21 日總統令修正公布第 7 條條文。
　民國 96 年 4 月 16 日行政院令發布定自 96 年 5 月 1 日施行。
⑧民國 98 年 4 月 29 日總統令修正公布第 17 條條文。
　民國 98 年 5 月 15 日行政院令發布定自 98 年 6 月 1 日施行。
⑨民國 98 年 12 月 30 日總統令修正公布第 24、44 條條文；並自 98 年
　11 月 23 日施行。
⑩民國 99 年 2 月 3 日總統令修正公布第 17 條條文；並增訂第 17-1 條
　條文。
　民國 99 年 5 月 10 日行政院令發布第 17 條定自 99 年 5 月 10 日施行。
　民國 99 年 6 月 3 日行政院令發布第 17-1 條定自 99 年 6 月 3 日施行。
　民國 100 年 12 月 16 日行政院公告第 4 條第 1、2 項、第 11 條第 1
　項、第 12 條、第 13 條第 1 項、第 14 ～16 條、第 17 條第 1、3、
　6～10 項、第 17-1 條第 1、3～6 項、第 18 條、第 19 條第 1～4 項、
　第 20 條第 1 項、第 21～23、34 條、第 42 條第 2 項所列屬「行政
　執行處」之權責事項，自 101 年 1 月 1 日起改由「行政執行分署」
　管轄。

第一章　總　則

第一條　（適用範圍）

行政執行，依本法之規定；本法未規定者，適用其他法律之規定。

第二條　（種類）

本法所稱行政執行，指公法上金錢給付義務、行為或不行為義務之強制執行及即時強制。

第三條　（原則及限度）

行政執行，應依公平合理之原則，兼顧公共利益與人民權益之維護，以適當之方法為之，不得逾達成執行目的之必要限度。

第四條　（執行機關）

①行政執行，由原處分機關或該管行政機關為之。但公法上金錢給付義務逾期不履行者，移送法務部行政執行署所屬行政執行處執行之。

②法務部行政執行署及其所屬行政執行處之組織，另以法律定之。

第五條　（執行時間之限制）

①行政執行不得於夜間、星期日或其他休息日為之。但執行機關認為情況急迫或徵得義務人同意者，不在此限。

②日間已開始執行者，得繼續至夜間。

③執行人員於執行時，應對義務人出示足以證明身分之文件；必要時得命義務人或利害關係人提出國民身分證或其他文件。

第六條　（執行機關得請求其他機關協助之情形）

①執行機關遇有下列情形之一者，得於必要時請求其他機關協助之：
　一　須在管轄區域外執行者。
　二　無適當之執行人員者。
　三　執行時有遭遇抗拒之虞者。
　四　執行目的有難於實現之虞者。
　五　執行事項涉及其他機關者。

②被請求協助機關非有正當理由，不得拒絕；其不能協助者，應附理由即時通知請求機關。

③被請求協助機關因協助執行所支出之費用，由請求機關負擔之。

第七條　（執行期間之限制）96

①行政執行，自處分、裁定確定之日或其他依法令負有義務經通知限期履行之文書所定期間屆滿之日起，五年內未經執行者，不再執行；其於五年期間屆滿前已開始執行者，仍得繼續執行。但自五年期間屆滿之日起已逾五年尚未執行終結者，不得再執行。

②前項規定，法律有特別規定者，不適用之。

③第一項所稱已開始執行，如已移送執行機關者，係指下列情形之一：
　一　通知義務人到場或自動清繳應納金額、報告其財產狀況或為其他必要之陳述。
　二　已開始調查程序。

④第三項規定，於本法中華民國九十六年三月五日修正之條文施行前移送執行尚未終結之事件，亦適用之。

第八條　（得終止執行之情形）

①行政執行有下列情形之一者，執行機關應依職權或因義務人、利害關係人之申請終止執行：
　一　義務已全部履行或執行完畢者。
　二　行政處分或裁定經撤銷或變更確定者。
　三　義務之履行經證明為不可能者。

②行政處分或裁定經部分撤銷或變更確定者，執行機關應就原處分或裁定經撤銷或變更部分終止執行。

第九條　（對執行行為聲明異議）

①義務人或利害關係人對執行命令、執行方法、應遵守之程序或其他侵害利益之情事，得於執行程序終結前，向執行機關聲明異

議。

②前項聲明異議，執行機關認其有理由者，應即停止執行，並撤銷或更正已為之執行行為；認其無理由者，應於十日內加具意見，送直接上級主管機關於三十日內決定之。

③行政執行，除法律另有規定外，不因聲明異議而停止執行。但執行機關因必要情形，得依職權或申請停止之。

第一○條 （涉國家賠償情事得請求賠償）

行政執行，有國家賠償法所定國家應負賠償責任之情事者，受損害人得依該法請求損害賠償。

第二章 公法上金錢給付義務之執行

第一一條 （義務人逾期不履行公法上金錢給付義務之處置）

①義務人依法令或本於法令之行政處分或法院之裁定，負有公法上金錢給付義務，有下列情形之一，逾期不履行，經主管機關移送者，由行政執行處就義務人之財產執行之：

　一　其處分文書或裁定書定有履行期間或有法定履行期間者。

　二　其處分文書或裁定書未定履行期間，經以書面限期催告履行者。

　三　依法令負有義務，經以書面通知限期履行者。

②法院依法律規定就公法上金錢給付義務為假扣押、假處分之裁定經主管機關移送者，亦同。

第一二條 （公法上金錢給付義務執行事件之辦理）

公法上金錢給付義務之執行事件，由行政執行處之行政執行官、執行書記官會同執行員辦理之，不受非法或不當之干涉。

第一三條 （移送行政執行處應檢討之文件）

①移送機關於移送行政執行處執行時，應檢附下列文件：

　一　移送書。

　二　處分文書、裁定書或義務人依法令負有義務之證明文件。

　三　義務人之財產目錄。但移送機關不知悉義務人之財產者，免予檢附。

　四　義務人經限期履行而逾期仍不履行之證明文件。

　五　其他相關文件。

②前項第一款移送書應載明義務人姓名、年齡、性別、職業、住居所，如係法人或其他設有管理人或代表人之團體，其名稱、事務所或營業所，及管理人或代表人之姓名、性別、年齡、職業、住居所；義務發生之原因及日期；應納金額。

第一四條 （為辦理執行事件得為之行為）

行政執行處為辦理執行事件，得通知義務人到場或自動清繳應納金額、報告其財產狀況或為其他必要之陳述。

第一五條 （對義務人遺產強制執行）

義務人死亡遺有財產者，行政執行處得逕對其遺產強制執行。

第一六條 （再行查封財產之限制）

執行人員於查封前，發見義務人之財產業經其他機關查封者，不得再行查封。行政執行處已查封之財產，其他機關不得再行查封。

第一七條 （得命義務人提供擔保並限制住居之情形）99

①義務人有下列情形之一者，行政執行處得命其提供相當擔保，限期履行，並得限制其住居：

一　顯有履行義務之可能，故不履行。

二　顯有逃匿之虞。

三　就應供強制執行之財產有隱匿或處分之情事。

四　於調查執行標的物時，對於執行人員拒絕陳述。

五　經命其報告財產狀況，不為報告或為虛偽之報告。

六　經合法通知，無正當理由而不到場。

②前項義務人有下列情形之一者，不得限制住居：

一　滯欠金額合計未達新臺幣十萬元。但義務人已出境達二次者，不在此限。

二　已按其法定應繼分繳納遺產稅款、罰鍰及加徵之滯納金、利息。但其繼承所得遺產超過法定應繼分，而未按所得遺產比例繳納者，不在此限。

③義務人經行政執行處依第一項規定命其提供相當擔保，限期履行，屆期不履行亦未提供相當擔保，有下列情形之一，而有強制其到場之必要者，行政執行處得聲請法院裁定拘提之：

一　顯有逃匿之虞。

二　經合法通知，無正當理由而不到場。

④法院對於前項聲請，應於五日內裁定；其情況急迫者，應即時裁定。

⑤義務人經拘提到場，行政執行官應即訊問其人有無錯誤，並應命義務人據實報告其財產狀況或為其他必要調查。

⑥行政執行官訊問義務人後，認有下列各款情形之一，而有管收必要者，行政執行處應自拘提時起二十四小時內，聲請法院裁定管收之：

一　顯有履行義務之可能，故不履行。

二　顯有逃匿之虞。

三　就應供強制執行之財產有隱匿或處分之情事。

四　已發見之義務人財產不足清償其所負義務，於審酌義務人整體收入、財產狀況及工作能力，認有履行義務之可能，別無其他執行方法，而拒絕報告其財產狀況或為虛偽之報告。

⑦義務人經通知或自行到場，經行政執行官訊問後，認有前項各款情形之一，而有聲請管收必要者，行政執行處得將義務人暫予留置；其訊問及暫予留置時間合計不得逾二十四小時。

⑧拘提、管收之聲請，應向行政執行處所在地之地方法院為之。

⑨法院受理管收之聲請後，應即訊問義務人並為裁定，必要時得通

知行政執行處指派執行人員到場爲一定之陳述或補正。

⑩行政執行處或義務人不服法院關於拘提、管收之裁定者，得於十日內提起抗告；其程序準用民事訴訟法有關抗告程序之規定。

⑪抗告不停止拘提或管收之執行。但准拘提或管收之原裁定經抗告法院裁定廢棄者，其執行應即停止，並將被拘提或管收人釋放。

⑫拘提、管收，除本法另有規定外，準用強制執行法、管收條例及刑事訴訟法有關訊問、拘提、羈押之規定。

第一七條之一 （禁奢條款）99

①義務人爲自然人，其滯欠合計達一定金額，已發現之財產不足清償其所負義務，且生活逾越一般人通常程度者，行政執行處得依職權或利害關係人之申請對其核發下列各款之禁止命令，並通知應予配合之第三人：

一 禁止購買、租賃或使用一定金額以上之商品或服務。
二 禁止搭乘特定之交通工具。
三 禁止爲特定之投資。
四 禁止進入特定之高消費場所消費。
五 禁止贈與或借貸他人一定金額以上之財物。
六 禁止每月生活費用超過一定金額。
七 其他必要之禁止命令。

②前項所定一定金額，由法務部定之。

③行政執行處依第一項規定核發禁止命令前，應以書面通知義務人到場陳述意見。義務人經合法通知，無正當理由而不到場者，行政執行處關於本條之調查及審核程序不受影響。

④行政執行處於審酌義務人之生活有無逾越一般人通常程度而核發第一項之禁止命令時，應考量其滯欠原因、滯欠金額、清償狀況、移送機關之意見、利害關係人申請事由及其他情事，爲適當之決定。

⑤行政執行處於執行程序終結時，應解除第一項之禁止命令，並通知應配合之第三人。

⑥義務人無正當理由違反第一項之禁止命令者，行政執行處得限期命其清償適當之金額，或命其報告一定期間之財產狀況、收入及資金運用情形；義務人不爲清償、不爲報告或爲虛僞之報告者，視爲其顯有履行義務之可能而故不履行，行政執行處得依前條規定處理。

第一八條 （行政執行處得逕就擔保人之財產執行之情形）

擔保人於擔保書狀載明義務人逃亡或不履行義務由其負清償責任者，行政執行處於義務人逾前條第一項之限期仍不履行時，得逕就擔保人之財產執行之。

第一九條 （拘提管收）94

①法院爲拘提之裁定後，應將拘票交由行政執行處派執行員執行拘提。

②拘提後，有下列情形之一者，行政執行處應即釋放義務人：

一　義務已全部履行。
二　義務人就義務之履行已提供相當擔保。
三　不符合聲請管收之要件。

③法院為管收之裁定後，應將管收票交由行政執行處派執行員將被管收人交送管收所；法院核發管收票時義務人不在場者，行政執行處得派執行員持管收票強制義務人同行並送交管收所。

④管收期限，自管收之日起算，不得逾三個月。有管收新原因發生或停止管收原因消滅時，行政執行處仍得聲請該管法院裁定再行管收。但以一次為限。

⑤義務人所負公法上金錢給付義務，不因管收而免除。

第二〇條　（被管收人之提詢及送返程式）

①行政執行處應隨時提詢被管收人，每月不得少於三次。

②提詢或送返被管收人時，應以書面通知管收所。

第二一條　（不得管收及停止管收之情形）

義務人或其他依法得管收之人有下列情形之一者，不得管收；其情形發生管收後者，行政執行處應以書面通知管收所停止管收：

一　因管收而其一家生計有難以維持之虞者。
二　懷胎五月以上或生產後二月未滿者。
三　現罹疾病，恐因管收而不能治療者。

第二二條　（應釋放被管收人之情形）

有下列情形之一者，行政執行處即以書面通知管收所釋放被管收人：

一　義務已全部履行或執行完畢者。
二　行政處分或裁定經撤銷或變更確定致不得繼續執行者。
三　管收期限屆滿者。
四　義務人就義務之履行已提供確實之擔保者。

第二三條　（應提報告之執行行為）

行政執行處執行拘提管收之結果，應向裁定法院提出報告。提詢、停止管收及釋放被管收人時，亦同。

第二四條　（適用義務人拘提管收等規定之人）98

關於義務人拘提管收及應負義務之規定，於下列各款之人亦適用之：

一　義務人為未成年人或受監護宣告之人者，其法定代理人。
二　商號之經理人或清算人；合夥之執行業務合夥人。
三　非法人團體之代表人或管理人。
四　公司或其他法人之負責人。
五　義務人死亡者，其繼承人、遺產管理人或遺囑執行人。

第二五條　（執行費用）

有關本章之執行，不徵收執行費。但因強制執行所支出之必要費用，由義務人負擔之。

第二六條　（強制執行法之準用）

關於本章之執行，除本法另有規定外，準用強制執行法之規定。

第三章　行為或不行為義務之執行

第二七條　（限期履行行為或不行為義務）

①依法令或本於法令之行政處分，負有行為或不行為義務，經於處分書或另以書面限定相當期間履行，逾期仍不履行者，由執行機關依間接強制或直接強制方法執行之。

②前項文書，應載明不依限履行時將予強制執行之意旨。

第二八條　（間接強制方法及直接強制方法）

①前條所稱之間接強制方法如下：

　一　代履行。

　二　怠金。

②前條所稱之直接強制方法如下：

　一　扣留、收取交付、解除占有、處置、使用或限制使用動產、不動產。

　二　進入、封閉、拆除住宅、建築物或其他處所。

　三　收繳、註銷證照。

　四　斷絕營業所必須之自來水、電力或其他能源。

　五　其他以實力直接實現與履行義務同一內容狀態之方法。

第二九條　（代為履行行為義務及代履行費用）

①依法令或本於法令之行政處分，負有行為義務而不為，其行為能由他人代為履行者，執行機關得委託第三人或指定人員代履行之。

②前項代履行之費用，由執行機關估計其數額，命義務人繳納；其繳納數額與實支不一致時，退還其餘額或追繳其差額。

第三○條　（不為且不能代為履行之義務，處以怠金）

①依法令或本於法令之行政處分，負有行為義務而不為，其行為不能由他人代為履行者，依其情節輕重處新臺幣五千元以上三十萬元以下怠金。

②依法令或本於法令之行政處分，負有不行為義務而為之者，亦同。

第三一條　（連續處以怠金）

①經依前條規定處以怠金，仍不履行其義務者，執行機關得連續處以怠金。

②依前項規定，連續處以怠金前，仍應依第二十七條之規定以書面限期履行。但法律另有特別規定者，不在此限。

第三二條　（得直接強制執行之情況）

經間接強制不能達成執行目的，或因情況急迫，如不及時執行，顯難達成執行目的時，執行機關得依直接強制方法執行之。

第三三條　（物之交付義務之強制執行）

關於物之交付義務之強制執行，依本章之規定。

第三四條　（逾期未繳代履行費用或怠金）

代履行費用或怠金，逾期未繳納者，移送行政執行處依第二章之

規定執行之。

第三五條 （本章準用之規定）

強制執行法第三章、第四章之規定於本章準用之。

第四章 即時強制

第三六條 （即時強制之時機及方法）

①行政機關為阻止犯罪、危害之發生或避免急迫危險，而有即時處置之必要時，得為即時強制。

②即時強制方法如下：

一 對於人之管束。

二 對於物之扣留、使用、處置或限制其使用。

三 對於住宅、建築物或其他處所之進入。

四 其他依法定職權所為之必要處置。

第三七條 （對於人之管束之限制）

①對於人之管束，以合於下列情形之一者為限：

一 瘋狂或酗酒泥醉，非管束不能救護其生命、身體之危險，及預防他人生命、身體之危險者。

二 意圖自殺，非管束不能救護其生命者。

三 暴行或鬥毆，非管束不能預防其傷害者。

四 其他認為必須救護或有害公共安全之虞，非管束不能救護或不能預防危害者。

②前項管束，不得逾二十四小時。

第三八條 （危險物之扣留）

①軍器、凶器及其他危險物品，為預防危害之必要，得扣留之。

②扣留之物，除依法應沒收、沒入、毀棄或應變價發還者外，其扣留期間不得逾三十日。但扣留之原因未消失時，得延長之，延長期間不得逾兩個月。

③扣留之物無繼續扣留必要者，應即發還；於一年內無人領取或無法發還者，其所有權歸屬國庫；其應變價發還者，亦同。

第三九條 （得使用、處置或限制使用土地等之情形）89

遇有天災、事變或交通上、衛生上或公共安全上有危害情形，非使用或處置其土地、住宅、建築物、物品或限制其使用，不能達防護之目的時，得使用、處置或限制其使用。

第四〇條 （對於進入建物等處所之限制）

對於住宅、建築物或其他處所之進入，以人民之生命、身體、財產有迫切之危害，非進入不能救護者為限。

第四一條 （即時強制而致損失得請求補償）

①人民因執行機關依法實施即時強制，致其生命、身體或財產遭受特別損失時，得請求補償。但因可歸責於該人民之事由者，不在此限。

②前項損失補償，應以金錢為之，並以補償實際所受之特別損失為限。

③對於執行機關所爲損失補償之決定不服者，得依法提起訴願及行政訴訟。

④損失補償，應於知有損失後，二年內向執行機關請求之。但自損失發生後，經過五年者，不得爲之。

第五章　附　則

第四二條　（本法修正後之適用）

①法律有公法上金錢給付義務移送法院強制執行之規定者，自本法修正條文施行之日起，不適用之。

②本法修正施行前之行政執行事件，未經執行或尚未執行終結者，自本法修正條文施行之日起，依本法之規定執行之；其爲公法上金錢給付義務移送法院強制執行之事件，移送該管行政執行處繼續執行之。

③前項關於第七條規定之執行期間，自本法修正施行日起算。

第四三條　（施行細則之訂定）

本法施行細則，由行政院定之。

第四四條　（施行日）98

①本法自公布日施行。

②本法修正條文之施行日期，由行政院以命令定之。但中華民國九十八年十二月十五日修正之條文，自九十八年十一月二十三日施行。

訴願法

①民國 19 年 3 月 24 日國民政府制定公布全文 14 條。
②民國 26 年 1 月 8 日國民政府修正公布全文 13 條。
③民國 59 年 12 月 23 日總統令修正公布全文 28 條。
④民國 68 年 12 月 7 日總統令修正公布第 26 條條文。
⑤民國 84 年 1 月 16 日總統令修正公布第 26 條條文。
⑥民國 87 年 10 月 28 日總統令修正公布全文 101 條。
　民國 88 年 7 月 31 日行政院令發布定自 89 年 7 月 1 日起施行。
⑦民國 89 年 6 月 14 日總統令修正公布第 4、9、41 條條文；並自 89 年 7 月 1 日起施行。
⑧民國 101 年 6 月 27 日總統令修正公布第 90 條條文。
　民國 101 年 7 月 12 日行政院令發布定自 101 年 9 月 6 日施行。

第一章　總　則

第一節　訴願事件

第一條　（認為違法或不當之行政處分得提起訴願）

①人民對於中央或地方機關之行政處分，認為違法或不當，致損害其權利或利益者，得依本法提起訴願。但法律另有規定者，從其規定。

②各級地方自治團體或其他公法人對上級監督機關之行政處分，認為違法或不當，致損害其權利或利益者，亦同。

第二條　（對申請案件應作為而不作為得提起訴願）

①人民因中央或地方機關對其依法申請之案件，於法定期間內應作為而不作為，認為損害其權利或利益者，亦得提起訴願。

②前項期間，法令未規定者，自機關受理申請之日起為二個月。

第三條　（行政處分）

①本法所稱行政處分，係指中央或地方機關就公法上具體事件所為之決定或其他公權力措施而對外直接發生法律效果之單方行政行為。

②前項決定或措施之相對人雖非特定，而依一般性特徵可得確定其範圍者，亦為行政處分。有關公物之設定、變更、廢止或一般使用者，亦同。

第二節　管　轄

第四條　（訴願之管轄）89

訴願之管轄如左：

一　不服鄉（鎮、市）公所之行政處分者，向縣（市）政府提起訴願。

二　不服縣（市）政府所屬各級機關之行政處分者，向縣（市）政府提起訴願。

三　不服縣（市）政府之行政處分者，向中央主管部、會、行、處、局、署提起訴願。

四　不服直轄市政府所屬各級機關之行政處分者，向直轄市政府提起訴願。

五　不服直轄市政府之行政處分者，向中央主管部、會、行、處、局、署提起訴願。

六　不服中央各部、會、行、處、局、署所屬機關之行政處分者，向各部、會、行、處、局、署提起訴願。

七　不服中央各部、會、行、處、局、署之行政處分者，向主管院提起訴願。

八　不服中央各院之行政處分者，向原院提起訴願。

第五條　（提起訴願應按管轄等級為之）

①人民對於前條以外之中央或地方機關之行政處分提起訴願時，應按其管轄等級，比照前條之規定為之。

②訴願管轄，法律另有規定依其業務監督定之者，從其規定。

第六條　（對共為行政處分之不同機關提起訴願）

對於二以上不同隸屬或不同層級之機關共為之行政處分，應向其共同之上級機關提起訴願。

第七條　（對原委託機關提起訴願）

無隸屬關係之機關辦理受託事件所為之行政處分，視為委託機關之行政處分，其訴願之管轄，比照第四條之規定，向原委託機關或其直接上級機關提起訴願。

第八條　（對受委任機關提起訴願）

有隸屬關係之下級機關依法辦理上級機關委任事件所為之行政處分，為受委任機關之行政處分，其訴願之管轄，比照第四條之規定，向受委任機關或其直接上級機關提起訴願。

第九條　（對受委辦機關之上級機關提起訴願）89

直轄市政府、縣（市）政府或其所屬機關及鄉（鎮、市）公所依法辦理上級府或其所屬機關委辦事件所為之行政處分，為受委辦機關之行政處分，其訴願之管轄，比照第四條之規定，向受委辦機關之直接上級機關提起訴願。

第一○條　（向原委託機關提起訴願）

依法受中或地方機關委託行使公權力之團體或個人，以其團體或個人名義為之行政處分，其訴願之管轄，向原委託機關提起訴願。

第一一條　（向承受業務機關提起訴願）

原行政處機關裁撤或改組，應以承受其業務之機關視為原行政處分機關，比照前七條之規定，向承受其業務之機關或其直接上級機關提起訴願。

第一二條　（管轄權爭議之確定）

①數機關於管轄權有爭議或因管轄不明致不能辦理有管轄權之機關者，由其共同之直接上級機關決定之。

②無管轄權之機關就訴願所為之決定，其上級機關應依職權或依申請撤銷之，並命移送於有管轄權之機關。

第一三條 （原行政處分機關之認定）

①原行政處分機關之認定，以實施行政處分時之名義為準。但上級機關本於法定職權所為之行政處分，交由下級機關執行者，以該上級機關為原行政處分機關。

第二節 期日及期間

第一四條 （訴願之提起期限）

①訴願之提起，應自行政處分達到或公告期滿之次日起三十日內為之。

②利害關係人提起訴願者，前項期間自知悉時起算。但自行政處分達到或公告期滿後，已逾三年者，不得提起。

③訴願之提起，以原行政處分機關或受理訴願機關收受訴願書之日期為準。

④訴願人誤向原行政處分機關或受理訴願機關以外之機關提起訴願者，以該機關收受之日，視為提起訴願之日。

第一五條 （訴願期間之計算）

①訴願人因天災或其他不應歸責於己之事由，至遲誤前條之訴願期間者，於其原因消滅後十日內，得以書面敘明理由向受理訴願機關申請回復原狀。但遲誤訴願期間已逾一年者，不得為之。

②申請回復原狀者，應同時補行期間內應為之訴願行為。

第一六條 （在途期間之扣除）

①訴願人不在受理訴願機關所在地住居者，計算法定期間，應扣除其在途期間。但有訴願代理人住居受理訴願機關所在地，得為期間內所為之訴願行為者，不在此限。

②前項扣除在途期間辦法，由行政院定之。

第一七條 （期間之計算）

期間之計算，除法律另有規定外，依民法之規定。

第三節 訴願人

第一八條 （提起訴願）

自然人、法人、非法人之團體或其他受行政處分之相對人及利害關係人得提起訴願。

第一九條 （訴願能力）

能獨立以法律行為負義務者，有訴願能力。

第二○條 （法定代理）

①無訴願能力人應由其法定代理人為訴願行為。

②地方自治團體、法人、非法人之團體應由其代表人或管理人為訴願行為。

③關於訴願之法定代理，依民法規定。

第二一條 （共同提起訴願）

①二人以上得對於同一原因事實之行政處分，共同提起訴願。

②前項共同提起訴願，以同一機關管轄者為限。

第二二條 （共同提起訴願得選定代表人）

①共同提起訴願，得選定其中一人至三人為代表人。

②選定代表人應於最初為訴願行為時，向受理訴願機關提出文書證明。

第二三條 （未選定代表人）

共同提起訴願，未選定代表人者，受理訴願機關得限期通知其選定；逾期不選定者，得依職權指定之。

第二四條 （代表人代為訴願行為）

代表人經選定或指定後，由其代表全體訴願人為訴願行為。但撤回訴願，非經全體訴願人書面同意，不得為之。

第二五條 （代表人之更換或減縮）

①代表人經選定或指定後，仍得更換或增減之。

②前項代表人之更換或增減，非以書面通知受理訴願機關，不生效力。

第二六條 （二人以上之代表人）

代表人有二人以上者，均得單獨代表共同訴願人為訴願行為。

第二七條 （代表權）

代表人之代表權不因其他共同訴願人死亡、喪失行為能力或法定代理變更而消滅。

第二八條 （與訴願人利害關係相同之人得參加訴願）

①與訴願人利害關係相同之人，經受理訴願機關允許，得為訴願人參加訴願。受理訴願機關認有必要時，亦得通知其參加訴願。

②訴願決定因撤銷或變更原處分，足以影響第三人權益者，受理訴願機關應於作成訴願決定之前，通知其參加訴願程序，表示意見。

第二九條 （申請參加訴願應以書面為之）

①申請參加訴願，應以書面向受理訴願機關為之。

②參加訴願應以書面記載左列事項：

一、本訴願及訴願人。

二、參加人與本訴願之利害關係。

三、參加訴願之陳述。

第三○條 （通知參加訴願）

①通知參加訴願，應記載參加訴願意旨、通知參加之理由及不參加之法律效果，送達於參加人，並副知訴願人。

②受理訴願機關為前項之通知前，得通知訴願人或得參加訴願之第三人以書面陳述意見。

第三一條 （訴願決定對參加人亦有效力）

訴願決定對於參加訴願人，亦有效力。經受理訴願機關通知參加或允

許其參加而未參加者，亦同。

第三二條　（委任代理人進行訴願）

訴願人或參加人得委任代理人進行訴願。每一訴願人或參加人委任之訴願代理人不得超過三人。

第三三條　（訴願代理人）

①左列之人，得為訴願代理人：

一　律師。

二　依法令取得與訴願事件有關之代理人資格者。

三　具有該訴願事件之專業知識者。

四　因業務或職務關係為訴願人之代理人者。

五　與訴願人有親屬關係者。

②前項第三款至第五款之訴願代理人，受理訴願機關認為不適當時，得禁止之，並以書面通知訴願人或參加人。

第三四條　（提出委任書）

訴願代理人應於最初為訴願行為時，向受理訴願機關提出委任書。

第三五條　（訴願代理人得為一切訴願行為）

訴願代理人就其受委任之事件，得為一切訴願行為。但撤回訴願，非受特別委任不得為之。

第三六條　（單獨代理）

①訴願代理人有二人以上者，均得單獨代理訴願人。

②違反前項規定而為委任者，其訴願代理人仍得單獨代理。

第三七條　（訴願代理人陳述之效力）

訴願代理人事實上之陳述，經到場之訴願本人即時撤銷或更正者，不生效力。

第三八條　（訴願代理權）

訴願代理權不因訴願人本人死亡、破產或喪失訴願能力而消滅。法定代理有變更、機關經裁撤、改組或公司、團體經解散、變更組織者，亦同。

第三九條　（訴願委任之解除）

訴願委任之解除，應由訴願人、參加人或訴願代理人以書面通知受理訴願機關。

第四〇條　（訴願代理人提出訴願委任之解除）

訴願委任之解除，由訴願代理人提出者，自為解除意思表示之日起十五日內，仍應為維護訴願人或參加人權利或利益之必要行為。

第四一條　（輔佐人）89

①訴願人、參加人或訴願代理人經受理訴願機關之許可，得於期日偕同輔佐人到場。

②受理訴願機關認為必要時，亦得命訴願人、參加人或訴願代理人偕同輔佐人到場。

③前二項之輔佐人，受理訴願機關認為不適當時，得廢止其許可或

禁止其續爲輔佐。

第四二條 （輔佐人陳述之效力）

輔佐人到場所爲之陳述，訴願人、參加人或訴願代理人不即時撤銷或更正者，視爲其所自爲。

第五節 送 達

第四三條 （送達）

送達除別有規定外，由受理訴願機關依職權爲之。

第四四條 （向法定代理人送達）

① 對於無訴願能力人爲送達者，應向其法定代理人爲之；未經陳明法定代理人者，得向該無訴願能力人爲送達。

② 對於法人或非法人之團體爲送達者，應向其代表人或管理人爲之。

③ 法定代理人、代表人或管理人有二人以上者，送達得僅向其中一人爲之。

第四五條 （外國法人或團體爲送達者）

① 對於在中華民國有事務所或營業所之外國法人或團體爲送達者，應向其在中華民國之代表人或管理人爲之。

② 前項代表人或管理人有二人以上者，送達得僅向其中一人爲之。

第四六條 （向訴願代理人送達）

訴願代理人除受送達之權限受有限制者外，送達應向該代理人爲之。但受理訴願機關認爲必要時，得送達於訴願人或參加人本人。

第四七條 （訴願文書之送達）

① 訴願文書之送達，應註明訴願人、參加人或其代表人、訴願代理人住、居所、事務所或營業所，交付郵政機關以訴願文書郵務送達證書發送。

② 訴願文書不能爲前項送達時，得由受理訴願機關派員或囑託原行政處分機關或該管警察機關送達，並由執行送達人作成送達證書。

③ 訴願文書之送達，除前二項規定外，準用行政訴訟法第六十七條至六十九條、第七十一條至第八十三條之規定。

第六節 訴願卷宗

第四八條 （訴願文書應編爲卷宗）

關於訴願事件之文書，受理訴願機關應保存者，應由承辦人員編爲卷宗。

第四九條 （訴願人等得請求閱覽卷宗）

① 訴願人、參加人或訴願代理人得向受理訴願機關請求閱覽、抄錄、影印或攝影卷內文書，或預納費用請求付與繕本、影本或節本。

② 前項之收費標準，由主管院定之。

第五○條 （第三人經許可得閱覽卷宗）

第三人經訴願人同意或釋明有法律上之利害關係，經受理訴願機關許可者，亦得為前條之請求。

第五一條 （應拒絕閱覽請求之文書）

左列文書，受理訴願機關應拒絕前二條之請求：

一　訴願決定擬辦之文稿。

二　訴願決定之準備或審議文件。

三　為第三人正當權益有保密之必要者。

四　其他依法律或基於公益，有保密之必要者。

第二章　訴願審議委員會

第五二條 （訴願審議委員會之設置）

① 各機關辦理訴願事件，應設訴願審議委員會，組成人員以具有法制專長者為原則。

② 訴願審議委員會委員，由本機關高級職員及遴聘社會公正人士、學者、專家擔任之；其中社會公正人士、學者、專家人數不得少於二分之一。

③ 訴願審議委員會組織規程及審議規則，由主管院定之。

第五三條 （訴願決定應經委員會決議）

訴願決定應經訴願審議委員會會議之決議，其決議以委員過半數之出席，出席委員過半數之同意行之。

第五四條 （審議應製作審議紀錄附卷）

① 訴願審議委員會審議訴願事件，應指定人員製作審議紀錄附卷。委員於審議中所持與決議不同之意見，經其請求者，應列入紀錄。

② 訴願審議經言詞辯論者，應另行製作筆錄，編為前項紀錄之附件，並準用民事訴訟法第二百十二條至第二百十九條之規定。

第五五條 （主任委員或委員對審議之迴避）

訴願審議委員會主任委員或委員對於訴願事件有利害關係者，應自行迴避，不得參與審議。

第三章　訴願程序

第一節　訴願之提起

第五六條 （訴願書載明事項）

① 訴願應具訴願書，載明左列事項，由訴願人或代理人簽名或蓋章：

一　訴願人之姓名、出生年月日、住、居所、身分證明文件字號。如係法人或其他設有管理人或代表人之團體，其名稱、事務所或營業所及管理人或代表人之姓名、出生年月日、住、居所。

二　有訴願代理人者，其姓名、出生年月日、住、居所、身分證

　　　　明文件字號。
三　原行政處分機關。
四　訴願請求事項。
五　訴願之事實及理由。
六　收受或知悉行政處分之年、月、日。
七　受理訴願之機關。
八　證據。其為文書者，應添具繕本或影本。
九　年、月、日。
②訴願應附原行政處分書影本。
③依第二條第一項規定提起訴願者，第一項第三款、第六款所列事項，載明應為行政處分之機關、提出申請之年、月、日，並附原申請書之影本及受理申請機關收受證明。

第五七條　（補送訴願書）
　　訴願人在第十四條第一項所定期間向訴願管轄機關或原行政處分機關作不服原行政處分之表示者，視為已在法定期間內提起訴願。但應於三十日內補送訴願書。

第五八條　（提起訴願程序）
①訴願人應繕具訴願書經由原行政處分機關向訴願管轄機關提起訴願。
②原行政處分機關對於前項訴願應先行重新審查原處分是否合法妥當，其認訴願為有理由者，得自行撤銷或變更原行政處分，並陳報訴願管轄機關。
③原行政處分機關不依訴願人之請求撤銷或變更原行政處分者，應儘速附具答辯書，並將必要之關係文件，送於訴願管轄機關。
④原行政處分機關檢卷答辯時，應將前項答辯書抄送訴願人。

第五九條　（訴願人向受理訴願機關提起訴願）
　　訴願人向受理訴願機關提起訴願者，受理訴願機關應將訴願書影本或副本交送原行政處分機關依前條第二項至第四項規定辦理。

第六〇條　（撤回訴願）
　　訴願提起後，於決定書送達前，訴願人得撤回之。訴願經撤回後，不得復提起同一之訴願。

第六一條　（訴願人誤向管轄機關以外之機關提起訴願）
①訴願人誤向訴願管轄機關或原行政處分機關以外之機關作不服原行政處分之表示者，視為自始向訴願管轄機關提起訴願。
②前項收受之機關應於十日內將該事件移送於原行政處分機關，並通知訴願人。

第六二條　（訴願書之補正）
　　受理訴願機關認為訴願書不合法定程式，而其情形可補正者，應通知訴願人於二十日內補正。

第二節　訴願審議

第六三條　（訴願就書面審查決定）

① 訴願就書面審查決定之。

② 受理訴願機關必要時得通知訴願人、參加人或利害關係人到達指定處所陳述意見。

③ 訴願人或參加人請求陳述意見而有正當理由者，應予到達指定處所陳述意見之機會。

第六四條　（聽取訴願人等之陳述）

訴願審議委員會主任委員得指定委員聽取訴願人、參加人或利害關係人到場之陳述。

第六五條　（言詞辯論）

受理訴願機關應依訴願人、參加人之申請或於必要時，得依職權通知訴願人、參加人或其代表人、訴願代理人、輔佐人及原行政處分機關派員於指定期日到達指定處所言詞辯論。

第六六條　（言詞辯論之程序）

① 言詞辯論之程序如左：

　一　受理訴願機關陳述事件要旨。

　二　訴願人、參加人或訴願代理人就事件為事實上及法律上之陳述。

　三　原行政處分機關就事實上及法律上之陳述。

　四　訴願或原行政處分機關就他方之陳述或答辯，為再答辯。

　五　受理訴願機關對訴願人及原行政處分機關提出詢問。

② 前項辯論未完備者，得再為辯論。

第六七條　（實施調查）

① 受理訴願機關應依職權或囑託有關機關或人員，實施調查、檢驗或勘驗，不受訴願人主張之拘束。

② 受理訴願機關應依訴願人或參加人之申請，調查證據。但就其申請調查之證據中認為不必要者，不在此限。

③ 受理訴願機關依職權或依申請調查證據之結果，非經賦予訴願人及參加人表示意見之機會，不得採為對之不利之訴願決定之基礎。

第六八條　（提出證據或證物）

訴願人或參加人得提出證據書類或證物。但受理訴願機關限定於一定期間內提出者，應於該期間內提出。

第六九條　（交付鑑定）

① 受理訴願機關得依職權或依訴願人、參加人之申請，囑託有關機關、學校、團體或有專門知識經驗者為鑑定。

② 受理訴願機關認無鑑定之必要，而訴願人或參加人願自行負擔鑑定費用時，得向受理訴願機關請求准予交付鑑定。受理訴願機關非有正當理由不得拒絕。

③ 鑑定人由受理訴願機關指定之。

④ 鑑定人有數人者，得共同陳述意見，但意見不同者，受理訴願機關應使其分別陳述意見。

第七〇條　（鑑定書）

鑑定人應具鑑定書陳述意見。必要時，受理訴願機關得請鑑定人到達指定處所說明。

第七一條　（鑑定所需資料之利用）

①鑑定所需資料在原行政處分機關或受理訴願機關者，受理訴願機關應告知鑑定人准其利用。但其利用之範圍及方法得限制之。

②鑑定人因行鑑定得請求受理訴願機關調查證據。

第七二條　（鑑定費用）

①鑑定所需費用由受理訴願機關負擔，並得依鑑定人之請求預行酌給之。

②依第六十九條第二項規定交付鑑定所得結果，據為有利於訴願人或參加人之決定或裁判時，訴願人或參加人得於訴願或行政訴訟確定後三十日內，請求受理訴願機關償還必要之鑑定費用。

第七三條　（文書或物件之調取）

①受理訴願機關得依職權或依訴願人、參加人之申請，命文書或其他物件之持有人提出該物件，並得留置之。

②公務員或機關掌管之文書或其他物件，受理訴願機關得調取之。

③前項情形，除有妨害國家機密者外，不得拒絕。

第七四條　（實施勘驗）

①受理訴願機關得依職權或依訴願人、參加人之申請，就必要之物件或處所實施勘驗。

②受理訴願機關依前項規定實施勘驗時，應將日、時、處所通知訴願人、參加人及有關人員到場。

第七五條　（提出據以處分之證據資料）

①原行政處分機關應將據以處分之證據資料提出於受理訴願機關。

②對於前項之證據資料，訴願人、參加人或訴願代理人得請求閱覽、抄錄或影印之。受理訴願機關非有正當理由，不得拒絕。

③第一項證據資料之閱覽、抄錄或影印，受理訴願機關應指定日、時、處所。

第七六條　（訴願人等對訴願程序處置不服）

訴願人或參加人對受理訴願機關於訴願程序進行中所為之程序上處置不服者，應併同訴願決定提起行政訴訟。

第三節　訴願決定

第七七條　（訴願事件應為不受理決定之情形）

訴願事件有左列各款情形之一者，應為不受理之決定：

一　訴願書不合法定程式不能補正或經通知補正逾期不補正者。

二　提起訴願逾法定期間或未於第五十七條但書所定期間內補送訴願書者。

三　訴願人不符合第十八條之規定者。

四　訴願人無訴願能力而未由法定代理人代為訴願行為，經通知補正逾期不補正者。

五　地方自治團體、法人、非法人之團體，未由代表人或管理人

　　為訴願行為，經通知補正逾期不補正者。

六　行政處分已不存在者。

七　對已決定或已撤回之訴願事件重行提起訴願者。

八　對於非行政處分或其他依法不屬訴願救濟範圍內之事項提起
　　訴願者。

第七八條 （同種類數宗訴願得合併審議及決定）

分別提起之數宗訴願係基於同一或同種類之事實上或法律上之原
因者，受理訴願機關得合併審議，並得合併決定。

第七九條 （無理由訴願應以駁回）

①訴願無理由者，受理訴願機關應以決定駁回之。

②原行政處分所憑理由雖屬不當，但依其他理由認為正當者，應以
訴願為無理由。

③訴願事件涉及地方自治團體之地方自治事務者，其受理訴願之上
級機關僅就原行政處分之合法性進行審查決定。

第八〇條 （不得撤銷或變更不受理決定之訴願之情形）

①提起訴願因逾法定期間而為不受理決定時，原行政處分顯屬違法
或不當者，原行政處分機關或其上級機關得依職權撤銷或變更
之。但有左列情形之一者，不得為之：

一　其撤銷或變更對公益有重大危害者。

二　行政處分受益人之信賴利益顯然較行政處分撤銷或變更所欲
　　維護之公益更值得保護者。

②行政處分受益人有左列情形之一者，其信賴不值得保護：

一　以詐欺、脅迫或賄賂方法，使原行政處分機關作成行政處分
　　者。

二　對重要事項提供不正確資料或為不完全陳述，致使原行政處
　　分機關依該資料或陳述而作成行政處分者。

三　明知原行政處分違法或因重大過失而不知者。

③行政處分之受益人值得保護之信賴利益，因原行政處分機關或其
上級機關依第一項規定撤銷或變更原行政處分而受有損失者，應
予補償。但其補償額度不得超過受益人因該處分存續可得之利
益。

第八一條 （決定撤銷原行政處分或另為處分）

①訴願有理由者，受理訴願機關應以決定撤銷原行政處分之全部或
一部，並得視事件之情節，逕為變更之決定或發回原行政處分機
關另為處分。但於訴願人表示不服之範圍內，不得為更不利益之
變更或處分。

②前項訴願決定撤銷原行政處分，發回原行政處分機關另為處分
時，應指定相當期間命其為之。

第八二條 （命應作為之機關速為一定之處分）

①對於依第二條第一項提起之訴願，受理訴願機關認為有理由者，
應指定相當期間，命應作為之機關速為一定之處分。

②受理訴願機關未為前項決定前，應作為之機關已為行政處分者，

受理訴願機關應認訴願為無理由，以決定駁回之。

第八三條 （撤銷或變更原行政處分於公益有損，得予以駁回）

①受理訴願機關發現原行政處分雖屬違法或不當，但其撤銷或變更於公益有重大損害，經斟酌訴願人所受損害、賠償程度、防止方法及其他一切情事，認原行政處分之撤銷或變更顯與公益相違背時，得駁回其訴願。

②前項情形，應於決定主文中載明原行政處分違法或不當。

第八四條 （原行政處分機關與訴願人進行協議）

①受理訴願機關為前條決定時，得斟酌訴願人因違法或不當處分所受損害，於決定理由中載明由原行政處分機關與訴願人進行協議。

②前項協議，與國家賠償法之協議有同一效力。

第八五條 （訴願之決定限期）

①訴願之決定，自收受訴願書之次日起，應於三個月內為之；必要時，得予延長，並通知訴願人及參加人。延長以一次為限，最長不得逾二個月。

②前項期間，於依第五十七條但書規定補送訴願書者，自補送之次日起算，未為補送者，自補送期間屆滿之次日起算；其依第六十二條規定通知補正者，自補正之次日起算；未為補正者，自補正期間屆滿之次日起算。

第八六條 （訴願決定之準據）

①訴願之決定以他法律關係是否成立為準據，而該法律關係在訴訟或行政救濟程序進行中者，於該法律關係確定前，受理訴願機關得停止訴願程序之進行，並即通知訴願人及參加人。

②受理訴願機關依前項規定停止訴願程序之進行者，前條所定訴願決定期間，自該法律關係確定之日起，重行起算。

第八七條 （承受訴願）

①訴願人死亡者，由其繼承人或其他依法得繼受原行政處分所涉權利或利益之人，承受其訴願。

②法人因合併而消滅者，由因合併而另立或合併後存續之法人，承受其訴願。

③依前二項規定承受訴願者，應於事實發生之日起三十日內，向受理訴願機關檢送死亡繼受權利或合併事實之證明文件。

第八八條 （受讓證明文件）

受讓原行政處分所涉權利或利益之人，得檢具受讓證明文件，向受理訴願機關申請許其承受訴願。

第八九條 （訴願決定書應載事項）

①訴願決定書，應載明左列事項：

一 訴願人姓名、出生年月日、住、居所、身分證明文件字號。如係法人或其他設有管理人或代表人之團體，其名稱、事務所或營業所，管理人或代表人之姓名、出生年月日、住、居所、身分證明文件字號。

二　有法定代理人或訴願代理人者，其姓名、出生年月日、住、居所、身分證明文件字號。

三　主文、事實及理由。其係不受理決定者，得不記載事實。

四　決定機關及其首長。

五　年、月、日。

②訴願決定書之正本，應於決定後十五日內送達訴願人、參加人及原行政處分機關。

第九○條 （附記不服決定之處理）101

訴願決定書應附記，如不服決定，得於決定書送達之次日起二個月內向行政法院提起行政訴訟。

第九一條 （訴願決定機關附記錯誤之處理）

①對於得提起行政訴訟之訴願決定，因訴願決定機關附記錯誤，向非管轄機關提起行政訴訟，該機關應於十日內將行政訴訟書狀連同有關資料移送管轄行政法院，並即通知原提起行政訴訟之人。

②前項規定之情形，行政訴訟書狀提出於非管轄機關者，視為自始向有管轄權之行政法院提起行政訴訟。

第九二條 （附記提起行政訴訟期間錯誤之通知更正）

①訴願決定機關附記提起行政訴訟期間錯誤時，應由訴願決定機關以通知更正之，並自更正通知送達之日起，計算法定期間。

②訴願決定機關未依第九十條規定為附記，或附記錯誤而未依前項規定通知更正，致原提起行政訴訟之人遲誤行政訴訟期間者，如自訴願決定書送達之日起一年內提起行政訴訟，視為於法定期間內提起。

第九三條 （原行政處分之執行不因提起訴願而停止）

①原行政處分之執行，除法律另有規定外，不因提起訴願而停止。

②原行政處分之合法性顯有疑義者，或原行政處分之執行將發生難以回復之損害，且有急迫情事，並非為維護重大公共利益所必要者，受理訴願機關或原行政處分機關得依職權或依申請，就原行政處分之全部或一部，停止執行。

③前項情形，行政法院亦得依聲請，停止執行。

第九四條 （停止執行之原因消滅，得撤銷停止執行之裁定）

①停止執行之原因消滅，或有其他情事變更之情形，受願機關或原行政處分機關得依職權或依申請撤銷停止執行。

②前項情形，原裁定停止執行之行政法院亦得依聲請，撤銷停止執行之裁定。

第九五條 （訴願之決定確定後具拘束力）

訴願之決定確定後，就其事件，有拘束各關係機關之效力；就其依第十條提起訴願之事件，對於受委託行使公權力之團體或個人，亦有拘束力。

第九六條 （重為處分應依訴願決定意旨為之）

原行政處分經撤銷後，原行政處分機關須重為處分者，應依訴願決定意旨為之，並將處理情形以書面告知受理訴願機關。

第四章　再審程序

第九七條　（得聲請再審之情形）

①於有左列各款情形之一者，訴願人、參加人或其他利害關係人得對於確定訴願決定，向原訴願決定機關申請再審。但訴願人、參加人或其他利害關係人已依行政訴訟主張其事由或知其事由而不爲主張者，不在此限：

一　適用法規顯有錯誤者。

二　決定理由與主文顯有矛盾者。

三　決定機關之組織不合法者。

四　依法令應迴避之委員參與決定者。

五　參與決定之委員關於該訴願違背職務，犯刑事上之罪者。

六　訴願之代理人，關於該訴願有刑事上應罰之行爲，影響於決定者。

七　爲決定基礎之證物，係僞造或變造者。

八　證人、鑑定人或通譯就爲決定基礎之證言、鑑定爲虛僞陳述者。

九　爲決定基礎之民事、刑事或行政訴訟判決或行政處分已變更者。

十　發見未經斟酌之證物或得使用該證物者。

②前項聲請再審，應於三十日內提起。

③前項期間，自訴願決定確定時起算。但再審之事由發生在後或知悉在後者，自知悉時起算。

第五章　附　則

第九八條　（書件應以中文書寫）

①依本法規定所爲之訴願、答辯及應備具之書件，應以中文書寫；其科學名詞之譯名以國立編譯館規定者爲原則，並應附註外文原名。

②前項書件原係外文者，並應檢附原文外文資料。

第九九條　（本法修正施行前尚未終結之訴願及再訴願事件之終結）

①本法修正施行前，尚未終結之訴願事件，其以後之訴願程序，依修正之本法規定終結。

②本法修正施行前，尚未終結之再訴願案件，其以後之再訴願程序，準用修正之本法有關訴願程序規定終結。

第一○○條　（公務人員涉刑事或行政責任之處理）

公務人員因違法或不當處分，涉有刑事或行政責任者，由最終決定之機關於決定後責由該管機關依法辦理。

第一○一條　（施行日期）87

①本法自公布日施行。

②本法修正條文之施行日期，由行政院以命令定之。

國家賠償法

民國 69 年 7 月 2 日總統令制定公布全文 17 條。

第一條 （立法依據）
　本法依中華民國憲法第二十四條制定之。

第二條 （國家賠償責任㈠）
①本法所稱公務員者，謂依法令從事於公務之人員。
②公務員於執行職務行使公權力時，因故意或過失不法侵害人民自由或權利者，國家應負損害賠償責任。公務員怠於執行職務，致人民自由或權利遭受損害者亦同。
③前項情形，公務員有故意或重大過失時，賠償義務機關對之有求償權。

第三條 （國家賠償責任㈡）
①公有公共設施因設置或管理有欠缺，致人民生命、身體或財產受損害者，國家應負損害賠償責任。
②前項情形，就損害原因有應負責任之人時，賠償義務機關對之有求償權。

第四條 （視同公務員）
①受委託行使公權力之團體，其執行職務之人於行使公權力時，視同委託機關之公務員。受委託行使公權力之個人，於執行職務行使公權力時亦同。
②前項執行職務之人有故意或重大過失時，賠償義務機關對受委託之團體或個人有求償權。

第五條 （補充法）
　國家損害賠償，除依本法規定外，適用民法規定。

第六條 （特別法）
　國家損害賠償，本法及民法以外其他法律有特別規定者，適用其他法律。

第七條 （賠償方法）
①國家負損害賠償責任者，應以金錢為之。但以回復原狀為適當者，得依請求，回復損害發生前原狀。
②前項賠償所需經費，應由各級政府編列預算支應之。

第八條 （時效期間）
①賠償請求權，自請求權人知有損害時起，因二年間不行使而消滅；自損害發生時起，逾五年者亦同。
②第二條第三項、第三條第二項及第四條第二項之求償權，自支付賠償金或回復原狀之日起，因二年間不行使而消滅。

第九條 （賠償義務機關）

①依第二條第二項請求損害賠償者，以該公務員所屬機關為賠償義務機關。

②依第三條第一項請求損害賠償者，以該公共設施之設置或管理機關為賠償義務機關。

③前二項賠償義務機關經裁撤或改組者，以承受其業務之機關為賠償義務機關。無承受其業務之機關者，以其上級機關為賠償義務機關。

④不能依前三項確定賠償義務機關，或於賠償義務機關有爭議時，得請求其上級機關確定之。其上級機關自被請求之日起逾二十日不為確定者，得逕以該上級機關為賠償義務機關。

第一〇條 （書面請求及協議書）

①依本法請求損害賠償時，應先以書面向賠償義務機關請求之。

②賠償義務機關對於前項請求，應即與請求權人協議。協議成立時，應作成協議書，該項協議書得為執行名義。

第一一條 （訴訟）

①賠償義務機關拒絕賠償，或自提出請求之日起逾三十日不開始協議，或自開始協議之日起逾六十日協議不成立時，請求權人得提起損害賠償之訴。但已依行政訴訟法規定，附帶請求損害賠償者，就同一原事實，不得更行起訴。

②依本法請求損害賠償時，法院得依聲請為假處分，命賠償義務機關暫先支付醫療費或喪葬費。

第一二條 （訴訟之補充法）

損害賠償之訴，除依本法規定外，適用民事訴訟法之規定。

第一三條 （有審判職務公務員侵害人民權利）

有審判或追訴職務之公務員，因執行職務侵害人民自由或權利，就其參與審判或追訴案件犯職務上之罪，經判決有罪確定者，適用本法規定。

第一四條 （公法人之準用）

本法於其他公法人準用之。

第一五條 （外國人之適用）

本法於外國人為被害人時，以依條約或其本國法令或慣例，中華民國人得在該國與該國人享受同等權利者為限，適用之。

第一六條 （施行細則）

本法施行細則，由行政院定之。

第一七條 （施行日）

本法自中華民國七十年七月一日施行。

國家賠償法施行細則

① 民國 70 年 6 月 10 日行政院令訂定發布全文 45 條。
② 民國 85 年 12 月 11 日行政院令修正發布第 12、17、19、22～24、
　27、35、36、41、45 條條文；並增訂第 3-1、41-1、41-2 條條文。
③ 民國 88 年 9 月 29 日行政院令修正發布第 24 條條文。

第一章 總 則

第一條 （制定依據）
　本細則依國家賠償法（以下簡稱本法）第十六條之規定訂定之。

第二條 （法律不溯既往）
　依本法第二條第二項、第三條第一項之規定，請求國家賠償者，
以公務員之不行為、公有公共設施設置或管理之欠缺及其所生
損害均在本法施行後者為限。

第三條 （確定機關）
　依本法第九條第四項請求確定賠償義務機關時，如其上級機關不
能確定，應由其再上級機關確定之。

第三條之一 （知有損害之定義）
　本法第八條第一項所稱知有損害，須知有損害事實及國家賠償責
任之原因事實。

第二章 預算之編列與支付

第四條 （預算之編列）
　本法第七條第二項之經費預算，由各級政府依預算法令之規定編
列之。

第五條 （賠償請求時期）
① 請求權人於收到協議書、訴訟上和解筆錄或確定判決後，得即向
賠償義務機關請求賠償。
② 賠償義務機關收到前項請求後，應於三十日內支付賠償金或開始
回復原狀。
③ 前項賠償金之支付或為回復原狀所必需之費用，由編列預算之各
級政府撥付者，應即撥付。

第六條 （收據及證明文件）
　請求權人領取賠償金或受領原狀之回復時，應填具收據或證明原
狀已回復之文件。

第三章 協 議

第一節　代理人

第七條　（代理人之委任）

①請求權人得委任他人為代理人，與賠償義務機關進行協議。

②同一損害賠償事件有多數請求權人者，得委任其中一人或數人為代理人，與賠償義務機關進行協議。

③前二項代理人應於最初為協議行為時，提出委任書。

第八條　（代理權）

①委任代理人就其受委任之事件，有為一切協議行為之權，但拋棄損害賠償請求權、撤回損害賠償之請求、領取損害賠償金、受領原狀之回復或選任代理人，非受特別委任，不得為之。

②對於前項之代理權加以限制者，應於前條之委任書內記明。

第九條　（多數代理人權限）

①委任代理人有二人以上者，均得單獨代理請求權人。

②違反前項之規定而為委任者，對於賠償義務機關不生效力。

第一〇條　（代理人陳述之效力）

委任代理人事實上之陳述，經到場之請求權人即時撤銷或更正者，失其效力。

第一一條　（代理權之繼續）

委任代理權不因請求權人死亡、破產、喪失行為能力、或法定代理權變更而消滅。

第一二條　（代理權之解除）

委任代理之解除，非由委任人到場陳述或以書面通知賠償義務機關不生效力。

第一三條　（法定代理）

①協議由法定代理人進行時，該法定代理人應於最初為協議行為時，提出法定代理權之證明。

②前項法定代理，依民法及其他法令之規定。

第一四條　（代理權之補正）

賠償義務機關如認為代理權有欠缺而可以補正者，應定七日以上之期間，通知其補正，但得許其暫為協議行為，逾期不補正者，其協議不生效力。

第二節　協議之進行

第一五條　（參加協議）

①同一賠償事件，數機關均應負損害賠償責任時，被請求之賠償義務機關，應以書面通知未被請求之賠償義務機關參加協議。

②未被請求之賠償義務機關未參加協議者，被請求之賠償義務機關，應將協議結果通知之，以為處理之依據。

第一六條　（通知陳述人義務）

賠償義務機關應以書面通知為侵害行為之所屬公務員或受委託行使公權力之團體、個人，或公有公共設施因設置管理有欠缺，致

人民生命、身體或財產受損害，而就損害原因有應負責之人，於協議期日到場陳述意見。

第一七條　（損害賠償之請求方式）

① 損害賠償之請求，應以書面載明左列各款事項，由請求權人或代理人簽名或蓋章，提出於賠償義務機關。

　一　請求權人之姓名、性別、出生年月日、出生地、身分證統一編號、職業、住所或居所。請求權人為法人或其他團體者，其名稱、主事務所或主營業所及代表人之姓名、性別、住所或居所。

　二　有代理人者，其姓名、性別、出生年月日、出生地、身分證統一編號、職業、住所或居所。

　三　請求賠償之事實、理由及證據。

　四　請求損害賠償之金額或回復原狀之內容。

　五　賠償義務機關。

　六　年、月、日。

② 損害賠償之請求，不合前項所定程式者，賠償義務機關應即通知請求權人或其代理人於相當期間內補正。

第一八條　（連帶賠償）

① 數機關均應負損害賠償責任時，請求權人得對賠償義務機關中之一機關，或數機關，或其全體同時或先後，請求全部或一部之損害賠償。

② 前項情形，請求權人如同時或先後向賠償義務機關請求全部或一部之賠償時，應載明其已向其他賠償義務機關請求賠償之金額或申請回復原狀之內容。

第一九條　（拒絕賠償）

被請求賠償損害之機關，認非賠償義務機關或無賠償義務者，得不經協議，於收到請求權人之請求起三十日內，以書面敘明理由拒絕之，並通知有關機關。

第二〇條　（蒐集證據）

賠償義務機關於協議前，應就與協議有關之事項，蒐集證據。

第二一條　（協議通知之送達）

① 賠償義務機關為第一次協議之通知，至遲應於協議期日五日前，送達於請求權人。

② 前項通知所載第一次之協議期日為開始協議之日。

第二二條　（賠償金額之擬定）

① 賠償義務機關於協議時，得按事件之性質，洽請具有專門知識經驗之人陳述意見，並支給旅費及出席費。

② 請求賠償之金額或回復原狀之費用，在同一事件達一定之金額時，該管地方法院檢察署應賠償義務機關之請，得指派檢察官提供法律上之意見。

③ 前項一定之金額由法務部擬定，報請行政院核定之。

第二三條　（協議記錄）

① 賠償義務機關應指派所屬職員，記載協議紀錄。

② 協議紀錄應記載左列各款事項：

一　協議之處所及年、月、日。

二　到場之請求權人或代理人。賠償義務機關之代表人或其指定代理人、第十五條、第十六條及第二十二條所定之人員。

三　協議事件之案號、案由。

四　請求權人請求損害賠償之金額或回復原狀之內容及請求之事實理由。

五　賠償義務機關之意見。

六　第十五條、第十六條及第二十二條所定人員之意見。

七　其他重要事項。

八　協議結果。

③ 前項第二款人員應緊接協議紀錄之末行簽名或蓋章。

第二四條　（賠償金額之限度）

① 賠償義務機關得在一定金額限度內，逕行決定賠償金額。

② 前項金額限度，中央政府各機關及省政府，由行政院依機關等級定之；縣（市）、鄉（鎮、市），由縣（市）定之；直轄市，由其自行定之。

第二五條　（超過限額之決定）

① 賠償義務機關認應賠償之金額，超過前條所定之限度時，應報請其直接上級機關核定後，始得為賠償之決定。

② 前項金額如超過其直接上級機關，依前條規定所得決定之金額限度時，該直接上級機關應報請再上級機關核定。

③ 有核定權限之上級機關，於接到前二項請求時，應於十五日內為核定。

第二六條　（協議不成立）

① 自開始協議之日起逾六十日協議不成立者，賠償義務機關應依請求權人之申請，發給協議不成立證明書。

② 請求權人未依前項規定申請發給協議不成立證明書者，得請求賠償義務機關繼續協議，但以一次為限。

第二七條　（協議書之作成）

① 協議成立時，應作成協議書，記載左列各款事項，由到場之請求權人或代理人及賠償義務機關之代表人或其指定代理人簽名蓋章，並蓋機關之印信：

一　請求權人之姓名、性別、出生年月日、出生地、身分證統一編號、職業、住所或居所。請求權人為法人或其他團體者，其名稱、主事務所或主營業所及代表人之姓名、性別、住所或居所。

二　有代理人者，其姓名、性別、出生年月日、出生地、身分證統一編號、職業、住所或居所。

三　賠償義務機關之名稱及所在地。

四　協議事件之案由及案號。

五　損害賠償之金額或回復原狀之內容。

六　請求權人對於同一原因事實所發生之其他損害，願拋棄其損害賠償請求權者，其拋棄之意旨。

七　年、月、日。

②前項協議書，應由賠償義務機關於協議成立後十日內送達於請求權人。

第二八條　（協議書之送達）

①協議文書得由賠償義務機關派員或由郵政機關送達，並應由送達人作成送達證書。

②協議文書之送達，除前項規定外，準用民事訴訟法關於送達之規定。

第三節　協議之期日及期間

第二九條　（期日之指定）

協議期日，由賠償義務機關指定之。

第三〇條　（假日不指定原則）

期日，除經請求權人之同意或有不得已之情形外，不得於星期日、國定紀念日或其他休息日定之。

第三一條　（通知書）

賠償義務機關指定期日後，應即製作通知書，送達於協議關係人。但經面告以所定期日並記明協議紀錄，或經協議關係人以書面陳明屆期到場者，與送達有同一之效力。

第三二條　（協議處所）

期日應為之行為，於賠償義務機關為之。但賠償義務機關認為在其他處所進行協議為適當者，得在其他處所行之。

第三三條　（期日之變更）

期日如有正當事由，賠償義務機關得依申請或依職權變更之。

第三四條　（期日期間之計算）

期日及期間之計算，依民法之規定。

第四章　訴訟及強制執行

第三五條　（假處分墊付之費用）

法院依本法第十一條第二項規定為假處分，命賠償義務機關暫先支付醫療費或喪葬費者，賠償義務機關於收受假處分裁定時，應立即墊付。

第三六條　（賠償金之給付、返還之情形）

①前條暫先支付之醫療費或喪葬費，應於給付賠償金額時扣除之。

②請求權人受領前條暫先支付之醫療費或喪葬費後，有左列情形之一者，應予返還：

一　協議不成立，又不請求繼續協議。

二　協議不成立，又不提起損害賠償之訴。

三　請求權人受敗訴判決確定。

四　暫先支付之醫療費或喪葬費，超過協議、訴訟上和解或確定判決所定之賠償總金額者，其超過部分。

第三七條　（起訴應附文書）

①請求權人因賠償義務機關拒絕賠償，或協議不成立而起訴者，應於起訴時提出拒絕賠償或協議不成立之證明書。

②請求權人因賠償義務機關逾期不開始協議或拒不發給前項證明書而起訴者，應於起訴時提出已申請協議或已請求發給證明書之證明文件。

第三八條　（訴訟程序之裁定停止）

請求權人就同一原因事實所受之損害，同時或先後向賠償義務機關請求協議及向公務員提起損害賠償之訴，或同時或先後向賠償義務機關及公務員提起損害賠償之訴者，在賠償義務機關協議程序終結或損害賠償訴訟裁判確定前，法院應以裁定停止對公務員損害賠償訴訟程序之進行。

第三九條　（檢察官之協助）

該管法院檢察機關應賠償義務機關之請，得指派檢察官為訴訟上必要之協助。

第四○條　（強制執行）

①請求權人於取得執行名義向賠償義務機關請求賠償或墊付醫療費或喪葬費時，該賠償義務機關不得拒絕或遲延履行。

②前項情形，賠償義務機關拒絕或遲延履行者，請求權人得聲請法院強制執行。

第四一條　（求償權之行使）

①本法第二條第三項，第四條第二項所定之故意或重大過失，賠償義務機關應審慎認定之。

②賠償義務機關依本法第二條第三項第三條第二項或第四條第二項規定行使求償權前，得清查被求償之個人或團體可供執行之財產，並於必要時依法聲請保全措施。

③賠償義務機關依本法第二條第三項，第三條第二項或第四條第二項規定行使求償權時，應先與被求償之個人或團體進行協商，並得酌情許其提供擔保分期給付。

④前項協商如不成立，賠償義務機關應依訴訟程序行使求償權。

第四一條之一　（參加訴訟）

賠償義務機關於請求權人起訴後，應依民事訴訟法規定，將訴訟告知第十六條所定之個人或團體，得於該訴訟繫屬中參加訴訟。

第四一條之二　（和解金不超過限額）

①賠償義務機關得在第二十四條第二項所定之金額限度內逕為訴訟上之和解。

②賠償義務機關認應賠償之金額，超過前項所定之限度時，應逐級報請該管上級權責機關核定後，始得為訴訟上之和解。

第五章　附　則

第四二條 （賠償業務之承辦人）

　　各級機關應指派法制（務）或熟諳法律人員，承辦國家賠償業務。

第四三條 （處理情形之上報）

　　各機關應於每年一月及七月底，將受理之國家賠償事件及其處理情形，列表送其上級機關及法務部，其成立協議、訴訟上和解或已判決確定者，並應檢送協議書、和解筆錄或歷審判決書影本。

第四四條 （編訂卷宗）

①賠償義務機關承辦國家賠償業務之人員，應就每一國家賠償事件，編訂卷宗。

②法務部於必要時，得調閱賠償義務機關處理國家賠償之卷宗。

第四五條 （施行日期）

①本細則自中華民國七十年七月一日施行。

②本細則修正條文自發布日施行。

公證法

① 民國 32 年 3 月 31 日國民政府制定公布全文 52 條；並自 33 年 1 月 1 日施行。
② 民國 63 年 1 月 29 日總統令修正公布全文 67 條。
③ 民國 69 年 7 月 4 日總統令修正公布第 66 條條文。
④ 民國 88 年 4 月 21 日總統令修正公布全文 152 條；並自公布生效後二年施行。
⑤ 民國 96 年 12 月 26 日總統令修正公布第 22 條條文。
⑥ 民國 98 年 12 月 30 日總統令修正公布第 26、33、79、152 條條文；並自 98 年 11 月 23 日施行。

第一章 總 則

第一條 （主管機關）

① 公證事務，由法院或民間之公證人辦理之。
② 地方法院及其分院應設公證處；必要時，並得於管轄區域內適當處所設公證分處。
③ 民間之公證人應於所屬之地方法院或其分院管轄區域內，司法院指定之地設事務所。

第二條 （公證事項－法律行為）

① 公證人因當事人或其他關係人之請求，就法律行為及其他關於私權之事實，有作成公證書或對於私文書予以認證之權限。
② 公證人對於下列文書，亦得因當事人或其他關係人之請求予以認證：
一 涉及私權事實之公文書原本或正本，經表明係持往境外使用者。
二 公、私文書之繕本或影本。

第三條 （請求公證之手續）

① 前條之請求，得以言詞或書面為之。
② 公證或認證請求書，應由請求人或其代理人簽名；其以言詞請求者，由公證人、佐理員或助理人作成筆錄並簽名後，由請求人或其代理人簽名。
③ 前項請求書或筆錄，準用非訟事件法關於聲請書狀或筆錄之規定。

第四條 （代理請求公認證暨例外限制）

公證或認證之請求，得由代理人為之。但依法律規定或事件性質不得由代理人為之者，不在此限。

第五條 （使用之文字）

①公證文書應以中國文字作成之。但經當事人請求時，得以外國文字作成。

②前項文書以中國文字作成者，必要時得附記外國文字或附譯本。

③以外國文字作成公證文書或就文書之翻譯本爲認證之公證人，以經司法院核定通曉各該外國語文者爲限。

第六條　（公證事務無土地管轄及除外規定）

當事人或其他關係人，除法律另有規定外，得向任何地區之公證人請求作成公證書或認證文書。

第七條　（公證人執行職務之區域）

①公證人應以所屬之地方法院或其分院之管轄區域爲執行職務之區域。但有急迫情形或依事件之性質有至管轄區域外執行之必要者，不在此限。

②違反前項規定所作成之公、認證文書，效力不受影響。

第八條　（辦理公證事物之處所及時間）

①辦理公證事務，應於法院公證處或民間之公證人事務所爲之。但法令另有規定或因事件之性質，在法院公證處或民間之公證人事務所執行職務不適當或有其他必要情形者，不在此限。

②辦理公證事務之時間，依一般法令之規定。但必要時，得於法令所定時間外爲之。

第九條　（文書上之簽名）

公證人爲職務上簽名時，應記載其職稱及所屬之法院。民間之公證人並應記載其事務所所在地。

第一〇條　（公證人不得執行職務之情形）

公證人有下列各款情形之一者，不得執行其職務：

一　爲請求人或就請求事項有利害關係者。

二　爲請求人或其代理人或就請求事項有利害關係者之配偶、前配偶、未婚配偶、四親等內之親屬或同居之家長、家屬者。其親屬或家長、家屬關係終止後，亦同。

三　爲請求人或其代理人之法定代理人者。

四　就請求事項現爲或曾爲代理人或輔佐人者。

第一一條　（公證文書之生效要件）

①公證人作成之文書，非具備本法及其他法律所定之要件，不生公證效力。

②公證人違反本法不得執行職務之規定所作成之文書，亦不生公證效力。

第一二條　（公證事務之請求協助）

①公證人辦理公證事務，於必要時，得向有關機關、團體或個人查詢，並得請求其協助。

②前項情形，亦得商請外國機關、團體或個人爲之。

第一三條　（公證書之執行力）

①當事人請求公證人就下列各款法律行爲作成之公證書，載明應逕受強制執行者，得依該證書執行之：

一 以給付金錢或其他代替物或有價證券之一定數量爲標的者。

二 以給付特定之動產爲標的者。

三 租用或借用建築物或其他工作物，定有期限並應於期限屆滿時交還者。

四 租用或借用土地，約定非供耕作或建築爲目的，而於期限屆滿時應交還土地者。

②前項公證書，除當事人外，對於公證書作成後，就該法律行爲，爲當事人之繼受人，及爲當事人或其繼受人占有請求之標的物者，亦有效力。

③債務人、繼受人或占有人，主張第一項之公證書有不得強制執行之事由提起訴訟時，受訴法院得因必要情形，命停止執行，但聲請人陳明願供擔保者，法院應定相當之擔保額，命停止執行。

第一四條　（守密義務）

公證人、佐理員及助理人，除法律另有規定外，對於經辦事件，應守秘密。

第一五條　（公證請求之拒絕）

①公證人非有正當理由，不得拒絕請求人之請求。

②公證人拒絕請求時，得以言詞或書面爲之。但請求人要求說明其理由者，應付與理由書。

第一六條　（公證異議之提出）

①請求人或利害關係人，認爲公證人辦理公證事務有違法或不當者，得提出異議。

②公證人如認異議爲有理由時，應於三日內爲適當之處置；如認爲無理由時，應附具意見書，於三日內送交所屬之地方法院或其分院，法院應於五日內裁定之。

第一七條　（對公證異議之裁判）

①法院認異議爲有理由時，應以裁定命公證人爲適當之處置；認異議爲無理由時，應駁回之。

②前項裁定，應附具理由，並送達於公證人、異議人及已知之其他利害關係人。

③對於第一項之裁定，得於十日內抗告。但不得再抗告。

④抗告，除本法另有規定外，準用非訟事件法關於抗告之規定。

第一八條　（簿冊文件之保管）

①公證人作成之公證書原本，與其附屬文件或已認證之文書繕本、影本，及依法令應編製之簿冊，保存於公證處或事務所，不得攜出。但經法院或其他有關機關依法律調閱或因避免事變而攜出者，不在此限。

②公證文書依前項規定調閱而攜出者，公證人應製作影本留存。

③第一項文書、簿冊之保存及銷燬規則，由司法院定之。

第一九條　（貨幣單位）

本法規定之各項金額或價額，均以新臺幣爲單位。

第二〇條 （強制執行）

依本法所爲罰鍰處分之議決，得爲強制執行名義。

第二一條 （公證事件之準用）

公證事件，除本法另有規定外，準用非訟事件法之規定，非訟事件法未規定者，準用民事訴訟法之規定。

第二章 公證人

第一節 法院之公證人

第二二條 （公證人之資格）96

① 法院之公證人，應就具有司法人員人事條例第二十三條第一項所定資格之一者遴任之。

② 公證人有二人以上者，以一人爲主任公證人，處理並監督公證處之行政事務。

③ 法院之公證人，得由地方法院或其分院法官或具有第一項資格之司法事務官兼充之。

第二三條 （佐理員之資格）

① 公證處置佐理員，輔助法院之公證人辦理公證事務，應就具有法院書記官任用資格者遴任之。

② 前項佐理員，得由地方法院或其分院書記官兼充之。

第二節 民間之公證人

第二四條 （民間公證人之定義）

① 民間之公證人爲司法院依本法遴任，從事第二條所定公證事務之人員。

② 有關公務人員人事法律之規定，於前項公證人不適用之。

第二五條 （民間公證人之遴任資格）

民間之公證人，應就已成年之中華民國國民具有下列資格之一者遴任之：

一 經民間之公證人考試及格者。

二 曾任法官、檢察官，經銓敍合格者。

三 曾任公設辯護人，經銓敍合格者。

四 曾任法院之公證人，經銓敍合格，或曾任民間之公證人者。

五 經高等考試律師考試及格，並執行律師業務三年以上者。

第二六條 （民間公證人之消極資格）98

有下列情事之一者，不得遴任爲民間之公證人：

一 年滿七十歲。

二 曾受一年有期徒刑以上刑之裁判確定。但因過失犯罪者，不在此限。

三 褫奪公權，尚未復權。

四 曾任公務員而受撤職處分，其停止任用期間尚未屆滿。

五 曾依本法免職或受撤職處分。

六　曾受律師法所定除名處分。

七　受破產之宣告，尚未復權。

八　受監護或輔助之宣告，尚未撤銷。

九　因身體或精神障礙致不能勝任其職務。

第二七條　（候補公證人）

①交通不便地區無民間之公證人時，得依有關民間之公證人遴任辦法之規定，就曾在公立或經立案之私立大學、獨立學院法律學系、法律研究所或經教育部承認之國外大學法律學系、法律研究所畢業，並任薦任司法行政人員、薦任書記官辦理民刑事紀錄或委任第五職等公證佐理員四年以上，成績優良，經審查合格者，遴任為候補公證人。

②候補公證人候補期間三年，期滿成績優良者，得遴任為民間之公證人。

③候補公證人，除本法另有規定外，準用關於民間之公證人之規定。

第二八條　（民間之公證人助理人）

①民間之公證人經所屬地方法院或其分院之許可，得僱用助理人，輔助辦理公證事務。

②前項許可，必要時得撤銷之。

③第一項之助理人，其資格、人數、處理事務之範圍及撤銷許可之事由等事項，由司法院定之。

第二九條　（職前研習及在職研習）

①民間之公證人於執行職務前，應經相當期間之研習。但具有第二十五條第二款或第四款之資格者不在此限。

②民間之公證人於執行職務期間內，得視業務需要，令其參加研習。

第三○條　（遴選研習及任免辦法之訂定）

民間之公證人之遴選、研習及任免辦法，由司法院定之。

第三一條　（遴任機關）

民間之公證人由司法院遴任之，並指定其所屬之地方法院或其分院。但不得限制其人數。

第三二條　（執行職務前應踐行之事項）

民間之公證人於任命後，非經踐行下列各款事項，不得執行職務：

一　向所屬地方法院或其分院登錄。

二　加入公證人公會。

三　參加責任保險並繳納保險費。

四　向所屬地方法院或其分院提出職章、鋼印之印鑑及簽名式。

第三三條　（免職之事由）98

①民間之公證人任命後有下列情事之一者，應予免職：

一　受刑事裁判確定。但因過失犯罪者，不在此限。

二　受褫奪公權之宣告。

三　曾任公務員而受撤職處分。

四　受律師法所定除名處分。

五　受破產之宣告。

六　受監護或輔助之宣告。

七　因身體或精神障礙致不能勝任其職務。

②民間之公證人於任命後，發見其在任命前有第二十六條所定各款情事之一者，亦應予免職。

第三四條　（免職—未繳強制責任保險費）

民間之公證人未依本法規定繳納強制責任保險費者，得予免職。

第三五條　（退職年齡）

民間之公證人年滿七十歲者，應予退職。

第三六條　（公文書）

民間之公證人依本法執行公證職務作成之文書，視爲公文書。

第三七條　（兼業之禁止）

①民間之公證人具有律師資格者，不得執行律師業務。但經遴任僅辦理文書認證事務者，或因地理環境或特殊需要，經司法院許可者，不在此限。

②律師兼任民間之公證人者，就其執行文書認證事務相關之事件，不得再受委任執行律師業務，其同一聯合律師事務所之他律師，亦不得受委任辦理相同事件。

③除本法另有規定外，民間之公證人不得兼任有薪給之公職或業務，亦不得兼營商業或爲公司或以營利爲目的之社團法人代表人或使用人。但與其職務無礙，經司法院許可者，不在此限。

第三八條　（執行職務之限制）

民間之公證人及其助理人，不得爲居間介紹貸款或不動產買賣之行爲。

第三九條　（職務代理人）

①民間之公證人因疾病或其他事故，暫時不能執行職務時，得委請所屬之地方法院或其分院管轄區域內之其他民間之公證人或候補公證人代理之。

②民間之公證人依前項規定委請代理時，應即向所屬之地方法院或其分院陳報。解除代理時，亦同。

③依第一項規定委請代理之期間逾一個月者，應經所屬之地方法院或其分院許可。

第四〇條　（指定代理人及解除代理）

①民間之公證人未依前條第一項規定委請代理時，所屬之地方法院或其分院得命管轄區域內之其他民間之公證人或候補公證人代理之。

②前條第一項之民間之公證人得執行職務時，所屬之地方法院或其分院應解除其代理人之代理。

③地方法院或其分院不能依第一項規定指定代理人時，得命法院之公證人至該地執行職務。

第四一條 （代理之處所及文書之簽名）

①民間之公證人之代理人，執行前二條所定代理職務時，應以被代理人之事務所為事務所。

②前項代理人為職務上簽名時，應記載被代理公證人之職稱、姓名、所屬法院、事務所所在地及其為代理之旨。

第四二條 （代理人之賠償責任及報償）

①民間之公證人之代理人應自行承受其執行代理職務行為之效果；其違反職務上義務致他人受損害時，應自負賠償責任。

②前項代理人使用被代理公證人之事務所、人員或其他設備，應給與相當報償，其數額有爭議者，得聲請法院裁定。

③前項裁定得為執行名義。

第四三條 （公證人永久離職－文書之處置）

民間之公證人死亡、免職、撤職或因其他事由離職者，所屬之地方法院或其分院認為必要時，得指派人員將其事務所之有關文書、物件封存。

第四四條 （民間公證人死亡之因應措施）

民間之公證人死亡時，其繼承人、助理人或其他使用人，應於知悉後十日內陳報該公證人所屬之地方法院或其分院。

第四五條 （公證人永久離職－指定兼任）

①民間之公證人死亡、免職、撤職或因其他事由離職者，在繼任人未就職前，所屬之地方法院或其分院得指定管轄區域內其他民間之公證人兼任其職務。

②前項兼任職務之民間之公證人得在兼任之區域內設置事務所。

③第一項兼任之職務，在繼任人就職時，所屬之地方法院或其分院應解除其兼任。

第四六條 （公證人永久離職－文書物件之交接）

①民間之公證人免職、撤職或因其他事由離職時，應與其繼任人或兼任人辦理有關文書、物件之移交；其繼任人或兼任人應予接收。

②民間之公證人因死亡或其他事由不能辦理移交者，其繼任人或兼任人應會同所屬之地方法院或其分院指定之人員接收文書、物件。

③依第四十三條規定封存之文書、物件，繼任人或兼任人應會同所屬之地方法院或其分院指定之人員解除封印，接收文書、物件。

④民間之公證人之交接規則，由司法院定之。

第四七條 （兼任再行移交程序之準用）

前條之規定，於兼任人將有關文書、物件移交其他民間之公證人時，準用之。

第四八條 （兼任繼任之表明）

①兼任人於職務上簽名時，應記載其為兼任之旨。

②繼任人依前任人或兼任人作成之公證書，而作成正本、繕本、影本或節本時，應記明其為繼任人。

第四九條 （公證人永久離職－不任命繼任人之處置）

①民間之公證人死亡、免職、撤職或因其他事由離職並因名額調整而無繼任人者，司法院得命將有關文書、物件移交於同一地方法院或其分院管轄區域內其他民間之公證人。

②第四十六條及前條第二項之規定，於依前項受命移交之民間之公證人準用之。

第五〇條 （公證人之停職）

①第四十三條、第四十五條、第四十六條第三項及第四十八條第一項之規定，於民間之公證人停職時準用之。

②兼任人依前項規定執行職務時，以停職人之事務所爲事務所。

第五一條 （監督機關）

①民間之公證人之監督由司法院行之。

②前項監督，得由所屬之高等法院、地方法院或其分院爲之。

③前二項之監督，其辦法由司法院定之。

第五二條 （監督機關定期檢查保管之文書物件）

依前條規定行使監督權之機關，得定期檢查民間之公證人保管之文書、物件。

第五三條 （行使監督權之範圍）

監督機關得對民間之公證人爲下列行爲：

一　關於職務上之事項，得發命令促其注意。

二　對有與其職位不相稱之行爲者，加以警告。但警告前，應通知該公證人得爲申辯。

第五四條 （懲戒之事由）

①民間之公證人有下列情事之一者，應付懲戒：

一　有違反第一條第三項、第七條第一項、第十條、第十四條、第十五條第一項、第十八條第一項、第三十二條、第三十七條、第三十八條、第四十一條第一項、第四十六條、第六十七條第一項、第六十九條、第七十條、第九十條第一項、第九十八條第二項、第一百零一條第一項、第四項、第一百零八條之行爲者。

二　經監督機關爲第五十三條之懲處後，仍未改善者。

三　因犯罪行爲，經判刑確定者，但因過失犯罪者，不在此限。

②前項第三款行爲，經依第三十三條規定免職者，免付懲戒。

③民間之公證人有下列情事之一者，得付懲戒：

一　有違反第七十一條至第七十五條、第八十條之行爲者。

二　有其他違反職務上之義務或損害名譽之行爲者。

第五五條 （懲戒處分）

①民間之公證人懲戒處分如下：

一　申誡。

二　罰鍰一萬五千元以上十五萬元以下。

三　停職二月以上二年以下。

四　撤職。

②前項第一款、第二款之處分得同時為之。

第五六條　（懲戒機關）

民間之公證人之懲戒，由民間之公證人懲戒委員會為之。

第五七條　（懲戒委員會之組織）

①民間之公證人懲戒委員會，由高等法院或其分院法官四人及民間之公證人三人組織之，主任委員由委員互選之。

②民間之公證人懲戒覆審委員會，由最高法院法官五人及民間之公證人四人組織之；主任委員由委員互選之。

第五八條　（移付懲戒之機關）

①民間之公證人應付懲戒者，由高等法院或其分院依職權移送民間之公證人懲戒委員會審議。

②地方法院或其分院認其轄區內民間之公證人有應付懲戒之事由者，得報請高等法院或其分院審查移送民間之公證人懲戒委員會審議。

③地區公證人公會認其會員有應付懲戒之事由者，得經會員大會或理事、監事聯席會議之決議，送請民間之公證人懲戒委員會審議。

第五九條　（受理懲戒案件之審議程序）

①民間之公證人懲戒委員會受理懲戒案件後，於議決前，應為相當之調查，並予被付懲戒人充分申辯之機會，亦得通知前條之移送機關或公會為必要之說明。

②前項之議決，應作成議決書。

第六○條　（不服議決之覆審）

①受懲戒處分人、依第五十八條第三項移送懲戒之公證人公會，對於民間之公證人懲戒委員會之議決有不服者，得於議決書送達之翌日起二十日內向民間之公證人懲戒覆審委員會請求覆審。

②前條之規定，於前項覆審程序準用之。

③關於停職、撤職之處分，經懲戒覆審委員會議決確定後，受懲戒處分人得向原懲戒覆審委員會請求再審議。其請求再審議之事由及程序，準用公務員懲戒法之規定。

第六一條　（懲戒程序規則之訂定）

民間之公證人懲戒程序規則，由司法院定之。

第六二條　（懲戒處分之執行）

懲戒處分確定後，民間之公證人懲戒委員會或懲戒覆審委員會應將全卷函送受懲戒處分人所屬高等法院或其分院，報請司法院分別命令執行；其懲戒處分為停職或撤職者，並應將議決書刊登公報。

第六三條　（公證人職務之停止）

①民間之公證人依刑事訴訟程序被羈押，或依刑事確定判決，受拘役以上刑之宣告，在執行中者，其職務當然停止。

②民間之公證人應受懲戒之事由情節重大者，司法院得在懲戒程序終結前，先行停止其職務。

③民間之公證人依前二項規定停止其職務時，準用第五十條之規定。

第六四條 （復職）

依前條第一項、第二項停止職務之民間之公證人，有下列各款情形之一者，於停止職務之原因消滅後，應許其復職：

一 未受免職、撤職或停職處分者。

二 受拘役以上刑之宣告，經執行完畢而未受免職、撤職或停職處分者。

第六五條 （公證人之請辭）

民間之公證人得請求解去職務，司法院於其依本法規定移交完畢後，解除其職務。

第六六條 （不得有執行職務之起算時點）

民間之公證人經依本法免職、停職、撤職、停止職務、退職或辭職而解除其職務者，自命令送達之翌日起，不得繼續執行職務；其依第六十三條第一項規定職務當然停止者，自被羈押或受刑之執行時起，不得繼續執行職務。

第六七條 （強制責任保險）

①民間之公證人於執行職務期間，應繼續參加責任保險。

②前項保險契約於每一保險事故之最低保險金額，由司法院視情勢需要，以命令定之。但保險人對同一保險年度內之最高賠償金額得限制在最低保險金額之二倍以下。

③保險人於第一項之保險契約停止、終止、解除或民間之公證人遲延繳納保險費或有其他足以影響保險契約效力之情形時，應即通知所屬地方法院或其分院及地區公證人公會。

第六八條 （負賠償責任之要件及請求國家賠償之程序）

①民間之公證人因故意違反職務上之義務，致他人之權利受損害者，負賠償責任。其因過失者，以被害人不能依他項方法受賠償時為限，負其責任。

②被害人不能依前項、前條、第一百四十五條規定或他項方法受賠償或補償時，得依國家賠償法所定程序，請求國家賠償。其賠償義務機關為該民間之公證人所屬之地方法院或其分院。

③前二項之規定，於第四十二條第一項之民間之公證人代理人準用之。

④國家賠償法第四條第二項之規定，於前二項情形準用之。

⑤民間之公證人之助理人或其他使用人，於辦理有關公證事務之行為有故意或過失時，民間之公證人應與自己之故意或過失，負同一責任。

第六九條（按月將公認證書彙送所屬地方法院及分院備查）

民間之公證人應按月於次月十日前，將作成之公證書、認證書繕本或影本，依受理時間之先後順序彙整成冊，送所屬之地方法院或其分院備查。

第三章 公　證

第七〇條　（公證之限制）

公證人不得就違反法令事項及無效之法律行為，作成公證書。

第七一條　（公證書之說明補充或修正）

公證人於作成公證書時，應探求請求人之真意及事實真相，並向請求人說明其行為之法律上效果；對於請求公證之內容認有不明瞭、不完足或依當時情形顯失公平者，應向請求人發問或曉諭，使其敘明、補充或修正之。

第七二條　（疑義公證事件之處理方法）

公證人對於請求公證之內容是否符合法令或對請求人之真意有疑義時，應就其疑慮向請求人說明；如請求人仍堅持該項內容時，公證人應依其請求作成公證書。但應於公證書上記載其說明及請求人就此所為之表示。

第七三條　（請求人之身分證明文件）

公證人作成公證書，應令請求人提出國民身分證或其他身分證明文件，證明其實係本人；如請求人為外國人者，應令其提出護照、其本國使領館出具之證明書或其他身分證明文件。

第七四條　（須通譯之情形）

請求人不通中國語言，或為聾、啞人而不能用文字表達意思者，公證人作成公證書，應由通譯傳譯之。但經請求人同意由公證人傳譯者，不在此限。

第七五條　（見證人之在場）

①請求人為盲者或不識文字者，公證人作成公證書，應使見證人在場。但經請求人放棄並記明筆錄者，不在此限。

②無前項情形而經請求人請求者，亦應使見證人在場。

第七六條　（授權書之提出）

①由代理人請求者，除適用前三條之規定外，應提出授權書；事件依法非受特別委任不得為之者，並須有特別之授權。

②前項授權書，如為未經認證之私文書者，應依下列方式之一證明之：

一　經有關公務機關證明。

二　於境外作成者，經中華民國駐外使領館或經外交部授權之駐外機構或經其他有權機關授權之團體證明。

三　外國人或居住境外之人作成者，經該國駐中華民國使領館或經該國授權之機構或經該地區有權機關授權之團體證明。

③授權書附有請求人之印鑑證明書者，與前項證明有同一效力。

第七七條　（已得允許或同意證明書之提出）

①就須得第三人允許或同意之法律行為，請求作成公證書，應提出已得允許或同意之證明書。

②前條第二項、第三項之規定，於前項情形準用之。

第七八條 （通譯及見證人之選定）

①通譯及見證人，應由請求人或其代理人選定之，見證人得兼充通譯。

②請求人或其代理人未選定通譯者，得由公證人選定之。

第七九條 （見證人之消極資格）98

①下列各款之人，不得充本法所定之見證人。但第七十五條第二項之情形，不在此限：

一　未成年人。

二　受監護或輔助宣告之人。

三　於請求事件有利害關係者。

四　於請求事件爲代理人或曾爲代理人者。

五　爲公證人之配偶、直系血親或直系姻親者。

六　公證人之佐理員及助理人。

②前項第四款至第六款規定之人，如經請求人全體同意者，仍得爲見證人。

第八〇條 （公證書之作成）

公證人作成公證書，應記載其所聽取之陳述與所見之狀況，及其他實際體驗之方法與結果。

第八一條 （公證書應記載事項）

公證書應記載下列各款事項：

一　公證書之字號。

二　公證之本旨。

三　請求人之姓名、性別、出生地、出生年、月、日、職業、國民身分證或其他身分證明及其字、號、住、居所；爲法人或其他團體者，其名稱及事務所。

四　由代理人請求者，其事由與代理人之姓名、性別、出生地、出生年、月、日、職業、國民身分證或其他身分證明與其字、號、住、居所及其授權書之提出。

五　有應逕受強制執行之約定者，其意旨。

六　曾提出已得第三人允許或同意之證明書者，其事由，及該第三人之姓名、性別、出生地、出生年、月、日、職業、住、居所，該第三人爲法人或其他團體者，其名稱及事務所。

七　有通譯或見證人在場者，其事由，及其姓名、性別、出生地、出生年、月、日、職業、住、居所。

八　作成之年、月、日及處所。

第八二條 （公證書字句之要求）

①公證書應譯文句簡明、文字清晰，其字行應相接續，如有空白，應以墨線填充或以其他方法表示其爲空白。

②公證之本旨記載年、月、日及其他數目表示同一內容者，其第一次出現時，應以文字大寫；作成公證書年、月、日之記載，亦應以文字大寫。

第八三條 （公證書增刪之限制）

①公證書文字，不得挖補；如有增加、刪除或塗改，應依下列方法行之：
- 一　刪除或塗改字句，應留存字跡，俾得辨認。
- 二　公證書末尾或欄外應註明增刪字數，由公證人、請求人或其代理人、見證人簽名或蓋章。

②違反前項規定所為之更正，不生效力。

第八四條　（公證書之朗讀閱覽及其章戳）

①公證人應將作成之公證書，向在場人朗讀，或使其閱覽，經請求人或代理人承認無誤後，記明其事由。

②有通譯在場時，應使通譯將公證書譯述，並記明其事由。

③為前二項之記載時，公證人及在場人應各自簽名；在場人不能簽名者，公證人得代書姓名，使本人蓋章或按指印，並記明其事由，由公證人簽名。

④公證書有數頁者，公證人、請求人或其代理人、見證人，應於每頁騎縫處蓋章或按指印，或以其他方法表示其為連續。但公證書各頁能證明全部連續無誤，雖缺一部分人蓋章，其公證書仍屬有效。

第八五條　（附件文書之章戳）

①公證書內引用他文書或與文書有相同效用之物件為附件者，公證人、請求人或其代理人、見證人應於公證書與該附件之騎縫處蓋章或按指印，或以其他方法表示其為連續。

②前三條之規定，於前項附件準用之。

第八六條　（附件之效力）

依前條規定所為之附件，視為公證書之一部。

第八七條　（附屬文書之編卷保存）

①公證人應將公證書、證明身分、代理人權限、第三人允許或同意之證明書及其他附屬文件，編為卷宗保存之。

②前項卷宗，應逐頁連續編號，如請求人請求返還附屬文件時，得將其繕本或影本替代原本保存之。

第八八條　（公證書原本滅失之補救）

①公證書之原本全部或一部滅失時，公證人應徵求已交付之正本、經證明與正本相符之繕本或影本，或向所屬地方法院或其分院請求調閱公證書繕本或影本，經該院院長認可後，依該正本、繕本或影本作成經認證之繕本，替代原本保存之。

②前項情形及認可之年、月、日，應記明於替代原本之繕本並簽名。

第八九條　（公證書原本之閱讀）

①請求人或其繼受人或就公證書有法律上利害關係之人，得請求閱覽公證卷內文書。

②第七十三條、第七十六條、第七十七條之規定，於依前項為請求時準用之。

③請求人之繼受人及就公證書有法律上利害關係之人請求閱覽時，

應提出證明文件。

④第七十六條第二項、第三項之規定，於前項證明文件準用之。

第九〇條 （公證書登記簿之編製）

①公證人應編製公證書登記簿及其他相關之簿冊。

②前項簿冊及其應記載之內容，由司法院定之。

第九一條 （公證書正本之交付）

①公證人得依職權或依請求人或其繼受人之請求，交付公證書之正本。

②第七十三條、第七十六條、第七十七條、第八十九條第三項之規定，於依前項爲請求時準用之。

第九二條 （公證書正本應記載事項及簽名蓋章）

①公證書正本應記載下列各款事項，由公證人簽名並蓋職章或鋼印：

一 公證書之全文。

二 記明爲正本字樣。

三 受交付人之姓名。

四 作成之年、月、日及處所。

②違反前項規定者，無正本之效力。

第九三條 （節錄正本）

①一公證書記載數事件，或數人共一公證書時，得請求公證人節錄與自己有關係部分，作成公證書正本。

②前項正本，應記明係節錄正本字樣。

第九四條 （交付正本的原因時點之記載）

公證人交付公證書正本時，應於該公證書原本末行之後，記明受交付人之姓名、事由及年、月、日，並簽名。

第九五條 （交付繕本影本或節本之請求人）

①請求人或其繼受人或就公證書有法律上利害關係之人，得請求交付公證書及其附屬文件之繕本、影本或節本。

②第七十三條、第七十六條、第七十七條、第八十九條第三項之規定，於依前項爲請求時準用之。

第九六條 （繕本影本或節本之記載及簽名蓋章）

公證書及其附屬文件之繕本、影本或節本，應記載下列各款事項，由公證人簽名並蓋職章或鋼印：

一 公證書及其附屬文件之全文或一部分。

二 記載爲繕本、影本或節本字樣。

三 作成之年、月、日及處所。

第九七條 （文書之連續及文字之增刪）

①公證書正本或公證書及其附屬文件之繕本、影本或節本有數頁時，公證人應於騎縫處蓋章，或以其他方法表示其爲連續。

②第八十二條、第八十三條之規定，於前項文書準用之。

第九八條 （閱讀公證遺囑之請求）

①公證遺囑，除請求外人外，不得請求閱覽或交付正本、繕本、影本

或節本。但請求人聲明願意公開或於公證遺囑後死亡者，不在此限。

②公證人應於作成公證遺囑之日起十日內製作繕本一份，將其密封，於封面上記明遺囑人之個人別資料及作成之年、月、日，加蓋職章後，送交全國公證人公會聯合會保存之。

③於有第一項但書之情形，請求人之繼受人或就公證遺囑有法律上利害關係之人，亦得向全國公證人公會聯合會查詢有無第一項之遺囑並請求閱覽。

④前二項之規定，於其他遺囑之公、認證，準用之。

第九九條 （票據作成拒絕證書）

公證人依票據法作成拒絕證書者，不適用第十八條、第七十三條至第七十七條及第八十一條之規定。

第四章　認　證

第一〇〇條 （認證書之作成）

公證人認證文書，應作成認證書。

第一〇一條 （認證私文書及公文書之方法）

①公證人認證私文書，應使當事人當面於私文書簽名，或承認為其簽名，並於認證書內證明其事由。

②認證公文書之原本或正本，應就其程式及意旨審認該文書是否真正。

③認證公文書或私文書之繕本或影本，應與經審認為真正之原本、正本對照相符，並於繕本或影本內證明其事由。

④認證文書之翻譯本者，除依前三項規定辦理外，應審查該翻譯語文是否正確，並將原文連綴其後。

⑤公文書或私文書有增刪、塗改、損壞或形式上顯有可疑之點者，應記明於認證書內，必要時，並得為查證。

第一〇二條 （私文書之認證）

①公證人認證請求人陳述私權事實之私文書，以該文書係持往境外使用者為限，得命請求人親自到場並為具結。

②請求人陳述私權事實之私文書，依法律或基於法律授權訂定之命令，得提出於法院或其他機關為一定之證明者，請求人請求認證時，適用前項認證方法之規定。

第一〇三條 （具結之程序及結文應記載之文字）

①請求人依前條規定具結，應於結文內記載當據實陳述決無虛偽等語。

②公證人於請求人具結前，應告以具結之意義及虛偽陳述之處罰。

第一〇四條 （請求之手續）

請求認證文書，應提出文書之繕本或影本。

第一〇五條 （製作認證書之方法）

①認證書應記載下列各款事項，由公證人及在場人簽名，並蓋公證人職章或鋼印：

一　認證書之字號。

二　依第一百零一條規定爲認證之意旨。

三　認證之年、月、日及處所。

②爲第一百零一條第一項之認證者，其認證書並應記載第八十一條第三款、第四款、第六款及第七款所定之事項。

③認證書應連綴於認證之文書；由公證人及在場人加蓋騎縫章，或以其他方法表示其爲連綴。

第一〇六條　（直接認證）

①公證人得在認證之文書上以直接註記之方式爲認證，記載前條第一項規定之事項，由其簽名並蓋職章或鋼印。

②依前項方式爲第一百零一條第一項之認證者，並應依前條第二項之規定爲記載。但請求書或認證之文書上已有記載者，不在此限。

第一〇七條　（認證之準用）

認證，除本章有規定外，準用前章公證之規定。

第五章　公證費用

第一〇八條　（公證費用之收取）

公證費用，應依本章之規定收取之，不得增減其數額。

第一〇九條　（法律行為之公證費用收取標準）

請求就法律行為或涉及私權之事實作成公證書者，其費用除本法另有規定外，按其標的之金額或價額，依下列標準收取之：

一　二十萬元以下者，一千元。

二　逾二十萬元至五十萬元者，二千元。

三　逾五十萬元至一百萬元者，三千元。

四　逾一百萬元至二百萬元者，四千元。

五　逾二百萬元至五百萬元者，五千元。

六　逾五百萬元至一千萬元者，六千元。

七　逾一千萬元至五千萬元者，其超過一千萬元部分，每一千萬元加收二千元；不滿一千萬元者，按一千萬元計算。

八　逾五千萬元者，其超過部分，每一千萬元加收一千元，不滿一千萬元者，按一千萬元計算。

第一一〇條　（民事訴訟費用之準用）

關於計算公證事件標的之價額，本法未規定者，準用民事訴訟費用有關之規定。

第一一一條　（典權價額之收取標準）

典權之價額，以其典價爲準。

第一一二條　（私權事實之公證費用收取標準）

公證之法律行為或涉及私權之事實，其標的之價額不能算定者，收取費用一千元。

第一一三條　（非財產關係之公證費用收取標準）

①請求就婚姻、認領、收養或其他非因財產關係之法律行為或涉及

私權之事實，作成公證書者，收取費用一千元。

②於非財產關係之公證，並請求爲財產關係之公證者，其公證費用分別收取之。

第一一四條　（特定事項之公證費用收取標準）

請求就下列各款事項作成公證書者，收取費用一千元：

一　承認、允許或同意。

二　契約之解除或終止。

三　遺囑全部或一部之撤回。

四　曾於同一公證處或公證人事務所作成公證書之法律行爲之補充或更正。但以不增加標的金額或價額爲限。其增加標的金額或價額者，就增加之部分，依第一百零九條之規定收取費用。

第一一五條　（體驗之公證費用之收取標準）

請求作成公證書，須實際體驗者，依其所需之時間，按一小時加收費用一千元；不滿一小時者，按一小時計算。

第一一六條　（集會決議之公證費用收取標準）

請求就股東會或其他集會之決議作成公證書者，依前條之規定收取費用。

第一一七條　（遺囑之公證費用收取標準）

請求就密封遺囑完成法定方式者，收取費用一千元。

第一一八條　（私權證書之公證費用收取標準）

請求作成授權書、催告書、受領證書或拒絕證書者，收取費用一千元。

第一一九條　（公證費用之加倍收取）

請求就法律行爲作成公證書，並載明應逕受強制執行者，依第一百零九條或第一百十二條所定之費用額，加收二分之一。

第一二〇條　（文書認證收取費用之標準）

請求就文書爲認證者，依作成公證書所定之費用額，減半收取之。

第一二一條　（未規定事項公證費用之收取）

本法未規定公證費用之事項，依其最相類似事項之規定收取費用。

第一二二條　（法定時間外公證費用之收取）

公證人因請求人之請求，於夜間、例假日或其他法令所定執行職務時間外之時間執行公、認證職務者，各依本法所定之費用額，加收二分之一。但加收部分最高不得超過五千元。

第一二三條　（特殊場所公證費用之收取）

公證人在請求人病榻前或其他相類場所執行公、認證職務者，加收費用二千元。

第一二四條　（超過基本張數加收費用之基準）

①公證人作成之公證書，其張數如超過六張時，超過部分每一張加收費用五十元。

②前項之張數，以一行二十五字、二十行爲一張，未滿一張者，以一張計算。

第一二五條 （作成外交翻譯本之公證費用加收之最高限制）

公證人因請求人之請求以外文作成公證書或認證文書之翻譯本者，依本法所定之費用額，加收二分之一。但加收部分最高不得超過一萬元。

第一二六條 （請求停止或可歸責事由致不能完成職務之費用收取標準）

公證人已著手執行職務後，因請求人之請求停止其職務之執行，或因可歸責於請求人或到場人之事由致不能完成職務之執行者，依本法所定之費用額，收取二分之一。但最高不得超過五千元。

第一二七條 （閱覽費之徵收）

請求人或其他就法律上有利害關係之人請求閱覽公、認證卷內文書者，每閱覽一次收取費用二百元。

第一二八條 （民事訴訟費用之準用）

①請求交付公、認證書及其附屬文件之繕本、影本或節本者，每份收取二百元。其張數超過六張時，每一張加收五元。

②翻譯費每百字收取費用一百元至四百元，由公證人酌定之，其酌定標準由司法院另以命令定之。未滿百字者，按百字計算。

③郵電費、運送費、登載公報新聞紙費、送達公證文件費、法院之公證人、佐理員出外執行職務之旅費、民間之公證人、助理人出外執行職務及鑑定人、通譯之日費及旅費，準用民事訴訟費用有關之規定。

第一二九條 （收費標準之增減）

本章所定之收費標準，司法院得按情勢需要，以命令減至二分之一，或增十倍。

第六章 公 會

第一三〇條 （公證人公會設立之宗旨）

公證人公會，以謀求公證理論與實務之研究發展，砥礪會員品德，增進共同利益，執行民間之公證人之研習、指導、監督及處理其他共同有關事項爲宗旨。

第一三一條 （法律上之獨立人格）

公證人公會爲法人。

第一三二條 （公會之組織依據強制入會及贊助會員）

①公證人公會由民間之公證人依法組織之。

②民間之公證人除執行律師業務者外，應加入公證人公會，公證人公會不得拒絕其加入。

③法院之公證人及執行律師業務之民間之公證人，得加入其所屬法院所在地之地區公證人公會爲贊助會員。

第一三三條 （公會之組織層級及設立）

①公證人公會分爲地區公證人公會及全國公證人公會聯合會。

② 高等法院或其分院所屬地方法院或其分院登錄之民間之公證人總數滿九人者，應於該高等法院或其分院所在地組織地區公證人公會，並以該高等法院或其分院之管轄區域為組織區域；其未滿九人者，應加入鄰近高等法院或其分院管轄區域內之地區公證人公會，或共同組織之。

③ 全國公證人公會聯合會，應由各地區公證人公會三個以上之發起，及全體過半數之同意，於中央政府所在地組織之。

④ 地區公證人公會應加入全國公證人公會聯合會為會員。

⑤ 在同一組織區域內之同級公會，以一個為限。

第一三四條　（理事監事候補理監事之名額任期及常務理監事之選舉方式）

① 公證人公會置理事、監事，由會員大會選舉之，其名額如下：
　一　地區公證人公會，理事三人至十一人，監事一人至三人。
　二　全國公證人公會聯合會，理事五人至十七人，監事一人至五人。

② 前項理事名額不得超過全體會員人數二分之一，監事名額不得超過理事名額三分之一。

③ 公證人公會得置候補理事、候補監事，其名額不得超過理事、監事名額三分之一。

④ 理事、監事名額在三人以上者，得分別互選常務理事及常務監事，其名額不得超過理事或監事總數之三分之一；並由理事就常務理事中選舉一人為理事長，其不設常務理事者，就理事中互選之。

⑤ 第一項理事、監事任期三年，連選得連任，理事長之連任以一次為限。

第一三五條　（全國公證人公會聯合會之組織依據及代表人數）
　全國公證人公會聯合會由各地區公證人公會選派之代表，舉行代表大會，行使會員大會職權；其代表之人數，依各地區公證人公會會員人數之比例，於章程中定之。

第一三六條　（章程之訂定及報備）

① 地區公證人公會應訂立章程，報經所在地高等法院或其分院轉送司法院核准後，向所在地社會行政主管機關報備；章程有變更時，亦同。

② 全國公證人公會聯合會應訂立章程，報經司法院核准後，向中央社會行政主管機關報備；章程有變更時，亦同。

第一三七條　（地區公證人公會章程之應載事項）

① 地區公證人公會章程，應載明下列事項：
　一　名稱及會址。
　二　所屬區域。
　三　組織。
　四　會員資格之取得與喪失。
　五　會員之權利與義務。

六　理事、監事之名額、職權、任期、選任及解任。

七　會員大會及理事、監事會議之召集程序及決議方法。

八　經費及會計。

九　章程修改之程序。

十　其他有關會務之必要事項。

②前項章程，並得載明關於公證人互助基金之設置及運用事項。

第一三八條　（地區公證人公會會員大會之召集）

①地區公證人公會會員大會由理事長召集之，每年至少召集一次。理事長不爲召集時，監事得召集之。

②如有全體會員五分之一以上之請求，表明會議目的及召集理由，請求召集時，理事長應召集之。

③理事長受前項之請求後，一個月內不爲召集者，得由請求之會員，經法院之許可加集之。

④會員大會之召集，除章程另有規定外，應於三十日前對各會員發出通知。通知內應載明會議目的之事項。

第一三九條　（公會之主管機關）

①地區公證人公會之主管機關爲該公會所在地之社會行政主管機關。但其目的事業，應受所屬之高等法院或其分院之指導、監督。

②全國公證人公會聯合會之主管機關爲中央社會行政主管機關。但其目的事業應受司法院之指導、監督。

第一四〇條　（召開會議之陳報及主管機關派員列席）

①地區公證人公會舉行會議時，應陳報所在地社會行政主管機關及所屬之高等法院或其分院。

②全國公證人公會聯合會舉行會議時，應陳報中央社會行政主管機關及司法院。

③前二項會議，各該主管機關得派員列席。

第一四一條　（陳報主管機關之事項）

①地區公證人公會應將下列各款事項，陳報所在地之社會行政主管機關及所屬之高等法院或其分院。

一　會員名冊及會員之入會、退會。

二　理事、監事選舉情形及當選人姓名。

三　會員大會，理事、監事會議開會之時間、地點及會議情形。

四　提議、決議事項。

②前項陳報，所屬之高等法院或其分院應轉送司法院備查。

第一四二條　（民間公證人規範之訂立及修正）

全國公證人公會聯合會應訂立民間之公證人規範，提經會員代表大會通過後，報請司法院備查，其修正亦同。

第一四三條　（地區公證人公會會員大會之決議）

地區公證人公會會員大會之決議，以會員過半數之出席，出席人數過半數或較多數之同意行之。但下列事項之決議應以出席人數三分之二以上同意行之：

一　章程之訂定與變更。

二　理事、監事及會員代表之罷免。

三　財產之處分。

四　其他與會員權利義務有關之重大事項。

第一四四條　（違反公會章程之處分）

①公證人公會之行為或決議違反法令或公證人公會章程者，司法院或社會行政主管機關得分別施以下列之處分：

一　警告。

二　撤銷其決議。

三　整理。

②前項第一款、第二款之處分，所在地高等法院或其分院亦得為之。

第一四五條　（地區公證人公會之補充責任保險及保險金額）

①地區公證人公會，應為該地區民間之公證人辦理責任保險，以確保民間之公證人因執行職務依第六十七條規定參加責任保險所不能理賠之損害賠償。

②前項保險契約於每一保險事故之最低保險金額，由司法院視情勢需要，以命令定之。但保險人對同一保險年度內之最高賠償金額得限制在最低保險金額之四倍以下。

第一四六條　（全國公證人公會聯合會之準用）

第一百三十七條、第一百三十八條、第一百四十一條第一項、第一百四十三條之規定，於全國公證人公會聯合會準用之。

第七章　罰　則

第一四七條　（擅自執行公證事務之罰則）

冒充公證人或候補公證人而執行其職務者，處三年以下有期徒刑、拘役，或科或併科新臺幣三十萬元以下罰金。

第一四八條　（非親自執行事務之罰則）

民間之公證人或候補公證人非親自執行職務，而將事務所、章證或標識提供與無民間之公證人資格之人使用者，處二年以下有期徒刑、拘役，或科或併科新臺幣十五萬元以下罰金。

第一四九條　（虛偽陳述之罰則）

依第一百零二條規定具結之人，就與認證之私文書內容本旨有關之重要事項，為虛偽之陳述者，處一年以下有期徒刑、拘役或科新臺幣三萬元以下之罰金。

第八章　附　則

第一五○條　（駐外人員於駐在地辦理公證事務之依據及準用）

①駐外領務人員，得依法令授權，於駐在地辦理公證事務。

②前項人員辦理公證事務時，除不得作成第十三條之公證書外，準用本法之規定。

③第一項之授權辦法，由司法院會同行政院定之。

第一五一條 （施行細則之訂定）

本法施行細則，由司法院定之。

第一五二條 （施行日）98

①本法自公布生效後二年施行。

②本法修正條文，除中華民國九十八年十二月十五日修正之第二十六條、第三十三條、第七十九條自中華民國九十八年十一月二十三日施行外，自公布日施行。

公證法施行細則

①民國 69 年 9 月 30 日司法院函訂定發布全文 57 條。
②民國 87 年 8 月 13 日司法院令修正發布全文 97 條。
③民國 90 年 3 月 16 日司法院令修正發布第 10 條條文。
④民國 90 年 4 月 19 日司法院令修正發布第 4、5、9、10、30、31、
　76、77、84、86～90 條條文；並增訂第 5-1、53-1、75-1 條條文。
⑤民國 93 年 9 月 1 日司法院令修正發布第 19、28 條條文。
⑥民國 93 年 12 月 2 日司法院令修正發布第 49、53、56、62、63、72
　條條文之附式三至七及附圖為橫式書寫。
⑦民國 94 年 5 月 26 日司法院函修正發布第 49 條之附式三（含附式
　三之一、附式三之三）。
⑧民國 95 年 10 月 16 日司法院令修正發布第 9、21、26、28 條條文。
⑨民國 97 年 4 月 24 日司法院令修正發布第 9、10、17、49、60～64、
　66、80、97 條條文及附式六；其中第 9、10、17、49、64、66 條自
　公布日施行；第 60～63、80 條自 97 年 5 月 23 日施行。
⑩民國 97 年 7 月 23 日司法院令修正發布第 5、9、61、97 條條文；
　並自發布日施行。
　民國 101 年 6 月 25 日行政院公告第 19 條第 3 項所列屬「行政院金
　融監督管理委員會」之權責事項，自 101 年 7 月 1 日起改由「金融監
　督管理委員會」管轄。

第一章　總　則

第一條
　本細則依公證法（以下簡稱本法）第一百五十一條規定訂定之。
第二條
　本法所稱公證事務，係指公證及認證事務。
第三條
①本法所稱公證人，係指法院之公證人及民間之公證人（以下簡稱
　法院公證人、民間公證人）。
②本細則及本法相關法規所稱民間公證人，除別有規定外，係指本
　法第二十四條之民間公證人、第二十七條之候補公證人、第三十
　七條第一項但書經遴任僅辦理文書認證事務及因地理環境或特殊
　需要，經司法院許可得兼執行律師業務者（以下簡稱許可兼業律
　師者）。
第四條
　本法第五條所稱公證文書如下：
一　公證書及依本法第八十六條視為公證書一部之附件。
二　認證書。
第五條 97

①本法第五條第三項所定通曉外國語文（以下簡稱外文）程度，英文分第一級、第二級；英文以外其他外文（以下簡稱其他外文）不分級。

②通曉英文第一級或其他外文者，得以經核定通曉之外文作成公證文書、所附譯本、於公證文書附記外國文字、認證外文文書及其翻譯本。

③通曉英文第二級者，僅得以英文作成結婚書面公證書、結婚書面公證書譯本、於公證文書附記必要英文文字、認證英文文書及其翻譯本。

第五條之一

①英文以外其他外文無或僅有少數公證人通曉時，該外文文書之翻譯本，得依下列方式之一請求認證：

一　檢具中文原文或中文翻譯本及請求人出具保證翻譯正確之書面，送請公證人認證；公證費用按認證一般私文書計算，保證翻譯正確之書面附卷。

二　送請經核定通曉該外文之公證人依認證外文文書之翻譯本方式辦理。

②公證人對文書或翻譯內容有疑義者，應命請求人到場說明並記明筆錄；必要時，得依本法第一百零二條規定，命請求人到場具結並告以同法第一百四十九條虛偽具結之處罰。請求人未到場說明或拒絕具結者，公證人應拒絕認證。

③第一項其他外文種類，司法院得視公證人通曉其他外文種類、人數、該種語文公、認證件數、民眾請求認證便利性等實際情況調整之。

第六條

①公證人得以下列各款文件之一，聲請為通曉英文第一級或其他外文之核定：

一　財團法人語言訓練測驗中心（以下簡稱語言中心）出具之全民英文能力分級檢定測驗中高級以上、英文或其他外文能力測驗成績八十分以上之證明。

二　司法院指定之其他語言訓練或鑑定機構、教育部承認之國內外專科以上學校（以下簡稱語測機構）所出具相當於前款成績、學分之證明。

三　經法院或民間公證人考試及格，英文一科成績七十分以上之證明。

四　經轉任法院公證人甄試及格，英文一科成績七十分以上之證明。

②前項第二款證明由外國語測機構出具者，應經中華民國駐外使領館、代表處、辦事處或外交部授權之駐外機構（以下簡稱駐外館處）證明。

第七條

①公證人得以下列各款文件之一，聲請為通曉英文第二級之核定：

一　語言中心出具之英文能力測驗成績五十分以上、全民英文能

力分級檢定測驗初級以上或語測機構所出具相當成績、學分之證明。

二　經法院或民間公證人考試及格，英文一科成績五十分以上之證明。

三　經轉任法院公證人甄試及格，英文一科成績五十分以上之證明。

四　聲請前五年內，曾連續任公證人或兼任法院公證人一年以上之服務證明。

②前條第二項規定，於前項第一款證明準用之。

③本法施行前三年內，已連續任法院公證人六個月以上，於本法施行後續任法院公證人期間，視同通曉英文第二級之核定，不另發給核定證明。

④本法施行後，始任法院公證人連續六個月以上並有第一項各款情形之一者，自任滿六個月之翌日起，於續任法院公證人期間，視同通曉英文第二級之核定，不另發給核定證明。

第八條

①公證人聲請為通曉各該外文核定時，應具聲請書並檢附各該證明文件及其影本（正本核驗後發還）。

②司法院核定前得為查證；審查合格時，應分別發給載明下列事項之通曉外文核定證明，造冊刊登於司法院公報：

一　姓名及出生年月日。

二　所屬地方法院或其分院（以下簡稱所屬法院）；民間公證人者，其遴任證書字號。

三　核定之外文；如係英文，應註明等級。

四　得辦理之外文公證事務範圍。

第九條 97

①公證人職章，角質、木質或用橡皮刻製，正方形，其尺度為闊二點四公分，長二點四公分，邊寬零點一公分，印文「公證人○○○」，以正楷或隸書刻製（附式一）。

②公證人中式簽名章，以第一項材質依公證人親筆簽名刻製，長方形，其尺度為長七公分，闊二公分；直接註記認證用中文簽字章，橫式，長二點五公分，闊一點五公分。

③地方法院公證處及其分處鋼印，銅質、圓形、直徑四點四公分，用陽文方體字；由司法院製發使用，並由使用法院指定專人保管。法院公證人作成之公證文書須蓋鋼印時，蓋用本項鋼印，不另蓋用或鑄製法院公證人鋼印。

④民間公證人鋼印，鋼製、圓形、圓周直徑四點四公分，用陽文方體字，印文與職章同，另加鑄事務所英文名稱（附式二）。

⑤章戳及鋼印，法院公證人由所屬法院製發使用，民間公證人自行製和；公證人應自行或指定專人保管之。

⑥法院應將公證人職章、鋼印之印鑑及簽名式一式十一份送外交部；公證人職務異動時，亦應通知外交部。

⑦民間公證人辦理數頁或有附件連綴之公、認證文書，而以其他文

字或符號之密碼蓋章機爲連續之表示，如與所屬法院密碼蓋章機使用相同之文字或符號，於變更所屬法院時，應配合變更，不得繼續使用與原所屬法院密碼蓋章機相同之文字或符號。

第一〇條 97

①公證書類，應使用縱二九七毫米，寬二一〇毫米（A4尺寸），每平方公尺七十公克重白色紙張；公、認證書用紙應加印法院公證處、民間公證人事務所、僅辦認證民間公證人事務所或候補公證人事務所名稱字樣。

②中、英文結婚書面公證書，應使用尺寸、加印字樣同前，每平方公尺八十公克重，加印寬零點五公分「雙喜」、玫瑰花、紅心或其他表徵幸福喜氣圖案之淺粉紅色紙張。

第一一條

公證人、佐理員或助理人辦理或輔助辦理公證事務，應以審慎、誠懇、和藹之態度妥速爲之；請求人就公證程序有所詢問時，並應詳爲解答。

第一二條

①公證處及民間公證人受理公證或認證事件，應按年度以收件先後統一編號，並依編號之次序辦理。

②公證處置二人以上之公證人者，除指定專人辦理之事件外，應依編號次序輪流分配之；民間公證人聯合事務所之事務分配，依協議定之。

③公、認證書字號如下：

一　法院公證處：〇〇年度〇院公字第〇〇〇〇號、〇〇年度〇院認字第〇〇〇〇號。

二　民間公證人：〇〇年度〇院民公〇（公證人自擇姓名中之一字）字第〇〇〇〇號、〇〇年度〇院民認〇（公證人自擇姓名中之一字）字第〇〇〇〇號。

三　候補公證人：〇〇年度〇院候公〇（公證人自擇姓名中之一字）字第〇〇〇〇號、〇〇年度〇院候認〇（公證人自擇姓名中之一字）字第〇〇〇〇號。

第一三條

公證人、佐理員或助理人依本法第十二條規定前往查詢或請求協助時，應出示身分證明文件。

第一四條

①經公證或認證之文書持往外國使用前，得聲請外交部複驗公證人之簽章。

②請求人檢附由駐外館處出具或經其公證、認證、證明之文書辦理公證事務前，得聲請外交部複驗駐外館處領務人員之簽章。

③請求人檢附由外國駐華使領館或授權代表機構出具或經其公證、認證、證明之文書辦理公證事務者，公證人得向該機構查證；必

要時，得請外交部複驗外國駐華使領館或授權代表機構之簽字鈐印。

第一五條

佐理員及助理人應以其學識及經驗，受公證人指揮監督，輔助辦理下列事項：

一　收受編號及登載公、認證事件。

二　點收、整理及編訂卷證目錄。

三　審查請求書狀程式及通知補正。

四　製作筆錄或撰擬通知、查詢等文稿。

五　協助公證人查證及體驗。

六　協助製作、交付公、認證書及其附屬文件正本、繕本、影本或節本。

七　送達或通知閱覽前款文書。

八　編製收件簿、公、認證書、異議、閱覽事件登記簿、其他相關簿冊及報表。

九　整理編訂保管卷證。

十　已結卷證發還、歸檔。

十一　解答詢問及其他相關公證事務。

第二章　法院公證處

第一六條

①地方法院設公證分處時，應層報司法院核准。

②前項公證分處，得置專任法院公證人或佐理員，或由公證處派員定期前往辦理公證事務。其定期辦理者，並應在該分處公告之。

第一七條 97

①依本法第二十二條第三項規定兼充公證人者，得由地方法院院長派兼後，層報司法院備查。

②法院公證人臨時因故不能執行職務而該院無其他法院公證人代理時，由院長指定前項規定之人員兼代之。

③前二項兼任人員辦理公證事務時，應以法院公證人名義行之。

第一八條

①公證處佐理員輔助法院公證人辦理公證事務，應受主任公證人或公證人之指揮監督。

②依本法第二十三條第二項規定兼充佐理員者，得由地方法院院長派兼後，報請該管高等法院備查。

③佐理員臨時因故不能執行職務而無其他佐理員代理時，由院長指定書記官兼代之。

④前二項兼任人員輔助辦理公證事務時，應以佐理員名義為之。

第三章　民間公證人

第一節　登　錄

第一九條

①民間公證人不得向所屬法院以外之法院登錄。

②聲請登錄，應具聲請書並繳驗下列文件及其影本（正本核驗後發還）：

一　民間公證人遴任證書。

二　身分證明。

三　職前研習成績合格或免經職前研習證明。

四　加入公證人公會之證明。但未加入地區公證人公會為贊助會員之許可兼業律師者，不在此限。

五　已參加責任保險及繳保費之證明。

六　職章、鋼印之印鑑及簽名式一式十二份（其中十一份轉送外交部存參）。

七　擬設事務所地址及使用權利之證明。

八　公證文書編號字別（○○院民公（認）○字）。

九　其他相關證明文件。

③前項第四款、第五款之證明文件，於地區公證人公會成立或行政院金融監督管理委員會核准開辦民間公證人責任保險業務前，得暫免繳驗。但應於地區公證人公會成立或民間公證人責任保險業務開辦後一個月內補正之；逾期不補正者，得註銷其登錄。

第二○條

聲請登錄之民間公證人，有本法第二十六條、第三十三條及第三十五條所定情事、違反第三十七條第三項及第三十八條規定或有其他不得執行職務情形者，法院應駁回其聲請。

第二一條

民間公證人有下列情形之一者，應註銷登錄：

一　死亡。

二　退職、免職、撤職或離職。

三　事務所遷移至所屬法院管轄區域外。

四　其他不得執行職務之情形。

第二二條

法院依前二條規定駁回登錄聲請或註銷登錄者，應層報司法院備查。

第二三條

民間公證人登錄或註銷登錄，所屬法院應按月造冊層報司法院並送登司法院公報。

第二四條

①所屬法院應於公證處備置記載下列事項之民間公證人名簿，並供民眾查參：

一　姓名、性別、出生年月。

二　民間公證人（候補公證人）遴任證書字號。

三　事務所或聯合事務所名稱、地址、電話及電子郵件信箱帳號。

四 助理人姓名、出生年月、學、經歷。

五 登錄年月日及其號數。

六 加入公證人公會年月日。

七 公證事務權限（公認證、僅辦文書認證）及公證文書編號字別。

八 得辦理之外文公證事務。

九 獎懲事項。

十 註銷登錄年月日及其依據。

②前項名簿，得以電磁紀錄製作、查閱；登錄事項變更時，民間公證人應隨時聲報備查。

第二節 事務所及助理人

第二五條

①民間公證人之事務所，不得有下列情形：

一 於所屬法院管轄區域外設事務所；遷移時亦同。

二 於任何地區設二以上事務所。

三 於任何地區與律師、會計師、土地登記專業代理人或其他專業人員設聯合事務所、分事務所、辦事處、其他類似名目或合署辦公。但許可兼業律師者，得與律師設聯合事務所或合署辦公。

四 未經司法院許可，將事務所遷移至指定地區以外之區域。

②前項第三款但書情形，所屬法院認不當者，得禁止之。

第二六條

①民間公證人遷移事務所時，應檢具下列文件報請所屬法院層轉司法院許可：

一 民間公證人證書影本一份。

二 身分證正、反面影本各一份。

三 擬設事務所所址之使用權利證明文件影本一份。

②民間公證人聲請遷移事務所至指定設事務所地區以外地區，免檢具前項第三款文件。

第二七條

民間公證人事務所，以聲請設立者為負責公證人，對其業務及事務所人員負督導責任；二以上民間公證人聯合聲請設立者，應以其中一人為負責公證人。

第二八條

①民間公證人事務所名稱應載明「○○○○地方法院所屬民間公證人○○○（聯合）事務所（○○○為公證人姓名，聯合事務所則為全部公證人姓名或其他文字）」、「○○○○地方法院所屬候補公證人○○○事務所（○○○為候補公證人姓名）」字樣，並應懸掛載明事務所名稱之標幟；經遴任僅辦理文書認證者，其標幟應加註「僅辦認證不辦公證」八字。

②前項標幟型式，由司法院定之。

③非民間公證人事務所，不得使用民間公證人事務所或類似名稱。

第二九條

民間公證人應將民間公證人遴任證書、通曉英文第一級、第二級或其他外文核定證明及收費標準懸掛於事務所明顯處所。

第三〇條

①本法第二十八條所定助理人，不包括民間公證人事務所內未直接輔助辦理公證事務之其他人員。

②助理人數不限，應就國內外專科以上學校畢業之已成年中華民國國民或曾任法院公證佐理員經銓敘合格者聘之。但有本法第二十六條第七款至第九款情形之一者，不得聘僱。

第三一條

①民間公證人聘僱助理人，應檢具下列文件聲請所屬法院許可：

一　聲請書。

二　聘僱契約書影本。

三　助理人身分及學經歷證明文件影本，如係外文，應附中文譯本；境外發給者，應經駐外館處或其他有權機關授權之團體證明。

②前項第二款聘僱契約應記載下列事項：

一　聘僱之民間公證人姓名、所屬法院及事務所所址。

二　助理人之姓名、出生年月日、身分證字號及住居所。

三　工作內容。

四　聘僱期間。

第三二條

①有下列情形之一者，所屬法院對聘僱助理人之聲請，得不予許可：

一　違反本法或本細則規定者。

二　檢具之文件記載不詳或不符規定，經通知限期補正，逾期未補正者。

三　違反其他法令規定情節重大者。

②所屬法院許可後，發現有前項各款情形之一者，得撤銷或廢止其許可。

第三三條

助理人辭職、遭解僱或不續聘時，民間公證人應即向所屬法院陳報。

第四章　收件簿及登記簿

第三四條

公證人應置下列各簿，除以電磁紀錄製作者外，並應於簿面註明使用起訖年月日、號數及頁數：

一　收件簿。但法院公證處或民間公證人聯合事務所，得備置共用之收件簿。

二　公證書登記簿。但僅辦理文書認證事務者，得毋備備置。

三　認證書登記簿。
四　閱覽登記簿。
五　異議事件登記簿。

第三五條

①收件簿應按日期及收件先後順序編號連續登記，載明下列事項：

一　請求人、代理人姓名、身分證明文件字號及住居所；如係法人或其他團體者，其名稱、核准字號及事務所。

二　案由（公證或認證）。

三　作成證書日期、字號或處理結果；停止辦理時，收取之公證費用。

四　送交正本、繕本、影本或節本份數、日期。

②前項收件簿之增、刪、塗改或空白，準用本法相關規定處理；其以電磁紀錄製作者，應於相關欄位記明其事由。

第三六條

①公證書登記簿應依公證書作成日期及編號順序登記，載明下列事項：

一　收件簿編號。

二　公證書字號及案由（種類）。

三　標的金額或價額。

四　公證費用。

五　請求人、代理人姓名、身分證明文件字號及住居所；如係法人或其他團體者，其名稱、核准字號及事務所。

六　作成之年、月、日。

七　有無強制執行條款及其種類。

八　歸檔日期。

九　銷燬日期。

十　遺囑經公證者，繕本送交全國公證人公會聯合會日期。

②前條第二項規定，於前項登記簿準用之。

第三七條

①認證書登記簿應依認證書作成日期及編號順序登記，載明下列事項：

一　收件簿編號。

二　認證書字號。

三　認證文書種類及案由（種類）。

四　標的金額或價額。

五　認證費用。

六　請求人、代理人姓名、身分證明文件字號及住居所；如係法人或其他團體者，其名稱、核准字號及事務所。

七　認證之年、月、日。

八　歸檔日期。

九　銷燬日期。

十　認證遺囑者，繕本送交全國公證人公會聯合會日期。

②第三十五條第二項規定，於前項登記簿準用之。

第三八條

①閱覽登記簿應記載請求閱覽日期、閱覽之文書名稱、字號、閱覽人姓名、身分證明文件字號、住居所、與請求人之關係。

②異議事件登記簿應記載異議日期、異議之公證文書字號、異議人姓名、身分證明文件字號、住居所、與請求人之關係及異議結果。

③第三十五條第二項規定，於前二項登記簿準用之。

第三九條

①公證處應製備公證須知，公證、認證請求書、範例及各種契約例稿，以供當事人閱覽及採用。

②前項所定書稿，民間公證人得於事務所製備之。

第五章　關於公證書強制執行事項之規定

第四〇條

①依本法第十三條第一項公證書載明應逕受強制執行，其給付約定期限者，應記明給付之時期或可得確定之給付時期。債務人於給付期屆至時未為給付者，得為強制執行。

②本法第十三條第一項第一款、第二款之給付，未約定清償期而聲請強制執行者，債權人應提出經催告之證明。

第四一條

依本法第十三條第一項規定，於公證書載明應逕受強制執行者，其給付之標的，宜依下列各款規定記載之：

一　金錢債權：載明貨幣之種類及金額。

二　代替物：載明其名稱、種類、數量、品質、出產地、製造廠商或其他特定事項。

三　有價證券：載明其名稱、種類、發行年、月、面額及張數。

四　特定之動產：載明其名稱、種類、數量、品質、型式、規格、商標、製造廠商、出廠年、月或其他足以識別之特徵。

五　建築物：載明其坐落、型式、構造、層別或層數、面積或其他識別事項。

六　土地：載明其坐落、類目、四至、面積（宜附圖說）及約定使用之方法。

第四二條

當事人依雙務契約互負給付義務，約定應逕受強制執行者，應依前二條規定，將其相互應為之給付，於公證書內載明。

第四三條

利息或租金之給付，約定應逕受強制執行者，應於公證書內載明其每期給付之金額或計算標準及給付日期。

第四四條

違約金之給付，約定應逕受強制執行者，應將其違約事實及違約時應給付之金額，於公證書內載明。

第四五條

承租人交付出租人之押租金或保證金，約定應於交還租賃物後返還並逕受強制執行者，應將其金額於公證書內載明。

第四六條

依本法第十三條第一項第一款、第二款所爲之給付，約定爲分次履行之期間，如遲誤一次履行，其後之期間視爲亦已到期，得對其全部爲強制執行者，應於公證書內載明。

第四七條

①債權人就公證書記載之他人債權認爲有虛偽，得代位債務人提起確認債權不存在之訴。

②前項確認之訴繫屬後，強制執行程序開始者，得變更爲代位債務人提起異議之訴，並得依本法第十三條第三項但書之規定以裁定停止執行。強制執行開始後，第三人代位債務人提起異議之訴時，亦同。

第四八條

當事人就已屆清償期之債權請求作成公證書者，不得附載逕受強制執行。

第六章　公證、認證之程序

第四九條　97

①公證或認證請求書（附式三），應依式逐項填明並由請求人或其代理人簽名，其不能簽名者，得使他人代書姓名，由請求人或其代理人蓋章或按指印，並由代書人證明其事由及簽名。

②以言詞請求者，筆錄應記載請求書規定之事項，並當場向請求人或其代理人朗讀或令其閱覽，經其承認無誤後，由請求人或其代理人簽名，其不能簽名者，準用前項規定。

③第二項規定，於請求閱覽或交付公證文書正本、繕本、影本或節本者，準用之。

第五〇條

①請求人請求作成公證文書、交付公證文書正本、繕本、影本、節本或閱覽公證文書，應提出下列文件：

一　請求人爲本人者，本法第七十三條所定之身分證明文件。

二　請求人爲無行爲能力或限制行爲能力人而由其法定代理人代爲請求者，具有法定代理人資格之證明文件。

三　請求人爲法人或非法人之團體者，其代表人或管理人之資格證明文件。

四　由代理人請求者，本法第七十六條所定之授權書。

五　請求人就須得第三人允許或同意之法律行爲爲請求而第三人未到場者，本法第七十七條所定已得允許或同意之證明書。

②請求人之繼承人或就公證事件有法律上利害關係之人，請求交付公證書正本、繕本、影本、節本或閱覽公證文書，應提出本法第七十三條所定之身分證明及爲繼承人或就公證事件確有法律上利

害關係之證明文件。

第五一條

有下列第一款至第四款情形之一者，公證人應拒絕公、認證之請求；有第五款情形者，得拒絕請求。但其情形可補正者，公證人應當場或定期先命補正：

一　請求不合程式或不備其他法定要件。

二　不屬本法第二條所定得作成公證書或認證文書之範圍。

三　有本法第七十條所定違反法令事項及無效法律行為之情事。

四　請求認證內容與公文書記載事項相反。

五　請求認證之內容無從查考或不明。

第五二條

①公證人就請求事件詢問請求人、繼受人、利害關係人或其代理人，認有必要或經受詢問人聲請時，應由佐理員或助理人作成筆錄，記載下列事項：

一　詢問之處所及年、月、日。

二　受詢問人及到場請求人或其代理人之姓名。

三　詢問事項及其結果。

②前項筆錄，應當場向受詢問人朗讀或交其閱覽，確認無訛後，製作筆錄人、公證人、受詢問人及在場人應於筆錄內簽名。

③受詢問人對筆錄之記載有異議時，得聲請更正或補充之；筆錄製作人認異議為不當不予更正或補充時，應於筆錄內附記其事由。

④請求人、繼承人、利害關係人或其代理人以言詞陳述者，準用前三項之規定。

第五三條

①公證人依本法第十五條第二項規定以書面拒絕請求時，應於受理請求書後三日內製作處分書（附式四）附具理由，並送達於請求人。

②公證人以言詞拒絕請求時，應於筆錄或請求書內記明其事由。但請求人要求說明其理由者，應於拒絕後三日內付與理由書。

③拒絕請求之處分書及理由書，應蓋用公證人職章。

第五三條之一

①請求事件因請求人未到場、請求停止、逾期未補正或其他無法作成公、認證書事由結案時，公證人應記明事由或於請求書上註明原因並簽名，將記明事由之書面、筆錄、請求書或其他附屬文件附卷。

②前項事件訂卷歸檔時得合併數卷辦理，卷面應記明各該事件收件號，自歸檔翌年起保存五年。

第五四條

①本法第七十六條所定代理人，不包括法定代理人在內。

②事件由代理人代為請求，或代理人經請求人之許諾，得為雙方代理或為其自己與請求人間之法律行為或私權事實公、認證者，公證人認有必要時，得通知請求人本人到場；本人不到場者，得拒

　③應由請求人親自到場辦理之事件，不得由代理人代為請求。

第五五條

本法第七十九條第一項第四款至第六款規定之人，經請求人全體同意為見證人者，公證人應於公證書或認證書內記明其事由。

第五六條

公證書正本、繕本、影本應依原本（附式五）作成；節錄繕本僅就與請求人或法律上利害關係人有關部分節錄作成之。

第五七條

公證人交付公證書正本、繕本、影本或節本之年、月、日，與其作成之年、月、日相同者，仍應分別記載之。

第五八條

①經公證或認證事件，依其他法令規定，以經主管機關登記、法院認可、許可或完成其他程序為生效或對抗第三人之要件者，於登記完畢、經認可、許可或完成相關程序後，始生該項效力。

②前項事由，公證人宜向請求人說明或於公、認證書原本、正本、繕本、影本、節本內記明。

第五九條

①公證人交付公證書正本後，發現有誤寫、誤算或其他類此顯然錯誤或內容有脫漏者，公證人得隨時或依聲請作成更正或補充之處分，並將處分通知請求人及其他已知之利害關係人。

②前項規定，於交付公證書繕本、影本或節本情形準用之。

③公證人依第一項規定作成之更正或補充處分，不另收取費用。

第七章　關於親屬事件公證之特別規定

第六〇條 97

①結婚書面之公證，結婚之男女當事人應偕同證人攜帶身分證明文件親自到場，並在結婚書面上簽名。請求人應提出婚姻狀況證明文件；有下列情形之一者，並應提出各該文件：

一　未成年人而其法定代理人不能到場者，已得其法定代理人同意或允許之證明文件。

二　外國人、外國軍人，依其本國法須經核准始得結婚者，其本國主管長官核准結婚之證明文件。

②前項證明文件如係境外出具者，應經駐外館處或有權機關授權團體證明；由外國駐華使領館或授權代表機構提出者，應經外交部證明。

③公證人應詢問結婚當事人有無結婚之真意，並說明未向戶政機關辦妥結婚登記前，其結婚尚不生效力之旨，並於公證書註記前開說明。

第六一條 97

結婚當事人得請求於結婚書面公證同時舉行結婚儀式。當事人為未成年者，其法定代理人應攜帶身分證明文件親自到場，不能到

場者，應提出前條第一項第一款之證明文件。

第六二條 97

①結婚儀式應於公證處或民間之公證人事務所之禮堂或其他適當處所公開舉行，公證處禮堂之佈置應喜氣、溫馨，並揭示其進行程序（附式六）。

②結婚儀式，除公證人預先聲明係舉行集團結婚儀式或經當事人同意者外，不得合併舉行。

第六三條 97

公證人主持結婚儀式，應著黑色紅邊制服（如附圖）；宣讀結婚書面公證書及致詞，應態度懇切、言詞清晰、快慢適度，致詞應以祝賀及增進家庭幸福爲內容。

第六四條 97

①收養契約之公證，收養者與被收養者應親自到場，被收養者未滿七歲時，其法定代理人應親自到場，並應依下列規定辦理：

一　有配偶者收養子女時，應與其配偶共同爲請求人。但有民法第一千零七十四條但書情形者，不在此限。

二　子女被收養時，應提出父母同意出養之公證書面，但父母已親自到場提出同意書面併請求公證或有民法第一千零七十六條之一第一項但書各款情形之一者，不在此限。

三　有配偶者被收養時，應得其配偶之同意。但有民法第一千零七十六條但書情形者，不在此限。

四　收養關係之一方爲外國人者，應提出收養合乎其本國法之證明文件。

②前項公證，公證人應說明收養契約之法律效果及未經法院認可前，該契約不生效力之旨，並於公證書記載上開說明及當事人就此所爲之表示。

第六五條

①生父請求公證認領非婚生子女者，請求書應載明非婚生子女及其生母之姓名、住居所。

②公證人公證前，宜先徵詢非婚生子女及其生母之意見，不同意時，得拒絕受理；無法徵詢意見時亦同。

第六六條 97

①兩願離婚書面公證，應由雙方當事人爲共同請求人，並偕同證人兩人到場，請求人爲未成年人者，應得其法定代理人之同意，並應共同到場於公證書上簽名。

②公證人應審酌離婚協議內容是否符合當事人眞意，向當事人說明未向戶政機關辦妥離婚登記前，兩願離婚尚不生效力之旨，並於公證書記載上開說明及當事人就此所爲之表示。

第八章　關於遺囑事件之特別規定

第六七條

全國公證人公會聯合會成立前，依本法第九十八條第二項及第四

項規定應送交該會保存之公、認證遺囑繕本，由法院公證處或承辦之民間公證人各自集中保管，俟該會成立後函請送交時，再送交保存之。

第六八條

①全國公證人公會聯合會應置遺囑繕本登記簿，依序記載下列事項：

一　遺囑繕本送達日期。

二　遺囑人姓名、身分證明文件字號及住居所。

三　遺囑種類及公、認證書字號。

四　作成公、認證遺囑之年月日、公證人姓名或駐外館處名稱。

②前項登記簿，除以電磁紀錄製作者外，應於簿面註明使用起訖日期、號數及頁數，由記載人簽名。

第六九條

公證遺囑，應由遺囑人及其指定之見證人，攜帶身分證明文件親自到場辦理，不得由代理人代為請求。

第七〇條

密封遺囑，應由遺囑人於遺囑上簽名後，將其密封，並於封縫處簽名，由遺囑人及其指定之見證人，攜帶身分證明文件親自到場辦理，不得由代理人代為請求。

第七一條

①公證人辦理遺囑公證或認證，應向遺囑人說明民法關於特留分之規定；遺囑人為外國人或我國僑民，依形式審查應為繼承人為我國人者，亦同。

②公證人應於公證書或認證書記載前項說明及當事人就此所為之表示，必要時並得註明：「於繼承開始時，其遺囑內容如有違反特留分之規定者，相關繼承人得依法扣減之」。

第九章　關於文書認證之特別規定

第七二條

①認證文書，公證人應詢問請求人是否瞭解文書內容，並於認證書（附式七）內記明其事由及認之方法。

②認證文書，應依本法第一百零一條及第一百零五條規定製作認證書，連綴於請求認證之文書交付請求人，並另作一份連綴於認證文書之繕本或影本留存；依本法第一百零六條規定認證者，以經認證之文書繕本或影本留存。

第七三條

認證私文書，當事人得委任代理人於公證人前，承認私文書上當事人之簽名或蓋章為當事人本人所為，公證人應於認證書內記明其事由。

第七四條

請求認證之文書內容無從查考或不明，請求人仍堅請辦理並記明筆錄者，公證人得予認證；但應於認證書註明：「本公證人僅認

證文書內○○○簽名（簽章）眞正（或繕本、影本與原本、正本對照相符），至其內容，不在認證之列」等字句，以促當事人及接受文書者注意。

第七五條

①依本法第二條第二項第一款請求認證涉及私權事實之公文書原本或正本者，應於請求書表明文書將持往使用之地區及用途。

②認證公文書原本、正本、繕本或影本時，應以行文、親自前往或其他適當方式向作成名義之機關或公務員查證。

第七五條之一

本法第一百零一條第四項前段除外規定，係指公證人認證時，應依同條第一項規定使請求人當面於翻譯本簽名或承認爲其簽名。如翻譯公文書或翻譯之原文文書爲影本或繕本者，得依請求分按同條第二項或第三項規定辦理；必要時，亦得依職權就原文文書予以審認、查證。

第七六條

①認證文書翻譯本時，除第五條之一第一項第一款規定情形外，公證人就翻譯語文與原文文義是否相符，應予審認；認證書及原文文書應連綴於翻譯本，並加蓋騎縫章或以其他方法表示其爲連續。

②前項認證書內應加蓋「本翻譯本文義核對連綴之原文文書文義尚屬相符」之中、英文戳記並由公證人簽名；簽名得簽英文姓名或姓名縮寫。

③前二項及第五條之一第二項規定，於以直接註記方式認證或認證英文文書或其翻譯本時準用之。

第七七條

①本法第一百零二條所定具結，除以直接註記方式認證者外，應於另紙結文爲之。

②結文原本應連綴於認證文書，一併交付請求人，另以結文影本附卷保存。

③公證人應視相關法規、請求人需求、認證文書內容、性質、持往使用地區、目的等因素，決定是否命請求人到場並具結。

第七八條

①依本法第一百零六條以直接註記方式認證時，應於文書原本、繕本、影本或翻譯本之空白處、背面或另紙爲之；另紙應連綴於認證之文書，並加蓋騎縫章或以其他方法表示其爲連續。

②前項文書有增刪、塗改、損壞或形式上顯有可疑之點者，公證人應於文書增刪、塗改、損壞、可疑之點或其他空白處記明其事由並加蓋職章或簽名；如係外文文書，得僅簽姓名縮寫。

第七九條

①信函認證，應由當事人提出信函一式三份，如對造人爲二人以上時，應按人數增加份數，載明對造人姓名、住居所，並繳足送達費用。

②前項信函內容，宜力求簡明扼要，不得有恫嚇、謾罵、猥褻之詞句，如有增刪、塗改，當事人應記明字數並蓋章。

③第一項信函之送達，準用民事訴訟法關於送達之規定。但公示送達及囑託送達，不在此限。

④公證人送達寄往境外之信函時，應使用國際郵件回執，不使用送達證書。

第八〇條 97

①結婚證書或結婚書面之認證，應由男女當事人及於結婚證書或結婚書面上簽名或蓋章之證人二人，攜帶身分證明文件親自到場簽名。

②第六十條及第六十一條規定，於前項情形準用之。

第八一條

①離婚證書之認證，應由男女當事人及於離婚證書上簽名或蓋章之證人二人，攜帶身分證明文件親自到場簽名。

②第六十六條規定，於前項情形準用之。

第十章 公證費用

第八二條

①公證或認證事件，應由公證人核定其應收費用數額；收取費用後應掣給收據及收費明細表。

②請求人申報之標的價額，公證人認為與實際情形不符者，應依職權調查核定之。

③公證費用收據副聯應附於公、認證卷內保存之。

第八三條

公證處或公證分處收取公證費用，應依法院財務處理有關規定辦理。

第八四條

①土地或房屋租賃契約之公證費用，依租金總額或租賃物公告現值二者較高者，為其標的價額；如約定有保證金或押租金者，併計之；併有違約事項或違約金之約定者，違約事項及違約金部分不併計公證費用。

②就租賃契約約定逕受強制執行者，依前項標準算定之公證費用加收二分之一。

③前二項規定，於土地或房屋借用契約之公證，準用之。

第八五條

不動產買賣契約之公證費用，依約所載買賣價額或買賣標的物公告現值二者較高者，為其標的價額。

第八六條

①本法第一百十五條所定體驗費，於公證人就請求公證之法律行為或私權事實本身出外至現場實際體驗時，始能收取；公證人、佐理員或助理人就請求事件出外查證時不得收取之。

②前項費用時間之計算，以公證人至現場後，實際就請求事件開始

進行體驗之時間為準，不包括在途舟車時間；一次體驗數個請求事件時，時間以總體驗時間計算。

第八七條

① 本法第一百二十四條第一項所稱公證書，包括視為公證書一部之書面附件；所定張數，按該次請求事件交付請求人之每份公證書正本所應加收部分張數合併計算。

② 書面附件無法按字數計算或為外文文書、圖片者，不以字數而按實際張數計算。

第八八條

本法第一百二十五條所稱公證人，係指經司法院核定通曉英文第一級、第二級或其他外文者；同條所定以外文作成公證書或認證文書翻譯本，不包括公證人依本法第五條第二項規定於公證文書附記外文或作成所附譯本之情形。

第八九條

① 本法第一百二十六條所定著手執行職務，係指公證人受理後，已開始就公、認證本旨事項作形式審查、說明或與請求人就請求內容為諮談等，經公證人說明撤回應繳納之費用，請求人仍堅持撤回之情形。

② 請求人所為前項表示，應記明筆錄，由請求人或其代理人簽名。

③ 請求人、代理人未到場、拒絕簽名、無法通知或拒絕繳納撤回費用時，公證人應記明事由或作成筆錄附卷。

第九〇條

① 本法第一百二十八條第一項所定費用，係指請求人、繼受人或利害關係人依本法第九十五條第一項及第一百零七條規定請求交付公、認證書及其附屬文件繕本、影本或節本情形，不包括原請求事件應發給請求人之公、認證書正本份數。

② 依同條第二項規定收取翻譯費之情形如下：
一 於公證文書附記外文。
二 公證文書依請求人請求另附外文譯本。

③ 第一項後段請求事件應發給之公、認證書正本份數，按請求人一人一份定之；每一案號請求事件全部加發正本份數，以四份為限，超過四份時，得經請求人同意改依發給繕本、影本或節本方式辦理。

第九一條

民間公證人及助理人出外執行職務之交通費、住宿費及雜費，比照國內出差旅費支要點薦任級以下人員標準計算。但因事實上需要經請求人同意並記明筆錄者，得搭乘飛機或定價較高之交通工具及參照簡任級以上人員標準收取住宿費及雜費。

第十一章　地區公證人公會

第九二條

① 地區公證人公會會員及贊助會員之權利義務，除本法及本細則另

有規定外，依章程之規定。

②贊助會員之入會費及常年會費，按會員應繳數額三分之一繳納之。

③會員大會議決時，贊助會員表決權之累計總數，不得超過按會員人數計算所得表決權總數之三分之一。

④前項贊助會員表決權之取得，依親自出席該次會議者報到先後順序決定，未取得表決權者，不得參與表決。

⑤第二項、第三項所定比例，得經會員大會議決調整之。

第九三條

本法第五十八條第三項所稱會員，包括許可兼業律師者之贊助會員。

第九四條

本法第一百四十五條第一項所稱該地區民間公證人，係指地區公證人公會之會員及許可兼業律師者之贊助會員。

第十二章 附 則

第九五條

地方法院、全國公證人公會聯合會及地區公證人公會，得視實際需要，自行或聯合辦理公證之宣傳、推廣及勸導，並將辦理情形層報司法院備查。

第九六條

本法施行前，各地方法院公證處已受理尚未終結之事件，依本法辦理之。但應繳納之公證費用，依受理時規定計算收取之。

第九七條 97

①本細則自中華民國九十年四月二十三日施行。

②本細則修正條文第九條、第十條、第十七條、第四十九條、第六十四條及第六十六條自公布日施行，第六十條至第六十三條及第八十條之規定，自中華民國九十七年五月二十三日施行。

③本細則中華民國九十七年七月二十三日修正之第五條、第九條、第六十一條規定，自發布日施行。

信託法

①民國 85 年 1 月 26 日總統令制定公布全文 86 條。
②民國 98 年 12 月 30 日總統令修正公布第 21、45、53、86 條條文；並自 98 年 11 月 23 日施行。

第一章 總 則

第一條 （定義）

稱信託者，謂委託人將財產權移轉或為其他處分，使受託人依信託本旨，為受益人之利益或為特定之目的，管理或處分信託財產之關係。

第二條 （信託之成立）

信託，除法律另有規定外，應以契約或遺囑為之。

第三條 （保障受益人之權益）

委託人與受益人非同一人者，委託人除信託行為另有保留外，於信託成立後不得變更受益人或終止其信託，亦不得處分受益人之權利。但經受益人同意者，不在此限。

第四條 （信託公示之原則）

①以應登記或註冊之財產權為信託者，非經信託登記，不得對抗第三人。

②以有價證券為信託者，非依目的事業主管機關規定於證券上或其他表彰權利之文件上載明為信託財產，不得對抗第三人。

③以股票或公司債券為信託者，非經通知發行公司，不得對抗該公司。

第五條 （信託行為無效之情形）

信託行為，有左列各款情形之一者，無效：

一 其目的違反強制或禁止規定者。

二 其目的違反公共秩序或善良風俗者。

三 以進行訴願或訴訟為主要目的者。

四 以依法不得受讓特定財產權之人為該財產權之受益人者。

第六條 （撤銷權之聲請）

①信託行為有害於委託人之債權人權利者，債權人得聲請法院撤銷之。

②前項撤銷，不影響受益人已取得之利益。但受益人取得之利益未屆清償期或取得利益時明知或可得而知有害及債權者，不在此限。

③信託成立後六個月內，委託人或其遺產受破產之宣告者，推定其

行爲有害及債權。

第七條 （撤銷權行使之除斥期間）

前條撤銷權，自債權人知有撤銷原因時起，一年間不行使而消滅。自行爲時起逾十年者，亦同。

第八條 （信託關係）

①信託關係不因委託人或受託人死亡、破產或喪失行爲能力而消滅。但信託行爲另有訂定者，不在此限。

②委託人或受託人爲法人時，因解散或撤銷設立登記而消滅者，適用前項之規定。

第二章 信託財產

第九條 （信託財產）

①受託人因信託行爲取得之財產權爲信託財產。

②受託人因信託財產之管理、處分、滅失、毀損或其他事由取得之財產權，仍屬信託財產。

第一○條 （信託財產不屬於受託人之遺產）

受託人死亡時，信託財產不屬於其遺產。

第一一條 （信託財產不屬於受託人之破產財團）

受託人破產時，信託財產不屬於其破產財團。

第一二條 （受託人之債權人原則上不得對信託財產聲請強制執行）

①對信託財產不得強制執行。但基於信託前存在於該財產之權利、因處理信託事務所生之權利或其他法律另有規定者，不在此限。

②違反前項規定者，委託人、受益人或受託人得於強制執行程序終結前，向執行法院對債權人提起異議之訴。

③強制執行法第十八條第二項、第三項之規定，於前項情形，準用之。

第一三條 （債權債務不得互相抵銷）

屬於信託財產之債權與不屬於該信託財產之債務不得互相抵銷。

第一四條 （財產之取得）

信託財產爲所有權以外之權利時，受託人雖取得該權利標的之財產權，其權利亦不因混同而消滅。

第一五條 （信託財產之管理方法）

信託財產之管理方法，得經委託人、受託人及受益人之同意變更。

第一六條 （信託財產管理方法因情事變更得聲請法院變更）

①信託財產之管理方法因情事變更致不符合受益人之利益時，委託人、受益人或受託人得聲請法院變更之。

②前項規定，於法院所定之管理方法，準用之。

第三章 受益人

第一七條 （信託利益）

①受益人因信託之成立而享有信託利益。但信託行為另有訂定者，從其所定。

②受益人得拋棄其享有信託利益之權利。

第一八條 （受益人撤銷權之行使）

①受託人違反信託本旨處分信託財產時，受益人得聲請法院撤銷其處分。受益人有數人者，得由其中一人為之。

②前項撤銷權之行使，以有左列情形之一者為限，始得為之：

一 信託財產為已辦理信託登記之應登記或註冊之財產權者。

二 信託財產為已依目的事業主管機關規定於證券上或其他表彰權利之文件上載明其為信託財產之有價證券者。

三 信託財產為前二款以外之財產權而相對人或轉得人明知或因重大過失不知受託人之處分違反信託本旨者。

第一九條 （撤銷權行使之排斥期間）

前條撤銷權，自受益人知有撤銷原因時起，一年間不行使而消滅。自處分時起逾十年者，亦同。

第二〇條 （受益權讓與）

民法第二百九十四條至第二百九十九條之規定，於受益權之讓與，準用之。

第四章 受託人

第二一條 （受託人資格之限制）98

未成年人、受監護或輔助宣告之人及破產人，不得為受託人。

第二二條 （信託事務之處理）

受託人應依信託本旨，以善良管理人之注意，處理信託事務。

第二三條 （請求賠償及減免報酬）

受託人因管理不當致信託財產發生損害或違反信託本旨處分信託財產時，委託人、受益人或其他受託人得請求以金錢賠償信託財產所受損害或回復原狀，並得請求減免報酬。

第二四條 （受託人個人財產與信託財產之管理）

①受託人應將信託財產與其自有財產及其他信託財產分別管理。信託財產為金錢者，得以分別記帳方式為之。

②前項不同信託之信託財產間，信託行為訂定得不必分別管理者，從其所定。

③受託人違反第一項規定獲得利益者，委託人或受益人得請求將其利益歸於信託財產。如因而致信託財產受損害者，受託人雖無過失，亦應負損害賠償責任；但受託人證明縱為分別管理，而仍不免發生損害者，不在此限。

④前項請求權，自委託人或受益人知悉之日起，二年間不行使而消滅。自事實發生時起，逾五年者，亦同。

第二五條 （信託事務之代理）

受託人應自己處理信託事務。但信託行為另有訂定或有不得已之

事由者，得使第三人代爲處理。

第二六條 （代爲處理信託事務之第三人，應負與受託人同一之責任）

① 受託人依前條但書規定，使第三人代爲處理信託事務者，僅就第三人之選任與監督其職務之執行負其責任。

② 前條但書情形，該第三人負與受託人處理信託事務同一之責任。

第二七條 （受託人違反處理信託事務，應使該第三人與其負連帶責任）

① 受託人違反第二十五條規定，使第三人代爲處理信託事務者，就該第三人之行爲與就自己之行爲負同一責任。

② 前項情形，該第三人應與受託人負連帶責任。

第二八條 （受託財產爲全體受託人所公同共有）

① 同一信託之受託人有數人時，信託財產爲其公同共有。

② 前項情形，信託事務之處理除經常事務、保存行爲或信託行爲另有訂定外，由全體受託人共同爲之。受託人意思不一致時，應得受益人全體之同意。受益人意思不一致時，得聲請法院裁定之。

③ 受託人有數人者，對其中一人所爲之意思表示，對全體發生效力。

第二九條 （連帶清償責任）

受託人有數人者，對受益人因信託行爲負擔之債務負連帶清償責任。其因處理信託事務負擔債務者，亦同。

第三〇條 （受託人因信託行爲對受益人所負擔之債務，僅於信託財產限度內負履行責任）

受託人因信託行爲對受益人所負擔之債務，僅於信託財產限度內負履行責任。

第三一條 （信託財產目錄）

① 受託人就各信託，應分別造具帳簿，載明各信託事務處理之狀況。

② 受託人除應於接受信託時作成信託財產目錄外，每年至少定期一次作成信託財產目錄，並編製收支計算表，送交委託人及受益人。

第三二條 （利害關係人於必要時，得請求閱覽、抄錄或影印）

① 委託人或受益人得請求閱覽、抄錄或影印前條之文書，並得請求受託人說明信託事務之處理情形。

② 利害關係人於必要時，得請求閱覽、抄錄或影印前條之文書。

第三三條 （受託人關於信託財產之占有，承繼委託人占有之瑕疵）

① 受託人關於信託財產之占有，承繼委託人占有之瑕疵。

② 前項規定於以金錢、其他代替物或有價證券爲給付標的之有價證券之占有，準用之。

第三四條 （受託人不得以任何名義，享有信託利益）

受託人不得以任何名義，享有信託利益。但與他人爲共同受益人

時，不在此限。

第三五條 （禁止受託人將信託財產轉為自有財產）

① 受託人除有左列各款情形之一外，不得將信託財產轉為自有財產，或於該信託財產上設定或取得權利：

一 經受益人書面同意，並依市價取得者。

二 由集中市場競價取得者。

三 有不得已事由經法院許可者。

② 前項規定，於受託人因繼承、合併或其他事由，概括承受信託財產上之權利時，不適用之。於此情形，並準用第十四條之規定。

③ 受託人違反第一項之規定，使用或處分信託財產者，委託人、受益人或其他受託人，除準用第二十三條規定外，並得請求將其所得之利益歸於信託財產；於受託人有惡意者，應附加利息一併歸入。

④ 前項請求權，自委託人或受益人知悉之日起，二年間不行使而消滅。自事實發生時起逾五年者，亦同。

第三六條 （受託人職務解除之事由）

① 受託人除信託行為另有訂定外，非經委託人及受益人之同意，不得辭任。但有不得已之事由時，得聲請法院許可其辭任。

② 受託人違背其職務或有其他重大事由時，法院得因委託人或受益人之聲請將其解任。

③ 前二項情形，除信託行為另有訂定外，委託人得指定新受託人，如不能或不為指定者，法院得因利害關係人或檢察官之聲請選任新受託人，並為必要之處分。

④ 已辭任之受託人於新受託人能接受信託事務前，仍有受託人之權利及義務。

第三七條 （發行有價證券）

信託行為訂定對於受益權得發行有價證券者，受託人得依有關法律之規定，發行有價證券。

第三八條 （請求報酬）

① 受託人係信託業或信託行為訂有給付報酬者，得請求報酬。

② 約定之報酬，依當時之情形或因情事變更顯失公平者，法院得因委託人、受託人、受益人或同一信託之其他受託人之請求增減其數額。

第三九條 （費用支出）

① 受託人就信託財產或處理信託事務所支出之稅捐、費用或負擔之債務，得以信託財產充之。

② 前項費用，受託人有優先於無擔保債權人受償之權。

③ 第一項權利之行使不符信託目的時，不得為之。

第四〇條 （請求補償或提供擔保）

① 信託財產不足清償前條第一項之費用或債務，或受託人有前條第三項之情形時，受託人得向受益人請求補償或清償債務或提供相當之擔保。但信託行為另有訂定者，不在此限。

②信託行為訂有受託人得先對受益人請求補償或清償所負之債務或要求提供擔保者，從其所定。

③前二項規定，於受益人拋棄其權利時，不適用之。

④第一項之請求權，因二年間不行使而消滅。

第四一條　（受託人之權利）

受託人有第三十九條第一項或前條之權利者，於其權利未獲滿足前，得拒絕將信託財產交付受益人。

第四二條　（損害補償準用規定）

①受託人就信託財產或處理信託事務所受損害之補償，準用前三條之規定。

②前項情形，委託人有過失時，準用民法第二百十七條規定。

第四三條　（收取報酬之準用規定）

①第三十九條第一項、第三項，第四十條及第四十一條之規定，於受託人得自信託財產收取報酬時，準用之。

②第四十一條規定，於受託人得向受益人請求報酬時，準用之。

第四四條　（受託人之權利）

前五條所定受託人之權利，受託人非履行第二十三條或第二十四條第三項所定損害賠償、回復原狀或返還利益之義務，不得行使。

第四五條　（受託人之任務終了）98

①受託人之任務，因受託人死亡、受破產、監護或輔助宣告而終了。其為法人者，經解散、破產宣告或撤銷設立登記時，亦同。

②第三十六條第三項之規定，於前項情形，準用之。

③新受託人於接任處理信託事務前，原受託人之繼承人或其法定代理人、遺產管理人、破產管理人、監護人、輔助人或清算人應保管信託財產，並為信託事務之移交採取必要之措施。法人合併時，其合併後存續或另立之法人，亦同。

第四六條　（受託人之選任）

遺囑指定之受託人拒絕或不能接受信託時，利害關係人或檢察官得聲請法院選任受託人。但遺囑另有訂定者，不在此限。

第四七條　（受託財產之移轉）

①受託人變更時，信託財產視為於原受託人任務終了時，移轉於新受託人。

②共同受託人中之一人任務終了時，信託財產歸屬於其他受託人。

第四八條　（債務負擔）

①受託人變更時，由新受託人承受原受託人因信託行為對受益人所負擔之債務。

②前項情形，原受託人因處理信託事務負擔之債務，債權人亦得於新受託人繼受之信託財產限度內，請求新受託人履行。

③新受託人對原受託人得行使第二十三條及第二十四條第三項所定之權利。

④第一項之規定，於前條第二項之情形，準用之。

第四九條 （強制執行）

對於信託財產之強制執行，於受託人變更時，債權人仍得依原執行名義，以新受託人為債務人，開始或續行強制執行。

第五〇條 （結算書及報告書之移交）

①受託人變更時，原受託人應就信託事務之處理作成結算書及報告書，連同信託財產會同受益人或信託監察人移交於新受託人。

②前項文書經受益人或信託監察人承認時，原受託人就其記載事項，對受益人所負之責任視為解除。但原受託人有不正當行為者，不在此限。

第五一條 （留置權）

①受託人變更時，原受託人為行使第三十九條、第四十二條或第四十三條所定之權利，得留置信託財產，並得對新受託人就信託財產為請求。

②前項情形，新受託人提出與各個留置物價值相當之擔保者，原受託人就該物之留置權消滅。

第五章　信託監察人

第五二條 （信託監察人之選任）

①受益人不特定、尚未存在或其他為保護受益人之利益認有必要時，法院得因利害關係人或檢察官之聲請，選任一人或數人為信託監察人。但信託行為定有信託監察人或其選任方法者，從其所定。

②信託監察人得以自己名義，為受益人為有關信託之訴訟上或訴訟外之行為。

③受益人得請求信託監察人為前項之行為。

第五三條 （信託監察人資格之限制）98

未成年人、受監護或輔助宣告之人及破產人，不得為信託監察人。

第五四條 （善良管理人）

信託監察人執行職務，應以善良管理人之注意為之。

第五五條 （執行職務）

信託監察人有數人時，其職務之執行除法院另有指定或信託行為另有訂定外，以過半數決之。但就信託財產之保存行為得單獨為之。

第五六條 （請求報酬）

法院因信託監察人之請求，得斟酌其職務之繁簡及信託財產之狀況，就信託財產酌給相當報酬。但信託行為另有訂定者，從其所定。

第五七條 （辭任）

信託監察人有正當事由時，得經指定或選任之人同意或法院之許可辭任。

第五八條 （解任）

信託監察人怠於執行其職務或有其他重大事由時，指定或選任之人得解任之；法院亦得因利害關係人或檢察官之聲請將其解任。

第五九條 （選任）

①信託監察人辭任或解任時，除信託行為另有訂定外，指定或選任之人得選任新信託監察人；不能或不為選任者，法院亦得因利害關係人或檢察官之聲請選任之。

②信託監察人拒絕或不能接任時，準用前項規定。

第六章　信託之監督

第六〇條 （法院監督）

①信託除營業信託及公益信託外，由法院監督。

②法院得因利害關係人或檢察官之聲請為信託事務之檢查，並選任檢查人及命為必要之處分。

第六一條 （罰鍰）

受託人不遵守法院之命令或妨礙其檢查者，處新臺幣一萬元以上十萬元以下罰鍰。

第七章　信託關係之消滅

第六二條 （信託關係消滅之事由）

信託關係，因信託行為所定事由發生，或因信託目的已完成或不能完成而消滅。

第六三條 （信託終止㈠）

①信託利益全部由委託人享有者，委託人或其繼承人得隨時終止信託。

②前項委託人或其繼承人於不利於受託人之時期終止信託者，應負損害賠償責任。但有不得已之事由者，不在此限。

第六四條 （信託終止㈡）

①信託利益非由委託人全部享有者，除信託行為另有訂定外，委託人及受益人得隨時共同終止信託。

②委託人及受益人於不利受託人之時期終止信託者，應負連帶損害賠償責任。但有不得已之事由者，不在此限。

第六五條 （信託關係消滅時，信託財產之歸屬）

信託關係消滅時，信託財產之歸屬，除信託行為另有訂定外，依左列順序定之：

一　享有全部信託利益之受益人。

二　委託人或其繼承人。

第六六條 （信託關係之存續）

信託關係消滅時，於受託人移轉信託財產於前條歸屬權利人前，信託關係視為存續，以歸屬權利人視為受益人。

第六七條 （信託關係消滅準用之規定）

第四十九條及第五十一條之規定，於信託財產因信託關係消滅而

移轉於受益人或其他歸屬權利人時，準用之。

第六八條 （結算書及報告書）

①信託關係消滅時，受託人應就信託事務之處理作成結算書及報告書，並取得受益人、信託監察人或其他歸屬權利人之承認。

②第五十條第二項規定，於前項情形，準用之。

第八章　公益信託

第六九條 （公益信託定義）

稱公益信託者，謂以慈善、文化、學術、技藝、宗教、祭祀或其他以公共利益為目的之信託。

第七〇條 （公益信託設立之申請）

①公益信託之設立及其受託人，應經目的事業主管機關之許可。

②前項許可之申請，由受託人為之。

第七一條 （信託關係之權利義務）

①法人為增進公共利益，得經決議對外宣言自為委託人及受託人，並邀公眾加入為委託人。

②前項信託對公眾宣言前，應經目的事業主管機關許可。

③第一項信託關係所生之權利義務，依該法人之決議及宣言內容定之。

第七二條 （公益信託之核備及公告）

①公益信託由目的事業主管機關監督。

②目的事業主管機關得隨時檢查信託事務及財產狀況；必要時並得命受託人提供相當之擔保或為其他處置。

③受託人應每年至少一次定期將信託事務處理情形及財務狀況，送公益信託監察人審核後，報請主管機關核備並公告之。

第七三條 （信託條款）

公益信託成立後發生信託行為當時不能預見之情事時，目的事業主管機關得參酌信託本旨，變更信託條款。

第七四條 （受託人非經許可不得辭任）

公益信託之受託人非有正當理由，並經目的事業主管機關許可，不得辭任。

第七五條 （信託監察人之設置）

公益信託應置信託監察人。

第七六條 （法院之權限）

第三十五條第一項第三款、第三十六條第二項、第三項、第四十五條第二項、第四十六條、第五十六條至第五十九條所定法院之權限，於公益信託由目的事業主管機關行之。但第三十六條第二項、第三項、第四十五條第二項及第四十六條所定之權限，目的事業主管機關亦得依職權為之。

第七七條 （公益信託之撤銷）

①公益信託違反設立許可條件、監督命令或為其他有害公益之行為者，目的事業主管機關得撤銷其許可或為其他必要之處置。其無

正當理由連續三年不爲活動者，亦同。

②目的事業主管機關爲前項處分前，應通知委託人、信託監察人及受託人於限期內表示意見。但不能通知者，不在此限。

第七八條 （公益信託之消滅）

公益信託，因目的事業主管機關撤銷設立之許可而消滅。

第七九條 （信託關係之存續）

公益信託關係消滅，而無信託行爲所訂信託財產歸屬權利人時，目的事業主管機關得爲類似之目的，使信託關係存續，或使信託財產移轉於有類似目的之公益法人或公益信託。

第八〇條 （受託人申報義務）

公益信託關係依第六十二條規定消滅者，受託人應於一個月內，將消滅之事由及年月日，向目的事業主管機關申報。

第八一條 （公益信託關係消滅之申報）

公益信託關係消滅時，受託人應於依第六十八條第一項規定取得信託監察人承認後十五日內，向目的事業主管機關申報。

第八二條 （處罰）

公益信託之受託人有左列情事之一者，由目的事業主管機關處新臺幣二萬元以上二十萬元以下罰鍰：

一 帳簿、財產目錄或收支計算表有不實之記載。

二 拒絕、妨礙或規避目的事業主管機關之檢查。

三 向目的事業主管機關爲不實之申報或隱瞞事實。

四 怠於公告或爲不實之公告。

五 違反目的事業主管機關監督之命令。

第八三條 （使用公益信託名稱之限制）

①未經許可，不得使用公益信託之名稱或使用易於使人誤認爲公益信託之文字。

②違反前項規定者，由目的事業主管機關處新臺幣一萬元以上十萬元以下罰鍰。

第八四條 （公益信託適用規定）

公益信託除本章另有規定外，適用第二章至第七章之規定。

第八五條 （許可條件及監督辦法）

公益信託之許可及監督辦法，由目的事業主管機關定之。

第九章 附 則

第八六條 （施行日）98

①本法自公布日施行。

②本法中華民國九十八年十二月十五日修正之條文，自九十八年十一月二十三日施行。

規費法

民國 91 年 12 月 11 日總統令制定公布全文 22 條；並自公布日施行。

第一條 （立法目的）

為健全規費制度，增進財政負擔公平，有效利用公共資源，維護人民權益，特制定本法。

第二條 （適用範圍）

①各級政府及所屬機關、學校（以下簡稱各機關學校），對於規費之徵收，依本法之規定。本法未規定者，適用其他法律之規定。

②法院徵收規費有特別規定者，不適用本法之規定。

第三條 （規費主管機關）

本法所稱規費主管機關：在中央為財政部；在直轄市為直轄市政府；在縣（市）為縣（市）政府；在鄉（鎮、市）為鄉（鎮、市）公所。

第四條 （業務主管機關及徵收機關）

①本法所稱業務主管機關，指主管第七條及第八條各款應徵收規費業務，並依法律規定訂定規費收費基準之機關學校；法律未規定訂定收費基準者，以徵收機關為業務主管機關。

②本法所稱徵收機關，指辦理規費徵收業務之機關學校。

第五條 （業務委託辦理）

徵收機關辦理本法規定之各項規費徵收業務，得視需要，委任所屬機關，或委託其他機關、公民營機構辦理。

第六條 （規費種類）

規費分為行政規費及使用規費。

第七條 （應徵收行政規費之事項）

各機關學校為特定對象之權益辦理下列事項，應徵收行政規費。但因公務需要辦理者，不適用之：

一　審查、審定、檢查、稽查、稽核、查核、勘查、履勘、認證、公證、驗證、審驗、檢驗、查驗、試驗、化驗、校驗、校正、測試、測量、指定、測定、評定、鑑定、檢定、檢疫、丈量、複丈、鑑價、監銷、監視、加封、押運、審議、認可、評鑑、特許及許可。

二　登記、權利註冊及設定。

三　身分證、證明、證明書、證書、權狀、執照、證照、護照、簽證、牌照、戶口名簿、門牌、許可證、特許證、登記證及使用之核發。

四　考試、考驗、檢覈、甄選、甄試、測驗。

五　為公共利益而對其特定行為或活動所為之管制或許可。

六　配額、頻率或其他限量、定額之特許。

七　依其他法律規定應徵收行政規費之事項。

第八條　（應徵收使用規費之項目）

各機關學校交付特定對象或提供其使用下列項目，應徵收使用規費：

一　公有道路、設施、設備及場所。

二　標誌、資料（訊）、謄本、影本、抄件、公報、書刊、書狀、書表、簡章及圖說。

三　資料（訊）之抄錄、郵寄、傳輸或檔案之閱覽。

四　依其他法律規定應徵收使用規費之項目。

第九條　（規費之繳費義務人）

規費之繳費義務人如下：

一　向各機關學校申請辦理第七條各款事項或使用第八條各款項目者。

二　經各機關學校依法令規定通知應繳規費者。

第一〇條　（收費基準之計費原則）

①業務主管機關應依下列原則，訂定或調整收費基準，並檢附成本資料，洽商該級政府規費主管機關同意，並送該級民意機關備查後公告之：

一　行政規費：依直接材（物）料、人工及其他成本，並審酌間接費用定之。

二　使用規費：依興建、購置、營運、維護、改良、管理及其他相關成本，並考量市場因素定之。

②前項收費基準，屬於辦理管制、許可、設定權利、提供教育文化設施或有其他特殊情形者，得併考量其特性或目的定之。

第一一條　（收費基準定期檢討原則）

①規費之收費基準，業務主管機關應考量下列情形，定期檢討：

一　辦理費用或成本變動趨勢。

二　消費者物價指數變動情形。

三　其他影響因素。

②前項定期檢討，每三年至少應辦理一次。

第一二條　（業務主管機關減免或停徵規費範圍）

有下列各款情事之一者，業務主管機關得免徵、減徵或停徵應徵收之規費：

一　各機關學校辦理業務或教育宣導。

二　各機關學校間協助事項。

三　重大災害地區災民因災害所增加之規費。

四　因處理緊急急難救助所負擔之規費。

五　老人、身心障礙者、低收入戶之身分證明文件。

六　基於國際間條約、協定或互惠原則。

七　其他法律規定得免徵、減徵或停徵者。

第一三條　（規費主管機關減免或停徵規費範圍）

有下列各款情事之一者，規費主管機關得免徵、減徵或停徵應徵收之規費：

一　為維護財政、經濟、金融穩定、社會秩序或工作安全所辦理之事項。

二　不合時宜或不具徵收效益之規費。

三　基於公共利益或特殊需要考量。

第一四條　（規費繳納期限）

規費於繳費義務人申請辦理第七條各款事項或使用第八條各款項目時徵收之。但依其性質係於完成申請辦理事項後，始予徵收者，或屬於各機關學校依法令規定通知繳納者，由業務主管機關訂定繳納期限。

第一五條　（延期繳納之申請）

訂有繳納期限之規費，繳費義務人因天災、事變或其他不可抗力之事由，不能於規定期限內繳納者，除其他法律另有規定者外，得於其原因消滅後十日內提出具體證明，向徵收機關申請准予延期繳納，其延期繳納期間不得逾一年。

第一六條　（分期繳納之申請及強制執行）

①訂有繳納期限之規費，其金額達一定數額以上，繳費義務人不能於規定期限內繳納者，除其他法律另有規定者外，得於繳納期限內，向徵收機關申請核准，分二期至六期繳納，每期間隔以不超過二個月為限。

②前項一定數額，由業務主管機關定之。

③規費經核准分期繳納者，應自原繳納期限屆滿之次日起，至繳費義務人繳納之日止，依原繳納期限屆滿之日郵政儲金匯業局之一年期定期存款利率，按日加計利息，一併徵收。

④繳費義務人對核准分期繳納之任何一期應繳規費，未如期繳納者，徵收機關應於該期繳納期限屆滿之次日起十五日內，就未繳清之餘額規費，發單通知繳費義務人，限十日內一次全部繳清；屆期仍未繳納者，依法移送強制執行。

第一七條　（訂有繳納期限規費徵收期間及例外規定）

①訂有繳納期限之規費，於繳納期限屆滿之次日起五年內，未徵收者，不再徵收；其於五年期間屆滿前，已依法移送強制執行，或已就強制執行程序聲明參與分配，或已依破產法規定申報債權者，仍得繼續徵收。但自五年期間屆滿之日已屆五年尚未執行終結或依破產程序列入分配者，不得再徵收。

②應徵之規費有第十五條、前條第一項或第四項規定情事者，前項徵收期間，自各該變更繳納期限屆滿之次日起算。

第一八條　（溢繳或誤繳規費之退還原則）

①繳費義務人有溢繳或誤繳規費之情事者，得於繳費之日起五年內，提出具體證明，向徵收機關申請退還。

②前項退費，應自繳費義務人繳納之日起，至徵收機關核准退費之

日止，按退費額，依繳費之日郵政儲金匯業局之一年期定期存款利率，按日加計利息，一併退還。

第一九條 （終止辦理之申請）

①各機關學校對於繳費義務人申請辦理第七條各款事項或使用第八條各款項目，未能於法定處理期間內完成者，繳費義務人得申請終止辦理，各機關學校於終止辦理時，應退還已繳規費。但因可歸責於繳費義務人之事由者，不予退還。

②前項退費，應自繳費義務人繳納之日起，至各機關學校終止辦理之日止，按退費額，依繳費之日郵政儲金匯業局之一年期定期存款利率，按日加計利息，一併退還。

第二○條 （逾期繳納規費之處罰）

①各機關對逾期繳納規費者，除法律另有規定外，每逾二日按滯納數額加徵百分之一滯納金；逾三十日仍未繳納者，除徵收百分之十五滯納金外，並依法移送強制執行。

②前項應納之規費及滯納金，應自滯納期限屆滿之次日起，至繳費義務人繳納之日止，依第十六條第三項規定之存款利率，按日加計利息，一併徵收。

第二一條 （違反徵收規定之處罰）

①直轄市政府、縣（市）政府、鄉（鎮、市）公所違反第七條或第八條規定有應徵收之規費而不徵收者，其上級政府得視實際情形，酌予減列或減撥補助款。

②各機關學校違反第七條或第八條規定有應徵收之規費而不徵收，或違反第十一條規定未定期檢討者，經各該上級主管機關限期通知其改正；屆期未改正者，得對該機關學校首長予以懲處。

第二二條 （施行日）

本法自公布日施行。

政府資訊公開法

民國 94 年 12 月 28 日總統令制定公布全文 24 條；並自公布日施行。

第一章　總　則

第一條　（立法目的）

為建立政府資訊公開制度，便利人民共享及公平利用政府資訊，保障人民知的權利，增進人民對公共事務之瞭解、信賴及監督，並促進民主參與，特制定本法。

第二條　（法律適用範圍）

政府資訊之公開，依本法之規定。但其他法律另有規定者，依其規定。

第三條　（政府資訊之定義）

本法所稱政府資訊，指政府機關於職權範圍內作成或取得而存在於文書、圖畫、照片、磁碟、磁帶、光碟片、微縮片、積體電路晶片等媒介物及其他得以讀、看、聽或以技術、輔助方法理解之任何紀錄內之訊息。

第四條　（政府機關之定義）

①本法所稱政府機關，指中央、地方各級機關及其設立之實（試）驗、研究、文教、醫療及特種基金管理等機構。

②受政府機關委託行使公權力之個人、法人或團體，於本法適用範圍內，就其受託事務視同政府機關。

第五條　（政府資訊公開型態）

政府資訊應依本法主動公開或應人民申請提供之。

第二章　政府資訊之主動公開

第六條　（主動公開為原則）

與人民權益攸關之施政、措施及其他有關之政府資訊，以主動公開為原則，並應適時為之。

第七條　（主動公開政府資訊之範圍）

①下列政府資訊，除依第十八條規定限制公開或不予提供者外，應主動公開：

一　條約、對外關係文書、法律、緊急命令、中央法規標準法所定之命令、法規命令及地方自治法規。

二　政府機關為協助下級機關或屬官統一解釋法令、認定事實、及行使裁量權，而訂頒之解釋性規定及裁量基準。

三　政府機關之組織、職掌、地址、電話、傳真、網址及電子郵

件信箱帳號。

四　行政指導有關文書。

五　施政計畫、業務統計及研究報告。

六　預算及決算書。

七　請願之處理結果及訴願之決定。

八　書面之公共工程及採購契約。

九　支付或接受之補助。

十　合議制機關之會議紀錄。

②前項第五款所稱研究報告，指由政府機關編列預算委託專家、學者進行之報告或派赴國外從事考察、進修、研究或實習人員所提出之報告。

③第一項第十款所稱合議制機關之會議紀錄，指依法獨立行使職權之成員組成之決策性機關，其所審議議案之案由、議程、決議內容及出席會議成員名單。

第八條　（政府資訊主動公開之方式）

①政府資訊之主動公開，除法律另有規定外，應斟酌公開技術之可行性，選擇其適當之下列方式行之：

一　刊載於政府機關公報或其他出版品。

二　利用電信網路傳送或其他方式供公眾線上查詢。

三　提供公開閱覽、抄錄、影印、錄音、錄影或攝影。

四　舉行記者會、說明會。

五　其他足以使公眾得知之方式。

②前條第一項第一款之政府資訊，應採前項第一款之方式主動公開。

第三章　申請提供政府資訊

第九條　（得申請政府提供資訊之主體）

①具有中華民國國籍並在中華民國設籍之國民及其所設立之本國法人、團體，得依本法規定申請政府機關提供政府資訊。持有中華民國護照僑居國外之國民，亦同。

②外國人，以其本國法令未限制中華民國國民申請提供其政府資訊者為限，亦得依本法申請之。

第一○條　（申請提供政府資訊之要式規定）

①向政府機關申請提供政府資訊者，應填具申請書，載明下列事項：

一　申請人姓名、出生年月日、國民身分證統一編號及設籍或通訊地址及聯絡電話；申請人為法人或團體者，其名稱、立案證號、事務所或營業所所在地；申請人為外國人、法人或團體者，並應註明其國籍、護照號碼及相關證明文件。

二　申請人有法定代理人、代表人者，其姓名、出生年月日及通訊處所。

三　申請之政府資訊內容要旨及件數。

　　四　申請政府資訊之用途。

　　五　申請日期。

②前項申請，得以書面通訊方式為之。其申請經電子簽章憑證機構認證後，得以電子傳遞方式為之。

第一一條　（申請之方式或要件不備之補正）

　　申請之方式或要件不備，其能補正者，政府機關應通知申請人於七日內補正。不能補正或屆期不補正者，得逕行駁回之。

第一二條　（政府機關受理資訊提供之處理期限）

①政府機關應於受理申請提供政府資訊之日起十五日內，為准駁之決定；必要時，得予延長，延長之期間不得逾十五日。

②前項政府資訊涉及特定個人、法人或團體之權益者，應先以書面通知該特定個人、法人或團體於十日內表示意見。但該特定個人、法人或團體已表示同意公開或提供者，不在此限。

③前項特定個人、法人或團體之所在不明者，政府機關應將通知內容公告之。

④第二項所定之個人、法人或團體未於十日內表示意見者，政府機關得逕為准駁之決定。

第一三條　（政府資訊提供之方式）

①政府機關核准提供政府資訊之申請時，得按政府資訊所在媒介物之型態給予申請人重製或複製品或提供申請人閱覽、抄錄或攝影。其涉及他人智慧財產權或難於執行者，得僅供閱覽。

②申請提供之政府資訊已依法律規定或第八條第一項第一款至第三款之方式主動公開者，政府機關得以告知查詢之方式以代提供。

第一四條　（政府資訊之更正或補充之申請程序）

①政府資訊內容關於個人、法人或團體之資料有錯誤或不完整者，該個人、法人或團體得申請政府機關依法更正或補充之。

②前項情形，應填具申請書，除載明第十條第一項第一款、第二款及第五款規定之事項外，並載明下列事項：

　　一　申請更正或補充資訊之件名、件數及記載錯誤或不完整事項。

　　二　更正或補充之理由。

　　三　相關證明文件。

③第一項之申請，得以書面通訊方式為之；其申請經電子簽章憑證機構認證後，得以電子傳遞方式為之。

第一五條　（政府機關受理資訊更正及補充之處理期限）

①政府機關應於受理申請更正或補充政府資訊之日起三十日內，為准駁之決定；必要時，得予延長，延長之期間不得逾三十日。

②第九條、第十一條及第十二條第二項至第四項之規定，於申請政府機關更正或補充政府資訊時，準用之。

第一六條　（政府資訊更正或補充其處理結果之告知方式）

①政府機關核准提供、更正或補充政府資訊之申請時，除當場繳費取件外，應以書面通知申請人提供之方式、時間、費用及繳納方

法或更正、補充之結果。

②前項應更正之資訊，其內容不得或不宜刪除者，得以附記應更正內容之方式為之。

③政府機關全部或部分駁回提供、更正或補充政府資訊之申請時，應以書面說明理由通知申請人。

④申請人依第十條第二項或第十四條第三項規定以電子傳遞方式申請提供、更正或補充政府資訊或申請時已註明電子傳遞地址者，第一項之核准通知，得以電子傳遞方式為之。

第一七條 （申請受理機關錯誤之告知與移轉）

政府資訊非受理申請之機關於職權範圍內所作成或取得者，該受理機關除應說明其情形外，如確知有其他政府機關於職權範圍內作成或取得該資訊者，應函轉該機關並通知申請人。

第四章　政府資訊公開之限制

第一八條 （限制公開或不予提供之政府資訊）

①政府資訊屬於下列各款情形之一者，應限制公開或不予提供之：

一　經依法核定為國家機密或其他法律、法規命令規定應秘密事項或限制、禁止公開者。

二　公開或提供有礙犯罪之偵查、追訴、執行或足以妨害刑事被告受公正之裁判或有危害他人生命、身體、自由、財產者。

三　政府機關作成意思決定前，內部單位之擬稿或其他準備作業。但對公益有必要者，得公開或提供之。

四　政府機關為實施監督、管理、檢（調）查、取締等業務，而取得或製作監督、管理、檢（調）查、取締對象之相關資料，其公開或提供將對實施目的造成困難或妨害者。

五　有關專門知識、技能或資格所為之考試、檢定或鑑定等有關資料，其公開或提供將影響其公正效率之執行者。

六　公開或提供有侵害個人隱私、職業上秘密或著作權人之公開發表權者。但對公益有必要或為保護人民生命、身體、健康有必要或經當事人同意者，不在此限。

七　個人、法人或團體營業上秘密或經營事業有關之資訊，其公開或提供有侵害該個人、法人或團體之權利、競爭地位或其他正當利益者。但對公益有必要或為保護人民生命、身體、健康有必要或經當事人同意者，不在此限。

八　為保存文化資產必須特別管理，而公開或提供有滅失或減損其價值之虞者。

九　公營事業機構經營之有關資料，其公開或提供將妨害其經營上之正當利益者。但對公益有必要者，得公開或提供之。

②政府資訊含有前項各款限制公開或不予提供之事項者，應僅就其他部分公開或提供之。

第一九條 （已無限制分開之受理申請）

前條所定應限制公開或不予提供之政府資訊，因情事變更已無限

制公開或拒絕提供之必要者，政府機關應受理申請提供。

第五章　救　濟

第二〇條 （行政救濟）

申請人對於政府機關就其申請提供、更正或補充政府資訊所為之決定不服者，得依法提起行政救濟。

第二一條 （秘密審理）

受理訴願機關及行政法院審理有關政府資訊公開之爭訟時，得就該政府資訊之全部或一部進行秘密審理。

第六章　附　則

第二二條 （收取費用）

①政府機關依本法公開或提供政府資訊時，得按申請政府資訊之用途，向申請人收取費用；申請政府資訊供學術研究或公益用途者，其費用得予減免。

②前項費用，包括政府資訊之檢索、審查、複製及重製所需之成本；其收費標準，由各政府機關定之。

第二三條 （違法之懲戒或懲處）

公務員執行職務違反本法規定者，應按其情節輕重，依法予以懲戒或懲處。

第二四條 （施行日）

本法自公布日施行。

法規名稱筆畫索引

法規名稱筆畫索引

法規名稱筆畫索引

三

法規名稱筆畫索引

1055

上海美術

編　著　上海美術學院

出版者　五南圖書出版股份有限公司

發行人　楊榮川

地　址　臺北市大安區 106 和平東路二段 339 號 4 樓

電　話　(02)27055066　傳真：(02)27066100

網　址　http://www.wunan.com.tw

電子郵件　wunan@wunan.com.tw

劃撥帳號　01068953　戶名：五南圖書出版股份有限公司

法律顧問　林勝安律師事務所　林勝安律師

出版日期　1991 年 6 月初版一刷
　　　　　2015 年 10 月 21 版一刷

定　價　新臺幣 元